Springer Lehrbuch

Springer
Berlin
Heidelberg
New York
Hongkong
London
Mailand
Paris
Tokio

Niels Birbaumer · Robert F. Schmidt

Biologische Psychologie

Fünfte, vollständig überarbeitete und ergänzte Auflage

Mit 522 meist farbigen Abbildungen in 829 Einzeldarstellungen und 48 Tabellen

Springer

PROFESSOR
DR. NIELS BIRBAUMER
Universität Tübingen
Institut für Medizinische
Psychologie und
Verhaltensneurobiologie
Gartenstraße 29
D-72074 Tübingen
e-mail: <niels.birbaumer@
uni-tuebingen.de>

PROFESSOR
DR. D.Sc. h.c. ROBERT F. SCHMIDT
Physiologisches Institut
der Universität Würzburg
Röntgenring 9
D-97070 Würzburg
e-mail: <rfs@mail.
uni-wuerzburg.de>

ERSCHEINUNGSTERMINE
1. Aufl. 1990 2. Aufl. 1991
3. Aufl. 1996 4. Aufl. 1999
5. Aufl. 2003

ABBILDUNGSNACHWEIS:
Abbildung auf der Seite 145:
Tony Stone, Bilderwelten, München

ISBN 3-540-43480-1
5. Auflage
Springer-Verlag Berlin Heidelberg
New York

ISBN 3-540-65781-9
4. Auflage
Springer-Verlag Berlin Heidelberg
New York

Die Deutsche Bibliothek – CIP-Einheitsaufnahme
Birbaumer, Niels : Biologische Psychologie /
Niels Birbaumer ; Robert F. Schmidt. –
5. Aufl. – Berlin ; Heidelberg ; New York ;
Hongkong ; London ; Mailand ; Paris ;
Tokio : Springer, 2003
(Springer-Lehrbuch)
ISBN 3-540-43480-1

Springer-Verlag Berlin Heidelberg
New York
ein Unternehmen der BertelsmannSpringer
Science+Business Media GmbH

http://www.springer.de

Printed in Germany

Umschlaggestaltung: de'blik, Berlin
Zeichnungen: Otto Nehren, Ladenburg
und BITmap, Mannheim
Satz, Druck und Bindearbeiten:
Appl, Wemding
SPIN 10843573 26/3130 – 5 4 3 2 1 0 –
Gedruckt auf chlorfreiem Papier

Dem Andenken meines Vaters
Niels Birbaumer

Meinem Freund Emilio
Robert F. Schmidt

Vorwort zur fünften Auflage

Nachdem die 4. Auflage aus dem Jahre 1999 verstärkt nachgefragt wurde und nachdem aus den vergangenen zwei Jahren einige grundlegend neue Erkenntnisse vor allem aus den kognitiven Neurowissenschaften vorliegen, haben wir uns entschlossen, eine überarbeitete Fassung bereits zu diesem frühen Zeitpunkt fertig zu stellen. Die Kapitel 2 (Vererbung, Umwelt und Verhalten), Kapitel 11 (Methoden der Biologischen Psychologie), Kapitel 20 (Funktionelle Anatomie des Zentralnervensystems), Kapitel 23 (Zirkadiane Periodik, Schlaf und Traum), Kapitel 24 (Plastizität, Lernen, Gedächtnis), Kapitel 25 (Motivation) und besonders Kapitel 27 (Kognitive Prozesse) wurden gründlich überarbeitet und dem neuesten Wissensstand angepaßt. Aber auch die übrigen Kapitel wurden – wo notwendig – korrigiert, gestrafft und durch auflockernde Boxen und neue Befunde ergänzt. Das Stichwortverzeichnis wurde völlig neu von den Autoren angelegt. Insgesamt haben wir uns in dieser Auflage bemüht, den Text und die Abbildungen graphisch ansprechender und leichter verstehbar zu machen.

Die Ziele und Absichten dieses Buches blieben und bleiben seit der ersten Auflage von 1990 im wesentlichen unverändert. Wir haben diese im damaligen Vorwort erläutert, und es ist aus diesem Grunde auch diesmal anschließend wiedergegeben.

Besonders bedanken möchten wir uns bei Frau Prof. Inge Strauch (Universität Zürich) für die Lektüre, Korrektur und viele Hinweise zu Kapitel 23 (Zirkadiane Periodik, Schlaf und Traum), bei Prof. Frank Rösler (Universität Marburg) für die Durchsicht von Kapitel 27 (Kognitive Prozesse) und bei Prof. Wolfgang Grodd (Universitätsklinik für Neuroradiologie, Tübingen) für die Unterstützung bei der Korrektur von Kapitel 21 (Methoden der Biologischen Psychologie). Wir würden gerne noch mehr wertvolle Hinweise aus dem Leserkreis erhalten; für die durch Zuschriften erwiesene Aufmerksamkeit unserer Leser möchten wir uns sehr bedanken.

Frau Angela Straub in Tübingen und Frau M. Derrick in Würzburg haben in bewährter Zusammenarbeit die schwierig zu redigierenden Manuskripte erstellt, dafür den herzlichsten Dank. Im Lektorat des Springer Verlags haben uns Frau Renate Scheddin, Frau Dr. S. Wahl und Frau Gisela Zech und in der Herstellungsabteilung Herr J. Sydor in optimaler Weise effizient unterstützt, wofür wir ebenfalls unseren herzlichsten Dank sagen.

Tübingen und Würzburg
im August 2002

Niels Birbaumer und Robert F. Schmidt

Vorwort und Danksagung zur ersten Auflage

Das vorliegende Werk ist in mehrjähriger enger Zusammenarbeit eines Biologischen Psychologen (NB) mit einem Physiologen (RFS) entstanden. Wir hatten uns zum Ziel gesetzt, die biologischen Grundlagen des Verhaltens unter einem „Umschlagdach" darzustellen, und zwar sowohl die neuronalen als auch die allgemein-physiologischen. Diese Aufgabe erwies sich wesentlich schwieriger und vor allem zeitintensiver als zunächst gedacht. Inwieweit sie überhaupt geglückt ist, sei dem Urteil des Lesers anheimgestellt.

Lehrbücher der *Biologischen* und *Physiologischen Psychologie* haben bisher fast ausschließlich ihre Aufmerksamkeit auf die Zusammenhänge zwischen *Gehirn* und *Verhalten* konzentriert. Dabei geriet das Zusammenwirken *aller* Körpersysteme an den Leistungen des Zentralnervensystems (ZNS) aus dem Blickfeld. Umgekehrt blieb wenig beachtet, daß die meisten der peripheren Organe und Organsysteme zentralnervös beeinflußt werden und damit ebenfalls den Gesetzmäßigkeiten der Verhaltensbiologie unterworfen sind. Damit wurde vernachlässigt, daß trotz der unumgänglichen Konzentration der wissenschaftlichen Forschung auf einzelne Systeme jeder dieser isolierten Mechanismen nur vor dem Hintergrund eines gewissen Verständnisses des *Gesamtorganismus* zu korrekten Schlüssen in Forschung und klinischer Praxis führen kann. Deswegen haben wir uns auch entschlossen, den ursprünglich vorgesehenen Titel *„Physiologische Psychologie"* in *„Biologische Psychologie"* zu ändern.

Physiologische Psychologie bedeutet traditionell das Studium der Rolle des ZNS für Verhalten. Diese Tradition wurde hier verlassen; wir haben versucht, das ZNS, Verhalten und die peripher-physiologischen Vorgänge als von gemeinsamen biologischen Grundprinzipien abhängige Prozesse darzustellen. Der umfassendere Begriff der *„Biologischen Psychologie"* erschien uns dafür geeigneter (s. dazu auch unsere Ausführungen im Kapitel 1). Besonders deutlich wird die Unauflösbarkeit peripherer und zentral-neuronaler Mechanismen bei *pathologischen Erscheinungen,* sowohl bei Organ- wie bei Verhaltensstörungen. Diese Tatsache versuchten wir durch zahlreiche Beispiele aus Pathophysiologie und Psychopathologie zu illustrieren.

Das Buch ist als einführender Text konzipiert. Es setzt daher kaum naturwissenschaftliche (mathematische, physikalische, chemische) sowie keine anatomischen oder physiologischen Vorkenntnisse voraus. Jeder neu eingeführte Begriff wird zunächst definiert und, soweit notwendig, erläutert. Alle Leserinnen und Leser, die das Abitur oder diesem vergleichbare Kenntnisse besitzen, sollten daher in der Lage sein, sich den Inhalt des Buches ohne Verständnisschwierigkeiten anzueignen.

Die wesentlichen Lerninhalte sind durch ihre Anordnung, durch Abbildungen und durch Hervorhebungen im Text gekennzeichnet, während umgekehrt Detailaspekte, methodische und historische Gesichtspunkte, sowie pathologische, klinische oder therapeutische Erörterungen meist im Kleindruck wiedergegeben sind. Für jedes Kapitel wurde ein eigenes Literaturverzeichnis erstellt, in dem grundlegende und weiterführende Lehr- und Handbücher ebenso wie Einzel- und Übersichtsarbeiten den Weg zu den Quellen und zu einem vertiefenden Studium öffnen.

Die durchweg zweifarbigen Abbildungen, die Dank dem Entgegenkommen des Verlages großformatig angelegt werden konnten, bilden einen zentralen Bestandteil dieses Buches. Sie sollten den Lernzielen optimal angepaßt, formal einheitlich, möglichst leicht verständlich und dabei sachlich korrekt sein und darüber hinaus auch noch die Aufmerksamkeit des Betrachters fesseln. Herr J. Kühn, Heidelberg, hat mit den Mitarbeitern seines graphischen Ateliers daher fast alle Abbildungen neu entworfen und gezeichnet. Es ist ihnen ein hervorragendes Stück Arbeit gelungen, künstlerisch wie wissenschaftlich, für das wir sehr herzlich danken.

Wir sind beim Verfassen des Manuskripts so vorgegangen, daß jeder der beiden Autoren zunächst eine Erstfassung eines Kapitels schrieb: die Kapitel 2 bis 13 und 15 bis 23 wurden von RFS, die Kapitel 14 und 24 bis 30 von NB verfaßt. Kapitel 1 schrieben wir gemeinsam. Danach überarbeitete jeder die Kapitel des anderen und erstellte eine vorläufige Endfassung, die dann nochmals vom anderen gelesen und – wenn notwendig – modifiziert wurde. Manches Wochenende der letzten Jahre war dem für uns beide immer außerordentlich anregenden Dialog über diese Entwürfe gewidmet.

Die Kapitel 14 und 24 bis 30 hat liebenswürdigerweise noch Prof. Uwe Heinemann (Physiologisches Institut der Universität Köln), Kapitel 30 Dr. Tony Canavan (Tübingen) bearbeitet und wertvolle Anregungen gegeben. Wir sind beiden Kollegen für ihre bereitwillige Hilfe zu großem Dank verpflichtet.

Eine Aufgabe wie dieses Buch kann bei der gegenwärtigen Wissensexplosion in der Physiologie, der Psychologie und vor allem in den Neurowissenschaften nicht mehr von einer Person allein gelöst werden. Aber auch für zwei Autoren bleibt die Aufgabe ohne externe Hilfe und Unterstützung kaum zu bewältigen. Unser Dank gilt daher unseren Mitarbeitern und Freunden am Physiologischen Institut der Universität Würzburg und an der Abteilung für Klinische und Physiologische Psychologie der Universität Tübingen, mit denen wir unsere Forschungsarbeiten durchführen. Sie hatten in den letzten Jahren manche zusätzliche Arbeit zu leisten. Aber ohne eigene Erfahrung in physiologischer und neurobiologischer Forschung könnte ein solches Buch nur schwer überzeugen. Darüber hinaus sind wir vielen Kollegen zu Dank verpflichtet, deren Forschungsergebnisse in dieses Buch einflossen und deren Abbildungen wir übernehmen oder zur Grundlage unserer Darstellungen machen konnten.

Zu danken haben wir auch den Mitarbeiterinnen in den beiden Sekretariaten, Frau M. D. Derrick und Frau I. Laing in Würzburg und Frau L. Hemberger und Frau A. Maier in Tübingen. Frau cand. med. et psychol. H. Schmittner, Würzburg, besorgte mit großer Umsicht das umfangreiche Sachverzeichnis. Dafür sei ihr besonders gedankt.

Der Springer Verlag mit Frau A. C. Repnow im Lektorat, Frau D. Großhans, Frau S. Vandrey, Herrn R. Fischer und Herrn J. Sydor in der Herstellung haben wie immer an dem schwierigen Unternehmen wesentlichen Anteil. Ihnen allen gilt unser besonderer Dank.

Unsere Frauen Veronika B. und Lotte S. haben trotz ihrer eigenen Arbeitsbelastung abends und an Wochenenden beim Lektorat der Fahnen mitgearbeitet. Ihre Sachkenntnis und Kritik war von großem Wert. Ihnen sei herzlich gedankt.

Tübingen und Würzburg
im August 1989

Niels Birbaumer und Robert F. Schmidt

Inhaltsverzeichnis

I Physiologische Regelung von Körpersystemen

II Periphere Körpersysteme und ihre Bedeutung für Verhalten

III Wahrnehmung und ihre Bedeutung für Verhalten

Physiologische Regelung von Körpersystemen

I

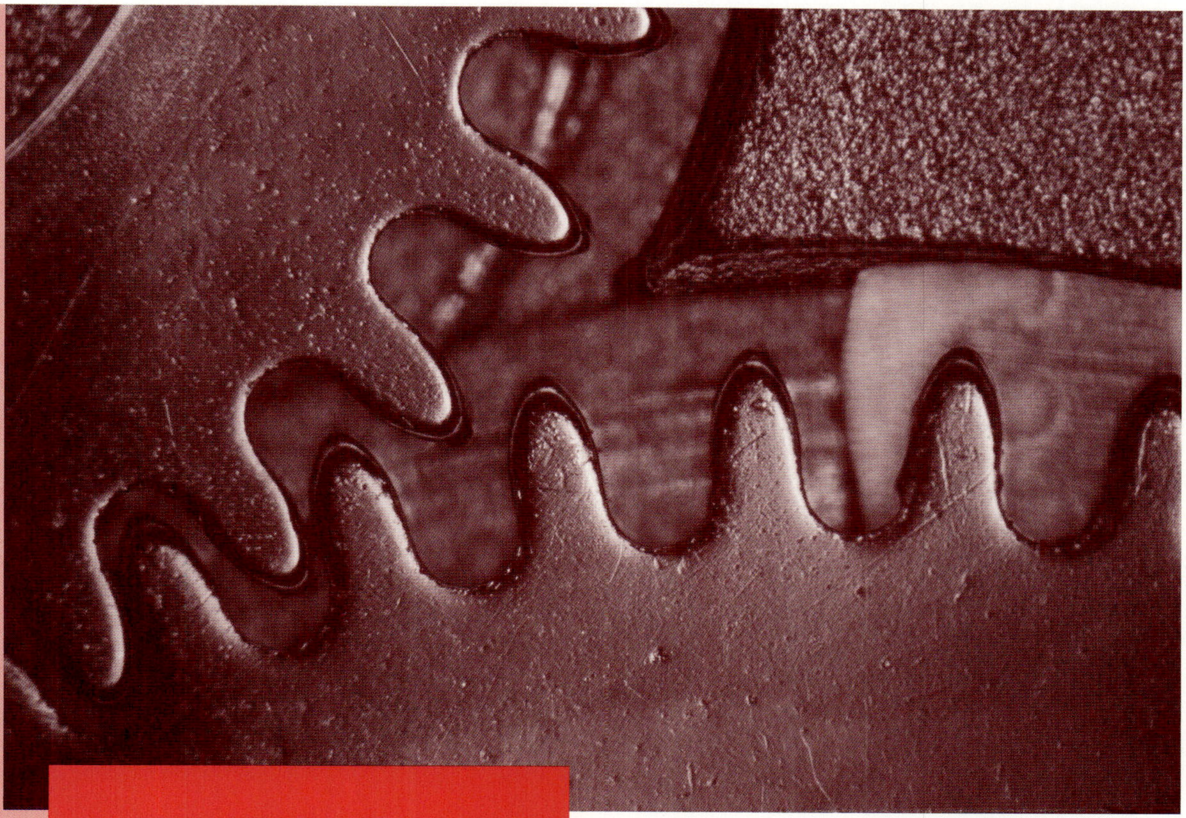

»... waren sie davon überzeugt, daß die konstitutiven Prinzipien des Mathematischen auch die konstitutiven Bedingungen der lebendigen Dinge seien.«

ARISTOTELES über Pythagoras

1 Was ist Biologische Psychologie?

EINLEITUNG

Im Griechischen heißt „bios" das Leben und „logos" das Wort oder die Kunde. *Biologie* ist also die Kunde vom Leben oder die Lehre von der belebten Natur und den Gesetzmäßigkeiten im Lebensablauf der Pflanzen, Tiere und Menschen. Bei der Untersuchung von Aufbau und Funktion der Lebewesen benutzt die Biologie die gleichen Denkansätze, mit denen Physik und Chemie die unbelebte Natur studieren. Die *Biologie des Menschen* konzentriert sich auf ein einziges Lebewesen, nämlich uns selbst. Die verschiedenen Teildisziplinen der modernen Humanbiologie sind alle früher oder später aus dem ältesten großen humanbiologischen Fach hervorgegangen, nämlich der Anatomie. Eine ihrer ersten Töchter war die in diesem Buch besonders wichtige Physiologie. Diese ist die Kunde vom Körper (*physis* = Körper, *logos* = Wort, Kunde, s. o.), genauer die *Lehre von den normalen Lebensfunktionen*.

Der Begriff „Psyche" bedeutet ursprünglich „Hauch", „Atem", erst später wird daraus die „Seele". Darunter verstand man im allgemeinen eine physikalische Kraft, die im Organismus subjektives Erleben und Verhalten hervorbringt. Man hat dabei in vorsokratischer Zeit dem Seelischen keineswegs Eigengesetzlichkeiten zugeschrieben, sondern hat es eng mit den materiellen Voraussetzungen des Körpers verwoben oder damit identisch angesehen.

Die Psychologie ist also die Kunde von den physikalischen Kräften und Gesetzmäßigkeiten, die unser Verhalten, einschließlich Denken und Fühlen, bestimmen. Da Verhalten aber nicht nur von den materiell-körperlichen Voraussetzungen, sondern auch von sozialen Einflüssen abhängt, muß die Psychologie die Wirkung dieser sozialen Einflüsse auf das Individuum quantitativ beschreiben. In der Biologischen Psychologie werden beide Zugangsweisen, die physiologische und die sozial-interaktive, vereint.

1.1 Begriffsbestimmungen

Die Biologische Psychologie untersucht diejenigen physiologischen Vorgänge, die für das Verständnis von Verhaltensleistungen von Bedeutung sind

Physiologische Psychologie als Teilgebiet der Biologischen Psychologie. Unter *Physiologischer Psychologie* verstehen wir die interdisziplinäre Forschung über die Beziehungen zwischen *Gehirn* und *Verhalten.* Es existieren eine Reihe von anderen Bezeichnungen zur Beschreibung der Aufgabe der Physiologischen Psychologie, z.B. *Psychobiologie* und *Verhaltensneurowissenschaft (behavioral neuroscience).* In Erweiterung dieses Ansatzes erforscht die *Biologische Psychologie* die Zusammenhänge zwischen biologischen Prozessen und Verhalten. Dabei werden die Lebensprozesse *aller* Organe des Körpers, nicht nur des Gehirns, betrachtet. So gesehen ist die Physiologische Psychologie ein Teilgebiet der Biologischen Psychologie.

Aufgaben der Physiologischen Psychologie. Was die Physiologische Psychologie angeht, so sind, wie in obiger Definition festgehalten, *interdisziplinär* und *Gehirn und Verhalten* die wesentlichen Bestimmungsstücke ihrer Definition. Interdisziplinär, weil die elektrischen, magnetischen, chemischen und molekularen Vorgänge im Gehirn von keiner Disziplin allein verstanden und erforscht werden können. Um die Arbeitsweise auch nur einer Nervenzelle beschreiben zu können, sind anatomisch-histologische, neurochemisch-molekulare und elektrophysikalische Kenntnisse notwendig, deren Zusammenwirken nur von mehreren Wissenschaften mit ihren Methoden geklärt werden kann. Die physikalisch-biologischen Erkenntnisse über Aufbau und Struktur des Gehirns sind *mit den Verhaltenswissenschaften* (Psychologie, Ethologie, Sozialwissenschaften) *zu vereinen,* will man deren gegenseitige Abhängigkeit verstehen [1].

Die Gesetzmäßigkeiten menschlichen und tierischen Verhaltens über die Wechselwirkungen des Individuums mit vergangener, gegenwärtiger und zukünftiger (erwarteter) Umwelt bestimmen die Vorgänge im Gehirn. Die Physiologische Psychologie studiert deshalb die Körpervorgänge in umschriebenen *situativen* (z. B. sozialen) *Zusammenhängen,* die von den Verhaltenswissenschaften als besonders wichtig für die Vorhersage des Verhaltens von Mensch und Tier beschrieben wurden. Zum Verständnis der neuronalen Vorgänge von Lernen werden z. B. Lern- und Gedächtnisexperimente aus der Psychologie mit neurobiologischen Methoden (z. B. Änderungen von Überträgerstoffen an den Zellmembranen in spezifischen Lernsituationen) kombiniert.

Aufgaben der Biologischen Psychologie. Das Gehirn ist sowohl oberstes Steuerorgan aller Körperfunktionen, die an Verhalten beteiligt sind, als auch von den peripheren physiologischen Systemen abhängig. So kommt es z. B. ohne ausreichende Zufuhr von Sauerstoff aus der Lunge innerhalb weniger Sekunden zu „Verhaltensstillstand", und Vergleichbares gilt, wenn auch mit einem langsameren Zeitverlauf, für den gesamten Stoffwechsel und für die hormonellen Steuer- und Regelprozesse. Der ständige Informationsaustausch zwischen Hirn, endokrinen Drüsen, Muskulatur und inneren Organen über periphere Nerven und Blutkreislauf bestimmt Verhalten ebenso wie die Einwirkungen aus der Umwelt und aus der phylogenetischen Vergangenheit (Erbsubstanz). Wir haben deshalb in diesem Buch einen *Gesamtüberblick* von Physiologie und Physiologischer Psychologie in einer *Biologischen Psychologie* versucht, um die engen Beziehungen zwischen „Kopf und Körper" deutlich zu machen.

Manche der Kapitel in Teil I und II werden üblicherweise nicht als Teilgebiete der Physiologischen Psychologie aufgefaßt, sind aber zu deren Verständnis notwendig. *Allgemeine Physiologie* und *Physiologische Psychologie* werden daher in diesem Buch unter dem gemeinsamen „Dach" eines einzigen ***Lehrbuchs der Biologischen Psychologie*** vereint, um so einen möglichst umfassenden ersten Überblick der wichtigsten biologischen Grundlagen menschlichen und tierischen Verhaltens zu ermöglichen.

Einzelne Teilgebiete der Biologischen Psychologie lassen sich auf Grund ihres Forschungsgegenstandes und der verwendeten Methoden voneinander abgrenzen

Gegenstand und Methodik der Physiologischen Psychologie. Die *Physiologische Psychologie* untersucht in der Regel die biologischen Vorgänge und neuronalen Strukturen mit *direkter Reizung* (pharmakologisch, mechanisch, elektrisch), *Registrierung* oder *Zerstörung* der Hirnaktivität (s. Kap. 21). Verhalten wird dabei als *abhängige* (z. B. Lernen nach Entfernen eines Hirnabschnittes) oder als *unabhängige Variable* (Lernen mit gleichzeitiger Registrierung der elektrischen Aktivität eines Hirnareals) gemessen. Die Biologische und Physiologische Psychologie sind auf den *Tierversuch* angewiesen. Das Ziel aller Verhaltenswissenschaften, menschliches Verhalten besser zu verstehen und damit auch dessen Störungen und Erkrankungen zu heilen oder zu verhindern, ist ohne Tierversuche nicht erreichbar.

Gegenstand und Methodik der Neuropsychologie. Die *Neuropsychologie* bedient sich derselben Methoden (Läsion, Reizung) wie die Physiologische Psychologie, konzentriert sich aber auf den *Menschen.* Da sich Eingriffe in das Gehirn des Menschen zu experimentellen Zwecken verbieten, untersucht die Neuropsychologie vor allem *Patienten* mit Störungen und Ausfällen der Hirntätigkeit. Aus den Verhaltensänderungen bei solchen Störungen der Hirntätigkeit kann häufig auf die Bedeutung dieser Strukturen und ihrer Verbindungen für bestimmte Verhaltensweisen geschlossen werden. Ein zentrales Anliegen der Neuropsychologie ist die Entwicklung von psychologischen Tests und Verhaltensproben, die als (indirektes) Maß der Funktionstüchtigkeit eines bestimmten Hirnprozesses sowohl beim Gesunden wie Kranken dienen. Die ***neuropsychologische Diagnostik*** stellt die Grundlage für die Planung der ***psychologischen Rehabilitation*** bei verschiedenen Hirnerkrankungen dar. Neuropsychologie und Physiologische Psychologie sind notwendige Ergänzungen: Ergebnisse aus dem Tierversuch können ihre Übertragbarkeit auf den Menschen durch neuropsychologische Untersuchungen unter Beweis stellen.

Gegenstand und Methodik der Psychophysiologie. Die *Psychophysiologie* untersucht die Beziehungen zwischen biologischen Vorgängen vorwiegend am menschlichen Organismus mit *nichtinvasiven Registrier- und Meßmethoden.* Z. B. erlaubt die Registrierung der hirnelektrischen Aktivität während des Schlafes die Beobachtung und Beeinflussung (pharmakologisch oder psychologisch) der verschiedenen Schlafstadien (s. Kap. 23). Neuropsychologische und psychophysiologische Befunde werden vor allem in den Kap. 21–27 besprochen, soweit sie für das Verständnis der dort diskutierten Verhaltensweisen und Hirnmechanismen notwendig sind. *Physiologische Psychologie, Neuropsychologie* und *Psychophysiologie* ergänzen einander und sind selbst wieder Teil der ***Biologischen Psychologie.***

1.2 Entwicklung und Geschichte

Die Biologische Psychologie begann als Forschungsdisziplin im deutschen Sprachraum, wurde aber in den Jahren 1933–1945 dort fast völlig zerstört

Heutiger Stand der Biologischen Psychologie im internationalen Vergleich. Die Physiologische und Biologische Psychologie spielten seit der Gründung der

BOX 1-1

Für Wilhelm Wundt (3. von links), den Gründer der experimentellen Psychologie, war die Physiologische Psychologie das Zentrum aller psychologischen Forschung, ohne die ein Verständnis von Denk- und Planungsprozessen unmöglich bleibt. (Mit freundlicher Genehmigung des Instituts für Geschichte der Psychologie, Universität Passau)

Psychologie als Wissenschaft eine zentrale Rolle: Mit Wilhelm Wundts „*Grundzüge der Physiologischen Psychologie*" begann 1874 die gesamte wissenschaftliche Psychologie [9]. Im Gegensatz zur dominierenden Rolle im psychologischen *Denken* spielt die Biologische und Physiologische Psychologie als *Forschungsdisziplin* der Psychologie heute in den deutschsprachigen Ländern trotz einiger weniger hervorragender Forschungsgruppen eine untergeordnete Rolle. Ganz im Gegensatz zur anglo-amerikanischen Psychologie: Etwa 20 % aller wissenschaftlichen Beiträge zu den Neurowissenschaften stammen in den USA von physiologischen Psychologen. Mehr als 2000 Psychologen sind in USA mit Forschung in Physiologischer Psychologie befaßt, die Biologen, Mediziner und Naturwissenschaftler nicht mitgezählt [12]. In der Bundesrepublik Deutschland sind es etwa 100 bis 150 aktive Forscher. Während sich in den deutschsprachigen Ländern die Psychophysiologie relativ gut von der fast vollständigen Zerstörung des Faches Psychologie und seiner Vertreter durch das Naziregime erholte, blieb die Forschung in Physiologischer Psychologie – trotz Aufnahme des Faches in alle Prüfungsordnungen für Psychologen – auf wenige Institute beschränkt.

Ursachen der ungenügenden Erholung der Biologischen Psychologie in Deutschland. Dazu zählen:

- Eine eher mentalistisch-geisteswissenschaftliche Grundhaltung der deutschen Psychologie, die dem Tierversuch ablehnend gegenübersteht.
- Die Vertreibung und Vernichtung der bedeutendsten Vertreter des Faches Physiologische und Vergleichende Psychologie wie der gesamten Psychologie von 1933–1945. Nach dem Krieg erfolgte keine ausreichende Erneuerung des Faches, da kaum qualifizierte Forscher vorhanden waren, die Stelleninhaber aus der Zeit von 1933–1945 nicht ausgewechselt wurden und keiner der biologisch orientierten Emigranten zurückkehrte. Als zwischen 1960 und 1980 1800 % mehr Personal an Psycholo-

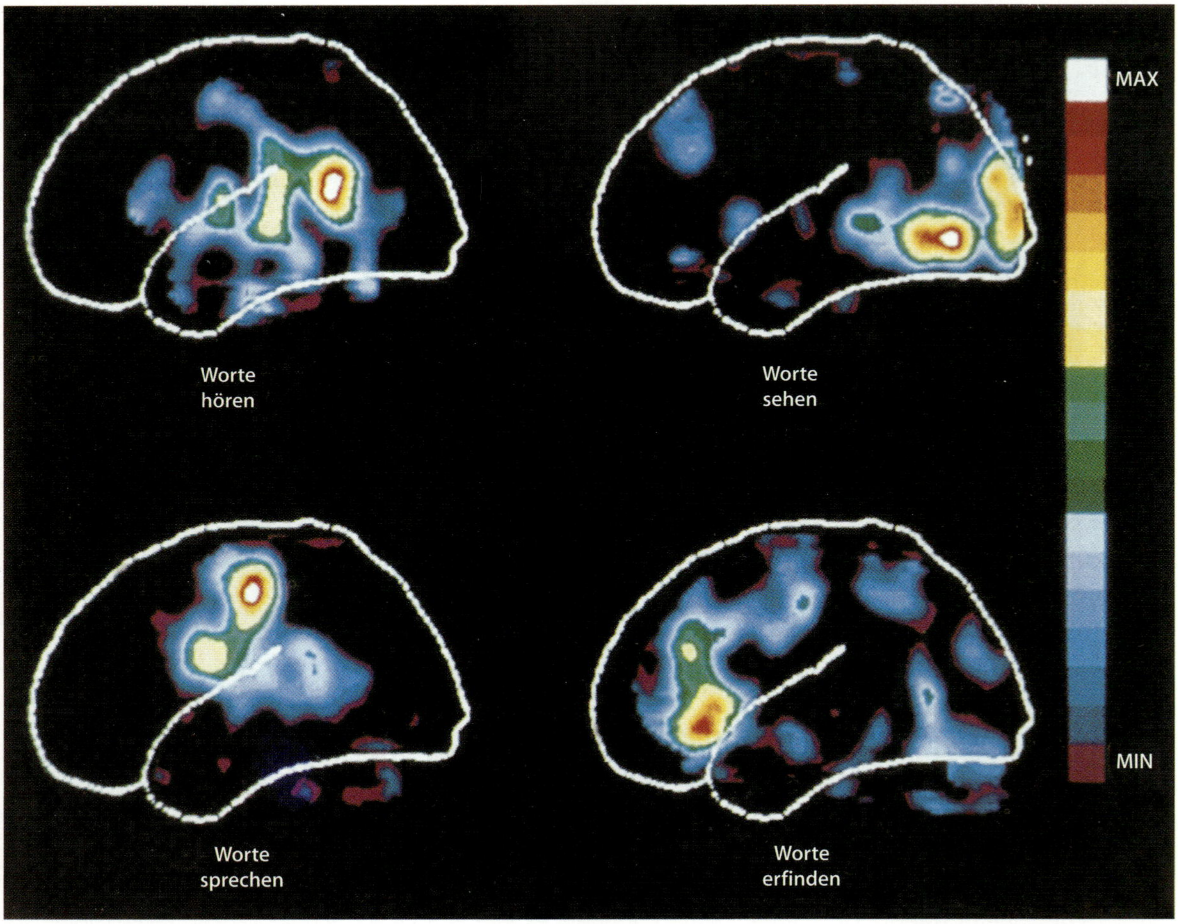

Abb. 1–1. Verteilung des regionalen kortikalen Blutflusses in der linken Hemisphäre einer Versuchsperson bei verschiedenen Sprachaufgaben. Der regionale Blutfluß wird nach Injektion einer schwach radioaktiven Substanz in den Blutkreislauf mit einer Positronen-Emissions-Tomographie-Kamera (PET) gemessen. Verstärkter Blutfluß ist durch zunehmende Rotfärbung (s. Farbskala rechts) angezeigt. Links oben hört die Person passiv Wörter, rechts davon betrachtet sie dieselben Wörter, links unten wiederholt sie die Wörter laut und rechts unten erfindet die Person zu einem Hauptwort ein passendes Zeitwort. Beim passiven Hören Aktivierung im oberen Temporal- und unteren Parietallappen, beim Betrachten im primären Sehfeld okzipital und in der posterioren unteren Temporalwindung, beim lauten Wiederholen im motorischen Areal präzentral und beim aktiven Produzieren von Verben im frontalen Broca-Areal und prämotorisch. (Mit freundlicher Genehmigung von Dr. Steven Peterson, NeuroImaging Laboratory, Washington Univ., St. Louis)

gischen Instituten eingestellt wurde, hat man häufig zu wenig auf die Forschungsleistung als Qualifikationskriterium geachtet. Eine verstärkte Einstellung physiologischer Psychologen und Einrichtung entsprechender Labors unterblieben, da wenig qualifiziertes Personal dafür vorhanden war [10, 11].

- Die generell mangelnde Konkurrenzfähigkeit und wissenschaftliche Qualität deutscher Universitäten (mit vergleichbaren anglo-amerikanischen) durch ein auf Lehre und Verwaltung konzentriertes Aufgabenspektrum trifft natürlich ein experimentelles Fach wie die Biologische und Physiologische Psychologie besonders.
- Die gegenwärtige unflexible und rigide Ausbildungsordnung für Psychologiestudenten zwingt diese im Hauptstudium v. a. diejenigen psychologischen Fächer zu studieren (Pädagogische, Klinische und Organisationspsychologie), die traditionell wenig forschungsproduktiv sind [11, 13].

Dieses Buch soll dazu beitragen, die Biologische und Physiologische Psychologie nicht nur im Bereich der Psychologie, sondern auch in Biologie und Medizin zu stärken und Studierende und junge Forscher für dieses international rasch expandierende Fach zu begeistern.

Die Entwicklung der Physiologischen und Biologischen Psychologie ist eng an die Entwicklung neuer Forschungsmethoden gebunden

Einsichten durch elektrophysiologische Experimente. Die Physiologische und Biologische Psychologie haben sich im „Gleichschritt" mit den übrigen Neurowissenschaften – als deren Teil sie heute angesehen werden können – entwickelt. Besonders in den letzten 40 Jahren kam es mit der Entwicklung neuer Technologien (s. Kap. 21) zu einem sprunghaften Anstieg von bedeutsamen Erkenntnissen.

Die 50 er Jahre des vorigen Jahrhunderts waren von der Entdeckung Magoun u. Moruzzis (1949, s. Kap. 22) dominiert: die ***retikuläre Formation*** des Hirnstamms als ein energetisierendes, Bewußtsein erzeugendes System. Zusätzlich zu den sensomotorischen Verbindungen war ein „Dynamo" psychischer Energien und von Aufmerksamkeit gefunden, wie ihn die Psychologie schon vorher als Grundlage von Aktivierung und Emotion postuliert hatte. Kurz danach veröffentlichten Olds u. Milner (1952, s. Kap. 25) einen für die gesamte Psychologie bahnbrechenden Befund: die Existenz von Hirnstrukturen, welche die *Richtung* unseres Verhaltens bestimmen. „Lustzentren" wurden sie anfänglich von Olds genannt: Die anatomisch-physiologische Grundlage für die schon seit Jahrzehnten von den Lernpsychologen, speziell B. F. Skinner, betonte überragende Bedeutung der unmittelbaren positiven und negativen Konsequenzen unseres Verhaltens war gefunden.

Ergebnisse der Neurochemie. Die *Neurochemie des Verhaltens* bildet den Abschluß dieser Entwicklung. Nachdem 1921 die chemische synaptische Übertragung (s. Kap. 13) von Otto Loewi beschrieben worden war, gelang nach dem 2. Weltkrieg, v. a. durch Sir John Eccles und seine Mitarbeiter, die Aufklärung der synaptischen Überträgerstoffe und -mechanismen. Mit der Entwicklung zunehmend präziser chemischer Analysemethoden kam es zu einer „Forschungslawine", die den Fortschritt der letzten Jahre trägt. Die gezielte chemische Beeinflussung des Gehirns eröffnete auch der ***Psychopharmakologie*** neue Möglichkeiten: bis in die 60 er Jahre konnte man sich die Effekte der oft zufällig entdeckten Pharmaka auf psychische Störungen kaum erklären. Die Entschlüsselung von Transmitter- und Neuromodulatorsystemen im Gehirn erlaubt zunehmend gezieltere chemische Beeinflussung einzelner Hirngebiete und spezifischer Verhaltensweisen (Kap. 13, 14, 26).

Nicht nur der Chemismus des Gehirns rückte ins Zentrum des Interesses, sondern auch das Zusammenwirken des Gehirns mit dem ***Hormonsystem*** und dem ***Immunsystem*** (Kap. 4, 5, 6). Diese peripheren physiologischen Strukturen beeinflussen und steuern Verhalten ebenso wie sie von Verhalten, Denken und Fühlen mitreguliert werden.

Einblicke durch bildgebende Verfahren. Schließlich wurden die Methoden der nichtinvasiven Messung menschlicher Gehirntätigkeit durch die sogenannten ***bildgebenden Verfahren*** auf bisher ungeahnte Weise erweitert (s. Kap. 21, 27). Mit den bildgebenden Methoden können wir ohne chirurgischen Eingriff die Arbeitsweise des menschlichen Gehirns während Denken und Fühlen am Computerbildschirm beobachten (Abb. 1-1). In den nächsten Jahrzehnten werden durch die Entwicklung von supraleitfähigen Materialien (die keinen elektrischen Widerstand haben) die Kosten für die z. Zt. sehr teuren bildgebenden Verfahren sinken und damit eine breite Anwendung der bildgebenden Technologien in der Biologischen Psychologie möglich sein. Vor allem die ***Magnetoenzephalographie*** (MEG) und die ***funktionelle Magnetresonanztomographie*** (fMRI, s. Kap. 21) erlauben nichtinvasive Einblicke in kortikale und subkortikale Hirnbereiche mit bisher nicht gekannter örtlicher und zeitlicher Präzision und *ergänzen* damit die klassischen Methoden der Biologischen Psychologie. Die Biologische Psychologie ist ja wie alle biologisch-naturwissenschaftlichen Disziplinen in ihrer Entwicklung eng an die Fortschritte von elektronischer Technik und Mikrobiologie gekoppelt.

1.3 Verhalten und Gehirn

Zum Leib-Seele-Problem ist festzuhalten, daß psychische Prozesse und Verhalten vollständig und ausschließlich von der Hirntätigkeit abhängig sind

Seit dem Altertum haben sich die philosophischen Positionen zu der Frage, *wie* Gehirn und psychisches Erleben zusammenhängen, kaum verändert. Durch die Entdeckungen der Neurowissenschaften in den letzten Jahrzehnten ist die Diskussion darüber wieder neu entbrannt. Vor allem die psychologischen Konsequenzen der Split-Brain-Operationen (Kap. 22, 27) haben den alten Gegensatz zwischen *materialistischen* und *mentalistischen Konzepten* der Beziehungen zwischen Hirn und Verhalten wiederbelebt. Während die einen die *vollständige Abhängigkeit* psychischen Erlebens und Verhaltens von neuronalen Prozessen betonen oder aber die Existenz mentaler Prozesse leugnen, behaupten die andern die eigenständige Existenz psychischen Erlebens: psychisches Erleben könne auf die neuronalen Prozesse wirken („*downward causation*" des *Interaktionismus*) [5, 7].

„Zwischen dem Erregungsgeschehen im Gehirn und dem bewußten Erleben besteht eine so enge und feste kausale Beziehung, daß das letztere in seiner Existenz und in allen seinen Eigenschaften vom ersteren abhänge, die Hypothese behauptet aber außerdem, daß dieser Zusammenhang nur in *einer* Richtung gegeben sei, nämlich in derjenigen vom Physischen zum Psychischen: das bewußte Erleben könne nicht auf die Erregungsprozesse wirken oder neue Erregungen erzeugen, weil es selbst von Erregungsvorgängen abhängig sei und ohne diese überhaupt nicht existiere" [6].

Die Vertreter des mentalistischen Interaktionismus dagegen gehen davon aus, daß psychische und neuronale Phänomene einander gar nicht entsprechen könnten, da ja psychisches Erleben nicht aus Atomen, Molekülen und deren Kräfteverhältnissen bestehe. Die Wirkung psychischen Erlebens – vor allem auf die Hirnrinde [5] – würde die plötzliche Entstehung von neuen Gedanken und produktiv-erfinderisches Handeln erklären.

Wie in Kap. 22 dargestellt wird, gehen wir heute von verschiedenen, heterogenen Bewußtseinsformen aus, die *vollständig* an Hirnprozesse gebunden sind. Deshalb können wir aus bewußten Vorgängen und unbewußter Informationsverarbeitung mit einigen methodischen Einschränkungen auf die zugrundeliegenden Hirnprozesse schließen. Wie wir in Kap. 22 sehen werden, besteht kein qualitativer Unterschied in den Hirnprozessen zwischen bewußten und nichtbewußten psychischen Vorgängen. Bewußtsein benötigt im Vergleich zu unbewußten Zuständen eine stärkere neuronale Aktivierung in größeren Neuronenverbänden, Selbstbewußtsein und Introspektion („bewußte Qualia") erfordern zusätzlich Erregungsrückkopplungen („backpropagation") zwischen den primären und sekundären sensorischen Projektionsarealen und den Sprachregionen. Das Zentralnervensystem (ZNS) darf aber nicht als isolierte biologische Größe betrachtet werden, das psychisches Erleben und Verhalten „hervorbringt", sondern als ein in *ständigem Austausch* mit den Umweltgegebenheiten, den übrigen Körpersystemen und den vererbten Eigenschaften befindliches dynamisches System.

Neuronale Ensembles oder dynamische Knotenpunkte von Nervenerregungen liegen Verhalten, Denken und Fühlen zugrunde

Definition neuronaler Zellensembles (dynamischer Knotenpunkte). Je mehr wir über das ZNS wissen, um so genauer können wir jene Hirnstrukturen und peripheren Systeme beschreiben, die für ein bestimmtes

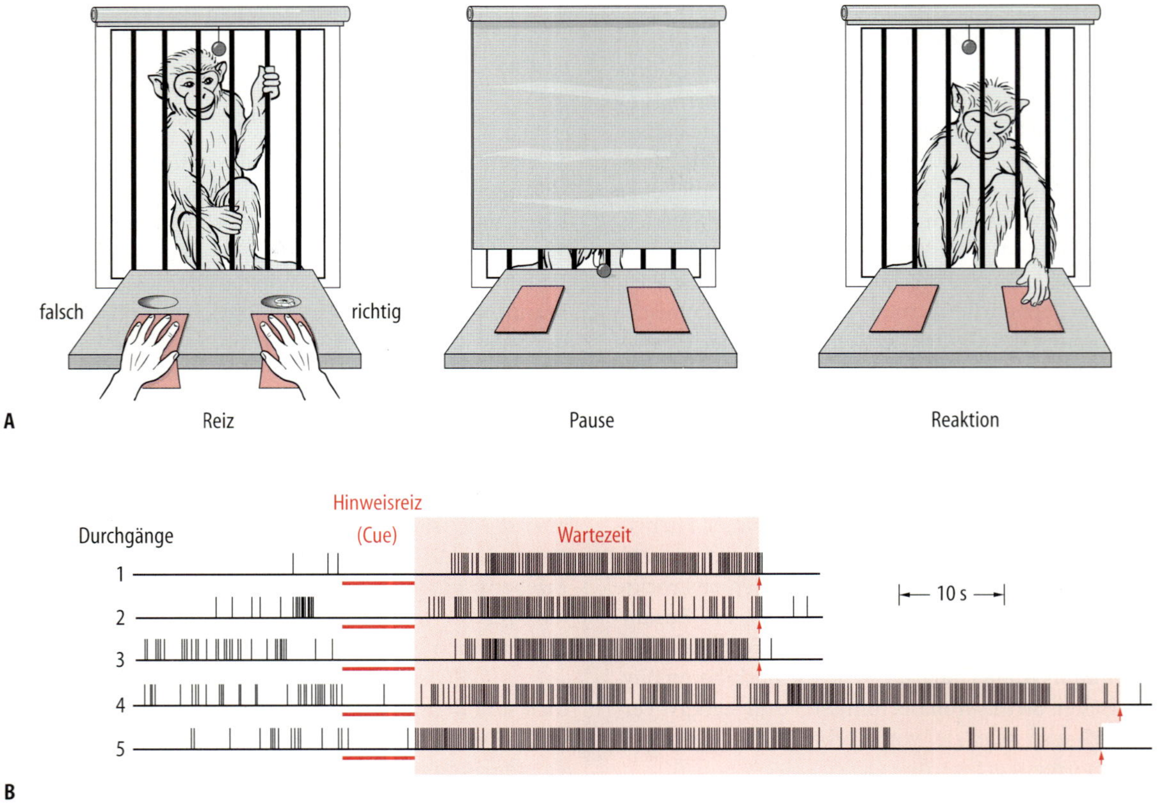

Abb. 1-2. A Um bei Primaten die Wirkweise des Arbeitsgedächtnisses und somit mentale Prozesse zu untersuchen, eignen sich Gedächtnistests wie der oben demonstrierte. Dem Affen wird kurz der relevante Gegenstand, das Zielobjekt, gezeigt – hier ein Leckerbissen (**A**, *links*). Danach muß er warten und darf währenddessen das Objekt nicht sehen (**A**, *Mitte*). Dann erst kann er sich den Leckerbissen holen, muß sich allerdings aus dem Gedächtnis für den richtigen Napf entscheiden (**A**, *unten*). **B** Aktivität einer Nervenzelle im praefrontalen Kortex des Affen (Kap. 27). Jeder *vertikale Strich* ist ein Aktionspotential (Kap. 12), was das „Feuern" der Zelle anzeigt. Fünf Durchgänge einer verzögerten Reaktionsaufgabe sind gezeigt (*links*). Die Warte-Verzögerungszeiten waren 32, 32, 32, 67 und 65 s (von *oben* nach *unten*). Der Hinweisreiz (*cue*) ist mit einer durchgezogenen Linie eingezeichnet. Das Verzögerungsintervall in jedem Durchgang folgt unmittelbar auf den Hinweisreiz und endet beim *Pfeil*. Beachten Sie, daß die Nervenzelle stärker während der Wartezeit feuert als vor Beginn jedes Durchgangs. **A** aus P. S. Goldman-Rakic: Das Arbeitsgedächtnis. In: W. Singer (Hrsg.) Gehirn und Bewußtsein. Spektrum Verlag, Heidelberg 1994; **B** nach Fuster, J. M. und Alexander, G. E.: Neuron activity related to short-term-memory. Science 173: 652–654, 1971. Mit freundlicher Genehmigung

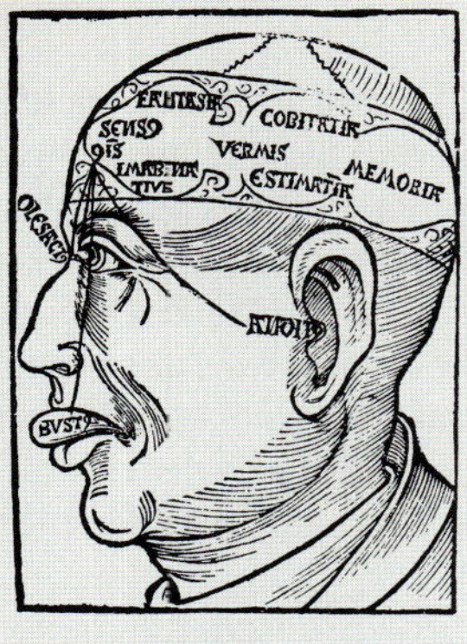

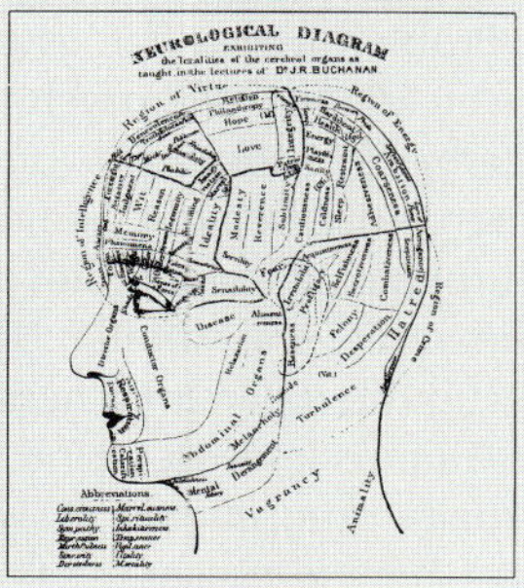

BOX 1–2

Auswüchse des Lokalisationismus

Vom klassischen Altertum, angeregt durch die Schriften von Galen (ca. 130–200 a. D.) bis ins 17. Jahrhundert wurden die Hirnventrikel als Sitz der seelischen Funktionen angesehen (s. Abb. *oben* aus dem Jahre 1497 von Hieronymus Brunschwig). Selbst der sonst so aufgeklärte Leonardo da Vinci sah die Ventrikel als Hauptort der Hirnaktivität. Anfang des 19. Jahrhunderts entwickelte der österreichische Arzt und Anatom Franz Josef Gall die *Phrenologie*. Dabei werden psychische Funktionen bestimmten Hirnabschnitten zugeschrieben, die sich wie Abdrücke in den Schädelknochen wiederfinden (s. Abb. *unten*). Erst gegen Mitte des Jahrhunderts wurde durch Experimente des französischen Physiologen Marie-Jean-Pierre Flourens (1794–1867) die Phrenologie widerlegt. Allerdings verfiel Flourens in dieselbe Radikalität wie Gall und behauptete *Equipotentialität* im Gehirn, d. h. alle Hirnteile können alle Funktionen übernehmen (s. Kap. 24). Die Diskussion des 19. Jahrhunderts ist heute erneut aktuell. Durch die Entwicklung von örtlich hoch auflösenden bildgebenden Verfahren (s. Abb. 1-1 und Kap. 21) wird fälschlich eine präzise Lokalisation von psychischen Funktionen vorgetäuscht, die bei direkter dynamischer Registrierung der elektrochemischen Abläufe im Gehirn so nicht nachvollziehbar ist (s. Kap. 21).

Verhalten verantwortlich sind. Die Kontroverse zwischen ***Lokalisationismus*** (jedem Verhalten ein *„Hirnzentrum"*) und ***Antilokalisationismus*** (komplexes Verhalten ist nicht in einigen wenigen Hirnzentren lokalisierbar) scheint heute durch die Fakten beendet zu sein: Verhalten ist von der Funktionstüchtigkeit anatomisch oft weit auseinanderliegender Nervennetze abhängig, deren Verbindungen, Überträgerstoffe und morphologischer Aufbau äußerst heterogen sein können. Solche verhaltensspezifische ***Nervennetze*** sind in ihrer eigenen Aktivität von der Gegenwart spezifischer ***Umweltsituationen*** abhängig und von diesen und ihren Konsequenzen modifizierbar (*Plastizität des Gehirns,* s. Kap. 24). Wir sprechen deshalb nicht mehr von einem *„Hirnzentrum"*, sondern von *dynamischen Knotenpunkten* für ein bestimmtes Verhalten [4] oder von ***neuronalen Ensembles*** (neuronal assemblies, [3]). Unter einem neuronalen Zellensemble versteht man eine Ansammlung von Nervenzellen, die miteinander erregend (exzitatorisch) stärker verknüpft sind als die sie umgebenden Zellstrukturen und die für ein bestimmtes Verhalten verantwortlich sind: der Grad der Verknüpfung dieser elementaren Einheiten wird durch Lernen mitbestimmt (s. Kap. 24).

Arbeitsweise von Neuronenensembles während Verhalten. Als Beispiel für die Abhängigkeit der Aktivität des ZNS von spezifischen psychologischen Bedingungen sei hier ein neuronales Ensemble im *praefrontalen,* vordersten Abschnitt der Großhirnrinde genannt (s. Kap. 27). In Abb. 1–2 A, B sind 5 Durchgänge eines Lernexperiments gezeigt, in denen das Tier mit einer Reaktion *warten* mußte. Vor dem Versuch hat es gelernt, daß sein Futter unter einem von mehreren Objekten versteckt sein kann. Der Versuchsleiter (Vl) zeigt dem Versuchstier (Affe), wo er das Futter versteckt, dann senkt er eine undurchsichtige Platte vor die Objekte. Nach 30–60 s, während das Tier warten und den Ort des Verstecks im Gedächtnis behalten muß, hebt der Vl die Platte und das Tier soll das Futter unter dem richtigen Objekt ergreifen. Diese Versuchsanordnung wird *Verzögerte-Reaktionsaufgabe* (delayed response task) genannt. In Abb. 1–2 B ist die Erregung einer Zelle im frontalen Hirnabschnitt während der Aufgabe gezeigt: Jeder vertikale Strich bedeutet eine Entladung der Einzelzelle (Kap. 12). Diese Zelle ist primär in der *Wartezeit erregt,* während der aktuellen Senkung der Platte (cue) ist sie gehemmt. Das neuronale Ensemble, dem diese einzelne Zelle angehört, reagiert also *spezifisch* auf die *Umweltsituation* „Warten". Andere Zellen außerhalb des frontalen Nervennetzes zeigen kein entsprechendes Erregungsverhalten. Die Aktivität einer einzelnen Zelle reicht aber nicht aus, um das Verhalten „Warten" zu ermöglichen. Viele Zellen müssen gleichzeitig *(synchron)* dasselbe Entladungsmuster zeigen, damit ein bestimmtes Verhalten oder eine Denkleistung entsteht. Es liegt die Annahme nahe, daß dieses frontale neuronale Ensemble mit der Erinnerung an das versteckte Objekt zu tun hat. – Auch am Menschen sind ähnliche Phänomene beobachtbar: nach Zerstörung der frontalen Hirnteile können viele dieser Patienten Aufgaben mit längeren Warteperioden nicht mehr lösen. Andere Verhaltensweisen sind dagegen relativ ungestört (s. Kap. 27).

ZUSAMMENFASSUNG

Die Biologische Psychologie untersucht die Zusammenhänge zwischen Verhalten und den physiologischen Vorgängen des Körpers. Die Physiologische Psychologie als Subdisziplin der Biologischen Psychologie befaßt sich wie die Neuropsychologie mit der Beziehung zwischen Gehirn und Verhalten.

Die Geschichte der Biologischen Psychologie in den deutschsprachigen Ländern ist durch Pionierleistungen in der Forschung bis 1933 gekennzeichnet. Von 1933 bis 1945 mußten die prominenten Vertreter der Biologischen Psychologie emigrieren; das Fach erholt sich im internationalen Vergleich nur langsam von diesem Schlag.

Nach dem Zweiten Weltkrieg war die Entwicklung der Biologischen Psychologie vorerst durch die Konzeption von „unspezifischen" Hirnsystemen, verantwortlich für Bewußtsein und Verstärkungslernen, gekennzeichnet. In den letzten 30 Jahren rückte eine neurochemische und molekulare Sichtweise der Nervenvorgänge und des psychischen Erlebens in den Vordergrund. Durch die Entwicklung neuer nichtinvasiver Meßmethoden der Hirntätigkeit („Imaging") wird aber wieder zunehmend klar, daß eine rein „atomistisch-molekulare" Betrachtungsweise der Hirntätigkeit zur Erklärung von Verhaltensweisen nicht ausreicht.

Die Neurowissenschaften haben das Leib-Hirn-Seele-Problem zwar nicht gelöst, aber klar aufweisen können, daß psychische Vorgänge und Verhalten *vollständig* von den elektrochemischen Prozessen des Gehirns abhängig sind. Neuronale Zell-Ensembles aus vielen eng miteinander verschalteten Nervenzellen, die an bestimmten dynamischen Knotenpunkten des Gehirns lokalisiert sind, liegen Denken und Verhalten zugrunde.

Literatur

Weiterführende Lehr- und Handbücher

1. Birbaumer N (1975) Physiologische Psychologie. Springer, Berlin Heidelberg New York
2. Groves PM, Rebec GV (1992) Introduction to biological psychology, 4th edn. Dubugue, Brown Publisher, Iowa
3. Hebb DO (1949) The organization of behavior. Wiley, New York
4. Luria A (1970) Die höheren kortikalen Funktionen und ihre Störungen bei örtlichen Hirnschädigungen. VEB Deutscher Verlag der Wissenschaften, Berlin
5. Popper K, Eccles JC (1977) The self and its brain. Springer, Berlin Heidelberg New York
6. Rohracher H (1967) Die Arbeitsweise des Gehirns und die psychischen Vorgänge. Barth, München
7. Schlick M (1979) Allgemeine Erkenntnislehre. Suhrkamp Taschenbuch, Frankfurt (Neudruck)
8. Schmidt RF, Thews G, Lang F (Hrsg) (2000) Physiologie des Menschen. 28. Auflage. Springer, Berlin Heidelberg New York
9. Wundt W (1874) Grundzüge der physiologischen Psychologie. Engelmann, Leipzig

Einzel- und Übersichtsarbeiten

10. Birbaumer N (1987) Funding in psychology in the Federal Republic of Germany: past and present. Vortrag auf der Jahrestagung der American Psychological Association (APA), New York. Manuskript beim Autor.
11. Birbaumer N, Schlottke P (1984) Klinische Psychologie. Ausweitung? Reduktion? Elimination? In: Michaelis W, Stephan E (Hrsg.) Ausbildungsreform Psychologie
12. Davis HP, Elkins C, Rosenzweig MR (1987) The role of physiological psychology in neuroscience. Neurosci Newslett 18 (1):6–7
13. Wissenschaftsrat. Forschung in Psychologie. Bonn: Publikationen der Deutschen Forschungsgemeinschaft

2 Vererbung, Umwelt und Verhalten

EINLEITUNG

Alle Lebewesen bringen nur ihresgleichen als ihre Nachkommen zur Welt, auch die Menschen also nur Menschen, wobei die Nachkommenschaft ihren Eltern jeweils mehr gleicht als die Kinder anderer Eltern. Diese über Generationen andauernde Weitergabe ähnlicher Merkmale bezeichnen wir als Vererbung. Die Eltern statten ihre Nachkommen also mit einer kodierten Form von Erbeinheiten aus, die wir als Gene bezeichnen. Jeder Mensch besitzt vermutlich um die 100 000 Gene, die zusammengefaßt sein Genom bilden. Das Genom besteht jeweils zur Hälfte aus väterlichen und mütterlichen Genen, und dies ist der wesentliche Grund dafür, daß die Nachkommen nicht nur Ähnlichkeit, sondern auch Variabilität aufweisen. Die genetisch bedingte Individualität kann durch Lernen und Umwelteinflüsse weiter angeregt oder verändert werden. Umgekehrt beeinflussen wir mit unseren vererbten Eigenschaften unsere Umwelt wie auch die unserer Nachkommen. Wie in diesem Kapitel zu zeigen sein wird, sind viele physiologische Reaktionen und Verhaltensweisen, sowie physische und psychische Erkrankungen durch eine Kombination von Genkonfigurationen und Umwelteinflüssen bedingt.

Verhalten ist stets auf das Zusammenwirken von Erbanlagen und Umwelteinflüssen rückführbar

Die Frage, ob und wie stark ein bestimmtes Verhalten von Umgebungsfaktoren und von genetischen Faktoren abhängt, kann heute für viele Verhaltensweisen empirisch beantwortet werden. Trotzdem wird besonders bei der Diskussion von Intelligenz und Persönlichkeitseigenschaften das „Entweder-Oder", ***„Nature (Erbe) or Nurture (Umwelt)"*** leidenschaftlich verteidigt. Auseinandersetzungen dieser Art haben häufig ihre Wurzel in der Unkenntnis der klassischen und molekularen Genetik. Meist wird dabei unausgesprochen von der falschen Annahme ausgegangen, daß Erbfaktoren zumindest innerhalb einer Lebensspanne unveränderbar sind, während Umgebungseinflüsse modifizierbar sind.

Nicht erst im Zeitalter der ***Gesamtkartierung des menschlichen Genoms***, der ***Klonierung*** von DNA-Segmenten (s. u.) und anderen Manipulationen am Genom sind Wirkungen von Genen beeinflußbar und steuerbar. Auch die triviale Feststellung, daß praktisch alle Genwirkungen auf Verhalten bestimmte Umgebungs- und Entwicklungsfaktoren benötigen, um sich überhaupt entfalten zu können, sollte vor allem die Vertreter von Umwelttheorien von der Unauflösbarkeit von Anlage und Umwelt überzeugen.

Der neugeborene Säugling beherrscht zwar die einzelnen Bewegungselemente des Saugens (Mund spitzen, Lippen schließen etc.) angeborenermaßen, um aber die Milch aus der Brust der Mutter oder dem Fläschchen zu erhalten, muß er zu ihr hingeführt werden und er lernt die notwendigen Schluck- und Saugbewegungen erst nach einigen Versuch- und Irrtum-Durchgängen. ***Selbst einfache Verhaltensweisen,*** wie z. B. Gehen, deren elementare motorische Untereinheiten (z. B. Zehen anheben) nicht gelernt werden müssen, ***erfordern spezifische Anregung durch die Umgebung.***

Unter besonderen Umständen ***dominiert das gelernte Verhalten über das ererbte.*** So berichten die anekdotischen, aber gut dokumentierten Fälle von Kindern, die von Tieren aufgezogen wurden [24], daß die Kinder auf allen Vieren liefen, obwohl der genetisch fixierte Bau der menschlichen Gelenke dafür nicht geschaffen ist. Ein weiteres, sehr bekanntes Beispiel ist ***Kaspar Hauser***, ein vermutlich seit seiner Geburt in Isolation aufgezogener Mensch im 18. Jahrhundert, der nach seiner Befreiung Schwierigkeiten hatte, Sprache und soziales Verhalten zu erlernen.

Andererseits scheint ***relativ komplexes emotionales Verhalten*** beim Menschen, wie Lachen oder Weinen, ***keine spezifische Stimulation zu benötigen,*** es kommt auch bei taubstummen und blindgeborenen Kindern vor. Der Umgebungseinfluß ist auf manche Charaktereigenschaften oft erstaunlich gering, ihr genetischer Anteil sehr hoch, obwohl sie meist nicht auf Nachkommen vererbt werden (s. S. 25).

Bevor wir uns mit der Erblichkeit von Verhalten, der ***Verhaltensgenetik*** beschäftigen, müssen wir kurz die Prinzipien der Vererbung besprechen. Ohne die Kenntnis der Grundprinzipien der Genetik können wir die *Grenzen*, die sie für die Ausbildung unseres Verhaltens setzt, nicht verstehen.

2.1 Klassische Genetik

Der Augustinermönch Gregor Mendel (1822–1884) begründete mit seinen Züchtungsversuchen mit reinerbigen Rassen von Gartenerbsen die moderne Genetik

Reinrassige Gartenerbsen *(Pisum sativum)* haben verschiedene erbliche Eigenschaften, vom Genetiker ***Merkmale*** genannt, beispielsweise die Farbe der Blüten und der Samen, *die bei der Selbstbefruchtung unverändert weitergegeben werden.* Mendel führte aber nun wechselseitige Befruchtungen, also Paarungen oder Kreuzungen zweier Rassen mit unterschiedlichen Merkmalen durch, so z. B., wie in Abb. 2–1 illustriert, von Erbsen mit gelben und grünen Samen. Dies wird ***Hybridisierung*** genannt, in diesem Fall ist es eine ***monohybride Kreuzung,*** da nur ein einziges Merkmal, die Samenfarbe, studiert wird.

Die reinerbigen Elternpflanzen werden als ***P-Generation*** (P für parental, elterlich) bezeichnet, die hybriden Nachkommen als ***F_1-Generation*** (erste Filial- oder Tochtergeneration). Läßt man bei dieser Generation Selbstbefruchtung zu, so entsteht die ***F_2-Generation*** (2. Filialgeneration). Bei diesen Experimenten kam Mendel zu dem zunächst überrraschenden Befund, daß in der F_1-Generation alle Samen gelb waren (Abb. 2–1), in der F_2-Generation jedoch die Samen zu 75 % gelbe und zu 25 % grüne Färbung hatten.

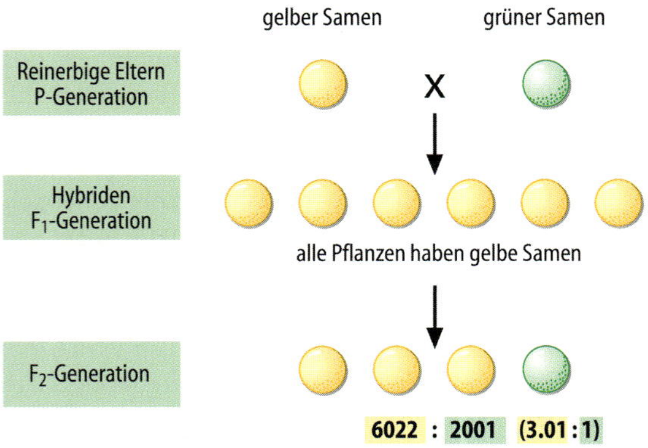

Abb. 2–1. Monohybride Kreuzung: Mendels Grundversuch der Vererbung zwischen reinerbigen Elternpflanzen, die sich in einem Merkmal, der Samenfarbe (gelbe bzw. grüne Erbsensamen) unterscheiden. Die Paarung der beiden reinrassigen Sorten (P-Generation für parental) wird Kreuzung oder Hybridisierung genannt (Symbol **x**). Sie führt in diesem Fall in der ersten Tochtergeneration (F_1-Generation, F für *Filia)* ausnahmslos zu gelben Erbsensamen. Selbstbestäubung der F_1-Generation führt in der F_2-Generation zu 3/4 gelben und 1/4 grünen Samen (die angegebenen Zahlen stammen aus Mendells Veröffentlichung)

Mendel schloß aus seinen Ergebnissen, daß jedes Merkmal (Gen) in jeder Zelle als ein Paar vorliegt und je einer dieser beiden Anteile, Allel genannt, auf die Nachkommenzelle übertragen wird, wobei es dominate (hier: gelb) und rezessive Allele gibt

Allelaufteilung und Spaltungsregel. Ohne etwas über Chromosomen (s. u.) zu wissen, leitete Mendel aus Versuchen in Art der Abb. 2–1 ab, daß jeder Organismus für jedes Merkmal 2 Allele besitzt, je eines von jedem Elter und daß diese alternativen Zustandsformen, also die ***Allele, jeweils getrennt*** auf die Nachkommen übertragen werden. *Diese „Spaltung“ bewirkt die genetische Variabilität bei Erbmerkmalen.* Sie wird daher auch Mendels „Gesetz“ der ***Spaltungsregel*** genannt.

Dominante und rezessive Allele. Wie das Wiederauftauchen grüner Samen in der F_2-Generation zeigt, war

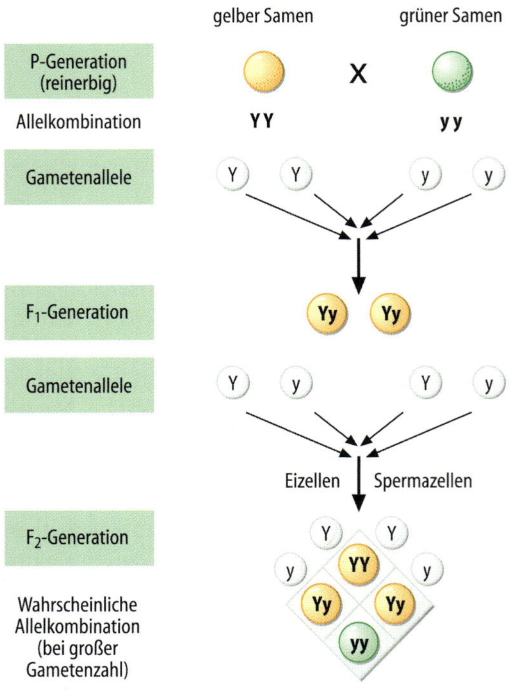

Abb. 2–2. Mendels Grundversuch der Abb. 2–1 eines dominant-rezessiven Erbgangs, aber unter Berücksichtigung der beteiligten Allele. Das Allel für gelbe Erbsen (Y) ist dominant, das für grüne rezessiv (y). Jede reinerbige Parentalerbse besitzt identische Allele, entwedere YY (gelbe Samen) oder yy (grüne). Von jedem Elter wird ein Allel eines Gens (Kreise) vererbt, so dass die F_1-Generation alle die Kombination Yy und damit eine gelbe Farbe erhalten. Deren Allele mischen sich dann in der nächsten Generation so, daß die unten gezeigten Genkombinationen auftreten. Das dort gezeigte Quadrat wird Punnett-Schema genannt, ein Hilfsmittel, um alle möglichen Kombinationen von Allelelen bei den Nachkommen zu ermitteln. In diesem Fall liegen die Genotypen YY einmal, Yy zweimal und yy wiederum einmal vor, was sich im Phänotyp in drei gelben und einem grünen Erbsensamen äussert. Die in Abb. 2–1 und 2–2 gezeigte Züchtungsergebnisse liessen Mendel seine Spaltungsregel formulieren

dieses Allel bei der Hybridisierung nicht verlorengegangen, es konnte sich lediglich in der F_1-Generation nicht gegen das gelb-Allel durchsetzen. Das gelbe Allel ***dominierte*** also über das ***rezessive*** grüne, ohne daß, wie die F_2-Generation zeigt, das grüne Allel „verloren ging". Es ist vielmehr so: wenn beide Allele unterschiedlich sind, wird immer nur das dominante Allel voll exprimiert; das andere, das rezessive Allel, zeigt keinerlei Ausprägung. Es handelt sich also um einen ***dominant-rezessiven Erbgang.***

Genotyp und Phänotyp. Die Abb. 2–2 zeigt den monohybriden Erbgang der Abb. 2–1 mit den dominanten gelb-Allelen (Y für engl. *yellow*) und den rezessiven grünen (y). Von jedem Elter wird je ein Allel vererbt, so daß in der F_1-Generation jede Erbse die Kombination Yy erhält und dadurch gelb erscheint. In der zweiten Generation haben jedoch ein Viertel der Nachfahren die Allele yy und erscheinen daher grün. Wegen der Dominanz oder Rezessivität der Allele entspricht daher das äußere Erscheinungsbild eines Organismus, also sein ***Phänotyp,*** nicht immer seinen genetischen Anlagen, also seinem ***Genotyp.*** Dies wird auch durch das ***Punnett-Quadrat*** unten in der Abb. 2–2 deutlich.

Heterozygote und homozygote Allelpaare. Liegen in einer Zelle beide Allele einheitlich vor, also im Beispiel der Abb. 2–2 die Paarungen YY und yy, so ist die Zelle für dieses Merkmal ***homozygot,*** im anderen Fall (Yy) ist sie ***heterozygot.*** Wie eben schon gesagt, ist der Phänotyp der Allelpaare YY und Yy wegen der Dominanz des Y-Allels gleich (s. vorigen Absatz).

Mehrere Merkmale werden unabhängig voneinander nach den Gesetzen der Wahrscheinlichkeit vererbt: Mendels Unabhängigkeitsregel

Mendel erschloß diese Regel aus der Tatsache, daß bei der Kreuzung von Pflanzen, die sich in 2 Merkmalen unterscheiden, z. B. bei der ***dihybriden Kreuzung*** von Erbsen der Form rund-gelb, rund-grün, runzelig-gelb, runzelig-grün, zwar in der F_1-Generation die Phänotypen alle gleich sind (in Abb. 2–3 rund-gelb, da YR dominant ist), in der F_2-Generation aber in einem bestimmten Verhältnis auftreten. Die Phänotypen der F_2-Generation sind, wie in Abb. 2–3 im Punnet-Quadrat zu sehen, 9:3:3:1 verteilt (9 rund-gelb, 3 rund-grün, 3 runzelig-gelb, 1 runzelig-grün).

Bei einer genügend großen P- und F1-Generation tritt jede mögliche Kombination auf, woraus man schließen muß, daß die Allele der Eltern aufgespalten werden und in der F_2-Generation nach den Regeln der Wahrscheinlichkeit (also wie z. B. beim Würfelspiel) neue Kombinationen der Elterngenotypen auftreten. Das reale Verhältnis spiegelt nur die Rezessivität, bzw. Dominanz der einzelnen Allele wider.

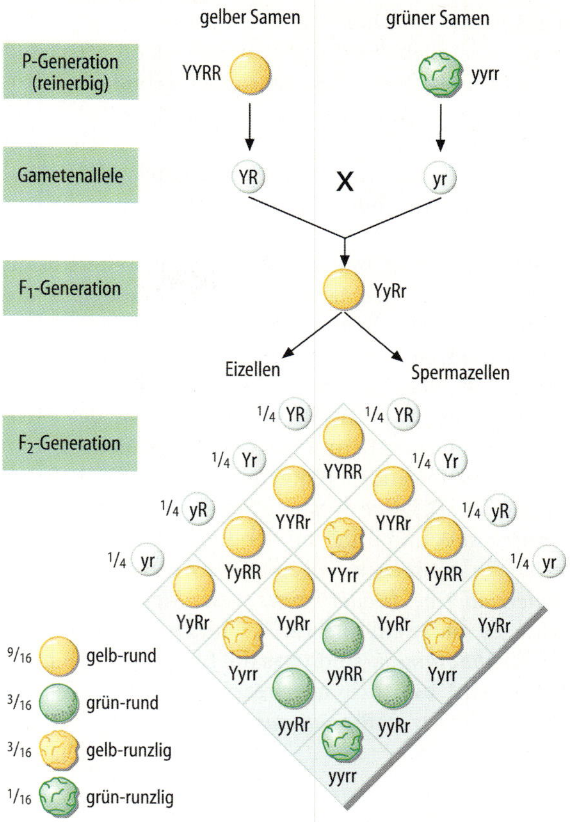

Abb. 2–3. Dihybride Kreuzung: Mendels Grundversuch der Vererbung zwischen reinerbigen Elternpaaren, die sich in zwei Merkmalen, Samenfarbe und Samenform, unterscheiden. Die Allele für gelb (Y) und glatt (R, engl. *round)* sind dominant. Es resultieren daher in der F_1-Generationen ausschliesslich gelbe, glatte Erbsen (Allele YyRr). Das Punnett-Quadrat für die F_2-Generation zeigt, daß es dort zu einer) 9:3:3:1 Aufspaltung der Phänotypen kommt. Dieses Versuchsergebnis zeigt, daß die beiden Merkmale unabhängig voneinander vererbt werden, was als Mendels Unabhängigkeitsregel bezeichnet wird

Spaltungs- und Unabhängigkeitsregel müssen ergänzt werden: viele Gene werden gekoppelt vererbt, und Allele können unvollständig dominant oder gleich dominant sein

Gekoppelte Gene. Mendel hatte glücklicherweise Merkmale untersucht, deren Gene auf verschiedenen Chromosomen lagen und für die die Unabhängigkeitsregel uneingeschränkt gilt. Es hat sich später herausgestellt, daß viele Gene, die benachbart oder nahe auf einem Chromosom liegen, gemeinsam vererbt werden („***Linkage***", Kopplungsgruppe). Die Vererbung solcher gekoppelter Gene ergibt Resultate, die anders sind als von der Unabhängigkeitsregel erwartet.

Unvollständige Dominanz. In den Mendelschen Versuchen mit insgesamt 7 Merkmalen war – wiederum glücklicherweise – jedes Merkmal durch ein Gen bestimmt, für das es zwei Allele gab, ein vollständig dominantes und ein vollständig rezessives. Diese Bedingungen erfüllen keineswegs alle Erbmerkmale und deswegen sind die Beziehungen zwischen Genotyp und Phänotyp im allgemeinen nicht so einfach. So zeigen z.B manche F_1-Hybriden ein Erscheinungsbild, daß zwischen den beiden elterlichen Phänotypen liegt. Also beispielsweise eine rosarote Blütenfarbe bei Kreuzung eines roten Löwenmäulchens mit einem weißen. Dies nennt man einen ***intermediären Erbgang.***

Kodominanz und multiple Allele. Eine weitere Komplikation ergibt sich daraus, daß ***beide Allele gleich dominant*** sein können und daher beide unabhängig voneinander ihren Phänotyp exprimieren. Auch kommen viele, wenn nicht die meisten Gene, in mehr als 2 allelen Formen vor. Das ABo-Blutgruppensystem des Menschen ist ein gutes Beispiel für beides: Ein Mensch kann eine der 4 folgenden Blutgruppen besitzen: A, B, AB oder o (Null). Diese Symbole beziehen sich auf 2 Kohlenhydrate A und B, die auf der Membran der Erythrozyten vorkommen, *wobei ein Mensch das eine oder das andere oder beide oder keines dieser Moleküle besitzen kann.* Es gibt je ein Allel für A, B und o, wobei die ***für A und B kodominant*** sind (was die Blutgruppe AB möglich macht), das für o aber rezessiv zu beiden ist *(die Blutgruppe o tritt also nur auf, wenn beide o-Allele vorliegen).*

Viele Gene haben mehrfache phänotypische Auswirkungen, andere Gene verändern die phänotypischen Wirkungen von Genen, und mehrere Gene können ein Kontinuum der Ausprägung, z. B. bei der Körpergröße des Menschen, bewirken

Pleiotropie. Bisher wurde davon ausgegangen, daß ein Gen jeweils nur eine phänotypische Wirkung – also z. B. die Gelbfärbung des Erbsensamens – hat. In Wirklichkeit ist es aber meistens so, *daß ein Gen in vielfältiger (pleion griechisch „mehr") Weise den Phänotyp eines Organismus zu beeinflussen vermag.* So ist bei der dominant-rezessiv vererbten ***Sichelzellanämie*** der Afro-Amerikaner nur eine einzige Aminosäure im Blutfarbstoff Hämoglobin ausgetauscht, aber dies führt (bei homozygoten Trägern) bei Sauerstoffmangel (z. B. starke körperliche Anstrengung) zur Sichelzellbildung der Erythrozyten mit erheblichem Funktionsverlust. Wiederum als deren Folge kommt es zu einer Kaskade von z.T. schweren Krankheitssymptomen (u.a. Herzversagen, Hirnschäden mit Lähmungen, Rheumatismus).

Epistase. Es kommen auch Gene vor, *die die phänotypische Ausprägung anderer Gene verändern, also in gewisser Weise kontrollieren* können *(epistateo* griechisch „die Aufsicht haben"). So ist bei vielen Säugetieren die schwarze Fellfarbe dominant über die braune. Es gibt aber gleichzeitig ein weiteres Gen, das bestimmt, ob überhaupt Pigment in die Haare eingelagert wird oder nicht. Ist das Tier homozygot rezessiv für dieses Gen, wird kein Pigment eingelagert und es resultiert ein ***Albino*** unabhängig von der Allelkombination für die schwarze oder braune Fellfarbe.

Polygene Vererbung. Mendel (wiederum glücklicherweise oder war es geniale Weitsicht?) untersuchte nur Merkmalspaare mit „Entweder-oder-Ausprägung". Es gibt aber eine große Zahl von Merkmalen, z. B. die Hautfarbe oder die Körpergröße des Menschen, bei denen eine solche Entweder-oder-Klassifizierung nicht möglich ist, weil die Merkmale in der Population ein Kontinuum bilden, also ***quantitative Merkmale*** sind. Dies deutet in der Regel darauf hin, daß 2 oder mehr Gene an der phänotypischen Ausprägung beteiligt sind (diese polygene Vererbung ist das Gegenteil der oben besprochenen Pleiotropie, bei der ein Gen verschiedene phänotypische Auswirkungen hat). So sind an der Hautpigmentierung des Menschen mindestens 3 unabhängige Gene beteiligt, was eine sehr weite Abstufung zwischen sehr dunkler und sehr heller Hautfarbe möglich macht (dazu kommen die Einflüsse der Umwelt).

Bevor wir uns den aus den Ergebnissen der klassischen Genetik abzuleitenden Konsequenzen für die Vererbung von Verhalten zuwenden, müssen wir die heute gültige Übersetzung der Mendelschen Entdeckungen in die molekulare Genetik kennenlernen.

2.2 Makromoleküle (Biopolymere) und die Weitergabe biologischer Information

Die drei wichtigsten Makromoleküle der Zellen sind die Polysaccharide, die Eiweiße (Proteine) und die Nukleinsäuren. Diese Makromoleküle bilden die Grundlage aller Lebensfunktionen

Polysaccharide. Die *Polysaccharide* sind von der Natur „erfundene" Zusammenlagerungen, also ***Biopolymere*** von Hunderten und Tausenden von Monosacchariden. Das zur zellulären Energiespeicherung wichtigste tierische Polysaccharid ist das aus *Glukosemolekülen* zusammengesetzte ***Glykogen.*** Ähnlich ist in den Pflanzen die ***Stärke*** das weitverbreiteste Reservekohlenhydrat (ebenfalls nur aus *Glukose* aufgebaut). Die Polysaccharide sind aber nicht nur für die Bevorratung und Bereitstellung von Energie wichtig. Sie bilden auch *Stützsubstanzen* außerhalb der Zellen. So ist die ebenfalls nur aus *Glukose* aufgebaute ***Zellulose*** der Pflanzen die auf der Erde am weitesten verbreitete organische Substanz.

Die Zucker gehen zur Bildung von Polysacchariden auch mit anderen Molekülen Verbindungen ein, so z. B. mit Eiweißen zur Bildung von ***Glykoproteinen*** und mit Fetten zu ***Glykolipiden.*** Diese haben die verschiedensten Aufgaben in und außerhalb der Zellen. Als Beispiele seien hier nur genannt, daß die Glykoproteine als ***Bestandteile der Zellmembran und des Bindegewebes*** des Menschen wichtige Funktionen erfüllen und daß es sich bei den eben schon erwähnen ***Blutgruppensubstanzen*** (s. S. 50, 51) im wesentlichen um Glykoproteine und -lipide handelt, die zu 85 % aus Sacchariden bestehen.

Proteine. Die wichtige Rolle der Eiweiße als ***Biokatalysatoren*** oder ***Enzyme*** zur Beschleunigung chemischer Reaktionen und ihr Aufbau aus Aminosäuren werden im Kapitel 5 erläutert. Daneben dienen die Proteine vor allem als ***Gerüstsubstanzen*** (in Binde- und Stützgewebe), als Strukturbestandteile zur Aufteilung des Zellraumes, also in ***Membranen***, als Signale zur Regulation des Stoffwechsels und der Zelltätigkeit (***Hormone***, s. S. 64) und als Einrichtungen zum Empfang von Signalen am Erfolgsorgan (***Rezeptoren***, s. S. 66). Die Information für den Aufbau all dieser Proteine ist in den anschließend zu besprechenden Nukleinsäuren niedergelegt. Kopien dieser Baupläne werden von Generation zu Generation weitergegeben (s. u.).

Tabelle 2–1. Bausteine von DNA und RNA

	DNA	RNA
Pentosen	*Desoxyribose*	*Ribose*
Basen	Adenin (A)	Adenin (A)
	Guanin (G)	Guanin (G)
	Zytosin (C)	Zytosin (C)
	Thymin (T)	*Urazil* (U)
Phosphat	ja	ja

Nukleinsäuren. Die *Nukleinsäuren* sind Biopolymere, die aus ***Ketten von Nukleotiden*** bestehen. Ähnlich wie bei den Eiweißen handelt es sich dabei um außerordentlich lange, immer unverzweigte Ketten. Tabelle 2–1 zeigt, daß in der Zelle nur zwei Grundfor-

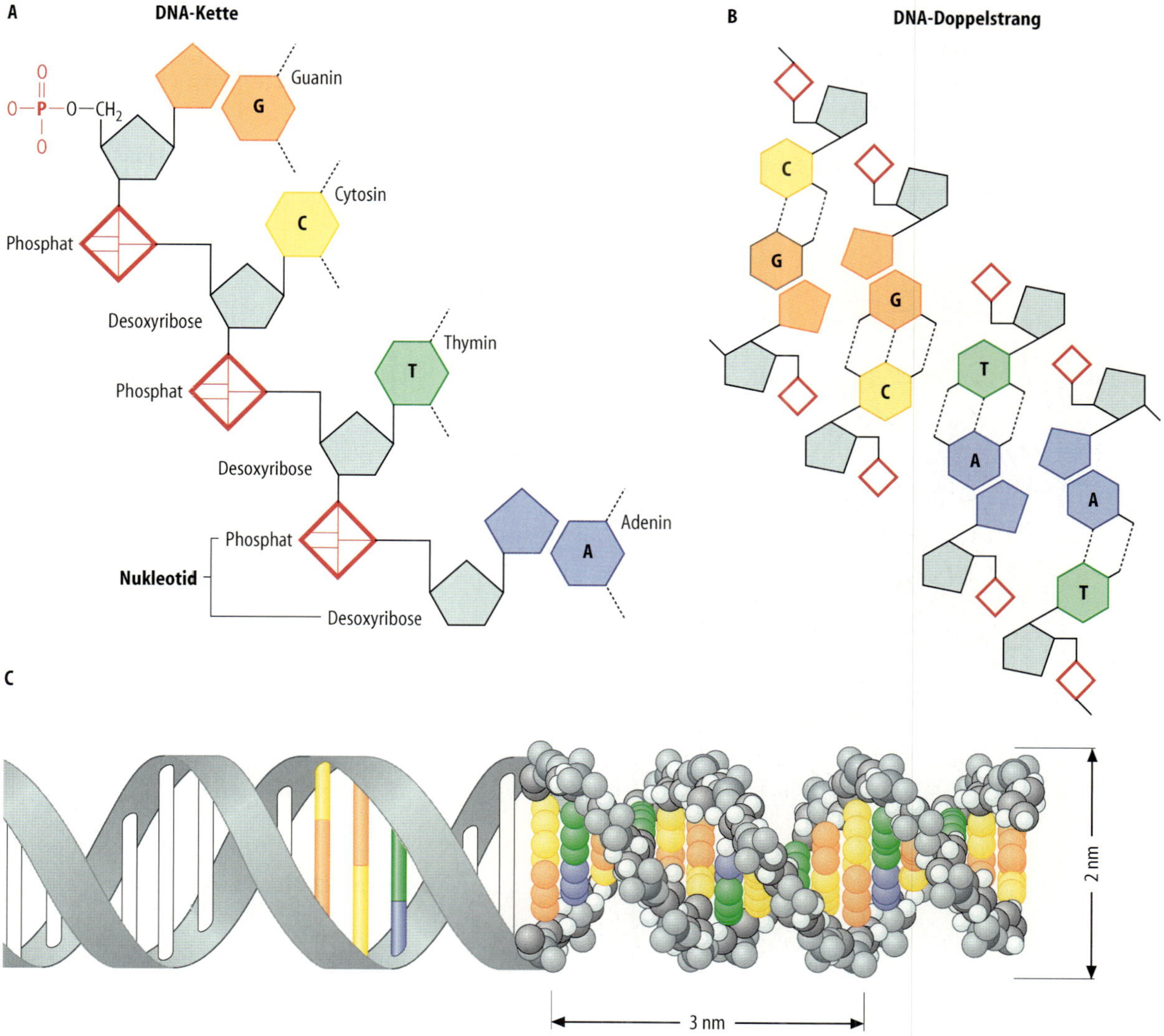

Abb. 2–4. Strukturmodell der DNA. **A** Primärstruktur einer hypothetischen Sequenz von DNA, die alle 4 Basen enthält. Diese sind an das „Rückgrat" von Desoxyribose und Phosphat gebunden. **B** Basenpaarung von zwei sich gegenüberliegenden DNA-Strängen. Die Paarung erfolgt nach der Spielregel, daß A nur mit T, C nur mit G Querbrücken herstellt. Auf diese Weise ist die Struktur jedes Stranges durch die seines Gegenüber vollkommen bestimmt. Die beiden Stränge sind als Doppelhelix ineinander verdreht. **C** Atommodell der Doppelhelix

men von Nukleinsäuren gebildet werden, nämlich einmal die ***Desoxyribonukleinsäuren***, abgekürzt ***DNA*** (nach der englischen Schreibweise DesoxyriboNucleicAcid) und zum anderen die ***Ribonukleinsäuren***, entsprechend als ***RNA*** abgekürzt. Eine Nukleinsäure enthält also *immer nur die eine oder die andere Pentoseform,* gleichgültig aus wievielen Tausenden von Nukleotiden (vgl. Abb. 2–4) sie zusammengesetzt ist. Daneben kommen die Basen *Adenin, Guanin* und *Cytosin* in beiden Nukleinsäuren, die Base *Thymin* aber nur in DNA und die Base *Urazil* nur in RNA vor.

Bei allen Lebewesen ist die genetische Information in DNA-Molekülen verschlüsselt, die als Doppelhelix angeordnet sind

Diese Erkenntnis ist erst weniger als 60 Jahre alt. Den Genetikern war zwar schon davor klar, daß die bei der Zellteilung im Zellkern sichtbar werdenden ***Chromosomen die Erbinformation enthalten***, aber die DNA wurde wegen ihres relativ einfachen Aufbaues für lange Zeit als nicht geeignet zur Verschlüsselung des genetischen Codes gehalten. Dazu schienen nur die ebenfalls in den Chromosomen enthaltenen Eiweiße wegen ihrer viel höheren Komplexität in der Lage. Der Komplex aus DNA und Eiweiß, genannt ***Chromatin,*** bildet eine lange und dünne Faser, die im Chromosom eng gefaltet und aufgewunden ist.

Im Jahre 1953 schlugen J. D. Watson und F. Crick ein ***Strukturmodell für die DNA*** vor, dessen Richtigkeit als gesichert gelten kann. Danach sind die DNA-Moleküle in Doppelsträngen angeordnet, wobei die Desoxyribose und das Phosphat jeweils das „Rückgrat" jedes Stranges bilden, während die Basen nach einer festen Spielregel (A nur mit T, C nur mit G, Abb. 2–4) die Querbrücken herstellen. Diese *Basenpaarung* hat zur Folge, daß die Struktur eines Stranges die des anderen vollständig bestimmt. Die Wechselwirkungen zwischen den Basenpaaren ergeben außerdem eine *Verdrillung* des Doppelstranges. Dadurch entsteht die bekannte dreidimensionale Struktur der ***Doppelhelix,*** wobei sich pro Wendelgang 10 Basenpaare finden (Abb. 2–4).

Umfang der Erbinformation. Um einen Eindruck von der Größenordnung der in der DNA verschlüsselten Erbinformation zu geben, sei erwähnt, daß die Gesamtlänge der in einer Menschenzelle als Doppelhelix vorliegenden DNA etwa 2 m beträgt. Dies entspricht $5{,}5 \times 10^9$ Basenpaaren. Man würde etwa 1000 Bücher zu je 1000 Druckseiten benötigen, um diese Basensequenz in der abgekürzten Schreibweise (ein Buchstabe pro Base, s. Tabelle 2–1) aufzuzeichnen.

Vorkommen der RNA. Der zweite Nukleinsäuretyp, also die **RNA**, kommt in jeder menschlichen Zelle rund ***5- bis 10mal*** häufiger vor als die DNA. Es gibt mindestens 3 verschiedene RNA-Klassen, die sich in ihren Eigenschaften deutlich unterscheiden

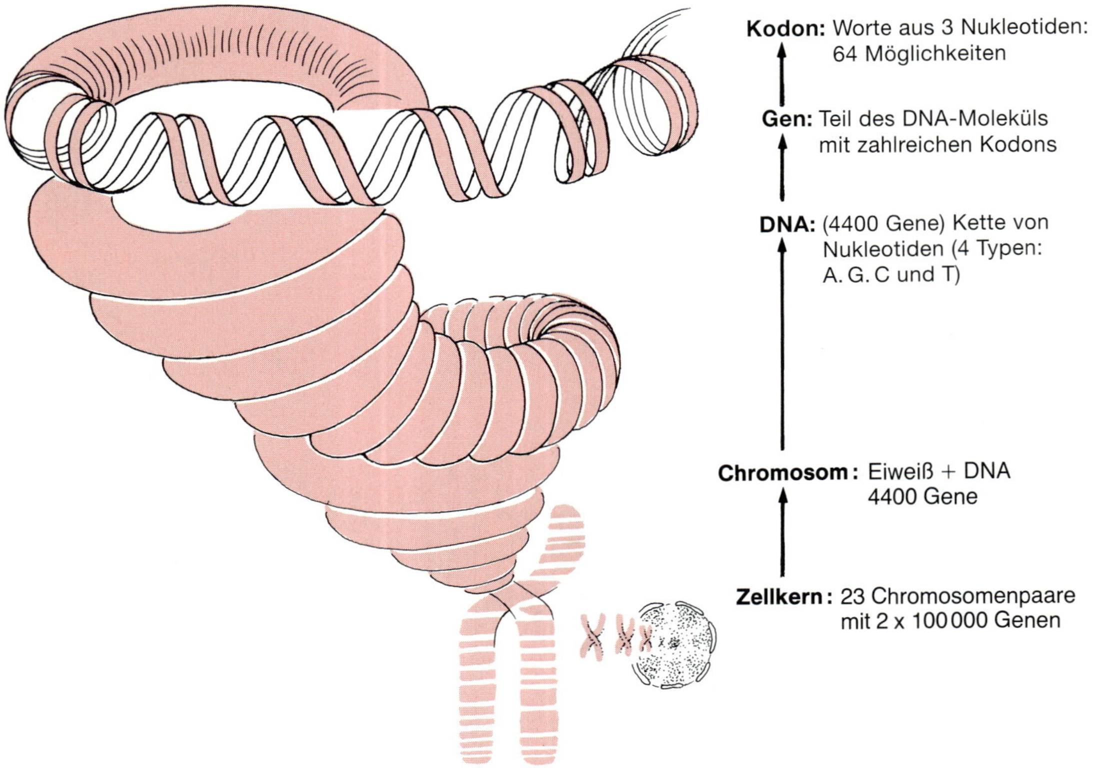

Abb. 2–5. Die menschliche Erbsubstanz. Übersicht über den Aufbau der Erbsubstanz im Kern der menschlichen Zelle. Jeder Zellkern enthält 23 Chromosomenpaare (Ausnahme sind die Ei- und Samenzellen, s. Text) mit jeweils rund 4400 Genen, die *hintereinander* in dem sehr langen DNA-Molekül verschlüsselt sind, aus dem jedes Chromosom (neben einem Eiweißanteil) besteht. Jedes *Gen* besteht wiederum aus zahlreichen *Kodonen*. Weitere Erläuterung im Text

(s. u.). Sie sind alle an der im nächsten Abschnitt geschilderten Eiweißsynthese beteiligt. RNA-Moleküle sind in der Regel ***einsträngig***, wenn auch Teile eines Moleküls als Doppelhelix vorliegen können.

Das menschliche Erbgut ist in 23 Chromosomen(paaren) enthalten; jedes Chromosom enthält in seinem DNA-Molekül Tausende von Genen

Der in Abb. 2–5 und 2–6 gegebene Überblick stellt die wichtigsten Begriffe vor (Details bei [2, 7, 10, 14, 20]). Danach enthalten die menschlichen Zellkerne ***23 Chromosomenpaare*** mit insgesamt rund zweimal 50000 verschiedenen ***Erbmerkmalen*** oder ***Genen*** (jedes Gen kommt, wie schon erwähnt, zweimal vor, nämlich ein mütterliches und ein väterliches; Ei und Samenzelle, die Gameten, enthalten jedoch nur einen Chromosomen- und damit Gensatz). Jedes Chromosom enthält daher rund 4400 Gene. Die ***Nukleotide*** stellen dabei, wie die Zeichen eines Morsealphabets, den genetischen Kode dar.

Jedes Gen besteht aus vielen „Wörtern". Diese sind aus jeweils 3 Nukleotiden zusammengesetzt. Sie werden ***Triplets*** oder ***Codons*** genannt. Da vier ver-

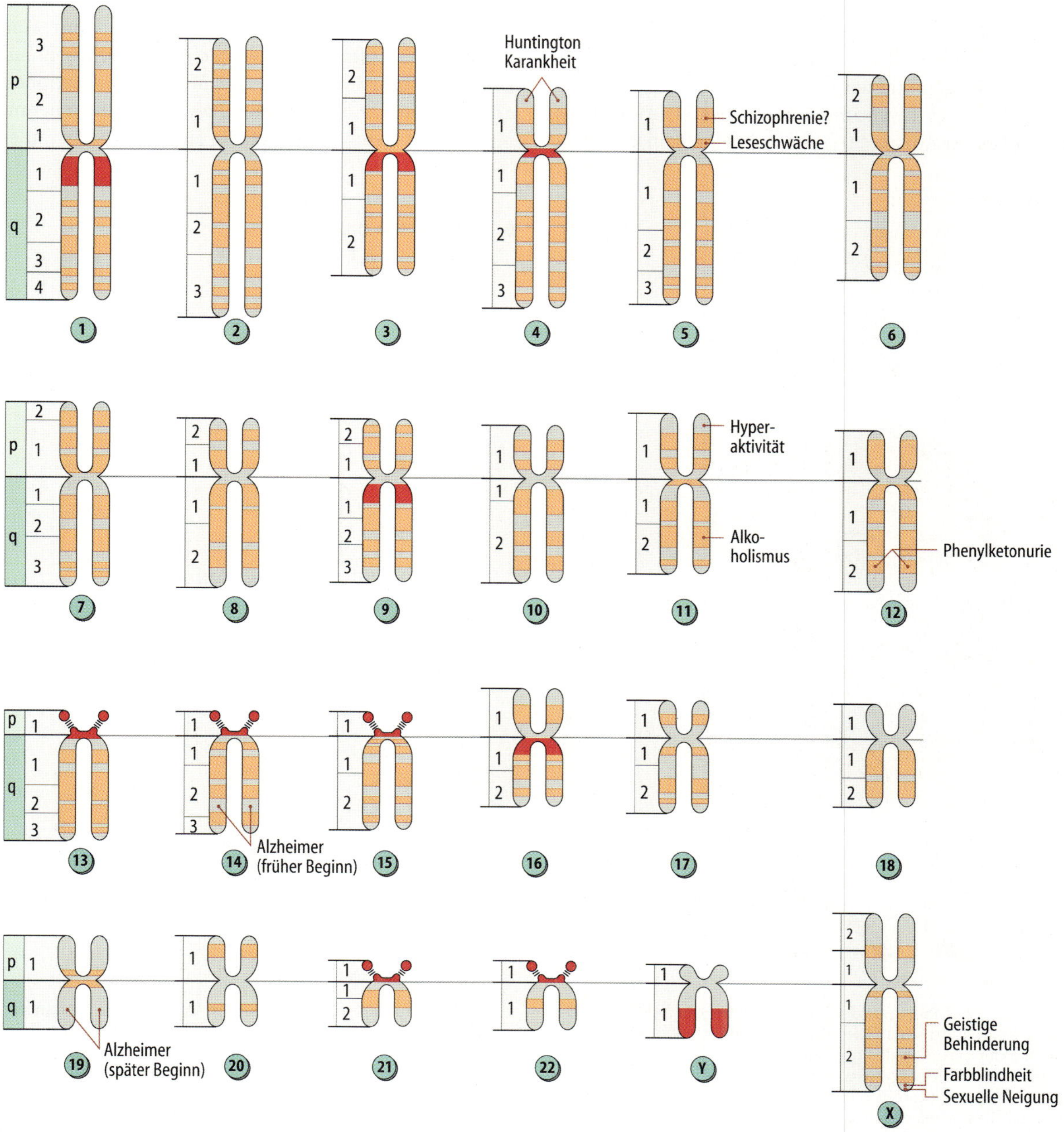

Abb. 2–6. Standardkarte der Bandenmuster des menschlichen Chromosomensatzes während einer bestimmten Phase der Zellteilung, der *Metaphase*. Zu diesem Zeitpunkt besteht jedes Chromosom aus zwei Schwesterchromatiden, die an einer Stelle, dem *Zentromer*, fest zusammenhängen. Von dort gehen die kurzen p- und die langen q-Arme aus. Die Genlokalisationen einiger Erbkrankheiten sind eingetragen. Modifiziert nach [7] und [10]

schiedene Nukleotide verwendet werden (s. Tabelle 2–1) ergibt dies 4^3, also $4 \times 4 \times 4 = 64$ Wörter. Von diesen werden 61 als Anweisungen für die Bildung von Eiweiß aus den 20 im Körper vorkommenden Aminosäuren benutzt, die übrigen Codons signalisieren Anfang und Ende eines Eiweißmoleküls bzw. Gens.

Die in den Codons enthaltene Information, die den Bauplan des gesamten Organismus darstellt, wird bei der Zellteilung unverändert an die Tochterzellen weitergegeben

Verdopplung der Doppelhelix bei der Zellteilung. Der prinzipielle Mechanismus dieses Vorganges, der ***Replikation*** genannt wird, ist in Abb. 2–7 A veranschaulicht. An einer bestimmten Stelle des DNA-Stranges kommt es zur Aufspaltung der Doppelhelix in zwei Einzelstränge, von denen jeder *unter Berücksichtigung der Basenpaarungsregel* (s. o.) als Matrize für die Synthese eines neuen Stranges dient. Es entstehen zwei neue Doppelhelices, die aus je einem alten und einem neuen Strang bestehen und jeweils das genaue Abbild des elterlichen Stranges darstellen (Abb. 2–7 B). Dieser Vorgang wiederholt sich in jeder nachfolgenden Zellgeneration, so daß der Bauplan des Organismus im Prinzip für alle Zeiten unverändert weitergegeben, d. h. vererbt wird.

Auftreten von Replikationsfehlern. Die Replikation eines DNA-Stranges ist ein komplexer biologischer Vorgang. Es ist daher nicht verwunderlich, wenn dabei ab und zu ein „Irrtum" unterläuft und damit eine „falsche" Erbinformation weitergereicht wird. Einen solchen Irrtum nennen wir eine ***Mutation***. Mutationen erbringen neue Allele, die man ***Polymorphismen*** nennt. Mutationen treten völlig zufällig auf, wenn nicht äuße-

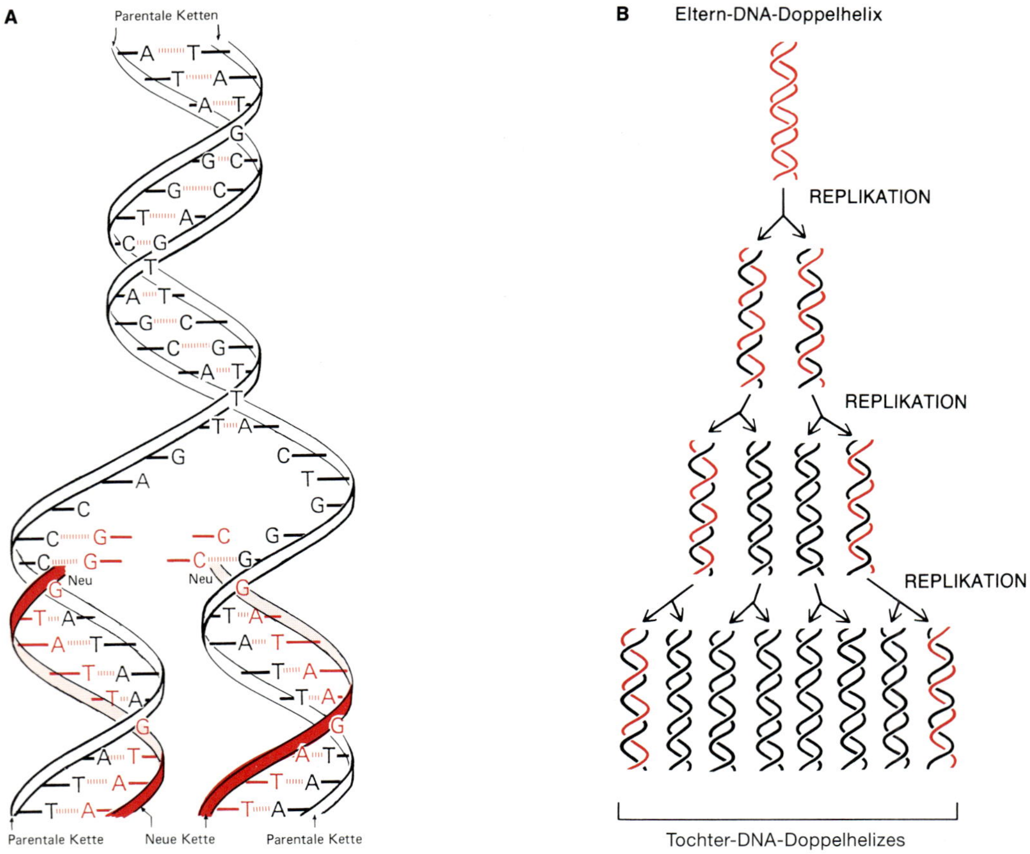

Abb. 2–7. Mechanismus der Replikation bei der Zellteilung. Bei jeder Zellteilung wird die in der DNA niedergelegte Information, die den Bauplan des gesamten Organismus enthält, unverändert an die Tochterzelle weitergegeben. Dazu muß der gesamte DNA-Strang redupliziert werden. Der prinzipielle Mechanismus dieser Reaktion ist in **A** dargestellt. An einer bestimmten Stelle des DNA-Stranges kommt es zur *Aufspaltung der Doppelhelix in zwei Einzelstränge*, von denen jeder als *Matrize* für die Synthese eines neuen Stranges dient. Als Reaktionsprodukt entstehen zwei neue Doppelhelixes, die aus je einem alten und einem neuen Strang bestehen und das genaue Abbild des parenteralen Stranges darstellen. Diesen Vorgang nennt man den *semikonservativen Mechanismus der DNA-Replikation*. Er scheint nicht nur beim Menschen, sondern bei allen Spezies verwirklicht zu sein. Den Fortgang der Replikation bei weiteren Zellteilungen skizziert **B**. Jeder neu entstandene Doppelstrang dient jeweils als Matrize für den neu zu synthetisierenden Strang. Auf diese Weise erhalten die einzelnen Stränge ihre Individualität durch viele Zellgenerationen. Irrtümer in der DNA-Replikation bewirken genetische Fehler, genannt *Mutationen*. Diese können wichtige Auswirkungen auf die Zelle haben, je nachdem, wo der Irrtum erfolgt. **A** aus [7], **B** aus [1]

Tabelle 2–2. Arten von Mutationen (nach H. Tunner)

Gen- oder Punktmutationen (1 Gen ist von der Mutation betroffen)

Θ 1. Basenaustausch

a. Transition z. B. A → G (Purinbase → Purinbase) führen zu Allelen

b. Transversion z. B. A → T (Purin → Pyrimidin) führen zu Allelen

2. Deletion: Ausfall einzelner Nukleotide

3. Insertion: Einschub einzelner Nukleotide

Chromosomenmutationen (mehrere Gene von der Mutation betroffen)

	1. Deletion	= Verlust eines Chromosomenstückes
Θ	2. Duplikation	= Verdoppelung eines Chromosomenstückes
Θ	3. Inversion	= Umkehr der Chromosomenstruktur
	4. Translokation	= Austausch eines Chromosomenstücks

Genommutationen (Änderung der Chromosomenzahl)

	1. Aneinploidie:	Chromosomensatz weicht im einzelnen Chromosom von der Normalzahl ab
Θ	2. Polyploidie:	Ganze Chromosomensätze sind vervielfacht (Triploidie, Tetraploidie etc.)

a. Autopolyploidie: wenn alle Chromosomen von einer Art stammen

b. Allopolyploidie: wenn die Chromosomensätze von verschiedenen Arten stammen (Hybridisation)

Θ = können *positiven* Effekt haben, alle anderen Mutationsformen sind immer negativ für den Träger

re Einflüsse (z. B. Strahlung) diese begünstigen. Die meisten Mutationen sind offensichtlich „neutral", d. h. sie haben keinen Effekt auf den Träger der Mutation, andere Mutationen führen zu einer Veränderung im Organismus, die nachteilig gegenüber dem bisherigen Zustand ist, so daß die betroffenen Organismen auf dem Weg der natürlichen Auslese alsbald aussterben. Nur sehr gelegentlich erweist sich die neue Variante der alten überlegen und setzt sich gegenüber dieser durch.

Tabelle 2–2 faßt die wichtigsten Arten von Mutationen zusammen und kennzeichnet jene mit Θ, die einen positiven Effekt auf den Träger haben können. Alle übrigen haben nachteilige Effekte (s. S. 24).

Rolle der Gene im Alltag. Die Bedeutung der Gene für die Weitergabe des elterlichen Erbgutes an die Kinder ist den meisten Menschen bekannt. Viele wissen aber nicht, daß die gleichen Gene auch die alltäglichen Lebensfunktionen der Zellen kontrollieren. Die Gene haben also eine Doppelrolle, nämlich einerseits die eben skizzierte ***Steuerung der Zellvermehrung*** bei der Fortpflanzung und bei der Neubildung von Zellen im erwachsenen Organismus, bei der die bestehenden Chromosomen sich selbst kopieren, um sich bei der anschließenden Zellteilung auf die beiden entstehenden Zellen zu verteilen, und andererseits die ***Kontrolle aller Lebensvorgänge*** in der Zelle. Diese ist chemischer Natur, nämlich über die ***Synthese von Eiweißen****, die als Enzyme und als Bausteine der Zellstruktur dienen.*

Der erste Schritt der Übertragung der genetischen Information aus dem Zellkern in die Zelle ist die Transkription der DNA in RNA

Einleitung der Proteinsynthese. In einem weitgehend aufgeklärten Prozeß, der in stark vereinfachter Form in Abb. 2–8 dargestellt ist, wird dazu im Zellkern der Code der DNA durch die ähnlich aufgebaute RNA „kopiert". Dieser Vorgang wird *Überschreibung* oder ***Transkription*** genannt. Die RNA bringt dann diese „Botschaft" zu den für die Proteinsynthese zuständigen kleinen Organellen, nämlich den ***Ribosomen***, die nur im Elektronenmikroskop gesehen werden können und meist an das endoplasmatische Retikulum angelagert sind (vgl. Abb. 2–9 und 3–1 mit zugehörigem Text). Diese RNA heißt daher auch ***Boten-RNA*** oder ***mRNA*** (vom Engl. *messenger* = Bote). Andere, relativ kurze RNA-Moleküle, die ebenfalls im Zellkern synthetisiert werden, binden jeweils eine der 20 Aminosäuren der Zelle an sich und transportieren diese zu den Ribosomen. Diese RNA-Moleküle werden daher als ***Transport***- oder ***tRNA*** bezeichnet. Sie sind für jeweils eine Aminosäure und das zugehörige Codon auf der mRNA spezifisch.

Introns, Exons und RNA-Spleissen. Die Durchschnittslänge einer Transkriptionseinheit auf einem DNA-Molekül beträgt etwa 8000 Nukleotide und damit auch die Länge des transkribierten RNA Produkts. Aber nur rund 1200 Nukleotide werden zur Codierung eines durchschnittlichen Eiweisses benötigt. Es gibt also auf einem solchen RNA Molekül viele „unnötige" Nukleotidfolgen, die dazu noch zwischen den codierenden Nukleotidketten verstreut sind (Mosaikgene). Die nichtcodierenden Nukleotidfolgen werden als ***Introns***, die codierenden Segmente dagegen als ***Exons*** (weil sie in der Regel exprimiert, also in Protein übersetzt werden) bezeichnet. Vor der Eiweisssynthese werden in einem Schneide- und Klebevorgang die Introns entfernt, ein Vorgang der ***RNA-Spleissen*** genannt wird. Die biologische Bedeutung der Introns ist noch umstritten, vielleicht sind sie nicht mehr als „evolutionärer Ballast".

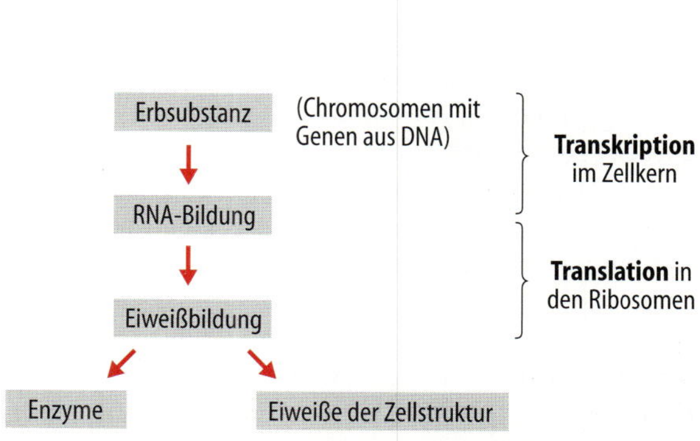

Abb. 2–8. Transkription und Translation, schematisch dargestellt (s. Text)

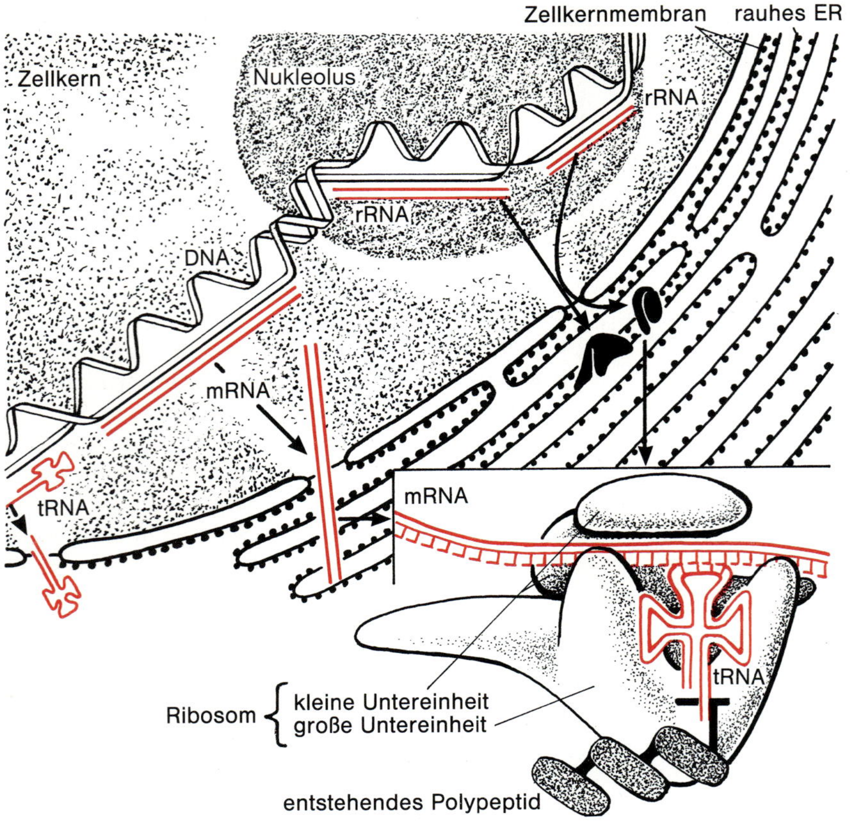

Abb. 2–9. Die wichtigsten Schritte der zellulären Eiweißsynthese, wiedergegeben in stark vereinfachter, schematisierter Form. Die genetische Information der DNA-Sequenz wird im Zellkern in einem *Transkription* genannten Prozeß in eine einsträngige mRNA-Sequenz überschrieben. Anschließend wird diese Nukleotidsequenz im Ribosom in die Sequenz von Aminosäuren überschrieben, aus denen das Eiweiß besteht *(Translation)*. Die *mRNA* ist also die Matrize der Eiweißstruktur. Die kleeblattförmige *tNRA* transportiert die Aminosäuren zum Syntheseort im Ribosom und dient dort als „Adapter" zwischen Nukleotid und Aminosäure. Es gibt mindestens eine *tNRA* für jede Aminosäure. Die ebenfalls an der Synthese beteiligte ribosomale RNA, *rRNA*, stammt aus dem *Nukleolus*

Der zweite Schritt der Proteinsynthese ist der Prozess der Translation, bei dem in den Ribosomen die Eiweißmoleküle aus Aminosäuren aufgebaut werden

In den ***Ribosomen*** findet dann, unter Mitwirkung der dort vorhandenen Enzyme und einer dritten Form der RNA, nämlich der ***ribosomalen RNA*** oder ***rRNA,*** die Synthese von Eiweiß so statt, daß die sehr lange mRNA durch das Ribosom hindurchwandert und daß dabei, Codon für Codon, die im Code niedergelegten Eiweißmoleküle durch Aneinanderknüpfen der von den tRNA herbeigebrachten Aminosäuren aufgebaut werden. Dieser Prozeß wird *Übersetzung* oder ***Translation*** genannt. Die Proteine sind also das Endprodukt der Gene. Alle anderen Substanzen der Zellen und Organe werden mit Hilfe der aus Eiweiß bestehenden Enzyme aufgebaut.

Mechanismen der Wachstumsbegrenzung und -kontrolle. Ei und Samenzelle verschmelzen bei der Zeugung zu einer ***Zygote***, aus der sich im Laufe von neun Monaten durch Zellteilung und Differenzierung ein lebensfähiger ***Säugling*** entwickelt, der in knapp zwei Jahrzehnten zu einem ***Erwachsenen*** heranwächst. Es ist immer noch eines der großen Rätsel der Natur, welche Mechanismen bei dieser Entwicklung, ebenso wie im späteren Leben, zum einen für die Zelldifferenzierung und zum anderen für die meisterhafte Kontrolle des Wachstums sorgen und durch dieses *„Bremsen" der Zellteilung* dafür sorgen, daß wir nicht zu Monstern auswachsen.

Die ***Zelldifferenzierung***, also die *Ausbildung der verschiedenen Arten von Körperzellen,* beruht nicht auf einer Veränderung des Inhalts der Erbsubstanz. Zellen aus der Leber, aus dem Gehirn oder aus einem Muskel enthalten in ihren Kernen ***alle die gleichen Gene:*** In ein Froschei, dessen Zellkern man mikrochirurgisch entfernt hatte, wurde der Zellkern einer Haut- bzw. einer Leberzelle eingepflanzt, und es entwickelte sich daraus ein normales Individuum. Zur Erklärung dieser Befunde nimmt man, in Anlehnung an Ergebnisse bei Bakterien, an, daß auch in der tierischen, einschließlich der menschlichen Zelle, Stoffe synthetisiert werden, die die Funktion bestimmter Gene ein- oder ausschalten können. Man spricht von ***Aktivatoren*** bzw. ***Repressoren.*** Solche Aktivatoren und Repressoren könnten auch über ihre Zellgrenzen hinaus auf andere Zellen einwirken und dort bestimmte Differenzierungen auslösen (induzieren).

Die genetische Variabilität der Nachkommen ist bedingt durch das Verhalten der Chromosomen bei Meiose und Befruchtung

Freie Rekombination von Chromosomen. Bei der normalen Zellteilung, ***Mitose*** genannt, wird der komplette, doppelte (haploide) Chromosomensatz unverändert an die beiden Tochterzellen weitergegeben (für den Ablauf des Mitosevorgangs s. Lit.). Bei der Ausbildung der *Gameten*, also von *Eiern* und *Samenzellen*, kommt es jedoch, wie schon kurz erwähnt, in einem vielstufigen Zellteilungsprozess, der ***Meiose*** heißt, zu einer ***Halbierung des Chromosomensatzes.***

In der Abb. 2–10 sind in sehr schematisierter Form die wichtigsten Schritte der Meiose an den Zellen eines hypothetischen Organismus mit 2 Chromosomenpaaren wiedergegeben. Aus jeder Elterzelle werden bei der Meiose 4 haploide Gameten, entweder 4 Eioder 4 Samenzellen (in der Abb. nicht unterschieden), die sich bei der ***Befruchtung*** wieder ***zu einer diploiden Zelle ergänzen.***

Bei der Meiose kommt es, wie schon die klassische Genetik von Mendel zeigte, zu einer völlig unabhängigen und damit ***zufälligen Verteilung der (ehemals) mütterlichen und väterlichen Chromosomen*** auf die beiden Gameten. Hätte der Mensch 2 Chromosomen, so wären also $2^2 = 2 \times 2 = 4$ Kombination möglich, wie dies in Abb. 2–10 gezeigt ist, bei 3 Chromosomen gäbe es $2^3 = 8$ Möglichkeiten. Da der Mensch aber 23 Chromosomen besitzt, beträgt die Anzahl möglicher Rekombinationen väterlicher und mütterlicher Chromosomen in den entstehenden Gameten 2^{23} oder gut 8 Millionen (genau 8 388 608 Möglichkeiten). Jeder von einem Menschen produzierte Gamet (Eizellen der Frau oder Samenzellen des Mannes) enthält also eine von acht Millionen möglichen Rekombinationen von väterlichen und mütterlichen Chromosomen.

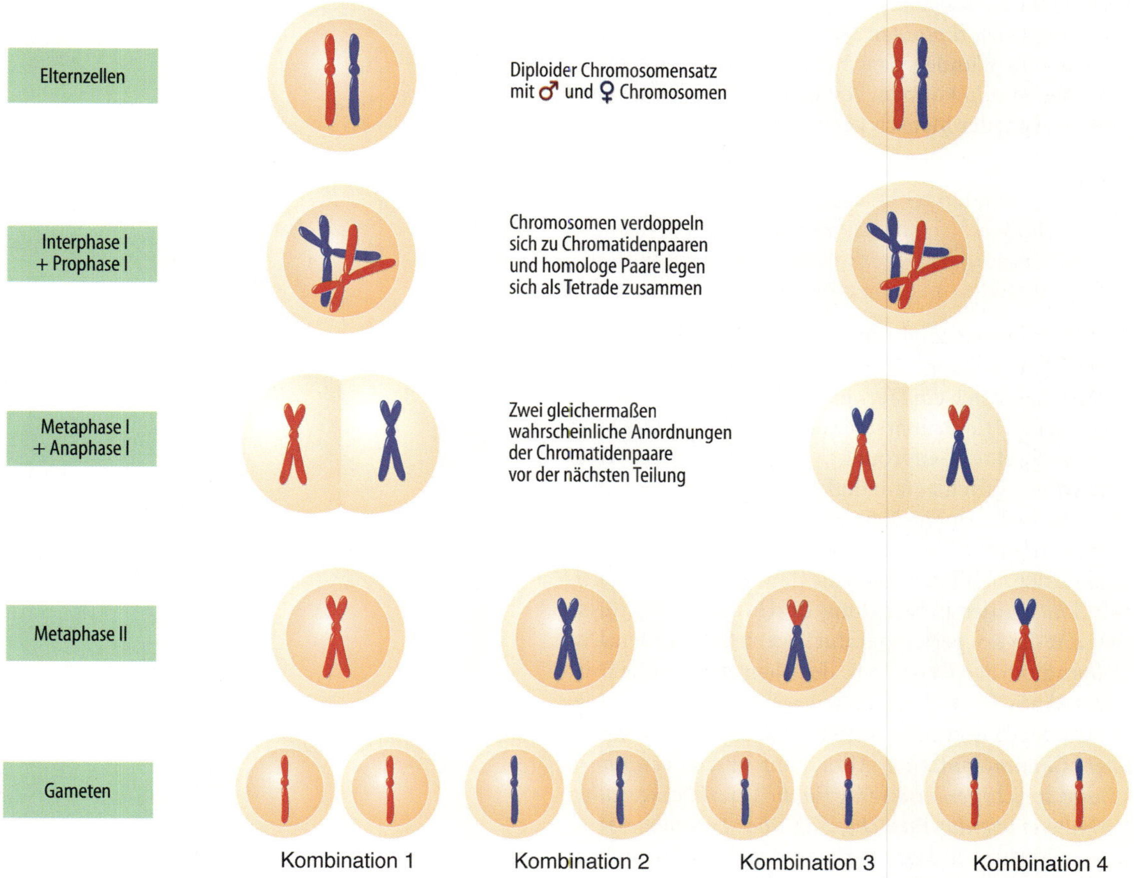

Abb. 2–10. Meiose (Entstehung der Gameten) in 2 hypothetischen Zellen mit 2 Chromosomenpaaren (vereinfachte, schematisierte Darstellung). Mütterliche und väterliche Chromosomen eines Paares sind jeweils *andersfarbig* dargestellt. Zu Beginn der Meiose (Interphase I, nicht alle Phasen sind hier gezeigt) verdoppelt sich jedes Chromosom zu einem Chromatidenpaar und anschliessend (Prophase I) legen sich die homologen Chromatidenpaare eng aneinander an, wobei sie sich teilweise überkreuzen. Diese Kreuzungspunkte, Chiasmata genannt, halten die Chromosomen zusammen und bieten die Möglichkeit, Gene zwischen den mütterlichen und väterlichen Chromosomen auszutauschen (crossing-over, s. Text). Als nächstes (Metaphase I, Anaphase I) ordnen sich die Chromosomen wieder so an, dass sich die Zelle in der Metaphase II teilen kann. Bei dieser Anordung werden die mütterlichen und väterlichen Chromatidenpaare zufällig zueinander angeordnet, sodaß sich im Durchschnitt die beiden gezeigten Anordnungen ergeben. Das Endresultat der Meiose nach der nochmaligen Teilung sind pro Elterzelle 4 haploide Keimzellen (Gameten), deren Chromosomen 4 mögliche Mischprodukte aus den elterlichen Chromosomen sind (unterste Reihe)

Crossing-over. Nach dem bisher Gesagten, sollte jedes Chromosom eines Gameten jeweils nur mütterliches oder väterliches Genmaterial enthalten. Dem ist aber nicht so, und dies hat seine Ursache darin, dass zu einer bestimmten Phase der Meiose, der ***Prophase I,*** sich die homologen Chromosomen so eng aneinander legen, dass einzelne ihrer Gene ihre Plätze vertauschen können (Abb. 2–10). Beim Menschen beobachtet man im Durchschnitt ***zwei oder drei solcher Crossing-over-Ereignisse pro Chromosomenpaar.*** Auch dieser Prozess, bei dem die DNA beider Eltern in einem einzelnen Chromosom rekombiniert wird, ist eine wichtige Quelle der genetischen Variabilität.

Zufälligkeit der Befruchtung. Ohne das Crossing-over zu berücksichtigen, vereinen sich bei der Befruchtung ein Ei und eine Samenzelle, die jede eine von jeweils gut 8 Millionen Möglichkeiten der Mischung der väterlichen und mütterlichen Chromosomen enthält (s. o.). Es resultiert eine ***Zygote*** (befruchtete Eizelle), die ***eine unter 64 Billionen*** (acht Millionen mal acht Millionen) ***möglichen diploiden Kombinationen darstellt.*** Es ist also kein Wunder, dass Brüder und Schwestern so verschieden sein können. Von eineiigen Zwillingen abgesehen, ist jeder Mensch genetisch völlig einzigartig.

Durch Eingriffe in die Abfolge der Gene lassen sich sowohl körperliche wie psychologische Merkmale verändern, neu entwickeln oder eliminieren

Gen-Verhaltensbeziehung. Die Desoxyribonukleinsäure(DNA)-Sequenz der Gene legt die ***Grenzen*** fest, innerhalb derer sich ein Merkmal entwickeln kann (Reaktionsnorm). Die Primärstruktur eines Proteins ist das einzige direkte Genprodukt, das erst weitere Zwischenstufen durchlaufen muß, bevor es zu seinem Endprodukt (z. B. einem Neurotransmitter) gelangt. Auf dem Weg dahin wirken eine Vielzahl von Umwelteinflüssen und der Zufall. Z. B. kann die Genexpression in *sensiblen Phasen* der Entwicklung durch äußere Einflüsse (wie z. B. die Körpertemperatur) beeinflußt werden. Das Endprodukt der Gene (z. B. der Neurotransmitter) ist selbst häufig für viele Verhaltensweisen Voraussetzung, es ist unspezifisch. *Die Tatsache, daß man prinzipiell über Genmanipulation Verhaltensweisen verändern könnte, spricht genausowenig für die Vererbbarkeit* ***allen*** *Verhaltens wie die Tatsache, daß über Lernprozesse (s. Kap. 24) praktisch jedes Verhalten beeinflußbar ist, für die Gelerntheit* ***allen*** *Verhaltens spricht.*

Die meisten der aktiven Gene kodieren Eigenschaften, die nur indirekt für Verhalten wichtig sind. Es kann also schon rein quantitativ für die meisten Verhaltensweisen keine direkte Gen-Verhaltensbeziehung geben. Sollte es eine direkte Gen-Verhaltensbeziehung für Verhaltensweisen geben, so kann diese über ***Klonierung*** (s. Abb. 2–11) des Genotyps und nachfolgenden „Einbau" in einen Organismus nachgewiesen werden.

Gentechnologie. Die Techniken zur Analyse der Erbsubstanz werden unter dem Begriff der DNA-***Rekombination*** zusammengefaßt. Dabei werden Teile der DNA einer bestimmten Art mit der DNA einer anderen Art, typischerweise von Bakterien, ausgetauscht (Abb. 2–11). Sogenannte *Restriktionsenzyme* schneiden eine DNA-Kette an den gewünschten Stellen auf und erlauben die Einfügung fremder DNA-Fragmente in geeigneten Chromosomen, meist sogenannte rekombinante *Plasmide* von Bakterien oder Phagen, die sich vervielfältigen und in fremde Zellen eingesetzt werden können, wo sie dann die neue DNA exprimieren können. Diese Vermehrung von DNA-Segmenten in Plasmiden oder Viren nennt man ***Klonierung,*** die produzierten Zellen mit den Kopien der rekombinierten DNA heissen Klone (s. Abb. 2–11).

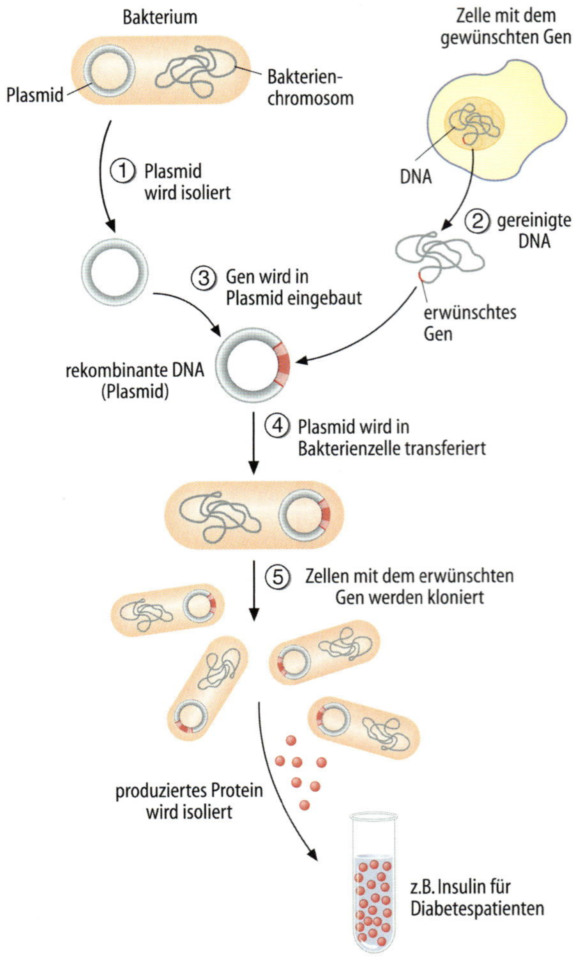

Abb. 2-11. Genklonierung. ① Zunächst wird ein Plasmid aus einem Bakterium isoliert. Plasmide sind kleine, ringförmige DNA-Moleküle von einzelligen Organismen, welche sich gut als mobile genetische Transportvehikel eignen. ② Das gewünschte DNA-Fragment wird isoliert und gereinigt. ③ Das DNA-Fragment wird ins Plasmid eingebaut und ④ in die Bakterienzelle eingeschleusst. ⑤ Diese Zellen werden vermehrt und enthalten nun viele Genkopien, welche (unten rechts) zur Produktion von grossen Mengen von Proteinen dienen. (Modifiziert aus Campbell 1996, mit freundlicher Genehmigung)

Neben Bakterienzellen als rekombinierte DNA kann man eine fremde DNA direkt in den Zellkern einer Empfängerzelle injizieren, was zu deren Einbau und Expression führen kann. Häufig werden auch ***Retroviren*** benützt, die in fremde Zellen „einbrechen", indem sie mit dem Enzym Reverse Transkriptase eine DNA-Kopie aus der RNA herstellen, die in die Empfängerzellen-Chromosomen eingebaut wird.

Die klonierten rekombinierten DNA- oder auch andere Genom-Sequenzen können exakt durch die sogenannte ***in situ Hybridisation*** bestimmt werden. Dabei wird eine klonierte Zellkolonie mit der interessierenden DNA gewaschen, so daß ein ungepaarter DNA-Strang bleibt. An diesen wird radioaktiv oder mit Meerrettichperoxidase markierte DNA herangebracht, die sich nur dann mit dem ursprünglichen DNA-Strang verbindet (hybridisiert), wenn sie die komplementär-passenden Nukleotid-Basen findet. Legt man eine photographische Emulsion über die hybridisierte DNA, so erscheinen dort die Hybriden als helle Bänder, aus deren Entfernung man die DNA-Sequenzen erschließen kann ***(Autoradiographie).***

In der ***Biotechnologie*** wird aus den klonierten rekombinierten DNA-Sequenzen die Synthese der rekombinierten Proteine versucht. So wurden menschliches Insulin, Wachstumshormon, Somatostatin, Interferon u.a. menschliche Proteine durch Benützung von Bakterien und proteinreichen Pflanzen (Hefe, Pilze etc.) als „Klonierungsvektoren", in die eine DNA-Sequenz eingebaut wird, synthetisiert.

In der modernen molekularen Genetik werden die Grenzen zwischen Umgebungs- und Geneinfluß zunehmend fließend. Z. B. kann die ***Transfektion*** (Gentransplantation) der Erbsubstanz von Spendertieren zur Aufnahme der fremden Gene in die eigenen führen und das Wachstum der Spendertiere beeinflussen (Abb. 2–12).

Abb. 2–12. Riesenmaus nach Mikroinjektion eines Wachstumsgens in den Zygotenkern. (Nach Brinster, R. L. u. Hammer, R. E.: Science 222, 1983)

Die Kartierung („mapping") und direkte Beeinflussung der Gene mit den Methoden der klassischen und molekularen Genetik ermöglichen die Aufklärung des exakten Weges vom Gen zum Gehirn und damit zum Verhalten

DNA-Marker. Während man bis vor 20 Jahren zur Schätzung von Erblichkeit und Genwirkungen auf Populationsstudien, selektive Züchtungsexperimente und Familienstudien angewiesen war, kann heute die Genstruktur direkt analysiert („gelesen") und selektiv einzelne Gene beeinflußt werden. Im „Human Genome Project", das ursprünglich von D. Watson, dem Entdecker der DNA, koordiniert wurde, wurde die gesamte menschliche Gensequenz kartiert. Dies schafft die Voraussetzung für ihre selektive Beeinflussung, wenngleich die Kartierung vorerst nichts über die Funktion der Gene aussagt.

Restriktionsenzyme können DNA-Stränge (meist aus der Schleimhaut der Mundinnenseite) an bestimmten Stellen ihres Segments aufschneiden, und damit lassen sich beliebig definierte DNA Fragmente herstellen. Dabei zeigt sich, dass vom gleichen Genombereich hergestellte DNA-Reaktionsfragmente bei verschiedenen Personen erhebliche Variationen in ihrer Länge aufweisen. Dies nennt man ***Reaktionsfragment-Längenpolymorphismus*** (RFLP, „riftips").

BOX 2-1

Gentherapie

Durch Einschleusen von Genen und Genabschnitten in die DNA oder RNA lassen sich Änderungen der Transkription und Translation auslösen, die zu neuen Proteinbestandteilen führen oder geschädigte Zellen (z. B. Krebszellen) selektiv absterben lassen. Im Tierversuch ließ sich dadurch bereits die Entstehung von Fettsucht (s. Kap. 25) verhindern, wenn ein Gen, das ein Enzym für den Fettstoffwechsel exprimiert, in die sich entwickelnden Zellen eingeschmuggelt wurde. Die Hoffnung, rasch Gentherapien für schwerste Hirnerkrankungen, wie Alzheimer, Parkinson und amyotrophe Lateralsklerose zu entwickeln, hat sich noch nicht erfüllt. Über Infektion mit Retroviren kann in langsam sich teilenden Zellen des ZNS, wie z. B. Astrozyten, eine fehlende Transmittersubstanz produziert werden. Dies wäre für den Dopaminmangel bei der Parkinsonkrankheit (s. Kap. 13) von größter Bedeutung. Bisher lassen sich nur fetale Zellen, die noch kein Abwehrsystem aufweisen, in das Gehirn von Parkinsonpatienten einbringen.

Die aufgeschnittenen DNA-Stücke dienen als eine Art „Sonden“, die sich an komplementäre Basenpaare anlegen, so dass man die Orte der RFLP identifizieren kann. Inwieweit eine solche markierte DNA-Sequenz wirklich funktionell ist, also ein Protein kodiert, kann damit natürlich nicht bestimmt werden.

2.3 Störungen der Vererbung

Chromosomenstörungen zeigen, daß psychische Eigenschaften auf eine Vielzahl von Genen und deren Wirkungskombinationen zurückzuführen sind

Formen von Chromosomenaberrationen. Im Rahmen der Meiose können nun auch Chromosomenmutationen (in etwa 1 von 200 Geburten) auftreten, die uns Auskunft über deren Bedeutung für Verhalten und Hirnentwicklung geben. Dabei kann ein Teil eines Chromosoms verloren gehen ***(Deletion),*** Teile von Chromosomen vertauscht (***Translokation***), dasselbe Chromosomensegment wiederholt werden (***Duplikation***) oder ein Chromosomensegment dreht sich (***Inversion***). Innerhalb einzelner Gensequenzen könne zusätzlich Mutationen auf molekularer Ebene auftreten, wie ***Substitutionen*** und Einfügungen einzelner Basen in der DNA (s. Tabelle 2–2, S. 19).

Folgen von Chromosomenaberrationen. Die meisten Chromosomenabweichungen führen zu ***schweren geistigen Störungen,*** da viele Gene kognitive Leistungen über Veränderungen der Entwicklungs- und Differenzierungsprozesse indirekt beeinflußen. Mit zunehmendem Alter „lockern“ sich die homologen, einander gegenüber liegenden Chromosomenpaare und auch die Basenpaare der DNA, daher steigt das Risiko für viele Störungen mit dem Alter der Eltern. Tabelle 2–3 gibt eine Übersicht über die häufigsten Chromosomenstörungen an den ***Autosomen*** (so werden alle Chromosomen benannt, die nicht direkt an der Festlegung des Geschlechts beteiligt sind, also beim Menschen 44 seiner 46 Chromosomen) und der häufigsten Störungen der ***Geschlechtschromosomen.***

Das ***Down-Syndrom*** oder *Trisomie 21 (Mongolismus)* ist die Folge einer Vermehrung des kleinsten menschlichen Autosomenpaares um ein drittes Chromosom, so daß ein Triplett statt des Chromosomenpaares 21 resultiert (vgl Abb. 2–6). Die Kinder haben neben körperlichen Gebrechen eine geistige Retardierung mit IQs von 20 bis 90 (unter 70 beginnt Retardierung). Einige Mongoloide sind also durchschnittlich intelligent. Auf welche Stoffwechselveränderungen die Retardierung zurückgeht, ist noch nicht bekannt.

Tabelle 2–3. Einige Chromosomenanomalien

	Typ der Anomalie	Auftretenshäufigkeit (Inzidenz) pro Lebendgeburt	Symptome
Autosomale Anomalie: Edward's Syndrom	Trisomie-18	1 in 5000	Früher Tod: viele Probleme
D-Trisomie-Syndrom (Patau-Syndrom)	Trisomie-13	1 in 6000	Früher Tod: viele Probleme
Katzenschrei-Syndrom	Deletion eines Teils des kurzen Arms von Chromosom 4 oder 5	1 in 50000	Schrilles, monotones Schreien; schwere Retardierung
Down-Syndrom	Trisomie-21: 5 % durch Translokation	1 in 700	Viele Probleme; Retardierung
Anomalien der Geschlechtschromosomen: Turner's Syndrom	XO oder XX-XO	1 in 2500	Einige physische Stigmata, hormonelle Probleme; räumliches Denken gestört
Frauen mit zusätzlichen X-Chromosomen	XXX XXXX XXXXX	1 in 1000	Bei Trisomie X keine physischen Störungen; leichte Retardierung
Klinefelter-Syndrom (nur Männer)	XXY XXXY XXXXY XXYY XXXYY	2 in 1000	Mit XXY Probleme sexueller Entwicklung; groß; leichte Retardierung
Männer mit zusätzlichen Y-Chromosomen	XYY XYYY XYYYY	1 in 1000	Großwuchs; manchmal leichte Retardierung

Autosomal-dominante und autosomal-rezessive Erbstörungen sowie Störungen des X-chromosomalen Erbgangs sind neben Chromosomenaberrationen eine häufige Ursache vererbter Defekte

Wie im Abschnitt 2.1 erläutert, hat bei ***dominanter Vererbung*** bereits ein Allel die Ausprägung des Merkmals zur Folge (vgl. Abb. 2–2). Damit hat jeder Nachkomme eines Merkmalsträgers in der Elterngeneration eine 50 %-Wahrscheinlichkeit zu erkranken. Für die Neurologie wichtigstes Beispiel ist die ***Huntington Krankheit*** („Veitstanz" im Volksmund).

Die Krankheit tritt erst in den mittleren Lebensjahren auf und führt innerhalb von 10–20 Jahren zum Tode. Neben Verlust der motorischen Kontrolle und Persönlichkeitsveränderungen führt sie zu völliger Demenz und Gedächtnisverlust. Vor allem im Striatum (s. S. 470) und Pallidum, aber auch im frontalen Cortex sterben die Nervenzellen fortschreitend ab. Eine Vielzahl von Transmittern sind entweder extrem erhöht oder erniedrigt.

Das Gen für die Huntington Krankheit liegt am kurzen Arm des Chromosoms 4 (s. Abb. 2–6, s. S. 17), und seine Struktur und der Ort am Chromosom konnten aufgeklärt werden. Das Gen ist ungewöhnlich lang und enthält häufige Wiederholungen der Basen Zytosin-Adenin-Guanin (CAG), ein Codon, das die Aminosäure Glutamin kodiert. Diese Sequenz ist instabil und erlaubt zahlreiche Mutationen. Je häufiger sich in einer Person die Sequenz CAG wiederholt, um so früher bricht die Krankheit aus und um so schwerer verläuft sie. Welches Protein letztlich für den Defekt verantwortlich ist und warum die häufige Mutation dieses Gens das Gehirn so massiv schädigt, ist z. Z. noch unbekannt. ***Zelltod im Nervensystem*** ist aber häufig auf ***exzessive Produktion oder Aktivität von Glutamat*** zurückzuführen. Dies scheint auch bei Morbus Huntington der Fall zu sein.

Auch die meisten übrigen bekannten autosomal dominanten Erbkrankheiten gehen mit geistiger Retardierung einher, deren Ursache aber meist unklar bleibt, da wie bei der Huntington Krankheit der Weg vom Gen zum Gehirn unbekannt ist.

Beim ***autosomal-rezessiven Erbgang*** ist die Situation weniger einfach: nur homozygote Träger einer Erbkrankheit oder Eigenschaft werden phänotypisch das in Frage stehende Merkmal zeigen. Eltern mit einem rezessiven Gen werden mit einer Wahrscheinlichkeit von 25 % homozygot kranke Kinder bekommen. Sind die Eltern blutsverwandt („Inzucht"), so ist das Risiko für Homozygotie der rezessiven Gene natürlich erhöht. Es gibt ca. 1000 autosomal-rezessive Erkrankungen, die bekanntesten Beispiele sind die ***Sichelzellanämie*** (s. S. 14), die ***zystische Fibrose*** und die ***Phenylketonurie.***

Die ***Phenylketonurie*** ist durch die Inaktivität des Enzyms Phenylalanin-Hydroxylase in der Leber gekennzeichnet. Dieses Enzym konvertiert Phenylalanin zu Tyrosin, was bei der Phenylketonurie unterbleibt, wodurch sich Phenylalanin im Blut anhäuft. Dadurch werden wichtige Aminosäuren im sich entwickelnden Nervensystem unterdrückt, was häufig zu *Retardierung, Hyperaktivität und Irritabilität und anderen Symptomen (z. B. „Mäusegeruch")* führt. Durch eine ***phenylalaninarme Diät*** ab der Geburt kann die Retardierung weitgehend verhindert werden. Das Gen für Phenylketonurie ist auf dem langen Arm des Chromosom 12 lokalisiert, aber auch bei diesem Gen ist der exakte Weg vom Gen zu seinem Endprodukt (z. B. der Retardierung) noch nicht bekannt.

Beispiele für geschlechtschromosomal gebundenen, ***X-chromosomalen Erbgang***, der fast ausschließlich Männer betrifft, sind *Hämophilie, Rot-Grün-Blindheit und verschiedene Retardierungsformen.* Sie werden in den betreffenden Kapiteln dieses Buches besprochen.

2.4 Polygene Vererbung und Verhaltensgenetik

Erblichkeitsschätzungen beim Menschen können durch reziproke Beeinflussung von Genen und Umwelt erheblich verzerrt werden

Erblichkeitsschätzungen in der Verhaltensgenetik. Solche Abschätzungen bedeuten nicht, daß es sich um absolute und feststehende Werte handelt: sie können sich von Population zu Population und über die Zeit hinweg ändern. ***Ändert sich die Population, ändert sich auch die Erblichkeit.*** Wenn wir also sagen, die Erblichkeit der Körpergröße ist 0,8, so meinen wir, daß 80 % der beobachteten Variation in einer definierten Population zu einer bestimmten Zeit auf genetische Differenzen zurückgeht. Wie alle deskriptiven statistischen Maße enthält auch dieses Maß eine gewisse, abschätzbare Fehlerbreite.

In der Verhaltensgenetik des Menschen werden die Erblichkeitsanteile über den ***Vergleich von Korrelationskoeffizienten zwischen Eltern und Kindern*** (additive genetische Varianz V_G = 50 %), Halbgeschwistern (V_G = 25 %), Geschwistern (V_G = 50 %), zweieiige Zwillingen DZ (V_G = 50 %) und eineiigen Zwillingen MZ (V_G = 100 %) abgeschätzt. Hinzu kommt, daß man eineiige und zweieiige Zwillinge vergleicht, die kurz nach der Geburt voneinander *getrennt* und *adoptiert* wurden und in zwei verschiedenen familiären und physischen Umgebungen aufgewachsen sind. Die letztere Methode ergibt naturgemäß die besten Erblichkeits- und Umwelteinflußschätzungen. Jede der Methoden hat gewisse Fehlerquellen, trotzdem besteht heute bezüglich einzelner Merkmale meist eine hohe Übereinstimmung. Tabelle 2–4 gibt eine Zusammenfassung der bisherigen Ergebnisse.

Probleme der Erblichkeitsschätzungen. Die Berechnung der Erblichkeit wird in der Forschung meist realisiert, indem die phänotypische Variation (V_G) von genetisch identischen Personen (eineiigen Zwillingen) mit der gesamten phänotypischen Varianz (V_P) in der natürlichen, genetisch vielfältigen Population verglichen wird. Der Quotient $E = \frac{V_G}{V_P}$ gibt die Anteile der genetischen Varianz an den Umgebungseinflüssen wieder. Der Quotient ändert sich natürlich bei jeder neuen Genvariante, bei Epistase und Dominanz, und ändert sich natürlich auch mit neuen Umwelteinflüssen. Die

BOX 2–2

Knockout und transgene Tiere

Eine relativ spezifische Methode zum Studium von Gen-Verhaltens-Wegen ist die Erzeugung von Knockout Tieren (bisher meist Insekten und Mäuse): Eine Mutation einer bekannten Gensequenz wird in einer embryonalen Zelle durch Hybridisierung (s. S. 23) quasi erzeugt, die Gensequenz oder das Gen wird aktiviert und in die Gameten eines sich entwickelnden Tieres „geschmuggelt". Dieses Tier produziert dann durch Inzucht Enkel, bei denen beide Kopien des Gens fehlen und an dem man die Folgen für Verhalten untersuchen kann. Wenn man ein manipuliertes, aber funktionales Gen (z. B. ein Krankheit erzeugendes Gen) in ein lebendes Tier einbringt, spricht man von einem transgenen Tier. Die Interpretation der Folgen dieser Manipulationen ist schwierig, weil ein fehlendes Gen oder eine fehlende Gensequenz viele spezifische und unspezifische sekundäre Folgen haben kann, die nicht direkt damit zusammenhängen müssen, oder der Organismus kompensiert für den Ausfall mit unvorhersagbaren Veränderungen.

Intelligenz steigt z. B. bei fördernden Umgebungsbedingungen besonders stark in wenig privilegierten sozioökonomischen Schichten, obwohl der IQ einen hohen Erblichkeitsanteil aufweist [16].

Wenn Personen über längere Zeit in einer Umgebung leben, die für die Entwicklung eines genetischen Potentials günstig ist, so werden jene ***Prozesse, die ein gegebenes genetisches Potential im Phänotyp realisieren, verstärkt aktiviert.*** Der IQ stieg z. B. nach 1945 deutlich an, nachdem vermehrt Kinder armer Kreise gefördert wurden, die das genetische Potential maximierten.

Ein Grossteil der auf Tabelle 2–4 angegebenen ***Erblichkeitsschätzungen überschätzen das Ausmass der genetischen Varianz.*** Ein Kind formt seine Umgebung natürlich auch entsprechend seinen Begabungen: wird es dafür von der Umwelt (Eltern, Schule) gefördert, so kann es zu multiplikativen Effekten zwischen begabtem Kind und Umwelt kommen: ein durchschnittlich musikalisch begabtes Kind beginnt ein Instrument zu lernen. Eltern und Schule fördern dies, z. B. durch eine besondere Ausbildung. Daraufhin steigt die musikalische Leistung und das heranwachsende Kind sucht zunehmend eine Umgebung auf, in der musiziert wird. Dies steigert weiterhin die Leistung usw. Somit kann *die Umgebung auch bei Eigenschaften mit hohem Erblichkeitskoeffizienten zu einem bemerkenswert grossen Anstieg der Leistung und somit des Umgebungseffektes* führen. Dies wurde für den IQ, sportliche Leistungen und Musikalität nachgewiesen [19].

Nicht ausgedrücktes (= nicht gefördertes) genetisches Potential kommt in der Bestimmung von Erblichkeit (E) nicht zum Tragen [16]. Die phänotypische Varianz ist aber nur aus der ***Interaktion*** zwischen dem genetischen Potential und den sofort nach der Befruchtung einsetzenden, dieses fördernden oder behindernden Umwelteinflüssen verständlich. Die quantitative Messung dieser Interaktion steckt allerdings noch in den Kinderschuhen.

Emergenesis bedeutet, daß durch Gen-Konfiguationen ein starker genetischer Einfluß entstehen kann, der aber nicht innerhalb von Familien weitergegeben wird; viele menschliche Verhaltensweisen und physiologische Merkmale sind auf Emergenesis zurückzuführen

Die Minnesota-Studie. Lykken und Mitarbeiter haben in einer großen, über Jahrzehnte dauernden Untersuchung (Minnesota Study of Twins Raised Apart) mehr als 200 eineiige mit zweieiigen Zwillingen verglichen, die getrennt voneinander aufgewachsen waren und anläßlich der Untersuchung in Minnesota wieder vereint wurden. Dabei fanden sie für ***die meisten*** untersuchten psychologischen und physiologischen ***Merkmale eine extrem hohe Konkordanz*** (> 80 %) zwischen den eineiigen Zwillingen. Nach einem additiv-polygenen Modell der Vererbung müßte man annehmen, daß die Eltern von zweieiigen Zwillingen etwas mehr als 50 % ihrer Gene an diese weitergeben, so daß diese in polygen vererbten Merkmalen eine etwa 50%ige Konkordanz, die eineiigen 90–100 % aufweisen müßte. Dies ist für einzelne Merkmale wie Körpergröße und IQ auch der Fall.

Für die meisten untersuchten Merkmale besteht aber eine hohe Konkordanz zwischen den eineiigen Zwillingen, die getrennt aufwuchsen und eine extrem kleine zwischen den zweieiigen Zwillingen. Dies kann nur bedeuten, daß Epistase (s. S. 14) am Werk ist und bei solchen Eigenschaften eine ***Neukonfiguration*** der elterlichen Gene aufgetreten ist, die eine stark von den Genen abhängige Eigenschaft produziert; diese Eigenschaft war aber in der Familie bisher nicht aufgetreten und wird dies erst wieder mit einer gewissen Wahrscheinlichkeit nach Generationen tun. Daher die Bezeichnung ***emergente Eigenschaft.*** Emergente Eigenschaften kommen von Konfigurationen, nicht aus Summation von Erbsubstanz!

Emergente Merkmale. Folgende Eigenschaften sind in dieser Studie als emergent erkannt worden:

Tabelle 2–4. Erblichkeitsschätzung (V_G) verschiedener Verhaltensmerkmale (modifiziert und ergänzt nach Plomin, DeFries & McClearn 1990)

Methode der Schätzung Familienvergleich	Zwillings-Studie	Adoptions-Studie	Ergebnisse
Intelligenzquotient (IQ) ++	++	++	(V_G) = 40 %-60 % (Korrelation r_{MZ} = 0,85, r_{DZ} = 0,6) Die Umgebungsvarianz ist in der frühen Jugend groß, beim Erwachsenen klein
Beruflicher Status +	+	+	V_G ~ 40 % (r_{MZ} = 0,4; r_{DZ} = 0,2)
Spezifische kognitive Fertigkeiten (verbale und räumliche Operationen) +	+	+	V_G = 30 % – 50 %
Kreativität +	++	0	V_G = 20 % (emergente Eigenschaft, s. u.)
Homosexualität +	–	+	Für männliche Homosexualität wurde eine Region (Xq28) am X-Chromosom identifiziert
Musikalität +	+	+	hängt teilweise von Art der Musikalität ab (Talent zum Singen ist z. B. emergent, s. u.)
Leseschwäche +	+		kommt in Familien gehäuft vor
Geistige Retardierung			Für spezifische Syndrome hoher genetischer Anteil (s. Kap. 2.3) Für leichte Retardierung familiäre Häufung
Schizophrenie ++	++	+	Risiko für Verwandte ersten Grades 10 % Risiko für MZ ~ 40 % Adoptionswerte geringer (ca. 20 %)
Depressive Störung (unipolar) ++	++	+	Risiko für Verwandte ersten Grades ~ 10 % Risiko für MZ ~ 60 %, DZ ~ 20 % Adoptionswerte geringer (20 %)
Bipolare (manische) Störung ++	0	0	Risiko für Verwandte ersten Grades ~ 5 %
Delinquenz +	+	0	Nur geringer genetischer Einfluß
Kriminalität +	+	+	MZ = 70 %, DZ = 30 %, genetischer Einfluß vorhanden, Adoption geringere Werte
Alkoholismus ++	0	+	Risiko, auf Alkohol besonders stark anzusprechen, teilweise vererbt. Vermutlich emergente Eigenschaft, s. u.
Persönlichkeitsfaktoren (Extroversion, Hilfsbereitschaft etc.) ++	++	++	V_G ~ 40 % r_{MZ} = 0.5; r_{DZ} = 0.3
Einstellungen und Glaubenshaltungen +	++	+	Vor allem Traditionalismus und Konservativismus
Freizeitinteressen +	+	+	V_G ~ 50 % (Wahrscheinlich auf Emergenesis, d. h. Genkonfiguration zurückzuführen, s. u.)
Dickleibigkeit (Obesitas) ++	++	++	VG ~ 50–60 %

Zeichenerklärung:
++ viele Studien mit positivem Resultat
\+ wenige Studien mit positivem Resultat

- EEG-Alpha-Vorzugsfrequenz (s. Kap. 21)
- Habituationsrate psychophysiologischer Variablen (s. Kap. 22)
- Berufliche und geistige Interessen und Talente
- Kreativität (Genialität im Guten wie im Bösen)
- Stärke des Einflusses auf andere („social impact")
- Extroversion (optimistisch, sozial aufgeschlossen, Gefühl persönlicher Kontrolle, wenig Stress-anfällig)
- „Gutes" Aussehen

Verhaltensähnlichkeiten bei getrennt aufgewachsenen eineiigen Zwillingen. Die Minnesota Untersuchung erbrachte überraschend ***wenig Hinweise auf Einflüsse der Umgebung*** bei den angegebenen Eigenschaften, aber auch bei vielen persönlichen Eigenheiten des täglichen Lebens. Die Zwillinge empfanden fast ausnahmslos eine starke und anhaltende Sympathie füreinander nach der Zusammenführung in Minneapolis. Die Untersuchungen und Interviews fanden vor der Wiederbegegnung statt: ein Zwilling erzählte z. B. laufend lustige Episoden, der zweite trat ins Zimmer mit der Bemerkung „Soll ich Euch eine lustige Geschichte erzählen" - Eben dieser Zwilling war in einer ernsten und wenig zu Scherzen neigenden Familie erzogen worden. Ein anderes Paar baute in jedem eigenen Garten eine runde Bank um einen Baum. Beide Zwillinge wählten diesselben Geschenke für andere, andere nahmen beide an Wahlen nicht teil, weil sie sich nicht genug informiert fühlten. Von 200 Zwillingen wollten zwei Personen nicht in das psychophysiologische Labor kommen, weil sie Angst vor dem Eingeschlossensein hatten, diese beiden waren eineiige Zwillinge. Zwei trugen 7 Ringe an den Fingern, sie waren eineiige Zwillinge; zwei waren fünf Mal verheiratet, sie waren Zwillinge etc. Bei ***keinem der zweieiigen Zwillingspaare konnten solche Ähnlichkeiten gefunden*** werden, die nicht auf Zufall beruhen können.

ZUSAMMENFASSUNG

Die klassische und molekulare Genetik zeigen, daß für alle untersuchten Verhaltensweisen eine dynamische Interaktion zwischen dem Erbgut und den nach der Befruchtung sofort einsetzende Umwelteinflüssen das Erscheinungsbild (Phänotyp) eines Verhaltens bestimmt. In der klassischen Genetik, beginnend mit Gregor Mendel, hat man durch Kreuzungsversuche die Prinzipien der Informationsweitergabe über Generationen festgelegt.

Jenen Faktor, der die Ausprägungsform (Phänotyp) eines Merkmals in einer Folgegeneration bestimmt, nennt man Allel.

In der molekularen Genetik wurden in der zweiten Hälfte des 20. Jahrhunderts die Gene als die Wiege des Erbguts identifiziert. Die Gene sind im Zellkern jeder Körperzelle als Chromosomen angeordnet und bestehen aus Desoxyribonukleinsäure (DNA), welche in Form von Doppelsträngen als sogenannte Doppelhelix verdrillt sind.

23 Chromosomenpaare mit ca. $2 \times 50000 = 100\,000$ Erbmerkmalen (Genen) liegen in der Zelle vor. Die Erbinformation wird dabei in der Abfolge der Basenpaare der Nukleinsäuren verschlüsselt, welche die „Anweisungen" für die Bildung von Aminosäuren aus dem Zellkern an die Zelle und die Zellmembran weitergeben. Die Kontrolle aller Lebensvorgänge hängt von diesem Übertragungsprozessen, die man als Transkription und Translation bezeichnet, ab.

In der molekularen Genetik wird der Weg des Erbgutes, der Desoxyribonukleinsäure, bis zur Ausprägung eines bestimmten Proteins in der Zelle beschrieben. Der Weg von der Proteinsynthese zum Verhalten ist nur in einigen, wenigen Fällen verfolgt worden und kann beim Menschen z. Z. nur über fehlerbehaftete Erblichkeitsschätzungen der Verhaltensgenetik bestimmt werden. Durch Eingriffe in den genetischen Code oder in die Prozesse seiner Expression bei Konstanthaltung der Umwelteinflüsse ließe sich theoretisch der Einfluß der Erblichkeit bestimmen.

Chromosomenstörungen entstehen meist durch Mutationen der Gene, bei denen Teile der Chromosomen verändert werden und danach die Erbinformation falsch weitergegeben wird. Fast alle Erbkrankheiten durch Chromosomenstörungen gehen mit intellektuellen Minderleistungen einher.

Chromosomenstörungen zeigen bei einzelnen intellektuellen Funktionen, daß psychische Eigenschaften in der Regel auf eine Vielzahl von Genen und deren Wirkungsinteraktionen zurückzuführen sind. Dies wird als polygene Vererbung bezeichnet.

In Untersuchungen an getrennt aufgewachsenen eineiigen und zweieiigen Zwillingen ließ sich zeigen, daß für viele intellektuelle und emotionale Eigenheiten starke genetische Abhängigkeit besteht, die nicht innerhalb von Familien weitergegeben wird. Den Mechanismus dieses Vererbungsganges nennt man Emergenesis.

Die Verhaltensgenetik untersucht das Ausmaß von Erblichkeit psychischer Merkmale mit statistischen Methoden, die Familien sowie eineiige und zweieiige Zwillinge bezüglich eines Merkmals mit Kontrollgruppen vergleichen. Starke Erblichkeit wurde dabei für allgemeine Intelligenz, einzelne Persönlichkeitsfaktoren und psychopathologische Störungen wie Schizophrenie und einige Depressionsformen gefunden.

Das Ausmaß der Erblichkeit wird dabei oft überschätzt, da günstige oder soziale Umweltbedingungen auch bei Eigenschaften mit hohem Erblichkeitsanteil zu überraschend starkem Anstieg oder Abfall der Ausprägung (z. B. IQ) führen können.

Dieses Paradoxon eines starken Umwelteinflusses auf stark genetisch bedingte Eigenschaften erklärt sich durch eine multiplikativ wirkende Beeinflussung zwischen Umwelt und Erbgut. Kinder suchen sich z. B. eine ihrer Begabung entsprechende soziale Nische, welche wieder ihre Leistung verbessert, wodurch sie eine neue Nische suchen, ihre Leistung weiter steigt usf.

Literatur

Weiterführende Lehr- und Handbücher

1. Alberts B, Johnson A, Lewis J, Raff M, Roberts K, Walter P (2002) Molecular biology of the cell, 4th edn. Garland, New York. Deutsche Ausgabe: Molekularbiologie der Zelle. 3. Aufl. VCH, Weinheim, 1995
2. Brown TA (1992) Genetics. A molecular approach, 2nd edn. Chapman & Hall, London
3. Buselmaier W, Tariverdian G (1999) Humangenetik. 2. Aufl. Springer, Berlin Heidelberg New York Tokyo, s. a. im selben Verlag: – Tariverdian G, Buselmaier W (1995) Chromosomen, Gene, Mutationen
4. Campbell NA (2000) Biologie. Spektrum Akademischer Verlag, Heidelberg
5. Fawcett DW (1981) The cell. 2nd edn. Saunders, Philadelphia
6. Lehninger AL, Nelson DL, Cox MM (2000) Principles of biochemistry. 3rd edn. Worth, New York. Deutsche Ausgabe: Prinzipien der Biochemie, 2. Aufl. Spektrum Akademischer Verlag, Heidelberg, 1998
7. Lewin B (1999) Genes VII. Oxford University Press, Oxford
8. Löffler G, Petrides PE (1998) Biochemie und Pathobiochemie. Springer, Berlin Heidelberg New York Tokyo
9. McFarland D (1999) Biologie des Verhaltens. 2. Aufl. Spektrum Akademischer Verlag, Heidelberg
10. Plomin R, De Fries JC, McClearn GE, McGuffin P (2000) Behavioral genetics. 4th edn. Worth, New York
11. Schiebler TH, Schmidt W, Zilles K (1999) Anatomie des Menschen. 8. Auflage. Springer, Berlin Heidelberg New York Tokyo
12. Schmidt RF, Thews G, Lang F (Hrsg.) (2000) Physiologie des Menschen. 28. Auflage. Springer, Berlin Heidelberg New York Tokyo
13. Suzuki DT, Griffiths AJ, Miller JH, Lewontin RC (1991) Genetik. Verlag Chemie, Weinheim
14. Von Silcher F (1988) Vererbung des Verhaltens. Thieme, Stuttgart
15. Watson JD (1976) The molecular biology of the gene, 3rd ed. Benjamin-Cummings, Menlo Park

Einzel- und Übersichtsarbeiten

16. Bronfenbrenner U, Ceci JS (1994) Nature-nurture reconceptualized in developmental perspective: a bio-ecological model. Psycholol Rev 101: 568–586
17. Butler PJG, Klug A (1978) The assembly of a virus. Sci Am 239: 62–69
18. Crick FHC (1966) The genetic code: III. Sci Am 215(4): 55–62
19. Dickens W, Flynn J (2001) Heritability estimates versus large environmental effects: The IQ paradox resolved. Psychol Rev 108: 346–369
20. Eigen M, Gardiner W, Schuster P, Winkler-Oswatitsch R (1981) The origin of genetic information. Sci Am 244(4): 88–118
21. Hamer DH, Hu S, Magnuson VL, Hu N, Pattatucci (1993) Linkage between DNA markers on the X chromosome and male sexual orientation. Science 261: 321–327
22. Lake JA (1981) The ribosome. Sci Am 245(2): 84–97
23. Lykken DT, McGue M, Tellegen A, Bouchard TJ (1992) Emergenesis. American Psychologist 47: 1565–1577
24. MacLean CH (1977) The wolf children. Penguin, Middlesex
25. Watson JD, Crick FHC (1953) Genetical implications of the structure of desoxyribonucleic acid. Nature 171: 964–967
26. Watson JD, Crick FHC (1953) Molecular structure of nucleic acids. A structure for desoxyribose nucleic acid. Nature 171: 737–738

3 Zellen und Zellverbände

EINLEITUNG

Der Grundbaustein des menschlichen Körpers ist die einzelne lebende Zelle. Jedes Organ ist aus zahlreichen Zellen zusammengesetzt, die mit wenigen Ausnahmen (Blut, Lymphe) durch besonderes Stützgewebe zu Zellverbänden und Organen zusammengehalten werden. *Der gesamte menschliche Körper ist aus etwa 75×10^{12} (75 000 Milliarden) individuellen Zellen aufgebaut.* Davon sind ein Drittel rote Blutkörperchen (*Erythrozyten*). Sie sind der am häufigsten vorkommende Zelltyp des Körpers.

Allen Zellen ist eine Reihe von Grundeigenschaften gemeinsam: z. B. benötigt jede Zelle zur Aufrechterhaltung ihrer normalen Lebensfunktionen *Nährstoffe,* und diese Nährstoffe sind von Zelltyp zu Zelltyp ähnlich. Praktisch jede Zelle nimmt *Sauerstoff* auf, der sich zur *Energiegewinnung* mit Fetten, Eiweißen oder Kohlenhydraten verbindet. Die chemischen Prozesse, die sich bei dieser Umwandlung von Nährstoffen zur Energiegewinnung abspielen, sind ebenfalls in allen Zellen grundsätzlich gleich, und alle Zellen geben schließlich die Endprodukte der Energiegewinnung in die die Zellen umgebende Flüssigkeit ab.

Die Ähnlichkeit der verschiedenen Zellen innerhalb des menschlichen Körpers läßt sich auch zwischen menschlichen und tierischen Zellen feststellen. Dies gilt nicht nur für die eben genannten Grundfunktionen der Nahrungsaufnahme und Energiegewinnung, sondern auch für die speziellen Aufgaben der einzelnen Zelltypen. Mit anderen Worten, gleiche Organe, wie Herz, Leber oder Nieren, arbeiten in den verschiedenen Tieren, einschließlich dem Menschen, nach den gleichen Wirkprinzipien. Von daher ist es auch *möglich und gerechtfertigt, viele an Tieren gewonnene Einsichten auf den Menschen zu übertragen.* Diese Parallelität in der Arbeitsweise einzelner Zellen und Zelltypen des gesamten Tierreiches ist entwicklungsgeschichtlich bedingt: Alles tierische Leben hat sich vor Hunderten von Millionen Jahren aus den gleichen einfachen Organismen entwickelt.

Grundkenntnisse der Zellphysiologie sind auch für das Verständnis von Verhaltensphysiologie und Psychophysiologie notwendig: z. B. benutzen die molekularen Prozesse der Gedächtnisspeicherung in den Nervenzellen dieselben elementaren Mechanismen wie andere Körperzellen auch.

3.1 Biochemische Grundlagen der Zellphysiologie

Lebende Zellen sind aus chemischen Substanzen aufgebaut, und alles Zellgeschehen gehorcht den gleichen physikalischen und chemischen Gesetzmäßigkeiten wie die unbelebte Natur [4]. Bevor wir uns im einzelnen mit den Eigenschaften und Aufgaben der Zellen auseinandersetzen, wird daher in diesem Abschnitt nach einem ersten Blick auf die Zelle und ihre Bestandteile ein kurzer Abriß derjenigen chemischen Substanzen und Prozesse gegeben, die im Leben der Zelle eine besonders große Rolle spielen [2,9].

Alle Zellen sind nach einem einheitlichen Bauplan aus Zellmembran, Zellflüssigkeit und Zellkern aufgebaut

Zellbestandteile. Bei lichtmikroskopischer Betrachtung einer Zelle sehen wir, daß die von der ***Zellmembran*** *(Plasmamembran)* gegen ihre Umwelt abgegrenzte Zelle einerseits die ***Zellflüssigkeit*** oder das *Zytoplasma* und andererseits den ***Zellkern*** oder *Nukleus* enthält. Zytoplasma und Nukleus werden als Zellinhalt oder Protoplasma zusammengefaßt. Das *Protoplasma* ist im wesentlichen aus fünf Bestandteilen zusammengesetzt: nämlich aus Wasser, gelösten Salzen, Eiweiß, Lipiden (fettähnlichen Substanzen) und Kohlenhydraten.

Bei Untersuchungen mit dem Elektronenmikroskop, dessen Auflösungsvermögen rund tausendfach über dem des Lichtmikroskops liegt, zeigt sich, daß das Zytoplasma eine Reihe von hochorganisierten Körperchen enthält, die als ***Organellen*** bezeichnet werden. Als wichtige Beispiele solcher Organellen sind in Abb. 3-1 die ***Mitochondrien, das endoplasmatische Retikulum*** und die ***Lysosomen*** gezeigt. Auch die Zellmembran (Plasmamembran) und die Membran des Zellkerns werden zu

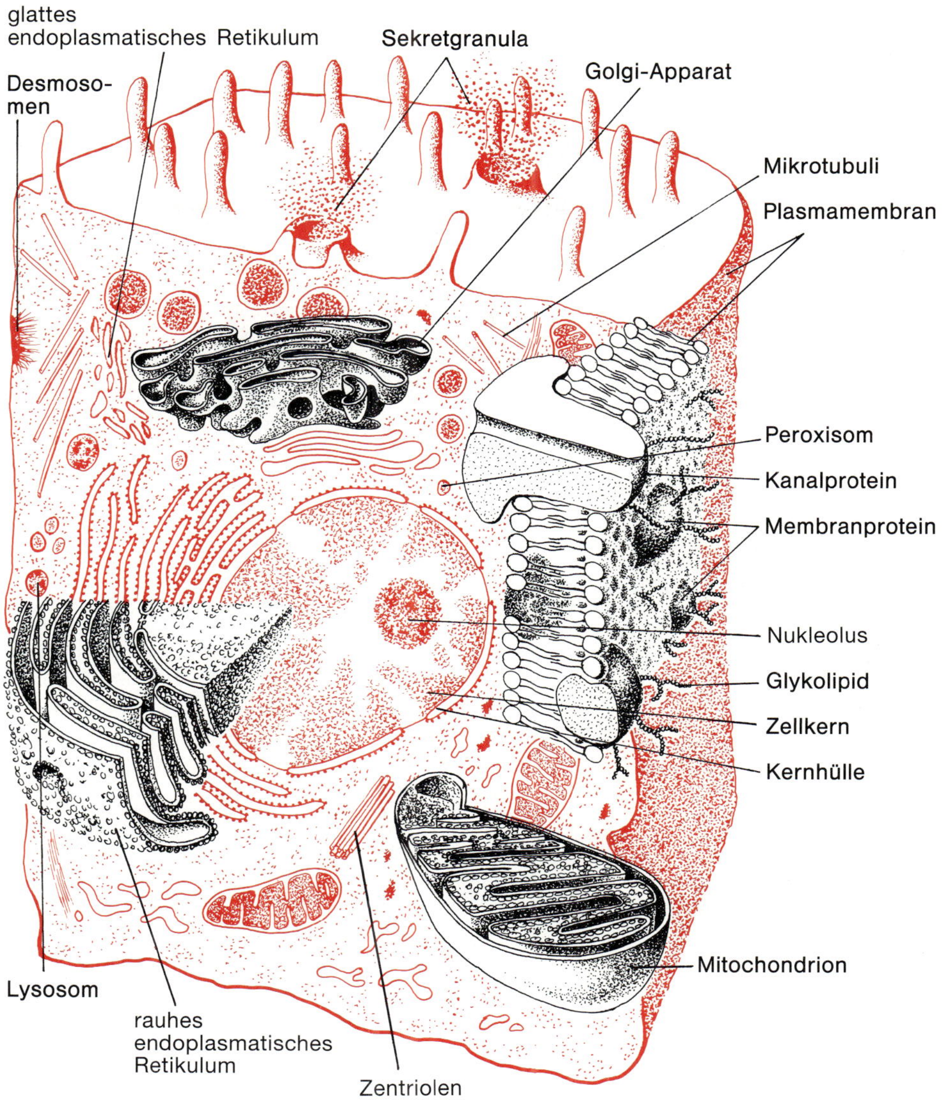

Abb. 3-1. Struktur der Zelle und ihrer wichtigsten Bestandteile, dargestellt an einer „idealisierten Modellzelle" bei etwa 24 000facher Vergrößerung. Einzelne organisierte Zellbestandteile (Organellen), wie der Golgi-Apparat, ein Mitochondrion und Anteile des rauhen endoplasmatischen Retikulums, sind *schwarz* bei noch stärkerer Vergrößerung hervorgehoben. Der Aufbau der Plasma- oder Zellmembran, der *rechts am Rand* etwa sechsmillionenfach vergrößert gezeichnet ist, kann auch mit dem Elektronenmikroskop nicht aufgelöst werden. Diese Plasmamembran ist auch in der Abb. 3-3 dargestellt. Es handelt sich um eine Phospholipiddoppelschicht, in die Proteine eingelagert sind. Einige dieser Proteine enthalten Kanäle oder Poren, über die das Zellinnere mit dem Extrazellulärraum Ionen und Moleküle austauschen kann. Die Zelle ist vom endoplasmatischen Retikulum durchzogen, das teils glatte Wände hat, teils mit Ribosomen besetzt ist. Auch der Golgi-Apparat ist ein internes Hohlraumsystem, das an der Aufnahme und der Ausscheidung von Stoffen über Sekretgranula beteiligt ist. Als Kraftwerke der Zellen dienen die Mitochondrien, zur Abfallbeseitigung die Lysosomen. Die Zeichnung verdanken wir Prof. em. Dr. K. H. Andres, Lehrstuhl für Anatomie II der Ruhr-Universität Bochum

den Organellen gerechnet. Ihnen allen kommen wichtige Zellfunktionen zu, auf die z. T. weiter unten näher eingegangen wird.

Funktion bestimmt Zellgröße. Der Durchmesser der einzelnen Zellen liegt zwischen 5 und 100 Mikrometern (1000 Mikrometer, abgekürzt µm, sind 1 Millimeter, mm). Gelegentlich gibt es im Tierreich jedoch einzelne Zellen, wie das Hühnerei und andere Vogel- und Reptilieneier, deren Größe weit über das normale Maß hinausgeht. Sie enthalten außer den Stoffen und Strukturen, die für die einzelnen Lebensprozesse notwendig sind, einen großen Vorrat an Reservesubstanzen; dieser läßt sie so voluminös werden. Er ermöglicht die Entwicklung des Embryos ohne Stoffzufuhr von außen.

Die Zelle enthält vor allem Wasser; in diesem sind 4 Substanzklassen kleiner organischer Molekülen gelöst, nämlich Zucker, Fettsäuren, Aminosäuren und Nukleotide. Diese kleinen Moleküle dienen auch als Bausteine für die Biopolymere

Die Zelle enthält eine begrenzte Zahl natürlicher Elemente, wobei sechs von ihnen mehr als 99 % ihres Gewichts ausmachen, nämlich *Kohlenstoff*, ***C***, *Wasserstoff*, ***H***, *Stickstoff*, ***N***, *Sauerstoff*, ***O***, *Phosphor*, ***P*** und

Schwefel, S. Zwei dieser Elemente bilden die einfachste und am häufigsten vorkommende Verbindung der Zelle, das ***Wasser, H_2O,*** das etwa 70 % des Zellgewichts ausmacht.

Sieht man vom Wasser ab, so enthalten fast alle Zellmoleküle ***Kohlenstoff, C.*** Dies hängt damit zusammen, daß der Kohlenstoff weit mehr als jedes andere Element auf unserer Erde in der Lage ist, große Moleküle zu bilden. Das Kohlenstoffatom kann sich vor allem auch mit anderen Kohlenstoffatomen zu großen Ringen und Ketten zusammenschließen, wobei diese nahezu beliebig lang werden können. Nimmt man noch die anderen, oben genannten Elemente dazu, so sind für die Zelle nahezu unbegrenzte Möglichkeiten der Synthese von Molekülen gegeben. Die Natur hat sich aber daraus nur eine relativ geringe Zahl ausgesucht, die im Laufe der Evolution durchgehend verwendet werden.

In der Zellflüssigkeit sind ungefähr 1000 verschiedene Arten von ***kleinen organischen Molekülen*** gelöst, die für den Zellstoffwechsel zur Verfügung stehen. Viele dieser kleinen organischen Moleküle sind chemisch miteinander verwandt und können daher in „Familien" oder Substanzklassen zusammengefaßt werden. In den Zellen sind vier solcher Substanzklassen enthalten, nämlich *Zucker, Fettsäuren, Aminosäuren und Nukleotide.*

Die eben genannten kleinen organischen Moleküle stehen auch als Bausteine für große Moleküle oder ***Biopolymere*** zur Verfügung. Die drei wichtigsten *Makromoleküle* der Zellen sind die ***Polysaccharide,*** die ***Eiweiße (Proteine)*** und die ***Nukleinsäuren*** (s. auch S. 15). Diese Makromoleküle bilden die Grundlage aller Lebensfunktionen. Dazu gehören der Aufbau aller Zellbestandteile ebenso wie die Bewegungen der Zellen und des gesamten Organismus und vor allem die Vererbungsvorgänge, d. h. die generationsübergreifende Weitergabe biologischer Information (s. Kap. 2).

Die einfachen Zucker sind die wichtigsten Energielieferanten der Zelle; die Polysaccharide dienen als Energiespeicher (Glykogen, Stärke) und als Stützsubstanz (Zellulose)

Mono-, Di- und Oligosaccharide. Die einfachsten Zucker sind die *Monosaccharide* mit der generellen Molekülformel $(CH_2O)_n$. Am bekanntesten ist die ***Glukose*** (der „Traubenzucker" oder „Blutzucker") mit der Formel $C_6H_{12}O_6$. Die Zusammenlagerung von zwei Monosacchariden führt zu *Disacchariden* (Beispiel: die Saccharose, unser gewöhnlicher Zucker, der in Zuckerrohr und Zuckerrüben vorkommt). Die weitere Verbindung von Monosacchariden resultiert in *Oligosacchariden* mit drei, vier und mehr Monosacchariden (beim Menschen ohne Bedeutung) und in *Polysacchariden* mit Hunderten und Tausenden von Monosacchariden (s. u.).

Die Glukose wird in der Zelle über eine Reihe von Zwischenschritten mit Hilfe von Sauerstoff zu Kohlendioxid und Wasser „verbrannt" (*oxidiert*). Dabei wird Energie frei, die im Zellstoffwechsel weiterverwendet wird. Das Nettoresultat dieser Zuckerverbrennung kann also wie folgt geschrieben werden:

$$C_6H_{12}O_6 + 6\ O_2 = 6\ CO_2 + 6\ H_2O + \text{Energie}$$

Im Endeffekt handelt es sich hier um den gleichen Vorgang wie beim Verbrennen von Kohle, Öl oder Holz zur Energiegewinnung. Diese Form des Stoffwechsels, bei der Sauerstoff verbraucht wird, wird als ***oxidativer*** oder ***aerober Stoffwechsel*** bezeichnet. Die freigesetzte Energie wird unter anderem dazu verwendet, den universellen Treibstoff der Zelle, nämlich das *Adenosintriphosphat,* kurz ***ATP,*** zu synthetisieren (s. u.).

In einem kleinen Umfang, zu etwa 5 % des Gesamtbedarfs, kann ATP auch ohne Sauerstoff synthetisiert werden. Dieser Stoffwechsel wird als ***anaerob*** bezeichnet. Es leuchtet ein, daß er allein den Gesamtbedarf der Zelle nur kurze Zeit decken kann. Ohne ständige Sauerstoffzufuhr ist also kein menschliches Leben möglich: Bei Sauerstoffmangel ersticken wir, da unseren Zellen das lebensnotwendige ATP nicht mehr in ausreichender Menge zur Verfügung gestellt werden kann.

Polysaccharide. Die *Polysaccharide* sind von der Natur „erfundene" Zusammenlagerungen, also ***Biopolymere*** von sehr vielen Monosacchariden. Das zur zellulären Energiespeicherung wichtigste tierische Polysaccharid ist das aus *Glukosemolekülen* zusammengesetzte ***Glykogen.*** Ähnlich ist in den Pflanzen die ***Stärke*** das weitverbreiteste Reservekohlenhydrat (ebenfalls nur aus Glukose aufgebaut). Die Polysaccharide sind aber nicht nur für die Bevorratung und Bereitstellung von Energie wichtig. Sie bilden auch *Stützsubstanzen* außerhalb der Zellen. So ist die ebenfalls nur aus Glukose aufgebaute ***Zellulose*** der Pflanzen die auf der Erde am weitesten verbreitete organische Substanz.

Die Zucker gehen zur Bildung von Polysacchariden auch mit anderen Molekülen Verbindungen ein, so z. B. mit Eiweißen zur Bildung von ***Glykoproteinen*** und mit Fetten zu ***Glykolipiden.*** Diese haben die verschiedensten Aufgaben in und außerhalb der Zellen. Als Beispiele seien hier nur genannt, daß die Glykoproteine als ***Bestandteile der Zellmembran und des Bindegewebes*** des Menschen wichtige Funktionen erfüllen (s. S. 35) und daß es sich bei den ***Blutgruppensubstanzen*** (s. S. 50) im wesentlichen um Glykoproteine und -lipide handelt, die zu 85 % aus Sacchariden bestehen.

Die Fettsäuren sind Teilbausteine des als Energiespeicher dienenden Körperfetts und der Phospholipide der Zellmembranen

Die Fettsäuren bestehen im Grunde aus zwei Teilen, nämlich einer mehr oder weniger langen Kohlenwasserstoffkette und einer Carboxylgruppe an einem Ende. Die *Kohlenwasserstoffkette* ist wasserunlöslich (*hydrophob*) und chemisch nicht sehr aktiv, während die *Karboxylgruppe* wasserlöslich (*hydrophil*) ist und den chemisch aktiven Teil der Fettsäuren bildet. Praktisch alle in der Zelle vorkommenden Fettsäuren sind über ihre Karboxylgruppe mit anderen Molekülen verbunden. So ergibt die Verbindung von drei Molekülen Fettsäure mit einem Molekül Glyzerin das normale ***Körperfett*** (*Triglyzerid*). Dies stellt neben den Kohlenhydraten (Zucker, Glykogen) den wichtigsten Energievorrat der Zellen dar.

Werden an das Glyzerin nur zwei Fettsäuren gebunden und wird die dritte Bindungsstelle von einem Molekül Phosphorsäure besetzt (an dem wiederum eines von mehreren verschiedenen Alkoholmolekülen gebunden ist), so haben wir ein ***Phospholipid*** vor uns. Auch diese Phospholipide haben einen *hydrophoben* Teil, nämlich die beiden Fettsäuren, und einen *hydrophilen* Teil, nämlich die Phosphorsäure mit ihrem Alkolhol. Diese Eigenschaft macht sie zur Bildung von Zellmembranen aller Art besonders geeignet, denn sie bilden im Wasser spontan Doppelschichten, in denen sich die hydrophilen Kopfgruppen außen, dem Wasser zugewandt anordnen, während sich die hydrophoben Kohlenwasserstoffketten aneinanderlagern und eine nichtwäßrige „Ölphase" bilden. Dies ist z. B. in den Abb. 3-1 und 3-3 zu sehen.

Zwanzig Aminosäuren sind die Bausteine der Eiweiße (Proteine); diese dienen u. a. als Gerüstsubstanzen, als Hormone und als Rezeptoren in Membranen

Verglichen mit den Kohlenhydraten und den Fettsäuren zeichnen sich die Aminosäuren durch den zusätzlichen Besitz von ***Stickstoffatomen*** in Form einer Aminogruppe ($-NH_3^+$) aus. Von den beim Menschen vorkommenden Aminosäuren besitzen zwei (Methionin und Zystein) außerdem noch ein *Schwefelatom.* Die Eiweiße stellen lange Ketten von Aminosäuren dar, wobei die Verbindung zwischen den einzelnen Aminosäuren jeweils zwischen der Karboxylgruppe der einen und der Aminogruppe der nächsten Aminosäure erfolgt.

Zum ***Aufbau der Eiweiße*** verwendet die Natur nur ***20 verschiedene Aminosäuren,*** und zwar nicht nur beim Menschen, sondern auch bei anderen Tieren ebenso wie bei Bakterien und Pflanzen. Einige dieser Aminosäuren können wir im Körper synthetisieren, die anderen müssen wir mit der Nahrung zu uns nehmen (*essentielle Aminosäuren*). Beim Menschen sind acht solcher essentieller Aminosäuren bekannt. Sie kommen reichlich in tierischen Nahrungsmitteln, aber nur sehr begrenzt in pflanzlichen vor. Bei einer rein pflanzlichen („vegetarischen") Ernährung ist daher sorgfältig darauf zu achten, daß keine Eiweißmangelerscheinungen auftreten.

Aufgaben der Proteine. Die wichtige Rolle der Eiweiße als ***Biokatalysatoren*** oder ***Enzyme*** zur Beschleunigung chemischer Reaktionen wird anschließend erläutert (s. S. 34). Daneben dienen die Proteine vor allem als ***Gerüstsubstanzen*** (in Binde- und Stützgewebe, s. S. 40), als Strukturbestandteile zur Aufteilung des Zellraumes, also in ***Membranen*** (s. S. 34), als Signale zur Regulation des Stoffwechsels und der Zelltätigkeit (***Hormone,*** s. Kap. 5 und 6) und als Einrichtungen zum Empfang von Signalen am Erfolgsorgan (***Rezeptoren,*** s. S. 39). Die Information für den Aufbau all dieser Proteine ist in den anschließend erwähnten Nukleinsäuren niedergelegt. Kopien dieser Baupläne werden von Generation zu Generation weitergegeben (s. Kap. 2).

Die Nukleotide dienen der Übermittlung biologischer (Erb)Information und stellen chemische Energie bereit; die Nukleinsäuren bestehen aus Ketten von Nukleotiden

Nukleotide. Die letzten der vier wesentlichen Grundbausteine der Zellen sind die Nukleotide. Ihr allgemeiner Bauplan und das spezielle Beispiel des Adenosintriphosphats, ATP, sind in Abb. 3–2 A zu sehen. Sie bestehen immer aus einer von fünf verschiedenen ***stickstoffhaltigen Basen*** (beim ATP ist es das *Adenin*), ferner aus einer von zwei ***Pentosen*** (Zucker mit fünf C-Atomen), nämlich entweder der *Ribose* (wie beim ATP) oder der *Desoxyribose* und ein bis drei ***Phosphorsäuren.***

Eine der beiden wesentlichen Rollen der Nukleotide ist die ***Übermittlung biologischer Information*** (s. dazu Kap. 2), die andere die bereits erwähnte ***Bereitstellung chemischer Energie.*** Dazu dient vor allem das ***ATP*** [5,6]. Von seinen drei Phosphatmolekülen sind die beiden letzten durch besonders energiereiche Verbindungen miteinander verknüpft (in der Abb. 3–2 A durch ~ symbolisiert). Diese energiereichen Verbindungen sind außerdem leicht lösbar. Sie gleichen gespannten Sprungfedern, die, wie bei einer Mausefalle, leicht ausgeklinkt werden können und dann schlagartig die in ihnen gespeicherte Energie freisetzen.

Bei Energiebedarf, z. B. zu einer Muskelzuckung, wird immer nur die letzte energiereiche Phosphatverbindung ausgeklinkt. Durch diese Abspaltung eines Phosphatmoleküls wird aus dem ATP das *Adenosin-„di"-phosphat* oder ***ADP.*** Adenosindiphosphat und Phosphat müssen dann wieder unter Energieaufwand, ge-

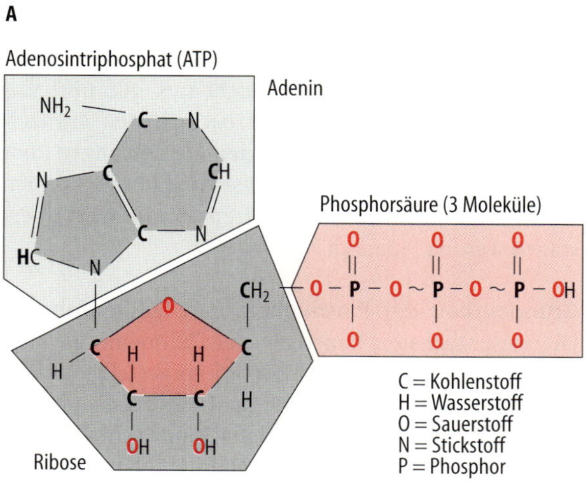

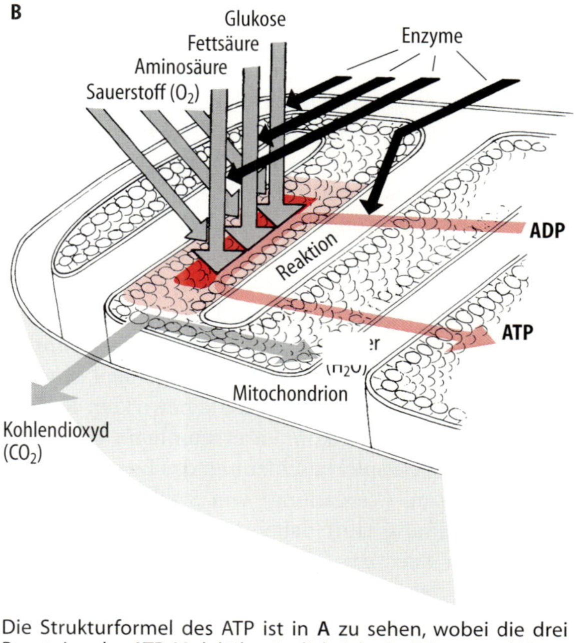

Abb. 3–2. Der universelle biologische Treibstoff Adenosintriphosphat, ATP, wird, wie in **B** gezeigt, in den Mitochondrien unter Energieaufwand aus der Vorstufe Adenosindiphosphat, ADP, durch Hinzufügen eines dritten Phosphatmoleküls aufgebaut. Die Strukturformel des ATP ist in **A** zu sehen, wobei die drei Bausteine des ATP-Moleküls, nämlich Adenin, Ribose und Phosphorsäure, verschieden stark *grau* bzw. *rot* unterlegt sind

nau wie beim Spannen der Mausefalle, verknüpft werden.

Die wichtigsten ***ATP-verbrauchenden Prozesse*** sind: (a) der Transport von Stoffen durch die Zellmembran, (b) die Synthese von Eiweiß und anderen Zellbausteinen und (c) mechanische und geistige Arbeiten. Wie groß der ATP-Bedarf für diese Prozesse ist, sei an einem Beispiel erläutert: Um ein Molekül Eiweiß aufzubauen, müssen viele, oft viele tausend Moleküle Aminosäuren in einer langen Kette aneinandergeknüpft werden. Jede Verknüpfung zweier Aminosäuren benötigt die Energie dreier ATP-Spaltungen in ADP. Viele tausend ATP-Moleküle werden also zum Aufbau nur eines Eiweißmoleküls benötigt. Die Zellen verbrauchen daher bis zu 75 % ihres ATP-Umsatzes zum Aufbau der Zellbestandteile. Ganz besonders gilt dies während des Wachstums (Einzelheiten zur Proteinsynthese und zum Membrantransport s. u., zur Muskelkontraktion in Kap. 13).

Nukleinsäuren. Die *Nukleinsäuren* sind Biopolymere, die aus ***Ketten von Nukleotiden*** bestehen. Ihr Bau und ihre biologische Funktion sind auf S. 15 beschrieben.

Enzyme beschleunigen als Biokatalysatoren nahezu alle chemischen Reaktionen in den Körperzellen; die Mitochondrien enthalten besonders viele Enzyme

An dieser Stelle ist die Einführung des wichtigen zusätzlichen Begriffes ***Enzym*** notwendig: Die Synthese von ADP und Phosphat zu ATP ist eine der unzählbaren chemischen Reaktionen des Körpers. Versucht man, diese Reaktionen im Reagenzglas nachzuahmen, so zeigt sich, daß die meisten dort wesentlich langsamer als in der Zelle ablaufen. Da die beiden üblichen Techniken zur Erhöhung der Reaktionsgeschwindigkeit im Reagenzglas, nämlich Erhöhung der Temperatur oder des Drucks, in der Zelle nicht in Frage kommen, muß es offensichtlich einen anderen Grund für die schnelle *Kinetik* geben. Dieser besteht in der ***Verwendung von Enzymen.*** Darunter versteht man Eiweißmoleküle, die sehr spezifisch eine oder einige wenige chemische Reaktionen erleichtern und damit beschleunigen, ohne selbst dadurch verändert zu werden. In der unbelebten Natur nennt man einen solchen Stoff einen *Katalysator.* Entsprechend kann man die Enzyme als ***Biokatalysatoren*** auffassen.

Die ***Bedeutung der als Enzyme tätigen Eiweißmoleküle,*** von denen es im Körper viele tausend Arten gibt, kann nicht überschätzt werden, denn Leben ist nur durch ihre ständige Mitarbeit möglich. Eine Zelle muß, um lebensfähig zu sein, schätzungsweise *mindestens 100 Enzyme* enthalten. In Wirklichkeit sind es meist sehr viel mehr. Die durch sie bewirkten Reaktionsbeschleunigungen können erstaunliche Werte annehmen. Zum Beispiel beschleunigt das Enzym *Amylase* die Spaltung (Verdauung) von Stärke um das 3×10^{11}-fache. Häufig läuft dabei die Umwandlung einer chemischen Substanz in eine andere in zahlreichen Zwischenstufen ab, wobei an jedem Teilprozeß ein anderes Enzym beteiligt ist.

Auch an den Reaktionen, die die Energie für die ***Umwandlung von ADP und Phosphat zu ATP*** bereitstellen und die die Umwandlung durchführen, ist eine ganze Reihe von Enzymen beteiligt. Diese sitzen größtenteils auf den *Auffaltungen der inneren Membran der Mitochondrien* (Abb. 3-1). Die Aufgabe dieser Enzyme ist es, die aus der Nahrung stammende Glukose, die Fettsäuren und die Aminosäuren im Endeffekt zu Kohlendioxid und Wasser abzubauen, wie dies oben am Beispiel der Glukose schon besprochen worden ist, so daß die dabei freiwerdende Energie zur ATP-Synthese verwendet werden kann. Dies ist in Abb. 3-2 B schematisch gezeigt, wobei auf die Darstellung der verschiedenen chemischen Zwischenschritte verzichtet wurde (s. dazu [5,6]).

Den ***Mitochondrien*** (Abb. 3-1, 3-2 B) kommt also eine ***Schlüsselrolle bei der Energieversorgung der Zelle*** zu. Diese länglichen, brotlaibartigen Organellen sind maximal 7 Mikrometer lang und 1 Mikrometer breit, meist aber wesentlich kleiner. Ihre Wände bestehen aus einer äußeren und einer inneren Membran, wobei die innere regelmäßig aufgefaltet ist und dadurch eine große Oberfläche besitzt. Die Anzahl der Mitochondrien schwankt in den verschiedenen Zelltypen von einigen hundert bis zu vielen tausend, je nach Energiebedarf. Auch innerhalb derselben Zelle kann sich die Zahl der Mitochondrien verändern, wenn sich der Energiebedarf ändert. Die Mitochondrien scheinen dabei in der Lage zu sein, sich selbst zu vermehren, das heißt, ein Mitochondrium kann ein zweites bilden, ein drittes und so weiter.

3.2 Die Plasmamembran der Zelle und ihre Aufgaben

Die Zellmembran ist zugleich Trennwand und Träger vieler Stoffwechselprozesse; dies spiegelt sich in ihrem Aufbau wider

Die Austauschvorgänge zwischen der Zelle und ihrer Umgebung spielen sich an der äußeren Zellhülle, der ***Plasmamembran,*** ab. Gleichzeitig sind an dieser Membran viele Stoffwechselprozesse lokalisiert. Die Plasmamembran ist daher nicht nur eine passive Trennwand, die die Zelle als Ganzes gegenüber ihrer Umgebung abgrenzt, sondern sie ist auch der ***Träger wichtiger Lebensprozesse*** und damit für ein normales Leben der Zelle unabdingbar. Vergleichbares gilt übrigens auch für die im Kap. 3.3 näher betrachteten intrazellulären Membranen. Die folgenden Ausführungen über Aufbau und Aufgaben der Plasmamembran können daher auch auf die intrazellulären Membranen übertragen werden [3,12, 14].

Grundaufbau der Plasmamembran (Zellmembran). Die wesentlichsten Bausteine der Zellmembran sind die im vorigen Abschnitt bereits vorgestellten ***Phospholipide,*** die aufgrund ihrer hydrophil/hydrophoben Konfiguration im Wasser spontan Doppelschichten mit der in Abb. 3-3 gezeigten Anordnung bilden. Diese Lipiddoppelschicht ist nur rund 4–5 nm dick, aber insgesamt von großer Festigkeit. Neben den Phospholipiden finden sich in der Außenseite der Membran auch ***Glykolipide***, deren hydrophiler Zucker (ein Oligosaccharid, s. S. 32) sich haarförmig in die Umgebung der Zelle erstreckt (Abb. 3-3). Zwischen den Phospholipiden liegen in etwa gleicher Anzahl ***Cholesterinmoleküle,*** die die Lipidmembran stabilisieren.

In die Lipidgrundsubstanz der Membran sind besonders ***große Proteine*** als Hauptfunktionsträger eingebettet (Abb. 3–3), und zwar findet sich im Durchschnitt je ein Proteinmolekül pro 50 Lipidmoleküle in der Membran. Manche Proteine erstrecken sich von der Außen- zur Innenseite durch die ganze Membran, andere sind nur in der äußeren oder der inneren Schicht verankert. Dabei sind die Anteile der Proteine *innerhalb der Lipidmembran* regelmäßig *hydrophob*, während sich polare, *hydrophile* Gruppen an den *Außenseiten der Proteine* der wäßrigen Phase zuwenden. Viele Proteine der Außenseite der Plasmamembran sind Glykoproteine; sie tragen hydrophile Zuckergruppen, die in die Umgebung der Zelle hinausragen.

Aufgaben der Membranproteine. Den membranständigen Eiweißmolekülen werden im wesentlichen folgende ***vier Funktionen*** zugeschrieben [1,3,12,14]:

- Sie durchbrechen die wasserunlösliche Lipidschicht der Membran und schaffen dadurch ***Poren*** oder ***Kanäle*** in ihr (Abb. 3–5); diese Poren dienen vor allem dem Durchtritt von Wasser und Salzen in die und aus der Zelle.
- Sie wirken als ***Träger***- oder ***Transportmoleküle***, die andere Moleküle an sich anlagern und dann durch die Membran befördern (Abb. 3–6).
- Sie beteiligen sich am ***Stoffwechsel*** der Zelle.
- Sie tragen ähnlich wie die Cholesterinmoleküle zur ***Festigkeit*** der Membran bei.

Der Extrazellulärraum (das Interstitium) bildet den geregelten Lebensraum (das innere Milieu) der Zelle

Alle Zellen sind durch feinste Spalträume voneinander getrennt. Diese ***extrazellulären Spalträume*** werden als *Interstitium* bezeichnet. Durch sie ist gewährleistet, daß praktisch alle Zellen des Körpers von der gleichen Flüssigkeit umspült werden. Das Wasser im ***Interstitium*** enthält alle für die Versorgung der Zellen notwendigen Salze und Nährstoffe. Durch den Blutkreislauf (s. Kap. 10) wird es andauernd in Bewegung gehalten und durchmischt, so daß die Verteilung der Salze und Nährstoffe zu jeder Zeit nahezu überall gleich ist. Alle Zellen leben also praktisch in der gleichen Umgebung, nämlich der Extrazellulärflüssigkeit, die deswegen schon im 19. Jahrhundert von Claude Bernard als das ***innere Milieu*** des Körpers bezeichnet wurde.

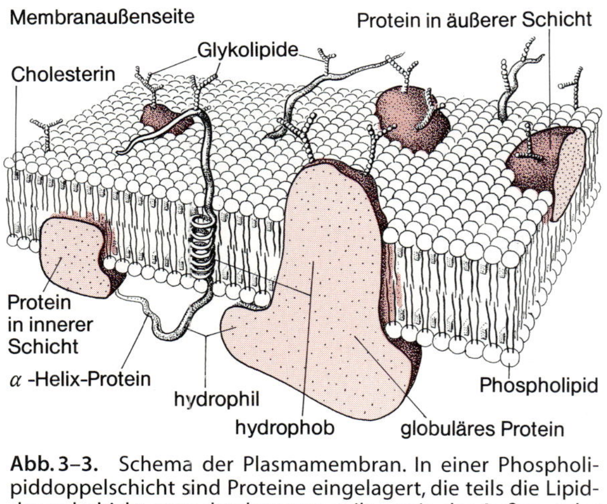

Abb. 3–3. Schema der Plasmamembran. In einer Phospholipiddoppelschicht sind Proteine eingelagert, die teils die Lipiddoppelschicht ganz durchqueren, teils nur in der Außen- oder Innenschicht veankert sind. Viele Membranproteine bilden Kanäle oder Poren aus (s. Abb. 3–4), die der Kommunikation zwischen dem Zellinneren und dem Extrazellulärraum dienen. Nach J. Dudel in [9]

Bedeutung der Homöostase. Durch die Tätigkeit vor allem der Lungen, der Nieren und der Leber werden Zusammensetzung und Konzentration der Gase, Salze und Nährstoffe des inneren Milieus so konstant wie möglich gehalten. Ein solcher Zustand weitgehender Konstanz des extrazellulären Milieus wird als ***extrazelluläre Homöostase*** bezeichnet. Diese Homöostase ist ***unabdingbare Voraussetzung für das optimale Funktionieren der Zellen.*** Über die zugrunde liegenden Regelungsvorgänge werden wir bei der Besprechung der Hormone (s. Kap. 5 und 6) und des autonomen Nervensystems (s. Kap. 9) mehr hören.

Zusammensetzung der Extrazellulärflüssigkeit. Die extrazelluläre Flüssigkeit enthält an Salzen im wesentlichen gelöstes ***Kochsalz,*** nämlich etwa 9 Gramm pro Liter (g/l). Jedes Kochsalzmolekül besteht aus einem Atom Natrium, Na, und einem Atom Chlor, Cl, also aus ***NaCl.*** Dieses ***Natriumchlorid*** löst sich in Wasser und bildet zwei elektrisch geladene Teilchen, nämlich das *Natriumion* mit einer positiven Einheitsladung, Na^+, und das negative *Chlorion*, Cl^- (diese Zerlegung oder *Dissoziation* des Kochsalzes in wäßriger Lösung geschieht auch im Reagenzglas solange, bis eine gesättigte Kochsalzlösung vorliegt).

Im Vergleich zur hohen Konzentration von Na^+ und Cl^- enthält die Extrazellulärflüssigkeit nur geringe Mengen anderer einfach oder doppelt positiv geladener Ionen (positiv geladene Ionen werden auch als ***Kationen*** bezeichnet), wie Kalium-, Kalzium- oder Magnesium-Ionen (K^+, Ca^{++}, Mg^{++}) und anderer negativ geladener Ionen (***Anionen***), wie z. B. Bikarbonat (HCO_3^-). Am Beispiel des Muskelgewebes sind die genauen extrazellulären Ionenkonzentrationen des Warmblüters in Tabelle 7–2 (s. S. 108) angegeben. Bevor der Austausch dieser Salze, der Nährstoffe und der Atemgase (Sauerstoff und Kohlendioxid) zwischen dem Interstitium und der Zelle diskutiert werden kann, müssen noch zwei physikochemische Begriffe eingeführt werden, nämlich *Diffusion* und *Osmose*.

Die Diffusion ist der wichtigste Austauschprozeß über kleine Entfernungen

Mechanismus der Diffusion. Alle in Wasser gelösten Teilchen (Ionen und Moleküle) sind in dauernder Bewegung in alle drei Raumrichtungen. Diese Bewegungen sind das, was die Physiker Wärme nennen: Je höher die Temperatur, desto schneller ist diese ***Brown-Molekularbewegung,*** die nur beim absoluten Nullpunkt (–273 °Celsius) zum Stillstand kommt. Jedes Teilchen geht seinen eigenen Weg. Auf diesem stößt es häufig mit anderen Teilchen zusammen, wobei der Zusammenprall jeweils zu einer Änderung der Bewegungsrichtung führt. Diese Bewegung der Ionen und Moleküle bezeichnet man als ***Diffusion.***

In einer gleichförmigen (homogenen) Lösung, also z. B. in einer gut durchgerührten Tasse Kaffee mit Milch und Zucker, bewegen sich alle Teilchen gleich wahrscheinlich in alle Raumrichtungen, d.h. ihre Verteilung bleibt insgesamt konstant. Bestehen aber Konzentrationsdifferenzen, also z. B. eine hohe Zuckerkonzentration am Boden der Kaffeetasse, dann werden Zuckermoleküle so lange *von Orten höherer Konzentration zu Orten geringerer Konzentration diffundieren,* bis ein Konzentrationsausgleich erreicht ist (Abb. 3–4 A). Dies kommt daher, daß im Durchschnitt die Teilchen bei ihrer Molekularbewegung in den „leeren" Raum hinein größere Strecken zurücklegen können, bevor sie mit einem anderen Teilchen zusammenprallen, als in die Richtung hoher Teilchenkonzentration. Diffusion erfolgt ***auch durch Membranen***, wenn diese für gelöste Teilchen durchgängig (permeabel) sind.

Transportfunktion der Diffusion. Die Diffusion ist für die meisten Moleküle in wäßriger Lösung der wichtigste ***Austauschprozeß über kleine Entfernungen.*** Dies gilt auch für die Zelle, soweit die Diffusion nicht durch Membranen behindert wird. Diffusion ist also einer der wichtigsten Transportmechanismen des Körpers. Sie wird uns noch an vielen Stellen begegnen. *Diffusion benötigt keine Energie* (außer der der Brown-Molekularbewegung). Sie wird daher, ebenso wie die nachfolgend beschriebene Osmose, als ***passiver Transport*** bezeichnet.

An semipermeablen Membranen werden Konzentrationsdifferenzen gelöster Salze über Osmose ausgeglichen

In Abb. 3–4 B ist ein wassergefüllter Raum durch eine feinporige Membran von einem Raum mit Kochsalzlösung getrennt. Die Poren der Membran sind so beschaffen, daß nur Wasser, aber keine Salzmoleküle bzw. -ionen durch sie hindurchtreten können (man spricht von einer *teildurchlässigen* oder ***semipermeablen Membran***). In diesem Fall kann das Salz nicht in das salzfreie Wasser diffundieren. Vielmehr wird ***Wasser in die Salzlösung diffundieren***, da die „Wasserkonzentration" dort niedriger ist; dieser Vorgang heißt ***Osmose.***

Soll die Osmose von Wasser in die Salzlösung verhindert werden, so muß man *auf die Salzlösung einen mechanischen Druck ausüben,* der genau so viele Wassermoleküle durch die Poren in Richtung des Wassers preßt, wie von dort durch Osmose in die Salzlösung gelangen. Diesen Druck nennt man ***osmotischen Druck.*** Er läßt sich in einem Experiment nach Art der Abb. 3–4C als die Höhendifferenz der beiden Flüssigkeitsspiegel direkt messen. Es zeigt sich dabei, daß die Größe des osmotischen Druckes ausschließlich von der ***Anzahl der gelösten Teilchen*** in einem gegebenen Volumen abhängt. Die Größe der Teilchen oder ihre *elektrische Ladung* spielen keine Rolle.

Der Stoffaustausch der Zelle mit ihrer Umgebung erfolgt teils passiv, teils durch energieverbrauchenden aktiven Transport

Passiver Stofftransport durch die Plasmamembran. Die ***Diffusion*** erfolgt auf zwei Wegen: entweder direkt ***durch die Plasmamembran*** oder ***durch Poren*** in ihr. Durch die *Plasmamembran* können wegen ihrer hydrophoben Lipidschicht (Abb. 3–3) nur solche Stoffe diffundieren, die nicht nur wasser-, sondern auch fettlöslich sind. Dazu gehören z. B. Fettsäuren, Sauerstoff und (Trink)Alkohol. Dazu kommen Stoffe, die an der Membranaußenseite durch Bindung an ein ***Träger-*** oder ***Carriermolekül*** fettlöslich gemacht werden und sodann durch die Lipidschicht diffundieren können.

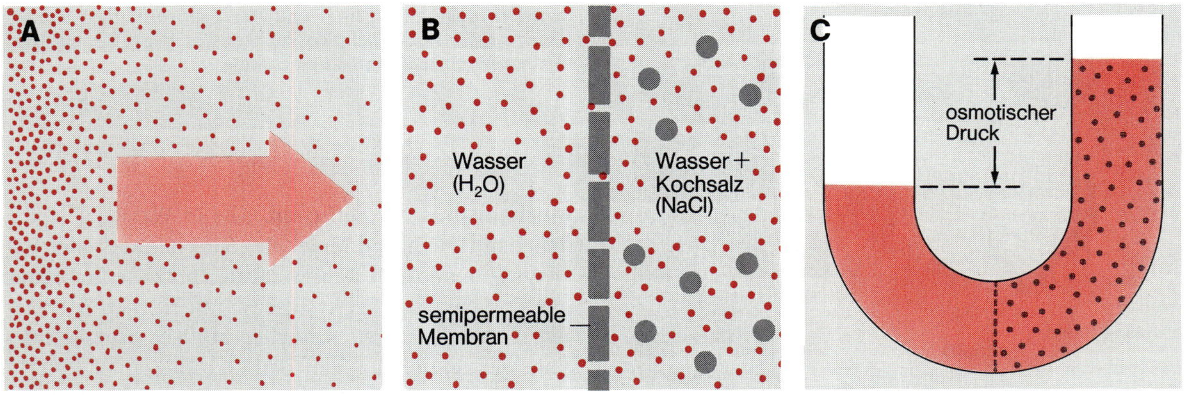

Abb. 3–4. Biophysikalische Grundlagen des Wasser- und Stoffaustausches zwischen den einzelnen Flüssigkeitsräumen des Organismus. **A** Diffusion bei Konzentrationsdifferenzen in einer Lösung als Folge der Brownschen Molekularbewegungen. (Erläuterungen im Text). **B** Osmotische Bewegungen von Wassermolekülen durch eine nur für Wasser durchlässige (semipermeable) Membran. Es fließt ein Nettowasserstrom in die Salzlösung, da dort die „Wasserkonzentration" niedriger als im reinen Wasser ist. **C** Aufbau eines osmotischen Druckes an einer semipermeablen Membran. Die Differenz der beiden Flüssigkeitsspiegel (der osmotische Druck) bleibt konstant, wenn der Wasserstrom durch Osmose (von links nach rechts) genauso groß ist wie der Wasserstrom durch die hydrostatische Druckdifferenz der rechts erhöhten Wassersäule

Mit dieser ***erleichterten Diffusion*** wird vor allem die Glukose in die Zellen transportiert.

Die Plasmamembran ist aber nicht nur für Stoffe durchlässig, die durch die Lipidschicht diffundieren, sondern auch für viele Ionen, Zucker, Aminosäuren und Nukleotide. Diese Stoffe kreuzen die Membran durch ***Poren,*** die von in die Membran eingelagerten ***Transportproteinen*** gebildet werden (Abb. 3–5A). Ein solches Membranprotein wird von einem engen wassergefüllten Kanal durchzogen, durch den kleine Moleküle diffundieren können. Dazu gehört vor allem das Wasser, das pro Sekunde in jeder Zelle etwa hundertmal ausgewechselt wird, wobei Wasserein- und -austritt sich so exakt die Waage halten, daß die Zelle weder schwillt noch schrumpft.

Die diffundierenden Substanzen bewegen sich durch die Membrankanäle entsprechend ihrem Konzentrationsgradienten und, falls sie geladen sind, auch unter dem Einfluß des Membranpotentials (s. Kap. 7). Die Membrankanäle sind dabei relativ selektiv hinsichtlich der durchfließenden Molekülspezies. Es gibt z. B. Kalium-, Natrium- und Kalziumkanäle, die weitgehend jeweils nur diese spezifischen Ionen durchtreten lassen (Abb. 3–5 A). Um diese ***Kanalselektivität*** zu erreichen, sind die Wände der Poren mit elektrischen Ladungen besetzt, die den Durchtritt für permeierende Moleküle erleichtern und andere Stoffe von der Permeation ausschließen

Ein Kanalprotein darf nicht als starre, wassergefüllte Röhre angesehen werden. Es ist vielmehr ein hochdynamisches, pulsierendes Gebilde, wobei der Kanal spontan und hochfrequent zwischen offenen und geschlossenen Zuständen hin- und herschaltet. Die mittlere Öffnungsdauer beträgt dabei in der Regel nur einige Millisekunden (genug Zeit um den Austausch von einigen 10 000 Ionen zu ermöglichen). Diesem dynamischen Charakter des Kanals nähert sich das Bild des ***Energieprofils eines Kanals*** in Abb. 3–5 B. Die Abszisse dieses Diagramms stellt den Kanal dar. Die Ordinate gibt das Energieniveau des Ions an der betreffenden Stelle des Kanals an: Ein Gipfel bedeutet eine Permeationsschranke, die ein Ion nur mit viel Energie überwinden kann, eine Senke einen relativ stabilen Zustand. Trotz der hindernden Energiegipfel kann ein Ion passieren, wenn sich das Energieprofil innerhalb des Kanals spontan und zyklisch verschiebt, weil damit das Ion plötzlich auf der anderen Seite des Gipfels liegen und damit permeieren kann. Je nach Ladung, Größe und Wasserhülle des Ions und möglichen Bindungen an Wandstrukturen wird das Energieprofil durch den Kanal für verschiedene Ionen unterschiedlich sein, wodurch die Selektivität der einzelnen Kanaltypen erklärlich wird.

Aktiver Transport durch die Plasmamembran. Manche Stoffe, wie die Aminosäuren oder die K^+-Ionen, kommen in der extrazellulären Flüssigkeit in nur geringen, in der Zelle aber in sehr hohen Konzentrationen vor (s. dazu auch S. 108). Diese Stoffe können nicht durch Diffusion in der Zelle angehäuft werden, denn Diffusion erfolgt nur, wie wir gesehen haben, „bergab", also von der höheren in Richtung der geringeren Konzentration. Ihr Transport durch die Zellmembran erfordert also Energieaufwand, ähnlich wie Energieaufwand beim Aufpumpen eines Autoreifens zur Verdichtung der Luftmoleküle nötig ist. Die derzeitigen Modellvorstellungen zu diesem ***aktiven Transport durch Membranen*** sind am Beispiel der Abb. 3–6 zusammengefaßt. Es zeigt die sogenannte ***Natrium-Kalium-ATPase-Pumpe,*** kurz ***Na^+-K^+-Pumpe*** genannt, die praktisch an allen Plasmamembranen der Zellen Na^+ aus der Zelle und K^+ in die Zelle schafft. Sie bewirkt dadurch, daß die intrazelluläre Na^+-Konzentration gering, die der K^+-Ionen aber sehr hoch bleibt. Die so erzielten Konzentrationsgradienten werden funktionell für die elektrische Informationsfortleitung (Kap. 7, 8), aber auch zum Antrieb anderer aktiver Transportmechanismen für die Einstellung des Zellvolumens eingesetzt [13].

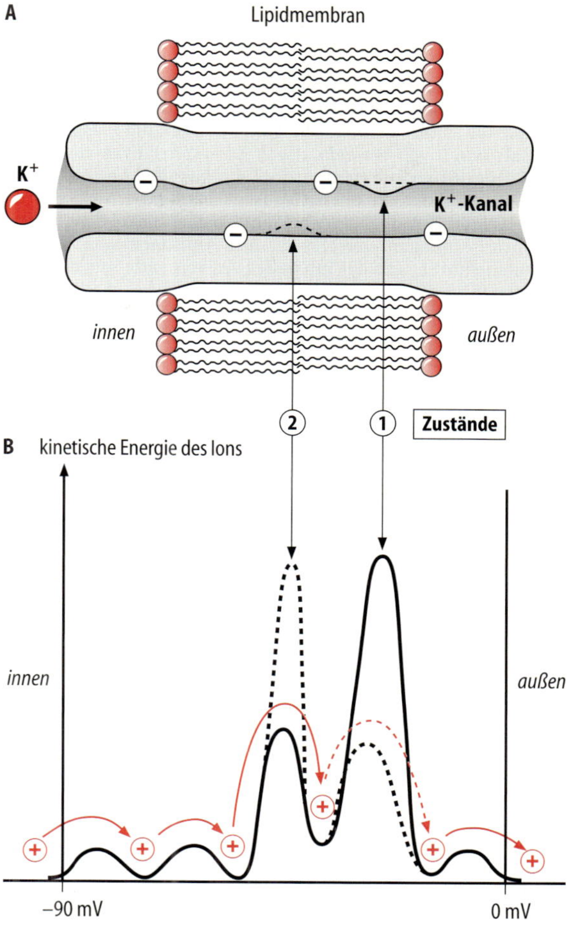

Abb. 3–5. A Schema eines K-Kanal-Proteins, das in die Lipiddoppelschicht der Plasmamembran eingelagert ist. In der „Wand" des Kanals sind 4 negative Ladungen fixiert. **B** Schematisches Energieprofil eines Kanals wie in **A**. Die Ordinate gibt die für eine Passage notwendige kinetische Energie eines Ions an, die Abszisse den Weg von der Innenseite zur Außenseite der Membran. Energieminima entsprechen Bindungsstellen des positiven Ions an die negativen „Festladungen" der Kanalwand. Die Energiemaxima entsprechen Diffusionshindernissen des Kanals. Es wird angenommen, daß die Konfirmation des Kanalproteins spontan oszilliert und das Energieprofil abwechselnd die ausgezogenen und die gestrichelten Profile einnehmen kann, was die Überwindung der Energiebarriere für vor der Barriere gebundene Ionen sehr erleichtert. Nach Läuger [14], aus J. Dudel in [9]

Die ***Na^+-K^+-Pumpe*** ist der ***wichtigste aktive Transportprozeß*** an der Plasmamembran. Mehr als ein Drittel des Energieverbrauchs einer Zelle, manchmal bis zu 70 %, wird für sie aufgewendet. Das Na^+-K^+-Transportprotein ist gleichzeitig ein Enzym, nämlich eine ATPase, die an der Innenseite der Zellmembran ATP in ADP und Phosphat spaltet (s. a. Abb. 3–2). Mit Hilfe der dabei freiwerdenden Energie transportiert es netto 3 Na^+ aus der Zelle und gleichzeitig 2 K^+ in die Zelle. Das Protein leistet den Transport mit hoher Geschwindigkeit: 150 bis 600 Na^+ werden pro Sekunde umgesetzt.

Die Na^+-K^+-Pumpe treibt pro Transportvorgang netto eine positive elektrische Ladung aus der Zelle. Sie ist damit ***elektrogen*** und macht das Zellinnere um etwa 10 mV negativ gegenüber dem Zelläußeren. Dies ist ein kleiner Betrag, gemessen an dem Gesamtmembranpotential erregbarer Zellen, das insgesamt bei rund –90 mV liegt (s. Kap. 7).

Exo- und Endozytose sind komplexe Sonderformen aktiven Transports

Endo- und Exozytose. Für manche Stoffe, die die Zellmembran passieren müssen, gibt es keine Transportkanäle, z.B. für Proteine oder für Cholesterin. Solche Stoffe können die Plasmamembran als ***Inhalt von Vesikeln,*** *durch Endo- oder Exozytose* kreuzen. Bei der ***Exozytose*** werden aus Zellorganellen *Vesikel* (kleine Bläschen) gebildet, die mit dem auszuscheidenden Stoff, z.B. einem Hormon, beladen werden. Wenn solche Vesikel die Plasmamembran erreichen, verschmilzt ihre Lipidmembran mit der Plasmamembran, und der Inhalt des Vesikels entleert sich in das Außenmedium.

Beim umgekehrten Vorgang, der ***Endozytose,*** stülpt sich die Plasmamembran ein und bildet eine Grube. Diese vertieft sich, schnürt sich ab, und es entsteht ein ***intrazelluläres Vesikel,*** das extrazelluläre Flüssigkeit enthält. Allerdings wird nicht immer einfach Außenmedium aufgenommen. In der Membran liegen, oft in spezialisierten Gruppen angeordnet, spezifische Rezeptoren, z.B. für Makromoleküle wie Insulin oder Antigene. Nach Bindungen solcher Moleküle an ihre Rezeptoren wird im betreffenden Membranbezirk Endozytose ausgelöst und somit selektiv die betreffenden Makromoleküle in das Zellinnere transportiert.

3.3 Stoff- und Informationsaustausch innerhalb der Zelle

Wie beim Stoff- und Informationsaustausch der Zelle mit ihrer Umgebung, sind auch innerhalb der Zelle viele dieser Prozesse ***an Membranen lokalisiert.*** So haben wir in den vorhergehenden Abschnitten bereits gesehen, daß die ***Synthese von ATP*** weitgehend an den *inneren Membranen der Mitochondrien* abläuft (s.S.34) und daß die ***Eiweißsynthese*** in den *Ribosomen* erfolgt, die wiederum an den *Membranen des endoplasmatischen Retikulums* angelagert sind (Abb.3-1u.S.33). Aber diese intrazellulären Austauschprozesse spielen sich nicht nur an Membranen, sondern auch in den verschiedensten ***Organellen*** und an anderen Stellen ***innerhalb des Zytoplasmas*** ab. Die wichtigsten dieser Vorgänge wollen wir im folgenden kennenlernen [1,10].

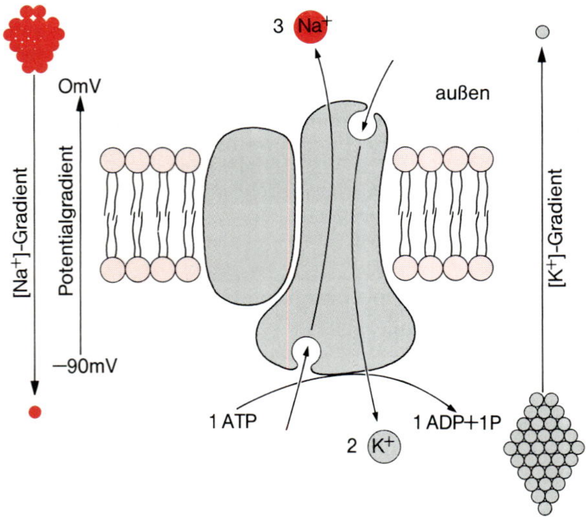

Abb. 3-6. Schema der Na^+-K^+-Pumpe; es handelt sich um eine ATPase in der Lipiddoppelschicht der Plasmamembran, die in einem Pumpzyklus 3 Na^+ gegen den Konzentrationsgradienten und Potentialgradienten aus der Zelle entfernt und 2 K^+ aufnimmt. Dabei wird 1 ATP in ADP und Phosphat P gespalten. Die ATPase ist als Dimer aus einer großen (Funktions-)Einheit und einer kleinen Einheit gezeichnet, sie liegt in der Membran als Tetramer aus zwei großen und zwei kleinen Einheiten vor. Nach J. Dudel in [9]

Die intrazellulären Membranen entsprechen in ihrem Aufbau und ihrem Stoffaustausch der Plasmamembran

Aufbau und Ausdehnung intrazellulärer Membranen. Etwa die Hälfte des Zellvolumens wird von Organellen eingenommen, von denen einige bereits vorgestellt wurden. Alle diese Organellen sind von Membranen umschlossen, deren Aufbau insgesamt *völlig identisch mit der Plasmamembran* der Zelle selbst ist. Die *Fläche* der Membranen der intrazellulären Organellen ist allerdings wenigstens *zehnmal größer* als die Fläche der Plasmamembran.

Das ausgedehnteste Membransystem ist das ***endoplasmatische Retikulum,*** ein vielgelappter Raum, der in großen Bereichen mit *Ribosomen* besetzt ist und dann als ***rauhes endoplasmatisches Retikulum*** erscheint (Abb.3-1). Auch der ***Golgi-Apparat*** besteht aus membranbegrenzten Lamellen, von denen sich Vesikel abspalten (Abb.3-1). Kleinere spezialisierte Vesikel sind die ***Lysosomen*** und die ***Peroxisomen.*** Der ***Zellkern*** und die ***Mitochondrien*** sind dadurch ausgezeichnet, daß sie beide von zwei Membranen umschlossen sind, wobei die innere Membran der Mitochondrien in typischer Weise aufgefältet ist (Abb.3-1, 3-2 B).

Stoffaustausch an intrazellulären Membranen. Die Lipidmembranen der Organellen sind zweidimensionale „Flüssigkeiten", in denen und durch die die gleichen ***Diffusionsvorgänge*** stattfinden, wie wir sie weiter oben an der Plasmamembran bereits kennengelernt haben. Die für die Plasmamembran so wichtigen ***aktiven Transporte*** *(„Pumpen")* finden ebenfalls in den Membranen der Zellorganellen statt. Ein wichtiges Beispiel ist die bereits erwähnte Synthese von ATP an den inneren Membranen der Mitochondrien (Abb.3-4 B), die praktisch eine Umkehr der ATP-getriebenen Na^+-K^+-Pumpe darstellt (vgl. Abb.3-6). Als zweites Beispiel sei der Transport von Ca^{++}-Ionen aus der Zellflüssigkeit in das sarkoplasmatische Retikulum von Muskelzellen durch eine ***Ca-Pumpe*** erwähnt. Dieser Vorgang nimmt eine Schlüsselstellung bei der Auslösung und Beendigung von Muskelkontraktionen ein („elektromechanische Kopplung", s.S.245). Auch die bei der Exo- und Endozytose bereits besprochenen ***Vesikel*** nehmen am Stoffaustausch durch die Membranen der Organellen teil.

Der wichtigste Transportprozeß im Zytoplasma ist die Diffusion

Innerhalb des Zytoplasmas werden unterschiedliche Konzentrationen von gelösten Teilchen durch ***Diffusion*** ausgeglichen. Das gleiche gilt für die in Organellen eingeschlossenen Flüssigkeiten. Wegen der hohen Konzentration an gelöstem Eiweiß in diesen Flüssigkeitsräumen (ca. 20%) verläuft freilich die Diffusion langsamer als im Wasser. Zusätzlich werden ***Vesikel*** durch das Zytoplasma bewegt. Diese Bewegung ist meist viel schneller als die einer reinen Diffusion, es ist aber nicht bekannt, wie die Vesikel bewegt werden. Auch über die Mechanismen, mit denen die verschiedenen Vesikel ihre Zielorte in der Zelle finden, sind wir noch kaum unterrichtet. Die Mechanismen der ***Endo-*** und ***Exozytose*** können von den Zellen auch zur *Bildung neuer*

Fortsätze und damit zu *Bewegungen* und *Zellverlagerungen* eingesetzt werden.

Die Mikrotubuli des Zytoskeletts sind die Förderbänder des axonalen Transports in Nervenfasern

Das Zytoplasma zwischen den Organellen wird von einem gerüstartigen Maschenwerk durchzogen, dem man den Namen ***Zytoskelett*** gegeben hat. Hauptanteil des Zytoskeletts sind die ***Mikrotubuli,*** das sind Röhrchen mit etwa 25 nm Außendurchmesser, die als wohlgeordnetes Polymerisat aus Molekülen des Eiweißes *Tubulin* aggregieren. Diese Mikrotubuli bilden u.a. wahrscheinlich eine Art Förderband, an dem entlang zu transportierenden Stoffe innerhalb der Zelle „verschoben" werden. Beispielsweise stellen die *Nervenfasern* oder *Axone* der peripheren Nerven besonders lange Zellausläufer dar, die beim Menschen oft mehr als einen Meter messen können, wobei sie einen Durchmesser von nur wenigen Mikrometern haben (vgl. Tabelle 7-1, S. 105). Eine Diffusion von Stoffen aus dem Zellkörper in die Peripherie der Axone oder umgekehrt würde daher viel zu lange Zeit in Anspruch nehmen. Lebenswichtige Substanzen, wie z. B. in der Zelle synthetisierte Eiweiße, werden daher aktiv, also unter Energieaufwand, entlang den Mikrotubuli im Axon verschoben, wobei als „Träger" offenbar hauptsächlich ***Vesikel*** und ***Organellen*** eingesetzt werden, die die zu transportierenden Stoffe enthalten. Diese Transportprozesse werden unter dem Stichwort ***axonaler Transport*** zusammengefaßt.

Der axonale Transport ist teilweise sehr schnell. So werden Proteine und synaptische Überträgerstoffe (s. Kap. 8), aber auch Lipide und Zucker, mit einer Geschwindigkeit von rund 40 cm pro Tag vom Zellkörper in die Peripherie transportiert *(antero-* oder *orthograde* Bewegungsrichtung). Mit demselben Transportsystem laufen auch größere Organellen, wie z. B. *Mitochondrien.* Der *retrograde* Transport, der „verbrauchte" Stoffe aus dem Axon in den Zellkörper zurücktransportiert, läuft mit etwas geringerer Geschwindigkeit. Zusätzlich gibt es in beiden Richtungen langsamere Transportformen, die nur Geschwindigkeiten von wenigen Millimetern pro Tag erreichen.

Die verschiedenen Zellfunktionen werden durch Botenstoffe („messengers") gesteuert; äußere Signale aktivieren über G-Proteine intrazelluläre sekundäre Botenstoffe („second messengers")

Erste und zweite Botenstoffe. Zellen, Zellverbände und Organe eines Körpers verständigen sich untereinander durch chemische Botenstoffe, wie sie z. B. die Hormone darstellen. Diese „ersten" Botenstoffe dringen entweder in die Zelle ein, um im Zellinneren ihre Wirkung auszuüben, oder sie binden sich an der Außenseite der Plasmamembran an einen ***Rezeptor*** (in der Regel ein Proteinmolekül). Die Verbindung zwischen Botenstoff und Membranrezeptor löst eine Reaktionskette aus, in deren Verlauf in der Zelle ein oder mehrere ***„zweite" Botenstoffe (second messengers)*** freigesetzt werden, die dann die von außen an die Zelle gelangte Information (z. B. die „Aufforderung" an Aktin-Myosin-Bündel sich zu kontrahieren) in das Zellinnere weitertragen. Typische second messengers, die im folgenden betrachtet werden, sind Ca^{++}, cAMP und IP_3.

Kalzium. Die Rolle der Kalzium-Ionen als intrazelluläre Botenstoffe bei der Auslösung der Muskelkontraktion wird in Kapitel 13 gezeigt. Auch bei der Freisetzung von Überträgersubstanz (Kap. 8) spielt Kalzium eine Schlüsselrolle. In beiden Fällen muß das freie intrazelluläre Kalzium auf etwa das Tausendfache seines Ruhewertes ansteigen (von 10^{-8} auf 10^{-5} mol/l), um seine Wirkung zu entfalten. Falls das Kalzium dazu aus intrazellulären Speichern (wie aus dem endoplasmatischen Retikulum) freigesetzt wird, wird dazu ein weiterer Botenstoff benötigt (s. Abb. 3–8).

Zyklisches Adenosinmonophosphat, cAMP. Diese Substanz, ein Abkömmling des allgemeinen Energielieferanten ATP, ist der bisher am besten studierte second messenger. Die komplizierte Reaktionskette, auf die hier im einzelnen nicht eingegangen werden soll, ist vereinfacht in Abb. 3–7 gezeigt. Wesentlich dabei ist, daß über die als Membranrezeptoren dienenden G-Proteinmoleküle R_s und R_i erregende bzw. hemmende Wirkungen auf das Second-messenger-System ausgeübt werden können, so daß das cAMP-System als ein ***fein abstufbares intrazelluläres Steuersystem*** einsetzbar ist. Die Endstufe der meisten dieser Übertragungsprozesse ist, wie auch in Abb. 3–7 zu sehen, die ***Phosphorylierung eines Proteins,*** d. h. die Verbindung eines Phosphatmoleküls mit einem Proteinmolekül. Diese *Phosphorylierung macht das Protein funktionsfähig,* indem es seine Enzymeigenschaft aktiviert. Das aktivierte Enzym führt dann die von ihm katalytisch beschleunigte Reaktion im Zellstoffwechsel durch. Ganz ähnliche Vorgänge laufen vermutlich bei der Gedächtnisbildung in kortikalen Nervenzellen ab (s. Kap. 24).

Phosphoinositol, IP_3. Ein ähnliches intrazelluläres Second-messenger-System wie das cAMP-System ist das Phosphoinositolsystem [11]. Diese Botensubstanz, deren Freisetzungsweg in Abb. 3–8 skizziert ist, wirkt hauptsächlich, indem sie aus dem endoplasmatischen Retikulum Kalzium-Ionen freisetzt. Diese stellen, wie oben schon erwähnt, einen weiteren second messenger dar, indem sie nach einem weiteren Zwischenschritt wiederum ein ***Protein phosphorylieren.*** Auch das bei der Bildung von IP_3 freiwerdende Spaltprodukt DG wirkt als second messenger und führt im Endeffekt ebenfalls zu einer Phosphorylierung, d. h. ***Aktivierung eines Enzyms,*** also eines Eiweißmoleküls, das in der aktivierten Form eine zelluläre Antwort bewirkt.

3.4 Von der Zelle zum multizellulären Organismus

Im Laufe der Entwicklungsgeschichte haben sich die Zellen zu immer größeren Zellverbänden und damit zu komplexen Organismen zusammengeschlossen. Diese Organisationsform gibt den einzelnen Zellen die Freiheit, sich auf bestimmte Aufgaben viel stärker zu spezialisieren als ihnen dies als Einzelzelle möglich wäre, wobei gleichzeitig der Organismus als Ganzes von dieser Spezialisierung profitiert. Der evolutionäre Fortschritt, den multizelluläre Organismen gegenüber Ein-

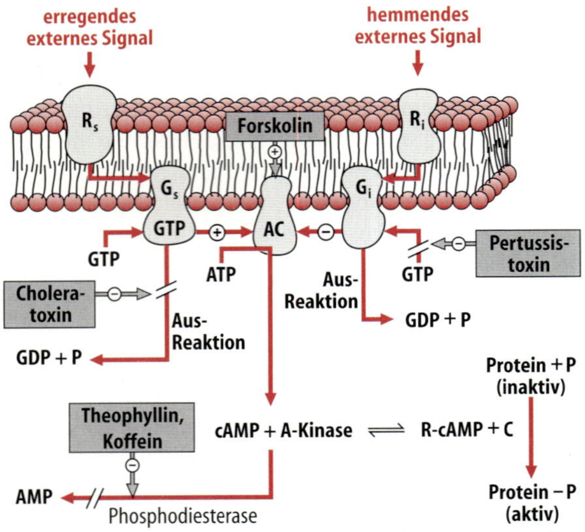

Abb. 3–7. Reaktionskette des intrazellulären Botenstoffes **cAMP** (zyklisches Adenosinmonophosphat). Erregende oder hemmende externe Signale aktivieren Membranrezeptoren R_s bzw. R_i. Diese steuern G-Proteine, die mit intrazellulärem **GTP** (Guanosintriphosphat) reagieren können und intrazelluläre Adenylatzyklase (AC) stimulieren oder hemmen. Das Verstärkerenzym AC konvertiert Adenosintriphosphat (**ATP**) in cAMP. cAMP wird durch Phosphodiesterase zu **AMP** abgebaut. Freies cAMP diffundiert in der Zelle und aktiviert Adenylatkinase (A-Kinase) und setzt daraus die katalytische Untereinheit C frei, die die Phosphorylierung von intrazellulären Proteinen katalysiert und damit die „Wirkungen" der extrazellulären Reize auslöst. An den verschiedenen Reaktionen sind Pharmaka bzw. Toxine vermerkt, die diese fördern (+) oder hemmen (–). In Anlehnung an Berridge [10], nach J. Dudel in [9]

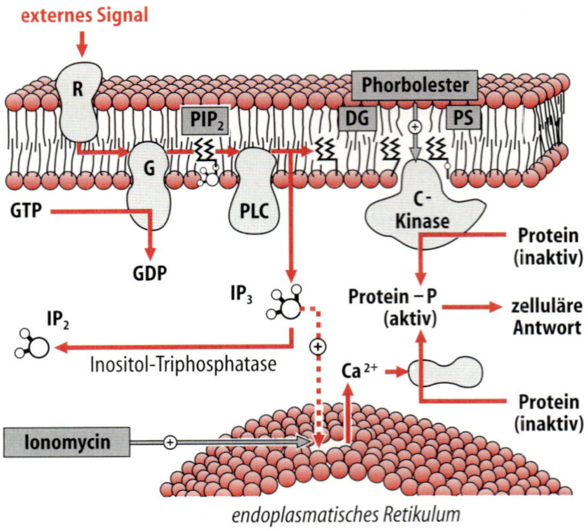

Abb. 3–8. Reaktionskette des intrazellulären Botenstoffes **IP_3** (Inositoltriphosphat). Das extrazelluläre Signal wird wie beim cAMP-System über ein G-Protein vermittelt, das Phosphodiesterase (**PDE**) aktiviert. Diese spaltet Phosphatidylinosindiphosphat (**PIP_2**) der Plasmamembran in IP_3 und Diacylglycerin (**DG**), wobei IP_3 ins Zytoplasma diffundiert. Dort setzt es Ca^{2+} aus dem endoplasmatischen Retikulum frei, und die Erhöhung von $(Ca^{2+})_i$ aktiviert eine Proteinkinase, die ein Funktionsprotein phosphoryliert und damit aktiviert. Das Spaltprodukt **DG** bleibt in der Membran und aktiviert eine C-Kinase (Kofaktor Phosphatidyl-Serin, PS). Auch diese C-Kinase phosphoryliert Funktionsproteine und vermittelt ebenfalls die spezifische Wirkung der Stimulation des externen Rezeptors, R. Die Reaktionszweige über IP_3 und DG können getrennt durch Ionomycin bzw. Phorbolester aktiviert werden. In Anlehnung an Berridge [10] und Berridge u. Irvine [11], nach J. Dudel in [9]

zellern darstellen, ist also durch ***Spezialisierung*** und ***Kooperation*** gekennzeichnet.

Spezialisierte Zellen verbinden sich zu Geweben, diese wiederum zu Organen

Die unterschiedlich spezialisierten Zellen des Menschen sind meist auf mikroskopischer Ebene zu kooperierenden Zellverbänden zusammengeschlossen, die wir als ***Gewebe*** (z. B. Bindegewebe, Muskelgewebe) bezeichnen. Aus solchen Geweben werden dann die einzelnen ***Organe*** (z. B. Herz, Nieren) aufgebaut. Die meisten, wenn nicht alle Organe, sind aber nicht aus einem einzigen, sondern aus unterschiedlichen Geweben zusammengesetzt. So sind praktisch alle Organe zu ihrer Ernährung von Blutgefäßen durchzogen, die ihrerseits wieder aus verschiedenen Geweben bestehen.

Die ***Histologie,*** also die *Zell- und Gewebekunde,* verzeichnet beim Menschen etwa 200 verschiedene Zelltypen, die sich allerdings auf wenige Zellklassen zurückführen lassen. Als Beispiele solcher Klassen seien hier die ***Epithelzellen*** und die ***Muskel- und Nervenzellen*** genannt. Die verschiedenen Zellen werden nach ihrem Aussehen, ihrer Funktion, ihrer chemischen Zusammensetzung und ihrer Anfärbbarkeit bei mikroskopischen Untersuchungen klassifiziert. Eine solche Klassifizierung hat ihre Grenzen und ist fortlaufend zu ergänzen. So hat z. B. die immunologische Forschung ergeben, daß die früher als einheitlich angesehenen *Lymphozyten* mehr als 10 Unterklassen von Zellen aufweisen.

Zellen in einem Gewebsverband *müssen zusammengehalten werden.* Dies geschieht auf zweierlei Weise: einmal durch große extrazelluläre Moleküle, die ein mehr oder weniger festes Netzwerk um die Zellen bilden. Dieses Netzwerk wird ***extrazelluläre Matrix*** genannt. Zweitens bilden sich zwischen den Plasmamembranen verschiedene Formen von ***Zell-Zell-Verbindungen*** aus, die z. T. nicht nur dem *Zellzusammenhalt*, sondern auch der *Kommunikation zwischen Zellen* und dem *Austausch von Nährstoffen* dienen.

Im Folgenden wollen wir zum Abschluß dieses Kapitels beispielhaft zunächst einen Blick auf wichtige Zelltypen werfen und anschließend erörtern, auf welche Weise sie in Geweben und Organen verbunden werden.

Die aus Epithelzellen gebildeten Epithelien bilden die äußere Hülle und die inneren Trennwände des Organismus

In einem vielzelligen Organismus spielen die Epithelzellen in etwa die Rolle, die die Plasmamembran und die intrazellulären Membranen für die einzelne Zelle spielen: sie bilden einerseits die ***äußere Hülle des Orga-***

BOX 3–1

Gliazellen (Bindegewebszellen des Zentralnervensystems) und Verhalten

Gliazellen, vor allem die sternförmigen Astrozyten, sind für die elektrischen Erregungsvorgänge der Zellen und für den Stoffaustausch von Neurotransmittern wichtig. Sie greifen damit modulierend in Aktivierungsprozesse und Lernen ein. Die Bezeichnung Glia = Klebstoff ist somit irreführend, und sie hat viel zu lange die Aufgaben der Gliazellen auf Stütz- und Stoffwechselfunktionen reduziert. Im Gehirn sind rund 50 % aller Zellen Gliazellen, die z. T. äußerst beweglich und teilungsfähig sind und somit erheblich zur funktionellen Plastizität vieler Gehirnteile beitragen.

Langsame Hirnpotentiale. Wie wir noch in den Kap. 13, 21 und 22 ausführlich besprechen werden, ist das Aktivierungsniveau von Nervenzellverbänden weitgehend von langsamen Hirnpotentialen mit einer Dauer von 0,5 s bis Minuten bestimmt. Elektrisch negative Potentiale zeigen an, daß viele Zellen gleichzeitig depolarisiert sind und somit die Entladungswahrscheinlichkeit dieses Hirnteils steigt. Positivierung dagegen bedeutet meist, daß die Erregbarkeit der kortikalen Neurone herabgesetzt ist. In Kap. 21 beschreiben wir, wie im Elektroenzephalogramm (EEG) diese langsamen Hirnpotentiale beim Menschen registriert werden. Gliazellen tragen wesentlich zu diesen langsamen Hirnpotentialen bei: Wenn nämlich die benachbarten Nervenzellen depolarisieren (s. S. 108), treten K^+-Ionen in den Extrazellulärraum aus und depolarisieren die Gliazellen, indem sie deren Membranen durchdringen und so das Innere der Gliazelle positiver machen. Von den Gliazellen breitet sich dieser Strom über relativ weite Strecken aus, allerdings langsam (elektrotonisch), da Gliazellen zwar ein Ruhepotential, aber keine Fähigkeit zur Entladung im Aktionspotential haben. Die Gliazellen sind aber so eng miteinander „verwachsen" (über Gap-junctions, s. S. 141), daß die Ionenströme ungehindert fließen können. Die Depolarisation der Gliamembran führt zu steigendem Stoffwechsel und zur Verfügbarkeit von Glukose und Transmittersubstanzen an den benachbarten Neuronen, wodurch deren anhaltendes Aktivitätsniveau und damit Aufmerksamkeit, Wachheit und Verhaltensmobilisierung mitbestimmt werden.

Astrozyten und Lernen. Der im Nervensystem weit verbreitete Transmitter Glutamat, der für Lernen und Gedächtnis (s. Kap. 24) notwendig ist, wird nach seiner Ausschüttung an den Synapsen zu einem erheblichen Teil von den Astrozyten aufgenommen. Da Glutamat in hohen Dosen neurotoxisch wirkt, müssen die Astrogliazellen dafür sorgen, daß die Wirkung von Glutamat stets in einem engen Gleichgewicht bleibt und trotzdem die Depolarisation an den Nervenzellen lange genug anhält, um eine Engrammbildung (d. h. Änderung der synaptischen Wirksamkeit, s. Kap. 24) zu ermöglichen. Die Astrozyten inaktivieren überschüssiges Glutamat und ermöglichen über eine Reihe von metabolischen Zwischenstufen einen harmonischen Übergang von der Kurz- zur Langzeitspeicherung.

Literatur: Laming P (ed) (1998) Glial cells. Their role in behavior. Cambridge Univ. Press, Cambridge

nismus und sie kleiden andererseits ***alle Hohlräume*** des Organismus aus. Die von den Epithelzellen gebildeten flachen Gewebsschichten, ***Epithelien*** genannt, grenzen also den Organismus von der äußeren Welt ab und tragen gleichzeitig als innere Trennwände zur strukturellen Organisation der Organe und Organsysteme bei.

Äußere Haut, Kutis. Unsere Haut bildet die elastische, wasserdichte und wärmedämmende „Verpackung" unseres Körpers. Von ihren beiden Schichten, der oberflächlichen ***Epidermis*** (Oberhaut) und dem darunterliegenden ***Korium*** (Lederhaut), ist die erstere aus Epithelgewebe, letztere aber vorwiegend aus Bindegewebe gebildet. Die äußere ***Hornschicht*** ebenso wie die verschiedenen anderen Verhornungen (Haare, Nägel) werden ebenfalls von den Epithelzellen gebildet. Gleiches gilt für die Schweiß- und Talgdrüsen der Haut, die die ersten hier erwähnten Beispiele dafür sind, daß auch ***alle Drüsen aus Epithelgewebe*** geformt sind.

Die Epithelzellen der Haut sind ein gutes Beispiel dafür, wieweit die *zelluläre Spezialisierung zugunsten des Gesamtorganismus* gehen kann, nämlich ***bis zur Selbstaufopferung***, in diesem Fall durch Umwandlung in die leblosen, verhornten Zellschichten der Hautoberfläche. Diese bilden den äußersten Schutzmantel der Haut. Sie schilfern sich dauernd ab (teilweise als kleinste Partikel, teilweise mehr als „Schuppen" zusammenhängend) und müssen daher lebenslänglich immer wieder erneuert werden.

Epithel der Darmschleimhaut. Als Beispiel für ein „internes" Epithel sei das Epithel der Darmschleimhaut gewählt, da dieses, ähnlich wie die Haut, den Einwirkungen der Außenwelt (in Form der Nahrungsmittel) unmittelbar ausgesetzt ist und gleichzeitig die Aufgabe hat, Wasser, Nährstoffe und Salze aus dem Speisebrei aufzunehmen (Einzelheiten dazu in Kap. 12). Für die letztere Aufgabe ist die zum Darmlumen liegende Plasmamembran durch eng nebeneinanderstehende, fingerförmige Ausstülpungen, genannt ***Mikrovilli,*** zu einer möglichst großen Oberfläche geformt. Gleichzeitig ist die gesamte Darmschleimhaut selbst in Form von Zotten aufgefaltet, um die Gesamtoberfläche weiter zu vergößern. Auch die Darmepithelzellen erneuern sich fortlaufend. Sie bilden aber keine Hornschicht, sondern sind dauernd mit schleimiger Flüssigkeit überzogen, die großenteils aus den in sie eingelagerten Drüsenzellen und den in den Verdauungskanal mündenden Drüsen stammt.

Exokrine und endokrine Drüsen. Alle Drüsen des menschlichen Körpers entstammen Epithelgewebe. Sie stellen praktisch eine weitere Differenzierung dieser Gewebsart dar. In der einfachsten Form sind die ***Drüsenzellen*** unmittelbar neben den „normalen" Epithelzellen eingebaut und geben die von ihnen sezernierten Substanzen direkt auf die Oberfläche ab. Vielfach lagern sich aber ***Drüsenzellen*** zu Drüsen zusammen, die ihr Sekret in einen gemeinsamen Ausführungsgang und von dort an die Oberfläche entleeren. Solche Drüsenzellen und Drüsen, die ihr Sekret auf die Haut oder eine innere Oberfläche entleeren, werden deswegen ***exokrin*** genannt. Den exokrinen Drüsen stehen die ***endokrinen Drüsen*** gegenüber, die ihre Wirkstoffe, nämlich die ***Hormone,*** in den Blutstrom abgeben. Auf sie wird in den Kapiteln 5 und 6 eingegangen.

Gewebevielfalt des Organismus. *Epithelien* (einschließlich der Drüsen) und *Bindegewebe* sind die universellsten und in ihrer Masse größten Gewebe des menschlichen Körpers. Andere Gewebe werden uns in späteren Kapiteln dieses Buches beschäftigen, insbesondere das ***Blut*** (einschließlich des Immunsystems), die ***Muskelgewebe*** (Herzmuskel, glatter Muskel, Skelettmuskel) und das ***Nervengewebe*** (samt den Sinnesorganen) in seinen vielfältigen Formen. An dieser Stelle sei daher lediglich daran erinnert, daß damit die ***Gewebevielfalt des menschlichen Organismus*** keineswegs erschöpft, sondern lediglich ***beispielhaft skizziert*** worden ist. Einzelheiten sollen und müssen den entsprechenden Lehrbüchern der Histologie vorbehalten bleiben [7,8]. Hier sollte zunächst deutlich werden, daß ***alles menschliche Leben auf der Tätigkeit einzelner Zellen*** beruht, die wiederum, bei aller Spezialisierung eines multizellulären Organismus, sowohl untereinander wie auch *mit den Zellen und Zellverbänden wesentlich primitiverer Lebewesen* in ihren ***Wirk- und Arbeitsprinzipien völlig übereinstimmen.*** In dieser Hinsicht bildet also der Mensch keine Ausnahme innerhalb der tierischen Lebewesen.

Desmosomen, tight junctions (Kontaktverbindungen) und gap junctions (Nexus) sind die wichtigsten Zellverbindungen

Zellen werden nicht nur durch extrazelluläres Bindegewebe zusammengehalten. Die Plasmamembranen unmittelbar benachbarter Zellen bilden vielmehr häufig spezielle ***Zell-Zell-Verbindungen*** aus, die ebenfalls zum ***Gewebszusammenhalt*** beitragen. Gleichzeitig dienen diese Verbindungen in vielen Fällen auch dem Austausch von Molekülen und Partikeln zwischen den Zellen und damit auch der ***Zellkommunikation.*** Diese Verbindungen sind in der Regel zu klein, um im Lichtmikroskop sichtbar zu sein. Sie können aber im Elektronenmikroskop dargestellt werden. Drei im menschlichen Körper besonders wichtige Zellverbindungen seien im folgenden vorgestellt [15].

Desmosomen. Desmosomen verankern Zellen miteinander. Sie bilden dabei *knopfförmige Kontakte* zwischen den Zellen, wie dies schematisch in Abb. 3–9 gezeigt ist. Epithelzellen sind häufig über Desmosomen verknüpft, die gürtelförmig um jede Zelle herum

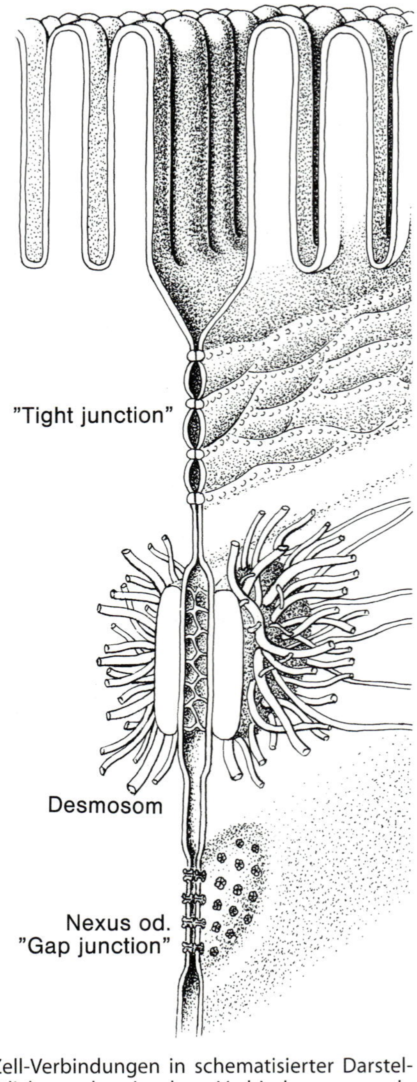

Abb. 3–9. Zell-Zell-Verbindungen in schematisierter Darstellung. Zur Verdeutlichung der einzelnen Verbindungen wurde auf eine maßstabgerechte Darstellung verzichtet. Die *oben* gezeigten tight junctions oder Kontaktverbindungen stellen die festeste Form der Zellverbindung dar. Die Desmosomen sind besonders geeignet, Zugbelastungen zu übertragen und innerhalb des Gewebes zu verteilen. Die Nexus (gap junctions, Spaltverbindungen, *unten*) lassen Zellen miteinander kommunizieren, z. B. in Form elektrischer Synapsen (s. Abb. 8–16, S. 141)

führen und damit auch die darunterliegenden Zellzwischenräume völlig gegen die Außenwelt abdichten. Von außen kommende Zugbelastungen werden über die Desmosomen und über die Keratinfasern des intrazellulären Zytoskeletts, die wiederum an den Desmosomen angreifen, über das Gewebe verteilt und ausgeglichen.

„Tight junctions", Kontaktverbindungen. An diesen Verbindungen sind die Plasmamembranen so eng miteinander verschmolzen, daß zwischen ihnen kein extrazellulärer Spalt mehr existiert (Abb. 3–9). Die Verbindung erfolgt über spezielle Proteinmoleküle, die sogar eine Wanderung der anderen Proteinmoleküle in der Membran verhindern, so daß auf diese Weise z. B. unterschiedliche Pumpmoleküle räumlich getrennt in verschiedenen Membranbereichen eingegrenzt werden können. Über tight junctions ist auch keinerlei Kommunikation der miteinander verbundenen Zellen möglich.

„Gap junctions", Nexus, Spaltverbindungen. Diese Verbindungen sind am häufigsten zwischen den Zellen anzutreffen. Sie sind für wasserlösliche Moleküle durchlässig und koppeln daher benachbarte Zellen sowohl metabolisch wie elektrisch miteinander. Ihr Aufbau ist ebenfalls schematisch in Abb. 3–9 gezeigt. Als Kanal- oder Porenproteine dienen die ***Konnexone,*** von denen jedes eine der Membranen an gegenüberliegenden Orten durchsetzt. Jedes dieser Konnexone ist aus 6 Untereinheiten aufgebaut. Der Porendurchmesser ist so groß, daß praktisch alle kleinen Moleküle, nicht aber die Makromoleküle, hindurchdiffundieren können.

In elektrisch erregbaren Geweben, wie dem Herzen und der glatten Muskulatur, dienen die Nexus als elektrisch leitende Verbindungen zur schnellen und ungestörten Ausbreitung des erregenden Aktionspotentials. Sie vernetzen also das Gewebe zu ***funktionellen Synzytien,*** also Gewebsverbänden, die sich funktionell wie eine einzige Zelle verhalten.

Auch im Nervensystem gibt es Nexus, die als Übertragungsstellen für elektrische Impulse dienen. Sie werden daher als ***elektrische Synapsen*** bezeichnet (vgl. S. 141). Häufiger ist die chemische Übertragung zwischen Nervenzellen an den ***chemischen Synapsen.*** Darauf wird in Kap. 8 ausführlich eingegangen.

ZUSAMMENFASSUNG

Alle menschlichen Zellen sind einheitlich aus Zellmembran (synonym: Plasmamembran), Zellflüssigkeit (synonym: Zytoplasma) und Zellkern (synonym: Nukleus) aufgebaut. Das Zytoplasma enthält Organellen, wie z. B. die Mitochondrien und das endoplasmatische Retikulum. Zytoplasma und Nukleus werden als Zellinhalt (synonym: Protoplasma) zusammengefaßt. Dieses enthält im wesentlichen Wasser, Salze, Eiweiße, Lipide und Kohlenhydrate und dazugehörige Vorstufen und Abkömmlinge, wie Zucker, Fettsäuren, Aminosäuren und Nukleotide.

Bei den Kohlenhydraten dienen Glukose (synonym: Traubenzucker, Blutzucker) und andere einfache Zucker als wichtige Energielieferanten der Zelle. Ihre Verbrennung mit Sauerstoff zu Wasser und Kohlendioxyd dient u. a. dazu, den universellen Treibstoff der Zellen, das Adenosintriphosphat, ATP, zu synthetisieren. Hochmolekulare Zucker (Polysaccharide) werden zur Vorratshaltung (z. B. als Glykogen oder Stärke) oder als Stützsubstanzen (z. B. als Glykoproteine und Glykolipide) verwendet.

Die Fettsäuren sind Teilbausteine des als Energiespeicher dienenden Körperfetts (besteht hauptsächlich aus Triglyzeriden) und der Phospholipide, die die Hauptbausteine aller zellulären Membranen bilden.

Die Eiweiße (synonym: Proteine) werden aus 20 verschiedenen Aminosäuren aufgebaut, von denen der Mensch 8 mit der Nahrung aufnehmen muß, da er sie nicht selbst synthetisieren kann. Eiweiße dienen u. a. als Enzyme, als Hormone, als Rezeptoren, als Membranporen, als Abwehrstoffe und als Gerüstsubstanzen im Zellbau. Kleine Eiweißmoleküle nennt man Peptide.

Die Nukleotide dienen der Vermittlung der Erbinformation und, v. a. in Form des ATP (s. o.), der Bereitstellung chemischer Energie. Die bei den Vererbungsprozessen besonders wichtigen Nukleinsäuren, nämlich die Desoxyribonukleinsäuren, DNA, und die Ribonukleinsäuren, RNA, sind aus Ketten von Nukleotiden nach einem festen Bauprinzip aufgebaut.

In die Lipiddoppelschichten der Zellmembran sind als Hauptfunktionsträger zahlreiche Eiweiße eingebettet, die teils Poren (Kanäle) bilden, teils als Träger- oder Transportmoleküle dienen, teils sich am Stoffwechsel der Zelle beteiligen und teils zur Festigkeit der Membran beitragen.

Der Extrazellulärraum (synonym: Interstitium) bildet den geregelten Lebensraum (das interne Milieu) aller Zellen. Seine konstante Zusammensetzung ist unabdingbare Voraussetzung für das optimale Funktionieren aller Zellen.

Der Stoffaustausch zwischen den Zellen und dem Interstitium erfolgt teils durch Diffusion (passiver Transport entlang einem Konzentrationsgradienten direkt durch die Plasmamembran oder durch Poren oder mit Hilfe von Trägermolekülen), teils durch energieverbrauchenden aktiven Transport mit Hilfe von „Pumpen". Die wichtigste Pumpe ist die Natrium-Kalium-ATPase-Pumpe, für deren Arbeit mehr als ein Drittel des Zellstoffwechsels benötigt wird. Sonderformen des aktiven Transports sind Exozytose und Endozytose.

Die Transport- und Austauschprozesse an den intrazellulären Membranen des Zellkerns und der verschiedenen Organellen erfolgt ebenfalls teils passiv, teils aktiv. Innerhalb des Zytoplasmas selbst ist der wichtigste Transportprozeß die Diffusion. In Nervenfasern werden lebenswichtige Substanzen in Form des axonalen Transports entlang den Mikrotubuli des Zytoskeletts schnell über lange Distanzen anterograd und retrograd transportiert.

Die verschiedenen Zellfunktionen werden durch Botenstoffe (messengers) gesteuert. Äußere Signale aktivieren über G-Proteine intrazelluläre zweite (sekundäre) Botenstoffe (second messengers). Die wichtigsten zweiten Botenstoffe sind die Kalziumionen, das zyklische Adenosinmonophosphat, cAMP, und das Phosphoinositol, IP_3.

Spezialisierte Zellen schließen sich zu kooperierenden Geweben zusammen, aus denen sich die Organe des Menschen aufbauen. Die aus den Epithelzellen gebildeten Epithelien bilden die äußere Haut und die inneren Trennwände des Organismus. Auch alle Drüsen entstammen Epithelgewebe.

Die wichtigsten Zellverbindungen sind die Desmosomen, die Kontaktverbindungen (tight junctions) und die Nexus (gap junctions). Letztere sind am häufigsten. Sie koppeln über die Konnexone benachbarte Zellen elektrisch und metabolisch miteinander. In elektrisch erregbaren Geweben, wie dem Herzen und der glatten Muskulatur vernetzen die Nexus die Zellen zu funktionellen Synzytien.

Literatur

Weiterführende Lehr- und Handbücher

1. Alberts B, Bray D, Lewis J, Raff M, Roberts K, Watson JD (1990) Molekularbiologie der Zelle, 2. Aufl. VCH, Weinheim
2. Czihak G, Langer H, Ziegler RH (Hrsg) (1996) Biologie, 6. Aufl. Springer, Berlin Heidelberg New York Tokyo
3. Hille B (1992) Ionic channels of excitable membranes, 2nd edn. Sinauer, Sunderland
4. Hoppe W, Lohmann W, Markl H, Ziegler H (Hrsg) (1984) Biophysik. Springer, Berlin Heidelberg New York Tokyo
5. Lehninger AL (1998) Prinzipien der Biochemie, 2. Aufl. Spektrum Akademischer Verlag, Heidelberg
6. Löffler G, Petrides PE (1998) Physiologische Chemie, 7. Aufl. Springer, Berlin Heidelberg New York Tokyo
7. Schiebler TH, Schneider F (1996) Histologie, 4. Aufl. Springer, Berlin Heidelberg New York Tokyo
8. Schiebler TH, Schmidt W, Zilles K (1999) Anatomie, Zytologie, Histologie, Entwicklungsgeschichte, makroskopische und mikroskoische Anatomie des Menschen, 8. Aufl. Springer, Berlin Heidelberg New York Tokyo
9. Schmidt RF, Thews G, Lang F (Hrsg) (2000) Physiologie des Menschen, 28. Aufl. Springer, Berlin Heidelberg New York Tokyo

Einzel- und Übersichtsarbeiten

10. Berridge MJ (1985) The molecular basis of communication within the cell. Sci Am 253: 124–134
11. Berridge MJ, Irvine RF (1984) Inositol triphosphate, a novel second messenger in cellular signal transduction. Nature 312: 315–321
12. Bretscher MS (1985) The molecules of the cell membrane. Sci Am 253: 124–134
13. Daut J (1987) The living cell as an energy transducing machine. A minimal model of myocardial metabolism. Biochem Biophys Acta 895: 41–62
14. Läuger P (1985) Ionic channels with conformational substates. Biophys J 47: 581–590
15. Loewenstein WR (1981) Junctional intercellular communication: the cell-to-cell membrane channel. Physiol Rev 61: 829–913

4 Psychoneuroimmunologie

EINLEITUNG

Die Psychoneuroimmunologie untersucht die Zusammenhänge zwischen Verhalten und Immunsystem. Immunvorgänge werden entweder direkt vom Zentralnervensystem (ZNS) oder indirekt über die endokrinen Systeme gesteuert. Umgekehrt beeinflussen immunologische Prozesse das ZNS und verändern damit Verhalten. Wie andere vom ZNS innervierten Systeme sind auch Immunvorgänge durch Lernen modifizierbar.

4.1 Aufbau und Arbeitsweise des Immunsystems

Die Leukozyten sind die Grundbausteine des Abwehrsystems; sie werden teils im Knochenmark (Granulozyten), teils im lymphatischen Gewebe gebildet (Lymphozyten) und vom Blut an ihre Wirkorte transportiert

Der Mensch trägt im Mund, in den Atemwegen, dem Dickdarm, den Bindehäuten der Augen und eventuell in den Harnwegen ständig Kolonien von Bakterien mit sich herum, die beim Vordringen in tiefere Körpergewebe Erkrankungen auslösen würden. Dazu kommen immer wieder Kontakte mit krankheitserregenden Bakterien und Viren der Außenwelt, deren sich der Körper erwehren muß. Die lebenslange Abwehr der dauernden Invasionsversuche von Bakterien und Viren wird im Körper v. a. von den ***Leukozyten*** geleistet, die sich dabei zweier verschiedener Techniken bedienen. Die eine ist die in diesem Abschnitt beschriebene ***Phagozytose,*** die zweite die im folgenden Abschnitt geschilderte ***Herstellung von Antikörpern,*** die dann den Eindringling zerstören. Unterstützt werden die Leukozyten in ihrem Abwehrkampf von einem in mehreren Organen stationär ausgespannten Netzwerk von Zellen, die als ***retikuloendotheliales System (RES)*** zusammengefaßt werden. Diese Zellen sitzen besonders an strategisch wichtigen Einlaßpforten, vor allem in der Lunge und in der Leber (Durchflußstation allen vom Darm kommenden Blutes), aber auch in den Rachenmandeln (Tonsillen), der Milz und den Lymphknoten.

Herkunft und Lebensdauer der Leukozyten. Die hämoglobinfreien, kernhaltigen Leukozyten kommen im Blut in wesentlich geringerer Zahl als die Erythrozyten vor, nämlich nur zu rund 7000 pro Mikroliter (Kubikmillimeter) [8]. Entsprechend ihren Entstehungsorten gibt es ***zwei Grundtypen:*** zwei Drittel stammen aus Ursprungszellen im Knochenmark. Wegen der bei ihnen im Lichtmikroskop sichtbaren Körnchen oder Granula werden sie ***Granulozyten*** genannt. Das restliche Drittel wird im lymphatischen Gewebe gebildet, vor allem also in den Lymphknoten, der Milz, den Rachenmandeln und der Thymusdrüse. Dementsprechend werden sie als ***Lymphozyten*** bezeichnet.

Für Granulozyten wie Lymphozyten ist das Blut in erster Linie nicht Aufenthaltsort, sondern Transportmittel vom Ursprungs- zum Einsatzort. Entsprechend hält sich der einzelne Leukozyt oft nur ***ein bis zwei Stunden*** und selten mehr als 24 Stunden im Blut auf. Diese ***Verweilzeit*** ist nicht zu verwechseln mit seiner ***Lebensdauer,*** die wesentlich länger, bis zu ***100 bis 300 Tage*** lang sein kann. In dieser Zeit wechselt er dauernd aus dem Blut in die verschiedensten Gewebe und zurück.

Bei den Granulozyten ebenso wie bei den Lymphozyten sind eine Reihe von Untertypen bekannt. Auf sie wird hier nicht im einzelnen eingegangen, die unterschiedliche Rolle der B- und T-Lymphozyten wird auf S. 47 beschrieben. Erwähnt seien noch die in geringer Anzahl vorkommenden ***Monozyten,*** die wie die Granulozyten ebenfalls aus dem Knochenmark stammen. Sie wandern aus dem Blut in die Gewebe ein und werden dort (anders als die übrigen Leukozyten) „seßhaft", wobei sie an Größe deutlich zunehmen. Daher ihr Name ***Gewebemakrophagen.*** Monozyten und Gewebemakrophagen sind bei der anschließend besprochenen unspezifischen zellulären Abwehr besonders aktiv beteiligt [8].

Leukozyten können Bakterien und Giftstoffe entdecken, in sich aufnehmen und durch Verdauung unschädlich machen; diese unspezifische zelluläre Abwehr ist ebenso angeboren wie eine Reihe humoraler und anderer unspezifischer Abwehrmechanismen

Diapedese und Phagozytose. Tritt irgendwo eine Gewebsschädigung auf, sei es durch Bakterien und ihre Giftstoffe (Toxine), sei es durch Verletzung oder eine andere Ursache, dann treten aus den Kapillaren dieses Gebietes Leukozyten, vor allem Granulozyten und Monozyten aus, indem sie sich, wie in Abb. 4–1 A und B gezeigt, durch feine Lücken der Kapillarwände hindurchquetschen und -schlängeln. Diese Form der Auswanderung nennt man ***Diapedese.***

Die Leukozyten bewegen sich dann auf die Schadensstoffe und Gewebsabfälle zu, von denen sie angezogen werden. Bei dieser ***„chemotaktischen" Annäherung*** stülpt sich jeweils in einer fließenden, „amöboiden" Bewegung ein Teil des Zytoplasmas in die Bewegungsrichtung aus, und der Rest der Zelle fließt kontinuierlich nach. Auf diese Weise können die Leukozyten bis zu 40 Mikrometer pro Minute wandern, also mehr als dreimal die Strecke ihres eigenen Zelldurchmessers.

Am Ziel angekommen, nehmen sie die Bakterien und Abfallstoffe mit dem in Abb. 4–1 B skizzierten Prozeß der ***Phagozytose*** in sich auf und verdauen sie mit Hilfe lysosomatischer Enzyme. Schließlich sterben sie selbst am Übermaß der aufgenommenen Stoffe und Bakterien. Im Gewebe entsteht dabei häufig eine kleine (Abszeß-)Höhle, in der sich tote Leukozyten, Gewebsabfälle und Bakterien ansammeln. Dieses gelbliche, kremig-flüssige Gemisch nennen wir ***Eiter (Pus).*** Die Eiterbildung hält an, bis die Infektion endgültig abgewehrt ist.

Die Fähigkeit der Leukozyten zu Diapedese und Phagozytose ist angeboren. Dadurch ist der Organismus in der Lage primär, d. h. ohne vorhergehenden Kontakt, Fremdkörper unschädlich zu machen. Wir fassen diese Abwehrfunktion daher als ***unspezifische zelluläre Abwehr*** zusammen. Dagegen gewinnen die auf den folgenden Seiten geschilderten spezifischen Abwehrsysteme ihre Wirksamkeit erst durch die Auseinandersetzung mit dem Fremdkörper (spezifische, erworbene Immunität, lat. *immunis* = frei von etwas).

Leukozytose und Agranulozytose. Lokale ebenso wie allgemeine Infektionen führen in kürzester Zeit zu einem vermehrten Auftreten von Leukozyten im Blut, zunächst durch eine verstärkte Ausschwemmung schon vorhandener Zellen aus dem Knochenmark und anderen Vorratsstellen, anschließend auch durch

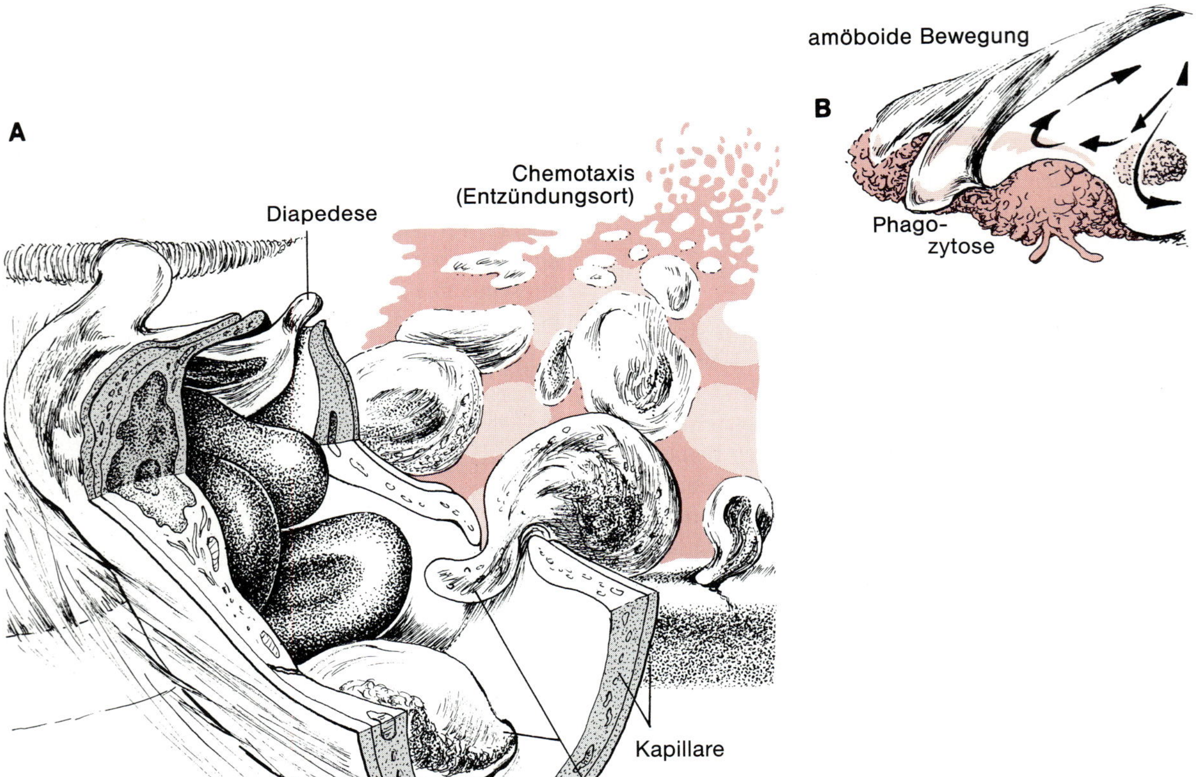

Abb. 4–1. Arbeitsweise der Leukozyten bei der Beseitigung von Schadstoffen. Angelockt durch chemische Reize verlassen Leukozyten die Kapillaren (*Diapedese,* **A**) und wandern entlang dem chemischen Gradienten auf die Schadstoffe zu (*Chemotaxis*). Bei der *Diapedese* stülpt sich in einer fließenden Bewegung die Zellflüssigkeit in die Bewegungsrichtung aus, so daß eine kettenraupenförmige Bewegung zustande kommt, ähnlich wie bei einzelligen Amöben (**B**). Die Fremdkörper werden umflossen, in die Zelle aufgenommen (*Phagozytose,* eine Form der Endozytose, s. Abb. 3–6, S. 38) und dort mit Hilfe der Lysosomen verdaut

eine erhöhte Produktion. Übersteigt die Leukozytenzahl 10 000 im Mikroliter, spricht man von ***Leukozytose.*** Sie kann ein Mehrfaches dieses Wertes annehmen. Ähnlich wie bei der Blutsenkung (S.164) deutet im Verlauf längerer Erkrankungen eine Abnahme der Leukozytose auf ein Fortschreiten des Heilungsprozesses.

Hört das Knochenmark mit der Produktion von Leukozyten auf, so ist der Körper in kürzester Zeit hilflos bakteriellen Infektionen ausgesetzt. Dieser Zustand, ***Agranulozytose*** genannt, kann z. B. nach Arzneimittelvergiftungen oder nach starker radioaktiver Bestrahlung (Atombombenexplosion, Reaktorunfall) auftreten. Innerhalb von zwei Tagen kommt es zu Geschwüren im Mund und Dickdarm oder zu schweren Entzündungen der Atemwege (Bronchien) und Lungen. Ohne Behandlung führt eine Agranulozytose in drei bis sechs Tagen zum Tode. Dieser dramatische Verlauf illustriert eindringlich, daß auf die Tätigkeit der Leukozyten nicht einmal für wenige Tage verzichtet werden kann.

Leukämie. Eine tumoröse Überproduktion von Granulozyten oder Lymphozyten wird als ***Leukämie*** bezeichnet. Besonders bemerkenswert an den leukämischen Leukozyten ist, daß sie kaum infektionshemmende Eigenschaften haben und der Körper dadurch gegen Infektionen schutzlos wird. Außerdem nehmen die leukämischen Leukozyten, genau wie andere bösartige Tumore, oft derart rasch zu, daß die mit der Nahrung zugeführten Nährstoffe, vor allem die Aminosäuren, von ihnen völlig verbraucht und zusätzlich aus dem gesunden Gewebe abgebaut werden. Es resultiert daraus eine Auszehrung des Körpers, die schließlich zum Tode führt.

Humorale und andere unspezifische Abwehrmechanismen. Zu den angeborenen Abwehrmechanismen des Körpers gegen Mikroorganismen (Bakterien, Viren) und Toxine gehören neben der eben geschilderten Phagozytose (unspezifische zelluläre Abwehr), die Anwesenheit spezieller Stoffe im Blut, die sich an Fremdkörper anheften und sie zerstören (unspezifische humorale Abwehr); oder die Zerstörung heruntergeschluckter Bakterien durch die Salzsäure des Magens und die Verdauungsenzyme des Darmes oder der Schutz, den die Haut gegen die Außenwelt gewährt. Durch diese ***angeborene unspezifische Immunität*** sind wir beispielsweise gegen eine Reihe von Infektionskrankheiten unserer Haustiere geschützt (und umgekehrt!).

Wichtiger noch als die unspezifische, angeborene Immunität sind die ***erworbenen Formen,*** die dadurch zustande kommen, daß in den Körper eingedrungene Bakterien und Toxine oder entartete körpereigene Zellen diesen zur Bildung spezieller Abwehrstoffe veranlassen. Diese Abwehrstoffe, ***Antikörper*** genannt, schwimmen entweder im Blut (spezifische humorale Immunität) oder sind an Lymphozyten (spezifische zelluläre Immunität) gebunden. Die beiden Wege der ***erworbenen spezifischen Immunität*** gilt es jetzt kennenzulernen.

B-Lymphozyten produzieren Antikörper, die sie an das Blut abgeben (erworbene spezifische humorale Immunität); T-Lymphozyten bauen die von ihnen gebildeten Antikörper in ihre Zellmembran ein (erworbene spezifische zelluläre Immunität)

Humorale Immunität. Stoffe, die den Körper zur Bildung von Antikörpern anregen, bezeichnen wir als ***Antigene.*** Die Antigene (Krankheitserreger, artfremdes Eiweiß) sind meist sehr große Moleküle (neben Eiweißen auch Polysaccharide und Lipoproteine) sehr spezieller Struktur. Auf diesen großen ***Trägermolekülen*** sitzen die für die immunologische Spezifität maßgeblichen Teilstrukturen ***(Determinanten)*** an oberflächlich exponierter Stelle. Ein makromolekulares Antigen kann mehrere Determinanten haben. (Die isolierte Determinante wird Hapten genannt. Sie kann sich zwar mit ihrem Antikörper verbinden, aber nicht die Bildung von neuen Antikörpern auslösen.)

Die von den Antigenen angeregte ***Bildung von Antikörpern*** erfolgt in den Lymphozyten. Diese Lymphozyten stammen alle, wie Abb. 4–2 zeigt, von den gleichen Ursprungszellen ab. Sie machen aber bei ihrer Reifung im ungeborenen Kind und jungen Säugling entweder in der Thymusdrüse (T-Lymphozyten) oder (sehr wahrscheinlich) im Knochenmark (B-Lymphozyten, das Knochenmark heißt englisch *bone marrow*) einen Prozeß durch (Lymphozytenprägung genannt), der sie auf ihre spätere Rolle bei der zellulären (T-Lymphozyten) oder humoralen (B-Lymphozyten) Antikörperbildung vorbereitet. (Entfernen der Thymusdrüse beim Erwachsenen beeinflußt das Immungeschehen nicht mehr).

Tritt nun im Körper ein Antigen auf, auf das eine spezielle Form der B-Lymphozyten reagiert, so wachen diese Zellen aus ihrem Dornröschenschlaf in den Lymphknoten auf, vermehren sich und produzieren innerhalb weniger Tage große Mengen Antikörper, jede Zelle bis zu 2000 Moleküle pro Sekunde. Diese ***Antikörper sind Eiweiße,*** die als ***Immunglobuline*** bezeichnet werden. Ihre charakteristische Form ist in Abb. 4–2, ihre Interaktion mit dem Antigen in Abb. 4–2 unten skizziert. Die Bindung zwischen Antigen und zugehörigem Antikörper ist so spezifisch wie zwischen einem Sicherheitsschlüssel und dem zugehörigen Schloßzylinder. Die ***Antigen-Antikörper-Reaktion macht das Antigen unschädlich*** und führt zu seiner Zerstörung. Dabei hilft eine Reihe von im Blut gelösten Enzymen, die als ***Komplement*** bezeichnet werden. Das Komplement ist normalerweise wirkungslos, wird aber durch die Antigen-Antikörper-Reaktion aktiviert und beteiligt sich dann am Abbau des Antigens.

Zelluläre Immunität. Bei der zellulären Immunität ist die Antigen-Antikörper-Reaktion mit der eben geschilderten völlig vergleichbar (s. dazu Abb. 4–2). Der wich-

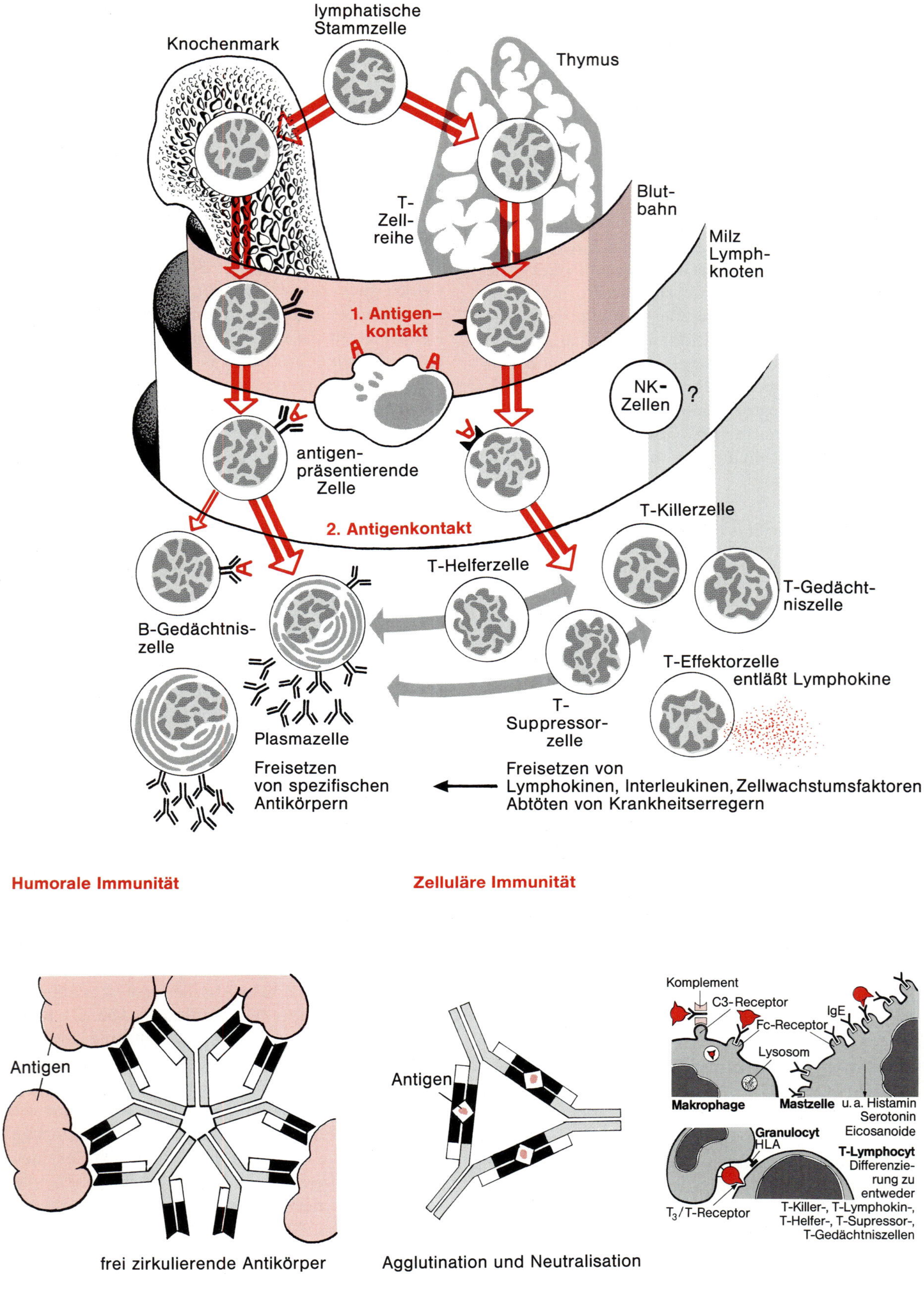

Abb. 4–2. (Legende s. S. 49)

tigste Unterschied zwischen beiden Formen der Immunität ist ihr ***Zeitverlauf.*** Die Antikörper der humoralen Immunität halten sich einige Monate, höchstens wenige Jahre im Blut auf, während die zelluläre Immunität ***viele Jahre, sogar lebenslang anhalten*** kann. Außerdem ist die humorale Immunität besonders wirkungsvoll gegen akute bakterielle Infektionen, während sich die zelluläre Immunität besonders gegen langsam verlaufende Infektionen (wie z. B. Tuberkulose) und gegen Viren, aber auch gegen Krebszellen des eigenen Körpers und, bei Organverpflanzungen, gegen fremde Zellen wendet.

Immuntoleranz. Gegen eigenes Körpergewebe wird normalerweise keine Immunität erworben. Der Mechanismus dieser ***Immuntoleranz*** ist noch nicht klar. Es kommt aber vor, daß im Laufe des Lebens die Immuntoleranz gegen das eine oder andere Körpergewebe verlorengeht und der Organismus Antikörper gegen sein eigenes Gewebe entwickelt. Die daraus resultierenden Krankheiten sind als ***Autoimmunkrankheiten*** bekannt. Dazu gehören beispielsweise das rheumatische Fieber und die akute Glomerulonephritis (Nierenentzündung), bei denen im Zusammenhang mit einer bakteriellen Infektion eine Immunisierung gegen das eigene Herz- und Gelenk- bzw. gegen Nierengewebe auftritt.

Antikörperbildung durch Impfung kann zeitweise oder dauernd Infektionen verhindern (aktive Immunisierung); fremdgezüchtete Antikörper können akut schützen (passive Immunisierung); manchmal kommt es zu Fehlreaktionen oder zum Versagen des Immunsystems

Impfung. Der Vorgang der Antikörperbildung benötigt einige Tage. In dieser Zeit können in den Körper eingedrungene Bakterien, Viren oder Toxine bereits erheblichen Schaden stiften. Durch ***Impfung*** ist es aber möglich, die Antikörperbildung anzuregen und dadurch den Körper gegen die betreffenden Krankheitserreger zu immunisieren. Zur Impfung können beispielsweise abgetötete Erreger benutzt werden, die keine Krankheit mehr auslösen können, deren Antigene aber noch erhalten sind. Diese Art von Impfung wird z. B. bei Keuchhusten, Diphtherie, Typhus und anderen bakteriellen Krankheiten angewandt. Auch chemisch vorbehandelte Toxine, die nicht mehr giftig sind, aber noch Antigenwirkung besitzen, können zur Impfung herangezogen werden. Das bekannteste Beispiel dafür ist die Impfung gegen Tetanus (Wundstarrkrampf). Schließlich geschieht bei Viren meist die Impfung durch Gabe lebender, aber durch entsprechende Kultivierung „abgeschwächter" Stämme, die nicht mehr zur Erkrankung führen, aber eine volle Antikörperbildung anregen. Auf diese Weise wird gegen Poliomyelitis (spinale Kinderlähmung), Masern, Pocken (durch Impfung ausgerottet) und viele andere Viruskrankheiten geimpft. Eine wiederholte Impfung ist oft notwendig, um einen optimalen Schutz zu erzielen oder eine vorhandene Immunität wieder aufzufrischen.

Bei der bisher besprochenen ***aktiven Immunisierung*** wird durch das Impfen mit Antigenen die Antikörperbildung im Körper selbst angeregt. Einen sofortigen, allerdings nur Tage bis Wochen anhaltenden Schutz kann man aber auch erzielen, indem man die Antikörperbildung in anderen Menschen oder Tieren anregt und diese Antikörper dann dem Patienten einspritzt. Diese Technik bezeichnet man als ***passive Immunisierung.*** Ist z. B. ein Patient mit einer verschmutzten Wunde nicht gegen Wundstarrkrampf geimpft, so muß zum sofortigen Schutz eine passive Immunisierung gleichzeitig mit der aktiven Impfung erfolgen. Passive Immunisierung wird auch häufig als Erkrankungsschutz bei plötzlich ausbrechenden, seltenen (evtl. eingeschleppten) Infektionskrankheiten eingesetzt.

Allergie. Bei manchen Menschen führt die Antigen-Antikörper-Reaktion unter besonderen Umständen zu lokalen oder allgemeinen Reaktionen des Organismus, die als ***Allergien*** zusammengefaßt werden. Zugrunde liegt meist eine an die Antigen-Antikörper-Reaktion gekoppelte Zerstörung bestimmter Leukozyten, wodurch große Mengen chemischer Substanzen, besonders Histamin, freigesetzt werden. Diese führen entweder zu einer allgemeinen Gefäßerweiterung und damit zu einem lebensbedrohenden Absinken des Blutdrucks ***(anaphylaktischer Schock)*** oder zu quaddeligen Hautrötungen und -schwellungen ***(Nesselsucht, Urticaria)*** oder zu starken Absonderungen der Nasenschleimhaut (beim ***Heuschnupfen***) oder zu Atembeschwerden (beim ***Asthma***). Den Histamineffekten kann durch entsprechende Medikamente (Antihistaminika) entgegen-

Abb. 4–2. Prozesse und Komponenten der zellulären und humoralen spezifischen Immunität des Menschen in schematisierter und teilweise stark vereinfachter Darstellung. Die wichtigsten Abläufe sind im Text geschildert. Die *lymphatischen Stammzellen* werden in der Thymusdrüse zu T-Lymphozyten und an unbekanntem Ort, möglicherweise dem *Knochenmark,* zu B-Lymphozyten geprägt. Kommt ein T-Lymphozyt mit einem *Antigen* in Berührung, bildet er in seiner Membran Antikörper aus und wird dadurch zum Killer-Lymphozyten. Der B-Lymphozyt gibt demgegenüber seine Antikörper an das Blut ab. Diese verklumpen mit Antigen und machen es so unwirksam (humorale Antigen-Antikörper-Reaktion). Killer-Lymphozyten heften dagegen ihre Antikörper an Fremdkörper an, z. B. an Bakterien (zelluläre Antigen-Antikörper-Reaktion). Der *rechte, untere Bildteil* (aus Weiss und Jelkman in [8]) erinnert daran, daß neben Lymphozyten auch andere Zellen an den Abwehrleistungen des Blutes beteiligt sind gewirkt werden. Langfristig ist oft eine Beseitigung der allergischen Reaktionen durch eine gezielte immunologische Umstimmung *(Desensibilisierung)* möglich.

Immunparalyse, Immunsuppression. Verliert der Körper die Fähigkeit zur Antikörperbildung (z. B. bei starker radioaktiver Bestrahlung des lymphatischen Gewebes oder bei dessen leukämischer Entartung), so ist er möglichen Schädigungen durch körperfremde Stoffe schutzlos ausgesetzt. Diese gefährliche Form der oben in bezug auf das eigene Körpergewebe geschilderten Immuntoleranz wird ***Immunparalyse*** genannt. Eine solche Immunparalyse wird gelegentlich in therapeutischer Absicht künstlich herbeigeführt, z. B. zur Verhinderung oder Verzögerung der Abstoßung körperfremden Eiweißes von Transplantaten. Diese gezielte Ausschaltung des Abwehrsystems bezeichnet man als ***Immunsuppression.***

HIV-(HTLV-III)-Infektion und AIDS-Erkrankung. Seit einigen Jahren breitet sich weltweit eine Infektionskrankheit aus, die zu einem ***Zusammenbruch der Immunabwehr*** des Organismus führt. Die Infektion erfolgt mit Viren, die zur Familie der Retroviren gehören. Das Virus wird in erster Linie durch unmittelbare Aufnahme in das Blut von infiziertem Sperma (vor allem über Schleimhautverletzungen beim analen Geschlechtsverkehr) oder infiziertem Blut (z. B. bei Bluttransfusionen oder gemeinsamer Nutzung von Injektionsbestecken) übertragen. Infektionen sind aber auch mit infiziertem Körpersekret (Speichel, Vaginalsekret, Tränenflüssigkeit, Muttermilch) denkbar, wenn auch nur unter besondern Bedingungen, da die Viruskonzentration in diesen Flüssigkeiten sehr gering ist. Bisher konnte ein solcher Infektionsweg nicht zweifelsfrei nachgewiesen werden. Es gibt keine Tröpfcheninfektion, auch Infektionen durch Wasser, Lebensmittel und Insektenstiche können ausgeschlossen werden. Auch soziale Kontakte stellen keine Infektionsquelle dar.

Die Gefährlichkeit der HIV-Viren resultiert aus der Art und Weise mit der diese das Immunabwehrsystem des befallenen Organismus ausschalten. Dazu dringen sie in bestimmte T-Lymphozyten ein (daher der Name humanes T-lymphotropes Virus, Typ III, HTLV-III), verändern deren Erbsubstanz und beginnen sich erst dann explosionsartig zu vermehren, wenn der Lymphozyt durch eine weitere Infektion zu einer Immunantwort angeregt wird. Die riesige Anzahl von Viren reißt Löcher in die Zellmembran des Lymphozyten und dieser stirbt ab (unter Freisetzung der in ihm enthaltenen Viren, die jetzt andere Zellen befallen). Nach einiger Zeit bricht die gesamte Immunabwehr des befallenen Organismus zusammen. Der Patient stirbt schließlich an Infektionen, die für eine gesunde Person nicht bedrohlich wären. Das Virus heißt wegen dieser Wirkweise auch ***humanes Immun-Defekt-Virus, HIV.***

Das resultierende Krankheitsbild wird ***aquiriertes Immun-Defekt-Syndrom, AIDS (Aquired immuno-deficiency-syndrome)*** genannt. Zwischen der HIV-Infektion und seinem Auftreten vergehen durchschnittlich 6 Jahre, mit einer sehr großen Schwankungsbreite bis zu 15 Jahren. Das Krankheitsbild ist außerordentlich vielfältig. Eine kausale Therapie gibt es derzeit nicht. Auch eine Impfung steht noch nicht zur Verfügung. Daher kommt der Vorbeugung eine entscheidende Bedeutung zu.

Bei vielen, wenn nicht allen AIDS-Patienten kommt es auch zu einer ***Erkrankung des Nervensystems.*** Die Symptome umfassen ein großes Spektrum von nervösen und psychischen Störungen, von Symptomen wie bei einer multiplen Sklerose bis hin zur AIDS-Demenz mit dem Verlust aller intellektuellen Fähigkeiten.

Blut- oder Organübertragungen werden durch Antigene in den Erythrozytenmembranen (Blutgruppen) und körpereigene Antikörper behindert

Die Blutübertragung (Bluttransfusion) ist im chirurgischen Alltag eine unentbehrliche Routine, denn mit keiner anderen Methode kann ein Verlust an roten Blutzellen und damit eine verminderte Sauerstofftransportkapazität des Blutes behoben werden. Bei ihrer Anwendung ist zu berücksichtigen, daß besonders die Membran der Erythrozyten Antigene enthält, die zu einem Verklumpen *(Agglutinieren)* der Erythrozyten und ihrer anschließenden Zerstörung *(Hämolyse)* führen, sobald Blut auf einen Menschen übertragen wird, der im Blutplasma Antikörper gegen diese Antigene besitzt. Rund 30 solcher angeborener, also vererbter Antigene sind auf menschlichen Erythrozytenmembranen gefunden worden. Klinisch wichtig sind davon vor allem das AB0-System und das Rhesus-System [7].

AB0-System. Für das AB0-System gilt: Die Blutgruppenbezeichnungen richten sich nach dem Erythrozytenantigen. Enthalten also die Erythrozyten das Antigen A, so hat ihr Träger die ***Blutgruppe A,*** bei Antigen B die ***Blutgruppe B,*** bei Fehlen der Antigene die ***Blutgruppe 0*** (Null) und bei Vorhandensein beider Antigene die ***Blutgruppe AB.*** Bei Menschen mit Blutgruppe A schwimmen im Blutplasma Antikörper gegen B, bei Blutgruppe B gegen A, bei Blutgruppe 0 gegen A und B, und bei Blutgruppe AB sind keine Antikörper im Plasma vorhanden. Die durch diese Verhältnisse bestehenden Immunitätsbarrieren werden auf die einfachstmögliche Weise umgangen, indem nur blutgruppengleiches Blut übertragen wird.

Die Antikörper des AB0-Systems werden wegen ihrer zusammenklumpenden (agglutinierenden) Wirkung auch ***Agglutinine*** genannt, die Antigene A und B entsprechend auch Agglutinogene. Während die

Agglutinogene A bzw. B beim Neugeborenen vorhanden sind, entwickeln sich die Agglutinine *Anti-B* (bei Blutgruppe A) bzw. *Anti-A* (bei Blutgruppe B) bzw. *Anti-A plus Anti-B* (bei Blutgruppe 0) im Laufe der ersten Lebensmonate. Anders als bei der sonstigen Antikörperbildung ist also zur Bildung der Agglutinine kein Kontakt mit dem fremden Antigen notwendig. Als Folge davon ist schon bei der ersten „falschen" Bluttransfusion mit einem Verklumpen der übertragenen Erythrozyten zu rechnen.

Rhesus-System (Rh-System). Rund 85% aller Europäer besitzen in den Membranen der Erythrozyten ein weiteres Antigen, das als ***Rhesus-Faktor*** bezeichnet wird; sie sind ***Rhesus-positiv*** (abgekürzt ***Rh+*** oder ***Rh***). Die anderen 15% enthalten dieses Antigen nicht; sie sind Rhesus-negativ ***(Rh-*** oder ***rh)***. Das Plasma Rh-negativer Menschen enthält normalerweise (anders als im AB0-System) keine Antikörper gegen das Rhesus-Antigen. Deren Bildung wird aber durch die Infusion von Rh-positivem Blut angeregt (die erste „falsche" Transfusion würde also nicht zu Verklumpungen führen).

Unfreiwillig kann die Bildung von ***Rh-Antikörpern bei der Schwangerschaft*** vorkommen: Infolge von Undichtigkeiten der Austauschflächen (Austauschmembranen) zwischen dem mütterlichen und dem kindlichen Blut im Mutterkuchen (Plazenta) kann ein (vom Vater her) Rh-positives Kind im Blut einer Rh-negativen Mutter die Bildung von Rh-Antikörpern auslösen. Diese wiederum können bei einer späteren Schwangerschaft auf die kindlichen Rh-positiven Erythrozyten rückwirken und diese schädigen. (Eine vorbeugende Blockierung dieser Antikörperbildung ist heute möglich.)

Organtransplantation und Immunität. Die Bluttransfusion ist nur ein Spezialfall der heute immer häufigeren Organübertragungen ***(Organtransplantationen)***, mit denen ein defektes Organ durch ein gesundes eines anderen Menschen oder eines Tieres ersetzt werden soll. Von der chirurgischen Technik her gibt es dabei heute kaum noch Probleme. Fremdes Körpergewebe ist aber ***mit zahlreichen Antigenen besetzt***, die praktisch regelmäßig eine Antikörperbildung auslösen. Dadurch wird innerhalb von drei bis zehn Wochen unweigerlich der Tod der übertragenen Zellen herbeigeführt, es sei denn, die Antikörperbildung wird verhindert oder wenigstens abgeschwächt.

Je genetisch ähnlicher sich die Zellen von Empfänger und Spender sind, desto besser sind die Chancen für ein Einheilen des übertragenen Organs. Am besten liegen die Verhältnisse bei eineiigen Zwillingen, die den absolut gleichen Chromosomenbesatz haben. Schon bei Übertragungen zwischen Vater bzw. Mutter und Kind trifft das nicht mehr zu (s. dazu S. 50). Hier, wie bei allen anderen Transplantationen, versucht man, mit einer Reihe von Maßnahmen die ***Bildung der unerwünschten Antikörper zu unterdrücken.*** Alle derzeitigen Maßnahmen der Immunsuppression, wie der Gebrauch von Anti-Lymphozyten-Serum oder die Gabe von Hormonen und Pharmaka, die die Antikörperbildung verzögern, oder die Schwächung des lymphatischen Gewebes durch radioaktive oder Röntgenstrahlung, haben aber den ernsten Nachteil, daß sie gleichzeitig die Infektionsabwehr des Organempfängers schwächen. Während einer immunsuppressiven Therapie sollten daher alle Infektionsmöglichkeiten sorgfältig gemieden werden.

4.2 Physiologische Verbindungen zwischen Zentralnervensystem und Immunsystem

Unter Psychoneuroimmunologie verstehen wir die Wissenschaft von den Wechselwirkungen zwischen Verhalten („Psycho"), Nervensystem („Neuro") und Immunsystem („Immunologie")

Psychoneuroimmunologie. Voraussetzung für einen Zusammenhang zwischen psychischen Prozessen, Verhalten und immunologischen Vorgängen ist natürlich eine anatomische und physiologische Verbindung zwischen peripherem und zentralem Nervensystem und Immunsystem. Viele dieser Wechselwirkungen zwischen Nervensystem (Psyche) und Immunsystem laufen über die *endokrinen Systeme,* deren Einflüsse müssen daher in der Psychoneuroimmunologie besonders berücksichtigt werden (s. Abb. 4-3 und Kap. 6).

Die Pfeile in Abb. 4-3 symbolisieren die Tatsache, daß immunologische Vorgänge nicht, wie oft dargestellt, „autonom", d. h. unabhängig vom Zentralnervensystem (ZNS) ablaufen, sondern daß das Nervensystem in die Tätigkeit des Immunsystems eingreift und umgekehrt Vorgänge im ZNS durch Einflüsse aus dem Immunsystem verändert werden. Dasselbe gilt für die endokrinen Systeme, die wie das Immunsystem über eine vom ZNS unabhängige *Autoregulation* verfügen, im intakten Organismus aber stets vom ZNS und peripheren Nervensystem mitgesteuert werden. Während die Immunologie primär diese autoregulativen Prozesse zwischen und innerhalb der Zellen des Immunsystems untersucht, befaßt sich die Psychoneuroimmunologie mit den Wechselwirkungen *zwischen* den auf Abb. 4-3 abgebildeten Systemen.

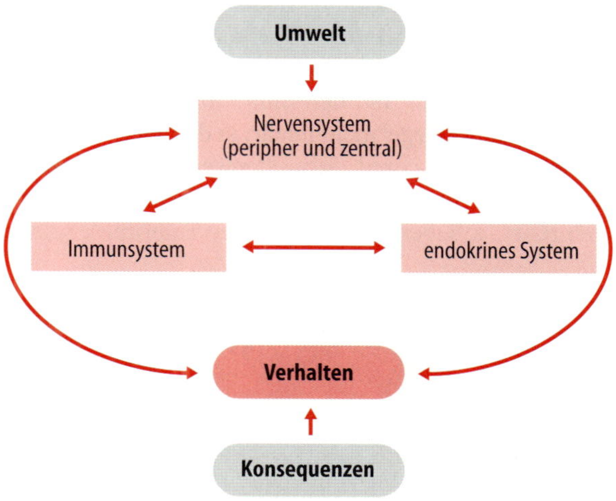

Abb. 4-3. Beziehungen zwischen Nervensystem, Immunsystem und endokrinem System. Die reziproken Beziehungen zum Nervensystem steuern indirekt Verhalten, wie auch die Umweltkontingenzen (Reiz-Reaktions-Konsequenzbeziehungen, s. Kap. 24) einen Einfluß auf das Immunsystem ausüben

Geschichte. Der Begriff Psychoimmunologie wurde 1964 von G. F. Solomon in einem Artikel geprägt, der sich mit dem Zusammenhang zwischen Emotionen, Immunsystem und Krankheit befaßte. Für die rheumatoide Arthritis, eine Autoimmunerkrankung, konnten die Autoren zeigen, daß für den Ausbruch der Erkrankung psychologische Dispositionen („Bewältigungsstile") und psychische Belastung bei sonst gleicher Funktionslage des Immunsystems mitverantwortlich waren. Familienmitglieder, die positive Rheumafaktoren im Blut aufwiesen, aber nicht erkrankt waren, wurden mit erkrankten Familienmitgliedern verglichen. Die erkrankten Familienmitglieder zeigten deutlich mehr psychische Belastungen, denen sie hilflos gegenüberstanden.

Bereits in den 20er Jahren des 20. Jahrhunderts hatten russische Wissenschaftler aus der Schule Iwan Pawlows entdeckt, daß Immunreaktionen klassisch konditionierbar (s. Kap. 24 und 4.4) waren, eine Entdeckung, die in Vergessenheit geriet, da zu dieser Zeit noch kein Wissen über mögliche *Mechanismen* eines solchen Lernprozesses bestand. Erst in den 70er Jahren haben R. Ader & N. Cohen [9] durch besser kontrollierte Untersuchungen an Mäusen diese Entdeckung „wiederbelebt" und die Bezeichnung „Psychoneuroimmunologie" eingeführt. Diese Befunde lösten sowohl auf immunologischer wie psychologischer Seite eine rasch wachsende Forschungsaktivität aus (s. S. 57)

Krankheit und Immunsystem. Die seit den Anfängen der Zivilisation immer wieder vermutete Auslösung, Aufrechterhaltung und Beeinflussung mancher Krankheiten durch psychische (sprich: neuronale) Faktoren erhält durch die Psychoneuroimmunologie eine naturwissenschaftliche Grundlage. Obwohl heute am Menschen nur ein kleiner Teil der vielfältigen Ursache-Wirkungs-Verkettungen von Verhalten über Zentralnervensystem, Immunsystem bis hin zu Krankheit bekannt ist, besteht kein Zweifel mehr an der Existenz einer solchen Verbindung.

Grundsätzlich können Immunreaktionen auf vier Wegen zu Krankheit führen. Diese sind in Tabelle 4–1 dargestellt. Das Zentralnervensystem und das Hormonsystem können auf alle vier Möglichkeiten der pathologischen Entwicklung Einfluß nehmen. Da jedem psychologischen Vorgang ein Hirnprozeß zugrundeliegt, werden solche Hirnvorgänge, die mit dem Immunsystem in Verbindung stehen, *psychologisch ausgelöste* Immunreaktionen bewirken. Die Beziehungen zwischen den psychologischen (neurophysiologischen) Vorgängen und den immunologischen Prozessen sind in der Regel nicht linear: in den meisten Fällen bestehen Grenz- und Schwellenwerte, deren Überschreiten sprungartig zu pathologischen Entwicklungen führt (z. B. bestimmte bösartige Tumoren). Solche Entwicklungen werden als *deterministisch-chaotisch* bezeichnet und können mit modernen mathematischen Verfahren identifiziert werden [11].

Die dem autonomen Nervensystem übergeordneten Hirnstrukturen verändern die Tätigkeit des Immunsystems (IS)

Die Verbindungen zwischen ZNS und Immunsystem laufen vor allem über das ***autonome Nervensystem***, das physiologisch für körperinterne Homöostasen (s. Kap. 9) und psychologisch für emotionale und motivationale Prozesse (Gefühl und Antrieb) verantwortlich ist. Dementsprechend sind jene Anteile des ZNS, die mit dem Immunsystem interagieren, meist auch Strukturen, die an der Regulation des autonomen Nervensystems beteiligt sind, nämlich der ***Hypothalamus***, das ***limbische System*** und ***autonome Kerne des Stammhirns***. Der ***Neokortex*** scheint insofern eine Rolle zu spielen, als er in die subkortikale Regelung von autonomen und damit emotionalen Mechanismen eingreift (bezüglich der Anatomie dieser Hirnregionen siehe Kap. 20).

Hypothalamus. Läsionen oder Erkankungen im vorderen Hypothalamus lösen eine Vielzahl von immunologischen Veränderungen aus, die klar machen, daß der vordere Hypothalamus sowohl in die zelluläre wie humorale Immunreaktivität (s. S. 46) eingreifen kann. Die meisten Änderungen sind kurzfristig und über die endokrinen Verbindungen zur Hypophyse vermittelt (s. nächster Abschnitt). Die Zahl der T-Lymphozyten und natürlichen Killerzellen (NK, s. Abb. 4–2) sinkt nach Zerstörung oder Inaktivierung des vorderen Hypothalamus ebenso wie die Antikörperproduktion ab. Dadurch wird aber auch eine tödliche anaphylaktische Schockreaktion verzögert.

Limbisches System. Läsionen im limbischen System führen dagegen meist zu einer *Anregung* immunologischer Aktivität. Aber auch hier bleibt unklar, welche Effekte von den endokrinen Systemen des Hypothalamus und der Hypophyse und welche durch *direkte* Verbindungen zum autonomen NS entstehen. Sowohl im limbischen System wie im Hirnstamm sind vor allem jene Regionen an der Immunmodulation beteiligt, die mit dem zentralen noradrenergen System (s. Kap. 20) in Verbindung stehen. Zerstörung noradrenerger Zellsysteme erhöht z. B. die T-Suppressor-Zellen-Aktivität und hemmt damit die Antikörperreaktion auf verschiedene von extern eingeführte Antigene.

Tabelle 4–1. Immunreaktion und Krankheit

		Immunreaktion zu schwach	zu stark
Pathologischer Einfluß	von außen	Infektionskrankheiten AIDS	Allergien
	von innen	Krebs	Autoimmunkrankheiten, z. B. chronische Polyarthritis, Multiple Sklerose

Großhirnrinde. Die beiden ***Hemisphären des Neokortex*** haben unterschiedliche Wirkungen auf das Immunsystem, ein Anstieg der Aktivität der rechten Hirnhemisphäre führt zu Immunsuppression. Das könnte damit zusammenhängen, daß aus noch unbekannten Gründen die rechte Hemisphäre die Aufnahme und Verarbeitung emotional *negativer* Reize und Reaktionen erleichtert. Z. B. weisen ***Linkshänder*** mehr Immundefizite wie Allergien und reduzierte Resistenz gegenüber Infektionen als Rechtshänder auf. Interessanterweise haben Läsionen der beiden Hemisphären keinen Einfluß auf die humorale B-Lymphozyten-, sondern nur auf die T-Lymphozytenaktivität. Wenngleich die Situation sicher keine einfache Dichotomie: rechte Hemisphäre = Immunsuppression und linke Hemisphäre = Immunkompetenz zuläßt, führen Läsionen der rechten Hemisphäre zu Anstieg der T-Lymphozyten- und NK-Aktivität, während Läsionen der linken diese eher unterdrücken. Im Tierversuch sind diese Veränderungen nicht nur statistisch, sondern auch klinisch bedeutsam: Das Medikament Imuthiol, ein wichtiger Immunstimulator, der krebsartige Zellteilung und Virusausbreitung verhindern kann, verliert nach Läsion einer Hemisphäre seine Wirkung im ganzen Körper. Obwohl man solche Befunde schwer interpretieren kann, weil man die Zwischenschritte vom Großhirn zum Immunsystem nicht kennt, belegen sie doch die Bedeutung der Hemisphärendominanz für die Immunkompetenz.

Das Zentralnervensystem wird durch das Immunsystem vor allem bei Vorliegen einer Krankheit beeinflußt

Die ***Beeinflussung des ZNS*** durch Substanzen des Immunsystems ist unbestritten. Jede(r), die (der) einmal Fieber hatte, litt unter den Folgen der ins Gehirn eingedrungenen Entzündungsstoffe. Im gesunden Zustand genießt das ZNS eine gewisse immunologische Ausnahmestellung, es ist weitgehend von Einflüssen des Immunsystems getrennt. Wenn aber die im ZNS zirkulierenden T-Lymphozyten auf ein Antigen im ZNS stoßen, entwickelt sich innerhalb von Tagen eine volle Entzündungsreaktion.

Von besonderer Bedeutung für die Psychoneuroimmunologie war der Nachweis, daß spezifische Zellsysteme des Hypothalamus während verschiedener Phasen einer Immunreaktion eine deutliche Änderung des Entladungsverhaltens zeigen: nach Injektion von Schaferythrozyten, die als Antigen eine Aktivierung u. a. von immunkompetenten Zellen in der Milz bewirken, zeigt sich am Höhepunkt der Immunreaktion (am 5. Tag) ein starker Anstieg der Feuerrate im ventromedialen paraventrikulären und vorderen Kern des Hypothalamus; andere Zellen in anderen Kernsystemen bleiben unbeeinflußt. Die immunaktivierten Zellen wiederum scheinen einen Abfall der Übertragungswirkung von Noradrenalin (NA) im Hypothalamus zu bewirken, was selbst wieder zu vielfältigen endokrinen Konsequenzen in der Tätigkeit der Hypophyse führt (s. Kap. 5 u. 6): Am 4. und 5. Tag nach der Aktivierung der Antigenwirkung ist auch das Maximum der Sekretion von Glukokortikoiden, die direkt die Sensibilität der Lymphozyten steuern, erreicht. Somit gehört ein Anstieg von ACTH/Cortisol zu jeder Immunreaktion. Die Funktion des Cortisol besteht dabei darin, die Immunreaktion zu terminieren und ein Überschießen zu verhindern. Interleukin-1 (Il-1), eines der best untersuchten Zytokine, stimuliert im Hypothalamus die CRH-(Kortikotropin-Releasing-Hormon)-Freisetzung. Darüber hinaus führt Il-1 zu vermehrtem Delta-Schlaf.

Ein regulärer Schlaf-Wachrhythmus ist Voraussetzung für ausreichende Kompetenz des Immunsystems

Der ***Schlaf-Wach-Rhythmus*** wird von immunaktiven Substanzen ebenso beeinflußt wie umgekehrt Schlaf zum restaurativen Aufbau von immunkompetenten Zellen notwendig ist. Chronische Schlafdeprivation im Tierversuch führt daher zu raschem Absinken der Immunkompetenz mit Anstieg von Neoplasien (krebsartiger Entartung), Infektionen und Tod des Tieres. Zirkadiane Rhythmusstörungen wie Nachtarbeit und Zeitzonen überfliegen („Jet-lag") erhöhen ebenfalls die Infektionsanfälligkeit. Interleukine, z. B. Il-1, die von T-Helferzellen abgegeben werden und Lymphozytenwachstum beschleunigen, haben schlafanstoßende Wirkung im Gehirn.

Die immunologischen Effekte des Schlafens scheinen u. a. von der zirkadianen Rhythmik des Zirbeldrüsenhormons ***Melatonin*** bedingt zu sein. Melatonin ist während des Schlafes erhöht, seine Konzentration im Kindesalter ist hoch und sinkt mit der Dauer des Tiefschlafes im Alter ab (s. Kap. 23). Extern vor dem Einschlafen verabreicht, reduziert es Belastungseffekte („Streß") und kann anscheinend bei Jet-lag den Rhythmus resynchronisieren. Melatonin bewirkt in Antigen-aktivierten T-Helferzellen die Ausschüttung *kleiner Mengen* endogener Opioide (s. Kap. 5 u. 6). Im Tierversuch wurde damit das Wachstum von Tumoren gebremst und die vielfältigen hormonellen Effekte von Belastung („Streß") neutralisiert.

4.3 Autonomes Nervensystem und Immunreaktion

Das autonome Nervensystem hat synaptischen Kontakt mit Zellen des Immunsystems und greift somit direkt in dessen Steuerung ein

Emotionen und Immunreaktion. Wie wir noch in Kap. 25 und Kap. 26 darstellen werden, ist die Entstehung und Aufrechterhaltung von Gefühlen und Antriebszuständen an die Existenz des autonomen Nervensystems gebunden. Diese Verhaltensweisen sind an der Aufrechterhaltung der körperinternen Homöostasen durch das autonome Nervensystem genauso beteiligt wie andere nichtphysiologische Faktoren, wie z. B. Außentemperatur oder Energiezufuhr. Wenn das Immunsystem oder wichtige Anteile desselben vom autonomen Nervensystem gesteuert werden können, so müssen emotionale Verhaltensweisen ebenfalls direkt in die Tätigkeit des Immunsystems und damit in die Abwehr von Fremdstoffen und andere Funktionen des Immunsystems eingreifen können.

Kommunikation zwischen Immunsystem und autonomem Nervensystem. Die Verbindungen zwischen autonomem und Immunsystem sind vielfältig. Dabei muß man *kurze, mittellange und lange Kommunikationswege* zwischen beiden Systemen unterscheiden. *Kurze* betreffen die unmittelbare anatomische Nachbarschaft von Zellen, *mittellange* jene zwischen entfernter liegenden Teilen des autonomen Systems, z. B. den Grenzstrangganglien und den Lymphknoten, *lange* Verbindungen z. B. jene zwischen autonomen Teilen des Zentralnervensystems oder endokrinen Drüsen und den verschiedenen lymphatischen Geweben (s. Abb. 4–4 A).

Direkte Innervation von Nervenendigungen des autonomen Nervensystems besteht im Knochenmark, dem Thymus, der Milz, den Lymphknoten und den Lymphgeweben des Magen-Darmtraktes. Abb. 4–4 B zeigt eine Nervenendigung in direktem Kontakt mit zwei Lymphozyten (die Nervenendigungen mit Pfeilen gekennzeichnet). Im oberen Teil der Abbildung liegen synaptische Endigungen (kleine Pfeile) im glatten Muskel eines Gefäßes: die Kommunikation zwischen der autonomen Innervation und den hoch mobilen Zellen des Immunsystems findet daher oft im Gefäßsystem statt. Die dabei beteiligten Neurotransmitter sind die Katecholamine, Atzetylcholin, Substanz P, Vasoaktives Intestinales Peptid (VIP), Neuropeptid Y und verschiedene andere Neuromodulatoren (s. Abb. 4–5). Alle haben *auch vasoaktive* Funktionen und können damit Blutfluß, Perfusionsdruck und Lymphozytenbewegung beeinflussen.

Sowohl auf Lymphozyten wie auf Makrophagen befinden sich Rezeptoren für die Neurotransmitter des autonomen Nervensystems, allen voran Rezeptoren für die verschiedenen Katecholamine (s. Kap. 9). Die Lymphzelle antwortet auf die Bindung mit dem Rezeptor wie jede andere Zelle mit Aktivierung der „second messengers“ und ihrer intrazellulären Folgeprozesse (s. Kap. 3). Und umgekehrt, Lymphokine und Interleukine können rückwirkend die Nervenendigungen kontrollieren. Das Immunsystem kann sogar selbst Neurotransmitter wie andrenokortikotropes Hormon (ACTH) und β-Endorphin herstellen, die dann in „Zusammenarbeit“ mit Zytokinen wie Interleukin-1 und -2 synergetisch die Tätigkeit des ZNS modifizieren können.

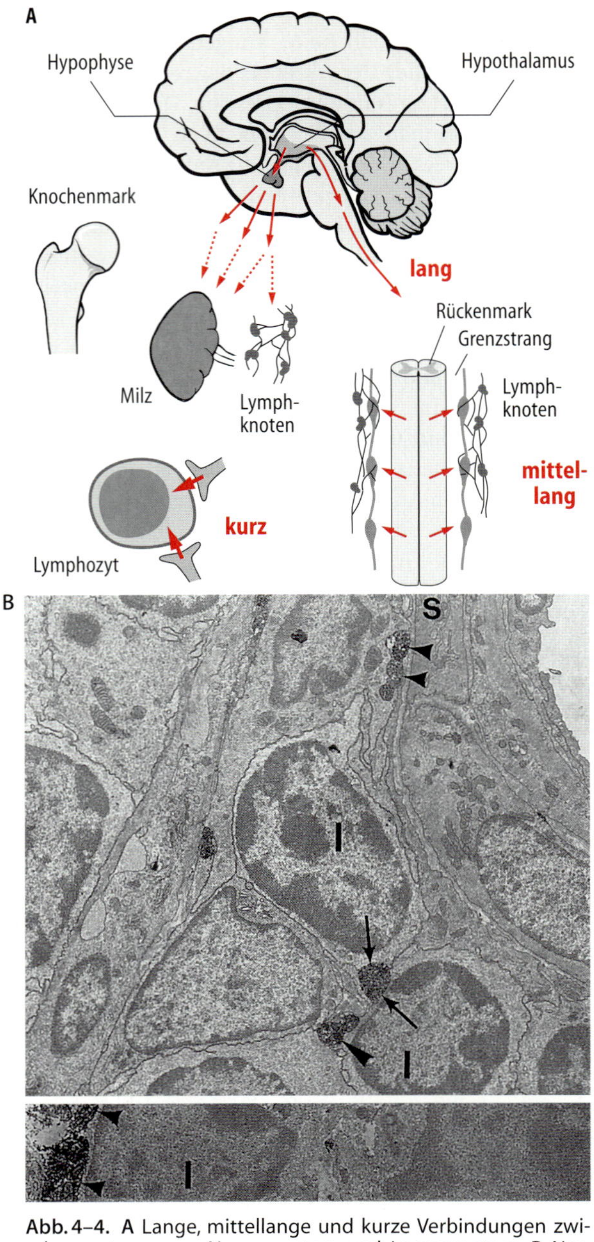

Abb. 4–4. **A** Lange, mittellange und kurze Verbindungen zwischen autonomem Nervensystem und Immunsystem. **B** Nervenendigung (*Pfeile*) in direktem Kontakt mit zwei Lymphozyten (*oben*). Die *kleinen Pfeile oben rechts* zeigen Nervenendigungen an den glatten Muskeln eines Gefäßes. Die untere Abbildung zeigt einen Lymphozyten, der von Nervenendigungen umgeben ist (alle Tyrosin-Hydroxylase-immunoreaktiv). (Aus S. Felten & D. L. Felten: Innervation of lymphoid tissue. In: [1]

Die Reduktion der Immunreaktivität mit dem Lebensalter ist eng an die abnehmende noradrenerge Innervation von Lymphgewebe gekoppelt. Im Alter nimmt sowohl die Infektionsanfälligkeit wie auch die Wahrscheinlichkeit für krebsartige Entartung und Autoimmunkrankheiten zu. T-Helfer-Zellen, zytotoxische T-Zellen- und Natural-Killer-Zellen (NK)-Aktivität nehmen ebenso ab wie die Zahl der T-Lymphozyten insgesamt. Diese Alterungsprozesse des Immunsystems und des autonomen Nervensystems sind in zelluläre und metabolische Altersvorgänge wie reduzierten cAMP- und cGMP-Spiegel, verringerte DNA-Reparatur und Zellmembraninstabilität eingebettet, und es ist schwer, klare Ursache-Wirkungsbeziehungen herzustellen. Die Veränderung des Schlafprofils im Alter (s. Kap. 23) hängt eng mit dem immunologischen Altern zusammen. Hinzukommt, daß externe Faktoren außerhalb des Immun- und Nervensystems, wie Thymus-, Hypophysen- und Sexualhormone sowie Nahrungsgewohnheiten und Körpertemperatur die Alterungsprozesse des Immunsystems mit beeinflußen.

Neurotransmitter, die für Verhalten, Emotionen und Motivation wichtig sind, regeln auch die Tätigkeit des Immunsystems

Wir wir gesehen haben, greifen einzelne Neuropeptide und die Katecholamine direkt in die Arbeitsweise von immunkompetenten Organen, wie Milz, Lymphknoten, Schilddrüse und Immunzellen ein. Substanz P, Vasoaktives Intestinales Peptid (VIP), Kortikotropin-Releasing-Hormon und einige Hypophysenpeptide, wie ACTH und β-Endorphine reduzieren die Immunkompetenz. Alle genannten Substanzen treten als Reaktion des Organismus auf psychisch oder physisch belastende Reize („Streß") auf. Substanz P und Vasoaktives Intestinales Peptid (VIP) spielen eine große Rolle in der Entstehung sogenannter *psychosomatischer Krankheiten,* bei denen Entzündungen der Gelenke oder innerer Organe vorliegen. Sie werden deshalb auch als Tachykinine (griech: tachos = schnell, kinin = bewegen) [8] bezeichnet: Arthritis, Colitis ulcerosa (Darmentzündung), Ekzeme, Asthma und bösartige Tumore des Dickdarms werden von ihnen begünstigt (s. Abb. 4–5). Die Tachykinine kommen im Gehirn, Rückenmark, peripherem Gewebe und Gefäßen sowie den Schleimdrüsen vor; sie werden sowohl an den peripheren Nervenendigungen als auch teilweise von Immunzellen selbst sezerniert. Sie lösen Kontraktionen der glatten Muskeln, Vasodilatation in der Peripherie und Vasokontraktion im Gehirn sowie erhöhte Schleimsekretion aus. Im Rückenmark überträgt Substanz P die nozizeptive Information (s. Kap. 16) aus den unmyelinisierten Nervenfasern.

Tachykinine können in Abhängigkeit von der ausgeschütteten Menge gegensätzliche Immunreaktionen auslösen

Die Rolle peripherer Neuropeptide. An vielen Arten von immunkompetenten Zellen befinden sich Rezeptoren für Tachykinine, die je nach Zelltyp zu unterschiedlichen Reaktionen führen, deren gemeinsame Endstrecke aber eine Zunahme (lokaler) Entzündungen im betroffenen Gewebe ist. Dabei spielt allerdings die Konzentration der ausgeschütteten Neuropeptide eine oft gegensätzliche Rolle. Z. B. besitzen Lymphozyten beim Menschen Rezeptoren für körpereigene Opiate, β-Endorphine und Enkephaline, die sich aber von den im ZNS vorkommenden stereochemisch unterscheiden. Wie wir noch in Kap. 5 und Kap. 6 sehen werden, werden körpereigene Opiate als Reaktion auf Streß- und Schmerzreize ausgeschüttet. Kleine Mengen dieser endogenen Opiate *erhöhen,* während hohe Dosen die zelluläre und humorale Immunreaktion *erniedrigen.*

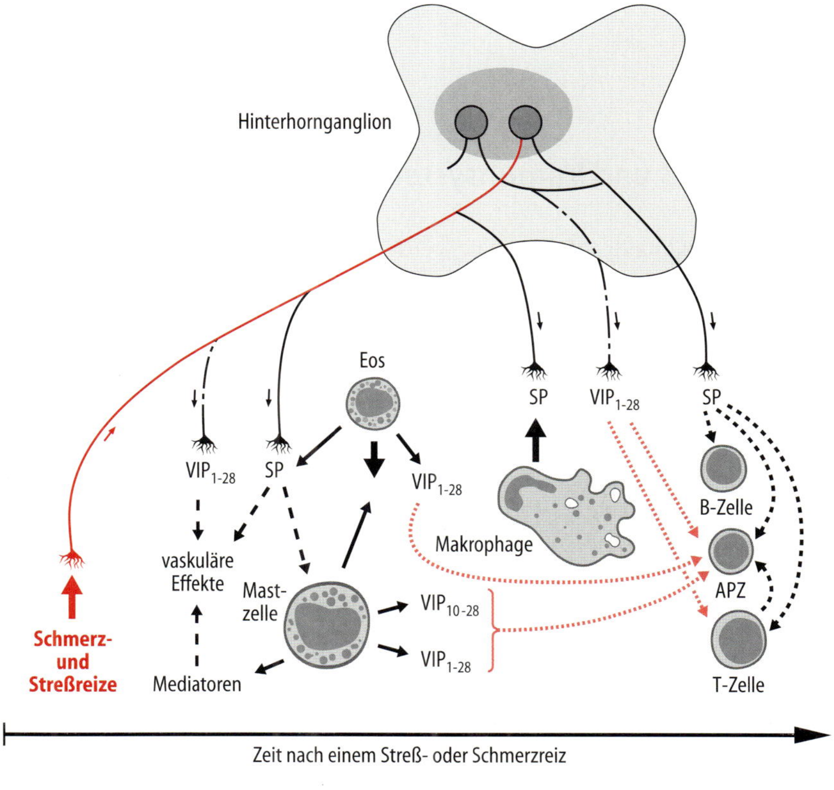

Abb. 4–5. Einflüsse des peripheren Nervensystems auf nozizeptive Hypersensibilität und Immunität. Ein Hinterhornganglion des Rückenmarks mit den verschiedenen neuralen (*durchgehende*) und endokrinen (*gestrichelte*) Verbindungen ist dargestellt. Hemmende Beziehungen *rot* strichliert. Von links nach rechts ist die zeitliche Abfolge der einzelnen Abläufe dargestellt. Diese kann von Sekunden (*links*) bis Stunden (*rechts*) variieren. *APZ* Antikörper-produzierende Zelle, *Eos* eosinophiler Granulozyt (Leukozyt), *VIP* vasoaktives intestinales Peptidhormon, VIP_{1-28} und VIP_{10-28} zeigt VIP-Moleküle mit jeweils unterschiedlicher Zahl von Aminosäuren; *SP* Substanz P. Erläuterungen siehe Text. Nach Goetzl, E., Turck, C., & Streedhasan, S. Production and recognition of neuropeptides by cells of the immune system. In: [1]

Dies könnte erklären, warum bestimmte Belastungs- und Streßbedingungen oft zu gegensätzlichen immunologischen Effekten führen (s. 4.4). Abb. 4–5 gibt eine Zusammenfassung der peripheren Faktoren, die Überempfindlichkeit der Gewebe für nozizeptive Reize und Allergene und Immunität modulieren.

Katecholamine. Es ist außerordentlich schwierig, abzuschätzen, ob eine in-vitro oder in-vivo festgestellte Änderung der Immunreaktivität klinisch, also für Krankheitsentstehung relevant ist. Dies wird besonders bei den ***Katecholaminen*** deutlich, die sowohl in den sympathischen Nervenendigungen wie im Nebennierenmark produziert (s. Kap. 9) und bei Angst und Defensivverhalten aktiviert werden. Sie spielen eine zentrale Rolle in der Regulation der cAMP-Spiegel von Lymphozyten und modifizieren damit dosisabhängig eine Vielzahl von Immunfunktionen, wie Lymphozytenproliferation (Zell-Teilung), Antikörperausschüttung und Zellauflösung. Hohe cAMP-Spiegel nach gleichzeitiger Stimulation von β-adrenergen und T-Zellen-Rezeptoren durch Katecholamine an T-Zellen reduzieren die Proliferation der Immunzellen. Besonders wichtig ist dabei die Tatsache, daß die Balance zwischen T-Helfer-Zell- und T-Suppressor-Zell-Aktivität von Noradrenalin und Adrenalin verschoben werden kann. Die Stärke der immunologischen Antwort sollte proportional der Menge der eingedrungenen Antigene sein und nach deren Neutralisierung „rechtzeitig" aufhören. Ist das übliche Gleichgewicht zwischen Helfer- und Suppressorzellen verschoben, so kommt es zu verspäteten, überschießenden oder überlangen Immunreaktionen, je nachdem, welcher Zelltyp überwiegt.

4.4 Streß und Immunsystem

Hormone der Hypophyse werden als Antwort auf emotionale und physische Bedrohung der Intaktheit des Organismus ausgeschüttet und greifen sowohl in das Immunsystem ein, wie sie auch von diesem selbst wieder beeinflußt werden

H. Cushing, der um die Wende vom 19. auf das 20. Jahrhundert erstmals die überlebenswichtige Bedeutung der ***Hypophyse*** und ihrer Hormone erkannte, nannte sie den „Dirigenten des endokrinen Orchesters". Aber erst in den 30er Jahren des 20. Jahrhunderts [3] stellte man fest, daß diese(r) Dirigent(in) auch das (vormals noch unbekannte) Immunsystem „leitet".

Nach Hypophysektomie, also der vollständigen Entfernung der Hypophyse, treten eine Vielzahl von pathophysiologischen Änderungen auf, ein Großteil davon kann nur als Folge der Schwächung der „Widerstandskraft" des Lebewesens interpretiert werden: Reduktion von Knochenmarkszellen, Atrophie der lymphatischen Organe, Stillstand der Nukleinsäuresynthesen in allen immunkompetenten Organen wie Milz, Thymus und Knochenmark.

Prolaktin und Wachstumshormon. Die Rolle von hypophysärem Prolaktin im Immungeschehen ist nicht geklärt, da Lymphozyten selbst Prolaktin produzieren und damit unklar ist, ob es sich um eine lokale Reaktion innerhalb der immunkompetenten Zellen oder eine systemische, vom ZNS verursachte Änderung handelt. Hypophysäres Prolaktin kann mit auf den Lymphozyten liegenden Prolaktinrezeptoren interagieren. Das Prolaktin wie das Wachstumshormon scheinen für die Synthese von Interleukinen wichtig zu sein. ***Interleukin-1*** z. B. wird aus den Makrophagen u. a. Körperzellen durch Antigenkontakt, durch Toxine und Gewebsläsionen als „Sofortreaktion" freigesetzt und tötet in der Entzündungsreaktion die gewebsfremden Stoffe ab. Müdigkeit, Abgeschlagenheit, Gewichtsverlust und Gliederschmerzen werden im Rahmen dieser Sofortreaktion des Immunsystems von Interleukin-1 erzeugt [4]. Zeitlich kurze psychische Belastung („Streß"), wie auch akut ausgeschüttete endogene Opiate bewirken einen Anstieg von Prolaktin, chronischer Streß und langfristig erhöhter Opiatspiegel eine *Unterdrückung* (s. Kap. 6). Dies steht im Einklang mit vielen anderen Befunden, die eine *biphasische Beziehung* zwischen Streß und Immunkompetenz nahelegen.

Beide, Prolaktin und Wachstumshormon sind – wie der Name schon sagt – für Wachstum und Reifung des gesamten Organismus, so auch für das Immunsystem verantwortlich (s. a. Kap. 5 und Kap. 6 über die physiologische Bedeutung dieser Hormone). Die Bedeutung des Wachstumshormons für das Immunsystem ist besser geklärt als die des Prolaktins. Fast alle Zellarten und Drüsen des Immunsystems werden vom Wachstumshormon beeinflußt, fast alle besitzen Rezeptoren für Wachstumshormon, was aber nicht unbedingt bedeuten muß, daß sie physiologisch (und klinisch) relevant sein müssen.

Wachstumshormon wirkt einerseits stimulierend auf die DNA und Proteinsynthese von Thymuszellen, andererseits auf Makrophagen, deren Kapazität Bakterien zu töten verbessert wird. Vor allem das mit der Pubertät einsetzende „Altern" des Immunsystems kann durch Gabe von Wachstumshormon gebremst werden. Starke chronische psychische Belastung und Schlafdeprivation (vor allem der Tiefschlafphasen) in der frühen Kindheit führen zu Reduktion der Ausschüttung und Einschränkung des Größenwachstums und Immundefekten. Die Hemmung des Größenwachstums und *belastungsbedingter Zwergwuchs* bei Kindern sind ein besonders dramatisches Beispiel für den Einfluß psychologisch-emotionaler Faktoren auf den Organismus (s. Kap. 6).

Die Wirkung von extremer und chronischer psychischer Belastung und Hilflosigkeit auf das Immunsystem wird in erster Linie von der Hypophysenvorderlappen-Nebennierenachse bestimmt

Für das Verständnis der pathophysiologischen Konsequenzen von ***chronischem und extremem Streß*** ist die Kenntnis der Rolle jener Neuropeptide notwendig, die aus dem Vorläufermolekül Proopiomelanokortin (POMC) der Hypophyse gebildet werden, vor allem das ***adrenokortikotrope Hormon (ACTH)*** und ***Endorphine*** (siehe dazu auch Kap. 5 und Kap. 6). Die durch ACTH stimulierte Ausschüttung von ***Glukokortikoiden*** aus der Nebennierenrinde führt an den meisten Immunzellen zu einer ***Hemmung*** von Immunfunktionen, was auch den entzündungshemmenden Effekt von Glukokortikoiden in vielen Körpersystemen erklärt. Tabelle 4–2 faßt die wichtigsten Effekte zusammen, und Abb. 5–2 (s. S. 67) illustriert den Wirkmechanismus der Glukokortikoide und anderer Hormone auf den genetischen Apparat fast aller Körperzellen.

Die verschiedenen Endorphine dagegen haben in niederer Konzentration eher immunkompetenzfördernde Wirkung: sie stimulieren die T-Zellen-Proliferation, erhöhen die Aktivität natürlicher Killer-Zellen, von Lymphokinen und T-Lymphozyten. Alle diese Prozesse werden unter dem etwas summarischen Begriff ***Immunkompetenz*** zusammengefaßt. Viele Immunzellen sind selbst in der Lage, Endorphine und ACTH-Moleküle zu produzieren, die zusammen mit den Neuropeptiden ein bisher kaum verstandenes Netzwerk aus positiven und negativen Feedbacksystemen bilden. Die in Kap. 6 (S. 94) beschriebene Immunsuppression durch ***Hilflosigkeit*** wird über die Hypophysen-Nebennierenrindenachse vermittelt, da nach Blockade der ACTH- oder Kortisolbildung der Effekt nicht mehr auftritt. Die nach Streß auslösbare ***Streßanalgesie*** ist auch beim Menschen durch endogene Opiatausschüttung bedingt und könnte zumindest kurzfristig einen Anstieg der Immunkompetenz bewirken [12]. Der Verlust der Immunkompetenz bei Drogenabhängigen ist ebenfalls teilweise auf die Erschöpfung oder Entleerung der endogenen Opiatreserven zurückzuführen.

Tabelle 4–2. Wirkung von Glukokortikoiden auf das Immunsystem (nach mehreren Quellen, siehe [1], [4])

Hemmende Effekte	Stimulierende Effekte
Reduktion von peripheren Lymphozyten, Eosinophilen, Monozyten	Erhöht Antikörper-abhängige zelluläre Zytotoxizität
Hemmung der Produktion von Interleukinen	
Hemmung der Proliferation von T-Lymphozyten in Antigene	
Hemmung der Antigen-Präsentation, Lymphokin-Produktion und Phagozytose	
Hemmung der Immunoglobulin-Produktion	
Hemmung der T-Suppressor-Zell-Funktion	

4.5 Lernen und Immunsystem

Sowohl Anstieg wie Hemmung der Immunkompetenz kann über klassische Konditionierung gelernt werden

Geschichte der Psychoimmunologie. In vielen klinischen Anekdoten vor Entdeckung der klassischen Konditionierung durch Iwan Pawlow [6] am Beginn des 20. Jahrhunderts waren gelernte allergische Reaktionen auf neutrale Reize beschrieben worden. Z. B. bekam ein Patient, der auf Rosenpollen und -geruch allergisch mit einer Asthmaattacke reagierte, auch Attacken auf den Anblick einer künstlichen Rose. Ja selbst das Aussprechen des Wortes „Rose“ konnte einen Anfall provozieren (semantische Konditionierung höherer Ordnung, s. Kap. 24). Der Anblick der Rose war durch zeitliche Paarung (Kontiguität) mit den asthmaauslösenden Pollen als unkonditionierter Reiz (US) zu einem konditionierten Reiz (CS) für die konditionierte, gelernte Reaktion (CR) einer Asthmaattacke geworden. Durch erneutes Auftreten des Wortes „Rose“ *kurz vor* oder gleichzeitig mit dem Geruch und den Pollen wurde schließlich auch dieser ursprünglich völlig neutrale Reiz zu einem konditionierten Reiz (CS). (Bezüglich der Lerngesetze siehe Kap. 24.)

In der Nachfolge Pawlows wurde bereits in den 20er Jahren des 20. Jahrhunderts von russischen Autoren die klassische Konditionierung von Abstoßungsreaktionen und Antigen-spezifischen Immunreaktionen demonstriert, blieb aber im Westen unbeachtet, obwohl (oder weil) die Untersuchungen in französischer Sprache veröffentlicht wurden [14]. Erst die Bestätigung dieser Effekte durch Ader & Cohen [1] im Jahre 1975 begründete die nun „neue“ Disziplin der Psychoneuroimmunologie.

Renaissance der Psychoimmunologie. Ader und Cohen paarten einen neutralen CS, saccharinhaltiges Wasser, mit Zyklophosphamid (CY), einer immunsuppressiven Substanz, als US, das den Ratten nach 10–15 min Trinken injiziert wurde. Diese Prozedur wird an mehreren aneinanderfolgenden Tagen wiederholt. Die Tiere der Kontrollgruppen erhalten CS (Trinken von saccharinhaltigem Wasser) und US in zeitlich ungepaarten, d. h. ungeordneter Abfolge, z. B. den US vor dem CS oder den US alleine.

Am Testtag werden den Tieren Schaferythrozyten, also Antigene, injiziert. Die Antikörperreaktion der Tiere wurde an diesem Tag und den folgenden geprüft, nachdem die Tiere aller Gruppen dem CS wieder ausgesetzt wurden.

Kontrollen wurden auch an den Testtagen eingeführt, so erhielt neben der Gruppe, die nur dem CS ausgesetzt wurde, eine Gruppe Zyklophosphamid (US) alleine, um die unkonditionierten immunsuppressiven Effekte der Substanz zu quantifizieren. Eine weitere Gruppe erhielt keine erneute CS-Darbietung, um die noch denkbaren Residualeffekte des Zyklophosphamids aus den Konditionierungstagen zu prüfen.

Die Darbietung des CS allein führte nur in der Experimentalgruppe, in der der CS *vor* dem US zeitlich gepaart dargeboten worden war, zu einer deutlichen *Reduktion* der Antikörperzahl im Blut der Tiere.

Dabei zeigt sich, daß die Immunreaktion der konditionierten Tiere deutlich gehemmt ist, soweit, daß diese Tiere auch ungleich häufiger als die Tiere der Kontrollgruppe zu Tode kommen. Dies, obwohl alle Tiere dieselbe Menge von CY erhalten hatten und bei der Immunisierung die Bedingungen für alle Tiere gleich sind. Entscheidend war also die ***Lerngeschichte*** (CS wird kurz ***vor*** US dargeboten) und nicht die objektiv physiologisch zu erwartende Immunreaktion! Dasselbe wurde für zelluläre Immunantworten gezeigt, die sich der T-Lymphozyten bedienen.

Seit diesem Experiment sind mehr als hundert Untersuchungen erschienen, welche die Konditionierbarkeit einer Vielzahl ganz unterschiedlicher Immunreaktionen zeigen konnten. Sowohl Anstieg wie Abfall der Immunkompetenz verschiedener immunologischer Zellgruppen als auch die Lernbarkeit der Abstoßungsreaktion auf körperfremdes Gewebe wurde an verschiedenen Tierarten und am Menschen demonstriert. Z. B. wurden Tieren, die in der oben beschriebenen Art und Weise auf saccharinhaltiges Wasser konditioniert wurden, körperfremde Leukozyten am Testtag bei gleichzeitiger Darbietung des CS alleine injiziert (mit den oben abgebildeten Kontrollbedingungen). Dies führte schon nach wenigen Konditionierungsdurchgängen zu fast völliger Unterdrückung der Abstoßungsreaktion, auch ohne Gabe des immunsuppressiven US. Natürliche Killer-Zellen-Aktivität, Lymphozyten-Proliferation, verschiedene Immunglobuline, T-Helfer- und Suppressorzellen, arthritische Entzündung u. a. immunologische Reaktionen konnten klassisch konditioniert werden. Die erzielten Effekte sind nicht auf Streßfaktoren und die Hypophysen-Nebennierenrinde-Achse zurückzuführen, die für sich allein genommen Immunsuppression oder -verbesserung bewirken können.

Die gelernten Immunreaktionen haben klinisch bedeutsame Auswirkungen auf Gesundheit und Krankheit

Lupus erythematodes. Beim Lupus erythematodes werden u. a. Autoantikörper gegen im Blut zirkulierende Antigene gebildet. Daraus entstehen Immunkomplexe, die sich vor allem im Gefäßsystem, der Haut, der Niere und den Gelenken ablagern und diese zerstören. Auch im Verlauf dieser Erkrankung kann Lernen eine wichtige Rolle spielen. Die Darbietung des CS alleine nach erfolgter Konditionierung mit Zyklophosphamid verzögert den Ausbruch der Krankheit in genetisch vulnerablen Mäusen.

Normaltiere lernen sehr rasch eine Vermeidungsreaktion (z. B. in eine bestimmte Käfigecke laufen), wenn sie damit der Einnahme oder Injektion von Zyklophosphamid entgehen können. Tiere mit Lupus aber lernen sehr viel langsamer, wenn sie eine instrumentelle Vermeidungsreaktion (s. Kap. 24) auf Zyklophosphamid entwickeln sollen; sie nehmen also mehr Zyklophosphamid „in Kauf", so als würden sie „erkennen", daß der immunsuppressive Effekt dieser Substanz günstig den Verlauf der Krankheit beeinflußt und die Vermeidung von Zyklophosphamid, das zu Übelkeit führt, die Krankheitsprogression beschleunigt [1]. Dies zeigt, *daß Lernen an der Aufrechterhaltung der körperinternen Homöostasen beteiligt ist.* Die Tiere bevorzugen auch in der klassischen Konditionierung Gerüche als CS (unabhängig, ob „gut" oder „schlecht" riechend), die das Auftreten von Zyklophosphamid signalisieren und vermeiden Gerüche, die das Fortschreiten der Krankheit, z. B. Entzug von Zyklophosphamid, anzeigen. *Das Verhalten des Organismus spiegelt den Zustand seines Immunsystems wider,* womit z. B. in diesem Fall *durch das Verhalten das Auftreten der Krankheitssymptome (z. B. Lymphadenopathie) deutlich verzögert oder überhaupt beseitigt wird.*

Alzheimer Erkrankung, Altern und Autoimmunität. Die Tatsache, daß Antikörper spezifische Veränderungen im ZNS und im Verhalten auslösen können, hat den Verdacht verstärkt, daß auch die Alzheimer Erkrankung entweder mit der Schwächung der Immunkompetenz im Alter (s. S. 53) oder einem spezifischen entzündlichen Autoimmunprozess, ähnlich dem Lupus erythematodes, der multiplen Sklerose oder der Myasthenia gravis zusammenhängen könnte. Dabei existieren eine Vielzahl von Möglichkeiten, wie und wo das Immunsystem das ZNS schädigen kann. Als wahrscheinlicher Mechanismus werden Hirnantikörper im Serum, in der Zerebrospinalflüssigkeit (CSF) oder im Gehirngewebe selbst angenommen, die mit Hirnantigenen reagieren, Antigen-Antikörper-Komplexe bilden und Hirngewebe zerstören. Mit zunehmendem Alter steigen die Zahl der Hirnantikörper, die an Hirngewebe binden, von 12 % im Alter von 30 Jahren auf 74 % im Alter von 65–70 Jahren, wobei dieser Anstieg in der Alzheimer Erkrankung noch ausgeprägter ist. Besonders Immunoglobuline, welche die cholinerge synaptische Übertragung angreifen und wesentlich für den Gedächtnisverlust verantwortlich sind, wurden gefunden [1]. Auch die Tatsache, daß entzündungshemmende Medikamente wie Aspirin in einigen Untersuchungen den Verlauf der Erkrankung verlangsamten, könnte ein Indiz für einen immunologischen Prozeß sein.

Hyperaktivität. Hyperaktivität und Aufmerksamkeitsstörungen stellen häufige Verhaltensstörungen von Knaben dar; die Symptome treten meist unmittelbar nach der Geburt auf und gehen mit extremer Unruhe, Schlafstörungen, im Kindesalter mit Ablenkbarkeit und

Selbstwertproblemen einher. Man hat dafür meist den elterlichen Erziehungsstil verantwortlich gemacht. Neurophysiologische und neuropsychologische Untersuchungen zeigen aber, daß die Tätigkeit von Hirnstrukturen, die Aufmerksamkeit und Zielmotorik steuern, bereits früh beeinträchtigt ist.

Die kindliche Aufmerksamkeitsstörung stellt ein bedeutsames Risiko für die Entwicklung von Kriminalität und Drogen- und Alkoholabhängigkeit dar. Eine Untergruppe von 50–60 % dieser Kinder weist immunologische Beeinträchtigungen auf: Allergien auf Nahrungsmittel, auf Pollen, Asthma, Heuschnupfen und Ekzeme der Haut (atopische Dermatitis) und andere dermatologische Störungen sind häufig. Diese Veränderungen werden mit der Störung des zentralnervösen und peripheren Katecholaminstoffwechsels in Verbindung gebracht, und diese wiederum mit einer Verschiebung der Hemisphärendominanz zugunsten einer Dominanz vor allem rechts-frontaler Hirnregionen (s. S. 53). Eine Entleerung synaptischer Speicher in den noradrenergen und serotonergen Systemen des Gehirns, die als Ursache der Hyperaktivität und Aufmerksamkeitsstörung angesehen wird, könnte neben den Aufmerksamkeits- und Stimmungsproblemen auch eine Enthemmung der zum Hypophysenvorderlappen führenden kortikotropin-stimulierenden Fasern bewirken. Dies wiederum verändert die ACTH-Ausschüttung oder deren zirkadiane Periodik (s. Kap. 5 und Kap. 6). Ein Teil der immunologischen und kognitiven Defizite kann durch Lernen beeinflußt werden, sowohl instrumentelle als auch klassisch konditionierte Lernvorgänge sind daran beteiligt [1].

Die pharmakologische oder verhaltenstherapeutische Behandlung, so wird spekuliert, erhöht nicht nur das allgemeine kortikale Aktivierungsniveau, sondern beruhigt die motorische Übererregung. Die Reduktion der peripheren vegetativen und motorischen Erregung durch Gabe von Amphetamin (Ritalin), das den zentralnervösen Katecholaminspiegel hebt, führt sowohl zu Besserung der Hyperaktivität wie auch der Immunstörung. Umgekehrt beeinflussen diese stimulierenden Substanzen ganz unabhängig vom Verhaltenseffekt Hautkrankheiten wie die atopische Dermatitis positiv, was zumindest indirekt für einen Zusammenhang zwischen dem Verhalten Hyperaktivität, der zentralnervösen Katecholamin-Verfügbarkeit und Teilen des Immunsystems spricht.

Streß, Tumorbildung und Immunität. In Tierversuchen konnten deutliche Beziehungen zwischen Tumorwachstum und psychologischer Belastung und Streß gefunden werden [1]. Ob dies für den Menschen auch gilt, ist umstritten. Es wird eingewendet, daß offensichtlich unterschiedliche Streßformen entweder zu Verbesserungen oder Verschlechterungen einzelner Faktoren der Immunkompetenz führen. Wie schon mehrmals betont, führt chronische ***gelernte Hilflosigkeit*** (z. B. lang anhaltende, immer wiederkehrende schmerzhafte Reize im Experiment, die nicht vermeidbar sind, s. Kap. 6) zu Analgesie und Anstieg des Tumorwachstums, beides kann durch Naloxon-Gabe verhindert werden. Wir sprechen daher auch von ***Opiod-***

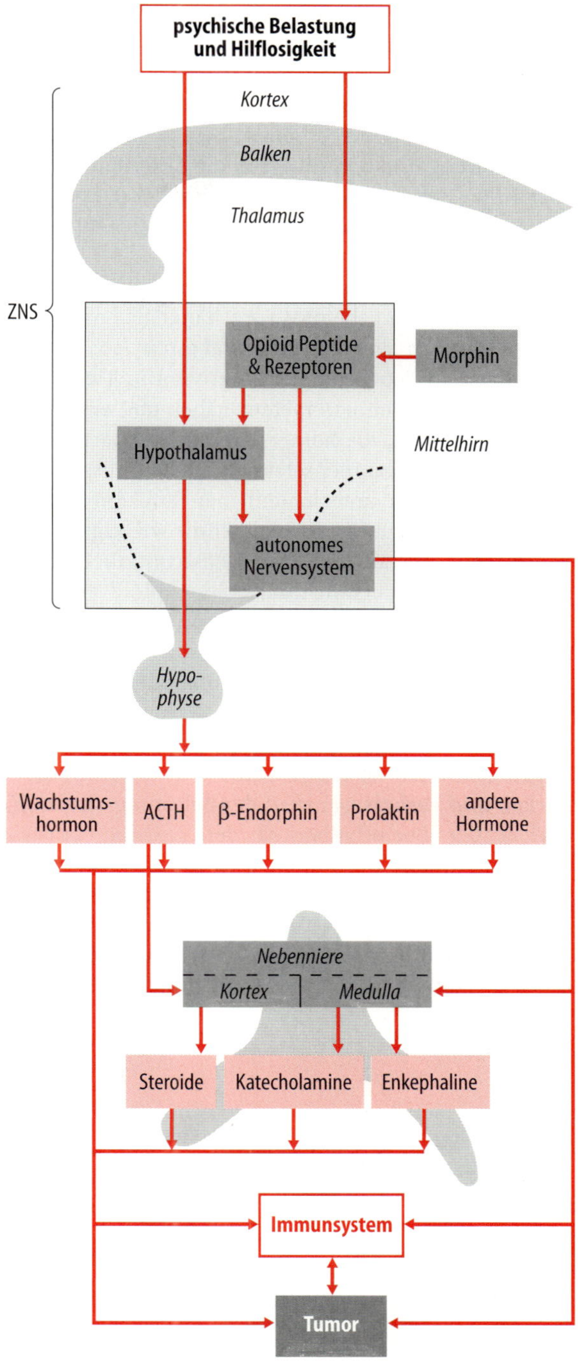

Abb. 4–6. Der Einfluß psychischer Belastung auf das Immunsystem: Zusammenfassung der neuronalen und humoralen Mechanismen. Oben zentralnervöse und autonome „Zentren" symbolisiert, die von opioidhaltigen Strukturen aktiviert werden. Unten die Nebenniere, die vor allem Geschlechtshormone, Katecholamin und Enkephaline in den Blutstrom abgibt und damit Immunzellen reguliert. Die angezeichneten endokrinen und neuronalen Einflußfaktoren können damit indirekt auch Tumorwachstum beeinflussen. In: [17]

streß im Gegensatz zu nichtopioiden Streßformen, wie z. B. kürzer anhaltende schmerzhafte Reizung, die eher Tumorwachstum verzögert. Chronische Opiatgabe oder Reizung jener zentralen Systeme, die den Spiegel einzelner Endorphine erhöhen, beschleunigen Metastasenbildung und unterdrücken die Aktivität ***Natürlicher Killer-Zellen (NK)*** und zytotoxischer T-Lymphozyten, die für die Hemmung von Tumorwachstum verantwortlich sind.

Ob nun Tumorwachstum durch Hilflosigkeit beschleunigt oder gehemmt wird, hängt auch von individualtypischen „Persönlichkeitsfaktoren" ab: z. B. erhöhen Opioid-Peptide die NK-Aktivität in Tieren, die eine niedrige Immunkompetenz haben und erniedrigten sie in Tieren, die kompetent sind. Änderung der molekularen Zusammensetzung der streßausgelösten Opioide kann zu unterschiedlichen Effekten führen. Abb. 4–6 gibt einen Überblick über die wichtigsten Organsysteme, die an der Belastungsreaktion beteiligt sind. Daraus ist ersichtlich, daß an der opioidvermittelten Streß-Reaktion viele endokrine und zentrale Systeme beteiligt sind, deren Zusammenwirken darüber entscheidet, ob nun Immunhemmung oder -förderung auftritt.

Der zentrale psychologische Faktor für alle Organreaktionen ist die *subjektiv erlebte* ***Kontrollierbarkeit und Vorhersagbarkeit*** der Belastungssituation: Verlust der Beeinflußbarkeit der sozialen Umwelt führt, zumindest bei Ratten und Mäusen zur Kompromittierung weiter Teile des Immunsystems. Beim Menschen finden sich dafür Anhaltspunkte nach Phasen der Hoffnungslosigkeit, ein Nachweis der klinischen Bedeutung ist allerdings bisher nicht gelungen.

4.6 Psychologische Einflüsse auf das Immunsystem des Menschen

Gelernte Hilflosigkeit und Depression erhöhen das Risiko für Immunstörungen und Krankheit

Untersuchungen am Menschen über Zusammenhänge zwischen Immunkompetenz und psychologisch bedeutsamen Ereignissen haben in der Regel nur *korrelativen* Charakter. Ein direkter experimenteller Nachweis verbietet sich aus ethischen Gründen, so daß Aussagen über Ursache-Wirkungsbeziehungen kaum möglich sind. Trotzdem stimmen die Ergebnisse der Untersuchungen am Menschen so gut mit den Tierversuchen überein, daß wenig Zweifel an einer Beziehung zwischen Gefühlszuständen, Immunsystem und Krankheit besteht. Unklar bleibt der physiologische Prozeß, der diese Beziehung bedingt und die spezifische Richtung der Beziehung: welcher psychophysiologische Einfluß führt zu welchen Änderungen im Immunsystem und welche Krankheitszeichen werden davon ausgelöst?

Verlust und Scheidung. Verlust des Partners führt zu Anstieg der Morbidität und Mortalität bei den Verbliebenen. Männer sind davon stärker betroffen. Die Erhöhung der Krankheitshäufigkeit ist unspezifisch, betrifft Herz-Kreislauf- genauso wie Krebserkrankungen. Immunologisch zeigt sich eine abgesenkte Proliferation von Lymphozyten auf Mitogene (Bakterien- oder Pflanzensubstrate, die Lymphozyten zur DNA-Synthese und Proliferation anregen). Die Schwächung der Immunantwort ist 2–8 Wochen nach dem Verlust am deutlichsten. Ähnliche Veränderungen wurde nach Scheidung gefunden [1].

Depression. Auf psychologischer Ebene muß als Ursache für die beschriebene Schwächung fast aller untersuchten Immunmaße die depressive Gefühlslage angesehen werden. Entsprechend findet man auch bei ausgeprägter Hilf- und Hoffnungslosigkeit in allen untersuchten Immunparametern Störungen [5]: Lymphozytenproliferation, NK-Aktivität, die Zahl praktisch aller Typen von Lymphozyten (NK, B und T) ist reduziert, das Verhältnis von Helfer- zu Suppressorzellen ist verkleinert. Die gefundenen Veränderungen variieren linear mit der „Tiefe" der Depression und sind klinisch bedeutsam. Je *älter* die Betroffenen, umso deutlicher ist die Immunpathologie, bei hospitalisierten Patienten ist sie ebenfalls stärker.

Welcher ***Mechanismus*** könnte für diesen Effekt verantwortlich sein? Depression geht mit einer Vielzahl von psychisch-kognitiven, motorisch-verhaltensmäßigen und endokrin-physiologischen Veränderungen einher. Hinzu kommt die Verkürzung der zirkadianen Periodik (s. Kap. 23). Der Symphatikotonus ist erhöht, ebenso die Aktivität der Hypophysennebennierenachse (bei etwa 50 % der Patienten). Die Menge an peripherem Kortisol und der Katecholamine steigt oft an. Der immunsuppressive Einfluß der Glukokortikoide spielt dabei eine geringe oder keine Rolle, zumindest konnte er bisher nicht nachgewiesen werden. Wahrscheinlicher ist, daß die *Verhaltensweisen* Depressiver das Immunsystem kompromittieren: sie schlafen weniger, vor allem mit weniger Kernschlaf (s. Kap. 23), rauchen und trinken mehr und bewegen sich weniger in ihrer Freizeit, alles Aktivitäten, die Immunaktivität beeinflußen. Besonders wichtig scheint sportliche und zielgerichtete Bewegung zu sein (s. u.).

Streß. Auch Ereignisse, die weniger dramatisch als der Verlust des Partners sind, scheinen ähnliche Einflüsse zu haben, wenngleich deren Beziehung zu Erkrankungshäufigkeit und -schwere weniger klar ist. Subjektiv erlebter Prüfungsstreß führt z. B. zu Modifikation des molekular gesteuerten Zell-Suizids („Apoptose"). ***Apoptose*** ist ein Prozeß innerhalb von Zellen, bei dem Brüche oder Beschädigungen der DNA (nach Strahlung o. a. Einflüssen) zu einer Selbstzerstörung der Zelle führt. Damit werden defekte DNA-Reparaturen eleminiert. Es wird angenommen, daß chronischer Streß Apoptose reduziert und damit zur Anhäufung von Gendefekten mit nachfolgenden Krebsgeschwüren oder anderen Zelldefekten führt. Der Zelltod kann aber auch über das normale Ausmaß ansteigen, z.B. nach Gamma-Strahlung oder bei toxischen Chemikalien.

Die Immunpathologie bei Depression und Streß wird durch ***soziale Stützung*** und ***soziale Kontakte*** gedämpft. Je einsamer eine Person und je emotional negativer die sozialen Kontakte, umso ausgeprägter die gefundenen Veränderungen. Gute soziale Stützung dagegen schützt vor Immunpathologie in Gegenwart belastender Lebensereignisse [1].

Körperliche Bewegung und Sport. Für die Deutung der physiologischen Mechanismen, die psychologische Einflüsse auf Immunfunktionen haben, kann man auch sportphysiologische Ergebnisse heranziehen. Sportliche Betätigung führt kurzfristig zu endokrinen Veränderungen, die durchaus den physiologischen Effekten nach Streß entsprechen. Trotzdem – und darin sind sich alle Autoren überraschend einig – erhöht sie die Immunkompetenz. Z.B. steigen die β-Endorphin-, Katecholamin- und Glukokortikoidniveaus, ebenso bei kurzen Übungsphasen die Testosteron- und Prolaktinmengen. Trotzdem sind die Immunveränderungen zum Teil exakt das Gegenteil der bei Depression gefundenen: Phagotizierende Leukozytenzahl steigt (Resistenz gegenüber bakteriellen Infektionen wird damit erhöht), Makrophagen und Interleukin-1, beides wichtige Immunstimulatoren, steigen deutlich bei mäßigem Training, dasselbe gilt für $CD4^+$ (=T4 Helferzellen) und NK-Zellen. Die Veränderungen sind kurzlebig, und klinisch ist bisher ein positiver Einfluß von Sport auf Infektionen nicht nachgewiesen. Die übrigen gesundheitsfördernden Effekte von Sport auf das Herz-Kreislaufsystem und die Reduktion des Darmkrebsrisikos sind nicht auf das Immunsystem rückführbar (s. Kap. 10).

Pathologische Veränderungen des Immunsystems werden durch psychologische Faktoren modifiziert

Autoimmunerkrankungen. Manche der heute bekannten Autoimmunerkrankungen, bei denen das Immunsystem auf seine eigenen Antigene reagiert, wur-

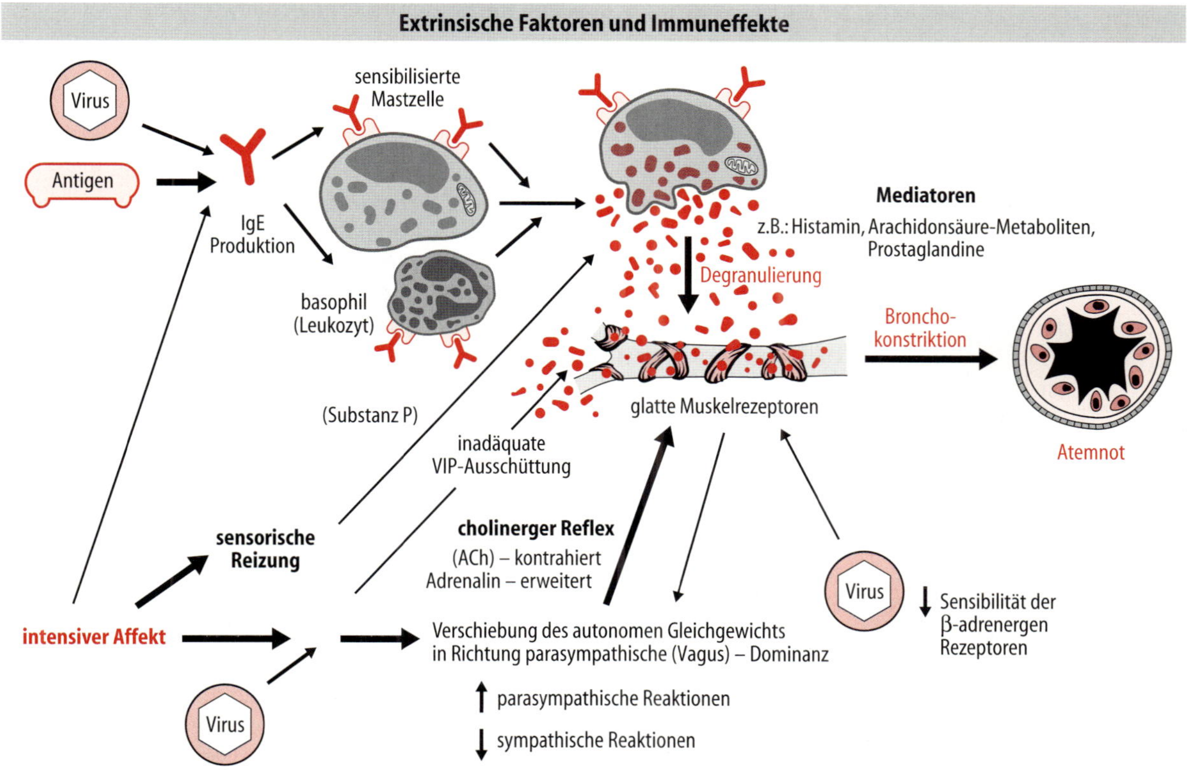

Abb. 4-7. Zusammenhang zwischen immunologischen (*oben*) und psychologischen (neuronalen) Prozessen (*unten*), die an der Entstehung eines Asthmaanfalls beteiligt sind. Ein Antigen aus der Umgebung löst Antigen-spezifische IgE-Produktion und Antikörper-Verbindungen mit Mastzellen aus, die sich auflösen und sogenannte Mediatorsubstanzen in den Blutstrom ausschütten, die an der glatten Muskulatur der Bronchiolen zusammen mit den parasymphatischen Effekten eine massive Bronchokonstriktion auslösen. Diese Effekte können durch vorhandene virale Infekte verstärkt werden. Nach Mrazek & Klinnert, in [1], mit freundlicher Genehmigung

den früher als ***psychosomatische Krankheiten*** bezeichnet. Man behauptete – meist in der Tradition psychoanalytischer Glaubensbekenntnisse – daß psychische Konflikte zu einer Autoaggression gegen den eigenen Körper führen würden [5]. Heute wissen wir, daß Autoimmunerkrankungen auftreten, wenn das Immunsystem gegenüber körpereigenen Antigenen, die ja stets vorhanden sind, intolerant wird und Antigen-Antikörperkomplexe in bestimmten Geweben ablagert; diese, zusammen mit sogenannter Komplementbildung (s. S. 47), führen zu Entzündungen der Blutgefäße, Gelenke, Niere, Lunge, Haut, des endokrinen und gastrointestinalen Systems und des ZNS.

Obwohl der Ort und Mechanismus, an dem die physiologischen Begleitreaktionen emotionaler Prozesse die Toleranz des Immunsystems gegenüber spezifischen körpereigenen Antigenen zerstören, unbekannt ist, fällt auf, daß die ersten Manifestationen und Verschlechterungen sehr häufig von bedeutsamen und ***unbewältigten negativen Lebensereignissen*** ausgelöst werden; in der rheumatoiden Arthritis in 85 % der Fälle. Sowohl in der rheumatoiden Arthritis wie beim Lupus erythematodes und Überfunktion der Schilddrüse (Morbus Basedow) verschlechtern depressive Verstimmungen das Krankheitsbild. Ähnliche Zusammenhänge zwischen unbewältigten Belastungen und Depression wurden bei der Colitis ulcerosa und beim Morbus Crohn gefunden, schubartig verlaufenden Entzündungen und Blutungen des Darmes. Unklar bleibt, ob die psychischen Veränderungen immer den Krankheitsschüben vorausgehen oder nur (verständliche) Begleiterscheinungen darstellen.

Asthma bronchiale. Asthma besteht aus verschiedenen heterogenen Erkrankungen, die eine gemeinsame Symptomatik, nämlich anfallsartige, exzessive Konstriktion der Bronchien und Bronchiolen aufweisen. Abb. 4–7 gibt einen zusammenfassenden Überblick der beteiligten physiologischen Vorgänge. Asthmatiker mit einer starken psychologischen Komponente weisen erhöhte parasympathische Reaktionen der glatten Muskel der Bronchien bei emotionalen Reizen auf, und ihre Bronchokonstriktion ist *leichter klassisch konditionierbar;* sie sprechen therapeutisch besser auf psychologische Therapien an als diejenigen mit einer allergisch bedingten. Bei vielen Patienten überlagern sich aber die zwei Ursachefaktoren wie auf Abb. 4–7 sichtbar. Im oberen Teil sind die immunologischen Einflußfaktoren, im unteren die autonom-emotionalen wiedergegeben.

Beim kindlichen Asthma spielen in 30 % der Fälle lernpsychologische Faktoren die entscheidende Rolle. Kurzfristige Trennung von den Eltern führt bei dieser Subgruppe zu wesentlichen Besserungen, da instrumentelle Lernprozesse (Zuwendung, Vermeidung ungewollter Tätigkeiten) von Seiten der Eltern die Bronchokonstriktion aufrecht erhalten. 30 % der Fälle weisen allergische Reaktionen, meist jahreszeitlich bedingt auf, und Trennung von den Eltern hat konsequenterweise keinen Effekt. Bei den übrigen Kindern sind infektiöse Ursachen verantwortlich.

ZUSAMMENFASSUNG

Das Immunsystem besteht aus mehreren eng miteinander kommunizierenden Subsystemen, deren zentrale Aufgabe der Schutz des Organismus vor einddringenden Fremdstoffen (Toxinen), Bakterien und Viren, sowie vor „Entgleisungen" des genetischen Apparates ist. Leukozyten aus Knochenmark und lymphatischem Gewebe sind die wichtigsten Zelltypen, welche die eingedrungenen Stoffe und Lebewesen vernichten.

Die angeborene Fähigkeit zur Vernichtung ganz unterschiedlicher Fremdkörper nennt man unspezifische zelluläre Abwehr. Spezifische Immunität wird dagegen durch Konfrontation der körperfremden Antigenen mit den körpereigenen Antikörpern erworben.

Antikörper sind Eiweißmoleküle (Immunglobuline), die entweder im Blut oder an Lymphozyten als Reaktion auf Antigene als spezifische Abwehrstoffe gebildet werden. Die Antigen-Antikörper-Verbindung macht das Antigen unschädlich.

Da Antikörperbildung einige Tage benötigt, wird durch Impfung die Wirkung besonders schnell eindringender Antigene neutralisiert. Dabei werden abgetötete oder schwach wirkende Erreger oder Viren eingeführt, die zur Antikörperbildung anregen.

Unter Allergie versteht man eine meist heftige Antigen-Antikörper-Reaktion, während bei Immunsuppression der Körper seine Fähigkeit zur Antikörperbildung verliert. Das bekannteste Beispiel dafür ist die AIDS-Erkrankung, die durch ein Virus übertragen wird. Immunsuppression führt zu einer oft lebensbedrohlichen Schädigung des betroffenen Körpergewebes, aber auch überschießende Immunkompetenz, wie z. B. bei Allergien, kann schädigende Langzeitfolgen haben.

Die verschiedenen Anteile des Immunsystems sind entweder direkt oder indirekt mit dem Nervensytem verbunden, das damit seine Tätigkeit beeinflussen kann. Umgekehrt greifen Immunprozesse in neuronale Aktivität ein, vor allem, wenn das Immunsystem in einen aktuellen „Abwehrkampf" (Fieber, Entzündung) verwickelt ist.

Das autonome Nervensystem und seine Transmitter sowie die Hormonsysteme stellen die wichtigsten neuroendokrinen Einflußfaktoren des Immunsystems dar. Emotionale Prozesse greifen über diese beiden Hauptvermittler in die Immuntätigkeit ein. Katecholamine und Neuropeptide ändern über spezifische Rezeptoren an den Zellen des Immunsystems (z. B. Leukozyten) direkt die Tätigkeit der Immunzellen.

Der Hypothalamus als oberste Steuerstruktur des autonomen Nervensystems wirkt somit auch im Immunsystem. Hormone wie ACTH und β-Endorphin, die bei Streß ausgeschüttet werden, können sich direkt an Immunzellen binden und diese inaktivieren. Die Entstehung mancher sogenannter psychosomatischer Erkrankungen kann darauf zurückgeführt werden.

Immunsuppression und Immunkompetenz kann klassisch konditioniert werden. Dies eröffnet die Möglichkeit, daß Lernprozesse die Immuntätigkeit spezifisch und unspezifisch verändern können. Inwieweit dies klinisch für die Entstehung und Aufrechterhaltung von Erkrankungen beim Menschen von Bedeutung ist, kann noch nicht entschieden werden. Im Tierversuch konnte aber nachgewiesen werden, daß Autoimmunerkrankungen durch Lernen modifizierbar sind.

Streß hat nur dann einen immunsuppressiven Effekt, wenn er mit Hilf- und Hoffnungslosigkeit nach chronischer oder überstarker Belastung einhergeht.

Literatur

Weiterführende Lehr- und Handbücher

1. Ader R, Felten D, Cohen N (eds) (2001) Psychoneuroimmunology, 3rd edn. Academic Press, San Diego
2. Barkley RA (1998) Attention deficit hyperactivity disorder. 2nd edn. Guilford, New York
3. Herbert TB, Cohen S (1983) Depression and immunity: a meta-analytic review. Psychol Bull 113: 472–486
4. Hierholzer K, Schmidt RF (eds) (1991) Pathophysiologie des Menschen. VCH, Weinheim
5. Miltner W, Birbaumer N, Gerber WD (1986) Verhaltensmedizin. Springer, Berlin Heidelberg New York Tokyo
6. Pawlow I (1927) Conditioned reflexes. Oxford University Press, London
7. Roitt IM (1993) Leitfaden der Immunologie, 4. Aufl. Blackwell, Berlin
8. Schmidt RF, Thews G, Lang F (Hrsg) (2000) Physiologie des Menschen, 28. Aufl. Springer, Berlin Heidelberg New York Tokyo

Einzel- und Übersichtsarbeiten

9. Ader R, Cohen N (1985) CNS-immune system interactions: conditioning phenomena. Behav Brain Sci 8: 379–426
10. Berczi I, Nagy E (1991) Effects of hypophysectomy on immune function. In: Ader R, Felton DL, Cohen N (eds). Psychoneuroimmunology, 2nd edn. Academic, San Diego
11. Elbert T, Ray WJ, Kowalik ZJ, Skinner JE, Graf KE, Birbaumer N (1994) Chaos and physiology: deterministic chaos in excitable cell assemblies. Physiol Rev 74/1: 1–47
12. Flor H, Grüsser G (1999) Conditioned stress-induced analgesia in humans. Europ. J. Pain 3:317–324
13. Hilschmann N (1982/83) Die Immunität – eine vorprogrammierte Reaktion auf das Unerwartete. In: Ditfurth H von (Hrsg) Mannheimer Forum. Studienreihe Boehringer Mannheim, S. 101
14. Metal'nikov S, Chorine V (1926) Rôle des réflexes conditionelles dans l'immunité. Annales de l'Institute Pasteur 40:893–900
15. Mrazek DA, Klinnert M (1991) Asthma: psychoneuroimmunologic considerations. In Ader R, Felten D, Cohen N (eds) Psychoneuroimmunology, 2nd edn. Academic, San Diego
16. Shavit Y, Martin FC (1987) Opiates, stress and immunity: animal studies. Ann Behav Med 9:11–15
17. Shavit Y, Terman GW, Martin FC, Lewis JW, Liebeskind JC, Gale RP (1985) Stress, opioid peptides, the immune system and cancer. J Immunol 135:834–837
18. Solomon GF, Moos RH (1964) Emotions, immunity, and disease: a speculative theoretical integration. Arch Gen Psychiatry 11:657–674

5 Endokrine Systeme (Hormone)

EINLEITUNG

Zwei Kommunikationssysteme dienen im Körperinneren dem Informationsaustausch zwischen den einzelnen Organen des Körpers: das Nervensystem, insbesondere das vegetative Nervensystem, und das endokrine System. Beide Systeme sind funktionell eng miteinander verknüpft. Zusammen regeln und koordinieren sie die Funktion von zum Teil weit voneinander entfernten Organen. Während aber das Nervensystem seine Botschaften in elektrischen Impulsen verschlüsselt über die Nervenfasern zu den einzelnen Organen schickt, bedient sich das endokrine System chemischer Stoffe, nämlich der Hormone, um sich mit den Erfolgsorganen zu verständigen. Letztere verfügen über Rezeptoren (s. u.) für die entsprechenden Hormone, mit denen sie die chemisch kodierte Nachricht des Hormons „lesen" können. Der Unterschied zwischen den beiden Systemen liegt also hauptsächlich in der Technik und damit in der Geschwindigkeit der Informationsübertragung, die bei der nervösen Übertragung im Millisekundenbereich, bei der hormonellen aber im Minuten- bis Stundenbereich liegt. Das vegetative Nervensystem wird in Kap. 9 dargestellt; das endokrine System (mit Ausnahme der Sexualhormone, die in Kap. 25 behandelt werden) ist Gegenstand dieses und des nächsten Kapitels [1,2,5,8,9].

Endokrines System und autonomes Nervensystem verbindet noch eine weitere Gemeinsamkeit: Beide haben bei aller Vielfalt ihrer unterschiedlichen Einzelaufgaben das übergeordnete Ziel, den Körper kontinuierlich an wechselnde Belastungen anzupassen. Dies heißt einerseits, das Homöostase des inneren Milieus genannte Gleichgewicht der Zusammensetzung der Extrazellulärflüssigkeit immer dann wieder herzustellen, wenn es von außen gestört worden ist. Dazu gehört aber auch, sich rechtzeitig auf vorhersehbare Änderungen oder Störungen der Homöostase einzustellen, also beispielsweise das Herzminutenvolumen schon vor Beginn einer willkürlichen körperlichen Anstrengung zu erhöhen (s. S. 186), oder schon vor dem morgendlichen Aufwachen die Körperorgane in erhöhte Arbeitsbereitschaft zu bringen (zirkadiane Periodik, s. Kap. 23).

5.1 Allgemeine Endokrinologie

Hormone werden in endokrinen Drüsenzellen gebildet und – mit Ausnahme der Schilddrüsenhormone – dort gespeichert

Die hormonproduzierenden Drüsenzellen liegen meist als Organe, nämlich als ***endokrine Drüsen,*** zusammen. Unter solchen *endokrinen Drüsen* versteht man *Drüsen ohne Ausführungsgang,* wie z. B. die Schilddrüse, die Nebennierenrinde oder die Hypophyse (Drüsen *mit* Ausführungsgang werden *exokrin* genannt, z. B. die Speicheldrüsen). Die *Drüsenzellen* können aber auch vereinzelt oder in Gruppen zusammengefaßt in nicht hormonproduzierenden Organen liegen. Beispiele dafür sind die enteroendokrinen Zellen des Magen-Darm-Kanals (s.Kap. 12) und die Langerhans-Inseln (s. u.).

In den Drüsenzellen werden die meisten Hormone in *granulärer Form,* also ***in Vesikeln gespeichert*** (s. S. 121). In einem solchen *Vesikel* oder *Granulum,* das durch eine Membran vom Zytoplasma abgetrennt ist, sind viele tausend Hormonmoleküle eingelagert. Ihre Freisetzung erfolgt durch den Prozeß der *Exozytose* (s. S. 38), d. h. die Membran des Granulums verschmilzt mit der äußeren Zellmembran und entleert ihren Inhalt in den Extrazellulärraum (eine Ausnahme bilden die *Steroidhormone,* z. B. die Kortikosteroide, die nicht in Vesikeln gespeichert werden).

Die Hormone werden nach ihrer Freisetzung v. a. über den Blutkreislauf zu ihren Zielzellen transportiert: klassische Hormonwirkung

Die in den Extrazellulärraum freigesetzten Hormonmoleküle *diffundieren* durch die Wand der nächstgelegenen Blutkapillaren *in das Blut* (vgl. Abb. 5-2). Von diesem werden sie im gesamten Körper verteilt und können alle Körperzellen erreichen, denn sie können überall die Blutkapillaren auf dem Diffusionsweg wieder verlassen. Aber nur über die Rezeptoren an ihren Zielorten lösen sie spezifische Wirkungen aus, das heißt Wirkungen, die durch keinen anderen Stoff hervorgerufen werden können. Die ***Hormone tragen also Botschaften*** von den endokrinen Drüsen über den Blutstrom ***zu den Zellen ihrer Erfolgsorgane,*** die nur von diesen Zellen verstanden und befolgt werden können. So führt die Erhöhung der Kalium-Ionen-Konzentration im Blut (wir nehmen in der täglichen Nahrung Kalium im Überschuß auf) zu einer Freisetzung des Hormons *Aldosteron* aus der Nebennierenrinde. Aldosteron veranlaßt die Tubuluszellen der Nieren über den auf S. 234 geschilderten Mechanismus zu einer erhöhten Kaliumausscheidung im Urin.

Parakrine und autokrine Hormonwirkung [3]. Wie wir eben gesehen haben, wird ein Hormon normalerweise über den Blutstrom zu seinen Zielzellen transportiert. Es kommt aber auch vor, daß die Hormonbotschaft von Zellen „gelesen" werden kann, die in unmittelbarer Nachbarschaft zu den hormonproduzierenden Zellen liegen. Das Hormon diffundiert dann direkt im Extrazellulärraum zu den Zielzellen. Diese „nichtklassische" Wirkung von Hormonen an benachbarten Zellen heißt ***parakrine Wirkung.*** Wirkt das Hormon auf *seine Erzeugerzelle* zurück, so bezeichnet man diese Wirkung als ***autokrin.***

Hormone, die nicht in die Blutbahn abgegeben werden, sondern im umliegenden Gewebe wirken, werden auch als ***Gewebehormone*** bezeichnet. Dieser Name war bisher für die schon länger bekannten *Prostaglandine* reserviert. Es ist aber jetzt sicher, daß auch „klassische" Hormone parakrine Wirkung haben können, so daß sie insoweit auch Gewebehormone sind.

Neurohormonwirkung. Nervenzellen übertragen an den *Synapsen* ihre erregenden und hemmenden Wirkungen über die Freisetzung chemischer Substanzen *(Neurotransmitter, Überträgerstoffe)* auf die nächste Nervenzelle (Einzelheiten in Kap. 8). Diese Wirkform gleicht der parakrinen Hormonwirkung, sie ist aber in der Regel direkter und wesentlich schneller (vgl. Abb. 8-1 S. 121). Es hat sich aber zunehmend gezeigt, daß von Nervenzellen produzierte Peptide und Proteine auch in die Blutbahn aufgenommen werden. Diese Substanzen können daher „klassische" Hormonwirkungen haben. Möglicherweise ist es so, daß ***große Teile des Zentralnervensystems*** im klassischen Sinne als ***hormonproduzierend*** angesehen werden müssen.

Die Bindungsstellen der Hormone an ihren Zielzellen werden Rezeptoren genannt

Schlüssel-Schloß-Konzept. Die Hormone sind, wie oben schon gesagt, *chemisch kodierte Nachrichten,* die nur von den Zellen der Zielorgane „gelesen" werden sollen. Dies geschieht so, daß die „Empfangszellen" besondere Moleküle besitzen, in die sich die Hormonmo-

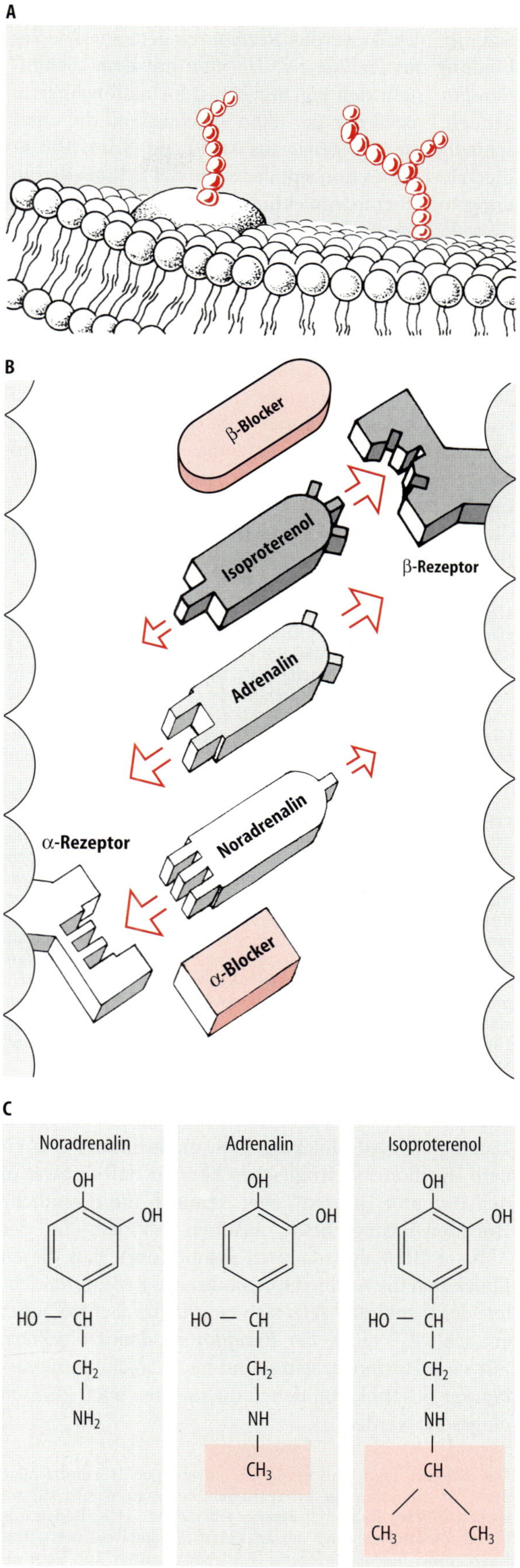

Abb. 5-1. Rezeptoren als Wirkort von Hormonen am Beispiel der Hormone des Nebennierenmarks *Adrenalin* und *Noradrenalin.* **A** Zwei Eiweißmoleküle in der Lipidmembran einer Zelle dienen als Hormonrezeptoren. **B** Bildliche Darstellung des im Text erläuterten *Schlüssel-Schloß-Konzeptes* der Hormon-Rezeptor-Interaktion und Klassifikation der beiden Membranrezeptoren als α- und β-Rezeptoren aufgrund ihrer unterschiedlichen Reaktion mit den angegebenen Hormonen. **C** Strukturformeln von *Noradrenalin, Adrenalin* und dem künstlichen *Isoproterenol. Rot* unterlegt sind diejenigen Molekülabschnitte bei denen sich die beiden letzteren von *Noradrenalin* unterscheiden (vgl. Abb. 8-12)

leküle wie ein Schlüssel in ein Schloß einpassen. Diese Schloßmoleküle werden ***Rezeptoren*** genannt. Die Verbindung des „Schlüssels" *Hormon* mit dem „Schloß" *Rezeptor* stellt den eigentlichen informationsübertragenden Prozeß dar, der dann anschließend die unterschiedlichsten Vorgänge auslösen kann (s. u.). Abb. 5–1 illustriert dieses Konzept der Schlüssel-Schloß-Verbindung von Hormonmolekülen mit Zellrezeptoren.

Das einfache Schlüssel-Schloß-Konzept der Hormon-Rezeptor-Bindung muß aber in einigen Punkten erweitert werden, um der biologischen Wirklichkeit Genüge zu tun. Der wesentlichste Punkt ist, daß innerhalb eines Hormonsystems, ähnlich wie bei einer großen Schließanlage, sowohl etwas unterschiedliche „Schlüssel" wie etwas unterschiedliche „Schlösser" existieren können, wodurch sich die verschiedensten „Schließmöglichkeiten" ergeben. Diese Zusammenhänge sind in Abb. 5–1 am Beispiel der Nebennierenmarkhormone *Adrenalin* und *Noradrenalin* illustriert, die gleichzeitig als Überträgersubstanzen im sympathischen Nervensystem dienen (vgl. dazu S. 154).

Die Rezeptoren dieser Hormone sind in der Abbildung in zweierlei *„Gestalt"* dargestellt: Der eine Rezeptor ist mehr rund, der andere mehr eckig, so daß das eine oder andere Ende der adrenergen Moleküle „hineinpaßt". Dazu kommen kleine Einbuchtungen in den Rezeptoren, in die die entsprechenden Ausbuchtungen der Hormonmoleküle hineinpassen. Diese Einbuchtungen sind die eigentlichen *Reaktionsorte:* je mehr der ein bis drei „Schlüsselausbuchtungen" sich in die drei „Schloßeinbuchtungen" einpassen, desto größer ist die Wirkung.

Man nennt die einen der in Abb. 5–1 B gezeigten „Rezeptorformen" ***α-adrenerge Rezeptoren*** oder ***α-Adrenozeptoren,*** die anderen ***β-adrenerge Rezeptoren*** bzw. ***β-Adrenozeptoren*** (vgl. auch S. 156). Unter deren Form ist dabei zu verstehen, daß die α-Adrenozeptoren besonders gut auf Noradrenalin, weniger gut auf Adrenalin und kaum auf das nahe verwandte, aber künstlich hergestellte Isoproterenol (Struktur siehe Abb. 5–1 C) reagieren, während die β-Adrenozeptoren besonders gut auf dieses Isoproterenol, weniger gut auf Adrenalin und kaum auf Noradrenalin ansprechen. Die „Rezeptorform" ist also rein ***pharmakologisch*** definiert, d. h. nicht nach ihrem Aussehen, sondern nach ihrem Verhalten beim Kontakt mit körpereigenen (Adrenalin, Noradrenalin) oder körperfremden (Isoproterenol) Substanzen.

Rezeptorblocker. Abb. 5–1 B verdeutlicht auch, daß es „Schlüssel", also Moleküle, gibt, die in ihrer Form einem Hormon so sehr gleichen können, daß sie zwar in den Rezeptor „passen", aber dennoch die eigentliche Hormonwirkung nicht ausüben können. In der Abb. 5–1 B ist dies dadurch symbolisiert, daß diesen Molekülen die Ausbuchtungen für die Rezeptoren fehlen: der „Schlüssel" setzt sich zwar in das „Schloß", aber er „schließt" nicht: ***der Rezeptor ist damit blockiert.*** Für viele Hormonsysteme sind heute solche ***Rezeptorblocker*** bekannt, von denen die meisten auch klinisch eingesetzt werden.

Das Beispiel zeigt, daß es für die adrenergen Hormone (also auch für die adrenerge synaptische Übertragung, s. S. 156) sowohl ***α-Blocker*** als auch ***β-Blocker*** gibt. Die klinische Bedeutung dieser Zusammenhänge sei an einem Beispiel erläutert: Der Herzmuskel hat überwiegend β-Adrenozeptoren. Die Gabe eines α-Blockers, z. B. des Ergotamins, wird also eine durch vermehrte Sympathikustätigkeit erhöhte Herzfrequenz unbeeinflußt lassen. Um so effektiver wird ein β-Blocker sein, z. B. das Propanolol. Dies wird therapeutisch ausgenutzt, z. B. um über eine Senkung der Herzfrequenz und eine Reduzierung der Kraft der Kontraktion den mittleren Blutdruck eines Hypertoniepatienten zu senken oder um bei Angina pectoris die Sauerstoffversorgung zu verbessern. Der Patient darf aber nicht an einem Asthma bronchiale leiden, denn die Aktivierung der β-Rezeptoren des Bronchialbaumes wirkt hemmend auf die glatten Muskelfasern und erweitert damit den Durchmesser der Bronchiolen. Dieser positive Effekt würde durch die Gabe von β-Blockern wegfallen, das Leiden also verschlimmert (s. S. 153). Im Asthmaanfall ist vielmehr das Inhalieren von Isoproterenol oder einer ähnlich wirkenden Substanz angezeigt, was wiederum bei einem Infarktpatienten, dessen Herz-Kreislauf-System geschont werden soll, nur bedingt möglich ist. (Bezüglich der weiteren Differenzierung der Adrenozeptoren s. S. 156).

Die Hormonrezeptoren sind entweder in der Zellmembran oder im Zytosol oder im Zellkern lokalisiert

Fast alle Körperzellen können über einige oder mehrere Hormone angesprochen werden, d. h. sie besitzen für diese Hormone entsprechende Rezeptoren. Abb. 5–2 zeigt, daß diese Rezeptoren ***an drei verschiedenen Stellen der Zelle lokalisiert*** sein können. Zum einen sitzen die Hormonrezeptoren *in der Zellmembran.* Dort können die Hormone die Zellen am besten erreichen (Hormon A in Abb. 5–2). Hormone, die nicht fettlöslich sind, haben ohnehin keine andere Wirkmöglichkeit, da sie die Plasmazellmembran nicht passieren können.

Hormonrezeptoren finden sich aber auch in den Zellen, und zwar entweder im *Zytosol* (Hormon B in 5–2) oder im *Zellkern* (Hormon C in 5–2). Die im Zellinneren wirkenden Hormone müssen fettlöslich sein, um die Plasmazellmembran durchdringen zu können (s. u.). An die *Zytosolrezeptoren* binden sich hauptsächlich Hormone aus der chemischen Gruppe der *Lipide* (z. B. die Kortikoidhormone der Nebennierenrinde oder die Androgene der Sexualdrüsen). Die *Zellkernrezeptoren* werden praktisch ausschließlich von den niedermolekularen *Schilddrüsenhormonen* erreicht, die die Plasmazellmembran leicht durchdringen können (s. u.).

Hormonbindungen an zytosolische und nukleäre Rezeptoren verändert die Proteinsynthese der Zellen; Bindung an membranständige Rezeptoren hat vielfältige Folgen

Wirkweise der intrazellulären Hormonrezeptorkomplexe. Die Wirkweise eines Hormons mit intrazellulärem (zytosolischem oder nukleärem) Rezeptor besteht darin, daß in beiden Fällen im Zellkern eine Wirkung auf die Eiweißsynthese der Zelle ausgeübt wird. Mit anderen Worten, der *intrazelluläre Hormonrezeptorkomplex* beeinflußt direkt die ***Expression genetischer Information,*** d. h. er übt selbst eine direkte Wirkung auf die DNA-Synthese aus. Der in Kap. 2 geschilderte Vorgang der Eiweißsynthese (Abb. 2–9) kann also

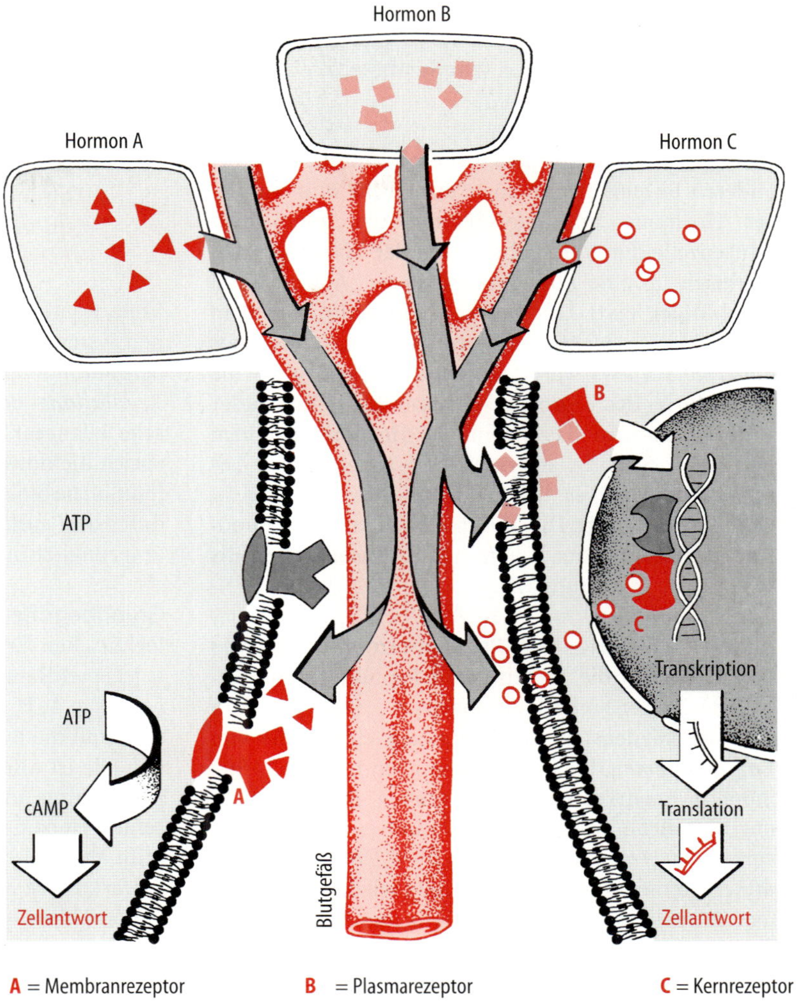

Abb. 5-2. Zelluläre Lokalisation der Hormonrezeptoren und die drei Mechanismen der Hormonwirkung. Die *Hormone A, B und C* werden von hormonbildenden Zellen in das Interstitium ausgeschüttet und diffundieren von dort in die benachbarten Kapillaren der Blutbahn. Von dort werden sie zu ihren Zielzellen transportiert. *Hormon A* bindet an einen membranständigen Rezeptor, der über einen *zweiten Boten (second messenger)* die Zellantwort bewirkt. *Hormon B* bildet einen zytoplasmatischen Hormonrezeptorkomplex, der nach Translokation in den Zellkern genomisch, also durch Veränderung der *DNA*- und damit der *Proteinsynthese* im Zellkern wirkt. *Hormon C* bindet direkt im Zellkern und wirkt dort analog zu *Hormon B*. Der Unterschied besteht also lediglich im Rezeptorort. In jedem der drei Fälle wird Verhalten über veränderte Entladungsraten der betroffenen Zellen modifiziert. Alle nichtfettlöslichen Hormone gehören zum *Typ A*, *Typ B* sind Lipide, *Typ C* die niedermolekularen Schilddrüsenhormone. In Anlehnung an W. Wuttke [24]

im Zellkern über Hormonrezeptorkomplexe an- und abgeschaltet werden.

Wirkweise des membranständigen Hormonrezeptorkomplexes. Sobald sich ein Hormon mit seinem Rezeptor in der Plasmamembran verbunden hat, kann seine Nachricht gelesen werden. In der Regel wird die Nachricht über biochemische Mechanismen ***in das Zellinnere weitergeleitet,*** und zwar über die Aktivierung eines *zweiten Botenstoffes* oder *second messengers.* Dieser Weg wurde bereits an einem häufigen ***second messenger,*** nämlich dem zyklischen *Adenosinmonophosphat,* in Abb. 3–7 (s. S. 40) illustriert und ausführlich besprochen (dort wird statt des Begriffs *Hormon* der noch allgemeinere Begriff *externes Signal* verwendet). Auf diesem Wege können, je nach Hormon und Zielzelle, die vielfältigsten Zellreaktionen ausgelöst werden.

Ein Teil der adrenergen Membranrezeptoren, besonders solche an Synapsen, führen bei ihrer Aktivierung zum ***Öffnen von Ionenkanälen*** und dadurch bedingten Ionenflüssen über die Membran (s. die Entstehung von erregenden und hemmenden synaptischen Potentialen in Kap. 8 und die Ausführungen über Kanalproteine in Kap. 3).

Die Hormone sind entweder aus Aminosäuren aufgebaut oder sie sind Cholesterinabkömmlinge (Steroide, Lipide)

Die chemische Struktur der Hormone ist mit der im Zusammenhang mit Abb. 5–2 diskutierten Lokalisation der Hormonrezeptoren so verknüpft, daß *drei Klassen von Hormonen* gebildet werden können:

- Die aus mehreren bis zahlreichen *Aminosäuren* aufgebauten ***Peptid***- und ***Proteinhormone*** bilden die Mehrzahl aller Hormone. Sie sind wenig fettlöslich und können daher die Plasmazellmembran nicht passieren. Ihre Rezeptoren sitzen auf der Oberfläche der Plasmazellmembran. Gleiches gilt für ***Adrenalin*** und ***Noradrenalin,*** die aus der Aminosäure *Tyrosin* gebildet werden.
- Die ***Schilddrüsenhormone*** werden aus 2 Molekülen *Tyrosin* aufgebaut (s. S. 77). Sie dringen gut durch die Zellmembran in alle Körperzellen ein und verbinden sich mit den im Zellkern lokalisierten Rezeptoren.
- Die Hormone aus der ***Lipidgruppe,*** z. B. die Kortikosteroide, können aufgrund ihrer Fettlöslichkeit

ebenfalls durch die Plasmazellmembran diffundieren. Sie verbinden sich mit den im Zytosol lokalisierten Rezeptoren (zur Synthese von Lipidhormonen s. Abb. 5-11 A).

Synthese der Peptid- und Proteinhormone. Wie bei anderen Eiweißkörpern auch, erfolgt die Bildung dieser Hormone im *Golgi-Apparat* der endokrinen Drüsenzelle durch das Übersetzen der RNA-*kodi*erten Nachricht in eine Aminosäuresequenz (Abb. 2-9 und zugehöriger Text). Das Hormon wird jedoch nicht in der biologisch wirksamen Form gebildet, sondern als *höhermolekulares Vorläufermolekül.* Diese wird die Präproform des Hormons genannt [24]. Aus dieser ***Präproform*** wird das eigentliche Hormon in einem nächsten Schritt enzymatisch abgetrennt. Anschließend wird es bis zu seiner Ausschüttung in Granula gepeichert. Die übrigbleibenden „Restsequenzen" der Präproform haben möglicherweise ebenfalls biologische Bedeutung [11].

Abbau der Peptid- und Proteinhormone. Auf ***zwei Wegen*** werden die Protein- und Peptidhormone alsbald nach ihrer Freisetzung abgebaut. *Erstens* gibt es in den verschiedensten Körperorganen eine Reihe von ***Enzymsystemen,*** die die „vorbeischwimmenden" Hormone in unwirksame Teile aufspalten. Dies gilt nicht nur für solche Moleküle, die nie mit einem Rezeptor verbunden waren, sondern auch für solche, die sich aus dieser (immer *reversiblen*) Bindung wieder gelöst hatten. *Zweitens* wird ein Teil der Hormone nach seiner Rezeptorbindung ***in der Zelle abgebaut.*** Dies geschieht in den *Lysosomen,* kleinen Zellorganellen (s. S. 30).

Hormonnachweis. Am Beginn der modernen Hormonforschung standen 1848 Experimente von A. A. Berthold an kastrierten Hähnen. Es war damals bekannt, daß Hähne nach der Kastration den geschwollenen Hahnenkamm verlieren und weniger aggressives Verhalten zeigen. Dies wurde auf nervöse Verbindungen zwischen Hoden und Gehirn zurückgeführt. Berthold reimplantierte die Hoden in die Bauchhöhle, worauf der Hahnenkamm geschwollen blieb und die Tiere weiterhin aggressives Dominanzverhalten zeigten. Die dafür verantwortlichen Signale aus dem Hoden mußten also auf dem Blutwege (humoral) in das Gehirn bzw. zum Hahnenkamm gelangen. Solche und ähnliche ***biologische Nachweismethoden*** oder ***Bioassays*** werden heute noch eingesetzt.

Wesentlich feiner als das Messen von biologischen Wirkungen an Tiermodellen sind ***immunologische Nachweismethoden,*** die darauf beruhen, daß gegen praktisch jedes Hormon spezifische Antikörper hergestellt werden können. Bei diesen Tests, z. B. einigen Schwangerschaftstests, wird der Hormon-Antikörper-Komplex ausgefällt und dann seine Menge bestimmt. Eine besonders feine immunologische Methode ist der ***Radioimmunoassay (RIA).*** Hier bindet sich radioaktiv markiertes Hormon in Konkurrenz mit dem zu bestimmenden Hormon an die Antikörper. Aus der Menge der an die Antikörper gebundenen Radioaktivität läßt sich dann sehr genau auf die zu messende Hormonmenge schließen (je mehr radioaktive Strahlung gefunden wird, desto weniger zu messendes Hormon war in der Probe).

5.2 Grundbegriffe der Regelungslehre

Mit der aus der Technik stammenden Regelungslehre lassen sich auch biologische Regulationen qualitativ und quantitativ definieren; dies ist das Arbeitsgebiet der Biokybernetik

Viele, wenn nicht die meisten Aktivitäten der endokrinen Systeme und des mit ihnen Hand in Hand arbeitenden autonomen Nervensystems sind eingebunden in ***Regulations-*** oder ***Regelungsvorgänge,*** die als biologische Balanceakte dazu dienen, die „Ordnung im Hause", sprich die notwendige Homöostase, aufrecht zu erhalten. Solche biologischen Regelungsvorgänge lassen sich durch die *Regelungslehre* beschreiben, eine Disziplin, die ursprünglich im Bereich der Technik entwickelt wurde.

Grundbegriffe der Regelungslehre. Die regelungstechnischen Grundbegriffe lassen sich leicht am Beispiel einer Raumtemperaturregelung veranschaulichen (Abb. 5-3 A, B, *schwarze* Beschriftung): In diesem Beispiel soll die Raumtemperatur konstant gehalten werden. Sie ist also die *Regelgröße.* Die gerätetechnische Einrichtung, an der dies geschieht, ist das Zimmer mit seiner Heizung, die *Regelstrecke.* Ein Thermometer mißt als *Fühler* die tatsächliche Raumtemperatur, den *Istwert.* Diese wird im Thermostat, dem *Regler,* mit der vorgewählten Temperatur, der *Führungsgröße,* verglichen, die den gewünschten *Sollwert* der Regelgröße Raumtemperatur darstellt.

Haben Istwert und Sollwert unterschiedliche Werte, liegt eine *Regelabweichung* vor. Daraus wird vom Regler die *Stellgröße* berechnet, die über das *Stellglied,* nämlich den Ofen mit seiner veränderlichen Brennstoffzufuhr, so lange korrigierend auf die Regelgröße Raumtemperatur einwirkt, bis Istwert und Sollwert übereinstimmen. Alle Einflüsse auf die Regelgröße, die Abweichungen vom Sollwert verursachen, hier vor allem die verschiedenen Formen der Wärmeverluste, werden *Störgrößen* genannt.

Wesen jedes Regelkreises. Die Abb. 5-3 B faßt den formalen Aufbau eines Regelkreises in der üblichen Nomenklatur in *roter* Schrift zusammen. Das *wesentliche Merkmal der Regelung ist also der geschlossene Regelkreis,* der so aufgebaut (gepolt) ist, daß jede Störung der Regelgröße automatisch und möglichst vollständig korrigiert wird. Wir nennen einen solchen, den Einfluß der Störgröße kompensierenden Vorgang eine ***negative Rückkopplung.*** Läßt man die negative Rückkopplung wegfallen, z. B. indem man auf die Rückmeldung der Ist-Temperatur an die Heizungsanlage verzichtet, spricht man von ***Steuerung.*** Durch Steuerung kann zwar eine im voraus bekannte Störung kompensiert werden, beispielsweise ein erhöhter Heizungsbedarf

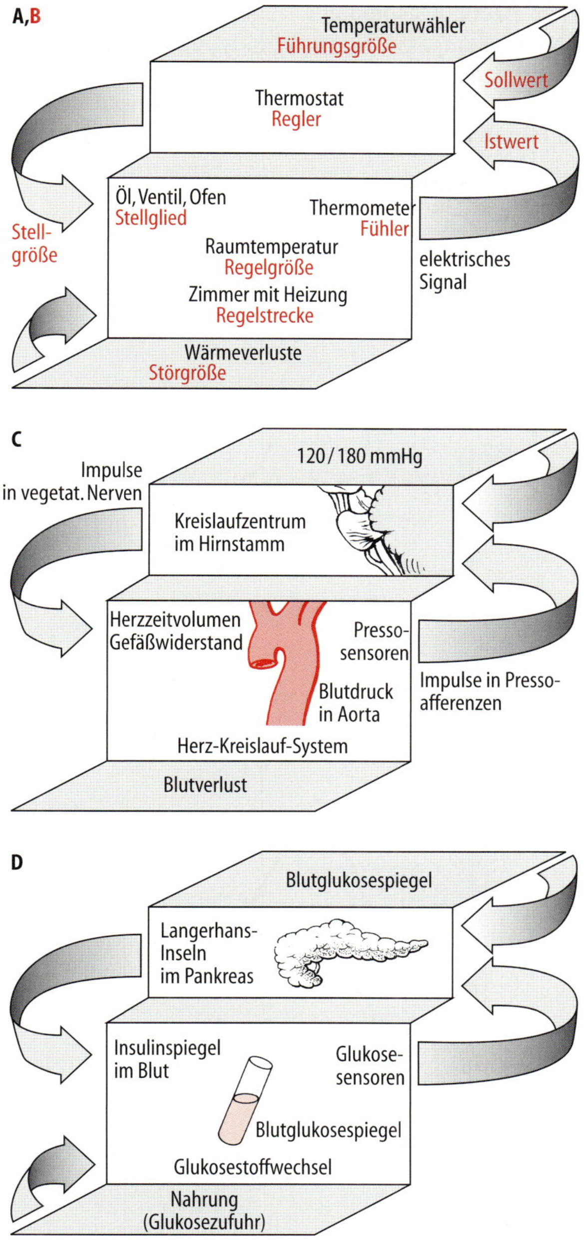

Abb. 5–3. Arbeitsweise von technischen und biologischen Regelkreisen. **A,B** Die *schwarze Schrift* zeigt die Anteile eines Regelkreises am Beispiel einer Heizungsanlage zur Temperaturregelung; die *rote Schrift* ordnet jedem Bestandteil des konkreten Temperaturregelkreises den jeweiligen allgemeinen regelungstechnischen Namen zu. Erklärung der Begriffe im Text. **C** Regelkreis zur Konstanthaltung des arteriellen Blutdrucks. Als Störgröße ist ein Blutverlust angenommen (s. Text). **D** Regelkreis zur Konstanthaltung des Blutzuckerspiegels. Ausführliche Besprechung im Text

bei Ankündigung eines Kälteeinbruchs, jedoch nicht wechselnde und unvorhersehbare Störungen. Die Regelung ist also der Steuerung in ihrer Anpassungsfähigkeit an wechselnde Störgrößen weit überlegen. (Dies gilt natürlich nicht für Anpassungen, die außerhalb der Möglichkeiten des Regelkreises liegen. Dort ist ohnehin nur Steuerung möglich.)

Die Blutdruckregulation kann als ein typisches Beispiel der Anwendung des Regelkonzeptes auf biologische Vorgänge dienen

Wie im Kapitel 10 erläutert, ist die Konstanthaltung des arteriellen Blutdruckes das wichtigste Ziel bei der *Anpassung des Herz-Kreislauf-Systems an wechselnde Belastungen.* An Hand des in Abb. 5–3 C dargestellten Pressosensorenreflexes können wir jetzt erkennen, daß es sich hier um einen *typischen biologischen Regelvorgang* handelt, dessen ***geschlossener Regelkreis*** so verschaltet ist, daß jede vom Sollwert abweichende Änderung des Blutdrucks wieder ausgeglichen wird. Als Beispiel für die Vielfalt der möglichen Störgrößen ist ein arterieller Blutverlust angenommen. Der dadurch bedingte Blutdruckabfall wird über die auf S. 186 beschriebenen Pressosensoren registriert. Sie senden weniger Impulse in das Kreislaufzentrum, das daraufhin, wie auf S. 186 geschildert, über die vegetativen Nerven eine Reihe von Maßnahmen einleitet, um den drohenden „Volumen-Mangel-Schock", also das Versagen des Regelkreises und damit den Zusammenbruch des Kreislaufs zu verhindern.

Vermaschte Regelkreise. Genaugenommen zeigt Abb. 5–3 C nur einen von mehreren Regelkreisen der Blutdruckregulation. Weitere sind in Kap. 10 beschrieben, beispielsweise die Langzeitkontrolle des Blutdruckes über die Nieren, die verhindert, daß eine Erhöhung der extrazellulären Flüssigkeitsmenge zur Hypertonie führt (s. S. 190) [14]. Eine solche ***Mehrfachregulation*** einer wichtigen biologischen Größe, wie hier des Blutdrucks, ist typisch für lebende Organismen. Sie sichert die Regelgröße gegen die verschiedensten Störeinflüsse ab, damit diese auch unter extremen Bedingungen im Bereich des Sollwertes bleibt.

Bedeutung der Dimensionierung des Regelkreises. Den Eigenschaften der einzelnen Anteile des Regelkreises, die im Organismus nur experimentell bestimmt werden können, kommen für das *Verhalten des Regelkreises als Ganzes* große Bedeutung zu. Hier sei nur die *Verstärkung des Reglers* betrachtet, gewissermaßen die „Heftigkeit", mit der der Regler auf eine Änderung der Regelgröße reagiert. Ist die Verstärkung sehr klein, so wird der Regelkreis nur langsam und bedächtig auf eine Störung antworten. Dies mag für manche Regelkreise, wie beispielsweise die Langzeitkontrolle des Blutdruckes, ausreichen. Bei anderen, z. B. in der Motorik, ist eine viel heftigere Reglerantwort notwendig. Aber auch hier gibt es Grenzen: Mit zunehmender Verstärkung wird zwar die Regelung besser, aber sobald sie zu kräftig einsetzt, läuft sie leicht über den angepeilten Sollwert hinaus. Daraufhin setzt prompt der umgekehrte Regelvorgang ein, der wiederum über sein Ziel hinausschießt. Solche ***ungedämpften Regelschwingungen*** werden in der Motorik als Zittern (Tremor) sichtbar, beispielsweise als Ruhezittern bei der Parkinson-Erkrankung oder als Bewegungszittern bei Kleinhirnstörungen (s. S. 276 bzw. s. S. 277).

Darüber hinaus können erhebliche Abweichungen vom Sollwert durch ***Lernen*** erzielt werden: beispielsweise kann ein Mensch im Experiment lernen, in einer physischen Belastungssituation (z. B. Ergometrie) seine Herztätigkeit zu verlangsamen, obwohl der Regelkreis eine Anhebung der Herzrate herstellen müßte. Regelkreise können also durch Lernprozesse (s. Kap. 24) erheblich aus dem homöostatischen Gleichgewicht gebracht werden.

5.3 Hormone als Teile von Regelkreisen: Beispiel Blutzuckerregulation (Pankreashormone)

Mit Hilfe von 2 Hormonen, dem Insulin und dem Glukagen, hält der Blutzuckerregelkreis den Blutglukosespiegel auf einem Wert von 80–100 mg pro 100 ml Blut

Endokrine Drüsenzellen des Pankreas. In der Bauchspeicheldrüse (dem Pankreas) liegen Gruppen von einigen tausend endokrinen Drüsenzellen als ***Langerhans-Inseln*** eingestreut in das Verdauungssaft produzierende exokrine Drüsengewebe (s. S. 226). Etwa 60 % dieser endokrinen Drüsenzellen (die *B-Zellen*) produzieren das Hormon ***Insulin,*** etwa 25 % (die *A-Zellen*) produzieren das Hormon ***Glukagon,*** und die restlichen 15 % (die *D-Zellen*) produzieren das Hormon ***Somatostatin.*** Alle drei Hormone sind Polypeptide, also Ketten von Aminosäuren.

Wirkungen des Insulins. Nehmen wir an, wir trinken ein großes Glas Limonade, das mit einigen Löffeln Traubenzucker (Glukose) gesüßt ist. Da Traubenzucker diejenige Zuckerform ist, die ohne weitere Verdauung durch die Darmwandzellen in das Blut diffundiert, wird kurz darauf die Glukosekonzentration des Blutes (der „Glukosespiegel") ansteigen (Abb. 5–4 A). Dieser Anstieg würde sich fortsetzen, wäre nicht durch einen Regelprozeß dafür gesorgt, daß der *normale Glukosespiegel von 80–100 mg pro 100 ml Blut* (also 0,8–1 g/l) alsbald wieder erreicht wird. Dieser Regelkreis ist in Abb. 5–3 D skizziert: In der Bauchspeicheldrüse führt *Ansteigen des Glukosespiegels* zur ***Freisetzung des Hormons Insulin*** aus den *B-Zellen.* Entsprechend steigt seine Konzentration im Blut an (Abb. 5–4 B). Das Insulin sorgt dafür, daß jedes *Zuviel an Glukose aus dem Blut verschwindet;* Und zwar steigert es in nahezu allen Zellen den Glukoseverbrauch und regt vor allem die Leberzellen dazu an, Glukose in einer chemisch anderen Form, nämlich als ***Glykogen,*** zu speichern. Außerdem löst Insulin eine ***vermehrte Fettspeicherung*** in den Fettzellen aus, womit weitere Energie „aus dem Markt genommen" wird.

Wirkungen des Glukagons. Mit dem eben geschilderten Regelkreis allein läßt sich aber ein konstanter Blutzuckerspiegel nicht aufrechterhalten. Denn ohne eine weitere Regelung würde die Blutglukose zwischen den Mahlzeiten sehr rasch abnehmen. Dies gefährdet die Energieversorgung aller Zellen, besonders der Gehirnzellen, für die die Glukose die alleinige Energiequelle bildet. So nimmt es kein Wunder, daß bei Absinken des Blutzuckers unter 50 mg pro 100 ml Blut, ***Hypoglykämie*** genannt, *deutliche Zeichen nervöser Störung* auftreten, vor allem Schweißausbrüche, Herzjagen, Zittern, Heißhunger und eine allgemeine innere Unruhe und Erregung. Um eine solche Hypoglykämie zu verhindern, führt normalerweise jedes ***Absinken des Blutglukosespiegels*** nicht nur zu einer ***Hemmung der Insulinfreisetzung,*** sondern gleichzeitig zur vermehrten

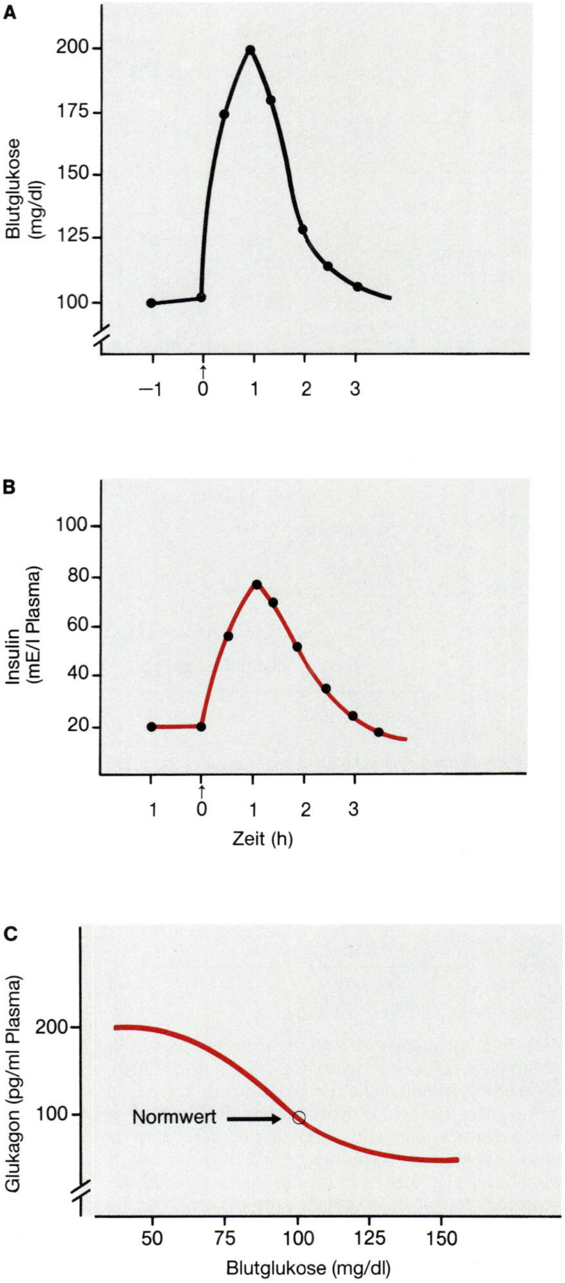

Abb. 5–4. Regelung des Blutglukosespiegels durch die Hormone *Insulin* und *Glukagon.* **A** Verlauf des *Blutglukosespiegels* bei einer gesunden Versuchsperson nach einem Glukosetrunk (100 g Glukose, *Glukosebelastungstest*). Der Glukosespiegel steigt rasch auf das Doppelte des Ruhewertes an. **B** Reaktion des *Insulinspiegels* auf die Glukosebelastung: er steigt mit kurzer Verzögerung auf das Mehrfache des Kontrollspiegels an. **C** Abhängigkeit des *Glukagonspiegels* im Blut von Blutzuckerspiegel. Unter Normalbedingungen und bei Hyperglykämie ist die Glukagonkonzentration im Blut niedrig; sie steigt bei *hypoglykämischen* Zuständen deutlich an. Darstellungen von W. Wuttke [24]

Freisetzung von Glukagon (Abb. 5-4 C). Dieses Hormon der *A-Zellen* der Langerhans-Inseln stellt den *direkten Gegenspieler des Insulins* dar. Hauptzielorgan des Glukagons ist die Leber. Dort sorgt es dafür, daß das Glykogen wieder in Glukose umgewandelt und in das Blut abgegeben wird. Zusätzlich, vor allem wenn die Glykogenspeicher erschöpft sein sollten, regt es in der Leber die ***Glukoneogenese*** an, also die Umwandlung von Aminosäuren in Glukose.

Wirkungen des Somatostatins. Dieses Peptid wird von den *D-Zellen* der Langerhans-Inseln produziert. Es wirkt unmittelbar auf die benachbarten *A-* und *B-Zellen* hemmend ein. Es hat also eine ***hemmende parakrine Wirkung.*** Welche physiologische Relevanz diese hemmende Wirkung hat, ist noch offen. *Extrapankreatisch* hemmt Somatostatin die Kontraktionen des Magen-Darm-Traktes und der Gallenblase und die Freisetzung der Verdauungssäfte. Damit wird die Verdauung und Resorption der Nahrungsmittel verlangsamt. Diese Effekte führen insgesamt dazu, daß die *gesamte Verdauungsaktivität verlangsamt* und dadurch ein ***zu starkes Ansteigen des Blutglukosespiegels verhindert*** wird.

Ungenügende Freisetzung von Insulin führt zur Zuckerkrankheit (Diabetes mellitus)

Die hormonelle Regelung des Blutglukosespiegels ist ein weiteres, der nervösen Regelung des Kreislaufs in seiner Komplexheit durchaus vergleichbares Beispiel der Tatsache, daß ***die meisten biologischen Größen*** des menschlichen Organismus ***vielfach abgesichert*** sind. Die zunächst verwirrend erscheinenden, in geduldiger Forschung aber durchaus entwirrbaren Netze von Regelkreisen garantieren in ihrer Gesamtwirkung, daß der Mensch sich auch ***an extreme Belastungen anpassen (adaptieren)*** kann, ohne die Homöostase seines inneren Milieus zu gefährden. Er hat damit eine wesentlich größere Aktionsfreiheit gewonnen, als sie ein Organismus besitzt, der nicht über diese Möglichkeiten verfügt und der sich daher in seinen Aktivitäten auf einen eng begrenzten Raum, wie eine bestimmte Klimazone, beschränken muß.

Es ist, so gesehen, nicht ohne Ironie, daß ausgerechnet derjenige Regelkreis, in dem das ***Insulin als Stellglied*** dient (Abb. 5-3 D), keinen ergänzenden Partner hat, der bei *Versagen der Insulinproduktion* in die Bresche springen könnte. Denn dieses Versagen, ***Zuckerkrankheit*** oder ***Diabetes mellitus*** genannt (zur Namensgebung s. S. 234), macht sich als eine im wesentlichen vererbte Krankheit bei rund 4 % der Bevölkerung irgendwann im Leben bemerkbar. Es ist außerordentlich eindrucksvoll, sich vor Augen zu führen, welche mannigfaltigen, tiefgreifenden und schließlich lebensbedrohenden Störungen beim Ausfall eines einzigen solchen Regelkreises auftreten können.

Stoffwechselstörungen bei Insulinmangel. Fehlt genügend Insulin, so hat dies für den Organismus drei Hauptnachteile:

- Es verringert sich die Aufnahme von Glukose und dessen Verwendung als Energiequelle durch die Zellen. Der Blutzuckerspiegel steigt dabei auf Werte bis zu 300–1200 mg pro 100 ml Blut.
- Fett wird in großem Umfang aus den Fettdepots des Körpers mobilisiert, um als Energieträger auszuhelfen. Es kommt zu Störungen des Fettstoffwechsels, vor allem auch zur vermehrten Ablagerung von Fett in den Gefäßwänden, also einer schnell fortschreitenden Arteriosklerose.
- Auch Körpereiweiß wird unter Insulinmangel vermehrt abgebaut, teils um als Energieersatz für die reichlich vorhandene, aber nicht nutzbare Glukose zu dienen, teils weil das Fehlen des Insulins den Wiederaufbau des in den täglichen Zellumbauprozessen verbrauchten Eiweißes verhindert.

Symptome des Diabetes mellitus. Praktisch alle Symptome der Zuckerkrankheit sind Folgen dieser drei Grundstörungen. So wird auf S. 234 geschildert, daß oberhalb eines Blutglukosespiegels von 200 mg/100 ml ein Teil der *Glukose in den Harn ausgeschieden* wird (Glukosurie). Auf diese Weise können dem Körper täglich mehrere hundert Gramm Glukose verlorengehen, was sich in vermehrtem Hunger bemerkbar macht. Die Glukose im Urin erhöht wegen ihrer starken osmotischen Wirkung die Gesamtharnmenge (osmotische Diurese, s. S. 236). Es kommt zu einer unfreiwilligen Entwässerung mit entsprechend *vermehrtem Durst.* Die Erhöhung des Fettstoffwechsels führt nicht nur als Folge der Arteriosklerose zu *Durchblutungsstörungen aller Art,* sondern auch zum stark vermehrten Auftreten von Stoffwechselprodukten wie des Azetons, die als ***Ketonkörper*** bezeichnet werden. Viele von ihnen sind sauer. Sie erschöpfen sehr bald diejenigen Regelkreise, die den Säurespiegel des Blutes konstant halten. Es resultiert eine ***Übersäuerung (Azidose),*** die unbehandelt zu einem akut lebensbedrohenden Schockzustand führt, dem ***diabetischen Koma.***

Behandlung der Zuckerkrankheit. Eine einmal ausgebrochene Zuckerkrankheit, also eine ungenügende Insulinproduktion der Bauchspeicheldrüse, kann man nicht heilen. Ist eine Teilproduktion erhalten, wird man solange als möglich versuchen, der eingeschränkten Leistungsfähigkeit des Regelkreises durch eine *Verringerung des Störgrößeneinflusses,* sprich durch eine ***diätetische Beschränkung der Zufuhr*** von Glukose und anderen Kohlenhydraten (die im Darm alle zu Glukose aufgespalten werden, s. S. 228), zu entsprechen. Genügen solche Diätmaßnahmen nicht, kann durch die orale Gabe von Sulfonylharnstoff-Tabletten eine ***zusätzliche Insulinausschüttung*** aus der Bauchspeicheldrüse angeregt werden. Bei weiter sinkender Insulinproduktion ist aber auch auf diese Weise eine ausreichende Regelung des Blutglukosespiegels nicht mehr möglich. Wir müssen dann den ausgefallenen *Regelvorgang* durch einen ***Steuervorgang,*** nämlich die ***Injektion von Insulin,*** ersetzen. Dem Patienten wird dabei gerade so viel Insulin zugeführt, daß sich sein Glukose- und damit auch sein Fettstoffwechsel normalisiert. Dies setzt voraus, daß über eine entsprechende Diät auch die Kohlenhydratzufuhr genau eingestellt und absolut konstant gehalten wird. Denn wie jede Steuerung, so kann auch diese ***nur vorhersehbare Störgrößen kompensieren.*** Außer „Diätsünden" bedrohen aber auch andere Störungen, vor allem Erkrankungen mit starkem Fieber, das einmal eingestellte Gleichgewicht, da dabei der Insulinbedarf stark ansteigt. Umgekehrt hat körperliche Anstrengung oft den gegenteiligen Effekt. Dies rührt daher, daß die arbeitende Muskelzelle auch in Abwesenheit von Insulin vermehrt Glukose aufnimmt. Muskelarbeit hat also eine insulinartige Wirkung. Ein normal aktives Kind mit einer schweren Zuckerkrankheit kommt daher oft mit weniger Insulin aus als eines, das ein sehr behütetes Leben führt.

Folgen einer Insulinüberdosierung. Eine Überdosierung von Insulin oder seine Überproduktion im Pankreas (was selten vorkommt) wird den *Blutglukosespiegel zu stark absenken* ***(Hypoglykämie,*** s. o.) und damit möglicherweise einen ***hypoglykämischen Schock*** auslösen, der von Bewußtlosigkeit begleitet ist und rasch zum Tode führen kann. Bei einem bewußtlosen Diabetespatienten muß also als erstes geklärt werden, ob er durch zuwenig Insulin (bzw. zu hohe Kohlenhydratzufuhr) in ein *diabetisches Koma* oder durch das Gegenteil in einen *hypoglykämischen Schock* geraten ist. Die Therapie beider Schockzustände muß nämlich genau entgegengesetzt erfolgen, hohe Gaben von Insulin im ersteren, Traubenzuckerinfusion im zweiten Fall.

5.4 Hormone des Hypothalamus und der Hypophyse

Das hypothalamisch-hypophysäre System kontrolliert alle vegetativen Funktionen und greift in die Steuerung von Verhaltensweisen ein

Menschliches Verhalten ist immer eine Funktion des gesamten Gehirns und nicht ausschließlich die eines bestimmten Hirnabschnittes. Aber wie bei anderen Aufgaben des Gehirns, so werden auch die verschiedenen Verhaltensäußerungen des Menschen von bestimmten Arealen des Gehirns eingeleitet und durchgeführt, denen deswegen für das betreffende Verhalten eine besondere Bedeutung zukommt. Zu diesen Gebieten gehören die als ***limbisches System*** zusammengefaßten Hirnstrukturen, deren Verhaltensrelevanz in Kap. 26 ausführlich gewürdigt wird.

In vieler Hinsicht benutzt das limbische System als „Ausgang" zum Körper hin eine Hirnregion, die wegen ihrer Lage unterhalb der Thalamuskerne ***Hypothalamus*** heißt. Der Hypothalamus ist aber keineswegs nur Befehlsempfänger und ausführendes Organ, sondern er besitzt eine erhebliche Selbständigkeit und Eigeninitiative in der Steuerung vegetativer Körperfunktionen und anderer Verhaltensweisen. Bemerkenswert ist, daß dieses kleine Gebiet am Übergang zwischen Hirnstamm und Großhirn nur etwa 5 g wiegt, was kaum ahnen läßt, daß es das lebenswichtigste Zentrum für die Steuerung aller vegetativen Funktionen und für die Koordination dieser vegetativen Regulationen mit den übrigen Aktivitäten des Organismus darstellt.

Wie in Abb. 5–5 zu sehen, geht dieses ebenso kleine wie wichtige, der Schädelbasis aufliegende Hirngebiet in ein drüsiges „Anhängsel" über, das entsprechend als ***Hirnanhangsdrüse*** oder ***Hypophyse*** bezeichnet wird. Diese endokrine Drüse wiegt nur rund ein halbes Gramm. Sie ist aber teils Fabrik, teils Lagerstätte für 8 lebenswichtige Hormone. Produktion, Vorratshaltung und Freisetzung dieser Hormone erfolgen in engster Zusammenarbeit mit dem *Hypothalamus*. Damit ist das ***hypothalamisch-hypophysäre System*** die entscheidende Naht- und Schaltstelle (in der Computertechnik *Interface* genannt) zwischen den hormonellen und den neuronalen Regelprozessen [11].

Ein normales menschliches Leben ohne das hypothalamisch-hypophysäre System ist nicht denkbar. Im Experiment gelingt es nur bei intensivster Pflege, Tiere ohne dieses System für längere Zeit, maximal einige Monate, überleben zu lassen. Werden also durch einen Tumor oder eine Verletzung (Schädelbasisbruch, Schußverletzung) Hypothalamus und/oder Hypophyse in ihrer Funktion beeinträchtigt, so führt dies immer zu einer ernsten, oft lebensbedrohenden Erkrankung.

Der Hypophysenvorderlappen (Adenohypophyse) ist Bildungs- und Speicherort für 6 Hormone, deren Freisetzung von Neurohormonen des Hypothalamus kontrolliert wird

Überblick. Der vordere Anteil der Hirnanhangsdrüse, der ***Hypophysenvorderlappen (HVL,*** *Adenohypophyse)*, produziert und speichert *sechs lebenswichtige Hormone* (drei Geschlechtshormone, je eines zur Steuerung der Schilddrüse und der Nebennierenrinde und das Wachstumshormon). Die Freisetzung dieser Hormone wird *von Neurohormonen des Hypothalamus gesteuert*, also von Hormonen, die in dafür spezialisierten Nervenzellen gebildet werden und *auf dem Blutweg* den Vorderlappen erreichen. Dazu hat der Organismus ein spezielles, in Abb. 5–5 gezeigtes Gefäßsystem entwickelt: Ein erstes Kapillarnetz nimmt die Neurohormone aus den axonalen Verdickungen der Drüsen-Nervenzellen auf, und ein dahintergeschaltetes, zweites Kapillarnetz im Vorderlappen bringt die Neurohomone

Tabelle 5–1. Hypophysenvorderlappenhormone [24]

Kurzbezeichnung	Name	Wirkung auf
Glandotrope Hormone		
ACTH	Adrenokortikotropes Hormon (syn. Kortikotropin)	Nebennierenrinde
TSH	Thyreoidea-stimulierendes Hormon (syn. Thyreotropin)	Schilddrüse
FSH	Follikel-stimulierendes Hormon	Gonaden
LH	Luteinisierendes Hormon	Gonaden
(FSH und LH sind die beiden Gonadotropine)		
Nicht-glandotrope Hormone		
GH	Wachstumshormon (engl. Growth Hormone) (syn. Somatotropes Hormon = STH)	Alle Körperzellen
	Prolaktin	Viele Körperzellen (Mamma, Gonaden)

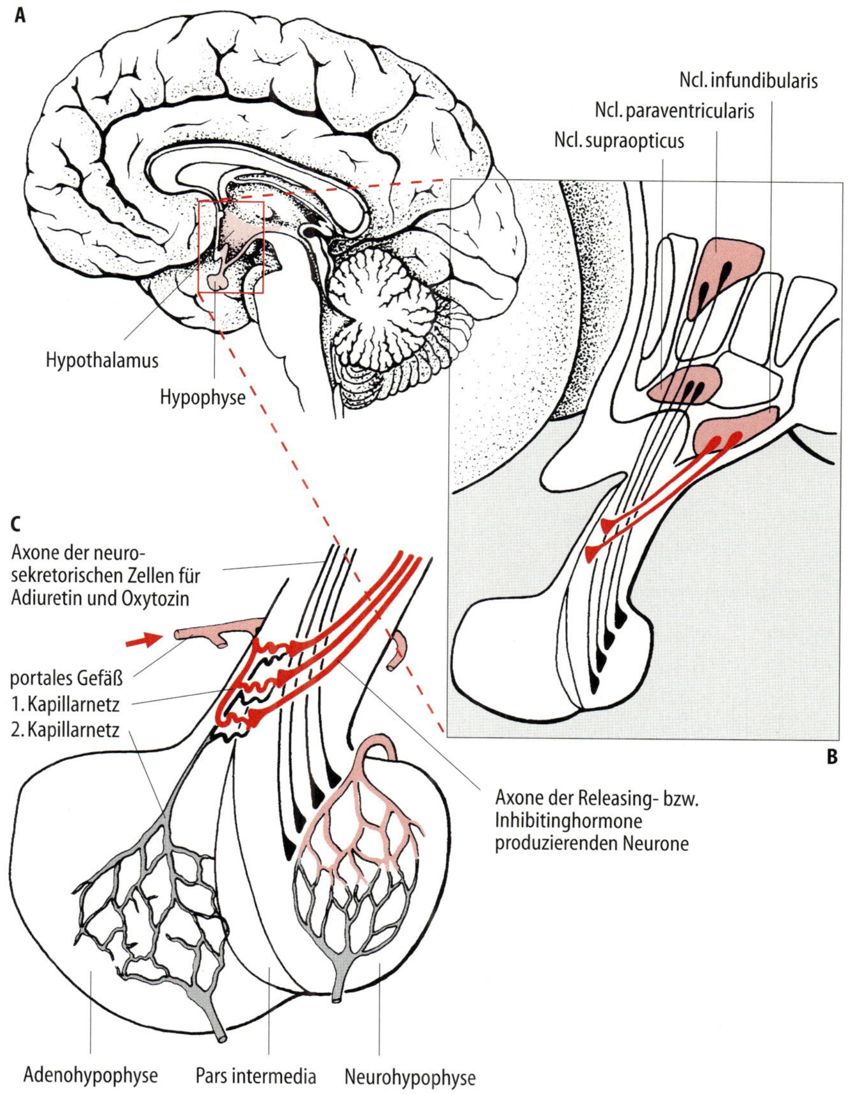

Abb. 5-5. Überblick über Lage und Aufbau des hypothalamisch-hypophysären Systems. **A** Lage von *Hypothalamus* und *Hypophyse* an der Schädelbasis des Menschen. Als Maßstab sei angemerkt, daß der *Hypothalamus* ein Gewicht von etwa 5 g, die *Hypophyse* von etwa 0,5 g hat. **B** Die *Kerngebiete* der hormonproduzierenden (neurosekretorischen) Zellen des *Hypothalamus* und ihre Verbindungen zum portalen Kapillarnetz der *Adenohypophyse* und zur *Neurohypophyse* (siehe dazu auch C). **C** Anteile der Hypophyse, ihre Lagebeziehungen zueinander, ihre Gefäßversorgung und die Endigungsgebiete der hypothalamischen Axone. Die Adenohypophyse wird auch als Hypophysenvorderlappen, HVL, die Neurohypophyse als Hypophysenhinterlappen, HHL, bezeichnet. Die Adenohypophyse produziert und speichert 6 Hormone (Tabelle 5-1). Ihre Freisetzung wird von Neurohormonen aus dem Nucleus infundibularis gesteuert, die über das hintereinandergeschaltete Doppelkapillarnetz als Releasing- und Inhibitinghormone (Tabelle 5-2) den HVL erreichen. In der Neurohypophyse werden zwei Hormone gespeichert, und zwar in den präsynaptischen axonalen Verdickungen der die Hormone produzierenden hypothalamischen Neurone (s. Text)

auf dem schnellsten Wege an ihr Ziel. Da die Neurohormone die Freisetzung der sechs Vorderlappenhormone teils anregen, teils hemmen, werden sie ***Releasinghormone*** oder ***-faktoren*** (to release = freisetzen) bzw. ***Inhibitinghormone*** oder ***-faktoren*** (to inhibit = hemmen) genannt [15,22].

Glandotrope und nichtglandotrope Hormone. Vier der Hormone des HVL haben als Zielorgan jeweils eine Drüse. Sie heißen daher ***glandotrope Hormone*** (Tabelle 5-1). Zwei davon stimulieren die Tätigkeit der Geschlechtsdrüsen (Gonaden). Die Wirkungen dieser ***Gonadotropine*** wird später besprochen (s. Kap. 25.3). Das dritte glandotrope Hormon stimuliert die Schildrüse (Thyreoidea), das vierte die Nebennierenrinde (Kortex der Glandula adrenalis). Entsprechend wird das dritte ***T****hy*reoida-***s****timulierendes* ***H****ormon* ***(TSH)*** oder ***Thyreotropin*** genannt und das vierte als ***Kortikotropin*** oder ***a****dreno****k****ortiko****t****ro*pes ***H****ormon* ***(ACTH)*** bezeichnet (Einzelheiten dazu in den Abschnitten 5.5 und 5.7).

Die beiden anderen Hormone des HVL wirken nicht auf Drüsen, sondern auf andere Organsysteme, bzw. den gesamten Organismus. Diese beiden ***nichtglandotropen Hormone*** sind das ***Wachstumshormon*** und das ***Prolaktin*** (Tabelle 5-1). Auf sie wird unten noch etwas näher eingegangen.

Regulation der HVL-Hormonsekretion. Die derzeit gebräuchlichste Nomenklatur für die hypothalami-

Tabelle 5–2. Releasing- und Inhibitinghormone [24]

Kurzbezeichnung[a]	Name	Wirkung auf
Releasinghormone		
TRH	Thyreotropin-Releasing-Hormon	TSH
LHRH	Luteinisierendes Hormon Releasing-Hormon (syn. GnRH)	FSH und LH
CRH	Kortikotropin-Releasing-Hormon	ACTH
GHRH	Growth Hormone-Releasing Hormon	GH
PRH	Prolaktin Releasing-Hormon	PRL
Inhibitinghormone		
GHIH	Growth Hormone-Inhibiting-Hormon (syn. Somatostatin, SS)	GH
PIH	Prolaktin-Inhibiting-Hormon	PRL

a Es gibt noch keine allgemeinverbindliche Nomenklatur. Die ursprüngliche und unverbindliche Bezeichnung der Hormone mit „Faktor" kommt noch in den alternativ gebrauchten Kurzformen, wie CRF (statt CRH), PIF (statt PIH) zum Ausdruck.

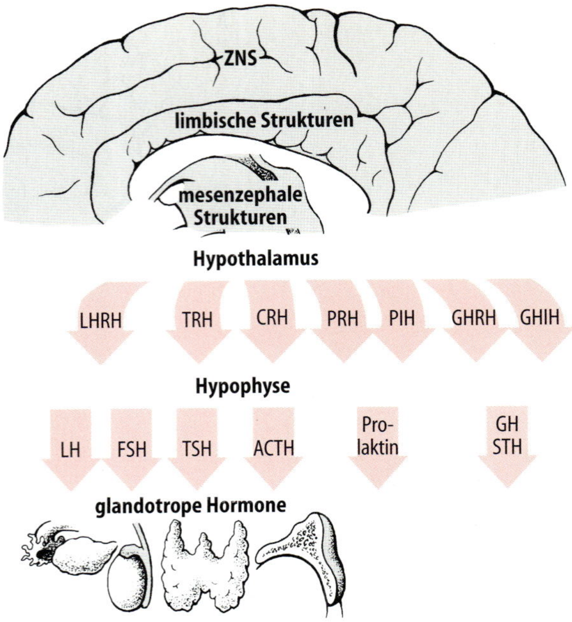

Abb. 5–6. Das *hypothalamisch-adenohypophysäre System* als Nahtstelle (Interface) zwischen dem Zentralnervensystem und der Körperperipherie. Zur Nomenklatur der Hormone siehe die Tabellen 5–1 und 5–2. Die 4 *glandotropen Hormone LH, FSH, TSH* und *ACTH* haben jeweils nur ein Zielorgan im Körper, nämlich jeweils eine Drüse (darunter im Umriß angeordnet). Die bei den anderen Hormone, *Prolaktin* und *Wachstumshormon* (GH = STH) wirken an Zellen vieler Organe. Anders als die *glandotropen Hormone* werden *Prolaktin* und *Wachstumshormon* nicht nur von Releasing-, sondern auch von Inhibitinghormonen des Hypothalamus kontrolliert. Auf die Bedeutung der zentralnervösen Strukturen aus dem Mesenzephalon, dem limbischen System und dem Großhirn wird im Text näher eingegangen

schen ***Releasinghormone*** und ***Inhibitinghormone*** zeigt Tabelle 5–2. Ergänzend dazu gibt die Abb. 5–6 einen Überblick über die Wirkungen der hypothalamischen Neurohormone auf die ihrer Kontrolle unterliegenden HVL-Hormone. Nur die beiden *nichtglandotropen Hormone,* nämlich das Wachstumshormon und das Prolaktin, werden sowohl von Releasing- wie Inhibitinghormonen kontrolliert. Die glandotropen Hormone werden in ihrer Freisetzung nur durch Releasinghormone gesteuert, die beiden gonadotropen nach gegenwärtiger Auffassung sogar nur gemeinsam über das LHRH (früher wurden für LH und FSH eigene Releasinghormone angenommen).

Die Abb. 5–6 zeigt jeweils nur einen kurzen Ausschnitt aus den Regelkreisen, in die die HVL-Hormone eingebunden sind. So werden die Neurone des Hypothalamus, die die Releasing- und Inhibitinghormone produzieren, ihrerseits von zahlreichen intra- und extrahypothalamischen Neuronen erregend und hemmend innerviert. Besonders reichhaltige Zuflüsse kommen aus dem *Mittelhirn* (Mesenzephalon, Vermittlung über *noradrenerge, adrenerge* und *serotonerge Neurone),* ebenso aus *limbischen Strukturen,* insbesondere dem *Nucleus amygdalae* sowie dem *Hippokampus.* Dadurch können Umwelt- und Innenwelteinflüsse (in erster Linie über die mesenzephalen Strukturen) sowie emotionale Regungen (in erster Linie über die limbischen Strukturen) in die neuroendokrine Regulation integriert werden. Mesenzephale und limbische Strukturen erhalten aus dem Hypothalamus Afferenzen, so daß ein reziproker Informationsaustausch stattfindet. Außerdem wird die Produktion der Releasing- und Inhibitinghormone durch Rückmeldungen von den nachgeschalteten Hormonen oder deren Wirkungen gesteuert.

Wirkungen des Wachstumshormons (GH, STH). Wie viele andere Hormone auch, wird das Wachstumshormon in pulsartiger Form, und zwar in 3 bis 4 Pulsen pro Tag, ausgeschüttet. Außerdem wird es im Tiefschlaf freigesetzt. Es hat vielfältige Wirkungen im Organismus, die vereinfacht so zusammengefaßt werden können, daß es ***zur normalen körperlichen Entwicklung des Kindes notwendig*** ist. Dazu benötigt es teilweise die Vermittlung von ***Somatomedinen*** aus der Leber, die dort unter dem Einfluß von Wachstumshormon produziert werden [17]. Der zugehörige Regelkreis ist in Abb. 5–7 zu sehen. Das wichtigste Somatomedin ist das *Somatomedin C:* Es regt die Eiweißsynthese in allen Körperzellen und damit auch die Zellteilung an (ein anderes bekanntes Somatomedin ist der *insulin like growth factor, IGF).*

Bei der pulsartigen Freisetzung des Wachstumshormons kommt es zu ***zeitlich gestaffelten Stoffwechselwirkungen.*** Zunächst

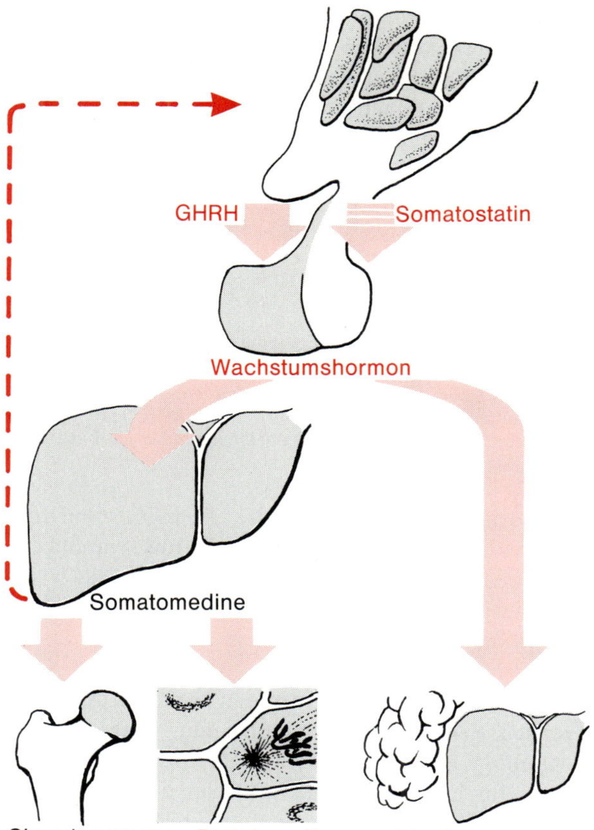

Abb. 5–7. Regelkreis der Freisetzung des *Wachstumshormons* und dessen Wirkung auf den Körper. Die Freisetzung von Wachstumshormon wird über *GHRH* ausgelöst und über GHIH (= Somatostatin, vgl. Tabelle 5–2) gehemmt. Das Wachstumshormon wiederum stimuliert in der Leber die Bildung von Somatomedinen. Diese koppeln hemmend zum Hypothalamus zurück und schließen so den Regelkreis. Bei der pulsartigen Freisetzung des Wachstumshormons kommt es frühzeitig zu einem über die Somatomedine vermittelten, also *indirekten insulinähnlichen* Effekt, später setzt sich die im Text beschriebene *direkte insulinantagonistische* Wirkung durch. Die wesentlichsten Wirkungen des Wachstumshormons sind unten in der Abbildung skizziert

sinkt der Blutglukosespiegel als Folge der Freisetzung der Somatomedine (daher die ursprüngliche Namensgebung des Somatomedins IGF, s. o.). Dieser frühe ***insulinähnliche Effekt*** der Somatomedine hält aber nur etwa eine Stunde an. Danach setzt sich die direkte Wirkung des Wachstumshormons auf die *Fett-* und *Glykogendepots* durch (rechts in Abb. 5–7). Diese werden durch das Hormon eingeschmolzen und *zu Glukose umgewandelt (Lipolyse bzw. Glykogenolyse)* [6]. Zusätzlich wird die Glukoseaufnahme in die Zellen gehemmt. Insgesamt kommt es dadurch zu einer *Erhöhung des Blutglukosespiegels,* also einer späten ***insulinantagonistischen Wirkung.*** Die vielfältigen Wirkungen auf das Nervensystem, Immunsystem und Verhalten werden im anschließenden Kap. 6 erläutert.

Wirkungen des Prolaktins. Dieses HVL-Hormon steuert die Ingangsetzung und Aufrechterhaltung der ***Milchsynthese*** in der Brustdrüse der Frau (die Milchejektion wird über das Oxytozin gesteuert, s. Abb. 5–8 und zugehörigen Text). Unter physiologischen Bedin-

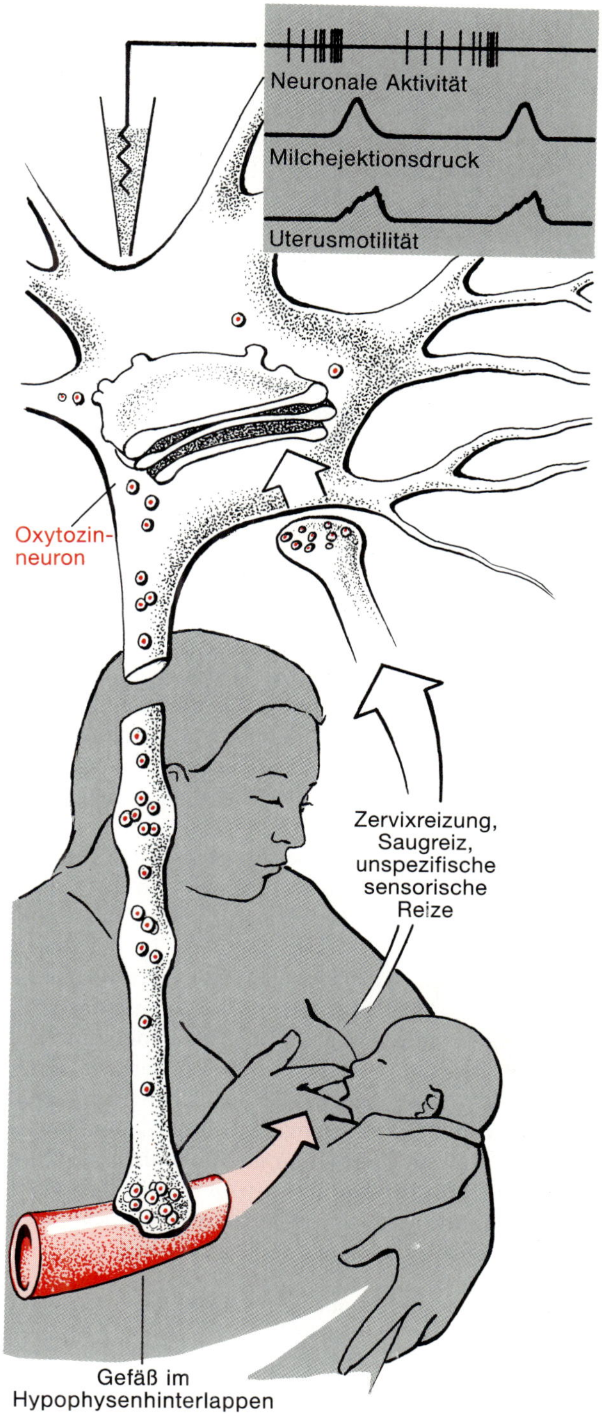

Abb. 5–8. Schematisierte Darstellung der Grundlagen des *Milchejektionsreflexes.* Durch mechanische Reizung der Zervix uteri oder der Mamillen (Brustwarzen), mitunter auch durch unspezifische sensorische Reize, können die *oxytozinproduzierenden Neurone im Hypothalamus* (Nuclei supraopticus und paraventricularis) konzertiert aktiviert werden (Salven von Aktionspotentialen in der Einsatzfigur *oben*). Dadurch wird bolusartig *Oxytozin* in das Blut ausgeschüttet und in der Brustdrüse angeschwemmt. Dort erhöht es den *Milchejektionsdruck* (mittlere Registrierung in der Einsatzfigur). Auch die *uterine Muskulatur* wird durch den Oxytozinbolus aktiviert (*untere* Registrierung in der Einsatzfigur). In Anlehnung an W. Wuttke [24]

gungen produzieren die Brustdrüsen nach der Geburt innerhalb von 24 h Milch (die Milch schießt ein), das Baby kann also gesäugt werden. Prolaktin hat dabei einen komplizierten Freisetzungsmechanismus, an dem Releasing- und Inhibitinghormone des Hypothalamus beteiligt sind (Abb. 5–6) [20,21]. Beim Inhibitinghormon handelt es sich chemisch um ***Dopamin*** [6,7,9], beim Releasinghormon um verschiedene Stoffe, wie TRH, das *vasoaktive-intestinale Polypeptid (VIP)* (s. S. 138), *Angiotensin II* (s. S. 189) und möglicherweise das endogene Opiatpeptid *β-Endorphin* [24]. Insgesamt scheint der hemmende Einfluß des Dopamins vorzuherrschen. Die Freisetzung des Prolaktins beruht also mehr auf einer ***Wegnahme der tonischen Dopaminhemmung*** als auf einer Freisetzung der Releasinghormone [24]).

Der Hypophysenhinterlappen speichert ADH und Oxytozin, deren Vorstufen in hypothalamischen Neuronen gebildet werden

Überblick. In zwei Kerngebieten des Hypothalamus, nämlich dem *Nucleus supraopticus* und dem *Nucleus paraventricularis,* liegen besonders große Nervenzellen, deren Axone im Hypophysenstiel nach unten ziehen und deren kolbig aufgetriebene *Endigungen den Hypophysenhinterlappen bilden* (Abb. 5–5). In ihnen werden zwei Hormone gespeichert, nämlich das *antidiuretische Hormon (ADH, Vasopressin)* und das *Oxytozin.* Das ***antidiuretische Hormon (ADH*** oder ***Adiuretin)*** hemmt die Wasserausscheidung in der Niere (s. S. 235). Das ***Oxytozin*** unterstützt beim Stillen des Säuglings reflektorisch dessen Nahrungsaufnahme, denn es kontrahiert die glatte Muskulatur der mütterlichen Brustdrüse, wodurch die Milch aus den Drüsenkörpern (Alveolen) in die Ausführungsgänge gedrückt wird. Beide Hormone haben auch Wirkungen auf das Zentralnervensystem und üben damit *verhaltenssteuernde Funktionen* aus: z. B. wird die Löschungsgeschwindigkeit einer gelernten Vermeidungsreaktion durch Vasopressin verzögert (s. Kap. 24).

Beide Hormone, bzw. ihre Vorstufen, werden *nicht* im Hypophysenhinterlappen gebildet, sondern in den Zellkörpern der eben erwähnten Neurone des *Hypothalamus* [12]. ***ADH*** und ***Oxytozin*** sind also ***Neurohormone.*** Sie werden in den Axonen der „neurosekretorischen" Zellen (also im Hypophysenstiel) zum Hypophysenhinterlappen transportiert und dort, wie eben gesagt, in den *Endigungen dieser Axone* bis zu ihrer Freisetzung gespeichert. Beide Hormone bestehen aus 9 Aminosäuren, deren Sequenzen inzwischen aufgeklärt sind. Ihre hochmolekularen Vorstufen werden im *Golgi-Apparat der Zellkörper* synthetisiert. Aus diesen Vorstufen werden die beiden Hormone auf dem Weg in den Hypophysenhinterlappen oder spätestens dort abgespalten. Die Nervenzellen der Nuclei supraopticus und paraventricularis können immer nur ADH oder Oxytozin synthetisieren und speichern.

Antidiuretisches Hormon, ADH. Die antidiuretischen Wirkungen des ADH *in der Niere* werden auf S. 235 beschrieben. Das Hormon hat auch eine blutdrucksteigernde Wirkung, daher sein zweiter Name *Vasopressin.* Die vasopressorischen Wirkungen treten beim Menschen aber nur bei pathophysiologisch hohen Hormonkonzentrationen auf. Es sollte daher nur der Name ADH Verwendung finden.

Das ADH ist in Regelkreise eingebunden, die das *extrazelluläre Flüssigkeitsvolumen und dessen osmotischen Druck konstant halten.* Die Fühler dazu sind einmal *Volumensensoren* in den großen Venen und den Herzvorhöfen (s. S. 178) und zum anderen besonders *Osmosensoren (Osmorezeptoren),* vor allem im Hypothalamus. Möglicherweise sind die ADH-produzierenden Neurone selbst osmorezeptiv. Ein Ansteigen des osmotischen Druckes bewirkt eine Erregung der Osmosensoren. Dies führt dann zur vermehrten Freisetzung von ADH. Der Ausfall des ADH führt zum Krankheitsbild des ***Diabetes insipidus,*** dessen Symptomatik auf S. 235 geschildert ist. Da ADH heute synthetisch verfügbar ist, kann der Diabetes insipidus gut behandelt werden.

Oxytozin. Die Wirkungen des *Prolaktins* auf die Milchbildung in der weiblichen Brustdrüse wurden bereits oben beschrieben (s. S. 75). Der durch das *Oxytozin* ausgelöste ***Milchejektionsreflex*** (Abb. 5–8) wird durch die Reizung der Mechanorezeptoren der Brustwarzen (Mamillen) eingeleitet. Diese Reizung wird nämlich auf nervalem Wege den oxytozin-produzierenden Neuronen des Hypothalamus mitgeteilt, die daraufhin nahezu gleichzeitig Oxytozin ausschütten [23]. Durch diese bolusartige Form der Freisetzung kommt es zu einer abrupten Tonussteigerung der die Drüsenalveolen umspannenden glatten Muskulatur und damit zur Milchejektion.

Ferguson-Reflex. Gegen Ende der Schwangerschaft ist das Oxytozin auf folgendem Wege an der Einleitung der Wehentätigkeit beteiligt. Zum einen wird der Uterus durch die Wirkungen der Östrogene *für Oxytozin empfindlich.* Zum anderen werden die Mechanosensoren des Uterus und der Vagina durch die wachsende Frucht zunehmend gereizt. Dies führt auf nervalem Wege reflektorisch zur Ausschüttung von Oxytozin *(Ferguson-Reflex).* Nach etwa 280 Schwangerschaftstagen wird auf diese Weise vermehrt *Oxytozin* freigesetzt. Es kommt dadurch zu leichten ***Kontraktionen des Uterus.*** Die Frucht wird daraufhin in Richtung Scheide gedrückt. Es resultiert eine vermehrte Reizung der Mechanosensoren und damit eine weiter gesteigerte Oxytozinausschüttung. Dieser Prozeß schaukelt sich schließlich zur ***Wehentätigkeit*** auf, die zum Austreiben von Frucht und Mutterkuchen führt.

Der *Ferguson-Reflex* hat bei der nichtschwangeren Frau keine große Bedeutung. Bei Mann und Frau ist aber Oxytozin eng mit der Steuerung sexueller Annäherung verwoben. Bei Oxytozinmangel kommt es zum Nachlassen der sexuellen Appetenz.

5.5 Das Schilddrüsensystem

Überblick. Die Schilddrüse umschließt im unteren vorderen Drittel des Halses dicht unterhalb des Schildknorpels hufeisenförmig die Luftröhre (vgl. Abb. 5–9 *oben).* Sie ist von einer Kapsel umgeben und auf der Luftröhre verschieblich. Ihr Gewicht beträgt beim Erwachsenen 25–30 g. Histologisch besteht sie aus in

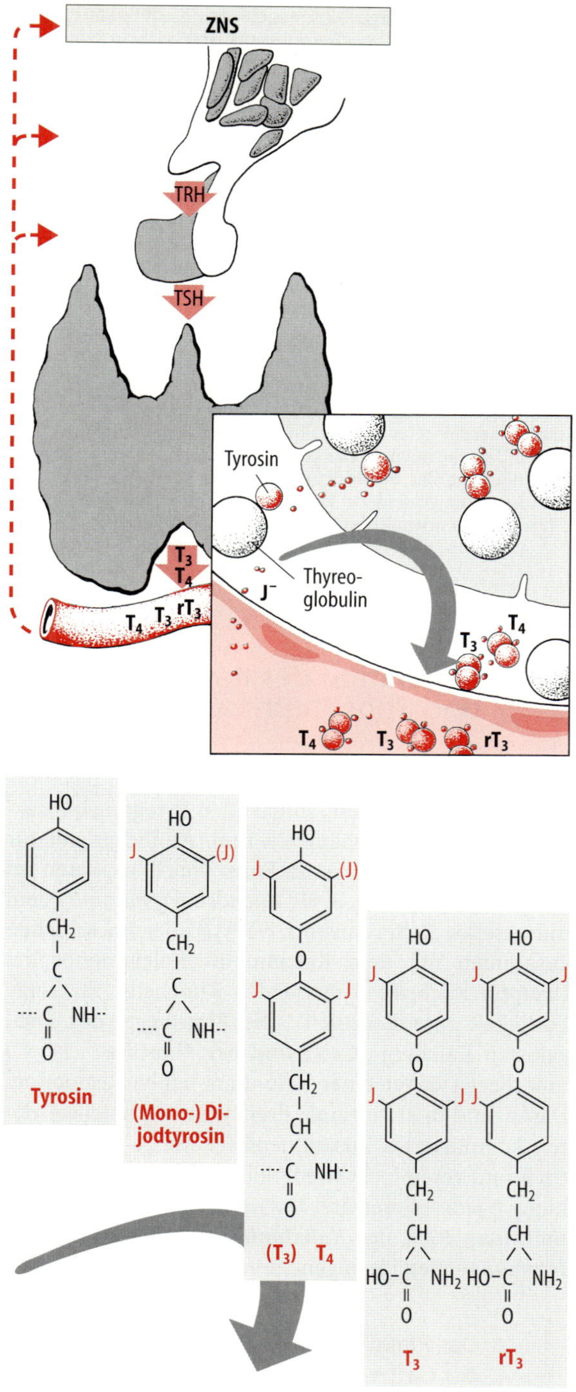

Abb. 5-9. Produktion, Speicherung, Freisetzung und Regelung der Schilddrüsenhormone. In der oberen Bildhälfte ist der *hypothalamo-hypophysio-thyreoidale Regelkreis* gezeigt. Die Schilddrüsenhormone T_3 und T_4 wirken negativ rückkoppelnd sowohl auf den Hypothalamus wie auf die Hypophyse zurück (*TRH,* Thyreotropin-Releasing-Hormon; *TSH,* Thyreoidea-stimulierendes Hormon). Im mittleren Bildteil ist die *Produktion* der Schilddrüsenhormone, ihre *Zwischenspeicherung* im Kolloid in den Schilddrüsenfollikeln und ihre *endgültige Freisetzung* in das Blut gezeigt. Einzelheiten dieser Vorgänge sind im Text erläutert. Der untere Teil der Abbildung zeigt die *Strukturformeln* der Schilddrüsenhormone und ihrer Vorstufen. Nur das T_3 ist im Körper biologisch wirksam. Es entsteht, wie im Text beschrieben, größtenteils *extrathyreoidal.* Neben dem T_3 wird im Blut ein *reversed T_3 (rT_3)* gefunden. Dieses entsteht durch Dejodierung an der falschen Stelle (nämlich am Phenolring statt am Tyrosinring). Es ist ebenfalls biologisch unwirksam

Läppchenbezirke gegliederten Bläschen, den ***Follikeln,*** in denen die Schilddrüsenhormone enthalten sind. Das biologisch wirksame Hormon der Schilddrüse *(Thyreoidea)* ist das ***Trijodthyronin, T_3.*** Es stimuliert den gesamten Stoffwechsel des Körpers, insbesondere die ***Proteinsynthese.*** Bei Kindern fördert das T_3 auch das ***körperliche Wachstum,*** bei Säuglingen vor allem auch die ***Hirnreifung.*** Die Freisetzung der Schilddrüsenhormone wird von dem HVL-Hormon ***TSH*** (Tabelle 5-1) gesteuert. Dieses wiederum unterliegt der Kontrolle des hypothalamischen Neurohormons ***TRH*** (Tabelle 5-2, Abb. 5-6, Abb. 5-9). Die Schilddrüsenhormone enthalten Jod. Dieses muß mit der Nahrung aufgenommen werden (ca. 150 µg/Tag) [19,24].

Synthese, Speicherung und Freisetzung der Schilddrüsenhormone

Ausgangspunkt der Hormonsynthese in den Schilddrüsenzellen ist die Bildung eines hochmolekularen Eiweißes, nämlich des ***Thyreoglobulins.*** Dieses Protein enthält in seinen Aminosäureketten an vielen Stellen die Aminosäure *Tyrosin.* An diese Aminosäuren wird *Jod* angelagert. An jedes Tyrosinmolekül lagern sich ein oder zwei Jodmoleküle an. Anschließend verbinden sich, *immer noch innerhalb des Thyreoglobulins,* je zwei dieser jodierten Tyrosinmoleküle miteinander. Es entsteht vor allem ***Thyroxin*** (mit 4 Jodatomen, also *Tetrajodthyronin* oder ***T_4***) und in kleineren Mengen ***Trijodthyronin, T_3*** (mit 3 Jodatomen).

Als nächster Schritt wird das *T_3 und T_4 enthaltende Thyreoglobulin* aus den Schilddrüsenzellen ausgeschieden und in den eingangs erwähnten *Schilddrüsenfollikeln zwischengelagert.* Der dort gespeicherte Vorrat an Schilddrüsenhormon ist in der Regel so groß, daß der Körper einige Monate ohne Jodzufuhr auskommen kann.

Zur ***Freisetzung der Schilddrüsenhormone*** wird das *Thyreoglobulin* wieder aus den Follikeln in die Drüsenzellen aufgenommen und dort abgebaut. Die so freigesetzten ***T_3- und T_4-Moleküle*** diffundieren aus den Drüsenzellen in das Blut. Dort lagern sie sich zum größten Teil an Plasmaeiweiße an. Von etwa einem Drittel der T_4-Moleküle wird außerhalb der Drüsenzellen ein Jodmolekül abgespalten, sie werden also *in T_3-Moleküle umgewandelt.* Dies bedeutet, daß etwa 80–90 % des T_3 außerhalb der Schilddrüse (extrathyreoidal) durch Dejodierung von T_4 entsteht.

Die Regulation der Schilddrüsenhormonproduktion erfolgt über TSH und TRH

Der Regelkreis der Schilddrüsenhormonproduktion ist in Abb. 5-9 skizziert. Die gesamten, eben geschilderten Vorgänge der Synthese, Vorratshaltung und Freisetzung von T_3 und T_4 unterliegen dem *glandotropen Hypophysenvorderlappenhormon* ***Thyreoidea-stimulierendes Hormon, TSH,*** auch ***Thyreotropin*** genannt

(Tabelle 5–1). Die TSH-produzierenden Drüsenzellen des HVL unterliegen wiederum der Kontrolle des hypophysären Releasinghormons ***TRH** (Thyreotropin-Releasing-Hormon)* (Tabelle 5–2 und Abb. 5–6). Die Schilddrüsenhormone T_3 und T_4 wirken *negativ rückkoppelnd* sowohl auf den Hypothalamus wie auf die Hypophyse zurück (Abb. 5–9). Bei hohen Blutkonzentrationen von T_3 und T_4 ist daher die TSH-Sekretion minimal. Umgekehrt ist bei niedrigen Schilddrüsenhormonspiegeln im Blut die TSH-Sekretion sehr hoch.

TRH findet sich übrigens fast überall im Zentralnervensystem. Es greift in eine Vielzahl von Verhaltensfunktionen ein. Bisher konnte allerdings keine einheitliche Funktion für Verhalten identifiziert werden.

Das T_3 steigert den Energieumsatz in allen Zellen des Körpers, v. a. die Eiweißsynthese, aber auch die Verbrennung von Kohlenhydraten und Fetten

Die auffälligste Wirkung des T_3 ist die *Beeinflussung des Energieumsatzes,* die auch ***kalorische Wirkung*** genannt wird. Bei Ausfall der Schilddrüsenhormone sinkt der Energieumsatz im Extremfall auf die Hälfte des Grundumsatzes ab (Definition *Grundumsatz* s. S. 206 f). Durch überschüssige Zufuhr von T_3 können Steigerungen des Ruheenergieumsatzes auf fast das Doppelte des Grundumsatzes erreicht werden.

Die diesen Effekten zugrunde liegenden Mechanismen sind bisher nicht vollständig geklärt [10]. Wahrscheinlich bindet das T_3 an ein Rezeptormolekül im Zellkern. Es stimuliert auf diese Weise über *genomische Effekte* sowohl die *Transkription* als auch die *Translation* (s. dazu S. 18 f). Dadurch wird in allen Zellen die ***Eiweißsynthese gesteigert.*** Andererseits *aktiviert T_3 mitochondriale Enzyme,* was den ***oxydativen Abbau von Kohlenhydraten und Fetten erhöht.*** Alle drei Grundnährstoffe sind somit an der thyreogenen Umsatzsteigerung beteiligt.

Die Schilddrüsenhormone sind unerläßlich für eine normale ***Verknöcherung der Wachstumsfugen.*** Beim Ausfall der Schilddrüsenfunktion im jugendlichen Alter bleibt daher das Wachstum zurück. Die Hirnreifung und damit die ***geistige Entwicklung*** eines Kindes ist ebenfalls von der normalen Funktion des Schilddrüsensystems abhängig (s. u.).

Hypothyreose. Bei einer *Unterfunktion der Schilddrüse* bildet sich in der Regel eine starke Vergrößerung der Schildddrüse *(hypothyreotischer Kropf)* aus. Die Kropfbildung läßt sich aus Abb. 5–9 leicht verständlich machen: infolge des gesenkten T_3- und T_4-Spiegels entfällt die negative Rückkopplung, es wird im HVL daher vermehrt TSH gebildet, das das Wachstum der Schilddrüse steigert. Eine häufige Ursache mangelhafter Schilddrüsenhormonproduktion ist *Jodmangel in der Nahrung.* Durch eine *Jodprophylaxe,* z. B. Zuführen von geringen Mengen Jodchlorid mit dem Kochsalz, kann dem begegnet werden.

Das *Fehlen von Schilddrüsenhormonen im frühen Kindesalter* führt zu schwerer körperlicher und geistiger Retardierung, genannt ***Kretinismus.*** In Utero wird ein Fetus, der nicht genügend Schilddrüsenhormone produziert, noch ausreichend von der Mutter versorgt. Das neugeborene Kind benötigt dann eine rasche Substitutionstherapie, um irreversiblen Hirnschäden, bis hin zur *Idiotie* vorzubeugen. In fast allen zivilisierten Ländern ist daher die routinemäßige Analyse von Neugeborenenblut auf Schilddrüsenhormone *(Hypothyreosescreening)* eingeführt. Beim *Erwachsenen* ist die Hypothyreose durch Verlangsamung aller Stoffwechselvorgänge und damit einer Verminderung der körperlichen und geistigen Aktivität gekennzeichnet. Auffällig ist die ***Myxödem*** genannte teigige Verdickung der Haut, die durch Vermehrung und Quellung des Bindegewebes und Einlagerung einer schleimigen Substanz (Muzin) bedingt ist. Alle Symptome sind durch Gabe von Schilddrüsenhormon voll reversibel.

Hyperthyreose. Ein hyperthyreotisches Krankheitsbild stellt die seit langem bekannte ***Basedow-Krankheit*** dar. Neben den obengenannten Stoffwechselsteigerungen (die den Patienten übererregt erscheinen lassen), wird bei vielen Patienten ein starkes Hervortreten der Augäpfel *(Exophthalmus)* beobachtet, dessen Ursache noch unklar ist. Auch kann es zu einer kropfigen Vergrößerung der Schilddrüse *(Struma)* kommen. Therapeutisch kann die gesteigerte Hormonproduktion durch Gabe von *Thyreostatika* normalisiert werden.

5.6 Regulation des Kalzium- und Phosphathaushaltes

Überblick. *Kalzium* spielt an vielen Stellen des Körpers eine Schlüsselrolle, so bei allen Erregungsprozessen und beim Knochenwachstum. Ähnliches gilt für den *Phosphor,* der meist in Form von Phosphaten im Körper vorkommt, z. B. als *Adenosintriphosphat* (dem universellen Zellbrennstoff, s. S. 33), oder im Knochen zusammen mit dem Kalzium als Kalziumphosphat (hauptsächlichstes Mineral des Knochens, für seine Festigkeit verantwortlich). Die Blutspiegel des ional gelösten Kalziums (Ca^{2+}) und des Phosphats (PO_4^{3-}) unterliegen daher einer besonders feinen Regulation. Daran sind in erster Linie drei Hormone beteiligt, deren kompliziertes Zusammenspiel Abb. 5–10 schematisch und vereinfacht wiedergibt. Die wichtigsten Wirkungen jedes dieser drei Hormone, nämlich des ***Parathormons, PTH,*** des ***Kalzitonins*** und des ***Vitamin-D-Hormons*** sollen im folgenden kurz beleuchtet werden.

Das Parathormon (PTH) wird durch Abfall der Ca^{2+}-Konzentration im Blut freigesetzt

Das Polypeptid *Parathormon* wird in den der Schilddrüse aufliegenden ***Nebenschilddrüsen*** *(Glandulae parathyreoideae, Epithelkörperchen)* gebildet. Der physiologische Reiz für seine Freisetzung in das Blut ist eine *erniedrigte Kalziumionenkonzentration* [5,16]. Das PTH veranlaßt die Knochenzellen (Osteoklasten) vermehrt Kalzium und Phosphat aus den Knochen herauszulösen. Gleichzeitig hemmt das PTH die Kalziumausscheidung in der Niere und erhöht die des Phosphats. Im Endeffekt steigt dadurch der Blut-Kalzium-Spiegel an (womit der Anreiz zu weiterer PTH-Freisetzung entfällt).

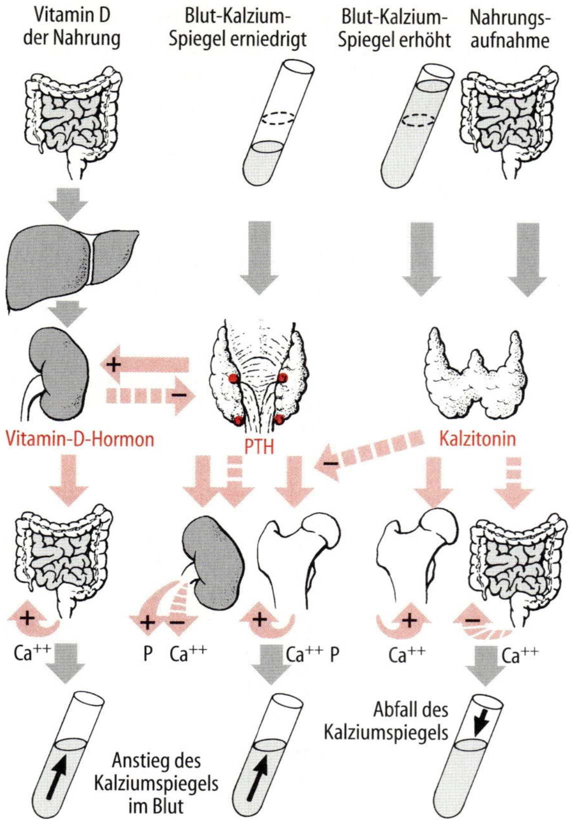

Abb. 5–10. Hormonelle Einstellung der Kalziumhomöostase. *Bildmitte:* ein erniedrigter Blut-Kalzium-Spiegel stimuliert die Sekretion des *Parathormons (PTH)* aus den Epithelkörperchen und damit die Osteolyse (vermehrte Freisetzung von Kalzium und Phosphat aus dem Knochen). Gleichzeitig wird die Phosphatausscheidung in der Niere erhöht, die des Kalziums gehemmt. *Rechts im Bild:* ein erhöhter Blut-Kalzium-Spiegel und Nahrungsaufnahme setzen *Kalzitonin* aus den C-Zellen der Schilddrüse frei. Dadurch wird vermehrt Kalzium in die Knochen eingebaut, die Osteolyse gehemmt und durch Verlangsamung des Verdauungsprozesses eine zu rasche Kalziumresorption aus dem Darm verhindert. *Links im Bild:* Aus Vitamin D wird in Leber und Niere Vitamin-D-Hormon. Seine Bildung wird vom Parathormon gefördert, und es unterstützt dessen Wirkungen durch die Erhöhung der Kalziumaufnahme im Darm. Gleichzeitig wird die PTH-Freisetzung gehemmt

Vitamin-D-Hormon (Kalzitriol) ergänzt die Wirkungen von PTH über eine vermehrte Kalziumaufnahme im Darm

Das mit der Nahrung direkt oder als Vorform aufgenommene Vitamin D (s. S. 218) wird in Leber und Niere schließlich in das *Vitamin-D-Hormon* umgewandelt (Abb. 5–10). Diese Umwandlung wird vom PTH gefördert. Da Vitamin-D-Hormon die Kalziumaufnahme im Darm erhöht, wirkt es in die gleiche Richtung wie PTH, es steigert also den Blut-Kalzium-Spiegel. Gleichzeitig hemmt Vitamin-D-Hormon die PTH-Freisetzung, so daß hier auf kürzestem Weg ein Regelkreis geschlossen wird (Abb. 5–10). Ein synonymer Ausdruck für Vitamin-D-Hormon ist *Kalzitriol.*

Das Kalzitonin (Thyreokalzitonin) wird durch Anstieg der Ca^{2+}-Konzentration im Blut freigesetzt

Das Polypeptid *Kalzitonin* stammt aus Drüsenzellen, die sich verstreut in der Schilddrüse finden, den *C-Zellen.* Umgekehrt wie beim PTH wird es immer dann freigesetzt, wenn der *Blutkalziumspiegel erhöht* ist [5,13]. Es bewirkt dann einen vermehrten Einbau von Kalzium in die Knochen. Auch Nahrungsaufnahme erhöht die Kalzitoninfreisetzung (Abb. 5–10). Dadurch wird das mit der Nahrung aufgenommene Kalzium rasch in die Knochendepots eingebaut. Kalzitonin verlangsamt außerdem den Verdauungsprozeß (ebenfalls in Abb. 5–10 zu sehen). Dadurch wird zusätzlich gewährleistet, daß die Kalziumaufnahme aus dem Darm nicht zu schnell erfolgt und der Blutkalziumspiegel möglichst ungestört bleibt.

Pathophysiologie des Kalzium- und Phosphathaushaltes

Rachitis. Bei ungenügender Zufuhr von Vitamin D oder seinen Vorstufen kann nicht genügend Vitamin-D-Hormon gebildet werden. Dies stört die Kalziumaufnahme aus dem Darm und führt zu einer ungenügenden Knochenkalzifizierung, verbunden mit erniedrigter Kalziumionenkonzentration im Blut. Dadurch wird vermehrt PTH ausgeschüttet (s. o.), was eigentlich die Vitamin-D-Hormonbildung in der Niere stimulieren müßte. Klinisch macht sich der mangelnde Einbau von Kalziumphosphat vor allem bei Kindern in Störungen des Knochenwachstums und in Verbiegungen der „zu weichen" Knochen (z. B. die bekannten O-Beine) bemerkbar.

Hypoparathyreodismus. Bei einer Unterfunktion der Nebenschilddrüsen kommt es zu einem chronisch zu niedrigen Blutkalziumspiegel (und zu hohen Phosphatspiegel). Die Senkung des Kalziumspiegels führt zu einer Erhöhung der neuromuskulären Erregbarkeit. Schon leichte, normalerweise unterschwellige elektrische oder mechanische Reize (z. B. Beklopfen eines motorischen Nerven) bewirken unter diesen Umständen eine tonische Kontraktion der Skelettmuskulatur. Die Krämpfe treten schließlich spontan auf. Infolge tonischer Kontraktion der Atem- und Kehlkopfmuskulatur kann rasch der Tod eintreten. Dieses Krankheitsbild wird als ***Tetanie*** bezeichnet.

Hyperparathyreodismus. Dieses Krankheitsbild kommt bei gutartigen Geschwülsten *(Adenomen)* der Nebenschilddrüsen vor, die zuviel PTH produzieren. Es treten dabei sehr hohe Kalziumspiegel im Blut auf. Bei dieser ***Hyperkalziämie*** stehen als renale Symptome *Polyurie* und *Polydipsie* im Vordergrund. Häufig findet man bei den Patienten aber auch neurologische Symptome, nämlich *Adynamie, Reflexabschwächung* und *uncharakteristische EEG-Veränderungen.* Es kommt auch zu Kalkeinlagerungen in den Gefäßen und in der Niere (auch in Form von *Nierensteinen*).

Osteoporose. Neben den bisher genannten Hormonen haben auch die Sexualhormone einen beträchtlichen Einfluß auf Knochenauf- und -abbau. Insbesondere die Östrogene haben einen deutlich konservierenden Effekt. Fällt dieser aus, kommt es zur *Osteoporose,* d.h. einem Abbau von Knochenmasse („Knochenerweichung", „Entkalkung"). Die Osteoporose ist die *häufigste Skeletterkrankung des Menschen* – zahlenmäßig führt die des weiblichen Geschlechts, in Verbindung mit dem Östrogenausfall nach der Menopause. Daneben gibt es viele andere Osteoporoseformen (z. B. beim Cushing-Syndrom durch erhöhte Kortisolausschüttung, s. u.), v. a. im fortgeschrittenen Lebensalter [5].

5.7 Die Hormone der Nebennieren

Überblick über die Hormone von Nebennierenmark und Nebennierenrinde

Die Nebennieren sind zwei kleine Drüsen, die den oberen Nierenpolen aufliegen. Jede wiegt beim Menschen etwa 4 g. Jede Nebenniere besteht aus zwei morphologisch und funktionell völlig unterschiedlichen Anteilen, nämlich der ***Nebennierenrinde*** und dem ***Nebennierenmark.***

Die Drüsenzellen des ***Nebennierenmarks*** sind modifizierte Zellen des *sympathischen Nervensystems.* Sie bilden die beiden *(Neuro-)Hormone* ***Adrenalin*** und ***Noradrenalin,*** die im sympathischen Nervensystem auch als Überträgerstoffe dienen (v.a. das *Noradrenalin,* chemische Formel in Abb. 5–1 C). Das Nebennierenmark wird, genau wie andere postganglionäre sympathische Nervenzellen, von präganglionären sympathischen Nervenzellen innerviert und aktiviert (s. S. 147 zur Erläuterung der Begriffe prä- und postganglionär). Es ist also ein spezieller Teil des ***sympathischen*** und damit des ***autonomen Nervensystems.*** Seine Arbeitsweise und seine Aufgaben werden daher dort abgehandelt (s.Kap. 9).

Die ***Nebennierenrinde*** hat einen dreischichtigen Aufbau. Jede Schicht bildet bevorzugt eine chemisch und funktionell zusammengehörige Gruppe von Hormonen aus, nämlich die innerste Schicht *(Zona reticularis)* überwiegend männliche Geschlechtshormone oder ***Androgene,*** die mittlere Schicht *(Zona fasciculata)* hauptsächlich ***Glukokortikoide*** und die äußere Schicht *(Zona glomerulosa)* vor allem ***Mineralokortikoide*** [18].

Beim Mann werden etwa ein Drittel aller ***Androgene*** in der Nebennierenrinde, die übrigen zwei Drittel im Hoden gebildet. Bei der Frau stellt die Nebennierenrinde die bedeutendste Androgenquelle dar. Das wichtigste adrenale Androgen ist das ***Dehydroepiandrosteron (DHEA).*** Die Rolle der Androgene bei Mann und Frau wird zusammen mit der der übrigen Geschlechtshormone in Kap. 25 im Zusammenhang besprochen.

Die ***Glukokortikoide*** unterstützen Prozesse, die dafür sorgen, daß den Zellen des Körpers *Glukose zur Verfügung gestellt* wird, z. B. durch Anregen der *Glukoneogenese* der Leber (Umwandlung von Aminosäuren in Glukose). Daneben haben die Glukokortikoide weitere Aufgaben, v. a. im Stoffwechsel, beim Verhalten und im Immunsystem (s. u.). Das ***Kortisol*** ist der beim Menschen wichtigste Vertreter der *Glukokortikoide.* Der wichtigste Vertreter der ***Mineralokortikoide*** ist das ***Aldosteron.*** Seine Rolle bei der Harnbildung wird im Kap. 12 erörtert. Auf die Mineralokortikoide wird daher hier nicht weiter eingegangen.

Die Glukokortikoide fördern die Glukoneogenese; sie schwächen in hohen Dosen die Infektabwehr und sie haben auch zentralnervöse und Kreislaufwirkungen

Metabolische Wirkungen. Unter der Einwirkung hoher Kortisolspiegel werden in der Leber Aminosäuren zu Glukose umgewandelt. Dieser Prozeß, dem die Glukokortikoide ihren Namen verdanken, wird ***Glukoneogenese*** genannt. Die Glukoneogenese wird besonders beim Fasten und beim Hungern aktiviert, um nach Erschöpfen der Glykogenvorräte einen möglichst konstanten Blutzuckerspiegel aufrecht zu erhalten. Die für die Glukoneogenese notwendigen Aminosäuren werden durch Abbau von Körpereiweiß, insbesondere von Skelettmuskulatur gewonnen *(eiweißkatabole Wirkung).* Kortisol aktiviert unter diesen Bedingungen auch die Freisetzung von Glyzerin und Fettsäuren aus den Fettvorräten des Körpers *(Lipolyse),* um weiteren Zellbrennstoff bereitzustellen. Das Kortisol wirkt also in die gleiche Richtung wie das *Glukagon* (s. S. 70) und ist insoweit auch ein Gegenspieler des *Insulins.*

Immunologische Wirkungen. Kortisol in *pharmakologischen,* d.h. hohen Dosen, verursacht eine drastische Unterdrückung des Aufbaus und der Aktivität des lymphatischen Gewebes. Die Lymphozyten und die eosinophilen Granulozyten des Blutes werden deutlich weniger. Auch die Produktion von Antikörpern wird reduziert. Insgesamt wird dadurch die *Abwehr körperfremder Eiweiße* und damit die ***Infektabwehr geschwächt.*** Diese, im allgemeinen unerwünschte Wirkung wird heute als eine Form der ***immunsuppressiven Therapie*** ausgenutzt, um bei Organtransplantationen eine Abstoßung des verpflanzten Gewebes zu verhindern.

In diesem Zusammenhang sind auch die ***entzündungshemmenden*** oder ***antiphlogistischen Wirkungen*** des Kortisols zu sehen. Die Gefäßerweiterung im Entzündungsgebiet (sichtbar an der Rötung) wird ebenso reduziert wie die lokale Schwellung (Ödembildung durch erhöhte Durchlässigkeit der Blutkapillarwände). Schließlich gehört zu den immunologischen Wirkungen des Kortisols auch seine starke ***antiallergische Wirkung,*** die im wesentlichen darauf zurückzuführen ist, daß die Entzündungsreaktion, die durch die Antigen-Antikörper-Reaktion normalerweise ausgelöst wird, vom Kortisol unterdrückt wird.

Wirkungen auf Nervensystem und Sinnesorgane. Die Glukokortikoide haben starke, aber im einzelnen schwer voraussagbare ***Effekte auf das Nervensystem.*** Insuffizienz der Nebennieren ist oft von einer Verlangsamung der EEG-Aktivität begleitet. Erhöhte Kortisolspiegel erniedrigen die Erregbarkeitsschwelle. Die *erhöhte Krampfbereitschaft* von Epilepsiepatienten *nach Kortisolzufuhr* ist möglicherweise auf diesen Mechanismus zurückzuführen. Hohe Dosen von Kortisol führen auch zu *Schlaflosigkeit.* Bei vielen Patienten kommt es zu Beginn einer Kortisoltherapie zu *Euphorie,* während im Laufe einer Langzeittherapie psychische Störungen manifest werden können. Depressionen sind ein häufiges Problem. Verhaltens- und andere Störungen können sowohl bei Mangel wie bei Überschuß von Kortisol auftreten. Membranrezeptoren für Kortisol kommen an vielen Stellen des Gehirns vor, ihre Funktionen sind aber noch weitgehend im Dunkeln.

Einen erheblichen Einfluß haben die Glukokortikoide auch auf die ***Funktion der Sinnesorgane.*** Die Qualitätsunterscheidung, z. B. „süß" bei Zuckerlösung und „salzig" bei Salzlösung, ist bei Nebennierenrindeninsuffizienz verschlechtert, d. h. es werden höhere Konzentrationen der Stoffe benötigt, wenn zwischen „süß" und „salzig" unterschieden werden soll. Vergleichbare Verschlechterungen der Sinnesleistungen finden sich auch in anderen Modalitäten, so beim *Geruch* und beim *Gehör* (s.a. Kap. 6).

Permissive Wirkung auf die Gefäßmuskulatur. Der starke Blutdruckabfall während eines Kreislaufschocks kann oft durch Gabe blutdrucksteigernder Mittel, wie Noradrenalin, nicht ausreichend beeinflußt werden. In solchen Fällen kommt es häufig nach einer hohen Kortisoldosis zu prompten und eindrucksvollen Besserungen. Diese sind wahrscheinlich darauf zurückzuführen, daß Kortisol zwar selbst keine direkten gefäßverengenden Wirkungen hat, die glatte Muskulatur der Gefäße aber für die Wirkung der Katecholamine (Adrenalin, Noradrenalin) sensibilisiert. Diesen Effekt bezeichnet man als die ***permissive Wirkung*** des Kortisols. Sie kommt möglicherweise auch an anderen Stellen vor [8,24].

Der Regelkreis der Kortisolfreisetzung schließt ACTH aus dem HVL und CRH aus dem Hypothalamus ein

Die Kortisolfreisetzung wird von einem der vier glandotropen Hormone des HVL, nämlich dem ***ACTH,*** gesteuert (Tabelle 5–1), das seinerseits der Kontrolle des hypophysären Releasinghormons ***CRH*** unterliegt (Tabelle 5–2, Abb. 5–6). Der hypothalamo-hypophysioadrenale Regelkreis ist in seinen wesentlichen Anteilen in Abb. 5–11 skizziert. Es ist zu sehen, daß das im Blut zirkulierende Kortisol selbst in Form einer negativen Rückkopplung hemmend auf die weitere Freisetzung von *CRH* und *ACTH* im Hypothalamus bzw. dem HVL wirkt und damit den Regelkreis an diesen beiden Stellen schließt [18].

Abb. 5–11 zeigt auch, daß ***Streßsituationen aller Art*** den Regelkreis durch vermehrte Freisetzung von *CRH* deutlich verstellen können [4]. Die dadurch induzierte ACTH-Freisetzung kann in starken Streßsituationen so intensiv sein, daß mehr *ACTH* im Blut auftaucht, als für eine maximale Kortisolsekretion notwendig ist.

Tiere ohne Nebennieren überleben Streßsituationen schlechter als normale Tiere. Dennoch ist bis heute nicht völlig klar, welche physiologischen Aufgaben die hohen Kortisolspiegel unter Streß haben. Möglicherweise spielen auch hier ***permissive Wirkungen*** des Kortisols (s. o.) eine wichtige Rolle.

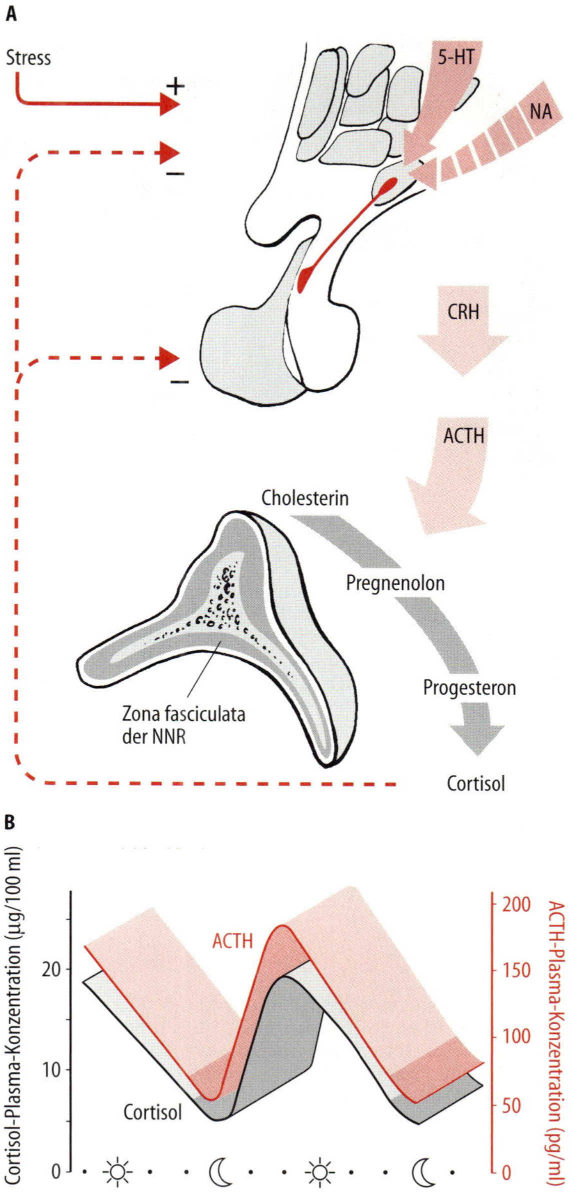

Abb. 5–11. Regelung der Glukokortikoidfreisetzung am Beispiel des Kortisols und deren Abhängigkeit von der zirkadianen Periodik. **A** *Hypothalmo-hypophysio-adrenaler Regelkreis.* Die Kortikoide der Nebennierenrinde werden wie alle Steroidhormone aus *Cholesterin* gebildet, wobei das *Pregnenolon* die Ausgangssubstanz aller dort gebildeten Hormone ist. Das *Kortisol* wird in der *Zona fasciculata* synthetisiert. Die Regelung seiner Freisetzung über *ACTH,* das wiederum von *CHR* kontrolliert wird, ebenso wie die übergeordneten Einflüsse sind im Text erläutert. **B** Blutplasmakonzentrationen von *ACTH* und *Kortisol* beim Menschen im Tagesverlauf. Am Morgen ist die Konzentration beider Hormone am höchsten, um Mitternacht am tiefsten. Die Veränderungen des ACTH-Spiegels gehen denen des Kortisol voraus. **B** nach M. P. Sambi, Ann. Inter. Med. 79:411, 1973

Die der *zirkadianen Periodik* (s. Kap. 23) folgenden ***tagesrhythmischen Schwankungen des Kortisolspiegels*** sind ebenfalls durch entsprechende *Schwankungen der ACTH-Freisetzung* verursacht (Abb. 5–11 B). Diese wiederum sind wahrscheinlich durch die zirkadiane Periodik der CRH-produzieren-

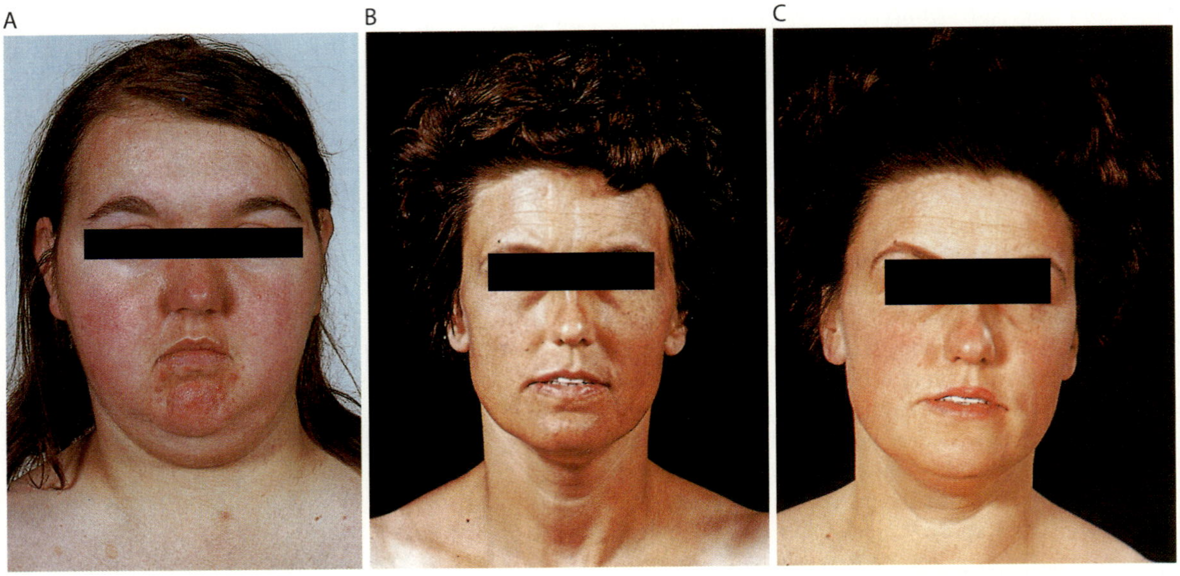

Abb. 5-12. Folgen der Über- und Unterproduktion von Hormonen der Nebennierenrinde. **A** Typisches aufgeschwemmtes „Mondgesicht" einer Cushing-Patientin mit Akne und leichter Vermännlichung (Hirsutismus) mit Haarausfall. **B, C** Addison-Patientin vor (B) und nach (C) Behandlung mit Glukokortikoiden. Das Gesicht in B ist schmal und pigmentiert. Nähere Erläuterung der beiden Krankheitsbilder im Text. (Mit freundlicher Genehmigung aus Besser GM, Cudworth AG (eds) (1987) Clinical endocrinology. Chapman & Hall, London)

den Neurohormonzellen des Hypothalamus bedingt. Die dabei beteiligten zentralen Neurotransmitter sind wahrscheinlich *Noradrenalin* (hemmende Wirkung auf CRH-Neurone) und *Serotonin* (5-HT, erregende Wirkung auf CRH-Neurone).

Pathophysiologie der Nebennierenrinde

Erhöhte Kortisolspiegel, Cushing-Syndrom. Die wichtigsten klinischen Zeichen einer chronischen Steigerung des Kortisolspiegels sind: Fettsucht mit charakteristischer Fettverteilung (Mondgesicht, Stammfettsucht), erhöhter Blutzuckerspiegel (prädiabetogene Stoffwechsellage), Zuckerausscheidung im Harn, vermehrter Eiweißabbau, Wasser- und Kochsalzretention (Ödembildung), Entkalkung der Knochen (Osteoporose), hoher Blutdruck (Hypertonie) und Depressionen sowie kognitive Störungen (s. Abb. 5-12). Die erhöhte Kortisolfreisetzung kann Folge einer Geschwulst der Nebenierenrinde oder des HVL sein („peripheres" bzw. „zentrales" Cushing-Syndrom).

Verminderte Kortisolspiegel, adrenogenitales Syndrom. Hier bewirkt ein genetischer Defekt, daß statt Kortisol ein Androgen in der Nebennierenrinde gebildet wird. Das Androgen wirkt bei Mädchen virilisierend und ruft bei Knaben eine vorzeitige Pubertät hervor. Durch die fehlende Rückkopplung wird vom HVL vermehrt ACTH freigesetzt, das die falsche Hormonsynthese der Nebennierenrinde nur noch weiter antreibt. Therapeutische Gaben von Kortisol unterbrechen diesen Circulus vitiosus. Da aber eine Maskulinisierung des Gehirns erfolgte, haben periphere Kortisolgaben keinen Einfluß mehr auf die sexuelle Orientierung, die auf das weibliche Geschlecht gerichtet ist, unabhängig vom genetischen oder äußerlich sichtbaren Geschlecht.

Verminderte Aldosteronspiegel, Addison-Krankheit. Eine Verminderung aller Hormone der Nebennierenrinde kennzeichnet die ***Addison-Krankheit***, bei der jedoch der Ausfall der Mineralokortikoide das Krankheitsbild beherrscht. Es kommt zu schweren Störungen im Salz-Wasser-Haushalt (s. die Aufgaben des Aldosterons S. 234). Zusätzlich tritt eine vermehrte Hautpigmentierung („Bräune" der Haut auf; s. Abb. 5-12). Diese ist dadurch bedingt, daß bei der Synthese des ACTH aus seiner großmolekularen Vorstufe ein Polypeptid „nebenher" entsteht, nämlich das Melanozyten-stimulierende Hormon, MSH. Da die ACTH-Freisetzung mangels hemmender Rückkopplung stark erhöht ist, wird auch vermehrt MSH freigesetzt. Dies bewirkt die verstärkte Pigmentierung der Haut.

ZUSAMMENFASSUNG

Hormone werden als Botenstoffe von ihren Bildungsorten, den endokrinen Drüsenzellen freigesetzt und über den Blutkreislauf zu ihren Zielzellen transportiert. Neben dieser klassischen Form der Hormonwirkung kommt es auch vor, daß Hormone in der unmittelbaren Nachbarschaft ihrer Freisetzung (ohne Bluttransport) oder direkt auf die Drüsenzellen selbst wirken. Ersteres wird parakrine, letzteres autokrine Hormonwirkung genannt. Ein Hormon kann neben seiner klassischen auch parakrine und/oder autokrine Wirkungen haben.

Die Bindungsstellen der Hormone an ihren Zielzellen werden Rezeptoren genannt, genau wie die Bindungsstellen der synaptischen Überträgerstoffe an den postsynaptischen Membranen. Ein Hormon hat häufig etwas unterschiedliche Rezeptoren, wie z. B. die α- und β-Rezeptoren von Adrenalin/Noradrenalin. Gleiches gilt wiederum für synaptische Rezeptoren, wie das eben genannte Beispiel deutlich zeigt, denn die Katecholamine sind sowohl Hormone als auch synaptische Überträgerstoffe.

Stoffe, die sich an dieselben Rezeptoren binden wie hormonelle oder synaptische Botenstoffe und dort dieselben Wirkungen ausüben, nennt man Agonisten. Antagonisten sind Stoffe, die ebenfalls binden, aber die normalerweise nachfolgenden Funktion nicht auslösen, sondern blockieren. Viele Arzneimittel und Drogen sind Agonisten oder Antagonisten hormoneller oder synaptischer Botenstoffe.

Die Hormonrezeptoren sitzen entweder in der Zellmembran oder im Zytosol oder im Zellkern. Hormonbindungen an zytosolische und nukleäre Rezeptoren verändern die Proteinsynthese der Zelle (genomische Wirkung), die Bindung an membranständige Rezeptoren aktiviert in der Regel sekundäre Botenstoffe, die die hormonelle Botschaft ins Zellinnere zur Ausführung vielfältiger Aufgaben tragen.

Die Mehrzahl der Hormone sind aus Aminosäuren aufgebaut (Peptid- und Proteinhormone, Katecholamine). Sie haben membranständige Rezeptoren, mit Ausnahme der Schilddrüsenhormone (aus 2 Molekülen Tyrosin aufgebaut), deren Rezeptoren in den Zellkernen sitzen. Alle anderen Hormone sind Lipide (Steroide, vom Cholesterin abgeleitet). Ihre Rezeptoren sind im Zytosol lokalisiert.

Praktisch alle Hormone sind Teile von biologischen Regelkreisen, die so aufgebaut sind, daß die geregelte Größe (z. B. der Blutzuckerspiegel) möglichst konstant gehalten wird. Die aus der Technik stammenden Grundbegriffe der Regelungslehre werden durch die Biokybernetik auf Vorgänge in lebenden Organismen angewandt.

Die B-Zellen der Langerhans-Inseln produzieren Insulin. Dieses wird bei Anstieg des Blutzuckerspiegels über seinen Sollwert ausgeschüttet und bewirkt die Einlagerung des überschüssigen Blutzuckers in Form von Glykogen in der Leber. Umgekehrt führt der Abfall des Blutzuckerspiegels zur Freisetzung von Glukagon aus den A-Zellen der Langerhans-Inseln. Glukagon stimuliert die Rückumwandlung des Glykogens zu Glukose, genannt Glykogenolyse.

Der Hypophysenvorderlappen, HVL, produziert 3 Geschlechtshormone (FSH, LH, Prolaktin), sowie je eines zur Steuerung der Nebennierenrinde (ACTH) und der Schilddrüse (TSH) und das Wachstumshormon (GH, syn. STH). Die Freisetzung dieser 6 Hormone wird von Neurohormonen des Hypothalamus (Releasing- und Inhibitinghormone) gesteuert.

Der Hypophysenhinterlappen, HHL, speichert ADH und Oxytozin, deren Vorstufen in hypothalamischen Neuronen gebildet werden. Das ADH hemmt die Wasserausscheidung in der Niere. Es hat auch blutdrucksteigernde Wirkung, daher sein 2. Name Vasopressin. Beim Stillen des Säuglings kontrahiert das Oxytozin zur Milchejektion die glatte Muskulatur der mütterlichen Brustdrüse. Ferner ist es bei der Einleitung von Geburtswehen beteiligt (Ferguson-Reflex).

Das hypothalamische Releasinghormon TRH stimuliert im HVL die Sekretion von TSH, das die Bildung und Freisetzung der Schilddrüsenhormone bewirkt. T_3 ist das biologisch wirksame Schilddrüsenhormon. Es steigert v. a. den Energieumsatz in allen Zellen des Körpers, wodurch sich der O_2-Verbrauch (d.h. der Grundumsatz) erhöht.

Der Kalziumhaushalt wird v. a. durch Parathormon (setzt Kalzium aus Knochen frei), Kalzitonin (lagert Kalzium in die Knochen ein) und Vitamin-D-Hormon (erhöht die Kalziumaufnahme im Darm) geregelt. Ihre Zusammenspiel führt zu optimalen Kalziumkonzentrationen im Blut und, in Zusammenarbeit mit weiteren Hormonen, besonders den Östrogenen, zu einem idealen Gleichgewicht zwischen Knochenauf- und -abbau.

Die Glukokortikoide aus der Nebennierenrinde (Hauptvertreter Kortisol) liegen in einem Regelkreis, der ACTH aus dem HVL und CRH aus dem Hypothalamus einschließt. Sie wandeln in der Leber Eiweiße (Aminosäuren) zu Glukose um (Glukoneogenese, eiweißkatabole Wirkung). Sie wirken ferner entzündungshemmend (antiphlogistisch) sowie antiallergisch und haben in hohen (pharmakologischen) Dosen eine immunsuppressive Wirkung. Verhaltens- und andere psychische Störungen (Euphorie, Schlaflosigkeit, depressive Zustände) treten sowohl bei Mangel wie bei Überschuß auf.

Literatur

Weiterführende Lehr- und Handbücher

1. Baulieu EE, Kelly PA (1990) Hormones. From molecules to disease. Chapman and Hall, New York
2. Brush FR, Levine S (1989) Psychoendocrinology. Academic, San Diego
3. Franchimont P (1986) Paracrine. Saunders, Philadelphia (Clinics in endocrinology and metabolism, vol 15, no 1)
4. Genazzani AR, Nappi G, Petraglia F, Martignoni E (eds) (1990) Stress and related disorders from adaptation to dysfunction. Parthenon, Park Ridge
5. Hierholzer K, Schmidt RF (1991) Pathophysiologie des Menschen. VCH, Weinheim
6. Lehninger AL (1998) Prinzipien der Biochemie, 2. Aufl. Spektrum Akademischer Verlag, Heidelberg
7. Nemeroff, CB (ed) (1992) Neuroendocrinology. CRC Press, Boca Raton
8. Schmidt RF (2001) Physiologie kompakt, 4. Aufl. Springer, Berlin Heidelberg New York Tokyo
9. Schmidt RF, Thews G, Lang F (Hrsg) (2000) Physiologie des Menschen, 28. Aufl. Springer, Berlin Heidelberg New York Tokyo
10. Toft AD (1985) Hyperthyroidism. Saunders, Philadelphia (Clinics in endocrinology and metabolism, vol 14, no 2)
11. Wuttke W, Weindl A, Voigt KH, Dries RR (1980) Brain and pituitary peptides. Karger, Basel

Einzel- und Übersichtsarbeiten

12. Brownstein MJ, Russell JT, Grainer H (1982) Biosynthesis of posterior pituitary hormones. Front Neuroendocrinol 7:31–43
13. Canalis E (1983) The hormonal and local regulation of bone formation. Endocr Rev 4/1:62–77
14. Cantin M, Genest J (1985) The heart and the atrial natriuretic factor. Endocr Rev 6/2:107–127
15. Guillemin R (1978) Peptides in the brain: the new endocrinology of the neuron (Nobel lecture). Science 202:390–402
16. Habener JF (1981) Regulation of parathyroid hormone secretion and biosynthesis. Ann Rev Physiol 43:211–223
17. Hughes JP, Friesen HG (1985) The nature and regulation of the receptors for pituitary growth hormone. Annu Rev Physiol 47:469–482
18. Keller-Wood ME, Dallman MF (1984) Corticosteroid inhibition of ACTH secretion. Endocr Rev 5/1:1–24
19. Lenzen S, Bailey CJ (1984) Thyroid hormones, gonadal and adrenocortical steroids and the function of the islets of Langerhans. Endocr Rev 5/3:411–434
20. Leong DA, Frawley LS, Neill JD (1983) Neuroendocrine control of prolactin secretion. Ann Rev Physiol 45:109–127
21. Neill JD (1980) Neuroendocrine regulation of prolactin secretion. Frontiers in neuroendocrinology, vol 6. Raven, New York, pp 129–155
22. Schally AV (1978) Aspects of hypothalamic regulation of the pituitary gland (Nobel lecture). Science 202:18–28
23. Wakerley JB, Lincoln DW (1973) The milk-ejection reflex in the rat. A 20- to 40-fold acceleration in the firing of paraventricular neurons during oxytocin release. J Endocr 57:477–493
24. Wuttke W (1995) Endokrinologie, pp. 370–407 in [9]

6 Psychoneuroendokrinologie

EINLEITUNG

Bei Kindern, die aus einem verwahrlosten oder extrem belastenden Elternhaus stammten, fiel dem großen Entwicklungspsychologen Réne Spitz auf, daß die Kinder häufig kleinwüchsig waren. Im Verhalten waren diese Kinder durch völlige Apathie gekennzeichnet, ein Syndrom, das heute als *gelernte Hilflosigkeit* bezeichnet wird. Spitz führte diese Symptome auf die psychologische Ausnahmesitutation dieser Kinder zurück. Später erkannte man, daß der Kleinwuchs insbesondere mit der belastungsbedingten Schlaflosigkeit der Kinder zusammenhängt. Der Ausfall der ersten Tiefschlafphasen führt zur Unterdrückung der Produktion und Ausschüttung von Wachstumshormon. Dieses Beispiel zeigt deutlich den unauflösbaren Regelkreis zwischen psychologisch-sozialen Bedingungen, endokrinem System, Schlaf und Verhalten, der in diesem Kapitel näher behandelt wird.

6.1 Umwelt, Körperrhythmen und Hormone

Psychologische Prozesse (das Zentralnervensystem) regeln die Hormonsekretion gemeinsam mit den übrigen körperinternen Vorgängen

Organisierende und aktivierende Wirkung von Hormonen. Hormonelle Botschaften sind phylogenetisch alte innerorganismische Prozesse zur Steuerung von Verhalten. Bei Insekten werden zentrale Aufgaben des Überlebens von Hormonen übernommen: Nestbau, Metamorphosen der Larven und Geruchsproduktion und Geruchswahrnehmung zur Anziehung der Mitglieder der eigenen Art. Dabei wirken Peptidhormone, wie wir im vorausgehenden Kapitel gesehen haben, *schnell* (innerhalb von Sekunden), zum Teil genauso schnell wie Neurotransmitter, während Steroidhormone durch den langen Übertragungsweg zum Zellkern zur Anregung der Proteinsynthese *langsame* Übertragungseigenschaften (Minuten, Stunden und länger) aufweisen. Auch für Steroide wird eine schnelle Informationsübertragung durch membranständige Rezeptoren vermutet. Beide Typen von Hormonen können sowohl ***organisierende*** als auch ***aktivierende*** Wirkung haben (s. Kap. 5 und Abb. 6–1).

Abb. 6–1 zeigt die wichtigsten Mechanismen und Organsysteme, die an der Interaktion zwischen Verhalten und Neuroendokrinium beteiligt sind. Dabei wird der spezifische *organisierende* Einfluß der Hormone in der ***Entwicklung*** des Organismus vom *aktivierend-mobilisierenden* unterschieden, der zu allen Zeitpunkten des Lebens wirkt. Über die zentralnervöse Verarbeitung im Zentrum der Abb. 6–1 kann ein Reiz ein Verhalten und/oder eine neuroendokrine Reaktion auslösen und die ausgeschütteten Hormone wirken als Rückmeldung (Feedback, unterer Pfeil auf Abb. 6–1) wiederum auf Verhalten und das Hormonniveau zurück. Zusätzlich beeinflussen Hormonreaktion und Verhalten sowohl die Reizverarbeitung als auch die sozialen Interaktionen (rechts auf Abb. 6–1) [2].

Im Zentralnervensystem sind es vor allem Neuropeptide, die sowohl innerhalb des ZNS als auch durch Ausschüttung in den Blutstrom und periphere Gewebe ihre Wirkung auf das Verhalten entfalten.

Neuropeptide. Unter einem Neuropeptid verstehen wir jedes Peptid, das als endogene Substanz in Nervenzellen vorhanden ist und der Informationsübertragung dient (als Neurotransmitter, Neuromodulator oder als Hormon). Ein Neuromodulator ist eine Substanz, die auf ein Neuron wirkt, indem es die Transmitterausschüttung dieses Neurons verändert.

Abb. 6–2 faßt das Zusammenwirken von Gehirn und endokrinen Regelkreisen zusammen und zeigt die Stellung der Neuropeptide gegenüber den übrigen Typen chemischer Botenstoffe. Daraus erkennt man, daß auch andere Stoffe das ZNS beeinflussen und umgekehrt, Neuropeptide aber neben den Neurotransmittern eine herausragende Stellung haben, da sie direkt im Gehirn (und auch meist in der Peripherie des Körpers) hergestellt werden und wirken. Etwa 100 Neuropeptide sind im ZNS vorhanden, die an den verschiedensten Funktionen beteiligt, aber nur für einige wenige aufgeklärt sind. Tabelle 6–1 gibt die Wirkungen einiger Neuropeptide auf verschiedene psychologische Funktionen wieder, ein Teil dieser Wirkungen wird in den einzelnen Abschnitten dieses Kapitels oder in anderen Kapiteln besprochen.

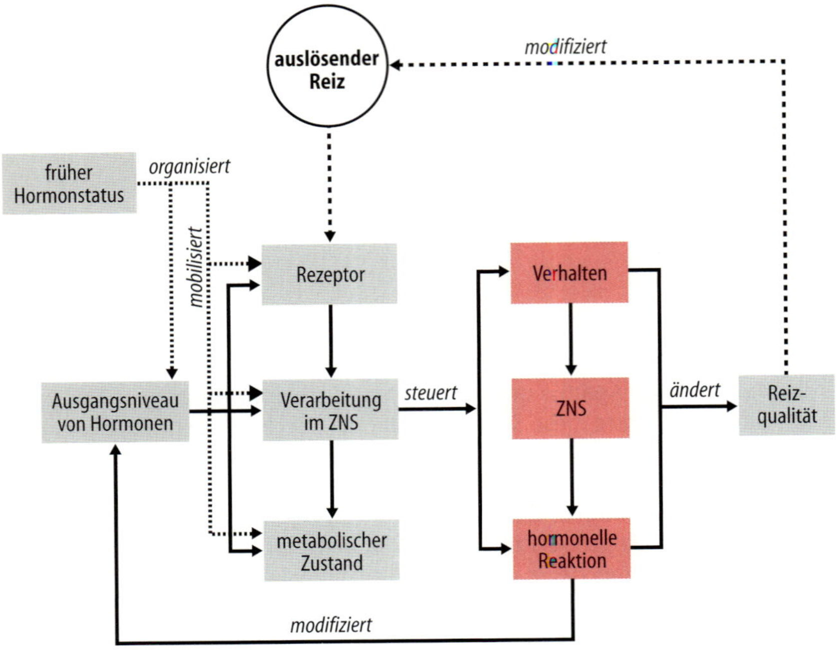

Abb. 6–1. Organisierende und aktivierende Wirkungen von Hormonen auf Verhalten und Wahrnehmung. Eingezeichnet sind auch die rückwirkenden (Feedback) Effekte von Verhalten auf Hormone (*Pfeil unten*), sowohl auf das Ausgangsniveau wie auch auf die hormonelle Reaktion (*links* Ausgangsniveau, *rechts* hormonelle Reaktion, *dick punktierte Pfeile* zeigen Interaktionen zwischen Individuen, *eng punktierte Pfeile* die Einflüsse früher (vor- und nachgeburtlicher) Hormonniveaus und *durchgezogene* Pfeile die Beziehungen innerhalb des erwachsenen Individuums). Nach Leshner, aus [2] mit freundlicher Genehmigung

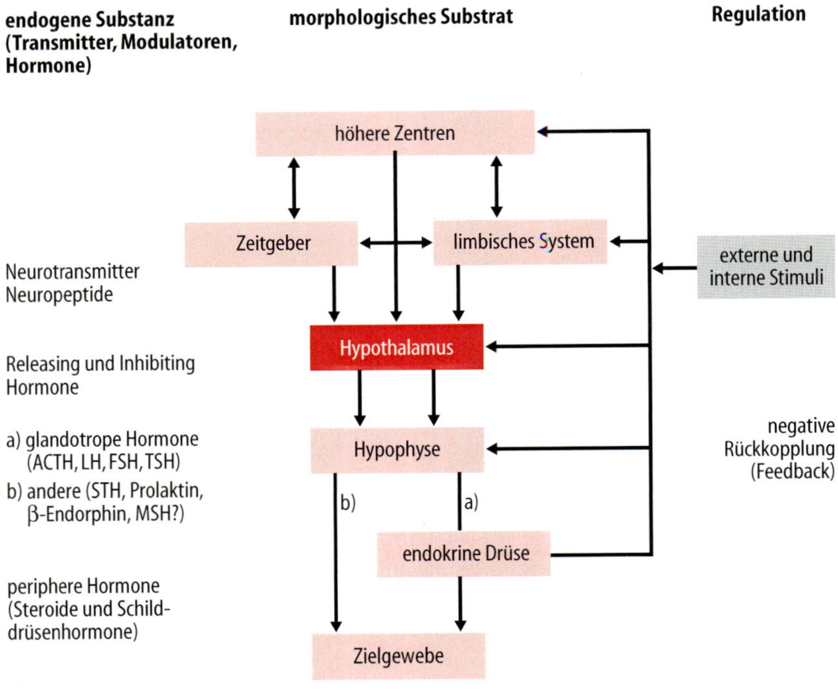

Abb. 6–2. Ein allgemein für neuroendokrine Regelkreise gültiges Schema. Der Terminus „Zeitgeber" soll die verschiedenen rhythmischen Zentren (zirkadian, episodisch, zyklisch) andeuten. Nicht berücksichtigt ist die efferente nervale Steuerung einiger peripherer endokriner Organe, z. B. der Nebennierenrinde. Nach [12]

Wie wir unsere Umwelt wahrnehmen, hängt unter anderem von der Wirkung und dem Zusammenspiel von Hormonen ab

Schwellenregulation durch Hormone. Hormone, die Verhalten direkt oder indirekt beeinflussen, entfalten ihre Wirkung in der Regel dadurch, daß sie in den neuronalen Zielgeweben die ***synaptische Stärke*** der neuronalen Verbindungen (s. Kap. 2) und/oder die ***Entladungseigenschaften*** von Nervenzellen modulieren. Da die Ausschüttung der meisten Hormone endogenen oder kombiniert endogen-exogenen Zeitgebern (s. Kap. 23 und S. 89) unterliegt, ändern sich in den betroffenen sensorischen und motorischen Zielorganen

Tabelle 6–1. Einige der viszeralen, kognitiven und Verhaltenseffekte der Neuropeptide

	Wirkort	Funktion
Endogene Opioide		
	Rückenmark und Hirnstamm	verursachen Analgesie; reduzieren die Schmerzwahrnehmung; senken den Blutdruck; Atmungsdepression; beeinflussen das kardiovaskuläre System
	Hypothalamus und limbisches System	senken die Körpertemperatur; erhöhen die Nahrungs- und Flüssigkeitsaufnahme; hemmen sexuelles Verhalten; reduzieren Streß (hervorgerufen durch Isolation)
	Ventrales Tegmentum, Striatum	verursachen Euphorie; regulieren lokomotorisches Verhalten
Neurohypophysenhormone		
Oxytozin (OT)	Thalamus und Hirnstamm	stimuliert mütterliches Verhalten; moduliert Sexualverhalten; reduziert Gedächtnisspanne
Vasopressin	Thalamus und limbisches System, insbesondere im Hypothalamus	reguliert Blutdruck; fördert Lernen und Gedächtnis
Hypothalamische hypophysiotrope Hormone		
Somatostatin	Cortex cerebri und Hippokampus	reguliert lokomotorische Aktivität; reguliert Körpertemperatur; fördert Lernen und Gedächtnis
GH-RH (Growth hormone – Releasing Hormone)	Gehirn	stimuliert die Nahrungsaufnahme
CRH (Corticotropin-**R**eleasing-**H**ormone)	Cortex cerebri, Hippokampus, Hypothalamus und andere Gehirnteile	koordiniert viszerale Streßreaktion; erhöht Erregung und Emotionalität; hemmt Sexualverhalten; beeinflußt Lernen
TRH	Thalamus, Lobus Olfactorius, Hirnstamm	antidepressiv; erhöht Aktivierung, Körpertemperatur und Blutdruck
LH-RH (Luteinisierendes Hormon – Releasing Hormon)	Olfaktorisches und limbisches System	erhöht Sexualverhalten und neuroendokrine Reaktionen auf primäre Pheromone
Adenohypophysenhormone		
Prolaktin	MPOA-vordere hypothalamische Dopaminfasern	hemmt männliches Sexualverhalten; fördert weibliches Aufzuchtverhalten
ACTH and α-MSH	Limbisches System, Hippokampus	fördert Aufmerksamkeit, Lernen und Gedächtnis
Gastrointestinale Peptide		
Substanz P	Gehirn, Rückenmark, Hypothalamus	vermittelt Schmerzsignale; erhöht Erregung und Aktivität; fördert Sexualverhalten
VIP (Vasoaktives-Intestinales Peptid)	Cortex Cerebri und limbisches System	fördert Vermeidungslernen; hemmt angstmotiviertes Verhalten
CCK-8 (Cholezystokinin)	Cortex Cerebri, olfaktorisches und limbisches System	Analgesie: reduziert Schmerz; reduziert Hunger; schlafanstoßend
Neurotensin	Limbisches System und Rückenmark	reduziert Körpertemperatur; lokomotorische Aktivität und Nahrungsaufnahme, hemmt Schmerz

Tabelle 6–1. Fortsetzung

	Wirkort	Funktion
Insulin	Olfaktorisches, limbisches System und Hypothalamus	hemmt Hunger und Nahrungsaufnahme-Verhalten
Andere Neuropeptide		
Angiotensin	Hypothalamus	verursacht Durst und Trinkverhalten; erhöht Blutdruck; reguliert Flüssigkeitsgleichgewicht
Bombesin	Hypothalamus und Mittelhirn	Temperaturregelung; hemmt Nahrungsaufnahme; erhöht Blutdruck
Bradykinin	Limbisches System und Rückenmark	leitet Schmerz
Neuropeptid Y	Hypothalamus und Thalamus	erhöht Eß- und Trinkverhalten; reduziert Blutdruck und Körpertemperatur; fördert Gedächtnis
Delta schlafinduzierendes Peptid	Gehirn, Hypothalamus	schlafanstoßend
Atrialer natriuretischer Faktor	Limbisches System und Gehirn	reduziert Blutvolumen; reguliert Flüssigkeitsgleichgewicht, Durst und Trinkverhalten

die Sensitivität und Erregungsschwellen. Wenn bestimmte Schwellen unter- oder überschritten werden, so kann dies erhebliche Änderungen in Wahrnehmung und Motorik bewirken. Bei Invertebraten mit ihren einfachen Nervensystemen führt dies bis zur völligen Abhängigkeit von Lokomotion und Reproduktion von der Gegenwart einzelner Hormone.

Das Studium von endokrinen Effekten bei Invertebraten gibt uns aber wichtige Aufschlüsse darüber, wie Hormone in evolutionär jüngeren Lebewesen wirken könnten.

Endokrine Systeme bei Invertebraten. Wie beim Menschen ändern sogenannte juvenile Hormone in den entsprechenden Phasen der Entwicklung die Erregbarkeit von Geruchsrezeptoren oder akustischen Rezeptoren für die Gerüche oder „Lockrufe" der männlichen Insekten. Z. B. zeigen weibliche Grillen positive Phonotaxis (Bewegung zum Schall hin), indem sie den Männchenrufen folgen. Vor ihrer Geschlechtsreife ignorieren sie deren Laute, außer sie sind extrem intensiv. Die ***Schwellen*** für die Erregbarkeit für spezifische Reize wie auch die gesamte ***Metamorphose*** vieler Insekten von der Larve zur Raupe und zum erwachsenen Tier stehen unter der Kontrolle der Hormone (sog. „Eclosion-hormones"), die sowohl organisierend wie aktivierend wirken.

Ein besonders interessantes Invertebraten-Modell, auch für die Bildung von neuen (assoziativen) Verbindungen zwischen zwei Zellensembles (s. Kap. 24), ist das *stomatogastrische Ganglion des Hummers.* Dieses Ganglion aus etwa 30 Neuronen kontrolliert die Kontraktionen der drei verschiedenen Magenabschnitte Pylorus (Eingang), Herzbeutel und Magenmühle. Abb. 6–3 zeigt die Wirkung eines Peptidhormons des Hummers (rotes Pigmenthormon) auf zwei getrennt rhythmisch entladende Nervennetze dieses Ganglions. Man erkennt, daß ursprünglich schwache synaptische Verbindungen vom Ganglionabschnitt des Herzbeutels (IVN) nach Gabe des Hormons nun starke Verbindungen zu den motorischen Neuronen der „gastric mill" („Magenmühle") aufnehmen und aus den beiden getrennt aktiven Magenabschnitten eine funktionell *einheitliche,* im selben Rhythmus entladende Zellgruppe („Zellensemble") wird. [1,4]

Ähnliche Mechanismen findet man bei höheren Säugern, wenn unter Hormoneinfluß (z. B. in der Pubertät) vorher unzusammenhängende Objekte oder Bewegungen (z. B. der Anblick bestimmter Körperteile beim anderen Geschlecht) plötzlich eine neue „Bedeutung", d. h. Zusammenhang erhalten. Zwar war jeder Teil des Wahrnehmungsgegenstandes für sich bekannt, aber nun erhält das „Ganze" eine bestimmte Bedeutungsgestalt (s. Kap. 17, 24).

Glukokortikoide und Wahrnehmung. Wie wir im vorausgehenden Kapitel gesehen haben, sind Glukokortikoide der Nebennierenrinde, hier vor allem Kortisol (das in der zweiten Nachthälfte ausgeschüttet wird), Bestandteil eines komplizierten Regelkreises zwischen Gehirn und Körperperipherie, dessen Einzelfunktionen weit über eine einfache Streßantwort hinausgehen (s. S. 94). Unterschieden werden muß dabei stets zwischen den durch CRH → ACTH → Kortisol verursachten zentral → peripheren Wirkungen und den von peripher nach zentral gerichteten Effekten von Glukokortikoiden. Im Gehirn finden sich an vielen Stellen Glukokortikoidrezeptoren, vor allem im limbischen System und dort speziell im Hippokampus, die vermutlich ganz unterschiedliche Funktionen für Verhalten aufweisen. Neben den diffus verteilten klassischen Glukokortikoidrezeptoren, finden sich besonders im Hip-

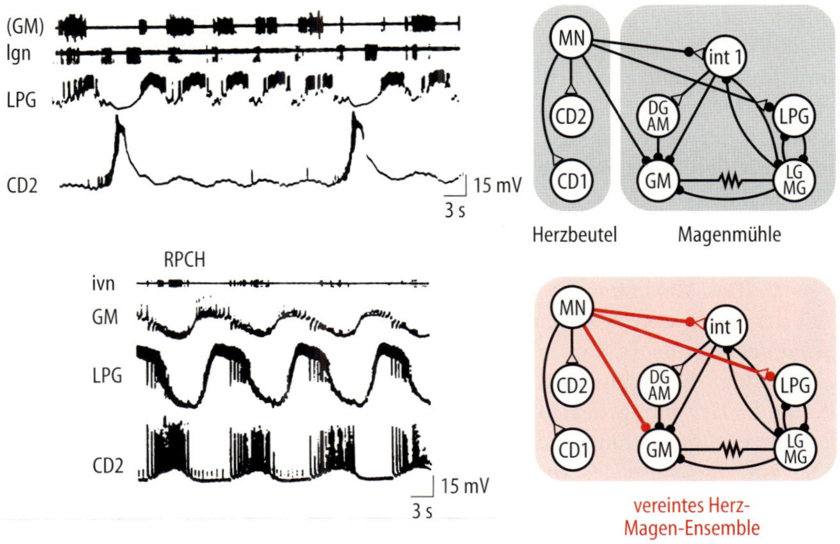

Abb. 6–3. Fähigkeit des roten Pigmenthormons (RPCH), zwei Zellensembles in dem stomatogastrischen Ganglion des Hummers miteinander zu verbinden. *Oben* ist der Zustand vor, *unten* nach Einwirkung des Hormons wiedergegeben. *Linke Seite:* Extra- und intrazelluläre Ableitungen, welche die rhythmischen motorischen Entladungen der Neurone der „Magenmühle" (obere 3 Kurven) und des Herzbeutels (unterste Ableitung CD2) zeigen. Die beiden Rhythmen sind vor Einwirkung des Hormons verschieden und beeinflussen sich nur schwach. *Rechte Seite:* die synaptischen Verbindungen zwischen und innerhalb der beiden Zellensembles. Die Synapsen des Herzbeutels haben nur schwache Verbindungen mit einigen Neuronen der „Magenmühle". *Unten:* Reaktion des stomatogastrischen Ganglions nach Gabe von RPCH. *Links:* Die Zellgruppen der beiden Zellensembles entladen rhythmisch-synchron. *Rechts:* Die Änderung der synaptischen Stärke zwischen den beiden Zellensembles bewirkt die Ausbildung zu einer funktionellen Einheit. *Offene Dreiecke* inhibitorische, gefüllte Dreiecke exzitatorische Synapsen. LPG laterales posteriores Magenneuron, *Int1* Interneuron1, *GM* Neuron der Magenmühle, *LG* laterales Magenneuron, *MG* mediales Magenneuron, *IVN* inferiores ventrikuläres Neuron. Nach [1]

pokampus Rezeptoren für Mineralkortikoide, die bevorzugt sensorische Informationsverarbeitung beeinflussen dürften [3].

Im Geschmacks- und Geruchssinn, den phylogenetisch ältesten Sinnesmodalitäten, zeigen sich deutliche Wirkungen von Kortisol auf die ***Wahrnehmungsschwellen,*** die ebenso wie die Unterschiedsschwellen bei Kortisolanstieg *zunehmen,* d. h. die äußeren Reize benötigen eine deutlich höhere Intensität, um noch wahrgenommen zu werden. Dexamethason, das den Kortisolspiegel reduziert, hat gegenteilige Effekte. Addison-Patienten (s. Kap. 5), bei denen die negative Rückmeldung des peripheren Kortisols auf das Gehirn ausfällt, zeigen unbehandelt extrem erniedrigte Wahrnehmungsschwellen in allen sensorischen Modalitäten.

Das akustische System scheint bereits auf peripherer Ebene des ZNS durch Kortisol beeinflußt zu sein: der ***Stapediusreflex,*** bei dem u. a. eine Versteifung der Steigbügel im Innenohr die Druckübertragung bei lauten Tönen dämpft (s. Kap. 18) wird durch Kortisol gehemmt, was für intensive Töne die Wahrnehmungsschwelle anhebt.

Diese Ergebnisse stützen die allgemeine Feststellung, daß eine psychologische Funktion von Glukokortikoiden bei ***Kurzzeitstreß*** darin bestehen könnte, *Überschießen* von peripheren und zentralnervösen Reaktionssystemen zu verhindern. Die Erhöhung der Wahrnehmungsschwelle „schützt" das ZNS vor weiterem Aufschaukeln der Erregung nach Belastung.

Biologische Rhythmen und Schlaf gehören zu den wichtigsten Reglern der Hormonproduktion

Der regelmäßige Wechsel von Tiefschlaf (SWS, slow wave sleep) und REM-Schlaf (*r*apid *e*ye *m*ovement-Schlaf, „Traumschlaf", s. Kap. 23) ist sowohl für die endokrinen Systeme wie für das Immunsystem ein unverzichtbarer Reiz. Viele endokrine Systeme sind während des Schlafs aktiver als im Wachzustand. Schlaf hat also auch die Funktion, endokrine Prozesse anzuregen, die tagsüber nicht auslösbar sind. Jede Veränderung des Schlafrhythmus, sei es im Laufe der ontogenetischen Entwicklung des Individuums, sei es durch externe Einflüsse wie Schlafdeprivation und Schlafstörungen, beeinflussen die physiologischen und psychologischen Regulationsprozesse wichtiger Hormone und des Immunsystems.

In der Chronobiologie sprechen wir daher auch von ***„prädiktiver Homöostase"*** des Schlafes, also seiner Eigenheit, im voraus zu erwartende Regulationsvorgänge während des Tages in der Nacht zu „antizipieren". Es ist also denkbar, daß eine der wichtigsten oder sogar *die* wichtigste ***Funktion des Schlafes*** die Regelung von endokrinen und immunologischen Prozessen bedeutet, was verständlich macht, warum Schlafverlust bei allen Vertebraten zu lebensbedrohlichen oder im Extremfall tödlichen Folgezuständen führt (s. Kap. 23).

Wachstumshormon (GH, growth hormone) und Kortisol haben nicht nur viele einander entgegengesetzte physiologische und psychologische Eigenschaften, sie zeigen auch eine genau entgegengesetzte ultradiane Periodik. Abb. 6–4 zeigt den Verlauf von GH, Kortisol und des Gonadotropins LH (s. Kap. 5) im Verlauf eines etwa 7–8stündigen Schlafes. GH wird dabei nur während der ersten beiden Schlafzyklen ausgeschüttet. Nicht der Tiefschlaf selbst (also Stadium 3 und 4, SWS, s. Kap. 23 u. Abb. 6–4) wirkt als Auslöser der Ausschüttung, sondern der *Beginn* des 1. und 2. Schlafzyklus [6].

Das Maximum der GH-Produktion im ersten Teil der Nacht erklärt viele der negativen Effekte der ***Schlafdeprivation*** (s. Kap. 23) gerade dieser auch als „Kernschlaf" bezeichneten Abschnitte der zirkadianen Periodik: Hemmung des Körperwachstums und der kognitiven Entwicklung und Lernfähigkeit, da GH im ZNS am Wachstum der Verbindungen zwischen den Nervenzellen wesentlich beteiligt ist. Extreme körperliche Aktivität, Streß und Depression (s. u.) gehen häufig mit Störungen des Schlafes, vor allem des Kernschlafes (s. Kap. 23), GH-Unterdrückung und Kortisol-Anstieg einher.

Die pulsatile ACTH- und Kortisol-Ausschüttung beginnt mit dem Nadir (Tiefpunkt) des GH-Spiegels mit dem 3. Schlafzyklus, allerdings nicht mit einer REM-Phase. Während der REM-Phasen in der *zweiten Nachthälfte* wird der Kortisolanstieg gebremst, er erfolgt nur in den Zwischenstadien 2 und 1 zunehmend intensiv bis zum Aufwachen (s. Abb. 6–4).

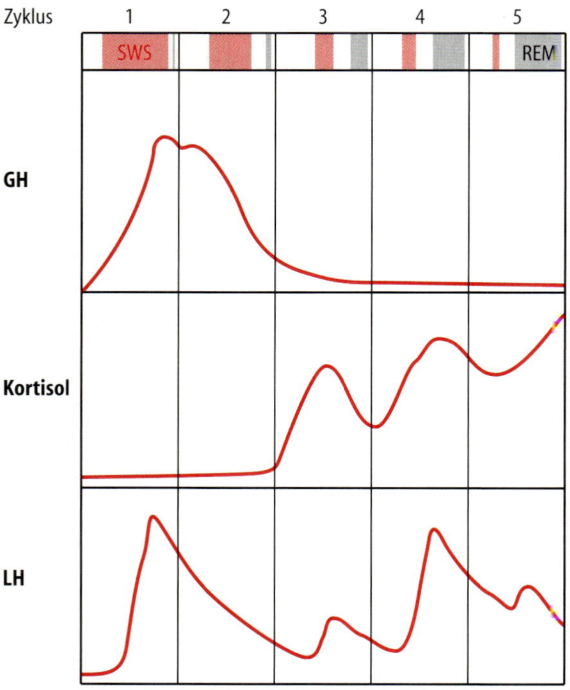

Abb. 6–4. Schematische Darstellung der postulierten Beziehung zwischen der zyklischen Infrastruktur des Schlafes und der ultradianen Rhythmik von GH, Kortisol und LH. *SWS* slow wave sleep (langsamer Wellen- oder Tiefschlaf, rot aufgerastert). *REM* rapid eye movement (Traumschlaf, grau aufgerastert)

Kortisol und Immunsuppression. Während Glukokortikoide in physiologischer Konzentration die Freisetzung vieler Zytokine hemmen (s. Kap. 4) und somit etwas verallgemeinert ***immunsuppresiv*** wirken, hat GH einen immunstimulierenden Effekt. Dieser gegenläufige Zusammenhang könnte die erhöhte Krankheitsanfälligkeit im Alter („Kernschlaf" und GH reduziert) und nach lang anhaltender Hilflosigkeit und Depression erklären (s. S. 97). Der Kortisolanstieg in der 2. Nachthälfte begünstigt auch das Auftreten der mit verstärkter REM-Tätigkeit einhergehenden Labilisierung des kardialen Systems, was erklären könnte, warum Herz-Kreislaufstörungen in der 2. Nachthälfte häufiger vorkommen.

Melatonin. Das Peptid-Hormon der Zirbeldrüse wird nur in Dunkelheit ausgeschüttet und steht bei Säugern unter Kontrolle des ***N. suprachiasmaticus*** (s. Kap. 23), des stärksten zirkadianen Oszillators, der primär die zirkadianen Schlaf-Wachzyklen, weniger die infradianen Zyklen der Körpertemperatur und des Kortisols regelt. Licht unterdrückt die Melatoninausschüttung, was in Abb. 6–5 durch die Verbindungen Retina → N. suprachiasmaticus, Zirbeldrüse und die Hypophyse symbolisiert wird [9].

Die Wirkungen von Melatonin auf das Immunsystem haben wir in Kap. 4 besprochen. Auf noch unbekannte Art scheint Melatonin die verschiedenen Körperrhythmen, einschließlich der Hormonrhythmen zu synchronisieren: seine Gabe unmittelbar vor oder nach langen Flügen mit verkürzten Nächten (Jet-lag, s. Kap. 23) resynchronisiert bei manchen Personen die verschiedenen Körperrhythmen, allerdings bisher in nur geringem Ausmaß (bezüglich seines Einflusses auf affektive Störungen s. Kap. 23 u. 26). Insgesamt hat also Melatonin einen synchronisierenden Einfluß auf endogene Rhythmen. Unterfunktion könnte daher zu Desynchronisation von Rhythmen mit Schlafstörungen und affektiven Störungen, Überproduktion zu hypersynchronen, inflexiblen Rhythmen führen, wie z. B. Jetlag.

Sexualhormone. Bei den meisten Tierarten wird reproduktives Verhalten vollständig oder in erheblichem Ausmaß von den endogenen Rhythmen vor allem der weiblichen Sexualhormone gesteuert [1, 2]. Beim Menschen ist die Situation weniger eindeutig. Gemeinsam ist den meisten Säugern, einschließlich des Menschen, daß Nahrungsdeprivation oder Fasten (s. Anorexia nervosa, Kap. 25), sowie extremer Streß und Kälte den Rhythmus der Follikelreifung durch Hemmung des präovulatorischen Gonadotropinanstieges (s. Kap. 25) aufheben; der Ausfall der pulsativen LH-Sekretion führt zu inadäquater Follikelreifung und Ausfall des Östradiolanstieges. Weder Eireifung noch Menstruation sind mehr möglich.

In der ***Pubertät*** steigt die GnRH-Ausschüttung vor allem nachts pulsatil bei beiden Geschlech-

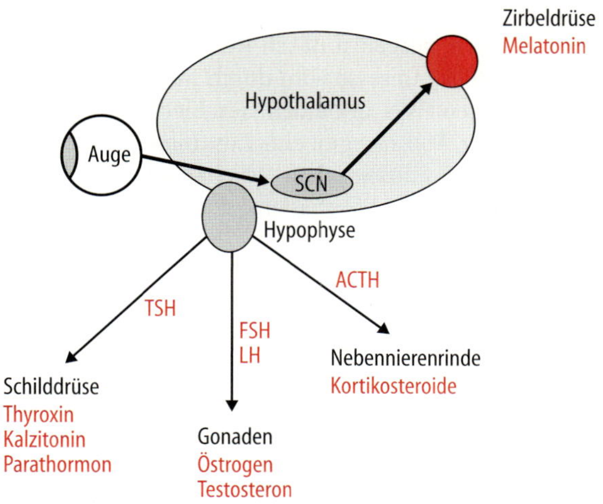

Abb. 6–5. Schematische Darstellung des endokrinen Systems und seiner Beziehung zu rhythmusgebenden Strukturen. Hormone im Blutkreislauf sind rot gedruckt. *SNC* Nucleus suprachiasmaticus, *TSH* Thyroid-stimulierendes Hormon, *FSH* Follikel-stimulierendes Neuron, *LH* luteinisierendes Hormon, *ACTH* adrenokortikotropes Hormon

tern stark an; auch dieser Anstieg wird durch Nahrungsdeprivation, Streß und Kälte verhindert. Manche Formen ***verspäteter Pubertät,*** geringer Motivation zu sexuellem Verhalten und die Tatsache, daß mit verbesserten Nahrungsbedingungen die Pubertät vor allem bei Mädchen um 2–3 Jahre seit Beginn des 19. Jahrhunderts vorverlegt wurde, lassen sich damit erklären [1].

6.2 Emotionen und Hormone

Aggression und emotionale Bindung sind primär gelernte Verhaltensweisen, die aber für ihre Entwicklung und Auslösung hormonell geregelte Schwellen benötigen

Aggression. Die neuronalen und psychophysiologischen Grundlagen von Aggression besprechen wir ausführlich in Kap. 26. An dieser Stelle soll nur der Zusammenhang mit männlichen und weiblichen Sexualhormonen diskutiert werden. Wie wir in Kap. 26 sehen werden, sind die verschiedenen Formen aggressiven Verhaltens, die ganz unterschiedliche Funktionen im sozialen Kontext haben, zum Großteil gelernt, benötigen aber neben spezifischen Schlüsselreizen aus der Umwelt (z. B. männlicher Konkurrent um ein weibliches Tier) eine Senkung innerorganismischer Schwellen für diese Reize. Diese Schwellensenkung findet bei innerartlicher physischer Aggression vor allem in Kernen des ***medialen Hypothalamus*** statt, der als oberste Koordinationsstruktur für aggressives Verhalten dient.

Zur Vereinfachung wollen wir hier nur zwischen *defensivem* und *beutebezogenem (predatory) Angriff* unterscheiden und uns auf beutebezogene Aggression konzentrieren; wie aber in Kap. 26 ausgeführt, sind die verschiedenen Aggressionsformen auch mit verschiedenen neurophysiologischen Prozessen korreliert. Angesichts der Tatsache, daß in industrialisierten Gesellschaften physische Aggression weitgehend ihre Funktion verloren hat, ist die beutebezogene Aggression, wie sie beim Menschen (primär beim jungen Mann) in kriegerischen und kriminellen Akten zum Ausdruck kommt, besonders wichtig.

Die Sexualhormone Testosteron und die Östrogene kommen im ZNS selbst als Neuromodulatoren vor, können aber auch leicht die Blut-Hirn-Schranke überschreiten und binden sich in den verschiedensten Hirnregionen an die passenden Rezeptoren. Abb. 25–16 zeigt, daß Testosteron- und Östrogenrezeptoren weit verbreitet sind und vor allem im limbischen System und Hypothalamus ihre höchste Konzentration erreichen. Die Interpretation von Hormoneffekten auf Verhalten wird neben der Dichotomie peripher-zentraler Ursprung durch die Tatsache erschwert, daß Testosteron im ZNS zu Östradiol metabolisiert wird (Aromatisierung). Es ist oft nicht klar, ob bestimmte Einflüsse des Hormons auf seine ursprüngliche molekulare Form, den chemischen Konversionsprozess oder das Resultat der Metabolisierung, also Östradiol, zurückzuführen sind [1, 2].

Bindungsverhalten. Der Aufbau von Bindungsverhalten, der beim Menschen sofort nach der Geburt beginnt, hat durchaus den Charakter eines angeborenen nicht-homöostatischen Triebes (s. Kap. 25), wird aber sofort nach der Geburt durch Lernvorgänge weitgehend bestimmt. Da Bindungsmotivation Voraussetzung für das Zusammenleben in Gruppen ist und das soziale Zusammenleben auch *unabhängig* von Reproduktions- und Sexualtrieb sichert, muß seine physiologische und neurochemische Grundlage universell in allen höheren Tieren vorhanden sein, die dauerhaft oder vorübergehend in Gruppen überleben müssen. Die Auflösung von Bindung durch ***Trennung*** erzeugt Hilf- und Hoffnungslosigkeit, wie sie beim Menschen in schweren ***Depressionen*** zum Ausdruck kommt. Hilf- und Hoffnungslosigkeit sollten daher exakt die gegenteiligen physiologischen Prozesse aufweisen wie Bindungsreaktionen und sich gegenseitig hemmen.

Beim Menschen und höher entwickelten Säugern sind die angeborenen physiologischen Prozesse für Bindungsverhalten natürlich nur *Voraussetzung für Lernprozesse,* die vor allem im Jugend- und Erwachsenenalter Bindungs„trieb“ und Bindungsfertigkeiten dominierend bestimmen. Untersuchungen an depressiven Menschen und Menschenaffen haben gezeigt, daß in der Entwicklung der gesamte Kontext (örtliche und zeitliche Zusammenhänge) früher Bindungserfahrung im Gedächtnis niedergelegt wird und kontinuierlich mit den aktuellen sozialen Situationen *verglichen* wird. Verlust oder Trennung verletzen die im Gedächtnis gespeicherten ***Bindungserwartungen*** und führen zu Hilflosigkeit und Depression (s. u. u. Kap. 26).

Die Entwicklung und Aufrechterhaltung sozialer Bindungen hängt vom Vorhandensein von Oxytozin (OT) im ZNS ab

Oxytozin ist ein Neuropeptid, das in der Evolution erst mit der Entwicklung von Säugetieren auftritt. Wie in Kap. 5 dargestellt, erfüllt es die Funktion der Auslösung der Milchejektion in der weiblichen Brust und der Uteruskontraktionen bei Geburt und im Sexualverkehr. Es wird primär im N. paraventricularis (PVN) und dem N. supraopticus (SON) des Hypothalamus synthetisiert (s. S. 462). Deren Neurone projizieren in den Hypophysenhinterlappen. Neben diesem „Hauptproduktionsweg" findet sich aber OT auch im limbischen System und den autonomen Kernen des Hirnstamms. Diese extrahypothalamischen Fasern und Kerne sind von dem hormonellen Weg zur Hypophyse und in den Blutstrom teilweise unabhängig [7]. Abb. 6–6 zeigt den engen Zusammenhang zwischen neuronaler, hormonaler und motorisch-psychologischer Aktivität beim Saugverhalten, das als prototypische Situation zur Entwicklung von Bindung beiträgt. Zumindest im Tierversuch ist es aber der auf den hypophysären Anstieg der Ausschüttung *folgende Anstieg des zentralen OT, welcher das Interesse des Muttertiers auf das Junge lenkt.* Für die Entwicklung des Bindungsgefühls, das beim Erwachsenen häufig mit sexueller Aktivität einhergeht, ist ebenfalls das zentrale OT verantwortlich. Während sexueller Aktivität erhöht sich die Verfügbarkeit von OT an den Synapsen in beiden Geschlechtern, ausgelöst durch Reizung der Sexualorgane. Sexuelles Interesse wird durch Mikroinjektionen von OT in den PVN in beiden Geschlechtern (bei der Ratte) erhöht. Abb. 6–7 gibt eine Zusammenfassung der wichtigsten physiologischen Mechanismen von OT und deren Effekte auf Verhalten.

Soziale Bindung und Partnerschaft. Besonders aufschlußreich sind vergleichende Studien über die Rolle des OT für die Bindung von Partnern. Monogame Tiere, die ihren Partner lebenslang beibehalten und auch physisch-geographisch mit ihm verbunden bleiben, zeigen in limbischen und hypothalamischen Hirnregionen eine deutliche vermehrte Anzahl von OT-Rezeptor-Bindungsorten, wobei zwischen beiden Geschlechtern in der Regel kein Unterschied besteht. Auch die innerartliche Aggression ist bei diesen Tierarten geringer.

Insgesamt scheint die Gegenwart des Neuropeptids OT im ZNS sozialen Kontakt jeder Art, nicht nur sexuellen, *belohnend* zu machen und dies in Kooperation mit opioiden Peptiden und Strukturen: die positiv verstärkende Wirkung der intrakraniellen Reizung von opioiden Hirnstrukturen wird im sozialen Kontext bei der Ausbildung von Bindungen wahrscheinlich durch die gemeinsame Wirkung von OT und β-Endorphinen erzeugt. Jedenfalls steigen in den Belohnungsstrukturen (s. Kap. 25 u. 26) beide Neuromodulatoren in solchen sozialen Situationen an [7].

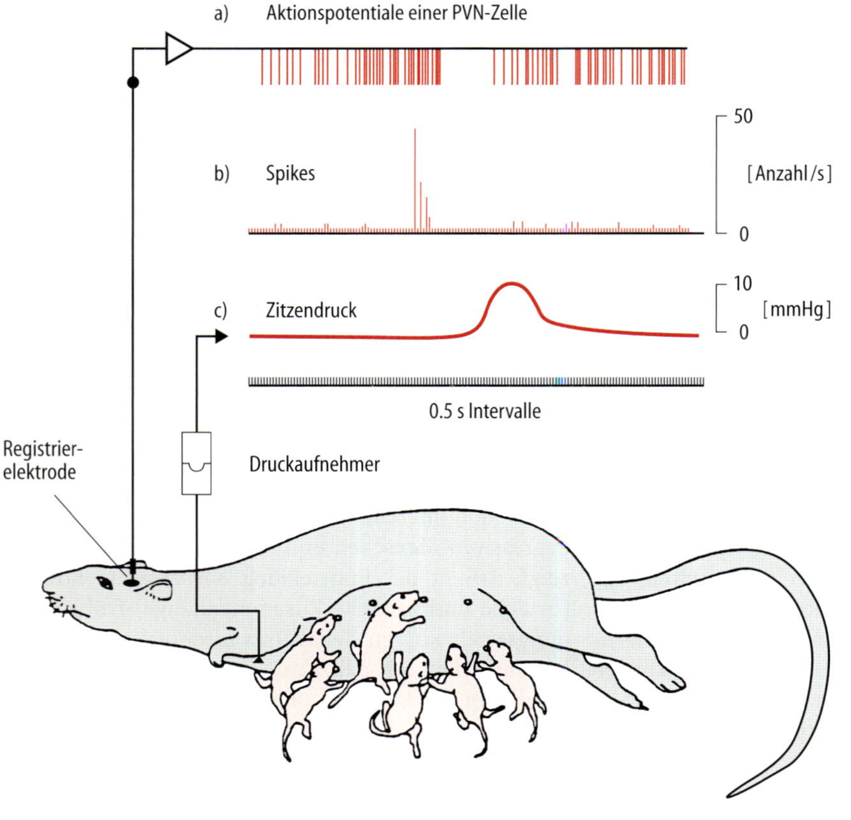

Abb. 6–6. Registrierung der elektrischen Aktivität einer neurosekretorischen Zelle (a), die Oxytozin im N. paraventricularis (PVN) der weiblichen Ratte sezerniert. Bei Oxytozin-Ausschüttung steigt die Entladungsrate des Neurons stark an (b). Die Milchejektion an den Zitzen (c) wird in mmHg durch einen Druckaufnehmer gemessen. Nach einer starken Entladung der sezernierenden PVN-Zelle (a) folgt eine Periode der Hemmung. Zwischen dem raschen Anstieg der Entladung der Zelle (a) und dem Beginn des Milchausstoßes vergehen etwa 18 s. Nach [13]

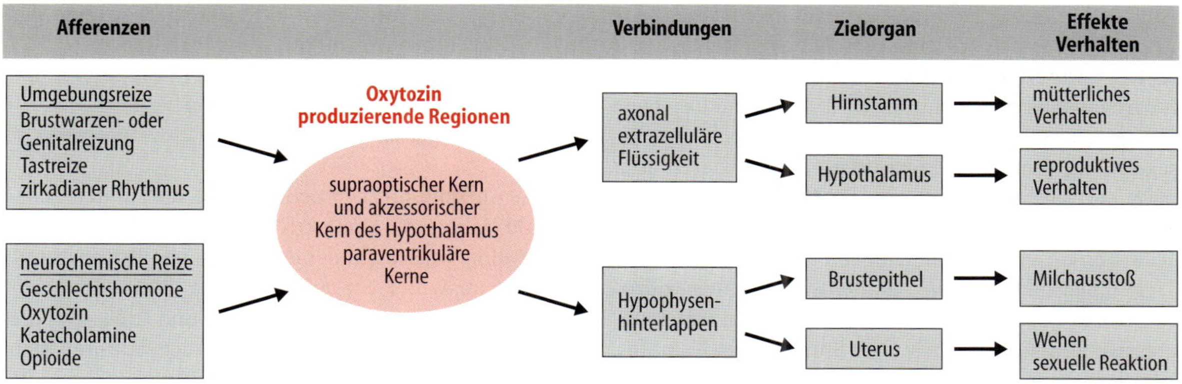

Abb. 6–7. Funktionen des Hormons Oxytozin (Erläuterung siehe Text)

Aggressives Verhalten ist vom Vorhandensein einer ausreichenden Menge von Androgenen im ZNS und Blutkreislauf abhängig; umgekehrt erhöht aggressiv-kompetitives Verhalten das Androgenniveau

Geschlecht, Testosteron und Aggressivität. Der Großteil von Gewalttätigkeiten, welche die Menschheit seit ihrem Bestehen, besonders aber in ihrer technisierten Version belastet, geht von ***jungen Männern*** aus, die einen starken Anstieg der Produktion von Testosteron aufweisen. Andererseits korreliert beim erwachsenen Mann das Testosteronniveau nur schwach positiv mit beobachtbarem physisch-gewalttätigem Verhalten. Für die Bedeutung des Testosterons spricht, daß Kastration oder reversible Blockade von Testosteronausschüttung oder Testosteronrezeptoren mit ***Cyproteronazetat*** oder ***Medroxiprogesteronsäure (MPA)*** bei Gewaltverbrechern eine Reduktion oder völliges Erliegen von physisch aggressivem Verhalten bewirkt, wenngleich unklar bleibt, inwieweit dieser Effekt nicht *auch* auf die allgemeine Lethargie und gedämpfte Stimmung nach Kastration zurückgeht [12]. Unbestritten bleibt, daß zur Entwicklung des männlichen Sexualverhaltens ein minimaler Testosteronspiegel vor und nach der Geburt vorhanden sein muß, damit aggressives Verhalten überhaupt auftreten kann.

„Du Hyäne!" Dieser oft als Fluch gegenüber Frauen gebrauchte Ausdruck hat eine „wahre" ethologische Wurzel. Tierarten, bei denen die weiblichen Tiere ein hohes Testosteronniveau aufweisen, wie ***Hyänen,*** zeigen auch deutlich erhöhtes Aggressionsverhalten. Sie dominieren die männlichen Mitglieder der Horde, die gegenüber den weiblichen deutlich submissives Verhalten zeigen. Die Interpretation dieser Tatsache wird aber durch zwei Faktoren schwierig: a) weibliche und männliche Organismen mit erhöhtem Testosteron sind auch körperlich in der Regel überlegen und b) erfolgreiche Aggression erhöht sowohl bei Säugetieren wie beim Menschen selbst wieder das Androgenniveau. Eine dauerhaft submissive Rolle eines Tieres reduziert permanent dessen Androgenspiegel unabhängig vom Geschlecht, soziale Überlegenheit, bzw. beim Menschen die Attribution (kognitive Zuschreibung) sozialer Dominanz erhöht die Androgenproduktion.

Die Gabe weiblicher Sexualhormone, vor allem von Östradiol hemmt bei den meisten untersuchten Tierarten die Aggressivität, unabhängig davon, ob das Östradiol systemisch in den Blutkreislauf oder direkt in den Hypothalamus gegeben wird. Beim Menschen ist dies aber bisher aus offensichtlichen Gründen nicht ausreichend untersucht.

Organisierender oder aktivierender Mechanismus? Die Zirkulation von Androgenen während der Schwangerschaft hat zweifellos einen organisierenden Einfluß auf die anatomisch-physiologische Zusammensetzung limbischer und hypothalamischer Kerne und Verbindungen und wirkt damit organisierend auf Verhalten. Diese Aussage gilt für sexuelle Orientierung, ist aber für aggressive Reaktionen nicht gesichert. Erhalten z. B. schwangere Rhesusaffen während der ersten 100– 130 Tage der Schwangerschaft Androgene, so zeigen die pseudo-hermaphroditischen weiblichen Affen typisch männliche „rauhe" Spielarten, Drohungen und Besteigungsversuche. Werden die Androgene dagegen früher (40–60 Tage) gegeben, so sind erwartungsgemäß die männlichen Genitalien besser ausgebildet und auch das sexuelle Verhalten und die Orientierung deutlich „männlicher", wenngleich das Ausmaß aggressiven Verhaltens von sozialen Gruppeneinflüssen (z. B. dominantes Tier) mehr bestimmt wird [1, 5].

Sieg und Niederlage. Im erwachsenen männlichen und weiblichen Affen (und Menschen?) wird zwar der soziale Rangplatz nur teilweise von Aggression bestimmt (s. Kap. 26), wohl aber steigt der Testosteronspiegel *nach* Erreichen eines „Führungsranges" und Alpha-Tiere behalten einen erhöhten Spiegel bei, bis sie ihren Rangplatz wieder verlieren.

Untersuchungen in der natürlichen Umgebung von Rhesusaffen zeigen, daß die subjektive ***Bewertung*** und ***Bewältigung*** von Sieg oder Niederlage den entscheidenden Einfluß auf das Androgenniveau erwachsener Tiere hat: bringt man ein männliches Tier von seiner angestammten, vertrauten in eine neue Gruppe, wo es sich durch Kampf zu behaupten hat und läßt die Unterlegenen danach allein, so bleibt deren Androgenspiegel niedrig, der Kortisolrhythmus ist wie in der Depression gestört und es treten „psychosomatische" Symptome auf. Erlaubt man diesen Tieren aber nach der Niederlage mit einem weiblichen Tier oder der vertrauten Horde zu interagieren, so steigt das Testosteronniveau rasch wieder an. Die überlegenen Tiere („Sieger") dagegen behalten ein erhöhtes Androgenniveau bei. Andererseits zeigte sich, daß stark aggressive Reaktionen, auch über Stunden des Kampfes, keinen Effekt auf Testosteron zeigten, wenn das aggressive Verhalten zu keinem klaren Ergebnis, Sieg oder Niederlage, führte [4, 5]. Diese Ergebnisse stimmen auch mit Humanuntersuchungen an Sportlern überein, die zeigen, daß eher die subjektive Stimmung vor, während und nach dem Wettkampf das Androgenniveau bestimmte als das Ergebnis der Auseinandersetzung [1].

Zusammenfassend kann man also sagen, daß Testosteron nur während der ersten Schwangerschaftsmonate organisierend auf Verhalten wirkt, im allgemeinen aber ***Resultat*** der sozialen Interaktion und subjektiven Bewertung darstellt, sofern ein Minimalniveau im Blutkreislauf nicht unterschritten wird.

6.3 Streß und Hilflosigkeit

Streß und Hilflosigkeit können ohne die damit verbundenen Bewältigungsreaktionen nicht verstanden werden

Wir werden uns in Kap. 26 noch ausführlich mit Streß, Angst und Hilflosigkeit auseinandersetzen, in Kap. 5 haben wir die wichtigsten hormonellen Reaktionen auf belastende Ereignisse bereits definiert. In Kap. 4 befassen wir uns ausführlich mit der Wirkung von Streß auf das Immunsystem. In diesem Abschnitt wollen wir uns mit den ***adaptiven Wirkungen*** von durch Streß ausgelösten Hormonen auf Physiologie und Verhalten befassen.

Die ***Wirkung von Streßreizen*** (in der Regel aversive Reize) beim Menschen hängt von verschiedenen Faktoren ab, die miteinander interagieren.

- Objektive, physikalische Intensität der aversiven Reize
- Subjektiv-psychologische Intensität der aversiven Reize
- Vermeidungs- und Bewältigungsmöglichkeit („coping") der Reizsituation
- Vorerfahrung mit Streß (Immunisierung versus „Überwältigtsein"), die Lerngeschichte einer Person
- Dauer und Häufigkeit von Streßreizen
- Konstitutionellen psychologischen und physiologischen Persönlichkeitsfaktoren („Streßempfindlichkeit")
- Tonischer Ausgangs- (Aktivierungs-) zustand des Lebewesens vor und während Streßreizen (einschließlich zirkadianer und ultradianer u. a. Periodizitäten und Schlafstadien).
- Soziale Stützung und Bindung („social support")

Diese Aufzählung zeigt deutlich, daß bis auf den ersten Einflußfaktor die subjektive „Bewertung" durch das Zentralnervensystem der entscheidende Parameter für das Ausmaß der Streßreaktion ist. Eine „objektive" Messung ist daher ohne Beachtung und Erfassung dieser subjektiven, zentralnervösen Ursachefaktoren nicht möglich.

Streßreaktionen treten dann auf, wenn die Bewältigungsmöglichkeiten des Individuums überschritten werden

Das generelle Adaptationssyndrom. Bereits die Vorsokratiker [8] sahen die Entstehung von Krankheit als Konsequenz des Verlustes des harmonischen Gleichgewichts zwischen Organismus und Umwelt. Die Vorstellung einer Harmonie zwischen den Umweltanforderungen und Möglichkeiten des Individuums darauf zu reagieren, beherrscht bis heute die verschiedenen Versuche, Streß zu definieren. Die Vorstellung eines allgemeinen Gleichgewichts wurde im 20. Jahrhundert durch den Begriff der ***Homöostase*** von Walter Cannon ersetzt. Cannon (1871–1945) und Hans Selye, der den Streßbegriff entwickelte, sahen Streß als ***unspezifische Antwort*** des Organismus auf die Störung des homöostatischen Gleichgewichts und als den Versuch, dieses Gleichgewicht wiederherzustellen. Selye sprach daher von einem ***generellen Adaptationssyndrom*** (s. Abb. 6–8). Dabei betonte er, daß weniger physikalisch definierbarer Streß (z. B. Lärm) als die *subjektiv erlebte* Belastung darüber entscheidet, ob eine dauerhafte Störung der Körperhomöostasen und Krankheit oder ob Adaptation eintritt.

Abb. 6–8 zeigt die von Selye postulierten drei Phasen der Streßreaktion Alarm, Widerstand und Erschöpfung. Da Erschöpfung, die mit Entleerung der Hormone aus ihren Speichern und Veränderungen an den Rezeptoren einhergeht, selten auftritt, unterscheidet man heute eher ***Kurzzeit- und Langzeitfolgen*** von Belastung. Pathophysiologische Konsequenzen treten nur auf, wenn Streßreaktion *zu lange* (chronische Stressoren), *zu häufig* oder *ohne physiologische Notwendigkeit* wie bei psychologisch-sozialen Stressoren auftritt.

Zeitverläufe der Streßreaktionen. Man kann Energie mobilisierende, erregende von hemmenden physiologischen Streßreaktionen unterscheiden. Zur Kurzzeit-Bewältigung sind rasch *Energie mobilisierende* und die Hemmung von *Langzeit-Energiespeicherung* notwendig: die Aktivierung der Hypothalamus-Hypophysen-Nebennierenrindenachse (s. Kap. 5) erfolgt innerhalb

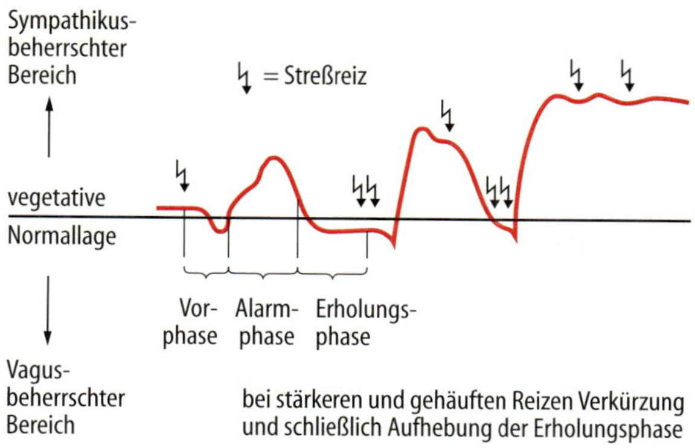

Abb. 6–8. Der vegetative Dreitakt der Streßreaktionen

von Minuten, die des sympathischen Nervensystems und der Katecholamine noch schneller. Dagegen wird Insulinsekretion (Speicherung von Glukose) gehemmt und Glukose im Blutstrom vermehrt. Zusammen mit den kardialen sympathischen Erregungen wird so die Effizienz von Muskelarbeit (Kampf – Flucht) erhöht. Sexuelle Reproduktionseffizienz, ein „optimistischer" Langzeitmechanismus, wird durch Unterdrückung der Sexualhormone reduziert. Schmerzwahrnehmung (Streß-Analgesie, s. u. und Kap. 16) und Entzündungsprozesse werden ebenfalls gehemmt, sie würden die Kurzzeitadaptation nur behindern, was auch für die „schützenden" Immunfunktionen gilt, die ebenso inhibiert werden (s. Kap. 4).

Angesichts der Schwierigkeit, eine allgemeine Homöostase für den gesamten Organismus anzugeben, werden heute *spezifische* physiologische und pathophysiologische Reaktionen in Abhängigkeit von ebenso spezifischen psychologisch definierten aversiven Umgebungsbedingungen beschrieben.

Die Konsequenzen der Bewältigung von Streß bestimmen den Verlauf der physiologischen Anpassung an Streß

Physiologische Effekte von Streßbewältigung. Bei wiederholten Streßsituationen hängt der Verlauf körperlicher und ZNS-Änderungen vom ***Resultat der Bewältigungsversuche*** ab. Betrachten wir dies z. B. bei Fallschirmspringern, Lärm am Arbeitsplatz oder Langzeit-Vermeidung (Phobien) bei Patienten.

Während der ersten Konfrontationen mit dem negativen Ereignis kommt es zu deutlichem *Anstieg der Hypophysen-Nebennierenrinden – und Nebennierenmarkaktivität* (Abb. 6–9), sowie entsprechender peripher-autonomer physiologischer Prozesse. Herzrate, Hautwiderstand, Blutdruck, elektrische Muskelaktivität, periphere Glukokortikoide, peripheres Adrenalin, Noradrenalin, Wachstumshormon und ACTH steigen, Testosteron und Insulin werden gehemmt.

Mit zunehmend erfolgreicher Bewältigung (z. B. erfahrene Fallschirmspringer) verschiebt sich der Zeitpunkt erhöhter Aktivierung vom erwarteten Streßereignis zeitlich nach *vorne* und die Intensität der Akti-

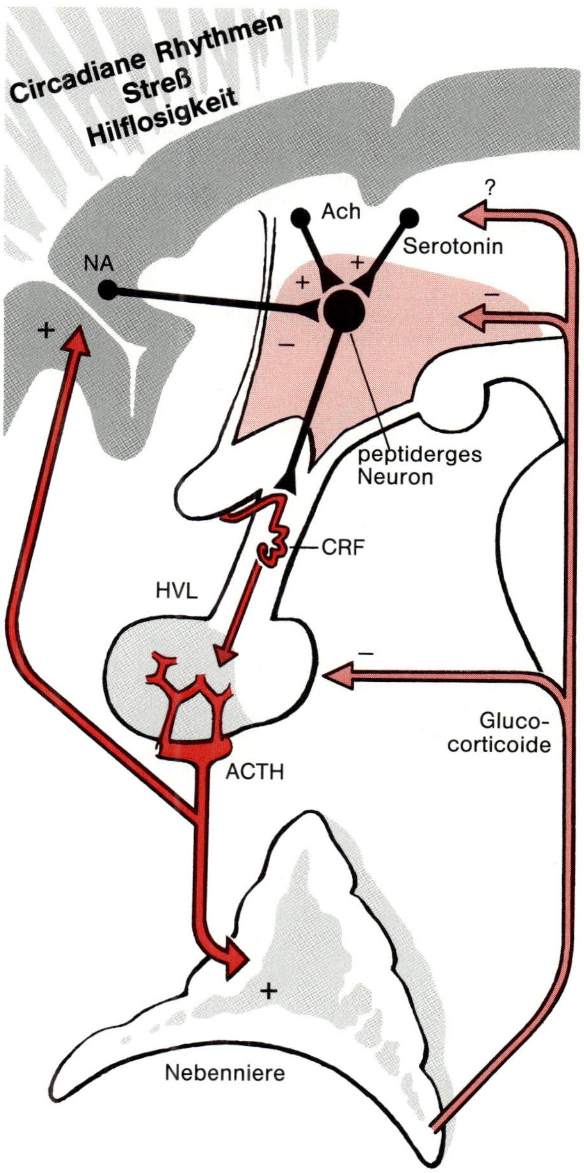

Abb. 6–9. Das Hypothalamus-Hypophysen-Nebennierenrindensystem *(rot)*. Noradrenerge *(NA)* cholinerge *(ACh)* und serotonerge Einflüsse auf den Hypothalamus ändern die Ausschüttung des Kortikotropin-Releasing-Factors *(CRF)*, der die Ausschüttung von ACTH aus dem Hypophysen-Vorderlappen *(HVL)* veranlaßt. ACTH wiederum regt die Glukokortikoid-Ausschüttung der Nebennierenrinde an. Gleichzeitig erregt es die hemmenden NA-Neurone des Hypothalamus. Die Glukokortikoide selbst hemmen die Ausschüttung sowohl von CRF als auch ACTH und die Nebennierenrindenaktivität. Streß und Hilflosigkeit stimulieren die CRF-Ausschüttung, zirkadiane Rhythmen bestimmen die Schwankungen der Grundkurve der Hormone (s. auch Abb. 5–11)

vierung läßt nach und geht subjektiv in positive Bereiche („Freude an der Gefahr") über, was u. a. mit Anstieg des Sexualhormons Testosteron einhergeht. *Bei Bestehenbleiben der Belastung* und neuen Vermeidungsversuchen, bleiben einige der hormonellen und autonomen Reaktionen erhöht, auch in Zwischen- und Ruhezeiten, Immunsuppression (reduzierte T-Lymphozyten Zellaktivität) und eine Reihe anderer – oft durch anhaltende Kortikosteroidaktivität verursachte – Organschäden treten auf (psychosomatische Krankheiten).

Ist der (vergebliche) Bewältigungsversuch mehr somatisch-muskulär orientiert (Kampf-Flucht-Reaktion) so nennen wir dies *aktive Bewältigung* (active coping), und es treten bevorzugt Schäden des kardiovaskulären Systems, Erkrankungen im Muskel und Halteapparat (chronische Muskelschmerzen z. B.) auf; erfolgt die Bewältigung mehr durch Rückzug und Passivität, so nennen wir dies *passive Bewältigung* (passive coping) und die Organschäden sind mehr im Einflußbereich der Kortikosteroide auf die intestinalen Systeme, einschließlich des Immunsystems konzentriert (z. B. Zwölffingerdarmgeschwüre, Asthma). Die Übergänge zwischen diesen beiden Bewältigungsformen und ihren Konsequenzen sind fließend.

Gelernte Hilflosigkeit stellt eine besonders „wirksame" Form der Streßinduktion dar

Gelernte Hilflosigkeit. Ein Modellbeispiel für die Konsequenzen anhaltender erfolgloser Bewältigung von Streß ist gelernte Hilflosigkeit oder ***gelernte Unkontrollierbarkeit.***

Die *experimentelle Anordnung* zur Untersuchung der Effekte gelernter Hilflosigkeit ist dabei prinzipiell für verschiedene Spezies und Menschen ähnlich: Die Tiere der Experimentalgruppe (EG) erhalten vor dem eigentlichen Test für Hilflosigkeit (meist 24 h vorher) mehrere unkontrollierbare, intensive schmerzhafte Reize, denen sie weder entfliehen, noch die sie vermeiden können. Die Kontrollgruppe (KG1) erhält keine aversiven Reize und die KG2 exakt dieselben aversiven Reize (*Jochkontrolle,* Yoked control) mit Fluchtmöglichkeit, das Tier kann eine Taste bewegen. (Die Fluchtmöglichkeit stellt in diesem Fall nur eine „Illusion" dar, da dieselben unangenehmen Reize wie in der EG gegeben werden). In der ***Testbedingung*** 1–24 Stunden später werden die Tiere aller Gruppen in dieselben Käfige gebracht und erhalten Vermeidungsmöglichkeiten (z. B. Zwei-Weg aktives Vermeiden: auf ein Lichtsignal über die Barriere in das „sichere" Abteil springen).

Dabei treten im wesentlichen zwei Effekte in der EG auf:

1. Motorische Defizite (Bewegungslosigkeit)
2. Assoziative Defizite (kein Vermeidungslernen für bestimmte Zeitspanne; Leistungsabfall in Lern- und Konzentrationsaufgaben beim Menschen)

Die Ursache für 2. ist wenig untersucht, während 1. auf eine Interaktion von zentralen NA-Serotonin-DA-Systemen zurückgeht, unter der Voraussetzung, daß das Tier in der Testphase den aversiven Reiz als unangenehm „erlebt" und nicht analgetisch wird (s. nächsten Abschnitt). Zumindest bei der Ratte und Maus tritt aber nach der unkontrollierbaren Reizung ab einer bestimmten Intensitätsstufe häufig Analgesie auf. Dabei sind ACTH-abhängige Opiatsysteme sowie Immunfaktoren beteiligt (s. S. 97).

Noradrenalin (NA)-Serotonin (5-HT)-Dopamin (DA)-Interaktion. Im Tierversuch wurde gezeigt, daß Streß und Hilflosigkeit nicht mit der Aktivität eines einzelnen Transmittersystems zusammenhängt. In Abhängigkeit von Dauer und Intensität der Hilflosigkeit reagieren verschiedene Transmitter im Sinne eines Versuchs, die homöostatische Balance durch Verhalten („Bewältigung") wiederherzustellen. Ein Beispiel dafür werden wir in Kap. 26 und der Bewältigung von Depression kennenlernen. Bei lang anhaltender Hilflosigkeit (z. B. im kalten Wasser schwimmen für Mäuse) kommt es allerdings zu einer Entleerung des zentralen NA-Speichers in den Synapsen der dorsalen NA-Fasern. Andererseits erhöhen vermeidbarer oder schwacher Streß oder nur schwach unangenehme Reize die Syntheserate und Kataboliten-Ausscheidung von NA [10].

Wenn die Tiere gegen gelernte Hilflosigkeit durch eine Habituationsperiode (wiederholte Darbietung derselben Streßreize) vorher *immunisiert* werden, tritt keine Entleerung der NA-Speicher bei Hilflosigkeit auf und auch die „psychosomatischen" Störungen (z. B. Anzahl und Größe von Magengeschwüren bei Ratten) unterbleiben. Auch die Möglichkeit in Streßsituationen zu kämpfen, verhindert NA-Entleerung und somatische Schäden.

Der assoziative Defekt nach Hilflosigkeit könnte auch als eine Aufmerksamkeitsstörung durch die NA-Entleerung gedeutet werden. Die motorischen Störungen (Apathie und/oder Stereotypien) dagegen hängen mit einer ***Deregulation der DA-Systeme*** zusammen: unter starkem Streß mit NA-Entleerung wird der serotonerge Einfluß des dorsalen Raphe-Systems auf die substantia nigra (DA) stark erhöht, wodurch die DA-Synthese-Abbau-Geschwindigkeit (turnover) ansteigt und auch im Striatum mehr DA ausgeschüttet wird. NA-Systeme haben einen hemmenden Einfluß auf die serotonergen Raphe-Kerne, wodurch exzessive DA-Aktivität verhindert werden kann, und sie halten das DA-System innerhalb enger Grenzen *stabil.* Wenn dann NA *ausfällt* wie bei gelernter Hilflosigkeit kommt es entweder zu Überreaktion (Sterotypien, Katatonien) oder „Einfrieren" der Bewegung (vergleichbar dem Parkinsonismus).

Schizophrenie und Streß. Auch das Ansteigen der Wahrscheinlichkeit ***schizophrener Episoden*** nach Streß könnte mit einer solchen Deregulation des mesolimbischen und mesokortikalen (frontalen) DA-Systems (Kap. 20) unter Streß zusammenhängen. Die Tatsache, daß viele schizophrene Patienten keine Neuroleptika (DA-Rezeptor-Blocker) benötigen (Kap. 27), wenn sie in einer streßarmen Familie leben, die den Kranken nicht übermäßig emotional beachtet und kritisiert, stützt dies indirekt. Die DA-Fehlregulation hält sich in der streßarmen Umgebung noch innerhalb normaler Grenzen. Die exzessive Fixierung der Aufmerksamkeit in der Schizophrenie auf einige Gedanken oder Ideen könnte mit dem Überreagieren des mesolimbischen DA-Systems, die extreme Ablenkbarkeit- und Irritierbarkeit auf episodische Entleerung des NA-Speichers zurückzuführen sein.

Kurzer Streß dagegen, der nicht mit anhaltender Hilflosigkeit verbunden ist, führt bei ***hypokinetischen Störungen*** (z. B. Arthritis, Parkinson) zu kurzfristiger Besserung der Bewegungsstörung und bei Depressionen zu Nachlassen der Apathie (z. B. bei der Depression bessert Laufen oder Schlafdeprivation den

BOX 6–1

Magengeschwüre und Streß

1940 wurde von dem Neurologen Harold Wolff ein Junge, Tom, beschrieben, der nach einer Zerstörung der Speiseröhre über eine große Magensonde ernährt werden mußte. Über diese Sonde konnten Veränderungen der Durchblutung und Säurebildung direkt beobachtet und registriert werden. Während emotional belastender Gespräche zeigte Tom einen dramatischen Anstieg der Magensäure und einen Abfall der Schleimhautdurchblutung.

Obwohl wir heute wissen, daß Magen- und Zwölffingerdarmgeschwüre häufig von den Bakterien *Helicobacter pylori* mitverursacht sind, bewirken die durch Belastung ausgelösten Einschränkungen des Immunsystems der Magenschleimhaut und die Hemmung der Prostaglandinsynthese den Anstieg der Säureempfindlichkeit.

Diese Situation ist typisch für viele sog. psychosomatische Krankheiten: ein psychologisch-emotionaler Reiz erhöht das Risiko für den Ausbruch einer körperlich bedingten pathologischen Veränderung. Durch den psychologisch-emotionalen Reiz wird eine Hirnregion aktiviert oder gehemmt, die über das autonome Nervensystem das innere Milieu eines Organsystems ändert: z. B. verschlimmern Läsionen des medialen Kerns des Amygdala (s. Kap. 20 und 26) streßbedingte Magengeschwüre, während Gaben von hohen Dosen eines Dopaminagonisten ins Gehirn sie reduzieren.

Literatur: Sapolsky R (1994) Why zebras don't get ulcers. Freeman, New York

Zustand vorübergehend): dabei werden sowohl noch verbliebene, aber bisher nicht „bemühte", supersensitive nigrostriatale DA-Rezeptoren erregt, als auch verbliebene β-adrenerge Bindungen (durch weniger verfügbare β-Rezeptoren nach Streß) aktiviert und somit verringerte NA-Hemmung auf die DA-Systeme ausgeübt (s. Kap. 20 u. 26).

ACTH-Opioid-Immunsystem-Interaktion. Abb. 6–9 zeigt einige der Einflüsse zentraler Neurotransmitter auf die Aktivität des ACTH-Nebennierenrindensystems. Aktivität noradrenerger Afferenzen zum Hypothalamus hemmt z. B. die ACTH-Produktion durch Beeinflussung des entsprechenden Vorläufer-Releasing-Faktors (Kap. 5). ACTH als Streßhormon wird aus dem Vorläufermolekül Pro-opiomelanocortin (POMC) abgespalten, das auch als Vorläufer der endogenen Opiate β-Endorphin, γ-Endorphin, alpha-Endorphin und Met-Enkephalin fungiert (Kap. 5 u. 6). ACTH und β-Endorphin-Ausschüttung bei Streß scheint für die ***Streß-Analgesie*** nach Hilflosigkeit und die Immunsupression verantwortlich zu sein. Beim Menschen spricht man oft von *Schockanalgesie*, z. B. nach Unfällen treten häufig keine Schmerzen auf.

Abb. 6–10 gibt die Ergebnisse eines Experiments wieder, aus dem hervorgeht, daß Streß allein (elektrische Reize ohne eine Vorgeschichte unkontrollierbarer Reizung) keine Analgesie, kein Hilflosigkeitsverhalten (motorische Hemmung) und keine Immunsuppression bewirkt, sondern *nur* die Hilflosigkeitsbedingung. Die Kortikosteroidausschüttung spielt dabei offensichtlich eine wesentliche Rolle, da Adrenalektomie den Effekt zum Verschwinden bringt. Diese Befunde wurden zu erhöhter Krankheitsanfälligkeit (z. B. Tumorwachstum) nach gelernter Hilflosigkeit in Beziehung gesetzt.

6.4 Psychoneuroendokrinologie von Verhaltensstörungen und psychosomatischen Erkrankungen

Die Aktivierung von Kortikosteroiden durch Streß kann zu Gedächtnisstörungen führen

Die Aktivität der Hypothalamus-Hypophysen-Nebennierenrindenachse wird durch den Tag- und Nachtrhythmus und durch Streßreize bestimmt. Während die Tag-Nachtvariationen im ZNS primär durch Mineralokortikoidrezeptoren geregelt werden, wirken streßbedingte Anstiege der Kortikoide im Gehirn auf ***Glukokortikoidrezeptoren.*** Beide finden sich vor allem im Hippokampus, dem Septum und der Amygdala, Regionen, die zentral an der Regelung von Gedächtnisleistungen und Gefühlsreaktionen beteiligt sind. Die ***enge Verbindung von Schlaf, Gedächtnis, Streßbewältigung und Altern*** wird anhand ihrer hormonellen Gemeinsamkeiten deutlich sichtbar.

Streß und Hippokampus. Glukokortikoide führen, in hoher Dosis über längere Zeit gegeben, im Tierversuch zur Zerstörung hippokampaler Neurone. Zerstörung des Hippokampus beeinträchtigt das Kurzzeitgedächtnis und verhindert die Einspeicherung neuer Information. Im Alter findet man generell einen Anstieg der Serum-Glukokortikoide, was auch mit der Reduktion der

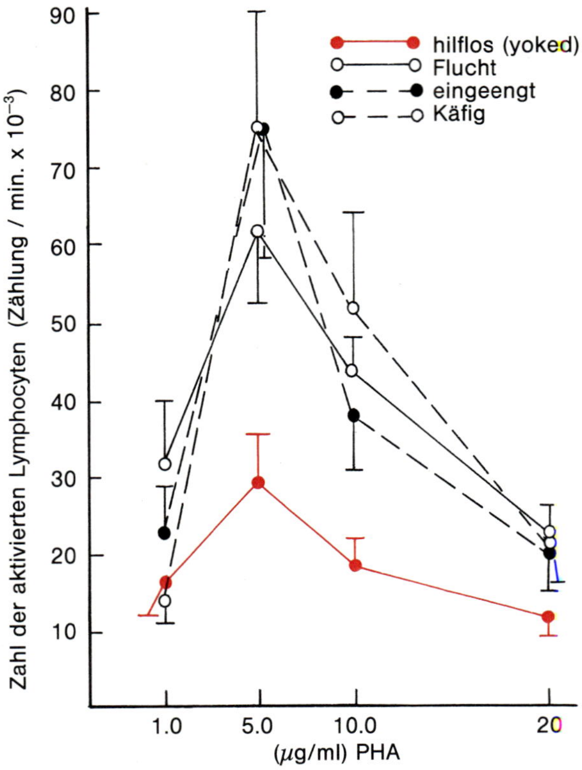

Abb. 6–10. Stimulation der Lymphozyten durch Phytohämagglutinin (*PHA*), ein Maß für die Aktivierbarkeit der Lymphozyten. Vier verschiedene Dosen von PHA wurden verwendet. Immunsuppressive Wirkung zeigt sich bei allen Dosen über 5ug/ml für die Hilflosigkeitsgruppe. (Aus Laudenslager et al. 1984) Vier verschiedene Gruppen von Versuchstieren (Ratten) wurden 24 Stunden nach der Hilflosigkeitserfahrung oder den Kontrollbedingungen auf Immunsuppression untersucht: Die escape (Flucht)gruppe (○—○) konnte den elektrischen Reiz abstellen, die „hilflose" Gruppe (yoked ●—●) hatte keine Einflußmöglichkeit, erhielt exakt dieselben elektrischen Reize wie die escape-Gruppe. Die „restrained" (eingeengte) Gruppe (•- - - •) wurde unter beengten Käfigbedingungen gehalten (unspezifischer Stress), die home-cage-Gruppe (○- - -○) blieb im Käfig. 24 Stunden nach dieser Vorbehandlung erhielten alle Tiere Gelegenheit, das Vermeiden des aversiven Reizes zu lernen. Danach wurde die Immunantwort mit PHA geprüft. Die *Ordinate* gibt die Zahl der aktivierten Lymphozyten wieder. Nach Maier et al. 1988, in [10]

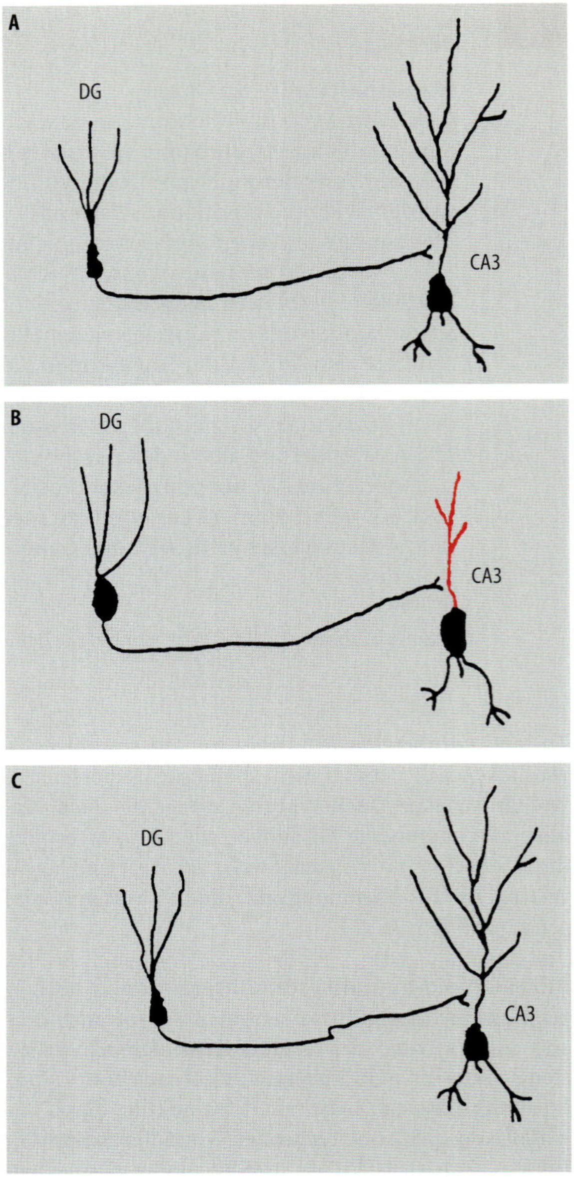

Abb. 6–11. Projektion vom G. dentatus (*DG*) auf CA3-Pyramidenneurone des Hippokampus. **A** Normale Verbindungen. **B** Chronische Gabe von Kortikosteron oder wiederholter Streß durch Bewegungseinschränkung bewirkt Atrophie der apikalen Dendriten der CA3-Zellen. **C** Adrenalektomie bewirkt Absterben der Neurone im DG, die durch neue ersetzt werden, aber CA3-Neurone bleiben ausgespart. Nach [9]

ersten Tiefschlafphasen („Kern-Schlaf", s. Kap. 23) einhergeht. Auch dieser Anstieg geht mit den Gedächtnisdefekten im Alter parallel. Im Alter wird sowohl beim Tier wie beim Menschen die Feedback-Regelung der Hypophysen-Nebennierenrindenachse schwächer; das bedeutet, die hormonelle Reaktion bleibt nach Streßreizen länger bestehen. Im Tierversuch läßt sich diese Alterung des Gedächtnisses durch Entfernung der Nebennieren verhindern.

Erhöhte Glukokortikoidspiegel beschleunigen auch das Altern des Gedächtnisses durch raschere Zerstörung der Hippokampusneuronen (vor allem in der Region CA3 (Kap. 20, Abb. 6–11).

Diese Situation wird noch dadurch „dramatisiert", daß der Hippokampus einen ***hemmenden Einfluß*** auf die Ausschüttung von Kortikotropin-Releasing-Hormon (CRH) hat, das ja die ACTH-Ausschüttung bewirkt. Wenn also die CA3-Region des Hippokampus teilweise zerstört ist, kommt es zu einem Anstieg von CRH, mehr ACTH und weiterem Glukokortikoidanstieg, ein *Circulus vitiosus aus Altern → Streßanstieg → und Gedächtnisverlust.* Offensichtlich scheint dieser Circulus vitiosus zumindest im Tierversuch verhinderbar: Tiere, die in ihrer „Kindheits- und Jugendentwicklung" gut behandelt und schrittweise mit Streß konfrontiert (immunisiert) wurden, zeigen im Alter keine Hippokampuszellenverluste und keine Gedächtnisstörungen. Man wird dabei zweifellos an die Beispiele alter Menschen erinnert, die ihre geistige Produktivität bis ins hohe Alter erhalten können und an jene, die nach schweren bedeutenden Lebensereignissen (Krieg, Konzentrationslager, Folter) dauerhafte Gedächtnisstörungen und akzeleriertes Altern aufweisen [1, 4].

Unbewältigbare Belastungsereignisse (Streß) sind unspezifische Vorläufer von Krankheiten

Psyche – Soma, ein Scheingegensatz. Eine Unterscheidung zwischen psychosomatischen und rein somatischen Krankheiten, wie sie bis heute in der Medizin und Psychologie üblich ist und wie sie in der sogenannten „psychosomatischen Medizin" zum Ausdruck kommt, kann weder theoretisch noch empirisch eingehalten werden (s. Box 6.1).

Psychische Störungen, wie z. B. die Depression (s. Kap. 26), weisen massive hormonell-physiologische Änderungen auf, die nicht notwendigerweise zu dauerhaften pathophysiologischen Konsequenzen führen müssen. Sogenannte psychosomatische Störungen wie die essentielle Hypertonie (s. Kap. 10), chronische Schmerzzustände, Magen- und Zwölffingerdarmgeschwüre und andere entwickeln sich aus einem komplizierten Gefüge aus Belastungsereignissen, endogenen Rhythmusstörungen und molekulargenetischen Veränderungen, in dem die Grenzen zwischen Umgebungseinfluß und Körperphysiologie oft nicht mehr erkennbar sind. Dagegen weisen „rein" organische Störungen (wie z. B. manche Herzkrankheiten, Epilepsieformen, Immunschwächeerkrankungen, Diabetes u. a.) psychologische Auslöser auf, die keine strenge Trennung zwischen psychisch versus organisch verursacht erlaubt [10]. Z. B. werden epileptische Anfälle meist von plötzlichen Änderungen des Aktivierungsniveaus (nach oben oder unten) ausgelöst. Solche raschen Erregungsänderungen sind oft von sozialen Umgebungsreizen oder raschen Gefühlsänderungen abhängig. Für die meisten Erkrankungen läßt sich heute der psychologische Verursachungsfaktor genauso präzise angeben wie der organmedizinische und die spezifische Krankheit wird nur aus der psychophysiologischen Interaktion beider verständlich. Tabelle 6–2 faßt einige der bisher bekannten pathophysiologischen Konsequenzen chronischer Belastung und Hilflosigkeit zusammen (siehe dazu auch [12]).

Tabelle 6–2. Wirkungen von Belastung

Belastungsreaktion (Streß)	Pathophysiologische Konsequenzen
Unterdrückung von Immunreaktivität und Entzündung	Reduzierte Resistenz gegenüber einer Vielzahl von Krankheiten
Erhöhung der Muskelanspannung in spezifischen Muskelgruppen	Rücken-, Gesichts-, Kopfschmerzen, „Weichteilrheumatismus"
Erhöhter kardialer Output	Essentielle Hypertonie
Mobilisierung von Energie bei Unterdrückung der Energiespeicherung	Diabetes, Myopathien, Asthma
Unterdrückung der Verdauung	Geschwüre
Hemmung des Wachstums	Psychogener Zwergwuchs, Knochenentkalkung
Hemmung der Reproduktionsfunktionen	Infertilität, Anovulation, Impotenz, Libidoverlust
Neuronale Reaktionen und Änderungen der Wahrnehmungsschwellen	Beschleunigtes Altern kognitiver Funktionen und des Gedächtnis, einige Epilepsieformen
Periphere Vasokonstriktion oder Dilatation	Raynaud-Erkrankung, Migräne

ZUSAMMENFASSUNG

Hormone aus dem ZNS und den endokrinen Drüsen und Geweben sind aktivierend und organisierend an der Steuerung des Verhaltens und Erlebens beteiligt. Sowohl im ZNS wie im peripheren Nervensystem wirken Hormone als Neuromodulatoren auf die Regelung von Erregungsschwellen der Nervenzellen. Sie können aber auch als Neurotransmitter direkt und spezifisch in die Tätigkeit der Neuronen eingreifen, z. B. indem sie die synaptische Effizienz zwischen Zellensembles beeinflussen.

Am Beispiel der Glukokortikoide läßt sich die Schwellenregulation durch Hormone im Wahrnehmungsapparat beweisen: Die Wahrnehmungsschwellen für akustische, gustatorische und visuelle Reize steigen mit dem Kortisolspiegel an.

Die meisten Hormone werden zyklisch, zirkadianen oder ultradianen Rhythmen folgend, ausgeschüttet. Die Schlafzyklen sind dabei unverzichtbare Auslöser der Ausschüttung von vital notwendigen Hormonen wie des Wachstumshormons (GH) und der Hypophysen-Nebennierenrindenachse mit ACTH und den Kortikoiden. Die Abflachung dieser Rhythmen im Alter hängt mit der fortschreitenden Ineffektivität der Immunabwehr zusammen.

Während Hormone für die schnellen kognitiven Prozesse weniger bedeutsam sind, können Gefühls- und Motivationszustände ohne sie nicht auftreten.

Die männlichen Sexualhormone stellen die wesentliche Voraussetzung für beutebezogenen Aggression dar, ihre Hemmung, vor allem früh in der Entwicklung, führt zu deutlicher Einschränkung bis zum Verschwinden von Angriffsverhalten bei Mensch und Tier. Ähnlich ist die Situation für soziale Bindung, die im wesentlichen an die Existenz des Hypophysenhinterlappenhormons Oxytozin gebunden ist. Allerdings hat die subjektive Bewertung und Bewältigung sozialer Situationen selbst wieder einen entscheidenden Einfluß auf das Hormonniveau. Aggressives Verhalten oder Vorstellung von Aggression erhöht die Androgensyntheserate.

Die subjektive Bewältigung entscheidet vor allem über Ausmaß und Dauer der hormonellen Streßreaktion.

Hilflosigkeit wirkt neben dem Schlafrhythmus als stärkster Reiz für die Hormone des Hypophysen-Nebennierensystems: Lang anhaltende Hilflosigkeit führt zu Verhaltensdepression, Immunschwäche und Deregulation verschiedener Neurotransmitter. Das Entstehen psychosomatischer Störungen und der Gedächtnis- und Immunschwäche bei manchen alten Menschen läßt sich aus der Wirkung dieser „Hilflosigkeitshormone“ erklären.

Literatur

Weiterführende Lehr- und Handbücher

1. Becker JB, Breedlove JM, Crews D (eds) (1992) Behavioral endocrinology. MIT Press, Cambridge
2. Brown RE (1994) An introduction to neuroendocrinology. Cambridge University Press, Cambridge
3. Fehm-Wolfsdorf G (1994) Streß und Wahrnehmung, Huber, Bern
4. Schulkin J (ed) (1993) Hormonally induced changes in mind and brain. Academic Press, San Diego

Einzel- und Übersichtsarbeiten

5. Bernstein IS (1981) Dominance. The baby and the bathwater. Beh Brain Sci 4: 414–456
6. Fehm HL, Kern W, Pietrowsky R, Born J (1990) Schlaf und Hormone. In: Meyer-Ewert K, Schulz H (eds) Schlaf und Schlafstörungen. Springer, Berlin Heidelberg New York Tokyo
7. Insel TR (1993) Oxytocin and the neuroendocrine basis of affiliation. In: Schulkin J (ed) Hormonally induced changes in mind and brain. Academic Press, San Diego
8. Kirk GS, Raven JE, Schofield M (1994) Die vorsokratischen Philosophen. Metzler, Stuttgart
9. Mc Ewen B, Schull J (1993) Hormones, rhythms, and the blues. In: Schulkin J (ed) Hormonally induced changes in mind and brain. Academic Press, San Diego
10. Miltner M, Birbaumer N, Gerber W (1993) Verhaltensmedizin. Springer, Berlin Heidelberg New York Tokyo
11. Truman JW (1992) Hormonal regulation of behavior: insights from invertebrate systems. In: Becker JB, Breedlove JM, Crews D (eds) Behavioral endocrinology, MIT Press, Cambridge
12. Voigt KH, Fehm H (1993) Psychoendokrinologie. In: Uexküll T von (ed) Lehrbuch der Psychosomatischen Medizin, 3. Auflage. Urban und Schwarzenberg, München
13. Waverley JB, Lincoln DW (1973) The milk-ejection reflex of the rat: a 20–40-fold acceleration in the firing of paraventricular neurones during oxytocin release. J Endocrinol 57: 477–493

7 Erregungsbildung und Erregungsleitung

EINLEITUNG

Das zentrale Nervensystem, also Gehirn und Rückenmark, und seine peripheren Ausläufer, die Nerven und die Ganglien, bilden das schnelle Informations- und Reaktionssystem des Körpers, dessen verschiedene Aspekte einen großen und wichtigen Teil dieses Buches ausmachen.

In diesem Kapitel werden zunächst die Bausteine des Nervensystems, also die Nervenzellen charakterisiert und insbesondere gezeigt, daß Klassifizierungen nach Herkunft, Struktur und Funktion bereits brauchbare Hilfen für ein Verständnis der Arbeitsweise des Nervensystems liefern.

Der Informationsaustausch im Nervensystem geschieht vornehmlich durch kleine Potentialänderungen (Erregungen), die entlang den Nervenfortsätzen (Axone, Nervenfasern) in der Form von Aktionspotentialen rasch über große Entfernungen geleitet werden. Die Aktionspotentiale starten von einer negativen Dauerpolarisierung des Zellinneren gegenüber dem Extrazellulärraum, dem Ruhepotential. Seine Entstehung, Aufrechterhaltung und Wiederherstellung nach Ablauf eines Aktionspotentials ist in diesem Kapitel der Darstellung der Erregungsbildung und -leitung vorangestellt.

7.1 Bausteine des Nervensystems

Das Nervensystem ist aus Nervenzellen aufgebaut, die auch Neurone genannt werden; aus ihren Zellkörpern (Somata) sprossen meist ein Axon und mehrere Dendriten

Im zentralen und peripheren Nervensystem bilden die *Nervenzellen* oder *Neurone* die strukturell und funktionell selbständigen Grundeinheiten, von denen das menschliche Gehirn etwa 25 Milliarden (25×10^9) besitzt. Die Größe und Form dieser Neurone schwanken in weiten Grenzen, aber der Grundplan ist immer gleich (Abb. 7–1): Sie haben einen *Zellkörper* oder ***Soma*** und Fortsätze aus diesem Zellkörper, nämlich ein ***Axon*** oder *Neurit*, und meist mehrere ***Dendriten.***

Diese ***Einteilung der Neuronenfortsätze*** erfolgt nach funktionellen Gesichtspunkten (Abb. 7–1): Das *Axon* verbindet die Nervenzellen mit anderen Zellen. An den *Dendriten*, wie auch am *Soma*, enden die Axone anderer Neurone. Axon und Dendriten zweigen sich gewöhnlich nach ihrem Abgang aus dem Soma in mehr oder weniger zahlreiche Äste auf. Die *Verzweigungen der Axone* werden ***Kollateralen*** genannt. Die Axone und ihre Kollateralen sind von sehr unterschiedlicher Länge, oft nur wenige Mikron kurz, manchmal auch, z. B. bei manchen Neuronen des Menschen und anderer großer Säugetiere, weit über einen Meter lang [7–12].

Die ***Formenvielfalt der Neurone*** ist im wesentlichen durch die unterschiedliche *Ausprägung der Dendriten* bestimmt (Abb. 7–2). Manche Neurone, z. B. Neuron C in Abb. 7–2, verfügen über regelrechte Dendritenbäume, bei anderen, wie z. B. bei den Neuronen A und B, ist das Verhältnis Somaoberfläche zu Dendritenoberfläche ausgewogener. Schließlich gibt es auch Neurone, die keine Dendriten haben (Neurone D und E). Die Durchmesser der Somata liegen in der Größenordnung von 5 μm bis 100 μm (1 mm = 1000 μm), die Dendriten können einige hundert Mikrometer lang sein.

Synapsen sind die Verbindungsstellen von Neuronen mit anderen Nerven-, Muskel- oder Drüsenzellen

Wie oben bereits gesagt, verbindet das Axon und seine Kollateralen die Nervenzelle mit anderen Zellen. Dies können andere Nervenzellen, aber auch Muskel- oder Drüsenzellen sein. Die Verbindungsstelle einer axonalen Endigung mit einer anderen Zelle hat der Engländer Sir Charles Sherrington im Jahr 1897 ***Synapse*** genannt. Abb. 7–1 zeigt Verbindungsstellen von Neuronen. Endet ein Axon auf dem Soma eines anderen Neurons, so sprechen wir von einer ***axosomatischen Synapse.*** Entsprechend heißt eine Synapse zwischen Axon und Dendrit eine ***axodendritische*** Synapse und eine zwischen zwei Axonen eine ***axoaxonische*** Synapse. Endet ein Axon auf einer Skelettmuskelfaser, so wird diese Synapse ***neuromuskuläre Endplatte*** genannt. Synapsen auf Muskelfasern der Eingeweide (glatte Muskula-

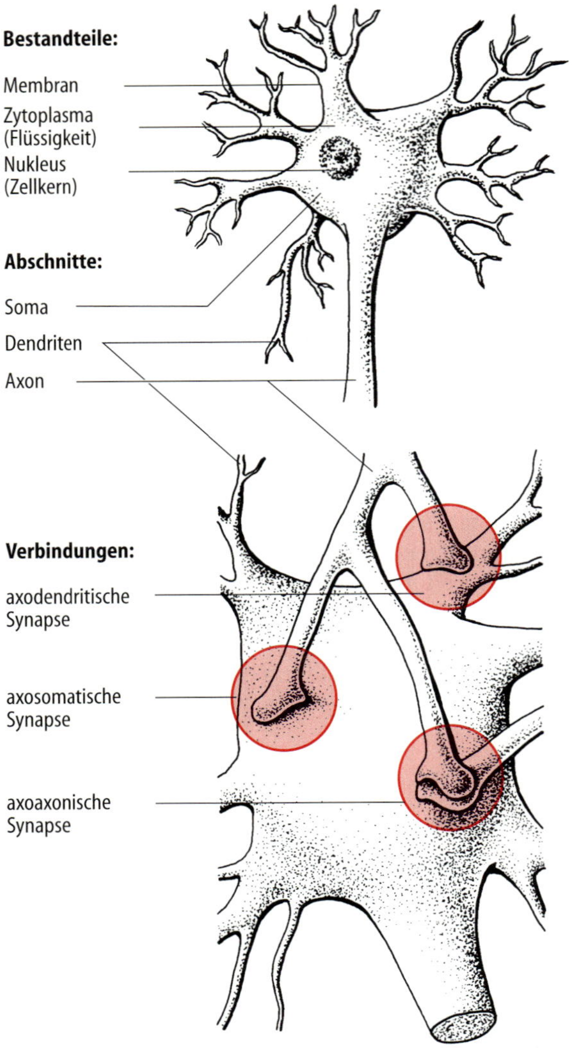

Abb. 7–1. Schematischer Aufbau eines Neurons mit seinen Bestandteilen, Abschnitten und Verbindungen. Die *Zellbestandteile* eines Neurons (Membran, Zytoplasma, Zellkern) sind mit denen anderer Körperzellen identisch (vgl. Abb. 3–1, S. 31). *Die für ein Neuron typischen* Abschnitte (Soma, Axon, Dendriten) sind angegeben. In der unteren, vergrößerten Bildhälfte sind *Zellverbindungen (Synapsen)* eingezeichnet. Die Kontaktstelle des Axons mit einer anderen Nervenzelle *(Soma, Dendrit, Axon)* drückt sich in der Bezeichnung der Synapse (z. B. axosomatisch) aus. Ein Neuron empfängt in der Regel sehr viele Synapsen (vgl. Abb. 8–6, S. 127)

tur) und auf Drüsenzellen tragen keine besonderen Bezeichnungen. Viele Leistungen des Nervensystems werden durch die *Wechselwirkungen zwischen den einzelnen Neuronen über ihre Synapsen* erbracht [3,7–12].

Effektoren. Die meisten Neurone haben über Synapsen Verbindungen zu anderen Neuronen und fügen sich mit diesen zu neuronalen Schaltkreisen zusammen. Ein kleinerer Teil der Neurone tritt über seine Axone nicht mit anderen Neuronen, sondern mit Muskel- oder Drüsenzellen in Kontakt. Die quergestreiften Skelettmuskeln, die glatten Muskeln der Gefäße und Eingeweide und die Drüsen (z. B. Speicheldrüsen, Schweißdrüsen, Nebenniere) sind also die Befehlsempfänger, die ausführenden Organe oder die ***Effektoren des Nervensystems.*** Auf den Aufbau der Effektoren wird, soweit notwendig, bei den entsprechenden Kapiteln eingegangen. – Nervenzellen können auch selbst als hormonproduzierende Drüsenzellen fungieren, speziell im Hypothalamus (s. Kap. 5, 6).

Sensoren. Um sich zweckmäßig mit seiner Umwelt auseinandersetzen zu können und zur Überwachung der Tätigkeit der Effektoren braucht das Nervensystem aber auch noch Fühler, die auf Veränderungen in der Umwelt und im Organismus antworten und diese Antworten dem Nervensystem mitteilen. Der Organismus besitzt für diese Aufgaben spezialisierte Nervenzellen, die als ***Sensoren*** bezeichnet werden (Synonyme: *Sinnesrezeptoren, Rezeptoren, Rezeptorzellen, Sinneszellen;* teilweise werden diese Begriffe mit etwas unterschiedlicher Bedeutung gebraucht). Eine sehr allgemeine Definition der Sensoren lautet also: *Spezialisierte Nervenzellen, die auf bestimmte Veränderungen im Organismus oder in der Umwelt antworten und diese Antworten dem Nervensystem weiterleiten, werden als Sensoren bezeichnet.* (Die Physiologie der Sensoren wird in den Kap. 15 bis 19 behandelt.)

Die unmittelbare Umgebung des Neurons ist der Extrazellulärraum (das Interstitium); zusätzlich bilden Gliazellen und Blutgefäße ein enges Stütz- und Versorgungsnetz in Gehirn, Rückenmark und peripherem Nervensystem

Gliazellen [7,12]. Die Neurone sind zwar die funktionell wichtigsten Bausteine des Nervensystems, sie sind aber nicht die einzigen Zellen, aus denen Gehirn und Rückenmark aufgebaut sind. Vielmehr sind die Nervenzellen von einem *speziellen Stützgewebe,* den ***Neurogliazellen*** oder ***Gliazellen*** umgeben. Diese Gliazellen sind zahlreicher als die Nervenzellen. Sie sind aber im Durchschnitt kleiner, so daß Neurone und Glia je knapp die Hälfte des Volumens von Gehirn und Rückenmark ausmachen. Die restlichen 10–20 % des Hirnvolumens werden von den extrazellulären Spalträumen und den Blutgefäßen ausgefüllt (s. u.).

Die Gliazellen, von denen es verschiedene Typen gibt, erfüllen im Nervensystem einerseits die Aufgaben des Bindegewebes in den anderen Organen des Körpers, sie sind aber entwicklungsgeschichtlich nicht mit diesem, sondern mit den Neuronen verwandt. Neben dieser ***generellen Stützfunktion*** sind die Gliazellen vielleicht auch bei der ***Ernährung der Neurone*** beteiligt. Ein Typ von ihnen, die *Oligodendroglia,* bildet die ***Myelinscheiden der Nervenfasern*** aus, ein anderer, die ***Astroglia,*** bildet ein Auffangbecken oder ***Reservoir für Kaliumionen,*** die aus den Neuronen bei den Erregungsprozessen in das Interstitium (s. u.) freigesetzt werden. Da Gliazellen anders als Neurone zeitlebens die Fähigkeit zur Zellteilung beibehalten, dienen sie auch zum ***Ausfüllen neuronaler Zelldefekte.*** Solche Gliazellvermehrungen (Glianarben) sind oft der Ausgangspunkt für Krampfentladungen des Gehirns, die sich eventuell als epileptische Anfälle äußern [16]. Über die Zusammenhänge zwischen Gliazellen und Verhalten wird auf S. 41 in der Box 3–1 berichtet.

Interstitium. Im lichtmikroskopischen Bild sieht es so aus, als ob Neurone und Gliazellen im Nervensystem nahtlos aneinandergefügt seien. Im elektronenmikroskopischen Bild läßt sich aber erkennen, daß zwischen den Zellen jeweils ein schmaler Spalt freibleibt (durchschnittliche Breite 200 Å = 20 nm = 2×10^{-5} mm). Alle diese Zwischenräume sind untereinander verbunden, sie bilden die ***flüssigkeitsgefüllten extrazellulären Spalträume*** (Synonym: *Interstitium*) der Neurone und Gliazellen (s. dazu auch S. 108). An manchen Stellen im Gehirn erweitert sich das Interstitium zu größeren

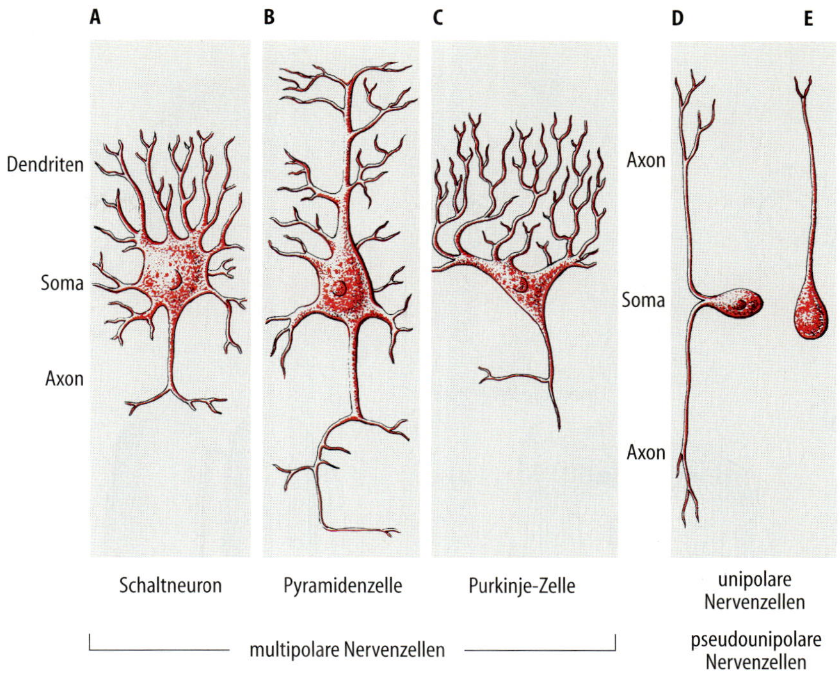

Abb. 7–2. Beispiele der Formenvielfalt von Neuronen. Während jedes Neuron ein *Soma* und ein *Axon* (meist mit Verzweigungen, *Kollateralen* genannt) besitzt, schwankt die Ausbildung der Dendriten in weiten Grenzen. Entsprechend schwankt die Zahl der axodendritischen Synapsen. Das Neuron *D* wird als pseudounipolar, das in *E* als unipolar bezeichnet

Hohlräumen, den sogenannten ***Ventrikeln,*** die die *Zerebrospinalflüssigkeit* oder ***Liquor cerebrospinalis*** enthalten (*Cerebrum* = Gehirn, *Spina* = Wirbelsäule). Der Liquor stimmt in seiner Zusammensetzung mit der interstitiellen (extrazellulären) Flüssigkeit praktisch überein.

Da es funktionell sehr wichtig ist, muß betont werden, daß jeglicher ***Stoffaustausch der Neurone in und aus dem Interstitium erfolgt,*** nicht direkt von einem Neuron zum anderen, oder direkt von einem Neuron in eine Gliazelle. Die Breite der extrazellulären Spalten reicht völlig aus, Ionen und Molekülen eine praktisch ungehinderte Diffusion im Extrazellulärraum zu ermöglichen.

Blutgefäße. Das gesamte Nervensystem ist von einem *dichten Netz von Blutgefäßen* durchzogen. Dabei ist das Kapillarnetz des Gehirns so eng geknüpft, daß die meisten Neurone nicht mehr als 50 μm von einer Kapillare entfernt sind. Die Diffusionswege für alle Nähr- und Abfallstoffe sind also kurz. Allerdings gilt auch hier, daß es keinen direkten Kontakt zwischen Kapillarwand und Neuron gibt, denn das Interstitium umgibt auch alle Kapillaren. Ein Sauerstoff- oder Nährstoffmolekül (oder auch ein intravenös injiziertes Medikament) muß also zunächst die Gefäßwand (Kapillarmembran) und anschließend die Zellmembran überwinden, um in einem Neuron wirken zu können (manche Pharmaka greifen allerdings direkt an der Außenseite der Membran an). Die Kapillarwand der Gehirngefäße ist dabei für viele Stoffe nicht durchlässig, weshalb man in der Pharmakologie von einer ***Blut-Hirn-Schranke*** für diese Stoffe spricht.

Die Neurone des Zentralnervensystems sind auf eine ***ständige Sauerstoffversorgung*** angewiesen. Unterbrechung der Blutzufuhr zum Gehirn für 8–12 s (z. B. durch Herzstillstand oder Strangulation des Halses) führt bereits zu ***Bewußtlosigkeit,*** nach 8–12 min ist das Gehirn meist irreversibel geschädigt (s. auch S. 204). Bei Atemstillstand ist die Zeit bis zur Bewußtlosigkeit erheblich länger, da der Sauerstoffvorrat des zirkulierenden Blutes ausgenützt werden kann (z. B. beim Tauchen).

7.2 Peripheres Nervensystem

Gehirn und Rückenmark werden üblicherweise als ***Zentralnervensystem (ZNS)*** zusammengefaßt. Sein Aufbau ist im Kap. 20 dargestellt. Alles übrige nervöse Gewebe wird als ***peripheres Nervensystem*** bezeichnet. Die Nerven in der Peripherie des Organismus sind Bündel von Axonen, die von Gewebshüllen umgeben sind. Ihr Aufbau, ihre Herkunft und ihre Klassifizierung nach morphologischen und funktionellen Gesichtspunkten sollen im folgenden erläutert werden [9–12]. Bündel von Axonen im ZNS werden meist als *Bahnen (Tractus)* bezeichnet. Für sie gelten die nachfolgenden Ausführungen ebenso.

Axone mit ihren Schwann-Zellhüllen nennt man Nervenfasern; Nerven sind Bündel von Nervenfasern

Nervenfasern und Nerven. In den peripheren Nerven wird jedes Axon schlauchartig von speziellen Gliazellen, den *Schwann-Zellen* umhüllt (Abb. 7–3). ***Axon und umgebende Schwann-Zelle*** bezeichnet man als ***Nervenfaser.*** Ein Nerv (oder eine zentrale Bahn) ist *ein Bündel von mehr oder weniger vielen Nervenfasern.* Ist der Nerv so dick, daß er leicht mit bloßem Auge als weißlich-gelbliches Faserbündel erkannt werden kann, laufen in ihm viele Dutzend bis einige hundert Nervenfasern. In noch dickeren Nerven sind es viele Tausende bis Zehntausende.

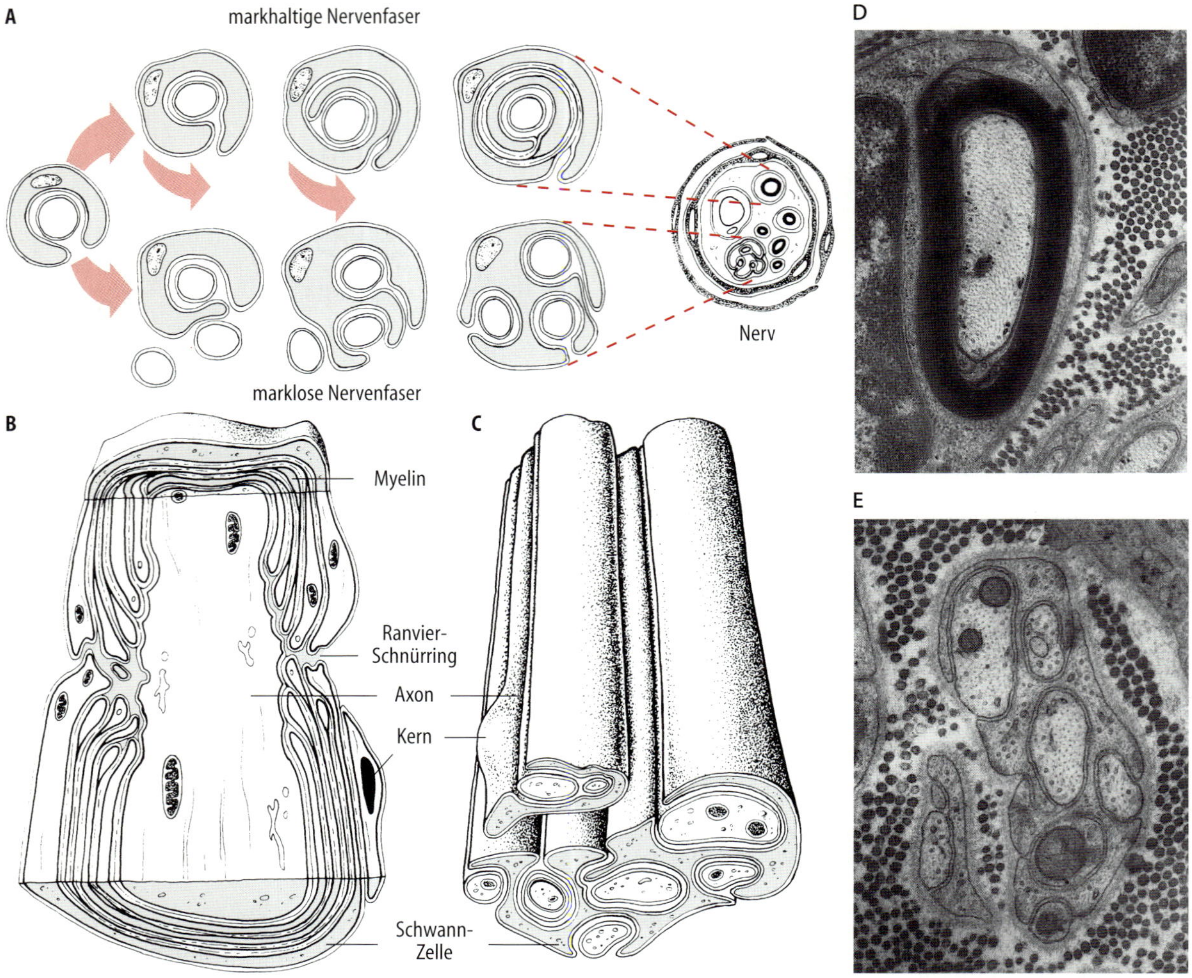

Abb. 7–3. *Marklose* und *markhaltige* Nervenfasern. **A** Entwicklung markhaltiger *(oben)* und markloser *(unten)* Nervenfasern während des Wachstums. *Rechts* ist zu sehen, daß ein Nerv markhaltige und marklose Fasern enthält. **B** Quer- und Längsschnitt durch einen *Ranvier-Schnürring.* **C** Aufsicht auf ein Bündel markloser Nervenfasern, die von einer *Schwann-Zelle* umschlossen sind. **D** Elektronenmikroskopische Aufnahme eines Querschnittes durch eine dünne markhaltige Nervenfaser (Gruppe III oder Aδ Faser). **E** Wie D, jedoch Schnitt durch marklose Nervenfasern (Gruppe oder C IV Fasern). Beachte den stark unterschiedlichen Durchmesser dieser Nervenfasern (s. a. Tabelle 7.1)

Markhaltige und marklose Nervenfasern. Etwa bei einem Drittel aller Nervenfasern wickelt sich die Schwann-Zelle während des Wachstums mehrfach um das Axon herum und bildet dadurch zwischen Axon und Schwann-Zelle *eine weitere Hülle* aus einem *Lipoid-Protein-Gemisch* (Fett-Eiweiß-Gemisch) aus, das ***Myelin*** (Abb. 7–3). Im Querschnitt ähnelt eine solche Nervenfaser einem Draht, der von einer Isolierung umgeben ist. Derart isolierte Nervenfasern werden als ***myelinisierte*** oder ***markhaltige Nervenfasern*** bezeichnet.

Anders als bei einem isolierten Draht umgibt bei myelinisierten Nervenfasern das *Myelin* oder die ***Markscheide*** die Nervenfaser nicht kontinuierlich, sondern ist, wie in Abb. 7–3 zu sehen, in regelmäßigen Abständen unterbrochen. Unter dem Lichtmikroskop erscheinen diese myelinfreien Stellen als Einschnürungen. Sie werden nach ihrem Entdecker als ***Ranvier-Schnürringe*** bezeichnet. Myelinisierte Nervenfasern haben etwa alle 1 bis 2 mm einen Ranvier-Schnürring.

Nervenfasern ohne Markscheide nennt man ***marklose,*** oder, da sie nicht von Myelin umgeben sind, ***unmyelinisierte Nervenfasern.*** Wie die markhaltigen Nervenfasern sind sie aber auch von Schwann-Zellen umhüllt, wobei eine Schwann-Zelle, wie in Abb. 7–3 zu sehen, oft mehrere marklose Axone umgibt. Bei den markhaltigen Nervenfasern nimmt dagegen jede Schwann-Zelle etwa den Platz zwischen zwei Schnürringen ein.

Nervenfasern werden nach ihrer Leitungsgeschwindigkeit, nach ihrem Durchmesser und nach ihrer Funktion klassifiziert

Physiologisch gesehen unterscheiden sich die markhaltigen von den marklosen Nervenfasern vor allem durch ihre ***unterschiedlichen Leitungsgeschwindigkeiten*** nervöser Erregungen. Aus Gründen, die auf S. 116 geschildert werden, ist diese bei *myelinisierten* Nervenfasern *hoch,* bei *unmyelinisierten gering.* Innerhalb jeder

Gruppe hängt die Leitungsgeschwindigkeit außerdem vom Durchmesser der Nervenfaser ab: je größer der Durchmesser, desto höher die Leitungsgeschwindigkeit. Diese Zusammenhänge bringen es mit sich, daß die verschiedenen, von anatomischer und physiologischer Seite vorgeschlagenen ***Klassifizierungen der Nervenfasern*** sich mehr oder weniger überlappen. Markhaltige Nervenfasern werden oft als ***A***- bzw. ***B***-Fasern, marklose Fasern als ***C-Fasern*** bezeichnet (Tabelle 7–1a). Daneben zeigt Tabelle 7–1b die Einteilung somatisch afferenter Nervenfasern nach ihrem Durchmesser, wobei die markhaltigen Fasern die *Gruppen I, II und III* und die marklosen Fasern die *Gruppe IV* bilden.

Funktionelle Klassifikation der Nervenfasern. Außer der Leitungsgeschwindigkeit und dem Durchmesser werden eine Reihe anderer Funktionsmerkmale der Nervenfasern dazu benutzt, diese eindeutig zu kennzeichnen. Die wichtigsten Begriffe sind in Abb. 7–4 zusammengefaßt. Sie werden jetzt erläutert.

Die Nervenfasern der Sensoren nennt man *afferente* Nervenfasern oder abgekürzt ***Afferenzen*** (links in Abb. 7–4). Sie ziehen zum Zentralnervensystem (ZNS) und übermitteln diesem die Meldungen der Sensoren (Sinnesrezeptoren, s. oben) über Veränderungen in der Umwelt und im Organismus. Abb. 7–4 zeigt weiter, daß die afferenten Nervenfasern aus den Eingeweiden als ***viszerale Afferenzen*** bezeichnet werden, alle anderen Afferenzen des Organismus, von den Muskeln, Gelenken und der Haut als ***somatische Afferenzen.*** Die Afferenzen aus den speziellen Sinnesorganen (z. B. Auge, Ohr) nennt man in ihrer Gesamtheit ***sensorische Afferenzen*** (nicht illustriert). Somatische, viszerale und sensorische Afferenzen werden als ***sensible Afferenzen*** zusammengefaßt.

Die Informationsübertragung aus dem ZNS in die Peripherie erfolgt über *efferente Nervenfasern,* abgekürzt ***Efferenzen.*** Efferenzen zu den Skelettmuskeln heißen ***motorische Efferenzen.*** Alle übrigen gehören zum vegetativen oder autonomen Nervensystem und werden deswegen ***vegetative Efferenzen*** genannt. Letztere versorgen die glatten Muskeln in den Eingeweiden und den Gefäßwänden, die Herzmuskulatur und alle Drüsen des Körpers.

Die Begriffe *afferent* und *efferent* werden auch allgemein im Sinne von *hinführend zu,* bzw. *wegführend von* einer Zelle oder einem Kerngebiet benutzt, man spricht also z. B. von *Afferenzen zum Hippokampus* oder von *Efferenzen des Thalamus* etc.

Die Klassifikation der Nerven erfolgt nach ihrer Herkunft bzw. ihrem Zielgebiet und nach der Funktion

In den letzten beiden Absätzen wurde ausschließlich die funktionelle Einteilung *einzelner Nervenfasern* be-

Tabelle 7–1 a. Klassifikation der Nervenfasern nach Erlanger/Gasser. Aus [12]

Fasertyp	Funktion, z. B.	Mittlerer Faserdurchmesser	Mittlere Leitungsgeschwindigkeit
Aα	Primäre Muskelspindelafferenzen, Motoaxone zu Skelettmuskeln	15 µm	100 m/s (70–120 m/s)
Aβ	Hautafferenzen für Berührung und Druck	8 µm	50 m/s (30–70 m/s)
Aγ	Motoaxone zu Muskelspindeln	5 µm	20 m/s (15–30 m/s)
Aδ	Hautafferenzen für Temperatur und Nozizeption	$\leqq$ 3 µm	15 m/s (12–30 m/s)
B	Sympathisch präganglionär	3 µm	7 m/s (3–15 m/s)
C	Hautafferenzen für Nozizeption, sympathische postganglionäre Efferenzen	1 µm marklos!	1 m/s (0,5–2 m/s)

Tabelle 7–1 b. Klassifikation somatisch afferenter Nervenfasern nach Lloyd/Hunt. Aus [12]

Gruppen	Funktion, z. B.	Mittlerer Faserdurchmesser	Mittlere Leitungsgeschwindigkeit
I	Primäre Muskelspindelafferenzen, und Sehnenorganafferenzen	13 µm	75 m/s (70–120 m/s)
II	Mechanorezeptoren der Haut	9 µm	55 m/s (25–70 m/s)
III	Tiefe Drucksensibilität des Muskels	3 µm	11 m/s (10–25 m/s)
IV	Marklose nozizeptive Fasern	1 µm	1 m/s

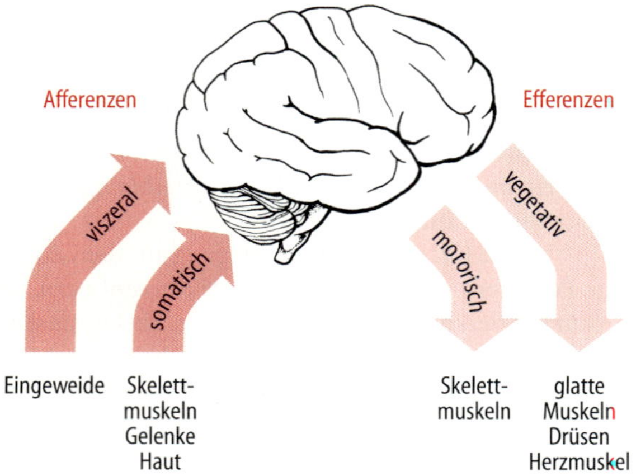

Abb. 7–4. Schema der Klassifizierung der Nervenfasern nach Herkunft und Funktion. Die *afferenten Nervenfasern* oder *Afferenzen* sind durch die linken Pfeile, die *efferenten Nervenfasern* oder *Efferenzen* durch die rechten Pfeile symbolisiert. Ein Nerv enthält immer afferente und efferente Nervenfasern (siehe Text). Die Begriffe afferent und efferent werden auch im Zentralnervensystem (Gehirn, Rückenmark) im Sinne von hinführend bzw. wegführend benutzt

trachtet. Es wurde aber schon gesagt, daß in einem Nerven zahlreiche, oft viele Zehntausende von Nervenfasern enthalten sind. In praktisch allen Nerven, also z. B. im *Nervus ischiadicus*, der den größten Teil des Beines nervös versorgt, sind sowohl afferente als auch efferente Nervenfasern gebündelt. Es hängt dabei vom Versorgungsgebiet (Haut, Muskeln, Eingeweide) des Nerven ab, welche Arten von Nervenfasern in ihm enthalten sind.

Die Nerven zur Haut, zu den Skelettmuskeln und zu den Gelenken werden als ***somatische Nerven*** zusammengefaßt. Die Nerven zu den Eingeweiden heißen ***Eingeweidenerven*** (Synonyme: *autonome Nerven, viszerale Nerven, vegetative Nerven.* Teilweise werden diese Begriffe mit etwas unterschiedlicher Bedeutung gebraucht; darauf wird hier nicht eingegangen). Ein ***Hautnerv*** ist also ein somatischer Nerv. Er enthält *somatische Afferenzen* (afferente Nervenfasern) von den Sensoren der Haut, aber auch *vegetative Efferenzen* zu den Blutgefäßen, Schweißdrüsen und Haaren der Haut. Ein *Skelettmuskelnerv,* meist kurz ***Muskelnerv*** genannt, ist ebenfalls ein somatischer Nerv. In ihm laufen *motorische Efferenzen,* ferner *somatische Afferenzen* von den Sensoren der Muskeln und *vegetative Efferenzen* zu den Blutgefäßen. Auch ein ***Gelenknerv*** ist ein somatischer Nerv mit *somatischen Afferenzen* von den Sensoren der Gelenke und *vegetativen Efferenzen* zu den Blutgefäßen der Gelenke und der Gelenkkapsel. Die dickeren Nerven, z. B. der *Nervus ischiadicus,* sind meist ***gemischte Nerven,*** die sich später in Haut-, Muskel- oder Gelenknerven verzweigen. Schließlich bleibt zu erwähnen, daß die ***Eingeweidenerven*** *viszerale Afferenzen* und *vegetative Efferenzen* enthalten.

Hauptaufgabe der Nervenzellen ist die Aufnahme, Verarbeitung und Weiterleitung von Information in Form von elektrischen und chemischen Signalen

Die Nervenzellen sind im Organismus auf die Verarbeitung elektrischer und chemischer Signale spezialisiert. Die ***Informationsaufnahme*** geschieht meist *chemisch* über Synapsen an Dendriten oder dem Soma der Nervenzelle, wobei die Information von anderen Nervenzellen kommt (Abb. 7–1). Die Nervenzelle kann jedoch die Information auch von den *Sensoren* oder *Sinnesrezeptoren* der Sinnesorgane empfangen, oder mit *spezialisierten Dendriten* direkt Informationen aus der Umwelt aufnehmen. Die ***Informationsverarbeitung*** erfolgt im Neuron selbst. Die Weitergabe der Information geschieht im Axon (Abb. 7–1), das bei geringem Durchmesser große Entfernungen (beim Menschen bis zu 1 m und mehr) überbrückt. Die ***Informationsweitergabe*** erfolgt schließlich, wie die -aufnahme, an den Synapsen.

Die Information liegt in der Nervenzelle als ***elektrisches Signal*** vor. Dieses Kapitel wird sich vornehmlich mit der Natur dieser Signale und mit ihrer Fortleitung im Axon befassen. Die besonderen Mechanismen der Signalweitergabe an Synapsen werden dann Gegenstand des folgenden Kapitels 8 sein.

Andere Funktionen. Wie andere Zellen auch, müssen sich die Nervenzellen zusätzlich zu ihren Aufgaben bei der Informationsverarbeitung *in ihrer Gestalt erhalten, dabei ihre Funktionsfähigkeit wahren und sich wechselnden Bedürfnissen anpassen.* Auf diese Zellfunktionen wurde bereits im Kapitel 3 ausführlich eingegangen. Hinzu kommt, daß Nervenzellen oft auch ***organisierend auf andere Nervenzellen*** wirken, z. B. indem sie in Zellen, mit denen sie Synapsen bilden, die Ausbildung synaptischer Strukturen auslösen (s. z. B. S. 580). Die Mechanismen dieser Vorgänge sind noch nicht völlig bekannt. Sie sind jedoch außerordentlich wichtig für die funktionsgerechte Entwicklung des Nervensystems und der innervierten Organe, sowie auch für die Lern- und Gedächtnisvorgänge [7,11,12].

7.3 Das Ruhepotential

Die Zellmembran ist die dünne Grenzschicht, an der Membranpotentiale, d. h. Potentialdifferenzen zwischen dem Zellinneren und dem Extrazellulärraum auftreten

Die *Plasmamembran* der Neurone ist dank ihres Aufbaus als Lipiddoppelschicht ein guter elektrischer Isolator (vgl. Abb. 3–3, S. 35). Über dieser Membran, d. h. zwischen dem Inneren der Zelle und der extrazellulären Flüssigkeit, besteht in der Regel eine *elektrische Potentialdifferenz.* Da diese Potentialdifferenz unmittelbar an der Membran auftritt, wird sie ***Membranpotential*** genannt.

Das Membranpotential hat bei den meisten Zellen über längere Zeit einen konstanten Wert, wenn nicht besondere Einflüsse von außen auf die Zelle einwirken. Wenn sich die Zelle in einem solchen Zustand der Ruhe befindet, bezeichnet man das Membranpotential als ***Ruhepotential.*** Es ist bei Nerven- und Muskelzellen immer *negativ* und liegt beim Menschen und anderen Säugetieren, je nach Zelltyp, zwischen −55 und −100 mV.

Das Ruhepotential ist Vorbedingung für die Fähigkeit von Nervenzellen, ihre spezifischen Aufgaben der Informationsaufnahme, -verarbeitung und -weiterleitung zu erfüllen. Wenn die Zellen *aktiv* sind, treten kurze, impulsartige, positive Änderungen des Membranpotentials auf, die ***Aktionspotentiale.*** Diese Aktionspotentiale sind praktisch im gesamten Tierreich das *universelle Kommunikationsmittel* des Nervensystems. Kenntnis der Eigenschaften und Entstehungsmechanismen der Membranpotentiale sind daher eine wichtige Voraussetzung für eine Erörterung der Arbeitsweise des menschlichen Nervensystems.

Membranpotentiale aller Art werden am genauesten mit einer intrazellulären Mikroelektrode gemessen

Die heute übliche Meßanordnung zur Registrierung des Membranpotentials zeigt schematisch Abb. 7–5. Als Meßfühler (Elektrode) für das Zellpotential dient eine Glaskapillare, die mit einer elektrisch leitenden Salzlösung (meist mit Kochsalzlösung) gefüllt ist. Um die Zellen nicht zu schädigen, haben diese Glaskapillaren sehr feine Spitzen (dünner als 1 µm). Die Bezugselektrode im Extrazellulärraum ist ein chloriertes Silberplättchen. Beide Elektroden sind an ein empfindliches Spannungsmeßgerät (Voltmeter, Oszilloskop) angeschlossen.

Zu Beginn der Messung (Abb. 7–5 A, *links*) liegen beide Elektroden im Extrazellulärraum, und zwischen den beiden Elektroden wird keine Potentialdifferenz gemessen (der Spannungsmesser zeigt als *extrazelluläres Potential* den Wert Null an). Wird nun die Spitze der Glaskapillare durch die Membran der Zelle geschoben (rechts in Abb. 7–5 A), so springt das Potential in negative Richtung auf etwa −75 mV (B). Dieses

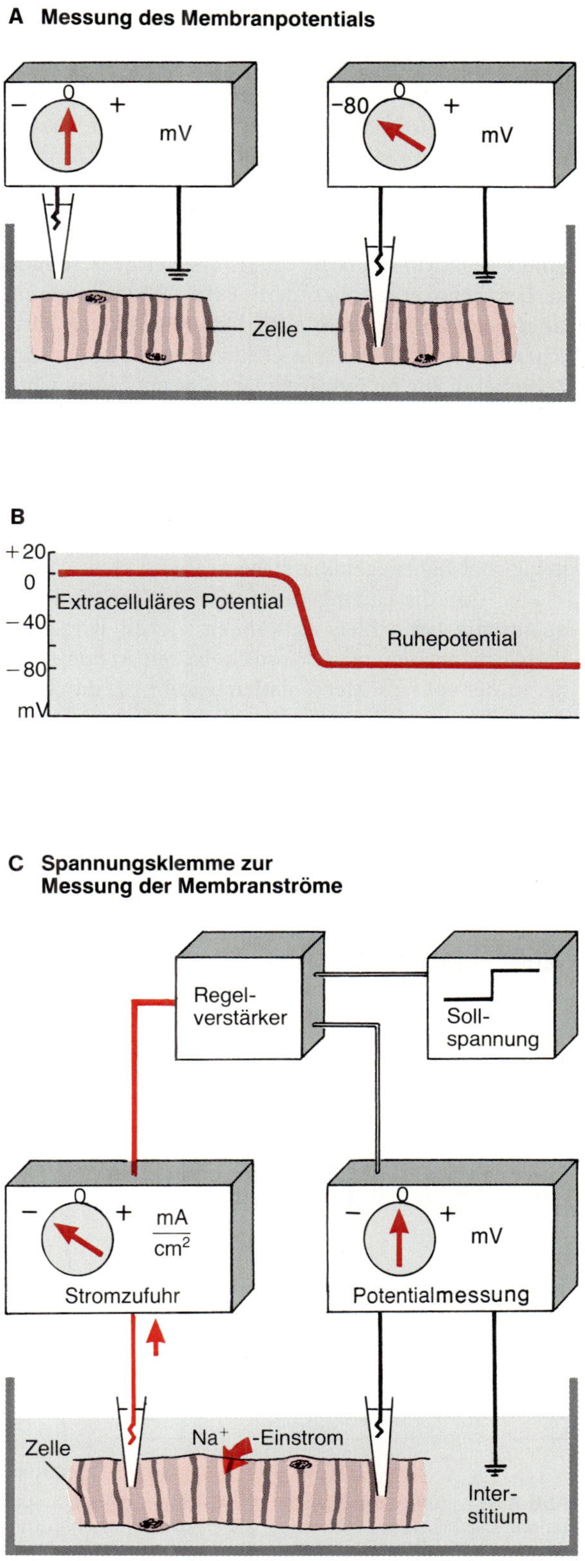

Abb. 7–5. Messungen des Membranpotentials und der Membranströme einzelner Nerven- oder Muskelzellen mit Mikroelektroden. **A** Schema der Meßanordnung zur Messung des Membranpotentials einer Zelle eines Gewebsverbandes, der aus dem Körper entnommen und in eine kleine Kammer mit Blutersatzlösung gelegt wurde (*in vitro*-Präparat). Als Meßelektrode dient eine mit Salzlösung gefüllte Glas-Mikroelektrode, die über einen Silberdraht mit dem Voltmeter verbunden ist. Als Bezugselektrode dient ein weiterer Silberdraht in der Badelösung. *Links* liegen Bezugselektrode und Meßelektrode extrazellulär, der Spannungsmesser zeigt die Spannung Null. *Rechts* ist die Meßelektrode in die Zelle eingestochen, intrazellulär. Der Spannungsmesser zeigt das Membranpotential. **B** Das vor und nach dem Einstich der Meßelektrode registrierte Membranpotential (Ruhepotential). **C** Spannungsklemme. Das gemessene Potential wird mit der vom Experimentator einstellbaren Sollspannung verglichen. Bei Abweichung von der Sollspannung veranlaßt der Regelverstärker eine Stromzufuhr (Klemmstrom), die die Spannungsabweichung ausgleicht (voltage clamp). Die Blutersatzlösung (z. B. Ringer-Lösung oder Tyrode-Lösung) stellt unter *in vitro*-Bedingungen das Interstitium (den Extrazellulärraum) der untersuchten Zellen dar

negative Membranpotential einer ruhenden Nervenzelle ist also das ***Ruhepotential.***

Das Ruhepotential ist in erster Linie ein K^+-Diffusionspotential, das nahe dem K^+-Gleichgewichtspotential liegt

Ladungsverteilung an der Membran. Wenn das Zellinnere negativer ist als die Umgebung der Zelle, so muß in der Zelle gegenüber dem Extrazellulärraum ein Überschuß an negativen elektrischen Ladungen herrschen. Da es sich bei den elektrischen Ladungen im Zellinneren wie im Extrazellulärraum um *Ionen,* nämlich ***Kationen*** (positiv geladen) und ***Anionen*** (negativ geladen) von Salzmolekülen handelt, bedeutet der Überschuß an negativen Ladungen im Zellinneren *einen Überschuß an Anionen in der Zelle.* Diesen Anionen müssen an der Außenseite der Membran *Kationen* in gleicher Zahl gegenüberstehen.

Um die Ladungsverhältnisse an der Membran quantitativ betrachten zu können, ziehen wir einen Vergleich mit einem elektrotechnischen *Kondensator* heran, der aus zwei Metallplatten besteht, die durch ein nichtleitendes Medium (Isolierfolie o. ä.) getrennt sind. Hat ein solcher Kondensator zwischen seinen Platten einen Abstand von 6 nm (60 Å) und soll er auf ein Ruhepotential von –75 mV aufgeladen werden, so muß er entsprechend seiner *Kapazität für elektrische Ladungen* mit etwa 5000 Paaren von negativen und positiven Ladungen pro μm^2 Fläche besetzt werden.

Wendet man diese Betrachtungsweise auf die Verhältnisse an der Zellmembran an, so ergibt sich, wie Abb. 7–6 zeigt, daß ein sehr kleiner Membranbezirk von 1 µm · 1/1000 µm Fläche bei einem angenommenen Ruhepotential von –90 mV nur von je 6 Anionen (innen) und Kationen (außen) besetzt ist. In den angrenzenden, mit Salzlösung gefüllten Räumen befinden sich allein im ersten Mikrometer Abstand von der Membran bereits je 220 000 Ionen, d. h. außen und innen sind praktisch gleich viel Anionen und Kationen (bezüglich der Unterschiede zwischen den einzelnen Ionensorten s. u.). Das Ungleichgewicht der Ladungsverteilung an der Zellmembran ist also äußerst geringfügig (chemische Meßmethoden könnten es nicht erfassen). Um so erstaunlicher ist es, daß alle Funktionen des Nervensystems auf diese *Ladungsunterschiede,* die wir als ***Ruhepotential*** messen, angewiesen sind.

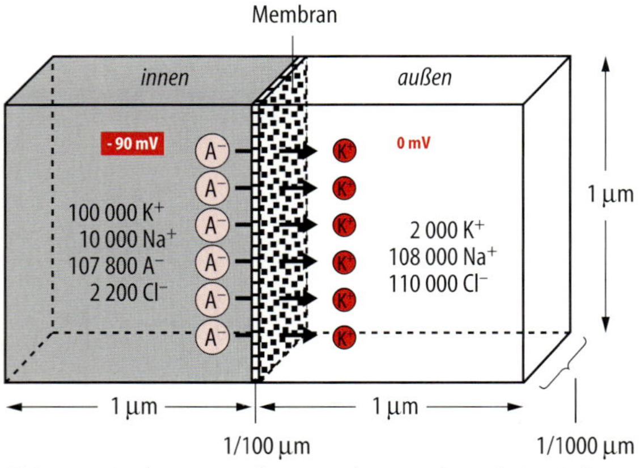

Abb. 7–6. Ladungsverteilung an der Membran beim Ruhepotential. Die Membran wird dabei als elektrotechnischer Kondensator betrachtet (s. Text). Die Aufladung eines kleinen Membranstückes von 1 µm · 1/1000 µm Fläche mit je 6 K^+-Ionen und Anionen (A^-) wird der Zahl der Ionen in den auf beiden Seiten der Membran benachbarten Räumen von je 1 µm · 1 µm · 1/1000 µm Inhalt gegenübergestellt. Die *Pfeile* durch die Membran zeigen an, daß die K^+ durch die Membran aus der Zelle diffundiert sind, aber durch die Ladung der in der Zelle zurückgebliebenen A^- auf der Außenseite der Membran fixiert bleiben. Angenommen ist eine Membrankapazität von 1 µF/cm^2. Darstellung von J. Dudel in [9]

Konzentrationsverteilung der Ionen innen und außen. In Abb. 7–6 fällt neben dem Ungleichgewicht der Ladungen an der Membran auch die ungleiche Verteilung der *Ionenarten* innerhalb und außerhalb der Zelle auf. Das größte Ungleichgewicht besteht bei den K^+-Ionen: 100 000 K^+ intrazellulär stehen extrazellulär nur 2 000 K^+ gegenüber. Dagegen entsprechen extrazellulär 108 000 Na^+ nur 10 000 Na^+ in der Zelle. Die Chloridionen (Cl^-) sind umgekehrt verteilt wie die K^+-Ionen. Der größte Teil der intrazellulären Anionen wird von großen Eiweißionen gestellt (als A^- bezeichnet). In Tabelle 7–2 sind die ***Ionenkonzentrationen in einer Muskelzelle und im Extrazellulärraum*** angegeben. Allgemein ist bei Nerven- und Muskelzellen die intrazelluläre K^+-Konzentration 20- bis 100mal höher als die extrazelluläre, die intrazelluläre Na^+-Konzentration 5- bis 15mal niedriger als die extrazelluläre und die intrazelluläre Cl^--Konzentration 20- bis 100mal niedriger als die extrazelluläre. Die Konzentrationsverteilung für Chlorid ist also etwa reziprok der für die Kaliumionen.

Ruhepotential als K^+-Diffusionspotential. Die in Abb. 7–6 und Tabelle 7–2 dokumentierten Unterschiede der Ionenkonzentrationen zwischen Zellinnerem und Extrazellulärraum würden sich durch ***Diffusion der beweglichen Teilchen*** bald ausgleichen, wenn dies nicht ***durch die Membran verhindert*** würde. Wäre die Membran völlig undurchlässig für Ionen, also *impermeabel,* so könnten die unterschiedlichen Ionenkon-

Tabelle 7–2. Intra- und extrazelluläre Ionenkonzentrationen bei einer Muskelzelle eines Warmblüters. A^- steht für „große intrazelluläre Anionen". Aus [12]

Intrazellulär		Extrazellulär	
Na^+	12 mmol/l	Na^+	145 mmol/l
K^+	155 mmol/l	K^+	4 mmol/l
Ca^{2+}	10^{-8}–10^{-7} mmol/l	Ca^{2+}	2 mmol/l
Cl^-	4 mmol/l	Andere Kationen	5 mmol/l
HCO_3^-	8 mmol/l	Cl^-	120 mmol/l
A^-	155 mmol/l	HCO_3^-	27 mmol/l
Ruhepotential	–90 mV		

zentrationen auf beiden Seiten der Membran unbeschränkt bestehen bleiben. Die Membran läßt aber K^+-Ionen relativ gut hindurchtreten, sie ist für ***K^+-Ionen permeabel.*** Man kann sich, wie auf S. 36 bereits geschildert, die Membran als *mit Poren oder Kanälen durchsetzt* vorstellen, wie dies Abb. 7–7 illustriert (vgl. auch Abb. 3–5 A, S. 37) [5]. Die Poren sind so eng, daß durch sie nur die relativ kleinen K^+-Ionen hindurchpassen und durch die Membran diffundieren können. Aufgrund der dort weit höheren Konzentration werden an der Innenseite viel öfter K^+-Ionen eine Pore treffen und durchtreten als an der Außenseite. Es ergibt sich also ***aufgrund dieser osmotischen Kraft*** (zu den Begriffen *Osmose, osmotischer Druck* etc. s. Kap. 3) ***ein Netto-Ausstrom von K^+-Ionen*** aus der Zelle, der auf der höheren Innenkonzentration der K^+-Ionen beruht. Damit wird positive Ladung aus der Zelle herausgetragen und die negativ geladenen Anionen bleiben zurück (Abb. 7–6). So gesehen ist das Ruhepotential ein ***K^+-Diffusionspotential.***

Der Netto-Ausstrom von K^+-Ionen würde die Konzentrationsunterschiede rasch beenden, wenn nicht durch die Mitnahme der positiven Ladungen, also *durch die Entstehung des Ruhepotentials,* eine ***Gegenkraft aufgebaut*** würde, die dem weiteren Ausströmen der K^+-Ionen zunehmend entgegenwirkt. Mit anderen Worten, das *elektrische Potential* wächst so lange an, bis seine dem K^+-Ausstrom entgegenwirkende Kraft *gleich groß* ist wie der *osmotische Druck* der K^+-Ionen. Bei diesem Potential sind Ein- und Ausstrom von K^+-Ionen im Gleichgewicht, man nennt es deshalb das ***K^+-Gleichgewichtspotential E_K.*** Die *Ruhepotentiale* von Nerven- und Muskelzellen sind also in erster Annäherung *Kaliumgleichgewichtspotentiale.* (Für Diffusionspotentiale dieser Art gelten allgemein die in der

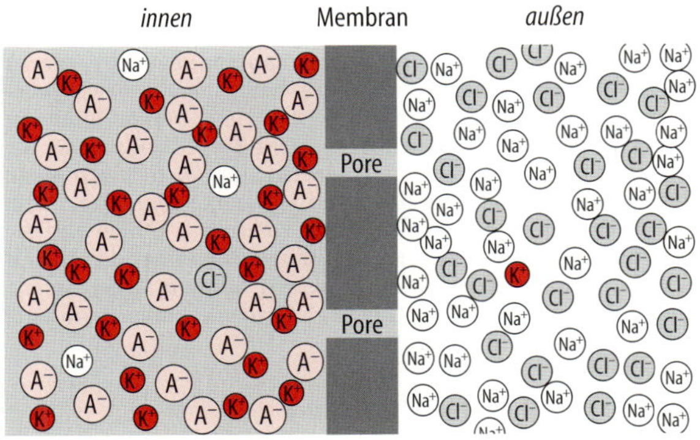

Abb. 7–7. Vergleich der *Verteilung der Ionen* in einer Nerven- oder Muskelzelle *(intrazellulär)* mit der im Interstitium *(extrazellulär).* Auf beiden Seiten der Membran sind die verschiedenen Ionen durch *Kreise* verschiedenen Durchmessers symbolisiert. Der Durchmesser ist jeweils dem *hydratisierten Ionendurchmesser* (Ion mit seiner Wasserhülle) proportional. *A^-* bezeichnet die großen intrazellulären Eiweißionen. Die offenen Verbindungen durch die Membran, die *Poren* oder *Kanäle,* sind gerade groß genug, um den K^+ den Durchtritt zu gestatten. Darstellung von J. Dudel in [9]

Nernst-Gleichung zusammengefaßten Gesetzmäßigkeiten [12]).

Die Verteilung der Cl^--Ionen über der Membran ist reziprok zu der der K^+-Ionen; sie richtet sich nach dem aktuellen Membranpotential

Die Beschreibung des Ruhepotentials als eines K^+-Gleichgewichtspotentials muß in verschiedener Hinsicht ergänzt werden, da die Voraussetzung, die Membran sei nur durchlässig für K^+-Ionen, nicht voll zutrifft. Die Zellmembranen sind z. B. auch durchlässig für Cl^--Ionen. Die Permeabilität für Chlorionen ist an Nervenzellen zwar meist sehr viel kleiner als für Kaliumionen, an Muskelfasern überwiegt jedoch die Permeabilität für Cl^- [5, 8, 12]. Die Konzentrationen der Cl^--Ionen sind über die Zellmembran nun in der Regel umgekehrt verteilt wie die der K^+-Ionen (s. Tabelle 7–2). Für diese reziproke Verteilung der Cl^- ergibt sich nach der Nernst-Gleichung das gleiche Potential wie für die K^+-Verteilung. Das *Cl^--Gleichgewichtspotential* ist also in der Regel etwa *gleich dem Ruhepotential,* und an Zellen mit beträchtlicher Cl^--Permeabilität tragen somit K^+- und Cl^--Ionen gleichermaßen zum Ruhepotential bei.

Die ***reziproke Verteilung der K^+- und der Cl^--Ionen*** über die Zellmembran stellt sich nicht zufällig ein. Die relativ kleine intrazelluläre Cl^--Konzentration von 5 mmol/l kann durch Aus- und Einstrom von Cl^- leicht geändert werden. Sie richtet sich entsprechend dem Membranpotential ein, weil bei Abweichung des Potentials von E_{Cl} Chloridionen ein- oder ausströmen. Liegt also das Ruhepotential nahe E_K, so stellt sich für Chlorid ein zu K^+ reziprokes Konzentrationsverhältnis ein.

Im Gegensatz zu der Konzentration der Cl^--Ionen wird die intrazelluläre K^+-Ionenkonzentration durch die großen intrazellulären Anionen konstant gehalten

Im Gegensatz zum Chlorid ist für K^+ eine Einstellung des intra/extrazellulären Konzentrationsverhältnisses entsprechend dem jeweiligen Membranpotential nicht möglich, weil die *Kaliumionen in der Zelle das Ladungsgleichgewicht zu den Anionen herstellen* müssen. Die intrazellulären Anionen sind vorwiegend große Eiweißmoleküle, deren Konzentration konstant ist. Ihre negative Ladung muß durch die der intrazellulären Kalium- oder Natriumionen aufgehoben werden. Da die Na^+-Konzentration in der Zelle durch später zu besprechende Mechanismen niedrig (nahe 10 mmol/l) gehalten wird, kann sich die K^+-Konzentration, ebenso wie die der intrazellulären großen Anionen, kaum ändern. Die *hohe intrazelluläre K^+-Konzentration* wird also indirekt *durch die Konzentration der impermeablen intrazellulären Eiweiß-Anionen erzwungen,* und aus der hohen intrazellulären K^+-Konzentration folgt das negative E_K. Das negative Ruhepotential der Zelle kann also als Folge der hohen Konzentration von nichtpermeablen intrazellulären Anionen angesehen werden.

Für Na^+-Ionen ist die Zellmembran in Ruhe ein wenig permeabel; dadurch kommt es zu einem dauernden, geringen, passiven Einstrom von Na^+-Ionen

Für Na^+ besteht ein kräftiges Konzentrationsgefälle von außen nach innen von etwa 10 : 1 (s. Tabelle 7–2), und ein Einstrom von Na^+ in die Zelle wird weiter begünstigt durch das innen negative Ruhepotential, das positive Ionen anzieht. So kommt es, daß trotz der sehr geringen Durchlässigkeit der ruhenden Membran für Na^+ diese in die Zelle strömen und damit die Negativität des Ruhepotentials etwas verringern. Der in Ruhe eintretende Na^+-Einstrom wird ***passiv*** genannt, weil er längs der existierenden Konzentrations- und Potentialgradienten erfolgt. Das Ruhepotential stimmt also meist nicht ganz mit E_K überein, weil die

Membran nicht nur für Kalium- (und Chlor-)ionen, sondern auch ***etwas für Natriumionen permeabel*** ist.

Genau genommen ist der Grad der Abweichung des Ruhepotentials von E_K durch das *Verhältnis der Membrandurchlässigkeiten für Na^+ und K^+* bestimmt. Um wiederum die „Membrandurchlässigkeit" eines Ions quantitativ zu erfassen, bedient man sich des Begriffs der ***Membranleitfähigkeit g für Ionen.*** Diese ist (genau wie beim Ohm-Gesetz in der Elektrizitätslehre) definiert als der Quotient des Nettostromes des Ions durch die Membran und der diesen Strom antreibenden Spannung. Diese Spannung ist Null beim Gleichgewichtspotential für das betreffende Ion und wächst mit dem Abstand des Membranpotentials E vom Gleichgewichtspotential. Es gilt also z. B. für die Kaliumleitfähigkeit g_K:

$$g_K = \frac{I_K}{(E - E_K)}.$$

Dabei ist I_K der Kaliumnettostrom durch die Membran beim Membranpotential E.

Es ist experimentell möglich, die Nettoströme der Kaliumionen und Natriumionen beim Ruhepotential zu messen und damit g_K und g_{Na} quantitativ zu bestimmen. Dabei ergibt sich, daß an *Nerven- und Muskelzellen* ***bei Ruhebedingungen g_K 10- bis 25mal größer ist als g_{Na}.***

Bei rein passiven Ionenströmen wäre das Ruhepotential durch den ständigen Einstrom von Na^+-Ionen und den ständigen Verlust von K^+-Ionen nicht konstant; die Zellfunktionen kämen nach kurzer Zeit zum Erliegen

Würde die Zellmembran in Ruhe nur für Kaliumionen permeabel sein, so würde sich, wie oben geschildert, das Ruhepotential auf das Kaliumgleichgewichtspotential einpendeln und dort stabil bleiben. Da die Zellmembran aber in geringem Maße auch für Natriumionen durchlässig ist, treten diese unter dem Druck ihrer treibenden osmotischen und elektrischen Kräfte (s. o.) dauernd in die Zelle ein, erniedrigen dabei das Ruhepotential und führen damit fortwährend zu einem entsprechenden Ausstrom von Kaliumionen.

Unter *rein passiven* Bedingungen kann also das Ruhepotential *nicht konstant* bleiben, denn das System ist nicht im Gleichgewicht: Die Zelle verliert dauernd K^+ und gewinnt Na^+, und die intrazellulären Konzentrationen dieser Ionen müssen abnehmen bzw. steigen. Der K^+-Verlust führt zu einer Abnahme des Ruhepotentials, denn dieses ist ja in erster Linie ein K^+-Potential, das sich bei abnehmender intra/extrazellulärer Konzentrationsdifferenz verkleinert. Wie oben besprochen, erhöht sich bei einer Abnahme des Membranpotentials die intrazelluläre Cl^--Konzentration und damit die Gesamtkonzentration von Anionen. Dies wiederum erzeugt einen erhöhten osmotischen Druck in der Zelle und damit einen Wassereinstrom. Als Folge schwillt die Zelle an. Die Wasseraufnahme vermindert zusätzlich die intrazelluläre K^+-Konzentration, und das Ruhepotential fällt daher weiter ab. Dieser Teufelskreis (*Circulus vitiosus*) läuft so lange weiter, bis unter Anschwellung der Zellen und weitgehendem Ausgleich der Konzentrationsdifferenzen der Ionen die Zellfunktionen zum Erliegen kommen.

Das Ruhepotential kann nur durch den aktiven Transport von Na^+-Ionen aus den und K^+-Ionen in die Zellen aufrecht erhalten werden

In normalem Gewebe ist der eben geschilderte *Circulus vitiosus* nicht zu beobachten. Es müssen folglich zu den passiven Ionenströmen durch die Membran noch andere hinzutreten, die dafür sorgen, daß das Ruhepotential konstant bleibt. Einen Hinweis auf die Natur der gesuchten Prozesse bietet das pathologische Bild des *extremen Sauerstoff- oder Energiemangels* in einem Gewebe: Es treten dort genau die eben geschilderten Verschiebungen der Ionenkonzentrationen und der Wassereinstrom auf. Dies zeigt, daß die ***Konstanthaltung der normalen intrazellulären Ionenkonzentrationen*** und damit des Ruhepotentials der ***Zufuhr von Stoffwechselenergie*** bedarf. Die eindiffundierten Na^+-Ionen müssen also mit Hilfe eines stoffwechselenergieverbrauchenden Membranprozesses, also *aktiv* aus der Zelle entfernt werden. Ein solcher, in Kapitel 3, S. 37 f, bereits geschilderter *aktiver Transport von Ionen* gegen elektrische und Konzentrationsgradienten wird auch ***Ionenpumpe*** genannt (Abb. 3–6).

Die Existenz solcher Na^+-Pumpen läßt sich am besten mit *radioaktiven Na^+-Ionen* nachweisen. Dazu werden die Zellen zunächst mit dem radioaktiven Natriumisotop $^{24}Na^+$ aufgeladen. Anschließend strömen intrazelluläre $^{24}Na^+$ in die Badelösung aus und werden dort durch ihre radioaktive Strahlung nachgewiesen. Der $^{24}Na^+$-Ausstrom fällt mit der Zeit exponentiell ab, da sich durch den Ausstrom der Anteil der $^{24}Na^+$ an der intrazellulären Na^+-Konzentration vermindert. Wird nun die Nervenzelle schnell abgekühlt oder der Stoffwechsel der Zelle mit Dinitrophenol (DNP) vergiftet, so fällt der Na^+-Ausstrom drastisch ab. Diese Ergebnisse zeigen eindeutig, daß der ***Ausstrom von Na^+-Ionen aus der Zelle*** auf energieverbrauchende Prozesse angewiesen ist, also ***auf aktivem Transport beruht.***

Gekoppelte Na^+-K^+-Pumpen vom elektroneutralen und elektrogenen Typ. Neben Ionenpumpen, die lediglich Na^+-Ionen transportieren, kommen auch Ionenpumpen vor, bei denen der Auswärtstransport der Natriumionen an den Einwärtstransport von Kaliumionen gekoppelt ist. Solche ***gekoppelte Na^+-K^+-Pumpen*** haben den Vorteil, daß Energie eingespart wird, und zwar wird bei dieser ***elektroneutralen Ionenpumpe*** gegenüber einem ungekoppelten Transport nur etwa halb soviel Energie verbraucht. Neben der *elektroneutralen Na^+-K^+-Pumpe* kommen auch Pumpen vor, bei denen netto mehr Na^+-Ionen aus der als K^+-Ionen in die Zelle gepumpt werden. Eine solche ***elektrogene Ionenpumpe*** wurde bereits in Abb. 3–6 vorgestellt. Durch die Tätigkeit solcher Pumpen kommt es zu einer erhöhten Negativität des Zellinneren, also einer ***Hyperpolarisation.*** An einigen Nerven- und Muskelzellen, z. B. an sehr dünnen Nervenfasern und an Herzmuskelzellen, tragen elektrogene Pumpen wesentlich zum Membranpotential bei.

In Ruhe sind die passiven und aktiven Ionenströme durch die Membran in einem dynamischen Gleichgewicht

Mit Hilfe des Schemas der Abb. 7–8 soll noch einmal eine Übersicht über die Ionenströme durch die Membran, die für das Ruhepotential wichtig sind, gegeben werden [2]. Dabei werden Cl^--Ströme und elektrogene Pumpvorgänge vernachlässigt. In diesem Schema

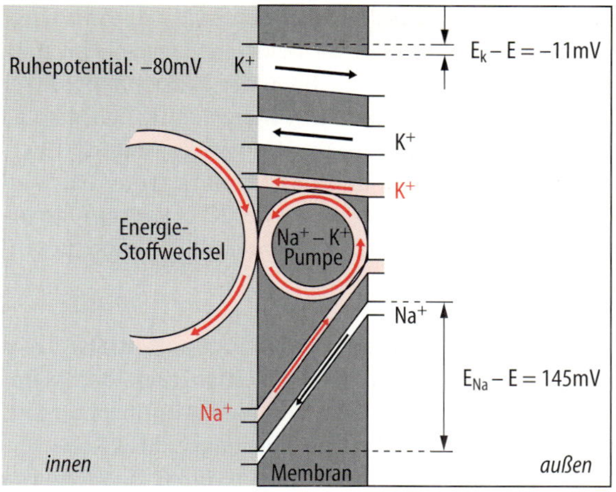

Abb. 7–8. Passive und aktive Ionenbewegungen durch die Membran. Die *Breite* der Kanäle entspricht der Größe der angegebenen Ionenströme und die *Neigung* der Kanäle der treibenden Kraft für den Ionenstrom. Ströme entgegen der Richtung der treibenden Kraft werden für *Na*$^+$ und *K*$^+$ durch die *Na*$^+$*-K*$^+$*-Pumpe* ermöglicht. Dieser *aktive Transport* ist *rot* eingezeichnet. Darstellung von J. Dudel in [9] nach J. C. Eccles [2]

fließen K^+- und Na^+-Ionen durch Kanäle, deren *Breite* der Größe des betreffenden Ionenstromes und deren *Neigung* dem elektrochemischen Potential entsprechen. Als Ruhepotential wurde −80 mV angenommen.

Die ***K*$^+$*-Ionen*** strömen vorwiegend entlang des kleinen elektrochemischen Gradienten von −11 mV *passiv von innen nach außen,* doch ist auch der *passive K*$^+$*-Einstrom gegen den Gradienten* beträchtlich. Die relativ große Breite der beiden passiven K^+-Kanäle spiegelt die hohe K^+-Leitfähigkeit der Membran wider. Die Differenz der passiven K^+-Ströme wird durch den *aktiven K*$^+$*-Transport* ausgeglichen, der wie alle aktiven Transporte rot eingezeichnet ist.

Bei den ***Na*$^+$*-Ionen*** ist wegen des großen Abstandes des Gleichgewichtspotentials E_{Na} vom Ruhepotential die Neigung der Kanäle sehr groß (E_{Na} kann aus den in Tabelle 7–2 gegebenen Werten mit Hilfe der Nernst-Gleichung errechnet werden, es liegt bei etwa +65 mV). *Passiv* können deshalb die Na^+-Ionen praktisch nur bergab diffundieren. Der *passive* Na^+-Einstrom muß deshalb vollständig durch einen *aktiven* Na^+-Ausstrom kompensiert werden, der von der rot eingezeichneten Na^+-K^+-Pumpe angetrieben wird. Die Na^+-Kanäle durch die Membran sind insgesamt weit schmäler als die K^+-Kanäle, so daß trotz großer treibender Potentiale die Na^+-Ströme kleiner sind als die K^+-Ströme. Dies ist Ausdruck der im Vergleich zur K^+-Leitfähigkeit geringen Leitfähigkeit der Membran für Na^+.

7.4 Das Aktionspotential

Größe, Form und Zeitverlauf von Aktionspotentialen sind bei allen Säugetieren sehr ähnlich

Anteile des Aktionspotentials. *Amplitude* und *Form* der Aktionspotentiale von verschiedenen Zelltypen von Wirbel-, v. a. von Säugetieren einschließlich des Menschen, sind sich ähnlich: Ausgehend vom Ruhepotential springt das Potential sehr schnell auf einen positiven Wert und kehrt dann etwas langsamer zum Ruhepotential zurück. Die Spitze der Impulse liegt bei etwa +30 mV. Damit beträgt die Gesamtamplitude der Aktionspotentiale um die 110 mV, also rund ein Zehntel Volt. Die *Dauer* des Aktionspotentials ist allerdings bei den verschiedenen Zelltypen sehr verschieden: Am Nerven und am Skelettmuskel dauert das Aktionspotential nur etwa 1 ms, während es am Herzmuskel nach 200 ms noch nicht ganz beendet ist.

Abb. 7–9 illustriert die Bezeichnungen der verschiedenen Anteile oder Phasen des Aktionspotentials. Es beginnt immer mit einer sehr schnellen positiven Potentialänderung, dem ***Aufstrich.*** Er dauert an Nerven- und Muskelzellen von Säugetieren nur 0,2–0,5 ms. Da die Zelle ihre negative Ruheladung oder *Polarisation* während des Aufstrichs verliert, wird diese Zeit auch ***Depolarisationsphase*** genannt. Der positive Anteil der Depolarisationsphase, also von 0 mV bis +30 mV, wird als *Überschuß* oder ***Overshoot*** bezeichnet.

Die mehr oder weniger langsame Rückkehr des Aktionspotentials zum Ruhepotential heißt ***Repolarisation,*** weil damit die normale Polarisation der Zellmembran wieder hergestellt wird. Anschließende kleine *Nachschwankungen* des Membranpotentials werden, je nach ihrer Richtung, als *hyperpolarisierende*

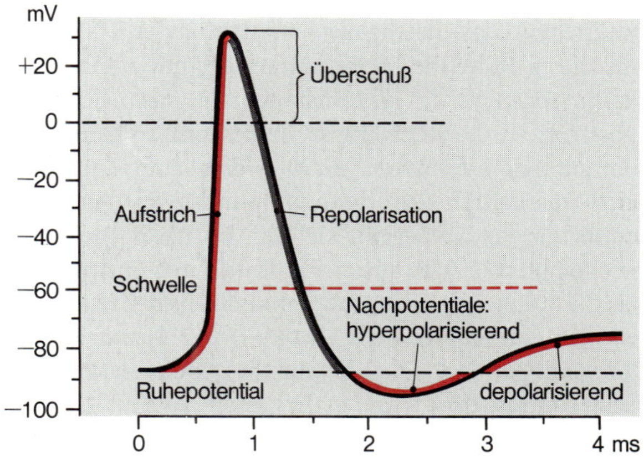

Abb. 7–9. Phasen des Aktionspotentials am Beispiel eines Aktionspotential eines Neurons (Nervenzelle). Die initiale Phase des Aufstrichs wird auch *Depolarisationsphase* genannt. Für den Überschuß ist in unserem Sprachraum auch der Ausdruck *Overshoot* gebräuchlich. Nach Erreichen der Schwelle läuft das Aktionspotential monoton ab (Alles-oder-Nichts-Gesetz)

(über den Wert des Ruhepotentials hinausgehende) oder als *depolarisierende* ***Nachpotentiale*** bezeichnet.

Aktionspotentiale haben immer ein Alles-oder-Nichts-Verhalten

Aktionspotentiale entstehen immer dann, wenn die Membran, vom Ruhepotential ausgehend, auf etwa −60 mV depolarisiert wird (wie diese anfängliche Depolarisation von −80 auf −60 mV normalerweise zustande kommt, wird im folgenden Kapitel 8 berichtet). An dieser ***Schwelle*** wird die Membranladung instabil. Sie kippt aus Gründen, die anschließend geschildert werden, unaufhaltsam in das Aktionspotential um. Diese ***Erregung*** hält für eine kurze, für jedes Gewebe charakteristische Zeit an, dann beginnt ebenso zwangsläufig die Repolarisation. Die Gleichförmigkeit, mit der jedesmal bei Erreichen der Schwelle ein Aktionspotential entsteht, wird als ***Alles-oder-Nichts-Gesetz der Erregung*** bezeichnet. Dieses Gesetz gilt auch für die Erregung von Herz- oder Skelettmuskelzellen.

Zellen, an denen Aktionspotentiale ausgelöst werden können, nennt man erregbar. Zu diesen gehören neben den Skelett- und Herzmuskelzellen vor allem die Nervenzellen. Das Alles-oder-Nichts-Gesetz beinhaltet, daß alle Nervenzellen nur völlig einheitliche Aktionspotentiale oder, kürzer gesagt, ***Impulse*** zu den mit ihnen verbundenen Zellen aussenden können. Die weitergegebene Information kann daher *nicht in der Form der Impulse enthalten* (codiert, verschlüsselt) sein. Vielmehr überbringt ihre *Anzahl pro Zeiteinheit* die jeweils wichtige Mitteilung. Die ***Impulsfrequenz*** ist also die Sprache oder der entscheidende ***Code der Neurone*** und damit des Nervensystems. Neurone können bis zu 500 Impulse pro Sekunde aussenden. Meist feuern die Neurone aber mit wesentlich geringerer Impulsfrequenz.

Das Aktionspotential wird durch den plötzlichen und kurzzeitigen Einstrom von Na^+-Ionen in die Zelle verursacht; die Repolarisation ist Folge des Ausstroms von K^+-Ionen

Das Ruhepotential ist, wie im Abschnitt 7.3 besprochen, weitgehend das Gleichgewichtspotential der K^+-Ionen, für die in Ruhe die Membran am besten leitfähig ist. Wenn während des Aktionspotentials das Zellinnere positiver wird als der Extrazellulärraum, so kann dies nur auf einem ***Einstrom von Na^+-Ionen*** aufgrund einer erhöhten Leitfähigkeit der Membran für Na^+ beruhen, denn nur für Na^+ ergibt sich ein positives Gleichgewichtspotential, das mit mehr als +60 mV positiver ist als die Spitze des Aktionspotentials. Basis der Erregung ist also eine kurzfristige ***Erhöhung der Membranleitfähigkeit für Na^+, g_{Na}***, die durch Depolarisation zur Schwelle ausgelöst wird [1,13,17].

Die Erhöhung der g_{Na} dauert nur kurze Zeit, an Nervenzellen von Säugetieren weniger als 1 ms. Zusätzlich kommt es mit einer Verzögerung von weniger als einer Millisekunde nach Beginn des Aktionspotentials zu einer ***Erhöhung der K^+-Leitfähigkeit, g_K***. Wenn also weniger als eine Millisekunde nach Beginn der Erregung die Spitze des Aktionspotentials erreicht wird, beginnen die K^+-Ionen vermehrt aus der Zelle zu strömen und kompensieren schnell den Einstrom positiver Ladungen in Form von Na^+-Ionen. Schließlich wird g_K größer als g_{Na}, der Ausstrom positiver Ladung überwiegt den Einstrom, und das Membranpotential wird negativer. Dieser überwiegende ***K^+-Ausstrom verursacht*** also die ***Repolarisationsphase*** des Aktionspotentials.

Ionenumsätze während des Aktionspotentials. Trotz der großen Änderungen der Leitfähigkeit der Membran für Na^+-Ionen während des Aktionspotentials (g_{Na} erreicht mehr als das hundertfache ihres Ruhewertes) sind die ***Ionenverschiebungen durch die Membran*** relativ zu den die Membran umgebenden Ionenmengen ***klein.*** Im Schema der Abb. 7–6 müssen während der Erregung nur 8 Na^+ in die Zelle einströmen, und entsprechend würde die Repolarisation durch den Ausstrom von 8 Kationen erreicht. Durch die Ionenumsätze würde sich die Na^+-Konzentration in den sehr kleinen Räumen, die in Abb. 7–6 gezeigt sind, um weniger als 1/1000 während eines Aktionspotentials ändern.

Die mit dem Aktionspotential ***in die Zelle geströmten Na^+-Ionen*** werden im Laufe der Zeit genauso wie die während des Ruhepotentials eindiffundierten (s. o.) ***durch die Na^+-Pumpen aus der Zelle*** geschafft. Für das einzelne Aktionspotential hat jedoch der aktive Na^+-Transport keine Bedeutung. Werden die Ionenpumpen blockiert, z. B. durch Vergiftung mit Dinitrophenol, so können trotz der Ausschaltung des aktiven Transports noch Tausende von Aktionspotentialen ablaufen, ehe die intrazelluläre Na^+-Konzentration so hoch wird, daß die Zelle unerregbar ist. Das Aktionspotential entsteht also aus passiven Bewegungen der Ionen entlang ihren Konzentrationsgradienten. Energieverbrauchende Prozesse wie die Na^+-Pumpen sind nur insoweit notwendig, als sie die Konzentrationsgradienten aufrechterhalten.

Mit der Voltage-Clamp-Methode kann der Verlauf der Änderungen der verschiedenen Ionenleitfähigkeiten gemessen werden

Methode der Spannungsklemme (Voltage Clamp). Die Natrium- und Kaliumströme, die während des Aktionspotentials fließen, sind stark *potential-* und *zeitabhängig.* Da sich während des Aktionspotentials das Membranpotential dauernd schnell ändert, kann die Potentialabhängigkeit der Ströme während des Ablaufs des Aktionspotentials nicht näher analysiert werden. Diese Analyse ist jedoch möglich, wenn das Potential der Zelle nach dem Einsatz der Erregung künstlich konstant gehalten wird. Eine Versuchsanordnung, mit der dies erreicht werden kann, nennt man eine ***Spannungsklemme*** (englisch *voltage clamp).* Bei ihr werden, wie in Abb. 7–5 C (s. S. 107) gezeigt, zwei intrazelluläre Elektroden verwendet. Mit der einen wird das Membranpotential in üblicher Weise gemessen. Durch die andere ändert man durch Stromeinspeisung sprunghaft das Membranpotential vom Ausgangswert zu einem Testpotential. Der zur Potentialeinstellung und Festklemmung benötigte Strom wird fortlaufend gemessen. Er entspricht spiegelbildlich dem Strom, der von der Zellmembran nach dem Spannungssprung erzeugt wird.

Membranströme nach depolarisierender Spannungsklemme [5,15,18]. Kurz gesagt ist es so, daß bei einer erzwungenen Depolarisation vom Ruhepotential auf ein deutlich positiveres Potential im Inneren, also z. B. von -60 mV auf -10 mV, für kurze Zeit, etwa 1 ms, ein ***negativer Klemmstrom*** fließt (zeigt den Einstrom positiver Ladung in die Zelle an), der in einen anhaltenden positiven Klemmstrom übergeht (zeigt den Ausstrom positiver Ladung an). Werden entweder die K^+-Ströme durch Zugabe von Tetraäthylammonium (TEA) oder die Na^+-Ströme durch Zugabe von Tetrodotoxin (TTX) selektiv ausgeschaltet, so zeigt sich, daß es sich bei der anfänglichen Einwärts-Stromkomponente um einen einwärtsgerichteten ***Natriumstrom*** handelt, während die anschließende Auswärts-Stromkomponente im wesentlichen von ***Kaliumionen*** getragen wird. Anders als der Natriumstrom fällt der Kaliumstrom nach Erreichen des Maximums nicht ab, solange die durch die Spannungsklemme erzwungene Depolarisation anhält. Die rasche Abnahme des initialen Na^+-Stroms bei bestehenbleibender Depolarisation wird ***Inaktivation*** genannt. Diese ist die Ursache für die unten zu beschreibende Refraktärphase.

Die Na- und K-Leitfähigkeiten während des Aktionspotentials, ebenso wie das Aktionspotential selbst, können können aufgrund der Voltage-Clamp-Ergebnisse auch modellhaft berechnet werden

Der Klemmstrom nach einem Depolarisationsschritt läßt sich also für jedes Potential in eine Natrium- und eine Kaliumkomponente zerlegen. Aus ihnen kann man wiederum die Zeitverläufe der Membranleitfähigkeiten bestimmen. Mit Hilfe eines entsprechenden Gleichungssystems läßt sich daraus schließlich auch der ***Ablauf des Aktionspotentials synthetisieren*** [18]. Die Abb. 7–10 zeigt das so erhaltene Aktionspotential zusammen mit den ***Zeitverläufen von*** g_{Na} ***und*** g_K. An der Schwelle steigt g_{Na} steil an, erreicht ihr Maximum schon vor der Spitze des Aktionspotentials, weil die Inaktivation des Na-Stromes beginnt, und fällt innerhalb von 1 ms auf den Ruhewert zurück. Dagegen steigt g_K nach der Depolarisation verzögert und langsam an. Sie erreicht ihr Maximum in der Mitte der Repolarisation und fällt dann wieder, weil die Depolarisation geringer wird. Nach dem Ende des Aktionspotentials ist g_K gegenüber seinem Ruhewert noch erhöht. Dadurch nähert sich das Membranpotential etwas näher als normal an das Kaliumgleichgewichtspotential an: es entsteht ein ***hyperpolarisierendes*** Nachpotential.

Die Refraktärphase nach jedem Aktionspotential ist eine Folge der Na^+-Inaktivation

Depolarisiert man unmittelbar nach einem Aktionspotential die Membran bis zur Schwelle für das vorhergehende Aktionspotential, so tritt keine Erregung auf, und auch durch beliebig hohe Depolarisation ist die

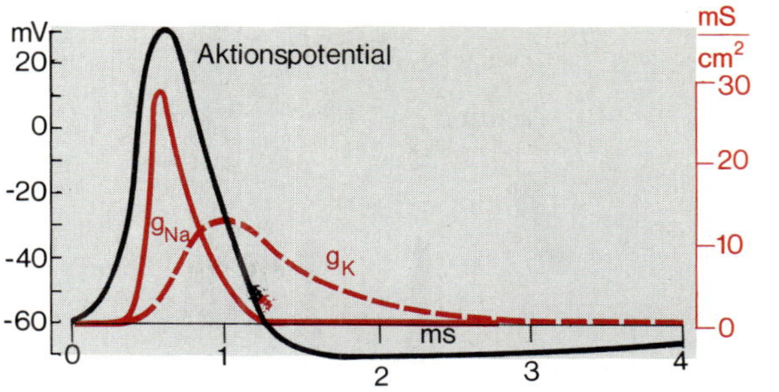

Abb. 7–10. Zeitverlauf und Ausmaß der Membranleitfähigkeitsänderungen für Na^+- und K^+-Ionen während des Aktionspotentials am Tintenfisch-Riesenaxon. g_{Na} und g_K wurden aus zahlreichen Serien von Voltage Clamp Messungen berechnet. Die hier gezeigten Ergebnisse treffen insgesamt auch für Neurone und Muskelzellen von Warmblütern, einschließlich des Menschen, zu. Nach [18]

Zelle nicht erregbar. Dieser Zustand der völligen Unerregbarkeit, der bei Nervenzellen etwa 2 ms andauert, wird ***absolute Refraktärphase*** genannt. Nach der absoluten Refraktärphase können in einer ***relativen Refraktärphase*** durch große Depolarisationen Aktionspotentiale ausgelöst werden. Diese Aktionspotentiale haben allerdings gegenüber dem normalen Aktionspotential eine verkleinerte Amplitude. Erst mehrere ms nach einem Aktionspotential kann mit normaler Schwellendepolarisation ein weiteres Aktionspotential mit normaler Amplitude ausgelöst werden.

Die Phänomene der absoluten und relativen Refrakterität sind seit langem bekannt. Sie können aber erst seit der Entdeckung der Inaktivation des Na-Systems durch Depolarisation richtig gedeutet werden. Die während des Aufstriches des Aktionspotentials ausgelöste Inaktivation des Natriumsystems wird zwar durch die Repolarisation wieder aufgehoben, dieser Vorgang benötigt jedoch einige ms, und während dieser Zeit ist das Natriumsystem noch nicht oder nur beschränkt wieder aktivierbar.

Die ***absolute Refraktärphase begrenzt die maximale Frequenz***, mit der Aktionspotentiale ausgelöst werden können. Ist die absolute Refraktärphase 2 ms nach dem Beginn des Aktionspotentials beendet, so kann die Zelle maximal mit einer Frequenz von 500/s erregt werden. Es gibt Zellen mit noch kürzeren Refraktärzeiten, so daß im Extremfall Impulsfrequenzen bis 1000/s vorkommen. Bei den meisten Zellen werden jedoch maximale Impulsfrequenzen unter 500/s gemessen.

Mit der Patch Clamp kann das Öffnen und Schließen einzelner Natrium- und Kaliumkanäle direkt beobachtet werden

Eine elegante Weiterentwicklung der Spannungsklemme gelang E. Neher und B. Sakmann mit der ***Spannungsfleckklemme*** (englisch *patch clamp*) [21]. Bei dieser Methode werden die Ströme durch kleinste Membranflecken von etwa 1 µm² gemessen, d. h. es können die Ströme durch einzelne oder wenige *Ionenkanäle* oder *Poren* unmittelbar erfaßt werden. Mit dieser Methode kann man die ***molekularen Reaktionen der Ein-***

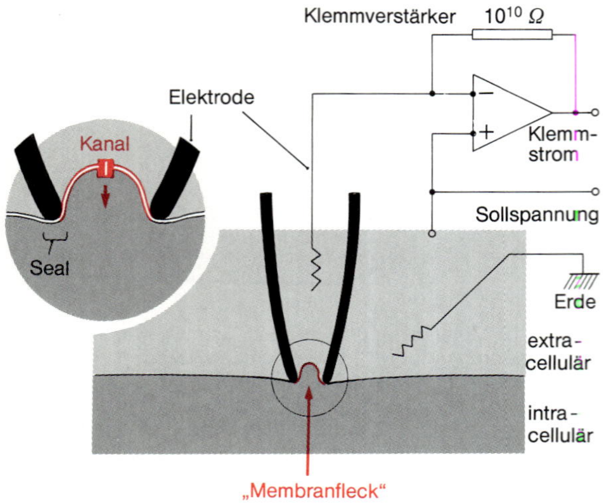

Abb 7-11. Methode und Arbeitsweise der *Membranfleckklemme* oder *Patch Clamp*. Die Meßpipette, eine Glasmikroelektrode *(schwarz)*, hat eine Öffnung von etwa 1 μm Durchmesser. Sie sitzt der Membranoberfläche auf. Wenn die Zelloberfläche von Bindegewebe befreit ist, kann sich beim Anlegen von Unterdruck in der Meßpipette (Ansaugen mit einer Injektionsspritze) eine Dichtung *(seal)* ausbilden, die die in der Elektrodenspitze liegenden Ionenkanäle elektrisch vom Rest der Zellmembran isoliert. Die Kanalströme können dann mit einem *Klemmverstärker* gemessen werden. Die Methode ist eine Weiterentwicklung der in Abb. 7-5C gezeigten *Voltage Clamp*. Nach [21] aus [12]

zelkanäle unmittelbar erfassen und damit die bisher beschriebene Potential- und Zeitabhängigkeit der Ionenströme unmittelbar an der einzelnen Membranpore studieren.

Das ***Prinzip der Membranfleckklemme*** zeigt Abb. 7-11. Eine Glaspipette mit einer Öffnung kleiner als 1 μm Durchmesser wird auf eine Zellmembran gesetzt und durch Unterdruck fest an die Membran angesaugt. Dadurch steigt der elektrische Widerstand zwischen Pipette und Außenlösung auf so hohe Werte (Größenordnung giga-Ohm = 10^9 Ohm), daß der Membranfleck *elektrisch von seiner Umgebung isoliert* ist. Jetzt können wie bei der Spannungsklemme das Potential in der Pipette verstellt und die Ströme durch den Membranfleck gemessen werden.

Der schnelle Natriumkanal kann 3 Zustände annehmen: geschlossen-aktivierbar, offen-aktiviert und geschlossen-inaktiviert

Messungen an einem einzelnen Na-Kanal bei einer Depolarisation des Membranpotentials von -80 auf -40 mV für die Dauer von 14 ms zeigt schematisiert Abb. 7-12 A. Es sind 10 Wiederholungen der gleichen Messung aufgezeichnet, in diesen sieht man jeweils höchstens einen, -1,6 pA großen, kurzen Stromfluß. Dessen Dauer, also die *Dauer der Öffnung* des Na-Kanalproteins schwankt beträchtlich um einen Mittelwert von 0,7 ms. Auch der *Zeitpunkt der Kanalöffnung* schwankt. Summiert man jedoch viele Einzelmessungen, so entsteht der unter dem Spannungssprung eingezeichnete Stromverlauf, der die ***Wahrscheinlichkeit der Öffnung aller Na^+-Kanäle der Zellmembran nach Depolarisation*** widerspiegelt. Diese nimmt zunächst

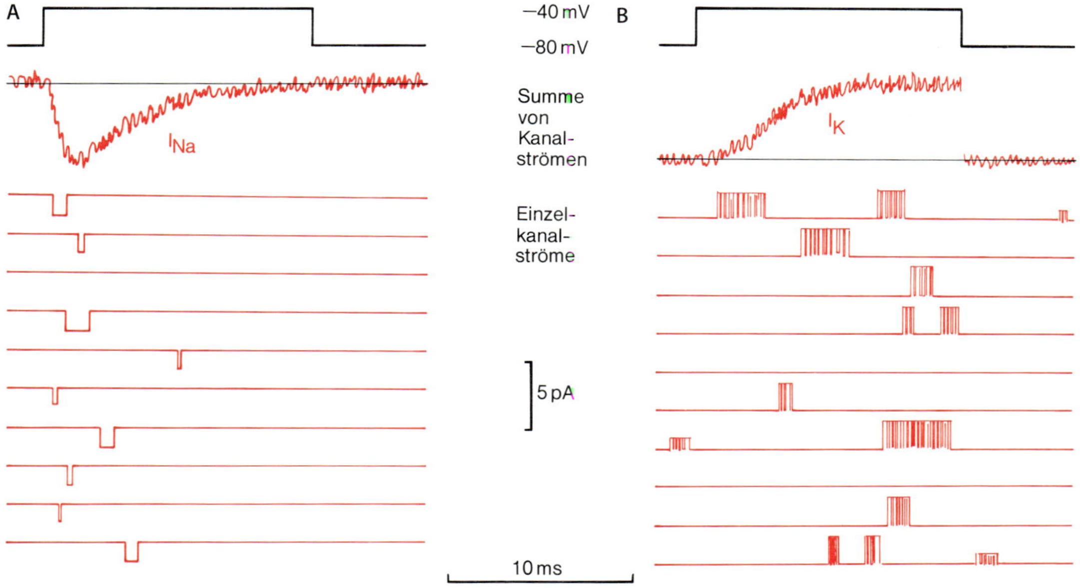

Abb. 7-12. Schematisierte Darstellung der Messung von Kanalströmen mit der Patch Clamp. In **A** sind Ströme durch Natriumkanäle, in **B** Ströme durch Kaliumkanäle gezeigt. Das Membranpotential wird in einer Membranfleckklemme für 14 ms von -80 mV auf -40m V verstellt *(oben)*. Dieser Spannungssprung wird häufig wiederholt. Dabei werden die *unten* dargestellten Einzelkanalmembranströme gemessen. Diese erscheinen irgendwann während der Depolarisation und haben verschiedene Dauer. Summiert man, synchron zum Spannungssprung, viele der gemessenen Einzelkanalströme, so ergeben sich die *oben in rot* gezeichneten Summenströme I_{Na} bzw. I_K. Ihr Zeitverlauf zeigt, daß bei den Na-Kanälen die Öffnung kurz nach dem Spannungssprung am wahrscheinlichsten ist und daß nach etwa 1 ms die Öffnungen seltener werden und schließlich ganz ausbleiben (Inaktivation). Die Kaliumkanäle öffnen sich dagegen im Mittel mit Verzögerung nach dem Spannungssprung, dann stellt sich jedoch eine mittlere Häufigkeit von Öffnungen ein, die konstant bleibt, solange die Depolarisation anhält (keine Inaktivation). Darstellung von J. Dudel in [12]

rasch zu, erreicht nach 1,5 ms ihr Maximum und wird dann innerhalb von 10 ms minimal. Diese *Abnahme der Wahrscheinlichkeit* der Kanalöffnung entspricht der ***Inaktivation*** des Natriumstromes.

Aus Messungen nach Art der Abb. 7–12 A kann geschlossen werden, daß der Na-Kanal durch die Depolarisation nicht streng determiniert geöffnet wird. Es wächst nur die *Wahrscheinlichkeit* des offenen Zustandes, und wenn ein Kanal einmal offen ist, schließt er mit einer gewissen Wahrscheinlichkeit, wobei er dann für eine gewisse Zeit inaktiviert bleibt. Es lassen sich also ***drei Kanalzustände*** voneinander unterscheiden und mit entsprechenden Reaktions-Geschwindigkeits-Konstanten miteinander verknüpfen, wie dies schematisch in Abb. 7–13 zu sehen ist. Der Übergang von ***geschlossen-aktivierbar*** zu ***offen-aktiviert*** wird durch Depolarisation gefördert. Depolarisation beschleunigt jedoch auch den Übergang in den ***geschlossen-inaktivierten*** Zustand, deshalb wird nach Öffnung des Kanals dieser schnell inaktiviert und er bleibt dies, wenn er nicht durch Repolarisation der Membran in den *geschlossen-aktivierbaren* Zustand zurückkehren kann [20].

Das ***Na-Kanalmolekül*** ist ein ***Glykoprotein*** mit einem Molekulargewicht von etwa 300 000. In verschiedenen Membranen erregbarer Zellen sind zwischen ***1 und 50 solcher Kanäle pro μm²*** eingebaut. Ein Na-Kanalprotein muß schnell einen hohen Na-Ionenfluß einschalten können, muß aber den Durchtritt anderer Ionen, vor allem des fast gleich großen K^+-Ions, verhindern. Die Na-Kanäle müssen also ***selektiv*** sein. Anionen werden durch negative Ladungen am Kanaleingang ausgeschlossen, wie dies das Schema in Abb. 7–14 andeutet. Die Selektivität gegenüber K^+-Ionen kann aber nur durch spezifische Bindungen des Na^+-Ions während des Durchtritts durch den Kanal erklärt werden.

Die ***schnelle Öffnung des Na-Kanals*** bei Depolarisation läßt sich am besten mit der Annahme erklären, daß das Kanalmolekül ***Festladungen*** enthält, die durch Änderungen der Feldstärke über der Membran verschoben werden können [15,16]. Die Verschiebung dieser Ladungen kann man tatsächlich als ***Torstrom*** (englisch *gating current*) nach Blockade der Na-Kanäle mit TTX (s.o) messen. Der Torstrom entspricht der Verschiebung von wenigstens 4 Ladungen pro Kanal. Diese sind in Abb. 7–14 als *Feldsensor* eingetragen [13,14,22].

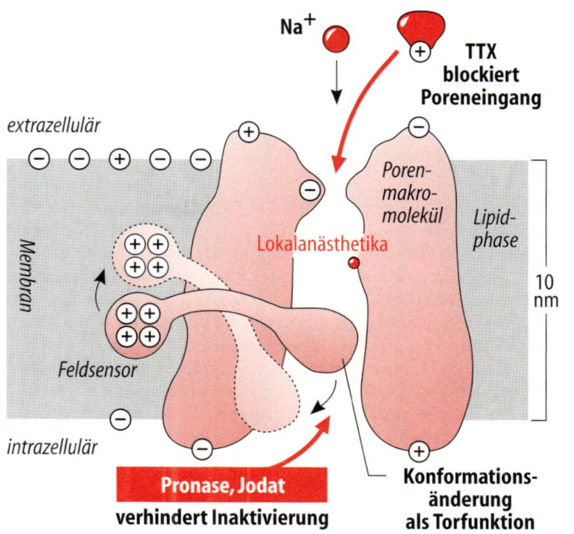

Abb. 7–14. Funktionelle Eigenschaften eines Natriumkanals (Na-Kanal-Proteins), der in die Lipiddoppelschicht einer erregbaren Zellmembran eingelagert ist. Die Größenverhältnisse der Membrankomponenten und der Ionen sind etwa maßstabgerecht. Neben den die Pore permeierenden Na^+-Ionen sind mit *roten Pfeilen* die Hemmstoffe Tetrodotoxin (TTX, blockiert Poreneingang) und *Pronase* bzw. *Jodat* (verhindern Inaktivierung) eingezeichnet. Vergleiche dazu auch das Schema eines K-Kanal-Proteins in Abb. 3–5A, S. 37. Darstellung von J. Dudel in [12], 25. Auflage, nach [13,17]

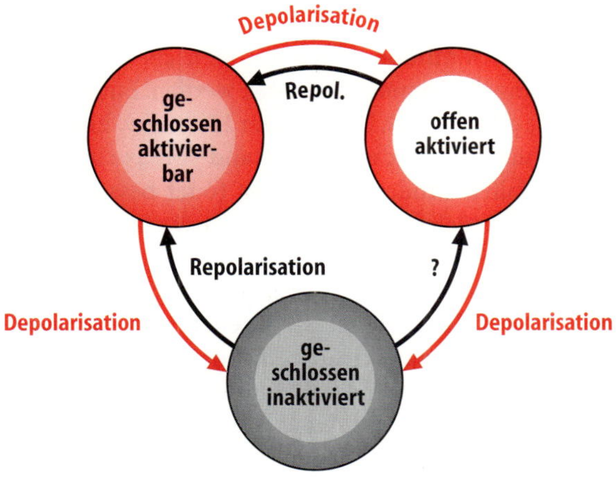

Abb. 7–13. Zustandsänderung des Natriumionenkanals erregbarer Membranen durch *De-* und *Repolarisation.* Der Ruhezustand *geschlossen-aktivierbar* kann bei Depolarisation in die Zustände *offen-aktiviert* oder *geschlossen-inaktiviert* übergehen. Auch aus dem *offen-aktivierten* Zustand fördert anhaltende Depolarisation den Übergang in den *geschlossen-inaktivierten* Zustand. Nur durch Repolarisation kann der Kanal schließlich in den *geschlossen-aktivierbaren* Zustand zurückkehren. Darstellung von J. Dudel in [12]. Realistischere Modelle enthalten weitere Unterzustände [20]

Der für die Repolarisation verantwortliche Kalium-Kanal kennt nur 2 Zustände: geschlossen-aktivierbar und offen-aktiviert

Das Verhalten eines einzelnen K-Kanals bei Depolarisation ist in Abb. 7–12 B zu sehen. Es gibt wiederum während der Depolarisation nur eine Kanalamplitude von +2 pA. Die Kanalöffnungsdauer schwankt um einen Mittelwert von 5 ms. Während der Kanalöffnungen treten allerdings häufig kurze Zwischenschließungen auf, der Kanal oszilliert schnell zwischen dem offenen und einem geschlossenen Zustand (vgl. dazu auch Abb. 3–5, S. 37, und den dort zugehörigen Text). Während der Depolarisation wird der Kanal allerdings ***nicht inaktiviert,*** vielmehr öffnen und schließen sich die K-Kanäle während der gesamten Dauer der Depolarisation. Entsprechend zeigt die Summenkurve nach dem anfänglichen Stromanstieg einen konstanten K^+-Strom.

Neben dem in Abb. 7–12 B gezeigten K-Kanal, der für Nervenfasern typisch ist, wurden unterdessen ***mindesten 5 andere Typen von K-Kanälen gefunden,*** deren Öffnung eine andere Potentialabhängigkeit hat, oder die inaktiviert werden, oder die neben der Depolarisation durch die intrazelluläre Ca-Konzentration gesteuert werden. Diese verschiedenen Kanalformen bedingen weitgehend die verschiedenen Formen der Dauer und Repolarisation der Aktionspotentiale [23]. Die Einheitlichkeit des Aufstriches des Aktionspotentials ist dagegen dadurch bedingt, daß es anscheinend nur einen ***einheitlichen Typ eines Na-Kanals*** gibt, der durch Depolarisation schnell aktiviert und anschließend rasch inaktiviert wird.

Ströme durch Ca-Einzelkanäle. Bei Depolarisation öffnen sich neben Na-Kanälen auch solche für Ca^{2+}-Ionen [24]. Der resultierende ***Ca^{2+}-Einwärtsstrom*** depolarisiert ebenso wie Na^+-Strom die Zellmembran. In der Membran von Nervenfasern ist g_{Ca} vernachlässigbar klein. Dagegen kann in *Dendriten* von Neuronen oder in den *präsynaptischen Endigungen* von Axonen die Erhöhung von g_{Ca} bei Depolarisation die von g_{Na} übertreffen. Auch beim Herzmuskel und bei der *glatten Muskulatur* sind Steigerungen von g_{Ca} ähnlich groß oder größer als die von g_{Na}. Diese Ca-Kanäle sind entwicklungsgeschichtlich sehr alt, sie kommen schon bei Einzellern vor. Ihre Bedeutung liegt darin, daß das einströmende Ca^{2+} auch *intrazelluläre Steuerfunktionen* ausüben kann (s. auch Abb. 3–8, S. 40).

7.5 Fortleitung des Aktionspotentials

Die Geschwindigkeit der Erregungsleitung hängt vom Durchmesser des Axons ab und v. a. davon, ob die Nervenfaser myelinisiert ist oder nicht

Mechanismus der Erregungsfortleitung. Wird an irgendeiner Stelle einer Nervenzelle das Membranpotential bis zur Schwelle depolarisiert, dann entsteht dort also ein Aktionspotential. In Abb. 7–15 A ist dies an der Somamembran der Zelle geschehen. Damit tritt zwischen erregter und unerregter Membranstelle (in der Abbildung am Übergang zwischen Soma und Axon) ein elektrischer Spannungsunterschied auf, an dem entlang Strom aus dem depolarisierten in den noch nicht depolarisierten Nachbarbezirk fließt. Dieser Nachbarbezirk wird dadurch selbst zur Schwelle depolarisiert und bildet dann seinerseits einen Alles-oder-Nichts-Impuls aus, und so weiter. Auf diese Weise pflanzt sich der Impuls entlang der Nervenfaser und all ihren Verzweigungen wie der Funke an einer Zündschnur fort. Dabei ist es gleichgültig, ob der Impuls vom Soma in das Axon oder vom Axon in das Soma läuft. (Normalerweise leitet ein Neuron Impulse immer nur in eine Richtung, weil die Synapsen immer nur in einer Richtung Information weitergeben und damit einen Einbahnstraßenverkehr erzwingen, s. S. 121. Diese normale Ausbreitungsrichtung wird *orthodrom* genannt. Erregungsausbreitung in die Gegenrichtung nennt man *antidrom.*)

Geschwindigkeit der Erregungsfortleitung. Diese hängt im wesentlichen von zwei Dingen ab: Erstens: ***je dicker*** das Axon einer Nervenfaser ist, ***desto schneller*** leitet sie (weil bei größerem Axonquerschnitt wegen des niedrigeren Innenwiderstandes (Längswiderstand des Axons) der elektrotonische Stromfluß von erregtem zu unerregtem Faserareal schneller erfolgt). Und zweitens: ***markhaltige Fasern*** leiten wesentlich ***schneller als marklose*** (bei gleichem Axondurchmesser). Das Geschwindigkeitsspektrum reicht von etwa 1 m/s für ganz dünne, marklose Fasern (Durchmesser ca. 1 μm) bis 100 m/s für die dicksten, markhaltigen (Durchmesser 15 μm, Übersicht in Tabelle 7–1). Dies bedeutet zum Beispiel, daß ein Impuls, der von der großen Zehe über eine dünne, marklose Faser in das Rückenmark geleitet wird, dort etwa eine Sekunde nach seinem Start ankommt, während ein Impuls, der in einer dicken Faser mit einer Leitungsgeschwindigkeit von 50 m/s läuft, nur 20 ms braucht.

Ursache der saltatorischen Fortleitung. Der Grund für die besonders hohe Leitungsgeschwindigkeit markhaltiger Nerven ist in Abb. 7–15 B zu sehen. Diese Nervenfasern zeigen nur für sehr kurze Abschnitte, die *Ranvier-Schnürringe,* eine normale Zellmembran (s. auch Abb. 7–3). In den dazwischenliegenden Internodien ist durch die ***Markscheide*** der Membranwiderstand kräftig erhöht und die Membrankapazität stark vermindert. Daher fließt in den Internodien praktisch kein Strom durch die Membran, und ein Aktionspotential an einem Ranvier-Schnürring breitet sich fast verlustlos elektrotonisch über das Internodium auf benachbarte Schnürringe aus. So wird die Leitungszeit über die Internodien eingespart, die Erregung springt von Schnürring zu Schnürring. Wir sprechen daher von einer ***saltatorischen Erregungsleitung*** [19].

Elektroneurographie (ENG) ist die extrazelluläre Messung der Impulsausbreitung in menschlichen Nerven nach deren elektrischer Reizung

Prinzip der Methode. Auch am Menschen kann die Fortleitung der Impulse gemessen werden. Ein Beispiel zeigt die Abb. 7–15 D. Über einem Hautnerv, hier dem *Nervus ulnaris,* werden im Abstand von 25 cm je ein Paar Metallelektroden angebracht (oder besser in der Form von Nadelelektroden in den Nerv eingestochen) und mit geeigneten Spannungsmessern verbunden. Nach elektrischer Reizung der Nervenendigungen in der Haut des kleinen Fingers über ein drittes Paar, diesmal ringförmiger Elektroden, kann dann mit kurzer Verzögerung auf einem Oszillographenschirm oder einem schnellen Papierschreiber erst eine kleine Potentialschwankung von den Handgelenkelektroden (*obere rote* Meßkurve) und nach einer deutlich längeren Verzögerung eine ähnliche Potentialschwankung von den Elektroden am Ellenbogen (*untere rote* Meßkurve) registriert werden. Offensichtlich ist in der Zeit zwischen dem Beginn der ersten und dem Beginn der zweiten Potentialschwankung die Erregung vom ersten zum zweiten Elektrodenpaar gelaufen. Dieses Zeitintervall betrug 5 ms, der Abstand der Elektrodenpaare 25 cm.

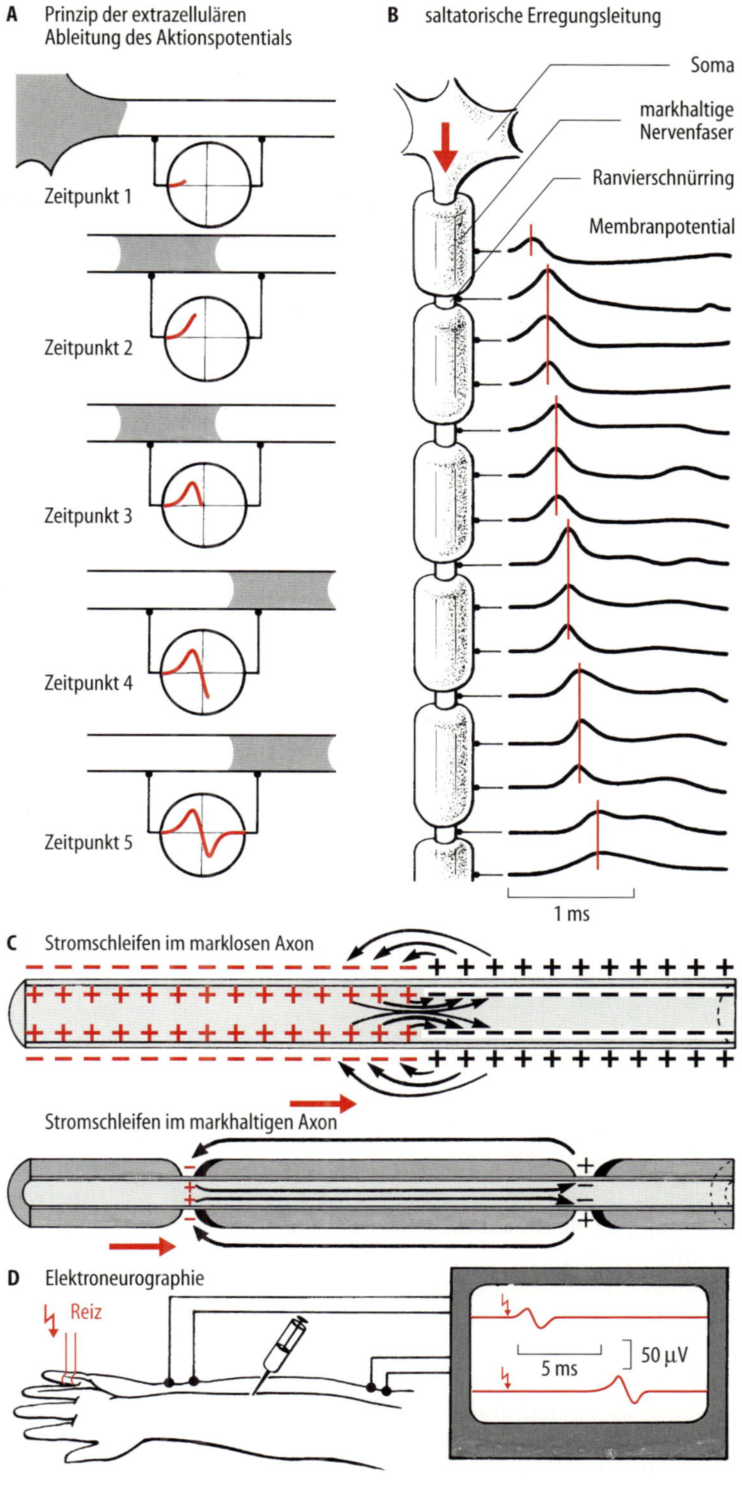

Abb. 7–15. Fortleitung und Registrierung des Aktionspotentials. **A** Prinzip der extrazellulären Ableitung von Aktionspotentialen. Eine Erregungswelle wird *links* im *Soma* ausgelöst und breitet sich nach *rechts* über das *Axon* aus. Zwischen den beiden auf dem Axon liegenden Meßelektroden tritt immer dann eine Spannungsdifferenz (*rote* Meßkurve auf dem Oszillografenschirm) auf, wenn die von *links* nach *rechts* wandernde Erregungswelle nur eine der beiden Elektroden erfaßt hat. **B** Saltatorische Erregungsleitung. *Rechts* Potentialverläufe des Membranpotentials an den *links* davon liegenden Ranvier-Schnürringen. Beim Verschieben der Ableitelektrode vom Soma des Neurons entlang der Nervenfaser erfährt die Fortleitung des Aktionspotentials nur jeweils an den Schnürringen eine Verzögerung. Dazwischen bleibt die Latenz des Aktionspotentials unverändert (verdeutlicht durch die senkrechten *roten* Hilfslinien). **C** Stromfluß bei fortgeleiteter Erregung in einem *marklosen Axon (oben)* im Vergleich zum Verlauf der Stromschleifen bei einem *markhaltigen Axon (unten).* Die Erregung breitet sich in beiden Fällen von links nach rechts aus. **D** Technik der Auslösung und Ableitung von Massenaktionspotentialen eines Hautnerven am Menschen *(Elektroneurografie, ENG).* Bei dieser Form der extrazellulären Ableitung werden die Elektroden außen auf der Haut über dem Nerven angebracht oder in den Nerven eingestochen. **B** nach [19]

Die Geschwindigkeit der Erregungswelle lag daher bei 50 m/s.

Besonderheiten der extrazellulären Ableitung vom ganzen Nerven. Nach dem eben geschilderten Ergebnis einer ***Elektroneurographie, ENG,*** ist es also auch mit extrazellulären Elektroden möglich, Aktionspotentiale zu registrieren. Die dabei abgeleiteten Potentiale sind wesentlich, nämlich ***hundert- bis tausendmal kleiner*** als die mit einer intrazellulären Mikroelektrode abgeleiteten (vgl. in Abb. 7–9 die mV-Skala mit der Mikrovoltskala in Abb. 7–15 D). Sie haben auch eine andere, deutlich ***zweiphasige Form.*** Deren Zustandekommen ist in Abb. 7–15 A verdeutlicht: Liegen *zwei* Elektroden an einem Axon *außen* an und ist das Axon unerregt *(Zeitpunkt 1)*, so gibt es keine Spannungsdifferenz zwischen den beiden Elektroden. Wandert nun von links eine Erregungswelle über das Axon, so wird durch die Ausgleichsströme zwischen erregten und unerregten Membranabschnitten zuerst die linke Elektrode negativ gegenüber der rechten *(Zeitpunkt 2)*, dann werden beide Elektroden gleich negativ *(Zeitpunkt 3)*, danach wird die rechte Elektrode negativ gegenüber der linken (*Zeitpunkt 4*, Repolarisation links) und schließlich beide wieder gleich positiv (*Zeitpunkt 5*, die Membran ist wieder völlig repolarisiert).

Am ganzen Nerven leitet man bei der Elektroneurographie allerdings nicht von einem einzelnen Axon, sondern das ***Massenpotential*** einer großen Anzahl durch den elektrischen Reiz ***gleichzeitig erregter Nervenfasern*** ab. Nur dann sind die elektrischen Felder groß genug, um mit dieser Methode meßbar zu sein. Da die dicken Fasern durch ihre größere Oberfläche auch stärkere elektrische Felder bei ihrer Erregung ausbilden als die dünnen, werden bei der *Elektroneurographie* nach Art der Abb. 7–15 C vorwiegend die Massenpotentiale der ***dicken Nervenfasern erfaßt,*** obwohl die *dünnen Nervenfasern eher zahlreicher als die dicken* sind. Die mit der Elektroneurographie ermittelte Nervenleitungsgeschwindigkeit ist damit die der schnellstleitenden, also der dicksten Fasern des jeweiligen Nerven.

Klinische Anwendung der Elektroneurographie. Viele Krankheitsprozesse im peripheren Nervensystem, z. B. die Nervenschäden bei Zuckerkrankheit (diabetische Neuropathie) oder bei Nervenentzündungen (Neuritiden) schädigen die Markscheiden und führen zu deren teilweisem oder vollständigem Abbau. Solche *Entmarkungen* verlangsamen oder blockieren die Erregungsleitung. Dies kann mit der ENG erfaßt und der Verlauf der Krankheit bzw. des Heilungsprozesses kann auf diese Weise quantitativ dokumentiert werden [4].

Vergleichbare extrazelluläre Ableitverfahren elektrischer Ereignisse im Menschen. Ähnlich wie in einem Nerven entstehen auch in einem Skelettmuskel und im Herzmuskel während der Erregung elektrische Felder und damit Spannungsunterschiede in deren Umgebung, die von der Körperoberfläche oder vom Muskel selbst abgeleitet werden können. Entsprechend nennen wir diese Verfahren ***Elektromyographie, EMG,*** beim Skelettmuskel und ***Elektrokardiographie, EKG*** oder ***Ekg,*** beim Herzen (s. Kap. 10, 13). Auch von der Schädeldecke ist es möglich, auf der Tätigkeit des Großhirns beruhende Potentiale zu registrieren. Über dieses ***Elektroenzephalogramm, EEG,*** wird noch ausführlich in Kap. 21 berichtet.

Die Lokalanästhetika blockieren den Natriumkanal und verhindern damit die Entstehung und Fortleitung von Aktionspotentialen

Einige Stoffe, wie z. B. das *Kokain* oder eine synthetische Variante, das ***Novocain,*** blockieren die Erregungsleitung, sobald sie mit einer Nervenfaser in Berührung kommen, indem sie das Öffnen der Natrium-Poren (Abb. 7–14) erschweren oder völlig verhindern. Sie werden daher als sogenannte ***Lokalanästhetika,*** also direkt am Nerven wirkende schmerzhemmende Mittel, unmittelbar an und in den Nerven eingespritzt. Wird dies in Abb. 7–15 D an der durch eine Injektionsspritze markierten Stelle getan, so kann zwar das Massenpotential der Ableitung 1 unverändert registriert werden, das Massenpotential der Ableitung 2 verschwindet aber vollkommen. Ebenso verschwinden alle Empfindungen, also nicht nur die Schmerz-, sondern auch die Druck-, Berührungs- und Temperaturempfindungen aus dem vom blockierten Nerven versorgten Gebiet.

Da die *dünnen* Nervenfasern wegen des Fehlens der schützenden Markscheide auf Lokalanästhetika empfindlicher als die dicken reagieren, fallen nicht alle Empfindungen beim Einsetzen des Blockes gleichzeitig aus, und sie kehren auch nicht alle gleichzeitig zurück. Daraus resultieren die gut bekannten Mißempfindungen (Kribbeln, pelziges Gefühl etc.), die v. a. beim Abklingen des Nervenblocks auftreten können. Die *Dauer* der durch Lokalanästhetika verursachten Nervenblockade hängt von der Art des verwendeten Mittels ab. Es gibt allerdings Gifte, wie das bereits erwähnte ***Tetrodotoxin, TTX,*** des als Delikatesse geschätzten japanischen Pufferfisches, die praktisch *irreversibel* die Öffnung der Natriumkanäle hemmen. Die Einnahme dieses Giftes, z. B. bei einer nicht sachgerecht zubereiteten Fischmahlzeit, macht das Nervensystem unerregbar und ist daher tödlich.

Abnahme der Ca^{++}-Ionen-Konzentration erhöht die Erregbarkeit von Neuronen und Muskelzellen, Erhöhung der Ca^{++}-Konzentration setzt sie herab

Die im Blut und im Interstitium gelösten Ca^{++}-Ionen haben für die Erregbarkeit eine große Bedeutung, da sie die Schwelle für eine fortgeleitete Erregung beeinflussen. ***Erhöhung der Ca^{++}-Ionen-Konzentration*** verschiebt die Schwelle in positivere Potentialbereiche, macht die Zellen also ***weniger leicht erregbar,*** während eine ***Erniedrigung der Ca^{++}-Ionen-Konzentration*** die Schwelle näher an das Ruhepotential bringt und damit die Zelle ***leichter erregbar*** macht. Letzteres ist von klinischer Bedeutung, da es Krankheiten gibt, bei denen es zum Absinken der Ca^{++}-Ionen-Konzentration kommt. Dies führt zu Muskelkrämpfen. Infolge krampfhafter Zusammenziehungen (Dauerkontraktionen) der Atem- und Kehlkopfmuskulatur kann rasch der Tod eintreten. Das Krankheitsbild wird als ***Tetanie*** bezeichnet. Eine Abnahme der Ca^{++}-Ionen-Konzentration kann auch durch *gesteigerte und vertiefte Atmung (Hyperventilation, s. S. 197)* eintreten (Hyperventilation ist meist durch psychologische Belastung oder Stress bedingt). Durch das vermehrte Abatmen der Kohlensäure (als Kohlendioxid) kommt es nämlich zu einer Alkalisierung des Blutes, die die Ionisierung der Kalziumsalze zurückdrängt. Auch dabei kann es, vor allem bei ohnehin niedrigem Kalziumspiegel, zur Tetanie (*Hyperventilationstetanie*) kommen. Die Hyperventilationstetanie ist aber leicht durch vorübergehende Unterbrechung der Atmung (z. B. Mund-zu-halten) oder durch Rückatmen des Kohlendioxids (Hin- und Heratmen in eine Plastiktüte) reversibel.

ZUSAMMENFASSUNG

Jedes Neuron hat ein Soma, ein Axon und meist mehrere Dendriten. Das Axon verbindet die Nervenzellen mit anderen Nerven-, Muskel- oder Drüsenzellen. An den Dendriten wie auch am Soma enden die Axone anderer Neurone in Form von Synapsen. Die unmittelbare Umgebung des Neurons ist der Extrazellulärraum. Zusätzlich bilden Gliazellen und Blutgefäße ein enges Stütz- und Versorgungsnetz in Gehirn, Rückenmark und peripherem Nervensystem.

Eine Nervenfaser besteht aus einem Axon und seiner Schwann-Zellhülle. Bündel von Nervenfasern bilden im peripheren Gewebe Nerven, im Zentralnervensystem Bahnen. Etwa ein Drittel aller Nervenfasern sind myelinisiert (mit Ranvier-Schnürringen in regelmäßigen Abständen), die übrigen zwei Drittel unmyelinisiert. Nervenfasern werden nach ihrer Leitungsgeschwindigkeit, nach ihrem Durchmesser und nach ihrer Funktion klassifiziert, Nerven nach ihrer Herkunft oder ihrem Zielgebiet und nach der Funktion.

Über der Plasmamembran der Neurone besteht in Ruhe eine Potentialdifferenz zwischen dem elektrisch negativ geladenen Zellinneren und dem Extrazellulärraum von –55 bis – 100 mV (je nach Zelltyp). Dieses Membranpotential wird Ruhepotential genannt. Das Ruhepotential ist überwiegend ein Kaliumdiffusionspotential mit einem Wert, der nahe am Kaliumgleichgewichtspotential liegt. Ihm liegt zugrunde, daß das Zellinnere sehr viel mehr Kaliumionen enthält als die Extrazellulärflüssigkeit und daß in Ruhe die Zellmembran für Kaliumionen gut durchlässig ist.

Für Natriumionen, die in der Extrazellulärflüssigkeit wesentlich häufiger als in der Zelle vorkommen, ist die Zellmembran in Ruhe nur wenig durchlässig, so daß es nur zu einem geringen passiven Einstrom von Natriumionen kommt. Dennoch wäre bei rein passiven Ionenströmen das Ruhepotential durch den ständigen Einstrom von Natriumionen und den ständigen Verlust von Kaliumionen nicht konstant. Das Ruhepotential kann daher nur durch den aktiven Transport von Natriumionen aus der Zelle und Kaliumionen in die Zelle aufrecht erhalten werden. Dies geschieht mit Hilfe von Ionenpumpen, von denen die elektrogene Natrium-Kalium-Pumpe die wichtigste ist.

Eine der Hauptaufgaben der Nervenzellen ist die Weiterleitung von Information, die in der Nervenzelle als elektrisches Signal, nämlich als Aktionspotential, vorliegt. Dieses ist in Größe, Form und Zeitverlauf bei allen Neuronen ziemlich ähnlich: ausgehend vom Ruhepotential springt das Potential innerhalb weniger als 1 ms auf einen positiven Wert (etwa bis 30 mV, Depolarisation) und kehrt nur wenig langsamer auf das Ruhepotential zurück (Repolarisation). Aktionspotentiale entstehen immer dann, wenn das Membranpotential, ausgehend vom Ruhepotential, bis zur Schwelle bei etwa –50 mV depolarisiert wird (Alles-oder-Nichts-Verhalten des Aktionspotentials).

Der depolarisierende Aufstrich des Aktionspotentials samt dem Überschuß in den positiven Bereich wird durch den plötzlichen und kurzzeitigen Einstrom von Natriumionen in die Zelle verursacht. Dieser passive Einstrom ist durch eine an der Schwelle ausgelöste kurzfristige Erhöhung der Membranleitfähigkeit für Natriumionen, d. h. das plötzliche Öffnen zahlreicher, beim Ruhepotential geschlossener, Natriumkanäle bedingt. Die Natriumkanäle bleiben weniger als 1 ms geöffnet. Danach gehen sie ebenfalls für eine kurze Zeit in einen geschlossenen Zustand über, aus dem sie nicht aktivierbar sind. In dieser Zeit ist das Neuron nicht erregbar (Refraktärphase).

Die Repolarisation des Aktionspotentials ist die Folge des Ausstroms von Kaliumionen, deren Leitfähigkeit kurz nach Beginn des Aktionspotentials vorübergehend noch über den hohen Ruhewert zunimmt. Ein inaktivierbarer Zustand tritt beim Kaliumkanal nicht auf.

Die Aktionspotentiale werden über die Nervenfasern fortgeleitet, wobei die Leitungsgeschwindigkeit um so schneller ist, je dicker das Axon einer Nervenfaser ist. Zusätzlich sind marklose Nervenfasern wesentlich schneller als marklose, da sich das Aktionspotential bei diesen saltatorisch von Schnürring zu Schnürring rasch ausbreiten kann. Marklose Fasern leiten mit Geschwindigkeiten um 1 m/s, markhaltige mit Geschwindigkeiten zwischen 3 und 100 m/s.

Mit Hilfe von Lokalanästhetika, die den Natriumkanal blockieren, kann die Entstehung und Fortleitung von Aktionspotentialen verhindert werden. Diese Blockmethode wird klinisch zur vorübergehenden Anästhesie lokaler Gewebsbereiche (z. B. beim Zahnarzt) in großem Umfang eingesetzt.

Mit der Elektroneurografie kann das Massenpotential einer großen Anzahl durch elektrische Reize gleichzeitig erregter Nervenfasern in peripheren Nerven des Menschen zu experimentellen und klinischen Zwecken (z. B. Diagnose und Verlaufskontrolle von Entmarkungskrankheiten) extrazellulär registriert werden.

Literatur

Weiterführende Lehr- und Handbücher

1. Cooke I, Lipkin M (1972) Cellular neurophysiology, a source book. Rinehart and Winston, New York (eine Sammlung wichtiger Originalarbeiten)
2. Eccles JC (1957) The physiology of nerve cells. The Johns Hopkins Press, Baltimore
3. Eccles JC (1964) The physiology of synapses. Springer, Berlin Heidelberg New York
4. Hierholzer K, Schmidt RF (Hrsg.) (1991) Pathophysiologie des Menschen. VCH, Weinheim; insbesondere der Beitrag von Dudel J, Toyka KV: Periphere Nerven, zentrale Bahnen, Somatosensorik
5. Hille B (1992) Ionic channels of excitable membranes. Sinauer, Sunderland
6. Hoppe W, Lohmann W, Markl H, Ziegler H (Hrsg) (1984) Biophysik. Springer, Berlin Heidelberg New York
7. Kandel ER, Schwartz JH, Jessel TM (eds) (2000) Principles of neural science, 4th edn. McGraw Hill, New York
8. Nicholls JG, Martin AR, Wallace BG (2001) From neuron to brain, 4th edn. Sinauer, Sunderland
9. Schmidt RF (Hrsg) (1987) Grundriß der Neurophysiologie, 6. Aufl. Springer, Berlin Heidelberg New York (Heidelberger Taschenbücher, Bd 96)
10. Schmidt RF (2001) Physiologie kompakt. 4. Aufl. Springer, Berlin Heidelberg New York Tokyo
11. Schmidt RF, Schaible H-G (Hrsg) (2001) Neuro- und Sinnesphysiologie, 4. Aufl. Springer, Berlin Heidelberg New York Tokyo
12. Schmidt RF, Thews G, Lang F (Hrsg) (2000) Physiologie des Menschen, 28. Aufl. Springer, Berlin Heidelberg New York Tokyo

Einzel- und Übersichtsarbeiten

13. Armstrong CM (1981) Sodium channels and gating currents. Physiol Rev 61:644–683
14. Catterall WA (1993) Structure and function of voltage-gated ion channels Trends Neurosci 16:500–510
15. Connor JA, Stevens CF (1971) Inward and delayed outward membrane currents in isolated neural somata under voltage clamp. J Physiol (Lond) 213:1–19
16. Heinemann U, Lux D (1983) Ionic changes during experimentally induced epilepsies. In: Rose RC (ed) Progress in epilepsy. Pitman Medical, London, pp 87–102
17. Hille B (1978) Ionic channels in excitable membranes. Biophys J 11:283–294
18. Hodgkin AL, Huxley AF (1952) Quantitative description of membrane current and its application to conduction and excitation in nerve. J Physiol (Lond) 117:500
19. Huxley AF, Stämpfli R (1949) Evidence for saltatory conduction in peripheral myelinated nerve fibres. J Physiol (Lond) 108:315
20. Läuger P (1985) Ionic channels with conformational substates. Biophys J 47:581–590
21. Neher E., Sakmann B, Steinbach JH (1978) The extracellular patch clamp: a method for resolving currents through individual open channels in biological membranes. Pflügers Arch 375:219–228
22. Patlak J (1991) Molecular kinetics of voltage dependent Na^+ channels. Physiol Rev 71:1047–1080
23. Stühmer W, Ruppersberg IP, Pongs O (1989) Molecular basis of voltage gated potassium channels in mammalian brain EMBO J 11:3235–3244
24. Trautwein W, Pelzer, D (1986) Voltage dependent gating of single calcium channels in cardiac cell membranes and its modulation by drugs. In: Marmé D (ed) Calcium physiology. Springer, Berlin Heidelberg New York

8 Synaptische Erregung und Hemmung

EINLEITUNG

An den Verbindungsstellen axonaler Endigungen einer Nervenfaser mit Nerven-, Muskel- oder Drüsenzellen, an den Synapsen also, wird das Aktionspotential bzw. die in ihm enthaltene Information auf die nachgeschaltete Zelle übertragen [12]. Die Überleitung erfolgt gelegentlich direkt (elektrische Synapse), meist aber über die Freisetzung von chemischen Substanzen, die Transmitter oder Überträgerstoffe genannt werden (chemische Synapse). Aktivierung einer Synapse führt entweder zur Erregung oder zur Hemmung der nachgeschalteten Zelle. Es gibt also erregende und hemmende Synapsen. Synapsen haben Ventilfunktion, d. h. sie übertragen nur von der präsynaptischen auf die postsynaptische Seite, sie sind, besonders im Zentralnervensystem, oft lernfähig (plastisch), d. h. sie übertragen z. B. bei häufiger Benutzung besser als bei seltener, und sie sind die Wirkstellen zahlreicher Pharmaka, wie z. B. der Narkotika, der psychotropen Pharmaka und der Suchtmittel [1,7].

8.1 Die neuromuskuläre Endplatte: Beispiel einer chemischen Synapse

Der Bauplan chemischer Synapsen läßt sich auf wenige Grundelemente zurückführen, die teils auf der prä-, teils auf der postsynaptischen Seite liegen

In Abb. 8–1 endet das Axon in der ***präsynaptischen Endigung.*** Diese bildet häufig eine Auftreibung des axonalen Endstückes (vgl. Abb. 8–6), daher auch der Name *synaptischer Endknopf.* Die präsynaptische Endigung enthält zahlreiche, nur mit dem Elektronenmikroskop sichtbare, kugelförmige Strukturen, die als ***synaptische Bläschen*** oder auch als *synaptische Vesikel* bezeichnet werden. Ihr Durchmesser beträgt etwa 50 nm. Diese synaptischen Bläschen enthalten die ***Überträgersubstanz,*** also denjenigen Stoff, der bei der Erregung in den synaptischen Spalt freigesetzt wird und dann an der subsynaptischen Membran Erregung oder Hemmung auslöst.

Die präsynaptische Endigung ist durch den ***synaptischen Spalt*** von 10–50 nm von der postsynaptischen Seite getrennt. Derjenige Anteil der postsynaptischen Zellmembran, der der präsynaptischen Endigung genau gegenüberliegt, also *auf der postsynaptischen Seite den synaptischen Spalt begrenzt,* wird ***subsynaptische Membran*** genannt. Elektronenmikroskopisch erscheint diese meist etwas dicker als die übrige postsynaptische Membran, was darauf hindeutet, daß die subsynaptische Membran auch funktionell von der übrigen postsynaptischen Membran verschieden ist:

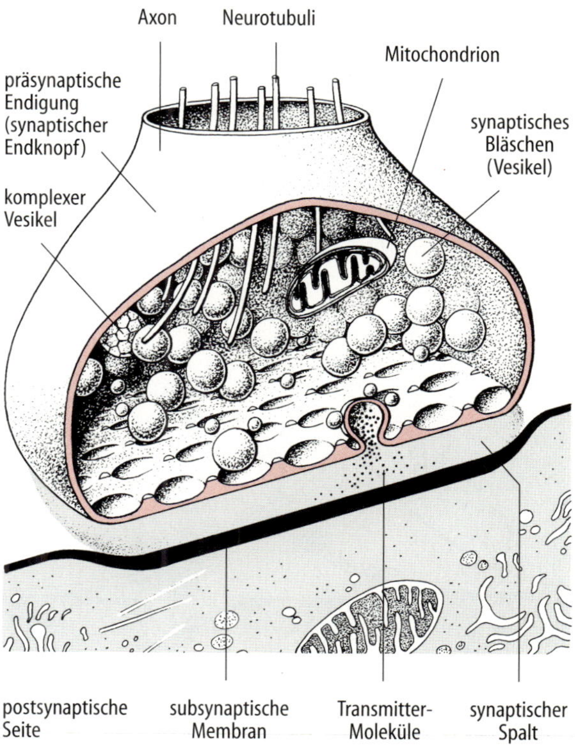

Abb. 8–1. Aufbau einer chemischen Synapse im Überblick. Alle bei der synaptischen Übertragung wichtigen Bauelemente sind eingezeichnet. Der Durchmesser der synaptischen Bläschen und die Breite des synaptischen Spaltes sind relativ zu den übrigen Anteilen der Synapse mehrfach überhöht gezeichnet (Maßangaben im Text). Schematisch nach den elektronenmikroskopischen Befunden zahlreicher Autoren, insbesondere von K. Akert, Zürich, und Mitarbeitern

Sie enthält u. a. die ***Rezeptoren*** für die Überträgersubstanz.

Die Bauelemente der neuromuskulären Endplatte entsprechen denen anderer chemischer Synapsen

Die Axone der motorischen Vorderhornzellen des Rückenmarks (Motoaxone) bilden Synapsen mit Skelettmuskelfasern. Aufgrund ihrer Form werden diese Synapsen als ***neuromuskuläre Endplatten*** bezeichnet. Sie besitzen alle typischen morphologischen Merkmale *chemischer Synapsen* (Abb. 8–2). Die präsynaptische Endigung ist durch den ***synaptischen Spalt*** von der subsynaptischen Membran der postsynaptischen Seite getrennt. Auf der präsynaptischen Seite fallen vor allem die Doppelreihen von ***synaptischen Vesikeln*** auf. Diese finden sich an Stellen, an denen die präsynaptische Membran in Form leistenförmiger Eindellungen zu ***aktiven Zonen*** verdickt ist. Genau gegenüber liegen die ***subsynaptischen Einfaltungen,*** durch die die Oberfläche der subsynaptischen Membran relativ zu der der präsynaptischen Endigung erheblich vergrößert wird [11].

Manche der präsynaptischen Vesikel sind nach außen, zum synaptischen Spalt hin, offen. Es muß sich daher bei den aktiven Zonen und den assoziierten Vesikeln um einen für Exozytose (s. S. 38) spezialisierten Apparat handeln, der den Inhalt der Vesikel in den synaptischen Spalt entleert. Die Vesikel enthalten neben Proteinen und Nukleotiden in hoher Konzentration ***Azetylcholin (ACh).*** Dieses wird also an den aktiven Zonen in Vesikelportionen (*Quanten,* s. u.) von der motorischen Nervenendigung freigesetzt.

Präsynaptische Freisetzung von ACh führt postsynaptisch zu einem lokalen, erregenden (depolarisierenden) Potential, dem Endplattenpotential

Nachweis des Endplattenpotentials. Abb. 8–3 D zeigt den Versuchsaufbau bei der Untersuchung der synaptischen Übertragung eines Nerv-Muskel-Präparates *in vitro.* Am intakten Präparat in normaler Blutersatzlösung löst Reizung des Motoaxons in der Muskelzelle ein fortgeleitetes Aktionspotential aus (Abb. 8–3 A), das seinerseits zu einer Kontraktion der Muskelfaser führt. Wird der Badelösung eine geringe Menge (Größenordnung 10^{-7} bis 10^{-6} g/ml) des indianischen Pfeilgiftes *Kurare* zugesetzt, so erreicht die anfängliche Membrandepolarisation die Schwelle kaum noch (Abb. 8–3 B) oder überhaupt nicht mehr (Abb. 8–3 C), sondern bleibt unterschwellig und kehrt nach einigen Millisekunden auf den Ruhepotentialwert zurück. (Es tritt dann auch keine Zuckung mehr auf.) Wir bezeichnen

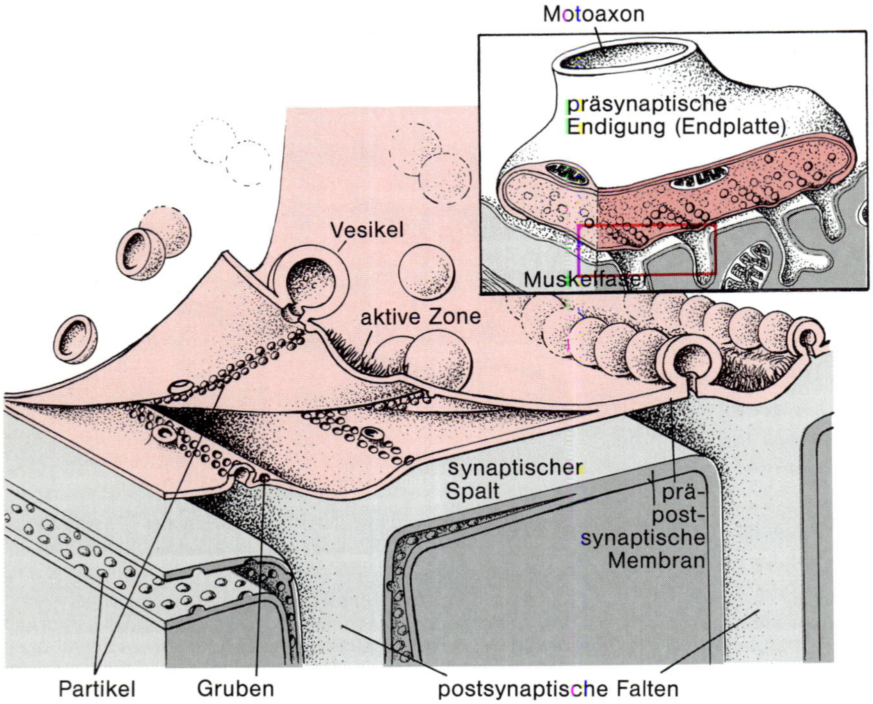

Abb. 8–2. Aufbau der neuromuskulären Endplatte beim Menschen und anderen Säugern im Überblick. *Oben rechts:* Endigung des präsynaptischen Axons auf der Muskelfaser. Beachte die Ähnlichkeit mit Abb. 8–1. Der angegebene Ausschnitt ist *darunter* in stärkerer Vergrößerung wiedergegeben. Beachte die Doppelreihe der präsynaptischen Vesikel, die jeweils gegenüber den postsynaptischen Einfaltungen liegen. Die Partikel in der subsynaptischen Membran entsprechen Azetylcholinrezeptoren und Cholinesterasemolekülen. Im übrigen Tierreich finden sich zahlreiche Modifikationen neuromuskulärer Synapsen bei prinzipiell gleichem Grundaufbau. In Anlehnung an [8]

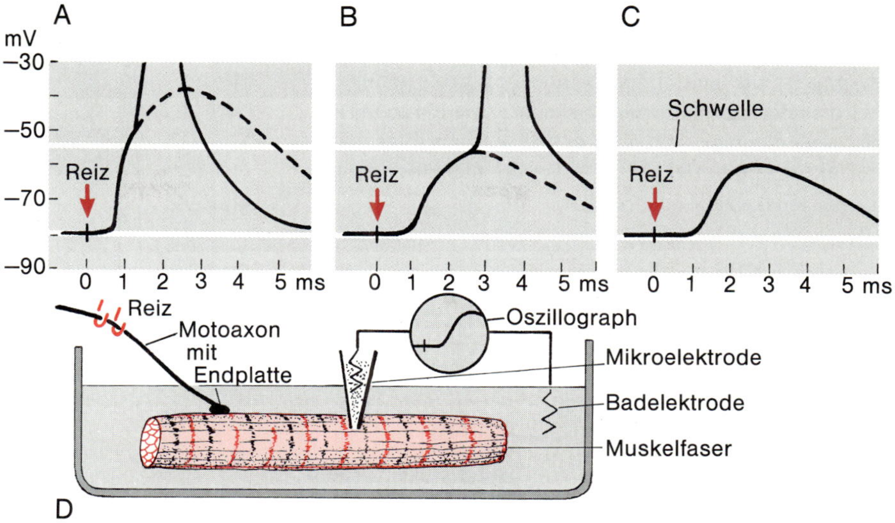

Abb. 8–3. Nachweis des Endplattenpotentials. Schema der Versuchsanordnung in **D** (vgl. Abb. 7–5 A). Nur eine Muskelfaser mit ihrem zugehörigen Motoaxon ist gezeigt. Das Motoaxon wird elektrisch gereizt *(rote Pfeile in A-C)*. Um Kurzschluß zwischen den Reizelektroden zu vermeiden, wird der Nerv dabei in Luft oder in einer Schicht von Paraffinöl gehalten. **A** Intrazellulär registrierte Potentialänderungen der Muskelmembran mit dem Präparat in normaler Blutersatzlösung nach Tyrode (Tyrode-Lösung). Das fortgeleitete Aktionspotential ist nur teilweise gezeichnet. **B, C** Potentialverlauf nach Zusatz von *d-Tubokurarin*. Die Schwelle für ein fortgeleitetes Aktionspotential (bei –55 mV) wird kaum noch (**B**) oder nicht mehr (**C**) erreicht. Zurück bleibt das *Endplattenpotential* (**C**), das in **A** und **B** durch das Aktionspotential überdeckt wurde. Die Amplitude des Endplattenpotentials nimmt mit der Konzentration des Kurare und der Dauer seiner Einwirkung ab

diese verbleibende lokale Depolarisation als ***Endplattenpotential.*** Durch die schwarz gestrichelten Linien in Abb. 8–3 A, B ist angedeutet, daß auch hier Endplattenpotentiale entstanden waren, die aber durch die Aktionspotentiale weitgehend verdeckt wurden. *Endplattenpotentiale können also, je nach ihrer Amplitude, über- oder unterschwellig sein.*

Endplattenpotentiale *in situ.* Im gesunden Muskel *in situ* sind die Endplattenpotentiale immer weit überschwellig: jedes präsynaptische Aktionspotential löst also eine Zuckung der zugehörigen Muskelfaser aus. Vergiftung mit *Kurare* verkleinert das Endplattenpotential in seiner Amplitude, so daß es, bei genügend hoher Kurarekonzentration, unterschwellig wird, d. h. kein Aktionspotential der Muskelfaser und damit keine Kontraktion mehr auslöst: die neuromuskuläre Übertragung ist *blockiert.* Ein mit ***Kurare vergifteter Mensch erstickt,*** weil die neuromuskuläre Übertragung seiner Skelettmuskulatur, also auch seiner Atemmuskulatur, blockiert ist (Wirkmechanismus des Kurare s. S. 127).

Zeitverlauf von Endplattenpotential und Endplattenstrom. Der *Anstieg* des Endplattenpotentials dauert 1–2 ms, der *Abfall* 5 bis maximal 20 ms. Wird das Endplattenpotential in verschiedenen Abständen von der Endplatte registriert, so ist seine Amplitude umso kleiner und sein Anstieg und Abfall desto langsamer, je weiter die Ableitestelle von der Endplatte entfernt ist. Dieser Befund ist ein eindeutiges Zeichen, daß das Endplattenpotential vom Ort seiner Entstehung, also der *subsynaptischen Membran,* nicht aktiv fortgeleitet wird, sondern sich lediglich, entsprechend den Kabeleigenschaften der Muskelmembran, passiv *elektrotonisch* ausbreitet [7,11].

Ursache des Endplattenpotentials ist ein Strom durch die subsynaptische Membran, der durch die Einwirkung der präsynaptisch freigesetzten Überträgersubstanz *Azetylcholin* (s. u.) auf die subsynaptische Membran ausgelöst wird. Dieser ***Endplattenstrom*** erreicht in weniger als 1 ms sein Maximum und klingt in weiteren 1–2 ms wieder ab (vgl. Abb. 8–4 D). Entsprechend schnell ist der Anstieg des Endplattenpotentials. Sein wesentlich langsamerer Abfall ist durch die passiven elektrischen Eigenschaften der Muskelfasermembran, also vor allem durch die Membrankapazität und durch den Membranwiderstand bestimmt [6].

Während der Einwirkung des ACh auf die subsynaptische Membran erhöht sich deren Leitfähigkeit für kleine Kationen

Während der Zeit der Transmittereinwirkung auf die subsynaptische Membran, also für etwa 1–2 ms, ist die ***Leitfähigkeit der Membran für kleine Kationen*** (Na^+, K^+) stark erhöht [5,18]. Unter normalen Umständen werden daher aufgrund der gegebenen Ionenverteilung (Tabelle 7–2, s. S. 108) besonders Na^+-Ionen in die Muskelfaser fließen und dadurch das Membranpotential verringern, denn bei einem Membranpotential von –80 mV ist die treibende Kraft für Na^+-Ionen größer als die treibende Kraft für die K^+-Ionen: es fließt ein von Na^+-Ionen getragener Nettoeinwärtsstrom. Ist die Leitfähigkeitsänderung groß genug, so wird an der Endplatte die Muskelfasermembran bis zur Schwelle depolarisiert, und es entsteht ein fortgeleitetes Aktionspotential (Abb. 8–3 A), das sich über die gesamte Muskelzelle ausbreitet.

Die Freisetzung von ACh aus Vesikeln kommt auch in Ruhe gelegentlich vor und führt zu Miniatur-Endplattenpotentialen; Endplattenpotentiale sind aus zahlreichen Miniatur-Endplattenpotentialen zusammengesetzt (Quantenhypothese)

An der ruhenden Endplatte treten in statistisch verteilten Abständen (im Mittel etwa einmal pro Sekunde) kleine, deswegen ***Miniatur-Endplattenpotentiale*** genannte Depolarisationen auf [1,7]. Sie haben alle etwa die gleiche Amplitude, d.h. sie werden anscheinend durch etwa gleich große Mengen Azetylcholin ausgelöst. Diese *Pakete* von Azetylcholin (ACh) werden als ***Quanten*** bezeichnet. Auch das Endplattenpotential wird durch die Freisetzung von Quanten verursacht: Reduzierung der pro Aktionspotential freigesetzten Menge an Überträgersubstanz durch Entzug von Ca^{++}-Ionen aus der Badelösung (oder Zusatz von Mg^{++}-Ionen, Mechanismus s. S. 127) macht nämlich sichtbar, daß das Endplattenpotential wahrscheinlich immer aus ***ganzzahligen Vielfachen*** der Miniatur-Endplattenpotentiale zusammengesetzt ist, also durch die praktisch gleichzeitige Freisetzung einer großen Zahl von Quanten verursacht wird.

Mit anderen Worten: Es besteht in Ruhe eine geringe ***statistische Wahrscheinlichkeit,*** daß zu jedem Zeitpunkt ein Quant Überträgersubstanz freigesetzt wird. Diese Wahrscheinlichkeit wird ***durch das präsynaptische Aktionspotential*** für kurze Zeit ***erheblich vergrößert,*** so daß innerhalb von einer Millisekunde einige Hundert Quanten freigesetzt werden, die das Endplattenpotential auslösen. Es ist beispielsweise abgeschätzt worden, daß an der Endplatte des Frosches pro präsynaptischem Aktionspotential etwa 200 Quanten freigesetzt werden. An anderen Synapsen reichen die Schätzungen bis zu 2000 Quanten. Die Gesamtmenge des durch ein Aktionspotential an der Endplatte freigesetzten Azetylcholins wird mit $1{,}5 \cdot 10^{-15}$ g angegeben [7].

Als ***Quantenhypothese*** wird die Annahme bezeichnet, daß *an allen Synapsen, die präsynaptische Vesikel haben, der Transmitter in Quanten freigesetzt wird,* auch an solchen, deren Transmitter noch unbekannt ist. Ein ***synaptisches Quant*** (nicht zu verwechseln mit dem physikalischen Begriff des Energiequants) enthält wahrscheinlich einige Zehntausend Transmittermoleküle, die innerhalb 1–2 ms in den sehr schmalen synaptischen Spalt entleert werden und dadurch praktisch gleichzeitig an der subsynaptischen Membran wirken können. An der Froschendplatte enthält ein Quant etwa 10^3 bis 10^4 Azetylcholinmoleküle, bei der Ratte zwischen 4000 und 20 000 Moleküle [10], an anderen Synapsen gibt es noch keine genügend fundierten Abschätzungen.

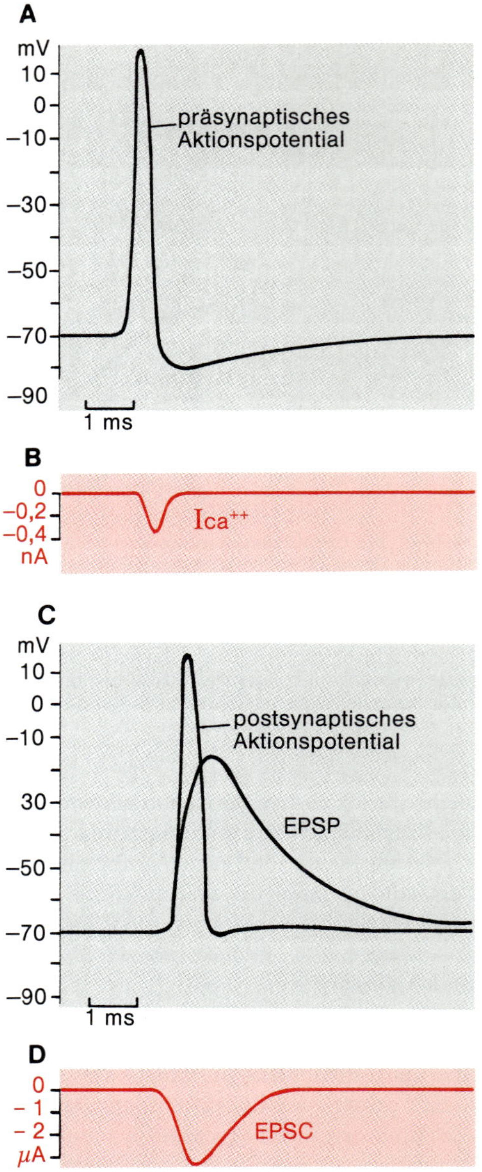

Abb. 8–4. Zeitverhältnisse der synaptischen Übertragung an einer Riesensynapse des Tintenfisches. Versuchsaufbau wie in Abb. 8–3. Die präsynaptische Endigung ist an diesem Präparat so groß, daß auch dort eine Mikroelektrode eingestochen werden kann. Dies erlaubt die synchrone Messung der prä- und postsynaptischen Vorgänge. **A** Zeitverlauf des präsynaptischen Aktionspotentials. **B** Zeitverlauf des Ca-Einstroms (I_{ca}^{++}, *rot*) in die präsynaptische Endigung. **C, D** Postsynaptischer Strom (EPSC, *rot*) postsynaptisches Potential (EPSP) und das durch dieses ausgelöste Aktionspotential. Beachte die Zeitverzögerung (synaptische Latenz) zwischen **A** und **C.** Nach [25]

Die ACh-Freisetzung durch das Aktionspotential wird durch Einstrom von Kalziumionen in die präsynaptische Endigung verursacht

Das präsynaptische Aktionspotential ist eine kurze, aber starke Depolarisation der Membran (Abb. 8–4 A), die ausreicht, die Wahrscheinlichkeit der Transmittersubstanzfreisetzung für weniger als 1 ms vieltausendfach über den Ruhewert ansteigen zu lassen. Dadurch werden einige Hundert Quanten freigesetzt. Die Zahl der freigesetzten Quanten nimmt dabei mit der Amplitude des präsynaptischen Aktionspotentials zu.

In Abb. 8–4 A ist neben dem präsynaptischen Aktionspotential auch der ***Ca^{2+}-Einstrom in die präsynaptische Nervenendigung*** eingetragen, der bei Depolarisation neben den Na^+- und K^+-Strömen fließt. Dieser *Ca^{2+}-Einstrom* spielt eine Schlüsselrolle bei der Quantenfreisetzung [19,25,32]. Wird nämlich, wie oben schon erwähnt, *in vitro* der Badelösung Ca^{2+} entzogen, so setzt das präsynaptische Aktionspotential nicht einige Hundert, sondern nur noch wenige Quanten frei. Die Größe der Quanten ändert sich dabei nicht. Für die Freisetzung eines Quants scheinen vier Ca^{2+}-Ionen benötigt zu werden, die sich *an der Innenseite der Membran* mit einem *Aktivator* verbinden. Ähnlich wie *Ca^{2+}-Entzug* wirkt der *Zusatz von Mg^{2+}-Ionen.* Anscheinend verdrängen die Mg^{2+}-Ionen die Ca^{2+}-Ionen kompetitiv von ihren Bindungsstellen am Aktivator, ohne ihn zu aktivieren.

Die Aktivierung des Aktivators mit Ca^{2+}-Ionen genügt nicht, um mit hoher Wahrscheinlichkeit ein Quant freizusetzen. Vielmehr muß auch bei ausreichend hoher intrazellulärer (präsynaptischer) Ca^{2+}-Konzentration die Membran zur synchronen Überträgerstoffausschüttung depolarisiert werden [29]. Die Wirkung der Depolarisation auf den Aktivator könnte man sich ähnlich wie die auf ein Kanalmolekül (Abb. 7–13 und 7–14) vorstellen. Die präsynaptischen aktiven Zonen mit ihren Vesikelbindungsstellen und Membranproteinen („Partikeln" in Abb. 8–2) wären damit ein Apparat zur schnellen Steuerung von Exozytose durch Depolarisation und Erhöhung des intrazellulären Ca^{2+}. Der ***Wirkmechanismus der Ca^{2+}-Ionen*** innerhalb der präsynaptischen Endigung könnte z. B. darin bestehen, die kontraktilen Elemente des Zytoskeletts zu steuern (und damit die Vesikel an die Membran zu „drücken" oder dort „auszupressen") oder die Phosphorylierung von Funktionsproteinen in der Membran auszulösen. *(Zur Erinnerung:* wie im Zusammenhang mit Abb. 3–2 auf S. 33 erläutert, ist ATP der wichtigste Träger chemischer Energie in den Zellen. Der energieliefernde Schritt ist die Übertragung der terminalen Phosphatgruppe des ATP auf ein Molekül, z. B. ein Protein, das dadurch für eine weitere chemische Umsetzung (z. B. eine Enzymreaktion) aktiviert wird. Der Übertragungprozeß wird *Phosphorylierung* genannt.

Pathophysiologie der Freisetzung. Das Gift der Botulinus-Bakterien (in verdorbenem Fisch, Fleisch oder verdorbenen Konserven) wirkt auf die Endplatte ähnlich wie Ca^{2+}-Entzug: über eine ***Hemmung der ACh-Freisetzung führt Botulinustoxin*** schon in winzigsten Mengen (Nanogramm) zu oft tödlichen Lähmungen (Atmung!) der Muskulatur [4]. Da Botulinustoxin hitzeempfindlich ist, kann man sich im Zweifelsfall durch Aufkochen oder Aufbraten der fraglichen Lebensmittel wirksam schützen.

Der Transmitter Azetylcholin wird in der präsynaptischen Endigung aus Cholin und Essigsäure synthetisiert

Die Synthese in der präsynaptischen Endigung erfolgt wie in Abb. 8–5 A,B,F zusammengefaßt. ***Cholin*** muß dazu über einen *Transportmechanismus* in die Endigung aufgenommen werden. Etwa die Hälfte des aufgenommenen Cholins stammt aus dem vorher freigesetzten und dann hydrolisierten ACh (Abb. 8–5 C,F), der Rest wahrscheinlich aus dem Blutplasma. Das für die Synthese benötigte Enzym ***Cholinazetylase*** (ChAc) wird im Soma des Motoneurons gebildet und in etwa 10 Tagen im Axon zu den präsynaptischen Endigungen transportiert. Das von der Cholinazetylase synthetisierte ACh wird über einen noch unbekannten Mechanismus in die Vesikel aufgenommen.

Vorratshaltung. Nur ein kleiner Teil (15–20 %) des in den Vesikeln gespeicherten ACh scheint als ***unmittelbar verfügbare Fraktion*** für die spontane oder durch ein Aktionspotential induzierte Freisetzung zur Verfügung zu stehen, während eine größere ***Depotfraktion*** nur mit einer gewissen Verzögerung mobilisiert werden kann (Abb. 8–5 G). Zusätzlich scheint eine dritte, ***stationäre Fraktion*** zu existieren, die möglicherweise nicht in Vesikelform vorliegt. Ein Austausch zwischen diesen drei Fraktionen scheint möglich (Pfeile in Abb. 8–5 G).

Transmittersynthese in andern Synapsen. Nicht nur in den präsynaptischen Endigungen der Endplatten, sondern in allen präsynaptischen Endigungen, die ACh enthalten, z. B. in den präganglionären Synapsen des autonomen Nervensystems (s. dort und Abschnitt 8.5) läuft die Synthese des ACh in gleicher Weise ab. Vergleichbares gilt für alle anderen Transmitter (s. Abschnitt 8.5).

Die Verbindung des ACh mit subsynaptischen Rezeptoren öffnet Kanalproteine für kleine Kationen

ACh verbindet sich an der subsynaptischen Seite mit spezifischen Makromolekülen, nämlich ***Kanalproteinen,*** die als ***Rezeptoren*** bezeichnet werden. Diese Verbindung bewirkt die Öffnung des Kanalproteins für Na^+ und K^+ (Abb. 8–5 H). Schematisch wurde als ein solches Kanalprotein das des Na-Kanals bereits dargestellt (Abb. 7–14). Solche Kanalproteine lassen sich für verschiedene Rezeptortypen isolieren, und für den Azetylcholinrezeptor ist die volle Aminosäuresequenz bekannt. Er hat ein Molekulargewicht von 268 000 und besteht aus 5 etwa gleich großen und weitgehend analogen Untereinheiten, die sich um den zentralen Kanal lagern [27,30,31,32].

Inaktivierung von ACh-Rezeptoren. Wird eine Endplatte mehrere 100 ms der Einwirkung von ACh ausgesetzt, so kommt es an der ursprünglich depolarisierten Membran trotz weiterer Anwesenheit von ACh zu einer Repolarisation; die subsynaptischen Rezeptoren werden refraktär gegen ACh, sie werden ***inaktiviert*** oder ***desensitiviert.*** Auch an vielen anderen chemischen Synapsen mit anderen Überträgerstoffen ließ sich das Phänomen der ***Desensitisierung*** nachweisen. Es entspricht der *Inaktivation der Na-Kanäle* (s. S. 114). Bei den an den meisten Synapsen nur sehr kurzzeitig hohen Überträgerstoffkonzentrationen spielt die Desensitisierung für die Übertragung keine Rolle. Bei pharmakologischen Applikationen des Überträgerstoffes oder seiner Agonisten zu therapeutischen Zwecken kann es aber durchaus zu Desensitisierungen kommen.

Die Verbindung des ACh mit seinem Rezeptor wird durch Abdiffusion und Spaltung des ACh beendet; andere Transmitter werden unverändert in die präsynaptische Endigung zurückgepumpt

Das ACh wirkt normalerweise nur *für sehr kurze Zeit* an der subsynaptischen Membran (1–2 ms, s. S. 123), da es teils ***wegdiffundiert,*** teils durch das an der

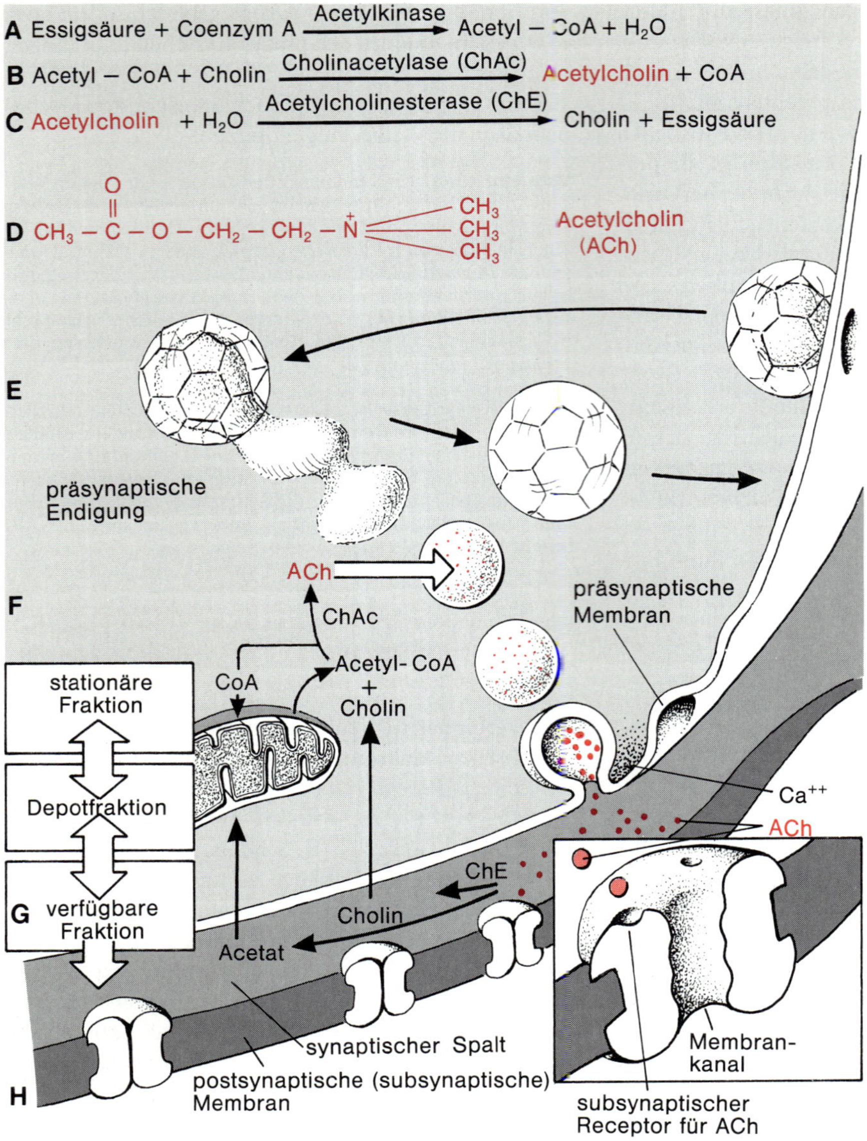

Abb. 8-5. *Azetylcholin* als Überträgersubstanz. **A, B** Biosynthese und **C** Abbau des Azetylcholins (chemische Strukturforme in **D**). In **E** ist die Bildung neuer Vesikel schematisch dargestellt Erläuterung im Text. **F** faßt die Vorgänge bei der Synthese, Speicherung und Freisetzung des ACh und die Wiederaufnahme der Spaltprodukte aus dem synaptischen Spalt zusammen **G** zeigt, daß neben der unmittelbar für die Freisetzung verfügbaren Fraktion auch eine größere Depotfraktion für die Freisetzung bereitsteht, während eine dritte, kleinere stationäre Fraktion nicht unmittelbar aus der Endigung freigesetzt werden kann. In **H** sind schematisch subsynaptische ACh-Rezeptoren gezeigt. Verbindung des Rezeptors mit ACh *(vergrößerte Einsatzfigur)* führt zu einer Öffnung der Membranpore für kleine Kationen

Endplatte in großen Mengen vorhandene Enzym ***zetylcholinesterase*** hydrolysiert, das heißt in die unwirksamen Bestandteile *Cholin* und *Essigsäure* gespalten wird. (Abb. 8-5 C). Die Spaltprodukte des ACh werden zum großen Teil von der präsynaptischen Endigung wieder aufgenommen und dort zu ACh resynthetisiert. Abb. 8-5 F zeigt den Zyklus des ACh im zusammenfassenden Überblick. Auch für andere Überträgersubstanzen sind vergleichbare Zyklen nachgewiesen oder wahrscheinlich gemacht worden (s. Abschnitt 8.5).

Bei vielen Synapsen spielt der ***aktive Transport*** der Überträgersubstanz von den subsynaptischen Rezeptoren *zurück in die präsynaptische Nervenendigung* oder *in umliegende Zellen* für die ***Beendigung der Transmitterwirkung*** die entscheidende Rolle. Dies gilt z. B. besonders für *Adrenalin, Noradrenalin, GABA* und *Glutamat.* Wie das abbauende Enzym Azetylcholinesterase sind die Aufnahmemechanismen für Überträgerstoffe in die Zellen Angriffspunkte für viele wichtige pharmakologische Beeinflussungen der synaptischen Übertragung.

Die verschiedenen Angriffspunkte für eine neuromuskuläre Blockade exemplifizieren die zahlreichen pharmakologischen Möglichkeiten, synaptische Aktivität zu modifizieren

Ein Pharmakon oder eine toxische Substanz kann auf folgende Weise die neuromuskuläre Übertragung hemmen [4,13,17]:

- es kann die ***Fortleitung der Erregung*** in die präsynaptische Endigung blockieren (Beispiel: *Lokalanästhetika*);
- es kann die ***Freisetzung der Überträgersubstanz*** blockieren (Beispiele: *in vivo* Botulinustoxin, *in vitro* Ca^{2+}-Entzug bzw. kompetitive Verdrängung durch Mg^{2+} oder Mn^{2+});
- es kann mit der ***Produktion von Überträgersubstanz*** interferieren (Beispiel: *Hemicholin*, das die Aufnahme von Cholin in die präsynaptische Endigung hemmt);
- es kann am ***subsynaptischen ACh-Rezeptor*** angreifen. Mit diesem kann es eine *irreversible blockierende Bindung* eingehen (Beispiel: das Schlangengift *a-Bungarotoxin*), oder es kann ACh von seinem Wirkort *kompetitiv*, d. h. heißt reversibel und in Abhängigkeit von der Konzentration der beiden Partner verdrängen (Beispiele: *Kurare, Pancuronium*), oder es kann eine *verlängerte subsynaptische Depolarisation und Rezeptor-Desensitisierung induzieren* (Beispiele: *Succinylcholin, Decamethonium*);
- es kann die ***Cholinesterase*** und damit die ***ACh-Spaltung hemmen,*** was über eine verlängerte Transmittereinwirkung zur subsynaptischen Depolarisation und Rezeptor-Desensitisierung und damit, ähnlich dem Beispiel des Succinylcholins, zum neuromuskulären Block führt (Beispiele: *Organophosphate,* jedoch nur in toxischer Dosierung).

Klinische Nutzanwendung. Blockierung der neuromuskulären Übertragung wird während Narkosen in weitem Umfang eingesetzt. Der Patient, der in dieser Zeit künstlich beatmet werden muß, benötigt dann nur eine relativ flache Narkose, die Bewußtsein und Schmerzempfindung ausschaltet, bei der sich aber ohne neuromuskuläre Blockade motorische Reflexe und ein hoher Muskeltonus störend bemerkbar machen würden. Die Vorteile der flachen Narkose liegen in ihrer geringen Toxizität, ihrer leichten Steuerbarkeit und ihrer schnellen Reversibilität. Ganz allgemein bezeichnet man Stoffe, die während Narkosen oder in anderen therapeutischen Situationen zur Muskelentspannung verwendet werden als ***Relaxanzien*** [13].

8.2 Zentrale erregende chemische Synapsen

Die Grundvorgänge bei der Erregungsübertragung an chemischen Synapsen sind bisher am Beispiel der neuromuskulären Endplatte geschildert worden. Es ist daher jetzt möglich, sich den komplexeren Vorgängen bei der Erregungsübertragung an zentralen Neuronen zu-

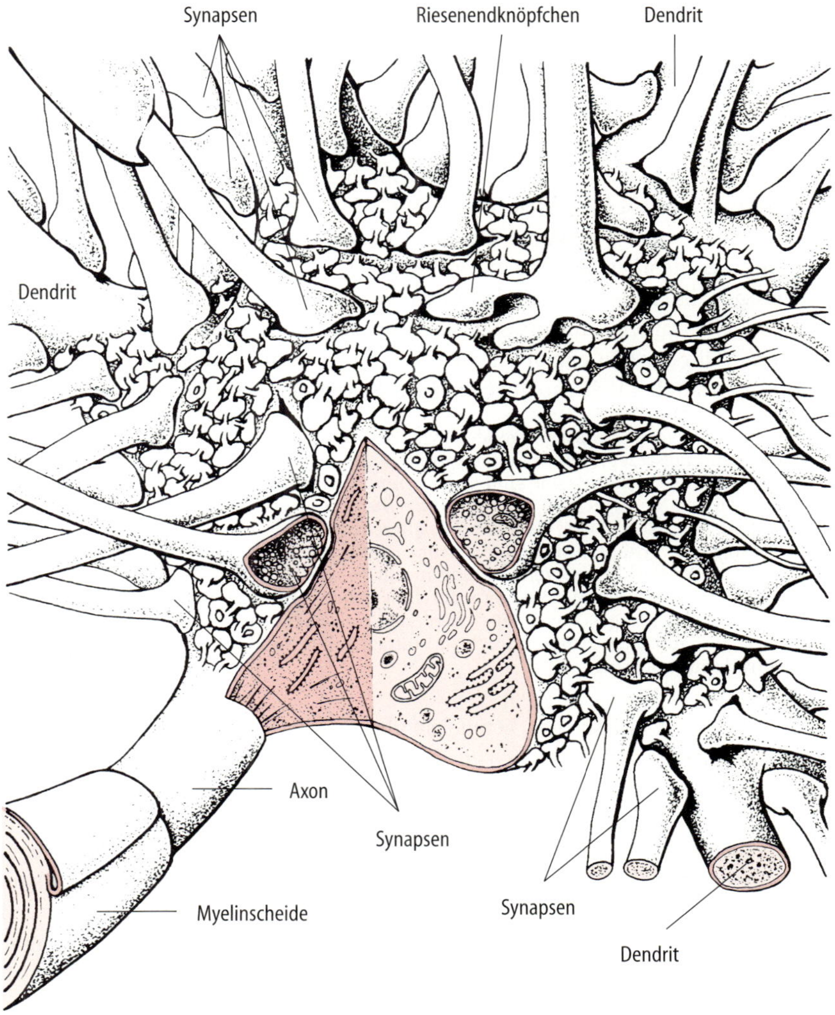

Abb. 8–6. Synapsen auf einem Motoneuron. Stark vereinfachte, schematisierte Darstellung. Die Dendriten sind kurz nach ihrem Ursprung aus dem Soma abgeschnitten, sie würden sich bei diesem Vergrößerungsmaßstab weit über die Fläche des Buches hinaus erstrecken. Soma und Dendriten sind nahezu vollständig von Synapsen unterschiedlicher Größe bedeckt. Die meisten (teils markhaltige, teils marklose) Axone sind unmittelbar am synaptischen Endknopf abgeschnitten. Das Motoaxon ist markhaltig. Es endet als motorische Endplatte auf Skelettmuskelfasern (vgl. Abb. 8–2)

zuwenden. Während nämlich jede Muskelfaser in der Regel nur eine Endplatte besitzt und jedes Endplattenpotential normalerweise überschwellig ist, besitzen zentrale Neurone meist viele Dutzend bis einige Tausend Synapsen [1,8], und die erregenden postsynaptischen Potentiale der *einzelnen* Synapsen sind fast immer unterschwellig, so daß nur die *gleichzeitige* Tätigkeit zahlreicher Synapsen zu einer fortgeleiteten Erregung führt. Dazu kommt, daß neben den *erregenden* auch *hemmende* Synapsen auf dem Soma und den Dendriten der Neurone enden, deren Aktivierung dem Entstehen einer fortgeleiteten Erregung entgegenwirkt.

Erregende postsynaptische Potentiale des Motoneurons ähneln Endplattenpotentialen, sind aber durch die gleichzeitige Aktivierung mehrerer bis vieler Synapsen verursacht

Die ***motorische Vorderhornzelle*** (*Motoneuron*) in der grauen Substanz des Rückenmarks, deren Nervenfaser (Motoaxon) das Rückenmark durch die Vorderwurzeln verläßt und Skelettmuskelfasern innerviert, hat sich wegen ihrer Größe (Durchmesser des Somas bis zu 100 μm), ihrer relativ guten Zugänglichkeit und ihrer gut bekannten erregenden und hemmenden Verbindungen für das Studium der neuronalen synaptischen Potentiale als besonders geeignet erwiesen. Die an Motoneuronen gewonnenen Ergebnisse lassen sich außerdem ohne größere Einschränkungen auf die Mehrzahl der zentralen Neurone übertragen, so daß diese Ergebnisse zur Grundlage der jetzigen Erörterung gemacht werden können [1,6–11].

Abb. 8–6 zeigt schematisch, daß über die Oberfläche eines Motoneurons mit Ausnahme des Axonhügels und des Axons zahlreiche Synapsen verteilt sind. Es wird geschätzt, daß jedes Motoneuron etwa 6000 axosomatische und axodendritische Synapsen besitzt. Die Synapsen sind teils erregender, teils hemmender Natur, und die Axone stammen zum größten Teil von zentralen Neuronen. Ihr Aufbau entspricht dem der Synapse in Abb. 8–1; es handelt sich also um ***chemische Synapsen.***

Ein kleiner Teil der Axone der erregenden Synapsen kommt direkt von Dehnungsrezeptoren der quergestreiften Muskulatur, den *Muskelspindeln.* Diese Axone sind also *afferente* Nervenfasern, die von den Muskelnerven über die ***Hinterwurzeln*** in das Rückenmark eintreten. Diese Muskelspindelafferenzen bilden direkte erregende Synapsen mit Motoneuronen ihres eigenen (*homonymen*) Muskels. Diese Verschaltung macht es möglich, erregende Synapsen eines Motoneurons durch periphere elektrische Reizung des zugehörigen Muskelnerven zu aktivieren und die postsynaptischen Prozesse durch eine intrazelluläre Mikroelektrode zu beobachten.

In Abb. 8–7A ist ein solcher Versuchsaufbau gezeigt. Werden die Afferenzen elektrisch gereizt (Pfeile in B, C, D), so tritt nach kurzer Latenz eine Depolarisation des Membranpotentials auf, dessen Zeitverlauf in B und C dem des Endplattenpotentials ähnlich ist. Die Amplituden hängen von der Zahl der erregten Afferenzen ab, bei elektrischer Reizung also von der Reizstärke ($B < C < D$). Als Maß für die Anzahl der erregten Afferenzen kann im Experiment die extrazelluläre Ableitung der afferenten Salve von der Hinterwurzeleintrittszone dienen (Abb. 8–7 A und untere Registrierungen in E-K). Von ihr aus kann auch die ***spinale Latenz*** bis zum Auftreten der intrazellulären Depolarisation gemessen werden. Da, wie in D gezeigt, die Depolarisation das Neuron erregen kann, so daß ein fortgeleitetes Aktionspotential auftritt, wird sie ***erregendes postsynaptisches Potential,*** abgekürzt ***EPSP,*** genannt.

Die EPSP sind den Endplattenpotentialen an der neuromuskulären Endigung analog. Während das Endplattenpotential aber durch die Aktivierung einer einzelnen Synapse, nämlich der Endplatte, entsteht, sind die EPSP meist durch die ***gleichzeitige Aktivierung mehrerer Synapsen*** verursacht. Die *Anstiegsphase* eines EPSP dauert etwa 2 ms, der *Abfall* etwa 10–15 ms (EPSP mit wesentlich längeren Zeitverläufen werden weiter unten geschildert). Der Zeitverlauf ist unabhängig von der Amplitude des EPSP (Abb. 8–7 E-K). Dies bedeutet, daß sich die an verschiedenen Synapsen gleichzeitig ausgelösten EPSP in der Amplitude addieren und sich außerdem gegenseitig nicht beeinflussen. (Die Unabhängigkeit der „unitären" EPSP voneinander gilt nur in gewissen Grenzen, die aber hier vernachlässigt werden können.)

Das EPSP beruht in völliger Analogie zum EPP auf der Überträgerstoff-kontrollierten, kurzzeitigen Öffnung von Membrankanälen für kleine Kationen

Alle Befunde weisen darauf hin, daß das EPSP auf einer ***kurzzeitigen Leitfähigkeitserhöhung für kleine Kationen,*** d.h. der Öffnung entsprechender Kanäle beruht, was in direkter Analogie zum Ionenmechanismus des Endplattenpotentials steht. Zusätzlich scheint auch die Leitfähigkeit für Cl^--Ionen erhöht zu werden. Aus dem Zeitverlauf des EPSP und der Membranzeitkonstante des Motoneurons läßt sich die Dauer der Leitfähigkeitsänderung zu 1–2 ms berechnen [1]. Die Überträgersubstanz wirkt also etwa ebensolange an der subsynaptischen Membran des Motoneurons wie ACh an der Endplatte. Die Überträgersubstanz des EPSP ist aber nicht ACh; wahrscheinlichster Kandidat ist Glutamat.

Ionenkanäle, die sich nach Binden eines Transmittermoleküls für einige Millisekunden öffnen, nennt man direkt ligandengesteuert; indirekt ligandengesteuerte Transmitterwirkungen sind teils ionotrop, teils metabotrop

Direkt ligandengesteuerter Ionenkanal. Ein Stoff, der an ein Eiweißmolekül bindet, wird allgemein *Ligand* genannt. Die Ionenkanäle an der Endplatte und die eben besprochenen an zentralen Neuronen sind, wie bereits erwähnt, Eiweißmoleküle, die nach Bindung ihrer Liganden, also des ACh bzw. des Glutamats, ihre Konformation ändern, nämlich in ihrem Molekül eine Pore

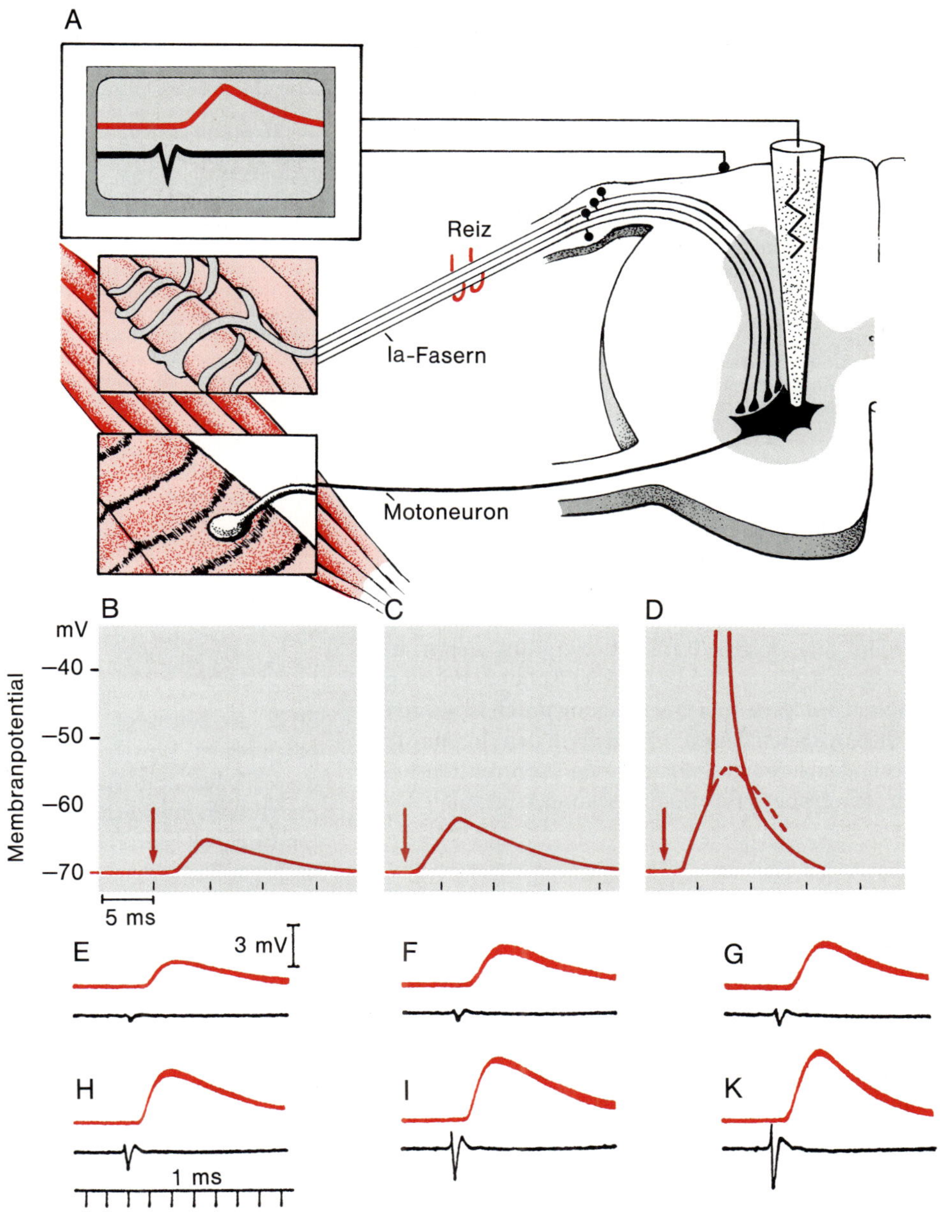

Abb. 8-7. Erregende postsynaptische Potentiale (EPSP). **A** Schema der Versuchsanordnung. Die EPSP werden intrazellulär von einem Motoneuron nach Reizung der homonymen (zugehörigen) Muskelspindelafferenzen *(Ia-Fasern)* abgeleitet. **B-D** Schematische Darstellung der Wirkung zunehmender Reizstärke. Das EPSP löst bei Erreichen der Schwelle (-60 mV) ein fortgeleitetes Aktionspotential aus. **E-K** EPSP eines Motoneurons des Musculus quadriceps der Katze. Die unipolare extrazelluläre Ableitung der afferenten Salve von der Hinterwurzeleintrittszone (siehe **A**) dient als Maß für die Zahl der erregten afferenten Nervenfasern und zur Bestimmung der spinalen Latenz. Sie ist als triphasische Potentialschwankung auf den unteren Registrierungen zu sehen. **E-K** aus [2]

(Kanal) für den Durchtritt kleiner Kationen öffnen. In diesem Sinne sind sie *ligandengesteuert.* Zur Öffnung eines Kanals werden mindestens 2, oft sogar 4–5 Transmitter- bzw. Agonistenmoleküle benötigt. Dies bedeutet, daß die Synapse unempfindlich für geringe Transmitterkonzentration im Extrazellulärraum ist.

Typisch für direkt ligandengesteuerte Ionenkanäle ist, daß sie, wie ebenfalls bereits für das ACh an der Endplatte geschildert (s. S. 125), in Gegenwart hoher Transmitterkonzentrationen desensitisieren. Dies scheint ein Sicherheitsmechanismus der Synapse zu sein, der zu große und langdauernde Aktivierungen verhindert.

Indirekt ligandengesteuerter Ionenkanal. Manche postsynaptischen Rezeptoren sind nicht selbst Ionenkanäle, sondern sie aktivieren nach Bindung ihres Liganden ein G-Protein an der Membraninnenseite (vgl. Abb. 3–7, s. S. 40), das seinerseits selbst Membrankanäle öffnet oder über sekundäre Botenstoffe auf Membrankanäle wirkt. Dieser postsynaptische Rezeptor wirkt also *indirekt ligandengesteuert ionotrop.*

Ein Beispiel des *G-Protein-gesteuerten Kanaltyps* ist der ACh-Rezeptor der Herzmuskelzellen des Vorhofs. Wird vom Herzvagus ACh freigesetzt, so koppelt dieses an seinen Rezeptor, der seinerseits ein G_i-Protein aktiviert (*rechts* Abb. 3–7). Das G_i gibt daraufhin eine Untereinheit ab, die in der intrazellulären Schicht der Plasmamembran zu einem benachbarten Kaliumkanal diffundiert und diesen öffnet. Die Diffusion benötigt Zeit, so daß sich der Kaliumkanal erst etwa 30–100 ms nach der Ligandenbindung öffnet.

Ein Beispiel für die *Rezeptor-Kanal-Steuerung über sekundäre Botenstoffe* ist die β-adrenerge Übertragung durch Noradrenalin, z. B. am Herzvorhof. Nach der Freisetzung von Noradrenalin aus dem Sympathikus und seiner Bindung an seinen Rezeptor (R_s in Abb. 3–7) wird die dort gezeigte cAMP-Kaskade ausgelöst. Die cAMP-aktivierte Proteinkinase A phosphoryliert Ca^{2+}-Kanäle und führt damit zu deren Öffnung. Der so erhöhte Ca^{2+}-Einstrom läßt die Schrittmacherpotentiale schneller ansteigen. Dadurch nimmt die Herzfrequenz zu.

Metabotrope Ligandenwirkung. Neben den eben genannten ionotropen Wirkungen können, genau wie bei den Hormonen (s. Kap. 5), durch Transmitter-Rezeptor-Bindung mit nachfolgender Aktivierung von G-Proteinen und sekundären Botenstoffen auch die verschiedensten intrazellulären Funktionen gesteuert werden. Eine solche Transmitterwirkung nennt man *metabotrop*. Ein einfaches Beispiel ist bei der eben genannten β-adrenergen Übertragung durch Noradrenalin das Ansteigen des Ca^{2+}-Spiegels in den Herzmuskelfasern, das zu einer Steigerung der Kontraktionskraft führt (inotrope Sympathikuswirkung, s. S. 179).

Bei den meisten Neuronen ist der Axonhügel der Ausgangspunkt fortgeleiteter Aktionspotentiale

Die Membran des ***Axonhügels*** am Abgang des Axons aus dem Soma hat eine deutlich geringere Schwelle als die des Somas und der Dendriten. Fortgeleitete Aktionspotentiale entstehen daher in Motoneuronen und wahrscheinlich auch in anderen, wenn auch nicht allen Nervenzellen, am Axonhügel, der damit den gemeinsamen Wirkort aller somatischen und dendritischen Synapsen darstellt. Da der Axonhügel in das Axon übergeht, ist so gewährleistet, daß ein einmal entstandenes Aktionspotential sich mit Sicherheit in die Peripherie fortpflanzt.

Wirksamkeit somatischer und dendritischer Synapsen. Da EPSP sich passiv elektrotonisch auf der Zellmembran ausbreiten, sollten somatische Synapsen nahe dem Axonhügel die Erregbarkeit eines Neurons mehr beeinflussen als weiter entfernte dendritische Synapsen. Zum Teil ist dies möglicherweise richtig, zum Teil scheint dieser Nachteil dadurch kompensiert zu werden, daß an den Dendriten besonders große EPSP auftreten. Die Ursache dafür liegt wahrscheinlich in den Kabeleigenschaften der Dendriten, also auf der postsynaptischen Seite.

Unter sonst gleichen Bedingungen ist bei Motoneuronen die Erregbarkeit um so größer, je kleiner das Neuron ist

Diese Verhältnisse treffen wahrscheinlich auch für andere Neurone zu. Dem liegt zugrunde, daß die Membran einer kleinen Zelle einen größeren elektrischen Widerstand darstellt als die einer großen Zelle mit zahlreichen parallel liegenden *Widerstandselementen*. Folglich wird bei einer kleinen Zelle ein gegebener, durch die subsynaptische Membran eintretender Ionenstrom beim Ausstrom durch die übrige postsynaptische Membran eine größere Membranpotentialänderung, also ein größeres EPSP, hervorrufen als der gleiche Strom an einer großen Zelle. Die wichtigste Folge dieses Zusammenhangs ist, daß *kleine* Motoneurone und die ihnen zugehörigen Muskelfasern im Laufe eines Lebens *viel häufiger tätig sind als große*.

Gamma-Motoneurone (γ-Motoneurone). Die bisher geschilderten Motoneurone innervieren die Arbeitsmuskulatur. Ihre Axone gehören zum Aα-Typ (vgl. Tabelle 7–1, s. S. 105). Sie werden daher als ***Alpha-Motoneurone*** (α-Motoneurone) zusammengefaßt. Es gibt aber noch eine Gruppe besonders kleiner Motoneurone, deren dünne Motoaxone zum Aγ-Typ gezählt werden. Diese ***Gamma-Motoneurone*** (γ-Motoneurone) machen etwa ein Drittel aller Motoneurone aus. Sie innervieren die Muskelfasern der Muskelspindeln (s. S. 255). Die meisten γ-Motoneurone zeigen eine Ruheentladung, ihre Entladungsfrequenz ist meist höher als die der α-Motoneurone, und sie antworten häufig repetitiv. Diese Eigenschaften scheinen eine direkte Folge ihrer geringen Größe zu sein.

EPSP an anderen Nervenzellen gleichen denen an Motoneuronen; sie sind allerdings oftmals länger; schnelle und langsame EPSP können an demselben Neuron vorkommen

EPSP an zentralen Synapsen. EPSP des eben beschriebenen Typs treten auch an anderen Neuronen des ZNS auf. Zum Teil sind etwas kürzere und längere Zeitverläufe beobachtet worden, wobei insgesamt der Eindruck vorherrscht, daß die EPSP der Motoneurone in ihrem Zeitverlauf eher kürzer als die meisten anderen EPSP sind. Allerdings ist bei dieser Aussage im Auge zu behalten, daß die *Mehrzahl* der zentralnervösen Synapsen bisher nicht untersucht wurde und daß in den wenigen anderen Fällen zwangsläufig große Neurone bei weitem bevorzugt wurden.

Langsame vegetative Synapse [23,24]. An peripheren sympathischen Ganglienzellen werden zusätzlich EPSP mit einer Dauer von vielen Sekunden bis Minuten beobachtet. Solchen Potentialen kommt möglicherweise eine große Bedeutung bei der ***Langzeitinformationsübertragung*** von Neuron zu Neuron zu, da durch sie die Erregbarkeit auf einfachste Weise über lange Zeit verstellt werden kann. Ein solches synaptisches Potential in einem Sympathikusganglion zeigt Abb. 8–8. In diesen Ganglien gibt es schnelle, erregende Synapsen, die Azetylcholin als Überträgerstoff haben. Dazu erzeugen wiederholte Reizungen der präsynaptischen Axone minutenlange erregende postsynaptische Potentiale, die nicht von Azetylcholin vermittelt werden. Dagegen verursacht spezifisch das Peptid ***LHRH*** (luteinisierendes Hormon-Releasing-Hormon, vgl. Tabelle 5–2), ein praktisch identisches postsynaptisches Potential. Verschiedene Tests zeigten, daß dieses Peptid oder ein naher Verwandter hier der Überträgerstoff ist. Es ist daneben durchaus wahrscheinlich, daß langsame EPSP (abgekürzt ***sEPSP*** von slow EPSP) auch im ZNS, vor allem im Neokortex und im Hippokampus, auslösbar sind (s. Kap. 24).

Viele präsynaptische Endigungen enthalten neben klassischen Transmittern Neuropeptide als Kotransmitter; diese dienen wahrscheinlich der synaptischen Modulation

Lange Zeit wurde angenommen, daß eine Nervenzelle an allen ihren präsynaptischen Endigungen nur jeweils einen Überträgerstoff ausschüttet. Mittlerweile mehren sich aber Beispiele von Synapsen, die mehr als eine Transmittersubstanz enthalten. So gibt es im vegetativen Nervensystem, zumindest bei embryonalen Zellen, Freisetzung von Azetylcholin und Adrenalin aus derselben präsynaptischen Endigung. An der motorischen Endplatte wird zusammen mit Azetylcholin auch Adenosintriphosphat (ATP) freigesetzt, das wahrscheinlich ebenfalls als Transmitter wirkt. Häufig wird auch, wie in Abb. 8–8 demonstriert, an synaptischen Nervenendigungen neben einem klassischen Überträgerstoff (z. B. Azetylcholin, Noradrenalin) ein Peptid ausgeschüttet, das an der Übertragung mitwirkt. Wir nennen Überträgerstoffe, die gemeinsam in einer präsynaptischen Endigung auftreten, ***Kotransmitter,*** die gemeinsame Freisetzung dieser Substanzen ***Kotransmission.***

Die ***Aufgaben von Kotransmittern*** sind noch nicht völlig deutlich. Wie bei der Besprechung der Abb. 8–8 schon erwähnt, sieht es in vielen Fällen nach einer Arbeitsteilung aus, bei der der eine Transmitter die schnelle synaptische Übertragung übernimmt, während der andere für Langzeitverstellungen der Erregbarkeit verantwortlich ist. Letztere Funktion bezeichnen wir als ***synaptische Modulation.*** Ein *synaptischer Modulator* bewirkt also unmittelbar keine Leitfähigkeitsänderung in den subsynaptischen Membranen, sondern er beeinflußt Intensität und Dauer der Wirkung der klassischen Überträgerstoffe. Als Modulatoren kommen vor allem eine *Reihe von Peptiden* in Frage (s. Abb. 8–13), z. B. das in Abb. 8–8 wirksame LHRH und die Enkephaline (die an Morphinrezeptoren binden).

8.3 Postsynaptische hemmende chemische Synapsen

Postsynaptische und präsynaptische hemmende Synapsen sind mindestens so häufig wie erregende Synapsen

Abgrenzung zwischen (aktiver) Hemmung und (passiver) Depression. Neben den *erregenden* Prozessen laufen an den Neuronen auch Vorgänge ab, die ihre Aktivität reduzieren. Dabei handelt es sich zum kleineren Teil um *Folgen einer vorhergehenden Erregung,* wie z. B. die *Refraktärphase* im Anschluß an ein Aktionspotential. Viel wichtiger sind *aktive Prozesse,* die den Erregungszustand der Neurone herabsetzen. Diese *aktiven* Prozesse werden als ***Hemmung*** oder ***Inhibition*** bezeichnet,

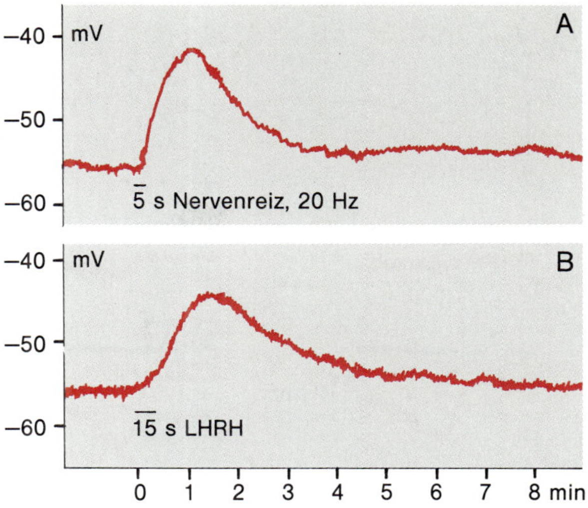

Abb. 8–8. Langsame synaptische Potentiale einer peptidergen Synapse. **A** Intrazelluläre Registrierung eines langsamen (slow) erregenden postsynaptischen Potentials, *sEPSP,* an einer sympathischen Ganglienzelle des Frosches. Zur Auslösung des sEPSP wurde der präsynaptische Nerv für 5 s mit 20 Reizen pro Sekunde (20 Hz) elektrisch gereizt. **B** Eine ähnliche Depolarisation wird durch 15 s lange Applikation des Peptids LHRH ausgelöst (s. Text). Beachte die rund 8 min lange Dauer beider Depolarisationen. Nach [8,23]

während die davor angesprochenen *passiven* Abnahmen von Erregung als ***Depression*** zusammengefaßt werden.

Zwei Typen von Hemmung. Bei der ***postsynaptischen Hemmung*** wird die Erregbarkeit der subsynaptischen Soma- und Dendritenmembran der Neurone herabgesetzt, während bei der ***präsynaptischen Hemmung*** (dargestellt im nachfolgenden Abschnitt 8.4) die Transmitterfreisetzung an *präsynaptischen* Endigungen reduziert oder völlig verhindert wird. Im ZNS der Wirbeltiere scheint die postsynaptische Hemmung die größere Rolle zu spielen; die präsynaptische Hemmung findet sich vorwiegend an den präsynaptischen Endigungen somatischer und viszeraler Afferenzen, weniger im übrigen Nervensystem.

Die Bedeutung hemmender Prozesse für das Zentralnervensystem läßt sich gut durch folgendes Experiment illustrieren: Injiziert man einem Versuchstier einige Milligramm ***Strychnin,*** ein Pharmakon, das v. a. im Rückenmark viele hemmende Synapsen blockiert, die erregenden aber unbeeinflußt läßt, so setzen innerhalb weniger Minuten schwere ***Krämpfe*** ein, an denen der Organismus schließlich zugrunde geht. Eindrucksvoller kann kaum noch demonstriert werden, daß die Hemmung ein mit der Erregung gleichrangiger Grundprozeß zentralnervöser Tätigkeit ist.

IPSP sind zum EPSP spiegelbildliche hyperpolarisierende Potentialschwankungen, die durch die überträgerstoffkontrollierte Öffnung von K^+- und Cl^--Kanälen entstehen

Inhibitorische postsynaptische Potentiale im Motoneuron. Reizung von Muskelspindelafferenzen erregt nicht nur die homonymen Motoneurone (s. Abb. 8–7), sondern hemmt gleichzeitig die antagonistischen Mo-

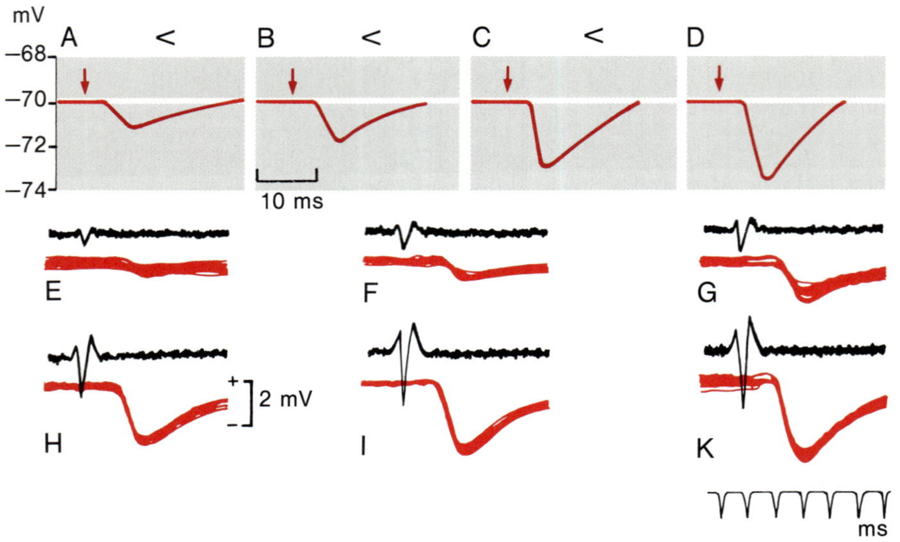

Abb. 8–9. Hemmende postsynaptische Potentiale (IPSP). Versuchsanordnung wie in Abb. 8–7A, es wird jedoch ein dem Motoneuron antagonistischer Nerv gereizt. **A-D** Schematische Darstellung hemmender synaptischer Potentiale bei Zunahme der afferenten Reizstärke. **E-K** Hemmende postsynaptische Potentiale in einem Motoneuron des Musculus semitendinosus der Katze bei Reizung des Nervus quadriceps. Die von der Hinterwurzeleintrittszone abgeleiteten afferenten Salven (extrazelluläre, unipolare Ableitung, s. Abb. 8–7A) sind als triphasische Potentialschwankungen auf den oberen Registrierungen zu sehen. Beachte die gegenüber Abb. 8–7 deutlich längere spinale Latenz, die auf die Zwischenschaltung eines Interneurons im spinalen Reflexweg hinweist. **E-K** aus [1]

toneurone. Die dabei in einem solchen antagonistischen Motoneuron auftretenden Potentiale zeigt Abb. 8–9. Jeder Reiz löst eine *hyperpolarisierende* Potentialverschiebung aus, deren Zeitverlauf unabhängig von der Amplitude ist und sehr dem Zeitverlauf des EPSP ähnelt. Durch die Hyperpolarisation wird das Membranpotential von der Schwelle für eine fortgeleitete Erregung entfernt, das Motoneuron also gehemmt. Die Hyperpolarisationen in Abb. 8–9 werden daher als hemmende oder ***inhibitorische postsynaptische Potentiale,*** abgekürzt ***IPSP,*** bezeichnet [2].

Ionenmechanismus des IPSP. Der Zeitverlauf der IPSP ist praktisch spiegelbildlich dem der EPSP mit einem Anstieg von 1–2 ms und einem Abfall von 10–12 ms. Auch hier dauert die subsynaptische Leitfähigkeitsänderung etwa 1–2 ms [2, 3, 12]. Messung des ***Gleichgewichtspotentials des IPSP*** ergab einen Wert von $E_{IPSP} = -80$ mV. Da das Gleichgewichtspotential der K^+-Ionen etwa bei −90 mV liegt, das der Cl^--Ionen beim Ruhepotential, liegt das IPSP etwa in der Mitte zwischen E_K und E_{Cl}. Daraus wurde gefolgert, daß es während der Einwirkung des inhibitorischen Transmitters an der subsynaptischen Membran zu einer ***starken Erhöhung der Leitfähigkeit für*** K^+***- und*** Cl^-***-Ionen*** kommt [1,2].

Die hemmende Wirkung des IPSP beruht einmal auf der Hyperpolarisation des Membranpotentials und zum anderen auf der initialen Erhöhung der Membranleitfähigkeit

Die unterschiedliche Wirkung dieser beiden Hemm-Mechanismen ist in Abb. 8–10B zu sehen. Ein im späteren Verlauf des IPSP ausgelöstes EPSP ist lediglich um den Betrag der jeweiligen Hyperpolarisation verschoben (mittlere und rechte Registrierung in B), das während der initialen Phase ausgelöste EPSP ist jedoch kleiner als das Kontroll-EPSP in A. Die Skizzen in C zeigen die Ursache für den unterschiedlichen Effekt des IPSP während und nach der aktiven Phase: links sind erregende und hemmende Synapse etwa gleichzeitig aktiviert, und der Einstrom der Na^+-Ionen an der subsynaptischen Membran der erregenden Synapse wird durch die an der hemmenden Synapse ausströmenden K^+-Ionen teilweise kompensiert. Die resultierende Potentialänderung in depolarisierender Richtung ist daher kleiner als zu dem rechts gezeigten Zeitpunkt, bei dem die inhibitorische Synapse nicht aktiviert ist.

Liegt das ***Membranpotential beim Gleichgewichtspotential des IPSP,*** so löst definitionsgemäß eine Aktivierung hemmender Synapsen *keine Potentialverschiebung* aus. Die Zelle ist jedoch während der *aktiven Phase* des IPSP ***durch die erhöhte Leitfähigkeit der Membran*** für K^+- und Cl^--Ionen ***gehemmt.*** In dieser Zeit wird jede Ladungsverschiebung an erregenden Synapsen durch die dann einsetzende Ladungsverschiebung unter der hemmenden subsynaptischen Membran mindestens teilweise kompensiert (s. Abb. 8–10C). Bei *repetitiver asynchroner* Aktivierung zahlreicher hemmender Synapsen kann die Leitfähigkeit so stark ansteigen, daß auch große erregende Ströme nur noch zu kleinen Depolarisationen führen.

Der Mechanismus der Transmitterfreisetzung an hemmenden Synapsen entspricht dem an erregenden Synapsen

Synaptische Bläschen (*Vesikel*) sind an hemmenden Synapsen ebenso vorhanden wie an erregenden. Die hemmende Überträgersubstanz an Motoneuronen und

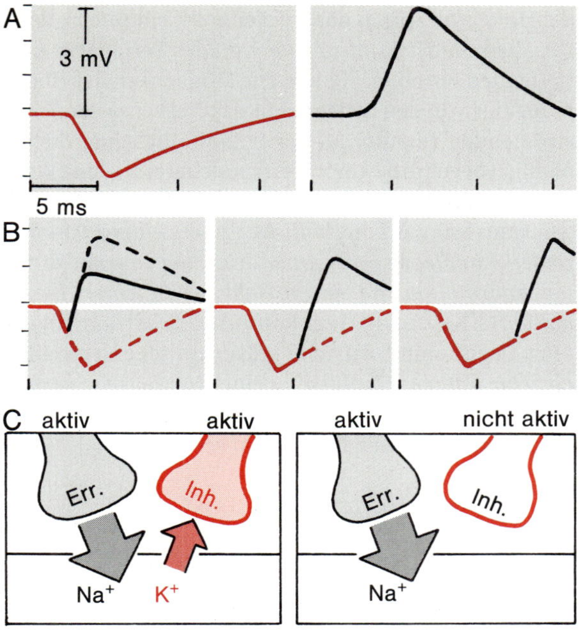

Abb. 8–10. Wirkung von IPSP auf EPSP. Versuchsaufbau wie in Abb. 8–7 und 8–8. Reizung des antagonistischen Nerven ergibt das IPSP *links* in **A**, Reizung des homonymen Nerven das *rechts gezeigte* EPSP. In **B** wurde das EPSP etwa 1, 3 und 5 ms nach Beginn des IPSP ausgelöst **C** skizziert die subsynaptischen Permeabilitätsänderungen bei gleichzeitiger Aktivierung erregender und hemmender Synapsen *(links)* und bei alleiniger Aktivierung der erregenden Synapsen *(rechts)*

vielen anderen, aber nicht allen hemmenden Synapsen ist die Aminosäure ***Glyzin.*** Eine andere, sehr wichtige hemmende Überträgersubstanz, z. B. bei der präsynaptischen Hemmung (s. u.), ist die Aminosäure ***GABA*** *(Gamma-amino-Buttersäure).*

Von zwei Giften ist bekannt, daß sie die ***synaptische Übertragung hemmender Synapsen blockieren*** und dadurch ***Krämpfe verursachen:*** Das oben schon erwähnte *Strychnin* verdrängt kompetitiv die hemmende Überträgersubstanz von der subsynaptischen Membran (vgl. *Curare*wirkung an der Endplatte), *Tetanustoxin* verhindert wahrscheinlich die Freisetzung des Transmitters von der inhibitorischen präsynaptischen Endigung (vgl. Mg^{++}- und Botulinustoxin-Effekt an der Endplatte). Da eine manifest gewordene ***Tetanuserkrankung meist zum Tode führt,*** ist eine vorbeugende aktive Schutzimpfung (Tetanol) allgemein zu empfehlen.

Die IPSP-Befunde an Motoneuronen können auf andere Neurone übertragen werden

Jedenfalls sind an einer Reihe von zentralen, einschließlich kortikalen Neuronen, IPSP beobachtet worden, die denen der Motoneurone im wesentlichen analog waren. Allerdings wurden im einzelnen beträchtliche Unterschiede der Zeitverläufe registriert. An sympathischen Ganglien sind, analog den langsamen EPSP, auch langsame synaptisch ausgelöste Hyperpolarisationen gefunden worden, mit synaptischen Latenzen von 30–100 ms und einer Dauer von mehreren Hundert Millisekunden, also langsame inhibitorische synaptische Potentiale.

8.4 Präsynaptische hemmende chemische Synapsen

Präsynaptische Hemmung wird durch die Aktivierung axoaxonischer Synapsen ausgelöst

Bei der präsynaptischen Hemmung kommt es zu keinen Veränderungen des Erregungszustandes der postsynaptischen Membran, sondern der hemmende Vorgang bewirkt eine ***verminderte Transmitterfreisetzung*** an der präsynaptischen Endigung der erregenden Synapse, also einen Vorgang, wie wir ihn ähnlich an der Endplatte bei Zusatz von Mg^{++}-Ionen oder bei Botulinustoxinvergiftung kennenlernten [20,33].

Abb. 8–11 zeigt den Aufbau einer ***axoaxonischen Synapse*** und ihren Einfluß auf das postsynaptische EPSP. Axon 1 bildet mit Neuron 3 eine axosomatische Synapse, während Axon 2 mit Axon 1 eine axoaxonische Synapse bildet. Nach Anordnung der synaptischen Bläschen und der subsynaptischen Membranverdickungen ist Axon 1 präsynaptisch zu Neuron 3 und Axon 2 präsynaptisch zu Axon 1. Aktivierung der synaptischen Endigung 1 (Pfeil in Abb. 8–11A) ruft in Neuron 3 ein EPSP von etwa 10 mV hervor. Die *axosomatische* Synapse ist also eine *erregende* Synapse. Wird Axon 2 vor Axon 1 aktiviert (Pfeile in B), so beträgt die

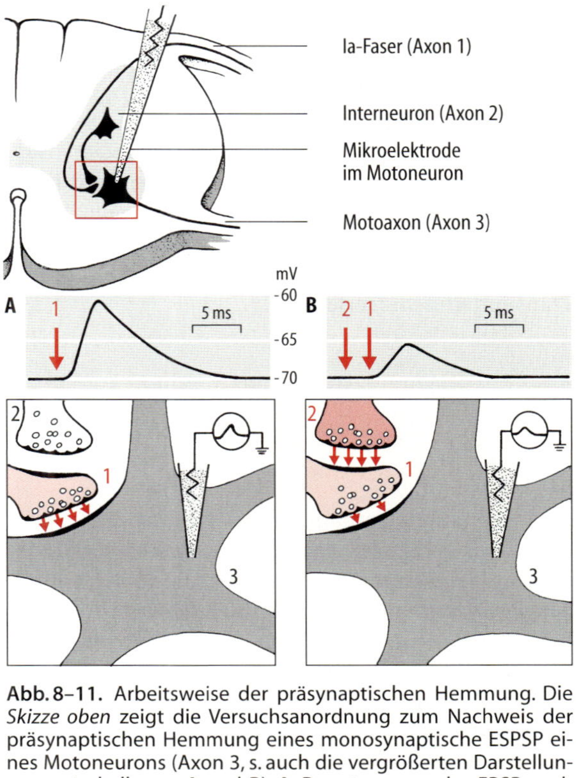

Abb. 8–11. Arbeitsweise der präsynaptischen Hemmung. Die *Skizze oben* zeigt die Versuchsanordnung zum Nachweis der präsynaptischen Hemmung eines monosynaptische ESPSP eines Motoneurons (Axon 3, s. auch die vergrößerten Darstellungen unterhalb von **A** und **B**). **A, B** motoneuronales EPSP nach Reizung der homonymen Ia-Fasern (Axon 1) ohne **(A)** und mit **(B)** vorhergehender Aktivierung präsynaptisch hemmender Interneurone (Axon 2)

Amplitude des EPSP nur noch 5 mV, ohne daß ein IPSP an der postsynaptischen Membran der Zelle 3 auftritt. Diese Form der EPSP-Hemmung *ohne Änderung der postsynaptischen Membraneigenschaften* bezeichnet man als ***präsynaptische Hemmung.*** Der Zeitverlauf der präsynaptischen Hemmung beträgt etwa 100–150 ms, ist also wesentlich länger als der des EPSP [33].

Als ***hemmender Transmitter*** wird von Axon 2 in Abb. 8–11 sehr wahrscheinlich die Gamma-amino-Buttersäure, ***GABA,*** freigesetzt. Blockierung der axoaxonischen Synapse durch den kompetitiven GABA-Antagonisten ***Bicucullin*** führt, ähnlich wie die Strychnin-Blockierung der postsynaptischen Hemmung, zu ***Muskelkrämpfen,*** was wiederum die große Bedeutung auch dieser hemmenden Prozesse im Zentralnervensystem unterstreicht.

Durch die Aktivierung der axoaxoischen Synapse wird an der axosomatischen Synapse weniger Transmitter freigesetzt

Die ***Ursache der verminderten Transmitterfreisetzung*** ist wahrscheinlich eine Reduzierug der Amplitude des präsynaptischen Aktionpotentials in Endigung 1. Es kommt nämlich während der präsynaptischen Hemmung zu einer *Depolarisation* des Axons 1. Da eine Depolarisation des Ruhepotentials zu einer Inaktivierung des schnellen Na-Systems führt (s. S. 114), kommt es zu einer verringerten Amplitude des präsynaptischen Aktionspotentials. Da die Transmitterfreisetzung zum Teil von der Amplitude des präsynaptischen Aktionspotentials abhängt (s. S. 125), wird ein während präsynaptischer Hemmung in Endigung 1 einlaufendes Aktionspotential weniger Transmitter freisetzen und dadurch ein kleineres EPSP auslösen. Im Extremfall, z. B. bei repetitiver Aktivierung der axoaxonischen Synapse, kann Endigung 1 eventuell soweit depolarisiert werden, daß eine fortgeleitete Erregung nicht mehr möglich ist und dadurch nur noch ein sehr reduziertes, elektrotonisch fortgeleitetes Aktionspotential die Endigung erreicht und nur noch sehr wenig oder keinen Transmitter mehr freisetzt.

Präsynaptische Hemmung dient zur Empfindlichkeitsverstellung somatosensorischer Eingänge und zur gezielten Hemmung einzelner Eingänge eines Neurons

Präsynaptische Hemmung findet sich im Zentralnervensystem der Säuger, also auch des Menschen, vorwiegend an den erregenden Synapsen, die von den *Endigungen afferenter Fasern* im Rückenmark gebildet werden. Ist z. B. Neuron 3 in Abb. 8–11 ein Motoneuron, so ist Axon 1 eine afferente Faser von einer Muskelspindel (Ia-Faser), während Axon 2 von einem Zwischenneuron aus der grauen Substanz des Rückenmarks (propriospinalem Interneuron) stammt.

Die ***funktionelle Bedeutung*** der präsynaptischen Hemmung primär afferenter Fasern (also von Fasern, die von den peripheren Sensoren kommend über die Hinterwurzeln in das Rückenmark eintreten), liegt vor allem in der Kontrolle der von der Peripherie eintreffenden sensiblen Signale. Die Möglichkeit der Hemmung der von den Sensoren in das Nervensystem einströmenden Impulse an der frühestmöglichen Stelle, nämlich bevor diese Impulse irgendeine erregende Wirkung auf das Nervensystem gehabt haben, wird vom Organismus z. B. zur ***Empfindlichkeitsverstellung der afferenten Kanäle,*** also zur *Unterdrückung „unerwünschter" Information* und zur *Auswahl „erwünschter" Information* (s. Kap. 22) und zur *Kontrastverschärfung* eingesetzt. Dazu kommt, daß über präsynaptische Hemmung ***einzelne afferente Zuflüsse*** zu einer Nervenzelle ***gezielt gehemmt*** werden können, *ohne* die Gesamterregbarkeit des postsynaptischen Neurons zu verändern [33].

8.5 Überträgerstoffe chemischer Synapsen

Auf Seite 125 ist am Beispiel des ACh das Schicksal eines Überträgerstoffes geschildert worden. Auch für alle anderen Überträgerstoffe gilt, daß Systeme für ihre Synthese, Vorratshaltung, Freisetzung, Inaktivierung und für die Wiederaufnahme des Transmitters oder seiner Spaltprodukte in die präsynaptische Endigung nachgewiesen oder anzunehmen sind und daß sie mit subsynaptischen Rezeptoren reagieren. Ursprünglich wurde angenommen, daß jedes Neuron jeweils nur ein solches Transmittersystem besitzt, mit der Folge, daß an allen seinen Endigungen der gleiche Transmitter freigesetzt wird. Dies trifft für viele Neurone zu, aber die Entdeckung der oben erwähnten ***Kotransmission*** hat gezeigt, daß Neurone auch mehr als einen Transmitter freisetzen können. Allerdings scheint nach wie vor richtig, daß im Zentralnervensystem der Wirbeltiere jedes Neuron regelmäßig entweder nur erregende oder hemmende Wirkungen ausübt.

Erregende und hemmende Neurone können allerdings durchaus den gleichen Transmitter haben. So wirkt beispielsweise das vom Motoaxon freigesetzte ACh erregend auf Skelettmuskelfasern, während das gleiche ACh (von Vagusfasern freigesetzt) die Herzmuskelfasern hemmt. Es sind also nicht die Transmitter selbst, sondern die ***Eigenschaften der subsynaptischen Membran,*** die über die erregende oder hemmende Wirkung des Transmitters entscheiden.

Azetylcholin ist der Transmitter der Motoneurone, verschiedener Synapsen im autonomen Nervensystem und von etwa 10 % der Synapsen im ZNS

ACh im autonomen Nervensystem. Im ***sympathischen Teil*** des autonomen Nervensystems wirkt ACh als Transmitter an allen *ganglionären Synapsen,* ferner an den *Synapsen des Nebennierenmarks* und postganglionär an den *Synapsen der Schweißdrüsen.* Im ***parasympathischen Teil*** ist es ebenfalls Überträgersubstanz in *allen Ganglien* und an allen *postganglionären effektorischen Synapsen.* Die Physiologie und Pharmakologie dieser Synapsen wird im Kapitel 9 besprochen. Sowohl die normalen EPSP als auch die langsamen EPSP in sympathischen Ganglien (s. S. 130) werden durch ACh bewirkt. Feldberg hat darauf aufmerksam gemacht, daß ACh der Transmitter aller Axone ist, die das Zentralnervensystem verlassen (Motoneurone, präganglionäre autonome Nervenfasern).

ACh an Renshaw-Zellen. Die Motoaxone geben schon im Rückenmark Kollateralen zu Interneuronen ab, deren Axone wiederum hemmende Synapsen auf Motoneuronen bilden. Nach seinem Entdecker wird der hemmende Schaltkreis als ***Renshaw-Hemmung*** bezeichnet und die hemmenden Interneurone werden ***Renshaw-Zellen*** genannt (über diese *Rückwärts-* oder *Feedbackhemmung* soll ein Aufschaukeln der Motoneuronenaktivität verhindert werden). Genau wie an den Endplatten ist auch an den präsynaptischen Endigungen der Motoaxonkollateralen *an den Renshaw-Zellen ACh die Überträgersubstanz.* Subsynaptisch finden sich zwei pharmakologisch klar unterscheidbare erregend wirkende ACh-Rezeptortypen: ein Rezeptor vom ***nikotinartigen Typ,*** der durch *Kurare* geblockt werden kann und ein kurzes EPSP bewirkt, und ein Rezeptor vom ***muskarinartigen Typ,*** der ein längeres EPSP bewirkt und gegen *Kurare* unempfindlich ist (zur Definition der nikotinartigen und muskarinartigen Eigenschaften s. S. 155). Die beiden EPSP-Arten scheinen durch unterschiedliche Leitfähigkeitsänderungen hervorgerufen zu sein.

ACh ist der Transmitter von ca. 10 % der ***Synapsen im Zentralnervensystem.*** Auf diese cholinergen Systeme wird in den Kapiteln 15 und 22 eingegangen.

Adrenalin, Noradrenalin und deren Vorstufe Dopamin werden als Katecholamine zusammengefaßt; zusammen mit Serotonin (5-HT) werden sie als Monoamine bezeichnet

Vorkommen. Von den adrenergen Überträgersubstanzen *Adrenalin, Noradrenalin* und *Dopamin* (Abb. 8–12, s. auch Abb. 5–1) ist ***Noradrenalin*** der Transmitter an allen *postganglionären* sympathischen Endigungen mit Ausnahme der Schweißdrüsen. ***Adrenalin*** wird neben Noradrenalin im Nebennierenmark sezerniert. ***Noradrenalin und Dopamin*** wirken auch im ZNS, z. B. im Hypothalamus und in den Kerngebieten der motorischen Stammganglien, als Transmitter. Über Einzelheiten wird an den betreffenden Stellen berichtet.

Außer in Nervenzellen kommen die Katecholamine auch in bestimmten anderen Zelltypen vor, die man wegen der charakteristischen histochemischen Reaktion ihrer Granula als ***chromaffine Zellen*** oder auch als ***phäochrome Zellen*** bezeichnet. Dazu gehören Zellen des Nebennierenmarks, Zellen des Nebenhodens und die sympathischen Paraganglien (z. B. Paraganglion aorticum abdominale = Zuckerkandl-Organ).

Biosynthese der Katecholamine. Noradrenalin und Adrenalin werden durch eine Reihe enzymatischer Syntheseschritte aus Tyrosin gebildet. Der Hauptsyntheseweg, der beim Phenylalanin beginnt und über Tyrosin und Dopa zu den Katecholaminen Dopamin, Noradrenalin und Adrenalin führt, ist in Abb. 8–12 gezeigt. Neben diesem Hauptweg der Synthese kann *Noradrenalin* noch auf verschiedenen anderen metabolischen Nebenwegen

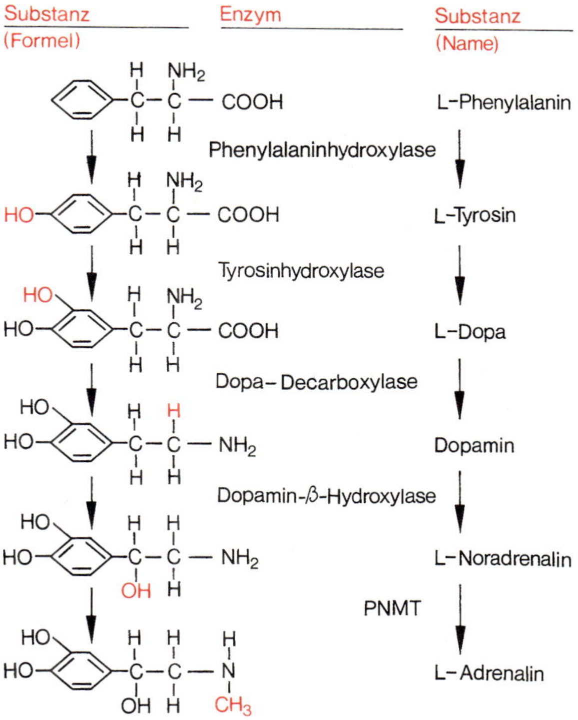

Abb. 8–12. Biosynthese der Katecholamine (Dopamin, Noradrenalin, Adrenalin) mit Angabe beteiligter Enzyme. *PNMT,* Phenyläthanolamin-N-Methyl-Transferase. Die in jedem Syntheseschritt erfolgte Änderung der molekularen Konfiguration ist *rot* hervorgehoben. Nur die linksdrehenden Formen *(L-)* der angegebenen Substanzen kommen biologisch vor

synthetisiert werden. Die physiologische Bedeutung dieser Synthesewege ist jedoch anscheinend gering.

Speicherung der Katecholamine. In den ***Granula*** der Zellen des ***Nebennierenmarks*** werden Adrenalin und Noradrenalin gespeichert. Ihre Konzentration ist dort doppelt so hoch wie die Osmolarität der Körperflüssigkeit, sie können also dort nicht frei in Lösung sein. Auch in den ***sympathischen Nervenendigungen*** scheint der überwiegende Teil des Noradrenalins in den ***Vesikeln*** gespeichert zu sein.

Die Freisetzung von Katecholaminen durch Aktionspotentiale ist analog der des ACh an der Endplatte; die Beendigung erfolgt allerdings durch Wiederaufnahme des Transmitters in die präsynaptische Endigung

Insgesamt scheinen bei der ***Freisetzung von Noradrenalin*** an sympathischen Nervenendigungen analoge Verhältnisse vorzuliegen wie bei der Freisetzung von ACh an der motorischen Endplatte: Die Anwesenheit von Kalziumionen ist notwendig und ein Überschuß von Magnesiumionen wirkt hemmend. Die Freisetzung erfolgt in Quanten, wobei in Ruhe vereinzelt Elementarquanten freigesetzt werden. Die elektronenoptisch sichtbaren Vesikel stellen sehr wahrscheinlich das morphologische Substrat der elektrophysiologisch erfaßbaren Elementarquanten dar. Analoge Zusammenhänge darf man auch hier für die übrige katecholaminerge Transmission annehmen.

Beendigung der Transmitterwirkung. Bei der adrenergen Übertragung spielt, im Gegensatz zur cholinergen Übertragung, der enzymatische Abbau keine wesentliche Rolle. Zwar werden die Katecholamine durch die ***Monoaminooxydase (MAO)*** und die ***Katechol-O-Methyltransferase (COMT)*** in biologisch inaktive Metaboliten umgewandelt, aber selbst die gleichzeitige Blockierung beider enzymatischer Abbauwege führt zu keiner wesentlichen Verstärkung und Verlängerung der durch Sympathikusstimulation oder durch intravenös verabreichtes Noradrenalin hervorgerufenen Wirkung auf die Erfolgsorgane.

Wesentlicher als der enzymatische Abbau erscheint für die Beendigung der Katecholaminwirkung die nahezu ***vollständige Aufnahme*** bzw. ***Wiederaufnahme der Transmitter*** in die präsynaptischen Nervenendigungen. So wurde die Noradrenalinaufnahme in die sympathischen Neurone als ***aktiver Membrantransport*** charakterisiert, der kalziumunabhängig ist, aber von der Natrium-Konzentration und von einem intakten aeroben und anaeroben Energiestoffwechsel abhängt. Analoge Verhältnisse müssen an den anderen katecholaminergen Nervenendigungen angenommen werden. Die *Wiederaufnahme des Transmitters* ist dabei nicht nur für die rasche Beendigung der Wirkung auf die Erfolgsorgane von Bedeutung, sondern verhindert auch eine Entleerung der präsynaptischen Speicher bei repetitiver Benutzung.

Serotonin (*5-Hydroxytryptamin, 5-HT*) ist ein Monoamin, wird aber nicht zu den adrenergen Überträgersubstanzen im engeren Sinne gerechnet. Es wird im Körper aus der essentiellen Aminosäure *Tryptophan* gebildet. Seine Rolle als zentrale Überträgersubstanz wird im Kap. 20 diskutiert. Auf die chemische Verwandtschaft bzw. den Antagonismus verschiedener Halluzinogene, wie des Lysergsäure-diäthylamid, LSD, mit 5-HT sei hingewiesen.

Die Aminosäure Glutamat ist der häufigste erregende Transmitter im ZNS; der häufigste hemmende ist die Aminosäure GABA

Glutaminsäure. Diese saure Aminosäure (Abb. 8–13), auch *Glutamat* genannt, ist der verbreitetste erregende Überträgerstoff im ZNS. Gleichzeitig ist sie die Vorstufe von GABA (s.u.). Auch andere saure Aminosäuren, insbesondere *Aspartat (Asparaginsäure),* stehen im

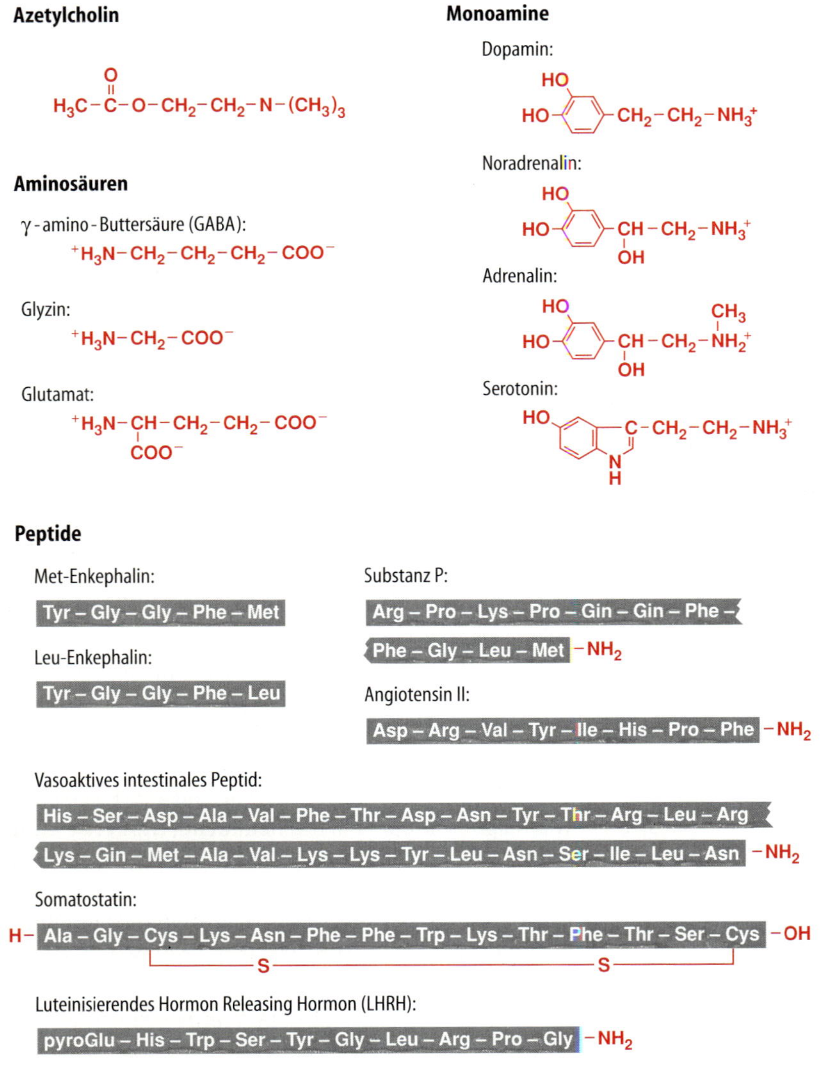

Abb. 8–13. Die wichtigeren synaptischen Stoffe, die im peripheren und zentralen Nervensystem als Transmitter, Neurohormone und Modulatoren dienen. *Oben:* „Klassische" Überträgerstoffe, Azetylcholin, Aminosäuren und Monoamine. *Unten:* Peptide. Bei den Peptiden stellt jede dreibuchstabige Abkürzung eine Aminosäure dar, also z. B. *Arg* Arginin, *Gly* Glyzin, *Lys* Lysin, *Tyr* Tyrosin etc. Der Syntheseweg der Monoamine ist in Abb. 8–12 zu sehen

BOX 8-1

Box 8–1. Zentrale chemische Synapsen sind wichtige Angriffspunkte von Psychopharmaka, Beispiel Fluoxetin (Prozac®, Fluctin®)

Fluoxetin ist eine der wirkungsvollsten und weltweit meist verschriebenen Antidepressiva und Stimmungsaufheller („mood stabilizer", „Glückspille"). Es blockiert selektiv den Wiederaufnahmemechanismus von Serotonin (5-HT) an serotonergen Synapsen (aktive „Pumpe", s. Abschnitt 20.4) und dies gilt als sein therapeutischer Wirkmechanismus, auch wenn dazu noch einige Fragen offen stehen (zur Symptomatik, Neurobiologie und Therapie von Depressionen s. S. 667). Insbesondere gilt für Fluoxetin wie für praktisch alle Antidepressiva, daß ihre synaptische Wirkung praktisch sofort, ihr antidepressiver Effekt jedoch erst nach 3 bis 8 Wochen einsetzt. Die Abbildung skizziert die derzeitigen Vorstellungen dazu: ① Bei einem depressiven Patienten haben serotonerge Neurone ein Defizit an Serotonin und als Folge davon werden vermehrt Serotonin-Rezeptoren gebildet, sowohl auf der postsynaptischen Seite, wie auch als Autorezeptoren auf der präsynaptischen Seite, einschliesslich Soma und Dendriten. ② Gabe von Fluoxetin blockt die Wiederaufnahme von Serotonin (STOP in Abb.). Dies führt zu einem Anstieg der extrazellulären Serotoninkonzentration, aber nachweislich zunächst nur in der somatodendritischen Umgebung. ③ Als Folge desensitizieren die Autorezeptoren oder werden abgebaut und dies führt ④ zu einer gesteigerten Aktivität des Neurons mit vermehrter Freisetzung von Serotonin in den synaptischen Spalt. ⑤ Dies wiederum bewirkt einen Rückgang der postsynaptischen Zahl der Serotonin-Rezeptoren und damit eine Normalisierung der serotonergen Synapse. Die für die genannten Umbauten der prä- und postsynaptischen Rezeptoren benötigte Zeit erklärt die Latenz zwischen der ersten Gabe des Antidepressivums und der Stimmungsaufhellung.

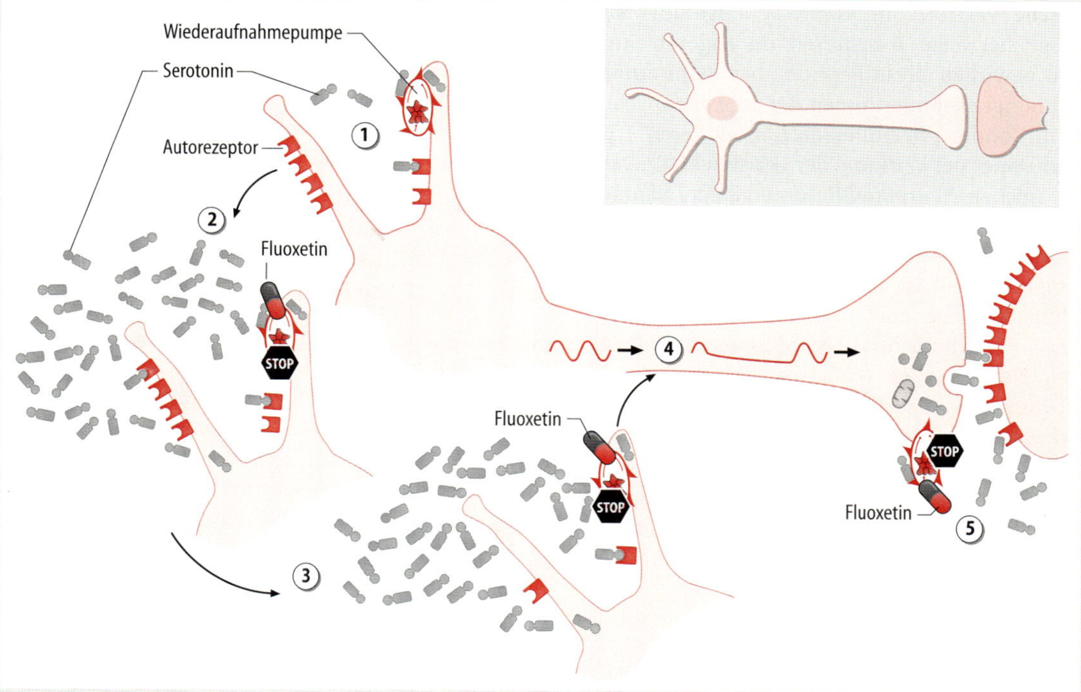

Verdacht, erregende Transmitter im ZNS zu sein. Glutamat wird von unterschiedlichen Rezeptoren gebunden, die nach ihren Agonisten *NMDA-*, *AMPA-* und *Kainatrezeptoren* heißen. Die beiden letzteren werden als *non-NMDA-Rezeptoren* zusammengefaßt.

GABA. Die Aminosäure Gamma-amino-Buttersäure (GABA, γ-amino-butyric acid, Abb. 8–13) ist der verbreiteteste hemmende Überträgerstoff im Zentralnervensystem. Sie wird im Nervensystem aus Glutaminsäure synthetisiert (s.o.). Erwähnt wurde bereits, daß sie z. B. bei der ***präsynaptischen Hemmung*** der Wirbeltiere als *Transmitter an axoaxonischen Synapsen* dient. Einige Krampfgifte, insbesondere das Alkaloid *Bicucullin*, das *Pikrotoxin* und das *Penicillin* scheinen mehr oder weniger spezifische Antagonisten des GABA zu sein [33]. Es gibt zwei Typen von GABA-Rezeptoren, die als $GABA_A$- und $GABA_B$-*Rezeptoren* bezeichnet werden.

Glyzin. Diese einfache Aminosäure (Abb. 8–13) ist zumindest für einige Formen der ***postsynaptischen Hemmung*** im Rückenmark verantwortlich. *Strychnin* scheint ein spezifischer Antagonist des ***Glyzins*** zu sein. Die durch *Strychninvergiftung* ausgelösten Muskelkrämpfe sind also allein auf die Blockierung hemmender Synapsen im Rückenmark zurückzuführen.

Kolokalisierte neuroaktive Peptide sind häufig modulierend an der synaptischen Übertragung beteiligt: sie erhöhen oder vermindern die Wirksamkeit eines klassischen Überträgerstoffes

Immer zahlreichere, aus mehr oder weniger langen Aminosäureketten aufgebaute neuroaktive Peptide werden bekannt. Es handelt sich einmal um ***Neurohormone,*** also um Stoffe, die aus Nervenzellen freigesetzt werden, um anschließend auf dem Blutwege ihre (nichtneuronalen) Wirkorte zu erreichen. Dazu zählen die *Releasing-Hormone* (s. S. 74) sowie *Adiuretin* und *Oxytozin* (s. S. 76).

Andere Peptide, von denen einige charakteristische Vertreter in Abb. 8–13 aufgeführt sind, sind möglicherweise ***Transmitter*** im engeren Sinne. Zum Teil bewirken diese Peptide aber keine unmittelbare Leitfähigkeitsänderung an der subsynaptischen Membran, sondern beeinflussen („modulieren") Intensität und Dauer der Wirkung der „klassischen" Transmitter. Zu solchen ***Neuromodulatoren*** zählen wahrscheinlich die in Abb. 8–13 gezeigten Enkephaline, das vasoaktive intestinale Peptid (VIP) und das LHRH (s. S. 130). Das Angiotensin II ist ein Lokalhormon, das stark auf die Blutgefäße, aber auch im ZNS wirkt (s. Kap. 6).

Es muß im Augenblick offen bleiben, ob ein von Nervenzellen synthetisiertes und anschließend freigesetztes Peptid immer jeweils nur eine der eben skizzierten Aufgaben des ***Neurohormons, Neurotransmitters*** oder ***Neuromodulators*** wahrnimmt. Es kann durchaus sein, daß das eine oder andere Peptid bei seiner Freisetzung sowohl lokal als Transmitter, als auch anderswo als Hormon und/oder Modulator wirkt [23].

Andere mögliche Transmitter

Histamin. Histamin entsteht aus der Aminosäure Histidin. Größere Konzentrationen finden sich in der Hypophyse und in der angrenzenden Eminentia mediana des Hypothalamus. In den übrigen Regionen des ZNS ist der Histamingehalt sehr niedrig. Ansonsten gibt es nur einige pharmakologische Befunde, die auf eine Transmitterfunktion des Histamins hinweisen könnten.

Prostaglandine. Die Aufklärung der biologischen Bedeutung dieser speziellen Gruppe von mehrfach ungesättigten Fettsäuren ist in vollem Fluß. Im sympathischen Nervensystem scheinen sie neuromodulatorische Wirkung zu haben. Auch Hirngewebe und Zerebrospinalflüssigkeit enthalten Prostaglandine, deren Aufgaben noch unbekannt sind. In entzündetem Gewebe kommen vermehrt Prostaglandine vor, die anscheinend u. a. die Nozizeptoren sensibilisieren (s. S. 351). Die schmerzhemmende Wirkung der Azetylsalizylsäure (Aspirin) wird z. T. auf eine Hemmung der Prostaglandin-Synthese zurückgeführt.

Stickstoffmonoxyd (NO). Zuerst bekannt geworden ist NO als ein vom Endothel der Blutgefäße freigesetzter Relaxationsfaktor für die Muskeln der Gefäße. NO wird jedoch auch von Zellen des zentralen und peripheren Nervensystems aus Arginin synthetisiert und freigesetzt. Es könnte einen neuen Typ von Überträgerstoff darstellen. Es diffundiert schnell zu benachbarten Zellen und kann dort die Konzentration des intrazellulären Botenstoffes cAMP heraufsetzen (s. Kap 3) [28].

8.6 Synaptische Interaktion und Plastizität

Bei der bisherigen Betrachtung stand das an einzelnen Synapsen (Endplatte) oder *gleichzeitig* an mehreren Synapsen ausgelöste EPSP im Vordergrund der Betrachtung, wobei stillschweigend davon ausgegangen wurde, daß die Aktivierung der Synapse diese in ihrer Wirksamkeit nicht verändert. Diese Betrachtungsweise muß jetzt in zwei Richtungen ergänzt werden. Zum einen ist zu erörtern, in welcher Weise kurz hintereinander ausgelöste EPSP miteinander interagieren, zum zweiten bleibt zu diskutieren, welche Veränderungen synaptischer Aktivität durch die Aktivierung von Synapsen an diesen selbst ausgelöst werden können. Nicht eingegangen wird hier auf die Interaktion zwischen erregenden und hemmenden Synapsen, da dies bereits im Abschnitt 8.3 (ab S. 131) behandelt wurde.

Ist der Erfolg mehrerer gleichzeitig oder kurz hintereinander gegebener Reize größer als der der Summe der Einzelreize, so bezeichnen wir dies als Bahnung; ist er kleiner, so nennen wir dies Okklusion

Zeitliche Bahnung. In Abb. 8–14 A ist gezeigt, daß kurz hintereinander ausgelöste EPSP wegen ihres relativ langen Zeitverlaufs (etwa 15 ms) sich summieren und schließlich überschwellig werden. Diese Art der Erregbarkeitssteigerung eines Neurons durch *aufeinanderfolgende EPSP* wird als ***zeitliche Bahnung*** bezeichnet. Zeitliche Bahnung über ein Axon ist möglich, weil die Dauer der EPSP länger ist als die Refraktärzeit der Axone. Zeitliche Bahnung ist von großer physiologischer Bedeutung, da viele nervöse Prozesse, z. B. Entladungen von Sinnesrezeptoren, repetitiv ablaufen und sich dadurch an Synapsen zu überschwelligen Erregungen summieren können.

Räumliche Bahnung. Die Versuchsanordnung in Abb. 8–14 B demonstriert das Zustandekommen *räumlicher Bahnung:* Reizung der Axone 1 und 2 alleine führt zu unterschwelligen EPSP, während es nach gleichzeitiger Reizung beider Axone zu einem fortgeleiteten Aktionspotential kommt, also zu einem Prozeß, der durch die einzelnen EPSP nicht ausgelöst werden konnte. Solange die Summe der einzelnen EPSP-Amplituden unterhalb der Schwelle für ein fortgeleitetes Aktionspoten-

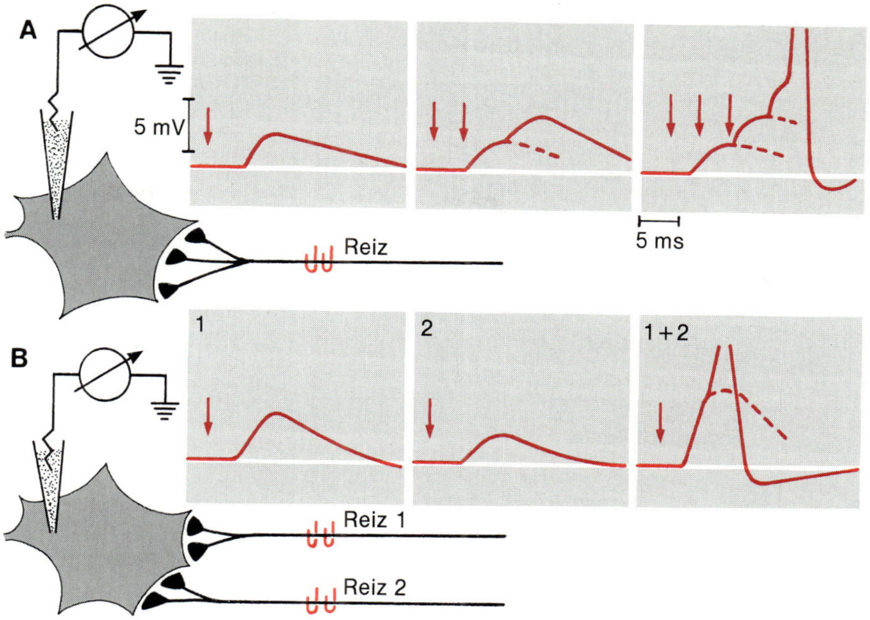

Abb. 8–14. Bahnung im Nervensystem. **A** Zeitliche Bahnung: Einzelreiz *(ein Pfeil)* und Doppelreiz *(zwei Pfeile,* Reizabstand etwa 4 ms) erzeugen jeweils ein unterschwelliges EPSP, der dritte Reiz *(drei Pfeile)* löst ein Aktionspotential aus. **B** Räumliche Bahnung: *Reiz 1* und *Reiz 2* lösen je ein unterschwelliges EPSP aus. Gleichzeitige Reizung beider Axone *(1+2)* führt zu einem Aktionspotential. Nur Anfang und Ende der bei diesem Maßstab rund 14 cm hohen Aktionspotentiale (1,4 mm etwa = 1 mV) sind eingezeichnet

tial bleibt, liegt die in Abb. 8–7 bereits gezeigte ***Summation von „unitären" EPSP*** vor. Räumliche Bahnung ist also nur ein Sonderfall der Summation synchron ausgelöster EPSP am selben Neuron. Von dieser Bahnung als ***Spezialfall der Summation*** muß die echte synaptische Bahnung unterschieden werden, die ein präsynaptischer Vorgang ist und weiter unten dargestellt werden soll.

Okklusion. Es kann aber auch der Fall eintreten, daß von einer gegebenen Neuronenpopulation bei Einzelreizung zweier Eingänge alle oder nahezu alle Neurone *überschwellig* erregt werden. In diesem Fall wird bei *gemeinsamer* Reizung beider Eingänge die Zahl der *überschwellig* erregten Neurone nicht oder nur wenig über der bei Einzelreizung jedes Eingangs liegen, also nicht einmal die algebraische Summe der Einzelreizung erreichen. Diesen Befund bezeichnet man als ***Okklusion.*** Der in Abb. 8–14 gezeigte Vorgang der Bahnung ist also durch eine *Zunahme der Erregbarkeit* der beteiligten Neurone (z. B. durch weitere erregende Zuflüsse) umgeschlagen in *Okklusion.*

Synaptische Plastizität ist die Veränderung der synaptischen Effizienz durch vorhergehende Aktivität; als synaptische Bahnung bezeichnet man eine Zunahme der synaptischen Effizienz

Tetanische und posttetanische Potenzierung. Wiederholte Benutzung einer Synapse führt oft zu einer beträchtlichen *Vergrößerung der synaptischen Potentiale.* Eine solche *synaptische Bahnung* ist oft schon für einige Zeit nach einem oder einigen wenigen Reizen zu sehen (Abb. 8–15 C). Tritt sie bereits *während* der tetanischen Reizung auf, wird sie ***tetanische Potenzierung*** genannt (Abb. 8–15 B). Überdauert die tetanische Potenzierung die Reizserie oder setzt die Potenzierung erst nach dem Ende des Tetanus ein, so spricht man von ***posttetanischer Potenzierung*** (Abb. 8–15 C-F) [16].

Ausmaß und Dauer der synaptischen Bahnung hängen sehr stark von der jeweiligen Synapse und der Dauer und Frequenz der repetitiven Reizung ab. Einzelreize oder kurze Tetani hinterlassen nur eine geringe und kurzdauernde Bahnung (Abb. 8–15 C), die bei längerer Reizung auf ein Vielfaches des Ausgangswertes anwächst (Abb. 8–15 E,F) und über Minuten bis Stunden anhalten kann (Abb. 8–15 D-F). ***Funktionell*** gesehen ist synaptische Bahnung ein durch *Üben* erleichterter Ablauf eines zentralnervösen Vorganges, also ein ***Lernprozeß.*** In diesem Zusammenhang erscheint bedeutungsvoll, daß besonders lange posttetanische Potenzierungen im *Hippokampus* gefunden wurden (Abb. 8–15 F). Dieser Struktur werden nämlich besondere Aufgaben im Gedächtnis- und Lernprozeß zugeschrieben (s. Kap. 24) [3,6,9–11].

Mechanismus der synaptischen Bahnung. Im wesentlichen scheinen drei ***präsynaptische Faktoren*** für die synaptische Bahnung verantwortlich zu sein. Nach allgemeiner Ansicht wird sie in *erster Linie **durch „Rest-Kalzium" erzeugt:*** Wie berichtet (s. S. 125), strömen während einer Depolarisation der Endigung Ca^{2+}-Ionen in die Endigung ein, erhöhen dort die Innenkonzentration und beteiligen sich an der Transmitterfreisetzung. Diese erhöhte Kalzium-Innenkonzentration bildet sich danach durch Transport- und Austauschprozesse zum Ruhewert zurück. Solange sie jedoch noch über dem Ruhewert liegt, startet bei einer neuen Depolarisation die Zunahme der Kalzium-Innenkonzentration von einem erhöhten Ausgangswert und wird damit größer als nach der ersten Depolarisation. Wegen der beträchtlichen Abhängigkeit der Transmitterfreisetzung von der Kalzium-Innenkonzentration können schon kleine Zunahmen zu beträchtlichen Bahnungen führen.

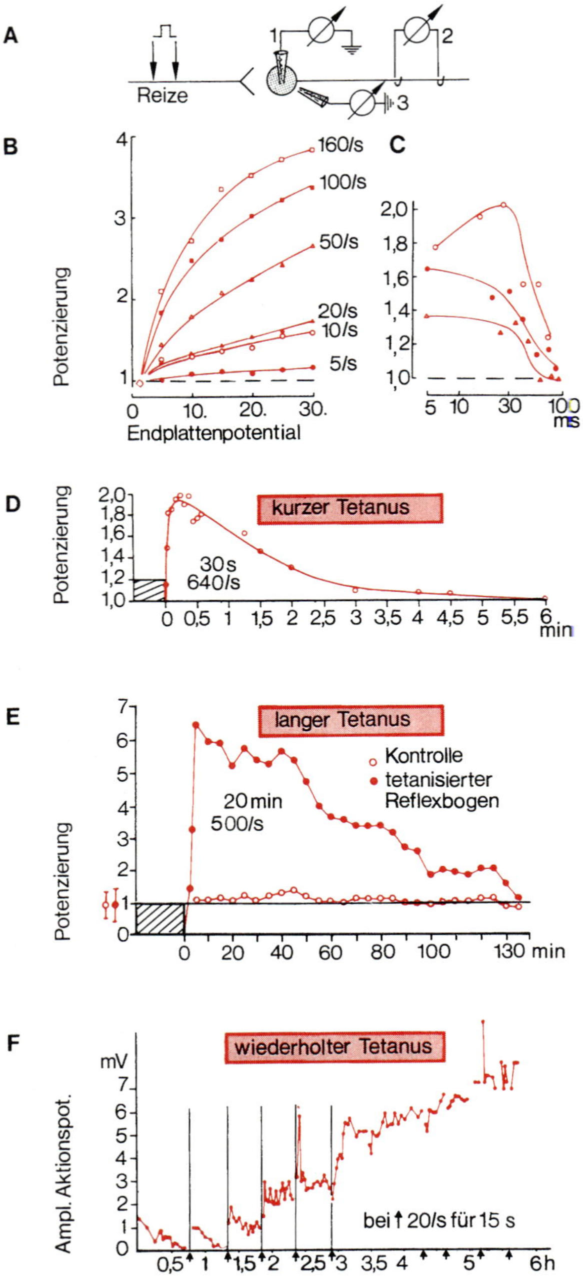

Abb. 8–15. Tetanische (**B**) und posttetanische Potenzierung (**C-F**) an peripheren (**B,C**) und zentralen (**D-F**) Synapsen. **A** Schema der Versuchsanordnungen. Die Potenzierung wird entweder 1. als intrazelluläres synaptisches Potential (**B-D**) oder 2. als extrazellulärer Massenreflex von der Vorderwurzel (**E**) oder 3. mit einer extrazellulären Mikroelektrode im Neuronenverband (**F**) abgeleitet. **B** Tetanische Potenzierung eines Endplattenpotentials durch repetitive Reizung mit den angegebenen Frequenzen. Das Ausmaß der Potenzierung ist der Reizfrequenz proportional. Frosch; neuromuskuläre Übertragung blockiert durch Ca^{++}-Entzug und Mg^{++}-Zusatz. **C** Kurze posttetanische Potenzierung nach ein, zwei und fünf konditionierenden Reizen am gleichen Präparat. **D, E** Posttetanische Potenzierung des monosynaptischen Dehnungsreflexes an der Katze. Ausmaß und Dauer der Potenzierung hängen wesentlich von der Dauer des Tetanus ab. **F** Posttetanische Potenzierung der Entladungen von Körnerzellen des Hippokampus in Verlauf sich wiederholender kurzer Tetani (*Pfeile*, 20 Hz für 15 s). **B, C** aus [16], **D, F** zusammengestellt von J. C. Eccles in [3]

Zum zweiten führt repetitive Aktivierung der präsynaptischen Axonmembran zu einer Zunahme (Hyperpolarisation) des Ruhepotentials und dadurch zu einer ***Zunahme der Aktionspotentialamplitude.*** Das vergrößerte Aktionspotential setzt mehr Überträgerstoff in den synaptischen Spalt frei (s. S. 125). Dieser Prozeß ist also in etwa umgekehrt dem, den wir bei der präsynaptischen Hemmung kennengelernt haben, wo Verringerung der präsynaptischen Aktionspotentialamplitude zu verminderter Transmitterfreisetzung führt.

Zum dritten führt repetitive Aktivierung zu einer vermehrten Bereitstellung von Transmitter am synaptischen Spalt. Diese ***Mobilisation*** bewirkt ebenfalls eine verbesserte synaptische Übertragung, da pro Aktionspotential ein vergrößerter Anteil des in der präsynaptischen Endigung vorrätigen Transmitters freigesetzt wird.

Durch synaptische Aktivität verringerte synaptische Effizienz wird synaptische Depression genannt

Sind die postsynaptischen Potentiale während oder nach einer tetanischen Reizung kleiner als die Kontrollwerte, so wird dies als ***synaptische Depression*** bezeichnet, wobei analog zur synaptischen Bahnung von ***tetanischer*** bzw. ***posttetanischer Depression*** gesprochen werden kann. Synaptische Depression kommt möglicherweise an vielen Stellen des Nervensystems als *neuronales Korrelat von Gewöhnungen (Habituation, s.* Kap. 24) vor. In Invertebraten konnte die Habituation einfacher Verhaltensreaktionen unmittelbar auf eine Depression der beteiligten Synapsen zurückgeführt werden [6]; gleiches gilt für den Flexorreflex bei Katzen. *Synaptische Depression* ist also der synaptischen Bahnung als elementarer Lernprozeß durchaus vergleichbar [14].

Heterosynaptische Bahnung erfolgt, wenn bei Koaktivierung von zwei synaptischen Eingängen der eine Eingang den zweiten Eingang für längere Zeit in seiner Effizienz bahnend moduliert

An Neuronen in sympathischen Ganglien konnte eine heterosynaptische ***postsynaptische Bahnung von ACh-evozierten EPSP*** durch die parallele Aktivierung einer dopaminergen Synapse nachgewiesen werden [24]. Das freigesetzte Dopamin hat selbst keinen Effekt auf die Ionenleitfähigkeiten der postsynaptischen Membran. Es verursacht jedoch bei seiner Freisetzung für mehrere Stunden eine vergrößerte Amplitude des ACh-evozierten EPSP. Ursache ist eine *postsynaptische Verstärkung* der Wirkung des ACh, d.h. eine gegebene Menge Transmitter löst einen stärkeren subsynaptischen Strom und damit ein größeres EPSP aus.

Als zweites Beispiel einer heterosynaptischen Bahnung sei eine ***präsynaptische Bahnung*** erwähnt, die an Mollusken und Insekten beschrieben wurde [6]. Dabei wirkt Aktivierung von serotoninausschüttenden Nervenfasern, indem dort ein Kaliumkanal der Membran blockiert wird. Die Ausschaltung der Kaliumkanäle verzögert und verlängert damit die Repolarisation der Aktionspotentiale. Dies führt zu einer vermehrten Überträgerstoffausschüttung und damit zu einer *präsynaptischen Bahnung.* Auch hier wird also durch ***Koaktivierung zweier Synapsen*** die Effektivität eines synaptischen Übertragungsweges erhöht. Der Vorgang ist im Effekt *reziprok* dem oben beschriebenen Mechanismus der ***präsynaptischen Hemmung*** (s. S. 133).

Mechanismus der LTP. Wird die zweite Synapse für Stunden bis Tage heterosynaptisch gebahnt, so spricht man von ***Langzeitpotenzierung, LTP*** *(long term potentiation).* LTP wird besonders im Hippokampus beobachtet. Sie ist ein wichtiger Teilmechanismus bei ***mittelfristigen Lernprozessen*** mit folgendem Mechanismus: Der erregende Transmitter ist Glutamat. Bei normaler Aktivierung der Synapsen öffnet er nur *non-NMDA-Kanäle.* Bei repetitiver synaptischer Aktivierung und damit starker postsynaptischer Depolarisation werden auch *NMDA-Kanäle geöffnet,* da durch die intrazelluläre Positivierung blockierende Mg^{++}-Ionen aus den NMDA-Kanälen entfernt werden. Damit strömt vermehrt Ca^{++} in die Zellen ein und löst die für die LTP verantwortlichen Vorgänge aus (Langzeitaktivierung von Proteinkinasen als second messenger). Als weitere Folge scheint ein postsynaptische freigesetzter Faktor (vermutlich NO) als retrograder Botenstoff die präsynaptische Glutamatfreisetzung zu erhöhen.

8.7 Elektrische Synapsen

Nimmt man an, daß die elektrischen Eigenschaften (Widerstand, Kapazität) der synaptischen Regionen in etwa denen entsprechen, die an anderen Stellen erregbarer Membranen zu finden sind, dann läßt sich, wie Katz [7] anschaulich gezeigt hat, ausrechnen, daß das präsynaptische Aktionspotential in der Regel so wenig Strom liefert, daß die postsynaptische Membran einer typischen ***chemischen Synapse*** (abgeschlossene prä- und postsynaptische Membran mit dazwischen liegendem synaptischen Spalt) um weit weniger als 0,1 mV depolarisiert wird. Die chemische Übertragung ist also ein ***unabdingbarer Verstärkermechanismus*** an diesen Synapsen. *Elektrische* Synapsen müssen also einen anderen Aufbau haben, der den ungehinderten Stromübertritt von der präsynaptischen zur postsynaptischen Seite ermöglicht [15,26].

Synaptische Potentiale und Aktionspotentiale können über Ionenflüsse durch die Doppelkonnexone von Nexus (gap junctions) von einer Zelle auf die nächste übergeleitet werden

Erregende elektrische Synapsen. Im Zentralnervensystem werden neben chemischen Synapsen auch *Regionen engsten Kontakts* zwischen Nervenzellen gesehen, bei denen der synaptische Spalt statt der üblichen 20 nm nur noch 2 nm breit ist, ohne daß die Membranen miteinander verschmelzen. Die Zellen haben also hier einen so engen Kontakt, daß der Widerstand für elektrischen Strom über diese Membranen in der gleichen Größenordnung liegt wie der für Stromfluß über die restliche, freie Membranfläche. Unter diesen Umständen ist, wie Abb. 8-16 zeigt, eine ***elektrische Erregungsübertragung*** zwischen zwei Neuronen möglich. Wird Zelle 1 erregt, so fließt Natriumstrom I_{Na} durch die geöffneten Natriumkanäle in Zelle 1 ein. Dieser Strom fließt durch noch unerregte Membranbereiche aus, ein Teil jedoch kreuzt die Membrankontakte und fließt in Zelle 2 ein. Letztere wird damit depolarisiert, die Depolarisation ist freilich viel geringer, z. B. 10 % der Depolarisation von Zelle 1. Eine solche elektrisch übertragene Depolarisation kann überschwellig werden und auch in Zelle 2 ein Aktionspotential auslösen, vor allem wenn sie gleichzeitig mit anderen elektrischen oder chemischen EPSP auftritt, also bei *zeitlicher Bahnung.*

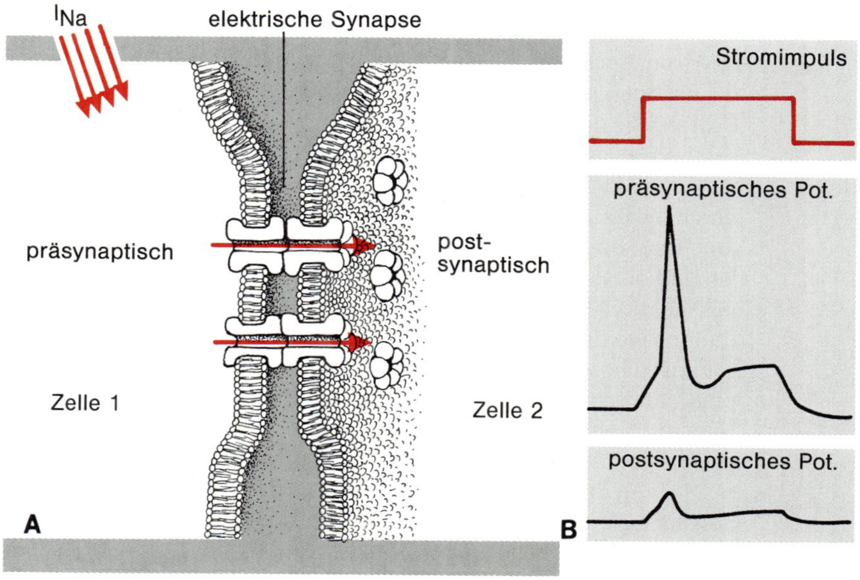

Abb. 8-16. Erregungsübertragung an elektrischen Synapsen. **A** Zwischen Zelle 1 und Zelle 2 liegt ein Nexus (gap junction). Wird *Zelle 1* erregt, so fließt dort ein Strom I_{Na} in die Zelle ein. Dieser fließt z.T über den Nexus in die Zelle 2 und depolarisiert diese. **B** Ein Strompuls *(rot)* in die (präsynaptische) Zelle erzeugt in dieser ein elektrotonisches Potential, das ein Aktionspotential auslöst. In der (postsynaptischen) Zelle 2 erscheint als postsynaptisches Potential, über den Nexus fortgeleitet, ein verkleinertes Abbild des präsynaptischen Potentials. In Anlehnung an J. Dudel in [11]

Nexus (gap junctions) und Konnexone [26]. Die Region engsten Kontaktes zwischen zwei Nervenzellen, also das morphologische Korrelat der elektrischen Synapse wird als ***Nexus*** oder englisch ***gap junction*** bezeichnet (s. Abb. 3–9, S. 42). Die in Abb. 8–16 von Zelle 1 in Zelle 2 fließenden Ionenströme können aber nicht durch die Lipidschichten der eng gegenüberliegenden Zellmembranen fließen. Es gibt vielmehr an diesen elektrischen Synapsen *Kanalproteine*, ***Konnexone*** genannt, durch die der Strom fließen kann. Wie in den beiden Abbildungen gezeigt, überbrücken je zwei sich gegenüberliegende Konnexone den synaptischen Spalt, so daß die inneren Kanäle oder Poren der Konnexone die Zellflüssigkeiten der benachbarten Zellen miteinander verbinden. Diese Poren lassen neben kleinen Ionen auch relativ große Moleküle bis zu einem Molekulargewicht von etwa 1000 passieren. Die Konnexone sind nicht dauernd offen, sondern nehmen spontan Offen- und Geschlossenzustände an.

Funktionelle Synzytien. In einigen Geweben außerhalb des ZNS sind die einzelnen Zellen durchweg mit ihren Nachbarzellen über Nexus verbunden, so z. B. bei den meisten *glatten Muskeln* und beim *Herzmuskel.* Diese Verbindungen, also beispielsweise die *Glanzstreifen* genannten Verbindungen der Herzmuskelzellen, sind so eng, daß sie elektrisch vom übrigen Zytoplasma nicht oder kaum zu unterscheiden sind. Aktionspotentiale werden in beiden Richtungen über diese Zellgrenzen hinweggeleitet. Diese Gewebe verhalten sich also funktionell wie ein großes, zusammengewachsenes Netzwerk von Zellen, daher der Name ***funktionelle Synzytien.*** Die Zellverbindungen der funktionellen Synzytien werden nicht als (elektrische) Synapsen bezeichnet. Die Konnexone sind in diesen Geweben unter physiologischen Bedingungen dauernd offen. Bei Gewebsverletzungen schließen sie sich aber an der Verletzungsstelle, wodurch sich das funktionelle Synzytium vom geschädigten Bezirk elektrisch isoliert. Auf diese Weise wird z. B. bei einem Herzinfarkt die Ausbreitung des Schadens begrenzt [4].

Hemmende elektrische Synapsen. Elektrische Synapsen auf der Grundlage von Nexus sind vom erregenden Typ. Es gibt jedoch auch Beispiele für elektrische hemmende Synapsen, die morphologisch anders aufgebaut sind. So ist an einer Synapse von Goldfischen beschrieben worden, daß speziell angeordnete präsynaptische Fasern das Potential im Extrazellulärraum um ein postsynaptisches Axon so weit positiv machen kann, daß das Aktionspotential im Axon die Schwelle nicht mehr erreicht und seine Fortleitung blockiert wird.

Ephaptische Übertragung. Jede erregbare Zelle ist von einem leitenden Medium, dem Extrazellulärraum umgeben (s. S. 102). Die extrazellulären Ströme der Aktionspotentiale erregter Zellen werden von den Ionen dieses Mediums getragen (s. S. 112). Zellen in der Nachbarschaft der erregten Zelle werden aber ebenfalls von diesen extrazellulären Strömen durchflossen, und zwar in einem Ausmaß, das dem Verhältnis des Membranwiderstandes zu dem der extrazellulären Flüssigkeit entspricht. Da dieses Verhältnis sehr groß ist, sind die transmembranösen Ströme sehr klein. Sie werden aber, wenn auch noch so geringfügig, das Membranpotential der von ihnen durchflossenen Zelle verändern und damit ihre Erregbarkeit beeinflussen. Diese Form der ***interzellulären Kommunikation*** bezeichnet man als ***ephaptische Interaktion.***

Im ***peripheren Nerven*** ist die ephaptische Interaktion *normalerweise* so gering, daß sie vernachlässigt werden darf. Dasselbe gilt auch für zentrale Bahnen. Bei ***Verletzungen und Erkrankungen*** scheint dagegen in Ausnahmefällen überschwellige ephaptische Übertragung vorzukommen. Die *pathologische Kontaktstelle* bezeichnet man als ***Ephapse.*** Zugrunde liegt eine Degeneration der Markscheiden bei einer gleichzeitigen Übererregbarkeit der Nervenfasern. Die ephaptische Aktivität in geschädigten sensorischen Nerven kann sich bei den Patienten als anomale Empfindung bemerkbar machen. Solche ***Parästhesien*** können sehr quälend sein, besonders wenn sie in nozizeptiven Fasern auftreten (neuralgische Schmerzen, s. S. 353). Es muß aber deutlich gesagt werden, daß neuralgische und ihnen verwandte Schmerzen (Neuromschmerzen, Kausalgie) wahrscheinlich nicht ausschließlich auf dem ephaptischen „Übersprechen" zwischen benachbarten Axonen beruhen [4,11].

ZUSAMMENFASSUNG

An den Synapsen wird das Aktionspotential bzw. die in ihm enthaltene Information von der axonalen Endigung einer Nervenfaser auf die nachgeschaltete Nerven-, Muskel- oder Drüsenzelle übertragen. An den seltenen elektrischen Synapsen werden synaptische Potentiale und Aktionspotentiale über Ionenflüsse durch die Doppelkonnexone von Nexus (gap junctions) übertragen. Die glatten Muskelzellen und die Herzmuskelzellen bilden über Nexus funktionelle Synzytien, diese Zellverbindungen werden aber nicht als elektrische Synapsen bezeichnet. Ephapsen sind pathophysiologische Kontaktstellen im peripheren Nervensystem, an denen es zum Übersprechen zwischen Nervenfasern kommt.

An den chemischen Synapsen, zu denen auch die neuromuskuläre Endplatte zählt, ist die präsynaptische Endigung durch den synaptischen Spalt von der subsynaptischen Membran der postsynaptischen Seite getrennt. Die präsynaptische Endigung enthält zahlreiche synaptische Vesikel mit der Überträgersubstanz (Transmitter). In Ruhe wird nur gelegentlich in unregelmässiger Folge, also mit einer geringen Wahrscheinlichkeit, der Inhalt einzelner Vesikel, als ein Quant Transmitter bezeichnet, exozytotisch in den synaptischen Spalt freigesetzt. Die Transmittermoleküle diffundieren dann zur postsynaptischen Seite und lösen dort Miniaturpotentiale aus, die an der Endplatte Miniaturendplattenpotentiale genannt werden.

Läuft ein Aktionspotential in eine präsynaptische Endigung ein, wird die Wahrscheinlichkeit der Transmitterfreisetzung kurzfristig erheblich vergrößert, so daß einige Hundert Quanten in den synaptischen Spalt freigesetzt werden. An dieser Freisetzung sind Kalziumionen beteiligt, die während des Aktionspotentials in die präsynaptische Endigung einströmen und dort über einen Aktivator die Transmitterexozytose steuern.

Auf der postsynaptischen Seite lösen die Transmitter an erregenden Synapsen Depolarisationen aus (Endplattenpotentiale, EPP, und erregende postsynaptische Potentiale, EPSP), die bei ausreichender Amplitude die Schwelle erreichen und zur Auslösung eines Aktionspotentials in der postsynaptischen Zelle führen. An hemmenden Synapsen kommt es dagegen zu Hyperpolarisationen (inhibitorischen postsynaptischen Potentialen, IPSP) und zu einer Erhöhung der Membranleitfähigkeit. Beides erschwert die Depolarisation des Ruhepotentials zur Schwelle. Bei der präsynaptischen Hemmung wird durch die Aktivierung der axoaxonischen Synapse an der axosomatischen Synapse weniger, im Extremfall kein erregender Transmitter freigesetzt.

Die erregenden und hemmenden postsynaptischen Potentiale werden durch postsynaptische Ionenströme verursacht, die dadurch entstehen, daß sich durch die Verbindung der Transmitter (Liganden) mit ihren postsynaptischen Proteinrezeptormolekülen spezifische Ionenkanäle öffnen. Bei erregenden Synapsen sind dies Kanäle für kleine Kationen, durch die v.a. Natriumionen ihre positiven Ladungen in die Zelle tragen. Bei hemmenden Synapsen sind es Kanäle für Kalium- und für Chlorionen, deren Flüsse entlang ihren Konzentrationsgradienten zu einer Zunahme des Ruhepotentials führen.

In vielen Fällen sind die postsynaptischen Rezeptorproteine gleichzeitig die Ionenkanäle, ihr offener Konformationszustand ist damit direkt ligandengesteuert. Sind Rezeptorprotein und Kanalprotein unterschiedlich und steuert das Rezeptorprotein über ein zwischengeschaltetes G-Protein (ohne oder mit weiteren Zwischenschritten über sekundäre Botenstoffe) das Kanalprotein, so handelt es sich um einen indirekt ligandengesteuerten Ionenkanal. Bei Rezeptoren, die über sekundäre Botenkaskaden Zellfunktionen steuern, spricht man von metabotroper Ligandenwirkung.

Hauptsächliche niedermolekulare (klassische) Transmitter sind neben dem Azetylcholin die Katecholamine (Adrenalin, Noradrenalin, Dopamin, Serotonin) und das Histamin (mit den Katecholaminen als Monoamine zusammengefaßt), sowie einige Aminosäuren (z.B. Glutamat, GABA, Glyzin). Verschiedene Peptide sind in den letzten Jahrzehnten zunehmend als Transmitter entdeckt worden, insbesondere in Kolokalisation mit klassischen Transmittern (z.B. Substanz P, Enkephalin, Neurokinin A, Neuropeptid Y). Ihre Kotransmission dient wahrscheinlich der synaptischen Modulation.

Die postsynaptische Transmitterwirkung wird teils durch Abdiffusion, teils durch Spaltung und teils durch Wiederaufnahme des Transmitters in die präsynaptische Endigung (oder Aufnahme in umliegende Zellen) beendet. Welcher dieser Mechanismen im Vordergrund steht, hängt von dem beteiligten Transmitter ab.

Ist der Erfolg mehrerer gleichzeitig oder kurz hintereinander ausgelöster synaptischer Potentiale größer als die Summe der Einzelpotentiale, so bezeichnen wir dies als räumliche bzw. zeitliche Bahnung; ist er kleiner, so nennen wir dies Okklusion. Synaptische Plastizität ist die Zunahme (synaptische Bahnung) oder Abnahme (synaptische Depression) der synaptischen Effizienz durch vorhergehende Aktivität. Bei der heterosynaptischen Bahnung wird bei Koaktivierung von zwei synaptischen Eingängen der eine Eingang durch den zweiten für längere Zeit in seiner Effizienz bahnend moduliert.

Literatur

Weiterführende Lehr- und Handbücher

1. Eccles JC (1964) The physiology of synapses. Springer, Berlin Heidelberg New York
2. Eccles JC (1969) The inhibitory pathways of the central nervous system. The Sherrington Lectures IX. Thomas, Springfield
3. Eccles JC (1975) Das Gehirn des Menschen. Piper, München
4. Hierholzer K, Schmidt RF (Hrsg) (1991) Pathophysiologie des Menschen. VCH, Weinheim
5. Hille B (1992) Ionic channels of excitable membranes, Sinauer, Sunderland
6. Kandel ER, Schwartz JH, Jessel TM (eds) (2000) Principles of neural science, 4th edn. McGraw Hill, New York
7. Katz B (1987) Nerv, Muskel und Synapse, 5. Aufl. Thieme, Stuttgart

8. Nicholls J, Martin AR, Wallace BG (2001) From neuron to brain, 4th edn. Sinauer, Sunderland
9. Schmidt RF (2001) Physiologie kompakt. 4. Aufl. Springer, Berlin Heidelberg New York Tokyo
10. Schmidt RF, Schaible H-G (Hrsg) (2001) Neuro- und Sinnesphysiologie. 4. Aufl. Springer, Berlin Heidelberg New York Tokyo
11. Schmidt RF, Thews G, Lang F (Hrsg) (2000) Physiologie des Menschen, 28. Aufl. Springer, Berlin Heidelberg New York Tokyo
12. Sherrington CS (1906) (Nachdruck 1961) The integrative action of the nervous system, 2nd edn. Yale University Press, New Haven
13. Zaimis E (ed) (1976) Neuromuscular junction. Springer, Berlin Heidelberg New York Tokyo

Einzel- und Übersichtsarbeiten

14. Artola A, Singer W (1993) Long-term depression. Trends Neurosci 16:480–487
15. Bennett MLV (1977) Electrical transmission: a functional analysis and comparison with chemical transmission. In: Kandel ER (ed) Cellular biology of neurons, vol 1. Handbook of physiology, sect 1: The nervous system. Williams and Wilkins, Baltimore, pp 357–416
16. Braun M, Schmidt RF, Zimmermann M (1966) Facilitation at the frog neuromuscular junction during and after repetitive stimulation. Pflügers Arch Ges Physiol 287:41–55
17. Colquhoun D, Dreyer F, Sheridan RE (1979) The actions of tubocurarine at the frog neuromuscular junction. J Physiol (Lond) 293:247–284
18. Colquhoun D, Sakmann B (1985) Fast events in single-channel currents activated by acetylcholine and its analoques at the frog muscle end-plate. J Physiol (Lond) 369:501–557
19. Dodge FA, Rahamimoff R (1967) Co-operative action of calcium ions in transmitter release at the neuromuscular junction. J Physiol (Lond) 193:419–432
20. Dudel J (1965) The mechanism of presynaptic inhibition at the crayfish neuromuscular junction. Pflügers Arch Ges Physiol 248:66–80
21. Franke C, Parnas H, Hovav G, Dudel J (1993) A molecular scheme for the reaction between acetylcholine and nicotinic channels. Biophys J 64:339–356
22. Garthwaite J (1991) Glutamate, nitric oxide and cell-cell signaling in the nervous system. Trends Neurosci 14:60–71
23. Kuffler SW (1980) Slow synaptic responses in autonomic ganglia and the pursuit of a peptidergic transmitter. J Exp Biol 89:257–286
24. Libet B (1984) Heterosynaptic interaction at a sympathetic neuron as a model for induction and storage of a postsynaptic memory trace. In: Lynch G, McGauch JL, Weinberger NM (eds) Neurobiology of learning and memory. Guilford, New York, pp 405–430
25. Llinás RR (1982) Calcium in synaptic transmission. Sci Am 10:38–48
26. Loewenstein WR (1981) Junctional intercellular communication: the cell-to-cell membrane channel. Physiol Rev 61:829–913
27. Numa S, Noda M, Takahashi H, Tanabe T, Toyosato M, Furutanyi Y, Kikyotoni S (1983) Molecular structure of the nicotinic acetylcholine receptor. Cold Spring Harbor Symposia Quant Biol 48:57–69
28. O'Dell T, Howkins RD, Kandel ER, Arancio O (1991) Tests of the roles of two diffusible substances in long term potentiation: evidence for nitric oxide as a possible early retrograde messenger. Proc Natl Acad Sci USA 88:11285–11289
29. Parnas H, Dudel J, Parnas I (1986) Neurotransmitter release and its facilitation in crayfish. VII. Another voltage dependent process beside Ca entry controls the time course of phasic release. Pflügers Arch Ges Physiol 406:121–130
30. Peper K, Bradley RJ, Dreyer F (1982) The acetylcholine receptor at the neuromuscular junction. Physiol Rev 62:1271–1340
31. Popot JL, Changeux JP (1984) Nicotinic receptor of acetylcholine: structure of an oligomeric integral membrane protein. Physiol Rev 64:1162–1239
32. Sakmann B, Methfessel C, Mishina M, Takahashi T, Takai T, Kurasaki M, Fukuda K, Numa S (1985) Role of acetylcholine receptor subunits in gating of the channel. Nature 318:538–543
33. Schmidt RF (1971) Presynaptic inhibition in the vertebrate central nervous system. Ergebn Physiol 63:20–101

Peripherie Körpersysteme und ihre Bedeutung für Verhalten

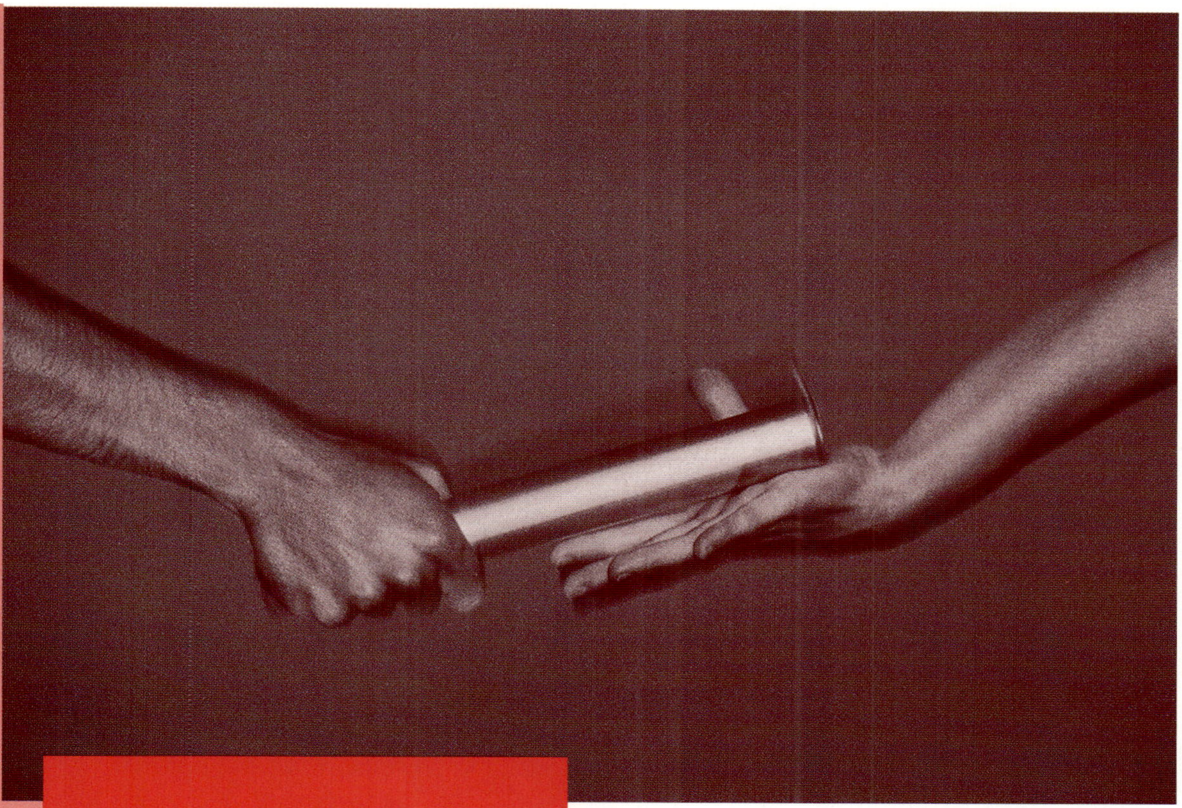

»Könnte man die Sprünge der Aufmerksamkeit messen,
die Leistungen der Augenmuskeln,
die Pendelbewegungen der Seele und alle Anstrengungen,
die der Mensch vollbringen muß,
um sich im Fluß einer Straße aufrecht zu halten,
es käme vermutlich – so hatte er gedacht
und spielend das Unmögliche zu berechnen versucht –
eine Größe heraus,
mit der verglichen die Kraft,
die Atlas braucht, um die Welt zu stemmen, gering ist,
und man könnte ermessen,
welche ungeheure Leistung
heute schon ein Mensch vollbringt,
der gar nichts tut.«

R. Musil: Der Mann ohne Eigenschaften

9 Autonomes Nervensystem

EINLEITUNG

Neben dem endokrinen System ist das autonome Nervensystem das zweite Kommunikationssystem für den Informationsaustausch zwischen den einzelnen Organen des Körpers. Das autonome Nervensystem innerviert die glatte Muskulatur aller Organe und Organsysteme sowie das Herz und die Drüsen. Es regelt die lebenswichtigen Funktionen der Atmung, des Kreislaufes, der Verdauung, des Stoffwechsels, der Drüsensekretion, der Körpertemperatur und der Fortpflanzung. Es unterliegt nicht im gleichen Ausmaß der direkten, willkürlichen Kontrolle wie das somatische (sensomotorische) Nervensystem. Daher auch sein Name autonomes Nervensystem (synonym wird auch der Begriff vegetatives Nervensystem gebraucht) [1,2].

Das autonome Nervensystem ermöglicht es dem Organismus, sich in der komplexen Umwelt zu behaupten, in dem es die Prozesse im Körperinneren an die äußeren Belastungen des Organismus anpaßt. Die vegetativen Veränderungen werden dabei aktiv vom Gehirn erzeugt, d. h. sie sind integrale Bestandteile jeglichen Verhaltens und keine passiven Begleiterscheinungen oder reflektorische Reaktionen auf sensorische, motorische, emotionale oder kognitive Prozesse. Solche Anpassungsreaktionen sind z. B. der Anstieg des Herzzeitvolumens und der Muskeldurchblutung unmittelbar vor Beginn einer willkürlichen körperlichen Anstrengung oder das Auslösen der Speichel- und Magensaftsekretion beim Anblick oder der Vorstellung von Speisen [4,6]. Dieser enge Zusammenhang ermöglicht es umgekehrt, aus der Messung vegetativer Vorgänge in der Psychophysiologie Rückschlüsse auf die auslösenden zentralnervösen Prozesse zu ziehen (z. B. Messen des elektrischen Hautwiderstandes, also der Hautdurchblutung, als Indikator emotionaler Belastung: „Lügendetektor").

9.1 Aufbau und Wirkweise des peripheren autonomen Nervensystems

Das autonome Nervensystem ist aus drei Teilsystemen aufgebaut, dem Sympathikus, dem Parasympathikus und dem Darmnervensystem

Die Endstrecken der Teilsysteme *Sympathikus* und *Parasympathikus* sind, wie Abb. 9–1 zeigt, jeweils aus einer zweizelligen Neuronenkette aufgebaut: einem Neuron, das noch innerhalb des Zentralnervensystems, also im Hirnstamm oder im Rückenmark liegt, und einem zweiten, dessen Zellkörper mit anderen eine *periphere Zellanhäufung* oder ein ***Ganglion*** bildet. Entsprechend werden erstere *präganglionäre*, letztere *postganglionäre Neurone* genannt. Genau genommen passen die Bezeichnungen *prä-* und *postganglionär* nur auf die Axone oder Nervenfasern. Der Einfachheit halber wendet man sie aber auf die Zellen insgesamt an. Die Neurone des *Darmnervensystems* liegen in den Wänden des Magen-Darm-Traktes. Diese Neurone sind z. T. identisch mit den postganglionären parasympathischen Neuronen.

Sympathikus. Abb. 9–2 zeigt sehr vereinfacht die *Lagebeziehungen* der sympathischen (rot) und parasympathischen (schwarz) Neurone samt dem präganglionären und postganglionären Verlauf ihrer Nervenfasern. Die Zellkörper aller *präganglionären sympathischen Neurone* liegen im Brustmark und oberen Lendenmark (s.a. Abb. 9–1). Die Axone dieser Neurone (rot ausgezogen in Abb. 9–2) verlassen das Rückenmark über die *Vorderwurzeln* und ziehen durch die *weißen Rami* zu den außerhalb des ZNS liegenden ***sympathischen Ganglien.*** In den sympathischen Ganglien werden die Axone der *präganglionären* Neurone auf die Zellkörper der *postganglionären* Neurone umgeschaltet [9,11,16].

Ein Großteil der *sympathischen Ganglien* ist *paarweise* rechts und links der Wirbelsäule angeordnet und durch Nervenstränge miteinander verbunden. Man nennt diese Ganglienketten *linker* und *rechter* ***Grenzstrang*** (Abb. 9–3A, s. a. Abb. 9–2 und 9–4). Die sympathischen Grenzstrangganglien sind im Bereich der Brust-, Lenden- und Kreuzwirbelsäule segmental angeordnet. Im Bereich des Halsmarks (HM in Abb. 9–3A) gibt es nur zwei paare Ganglien.

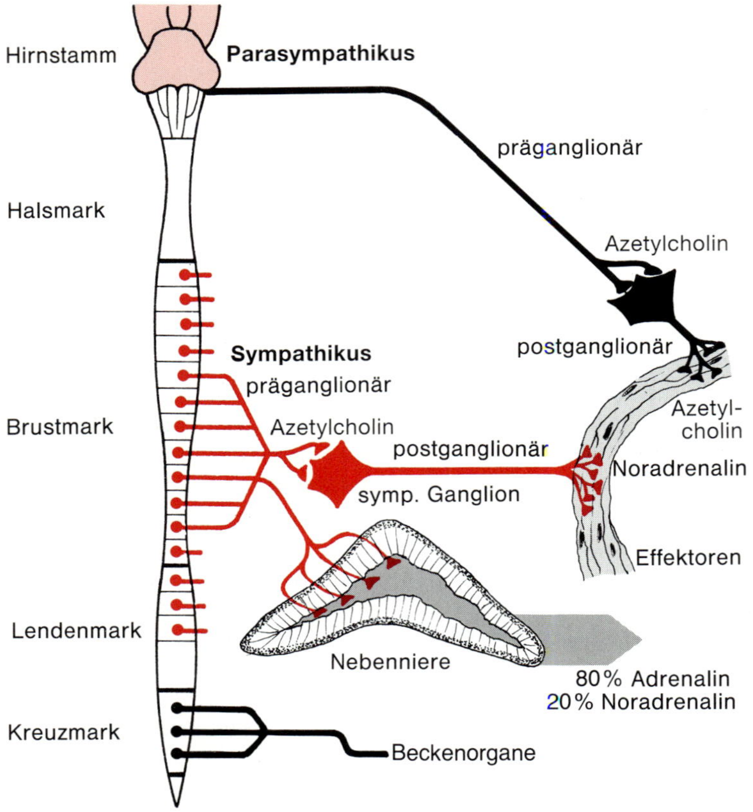

Abb. 9–1. Ursprung und Aufbau des peripheren vegetativen Nervensystems. *Links* die Ursprungsgebiete der Zellkörper präganglionärer Neurone des Sympathikus *(rot)* und des Parasympathikus *(schwarz)* im Hirnstamm und den verschiedenen Abschnitten des Rückenmarks. *Rechts* davon eine schematische Darstellung des Verlaufs prä- und postganglionärer sympathischer und parasympathischer Neurone. Die synaptischen Überträgerstoffe der zweistufigen Neuronenketten des peripheren autonomen Nervensystems in den Ganglien und auf den Effektoren sind angegeben. Das Nebennierenmark *(unten Mitte)* besteht aus umgewandelten postganglionären sympathischen Zellen. Sympathische Aktivierung dieser Zellen (über präganglionäre cholinerge Axone) setzt aus ihnen Adrenalin (80%) und Noradrenalin (20%) frei

Außer den paarweise in den Grenzsträngen angeordneten sympathischen Ganglien gibt es im Bauch- und Beckenraum ***unpaare Ganglien,*** in denen die Axone präganglionärer Neurone aus beiden *Rückenmarkshälften* enden (Abb. 9–2, 9–4). Die präganglionären Axone dieser Ganglien ziehen, ohne umgeschaltet zu werden, durch die Grenzstrangganglien hindurch.

Die meisten ***präganglionären*** sympathischen Nervenfasern sind myelinisiert. Ihre Durchmesser sind kleiner als 4 µm. Sie leiten die Erregung mit 20 m/s und weniger fort (B-Fasern, Tabelle 7–1, S. 105). Die ***postganglionären*** Nervenfasern sind sehr dünn und ***unmyelinisiert.*** Sie leiten die Erregung mit etwa 1 m/s fort (C-Fasern, Tabelle 7–1).

Die langsame Erregungsleitung im autonomen System bewirkt auch, daß die *Entstehung einer Gefühls- und Triebreaktion* etwas länger benötigt als die motorischen Anteile dieser Reaktionen. Beide, Gefühls- und Triebreaktionen, benötigen zu ihrer vollen Entfaltung meist die Rückmeldung aus den Erfolgsorganen in das Zentralnervensystem. Da die Erfolgsorgane aber langsamer aktiviert werden, braucht auch die Rückmeldung in das Zentralnervensystem deutlich länger.

Die linke Hälfte der Abb. 9–4 zeigt eine Übersicht über die sympathische Innervation der Brust- und Bauchorgane sowie der Augen und der Drüsen im Kopfbereich, also der ***Erfolgsorgane*** oder ***Effektoren*** des Sympathikus (vgl. auch mit Abb. 9–2). Diejenigen postganglionären Neurone, auf die präganglionäre Neurone aus dem *Brustmark* (Thorakalmark) konvergieren, innervieren die Kopforgane, den Brust- und Bauchraum und die (nicht gezeigten) oberen Extremitäten. Diejenigen postganglionären Neurone, auf die präganglionäre Neurone aus dem *Lendenmark* (Lumbalmark) konvergieren, innervieren den Beckenraum und die (nicht gezeigten) unteren Extremitäten.

Da die Ganglien des Sympathikus relativ weit entfernt von den Erfolgsorganen liegen, sind die postganglionären sympathischen Axone meist sehr lang. Die *Erfolgsorgane des Sympathikus* sind die ***glatten Muskelfasern aller Organe*** (Gefäße, Eingeweide, Ausscheidungs- und Sexualorgane, Haare, Pupillen), die ***Herzmuskelfasern*** und manche ***Drüsen*** (Schweiß-, Speichel-, Verdauungsdrüsen). Außerdem werden die Fettzellen, die Leberzellen, die Nierentubuli und lymphatische Gewebe (z. B. Thymus, Milz, Lymphknoten) sympathisch innerviert.

Parasympathikus. Das zweite Teilsystem des autonomen Nervensystems konzentriert seine ***präganglionären Neurone*** im Kreuzmark und im Hirnstamm (schwarz eingezeichnet in Abb. 9–1, 9–2, 9–4, rechte Bildhälfte). Ihre Axone sind teils *myelinisiert,* teils *unmyelinisiert* und, im Gegensatz zu den sympathischen präganglionären Axonen, sehr lang. Sie ziehen in *speziellen Nerven* zu den organnahe gelegenen parasympathischen postganglionären Neuronen. Für den gesamten Brust- und den oberen Bauchraum ist dies der *X. Hirnnerv,* der ***Nervus vagus.*** Die sakralen parasympathischen Fasern zu den Beckenorganen laufen im *Nervus splanchnicus pelvinus.* Wie Abb. 9–4 weiter zeigt, treten die parasympathischen präganglionären Fasern für die inneren Augenmuskeln und für die Drüsen im Kopfbereich über verschiedene Hirnnerven aus dem Hirnstamm aus (III = *Nervus oculomotorius,* VII = *Nervus facialis,* IX = *Nervus glossopharyngeus).*

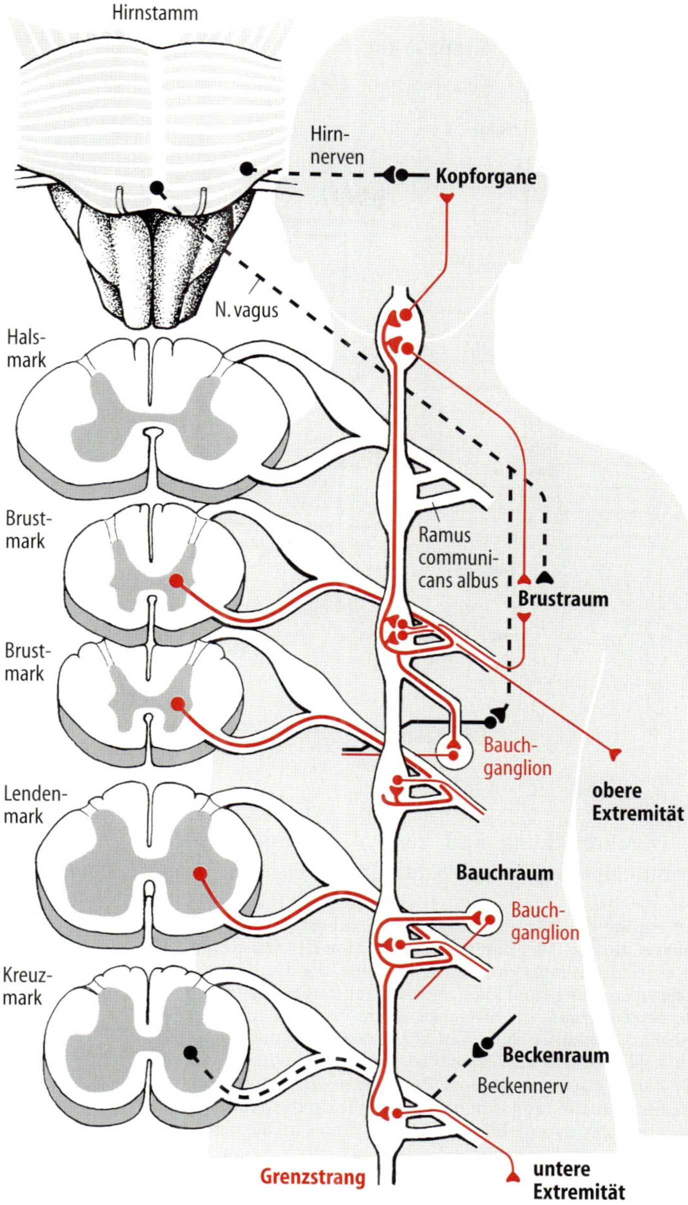

Abb. 9–2. Lage der Ursprungszellen und Versorgungsgebiete von Sympathikus (*rote* Neurone) und Parasympathikus (*schwarz*). Sicht von vorne (ventral), auch auf das Rückenmark. Der Grenzstrang ist beim Menschen paarig angelegt (s. Abb. 9–3), nur der rechte ist gezeichnet. Relativ zum Rückenmark ist der Grenzstrang zu groß gezeichnet, gleiches gilt für das Rückenmark relativ zum Körperumriß

Die ***parasympathischen Ganglien,*** in denen analog zu den sympathischen Ganglien die prä- und postganglionären parasympathischen Fasern miteinander verschaltet sind (s. u.), findet man nur vereinzelt im Kopfbereich und im Becken in der Nähe der Erfolgsorgane. Ansonsten sind die postganglionären Zellen in oder auf den Wänden des Magen-Darm-Traktes ***(intramurale Ganglien)***, des Herzens und der Lunge verstreut. Die postganglionären parasympathischen Fasern (schwarz in Abb. 9–2) sind deshalb im Gegensatz zu den entsprechenden sympathischen Fasern (rot in Abb. 9–2) sehr kurz.

Der *Parasympathikus* innerviert die ***glatte Muskulatur und die Drüsen*** des Magen-Darm-Traktes, der Ausscheidungsorgane, der Sexualorgane und der Lunge. Er innerviert weiterhin die ***Vorhöfe des Herzens,*** die ***Tränen-*** und ***Speicheldrüsen*** im Kopfbereich und die ***inneren Augenmuskeln.*** Dagegen innerviert er *nicht* (mit wenigen Ausnahmen, wie z. B. bei den Genitalorganen) das gesamte Gefäßsystem (glatte Gefäßmuskulatur in den Arterien und Venen) und die Schweißdrüsen. Hier liegt der entscheidende Unterschied zum Sympathikus, der alle Gefäße innerviert.

Darmnervensystem. Das dritte Teilsystem des *autonomen Nervensystems* dient der Kontrolle und Koordination einer Vielzahl von Effektorsystemen des Magen-Darm-Traktes, wie glatter Muskulatur, sekretorischen Epithelien, resorptiven Epithelien, vaskulären Systemen und endokrinen Systemen. Es ist, genau genommen, das eigentliche ***autonome*** Nervensystem, denn es kann auch ohne zentralnervöse Beeinflussung von Sympathikus und Parasympathikus funktionieren und z. B. die vielfältigen Bewegungen des Darmschlauches

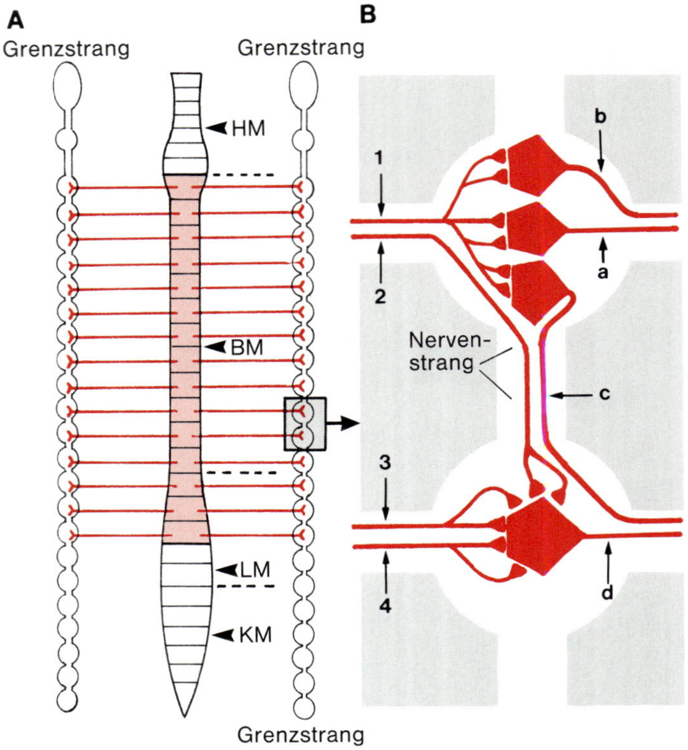

Abb. 9-3. Überblick über die Grenzstränge und Schema der synaptischen Verschaltung in den sympathischen Grenzstrangganglien. **A** Lage der Grenzstränge im Verhältnis zu Rückenmark und Hirnstamm. *HM* Halsmark, *BM* Brustmark, *LM* Lendenmark, *KM* Kreuzmark (Sakralmark). **B** Divergenz (präganglionäres *Axon 1* auf Neurone *a, b, c*) und Konvergenz (präganglionäre *Axone 2, 3, 4* auf Neuron *d*) der synaptischen Verschaltung in den Ganglien. Umgezeichnet nach W. Jänig in [13]

zur Durchmischung und zum Weitertransport des Darminhaltes regeln (vgl. S. 227) [7].

Die Neurone des Darmnervensystems sind *erstens, **sensorische Neurone,*** die auf Dehnung und Kontraktion der Darmwand erregt werden, *zweitens **motorische Neurone,*** die die glatten Muskelfasern der Ring- und Längsmuskulatur innervieren und *drittens, **Interneurone,*** die zwischen afferenten und motorischen Neuronen geschaltet sind. Man könnte das Darmnervensystem auch als das ***Gehirn des Darmes*** bezeichnen. Es enthält nämlich eigenständige ***sensomotorische Programme*** zur Regulation und Koordination aller von ihm betreuten Effektorsysteme. Sympathikus und Parasympathikus greifen in dieses lokale neuronale Geschehen weitgehend nur modulatorisch ein, z. B. am Anfang und Ende des Magen-Darm-Traktes bei der Nahrungsaufnahme oder den Entleerungsfunktionen. Nach den verschiedensten Kriterien lassen sich im Darmnervensystem ***mehr als 10 verschiedene Typen von Neuronen*** unterscheiden. So gibt es neben *Azetylcholin* etwa 10 Substanzen in den Neuronen (z. B. *Serotonin, ATP, Neuropeptide*), die als Neurotransmitter oder Neuromodulatoren wirken können oder parakrine Funktionen haben [3].

In den sympathischen Ganglien erfolgt die synaptische Verschaltung zwischen prä- und postganglionischen Neuronen gleicher Funktion mit erheblicher Divergenz und Konvergenz

Die synaptische Verschaltung zwischen präganglionären und postganglionären sympathischen Neuronen ist schematisch in Abb. 9-3B gezeigt. In den paarigen und unpaarigen Ganglien ***divergiert*** ein präganglionäres Axon einerseits auf viele postganglionäre Zellen, andererseits ***konvergieren*** viele präganglionäre Axone auf eine postganglionäre Zelle. In Abb. 9-3B sind die Verschaltungen von vier präganglionären Axonen auf vier postganglionäre Neurone in zwei Ganglien eingezeichnet. Durch die gezeigte Divergenz und Konvergenz wird einerseits die Aktivität von *wenigen* präganglionären Neuronen auf *viele* postganglionäre Neurone übertragen, andererseits empfängt ein *einzelnes* postganglionäres Neuron die Aktivität *vieler* präganglionärer Neurone. Diese Verschaltung gewährleistet, daß die Erregung auch dann von prä- nach postganglionär übertragen wird, wenn nur ein Teil der präganglionären Neurone erregt ist oder wenn ein Teil der präganglionären Neurone ausgefallen ist. Zu beachten ist unbedingt, daß die hier gezeigte Divergenz und Konvergenz überwiegend, wenn nicht ausschließlich, ***zwischen prä- und postganglionären Neuronen gleicher Funktion*** auftritt (also z. B. zwischen Neuronen, die die Schweißsekretion steuern oder zwischen Neuronen, die die Durchblutung der Haut regulieren). Mit anderen Worten, das periphere sympathische Nervensystem weist einen erheblichen Grad ***funktioneller Organisation und Spezifität auf*** (S. 156). Dies gilt entsprechend für das parasympathische periphere Nervensystem.

Rund die Hälfte aller Nervenfasern in den Eingeweidenerven (Nervi splanchnici) und etwa 80 % aller Nervenfasern in den Vagusnerven sind afferente Nervenfasern

Viszerale Afferenzen. Diese Afferenzen werden so genannt, da sie die inneren Organe sensorisch innervieren [20,21]. Die meisten Sensoren dieser Afferenzen sind ***mechanosensitiv,*** d. h. sie

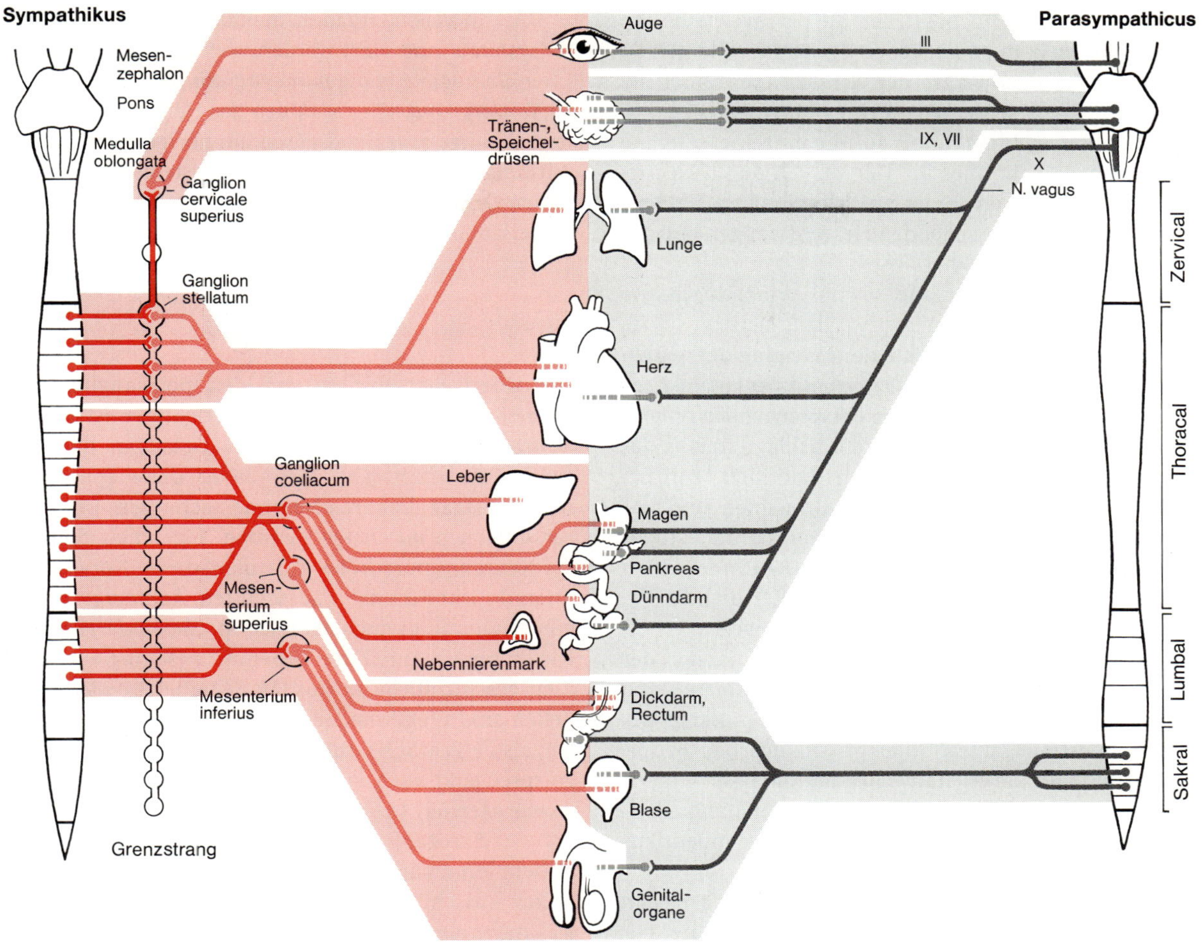

Abb. 9–4. Zielorgane von Sympathikus und Parasympathikus. *Durchgezogene Linien:* präganglionäre Axone. *Am Ende gepunktete Linien:* postganglionäre Axone. Die sympathische Innervation der Gefäße, der Schweißdrüsen und der Musculi arrectores pilorum (glatte Muskulatur der Haarbälge) ist nicht aufgeführt. Nach W. Jänig [18]

messen bei Dehnung der Wände der Hohlorgane entweder die intraluminalen Drücke, z. B. die arteriellen *Pressosensoren* (Pressorezeptoren) vom arteriellen System und die Sensoren in der Harnblase, oder die Volumina in den Organen, z. B. die Sensoren aus der Wand des Magen-Darm-Traktes, vom rechten Herzvorhof und von der Lunge. Andere Mechanosensoren der Darmschleimhaut werden durch Scherreize erregt. Einige Sensoren sind ***chemosensitiv*** (z. B. arterielle Chemosensoren in der Aorten- und Karotiswand, Osmosensoren in der Leber, Glukosensoren im Darm). ***Nozizeptoren,*** die viszerale Schmerzen auslösen können, reagieren auf starke Dehnung und Kontraktion des Magen-Darm-Traktes und der Harnblase, auf Zug am Mesenterium und auf ischämische Reize. Ihre Afferenzen laufen in den *spinalen viszeralen Afferenzen,* nicht in den Vagusnerven [5,20,24].

Viszerale Wahrnehmung. Aktivität in den viszeralen Afferenzen leitet im Rückenmark und im Hirnstamm die reflektorische Wiederherstellung von gestörtem homöostatischem Gleichgewicht in den jeweiligen Organen ein. Meldungen aus jenen viszeralen Afferenzen, die Verbindungen zu zentralnervösen Strukturen oberhalb des Rückenmarks haben, können bewußt oder nicht bewußt wahrgenommen werden. Da die meisten Afferenzen das Großhirn nicht erreichen, nehmen wir die Tätigkeit der inneren Organe in der Regel nicht bewußt wahr. Bei starken Abweichungen vom Sollwert oder nozizeptiven Afferenzen erfolgt allerdings eine Aktivierung auch kortikaler Strukturen.

Auch wenn eine direkte Verbindung von autonom innervierten Organen und Kortex nicht existiert, kann die Tätigkeit innerer Organe innerhalb bestimmter Grenzen bewußt (d.h. kortikal oder dienzephal) beeinflußt werden. Voraussetzung dafür ist aber eine direkte oder indirekte afferente Verbindung aus den viszeralen Strukturen *und* eine (meist) indirekte efferente Verbindung vom Kortex auf tiefer gelegene autonome Steuerzentren und Ganglien. Diese Verbindungen werden in der ***Biofeedbacktherapie*** ausgenützt (s. die Einleitung zu diesem Kapitel und S. 280, 367).

Sympathikus und Parasympathikus wirken meist antagonistisch auf die Effektororgane ein; es resultiert daraus ein funktioneller Synergismus

Alle Organe, die *parasympathisch* innerviert werden, haben auch eine *sympathische* Innervation. Umgekehrt gibt es aber einige Organe, die zwar eine sympathische

Innervation besitzen, bei denen die parasympathische aber fehlt (z. B. die oben schon erwähnten Blutgefäße oder das Arbeitsmyokard der Herzkammern oder die Schweißdrüsen). Will man die direkten Wirkungen dieser autonomen Innervation auf die einzelnen Organe studieren, so kann dies im Tierversuch durch *elektrische Reizung* der prä- oder postganglionären Nervenfasern in den entsprechenden Nervensträngen geschehen (vgl. Abb. 9–2 bis 9–4).

Soweit die Organe sowohl sympathisch wie parasympathisch innerviert werden, zeigen solche Reizversuche, daß die Effekte der Erregung der beiden autonomen Teilsysteme ***weitgehend antagonistisch*** sind. So führt z. B. die Reizung entsprechender ***sympathischer*** Nerven zur Zunahme der Schlagfrequenz des Herzens, zur Abnahme der Darmmotilität, zur Erschlaffung von Gallenblase und Bronchien und zur Kontraktion der Schließmuskeln des Gastrointestinaltraktes. Erregung der ***parasympathischen*** Innervation dieser Organe (z. B. durch elektrische Reizung des Vagusnerven, s. Abb. 9–4) führt zu entgegengesetzten Effekten: Abnahme der Herzfrequenz, Zunahme der Darmmotilität, Kontraktion von Gallenblase und Bronchien und Erschlaffung der Schließmuskeln des Gastrointestinaltraktes. Unter physiologischen Bedingungen ist also die vegetative Regulation dieser Organe näherungsweise immer als die Summe der antagonistischen Effekte von Sympathikus und Parasympathikus zu verstehen.

Im einzelnen wirkt der ***Sympathikus*** *erregend* auf die glatte Muskulatur der Gefäße, der Haare, der Schließer des Darmes, der Ausscheidungsorgane, der Pupillen und *hemmend* auf die glatte Muskulatur der Eingeweide, der Ausscheidungsorgane, der Luftröhre und auf die Verdauungsdrüsen. Die ***Effekte des Parasympathikus*** sind weitgehend *antagonistisch* zu denen des Sympathikus. Einen Überblick gibt Tabelle 9–1.

Die gegensätzliche oder antagonistische Wirkung der beiden autonomen Teilsysteme *Sympathikus* und *Parasympathikus* auf die einzelnen vegetativen Organe, ist funktionell mehr ein „Hand in Hand“ als ein gegeneinander Arbeiten. Dieser ***funktionelle Synergismus*** zeigt sich z. B. deutlich in der reflektorischen Beeinflussung des Herzens durch die arteriellen Pressosensoren (s. Abb. 10–20, S. 187): Eine Erregung der Pressosensoren bei Erhöhung des arteriellen Blutdrucks führt zur *Abnahme* von Schlagfrequenz und Kontraktionskraft des Herzens [12]. Ersteres, also die Abnahme der Schlagfrequenz, wird durch die *Zunahme der Aktivität* in parasympathischen Fasern, letzteres, also die Abnahme der Kontraktionskraft, wird durch die gleichzeitige *Abnahme der Aktivität* in sympathischen Fasern zum Herzen bewirkt. Die viszeralen Afferenzen lösen dann indirekt im Stammhirn auch gleichzeitig eine Zunahme der Hemmung in den höhern Strukturen des Zentralnervensystems, einschließlich Kortex aus. Im Verhalten bewirkt dies Erregungsdämpfung und Stressabwehr.

In vielen Organen, die durch beide autonome Teilsysteme innerviert werden, steht *unter physiologischen Bedingungen* die ***parasympathische Innervation im Vordergrund.*** Hierzu zählen das Herz, die Harnblase und einige exokrine Drüsen. Im übrigen werden die Wirkungen des autonomen Nervensystems auf die einzelnen Organe detailliert in den entsprechenden Kapiteln erläutert.

Das Nebennierenmark (NNM) ist eine sympathisch gesteuerte endokrine Drüse

Die Überträgersubstanz von den postganglionären Axonen des Sympathikus auf die Effektoren ist bis auf wenige Ausnahmen *Noradrenalin* (Details im nachfolgenden Abschnitt 9.2). Man nennt diese sympathischen postganglionären Neurone nach ihrem Überträgerstoff auch *adrenerge Neurone.* Eigentlich müßten die Neurone „noradrenerg“ heißen, da sie Noradrenalin und nicht Adrenalin ausschütten. ***Adrenerge Zellen*** gibt es allerdings auch, nämlich im ***Nebennierenmark.*** Dieser innere Anteil der Nebenniere ist eine entwicklungsgeschichtliche Kuriosität: Seine jetzt *endokrinen* Zellen sind umgewandelte sympathische Ganglienzellen, also eigentlich *postganglionäre* Zellen. Sie werden entsprechend auch synaptisch ***durch präganglionäre Axone aktiviert*** (Abb. 9–1).

Erregung der präganglionären Axone zum Nebennierenmark führt *beim Menschen* normalerweise zur Ausschüttung eines Hormongemisches von etwas mehr als ***80 % Adrenalin*** und knapp ***20 % Noradrenalin*** in die Blutbahn. Die aus dem NNM ausgeschütteten adrenergen Substanzen wirken auf dieselben Erfolgsorgane wie die der postganglionären sympathischen Neurone (Abb. 9–5). Diese Wirkungen sind normalerweise wahrscheinlich vor allem für solche Organe und Organbereiche wichtig, die wenig oder überhaupt nicht durch postganglionäre Neurone innerviert sind. Insbesondere scheinen sie als ***Stoffwechselhormone*** bei körperlichen Belastungen für eine ***schnelle Bereitstellung von Brennstoffen*** zu sorgen, nämlich durch Mobilisation von freien Fettsäuren aus Fettgewebe und von Glukose aus den Glykogenvorräten der Leber (Einzelheiten in Abb. 9–5).

Das NNM wird besonders bei physischen und psychischen Belastungen aktiviert

In ***Notfallsituationen*** (z. B. Blutverlust, Unterkühlung, Sauerstoffmangel, Verbrennung, extreme körperliche Belastung) und bei *psychischen (emotionalen) Belastungen* des Organismus kommt es zu *starken Erhöhungen der Ausschüttung von Adrenalin und Noradrenalin* aus dem NNM. Unter ***emotionalem Streß*** kann es zu Ausschüttungen von Adrenalin kommen, die kurzzeitig mehr als das 10fache über der Ruheausschüttung liegen. Die Ausschüttungen von NNM-Hormon werden durch den Hypothalamus und das limbi-

Tabelle 9–1. Effekte der Aktivierung von Sympathikus und Parasympathikus auf die einzelnen Organe. Aus [18]

Organ oder Organsystem	Aktivierung des Parasympathikus	Aktivierung des Sympathikus	Adrenozeptoren
Herzmuskel	Abnahme der Herzfrequenz	Zunahme der Herzfrequenz	β_1
	Abnahme der Kontraktionskraft (nur Vorhöfe)	Zunahme der Kontraktionskraft (Vorhöfe, Ventrikel)	β_1
Blutgefäße:			
Arterien in Haut und Mukosa	0	Vasokonstriktion	α_1
...im Abdominalbereich	0	Vasokonstriktion	α_1
...im Skelettmuskel	0	Vasokonstriktion	α_1
		Vasodilatation (nur durch Adrenalin)	β_2
		Vasodilatation (cholinerg)	
...im Herzen (Koronarien)		Vasokonstriktion	α_1
		Vasodilatation (nur durch Adrenalin)	β
...im Penis/Klitoris	Vasodilatation	Vasokonstriktion	α_1
Venen	0	Vasokonstriktion	α_1
Gehirn	Vasodilatation (?)	Vasokonstriktion	α_1
Gastrointestinaltrakt:			
Longitudinale und zirkuläre Muskulatur	Zunahme der Motilität	Abnahme der Motilität	α_2 und β_1
Sphinkteren	Erschlaffung	Kontraktion	α_1
Milzkapsel	0	Kontraktion	
Harnblase:			
Detrusor vesicae	Kontraktion	Erschlaffung (gering)	β_2
Trigonum vesicae (Sphincter internus)	0	Kontraktion	α_1
Genitalorgane:			
Vesica seminalis, Prostata	0	Kontraktion	α_1
Ductus deferens	0	Kontraktion	α_1
Uterus	0	Kontraktion	α_1
		Erschlaffung (abhängig von Spezies und hormonalen Status)	β_2
Auge:			
M. dilatator pupillae	0	Kontraktion (Mydriasis)	α_1
M. sphincter pupillae	Kontraktion (Miosis)	0	
M. ciliaris	Kontraktion Nahakkomodation		
M. tarsalis	0	Kontraktion (Lidstraffung)	
M. orbitalis	0	Kontraktion (Bulbusprotrusion)	
Tracheal-/Bronchialmuskulatur	Kontraktion	Erschlaffung (vorwiegend durch Adrenalin)	β_2
Mm. arrectores pilorum	0	Kontraktion	α_1
Exokrine Drüsen			
Speicheldrüsen	Starke seröse Sekretion	Schwache muköse Sekretion (Glandula submandibularis)	α_1
Tränendrüsen	Sekretion	0	
Drüsen im Nasen-Rachen-Raum	Sekretion	0	
Bronchialdrüsen	Sekretion	?	
Schweißdrüsen	0	Sekretion (cholinerg)	
Verdauungsdrüsen (Magen, Pankreas)	Sekretion	Abnahme der Sekretion oder 0	
Mukosa (Dünn-, Dickdarm)	Sekretion	Flüssigkeitstransport aus Lumen	
Glandula pinealis (Zirbeldrüse)	0	Anstieg der Synthese von Melantonin	β_2
Braunes Fettgewebe	0	Wärmeproduktion	β_2
Stoffwechsel:			
Leber	0	Glykogenolyse, Glukoneogenese	β_2
Fettzellen	0	Lipolysis (freie Fettsäuren im Blut erhöht)	β_1
Insulinsekretion (aus β-Zellen der Langerhans-Inseln)	Sekretion	Abnahme der Sekretion	α_2

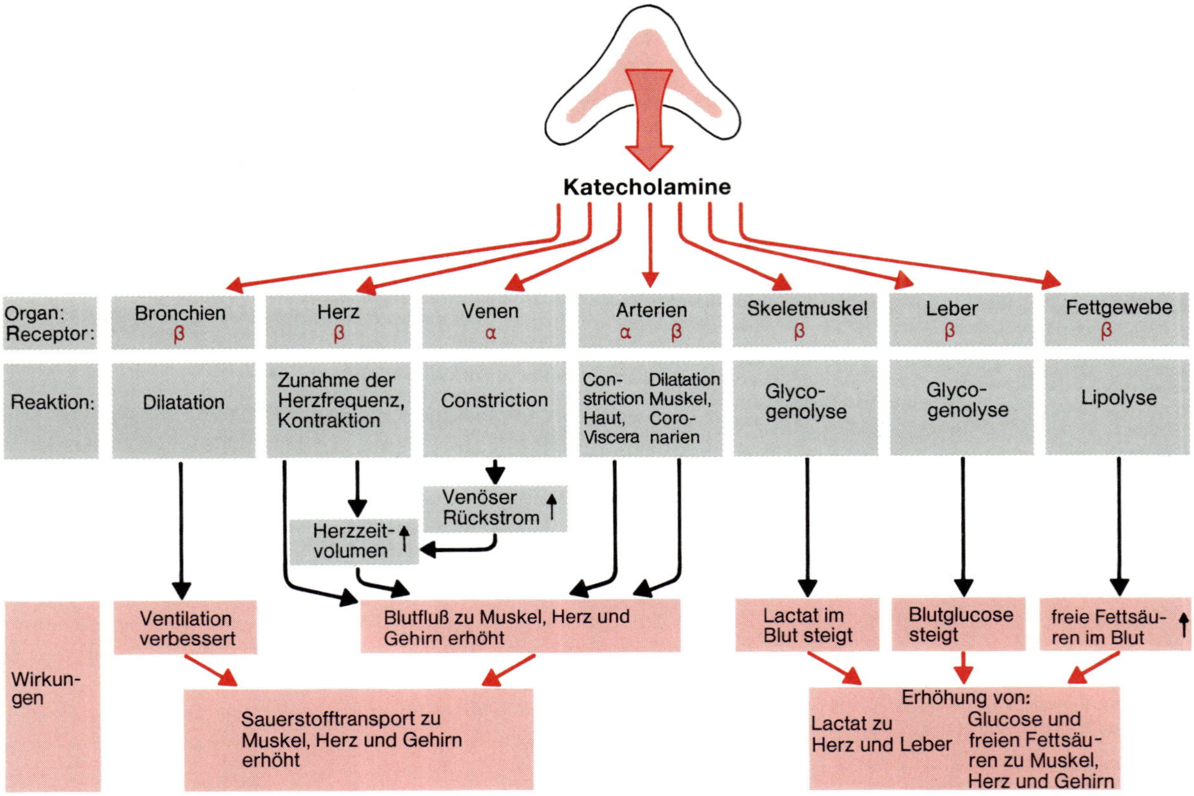

Abb. 9–5. Wirkung von Katecholaminen, v. a. des Adrenalins aus dem Nebennierenmark auf verschiedene Organe. Nach W. Jänig [18]

sche System gesteuert. Man kann sich vorstellen, daß sich dauernd wiederholende Streßsituationen, wie sie im modernen Großstadtleben und am Arbeitsplatz an der Tagesordnung sind, über einen langfristig erhöhten Adrenalinspiegel im Blut das Entstehen verschiedener Erkrankungen begünstigen können (s. Kap. 6 und 26).

Andererseits darf man aber nicht übersehen, daß eine ***Streßreaktion*** eine durchaus normale und sogar ***wünschenswerte Anpassung des Organismus*** an eine von außen herangetragene Belastung darstellt. Sie muß regelmäßig „trainiert" werden, d. h. ein gewisses Ausmaß „mittelstarker" Belastung ist vermutlich eine Voraussetzung für die Reaktionsbereitschaft dieses Systems. So gesehen wäre ein Leben ohne Streß für den Organismus mindestens ebenso ungesund wie ein Zuviel davon.

Die Reaktionen der Effektororgane, die in Notfallsituationen und bei starkem emotionalem Streß durch die Aktivierung der postganglionären sympathischen Neurone und des NNM zustande kommen, werden auch unter dem Begriff ***Notfallreaktion*** zusammengefaßt. Während einer Notfallreaktion reagieren nahezu *alle Ausgänge des sympathischen Nervensystems einheitlich.* Deshalb spricht man in diesem Zusammenhang auch vom ***sympathikoadrenalen System.*** Diese einheitliche Reaktion des sympathischen Nervensystems unter inneren und äußeren Extrembedingungen wird besonders vom Hypothalamus ausgelöst (s. Kap. 25 und 26).

9.2 Neurotransmission im peripheren autonomen Nervensystem

Die postganglionären Fasern bilden zahlreiche Varikositäten aus, in deren Vesikeln die Transmitter des peripheren ANS gespeichert sind

Die Wirkungen der prä- und postganglionären Axone des autonomen Nervensystems werden an den präsynaptischen Endigungen ihrer Synapsen *chemisch*, d. h. durch die Freisetzung von Überträgersubstanzen, ausgeübt [14,15]. Diese ***chemische Erregungsübertragung*** folgt alles in allem den gleichen Gesetzmäßigkeiten, die wir in Kapitel 8 beim Studium der neuromuskulären Endplatte und der zentralen chemischen Synapsen kennengelernt haben. Der wichtigste Unterschied zu diesen Synapsen liegt aber in der ***Struktur der präsynaptischen Axone,*** besonders der der postganglionären Neurone (Abb. 9–6). Diese bilden in den Effektororganen zahlreiche Verzweigungen, so daß im lichtmikroskopischen Bild der Eindruck eines neuronalen Netzwerks oder *Plexus* entsteht.

Im Abstand von wenigen Mikrometern bilden die langen und sehr dünnen präsynaptischen Axone *Verdickungen* oder ***Varikositäten*** aus, die etwa 1–2 μm, also etwa doppelt so dick wie das Axon sind. Das prä-

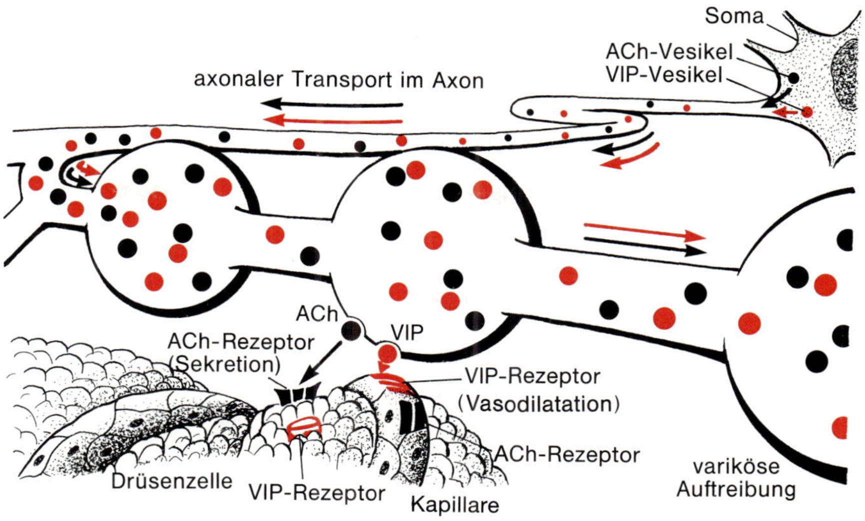

Abb. 9–6. Kolokalisation eines klassischen Transmitters (*Azetylcholin, ACH, schwarze Vesikel*) mit einem Neuropeptid (*VIP, vasoactive intestinal peptide, rote Vesikel*) in einem Neuron des autonomen Nervensystems. Neurone dieses Typs innervieren die menschlichen Speicheldrüsen. Freigesetztes ACh aktiviert in erster Linie die Speichelsekretion und führt in geringerem Maße zur Vasodilatation, während bei VIP die Vasodilatation im Vordergrund steht. Vergleichbare Kolokalisationen kommen auch in den noradrenergen Synapsen vor

synaptische Axon der postganglionären Zellen sieht also wie eine Halskette aus, auf der alle paar Mikrometer eine Perle aufgereiht ist. Auf einen Millimeter Axon kommen also mehrere hundert Varikositäten. In diesen Varikositäten wird die ***Überträgersubstanz gespeichert.*** Ein solches Neuron hat also viele Tausend präsynaptische Endigungen, von denen Überträgerstoff freigesetzt werden kann.

Die klassischen Überträgerstoffe im peripheren autonomen Nervensystem sind Azetylcholin und Noradrenalin; Neuropeptide sind häufig kolokalisiert

Azetylcholin. Die Überträgersubstanz ***aller präganglionären*** Axone in den *sympathischen* wie den *parasympathischen* Ganglien ist das *Azetylcholin* (Abb. 9–1). Die gleiche Überträgersubstanz, also *Azetylcholin,* wird auch von den ***parasympathischen postganglionären*** Axonen freigesetzt, z. B. am Herzen oder an den glatten Muskelfasern, die die Pupille des Auges verengen und für die Naheinstellung sorgen. Außerdem setzen *sympathische postganglionäre* Neurone an den Schweißdrüsen und möglicherweise die *sympathischen postganglionären* Vasodilatorneurone zu den Arteriolen der Skelettmuskulatur Azetylcholin frei. Autonome Nervenzellen, die Azetylcholin als Transmitter besitzen, werden ***cholinerg*** genannt. Die Mechanismen der Synthese, Vorratshaltung und Freisetzung des Azetylcholins entsprechen denen, die wir an der neuromuskulären Synapse kennengelernt haben.

Noradrenalin. Die Überträgersubstanz von den ***sympathischen postganglionären*** Axonen auf die Effektoren ist bis auf wenige Ausnahmen Noradrenalin (Abb. 9–1). Man nennt die sympathischen postganglionären Neurone nach ihrem Überträgerstoff auch ***noradrenerge Neurone.*** Das Noradrenalin wird *in den Varikositäten synthetisiert* und dort bis zu seiner Freisetzung in ***Vesikeln gespeichert.*** Auf die Mechanismen der Freisetzung und der Beendigung der Transmitterwirkung wurde bereits eingegangen (s. S. 136).

Andere Transmitter im peripheren autonomen Nervensystem [3,9,10,11,18]. In vielen Organen sind nach Reizung von vegetativen Nerven Effekte auslösbar, die auch *nach Blockade* der *cholinergen* und *adrenergen* Übertragung nachgewiesen werden können. Daraus folgt, daß Azetylcholin und Noradrenalin sehr wahrscheinlich nicht die einzigen Überträgersubstanzen im peripheren autonomen Nervensystem sind. Beispielsweise wird die neurale Aktivierung der Schweiß- und Speicheldrüsen von einer Weitstellung der Gefäße (Vasodilatation) und damit einer Erhöhung des Blutflußes im Bereich der Drüsen begleitet. Diese Vasodilatation ist, wie Abb. 9–6 zeigt, nicht durch das Azetylcholin bedingt, sondern wahrscheinlich durch die gleichzeitige Freisetzung des *Neuropeptids VIP* („vasoactive intestinal polypeptide", zum Begriff der ***Kotransmission*** s. S. 131, 138). Auch in vielen präganglionären cholinergen Neuronen wurden *kolokalisierte Neuropeptide* nachgewiesen (z. B. Metenkephalin, Neurotensin, Substanz P). Weitere autonome Transmittersubstanzen, vor allem im *Darmnervensystem,* scheinen *ATP* (purinerge Neurone) und *Serotonin (5-HT)* zu sein [7].

Azetylcholin bindet sich entweder an nikotinerge oder an muskarinerge Rezeptoren

Im peripheren autonomen Nervensystem lassen sich *zwei* Typen von cholinergen Membranrezeptoren nachweisen. Bei den einen wirkt ***Nikotin als Agonist,*** sie werden daher als *nikotinartig* oder *nikotinerg* bezeichnet (zur Definition der Begriffe *Agonist* und *Antagonist* s. Abb. 5–1 und zugehöriger Text ab S. 65). Bei den anderen wirkt das Fliegenpilzgift ***Muskarin als Ago-***

nist, daher die Bezeichnung *muskarinartig* oder *muskarinerg.*

Die *neuroneuronalen Synapsen* der autonomen Ganglien von Sympathikus wie Parasympathikus (vgl. Abb. 9–1) haben postsynaptische Membranrezeptoren vom ***nikotinartigen Typ.*** Als *Antagonisten* wirken an diesen Rezeptoren ***quartäre Ammoniumbasen,*** die deswegen als *Ganglienblocker* bezeichnet werden. Die *neuroeffektorischen Synapsen* der postganglionären parasympathischen Fasern (z. B. der Vagusfasern auf das Herz, vgl. Abb. 9–1) haben postsynaptische Membranrezeptoren vom ***muskarinartigen Typ.*** Als *Antagonist* wirkt an diesen Rezeptoren ***Atropin,*** das Gift der Tollkirsche.

Es gibt 2 Typen von adrenergen Membranrezeptoren, nämlich α- und β-Adrenozeptoren; soweit sie an denselben Effektorzellen vorkommen, haben sie dort antagonistische Wirkungen

Auch bei den *neuroeffektorischen Synapsen* der postganglionären sympathischen Fasern finden sich zwei Typen von postsynaptischen Membranrezeptoren, nämlich ***α-adrenerge*** und ***β-adrenerge Rezeptoren,*** die meist abgekürzt ***α-*** und ***β-Adrenozeptoren*** genannt werden. Ihre Definition beruht auf der unterschiedlichen Effektivität natürlicher und synthetischer Katecholamine, diese Rezeptoren zu aktivieren. Diese Zusammenhänge wurden bereits an Hand der Abb. 5–1 ab S. 66 erläutert. Die dort definierte Klassifikation wird heute zusätzlich durch Substanzen unterstützt, die als ***α-Blocker*** weitgehend spezifisch nur die *α-Adrenozeptoren* oder als ***β-Blocker*** weitgehend spezifisch nur die *β-Adrenozeptoren* blockieren (ein solcher *β-Blocker* ist das *Dichlorisoproterenol,* eine Abkömmling des *Isoproterenols*). Die „Rezeptorgestalt" ist also, um dies noch einmal zu unterstreichen, ***rein pharmakologisch definiert;*** also nicht nach dem „Aussehen", sondern nach dem Verhalten des Adrenozeptors beim Kontakt mit körpereigenen (Adrenalin, Noradrenalin) oder körperfremden (Isoproterenol, Blocker) Substanzen.

Anders als bei den cholinergen Rezeptoren lassen sich für die adrenergen Rezeptoren keine einfachen Regeln für das Vorkommen der α- und β-Adrenozeptoren auf den verschiedenen Effektoren angeben. Eine Auswahl wichtiger Wirkstellen zeigt Tabelle 9–1. Zu beachten ist, daß die meisten Organe und Gewebe, die durch Katecholamine beeinflußt werden, ***sowohl α- als auch β-Rezeptoren*** in ihren Zellmembranen enthalten. Diese beiden Rezeptortypen vermitteln in den meisten Organen ***entgegengesetzte, d. h. antagonistische Effekte.*** Unter physiologischen Bedingungen hängt die Antwort eines Organs auf die im Blut zirkulierenden oder präsynaptisch freigesetzten Katecholamine davon ab, ob die α- oder β-adrenergen Wirkungen überwiegen. Die klinische Bedeutung der daraus resultierenden komplexen Zusammenhänge wurde bereits auf S. 66 an einem Beispiel erläutert.

α_1- und α_2- sowie β_1- und β_2-Adrenozeptoren. Noradrenalin aktiviert die β-Adrenozeptoren des Herzens sehr stark, reagiert aber nur schwach mit den β-Adrenozeptoren der glatten Gefäßmuskulatur und der glatten Muskulatur der Bronchien und der Trachea. Aus diesem Grunde werden die β-Adrenozeptoren des Herzens mit β_1 bezeichnet und die β-Adrenozeptoren an Gefäßen und Bronchien mit β_2. Für die α-Adrenozeptoren gibt es eine vergleichbare Differenzierung in α_1- und α_2-Adrenozeptoren [8,18]. In der Tabelle 9–1 sind diese Typisierungen der Adrenozeptoren bereits berücksichtigt. Die klinische Bedeutung dieser Unterscheidungen liegt darin, daß es Pharmaka gibt, die spezifisch den einen oder anderen Rezeptortyp aktivieren oder blockieren können. So kann z..B. durch die Gabe eines β_1-Antagonisten eine überhöhte Herzfrequenz abgesenkt und über einen β_2-Agonisten ein Asthmaanfall beendet werden.

9.3 Arbeitsweise des peripheren und spinalen autonomen Nervensystems

Das periphere autonome Nervensystem ist funktionell ähnlich spezifisch organisiert wie das motorische und das sensorische Nervensystem

So sind z. B. die prä- und postganglionären Neurone, die die Schweißsekretion regulieren, verschieden von denen, die die Durchblutung durch die Haut regulieren etc. Dieser hohen funktionellen Spezifität entspricht wahrscheinlich auch eine entsprechende anatomische Differenzierung. Die prä- und postganglionären Neurone in Sympathikus und Parasympathikus können daher in Analogie zu den Motoneuronen des motorischen Systems als die letzte *gemeinsame Endstrecke* angesehen werden, auf die alle zentralnervösen und sensorischen Einflüsse konvergieren, die sich an der Aktivität des autonomen Nervensystems beteiligen. Entsprechend kann durch die Beobachtung der Aktivität in diesen Neuronen beträchtlicher Aufschluß über die Arbeitsweise nicht nur des peripheren, sondern auch des gesamten autonomen Nervensystems erhalten werden [16–19,22].

So berechtigt diese Betrachtungsweise ist, so darf nicht außer acht gelassen werden, daß das Verhalten vieler Effektororgane nicht nur von der Aktivität in den postganglionären Neuronen abhängt, sondern auch von hormonalen und metabolischen Änderungen in der Nähe der Effektorzellen und von mechanischen Prozessen und Einflüssen aus der Umwelt (z. B. thermisch). Der Blutflußwiderstand im Muskelstrombett hängt z. B. von der Aktivität in den postganglionären sympathischen Muskelvasokonstriktorneuronen, von der Eigenaktivität (myogenen Aktivität) der glatten Gefäßmuskulatur, vom metabolischen Zustand des Skelettmuskels und von der Konzentration der aus dem Nebennierenmark freigesetzten und im Blut zirkulierenden Katecholamine ab.

Die Ruheaktivität im autonomen Nervensystem ergibt einen mittleren Aktivitätszustand (Tonus) der Effektororgane, der sowohl eine Steigerung wie eine Abschwächung zuläßt

Viele prä- und postganglionäre autonome Neurone sind spontan aktiv. Die ***Frequenz dieser Ruheaktivität*** liegt in der Größenordnung von etwa 0,1 Hz bis etwa 4 Hz, im Durchschnitt etwa 1–2 Hz. Aufgabe dieser Ruheaktivität ist es, in dem innervierten Effektororgan einen gleichmäßigen Ruhe- oder Aktivitätszustand zu erzeugen, einen ***Ruhetonus*** also, so daß durch Veränderung der neurogenen Ruheaktivität sowohl eine Steigerung wie eine Abnahme des Tonus erzielt werden kann. Dies sei an zwei Beispielen erörtert.

Das Herz ist über die Schrittmacherzellen des Vorhofs spontan aktiv. Seine Schlagfrequenz kann aber durch vagale (parasympathische) Impulse gesenkt und durch sympathische gesteigert werden (s. S. 178). Normalerweise schlägt das ruhende, insbesondere das *trainierte Herz schneller, sobald es denerviert* wird. Es steht also offensichtlich unter einem ***vagalen Tonus.*** Gleichzeitig ist so die Möglichkeit geschaffen, allein durch Änderung der parasympathischen Impulsaktivität, also *ohne sympathische Beteiligung*, die Frequenz des Herzens zu senken (Zunahme des vagalen Tonus) oder, wenn auch nur in geringem Umfang, zu steigern (Abnahme des vagalen Tonus).

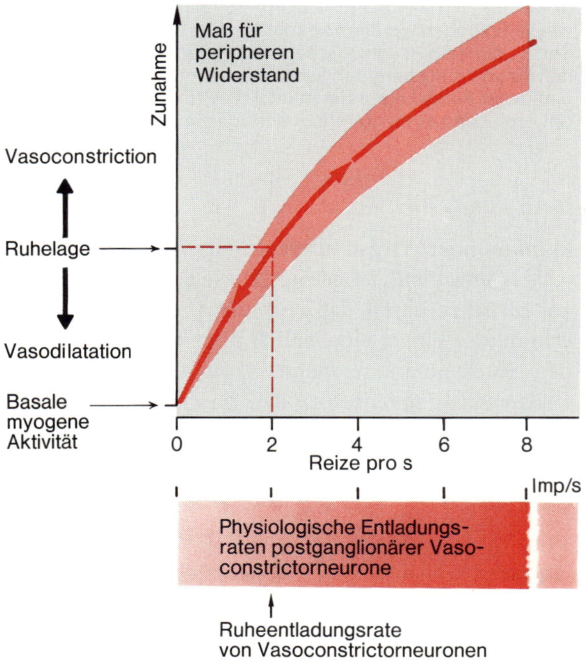

Abb. 9–7. Beziehung zwischen Blutflußwiderstand in der Skelettmuskulatur einer Hinterextremität einer Katze (*Ordinate*) und der Frequenz elektrischer überschwelliger Reizung der präganglionären Axone im lumbalen Grenzstrang *(Abszisse)*. Die *rote Fläche* gibt die Schwankungen der Meßwerte an. Modifiziert nach Mellander aus [13]

Noch bedeutsamer ist die autonome Spontanaktivität in Organen, die ***nur eine sympathische Innervation besitzen,*** wie z. B. wahrscheinlich viele Blutgefäße. In diesen bestimmt der ***Tonus der glatten Muskelfasern*** der Gefäßwände den Durchmesser des Gefäßes und damit seinen Durchflußwiderstand (s. S. 185). Je höher dieser Tonus, desto enger der Gefäßquerschnitt. Da sympathische Aktivität die Gefäße verengt, werden diese sympathischen Neurone ***Vasokonstriktorneurone*** genannt. Sie stellen durch ihre Ruheaktivität einen Zustand relativer Kontraktion der Gefäßmuskulatur ein, von dem aus der Gefäßquerschnitt durch Veränderung der sympathischen Ruheaktivität vergrößert oder verkleinert werden kann. Diese Zusammenhänge sind in Abb. 9–7 illustriert. Die Ruheentladungen werden in diesem Experiment durch elektrische Reizung simuliert. Der periphere Widerstand, der *in vivo* in Ruhe herrscht, kann durch etwa *zwei Reize pro Sekunde* erzeugt werden. Abnahme der Reizfrequenz hat eine Vasodilatation und damit eine Erniedrigung des Durchflußwiderstandes zur Folge. Zunahme der Reizfrequenz führt umgekehrt zu einer Vasokonstriktion. Im ersteren Fall wird die Durchblutung zu-, im zweiten abnehmen.

Die spinalen Reflexbögen zwischen somatoviszeralen Afferenzen und vegetativen Efferenzen haben mindestens 3 Synapsen; sie sind an zahlreichen vegetativen Regulationen beteiligt

In Analogie zum Motoneuron als gemeinsamer Endstrecke der Sensomotorik (s. Kap. 13), kann man, wie oben schon diskutiert, die peripheren autonomen Neurone als die gemeinsame Endstrecke der vegetativen Motorik bezeichnen. Sie integrieren spinale und von supraspinal deszendierende erregende und hemmende Einflüsse. Die synaptische Verschaltung zwischen Afferenzen und vegetativen Efferenzen auf spinaler segmentaler Ebene wird ***vegetativer Reflexbogen*** genannt. Anders als der monosynaptische Dehnungsreflex haben selbst die einfachsten vegetativen spinalen Reflexbögen wahrscheinlich keine monosynaptischen Verbindungen zwischen den viszeralen und somatischen Afferenzen und den präganglionären Neuronen, sondern mindestens disynaptische. Der vegetative Reflexbogen hat demnach insgesamt ***mindestens drei Synapsen*** zwischen afferentem und postganglionärem Neuron, zwei im Rückenmarksgrau und eine Synapse im vegetativen Ganglion. Dieser „Grundaufbau" des vegetativen Reflexbogens ist in Abb. 9–8 illustriert.

Die ***funktionelle Organisation der vegetativen Reflexbögen*** läßt auf spinaler Ebene eine enge Verknüpfung von afferenten und efferenten Neuronen des selben Organs erkennen, d. h. die Wirkung der autonomen Neuronen auf ihr Effektororgan wird durch die dortigen Sensoren rückkoppelnd überwacht und mitgeregelt. Als Beispiele seien *kardiokardiale Reflexbögen*

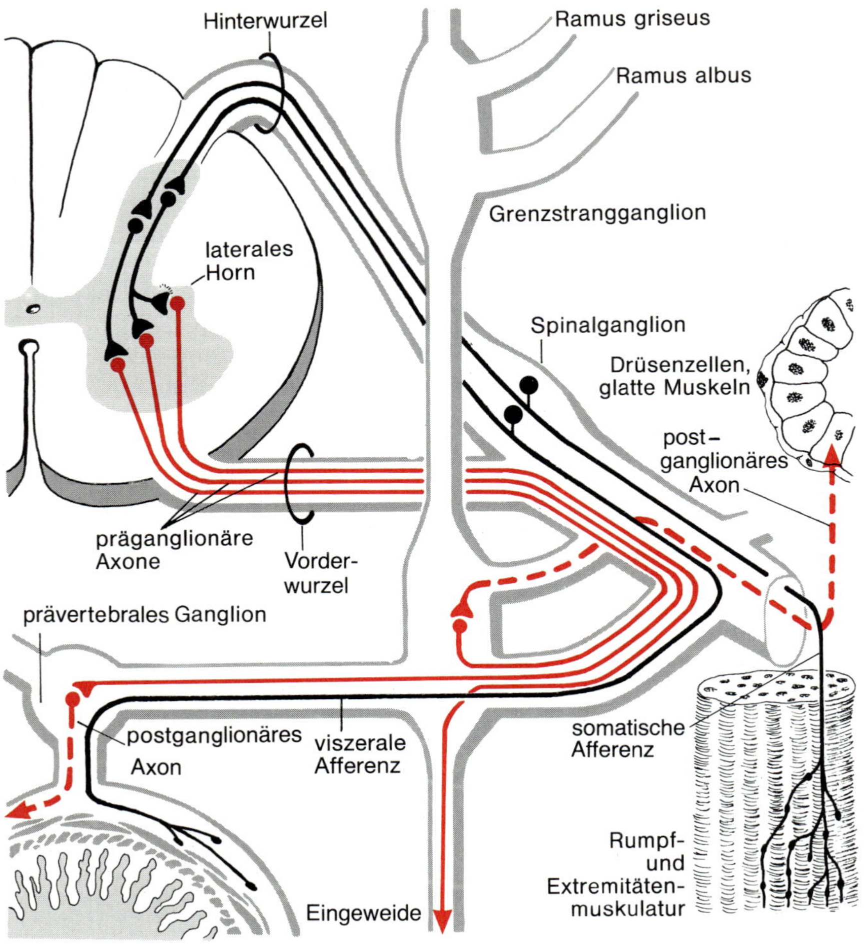

Abb. 9–8. Anteile und Verlauf vegetativer spinaler Reflexbögen. Aus dem lateralen Horn des Rückenmarks verlassen drei präganglionäre Axone durch die Vorderwurzel das Rückenmark. Je nach ihrem Innervationsgebiet liegt ihre Umschaltstelle (Synapse vom präganglionären auf das postganglionäre Neuron) entweder im zugehörigen Grenzstrangganglion, oder in einem benachbarten (Axon nach *unten*) oder in einem prävertebralen Ganglion. Die afferenten Schenkel der vegetativen Reflexbögen werden von somatischen und viszeralen Afferenzen derjenigen somatischen und viszeralen Organe gebildet, die von den efferenten Schenkeln vegetativ innerviert werden. Jeder Reflexbogen hat mindestens ein spinales Interneuron, meist sind es mehrere. In Anlehnung an [18]

oder *intestinointestinale Reflexbögen* (Bogen 4 in Abb. 9–9) genannt. Zu letzteren zählen z. B. Reflexbögen, die bei den „Entleerungsreflexen" der Hohlorgane eine Rolle spielen (Gallenblase, Harnblase, Mastdarm) oder an den Genitalreflexen (s. S. 621) beteiligt sind.

Die auf Rückenmarksebene enge Verknüpfung des vegetativen mit dem somatomotorischen System kann diagnostisch und therapeutisch genutzt werden

Die ***pathophysiologische Bedeutung*** der segmentalspinalen Organisation der vegetativen Reflexe und ihre ***Verknüpfung mit dem motorischen Nervensystem*** wird besonders bei krankhaften Prozessen im Eingeweidebereich deutlich [17]. So ist z. B. bei Gallenblasen- oder Blinddarmentzündungen die Muskulatur über dem Krankheitsherd gespannt, und das Hautareal, welches durch dasselbe Rückenmarkssegment wie das erkrankte innere Organ afferent und efferent innerviert wird (*Dermatom*), ist gerötet. Diese Befunde sind darauf zurückzuführen, daß *viszerale Afferenzen* aus dem erkrankten Eingeweidebereich über die entsprechenden Rückenmarkssegmente *sympathische vasokonstriktorische Efferenzen* zu den Hautgefäßen hemmen (*Hautrötung:* Reflexweg 1 in Abb. 9–9) und Motoneurone reflektorisch erregen (*Abwehrspannung* der Bauchmuskulatur: Reflexweg 2 in Abb. 9–9).

Umgekehrt kann man, z. B. zu ***therapeutischen Zwecken,*** durch Reizung von Thermosensoren in der Haut (Heizkissen etc.) diejenigen Eingeweide, die durch dieselben Rückenmarkssegmente innerviert werden wie das gereizte Hautdermatom, über den Reflexweg 3 in Abb. 9–9 hemmend reflektorisch beeinflussen. Mit dieser Form der ***physikalischen Therapie*** läßt sich z. B. über eine Hemmung der Vasokonstriktoren die Durchblutung eines Organs steigern oder über eine Hemmung der sympathischen motorischen Efferenzen der Tonus der (verkrampften) glatten Muskulatur (z. B. des Gallenganges) herabsetzen [17,22–24].

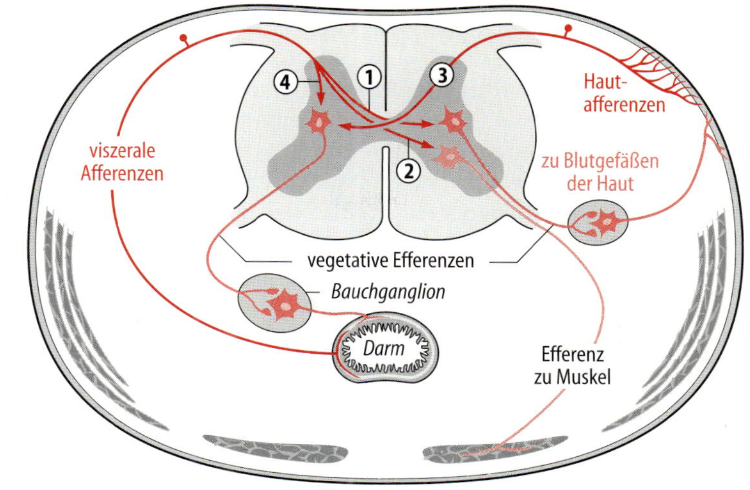

① viszerokutaner Reflex
② viszerosomatischer Reflex
③ kutiviszeraler Reflex
④ intestinointestinaler Reflex

Abb. 9–9. Segmentalspinale Reflexe zur Skelettmuskulatur und zur glatten Muskulatur (Gefäßwände, Darmwände). Die in der Abb. 9–8 gezeigten spinalen Interneurone zwischen den afferenten und efferenten Neuronen sind zur besseren Übersicht nicht eingezeichnet. Die supraspinale Beeinflussung dieser Reflexbögen ist in Abb. 9–10 gezeigt. Aus [24]

Nach einer Querschnittslähmung sorgen spinale vegetative Reflexe für die Harnblasen- und Mastdarmentleerung und für Regulationen im Gefäßsystem

Beim Menschen sind nach einer kompletten Durchtrennung des Rückenmarks alle spinalen vegetativen Reflexe, die unterhalb der Unterbrechung organisiert sind, für 1–6 Monate erloschen. Während der ersten 1–2 Monate ist die Haut trocken und rosig, weil die Ruheaktivität in den sympathischen Fasern zu Schweißdrüsen und Gefäßen sehr niedrig ist. Die somatosympathischen Reflexe in den autonomen Neuronen zu den Schweißdrüsen (Sudomotoren) und den Gefäßen (Vasokonstriktoren) nach Hautreizung steigen im Laufe der Monate langsam an und können dann in ein Stadium der ***Hyperreflexie*** übergehen. Ähnlich lange Erholungszeiten haben *Blasen-* und *Darmentleerungsreflexe* sowie *Genitalreflexe.* Das Verschwinden der spinalen vegetativen Reflexe bei Querschnittslähmung ist ein Teil des ***spinalen Schocks.*** Er ist wahrscheinlich auf die Unterbrechung der deszendierenden Bahnen vom Hirnstamm zurückzuführen (S. 263) [17, 18].

Das vom Gehirn ***isolierte Rückenmark*** ist *nach seiner Erholung vom spinalen Schock* zu einer Reihe von ***regulativen Leistungen*** fähig [1]. So führen z. B. das Aufrichten des Körpers aus der Horizontallage oder Blutverlust reflektorisch zu einer allgemeinen Vasokonstriktion von Arterien und Venen. Dieser Prozeß verhindert einen allzu gefährlichen Abfall des arteriellen Blutdruckes. Allerdings leiden hoch Querschnittsgelähmte häufig an einer *Haltungshypotonie* mit Blutdruckabfall beim Aufrichten. Die Vasokonstriktion in der Peripherie unterbleibt bei diesen Patienten. Die *Entleerung der Harnblase* und die *Defäkation des Enddarmes* kann mit angemessener Anleitung und Übung (*Biofeedback,* s. S. 278, 367) von Querschnittsgelähmten erlernt werden. Dies zeigt, daß subkortikale oder kortikale Strukturen einen Einfluß auf die inneren Organe über extraspinale Fasern haben können. Wenn das Rückenmark durchtrennt ist, besteht nur noch Verbindung zu jenen Organen, die direkt aus dem Stammhirn über die Hirnnerven innerviert werden und über extraspinale Ganglien und Fasern. Ein so komplexer Lernvorgang wie die willentliche Kontraktion des Sphinkters kann allerdings nur über intakt gebliebene somatische Efferenzen aus dem Rückenmark gelernt werden.

9.4 Kontrolle des spinalen autonomen Nervensystems durch Hirnstamm und Hypothalamus

Die integrativen Aufgaben von Hirnstamm und Hypothalamus werden über absteigende Bahnsysteme zum Rückenmark abgewickelt

Aufgaben von Hirnstamm und Hypothalamus. Große Teile des Hirnstammes (Medulla oblongata, Pons, Mesenzephalon) und zahlreiche Kerngebiete des Hypothalamus nehmen an der vegetativen Regelung und Steuerung autonomer Effektororgane teil, wobei es anscheinend die Aufgabe dieser „autonomen Zentren" ist, die verschiedenen spinalen Systeme *in ihrer Tätigkeit zu synchronisieren und aufeinander abzustimmen,* so daß die spinalen Systeme je nach den Erfordernissen als ***funktionelle Koalitionen auf Zeit*** zusammenarbeiten können [25]. So ist es z. B. erforderlich, daß bei der *Thermoregulation* die Weite der Hautgefäße (über das kutane Vasokonstriktorsystem) und die Tätigkeit der Schweißdrüsen (über das Sudomotorsystem), in Abhängigkeit von den Außenbedingungen und der durch körperliche Arbeit erzeugten Wärme, so aufeinander abgestimmt werden, daß eine *optimale Wärmeabfuhr* sichergestellt ist. Andere Beispiele sind die Koordination der Vasokonstriktorsysteme der Arteriolen mit der sympathischen Innervation des Herzens und des Nebennierenmarks bei der *Regelung des arteriellen Blutdruckes,* oder die Zusammenarbeit zwischen den (spinal unterschiedlich lokalisierten, s. Abb. 9–1, 9–2) sympathischen und parasympathischen Systemen zu den Eingeweiden bei den *Entleerungsfunktionen* oder den *Sexualfunktionen* [13].

Deszendierende autonome Bahnsysteme. Der Vielfältigkeit der eben genannten Funktionskomplexe ent-

BOX 9–1

Verhaltensmedizin der Raynaud-Erkrankung

In den kälteren Zonen der Erde kommt es bei disponierten Personen (vor allem Frauen) in den kalten Jahreszeiten bei Kältereizen zu extremen Konstriktionen der peripheren Gefäße der Hände und Füße. Abgesehen von den starken Schmerzen, die dabei entstehen, kann es im Extremfall zu Nekrosen (Absterben) der Füße und Zehen kommen. Diese Symptomatik wurde erstmals von dem französischen Neurologen Maurice Raynaud (1834–1881) beschrieben und ist daher nach ihm benannt. Obwohl häufig ein erhöhter Sympathikotonus für die extremen Vasokonstriktion verantwortlich gemacht wird, führt Sympathektomie, also die Durchtrennung der peripheren sympathischen Nerven, meist nicht zum gewünschten Erfolg.

Als ungefährliche und nebenwirkungsfreie Alternative hat sich die Selbstkontrollbehandlung der Raynaud-Erkrankung mit ***Temperaturbiofeedback*** erwiesen. Dabei lernen die Patienten in einem kalten Raum (16–17°C), also in Gegenwart des auslösenden Kältereizes, die Hand- oder Fußtemperatur über instrumentelles Lerntraining (s. Kap. 24) zu erhöhen. Über einen winzigen Meßfühler an der Hand wird die Temperatur gemessen und dem/der Patienten(in) auf einem Bildschirm gezeigt. Diese(r) hat nun die Aufgabe, über psychische Veränderungen (Vorstellungen, Gedanken, Gefühle) die Temperatur zu erhöhen. Gelingt dies, so kann die Person dies sofort als ***Rückmeldung*** am Bildschirm erkennen. Die Rückmeldung wirkt als Belohnung für die vorausgegangene Temperaturerhöhung und stabilisiert die richtige Selbstkontrollstrategie der Patienten/innen.

spricht eine ebenso große Vielfältigkeit deszendierender spinaler Systeme von Hirnstamm und Hypothalamus, die zu den präganglionären Neuronen in der grauen Substanz des Rückenmarks projizieren (Abb. 9–10). Wenn auch die Funktionen dieser Systeme im einzelnen nicht bekannt sind, so können sie doch nach ihrer Herkunft und nach ihren Überträgersubstanzen charakterisiert werden. So erhalten die spinalen präganglionären Neurone z. B. Zuflüsse von *serotonergen Neuronen* aus den Raphekernen, von *adrenergen Neuronen* aus der rostralen ventrolateralen Medulla oblongata, von *noradrenergen Neuronen* aus der Pons und von *peptinergen Neuronen* (vasopressinerg, oxytozinerg) aus dem Nucleus paraventricularis hypothalami [10,13,18]. Der Einfluß psychologischer Reaktionen, z. B. von Gefühlen auf innere Organe, benötigt diese deszendierenden Bahnsysteme (s. Kap. 25 und 26).

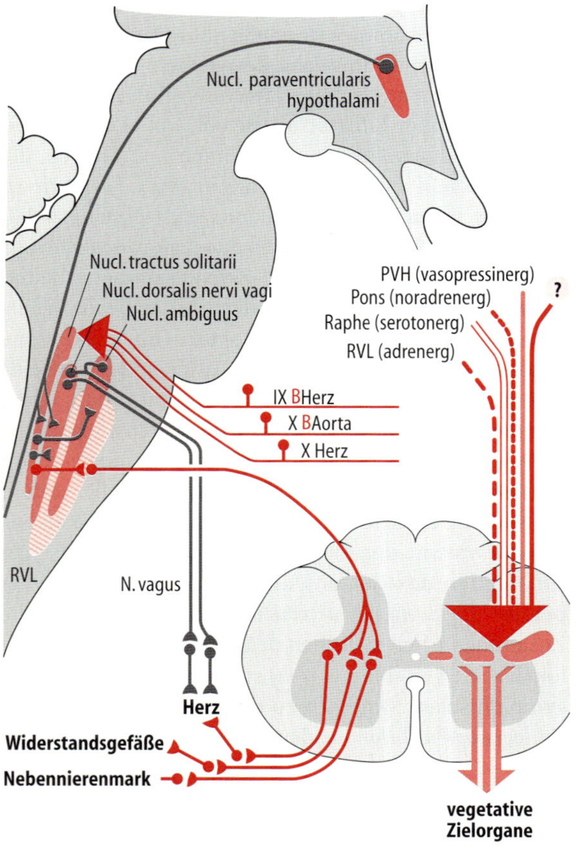

Die Kreislaufzentren der Medulla oblongata regeln den Blutdruck auf seinen physiologischen Wert und koordinieren die Volumenregulation ebenso wie die Durchblutung einzelner Organe

Die Steuerungs- und Regelungsfunktionen (Koordinierungsaufgaben) der *supraspinalen autonomen Zentren* lassen sich besonders klar am Beispiel der Kreis-

Abb. 9–10. Kontrolle des spinalen autonomen Nervensystems durch deszendierende Bahnsysteme aus dem Hirnstamm und dem Hypothalamus. *Links* sind die afferenten Eingänge (über die Hirnnerven IX und X), die zentralen Kerngebiete und die efferenten Ausgänge des Kontrollsystems zur Regelung des arteriellen Blutdrucks angegeben. *Rechts im Bild:* Deszendierende Systeme von Hirnstamm und Hypothalamus, die auf Neurone in der intermediären Zone der präganglionären Neurone im thorakolumbalen Rückenmark konvergieren. Ihre Transmittersysteme sind angegeben. *IX* Nervus glossopharyngeus, X Nervus vagus (*rote* B sind Afferenzen von Barosensoren), *PVH* Nucleus paraventricularis hypothalami, *RVL* rostrale ventrolaterale Medulla oblongata. In Anlehnung an [18] laufregulation illustrieren, da hier die experimentelle Analyse weit gediehen ist. Die beteiligten Neuronen- und Bahnsysteme sind in der Abb. 9–10 gezeigt. Ihre Aufgaben zeigen sich deutlich, wenn man die Blutdruckregulation bei einem hochspinalisierten Tier (Rückenmark in Höhe des oberen Halsmarks durchtrennt) mit der bei einem dezerebrierten Tier, bei dem die Medulla oblongata intakt ist, vergleicht: Bei ***akut spinalisierten Tieren*** sinkt der Blutdruck auf niedrige Werte, weil die Ruheaktivität in den sympathischen Neuronen zu den Blutgefäßen, zum Herzen und zum Nebennierenmark verschwindet. Nur die Herzfunktion kann noch neuronal von der Medulla oblongata über die Vagusnerven geregelt werden (Abb. 9–10, *Mitte*).

Dezerebrierte Tiere haben dagegen einen normalen Blutdruck. Bei diesen reagieren die Vasokonstriktoren der Blutgefäße koordiniert auf Lageänderungen des Körpers im Raum und stellen den Gefäßquerschnitt (und damit den Gefäßwiderstand) so ein, daß der Perfusionsdruck in den Versorgungsgebieten gleich bleibt. Diese Befunde zeigen, daß die ***Medulla oblongata*** die neuronalen Systeme für die Regulation des arteriellen Systemblutdrucks enthält. Diese neuronalen Systeme nennen wir ***Kreislaufzentren*** (s. dazu auch die kreislaufregulatorischen Abschnitte im Kapitel 10).

Im einzelnen ist die Verknüpfung der verschiedenen an der Kreislaufregulation beteiligten Areale und ihrer Zu- und Abflüsse *rechts* in Abb. 9–10 angegeben. Die ***sympathischen*** präganglionären Neurone erhalten ihre erregenden Zuflüsse vor allem aus dem mit RVL bezeichneten Areal *(rostrales ventrolaterales Areal)*. Elektrische Reizung dieses Areals führt zur Erhöhung von Blutdruck, Herzfrequenz und Katecholaminausschüttung aus dem Nebennierenmark. Seine Zerstörung erzeugt einen Blutdruckabfall wie nach hoher Spinalisation (s. o.). Die Axone aus dem RVL-Areal projizieren im *Hinterseitenstrang* zu den *sympathischen* präganglionären Neuronen.

Die ***parasympathischen*** präganglionären Axone, die im *Vagusnerven* verlaufen und zum Herzen ziehen, nehmen ihren Ursprung in Neuronen des *Nucleus dorsalis nervi vagi* und *im Nucleus ambiguus*. Aktivierung dieser Neurone führt zu den bekannten parasympathischen Herznervenwirkungen, insbesondere zur Senkung der Herzfrequenz (s. S. 178).

Die an der Kreislaufregulation in erster Linie beteiligten ***Afferenzen*** (von Baro- und Chemosensoren sowie von den Sensoren des Herzens) treten über die Vagusnerven (X. Hirnnerven) und über die Glossopharyngeusnerven (IX. Hirnnerven) in die Medulla oblongata ein und projizieren dort zum *Nucleus tractus solitarii*. Über dieses Kerngebiet üben die Afferenzen ihre erregenden und hemmenden Wirkungen auf die oben beschriebenen Kerne aus (s. die entsprechenden Verbindungen in Abb. 9–10). Beispielsweise wird eine Erregung der *arteriellen Pressosensoren* Neurone im Nucleus tractus solitarii aktivieren, die ihrerseits den *RVL* hemmen. Damit reduziert sich der erregende Zufluß zu den spinalen Vasokonstriktorsystemen. Folglich nimmt der periphere Widerstand ab und der Blutdruck sinkt. Darüberhinaus hat die Aktivität des Nucleus tractus solitarii einen hemmenden Einfluß auf darüber liegende Strukturen, sodaß Barosensorenreizung und Blutdruckanstieg zu kortikaler Hemmung und damit zu einer gewissen Reiz- und Stressabwehr führt. Dies ist für die Entwicklung von Bluthochdruck von Bedeutung (s. Kap. 10).

ZUSAMMENFASSUNG

Sympathikus, Parasympathikus und Darmnervensystem werden als autonomes Nervensystem zusammengefaßt. Die Endstrecken von Sympathikus und Parasympathikus sind jeweils aus einem präganglionären und einem postganglionären Neuron aufgebaut. Die Synapsen zwischen diesen beiden Neuronen liegen in den sympathischen und parasympathischen Ganglien. Die Neurone des Darmnervensystems liegen in den Darmwänden.

Die ganglionäre Verschaltung weist eine erhebliche, die Übertragung sichernde Konvergenz und Divergenz auf, wobei allerdings eine hohe funktionelle Spezifität erhalten bleibt. Sympathikus und Parasympathikus wirken meist antagonistisch auf ihre Effektororgane ein; es resultiert daraus ein funktioneller Synergismus, d. h. es ist mehr ein Hand in Hand als ein gegeneinander Arbeiten. Unter physiologischen Bedingungen steht meist die parasympathische Innervation im Vordergrund.

Das Nebennierenmark (NNM) ist eine sympathisch gesteuerte endokrine Drüse, die beim Menschen auf Erregung bei physischen und psychischen Belastungen eine Mischung von ca. 80 % Adrenalin und 20 % Noradrenalin ausschüttet. Diese Katecholamine dienen vorwiegend der schnellen Bereitstellung von Brennstoffen unter Streßbedingungen.

Azetylcholin ist die Überträgersubstanz aller präganglionären und der parasympathischen postganglionären Axone. Die postganglionären sympathischen Axone sind (bis auf wenige Ausnahmen) adrenerg, d. h. ihr Transmitter ist Noradrenalin. Dieses wird in den Varikositäten der postganglionären Fasern synthetisiert und in Vesikeln gespeichert. In vielen autonomen Endigungen sind Neuropeptide kolokalisiert. Die postsynaptischen Rezeptoren für Azetylcholin sind teils muskarinerg, teils cholinerg. Die adrenergen Rezeptoren sind teils vom α- teils vom β-Typ. Soweit sie an denselben Effektorzellen vorkommen, haben sie dort antagonistische Wirkungen.

Das autonome Nervensystem ist funktionsspezifisch organisiert. Es arbeitet in

Ruhe in einem mittleren Aktivitätszustand, der sowohl eine Steigerung wie eine Abschwächung der Tätigkeit der innervierten Organe zuläßt. Die spinalen Reflexbögen zwischen somatoviszeralen Afferenzen und vegetativen Efferenzen haben mindestens 3 Synapsen. Solche Reflexbögen sind v. a. an der Selbststeuerung der Organe beteiligt, z. B. kardiokardiale Reflexe etc.

Die autonomen Zentren in Hirnstamm und Hypothalamus synchronisieren die spinalen Reflexsysteme und stimmen sie in funktionellen Koalitionen auf Zeit aufeinander ab. Der Informationsfluß erfolgt über zahlreiche deszendierende autonome Bahnsysteme. Diese supraspinale Kontrolle dient z. B. zur Regelung des Blutdrucks und der Koordination der Volumenregulation und der Organdurchblutung.

Literatur

Weiterführende Lehr- und Handbücher

1. Bannister R, Mathias C (eds) (1999) Autonomic failure, 4th edn. Oxford University Press, Oxford
2. Brodal A (1992) Neurological anatomy in relation to clinical medicine, 5th edn. Oxford University Press, New York
3. Burnstock G, Hoyle CHV (eds) (1992) Autonomic neuroeffector mechanisms. Harwood Academic, Chur
4. Cannon WB (1939) The wisdom of the body, 2nd edn. Norton, New York
5. Cervero F, Morrison JFB (eds) (1986) Visceral sensation. Progress in brain research, vol 67, Elsevier, Amsterdam
6. Dawson H, Segal MB (1976) Control mechanisms in the alimentary process. In: Introduction to physiology, vol 3: Academic, London, Grune and Stratton, New York, pp 276–403
7. Furness JB, Costa M (1987) The enteric nervous system. Churchill Livingstone, Edinburgh
8. Gilman AG, Goodman LS, Gilman A (1991/1992) Pharmacological basis of therapeutics, 8th edn. Macmillan, New York
9. McLachlan EM (ed) (1994) Autonomic ganglia. Harward Academic, Chur
10. Nieuwenhuys R (1985) Chemoarchitecture of the brain. Springer, Berlin Heidelberg New York Tokyo
11. Nilsson S (1983) Autonomic nerve function in the vertebrates. Springer, Berlin Heidelberg New York Tokyo
12. Persson PB, Kirchheim HR (eds) (1991) Baroreceptor reflexes. Springer, Berlin Heidelberg New York Tokyo
13. Schmidt RF, Thews G, lang F (2000) Physiologie des Menschen, 28. Aufl. Springer, Berlin Heidelberg New York Tokyo

Einzel- u. Übersichtsarbeiten

14. Hirst GDS, Bramich NJ, Edwards FR, Klemm M (1992) Transmission of autonomic neuroeffector junctions. Trends Neurosci 15: 40–46
15. Hirst GDS, Edwards FR (1989) Sympathetic neuroeffector transmission in arteries and arterioles. Physiol Rev 69: 546–604
16. Jänig W (1985) Organization of the lumber sympathetic outflow to skeletal muscle and skin of the cat hindlimb and tail. Rev Physiol Biochem Pharmacol 102: 119–213
17. Jänig W (1991) Peripheres und zentrales vegetatives Nervensystem. In: Hierholzer K, Schmidt RF (Hrsg) Pathophysiologie des Menschen. VCH, Weinheim, S. 20.1–20.28
18. Jänig W (1995) Vegetatives Nervensystem. In [13], S. 340–369
19. Jänig W, McLachlan EM (1992) Characteristics of function-specific pathways in the sympathetic nervous system. Trends Neurosci 15: 475–481
20. Jänig W, Morrison JFB (1986) Functional properties of spinal visceral afferents supplying abdominal and pelvic organs, with special emphasis on visceral nociception. Progr Brain Res 67: 87–114
21. Mei N (1985) Intestinal chemosensitivity. Physiol Rev 65:211–237
22. Sato A, Schmidt RF (1997) The impact of somatosensory input on autonomic functions. Rev Physiol 130: 1–328
23. Sato A, Schmidt RF (1987) The modulation of visceral functions by somatic afferent activity. Jpn J Physiol 37: 1–17
24. Schmidt RF (1987) Bauchschmerzen aus physiologischer Sicht. In: Wackenheim A, Vouge M (Hrgs) Bauchschmerz. edition medizin, Weinheim, S. 1–38
25. Swanson LW, Sawchenko PE (1983) Hypothalamic integration: integration of the paraventricular and supraoptic nuclei. Annu Rev Neurosci 6: 275–325

10 Blut, Herz und Kreislauf

EINLEITUNG

Herz und Blutkreislauf gleichen in ihrer Arbeitsweise dem Wasserversorgungssystem einer Stadt: Die Pumpen des Wasserwerks halten den Druck in den Wasserleitungen so hoch, daß die Abnehmer jederzeit beliebig viel Wasser zapfen können. Die Abwasserrohre sind außerdem so ausgelegt, daß kein Rückstau in den Abflußrohren auftritt. Gleiches gilt für den Blutkreislauf: Die Pumpe Herz hält den Druck in den Versorgungsleitungen, den Arterien, so hoch, daß die Organe jederzeit mit dem notwendigen Blut durchströmt werden können. Die Venen sind als Abflußrohre in der Lage, auch große Blutmengen ohne Rückstau zurück zum Herzen fließen zu lassen.

Solange das Wasser in der Leitung unter Druck steht, solange fließt es aus dem Hahn. Versagt aber die Pumpe oder ist der Wasservorrat erschöpft, so fällt der Druck, und die Wasserversorgung bricht zusammen. Wiederum gilt das gleiche für das Herz-Kreislauf-System: Bleibt das Herz stehen oder fehlt ihm Blut zum Nachpumpen, sinkt der Blutdruck, und die Durchblutung der Organe nimmt ab und hört schließlich auf. Ein solcher Stillstand des Kreislaufs ist fast sofort tödlich: Schon nach 8–12 s kommt es zur Bewußtlosigkeit. Bleibt die Durchblutung für mehr als 8–10 Minuten unterbrochen, so ist das Gehirn unrettbar geschädigt, auch wenn Kreislauf und (künstliche) Atmung wieder in Gang kommen. Das Gehirn ist tot, der Körper (der es etwas länger ohne Durchblutung aushalten kann) lebt weiter.

10.1 Blut als Transportmedium

Das im Kreislauf zirkulierende Blut ist in erster Linie ein Transportmedium; Erwachsene haben 4–6 l Blut; gut 40 Vol.% davon sind zelluläre Bestandteile, der Rest Plasma

Aufgaben des Blutes. Das Blut transportiert *Sauerstoff* (O_2) von den Lungen zu den atmenden Geweben und *Kohlendioxyd* (CO_2) von dort zu den Lungen zurück (Kap. 11). Es schafft die *Nährstoffe* von den Orten ihrer Resorption (Darm) oder Speicherung (Leber, Fettdepots) zu denen des Verbrauches (Kap. 12). Es bringt von dort die *Stoffwechselzwischenprodukte* oder *-schlacken* zu den Ausscheidungsorganen (Nieren, s. Kap. 12) oder den Stätten ihrer weiteren Verwendung (wie z. B. in die Leber). Blut dient als *Transport-* und damit als *Kommunikationssystem* für körpereigene Wirkstoffe, wie die ***Hormone,*** wobei das Blut die Wirkstoffe an den Orten ihrer Bildung oder Speicherung aufnimmt und an die spezifischen Wirkorte anschwemmt (Kap. 5 und 6). Blut *verteilt die im Stoffwechsel gebildete Wärme und sorgt für ihre Abführung* über die Atmung und über die äußere Körperoberfläche (Kap. 11). Daneben hat das Blut die Fähigkeit, Blutungen aus verletzten Gefäßen durch ***Gerinnung*** zum Stillstand zu bringen (s. u.). Das Blut ist schließlich an der Abwehr eingedrungener Fremdkörper und Krankheitserreger beteiligt (Kap. 4) [1,2].

Zusammensetzung und Volumen; Hämatokrit. Das Blut ist eine undurchsichtige, rote Flüssigkeit, die aus dem schwach gelblichen *Plasma* und den darin schwimmenden *roten Blutzellen* (den Erythrozyten), den *weißen Blutzellen* (den Leukozyten) und den *Blutplättchen* (den Thrombozyten) besteht. Der Anteil des Organs Blut am Körpergewicht beträgt etwa 6–8 %. Für den Erwachsenen entspricht das einem ***Blutvolumen von 4–6 l*** (Abb. 10–1). Der Anteil der Blutzellen am Blutvolumen wird ***Hämatokrit*** genannt. Er beträgt beim gesunden erwachsenen Mann 44–46 Volumen-Prozent (Vol.%), bei der Frau 41–43 Volumen-Prozent (Vol.% = ml/100 ml Blut) [16].

Das Plasmawasser ist das ideale Transportmedium für alle wasserlöslichen Substanzen, insbesondere für Elektrolyte

Wird Blut zentrifugiert, so werden die Blutkörperchen vom Blutplasma abgetrennt und man erhält, wie im vorigen Absatz bei der Besprechung des Hämatokrit schon impliziert, *pro Liter Blut etwa 560 ml Plasma.* Bei

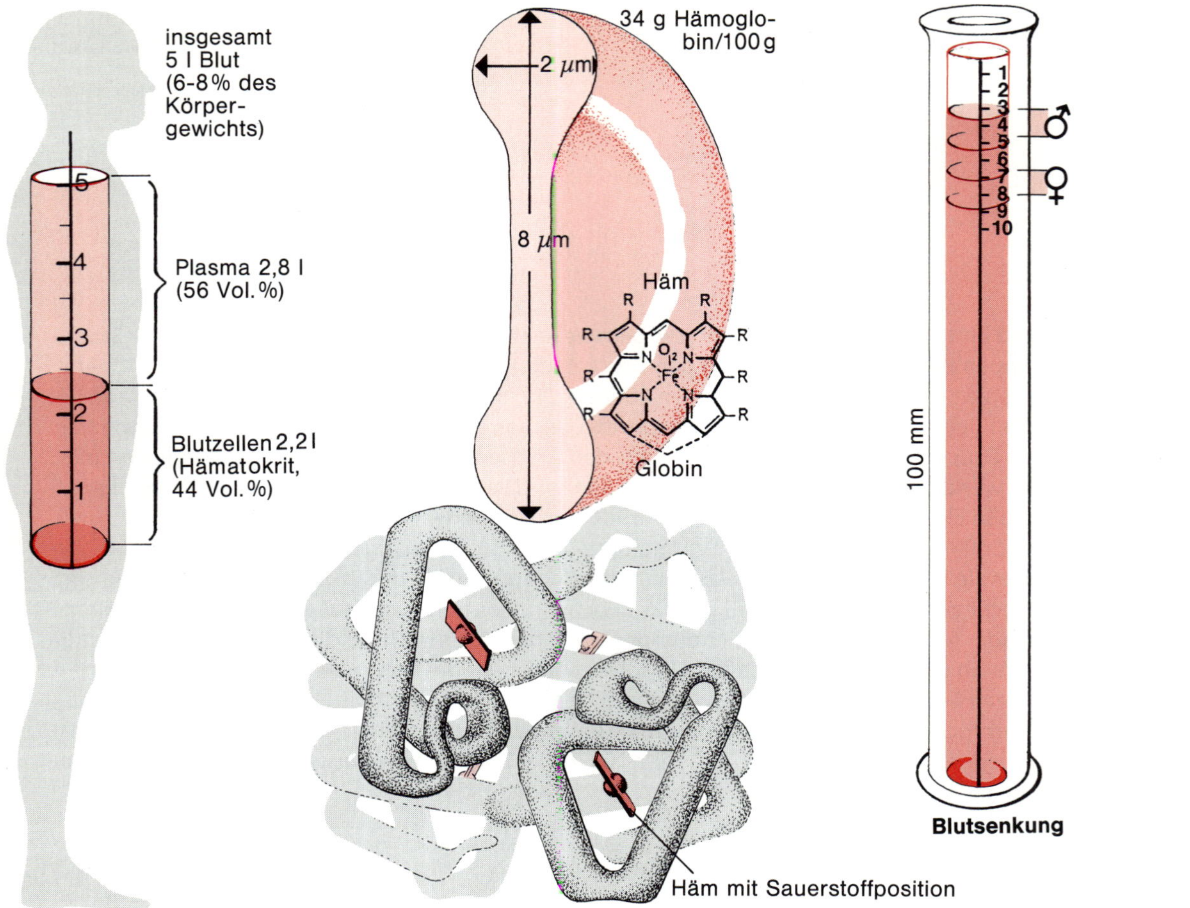

Abb. 10-1. *Zusammensetzung* des Blutes, Form der Erythrozyten und des Hämoglobins, Blutkörperchensenkungsreaktion. Blut besteht aus 56 Volumen-Prozent (Vol.%) Plasma und 44 Vol.% im Plasma aufgeschwemmter Blutkörperchen (Hämatokrit). Der Mensch hat etwa 5 l Blut, das sind 6–8 % seines Körpergewichts. Die roten Blutkörperchen oder Erythrozyten sind beidseitig in der Mitte eingedellte Scheiben, deren wichtigster Bestandteil der Blutfarbstoff Hämoglobin ist. Letzteres besteht aus einem Eiweißteil, dem Globin, und dem Häm, dessen Strukturformel angegeben ist. Das zentrale Eisenatom (*Fe*) des Häm bindet den Sauerstoff (O_2) auf dem Weg von der Lunge in die Gewebe. Die Erythrozyten sind weich und leicht verformbar. Sie können daher auch feinste Blutgefäße (Kapillaren) passieren, deren Innendurchmesser kleiner als 8 µm ist. Für die Blutkörperchensenkungsreaktion wird ein 100 mm langes Glasröhrchen mit ungerinnbar gemachtem Blut gefüllt und das Absinken der Erythrozyten nach 1, nach 2 und nach 24 Stunden abgelesen. Die Normalwerte der ersten Stunden liegen für Männer bei 4–6 mm, für Frauen bei 8–10 mm

einem durchschnittlichen Blutvolumen des Menschen von 4–6 l (s. o.) ergibt dies also rund 3 l (Abb. 10-1 A). Dieses Plasma enthält pro Liter etwa 65–80 g Eiweiß und 20 g kleinmolekulare Substanzen (so daß der Wassergehalt eines Liters Plasma bei etwa 900–910 g/l liegt).

Blutplasma und interstitielle Flüssigkeit (Interstitium) bilden praktisch einen einheitlichen Flüssigkeitsraum, nämlich den ***Extrazellulärraum.*** Dieser macht etwa 34 % der gesamten Körperflüssigkeit aus, das übrige Wasser findet sich in den Zellen (Intrazellulärraum). Die Extrazellulärflüssigkeiten innerhalb und außerhalb der Kapillaren enthalten praktisch die gleiche Menge und Zusammensetzung an ***gelösten Salzen (Elektrolyten).*** Der osmotische Druck des Blutplasmas ist also identisch mit dem der interstitiellen Flüssigkeit (bzgl. des kolloidosmotischen Druckes s. u.).

Lösungen, die den gleichen osmotischen Druck haben wie Plasma, bezeichnet man als ***isoton;*** entsprechend nennt man Lösungen mit höherem osmotischen Druck ***hyperton,*** solche mit niedrigerem osmotischen Druck ***hypoton.***

Osmotisch bedingte Änderungen des Zellvolumens. Jede Abweichung vom normalen osmotischen Druck der intra- oder der extrazellulären Flüssigkeit führt zu Wasserverschiebungen zwischen den Zellen und ihrer Umgebung. Ein erhöhter Salzgehalt der Zellen (z. B. bei Versagen der Na^+-K^+-Membranpumpen durch Sauerstoffmangel) bringt die Zellen durch Na^+-Retention und nachfolgendem Einstrom von Chlorionen und Wasser zum Schwellen ***(zelluläres Ödem).*** Dabei kann es zum „Platzen" der Zellen durch die starke Volumenzunahme kommen. Umgekehrt läßt eine Hypertonie der extrazellulären Flüssigkeit (z. B. bei einem Nierenversagen) die ***Zellen durch Wasserausstrom schrumpfen*** und bewirkt den Verlust der normalen Gewebsspannung (des „Gewebsturgors").

Das Plasmaeiweiß besteht aus Albumin und verschiedenen Globulinen. Die Albuminmoleküle sind für 80% des kolloidosmotischen Drucks verantwortlich; dieser ist eine wichtige Kraft beim transkapillären Flüssigkeitsaustausch

Albumin- und Globulingehalt des Plasmas. Durch die 65–80 g Eiweiß, die jeder Liter menschlichen Plasmas enthält (s. o.), ist das Plasma etwa doppelt so zähflüssig *(viskös)* wie Wasser. Das Plasmaeiweiß selbst ist ein Gemisch von verschiedenen mittelgroßen bis großen Eiweißmolekülen, deren Molekulardurchmesser zwischen 1 und 100 nm liegt. Moleküle dieser Größe werden auch als ***Kolloide*** bezeichnet.

Die verschiedenen Plasmaeiweiße können in einem elektrischen Feld voneinander getrennt werden, da sie unterschiedlich stark elektrisch geladen sind und damit in Abhängigkeit von ihrer Ladung und ihrer Größe unterschiedlich schnell in einem elektrischen Gleichspannungsfeld wandern. Das Ergebnis einer solchen, in der Klinik routinemäßig angewandten *Elektrophorese* ist in Abb. 10–2 zu sehen. Das Eiweiß ***Albumin*** kommt am häufigsten vor (rund 60 % der Plasmaeiweißmenge), der Anteil der verschiedenen ***Globuline*** liegt zwischen 4 und 17 % [16].

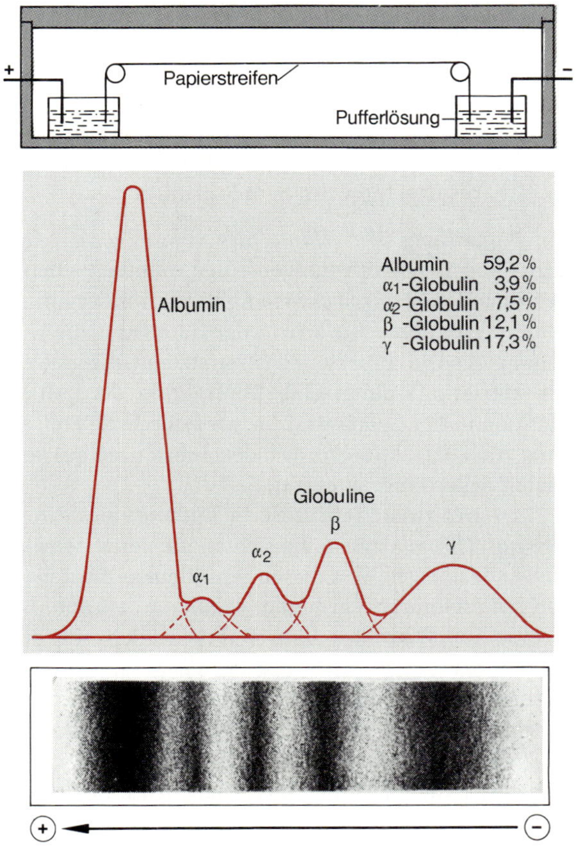

Abb. 10–2. Elektropherogramm eines menschlichen Serums. *Unten* der angefärbte Papierstreifen, *darüber* die Fotometerkurven, der prozentuale Anteil der einzelnen Serumeiweißfraktionen und die Apparatur zur Papierelektrophorese. Aus Weiss und Jelkmann in [14]

Ursache des kolloidosmotischen Drucks. Anders als die Elektrolyte und andere kleinmolekulare gelöste Teilchen können die Plasmaeiweiße nicht aus den Kapillaren in das Interstitium diffundieren. In bezug auf sie besteht daher ein osmotisches Druckgefälle aus dem Interstitium in Richtung Kapillarinnenraum von etwa 25 mm Hg. Diesen Druck nennt man wegen der Größe der Eiweißmoleküle den ***kolloidosmotischen Druck.*** Für ihn sind zu etwa 80 % die Albuminmoleküle verantwortlich, da ihre Zahl weit größer als die aller anderen Plasmaeiweißmoleküle ist, und zwar aus zwei Gründen: Erstens stellen sie den größten Eiweißanteil (s. o.) und zweitens sind die Albuminmoleküle kleiner als die Globulinmoleküle.

Kapilläre Flüssigkeitsbewegungen; Lymphentstehung. Der kolloidosmotische Druck würde zur Aufnahme von Wasser in die Kapillaren führen, wenn ihm nicht der durch das Herz erzeugte Blutdruck entgegenwirkte. Dieser ist *zu Beginn der Kapillare* (am arteriellen Ende, *links* in Abb. 10–3 B) mit 37 mm Hg sogar größer als der kolloidosmotische Druck, sodaß dort sogar eine ***Filtration von Flüssigkeit*** in den interstitiellen Raum erfolgt. Am venösen Ende der Kapillare (*rechts* in Abb. 10–3 B) ist der Kapillarblutdruck auf rund 17 mm Hg abgefallen. Dadurch überwiegt der nach innen gerichtete kolloidosmotische Druck, und es wird Flüssigkeit in die Kapillare wieder aufgenommen (reabsorbiert). Diese Verhältnisse bewirken, daß am arteriellen Kapillarabschnitt rund 0,5 % des durchfließenden Plasmavolumens filtriert werden. Von diesem Filtrat werden, wie Abb. 10–3 zeigt, ***90 % am venösen Ende reabsorbiert,*** der Rest fließt über die ***Lymphgefäße*** in den Kreislauf zurück. Die durchschnittliche Filtrationsrate aller Kapillaren des Körpers beträgt etwa 14 ml/min bzw. 20 l/24 h [33].

Eiweißmangelödeme. So gering die durch Filtration und Reabsorption verschobenen Flüssigkeitsvolumina erscheinen mögen, so kann doch eine Störung ihres „Fließgleichgewichts" sich sehr rasch bemerkbar machen. Wenn sich z. B. der Eiweißgehalt des Blutplasmas vermindert, dann reduziert sich auch der kolloidosmotische Druck. Damit nimmt die Filtrationsrate zu und die Reabsorptionsrate ab, wodurch sich zusätzliche Flüssigkeit im Interstitium ansammelt, d. h. es bilden sich *Ödeme.* Solche durch ***Eiweißmangel im Blutplasma*** bedingten Ödeme finden sich bei *schweren Verbrennungen* (Eiweißverlust durch die geschädigten Gefäße), bei der *Nephrose* (einer Nierenerkrankung, bei der täglich bis zu 20–30 g Eiweiß im Urin ausgeschieden werden) und bei chronischer Unterernährung *(Hungerödem).*

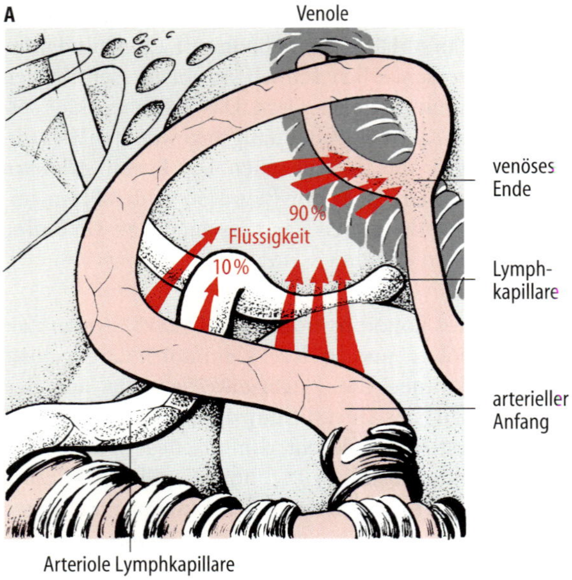

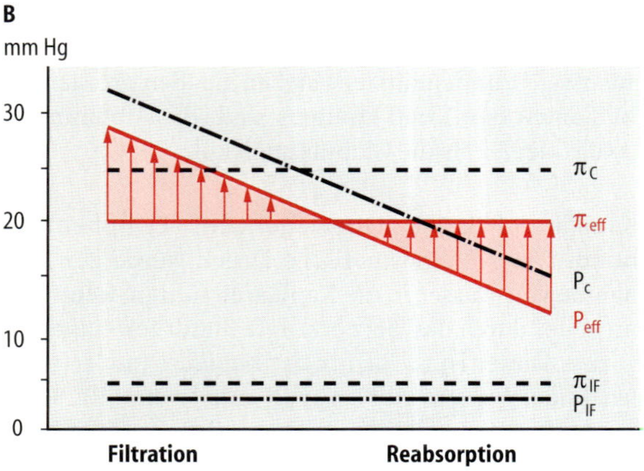

Abb. 10–3. Flüssigkeitsbewegungen aus den und in die Blutkapillaren. **A** Die bildliche Darstellung des Gefäßsystems zeigt den Flüssigkeitsaustritt am arteriellen Beginn der Kapillare und die spätere Reabsorption am venösen Ende und in die Lymphkapillaren (*rote Pfeile*). **B** Druckkomponenten und deren Änderung im Kapillarverlauf. P_c, kapillärer Druck; P_{IF}, Druck im interstitiellen Raum; π_C, kapillärer kolloidosmotischer Druck; π_{IF}, kolloidosmotischer Druck im interstitiellen Raum; P_{eff}, effektiver transmuraler Filtrationsdruck; π_{eff}, effektiver kolloidosmotischer Druck. Etwa in der Mitte der Kapillare sinkt der effektive Filtrationsdruck unter den effektiven kolloidosmotischen Druck und die Filtration geht in die Reabsorption über

Stauungsödem. Kann ein Herz nicht schnell genug das in den Venen zu ihm strömende Blut wegpumpen, staut sich das Blut in den Venen, und der venöse Druck steigt an. Damit vermindert sich die Reabsorptionsrate am venösen Kapillarende, und es resultieren daraus wieder *Ödeme.* Diese entwickeln sich bei ***Herzkranken*** besonders in den abhängenden Körperpartien (Füße, Unterschenkel), da von dort der venöse Rückstrom zusätzlich gegen die Schwerkraft erfolgen muß. (Während der nächtlichen Ruhezeit gelingt es dem Herzen oft, den venösen Stau „abzubauen“ und damit die Ödeme rückzubilden. Das überschüssige Wasser wird über die Nieren ausgeschieden und führt bei diesen Kranken zu nächtlichem Harndrang.)

Die Globuline dienen teils als Transportmittel, teils nehmen sie Schutz- und Abwehrfunktionen wahr (humorale Immunität)

Die Globuline wurden nach ihrer Wanderungsgeschwindigkeit im elektrischen Feld in 4 Untergruppen eingeteilt (Abb. 10–2), die jede in sich mit feineren Methoden weiter aufteilbar ist. Ihre wichtigsten Funktionen seien hier nur stichwortartig genannt. Bei den ***α_1-Globulinen*** handelt es sich vor allem um Glykoproteine mit unterschiedlichsten Transportaufgaben, z. B. für Hormone und Vitamine. Ähnliches gilt für die ***α_2-Globuline.*** Die nächste Fraktion, also die ***β-Globuline,*** sind vorwiegend Lipoproteine, die als Lösungsvermittler und Transportmittel für die wasserunlöslichen Fette und Lipide dienen. Die ***γ-Globuline*** stellen die meisten ***Schutz- und Abwehrstoffe*** des Blutes. Ihr Anteil ist daher bei fast allen, besonders den entzündlichen Erkrankungen, über das normale Maß gesteigert (s. Kap. 4). Auch das bei der Blutgerinnung (s. 10.2) eine wichtige Rolle spielende ***Fibrinogen*** ist ein Globulin.

10.2 Blutstillung, Blutgerinnung und Fibrinolyse

Die Blutstillung (Hämostase) setzt sofort nach der Verletzung von Blutgefäßen ein und bringt die meisten Blutungen in ein bis drei Minuten zum Stillstand

Die ***Blutstillung*** oder ***Hämostase*** verhindert bei Gewebs- und Gefäßverletzungen einen eventuell lebensbedrohenden Blutverlust. Wie Abb. 10–4 auf der linken Seite zeigt, ist der erste Schritt der Hämostase die Verengung des Durchmessers des verletzten Gefäßes (Vasokonstriktion) durch eine Kontraktion der glatten Muskulatur der Gefäßwand. Sie wird durch die Freisetzung von kontraktionsfördernden Substanzen aus verletzten Zellen eingeleitet [14].

Der zweite Schritt ist die Bildung eines ***Pfropfens aus Thrombozyten,*** die sich an die verletzten Gefäßwände anlegen. Von diesen sehr kleinen Blutzellen, auch *Blutplättchen* genannt, existieren 150 000 bis 350 000 im Mikroliter Blut. Dabei werden aus den Thrombozyten Stoffe freigesetzt, die zusammen mit anderen aus den zerstörten Gewebszellen als dritten Schritt die Bildung des eigentlichen ***Blutgerinnsels*** *(Thrombus)* einleiten. Als vierter und letzter Schritt ziehen sich die im Thrombus enthaltenen Eiweißfäden zusammen *(Fibrinretraktion)*, ***verfestigen dadurch den Thrombus*** und nähern die Wundränder einander an.

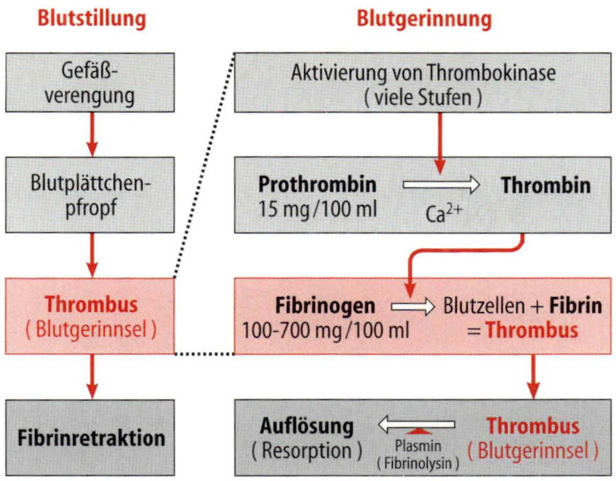

Abb. 10–4. Übersicht über die bei der Blutstillung (Hämostase) und bei der Blutgerinnung ablaufenden Prozesse. Die Abbildung ist stark schematisiert; sie verdeutlicht, daß die Blutgerinnung ein Teilprozeß der Blutstillung ist (s. die *gestrichelten Linien*); der Thrombus (Blutgerinnsel) besteht aus einem Netzwerk geronnenen Fibrins samt den darin eingeschlossenen Blutzellen; dieses Grundschema der Blutgerinnung geht auf Morawitz (1905) zurück

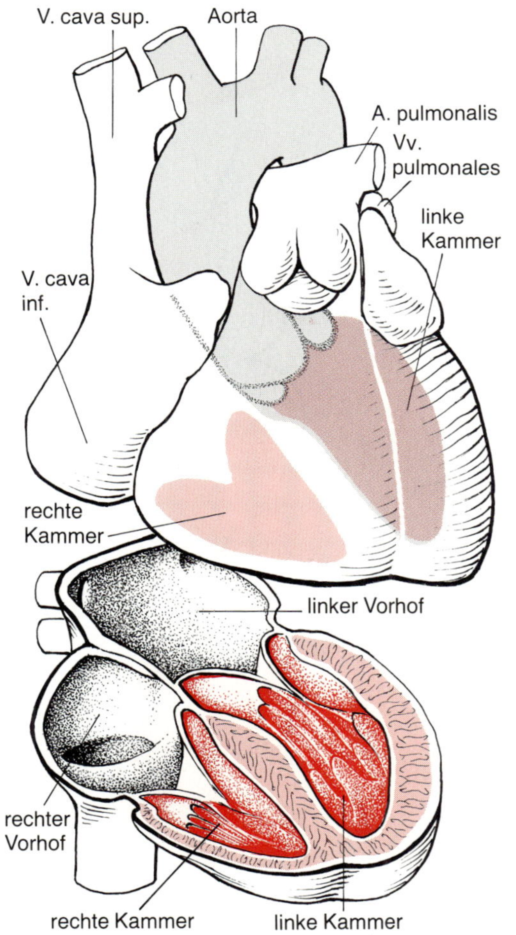

Abb. 10–5. Skizze des aufgeschnittenen Herzens. Das Blut fließt aus den großen Körpervenen (Vena cava sup. und Vena cava inf.) über den rechten Vorhof in die rechte Kammer und von dort in die Arteriae pulmonales. Entsprechend fließt das aus den Lungen zurückströmende Blut über den linken Vorhof in die linke Kammer und wird vorn dort in die Aorta (Körperhauptschlagader) gepumpt

Die Blutgerinnung ist ein Teilprozeß der Blutstillung; die Fibrinolyse beseitigt überflüssig gewordene Blutgerinnsel

Die eigentliche Blutgerinnung ist ein vielstufiger, enzymatisch gesteuerter Vorgang, von dem nur die wesentlichsten Ereignisse auf der rechten Seite der Abb. 10–4 aufgeführt sind [14]. In einer Reihe von ersten Schritten wird durch die Zerstörung der Gewebszellen und den Zerfall der sich zusammenklumpenden Blutplättchen ein Enzym, die ***Thrombokinase,*** aktiviert. Diese wiederum wandelt einen im Blutplasma mit etwa 15 mg/100 ml gelösten Eiweißkörper, das ***Prothrombin,*** in Anwesenheit von Kalzium-Ionen (Ca^{2+}) in das Enzym ***Thrombin*** um. Unter dem Einfluß des Thrombins wird ein weiterer mit 100 bis 700 mg/100 ml im Blut gelöster Eiweißkörper, das ***Fibrinogen,*** zu Eiweißfäden, dem ***Fibrin,*** ausgefällt, die zusammen mit den Blutzellen sich vernetzen und verkleben und dadurch das eigentliche Blutgerinnsel (den ***Thrombus***) bilden. Dieser Thrombus verfestigt sich anschließend durch ein Zusammenschrumpeln der Fibrinfäden.

Im Laufe der Heilung wird der Thrombus mit Hilfe des Enzyms ***Plasmin*** (Fibrinolysin) wieder aufgelöst (resorbiert). Bei einem Bluterguß ins Gewebe kann man an der Verfärbung und Verkleinerung des „blauen Flecks“ die Resorption des entstandenen Blutgerinnsels über Tage gut verfolgen.

10.3 Bau des Herzens, Mechanik der Herzaktion

Das Herz ist eine doppelkammerige Druck-Volumen-Pumpe

Bau des Herzens, Funktion der Pumpen (Abb. 10–5, s. a. Abb. 10–7A, 10–17A). Das *linke* Herz dient dazu, das Blut in das arterielle Versorgungssystem des Körpers zu pumpen (linkes Herz und Körperarterien entsprechen also dem Wasserversorgungssystem in unserem obigen Vergleich), während das *rechte* Herz über die Körpervenen das Blut aus dem Körperinneren aufnimmt und über die Lungenarterien in die Lungen schickt. Von dort fließt es über die Lungenvenen zum linken Herzen zurück und steht für einen neuen kompletten Kreislauf bereit [3,14,15,26].

Die linken und die rechten Herzhälften haben je zwei Pumpräume, die durch *Ventilklappen* voneinander getrennt sind: die ***Vorhöfe*** und die ***Kammern*** (Abb. 10–5, 10–6). Das Blut aus den Lungen- bzw. den Körpervenen fließt zunächst in den linken bzw. rechten Vorhof und von dort in die Kammern. Aus diesen Kammern wird das Blut dann in die Körper- (links) und Lungenarterien (rechts) gepumpt. Die ***Klappen*** *zwischen den Vorhöfen und Kammern* und die (bisher noch nicht genannten) *zwischen den Kammern und Arterien* arbeiten wie Pendeltüren, die nur in der

Flußrichtung des Blutes aufgehen. Sie stellen also wie technische Rückschlagventile sicher, daß das Blut nicht „rückwärts" fließt.

Aufbau und Speicherung der Energie für den Blutdruck. Die beiden Herzhälften drücken bei jedem Herzschlag Blut in die Arterien und „pumpen diese auf", genau wie eine Fahrradpumpe bei jeder Kolbenbewegung einen Fahrradschlauch aufpumpt. Hat ein solcher Schlauch einige feine Löcher, so läßt sich dennoch ein Druck in dem Schlauch aufbauen und aufrechterhalten, wenn man nur genug Luft in den Schlauch pumpt. Die *elastischen Schlauchwände speichern nämlich die Druckenergie* und sorgen dafür, daß trotz der stoßartigen Luftzufuhr aus der Pumpe der Luftausstrom aus den Löchern nahezu gleichmäßig erfolgt. Genau dies geschieht auch im *großen* (linken) und im *kleinen* (rechten) Kreislauf: Die ***elastischen Wände der Arterien*** werden durch das aus dem Herzen gepumpte Blut ***gedehnt und speichern damit Druckenergie,*** die zwischen den einzelnen Herzschlägen dafür sorgt, daß der Blutfluß durch die Organe des Körpers praktisch gleichmäßig erfolgt (Windkesselfunktion der Aorta).

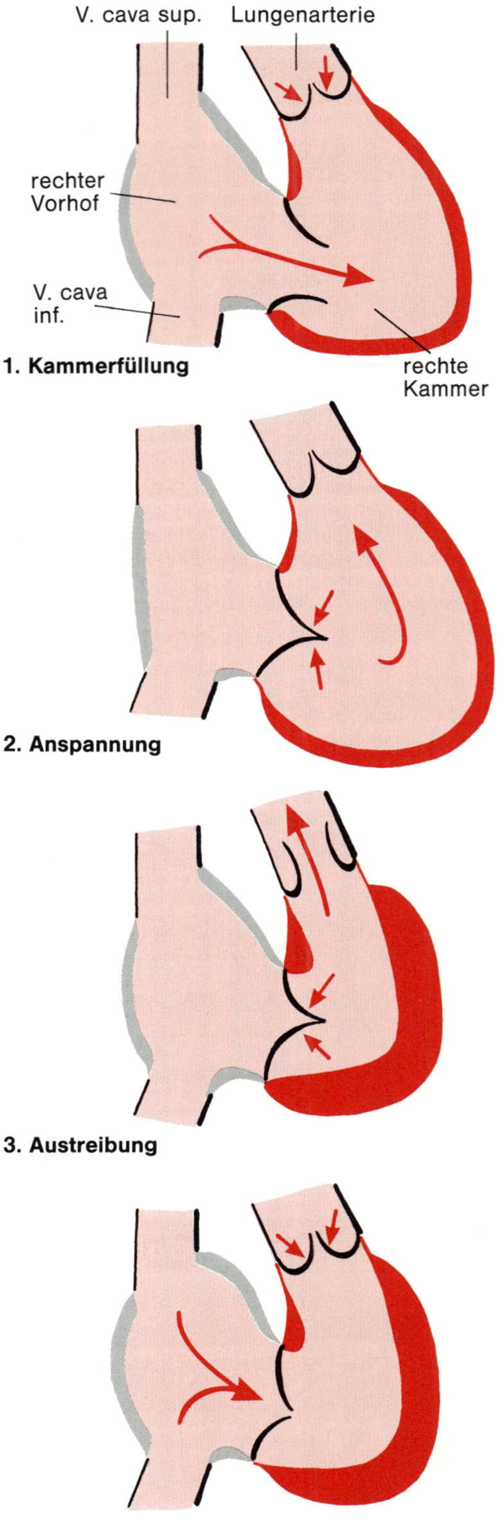

Abb. 10–6. Die vier Phasen jedes Herzschlages, dargestellt am Beispiel des rechten Herzens. Die erste und die vierte Phase werden als Diastole, die zweite und die dritte als Systole zusammengefaßt. Die entsprechenden Vorgänge im linken Herzen sind in Abb. 10–13, S. 177, zusammengestellt

Jeder Arbeitszyklus der Ventrikel besteht aus vier Phasen, nämlich Kammerfüllung, Anspannung, Austreibung und Erschlaffung

Wie die Bildserie in Abb. 10–6 zeigt, wird jeder Herzschlag, *erstens,* durch eine ***Füllung der Kammern*** eingeleitet. Dabei fließt das in den Vorhöfen angesammelte Blut durch die Vorhof-Kammer-Klappen in die Kammern. Zum Schluß dieser Füllphase kontrahieren sich die Muskelfasern der Vorhofwand und drücken durch diese ***Vorhofkontraktion*** soviel Blut wie möglich in die Kammern. Die Klappen zwischen den Kammern und den Arterien, der Aorta *links* und der Lungenarterie *rechts,* sind zu dieser Zeit verschlossen, denn der Druck in den „aufgepumpten" Arterien ist höher als in den Kammern.

Unmittelbar nach der Vorhofkontraktion beginnen, *zweitens,* die Kammern sich zu kontrahieren. Das heißt, die Muskelfasern spannen sich an und versuchen sich zu verkürzen. Durch den Druckanstieg in den Kammern schlagen sofort die Vorhof-Kammer-Klappen zu. Für eine kurze Zeit, die der ***Anspannung der Herzmuskelfasern,*** sind dann alle vier Klappen des Herzens geschlossen.

Die Anspannungszeit endet, *drittens,* wenn durch die Kammerkontraktion der Druck in den Kammern den Druck in den Arterien übersteigt. In diesem Augenblick öffnen sich die Arterienklappen, und *Blut wird aus den Kammern in die Arterien ausgeworfen.* Dabei steigt gleichzeitig der Druck weiter an, um den Druckabfall in den Arterien seit der letzten Auswurfphase wieder auszugleichen.

Nach der Kontraktion ***erschlafft***, *viertens*, ***die Kammermuskulatur.*** Sobald dadurch der Druck in den Kammern unter den in den Arterien sinkt, schlagen die Klappen zwischen ihnen zu. In den Vorhöfen hat sich unterdessen venöses Blut angestaut. Es beginnt, in die Kammern zu fließen. Der nächste Arbeitszyklus wird eingeleitet.

Die zweite und dritte Phase des Arbeitszyklus, also *Anspannungsphase* und *Austreibung des Blutes* durch die Herzkontraktion, wird ***Systole*** genannt, die Pause dazwischen ***Diastole.*** Entsprechend heißt der *maximale Blutdruck* (auf dem Höhepunkt der Austreibungsphase) ***systolischer Blutdruck,*** der *minimale,* der beim Öffnen der Aortenklappe liegt, ***diastolischer Blutdruck.*** Über diese Werte später mehr (s. S. 176). Der genaue zeitliche Ablauf der vier Phasen des Herzzyklus, samt den dabei auftretenden Druck- und Volumenänderungen, ist für das linke Herz in Abb. 10–13 (s. S. 177) dargestellt.

Der erste Herzton signalisiert die Anspannungskontraktion, der zweite den Klappenschluß bei der Erschlaffung

Der ***erste Herzton*** zu Beginn der Systole wird durch die Schwingungen des ganzen Herzens bei der Anspannungskontraktion verursacht. Der ***zweite Herzton*** entsteht bei der Erschlaffung der Ventrikel durch das ruckartige Schließen der Klappen zwischen Arterien und Kammern. (Wie in Kap. 18 erläutert wird, sind die Herztöne physikalisch keine Töne, sondern Geräusche. Der Begriff *Herzgeräusche* ist aber für denjenigen Herzschall reserviert, der durch krankhafte Veränderungen des Herzens bedingt ist, s. u.).

Herzspitzenstoß. Die Herztöne lassen sich mit einem auf den Brustkorb aufgesetzten ***Stethoskop*** abhören. Die Schwingungen des ersten Herztons können auch, besonders bei mageren Menschen, auf dem Brustkorb mit den Fingerspitzen gefühlt und links zwischen der fünften und sechsten Rippe als ***Herzspitzenstoß*** gesehen werden. Nach größeren Anstrengungen, wenn das Herz besonders kräftig schlägt, können wir sogar spüren, wie unser Herz im Brustkorb „pocht". Auch die eigenen Herztöne kann man in einem ruhigen Zimmer mit dem Kopf auf dem Kissen hören. (Näheres zur Wahrnehmung der Herztätigkeit bei der Besprechung der *Interozeption,* s.S. 343).

Ein Herz, das den normalen Anforderungen des Alltags gewachsen ist, wird als suffizient bezeichnet; Herzinsuffizienz nennt man mehr oder weniger ausgeprägte Herzmuskelschwächen; häufige Ursachen sind Klappeninsuffizienzen oder -stenosen und Bluthochdruck

Definition des Herzzeitvolumens. In Ruhe schlägt das Herz eines Erwachsenen etwa 70mal in der Minute. Bei jedem Herzschlag werden rund 70 ml Blut aus der rechten und aus der linken Kammer ausgeworfen und damit von dem einen in den anderen Teilkreislauf verschoben. Also werden in Ruhe pro Minute $70 \cdot 70 = 4900$ ml oder rund 5 l Blut „umgewälzt". Das ist etwa die gesamte im Körper vorhandene Blutmenge (s. S. 163).

Das in einer bestimmten Zeit vom Herzen umgepumpte Blutvolumen wird ***Herzzeitvolumen*** genannt. Im allgemeinen wird, wie in obigem Beispiel, das *Herzminutenvolumen* angegeben. Dieses ist in Ruhe am niedrigsten und erhöht sich bei Arbeit. Wie ab S. 177 geschildert, kann das Herz eines Erwachsenen, je nach Alter und Trainingszustand, bis zu 25–35 l Blut pro Minute „umwälzen". Das Herzzeitvolumen kann sich also etwa im Verhältnis 1:5 bis 1:7 an wechselnde Bedürfnisse anpassen. Ein Herzmuskel, der diese Anforderungen erfüllt, wird als *suffizient* bezeichnet.

Definition der Insuffizienz. *Dauernde* Überlastungen des Herzmuskels, sei es durch die anschließend geschilderten Klappenfehler, sei es aus anderen Ursachen (wie einem chronisch zu hohen Blutdruck, s. S. 190), führen früher oder später zu einem Nachlassen der Herzleistung [5,8,18]. Zunächst fällt diese *Herzmuskelschwäche* oder ***Herzinsuffizienz*** nur bei Anstrengungen auf. Schließlich ist das Herz schon bei leichter Arbeit nicht mehr in der Lage, genügend Blut in die Arterien zu pumpen: aus einer *kompensierten* Herzmuskelinsuffizienz wird eine *dekompensierte* mit deutlicher Einschränkung der körperlichen Leistungsfähigkeit (z. B. Atemnot und „Herzbeschwerden" schon beim Treppensteigen, geschwollene Füße durch den Rückstau des venösen Blutes, häufiges nächtliches Wasserlassen, da das Herz nachts weniger belastet ist und die tagsüber angesammelten Ödeme ausschwemmt).

Therapie der Herzinsuffizienz. Dies geschieht v. a. durch *Digitalispräparate* (Extrakte des Fingerhuts), die die Kraft der Kontraktion eines geschädigten Herzmuskels deutlich steigern können. (Am gesunden Herzmuskel wirkt Digitalis nicht. Auch auf die andere Körpermuskulatur hat es keinen Einfluß.) Ein durch jahrzehntelange Überlastung völlig erschöpfter Herzmuskel kann aber auch durch Digitalis nicht mehr zu ausreichenden Kontraktionen angeregt werden. Ohne eine Herztransplantation sind diese Patienten verloren. Da Herztransplantationen nach wie vor problematisch sind, ist es wichtig, jede Herzmuskelinsuffuzienz so früh und so konsequent wie möglich zu behandeln.

Herzklappeninsuffizienz und -stenose. Wenn die Klappe zwischen linkem Vorhof und linker Kammer nicht völlig schließt, strömt das Blut während der Systole nicht nur in die Aorta, sondern auch in den linken Vorhof und in die Lungenvenen zurück. Dies ist einer der ***Klappenfehler,*** die an allen vier Klappen angeboren oder durch Krankheit auftreten können. Die Folgen unvollkommen schließender Klappen, ***Herzklappeninsuffizienz*** genannt, kann man sich für alle vier Ventile leicht vorstellen. Für die linke Vorhof-Kammer-Klappe haben wir sie eben schon genannt. Als zweites Beispiel sei die Insuffizienz der Aortenklappe erwähnt. Sie führt dazu, daß während der Diastole das vorher in die Aorta ausgeworfene Blut teilweise wieder in die Kammer zurückfließt. Um dennoch ausreichend Blut in den großen Kreislauf zu pumpen, muß das linke Herz schon in Ruhe deutlich mehr Blut fördern, nämlich die normale plus die rückfließende Menge.

Sind die Klappen verengt ***(stenotisch)*** und öffnen sich nur unvollkommen, dann bilden sie ein Hindernis für den

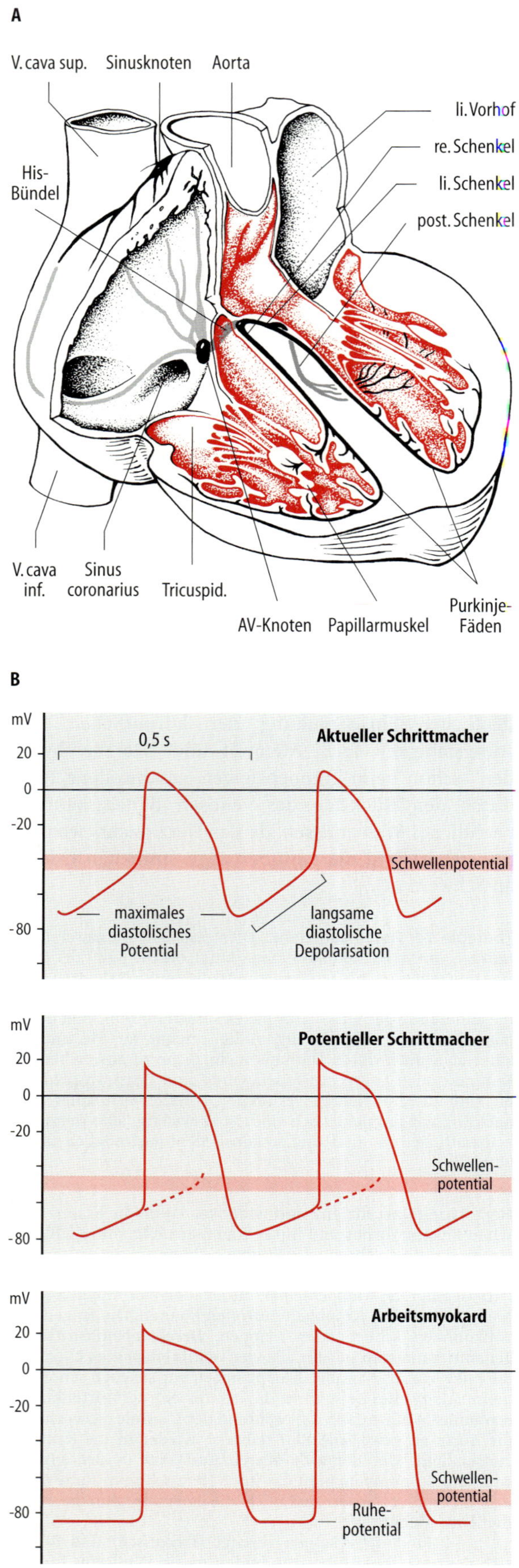

freien Blutdurchfluß. Stenosen zwischen Vorhöfen und Kammern führen zu Blutstau vor der Verengung und zu mangelhafter Füllung des Herzens in der Diastole. Verengungen zwischen den Kammern und den Arterien, z. B. die ***Aortenstenose,*** erfordern eine erheblich höhere Druckentwicklung des Herzens bei der Kontraktion, um die notwendige Blutmenge auszuwerfen.

10.4 Spontanerregung, Erregungsausbreitung, elektromechanische Kopplung

Das Herz kann sich selbständig rhythmisch kontrahieren; normalerweise geht die Herzerregung von den Schrittmacherzellen des Sinusknotens im rechten Vorhof aus und erreicht über den AV-Knoten die Ventrikel

Zwei Besonderheiten der Herzmuskelfasern bilden die Voraussetzungen für die automatische Herztätigkeit: Erstens sind die *Herzmuskelzellen alle netzförmig miteinander verknüpft,* sie bilden also miteinander ein ***funktionelles Synzytium.*** Eine einmal an irgendeiner Stelle des Herzens ausgelöste Erregung breitet sich daher immer über das gesamte Herz aus und bringt es damit nahezu gleichzeitig zur Kontraktion. Die zweite Besonderheit des Herzmuskels liegt in der Fähigkeit *eines Teils seiner Zellen* zur ***Spontanerregung*** und zur besonders ***raschen Ausbreitung*** der Signale, die bei der spontanen Erregungsbildung ausgelöst werden. Das Signal der Erregung ist dabei ein kurzer elektrischer Impuls, das ***Aktionspotential der Herzmuskelfaser*** (s. unten).

Erregungsbildung in Schrittmacherzellen. Die zur Erregungsbildung fähigen Herzmuskelzellen sind in Abb. 10–7 A schwarz eingetragen. Normalerweise geht die spontane Erregungsbildung von einem Stückchen der rechten Vorhofmuskulatur, dem ***Sinusknoten,*** aus, er ist also der ***Schrittmacher des Herzens.*** Der Ablauf der Erregungsbildung in einer solchen Schrittmacherzelle ist in Abb. 10–7 B zu sehen: Im Anschluß an jedes

Abb. 10–7. Elektrische Vorgänge bei der Herztätigkeit und die Entstehung des normalen Herzschlags. **A** Die Erregungen des Herzens entstehen in spezialisierten Herzmuskelzellen, die im Vorhof (Sinusknoten) und am Übergang zwischen Vorhof und Kammer (AV-Knoten) liegen. Die Kammern besitzen Herzmuskelzellverbände, die auf die Erregungsleitung im Herzen spezialisiert sind. Zu diesen gehören die Purkinje-Fäden, die auch Schrittmacherpotentiale ausbilden können. **B** Verlauf der Membranpotentiale einzelner Herzmuskelzellen aus den angegebenen Herzarealen. Die Ableitung dieser Potentiale erfolgte mit Mikroelektroden von einzelnen Herzmuskelzellen. **B** nach Antoni in [14]

Aktionspotential kommt es, ausgehend vom *maximalen diastolischen Potential,* zu einer langsamen Depolarisation, die das Schwellenpotential erreicht und damit eine neue Erregung auslöst. Diese ***langsame diastolische Depolarisation*** ist ein *lokaler Erregungsvorgang,* der *nicht* wie das anschließende Aktionspotential über das gesamte Herz fortgeleitet wird [14].

Aktuelle und potentielle Schrittmacher. Das langsame diastolische Potential wird auch als ***Schrittmacherpotential*** bezeichnet. Normalerweise sind nur wenige Zellen im Sinusknoten des Herzens für die Erregungsbildung verantwortlich *(aktuelle Schrittmacher),* nämlich die, die das steilste Schrittmacherpotential aufweisen, das deswegen am schnellsten die Schwelle erreicht. Alle anderen Herzmuskelzellen mit langsamen diastolischen Depolarisationen werden genauso wie alle übrigen Herzzellen auf dem Weg der Fortleitung erregt, d.h. von ausgreifenden Stromschleifen rasch bis zur Schwelle depolarisiert, *bevor* ihre langsamen diastolischen Depolarisationen das Schwellenpotential erreichen *(potentielle Schrittmacher).*

Bei Ausfall des aktuellen Schrittmachers (meist der Sinusknoten) kann ein potentieller Schrittmacher, z.B. der Atrioventrikularknoten (AV-Knoten, Abb. 10–7 A) die Erregungsbildung übernehmen. Wegen der bei ihm langsameren diastolischen Depolarisation (Abb. 10–7 B, Mitte) dauert es hier jedoch länger bis die Schwelle erreicht ist: das Herz schlägt dann entsprechend langsamer. Oft ist der Rhythmus dieser ***sekundären Schrittmacher*** auch unregelmäßiger.

Ionenmechanismus des Schrittmacherpotentials [14, 22, 24]. Ähnlich wie an Nervenzellen ist auch an Herzmuskelzellen in Ruhe die Leitfähigkeit der Zellmembran für Kaliumionen hoch. Das Ruhepotential ist daher im wesentlichen ein „Kaliumpotential" (s. S. 108). Im Schrittmachergewebe ist jedoch zusätzlich die Leitfähigkeit für Natriumionen so hoch, daß das Kalium-Gleichgewichtspotential auch beim maximalen diastolischen Potential nicht erreicht wird. Das maximale diastolische Potential ist also ein durch die Leitfähigkeiten für Na^+- und K^+-Ionen bedingter labiler „Kompromiß", der nur dann Bestand hätte, wenn sich die Leitfähigkeiten nicht weiter verändern würden. Tatsächlich nimmt aber die Kaliumleitfähigkeit nach Erreichen der maximalen diastolischen Depolarisation wieder ab. Diese ***Abnahme der Kaliumleitfähigkeit führt zur Membrandepolarisation, also zum Schrittmacherpotential,*** weil der Einstrom positiv geladener Natriumionen den Ausstrom ebenfalls positiv geladener Kaliumionen überwiegt und damit das Zellinnere positiver wird. An der ***Schwelle*** wird die ***Natriumleitfähigkeit*** (die bis hierher unverändert war) zusätzlich ***abrupt größer,*** womit das Membranpotential in den Aufstrich des *fortgeleiteten* Aktionspotential übergeht (s. u.).

Rolle des AV-Knotens und des Erregungsleitungsgewebes. Das im Sinusknoten generierte Aktionspotential breitet sich zunächst über die beiden Vorhöfe aus und bringt diese damit zur Kontraktion. Anschließend pflanzt sich die Erregung über eine schmale Muskelbrücke in der Herzmitte, den ***Atrio-Ventrikular-Knoten*** (AV-Knoten, „Vorhof-Kammer-Knoten"), auf die Kammerseite fort. (Einen anderen Weg gibt es nicht, da ansonsten Vorhöfe und Kammern durch eine bindegewebige Platte voneinander getrennt sind; in dieser Platte sind die Herzklappen aufgehängt.) Nach dem Atrio-Ventrikular-Knoten, in dem die Erregungswelle nur langsam vorankommt, greift diese schnell entlang dem in Abb. 10–7 A schwarz gezeichneten ***Erregungsleitungsgewebe*** auf *beide Kammern* über (vgl. auch Abb. 10–10). Die Verzögerung im AV-Knoten stellt dabei sicher, daß sich die Kammern deutlich nach den Vorhöfen kontrahieren, damit die Schlußfüllung der Kammern durch die Vorhofkontraktion bei Beginn der Kammerkontraktion abgeschlossen ist.

Das Aktionspotential des Arbeitsmyokards weist ein Plateau auf, dessen Dauer von der Herzfrequenz abhängt; während des Plateaus ist das Herz refraktär

Das ***Ruhepotential*** der Herzmuskelzellen des Arbeitsmyokards beträgt –85 bis –90 mV (Abb. 10–8). Das ***Aktionspotential*** beginnt mit einer raschen Umladung vom Ruhepotential bis zum Gipfel der *initialen Spitze*

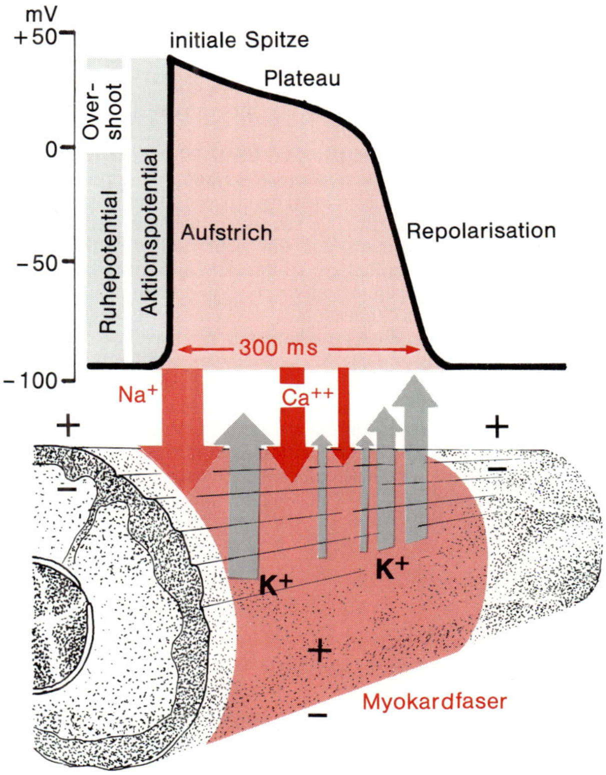

Abb. 10–8. Ionenflüsse bei einem Herzaktionspotential. *Oben:* Ablauf eines Aktionspotentials einer Zelle aus dem Arbeitsmyokard des Herzens. Die Benennung der einzelnen Anteile ist angegeben, beachte die Dauer des Aktionspotentials. *Unten:* Vereinfachtes Schema der Ionenströme, die das Aktionspotential erzeugen. *Rote Pfeile* symbolisieren den Einstrom von Natrium- *(Na^+)* und Kalzium-Ionen *(Ca^{2+})* in die Zelle, *graue Pfeile* den Austritt von Kalium-Ionen *(K^+)* aus der Zelle. Die *Dicke der Pfeile* symbolisiert die Stärke der Ionenströme während der durch die Lokalisation der Pfeile angegebenen Zeiten des Aktionspotentials. In Anlehnung an Antoni in [14]

(ca. +30 mV). An diese schnelle Depolarisationsphase, die nur 1–2 ms dauert, schließt sich als besonderes Charakteristikum der Herzmuskulatur ein *Plateau* an, bevor die *Repolarisation* zum Ruhepotential erfolgt. Dieser Verlauf des Herzaktionspotentials ist *oben* in Abb. 10–8 zu sehen.

In Abhängigkeit von der Herzfrequenz beträgt die ***Dauer des Herzaktionspotentials*** ca. 200–400 ms. Bei hoher Herzfrequenz ist das Aktionspotential kurz, bei geringer ist es lang. Während der Dauer des Aktionspotentials ist der Herzmuskel nicht weiter erregbar, er ist ***refraktär.*** Damit ist die Muskulatur des Herzens *vor einer zu schnellen Wiedererregung geschützt,* die ihre Pumpfunktion beeinträchtigen könnte. Gleichzeitig wird verhindert, daß Erregungen im muskulären Netzwerk des Herzens im Kreise laufen und dadurch den rhythmischen Wechsel von Kontraktion und Erschlaffung stören. Eine weitere Konsequenz der langen Refraktärphase besteht darin, daß die Kontraktion des Herzmuskels beendet ist, bevor durch eine nachfolgende Erregung eine erneute Kontraktion ausgelöst werden kann. Eine Überlagerung von Kontraktionen, wie sie beim quergestreiften und beim glatten Muskel regelmäßig vorkommen, ist nicht möglich. Der *Herzmuskel* kann also ***ausschließlich Einzelkontraktionen*** ausführen.

Ionenmechanismus des Herzaktionspotentials (Abb. 10–8 *unten*). Der Aufstrich des Aktionspotentials wird durch eine starke Zunahme der Membranleitfähigkeit für Na^+-Ionen erzeugt, die einen kräftigen ***Na^+-Einstrom*** zur Folge hat. Der initiale Na^+-Einstrom wird jedoch sehr schnell inaktiviert, so daß sofort eine Teilrepolarisation eintritt. Die charakteristische Plateauphase ist darauf zurückzuführen, daß die Membranleitfähigkeit für Ca^{2+}-Ionen für längere Zeit erhöht und die Leitfähigkeit für K^+-Ionen in dieser Zeitspanne erniedrigt ist, so daß sich die Effekte eines langsamen Ca^{2+}-Einstromes und eines entsprechenden K^+-Ausstromes etwa die Waage halten. Erst wenn die Ca^{2+}-Leitfähigkeit abnimmt und die K^+-Leitfähigkeit wieder zunimmt, kommt es zur vollständigen Repolarisation. Bei der Arbeitsmuskulatur ist im Gegensatz zu den Schrittmacherzellen (s. o.) nach Beendigung des Aktionspotentials die K^+-Leitfähigkeit gleichbleibend hoch (und die Na^+-Leitfähigkeit gering), so daß das Ruhepotential bis zur nächsten Erregung einen konstanten Wert beibehält [13,14,15].

Die elektromechanische Kopplung wird durch Ca^{2+}-Ionen bewerkstelligt, die durch das Aktionspotential aus dem sarkoplasmatischen Retikulum freigesetzt werden

Aufgabe des elektrischen Erregungsprozesses ist es, Vorhöfe und Kammern zur Kontraktion zu bringen. Die Übertragung der vom Aktionspotential übermittelten „Kontraktionsbotschaft" auf den mechanischen, zur Zuckung fähigen (kontraktilen) Apparat der Herzmuskelzellen wird ***elektromechanische Kopplung*** genannt. Diese erfolgt so, daß sich das Aktionspotential nicht nur entlang der Oberfläche der Herzmuskelzellen ausbreitet, sondern, genau wie beim Skelettmuskel, auch über fingerförmige Einstülpungen der Zellmembranen, die ***transversalen Tubuli*** *(T-System)* in das Faserinnere gelangt. Hier besteht ein enger Kontakt der transversalen Tubuli zu dem intrazellulären Hohlraumsystem des ***sarkoplasmatischen Retikulums*** *(longitudinales System),* in dem Ca^{2+}-Ionen in hoher Konzentration gespeichert sind. Durch das Aktionspotential werden aus diesen intrazellulären Speichern Ca^{2+}-Ionen freigesetzt, so daß sich ihre intrazelluläre Konzentration schlagartig um etwa das Hundertfache erhöht. Durch diesen Konzentrationsanstieg werden am kontraktilen Apparat diejenigen Prozesse aktiviert, die zur Kontraktion der Herzmuskelzellen führen. Diese Prozesse sind mit denen der Skelettmuskulatur praktisch identisch, so daß auf deren ausführliche Beschreibung in Kap. 13 verwiesen wird. Der Kontraktionsvorgang wird dadurch beendet, daß die Ca^{2+}-Ionen aus dem Sarkoplasma aktiv (also unter Energieaufwand) in das longitudinale System zurückgepumpt werden [13,14].

Trigger- und Auffülleffekt der Kalziumionen. Beim Freisetzen und Zurückpumpen der Ca^{2+}-Ionen aus dem longitudinalen System gehen jedesmal Ca^{2+}-Ionen „verloren". Diese werden durch die während des Plateaus einströmenden Ca^{2+}-Ionen ersetzt. Das Aktionspotential erfüllt daher 2 wichtige Aufgaben im Dienst der Kontraktion, nämlich, *erstens,* einen ***Triggereffekt,*** d. h die Auslösung der Kontraktion (s. o.) und *zweitens* einen ***Auffülleffekt,*** d. h. eine mit der Erschlaffung einhergehende Bereitstellung von Ca^{2+}-Ionen in den intrazellulären Speichern für die nachfolgenden Kontraktionen.

Elektromechanische Entkopplung und Verstärkung. Bei dieser Sachlage ist es nicht erstaunlich, daß sich *Veränderungen der extrazellulären Ca^{2+}-Konzentration* rasch auf die Kontraktionskraft des Herzens auswirken. Im Experiment läßt sich durch extrazellulären Ca^{2+}-Entzug eine komplette ***elektromechanische Entkopplung*** erzeugen, d. h. der Herzmuskel zeigt wenig veränderte Aktionspotentiale, die jedoch von keiner mechanischen Antwort mehr begleitet sind. Einen ähnlichen Effekt kann man durch Wirkstoffe erzielen, die den Ca^{2+}-Einwärtsstrom hemmen und die deswegen ***Kalzium-Antagonisten*** genannt werden (z. B. Verapamil, Nifedipin, Ditiazem) [4]. Diese Medikamente werden zur Behandlung des Bluthochdrucks eingesetzt, da sie die Kraft der Kontraktion des Herzens abschwächen.

Umgekehrt ist eine *Steigerung der Kontraktionskraft* durch Wirkstoffe möglich, die zu einer Anreicherung von Ca^{2+} im Zellinneren führen. Bei der ***Therapie der Herzinsuffizienz*** (s. o.) dienen dazu vor allem die ***Herzglykoside*** (Digitalis, Strophantin), die indirekt, auf eine hier nicht erläuterte Weise, eine *Zunahme der Ca^{2+}-Ionen in den intrazellulären Speichern* bewirken.

10.5 Das Elektrokardiogramm, EKG

Elektrokardiographie ist das Aufzeichnen von elektrischen Potentialdifferenzen von der Hautoberfläche, die durch die Depolarisation und Repolarisation des Herzmuskels entstehen

Nach dem bisher Gesagten besteht zwischen einer erregten und einer unerregten Stelle des Herzmuskels ein elektrischer *Spannungsunterschied von rund 120 mV* (Abb. 10–7, 10–8). Dieser Spannungsunterschied erzeugt in der Umgebung des Herzens ein elektrisches Feld, das sich bis zur Körperoberfläche ausbreitet. Dabei treten zwischen einzelnen Punkten der Körperoberfläche, also beispielsweise dem rechten Arm und dem linken Bein, Spannungsunterschiede der *elektrischen Felder bis zu 1 mV* auf. Diese Spannungsunterschiede können mit Elektroden aufgenommen und als ***Elektrokardiogramm (EKG)*** auf einem Schreiber oder Bildschirm (Oszillograph) sichtbar gemacht werden. Das EKG ist also ein ***Ausdruck der am Herzen ablaufenden Erregung*** [10,17].

Extremitätenableitungen. Die ***Form des EKG*** hängt also wesentlich von den Ableiteorten ab. Um dennoch eine gewisse Einheitlichkeit und Vergleichbarkeit zu erzielen, haben sich einige ***Standardableitungen*** international durchgesetzt. So zeigt die Abb. 10–9 A die *Extremitätenableitungen I – III.* Beispiele der zugehörigen EKG-Formen sind daneben angeordnet. Auch sie sind keinesfalls bei allen Menschen gleich, da *Körperbau* (schlank, gedrungen, mager, beleibt) und *Lage des Herzens im Brustkorb* (steil oder flach, mehr nach links oder mehr nach rechts verschoben) die Form des EKG beeinflussen.

Nomenklatur. Auch die Bezeichnungen des EKG sind standardisiert (Abb. 10–9-B): Als ***Strecken*** (oder *Segmente*) bezeichnet man die zwischen 2 Zacken oder Wellen gelegenen Abschnitte, ein ***Intervall*** umfaßt Zacken, bzw. Wellen, und Strecken. Das *RR-Intervall* entspricht der Dauer einer Herzperiode (dient zur Bestimmung der Herzfrequenz). *Positive* Auschläge werden nach *oben* abgebildet, im QRS-Komplex wird der *positive Ausschlag R-Zacke* genannt.

Zuordnung des EKG zum Erregungsablauf des Herzens. Abb. 10–10 gibt eine Deutung des EKG-Verlaufs bei der Erregungsausbreitung und -rückbildung. Sie zeigt, daß beispielsweise die *P-Welle während der Erregungsausbreitung in den Vorhöfen* und die *QRS-Zacken zu Beginn der Kammererregung* auftreten. Die *T-Welle signalisiert das Ende der Kammerregung.* Die Zeit von Anfang P bis Anfang Q *(PQ-Intervall)* gibt in etwa an, wie lange die Überleitung der Erregung vom Vorhof auf die Kammer braucht, und von Anfang Q bis Ende T dauert die Kammererregung (*QT-Intervall,* stark frequenzabhängig, s. o.).

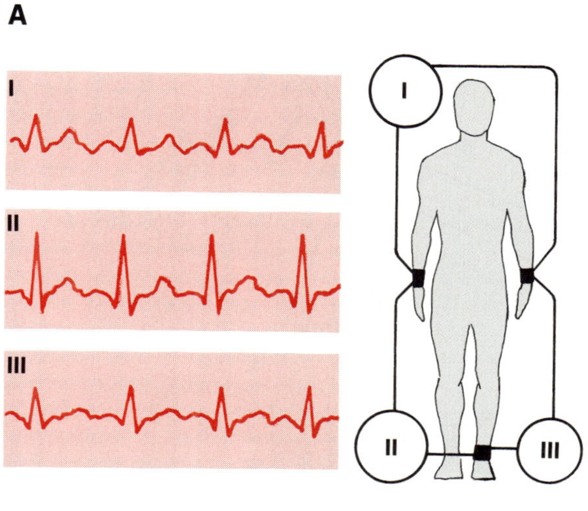

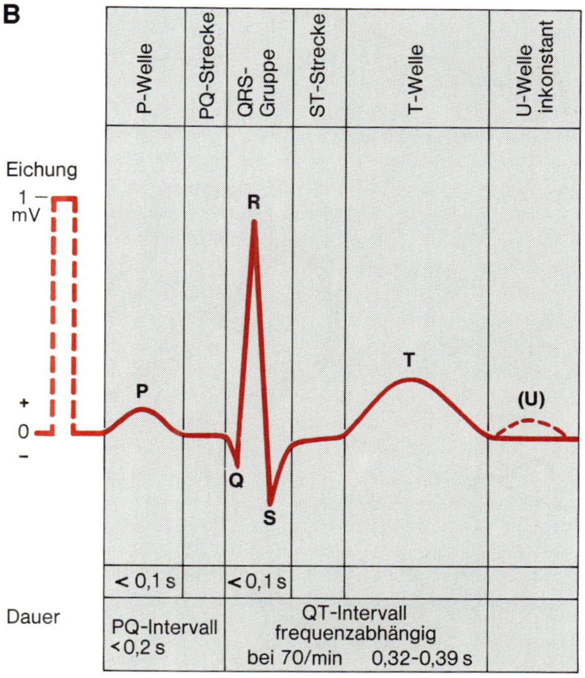

Abb. 10–9. Ableitung des Elektrokardiogramms (EKG). **A** Ableiteorte der EKG-Standardableitungen I, II, und III (Extremitätenableitungen nach Einthoven) samt Registrierbeispielen. **B** Idealisierte Normalform des EKG bei Standardableitung II (rechter Arm gegen linkes Bein). Die vereinbarten Bezeichnungen der wichtigsten Wellen, Zacken und Strecken samt deren Dauer sind angegeben. Die Dauer des QT-Intervalls wird mit steigender Herzfrequenz kürzer. **B** aus Antoni in [14]

Die Zacken und Wellen des EKG lassen sich als Projektionen des resultierenden elektrischen Dipols (Integralvektor genannt) auf die Verbindungslinie zwischen den Ableitestellen auffassen

Bei der Erregung einer Herzmuskelfaser besteht zwischen der erregten und der unerregten Stelle eine rund 120 mV große Potentialdifferenz *in Richtung des anatomischen Verlaufs* der Faser (s. o.). Eine solche lokale Potentialdifferenz kann als ein ***Dipol*** aufgefaßt werden, dessen jeweilige Größe und Richtung durch einen Pfeil *(Vektor)* symbolisiert wird. Da sich die Erregung im Herzen über viele Tausende von Herzmuskelfasern ausbreitet, müssen sich alle diese Einzelvektoren in jedem Augenblick zu einem ***Summations- oder Integralvektor*** summieren. Man kann sich die Entstehung des Integralvektors wie die *Bildung einer Resultante im Parallelogramm der Kräfte* vorstellen. Ein großer Teil der Vektoren werden sich dabei in ihrer ***Wirkung nach außen gegenseitig aufheben,*** da sie in entgegengesetzte Richtungen weisen. Man hat geschätzt, daß bei der Er-

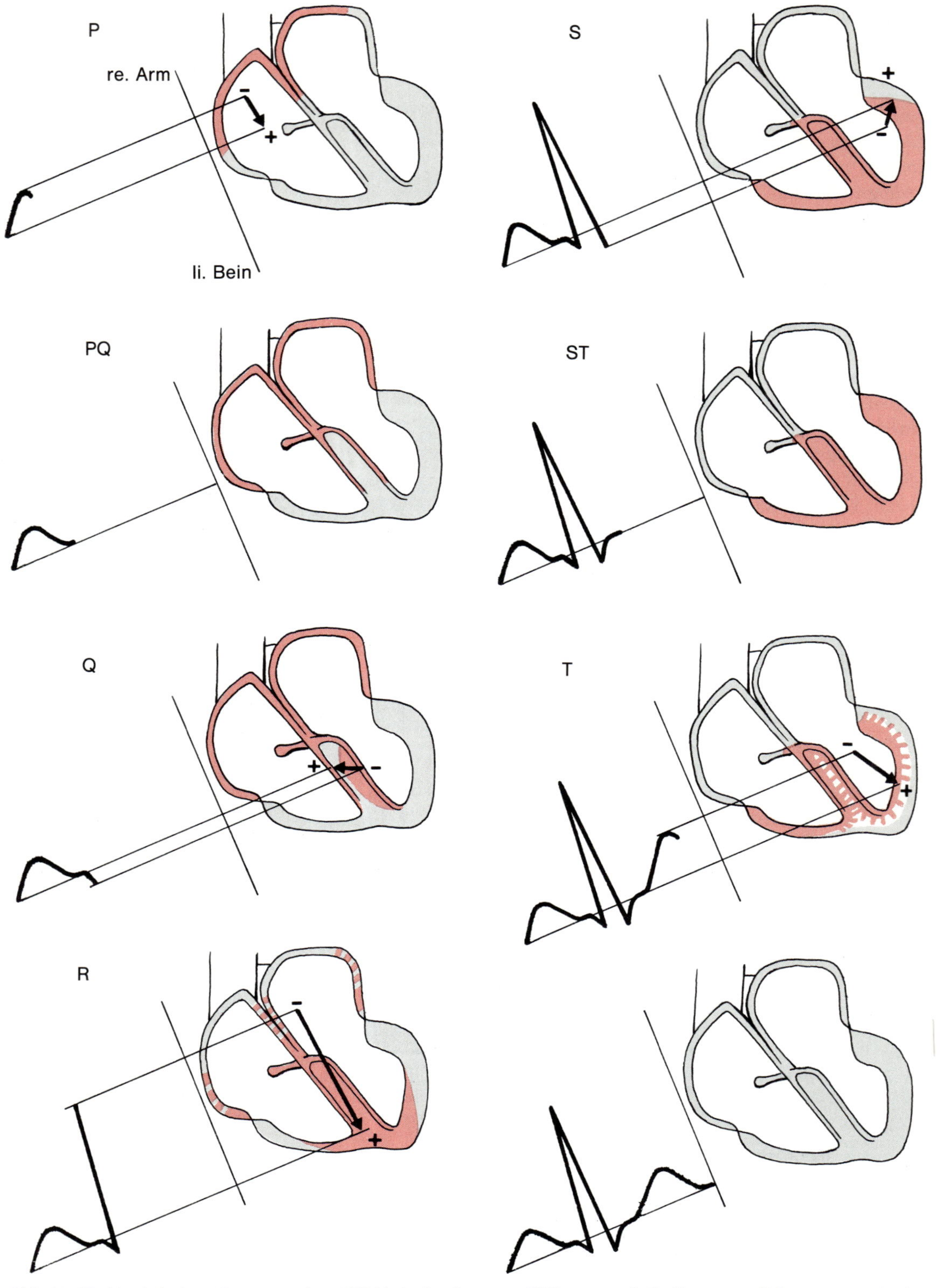

Abb. 10–10. Vereinfachte Deutung des EKG-Verlaufs. *Rote Flächen* kennzeichnen die erregten Myokardanteile. Die Potentialdifferenzen an der Erregungsfront werden nach Größe und Richtung durch einen Integralvektor *(Pfeil)* dargestellt, dessen Projektion auf die Ableitungsrichtung (rechter Arm – linkes Bein) die EKG-Amplitude bestimmt. *P* Erregungsausbreitung in den Vorhöfen; *PQ* vollständige Vorhoferregung, Überleitung im AV-Knoten auf die Kammern; *Q* Erregungsausbreitung in der Kammerscheidewand; *R* Erregung erfaßt große Teile der Ventrikel bis zur Herzspitze; *S* Erregungsausbreitung in den Ventrikelwänden in Richtung auf die Herzbasis; *ST* vollständige Ventrikelerregung; *T* Erregungsrückbildung in den Ventrikeln. Aus [15]

regung des Herzens zeitweise 90 % der Einzelvektoren einander gegenseitig auslöschen. Dies ist ein wesentlicher Grund über die relativ kleinen Amplituden der verschiedenen EKG-Ausschläge.

In Abb. 10–10 sind die ***momentanen Integralvektoren*** und die daraus ***resultierenden Ausschläge im Extremitäten-EKG*** dargestellt. Die zu verschiedenen Zeitphasen von dem Erregungsprozeß erfaßten Herzmuskelanteile sind rot markiert. Die Pfeile stellen den jeweiligen Integralvektor dar, der sich durch Addition der einzelnen Lokalvektoren an der Ausbreitungsfront ergibt. Für die EKG-Registrierung hat man vereinbart, daß ein positiver Ausschlag (Ausschlag nach oben) einer Vektororientierung zur Herzspitze entsprechen soll. Es ist deutlich zu sehen, daß während der Erregungsausbreitung über die Vorhöfe ***(P-Zacke)*** die Erregungswellen überwiegend von oben nach unten laufen. Gleiches gilt noch ausgeprägter zum Zeitpunkt der ***R-Zacke,*** wenn sich nämlich die Erregung im Reizleitungssystem und der Kammerscheidewand überwiegend herzspitzenwärts ausbreitet.

Sobald die gesamte Kammer erregt ist ***(ST-Strecke),*** verschwinden für kurze Zeit (ebenso wie bei der Vorhoferregung, PQ-Strecke) die gesamten Potentialunterschiede, da sich alle Fasern in der Plateauphase des Aktionspotentials befinden. Während der folgenden Erregungsrückbildung der Ventrikel *(T-Welle)* ändert sich die Richtung des Integralvektors kaum. Er zeigt während der gesamten Dauer der Erregungsrückbildung nach unten. Damit nimmt die ***T-Welle einen positiven Verlauf*** (wie die R-Zacke). Dies ist insofern überraschend, als man eigentlich eine Erregungsrückbildung erwarten würde, die sich zur Erregungsausbreitung spiegelbildlich verhält, also eine negative T-Welle zeigen würde. Daß dies nicht der Fall ist, hat hauptsächlich den Grund, daß die *Dauer des Aktionspotentials in den verschiedenen Herzabschnitten unterschiedlich lang* ist. So repolarisieren, wie das vorletzte Bild in Abb. 10–10 zeigt, die Herzmuskelzellen an der Herzspitze deutlich schneller als die an der Basis („apiko-basaler Erregungsrückgang"), und die Herzmuskelzellen an der Oberfläche des Herzens (subepikardiale Fasern, Epikard = dünner bindegewebiger äußerer Überzug des Herzens) repolarisieren schneller als die im Herzinneren (subendokardiale Fasern, Endokard = dünne innere Auskleidung der Herzhohlräume).

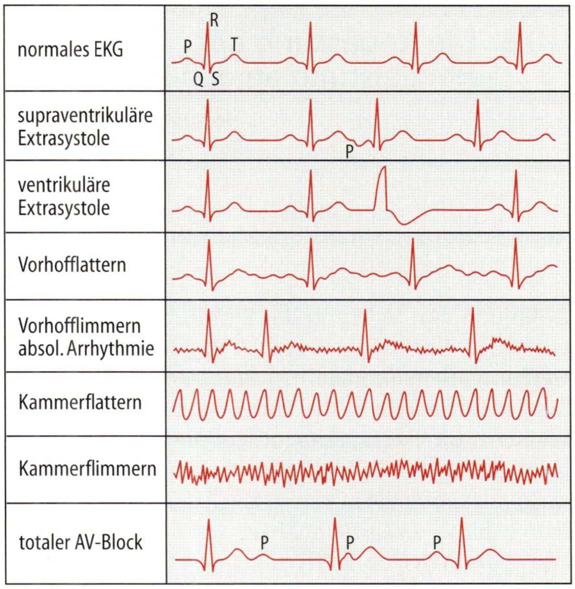

Abb. 10–11. Typische EKG-Veränderungen bei Störungen der Erregungsbildung und Erregungsleitung. Die supraventrikuläre Extrasystole nimmt vom Vorhof ihren Ausgang. Die negative Polarität der Vorhofwelle *P* zeigt aber, daß nicht der Sinusknoten Ausgangspunkt der extrasystolen Erregung ist. Die ventrikuläre Extrasystole ist von einer kompensatorischen Pause gefolgt, da die normale Vorhoferregung auf refraktäres Herzleitungsgewebe traf. Beim totalen AV-Block schlagen Vorhof und Kammern unabhängig voneinander. Die Kammerfrequenz ist dabei wesentlich niedriger als die Vorhoffrequenz. Aus [15]

Das EKG ist ein wichtiges diagnostisches Hilfsmittel bei der Beurteilung von Bildung, Ausbreitung und Rückgang der Erregung am Herzen

So lassen sich mit seiner Hilfe die *Frequenz* des Herzschlages und sein *Rhythmus* gut dokumentieren. Störungen der Erregungsausbreitung, beispielsweise ein Leitungsblock im Atrio-Ventrikular-Knoten (AV-Block) oder in einem der Äste (Schenkel) des Kammerleitungssystems (Links- oder Rechtsschenkelblock), schlagen sich ebenso in Änderungen des EKG nieder wie die Entstehung zusätzlicher Erregungen (genannt ***Extrasystolen***) in einem übererregbaren Herzen. Beispiele für typische EKG-Veränderungen bei Störungen der Erregungsbildung und -ausbreitung zeigt Abb. 10–11. Für Einzelheiten sei auf die Literatur verwiesen [10,17].

Kammerflattern und -flimmern. Lebensgefährliche Erregungszustände, wie eine zu hohe Herzfrequenz *(Kammerflattern),* bei der das Herz nicht mehr ausreichend gefüllt wird und daher mehr oder weniger „leer" pumpt, oder das Auftreten von *Herzflimmern* (Kammerflimmern), bei dem das Herz überhaupt kein Blut mehr fördert, weil es sich nicht mehr gleichzeitig kontrahiert, sondern viele kleine Herzabschnitte unabhängig und zeitlich versetzt voneinander schlagen, sind im EKG eindeutig festzustellen. ***Herzflimmern*** oder ***-fibrillieren*** erfordert wegen des damit verbundenen Kreislaufstillstandes *sofortige Herzmassage* und – so vorhanden – den Einsatz eines *„Defibrillators".* Dieses Gerät liefert intensive Stromstöße, mit denen alle Herzmuskelzellen sozusagen „mit Gewalt" auf eine einheitliche elektrische Membranspannung gebracht werden, um danach wieder einen gleichzeitigen Erregungsablauf zu ermöglichen [8,14].

Zeichen von Hypoxie und Anoxie des Herzmuskels im EKG. Ein Mißverhältnis zwischen Sauerstoffangebot und Sauerstoffbedarf des Herzmuskels – vor allem infolge einer lokalen Durchblutungseinschränkung – verursacht im EKG häufig eine Senkung der ST-Strecke unter die 0-Linie sowie eine Abflachung oder Negativierung der T-Welle. Wird das Mißverhältnis zwischen Sauerstoffangebot und -bedarf zu groß, so ist der Untergang des betroffenen Herzmuskelgewebes die Folge ***(Herzinfarkt oder Myokardinfarkt).*** Im Frühstadium (wenige Stunden nach Infarktbeginn) zeigt sich im EKG eine deutliche ST-Anhebung. Wenn sich später der geschädigte Bezirk durch Ausbildung einer isolierenden Grenzschicht von dem gesunden, erregbaren Gewebe demarkiert, ändert sich auch der EKG-Verlauf. Neben einer starken Negativierung von Q tritt eine negative T-Welle auf, die im Endstadium (nach Monaten bis Jahren) wieder positiv werden kann. (Weitere Einzelheiten zum Koronarkreislauf und zur Herzenergetik s. S. 180.)

10.6 Die Anpassung der Herzleistung an den Bedarf

Der maximale arterielle Druck im Verlauf eines Herzzyklus wird systolischer Blutdruck, der minimale wird diastolischer Blutdruck genannt; ihre Differenz ist die Blutdruckamplitude

Definition und Messung des Blutdrucks. Der Druck, gegen den die *linke* Kammer das Blut in die Aorta auswerfen muß, nennt man den ***Blutdruck.*** Seine Entstehung wurde bereits in der Einleitung und auf S. 168 geschildert. Im Tierexperiment läßt sich der Blutdruck „blutig" messen, indem eine mit einem Manometer verbundene Kanüle in eine große Arterie eingebunden wird (Abb. 10–12 A). Beim Menschen kann in ähnlicher Weise eine Arterie punktiert und eine feine Kanüle mit einem kleinen Druckmeßknopf bis in die Aorta vorgeschoben werden (normale, „unblutige" Messung siehe Abb. 10–12 B). Der gemessene Druck wird in der Regel in *Millimeter Quecksilber (mm Hg)* angegeben, weil das in Abb. 10–12 A gezeigte Quecksilber-Manometer seit jeher in der Physiologie zur Blutdruckmessung verwendet wurde. Wenn man sagt, der Blutdruck sei 100 mm Hg, dann heißt das nichts anderes, als daß die auf die Gefäßwände ausgeübte bzw. dort in den elastischen Strukturen „gespeicherte" Kraft ausreicht, eine Quecksilbersäule um 100 mm in die Höhe zu drücken.

Systolischer und diastolischer Blutdruck. Der arterielle Blutdruck ist aber, anders als der Druck in einem Autoreifen, praktisch nie konstant. Er wird durch jeden Herzschlag auf seinen ***systolischen*** Wert getrieben und sinkt zwischen den Herzschlägen auf den ***diastolischen*** Wert ab (Begründung s. S. 168). Der systolische Blutdruck liegt bei jungen Menschen normalerweise bei 120, der diastolische bei 80 mm Hg (der mittlere Blutdruck liegt also tatsächlich bei 100 mm Hg). Die Differenz von 40 mm Hg ist die ***Blutdruckamplitude.*** Bei Arbeit steigen vor allem der systolische Blutdruck und damit die Blutdruckamplitude und der mittlere Blutdruck an. Es werden Werte bis zu 200 mm Hg gemessen. Der mittlere Blutdruck liegt dann bei 140 mm Hg (zur Messung des Blutdrucks im psychophysiologischen Experiment s. S. 184).

Herzarbeit ist nahezu ausschließlich Druck-Volumen-Arbeit; die Leistung des Herzens ist das Produkt aus Arbeit mal Zeit

Definition des Herzzeitvolumens, Ruhewert. Das in einer bestimmten Zeit vom Herzen umgepumpte Blutvolumen, also das *Produkt aus Schlagvolumen und Herzfrequenz,* wird **Herzzeitvolumen** genannt. Im allgemeinen wird das *Herzminutenvolumen* angegeben:

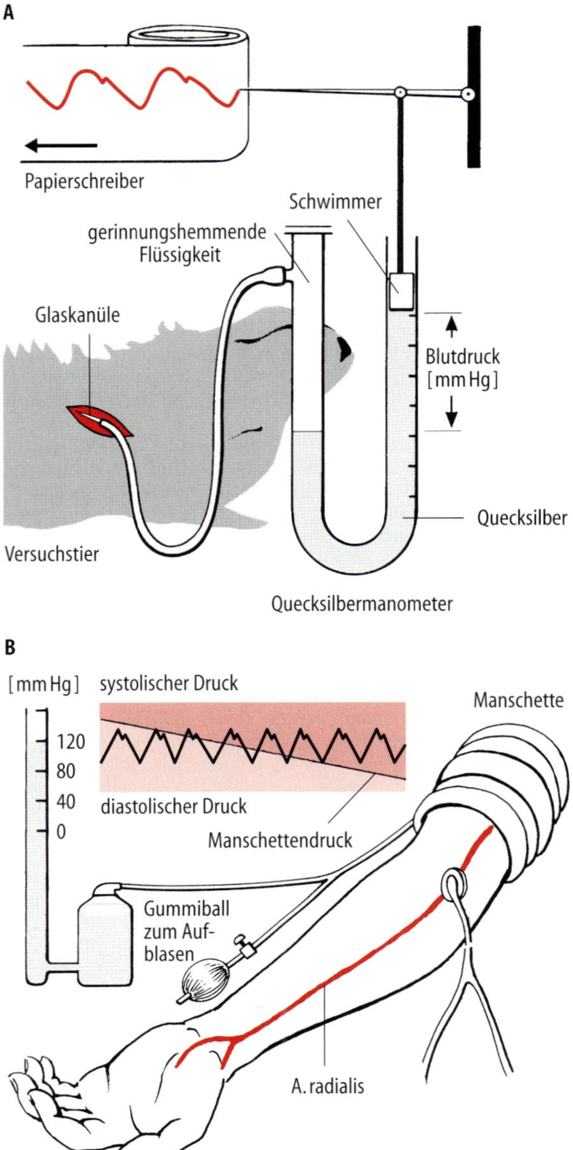

Abb. 10–12. Messen des Blutdrucks in den großen Körperarterien. **A** Direkte (blutige) Messung mit einem Quecksilbermanometer. Eine Kanüle ist in die Halsschlagader eines betäubten Versuchstieres eingebunden. **B** Indirekte (unblutige) Blutdruckmessung am Menschen nach der 1896 erstmals beschriebenen Methode von Riva-Rocci (Blutdruckwerte werden daher oft mit **RR** bezeichnet). Eine Manschette um den Oberarm wird so lange aufgepumpt, bis sie die Oberarmarterie zudrückt. Beim langsamen Absenken des Manschettendrucks läßt sich mit dem Stethoskop in der Ellenbeuge hören, wann der systolische Druck gerade den Manschettendruck überwindet und etwas Blut in den Unterarm spritzt. Dieses nach seinem Entdecker benannte Korotkov-Geräusch tritt so lange bei jedem Herzschlag auf, bis der Manschettendruck gerade unter den diastolischen Druck fällt; denn dann kann das Blut wieder ungehindert fließen. Bei der Aufzeichnung in **B** würde ein Korotkov-Geräusch also ab dem 3. Herzschlag von *links* einsetzen (der eingetragene Manschettendruck fällt dort gerade unter den systolischen Blutdruck) und 3 bis 4 Herzschläge später wieder verschwinden

In Ruhe schlägt das Herz eines Erwachsenen etwa 70mal in der Minute. Bei jedem Herzschlag werden *Schlagvolumina* von rund 70 ml Blut aus der rechten und aus der linken Kammer ausgeworfen und damit von dem einen in den anderen Teilkreislauf verschoben. Also werden in Ruhe ***pro Minute*** 70 · 70 = 4 900 ml oder ***rund 5 l Blut „umgewälzt"***. Das ist etwa die gesamte im Körper vorhandene Blutmenge (s. S. 163).

Anpassung des Herzzeitvolumens an den Bedarf. Bei leichter Arbeit verdoppelt sich das Herzzeitvolumen auf rund 10 l/min, bei mittlerer verdreifacht und bei schwerer verfünffacht bis versiebenfacht es sich. Das Herz pumpt dann 25–35 l/min durch den Kreislauf. Das heißt, die normale Blutmenge des Menschen wird etwa 5- bis 7mal pro Minute umgewälzt. Das größere Herzzeitvolumen wird über eine ***Vergrößerung des Schlagvolumens*** (von 70 bis auf etwa 140 ml) und durch eine ***Erhöhung der Herzfrequenz*** bis auf etwa 180 Schläge pro Minute erreicht (140 ml · 180 min^{-1} = 25 200 ml/min = 25,2 l/min) [26,27].

Herzarbeit und Herzleistung. Herzarbeit ist also nach dem eben Gesagten in erster Linie ***Druck-Volumen-Arbeit.*** Dazu kommt ein relativ unbedeutender Anteil (ca. 1 %) an ***Beschleunigungsarbeit,*** da das in den Kammern während der Anspannungsphase „ruhende" Blut bei der Austreibung auf eine Geschwindigkeit von ca. 1 m/s beschleunigt werden muß. Die ***Arbeitsleistung des Herzens*** errechnet sich, wie bei anderen Maschinen auch, als das Produkt aus *Arbeit x Zeit.* Sie liegt in der Größenordnung von 1 W (0,1 kpm/s).

Synopsis der Herzaktion. Einen abschließenden Gesamtüberblick über die wesentlichen Vorgänge in den verschiedenen Aktionsphasen des Herzens in korrekter zeitlicher Beziehung zueinander gibt die Abb. 10–13. Nicht alle der dort eingezeichneten Meßgrößen bzw. Vorgänge wurden bisher im einzelnen diskutiert. Ihre Bedeutung ergibt sich aber in den meisten Fällen von selbst. Erwähnt werden sollte aber, daß sowohl die linke wie die rechte Herzkammer sich bei Kontraktion nicht völlig entleeren, sondern daß ein ***Restvolumen*** zurückbleibt, das in der gleichen Größenordnung wie das Schlagvolumen, also jeweils bei ca. 70 ml liegt. Das Herz ist also am Ende der Austreibungsphase immer noch etwa „zur Hälfte" gefüllt [13–15,26].

Vergleich des linken mit dem rechten Herzen. Die in Abb. 10–13 für das linke Herz dargestellten Aktionsphasen laufen in ähnlicher Weise auch am rechten Herzen (*kleiner Kreislauf* oder *Lungenkreislauf*) ab. Wegen des geringeren Gefäßwiderstandes im Lungenkreislauf kommt das rechte Herz jedoch mit wesentlich kleineren Drücken aus. In der Arteria pulmonalis beträgt der systolische Druck ca. 20 mm Hg, der diastolische Druck ca. 8 mm Hg und der mittlere Druck ca. 13 mm Hg. Da also *vom rechten Herzen sehr viel weniger Druckarbeit als vom linken* gefordert wird, ist seine Muskelwand entsprechend dünner (Abb. 10–5, 10–7).

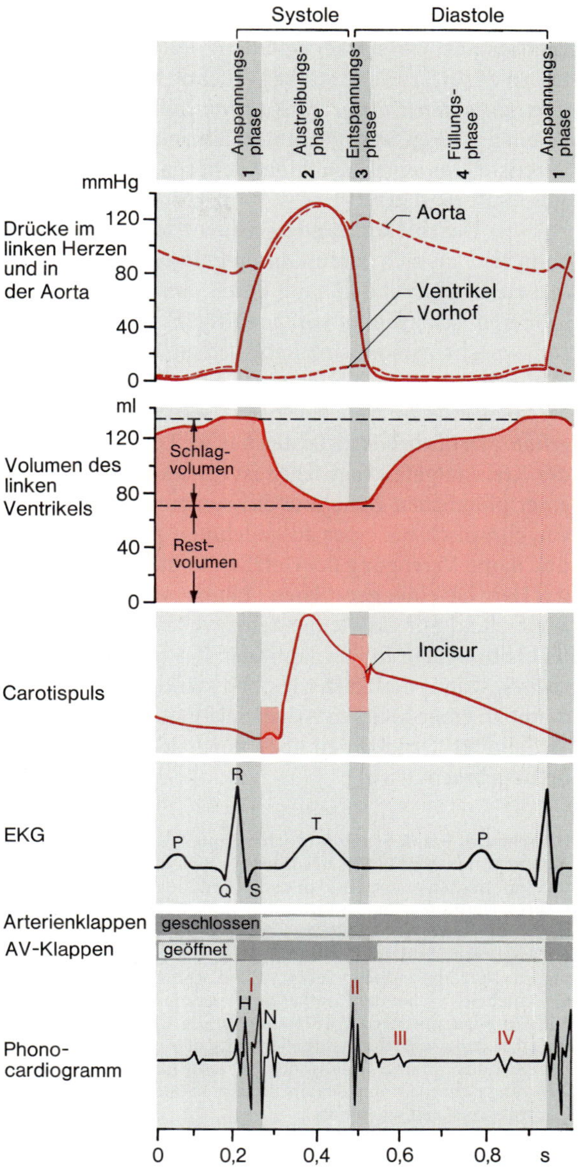

Abb. 10–13. Zeitliche Zuordnung einiger Meßgrößen bzw. Vorgänge zu den Aktionsphasen des linken Herzens: 1. Anspannungsphase. 2. Austreibungsphase. 3. Entspannungsphase. 4. Füllungsphase. Die *grauen Querbalken* im mittleren Teil des Diagramms markieren die Dauer des Verschlusses der betreffenden Klappen. *Rote römische Zahlen* kennzeichnen den 1. bis 4. Herzton. Der 1. Herzton besteht aus den Segmenten V, H, N. Nach Antoni in [14]

Über den Frank-Starling-Mechanismus kann sich das Herz autonom an wechselnde Anforderungen anpassen

Das Herz muß bei anstrengender Arbeit etwa 5mal mehr Blut mit einem rund 1,5mal höheren Druck auswerfen, also etwa 5 · 1,5 = 7,5mal mehr Arbeit als in Ruhe leisten. Die *Anpassung* an diese erhöhten Anforderungen wird *teils vom Herzen selbst* geleistet, *teils von den Herznerven* gesteuert. Die Selbstanpassung läuft über einen ebenso einfachen wie wirkungsvollen

Mechanismus: Wird das Herz durch einen erhöhten venösen Zustrom stärker gefüllt, so werden die Muskelfasern der Herzwände stärker gedehnt. Diese ***Dehnung führt zu einer kräftigeren Kontraktion*** und damit zu einem größeren Schlagvolumen (Einzelheiten über die Bereitstellung eines erhöhten „venösen Angebots" im Abschnitt 10.8) [27].

Das mit konstanter Frequenz schlagende Herz kann also aus sich heraus, ***autoregulatorisch,*** eine vermehrte diastolische Füllung durch den Auswurf eines größeren Schlagvolumens bewältigen. Dieser Anpassungsmechanismus wird nach seinen Entdeckern als ***Frank-Starling-Mechanismus*** bezeichnet. Derselbe Mechanismus wird auch aktiviert, wenn das Herz eine ***erhöhte Druckarbeit*** zu leisten hat, weil der Widerstand der Kreislaufgefäße gestiegen ist (dies kommt akut bei einer plötzlichen Zunahme des sympathischen Tonus vor, chronisch bei einer ausgedehnten Arteriosklerose und damit Verengung der Gefäße). In diesem Fall kann das Herz bei einer gegebenen Füllung gegen den hohen Widerstand nur ein kleines Schlagvolumen auswerfen. Es bleibt Schlag für Schlag mehr Restblut im Herzen zurück, womit das Herz wie oben stärker gedehnt und damit zu einer höheren Arbeitsleistung, in diesem Fall zu höherer Druckarbeit (bei normalem Schlagvolumen) gebracht wird.

Ursache des Frank-Starling-Mechanismus. Der Grund für die mit zunehmender Füllung des Herzens zunehmende Kontraktionskraft liegt in erster Linie in der Anordnung der für die Kontraktion verantwortlichen Eiweißmoleküle ***Aktin*** und ***Myosin*** in den Herzmuskelzellen. Wie bei der Besprechung des Skelettmuskels dargelegt wird (s. S. 242 ff.), sind diese beiden Moleküle miteinander überlappend verzahnt (vgl. Abb. 13-2, s. S. 244) und verschieben sich bei der Kontraktion teleskopartig gegeneinander. Bei einer mittleren Vordehnung ist die Überlappung optimal, d. h. dann wird die maximale Kraft entwickelt. Bei geringerer Dehnung (kleine Füllung des Herzens) und bei zu großer Dehnung (Überdehnung des insuffizienten Herzens) nimmt die Kontraktionskraft wieder ab.

Physiologische Rolle des Frank-Starling-Mechanismus. Der Frank-Starling-Mechanismus wurde an isolierten Herzen (ohne Innervation) erforscht. Wäre er auch am intakten Herzen *in situ* der alleinige Mechanismus zur Veränderung der Kontraktionskraft, dann wäre zu erwarten, daß ein leistungsfähiges Herz in Ruhe klein ist und sich bei Belastung in Anpassung an den vermehrten venösen Zustrom vergrößert. Genau das Umgekehrte ist jedoch der Fall! Läßt man z. B. gesunde Versuchspersonen auf einem Fahrradergometer körperliche Arbeit verrichten, so kann man gleichzeitig auf dem Röntgenschirm eine deutliche enddiastolische und endsystolische *Verkleinerung* des Herzschattens beobachten. Diese Anpassung erfolgt unter dem Einfluß des ***Sympathikus*** und beruht auf einer von der Vordehnung unabhängigen Steigerung der kontraktilen Kraft des Herzmuskels (positiv inotrope Wirkung des Sympathikus, s. u.).

Von den regulatorischen Möglichkeiten des Frank-Starling-Mechanismus wird aber auch *in situ* Gebrauch gemacht, nämlich dann, wenn Füllungsänderungen eintreten, ohne daß eine generelle Aktivitätssteigerung vorliegt. Dies gilt insbesondere für die ***gegenseitige Abstimmung der Förderleistung beider Kammern.*** Da diese mit gleicher Frequenz schlagen, kann diese Abstimmung nur über das Schlagvolumen erfolgen. Andere Beispiele sind: Änderungen der Körperstellung, die den venösen Rückstrom beeinflussen, akute Vergrößerung des zirkulierenden Blutvolumens (Transfusion) oder Erhöhung des peripheren Widerstandes. Auch bei pharmakologischer Ausschaltung der Sympathikuswirkung durch β-Sympatholytika („β-Blocker") und am transplantierten Herzen bleiben die autoregulatorischen Mechanismen erhalten und fallen dann stärker ins Gewicht.

Das Herz wird sowohl afferent (sensibel) wie efferent (vegetativ-motorisch) innerviert

Afferente Innervation. Hier handelt es sich einmal um *Mechanosensoren* (deren Afferenzen im Vagusnerv verlaufen), die insbesondere die Dehnung der Vorhofwände, also die *Füllung der Vorhöfe* messen (diese Information wird bei der Kreislaufregelung verwendet), zum anderen um *Nozisensoren* (Afferenzen in den sympathischen Herznerven), die für die Übermittlung von Herzschmerzen verantwortlich sind.

Sympathische Innervation. Die für eine Zunahme des Herzzeitvolumens notwendige ***Erhöhung der Herzfrequenz*** *(positiv chronotrope Wirkung)* wird durch die sympathischen Herznerven bewirkt (Abb. 10-14). Die-

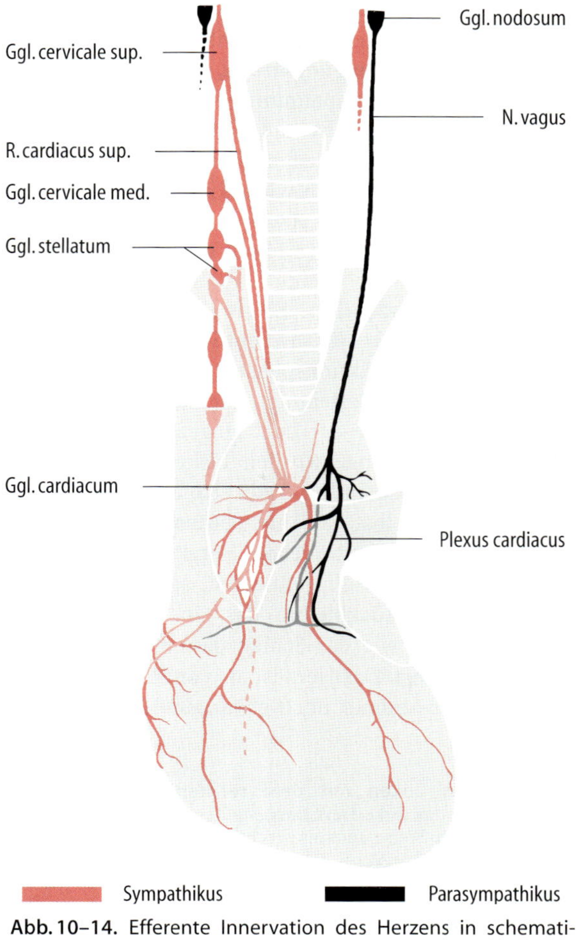

Abb. 10-14. Efferente Innervation des Herzens in schematischer Darstellung. Infolge der unterschiedlichen Verteilung sympathischer und parasympathischer Efferenzen auf Vorhöfe und Ventrikel differieren die nervalen Wirkungen in den verschiedenen Herzabschnitten

se setzen bei ihrer Erregung den Überträgerstoff *Noradrenalin* frei, der das Schrittmacherpotential versteilert und damit schneller an die Schwelle für ein Aktionspotential heranführt.

Das Noradrenalin hat noch eine zweite wichtige Wirkung auf das Herz: es ***erhöht die Kraft der Kontraktion*** *(positiv inotrope Wirkung).* Diese erhöhte Kontraktionskraft kann sowohl zur Erhöhung des Schlagvolumens als auch des Blutdrucks genutzt werden.

Als ***Mechanismus der positiv inotropen Wirkung*** des *Sympathikus* und seiner Überträgerstoffe *Noradrenalin* und (in geringer Menge) Adrenalin ist eine Verstärkung des langsamen Ca^{2+}-Einwärtsstroms *(Erhöhung der Ca^{2+}-Leitfähigkeit)* experimentell gut gesichert. Sie erklärt die Steigerung der Kontraktionskraft durch Intensivierung der elektromechanischen Kopplung (s. auch S. 172).

Parasympathische Innervation (Abb. 10–14). Die Gegenspieler der sympathischen, frequenzsteigernden Herznerven sind die *parasympathischen Herznervenfasern des Vagusnerven.* Ihre Überträgersubstanz, das *Azetylcholin,* senkt die Herzfrequenz durch Abflachung des Schrittmacherpotentials ***(negativ chronotrope Wirkung).*** Tatsächlich ist es normalerweise in Ruhe (also wenn der Organismus keine Arbeit leistet) so, daß der Einfluß der parasympathischen Herznerven überwiegt. Schneidet man nämlich alle Herznerven durch (oder verhindert man die Wirkung ihrer Überträgersubstanzen durch entsprechende „blockierende" Pharmaka), steigt die Ruheherzfrequenz an. Das Herz ist also in Ruhe unter dem dauernden dämpfenden Einfluß der vagalen, parasympathischen Herznerven.

Bei großem Schlagvolumen und geringer Herzfrequenz hat das Herz seinen besten Wirkungsgrad

Auf den ersten Blick erscheint es gleichgültig, ob eine bestimmte Auswurfleistung des Herzens, also z. B. in Ruhe 5 l/min, von einem langsam schlagenden Herzen (50 Schläge pro Minute) mit einem hohen Schlagvolumen oder, umgekehrt, von einem schnell schlagenden Herzen (100 Schläge pro Minute) mit entsprechend kleinem Schlagvolumen gefördert wird ($50 \cdot 100 = 100 \cdot 50$). Der *Energieverbrauch* des Herzens ist aber im ersten Fall wesentlich geringer als im zweiten. Mit anderen Worten, die Pumpe Herz fördert ein bestimmtes Herzzeitvolumen um so *wirkungsvoller, je größer das Schlagvolumen und je geringer die Herzfrequenz* ist.

Wie jeder andere Motor auch haben die Herzmuskelfasern nämlich einen Arbeitsbereich, bei dem sie am effektivsten arbeiten, also die zugeführte Energie am besten (mit optimalem *Wirkungsgrad)* ausnutzen. Bei Automotoren ist dies der Drehzahlbereich, bei dem das höchste Drehmoment abgegeben wird. Beim Herzen ist der ***Wirkungsgrad*** um so besser, je geringer für ein gegebenes Herzzeitvolumen die Frequenz und je höher das Schlagvolumen ist [9,14,27]. Es ist also energetisch am günstigsten, immer mit einer möglichst geringen Herzfrequenz zu arbeiten.

Ein regelmäßiges, lebenslängliches Ausdauertraining hält das Herz in Ruhe und Arbeit im optimalen niederfrequenten Arbeitsbereich

Ein ausgeprägtes Sportherz wiegt etwa 500 g, das Herz eines untrainierten Erwachsenen etwa 300 g (Abb. 10–15 A). Je größer das Herz durch Training wird, desto geringer wird seine Frequenz bei Ruhe (Abb. 10–16 A) und bei körperlicher Arbeit (Abb. 10–16 B). Auch bei einem schon vortrainierten Dauerleistungssportler sinkt im Verlauf einer Trainingsperiode die Herzfrequenz noch über Monate langsam ab (rote Kurve in Abb. 10–15 B). Zusätzlich ***sinkt*** bei Ausdauertraining der *systolische* und damit auch der ***mittlere Blutdruck*** (schwarze Kurve in B). Die Druckarbeit des Herzens wird durch Ausdauertraining daher ebenfalls geringer.

Eine Abnahme der Herzfrequenz bedeutet auch, daß die Diastole (Erschlaffungs- und Füllungszeit) relativ zur Systole (Anspannungs- und Kontraktionszeit) immer länger wird. Die ***Durchblutung des Herzmuskels*** wird dadurch entscheidend verbessert, denn nur während der Diastole kann Blut durch die Kapillaren zwischen den Herzmuskelfasern fließen. Während der

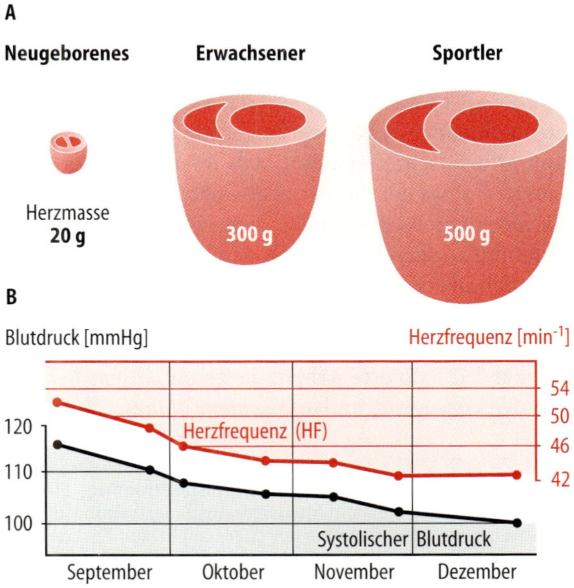

Abb. 10-15. Arbeitsweise des trainierten und des untrainierten Herzens. **A** Schema zur Veranschaulichung des Sportherzens (nach Linzbach). Das Herz wird größer, weil die einzelnen Herzmuskelzellen an Dicke und Länge zunehmen. **B** Abnahme der Herzfrequenz (*rote Kurve* und *rotes Koordinatensystem* mit den *rechten Ordinatenwerten*) und des systolischen Blutdruckes (*schwarz, linke Ordinatenskala*) bei einem Leistungssportler im Verlauf einer viermonatigen zusätzlichen Trainingsperiode (nach Prokop)

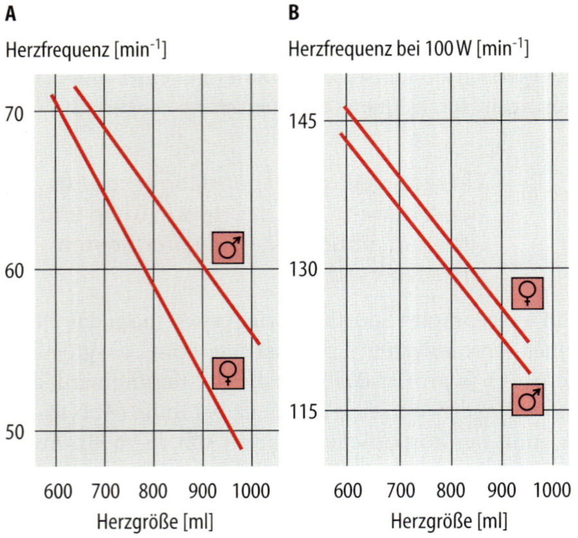

Abb 10–16. Schlagfrequenzen des Herzens in Ruhe und bei Belastung in Abhängigkeit vom Geschlecht und vom Trainingszustand. **A** Das Verhalten der Ruheherzfrequenz mit zunehmender Sportherzbildung bei Männern (♂) und bei Frauen (♀). Die Herzgrößen beziehen sich auf das mit Blut gefüllte Herz. **B** Das Verhalten der Herzfrequenz bei leichter körperlicher Arbeit (100 Watt pro Minute) mit zunehmender Sportherzbildung bei Männern und bei Frauen (nach Israel)

Systole werden die Kapillaren dagegen durch die Kraft der Kontraktion praktisch völlig zusammengepreßt. Zum höheren Wirkungsgrad kommt bei niedriger Herzfrequenz also noch der Vorteil eines durch die erhöhte Durchblutung verbesserten Angebots.

Ein trainiertes Herz ist einem untrainierten also doppelt überlegen. Dies ist ein lebenslanger, bei schon verengten ***Koronargefäßen*** (auch *Herzkranzgefäße* genannt, da sie kranzförmig um das Herz laufen) oft ein lebensrettender und -verlängernder Vorteil. Dazu kommt, wie schon erwähnt, daß im Verlauf des Ausdauertrainings der Blutdruck absinkt (Abb. 10–15 B), da die peripheren Blutgefäße sich weiter öffnen: ihr Durchflußwiderstand nimmt damit ab, und so kann auch der Druck abnehmen, der das Blut durch die Gefäße preßt. So verrichtet das ***trainierte Herz*** im Laufe eines Tages eine wesentlich geringere, im günstigsten Fall nahezu halbierte Arbeit, die es außerdem ***bei gutem Wirkungsgrad*** und ***optimalem Nährstoffangebot*** leistet.

Minimales und optimales Herz- und Kreislauftraining. Für die meisten Menschen steht ein intensives Ausdauertraining, das zu einem ausgeprägten Sportherzen führt, nicht zur Diskussion. Aber schon relativ *bescheidene körperliche Dauerleistungen* können die meisten Nachteile des Bewegungsmangels der modernen Lebensführung verhindern und eine *gute körperliche Leistungsfähigkeit bis ins hohe Alter erhalten.* Gesunde männliche und weibliche Personen zwischen dem 20. und dem 50. Lebensjahr sollten dafür sorgen, daß ihr Pulsschlag täglich durch Laufen (einfachste und natürlichste Bewegungsart), Radfahren, Schwimmen oder ähnliche Ausdauersportarten ***für mindestens 10 min bei 130–150/min liegt*** (dies bedeutet, daß sie für diese Zeit 50–70 % ihrer maximalen körperlichen Leistungsfähigkeit in Anspruch nehmen).

Für gesunde Personen jenseits des 50. Lebensjahres gilt die Faustregel: *180 minus Lebensalter in Jahren gleich Mindest-Trainingspulsfrequenz* (bei 60 Jahren also 120/min, bei 70 Jahren 110/min etc.). Anstelle der 10minütigen kann auch eine zweimalige 5minütige Belastung täglich vorgenommen werden. Bei kürzeren Belastungen kommt es zu keinem Trainingseffekt. Ideal wäre ein täglich 30minütiges Training, das aber für Sportungewohnte und fest in den Alltag eingespannte Menschen kaum realisierbar erscheint.

Kann das Training nicht täglich erfolgen, so heißt die Regel: zumindest so oft wie möglich in der Woche trainieren. Ein ***tägliches Kurztraining*** ist aber ***weit wirkungsvoller*** als ein ***Langzeittraining am Wochenende.*** Besteht beispielsweise nur dreimal in der Woche eine Trainingsgelegenheit, so muß schon 30–45 min trainiert werden, um den gleichen Effekt wie bei dem oben skizzierten täglichen 10-min-Training zu erzielen.

10.7 Arterieller und venöser Kreislauf im Überblick

Das Blut verteilt sich auf zwei Teilkreisläufe, den Körper- und den Lungenkreislauf

Diese beiden Teilkreisläufe sind in Abb. 10–17 A schematisch dargestellt. Das Gesamtblutvolumen von rund 5 l ist auf die beiden Kreisläufe verteilt, wobei über die Hälfte des Blutes sich in den Venen findet, nur knapp ein Fünftel in den großen Arterien und der Rest in den Kapillaren und in den Herzhöhlen.

Von der *Hauptschlagader* des Körpers, der ***Aorta,*** zweigen sich zahlreiche Arterien ab, um die verschiedenen ***Teilkreisläufe des Organismus*** entsprechend den Bedürfnissen der jeweiligen Organe zu versorgen. Wie diese Verteilung des Blutstromes auf die einzelnen Organe bei einem ruhenden Organismus aussieht, zeigt die linke Kolumne der Abb. 10–17 B. Es fällt auf, daß unter diesen Bedingungen die Skelettmuskulatur, die über 50 % des Körpergewichts ausmacht (s. S. 242), nur rund ein Fünftel des Blutstromes in Anspruch nimmt, nicht mehr als die Nieren, die beide zusammen nur 300 g wiegen und doch von 20 % des Ruhe-Herzminutenvolumens, also von rund 1 l Blut pro Minute, durchflossen werden.

Das vom Inhalt her große Venensystem des Körpers wird auch als ***Dehnungssystem*** des Kreislaufs bezeichnet, da es große Blutmengen speichern und bei Bedarf wieder abgeben kann, ohne daß sich wegen der leichten Dehnbarkeit der Gefäßwände der venöse Druck wesentlich ändert. Die arteriellen Gefäße faßt man dagegen als ***Widerstandssystem*** zusammen, da sie dem Blutstrom wegen ihres engen Durchmessers einen relativ hohen Widerstand entgegensetzen (s. unten) [7,13–15].

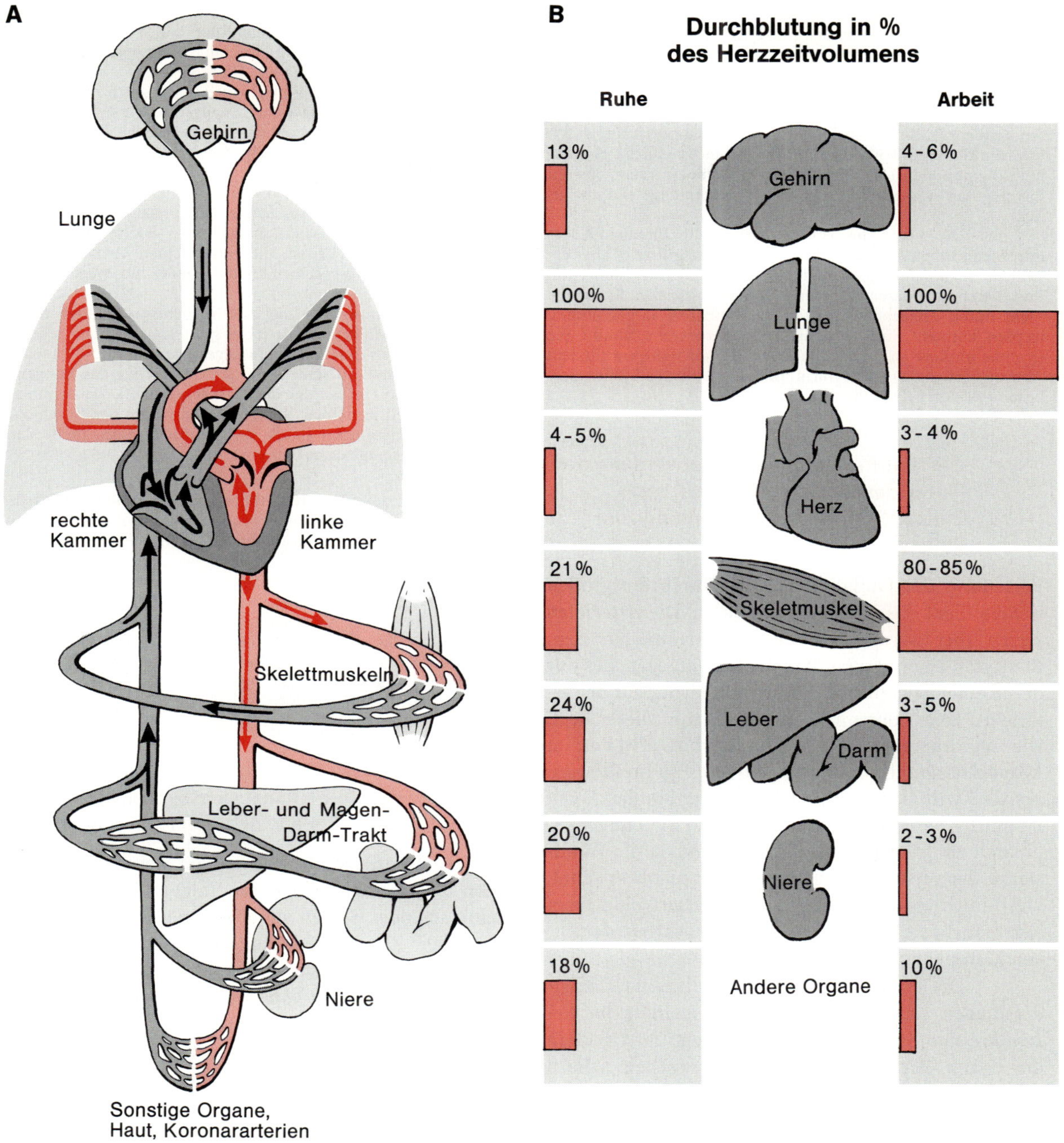

Abb 10–17. Die wichtigsten Organkreisläufe (Teilkreisläufe) des Menschen und die Verteilung des Herzzeitvolumens in Ruhe und bei Arbeit. **A** Lungenkreislauf (kleiner Kreislauf) und Organkreisläufe des Körperkreislaufs (großer Kreislauf) in schematisierter Darstellung. Die Gefäßabschnitte mit sauerstoffgesättigtem, arteriellem Blut sind *rot,* die Gefäßabschnitte mit teilweise entsättigtem, venösem Blut sind *grau* gezeichnet. Beachte, daß die Lungenarterien, venöses, die Lungenvenen arterielles Blut enthalten. **B** Prozentualer Anteil der verschiedenen Organkreisläufe am Herzzeitvolumen in Ruhe (*links*) und bei Arbeit (*rechts*). Beachte bei der Bewertung, daß das Herzzeitvolumen bei Arbeit erheblich ansteigt, so daß eine prozentuale Verminderung also durchaus mit einer konstanten oder wenig verminderten Durchblutung einhergehen kann

Die Lymphgefäße stellen ein zusätzliches Abflußsystem dar, durch das Flüssigkeit aus dem Extrazellulärraum in das Blut zurückgeleitet wird

Mit Ausnahme der oberflächlichen Hautschichten, des Zentralnervensystems und der Knochen findet sich in allen Geweben ein sehr engmaschiges Netz von ***Lymphkapillaren,*** die jedoch im Gegensatz zu den Blutkapillaren an einem Ende verschlossen sind. Die Wände der Lymphkapillaren bestehen aus einschichtigem Endothel. Sie sind für Elektrolytlösungen, Zucker, Fette und Eiweiße leicht zu passieren. Die Lymphkapillaren vereinigen sich zu größer werdenden ***Lymphgefäßen,*** die schließlich im Brustraum in das Venensystem einmünden.

In die größeren Lymphgefäße sind ***Lymphknoten*** zwischengeschaltet. Diese dienen einerseits als Filter, um größere Bestandteile zurückzuhalten (z.B. Tumorzellen, die in sie eingeschwemmt werden), andererseits beteiligen sie sich an der *Infektionsabwehr* (vgl. S. 45f). Aus diesem Grund sind die Lymphknoten bei Entzündungen geschwollen. Werden die Lymphknoten entfernt (z.B. bei einer Geschwulstoperation), kann durch die resultierende Abflußbehinderung eine erhebliche Schwellung (Lymphödem) im zugehörigen Gewebe auftreten, obwohl die pro Tag insgesamt produzierte Lymphmenge nur bei 2 l liegt.

Die Lymphe besteht aus interstitieller Flüssigkeit. Der durchschnittliche Eiweißgehalt beträgt ca. 20 g/l, zeigt aber erhebliche regionale Unterschiede. Sie dient dem Abtransport von Eiweißen und anderen Stoffen aus dem interstitiellen Raum, die nicht durch Absorption in die Blutkapillaren aufgenommen werden können. Eine zusätzliche Sonderaufgabe nimmt die Lymphe im Bereich des Magen-Darm-Kanals wahr, wo sie dem Abtransport von aus dem Darminhalt absorbierten Stoffen, insbesondere von Fetten, dient (s. S. 229).

Der Blutdruck dient zur Überwindung der Flußwiderstände im Kreislauf; ohne Blutdruck kommt jede Strömung zum Stillstand

Verteilung der Flußwiderstände. Durch die großen Gefäße fließt das Blut leicht hindurch. Die ***Arteriolen*** setzen aber *wegen ihres kleinen Durchmessers* dem Blutstrom einen ***großen Widerstand*** entgegen, der nur durch einen entsprechend hohen Blutdruck auf der arteriellen Seite überwunden werden kann. Dieser liegt, wie im vorhergehenden Abschnitt schon erwähnt, im *Körperkreislauf* im Mittel bei 100 mm Hg. Im *Lungenkreislauf* wird dagegen nur ein mittlerer Blutdruck von 15 mm Hg benötigt, um das Blut durch die Lungenkapillaren zu drücken (aus diesem Grund ist die Wandstärke der rechten Herzkammer, wie schon erwähnt, viel dünner als die der linken; bei gleicher Volumenarbeit braucht sie nur rund 15 % der Druckarbeit der linken Kammer zu leisten).

Die aus den stark unterschiedlichen Gefäßwiderständen sich ergebende ***Druckverteilung im Gesamtkreislauf*** ist in Abb. 10–18 zu sehen: Der Druck in der linken Herzkammer schwankt zwischen nahezu 0 mm Hg (Füllung des Herzens in der Diastole) und 120 mm Hg (Systole), der in der Aorta und den Arterien zwischen dem systolischen und dem diastolischen Wert (120/80 mm Hg). In den Arteriolen und Kapillaren sinkt der Blutdruck rasch ab. Das rechte Herz baut anschließend in den Lungenarterien einen systolischen Druck von etwa 20 mm Hg auf, der während der Diastole auf etwa 10 mm Hg abfällt. Dieser Druck wird bei der Überwindung des Strömungswiderstandes in den Lungenarteriolen und -kapillaren fast völlig verbraucht. In den großen Lungen- wie Körpervenen liegt der Druck also jeweils nur noch wenige mm Hg über Null.

Kontinuitätsgesetz. In einem aus verschieden weiten Röhren zusammengesetzten System ist die Stromstärke unabhängig vom Querschnitt der einzelnen Röhren in jedem beliebigen vollständigen Querschnitt immer konstant. Dieses *Kontinuitätsgesetz* gilt auch für den geschlossenen Blutkreislauf, d.h. auch bei ihm fließt durch jeden seiner Teilabschnitte immer etwa gleich viel Blut. Daraus folgt, daß die ***Strömungsgeschwindigkeit,*** wie bei einem Fluß auch, vom jeweiligen ***Querschnitt des Flußbettes*** abhängt. Dies ist in Abb. 10–18 dargestellt. Es gibt nur eine Hauptschlagader, die Aorta. Sie hat einen Querschnitt von etwa 4 cm². Dagegen teilen sich die Arteriolen und Kapillaren schließlich in so zahlreiche Äste auf, daß sie sich zu einem Gesamtquerschnitt von über 3000 cm² addieren. Entsprechend nimmt die Strömungsgeschwindigkeit bis auf 0,05 cm/s ab. Auch in den kleinen Venen, den ***Venolen,*** in die die Kapillaren münden, ist die Strömungsgeschwindigkeit wegen ihres großen Gesamtquerschnittes noch sehr gering. Erst in den großen Venen, die zum rechten Vorhof ziehen, steigt die Strömungsgeschwindigkeit wieder auf Werte bis zu 10 cm/s an.

Im ***Lungenkreislauf*** sind die entsprechenden ***Strömungsgeschwindigkeiten*** wegen des großen Gesamtquerschnittes der jeweiligen Gefäße ***alle etwas geringer*** (Abb. 10–18, rechte Hälfte). Dies muß so sein, denn der Gesamtweg des Lungenkreislaufs ist kürzer als der des Körperkreislaufs. Da dennoch die Umwälzzeit in beiden Teilkreisläufen wegen der Geschlossenheit des Gesamtkreislaufs konstant sein muß, fließt der Blutstrom im Lungenkreislauf etwas langsamer.

Unterschiede zwischen herznaher und peripherer Blutströmung. In der ***Aorta,*** besonders in deren herznahen Abschnitten, gibt es ***keinen konstanten Blutfluß,*** da nur während der Systole Blut aus dem Herzen in die Aorta gepumpt wird. Vielmehr werden beim Auspumpen Spitzengeschwindigkeiten von weit über 100 cm/s erreicht, während in den späten Phasen der Diastole das Blut in der Aorta nahezu stillsteht. Wegen der Elastizität der Gefäßwände und der Trägheit der Blutflüssigkeit wird jedoch die Strömung zur Peripherie hin immer ausgeglichener, so daß in den Kapillaren der Stromfluß während Systole und Diastole praktisch konstant ist.

Der Druckanstieg in der Aorta während der Systole pflanzt sich als Druckpulswelle in 0,2 s über alle Arterien fort

Während die Pulswelle nach einem Herzschlag schon nach 0,2 s in den Fußarterien anlangt, ist ein gleichzeitig aus dem Herzen ausgeworfenes Blutkörperchen in dieser Zeit erst 30 cm in der Aorta weitergeschwemmt worden. Die Druckpulswelle wird nämlich in den *Gefäßwänden von Gewebsteilchen zu Gewebsteilchen weitergeleitet,* und zwar um so schneller, je starrer das Gewebe ist. (Diese „Impulsübertragung" kann durch eine Reihe von Kugeln, die an Fäden aufgehängt sind und sich gerade berühren, eindrucksvoll demonstriert werden: Läßt man eine Endkugel auf die Kugelreihe prallen, wird nur die andere Endkugel bewegt.) Eine dünne, altersstarre Arterienwand hat daher eine höhere Pulswellengeschwindigkeit (und eine steilere Pulswelle) als eine große elastische Arterie wie die Aorta (normale Pulswellengeschwindigkeit dort 4–6 m/s).

Pulsqualitäten. Die Druckpulswelle, meist der ***Puls*** genannt, kann an den oberflächlich liegenden Körperarterien (wie am Hals oder am Handgelenk) leicht getastet werden. Aus seinen ***Qualitäten*** lassen sich wichtige Informationen über den Zustand des Herz-Kreislauf-Systems herleiten: So kann vor allem durch Zählen des Pulses die Herzfrequenz *(Pulsus frequens, Pulsus rarus)* bestimmt werden; ferner läßt sich damit feststellen, ob das Herz regelmäßig oder unregelmäßig schlägt *(Pulsus regularis, Pulsus irregularis);* der (sehr) erfahrene Arzt kann weiterhin aus der Größe *(Pulsus magnus, Pulsus parvus),* der Steilheit *(Pulsus celer, Pulsus tardus)* und der Spannung der Pulswel-

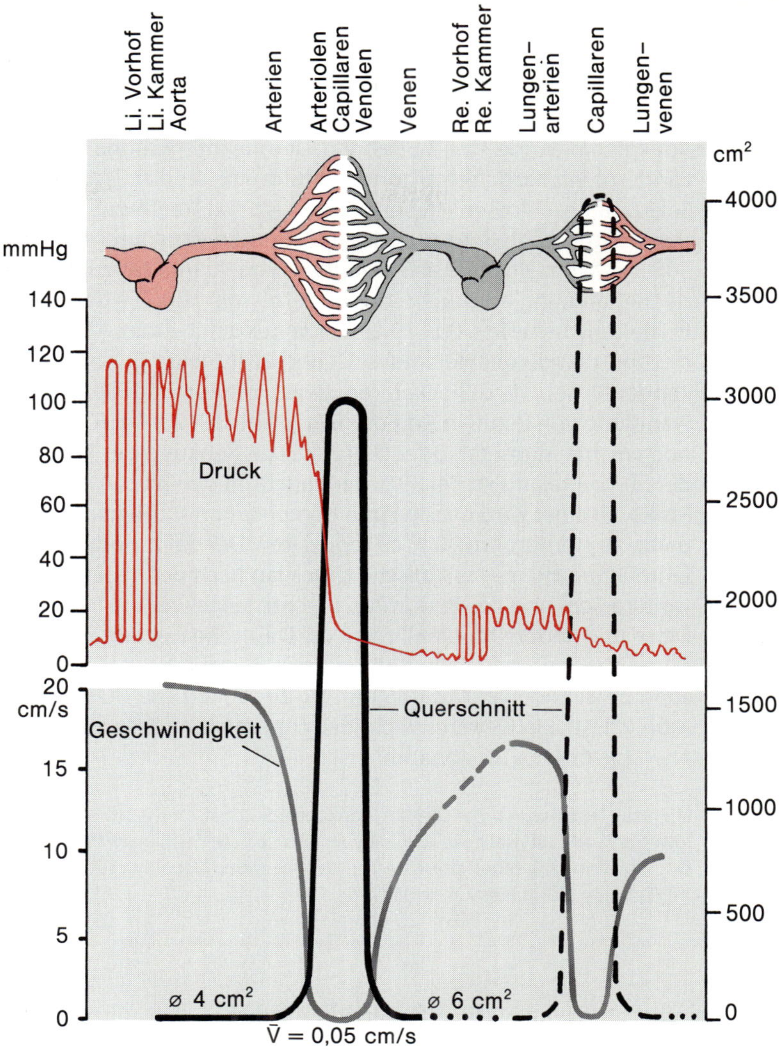

Abb 10–18. Schematische Darstellung der Beziehungen zwischen Gesamtquerschnitt (*schwarze* ausgezogene und *gestrichelte* Kurven, *rechte Ordinate*), Blutdruck (*rot, linke, obere Ordinate)* und mittlerer linearer Strömungsgeschwindigkeit (*grau, linke untere Ordinate*) im Herz-Kreislauf-System. *Oben* sind die aufeinanderfolgenden Kreislaufabschnitte, beginnend mit dem linken Vorhof, hintereinander angeordnet. Abschnitte mit sauerstoffreichem, arteriellem Blut sind *rot aufgerastert,* die mit sauerstoffarmen, venösen Blut erscheinen *grau.* In den Kapillaren sinkt die Strömungsgeschwindigkeit bis auf 0,05–0,03 cm/s ab (*unterer Bildrand*). Der Durchmesser der Aorta liegt bei 4 cm², der der Pulmonalarterien bei 6 cm². Umgezeichnet aus Witzleb in [14], 25. Auflage

le erste Anhaltspunkte über die Größe des Schlagvolumens, die Geschwindigkeit der Druckänderung (das heißt, wie „kräftig" sich das Herz kontrahiert) und die Höhe des mittleren Blutdruckes gewinnen.

Die nichtinvasive kontinuierliche Blutdruckmessung ist eine der wichtigsten psychophysiologischen Methoden zur Erfassung der kardiovaskulären Reagibilität

Kontinuierliche Messung über die Korotkov-Geräusche. Der Nachteil der herkömmlichen auskultatorischen Methode des Blutdruckmessens besteht in der Tatsache, daß der kontinuierliche (Schlag-zu-Schlag) Blutdruck nicht gemessen werden kann. Automatisierte auskultatorische Verfahren erlauben zwar für kurze Zeiten (bis zu 3 Minuten) eine quasikontinuierliche Abschätzung des Blutdrucks und seiner Veränderungen. Diese Verfahren sind jedoch subjektiv unangenehm und deshalb für den psychophysiologischen Einsatz nur eingeschränkt brauchbar. Für die Messung des systolischen Blutdrucks wird der Manschettendruck auf dem systolischen Blutdruckniveau gehalten. Ein Servomechanismus erhöht den Manschettendruck, sobald Korotkov-Geräusche zu registrieren sind und erniedrigt den Druck, wenn diese verschwinden. Auf diese Weise wird der systolische Blutdruck mit dem Manschettendruck „nachgefahren". Zur Messung des diastolischen Blutdrucks wird umgekehrt ein Druck auf diastolischem Niveau erzeugt, und dieser wird erniedrigt, wenn ein Geräusch nachzuweisen war und erhöht, wenn keines vorhanden war.

Kontinuierliche Messung über Pulswellengeschwindigkeit und RPI. Eine andere Möglichkeit, Schlag-zu-Schlag-Veränderungen des Blutdrucks zu registrieren, stellt die *Messung der Pulswellengeschwindigkeit* dar. Die Pulswellengeschwindigkeit ist die Zeit, die die Pulswelle benötigt, um von einem herznahen zu einem herzfernen Ort einer Arterie zu gelangen, bezogen auf die Entfernung zwischen beiden Punkten. Die Messung

BOX 10–1

Pharmakologische Senkung eines chronisch erhöhten Blutdrucks führt zu einer signifikanten Senkung von Herz-Kreislauf-Komplikationen ohne Verlust von Lebensqualität
Vor kurzem wurde eine 3,8 Jahre dauernde internationale Studie an etwa 19000 Patienten (aus 26 Ländern) mit chronisch erhöhtem Blutdruck (medizinische Diagnose: essentielle Hypertonie, s. a. S. 192) abgeschlossen (Hypertension Optimal Treatment Study, HOT Study), deren Ziel es war, den diastolischen Blutdruck dieser Patienten vom durchschnittlichen Ausgangswert von 105 ± 4,7 mm Hg auf Werte unterhalb von 90 mm Hg zurückzuführen (der systolische Wert lag vor der Behandlung im Durchschnitt bei 160 mm Hg). Die Behandlung war rein pharmakologisch (zur Verhaltenstherapie s. Box 10–2), beginnend mit einem Kalzium-Antagonisten (schwächt die Kraft der Kontraktion des Herzmuskels) und eventueller Gabe eines oder zweier weiterer blutddrucksenkender Mittel, wie β-Blocker (reduzieren die Sympathikuswirkung), ACE-Hemmer (blocken die Umwandlung von Renin in Angiotensin, s. Abb. 10–22; Angiotensin-Rezeptorantagonisten wurden noch nicht eingesetzt) oder Diuretika (zur Senkung des intravasalen Volumens, s. Abb. 10–23). In der Studie gelang es, bei 89 % der Patienten den Blutdruck ≤ 90 mm Hg zu senken und damit das Risiko, an einer kardiovaskulären Komplikation (Schlaganfall, Herzinfarkt etc) zu erkranken oder daran zu sterben, um 30 % zu reduzieren. Der dafür optimale diastolische Blutdruck lag bei ungefähr 83 mm Hg (der systolische Druck lag nach der Behandlung im Schnitt bei 139 mm Hg). Eine weitere Senkung des Blutdrucks brachte keine weitere Risikoabnahme, aber auch keine -zunahme. Diese und andere Studien haben die Deutsche Hochdruckliga zu der Empfehlung geführt, in jedem Lebensalter, auch im höheren, den Blutdruck auf Werte von 140/90 mm Hg, bei Selbstmessung besser noch auf 135/85 mm Hg zu senken. Die HOT-Studie hat gezeigt, dass dies fast immer möglich ist[1]. Ein weiteres wichtiges Ergebnis war, dass die Lebensqualität der Patienten durch die Therapie eher zu als abnahm[2].

Literatur: [1]Hannsson L, Zanchetti A, Carruthers SG et al, for the HOT Study Group. Benefits of intensive blood pressure lowering and acetylsalicylic acid in hypertensive patients. Lancet 1998. [2]Wiklund I, Halling K, Rydén-Bergsten T et al. Does lowering the blood pressure improve the mood? Quality-of-life result from the Hypertension Optimal Treatment (HOT) Study. Blood Pressure **6:** 357–364, 1997

der Pulswellengeschwindigkeit erfordert die plethysmographische Registrierung der Pulswelle an zwei Orten einer Arterie. In psychophysiologischen Untersuchungen wird dagegen häufig das RPI *(R to pulse interval)* gemessen; dies ist die Zeit, die zwischen dem Aufstrich der R-Zacke des EKGs und dem Fußpunkt einer peripheren Pulswelle verstreicht. Das RPI ist störungsärmer zu erfassen als die Pulswellengeschwindigkeit und wird deshalb bevorzugt angewandt. Absolute Umrechungen der Pulswellengeschwindigkeit bzw. des RPIs in Blutdruckwerte sind nicht zuverlässig möglich. Veränderungen der beiden Maße korrelieren jedoch je nach Untersuchung in einem mittleren Ausmaß miteinander (r = 0.4 bis 0.6)

Kontinuierliche Messung über FINAPRES. Aufbauend auf dem Prinzip der „entlasteten Gefäßwand" von Peñaz wurde FINAPRES *(finger arterial pressure)* entwickelt, das den Fingerarteriendruck nichtinvasiv und kontinuierlich mißt. Hierbei wird am Finger das Photoplethysmogramm registriert und der Druck in einer diesen Finger umgebenden Manschette über einen Servomechanismus schnell variiert. Beim ***Photoplethysmogramm*** wird die Reflexion eines Infrarotlichtes über einem Gefäß gemessen. Je geringer die Reflexion, um so höher der Blutfluß. Registriert das Photoplethysmogramm eine – durch systolische Blutdruckerhöhung ausgelöste – Gefäßdilatation, so erhöht der Servomechanismus den Manschettendruck mit der Folge, daß das Gefäß leicht konstringiert wird. Registriert das Photoplethysmogramm andererseits eine Konstriktion, so wird der Manschettendruck nachgelassen. Durch schnelle Veränderungen des Manschettendrucks fährt dieser dem arteriellen Fingerdruck nach. Eine Messung des Manschettendrucks ist identisch mit dem arteriellen Fingerdruck und erlaubt damit eine kontinuierliche nichtinvasive Blutdruckmessung. Unterschiedliche Arbeiten berichten Korrelationen zwischen FINAPRES und dem arteriell gemessenen Blutdruck bis zur Höhe von r = 0,95. Da für das Meßergebnis die relative Lage des gemessenen Fingers zum Herzen relevant ist, sind die absolut erhaltenen Werte wenig informativ. FINAPRES dient demzufolge primär der reliablen Erfassung von Veränderungen des Blutdrucks innerhalb einer Person.

10.8 Akute Anpassung des Kreislaufs an den Bedarf

Änderungen der Weite der Arteriolen (Vasodilatation bzw. -konstriktion) dienen zur Anpassung des regionalen Blutangebots an den aktuellen Bedarf

Beginnt ein Mensch zu arbeiten, so steigt der Stoffwechsel seiner Muskeln deutlich an: Diese benötigen daher mehr Sauerstoff und mehr Nährstoffe, und sie geben mehr Abfallstoffe an das Blut ab. Um diesem erhöhten Bedarf gerecht zu werden, muß die *Durchblutung des arbeitenden Muskels zunehmen.* Dazu kann entweder der arterielle Blutdruck ansteigen oder der Gefäßwiderstand abnehmen. *Die Erhöhung des Blutdrucks ist nur beschränkt hilfreich:* Erstens würde damit die Durchblutung *aller* Organe zunehmen, und zweitens müßte der Blutdruck schon auf das Doppelte gesteigert werden (also auf 240/160 mm Hg), um eine Verdopplung der Durchblutung zu erreichen.

Eine Abnahme des Durchflußwiderstandes über eine ***Erweiterung der lokalen Gefäße,*** insbesondere der Arteriolen, wird dagegen, wie Abb. 10–19 A zeigt, zu ***großen Änderungen der Durchblutung*** führen. Wird nämlich der Radius (Halbmesser) eines Gefäßes verdoppelt, so strömt bei konstant gehaltenem Druck 16mal soviel Blut in einer Zeiteinheit hindurch; wird der Radius vervierfacht, sogar 256mal soviel.

Offensichtlich hängt die Durchflußmenge von der vierten Potenz des Radius (r^4) ab, also bei $r = 1$ ist durch Durchfluß $1 \cdot 1 \cdot 1 \cdot 1 = 1$, bei $r = 2$ ist er $2 \cdot 2 \cdot 2 \cdot 2 = 16$ und bei $r = 4$ ist er $4 \cdot 4 \cdot 4 \cdot 4 = 256$ (Gesetz von Hagen–Poiseuille [14]). Damit ist die ***Veränderung des Durchmessers*** der *Arteriolen* (und auch der anderen, etwas dickeren Arterien) die ***entscheidende Maßnahme,*** mit der die Durchblutung der einzelnen Organe verändert und damit an den jeweiligen Bedarf angepaßt werden kann [3,14].

Die Weite der Arteriolen (der Gefäßtonus) wird durch den myogenen Gefäßtonus vorgegeben und läßt sich durch die Gefäßnerven sowie durch Metabolite, Hormone und NO verändern

Myogene Antwort (Bayliss-Effekt). Die Außenwand jeder Arteriole besteht aus elastischem Bindegewebe und einer kräftigen Schicht von glatten Muskelfasern, deren Spannungszustand oder ***Tonus*** die Weite des Gefäßes bestimmt. Nimmt der Tonus zu, so verengt sich das Gefäß ***(Vasokonstriktion),*** erschlaffen die glatten Muskelfasern, so erweitert es sich ***(Vasodilatation).*** Innen ist die Arteriole mit einer dünnen, glatten Gewebstapete aus Endothelzellen ausgekleidet, die den Durchmesserveränderungen passiv folgt. Die Kapillaren haben als Wand nur noch diese Innentapete (vgl. Abb. 10–3, S. 166), sie können daher ihren Durchmesser nicht aktiv verändern.

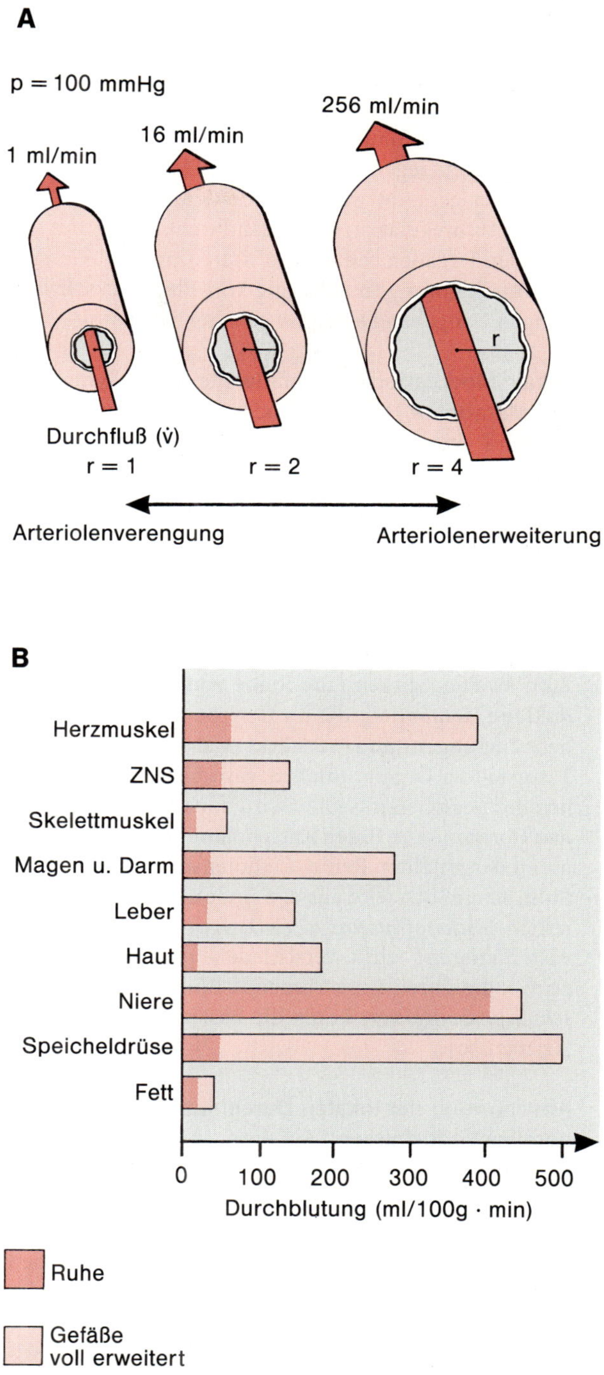

Abb 10–19. Anpassung des Kreislaufs an den Bedarf. **A** Kleine Veränderungen des Halbmessers *r* der Arteriolen führen zu dramatischen Änderungen des Gefäßwiderstandes und damit (bei konstantem Blutdruck) der Durchblutung. **B** Durchblutung wichtiger Organe des Körpers in Ruhe (*dunkelrote* Säulen) und bei maximaler Erweiterung der versorgenden Gefäße (*hellrote* Säulen). Die Durchblutung ist in ml Blut/100 g Gewebe/Minute (ml/100 g min) angegeben. **B** nach Mellander und Johannsson, umgezeichnet aus Witzleb in [14], 25. Auflage

Eine rasche Erhöhung des Blutdrucks in den Arteriolen führt zu einer Dehnung der Gefäßwände und damit der dortigen glatten Muskelzellen. Dies wirkt auf diese Muskelzellen als Kontraktionsreiz. Sie erhöhen ihren Tonus und wirken damit der Gefäßerweiterung entgegen. Diese myogene Antwort, die ***Bayliss-Effekt*** genannt wird, ist der Grundmechanismus für die Autoregulation der Organdurchblutung, mit der in vielen Organen, v. a. in den Nieren und im Gehirn, die Durchblutung unabhängig von Blutdruckschwankungen weitgehend konstant gehalten wird.

Lokale Modulation der Gefäßweite durch Sympathikus, Metabolite, Hormone und NO. Der Tonus der Gefäßwand wird einmal durch die ***Gefäßnerven*** bestimmt, die aus dem autonomen (vegetativen) Nervensystem stammen und zu den glatten Muskelfasern ziehen. Es handelt sich um *sympathische Nervenfasern*, deren Entladungsraten die jeweilige Tonuslage der Gefäßwand bestimmen (hohe Entladungen führen zu maximaler Vasokonstriktion, Aufhören der Entladungen zur maximalen Vasodilatation, vgl. Abb. 9–7, S. 157). Zum zweiten wirken eine Reihe von ***Stoffwechselprodukten (Metabolite)***, die im Gewebe bereits unter Ruhebedingungen und verstärkt während vermehrter Tätigkeit der Organe anfallen, vasodilatierend. Der Tonus der peripheren Gefäße wird auch von ***zirkulierenden Hormonen*** (z. B. den Katecholaminen und von dem unten dargestellten Renin-Angiotensin-System) beeinflußt. Schließlich wird aus den Endothelzellen kontinuierlich ***Stickstoffmonoxyd (NO)*** freigesetzt, das stark vasodilatierend wirkt. Verschiedene physikalische Reize, v. a. die durch das strömende Blut erzeugte *Wandschubspannung*, verstärken die basale NO-Freisetzung [12,20,21,30].

Abstimmung der lokalen Durchblutung mit den generellen Bedürfnissen. Auf die eben geschilderte Weise *steuert sich die lokale Durchblutung bedarfsabhängig selbst*. Daneben bietet die nervöse Kontrolle die Möglichkeit einer übergreifenden, auch *das Ganze berücksichtigende Steuerung:* So wird bei hoher Muskelarbeit die Darmdurchblutung weitgehend gehemmt, um das Herz nicht zu überlasten, oder es wird bei Fieber die Hautdurchblutung zur Wärmeabfuhr gesteigert. Zwischen welchen Extremwerten sich die Durchblutung der einzelnen Organe verändern kann, ist in Abb. 10–19 B illustriert. Die Länge der dunkelroten Säulen gibt an, wieviele Milliliter Blut durch je 100 g des betreffenden Gewebes pro Minute in Ruhe fließen; die hellroten Säulen zeigen, auf welche Werte die Durchblutung bei maximaler Dilatation zunehmen kann.

Bemerkenswert ist, daß in den Gefäßgebieten mit stark wechselnden funktionellen Anforderungen (Muskulatur, Magen-Darm-Trakt, Leber, Haut) die relativ größten Durchblutungsänderungen auftreten können, d. h. diese Organe können ihre Durchblutung auf das Mehrfache des Ruhewertes steigern. Demgegenüber wird die Durchblutung von lebenswichtigen Organen wie Gehirn und Nieren mit ständig hohen, aber relativ weniger stark wechselnden Anforderungen durch spezielle Regulationsmechanismen weitgehend konstant gehalten und innerhalb bestimmter Grenzen sogar von stärkeren Änderungen des arteriellen Drucks und des Herzzeitvolumens nur wenig beeinflußt.

Die überregionale, akute Anpassung des Kreislaufs an den Bedarf geschieht reflektorisch, v. a. über den Karotissinusreflex

Eine Erhöhung der Durchblutung eines einzelnen Muskels wird den zentralen Blutdruck nicht meßbar verändern. Werden aber bei körperlicher Arbeit große Muskelgruppen über eine Weitstellung der Arteriolen stärker durchblutet, fließt zwischen zwei Herzschlägen deutlich mehr Blut aus der Aorta und den anderen großen Arterien ab. Folglich sinkt der diastolische Blutdruck auf einen niedrigen Wert. Wirft das Herz nicht alsbald mehr Blut aus, wird auch der systolische Druck und damit der arterielle Mitteldruck absinken. Auf diese Weise würde die Blutversorgung der Gewebe sehr schnell abnehmen und schließlich zusammenbrechen. Jede deutliche ***Zunahme des Blutbedarfs*** in der Peripherie muß also von einer ***Steigerung des Herzzeitvolumens*** begleitet sein, damit der Blutdruck aufrechterhalten bleibt. Für diese Aufgabe stehen eine Reihe von Reflexsystemen zur Verfügung.

Die wichtigsten reflektorischen Anpassungsvorgänge des Kreislaufs an wechselnde Belastungen sind in Abb. 10–20 zusammengefaßt: Der Blutdruck in der Aorta und in den Halsarterien wird fortlaufend über spezielle Druckaufnehmer in den Arterienwänden, genannt ***Barosensoren*** (synonym: *Barorezeptoren, Pressorezeptoren, Pressosensoren*) gemessen und nach zentral gemeldet. In den Kreislaufzentren des Hirnstammes werden anhand dieser Information die ***Arbeitsleistung des Herzens*** (Frequenz, Schlagvolumen und Kraft der Kontraktion) und die ***Weite der Gefäße*** so gesteuert, daß der *normale mittlere Blutdruck aufrechterhalten* bleibt. Sinkt also beispielsweise der Blutdruck durch einen vermehrten Blutabfluß aus der Aorta ab, so wird das Herz über die sympathischen Herznerven zu vermehrter Leistung angeregt. Gleichzeitig wird die Durchblutung der ruhenden Organe durch Vasokonstriktion eingeschränkt. Drittens wird über eine Vasokonstriktion aller Venen ein Teil des dort vorrätigen Blutes dem Herzen zur sofortigen Erhöhung des Herzzeitvolumens zugeschoben.

Diese drei Maßnahmen, Entleerung der venösen Speicher, Durchblutungsdrosselung ruhender Organe und Erhöhung der Herzleistung, werden bei Übergang in körperliche Aktivität normalerweise schon ***vor einem Abfall des Blutdruckes vorbeugend in Gang gesetzt.*** Dies geschieht dadurch, daß die motori-

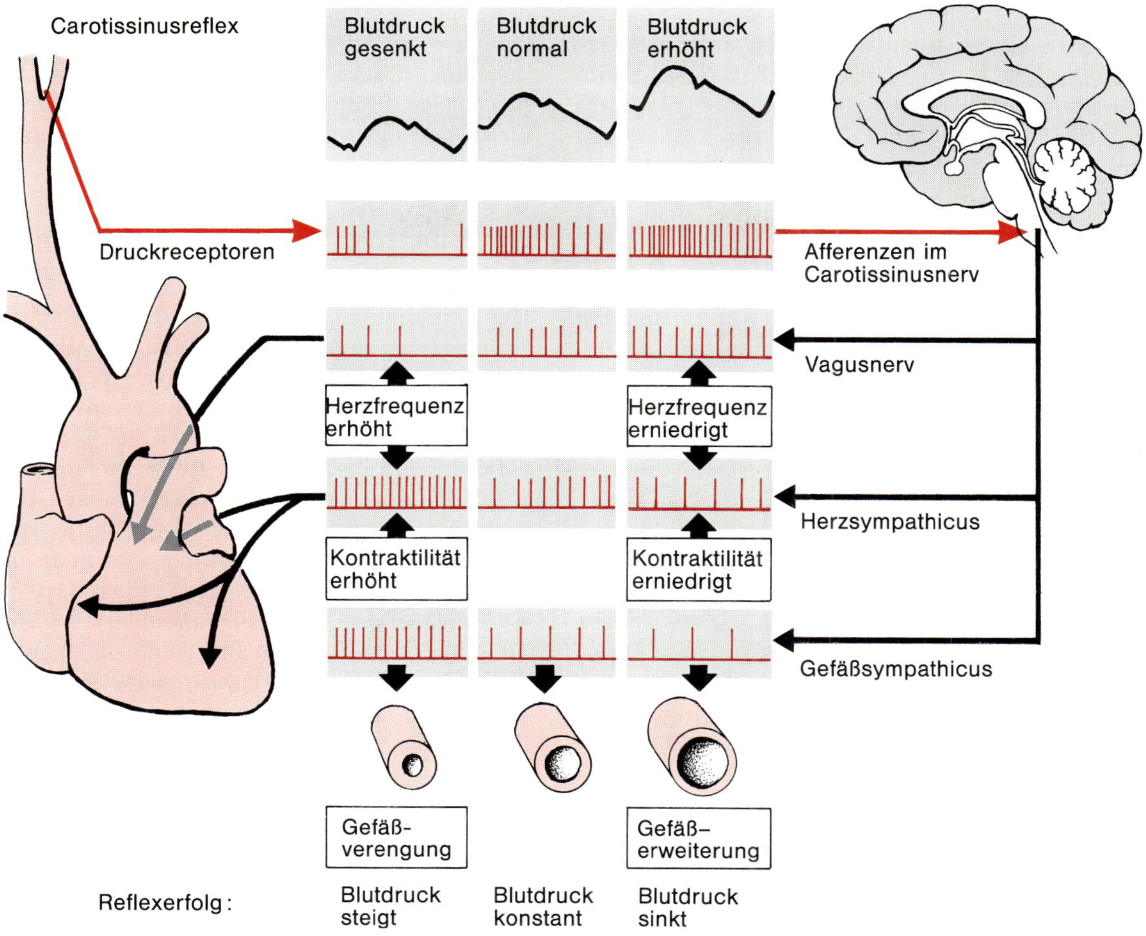

Abb. 10–20. Arbeitsweise des *Karotissinusreflexes* zur Konstanthaltung des mittleren Blutdruckes bei wechselnden Belastungen. Die Drucksensoren (Barosensoren) in den Wänden der Aorta und der Halsschlagadern (besonders in einem Gabelungsbereich, dem Karotissinus, daher der Name des Reflexes) melden fortlaufend über elektrische Impulse (Aktionspotentiale) im Karotissinusnerven den mittleren Blutdruck an die Kreislaufzentren im Hirnstamm. Sinkt der Blutdruck ab *(linke Säule)*, wird von dort die Aktivität der Vagusnerven gedrosselt, die der sympathischen Nerven gesteigert. Herzfrequenz, Kraft der Kontraktion und peripherer Gefäßwiderstand steigen an, damit auch der Blutdruck. Bei erhöhtem Blutdruck *(rechte Säule)* ist es umgekehrt. Die *mittlere Säule* zeigt die Verhältnisse bei ruhendem, unbelastetem Kreislauf. Modifiziert nach Rushmer, umgezeichnet aus Witzleb in [14], 25. Auflage

schen Zentren des Gehirns den Kreislaufzentren *Kopien* ihrer Befehle ***(Efferenzkopien)*** an die Muskulatur übersenden und sie damit über die bevorstehende Arbeitsaufnahme unterrichten. So kann sich der Kreislauf auf die bevorstehende Mehrbeanspruchung schon einstellen, ähnlich wie ein Wasserwerk sich durch das rechtzeitige Zuschalten weiterer Pumpen auf die tägliche Verbrauchsspitze einstellt.

Insgesamt bildet der eben geschilderte ***homöostatische Selbststeuerungsmechanismus des Kreislaufs*** einen in sich geschlossenen *Regelkreis,* in dem die von den arteriellen Barorezeptoren reflektorisch ausgelösten Änderungen des Strömungswiderstandes und des Herzzeitvolumens bei akuten Abweichungen des arteriellen Druckes eine schnelle Wiederannäherung an die Ausgangswerte bewirken. Diese Vorgänge stellen einen wichtigen Teil der ***Kreislaufregulation im engeren Sinne*** dar, wobei allerdings der arterielle Druck nur eine von mehreren geregelten Größen ist (eine andere ist z. B. das Blutvolumen im Gefäßsystem, s. S. 189, 190). Die an der Kreislaufregulation beteiligten zentralnervösen Zentren („Kreislaufzentren", vor allem im Hirnstamm) und ihre Verknüpfungen wurden bereits im Zusammenhang mit Abb. 9–10 ab S. 160 vorgestellt.

Stimulation der Barosensoren führt auch zu zentralnervöser Hemmung und damit zur Abnahme des Muskeltonus, zum Anstieg von Wahrnehmungsschwellen und evtl. zu Schlaf; die Entstehung einer Bluthochdruckerkrankung kann über diesen Mechanismus begünstigt werden

Wenn man bei wachen Tieren durch Dehnung eines (über einen Katheter chronisch implantierten) Gummiballs im Karotissinus die Entladungsrate der Barosensoren stark erhöht, so führt dies zu motorischer Inaktivität und Schlaf. Anthropologen haben schon früh bei Naturvölkern Techniken der Halsmassagen beschrieben, mit denen Beruhigung und Schlaf erreicht wurde [19,25]. Experimentell läßt sich beim Menschen durch Anlegen einer elastischen Halsmanschette, in der über Ventile ein Unterdruck („Saugen") am Karotissinus erzeugt wird, ebenfalls eine verstärkte Aktivität der Barorezeptoren erzeugen (s. Abb. 10–21). Im Vergleich zu entsprechenden Kontrollbedingungen zeigt sich dabei im EEG und den evozierten Potentialen der Hirnrinde eine deutliche Zunahme von Hemmung, d. h. das EEG wird verlangsamt und die Potentialamplituden, vor allem bei schmerzhaften oder unangenehmen Reizen nehmen ab. Gleichzeitig werden die dargebotenen Reize als weniger intensiv erlebt. Dies bedeutet, daß die Aktivierung der retikulären Vaguskerne im Hirnstamm zu einer vorübergehenden Hemmung auch der darüber liegenden Hirnstrukturen führt.

Personen, die ein erhöhtes genetisches Risiko für die Entwicklung von Bluthochdruck aufweisen und starkem chronischem Streß ausgesetzt sind, zeigen diesen Mechanismus in verstärktem Maße. Offensichtlich „setzen" sie ihn unbewußt, reflexhaft zur Abwehr von unangenehmen Ereignissen ein. Je besser ihnen dies „gelingt", umso eher entwickeln solche Personen einen Bluthochdruck [25]. Die Erhöhung des Drucks wird durch ihren Effekt, die Beseitigung von Belastung, verstärkt (Gesetz des Effektes in der Lernpsychologie, s. Kap. 27). *Dies ist ein gutes Beispiel für die verhaltensgesteuerte Veränderung eines physiologischen Reflexes.*

Die Förderleistung des Herzens begrenzt die körperliche Leistungsfähigkeit

Das Herz eines Erwachsenen kann, je nach Alter und Trainingszustand, bis zu 25–35 l Blut pro Minute fördern (s. S. 177). Diese Förderleistung des Herzens begrenzt weitgehend unsere körperliche Leistungsfähigkeit: Während starker körperlicher Arbeit wird der Anteil der Skelettmuskulatur am Herzzeitvolumen *überproportional* zu Lasten der meisten anderen Organkreisläufe erhöht. Diese Umverteilung geschieht über einen erhöhten sympathischen Tonus, der in der nichtarbeitenden Muskulatur und den übrigen Organen zu einer ***kollateralen Vasokonstriktion*** führt. Bei leichter bis mittlerer Arbeit nimmt die Hautdurchblutung nach starker initialer Abnahme im weiteren Verlauf aus thermoregulatorischen Gründen wieder zu. Bei maximaler Arbeit bleiben diese Effekte jedoch aus. Die Koronar-

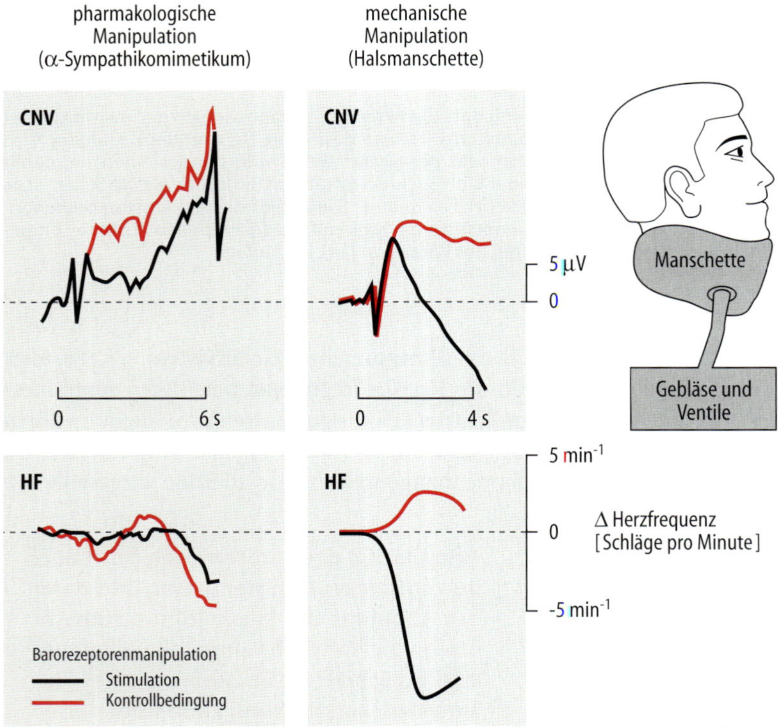

Abb. 10–21. Auswirkungen der Manipulation der Barorezeptoren auf die Contingente Negative Variation (CNV, negative kortikale Gleichspannungsverschiebung) und die Herzfrequenz. Auf der *linken* Seite der Abbildung wird die Barorezeptorenaktivität durch Infusion eines den sympathischen Tonus erhöhenden Medikaments angeregt. Man erkennt, daß die negativen kortikalen Gleichspannungsverschiebungen, die ein Indikator kortikaler Mobilisierung sind, nach Infusion reduziert sind. Noch deutlicher ist der Effekt der Barorezeptorenaktivität bei mechanischer Reizung des Karotissinus. Innerhalb von 500 ms kommt es an der Hirnrinde zu einer starken Hemmung, sichtbar an der nach positiv verlaufenden kontingenten negativen Variation (CNV) der langsamen Gleichspannungsverschiebungen des EEGs (s. Kap. 21). Nach Birbaumer et al. (1987) mit freundlicher Genehmigung [19]

durchblutung steigt in Abhängigkeit von der zu leistenden Herzarbeit an, während die Hirndurchblutung bei allen Belastungsstufen in etwa konstant bleibt.

Verhalten des Blutdruckes bei Arbeit. Die Abnahme des Strömungswiderstandes in den Gefäßen der arbeitenden Muskulatur wird von der kollateralen Vasokonstriktion nicht voll kompensiert, so daß der totale periphere Widerstand absinkt. Der *mittlere arterielle Druck* nimmt aber trotz dieser Widerstandsabnahme aufgrund der relativ stärkeren Steigerungen des Herzzeitvolumens um so mehr zu, je stärker die Belastung ist. Die *Blutdruckamplitude* nimmt dabei ebenfalls zu, da der systolische Druck stärker als der diastolische ansteigt. Nach Beendigung der Arbeit sinkt der Blutdruck relativ schnell wieder auf seine Ruhewerte ab. Die übrigen Kreislaufwerte und die Sauerstoffaufnahme kehren um so langsamer auf die Ausgangswerte zurück, je größer die geleistete Arbeit war (s. auch S. 287).

Trainingseinfluß. Bei Hochleistungssportlern kann das Herzzeitvolumen kurzfristig deutlich über 25 l/min (bis zu 35 l/min) ansteigen. Zu beachten ist auch, daß bei trainierten Menschen die Herzfrequenz in Ruhe niedriger (bis 40/min), das Schlagvolumen dagegen größer als bei nichttrainierten Menschen ist. Trainierte erreichen daher ein bestimmtes Herzzeitvolumen mit einer geringeren Frequenz als Nichttrainierte. Das Blutvolumen ist leicht vergrößert, Sauerstoffaufnahmefähigkeit und -ausschöpfung sind ebenfalls erhöht (dazu mehr am Ende des Abschnitts 10.6, S. 180).

10.9 Mittel- und langfristige Regulation des Gesamtkreislaufs

Im vorigen Abschnitt war zu lesen, auf welche Weise kurzfristige Änderungen des Blutdruckes korrigiert werden. Neben dem dort geschilderten nervösen Blutdruck-Kontroll-System, das übrigens durch einige ebenfalls kurz- bis mittelfristig arbeitende hormonelle Systeme ergänzt wird, benötigt der Körper aber auch eine ***mittel- bis langfristig arbeitende Blutdruckkontrolle,*** die seinen mittleren Blutdruck über das ganze Leben möglichst konstant hält. Dazu ist es zusätzlich unbedingt notwendig, das ***Blutvolumen*** jederzeit in einem ***angemessenen Verhältnis zur Volumenkapazität,*** also zum „Fassungsvermögen" der Blutgefäße zu halten. Dies soll sicherstellen, daß es nicht bei einer dauernden „Überfüllung" der Blutgefäße (über ein erhöhtes venöses Angebot und ein dadurch unnütz hohes Herzzeitvolumen) zu chronischen Überhöhungen des Blutdruckes (Hypertonie) und bei „Mangelfüllung" zu chronischen Unterdrucken (Hypotonie) kommt.

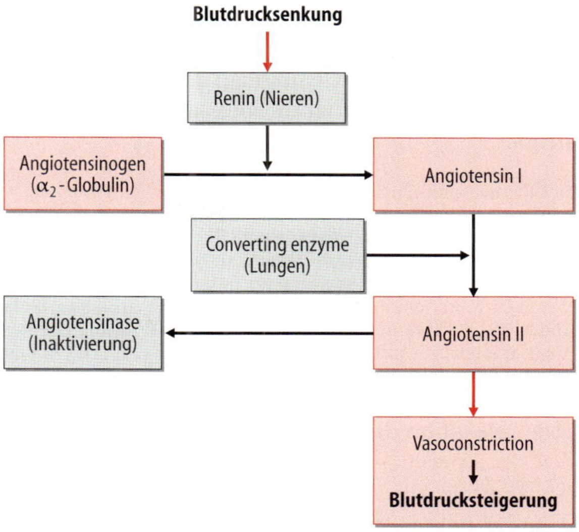

Abb. 10-22. Aktivierung des Renin-Angiotensin-Systems (RAS) zur mittelfristigen Blutdruckregelung bei einer Blutdrucksenkung (z. B. durch Blutverlust). Die Blutdrucksenkung führt zu einer Minderdurchblutung der Nieren. Dies bewirkt dort die Freisetzung des Renins. Die Abfolge der anschließenden Reaktionen ist im Text beschrieben. Nicht gezeigt ist, daß durch *Angiotensin II* auch das sympathische Nervensystem aktiviert und erheblicher Durst ausgelöst wird. Nach Witzleb aus [14], 25. Auflage

Die drei mittelfristigen Regulationsmechanismen wirken im Minuten- bis Stundenbereich

Zu den mittelfristigen Regulationsmechanismen zählen (a) das ***Renin-Angiotensin-System,*** das vor allem bei einem plötzlichen Abfall des Blutdruckes wirksam wird, und (b) die ***Streßrelaxation der Gefäße,*** die Zunahmen der Gefäßvolumina abpuffert. Dazu kommen (c) ***transkapilläre Volumenverschiebungen*** durch veränderte Fließgleichgewichte bei der transkapillären Filtration und Reabsorption (Abb. 10-3, S. 166 und zugehöriger Text): Erhöhung des Blutdruckes und damit des effektiven Filtrationsdruckes wird eine vermehrte Filtration in den interstitiellen Raum bewirken, so daß das intravasale Volumen abnimmt, und umgekehrt. Diese Verschiebung von Flüssigkeit aus dem Gefäßsystem in das Gewebsinterstitium reduziert den venösen Rückfluß (das „venöse Angebot") zum Herzen und senkt damit über ein vermindertes Herzzeitvolumen, also eine reduzierte Füllung des arteriellen Systems, den erhöhten Blutdruck zur Norm zurück [8,14].

Renin-Angiotensin-System (RAS). Jede Minderdurchblutung der Niere löst dort die Freisetzung des Enzyms ***Renin*** aus. Dieses wandelt, wie in Abb. 10-22 zu sehen, ein im Blut zirkulierendes Globulin, das ***Angiotensinogen,*** in das Peptid ***Angiotensin I*** um. Dieses wird durch ein weiteres Enzym (v. a. im Lungenkreislauf) in das Peptid ***Angiotensin II*** überführt. Letzteres löst sehr starke, direkte *vasokonstriktorische Reaktionen an Arterien* und in abgeschwächter Form auch an Venen aus.

Gleichzeitig wird durch Angiotensin das gesamte *sympathische Nervensystem aktiviert,* was ebenfalls vasokonstriktorisch wirkt. Damit steigt der totale periphere Widerstand an, wodurch in Folge der ***Blutdruck ansteigt.***

Der Renin-Angiotensin-Mechanismus trägt bei *pathologisch erniedrigtem Blutdruck* und bzw. oder bei *reduziertem Blutvolumen* wesentlich zur Normalisierung der Kreislauffunktionen bei. Er erreicht seine volle Wirksamkeit nach etwa 20 min. Die Freisetzung von Renin und das Auftreten von Angiotensin II löst auch Durst aus (starkes Durstgefühl nach größeren Blut- und Flüssigkeitsverlusten, s. auch S. 235). Die Wirkung des Renin-Angiotensin-Mechanismus kann lange anhalten. Der Abbau von Angiotensin II erfolgt durch *Angiotensinasen.*

Streßrelaxation der Gefäße. In den elastischen Wänden der Arterien wird die Energie gespeichert, die in der Diastole zur Aufrechterhaltung des Blutdruckes dient (Windkesselfunktion, s. S. 168). Sollen die Arterien übernormal gefüllt werden, so ist zu ihrer „Aufdehnung" eine entsprechende Zunahme des Blutdruckes notwendig. Diese Steigerungen des arteriellen Druckes werden durch die Eigenschaft der Gefäße abgeschwächt, im Anschluß an die druckbedingte Dehnung ***ihre Dehnbarkeit zu erhöhen,*** also etwas „nachzugeben". Bei Abnahmen des intravaskulären Volumens nimmt die Dehnbarkeit wieder ab (und damit steigt der Blutdruck wieder an). Diese als ***Streßrelaxation*** bzw. ***reverse stress-relaxation*** bezeichneten Eigenschaften helfen mit, daß selbst bei größeren Volumenzu- oder -abnahmen die Drücke im Verlauf von 10–60 min wieder in den Normbereich zurückkehren.

Die langfristigen Regulationsmechanismen regeln das extrazelluläre Volumen und damit die Füllung des Gefäßsystems, d. h. vor allem den zentralen Venendruck

Blutdruckerhöhung durch extrazelluläre Flüssigkeitszunahme. Die langfristigen Regulationsmechanismen des Kreislaufs sind, wie oben schon erwähnt, v. a. darauf gerichtet, das intravasale Flüssigkeitsvolumen an die Gefäßkapazität anzupassen. Dies hat in erster Linie folgenden Grund: Wenn die extrazelluläre Flüssigkeitsmenge und damit auch das Blutvolumen dauerhaft zunimmt, nimmt der venöse Zufluß zum Herzen und damit auch das Herzzeitvolumen zu. Die Zunahme des Herzzeitvolumens über das notwendige Maß hinaus erhöht den Blutdruck und damit die Durchblutung der Organe (die kurzfristige Kontrolle durch die Barosensoren paßt sich nach einigen Stunden schon an das gleichförmige neue Druckniveau an und ist dann nicht mehr wirksam). Die unnütz hohe Organdurchblutung wird von den Organen über ihre Autoregulationsmechanismen durch eine Verengung ihrer Gefäße beantwortet. Diese normalerweise sehr sinnvolle Maßnahme erhöht aber den peripheren Gesamtwiderstand des Organismus. Und das hat zur Folge, daß der Blutdruck weiter steigt. Damit ist ein *Teufelskreis* in Gang gesetzt, über den ***kleine Zunahmen des Blutvolumens zu großen Zunahmen des Blutdruckes*** führen. So konnte tierexperimentell gezeigt werden, daß bei Ausschaltung der Regulationsmechanismen eine chronische Zunahme des Blutvolumens um nur 2 % (entspricht beim Menschen 100 ml) das Herzminutenvolumen um 5 %, daraus resultierend den peripheren Widerstand um 25–50 % und als Folge davon den Blutdruck um 30–57 % steigen läßt.

Da die intravasale Kapazität nur in geringem Umfang und kaum auf Dauer verändert werden kann, kann nur über eine ***Regulation des extrazellulären Volumens*** eine langfristig befriedigende Blutdruckeinstellung erzielt werden. Gleichzeitig sorgt diese Volumenregulation auch für einen ausgeglichenen Wasser- und Elektrolythaushalt. An ihr sind drei Mechanismen beteiligt: (a) das renale Volumenregulationssystem, (b) das Adiuretinsystem und (c) das Aldosteronsystem. Die beiden letzteren werden an anderer Stelle diskutiert (S. 235), auf das renale Volumenregulationssystem wird jetzt eingegangen.

Renales Volumenregulationssystem. Die Nieren können am wirkungsvollsten das Entstehen des oben geschilderten Teufelskreises verhindern. Die dabei ablaufenden Vorgänge sind schematisch in Abb. 10–23 gezeigt: Jede ***Zunahme des Blutvolumens*** wird von den Nieren, wenn auch mit einer Verzögerung von einigen Stunden, durch eine erhöhte Harnausscheidung beantwortet. Diese ***erhöhte Harnausscheidung*** reduziert das Blutvolumen. Damit nehmen der venöse Rückstrom zum Herzen und das Herzminutenvolumen ab. Die Ab-

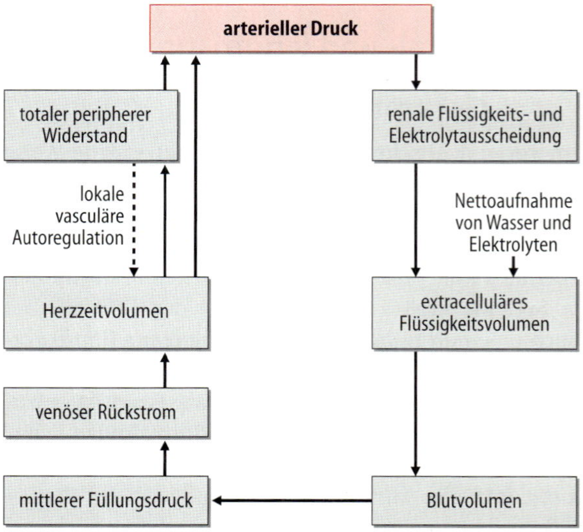

Abb. 10–23. Langfristige Regulation des arteriellen Blutdruckes über das renale Volumenregulationssystem nach einem Vorschlag von Guyton. Eine Zunahme des Blutdruckes durch eine vermehrte Füllung der Blutgefäße (über eine Nettoaufnahme von Wasser und Salzen [Elektrolyten] und damit einem erhöhten venösen Angebot) führt zu einer entsprechenden Ausscheidung von Wasser und Elektrolyten durch die Nieren. Zeichnung in Anlehnung an Witzleb in [14], 25. Auflage

BOX 10–2

Verhaltensmedizin von Herz-Kreislauf-Erkrankungen

In der Verhaltensmedizin von diesen Erkrankungen versucht man die Hauptrisikofaktoren präventiv und ursächlich zu behandeln. Die präventive Behandlung von Bluthochdruck, Streß und Fettleibigkeit kann nur über Eingriffe in das soziale Netz der Betroffenen zu dauerhaften Verbesserungen führen. Da aber die ersten Symptome von Herz-Kreislauf-Erkrankungen meist lange (oft Jahre) nach den auslösenden Bedingungen auftreten und viele der Symptome, wie z. B. der erhöhte Blutdruck, sogar als angenehm erlebt werden, kommen Selbstkontrollversuche oft zu spät. Aufklärung und Einsicht in die verursachenden Faktoren haben kaum eine Wirkung.

Aber auch spät einsetzende verhaltensmedizinische Maßnahmen verbessern die Überlebensrate zusammen mit den kardiologischen und rehabilitativen Therapien (s. Kap. 14) erheblich. Zur Reduktion der Streßbelastung wird ein sog. ***Streßbewältigungs***- und ***Selbstbehauptungstraining*** eingesetzt. Dabei wird der (die) Betroffene mit den realen belastenden Ereignissen (soweit möglich) konfrontiert und übt unter Anleitung des (der) Psychologen alternative sprachliche und nicht-verbale Verhaltensweisen ein, die unvereinbar mit negativen Emotionen (wie z. B. längerer Ärger, Anspannung, Hilflosigkeit) sind: dazu gehören muskuläre Entspannung, positive selbstbehauptende Reaktionen, Gesichts- und Körperausdrucksübungen, Biofeedback von Blutdruck und Muskelaktivität (s. S. 367), Partnertraining u. a.

Zur Vorbeugung negativ-depressiver Reaktionen auf Situationen der Hilflosigkeit wird ***kognitive Verhaltenstherapie*** mit Sozialtraining (wie oben beschrieben) kombiniert: durch Neuformulierung wiederholt negativer Gedanken („ich schaffe es nie",„ich versage") und intensives Üben der Alternativen in den auslösenden Situationen wird eine Neubewertung solcher Situationen erreicht, welche die exzessive autonome Aktivierung unterbindet.

Literatur: Bellack A, Hersen DM (eds) (1998) Comprehensive clinical psychology. Elsevier, Amsterdam

nahme des Herzminutenvolumens läßt schließlich den Blutdruck wieder auf seinen normalen Wert absinken. Umgekehrt führt Fallen des Blutdruckes zur Abnahme der Harnproduktion; damit nimmt das Blutvolumen wieder zu und damit das venöse Angebot, Herzzeitvolumen und Blutdruck.

Zusammenhang zwischen Blutdruck und Harnausscheidung. Im Tierexperiment zeigte sich, daß eine Zunahme des mittleren Blutdruckes um nur 6 mm Hg zu einer 7fach größeren Harnmenge führte. Damit ist der Körper in einer äußerst wirkungsvollen Weise gegen langfristige Verstellungen des mittleren Blutdruckes abgesichert: Jede Verschiebung des Gleichgewichts zwischen Flüssigkeitsaufnahme und -abgabe wird durch die Nieren innerhalb weniger Stunden so ausgeglichen, daß der normale mittlere Blutdruck wieder eingestellt wird. Für unsere jetzigen Betrachtungen genügt es dabei völlig davon auszugehen, daß *um so mehr Urin aus dem Blut durch die Gewebsfilter der Nieren hindurch abgepreßt wird, je höher der Blutdruck ist* (für Details der Urinproduktion siehe S. 231).

Zusammenarbeit der Regulationssysteme. Von allen an der Kreislaufregulation beteiligten kurz- bis langfristigen Vorgängen wirkt praktisch kein einziger ausschließlich auf einen einzelnen Parameter. Es beeinflussen vielmehr nahezu alle Mechanismen mit unterschiedlicher Intensität entweder direkt oder indirekt das Herzzeitvolumen, den totalen peripheren Widerstand, die Gefäßkapazität und das intravasale Volumen. Es ergeben sich dabei ***für die Regulation des Blutdruckes und des Blutvolumens*** im Hinblick auf Wirkungseintritt und Wirkungsdauer ***zwei Hauptverteidigungslinien:*** Bei *akuten Störungen* erfolgt ein Ausgleich überwiegend durch Reaktionen des Gefäßsystems, *während bei chronischen Störungen* Änderungen des Blutvolumens dominieren. An diesen Vorgängen sind ***zentralnervöse Strukturen auf allen Ebenen des ZNS beteiligt,*** d. h. nicht nur die in der Abb. 9–12 eingezeichneten *medullären Zentren,* sondern auch solche im *Hypothalamus* und in *kortikalen Regionen.* Dies bedeutet auch, daß *psychologische Faktoren* auf allen Ebenen der Blutdruckregulation eine Rolle spielen können [6,11,25].

Psychophysiologische Faktoren stellen das bedeutsamste Risiko zur Entwicklung von Herz-Kreislauf-Erkrankungen dar

Die Entwicklung von koronaren Herzerkrankungen, v. a. die Verengung der Koronargefäße (Koronarsklerose) mit der Gefahr des Herzinfarkts durch einen akuten Totalverschluß, hängt von einer Reihe von Faktoren ab, die jeder für sich wenig bedeutsam sind, in ihrer Kombination aber die Erkrankungswahrscheinlichkeit beträchtlich erhöhen. Zu diesen ***Risikofaktoren*** zählen:

- Starke chronische psychische oder soziale Belastung ohne Möglichkeit ihrer Bewältigung *(„Hilflosigkeit“)*,
- *Bluthochdruck* („essentielle Hypertonie“),
- *Abdominale Fettleibigkeit* (Abb. 10–24).

Die Bedeutung erhöhter Blutkonzentrationen von Low-Density-Lipoproteinen („Cholesterol“) ist umstritten; sie erhöhen zwar das Risiko für koronare Verschlußerkrankungen, umgekehrt hängt aber ihre Senkung mit einem erhöhten Krebsrisiko und einem Risiko für Hirnblutungen zusammen.

Essentielle Hypertonie wird neben einer gewissen erblichen Belastung und dem auf S. 187 beschriebenen Barosensorenmechanimus durch erhöhte psychische Belastung („Stress“) und eine feindselige Haltung („Hostility“, Typ A) gegenüber der sozialen Umwelt begünstigt. Alle diese Faktoren erhöhen den Sympathikotonus und die kardiovaskuläre Reagibilität.

Die Neigung zu Fettleibigkeit ist zu einem erheblichen Teil genetisch bedingt. Für die Entwicklung koronarer Herzkrankheiten ist die Ansammlung von Körperfett im Bauchbereich von Bedeutung (vgl. Abb. 10–24). Fett im Hüft- und Gesäßbereich, wie es bei Frauen vor der Menopause häufig ist, hat wenig oder keine Bedeutung. Das erhöhte koronare Risiko für Männer hängt zum Teil mit dieser Verteilung der Fettreserven zusammen. Die Ansammlung der Fette im Abdominalbereich wird durch Stress verstärkt, da die ausgeschütteten Glukokortikoide Fett in dieser Region binden. Extremes Zigarettenrauchen und häufige Diäten („Cycling“) erhöhen die Fettablagerung im Abdominalbereich [28,31,32].

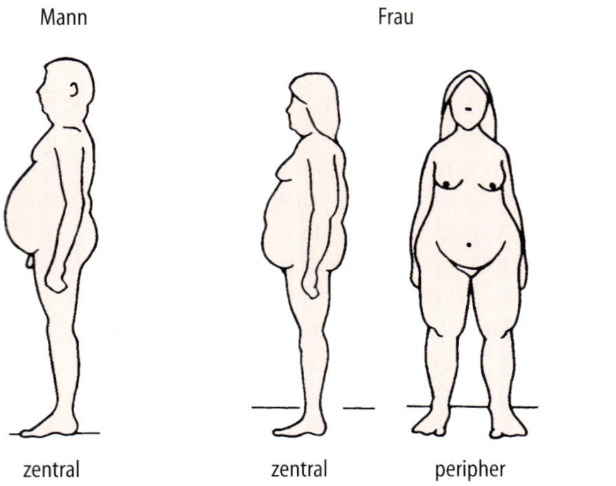

Abb. 10–24. Illustration der verschiedenen Arten von Fettleibigkeit. Männer entwickeln vor allem abdominale oder androide Fettleibigkeit. Bei Frauen gibt es zwei Typen (unten), eine, die den Männern ähnelt *(links)* und eine periphere oder gynoide Fettleibigkeit um Hüften und Oberschenkel

Übergewicht stellt den zentralen Risikofaktor von nicht-Insulin-abhängigem Diabetes (s. Kap. 5) dar. Es trägt sowohl darüber als auch direkt über die Erhöhung des Gefäßwiderstandes wesentlich zur Entwicklung koronarer Herzkrankheiten, Infarktrisiko und Bluthochdruck bei [8].

Für alle genannten Risikofaktoren wurden ***verhaltensmedizinische Präventions- und Therapieverfahren*** entwickelt, die als Methode der Wahl zur Reduktion des koronaren Risikos betrachtet werden können [11]. Für Beispiele s. die Box 10–1. Trotz ihrer hohen Effizienz werden sie in der Praxis leider noch zu wenig angewandt, da sie eine interdisziplinäre Zusammenarbeit von experimentellen Psychologen und Medizinern erfordern, die nur selten in größerem Rahmen realisiert wird [25].

ZUSAMMENFASSUNG

Das menschliche Blutgefäßsystem enthält rund 5 l Blut. Jeder Liter besteht aus ca. 560 ml Blutplasma und 440 ml roten (Erythrozyten), sowie einer kleinen Menge anderer Blutkörperchen (Leukozyten, Thrombozyten). In den rund 3 l Blutplasma sind pro Liter 65–80 g Eiweiß (Albumin, Globuline) und 20 g kleinmolekulare Substanzen (Salze und andere wasserlösliche Substanzen) gelöst. Die Transportaufgaben des Blutes werden in den nachfolgenden Kapiteln 11 und 12 dargestellt.

Die Albuminmoleküle sind für den kolloidosmotischen Druck verantwortlich. Dieser ist eine wichtige Kraft beim transkapillären Flüssigkeitsaustausch: durch ihn wird am Kapillarende das am Kapillaranfang ausgepreßte Plasma zu 90 % wieder reabsorbiert. Der Rest fließt über die Lymphgefäße in den Kreislauf zurück. Die Globuline dienen teils als Transportmittel (α- und β-Globuline), teils nehmen sie Schutz- und Abwehrfunktionen wahr (humorale Immunität, γ-Globuline, Details in Kap. 4).

Der erste Schritt der Blutstillung (Hämostase) ist die Verengung (Vasokonstriktion) des verletzten Gefäßes, der zweite die Bildung eines Pfropfens aus Thrombozyten, die sich an die verletzten Gefäße anlegen. Auf diese Weise kommen die meisten Blutungen in 1–3 min zum Stillstand. Der dritte Schritt ist die Bildung des Blutgerinnsels (Thrombus, gebildet aus Fibrin, das unter dem Einfluß von Thrombin aus Fibrinogen entsteht), der vierte und letzte die Fibrinretraktion zur Verfestigung des Thrombus.

Das Blut wird durch die Pumpaktivität des Herzens im Kreislauf in Zirkulation gehalten. Die linke Herzkammer pumpt ihren Inhalt in die Aorta, von dort fließt das Blut über die Körperkapillaren und -venen in den rechten Vorhof, der das Blut in die rechte Kammer weitergibt. Diese pumpt das Blut durch den Lungenkreislauf, der im linken Vorhof endet. Von dort fließt das Blut wieder in die linke Kammer. Damit ist der Kreislauf geschlossen.

Jeder Arbeitszyklus der Ventrikel besteht aus 4 Phasen, nämlich Kammerfüllung, Anspannung, Austreibung und Erschlaffung. Anspannungs- und Austreibungsphase werden Systole genannt, die Pause dazwischen Diastole. Der Blutdruck auf dem Höhepunkt der Austreibung ist der systolische Druck, der am Ende der Diastole der diastolische. Der erste Herzton ist Folge der Anspannungskontraktion, der zweite signalisiert den Klappenschluß bei der Erschlaffung.

Das Herz kann sich selbständig rhythmisch kontrahieren. Die Herzerregung geht vom Sinusknoten aus und erreicht über den Atrioventrikularknoten die Ventrikel. Die Dauer des Herzaktionspotentials beträgt in Abhängigkeit von der Herzfrequenz 200–400 ms. In dieser Zeit ist das Herz refraktär. Das Aktionspotential setzt zur elektromechanischen Kopplung aus dem sarkoplasmatischen Retikulum Kalziumionen frei, die am Ende der Kontraktion dorthin zurückgepumpt werden.

Die Erregungsausbreitung und -rückbildung im Herzen bringt extrazelluläre Ströme mit sich. Diese führen zu kleine Potentialdifferenzen an der Körperoberfläche, die als Elektrokardiogramm, EKG, aufgezeichnet werden können. Die Ableiteorte und -bedingungen des EKG sowie seine Nomenklatur sind international standardisiert. Am gebräuchlichsten sind die bipolaren Ableitungen nach Einthoven. Das EKG erlaubt Aussagen über die Erregungs-, nicht aber über die Kontraktionsvorgänge.

Die mechanische Arbeit des Herzens besteht nahezu ausschließlich aus Druck-Volumen-Arbeit. In Ruhe werden pro Minute rund 5 l Blut bei einer Schlagfrequenz von 70/min, einem Schlagvolumen von 70 ml und einem arteriellen Mitteldruck von ca. 100 mm Hg umgewälzt. Bei maximaler Herzleistung kann das Herzzeitvolumen auf 25–35 l/min ansteigen. Dabei nimmt auch die Blutdruckamplitude und der mittlere Blutdruck zu.

Die Anpassung der Herzleistung an den Bedarf erfolgt teils über den Frank-Starling-Mechanismus, teils über die Herznerven. Letztere verändern die Herzfrequenz, der Sympathikus zusätzlich die Kraft der Kontraktion der Kammermuskulatur. Bei Ausdauertraining wird das Herz größer, es schlägt in Ruhe und bei Arbeit langsamer, und es arbeitet mit höherem Wirkungsgrad.

Der Blutdruck dient der Überwindung der Flußwiderstände im Kreislauf. Diese sind in den Arteriolen am höchsten. Ihre Weite wird durch den myogenen Gefäßtonus vorgegeben und läßt sich durch die Gefäßnerven sowie durch Metabolite, Hormone und NO verändern. Dies dient zur Anpassung des regionalen Blutangebots an den aktuellen Bedarf.

Die überregionale akute Anpassung (Wirkweise im Sekundenbereich) des Kreislaufs an den Bedarf geschieht reflektorisch, v. a. über den Karotissinusreflex. Stimulation der Barosensoren führt auch zu zentralnervöser Hemmung und damit zur Abnahme des Muskeltonus, zum Anstieg von Wahrnehmungsschwellen und evtl. zu Schlaf. Die Entstehung einer Bluthochdruckerkrankung kann über diesen Mechanismus begünstigt werden. Personen, die ein erhöhtes genetisches Risiko für die Entwicklung von Bluthochdruck aufweisen und starkem chronischen Streß ausgesetzt sind, zeigen diesen Mechanismus in verstärktem Maße.

Im mittelfristigen Regulationsbereich (Minuten bis Stunden) wirken das Renin-Angiotensin-System, die Streßrelaxation der Gefäße und transkapilläre Volumenverschiebungen auf die Konstanthaltung des Blutdrucks hin. Die langfristigen Regulationsmechanismen regeln das extrazelluläre Volumen und damit die Füllung des Gefäßsystems.

Psychophysiologische Faktoren stellen das bedeutsamste Risiko zur Entwicklung von Herz-Kreislauf-Erkrankungen dar. Zu diesen Risikofaktoren zählen Hilflosigkeit, essentielle Hypertonie und abdominale Fettleibigkeit. Zur Begrenzung ihrer Wirkung stehen verhaltensmedizinische Präventions- und Therapieverfahren zur Verfügung. Die nichtinvasive kontinuierliche Blutdruckmessung ist eine der wichtigsten psychophysiologischen Methoden zur Erfassung der kardiovaskulären Reagibilität. Dazu gibt es verschiedene Methoden, z. B. FINAPRES.

Literatur

Weiterführende Lehr- und Handbücher

1. Begemann H, Rastetter J (Hrsg) (1993) Klinische Hämatologie, 4. Auflage. Thieme, Stuttgart
2. Bessis M (1974) Corpuscles. Atlas of red blood cells. Springer, Berlin Heidelberg New York
3. Busse R (Hrsg) (1982) Kreislaufphysiologie. Thieme, Stuttgart
4. Fleckenstein A (1983) Calcium antagonism in heart and smooth muscle. – experimental facts and therapeutic prospects. Wiley, New York
5. Fozzard HA, Haber E, Jennings RB, Katz A, Morgan HE (eds) (1991) The heart and cardiovascular system. Raven, New York
6. Gatchel R, Blanchard E (eds) (1993) Psychophysiological disorders. American Psychological Association, Washington D. C.
7. Gauer OH (1972) Kreislauf des Blutes. In: Gauer OH, Kramer K, Jung R (Hrsg) Physiologie des Menschen. Bd. 3: Herz und Kreislauf. Urban und Schwarzenberg, München, S. 81–326
8. Hierholzer K, Schmidt RF (Hrsg) (1991) Pathophysiologie des Menschen. VCH, Weinheim
9. Levick JR (2000) An introduction to cardiovascular physiology 3rd edn. Butterworths, London
10. MacFarlane PW, Lawrie TDV (eds) (1989) Comprehensive electrocardiology: theory and practice in health and disease. Pergamon, New York
11. Miltner W, Birbaumer N, Gerber W (1986) Verhaltensmedizin. Springer, Berlin Heidelberg New York Tokyo
12. Moncada S, Feelisch M, Busse R, Higgs EA (eds) (1994) Biology of nitric oxide, vol 3, Physiological and clinical aspects. Portland, London
13. Schmidt RF (2001) Physiologie kompakt, 4. Aufl. Springer, Berlin Heidelberg New York Tokyo
14. Schmidt RF, Thews G, Lang F (Hrsg) (2000) Physiologie des Menschen, 28. Aufl. Springer, Berlin Heidelberg New York Tokyo
15. Thews G, Vaupel P (2001) Vegetative Physiologie, 4. Aufl. Springer, Berlin Heidelberg New York Tokyo
16. Wissenschaftliche Tabellen Geigy (1979) Teilband Hämatologie und Humangenetik 8. Auflage Geigy, Basel
17. Zipes DP, Jalife J (eds) (2000) Cardiac electrophysiology – from cell to bedside, 3rd edn. Saunders, Philadelphia

Einzel- und Übersichtsarbeiten

18. Antoni H (1989) Physiologie und Pathophysiologie der elementaren Myokardfunktionen. In: Roskamm H, Reindell H (Hrsg) Herzkrankheiten. Pathophysiologie, Diagnostik und Therapie. Springer, Berlin Heidelberg New York, S. 38–65
19. Birbaumer, N., Dworkin, B., Elbert, T., Rockstroh, B. (1987) Stimulation der Barorezeptoren erhöht die Schmerzschwelle bei Bluthochdruck. In: Nutzinger u. a. (Hrsg) Herzphobie. Enke, Stuttgart, S. 92–102
20. Busse R, Fleming I (1993) The endothelial organ. Current Opinion Cardiol 8:719–727
21. Busse R., Fleming I, Schini VB (1995) Nitric oxide formation in the vascular wall: regulation and functional implications. Current Top Microbiol Immunol 196:7–18
22. Carmeliet E (1992) Potassium channels in cardiac cells. Cardiovasc Drugs Ther 6:305–312
23. Cowley AW Jr (1992) Long-term control of arterial blood pressure. Physiol Rev 72:231–300
24. Di Francesco D (1993) Pacemaker mechanisms in cardiac tissue. Annu Rev Physiol 55:455–472
25. Dworkin BR, Elbert T, Rau H, Birbaumer N, Pauli P, Droste C, Brunia CHM (1994) Central effects of baroreceptor activation in humans: Attenuation of skeletal reflexes and pain perception. Proc Natl Acad Sci USA 91:6329–6333
26. Fozzard HA, Haber E, Jennings RB, Katz A, Morgan HE (eds) (1991) The heart and cardiovascular system. Raven, New York
27. Jacob R, Dieberger B, Gülch RW, Kiesling G (1993) Geometric and muscle physiological factors of the Frank-Starling mechanism. Basic Res Cardiol 88:86–91
28. Jeffery R (1992) Is obesity a risk factor for cardiovascular disease? Ann Beh Med 14:109–117
29. Jelkmann W (1992) Erythropoietin: Structure, control of production, and function. Physiol. Rev 72:449
30. Pearson PJ, Vanhoutte PM (1993) Vasodilator and vasoconstrictor substances produced by the endothelium. Rev Physiol Biochem Pharmacol 122:2–67
31. Perkins K (1989) Interactions among coronary heart disease risk factors. Ann Beh Med 11:3–11
32. Rodin J (1992) Determinants of body fat localization and its implications for health. Ann Beh Med 14: 275–281
33. Schmid-Schönbein GW (1990) Microlymphatics and lymph flow. Physiol Rev 70:987–1028

11 Atmung, Energie- und Wärmehaushalt

EINLEITUNG

Der Körper gewinnt die von ihm benötigte Energie durch den oxidativen Abbau der Nahrungsstoffe, also durch ihre Verbrennung. Er ist daher auf die ständige Zufuhr von Sauerstoff (O_2) angewiesen. So verbraucht der Mensch in Ruhe etwa 300 ml Sauerstoff pro Minute, was mit einem Energiegewinn von etwa 1,5 kcal oder 6,3 J (Joule) verbunden ist. Aus der Verbrennung der 300 ml Sauerstoff fallen rund 250 ml Kohlendioxyd (CO_2) an, die an die Außenluft abgegeben werden müssen.

Da die meisten Körperzellen weit von der Außenluft entfernt liegen, muß ihnen der Sauerstoff gebracht und das Kohlendioxyd abgeholt werden. Diese Serviceleistung nennen wir Atmung. Sie hat Anfang und Ende in der Lunge (Lungenatmung oder äußere Atmung, Abb. 11–1 A, B), bedient sich des Blutes als Transportmittel und versorgt jede einzelne Zelle von der nächstgelegenen Gewebskapillare aus (Gewebeatmung oder innere Atmung). Abb. 11–1 B faßt diese vier Schritte des Sauerstofftransports zusammen.

Bei den vom Körper verbrannten Nährstoffen handelt es sich um Kohlenhydrate, Fette und Eiweiße, die wir mit der Nahrung zu uns nehmen. Die dabei freiwerdende Energie steht den Zellen für ihre Aufgaben (Baustoffwechsel, Betriebsstoffwechsel, spezifische Zelleistungen) zur Verfügung. Kohlenhydrate und Fette werden überwiegend zum Betriebsstoffwechsel, Eiweiße überwiegend zum Baustoffwechsel benötigt.

Die bei den Energieumsätzen des Körpers als zwangsläufiges Abfallprodukt entstehende Wärme wird beim Menschen dazu genutzt, die Körpertemperatur dauernd auf einem Wert zu halten, der meist erheblich über der Umgebungstemperatur, nämlich bei rund 37 °C liegt. Reicht die Abfallwärme für die Aufrechterhaltung der normalen Körpertemperatur nicht aus, so erzeugt der Körper zusätzliche Wärme über vermehrte Aktivität seiner Skelettmuskeln (Extremfall: Kältezittern). Wird umgekehrt durch die Aktivität des Körpers mehr Wärme erzeugt als für die Aufrechterhaltung der Körpertemperatur benötigt, sorgt die Thermoregulation für vermehrte Abfuhr, z. B. durch Schwitzen.

11.1 Be- und Entlüftung der Lunge

Die normale Atmung erfolgt in Atemmittellage; aber auch nach maximalem Ausatmen verbleibt noch reichlich Luft in der Lunge; die eingeatmete Frischluft vermischt sich mit dieser Residualluft

Wenn Sie so tief wie möglich einatmen und dann so vollständig wie möglich in einen leeren Luftballon ausblasen, füllen Sie diesen je nach Alter, Geschlecht und Körperbau mit 3 bis 5 l Luft (trainierte Sportler bis zu 8 l). Diese Luftmenge, ***Vitalkapazität*** genannt, ist ein Maß für die Ausdehnungsfähigkeit des Brustkorbes und der Lunge. Normalerweise wird die Vitalkapazität mit dem in Abb. 11–2 A gezeigten ***Spirometer*** oder auch mit einem genau wie eine Haushaltsgasuhr arbeitenden *Flußmesser* gemessen [14,17–20].

Auch nach maximalem Ausatmen verbleiben noch 1 bis 2 Liter Luft in der Lunge. Sie wird ***Residualvolumen*** *(Residualluft)* genannt. Frischluft vermischt sich also immer mit in der Lunge verbliebener Luft. Dies gilt besonders für die normale Atmung, die sich immer in einer Mittellage zwischen maximaler Ein- und Ausatmung bewegt (Abb. 11–2 B). So sind nach normalem, ruhigen Ausatmen noch immer zwei bis vier Liter Luft in der Lunge, nämlich die eben schon erwähnte *Residualluft* und die bei forcierter Ausatmung noch abgebbare Luft (***exspiratorisches Reservevolumen,*** Abb. 11–2 B). Da wir in Ruhe nur rund 500 ml Luft einatmen und davon etwa 150 ml in den Atemwegen ungenutzt bleiben (s. unten), mischt sich die Frischluft mit etwa der zehnfachen Menge der in den Alveolen vorhandenen Luft. Residualvolumen und exspiratorisches Reservevolumen werden als ***funktionelle Residualkapazität*** zusammengefaßt.

Bedeutung der funktionellen Residualkapazität. Der Austausch von Sauerstoff und Kohlendioxyd zwischen Außenluft und Blut geschieht in den Alveolen. Würde nur Frischluft in die Alveolen gelangen, so würden dort die Konzentrationen des

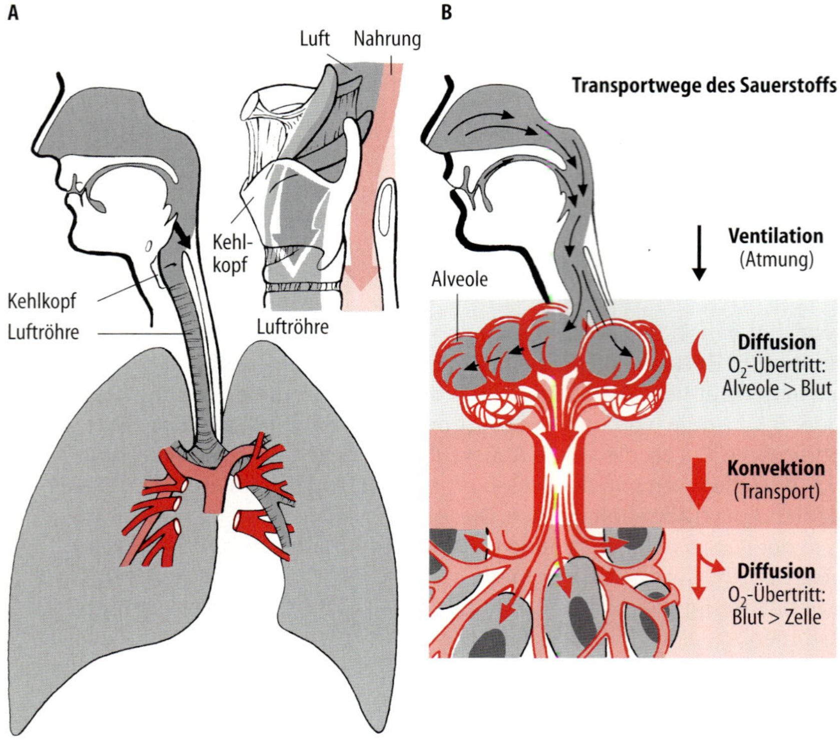

Abb. 11–1. Lungenatmung („äußere" Atmung) und Gewebeatmung („innere" Atmung). **A** Lungenbelüftung. Der Nasen-Rachen-Raum und die Luftröhre mit ihren Verzweigungen bilden die zuführenden Atemwege, die selbst nicht am Gasaustausch teilnehmen (Totraum). Beim Schlucken verhindert der Kehldeckel des Kehlkopfes, der dann die Luftröhre verschließt *(Pfeil)*, daß Flüssigkeit oder Speisebrei in die Luftröhre „verschluckt" wird. **B** Die vier Stufen des Sauerstofftransportes von der Außenwelt in die Zellen der Körpergewebe. Durch die Ventilation wird der Sauerstoff in die Alveolen der Lungen befördert. Dort tritt er durch Diffusion in das Blut über, das ihn in die Körpergewebe schwemmt (Konvektion). Hier tritt der Sauerstoff ebenfalls durch Diffusion aus den Kapillaren über das Interstitium in die Zellen über. Der Weg des Kohlendioxyd ist genau umgekehrt

Sauerstoff- und des Kohlensäuregehaltes *je nach der Atemphase* um mehrere Volumenprozent schwanken (s. die tatsächlichen Werte, S. 199). Durch die Mischung der Frischluft mit der *funktionellen Residualkapazität* treten nur noch geringe zeitliche Schwankungen in der Zusammensetzung der Alveolarluft auf. Damit ist der ***Austausch der Atemgase*** zwischen Luft und Blut weitgehend ***unabhängig von der äußeren Atmung.***

Anatomischer und funktioneller Totraum. Die Atemwege (Mundhöhle, Nasenrachenraum, Luftröhre, Bronchien, Bronchiolen) werden als *anatomischer Totraum* bezeichnet, weil in ihnen kein Gasaustausch stattfindet. Das Volumen des *anatomischen Totraums* liegt beim Erwachsenen *bei etwa 150 ml.* Unter dem *funktionellen* oder *physiologischen Totraum* versteht man alle Räume des Atmungstraktes, in denen kein Gasaustausch stattfindet. Dazu gehören neben dem anatomischen Totraum alle Alveolarräume, die belüftet, aber nicht durchblutet werden. Solche Alveolen existieren beim Lungengesunden nur in geringer Zahl. Bei Lungenfunktionsstörungen kann der funktionelle aber erheblich größer als der anatomische Totraum sein.

Das Atemzeitvolumen liegt in Ruhe bei ca. 7 l/min, bei schwerer Arbeit kann es um mehr als das Zehnfache zunehmen

Das in einer bestimmten Zeit ein- und ausgeatmete Gasvolumen, also das ***Atemzeitvolumen,*** ergibt sich als Produkt aus Atemzugvolumen und Atemfrequenz. Die Atemfrequenz des Erwachsenen liegt unter Ruhebedingungen im Mittel bei 14 Atemzügen pro Minute. Wenn man das oben genannte durchschnittliche Atemzugvolumen von 500 ml zugrunde legt (Abb. 11–2 B) ergibt sich also für den Erwachsenen ***in Ruhe*** ein Atemzeitvolumen von ***7 l/min.*** Bei körperlicher Arbeit steigt das Atemzeitvolumen an, wobei ***bei schwerer Arbeit*** die Atemfrequenz auf etwa 40 Atemzüge/min und das Atemzugvolumen auf 2 l ansteigen kann, was ein Atemzeitvolumen von ***80 l/min*** ergibt.

Genaugenommen ist zwischen dem inspiratorischen und dem exspiratorischen Atemzeitvolumen zu unterscheiden. Da, wie in der Einleitung schon erwähnt, in der Regel etwas weniger Kohlendioxyd abgegeben als Sauerstoff aufgenommen wird, ist das ***Ausatmungsvolumen etwas kleiner als das Einatmungsvolumen.*** Man hat daher vereinbart, die Ventilationsgrößen in der Regel auf die Ausatmungsphase zu beziehen. Das Volumenverhältnis des ausgeatmeten Kohlendioxyds zum eingeatmeten Sauerstoff wird übrigens ***respiratorischer Quotient*** genannt. Er ist also normalerweise < 1 (Details in [11]).

Die ***Atemfrequenz in Ruhe*** ist stark altersabhängig. Neugeborene atmen 40- bis 50mal in der Minute, Kleinkinder 30- bis 40mal und Kinder 20- bis 30mal.

Die Lungenbelüftung (Lungenventilation) kann unter pathologischen Bedingungen erheblich von der Norm abweichen und zu schweren Störungen des Stoffwechsels führen

Wird bei körperlicher Arbeit vermehrt Sauerstoff aus den Alveolen entnommen und zusätzliches Kohlendioxyd in diese abgegeben, muß über ein erhöhtes Atemzeitvolumen die Ventilation der Alveolen erhöht werden, damit es dort nicht zu einem Sauerstoffmangel

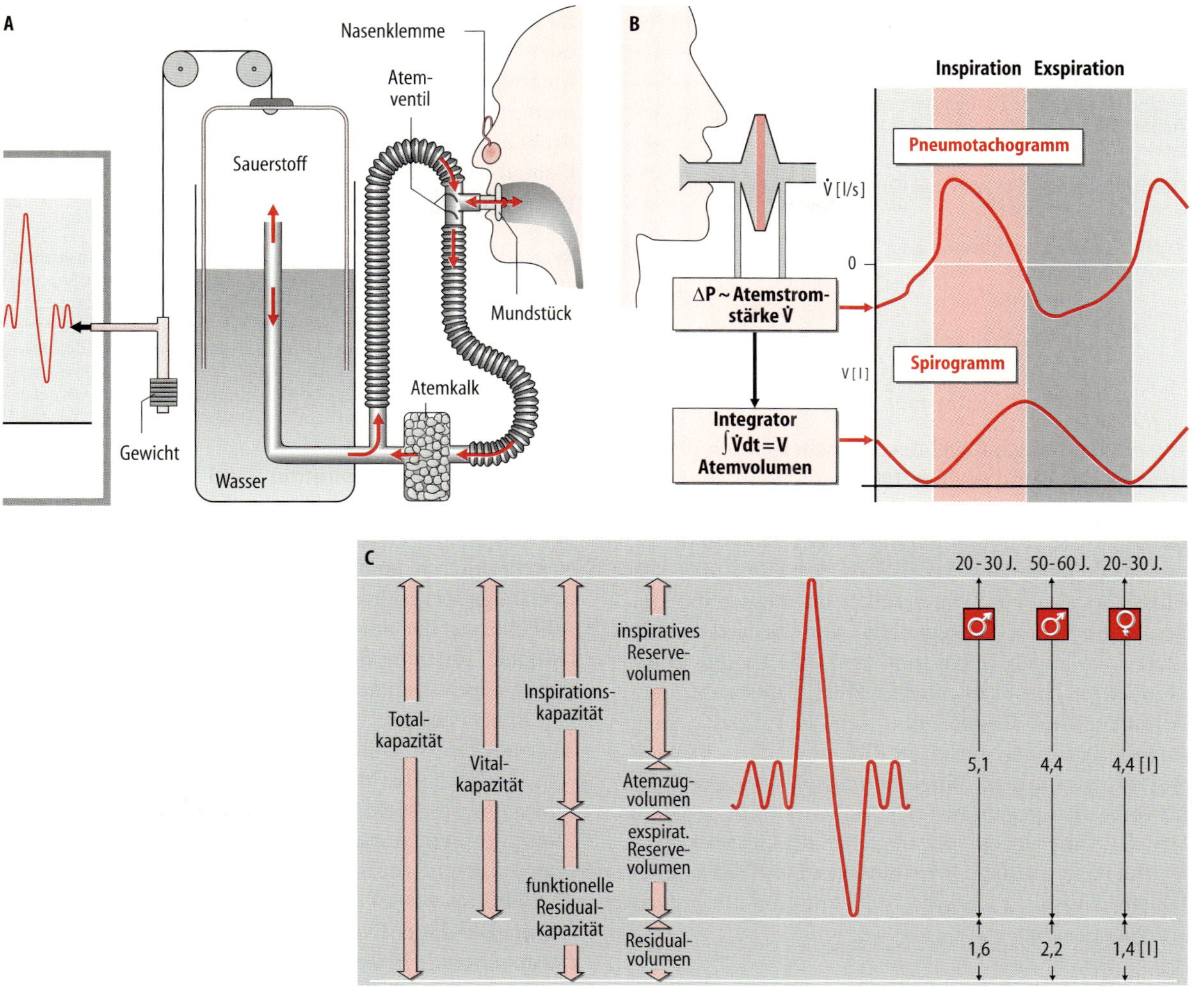

Abb. 11-2. Lungenvolumina und -kapazitäten und deren Messung. **A** Spirometer (geschlossenes spirometrisches System) zur Lungenfunktionsprüfung. **B** Meßprinzip des Pneumotachographen (offenes spirometrisches System), wie er heutzutage in lungendiagnostischen Laboratorien eingesetzt wird. Die Druckdifferenz an einer Widerstandsstrecke des Atemmundstückes ist der Atemstromstärke $\dot{V}$ proportional (Pneumotachogramm). Die zeitliche Integration von $\dot{V}$ liefert die ventilierten Volumina V (Spirogramm). **C** Volumeneinteilung der Lunge. Alle Werte bis auf das Residualvolumen können mit Hilfe des Spirometers ermittelt werden. Zusammengesetzte Volumina werden als Kapazitäten gekennzeichnet. Wie die Zahlenangaben im *rechten Bildteil* verdeutlichen, nimmt die Vitalkapazität mit dem Alter, insbesondere nach dem vierzigsten Lebensjahr, ab. Dies ist auf den Elastizitätsverlust der Lunge und die zunehmende Einschränkung der Beweglichkeit des Brustkorbes zurückzuführen. Wie ebenfalls gezeigt, haben Frauen durchschnittlich eine etwa 25 % kleinere Vitalkapazität als Männer

und einem Anstau von Kohlendioxyd kommt. Bei Erkrankungen kommt es allerdings vor, daß das Atemzeitvolumen in einem Mißverhältnis zu den Bedürfnissen des Organismus steht. Mehr- und Minderatmungen können also den jeweiligen Bedürfnissen des Organismus entsprechen oder davon abweichen. Entsprechend werden die Verhältnisse in den Alveolen konstant bleiben oder sich verändern. Um die *verschiedenen Ventilationszustände unter Berücksichtigung ihrer Auswirkungen genauer zu kennzeichnen,* hat man die folgenden Fachausdrücke eingeführt [11,16,17]:

Normoventilation. Normale Atmung, bei der in den Alveolen ein CO_2-Partialdruck (Definition s. u.) von etwa 40 mm Hg aufrechterhalten wird.

Hyperventilation. Über die Stoffwechselbedürfnisse gesteigerte Atmung; führt zum Absinken des alveolären und arteriellen CO_2-Partialdrucks (Hypokapnie).

Wie bereits auf S. 118 dargelegt, kommt es dabei zu einer Abnahme der Ca^{++}-Ionenkonzentration im Blut und dadurch zur Tetanie. Zusätzlich sei hier angemerkt, daß die durch den Kalziumionenmangel bedingte erhöhte Erregbarkeit der glatten Muskulatur auch zu Kontraktionen der Hirngefäße und die daraus resultierende Mangeldurchblutung zu Schwindelerscheinungen und zu Bewußtseinstrübungen führen kann.

Hypoventilation. Unter die Stoffwechselbedürfnisse abgesunkene Atmung; führt zum Ansteigen des alveolären und arteriellen CO_2-Partialdrucks (Hyperkapnie).

Mehrventilation. Atmungssteigerung über den Ruhewert hinaus (etwa bei körperlicher Arbeit), unabhängig von der Höhe der alveolären Partialdrücke.

Eupnoe. Normale Ruheatmung.

Hyperpnoe. Vertiefte Atmung mit oder ohne Zunahme der Atemfrequenz.

Tachypnoe. Zunahme der Atemfrequenz gegenüber der Normalfrequenz von 10–14 pro min.

Bradypnoe. Abnahme der Atemfrequenz gegenüber der Normalfrequenz.

Apnoe. Atmungsstillstand, hauptsächlich bedingt durch das Fehlen des physiologischen Atmungsreizes (Abnahme des arteriellen CO_2-Partialdruckes, z. B. nach willkürlicher Hyperventilation).

Dyspnoe. Erschwerte Atmung, verbunden mit dem subjektiven Gefühl der Atemnot.

Asphyxie. Atmungsstillstand oder Minderatmung bei Lähmung der Atmungszentren.

Die Elastizität des Lungengewebes zieht die Lungenflügel in Richtung Lungenwurzeln zusammen

Die beiden Lungenflügel des Menschen liegen normalerweise der Wand des Brustkorbs und dem Zwerchfell an. Sie sind aber dort nicht angewachsen, sondern durch eine sehr dünne Flüssigkeitsschicht von der Innenauskleidung des Brustkorbs getrennt. Da diese Flüssigkeitsschicht nicht dehnbar ist, müssen die Lungenlappen allen Bewegungen von Brustkorb und Zwerchfell folgen. Sticht man aber eine Kanüle in den als ***Pleuralspalt*** bezeichneten Flüssigkeitsraum, dann wird über diese Kanüle Luft in den Pleuralspalt gesaugt und die Lunge „schnurrt" in Richtung auf die Lungenwurzel „zusammen" ***(Pneumothorax).*** Im Pleuralspalt herrscht also gegenüber der Außenwelt ein negativer Druck („Unterdruck"). Er zeigt, daß die Lunge elastisch ist und daß sie auf die Brustkorbwand und das Zwerchfell eine konstante Zugkraft in Richung auf die Lungenwurzeln ausübt.

Der durch die eben beschriebenen Zugspannungen im Pleuralspalt erzeugte intrapleurale (syn: intrathorakale) Druck kann mit ausreichender Genauigkeit als ***Ösophagusdruck*** über eine in die Speiseröhre eingeführte Sonde gemessen werden.

Zur Überwindung der Atemwiderstände muß v. a. bei der Einatmung Kontraktionsarbeit der Atemmuskeln geleistet werden; in Ruhe werden 2 % des aufgenommenen O_2 für die Kontraktionsarbeit benötigt, bei schwerer Arbeit bis zu 20 %

Elastische Atemwiderstände. Wird beim Einatmen der Brustkorb erweitert und das Zwerchfell gesenkt, dann werden die Lungen weiter gedehnt und der intrapleurale Druck nimmt entsprechend zu. Um dabei die ***elastischen Kräfte der Lunge*** zu überwinden, müssen wir entsprechende ***muskuläre Gegenkräfte*** aufwenden. Die Einatmung ist also schon aus diesem Grunde ein aktiver Vorgang, für den wir die Muskulatur des Brustkorbs und des Zwerchfells einsetzen.

Visköse Atemwiderstände. Beim Ein- und Ausatmen wird Luft durch die Atemwege befördert. Das Röhrensystem der Trachea, der Bronchien und der Bronchiolen setzt dieser Luftströmung einen Widerstand entgegen, der analog dem Widerstand der Kreislaufgefäße für die Blutflüssigkeit ist. Er wird ***Atemwegswiderstand*** oder ***Resistance*** genannt. Normalerweise wird der Atemwegswiderstand hauptsächlich von den Strömungsverhältnissen in der Trachea und den großen Bronchien bestimmt, während die Widerstände in den kleinen Bronchien und Bronchiolen nur einen kleinen Beitrag liefern [11].

Neben dem Atemwegswiderstand ist beim Ein- und Ausatmen noch ein zweiter visköser Widerstand zu überwinden, der durch die *Gewebereibung* und die *nichtelastische Deformation der Gewebe im Bauchraum* entsteht. Dieser ***Gewebewiderstand*** ist jedoch verhältnismäßig klein. 90 % des viskösen Widerstandes werden normalerweise durch die Strömung in den Atemwegen und nur 10 % durch den Gewebewiderstand hervorgerufen.

Luftströme bei Inspiration und Exspiration. Der Brustkorb wird ***bei der Inspiration*** durch die *Einatmungsmuskeln* erweitert. Dadurch wird die Lunge weiter gedehnt und der ***intrapleurale*** Druck wird noch negativer (d.h. der „Unterdruck" nimmt zu). Die Aufdehnung der Alveolen zu Beginn der Inspiration läßt auch dort den ***intrapulmonalen*** Druck sinken, so daß *Außenluft entlang dem Druckgefälle so lange in die Lunge strömt,* bis diese Druckdifferenz wieder ausgeglichen ist. Damit ist die Einatmung beendet.

Nach Abschluß der Inspiration erschlaffen die Einatmungsmuskeln. Damit können die elastischen Zugkräfte der Lunge, evtl. zusammen mit den *Ausatmungsmuskeln* (besonders bei gesteigerter Atmung) den Thorax wieder in die Ausgangsstellung zurückführen. ***Bei dieser Exspiration*** *erhöht sich zunächst der intrapulmonale Druck,* d.h. es baut sich ein Druckgefälle von innen nach außen auf. Entsprechend entweicht jetzt Luft so lange aus der Lunge, bis sich dieses Druckgefälle wieder ausgeglichen hat. Parallel mit dieser Abnahme des Thoraxvolumens *nimmt auch der intrapleurale Druck wieder ab.* Damit ist ein Atemzyklus vollendet.

Psychophysiologie der Atmung. Messungen der *Atemtiefe,* der *Atemfrequenz* und des *Gausaustauschs* sind wichtige Methoden der Psychophysiologie und der Verhaltensmedizin. Die Atemfrequenz (Ruhewert ca. 12–15 pro Minute, s. o.) steigert sich unter psychischer Erregung bis zur Hyperventilation, in der dann die typischen Symptome der *Hyperventilationstetanie* (s. o. und S. 118) auftreten. Bis vor wenigen Jahren maß man die Atemfrequenz mit einem Atemgürtel, welcher der Versuchsperson um den Brustkorb gelegt wurde. Dehnungsmeßstreifen im Inneren des Gürtels formten die Längenänderungen des Brustkorbes in ein elektrisches Signal um. Mit dieser Methode ließ sich aber kaum eine Aussage über Atemtiefe machen, da der Gürtel während einer Messung ständig seine Grundspannung ändert. Heute messen Gasanalysatoren vollautomatisch alle Kennzeichen der Atemtätigkeit (Luftentnahme über kleine Plastikröhrchen in einem oder beiden Nasenlöchern).

11.2 Gasaustausch zwischen Lungenalveolen und Blut

Die beiden Lungenflügel sind aus insgesamt 300 Millionen Alveolen mit einer Gesamtoberfläche von 70–80 m^2 aufgebaut; diese Alveolenfläche dient dem Austausch der Atemgase

Die Bauelemente der Lunge sind die ***Alveolen*** beider Lungenflügel (Abb. 11–3). Jeweils mehrere von ihnen sind über immer dicker werdende Luftröhren (*Bronchiolen* und *Bronchien*) mit der Hauptluftröhre (*Trachea*) und schließlich mit der Außenwelt verbunden (Abb. 11–1). Der Durchmesser der Alveolen beträgt im Schnitt nur 0,25 mm. In ihre dünnen Wände ist ein dichtes ***Netzwerk von Kapillaren*** eingebettet, durch die das Lungenblut fließt (Abb. 11–3). Die *Oberfläche aller Alveolenwände* beträgt 70–80 m^2. Über diese große Oberfläche tritt unser Blut mit der Außenluft in Kontakt (zum Vergleich: unsere Hautoberfläche liegt nur bei etwa 1,8 m^2). Drei Aspekte sind beim Gasaustausch zwischen Außenluft und Blut besonders zu beachten [11,17,33]:

- Die Zusammensetzung des alveolären Gasgemischs (s. nächste Sachaussage und zugehöriger Text)
- die Diffusion der Atemgase durch die Gewebswände der Alveolen und Kapillaren (s. dazu die Legende der Abb. 11–3)
- die Durchblutung der Lungenkapillaren (s. übernächste Sachaussage und zugehöriger Text)

Die Alveolen enthalten 14 Vol% O_2 und 5,6 Vol% CO_2; die zugehörigen Partialdrucke liegen bei 100 bzw. 40 mm Hg; im venösen Blut ist der O_2-Partialdruck 60 mm Hg geringer und der CO_2-Partialdruck 6 mm Hg größer; diese Differenzen liefern die treibenden Kräfte für den Gasaustauch

Alveoläre Atemgaskonzentrationen. Luft enthält 20,9 Vol% Sauerstoff (O_2), praktisch kaum Kohlendioxyd (CO_2, 0,03 Vol%) und im übrigen Stickstoff (79,1 Vol%) sowie Spuren von Edelgasen. In den Alveolen, in denen dauernd O_2 an das Blut abgegeben und CO_2 aus dem Blut aufgenommen wird, ist die O_2-Konzentration entsprechend verringert, nämlich auf ***14 Vol%,*** und die CO_2-Konzentration ist auf ***5,6 Vol%*** erhöht. Der Rest ist wiederum Stickstoff und Spuren von Edelgasen. Die *ausgeatmete Luft,* die aus einer Mischung von unveränderter Totraumluft und alveolärem Gasgemisch besteht, hat dementsprechend eine höhere O_2- und eine geringere CO_2-Konzentration als das alveoläre Gasgemisch (16 bzw. 4 Vol%).

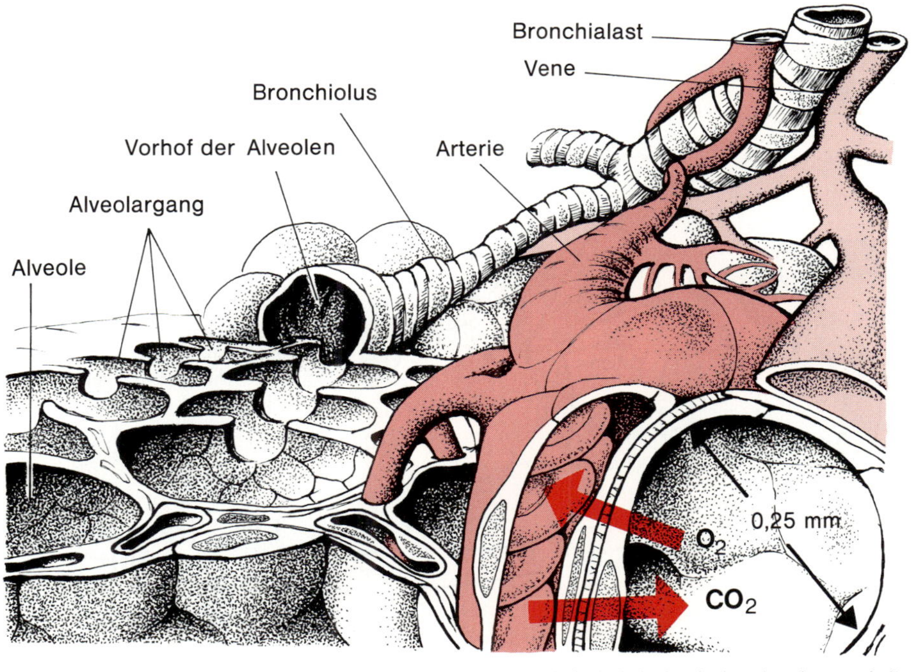

Abb. 11–3. Gasaustausch in den Lungenbläschen (Alveolen). Aus der Hauptluftröhre (Trachea) gelangt die Luft über immer feinere Verzweigungen des Luftröhrensystems (Bronchialbaum) in die Alveolen, deren Wand nur noch aus einer Lage sehr dünner Zellen besteht. Die Wände der Alveolen sind außen von einem dichten Kapillarnetz überzogen, dessen ebenfalls einzellige Wand nur durch eine sehr dünne Flüssigkeitsschicht von der Alveolarwand getrennt ist. *Rechts unten* in der Abbildung ist durch die *roten Pfeile* gezeigt, daß der Sauerstoff (O_2) aus der Alveole lediglich durch die Alveolarwand, die anschließende Flüssigkeitsschicht und durch die Kapillarwand (Gesamtdicke < 1 Mikrometer) diffundieren muß, um in das Blut und die dort schwimmenden Erythrozyten zu gelangen. Gleiches gilt umgekehrt für das Kohlendioxyd (CO_2). Jeder Erythrozyt schwimmt für etwa 0,3 s an einer Alveolenwand vorbei (Kontaktzeit). Dies reicht zur Sauerstoffsättigung des Blutes völlig aus

Partialdrücke der Atemgase. Jedes Gas übt in einem Gasgemisch einen Partialdruck (Teildruck) aus, der seinem Anteil am Gesamtvolumen, d.h. seiner Konzentration entspricht *(Dalton-Gesetz)*. Bei Anwendung dieses Gesetzes auf die Atemgase ist zu berücksichtigen, daß sowohl die atmosphärische Luft als auch das alveoläre Gasgemisch Wasserdampf enthalten, der auch einen bestimmten Partialdruck ausübt. Dieser ist in der Außenluft recht schwankend, *in den Alveolen bei 100% Wasserdampfsättigung aber konstant.* Der Einfachheit halber werden die Partialdrücke errechnet, nachdem man den jeweiligen Wasserdampfdruck vom Gesamtdruck (Barometerdruck) abgezogen hat. In den Alveolen liegt der durchschnittliche ***O_2-Partialdruck bei 100 mm Hg,*** der durchschnittliche ***CO_2-Partialdruck bei 40 mm Hg.***

Das venöse Blut hat beim Eintritt in die Lungenkapillaren einen O_2-Partialdruck von 40 mm Hg und einen CO_2-Partialdruck von 46 mm Hg, denen die Partialdrücke dieser Gase in den Lungenalveolen (100 bzw. 40 mm Hg, s.o.) gegenüberstehen. Diese ***Partialdruckdifferenzen*** (60 mm Hg beim O_2, 6 mm Hg beim CO_2) stellen die ***treibenden Kräfte*** für die O_2- und CO_2-Diffusion und damit für den ***pulmonalen Gasaustausch*** dar. Der Diffusionswiderstand hat im Lungengewebe für CO_2 einen 23mal kleineren Wert als für O_2. Dies ist der Grund dafür, daß beim Gasaustausch in der Lunge trotz kleiner CO_2-Partialdruckdifferenzen stets eine ausreichende CO_2-Diffusion gewährleistet ist.

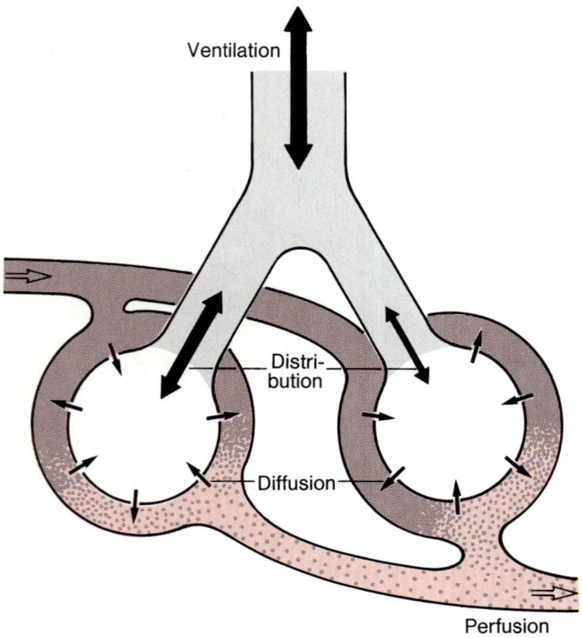

Abb. 11–4. Faktoren, die das Ausmaß der Sauerstoffsättigung des Blutes (seine Arterialisierung) bestimmen. Diese Arterialisierungsfaktoren sind im wesentlichen: 1) die Güte der Ventilation oder Belüftung der Alveolen (Distribution), 2) die Geschwindigkeit des Gasaustausches durch die Alveolen- und Blutkapillarwände (Diffusion), und 3) das Ausmaß der Durchblutung der Kapillaren (Perfusion). Die unterschiedlich großen *Pfeile* am Eingang der beiden Alveolen verdeutlichen, daß normalerweise nicht alle Alveolen gleich gut belüftet sind. Dies mindert den maximal möglichen Arterialisierungsgrad. Nach Comroe [3]

Das venöse Blut hat nur 0,3 s Kontakt mit der Alveolarluft; diese Zeit reicht aber zum Austausch der Atemgase, d.h. zur Arterialisierung des Blutes völlig aus

Lungenperfusion und Kontaktzeit. In den Kapillaren des Lungenkreislaufes fließen jeweils nur 100 ml Blut, wobei jedes einzelne rote Blutkörperchen in rund 0,3 s durch seine Alveolarkapillare hindurchfließt. Führt man sich vor Augen, daß diese 100 ml Blut gleichmäßig über eine Fläche von 70 m^2 verteilt sind, so ist leicht einzusehen, daß die relativ kurze ***Kontaktzeit von 0,3 s*** für den *Gasaustausch zwischen den roten Blutzellen und der Alveolarluft* voll ausreicht. Im Blut wird der Sauerstoff nämlich in erster Linie von den Erythrozyten transportiert, wie dies im nächsten Abschnitt 11.3 näher erläutert wird. Dort wird auch gezeigt, daß die Erythrozyten beim Transport des CO_2 ebenfalls eine wichtige Rolle spielen.

Arterialisierungsfaktoren. Durch den Gasaustausch in der Lunge wird aus dem sauerstoffarmen, kohlensäurereichen, venösen Blut das arterielle Blut mit seinem hohen O_2- und seinem geringen CO_2-Gehalt. Nach dem bisher Gesagten hängt der Grad dieser Arterialisierung von mindestens 3 Faktoren ab, die in Abb. 11–4 nochmals schematisch zusammengefaßt sind: einmal von einer ausreichenden Belüftung oder Ventilation der Alveolen, zweitens von einem ungestörten Gasaustausch durch die Kapillarwände und drittens von einer genügenden Durchblutung der Lungenkapillaren.

Zusätzlich ist bei der Arterialisierung noch ein weiterer Faktor zu beachten: Schon beim Gesunden findet man, daß Belüftung, Gasaustausch und Durchblutung nicht gleichmäßig über die verschiedenen Lungenabschnitte verteilt sind. Diese ***ungleichmäßige Verteilung mindert den Arterialisierungseffekt,*** da sich in den Lungenvenen, wie ebenfalls in Abb. 11–4 eingezeichnet, gut arterialisiertes Blut aus stark belüfteten Lungenabschnitten (großer Pfeil in die linke Alveole) mit mäßig arterialisiertem Blut aus den schwach belüfteten Lungenabschnitten mischt. Daher ist vor allem bei älteren Menschen die Arterialisierung des zum Herzen zurückfließenden Blutes nie so vollständig, wie sie theoretisch möglich wäre. (Alle diese Faktoren können bei Lungenkrankheiten, z.B. beim Asthma oder beim *chronischen Lungenemphysem,* eine mehr oder weniger dominierende Rolle spielen.)

11.3 Transport von O_2 und CO_2 im Blut

Die physikalische Löslichkeit der Atemgase im Blut reicht nicht aus, die notwendigen Volumina an O_2 und CO_2 zu transportieren

Gase können in fast allen Flüssigkeiten bis zu einem gewissen Grade physikalisch gelöst werden. Die gelöste Gasmenge ist dabei vom jeweiligen Partialdruck des Gases abhängig (zu erkennen z.B. am Entweichen von

CO_2 beim Öffnen einer unter Druck stehenden Champagnerflasche). Die Gasaufnahme wird weiterhin von den jeweiligen speziellen Löslichkeitseigenschaften bestimmt, die wiederum von der Art des Gases und des Lösungsmittels sowie von der Temperatur abhängen.

Bei normaler Körpertemperatur sind ***pro ml Blut*** etwa ***0,003 ml O_2*** und ***0,026 ml CO_2*** gelöst. Dies sind sehr kleine Volumina, gemessen an den insgesamt zu transportierenden Gasvolumina. Dennoch kommt dieser Zustandsform eine große biologische Bedeutung zu. Bevor nämlich die Atemgasmoleküle chemische Bindungen eingehen können, müssen sie in gelöster Form zu ihren Reaktionspartnern wandern. Das heißt, jedes O_2- bzw. CO_2-Molekül durchläuft mindestens je einmal in der Lunge und in den Geweben den Zustand der physikalischen Lösung. Zum Transport selbst werden die Atemgase in der nachfolgend beschriebenen Weise *chemisch* gebunden. Für den Sauerstoff geschieht dies, wie anschließend beschrieben, mit Hilfe des Blutfarbstoffs *Hämoglobin* der Erythrozyten.

Die roten Blutkörperchen bilden den Hauptanteil der Blutzellen; sie haben nur eine Lebensdauer von 100–120 Tagen

Bau und Zahl der Erythrozyten. Die roten Blutkörperchen oder ***Erythrozyten*** sind flache, runde, auf beiden Seiten in der Mitte eingedellte, kernlose Scheiben mit einem Durchmesser von rund 7,5 Mikrometer (µm) und einer Dicke zwischen 2 µm am Rand und 1 µm oder weniger im Zentrum (Abb. 10–1, s. S. 164). Sie machen den größten Anteil der rund 44 Vol.% zellulärer Bestandteile des Blutes aus. Im Mikroliter Blut finden sich *beim Mann rund 5,1 Millionen, bei der Frau rund 4,6 Millionen* Erythrozyten. Ihre Gesamtzahl liegt damit bei $25 \cdot 10^{12}$, ihre Gesamtoberfläche beträgt beim erwachsenen Mann etwa 3 800 m^2 [2,11].

Lebenszyklus der Erythrozyten. Die Erythrozyten werden ***im roten Mark der platten Knochen*** aus einer kernhaltigen Vorstufe über mehrere Zwischenstufen gebildet. Unter anhaltender Zellteilung nimmt dabei die Menge des Hämoglobins in der Zelle dauernd zu und die Kerngröße dauernd ab. Im reifen Erythrozyten ist kein Kern mehr vorhanden. Ein vom Knochenmark in das Blut abgegebener Erythrozyt hat eine ***Lebensdauer von 100 bis 120 Tagen.*** Dann zerfällt er und muß ersetzt werden. Dies bedeutet, daß rund 0,8 % der $25 \cdot 10^{12}$ Erythrozyten des Erwachsenen pro Tag erneuert werden, also $160 \cdot 10^6$ (160 Millionen) pro Minute!

Bei diesen hohen Umsatzzahlen ist es äußerst wichtig, daß die ***Produktion genau dem Abbau entspricht,*** damit nicht in kürzester Zeit zu viele (*Polyzythämie*) oder zu wenige (*Anämie*) Erythrozyten auftreten. Der Körper verfügt dafür über ein ebenso einfaches wie wirksames Regelsystem: Sobald der Sauerstoffgehalt des Blutes absinkt, wird in der Niere die Herstellung eines Hormons namens ***Erythropoetin*** erhöht, das wiederum die vermehrte Produktion von Erythrozyten im Knochenmark anregt. Die vermehrte Synthese von Erythropoetin setzt unmittelbar nach Absinken des Blutsauerstoffgehaltes ein, z. B. nach einem großen Blutverlust oder nach Aufstieg in große Höhen. Die Ankurbelung der vermehrten Erythrozytenproduktion hält so lange an, bis genügend Erythrozyten für eine physiologische Sauerstoffversorgung produziert sind und damit der Anreiz zur vermehrten Erythropoetinsynthese wegfällt [11].

BKS. Die roten Blutkörperchen sind etwas schwerer als das Plasma, in dem sie schwimmen. Wird ungerinnbar gemachtes Blut daher in einem Becherglas oder Röhrchen abgestellt (s. Abb. 10–1), dann senken sich die Erythrozyten langsam ab. Die ***Blutkörperchensenkungsgeschwindigkeit*** (im Medizinerjargon kurz ***Senkung*** oder ***BKS*** genannt) beträgt beim Mann in der ersten Stunde 3–6 mm, bei der Frau 8–10 mm. Besonders bei Entzündungen und bei vermehrtem Gewebszerfall (Tumoren) ist die Senkungsgeschwindigkeit erhöht. Hauptursache ist die verstärkte Neigung der Erythrozyten, sich zu größeren Klümpchen zusammenzuballen, die wegen ihrer dadurch verringerten Oberfläche schneller absinken. Eine erhöhte Senkungsgeschwindigkeit ist also ein unspezifisches Krankheitssymptom. Ihre wiederholte Messung kann als Verlaufskontrolle bei einer chronischen Erkrankung, wie z. B. der Tuberkulose, sehr nützlich sein.

Der wichtigste Bestandteil der Erythrozyten ist der rote Blutfarbstoff Hämoglobin, mit dessen Hilfe Sauerstoff aus der Lunge in das Gewebe transportiert wird

Das Hämoglobin färbt die Erythrozyten rot und läßt daher auch das Blut rot erscheinen. Normale Erythrozyten enthalten etwa *34 g Hämoglobin pro 100 g*, das entspricht etwa ***15 g Hämoglobin pro 100 ml Blut.*** Das Hämoglobin besteht aus einer Eiweißkomponente, dem *Globin,* und dem eigentlichen Farbstoff, dem *Häm.* Das Häm ist, wie in Abb. 10–1 skizziert, eine ringförmig aufgebaute Verbindung, in deren Zentrum ein Eisenatom (Fe) angeordnet ist. An dieses Eisen wird in der Lunge ein Molekül Sauerstoff (O_2) so lose angebunden, daß es im Gewebe leicht wieder abgegeben werden kann.

Beim Absterben der Erythrozyten wird das Hämoglobin durch Enzyme verdaut. Das Häm wird über mehrere Schritte in den ***gelben Gallenfarbstoff Bilirubin*** umgewandelt, der von den Leberzellen in die Gallenblase und von dort in den Dünndarm ausgeschieden wird. Im Darm wird Bilirubin von Bakterien weiter zu dunklen Farbstoffen umgebaut. Diese sind für die Farbe unseres Stuhles verantwortlich.

Im ***Körper kommen rund 4 g Eisen vor,*** davon 65 % im Hämoglobin, 15–35 % als Vorrat vor allem in den Leberzellen, der Rest teils in den verschiedenen Enzymen, teils im Plasma. „Gebrauchtes" Eisen wird weitgehend wiederverwendet. Der *tägliche Eisenverlust des Körpers in den Darm* beträgt beim Mann nur etwa 0,6 mg. Er erhöht sich bei Blutungen, so daß z. B. durch die monatliche Regel *(Menstruation)* bei der Frau durchschnittlich täglich etwa 1,3 mg Eisen verlorengehen. Dieses Eisen muß mit der Nahrung ersetzt werden, was bei einer normalen, gemischten Kost ohne weiteres der Fall ist.

Jedes Gramm Hämoglobin kann etwa 1,33 ml Sauerstoff an sich binden; 100 ml Blut können daher etwa 20 ml Sauerstoff transportieren

Bei dem Kontakt von Hämoglobin mit dem O_2 in den Lungenkapillaren wird das ***Hämoglobin in Oxyhämoglobin überführt,*** wobei es vom O_2-Partialdruck abhängt, welcher Anteil des Hämoglobins in Oxyhämoglobin überführt wird [1,11]. Graphisch wird dieser Zusammenhang durch die O_2-Bindungskurve dargestellt (Abb. 11–5). Sie besitzt einen S-förmigen Verlauf, der von großem biologischem Vorteil ist. Er stellt nämlich bei der *Sauerstoffaufnahme in der Lunge* sicher, daß bei dem in den Alveolen herrschenden O_2-Partialdruck das Blut nahezu 100 %ig mit Sauerstoff gesättigt wird, und bei der *Sauerstoffabgabe im Gewebe* hat der steile Verlauf im Mittelteil den Vorteil, daß kleine Abnahmen des Partialdruckes große Mengen von O_2 freisetzen. Oder umgekehrt gesagt: trotz großer O_2-Freisetzung bleibt der diffusionswirksame O_2-Partialdruck hoch.

Ob Blut ***sauerstoffreich oder -arm*** ist, läßt sich ***an seiner Farbe*** leicht erkennen. Das sauerstoffbeladene Hämoglobin hat nämlich eine *hellrote*, das unbeladene eine *dunkelblaurote* Farbe. Fließt sauerstoffarmes Blut durch die Haut und die Lippen, so nehmen auch diese den bläulichen Farbton an. Wir nennen dies eine ***Zyanose.*** Sie muß nicht immer auf einer krankhaften Störung beruhen. So resultiert beispielsweise die *Zyanose in der Kälte* daher, daß das Blut so langsam durch die verengten Hautgefäße fließt, daß sein Sauerstoffvorrat mehr als üblich durch den Stoffwechsel der Haut ausgeschöpft wird.

Blockade durch Kohlenmonoxyd (CO). Das Hämoglobin verbindet sich leicht mit dem Sauerstoff, noch leichter aber mit dem CO, einem farb- und geruchlosen Gas, das bei einer ***unvollständigen Verbrennung*** entsteht und z. B. in den Auspuffgasen von Automotoren und im Tabakrauch vorkommt. Da seine Bindung an das Hämoglobin rund 200mal fester als die des O_2 ist, können bereits 0,5 Vol% CO-Gas in der Einatmungsluft 90 % des Hämoglobins blockieren. Schon normalerweise liegt daher 1 % des Hämoglobins im Blut als CO-Hämoglobin vor; bei Rauchern findet man 3 %, nach einem tiefen Lungenzug sogar bis zu 10 % CO-Hämoglobin. Bei Taxifahrern in Großstädten hat man bis zu 20 % CO-Hämoglobin, das eine *kirschrote Farbe* hat, gemessen.

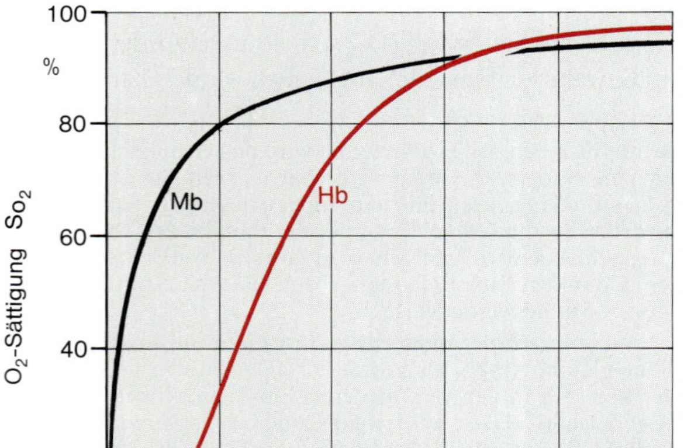

Abb. 11–5. Sauerstoffsättigung des Hämoglobins, *Hb (Ordinate)*, in Abhängigkeit von dem jeweils gegebenen O_2-Partialdruck *(Abszisse)*. Die Kurve ist bei den in der Lunge herrschenden Bedingungen aufgenommen. Zum Vergleich ist auch die Sauerstoffbindungskurve des roten Muskelfarbstoffs Myoglobin, *Mb*, dargestellt. Der Muskelfarbstoff kann den Sauerstoff bei wesentlich geringeren Partialdrücken, wie sie im peripheren Muskelgewebe vorkommen, noch speichern. Dies erleichtert die „Übernahme" des Sauerstoffs aus dem Kapillarblut in das Muskelgewebe. Aus Thews in [11]

Der Kohlendioxydtransport erfolgt im Blut v. a. in Form von Kohlensäure

Beim ***oxyd***ativen Stoffwechsel in den Körperzellen entstehen, wie bei jeder Verbrennung, als Endprodukte Wasser (H_2O) und Kohlendi***oxyd*** (CO_2). Letzteres diffundiert aus den Zellen in das Blut, wird von diesem in die Lunge transportiert und dort nach Diffusion in die Alveolen abgeatmet [19]. Ähnlich wie der Sauerstoff wird das Kohlendi***oxyd*** in ***physikalisch gelöster*** und in ***chemisch gebundener Form*** im Blut transportiert. Allerdings ist der Vorgang der chemischen Bindung für das CO_2 etwas komplexer angelegt als für das O_2. Er wird daher hier nur kurz skizziert (Details bei [6,11]).

Im Blut bleiben nur 12 % des aus dem Gewebe eindiffundierenden CO_2 physikalisch gelöst. Der überwiegende Anteil (77 %) wird zu Kohlensäure (H_2CO_3) umgesetzt. Diese Reaktion läuft im Plasma sehr langsam, im Erythrozyten dank des Enzyms ***Karboanhydrase*** dagegen mit einer etwa 10 000mal größeren Geschwindigkeit ab. Aus diesem Grunde müssen praktisch alle an der chemischen Umsetzung beteiligten CO_2-Moleküle den Weg über den Erythrozyten nehmen. Dies gilt auch für die weitere Möglichkeit der CO_2-Bindung, nämlich die der direkten Anlagerung an die Eiweißkomponente des Hämoglobins (11 % des CO_2). Das Reaktionsprodukt wird ***Karbaminohämoglobin*** oder kurz ***Karbhämoglobin*** genannt. In der Lunge laufen alle eben genannten Prozesse in der umgekehrten Richtung ab.

11.4 Gasaustausch im Gewebe

Der Austausch der Atemgase zwischen dem Kapillarblut und den Zellen eines Gewebes erfolgt in gleicher Weise wie in der Lunge, nämlich durch Diffusion

O_2-Angebot. Die mit dem Blutstrom herantransportierten *O_2-Moleküle* wandern dem O_2-Partialdruckgefälle folgend aus den Erythrozyten und dem Plasma in das umgebende Gewebe (Abb. 11–1 B). Gleichzeitig diffundiert das beim oxidativen Stoffwechsel gebildete *Kohlendioxyd* aus den Zellen in das Blut (s. o.). Da die *arterielle O_2-Konzentration des Blutes konstant* ist, sind Unterschiede des O_2-Angebots in den verschiedenen Organen ausschließlich auf die unterschiedliche Größe der Durchblutung zurückzuführen. Das bedeutet auch, daß jede Veränderung der Durchblutungsgröße als Folge von Änderungen des peripheren Gefäßwiderstandes oder des arteriellen Mitteldruckes unmittelbar zu einer Veränderung des O_2-Angebotes in einem Organ führt.

O_2-Utilisation. In Abhängigkeit vom Sauerstoffbedarf des Gewebes wird das O_2-Angebot in den einzelnen Organen unterschiedlich genutzt, d.h. der im Blut antransportierte Sauerstoff mehr oder weniger verbraucht. Man bezeichnet diesen *Grad der Ausschöpfung des Sauerstoffes aus dem Blut* als die ***O_2-Utilisation.*** Beispielsweise beträgt der Sauerstoffverbrauch der Großhirnrinde, des Herzmuskels und der ruhenden Skelettmuskulatur ca. 40–60 % der angebotenen O_2-Menge. Höchstwerte, die im Extremfall ca. 90 % erreichen, beobachtet man in der Skelettmuskulatur und im Herzmuskel (Myokard) bei schweren körperlichen Belastungen. Umgekehrt ist in manchen Organen, besonders der Milz und den Nieren, die O_2-Utilisation sehr gering (5 % bzw. 8 %), da diese Organe einen geringen O_2-Verbrauch haben, aber wegen ihrer Aufgaben besonders stark durchblutet sind.

Gewebehypoxie und Gewebeanoxie führen zunächst zu reversiblen funktionellen Störungen; besteht der O_2-Mangel fort, treten irreversible Zellschäden auf

Ursachen eines O_2-Mangels. Aus drei pathophysiologischen Gründen kann es zu einer Mangelversorgung *(Hypoxie)* oder dem Ausbleiben der Sauerstoffversorgung *(Anoxie)* in einem Gewebe kommen:

- die Sauerstoffbeladung des arteriellen Blutes ist vermindert (*primär arterielle Hypoxie*),
- die Organdurchblutung ist eingeschränkt (*ischämische Hypoxie*) und
- die O_2-Transportkapazität des Blutes ist reduziert (*anämische Hypoxie*).

Folgen des O_2-Mangels. Bei einer plötzlichen Unterbrechung der Sauerstoffversorgung eines Organs, z.B. des Gehirns, kommt es nach einem sehr kurzen *freien Intervall* zunächst zu funktionellen Störungen und schließlich zu völligem Ausfall der Organfunktion, beim Gehirn also nach einem eventuellen kurzen Krampfstadium zur Bewußtlosigkeit. Die Zeit vom Beginn der Anoxie bis zum Eintritt der vollständigen Organlähmung wird als ***Lähmungszeit*** (*Funktionserhaltungszeit*) bezeichnet. Besteht die Anoxie weiter fort, werden alsbald einige, später alle Zellen irreversibel geschädigt und sterben schließlich ab. Die Zeit vom Anoxiebeginn bis zum Eintritt der ersten irreversiblen Zellschäden bezeichnet man als ***Wiederbelebungszeit*** (*Strukturerhaltungszeit*).

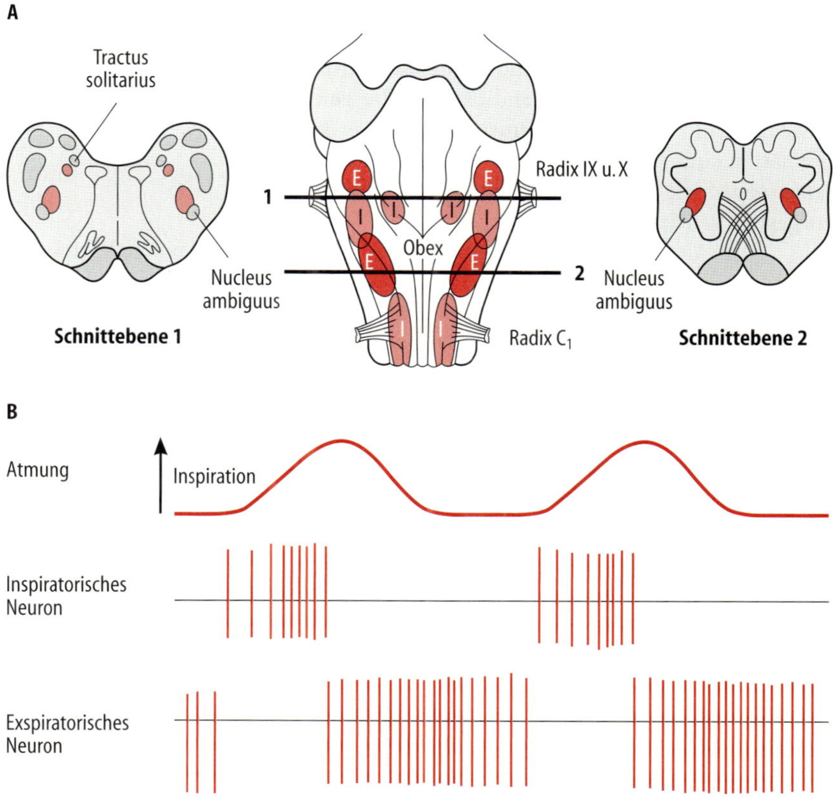

Abb. 11-6. Lokalisation und Entladungsmuster respiratorischer Neurone. **A** Lokalisation der respiratorischen Neurone (Atemzentren) im Hirnstamm der Katze. Die *Bildmitte* zeigt eine Aufsicht auf den Hirnstamm von dorsal mit den Schnittebenen der *rechts* und *links* gezeigten Querschnitte. Von den inspiratorischen Neuronen *(I)* liegt eine dorsale Gruppe am Kerngebiet des Tractus solitarius und eine ventrale Gruppe in der Nähe des Nucleus ambiguus sowie zervikal (C_{1-2}). Von den exspiratorischen Neuronen *(E)* liegt eine dorsale Gruppe neben den Nucleus ambiguus und eine ventrale Gruppe am Nucleus retrofacialis. **B** Entladungsmuster inspiratorischer und exspiratorischer Neurone im Verlauf von 2 Atemzyklen. In Anlehnung an Richter [11, 30, 31] und an H. P. Koepchen

Für die ***Großhirnrinde des Menschen*** mit ihrem dauernden hohen Sauerstoffbedarf liegt das *freie Intervall* bei 4 s, die *Lähmungszeit* bei 8–12 s und die *Wiederbelebungszeit* bei 8–10 min. Erste Veränderungen im EEG treten nach 4–6 s auf, nach 20–30 s ist das EEG erloschen (Nullinien-EEG, s. S. 487 ff). In der ***Skelettmuskulatur*** können unter vergleichbaren Bedingungen und bei normalem Energievorrat irreversible Zellausfälle erst nach einer Anoxiedauer von mehreren Stunden festgestellt werden. Für ***Niere*** und ***Leber*** wurden Wiederbelebungszeiten von 3–4 h ermittelt. Das ***tätige Herz*** ist bereits bei 3–4 min langer Unterbrechung der Koronardurchblutung (z. B. bei Herzflimmern) nicht mehr in der Lage, die normale Kreislauffunktion wieder aufzunehmen (d.h. den für eine normale Gehirndurchblutung nötigen Blutdruck zu entwickeln), auch wenn es nach dieser Zeit durch Herzmassage oder elektrische Reizung (mit einem Defibrillator) wieder zum Schlagen gebracht wird.

11.5 Atemregulation und Atemantriebe

Wenn wir unsere Atmung willkürlich anhalten, führt dies innerhalb weniger als einer halben Minute zu einem so starken Atemantrieb, daß wir diesem alsbald nachgeben müssen. Völlig analog entsteht Atemnot, wenn wir durch ein so dünnes Rohr ein- und ausatmen, daß das Atemzeitvolumen wegen des erhöhten Atemwiderstandes nicht eingehalten werden kann. Das Atemzeitvolumen ist also normalerweise immer so dimensioniert, daß eine genügende Sauerstoffaufnahme und eine ausreichende Kohlendioxydabgabe gewährleistet ist und keine Atemnot entsteht. An dieser Atemregulation sind zahlreiche afferente, zentrale und efferente neuronale Systeme beteiligt, die im folgenden vorgestellt werden [11, 20,24,30,31].

Der Grundrhythmus der Atmung wird durch Schrittmacherneurone der Atmung im Hirnstamm erzeugt (zentrale Rhythmogenese der Atmung)

Der Grundrhyhtmus der Atmung wird durch spontane, sich wechselseitig beeinflussende, salvenartige Entladungen von Populationen von Neuronen im Hirnstamm unterhalten, die zusammen als *Atemzentren* angesehen werden können (Abb. 11–6 A). Von diesen Neuronen sind, wie B zeigt, ein Teil vorwiegend während der Inspiration tätig (***inspiratorische Neurone***), andere feuern während der Exspiration (***exspiratorische Neurone).*** Diese Neurone sind für den *primären Atmungsrhythmus* verantwortlich. Neben den in Abb. 11–6 B gezeigten Aktivitätsmustern gibt es viele andere, aufgrund derer derzeit mindestens 6 verschiedenen Typen von respiratorischen Neuronen unterschieden werden [24,30,31]. Inspiratorische Neurone scheinen wesentlich zahlreicher und vielfältiger als exspiratorische Neurone zu sein (die Inspiration ist der deutlich aktivere Vorgang). Wechselseitige hemmende Verbindungen zwischen den Neuronen sind ebenso häufig oder häufiger als erregende.

Von diesen Atmungsneuronen werden die ***Motoneurone der Brustmuskulatur und des Zwerchfells*** in rhythmischem Wechsel erregt und gehemmt, wobei zusätzlich entsprechende Modifikationen des Grundrhythmus der Atmung eingebracht werden müssen, da die Atmung sich zahlreichen anderen motorischen Vorgängen, die von Reflexen (z. B. Schlucken, Husten, Niesen) bis zu komplexen Ausdruckshandlungen reichen (Sprechen, Singen, Mimik), ein- und unterordnen muß. Der Grundrhythmus kann außerdem durch die Aktivität von Mechano- und Chemosensoren an die jeweiligen Bedürfnisse angepaßt werden.

Mechanosensoren des Lungenparenchyms und der Atemwege werden bei der Inspiration aktiviert und hemmen reflektorisch die weitere Einatmung

Bei einer tiefen Inspiration oder einer experimentellen passiven Aufblähung der Lungen werden die inspiratorischen Neurone des Atmungszentrums reflektorisch gehemmt und damit eine Exspiration eingeleitet. Dieser Vorgang wird nach seinen Entdeckern ***Hering-Breuer-Reflex*** genannt. Bewirkt wird er von *Dehnungssensoren der Lunge,* die bei zunehmender Inspiration immer stärker entladen, die inspiratorischen Neurone hemmen und damit die Amplitude der Atemexkursio-

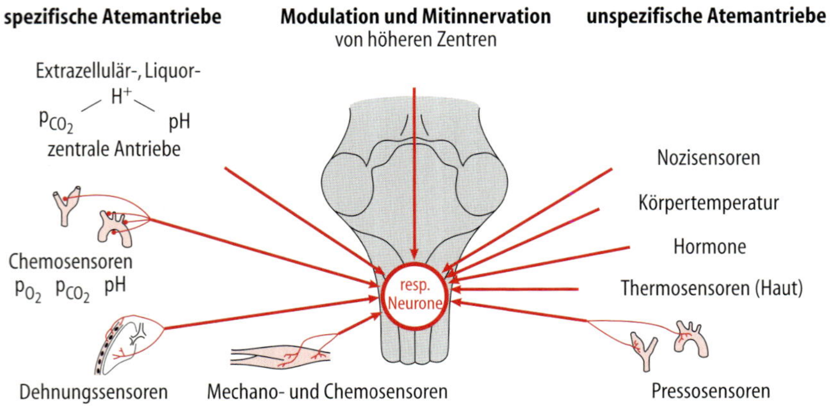

Abb. 11–7. Periphere und zentrale Atmungsantriebe in schematischer Übersicht. Die spezifischen Atemantriebe sind *links,* die unspezifischen *rechts* angeordnet. Die ausführliche Würdigung der einzelnen Komponenten erfolgt im Text. In Anlehnung an G. Thews und D. W. Richter [11]

nen begrenzen (Abb. 11–7). Dies hilft mit, die Atemtiefe den jeweiligen Bedingungen anzupassen und im Extremfall eine Überdehnung der Lungen zu verhindern.

Die ***afferenten Bahnen des Hering-Breuer-Reflexes*** (Lungendehnungsreflexes) verlaufen im Nervus vagus. Eine beidseitige Durchschneidung des Vagusnerven unterbricht daher diesen Reflex. Nach einer solchen *Vagotomie* tritt eine verlangsamte und inspiratorisch vertiefte Atmung auf. Neben den Dehnungsrezeptoren der Lunge nehmen auch die *Dehnungsrezeptoren der Atemmuskeln* (Muskelspindeln, Sehnenorgane) an der Steuerung der Atmungsbewegungen teil. Diese Sensoren messen teils die Muskellänge, teils die Muskelspannung und können daher die Kraft der Kontraktion der Atemmuskeln an die jeweiligen Atemwiderstände anpassen.

Die chemisch-reflektorische Kontrolle der Atmung erfolgt in erster Linie über den CO_2-Partialdruck im Blut

Chemische Atemantriebe [25,30]. Bei körperlichen Anstrengungen kann der Sauerstoffverbrauch von 300 ml/min auf 3 l/min und mehr zunehmen. Das Atemzeitvolumen steigt dann, wie bereits erwähnt, von 14 l/min auf 80 l/min und mehr. Der Antrieb für diese starke Zunahme des Atemzeitvolumens ist dabei weniger die Abnahme der Sauerstoffkonzentration im Blut und im Gewebe, sondern der *vermehrte Anfall von Kohlendioxyd.* Unter normalen Umständen ist also der ***arterielle CO_2-Partialdruck*** die führende Regelgröße bei der Einstellung des Atemzeitvolumens. Als Beispiel sei erwähnt, daß bei Anstieg des normalen CO_2-Partialdrucks im Blut von 40 mm Hg auf 60 mm Hg das Atemzeitvolumen von 7 l/min auf etwa 65 l/min ansteigt. Eine Abnahme des ***arteriellen O_2-Partialdruckes,*** also eine *Hypoxie,* stellt zwar auch einen Atemantrieb dar, er macht sich aber nur unter pathologischen Bedingungen, und zwar wenn die CO_2-Regulation ausgeschaltet oder abgeschwächt ist, deutlich bemerkbar.

Periphere und zentrale Chemosensoren. Der Gehalt des Blutes und der Extrazellulärflüssigkeit an Kohlendioxyd und Sauerstoff wird von peripheren und zentralen Chemosensoren gemessen (Abb. 11–7). Die ***peripheren Chemosensoren*** liegen beiderseits im *Glomus caroticum,* das an der Teilungsstelle der A. carotis communis in die Aa. carotis interna und externa liegt. Das Glomus caroticum wird vom Sinusnerven, einem Ast des N. glossopharyngeus innerviert. Weitere, vom N. vagus versorgte Chemosensoren sind in der Nähe des Aortenbogens lokalisiert. Diese peripheren Chemosensoren antworten mit Aktivitätszunahme bei einer ***Abnahme des O_2-Partialdruckes*** und bei einer ***Zunahme des CO_2-Partialdrucks*** [25].

Die für die Atmungsregulation wichtigen ***zentralen Chemosensoren*** finden sich im Hirnstamm, und zwar in unmittelbarer Nähe der für die Atmung zuständigen neuronalen Strukturen. Diese zentralen Chemosensoren sprechen kaum oder überhaupt nicht auf Sauerstoffmangelzustände an. Dagegen werden sie durch ***Zunahme des CO_2-Partialdruckes stark aktiviert.*** Mit anderen Worten, der überwiegende Teil des Einflusses des Kohlendioxyds auf die Atmung wird über diese Chemosensoren im Hirnstamm ausgeübt.

Einfluß des pH. Oben wurde bereits erwähnt, daß das Kohlendioxyd im Blut weitgehend in Form von Kohlensäure transportiert wird. Dies bedeutet, daß das Blut durch die Aufnahme von Kohlensäure „saurer" wird, also mehr H^+-Ionen (Wasserstoffionen) enthält [8]. Es ist daher auch denkbar, daß die Chemosensoren nicht direkt durch das Kohlendioxyd, sondern indirekt durch die H^+-Ionen oder durch beide Faktoren erregt werden. Letzteres scheint den tatsächlichen Verhältnissen am nächsten zu kommen. Dabei sind die peripheren Chemosensoren anscheinend überwiegend direkt auf CO_2 empfindlich, die zentralen nahezu ausschließlich auf die Wasserstoffionen.

Weitere Atemantriebe. Die Abb. 11–7 zeigt noch eine Reihe weiterer Atemantriebe, die zum Teil nur unter besonderen Umständen Einfluß auf das Atemzeitvolumen nehmen. Wichtig ist vor allem der ***Atemantrieb bei Muskelarbeit,*** der schon mit dem Beginn der Arbeit einsetzt und in seinem Ausmaß deutlich größer ist als durch den verzögert einsetzenden Anstieg des Kohlendioxyds im Blut zu erklären ist. Hier muß man annehmen, daß die Atemzentren rechtzeitig über eine ***zentrale Mitinnervation*** von den motorischen Zentren über Beginn und geplantes Ausmaß der Muskelarbeit informiert werden. Im Verlauf der Arbeit können weitere Atemantriebe aus den ***Mechano- und Chemosensoren der Muskeln*** dazukommen. Auf die mehr ***unspezifischen Atmungsantriebe,*** von denen einige in Abb. 11–7 angegeben sind, wird hier nicht weiter eingegangen.

11.6 Energieumsatz des Menschen

Die Energiegesetze der unbelebten Natur gelten ohne Einschränkung auch für den Menschen

Jede Energieform kann in eine andere umgewandelt werden, z. B. chemische (Benzin, Kohle etc.) in mechanische, elektrische und thermische und umgekehrt. Bei diesen Umsetzungen entsprechen sich die umgesetzten Energiemengen quantitativ, d. h. es geht dabei keine Energie verloren [4]. Daraus folgt, daß die ***verschiedenen Energieformen einander äquivalent sind*** und daher alle in der Einheit der mechanischen Energie, dem ***Joule (J)*** (Dimension: $m^2\ kg\ s^{-2}$ = Newtonmeter, Nm), ausgedrückt werden können. Ein Joule (J) ist eine sehr kleine Energiemenge. Im physiologischen Alltag wird daher meist das ***Kilojoule (kJ),*** also die tausendfach größere Einheit benützt.

Ursprünglich hatte man eine besondere Wärmemengeneinheit eingeführt, und zwar die ***Kalorie.*** Sie ist diejenige Wärmemenge, die 1 ml Wasser von 14,5 °C auf 15,5 °C erwärmt. (Der Temperaturbereich muß angegeben sein, da das Wasser seine Eigenschaften mit der Temperatur ändert.) Einer solchen Kalorie (cal) entsprechen 4,187 J. Tausend Kalorien, also ***1 kcal*** (früher häufig auch „große Kalorie" genannt), entsprechen also ***4,187 kJ.*** Umgekehrt ergibt der Kehrwert den Äquivalenzfaktor 1 kJ = 0,239 kcal.

Mit ***Kalorimeter*** genannten, riesigen Thermosflaschen nicht unähnlichen Geräten, kann direkt und fortlaufend die Wärmeabgabe von Lebewesen und deren gleichzeitige Sauerstoffaufnahme und Kohlendioxydabgabe gemessen werden. Mit solchen Messungen wurde der Nachweis erbracht, daß das ***Gesetz von der Erhaltung der Energie*** (I. Hauptsatz der Thermodynamik, Erhaltungssatz) ***uneingeschränkt auch für Pflanzen, Tiere und Menschen gilt.*** Man kann also Energie nur „verbrauchen", wenn dafür Energie von einer anderen Stelle oder einer anderen Energieform zur Verfügung gestellt wird. Ein *Perpetuum mobile,* das Energie liefert, ohne dafür Energie zu „verbrauchen", ist unmöglich.

Lebende Zellen verbrauchen auch in Ruhe Energie, um ihre Leistungsbereitschaft, zumindest ihre Struktur aufrechtzuerhalten

Den Energieumsatz einer aktiven Körperzelle, z. B. einer Gehirnnervenzelle, nennt man ihren ***Tätigkeitsumsatz*** (Abb. 11–8 A). Ruht die Zelle oder nimmt das Nährstoffangebot ab, so beschränkt sich die Zelle darauf, nur das zu tun, was ihre sofortige Einsatzbereitschaft sichert (z. B. ihr Membranpotential aufrecht zu erhalten). Für diesen ***Bereitschaftsumsatz*** benötigt sie *etwa 50 %* der für eine uneingeschränkte Tätigkeit notwendigen Energie (Abb. 11–8 A). Nimmt das Angebot weiter ab, so kann sie zwar immer noch, aber nur *unter zunehmender Funktionsminderung* überleben. Erst wenn das Nährstoffangebot nicht einmal mehr für einen ***Erhaltungsumsatz*** von etwa 15 % des Tätigkeitsumsatzes ausreicht, geht die Zelle zugrunde.

Diese Betrachtung gilt aber nicht für alle Zellen des Organismus. Denn eine ganze Reihe von ihnen, wie z. B. die Herzmuskelzellen und die Zellen der Atemmuskulatur, müssen zeitlebens tätig sein. Deswegen ist der Energieumsatz eines ruhenden Organismus auch nicht identisch mit der Summe der Bereitschaftsumsätze aller Zellen, zumal neben den eben genannten weitere Organe, wie Gehirn, Leber und Nieren, auch bei Körperruhe tätig sind.

Der Ruheumsatz des Menschen hängt v. a. von seinem Geschlecht und seinem Alter ab; wird der Ruheumsatz unter definierten Bedingungen gemessen, wird er Grundumsatz genannt

Ruheumsatz. Der geistig und körperlich ruhende Erwachsene benötigt etwa 4 kJ Energie pro Kilogramm Körpergewicht und pro Stunde. Wie sehr dieser ***Ruheumsatz*** von Alter und Geschlecht abhängt, zeigen die Kurven in Abb. 11–8 B. Besonders die starke Altersabhängigkeit ist zu beachten.

Der eben angegebene Wert für den Ruheumsatz ergibt bei einem 70 kg schweren Menschen 4 kJ · 70 kg · 24 h = rund 7000 kJ pro Tag (1700 kcal/Tag). Der Tagesumsatz eines nicht körperlich arbeitenden Menschen (*„Freizeitumsatz"*) liegt mit rund 10 000 kJ (etwa 2300 kcal) nur relativ wenig darüber. Weite Teile der Bevölkerung, die als „Schreibtischarbeiter" keinen wesentlichen körperlichen Belastungen unterliegen, haben keinen höheren täglichen Gesamtumsatz.

Grundumsatz. Die für die Messung des Grundumsatzes vereinbarten Bedingungen sind: 1. morgens, 2. liegend in Ruhe, 3. nüchtern, 4. bei normaler Körpertemperatur ohne zu frieren oder zu schwitzen.

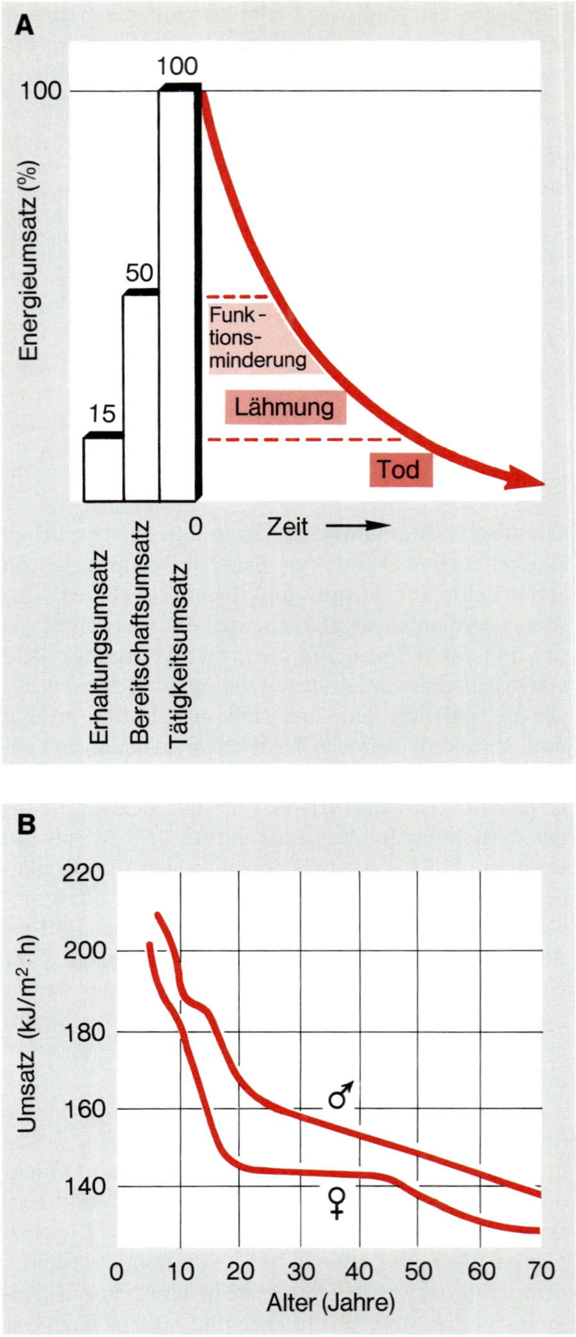

Abb. 11–8. Energieumsatz des Menschen. **A** Darstellung der Funktionseinschränkungen von Körperzellen bei Sauerstoff- oder Nahrungsmangel. Besprechung im Text. **B** Abhängigkeit des Grundumsatzes vom Alter bei Männern und bei Frauen. Es ist der relative Umsatz in Kilojoule pro Quadratmeter Körperoberfläche und Stunde (kJ/m²·h) angegeben, um die Unterschiede in Körpergröße und -gewicht vernachlässigen zu können. Man beachte den besonders starken Rückgang des Energiebedarfs nach Abschluß des Wachstums. **B** nach [22] aus Ulmer in [11]

Diese Bedingungen spiegeln die Variablen wider, die Einfluß auf den Energieumsatz nehmen. *Erstens* unterliegt dieser ***tageszyklischen Schwankungen*** mit einem Anstieg am Vormittag und

Tabelle 11–1. Anteil verschiedener Organsysteme am Grundumsatz des Menschen. Nach G. Lehmann aus [II]

ORGAN:	Leber	Muskel	Gehirn	Herz	Nieren	Rest
ANTEIL:	26%	26%	18%	9%	7%	14%

einem Abfall während der Nacht. *Zweitens* steigt der Energieumsatz bei ***körperlicher und geistiger Arbeit*** an (s. u.), da die Anzahl derjenigen Zellen zunimmt, deren Umsatz über dem Bereitschaftsumsatz liegt. *Drittens* steigt der Energieumsatz nach ***Nahrungsaufnahme*** an. Diese Zunahme hängt nicht nur von der Verdauungstätigkeit ab, sondern auch von den sich anschließenden Stoffwechselprozessen. Viertens steigt der Energieumsatz ***bei Fieber*** und in zu kalter und zu warmer Umgebung, also ***außerhalb der thermischen Neutralzone*** (Indifferenzzone). Kalte Umgebung führt zu Muskelzittern (s. S. 208), in zu warmer Umgebung benötigt die Wärmeabfuhr (Schwitzen, erhöhte Kreislaufleistung durch vermehrte Hautdurchblutung) zusätzliche Energie. Die Verteilung des Grundumsatzes auf die einzelnen Organe zeigt Tabelle 11–1. Leber und ruhende Skelettmuskulatur sind zur Hälfte am Grundumsatz beteiligt. Deshalb kann der Energieumsatz des Menschen ***im Schlaf oder in Narkose unter den Grundumsatz*** sinken (durch Abnahme des Muskeltonus). Ähnliches gilt für die Abnahme des Leberumsatzes beim Hungern.

Der relative Grundumsatz, d. h. der Umsatz bezogen auf die gleiche Körperoberfläche (um Unterschiede in Körpergröße und -gewicht vernachlässigen zu können) ist, wie Abb. 11–8 B zeigt, bei Frauen geringer als bei Männern. Noch wichtiger ist, daß er in der Jugend am höchsten ist und mit zunehmendem Alter zunächst rasch, dann langsamer abnimmt. Dies erfordert bei sonst gleichen Lebensumständen, daß die Nahrungsaufnahme nach Abschluß der Wachstumsphase und besonders im Laufe des dritten Lebensjahrzehnts erheblich reduziert werden muß, wenn es nicht zu deutlichen Gewichtszunahmen kommen soll.

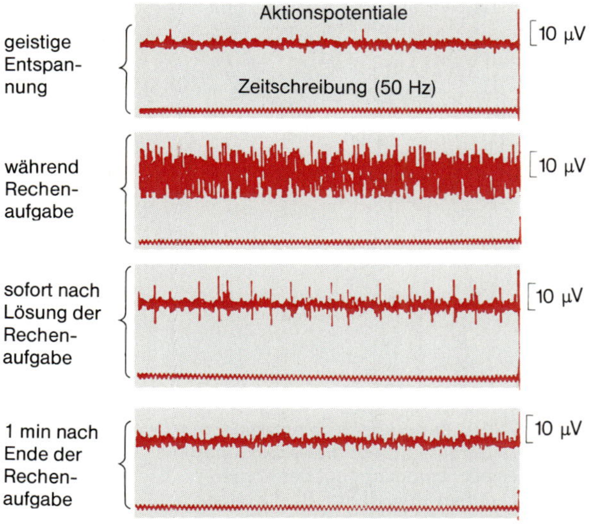

Abb. 11–9. Reflektorische Erhöhung des Muskeltonus bei geistiger Arbeit. Anhand der vom Unterarm abgeleiteten Muskelaktionspotentiale (EMG) erkennt man deutlich die erhöhte Muskelaktivität während geistiger Arbeit. Messungen von Göpfert et al. [26]

Der Arbeitsumsatz bei körperlicher und geistiger Arbeit kann das Doppelte des Freizeitumsatzes von 10 000 kJ betragen

Bei *leichter körperlicher Arbeit* steigt der Umsatz um 1 · 2 000 kJ pro Tag, bei *mäßiger* Arbeit um 2 · 2 000, bei *mittelschwerer* um 3 · 2 000 und bei *Schwerstarbeit* um 5 · 2 000 kJ pro Tag an. Bei körperlicher Schwerstarbeit finden wir demnach Energieumsatzwerte bis zu 20 000 kJ pro Tag. Das ist rund das Dreifache des Ruheumsatzes. Bei Frauen liegt dieser Maximalwert wegen des geringeren Körpergewichts in der Nähe von 15 000 kJ pro Tag. Bei *sportlichen Aktivitäten* werden erheblich höhere Energieumsätze als bei beruflichen Tätigkeiten erreicht, allerdings für kürzere Zeiträume [15,22].

Bei ***geistiger Arbeit*** beobachtet man ebenfalls eine Zunahme des Energieumsatzes. Diese ist nur zum geringeren Teil durch die Mehrarbeit des Gehirns bedingt. Der größte Teil der Zunahme rührt von einer reflektorisch erhöhten Grundanspannung der Muskulatur her (Abb. 11–9) [26].

Wie können wir feststellen, ob unsere tägliche ***Energiezufuhr unserem Bedarf entspricht?*** Beim gesunden Erwachsenen ist dies ganz einfach: durch ***Messen des Körpergewichts.*** Bleibt dieses im Mittel über lange Zeit konstant, so entspricht die Energiezufuhr in der Nahrung unserem Verbrauch. Nehmen wir aber an Gewicht zu, ist unsere Energiezufuhr zu groß, und der Körper speichert diese Energie in Form von Fett. Nehmen wir dagegen an Gewicht ab, so ist unsere Energiezufuhr zu gering, und unser Körper greift zur Deckung seines Energiebedarfs auf seine Fettvorräte zurück.

Die vom Körper benötigte Energie wird durch die Verbrennung der Nährstoffe Kohlenhydrate, Fette und Eiweiße gewonnen; um 20 kJ Energie zu gewinnen, wird dabei etwa 1 l Sauerstoff verbraucht

Energieäquivalent der Nährstoffe. Mit Hilfe von *Sauerstoff* werden die Nährstoffe zu energieärmeren Stoffwechselprodukten verbrannt und diese anschließend ausgeschieden. Die dabei freiwerdende Energie steht den Zellen für ihre Aufgaben zur Verfügung. Kohlenhydrate und Fette werden überwiegend zum ***Betriebsstoffwechsel,*** Eiweiße überwiegend zum ***Baustoffwechsel*** benötigt.

Die von den einzelnen Nährstoffen bei der Verbrennung freigesetzte Energie ist aus „Reagenzglasversuchen" bekannt. Genau die gleiche Menge Energie wird auch bei der Verbrennung im Organismus frei. Es läßt

Tabelle 11–2. Energieäquivalent (kJ/lO_2) und biologischer Brennwert (kJ/g) der Nährstoffe. Die biologischen Brennwerte der Fette, Eiweiße und Kohlenhydrate gelten für eine gemischte mitteleuropäische Kost

	Fette	Eiweiße	Kohlenhydrate	Glukose
kJ/lO_2	19,6	18,8	21,1	21,1
kJ/g	38,9	17,2	17,2	15,7

sich daher aus der Menge der aufgenommenen Nährstoffe, aus dem Sauerstoffverbrauch und aus den abgegebenen Stoffwechselendprodukten die im Körper bei der Verbrennung freigesetzte Energie exakt angeben [8].

Die pro Liter verbrauchten Sauerstoffs bei der Verbrennung der einzelnen Nährstoffe freigesetzte Energie wird als das ***Energieäquivalent*** oder *kalorisches Äquivalent* der jeweiligen Nährstoffe bezeichnet (Tabelle 11–2). Da die verschiedenen Energieäquivalente eng beisammenliegen (zwischen 18,8 und 21,1 kJ), ist es eine für praktische Zwecke völlig ausreichende Annahme, daß bei normalen Ernährungsgewohnheiten und normalem Stoffwechsel im Körper *pro Liter verbrauchten Sauerstoffs rund 20 kJ Energie freigesetzt* werden.

Biologischer Brennwert der Nährstoffe. Die bei der Verbrennung von je 1 g eines Nährstoffs freiwerdende Energie wird als ihr ***Brennwert*** bezeichnet. Die Brennwerte der in einer gemischten mitteleuropäischen Kost enthaltenen Fette, Eiweiße und Kohlenhydrate (Stärke, hochmolekulare Zucker), sowie der Glukose (*Traubenzucker, Blutzucker:* einfachstes Kohlenhydrat) sind ebenfalls in Tabelle 11–2 angegeben. Der gegenüber den Kohlenhydraten und dem Eiweiß gut doppelt so hohe Brennwert der Fette rührt daher, daß in ihre Moleküle kaum Sauerstoff eingebunden ist.

Der biologische Brennwert der Eiweiße ist kleiner als der, der bei vollständiger Verbrennung „im Reagenzglas“ beobachtet wird. Dies kommt daher, daß die ***Eiweißverbrennung im Organismus unvollständig*** bleibt. Die im Eiweiß enthaltenen Stickstoffmoleküle werden nämlich nicht oxidiert, sondern als *Harnstoff,* als *Harnsäure* und als *Kreatinin* mit dem Harn ausgeschieden.

11.7 Wärmebildung und Wärmeabgabe

Die bei der Arbeitsleistung des Körpers entstehende Wärme wird zur Aufrechterhaltung der Körpertemperatur genützt; reicht sie dazu nicht aus, bildet der Körper zusätzlich Wärme

Homoiothermie. Nach den Gesetzen der Thermodynamik entsteht bei der Arbeitsleistung des Körpers zwangsläufig Wärme. Diese Wärme wird beim Menschen dazu genutzt, die Körpertemperatur dauernd auf einem Wert zu halten, der in den meisten Klimazonen erheblich über der Umgebungstemperatur liegt. Der Mensch gehört also zur Gruppe der ***homoiothermen Lebewesen*** *(Warmblüter).* Diese (Vögel, Säugetiere) können unabhängig von der Außentemperatur eine gleichförmige Körpertemperatur und damit eine gleichförmige Aktivität aufrecht erhalten (die Geschwindigkeit aller chemischen Prozesse ist temperaturabhängig). Sie sind daher wechselwarmen (poikilothermen) Lebewesen vielfach überlegen.

Thermoregulatorische Wärmebildung. Reicht die bei der Arbeitsleistung des Körpers entstehende Wärme zur Konstanthaltung der Körpertemperatur in kalter Umgebung nicht aus, bildet der Körper zusätzliche Wärme. Dies geschieht

- durch aktive Betätigung seines Bewegungsapparates,
- durch unwillkürliche tonische und rhythmische Muskelaktivität ohne äußere Arbeitsleistung, also durch ***Kältezittern*** und
- durch Steigerung anderer Stoffwechselvorgänge. Letzteres wird als ***zitterfreie Wärmebildung*** bezeichnet.

Das Temperaturfeld des menschlichen Körpers hat einen temperaturkonstanten (homöothermen) Kern und eine temperaturvariable (poikilotherme) Schale; aber auch die Kerntemperatur ist weder räumlich noch zeitlich völlig homogen

Die in den Körperzellen gebildete Wärme strömt über die Körperoberfläche zur Umgebung hin ab. Schon aus diesem Grunde haben die oberflächlichen Teile des Körpers eine niedrigere Temperatur als die zentralen. Infolge der unregelmäßigen Gestalt des Körpers und

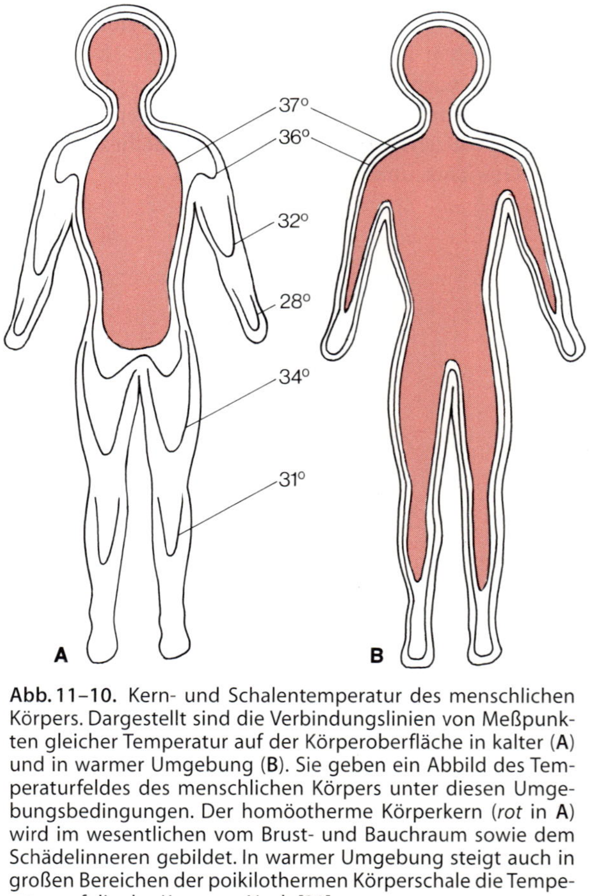

Abb. 11–10. Kern- und Schalentemperatur des menschlichen Körpers. Dargestellt sind die Verbindungslinien von Meßpunkten gleicher Temperatur auf der Körperoberfläche in kalter (**A**) und in warmer Umgebung (**B**). Sie geben ein Abbild des Temperaturfeldes des menschlichen Körpers unter diesen Umgebungsbedingungen. Der homöotherme Körperkern (*rot* in **A**) wird im wesentlichen vom Brust- und Bauchraum sowie dem Schädelinneren gebildet. In warmer Umgebung steigt auch in großen Bereichen der poikilothermen Körperschale die Temperatur auf die des Kerns an. Nach [21]

unter dem Einfluß der normalerweise getragenen Bekleidung ergibt sich insgesamt ein kompliziertes ***Temperaturfeld,*** von dem man vereinfachend sagen kann, daß es aus einem ***homöothermen Körperkern*** und einer ***poikilothermen Körperschale*** besteht [21]. Solche Temperaturfelder illustriert die Abb. 11–10 bei kalter (A) und warmer Umgebungstemperatur (B). Als normale Körperkerntemperatur sind 37 °C angegeben. In kalter Umgebung ist diese Temperatur nur in der Tiefe des Körpers anzutreffen (s. Verlauf der 37 °C-Isotherme in A und B). An den Händen und Füßen liegen die Temperaturen auch in der Tiefe des Gewebes um bis zu 10 °C darunter.

Räumliche Unterschiede in der Körperkerntemperatur. Schon in normaler Umgebung findet man Unterschiede in der Körperkerntemperatur von 0,2–1,2 °C. Selbst das Gehirn weist eine radiales Temperaturgefälle zur Hirnrinde auf, das mehr als 1 °C beträgt. Die höchsten Temperaturen werden im Rektum gefunden. Es ist daher nicht möglich, die Körperkerntemperatur durch eine einzige Zahl auszudrücken. Für praktische Zwecke reicht es aus, eine an einem bestimmten Ort gemessene Temperatur als repräsentativ für die Körperkerntemperatur zu erklären. In der Klinik wurde bislang die ***Rektaltemperatur*** gemessen. In neuerer Zeit wird die Mundhöhlentemperatur, genauer die ***Sublingualtemperatur*** bevorzugt. Sie liegt meist 0,2–0,5 °C tiefer als die Rektaltemperatur.

Periodische Schwankungen der Körperkerntemperatur. Wie andere vegetative Variablen auch (vgl. Kap. 23), unterliegt die Körpertemperatur tagesperiodischen Schwankungen, die im Mittel bei 1°C liegen. Das Temperaturminimum liegt gegen 3:00 h morgens, das Maximum meist am späten Nachmittag. Diese Schwankungen der Körpertemperatur folgen dem endogenen Rhythmus der *zirkadianen Periodik,* der in Kap. 23 ausführlich beschrieben wird. Neben dem Tagesgang der Körpertemperatur finden sich Temperaturschwankungen längerer Periodendauer. Am bekanntesten ist die mit dem ***Menstruationszyklus*** ablaufende Temperaturschwankung, deren Messung zur Bestimmung der unfruchtbaren Perioden der Frau und damit zur Empfängnisverhütung eingesetzt werden kann.

Die Verteilung der Wärme im Körper erfolgt weitgehend über das Blut; die Abgabe der Körperwärme an die Umgebung erfolgt in Ruhe überwiegend durch Strahlung, bei körperlicher Arbeit v. a. durch Schweißverdunstung

Verhalten der Körpertemperatur bei Arbeit. Die Körperkerntemperatur steigt bei körperlicher Arbeit an, während die mittlere Hauttemperatur infolge der bei der Arbeit einsetzenden Schweißverdunstung abfällt Die ***Zunahme*** der Körperkerntemperatur ist ***proportional der relativen Leistung*** (Leistung in % der individuellen Maximalleistung). Bei Marathonläufern werden Rektaltemperaturen von 39–40 °C, in Einzelfällen bis nahe 42 °C gemessen [12,13]. Wichtig ist, daß die durch das Schwitzen verlorengehende Flüssigkeit laufend ersetzt wird, da *Dehydratation temperatursteigernd und damit leistungsbegrenzend* wirkt.

Innerer Wärmestrom. Zwei Wege des Wärmeaustausches stehen im Körperinneren zur Verfügung, um Wärme zur Körperoberfläche zu transportieren: einmal die unmittelbare „Weitergabe" der Wärme von einem Gewebeteilchen zum nächsten und zum anderen der „Transport" von Wärme durch das zirkulierende Blut. Ersteres wird ***Wärmekonduktion,*** letzteres ***Wärmekonvektion*** genannt. Es liegt auf der Hand, daß von diesen beiden die *Konvektion* der bei weitem wichtigere Wärmetransportweg ist.

Wärmeabgabe durch Strahlung. Unser Körper strahlt infrarote Strahlen ab, wie dies alle Gegenstände in unserer Umgebung tun, jeder in Abhängigkeit von seiner Temperatur (genaue Gesetzmäßigkeiten s. [4]). Die Bedeutung der Temperatur der umgebenden Flächen kann man sich verdeutlichen, indem man die Handfläche in kleinem Abstand gegen das Gesicht hält: Man verspürt sofort eine Wärmeempfindung, die auf der verminderten (Netto-)Wärmeabstrahlung beruht. Das Nettoausmaß der ***Wärmeabgabe durch Strahlung*** ist also durch die Differenz zwischen der Hauttemperatur und der Temperatur der umgebenden Flächen (z. B. Zimmerwände) bestimmt.

Evaporative Wärmeabgabe. Unsere Haut ist von innen her nicht absolut wasserdicht. Es gelangt daher immer etwas Wasser durch Diffusion auf die Hautoberfläche und verdunstet dort. Dabei wird der Haut Wärme entzogen, denn die Verdunstungswärme des Wassers beträgt 2400 kJ/l. Unter Normalbedingungen in Ruhe beträgt diese ***Perspiratio insensibilis*** oder ***extraglanduläre Wärmeabgabe*** (d.h. ohne Beteiligung der Schweißdrüsen) etwa 20 % der Gesamtwärmeabgabe. Bei Arbeit kommt die erhebliche ***glanduläre Wärmeabgabe*** durch die Schweißsekretion hinzu. Nur diese *glanduläre Wasserabgabe* ist neuronal über sudomotorische sympathische Nervenfasern steuerbar. Wichtig ist, daß bei Umgebungstemperaturen oberhalb der Körpertemperatur (Hochsommer, Tropen) Wärme nur noch auf evaporativem Wege abgegeben werden kann.

Konduktive Wärmeabgabe. Wärmeabgabe durch Konduktion findet sich da, wo der Körper auf einer festen Unterlage sitzt, liegt oder steht. Diese Form der Wärmeabgabe ist insgesamt von geringer Bedeutung und bei körperlicher Arbeit praktisch vernachlässigbar.

Konvektive Wärmeabgabe. Ist die Umgebungsluft kühler als die Haut, wird die unmittelbar an der Haut anliegende Luftschicht erwärmt. Sie beginnt dann aufwärts zu gleiten und damit Wärme abzutransportieren. Diese ***natürliche*** oder ***freie Konvektion*** kann durch Bewegen der Luft (Wind, „Zug") erheblich verstärkt werden ***(erzwungene Konvektion).*** Das Ausmaß der Konvektion hängt also von der Temperaturdifferenz zwischen Hautoberfläche und Luft und von der Windgeschwindigkeit ab.

Wirkung der Bekleidung. Die isolierende Wirkung der Bekleidung beruht v. a. darauf, daß in den Textilien oder Pelzen kleinste Lufträume eingeschlossen sind, in denen keine nennenswerte Luftströmung auftreten kann. Die Wärme kann daher nur ***konduktiv*** über die *schlecht wärmeleitende Luft* abströmen (unbewegte Luft ist ein guter Isolator).

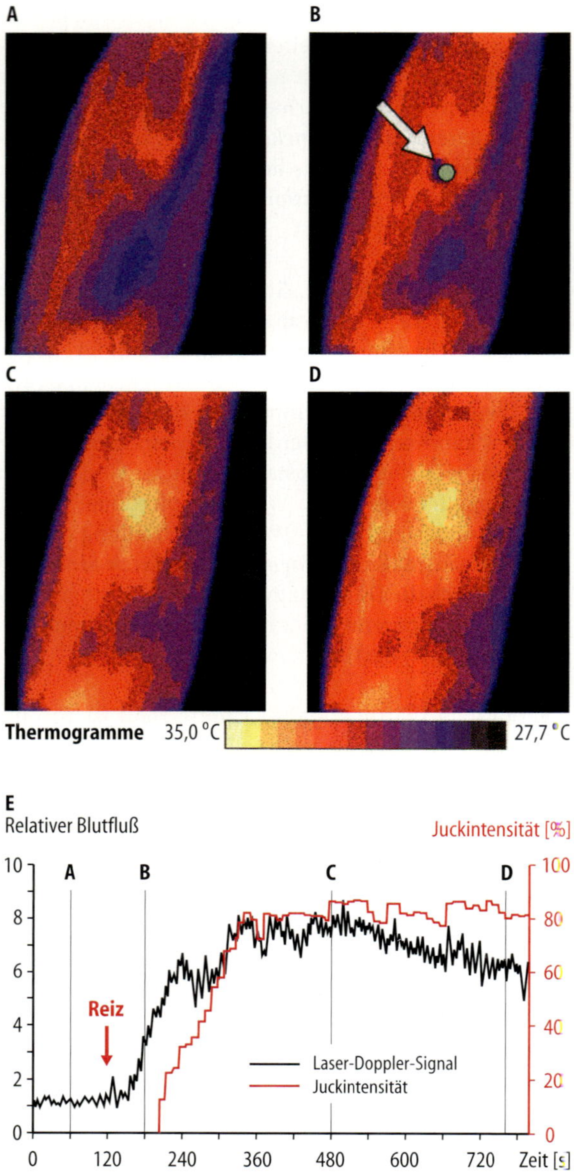

Abb. 11-11. Thermografische Messung der Wärmestrahlung der menschlichen Haut zum Studium psychophysischer Zusammenhänge. In diesem Experiment wird ein Juckreiz durch intrakutane Applikation von Histamin am Unterarm einer freiwilligen Versuchsperson ausgelöst. Kurz nach dem Reiz, der zum Zeitpunkt *120 s* in **E** gegeben wurde, nimmt die Durchblutung des betroffenen Hautbereiches stark zu, was mit Hilfe eines Laser-Doppler-Flußmesser registriert wird (*schwarze* Meßkurve in **E**). Dieser erhöhte Blutfluß bewirkt, wie in der Thermografiebildfolge **A** – **D** zu erkennen, eine deutliche Erwärmung des injizierten Areals und seiner Umgebung. Die gestrichelten Linien **A** – **D** in **E** markieren die Zeitpunkte, an denen die zugehörigen Thermogramme registriert wurden. Der Ort der Histamininjektion ist in **B** markiert. Die subjektive Juckempfindung der Versuchsperson (*rote* Meßkurve in **E**) setzt verzögert ein und erreicht ihr Maximum etwa 4 min nach Injektion des Histamin. Die unveröffentlichte Abbildung wurde uns dankenswerterweise von M. Nischik und C. Forster, Institut für Physiologie und experimentelle Pathophysiologie, Universität Erlangen, zur Verfügung gestellt

Die thermografische Messung der Wärmestrahlung ist eine wichtige Methode zur Erfassung psychophysischer Zusammenhänge

Mit Hilfe von Videokameras, die für das Erfassen infraroter Strahlen eingerichtet sind, kann die Wärmestrahlung der menschlichen Haut aufgezeichnet werden. Als Beispiel für diese Art von Untersuchungen zeigt Abb. 11–11 in A – D solche Thermogramme von einem menschlichen Unterarm vor und nach intradermaler Injektion von Histamin. Das Histamin bewirkt eine lokale Vasodilatation, die zu einer Erhöhung der Lokaldurchblutung (zusätzlich in E mit Hilfe eines Laser-Doppler-Flußmessers aufgezeichnet) führt. Daneben tritt mit kurzer Verzögerung im Injektionsgebiet eine deutlicher Juckreiz auf, dessen Intensität und Zeitverlauf (rote Meßkurve in E) weitgehend, aber nicht vollständig parallel der Vasodilatation bzw. der Hauterwärmung sind.

11.8 Regelung der Körpertemperatur

Die Thermoregulation kann als ein geschlossenes Regelsystem mit negativer Rückkopplung angesehen werden

Dies ist im Blockschaltbild der Abb. 11–12 skizziert. *Links* sind die ***Stellgrößen*** angeordnet, deren „Verstellung" zu einer Veränderung der ***Regelgröße*** Körpertemperatur

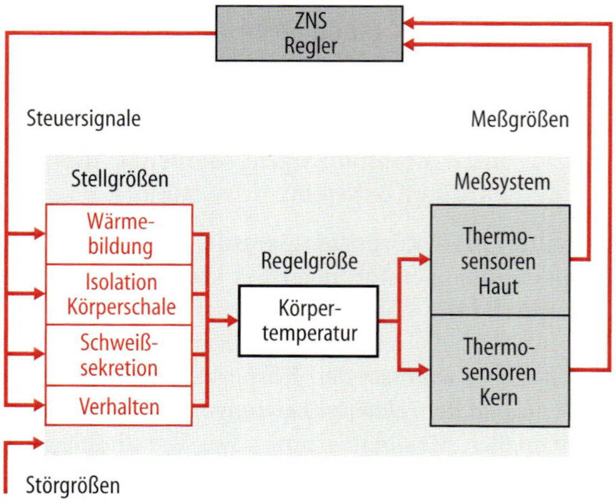

Abb. 11-12. Blockschaltbild des Regelkreises der Thermoregulation. Das Meßsystem besitzt zwei Gruppen von Meßfühlern zur Messung der Körperkern- (innere Thermorezeptoren) und der Schalentemperatur *(kutane* Thermorezeptoren). Über die von ihnen übermittelten Meßgrößen kann der zentralnervöse Regler Abweichungen des Sollwertes vom Istwert (z.B. durch die Einwirkung von Störgrößen) feststellen und anschließend über Steuersignale entsprechende Änderungen der Stellgrößen zur Temperaturkorrektur einleiten. Nach Brück in [11, 25. Aufl.]

führt. Die Körpertemperatur wiederum wird von ***Meßfühlern,*** nämlich den Thermosensoren (Thermorezeptoren) überwacht, die ihre Meldungen (*Meßgrößen* in Abb. 11–12) dem ***zentralen Regler*** zuführen. Dieser stellt fest, ob die Körpertemperatur (der *Istwert*) unter dem Einfluß von ***Störgrößen*** (z. B. vermehrte Wärmebildung bei Arbeit) von ihrem ***Sollwert*** abgewichen ist und verstellt entsprechend über die Aussendung von *Steuersignalen* die Stellgrößen so lange, bis die Meßgrößen den Ausgleich der Abweichung (im Beispiel also den Rückgang der erhöhten Körpertemperatur) signalisieren. Das wesentliche Merkmal dieser (wie jeder anderen Regelung) ist der geschlossene Regelkreis mit einer Polung derart, daß jede Störung der Regelgröße selbsttätig korrigiert wird. Dies wird mit dem Begriff ***negative Rückkopplung*** *(negative feedback)* ausgedrückt.

Die Abb. 11–13 illustriert die ***nervale Ansteuerung der verschiedenen Stellglieder,*** die die *Stellgrößen* der Temperaturregulation liefern (vgl. Abb. 11–13 mit 11–12). Das *autonome Nervensystem* steuert (von links nach rechts in Abb. 11–13) die zitterfreie Wärmebildung im braunen Fettgewebe, das Ausmaß der Isolation der Körperschale über die Regelung der Hautdurchblutung und die Sekretion der Schweißdrüsen. Das *somatomotorische Nervensystem* ist sowohl für die Wärmebildung durch Muskelzittern wie für die Steuerung der Wärmeabgabe über Verhalten (z. B. An- oder Ablegen von Kleidung) zuständig.

Thermisches und emotionales Schwitzen. Die Sekretion der Schweißdrüsen wird durch cholinerge sympathische Nervenfasern gesteuert. Sie ist daher durch Atropin hemm- und durch Parasympathikomimetika auslösbar. Bei starker psychischer Anspannung kann eine *kutane Vasokonstriktion* im Bereich der Hände und Füße mit *Schweißsekretion an den Palmar- und Plantarflächen* von Händen und Füßen verbunden sein. Thermoregulatorisch ist dieses ***emotionale Schwitzen*** („kalter Schweiß") eine paradoxe Reaktion, da es anders als das ***thermische Schwitzen*** nicht mit einer Vasodilatation einhergeht..

Die Hautleitfähigkeit ändert sich nach emotionalen Reizen; ihre Messung spielt daher eine große Rolle in der Erforschung der Psychophysiologie der Emotionen

Nach einem emotionalen Reiz sinkt der Hautwiderstand innerhalb von 1–4 s deutlich ab. Dies läßt sich durch Anlegen eines schwachen, nicht spürbarer elektrischen Stromes an der Haut, z. B. der Handinnenfläche, als Zunahme der Membranleitfähigkeit dokumentieren. Gleichzeitig nehmen die Spontanfluktuationen des Hautwiderstandes zu (Abb. 11–14).

Vor allem das Ausmaß negativ getönter emotionaler Erregung spiegelt sich in der Hautleitfähigkeit,

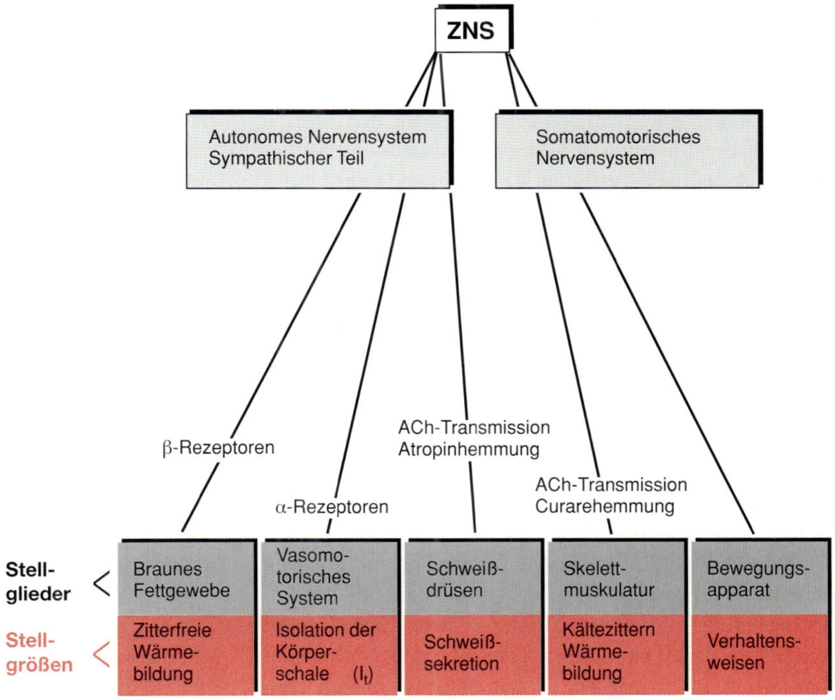

Abb. 11-13. Stellglieder der Thermoregulation und ihre nervale Kontrolle über das autonome und das somatomotorische Nervensystem. Die zitterfreie Wärmebildung im braunen Fettgewebe kann durch β-Rezeptoren-Blocker aufgehoben werden. Ausschaltung der Sympathikuswirkung an den Hautgefäßen (mit α-Rezeptoren-Blockern) führt zur maximalen Vasodilatation und zur Eröffnung von arteriovenösen Anastomosen (Steigerung des konvektiven Wärmetransportes). Die cholinerge sympathische Innervation der Schweißdrüsen (ACh = Azetylcholin) kann durch Atropin gehemmt werden. Die cholinerge neuromuskuläre Übertragung wird durch Kurare blockiert. Nach Brück in [11, 25. Aufl.]

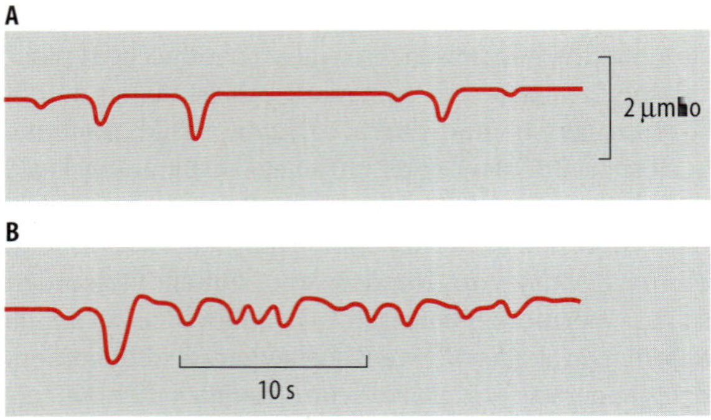

Abb. 11–14. Spontanfluktuationen des elektrischen Hautwiderstandes, gemessen an der Handinnenseite und dargestellt als Leitfähigkeit (Kehrwert des Widerstandes). Die beiden Kurvenstücke (30 s Dauer) stammen von derselben Versuchsperson und wurden während einer Sitzung aufgenommen. Spur **A** wurde während einer Ruhephase, Spur **B** während einer Vorbereitungsphase (auf eine Übung in freier Rede) aufgezeichnet. Die Zunahme der Spontanfluktuationen in **B** ist deutlich erkennbar. Aus [10]

da als oberste Steuerstrukturen vor allem Amygdala und sympathische Kerne fungieren. Peripher-physiologisch wird die Leitfähigkeitsänderung durch cholinerge Reizung vom sekretorischen Ende der Schweißdrüsengänge ausgelöst. Die aktuelle Füllung der Schweißdrüsengänge spielt für das Zustandekommen dieser Reaktion eine große Rolle.

Die physiologische Funktion der Hautleitfähigkeit *(SCR, skin conductance response* und *SCL, skin conductance level)* ist bis heute rätselhaft geblieben. Ob sie mit der Verbesserung der Griffsicherheit durch innere Elastizitätserhöhung oder der Temperaturregulation zu tun hat, bleibt unklar.

In der Psychophysiologie wird die Hautleitfähigkeit vor allem in der Frühdiagnose der Schizophrenie, der Messung der Angstreaktion bei verschiedenen Verhaltensstörungen, beim Lügendetektor und der Diagnose der Psychopathie (Soziopathie, s. Kap. 26) verwendet.

Die Meßfühler für die Thermoregulation sind Thermosensoren im ZNS (innere Thermosensoren zum Messen der Körperkerntemperatur) und in der Haut (äußere Thermosensoren zum Messen der Körperschalentemperatur)

Die ***Körperkerntemperatur*** wird an verschiedenen Stellen durch temperaturempfindliche Nerven- bzw. Sinneszellen gemessen. Solche ***innere Thermosensoren*** *(innere Thermorezeptoren),* v. a. solche, die auf Temperaturanstieg mit einer Zunahme ihrer Entladungen reagieren (daher auch Wärmeneurone genannt), liegen vor allem im vorderen Hypothalamus, im unteren Hirnstamm (Mittelhirn und Medulla oblongata) und im Rückenmark. Auch außerhalb des Zentralnervensystems scheint es innere Thermosensoren zu geben, z. B. an der Hinterwand der Bauchhöhle und in der Skelettmuskulatur [27,32].

Die ***Körperschalentemperatur*** wird durch Thermosensoren in und unter der Haut gemessen. Es handelt sich hier um ***spezifische Kalt- und Warmsensoren,*** deren Eigenschaften ausführlich in Kap. 17 beschrieben werden. Ihre Entladungen werden nicht nur zur (unbewußten) Messung der Körperschalentemperatur herangezogen, sondern sie dienen auch dem (bewußten) Temperatursinn zur Wahrnehmung der Kalt- bzw. Warmempfindungen.

Das Temperaturregelsystem liegt in der Area hypothalamica posterior; es ist wesentlich komplexer verschaltet als die meisten technischen Regelsysteme

Durchtrennung des Hirnstammes unmittelbar rostral des Hypothalamus läßt bei Katzen die Thermoregulation vollkommen intakt. Nach Durchschneidungen kaudal des Hypothalamus verhalten sich die Tiere jedoch auch nach Wochen und Monaten noch poikilotherm [11]. Aufgrund dieser und zahlreicher anderer experimenteller Indizien wird der Hypothalamus, insbesondere die ***Area hypothalamica posterior,*** die selbst keine nennenswerte Thermosensitivität besitzt, als ***Integrationszentrum für die Thermoregulation*** angesehen. Diese hypothalamischen „Zentren" sind auch für andere Regelvorgänge (z. B. zirkadiane Periodik) und für die Steuerung von Antrieb und Motivation (s. Kap. 25) verantwortlich.

Im Vergleich zu technischen Regelsystemen, z. B. einer Klimaanlage oder Zentralheizung, handelt es sich hier um ein sehr aufwendiges Regelsystem, das durch seine *zahlreichen Meßfühler auf der Eingangsseite* den thermischen Gesamtzustand des komplizierten Temperaturfeldes des menschlichen Körpers (Abb. 11–10) berücksichtigen kann, wobei außerdem zwei Arten von Sensoren, nämlich Kalt- und Warmsensoren, antagonistisch zusammenwirken. Und mit den *zahlreichen Stellgliedern auf der Effektorseite* (Abb. 11–13) ist das System in der Lage, Abwehrvorgänge gegen Kälte oder Wärme („Stellvorgänge", Abb. 11–12, 11–13) sehr gezielt und mit kurzer Latenz einzuleiten.

Die ***Arbeitsweise dieses Regelsystems*** sei an Hand einiger Beispiele diskutiert. Bei ***Kältebelastung,*** also erniedrigter Außentemperatur, werden die Kaltsensoren der Haut aktiviert und lösen Vasokonstriktion der Hautgefäße und thermoregulatorische Steigerung der Wärmebildung (z. B. Kältezittern) aus. Auf diese Weise werden bei äußerer Abkühlung sehr rasch – noch lange bevor eine Kerntemperatursenkung eingesetzt hat und innere Thermorsensoren beeinflußt werden konnten – die Kälteabwehrvorgänge angeworfen.

Bei ***Wärmebelastung von innen,*** also bei körperlicher Arbeit, werden die inneren Thermosensoren erregt und lösen Entwärmungsvorgänge (Vasodilatation, Schwitzen) aus. In *kalter* Umgebung wird diesen durch Kälteaktivierung der kutanen Kaltsensoren entgegengewirkt. Aber auch in *warmer* Umgebung kann bei körperlicher Arbeit von den Warmsensoren der Haut kein wesentlicher Antrieb der Entwärmungsvorgänge erwartet werden, da infolge der Schweißverdunstung die Hauttemperatur unter die Neutraltemperatur absinkt. Bei ***Wärmebelastung von außen*** (Sonnenbad, Sauna) erfolgt der Antrieb der Entwärmungsvorgänge dagegen durch das Zusammenwirken der inneren und kutanen Warmsensoren.

BOX 11-1

Maligne Hyperthermie
Bei chirurgischen Eingriffen unter Vollnarkose mit gasförmigen Narkotika („Inhalationsnarkotika", wie z. B. Halothan) und der Anwendung von depolarisierenden Muskelrelaxantien vom Typ des Sukzinylcholin kommt es in sehr seltenen Fällen zu einer starken Zunahme der Körpertemperatur, die nicht auf die üblichen fiebersenkenden Medikamente anspricht und ohne Behandlung in 70 % der Fälle zum Tode führt. Dieses Krankheitsbild wird ***maligne Hyperthermie*** genannt.

Das fehlende Ansprechen auf Antipyretika weist darauf hin, daß es sich bei der malignen Hyperthermie nicht wie beim Fieber um eine Sollwertverstellung im Hypothalamus handelt. Es kommt vielmehr bei diesen Personen zu einer spontanen Freisetzung von Kalziumionen aus dem sarkoplasmatischen Retikulum in das Zytosol der Skelettmuskelfasern, einem Vorgang, der normalerweise nur bei der elektromechanischen Kopplung (s. S. 245 f.) auftritt. Es resultiert eine langandauernde, alle Skelettmuskeln erfassende Muskelaktivierung, die sich in Muskelverspannung und v. a. in hohem Energieumsatz mit der zugehörigen Wärmeentwicklung äußert.

Die Anlage zur malignen Hyperthermie wird autosomal-dominant vererbt. Dantrolen, eine Hemmsubstanz für die Kalziumfreisetzung, kann bei diesen „MHS-Personen" („*m*alignant *h*yperthermia *s*usceptible") eine einsetzende Hyperthermie kupieren, präventiv gegeben verhindert es die Hyperthermie. Koffein setzt wie bei der malignen Hyperthermie, also unter Umgehung der elektrischen Erregung, Kalziumionen aus dem sarkoplasmatischen Retikulum frei. Die Schwellenkonzentration für eine solche „Koffeinkontraktur" ist bei MHS-Personen reduziert. Darauf beruht der Standardtest der „European Hyperpyrexia Group" mit biopsiertem Muskelgewebe, der vor einer anstehenden Vollnarkose bei Verdacht auf Anlage zur malignen Hyperthermie angewandt wird.

Literatur: The European Malignant Hyperpyrexia Group (1984) A protocol for the investigation of malignant hyperpyrexia susceptibility. J Anaesth 56:1267

Die ***Messung der Hauttemperatur*** mit Thermistoren, die an die Hautoberfläche geklebt werden, spielt in der Psychophysiologie des Schlafes (s. Kap. 23) und der Verhaltensmedizin eine große Rolle. In der Verhaltensmedizin wird über biologische Rückmeldung (Biofeedback) der Handtemperatur der psychische Spannungs- und Entspannungszustand selbst vom Patienten beeinflußt. Dies hat sich in der Behandlung der Raynaud-Erkrankung, von Bluthochdruck und Migräne als wirksam erwiesen [9].

11.9 Langfristige und pathophysiologische Aspekte der Thermoregulation

Beim Neugeborenen wird die zitterfreie Wärmebildung zur Aufrechterhaltung der Körpertemperatur eingesetzt; wegen seiner relativ großen Körperoberfläche ist es wesentlich weniger kältebelastbar als der Erwachsene

Beim menschlichen Neugeborenen sind alle thermoregulatorischen Reaktionen unmittelbar nach der Geburt auslösbar, selbst bei Frühgeburten mit Geburtsgewichten um 1000 g. Die vielfach vertretene Auffassung, das Neu- oder Frühgeborene sei *poikilotherm* (wegen fehlender Reife seines zentralen Temperaturregelsystems) kam auf, weil das Neugeborene bei der Kälteregulation kein Zittern, sondern ***zitterfreie Wämebildung*** (s. o.) einsetzt, die nicht zu sehen ist. Die Wärmebildung kann auf zitterfreiem Wege *verdoppelt bis verdreifacht* werden. Erst bei sehr extremer Kältebelastung tritt auch Zittern hinzu.

Relativ zum Körpergewicht hat das Neugeborene eine sehr große Körperoberfläche, von der es sehr viel Wärme verlieren kann. Ein Ausgleich der Wärmebilanz auf dem Niveau des Minimalumsatzes *(Behaglichkeitstemperatur)* erfordert daher eine höhere Umgebungstemperatur als beim Erwachsenen, nämlich 32–34 °C statt 25–26 °C (oder zusätzliche Bekleidung). Bei Temperaturen unter 32–34 °C setzen beim Neugeborenen bereits die Wärmeabwehrvorgänge ein, bei Temperaturen unterhalb 23 °C sind sie schon maximal und reichen nicht mehr zur Konstanthaltung der Körperkerntemperatur aus, während sich beim leicht oder nicht bekleideten Erwachsenen dieser Bereich bis hinunter zu 5–0 °C erstreckt. Bei sehr kleinen Frühgeborenen ist der Regelbereich noch weiter eingeschränkt. Sicherheitshalber werden sie daher in thermostatisierter Umgebung (Inkubatoren) aufgezogen.

Die langfristige Anpassung an thermische Belastungen (Hitze- bzw. Kälteakklimatisation) erfolgt teils über Änderungen im Regelmechanismus, teils über Verhaltensanpassungen

Hitzeadaptation. Bei regelmäßiger ***starker körperlicher Leistung in mäßig warmer Umgebung*** (z. B. Marathonläufer) kommt es zu einer um einen Faktor zwei *zunehmenden Schweißsekretionsrate*, die bei Hochtrainierten 1–2 l/h erreichen kann. Die Schweißsekretion beginnt überdies *bei einer niedrigeren Schalen- und Kerntemperatur,* d.h. die Schwelle für die Auslösung des Regelmechanismus wird zu tieferen Werten verschoben. Durch diese Adaptationsvorgänge stellt sich die mittlere Körpertemperatur für eine gegebene Wärmebelastung auf einen niedrigeren Wert ein, wodurch der Organismus vor kritischen Anstiegen der Herzfrequenz und der peripheren Durchblutung bewahrt wird, die in den Hitzekollaps (s. u.) münden würden. Ferner nimmt im Verlauf der Adaptation der *Salzgehalt des Schweißes* erheblich ab, was schädlichen Salzverlusten vorbeugt [5,23].

Bei anhaltender ***Hitzebelastung in feuchtheißem Tropenklima*** nimmt nach einiger Zeit profusen Schwitzens die *Schweißsekretionsrate* wieder ab. Das unnütze Abtropfen von Schweiß, das dem Körper keinerlei Wärme entzieht, wird dadurch vermieden. Der Hitzeadaptierte wird auch durstiger als ein Nichtadaptierter bei gleichem Schweißverlust (wahrscheinlich wegen der verminderten Salzkonzentration seines Schweißes, was zu osmotisch ausgelöstem Durst führt, s. S. 612). Der vermehrte Durst begünstigt den Ausgleich der Wasserbilanz, wodurch ein „Austrocknen" des Körpers mit der Gefahr einer *Hyperthermie* (s. u.) vermieden wird. Bei Daueraufenthalt in den Tropen (und praktisch völligem Vermeiden körperlicher Belastungen) findet sich auch eine Verschiebung der Schwitzschwelle zu höheren Körpertemperaturen, ein Verhalten, das als ***Toleranzadaptation*** bezeichnet wird [29]. Der Adaptierte schwitzt bei der alltäglichen Hitzebelastung weniger stark.

Fieber ist die Folge der Verstellung des Sollwerts der Kerntemperatur auf einen abnorm hohen Wert durch Pyrogene

Von außen in den Körper eindringende fiebererzeugende Stoffe (***exogene Pyrogene,*** z. B. Bakterientoxine) führen im Körper zur Produktion eines ***endogenen Pyrogens*** (Interleukin I, Mediator unspezifischer Immunreaktionen), das über eine *Sollwertverstellung* des Temperaturregelsystems zu einer höheren Körpertemperatur führt. Dieser neue Sollwert wird im ***Fieberanstieg*** durch eine Steigerung der Wärmebildung über Kältezittern *(Schüttelfrost)* und eine *maximale Vasokonstriktion* der Hautgefäße erreicht. Der Organismus verhält sich also so, als wenn beim Gesunden durch Auftreten einer äußeren Kältebelastung eine Abweichung der Isttemperatur von der Solltemperatur entsteht. Umgekehrt treten beim ***Fieberabfall*** *Schweißsekretion* und *Vasodilatation* auf, genauso, als wenn beim Gesunden eine Überhöhung der Körpertemperatur aufgetreten wäre. Während des anhaltenden Fiebers werden äußere thermische Störungen durch entsprechende Stellvorgänge kompensiert. Die Stellvorgänge der Thermoregulation bleiben also intakt. Die Temperatur wird lediglich auf ein erhöhtes Niveau eingeregelt. Offen ist nach wie vor, ob die Temperaturerhöhung eine schädliche Begleiterscheinung von Immunreaktionen ist, oder einen günstigen Effekt bei der Infektionsbekämpfung hat [7,28,34].

Hyperthermie und Hypothermie sind Folgen der Überforderung des Temperaturregelsytems

Sobald bei extremer Wärmebelastung (z. B. Marathonlauf, Sauna) die Mechanismen der Wärmeabgabe überfordert sind, führt dies zu einem Anstieg der Körpertemperatur, also zur ***Hyperthermie.*** *Kurzfristig* können hier (wie auch beim Fieber) Körperkerntemperaturen um 42 °C ertragen werden. Bei *andauernder Hyperthermie* treten bei Temperaturen ab 39,5–40 °C schwerste, meist rasch zum Tode führende Schädigungen des Gehirns mit Gehirnödem auf, die von Desorientiertheit, Delirium und Krämpfen begleitet sind. Man spricht von einem ***Hitzschlag*** [5].

Zum wesentlich harmloseren ***Hitzekollaps*** kommt es durch längeres Stehen (bzw. Stehenbleiben nach körperlicher Aktivität) unter Hitzebelastung. Die extreme Vasodilatation der Hautgefäße führt zum „Versacken" größerer Blutmengen in den Hautvenen. Dies führt zu einem ungenügenden Herzminutenvolumen und damit zum raschen Blutdruckabfall mit daraus resultierender Bewußtlosigkeit. Die Körpertemperatur ist dabei nur wenig über normal erhöht.

Wenn bei extremer Kältebelastung die Kälteabwehrmechanismen überfordert sind, kommt es zwangsläufig zu einem Absinken der Körpertemperatur, genannt ***Hypothermie.*** Bei Körpertemperaturen um 26–28 °C kann dann der Tod durch ***Herzflimmern*** eintreten. Vor Einleitung einer zu therapeutischen Zwecken ***induzierten Hypothermie*** (z. B. bei Herzoperationen) muß das Temperaturregelsystem vorher pharmakologisch (durch Narkose) ausgeschaltet werden.

ZUSAMMENFASSUNG

Die Lungenatmung führt dem Körper Sauerstoff zu und leitet das bei der Verbrennung der Nährstoffe entstehende Kohlendioxyd an die Außenluft ab. Das Atmen erfolgt aus der Atemmittellage so, daß bei normalem und selbst bei maximalem Ausatmen noch reichlich Luft (1 bis 2 Liter) in der Lunge verbleiben, so daß sich die Frischluft etwa mit der zehnfachen Menge der in der Lunge verbliebenen Luft mischt. Die Zusammensetzung der Alveolarluft schwankt also nur geringfügig.

Das Atemzeitvolumen beträgt bei einem Atemzugvolumen von 0,5 l und bei 14 Atemzügen pro Minute 7 l/min. Bei schwerer körperlicher Arbeit kann es auf mehr als das Zehnfache ansteigen, wobei sich das Atemzugvolumen auf etwa 2 l vertiefen, die Atemzugfrequenz auf 40 pro Minute erhöhen kann.

Beim Einatmen müssen die Inspirationsmuskeln (in Brustkorb und Zwerchfell) die elastischen und viskösen Atemwiderstände überwinden, um den Brustkorb zu erweitern und den Druck in der Lunge unter den äußeren Luftdruck abzusenken, damit Luft in die Lunge strömen kann. Beim Erschlaffen der Inspirationsmuskeln ziehen die elastischen Kräfte der Lunge den Brustkorb wieder in seine Ausgangsstellung zurück. Dies wird bei gesteigerter Atmung durch die Kontraktion der Exspirationsmuskeln unterstützt.

In den Lungenalveolen erfolgt der Austausch der Atemgase ausschließlich durch Diffusion. Für den Sauerstoff besteht ein Partialdruckgefälle von etwa 60 mm Hg von den Alveolen in Richtung Blut, für das Kohlendioxyd von 6 mm Hg in umgekehrter Richtung (dieser geringere Wert reicht dennoch aus, weil der Diffusionswiderstand für Kohlendioxyd 23mal kleiner ist als für Sauerstoff). Der Austausch der Atemgase von den venösen auf die arteriellen Werte findet in weniger als 0,3 s statt.

Der Sauerstofftransport im Blut erfolgt mit Hilfe des in den Erythrozyten enthaltenen roten Blutfarbstoffs Hämoglobin. Jedes Gramm Hämoglobin kann etwa 1,33 ml Sauerstoff an sich binden. In 100 ml Blut sind etwa 15 g Hämoglobin enthalten. Also können 100 ml Blut etwa 20 ml Sauerstoff transportieren. Der Kohlendioxidtransport erfolgt im Blut v. a. in Form von Kohlensäure, die mit Hilfe des Enzyms Karboanhydrase gebildet wird. Zusätzlich wird Kohlendioxid auch an das Hämoglobin angelagert.

Im peripheren Gewebe erfolgt der Austausch der Atemgase in gleicher Weise wie in der Lunge, nämlich durch Diffusion. Der Sauerstoff wird dabei in den verschiedensten Geweben unterschiedlich stark, aber nirgends vollständig, aus dem arteriellen Blut ausgeschöpft.

Der Grundrhythmus der Atmung wird in speziellen Neuronen des Hirnstamms generiert und durch mechanische (z. B. Hering-Breuer-Reflex) und chemische Antriebe an die jeweiligen Bedürfnisse des Organismus angepaßt. Der stärkste Antrieb des Atemzeitvolumens geht von einem Anstieg des Kohlendioxids im Blut aus, der von zentralen und peripheren Chemorezeptoren gemessen und den Atemzentren mitgeteilt wird.

Der Energieverbrauch des Menschen hängt weitgehend von seiner jeweiligen Aktivität ab. Der geistig und körperlich ruhende Mensch benötigt etwa 7000 kJ/Tag, der Tagesumsatz eines nicht körperlich arbeitenden Menschen (Freizeitumsatz) liegt bei 10000 kJ/d. Bei schwerster körperlicher Tätigkeit verdoppelt sich dieser Wert.

Die vom Körper benötigte Energie wird durch die Verbrennung von Kohlenhydraten, Fetten und Eiweißen gewonnen. Um 20 kJ Energie zu gewinnen, wird etwa 1 l Sauerstoff verbraucht, pro Tag bei Freizeitumsatz also etwa 500 l. Die dabei entstehende Wärme wird zur Aufrechterhaltung der Körpertemperatur genutzt. Reicht sie dazu in kalter Umgebung nicht aus, bildet der Körper zusätzlich Wärme (Zittern und zitterfreie Wärmebildung).

Die Körperkerntemperatur unterliegt zirkadianen und anderen (z. B. hormonellen) Schwankungen, ist aber insgesamt konstant. Die Körperschalentemperatur schwankt dagegen entsprechend den Umweltbedingungen über einen weiten Bereich.

Die Verteilung der Wärme im Körper (innerer Wärmestrom) erfolgt weitgehend durch das Blut. Die Abgabe der Körperwärme an die Umgebung (äußerer Wärmestrom) erfolgt in Ruhe überwiegend durch Strahlung, bei Arbeit v. a. durch Schweißverdunstung (evaporativ). Konduktive und konvektive Wärmeabgabe spielen nur eine untergeordnete Rolle. Bekleidung verkleinert die Wärmeabgabe durch Strahlung und Evaporation.

Das Temperaturregelsystem liegt im Hypothalamus. Seine Information erhält es v. a. durch innere und kutane Thermosensoren, die die Körperkern- bzw. die Körperschalentemperatur messen. Langfristige Anpassungen an Hitze und Kälte erfolgen teils über Änderungen im Regelmechanismus, teil über Verhaltensanpassungen.

Messungen der Hauttemperatur und des Hautwiderstandes sind zwei der am häufigsten benutzten psychophysiologischen Methoden zur Objektivierung emotional-vegetativer Erregung. Bisherige Ergebnisse zeigten u. a. enge Korrelationen zwischen negativen Gefühlszuständen und Änderungen des Hautwiderstandes.

Literatur

Weiterführende Lehr- und Handbücher

1. Baumann R, Bartels H, Bauer C (1987) Blood oxygen transport. In: Farhi LE, Tenney SM (eds) Handbook of physiology, section 3: the respiratory system, vol IV. American Physiological Society, Bethesda, p 147
2. Begemann H, Rastetter J (Hrsg) (1993) Klinische Hämatologie. Thieme, Stuttgart
3. Comroe JA (1968) Physiologie der Atmung. Schattauer, Stuttgart
4. Gerthsen C, Kneser HO, Vogel H (2001) Physik, 21. Aufl. Springer, Berlin Heidelberg New York Tokyo
5. Khogali M, Hales JRS (1983) Heat stroke and temperature regulation. Academic, Sydney
6. Klocke RA (1987) Carbon dioxide transport. In: Farhi LE, Tenney SM (eds) Handbook of physiology, section 3: the respiratory system, vol IV. American Physiological Society, Bethesda, p 173
7. Kluger MJ (1979) Fever, its biology, evolution and function. Princeton University Press, Princeton
8. Lehninger AL (1998) Prinzipien der Biochemie, 2. Aufl. Spektrum Akademischer Verlag, Heidelberg
9. Miltner W, Birbaumer N, Gerber D (1986) Verhaltensmedizin. Springer, Berlin Heidelberg New York Tokyo
10. Schandry R (1998) Lehrbuch Psychophysiologie, 4. Aufl. Psychologie Verlagsunion, Weinheim
11. Schmidt RF, Thews G, Lang F (Hrsg) (2000) Physiologie des Menschen, 28. Aufl. Springer, Berlin Heidelberg New York Tokyo
12. Schönbaum E, Lomax P (eds) (1990) Thermoregulation: physiology and biochemistry. Pergamon, New York
13. Schönbaum E, Lomax P (eds) (1991) Thermoregulation: pathology, pharmacology and therapy. Pergamon, New York
14. Smidt U (1992) Referenzwerte für die Lungenfunktionsdiagnostik. In: Terlinz R (Hrsg) Diagnostik in der Pneumologie. Thieme, Stuttgart, S. 457
15. Spitzer H, Herttinger TH, Kaminsky G (1982) Tafeln für den Energieumsatz, 6. Aufl. Beuth, Berlin
16. Thews G, Ulmer WT (1991) Atemwege und Lunge. In: Hierholzer K, Schmidt RF (Hrsg) Pathophysiologie des Menschen. VCH, Weinheim
17. Ulmer WT, Nolte D, Lecheler J (2001) Die Lungenfunktion, 6. Aufl. Thieme, Stuttgart
18. West JB (1999) Respiratory physiology – the essentials. 6th edn. Williams and Wilkins, Baltimore
19. West JB (1991) Pulmonary pathophysiology – the essentials, 4th edn. William and Wilkins, Baltimore
20. Widdicombe J, Davis A (1991) Respiratory physiology 2nd ed. Arnold, London

Einzel- und Übersichtsarbeiten

21. Aschoff J, Wever R (1958) Kern und Schale im Wärmehaushalt des Menschen. Naturwissenschaften 45:477
22. Boothby WM, Berkson J, Dunn HL (1936) Studies of the energy of metabolism of normal individuals: A standard of basal metabolism, with a nomogram for clinical application. Am J Physiol 116:468
23. Brück K, Zeisberger E (1987) Adaptive changes in thermoregulation and their neuropharmacological basis. Pharmacol Ther 35:163–215
24. Ezure K (1990) Synaptic connections between medullary respiratory neurons and considerations on the genesis of respiratory rhythm. Prog Neurobiol 35:429–450
25. González C, Almarez L, Obeso A, Rigual R (1992) Oxygen and acid chemoreception in the carotid body chemoreceptors. TINS 15:146–153
26. Göpfert H, Bernsmeier A, Stufler R (1953) Über die Steigerung des Energiestoffwechsels und der Muskelinnervation bei geistiger Arbeit. Pflügers Arch 256:304
27. Jessen C (1985) Thermal afferents in the control of body temperature. Pharmacol Ther 28:107–134
28. Kluger MJ (1991) Fever: role of pyrogens and cryogens. Physiol Rev 71:93–127
29. Raynaud J, Martineaud JP, Durand, J (1982) Heat adaptation in the tropics. In: Hildebrandt G, Hensel H (eds) Biological Adaptation. Thieme, Stuttgart New York, pp 148–165
30. Richter DW (1996) Neural regulation of respiration: Rhythmogenesis and afferen control. In: R Greger, U Windhorst (eds) Comprehensive Human Physiology, Vol 2, pp 2079–2095. Springer, Berlin Heidelberg New York Tokyo
31. Richter DW, Ballanyi K, Schwarzacher S (1992) Mechanisms of respiratory rhythm generation. Curr Opin Neurobiol 2: 788–793
32. Simon E (1974) Temperature regulation: the spinal cord as a site of extrahypothalamic thermoregulatory functions. Rev Physiol Biochem Pharmacol 71: 1–76
33. Thews G (1979) Der Einfluß von Ventilation, Perfusion, Diffusion und Distribution auf den pulmonalen Gasaustausch. Analyse der Lungenfunktion unter physiologischen und pathologischen Bedingungen. Mainz: Akademie der Wissenschaften und der Literatur. Steiner, Wiesbaden
34. Zeisberger E (1990) The role of septal peptides in thermoregulation and fever. In: Bligh J, Voigt K (eds) Thermoreception and temperature regulation. Springer, Berlin Heidelberg New York Tokyo, pp 271–283

12 Stoffaufnahme und -ausscheidung

EINLEITUNG

Hunger und Durst sind die wesentlichsten Motivationen für die Aufnahme fester und flüssiger Nahrungsmittel. Sättigung und Durststillung beenden ihre Aufnahme. Die Nahrungsmittel bestehen aus Nährstoffen, Vitaminen, Salzen, Spurenelementen, Geschmacks- und Ballaststoffen sowie Wasser. Alle Nahrungsmittel werden oral aufgenommen und im Magen-Darm-Trakt entweder unverändert (z. B. Wasser, Salze, Glukose) oder nach entsprechender Aufbereitung (Verdauung) in das Blut aufgenommen (resorbiert). Der unverdauliche Rest wird über den Enddarm ausgeschieden.

Die Nieren scheiden die meisten der im Körperstoffwechsel anfallenden Abfallstoffe aus und sorgen dafür, daß die extrazelluläre Flüssigkeitsmenge und die normalen Konzentrationen der in ihr gelösten Salze und anderen Stoffe möglichst konstant gehalten werden, um auf diese Weise jeder Zelle eine möglichst konstante Außenwelt zu bieten. Die von den Nieren ausgeschiedene Flüssigkeit samt den in ihr gelösten Stoffen wird aus den Nierenbecken als Harn über die Harnleiter in die Harnblase geleitet und von dort periodisch über die Harnröhre nach außen entleert.

12.1 Die Bestandteile menschlicher Nahrungsmittel und der Bedarf an Nährstoffen

Zur Energieversorgung und als Baustoffe zur Zellerhaltung und -regeneration dienen die Kohlenhydrate, Fette und Eiweiße in den Nahrungsmitteln

Energie- und Nährstoffgehalt der Nahrungsmittel. Der biologische Brennwert der Nährstoffe wurde bereits an Hand der Tabelle 11–2, s. S. 207, diskutiert. Für den *Brennstoffwechsel* sind die verschiedenen Nährstoffe gegenseitig austauschbar, für den *Baustoffwechsel* (Aufbau körpereigener Substanzen) gilt dies aber nicht, so daß Mindestmengen aller drei Nährstoffe zugeführt werden müssen (s. unten). Der *Energie- und Nährstoffgehalt der Nahrungsmittel* kann Tabellen entnommen werden (z. B. Tabelle 12–1) [4–8].

Kohlenhydrate. Über die chemische Struktur der Kohlenhydrate und ihre Rolle im Zellstoffwechsel wurde bereits im Kap. 3 (s. S. 32) das Wesentliche gesagt. Die Kohlenhydrate werden vom Menschen zum größten Teil in Form von ***pflanzlicher Stärke*** aufgenommen. Obst, Gemüse, Kartoffeln, Getreide und Hülsenfrüchte enthalten jedoch neben verdaulichen auch unverdauliche Kohlenhydrate wie Zellulose.

Fette. Fette bestehen hauptsächlich aus einem Gemisch verschiedener ***Triglyzeride,*** deren chemische Struktur auf S. 32 vorgestellt wurde. Fette kommen als Begleitsubstanz in fast allen *Nahrungsmitteln tierischer Herkunft* vor, in geringerem Umfang in Pflanzensamen, z. B. in Nüssen. Etwa die Hälfte des Nahrungsfettes wird als ***sichtbares Fett*** (Butter, Speck etc.), der Rest als ***verborgenes Fett*** (z. B. in Wurst, Käse) verzehrt. Die sehr eiweißreiche mitteleuropäische Durchschnittskost enthält daher einen aus ernährungsphysiologischer Sicht zu hohen Fettanteil. Nicht im Betriebsstoffwechsel verbranntes Fett wird im Gewebe in Form von *Depotfett* gespeichert.

Eiweiße. Die Eiweiße oder *Proteine* sind, wie auf S. 32 beschrieben, aus Aminosäuren aufgebaut, von denen, wie ebenfalls dort erwähnt, acht als essentielle Aminosäuren mit der Nahrung aufgenommen werden müssen. Je nach Herkunft unterscheidet man tierisches und pflanzliches Eiweiß. ***Tierisches Eiweiß*** findet sich hauptsächlich in Fleisch, Fisch, Milch und Milchprodukten sowie Eiern. ***Pflanzliches Eiweiß*** wird in nennenswerten Mengen mit Brot, Hülsenfrüchten und Kartoffeln aufgenommen, in geringen Mengen mit fast allen Obst- und Gemüsesorten (Tabelle 12–1). Das aufgenommene Eiweiß dient größtenteils dem ***Baustoffwechsel,*** wie dem Aufbau und Umbau von Muskulatur, Enzymen und Plasmaeiweißen. Es ist somit nur bedingt durch Fette und Kohlenhydrate zu ersetzen. Wichtig in dieser Hinsicht ist, daß bei pflanzlichen Eiweißen der Gehalt an *essentiellen Aminosäuren deutlich geringer* ist als bei *tierischen* (S. 33).

Tabelle 12-1. Energiegehalt und Zusammensetzung einiger Nahrungsmittel. Im Einzelfall können je nach Art und Zubereitung erhebliche Abweichungen vorkommen, besonders durch verborgene Fette (1 kJ~0,24 kcal; KH = Kohlenhydrate). Nach Polensky, aus [4]

Nahrungsmittel	Energie kJ/100 g	Eiweiße (%)	Fette (%)	KH (%)	Wasser (%)	Ballaststoffe (%)
Obst	190	0,7	0,3	10,5	86	2,3
Gemüse	85	1,6	0,2	3,0	93	2,0
Kartoffeln	330	2,1	0,1	16,8	79	2,0
Nüsse	2680	16,9	57	8,2	7	10,1
Fleisch	860	19	13	0	68	0
Brot	1020	7,3	1,4	47	40	4,3
Butter	3220	0,6	82,6	0,6	16	0
Käse	1340	23,7	22,3	2,8	51	0
Wurst	1500	12,9	30,4	1,1	55	0
Konsummilch	256	3,3	3,1	4,7	89	0
Fruchtsäfte	186	0,3	0,1	10,9	89	0
Bier	200	0,5	0	4,8	95	0

Als Vitamine bezeichnet man in der Nahrung vorkommende, lebenswichtige organische Substanzen, die der Organismus nicht synthetisieren kann und deren Energiegehalt ohne Bedeutung ist

Klassifizierung. Die chemische Struktur der Vitamine ist sehr uneinheitlich [19]. Man unterscheidet ***fettlösliche*** (A, D, E, K) und ***wasserlösliche*** Vitamine (B-Gruppe, C). Eine weitere Unterscheidung erfolgt historisch bedingt nach Buchstaben und bei den in neuerer Zeit entdeckten Vitaminen nach der chemischen Bezeichnung (z. B. Folsäure, Niacin; Tabelle 12–3).

Vorkommen. Vitamine kommen in pflanzlichen und tierischen Nahrungsmitteln vor. Einige Nahrungsmittel sind, v. a. in frischem Zustand, reich an Vitaminen (Tabellen 12–2 und 12–3). Nicht jedes Vitamin muß mit der Nahrung zugeführt werden. *Vitamin K* wird z. B. von den Darmbakterien hergestellt; andere Vitamine werden im Körper aus Aminosäuren oder aus Vorstufen, den *Provitaminen,* synthetisiert (s. [19]). So kann *Vitamin A* im Körper aus mit der Nahrung aufgenommenen Karotinoiden gebildet werden. Die *Vitamine D_2 und D_3* entstehen unter dem Einfluß von UV-Licht in der Haut durch eine photochemische Reaktion aus ihren Provitaminen.

Bedarf [1]. Richtwerte für die Zufuhr sind in den Tabellen 12–2 und 12–3 festgehalten. Bei normaler gemischter Kost ist in der nördlichen Hemisphäre in der Regel eine ausreichende Vitaminzufuhr gewährleistet. Ein erhöhter Vitaminbedarf kann bei körperlicher Arbeit und bei Erkrankungen auftreten. Ersterer wird meist durch die mit der Arbeit verbundene erhöhte Nahrungsaufnahme abgedeckt. Gehen aber Krankheiten mit Appetitlosigkeit und verringerter Nahrungsaufnahme einher, können vorbeugende Vitamingaben sinnvoll sein. Auch bei sehr einseitiger Kost, wie z. B. bei strengen Vegetariern, sind Vitaminmangelzustände nicht selten (Symptome-Übersicht s. Tabellen 12–2 und 12–3).

Tabelle 12-2. Fettlösliche Vitamine. Systematik, wichtige Quellen, biologische Funktionen, Bedarf, Mangelerscheinungen, Depots und empfohlene Zufuhr bei Erwachsenen [2, 7, 10]

Bezeichnung und Synonyma	Wichtige Quellen	Typische biologische Funktionen	Mangelerscheinungen	Depots	Empfohlene Zufuhr/Tag
Vitamin A Retinol	Leber und Milchfett	Epithelzellen und das Skelettwachstum	Nachtblindheit, atypische Epithelverhornung, Wachstumsstörungen	Große Mengen in der Leber	0,8–1,1 mg Vitamin A ~1,6–2,2 mg β-Karotin
Provitamin: β-Karotin	Karotten	Rhodopsinsynthese (Sehpurpur)			
Vitamin-D-Gruppe (antirachitische Vitamine)	Leber, Lebertran, Fische, Milchfett, Eigelb	Ca^{++}-Resorption und Ca^{++}-Stoffwechsel, Wechselwirkungen mit dem Parathormon	Rachitis, Störungen von Knochenwachstum	Geringe Mengen in Leber, Nieren, Darm, Knochen, Nebennieren	5,0 µg; Kinder und Schwangere 10 µg
Vitamine E Tokopherol	In fast allen Lebensmitteln, besonders in Pflanzenöl	Antioxidans, speziell beim Stoffwechsel der ungesättigten Fettsäuren	Muskelstoffwechsel- und Gefäßpermeabilitätsstörung	Mehrere Gramm in Leber, Fett, Hypophyse, Nebennieren	12 mg Tokopherol
Vitamin K (antihämorrhagisches Vitamin)	Grüngemüse, Darmflora	Beteiligt an der Synthese von Blutgerinnungsfaktoren	Verzögerte Blutgerinnung, Spontanblutungen	Sehr geringe Mengen in Leber, Milz	Bei intakter Darmflora Ø, sonst ca. 1 mg

Tabelle 12–3. Wasserlösliche Vitamine. Systematik, wichtige Quellen, biologische Funktionen, Bedarf, Mangelerscheinungen, Depotmengen, Depots und empfohlene Zufuhr bei Erwachsenen [2, 7, 10]

Bezeichnung und Synonyma	Wichtige Quellen	Typische biologische Funktionen	Mangelerscheinungen	Depotmengen und Depots	Empfohlene Zufuhr/Tag
Vitamin B_1 Aneurin Thiamin	Schweinefleisch, Vollkornprodukte	Bestandteil der Pyruvat-Kokarboxylase	Beriberipolyneuritis, ZNS-Störungen	ca. 10 mg; Leber, Herz, Gehirn	1,1–1,5 mg, bei Alkoholikern erhöht
Vitamin B_2 Laktoflavin Riboflavin	Milch, Fleisch, Eier, Fisch, Vollkorn	Bestandteil der Flavinenzyme (gelbe Atmungsfermente)	Wachstumsstillstand, Hauterkrankungen	ca. 10 mg; Leber, Skelettmuskel	1,5–1,8 mg
Vitamin-B_6-Gruppe Pyridoxingruppe	Fleisch, Korn, Fisch, Milch, Hülsenfrüchte	Koenzym verschiedener Enzymsysteme	Dermatitis, Polyneuritis, Krämpfe	ca. 100 mg; Muskel, Leber, Gehirn	2,0–2,6 mg oder 0,02 mg/g Nahrungseiweiß
Vitamin B_{12} Cyanocobalamin	Leber, andere tierische Nahrungsmittel	Bestandteil von Enzymen	Perniziöse Anämie, funiculäre Myelose	1,5–3 mg; besonders in der Leber	5 µg
Weitere Vitamine der B-Gruppe					
Biotin (Vitamin H)	Leber, Niere, Eigelb, Soja	Bestandteil von Enzymen	Dermatitis	ca. 0,4 mg; Leber, Nieren	Bei intakter Darmflora Ø
Folsäuregruppe	Gemüse, Fleisch, Milch, Soja	Purin- und Methioninsynthese	Perniziöse Anämie	12–15 mg; Leber	0,4 mg
Niazin = Nikotinsäure	Fleisch, Fisch, Milch	Koenzym vieler Dehydrogenasen	Pellagra, Photodermatitis	ca. 150 mg; Leber	15–20 mg
Pantothensäure	In fast jeder Nahrung	Bestandteil des Coenzym A	ZNS-Störungen	ca. 50 mg; Nieren, Leber	8 mg
Vitamin C Askorbinsäure	Frisches Obst und Gemüse	Mitwirkung bei Hydroxylierungen	Skorbut, Psychosen	1,5 g; Gehirn, Leber	75 mg

Wasser, Salze und Spurenelemente werden bei normaler Kost ausreichend zugeführt

Über den ***Salz-Wasser-Haushalt*** wird später in diesem Kapitel berichtet (ab S. 231). Hier sei nur festgehalten, daß die meisten Lebensmittel mehr als 50 % Wasser enthalten (Tabelle 12–1). Der Gehalt der Nahrungsmittel an ***Kochsalz*** (NaCl) und anderen Salzen reicht in unseren Breiten meist völlig aus, den Bedarf des Organismus an ***Kationen,*** vor allem Natrium (Na^+), Kalium (K^+), Kalzium (Ca^{2+}) und Magnesium (Mg^{2+}) sowie an ***Anionen*** wie Chlorid (Cl^-) und Phosphat (PO_4^{3-}) zu decken. Der Kalziumbedarf ist bei gesteigertem Knochenwachstum erhöht, so für Schwangere und Säuglinge. Der Mindestbedarf an Kochsalz liegt bei 1,4 g/Tag; 5 g/Tag sind auf jeden Fall ausreichend. Der Mitteleuropäer nimmt im Durchschnitt mehr als 10 g auf.

Unter ***Spurenelementen*** versteht man Elemente, die nur in äußerst geringen Mengen in der Nahrung und im Organismus vorkommen. Für einige besteht ein regelmäßiger Bedarf, wie z. B. für *Eisen* (Baustein des Blutfarbstoffs, S. 201), *Jod* (Baustein der Schilddrüsenhormone), *Kupfer* (notwendig für die Eisenresorption) und *Fluor* (zur Kariesprophylaxe). Andere sind toxisch (z. B. Arsen, Blei, Quecksilber, Thallium) oder ohne erkennbare biologische Bedeutung (z. B. Gold).

Auch der für den Gehirn- und den Baustoffwechsel der Zellen wichtige Mindestbedarf an Nährstoffen ist in normaler gemischter Kost ausreichend enthalten; das Idealgewicht mit der höchsten Lebenserwartung liegt etwas unter dem durchschnittlichen Normalgewicht

Mindestbedarf. Einen Überblick über die von der Deutschen Gesellschaft für Ernährung [4–7] empfohlenen Richtwerte für eine ausreichende Zufuhr von Nährstoffen gibt Tabelle 12–4. Dieser Nährstoffbedarf richtet sich zum einen nach dem Energiebedarf des Organismus. Zum anderen werden, v. a. für den Baustoffwechsel, Mindestmengen an Eiweißen, Fetten und Kohlenhydra-

Tabelle 12–4. Nährstoffe. Empfohlene Zufuhr für Erwachsene sowie Mangel- und Überdosierungserscheinungen. KG, Körpergewicht. Aus [23]

	Empfohlene Zufuhr	Erhöhter Bedarf	Depots	Mangel-erscheinungen	Überdosierungs-erscheinungen
Eiweiße	0,8 g/kg Körpergewicht (bei genügendem Gehalt an essentiellen Aminosäuren, d. h. möglichst die Hälfte als tierisches Eiweiß)	Bei Alten und Kindern 1,2–1,5 g/kg KG; bei Schwerarbeit, Muskelaufbautraining, Schwangeren und Schwerkranken bis zu 2 g/kg KG	Kurzfristig verfügbarer Pool: 45 g (Muskel 40 g, Blut und Leber 5 g)	Hungerödeme, Infektanfälligkeit, Apathie, Muskelatrophie, bei Kindern Entwicklungsstörungen	Überwiegen der Fäulnis im Darm, bei Disposition: Gicht durch Verzehr von Fleisch und Innereien
Kohlenhydrate	Mindestens 100 g (für das Gehirn) alternativ: 200 g Eiweiß (Glukoneogenese)	Bei körperlicher Arbeit	300–400 g Glykogen	Untergewicht, verminderte Leistungsfähigkeit, Stoffwechselstörungen, Hypoglykämie, Ketose	Überwiegen der Gärung im Darm, Kohlenhydratmast, Fettsucht
Fette a) gesättigte und einfach ungesättigte Fettsäuren	Für a) und b): 25–30 % des Energiebedarfs	Bei körperlicher Arbeit	Sehr variabel	Untergewicht, verminderte Leistungsfähigkeit, Mangelerscheinungen durch Fehlen fettlöslicher Vitamine	Hypertriglyzeridämie und Hypercholesterinämie mit nachfolgender Atherosklerose, Fettsucht
b) essentielle Fettsäuren	Etwa $^1/_3$ des aufgenommenen Fetts	Bei körperlicher Arbeit	Sehr variabel	Hämaturie, Veränderungen an Haut und Mitochondrien, Stoffwechselstörungen	Erhöhter Tokopherolbedarf (Vitamin E)

ten benötigt, was die Austauschbarkeit der Nahrungsmittel (die in bezug auf ihren Energiegehalt durchaus gegeben ist, vgl. Tabelle 11–2, S. 207) einschränkt.

Die Tabelle 12–4 gibt auch an, welche Mengen der einzelnen Nährstoffe im Körper gespeichert werden können, welche Mangelerscheinungen bei Unterernährung auftreten und welche Überdosierungserscheinungen bei zu reichlicher Nahrungsaufnahme zu beobachten sind. Der ***Mindestbedarf an Fetten*** beruht auf dem Bedarf an fettlöslichen Vitaminen, sowie auf dem Bedarf an essentiellen Fettsäuren (Fettsäuren, die für den Baustoffwechsel der Körperzellen notwendig sind, aber nicht im Körper synthetisiert werden können). Der ***Mindestbedarf an Kohlenhydraten*** ist im wesentlichen durch den Gehirnstoffwechsel bedingt, der fast ausschließlich auf Glukose (ca. 100 g/Tag) angewiesen ist.

Der ***Mindestbedarf an Eiweißen*** beträgt bei gemischter Kost täglich etwa 30–40 g. Bei diesem ***Bilanzminimum*** (d.h. der Verlust an Eiweiß im Baustoffwechsel entspricht exakt der Zufuhr) ist zwar ein Überleben, aber keine normale körperliche Leistungsfähigkeit gegeben. Für eine optimale Versorgung des Organismus wird als ***funktionelles Eiweißminimum*** eine tägliche Zufuhr von 0,8 g Eiweiß pro kg Körpergewicht empfohlen, wovon etwa die Hälfte tierischen Ursprungs sein sollte.

Normalgewicht, Idealgewicht. Für das wünschenswerte Gewicht eines Menschen werden in der Literatur vielfältige Empfehlungen gegeben (Übersichten in [2, 22, 23, 27]). Als *Normalgewichte* werden dabei die Durchschnittswerte in einer Bevölkerung angesehen, als *Idealgewicht* meist das Gewicht mit der statistisch höchsten Lebenserwartung. Am bekanntesten als Referenzwert ist der BROCA-Index (Körperhöhe in cm *minus* 100 = Körpergewicht in kg, also z. B. bei einer Körpergröße von 170 cm ergibt sich 170 – 100 = 70 kg Körpergewicht). Das ***Idealgewicht*** liegt bei uns für Männer etwa 10 % und für Frauen etwa 15–20 % unter dem nach dem *BROCA*-Index berechneten Gewicht. Von der Deutschen Gesellschaft für Ernährung wird als Referenzgewicht, nicht zuletzt aus Gründen der Praktikabilität, der *BROCA*-Index ohne Korrektur empfohlen [7]. Für das ***individuelle Idealgewicht*** eines Menschen gibt es noch keine Bestimmungsmethode. Der Körper- oder Knochenbau (leicht/mittelschwer/schwer) spielt eine wesentlich geringere Rolle als ihm allgemein zugeschrieben wird.

Adipositas, v. a. vom Schürzentyp, ist ein bedeutsames Gesundheitsrisiko; Verhaltenstherapie kann die Adipositas dauerhafter beseitigen als andere Therapien

Adipositas und Gesundheitsrisiko. In Deutschland wird derzeit deutlich mehr Nahrung als notwendig verzehrt [15]. Dies führt mittel- bis langfristig unvermeidbar zu Übergewicht. Übergewicht von mehr als 40 % des Idealgewichts stellt bei Männern ein bedeutsames Risiko für koronare Herzerkrankungen dar: das Risiko an einer solchen zu sterben ist bis zu viermal höher als bei Normalgewichtigen. Bei beiden Geschlechtern erhöht bereits 20 % Übergewicht das Risiko, an einem nicht-insulinabhängigen Diabetes und/oder an einer Hypercholesterinämie zu erkranken.

Die ***Verteilung der Fettzellen am Körper*** scheint übrigens für das Gesundheitsrisiko eine größere Rolle zu spielen als das absolute Gewicht: Bauchfett (Fettsucht vom „Schürzentyp") prädisponiert zu erhöhtem Risiko für Diabetes, Bluthochdruck und koronarer Herzerkrankung verglichen mit der Ablagerung von Fett an Oberschenkel und Hüfte (Fettsucht vom „Hosentyp", s. auch Abb. 10–24, S. 192 und zugehöriger Text). Das geringere Risiko adipöser Frauen, an koronarer Herzerkrankung zu leiden, könnte u. a. damit zusammenhängen, daß Frauen Fett häufig an Hüften und Oberschenkeln speichern. Starke *Gewichtsschwankungen*, v. a. durch erfolglose Diäten, erhöhen ebenfalls das Krankheitsrisiko von Adipösen [9].

Behandlung von Adipositas. Obwohl die Risiken, Übergewicht zu entwickeln zu großen Teilen genetisch bestimmt sind, kann eine stabile Gewichtsreduktion über ***verhaltenstherapeutische Methoden*** erzielt werden. Diäten alleine haben in der Regel keine anhaltenden Effekte bei Personen mit starkem Übergewicht (> 30 % des Idealgewichts). *Chirurgische* oder *pharmakologische* Eingriffe haben negative Nebeneffekte, die schwerer wiegen als der Vorteil der Gewichtsreduktion. Medikamente, z. B. Amphetaminabkömmlinge, haben trotz ihrer weiten Verbreitung keine anhaltende Wirkung. Auch in Kombination mit verhaltenstherapeutischen Methoden erweist sich pharmakologische Behandlung als nachteilig für die Wirkungen der psychologischen Behandlung.

Die deutlichsten Effekte (mehr als 20 kg Abnahme über 2 Jahre stabil) erzielen *intensive verhaltenstherapeutische Programme, kombiniert mit extrem kalorienarmer, proteinreicher Diät* (2500 kJ pro Tag) über die ersten Wochen und einem Bewegungsprogramm. Aber auch hier sind die Rückfallquoten nach 2 Jahren hoch und ohne lernpsychologische Hilfen der Rückfallprävention bleiben die Effekte selten stabil. Dies gilt übrigens für alle suchtartigen Verhaltensstörungen. Die Ursachen für die hohe Rückfallgefahr liegen sowohl in physiologischen (Konstanthalten der Fettzellen) als auch in psychologischen Mechanismen, die in Kap. 25 näher beschrieben werden [28, 29, 33].

12.2 Aufgaben von Mundhöhle, Rachen, Speiseröhre und Magen

Die beim Essen aufgenommenen Nahrungsmittel müssen in Bestandteile umgewandelt werden, die in das Blut aufgenommen (resorbiert) werden können. Dies ist die Aufgabe des ***Magen-Darm-Traktes,*** der auch *Gastrointestinaltrakt* genannt wird. Er besteht aus einem durchlaufenden Rohr vom Mund bis zum Anus, bestehend aus Mund-Rachen-Raum, Speiseröhre, Magen, Dünn- und Dickdarm, in welche die Organe mit sekretorischer Funktion einmünden: Mundspeicheldrüsen, Pankreas und Leber (Abb. 12–1). Einige Teile des Magen-Darm-Traktes dienen hauptsächlich dem Weitertransport (Mundhöhle, Speiseröhre), andere haben vorwiegend Speicherfunktion, wie Magen und Dickdarm, und der Dünndarm ist der Hauptort für die Verdauung und Resorption.

Durch Kauen und Einspeicheln wird die feste Nahrung in einen gleit- und damit schluckfähigen Zustand überführt, der auch die Geschmackswahrnehmung fördert; die α-Amylase des Speichels leitet die Stärkeverdauung ein

Kauakt. Das *Kauen* ist ein rhythmischer Automatismus, der durch die orale Einnahme fester Speisen ausgelöst, aber auch willkürlich initialisiert werden kann. Der Berührungsreiz der Speisepartikel steuert reflektorisch die Kaubewegung: seitwärts, vor- und rückwärts, auf und ab. Der Ablauf eines solchen Kauzyklus nimmt ca. 0,6 bis 0,8 s in Anspruch. Die ***motorischen Zentren dieses Automatismus*** liegen im Hirnstamm (Kauen kann daher auch beim großhirnlosen Tier beobachtet werden). Beim Menschen scheinen die Hirnstammzentren für Kaubewegungen besonders unter der Kontrolle der frontalen und temporalen Hirnrinde zu sein. Bei Patienten mit ausgedehnten Läsionen dieser Hirnabschnitte können nicht selten ***Kauautomatismen*** unkontrolliert, d. h. spontan und nicht im richtigen Kontext auftreten (ähnlich: *Schmatzautomatismen* im Schlaf bei Gesunden).

Beim Kauen wird die feste Nahrung zerschnitten, zerrissen und zermahlen. Dies erleichtert die anschließende Verdauung. Die Effizienz der Zerkleinerung eines Bissens ist wesentlich vom Zustand des Gebisses abhängig. Das Fehlen von mehreren Zähnen kann nicht durch stärkeres oder längeres Kauen kompensiert werden. Zunge und Wangen halten die Bissen zwischen und innerhalb der Kauflächen. Feste Nahrung wird bis zu wenigen mm^3 messenden Partikeln zerkleinert.

Speichelsekretion. Der Speichel wird von drei großen paarigen Drüsen gebildet und sezerniert, nämlich der *Ohrspeicheldrüse* (Glandula parotis), der *Unterkieferdrüse* (Glandula submandibularis) und der *Unterzungendrüse* (Glandula sublingualis). Zusammen produzieren diese Drüsen ***etwa 1 l Speichel pro Tag.*** Dieser hält auch zwischen den Mahlzeiten den Mund feucht und erleichtert das Sprechen. Er hat eine reinigende und desinfizierende Wirkung und schützt die Zähne vor Karies.

Bei der Nahrungsaufnahme kommen dem Speichel im wesentlichen drei Aufgaben zu: *erstens* macht er die ***Nahrungsbissen gleit- und schluckfähig.*** Dies geschieht durch *Schleimsubstanzen* (Mukopoly-

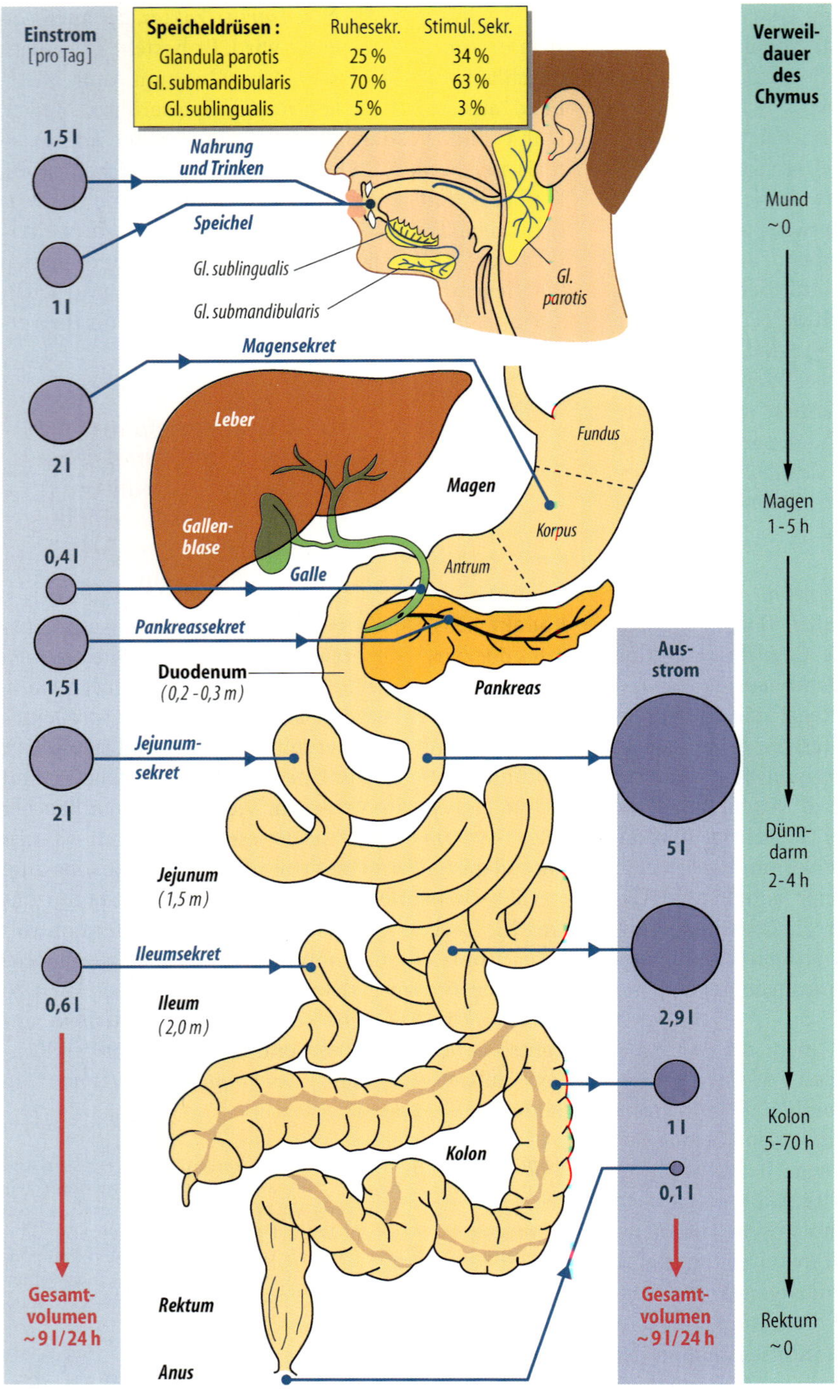

Abb. 12–1. Übersicht über die Organe des Magen-Darm-Trakts, die Verweildauer des Speisebreis (Chymus) in seinen verschiedenen Abschnitten, die Sekretionsraten der Verdauungsdrüsen und die gastrointestinale Flüssigkeitsbilanz. Aus [21]

saccharide, s. S. 32), die vor allem im Sekret der Unterzungen- und Unterkieferdrüse enthalten sind. *Zweitens* fördert er durch die Lösung und Aufschwemmung fester Bestandteile die ***Geschmackswahrnehmung*** (dies führt zur weiteren Anregung des Speichelflusses und der Sekretion der anderen Verdauungssäfte, s. unten). *Drittens* leitet er durch das vor allem im Parotissekret enthaltene Enzym α-Amylase die ***Verdauung der Stärke*** ein, die durch die Amylase in Zucker (Glukose, Maltose) aufgespalten wird.

Die ***nervöse Kontrolle der Speichelsekretion*** erfolgt über *sympathische und parasympathische* efferente Nervenfasern des autonomen Nervensystems. Die für die Steuerung der Sekretion verantwortlichen Zentren liegen vor allem in der Medulla oblongata. Dort konvergieren die afferenten Signale aus Mund, Gaumen und Nase (Geschmack, Berührung, Geruch) mit denen aus höheren Zentren auf die Effektorneurone, deren Aktivierung zur erhöhten Speichelsekretion führt. Die parasympathischen Fasern vermitteln die Sekretion reichlicher Mengen eines dünnflüssigen (serösen) Speichels aus der Parotisdrüse. Aktivierung der Sympathikusefferenzen führt zur Sekretion geringer Mengen eines viskösen Speichels aus den beiden anderen Drüsen. Die Speichelsekretion kann besonders leicht klassisch konditioniert werden (s. Kap. 24). Die Grundlagen der Lernpsychologie und -physiologie wurden von I. Pavlov mit diesem Reaktionssystem entwickelt.

Das Schlucken wird durch eine willkürliche orale Phase eingeleitet; in Rachen und Speiseröhre wird der Bissen reflektorisch weiterbefördert

Die Abb. 12–2 faßt die einzelnen Phasen des Schluckens zusammen. Zunächst wird der Bissen unter willkürlicher Kontrolle der Kaumuskulatur für das Schlucken auf der Zungenmitte geformt und zum Zungengrund und Gaumen hin verschoben. Sobald er die Wand des Rachens (Pharynx) erreicht hat und dort die *Mechanosensoren* reizt, setzt ein unwillkürlicher Schluckakt ein, der nicht mehr willkürlich abgebrochen werden kann. Dabei schließt das weiche Gaumensegel die Mundhöhle vom Nasen-Rachen-Raum ab, der Kehlkopfdeckel verschließt den Eingang der Luftröhre (die Atmung wird also kurz unterbrochen), der obere Schließmuskel der Speiseröhre öffnet sich, und die Schlundmuskulatur schiebt zusammen mit der Zunge den Bissen (Bolus) in die Speiseröhre (Ösophagus). Von dort wird der Bolus durch eine Kontraktionswelle der glatten Muskulatur der Speiseröhrenwand innerhalb weniger Sekunden in den Magen geschoben (auch auf dem Kopf stehend kann man essen und trinken). Der untere Schließmuskel der Speiseröhre öffnet sich jeweils kurz vor Ankunft eines Bissens. Nach dessen Passage in den Magen schließt er sich sofort wieder. Damit ist der Schluckvorgang beendet [31].

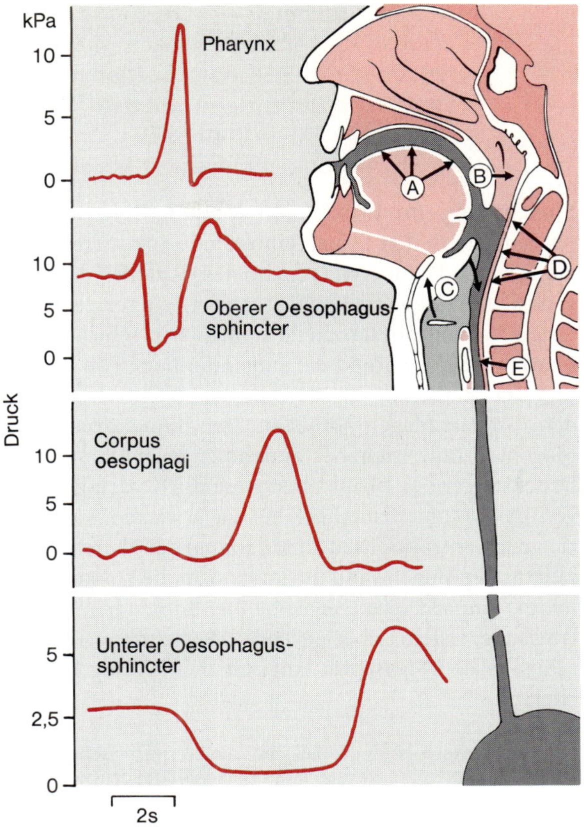

Abb. 12–2. Oropharyngeale und ösophageale Phasen des Schluckaktes. Der Sagittalschnitt des Kopfbereichs zeigt die beim Schluckakt ablaufenden Vorgänge, nämlich: **A** Pressen der Zunge nach oben gegen den harten Gaumen, **B** Verschluß des Nasopharynx durch den weichen Gaumen, **C** Anheben des Larynx und Umbiegen der Epiglottis über den Eingang der Luftröhre, **D** Peristaltik der Pharynxmuskulatur. **E** Reflektorisches Öffnen des oberen Ösophagussphinkters. Die Druckänderungen beim Schlucken sind für den Pharynx, den oberen Ösophagusspinkter, das Corpus oesophagi und den unteren Ösophagusspinkter als *rote Kurven* dargestellt. Aus Ewe und Karbach in [22]

Normalerweise schluckt ein Erwachsener etwa 600mal in 24 h, 350mal im wachen Zustand, 50mal im Schlaf und 200mal beim Essen. Die ***zentralnervöse Steuerung des Schluckaktes*** ist im Hirnstamm in den motorischen Kernen derjenigen Hirnnerven konzentriert, die die Muskulatur von Mund, Rachen und Schlund innervieren, also vor allem in den Kernen der Nervi trigemini, facialis, hypoglossus und vagus sowie in den oberen Zervikalsegmenten des Rückenmarks. Die afferenten Impulse von den Sensoren der Mund- und Rachenschleimhaut laufen über den N. glossopharyngeus und den N. vagus zu diesen motorischen Arealen.

Erbrechen. Das Erbrechen ist ein motorischer Automatismus, der biologisch als Schutzreflex zur raschen Entleerung des Magens dient. Dazu werden die Bauchmuskeln kontrahiert und gleichzeitig der untere Schließmuskel der Speiseröhre entspannt (relaxiert). Neurophysiologisch ist das Erbrechen ein dem ***Atmen verwandter motorischer Automatismus,*** der unter peripherer und zentraler chemosensorischer Kontrolle steht. Sensoren, deren Erregung zu Erbrechen führt, liegen im Rachenraum (Pharynx). Ihre Afferenzen verlaufen in den Nn. glossopharyngeus und vagus. Auch von Chemosensoren am Boden des IV. Ventrikels des Hirnstamms (Chemorezeptor-Trigger-Zone) kann Erbrechen durch chemische Substanzen im Blut ausgelöst werden. Zusätzlich können Impulse aus Zwerchfell, Ösophagus, Magen, Darm, den Gleichgewichts-, Seh- und Riechorganen und aus übergeordneten Bereichen des Zentralnervensystems zu Erbrechen führen.

Die zentrale Auslösung und Kontrolle des Brechaktes erfolgt von einer als ***Brechzentrum*** bezeichneten Kernregion in der lateralen Medulla oblongata nahe dem *Nucleus* und *Tractus solitarius* und der Chemorezeptor-Trigger-Zone. Erbrechen dient normalerweise dazu, den Magen zu entleeren, bevor eine dem Körper schädliche Substanz in Magen und Blutstrom eine gefährliche Konzentration erreicht. Es ist aber auch, ebenso wie das ihm verwandte *Würgen* (Rumination, willentliches Aufstoßen der Nahrung vom Magen in den Mund) häufig psychologisch bedingt.

Psychophysiologische Behandlung von Würgen und Erbrechen. Bei Kleinkindern und geistig Retardierten kommt es häufig zu unkontrollierbarem oder selbst ausgelöstem Würgen und Erbrechen. Dies kann zu lebensbedrohlichen Mangelzuständen führen. Durch operante Therapien können diese Zustände beseitigt werden: Mit mehreren elektromyographischen Ableitungen vom Bauch bis zum Schlundareal wird die vom Würgeakt entstehende Spannungswelle registriert und beobachtet. Beim ersten Anzeichen des Würgeakts in Bauch- oder Brustraum erfolgt ein stark aversiver elektrischer oder Geschmacksreiz. Dies verhindert, daß der selbstverstärkende Erbrechensakt ausgeführt werden kann [11, 20].

Im Magen wird der Speisebrei gespeichert und weiter durchmischt; danach wird er innerhalb von 1–5 Stunden portionsweise in den Dünndarm entleert; mit dem Elektrogastrogramm können die Magenbewegungen registriert werden

Speicherung im proximalen Magen. Der aus der Speiseröhre in den Magen eintretende Speisebrei wird zunächst in den oberen (proximalen) Anteilen des Magens, *Fundus* genannt (Abb. 12–1, 12–3), eingelagert. Die festen Nahrungsbestandteile stapeln sich schichtweise übereinander, während die aufgenommene Flüssigkeit und der Magensaft an der Innenwand des Magens in den distalen Magen abfließen. Der Binnendruck des Magens erhöht sich bei zunehmender Füllung. Die Drucksteigerung bleibt aber wesentlich geringer, als von der Volumenzunahme her zu erwarten wäre, da sich der Kontraktionszustand (Tonus) der glatten Muskulatur der Magenwand fortlaufend an die Volumenzunahme anpaßt. Der verbleibende Binnendruck und langsame, sich überlagernde Kontraktionswellen schieben den Speisebrei langsam in Richtung Dünndarm.

Genaugenommen ist es so, daß über eine reflektorische Hemmung der glatten Muskelfasern der Magenbinnendruck bereits sinkt, bevor der Bissen aus dem Ösophagus in den Magen übertritt (*rezeptive Relaxation*). Anschließend wird er fortlaufend an die Volumenzunahme angepaßt. Diese *adaptive Relaxation* erfolgt reflektorisch. Der Reflexbogen geht von Dehnungssensoren in der Magenwand aus, deren Afferenzen ebenso wie die efferenten, ***hemmenden Nervenfasern im N. vagus*** verlaufen. Zusätzlich ist der Tonus der glatten Muskelfasern hormonell beeinflußbar. So senkt das Neuropeptid ***Cholezystokinin*** (Freisetzung und weitere Funktionen S. 226) den Tonus der glatten Muskulatur des Magenfundus.

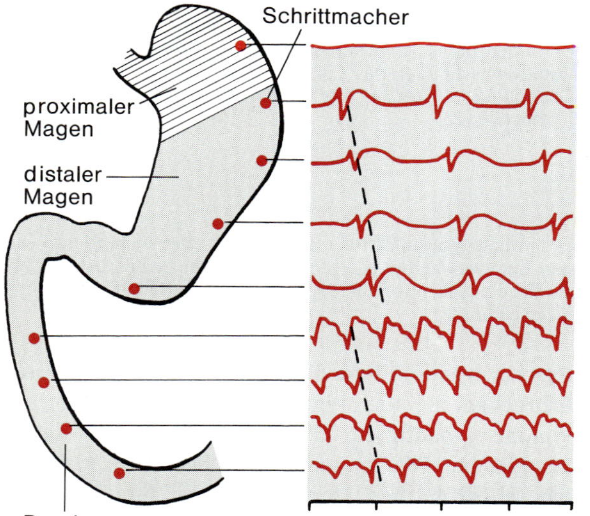

Abb. 12–3. Potentialwellen *(Slow waves)* im Magen und Duodenum. Der proximale Magen ist ohne Potentialwellen tonisch kontrahiert. Von der Schrittmacherregion aus wandern *Slow waves* mit einer Frequenz von 3–4 min nach unten und sind daher nach distal phasenverschoben. Im Duodenum haben die Slow waves eine Frequenz von ca. 12/min, auch sie zeigen eine Phasenverschiebung nach distal. Muskelkontraktionen erfolgen, wenn durch die Potentialwellen Aktionspotentiale ausgelöst werden. Nach [39] aus [22]

Durchmischung und Entleerung im distalen Magen. Im distalen Teil des Magens, dem *Corpus* wird der Speisebrei durch rhythmische Kontraktionswellen ***(peristaltische Wellen)*** der Magenwandmuskulatur durchmischt und durch die Reibungskräfte zerdrückt und zermahlen. Anschließend wird er portionsweise in den Zwölffingerdarm *(Duodenum)* entleert. Flüssigkeit wird schnell in das Duodenum weitergepreßt. Solange die festen Bestandteile aber nicht mindestens auf Partikel von 2–3 mm Größe zerkleinert sind, verschließt sich der Magenausgang (Pylorus) vor der anrollenden peristaltischen Welle und der eingezwängte Mageninhalt wird mit großer Kraft in den Magen zurückgeworfen. Tatsächlich sind die Speisebreipartikel beim Verlassen des Magens zu 90 % kleiner als 0,25 mm.

Die ***Steuerung der peristaltischen Wellen*** und des ***Tonus des Pylorus*** erfolgt

- durch lokale Reflexe in den intramuralen Plexus (Abb. 12-5, S. 227),
- durch Reflexbögen, deren afferente und efferente Schenkel der N. vagus bildet und
- durch Hormone.

Die Muskulatur des Fundus bildet spontan rhythmische *Schrittmacherpotentiale* aus, die zu den in Abb. 12–3 gezeigten ***Slow waves*** führen. Diese Membranpotentiale wandern mit einer Häufigkeit von 3–4/min bis zum Pylorus hinab. Sie lösen die peristaltischen Wellen aus, vor allem wenn zusätzliche erregende Faktoren nervöser und humoraler Art sich hinzusummieren (für Einzelheiten s. [12, 17, 39, 41]).

Die Verweildauer der Speisen im Magen liegt zwischen 1 und 5 Stunden. Die ***Rate der Magenentleerung*** wird nicht nur vom Füllungszustand des Magens und von der Partikelgröße des Speisebreies (wie oben erwähnt), sondern auch von seiner chemischen Zusammensetzung beeinflußt, die wiederum von ***Chemosensoren des Dünndarms*** gemessen wird. Saurer Inhalt wird langsamer entleert als neutraler, hyperosmolarer langsamer als hypoosmolarer, Fette langsamer als Eiweißabbauprodukte. Die Rückmeldung aus dem Dünndarm erfolgt z. T. nervös, z. T. humoral (Lit. [13, 17, 18]). Ziel der Steuerung ist es, immer nur soviel Speisebrei in den Dünndarm zu entleeren, daß die anschließende Verdauung und Resorption optimal abläuft. Ist der Magen weitgehend leer, bleibt der Pylorus beim Anrollen der peristaltischen Wellen offen. Zu dieser Zeit können dann auch unverdaulich große Partikel aus dem Magen in den Darm entleert werden.

Elektrogastrogramm (EGG). Die Messung der Magenbewegungen an der Hautoberfläche über dem Magen stellt eine wichtige Untersuchungsmethode der *Psychophysiologie* dar. Die Kontraktionen des Magens werden von Muskelaktionspotentialen der glatten Muskulatur begleitet, die man an der Körperoberfläche mit nichtpolarisierbaren Elektroden ableiten kann. Dem Grundrhythmus von etwa drei Kontraktionen pro Minute sind langsamere und schnellere Kontraktionen überlagert. Diese summierten Muskelaktionspotentiale des Magens reagieren sehr sensitiv auf emotionale Reize, auf Vorstellungen und auf vestibulär-visuelle Wahrnehmungsdiskrepanzen (z. B. Karussell oder Schwerelosigkeit im All) [17, 20].

Die Magenschleimhaut produziert täglich 2–3 l Magensaft, der u.a. Salzsäure und Schleim enthält; die dreiphasige Magensaftsekretion wird nerval und hormonell gesteuert; eine Überproduktion von Salzsäure kann zu Magen- oder Dünndarmgeschwüren führen

Menge und Bestandteile des Magensaftes. Der gesamte Magen ist durch eine 0,6–0,9 mm dicke, in Falten gelegte Schleimhaut ausgekleidet, die den Magensaft produziert und deswegen als ein weit ausgedehntes Drüsenfeld angesehen werden kann. Die Magenschleimhaut produziert *täglich 2–3 l Magensaft,* wobei den einzelnen Zelltypen der Magenschleimhautdrüsen unterschiedliche Aufgaben zukommen. So produzieren die oberflächlich gelegenen Epithelzellen den *Schleim,* die tiefergelegenen z.T. *Salzsäure, HCl* (diese Zellen werden *Belegzellen* genannt), z.T. ein Gemisch aus Proteasenvorstufen, die *Pepsinogene* (*Hauptzellen*) und z.T. *Hormone* (*endokrine Zellen*), vor allem das Hormon *Gastrin.*

Funktionen des Magensaftes. Aufgabe der ***Salzsäure*** im Magen ist es

- Bakterien abzutöten,
- die Eiweißmoleküle der Nahrung zu denaturieren („auszufällen") und damit für die spätere Verdauung vorzubereiten,
- die Pepsinogene zu eiweißspaltenden *Pepsinen* umzuwandeln und
- den Säuregrad des Speisebreies so einzustellen, daß das Pepsin optimal wirken kann.

Der ***Magenschleim*** schützt die Magenwände vor der Selbstverdauung durch die Pepsine. Gleichzeitig trägt er zur Gleitfähigkeit des *Chymus* (Speisebreies) bei und dient als Lösungsmittel für Nahrung und Drüsenprodukte.

Kephalische Phase der Magensaftsekretion. Nahrungsaufnahme steigert die geringe Ruhemagensaftsekretion bis auf das Zehnfache. Zeitlich und vom Wirkmechanismus her lassen sich dabei drei Phasen abgrenzen, die kephalische, die gastrale und die intestinale. Die initiale *kephalische Phase* wird durch die Vorstellung, den Anblick und den Geruch und Geschmack der Nahrung ausgelöst (Abb. 12–4). Diese Phase wurde von Pavlov ausführlich untersucht, der bei Hunden mit einer Ösophagus- und einer Magenfistel den *bedingten* Reflexcharakter dieser Sekretion nachwies und dieses Modell zu seinen Lernversuchen nutzte (s. Kap. 24).

Durchschneidung der den Magen versorgenden Äste des ***Nervus vagus*** verhindert die kephalische Magensaftsekretion. Die Impulse in den parasympathischen Nervenfasern des N. vagus und das von ihnen freigesetzte ***Azetylcholin*** lösen also die Sekretion in den verschiedenen Zellen der Magendrüsen aus. Dies geschieht, wie Abb. 12–4 am Beispiel der HCl-Sekretion zeigt, teils direkt, also durch die Überträgersubstanz Azetylcholin, teils indirekt, indem das Azetylcholin aus den endokrinen Zellen der Magenschleimhaut das Hormon ***Gastrin*** freisetzt, das dann seinerseits über den Blutweg eine starke Salzsäure- und Pepsinogenfreisetzung anregt. Zusätzlich setzt das Azetylcholin aus Mastzellem und ECL-Zellen (enterochromaffin-like cells) der Magenschleimhaut ***Histamin*** frei, das genau wie das Gastrin wirkt.

Gastrale Phase (Abb. 12–4). Die Dehnung des Magens löst über Mechanosensoren der Magenwand reflektorisch eine weitere Magensaftsekretion aus. Der Reflexweg läuft einerseits über den Nervus vagus (mit den oben beschriebenen Effektorwirkungen), andererseits auch über das neuronale Netzwerk in der Magenwand. Verdauungsprodukte, wie Aminosäuren, sowie Reizstoffe, wie Alkohol oder Koffein, können über die Erregung von Chemosensoren ebenfalls reflektorisch auf beiden Wegen zur Freisetzung von Gastrin führen.

Intestinale Phase. Auch die Mechano- und Chemosensoren des oberen Dünndarms können nerval und humoral Einfluß auf die Magensaftsekretion nehmen. Insgesamt kommt es auf diesen Wegen zunächst, also sobald Speisebrei in den oberen Teil des Dünndarms gelangt, zu einer Förderung des Magensaftsekretion, später dann zur Hemmung (Abb. 12–4). Für Einzelheiten wird auf die Literatur verwiesen [23].

Magen- und Zwölffingerdarmgeschwür [23]. 10% der Bevölkerung erkranken im Laufe ihres Lebens an einem Magen- oder einem Zwölffingerdarmgeschwür (*Ulcus ventriculi* bzw. *Ulcus duodeni*). Zwölffingerdarmgeschwüre sind siebenmal häufiger als Magengeschwüre. Bei den meisten Personen heilen die Geschwüre ohne Konsequenzen ab. Ein Geschwür tritt stets an Grenzflächen zwischen verschiedenen Schleimhäuten auf (über

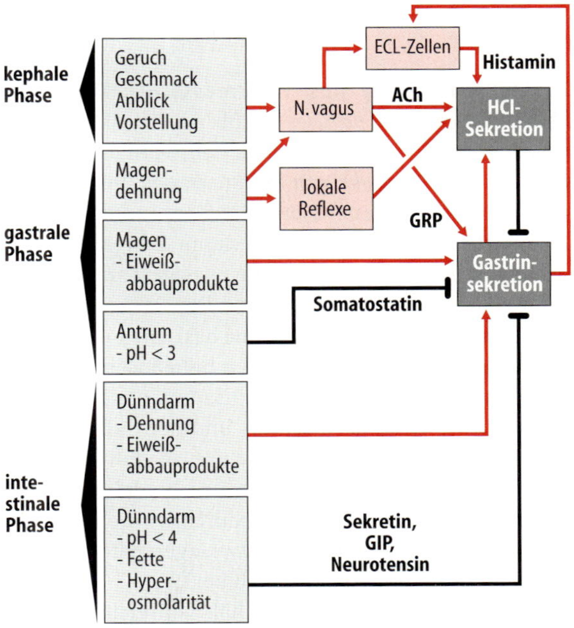

Abb. 12–4. Regulative Vorgänge bei der HCl-Sekretion der Magenschleimhaut in schematischer Darstellung *Ach,* Azetylcholin; *ECL-Zellen,* enterochromaffin-like cells; *GIP,* gastric inhibitory peptide; *GRP,* gastrin releasing paptide. Hemmende Einflüsse sind *schwarz,* fördernde sind *rot* eingetragen. Modifiziert nach P. Vaupel und K. Ewe in [23]

oder unter dem Pylorus), beim Zwölffingerdarmgeschwür scheint eine erhöhte *Azidität* zu einer Erosion und Perforation der Schleimhäute beizutragen, beim Magengeschwür findet man in der Regel keinen erhöhten Säurespiegel. Im *Tierversuch* an Ratten und Affen konnte gezeigt werden, daß die Ulzeration von *psychologischen Faktoren* ganz entscheidend mitbestimmt wird. Das Ausmaß der Ulzeration hängt dabei von zwei Bedingungen ab:

- Anzahl der notwendigen Vermeidungsreaktionen in einer aversiven Versuchs- oder Umgebungsbedingung (z. B. Anzahl von Hebelbewegungen, um einen schmerzhaften elektrischen Reiz abzustellen);
- der unmittelbaren Rückmeldung über den Erfolg oder Mißerfolg der Vermeidungs- oder Fluchtreaktion. Die Ulzeration ist ausgedehnter, wenn keine oder negativ-bestrafende Rückmeldung erfolgt, und geringer bei positiver Rückmeldung [29].

Beim Menschen sind bisher keine schlüssigen experimentellen Beweise für die Abhängigkeit der Ulzeration von psychologischen Einflüssen erbracht worden, wenngleich dies zumindest bei Zwölffingerdarmgeschwüren durchaus wahrscheinlich ist.

Ein Teil der Magen- und Zwölffingerdarmgeschwüre wird allerdings von Bakterien (Heliobacter pylori) (mit)verursacht, die wirkungsvoll bakteriologisch bekämpft werden können.

12.3 Aufgaben des exokrinen Pankreas, der Leber und des Dünndarms

Die Bauchspeicheldrüse (das Pankreas) liefert dem oberen Dünndarm täglich bis zu 2 l alkalisches Sekret, das zahlreiche Verdauungsenzyme bzw. ihre Vorstufen enthält; die Sekretion wird wie beim Magen nerval und humoral in drei Aktivitätsphasen gesteuert

Zusammensetzung des Pankreassaftes. Das Pankreas (*Bauchspeicheldrüse,* s. Abb. 12–1) besteht praktisch aus zwei Organen: erstens dem verdauungssaftproduzierenden ***exokrinen Pankreas,*** das hier besprochen wird und zweitens aus hormonproduzierenden Zellen, die als Zellkolonien, genannt *Langerhans-Inseln,* zwischen die Sekretzellen eingelagert sind (endokrines Pankreas, s. Kap. 5 ab S. 70). Der Pankreassaft ist im Gegensatz zum Magensaft eine basische (alkalische) Flüssigkeit, und zwar durch ihren hohen Gehalt an ***Bikarbonat.*** Dieses neutralisiert zusammen mit dem Bikarbonat des Dünndarmsekrets und der Galle die aus dem Magen übertretende Salzsäure, so daß der Chymus im Dünndarm einen neutralen bis leicht alkalischen Charakter annimmt. Hierdurch wird ein günstiges Milieu für die Pankreas-Enzyme geschaffen, deren Wirkoptimum in diesem Bereich liegt.

Das Pankreassekret enthält zahlreiche ***Enzyme zur Verdauung von Eiweißen*** (z. B. *Trypsin*), ***Fetten*** (z. B. *Lipase*) und ***Kohlenhydraten*** (z. B. *Amylase*). Manche von ihnen werden nur als Vorstufe sezerniert. Sie müssen im Darm erst aktiviert werden. Der Vorteil der Vorstufen ist es, daß nicht schon im Pankreas eine „Selbstverdauung" des Organs einsetzt (der Dünndarm ist durch seine Schleimschicht vor Selbstverdauung geschützt).

Steuerung der Pankreassekretion. Ähnlich wie bei der Magenschleimhaut wird die Sekretion des Pankreassaftes teils neural, teils humoral beeinflußt. Auch hier läßt sich eine ***kephale Phase der Sekretion*** (s. S. 225) nachweisen, die durch die Vorstellung von Speisen, ihren Anblick, durch Geruch und Geschmack und durch die Kau- und Schluckvorgänge ausgelöst und durch Impulsaktivität im *Nervus vagus* induziert wird (diese Phase kann durch Vagusdurchschneidung oder Gabe von Atropin blockiert werden). Ihr folgt eine ***gastrale Phase,*** die durch den Eintritt von Speisebrei in den Magen ausgelöst wird. Sie ist, wie bei der Magensaftsekretion, teils nervös, also über den *Nervus vagus,* teils *humoral,* nämlich über das *Gastrin,* vermittelt.

Der Hauptteil der Sekretion erfolgt jedoch als ***intestinale Phase*** nach dem Übertritt von Chymus in den Dünndarm. Dessen Säure setzt aus endokrinen Zellen der Dünndarmschleimhaut die Hormone ***Sekretin*** und ***Cholezystokinin (CCK)*** frei. Diese wiederum wirken auf dem Blutweg auf die Pankreaszellen ein und lösen dort eine kräftige Sekretion aus. (Beide Hormone wirken auch auf die Gallensekretion und die Entleerung der Gallenblase, s. u.) Zu diesem Zeitpunkt summiert sich die Wirkung des *Nervus vagus* mit denen von *Sekretin* und *CCK,* so daß nur beim Zusammenwirken aller drei Auslöser eine maximale Sekretion erzielt wird.

Die Galle wird kontinuierlich produziert und z. T. in der Gallenblase gespeichert und eingedickt; die in ihr enthaltenen Gallensäuren dienen als Emulgatoren bei der Fettverdauung

Bildung und Sekretion der Galle. Die Galle wird von den Leberzellen gebildet und in die Gallenkapillaren sezerniert. Von dort fließt die Galle über immer größer werdende Gänge schließlich in den ausführenden Gallengang, den *Ductus hepaticus.* Dieser teilt sich auf, so daß die Galle entweder direkt in den Dünndarm fließen kann (während der Verdauungsphase) oder zwischen den Mahlzeiten zur Speicherung in die Gallenblase geleitet wird (s. Abb. 12–1). Die *Sekretion der Lebergalle* (0,5–0,6 l/d) läuft kontinuierlich ab. Die Galle ist von goldgelber Farbe und leicht alkalisch (basisch). Die zur Gallenblase geleitete Galle wird dort eingedickt. Dadurch ist die Gallenblase in der Lage, bei einem Fassungsvermögen von nur 50–80 ml nahezu die gesamte *Lebergalle* aufzunehmen. Zur Verdauung strömt die konzentrierte, grünbraune *Blasengalle* in den Dünndarm.

Inhaltsstoffe der Galle. Die für die Verdauung wichtigsten Bestandteile der Galle sind die ***Gallensäuren.*** Sie werden in den Leberzellen aus *Cholesterin* gebildet. Sie haben einen *hydrophilen* und einen *hydrophoben* Molekülanteil und können daher als Emulgatoren bei der Fettverdauung dienen. Sie erleichtern über die Bildung von Molekülaggregaten mit den Fettsäuren, genannt ***Mizellen,*** die Resorption der Fettsäuren in die Darmzellen. Auch die Gallensäuren werden großenteils wieder in Darmzellen aufgenommen und zurück zur Leber transportiert.

Die goldgelbe Farbe der Lebergalle ist durch das ***Bilirubin*** bedingt. Dieses ist das Abbauprodukt des roten Blutfarbstoffs *Hämoglobin,* das auf diese Weise aus dem Körper ausgeschieden wird. Durch die Darmbakterien wird das Bilirubin in das dunklere ***Urobilinogen*** umgewandelt, das für die braune Farbe des Stuhles verantwortlich ist. Auch *Cholesterin* und *Lezithin* sowie Abbauprodukte von Medikamenten und Toxinen werden über die Galle ausgeschieden. Die Galle enthält auch Salze und Schleim (nähere Einzelheiten [23]).

Regulation der Sekretion und Ausschüttung der Galle. Die außerhalb der Verdauungsphasen kontinuierliche Sekretion der *Lebergalle* nimmt während der Verdauung bis auf das Doppelte zu. Diese Sekretionssteigerung wird hauptsächlich durch ***Sekretin*** (Freisetzungsmechanismus s. o.) vermittelt. Die in der Gallenblase gespeicherte und konzentrierte *Blasengalle* wird nach Freisetzung des ***CCK*** ausgeschüttet. Dabei führt CCK zu einer

Kontraktion der Gallenblase, wodurch die Blasengalle in den Dünndarm gepreßt wird. Auch der ***Nervus vagus*** wirkt kontraktionsfördernd auf die Gallenblase ein. Chirurgisches Entfernen der Gallenblase (bei Gallensteinen oder einem Tumor) bleibt bei nicht zu fetthaltiger und zu reichlicher Nahrung in der Regel ohne Konsequenzen.

Die Kontraktionen der Längs- und Ringmuskulatur des Dünndarms dienen der Durchmischung des Speisebreis mit den Verdauungssäften sowie seinem Weitertransport zum Dickdarm; das Darmnervensystem kann die Dünndarmmotilität weitgehend unabhängig steuern

Anteile und Aufbau des Dünndarms. Der Dünndarm ist der längste Abschnitt des Verdauungskanals (s. Abb. 12–1). Seine Gesamtlänge beträgt im lebenden Zustand etwa 4 m. Wenn die glatte Muskulatur der Wände im Tode erschlafft, mißt der Dünndarm 6–8 m. Das kurze Anfangsteil wird ***Duodenum*** (Zwölffingerdarm) genannt (20–30 cm lang). In ihn münden der Pankreasgang und der Gallengang. Es schließt sich das ***Jejunum*** an, das nach 1,5–2,5 m in das ***Ileum*** (2–3 m Länge) übergeht. Letzteres mündet in den Dickdarm (s. u.). Der in allen Anteilen des Dünndarms prinzipiell gleiche Aufbau der Wandschichten und der Schleimhaut ist in Abb. 12–5 skizziert.

Dünndarmmotilität. Der Dünndarm ist in dauernder, durch die Längs- und Ringmuskelschichten seiner Wand verursachten Bewegung [30, 38, 41]. Diese *Darmmotilität* dient teils der gründlichen Durchmischung des Chymus mit dem Pankreassaft, der Galle und den Sekreten der Darmdrüsen, sowie seinem wechselnden Kontakt mit der Schleimhaut, teils der Beförderung des Speisebreis in Richtung Dickdarm. Zeitlich gesehen beginnt die Entleerung einer Mahlzeit aus dem Dünndarm in den Dickdarm frühestens 4 h nach der Nahrungsaufnahme. Nach weiteren 4–6 h (also 8–10 h nach dem Essen) ist sie abgeschlossen.

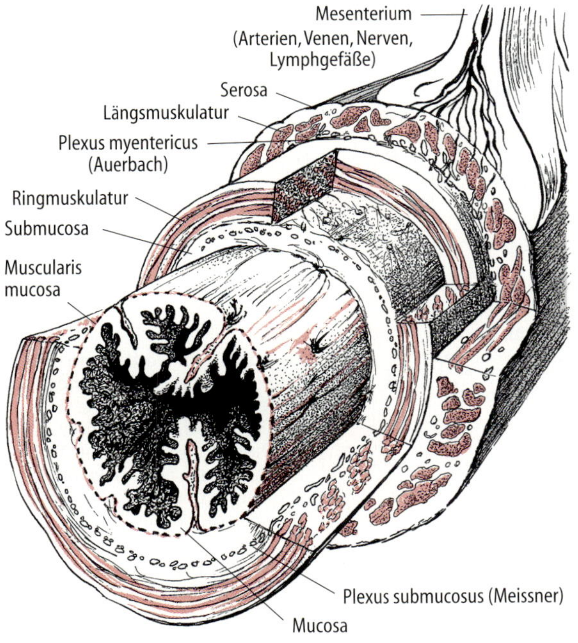

Abb. 12–5. Aufbau der Wand des Dünndarms aus Schleimhaut *(Mukosa)*, Bindegewebsschichten (*Submukosa*), Längs- und Ringmuskulatur und den Anteilen des Darmnervensystems (*Plexus myentericus* Auerbach, und *Plexus submucosus*, Meissner). Der gesamte Darm wird über das *Mesenterium* mit Gefäßen und Nerven versorgt. Zur Verdeutlichung ist die Darmwand relativ zum Darmlumen hier wesentlich dicker als in Wirklichkeit gezeichnet

Intrinsische Innervation des Dünndarms [44]. Eine Durchschneidung des Nervus vagus oder der sympathischen Darmnerven verändert die Dünndarmmotorik kaum. Dies zeigt, daß der Dünndarm über ein eigenes nervöses Netzwerk verfügt. Es wird ***Darmnervensystem*** oder auch *enterisches* oder *intrinsisches Nervensystem* genannt (Abb. 12–5 u. Kap. 9). Die meisten Neurone des Darmnervensystems liegen zum einen zwischen Längs- und Ringmuskulatur im ***Plexus myentericus*** (*Auerbach-Plexus*) und zum anderen zwischen Ringmuskulatur und den glatten Muskelfasern unter der Schleimhaut (Submukosa) im ***Plexus submucosus*** (*Meissner-Plexus).*

Das Darmnervensystem besteht auch in den unteren Anteilen der *Speiseröhre*, im Magen und im *Dickdarm*. Es unterliegt aber dort deutlicher der Kontrolle des autonomen Nervensystems. Die ***Bedeutung des Darmnervensystems*** läßt sich schon daran erkennen, daß es beim Menschen aus insgesamt etwa 10^8 Neuronen besteht. Diese Zahl ist etwa *genauso groß wie die Gesamtzahl der Neurone im Rückenmark* und sehr groß im Vergleich zu den etwa 2000 präganglionären parasympathischen Axonen im Nervus vagus, die zum Darmnervensystem projizieren.

Neuronale und humorale Kontrolle der Dünndarmmotilität. Ähnlich wie im Magen bildet die Dünndarmmuskulatur spontan rhythmische *Schrittmacherpotentiale* aus (siehe die *Slow waves* in Abb. 12–3). Diese haben im oberen Dünndarm eine Frequenz von etwa 12 Zyklen pro Minute. Sie werden zum Dünndarmende hin zunehmend langsamer (zuletzt ca. 8 Zyklen pro min). Diese *Slow waves* unterliegen vor allem der Kontrolle des Plexus myentericus, durch dessen Einfluß der basale myogene Rhythmus in die zum Dickdarm hin gerichtete *propulsive Peristaltik* moduliert wird.

Neben der *peristaltischen Motorik* werden *Mischbewegungen des Dünndarms* beobachtet (s. o.), die ein etwas anderes motorisches Programm erfordern. Auch dies wird vom *Auerbach-Plexus* (Plexus myentericus) des Darmnervensystems geliefert. Es gibt Anzeichen dafür, daß diese „Programmänderung" durch die bereits erwähnten Hormone ***Gastrin*** und ***Cholezystokinin*** (*CCK*) erfolgt, also *humoral* kontrolliert ist. Die Dauer und das Ausmaß dieser *digestiven Motorik* hängen von der Zusammensetzung der Nahrung ab. Fette haben einen erheblich längeren und stärkeren Effekt als Eiweiße und Kohlenhydrate gleichen Energiegehalts.

Zur Resorption werden im Dünndarm die Kohlenhydrate zu Monosacchariden, die Fette zu Glyzeriden und Fettsäuren und die Eiweiße zu Oligopeptiden und Aminosäuren aufgespalten; neben den Nährstoffen wird im Dünndarm v. a. Wasser resorbiert

Aufbau der Dünndarmschleimhaut. Die Schleimhaut des Dünndarms bildet durch eine enorme Gewebsauffältelung (Darmzotten) und die Zellausstülpungen (Mikrozotten) der Darmzellen (Enterozyten) eine ***600 m²* große Resorptionsfläche,** die allen Anforderungen leicht gewachsen ist. Als Beispiel sei erwähnt, daß täglich etwa 9 l Wasser den Darm passieren. Über 80 % davon werden im Dünndarm resorbiert, das meiste davon schon im Duodenum (s. Abb. 12–1). Der Rest wird vom Dickdarm aufgenommen (s. u.), und nur 1 %, d. h. ca. 100 ml, verläßt normalerweise den Darm im Stuhl. In den Zellmembranen der Mikrozotten sitzen zahlreiche ***Enzyme,*** die sich an der Verdauung beteiligen. Nach ihrem Erscheinungsbild unter dem Mikroskop werden die Mikrovilli auch als ***Bürstensaum*** bezeichnet. Entsprechend nennt man die in ihren Wänden eingebauten Enzyme auch *Bürstensaumenzyme.* Außer den *Enterozyten* enthält die Dünndarmschleimhaut noch die ***schleimbildenden Becherzellen*** sowie endokrine Zellen, die verschiedene Hormone, wie *Gastrin* und *CCk* bilden (s. o.).

Verdauung und Resorption der Kohlenhydrate. Stärke, Polysaccharide und Disaccharide (chemischer Aufbau dieser Substanzen s. S. 32) werden nicht resorbiert. Sie müssen daher bei der Verdauung zu Monosacchariden, insbesondere zu *Glukose,* aufgespalten werden. Kohlenhydrate nehmen wir hauptsächlich in Form von Stärke (60 % der Aufnahme) und von Saccharose (normaler Rüben- oder Rohr-„Zucker“, 30 % der Aufnahme) zu uns. Erstere wird durch das Enzym (synonym: *Ferment*) α-Amylase, das vor allem im Speichel und im

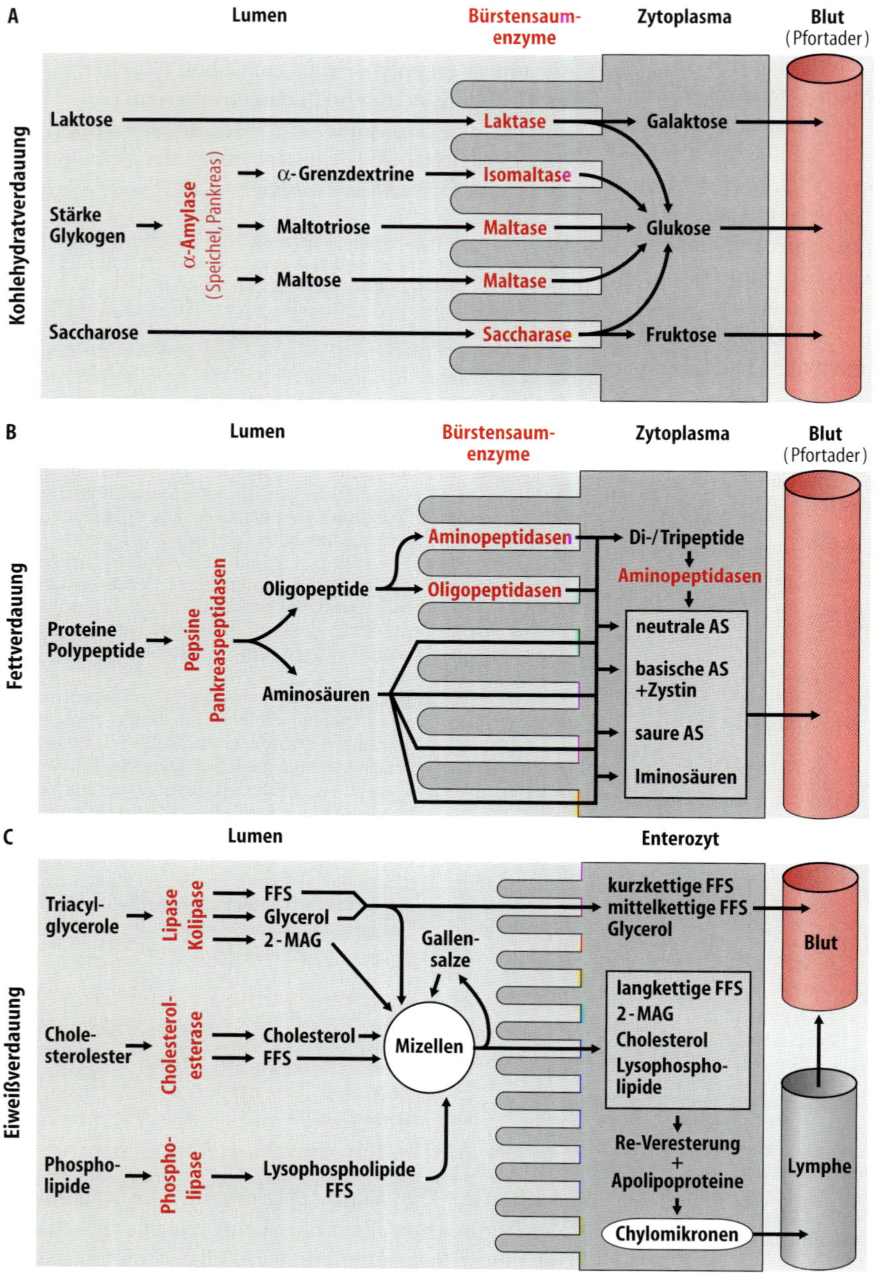

Abb. 12–6. Verdauung und Resorption der Nahrungsstoffe im Dünndarm. Schematisierte und stark vereinfachte Darstellung der wesentlichen *enzymatischen Verdauungsschritte* und der *Resorptionswege* durch die Zellen der Darmschleimhaut. **A** Verdauung und Resorption der *Kohlenhydrate.* Die Verdauung setzt bereits im Mund ein. Endprodukte sind die drei Monosaccharide *Glukose, Galaktose* und *Fruktose.* **B** Verdauung und Resorption von Fetten. **C** Verdauung und Resorption der *Eiweiße.* Details im Text. Modifiziert nach [21] und nach P. Vaupel und K. Ewe in [23]

BOX 12-1

Colon irritabile: Reizkolon und Belastung

B. S. war bis zu seinem 45. Lebensjahr gesund. Kurz nach seinem 45. Geburtstag wurden in seiner Firma ein Teil der Arbeitsplätze „abgebaut". Er durfte seinen Arbeitsplatz behalten, aber die Auftragslage blieb schlecht, so daß er ständig in der Angst lebte, ebenfalls entlassen zu werden. In der selben Zeitspanne verliebte er sich in eine 15 Jahre jüngere Arbeitskollegin und blieb zunehmend von seiner Familie fern, konnte sich aber nicht entschließen, sie zu verlassen. Wenige Stunden nach einer Auseinandersetzung mit seiner Freundin nach einem ausgiebigen Abendessen wachte er nachts mit extremen Bauchschmerzen auf, glaubte an einen Blinddarmdurchbruch und wurde in die Klinik eingeliefert. Obwohl sich dort die Schmerzen sofort besserten, keine organischen Störungen gefunden wurden und er den Aufenthalt als entlastend erlebte, ließ er sich intensiv weiter untersuchen. Er glaubte weiter an eine lebensbedrohliche Erkrankung (Krebs). Nach seiner Entlassung traten die Schmerzen krampfartig nach dem Essen zunehmend häufiger auf, Durchfälle kamen hinzu, verordnete Medikamente zeigten keine Wirkung. Auch eine Magen- und Darmspiegelung erbrachte kein Resultat. Eine psychophysiologische Untersuchung ergab eine deutliche Erhöhung der Darmbewegungen nach Vorstellung belastender Situationen. Die wiederholte Vorstellung aller ihn bedrückenden Erlebnisse während tiefer Entspannung (systematische Desensibilisierung) brachte schließlich eine Beseitigung der Schmerzen (s. auch S. 230).

Literatur: Mayer EA, Raybould HE (eds) (1993) Basic and clinical aspects of chronic abdominal pain. Elsevier, Amsterdam London New York Tokyo, pp 1–342

Pankreassaft enthalten ist, zu Polysacchariden zerlegt. Diese und die Disaccharide werden durch ***Oligosaccharidasen*** bzw. ***Disaccharidasen*** bis zu den Monosacchariden *Glukose, Galaktose und Fruktose* gespalten (Abb. 12–6 A).

Verdauung und Resorption der Fette. Die Fette werden hauptsächlich durch die *lipidspaltenden Enzyme (Lipasen) des Pankreassaftes* abgebaut (Abb. 12–6 B). Da die Fettbestandteile schlecht wasserlöslich sind, erfolgt ihre Lösung in der wäßrigen Phase des Darminhalts durch die Aufnahme in die oben bereits beschriebenen ***Mizellen.*** Nach Aufnahme in die Mikrozotten lösen sich die Fettbestandteile von den Mizellen und diffundieren in das Zytoplasma der Enterozyten. Die Mizelle ist dann wieder frei und kann neue Fettbestandteile aufnehmen.

Im Enterozyten werden die Fettbestandteile wieder zu verschiedenen Fetten, insbesondere zu den am häufigsten vorkommenden *Triglyzeriden* (s. S. 32) resynthetisiert (***intrazelluläre Lipidsynthese***). Die neugebildeten Fette und Lipide können allerdings wegen ihrer Wasserunlöslichkeit erst dann den Enterozyten verlassen, wenn sie in eine Glykoproteinhülle eingehüllt wurden und auf diese Weise die ***Chylomikronen*** bilden. Diese werden dann auf dem Weg der Exozytose in den Interzellulärraum ausgestoßen. Von dort führt ihr weiterer Weg über den ***zentralen Lymphgang*** der Darmzotten in die größeren Lymphgefäße bis zu deren gemeinsamer Einmündung als ***Ductus thoracicus*** in die untere Hohlvene. Nach einer fettreichen Mahlzeit sind die Chylomikronen in solchen Mengen im Blutplasma enthalten, daß dieses milchig-trüb erscheint (*Verdauungshyperlipidämie*).

Verdauung und Resorption der Eiweiße. Der Vorgang der Eiweißverdauung und Resorption ist in schematischer Darstellung in Abb. 12–6 C gezeigt. Die Proteine und Peptide werden durch ***Pepsine, Trypsin*** und ***Chymotrypsin*** in verschieden große Bruchstücke (Poly- und Oligopeptide, s. S. 33) zerlegt. Die Eiweißverdauung beginnt im Magen (Pepsin), wird durch den Pankreassaft (Trypsin, Chymotrypsin) fortgesetzt und durch ***Peptidasen des Bürstensaums*** zu Ende geführt. Im Anschluß daran erfolgt die Aufnahme der Spaltstücke (Aminosäuren, s. S. 33, Oligopeptide, s. S. 33) in die Enterozyten. Der weitere Abtransport erfolgt auf dem Blutweg. Intakte Eiweißmoleküle werden in geringem Maße durch Endozytose resorbiert. Dies hat keine nutritive, wohl aber immunologische Bedeutung und kann zu Sensibilisierung und Allergie führen.

12.4 Aufgaben von Dickdarm und Enddarm

Der Darminhalt wird im Dickdarm weiter durchmischt, eingedickt und vorübergehend gespeichert; 3- bis 4mal täglich wird er durch Massenbewegungen zum Enddarm weiter verschoben

Aufbau des Dickdarms. Der Dickdarm (das Kolon) ist etwa 120–150 cm lang. Sein Durchmesser beträgt am Anfang 6–9 cm und nimmt nach distal ab. Die Längsmuskulatur des Kolons ist in Form von 3 Längsbändern von etwa 0,8 cm Breite, den ***Taenien,*** ausgebildet. Der Tonus der Taenien und lokale Kontraktionen der Ringmuskulatur lassen Einschnürungen entstehen, zwischen denen jeweils Ausbuchtungen, die ***Haustren,*** hervortreten. Dies gibt dem Kolon sein charakteristisches Aussehen (Abb. 12-1, 12-7). Die *Kolonschleimhaut* enthält keine Darmzotten, wohl aber *Mikrozotten.*

Dickdarmbewegungen und ihre Kontrolle [44]. Die Kontraktionen der Dickdarmmuskulatur erfolgen weitgehend ungeregelt und an verschiedenen Stellen gleichzeitig, d.h. sie durchmischen den Inhalt, befördern ihn aber nicht weiter *(nichtpropulsive Motilität).* Daneben treten selten *peristaltische Wellen* mit Kontraktionen und vorauslaufender Relaxation auf, die den Inhalt über etwa 20 cm weiterbefördern. Nur 3- bis 4mal täglich kommt es zu *Massenbewegungen,* die den Inhalt über lange Strecken befördern. Alle beschriebenen Motilitätsabläufe werden durch Nahrungsaufnahme gesteigert (*gastrokolischer Reflex).* Die Transitzeit des Chymus durch das Kolon beträgt bei unserer faserstoffarmen Diät 2–3 Tage (s. auch Abb. 12–1). Bei sehr faserreicher Kost kann sich diese Zeit halbieren.

Der Grundrhythmus der Kolonbewegungen wird durch die ***Slow waves*** der glatten Muskulatur vorgegeben (s. S. 224, 227). Der *Parasympathikus* hat auf diesen Rhythmus einen fördernden, der *Sympathikus* einen hemmenden Effekt. Die *gastrointestinalen Peptide* wirken teils steigernd auf die Kolonmotilität, wie *Gastrin* und *Cholezystokinin,* teils hemmend, wie Sekretin und *Glukagon.* Der *Plexus myentericus* (Auerbach-Plexus) übt insgesamt einen hemmenden Einfluß auf die Schrittmacher der glatten Muskulatur und damit die Kolonmotilität aus. Das gelegentlich vorkommende angeborene Fehlen des Auerbach-Plexus in einem bestimmten Bereich des Dickdarms führt zu einer Engstellung dieses Abschnittes, da hier der relaxierende Einfluß ausfällt. Oberhalb dieser Stelle kommt es zu einer starken Erweiterung des Dickdarms *(Megacolon congenitum, Hirschsprung-Erkrankung).*

Bildung der Faezes. Der vom Dünndarm in den Dickdarm weitergegebene Chymus (ca. 200–500 ml pro Tag) wird dort durch die ***Resorption von Wasser*** eingedickt. Gleichzeitig werden *Elektrolyte* und *Vitamine* resorbiert. Die insgesamt im Dickdarm resorbierten Mengen an Wasser, Elektrolyten und Vitaminen sind im Vergleich zum Dünndarm sehr gering (s. Abb. 12–1). Die bei ausgewogener Kost täglich ausgeschiedenen 100–200 g *Faezes* (Kot) bestehen zu 75–80 % aus Wasser und zu 20–25 % aus festen Bestandteilen. Die festen Bestandteile enthalten variable Mengen an Zellulose und weiteren unverdaulichen Bestandteilen, ca. 10–30 % Bakterien, ca. 10–15 % anorganisches Material (unlösliche Kalzium- und Eisensalze) sowie ca. 5 % Fett aus Enterozyten und geringe Mengen abgeschilferter Epithelien und Schleim.

Rolle der Darmbakterien. Das Duodenum des Gesunden ist fast immer steril, während im Jejunum meist wenig, im Ileum deutlich mehr und im Kolon stets reichlich Bakterien vorkommen. *Kohlenhydrate* werden durch *bakterielle Gärung und Eiweiße durch Fäulniserreger* weiter abgebaut. Bei der ***Vergärung*** entstehen saure Endprodukte (z. B. Milchsäure). Bei der ***Fäulnis*** werden u. a. Amine (z. B. Skatol) und Schwefelwasserstoff (bestimmt den Geruch des Stuhls) gebildet. Zwischen Gärung und Fäulnis besteht bei ausgewogener Kost ein Gleichgewicht, da z. B. die bei der Gärung entstehende Säure die Fäulnis hemmt. Wird dieses Gleichgewicht gestört, kommt es zur Ausscheidung typisch gärender oder fauliger Stühle.

Pathophysiologie. Die ***Colitis ulcerosa*** ist eine vermutlich durch autoaggressive Immunfaktoren bedingte geschwürartige Zerstörung der Darmwand, die oft mit psychischen Einflüssen in Verbindung gebracht wurde. Meist chronisch-rezidivierend kommt es zu schleimig-blutigen Durchfällen, die im Extremfall zu Perforationen des Dickdarms mit lebensbedrohlichen Blutungen führen.

Das ***Colon irritabile*** (*Reizkolon*) ist dagegen – wenn infektiöse, parasitäre und entzündliche Erkrankungen als Ursache ausgeschlossen sind – in der Regel auf psychophysiologische Faktoren zurückzuführen. Es ist extrem häufig, bis zu 17 % der Bevölkerung sind davon betroffen. Es geht häufig mit Verstopfungen und Durchfällen einher. Die Patienten haben starke Bauchschmerzen und Probleme mit der Defäkation. Vor allem nach den Mahlzeiten treten bei diesen Patienten erhöhte Darmkontraktionen auf. Entscheidend ist eine erhöhte Sensibilität der Wahrnehmung dieser Kontraktionen („Interozeption"): bei Dehnung des Kolons empfinden Reizkolon-Patienten früher und intensiver Schmerz als vergleichbare Kontrollgruppen. Die psychologische Behandlung des Colon irritabile (u. a. mit Biofeedback, s. S. 278, 367) strebt eine Verminderung der Schmerzempfindlichkeit und Reduktion der Stärke der Kontraktionen an. Bis zu 60 % der Patienten wurden damit symptomfrei (s. auch Box 12–1, S. 229) [11, 20].

Darmkontinenz und Defäkation sind die beiden Hauptaufgaben des Enddarms und des Anus

Kontinenz. Die Abb. 12–7 (s. auch Abb. 12–1) gibt einen Überblick über die bei den obigen Aufgaben des Enddarms (Rektum) und des Anus beteiligten Strukturen und neuronalen Schaltkreise. Das Rektum wird durch zwei Ringmuskeln *(M. sphincter ani int. et ext.)* verschlossen. Der innere besteht aus glatter Muskulatur und unterliegt nicht willkürlicher Kontrolle. Der äußere ist quergestreift und kann willkürlich kontrolliert werden. Sein normaler tonischer Schließzustand wird im Zusammenspiel von tonischen deszendierenden Einflüssen aus dem ZNS mit spinal vermittelten afferenten Impulsen aus dem Muskel und vom umgebenden Gewebe, insbesondere von der Analhaut, aufrechterhalten. ***Füllung des Rektums mit Darminhalt*** führt reflektorisch zur Erschlaffung des inneren Schließmuskels bei gleichzeitig verstärkter Kontraktion des äußeren. Gleichzeitig kommt es zum ***Stuhldrang,*** also zu bewußten Sensationen, ausgelöst durch die afferenten Impulse von ***Sensoren in Kolon- und Rektumwand.*** Kommt es nicht zur sofortigen Darmentleerung, nimmt die Erschlaffung des inneren Schließmuskels wieder ab, und das Rektum paßt sich an den vermehrten Inhalt an. Damit verschwindet auch der Stuhldrang. Durch diesen Mechanismus kann beim Gesunden die Kontinenz bis zu einer Füllung von etwa 2 l im Rektum gewahrt werden.

Defäkation. Die Entleerung des Enddarmes setzt normalerweise unter *willkürlicher Unterstützung* ein. Supraspinale Förderung der spinalen parasympathischen Reflexwege zum Enddarm (Abb. 12–7) führt zur reflektorischen Kontraktion der Endabschnitte des Kolons bei gleichzeitiger Erschlaffung beider Schließmuskeln. Dies muß durch die Erhöhung des Druckes im Bauchraum (Bauchpresse) unterstützt werden. Beide Mecha-

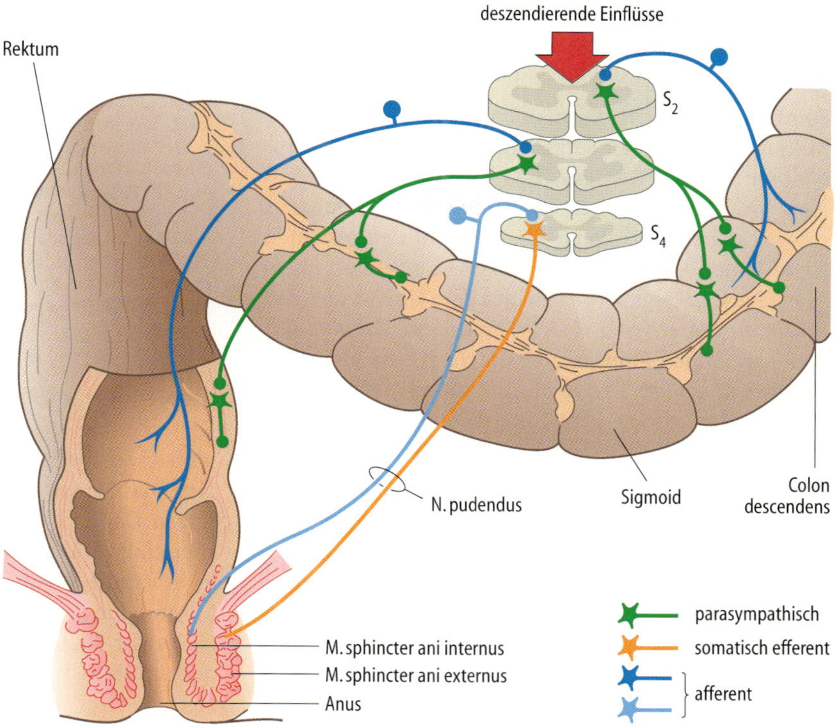

Abb. 12–7. Neuronale Kontrolle von *Darmkontinenz* und *Defäkation*. Diese beiden Funktionen werden durch das intrinsische Darmnervensystem, durch parasympatische sakrale (Rückenmarkssegmente S2 bis S4) und durch somatomotorische nervöse Mechanismen kontrolliert. Welche Rolle der sympathischen Innervation des Enddarmes zukommt ist nicht bekannt. *Zerstörung des Sakralmarks* führt zum vollständigen Ausfall der Defäkationsreflexe. Weitere Besprechung im Text

nismen zusammen führen unter Senkung des Beckenbodens zum Ausstoßen der Kotsäule.

Fäkale Inkontinenz. Eine Vielzahl von Erkrankungen im Kindes- und Erwachsenenalter führen zu zeitweiser oder anhaltender fäkaler Inkontinenz. Im Kindesalter sind davon vor allem Geburtsdefekte wie *Spina bifida* betroffen: durch Spaltbildung der unteren Wirbelsäule wird das Rückenmark geschädigt, und der externe Sphinkter kann nicht mehr auf Druckveränderungen des Rektums und des internen Sphinkters mit Kontraktion (Stuhl halten) reagieren. Bei *diabetischer Neuropathie*, einer Komplikation bei der Zuckerkrankheit (vgl. S. 71) und im Alter kommt es ebenfalls zu teilweiser Degeneration der nervösen Versorgung des Sphinkters und damit zur Inkontinenz. Neben operativen Eingriffen hat sich zur Wiedererlangung von Kontinenz *Biofeedback* der Kontraktion des externen Sphinkters gut bewährt. Die dabei verwendete Methode ist auf S. 278 und Abb. 13–25 beschrieben [13].

12.5 Übersicht über Aufgaben, Bau und Funktion der Nieren

Die Nieren haben als Hauptaufgaben das Ausscheiden der meisten im Körperstoffwechsel anfallenden Abfallstoffe und das Konstanthalten der Menge und der Elektrolytzusammensetzung der Extrazellulärflüssigkeit

Neben der Ausscheidung von Stoffwechselendprodukten, wie z. B. Harnstoff und Harnsäure, und von Fremdstoffen, wie Medikamenten, Giften und Drogen, scheiden die Nieren v. a. Wasser aus. Umgekehrt, wie unten geschildert, verhindern sie den Verlust von Proteinen, Glukose, Aminosäuren, Fettsäuren und von zuviel Wasser entweder durch Verhindern der Filtration in den Glomeruli oder durch Rückresorption der gefilterten Moleküle in den Tubuli. Ähnliches gilt für die verschiedensten Salze einschließlich derer, die für den Säure-Basen-Haushalt verantwortlich sind. Schließlich haben die Nieren auch endokrine Funktionen, denn sie sind nicht nur Zielorgane für verschiedene Hormone (s. u.), sondern sie metabolisieren Hormone, z. B. Kortikosteroide, und sie synthetisieren einige Hormone, v. a. das Erythropoietin für die Bildung der roten Blutkörperchen.

Die harnbereitenden Bauelemente der beiden Nieren sind die 2,4 Millionen Nephrone; der Harn wird über die Harnleiter in der Harnblase gesammelt und periodisch über die Harnröhre entleert

Lage und Grobbau der Nieren. Die Nieren liegen in der Lendengegend beiderseits der Wirbelsäule hinter der Bauchhöhle. Eine Niere wiegt etwa 150 g, ist etwa 12 cm lang, 6 cm breit und 3 cm dick. Sie hat die Form einer Bohne. An der eingedellten Seite, dem *Nierenhilus*, treten die Gefäße und der Nierennerv in die Niere ein. Dort wird auch der Harn im *Nierenbecken* gesammelt und in den *Ureter* weitergeleitet. Ein Mittelschnitt durch die Niere zeigt Mark (Medulla) und Rinde (Kortex) (Abb 12–8 B). Sie enthalten unterschiedliche Abschnitte der Bauelemente der Nieren, der *Nephronen* (s. u.).

Feinbau der Nieren. Die beiden Nieren sind aus je 1,2 Millionen ***Nephronen*** aufgebaut (3mal soviele wie unbedingt benötigt werden), die jedes für sich Harn bilden. Die Arbeitsweise eines einzelnen Nephrons spiegelt daher weitgehend die Tätigkeit der gesamten Niere wider. Ein solches Nephron ist schematisch in Abb. 12–8 C gezeigt. Es besteht aus dem ***Glomerulus*** mit *Bowman-Kapsel* (Abb. 12–8 A) und dem ***Tubulus*** mit dem *proximalen Konvolut,* der *Henle-Schleife* und dem *distalen Konvolut.* Die Nephrone münden schließlich zu mehreren in eine gemeinsame *Sammelrohrstrecke,* die den Harn zum Nierenbecken leitet.

In jeden ***Glomerulus*** tritt eine *Arteriole* ein und verzweigt sich zu einem *Kapillarknäuel* (Abb. 12–8 A), das von dem inneren Blatt der Bowman-Kapsel zusammengehalten wird. Zwischen diesem und der äußeren Membran liegt der Kapselraum, in den aus den Kapillaren der Primärharn abgefiltert wird, der von dort in den Tubulus fließt. Anders als in allen übrigen Geweben münden die Glomeruluskapillaren aber nicht in Venolen, sondern in eine zweite, *abführende Arteriole,* die sich anschließend in ein *zweites Kapillarnetz* aufsplittert, das, wie in Abb. 12–8 C zu sehen, den Tubulus versorgt.

Der ***Tubulus*** ist kein einheitliches Zellrohr, sondern seine Wände sind in den verschiedenen Abschnitten *aus deutlich unterschiedlichen Zellen* aufgebaut. Dieser Verschiedenheit der Zellformen entsprechen auch unterschiedliche Funktionen bei der Umwandlung des Primärharns (der ein sehr großes Volumen hat) in den stark „eingedickten" Endharn. Schon die Durchflußmengen und damit die Strömungsgeschwindigkeiten in den verschiedenen Abschnitten der Tubuli ändern sich von proximal nach distal wegen der starken Resorption des Wassers erheblich: fließen doch durch die *Anfangsteile* aller Tubuli insgesamt rund 125 ml/min, durch die *Henleschen Schleifen* noch 20 ml/min, aber durch die *Sammelrohre* nur noch 1–5 ml/min.

Harnleiter, Harnblase, Harnröhre. Die Harnleiter oder Ureteren sind etwa 25 cm lang. Sie steigen aus den Nierenbecken abwärts und münden an der Hinterseite der Harnblase ein, wobei sie die Blasenwand schief durchsetzen. Dadurch entsteht eine Art Druckverschluß, welcher einen Rückstau nach oben verhindert. Die Harnleiterwand besteht aus zwei bis drei Schichten glatter Muskulatur, deren peristaltische Bewegungen den Urin bis in die Blase vorwärtstreiben (normalerweise 2–3 peristaltische Wellen pro Minute).

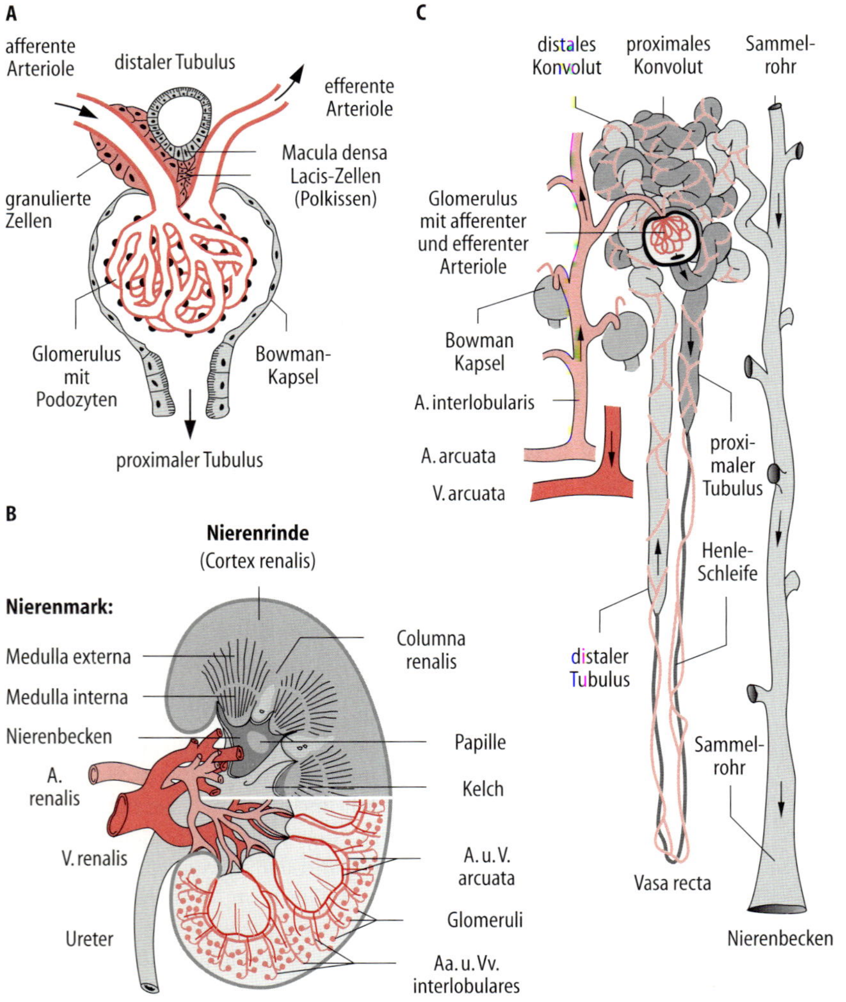

Abb. 12–8. Überblick über den Aufbau der Niere und ihrer Nephrone sowie der Blutgefäßversorgung. Bei dieser ist zu beachten, daß zwei Arteriolenstrecken (*afferente* und *efferente* Arteriole) und zwei Kapillarnetze (in den Glomeruli und um die Tubuli) hintereinander geschaltet sind. **A** Schnitt durch einen Glomerulus, von dem der Primärharn seinen Ausgang nimmt. **B** Aufblick *(obere Hälfte)* und Schnitt *(untere Hälfte)* durch eine linke Niere mit Darstellung des Nierenbeckens und der Blutgefäßversorgung. **C** Aufbau eines Nephrons und seiner Blutgefäßversorgung. A., Arterie; V., Vene. Aus [21]

Reflux. Durch nervöse (psychologische) Faktoren, Verwachsungen, Fehlhaltungen und Entzündungen kann es zum Rückstau des Harns durch verengte oder verlagerte Ureteren kommen. Vor allem im Kindesalter kann der Urinrückstau zu Schäden auch der Nieren führen. Durch psychologische Behandlung mit systematischer Verstärkung der ausgeschiedenen Urinmenge und mit anderen Maßnahmen zur Erhöhung der Urinausscheidung lassen sich operative Eingriffe verhindern.

Die ***Harnblase*** liegt als muskulomembranöser Behälter für den Urin im kleinen Becken. Beim Mann befindet sich die Blase vor dem Rektum und liegt der Vorsteherdrüse auf (Abb. 25-9). Bei der Frau ist sie der Gebärmutter und der Scheide vorgelagert (Abb. 25-10). Ihre *normale Fassungskraft* beträgt zwischen 150 und 500 ml. Bei stärkster Füllung kann die Harnblase 1 l oder mehr enthalten. Der Abfluß des Harns wird durch zwei Schließmuskeln gehemmt. Der *innere Ringmuskel* (M. sphincter internus) besteht aus glatter Muskulatur und kann nicht willkürlich beeinflußt werden. Der *äußere Ringmuskel* (M. sphincter externus) wird von quergestreifter, willkürlich innervierter Muskulatur gebildet (die Innervation der Harnblase und ihr Entleerungsreflex sind ab S. 238 geschildert).

Die ***Harnröhre (Urethra)*** ist ***beim Mann*** 20 bis 25 cm lang. Der erste Teil der Harnröhre durchsetzt die Prostata, der zweite Teil läuft durch den bindegewebigen Beckenboden und der dritte Abschnitt liegt im Inneren des Harnröhrenschwellkörpers des männlichen Gliedes (Abb. 25-9). Im Grunde handelt es sich beim Mann um eine *Harn-Samen-Röhre.* Es ist der gemeinsame Endabschnitt sowohl des Harn- wie des Geschlechtssystems. ***Bei der Frau*** ist die Harnröhre kurz (2,5–4 cm) und gestreckt. Sie mündet auf einer kleinen Vorwölbung im Scheidenvorhof (Abb. 25-10).

Durchblutung der Nieren. Die Bildung großer Mengen Primärharns (s. u.) erfordert eine entsprechend ***hohe Durchblutung.*** Die Nieren machen mit ihren 300 g Gewicht nur 0,4 % des Körpergewichts eines 70 kg schweren Menschen aus. Ihre Durchblutung beträgt aber rund 1,2 l/min, also etwa ***25 % des Herzzeitvolumens in Ruhe.*** Dieser hohe Blutstrom fließt vornehmlich durch die *Nierenrinde.* Dort liegen die Glomeruli und die proximalen Tubulusknäuel (Konvolute), in denen der Umsatz an extrazellulärer Flüssigkeit hauptsächlich stattfindet.

Autoregulation der Nierendurchblutung. Ähnlich wie das Gehirn zeichnet sich die Niere durch die Besonderheit aus, daß ihre afferenten Arteriolen (Abb. 12-8 A, C) auf eine *Erhöhung des Blutdruckes* mit einer *Widerstandszunahme* (Gefäßverengung) reagieren, die so abgestuft ist, daß die Durchblutung der Niere praktisch konstant bleibt. Diese ***Autoregulation*** koppelt die Niere (und, wie gesagt, auch das Gehirn) von der allgemeinen Kreislaufregulation weitgehend ab. Damit ist gewährleistet, daß die Bildung des Ultrafiltrates unter praktisch allzeit konstanten Druckbedingungen verläuft.

12.6 Glomeruläre Filtration und tubuläre Resorption und Sekretion

In den Glomeruli wird täglich 170 l Primärharn durch Ultrafiltration gebildet, das sind etwa 20 % des Plasmaflusses durch die Nieren; in den Tubuli wird der Primärharn um rund 99 % auf die Endharnmenge reduziert

In den Glomeruli wird aus dem Blut Extrazellulärflüssigkeit in den Kapselraum als ***Primärharn*** abgepreßt, der von dort in die Tubuli fließt (vgl. Abb. 12-8 A, C) [37]. Das Abfiltern des Primärharns im Glomerulus ist dem Abfiltern von Blutplasma in den übrigen Kapillaren des Körpers völlig analog: der ***Filtrationsdruck*** ist als treibende Kraft die *Differenz aus dem Blutdruck minus dem kolloidosmotischen Druck* (Abb. 10–3, s. S. 165). Der Unterschied zum übrigen Körpergewebe besteht lediglich darin, daß die Glomeruluskapillarwände *viel mehr feine Poren* als die anderen Kapillarwände haben und damit mehr Filtrat leichter durchlassen und daß die Rückdiffusion von Wasser nicht schon im Glomerulus, sondern erst im Tubulus einsetzt.

Die hohe Durchblutung der Nierenrinde (s. o.) ist die Voraussetzung für die Bildung großer Mengen von Primärharn, also für eine hohe ***glomeruläre Filtrationsrate (GFR).*** Etwa 20 % des renalen Plasmaflusses werden dabei ständig abfiltriert. Pro Minute beträgt die GFR 120 ml, pro Tag summiert sie sich auf 170 l.

Die ***Resorption*** von Stoffen und Wasser aus dem Tubulus in das Blut erfolgt entweder *aktiv,* also unter Energieaufwand, oder *passiv,* d.h. die Moleküle diffundieren aus elektrischen oder osmotischen Gründen durch die Tubuluszellen in das Blut. Insgesamt ist es so, daß *nur wenige Substanzen aktiv* aus dem Blut resorbiert werden, allen voran die Natriumionen des Kochsalzes. Diesen folgen dann *passiv die anderen Substanzen,* in unserem Beispiel aus Gründen der Elektroneutralität die Chlorionen und aus osmotischen Gründen das Wasser (wobei die Wasserdiffusion wiederum weiteres Kochsalz mitreißt und natürlich auch die Diffusion anderer Stoffe nach sich zieht).

Jeden Tag werden nur rund 1 % der GFR, nämlich etwa 1,5 l, als Urin ausgeschieden. Die anderen 99 % werden im Tubulussystem wieder resorbiert. An dieser Resorption sind die einzelnen Tubulusabschnitte ganz unterschiedlich beteiligt. Die Hauptlast liegt beim Anfangsteil des Nephrons, wo bereits im *proximalen Konvolut 65 % des Filtratvolumens wieder zurückgenommen* werden. Das übrige Volumen wird im absteigenden Teil der Henle-Schleife, im distalen Konvolut und in den Sammelrohren rückresorbiert (vgl. Abb. 12-8 C, 12-9).

Der transtubuläre Transport von Salzen durch Resorption und Sekretion erfolgt in allen Tubulusabschnitten, allerdings dominieren die proximalen Tubulusabschnitte; die distalen Tubulusabschnitte dienen v. a. der Feineinstellung

Eine Übersicht über die Resorptions- und Sekretionsvorgänge an den verschiedenen Stellen des Nephrons zeigt Abb. 12–9. Der proximale Tubulus dominiert nicht nur bei der (teils passiven, teils aktiven) *Resorption* (*rote* Pfeile in der Abb.) von Wasser und Salzen, sondern auch bei der (immer aktiven) *Sekretion* (*schwarze* Pfeile) von Ionen, Medikamenten etc (s. u.).

Ionentransport im proximalen Konvolut und der Henle-Schleife. Vier Fünftel der im Ultrafiltrat gelösten Salze sind Kochsalz, NaCl. Im täglichen Primärharn sind rund 1,2 kg Kochsalz enthalten. Damit der Salzgehalt des Körpers konstant bleibt, dürfen von diesen 1,2 kg nicht mehr als die täglich mit der Nahrung aufgenommenen 8–15 g, also rund 1 %, im Urin ausgeschieden werden. Bei kochsalzarmer Nahrung müssen es sogar weniger sein. Die ***Resorption von Natrium*** ist daher die größte Aufgabe der Niere. Um die dabei notwendige Genauigkeit zu erzielen, arbeitet die Niere in einem Zwei-Stufen-Verfahren: Im proximalen Tubulus und in der Henle-Schleife werden gut 90 % des Kochsalzes resorbiert. Im distalen Tubulus erfolgt dann die Feineinstellung (s. u.).

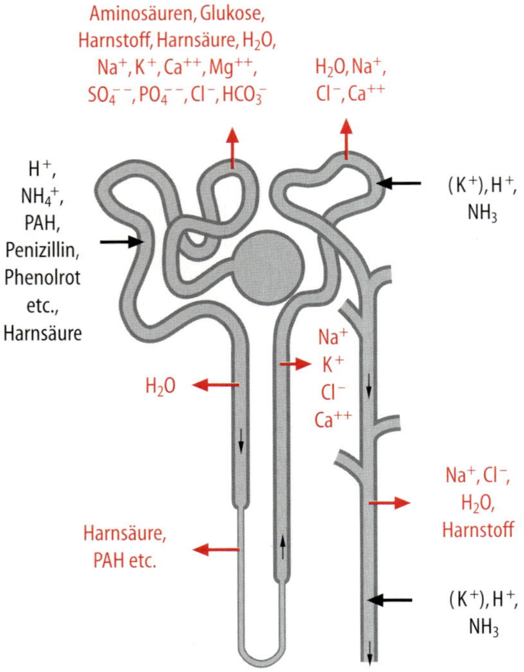

Abb. 12–9. Überblick über die Lokalisation der Transportvorgänge im Nephron. Substanzen, die aus dem im Glomerulus ultrafiltrierten Primärharn anschließend wieder resorbiert werden, sind *rot* eingetragen, die in den Harn sezernierten Substanzen *schwarz* (s.a. die *Pfeilrichtung*). Darstellung von P. Deetjen in [22]

Ionentransport im distalen Tubulus. Hier erfolgt die Feineinstellung der Harnbildung. Eine wichtige Rolle übernimmt dabei das aus der *Nebennierenrinde* stammende Hormon ***Aldosteron.*** Dessen Freisetzung erfolgt durch den auf S. 189 bereits geschilderten ***Renin-Angiotensin-Mechanismus,*** der bei Flüssigkeitsmangel im Extrazellulärraum und bei Kochsalzmangel aktiviert wird. *Aldosteron* steigert den aktiven Transport von Natrium-Ionen aus der Tubulusflüssigkeit. Die Natrium-Ionen werden zum großen Teil gegen Kalium-Ionen ausgetauscht, die wir normalerweise im Übermaß mit der Nahrung aufnehmen (vor allem bei sehr fleischreicher Nahrung) und wieder „loswerden" müssen.

Umgekehrt wird durch *Drosselung der Aldosteronfreisetzung* eine ***Natriurese*** (vermehrte Ausscheidung von Natrium) bewirkt (z. B. bei sehr salzhaltiger, flüssigkeitsreicher Kost). Diese Natriurese kann auch aktiv hormonal verstärkt werden, und zwar durch den ***atrialen natriuretischen Faktor, ANF.*** ANF ist ein Polypeptid, das auch ***Atriopeptin*** genannt wird, da es in den Muskelzellen des Herzvorhofes vorkommt. ANF steigert die GFR und bremst die Natrium-Resorption am Ende des Nephrons. Es wird nerval und durch Dehnung der Vorhöfe freigesetzt (s. auch Kap. 10).

Neben Kalium werden eine Reihe von anderen Stoffen durch ***Sekretion,*** also ***durch aktiven Transport aus dem Blut*** des zweiten Kapillarnetzes über die Tubuluszellen ***in den Harn*** ausgeschieden. Dazu gehören vor allem die im Körper durch den Stoffwechsel im Übermaß entstehenden ***Säuren,*** die sonst zu einer Übersäuerung des Blutes führen würden. Auch viele *Giftstoffe* und *Arzneimittel* werden in den Tubuli durch Sekretion ausgeschieden. Bei manchen Arzneimitteln geschieht dies so schnell, daß man sie über den Tag verteilt in zahlreichen Einzeldosen geben muß, um einen wirksamen Blutspiegel aufrechtzuerhalten.

Stoffe, die wegen ihres Nährwertes überhaupt nicht ausgeschieden werden sollen, werden durch aktive Transportsysteme (Pumpen) praktisch vollständig resorbiert

Zu diesen Stoffen zählen z. B. Glukose, Aminosäuren und kleine Eiweißmoleküle [40]. Als Beispiel sei die Glukose erwähnt. Ihre normale Konzentration im Blut, der *Blutzuckerspiegel,* liegt bei 80–100 mg% (mg pro 100 ml Plasma). Selbst bei einer Verdoppelung auf 200 mg% wird praktisch noch die gesamte abfiltrierte Glukose aus dem Primärharn resorbiert. Steigt der Blutzuckerspiegel noch weiter an, wie das bei der Zuckerkrankheit (***Diabetes mellitus,*** s. S. 71) der Fall ist, kann das Transportsystem nicht mehr die gesamte Glukose resorbieren (die Pumpen sind überfordert). Ein Teil wird daher im Urin auftauchen. Da die Glukose eine osmotische Wirkung hat, scheiden die Patienten zusätzlich eine erhöhte Harnmenge aus und sind entsprechend durstig. Dies ist oft das erste augenfällige Symptom. Auch der Name *Diabetes mellitus* bedeutet nichts anderes als „süße Harnruhr", also eine vermehrte Harnmenge, die süß schmeckt. Die Diagnose wurde nämlich früher durch Verkosten des Urins durch den Arzt gestellt.

12.7 Harnkonzentrierung und -verdünnung

Die übliche Urinbildung von rund 1,5 l/d wird als Antidiurese bezeichnet; das Hormon ADH (antidiuretisches Hormon, Adiuretin), das die Wände der Sammelrohre für Wasser durchlässig macht, regelt das Ausmaß der Urinkonzentrierung

In der normalen täglichen Urinmenge von rund 1,5 l sind die von den Nieren auszuscheidenden *„harnpflichtigen" Substanzen* so konzentriert, daß der Urin etwa dreimal hypertoner als das Blutplasma ist. Für diese Konzentrationsleistung werden im wesentlichen aktive Resorptionsprozesse („Pumpen") eingesetzt (s. auch oben). Zur Energieeinsparung und um eine hormonale Steuerung der Diurese zu ermöglichen, bedient sich die Niere dabei eines komplizierten Konzentrationsmechanismus, für dessen Beschreibung auf die Literatur verwiesen wird (z. B. [23, 24, 26]). Er führt im Ergebnis dazu, daß in der Umgebung der Sammelrohre im Nierenmark (s. Abb. 12–8) ein sehr hoher osmotischer Druck herrscht, so daß jetzt dem Harn *Wasser in großen Mengen auf osmotische Weise entzogen* werden kann. Dies setzt voraus, daß die Wände der Sammelrohre wasserdurchlässig sind oder, und das ist der Fall, durch die Wirkung eines Hormons wasserdurchlässig gemacht werden können. Das dafür zuständige Hormon ist das ***Adiuretin*** oder ***ADH*** (ADH = *a*nti*di*uretisches *H*ormon). Es wird im Hypothalamus gebildet, durch neuroaxonalen Transport in die Hypophyse gebracht und dort im Hinterlappen gespeichert (s. S. 76) [35].

Die ***Freisetzung von ADH*** aus der Hypophyse erfolgt in Abhängigkeit von der Konzentration der Natrium-Ionen im Extrazellulärraum (gemessen von Osmosensoren, vor allem im Hypothalamus). Eine *Erhöhung der Na^+-Konzentration* führt zur *Freisetzung von ADH* und damit zu einer ***Antidiurese,*** die so lange durchgehalten wird, bis die Na^+-Konzentration ihren Normalwert wieder erreicht hat. Das Umgekehrte geschieht bei Na^+-Mangel (s. unten). Dieses Regelsystem hält also die Kochsalzkonzentration und damit den osmotischen Druck im Extrazellulärraum konstant.

Die Regelmechanismen des Salz-Wasser-Haushalts und die Konzentrierungsfähigkeit der Nieren reichen nicht so weit, daß wir uns, wie dies manche Wüstentiere vermögen, lediglich mit dem aus der Verbrennung der Nährstoffe entstehenden Oxidationswasser (300 ml/d) unseres Stoffwechsels begnügen könnten. Wir müssen daher auch bei völligem Fasten trinken. Erinnert werden wir daran durch das *Durstgefühl.* Dieses wird durch den gleichen Mechanismus ausgelöst, der zur ADH-Ausschüttung führt, nämlich eine *Erhöhung der Kochsalzkonzentration der Extrazellulärflüssigkeit,* gleichgültig ob diese durch Kochsalzaufnahme oder Wasserverlust bedingt ist (Einzelheiten dazu in Kap. 25) [32].

Trinken von reichlich Flüssigkeit führt zur Hemmung der ADH-Freisetzung und damit zur Diurese, d. h. der Bildung großer Mengen verdünnten Urins

Wasser können wir soviel trinken wie wir wollen. Jeder Flüssigkeitsüberschuß wird mit einer Verzögerung von wenigen Stunden wieder ausgeschieden. Verantwortlich dafür ist der aus dem Absinken des osmotischen Druckes der Extrazellulärflüssigkeit resultierende starke ***Rückgang der ADH-Freisetzung,*** der zusammen mit einer *erhöhten Primärharnbildung* (durch den volumenbedingten Blutdruckanstieg, S. 190) für einen außerordentlich verdünnten Harn sorgt.

Wirkung von Diuretika. Eine vermehrte Harnbildung ist auch medizinisch oft erwünscht, vor allem bei der Behandlung des Bluthochdrucks (S. 191). Sie wird aber vom Arzt weniger durch Hemmstoffe der ADH-Freisetzung oder -Wirkung angeregt als durch Gabe von Pharmaka, die den aktiven Transport des Natriums aus den Tubuli hemmen und damit indirekt für eine Verminderung der passiven Wasserresorption sorgen.

Diabetes insipidus. Bei eingeschränkter oder fehlender ADH-Produktion (z. B. angeboren oder bei Tumoren im Hypophysen-Hypothalamus-Bereich) kommt es ständig zur vermehrten Urinausscheidung und damit zu dauerndem Durst. Dies führt zu dauerndem Trinken, dessen zwanghafter Charakter die gesamte Lebensweise des Patienten bestimmt. So wird berichtet, daß der Tiroler Zwerg *Klemens Perkeo* (Hofnarr am kurfürstlichen Schloß in Heidelberg um 1720–1730 bei *Karl Philipp von der Pfalz),* der wahrscheinlich unter einem angeborenen ADH-Mangel litt, täglich 20–30 l Flüssigkeit, vor allem Wein trank).

12.8 Niereninsuffizienz

Entscheidend für die Gesamtfunktion der Nieren ist eine ausreichende Filtration von Primärharn in den Glomeruli. Wenn nicht mehr ausreichend filtriert wird, ist es bedeutungslos, ob die tubulären Mechanismen zur Resorption von Salzen, Glukose oder Aminosäuren noch intakt sind und ob die Mechanismen zur Sekretion von Kaliumionen, Säuren oder Arzneistoffen arbeitsfähig sind. Ohne eine ausreichende *glomeruläre Filtrationsrate, GFR,* und ohne eine genügende Durchströmung der einzelnen Tubulusabschnitte können alle dort lokalisierten Funktionen nicht wirksam werden.

Dem akuten Nierenversagen liegt meist eine ungenügende Nierendurchblutung zugrunde, die zu einer drastischen Reduzierung der GFR führt

Die ungenügende Nierendurchblutung ist meist Folge eines Kreislaufzusammenbruchs (z. B. bei einer akuten Herzinsuffizienz oder einem starken Blutverlust). Die *Reduktion der GFR* führt zu einem stark reduzierten Harnfluß ***(Oligurie)*** oder dieser versiegt völlig ***(Anurie).*** Sekundär kommt es durch die mangelnde Sauerstoffzufuhr zur Schädigung der Nierenzellen, so daß

BOX 12-2

Xenotransplantation: Ausweg aus dem Mangel an Spenderorganen?
Sowohl die Nieren- wie auch die Herz-, Leber- und Lungentransplantationen sind aufgrund ihrer positiven Ergebnisse zu etablierten klinischen Therapieverfahren geworden. Der Mangel an Spenderorganen (für ein Nierentransplantat bestand z. B. im Herbst 1999, bei einem Bedarf von 5 000 Nieren pro Jahr, eine Wartezeit von 5 Jahren) ist aber das zentrale Problem der Transplantationsmedizin. Eine mögliche Lösung könnte die Xenotransplantation darstellen, d. h. die Verwendung von tierischen Organen, Geweben oder Zellen für die Transplantation beim Menschen. Nachdem die immunologischen Hürden, v. a. das hohe Risiko einer massiven Abstoßung, lange Zeit als unüberwindbar galten, haben Forschungsergebnisse der letzten Jahre diesen Ansatz realistischer erscheinen lassen. Die genetische Veränderung von Spendertieren, das heißt v. a. von Schweinen, ist eine entscheidende Voraussetzung, um die immunologischen Hürden der Xenotransplantation zu überwinden. Dies wird derzeit in präklinischen Tiermodellen, d. h. der Transplantation von Schweineorganen auf Primaten, getestet. Dabei ist insbesondere zu beachten, daß die Transplantation tierischer Organe mit dem Risiko einer Infektionsübertragung vom Spender auf den Empfänger verbunden ist. Dies gilt v. a. für Virusinfektionen. Da es andererseits keine oder kaum rechtliche und ethische Einwände gegen die Xenotransplantation gibt, würde die breite Verfügbarkeit von Xenotransplantaten vielen Menschen helfen können und die schwierige Problematik der gerechten Allokation (Zuteilung) menschlicher Spenderorgane lösen (viele Herz-, Leber- und Lungenkranke versterben auf der Warteliste).

häufig auch nach Wiederherstellen der Nierendurchblutung die Oligurie und Anurie bestehen bleiben [16, 23]. Oder die Niere verliert die Fähigkeit, den Harn zu konzentrieren oder zu verdünnen. Sie scheidet dann den größten Teil des Filtrates aus ***(Polyurie)*** und ist damit nicht mehr in der Lage, den Salz-Wasser-Haushalt zu regulieren (s. auch unten).

Chronisches Nierenversagen tritt auf, sobald die Zahl der Nephrone auf weniger als ein Drittel reduziert ist; wichtiges Anfangssymptom ist der Verlust der Fähigkeit, den Urin angemessen zu konzentrieren; ein völliges Nierenversagen führt in wenigen Tagen zum Tode

Unter normalen Umständen reicht ein Drittel der 2,4 Millionen Nephrone unserer beiden Nieren aus, um den Körper von allen „harnpflichtigen" Substanzen zu befreien. Der Verlust einer Niere ist also ohne weiteres zu verschmerzen, solange die verbleibende Niere gesund bleibt. Sinkt aber die Zahl der Nephrone auf weniger als 800 000 ab, beginnen sich die Abfallprodukte im Körper anzuhäufen. Weniger als eine halbe Million Nephrone ist mit dem Leben nicht mehr vereinbar.

Folgen zunehmenden Nephronenausfalls. Fallen im Verlauf einer fortschreitenden Erkrankung immer mehr Nephrone aus, z. B. bei einer chronischen Glomerulonephritis, bei der mehr und mehr Glomeruli durch entzündliche Schwellung der Kapillarwände und das Einwandern von Leukozyten völlig verstopfen, nehmen aus unbekannten Gründen der Blutstrom und die Primärharnbildung in dem übriggebliebenen Nierengewebe oft bis auf das Doppelte zu. Da außerdem die Konzentration der harnpflichtigen Substanzen im Blutplasma und damit im Primärharn unter diesen Bedingungen erhöht ist, steigt damit die Menge der nicht rückresorbierten Stoffe stark an. Ihre osmotische Kraft hindert dabei auch die Resorption von Wasser aus den Tubuli ***(osmotische Diurese).*** Auf diese Weise bildet *das einzelne Nephron bis zu zwanzigmal mehr Urin als normal.* Die Gesamtharnmenge steigt dann bei einem solchen Patienten bis auf das Dreifache des Normalwertes an, obwohl er an einer schweren Unterfunktion der Nieren leidet. Diese paradox erscheinende Situation spiegelt aber nur wider, daß die Zunahme der Urinproduktion jedes einzelnen der verbleibenden Nephrone stärker zugenommen hat, als es dem Verlust der übrigen Nephrone entsprechen würde.

So hilfreich dieser Kompensationsmechanismus für die Entgiftung des Körpers auf den ersten Blick ist, so hat er aber doch den Nachteil, daß der *schnelle Durchfluß des Primärharns durch die Tubuli* eine ausreichende Wasserresorption, also das *Eindicken des Urins, mehr und mehr verhindert.* Ein solcher Patient kann auch nach 12stündigem Dursten seinen Urin kaum noch konzentrieren, ganz im Gegensatz zu einem Gesunden, der dann einen Harn ausscheidet, der bis zu fünfmal soviel lösliche Stoffe enthält wie das Blutplasma, also fünfmal so hoch konzentriert ist.

Ablauf völligen Nierenversagens [16, 24]. Die Folgen einer unzureichenden Nierenfunktion lassen sich am

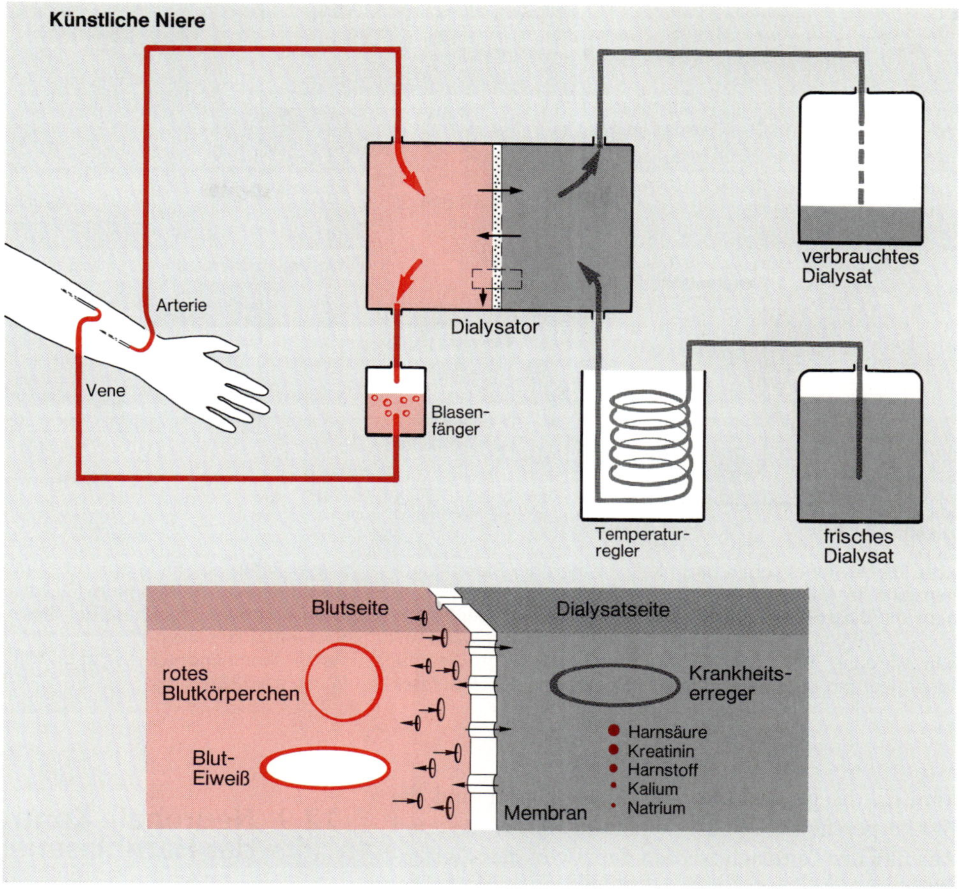

Abb. 12–10. Arbeitsweise künstlicher Nieren bei der Blutwäsche (Dialyse) von Patienten mit akutem oder chronischem Nierenversagen. Im Dialysator (Austauscher) ist Blut durch eine feinporige Membran (Zellophanmembran) von einer Blutersatzlösung (Dialysat) getrennt. Durch die Poren der Membran diffundieren die harnpflichtigen Abfallprodukte (Harnstoff, Kreatinin, Harnsäure, usw.) und überflüssige Salze sowie Wasser in das Dialysat, nicht jedoch die größeren zellulären Bestandteile des Blutes und die Eiweißmoleküle. Weitere Besprechung im Text

besten anhand eines vollkommenen Nierenversagens erläutern, wie es beispielsweise bei einer akuten, schweren *Glomerulonephritis* durch die entzündliche *Schwellung und Verstopfung praktisch aller Glomeruli* auftreten kann. Geht man davon aus, daß der Kranke mäßig ißt und trinkt, so nehmen Wasser- und Kochsalzgehalt des Körpers so stark zu, daß es zu einem immer ausgeprägteren, ***generalisierten Ödem*** kommt. Zweitens bewirkt die fehlende Ausscheidung der im Stoffwechsel im Überschuß produzierten Säuren eine ***Übersäuerung*** *(Azidose)*. Drittens kommt es innerhalb von ein bis zwei Wochen zu einem ***Anstieg der Konzentrationen von Harnstoff*** und von anderen ***harnpflichtigen Substanzen*** (z. B. Kalium, Harnsäure, Phenole, Phosphate, Sulfate) auf toxische Werte. Das Krankheitsbild wird als ***Urämie*** bezeichnet.

Etwa *eine Woche nach Beginn* des völligen Nierenversagens kommt es zu Bewußtseinstrübungen, die alsbald in einen Zustand tiefer Bewußtlosigkeit übergehen: der *Patient wird komatös*. Wahrscheinlich ist in erster Linie die starke Übersäuerung des Blutes verantwortlich, denn auch bei einer Übersäuerung aus anderen Ursachen, z. B. einer schweren, „entgleisten" Zuckerkrankheit, kommt es zum Koma. Die Übersäuerung ist auch für die tiefe und schnelle Atmung des komatösen Patienten verantwortlich, denn die Atmung wird durch die Stoffwechselsäuren ebenso, wenn auch fälschlich, angeregt wie durch die normalerweise bei Arbeit ansteigende Kohlensäure (vgl. S. 205). Der Blutdruck beginnt etwa einen Tag vor dem Tod zunächst langsam, dann immer schneller zu fallen.

Die Dialyse mit der künstlichen Niere beruht auf der passiven Diffusion der harnpflichtigen Substanzen aus dem Blut durch semipermeablen Membranen in die Dialysierflüssigkeit

Bei einem vorübergehenden oder dauernden Ausfall beider Nieren muß der Patient regelmäßig von den harnpflichtigen Substanzen befreit werden. Dies geschieht mit Hilfe von *„künstlichen Nieren"*. Die Arbeitsweise dieser Geräte ist im Prinzip einfach (Abb. 12–10): Blut wird durch dünne Zellophanschläuche geleitet, die auf ihrer Außenseite von einer Austausch- oder Dialysierflüssigkeit umspült werden, in die die *harnpflichtigen Substanzen abdiffundieren* können.

Die Zellophan-Membranen der Austauschflächen haben Poren, die gerade so groß sind, daß die harnpflichtigen Substanzen frei hindurchdiffundieren

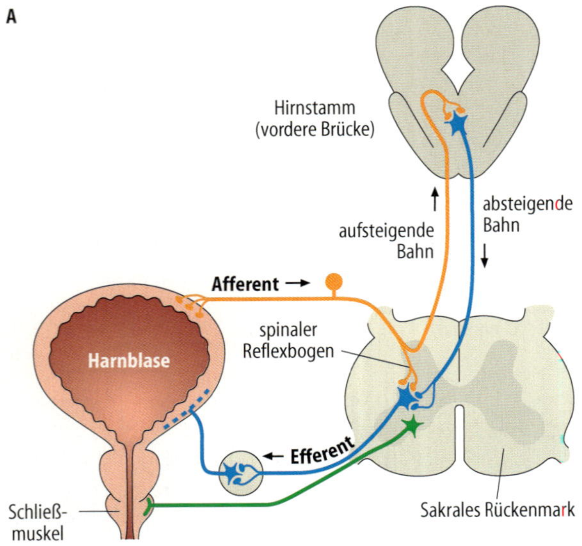

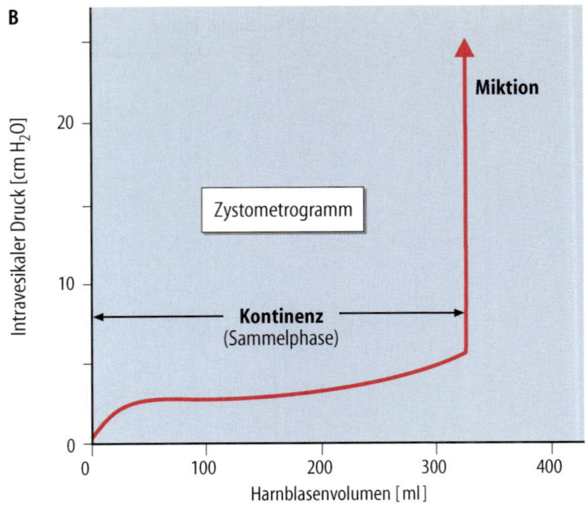

Abb. 12–11. Reflexbögen und Mechanismen der Blasenkontinenz und der Miktion. **A** Vereinfachte Darstellung des Reflexbogens der Blasenentleerung (*Miktion,* Reflexweg 1). Der Reflexbogen nimmt von Dehnungssensorgen in der Blasenwand seinen Ausgang. Bei Querschnittslähmungen erfolgt die Blasenentleerung über den spinalen Reflexbogen 2 (*Reflexblase*). Dieser Reflexweg funktioniert bei intaktem Rückenmark nicht. **B** Volumen-Druck-Diagramm (*Zystometrogramm*) der menschlichen Harnblase. Die Phase der Blasenkontinenz ist durch den flachen Teil des Diagramms definiert. Beim plötzlichen Anstieg des Blaseninnendruckes setzt die Miktion ein. In Anlehnung an W. Jänig in [22]

können, die großmolekularen Eiweißkörper und die Blutkörperchen aber zurückgehalten werden. Art und Ausmaß der Diffusion werden dabei von den *Konzentrationsunterschieden zwischen Blutplasma und Dialysat* bestimmt. Ist also im Dialysat kein Harnstoff gelöst, wird dieser in großen Mengen aus dem Blut abdiffundieren. Ist andererseits die Kochsalzkonzentration in beiden Flüssigkeiten gleich, wird trotz Hin- und Herdiffundierens von Na^+- und Cl^--Ionen keine Nettoverschiebung auftreten. Und ist schließlich ein Stoff im Dialysat in höherer Konzentration als im Blutplasma gelöst, so wird er in das Blut übertreten (z. B. Bakterien und andere Verunreinigungen, sofern sie durch die Poren gehen). Die zusätzlich notwendige Entfernung von Wasser aus dem Blut wird durch *Druck auf der Blutseite* (vergleichbar der Ultrafiltration in den Glomeruli) oder durch *Osmose oder Sog auf der Dialyseseite* bewirkt.

Die Dialyse in der künstlichen Niere ist also ein *rein passiver* Vorgang. Dennoch sind die Austauschraten moderner Geräte doppelt so hoch wie die der beiden normalen Nieren zusammen. Nur so ist es möglich, daß der Patient *nur alle drei bis vier Tage für etwa 12 Stunden* an den Dialysator angeschlossen werden muß. Während dieser Zeit fließen etwa 300–400 ml Blut pro Minute durch den Dialysator, das über eine Austauschfläche von 10 000–20000 cm^2 geleitet wird. Immer mehr Patienten sind in der Lage, diese Dialysen selbständig bei sich zu Hause durchzuführen.

Nierentransplantationen sind die optimale Lösung bei der Behandlung eines dauernden totalen Nierenversagens. Sie können derzeit noch nicht im notwendigen Umfang durchgeführt werden: Spendernieren sind knapp, und die Abstoßreaktionen sind noch nicht voll unter Kontrolle.

12.9 Neuronale Kontrolle der Harnblasenentleerung

Die Kontinenz der Harnblase wird durch zwei Schließmuskeln gewährleistet; die Miktion wird über Dehnungssensoren in der Blasenwand angeregt und parasympathisch efferent gesteuert; beide Vorgänge unterliegen einer supraspinalen Kontrolle

Innervation der Harnblase [3, 34]. Die Innervation der Harnblase samt ihres *inneren* Schließmuskels (M. sphincter internus, s. S. 233) erfolgt durch das autonome Nervensystem. Die Blasenmuskulatur wird erregt durch ***parasympathische Fasern,*** die im *Nervus splanchnicus pelvinus* laufen und den 2.–4. Sakralsegmenten entspringen. Diese Innervation ist Voraussetzung für die normale Blasenentleerung. Die ***sympathische Innervation*** wirkt hemmend auf die Blasenwandmuskulatur und erregend auf den inneren Schließmuskel. Sie entstammt dem oberen Lumbalmark. Ihre Aufgabe ist möglicherweise die Verbesserung der Kontinenz der Harnblase. Der *äußere* Schließmuskel ist somatisch *(Nervus pudendus)* innerviert. Die zugehörigen Motoneurone liegen im mittleren Sakralmark. In der Blasenwand liegen *Dehnungssensoren,* die den Füllungsgrad der Blase messen. Ihre afferenten Nervenfasern verlaufen im *N. splanchnicus pelvinus.*

Blasenentleerungsreflex. Bei der Harnblase wechseln sich lange Sammelphasen und kurze Entleerungsphasen ab. Man nennt die Fähigkeit der Blase, den Urin zu speichern, ***Kontinenz*** und die Fähigkeit, sich aktiv zu entleeren, ***Miktion.***

Während der ***Sammelphasen*** wird die Entleerung reflektorisch verhindert oder erschwert. Die Blase füllt sich mit etwa 50 ml Urin pro Stunde. In dieser Zeit kommt es nur zu geringen Zunahmen des Blaseninnendrucks (Abb. 12-11 B). Hat die Füllung der Harnblase etwa 250–500 ml erreicht, setzt normalerweise die ***Entleerungsphase*** ein. Es kommt zu einem raschen Anstieg des Blaseninnendrucks (*rechts* in Abb. 12–11 B), verbunden mit starkem Harndrang.

Der normale Reflexbogen der Miktion ist in Abb. 12–11 A skizziert. Die zunehmende Füllung der Blase aktiviert die Dehnungssensoren der Blasenwand. Dies erregt über den supraspinalen Reflexbogen 1 die parasympathischen Neurone zur Blasenwandmuskulatur, worauf es zu deren Kontraktion und damit zur Blasenentleerung kommt. Der Reflexbogen ist an die Unversehrtheit der vorderen Brückenregion im Hirnstamm gebunden. Auch durch elektrische Reizung dieser Region kann man im Tierversuch Miktionen auslösen. Der Blasenentleerungsreflex unterliegt zussätzlich einer ***suprapontinen Kontrolle*** vom oberen Hirnstamm, vom Hypothalamus und vom Großhirn. Diese Kontrolle ermöglicht eine willkürliche Blasenkontinenz trotz starker Füllung der Blase (um eine ungelegene Miktion zu vermeiden) und umgekehrt eine willkürliche Miktion, sobald diese erwünscht ist [14, 34].

Blasenentleerungsstörungen [16]. Diese sind häufig zu beobachten. ***Harnverhaltung*** tritt auf bei Lähmung oder Schädigung der Blasenwandmuskulatur, z. B. durch Entzündung oder traumatische Nervenschädigung, bei Verlegung der Harnröhre, z. B. durch einen Prostatatumor, oder durch einen Krampf der Schließmuskeln. Das Unvermögen, den Harn willkürlich zurückzuhalten, bezeichnet man als ***Harninkontinenz.*** Sie tritt besonders bei Frauen nach der Geburt (durch Beckenbodenschwäche), bei hirnorganischen Erkrankungen (z. B. multiple Sklerose, Arteriosklerose der Hirngefäße) und auch rein psychogen auf. Bei einer ***Querschnittslähmung*** kann auf Blasenfüllung zunächst keine reflektorische Entleerung mehr beobachtet werden. Korrekte Pflege vorausgesetzt, bildet sich aber nach 1 bis 5 Wochen wieder eine reflektorische Entleerung heraus. Der Reflexbogen dieser ***Reflexblase*** verläuft spinal (Reflexweg 2 in Abb. 12–11 A). Dieser Reflexweg wird auch vom normalen Säugling benutzt. Er wird später durch den supraspinalen Weg überlagert. Querschnittsgelähmte können es lernen, den spinalen Reflexweg durch äußere Reize (z. B. Beklopfen des Unterbauches) zu aktivieren und damit ihre Kontrolle der Miktion zurückzugewinnen [34, 36].

Psychophysiologische Behandlung der Harninkontinenz und von Enuresis nocturna. Sofern nicht alle nervalen Afferenzen und Efferenzen zu den Schließmusklen zerstört sind, so z. B. bei Inkontinenz nach Geburten und Operationen oder bei alten Menschen, kann durch Biofeedback des externen Sphinkters, wie auf Abb. 13–25 dargestellt, die Harnkontinenz wieder gelernt werden. Dabei wird die in Abb. 13–25 gezeigte elektromyographische oder mechanische Sonde in den Anus eingeführt [43]. Kontraktionen der Schließmuskeln der Harnröhre können dort registriert werden. Wie auf S. 278 beschrieben, werden die Patienten für Kontraktionen des externen Sphinkters verstärkt und können dieses auch am Bildschirm beobachten. *Enuresis nocturna* (nächtliches Einnässen) tritt häufig im Kindes- und Jugendalter in Schlafphasen 3 und 4 auf (s. Kap. 23). Die Behandlung erfolgt durch ein *Klingelmatratze,* bei der kleine Mengen ausgeschiedenen Urins eine elektrischen Kontakt schließen, der das Kind sofort weckt [20].

ZUSAMMENFASSUNG

Nährstoffe des Körpers sind Kohlenhydrate (v. a. pflanzliche Stärke aus Getreide, Kartoffeln etc), Fette (v. a. tierische Triglyzeride) und Eiweiße (v. a. aus Fleisch, Fisch, Milchprodukten). Vitamine sind lebenswichtige organische Substanzen ohne Nährwert, die der Organismus nicht selbst synthetisieren kann. Diese ebenso wie Wasser, Salze und Spurenelemente werden bei normaler Kost ausreichend zugeführt.

Die Nährstoffe können sich im Hinblick auf ihren Brennwert gegenseitig ersetzen. Für den Baustoffwechsel der Zellen, für die Resorption der fettlöslichen Vitamine und für den Stoffwechsel des Gehirns ist es aber lebenswichtig, gewisse Mindestmengen von Eiweißen, Fetten und Kohlenhydraten zu sich zu nehmen. Der Eiweißbedarf läßt sich z. B. mit der Zufuhr von 1 g Eiweiß pro kg Körpergewicht abdecken.

Das Idealgewicht mit der statistisch höchsten Lebenserwartung liegt derzeit unter dem Durchschnittsgewicht der deutschen Bevölkerung, dies gilt auch für den BROCA-Index (Körperhöhe minus 100 = Gewicht in kg), den bekanntesten Referenzwert. Mit anderen Worten, viele Menschen haben Übergewicht. Dieses stellt in mehrerer Hinsicht ein Gesundheitsrisiko dar. Jede ausgeprägte Adipositas sollte daher mit verhaltenstherapeutischen Methoden behandelt werden.

Beim Kauen wird die Nahrung zerschnitten, zerrissen, zermahlen und mit Speichel durchmischt. Damit wird sie gleit- und schluckfähig. Die Speichelsekretion liegt bei 1 l pro Tag. Der Speichel hilft auch bei der Geschmackswahrnehmung und leitet die Verdauung der Kohlenhydrate (über die in ihm enthaltene Amylase) ein.

Durch das Schlucken wird der Speisebrei in die Speiseröhre und von dort aktiv, d. h. durch Kontraktionswellen der Speiseröhrenwand, in den Magen befördert. Dort wird er im proximalen Magen gespeichert und im distalen weiter durchmischt. Anschließend erfolgt innerhalb 1–5 h (abhängig von Füllungszustand, Partikelgröße des Speisebreis und von seiner chemischen Zusammensetzung) die portionsweise Entleerung in den Dünndarm.

Die Magenschleimhaut mischt dem Speisebrei täglich 2–3 l saueren, schleimhaltigen Magensaft zu, der sich an der Aufschließung der Nahrung beteiligt. Die Magensaftsekretion wird nervös und hormonell gesteuert. Der Magenschleim schützt dabei die Magenwände vor der Selbstverdauung. Wird dieser Schutz hier und im Zwölffingerdarm (dem ersten Teil des Dünndarms) durchbrochen, resultieren Magengeschwüre. Ihre Entstehung wird von psychologischen Faktoren entscheidend mitbestimmt.

Die Bauchspeicheldrüse liefert täglich bis zu 2 l Pankreassekret, das zahlreiche Verdauungsenzyme enthält. Die Leber steuert etwa 0,5 l Galle bei, die v. a. bei der Fettverdauung hilft. Die meisten Verdauungsschritte und die anschließende Resorption der in kleine Moleküle zerlegten Nährstoffe finden im Dünndarm statt. Im Dickdarm werden die verbleibenden Faezes durch die Resorption von Wasser eingedickt und anschließend bis zur Entleerung im Enddarm gespeichert. Der regelmässige Wechsel zwischen langen Perioden der Kontinenz und der kurzen Defäkation ist für das soziale Leben unabdingbar. Entsprechend wichtig ist die Behandlung der fäkalen Inkontinenz, z. B. mit Biofeedback-Methoden.

In den Glomeruli der Nieren werden täglich 170 l Primärharn gebildet. Von diesem werden nur 1–2 l ausgeschieden. Der dazu notwendige Resorptionsprozeß wird in den an die Glomeruli anschließende Tubulusabschnitten der rund 1,2 Millionen Nephrone jeder Niere geleistet. Die proximalen Tubulusabschnitte sind für die rasche Aufnahme der meisten Anteile des Primärharns zuständig, die distalen dienen der Feineinstellung der Harnzusammensetzung. Stoffe, die nicht ausgeschieden werden sollen, z. B. Glukose, werden durch aktive Transportsysteme praktisch vollständig resorbiert.

Das Ausmaß der Urinkonzentration wird durch das antidiuretische Hormon, ADH, geregelt, das im Hypothalamus gebildet und im Hypophysenhinterlappen gespeichert wird. Die Freisetzung erfolgt bei Anstieg der Kochsalzkonzentration im Blut. Das ADH läßt über die Wände der Sammelrohre solange Wasser in das Blut übertreten (Antidiurese) bis die Kochsalzkonzentration im Blut ihren Normalwert wieder erreicht hat. Bei reichlicher Flüssigkeitszufuhr stoppt die ADH-Freisetzung und es wird ein reichlicher, hochverdünnter Urin ausgeschieden (Diurese).

Völliges Nierenversagen ist mit dem Leben nicht vereinbar. Bei akuten wie chronischen Formen muß das Blut mit Hilfe der Dialyse von den toxisch wirkenden harnpflichtigen Substanzen befreit werden, sonst tritt der Tod durch Urämie ein.

Der Harn wird in der Harnblase gesammelt und periodisch über den Vorang der Miktion entleert. Diese Prozesse sind mit denen der Darmentleerung vergleichbar. Blasenentleerungsstörungen, Inkontinenz und (meist vorübergehende) Enuresis nocturna sind den Patienten oft sehr belastende Ereignisse. Oft sind zu deren Beseitigung verhaltensmedizinische Verfahren erfolgreich.

Literatur

Weiterführende Lehr- u. Handbücher

1. Bässler K-H (1989) Vitamine. Steinkopf, Darmstadt
2. Bässler K-H, Fekl, W, Lang K (1987) Grundbegriffe der Ernährungslehre, Basistext Medizin. (Heidelberger Taschenbuch Nr. 119) Springer, Berlin Heidelberg New York Tokyo
3. Cervero F, Morrison JFB (eds) (1986) Visceral Sensation. Progress in Brain Res 67. Elsevier, Amsterdam New York Oxford
4. Deutsche Gesellschaft für Ernährung (Hrsg) (1980) Material zum Ernährungsbericht 1980. Deutsche Gesellschaft für Ernährung, Frankfurt a M
5. Deutsche Gesellschaft für Ernährung (Hrsg) (1984) Ernährungsbericht 1984. Deutsche Gesellschaft für Ernährung, Frankfurt a M
6. Deutsche Gesellschaft für Ernährung (Hrsg) (1992) Ernährungsbericht 1992. Deutsche Gesellschaft für Ernährung, Frankfurt a M
7. Deutsche Gesellschaft für Ernährung (Hrsg) (1992) Empfehlungen für die Nährstoffzufuhr (5. Überarbeitung, 1. korr. Nachdruck). Umschau Verlag, Frankfurt a M
8. Documenta Geigy (1969) Wissenschaftliche Tabellen – (Hrsg.: J. R. Geigy AG Pharma, Basel), 7. Aufl. Basel

9. BRANNON L, FEIST J (1999) Health Psychology, 4th edn. Wadsworth, Belmont
10. FRIEDRICH W (1987) Handbuch der Vitamine. Urban und Schwarzenberg, München
11. GATCHEL RS, BLANCHARD E (eds) (1993) Psychophysical Disorders. APA Press, Washington DC
12. GOEBELL H (Hrsg) (1992) Gastroenterologie. Teil A. Urban und Schwarzenberg, München
13. GRANGER DN, BARROWMAN JA, KVIETYS PR (eds) (1985) Clinical gastrointestinal physiology. Saunders, Philadelphia:
14. GUTTMANN L (1976) Spinal cord injuries. 2nd edn. Blackwell Scientific Publications, Oxford London Edinburgh Melbourne
15. HESEKER H, ADOLF T, EBERHARDT W, HARTMANN S, KÜBLER W, MATLASKE B, MOCH KJ, SCHNEIDER R, ZIPP A (1992) Lebensmittel und Nährstoffaufnahme Erwachsener in der Bundesrepublik Deutschland. (VERA-Schriftenreihe, Bd III): Wissenschaftlicher Fachverlag Fleck, Niederkleen
16. HIERHOLZER K, SCHMIDT RF (Hrsg) (1991) Pathophysiologie des Menschen. VCH, Weinheim
17. HÖLZL R, WHITEHEAD WE (1983) Psychophysiology of the gastrointestinal tract. Plenum, New York
18. JOHNSON LR (eds) Physiology of the gastrointestinal tract. 3rd ed. Vols. 1 and 2. Raven Press, New York
19. LEHNINGER AL, NELSON DL, COX MM (1998) Prinzipien der Biochemie. 2. Aufl. Spektrum Akadem. Verlag, Heidelberg
20. MILTNER W, BIRBAUMER N, GERBER WD (1986) Verhaltensmedizin. Springer, Berlin Heidelberg New York Tokyo
21. SCHMIDT RF (2001) Physiologie kompakt, 4. Aufl. Springer, Berlin Heidelberg New York Tokyo
22. SCHMIDT RF, THEWS G (Hrsg) (1987) Physiologie des Menschen. 23. Aufl. Springer, Berlin Heidelberg New York Tokyo
23. SCHMIDT RF, THEWS G, LANG F (2000) (1997) Physiologie des Menschen. 28. Aufl. Springer, Berlin Heidelberg New York Tokyo
24. SELDIN DW, GIEBISCH G (eds) (1992) The Kidney. Physiology and Pathophysiology. 2nd edn. Raven, New York
25. SLEISENGER MH, FORDTRAN JS (eds) (1998) Gastrointestinal disease. 6th edn. Vol. 1 and 2. Saunders, Philadelphia
26. WINDHAGER EE (1992) Handbook of physiology. Section 8: Renal physiology. Oxford University Press, London
27. WORM N (1992) Ratgeber Ernährung: Über Glaube, Hoffnung und Wahrheit moderner Ernährungslehren. 2. Aufl. TR-Verlagsunion, München

Einzel- und Übersichtsarbeiten

28. BIRBAUMER N (1986) Cardiovasculäre Störungen. In: Miltner W, Birbaumer N, Gerber D (Hrsg) Verhaltensmedizin. Springer, Berlin Heidelberg New York Tokyo
29. BIRBAUMER N (1986) Gastrointestinaltrakt. In: Miltner W, Birbaumer N, Gerber D (Hrsg) Verhaltensmedizin. Springer, Berlin Heidelberg New York Tokyo
30. CHRISTENSEN J (1993) Motility of the intestine. In: [25] pp 822–837
31. DIAMANT NE (1993) Physiology of the esophagus. In: [25] pp 319–330
32. FITZSIMONS JT (1992) Physiology and pathophysiology of thirst and sodium appetite. In: Seldin DW, Giebisch G (eds) The kidney: physiology and pathophysiology. 2nd ed. Raven, New York pp 1615–1648
33. FOREYT JP (1987) The addictive disorders. In: Wilson GT, Franks CM, Kendall PC, Foreyt JP (eds) Review of Behavior Therapy. Vol. 11. Guilford, New York
34. GROAT WC DE (1975) Nervous control of the urinary bladder of the cat. Brain Res 87:201–211
35. HANDLER JS, ORLOFF J (1981) Antidiuretic hormone. Ann. Rev. Physiol. 43:611–624
36. KUHN RA (1950) Functional capacity of the isolated human spinal cord. Brain 72:1–51
37. MADDOX DA, BRENNER BM (1991) Glomerular ultrafiltration. In: Brenner B, Rector FC (eds) The kidney, 4th edn. Philadelphia, Saunders, pp 205–244
38. RUPPIN H (1983) Motilität des Dünndarms. In: Handbuch Innere Medizin. 5. Aufl. Bd. 3 Verdauungsorgane Teil 3 A Caspary WF (Hrsg) Springer, Berlin Heidelberg New York Tokyo S. 464–487
39. SCHILLER LR (1983) Motor function of the stomach. In: Sleisenger MH, Fordtran JS (eds) Gastrointestinal disease. Saunders, Philadelphia, pp 521–541
40. SILBERNAGL S (1988) The renal handling of amino acids and oligopeptides. Physiol. Rev. 68:911–1007
41. WEISBRODT NW (1981) Pattern of intestinal motility. An Rev Physiol 43:33–51
42. WEISS JM (1977) Psychological and behavioral influences on gastrointestinal lesions in animal models. In: Maser S, Seligman MEP (eds) Psychopathology. Freeman, San Francisco
43. WHITEHEAD WE, SCHUSTER MM (1983) Manometric and electromyographic techniques for assessment of the anorectal mechanism for continence and defecation. In: Hölzl R, Whitehead WE (eds) Psychophysiology of the gastrointestinaltract. Experimental and clinical applications. Plenum, New York
44. WOOD JD (1994) Physiology of the enteric nervous system. In: Johnson LR (ed) Physiology of the gastrointestinal tract. 3rd ed. Raven, New York pp 423–482w

13 Bewegung und Handlung

EINLEITUNG

Vor allem über Bewegungen seiner Skelettmuskulatur kann der Mensch auf seine Umwelt einwirken und sich mit ihr auseinandersetzen. Dies gilt z. B. für das zweibeinige Stehen und Gehen und die Greiffunktionen der Hand ebenso wie für die Übermittlung der subtilsten Gedanken und Gefühle durch Sprechen oder Schreiben, durch Mimik oder Gestik. All diese Bewegungen können nur gut und richtig ausgeführt werden, wenn durch eine angemessene Haltung des Körpers und der Gliedmaßen die für diese Tätigkeiten notwendigen Ausgangspositionen eingenommen und Haltung und Bewegung fortlaufend auf einander abgestimmt werden. Die nervöse Kontrolle der Skelettmuskulatur ist daher eine der wichtigsten Aufgaben des Zentralnervensystems. Die damit befaßten zentralnervösen Strukturen werden als die motorischen Systeme des Zentralnervensystems bezeichnet.

Mit seiner Handgeschicklichkeit und der sprachlichen Kommunikation hat der Mensch gegenüber den Tieren sein motorisches Verhalten im handwerklichen, konstruktiven und künstlerischen Bereich weit ausgedehnt. Unsere Bewegungen sind überdies zielgerichtet, teils aus innerem Antrieb, teils als Antwort auf äußere Reize. Motivationale und kognitive Komponenten bilden also wesentliche Anteile der meisten motorischen Handlungen des Menschen.

Die Skelettmuskulatur ist übrigens das weitaus am stärksten ausgebildete Organsystem des Menschen und der Wirbeltiere. Diese Muskeln haben einen Anteil am Gesamtkörpergewicht von 40 bis 50 %. Die Hauptfunktion der Muskeln ist die Kontraktion, also das Zusammenziehen oder Zusammenzucken unter Kraftentwicklung. Außerdem spielen die Muskeln eine wichtige Rolle im Wärmehaushalt des Organismus, denn bei einer Muskelverkürzung oder -anspannung wird Energie verbraucht, die zum größten Teil als Wärme frei wird (s. Kap. 11).

In den nachfolgenden Abschnitten wird zunächst die Arbeitsweise der Skelettmuskulatur dargestellt und anschließend die Kontrolle von Haltung und Bewegung durch die motorischen Systeme des Nervensystems geschildert.

13.1 Die molekularen Mechanismen der Kontraktion

Die kleinste funktionelle Betriebseinheit des Skelettmuskels ist das Sarkomer, das die Myosin- und Aktinfilamente enthält und von den Z-Scheiben begrenzt wird

Aufbau des Skelettmuskels. Die Körpermuskulatur besteht aus einzelnen Muskeln, von denen der *Musculus biceps* des Oberarmes ein bekanntes Beispiel ist. Ein solcher Muskel ist ein langgestrecktes Fleischpaket, das an beiden Enden in feste Sehnen ausläuft. Über diese Sehnen wird der Muskel mit den Knochen, dem *Skelett,* verknüpft und kann auf dieses Kraft ausüben. Je nach Größe, Lokalisation und Funktion sind die Muskeln des Menschen von unterschiedlichster Gestalt, ihr Aufbau ist aber im Prinzip immer gleich [1, 14, 17, 24].

Wie Abb. 13-1 A zeigt, setzt sich jeder Muskel aus ***Faserbündeln*** zusammen. Diese sind mit freiem Auge noch gut sichtbar (z. B. die Fasern gekochten Rindfleisches). Die einzelnen ***Muskelfasern*** des Bündels sind fadenartige, oft viele Zentimeter lange ***Zellen*** mit einem Durchmesser von 10–100 μm (0,01–0,1 mm). Diese Muskelfasern oder -zellen durchlaufen meist die Gesamtlänge des Muskels und gehen an beiden Enden in die bindegewebigen Sehnen über.

In ihrem allgemeinen Aufbau gleichen die Muskelfasern den übrigen Zellen des Körpers, in ihren elektrophysiologischen Eigenschaften (Ruhe- und Aktionspotential, Erregbarkeit) den Nervenzellen. Als entscheidende Besonderheit liegen aber in den Muskelzellen in hoher Konzentration die als ***Myofibrillen*** bezeichneten Eiweißstrukturen, die sich bei Erregung der Muskelfasern zusammenziehen oder ***kontrahieren.*** Die

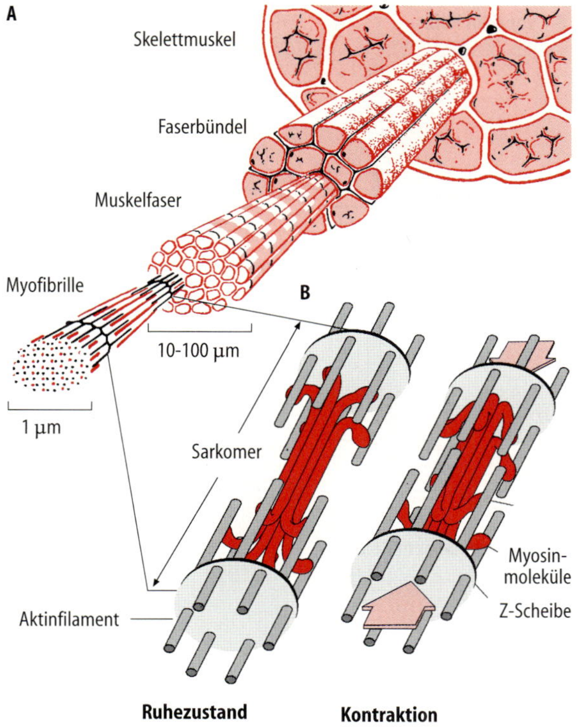

Abb. 13–1. Grob- und Feinbau des Muskels. **A** Jeder Skelettmuskel ist aus vielen Faserbündeln zusammengesetzt, die jeweils in bindegewebige Hüllen eingescheidet sind. Jedes Faserbündel besteht wiederum aus zahlreichen Muskelfasern. In den Muskelfasern sind die kontraktilen Elemente, Sarkomere genannt, als Myofibrillen hintereinander angeordnet und jeweils durch die Z-Scheiben begrenzt. **B** Aufbau eines Sarkomers in Ruhe *(links)* und bei Kontraktion *(rechts)*. Zwischen den Aktinfilamenten liegen dicke Myosinfilamente, die aus Bündeln von Myosinmolekülen bestehen. Zur Verdeutlichung des Kontraktionsvorganges ist jeweils nur *ein* Myosinmolekül eingezeichnet

kontraktilen Myofibrillen sind also die *Minimotoren der Skelettmuskulatur,* von denen Abertausende gleichzeitig tätig sind, wenn sich ein Muskel verkürzt oder Spannung entwickelt.

Aufbau des Sarkomers. Die eben als Minimotoren bezeichneten Myofibrillen sind sehr lange, etwa 1 µm dünne Schläuche, die durch Trennwände, die sogenannten *Z-Scheiben,* in zahlreiche, etwa 2,5 µm große Fächer, die ***Sarkomere,*** unterteilt sind. Die Struktur eines solchen Sarkomers, der kleinsten funktionell selbständigen Betriebseinheit eines Muskels, ist in Abb. 13–1B schematisch gezeigt (s.a. Abb. 13–2 A, *rechts*). In der Mitte jedes Sarkomers liegen an die *1000 dicke Filamente* aus dem kontraktilen Eiweißkörper ***Myosin.*** In sie hinein ragen von jeder Wand der zugehörigen Z-Scheiben je etwa *2000 dünne Filamente* aus dem kontraktilen Eiweißkörper ***Aktin,*** die wie Borsten einer Bürste an den Z-Scheiben befestigt sind.

Die regelmäßige Anordnung der Aktin- und Myosinfilamente und die ebenfalls in den einzelnen Muskelfasern völlig einheitliche Anordnung aller Myofibrillen zeigt sich im Lichtmikroskop als gleichmäßige Hell-Dunkel-Bänderung der Muskelfasern, die dem Skelettmuskel auch den Namen ***quergestreifter Muskel*** eingetragen hat. Auch der Herzmuskel zeigt diese Querstreifung, nicht aber der glatte Muskel; er ist zwar auch aus Myofibrillen aufgebaut, diese sind aber unregelmäßig gegeneinander verschoben. Skelettmuskeln enthalten pro Gramm Gewicht etwa 100 mg der kontraktilen Proteine Aktin (Molekulargewicht 42 000) und Myosin (Molekulargewicht 500 000).

Die Gleitfilamenttheorie beschreibt den Elementarprozeß der Kontraktion im Sarkomer als ein aktives Einziehen der Aktin- zwischen die Myosinfilamente

Unsere Vorstellung über das Zusammenwirken von Aktin und Myosin bei der Kontraktion wird durch die ***Gleitfilamenttheorie*** beschrieben [31,32,35,36]: Im ruhenden Muskel (*links* in Abb. 13–1B, s. a. Abb. 13–2 B, C) überlappen sich die Enden der dicken Myosin- und dünnen Aktinfilamente nur wenig. Bei der Kontraktion (*rechts* in Abb. 13-1 B, s. a. Abb. 13–2 D) gleiten die dünnen Filamente aus Aktin zwischen die dicken Filamente aus Myosin. Dadurch verkürzt sich das Sarkomer, ohne daß sich die Aktin- und Myosinfilamente selbst verkürzen. Umgekehrt wird bei Dehnung des Muskels das Bündel der dünnen Filamente aus der Anordnung der dicken Filamente mehr oder weniger herausgezogen, wodurch die Filamentüberlappung abnimmt.

Die Verknüpfung zwischen den Filamenten des Sarkomers erfolgt über ***Querfortsätze,*** die an den Enden der Myosinfilamente als kleine Verdickungen herausragen (Abb. 13–1B). Jeder Myosinkopf verbindet sich als Querbrücke mit einem benachbarten Aktinfilament. Bei der Kontraktion ***rudern die Köpfe,*** wie B zeigt, durch eine Kippbewegung mit vereinten Kräften die Aktinfilamente in Richtung zur Sarkomermitte.

Durch eine einmalige Kippbewegung verkürzt sich ein Sarkomer allerdings nur um etwa 1 % seiner Länge. Um eine stärkere Verkürzung zu erzielen, müssen also die Querbrücken die eben beschriebene Ruderbewegung nicht einmal, sondern vielmals (für eine *maximale* Verkürzung etwa 50mal) schnell hintereinander ausführen. Erst durch dieses wiederholte Loslassen und Anfassen der Myosinköpfe werden die Aktinfilamente schließlich zur Sarkomermitte hingezogen, etwa so wie ein langes Stück Seil durch das wiederholte Nachgreifen von einer Seilmannschaft zu sich herangezogen wird. Bei der Muskelerschlaffung lösen sich die Myosinköpfchen vom Aktinfaden, und die Aktinfilamente gleiten leicht und passiv aus den Myosinfilamenten heraus.

Das Adenosintriphosphat, ATP, ist der Energielieferant für die Kippbewegungen der Myosinköpfchen bei der Kontraktion

Das Rudern der Querbrücken ist ein aktiver Prozeß, der Energie benötigt. Diese kann nur aus dem Stoffwechsel der Zelle stammen. ***Adenosintriphosphat, ATP,*** ist der alleinige Energielieferant für die Ruderschläge der Myosinquerbrücken. Diesen universellen biologi-

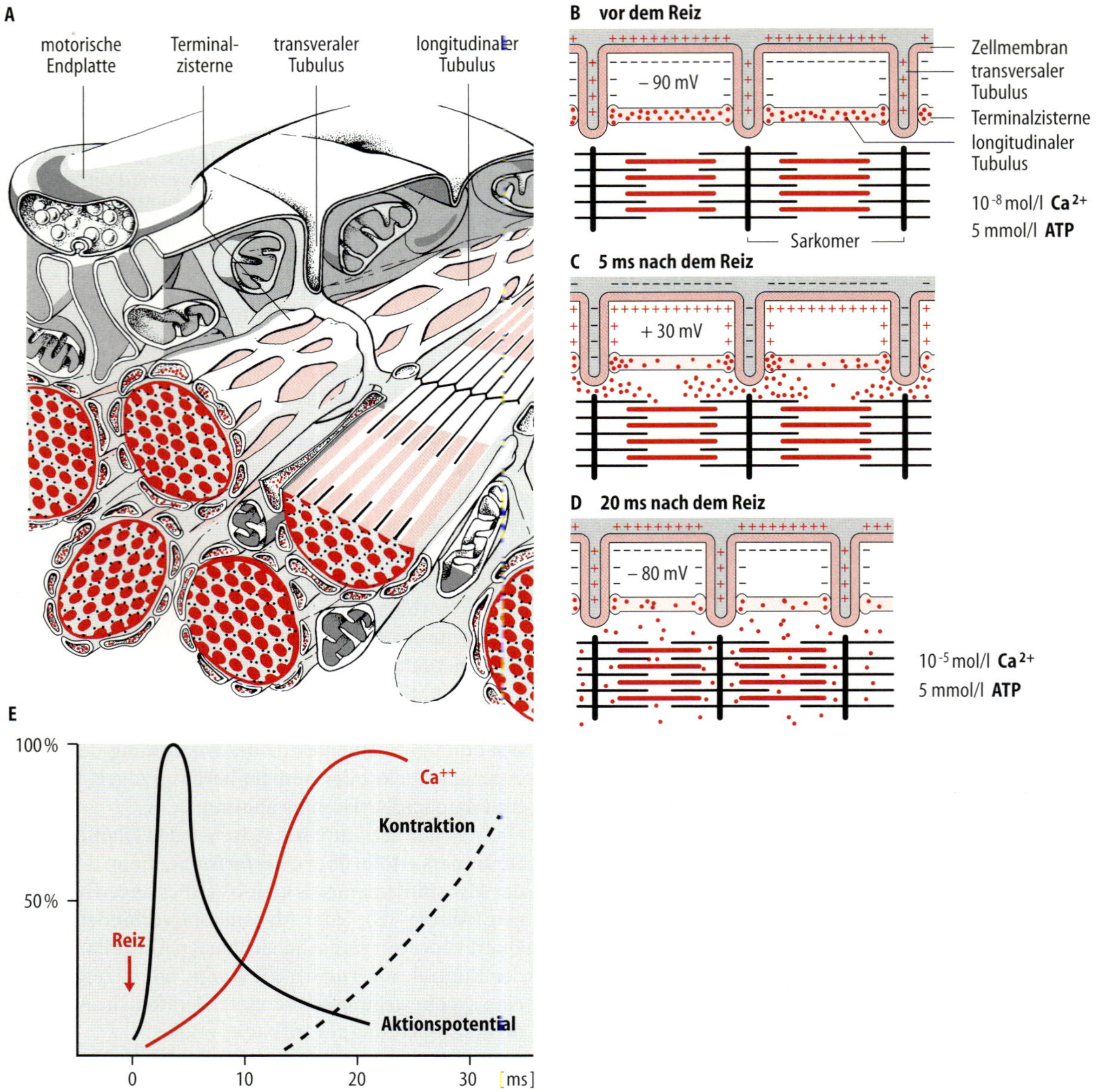

Abb. 13–2. Strukturelle Voraussetzungen und Mechanismus der elektromechanischen Kopplung. **A** Feinbau einer Skelettmuskelfaser. *Oben* die Zellmembran, auf ihr eine motorische Endplatte. Jeweils auf Höhe der Z-Scheiben stülpt sich die Zellmembran als transversaler Tubulus in die Muskelfaser ein. Zwischen den Z-Scheiben breitet sich parallel zu den Myofibrillen das sarkoplasmatische Retikulum in Form von longitudinalen Tubuli aus. Letztere grenzen mit sackförmigen Erweiterungen, den Terminalzysternen, an die transversalen Tubuli an. **B-D** Vorgänge bei der elektromechanischen Kopplung. **B** Zustand bei erschlaffter Muskelfaser. Die als *rote* Punkte dargestellten Ca^{++} - Ionen liegen in hoher Konzentration im sarkoplasmatischen Retikulum (Ionenkonzentration intrazellulär daher lediglich $< 10^{-7}$ molar). **C** Bei der Erregung der Muskelfaser wird die Membran des sarkoplasmatischen Retikulums auf Grund der Depolarisation der transversalen Tubuli durchlässig für Ca^{++} und diese beginnen auszuströmen. **D** Die intrazelluläre Ca^{++}-Konzentration hat am Ende des Aktionspotentials etwa 10^{-5} molar erreicht. Die Sarkomere kontrahieren sich. **E** Zeitliche Abfolge der Vorgänge bei der elektromechanischen Kopplung während der Latenzzeit und zu Beginn der Kontraktion (*Musc. sartorius* des Frosches bei 0°C). **B-E** aus Rüegg in [21]

schen Treibstoff haben wir bereits auf S. 33 kennengelernt. Dort ist auch beschrieben, daß bei Energiebedarf, hier also für einen Ruderschlag, immer nur die letzte energiereiche Phosphatverbindung ausgeklinkt wird und anschließend die Spaltprodukte wieder unter Energieaufwand in der Zelle verknüpft werden müssen. Diesem *Resynthetisieren von ATP* dienen alle anderen energieliefernden Reaktionen im Muskel, wie der Abbau von Kohlenhydraten und der Zerfall von Kreatinphosphat [9, 14, 22].

Ohne ATP im Muskel bleibt der Querbrückenkopf am Aktin angeheftet, und der Muskel wird starr. Man spricht daher auch von einer *Weichmacherfunktion des ATP.* Eine Erschöpfung der ATP-Vorräte im Muskel wird nach dem Tode beobachtet: je nach den

BOX 13–1

Sherringtons Reflexlehre

Der englische Neurophysiologe Sir Charles S. Sherrington (Nobelpreis 1932) führte Ende des 19. Jahrhunderts Verhalten auf hierarchisch aufgebaute, zunehmend komplexere Reflexbögen zurück, s. sein Hauptwerk: The Integrative Action of the Nervous System (1906) Yale Univ. Press, New Haven & London. Seine Experimente und Theorien hatten einen großen Einfluß auf Pawlows gelernte, konditionierte Reflexe (s. Kap. 24).

Umständen tritt früher oder später ***Totenstarre*** (*Rigor mortis*) als Folge des ATP-Mangels in den Muskelzellen ein. (Die Totenstarre löst sich wieder, sobald die Gewebsstruktur insgesamt zu zerfallen beginnt.)

Die Übertragung der Erregung auf den kontraktilen Apparat wird elektromechanische Kopplung genannt; strukturelle Voraussetzung der Übertragung des Aktionspotentials in das Faserinnere ist das endoplasmatische Retikulum

Die bisherige Erörterung des molekularen Mechanismus der Muskelkontraktion hat noch offen gelassen, auf welche Weise die Myosinköpfe dazu angeregt werden, sich am Aktin anzuheften, also einen Ruderschlag einzuleiten und außerdem, wie es dazu kommt, daß die Ruderschläge, einmal eingeleitet, nicht bis zur jeweils völligen Erschöpfung der ATP-Vorräte anhalten. Diese Prozesse sollen jetzt betrachtet werden [18, 24, 34, 37].

Transversale Tubuli (T-System). Normalerweise wird die Kontraktion der Skelettmuskelfasern durch die an den Endplatten entstehenden *Aktionspotentiale* ausgelöst. Für die schnelle Übertragung des Kontraktionssignals *Aktionspotential* auf das kontraktile System hat sich bei den verhältnismäßig dicken Skelettmuskelfasern ein spezieller Komplex von Strukturen herausgebildet, das ***endoplasmatische Retikulum*** (Abb. 13–2A). Es besteht zum einen aus zahlreichen röhrenförmigen Einstülpungen der Muskelfasermembran senkrecht zur Längsachse in das Faserinnere, den ***transversalen Tubuli.*** Diese verlaufen jeweils in Höhe der Z-Scheiben in die Tiefe der Fasern und können sie ganz durchqueren.

Sarkoplasmatisches Retikulum. Senkrecht zu diesem Transversalsystem, also parallel zu den Myofibrillen, schließt sich, zum zweiten, ein *longitudinales System* von Schläuchen an, das ***sarkoplasmatische Retikulum.*** In Höhe der Z-Scheiben weiten sich die ***longitudinalen Tubuli*** des sarkoplasmatischen Retikulum zu den ***Terminalzisternen*** auf. Diese sackförmigen Erweiterungen des sarkoplasmatischen Retikulums berühren die transversalen Tubuli, so daß sich im mikroskopischen Querschnitt durch transversalen Tubulus und angrenzende terminale Zisterne als Schnittfigur eine ***Triade*** ergibt.

Die ***Terminalzisternen*** des sarkoplasmatischen Retikulums dienen vor allem als ***Speicher für Kalzium-Ionen.*** Sie werden dort durch spezielle ***Kalziumpumpen*** angereichert, die in die Membranwände des sarkoplasmatischen Retikulums eingebaut sind. Diese Pumpen sorgen dafür, daß die Kalziumionenkonzentration im Inneren der Muskelfaser in Ruhe sehr niedrig liegt, nämlich bei etwa 10^{-8} mol/l (Abb. 13–2B).

Bei der elektromechanischen Kopplung dienen Ca^{2+}-Ionen als Botenstoffe zum An- und Abstellen der Kontraktion; dies erfolgt über die Troponinmoleküle und die Tropomyosinfäden

Einleitung der Kontraktion. Ein von der Endplatte ausgehendes Aktionspotential breitet sich über die röhrenförmigen transversalen Tubuli in das Innere der Muskelfaser aus. Dadurch dringt die Erregung rasch in die Tiefe der Muskelfaser, springt auf das sarkoplasmatische Retikulum über und bewirkt dort eine abrupte Freisetzung der in den Terminalzisternen gespeicherten Ca^{2+}-Ionen in die Zellflüssigkeit um die Myofibrillen (Abb. 13–2C, D) [18]. Damit *erhöht sich die intrazelluläre Ca^{2+}-Konzentration etwa um das Tausendfache,* also von 10^{-8} auf 10^{-5} mol/l. In diesem Augenblick wird es den Myosinköpfchen möglich, sich an die Aktinfilamente anzuheften und damit einen Ruderschlag samt anschließender ATP-Spaltung einzuleiten. Der entscheidende Schritt der *elektromechanischen Kopplung* ist also die *Freisetzung der Ca^{2+}-Ionen* aus den sarkoplasmatischen Speichern.

Der ***Aktivierungsmechanismus der Ca^{2+}-Ionen*** ist in Abb. 13–3 skizziert. Das etwa 1 µm lange und 5–7 nm dicke Aktinfilament besteht aus zwei umeinan-

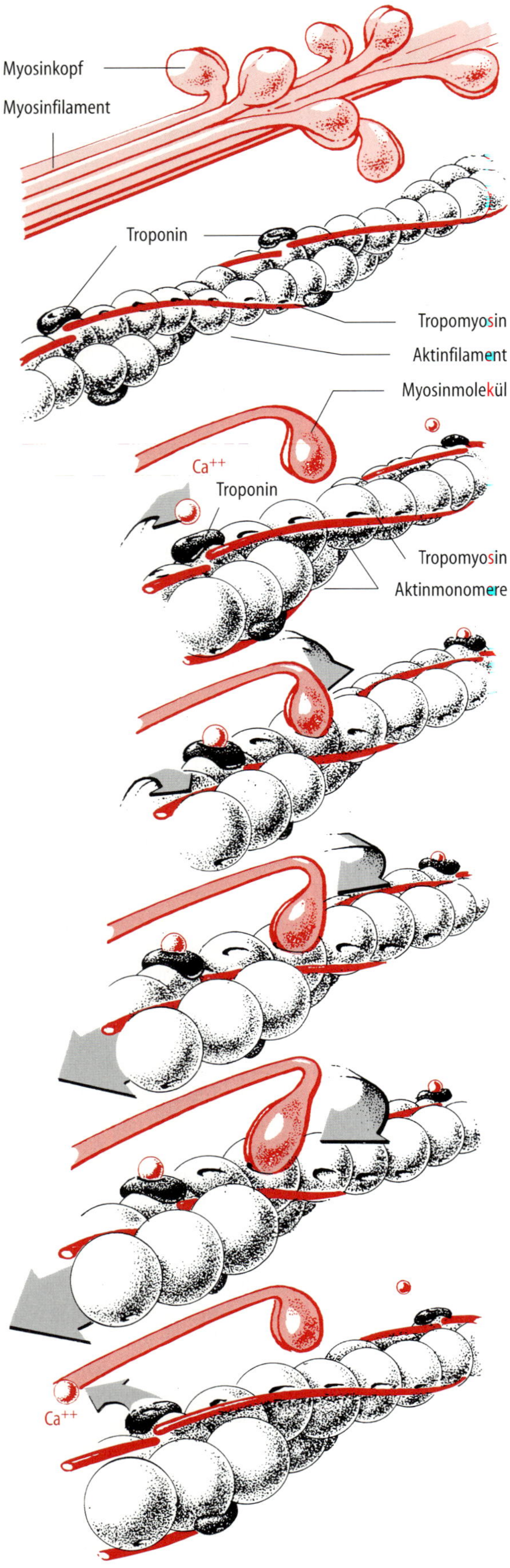

der gewundenen Ketten von perlförmigen Aktinmonomeren. In regelmäßigen Abständen von etwa 40 nm sind die Aktinketten mit kugeligen ***Troponinmolekülen*** besetzt, während in den Längsrinnen zwischen den Ketten ***Fäden aus Tropomyosin*** laufen. Diese sind in Ruhe so gelagert, daß sie das Anheften von Myosinquerbrücken an den Aktinsträngen blockieren. Beim Auftauchen der aktivierenden Ca^{2+}-Ionen rutschen dann die Tropomyosinfäden tiefer in die Rinnen zwischen den Aktinsträngen und geben dadurch die Haftstellen für die Myosinquerbrücken frei. Infolgedessen heften sich die Myosinbrücken an das Aktinfilament, entwickeln Muskelkraft (Ruderschlag) und spalten ATP.

Das *Verschieben der Tropomyosinfäden* weg von den Haftstellen der Myosinköpfe wird durch die eben schon erwähnten *Troponinmoleküle* bewirkt, die sich mit Kalziumionen verbinden und dabei so deformiert werden, daß sie die *Tropomyosinfäden* tiefer in die Längsrinne im Aktindoppelstrang drücken. Die Troponinmoleküle dienen also als Kalziumschalter der Myofibrillen [18,27,31].

Beendigung der Kontraktion. Mit dem Ende des Aktionspotentials hört die Freisetzung der Kalziumionen aus den Zisternen auf. Gleichzeitig werden die ausgeströmten Kalziumionen durch die Kalziumpumpen in das sarkoplasmatische Retikulum zurückgepumpt. Damit sinkt die Ca^{2+}-Konzentration im Faserinneren fast so schlagartig ab, wie sie mit dem Aktionspotential anstieg: Der Kalziumschalter wird ausgeschaltet, d.h die Aktin-Myosin-Interaktion kann nicht mehr stattfinden, und die Erschlaffung (Relaxation) setzt ein [18].

Abb. 13–3. Wirkweise der Ca^{++}-Ionen bei der Einleitung und Durchführung einer Kontraktion im Sarkomer. Die Bindung von Ca^{++}-Ionen mit dem Troponin führt bei diesem zu einer Änderung seiner Molekülgestalt (Molekülkonfiguration), derart daß die Tropomyosinfäden tiefer in die Rinne zwischen den Aktinmonomeren gedrückt werden und damit die Haftstellen auf den Aktinmonomeren für die Myosinköpfchen freigegen. Jetzt kann ein Ruderschlag ausgeführt werden. Sobald das Ca^{++} am Ende des Aktionspotentials in das sarkoplasmatische Retikulum zurückgepumpt wird, werden die Haftstellen durch die Tropomyosinfäden wieder blockiert und die Kontraktion damit beendet

13.2 Formen der Muskelkontraktion (Muskelmechanik)

Alle Kontraktionsformen lassen sich mit wenigen Grundmustern beschreiben; die bei der Kontraktion entwickelten Kräfte werden über elastische Elemente auf das Skelett übertragen

Isotonische Kontraktion. Wird ein isolierter, ruhender Muskel durch einen direkten elektrischen Reiz oder über seinen Nerven erregt, so ***kontrahiert*** er sich, d.h. er versucht sich zu verkürzen, wobei er an seinen Befestigungen zieht [19,20, 22]. Ob bei dieser Kontraktion eine Verkürzung des Muskels eintritt, hängt davon ab, ob die Befestigung nachgeben kann. Ist der Muskel z.B. an einem Ende fest eingespannt, während an dem anderen Ende eine ***konstante Last*** und ein Hebel zur Registrierung der Muskellänge befestigt sind (Abb. 13–4A), so kann sich der Muskel mit konstanter Muskelspannung gegen diese Last verkürzen. Die unter diesen Bedingungen gemessene Verkürzung des Muskels bei konstanter Belastung wird ***isotonische Kontraktion*** genannt (Abb. 13–4B). Der Muskel leistet dabei mechanische Arbeit (Hubhöhe mal Last).

Isometrische Kontraktion. Wird der Muskel an beiden Enden fest eingespannt, so daß er sich bei seiner Kontraktion nicht verkürzen kann (Abb. 13–4C), so entwickelt er nur Spannung ohne Längenänderung. Dies läßt sich mit einem Kraftmesser registrieren. Wir nennen eine solche Muskelanspannung eine ***isometrische Kontraktion***, eben weil die Länge (Meter) konstant bleibt (Abb. 13–4D).

Auch bei einer isometrischen Kontraktion verkürzen sich die Sarkomere etwas, und zwar nicht nur, weil das Sehnengewebe elastisch ist. Vielmehr können die kontraktilen Strukturen (Myosinköpfchen) die von ihnen entwickelte Kraft nur über ***intramuskuläre elastische Strukturen*** weitergeben. So ist, wie in Abb. 13–1B schematisch gezeigt, z.B. der Hals der Myosinquerbrücke elastisch und wird bei isometrischer Kontraktion wie bei einer Federwaage oder einem Expander gedehnt. Die dicken Myosinfilamente sind durch ein elastisches Protein, das ***Titin***, mit den Z-Scheiben verbunden (nicht eingezeichnet in Abb. 13–2). Dies ist die wichtigste elastische Struktur der Sarkomere. Die elastischen Strukturen sind aber auch in den Aktinfilamenten, den Z-Scheiben und in den Sehnenansätzen lokalisiert.

Unterstützungszuckung. Wird eine Last vom Boden gehoben, z.B. ein Wassereimer, so kommt es zunächst zu einer *isometrischen* Anspannung der Muskeln, und zwar so lange, bis die Muskelkraft der Last entspricht. Danach wird die Last isotonisch gehoben. Diese im Alltag häufige Kontraktionssequenz wird ***Unterstützungszuckung*** genannt.

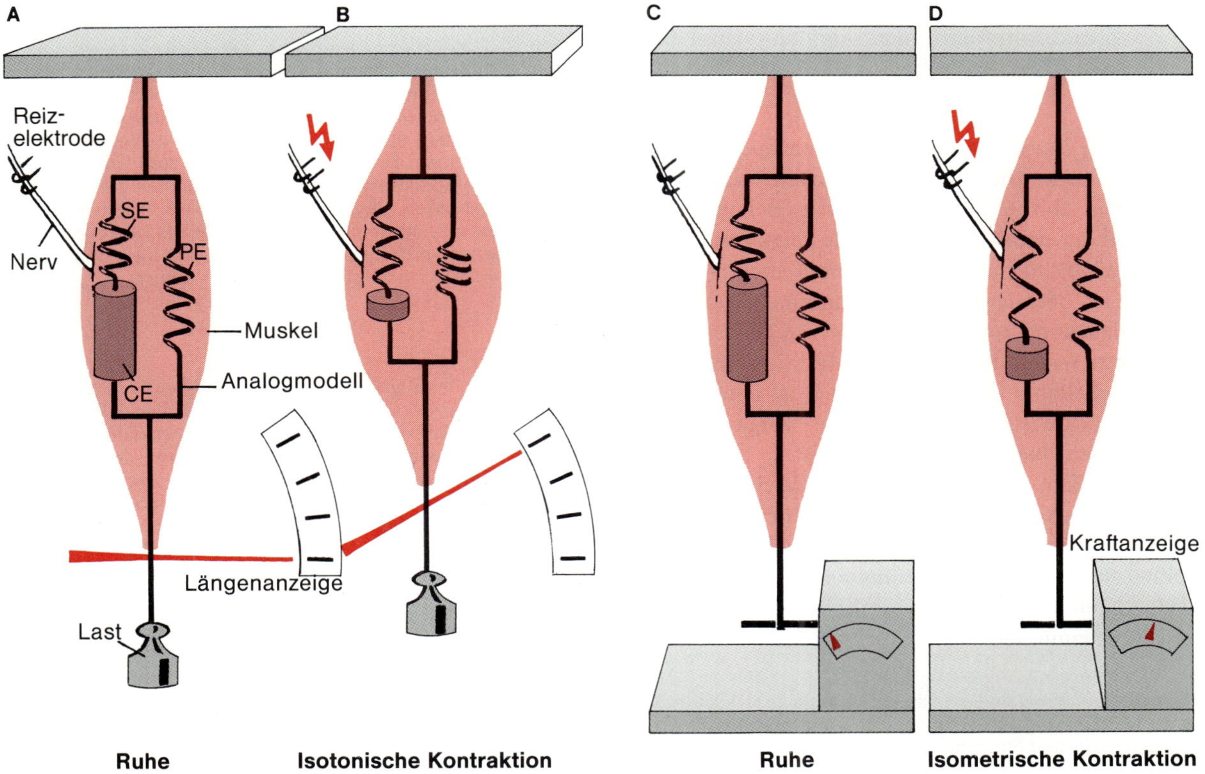

Abb. 13–4. Grundformen der Muskelkontraktion. **A** Passive Dehnung eines ruhenden Muskels durch eine konstante Last. **B** Isotonische Kontraktion nach Erregung des Muskels durch Reizung seines motorischen Nerven (*roter Pfeil*). Der Muskel hebt eine konstante Last, registriert wird die Änderung der Muskellänge. **C, D** Isometrische Kontraktion. Der Muskel ist nach Vordehnung beidseitig befestigt (**C**). Er kann sich nach Reizung (*roter Pfeil* in **D**) zwar nicht verkürzen, aber Spannung (Kraft) entwickeln. Ein Analogmodell des Muskels aus elastischen und kontraktilen Elemente ist in die Muskulatur eingezeichnet. Besprechung im Text. *CE* kontraktiles Element, *SE* serienelastisches Element, *PE* parallelelastisches Element

Anschlagszuckung. Hier haben wir es mit der zur Unterstützungszuckung umgekehrten Sequenz zu tun, nämlich einer anfänglichen isotonischen Verkürzung, dann nach Anschlag mit einer isometrischen Kontraktion. Dies kommt z. B. vor, wenn beim Kieferschluß der Unterkiefer zunächst angehoben und dann fest gegen den Oberkiefer gedrückt wird.

Kraftübertragung auf das Skelett. Das *Zusammenwirken von elastischen und kontraktilen Kräften* läßt sich an einem Analogmodell verdeutlichen (Abb. 13–4), das aus in Serie geschalteten *elastischen* (SE) und *kontraktilen* Elementen (CE) besteht. Indem bei der Aktivierung die kontraktilen Elemente sich verkürzen, spannen sie die serienelastischen Elemente an, und dadurch erst entsteht die meßbare Muskelkraft. Zusätzlich ist dabei zu berücksichtigen, daß den kontraktilen Elementen auch elastische Strukturen parallel geschaltet sind (Parallelelastizität PE in Abb. 13–4A-D). Zu diesen gehören das Sarkolemm um die Muskelfasern, das sarkoplasmatische Retikulum und das Bindegewebe zwischen den Fasern. Diese Parallelelastizität ist für die Ruhespannung des passiv gedehnten Muskels verantwortlich (die Sarkomere selbst sind im erschlafften Zustand fast widerstandslos dehnbar).

Eine Einzelzuckung dauert wesentlich länger als das Aktionspotential; Muskeln mit Haltefunktion zucken langsamer als solche, die rasche Bewegungen ausführen müssen

Wird eine Muskelfaser erregt, so kontrahiert sie sich kurz, sie zuckt. Die Dauer einer solchen *Einzelzuckung* ist, wie in Abb. 13–5A der Vergleich zwischen der oberen und der unteren Registrierung zeigt, rund *100mal länger als die des auslösenden Aktionspotentials,* das in 1 bis 2 ms beendet ist. Dieser langsamere Verlauf der Muskelzuckung spiegelt den trägeren Ablauf all der Vorgänge wider, die bei der Kontraktion im Inneren der Muskelfaser ablaufen. Dennoch ist eine einzelne Muskelzuckung ein sehr schneller Vorgang, der in Bruchteilen einer Sekunde beendet ist.

Nicht alle Muskeln zucken gleich schnell. Die in Abb. 13–5A gezeigte Kontraktionskurve eines Daumenmuskels ist ein Beispiel für einen *schnellen* Warmblütermuskel. Es gibt auch *langsame* Warmblütermuskeln, deren Kontraktion wesentlich träger abläuft, z. B. die Rückenmuskeln.

Genau genommen, sind es nicht die Muskeln an sich, die schnell oder langsam sind, vielmehr gibt es *2 Grundtypen von Muskelfasern: schnelle und langsame.* Kein Muskel enthält nur den einen oder anderen Typ, sondern jeweils einen mehr oder weniger großen Anteil der einen oder anderen Sorte.

Muskelfasern können um so schneller kontrahieren, je schneller sich ihre Querbrücken bewegen, d. h. je öfter pro Zeiteinheit sie rudern. Da jede Ruderbewegung ATP verbraucht (s. o.), benötigen schnelle Muskeln mehr Energie als langsame. Schnelle Muskeln sind daher bei Halteleistungen weniger energiesparend als langsame. Langsame Muskelfasern enthalten große Mengen des roten Muskelfarbstoffes ***Myoglobin,*** der in schnellen Muskelfasern seltener ist. Wir können daher schon an ihrer Farbe die ***langsamen roten Muskeln*** von den ***schnellen weißen Muskeln*** unterscheiden. Erstere werden vorwiegend für Haltearbeiten (z. B. Rückenmuskulatur), letztere für schnelle Bewegungen (z. B. Augenmuskulatur) eingesetzt.

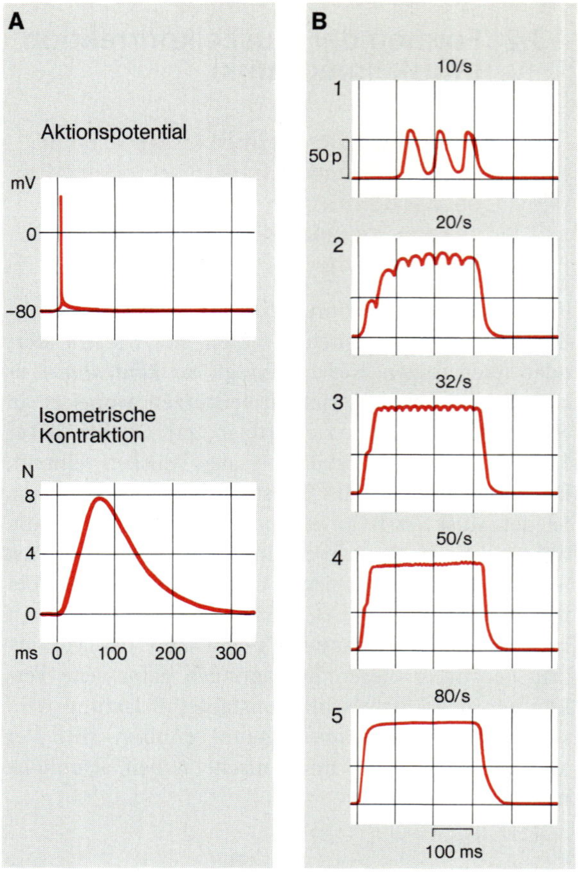

Abb. 13–5. Kontraktionsverhalten der Muskulatur von Säugern. **A** Zeitlicher Zusammenhang zwischen Aktionspotential und Einzelzuckung am Beispiel eines menschlichen Daumenmuskels. Die Kontraktion beginnt 2 ms nach dem Aufstrich des Aktionspotentials und erreicht erst nach 80 ms ihr Maximum. **B** Summation von Einzelkontraktionen bis zum vollständigen Tetanus. Die Abbildungen zeigen Kontraktionen eines schnellen Katzenmuskels. Registrierungen 2 bis 5 zeigen Kontraktionsserien, erzeugt durch Reize von der jeweils über der Kurve angegebenen Reizfrequenz. In 2 und 3 wurden ein unvollständiger, in 4 und 5 ein vollständiger Tetanus erreicht

Für eine anhaltende und verstärkte Muskelkontraktion ist eine repetitive Aktivierung des Gleitfilamentmechanismus erforderlich

Soll sich ein Muskel länger als für die Dauer einer Einzelzuckung kontrahieren, müssen seine Muskelfasern mehrfach kurz hintereinander repetitiv oder tetanisch erregt werden. Sobald dabei, wie in Abb. 13–5B zu sehen, die nächste Erregung schon kommt, bevor die vorhergehende abgeklungen ist, *setzt sich erstere auf den Kon-*

traktionsrückstand ihres Vorgängers auf und bewirkt durch diese Summation nicht nur eine längere, sondern auch eine stärkere Kontraktion [20,22].

Bei genügend hoher Folgefrequenz der Aktionspotentiale, beim Menschen bei etwa 50–100 Hz, geht der zunächst unvollkommene Tetanus (2 und 3 in Abb. 13–5B) in einen vollkommenen über (4 und 5 in B), bei dem die Einzelzuckungen nicht mehr unterscheidbar sind und die maximale Kraft der Muskelfaser erzeugt wird. Hier ist der oben geschilderte Kalziumschalter dauernd in Aktivierungsstellung, da in den kurzen Pausen zwischen den einzelnen Aktionspotentialen die Kalziumionen nicht mehr vollständig in die Bläschen des sarkoplasmatischen Retikulums zurückgepumpt werden können. Die Kraft im vollkommenen Tetanus ist etwa gleich der 10fachen Kraft der Einzelzuckung. Im Alltag kontrahieren die Muskeln meist mit unvollkommenen Tetani.

Die maximal mögliche Kraft der Kontraktion wird erreicht, wenn die Aktin- und Myosinfilamente sich optimal überlappen

Nur wenn alle Myosinköpfe mit den Aktinfäden in Wechselwirkung treten können, kann es zur maximalen Kraftentwicklung bei tetanischer Kontraktion kommen. Dieser optimale Zustand liegt ***etwa bei der Ruhelänge der Muskelfaser.*** Zuviel Dehnung zieht die Aktinfäden zu sehr aus den Myosinfäden heraus, und die Querbrücken greifen ins Leere. Zu starke Verkürzung führt dazu, daß sich die gegenüberliegenden Aktinfäden eines Sarkomers in der Mitte überlappen und stören und daß die Myosinfäden an den Z-Scheiben anstoßen und sich stauchen. Aus diesen Gründen kann sich ein Muskel einerseits auf höchstens *50–70 % seiner Ruhelänge verkürzen* und andererseits keine Spannung mehr entwickeln, wenn er *über 180 % seiner Ruhelänge gedehnt wird* [1,14].

Vordehnung, Last und Verkürzungslänge. Das Ausmaß der Vordehnung beeinflußt auch die bei isotonischer Kontraktion erreichbare Verkürzung des Muskels: wird ein vorbelasteter und gedehnter Muskel tetanisch gereizt, so verkürzt er sich unter konstanter Spannung, indem er die Last hebt und dabei mechanische Arbeit leistet (Hubhöhe mal Last). Die Muskelverkürzung ist um so geringer, je größer die Last ist.

Um den ***Einfluß der Last auf die Verkürzungslänge*** unabhängig von der Vordehnung zu untersuchen, kann der Muskel auf seiner Ruhelänge gehalten werden, indem die Last unterstützt wird. In diesem Fall kontrahiert der tetanisch stimulierte Muskel zunächst isometrisch, d.h. er spannt sich an, bis die Muskelkraft der Last gleich ist. Erst dann kann die Last durch die weitere, jetzt isotonische Kontraktion in die Höhe gehoben werden. Auch bei dieser ***Unterstützungskontraktion*** stellt sich heraus, daß die Verkürzung um so deutlicher ausfällt, je geringer die Last ist. Die ***Muskelarbeit*** bei einer tetanischen Unterstützungskontraktion ist das Produkt von Hubhöhe (Muskelverkürzung) und Last. Dieses Produkt erreicht bei mittlerer Belastung seinen Maximalwert und wird bei sehr großer oder sehr kleiner Belastung kleiner. Diese Befunde sind in der Arbeitsphysiologie, z.B. bei der Bemessung von Bedienungshebeln oder -rädern an Maschinen, für eine möglichst ermüdungsarme Bedienung von großer Bedeutung.

Die Verkürzungsgeschwindigkeit eines Muskels ist um so größer, je geringer die zu hebende Last ist

Unsere Muskeln können nur dann ihre maximale Kraft ausüben, wenn sie sich dabei nicht oder nur sehr wenig verkürzen, z.B. wenn wir stemmen oder drücken. Sehr schnelle Bewegungen können wir dagegen nur bei sehr geringer Belastung des Muskels, bei entspannter Muskulatur, ausführen, z.B. beim Werfen eines handlichen Steines oder beim Klavierspielen. Auch diese ***Abhängigkeit der Muskelkraft von der Geschwindigkeit der Kontraktion*** (die wiederum von der Last abhängt) ist durch die Arbeitsweise der kontraktilen Proteine in den Sarkomeren bestimmt: Bei schneller Verkürzung gleiten die Filamente rasch aneinander vorbei, und das dauernde Nachgreifen der Querbrücken bedingt, daß pro Zeiteinheit immer eine relativ große Anzahl von diesen gerade losgelassen hat; es kann daher nur eine geringe Kraft entfaltet werden. Bei isometrischer Kontraktion können dagegen praktisch alle Querbrücken nahezu gleichzeitig ziehen, denn ein Nachgreifen ist nicht erforderlich (vgl. die entsprechenden Situationen beim Einholen eines Taues durch eine Schiffsmannschaft).

Aus diesem Grund ist bei schnellen Bewegungen (Klavierspiel, Sport) eine *entspannte Muskulatur vor Bewegungsantritt* so wichtig. Psychische Belastung *(Stress)* führt gerade bei diesen Leistungen oft zu starker Muskelverspannung. ***Entspannungstraining*** stellt eine wichtige Methode zur Behebung solcher Verspannungsstörungen dar.

13.3 Abstufung der Muskelkontraktion; Registrierung mit dem Elektromyogramm, EMG

Jedes Motoneuron und die von ihm innervierten Muskelfasern bilden eine motorische Einheit; je kleiner die motorische Einheit, desto feiner abstufbar ist die Kontraktion

In einem Muskel liegen je nach seiner Größe einige hundert bis viele tausend Muskelfasern. Sie werden immer dann erregt, wenn aus dem sie versorgenden Motoneuron über die im Muskelnerven laufende motorische Nervenfaser (Motoaxon) ein Aktionspotential in die synaptische Verbindung zwischen Motoaxon und Muskelfaser (Endplatte) einläuft und ein erregendes synaptisches Potential (hier Endplattenpotential genannt, s. S. 122) mit darauf folgendem Aktionspotential auslöst. Jedes Motoaxon versorgt aber nicht eine, sondern ***über Axonkollateralen mehrere bis viele Muskelfasern.*** Ein Aktionspotential in einem Motoneuron wird also eine Zuckung aller von diesem Motoneuron versorgten Muskelfasern auslösen: Das Motoneuron und das von ihm innervierte Kollektiv von Muskelfasern bilden eine ***motorische Einheit*** [20,22].

Je *kleiner* eine motorische Einheit ist, desto kleiner ist die von ihr entwickelte Kraft und desto feiner *abstufbar* sind die Kontraktionen eines Muskels und umgekehrt. Hätte jede Muskelfaser ein eigenes Motoneuron, so wäre ein Optimum an Abstufbarkeit erreicht; würde nur ein Motoneuron den gesamten Muskel versorgen, so könnte sich dieser immer nur im Ganzen kontrahieren. Muskeln, die sehr fein arbeiten müssen, wie die äußeren Augenmuskeln, die die Augäpfel bewegen, haben motorische Einheiten mit nur etwa einem halben Dutzend Muskelfasern. In anderen Muskeln, wie denen des Rückens, zählt die von einer Nervenfaser versorgte Fasergruppe oft über 500 bis zu 1700 Muskelfasern. Beim menschlichen Bizepsmuskel mit rund 770 motorischen Einheiten hat jede Einheit etwa 750 Fasern (der Bizepsmuskel hat also rund $770 \times 750 = 577\,500$ Muskelfasern).

Willentliche Aktivierung motorischer Einheiten. Sowohl im Tierversuch wie beim Menschen läßt sich durch *instrumentelles (operantes) Lernen* (s. Kap. 24) die Aktivität einer einzelnen motorischen Einheit willentlich steuern. Dazu wird z. B. beim Menschen eine Mikroelektrode in ein Axon eines Motoneurons eingestochen (transkutane Mikroneurographie, s. S. 336) und die Person kann die Aktionspotentiale des Motoneurons auf einem Bildschirm beobachten. Sie wird dann für Anstieg oder Abfall der Aktionspotentialsalven belohnt. Nach kurzer Zeit lernt die Person, die efferenten Signale, je nach Instruktion, willentlich zu beeinflussen und erreicht damit eine höchst fein abgestufte Kontrolle einzelner motorischer Einheiten. Dies kann die Grundlage für die lernpsychologische Rehabilitation von Lähmungen oder Übererregung (Spastik) der Muskulatur bilden (***EMG-Biofeedback,*** s. S. 278, 367).

Die Abstufung der Kontraktion im Alltag und die Ausbildung des Muskeltonus erfolgen durch Tetanisierung und Rekrutierung

Kraft- und Geschwindigkeitsabstufung. Aus dem bisher Gesagten läßt sich folgern, daß es zwei Möglichkeiten gibt, die ***Kraft der Kontraktion*** eines Muskels abzustufen: einmal über die Erregungsfrequenz (von der Einzelzuckung bis zum vollkommenen Tetanus) und zum anderen über die Anzahl der jeweils aktivierten motorischen Einheiten. Beide Wege werden im Alltag dauernd ausgenutzt. Über die Anzahl der gleichzeitig aktivierten motorischen Einheiten kann auch die ***Geschwindigkeit der Kontraktion*** verändert werden, denn bei einer konstanten Last ist der von einer motorischen Einheit zu leistende Teilbetrag um so kleiner, je mehr Einheiten sich kontrahieren. Entsprechend nimmt, wie oben gerade ausgeführt, die Kontraktionsgeschwindigkeit zu.

Haltefunktion der Muskeln; Muskeltonus. Beim aufrechten Stehen, aber auch in vielen anderen alltäglichen Situationen, ist eine dauernde leichte Muskelanspannung notwendig, die ohne Längenänderung der beteiligten Muskeln gerade ausreicht, um eine bestimmte Gelenk- und damit Körperstellung aufrechtzuerhalten. Dies wird durch eine ***asynchrone,*** also zeitlich immer etwas versetzte ***Summation von Einzelzuckungen*** vieler motorischer Einheiten erreicht. Daraus resultiert eine kaum schwankende Grundanspannung des Muskels, die ***Tonus*** genannt wird [20, 22].

Alle Muskeln im lebenden Organismus haben einen Tonus, der in seiner Höhe ständig wechselt. Er erreicht normalerweise im REM-Schlaf (Traum-Schlaf, s. Kap. 23) sein Minimum. Am wachen Menschen ist der jeweils vorhandene Tonus als passiver Widerstand bei der Bewegung eines Armes oder eines Beines deutlich spürbar (Routineprüfung bei der neurologischen Untersuchung). Bei geistiger Anspannung oder bei Aufregung steigt der Tonus unwillkürlich an, d. h. die Grundspannung aller Muskeln erhöht sich. Durch ***Entspannungstraining,*** durch ***EMG-Biofeedback*** (s. u.) oder pharmakologisch durch ***Muskelrelaxantien*** läßt sich eine Verminderung des Tonus erreichen.

Das Elektromyogramm, EMG, mißt mit extrazellulären Elektroden die Aktivierung der motorischen Einheiten eines Muskels

Registriertechnik. Die Tätigkeit eines Muskels kann an der mechanischen Arbeit gemessen werden, die er leistet. Für klinische und experimentelle Zwecke ist es oft besser, die Aktivierung des Muskels und seiner einzelnen motorischen Einheiten mit dem ***Elektromyogramm,*** abgekürzt ***EMG,*** zu registrieren. Dies ist eine extrazelluläre Potentialableitung vom Muskel, die völlig der extrazellulären Elektroneurographie am Nerven (S. 117) entspricht. Die Elektroden liegen entweder als kleine Scheiben auf der Haut über dem Muskel, oder sie werden in Injektionskanülen eingebaut und in den Muskel eingestochen, d. h. extrazellulär zwischen die Muskelfasern geschoben (s. Abb. 11–9, S. 207, als Beispiel einer EMG-Ableitung).

Anwendung des EMG in der Psychophysiologie. Die Registrierung des EMGs mit Oberflächenelektroden ist ein wichtiges Maß auch für psychologisch bedingte Anspannung (Abb. 11–9, s. S. 207). Bevorzugt benutzt werden die Stirnmuskulatur (Frontalis-EMG), die Nackenmuskulatur und die Muskeln des Unterarms. Dabei ist zu beachten, daß eine *Erhöhung der Anspannung* (Zunahme der Aktionspotentialfrequenz) in einem bestimmten Muskel keine gesicherte Aussage über die Anspannung der übrigen Muskeln erlaubt, da auch in psychischen Belastungssituationen (Stress) einzelne Muskelgruppen mehr als andere angespannt werden (*Reaktionsstereotypie*).

In der Verhaltensmedizin wird die ***Rückmeldung des EMGs*** von einzelnen Muskelgruppen (EMG-Biofeedback) zur psychologischen Behandlung spannungsbedingter Schmerzen (Spannungskopfschmerz, Rückenschmerzen) und in der Rehabilitation schlaffer und spastischer Lähmungen eingesetzt.

Anwendung des EMG bei Muskelerkrankungen. Störungen der muskulären Tätigkeit, bei denen das EMG als wichtiges diagnostisches Hilfsmittel dient, sind einerseits Lähmungen oder abgeschwächte Kraftentwicklungen, die unter dem Oberbegriff ***Myasthenie*** zusammengefaßt werden, und andererseits unkontrolliert starke Kontraktionen, ***Myotonien*** genannt. Bei vielen dieser Krankheitsbilder spiegeln die Reaktionen der Muskulatur Schädigungen oder Erkrankungen des motorischen Nervensystems wider, in anderen Fällen ist die neuromuskuläre Übertragung betroffen. Als Beispiel diene die ***spinale Kinderlähmung*** (***Poliomyelitis***). Bei ihr gehen in wechselnder Anzahl die Motoneurone im Rückenmark unwiederbringlich (irreversibel) zugrunde. Fallen wenige motorische Einheiten eines Muskels aus, resultiert daraus eine leichte Kontraktionsschwäche. Fallen alle oder nahezu alle aus, ist der Muskel für immer gelähmt (durch Schluckimpfung zu vermeiden). Erkrankungen des eigentlichen kontraktilen Systems in den Muskelfasern, sogenannte ***Muskeldystrophien,*** sind selten. Sie sind meist Folge eines angeborenen Enzymdefektes oder einer hormonellen Störung.

Mechanische Registrierung des Muskeltonus. Statt mit dem EMG kann der Tonus eines Muskels auch als ***Mikrovibration*** mit empfindlichen Schwingungsaufnehmern registriert werden. In Ruhe läßt sich so eine Schwingung von 8–12 Hz registrieren, deren Frequenz unter psychischer Belastung ansteigt und daher für psychophysiologische Untersuchungen geeignet ist.

13.4 Stoffwechsel und Energieumsatz des Skelettmuskels

Bei stationärer Arbeit wird die Resynthese von ATP aerob zu 75 % aus Fettsäuren gedeckt, der Rest aus Kohlenhydraten

Wie bereits geschildert, ist ATP der unmittelbare Energielieferant der Muskelkontraktion (s. S. 244). Seine Spaltung zu Adenosindiphosphat (ADP) und Phosphorsäure liefert die mechanische Energie und die bei der Muskeltätigkeit freigesetzte Wärme. Diesem Prozeß nachgeschaltet sind weitere energieliefernde Reaktionen, die dazu dienen, aus ADP und Phosphorsäure wieder ATP aufzubauen und für die weitere Muskelarbeit bereitzustellen. Diese Reaktionen sind in Tabelle 13–1 zusammengestellt [14].

Bei andauernder stetiger Muskeltätigkeit erfolgt die Regeneration des ATP ***aerob (unter Sauerstoffverbrauch)*** auf dem Weg über die sogenannte ***oxidative Phosphorylierung*** (vgl. auch Abb. 3–2, S. 33 und zugehöriger Text). Verbrannt werden v. a. freie Fettsäuren (ca. 75 %) und Kohlenhydrate. Das System ist im Gleichgewicht, wenn die Geschwindigkeit der ATP-Spaltung genauso groß ist wie die ATP-Bildung. Die maximale ATP-Bildungsrate stellt also die ***Dauerleistungsgrenze*** bei muskulärer Arbeit dar. Bei einem gut trainierten Dauerläufer wird diese Grenze im *Langstreckenlauf* etwa bei einer Laufgeschwindigkeit von 6 m/s (21,6 km/h) ausgeschöpft. Der Sauerstoffverbrauch des Muskels ist dabei 50- bis 100mal so hoch wie in Ruhe. Entsprechend nimmt die Muskeldurchblutung bis auf das 20fache zu, und Herzminutenvolumen (Pulsfrequenz mal Schlagvolumen) und Atemminutenvolumen (Atemfrequenz mal Atemtiefe) steigen stark an.

Tabelle 13–1. Die unmittelbare und die mittelbaren Energiequellen im Skelettmuskel (Mensch). Nach [14]

Energiequelle	Gehalt (μMol/g Muskel	Energieliefernde Reaktion
Adenosintriphosphat (ATP)	5	ATP → ADP + P_i
Kreatinphosphat (PC)	11	PC + ADP ⇋ ATP + C
Glukose-Einheiten im Glykogen	84	*anaerob:* Abbau über Pyruvat zu Laktat (Glykolyse) *aerob:* Abbau über Pyruvat zu CO_2 und H_2O
Triglyzeride	10	Oxydation zu CO_2 und H_2O

ADP = Adenosindiphosphat, C = Kreatin, P_i = anorganisches Phosphat

Kurzfristige Höchstleistungen sind anaerob (ohne Sauerstoffverbrauch) über Glykolyse möglich

Bei kurzfristigen Höchstleistungen – über die Dauerleistungsgrenze hinaus – wird die dazu notwendige Energie ***anaerob*** auf dem Weg der sogenannten ***Glykolyse*** gewonnen. Hierbei erfolgt die ATP-Bildung 2- bis 3mal so schnell wie bei der oxidativen Phosphorylierung. Damit ist auch eine 2- bis 3mal so hohe Leistung der Muskeln möglich. Im Sprint lassen sich daher Laufgeschwindigkeiten um die 10 m/s erzielen.

Eine solche hohe Leistung kann aus zwei Gründen nur sehr kurzfristig (etwa 30 s) erbracht werden. Erstens sind die anaerob verfügbaren Energiereserven begrenzt, und zweitens bildet sich bei der anaeroben Glykolyse ***Milchsäure,*** die sich in der Zellflüssigkeit und im Blut anreichert. Dies führt zur ***metabolischen Azidose*** und damit zur raschen Ermüdung.

Die im Muskel freigesetzte chemische Energie wird teils in mechanische, teils in thermische Energie (Wärme) umgewandelt

Muskelwärme und Energieumsatz. Auch wenn keine physikalisch meßbare Muskelarbeit geleistet wird, z. B. während einer isometrischen Anspannung, wird im Muskel fortwährend chemische Energie in Wärme (***Er-***

haltungswärme) übergeführt. Auch bei isometrischer Kontraktion sind nämlich, wie oben schon geschildert, die Myosinquerbrücken in dauernder zyklischer Rudertätigkeit, wobei sie unter ATP-Spaltung und Wärmeproduktion eine beträchtliche innere Haltearbeit verrichten. Kein Wunder, daß Halteleistungen (z. B. Strammstehen) sehr ermüdend sind.

Die bei der Muskeltätigkeit freiwerdende Wärme stellt einen Großteil der Wärme dar, die für die Aufrechterhaltung der Körpertemperatur notwendig ist (vgl. Kap. 11). Reicht der Beitrag der Muskelwärme unter bestimmten Bedingungen nicht aus, kann er durch ***Muskelzittern,*** also eine Art Leerarbeit der Muskulatur erhöht werden. Die Muskeln werden also beim ***Kältezittern*** ausschließlich als Wärmelieferanten eingesetzt, so wie ein Automotor im Stand auch nur für die Wagenheizung genutzt werden kann.

Wirkungsgrad. Die Sarkomere sind relativ gute Minimotoren, denn sie können 40–50 % der zugeführten chemischen Energie in mechanische Energie transformieren. Die restlichen 50–60 % verpuffen als Wärme. Der tatsächliche Nutzeffekt der Muskulatur bei natürlicher Muskeltätigkeit ist aber deutlich geringer als der der Myofibrillenkontraktion und liegt bei 20–30 %. Dies ist durch innere Reibungsverluste und energieverschleißende Erholungsprozesse bedingt. Dennoch liegt der Wirkungsgrad der Muskelmaschine deutlich über dem technischer Maschinen.

13.5 Nervöse Kontrolle von Haltung und Bewegung im Überblick

Ein Reflex ist eine unwillkürliche, stereotyp (immer gleich) ablaufende Reaktion auf einen spezifischen Reiz; Bewegungsfolgen, die ohne das Zutun äußerer Reize unterhalten werden, sind programmgesteuert

Reflexgesteuerte Bewegung. Entfernt man bei einem Frosch das Großhirn (der Frosch kann danach viele Wochen weiterleben), läßt aber das Rückenmark intakt, so führt Kneifen einer Hinterpfote zum Wegziehen des Beines. Legt man ein säuregetränktes Stückchen Filterpapier auf die Rückenhaut, so wird es nach kurzer Zeit mit dem nächstgelegenen Hinterbein zielsicher weggewischt. Für solche *automatischen, wiederholbaren und zweckgerichteten Antworten des Organismus auf Störreize* wurde 1771 von Unzer der Begriff ***Reflex*** in die Physiologie eingeführt. Zerstören des Rückenmarks läßt alle Reflexe verschwinden. Sie sind also auf die Tätigkeit zentralnervöser Strukturen zurückzuführen [23].

Auch am intakten Tier und beim Menschen lösen Reize aus der Umwelt häufig stereotype Reaktionen aus, die sich im Laufe der stammesgeschichtlichen oder der individuellen Entwicklung als besonders zweckmäßige Antworten auf diese Reize herausgestellt haben. Eine Vielzahl von Beispielen von solchen ***angeborenen*** oder ***erlernten Reflexen*** sind uns geläufig. Anfassen eines heißen Gegenstandes läßt uns die Hand zurückziehen, noch *bevor* uns der Hitzeschmerz bewußt wurde und wir willkürlich darauf hätten reagieren können; Berühren der Hornhaut des Auges führt immer zu einem Lidschlag; Kontakt von Speisen mit der hinteren Rachenwand löst Schlucken aus. Die meisten Reflexe laufen ab, ohne daß wir bewußt von ihnen Notiz nehmen. Zum Beispiel diejenigen Reflexe, die Kreislauf und Atmung kontinuierlich an die jeweiligen Erfordernisse des Organismus anpassen.

Programmgesteuerte Bewegung. Schon Anfang des 20. Jahrhunderts fiel auf, daß großhirnlose (dezerebrierte) Hunde auch nach Ausschalten aller Reizzuflüsse zum Rückenmark (durch Durchschneiden der betreffenden Nerven bzw. Hinterwurzeln) rhythmische Bewegungen, wie Kratzen mit der Hinterpfote auf dem Rücken oder Laufbewegungen ausführen können – was sich mit einer reinen Reflexorganisation von Bewegungen nicht vereinbaren läßt [23]. Auch die Atmung ist ein rhythmischer Vorgang, der nach Abkoppeln aller äußeren Reize nervös gesteuert weiterläuft. Wir bezeichnen solche Bewegungsfolgen, die vom Zentralnervensystem ohne das Zutun äußerer Reize unterhalten werden, als ***programmgesteuert.***

Die Entdeckung von reizunabhängigen Aktivitäten des Zentralnervensystems ließ die Hypothese rasch an Boden gewinnen, daß Bewegungen im wesentlichen durch Programme, nicht durch Reflexe gesteuert werden, das Zentralnervensystem also vorwiegend *programmorganisiert* sei. Atmen, Laufen oder Kratzen sind dabei Beispiele angeborener Programme, die im Laufe des Lebens durch zahlreiche erlernte Programme ergänzt werden. Man denke nur an sportliche und berufliche Handfertigkeiten, wie z. B. Geräteturnen oder Schreibmaschineschreiben, die alle nach einiger Übung nahezu automatisch ablaufen.

Die ***Reflextheorie der Bewegung*** mündet im psychologischen Bereich in die verschiedenen Formen der Reiz-Reaktions-Theorien des Verhaltens, während die ***Programm-Theorie*** denjenigen Unterstützung gibt, die das reizunabhängige (spontane, freiwillige, willkürliche) Handeln des Menschen betonen. Mit einem Beharren auf oder Überbetonen der einen oder anderen Theorie ist aber wenig gedient. Vielmehr erscheint eine Kombination der beiden Theorien, nämlich die *Annahme zentraler Programme, die über sensorische Meldungen (Reize) beeinflußt werden können,* am ehesten geeignet, den gegenwärtig bekannten Befunden einen konzeptuellen Rahmen zu geben und gleichzeitig den Weg für weitere Experimente freizuhalten.

Die Motorik dient einerseits der Haltung und Stellung des Körpers im Raum (Stützmotorik), andererseits nach außen gerichteten Bewegungen (Zielmotorik)

Aufgaben der Stütz- und der Zielmotorik. Unabhängig von der Betrachtung der Motorik als reflex- oder programmgesteuert, oder als mehr oder weniger willkürlich, ist ein wichtiger dritter Aspekt der, daß ein Großteil unserer Muskeltätigkeit sich nicht in erster Linie als Bewegung nach außen, in die Umwelt hinein richtet, son-

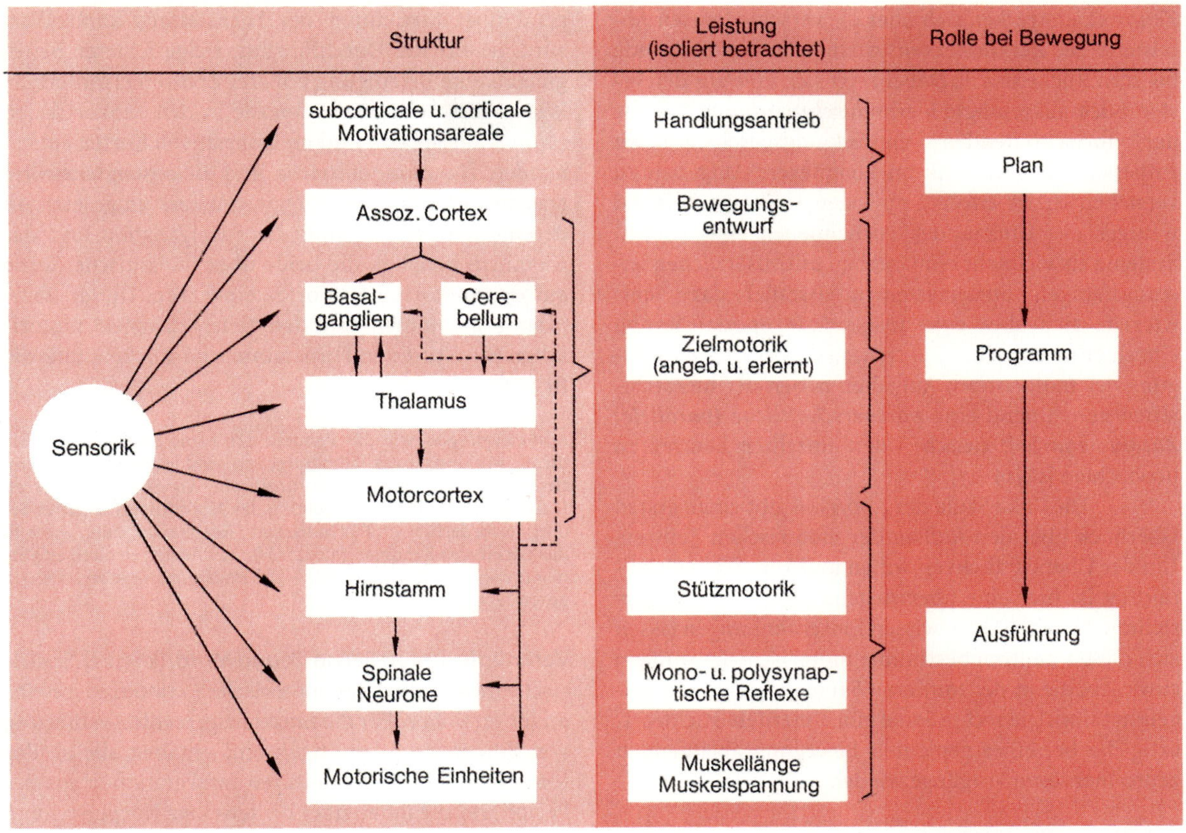

Abb. 13–6. Motorisches System im Überblick. Die wichtigsten Strukturen und ihre Hauptverbindungen sind in der *linken Säule* angeordnet. Der Einfachheit halber wurden alle sensorischen Zuflüsse *ganz links* zusammengefaßt. Die *mittlere Säule* betont die bei isolierter Betrachtungsweise herausragenden Leistungen der einzelnen Abschnitte des motorischen Systems, die *rechte* gibt die Rolle bei der Initiierung und Durchführung einer Bewegung wieder. Auf die parallele Position der Basalganglien und des Kleinhirns und die Einordnung des Motorkortex am Übergang zwischen Programm und Ausführung sei hingewiesen

dern dazu dient, Haltung und Stellung des Körpers im Raum zu bewerkstelligen und aufrechtzuerhalten. Diesen Anteil der Motorik bezeichnen wir als ***Stützmotorik.*** Ohne diese wären wir nichts anderes als ein hilflos am Boden liegender Klumpen Mensch, wie der Anblick K.o.-geschlagener Boxer immer wieder deutlich vor Augen führt (mehr dazu im Abschnitt 13.8) [3,6,16].

Der Stützmotorik kann man als ***Zielmotorik*** all die motorischen Funktionen gegenüberstellen, die sich als nach außen gerichtete Bewegung äußern. Zielmotorik wird dabei immer auch von Aktionen und Reaktionen der Stützmotorik begleitet sein, sei es zur Vorbereitung der Bewegung, sei es zur Korrektur der Haltung während und nach der Bewegung. Trotz dieser engen Verknüpfung von Stütz- und Zielmotorik ist deren getrennte Betrachtung von Vorteil: Es wird sich bei der Besprechung der Aufgaben und der zentralen Organisation der verschiedenen motorischen Zentren nämlich zeigen, daß ihnen teils vorwiegend stützmotorische, teils vorwiegend zielmotorische Funktionen übertragen sind (mehr dazu im Abschnitt 13.9).

Besonderheiten der menschlichen Stütz- und Zielmotorik. Beim Menschen gewährleistet die Stützmotorik die für das *aufrechte Stehen und das zweibeinige Gehen* kritische Körperstabilität und bildet damit die Voraussetzung für die natürliche, zielgerichtete Lokomotion des Menschen, die sowohl geplantes wie instinktives Verhalten umfaßt und auf die Interaktion mit der Umwelt ausgerichtet ist. Das bipedale Stehen und Gehen ist auch die Voraussetzung für die *Zielbewegungen des Armes und das Greifen der Hand.* Die Handfertigkeit ist eine sensomotorische und eine kognitive Leistung, bei der schon vor der Berührung des Gegenstandes die Hand- und Fingerstellung beginnen, sich optimal dem zu greifenden Gegenstand und der geplanten Greifbewegung anzupassen (*Kraftgriff* für schwere und größere Objekte, *Präzisionsgriff* für kleine Gegenstände und Instrumente, mehr dazu im Abschnitt 13.10).

Motorische Zentren liegen auf praktisch allen Ebenen des ZNS; sie arbeiten teils hierarchisch, teils partnerschaftlich (parallel) zusammen

Die Strukturen, die für die nervöse Kontrolle von Haltung und Bewegung verantwortlich sind *(motorische*

Zentren), erstrecken sich über die verschiedensten Abschnitte des Zentralnervensystems von der Hirnrinde bis zum Rückenmark. Dabei zeigt sich eine auf den ersten Blick ausgeprägte ***hierarchische Ordnung***, die aus der fortschreitenden entwicklungsgeschichtlichen Anpassung der Motorik an komplexere Aufgaben zu verstehen ist. Es erfolgte phylogenetisch anscheinend weniger ein Umbau der vorhandenen motorischen Systeme als vielmehr ein Überbau mit zusätzlichen leistungsfähigen Steuersystemen. Parallel dazu entwickelte sich aber eine ausgeprägte Spezialisierung einzelner motorischer Zentren, so daß bei der Bewältigung der motorischen Aufgaben neben der hierarchischen zunehmend eine ***partnerschaftliche (parallele) Zusammenarbeit*** zwischen den einzelnen Zentren zu beobachten ist [19–23].

Die linke Säule der Abb. 13–6 gibt einen ersten Überblick über den Aufbau der motorischen Zentren. Um der Übersichtlichkeit willen und zur ersten Orientierung ist hier eine überwiegend hierarchische Darstellung gewählt. Mit gewissen Einschränkungen lassen sich diesen Zentren bestimmte motorische Leistungen zuweisen, die in der mittleren Säule der Abb. 13–6 aufgeführt sind. Die rechte Säule gibt außerdem stichwortartig die bei einer geplanten Bewegung ablaufenden zentralnervösen Vorgänge wieder.

Spinalmotorik. Im Rückenmark existieren zwischen den sensorischen Afferenzen und den Motoneuronen eine Vielzahl von neuronalen Verschaltungen, bei deren Aktivierung es entweder zur Förderung und Auslösung von Bewegungen oder zu ihrer Hemmung kommt. Diese Schaltwege *(Reflexbögen)*, die die Grundlage für die ***spinalen Reflexe*** bilden, sind zwar jeweils anatomisch festgelegt, ihre Funktion läßt sich aber von anderen spinalen oder auch höheren Zentren weitgehend steuern, indem die Durchlässigkeit der verschiedenen Reflexwege unterschiedlich verändert werden kann.

Die ursprünglich für den ***Reflex*** namengebende Definition, die davon ausging, daß jede Reflexbewegung eine stereotype, vom Rückenmark wie von einem Spiegel *reflektierte* Äußerung auf einen bestimmten sensorischen Zustrom sei (s. o.), läßt sich also nicht mehr halten. Eine auch die hemmenden Reflexe einbeziehende Definition muß sehr viel weiter gefaßt werden. Danach wäre ein spinaler motorischer Reflex eine von sensorischen Afferenzen auf der Rückenmarksebene ausgelöste Aktivitätsänderung von Neuronen, die zu einer Förderung oder Hemmung von Bewegungen führt. Die spinalen Reflexe stellen so gesehen einen ***Vorrat elementarer Haltungs- und Bewegungsabläufe*** dar, die in weitem Maß an die Bewegungsintention angepaßt werden können.

Höhere Motorik. Der Spinalmotorik wird die motorische Kontrolle durch supraspinale Zentren als *höhere Motorik* gegenübergestellt. Während die Stützmotorik und ihre Koordination mit der Zielmotorik vorwiegend über Strukturen des Hirnstamms kontrolliert wird, ist für die Durchführung zielgerichteter Bewegungen eine Beteiligung höherer Zentren erforderlich. Wie Abb. 13–6 zeigt, werden die in den subkortikalen Motivationsarealen und im assoziativen Kortex entstehenden ***Handlungsantriebe*** und ***Bewegungsentwürfe*** anschließend in *Bewegungsprogramme* umgesetzt. An deren Ausarbeitung sind die Basalganglien und das Kleinhirn beteiligt, die beide über thalamische Kerne auf den motorischen Kortex einwirken. Dieser übernimmt zusammen mit den tiefergelegenen motorischen Strukturen in Hirnstamm und Rückenmark die Bewegungsausführung.

Mitbewegungen, wie das Pendeln der Arme beim Gehen oder die Mimik und Gestik beim Sprechen, sind in vielen Fällen von tieferen Hirnstrukturen kontrollierte Vorgänge, zu deren Durchführung eine Einbeziehung des Motorkortex nicht unbedingt erforderlich ist. Für bestimmte Krankheitsbilder, wie z. B. das Parkinson-Syndrom (s. S. 276) ist ein Ausfall derartiger Mitbewegungen charakteristisch. – Die ***Blickmotorik*** wird ab S. 400 gesondert besprochen.

Verknüpfung von Sensorik und Motorik [5, 22]. Sensorische Information und motorische Aktion sind miteinander verwoben. Für die funktionsgerechte Ausführung von Bewegungen benötigen und erhalten alle an der Motorik beteiligten Strukturen Informationen aus der Peripherie, die ihnen über die jeweilige Körperstellung und über die Ausführung der angestrebten Bewegungen Auskunft gibt (Abb. 13–6 *links*). Zum anderen sind bestimmte Sinnesinformationen, z. B. vom Gesichtssinn oder vom Getast, nur unter Einschaltung differenzierter motorischer Akte funktionsgerecht zu erzielen.

13.6 Sensoren der Motorik: Muskelspindeln und Sehnenorgane

Die intrafusalen Muskelfasern der Muskelspindeln werden afferent und efferent innerviert; die Sehnenorgane haben nur eine afferente Innervation

Bau der Muskelspindeln [28]. Jeder Muskel enthält Dehnungssensoren, die auf Grund ihrer Form als ***Muskelspindeln*** bezeichnet werden. Ihr Aufbau ist schematisch in Abb. 13–7A dargestellt. Eine bindegewebige Kapsel umhüllt eine Anzahl Muskelfasern, die dünner und kürzer als die gewöhnlichen Muskelfasern sind. Die in der Kapsel liegenden Muskelfasern werden als ***intrafusale Muskelfasern*** bezeichnet, während die gewöhnlichen Muskelfasern, die als die eigentliche Arbeitsmuskulatur den Großteil des Muskels ausmachen, ***extrafusale Muskelfasern*** genannt werden. Zur Veranschaulichung sei angeführt, daß der Durchmesser der intrafusalen Muskelfasern bei etwa 15–30 μm, ihre Länge bei 4 bis 7 mm liegt. Die extrafusalen Muskelfasern haben dagegen einen Durchmesser in der Größenordnung von 50 bis 100 μm, und ihre Länge schwankt von einigen Millimetern bis zu vielen Zentimetern und Dezimetern. Die Muskelspindeln setzen an beiden Enden über Bindegewebszüge an den bindegewebigen Hüllen *(Perimysium)* extrafusaler Faserbündel an.

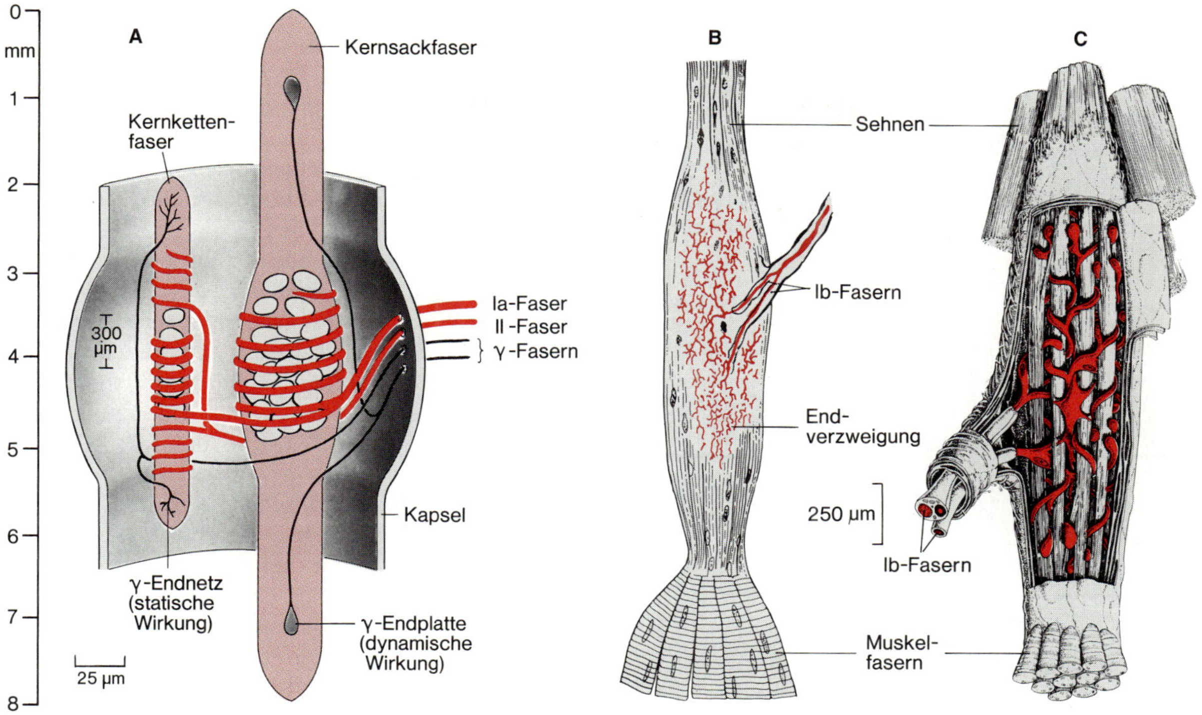

Abb. 13–7. Aufbau von Muskelspindeln und Sehnenorganen. **A** Schema des Aufbaus einer Muskelspindel. Die afferente Innervation ist *rot,* die efferente *schwarz* gezeichnet. Die unterschiedlichen Maßstäbe in Längs- und Querrichtung geben einen ungefähren Anhalt über die Größenverhältnisse. Zusammengestellt nach histologischen und physiologischen Daten zahlreicher Autoren. **B** Lichtmikroskopische Zeichnung eines Golgi-Sehnenorgans durch Ramon y Cajal (1906). Die Ib-Faser und ihre Endverzweigungen sind *rot* gezeichnet. **C** Rekonstruktion der Endverzweigung *(rot)* einer Ib-Faser im Inneren eines Golgi-Sehnenorgans (nach R.V. Kristic 1978). Aus R.F. Schmidt und M. Wiesendanger in [21]

Afferente Innervation der Muskelspindeln. Die *sensible Innervation* wird durch eine afferente Nervenfaser gebildet, die sich als ***annulospirale Endigung*** mehrmals um das Zentrum der intrafusalen Muskelfasern herumschlingt (Abb. 13–7A). Die afferente Faser ist eine dicke markhaltige Nervenfaser (Durchmesser um 13 µm), die als ***Ia-Faser*** bezeichnet wird (vgl. auch Tabelle 7–1). In jede Spindel zieht immer nur eine Ia-Faser. Wegen ihrer Versorgung durch die Ia-Fasern werden die annulospiralen auch als ***primär sensible Endigungen*** bezeichnet.

Viele, wenn auch nicht alle Muskelspindeln besitzen eine ***zweite dehnungssensible Innervation.*** Ihre afferenten Fasern sind dünn (Gruppe-II-Fasern, Durchmesser um 9 µm, vgl. Tabelle 7–1). Man bezeichnet die von ***Gruppe-II-Fasern*** innervierten Sensorstrukturen als ***sekundäre Muskelspindelendigungen.*** Ihre Form und ihre rezeptiven Eigenschaften ähneln denen der primären Endigungen, ihre spinalen Verknüpfungen denen der Flexorreflexafferenzen (s. unten).

Efferente Innervation der Muskelspindeln. Außer der sensiblen besitzen die intrafusalen Muskelfasern genau wie die extrafusalen eine ***motorische Innervation.*** Die Motoaxone der intrafusalen Muskelfasern sind dünner als normale Motoaxone. Letztere werden meist als Aα-Fasern, abgekürzt α-Fasern (α = alpha) bezeichnet, während man die Motoaxone der intrafusalen Muskulatur Aγ-Fasern, abgekürzt γ-Fasern (γ = gamma) nennt. (α-Fasern haben einen Durchmesser von 12–21 µm, γ-Fasern von 2–8 µm, vgl. Tabelle 7–1; sowohl bei den α- wie bei den γ-Fasern sind die Durchmesser der Muskelfasern proportional den Durchmessern der Nervenfasern. Die Ursache für diese Gesetzmäßigkeit ist nicht bekannt.) Die γ-Motoaxone bilden endplattenähnliche synaptische Verbindungen auf den intrafusalen Muskelfasern, die, wie Abb. 13–7A zeigt, meist in den lateralen Dritteln der Muskelfasern liegen.

Bau und Innervation der Sehnenorgane. In den Sehnen aller Warmblütermuskeln kommen nahe dem muskulären Ursprung der Sehnen Sensoren vor, die aus den Sehnenfaszikeln von etwa 10 extrafusalen Muskelfasern bestehen, von einer bindegewebigen Kapsel umhüllt sind und von ein bis zwei dicken myelinisierten Nervenfasern (Durchmesser 10–20 µm) versorgt werden, die ***Sehnenorgane*** (syn. *Golgi-Sehnenorgane,* Abb. 13–7B,C). Die afferenten Nervenfasern werden als ***Ib-Fasern*** bezeichnet. Diese teilen sich nach Eintritt in die Kapsel in dünnere Äste auf, werden schließlich marklos und enden reich verzweigt zwischen den Sehnenfaszikeln (Abb. 13–7 B,C, Einzelheiten [21,22,28]).

Verteilung von Muskelspindeln und Sehnenorganen. In praktisch allen quergestreiften Skelettmuskeln der Säugetiere kommen ***Muskelspindeln*** vor. Die Anzahl der Muskelspindeln pro Muskel schwankt beim Menschen zwischen etwa 40 Spindeln in den kleinen Handmuskeln bis zu 500 Spindeln im M. triceps brachii. Die ***Spindeldichte,*** d. h. die Anzahl der Muskelspindeln pro Gramm Muskelgewebe, ist besonders hoch in kleinen Muskeln, die an Feinbewegungen beteiligt sind, wie den kleinen Handmuskeln (bis zu 130 Spindeln/g), während große, rumpfnahe Muskeln weniger als 1 Spindel/g aufweisen. Die ***Zahl der Sehnenorgane*** pro Muskel ist bisher nur wenig untersucht worden. Als Richtwert kann angenommen werden, daß auf je 100 Muskelspindeln 50–80 Sehnenorgane vorkommen [28].

Muskelspindeln messen vorwiegend die Länge des Muskels, Sehnenorgane seine Spannung

Lage und Entladungsmuster. Muskelspindeln und Sehnenorgane sind nach ihrem adäquaten Reiz ***Dehnungssensoren.*** Ihre Anordnung im Muskel ist jedoch unterschiedlich (Abb. 13–8): Die Muskelspindeln liegen

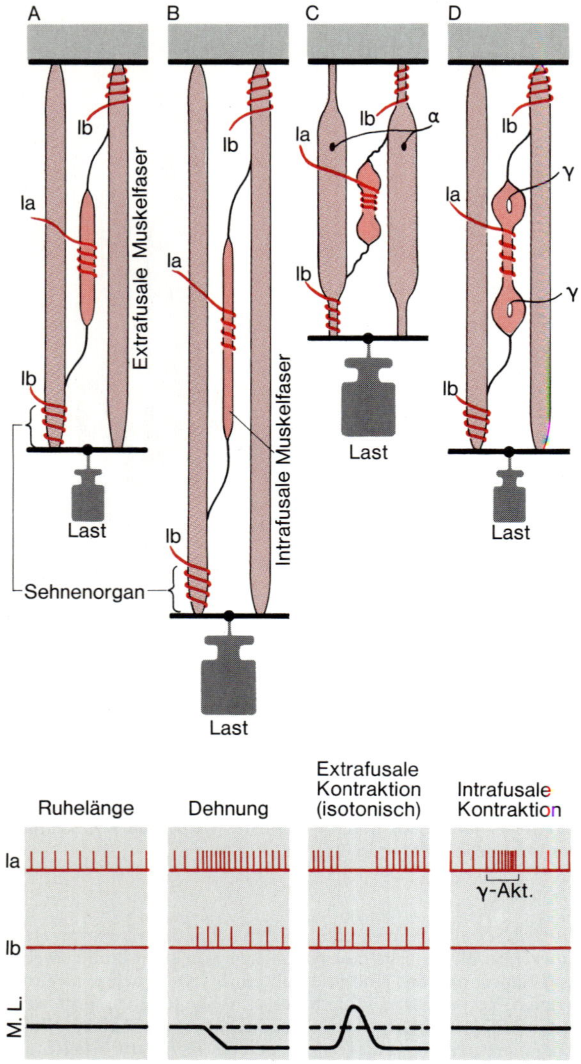

Abb. 13–8. Schematische Zeichnung der Lage und der Entladungsmuster der Muskelspindeln und der Golgi-Sehnenorgane im Muskel in Ruhe (**A**) und ihre Formveränderungen bei passiver Dehnung (**B**), bei isotonischer Kontraktion der extrafusalen Muskelfasern (**C**) und bei alleiniger Kontraktion der intrafusalen Muskelfasern (**D**, γ-Aktivierung). Kombination von **B** mit **D** führt zu besonders starker Aktivierung der Muskelspindelafferenzen. *Ia,* Entladungsmuster der primären Muskelspindelafferenzen über ihre Ia-Fasern, *Ib,* Entladungsmuster der primären Muskelspindelafferenzen über ihre Ia-Fasern, *Ib,* Entladungsmuster der Sehnenorgane über Ib-Fasern. *M.L.,* Muskellänge. Aus R. F. Schmidt und M. Wiesendanger in [21]

parallel, die Sehnenorgane ***in Serie*** zur extrafusalen Muskulatur. Daraus ergeben sich charakteristische Unterschiede der Entladungsmuster, vor allem bei Kontraktion des Muskels, die bei einem Vergleich der beiden Sensoren in Abb. 13–8 verständlich werden.

Ist ein Muskel etwa auf seine Ruhelänge gedehnt (Abb. 13–8A), so entladen die meisten primären Muskelspindelendigungen (versorgt von Ia-Fasern), während die Sehnenorgane (versorgt von Ib-Fasern) in der Regel stumm sind. Bei ***Dehnung*** (Abb. 13–8B) nimmt die Entladungsfrequenz der Ia-Fasern zu, und auch die Sehnenorgane beginnen zu entladen. ***Isotonische Kontraktion*** der extrafusalen Muskulatur (Abb. 13–8 C) entlastet die Muskelspindel, und ihre Entladungen hören daher auf. Das Sehnenorgan bleibt gedehnt, seine Entladungsfrequenz nimmt während der Kontraktion sogar vorübergehend zu, da die Beschleunigung der Last zu einer kurzzeitigen stärkeren Dehnung des Sehnenorgans führt.

Aus diesen Befunden ist zu folgern, daß die ***Muskelspindeln vorwiegend die Länge*** des Muskels messen, während die ***Sehnenorgane vorwiegend die Spannung*** registrieren. Es ist also zu erwarten, daß bei isometrischer Kontraktion die Entladungsfrequenz der Sehnenorgane stark zunimmt, während die der Muskelspindeln etwa gleich bleiben sollte.

Wirkung der fusimotorischen Nervenfasern. Die eine Möglichkeit, den Dehnungssensor Muskelspindel zu erregen, ist nach dem eben Gesagten die Dehnung des Muskels, also Dehnung der extrafusalen und der ihnen parallel liegenden intrafusalen Muskelfasern (vgl. Abb. 13–8A mit B). Es gibt eine zweite Möglichkeit, die primären Muskelspindelendigungen zu erregen, nämlich eine Kontraktion der intrafusalen Muskelfasern, die über die γ-Motoneurone ausgelöst wird (Abb. 13–8D). Eine solche intrafusale Kontraktion reicht aus, den ***zentralen Anteil der intrafusalen Fasern zu dehnen*** (Abb. 13–8D) und damit Erregungen in den primär sensiblen Endigungen zu induzieren. Dies führt dann, ebenso wie die Dehnung des gesamten Muskels, zu afferenten Aktionspotentialen in Ia-Fasern.

Die beiden Wege der Spindelaktivierung, nämlich *Dehnung des Muskels* und *intrafusale Kontraktion,* können sich auch in ihrer Wirkung addieren. Andererseits kann durch intrafusale Kontraktion die Wirkung extrafusaler Kontraktion mehr oder weniger kompensiert werden, so daß die Muskelspindeln auch bei extrafusaler Kontraktion ihre Meßfunktion erhalten können. Mit anderen Worten über die *intrafusale Vorspannung* des Dehnungssensors können seine ***Schwelle*** und sein ***Empfindlichkeitsbereich*** verstellt werden.

13.7 Spinale motorische Reflexe

Jeder Reflexbogen besteht aus den gleichen fünf Anteilen, nämlich Sensor, Afferenz, zentralen Neuronen, Efferenz und Effektor

Auf die allgemeine Definition von Reflexen wurde bereits eingegangen (s. S. 252). Die sensorischen, neuronalen und effektorischen Stationen, die beim Ablauf eines Reflexes nacheinander aktiviert werden, bezeichnet man als seinen ***Reflexbogen.*** Im einzelnen hat, wie

Abb. 13–9A zeigt, ein Reflexbogen neben dem peripheren Sinnesrezeptor (Sensor) einen afferenten Schenkel, ein oder mehrere zentrale Neurone, einen efferenten Schenkel und einen Effektor.

Alle ***Sensoren*** sind an Reflexen der einen oder anderen Art beteiligt, und dementsprechend dienen ihre afferenten Fasern als ***afferente Schenkel*** in diesen jeweiligen Reflexbögen. Die Zahl der ***zentralen Neurone*** eines Reflexbogens ist, mit Ausnahme des monosynaptischen Dehnungsreflexes (s. unten), immer größer als eins. Als ***efferente Schenkel*** dienen entweder die Motoaxone oder die postganglionären Fasern des autonomen Nervensystems, als ***Effektoren*** die Skelettmuskulatur, respektive die glatte Muskulatur, das Herz oder die Drüsen.

Die Zeit zwischen Beginn des Reizes und Aktion des Effektors bezeichnen wir als ***Reflexzeit.*** In den meisten Fällen ist sie vorwiegend bedingt durch die Leitungszeit in den afferenten und efferenten Schenkeln und in den zentralen Teilen des Reflexbogens (die Leitungsgeschwindigkeiten menschlicher Nervenfasern sind durchweg etwas geringer als die, die in Tabelle 7–1, S. 105, für die Katze angegeben werden [16]). Dazu kommen noch Zeiten a) für die Umwandlung eines Reizes in eine fortgeleitete Erregung im Sensor, b) für die Übertragung in den Synapsen an den zentralen Neuronen (Synapsenzeit), c) für die Übertragung vom efferenten Schenkel auf den Effektor (z. B. Endplattenpotential) und d) für die Aktivierung des Effektors durch die Membranerregung (z. B. elektromechanische Kopplung).

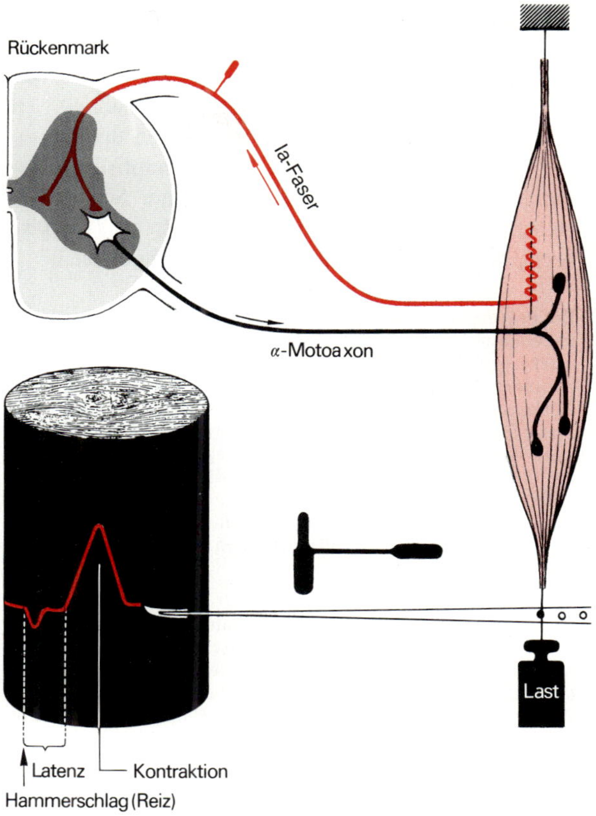

Abb. 13–10. Schematisierte Darstellung des Reflexbogens und der Arbeitsweise des monosynaptischen Dehnungsreflexes. Ein leichter Hammerschlag auf den Zeiger des Meßinstrumentes, der mit dem Muskel verbunden ist (Ausschlag nach *unten* auf dem berußten Registrierpapier des Kymographen), führt nach kurzer Latenz zu einer Kontraktion des Muskels. Der Reflexbogen dieses Reflexes von den Muskelspindeln über die Ia-Fasern zu den Motoneuronen und zurück zum Muskel ist angegeben (s. auch Abb. 13–9B). Die hier gezeigten Verhältnisse sind denen beim Schlag mit dem Reflexhammer auf die Kniesehne (Patellarsehnenreflex) analog. Aus [21]

Der monosynaptische Reflexbogen (Eigenreflex, myotatischer Reflex) ist das einfachste Beispiel eines kompletten motorischen Reflexbogens

Es ist bei der Besprechung der zentralen erregenden Synapsen und in Abb. 13–9 bereits gesagt und gezeigt worden, daß die *Ia-Fasern* erregende Synapsen auf homonymen Motoneuronen bilden. ***Aktivierung der primären Muskelspindelendigungen*** durch Dehnung des Muskels muß also zu einer ***Erregung der homonymen Motoneurone*** führen. Ein entsprechender Versuch ist in Abb. 13–10 aufgezeichnet. Kurzfristige Dehnung des Muskels durch einen leichten Hammerschlag auf den Registrierhebel führt, wie die Registrierkurve links unten im Bild zeigt, nach einer kurzen Latenz zu einer Kontraktion des Muskels. Diesen Reflex, der nur eine zentrale Synapse besitzt, nämlich die der Ia-Fasern auf die homonymen Motoneurone, nennt man den ***monosynaptischen Dehnungsreflex*** der Muskulatur. Er ist, wie Abb. 13–9B zeigt, das einfachste Beispiel eines kompletten Reflexbogens.

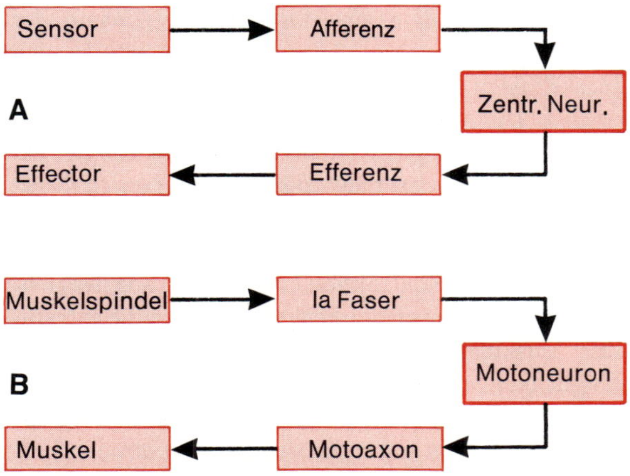

Abb. 13–9. A Allgemeine Bezeichnungen der Anteile eines Reflexbogens. **B** Die Reflexbogenanteile des monosynaptischen Dehnungsreflexes

Da beim monosynaptischen Dehnungsreflex die Sensoren (Muskelspindeln) und die Effektoren (extrafusale Muskelfasern) im gleichen Organ (Muskel) liegen, wird er oft auch als monosynaptischer ***Eigenreflex*** bezeichnet. Der Ausdruck *Dehnungsreflex* ist ihm aber angemessener. Daneben wird vor allem im englischen Sprachraum auch häufig der Ausdruck ***myotatischer Reflex*** benutzt.

Das bekannteste Beispiel eines monosynaptischen Dehnungsreflexes ist der ***Patellarsehnenreflex:*** Der *M. quadriceps femoris* wird durch einen leichten

Schlag auf seine Sehne unterhalb der Patella (Kniescheibe) kurzfristig gedehnt. Nach kurzer Latenz kommt es zu einer leichten Zuckung des Muskels. Der Ausdruck *Sehnenreflex* ist irreführend. Es handelt sich hier wie bei den anderen Sehnenreflexen um monosynaptische Dehnungsreflexe. Monosynaptische Dehnungsreflexe, die durch Beklopfen einer Sehne ausgelöst werden, werden in der Klinik auch als ***T-Reflexe*** (engl. *Tendon-Reflex* = Sehnenreflex) bezeichnet.

Die ***Prüfung der Dehnungsreflexe*** erhält dadurch eine besondere Bedeutung, daß die Reflexbahnen über verschiedene Rückenmarkssegmente verlaufen und damit Störungen beim Auftreten einzelner Reflexe Hinweise auf die Höhe eines krankhaften Rückenmarksprozesses geben können. Insgesamt ist die Normbreite für die ***Lebhaftigkeit der Dehnungsreflexe*** sehr groß und stark von einer möglichen Mit- oder Gegeninnervation abhängig (s.u.). Klinisch ist daher weniger die Lebhaftigkeit dieser Reflexe von Bedeutung als vielmehr die Frage, ob Seitenunterschiede bestehen oder ob einzelne Reflexe in ihrem Verhalten gegenüber dem Gesamtreflexverhalten besonders verändert sind.

Bahnung von T-Reflexen. Schwache Patellarsehnen- und andere T-Reflexe der unteren Extremität lassen sich besser auslösen, wenn der Patient aufgefordert wird, seine vor der Brust ineinandergehakten Hände auseinanderzuziehen oder einer dritten Person die Hand zu drücken ***(Jendrassik Handgriff).*** Es kommt bei dieser Anstrengung zu einer bahnenden Mitinnervation der Motoneurone des Lumbalmarks.

Auslösung von H-Reflexen. Der monosynaptische Dehnungsreflex kann am Menschen auch durch elektrische Reizung der Ia-Afferenzen eines Muskelnerven induziert werden. Diese Form des monosynaptischen Dehnungsreflexes bezeichnet man als ***H-Reflex*** (nach Paul Hoffmann). Gewöhnlich wird der H-Reflex durch elektrische Reizung des *N. popliteus* in der Kniekehle ausgelöst und der Reflex elektromyographisch von der Oberfläche (Hautelektroden) oder dem Innern (Nadelelektroden) des *M. triceps surae* registriert. Auf diese Weise ist eine quantitative Dokumentation des monosynaptischen Dehnungsreflexes möglich.

Der monosynaptische Dehnungsreflex dient v.a. zur Konstanthaltung der Muskellänge

Der monosynaptische Dehnungsreflex kann in erster Linie als Teil eines Regelmechanismus zur Kontrolle der Muskellänge aufgefaßt werden: Dehnung des Muskels führt zu einer Kontraktion, also einer der Dehnung entgegenwirkenden Verkürzung des Muskels. Diese *reflektorische Konstanthaltung der Muskellänge* ist von besonderer Bedeutung für die Aufrechterhaltung des ***Haltetonus*** in der Stützmotorik. So wird z.B. jedes leichte, noch nicht sicht- und merkbare Einknicken der Kniegelenke zu einer Dehnung des M. quadriceps und damit zu einer verstärkten Aktivierung der primären Muskelspindelendigungen führen (vgl. Patellarsehnenreflex, Abb. 13–10). Dadurch kommt es zu einer zusätzlichen Erregung der α-Motoneurone des M. quadriceps (Abb. 13–11) und damit zu einem erhöhten Muskeltonus, der das beginnende Einknicken sofort wieder ausgleicht. Über diesen Regelkreis wird also die ***Länge des Muskels konstant*** gehalten.

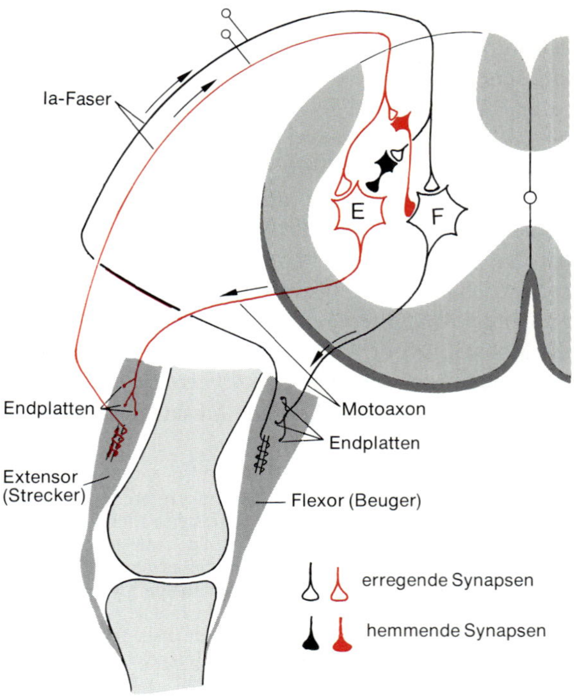

Abb. 13–11. Reflexwege des Dehnungsreflexes und der reziproken antagonistischen Hemmung. *F* Flexormotoneuron, *E* Extensormotoneuron des Kniegelenks. Die Beugemuskeln (Flexoren, Beuger) und die Streckmuskeln (Extensoren, Strecker) dieses Gelenks und die erregenden bzw. hemmenden Wirkungen der Synapsen sind in der Abbildung angegeben. Die hemmenden Reflexwege enthalten je ein spinales Interneuron. Aus [21]

Der Dehnungsreflex kann auch durch intrafusale Kontraktion aktiviert werden; dieser Weg wird γ-Spindel-Schleife genannt

Eine Aktivierung der primären Muskelspindelendigungen durch intrafusale Kontraktion (Abb. 13–8D) wird genau wie eine Dehnung des Muskels zu einem monosynaptischen Dehnungsreflex führen. Eine Kontraktion der extrafusalen Muskulatur kann also von den Muskelspindeln ausgelöst werden, 1. wenn der Muskel gedehnt wird oder 2. wenn die intrafusalen Muskelfasern sich kontrahieren.

Die supraspinalen motorischen Zentren haben also zwei Möglichkeiten, eine Kontraktion der extrafusalen Muskulatur auszulösen: *erstens* durch ***direkte Erregung der α-Motoneurone,*** und *zweitens* über eine ***Erregung der γ-Motoneurone,*** die ihrerseits über eine intrafusale Kontraktion eine Aktivierung des Dehnungsreflexbogens bewirken und dadurch die extrafusale Muskulatur zur Kontraktion bringen. Letztere Möglichkeit wird als ***Gamma-(γ-) Spindel-Schleife*** bezeichnet (Abb. 13–12A). Die *direkte Aktivation der α-Motoneurone von supraspinalen Zentren* hat den Vorteil der kurzen Latenz, aber den Nachteil, daß das sorgfältige Gleichgewicht des über den Dehnungsreflex arbeitenden Längenkontrollsystems empfindlich gestört

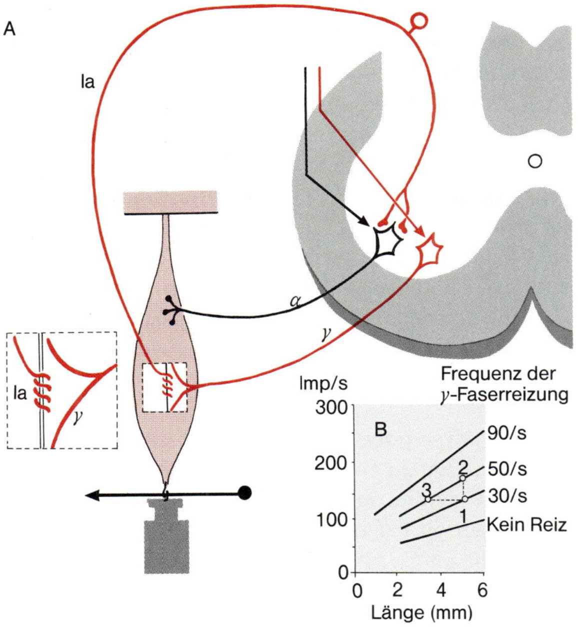

Abb. 13–12. Reflexweg der γ-Spindel-Schleife (*rot* in **A**) und der Einfluß der fusimotorischen Aktivität auf die Entladungsrate einer primären Muskelspindelendigung (*Ordinate* in **B**). Bei supraspinaler Aktivierung der γ-Spindel-Schleife kommt es meist zu einer gleichzeitigen deszendierenden Aktivierung der zugehörigen (homonymen) α-Motoneurone (α-γ-Koaktivierung, durch die *rote* und die *schwarze* absteigende Bahn angedeutet). Die Muskelspindel von **B** stammte aus dem Musc. soleus der Katze. Es wurde, wie in der *Abszisse* angegeben, die Ruhelänge variiert und die Frequenz der fusimotorischen Reizung wie *rechts* angegeben geändert (Messungen von A. Crowe und P. B. C. Matthews, 1964). Aus [21]

wird. Dagegen bewirkt *Aktivierung der γ-Schleife* eine Verkürzung des Muskels ohne oder mit geringer Veränderung der Entladungsfrequenz der Muskelspindelafferenzen.

In Abb. 13–12B ist der Zusammenhang zwischen Muskellänge (Abszisse) und Entladungsfrequenz (Ordinate) einer primären Spindelafferenz bei unterschiedlichen Reizfrequenzen (0, 30, 50, 90 Hz) der zugehörigen γ-Faser graphisch dargestellt. Ändert sich z. B. in Punkt 1 die Frequenz der γ-Entladungen von 30 auf 50 Hz, so wird die afferente Entladung nach Punkt 2 zunehmen. Die ursprüngliche afferente Entladungsrate wird dann durch Verkürzung des Muskels auf Punkt 3 wieder hergestellt. Über die γ-Efferenzen läßt sich also die Muskellänge verstellen, ohne daß sich die Impulsaktivität der Muskelspindelsensoren dauernd ändert. In diesem Beispiel folgt also einer Kontraktion der intrafusalen Muskulatur eine verstärkte Kontraktion der extrafusalen Muskulatur, bis die ursprüngliche Entladungsrate der primären Spindelafferenz wieder erreicht ist. Die γ-Spindel-Schleife mit dem in ihr eingeschlossenen Dehnungsreflexbogen bildet also in diesem Fall einen ***Folge-Servomechanismus,*** bei dem die *Muskellänge der Muskelspindellänge folgt.*

Eine Änderung der Muskellänge *ausschließlich über die* γ-Schleife kommt anscheinend nicht vor. Vielmehr werden bei Muskelkontraktionen die α- und γ-Motoneurone gleichzeitig aktiviert, weshalb man von ***α-γ-Koaktivierung*** oder ***α-γ-Kopplung*** spricht. Die Aufgabe der α-Motoneurone wird also durch die Tätigkeit der γ-Motoneurone unterstützt. Diese Unterstützung wirkt ähnlich wie eine Lenk- oder Bremshilfe in einem Automobil, wobei gleichzeitig der Meßfühler, also die primäre Muskelspindelendigung, in einem günstigen Meßbereich gehalten wird. Die ***Aufgabe der γ-Spindel-Schleife*** kann daher am besten als die der ***Servounterstützung von Bewegungen*** beschrieben werden.

Die disynaptische reziproke antagonistische Hemmung durch die Ia-Afferenzen ergänzt deren erregende Wirkung auf die Synergisten

Die Ia-Fasern bilden nicht nur monosynaptische erregende Verbindungen mit homonymen Motoneuronen (Reflexbogen des Dehnungsreflexes), sondern auch ***disynaptische hemmende*** Verbindungen zu den antagonistischen Motoneuronen (Abb. 13–11). Dieser Reflexbogen enthält also ein zentrales Interneuron. Es ist der kürzeste hemmende Reflexbogen, den wir kennen. Man nennt diese Hemmung daher auch ***direkte Hemmung.*** Besser ist ihre Bezeichnung ***reziproke antagonistische Hemmung,*** die beinhaltet, daß die Motoneurone antagonistischer Muskeln (z. B. Beuge- und Streckmuskeln am selben Gelenk) wechselseitig über diesen Reflexbogen gehemmt werden können [7,22,23].

Funktionell gesehen unterstützt die reziproke antagonistische Hemmung die durch Ia-Faser-Aktivität hervorgerufene oder geförderte Kontraktion homonymer und agonistischer Muskeln durch gleichzeitige Hemmung der am selben Gelenk angreifenden Antagonisten. Da die Ia-Fasern des antagonistischen Muskels entsprechende Verknüpfungen besitzen (Abb. 13–11), werden durch passive, d. h. von außen erzwungene Änderungen der Gelenkstellung ***vier Reflexbögen aktiviert,*** die insgesamt dazu dienen, die Änderungen der Gelenkstellung weitgehend rückgängig zu machen, also die ***vorgegebene Muskellänge konstant*** zu halten. Diese Reflexbögen bilden also zusammen ein ***Längen-Kontroll-System des Muskels.***

Die motorischen Reflexbögen mit Sehnenorganafferenzen sind immer polysynaptisch; sie dienen v. a. der Einstellung der Kontraktionskraft

Segmentale Verschaltung der Ib-Fasern. In erster Annäherung ist die segmentale Verschaltung der Ib-Fasern spiegelbildlich der der Ia-Fasern (Abb. 13–13). Die Sehnenorgane haben *di- oder trisynaptische hemmende Verbindungen* zu ihren homonymen und agonistischen Motoneuronen (diese Hemmung wird ***autogene Hemmung*** = *Selbsthemmung* genannt) und *disynaptische erregende Verbindungen* zu antagonistischen Motoneuronen [7,22]. Einschränkend muß gesagt werden, daß diese Verschaltung nicht generell beobachtet wurde. Darüber hinaus erfaßt der Ausdruck *autogene Hemmung* nur einen Teil der Wirkungen der Ib-Afferenzen, denn außer den Motoneuronen synergistischer und antagonistischer Muskeln werden auch Motoneurone beeinflußt, deren Muskeln an anderen Gelenken angreifen [7].

Aufgaben der Sehnenorgane. Da die Sehnenorgane die Spannung des Muskels messen (s. S. 255 f), wird eine

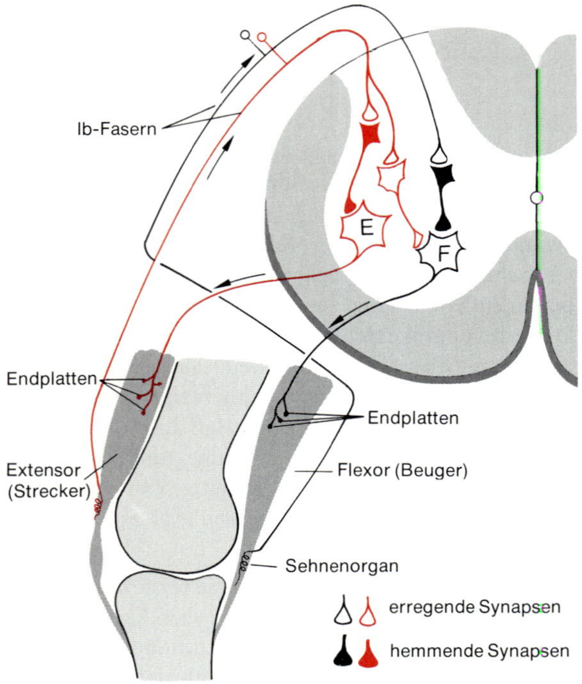

Abb. 13–13. Spinale segmentale Verschaltung der Ib-Fasern von den Golgi-Sehnenorganen im Muskel. Darstellung analog Abb. 13–11. Die erregende Verbindung der Flexor-Ib-Faser zum Streckermotoneuron E ist weggelassen, da eine entsprechende Reflexwirkung nicht regelmäßig beobachtet wird. Aus [21]

Zunahme der Muskelspannung durch extrafusale Kontraktion über die Aktivierung von Ib-Afferenzen zu einer Hemmung der homonymen Motoneurone führen. Umgekehrt wird eine Abnahme des Muskeltonus eine *Disinhibition* (Abnahme von Hemmung) und damit eine Aktivierung homonymer Motoneurone bewirken. Mit anderen Worten: Der Reflexbogen der Sehnenorgane ist so verschaltet, daß er dazu dienen kann, die ***Spannung des Muskels konstant*** zu halten.

Jeder Muskel besitzt also zwei Rückkopplungs-(feedback-)systeme (Regelkreise): ein ***Längenkontrollsystem*** mit den Muskelspindeln als Fühlern und ein ***Spannungskontrollsystem*** mit den Sehnenorganen als Fühlern. Das Längenkontrollsystem beschränkt sich dabei in seinen Auswirkungen im wesentlichen auf den eigenen Muskel und seinen Antagonisten, während durch das Spannungskontrollsystem der Ib-Afferenzen der muskuläre Tonus der gesamten Extremität mitgesteuert wird.

Die meisten motorischen Reflexe sind polysynaptisch; ihnen sind viele Grundeigenschaften gemeinsam; ein typisches Beispiel ist der Flexorreflex

Außer beim monosynaptischen Dehnungsreflex und beim disynaptischen hemmenden Reflexbogen der Ib-Fasern sind bei allen anderen Reflexen mehrere zentrale Neurone im Reflexbogen hintereinandergeschaltet. Diese Reflexe sind also ***polysynaptisch.*** Ferner sind bei den polysynaptischen Reflexen häufig Sensor und Effektor im Organismus räumlich getrennt, so daß sie auch als ***Fremdreflexe*** bezeichnet werden. Man unterscheidet bei den Fremdreflexen ***vegetative Reflexe*** mit Reflexbögen, die in den Effektoren des autonomen Nervensystems enden (s. S. 148) von ***polysynaptischen motorischen Reflexen,*** deren Effektoren die Skelettmuskeln sind. Letztere spielen in der gesamten Motorik eine große Rolle, so zum Beispiel bei der Fortbewegung *(Lokomotionsreflexe),* bei der Nahrungsaufnahme *(Nutritionsreflexe)* und bei der Abwehr schädigender Einflüsse *(Schutzreflexe).*

Eigenschaften polysynaptischer Reflexe. Als Beispiel der Eigenschaften polysynaptischer Reflexe sei der *Hustenreflex* gewählt, ein typischer Schutzreflex. Von diesem wissen wir, daß ein leichtes Kitzeln oder Kratzen im Hals nicht sofort, wohl aber nach einer Weile zum Husten führt. Bei polysynaptischen Reflexen können sich also unterschwellige Reize zu einem überschwelligen Reiz summieren. Diese ***Summation*** ist ein zentrales Phänomen, d. h. sie findet an den Interneuronen und Motoneuronen des Reflexbogens statt. Die subjektiven Mißempfindungen (Kitzeln, Kratzen) vor der Reflexauslösung sind nämlich ein klares Zeichen, daß die für den Reflex verantwortlichen Rezeptoren schon erregt sind.

Bei zunehmender Reizintensität wird die Zeit zwischen Reizbeginn (Kitzeln) und Reflexauslösung (Husten), also die ***Reflexzeit,*** kürzer. Dies zeigt, daß beim polysynaptischen Reflex die ***Reflexzeit von der Reizintensität abhängig*** ist: je stärker der Reiz, desto früher beginnt der Reflex. Die Verkürzung der Reflexzeit ist eine Folge der schnelleren, überschwelligen Erregung der zentralen Neurone des Reflexbogens durch die zahlreicher und intensiver aktivierten Sensoren: sie ist also hauptsächlich durch *zeitliche* und *räumliche Bahnung* verursacht.

Husten kann in seiner Intensität vom leichten Räuspern bis zum langanhaltenden Würgehusten reichen, wiederum in Abhängigkeit von der Reizintensität. Auch diese Zunahme des Reflexerfolges bei steigender Reizintensität ist eine typische Eigenschaft des polysynaptischen motorischen Reflexes. Dabei greift der Reflex auch auf bisher unbeteiligte Muskelgruppen über, ein Phänomen, das als ***Ausbreitung*** oder ***Irradiation*** bezeichnet wird.

Die Fremdreflexe sind offensichtlich in der Latenzzeit, Dauer, Amplitude und Ausbreitung der Antwort ziemlich variabel. Dies gilt auch bei gleichbleibender Reizung. Auch andere als die bereits genannten Einflüße, wie Vorinnervation (vgl. Abb. 13–14 A), Erwartung, vorbestehende Entzündungen etc., haben einen stark modulierenden Effekt. Dies ist eine Konsequenz des polysynaptischen Reflexweges (s. Abb. 13–14 C), denn mit jeder zusätzlichen Synapse im Reflexbogen steigt die Variabilität der Übertragung.

Flexorreflex und gekreuzter Extensorreflex. Bei einem schmerzhaften Reiz an einer Extremität wird die-

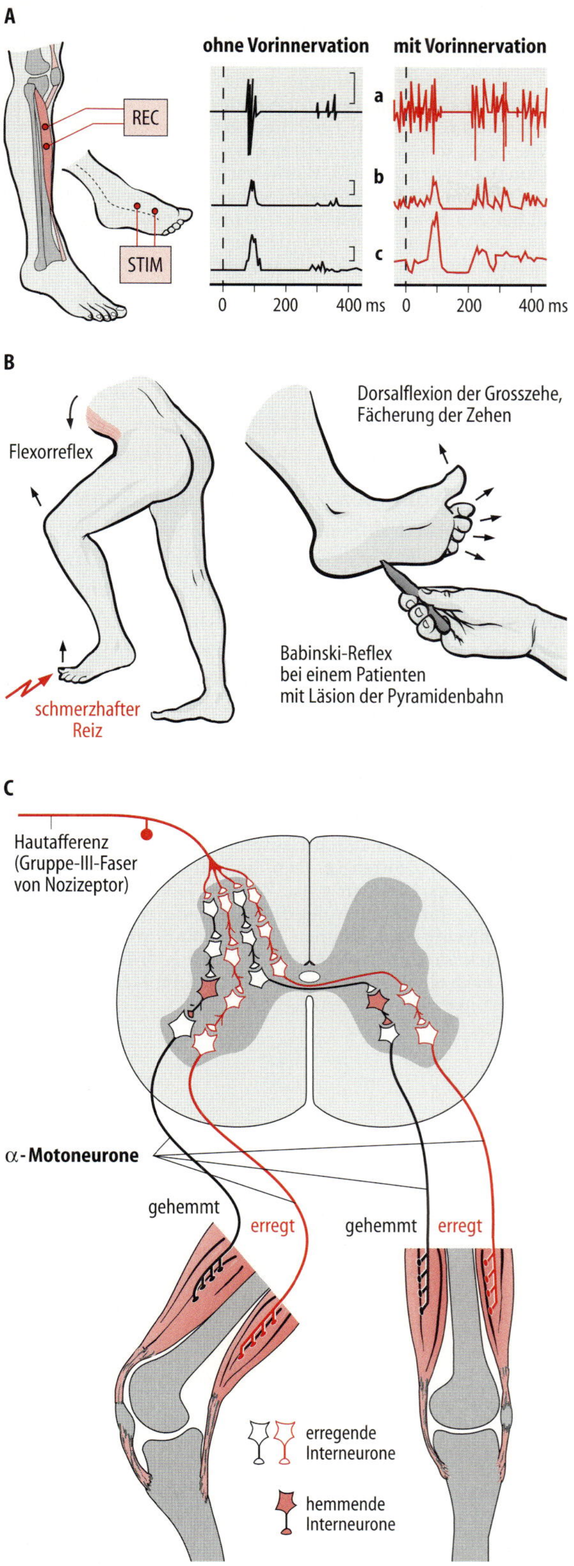

Abb. 13–14. Elektromyographische Analyse und spinale Verschaltung des Flexorreflexes. **A** Auslösung des Flexorreflexes durch elektrische Reizung von plantaren Hautnerven *(links)*. Die in den Fußhebern (Musc. tibialis ant.) ausgelöste Aktivität besteht aus einer deutlichen ersten und einer kleinen späten Antwort (*Mitte, ohne Vorinnervation)*. Bei Vorinnervation erfolgt eine starke Bahnung beider Komponenten. Spur **a** zeigt das Original-EMG, Spur **b** sein Aussehen nach Gleichrichtung und Spur **c** die über 32 Reizfolgen gemittelte Antwort. **B** *Links:* Beugesynergie des linken Beines bei einem schmerzhaften Reiz der Fußsohle mit Dorsalflexion der Großzehe; das rechte Bein wird kompensatorisch versteift. *Rechts:* Auslösung des Babinski-Reflexes durch Bestreichen der Plantarfläche bei einem Patienten mit Läsion der Pyramidenbahn; Dorsalflexion der Großzehe und Fächerung der anderen Zehen. **C** Spinale intrasegmentale Verschaltung einer afferenten Faser von einem Nozizeptor der Haut des menschlichen Fußes. Die Gruppe-III-Afferenz und die Reflexwege des ipsilateralen Beuge-(Flexor-) Reflexes und des kontralateralen Streck-(Extensor-)reflexes sind *rot* eingetragen. Aus M. Wiesendanger in [22]

se reflektorisch angezogen. Typische Beispiele sind das Wegziehen der Hand von einer heißen Herdplatte oder das in Abb. 13–14B gezeigte Wegziehen des Beines, also eine Beugung (Flexion) im Sprung-, Knie- und Hüftgelenk bei schmerzhafter Reizung der Fußsohle. Dieses Phänomen bezeichnet man als den Flexorreflex. Der ***Flexorreflex*** ist ein typischer *Schutzreflex*. Er besitzt einen spinalen, polysynaptischen Reflexbogen (Abb. 13–14C).

Der Flexorreflex eines Beines ist immer von einer Streckung (Extension) des anderen *(kontralateralen)* Beines begleitet. Dieser ***gekreuzte Streckreflex*** ist Teil einer sinnvollen Automatik zur Erhaltung des Gleichgewichts, wenn ein Flexorreflex beim Gehen oder Stehen ausgelöst wird.

Auch bei Vierbeinern hat die schmerzhafte Reizung einer Extremität ipsilateral einen Flexorreflex und kontralateral einen Extensor- oder Streckreflex zur Folge. Insgesamt werden also, wie Abb. 13–14 C verdeutlicht, auf segmentaler Ebene durch schmerzhafte Reizung einer Extremität vier motorische Reflexbögen aktiviert: Ipsilateral werden die Flexoren erregt und die Extensoren gehemmt; kontralateral ist es umgekehrt. Dies bedeutet, daß in Abb. 13–14 B, C der ipsilaterale Unterschenkel angewinkelt und der kontralaterale gestreckt wird.

Elektromyographie und klinische Prüfung des Flexorreflexes. Der Flexorreflex kann auch durch elektrische Reize ausgelöst und elektromyographisch analysiert werden (Abb. 13–14 A mit Details in der Legende). Zur klinischen Reflexprüfung gehört immer der ***Fußsohlenreflex,*** der durch mittelstarkes Bestreichen der Fußsohle mit einem spitzen Gegenstand ausgelöst wird. Die Reaktion besteht aus einer Plantarflexion aller Zehen, einer Dorsalflexion des Fußes und, bei starker Reizung, einer Flexion im Knie- und Hüftgelenk. Bei chronischen Läsionen im Rückenmark ist der Flexorreflex gesteigert. So kann z. B. bei einem Patienten mit multipler Sklerose schon eine schwache Berührung eine heftige Beugesynergie des ganzen Beines auslösen, gelegentlich mit gleichzeitiger Streckung des anderen Beines.

Babinski-Reflex. Diese pathophysiologische Variante des Flexorreflexes, benannt nach ihrem Entdecker, tritt auf, wenn die Pyramidenbahn geschädigt ist. Ausgelöst wird der Babinski-Reflex ebenfalls durch einen Fußsohlenreiz, wobei aber die Zehen fächerartig gespreizt werden und die Großzehe in Dorsalflexion geht (Abb. 13–14 B). Diese diagnostisch bedeutungsvolle Reflexumkehr beruht wahrscheinlich auf einer Erregbarkeitsveränderung der Interneurone des Flexorreflexbogens.

Ein Beispiel für einen in der Psychologie wichtigen polysynaptischen Ganzkörperreflex ist der Schreckreflex (startle reflex), der nach plötzlichen lauten Geräuschen (z. B. Pistolenschuß) auftritt

Die Latenz des Schreckreflexes beträgt beim Menschen etwa 30–40 ms. Er besteht aus einer Lidschlußreaktion und einer vom Kopf zu den Beinen gehenden Flexorreaktion. Die Registrierung der Blinkreaktion mit dem EMG (s. S. 250) eignet sich hervorragend zu seiner Quantifizierung (s. Abb. 13–15). Die subkortikale Umschaltstation des Schreckreflexes, der pontine *Nucleus reticularis,* wird von darüber liegenden zentralen Kernen beeinflußt. Vor allem die Amygdalae, die an der Steuerung von Furcht und Angst beteiligt sind, potenzieren den Reflex. Positive Gefühle hemmen die Reflexstärke. In verschiedenen psychopathologischen Zuständen ist der Schreckreflex verändert: bei Furcht ist er erhöht, bei „angstlosen" Psychopathen wirken negative Gefühle nicht als Verstärkung des Reflexes, sondern als Herabsetzung; bei Schizophrenen wird der Reflex nicht gehemmt, wenn man kurz vorher (120 ms) einen akustischen Reiz darbietet (fehlende Prä-Puls-Inhibition) [2].

Intersegmentale Reflexverbindungen. Im Rückenmark verlaufen die Ganzkörperreflexe über auf- oder absteigende *intersegmentale Reflexverschaltungen.* Die Interneurone der intersegmentalen Reflexbögen liegen als ***propriospinale Neurone*** in der grauen Substanz des Rückenmarks. Ihre Axone ziehen in der weißen Substanz als ***propriospinale Bahnen*** mehr oder weniger weit auf und ab, ohne das Rückenmark zu verlassen. Die Mehrzahl der spinalen Nervenzellen zählt zu den propriospinalen Neuronen.

Die intersegmentalen Reflexe dienen auch der ***Koordination von Bewegungen,*** insbesondere zwischen Vorder- und Hinterextremität [22,23]. Über diese Reflexe ist das Rückenmark in der Lage, *komplexe motorische Bewegungen auszuführen und aufeinander abzustimmen.* Wir bezeichnen dies als die ***integrative Funktion des Rückenmarks,*** wobei wir uns bewußt bleiben, daß bei den höheren Wirbeltieren, insbesondere bei den Säugern, die höheren Abschnitte des Zentralnervensystems mehr und mehr die Kontrolle der Rückenmarksfunktionen übernommen haben (Prozeß der ***Enzephalisation).***

Nach einer Querschnittslähmung ist das isolierte Rückenmark nicht mehr zur Auslösung und Steuerung einer koordinierten Lokomotion fähig

Spinale Lokomotion. Stellt man ein spinalisiertes Tier unterstützt auf ein Laufband, so kann es unter bestimmten Bedingungen koordinierte Laufbewegungen ausführen, die den Bewegungen eines freilaufenden Tieres ähneln. Das Rückenmark verfügt also über ***lokomotorische Zentren.*** Jede Extremität scheint ein solches Zentrum zu besitzen. Ihre Koordinierung erfolgt über die propriospinalen Neuronensysteme.

Beim *Menschen* werden ebenfalls spinale lokomotorische Zentren angenommen. So wird der ***Schreitreflex des Neugeborenen*** als ein Ausdruck der durch Hautreize aktivierten lokomotorischen spinalen Zentren gesehen. Im Laufe der Ausreifung des Nervensystems kommen diese Zentren jedoch unter eine so starke supraspinale Kontrolle, daß sie keine eigenständige Aktivität mehr entwickeln können. Darauf läßt es sich wahrscheinlich zurückführen, daß die Auslösung einer koordinierten Lokomotion nach einer *Querschnittslähmung* beim Menschen bisher nicht gelungen ist.

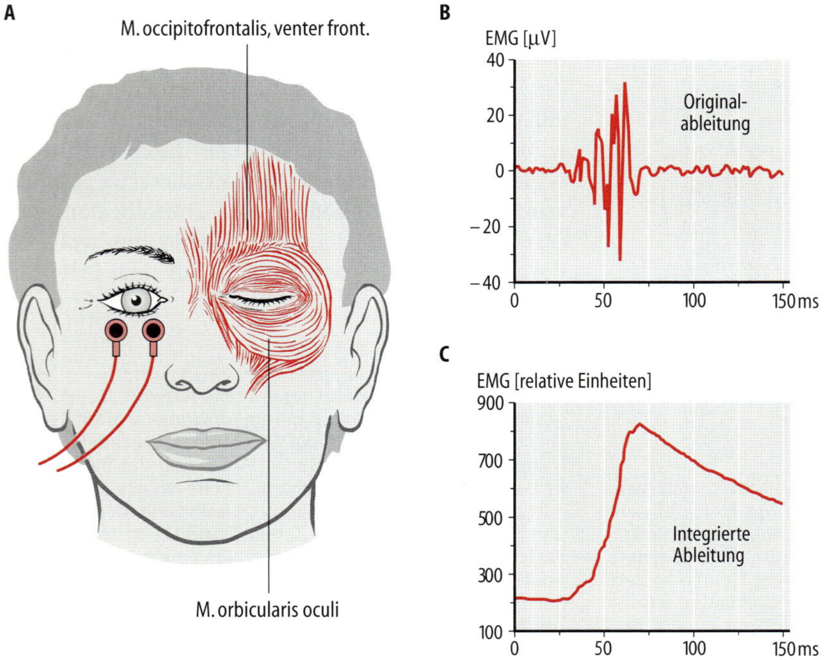

Abb. 13–15. Blinkreflex. **A** zeigt um das linke Auge die am Blinkreflex beteiligte oberflächliche Gesichtsmuskulatur und am rechten Auge die Lage der Ableitelektroden. **B** Aktionspotential des Musc. orbicularis oculi abgeleitet während eines Blinkreflexes. **C** Integration des in B registrierten Signals nach mehreren Durchläufen. EMG, Elektromyogramm. Aus [2]

Es gibt also schon auf spinaler Ebene Bewegungsfolgen, die nicht durch äußere Reize ausgelöst, also ***reflexgesteuert*** sind, sondern die ohne Zutun äußerer Reize ***programmgesteuert*** unterhalten werden. In den höheren motorischen Zentren sind solche *reizunabhängigen Bewegungsprogramme* noch viel zahlreicher niedergelegt. Sie sind teils angeboren, wie das Atmen, teils im Laufe des Lebens erlernt. Man denke nur an sportliche und berufliche Handfertigkeiten, wie z. B. Geräteturnen oder Maschinenschreiben, die alle nach einiger Übung nahezu automatisch ablaufen. Die zentralen spinalen und supraspinalen Bewegungsprogramme sind nicht nur reizunabhängig, sie können auch weitgehend *ohne jede sensorische Rückmeldung* ablaufen (s. S. 252).

Querschnittslähmung. Beim Menschen führt eine ***komplette Durchtrennung*** des Rückenmarks zu einer sofortigen und permanenten Lähmung aller Willkürbewegungen derjenigen Muskeln, die von den kaudal gelegenen Rückenmarkssegmenten versorgt werden *(Querschnittslähmung).* Bewußte Empfindungen aus den betroffenen Körpergebieten sind ebenfalls für immer unmöglich geworden. Auch alle motorischen und vegetativen (autonomen) Reflexe sind zunächst erloschen (komplette *Areflexie).* Die motorischen Reflexe erholen sich in den nächsten Wochen und Monaten. Korrekte Pflege vorausgesetzt, lassen sich im Laufe eines halben bis eines Jahres bestimmte Grundmuster des Erholungsverlaufes erkennen, aus denen auch prognostische Schlüsse gezogen werden können. Auch die ***vegetativen Reflexe*** kehren nach Wochen und Monaten in wechselndem Umfang wieder [22].

Spinaler Schock. Die reversible *motorische* und *autonome Areflexie* nach Rückenmarksdurchtrennung wird als ***spinaler Schock*** bezeichnet. Im Tierexperiment ruft auch eine funktionelle Durchtrennung durch lokale Abkühlung oder Lokalanästhesie einen spinalen Schock hervor. Entscheidend für sein Auftreten ist also der Verlust der Verbindung zum übrigen ZNS.

Über die ***Ursachen des spinalen Schocks*** und über die Mechanismen, die zur Rückkehr der Reflexe führen, besitzen wir kaum Kenntnisse. Durch die Durchtrennung der absteigenden Bahnen fallen zahlreiche erregende Antriebe auf spinale Neurone aus. Daneben kommt es möglicherweise zu einer Enthemmung hemmender spinaler Interneurone. Beides zusammen führt zu einer starken Reflexunterdrückung, die sich klinisch als *Areflexie* zeigt. Es ist derzeit offen, welche Mechanismen für die Rückkehr einiger Rückenmarksfunktionen verantwortlich sind, und warum die Erholungsperiode beim Menschen viele Monate dauert (bei Fröschen dauert der spinale Schock nur wenige Minuten, bei Fleischfressern Stunden, bei Affen Tage oder Wochen, bei Menschenaffen Wochen bis Monate).

Folgen von Deafferenzierung. Wird nur der afferente Ast der Nervenfaser ins Rückenmark durchtrennt (z. B. Hinterwurzelausriss bei Unfall), so kommt es nach Abklingen des spinalen Schocks bei Affen und Menschen ebenfalls zu einer Art Lähmung des betroffenen Gliedes trotz völlig intakter Motorik. Dieses Phänomen ist allerdings gelernt und wird als ***gelernte Vernachlässigung*** des Gliedes bezeichnet (*learned disuse* [33]). Deren Entwicklung wird folgendermaßen erklärt: Die Patienten versuchen während der Schockphase das deafferenzierte Glied zu bewegen. Der mangelnde Bewegungserfolg dieses und die gelungene Bewegung des gesunden Gliedes verstärken den Organismus, das deafferenzierte Glied nicht mehr zu benutzen. Dieses Phänomen ist in der Rehabilitation einseitiger Lähmungen (s. u.) von Bedeutung.

13.8 Stützmotorik, Stehen und Gehen

Die Aufrechterhaltung des Gleichgewichts und der normalen Körperstellung im Schwerefeld der Erde geschieht normalerweise automatisch, also ohne Einschaltung des Bewußtseins. Diese ***Stützmotorik*** ist weitgehend eine Leistung des Hirnstamms, die dieser mit Hilfe von Informationen aus den entsprechenden Sensorsystemen, insbesondere des Gleichgewichtsorgans und der Halsregion erbringt. Experimentell wurde dies vor allem so untersucht, daß die Verbindungen des Hirnstammes zu den höhergelegenen motorischen Zentren unterbrochen und eventuell auch das Kleinhirn ausgeschaltet wurde. Durch gezielte, umschriebene Ausschaltversuche, durch Reizversuche und durch Ableiten mit Mikroelektroden konnten die motorischen Zentren des Hirnstammes lokalisiert werden.

Funktionelle Anatomie supramedullärer motorischer Zentren im Überblick

Lage motorischer Kerne im ZNS. Oberhalb des Rückenmarks (supramedullär oder supraspinal) liegen wichtige motorische Kerngebiete. Diese sind zum einen die *motorischen Kerngebiete* im *Hirnstamm,* ferner der *Motorkortex,* die *Basalganglien* (Basalkerne) und das *Zerebellum* (Kleinhirn). Alle motorischen Zentren sind paarig angelegt, d. h. sie kommen in der rechten und linken Hirnhälfte je einmal vor. Die ***motorischen Zentren des Hirnstamms*** umfassen eine Reihe kleinerer Kerngebiete, die in den verschiedensten Abschnitten des Hirnstamms liegen. Die ***Basalkerne*** (Basalganglien) sind dagegen sehr klar abgegrenzte größere Kernstrukturen, von denen die wichtigsten als ***Striatum*** (Putamen und Kaudatum) und als ***Pallidum*** bezeichnet werden (s. auch Abb. 20–16, S. 470). Die Basalkerne liegen in unmittelbarer Nähe des ***Thalamus,*** der das wichtigste sensible Kerngebiet des Gehirns darstellt und gleichzeitig mit einigen seiner Kerne in das motorische System eingebunden ist (vgl. Abb. 13–17 bis 13–19, s. auch Abb. 20–10, S. 464). Alle diese Kerne sind von der Hirnrinde überdeckt. Der ***Motorkortex*** liegt dagegen weitgehend auf der Oberfläche der Hirnrinde. Das bekannteste, aber nicht das einzige kortikale motorische Areal ist der vor der Zentralfurche (*Sulcus centralis*) liegende ***Gyrus praecentralis*** (Abb. 13–20, s. auch Abb. 15–10 B, S. 314). Der *Tractus corticospinalis* und die kortikalen motorischen Efferenzen zum Hirnstamm nehmen von hier, aber auch von umgebenden frontalen Arealen ihren Ausgang.

Das ***Kleinhirn*** (*Zerebellum*) ist vom übrigen Gehirn deutlich abgegrenzt und mit diesem über dicke Stränge afferenter und efferenter Bahnen verbunden (s. Pfeile in Abb. 13–6 und 13–19). Dabei wirken die eintretenden Afferenzen in erster Linie auf die Kleinhirnrinde ein, die ihrerseits auf die Kleinhirnkerne projiziert. Die Kleinhirnrinde ist deutlich verschieden von der übrigen Hirnrinde. Sie besitzt einen wesentlich einfacheren, nämlich einen drei- statt sechsschichtigen Aufbau und ist auch anders gefaltet als die Großhirnrinde. Das Kleinhirn ist daher an einem Gehirnpräparat sofort zu erkennen.

Der Tractus corticospinalis [40]. Diese eindrucksvolle motorische Bahn zieht vom Motorkortex ununterbrochen bis ins Rückenmark. Sie durchläuft dabei im Hirnstamm eine Struktur, die als *Pyramide* bezeichnet wird. Daher heißt die kortikospinale Bahn auch ***Pyramidenbahn.*** Die Axone des *Tractus corticospinalis* ziehen zunächst zwischen Thalamus und den Basalkernen in den Hirnstamm. Diese Gegend bezeichnen wir als ***Capsula interna*** (innere Kapsel), da hier die Pyramidenbahn und andere Bahnen den Thalamus wie eine Kapsel einhüllen. Hier kommt es häufig durch Blutungen und Verstopfungen der Blutgefäße zu einer Unterbrechung motorischer Bahnen mit entsprechender lebensbedrohender Symptomatik (***Hirnschlag*** oder ***Schlaganfall,*** s. S. 277).

Aus der *Capsula interna* tritt die Pyramidenbahn in den ***Hirnstamm*** ein. Ein Großteil der Fasern kreuzt hier auf die andere Seite und zieht nach der Kreuzung im postero-lateralen Quadranten (hinteren-seitlichen Viertel) des Rückenmarks nach kaudal (abwärts). Der Rest verläuft ungekreuzt in den anteromedialen Abschnitten des Rückenmarks nach kaudal. Von den etwa eine Million Fasern jedes Trakts kreuzen im unteren Teil des Hirnstamms 75–90 % (wie gesagt, diese Kreuzungsstelle heißt wegen ihrer Form ***Pyramide***). Unterbrechung einer Pyramidenbahn und der anderen motorischen efferenten Bahnen in der *Capsula interna* wird also vorwiegend zu klinischen Symptomen auf der ***kontralateralen Seite*** der Schädigung führen.

Im ***Rückenmark*** endet der *Tractus corticospinalis.* Die ungekreuzten Axone kreuzen dabei zum Teil auf segmentaler Ebene auf die kontralaterale Seite, so daß sich der Prozentsatz der gekreuzten Axone noch weiter erhöht. Die Pyramidenbahnaxone enden nur zum geringen Teil direkt an Motoneuronen, zum größeren Teil wirken sie über segmentale Interneurone auf die Motoneuronenkerngebiete ein (vgl. Abb. 13–6). Dabei wirken die von einem umschriebenen Areal des Motorkortex ausgehenden Axone immer auf bestimmte periphere Muskeln, d. h. der ***Motorkortex ist somatotopisch organisiert.*** Die funktionelle Bedeutung dieses Befundes wird in Abschnitt 13.9 (s. S. 267) erläutert.

Extrapyramidale kortikale motorische Efferenzen. Etwa die gleichen motorischen Areale, aus denen der *Tractus corticospinalis* entspringt, sind auch der Ursprungsort derjenigen kortikalen motorischen Efferenzen, die zu den motorischen Zentren des Hirnstamms ziehen. Diese Bahnen *kreuzen nicht in der Pyramide.* Man faßt sie daher als ***extrapyramidale Bahnen*** zusammen. *Dies ist eine rein anatomische Unterscheidung.* In ihrer Arbeitsweise sind die Pyramidenbahn und die extrapyramidalen Bahnen so eng miteinander verknüpft, daß die früher häufig postulierte *funktionelle* Trennung dieser beiden Systeme nicht gerechtfertigt ist.

Die extrapyramidalen Verbindungen zwischen Motorkortex und Hirnstamm laufen teils direkt vom Kortex durch die Capsula interna, teils mit ein- oder zweimaliger Umschaltung in den Basalkernen zu den motorischen Zentren des Hirnstammes. Die Axone enden ungekreuzt im Hirnstamm. Diese Kreuzung geschieht aber nach Umschaltung auf die Hirnstammneurone. Vom Hirnstamm nehmen dann eine Reihe extrapyramidaler motorischer Bahnen ihren Ausgang. Ihre Namen leiten sich vom Ursprungsort im Hirnstamm (Formatio reticularis, Vestibulariskerne, Nucleus ruber) und ihrem Verlauf im Rückenmark (med., lat.) ab. Sie heißen *Tractus reticulospinalis lateralis, Tractus reticulospinalis medialis, Tractus vestibulospinalis* und *Tractus rubrospinalis.*

Die unwillkürliche Kontrolle der Körperstellung im Raum wird von den motorischen Zentren des Hirnstamms geleistet; deren Arbeitsweise wurde durch Querschnittsdurchtrennungen im Hirnstamm deutlich

Hirnstammregionen. Als ***Hirnstamm*** im *physiologischen* Sinne bezeichnen wir die auf dem Längsschnitt (Sagittalschnitt) in Abb. 13–16 hervorgehobenen Abschnitte des Zentralnervensystems. Kaudal geht der Hirnstamm in das *Rückenmark* über, nach rostral (kranial) schließt sich das Zwischenhirn *(Dienzephalon)* an, das vor allem die sensiblen Kerne des Thalamus und den Hypothalamus mit wichtigen Zentren des autonomen Nervensystems enthält. Im Hirnstamm lassen sich von kaudal nach kranial drei Anteile gegeneinander abgrenzen, nämlich

- ***Medulla oblongata*** (verlängertes Mark),
- ***Pons*** (Brückenhirn) und
- ***Mittelhirn*** (*Mesenzephalon*).

Kranial vom Hirnstamm liegen die motorischen Zentren der Basalganglien und des Motorkortex, die über Kollateralen des *Tractus corticospinalis* und extrapyramidale Bahnen mit dem Hirnstamm verbunden sind. Außer diesen sind noch weitere Zuflüsse für die motorischen Zentren des Hirnstammes wichtig, nämlich vor allem *Sensoren aus der Körperperipherie* (von Haut, Muskeln und Gelenken), zum anderen das *Kleinhirn* und schließlich das *Gleichgewichtsorgan.*

Querschnittsdurchtrennungen im Hirnstamm. Die Einflüsse der kranial vom Hirnstamm liegenden motorischen Zentren kann man durch eine Querschnittsdurchtrennung an der oberen Grenze des Hirnstammes ausschalten. Ein solches Tier nennt man ein ***Mittelhirntier*** (Schnittführung 2 in Abb. 13–16), da das Mittelhirn der höchste noch intakte Abschnitt des ZNS ist. Erfolgt die Schnittführung etwas tiefer, etwa an der Grenze zwischen Mittelhirn und Pons, so wird ein solches Tier als ***dezerebriertes Tier*** bezeichnet (Schnittführung 1). Bei diesem Tier sind nur noch Medulla oblongata und Pons über das Rückenmark mit dem Organismus verbunden. Beide, das *Mittelhirntier* und das *dezerebrierte Tier,* verfügen über die gleichen affe-

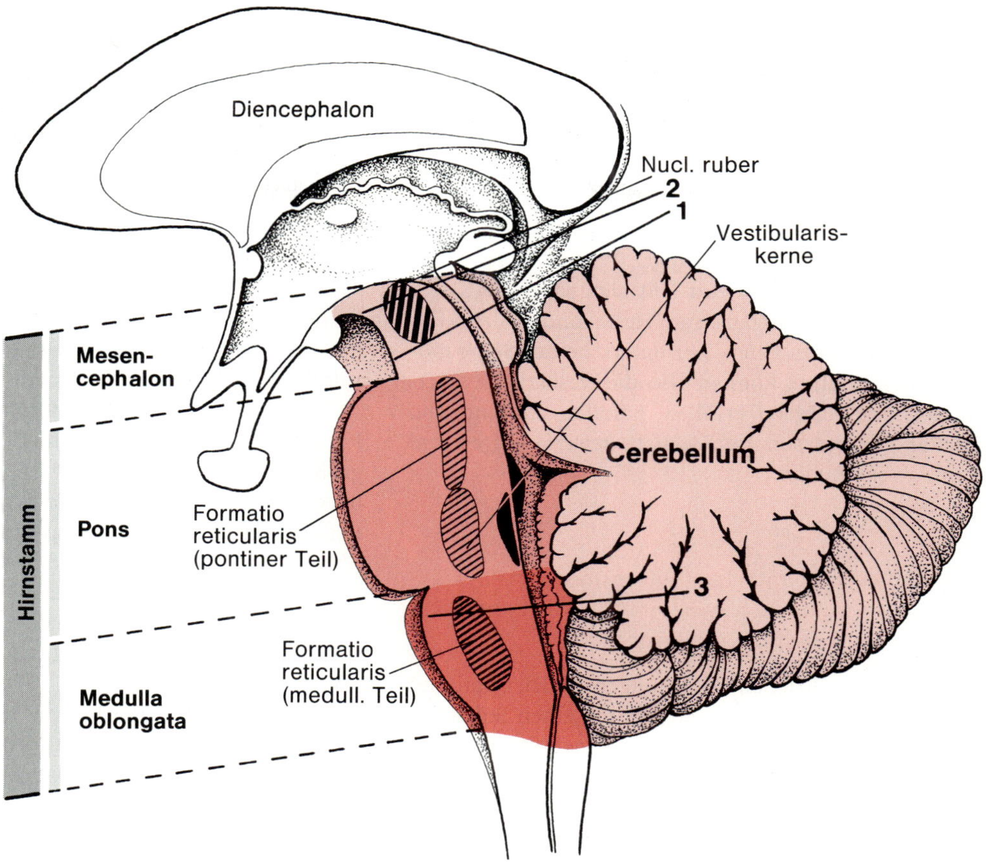

Abb. 13–16. Sagittalschnitt (Längsschnitt) durch den Hirnstamm mit Angabe der motorischen Zentren. Als Hirnstamm in physiologischem Sinne werden Mesenzephalon (Mittelhirn), Pons (Brückenhirn) und Medulla oblongata (verlängertes Mark) zusammengefaßt. Die in jedem dieser drei Hirnabschnitte liegenden motorischen Zentren sind eingezeichnet (Nucleus ruber, pontiner und medullärer Teil der Formatio reticularis sowie Anteile der Vestibulariskerne). Ausschaltung der Gehirnanteile oberhalb der angegebenen drei Schnittebenen führt zu einem dezerebrierten Tier (1), einem Mittelhirntier (2) und einem hochspinalisierten Tier (3)

renten Zuflüsse. Auch die Verbindungen zum Kleinhirn bleiben erhalten.

Motorische Leistungen des dezerebrierten Tiers. Bei akuten Durchtrennungen des Rückenmarks (z.B. Schnittführung 3 in Abb. 13–16) ist die periphere Muskulatur schlaff. Der querschnittsgelähmte Mensch, bzw. ein Spinaltier, ist nicht in der Lage zu stehen (s. S. 263). Beim dezerebrierten Tier finden wir dagegen eine starke ***Tonuserhöhung der gesamten Extensormuskulatur.*** Das Tier hält dadurch alle vier Extremitäten in maximaler Streckstellung. Kopf und Schwanz sind zum Rücken hin gebogen. Man bezeichnet dieses Bild als ***Enthirnungs-*** oder ***Dezerebrationsstarre.*** Wird ein dezerebriertes Tier aufgerichtet, so bleibt es stehen, da durch den hohen Tonus der Extensormuskulatur die Gelenke nicht einknicken. Die unnatürliche, überstreckte Haltung des Tieres wirkt wie eine *Karikatur des normalen Stehens.* Da das dezerebrierte Tier aufrecht stehen bleibt, das spinalisierte Tier aber nicht, ist daraus zu schließen, daß *Medulla oblongata und Pons motorische Zentren enthalten,* die den Muskeltonus der Extremitäten so steuern, daß diese das Gewicht des Körpers tragen können. Die Dezerebrationsstarre zeigt an, daß diese Zentren durch die Ausschaltung höhergelegener Hirnabschnitte *enthemmt* (disinhibiert) wurden.

Motorische Leistungen des Mittelhirntieres. Läßt man neben *Medulla oblongata* und *Pons* auch das *Mesenzephalon* weitgehend in Verbindung mit dem Rückenmark (*Mittelhirntier,* s.o.), so werden die motorischen Fähigkeiten des Organismus erheblich verbessert. Die zwei bemerkenswerten Unterschiede zum dezerebrierten Tier sind: 1. das ***Mittelhirntier hat keine Dezerebrationsstarre,*** d.h. die einseitige Bevorzugung der Streckmuskeln fällt fort; 2. das ***Mittelhirntier vermag sich selbst zu stellen.*** Da sich die motorisch relevanten Zuflüsse zum Hirnstamm des Mittelhirntieres nicht von denen des dezerebrierten Tieres unterscheiden, müssen die Verbesserungen in den motorischen Leistungen überwiegend durch die *motorischen Zentren des Mittelhirns* bedingt sein.

Noch bemerkenswerter als das Fehlen der Dezerebrationsstarre ist die Fähigkeit des Mittelhirntieres, sich in die *normale Körperstellung aufzustellen.* Aus allen abnormen Lagen wird jeweils die Grundhaltung automatisch und mit vollständiger Sicherheit eingenommen. Der Ablauf erfolgt immer in einer bestimmten Reihenfolge, kettenförmig gewissermaßen. Zunächst wird immer über Meldungen aus dem Labyrinth der Kopf in die Normalstellung gebracht. Das Aufrichten des Kopfes verändert dann die Lage des Kopfes zum übrigen Körper, was durch die Sensoren des Halses angezeigt wird. Dies bewirkt alsdann, daß der Rumpf dem Kopf in die Normalstellung folgt.

Zusammenfassend läßt sich sagen, daß sich das ***Mittelhirntier*** in bezug auf Halte- und Stellreaktionen kaum vom intakten Tier unterscheidet. Seine motorischen Zentren können also die wesentliche stützmotorische Aufgabe erfüllen, nämlich *Haltung und Stellung des Körpers im Raum zu bewerkstelligen und aufrechtzuerhalten.*

Die motorischen Zentren des Hirnstamms können auch Laufbewegungen generieren, und sie tragen zur Abstimmung der Stütz- mit der Zielmotorik bei

Die bisher beschriebenen Leistungen des Hirnstammes bei der Stützmotorik erfassen aber nur einen Teil seiner Bedeutung für die Gesamtmotorik. Dies läßt sich schon daran erkennen, daß beim Mittelhirntier durch umschriebene, schwache *elektrische Reizung mesenzephaler Areale* (locomotor strip) ***koordinierte Laufbewegungen ausgelöst*** werden können. Der Rhythmus der so induzierten Laufbewegungen ist von der Reizintensität und -frequenz abhänging. In ähnlicher Weise werden Gehbewegungen auch dann ausgelöst, wenn das großhirnlose Tier mit den Pfoten ein Laufband berührt und dieses in Bewegung gesetzt wird. Steigt die Geschwindigkeit des Laufbands an, erhöht sich auch der Rhythmus der Lokomotion. Bei höherer Bandgeschwindigkeit wechselt der Schreitrhythmus in einen Trott und schließlich in einen Galopp.

Wie nicht anders zu erwarten, sind Stütz- und Zielmotorik auf allen Ebenen des motorischen Systems miteinander verknüpft, wobei allerdings die eine oder andere Komponente jeweils im Vordergrund steht. Aus dieser Sicht haben die motorischen Zentren des Hirnstammes eine *Zulieferfunktion* für die Zielmotorik. So sind sie auch, zusammen mit dem Kleinhirn (s. u.), für die Anpassung der Stützmotorik an die sich durch die Zielmotorik dauernd ändernden Anforderungen an Gleichgewicht und Tonus verantwortlich.

Der aufrechte Gang des Menschen erfordert eine besonders feine Abstimmung von Stand, Haltung und Bewegung; sie geschieht mit Hilfe von posturalen und antizipatorischen posturalen Synergien

Posturale Synergien zum Erhalt des Gleichgewichts. Der aufrechte Gang mit der relativ kleinen Standfläche der Füße des Menschen ist schon an sich ein Wunder der Regulation, wenn man bedenkt, daß die Atmung und alle Manipulationen und Rumpfbewegungen ständige Verlagerungen des Schwerpunktes bewirken, die aktiv kompensiert werden müssen. Elektromyographische Analysen (*Posturographie* beim Stehen auf einer Plattform, die gekippt werden kann) und mechanische Registrierungen der Stabilität des aufrechten Stehens bzw. der dabei auftretenden Verlagerungen des Körperschwerpunktes als *Stabilogramm* zeigen, daß tatsächlich jede Störgröße (wie z. B. das Anheben des Brustkorbes bei der Atmung) eine Kette von muskulären Reaktionen, in Rumpf- und Beinmuskeln zur Folge hat, die als ***posturale Synergien*** bezeichnet werden.

Die posturalen Synergien der Bein- und Rumpfmuskeln haben reflektorischen Charakter. Die größten und funktionell wichtigsten Komponenten treten nach einer Latenzzeit von 100–150 ms auf. Die langen Reflexzeiten deuten auf eine komplexe Verrechnung im ZNS hin, an der supraspinale Strukturen beteiligt sind. Mit anderen Worten: den ***lokalen Reflexmechanismen*** sind ***lange Funktionsschleifen*** übergeordnet, die supraspinale Zentren einschließen. Die supraspinalen Reflexe (*long loop reflexes* im englischen Sprachraum [43]) laufen ebenfalls ohne Mitwirkung des Bewußtseins ab, aber sie adaptieren in ihrer Stärke und Auswirkung an die aktuellen Gegebenheiten. *Die synergische Reaktion hat immer einen stabilisierenden Effekt* und verhindert, daß die Person nach vorn oder nach hinten fällt.

Antizipatorische posturale Synergien. Die elektromyographische Analyse der posturalen Synergien bei Zielbewegungen ergab das interessante Resultat, daß diese Synergien nicht wie bei äußeren Störungen mit einer reflektorischen Verzögerung, sondern gleichzeitig oder sogar ***antizipatorisch zur Zielbewegung*** erfolgen. Durch eine entsprechende Zu- oder Abnahme des erregenden Zustroms zur Haltemuskulatur, etwa *gleichzeitig* mit der Aktivierung der Bewegungsmuskulatur wird dafür gesorgt, daß die erwartete Störung des Gleichgewichts minimiert wird. Diese Ergebnisse elektromyographischer Analysen der Halte- und Stützmotorik beim Menschen führen somit zur allgemeinen Schlußfolgerung, daß *Kompensationsmechanismen sowohl reflex- als auch programmgesteuert* sein können.

Gleichgewichtsstörungen. Patienten mit Neuropathien (degenerativ-entzündlichen Erkrankungen der peripheren Nerven und der spinalen Leitungsbahnen) werden sehr unstabil beim Stehen, besonders wenn die dicken myelinisierten Nervenfasern betroffen sind. Beim Schließen der Augen oder wenn die Füße eng nebeneinander gestellt werden, nimmt die Instabilität zu. Ähnliche Störungen werden bei Erkrankungen der Gleichgewichtsorgans und bei Läsionen im Hirnstamm und Kleinhirn beobachtet.

Gehen, Laufen und Kauen sind bei Tier und Mensch Beispiele programmgesteuerter Automatismen

Oben (s. S. 262) wurde schon erwähnt, daß es bei Säugetieren und wahrscheinlich auch beim Menschen

Schreitgeneratoren gibt, die im Rückenmark lokalisiert sind. Diese spinalen Netzwerke liefern ***stereotype Schreitrhythmen,*** die in mannigfaltiger Weise von supraspinalen Zentren modifiziert werden können.

Das ***Kauen*** ist ein weiterer rhythmischer Automatismus, der normalerweise durch die orale Einnahme fester Speisen ausgelöst wird, aber wie die Lokomotion willkürlich initialisiert werden kann. Rhythmische Kaubewegungen bei Futtereinnahme können durchaus auch beim großhirnlosen Tier beobachtet werden. Durch elektrische Reizung in einer diskreten Region des Hirnstammes *(Kauzentrum)* können besonders bei Nagetieren Kaurythmen ausgelöst werden. Beim Menschen scheinen die Hirnstammzentren für Kaubewegungen v.a. unter Kontrolle der frontalen und temporalen Hirnrinde zu sein. Bei Patienten mit ausgedehnten Läsionen dieser Rindenabschnitte können nicht selten *Kauautomatismen* unkontrolliert, d.h. spontan und nicht im richtigen Kontext auftreten. Beim normalen Menschen können *Schmatzautomatismen* gelegentlich im Schlaf auftreten, möglicherweise, weil sich im Schlaf die untergeordneten Mustergeneratoren der Großhirnkontrolle entzieht.

13.9 Zielmotorik

Für die *Zielmotorik* besonders wichtige Zentren sind der ***motorische Kortex,*** die ***Basalganglien*** und das ***Kleinhirn,*** wobei letzteres, wie eben schon erwähnt, auch eine wesentliche Rolle bei der Verknüpfung zwischen Zielmotorik und Stützmotorik spielt. Die Aufgaben dieser drei Strukturen werden deswegen hier im Zusammenhang erörtert. Da Basalganglien und Kleinhirn weitgehend über thalamische Strukturen mit dem motorischen Kortex verknüpft sind, wird in diesem Abschnitt auch die *motorische Rolle* des ***Thalamus*** besprochen (für seine übrigen Funktionen s. S. 316). Abschließend wird in diesem Abschnitt, wenn auch nur kurz, auf *Handlungsantrieb* und *Bewegungsentwurf* eingegangen (s. dazu auch Kap. 22 u. 25).

Die Basalganglien setzen den Bewegungsplan aus dem assoziativen Kortex in ein Bewegungsprogramm, also in ein zeitlich und räumlich organisiertes Impulsmuster um

Die ***Basalganglien*** sind ein wichtiges ***subkortikales Bindeglied*** zwischen der assoziativen Großhirnrinde und dem motorischen Kortex (Abb. 13–6, 13–17, 13–18, s. auch Abb. 15–10 B). Ihre Bedeutung wird besonders deutlich an den schweren Störungen von Muskeltonus, Haltung und Bewegung und der Aufmerksamkeit bei Erkrankungen dieser Kerne, wie z. B. beim Morbus Parkinson (s. S. 276). Unsere Kenntnisse über diese Strukturen sind aber noch sehr lückenhaft, was größtenteils damit zusammenhängt, daß sie experimentell schwer zugänglich sind [20,22,25,26].

Anteile und Verbindungen der Basalganglien. Die wichtigsten Anteile der Basalganglien, nämlich ***Striatum*** (Putamen und Kaudatum) und ***Pallidum*** wurden auf S. 263 schon erwähnt. Sie sind auch in Abb. 13–17 und 13–18 zusammen mit der ***Substantia nigra*** gezeigt. Ihren afferenten Zustrom erhalten die Basalganglien vor allem aus der gesamten Großhirnrinde und der Sensorik (d.h. von sensorischen Kernen des Thalamus), wobei das Striatum diese Zuflüsse empfängt und an das Pallidum weitergibt. Die Ausgänge der Basalganglien projizieren vor allem über den Thalamus zum motorischen Kortex, daneben auch direkt zum Hirnstamm (Abb. 13–17, 13–18). Intern besteht außerdem eine besonders enge wechselseitige Verknüpfung zwischen der Substantia nigra und dem Striatum. Im wesentlichen bilden die Basalganglien also, wie eingangs erwähnt, ein Zwischenglied der Verbindung zwischen der gesamten ***nichtmotorischen Großhirnrinde*** und dem ***Motorkortex.*** Sie sind darin dem Kleinhirn vergleichbar (Abb. 13–6, 13–19).

Abb. 13–18 gibt schematisch die Verbindungen und Überträgersubstanzen zwischen Kortex, Basalganglien und Thalamus wieder. Die Kenntnis der Überträgersubstanzen ist zum Verständnis der Störungen bei Erkrankungen der Basalganglien wichtig. Die erregende kortikostriatale Übertragung erfolgt durch Glutamat. Die weitere Übertragung vom Putamen zum Globus pallidum (GPi) ist hemmend mit GABA als Transmitter, wobei eine indirekte neben einer direkten Verbindung existiert. Vom Globus pallidum wird einerseits über den Thalamus zum motorischen Kortex rückgekoppelt (vgl. auch Abb. 13–6), andererseits über den Nucl. pedunculopontinus (PPN) das Rückenmark direkt erreicht. In den hemmenden Neuronen sind mit GABA die angegebenen peptidergen Transmitter kolokalisiert. Die hemmende Wirkung der Substantia nigra, Pars compacta (Snc) auf die GABAergen Neurone des Putamen ist dopaminerg. Schließlich ist das Striatum auch reich an cholinergen Interneuronen, die über muskarinerge ACh-Rezeptoren erregend wirken.

Aufgaben der Basalganglien. Die Aufgaben der Basalganglien liegen in der Mitwirkung bei der Umsetzung der im assoziativen Kortex entstehenden Bewegungsplanung in ***Bewegungsprogramme,*** also in der *Ausarbeitung zeitlich-räumlicher nervöser Impulsmuster,* die die ausführenden motorischen Zentren steuern (vgl. Abb. 13–6, rechte Säulen). Die Abb. 13–17 und 13–18 zeigen in mehr Details als Abb. 13–6, in welcher Form dabei die Basalganglien in den Informationsfluß vom assoziativen Kortex und der Sensorik zum Motorkortex eingebunden sind. Die bisher bekannte klinische (s. S. 276) und experimentelle Evidenz weist darauf hin, daß die Basalganglien insbesondere bei der ***Festlegung der Bewegungsparameter,*** wie der *Amplitude,* der *Richtung,* der *Geschwindigkeit* und der *Kraft* einer Bewegung entscheidend beteiligt sind. Daneben erlaubt die den Basalkernen zur Verfügung gestellte sensorische Information auch eine Beteiligung an der *Kontrolle der gerade ablaufenden Bewegungen.* Die Bevorzugung einer bestimmten Bewegung bei gleich-

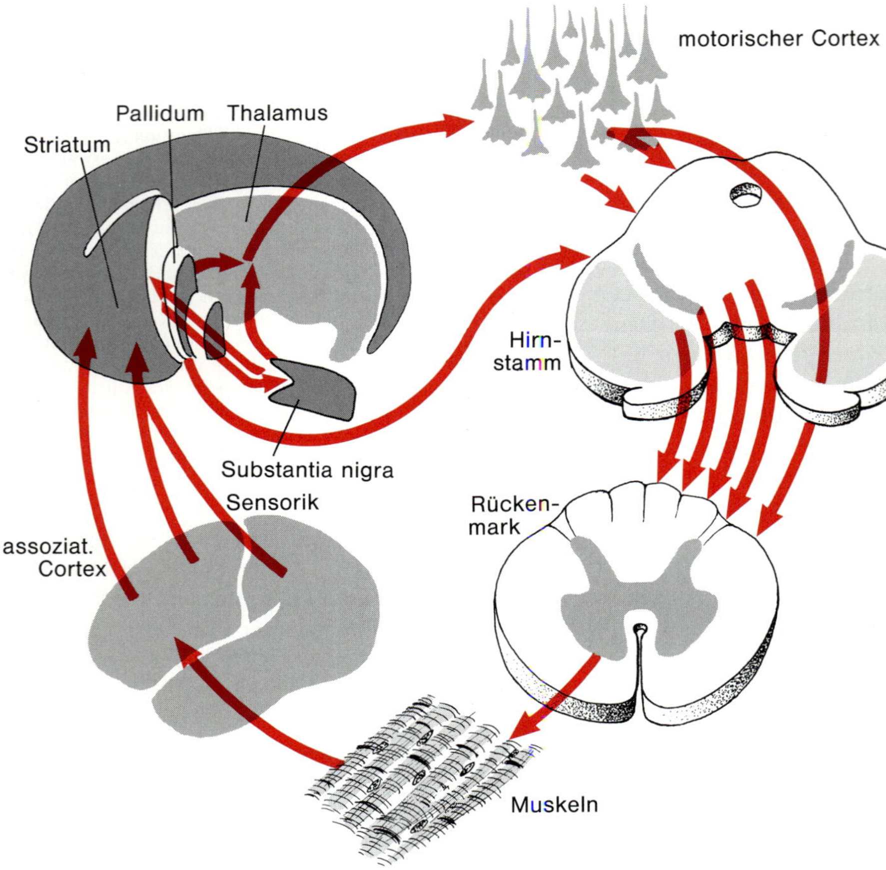

Abb. 13–17. Einbindung der Basalganglien in das motorische System. Stark vereinfachte und schematisierte Darstellung des Informationsflusses zwischen den motorischen Zentren, der Körperperipherie (Muskeln) und der Gesamtheit der Sinnesorgane (Sensorik). Parallel zu den Basalganglien ist das Kleinhirn in das motorische System eingebunden (s. Abb. 13–6). Diese Einbindung ist in der nachfolgenden Abb. 13–19 gezeigt, deren *rechte* und *untere* Bildanteile identisch mit denen in dieser Abbildung sind. Die Ausgänge der Basalganglien projizieren teils über den Thalamus zum Motorkortex, teils unmittelbar zum Hirnstamm (vgl. Abb. 13–6). Der vom *motorischen Kortex* bis ins Rückenmark durchziehende Pfeil symbolisiert den Tractus corticospinalis, die 4 vom Hirnstamm ausgehenden *Pfeile* diejenigen motorischen Bahnen, die von den in Abb. 13–16 gezeigten Hirnstammzentren ihren Ursprung nehmen und ins Rückenmark deszendieren (z. B. Tractus rubrospinalis, Tractus reticulospinalis)

zeitiger Hemmung anderer, unwichtiger Bewegungsabläufe ist eine der wichtigen Leistungen der Basalganglien. Sie spielen somit eine entscheidende Rolle in der motorischen Aufmerksamkeit (s. Kap. 22).

Wie aus Abb. 13–17 und 13–18 ersichtlich, wird der Erregungszustand fast des gesamten Kortex den Basalganglien mitgeteilt, die dann ihrerseits wieder die Erregungszustände des Kortex lokal über selektive Hemmung der thalamischen sensorischen und motorischen Kerne steuern können. Die Basalganglien sind somit ein System zur ***Regulation lokaler kortikaler Erregungsschwellen.*** Wird die Erregung einzelner kortikaler Zellensembles (s. Kap. 22) zu hoch, so hemmen die Basalkerne den weiteren Erregungsanstieg über die thalamischen Verbindungen. Damit spielen die Basalkerne eine wichtige Rolle in der Steuerung von Bewußtsein und Aufmerksamkeit und der ***flexiblen Änderung*** einmal in Gang gekommener Bewegungen und von Bewegungsprogrammen („*switching*“, s. Kap. 22).

Der Vermis des Kleinhirns steuert die Stützmotorik, die Pars intermedia koordiniert diese mit der Zielmotorik und die Hemisphären sind für schnelle (gelernte, ballistische) Bewegungen verantwortlich

Das Kleinhirn nimmt an der nervösen Kontrolle von Haltung und Bewegung in einem erheblichen Umfang teil [8,10,29,30]. Insbesondere klinische Befunde zeigen, daß eine Reihe von Tätigkeiten, wie z. B. Klavierspielen und andere extrem schnelle und feine Bewegungen, sich nur unter der Mitwirkung des Kleinhirns optimal erlernen und ausführen lassen (s. S. 277). Dem steht nicht entgegen (sondern ist nur Zeichen der erheblichen Plastizität unseres Nervensystems), daß Menschen mit angeborenem Fehlen des Kleinhirns im Alltag keine wesentlichen motorischen Ausfälle aufweisen.

Anteile und Verbindungen des Kleinhirns. Das Kleinhirn ist aus zwei sehr unterschiedlichen Teilen aufgebaut, nämlich der Kleinhirnrinde und den Kleinhirnkernen. Das Diagramm der

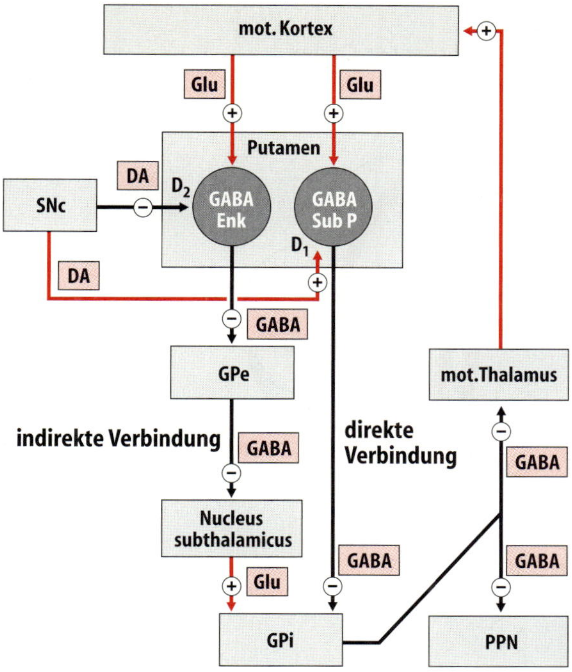

Abb. 13–18. Überträgersubstanzen und Verbindungswege im motorischen System, insbesondere zwischen den verschiedenen Anteilen der Basalganglien. Die Abbildung ergänzt und erweitert die vorhergehende. Vom Putamen führt nämlich 1. eine direkte Verbindung zu Pallidum (pars interna, GPi) 2. eine indirekte über den Nucleus subthalamicus. Hemmende Bahnen sind mit *schwarzen* Pfeilen, erregende mit *roten* Pfeilen gekennzeichnet. Zu beachten ist ferner, daß von der Substantia nigra *(Snc)* jeweils durch Dopamin *(DA)* der indirekte Weg über D_2-Rezeptoren gehemmt, der direkte Weg über D_1-Rezeptoren erregt werden kann. Modifiziert nach Alexander and Crutcher aus [22]

Kleinhirneingänge und *-ausgänge* in Abb. 13–19 zeigt, daß die ***Kleinhirnrinde*** ihre ***afferenten Zuflüsse*** im wesentlichen aus der *Sensorik* (vom Gleichgewichtsorgan und vor allem der Haut- und Tiefensensibilität) und dem *assoziativen Kortex* bezieht. Dabei treten diese Zuflüsse auf zwei parallelen Wegen in die Kleinhirnrinde ein, nämlich einmal als ***Moosfasern*** und zum anderen als ***Kletterfasern.*** Von den verschiedenen, hier nicht erwähnten Neuronen der Kleinhirnrinde senden nur die Purkinje-Zellen ihre Axone aus der Rinde heraus, und zwar zu den ***Kleinhirnkernen.*** Diese wiederum projizieren sowohl über den Thalamus zum motorischen Kortex als auch direkt zu den motorischen Zentren des Hirnstamms. In dieser Hinsicht ähnelt der Informationsfluß durch das Kleinhirn dem durch die Basalkerne (vgl. Abb. 13–17 mit 13–19). Hierarchisch betrachtet sind also *Kleinhirn (Zerebellum)* und *Basalganglien* gleichrangige Zentren, die an der Programmierung kortikal induzierter Bewegungsabläufe beteiligt sind. Im Gegensatz zu den Basalganglien sind aber die *rein psychologischen Funktionen des Kleinhirn weniger bedeutsam:* die Steuerung und Harmonisierung von Bewegungsplanung und Bewegungsausführung steht im Vordergrund.

Aufgaben des Kleinhirns. Aufgrund klinischer und experimenteller Evidenz lassen sich die Aufgaben des Kleinhirns so zusammenfassen: Das Kleinhirn dient in erster Linie dazu, die Tätigkeit der anderen motorischen Zentren zu unterstützen und miteinander zu koordinieren. Insbesondere ist es zuständig

- für die *Steuerung und Korrektur der stützmotorischen Anteile* von Haltung und Bewegung (Haltung, Tonus, Körpergleichgewicht),
- für die *Kurskorrektur langsamer* zielmotorischer Bewegungen und ihre *Koordination* mit der Stützmotorik und
- für die reibungslose Durchführung der vom Großhirn entworfenen *schnellen* Zielmotorik.

Für jede dieser Aufgaben sind unterschiedliche Anteile des Kleinhirns zuständig, nämlich in obiger Reihenfolge der in der Mitte liegenden ***Vermis,*** die sich an beiden Seiten anschließende ***Pars intermedia*** und die seitlichen, beim Menschen besonders großen ***Hemisphären.*** Hinzugefügt sei, daß auch die *Mitkontrolle der Okulomotorik,* also der Kontrolle der Augenbewegungen, zu den Aufgaben des Kleinhirns gehört.

In bezug auf die Rolle der *Kleinhirnhemisphären* sei daran erinnert, daß viele zielmotorische Bewegungen entweder so schnell sind, daß eine Steuerung oder Regelung über somatosensorische *Rückmeldungen aus Zeitgründen nicht möglich ist,* oder daß eine solche Rückmeldung nicht erforderlich ist, da sie hinreichend gut beherrscht werden (Beispiele: schnelle Bewegungen beim Hochleistungssport, bei der Musikausübung, beim Sprechen, bei sakkadischen Augenbewegungen). Viele dieser Bewegungen können nur *durch intensives Training optimal erlernt* werden. Sowohl dieses Training wie auch die spätere Ausführung der schnellen Bewegungen ist nur unter Beteiligung der Hemisphären möglich.

Motorisches Lernen und Zeittakt. Das Kleinhirn ist für den Erwerb einzelner motorischer Fertigkeiten und deren zeitlichen Ablauf verantwortlich. Menschen und Säugetiere erlernen z. B. nicht mehr die klassisch-konditionierte Lidschlagreaktion nach Läsionen des Kleinhirns: Dabei wird ein Ton 0,8 s vor einem Luftstoß auf das Auge mehrmals dargeboten und danach nur noch der Ton (s. Kap. 24 zur Konditionierung). Das Augenlid schließt sich nach mehreren Paarungen bereits vor dem Luftstoß und schließlich auch beim Ton allein. Dies ist nach Läsionen des Zerebellums nicht der Fall, obwohl die Patienten ganz bewußt und korrekt die Reizsequenz wahrnehmen. Die Assoziation Reiz $\rightarrow$ motorische Reaktion gelingt nicht mehr, wenn der Zeittakt durch die äußeren Reize fehlt. Ein Patient beschreibt sein Problem folgend: „Die Bewegungen meines gesunden Armes kann ich unbewußt machen, aber bei meinem rechten, kranken Arm, muß ich jedesmal nachdenken. Wenn ich ihn bewege, bleibe ich stecken und muß die Bewegung nochmals denken und es wieder versuchen“ [25,29,30].

Die motorischen Kortexareale sind in Bezug auf die Körperperipherie somatotopisch organisiert; die Körperperipherie ist multipel, d. h. in mehreren Kortexarealen repräsentiert

Seit mehr als einem Jahrhundert ist bekannt, daß elektrische Reizung umschriebener Areale der Groß-

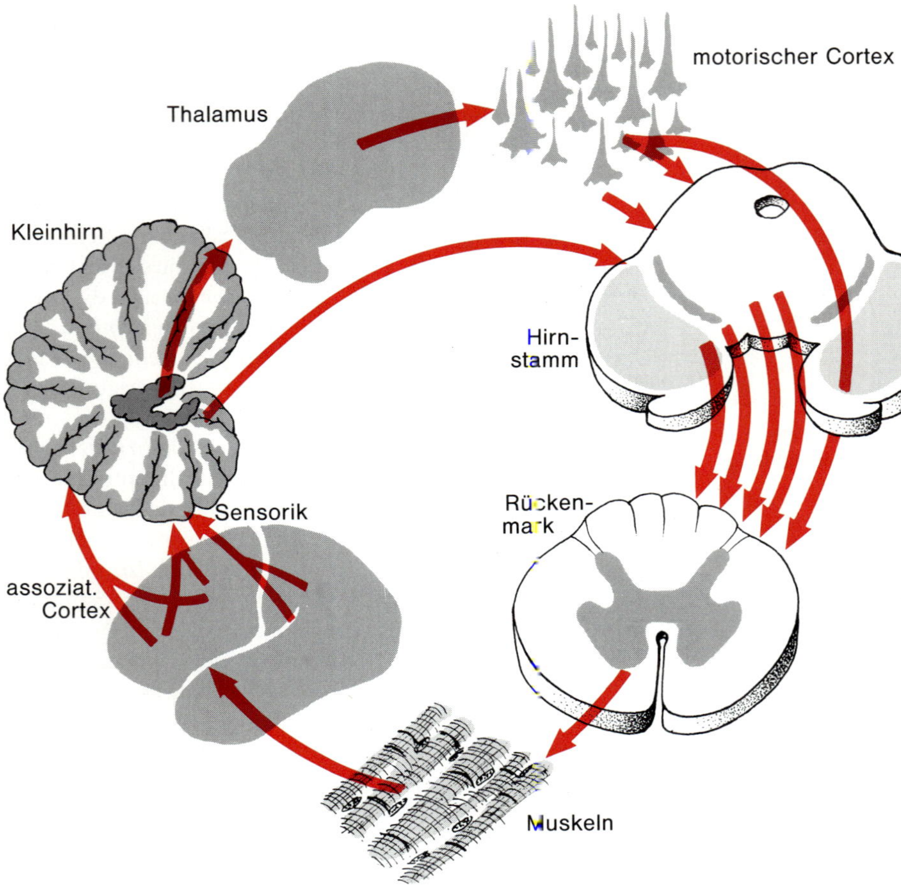

Abb. 13–19. Einbindung des Kleinhirns in das motorische System. Die Darstellung entspricht der in Abb. 13–17. Die Zuflüsse in das Kleinhirn erfolgen durch die Moosfasern und die Kletterfasern, hier symbolisiert durch Doppelpfeile. Die Kleinhirnkerne bilden den Ausgang des Kleinhirns. Sie projizieren teils über den Thalamus zum motorischen Kortex, teils unmittelbar zum Hirnstamm (vgl. Abb. 13–6 und die analogen Ausgänge der Basalganglien in Abb. 13–17). Für die übrigen Bildanteile wird auf die Legende der Abb. 13–17 verwiesen

hirnrinde Bewegungen der kontralateralen Extremitäten auslösen. Diese Areale wurden und werden als ***motorischer Kortex*** bezeichnet [4,11, 15]. Zwei Aspekte des motorischen Kortex sind funktionell besonders wichtig: einmal seine ***somatotopische Organisation*** (Abb. 13–20 A, C), d. h. eine geordnete räumliche Zuordnung zwischen Körperperipherie und motorischem Kortex, und zweitens eine ***multiple Repräsentation*** der Körperperipherie in mehreren motorischen Arealen (Abb. 13–20 B).

Somatotopie [44,45]. Das zuerst entdeckte und daher bekannteste kortikale motorische Areal des Menschen ist der ***Gyrus praecentralis*** (Feld 4 nach Brodmann s. Abb. 20–20, S. 473). Seine somatotopische Organisation ist in Abb. 13–20 C dargestellt. Es fällt sofort auf, daß diejenigen Körperstellen, die über besonders gute motorische Fähigkeiten verfügen, wie zum Beispiel Finger, Lippen, Zunge, weit überproportionale Anteile des *Gyrus praecentralis* einnehmen, während Rumpf und proximale Extremitäten nur auf relativ kleinen Anteilen repräsentiert sind. Das motorische Areal erstreckt sich nicht nur auf die sichtbare Oberfläche des *Gyrus praecentralis,* sondern auch in die Tiefe des *Sulcus centralis,* ferner nach medial über die Mantelkante und auch nach rostral etwas über den *Gyrus praecentralis* hinaus.

Multiple Repräsentation [41,42]. Neben dem eben beschriebenen *primär motorischen Kortex* (abgekürzt *MI*) findet sich ein ebenfalls *somatotopisch gegliederter* ***sekundär motorischer Kortex (MII)*** in der Tiefe der *Fissura interhemisphaerica* im Anschluß an den primär motorischen Kortex und etwas rostral davon (Teil der Area 6, Abb. 13–20 A, B). Dieses Areal wird häufig auch als *supplementär-motorisches Areal, SMA,* bezeichnet. Beide Areale, MI und MII (SMA), besitzen auch eine sensible Projektion der Körperperipherie, so daß auch vom primären und sekundären motosensorischen Kortex, abgekürzt *MsI* und *MsII,* gesprochen wird. Entsprechend werden die primären und sekundären *somatosensorischen Felder SI und SII* (S. 472) wegen ihrer motorischen Projektion auch als sensomotorischer Kortex, SmI und SmII, bezeichnet (so eingetragen in Abb. 13–20 B). Insgesamt können wir hier als von vier motorischen bzw. vier sensorischen kortikalen Feldern

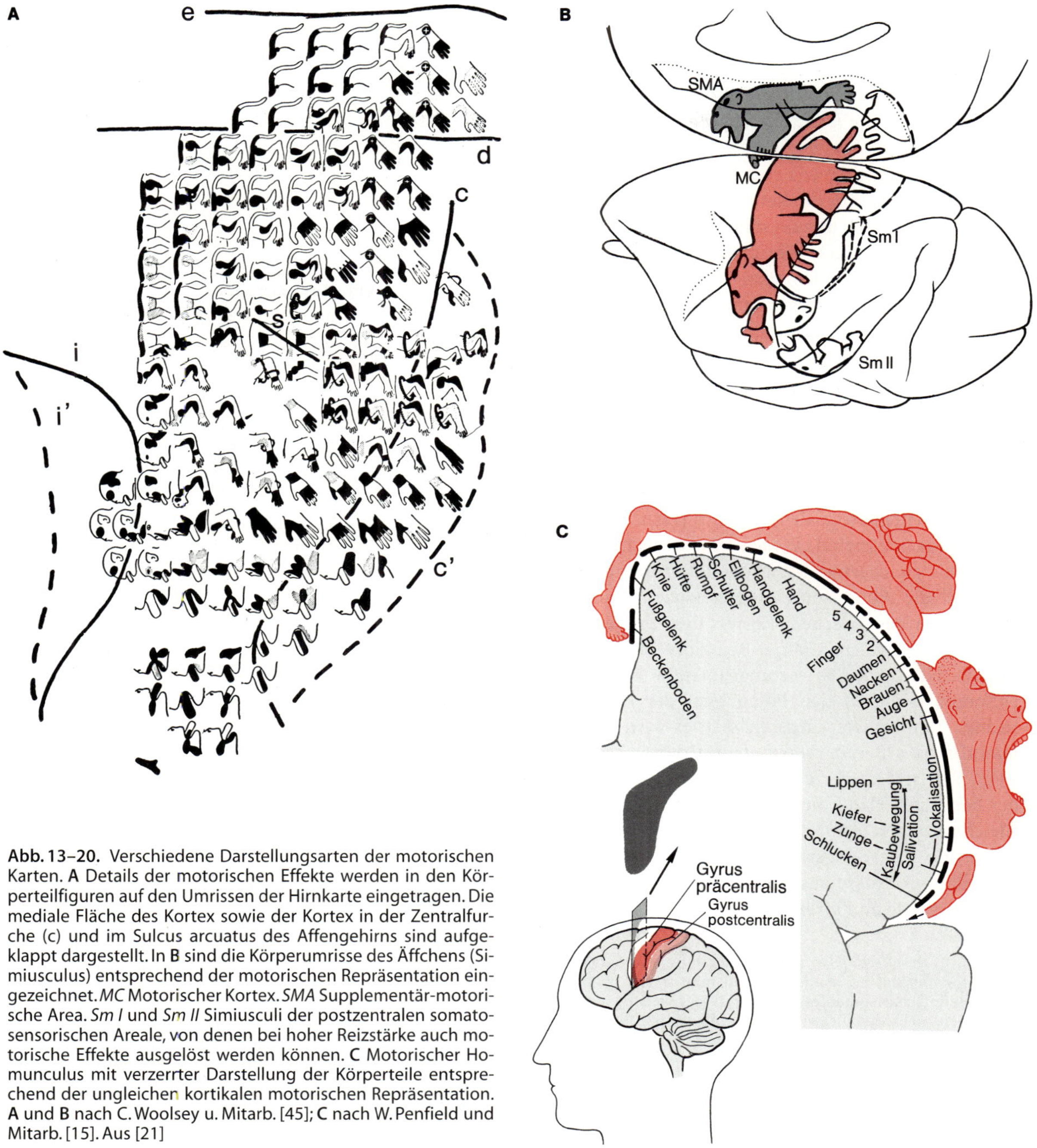

Abb. 13–20. Verschiedene Darstellungsarten der motorischen Karten. **A** Details der motorischen Effekte werden in den Körperteilfiguren auf den Umrissen der Hirnkarte eingetragen. Die mediale Fläche des Kortex sowie der Kortex in der Zentralfurche (c) und im Sulcus arcuatus des Affengehirns sind aufgeklappt dargestellt. In **B** sind die Körperumrisse des Äffchens (Simiusculus) entsprechend der motorischen Repräsentation eingezeichnet. *MC* Motorischer Kortex. *SMA* Supplementär-motorische Area. *Sm I* und *Sm II* Simiusculi der postzentralen somatosensorischen Areale, von denen bei hoher Reizstärke auch motorische Effekte ausgelöst werden können. **C** Motorischer Homunculus mit verzerrter Darstellung der Körperteile entsprechend der ungleichen kortikalen motorischen Repräsentation. **A** und **B** nach C. Woolsey u. Mitarb. [45]; **C** nach W. Penfield und Mitarb. [15]. Aus [21]

sprechen, je nachdem welcher Aspekt gerade im Vordergrund der Betrachtung steht. Dazu kommen weitere kortikale motorische Felder, so z. B. rostral von MI im ***prämotorischen Kortex, PMK*** (weiterer Teil der Area 6), deren genaue Abgrenzung noch nicht abgeschlossen ist. Außerdem scheinen die klassischen Motorareale mehrfach unterteilt zu sein, so daß wir insgesamt damit rechnen müssen, daß der Kortex vielleicht ein Dutzend oder mehr motorische Felder besitzt, wovon derzeit MI, MII (SMA) und PMK als die wichtigsten angesehen werden.

Die motorischen Kortexareale sind v. a. für die Ausführung feinmotorischer Bewegungen der Zielmotorik verantwortlich; der prämotorische Kortex nimmt auch an der Planung und dem Entwurf von Bewegungen teil

Durch elektrische Reizung von MI und der benachbarten motorischen Areale bei Mensch (während therapeutisch notwendiger Operationen) und Tier können

Kontraktionen einzelner Muskeln und auch Bewegungen in Gelenken, nie jedoch zweckgerichtete komplexe Bewegungsabläufe ausgelöst werden. Daraus ist zu schließen, daß der Motorkortex nicht für den Entwurf von angeborenen oder erworbenen Bewegungen verantwortlich ist. Er ist vielmehr eine und zwar, wie Abb. 13–6 zeigt, ***die letzte supraspinale Station*** für die Umsetzung der *Bewegungsentwürfe* in ***Bewegungsprogramme.*** Gleichzeitig, wie ebenfalls in Abb. 13–6 zu sehen, beginnt mit ihm die Kette derjenigen Strukturen, die vor allem die ***Bewegungsausführung*** übernehmen. Dabei sei allerdings daran erinnert, daß viele komplexe Bewegungsabläufe subkortikal verlaufen, man denke nur an den zu Beginn dieses Kapitels erwähnten Säure-Wisch-Reflex beim Rückenmarksfrosch. Auch Säugetiere, denen die gesamte Großhirnrinde entfernt wurde (dekortizierte Tiere), weisen eine zum Teil überdurchschnittlich lebhafte, wenn auch ziellose, oft bis zur Erschöpfung des Tieres führende Motorik auf.

Erwartungspotential. Abb. 13–21 B zeigt den Verlauf langsamer Hirnpotentiale von einem Warnsignal bis zu einem Reaktionssignal eine Sekunde danach, gemittelt über viele gleichartige Reaktionen. Darüber angeordnet sind die Aktionspotentialfrequenzen von einem Neuron im motorischen Kortex des wachen Affen während der gleichen Warn-Reaktions-Sequenz. Das Bereitschafts- oder Erwartungspotential ist in B als Differenz zwischen den Potentialen der linken und rechten Hemisphäre aufgezeichnet; es wird daher als ***lateralisiertes Bereitschaftspotential*** bezeichnet. Man sieht, daß mit stärkerer Negativierung kontralateral der benützten Hand die Reaktionszeit schneller wird. Gleiches zeigen die Reaktionen der Einzelzelle: je höher die Entladungsrate vor der Bewegung, desto schneller wird diese ausgeführt (bezüglich langsamer Hirnpotentiale und ihrer Bedeutung s. Kap. 22).

Der Begriff ***Bereitschaftspotential*** wird häufig synonym mit ***Erwartungspotential*** verwendet, obwohl man streng genommen unter Bereitschaftspotential nur die Negativierung vor einer spontanen, nicht signalisierten Bewegung versteht, während Erwartungspotential die Negativierung vor signalisierten Handlungen oder Gedanken bezeichnet.

Aufgaben der verschiedenen motorischen Kortexareale. Die *spezielle Rolle der einzelnen kortikalen motorischen Felder* wird derzeit erst in Ansätzen sichtbar. Wichtige Hinweise kommen aus dem Studium der Verbindungen dieser Areale mit dem Thalamus und anderen subkortikalen Regionen. So sendet das Kleinhirn seine Information durch den Thalamus im wesentlichen nach MI, während die Basalganglien vor allem nach MII und PMK projizieren. Der Ausgang von MI ist im wesentlichen über die Pyramidenbahn auf die spinalen Motoneuronen gerichtet, während MII und PMK bevorzugt nach MI und den motorischen Zentren des Hirnstammes projizieren. Daraus und aus den Ergebnissen lokaler Reizung, Ableitungen von Neuronen und

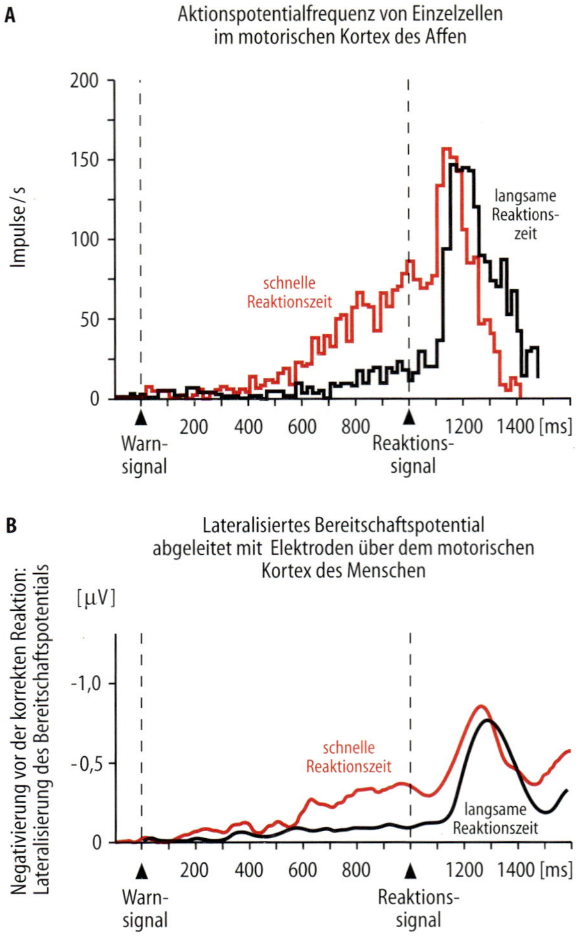

Abb. 13–21. Bereitschaftspotentiale des menschlichen Kortex (**B**) und Einzellzellableitungen aus motorischen Kortexzellen vom wachen Affen in derselben Situation (**A**). Nach einem Warnsignal ertönt 1 s später ein Reaktionssignal, auf das eine Fingerbewegung ausgeführt wird. Schnelle Reaktionszeiten werden von höherer Negativierung des Bereitschaftspotentials kontralateral zur Bewegung und verstärkter Entladung der Zellen *vor* der Entladung bewirkt. Das Bereitschaftspotential ist als Differenz zwischen rechter und linker Hemisphäre wiedergegeben. Weitere Erläuterung s. Text. Nach Daten von Gratton, Coles et al. aus [2]

regionalen Durchblutungsmessungen ist gefolgert worden, daß ***MI vorwiegend der Feinkontrolle von Bewegungen,*** insbesondere von Einzelbewegungen der distalen Körpermuskulatur dient, während ***MII (SMA) und prämotorischer Kortex (PMK)*** in die zentrale Generierung der ***Abfolge von komplex zusammengesetzten Bewegungsprogrammen*** eingebunden sind [13].

Abb. 13–22 zeigt den Verlauf der Durchblutungserhöhung in verschiedenen Hirnregionen beim Erlernen einer komplizierten Bewegungssequenz mit den Fingern der rechten Hand. Die Erhöhung der regionalen Hirndurchblutung ist ein grobes Maß der Stoffwechselarbeit der beteiligten Hirnstrukturen. Abb. 13–22 zeigt, daß nicht nur motorische, sondern vor allem parietale, somatosensorische Regionen an Erwerb und Durchführung sowie an der Automatisierung von Bewegungsfolgen beteiligt sind.

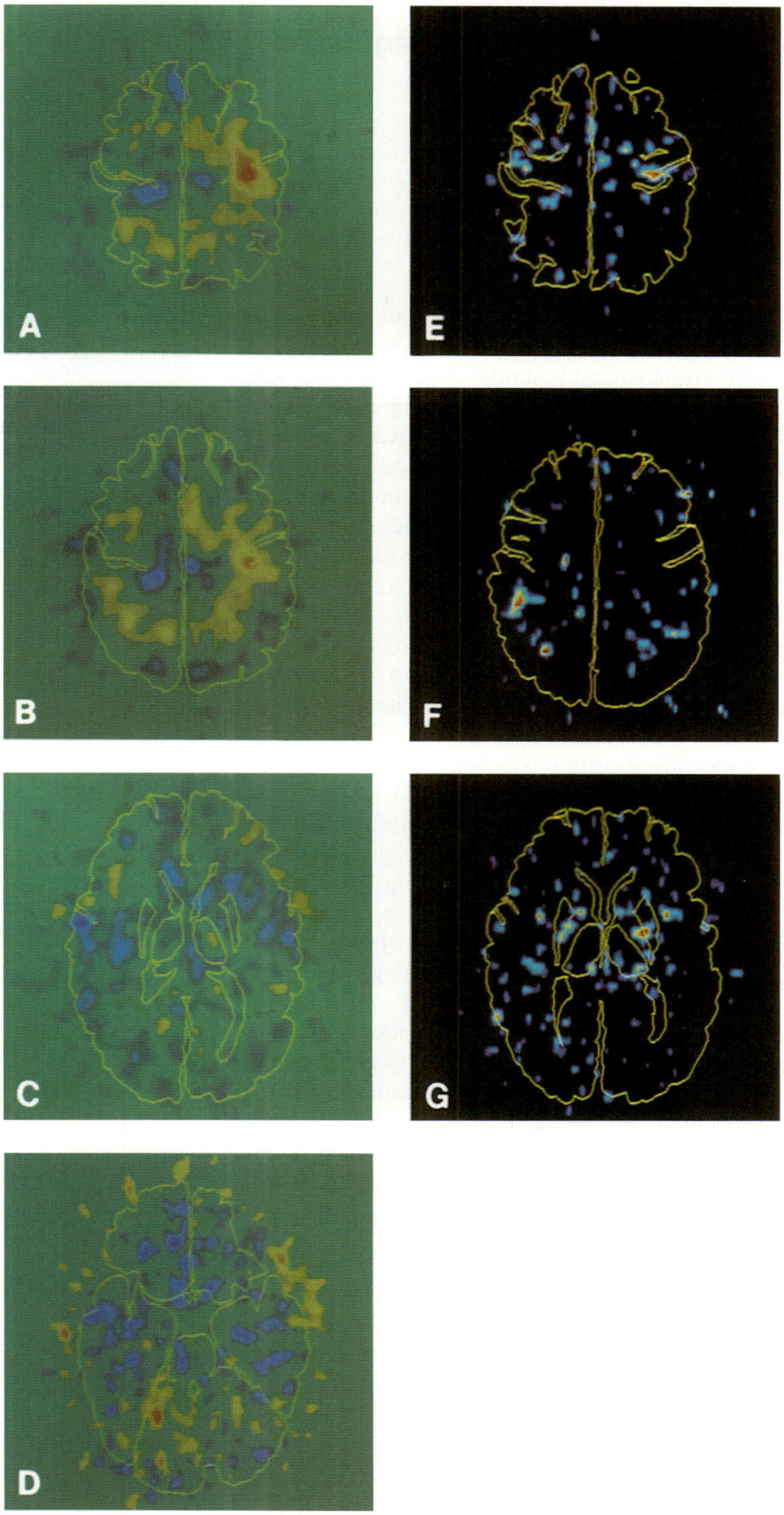

Abb. 13–22. Motorisches Lernen und regionale Hirndurchblutung, gemessen mit Positron-Emissions-Tomographie (PET, s. Kap. 21). Die 9 Versuchspersonen, deren PET hier gemittelt wurden, erlernten eine komplizierte Fingerbewegung mit der rechten Hand. *Rechts* auf der Abbildung bedeutet *links* in Realität. **A** Lernbeginn: Schnitt durch praemotorische Handregion. Man sieht erhöhte Durchblutung (mehr *rot* und *gelb*) in dieser Region kontralateral der benutzten Hand. **B** Lernbeginn: Schnitt durch somatosensorische Handareale, ebenfalls kontralateral erhöht, auch in den sensorischen Assoziationsarealen. **C** Schnitt durch den *Nucleus ventrolateralis* des Thalamus. **D** Schnitt durch den Vorderlappen des Kleinhirns, ipsilateral erhöhte Durchblutung. **E** Wie **A**, aber nach Erlernen der Bewegung; die Aktivitätserhöhung ist beträchtlich fokussiert und auf MI eingeschränkt. **F** Wie **B**, die somatosensorischen Areale sind still geworden. **G** Wie **C**, zeigt aber nur erhöhte Aktivität im Putamen und Pallidum nach erfolgter Automatisierung. Aus [38] mit freundlicher Genehmigung

13.10 Ziel- und Greifbewegungen von Arm und Hand

Dem Greifakt geht meist die visuelle Erfassung des Objektes voraus; Grundformen des Greifakts sind der Kraftgriff und der Präzisionsgriff; das Einstellen der Greifkraft erfolgt teils proaktiv, teils reflektorisch

Der Greifakt als visuomotorische und kognitive Leistung. Die Entwicklung des aufrechten Ganges hat bei vielen Primaten und besonders beim Menschen Arme und Hände für eine Vielzahl von manipulativen Aufgaben freigestellt und die Hände praktisch zu einem eigenständigen Sinnesorgan werden lassen, mit dem wir die Beschaffenheit der Dinge, die wir in die Hand nehmen, ertasten und begreifen. Dazu kommt, daß dem Greifakt meist die visuelle Erfassung des Objekts vorausgeht, wobei dieses durch entsprechende Augen-, Kopf- und Rumpfbewegungen fixiert, d.h. auf den fovealen Anteil der Netzhaut projiziert wird. Dies löst seinerseits bereits gezielte Hand- und Armbewegungen zum Objekt aus. Die Handfertigkeit ist also eine *sensomotorische*, insbesondere eine *visuomotorische* und eine *kognitive* Leistung.

Grundformen des Greifakts, Durchführen einer gezielten Handbewegung. Die zahlreichen Griffarten, zu denen die menschliche Hand fähig ist, lassen sich auf zwei Grundformen zurückführen, nämlich den ***Kraftgriff*** für schwere und größere Objekte und den ***Präzisionsgriff*** für delikate, kleine Gegenstände und Instrumente (Abb. 13–23 A, B). Bei ersterem wird durch globalen Fingerschluß ein festes Zupacken ermöglicht, während beim Präzisionsgriff durch Gegenüberstellen *(Opposition)* von Daumen und Zeigefinger eine fein abgestimmte Anpassung der Greifkraft möglich ist. Welche Griffart aktuell eingesetzt wird, richtet sich insbesondere nach Größe, Form und Gewicht des Objektes und nach der geplanten Manipulation.

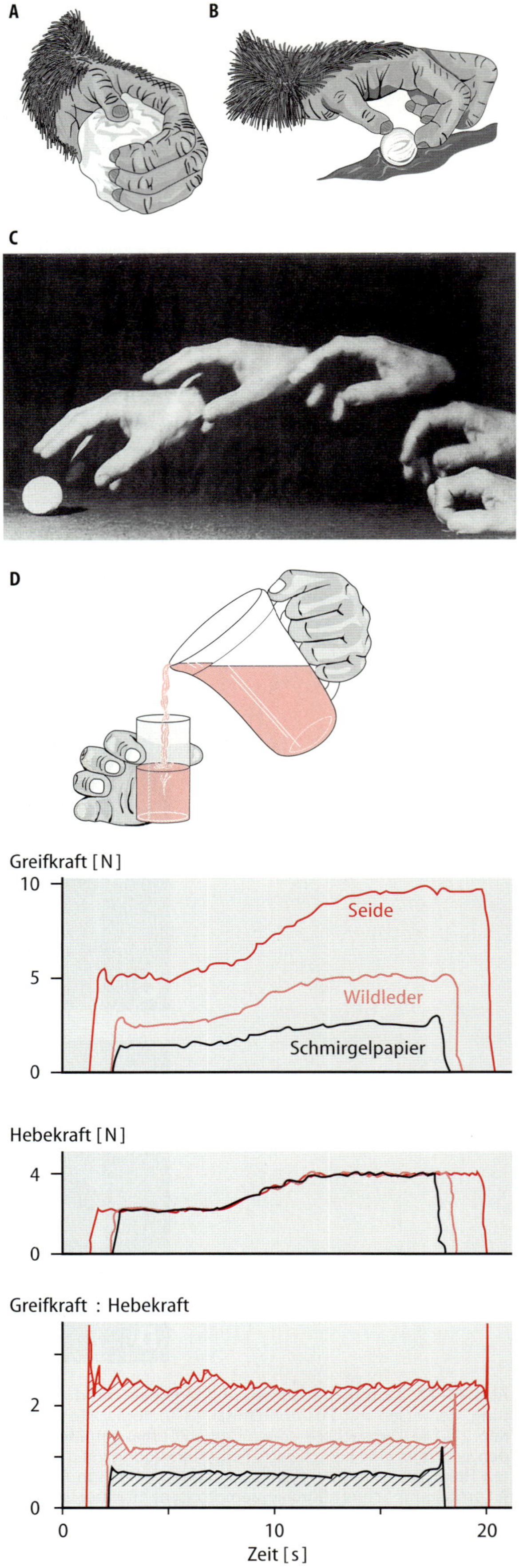

Abb. 13–23. Zielgerichtetes Greifen der Hand. **A** Kraftgriff mit globalem Fingerschluß. **B** Präzisionsgriff mit Opposition von Daumen und Zeigefinger. **C** Transportphase und Formierung des Präzisionsgriffs bei einer gezielten Greifbewegung der Hand mit einer dem Objekt angepaßten proaktiven Feineinstellung bei der Annäherung. **D** Fortlaufendes Anpassen der Griffkraft für das Halten eines Glases bei dessen Füllung. Die quantitative Untersuchung dieser Aufgabe bestätigt die präzise Koordination der Griffkraft, die genau parallel mit der Belastung ansteigt (und damit entsprechend der Hebekraft der Armbeuger). Wie die *unteren Kurven* zeigen, bleibt das Verhältnis Greifkraft zu Hebekraft beim Einschenken stabil, wobei die Greifkraft um so größer ist je glatter die Oberfläche des Glases beschaffen ist (Schmirgelpapier < Wildleder < Seide), während die Hebekraft konstant bleibt. Der Unterschied zwischen Belastung und Greifkraft *(schraffierte* Flächen im untersten Diagramm) entspricht der Sicherheitsmarge, die für eine bestimmte Reibung zwischen Hand und Glas notwendig ist, damit das Glas nicht abrutscht. Nach Untersuchungen mehrerer Autoren aus [22]

Die *Entstehung des Bewegungsprogramms* beim Greifen, die, wie eben schon erwähnt, im visuellen Bezugssystem des Zentralnervensystems beginnt, erfordert zunächst eine Umsetzung aus dem visuellen in das körperbezogene oder *egozentrische Koordinatensystem* und die Entwicklung eines motorischen Programms zur Vororientierung der Hand- und Fingerstellung in Richtung auf das Ziel. Die Zielbewegung startet schnell und in ihrer Präzision relativ ungenau, um gegen das Ziel hin abgebremst und dabei genauer zu werden. In dieser langsamen Phase nahe beim Ziel erfolgt auch die Öffnung der Hand und deren endgültige Anpassung an das folgende Zugreifen (Abb. 13–23 C). Die Treffgenauigkeit einer Zielbewegung ist also umgekehrt proportional ihrer Geschwindigkeit; mit anderen Worten, es muß *zwischen Geschwindigkeit und Präzision gewählt* werden.

Einstellen der Greifkraft. Das antizipatorische Einstellen der Greifkraft beruht auf unserer Erfahrung, d. h. es ist *proaktiv* auf Grund des sensomotorischen Gedächtnisses. An den nachfolgenden Korrekturen sind die Mechano- und Temperatursensoren der Haut so entscheidend beteiligt, daß die Hand als ein *eigenständiges Sinnesorgan* angesehen werden muß. So wird, wie in Abb. 13–23 D illustriert, die Griffkraft für das Halten eines Glases fortlaufend dem Füllungsgrad des Glases angepaßt. Dies geschieht dadurch, daß die durch das Füllen ausgelösten winzigen Rutschbewegungen des Glases von den Pacini-Körperchen registriert und die Griffstärke anschließend reflektorisch verstärkt wird. Diese reflektorische Anpassung erfolgt mit einer typischen Latenz von ca. 60 ms, d. h. es handelt sich nicht um monosynaptische, sondern um *polysynaptische* Reflexe, möglicherweise unter Einschluß supraspinaler Strukturen.

In vergleichbarer Form sind auch die anderen Sensoren der Hand, kutane wie muskuläre, in die Einstellung der Greifkraft und ihre fortlaufende Anpassung an die sich ändernden Verhältnisse eingebunden. Ein Patient mit völligem Verlust der taktilen und propriozeptiven Sensibilität kann z. B. nicht aus einem Plastikbecher trinken, da er die Greifkraft nicht an die Weichheit des Bechers anpassen kann. Die auf S. 263 beschriebene gelernte Nichtbenutzung deafferenzierter Glieder hängt natürlich auch damit zusammen: die Mißerfolge von Bewegungsversuchen bestrafen diese und führen zur Vernachlässigung des Gliedes.

Das Bewegungsprogramm einer gezielten Armbewegung wird im Armareal des motorischen Kortex entworfen und über die Pyramidenbahn z. T. monosynaptisch an die Arm- und Handmotoneurone übermittelt

Anzeige der Bewegungsrichtung durch den kortikalen Populationsvektor. An trainierten, wachen Affen zeigten Mikroelektrodenableitungen aus den motorischen Arealen des Kortex, daß sich schon 100–200 ms vor Bewegungsbeginn die Aktivität in einer großen Population kortikaler Neurone zu ändern beginnt, um im Laufe der Bewegung wieder abzuklingen. Dabei scheint insbesondere die *Bewegungsrichtung programmiert* zu werden: wie Abb. 13–24 an über 200 kortikalen Neuronen zeigt, läßt sich aus dem Entladungsverhalten der Gesamtpopulation, d. h. dem *Populationsvektor,* die Richtung der Bewegung sehr genau ablesen. Mit anderen Worten, der Populationsvektor stimmt gut mit der tatsächlichen Bewegungsrichtung überein. Da, wie oben gesagt, die Änderung der kortikalen Aktivität der Bewegung vorausgeht, sagt der Populationsvektor die Richtung der nachfolgenden Bewegung voraus.

Die Pyramidenbahn als Voraussetzung für die Handgeschicklichkeit. Der Arm und insbesondere die Hand sind im motorischen Kortex überproportional repräsentiert (vgl. den *motorischen Homunculus* in Abb. 13–20 C). Dies gilt auch für die weiteren motorischen Areale, deren Neuronenaktivität mit Handbewegungen korreliert (bisher wurden 4 beschrieben). Die Übertragung der Bewegungsprogramme aus den

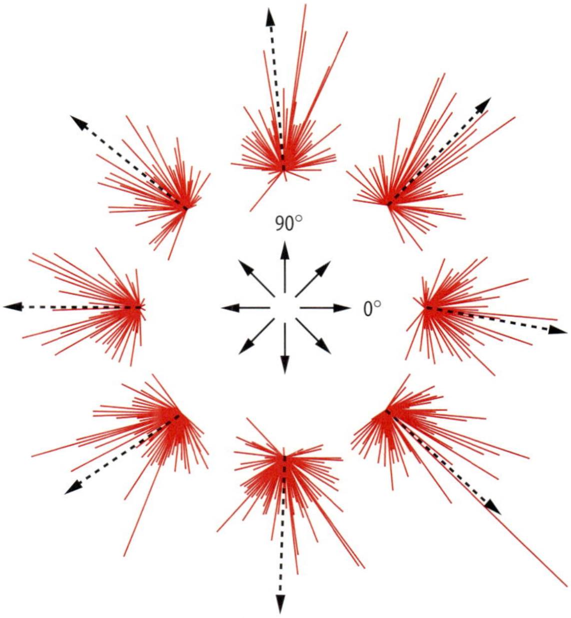

Abb. 13–24. Darstellung des Populationsvektors an Hand der Entladungsraten von über 200 Neuronen des Armareals im primären motorischen Kortex MI eines Affen. Dieser führte sukzessive die 8 im Zentrum gezeigten Handbewegungen aus, wobei 2 Parameter für jedes Neuron bestimmt wurden: 1. Vorzugsrichtung (höchste Entladungsrate) und 2. Entladungsrate bei jeder der getesteten Bewegungsrichtungen. Mit diesen Größen wurden Vektoren für jedes Neuron und für jede Bewegungsrichtung eingetragen (Länge proportional zur Entladungsfrequenz, Winkel = Vorzugsrichtung). Die lineare Vektorsumme ergibt den Populationsvektor *(gestrichelter schwarzer Pfeil).* Diese Populationsvektoren stimmen ziemlich gut mit den durchgeführten Bewegungsrichtungen überein. Nach Georgopoulos et al. in [22]

Handarealen zu den Motoneuronen der mehr als 30 Handmuskeln erfolgt weitgehend über das ***kortikomotoneuronale System*** (*CM-System,* meist als *Pyramidenbahn* bezeichnet). Das CM-System entwickelt sich bei den Primaten und findet die höchste Entfaltung beim Menschen. Ein Teil seiner Axone ist *monosynaptisch* mit den Handmotoneuronen verbunden (vgl. auch Abb. 13-6).

Die Aktivität der kortikalen CM-Neurone ist sehr viel stärker mit dem Präzionsgriff als mit dem Kraftgriff korreliert. Daraus und aus der Tatsache, daß das menschliche Neugeborene, dessen Pyramidenbahn noch nicht ausgereift ist, über keinen Präzisionsgriff verfügt, läßt sich folgern, daß das *CM-System eine Voraussetzung für den Präzisionsgriff und für die Handgeschicklichkeit* überhaupt ist. Damit stimmt auch überein, daß nach experimentellen Durchtrennungen der Pyramidenbahn insbesondere die Handgeschicklichkeit eingeschränkt ist: unabhängige Fingerbewegungen (wie für den Präzisionsgriff notwendig) lassen sich nicht mehr durchführen, die Bewegungen sind allgemein verlangsamt, und die Mobilisierung der Kraft beim Greifen ist verzögert.

Subkortikale handkorrelierte Neurone. An der Kontrolle der Handfunktion sind auch die subkortikalen motorischen Kerne, die Basalganglien und das Kleinhirn beteiligt. Neuronale Aktivität der Kleinhirnrinde und der Kleinhirnkerne ist häufig mit der Greifkraft und mit deren Änderung im Verlauf einer Handbewegung korreliert. Aktivität in den Basalganglien kann ebenfalls mit Handbewegungen gekoppelt sein (s. auch die durch Läsionen des Kleinhirns und der Basalganglien bedingten Bewegungsstörungen, die im nächsten Abschnit beschrieben werden).

13.11 Pathophysiologie der Motorik

Die in Abb. 13-6 vorgestellte Struktur des motorischen Systems läßt zwei Grundtypen pathophysiologischer Veränderungen erwarten. Einmal ***Störungen in der Ausarbeitung eines Bewegungsprogramms,*** wie z. B. beim Parkinson-Syndrom (s.u.), und zum anderen ***Störungen in der Bewegungsausführung,*** die dann auftreten, wenn ein normal entworfenes Programm durch Defekte des peripheren motorischen Apparates, also z. B. eine Nervendurchtrennung, nicht richtig ausgeführt werden kann. Eine extreme Form einer solchen Verhinderung der Ausführung haben wir bereits kennengelernt, nämlich die *spinale Querschnittslähmung* (s. S. 263). Dieses Beispiel ebenso wie die bereits diskutierten Leistungen des dezerebrierten und des Mittelhirntieres (s. S. 265) haben gleichzeitig deutlich gemacht, zu welchen erheblichen eigenständigen Leistungen diejenigen motorischen Zentren fähig sind, denen beim Menschen im wesentlichen die Bewegungsausführung zukommt. Auf diese Ausführungen wird verwiesen. Zusätzlich werden im folgenden einige in der Neurologie häufige Symptome oder Krankheitsbilder erläutert, für die eine pathophysiologische Grundlage angegeben werden kann.

Periphere Nervendurchtrennungen oder der Untergang von Motoneuronen führen zu schlaffen Lähmungen

Unterbrechungen von Motoaxonen (z. B. durch Unfall) oder Ausfälle von Motoneuronen (z. B. bei Poliomyelitis) führen zu *schlaffen Lähmungen,* die durch ***Hypotonus*** (verminderten Muskeltonus), durch ***Atrophie*** (Degeneration) der Muskeln, ***Parese*** (Verminderung) oder ***Paralyse*** (Ausfall) der groben Kraft und entsprechende Beeinträchtigung der Feinmotorik ausgezeichnet sind. Die monosynaptischen Dehnungsreflexe sind abgeschwächt oder erloschen. Alle Symptome sind aus der Art der Schädigung ohne weiteres einsichtig.

Läsionen in den Basalganglien führen zu verschiedenen Formen von Bewegungsstörungen, von denen das Parkinson-Syndrom am bekanntesten ist

Symptomatik [16]. Parkinson-Patienten fallen durch ihre mimische Starre, ihre geringen oder fehlenden Ausdrucksbewegungen, ihren zögernden, kleinschrittigen Gang und durch Zittern ihrer Hände auf. Die Untersuchung zeigt in wechselnder Ausprägung die Symptome *Akinese, Rigor* und *Ruhetremor.* Als ***Akinese*** bezeichnet man eine motorische Gebundenheit, in der die Kranken große und oft unüberwindliche Schwierigkeiten haben, eine Bewegung in Gang zu bringen und zu Ende zu führen [16]. Der ***Rigor*** ist ein erhöhter Muskeltonus, der unabhängig von Gelenkstellung und Bewegung stets vorhanden ist und als plastischer oder *wächserner Widerstand* beschrieben werden kann. Bei passiven Gelenkbewegungen geben die Muskeln nicht gleichmäßig, sondern ruckartig nach: *Zahnradphänomen.* Der ***Ruhetremor*** (4–7 Hz, vor allem an den Händen) läßt bei zielmotorischen Bewegungen nach und setzt anschließend wieder ein. (Bezüglich der kognitiven Störungen beim Parkinson-Syndrom s. Kap. 27, S. 733).

Pathophysiologie. Die *Akinese* kann als Ausfall von Bewegung aufgefaßt werden, also als *Minus-Symptom.* Umgekehrt sind *Rigor* und *Tremor* als Enthemmung der Basalkernmotorik anzusehen, also als *Überschuß-Symptome.* Letzteres gilt auch für andere Erkrankungen der Basalganglien, bei denen *überschießende* Bewegungsstörungen der einen oder anderen Form im Vordergrund stehen (z. B. *Chorea, Athetose, Hemiballismus.* [16]).

Wahrscheinliche ***Ursache des Parkinson-Syndroms*** ist der Untergang der von der *Substantia nigra* zum *Striatum* ziehenden (hemmenden?) Bahn (Abb. 13-17 und 13-18), deren Transmitter im Striatum Dopamin ist. Das Parkinson-Syndrom, vor allem die Akinese, kann daher ***durch Gaben von L-Dopa,*** der

Vorstufe des Dopamins, erfolgreich ***behandelt*** werden (Dopamin selbst ist unwirksam, da es die Blut-Hirn-Schranke nicht passieren kann). Dagegen können durch stereotaktische Ausschaltungen im Pallidum und im Thalamus (Nucleus ventrolateralis, VL), also durch Unterbrechen der Projektion zum Motorkortex (Abb. 13–17, 13–18), zwar die Überschuß-Symptome, nicht aber die Akinese gebessert werden (weitere Einzelheiten zur Ätiologie und Therapie s. S. 733, 734).

Erkrankungen des Kleinhirns führen zu Hypotonus, sowie bei Bewegungen zu Tremor und zu Störungen der Muskelkoordination

Entsprechend den auf S. 268 geschilderten Funktionen des Kleinhirns stehen bei zerebellären Ausfällen die folgenden Symptome im Vordergrund [10,16]:

- ***Asynergie,*** definiert als die Unfähigkeit, die bei einer Bewegung beteiligten Muskeln korrekt dosiert zu innervieren. Die einzelnen Anteile eines Bewegungsprogramms werden nicht gleichzeitig, sondern hintereinander ausgeführt *(Bewegungsdekomposition),* die Bewegungen geraten zu kurz oder zu weit und werden anschließend überkompensiert *(Dysmetrie),* der Gang wird dadurch breitbeinig, unsicher, überschießend *(zerebelläre Ataxie),* und rasch aufeinanderfolgende Bewegungen sind nicht mehr möglich *(Adiadochokinese).*
- ***Tremor,*** der nicht bei Ruhe, aber bei Bewegungen auftritt *(Intentionstremor).* Er kann sich bei zielgerichteten Bewegungen vor Erreichen des Zieles zu einem so starken Wackeln steigern, daß das Ziel verfehlt wird (Störung der Kurskorrektur besonders bei Schädigungen der Kleinhirnkerne).
- ***Hypotonus*** der Muskulatur, also ein *zu niedriger Muskeltonus,* oft verbunden mit *Muskelschwäche* und *rascher Ermüdbarkeit* der Muskulatur. Dies ist vor allem ein Symptom von Hemisphärenläsionen, während isolierte Läsionen des Vermis *(Lobus anterior)* eher zu Hypotonus führen (s. o.).
- ***Nystagmus*** und ***Sprachstörungen*** sind weitere, bei zerebellären Läsionen beobachtete Symptome. Charcot hat ursprünglich als zerebelläre Symptomen-Trias *Nystagmus, Intentionstremor* und *skandierende Sprache* angegeben. Auch Schwindel kann bei Kleinhirnerkrankungen auftreten.

Der Schlaganfall unterbricht den efferenten Ausstrom aus dem Motorkortex; es kommt dadurch zu einer kontralateralen Lähmung, die erst schlaff ist und dann spastisch wird

Kapsuläre Hemiplegie. Läsionen im Bereich des Motorkortex, die zu Reiz- (z. B. epileptischen Anfällen) oder Ausfallsymptomen führen, sowie Unterbrechungen der kortikalen motorischen Efferenzen sind selten. Eine Ausnahme bildet die völlige oder teilweise Unterbrechung der kortikalen Efferenzen im Bereich der inneren Kapsel durch eine Blutung aus oder Thrombose in der *Art. cerebri media* am Abgang der *Art. lenticulostriata* ***(Schlaganfall, Hirnschlag, Apoplex).*** Dies führt nach einem anfänglichen Schockstadium mit schlaffer Lähmung der kontralateralen Körperhälfte *(schlaffe Hemiplegie)* zu einer *Lähmung mit deutlichem Hypertonus der Muskulatur,* der sich insbesondere als zunehmender Widerstand gegen passive Bewegungen äußert ***(spastische Hemiplegie).*** Es überwiegt die Spastizität derjenigen Muskeln, die gegen die Schwerkraft arbeiten, also der Extensoren der Beine und der Flexoren der Arme (beim Vierbeiner wären es die Extensoren aller Extremitäten). Eine gewisse Rückkehr der Zielmotorik ist nach einiger Zeit zu beobachten, es bleibt aber meist bei groben Massenbewegungen der Flexoren und Extensoren *(Flexor- bzw. Extensorsynergie).*

Ursachen von Spastik und Lähmung. Pathophysiologisch ist die spastische Hemiplegie als Folge der Unterbrechung kortikaler motorischer Efferenzen aufzufassen, und zwar immer sowohl des ***Tractus corticospinalis (CM-System),*** als auch der zum Hirnstamm ziehenden ***extrapyramidalen Bahnen.***

Die ***Spastizität*** (Spastik) ähnelt in ihrem Charakter der Dezerebrationsstarre des Tierexperiments (s. S. 265). Sie kann wie diese durch Durchschneiden der Hinterwurzeln aufgehoben werden, was auf die Beteiligung der γ-Spindel-Schleife hinweist. Die ***kapsuläre Lähmung*** ist ursprünglich weitgehend dem Ausfall des *Tractus corticospinalis* zugeschrieben worden. Isolierte Unterbrechung dieser Bahn bei Primaten und entsprechende klinisch-pathologische Beobachtungen beim Menschen haben aber gezeigt, daß dabei *nach der Erholungsphase* nur eine ***Einschränkung der Fingerfertigkeit*** übrigbleibt, keinesfalls das Bild einer kapsulären Hemiplegie. Um dieses in etwa zu erzeugen, ist ein Abtragen des motorischen Kortex im weiteren Sinne (MI, MII, SI, PMK, s. S. 270) erforderlich. Die kapsuläre Hemiplegie ist also auf den gemeinsamen Ausfall verschiedener deszendierender Bahnen des motorischen Kortex zurückzuführen [22,40].

Unglücklicherweise sind, infolge einer zeitweisen Überbewertung des *Tractus corticospinalis (CM-System)* für die Zielmotorik, die Lähmungserscheinungen des Motorkortex und seiner Efferenzen als ***Pyramidenbahn-Symptome*** oder auch als ***Pyramidenbahn-Syndrom*** in die Neurologie eingegangen. Die Spastizität hat man der Mitbeteiligung des extrapyramidal-motorischen Systems zugeschrieben. Auch die motorischen Störungen bei Läsionen der Basalganglien werden immer noch als ***extrapyramidale Bewegungsstörungen*** zusammengefaßt. Wie dieses Kapitel zeigt, ist die anatomisch korrekte Trennung der Pyramidenbahn von den extrapyramidalen Bahnen ***funktionell sinnlos, ja irreführend.*** Diese Einsicht sollte auch in der Klinik einen angemessenen Wechsel der Nomenklatur zur Folge haben.

13.12 Rehabilitation im motorischen System

Obwohl nach Schädigungen des ZNS die gestörten sensorischen, motorischen und kognitiven Funktionen häufig spontan im Laufe der ersten Wochen und Monate zurückkehren (Plastizität, s. Kap. 24), kann die Remission durch *physische* und ***neuropsychologische Rehabilitation*** beschleunigt oder aber, im Falle des permanenten Ausbleibens einer Funktion, teilweise oder vollständig überhaupt erst ermöglicht werden.

Bei peripheren Lähmungen und spastischen Störungen können Biofeedback-Verfahren erhebliche Therapieerfolge erzielen

Neben der konventionellen Physiotherapie von Lähmungen, z. B. nach Durchtrennung des Rückenmarks oder nach zentralen Schädigungen des motorischen Systems (Apoplexien, spastische Lähmungen, Hemiparesen), sind *operante Trainingsverfahren,* insbesondere *EMG-Biofeedback,* zur teilweisen oder vollständigen Wiederherstellung der Funktion nützlich:

Bei spastischen Lähmungen kann beispielsweise durch allgemeines ***muskuläres Entspannungstraining*** die extreme Innervation der spastischen Muskelgruppen durch Rückmeldung der EMG-Aktivität reduziert werden. Der Patient kann dabei die EMG-Entladungsrate der betroffenen Muskeln hören oder auf einem Bildschirm sehen und wird für Reduktion der Muskelspannung (d.h. Abnahme der EMG-Impulsfrequenz) belohnt. Soll die Beweglichkeit eines ganzen Gliedes rehabilitiert werden, so wird gleichzeitig die Muskelaktivität von Agonisten und Antagonisten (Strecker und Beuger) rückgemeldet, und der Patient lernt selektiv beide Gruppen gegensätzlich zu innervieren. Durch Biofeedback kommt es offensichtlich zu einer teilweisen Neuinnervation der verbliebenen Nervenbahnen. Operante Therapiemethoden (s. Kap. 24) und EMG-Biofeedback werden auch zur Rehabilitation von Parkinson, Torticollis und motorischen Tics eingesetzt.

Psychologische Rehabilitation nach Deafferenzierung. Wie wir auf S. 263 beschrieben haben, kann nach

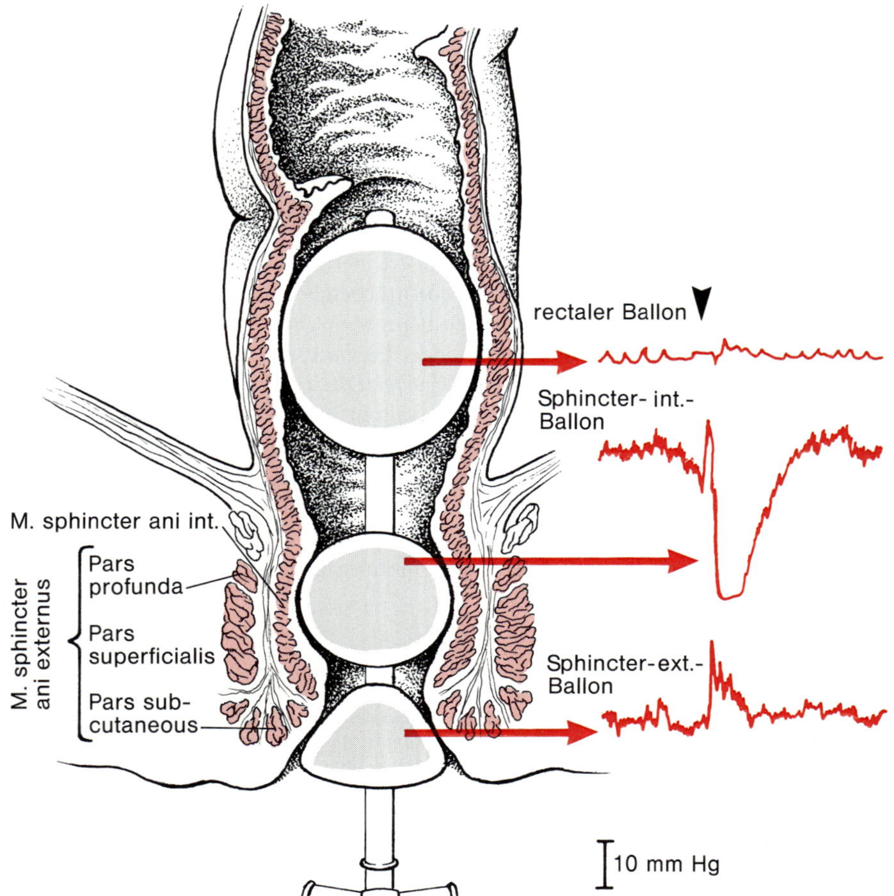

Abb. 13–25. Psychologische Rehabilitation von Enkopresis (Einkoten) nach Ausfall spinaler, supraspinaler oder peripherer Motorik. Es wird die Aktivität des inneren (M. sphincter ani int.) und des äußeren (M. sphincter ani externus) Schließmuskels durch Registrierballons, die als Druckaufnehmer dienen, gemessen (*rote* Kurven, *rechts* im Bild). Ein dritter, rektaler Ballon dient zur Simulation von Stuhldruck (Eintritt von Kot in den Enddarm). In einer Biofeedback-Anordnung kann der Patient lernen, Druck auf den M. sphincter ani int. mit einem erhöhten Tonus des äußeren Sphinkters zu beantworten. In Anlehnung an [39]

BOX 13–2

Plastizität im motorischen System: Kortikale Reorganisation und verhaltenspsychologisches Traning nach Schlaganfall

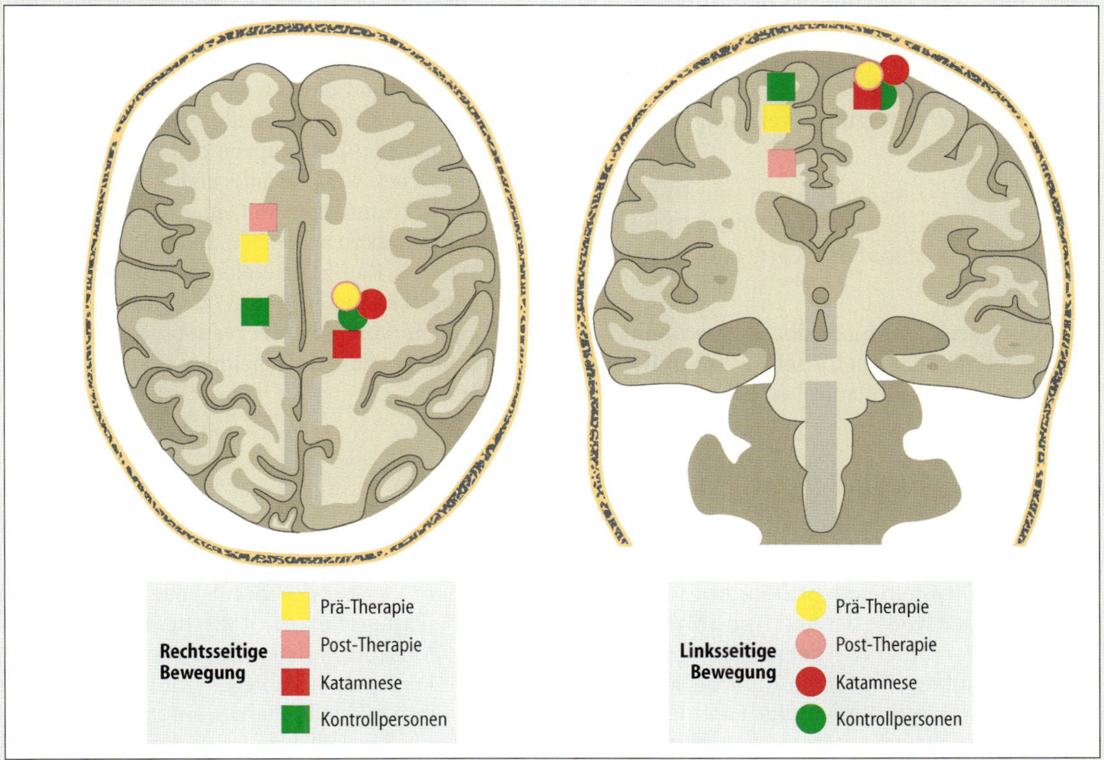

Die Abbildung zeigt links einen Horziontalschnitt und rechts einen Frontalschnitt durch das Gehirn eines Patienten, der im linken motorischen Kortex einen Schlaganfall erlitten hatte, so daß er die rechte Hand nicht mehr benutzen konnte (auf dem linken Teil der Abbildung ist oben die Frontalregion und unten die Okzipitalregion). Der Patient erhielt eine verhaltenstherapeutische Behandlung, bei der die linke gesunde Hand über mehrere Wochen fixiert wurde und der Patient extensiv die Benutzung der rechten gelähmten Hand üben mußte. Nach der verhaltenstherapeutischen Behandlung konnte der Patient wieder beide Hände zielgerichtet benutzen. Die farbigen Punkte und Kreise zeigen die anatomischen Repräsentationen der rechten bzw. linken Hand im Gehirn des Patienten und einer gesunden Kontrollgruppe (grüne Quadrate und Kreise) vor und nach der Behandlung an. Diese Lokalisationen der beiden Hände werden dadurch gewonnen, daß die Personen viele Male ihre Hände bewegen müssen, wobei die hirnelektrischen Potentiale vor und während der Bewegungen über zahlreiche EEG-Elektroden aufgezeichnet werden und das jeweilige Maximum der hirnelektrischen Aktivität errechnet wird (s. Kap. 21). Die elektroenzephalographisch bestimmten Quellen der Aktivität bei Handbewegungen bzw. versuchten Handbewegungen werden auf das individuelle Gehirn der Person, das mit einem strukturellen Kernspintomogramm aufgenommen wird, überlagert. Man sieht, daß die Lokalisation der Hand vor der Behandlung (gelbes Quadrat) gegenüber der Kontrollgruppe (grünes Quadrat) in die frontalen Hirnareale verdrängt ist. Nach der Behandlung (Post-Therapie) werden weitere frontale Areale rekrutiert (rosa Quadrat), in der Nachuntersuchung nach 3 Monaten (Katamnese) werden auch *ipsilaterale* motorische Areale im gesunden rechten motorischen Kortex (rotes Quadrat) aktiviert und damit der ipsilaterale primäre motorische Kortex in die Ausführung der Bewegung eingeschlossen. Man erkennt auch, daß die Lokalisation der gesunden Hand (gelber und roter Kreis) durch die Behandlung nicht verändert wird und sich mit der Lokalisation der linken Hand der Kontrollgruppe (grüner Kreis) deckt. Dies entspricht der normalen Lokalisation der linken Hand in der rechten Hirnhemisphäre. Durch erfolgreiches Training kommt es also zu einer Umorganisation der Repräsentationsareale des Gehirns, die dem neu erworbenen Verhalten entspricht.

Aus Kopp, Flor, Mühlnickel. Neuroreport 1999, 10: 807–810, mit freundlicher Genehmigung einseitigen Läsionen der Hinterwurzeln des Rückenmarks eine Parese auftreten, obwohl die Motorik zumindest teilweise intakt ist. Diese *„gelernte Vernachlässigung"* eines Gliedes, meistens von Hand und Arm, kann durch Verhinderung der Bewegung des gesunden Arms (z.B. durch Armschlinge) wieder aufgehoben werden. Die Person muß den vernachlässigten Arm benutzen und wird für Bewegungserfolg – auch ohne Propriozeption der Bewegung – verstärkt [33].

Bei Inkontinenzen von Harnblase und Mastdarm kann die Kontinenz mit Hilfe von Biofeedback-Verfahren wieder erlernt werden

Abb. 13–25 zeigt eine Biofeedback-Anordnung zur Wiederherstellung der motorischen Kontrolle über die Ausscheidungsmuskulatur bei ***Enkopresis*** (Einkoten) nach partiellen *Querschnittslähmungen* oder anderen Schädigungen des Rückenmarks (z.B. bei *Spina bifida*, einem angeborenen Austritt des Rückenmarks), bei alten Personen, sowie nach operativen Eingriffen [12]. Dieselbe operante Methode wird bei ***Enuresis*** von Frauen angewendet. Der Patient beobachtet dabei die motorische Aktivität des internen Sphinkters (glatter Muskel) und des externen Sphinkters (quergestreifter Muskel). Der Rektalballon dient zur Simulation von Stuhldruck: Die Aufgabe der Patienten besteht darin, bei Druck auf den internen Sphinkter und Dehnung des Rektums sofort mit einer Kontraktion des externen Sphinkters zu antworten. Dafür wird er kontingent verstärkt (s. Kap. 24). Bereits nach wenigen Übungsdurchgängen kann bei 60–80 % der Betroffenen, sofern noch eine nervöse Restinnervation vorhanden ist, die Kontrolle über die Ausscheidung wiederhergestellt werden [12].

ZUSAMMENFASSUNG

Die Gleitfilamenttheorie beschreibt die Arbeitsweise der Aktin- und Myosinfilamente des Sarkomers bei der Kontraktion der Skelettmuskulatur. Die für die Ruderbewegungen der Myosinköpfe notwendige Energie wird dabei durch Spaltung des Adenosintriphosphats zur Verfügung gestellt. Ausgelöst wird die Kontraktion durch die elektromechanische Kopplung, bei der die aus den Terminalzisternen freigesetzten Kalziumionen als Botenstoffe zum Anschalten des Kontraktionsmechanismus dienen.

Die beiden Grundformen der Kontraktion, Verkürzung bei konstanter Last (isotnisch) und Kraftentwicklung bei konstanter Muskellänge (isometrisch), können als Ausgangspunkt zur Beschreibung der anderen Kontraktionsformen (Unterstützungszuckung, Anschlagszukkung) dienen. Die Übertragung der Kontraktionskraft erfolgt immer über elastische Elemente auf das Skelett. Für eine anhaltende und verstärkte Muskelkontraktion ist dabei eine repetitive Aktivierung des Gleitfilamentmechanismus erforderlich (unvollkommener und vollkommener Tetanus). Im Alltag erfolgt die Abstufung der Kontraktion und die Ausbildung des Muskeltonus durch Tetanisierung und durch die Anzahl der aktivierten motorischen Einheiten (Rekrutierung). Mit der Elektromyographie sind diese Vorgänge registrierbar.

Die Muskelspindeln messen vorwiegend die Länge des Muskels, die Sehnenorgane seine Spannung. Entsprechend ist die spinale Verschaltung ihrer Afferenzen angeordnet, wobei der monosynaptische Reflexbogen (Eigenreflex, myotatischer Reflex), der von den Muskelspindeln seinen Ausgang nimmt, den kürzesten kompletten motorischen Reflexbogen bildet. Er dient v.a. der Konstanthaltung der Muskellänge. Seine Aktivierung erfolgt z.T. durch intrafusale Kontraktion, d.h. über die γ-Spindel-Schleife.

Die Reflexbögen mit Sehnenorganafferenzen sind polysynaptisch, sie dienen v.a. der Einstellung der Kontraktionskraft. Ebenso sind alle anderen motorischen Reflexe polysynaptisch. Ihr wichtigster Vertreter ist der Flexorreflex, ein bekannter Ganzkörperreflex der Schreckreflex.

Die Stützmotorik zur Aufrechterhaltung des Gleichgewichts und der normalen Körperstellung ist weitgehend eine Leistung der motorischen Zentren des Hirnstamms. Diese können auch Laufbewegungen generieren, und sie tragen zur Abstimmung der Stütz- mit der Zielmotorik bei. Das bipedale Stehen und Gehen des Menschen erfordert eine besonders feine Abstimmung von Stand, Haltung und Bewegung mit Hilfe von posturalen und antizipatorischen posturalen Synergien. Die Bewegungsprogramme für das rhythmische Schreiten, Laufen und Rennen sind bereits auf spinaler Ebene angelegt und durch absteigende Einflüße anzustoßen und modifizierbar.

Im Rahmen der zielmotorischen Arbeitsteilung zwischen Basalganglien, Kleinhirn und Motorkortex setzen die Basalganglien den Bewegungsplan aus dem assoziativen Kortex in ein Bewegungsprogramm, also in ein zeitlich und räumlich organisiertes Impulsmuster um, und sie beteiligen sich an der Kontrolle der gerade ablaufenden Bewegungen. Dabei regeln sie über Rückkopplungsschleifen durch den Thalamus die Erregungsschwellen lokaler kortikaler Zellensembles. Läsionen in den Basalganglien führen zu verschiedenen Formen von Bewegungsstörungen, von denen das Parkinson-Syndrom mit den Hauptsymptomen Akinese, Rigor und Ruhetremor am bekanntesten ist.

Das Kleinhirn dient in erster Linie dazu, die Tätigkeit der anderen motorischen Zentren zu unterstützen und zu koordinieren. Dabei beteiligt sich der Vermis besonders an der Stützmotorik, die Pars intermedia koordiniert diese mit der Zielmotorik und die Hemisphären sind für schnelle (gelernte, ballistische) Bewegungen verantwortlich. Erkrankungen des Kleinhirns führen zu motorischen Störungen, bei denen je nach Ort und Ausmaß der Läsionen als Hauptsymptome Asynergie (mit Dysmetrie, Ataxie und Dysdiadochokinese), Intentionstremor und Hypotonus beobachtet werden. Auch einfaches motorisches Lernen, wie die klassische Konditionierung des Lidschlagreflexes, ist gestört oder verloren.

Diejenigen motorischen Kortexareale, in denen die Körperperipherie multipel in somatotopischer Ordnung repräsentiert ist, sind v. a. für die Ausführung feinmotorischer Bewegungen zuständig. Darüberhinaus nimmt der prämotorische Kortex auch an der Planung und dem Entwurf von Bewegungen teil. Dies läßt sich an den Bereitschafts- und Erwartungspotentialen ablesen, die mehr als eine halbe Sekunde vor Beginn der Bewegung bereits ableitbar sind. Der efferente Ausstrom aus den motorischen Kortexarealen erfolgt teils über das kortikomotoneuronale System (Pyramidenbahn), teils über extrapyramidale Bahnsysteme. Ein Schlaganfall (Apoplex, Hirnschlag) unterbricht beide. Dies führt kontralateral zu einer zunächst schlaffen und später spastischen Hemiplegie.

Die menschliche Hand dient mit ihrer dichten sensorischen und motorischen Innervation als Greif- und Tastorgan zugleich. Grundformen des Greifakts sind der Kraftgriff und der Präzisionsgriff, wobei in beiden Fällen die Einstellung der Greifkraft teils proaktiv, teils reflektorisch erfolgt. Die Handgeschicklichkeit ist eng an das kortikomotoneuronale System gebunden, in dessen Neuronen das Bewegungsprogramm entworfen und über die Pyramidenbahn teils monosynaptisch an die Arm- und Handmotoneurone übermittelt wird.

Nach Läsionen im motorischen System können neben konventionellen physiotherapeutischen Verfahren auch neuropsychologische Verfahren (z. B. Biofeedback zur muskulären Entspannung oder zum Wiedererlernen von Harnblasen- und Mastdarmkontinenz) mit Erfolg eingesetzt werden.

Literatur

Weiterführende Lehr- und Handbücher

1. Bagshaw CR (1992) Muscle contraction. 2nd edn. Chapman & Hall, London
2. Birbaumer N, Öhman A (eds) (1993) The structure of emotion. Hogrefe & Huber, Seattle
3. Brooks VB (ed) (1981) Motor Control. Handbook of Physiology, sect 1: the nervous system, vol 2, parts 1 and 2: motor control. American Physiological Society, Bethesda
4. Creutzfeldt OD (1983) Cortex cerebri. Leistung, strukturelle und funktionelle Organisation der Hirnrinde. Springer, Berlin Heidelberg New York Tokyo
5. Creutzfeldt OD, Schmidt RF, Willis WD (eds) (1984) Sensory-motor integration in the nervous system (Experimental Brain Research Suppl 9). Springer, Berlin Heidelberg New York Tokyo
6. Desmedt JE (ed) (1983) Motor control mechanisms in health and disease (Advances in neurology, vol 39). Raven, New York
7. Eccles JC (1969) The inhibitory pathways of the central nervous system. The Sherrington Lectures IX.: Ch.C. Thomas, Springfield/III
8. Eccles JC, Ito M, Szebtágothai J (1982) The cerebellum as a neuronal machine. Springer, Berlin Heidelberg New York
9. Hope W, Lohmann W, Markl H, Ziegler H (Hrsg) (1982) Biophysik, 2. Aufl. Springer, Berlin Heidelberg New York
10. Ito M (1984) The cerebellum and neural control. Raven, New York
11. Kandel ER, Schwartz JM, Jessell TM (eds) (2000) Principles of neural science. 4th edn. McGraw Hill, Amsterdam

12. Miltner W, Birbaumer N, Gerber D (1986) Verhaltensmedizin. Springer, Berlin Heidelberg New York Tokyo
13. Passingham R (1993) The frontal lobes and voluntary action. Oxford University Press, Oxford
14. Peachey LD, Adrian RH, Geiger SR (eds) 1983) Handbook of Physiology, Section 10: Skeletal Muscle. American Physiological Society, Bethesda
15. Penfield W, Rasmussen T (1950) The cerebral cortex of man. Macmillan, New York
16. Poeck K (2001) Neurologie. 11. Aufl. Springer, Berlin Heidelberg New York Tokyo
17. Rüdel R, Jerusalem F (1991) Skelettmuskel. In: Pathophysiologie des Menschen. Hierholzer K, Schmidt RF (Hrsg). VCH Verlag, Weinheim
18. Rüegg JC (1992) Calcium in muscle contraction. 2nd edn. Springer, Berlin Heidelberg New York Tokyo
19. Schmidt RF (2001) Physiologie kompakt. 4. Aufl. Springer, Berlin Heidelberg New York Tokyo
20. Schmidt RF (Hrsg), Schaible H-G (2001) Neuro- und Sinnesphysiologie. 4. Aufl. Springer, Berlin Heidelberg New York London Paris Tokyo Hong Kong Barcelona Budapest
21. Schmidt RF, Thews G (Hrsg) (1987) Physiologie des Menschen. 23. Aufl. Springer, Berlin Heidelberg New York Tokyo
22. Schmidt RF, Thews G, Lang F (Hrsg) (2000) Physiologie des Menschen. 28. Aufl. Springer, Berlin Heidelberg New York Tokyo
23. Sherrington CS (1906) The integrative action of the nervous system. 2. Aufl. 1947. Nachdruck 1961, Yale University Press, New Haven
24. Sugi H (ed) (1992) Muscle contraction and cell motility. (Advances in comparative and environmental physiology 12). Springer, Berlin Heidelberg New York Tokyo
25. Towe AL, Luschei ES (eds) (1981) Motor coordination. Handbook of behavioral neurobiology, Vol. V. Motor coordination. Plenum Press, New York

Einzel- und Übersichtsarbeiten

26. Alexander GE, Delong MR, Strick PL (1986) Parallel organization of functionally segregated circuits linking basal ganglia and cortex. Annu Rev Neurosci 9:357
27. Allen DG, Westerblad H, Lee JA, Lännergren J (1992) Role of excitation contraction coupling in muscle fatigue. Sports Medicine 13:116–126
28. Boyd JA (1985) Muscle spindles and stretch reflexes. In: Swash M, Kennard C (eds) Scientific basis of clinical neurology, pp. 74–97. Churchill Livingstone, London
29. Daum I, Schugens M, Ackermann M, Lutzenberger W, Dichgans J, Birbaumer N (1993) Classical conditioning after cerebellar lesions in humans. Beh Neurosc 107;748–756
30. Holmes G (1939) The cerebellum of man. Brain 62:1–30, 1939
31. Huxley HE (1969) The mechanism of muscular contraction. Science 164:1356
32. Irving M, Lombardi V, Piazzesi G, Ferenczi MA (1992) Myosin head movements are synchronous with the elementary force generating process in muscle. Nature (London) 357:156–158
33. Knopp HD, Taub E, Berman J (1963) Movements of monkeys with deafferented forelimbs. Exp. Neurology 7:305–315
34. Pfitzer G, Rüegg JC Smooth muscle activation. In: [24]
35. Rayment I, Holden HM, Whittaker M, Yohn CB, Lorenz M, Holmes KC, Milligan RA (1993) Structure of actin-myosin complex and its implications for muscle contraction. Science, 261:58–65
36. Reedy MK (1993) Myosin-actin motors. The partnership goes atomic. Structure 1:1–15
37. Rüegg JC (1971) Smooth muscle tone. Physiol Rev 51:201
38. Seitz RJ, Roland P, Bohm C, Greitz T, Stone-Elander S (1991) Somatosensory discrimination of shape: Tactile exploration and cerebral activation. Europ J Neuroscience 3:481–492
39. Whitehead WE, Schuster MM (1983) Manometric and electromyographic techniques for assessment of the anorectal mechanism for continence and defecation. In: Hölzl R, Whitehead WE (eds): Psychophysiology of the gastrointestinal tract. Experimental and clinical applications. Plenum, New York
40. Wiesendanger M (1981) The pyramidal tract: its structure and function. In [25]
41. Wiesendanger M (1981) Organization of secondary motor areas of cerebral cortex. In [3]
42. Wiesendanger M (1986) Recent developments in studies of the supplementary motor area of primates. Rev Physiol Biochem Pharmacol 103:1
43. Wiesendanger M, Miles W (1982) Ascending pathway of low-threshold muscle afferents to the cerebral cortex and its possible role in motor control. Physiol Rev 62:1234–1270
44. Wise SP (1985) The primate premotor cortex: past, present, and preparatory. Ann Rev Neurosci 8:1
45. Woolsey CN, Settlage PH, Meyer DR, Sencer W, Pinto-Hamuy T, Travis HM (1950) Patterns of localization in precentral and supplementary motor areas and their relation to the concept of a premotor area. Proc Assoc Res Nerv Ment Dis 30

14 Arbeit, Sport, Rehabilitation, Alter, Umwelt

EINLEITUNG

In diesem kurzen Kapitel sollen überwiegend einige arbeits- und sportphysiologische Aspekte behandelt werden, die für die Biologische Psychologie von Bedeutung sind. Die Grundlagen dazu sind in anderen Kapiteln dargestellt worden und brauchen hier nicht mehr aufgegriffen zu werden (z. B. Energieumsatz in der Zelle und im Organismus, Anpassung von Herz, Kreislauf und Atmung an wechselnde Belastungen, Anpassung des Organismus an verschiedene Umgebungstemperaturen, Abstufung der Muskelkraft bei Arbeit). Daneben wird ein Blick auf die Vorstellungen geworfen, die heute für das Altern des Organismus diskutiert werden, wobei die gegenwärtig favorisierten Theorien des Alterns, nämlich die molekulare Gentheorie und die Theorie der freien Radikale im Vordergrund stehen werden. Die Grundlagen der körperlichen und der neuropsychologischen Rehabilitation sind ein weiteres Anliegen dieses Kapitels.

14.1 Arbeit und Leistung

Unter Belastung versteht man eine an den Menschen herangetragene Anforderung, deren Art und Ausmaß von außen vorgegeben ist; reagiert der Mensch auf Belastung, so erbringt er eine Leistung

Man unterscheidet zwischen *physischen* und *psychischen Belastungen.* Erstere lassen sich meist mit physikalischen Maßeinheiten erfassen, letztere werden mit psychologischen und psychophysischen Methoden quantitativ beschrieben. Leistung ist das Ergebnis einer Aktivität zur Erfüllung einer Anforderung selbst- oder fremdbestimmter Art. Entsprechend den Belastungsarten unterscheidet man zwischen *physischen (körperlichen)* und *psychischen Leistungen* [1, 2].

Bei den ***physischen*** Leistungen muß aus physiologischen Gründen (s. u.) zwischen ***dynamischer*** und ***statischer Arbeit*** unterschieden werden. Erstere entspricht der *Arbeitsdefinition im physikalischen Sinne* (Arbeit = Kraft x Weg), d. h. die Leistung läßt sich dabei in physikalischen Einheiten (z. B. in Watt) angeben. Unter statischer Arbeit verstehen wir Haltungs- und Haltearbeit, für die *isometrische* Muskelkontraktionen benötigt werden. Da dabei kein Weg zurückgelegt wird, handelt es sich im physikalischen Sinne nicht um Arbeit. Der Organismus wird aber beansprucht. Seine Leistung kann man unter diesen Umständen als das *Produkt aus Kraft mal Zeit* erfassen.

Bei den ***psychischen*** Leistungen können *kognitive* oder *emotionale* Aspekte im Vordergrund stehen. Im Berufsleben sind überwiegend *kognitive Leistungen* gefordert, z. B. bei Überwachungstätigkeiten, wie bei der Signalwahrnehmung und -verarbeitung beim Führen von Fahrzeugen oder auf Prüfständen. Heute erfordern viele berufliche Tätigkeiten keine rein kognitiven oder physischen Leistungen, sondern gemischte, z. B. *sensomotorische Leistungen* (feine Montagearbeiten, chirurgische Eingriffe etc.). Hier ist also die scharfe Trennung zwischen physischen und psychischen Leistungen nicht auf Anhieb möglich.

Die quantitative Erfassung physikalischer Leistungen nennt man Ergometrie

Bei der Ergometrie werden definierte Belastungen vorgegeben und die erbrachte Leistung gemessen. Als Beispiel ist in Abb. 14-1 die Leistungsbestimmung bei dynamischer Arbeit an einem ***Laufbandergometer*** gezeigt. Mit der Leistung läßt sich auch bestimmen, welche *Belastungsreaktionen* der Organismus für eine gegebene Leistung zeigt (z. B. Steigerung von Herzfrequenz, Blutdruck, Atmung, s. u.) [13].

Je nach Willenseinsatz lassen sich vier Leistungsbereiche abgrenzen; die Leistungsfähigkeit zeigt tagesrhythmische Schwankungen

In Abhängigkeit von dem für das Erbringen einer Leistung notwendigen *Willenseinsatz* werden in der Arbeitsphysiologie vier Leistungsbereiche unterschieden (oben in Abb. 14-2): *automatisierte Leistungen* erfordern lediglich bei Start und Stop den Einsatz des Willens, *physiologische Leistungsbereitschaft* bezeichnet

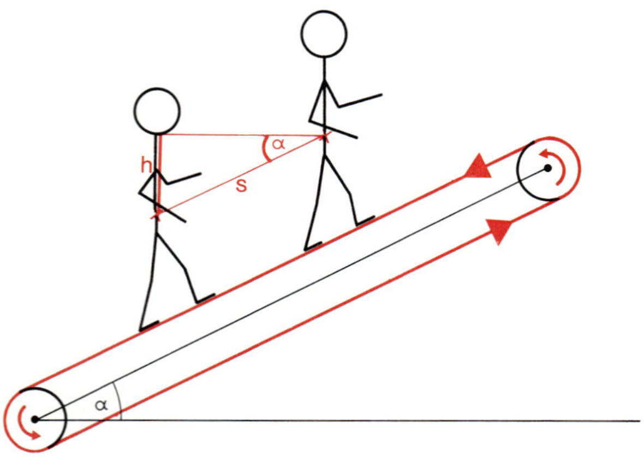

Abb. 14–1. Leistungsbestimmung bei dynamischer Arbeit an einem Laufbandergometer. Durch das laufende Band wird der Körperschwerpunkt entlang des Weges *s* in der Zeit *t* um den Betrag *h* $(= s \cdot \sin \alpha)$ gesenkt. Will ein Läufer die gleiche Höhe *h* halten, muß er sich so schnell auf der Stelle fortbewegen, daß sein Gewicht *F* um den Betrag *h* gehoben wird. Für die Leistung gilt dann: $P = F \cdot s : \sin \alpha \cdot t^{-1}$. Aus H.-V. Ulmer in [17]

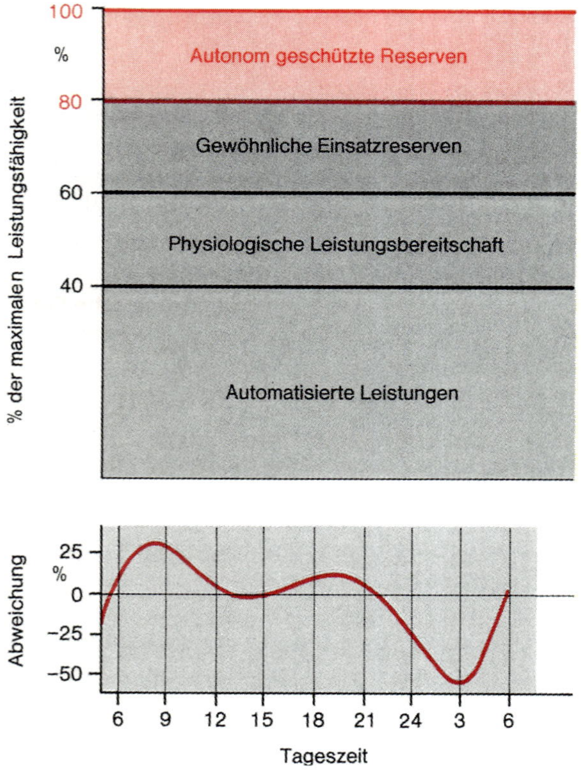

Abb. 14–2. Leistungsbereiche des Menschen nach dem für das Erbringen einer Leistung notwendigen Willenseinsatz und die tagesrhythmischen Schwankungen der Leistungsbereitschaft. *Oben:* Schema der 4 Leistungsbereiche nach GRAF, Definition im Text. *Unten:* Tagesperiodik der Vigilanz bei einer Gruppe von Männern. Nach [30]

Leistungen mit ständigem Willenseinsatz, aber ohne Anstrengung und Ermüdung, *gewöhnliche Einsatzreserven* müssen mit stärkerem Willen eingesetzt werden und führen zur Ermüdung, *autonom geschützte Reserven* sind normalerweise auch mit starkem Willenseinsatz nicht zugänglich und stehen dem Organismus nur im Notfall (s. S. 286) zur Verfügung [30].

Körperliche und geistige Leistungfähigkeit zeigen ***tagesrhythmische Schwankungen*** (s. Kap. 23), deren Zeitgang trotz deutlicher *interindividueller Unterschiede* in typischer Weise abläuft. Abb. 14–2 zeigt *unten* beispielhaft die Mittelwertkurve für die *Tagesperiodik der Vigilanz* bei einer Gruppe von Männern. Dieser Kurvenverlauf, mit einem Maximum vormittags gegen 9 Uhr und einem zweiten, schwächeren, am späten Nachmittag, läßt sich bei verschiedensten Arbeitsformen nachweisen. Die tagesrhythmischen Schwankungen der Leistungsfähigkeit sind besonders bei ***Schichtarbeit*** wichtig (s. S. 549).

Bei dynamischer Arbeit ist die Herzfrequenz ein zuverlässiges Maß der jeweiligen Beanspruchung; parallel mit ihr ändert sich das Herzzeitvolumen und die Sauerstoffaufnahme

Physische und psychische Arbeit lösen im Körper eine Reihe von Anpassungsreaktionen aus, v. a. in der Skelettmuskulatur, im Herz-Kreislauf-System und bei der Atmung. Das Ausmaß dieser Anpassungsreaktionen ist ein *direktes Maß für die Beanspruchung* des entsprechenden Teilsystems (Herz) und der damit verbundenen Systeme (z. B. Skelettmuskulatur). Viele dieser Anpassungsreaktionen werden bei der Besprechung der jeweiligen Organsysteme diskutiert. Hier sei daher lediglich auf einige übergeordnete Gesichtspunkte eingegangen.

Bei dynamischer physischer Arbeit, z. B. auf einem Laufbandergometer (Abb. 14–1) oder einem Fahrradergometer (Abb. 14–5), nimmt die *Herzfrequenz* in Abhängigkeit von der geforderten Leistung stetig zu, so daß diese unter diesen Bedingungen in der Regel ein *zuverlässiges Maß für die Beanspruchung* des Herz-Kreislauf-Systems ist (Abb. 14–3 bis 14–5). Während leichter, konstanter Leistung steigt die Herzfrequenz in kurzer Zeit auf ein Plateau an, das für die Gesamtdauer der körperlichen Arbeit beibehalten wird („Steady state" in Abb. 14–3, *nicht ermüdende Arbeit*). Je größer die Beanspruchung, desto höher das Plateau. Wird kein Plateau erreicht, so ist dies ein Zeichen dafür, daß die geforderte Leistung den Organismus überfordert (*„Ermüdungsanstieg"* in Abb. 14–3).

Nach der körperlichen Arbeit kehrt die Herzfrequenz um so langsamer zum Ruhewert zurück, je anstrengender die Arbeit war. Die Anzahl der Pulsschläge, die in dieser *Erholungszeit* über dem Ruhewert liegen, ist ein Maß für die vorangegangene Beanspruchung. Sie wird als ***Erholungspulssumme*** bezeichnet (Abb. 14–3).

Die Gründe für die enge Korrelation der Herzfrequenz mit der Arbeitsleistung sind in Abb. 14–4 skizziert. Die Steigerung des Stoffwechsels während dynamischer körperlicher Arbeit erfordert eine erhöhte

Sauerstoffaufnahme. Diese kann nur über ein erhöhtes Herzminutenvolumen erbracht werden (s. S. 177), für das wiederum eine Steigerung der Herzfrequenz unabdingbar ist. Das Schlagvolumen des Herzens steigt nämlich nur zu Beginn einer Arbeit um lediglich 20–30 % an und bleibt dann weitgehend konstant. *Wegen der weitgehenden Konstanz des Schlagvolumens steigen also bei körperlicher Arbeit Herzfrequenz, Herzzeitvolumen und Sauerstoffaufnahme praktisch parallel zueinander und zur geleisteten Arbeit an.*

Statische Arbeit ist anstrengender als dynamische Arbeit

Statische Arbeit, also *Haltungsarbeit* für die Körperhaltung und *Haltearbeit* beim Halten von Gegenständen ist deutlich anstrengender als dynamische Arbeit, da der rhythmische Wechsel der Muskulatur zwischen Arbeit und Entspannung entfällt (dadurch fehlen dem Muskel „Arbeitspausen"). Insbesondere der Blutdruck steigt unter diesen Bedingungen deutlich stärker an als bei dynamischer Arbeit (Abb. 14–5). Auffallend ist in Abb. 14–5 auch das Ansteigen der Milchsäurekonzentration im Blut, die bei vergleichbarer dynamischer Arbeit nicht zu beobachten ist. Sie rührt daher, daß im isometrisch kontrahierten Skelettmuskel die Durchblutung durch den konstant hohen Muskeltonus (der die Blutgefäße zusammendrückt) behindert ist und dadurch ein vermehrt *anaerober Stoffwechsel* abläuft, dessen Endprodukt die Milchsäure ist (s. S. 251). Die Konzentration an Milchsäure im Blut korreliert hoch mit der lokalen Ermüdung des Muskels [4]. – Über den Zusammenhang zwischen Muskelanspannung und Schmerzentwicklung berichten wir in Kap. 16.

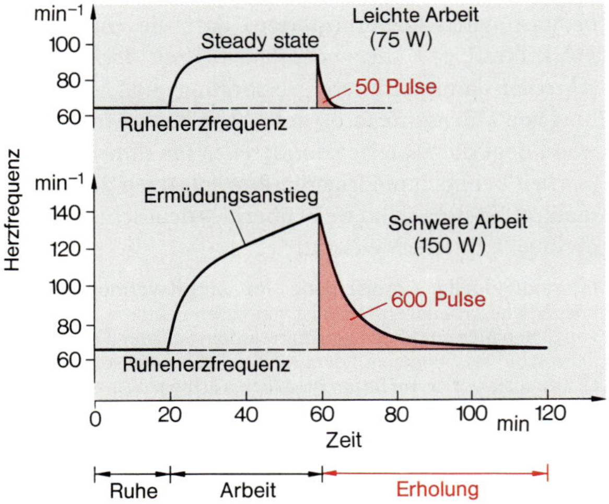

Abb. 14–3. Körperreaktionen des Menschen auf dynamische Arbeit am Beispiel der Herzfrequenz. *Oben:* Verhalten der Herzfrequenz bei Probanden durchschnittlicher Leistungsfähigkeit während leichter dynamischer Arbeit (75 W) mit konstanter Leistung. *Unten:* Verhalten der Herzfrequenz bei 150 W (schwere Arbeit). Die Erholungspulssummen sind *rot* eingetragen. Nach [33] aus H.-V. Ulmer in [17]

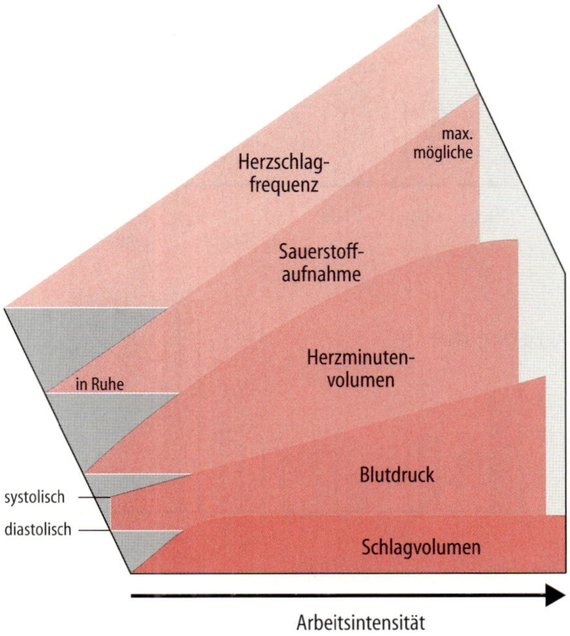

Abb. 14–4. Verhalten des Herz-Kreislauf-Systems bei dynamischer körperlicher Arbeit zunehmender Intensität in vereinfachter, schematisierter Darstellung. Die Herzfrequenz, das Herzminutenvolumen und der systolische Blutdruck steigen mit der Zunahme der Sauerstoffaufnahme im Gleichschritt an. Das Schlagvolumen des Herzens erreicht sein Maximum (Zunahme um 20–30 % des Ruhewertes) bereits sehr früh. Der diastolische Blutdruck nimmt nur wenig oder nicht zu. Das maximal mögliche Herzminutenvolumen (abhängig u. a. vom Trainingszustand) begrenzt die maximal mögliche Sauerstoffaufnahme

Die Körperreaktionen auf psychische Belastungen zeigen Situationsstereotypien

Der erhöhte Sauerstoffverbrauch bei bestimmten *kognitiven Leistungen* ist in erster Linie durch einen erhöhten Muskeltonus bedingt (Abb. 14–6). Damit im Zusammenhang stehen auch die übrigen Reaktionen, die denen bei physischen Leistungen ähneln können: Anstieg von Herzfrequenz und Atemzeitvolumen, Zunahme der Durchblutung und Abnahme des elektrischen Widerstandes der Haut sowie eine vermehrte Adrenalinausschüttung. Hier wie bei den häufig geforderten *psychophysischen Leistungen* lassen jedoch die physiologischen Meßgrößen *keineswegs* ebenso zuverlässige Rückschlüsse zu wie bei ausschließlich dynamischer oder statischer Arbeit.

Aber auch kognitive Leistungen können mit differenzierbaren und heterogenen Mustern psychophysischer Erregung einhergehen. Beispielsweise führen *nach außen* auf die Umwelt gerichtete Aufgaben (z. B. die Analyse eines Musikstückes oder komplexer visueller Reize) zum Absinken kardiovaskulärer Maße (Herzrate, Blutdruck), während *nach innen* gerichtetes Problemlösen mit Abwehr äußerer Reize (z. B. konzentriertes Lösen einer Rechenaufgabe wie in Abb. 14–6) mit einem Anstieg kardialer Erregung einhergeht. Wir nennen dieses Phänomen ***Situationsstereotypie,*** d. h. daß das Muster physiologischer Erregung von der psy-

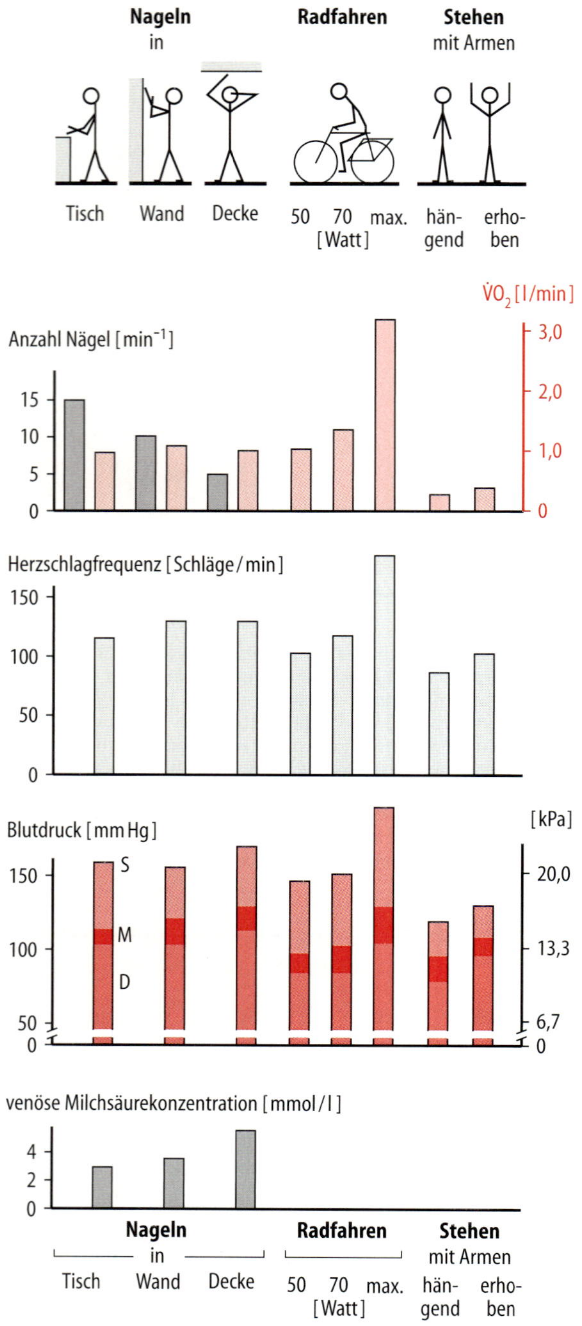

Abb. 14–5. Körperreaktionen auf statische Arbeit. Gezeigt sind verschiedene Parameter während des Nagelns in verschiedener Körperhaltung, während des Fahrradfahrens und im Stehen mit seitlich hängenden Armen sowie mit über den Kopf erhobenen Armen. Beim Übergang vom Nageln auf dem Tisch zum Nageln in die Decke sinkt die Leistung von 15 auf 5 Nägel/min, und zwar trotz konstanten Sauerstoffverbrauchs von etwa 1 l/min. Der Wirkungsgrad nimmt also deutlich ab. Dynamische Arbeit von 50 W (Fahrradfahren) verbraucht ebenfalls 1 l Sauerstoff/min. Im Vergleich zum Nageln in die Decke steigt dabei aber die Herzfrequenz weniger stark an (100 gegen 130 Schläge/min) und der systolische (S) und insbesondere der mittlere Blutdruck (M) bleiben niedriger (100 gegen 130 mmHg). Der diastolische Blutdruck (D) steigt bei der Haltearbeit auf 110 mm Hg (die Blutdruckwerte sind rechts auch in kPa angegeben). Weitere Diskussion im Text. VO_2, Sauerstoffverbrauch in 1/min. Aus [1]

chologischen Natur der vorhandenen Situation abhängig ist (bezüglich der Körperreaktionen bei *emotionalen Belastungen* s. Kap. 26 und ab S. 94, bezüglich der kognitiven Belastungen s. Kap. 22).

14.2 Leistungsgrenzen, Ermüdung und Erschöpfung

Die Dauerleistungsgrenze für ermüdungsfreie dynamische Arbeit liegt bei 40 % der maximalen Sauerstoffaufnahmekapazität; bei statischer Arbeit liegt sie bei 5–15 % der Maximalkraft

Dynamische Arbeit. Bei körperlicher Arbeit ist es wichtig, wie intensiv eine kontinuierliche *dynamische Arbeit* sein kann, ohne daß sie über längere Zeiträume Ermüdung auslöst. Diese Grenze läßt sich für jedes Individuum im Laboratorium, z. B. auf dem Fahrradergometer, ziemlich genau bei *40 % der maximalen Sauerstoffaufnahmekapazität* ermitteln. Dieser Wert wird auch in der alltäglichen Berufspraxis, z. B. bei Akkordarbeitern, weitgehend eingehalten [1, 2, 10]. Er kann daher als ***Dauerleistungsgrenze*** angesehen werden. Arbeit unterhalb dieser Grenze kann durch die enge Verknüpfung zwischen Sauerstoffaufnahme und Herzfrequenz (Abb. 14–4) auch so charakterisiert werden [33]: *Konstante Pulsfrequenz* ohne Ermüdungsanstieg (z. B. unterhalb 130/min bei untrainierten 20- bis 30jährigen, unterhalb 100–105 bei 65jährigen), *Erholungspulssumme* unter 100 Pulsschlägen sowie *Erholungszeit* unter 5 min (vgl. Abb. 14–3).

Statische Arbeit. Bei einer *statischen Arbeit (Haltearbeit,* isometrische Kontraktion) darf die eingesetzte Muskelkraft *15 % der maximalen Kraft nicht überschreiten,* damit die Energieversorgung ohne Ansammlung von Milchsäure (s. o.) geschehen kann. Möglicherweise liegt die *Dauerleistungsgrenze für statische Haltearbeit* bei noch niedrigeren Prozentsätzen der Maximalkraft (5–10 %) und weist überdies deutliche interindividuelle Unterschiede auf.

Interindividuelle Unterschiede im Arbeitsvermögen. Das körperliche Arbeitsvermögen ist von vielen Faktoren abhängig, von denen hier nur einige genannt werden. So sinkt das körperliche Arbeitsvermögen mit dem Alter, z. B. um 30 % vom 25. zum 65. Lebensjahr. Die ***Variation im Arbeitsvermögen*** ist groß. Zwei Standardabweichungen für eine relativ homogene Gruppe im Hinblick auf Trainingszustand, Alter und Geschlecht können etwa ±30 % vom Mittelwert ausmachen. Dies gilt sowohl für Männer und Frauen als auch für verschiedene Altersgruppen. In diesem Zusammenhang ist zu beachten, daß die ***mittlere Herzschlagfrequenz*** mit dem Alter sinkt (s. o.). Damit sinkt auch das maximale Sauerstoffaufnahmevermögen. Dies ist der Hauptgrund für das eben erwähnte Abnehmen des körperlichen Leistungsvermögens mit dem Alter. Falls von der Aufgabe her möglich, bietet eine ***individuelle Wahl des Arbeitstaktes*** und der ***Arbeitsintensität*** die besten Voraussetzungen für eine optimale Arbeitsweise und die Vermeidung von Ermüdung [1, 2, 10].

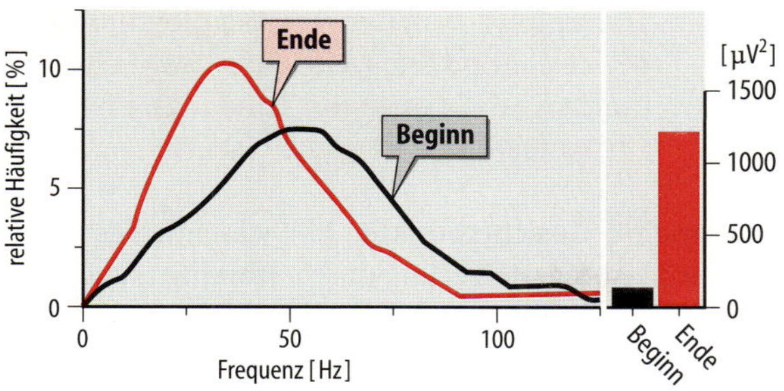

Abb. 14-6. Elektromyographische Kennzeichen der Ermüdung mittels Leistungsspektralanalyse (relative spektrale EMG-Leistung im Bereich der auf der Abszisse abgetragenen Frequenzen). Die elektrische Muskelaktivität wurde mit Hilfe des Oberflächen-EMG zu Beginn und am Ende einer bis zur Erschöpfung durchgeführten, gleichmäßigen Dauerkontraktion aufgezeichnet. Die Leistung im Frequenzspektrum (links) verschiebt sich zu niedrigeren Frequenzen, die spektrale Gesamtleistung (μV^2, rechts) nimmt um etwa das 5fache zu. Nach [33]

Ermüdung ist eine durch Arbeit ausgelöste Abnahme der Leistungsfähigkeit; physische Ermüdung geht mit einem Anstieg der Milchsäurekonzentration im Blut einher; psychische Ermüdung ist zentralnervös bedingt; bei Verbrauch aller Energiereserven tritt Erschöpfung auf

Physische Ermüdung *(muskuläre Ermüdung)*. Ermüdungsgefühle sind verknüpft mit einer motorischen Hemmung, die weitere Tätigkeit verhindert oder erschwert. Bei *körperlicher Arbeit* oberhalb der Dauerleistungsgrenze (s. o.) tritt Ermüdung in enger Korrelation mit der Zunahme der (aus dem anaeroben Stoffwechsel des Skelettmuskels stammenden) *Milchsäurekonzentration im Blut* auf. Milchsäure kann also als ein *Ermüdungsstoff* angesehen werden. Für den Abbau der Milchsäure sind ***Erholungspausen*** notwendig. Da die Restitution zu Beginn der Erholung besonders rasch verläuft, wie z. B. das Verhalten der Herzfrequenz zeigt (Abb. 14-3), sind *viele kurze Pausen besser* als wenige lange [10, 19, 33].

Erschöpfung tritt ein, wenn bei Arbeit oder Sport *oberhalb der Dauerleistungsgrenze* die Energiereserven des Körpers verbraucht sind. Erschöpfung führt zwangsläufig zum Arbeitsabbruch. Die Dauer der nach erschöpfenden Leistungen benötigten *Erholungszeit* hängt vom Grad der Erschöpfung ab. Im Extremfall kann es zu langanhaltenden oder lebensbedrohlichen Zusammenbrüchen von Regulationssystemen kommen (z. B. Versagen der Nebennierenrindenfunktion). Der gelegentlich beobachtete ***Erschöpfungstod*** (Paradebeispiel: Tod des legendären Läufers von Marathon, der die Botschaft des Sieges über die Perser nach Athen brachte) ist vermutlich durch Kammerflimmern bedingt (s. Kap. 10).

Psychische Ermüdung *(zentrale Ermüdung)*. Anstrengende geistige (und monotone) Arbeit führt überwiegend zu *zentraler Ermüdung*. Zu ihren typischen Symptomen zählen verlangsamte Informationsübermittlung, Zunahme von Fehlern, sowie Beeinträchtigungen der Sinnes- und der sensomotorischen Leistungen. Die Gründe für zentralnervöse Ermüdung sind nicht ausreichend bekannt, sie hängen vermutlich mit dem Ausmaß an metabolisierter Glukose in einem bestimmten Zeitabschnitt zusammen (Kap. 21 und 22). Zu den Ursachen psychischer Ermüdung zählen z. B. lang dauernde Arbeit mit hohen Anforderungen an die Konzentration, die geistige Regsamkeit oder die Geschicklichkeit, schwere körperliche Arbeit, gleichförmige Arbeiten unter monotonen Bedingungen, Lärm, schlechte Beleuchtung und thermische Belastungen, ferner Konflikte und Sorgen sowie Krankheiten, Schmerzen und Fehlernährung.

Anders als die körperliche Ermüdung kann die psychische Ermüdung manchmal *schlagartig aufgehoben* werden, z. B. wenn die ermüdende Tätigkeit durch eine andere ersetzt, das Interesse durch neue Information wieder geweckt, oder der Organismus durch eine drohende Gefahr in einen Alarmzustand versetzt wird. – Bezüglich der tageszeitlichen Ermüdung und Schlaf s. Kap. 23.

14.3 Sportphysiologie

Die Anwendung medizinischer und psychologischer Kenntnisse für den Sport soll in der Regel sowohl der Leistungssteigerung wie der Rehabilitation bei Verletzung dienen. In den letzten Jahren sind Sportphysiologie und -psychologie aber auch zunehmend für eine optimale Gestaltung des Breitensports wichtig geworden. Als ersten professionellen Sportmediziner könnte man vielleicht Galen (129–200 n. Chr.) ansehen, der zur Zeit Marc Aurels die römischen Gladiatoren ärztlich betreute. Sein Arbeitsschwerpunkt lag damals allerdings weitgehend auf traumatologischem Gebiet, während heute der Schwerpunkt der sportmedizinischen, einschließlich der sportpsychologischen Tätigkeit überwiegend auf dem Gebiet der Leistungssteigerung liegt. Auch dies ist nicht so neu, denn schon bei den antiken Olympischen Spielen scheint es Bemühungen gegeben zu haben, über Ernährung, Massage und die Anwendung stimulierender Substanzen (Doping!) zu Höchstleistungen zu kommen [8, 14, 19].

Zum Erzielen sportlicher Höchstleistungen sind viele physische und psychische Voraussetzungen zu erfüllen; die aerobe Kapazität des Stoffwechsels begrenzt die individuelle Dauerleistungsfähigkeit; je nach Aufgabe sind Frauen gegenüber Männern teils im Vorteil, teils im Nachteil

Leistungsbestimmende Faktoren. Die ständige Verbesserung der Höchstleistungen („Rekorde") im modernen Sport wirft die Frage auf, wo die Leistungsgrenzen des Menschen liegen, und zwar sowohl die durch restlose Ausschöpfung des physischen und psychischen Kräftepotentials erzielbare absolute *Leistungsgrenze* als auch die noch vertretbare *individuelle biologische Grenze* der optimalen Leistung. Die ***absolute Leistungsgrenze des Menschen*** läßt sich nicht bestimmen, denn weder die Biologie noch die Psychologie können die zahlreichen Variationsmöglichkeiten der menschlichen Entwicklungs- und Anpassungsfähigkeit einigermaßen sicher erfassen.

Die ***individuelle Leistungsfähigkeit*** ist in gleicher Weise durch physische und psychische Faktoren bestimmt. Zum Teil sind diese erbbedingt, zum Teil exogener Art und bis zu einem gewissen Grad aktiv zu beeinflussen. Das subjektive Leistungsvermögen ist nur dann richtig zu erfassen, wenn außer den *physiologischen* noch *psychologische* Testmethoden angewendet werden, die die voraussichtliche psychische Verfassung des Sportlers zu einem bestimmten Zeitpunkt erkennen lassen. Erfolg und Versagen liegen im Hochleistungssport eng beieinander, denn es müssen zum Erfolg alle psychischen und physischen Faktoren *nahe ihrem Optimum* rangieren, und dies wird nicht häufig der Fall sein.

Grenzen der Leistungssteigerung. Die Leistungsfähigkeit und Trainierbarkeit der einzelnen Organe und Organsysteme ist recht unterschiedlich. Das gesunde *Herz* hat praktisch unbegrenzte Leistungsreserven, die verhindern, daß es durch Muskelarbeit überfordert wird. Auch die *Skelettmuskulatur* läßt sich in erheblichem Umfang trainieren. Dagegen ist der *passive Bewegungsapparat* (Knochen, Gelenke, Sehnen, Bänder) nur beschränkt trainierbar. Aus diesem Mißverhältnis resultieren zahlreiche Reizzustände, Verletzungen und chronische Schäden. Dieser „Schwachstelle" des Organismus ist es zuzuschreiben, daß es heute praktisch keinen schmerz- und verletzungsfreien Spitzensportler gibt. Die *energetischen Möglichkeiten des Stoffwechsels* sind durch die maximal mögliche *Sauerstoffaufnahme* („aerobe Kapazität") begrenzt, die bei etwa 7 l pro Minute liegt. Höherer Energieverbrauch führt zu Milchsäurebildung und damit zu Ermüdung und Erschöpfung (s. o.) [4]. Grenzen der Leistungssteigerung setzt auch das Alter, nicht zuletzt durch abnehmende *Kreislaufleistung,* die wiederum die *Sauerstoffaufnahme* bestimmt. Schließlich sei daran erinnert, daß die *psychischen Eigenschaften* des Sportlers ein entscheidender, leistungsbegrenzender Faktorenkomplex sind.

Leistungssport von Frauen. Die Trainierbarkeit und Belastbarkeit des weiblichen Körpers unterscheidet sich von der des männlichen. Hier sei nur beispielhaft erwähnt, daß der durchschnittliche weibliche Organismus ***kleiner und leichter*** als der männliche ist. Dazu kommt, daß das ***Verhältnis von Fett und Muskulatur*** mit 28 zu 35 bei der erwachsenen Frau gegenüber 18 zu 42 beim Mann liegt. Das ***Skelett*** der Frau ist wesentlich graziler, im Durchschnitt 20–25 % leichter und die Hebelverhältnisse der Wirbelsäule und Extremitäten zum Teil ungünstiger. Die ***Muskelkraft*** ist, auf denselben Muskelquerschnitt bezogen, um 20–25 % geringer (bedingt durch eine geringere Fibrillenzahl in der Muskelfaser), so daß muskelmäßig bei gleichem Typ und Gewicht die starken Frauen etwa so „stark" sind wie die „schwachen" Männer. Dagegen ist bei der Frau die ***psychomotorische Feinkoordination*** besser entwickelt (Vorteile z. B. bei Eislaufen, Gymnastik, Turnen). Auch das ***Herzvolumen*** ist absolut und relativ bei der Frau kleiner als beim Mann. Dies ist für die *geringere Ausdauerleistung* der Frau verantwortlich. Beim Jugendlichen ist diese Geschlechtsdifferenzierung noch nicht so deutlich, so daß Mädchen im Verhältnis zur erwachsenen Frau relativ größere Herzen besitzen (mögliche Teilursache der hervorragenden Langstreckenschwimmleistungen in dieser Altersklasse). Die meisten der hier genannten und der vielen anderen ***Unterschiede*** sind unter anderem ***hormonell bedingt*** (s. Kap. 5, 25).

Training ist das Wiederholen gleichartiger physischer oder psychischer Tätigkeiten, um den Erhalt oder die Zunahme einer Leistungsfähigkeit zu bewirken

Allgemeine Gesichtspunkte. Ein wesentliches Prinzip der Leistungssteigerung durch Training (synonym: *Übung)* ist die *Ökonomisierung von Funktionen.* Hierdurch werden die Leistungsreserven und die Leistungskapazität des Organismus vergrößert. Alle Trainingswirkungen werden von der Art oder *Qualität* des Trainings bestimmt, d. h. um eine bestimmte Leistung zu optimieren, muß genau diese und keine andere trainiert werden *(„anforderungsspezifisches Training").* Spezielle Trainingsformen, wie z. B. Ausdauer-, Intervall- und Krafttraining, ergeben einen Leistungsgewinn nur für den jeweils trainierten Bereich der Leistungsfähigkeit. Die erreichbare *Leistungssteigerung* hängt vom *Trainingspensum* ab, also von Trainingsintensität und -dauer. *Übertraining* bewirkt Funktionsstörungen und Leistungsminderungen, *Trainingsmangel* führt zu einem Rückgang der Leistungen, wobei im Herz-Kreislauf- und im Muskelsystem der Leistungsverlust rasch und erheblich ist, während einmal erlernte Bewegungsmuster (z. B. Schreiben, Klavierspielen) nur sehr langsam verloren gehen [13, 25]. Für optimale Trainingsbedingungen gelten die Prinzipien der Lern- und Gedächtnispsychologie, die in Kap. 24 ausführlich besprochen werden.

Präventives Training. Training ist nicht nur wirksam zur Leistungssteigerung. Es hat auch große präventive Bedeutung, besonders bei der heutigen bewegungsarmen Lebensweise, zur ***Erhaltung und Förderung der Leistungsfähigkeit im Alltag,*** insbesondere zur Vorbeugung von Krankheiten, die überwiegend durch Mangel an Bewegung und körperlicher Arbeit sowie durch Überernährung bedingt sind. Das präventive Training zielt vor allem darauf ab, die Leistungsfähigkeit von Herz und Kreislauf zu erhalten. Dafür kommt ausschließlich ein ***Dauerleistungstraining*** *(Ausdauertraining)* in Frage, dessen Prinzipien und Kriterien bereits in den Kapiteln über das Herz und den Kreislauf diskutiert wurden (s. Kap. 10).

Trainingswirkungen. Die morphologischen und funktionellen Wirkungen des Trainings auf den Organismus sind so vielfältig, daß sie hier im einzelnen nicht erörtert werden können [13]. Als Beispiel (neben den eben erwähnten Herz-Kreislauf-Wirkungen) seien die Trainigswirkungen auf die ***Skelettmuskulatur*** erwähnt: bei ihr kommt es durch *Krafttraining* (nicht durch Ausdauertraining!) zu einer *Massenzunahme* (nicht Vermehrung) der Muskelfasern und des ganzen Muskels. Die Zunahme kann 100 % übersteigen („Bodybuilding"). Eine solche Muskulatur ist für Ausdauerleistungen ungeeignet. *Ausdauertraining* der Muskulatur führt zu verbesserter Durchblutung (Eröffnung von

Reservekapillaren) des Muskels und zu Stoffwechselumstellungen in den einzelnen Muskelfasern, die insgesamt die Dauerleistungsfähigkeit erhöhen (z. B. Zunahme der Glykogeneinlagerung, des Gehalts an energiereichen Phosphaten und der biologischen Katalysatoren).

Sportunfälle. Der Anteil der Sportunfälle an den Gesamtunfällen (einschließlich Berufsunfälle, Autounfälle) liegt bei etwa 8%. Im Schnitt kommt auf 40 Sportausübende ein mehr oder weniger schwerer Unfall, auf 4000 ein Invaliditätsfall und auf 40 000 ein Todesfall. An der Spitze der Unfallhäufigkeit steht in allen Statistiken in Europa Fußball mit etwa 10 Unfällen auf 100 Ausübende. Beim Skilaufen kommen auf 1000 Skiläufer pro Tag etwa 5 Unfälle. Viele Unfälle sind harmlos, je nach Sportart sind aber etwa 20 % als mittlere und 3–10 % als schwere Verletzungen zu bezeichnen. Die daraus resultierende Arbeitsunfähigkeit liegt im Mittel aller Sportverletzungen bei drei Wochen. Das gefährdetste Alter liegt um 20 Jahre, bei Frauen ist die Verletzungsquote fast doppelt so hoch wie bei Männern.

Sportschäden. Längerdauernde Über- oder Fehlbeanspruchungen des Bewegungsapparates führen zu schleichenden pathologischen Veränderungen des Gewebes, die als *Sportschäden* von den Sportverletzungen abgegrenzt werden (gleiches gilt für entsprechende Schäden im Arbeitsleben). Es kommt vor allem zu *irreversiblen Abnützungserscheinungen* der Knochen und Gelenke und zu *chronischen Reizzuständen* mit degenerativer Tendenz von Sehnen, Periost (Knochenhaut), Knochen und Knorpeln. An der Spitze der Sportschäden steht die *Arthrosis deformans,* vor allem der Kniegelenke und der Wirbelsäule. Andererseits nehmen Herz und Kreislauf durch Sport in der Regel keinen Schaden, sondern werden durch ihn eher positiv beeinflußt (s. o.). Im mittleren und höheren Lebensalter ist dann der Sportler kardiovaskulär biologisch jünger, vom Bewegungsapparat her aber deutlich biologisch älter als es seinem kalendarischen Alter entspricht.

Doping. Doping (dope = Schmiermittel) besteht in der unphysiologischen Steigerung der Leistungsfähigkeit durch Einnahme einer Dopingsubstanz. Verwendet werden bevorzugt Anabolika (Testosteron und seine Derivate), Stimulantien (Amphetamin und Derivate), Wachstumshormon (s. Kap. 5 u. 6), Analgetika (v. a. Morphinderivate), β-Blocker zur Reduktion von Angst und Zittern (z. B. bei Bogenschießen), Infusionen von Erythrozytenkonzentraten zur Erhöhung der Sauerstofftransportkapazität des Blutes und „Gewichtmacher" wie Diuretika (diese dienen auch als „Harnverdünner", also als „Doping-Maskierer", um die Harnanalyse zu verfälschen). Alle genannten Substanzen dürfen nicht regelmäßig und nicht vor Leistungssituationen eingenommen werden, da sie massive Nebenwirkungen und/oder Sucht bewirken (s. Kap. 25).

14.4 Rehabilitatives Training

Training zur körperlichen Rehabilitation zielt nicht auf Höchstleistungen, sondern auf die Wiederherstellung altersgerechter Organfunktionen; Heilsport kann auch psychische Funktionen stärken

Sport als Therapie *(Heilsport)* zielt auf die Normalisierung geschädigter Organe und gestörter Funktionen. Diese Form der (Zusatz-)Therapie beschränkt sich heute nicht nur auf die Nachbehandlung orthopädisch-chirurgischer und neurologischer Fälle, sondern erstreckt sich zunehmend auf internistische Indikationen, z. B. seitens des Kreislaufs und des Verdauungsapparates und auch auf psychiatrische Indikationen, z. B. bei der Therapie von Depressionen. In diesem therapeutischen Rahmen wird die sportliche Leistungsanforderung im allgemeinen auf den physiologischen Bereich beschränkt bleiben, ausgesprochener Leistungs- und Kampfsport ist hier meist unangebracht [36].

Rehabilitation von Herz und Kreislauf. Hier gelten die bereits diskutierten Grundsätze des präventiven Trainings (s. S. 179, 189), unter Berücksichtigung der eingeschränkten Leistungsfähigkeit des Patienten bzw. Rehabilitanden. Bei organisch geschädigten Herzen, z. B. bei Postinfarktpatienten mittleren Schweregrades, müssen die Belastungen adäquat dosiert werden. Die beste Kontrollmöglichkeit besteht bei Ergometerbelastungen, die nicht über 1,5 Watt pro kg Körpergewicht gehen sollten. Die dabei erzielbare Verbesserung der Arbeitsbedingungen des Herzens zeigt Abb. 14–7 an Hand der Schlagfrequenzreduktion im Verlauf eines solchen Ausdauertrainings. Sehr bewährt haben sich Terrainkuren mit individuell angepaßter Steigerung der Geschwindigkeit, wenn gleichzeitig eine telemetrische Puls- und EKG-Kontrolle durchgeführt wird. Absolute Kontraindikationen für jede sportliche Betätigung sind u. a. schwere Leistungs- und Koronarinsuffizienz des Herzens, hochgradige fixierte Hypertonien, akute und chronische entzündliche Prozesse und schwere Arrhythmien.

Versehrtensport. Der Sport von Amputierten, von Blinden, Gehörlosen oder Querschnittsgelähmten dient einerseits der Funktionsverbesserung und dem Ausgleich für die oft leidensbedingte Überlastung einzelner Organe, er dient aber andererseits auch psychologisch der Stärkung des Selbstbewußtseins,

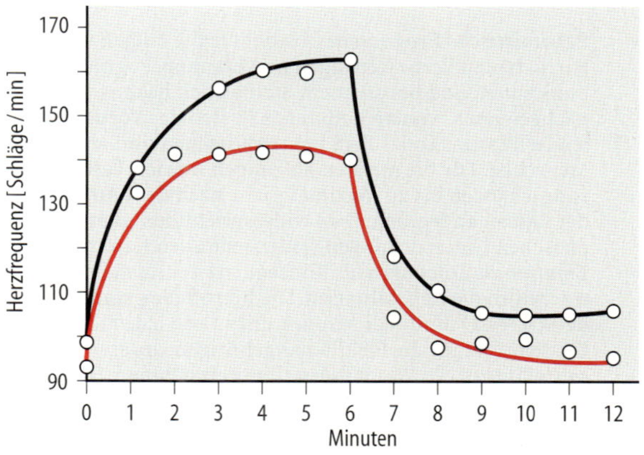

Abb. 14–7. Wirkung rehabilitativen Ausdauertrainings auf das menschliche Herz. Die Abbildung zeigt die mittlere Abnahme der Leistungs- und Erholungsschlagfrequenz bei einer Leistung von 1 W/kg Körpergewicht am Handkurbelergometer bei einer Gruppe von 12 Rehabilitanden nach Operationen am Herzen. Trainingsdauer 6–10 Wochen, 16–31 Trainingstage, Intervalltraining 30 bis 100 W ansteigend. *Obere Kurve* vor Beginn, *untere Kurve* nach Abschluß des Trainings. Aus [36]

der Sicherheit im Alltag und der Schaffung von Erfolgserlebnissen, wie sie auch der Gesunde im Sport sucht. Allerdings ergeben sich im Versehrtensport andere Maßstäbe als für den Sport des Gesunden. Diese werden jedoch dort, wo Versehrtensport auf Höchstleistungen und konventionelle Wettkämpfe wie bei Gesunden abzielt („Versehrtenolympiade"), nicht immer berücksichtigt, zumal der Versehrte nicht selten zur Überkompensation seines Schadens neigt. Beispielsweise sind für den Beinamputierten zusätzliche Belastungen des erhaltenen Beines durch Springen oder Hüpfen sehr problematisch und als Hüpfwettkampf über 100 oder 400 m, wie er international ausgetragen wird, abzulehnen. Dagegen ist z. B. Schwimmen eine für Versehrte aller Art ideale und relativ ungefährliche Sportart.

Neuropsychologische Rehabilitation nach Hirntraumen ist aus mehreren Gründen noch ungenügend verbreitet

Mehr als zwei Millionen Menschen in Deutschland leiden an Erkrankungen des ZNS, die mit schweren Störungen psychischer Funktionen und des Verhaltens einhergehen. 20 % aller Insassen in psychiatrischen Krankenhäusern haben organische Hirnstörungen. Die Zahl der Erkrankten nimmt mit dem Alter zu, wobei im Alter vor allem *senile Demenzen* (Alzheimersche Krankheit, s. Kap. 27) und *zerebrovaskuläre Ausfälle* („Hirnschlag") dominieren. Bei jüngeren Menschen erleiden pro Jahr mehr als 3 % der Bevölkerung *Schädel-Hirn-Traumen* als Folge von Verkehrs- und anderen -unfällen, die mit bleibenden Schäden, vor allem *Gedächtnisstörungen* einhergehen.

Obwohl neurologische und psychologische Diagnosen zunehmend präziser wurden (s. Kap. 21, 22), sind *therapeutische* Rehabilitationsmethoden sowohl auf medizinischer wie auf psychologischer Seite bisher wenig untersucht. Dies gilt besonders für Folgen von Läsionen des Gehirns nach Traumen, Tumoren, operativen Eingriffen, kardiovaskulären Störungen, infektiösen Erkrankungen, Vergiftungen und Geburts- oder Vorgeburtsschäden. Dafür sind mehrere Gründe vorhanden:

- ***Pessimistische Prognosen:*** Obwohl für die Folgen von Hirnschäden Verbesserungen im Verhalten, kognitiven Funktionen und beruflichem Status noch nach 15 Jahren nachgewiesen werden konnten, hält sich das Vorurteil fehlender Plastizität des ZNS bei erwachsenen und alten Menschen. Für die meisten Störungen werden Verbesserungschancen bis zu maximal 1 Jahr nach dem Auftreten der Läsion angegeben. Dies widerspricht den meisten empirischen Untersuchungen ([22], siehe auch Kap. 24 u. 27).
- ***Emotionale Störungen*** als Konsequenz der Ausfälle beeinträchtigen die Rehabilitation. Die Betroffenen sind entweder *depressiv* und/oder *leugnen* unkritisch jede Störung. Dasselbe gilt für die Familienangehörigen, die eine Schlüsselstellung in der Wiederherstellung einnehmen. Diese übernehmen häufig die pessimistischen Prognosen des medizinischen und psychologischen Personals und tragen damit zu mangelnden rehabilitativen Versuchen bei.
- ***Inadäquate Behandlung und Unterlassen von Verhaltensmodifikation.*** Klinisch-psychotherapeutische Behandlung ohne Einbezug der Familie und Umgebung des Betroffenen ist inadäquat für die meisten dieser Patienten. Intensive (mehrmals pro Woche) und langwierige neuropsychologische Rehabilitation ist die einzige z. Z. vorhandene Möglichkeit zur Wiederherstellung kognitiver und emotionaler Funktionsausfälle.

Die neuropsychologische Rehabilitation muß an die Art der Ausfälle angepaßt werden; Aufmerksamkeitsübungen und Gedächtnistraining sind meist die wichtigsten Trainingsformen

Methoden neuropsychologischer Rehabilitation. Angesichts der Heterogenität neuropsychologischer Ausfälle nach Hirnläsionen werden die Behandlungsprogramme *individuell* an die Patienten angepaßt. *Ort* und *Ausmaß der zerstörten Hirnsubstanz* spielen dabei eine wichtige Rolle: *rechtshemisphärische* Läsionen gehen mit Aufmerksamkeitsstörungen (v. a. Ignorieren des linken Gesichts- und Körperfeldes, *Linksneglekt,* s. Kap. 27), visuellen Wahrnehmungsstörungen und Sozial- und Gefühlsstörungen einher; *linkshemisphärische* Verletzungen führen häufig zu Sprach- und Gedächtnisstörungen, sowie Störungen der Problemlösefertigkeiten und des logischen Denkens (s. Kap. 27). Bei *subkortikalen* und *frontalen* Ausfällen dominieren motivationale und emotionale Verhaltensabweichungen (Kap. 25, 26), die fast immer von Bewußtseins- und Aufmerksamkeitsveränderungen begleitet sind (Kap. 22).

Meist stehen ***Aufmerksamkeits- oder Gedächtnistraining*** am Beginn der Behandlung, dabei werden die Aufgaben über Personal-Computer in ansteigender Schwierigkeit dargeboten. Computer erlauben individuelle, *selbstkontrollierte* Darbietung des Lernmaterials und geben *unmittelbare Rückmeldung* über die Richtigkeit der Lösung, ohne störende Gefühlsschwankungen beim Patienten auszulösen. Familienangehörige werden geschult, die erzielten Verhaltensänderungen in der häuslichen Umgebung weiter zu verstärken.

Aufmerksamkeitsübungen. Bei *linksseitigem Neglekt* werden die visuellen Reize zunehmend in das linke Gesichtsfeld eingeblendet, z. B. signalisiert ein Warnreiz im linken Gesichtsfeld eine kurz danach dargebotene Aufgabe (z. B. Puzzle) im rechten Gesichtsfeld, die nur bei Beachtung des Warnreizes gelöst werden kann. Zeit- und Distanzschätzungsaufgaben werden so aufgebaut, daß sie nur nach Absuchen *(„scanning")* der linken Seite lösbar sind. Die Aufgaben werden häufig aus *neuropsychologischen Testbatterien* entlehnt, mit denen vor der Rehabilitation die Ausfälle des Patienten qualitativ erfaßt wurden [12].

Gedächtnistraining. Störungen des Kurzzeitgedächtnisses (s. Kap. 24) und der Einprägung (Konsolidierung) gehören zu den häufigsten Konsequenzen nicht nur von *Hirnläsionen,* sondern auch bei *Demenzen* (Alzheimer-Krankheit, Altersdemenz, infektiöse oder erbliche Demenzen, z. B. Huntington Erkrankung). Verschiedene Strategien haben sich als wirksam erwiesen:

- *„Flugzeuglistenmethode":* Die zu merkenden Worte und Begriffe werden in eine absurde, aber leicht visuell vorstellbare Geschichte eingebaut; z. B. zum Einprägen der Worte „Flugzeug" und „Giraffe" soll sich die Person vorstellen, daß in den bequemen Sitzen eines Flugzeugs Giraffen sitzen.
- *Vorstellungsmethode:* Diese geht ähnlich vor; wenn die Worte „Injektion", „Milch", „Tomate" etc. eingeprägt werden sollen, wird der Patient angehalten, die einzelnen Begriffe assoziativ zu verbinden. Z. B. „Stellen Sie sich eine Injektion vor. . ., verbinden Sie diese Vorstellung mit der

BOX 14-1

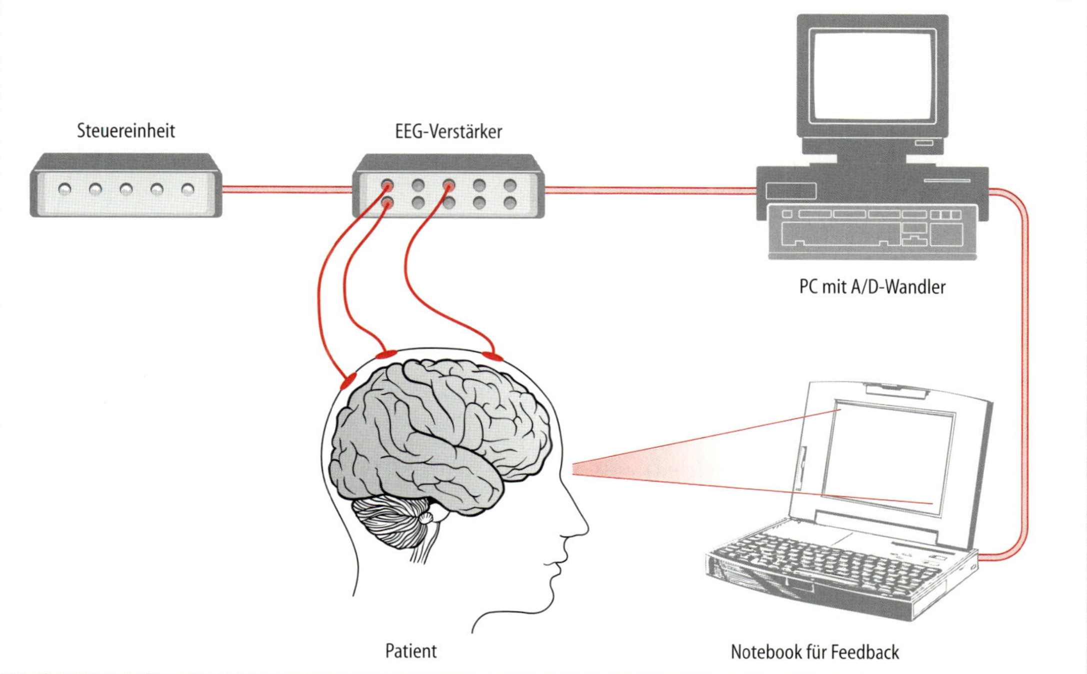

Ein Gedankenübersetzungssystem (Thought-Translation-Device, TTD) für Locked-in Patienten
Extremer Kontrollverlust und Hilflosigkeit geht mit dem Locked-in-Sydrom („Eingeschlossen-sein") einher: diese Patienten können ihre Umgebung und ihren Körper wahrnehmen, sind intellektuell intakt, ihre gesamte Motorik ist aber ausgefallen, sie sind vollständig gelähmt. Locked-in-Syndrome treten nach subkortikalen Blutungen und bei degenerativen Erkrankungen des motorischen Systems (z. B. amyotrophe Lateralsklerose, ALS) auf. Die Abbildung zeigt das TTD, das es solchen Patienten erlaubt, unter Umgehung der Motorik, direkt über ihr Gehirn mit der Umwelt zu kommunizieren: sie lernen zunächst, ihre langsamen Hirnpotentiale (s. Kap. 21) willentlich zu regulieren, indem sie diese auf einem Bildschirm (in Form des gelben Punktes) für jeweils 2 s beobachten und entweder elektrisch negativ (oberer Balken) oder elektrisch positiv (unterer Balken) zu polarisieren versuchen. Für richtige, d. h. hohe Amplituden der selbstproduzierten Hirnpotentiale werden sie unmittelbar vom Rechner durch Rückmeldung belohnt.

Um diese Selbstkontrolle über ihre Hirnpotential zu erreichen, verwenden die Patienten meist Vorstellungen oder Gedanken (eine detaillierte Beschreibung dieses Lernvorgangs findet sich in Kap. 27, S. 701). Nachdem sie die Selbstkontrolle erworben haben, können sie mit ihren eigenen Hirnpotentialen Buchstaben und Wörter auswählen, die der Computer darbietet oder einzelne Objekte in ihrer Umgebung mit ihrem Gehirn ansteuern.

Literatur: Birbaumer, N. et al. (1999) A spelling device for the paralysed. Nature, 398:297–298

Milch" usw. Dabei werden Hinweisreize (z. B. Anfangsbuchstaben, Klänge) im Laufe des Trainings zunehmend weggelassen [24].

- *Sprachtraining:* Je nach Lokalisation der Läsion werden mehr motorische oder sensorisch-semantische Programme zur Behandlung von Aphasien und Dyslexien (Kap. 27) verwendet. Bei schweren Sprachstörungen bedient man sich der Erkenntnisse, die beim Sprachtraining mit Menschenaffen gemacht wurden. Die Worte und syntaktischen Hinweisreize werden z. B. als unterschiedlich farbige Plättchen auf einer Tafel fixiert, und nach Erlernen von „Anbringen von Sätzen" in Form von Plättchenfolgen werden Lautäußerungen damit verbunden und vom Therapeuten der richtige Gebrauch systematisch belohnt (*Verhaltensmodifikation*). Angehörige werden trainiert, selbst als Lehrer zu fungieren, wobei *unmittelbare Verstärkung* von korrektem Sprachgebrauch die wichtigste Trainingsmethode darstellt (*instrumentelles Konditionieren,* s. Kap. 24). Bei motorischen Aphasien wird oft eine *Melodien-Intonations-Methode* als Hilfe verwendet: die Silben und Wörter werden zuerst genannt, gesungen und rhythmisch begleitet. Danach werden die rhythmischen „Krücken" langsam weggelassen.

Neuropsychologische Rehabilitation bei Epilepsien kann den Bedarf an antiepileptischen Medikamenten deutlich senken; medikamentenresistente Epilepsien können oft gebessert werden

Die *Anfallserkrankungen* stellen besondere Probleme gegenüber anderen Störungen des ZNS dar. Für die meisten Patienten existieren heute Medikamente, welche die zum Anfall führende Übererregung des Gehirns oder einzelner Hirnteile verhindern (Kap. 21, 22). Bei allen Personen, besonders bei Kindern, führen die Medikamente aber auch zu psychischen und körperlichen Nebenwirkungen, die eine zusätzliche, von Nebenwirkungen freie neuropsychologische Rehabilitation wünschenswert machen; die Medikationsdosen können damit z.T. erheblich reduziert werden (bei 30% aller Anfallskranken können Medikamente ohnehin keine Kontrolle der Anfälle erzielen).

Drei ***Rehabilitationsmethoden*** wurden bisher untersucht:

- *Verhaltensmodifikation bei Kindern:* Bei medikamentös unbehandelbaren Kindern wird eine frühzeitige Wahrnehmung von Anfallszeichen und darauf kontingente Entspannung geübt. Eltern, Kinder und Lehrer werden einbezogen und lernen, bei ersten Anzeichen von Anfällen psychologische Bewältigungsübungen (Entspannung, Ablenkung, Vorstellungen) anzuwenden [26].
- *Systematische Desensibilisierung:* Diese besteht bei Reflexepilepsien darin, die anfallsauslösenden Reize (z.B. Gerüche, Lichtflackern) in ansteigender Intensität über Tage und Wochen so darzubieten, daß die Reizintensität gerade unter der Anfallsschwelle liegt.
- *Instrumentelles Konditionieren von antiepileptischen EEG-Mustern:* diese Methode erfordert einen hohen technischen Aufwand. In Kap. 27 wird eine typische Trainingsmethode beschrieben, die auch bei Epilepsien Anwendung findet. Die Personen lernen dabei, durch Rückmeldung ihrer eigenen Hirnaktivität (z.B. der Frequenzen von 12–15 Hz, s. Kap. 22), elektrische Hirnpotentiale zu vermehren, die mit dem Auftreten von Anfällen unvereinbar sind.

Bezüglich psychologischer Rehabilitation bei motorischen Störungen s. Kap. 13, S. 278.

14.5 Alter und Altern

Die maximale Lebenserwartung des Menschen beträgt ca. 115 Jahre; die mittlere Lebenserwartung in Deutschland liegt derzeit für Frauen bei 84 Jahren, für Männer bei 79 Jahren; die physiologischen Alternsvorgänge führen zu einer Abnahme der Organreserve

Die Lebenserwartung ist besonders in diesem Jahrhundert deutlich angestiegen (Abb. 14-8), ohne daß sich die maximale Lebensspanne von rund 115 Jahren geändert hätte [35]. Mit anderen Worten, die Erhöhung des Durchschnittsalters wurde dadurch erreicht, daß mehr Menschen älter werden, wahrscheinlich weil sich die

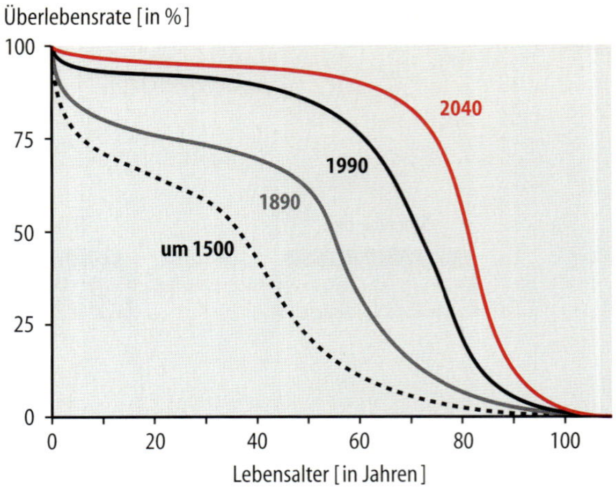

Abb. 14-8. Lebenserwartung in Deutschland. Die Verbesserung der medizinischen, sozialen und ökonomischen Verhältnisse hat in den letzten Jahrhunderten in Deutschland dazu geführt, daß die Überlebensrate bis ins hohe Alter nur langsam abnimmt. Die biologisch determinierte maximale Lebenserwartung erklärt den steilen Abfall der Überlebenskurve im sehr hohen Alter [34]

Lebensbedingungen im weitesten Sinne verbessert haben [5, 7].

Die funktionelle Kapazität der menschlichen Organe und Organsysteme ist bei jungen Erwachsenen 2–10mal höher als für ein normales Funktionieren des Organismus notwendig. Diese *funktionelle Organreserve* nimmt ab dem 30. Lebensjahr nach und nach ab, so daß es, zunächst bei Belastungen und später auch unter Ruhebedingungen, zu Funktionseinbußen kommt.

Die Geschwindigkeit des Alterungsprozesses ist sowohl zwischen einzelnen Organsystemen als auch zwischen verschiedenen Individuen unterschiedlich. Mit steigendem Alter kommt es zu einer zunehmenden intra- und interindividuellen Variabilität. Regelmäßiges körperliches Training, geistige Regsamkeit und ausgewogene Ernährung können die altersphysiologischen Veränderungen verzögern [18].

Der Alterungsprozeß der einzelnen Organsysteme spiegelt sich in strukturellen und funktionellen Veränderungen wider

Funktionelle Veränderungen am ***Herzen*** führen zu verminderter körperlicher Belastbarkeit. So spricht das Herz weniger auf β-rezeptorvermittelte sympathische Reize an, und die unter Belastung maximal erreichbare Herzfrequenz sinkt ab (etwa $^1/_2$ Schlag pro min pro Jahr). Strukturelle Schädigungen an den glatten Gefäßmuskelzellen sind Ursache für die im Alter häufige ***Arteriosklerose*** und ihre Folgen, v.a. die Erhöhung des Blutdrucks (s. auch S. 192) [28].

Strukturelle Veränderungen der ***Lunge*** behindern den Gasaustausch, und herabgesetzte pulmonale Abwehrmechanismen erhöhen die Infektanfälligkeit und Aspirationsgefahr (abgeschwächter Hustenreflex). Im ***Verdauungstrakt*** kommt es zu einer reduzierten Motilität, die sich z.B. in Obstipation äußern kann.

Im ***Zentralnervensystem*** kommt es zu einem Verlust von Nervenzellen, ohne daß dies zu einem Nachlassen der intellektuellen Fähigkeiten führen muß. Das Reaktionsvermögen läßt allerdings nach, und es kommt zu typischen Änderungen des Schlafverhaltens (s. Abb. 23–15, S. 556). Auch Gedächtnis- und Merkstörungen sind nicht selten. Beim Gehör kommt es zur Presbyakusis (s. S. 426), beim Auge zur Presbyopie (s. S. 390). Auch die Geruchs- und Geschmacksfähigkeit nimmt ab.

Die ***Muskelkraft*** nimmt im Alter kontinuierlich ab. Die Muskelmasse wird kleiner (Atrophie), und die Belastbarkeit der Sehnen wird ebenfalls geringer. Die ***Knochen*** verlieren Kalzium und werden brüchiger.

Was die ***Hormone*** angeht, so ist das Klimakterium der Frauen wahrscheinlich die deutlichste Altersmanifestation. Allerdings gibt es weder bei Frauen noch bei Männern einen biologischen Endpunkt für sexuelles Interesse und Kompetenz. Lediglich die Häufigkeit der sexuellen Aktivität nimmt im Alter ab.

Schließlich bleibt festzuhalten, daß im ***Abwehrsystem*** die T-Lymphozyten sich verringern und ihre herabgesetzte Funktionsfähigkeit auch die B-Lymphozyten beeinträchtigt. Es kommt dadurch zu einer vermehrten Anfälligkeit für Infekte, Autoimmunprozesse und Tumoren (s. Kap. 4, 6).

Altern ist keine Krankheit, wenn auch durch das vermehrte Auftreten chronischer Erkrankungen alte Menschen öfter krank sind als junge; geriatrische Therapie zielt auf die Steigerung der Selbsthilfefähigkeit

Im Alter überwiegen die chronischen Krankheiten. Am häufigsten sind Erkrankungen des Herz-Kreislauf-Systems und des Bewegungsapparats. Typisch ist das gleichzeitige Auftreten mehrerer Krankheiten (Multimorbidität), die sich gegenseitig negativ beeinflussen. Allerdings hängt die Entwicklung altersbedingter Krankheiten von vielen Faktoren ab, z. B. Erbanlagen, Umwelt, Lebensweise, und ein großer Teil der Bevölkerung erreicht ein hohes Alter bei guter Gesundheit [3, 20, 27]. Für diese Menschen trifft der in Abb. 14–9 in Kurve 4 gezeigte Alterungsverlauf zu, während die Kurven 1 bis 3 beschleunigte Alterungsverläufe zeigen und Kurve 5 den idealtypischen Verlauf des Alterns wiedergibt.

Geriatrische Therapie und Rehabilitation. Die geriatrischen Erkrankungen beeinträchtigen durch den mit ihnen einhergehenden Funktionsverlust die Lebensqualität, v. a. die Selbständigkeit des alten Menschen. Allerdings ist die Schwere der Erkrankung nur lose mit der Funktion verknüpft, d. h. es gibt Patienten mit schweren Erkrankungen ohne Funktionsverlust und umgekehrt. Aus dieser Sicht entscheidet die Funktionseinschränkung über die Behandlungsbedürftigkeit. Es werden daher in der Geriatrie zusätzlich zur üblichen ärztlichen Diagnostik zunehmend Funktionsuntersuchungen und -befragungen durchgeführt *(geriatrisches Assessment)*, um Anhaltspunkte über die Funktionseinschränkung und den Erfolg der rehabilitativen Therapie zu gewinnen, die darauf zielt, die Selbsthilfefähigkeit des Patienten zu erhalten bzw. wieder herzustellen [34].

Hilfreich in diesem Zusammenhang sind die Definitionen der WHO über die Auswirkungen von Krankheiten: International Classification of Impairments, Disabilities and Handicaps (ICIDH):

Pathology. Krankheit. Schaden oder anormale Prozesse in einem Organ(-system). Beispiel: Rheumatoide Arthritis.

Impairment. Beeinträchtigung. Symptome und Zeichen, die die betroffene Person als unmittelbare Konsequenz einer Erkrankung auf Körperebene wahrnimmt. Beispiel: Gelenkschwellungen.

Disability. Behinderung. Nachlassen oder völliger Verlust der Fähigkeit bestimmte Handlungen durchzuführen. Beispiel: Unfähigkeit, die Hände für Aktivitäten des täglichen Lebens wie Anziehen, Essen zubereiten usw. zu benutzen.

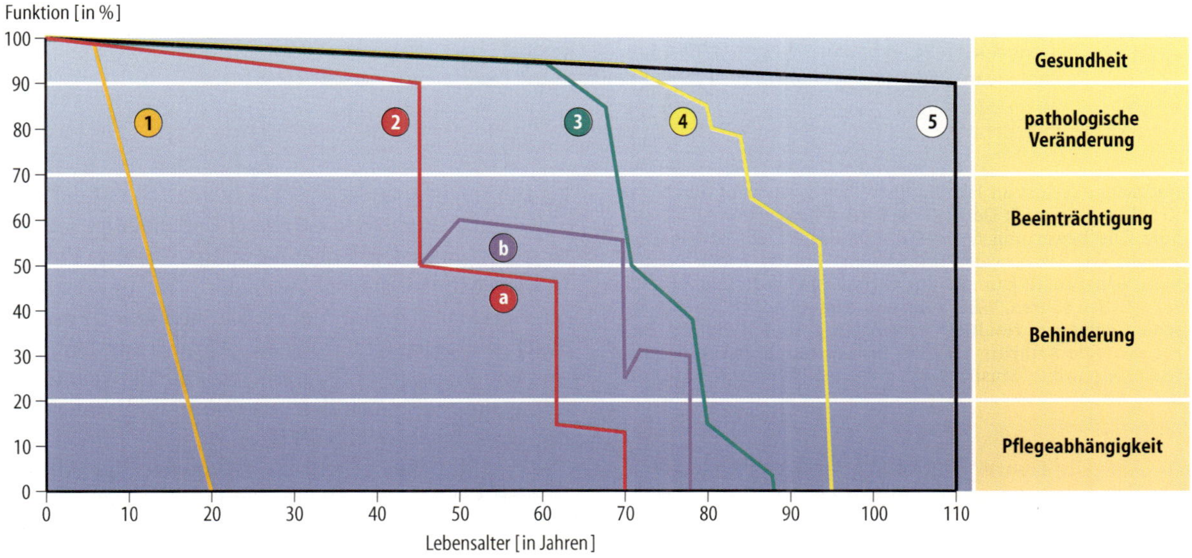

Abb. 14–9. Beispiele verschiedener Alterungsverläufe. *Linie 1:* Stark beschleunigter Alterungsprozeß ab dem 6. Lebensjahr bei der Progerie (vorzeitige Vergreisung). *Linie 2:* Risikofaktoren (Bluthochdruck, erhöhte Blutfette, Nikotin etc.) können ebenfalls zu einer schnelleren Alterung beitragen. Nach einem Akutereignis (z. B. Schlaganfall) kann durch therapeutische Intervention eine Besserung des funktionellen Status, der Lebenserwartung und damit der Lebensqualität erreicht werden (2a → 2b). *Linie 3:* Rasche Funktionsbeeinträchtigung, wie sie für Demenzkranke typisch ist. Zu beachten ist die lange Phase der Behinderung bei alltäglichen Verrichtungen und die Pflegeabhängigkeit. *Linie 4:* Normales Altern. Bis ins hohe Alter bestehen nur leichte Beeinträchtigungen. Die Phase von Behinderung und Pflegeabhängigkeit ist auf die letzten Lebensmonate beschränkt. *Linie 5:* Idealtypischer Verlauf des Alterns. Aus Th. Nikolaus und R. K. Zahn in [17]

BOX 14–2

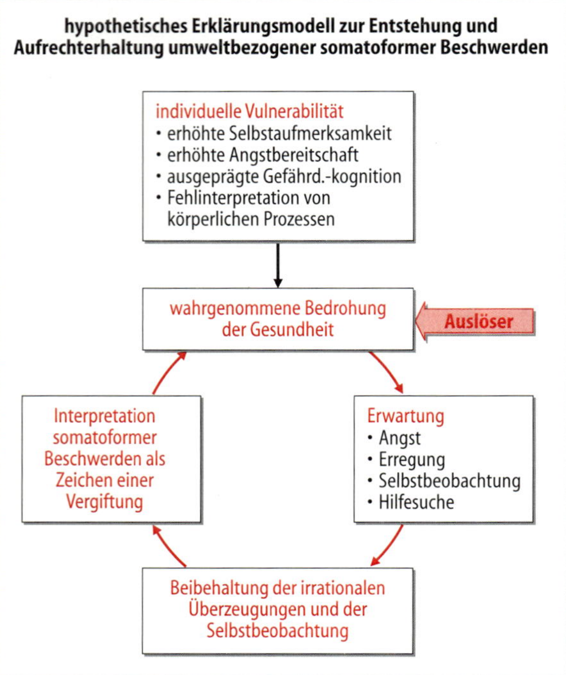

Multiple chemische Sensitivität (MCS, Multiple Chemical Sensitivity)
In den industralisierten Ländern, in denen faktisch die Umweltbelastung durch eine verstärkte Umwelt- und Naturschutzpolitik eher abnimmt, treten zunehmend häufig Fälle von Multipler Chemischer Sensitivität (MCS, *Multiple Chemical Sensitivity)* auf, welche nicht nur real durch Umwelttoxine, sondern auch psychologisch bedingt sein können. Die evolutionär bedingte, extrem leicht herzustellende Konditionierung auf Gerüche und Geschmack, die wir ausführlich in Kap. 19 beschreiben, spielt dabei eine wichtige Rolle. MCS kann epidemisch auftreten und ganze Landstriche und Gruppen erfassen. Personen, die Angst haben, durch toxische Umwelteinflüsse geschädigt zu werden und als Begleiterscheinung eine Vielzahl von körperlichen und psychischen Symptomen aufweisen, leiden an MCS. Für den Toxikologen ist es häufig ausserordentlich schwierig, angesichts vieler schwer erfassbarer und „schleichender" Umwelt- oder Nahrungstoxine, die psycholisch bedingten von den toxisch bedingten Auslösern zu trennen. Sollte die toxikologische, internistische und umweltphysiologische Prüfung keine Anhaltspunkte für Schadstoffe ergeben, muss eine sorgfältige Verhaltensanalyse in der sozialen Umgebung (s. S. 572, Kap. 24) die Lernbedingungen der(s) Betroffenen klären und dann eine gestufte Expositions-Verhaltenstherapie erfolgen. Diese Rehabilitationsmassnahme ist der Konfrontationsbehandlung von Ängsten und posttraumatischen Stress-Störungen (s. Kap. 26) vergleichbar: die Patienten werden in abgestufter Weise mit zunehmend angstauslösenden Reizen ohne Vermeidungsmöglichkeit konfrontiert.

Literatur: Bock, K. W., Birbaumer, N. (1997) MCS (Multiple Chemical Sensitivity): Cooperation between Toxicology and Psychology may Facilitate Solution of the Problems. Human and Experimen. Toxicology 16:481–489

Handicap. Verlust an Handlungsfreiheit verursacht durch eine Krankheit. Beispiel: Der Patient wird abhängig von Haushaltshilfe. Die Bewertung des Handicaps durch den Patienten bestimmt die Schwere der Erkrankung. Ein Gesichtsfeldausfall nach Schlaganfall kann zu nur geringer Behinderung im täglichen Leben führen. Wird aufgrund dessen jedoch der Führerschein entzogen, resultiert daraus ein großes Handicap. Eine rheumatoide Arthritis bedeutet für bestimmte Berufsgruppen (Feinmechaniker, Musiker) ein größeres Handicap als für andere.

Die Genregulationstheorie des Alterns geht davon aus, daß die aufeinanderfolgenden Lebensphasen Entwicklung, Fortpflanzung und Altern durch die Aktivierung bzw. Repression bestimmter Gene gesteuert wird

Alle lebenden Organismen altern. Dabei ist innerhalb einer Spezies die Lebensspanne für alle Individuen ähnlich. Bei den Säugetieren ist die Entwicklungszeit bis zur Erreichung der Geschlechtsreife so mit der maximalen Lebensspanne korreliert, daß die Alterung um so später einsetzt, je länger die Spanne bis zum Eintritt in die Fortpflanzungsphase dauert. Die Genregulationstheorie und ihre Varianten geht nun davon aus, daß durch die aufeinanderfolgende Aktivierung bzw. Repression bestimmter Gene zunächst die Entwicklungsphase, dann die Fortpflanzungsphase und schließlich die Alterungsphase abläuft [9, 11, 32].

Für eine genetische Grundlage des Alterns spricht, neben der eben erwähnten Korrelation zwischen Entwicklungsphase und Lebensdauer, u. a., daß Kinder langlebiger Eltern ebenfalls eine hohe Lebenserwartung haben und *vice versa*. Die Theorie wird zwei wichtigen Aspekten des Alterns gerecht, nämlich der annähernd gleiche Lebensspanne innerhalb einer Spezies und dem graduellen Abfall der Anpassungsfähigkeit an die Umwelt, nachdem die Geschlechtsreife erreicht ist.

Unter den zellulären Theorien des Alterns ist die Theorie der freien Radikale derzeit dominierend; die freien Radikale schädigen über Oxidationsprozesse Zellbestandteile und leiten damit das Altern ein

Im Zellstoffwechsel kommt es physiologischerweise zur Entstehung von freiem Sauerstoff und von Wasserstoffsuperoxid. Daraus können andere *hochreaktive Radikale* entstehen, die Oxidationsprozesse einleiten und Membranproteine, Enzyme und Genmaterial (DNA) zerstören. Um dies zu verhindern, verfügt der Organismus über Schutzmechanismen, die die freien Radikale zu unwirksamen Substanzen abbauen. Dennoch ereignen sich fortwährend kleinere Schäden, die im Lauf der Zeit akkumulieren. Besonders in Zellen, die sich nicht teilen, läßt sich eine altersabhängige Zunahme von DNA-Veränderungen nachweisen [20, 31, 37, 38].

Für diese Theorie spricht, daß der intrazelluläre Spiegel des die freien Radikale abbauenden Enzyms *Superoxid-Dismutase* gut mit der Lebensspanne von Primaten und anderen Säugetieren korreliert. Ferner, daß eine experimentelle Erhöhung der Stoffwechselrate die Lebensspanne bei Fliegen verkürzt, eine Erniedrigung sie hingegen verlängert. Überhaupt ist die Lebensspanne verschiedener Tiere umgekehrt proportional zu ihrer basalen Stoffwechselrate. Dies hängt mit ihren Schlafzyklen und der Immuntoleranz zusammen (s. Kap. 4 und 23). Die Verzögerung der Altersprozesse durch Nahrungsbeschränkung bei Ratten wird ebenfalls als Stütze der Theorie angesehen (Lit. in [17]). – Große Schwächen hat das Modell bei der Erklärung, wie durch den oxidativen Streß mit zufallsbedingter Schädigung einzelner Zellorganellen bzw. Zellen der Alternsprozeß des gesamten Organismus gesteuert wird.

Psychologische Faktoren spielen eine bedeutsame Rolle für den Altersprozeß und den Todeszeitpunkt

Längsschnittuntersuchungen zeigen, daß gute Prädiktoren für frühzeitiges Altern ein plötzlicher Abfall kognitiver Leistungen und eine depressive Stimmungslage sind. Vor allem nach Verlusterlebnissen und Ortswechsel kommt es zu häufigeren Erkrankungen, Immunsuppression und Tod bei alten Menschen. Der *Verlust an Kontrolle* von sozialem Status, Einschränkung der Bewegungsfreiheit und Umgebungswechsel wurden als entscheidende Faktoren gleichbedeutend mit physischer Krankheit identifiziert [18]. Durch verhaltensmedizinische Interventionen, die das Ausmaß an subjektiv erlebbarer Kontrolle (s. Kap. 5, 26) erhöhen, wurde eine Verlängerung des Lebens erreicht (s. Box 14-2).

14.6 Aufenthalt in der Höhe und unter Wasser

Auf die zahlreichen Einwirkungen der Umwelt reagiert der Mensch durch kurzfristige Umstellungen und langfristige Anpassungen seiner Körperfunktionen

Der Mensch ist zahlreichen physikalischen Einwirkungen ausgesetzt, deren Fehleinschätzung zu Gesundheitsschäden und gelegentlich zu tödlichen Konsequenzen führen kann. Diese Umwelteinflüsse können Regulationsmechanismen in Gang setzen, die innerhalb von Minuten bis Stunden zu kurzfristiger Umstellung, innerhalb von Tagen bis Wochen zu langfristiger Anpassung des Organismus führen. So wurde in den Abschnitten 11.8 und 11.9 ab S. 210 bereits erläutert, auf welche Weise sich der Mensch auf unterschiedliche thermische Belastungen umstellt und wie er sich an verschiedene Klimazonen anpaßt. Hier sei jetzt beispielhaft auf die Einwirkung einiger anderer Umweltbelastungen auf den menschlichen Körper eingegangen [21].

Rascher Aufstieg in große Höhen führt zu akuten Umstellungen von Herz und Kreislauf, die ab 4000 m bedrohlich werden; oberhalb 7000 m treten irreversible Schäden auf

Die Zusammensetzung der Luft ändert sich beim Aufstieg in die Höhe nicht, der Luftdruck und damit auch der Sauerstoffpartialdruck nehmen aber kontinuierlich ab. In 5500 m Höhe ist der Luftdruck auf die Hälfte des Drucks auf Meereshöhe gefallen (Normalwerte s. Anhang u. Abb. 14-10). Dadurch vermindert sich auch der Sauerstoffpartialdruck in den Lungenalveolen und damit die Sauerstoffbeladung des arteriellen Blutes: *primär arterielle Hypoxie* (s. S. 203). Dies führt bei *raschem Aufstieg* zu ***akuten Höhenumstellungen*** von Atmung und Kreislauf. Das Atemzeitvolumen nimmt in Ruhe geringfügig zu (arterielle Hypoxie ist nur ein geringer Atemantrieb, s. S. 205), bei körperlicher Arbeit steigt es stark an. Die Herzfrequenz nimmt in Ruhe schon ab 2000 m Höhe deutlich zu, in 6000 m Höhe erreicht sie Werte von 120 Schlägen pro Minute. Entsprechend ausgeprägt sind die Zunahmen bei Arbeit.

Aufgrund der Auswirkungen des Sauerstoffmangels wird zwischen 4 Zonen unterschieden, die durch Wirkungsschwellen getrennt sind (Abb. 14-10). In der *Indifferenzzone* ist die Höchstleistung unbeeinträchtigt. In der *Zone der vollständigen Kompensation* findet sich in Ruhe bereits ein geringer Anstieg von Herzfrequenz, Herzzeitvolumen und Atemvolumen. Bei Arbeit sind die Zunahmen deutlicher als auf Meereshöhe; damit ist die Leistungsfähigkeit vermindert. Überschreiten der *Störungsschwelle (Sicherheitsgrenze)* führt zu erheblicher Beeinträchtigung der Leistungs-, Entscheidungs- und Reaktionsfähigkeit bis hin

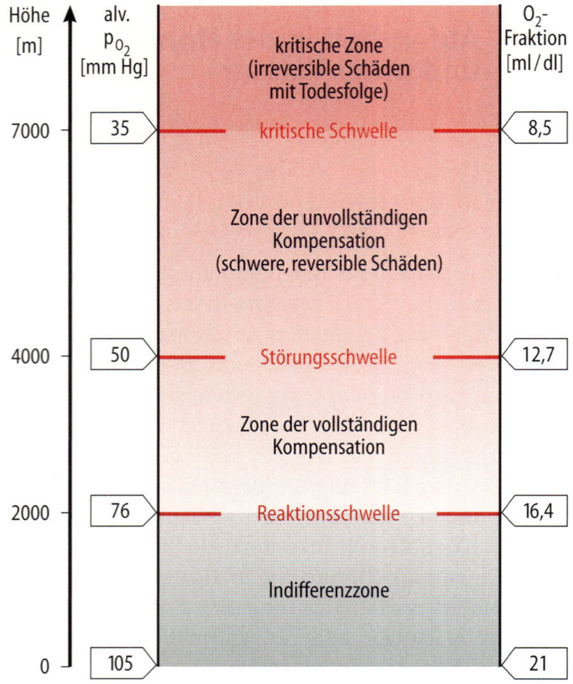

Abb. 14–10. Wirkungsschwellen des höhenbedingten Sauerstoffmangels. Die umrandeten Zahlen links geben den der angegebenen Höhe entsprechenden alveolären O_2-Partialdruck an, die umrandeten Zahlen rechts den Sauerstoffgehalt von in Meereshöhe entsprechend wirkenden O_2-Mangelgemischen. Die Angaben gelten nur als Richtwerte für nicht Akklimatisierte. Nach [15]

zu Bewußseinsstörungen. Ab der *kritischen Schwelle* treten lebensbedrohende Störungen zentralnervöser Funktionen mit Bewußtlosigkeit und Krämpfen auf, die zum *Höhentod* führen können.

Höhenakklimatisation mit Zunahme der Sauerstofftransportkapazität des Blutes erlaubt Daueraufenthalt in Höhen bis zu 5300 m

Bei *langfristigen Höhenaufenthalten* kommt es als Antwort auf die arterielle Hypoxie und ihre Folgen zur *Höhenakklimatisation,* deren wesentlichste Komponente die Zunahme der roten Blutkörperchen (Erythrozyten) ist, wodurch die Sauerstofftransportkapazität des Blutes erheblich erhöht wird. Dadurch wird es dem Menschen möglich, befristet in Höhen zu leben, die sonst todbringend wären. Akklimatisierte Bergsteiger können sich ohne Sauerstoffgerät vorübergehend in Höhen um 8000 m, im Einzelfall bis zu 8900 m aufhalten. Die höchstgelegenen Siedlungen von Menschen finden sich in etwa 5300 m in den Anden. Diese Höhe markiert wahrscheinlich die oberste Grenze der Höhenverträglichkeit auf Dauer.

Höhenkrankheit. Bei nicht ausreichender Höhenanpassung bzw. -akklimatisation kommt es in der Höhe zu einer Reihe relativ unspezifischer Symptome, die als ***Warnsignale*** einer bevorstehenden Dekompensation der Körperfunktionen aufzufassen sind. Zu ihnen gehören Willensschwäche, Schlafbedürfnis, Appetitlosigkeit, Atemnot, Tachykardie, Schwindel, Erbrechen, Kopfschmerzen, Apathie, aber auch Euphorie (sie wird ***Höhenrausch*** genannt), die zum Verkennen der Gefahren und entsprechenden Fehleinschätzungen führt.

Fliegen in großen Höhen und im All erfordert Druckkabinen oder -anzüge

Beim *Fliegen in großen Höhen* ist eine *Druckkabine* erforderlich. Der Innendruck wird entsprechend einer Höhe von 2300 m eingestellt, so daß beim Starten und Landen Druckschwankungen auftreten, die sich besonders am Trommelfell bemerkbar machen (Druckdifferenz zwischen Mittelohrhöhle und Außenluft, Ausgleich über die Tuba Eustachii, die sich beim Schlucken öffnet). Plötzlicher Druckabfall in der Kabine kann vorübergehend durch Einatmen reinen Sauerstoffs überbrückt werden.

Der *Aufenthalt im Weltraum* ist nur in Druckkabinen oder Druckanzügen möglich. Diese gewährleisten nicht nur den notwendigen Sauerstoffpartialdruck, sondern auch Schutz vor der Kälte und (unvollkommenen) Schutz vor der Strahlung im Weltraum. Das *Fehlen der Erdanziehung* hat akute und chronische Folgen für den Organismus, die derzeit nur unvollkommen bekannt sind. Akut kommt es zur ***Raumkrankheit*** mit Übelkeit und dem Gefühl schweren Krankseins, vor allem in den ersten drei Tagen im Weltraum. Chronisch kommt es z. B. zur Abnahme des Blutvolumens, zur Atrophie der Muskulatur (besonders der Haltemuskeln), zu Kalziumverlust im Knochen und zu Störungen im Elektrolythaushalt.

Apnoisches Streckentauchen kann durch Fehleinschätzen der Sauerstoffreserve zu Ohnmacht führen

Beim Tauchen muß der Mensch für seine Atmung vorsorgen, sich einem erhöhten Umgebungsdruck anpassen und eine erhöhte Wärmeabgabe berücksichtigen. Beim *Tauchen ohne Gerät,* z.B. beim insgesamt problemlosen *apnoischen Tauchen* (Tauchen mit angehaltenem Atem) in geringer Tiefe, zwingt der zunehmende Atemantrieb durch Ansteigen des CO_2-Partialdrucks („Lufthunger") schließlich zum Auftauchen. Abrauchen der Kohlensäure vor dem Tauchen durch vertiefte Atmung (Hyperventilation) erlaubt längeres Tauchen, ist aber gefährlich, weil schon vor dem Tauchen Schwindelanfälle und Tetanie auftreten können, da durch die Hyperventilation das Blut Säure verliert und damit der Spiegel an Kalziumionen im Blut abnimmt.

Die Hyperventilation vor Tauchbeginn bringt noch eine zweite Gefahr mit sich, die Abb. 14–11 zu entnehmen ist: Beim Tauchen werden entsprechend den Gasgesetzen alle luftgefüllten Körperhöhlen komprimiert, was u. a. zu den in der Abbildung gezeigten Verkleinerungen der Lungenvolumina bei gleichzeitigem Anstieg des Sauerstoffpartialdrucks führt. Fehlt nun durch die vorausgegangene Hyperventilation der Atemanreiz und wird der Sauerstoffvorrat der Lunge damit zu stark ausgeschöpft (denn Sauerstoffmangel ist nur ein schwacher Atemantrieb, s. S. 205), dann sinkt beim Auftauchen der alveoläre Sauerstoffpartialdruck stark ab (s. Abb. 14–11, von rechts nach links gelesen) und damit kommt es zwangsläufig zur plötzlichen hypoxischen Bewußtlosigkeit („black out") [6].

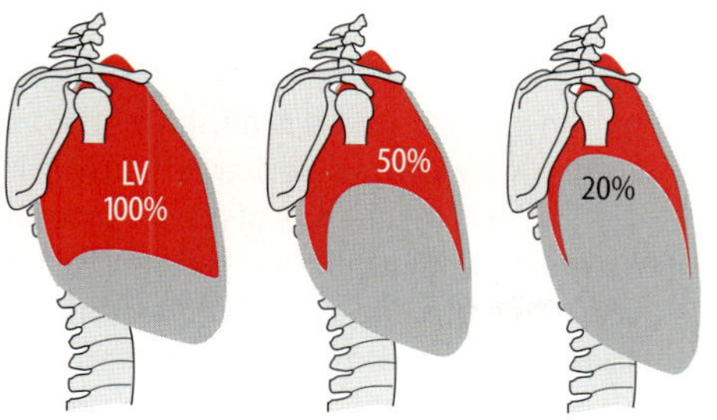

Tiefe:	0 m	10 m	40 m
p_{Umg}:	1 bar	2 bar	5 bar
LV:	5,0 l	2,5 l	1,0 l
p_{AO_2}:	105 mm Hg	210 mm Hg	525 mm Hg

Abb. 14–11. Lungenvolumen (LV) und Sauerstoffpartialdruck beim apnoischen Tieftauchen. Thorax bei 0 m in maximaler Inspirationsstellung, bei 40 m Tiefe in maximaler Exspirationsstellung mit Zwerchfellhochstand; Angaben zum alveolären Po_2 unter Vernachlässigung des O_2-Verbrauchs; P_{umg} = Umgebungsdruck, gleichzusetzen dem intrathorakalen Druck; 1 bar = 100 kPa. Nach H.-V. Ulmer in [17]

Beim Tauchen mit Atemgerät wird meistens Preßluft benutzt, wobei der Druck der Einatmungsluft dem jeweiligen Umgebungsdruck fortlaufend angepaßt wird

Zu beachten ist, daß mit zunehmender Tauchtiefe und Tauchzeit wegen des erhöhten Umgebungsdrucks vermehrt Stickstoff im Gewebe gelöst wird. Dieser muß bei Auftauchen wieder entspeichert und abgeatmet werden. Geschieht diese *Dekompression* zu schnell, kommt es zur *Gasblasenbildung in Blut und Gewebe*, ähnlich der Gasblasenbildung beim Öffnen einer Sprudelflasche (Caissonkrankheit, s. u.). Das Auftauchen darf daher nur langsam erfolgen; Sporttauchern wird für Auftauchen aus 10 m Tiefe mindestens 5 min Zeit empfohlen [6].

Caissonkrankheit. Für längeres und umfangreicheres Arbeiten auf Fluß- oder Meeresgrund werden seit langem Senkkästen (Caissons) benutzt, die nach unten offen sind und in denen der Luftdruck dem Umgebungsdruck entspricht, also pro 10 m Wassertiefe um 1 bar zunimmt (also bei 10 m = 2 bar, bei 20 m = 3 bar, bei 40 m = 5 bar etc.). Bei zu rascher Dekompression kommt es auch hier zu der eben erwähnten Gasblasenbildung, deren Symptome früher als ***Caissonkrankheit,*** heute auch als ***Taucherkrankheit*** bekannt sind. Zu den Symptomen gehören Bewußtseinstrübungen, Hautjucken, Schmerzen in Armen und Beinen, vor allem den Bändern und Sehnen. Die Gasblasen können die feinen Blutgefäße verstopfen und z. B. im Gehirn zu Sauerstoffmangel und Zelltod führen. Die beste Therapie ist der Aufenthalt in einer Druckkammer, wodurch der Stickstoff wieder im Gewebe gelöst wird, und eine anschließende regelrechte Dekompression.

Tiefenrausch. Wird im Blut bei zunehmender Tauchtiefe immer mehr Stickstoff gelöst, so wirkt der Stickstoff bei Tiefen ab 40 m erregend auf das Nervensystem und löst *Rauschzustände* (Euphorie, aber auch Angst) mit Fehlhandlungen und anschließender Bewußtlosigkeit aus. Der Anfangszustand dieses *Tiefenrausches* wird oft ähnlich dem eines leichten Alkoholrausches geschildert. Das Tauchen mit Preßluft sollte sich daher auf Tiefen von nicht mehr als 30–50 m beschränken. (Darüber hinaus werden *Mischgasverfahren* verwendet, bei denen z. B. Helium den Stickstoff teilweise ersetzt.)

ZUSAMMENFASSUNG

Dynamische physische Arbeit entspricht der physikalischen Arbeitsdefinition, und die erbrachte Leistung läßt sich ergometrisch messen und in physikalischen Einheiten angeben. Die Herzfrequenz ist dabei ein zuverlässiges Maß für die jeweilige physische Beanspruchung. Sie kehrt nach der Arbeit um so langsamer zum Ruhewert zurück, je anstrengender die Arbeit war.

Statische physische Arbeit (Haltungs- und Haltearbeit) wird isometrisch erbracht, sie kann als das Produkt aus Kraft mal Zeit erfaßt werden. Sie ist deutlich anstrengender als dynamische Arbeit.

Psychische Belastungen und Leistungen werden mit psychologischen, psychophysiologischen und psychophysischen Methoden quantitativ erfaßt. Die zugehörigen Körperreaktionen zeigen Situationsstereotypien. Wie die körperliche, so zeigt auch die geistige Leistungsfähigkeit tagesrhythmische Schwankungen.

Werden die Dauerleistungsgrenzen bei physischer Arbeit überschritten (sie liegen für dynamische Arbeit bei 40 % der maximalen Sauerstoffaufnahmekapazität, bei statischer Arbeit < 15 % der Maximalkraft), so tritt Ermüdung und schließlich Erschöpfung auf. Psychische Ermüdung ist zentralnervös bedingt.

Im Ausdauersport begrenzt die maximale Sauerstoffaufnahmekapazität die individuelle Dauerleistungsfähigkeit. Die individuelle Leistungsfähigkeit kann durch Training je nach Ausgangssituation gesteigert bzw. erhalten bzw. wiederhergestellt werden. Das präventive und das rehabilitative körperliche Training zielen v. a. darauf ab, die Leistungsfähigkeit von Herz und Kreislauf altersgerecht zu erhalten bzw. wiederherzustellen.

Neuropsychologische Rehabilitation nach Hirntraumen ist noch ungenügend verbreitet. Sie ist an die Art des Schadens anzupassen und wird in vielen Fällen in Aufmerksamkeits- und Gedächtnistraining bestehen.

Bei Epilepsien kann sie den Bedarf an antiepileptischen Medikamenten und die Anfallshäufigkeit deutlich senken.

Die mittlere Lebenserwartung in Deutschland liegt derzeit für Frauen bei 84 Jahren, für Männer bei 79 Jahren bei einer maximalen Lebensspanne von rund 115 Jahren. Der Alterungsprozeß spiegelt sich in strukturellen und funktionelle Veränderungen der einzelnen Organe und Organsysteme wider, als deren Resultat es zunehmend zu einer Abnahme der funktionellen Organreserve kommt.

Die Genregulationstheorie des Alterns geht davon aus, daß Entwicklung, Fortpflanzung und Altern durch die Aktivierung bzw. Repression bestimmter Gene gesteuert werden; die Theorie der freien Radikale besagt, daß freie Radikale über Oxidationsprozesse Zellbestandteile schädigen und so das Altern einleiten.

Als zentraler psychologischer Faktor, der zum Altersprozeß beiträgt, wurde der Verlust an subjektiv erlebbarer Kontrolle identifiziert. Dieser wird von kognitiven Dysfunktionen und Depressionen gefolgt, die mit Abnahme der Immunkompetenz einhergehen. Verhaltensmedizinische Maßnahmen können die Folgen von Kontrollverlust effektiv mindern.

Bei raschem Aufstieg in große Höhen reagiert der Organismus durch Umstellungen von Herz und Kreislauf auf die Abnahme des Sauerstoffpartialdrucks; dies ist ab 4000 m nicht mehr ausreichend möglich, oberhalb 7000 m treten irreversible Schäden auf. Bei langfristigen Höhenaufenthalten kommt es über die Höhenakklimatisation zur Anpassung an den reduzierten Sauerstoffpartialdruck, deren wesentliche Komponente die Zunahme der roten Blutkörperchen ist.

Apnoisches Streckentauchen kann bei vorhergehender Hyperventilation schon vor dem Tauchen zu Schwindel und Tetanie (wegen der Hyperventilationsalkalose) und beim Auftauchen zu hypoxischer Bewußtlosigkeit (wegen des Absinkens des Sauerstoffpartialdrucks) führen. Beim Tauchen mit Atemgerät muß beim Auftauchen der im Blut gelöste Stickstoff langsam entspeichert werden, damit es nicht zur Taucherkrankheit kommt.

Literatur

Weiterführende Lehr- und Handbücher

1. Åstrand PD (1987) Arbeitsphysiologie. Schattauer, Stuttgart
2. Åstrand P-O, Rodahl K (1986) Textbook of Work Physiology, Physiological Basis of Exercise. 3rd edn. McGraw-Hill, New York
3. Bromley DB (1995) Behavioural Gerontology. Wiley, Chichester
4. Clasing D, Weicker H, Böning D (Hrsg) (1994) Stellenwert der Laktatbestimmung in der Leistungsdiagnostik. Fischer, Stuttgart
5. Dall J, Ermini M, Herrling P, Lehr U, Meier-Ruge W, Stähelin H (eds) (1993) Prospects in aging. Academic, London
6. Ehm OF (1999) Tauchen – noch sicherer! 8. Aufl. Müller, Rüschlikon
7. Finch CE, Hayflick L (eds) (1977) Handbook of the biology of aging. Van Nostrand Reinhold, New York
8. Hollmann W (2000) Sportmedizin. Grundlagen für Arbeit, Training und Präventmedizin, 4. Aufl. Schattauer, Stuttgart
9. Kanungo MS (1980) Biochemistry of Aging. Academic, London
10. Konietzko J, Dupuis H (Hrsg) (1989–2001) Handbuch der Arbeitsmedizin. Ecomed, Landsberg
11. Nikolaus T (Hrsg) (2000) Geriatrie. Springer, Berlin Heidelberg New York Tokyo
12. Meier M, Benton A, Diller L (eds) (1987) Neuropsychological Rehabilitation. Guilford, New York
13. Mellerowicz H, Meller W (1984) Training: Biologische und medizinische Grundlagen und Prinzipien des Trainings. 4. Aufl. Springer, Berlin Heidelberg New York Tokyo
14. Rieckert H (Hrsg) Sportmedizin – Kursbestimmung. Springer, Berlin Heidelberg New York Tokyo
15. Ruff S, Strughold H (1957) Grundriß der Luftfahrtmedizin. Barth, München
16. Schmidt RF, Unsicker K (eds) (2002) Lehrbuch Vorklinische Medizin, Teil D: Medizinische Psychologie und Soziologie (Hrsg. Birbaumer N, Pauli P, Siegrist J), Deutscher Ärzteverlag, Köln
17. Schmidt RF, Thews G, Lang F (Hrsg) (2000) Physiologie des Menschen. 28. Aufl. Springer, Berlin Heidelberg New York Tokyo
18. Schulz R (1978) The psychology of death, dying and bereavement. Addison-Wesley, Reading
19. Stegemann J (1991) Leistungsphysiologie. Thieme, Stuttgart
20. Timiras PS (1988) Physiological basis of geriatrics. Macmillan, New York

21. Wichmann HE, Schlipköter HW, Füllgraf GM (Hrsg) (1993) Handbuch der Umweltmedizin – Loseblattausgabe. Ecomed, Landsberg
22. Williams JM, Long CH (eds) (1987) The Rehabilitation of Cognitive Disabilities. Plenum, New York
23. Wilson B (1987) Rehabilitation of Memory. Guilford, New York

Einzel- und Übersichtsarbeiten

24. Birbaumer N, Ghanayim N, Hinterberger T, Iversen I, Kotchoubey B, Kübler A, Perelmouter J, Taub E, Flor H (1999) A spelling device for the paralysed. Nature 398:297–298
25. Blomquist CG, Saltin B (1986) Cardiovascular adaptations of physical training. Ann Rev Physiol 45:169
26. Dahl J, Melin L, Brorson LO, Schüllin J (1985) Effects of a broad spectrum behavior modification treatment program on children with refractory epileptic seizures. Epilepsia 26:303–309
27. Flynn MA, Nolph GB, Baker AS, Krause G (1992) Aging in humans: a continuous 20-year study of physiological and dietary parameters. J Am Coll Nutr 11:660–672
28. Folkow B, Svanborg A (1993) Physiology of cardiovascular aging. Physiol Rev 73:725–726
29. Göpfert H, Bernsmeier A, Stufler R (1953) Über die Steigerung des Energiestoffwechsels und der Muskelinnervation bei geistiger Arbeit. Pflügers Arch 256:304
30. Graf O (1961) Arbeitsablauf und Arbeitsrhythmus. In: LEHMANN G (Hrsg) (1961) Handbuch der gesamten Arbeitsmedizin. Bd 1: Arbeitsphysiologie. Urban & Schwarzenberg, Berlin München Wien
31. Holmes GE, Bernstein C, Bernstein H (1992) Oxidative and other DNA damages as the basis of aging: a review. Mut Res 275:305–315
32. Johnson TE, Lithgow GJ (1992) The search for the genetic basis of aging: the identification of gerontogenes in the nematode Caenorhabditis elegans. J Am Geriatr Soc 40:936–945
33. Müller EA (1961) Die physische Ermüdung. In: Lehmann G (Hrsg) (1961) Handbuch der gesamten Arbeitsmedizin. Bd 1: Arbeitsphysiologie. Urban & Schwarzenberg, Berlin München Wien
34. Nikolaus T (1992) Demographische Entwicklung. In [11]
35. Olshansky SJ, Carnes BA, Cassel C (1990) In search of Methuselah: estimating the upper limits to human longevity. Science 250:634–640
36. Smodlaka V, Jankovic M, Mellerowicz H et al. (1962) Das ergometrisch dosierte Intervalltraining zur Rehabilitation nach Herzoperationen. Kreisl.-Forsch. 51:152
37. Sohal RS (1993) The free radical hypothesis of aging: an appraisal of the current status. Aging Clin Exp Res 5:3–17
38. Stadtman EA (1992) Protein oxidation and aging. Science 257:1220–1224

Wahrnehmung und ihre Bedeutung für Verhalten

III

»Ein Mensch unterscheidet sich vom Tier dadurch, daß ihn bestimmte Empfindungen verwunden und im Innersten treffen.«

GEORGES BATAILLE

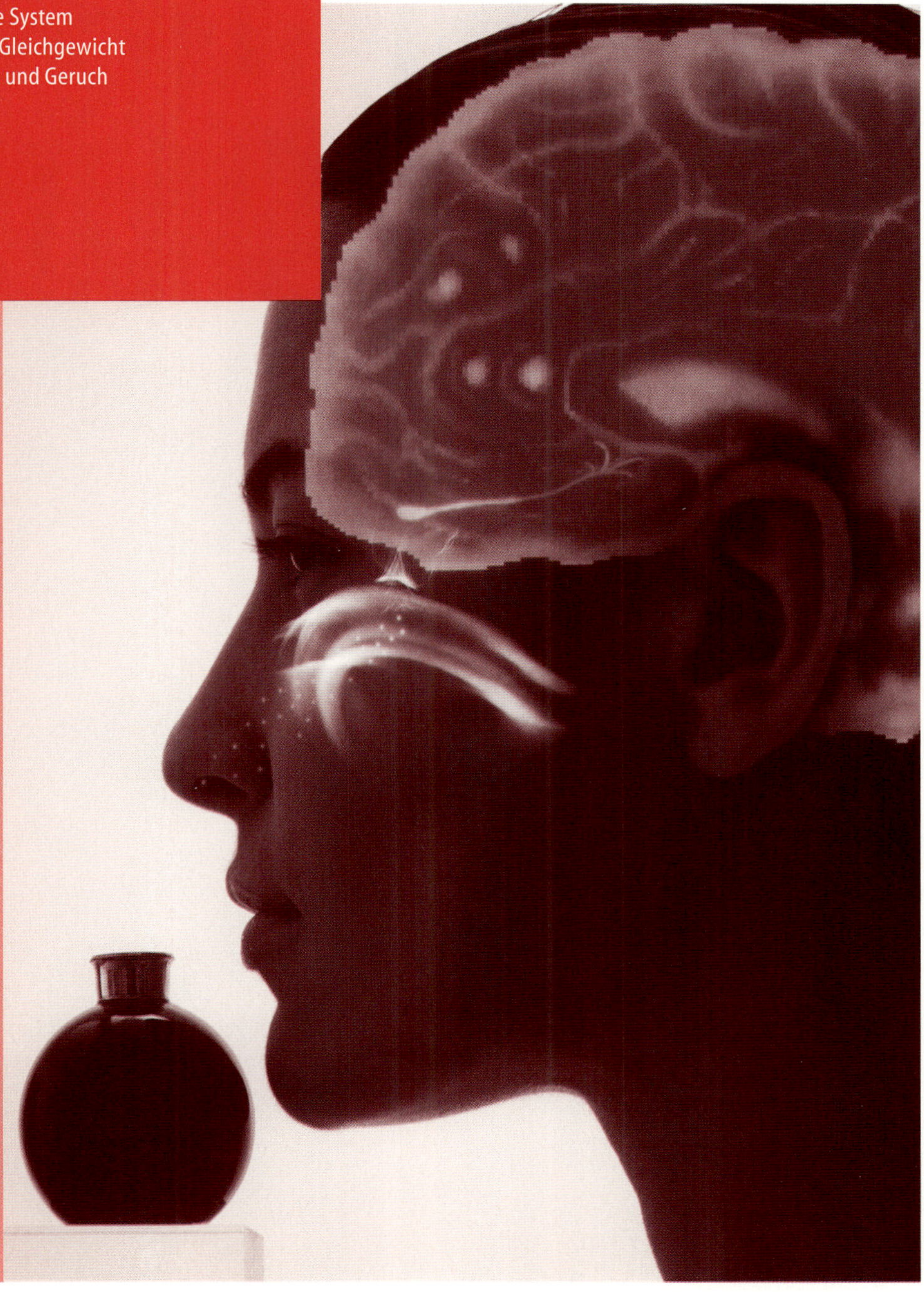

15 Allgemeine Sinnesphysiologie und Grundlagen der Wahrnehmungspsychologie

EINLEITUNG

Unsere Sinnesorgane übermitteln uns nur einen winzigen Ausschnitt aller in unserer Umwelt ablaufenden Vorgänge. So haben wir, um das Beispiel der elektromagnetischen Wellen zu benützen, nicht nur keine Sinneserfahrung über das ganze Spektrum der Radiowellen, sondern auch keine über radioaktive Strahlen, Röntgenstrahlen und ultraviolettes Licht. Nur Licht mit den Wellenlängen zwischen 350 und 800 nm sehen wir. Dagegen sehen wir infrarotes Licht nicht, empfinden jedoch diese langwelligen Wärmestrahlen über den Wärmesinn der Haut.

Wie kommt es zu dieser zunächst willkürlich erscheinenden Auswahl? Der Vergleich mit anderen Tieren zeigt, daß es sich auch hier, wie bei den meisten Lebensphänomenen, um eine entwicklungsgeschichtliche Anpassung an unseren Lebensraum handelt. Wir haben nur für solche Umwelteinflüsse Sinnesorgane entwickelt, die für unser Überleben besonders nützlich sind. Andere Tierarten haben sich an sehr verschiedene Lebensräumen durch eine andere Begrenzung der Leistungsfähigkeit ihrer Sinnesorgane angepaßt. So besitzen beispielsweise gewisse Fische, die in trübem Wasser leben, ein sehr empfindliches Sinnesorgan für elektrische Feldstärkeänderungen. Sie registrieren damit Änderungen eines von ihnen selbst durch Stromstöße aufgebauten elektrischen Feldes und benutzen dies als Ortungsmittel, ähnlich einer Radarortung oder dem von Fledermäusen entwickelten Echolot, mit dem diese in völliger Dunkelheit absolut sicher in engsten Höhlen fliegen und auf Beutefang gehen können.

15.1 Grundbegriffe in der Sinnesphysiologie

Die Analyse der durch Sinnesreize ausgelösten physiologischen Prozesse wird objektive Sinnesphysiologie genannt; die Wahrnehmungspsychologie beschäftigt sich mit den Gesetzmäßigkeiten, die zwischen Sinnesreizen und den durch sie ausgelösten bewußten Empfindungen und Verhaltensweisen bestehen

Nach dem eben Gesagten erfahren wir unsere Umwelt und die Vorgänge in unserem Organismus über ***Sinnesorgane,*** die darauf spezialisiert sind, auf einen gewissen Bereich von Umwelteinflüssen zu reagieren und entsprechende Informationen an das Zentralnervensystem weiterzugeben. Die bekanntesten Sinnesorgane sind das *Auge*, das *Ohr*, das *Geschmacksorgan* der Zunge, das *Riechorgan* der Nase, das *Tast-* und das *Temperaturorgan* der Haut und das *nozizeptive System* (das „Schmerzorgan"). Organisation und Funktion dieser Sinnesorgane, ihre Verknüpfung mit den Gehirnzentren und die über die Sinnesorgane ausgelösten Reaktionen sind einander sehr ähnlich. Diesen allgemeinen, für alle Sinneswahrnehmungen gültigen Gesetzmäßigkeiten wenden wir jetzt unsere Aufmerksamkeit zu [4,5,10,17, 20].

Definitionen. Die Leistungen der Sinnesorgane werden mit den gleichen Methoden beobachtet und analysiert, die auch bei der Erforschung anderer Körperorgane angewendet werden. In solchen Untersuchungen wird festgestellt, welche der Umwelteinflüsse ein Sinnesorgan als *Reiz* beeinflussen können, welche Veränderungen ein Reiz in den speziellen Rezeptorzellen (Sensoren) der Sinnesorgane auslöst, wie diese Veränderungen in ein neuronales Impulsmuster umgesetzt werden und wie schließlich die Verarbeitung dieser Impulsmuster in den sensorischen Anteilen des Gehirns vor sich geht. Wir fassen diese Betrachtungsweise der Sinnesorgane und ihrer Leistungen als ***objektive Sinnesphysiologie*** zusammen.

Die Aktivität der Sinnesorgane löst aber auch in uns selbst Empfindungen und Wahrnehmungen aus. Auch diese können wir zum Gegenstand wissenschaftlicher Analyse machen und können dazu auch analoge Erlebnisse, die von anderen Menschen berichtet werden, heranziehen. Diese Forschungsrichtung wird als ***Psychophysik*** bezeichnet. Die Psychophysik ist Teil der ***Wahrnehmungspsychologie.*** Sie untersucht beispielsweise, um wieviel Grad die Temperatur von Wasser geändert werden muß, damit wir diese Temperaturänderung gerade bemerken (Messung einer Unterschiedsschwelle, s. S. 318), oder welche Wassertemperatur gerade als *schmerzhaft heiß* empfunden wird (es sind ziemlich genau 44–45 °C, weniger als die meisten Menschen annehmen).

Ähnlich wie in der Fotografie, werden die Sinnesreize in den Sinnesorganen und im Nervensystem mehrfach abgebildet; das Resultat dieser Prozesse wird uns als Wahrnehmung bewußt

Fotografische und sinnesphysiologische Abbildung. Wenn wir einen Gegenstand fotografieren, dann liegen zahlreiche Schritte zwischen dem Beginn der Aufnahme und dem fertigen Bild. Jeder dieser Schritte, wie die Projektion des Bildes in die Filmebene der Kamera oder die fotochemischen Veränderungen in der lichtsensiblen Filmschicht, lassen sich exakt beschreiben. Keine der Zwischenstufen und auch nicht das fertige Bild sind der Gegenstand selbst; alle sind nur Abbildungen des vorhergehenden Prozesses, mit dem sie aber durch die Gesetzmäßigkeiten des Abbildungsvorganges in einem so eindeutigen Zusammenhang stehen, daß wir schließlich aus der Farbvergrößerung genaue Informationen über den fotografierten Gegenstand gewinnen können.

Völlig analog zu diesem Beispiel werden auch in unseren Sinnesorganen und den nachfolgenden Stationen des Nervensystems die als Reiz wirkenden Umweltphänomene „abgebildet". Dies ist in Abb. 15–1 illustriert. In den Kästchen der linken Säule stehen die *Grundphänomene* der Sinnesphysiologie. Sie sind durch Pfeile verknüpft. Diese Pfeile deuten *Entsprechung* (oder *Abbildung*), nicht *Kausalität* an. So ist die Nervenerregung Abbildung eines Sinnesreizes und die Wahrnehmung Abbildung von neuronalen Impulsmustern im Kortex. Neben den Pfeilen sind die Bedingungen vermerkt, unter denen der jeweilige Abbildungsvorgang stattfindet. So sind *Phänomene der Umwelt* nur dann *Sinnesreize*, wenn sie in Wechselwirkung mit einem geeigneten Sinnesorgan treten. Ebenso werden aus den im Zentralnervensystem verarbeiteten *Erregungsmustern der Sinnesorgane* nur dann *bewußte Sinneseindrücke*, wenn das Zentralnervensystem Bewußtsein herzustellen vermag (s. Kap. 22).

Eindruck, Empfindung, Wahrnehmung. Abbildung 15–1 gibt auch an, welche der Abbildungsprozesse der objektiven Sinnesphysiologie und welche der Wahrnehmungspsychologie zugeordnet werden müssen. Bei der letzteren ist noch erläuternd zu ergänzen, daß wir als ***Sinneseindruck*** die einfachsten Einheiten, die *Elemente der Sinneserfahrung* bezeichnen. Ein solcher Eindruck wäre beispielsweise der Geschmack süß. Wir nehmen aber solche Sinneseindrücke kaum je isoliert auf und nennen eine *Summe von ihnen* eine ***Sinnesempfindung.*** Die Aussage „Ich schmecke etwas Bittersüßes und verspüre ein Prickeln auf der Zunge" beschreibt eine solche Sinnesempfindung. Zur reinen Sinnesempfindung kommt aber in der Regel eine *Deutung*, ein *Bezug auf Erfahrenes und Gelerntes.* Dies wird ***Wahrnehmung*** genannt. Der eben geschilderten Empfindung entspricht so die Wahrnehmung: „Ich trinke einen Gin-Tonic".

Die Beziehungen zwischen Hirnvorgängen und psychischen Prozessen lassen sich im Bereich der Sinnesphysiologie besonders gut studieren

Der „nahtlose" Übergang zwischen objektiver und subjektiver Sinnesphysiologie in Abb. 15–1 darf nicht darüber hinwegtäuschen, daß es keineswegs als allgemein akzeptiert anzusehen ist, daß die *psychischen* Phänomene der Empfindungen und Wahrnehmungen überhaupt etwas gemeinsam haben mit den *materiellen* Phänomenen der objektiven Sinnesphysiologie, wie den Erre-

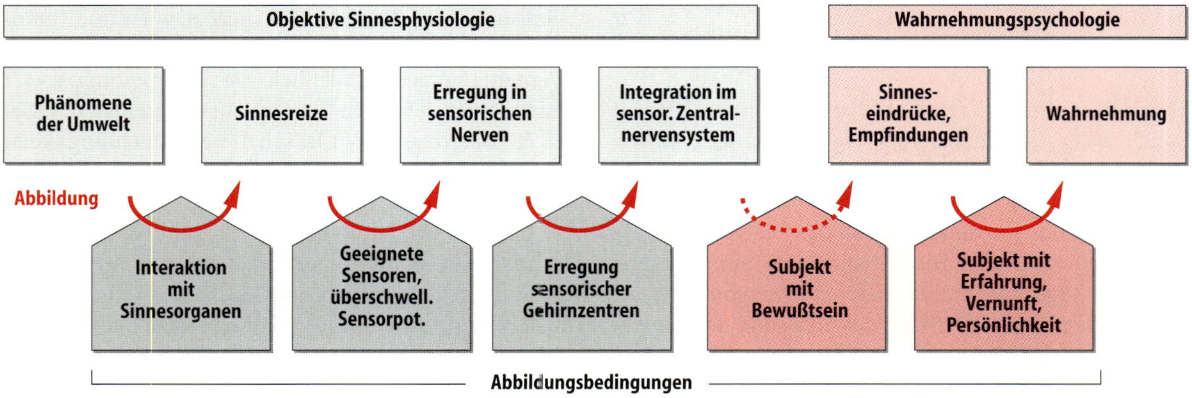

Abb. 15–1. Abbildungsverhältnisse in der Sinnesphysiologie. In den *Kästchen* Grundphänomene der Sinnesphysiologie, die roten *Pfeile* dazwischen deuten das Verhältnis *„Abbildung"* an. *Darunter* sind die Abbildungsbedingungen angegeben. Die Bereiche der objektiven Sinnesphysiologie und der Wahrnehmungspsychologie bzw. subjektiven Sinnesphysiologie sind durch graue bzw. rote *Unterlegung* zusammengefaßt. Ein gestrichelter Pfeil markiert den Übergang von physiologischen zu psychischen Prozessen. Mod. aus [17] in [10 a]

BOX 15–1

Gibt es außersinnliche Wahrnehmungen?
Die ***Parapsychologie*** beschäftigt sich mit dem empirischen Nachweis von Phänomenen wie Gedankenlesen (Telepathie) und Hellsehen (Präkognition). Diese Phänomene werden unter dem Begriff ***EPS (extra sensory perception:** außersinnliche Wahrnehmung*) zusammengefaßt. Ihr zweifelsfreier Nachweis wäre ein starkes Argument für die Existenz einer Psyche, die außersinnliche, also nicht von körperlichen Vorgängen abhängige Informationen aufnehmen kann (s. S. 7). Die bisher dazu vorgelegten Untersuchungen haben allerdings noch nicht zu einem auch für Skeptiker überzeugenden Beleg der Existenz von EPS-Phänomenen geführt (s. Handwerker in [10 a]). Anhänger der Parapsychologie bringen dazu gerne vor, daß sie als Außenseiter von der „Schulwissenschaft" nicht genügend ernst genommen würden. Es ist aber nach dem derzeitigen Kenntnisstand wahrscheinlicher, daß die bisher vorgelegten „Nachweise" für EPS den üblichen wissenschaftlichen Kriterien nicht standhalten.

Sollte es nämlich EPS-Phänomen geben, so treten diese, wie H. Handwerker a.o.a.O. bemerkt, offenbar nur selten, unter schlecht kontrollierten Bedingungen auf und sie sind nicht reproduzierbar. „EPS-Begabte" entziehen sich z. B. gern strengen experimentellen Kontrollen mit dem Hinweis, daß dies ihre „übersinnlichen" Kräfte mindere. Häufig werden auch Gedankenfehler mit der Statistik gemacht. Wenn z. B. 3mal hintereinander die „6" gewürfelt wird, hat es wenig Sinn, nachträglich auszurechnen, daß dieses Ereignis nur eine Wahrscheinlichkeit von 1/6 x 1/6 x 1/6, also weniger als 0,3 % hat. Ein Beweis für außerordentliche Fähigkeiten des Würfelspielers wäre dieses Ergebnis nur, wenn der Würfler reproduzierbar voraussagen könnte, daß er die „6er" Serie erzielen wird. Sollte er dazu in der Lage sein, müßte man natürlich zunächst nach einem Trick suchen. Denn die Parapsychologie ist bisher im wesentlichen eine faszinierende Geschichte raffinierter Täuschungen (z. B. von professionellen Zaubertrick-Künstlern), denen auch kritisch eingestellte Wissenschaftler schon häufig zum Opfer gefallen sind.

gungsmustern der Sensoren und Neurone. Diese Frage ist natürlich nur ein Teilaspekt der generellen Frage nach ***Wesensgleichheit*** oder ***-verschiedenheit*** von Geist und Materie oder „Hirn und Seele". Sie tritt hier aber in einer besonders anziehenden Variante auf, denn sie gibt den Anreiz, Experimente durchzuführen, die uns vielleicht der Lösung dieses faszinierenden Rätsels näherführen können. Zwar lassen sich keine Experimente angeben, die Kausalzusammenhänge zwischen den Inhalten der physischen und der psychischen Vorgänge nachzuweisen gestatten, aber es können doch feste, d. h. *voraussagbare und mathematisch beschreibbare Korrelationen* (Beziehungen, Abbildungen) zwischen den Phänomenen der beiden Bereiche postuliert und anschließend experimentell überprüft werden [20].

Betrachten wir dazu ein einfaches Beispiel: Mit einer durch die intakte Haut in einen Nerven eingestochenen Mikroelektrode kann die Impulsaktivität einer einzelnen Nervenfaser, z. B. eines Drucksensors der Haut, abgeleitet werden ***(transkutane Mikroneurographie).*** Diese Elektrode erlaubt es also, die von dem Sensor nach zentral gesandten Impulse (Aktionspotentiale) aufzuzeichnen und „mitzuhören". Wird nun die Hypothese aufgestellt, daß die Frequenz dieser Impulse in einem festen, mathematisch beschreibbaren Zusammenhang steht mit der Stärke eines *Druckreizes* einerseits und mit der *Stärke der subjektiven Druckempfindung* andererseits, so läßt sich dies, wie bereits geschehen, am wachen Menschen unmittelbar überprüfen: Auf der einen Seite erhält man Registrierungen von Impulsentladungen, die eine feste Abhängigkeit vom Reiz aufweisen, auf der anderen Seite ein Protokoll der Empfindungen der Versuchspersonen, die ebenfalls in einem eindeutigen Zusammenhang mit dem Reiz stehen. Damit lassen sich aus der Kenntnis der Impulsentladungen eindeutige Voraussagen sowohl über den auslösenden Reiz als auch über die dabei auftretenden Empfindungen machen, ganz unabhängig davon, ob die Impulse in einem ursächlichen Zusammenhang mit der Empfindung stehen oder ob die psychologischen Vorgänge nur Begleitphänomene der physiologischen sind *(Epiphänomenalismus)* [3].

Das Studium der quantitativen Beziehungen zwischen Reizgröße und subjektiver Empfindungsgröße wird traditionell als ***Psychophysik*** bezeichnet [2,4,11,17,20]. Dieses Gebiet gehört gleichermaßen der Sinnesphysiologie wie der Wahrnehmungspsychologie an. Die im vorigen Absatz vorgestellte gleichzeitige Messung und Verknüpfung objektiver Ereignisse an Sinnesorganen oder zentralnervösen Strukturen und subjektiven Wahrnehmungen und Verhalten wird der ***Psychophysiologie*** zugeordnet (vgl. auch Abb. 15–13 und zugehöriger Text). Psychophysik und Psychophysiologie haben eine Reihe von allgemeinen Gesetzmäßigkeiten erarbeitet, die zeigen, daß zwischen den physikalischen, physiologischen und psychologischen Änderungen häufig lineare Korrelationen bestehen, die auch interindividuell erstaunlich konstant sind.

Die Wahrnehmungspsychologie befaßt sich auch mit affektiven Prozessen der Sinneswahrnehmung, wie sie sich beispielsweise in den Begriffspaaren *angenehm/unangenehm, behaglich/unbehaglich, schön/häßlich* ausdrücken. Besonders ausgeprägt ist das für Gerüche, die wir oft nur ungenau als „anregend" oder „ekelhaft" bezeichnen können. Auch die affektive Tönung von Empfindungen, also z. B. der *Grad des Unbehagens* bei zu kalter oder zu warmer Hauttemperatur in der Klimakammer, läßt sich ebenso messen wie Reizstärkeempfindungen (indem beispielsweise der Grad des Unbehagens von der Versuchsperson in der *Lautstärke eines Tones* ausgedrückt wird). Die Ergebnisse sind auch hier von Mensch zu Mensch außerordentlich konstant. Mit anderen Worten: Wahrnehmungen sind sich bei aller Subjektivität unserer persönlichen Erfahrung von Mensch zu Mensch viel ähnlicher, als wir es im allgemeinen einzuräumen geneigt sind, eben weil der für die Aufnahme und Verarbeitung von Sinnesreizen notwendige neuronale Apparat bei allen Individuen nach denselben Spielregeln arbeitet.

Jede Empfindung hat 4 Grunddimensionen, nämlich die Dimensionen der Räumlichkeit und der Zeitlichkeit, die Qualitätsdimension und die Intensitätsdimension

Die beiden ersten Dimensionen ordnen die Empfindung in die Raum- und Zeitstruktur unseres Körpers und unserer Umwelt ein. Wir können einen Hitzereiz auf der Haut genau lokalisieren und seinen Beginn und seine Dauer zeitlich genau angeben. Gleiches gilt für einen Ton oder einen Lichtstrahl aus der Umwelt. Die *Räumlichkeit* und *Zeitlichkeit* dieser Reize sind im übrigen Dimensionen eines jeden materiellen Phänomens und gelten so auch für die objektive Sinnesphysiologie.

Qualität und Modalität. Wie bereits besprochen, erfahren wir unseren Körper und unsere Umwelt nicht vollständig, sondern ausschnitthaft über spezialisierte ***Sinnesorgane*** oder ***Sinne.*** Dazu gehören die alten *„fünf Sinne“:* das Sehen, das Gehör, das Gefühl (oder Getast), der Geschmack und das Riechen. Jedes dieser Sinnesorgane vermittelt jeweils Sinneseindrücke, die in ihrer Intensität verschieden sein können, in ihrer Qualität einander jedoch ähnlich sind. Wir nennen eine *Gruppe ähnlicher Sinneseindrücke,* die durch ein bestimmtes Organ vermittelt werden, eine ***Modalität*** oder ***Sinnesmodalität.***

Innerhalb einer Sinnesmodalität lassen sich oft weitere Unterscheidungen des Sinneseindruckes voneinander abgrenzen, die als ***Qualitäten*** bezeichnet werden. So unterteilt man den Gesichtssinn in die Qualitäten Helligkeit (oder Grauwert) und die Farben Rot, Grün und Blau. Qualitäten des Gehörsinns sind die Töne verschiedener Höhe, und der Geschmack hat die Qualitäten süß, sauer, salzig und bitter. Im allgemeinen entsprechen den Modalitäten die verschiedenen Sinnesorgane, während die Qualitäten über die verschiedenen Sensortypen (Rezeptortypen) innerhalb eines Sinnesorgans vermittelt werden. In Abb. 15–2 sind diese Verhältnisse für den Gesichtssinn deutlich gemacht.

Intensität und Quantität. Die vierte Grunddimension einer Sinnesempfindung ist ihre *Intensität* oder ***Quantität.*** Eine Quantität ist für den Gesichtssinn z. B. die Stärke der Helligkeitsempfindung oder für das Gehör die Lautheit eines Tones. Das organische Korrelat der Quantität eines Sinneseindruckes ist die Amplitude des Sensorpotentials (Rezeptorpotentials) bzw. die Frequenz der Aktionspotentiale im sensorischen Nerven (s. S. 306, 307). Ein Beispiel einer solchen Korrelation zeigt Abb. 15–2 für den Gesichtssinn.

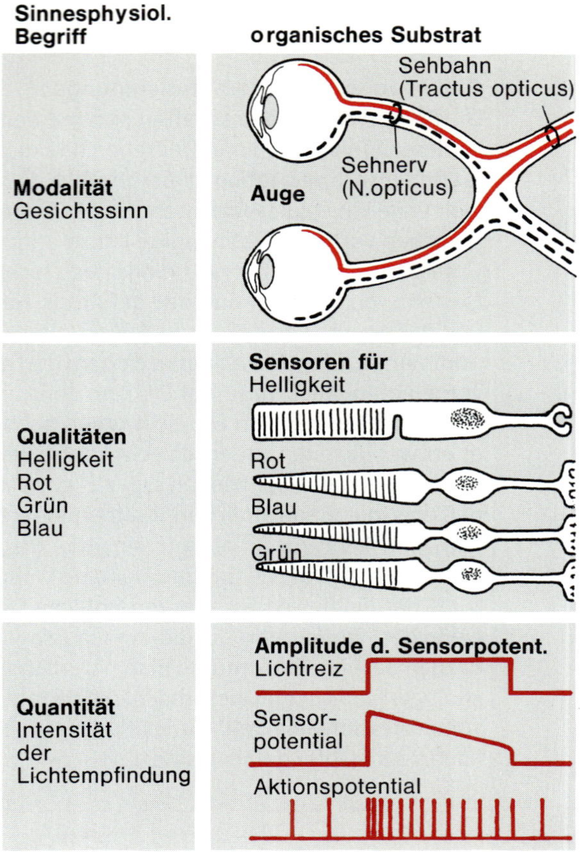

Abb. 15–2. *Modalität, Quantität* und *Qualität* und ihre organischen Substrate am Beispiel des Sehorgans. Modifiziert aus [17]

Die Sensoren der Sinnesorgane sind teils Exterozeptoren, teils Propriozeptoren und teils Enterozeptoren

Neben den klassischen „fünf Sinnen“ kennen wir heute eine ganze Reihe weiterer Sinnesmodalitäten, z. B. den Temperatursinn der Haut und den Gleichgewichtssinn. Zu diesen ***spezifischen Modalitäten*** kommen solche hinzu, deren Sinnesorgane im Körper liegen und dessen Zustand feststellen. Bei diesen Modalitäten wird uns die Information meist nicht direkt, sondern mehr in Form eines ***Allgemeingefühls*** bewußt. Es ist jedenfalls heute klar, daß die Anzahl der Modalitäten über die fünf Sinne weit hinausgeht.

Bei einem Versuch, die Sinnesorgane unseres Körpers zu klassifizieren, lassen sich an Hand der jeweils verwendeten *Sensoren* (synonym: *Sinnesfühler, Sinnesrezeptoren)* in etwa drei große Gruppen abgrenzen:

- Sensoren, die Reize aus der Umwelt aufnehmen, also z. B. die Sensoren von Auge und Ohr, werden als ***Exterozeptoren*** bezeichnet.

- Sensoren, die Lage und Bewegung unseres Körpers registrieren, wie die Muskelspindeln und Sehnenorgane (s. S. 254), nennen wir ***Propriozeptoren.*** Zu dieser Gruppe gehören auch die Sensoren des Gleichgewichtsorgans.
- Informationen über mechanische und chemische Ereignisse aus den Eingeweiden werden über ***Enterozeptoren*** vermittelt. Dazu gehören z. B. die *Barorezeptoren* und *Chemorezeptoren* aus dem Karotissinus, die den Blutdruck bzw. die Kohlensäure- und Sauerstoffspannung registrieren und an der Regelung von Kreislauf und Atmung teilnehmen (s. S. 186, 204).

15.2 Transduktion und Transformation in Sensoren und afferenten Neuronen

Für jedes Sinnesorgan gibt es adäquate Reize, d. h. Reize, auf die es optimal reagiert; aber auch nichtadäquate Reize können Erregungen des Sinnesorgans auslösen

Adäquate Reize. Die Meßfühler oder ***Sensoren*** (Sinnesrezeptoren) in den Sinnesorganen sind darauf spezialisiert, auf bestimmte Reize optimal zu reagieren. Meist ist das der Reiz, der eine minimale Energie benötigt, um das betreffende Organ zu erregen. Diejenigen Reizformen, auf die ein Sinnesorgan optimal reagiert, werden ***adäquate Reize*** genannt. Für das Auge sind dies z. B. elektromagnetische Schwingungen mit Wellenlängen zwischen 400 bis 700 nm (s. S. 382), für das Ohr Schall(druck)wellen mit einer Frequenz zwischen 20 und 16 000 Hz (s. S. 413).

Die Spezifität der Sinnesorgane ist vielfach von deren Aufbau mitbedingt. So werden sowohl im Gleichgewichtsorgan wie im Innenohr die Haarzellen durch Endolymphströmungen erregt. Im ersteren Fall werden diese Strömungen durch Kopfbewegungen ausgelöst (s. S. 431), im zweiten durch Schallwellen.

Nichtadäquate Reize. Ein Sinnesorgan reagiert jedoch nicht nur auf adäquate Reize. So können z. B. alle Sinnesorgane durch elektrischen Strom erregt werden. Ähnlich wirken starke Druckänderungen (Schlag auf das Auge: „Sterne sehen") oder Änderungen des chemischen Milieus (z. B. Sauerstoffmangel) auf die meisten Sensoren. Bei diesen Einschränkungen der Spezifität handelt es sich um *unphysiologische* ***nichtadäquate Reize,*** jedoch werden auch Reaktionen auf *physiologische* nichtadäquate Reize beobachtet. So spricht ein Grün-Sensor der Netzhaut auch auf starkes rotes oder blaues Licht an, seine Empfindlichkeit ist aber für grünes Licht am höchsten.

Die Umwandlung eines Reizes in ein lokales Sensorpotential wird Transduktion genannt; die Sensorpotentiale kodieren die Reizstärke; die Öffnung nichtselektiver Kationenkanäle ist für das Sensorpotential verantwortlich

Die Abb. 15–3 zeigt eine schematische Darstellung eines Dehnungssensors an einem Krebsmuskel, der zu den bestuntersuchten Sensorpräparaten gehört [23]. Er besteht aus einer Nervenzelle mit relativ großem Soma, deren Dendriten Muskelfasern anliegen, und von der

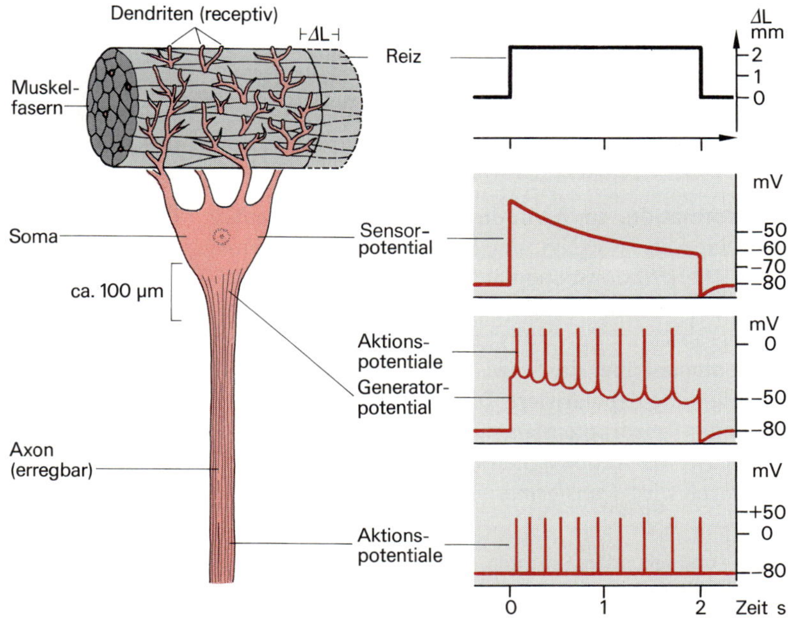

Abb. 15–3. Transduktion und Transformation am Beispiel eines Mechanosensors. Elektrophysiologische Messungen (*rechte* Bildhälfte) an einem Strecksensor des Krebses, dessen Dendriten als Dehnungsmeßfühler zwischen den Muskelfasern liegen (*linke* Bildhälfte). Bei Reizung (Längenänderung des Muskels um ΔL) kann von der Sensorzelle mit einer Mikroelektrode das Sensorpotential (erste *rote* Registrierung von oben) aufgezeichnet werden. Die Umwandlung des mechanischen Reizes in das Sensorpotential wird Transduktion genannt. Am Übergang zwischen Soma und Axon entstehen aus dem Sensorpotential Aktionspotentiale (Prozeß der Transformation, zweite *rote* Registrierung von oben). Am Axon selbst werden nur diese Aktionspotentiale nach zentral geleitet (*unterste* Registrierung)

ein Axon Aktionspotentiale zum Zentrum leiten kann. Werden zur Reizung des Sensors die Muskelfasern gedehnt, so wird im Soma (das ein normales Ruhepotential besitzt) eine *Depolarisation* gemessen, die bei Ende des Reizes wieder verschwindet. Diese Depolarisation wird als ***Sensorpotential*** bezeichnet (früher nannte man Sensorpotentiale auch *Rezeptorpotentiale;* da Sensorpotentiale in den zugehörigen afferenten Nervenfasern Aktionspotentiale generieren, ist auch der Begriff *Generatorpotential* gebräuchlich).

Das Sensorpotential dauert so lange wie der Reiz, und seine Amplitude wächst mit der Reizstärke. Es ist somit ***reizabbildend,*** d.h. seine Amplitude kodiert innerhalb des Empfindlichkeitsbereiches des jeweiligen Sensors die Reizstärke. Es beruht auf einer Öffnung von nichtselektiven Kationenkanälen der Sensormembran, wobei die Anzahl der geöffneten Kanäle von der Stärke der Dehnung abhängt. Der dadurch auf Grund der Ionenverteilung zwischen Intra- und Extrazellulärraum verursachte Einstrom von Na^+-Ionen erzeugt das depolarisierende Sensorpotential, das sich elektrotonisch auf das Soma ausbreitet [1, 10, 17, 20]. Diese primäre Umwandlung des Reizes in ein Sensorpotential wird ***Transduktion*** genannt.

Ein wichtiger Teilaspekt der Transduktion des Reizes in das Sensorpotential ist der energetische. Der Reiz ist nicht die Energiequelle des Sensorpotentials. Er steuert nur, unter Mitwirkung von im einzelnen noch unbekannten Membranprozessen, Ionenströme durch die Membran, die durch die Konzentrationsdifferenzen der Ionen über die Membran angetrieben werden. So kann schon ein einzelnes Lichtquant so große Membranströme auslösen, daß das entstehende Sensorpotential die Aktivität der Sehzellen meßbar beeinflußt. Mit der Transduktion ist also ein ***Verstärkungsprozeß*** verbunden.

Die Sensorpotentiale sind depolarisierende Potentiale, da sie Folge der Öffnung nichtselektiver Kationenkanäle und der dadurch entstehenden Ionenströme sind. Eine Ausnahme bilden die Stäbchen und Zapfen der Netzhaut des Auges, bei deren Reizung durch Licht sich solche Ionenkanäle schließen, wodurch die Membran hyperpolarisiert.

Die Umkodierung des Sensorpotentials in fortgeleitete Aktionspotentiale wird Transformation genannt; die Abnahme der Erregung des Sensors bei gleichbleibendem Reiz bezeichnet man als Adaptation

Transformation. Im Axon des Dehnungssensors entsteht, wie Abb. 15-3 zeigt, eine Salve von Aktionspotentialen. Diese Aktionspotentiale werden durch das lokale Sensorpotential ausgelöst, das elektrotonisch in den Anfangsabschnitt des Axons geleitet wird und dort das Ruhepotential über die Schwelle für fortgeleitete Aktionspotentiale depolarisiert. Die anhaltende Depolarisation des Sensorpotentials wird also in eine rhythmische Serie von Aktionspotentialen umgewandelt. Dieser Prozeß wird *Transformation* genannt.

Primäre und sekundäre Sensoren. Die Transformation des *Rezeptorpotentials* in eine Serie von Aktionspotentialen findet bei vielen Sensoren im Anfangsabschnitt des Axons der Sensorzelle statt (s. Abb. 15-3). Neben solchen *primären Sensoren* gibt es auch *sekundäre Sensoren.* Bei letzteren wird das Sensorpotential nicht schon in der Sinneszelle in Aktionspotentiale transformiert, sondern in der Endigung einer afferenten Nervenzelle, die mit der Sensorzelle synaptischen Kontakt hat (s. Abb. 18-12, S. 430). Wichtige Typen von sekundären Sensoren sind z. B. die Schmeckzellen auf der Zunge, die Sehzellen in der Netzhaut des Auges und die Hörzellen im Innenohr des Menschen.

Adaptation. Die oben beschriebene Abbildung des Reizes in der afferenten Impulssalve ist aber nicht absolut reizgetreu, denn das Sensorpotential wird auch bei konstantem Reiz im Laufe der Zeit kleiner (Abb. 15-3, 15-4). Diese ***Adaptation an den Reiz*** kennen wir aus der subjektiven Erfahrung. Der Zeitverlauf der Adaptation ist von den Eigenschaften des Sensors abhängig: Es gibt solche, die sehr rasch adaptieren, wie die Berührungssensoren der Haut, und solche, wie die Nozizeptoren (s. S. 351), die dies nur sehr langsam oder überhaupt nicht tun. Der Zeitverlauf der subjektiven Adaptation ist daher schon durch die Abbildungvorgänge im Sensor vorbestimmt.

Die Kodierung der Reizamplitude als Impulsfrequenz läßt sich am besten in Form einer Potenzfunktion beschreiben; bei linearer Übertragungsfunktion ist der Exponent $n = 1$; bei den meisten Sinnesorganen ist die Übertragungsfunktion nichtlinear mit $n < 1$ oder $n > 1$

Die bei der Transformation entstehenden Aktionspotentiale werden zum Zentralnervensystem weitergeleitet und enthalten in Form einer ***Frequenzkodierung*** Information über die Stärke und Dauer des Sensorpotentials (Abb. 15-3). Da letzteres wiederum in seinem Verlauf durch den Reiz bestimmt wird, *bildet sich der Reiz also in der Impulssalve der afferenten Nervenfaser ab.* Dies ist (neben dem Prozeß der Adaptation) ebenfalls in Abb. 15-4 zu sehen.

Die ***Übertragungsfunktionen*** sind nicht bei allen Sensoren gleich. Langsame Dehnungsrezeptoren, wie der der Abb. 15-3, können in weiten Bereichen eine ***lineare*** Übertragungsfunktion haben, d. h. Reizamplitude und Aktionspotentialfrequenz des Sensors sind proportional (Abb. 15-5A).

Häufig sind aber auch Übertragungsfunktionen von der in Abb. 15-5B gezeigten Form: Das Sensorpotential und, wenn dies überschwellig wird, auch die Aktionspotentialfrequenz steigen bei schwachen Reizen steil mit der Reizamplitude, bei stärkeren Reizen nimmt jedoch die Empfindlichkeit des Sensors zunehmend ab, die Aktionspotentialfrequenz steigt bei großen Reizen nur noch wenig. Diese ***nichtlineare*** Übertragungsfunktion wird bei Sinnesorganen gefunden, bei denen die Reize einen großen Amplitudenumfang haben, z. B. bei Lichtsensoren in der Netzhaut des Auges, die auf Beleuchtungsstärken, deren Amplituden sich im Extremfall wie $1:10^6$ verhalten, antworten müs-

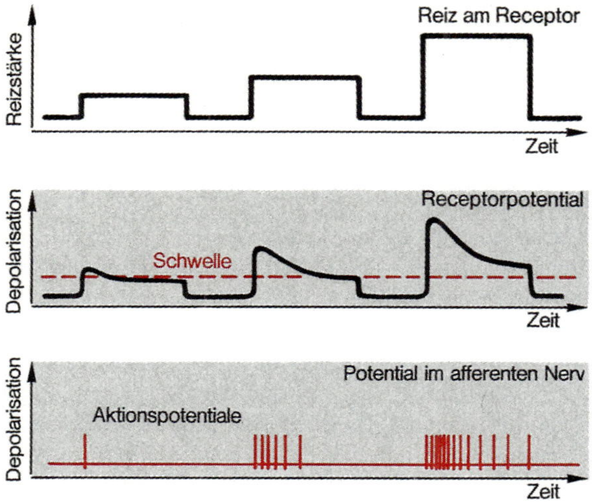

Abb. 15–4. Kodierung der Reizstärke durch Sensoren und die Adaptation der Sensorpotentiale auf einen anhaltenden Reiz. *Oben:* drei Reize zunehmender Intensität (z. B. Druckreize), *darunter* die dadurch ausgelösten Sensorpotentiale, die mittelschnelle Adaptation zeigen. Die Sensorpotentiale überschreiten in verschiedenem Ausmaß die Schwelle *(rot)* für die Auslösung von Aktionspotentialen, deren Frequenz in der *untersten* Zeile ersichtlich ist. Aus [17]

sen. Selten kommt die umgekehrte Krümmung der Übertragungsfunktion wie die in Abb. 15–5B vor, daß nämlich die Aktionspotentialfrequenz mit steigender Reizamplitude steiler ansteigt. Ein solches Verhalten ist für Nozizeptoren typisch.

Die verschiedenen Formen der Übertragungsfunktionen zwischen überschwelligem Reiz ***S*** und Impulsfrequenz ***F*** lassen sich am besten in Form einer ***Potenzfunktion*** fassen. Es ist

$$F = k \cdot S^n$$

Dabei ist ***k*** eine Konstante und der Exponent ***n*** ein für jeden Sensortyp charakteristischer positiver Wert. Ist $n = 1$, so wird die Potenzfunktion zu einer Geraden mit der Steigung k. Ist n kleiner als 1 ($n < 1$), so ergibt sich in einem linearen Koordinatensystem die Kurvenform der Abb. 15–5B, und ist n größer als 1 ($n > 1$), so steigt die Impulsfrequenz überproportional mit dem Reiz an. Bei Auftragung der Meßwerte in einem doppelt-logarithmischen Koordinatensystem lassen sich die Werte von Potenzfunktionen durch Geraden bestimmen, deren Steilheiten durch die Exponenten bestimmt werden. Ist $n = 1$, so beträgt die Steilheit der Geraden, wie Abb. 15–5C zeigt, 45°, bei $n < 1$ und $n > 1$ liegt ihre Steilheit unter bzw. über diesem Wert. So bedeutet ein Exponent von $n = 0{,}3$, daß sich die Empfindung bei einer Verzehnfachung der Reizstärke etwa verdoppelt ($10^{0,3} = 1{,}995262$, Taschenrechner!). Potenzfunktionen charakterisieren auch die Übertragungsfunktionen sensorischer Neurone (s. S. 312) und die Beziehung zwischen Reiz- und Empfindungsstärken (s. S. 321). Die subjektiv empfundenen Änderungen der Reizintensität lassen sich mit Hilfe dieser Beziehungen exakt berech-

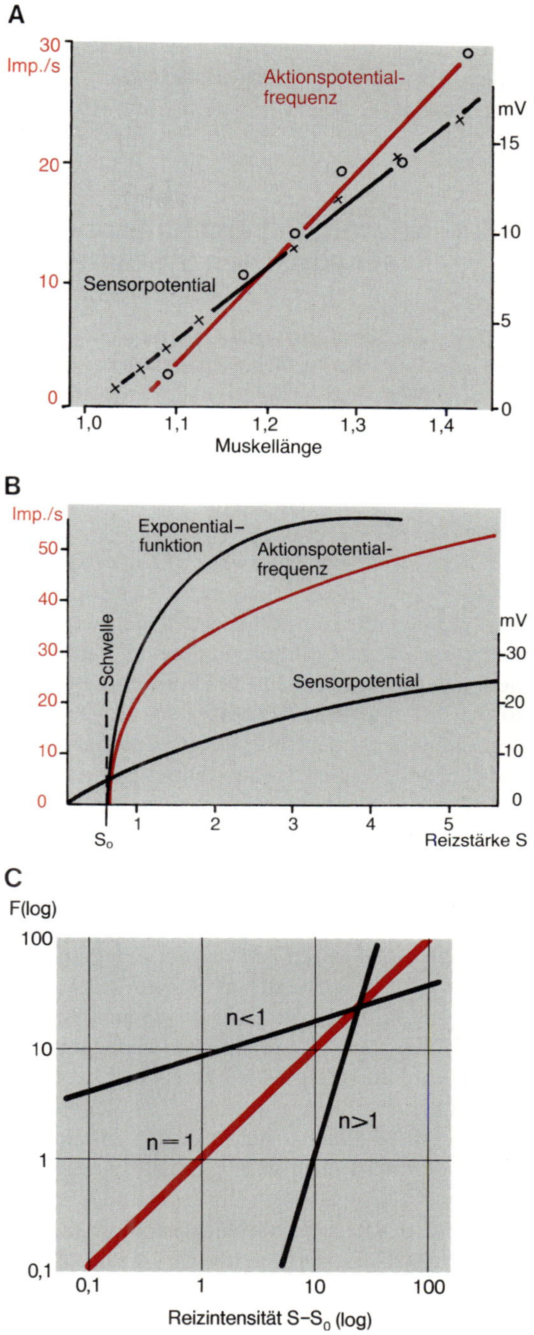

Abb. 15–5. Übertragungsfunktionen bei der Transformation in Sensoren. **A** Lineare Übertragungsfunktion eines Dehnungssensors des Krebsmuskels. Abhängikeit der Amplitude des Sensorpotentials *(schwarz, rechte Ordinate)* und der Impulsfrequenz der ausgelösten Aktionspotentiale *(rot, linke Ordinate)* von der Länge des gedehnten Krebsmuskels. **B** Nichtlineare Übertragungsfunktion eines Sensors, ansonsten wie in **A.** So bezeichnet die Schwelle des Sensorpotentials für die Auslösung von Aktionspotentialen. Beide Kurvenverläufe sind bei diesem Sensor Potenzfunktionen. **C** Formen von Potenzfunktionen mit Exponenten größer (>) und kleiner (<) 1 bei Darstellung in einem Koordinatensystem mit logarithmischen Skalen. *Ordinate:* Entladungsfrequenz eines Sensors. *Abszisse:* Reizstärke S vermindert um die Schwellenreizstärke So. **A, B** aus [17]

nen, indem man z. B. die Aktionspotentialfrequenz zu den Angaben der Versuchsperson (z. B. in Intensitätsstufen von 1 bis 100) in Beziehung setzt.

15.3 Neuronale Verschaltungen in sensorischen Systemen

Die Erregungsausbreitung in sensorischen neuronalen Netzwerken erfolgt sowohl divergent wie konvergent; dazu treten hemmende Prozesse, insbesondere laterale Hemmung auf, die u. a. der Kontrastverschärfung dienen

Ein Reiz erregt normalerweise nicht einen, sondern viele, oft viele tausend Sensoren gleichzeitig. Die daraus resultierende Impulsflut in den afferenten Nervenfasern enthält die Information über die räumliche Ausdehnung und die zeitliche Struktur des Reizes. Die Information muß vom Nervensystem ausgewertet werden, damit der Organismus angemessen auf den sensorischen Reiz reagieren kann. Die Auswertung erfolgt bei allen Sinnesorganen an mehreren Stellen zwischen dem Sensor am einen und den zugehörigen Großhirnrindenarealen am anderen Ende der sensorischen Bahnen.

Divergenz. Die ersten Schritte der Erregungsausbreitung in einem sensorischen System zeigt Abb. 15–6. Dargestellt ist ein Nervennetz aus 3 Sensoren und zwei darauf folgenden synaptischen Ebenen. Der mittlere Sensor wird durch einen Reiz erregt und beeinflußt erregend die mit ihm synaptisch verbundenen 3 Neurone. Diese *Divergenz* hat zur Folge, daß das auf der Ebene der Sensoren noch eng begrenzte *„erregte Gebiet"* (s. Abb. 15–6A, rechts) sich ausweitet und damit die *Lokalisation* des Reizes verschlechtert wird. Andererseits gewährleistet die Divergenz, daß auch die Effekte schwacher Reize auf wenige Sensoren anschließend verstärkt weitergegeben werden. Als Beispiel sei erwähnt, daß wir beim Schmecken nicht wahrnehmen können, von welcher Region der Zunge die Geschmacksempfindung ausgeht.

Konvergenz. Im Neuronennetz der Abb. 15–6 kommt auch *Konvergenz* vor: Jedes Neuron bekommt mehrfache Afferenzen. Die Konvergenz der von vielen benachbarten Sensoren ausgehenden Erregungen führt zur *räumlichen Summation* oder *Bahnung* der synaptischen Potentiale in diesem Neuron. Auch dadurch wird erreicht, daß die Effekte schwacher Reize verstärkt werden. Andererseits wird bei sehr starken und großflächigen Reizen über die Konvergenz sehr schnell der maximale Erregungszustand der Neurone erreicht. Ein solcher „Sättigungszustand" in einem Neuronenverband wird ***Okklusion*** genannt (s. S. 139). Er führt beispielsweise dazu, daß zwei eng nebeneinanderliegende starke Druckreize nicht mehr voneinander unterschieden, sondern nur als einheitlicher Reiz wahrgenommen werden.

Hemmung im sensorischen System. Würden sich die Erregungen, wie in Abb. 15–6A angenommen, ungehindert ausbreiten, so wäre bald das ganze Gehirn erregt. Dies wird durch das Hinzutreten von Hemmung verhindert. In Abb. 15–6B ist das Nervennetz von Abb. 15–6A um hemmende Interneurone (schwarz) ergänzt. Es ist nur ein Typ der Hemmung berücksichtigt, nämlich die *laterale Hemmung durch negative Rückkopplung*, die im sensorischen System besonders wichtig ist [10,13,17,20]. Im Beispiel der Abb. 15–6B führt die laterale Hemmung dazu, daß sich um die durch den Reiz maximal erregten Neurone der Mittelachse eine *Hemmzone* ausbildet, die das erregte Gebiet auch auf den höheren synaptischen Ebenen stark eingrenzt. Dies führt z. B. im visuellen System zu erheblichen Kontrastverschärfungen, wie später im Zusammenhang mit Abb. 15–15 erläutert werden wird.

Zentrale sensorische Neurone haben oft komplexe rezeptive Felder mit erregenden und hemmenden Anteilen, die teils nebeneinander, teils konzentrisch umeinander liegen

Definition rezeptiver Felder. In Abb. 15–6 haben wir, vom Sensor ausgehend, den Fluß der sensorischen Information über verschiedene synaptische Stationen betrachtet. Man geht in der Sinnesphysiologie häufig auch umgekehrt vor und bestimmt diejenigen Sensoren oder diejenigen Punkte des Raumes, von denen aus ein sensorisches Neuron erregt werden kann. Die Gesamtheit aller Punkte der Körperperipherie, von denen aus ein sensorisches Neuron durch spezifische Reize beeinflußt werden kann, wird sein *rezeptives Feld* genannt [6,21]. Ein Beispiel zeigt Abb. 15–7 für ein zentrales sensorisches Neuron im Thalamus. Leichte Berührung der Haut löst nur von Punkten in dem rot umrandeten Bezirk des Unterarmes eine Zunahme der Impulsfrequenz aus. Dieser Bezirk ist das rezeptive Feld des Neurons.

Die ***Größe der rezeptiven Felder*** ist bei verschiedenen sensorischen Neuronen sehr unterschiedlich. Einige haben sehr kleine rezeptive Felder, so z. B. Neurone des visuellen Kortex, die nur von einer 0,02 mm^2 großen Fläche der Netzhaut durch Lichtreize beeinflußt werden können. Andere Neurone können z. B. durch Hautreize in sehr großen Körperpartien, etwa einem ganzen Bein, beeinflußt werden, wobei das Neuron sowohl auf Berührungs-, wie auf Vibrations- und Kältereize reagiert. Dieses große rezeptive Feld umfaßt also auch *verschiedene Modalitäten*. Es leuchtet ein, daß das räumliche Auflösungsvermögen eines Sinnesorgans um so besser ist, je kleiner die rezeptiven Felder der beteiligten Neurone sind.

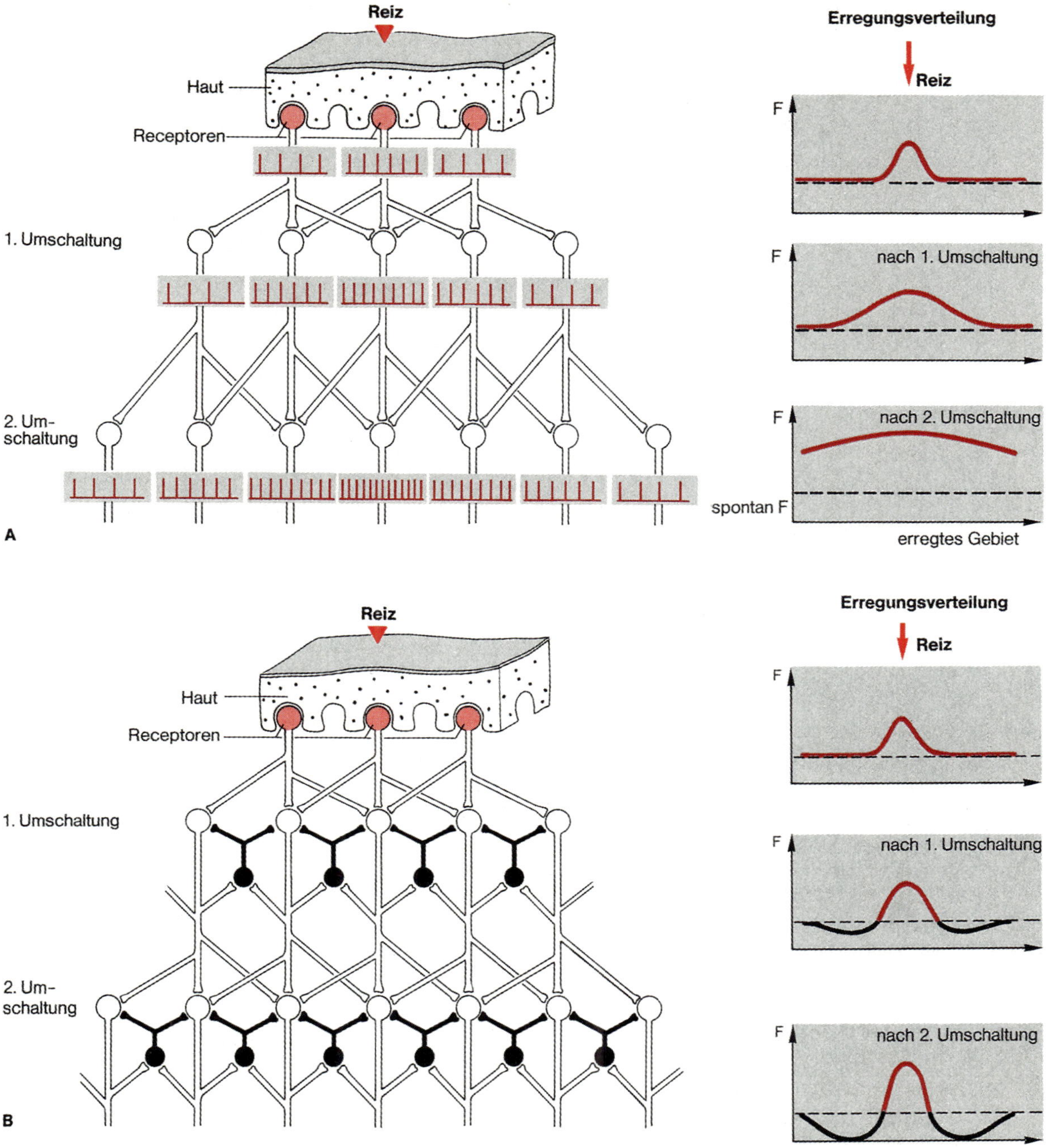

Abb. 15-6. Laterale Hemmung in einem einfachen Modell eines Sinnessystems. **A** *Links:* Schema der erregenden synaptischen Verbindungen von 3 Sensoren und 2 darauffolgenden synaptischen Ebenen. Die *gerasterten* Einschaltungen über den Axonen deuten die entsprechenden Erregungsfrequenzen während des Reizes an. Dieses Netzwerk weist ausgesprochene Divergenz und Konvergenz auf. *Rechts:* Verteilung der Entladungsfrequenzen *F* im erregten Gebiet um den Reizort auf der Ebene der Sensoren und den beiden nachfolgenden synaptischen Ebenen. **B** Wirkung zusätzlicher hemmender Interneurone *(schwarz)*. In den Entladungsverteilungen *rechts* wird lateral vom Reizort die Ruhefrequenz *(gestrichelt)* unterschritten. Diese laterale Hemmung ist *schwarz* eingetragen. Aus [17]

Erregung und Hemmung im rezeptiven Feld. Definitionsgemäß kann ein Neuron durch Reizung seines rezeptiven Feldes beeinflußt werden. Wie Abb. 15–6 zeigt, kann diese „Beeinflussung" entweder erregender oder hemmender Natur sein. In der Regel *reagieren Zentrum und Peripherie des rezeptiven Feldes gegensätzlich.* Beispiele zeigt Abb. 15–8. Dort erfolgt z. B. in einem Fall im Zentrum auf den Reiz hin eine *„an-Reaktion"*, d. h. die Impulsfrequenz nimmt während des Reizes zu und wird nach dem Reiz für einige Zeit kleiner als die Ruhefrequenz. Wenn aber der Reiz im Zentrum eine *„an-Reaktion"* auslöst, so führen Reize in der Peripherie zu der umgekehrten *„aus-Reaktion"* (Abb. 15–8, links). Man nennt ein solches rezeptives Feld ein *„an-Zentrum"-Feld* (on-Zentrum-Feld). Genauso häufig wie die „an-Zentrum"-Felder kommen jedoch auch die

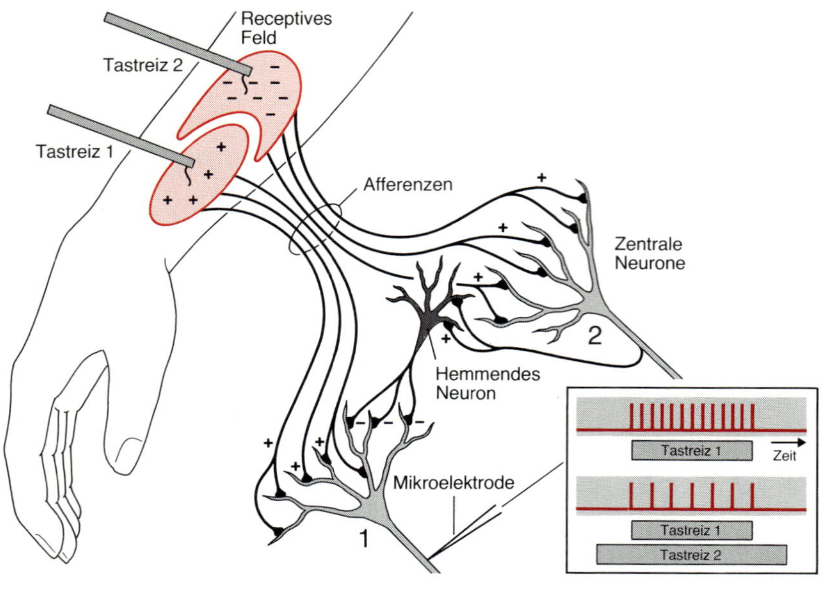

Abb. 15–7. Erregende und hemmende rezeptive Felder zentraler sensorischer Neurone. Gezeigt sind rezeptive Felder auf der Haut des Unterarms, von denen aus Neurone im Rückenmark (oder auf höheren Ebenen, z.B. im Thalamus) erregt oder gehemmt werden können. Neuron 1 wird aus dem erregenden rezeptiven Feld (+) aktiviert, aus dem hemmenden Umfeld (-) gehemmt, wie die Registrierung der Aktionspotentiale angibt. Neuron 2 wird aus dem für Neuron 1 hemmenden Feld (-) erregt. Die hier gezeigte hemmende Verschaltung ist ein Fall der lateralen Inhibition (vgl. Abb. 15–6). Nach M. Zimmermann, Heidelberg

umgekehrt organisierten *„aus-Zentrum"-Felder* (off-Zentrum-Feld) vor (Abb. 15–8, rechts) [22]. Diese Anordnung der rezeptiven Felder ist z.B. im Sehsystem verantwortlich für die Entstehung des Simultankontrastes (Abb. 17–3 und zugehöriger Text S. 375).

Grundlage dieser ***Organisation des rezeptiven Feldes*** ist die laterale oder ***Umfeldhemmung.*** Wie bereits in Abb. 15–6 gezeigt, erzeugt diese Hemmung um ein durch den Reiz „erregtes Gebiet" eine Hemmzone. Diese Konfiguration ist äquivalent zu einem *an-Zentrum* und einer *aus-Peripherie.* Wenn die durch den Reiz ausgelösten Erregungen über eine hemmende Synapse laufen, ergibt sich analog ein *aus-Zentrum*-rezeptives Feld. Die Organisation des rezeptiven Feldes in Zentrum und umgekehrt reagierende Peripherie *verschärft das räumliche Unterscheidungsvermögen* der Gehirnzentren und *fördert den Kontrast* (s. S. 321).

Die ***Größe des rezeptiven Feldes*** kann durch *zentral gesteuerte Hemmvorgänge* ***verkleinert*** werden, und sogar die relative Größe von Zentrum und Peripherie kann verschieden eingestellt werden. So ist z.B. ein wichtiger Teilaspekt der Dunkeladaptation des Auges (s. S. 376) die relative Vergrößerung der Zentren der rezeptiven Felder der Retina-Ganglienzellen bei herabgesetzter Beleuchtung [12]. ***Größe und Organisation*** des rezeptiven Feldes sind also ***keine unveränderlichen Eigenschaften*** eines sensorischen Neurons.

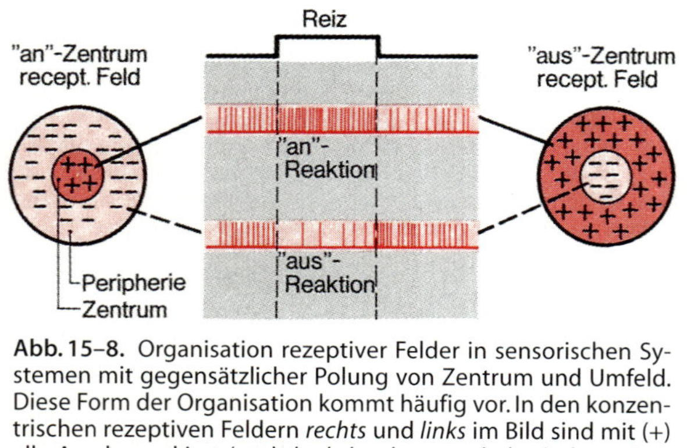

Abb. 15–8. Organisation rezeptiver Felder in sensorischen Systemen mit gegensätzlicher Polung von Zentrum und Umfeld. Diese Form der Organisation kommt häufig vor. In den konzentrischen rezeptiven Feldern *rechts* und *links* im Bild sind mit (+) alle Areale markiert (und *dunkelrot hervorgehoben*), deren Reizung zu einer an-Reaktion eines zentralen Neurons führt. Umgekehrt sind mit (-) und *hellrot* alle Areale markiert, deren Reizung zu einer aus-Reaktion führt. Das Entladungsverhalten der Neurone, die eine Ruheentladung aufweisen, ist schematisiert in der *Bildmitte* gezeigt. Aus [17]

Die Reizstärke-Reizantwort-Beziehungen sensorischer Neurone sind durch ihre Übertragungsfunktionen und ihre absoluten und relativen Unterschiedsschwellen gekennzeichnet

Übertragungsfunktion sensorischer Neurone. So wie dies oben für die peripheren Sensoren beschrieben wurde, läßt sich die Beziehung zwischen der Impulsfrequenz ***F*** eines zentralen sensorischen Neurons und der überschwelligen Reizstärke ***S*** in seinem rezeptiven Feld am besten durch die ***Potenzfunktion***

$$F = k \cdot S^n$$

beschreiben [26]. Es kommen verschiedene Werte von ***n*** vor: es gibt Proportionalität von Reiz und Reizantwort (n = 1) auch bei zentralen Neuronen; bei den meisten Neuronen wird mit steigendem Reiz der Zuwachs an Reaktion kleiner, der Exponent n ist also *kleiner* als 1 (vgl. Abb. 15–5C).

Schwellen sensorischer Neurone. An zentralen sensorischen Neuronen kann, ebenso wie an peripheren Sensoren, die ***absolute Schwelle*** für den adäquaten Reiz bestimmt werden. Dies ist die kleinste Reizstärke, für die sich eine Änderung der Impulsfrequenz des Neurons feststellen läßt. Wichtiger sind noch die ***Unterschiedsschwellen,*** d.h. die *kleinste* Änderung eines Reizparameters, die eine *meßbare* Änderung der Impulsfrequenz des sensorischen Neurons hervorruft.

Die Bestimmung einer ***Intensitätsunterschiedsschwelle*** ist in Abb. 15–9A erläutert. Ein über-

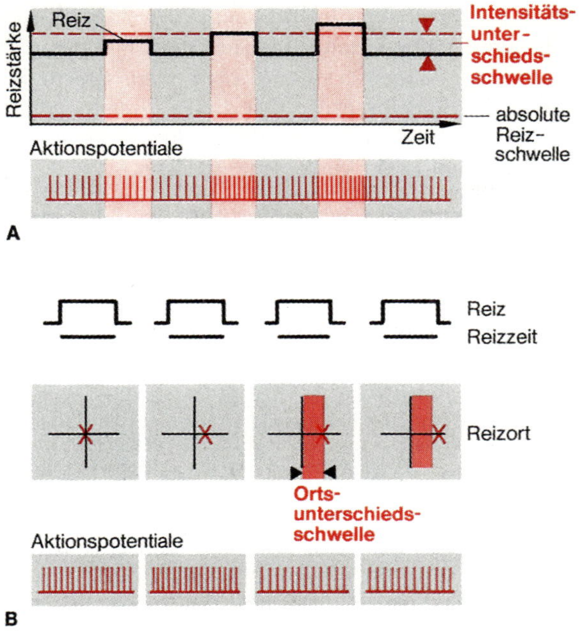

Abb. 15–9. Messung von Unterschiedsschwellen an zentralen sensorischen Neuronen. **A** Bestimmung einer Intensitätsunterschiedsschwelle. *Oben:* Zeitverlauf der überschwelligen Reize, *darunter* die durch die Reizung ausgelösten Aktionspotentiale. Die Frequenzzunahme bei der *zweiten* Reizerhöhung zeigt die Unterschiedsschwelle. **B** Bestimmung einer Ortsunterschiedsschwelle. *Oben:* Lage des Reizpunktes *(rot)* relativ zu einem Achsenkreuz. *Darunter* die durch den Reiz ausgelöste Salve von Aktionspotentialen. Beim *dritten* Reizort ist eine eben unterschiedliche Frequenz der Aktionspotentiale bemerkbar. Aus [17]

schwelliger Dauerreiz führt zu einer konstanten Impulsfrequenz in einem sensorischen Neuron. Wird die Reizstärke in kleinen Schritten erhöht, so verursacht der erste Reizzuwachs keine merkliche Änderung der Impulsfrequenz. Die nächste, etwas größere Reizstärkenerhöhung bringt eine erhöhte Impulsfrequenz, diese Steigerung entspricht also der Intensitätsunterschiedsschwelle.

Abb. 15–9B zeigt die Bestimmung einer ***Ortsunterschiedsschwelle.*** Links ist die Ausgangssituation gezeichnet, ein Reiz im Zentrum eines Achsenkreuzes (z. B. auf der Haut) verursacht eine kräftige Erhöhung der Impulsfrequenz des Neurons. Wird für den nächsten Reizversuch der Reizpunkt leicht nach rechts verschoben, so ist der Reizerfolg derselbe wie in der Ausgangssituation. Der dritte Reizort liegt noch weiter rechts, und der Reizerfolg *ist merklich geringer* als zuvor. Der Abstand dieses Reizortes vom Zentrum des Achsenkreuzes ist also die Ortsunterschiedsschwelle.

Ebenso wie für die Reizintensität oder die Verschiebung des Reizortes lassen sich ***Unterschiedsschwellen für andere Reizparameter*** bestimmen, so für *Zeitunterschiede, Tonhöhenunterschiede, Farbunterschiede* usw. Bei allen diesen Unterschiedsschwellen hängt der gefundene Wert nicht nur vom Sinnesorgan, sondern auch von Nebenbedingungen des Reizes („Kontext", Umfeld) und von der *absoluten Reizstärke* ab.

Besonders deutlich wird die ***Abhängigkeit von Unterschiedsschwellen von der absoluten Reizstärke,*** wenn man die Intensitätsunterschiedsschwelle bei steigenden absoluten Reizstärken mißt. Sie nimmt nämlich zu. Für viele Reizqualitäten gilt dabei, daß die Intensitätsunterschiedsschwelle ΔS und die Amplitude des Gesamtreizes S einander proportional sind:

$$\frac{\Delta S}{S} = \text{konstant.}$$

Dies wird, in Anlehnung an entsprechende Befunde in der Wahrnehmungspsychologie (s. S. 321) als ***Weber-Regel*** bezeichnet. Für Druckreize auf die Haut bedeutet die Regel beispielsweise, daß die Unterschiedsschwelle jeweils bei einer Erhöhung des Drucks um 3 % erreicht wird. Diese Regel gilt freilich nur für einen beschränkten Bereich von Reizstärken [5,7,11].

15.4 Zentrale Weiterleitung und Verarbeitung somatoviszeraler Information

Der somatoviszerale Eingang aus den Armen, den Beinen, dem Rumpf und den Eingeweiden wird teils im Hinterhorn des Rückenmarks verarbeitet, teils über das Hinterstrang- und das Vorderseitenstrangsystem nach supraspinal weitergeleitet

Synaptische Verschaltung im Rückenmark. Die Afferenzen aus Rumpf und Extremitäten bilden im Rückenmark synaptische Verbindungen mit spinalen Neuronen im dorsalen Teil der grauen Substanz, dem *Hinterhorn* (Abb. 15–10A). Ein Teil der dicken myelinisierten Afferenzen hat außerdem eine Abzweigung in den aufsteigenden Hinterstrang. Das in Abb. 15–10A abgebildete Hinterhornneuron steht stellvertretend für viele zehntausend Neurone in jedem Rückenmarkssegment. Die von ihm ausgehenden efferenten Verbindungen treffen aber nicht für jedes Neuron zu. Das heißt, die Neurone haben unterschiedliche Konvergenz und Divergenz in ihrer synaptischen Verschaltung. Außerdem ist zu beachten, daß es im Hinterhorn nicht nur erregende, sondern auch eine Vielzahl von hemmenden Synapsen gibt. Diese und ein zugehöriges Interneuron sind in Abb. 15–10A rot gezeichnet. Die zwei im sensorischen System besonders wichtigen Hemmungstypen sind symbolisiert: ***afferente Hemmung*** und ***deszendierende (absteigende) Hemmung.*** Sie dienen im wesentlichen der Kontrolle und Modulation des afferenten Zustroms.

Aufsteigende Bahnen des Rückenmarks. In Abb. 15–10A sind zwei aufsteigende Bahnen eingezeichnet, über die die Information der somatosensorischen Afferenzen zum Gehirn weitergeleitet werden: der ***Hinterstrang*** und der ***Vorderseitenstrang.*** Ihr weiterer Ver-

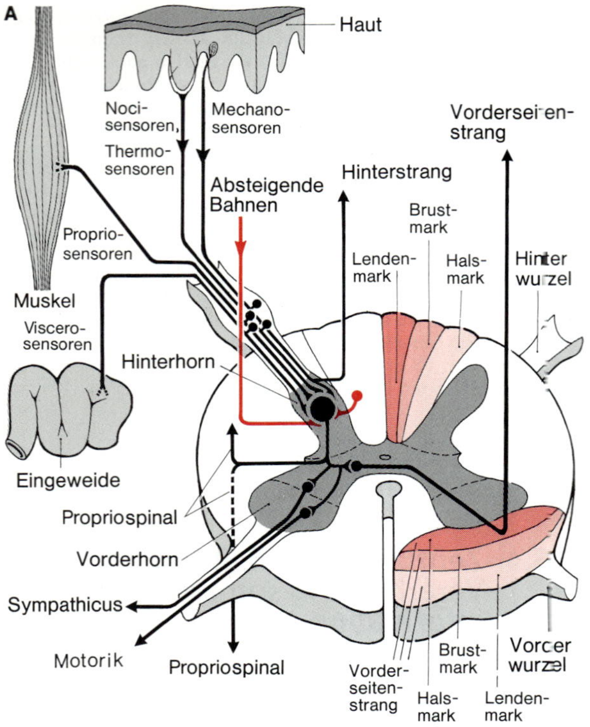

Abb. 15–10. Spinale und supraspinale Weiterleitung und Verarbeitung somatoviszeraler afferenter Information. Stark schematisierte und vereinfachte Darstellung. **A** Verschaltung der somatoviszeralen Afferenzen im Rückenmark. Alle Afferenzen treten über die Hinterwurzel ein und werden auf Höhe des Eintrittssegments auf Interneurone umgeschaltet. Zusätzlich zweigen sich von den dicken, myelinisierten Afferenzen, die von niederschwelligen Mechanosensoren kommen, Kollateralen ab, die im Hinterstrang ohne Umschaltung bis zu den Hinterstrangkernen ziehen (vgl. **B** auf S. 315). Absteigende und lokale hemmende Einflüsse sind *rot* eingezeichnet. *Rechts* topographische Schichtung der aufsteigenden Bahnen auf der Höhe des oberen Halsmarks. **B** Verlauf der somatosensorischen Bahnen samt den wichtigsten Schaltstationen. Spezifische Bahnen sind *rot*, unspezifische sind *schwarz* eingezeichnet. Die Lage des *Gyrus postcentralis* (somatosensorisches Projektionsfeld SI) ist der *links oben* gezeigten Seitenansicht des Gehirns zu entnehmen. Die zeichnerische Darstellung von Penfield und Rasmussen der topographisch geordneten Projektion der Körperperipherie auf den Gyrus postcentralis *(sensorischer Homunculus)* soll die Größenverhältnisse der Projektion der einzelnen Körpergebiete auf die Hirnrinde verdeutlichen. **A** aus [27], **B** modifiziert und erweitert nach [9]

lauf ist in Abb. 15–10B gezeigt. Wie alle auf- und absteigenden Bahnen liegen sie in der weißen Substanz des Rückenmarks. Relativ zu den mit ihnen verbundenen Hinterwurzelafferenzen verläuft der Hinterstrang *im Rückenmark* gleichseitig (ipsilateral), der Vorderseitenstrang gegenseitig (kontralateral).

Die im ***Hinterstrang*** verlaufenden dicken myelinisierten Afferenzen kommen ausnahmslos von niederschwelligen Mechanosensoren des Rumpfes und der Extremitäten, und zwar von Haut, Eingeweiden, Muskeln und Gelenken. Sie enden synaptisch auf Neuronen der ***Hinterstrangkerne*** *(Nuclei gracilis und cuneatus)*, die im verlängerten Mark liegen. Die Axone dieser Neurone kreuzen zur Gegenseite und ziehen als ***mediale Schleifenbahn*** *(Tractus lemniscus medialis)* zum Thalamus. Hinterstrang und Lemniskus bilden die markanten Bahnen des ***spezifischen (lemniskalen) Systems*** der Somatosensorik. Zu diesem System gehört auch der im nächsten Absatz besprochene *Tractus neospinothalamicus* des Vorderseitenstranges.

Besonderheiten des Vorderseitenstrangs. Der *Vorderseitenstrang* enthält Axone, die überwiegend in Neuronen des Hinterhorns der Gegenseite entspringen (s. Abb. 15–10A). Er endigt in der *Formatio reticularis* des Hirnstamms sowie im *Thalamus;* entsprechend unterteilt man den Vorderseitenstrang in den ***Tractus spinothalamicus*** und den ***Tractus spinoreticularis.*** Die spinothalamische Bahn läßt sich nach dem entwicklungsgeschichtlichen Alter in zwei Komponenten unterteilen, den *Tractus palaeospinothalamicus* (alt) und den *Tractus neospinothalamicus* (neu). Der letztere ist besonders beim Menschen und bei den Primaten stark entwickelt, er wird, wie eben erwähnt, zum *lemniskalen System* gerechnet. Spinoreticularis und Palaeospinothalamicus sind dagegen wichtige ***extralemniskale Bahnen,*** die auch als ***unspezifisches sensorisches System*** bezeichnet werden (auf ihre Bedeutung wird weiter unten in diesem Abschnitt eingegangen).

Besonderheiten des Hinterstrangs. Der *Hinterstrang* überträgt ausschließlich Meldungen aus niederschwelligen Mechanosensoren, der *Vorderseitenstrang* dagegen enthält Nachrichten von Mechano-, Thermo- und Nozizeptoren. Die afferenten Zuströme beider Bahnen kommen nicht nur aus der *Haut* und den *Eingeweiden,* sondern auch aus *Muskeln* und *Gelenken.* Bei Durchtrennung einer dieser Bahnen treten sensorische Ausfälle auf, die den genannten Zuordnungen zu den Sensortypen entsprechen. ***Hinterstrangläsionen*** beeinträchtigen ipsilateral Leistungen, die mit der räumlichen Lokalisation taktiler Reize zusammenhängen, wie z. B. die Zweipunktdiskrimination. Nach ***Durchtrennung des Vorderseitenstrangs*** können Temperatur- und Schmerzreize nicht mehr wahrgenommen werden, und zwar in Körperregionen, die kontralateral zur Durchtrennungsstelle liegen.

Der somatoviszerale Eingang aus der Gesichtsregion wird im Hirnstamm verarbeitet; die dortige Formatio reticularis ist Umschalt- und Verarbeitungsstation für das unspezifische somatosensorische System

Zentrale Verschaltung des Nervus trigeminus. Der N. trigeminus, der somatoviszerale Nerv der Gesichtsregion, tritt in das Brückenhirn (Pons) ein (s. Abb. 15–10B). In zwei Kernen der grauen Substanz werden die Afferenzen synaptisch umgeschaltet, im *spinalen Kern* und im *sensorischen Hauptkern.* Der spinale Trigeminuskern entspricht funktionell dem Hinterhorn des Rückenmarks, der sensorische Hauptkern entspricht den Hinterstrangkernen der spinalen Afferenzen. Diese Analogie erstreckt sich auch auf die weiterführenden Bahnen, wie dies entsprechend in Abb. 15–10B eingezeichnet ist.

Formatio reticularis. Die den Hirnstamm durchziehende *Formatio reticularis* ist eine wichtige Station des aufsteigenden ***unspezifischen (extralemniskalen)*** Systems (s. Abb. 15–10B). Sie verfügt über eine Vielfalt von afferenten Verbindungen aus praktisch allen Sinnesorganen. Afferente Zuströme kommen auch aus zahlrei-

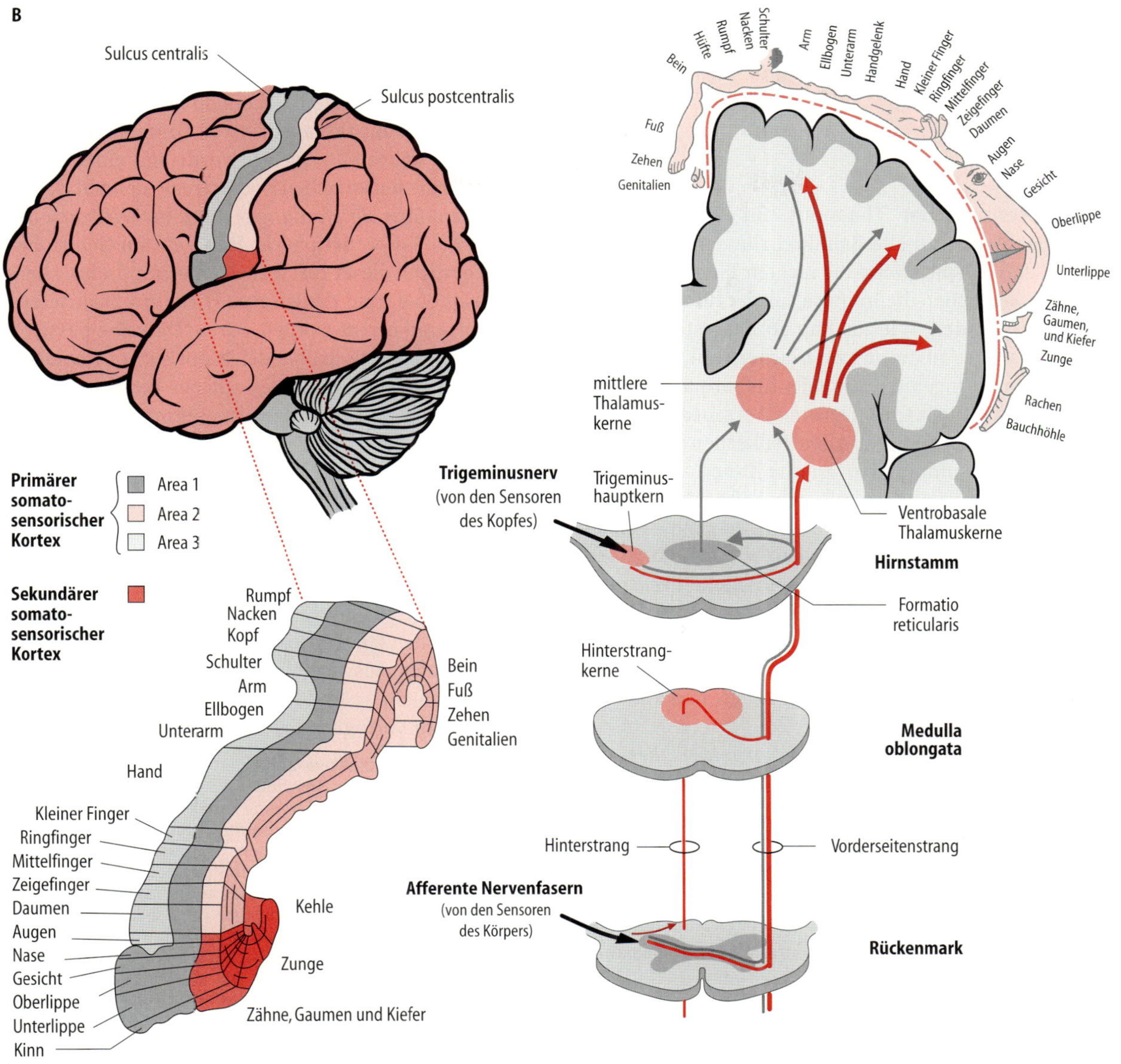

Abb. 15–10 B. (s. Legende S. 314)

chen anderen Gehirngebieten, z. B. motorische und sensorische Großhirnrinde, Thalamus, Hypothalamus. Auch die efferenten Verbindungen sind vielfältig: absteigend zum Rückenmark, aufsteigend über die unspezifischen Thalamuskerne zum Kortex, zum Hypothalamus, sowie zu den Kernen des limbischen Systems (zur Funktion des unspezifischen Systems s. S. 317).

Funktionen der Formatio reticularis. Über die vielfältigen ***Aufgaben der Formatio reticularis*** sind wir bisher nur unvollkommen unterrichtet. Ihr wird eine Mitwirkung an einer Reihe von Funktionen zugesprochen, die wie folgt zusammengefaßt werden können:

- Steuerung der Bewußtseinslage durch Beeinflussung der Erregbarkeit kortikaler Neurone und damit Teilnahme am Schlaf-Wach-Rhythmus (Schlagwort: aufsteigendes retikuläres aktivierendes System, ARAS, s. Kap. 23);
- Vermittlung der affektiv-emotionalen Wirkungen sensorischer Reize durch Weiterleitung afferenter Information zum limbischen System;
- vegetativ-motorische Regulationsaufgaben, besonders bei lebenswichtigen Reflexen (z. B. bei Kreislauf-, Atem-, Schluck-, Husten-, Nießreflexen), bei denen viele afferente und efferente Systeme miteinander koordiniert werden müssen; und
- Mitwirkung an der Stütz- und Zielmotorik über die motorischen Zentren des Hirnstammes und des Kleinhirns (s. S. 263).

Der Ventrobasalkern des Thalamus und die sensorische Hirnrinde sind die letzten Stationen der somatosensorischen Bahnsysteme; in der sensorischen Hirnrinde ist die Körperperipherie somatotopisch abgebildet

Somatosensorischer Thalamus. Im *Thalamus* des Zwischenhirns sind alle Bahnkreuzungen abgeschlossen, so daß beispielsweise die rechten Thalamusneurone im wesentlichen die Impulse aus der linken Körperhälfte verarbeiten. Wie im Kap. 20 dargestellt, ist der Thalamus eine Anhäufung zahlreicher, funktionell verschiedener Kerngebiete, die teils für *sensorische,* teils für *motorische,* teils für *integrative* Aufgaben zuständig sind (s. Abb. 20–10, S. 464). Allen Teilkernen ist gemeinsam, daß sie unmittelbar in die ihnen zugehörige Hirnrinde projizieren, so z. B., wie Seite 263 schon erwähnt, die motorischen Anteile in den motorischen Kortex *(Gyrus praecentralis)* oder, wie in Abb. 15–10B zu sehen, die somatosensorischen Anteile *(Ventrobasalkerne, Ventrolateralkerne)* in den sensiblen Kortex *(Gyrus postcentralis)*. Völlig Vergleichbares gilt für diejenigen Thalamuskerne, die in der Sehbahn (s. Kap. 17) oder in der Hörbahn (s. Kap. 18) liegen und zur Seh- und Hörrinde projizieren.

Für die ***Abbildung der Körperperipherie*** in den Neuronen der ***somatosensorischen Basalkerne*** gelten folgende *„Spielregeln"*:

- Jedes Neuron kann nur aus einem umschriebenen Areal der gegenüberliegenden Körperhälfte erregt werden, seinem rezeptiven Feld (vgl. Abb. 15–7). Erregung des Neurons bedeutet also, daß das zugehörige Feld gereizt wird.
- Die rezeptiven Felder der Thalamusneurone sind um so kleiner, je weiter distal sie auf den Extremitäten liegen. Dadurch wird die *Genauigkeit, mit der der Reizort bestimmt werden kann,* zu den Zehen- bzw. Fingerspitzen hin immer größer.
- Benachbart liegende Körperregionen projizieren auf benachbarte Neurone im Ventrobasalkern. Diese räumliche Ordnung entspricht der Somatotopie des sensorischen Kortex (s. u.).
- Jedes Neuron wird nur durch eine einzige Sensorart erregt. also z. B. nur durch Vibrationssensoren. Erregung des Neurons signalisiert also *Ort und Art des Reizes* in der Peripherie.
- Die *Reizstärke* ist in der Impulsfrequenz des Thalamusneurons abgebildet, ganz ähnlich wie wir dies bei den afferenten Nervenfasern bereits kennengelernt haben.

Somatosensorischer Kortex. Ein besonders eindrucksvolles Abbild der sensorischen Peripherie findet sich in der Endstation der aufsteigenden Bahnen, der ***sensorischen Hirnrinde.*** Diese Abbildung der Körperperipherie auf der postzentralen Hirnwindung ***(Gyrus postcentralis)*** ist nicht nur im Tierversuch, sondern auch direkt am Menschen nachgewiesen worden. Reizt man nämlich, wie dies vor allem W. Penfield und seine Mitarbeiter getan haben, bei einem wachen Patienten, dessen Gehirn aus therapeutischen Gründen in lokaler Betäubung teilweise freigelegt wurde, mit einer feinen Elektrode die sensorischen Kortexareale, dann berichtet der Patient über *Empfindungen aus umschriebenen Bereichen der Körperperipherie.* Den Reiz am Gehirn bemerkt er nicht; dieser ruft jedoch eine Empfindung hervor, so als ob die auf das gereizte Hirnareal projizierenden Sensoren erregt worden wären. Dasselbe passiert, wenn man magnetisch über dem Kopf reizt (s. Kap. 20).

Aus den Ergebnissen solcher Versuche wurde der in Abb. 15–10B *oben* gezeigte ***sensorische Homunkulus*** zusammengesetzt. Aus ihm läßt sich, ganz ähnlich wie bei dem ihm benachbart liegenden *motorischen Homunkulus* (s. Abb. 13–20, S. 271), die Botschaft ablesen, daß diejenigen Körperareale, die für die Tastempfindungen besonders bedeutungsvoll sind, wie die Mundregion und die Fingerspitzen, weit überproportionale Areale auf der sensorischen Hirnrinde einnehmen: Den dichten Sensorsystemen der Periphere ist zur optimalen Auswertung der von dort kommenden Information ein besonders großer Anteil des zentralen Apparats zur Verfügung gestellt (s. BOX 15-2).

Neuronale und subjektive Zeitstruktur von Empfindungen. Eine intakte sensorische Hirnrinde ist nach allen experimentellen und klinischen Befunden eine notwendige Voraussetzung für eine räumlich geordnete bewußte Sinneswahrnehmung. Welche Vorgänge laufen aber in der sensorischen Hirnrinde im einzelnen bei einer bewußten Empfindung ab? *B. Libet* und seine Mitarbeiter in San Francisco sind in der Aufklärung dieser Frage in den letzten Jahren einige wichtige Schritte weitergekommen, in dem sie die von *Penfield* zuerst beschriebene Möglichkeit, durch direkte elektrische Reizung der sensorischen Hirnrinde bewußte Empfindungen auszulösen [9], systematisch ausnutzten, um diejenigen ***Minimalbedingungen kortikaler Neuronenaktivität*** herauszufinden, die für das ***Auftreten einer bewußten*** Empfindung notwendig sind [24,25]. Dabei stellte sich heraus, daß ein einzelner elektrischer Reiz der Hirnrinde (Rechteckimpuls von 1 ms Dauer) nie eine bewußte Empfindung auslöst. Dazu ist immer *eine Serie von Reizen* (Reizfrequenz 20–120 Hz) notwendig, wobei die minimal notwendige Dauer der Reizserie von der Reizstärke abhängt. Im Schwellenbereich muß sie bei etwa 500 ms liegen, bei hoher Reizstärke können 100 ms ausreichen. Daraus ist zu folgern, daß einer bewußten Empfindung die Erregung einer ausreichend großen Zahl kortikaler Neurone für eine beträchtliche Zeit, nämlich bis zu 0,5 s, *vorausgehen* muß.

Nach diesen Befunden Libets kann ein zartes, aber gerade überschwelliges Berühren der Haut *erst geraume Zeit nach dem Reiz* bewußt empfunden werden. Trifft dies tatsächlich zu? Erleben wir die Ereignisse in unserer Umwelt genau um die Zeit verzögert, die für eine angemessene Aktivierung der kortikalen Neurone notwendig ist? Libet ist dieser Frage experimentell nachgegangen, indem er die durch gleichzeitige zeitverschobene periphere und kortikale Reize ausgelösten Empfindungen in ihrer zeitlichen Beziehung zueinander verglich. Seine Antwort ist verblüffend: Nein, wir erleben die Ereignisse nicht erst wenn die minimal notwendigen Aktivierungsvorgänge in der Hirnrinde abgelaufen sind, sondern zu der Zeit, in der die ersten Impulse aus der Peripherie im Kortex eintreffen, nämlich etwa 15–25 ms nach dem Reiz. Offensichtlich, das ist jedenfalls Libets Erklärung dieses überraschenden Befundes, wird die *subjektive Empfindung,* wenn sie nach einigen Hundert Millisekunden endlich auftritt, über einen unbekannten Mechanismus *auf die Ankunftzeit der ersten Impulse rückdatiert.*

Bedeutung des unspezifischen sensorischen Systems. Die Erregung des sensorischen Kortex ist zwar eine *notwendige,* aber *keine hinreichende* Bedingung für das Zustandekommen einer bewußten Wahrnehmung. Dazu ist auch erforderlich, daß wir wach sind und daß unsere Aufmerksamkeit auf das wahrzunehmende Ereignis gerichtet ist. Wie in den Kapiteln über den Schlaf und das Bewußtsein näher ausgeführt, ist dafür u.a. ein ständiger erregender Zufluß aus der Formatio reticularis des Hirnstammes über den Thalamus in die Hirnrinde notwendig. Diese generelle Aktivierung (*arousal* im englischen Sprachgebrauch) aus der Formatio reticularis wird ihrerseits wieder angeregt und unterhalten durch sensorische Zuflüsse, die teils aus dem Vorderseitenstrang, teils aus anderen hier nicht genannten aufsteigenden Bahnen des Rückenmarks und teils aus anderen Sinneskanälen stammen. Sie werden, wie oben schon erwähnt, als ***unspezifische sensorische Systeme*** zusammengefaßt (schwarze Bahnen in Abb. 15–10B), da sie nicht der genauen Identifizierung der Reize nach Art, Stärke und Ort dienen. Statt dessen führt ihre Tätigkeit zum Aufwachen und zu Aufmerksamkeits- und Hinwendungsreaktionen. Sie tragen damit dazu bei, das für eine bewußte Wahrnehmung notwendige Wachheitsniveau einzustellen. Das unspezifische sensorische System ist auch mit dem *limbischen System* eng verknüpft. Dieses System, wie später näher ausgeführt, ist für die emotionalen und affektiven Komponenten der Sinneswahrnehmungen, also für ihren Gefühlsgehalt, verantwortlich. Die Ereignisse in der Umwelt, die wir mit der Hirnrinde bewußt registrieren, erfahren also hier ihre affektive Färbung und damit ihre Bewertung für den Organismus. Seine Reaktionen auf einen Reiz werden durch diese ***affektive Bewertung*** ganz wesentlich, oft entscheidend mitbestimmt (s. dazu auch Kap. 25 u. 26).

Über absteigende Hemmung der aufsteigenden afferenten Information in Rückenmark, Hirnstamm und Thalamus kann die Empfindlichkeit des sensorischen Systems moduliert werden

Ein letzter genereller und wichtiger Aspekt der Abbildung von Reizen in den zentralen sensorischen Systemen ist der, daß die sensorischen Bahnen nach der bisherigen Schilderung zwar als aufsteigende Einbahnstraßen erscheinen, dies aber keineswegs sind. Vielmehr durchzieht das gesamte Nervensystem, von der Hirnrinde bis in das Rückenmark (bei manchen Sinnesorganen sogar bis in die Sensoren selbst), eine Fülle *absteigender* Bahnen, deren wesentliche Aufgabe die ***Kontrolle des afferenten Zustroms*** in den verschiedenen sensorischen Kerngebieten ist. Diese absteigende Kontrolle schützt vor einer *Überflutung mit unwichtigen Informationen,* indem sie deren Übertragung und Weiterleitung hemmt.

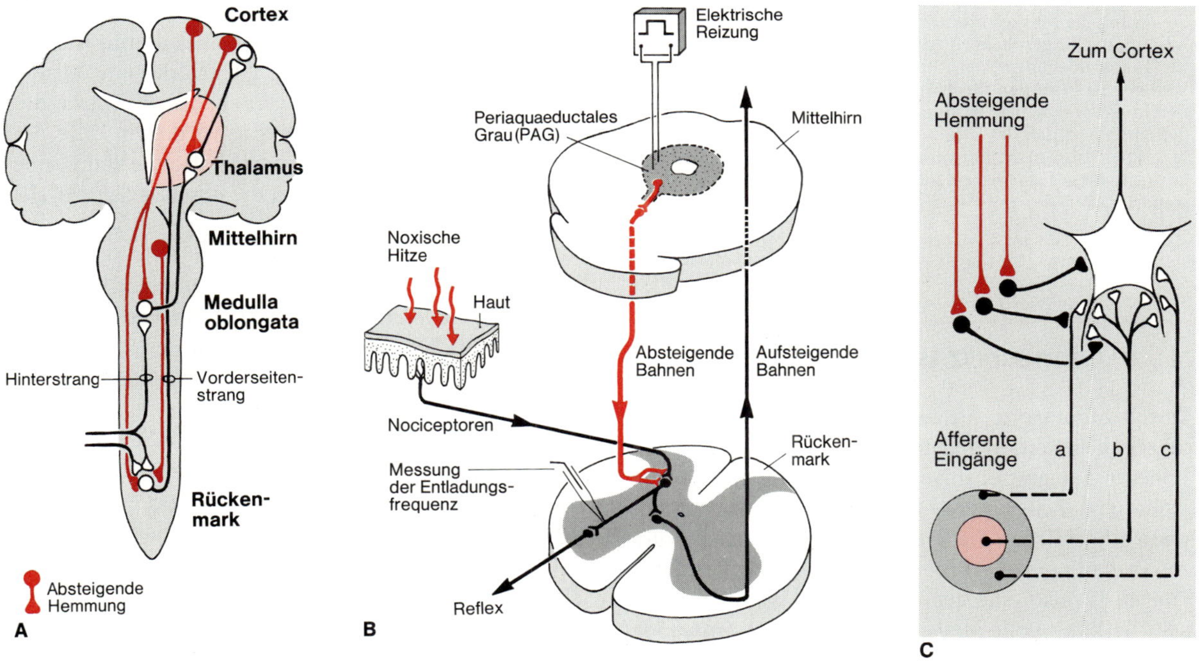

Abb. 15–11. Absteigende Hemmung im somatoviszeralen afferenten System. **A** Schematisierter, stark vereinfachter Überblick über die deszendierenden hemmenden Bahnsysteme. Hemmende Bahnen und Synapsen sind *rot* gezeichnet. **B** Tierexperimenteller Nachweis eines aus dem Hirnstamm absteigenden hemmenden Bahnsystems: elektrische Reizung umschriebener Kerngebiete des zentralen Höhlengraus (PAG) über implantierte Elektroden führt zu einer Hemmung der noxischen Informationsübertragung an Hinterhornneuronen. **C** Angriffspunkte und Wirkweise deszendierender Hemmung. Die afferenten Eingänge *a, b, c,* können entweder schon präsynaptisch gehemmt (axoaxonische Synapsen auf *a, b*) oder in ihrer postsynaptischen Wirksamkeit (axosomatische Synapse) moduliert werden. Modifiziert aus [27]

Die absteigenden Hemmsysteme haben teils präsynaptische, teils postsynaptische Angriffspunkte; auch das motorische System beteiligt sich an der Kontrolle der afferenten Eingänge

Die Übersicht in Abb. 15–11A zeigt *absteigende Hemmsysteme* des somatosensorischen Systems (*rot* gekennzeichnet), die von Kortex und Hirnstamm ausgehen. In B ist exemplarisch gezeigt, wie die afferente Information aus Hautsensoren bei der Umschaltung im Rückenmark durch Aktivierung entsprechender Strukturen im Mittelhirn gehemmt werden kann. Die Hemmung wird über eine absteigende Bahn vermittelt, sie kann prä- oder postsynaptisch auf die Informationsübertragung aus der Haut angreifen. Es werden dabei sowohl Informationen über noxische als auch nichtnoxische Reize gehemmt. Abbildung 15–11C zeigt schließlich, über welche Angriffspunkte die absteigende Hemmung ihre Wirkung entfalten kann. Die hier gezeigte Verschaltung könnte beispielsweise dazu dienen, die Größe des rezeptiven Feldes eines zentralen Neurons durch zunehmende deszendierende Hemmung zu verkleinern oder die Modalität eines Neurons, auf das verschiedene Arten von Afferenzen konvergieren (a, b in Abb. 15–11C), zu verändern. Mit anderen Worten, über diese deszendierenden Mechanismen ist auch eine *Empfindlichkeitskontrolle* oder *Bereichseinstellung* der afferenten Informationsübertragung möglich.

Auch über die ***Motorik*** wird eine ***zentrifugale Wirkung*** auf die Meldungen aus den Sensoren ausgeübt. Man denke etwa die Steuerung der Muskelspindeln über die Gammamotorik, die Bewegung der Augen beim Blicken, der Finger beim Tasten, oder die Tonusänderungen der Muskeln des Mittelohrapparates. Sie sind ebenfalls zu den Mechanismen zentrifugaler Modifikationen im Sinneskanal zu rechnen. Die genannten Beispiele sollten verdeutlichen, daß das ZNS bei der Wahrnehmung die periphere Information nicht nur aufnimmt, sondern in einer aktiven Leistung diese Information auf vielfältige Weise beeinflußt und steuert.

15.5 Sinnesreiz und Verhalten

Durch Sinnesreize ausgelöste Verhaltensänderungen zeigen die Reaktionen der nervösen Zentren auf einem höheren Integrationsniveau als die Ableitungen von isolierten Zellgruppen des Zentralnervensystems, denn sie schließen die Verknüpfung von Sensorik und Motorik mit ein. Die *Beobachtung von Verhaltensänderungen* ist also eine aus der Psychologie stammende sehr wirkungsvolle *Methode der objektiven Sinnesphysiologie,* die hier an einem Beispiel vorgestellt werden soll.

Durch operante Konditionierung kann der Verlauf der Dunkeladaptation bei einem Versuchstier gemessen werden; gleiches gilt für die Messung anderer Schwellenwerte, z. B. von Ton-Unterschiedsschwellen

Definition der Dunkeladaptation und operante Konditionierung. Kommen wir aus einem hell erleuchteten Raum plötzlich in einen abgedunkelten, so sehen wir anfänglich *nichts.* Nach Minuten werden erste Konturen sichtbar, und nach längerem Verweilen im „Dunkeln" sind wir oft erstaunt, wie viele Details wir noch wahrnehmen können. Diese langsame Zunahme der Empfindlichkeit des Gesichtssinnes bei Abnahme der Beleuchtungsstärke heißt *Dunkeladaptation* (S. 376). Es soll hier ein Versuch geschildert werden, in dem mit Hilfe einer *operanten Konditionierung* (s. Kap. 24) die *Sehschwelle und die Dunkeladaptation* bei einer Taube quantitativ bestimmt wird. Zur Vorbereitung des Versuches werden bei der Taube zwei *instrumentelle Reaktionen* eingeübt: Die Taube pickt auf Taster A der Anordnung in Abb. 15–12A, wenn sie den Lichtreiz sieht, und sie pickt auf Taster B, wenn sie keinen Lichtreiz sieht. Nur dafür wird sie belohnt.

Messung der absoluten Sehschwelle. Zu Versuchsbeginn sieht die Taube das relativ hell leuchtende Reizlicht. Entsprechend dem eingeübten Verhalten wird sie mehrfach die Taste A picken, und die Reizkontrolle (s. Abb. 15–12A) wird daraufhin jeweils die Helligkeit des Reizlichtes herabsetzen. Schließlich unterschreitet die Helligkeit des Reizlichtes die Reizschwelle, worauf die Taube beginnt, Taste B zu picken. Dies erhöht wiederum über die Reizkontrolle die Lichtstärke, und Taste B wird nur so lange gepickt werden, bis die Stärke des Reizlichtes wieder überschwellig wird. Mit Hilfe der Betätigung der beiden Tasten wird also die Taube eine Lichtstärke einstellen, die um die *absolute Sehschwelle* schwankt.

Messung des Zeitverlaufs der Dunkeladaptation. Mit der eben geschilderten Versuchsanordnung lassen sich nun auch zeitliche Änderungen der Sehschwelle bestimmen, z. B. der Zeitverlauf der *Dunkeladaptation* [15]. Nach dem Übergang von einer hellen Raumbeleuchtung zur Abdunkelung stellt die Taube für etwa 25 min eine relativ hohe Schwellenreizstärke von 1 µL ein (s. Abb. 15–12B). Danach fällt die Schwellenreizstärke schnell ab und erreicht etwa 1 h nach Abdunkelung einen Minimalwert nahe 0,01 µL. Während dieser Zeit hat also die *am Verhalten der Taube ablesbare Empfindlichkeit* des Sehorgans etwa um den Faktor 100 zugenommen. Die so gewonnene ***Dunkeladaptationskurve*** der Taube ist der entsprechenden subjektiv bestimmten Dunkeladaptationskurve des Menschen (s. Abb. 17–2, S. 376) in Zeitverlauf und Amplitude sehr ähnlich.

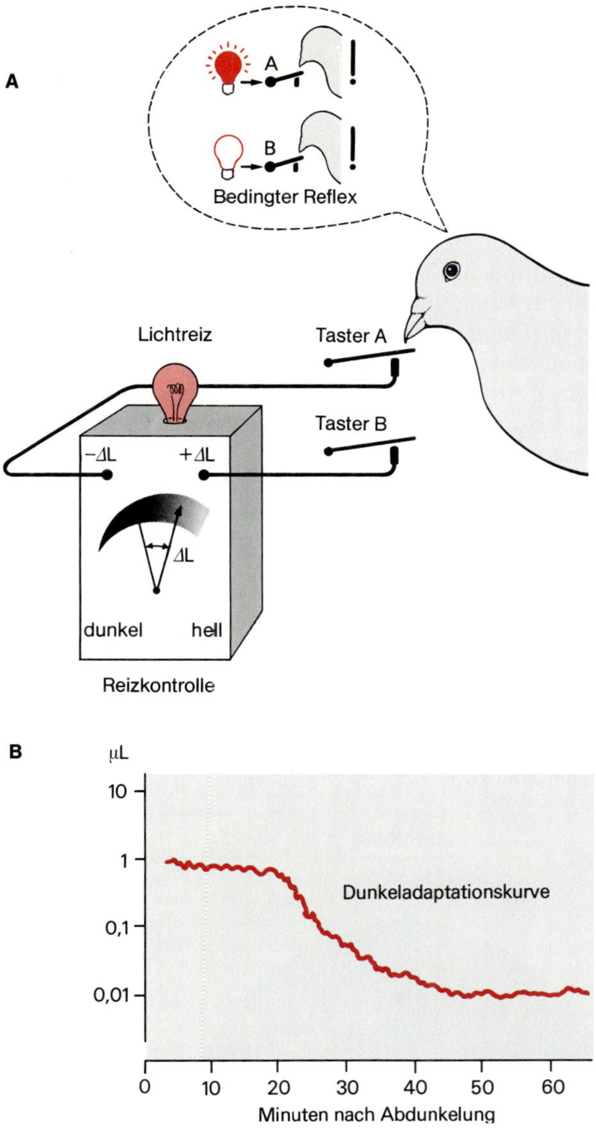

Abb. 15–12. Sehschwellenbestimmung im Verhaltensversuch bei einer Taube. Bei diesem Experiment kontrolliert (a) der Reiz das Verhalten der Taube und (b) die Antworten der Taube die nachfolgenden Reize, und zwar wie folgt: Ist der Lichtreiz an, so schaltet ihn Picken der *Taste A* (in **A**) aus; gleichzeitig öffnet sich zur Belohnung eine Futterklappe. Ist der Lichtreiz aus, so führt Picken der *Taste B* zum Öffnen einer Futterklappe. Auf diese Weise lernt die Taube schnell, bei Lichtreiz *Taste A* und anschließend *Taste B* zu picken. Das Verhalten der Taube beeinflußt die Reizsituation dadurch, daß über einen automatisierten Schaltkreis nach jedem Picken von *Taste A* die Helligkeit des Lichtreizes reduziert wird, während Picken der *Taste B* die Helligkeit des nachfolgenden Lichtreizes erhöht. Auf diese Weise oszilliert die Helligkeit des Lichtreizes um die jeweilige Sehschwelle der Taube. **B** Verlauf der von der Taube eingestellten Schwellenreizstärke nach Abschalten einer hellen Hintergrundsbeleuchtung. Nach [15] aus [20]

Messung von Unterschiedsschwellen im Verhaltensversuch. Auch andere Schwellenwerte können bei Tieren durch die eben geschilderten Verhaltensuntersuchungen bestimmt werden [16]. Eingehend untersucht wurden z.B. die Abhängigkeit der absoluten Sehschwelle von der Wellenlänge des Reizlichts. Auf diese Weise wurden die Absorptionskurven der von verschiedenen Säugetieren, Fröschen, Fischen, Vögeln, aber auch Tintenfischen benutzten Sehfarbstoffe (Pigmente) bestimmt. Es können aber auch *Ton-Unterschiedsschwellen* oder *Orts-Unterschiedsschwellen* gemessen werden.

Mit Hilfe der operanten Konditionierung können also detaillierte sinnesphysiologische Messungen an Tieren durchgeführt werden. Viele der im nächsten Abschnitt dargestellten wahrnehmungspsychologischen Gesetzmäßigkeiten lassen sich so auch bei Tieren analog als ***Relationen von Reiz und Verhalten*** nachweisen.

15.6 Allgemeine Wahrnehmungspsychologie

Unter Reiz- oder Absolutschwelle versteht man diejenige minimale Reizintensität, die gerade eben noch eine Empfindung in einem Sinnessystem hervorruft; zur Absolutschwellenbestimmung stehen mehrere Methoden zur Verfügung

Grenzmethode und Konstantreizmethode. Der kleinste Reiz, der gerade eine bestimmte Empfindung hervorruft, ist ein Maß für die ***Absolutschwelle*** oder *Reizschwelle* dieser Empfindung. Häufig wird dafür auch die Bezeichnung *Reizlimen,* abgekürzt *RL,* verwendet. Da jedes Sinnesorgan, wie alle biologischen Systeme, eine gewisse Variabilität aufweist, kann das *RL* nur durch mehrfache Messungen ermittelt werden. Die Reizintensität kann bei diesen Messungen in kleinen Schritten von deutlich unterschwelligen zu deutlich überschwelligen Werten (oder umgekehrt) verändert werden (diese Methode wird ***Grenzmethode*** genannt), oder verschiedene schwellennahe Reize werden mehrfach in randomisierter Reihenfolge angeboten. Der Proband gibt bei dieser ***Konstantreizmethode*** jeweils an, ob er den Reiz wahrnimmt oder nicht. Dabei soll der schwächste der ausgewählten Reize so klein sein, daß er fast nie wahrgenommen wird, der stärkste so groß, daß er fast immer wahrgenommen wird. Als Schwelle wird diejenige Reizstärke bezeichnet, bei der 50 % der Reize erkannt werden.

Sensorische Entscheidungstheorie, Signal Detection Theory, SDT. Die Variabilität des Antwortverhaltens eines Sinnesorgans auf schwellennahe Reize ist zum Teil dadurch bedingt, daß jeder Sinneskanal auch ohne von außen kommende Reize eine gewisse Spontanaktivität besitzt, die ihrerseits wiederum um einen Mittelwert schwankt. Durch dieses ***Rauschen*** kann nicht ohne weiteres *entschieden* werden, ob eine leichte Zunahme der Impulsaktivität durch spontane Schwankungen der Hintergrundsaktivität oder durch einen schwachen Reiz bedingt ist. Nach Auffassung der ***SDT*** (engl. *signal decision theory* oder *signal detection theory)* muß daher ein Beobachter, der ein schwaches Signal vom Rauschen trennen will, eine *Entscheidung* treffen,

BOX 15-2

Die primären Sinnesmodalitäten (Sehen, Hören, Getast) kooperieren mehr als bisher angenommen

Die getrennte und oft weit voneinander entfernte anatomische Lokalisation der primären Sinnessysteme im Gehirn (s. Kap. 16 bis 18) legt nahe, dass sie streng unabhängig voneinander arbeiten. Dies ist bei vielen Reizen durchaus der Fall, aber bei bestimmten Aufgaben und nach peripheren und zentralen Läsionen (Zerstörung von Nervengewebe) treten erstaunliche Überlappungen in Funktion und anatomischer Lokalisation der Verarbeitung auf. Z. B. erfolgt die Unterscheidung der Orientierung von 2 taktilen Streifenmustern wie in der Abbildung dargestellt, nicht im somatosensorischen System des Gyrus postcentralis und oberen Parietallappen, sondern im Sehsystem des Okzipitallappens. Offensichtlich kann das Tastsystem alleine die Richtungsorientierung von körpernahen Tastreizen nicht ohne Hilfe der richtungssensitiven Zellen des Sehsystems lösen.

Die Abb. zeigt die Verteilung von Hirnaktivierung (rot), gemessen mit langsamen Hirnpotentialen (s. Kap. 21), von Blindgeborenen (rechts) und sehenden Personen beim mentalen Rotieren von vorher ertasteten geometrischen Körpern. Man erkennt, dass Blindgeborene die Tastaufgabe mit ihrem Okzipitalkortex lösen, wo Sehende die visuelle Welt analysieren, während Sehende die Aufgabe im Tastsystem ihres zentralen Kortex (wiederum rot) lösen können.

Legende Abb. oben: Streifenmuster, die erhöht auf einer Plastikunterlage aufgebracht sind und deren Orientierung mit geschlossenen Augen zu ertasten ist.

Legende Abb. unten: Hirnaktivierungen von Blindgeborenen (rechts) und Sehenden bei Tastaufgabe. Frontal oben, okzipital unten

Literatur: Zangaladze, A., Epstein, C. M., Grafton, S. T., Sathian, K. (1999) Involvement of visual cortex in tactile discrimination orientation. Nature 401:587–590; Röder, B., Rösler, F., Henninghausen, E., Näcker, F. (1996) Event-related potentials during auditory and somatosensory discrimination in sighted and blind subjects. Cogn. Brain Res. 4:77–93

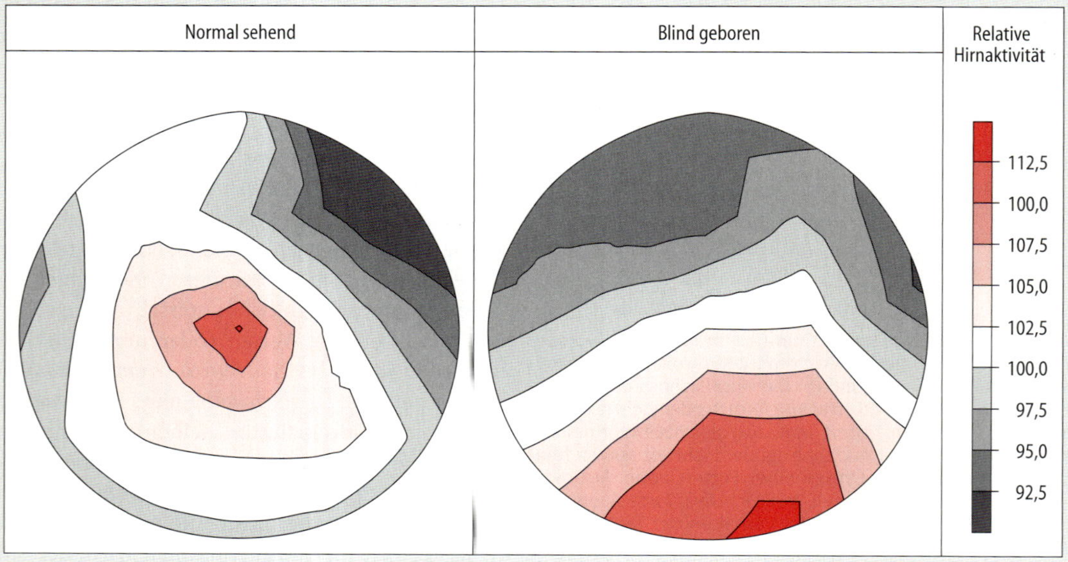

von welchem Erregungszustand ab er diesen als reizbedingt ansieht [8,19]. Man nennt eine solche, durch Entscheidung festgelegte Trennlinie ***Kriterium*** (engl. *bias*). Diese Festlegung führt zwangsläufig zu Fehlentscheidungen: *intensives Rauschen*, das das Kriterium überschreitet, wird „falsch positiv" als Reiz eingestuft, und ein unter dem Kriterium liegender *schwacher Reiz* wird „falsch negativ" als Rauschen klassifiziert. Wird das Kriterium geändert, ändert sich entsprechend das Ergebnis der Schwellenmessung. Es ist das Verdienst der ***SDT***, klar herausgearbeitet zu haben, daß ein *subjektiver Entscheidungsprozeß*, nämlich die Festlegung eines *Kriteriums*, die Schwellen mitbestimmt.

Als Unterschiedsschwelle bezeichnet man denjenigen Reizzuwachs, der nötig ist, um eine eben merkliche stärkere Empfindung auszulösen; nach der Weber-Regel ist dieser Reizzuwachs ein konstanter Bruchteil des Ausgangsreizes

Messen einer subjektiven Unterschiedsschwelle. Untersucht man deutlich überschwellige Reize, dann läßt sich eine weitere Schwelle definieren, die *Unter-*

schiedsschwelle, auch *Differenzlimen, DL,* genannt (engl. *just noticeable difference, jnd).* Wie der englische Begriff sagt, versteht man darunter denjenigen Betrag, um den ein Reiz größer oder kleiner sein muß als ein Vergleichsreiz, damit er gerade eben merklich als stärker bzw. schwächer empfunden wird. Betrachten wir ein Beispiel: Es wird bei einer Versuchsperson gemessen, um wieviel sich zwei Druckreize auf die Handfläche in ihrer Stärke unterscheiden müssen, damit die Versuchsperson erkennt, daß sie verschieden sind. Prüft man dies, indem man völlig gleich aussehende, aber unterschiedlich schwere Gewichte auf die Haut aufsetzt, so findet man beispielsweise, daß nach einem Gewicht von 100 g ein solches von 101 g oder 102 g nicht als verschieden schwer, wohl aber eines von 103 g als schwerer empfunden wird. Beginnt man mit 200 g, so verspürt die Versuchsperson keinen Gewichtsunterschied, wenn anschließend 203 g, sondern erst wenn 206 g aufgesetzt werden. Mit anderen Worten, der Druckreiz muß nicht um einen absoluten Betrag (also z. B. 3 g), sondern um einen bestimmten Anteil (Prozentsatz) des Ausgangsreizes verändert werden (in unserem Beispiel um 3/100 oder 3 %), um in seiner Reizstärke als unterschiedlich empfunden zu werden.

Weber-Regel. Solche Untersuchungen wurden ab 1834 von E. H. Weber für Druckempfindungen, später für viele Arten von Sinnesempfindungen durchgeführt. Er prüfte beispielsweise, um wieviel sich die Helligkeit zweier Lichtreize, die Frequenz zweier Töne oder die Konzentration zweier Zuckerlösungen unterscheiden mußten, um von Auge, Ohr und Geschmack gerade als merklich verschieden erkannt zu werden. Immer fand er die gleiche Spielregel: Die Unterschiedsschwelle ΔE (delta E) ist proportional (~) dem relativen Reizzuwachs ΔS/S, wobei S die Ausgangsreizstärke ist

$$\Delta E \sim \frac{\Delta S}{S}$$

Diesen Befund nennt man die ***Weber-Regel*** (s. auch S. 313, in unserem Beispiel 3 g/100 g oder 6 g/200 g = 0,03 oder 3 %).

Die *Weber-Regel* zeigt uns, daß bei der Entwicklung der Sinnesorgane diese so angelegt wurden, daß ihre Ansprechempfindlichkeit sich mit dem Meßbereich, in dem sie gerade arbeiten, automatisch verändert. *Die Sinne sind also Meßapparaturen mit automatischer, von der Meßgröße abhängiger Empfindlichkeitseinstellung.* Gerade wenn die zu messende Größe in weiten Bereichen schwankt, wie das praktisch bei allen Sinnen der Fall ist (denken wir nur an die enormen Helligkeitsunterschiede im Verlaufe eines Tages, 1:100 000 und mehr), ist ein sich automatisch anpassendes Meßgerät einem mit starrem Meßbereich überlegen.

Fechners psychophysische Beziehung beruht auf Webers Regel und besagt, daß einem linearen Zuwachs der Empfindungsstärke ein logarithmischer Zuwachs der Reizstärke entspricht

Auf mathematischem Wege hat G. T. Fechner im vorigen Jahrhundert aus der Weber-Regel die Beziehung zwischen der Intensität der Empfindung E und der Reizstärke S hergeleitet. Er erhielt dabei (indem er die Weber-Regel über ΔS integrierte) das ***Weber-Fechner-„Gesetz"***, nämlich die Regel, daß die Empfindungsstärke E dem Logarithmus der Reizstärke S proportional sei. Also

$$E \sim \log S.$$

Diese Proportionalitätsbeziehung, die auch als ***psychophysisches Grundgesetz*** bezeichnet wird, besagt im Grunde nichts anderes, als daß eine Verdoppelung der Reizstärke nicht zu einer Verdoppelung der Empfindung, sondern zu deutlich weniger, sagen wir zu dem 1,3 fachen der Ausgangsempfindung führt. Für eine Verdoppelung der Empfindung müßte dann etwa die zehnfache Reizstärke eingesetzt werden. Auch dies ist ein Ausdruck des oben schon angesprochenen Anpassungsmechanismus der Sinne an den weiten, von ihnen abzudeckenden Meßbereich: Bei schwachen Reizen ist die Meßempfindlichkeit hoch, bei starken ist sie geringer; aber in beiden Fällen bleibt die relative Unterschiedsempfindlichkeit erhalten.

Die psychophysische Beziehung von Stevens besagt, daß Reizstärke und Empfindungsstärke über eine Potenzfunktion miteinander verbunden sind; dies ist die gleiche Beziehung, wie sie für die Kodierung der Reizamplitude durch sensorische Neurone gefunden wurde

Stevens psychophysische Beziehung. Die experimentelle Nachprüfung der Weber-Fechner-Regel ergab, daß sie zumindest in mittleren Reizstärkebereichen in etwa „stimmte", d. h. die experimentell gefundenen Werte zeigten die geforderte logarithmische Beziehung zwischen *Reizstärke* und *Empfindungsintensität.* Bei sehr großen und sehr kleinen Reizstärken wichen die Ergebnisse aber sehr deutlich von den errechneten Werten ab. Diese unbefriedigende Diskrepanz zwischen Vorhersage und Befund gab zu zahlreichen Experimenten Anlaß, die zu dem Schluß führten, daß die Beziehungen zwischen Reiz und Empfindungsstärke meist besser durch Potenzfunktionen beschrieben werden, bei denen die Empfindungsstärke E proportional ist der n-ten Potenz der Reizstärke S, abzüglich der Schwellenreizstärke S_0. Also

$$E \sim (S - S_0)^n \text{ oder auch } E \sim k \cdot S^n,$$

wobei k jeweils die absolute Schwelle der Reizkategorie bestimmt.

Potenzbeziehungen der obigen Art können in weiten Bereichen die Relation von Reiz- und Empfindungsintensität beschreiben. Sie heißen nach ihrem Entdecker ***Stevens Potenzfunktionen*** [11,26]. Ist n = 1, so ist die Empfindung direkt proportional der Reizstärke, bei Werten von n < 1 nimmt die Empfindungsintensität, genau wie bei der logarithmischen Beziehung, langsamer zu als die Reizstärke. Dies ist der Normalfall. So bedeutet ein Exponent von n = 0,3, daß sich die Empfindung bei einer Verzehnfachung der Reizstärke etwa verdoppelt ($10^{0,3}$ = 1,99, Taschenrechner!).

Ob eine experimentell gefundene Beziehung zwischen zwei Meßpunkten durch eine Potenzfunktion beschrieben werden kann, läßt sich auch dann bestimmen, wenn man die Meßwerte in ein Diagramm einträgt, in dem die x- und die y-Achse (Abszisse und Ordinate) nicht linear, sondern logarithmisch aufgetragen sind, also jede Verzehnfachung, wie von 1 bis 10, von 10 bis 100 usw., eine gleich große Strecke einnimmt. Können die in einem solchen *doppelt-logarithmischen Diagramm* eingetragenen Meßpunkte durch eine Gerade verbunden werden, dann läßt sich ihre Beziehung durch eine Potenzfunktion beschreiben, wobei der Exponent n durch die Steilheit der Geraden gegeben ist (s.auch Abb. 15–5 und zugehöriger Text).

Vergleich der psychophysischen mit der neuronalen Intensitätsfunktion. Zwei Beispiele für die *Schätzung des Vielfachen einer Empfindungsintensität* zeigt die Abb. 15–13. Hier wurde bestimmt, in welcher Beziehung die Konzentration einer Zitronensäure- und einer Zuckerlösung (Abszisse) zu der Stärke der Empfindung (*rote* Ordinate) *sauer* bzw. *süß* stehen. In beiden Fällen ließen sich die Meßwerte durch *(rote)* Geraden verbinden, deren Steilheiten die Exponenten n = 0,85 bzw. n = 1,1 ergaben. Die Süßempfindung nimmt also bei Erhöhung der Reizstoffkonzentration rascher zu als die Sauerempfindung. Sie setzt außerdem erst bei einer höheren Anfangskonzentration ein. Für den Koch bedeutet dies, daß er zwischen *„nicht süß genug"* und *„zu süß"* offensichtlich nur einen schmalen Spielraum hat.

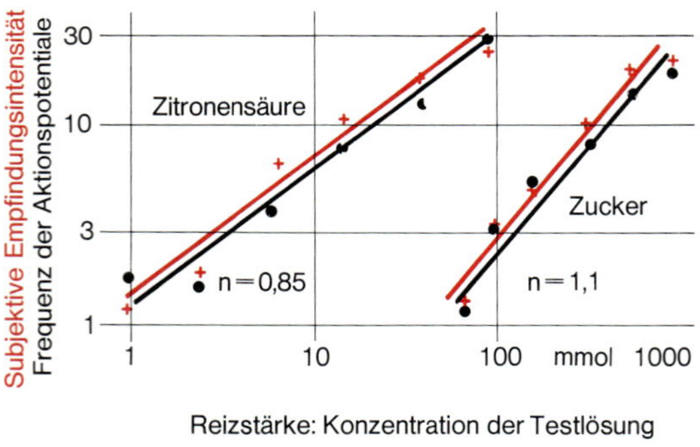

Abb. 15–13. Abhängigkeit der subjektiven Empfindungsintensität (*rot,* Kreuze) des Geschmacks und der Frequenz der Aktionspotentiale in Nervenfasern des Geschmacksnerven (*schwarz,* Kreise) von der Konzentration von Zitronensäure und Zuckerlösung. Die Ableitung der Aktionspotentiale erfolgte während Operationen im Mittelohr, an dessen Wand die Chorda tympani mit den Geschmacksnervenfasern entlangzieht. Die Testlösungen wurden auf die Zunge gespült. Abszissen- und Ordinatenskalen sind logarithmisch dargestellt. Die Steilheiten der Geraden *(n)* sind angegeben. Messungen von Borg et al. J. Physiol. 192, 13 (1967)

Als eine seltene Besonderheit war in dem Experiment der Abb. 15–13 ein *unmittelbarer Vergleich der subjektiven und objektiven Reizantworten* möglich. Die Versuchspersonen waren nämlich Patienten, die sich wegen einer Schwerhörigkeit einer Mittelohr-Operation (Stapes-Mobilisation) unterziehen mußten. Bei dieser Operation wird im Mittelohr ein *Chorda tympani* genannter Nerv freigelegt, in dem die Geschmacksfasern zum Gehirn ziehen. Von diesen Nervenfasern konnten während der Operation Aktionspotentiale abgeleitet werden und so die neurale Antwort auf Geschmacksreize verschiedener Intensität registriert werden. Diese Meßwerte sind in Abb. 15–13 *schwarz* eingetragen, sie lassen sich ebenfalls durch gerade Linien approximieren, und diese haben die gleiche Steigung wie die entsprechenden, durch die subjektive Messung bestimmten. Bei diesen Geschmacksqualitäten lassen sich also die *objektiv* gemessene Reizantwort und die *subjektive* Empfindungsintensität durch *Stevens-Potenzfunktionen mit gleichem Exponenten n* beschreiben (vgl. auch Abb. 15–5 und zugehöriger Text).

Beim intermodalen Intensitätsvergleich wird die Intensität der Wahrnehmung in einem Sinnessystem als Größe einer Wahrnehmung in einem anderen Sinnessystem ausgedrückt

Viele Versuchspersonen haben Schwierigkeiten, in Versuchen nach Art der Abb. 15–13 die Empfindungsintensität als Vielfaches eines Standardreizes (also in Zahlenwerten) auszudrücken. Dies läßt sich nach S. S. Stevens umgehen, indem man die Empfindungsstärke von der Versuchsperson auf andere Weise ausdrücken läßt. Beispielsweise wird die Versuchsperson gebeten, die empfundene *Lautstärke eines Tones* durch entsprechenden *Druck mit der Hand* auf den Hebel eines Kraftmessers (Handdynamometer) anzugeben. Hier wird also die Empfindungsstärke eines Sinnes oder einer *Modalität* durch die einer anderen Modalität (in unserem Beispiel des Kraftsinnes) ausgedrückt. Beispiele für die Ergebnisse solcher ***intermodalen Intensitätsvergleiche*** zeigt Abb. 15–14. In dieser Abbildung ist für eine Reihe von Modalitäten die gemessene Empfindungsintensität dargestellt als „Handkraft" (Ordinate) in Abhängigkeit von der Reizstärke (Abszisse). Die Meßpunkte für jede Modalität liegen in dem doppeltlogarithmischen Koordinatensystem jeweils auf einer Geraden, d. h. sie können durch Potenzfunktionen beschrieben werden. Die Exponenten sind an einigen Beispielen angegeben. Sie reichen von n = 2,13 für den Hautschmerz bis zu n = 0,21 für die Lichtempfindung.

Funktionell ist es sehr nützlich, daß bei einer Zunahme des Schmerzreizes die Intensität der Empfindung sehr stark zunimmt. Ein Exponent von etwa 2 bedeutet nämlich, daß die *Empfindungsstärke* etwa mit dem *Quadrat der Reizstärke* wächst, also eine Verdoppelung der Reizstärke schon eine 2^2 = 4 fach stärkere Empfindung bewirkt. Die Schmerzempfindung kann nämlich auf diese

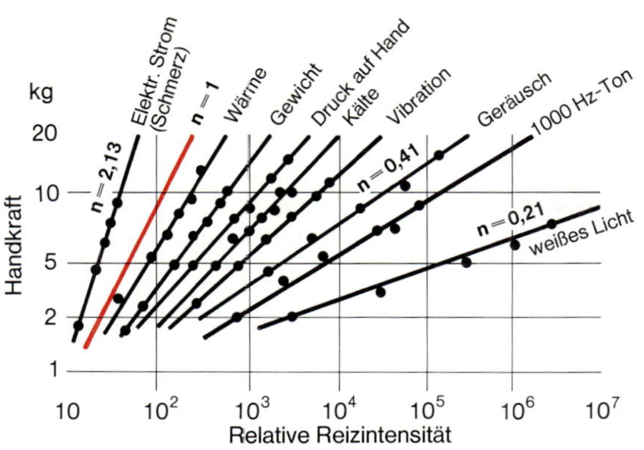

Abb. 15–14. Messung der Beziehung zwischen Reizstärke und Empfindungsstärke mit der Methode des intermodalen Intensitätsvergleichs. Die Versuchsperson zeigt durch Druck auf einen Kraftmesser (Handdynamometer) die Stärke ihrer Empfindung bei Reizen der angegebenen Modalitäten an. Deren Reizstärken sind in der Abszisse in willkürlichen Einheiten angegeben. Kleine Zunahmen der Reizstärke führen beim Schmerz zu starken Zunahmen der Schmerzempfindungen, während eine große Zunahme der Lichtintensität zu nur geringen Änderungen der Helligkeitsempfindung führt. Die anderen Sinnesmodalitäten liegen zwischen diesen Extremen. Messungen von S. S. Stevens [11]

Weise besonders nachdrücklich ihren Warnaufgaben nachkommen (s. S. 345). Andererseits ist es für die Funktion sinnvoll, daß bei Lichtreizen, die einen Intensitätsumfang von 5–6 Dekaden haben, die Empfindungsstärke nur relativ flach ansteigt und somit ein entsprechend weiter Empfindungsbereich abgedeckt wird.

Simultane Reizänderungen an der Schwelle summieren sich linear, z. B. nach der Produktregel, überschwellige simultane Reizänderungen summieren sich unvollständig, z. B. als Summe der Quadrate

Reize haben neben ihrer Intensität auch die Dimensionen des Raumes und der Zeit, z. B. der Reizfläche und der Reizdauer, deren Quantität sich ändern kann. Wie wird die Intensität der Empfindung von simultanen Änderungen in diesen Dimensionen des Reizes beeinflußt? Die einfachste Annahme wäre eine lineare Beziehung: daß sich Reize vergrößerter Fläche oder verlängerter Dauer *summieren*. Dies ist jedoch nur sehr eingeschränkt für schwellennahe Reize der Fall.

Simultane Reizänderungen an der Schwelle. Für Schwellenreize zur Auslösung einer Lichtempfindung gilt, daß das Produkt aus Lichtintensität I und leuchtender Fläche F konstant ist [4,17]:

$$I \cdot F = \text{konst.}$$

Diese Regel besagt, daß ein kleiner heller Lichtpunkt als ebenso hell empfunden wird wie ein größerer, aber schwächer leuchtender. Die Regel gilt aber nur, solange der Sehwinkel des Objektes kleiner als 3 Bogenminuten ist. Eine analoge Beziehung findet man übrigens auch für Schwellenreize an Ganglienzellen der Netzhaut [12]. Eine entsprechende Regel gilt auch für das *Produkt* aus *Lichtstärke* und *Dauer* des Lichtreizes, sofern 120 ms nicht überschritten werden (kurze, helle Lichtblitze werden also als ebenso hell empfunden wie schwächere, die länger dauern). Weitere konstante Produkte von Reizdimensionen an der absoluten Schwelle wurden auch für den Temperatursinn, den Tastsinn und das Gehör gefunden [4].

Simultane überschwellige Reizänderungen. Überschwellige Reize summieren sich bei Änderungen der Reizfläche oder -dauer nur unvollständig. Mißt man die Intensität der Empfindung als Anzahl der Unterschiedsschwellenschritte, so findet man z. B., daß sich bei simultaner Änderung der Stärke D und der Fläche F eines Druckreizes die Empfindungsintensität E gemäß der Beziehung

$$E^2 = D^2 + F^2$$

ändert [14]. Diese „pythagoräische" Summe der Quadrate ist um den Faktor $2 \cdot D \cdot F$ kleiner als $(D + F)^2$, die Summation ist also unvollständig. Die Gültigkeit dieser Beziehung ist auch für die Modalitäten Lichtsinn und Gehör für begrenzte Bereiche nachgewiesen [4].

Die quantitativen Aussagen über die Wirkungen der simultanen Änderung verschiedener Reizdimensionen auf die Intensität der Empfindungen sind besonders wichtig, weil solche komplizierten Reizänderungen den natürlichen Reizen in unserer Umgebung näherstehen als die isolierte Änderung einer Intensität oder eines Ortsparameters. In unserem Sehraum ändern sich in der Regel Reizort, Helligkeit und Reizfläche simultan; wenn wir einen Gegenstand abtasten, so ändern sich simultan die Drücke und Kontaktflächen. Die oben angeführte Produktregel über Reizintensität und -fläche hat beispielsweise die praktische Konsequenz, daß ein schnell zu erkennendes Warnzeichen, z. B. an der Autobahn, eine überproportional große Fläche haben muß.

Kontraste im Raum werden stärker empfunden als es den Reizunterschieden entspricht; diese Kontrastüberhöhung verschärft das Unterscheidungsvermögen; für dieses Phänomen ist v. a. laterale Hemmung im sensorischen System verantwortlich

Auch in der Raumdimension kann *quantitativ* die Änderung der Empfindung in Folge der Änderung eines Ortsparameters des Reizes bestimmt werden. So können z. B. die Schwellen für den kleinstmöglichen Abstand von zwei Reizpunkten, die als getrennt wahrgenommen werden, bestimmt werden (s. Abb. 16–4, S. 331: Zweipunktschwellen der Haut, Abb. 17–1, S. 375: Visus), oder es kann die Stärke der empfundenen Änderung einer Reizfläche über die Anzahl der in dieser Empfindungsänderung enthaltenen Unterschiedsschwellenschritte gemessen werden. Es soll auf diese Meßverfahren hier nicht weiter eingegangen werden, wir wollen uns vielmehr einer wichtigen Besonderheit der Raumdimension, dem Kontrast, zuwenden.

Unter ***visuellem Kontrast*** versteht man physikalisch das Verhältnis der Lichtstärken (gemessen in *Candela, cd*) zweier nebeneinanderliegender Bildteile, und analog kann auch für andere Sinnesbereiche der Begriff Kontrast definiert werden. Ein visueller Reiz mit definiertem Kontrast wurde in dem Versuch der Abb. 15–15a benutzt: Die Helligkeit einer Fläche ändert sich an einer Kante über eine Entfernung von 20 Winkelminuten gleichförmig von 10 cd/m² auf 70 cd/m². Es

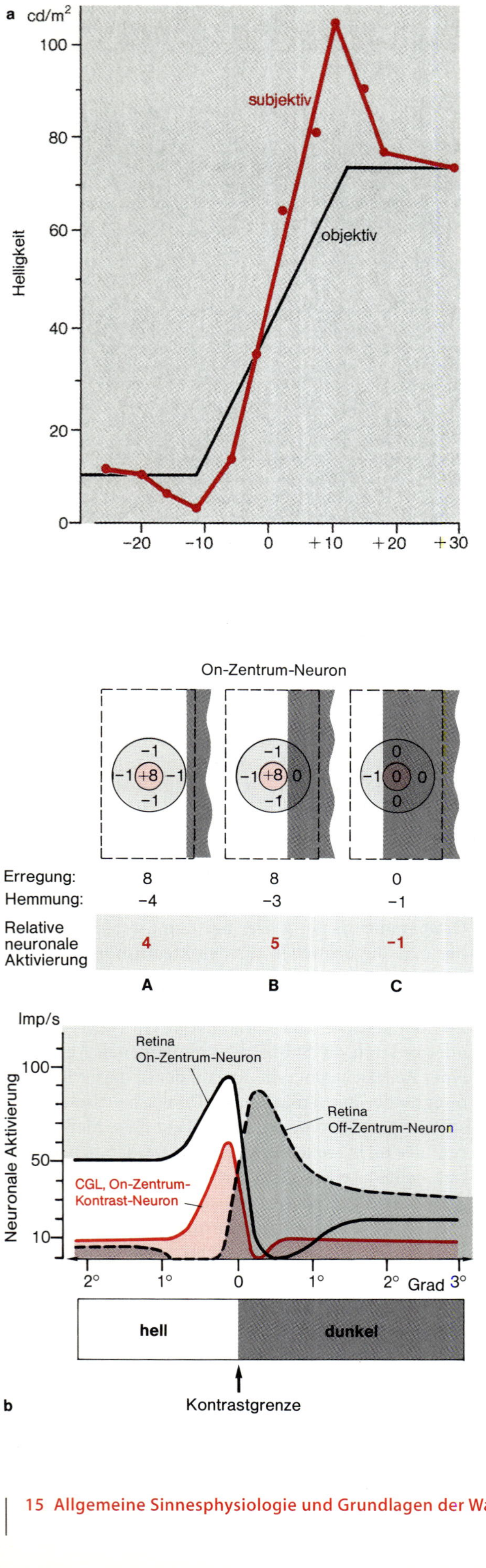

wurde nun die Stärke der subjektiven Helligkeitsempfindung in den verschiedenen Bildanteilen gemessen und die *rote* Kurve erhalten. Die Empfindungsintensität weicht von der physikalischen Helligkeitsverteilung nach unten und nach oben ab, *der Kontrast zwischen heller und dunkler Fläche ist in der Empfindung stärker als im Reiz.* Für die Empfindung ergibt sich also eine ***Kontrastüberhöhung.***

Das Phänomen der Kontrastüberhöhung, auch ***Simultankontrast*** genannt, kann leicht im Selbstversuch verifiziert werden: Betrachten Sie irgendeine Trennungslinie zwischen einer hellen und einer dunklen Fläche: unmittelbar neben der Trennungslinie erscheint die helle Fläche heller und die dunkle Fläche dunkler als innerhalb der betreffenden Flächen. Man nennt diese hellen und dunklen Streifen in einem kontrastreichen Bild ***MACH-Streifen*** [13,18].

Eine *Kontrastüberhöhung* der Empfindung wird nicht nur im visuellen Bereich, sondern auch für das Gehör, die Hautsinne und den Geschmack empfunden. Es handelt sich also bei der Kontrastüberhöhung um eine *allgemeine Eigenschaft unserer Empfindungen* [13,18]. Die Kontrastüberhöhung verschärft das räumliche Unterscheidungsvermögen.

Kontrastüberhöhung in sensorischen Neuronen. Auch an sensorischen Neuronen werden Reaktionen beobachtet, die der Kontrastüberhöhung in den Sinnesempfindungen analog sind. So werden z. B. an Retinaganglienzellen von Katzen bei entsprechenden Reizmustern dem Verlauf der Empfindungsintensität in Abb. 15–15a völlig analoge Impulsverteilungen gefunden [18]. Abb. 15–15b zeigt schematisch das Zustandekommen einer solchen neuronalen Kontrastüberhöhung an Neuronen des Sehsystems.

Ursache dieser Erscheinung ist die *laterale Hemmung* bzw. die Organisation des rezeptiven Feldes

Abb. 15–15. Kontrastüberhöhung (Simultankontrast) bei Sinnesempfindungen und deren neuronale Grundlage. **a** Subjektive Kontrastüberhöhung beim Übergang von einer dunklen Fläche *links* zu einer hellen *rechts*, dargestellt an einer Linie senkrecht zur Kante *(Abszisse)*. Die *Ordinate* zeigt die Helligkeit der betrachteten Fläche. Die *schwarze* Kurve zeigt die mit einem Photometer gemessene objektive Helligkeitsverteilung, die *rote* die subjektive Verteilung. Letztere wird durch Einstellung einer als gleich hell empfundenen Vergleichsfläche an den verschiedenen Meßpunkten durch die Versuchsperson bestimmt. **b** Schema des neuronalen Korrelates der Kontrastüberhöhung. **A-C** Die Aktivierung des On-Zentrum-Neurons hängt von der Lage einer Hell-Dunkel-Grenze innerhalb des rezeptiven Feldes ab. Die maximale Aktivierung wird bei Position *B* erreicht, wenn die Hell-Dunkel-Grenze mit der Grenze zwischen RF-Zentrum und RF-Peripherie zusammenfällt. Die Zahlen geben Relativwerte ohne die Spontanaktivität an. *Unten:* Abhängigkeit der Aktivierung visueller Neurone von der Position einer Hell-Dunkel-Grenze im rezeptiven Feld (*Abszisse*). Dargestellt sind schematisierte Resultate von retinalen On-Zentrum- und Off-Zentrum-Neuronen sowie von On-Zentrum-Kontrastneuronen des Corpus geniculatum laterale. **a** aus [17], **b** aus Grüsser und Grüsser-Cornehls in [10]

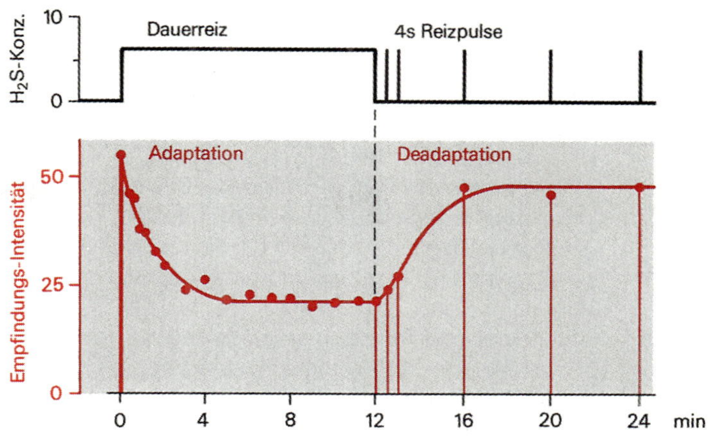

Abb. 15–16. Adaptation einer Geruchsempfindung. Oben (*schwarz*) Reizamplitude (Schwefelwasserstoffkonzentration von $6{,}5 \times 10^{-6}$ Volumenanteilen), unten (*rot*) Empfindungsintensität, geschätzt von 4 Versuchspersonen in je 10 Versuchen als Vielfaches einer Standardintensität. Nach L. E. Marks aus [17]

in Zentrum und reziprok reagierende Peripherie (s. Abb. 15–6 und 15–8). Bei Neuronen, deren rezeptives Feld ganz in der gleichmäßig belichteten hellen Fläche liegt, sind Zentrum und Peripherie gleichmäßig gereizt, und die Reizantwort dieses Neurons entspricht der Summe aus Erregung und lateraler Hemmung. Liegt das rezeptive Feld des Neurons jedoch am Rande der hellen Fläche, so kann ein Teil seiner Peripherie schon in der dunklen Fläche liegen, und dadurch wird die laterale Hemmung des Neurons vermindert. Dieses Neuron wird also stärker erregt sein als das erstere, was die relativ erhöhte Impulsfrequenz bei den dem Rand der hellen Fläche entsprechenden Neuronen erklärt.

Das zeitliche Auflösungsvermögen einer Sinnesmodalität läßt sich an Hand von Zeitunterschiedsschwellen quantifizieren; die Abnahme der Empfindungsintensität bei länger dauernden Reizen wird als Adaptation bezeichnet

Zeitliches Auflösungsvermögen. Wie wir eben bei der Besprechung der *simultanen* Dimensionsänderungen gesehen haben, beeinflußt die *Reizdauer* stark die *Intensität* der Sinnesempfindung. Will man das *zeitliche Auflösungsvermögen* einer Sinnesmodalität bestimmen, so mißt man dazu die ***Zeitunterschiedsschwellen*** von Reizen, also z. B. um wieviele Millisekunden ein Ton oder ein Lichtreiz verlängert werden muß, bis er als länger als der Ausgangsreiz erkannt werden kann.

Bei periodischen Reizen, also z. B. bei einem Flimmer- oder Flackerlicht, kann die Frequenz, bei der die Reize gerade nicht mehr getrennt wahrgenommen werden können, also die ***Verschmelzungsfrequenz,*** gemessen werden. Beim Auge liegt die dort *Flimmerfusionsfrequenz* genannte Verschmelzungsfrequenz in Abhängigkeit von der Leuchtdichte und der Reizfläche zwischen 22 bis maximal 80 Lichtreizen pro Sekunde (s. S. 378). Insgesamt ist festzustellen, daß die Sinnesorgane ein schlechtes zeitliches Auflösungsvermögen haben. Sie sind daher für genaue Zeitmessungen nicht sehr geeignet.

Adaptation und Deadaptation. Bei längerdauernden Reizen nimmt die Empfindungsintensität fast regelmäßig ab. Dieses Phänomen bezeichnen wir als ***Adaptation.*** Abbildung 15–16 zeigt als Beispiel die Adaptation der Geruchsempfindung auf Schwefelwasserstoff. Unmittelbar nach Einschalten einer konstanten Konzentration des Riechstoffes wird von den Versuchspersonen eine Empfindungsintensität von 56 geschätzt. Die Empfindungsintensität fällt innerhalb der ersten Minuten jedoch steil ab und stellt sich nach etwa 5 min auf eine konstante Intensität von etwa 20 ein.

Nach Beendigung des Reizes kommt es, wie ebenfalls in Abb. 15–16 zu sehen, zur ***Deadaptation,*** d. h. zum Wiederanstieg der Empfindlichkeit. Diese wurde so gemessen, daß nach Abschalten des Dauerreizes der Geruchsreiz für kurze Perioden gegeben und die Empfindungsintensität bestimmt wurde. Die subjektive Empfindlichkeit für den Reizstoff kehrt mit einem ähnlichen Zeitgang zurück, wie er für die Adaptation beobachtet wurde.

Mit Ausnahme des Schmerzes wird *Adaptation praktisch bei allen Sinnesmodalitäten* gefunden. Ihr Ausmaß und ihr Zeitgang sind dabei charakteristisch für die jeweilige Modalität. Die Adaptation bedeutet eine Herabsetzung der Empfindlichkeit für lange Reize. Sie begünstigt damit die Wahrnehmung von Änderungen von Reizen, die Sinnesorgane werden dadurch viel *empfindlicher für dynamische Vorgänge* als für *statische Situationen.* So spüren wir den Ring am Finger nicht, sofort aber die Fliege, die sich neben ihn setzt.

Die *Adaptation* und die *räumliche Kontrastüberhöhung* (s. Abb. 15–15) sind analoge Mechanismen, die beide für ihre Dimension die *Wahrnehmung der Änderung von Reizparametern* fördern. Sie dienen beide dazu, aus der Menge der aus den Sinnesorganen einströmenden Informationen nur die wesentlichen auszuwählen und wahrzunehmen.

ZUSAMMENFASSUNG

Die Analyse von Bau und Funktion der Sinnesorgane mit biophysikalischen, biochemischen, physiologischen und anderen naturwissenschaftlichen Methoden wird objektive Sinnesphysiologie genannt. Die wissenschaftliche Analyse der durch die Tätigkeit der Sinnesorgane ausgelösten bewußten Empfindungen und Verhaltensweisen ist Teil der Wahrnehmungspsychologie, die von den Physiologen auch subjektive Sinnesphysiologie genannt wird. Die als Reiz für die Sinnesorgane wirkenden Umweltphänomene werden in diesen und den nachfolgenden Stationen der jeweiligen Sinnesbahn als Erregungsmuster der beteiligten Nervenzellen kodiert, was als Abbildungsprozeß aufgefaßt werden kann. Die Wahrnehmung kommt schließlich als Abbildung von neuronalen Impulsmustern im Kortex zustande. Die Kodierungsprozesse lassen sich mit neurowissenschaftlichen, z. B. mit elektrophysiologischen Methoden erfassen und zu den subjektiven Phänomenen in Beziehung setzen. Dies ist das Arbeitsgebiet der Psychophysik.

Von den 4 Grunddimensionen jeder Empfindung ordnen die Räumlichkeit und die Zeitlichkeit diese in die Raum- und Zeitstruktur unserer Umwelt ein; die Sinnesmodalität gibt das Sinnesorgan an, aus dem die Empfindung stammt, die Intensität die Reizstärke. Reize aus der Umwelt werden mit Exterozeptoren, Reize aus dem Körper teils mit Propriozeptoren, teils mit Enterozeptoren erfaßt. Diejenige Reizform, auf die ein Sinnesorgan optimal reagiert, wird adäquater Reiz genannt. Reize werden in den Sensoren der Sinnesorgane im Prozeß der Transduktion zu lokalen Sensorpotentialen kodiert, deren Amplitude und Zeitverlauf den Reizverlauf abbildet. Im Prozeß der Transformation wird das Sensorpotential in Salven von Aktionspotentialen umkodiert, die über die afferenten Nervenfasern zentralwärts geleitet werden. In der Aktionspotentialfrequenz ist die Reizintensität verschlüsselt. Diese Kodierung der Reizamplitude als Impulsfrequenz läßt sich am besten in Form einer Potenzfunktion beschreiben. Bei den meisten Sinnesorganen ist die Übertragung nicht linear, d. h. der Exponent ist < 1 oder > 1. Je nach seinen Eigenschaften paßt sich der Sensor im Prozeß der Adaptation mehr oder weniger stark an einen fortdauernden Reiz an, d. h. seine Entladungen nehmen ab oder hören völlig auf.

Die an der zentralnervösen Verarbeitung einer Sinneserregung beteiligten Neurone werden von Reizen in ihren rezeptiven Felder teils erregt, teils gehemmt. Im Verlauf der jeweiligen Sinnesbahn werden die rezeptiven Felder dabei immer komplexer, d. h. die Neurone werden nur aktiv, wenn ganz bestimmte Reizkonfigurationen in ihren rezeptiven Feldern auftauchen; die Neurone dienen also als Eigenschaftsdetektoren.

Was die Reizintensität angeht, so läßt sich die Übertragungsfunktion sensorischer Neurone wie die der peripheren Sensoren (s. o.) am besten durch Potenzfunktionen beschreiben, wobei absolute Schwellen und relative Unterschiedsschwellen zusätzlich einzubeziehen sind. Beispielsweise ist nach der Weber-Regel die Intensitätsunterschiedsschwelle proportional der absoluten Reizstärke.

Die somatosensorische Information wird im Rückenmark teils über den Hinterstrang, teils über den Vorderseitenstrang zum Gehirn weitergeleitet. Ersterer ist zusammen mit dem Tractus neospinothalamicus des Vorderseitenstrangs der Ausgangspunkt des spezifischen lemniskalen Systems, die übrigen Bahnen des Vorderseitenstrangs bilden den Beginn des unspezifischen sensorischen Systems. Beide Bahnsysteme kreuzen auf die kontralaterale Körperseite und ziehen über verschiedene Kerne im Thalmus zum sensorischen Kortex. Absteigende Bahnsysteme dienen der Empfindlichkeitsverstellung und der Kontrolle des afferenten Zuflusses.

Durch operante Konditionierung können bei Tieren die Leistungen ihrer Sinnesorgane über das Studium von Verhaltensänderungen erforscht werden. Die Ergebnisse entsprechen in ihrer Präzision denen, die bei entsprechenden Messungen am Menschen erzielbar sind.

Diejenige minimale Reizintensität, die in einem Sinnessystem gerade eine Empfindung hervorruft, ist seine Absolutschwelle, Unterschiedsschwelle ist derjenige minimale Reizzuwachs, der nötig ist, um eine eben merkliche stärkere Empfindung auszulösen; nach der Weber-Regel ist dieser Reizzuwachs ein konstanter Bruchteil des Ausgangsreizes.

Reizstärke und Empfindungsstärke sind nach Stevens über eine Potenzfunktion miteinander verbunden. Da dies für alle Sinnessysteme gilt, ist es auch möglich, die Intensität der Wahrnehmung in einem Sinnessystem als Größe der Wahrnehmung in einem anderen Sinnessystem auszudrücken. Dies wird intermodaler Intensitätsvergleich genannt.

Praktisch alle Sinnessysteme mit Ausnahme des Schmerzes sind für dynamische Vorgänge viel empfindlicher als für statische Situationen. Wie an den peripheren Sensoren wird die Abnahme der Empfindungsintensität bei länger dauernden Reizen als Adaptation bezeichnet.

Literatur

Weiterführende Lehr- und Handbücher

1. Gauer OH, Kramer K, Jung R (1974) Allgemeine Neurophysiologie. In: Physiologie des Menschen, Bd 10, 2. Aufl., Urban & Schwarzenberg, München
2. Gescheider GA (1997) Psychophysics: method and theory. 3rd edn. Laurence Gilbaum, New York
3. Handwerker HO (ed) (1984) Nerve fiber discharges and sensations. Hum Neurobiol 3
4. Hensel H (1966) Allgemeine Sinnesphysiologie, Hautsinne, Geschmack, Geruch. Springer, Berlin Heidelberg New York
5. Keidel WD (1971) Sinnesphysiologie, Teil I: Allgemeine Sinnesphysiologie, Visuelles System. Springer, Berlin Heidelberg New York
6. Kuffler JSW, Nicholls JG, Martin AR (1984) From neuron to brain. 2nd ed., Sinauer Associates, Sunderland Mass. Neue deutsche Ausgabe: Nicholls JG, Martin AR, Wallace BG (1994) Vom Neuron zum Gehirn. Fischer, Stuttgart
7. Loewenstein WR (ed) (1971) Handbook of Sensory Physiology, Vol I: Principles of receptor physiology. Springer, Berlin Heidelberg New York
8. McNicol D (1972) A primer of signal detection theory. Allen & Unwin, London
9. Penfield W, Rassmussen T (1950) The cerebral cortex of man. Macmillan, New York
10. Schmidt RF, Schaible H-G (Hrsg) (2001) Neuro- und Sinnesphysiologie, 4. Aufl. Springer, Berlin Heidelberg New York Tokyo

10a. Schmidt RF, Thews G, Lang F (Hrsg) (2000) Physiologie des Menschen, 28. Aufl. Springer, Berlin Heidelberg New York Tokyo

11. Stevens SS (1975) Psychophysics. John Wiley, New York

Einzel- und Übersichtsarbeiten

12. Barlow HB, Fitzhugh R, Kuffler SW (1957) Change of organization in the receptive fields of the cats retina during dark adaptation. J Physiol (Lond) 137:338
13. Békésy G von (1967) Mach band type lateral inhibition in different sense organs. J Gen Physiol 50:519
14. Bergström RM, Lindfors KO (1958) Experimental demonstration of the euclidean-pythagorean structure and the quadratic metrics in the perceptual manifold of the cutaneous tactile sense. Acta Physiol Scand 44:170
15. Blough DS (1956) Dark adaptation in the pigeon. J Comp Physiol Psychol 49:425
16. Blough DS, Yager D (1972) Visual psychophysics in animals. In: Handbook of Sensory Physiology, Vol VII/4: Visual Psychophysics (Eds Jameson D, Hurvich LM). Springer, Berlin Heidelberg New York
17. Dudel J (1985) Allgemeine Sinnesphysiologie. In: Schmidt RF, Thews G (Hrsg) Physiologie des Menschen, 22. Aufl. Springer, Berlin Heidelberg New York Tokyo, S. 191–208
18. Florentini A (1972) Mach-band phenomena. In: Handbook of Sensory Physiology. Vol VI/4: Visual psychophysics (Eds Jameson D, Hurvich LM). Springer, Berlin Heidelberg New York
19. Green DM, Swets JA (1966) Signal detection theory and psychophysics. John Wiley, New York
20. Handwerker H (1995) Allgemeine Sinnesphysiologie. In: Schmidt RF, Thews G (Hrsg) Physiologie des Menschen, 26. Aufl. Springer, Berlin Heidelberg New York Tokyo, S. 195–215
21. Hartline HK (1940) The receptive fields of optic nerve fibers. Am J Physiol 130:690
22. Kuffler SW (1953) Discharge patterns and functional organization in mammalian retina. J Neurophysiol 16:37
23. Kuffler SW (1954) Mechanism of activation and motor control of stretch receptors in lobster and crayfish. J Neurophysiol 17:558
24. Libet B (1993) The neural time factor in conscious and unconscious events. In: Experimental and Theoretical Studies of Consciousness, CIBA Foundation Symposium Nr. 174, p. 123–146
25. Libet B (1994) A testable field theory of mind-brain interaction. Journal of Consciousness Studies 1:119–126
26. Stevens SS (1971) Sensory power functions and neural events. In: Handbook of Sensory Physiology, Vol. I: Principles of Receptor Physiology (Ed Loewenstein WR). Springer, Berlin Heidelberg New York
27. Zimmermann M (1995) Das somatoviszerale sensorische System. In: Schmidt RF, Thews G (Hrsg) Physiologie des Menschen, 26. Aufl. Springer, Berlin Heidelberg New York Tokyo

16 Somatosensorik, Nozizeption, Schmerz

EINLEITUNG

In der Haut, den Skelettmuskeln, den Sehnen, Gelenken und den Eingeweiden liegen Sensoren (Sinnesrezeptoren), die mechanische, thermische und chemische Signale (Reize) aus der Umwelt oder aus dem Körper aufnehmen und dem Zentralnervensystem mitteilen. Die Gesamtheit der Sinnessysteme, welche die von diesen Sensoren aufgenommene Information verarbeiten, bezeichnen wir als somatoviszerale Sensibilität. Wie Abb. 16–1 zeigt, ist es üblich, die Sinnessysteme der Haut, der Gelenke und der Skelettmuskeln mit ihren Sehnen als somatische Sensibilität oder Somatosensorik abzugrenzen von der Sensibilität der Eingeweide, die als viszerale Sensibilität zusammengefaßt wird [3].

Die Sensoren (Sinnesrezeptoren) der somatoviszeralen Sensibilität können, wie im untersten Teil der Abb. 16–1 zu sehen, vier Grundtypen zugeordnet werden, nämlich einerseits solchen, die entweder auf mechanische (Mechanorezeptor) oder auf thermische (Thermorezeptor) oder auf chemische Reize (Chemorezeptor) ansprechen und andererseits den Nozizeptoren, die nur auf intensive, gewebeschädigende oder bedrohende (noxische) Reize reagieren. Mechanorezeptoren spielen vor allem beim Tastsinn der Haut und bei der Tiefensensibilität eine wichtige Rolle, die Thermorezeptoren dienen vor allem dem Temperatursinn, und die Chemorezeptoren sind in der viszeralen Sensibilität am häufigsten anzutreffen. Der Schmerzsinn ist allen Geweben gemeinsam.

16.1 Mechanorezeption

Die menschliche Haut ist sehr empfindlich für mechanische Reize. Schon das Bewegen eines einzelnen Haares auf der Oberfläche des Handrückens kann eine deutliche Empfindung auslösen. Insbesondere die Innenfläche der Hände, die Lippen und die Zunge sind so berührungsempfindlich, daß wir sie tagtäglich zur Exploration unserer Umwelt, vor allem auch unserer Nahrung einsetzen. Eine systematische Untersuchung der Mechanorezeption fördert vier Qualitäten zutage, die sich in der alltäglichen Erfahrung, im Experiment und in ihren rezeptiven Grundlagen deutlich voneinander abgrenzen lassen, nämlich die ***Druck-***, ***Berührungs-***, ***Vibrations-*** und ***Kitzelempfindungen*** [18, 20].

Berührungsempfindungen lassen sich schon durch winzige Hauteindellungen (Größenordnung 0,01 mm) und über einen weiten Intensitätsbereich mit großer intraindividueller Konstanz der psychophysischen Intensitätsfunktion auslösen

Empfindungsschwellen für mechanische Hautreize. Die moderne Erforschung des Tastsinnes begann mit der Beobachtung Max von Freys, daß die Haut nicht auf ihrer ganzen Fläche, sondern *nur punktförmig mechanosensibel* ist. Er überprüfte dies mit Hilfe von Haaren oder Borsten unterschiedlicher Dicke, die er auf einer Waage eichen konnte (Abb. 16–2A) und mit denen er die Haut systematisch abtastete. Diejenigen Punkte von denen eine taktile Empfindung ausging, nannte er ***Tastpunkte.*** Hautregionen mit zahlreichen Tastpunkten sind insbesondere die Fingerkuppen und die Lippen, während Oberarme, Oberschenkel und der Rücken besonders wenige Tastpunkte aufweisen.

Das Ergebnis einer Prüfung der ***taktilen Empfindungsschwellen*** der menschlichen Innenhand mit Hilfe eines elektronisch geführten Stößels zeigt Abb. 16–2B, C. Die minimal notwendige Eindrucktiefe der Haut, die zu einer gerade wahrnehmbaren Berührungsempfindung führt, liegt in der Größenordnung von 0,01 Millimeter (10 Mikrometer, μm). An den Fingerspitzen sind die Schwellen dabei deutlich geringer als in der übrigen Handinnenfläche, der Zeigefinger hat aber keine geringere Schwelle als seine Nachbarn. Auch bei Blinden kommt es nicht zu einer Schwellenabsenkung. Es wird vielmehr gelernt, mit der vorhandenen Sensibilität besser umzugehen.

Intensitätsfunktion der Mechanosensibilität. Mit Hilfe der auf den Seiten 318–321 beschriebenen Methoden läßt sich bestimmen, in welcher Weise die subjektive Stärke eines taktilen Reizes von seiner Intensität ab-

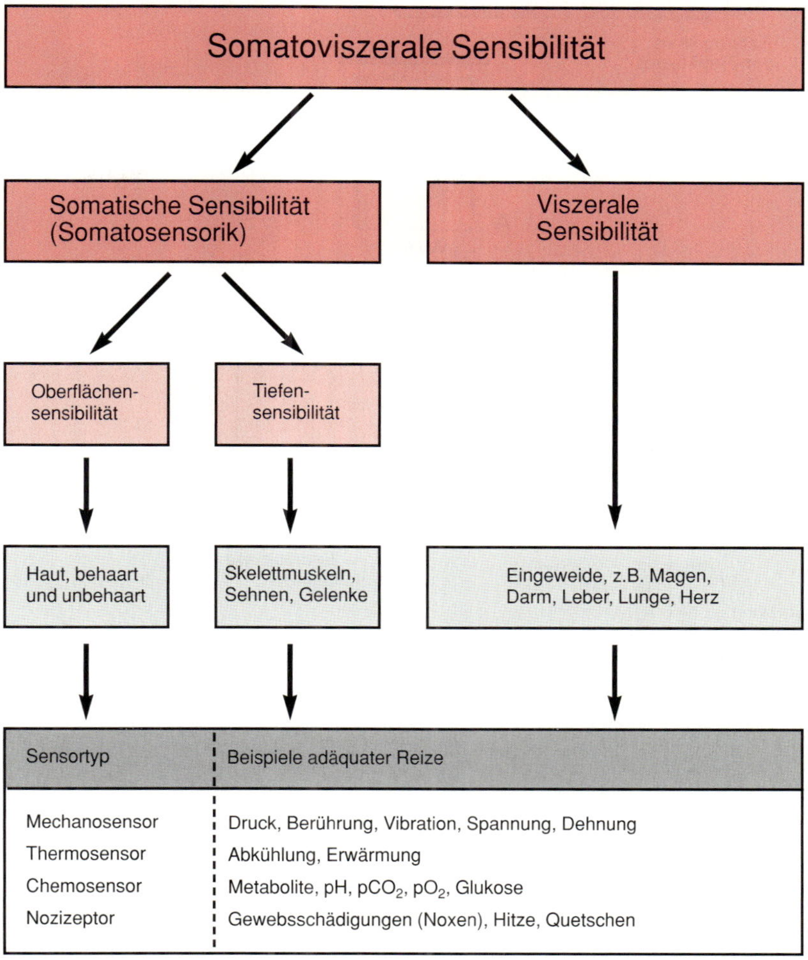

Abb. 16–1. Übersicht über die Anteile der somatoviszeralen Sensibilität (*oben*), ihre Lokalisation im Körper (*Mitte*) und über die vier Grundtypen somatoviszeraler Sensoren mit Beispielen ihrer adäquaten Reize. Aus [17]

hängt. Das Ergebnis solcher Messungen an der Handinnenfläche von drei Versuchspersonen zeigt Abb. 16–3. Für jede Person (A, B, C) wurde diese ***psychophysische Intensitätsfunktion*** dreimal aufgenommen, wobei sich klar zeigte, daß diese Funktion *intraindividuell* bemerkenswert konstant ist, aber *interindividuell* große Unterschiede zeigt. Dies drückt sich deutlich in den Exponenten der an die Meßpunkte angepaßten Potenzfunktionen aus.

Das räumliche Auflösungsvermögen ist an der Zungenspitze, den Lippen und den Fingerkuppen besonders gut; es läßt sich als simultane oder sukzessive Raumschwelle quantifizieren; die Vibrationsempfindung hat ihre niedrigste Schwelle bei 150–300 Hz

Simultane Raumschwellen (Zweipunktschwellen). Als Maß für das räumliche Auflösungsvermögen der Haut für taktile Reize wird seit langem die Bestimmung der räumlichen Unterschiedsschwelle herangezogen, d. h. das Messen des Abstandes zwischen zwei taktilen Reizen, bei dem diese gerade noch als getrennt wahrgenommen werden. Diese räumlichen Unterschiedsschwellen lassen sich mit einem Stechzirkel (mit abgestumpften Spitzen, um Schmerzreize zu vermeiden) leicht untersuchen. Werden beide Spitzen gleichzeitig aufgesetzt, also die *simultane Raumschwelle* oder *Zweipunktschwelle* geprüft, so ergeben sich beim Erwachsenen die in Abb. 16–4 gezeigten Werte. Sie sind ein ***Maß für das räumliche Auflösungsvermögen*** der Haut für taktile Reize in der jeweiligen Körperregion.

Entsprechend unserer Alltagserfahrung und in Übereinstimmung mit der oben erwähnten Verteilung der Tastpunkte sind die simultanen Raumschwellen der Zungenspitze, der Fingerkuppen und der Lippen besonders niedrig (Größenordnung 1–3 mm), während sie auf dem Rücken und an den Oberarmen und Oberschenkeln in der Größenordnung von 50–100 mm liegen.

Sukzessive Raumschwellen. Wird das räumliche Auflösungsvermögen eines Hautareals geprüft, indem die Zirkelspitzen nacheinander aufgesetzt werden, so wird die *sukzessive Raumschwelle* getestet. Diese ist *deutlich*

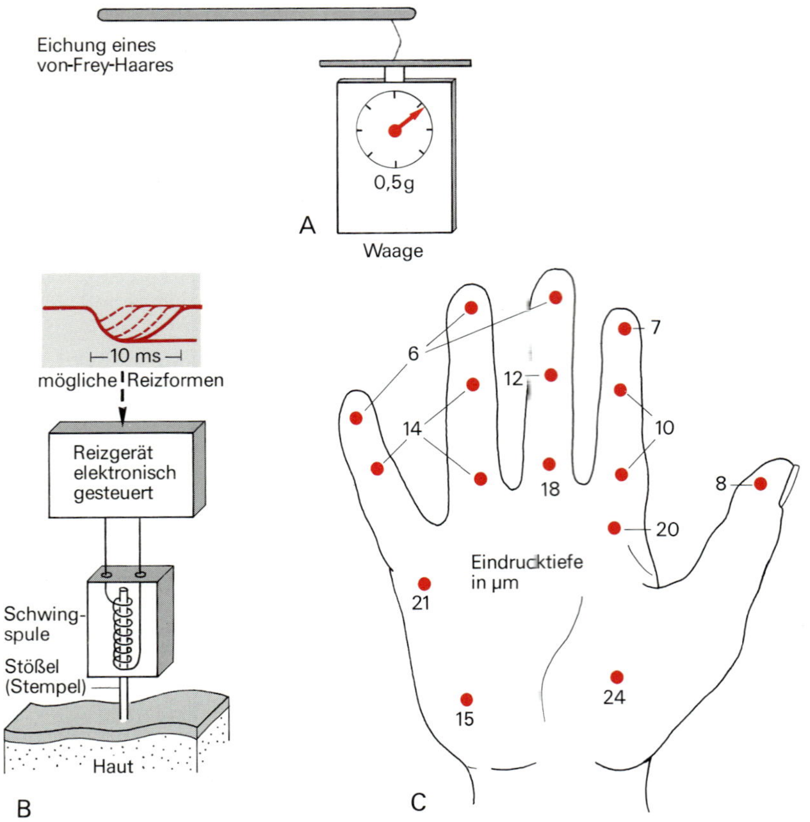

Abb. 16–2. Schwelle und Verteilung der Mechanosensibilität auf der Haut. **A** Eichung eines von-Frey-Haares durch Bestimmung desjenigen Druckes (in Milligramm oder Gramm), bei dem sich das Haar oder die (Nylon-)Borste gerade verbiegt. Mit Hilfe eines abgestuften Satzes solcher Reizhaare lassen sich Schwelle und Verteilung der Tastpunkte und die Schwellen und rezeptiven Felder von Mechanorezeptoren bestimmen. **B** Beispiel für mechanische Hautreizung mit Hilfe eines elektronisch geführten Stempels oder Stößels. **C** Verteilung der Empfindungsschwellen für Reize der in **B** gezeigten Form, angegeben in µm Eindrucktiefe. Nach Lindblom und Lindström in [30] aus [17]

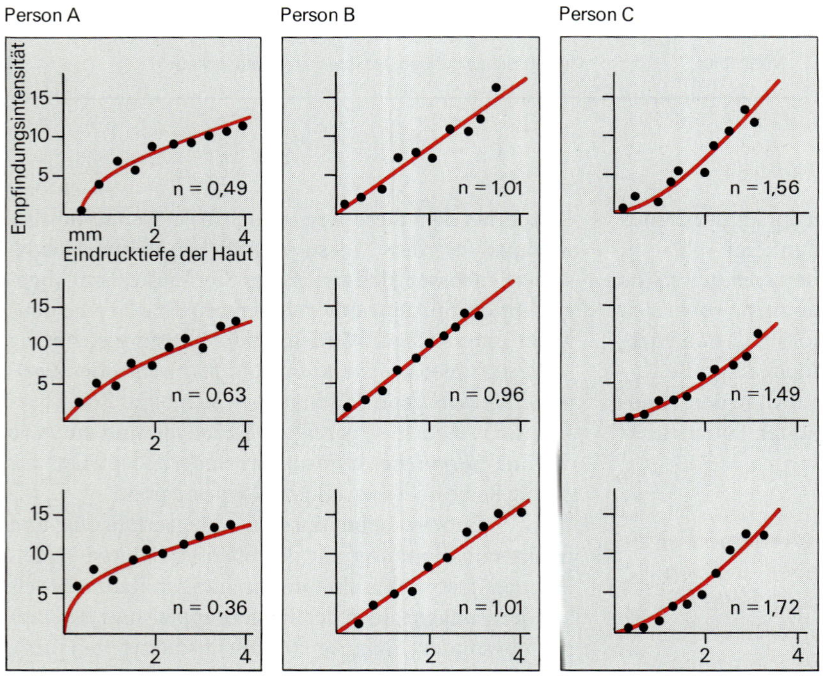

Abb. 16–3. Psychophysische Intensitätsfunktion für die Abhängigkeit der Druckempfindung von der Reizstärke. Druckpulse von einer Sekunde Dauer wurden mit der in Abb. 16–2 gezeigten Reizapparatur auf die Handinnenfläche gegeben und die Hauteindrucktiefe *(Abszisse)* gemessen. Die drei Versuchspersonen *(A)*, *(B)* und *(C)* ordneten den Reizen Zahlenwerte in Abhängigkeit von der Empfindungsintensität *(Ordinate)* zu. Jeder Versuch wurde dreimal wiederholt *(untereinander angeordnete Kurven)*. Die ausgezogenen Kurven sind an die Meßwerte angepaßte Potenzfunktionen mit den jeweils *rechts* im Diagramm angegebenen Exponenten. Nach Knibestöl und Vallbo in [30] aus [17]

besser als die simultane, oft viermal so gut, also z. B. 1 mm statt 4 mm. Die Gründe für diesen Unterschied liegen teils in den mechanischen Eigenschaften der Haut, zum größten Teil in der Art und Weise ihrer Innervation und in der zentralen Verschaltung der afferenten Nervenfasern.

Das räumliche Auflösungsvermögen der Haut für mechanische Reize kann aber auch auf andere Weise als durch das Messen der simultanen und sukzessiven Raumschwellen geprüft werden. So kann beispielsweise gemessen werden, bei welchem Längenunterschied zwei auf die Haut aufgesetzte Kanten als unterschiedlich lang empfunden werden oder welche Länge ein solcher Kantenreiz haben muß, damit unterschieden werden kann, ob er längs oder quer aufgesetzt wurde. Als Beispiele seien erwähnt,

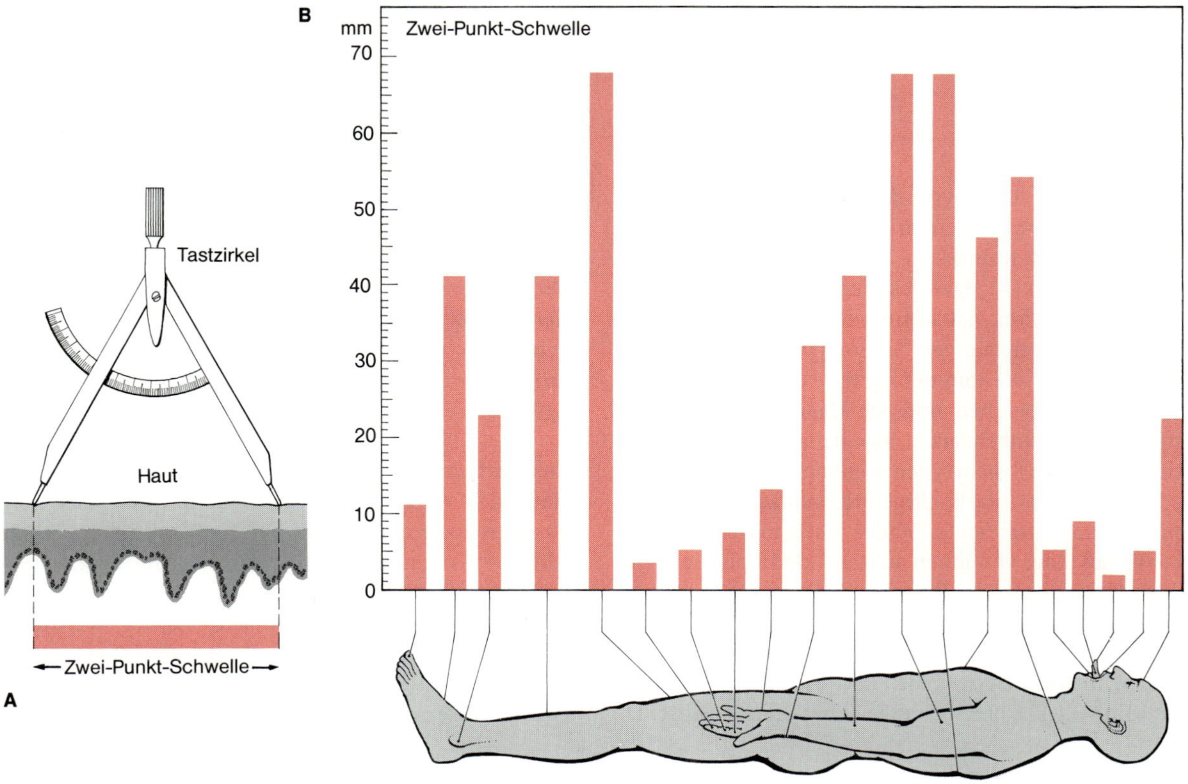

Abb. 16–4. Simultane Raumschwellen (Zweipunktschwellen) des Erwachsenen. **A** Meßmethode: die abgestumpften Spitzen eines Stechzirkels werden mehrmals mit unterschiedlichem Abstand auf die Haut gesetzt. Gesucht wird der minimale Abstand zwischen den Spitzen, bei dem die beiden Reizpunkte gerade noch als getrennt wahrgenommen werden können. **B** Verteilung der Zweipunktschwelle der Haut an verschiedenen Körperstellen des Menschen. Meßwerte von E. H. Weber, Arch. anat. Physiol. wiss. Med. 1835, S. 135, nach [21] aus M. Zimmermann in [20]

daß am Unterarm, bei dem die simultane Raumschwelle bei 30–40 mm liegt, die Länge zweier Kantenreize sich um 5–10 mm unterscheiden muß, um wahrgenommen zu werden und daß durchschnittlich eine minimale Kantenlänge von 17 mm erforderlich ist, um zu unterscheiden, ob die Kante in medio-lateraler oder proximo-distaler Richtung aufgesetzt wurde.

Plastizität der Raumschwellen. Das Auflösungsvermögen der Mechanorezeption ist keine unveränderbar feste Größe. So können durch Übung, selbst innerhalb einiger Stunden, die Raumschwellen etwa halbiert werden. Blinde sind besonders bekannt für ihre Fähigkeit, kleine Gegenstände, z. B. die Punkte der Blindenschrift, rasch und sicher durch Betasten erkennen zu können. Dabei bleiben die Empfindungsschwellen allerdings unverändert (s. o.). Wird die Raumschwelle eines Hautareals durch Übung verkleinert, so reduziert sie sich nicht nur in und um dieses Areal, sondern auch im entsprechenden Hautareal der anderen Körperseite, wenn auch nicht so ausgeprägt. Bei fehlender Übung gehen die erworbenen Verbesserungen des taktilen Auflösungsvermögens wieder verloren. Wie in Kap. 24 zu besprechen, beruhen diese plastischen Veränderungen auf plastischen Änderungen der synaptischen Verbindungen im Zentralnervensystem. Akute Verschlechterungen können z. B. durch verringerte Durchblutung, zu häufiges Testen, allgemeine Ermüdung oder Abkühlen der Haut auftreten.

Schwellen der Vibrationsempfindung. Vibrationsempfindungen können auf einfache Weise durch Aufsetzen einer angeschlagenen Stimmgabel auf Knochenpunkte (z. B. Ellenbogen, Schienbein) ausgelöst werden. Bei genauerer Untersuchung verwendet man von Sinusgeneratoren angesteuerte Schwingspulen. Die *absolute Schwelle für eine bewußte Vibrationsempfindung* hat ihren besten Wert bei einer Schwingfrequenz von etwa 150–300 Hz. Die in diesem Bereich notwendige Vibrationsamplitude liegt in der Größenordnung von 1 μm, also, wie weiter unten gezeigt wird, im Schwellenbereich der Pacini-Körperchen. Die *Unterschiedsschwelle für Änderungen der Vibrationsfrequenz* ist am besten im Bereich niedriger Reizfrequenzen und steigt bei Frequenzen über 100 Hz steil an.

Neurologische Prüfung der Mechanorezeption [16]. Klinische Bedeutung hat die Analyse der Hautsensibilität zur Charakterisierung neurologischer Störungen. Die Schwellen sind bei Erkrankungen der peripheren Nerven (z. B. *diabetische Polyneuropathie)* erhöht. Bei der klinischen Routineuntersuchung wird gewöhnlich zur ***Prüfung der Berührungsempfindung*** die Haut mit einem Wattebausch o. ä. gereizt und der Patient nach seiner Empfindung befragt; ferner darüber, an welchem Ort er den Reiz lokalisiert. Das *Unterscheiden von spitz und stumpf* wird durch unregelmäßig abwechselndes Aufsetzen von Spitze und Kopf einer Glasstecknadel geprüft. Regelmäßig wird bei solchen Untersuchungen auch das *Erkennen auf die Haut geschriebener Zahlen* erfragt. Dabei werden zunächst größere, dann kleiner werdende Zahlen mit einem stumpfen Griffel (Nadelkopf, Fingerspitze) auf die Haut geschrieben. Die ***Prüfung der Vibrationsempfindung*** erfolgt mit einer Stimmgabel (s. oben). Bei allen Messungen sollte möglichst ein ***Seitenvergleich,*** d. h. das Prüfen des gleichen Parameters auf der entsprechenden anderen Körperseite durchgeführt werden, um auch geringe Abweichungen einer Seite zu erfassen.

Mechanosensoren liegen in der behaarten wie der unbehaarten Haut; sie lassen sich nach histologischen und funktionellen Kriterien charakterisieren; die höchste Innervationsdichte weist die Innenhand auf

Struktur und Lage von Mechanosensoren in der Haut. Abb. 16–5 gibt einen schematisierten Überblick über die Struktur und Lage der in der unbehaarten (A) und behaarten (B) Haut des Menschen und bei Säugetieren (z. B. Affen, Katzen) vorkommenden Mechanosensoren. Neben einigen Sensortypen, die in beiden Hautgeweben vorkommen, gibt es andere, wie die Meissner-Körperchen und die Haarfollikel-Sensoren, die nur in der unbehaarten, bzw. behaarten Haut zu finden sind. Allen Sensortypen ist gemeinsam, daß sie von schnelleitenden, markhaltigen Nervenfasern der Gruppe II versorgt werden (s. Tabelle 7–1, S. 105), was sicherstellt, daß jeder von ihnen ausgehende Impuls in wenigen Millisekunden im Rückenmark eintrifft.

Innervationsdichte der Mechanosensoren in der menschlichen Haut. Eine auf histologischen und funktionellen Untersuchungen basierende Abschätzung gibt es bisher nur für die unbehaarte Innenhandfläche (Abb. 16–6). Diese wird von etwa 17 000 mechanorezeptiven Nervenfasern der Gruppe II versorgt. Der Anteil der einzelnen Typen von Mechanorezeptoren und die Dichte ihrer Anordnung in Fingerspitzen, proximalen Fingerflächen und Handinnenflächen können der rechten Seite der Abb. 16–6 entnommen werden. Bemerkenswert ist der insgesamt hohe Anteil der Meissner-Körperchen (43 %) und deren beträchtliche Dichte (etwa 140 pro cm^2) in den Fingerspitzen. Schon daraus läßt sich vermuten, daß sie an den niederen Schwellen (Abb. 16–2) und dem guten Auflösungsvermögen dieser Hautregion (Abb. 16–4) besonders beteiligt sind.

Reiz-Antwort-Verhalten von Mechanosensoren der Haut. Die Aufzeichnung der Aktivität einzelner Mechanorezeptoren der Haut bei Tier und Mensch zeigt Abb. 16–7. Mit natürlichen mechanischen Reizen können die wesentlichen Charakteristika eines Sensors, also sein adäquater Reiz, die Schwelle, die Beziehung zwischen Reizintensität und Entladungsfrequenz, die Größe des rezeptiven Feldes und seine Adaptation auf konstante Reize studiert werden [20, 30, 54].

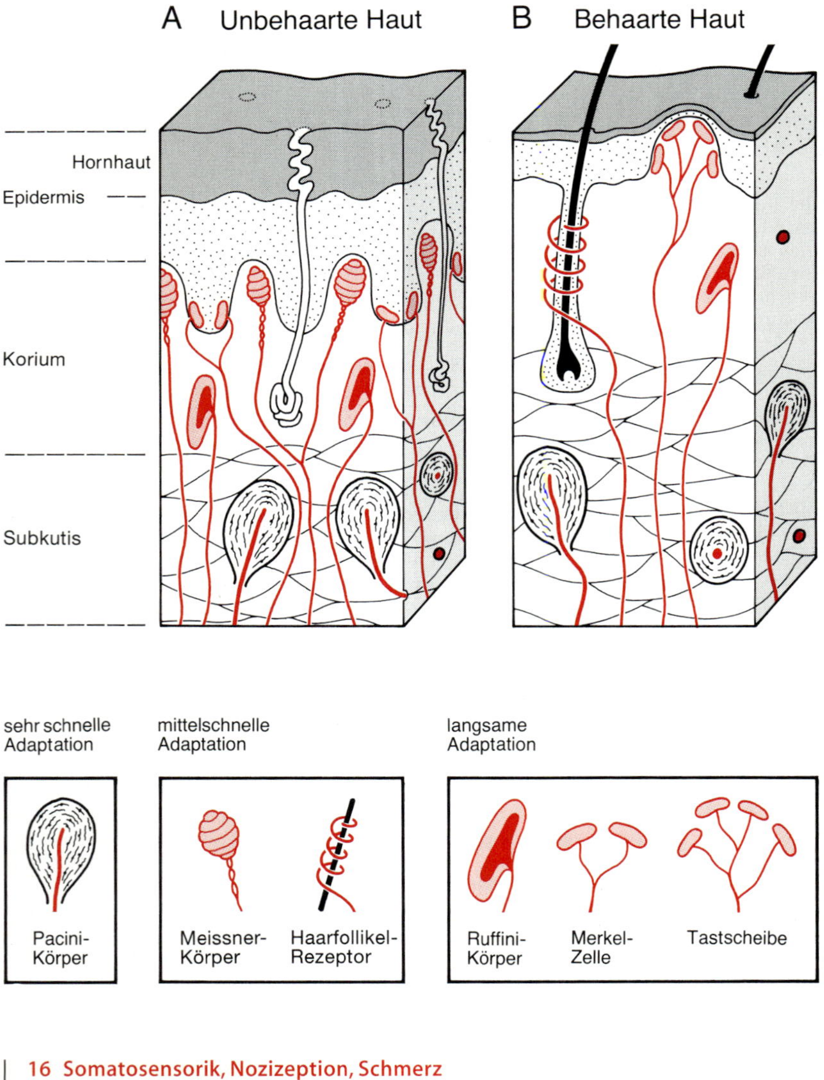

Abb. 16–5. Schematische Darstellung der Struktur und Lage von Mechanosensoren in der unbehaarten Haut (**A**) und der behaarten Haut (**B**) des Menschen. *Unten* in der Abbildung sind die verschiedenen Sensoren nach ihrem Adaptationsverhalten zusammengefaßt. Gleichzeitig dient diese Darstellung als Schlüssel für die Benennung der verschiedenen Sensortypen in **A** und **B**. Diese Sensoren werden alle von schnelleitenden, markhaltigen Nervenfasern der Gruppe II versorgt (vgl. Tabelle 7–1, S. 105). Aus [17]

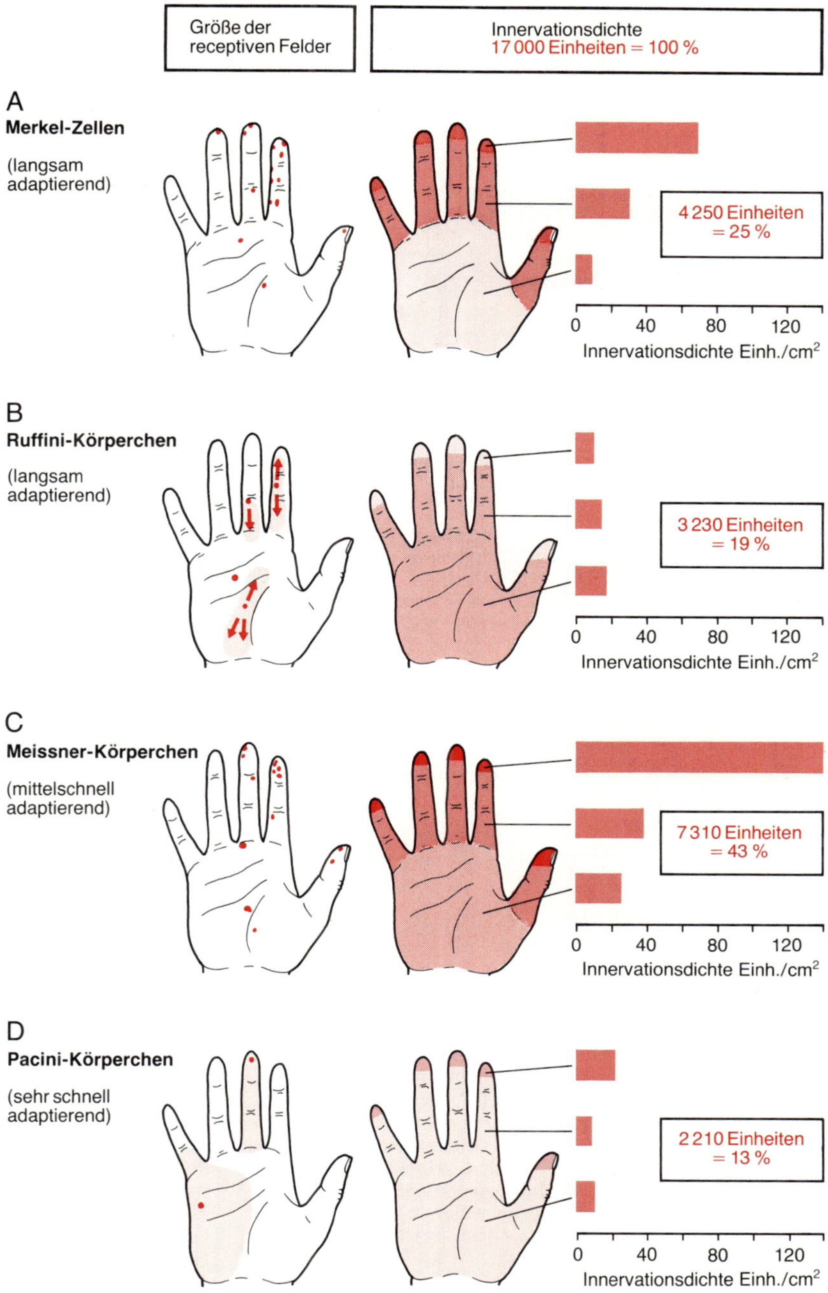

Abb. 16–6. Rezeptive Felder und Innervationsdichten von Mechanosensoren mit korpuskulären Endstrukturen und Gruppe II afferenten Fasern der menschlichen Innenhand. Nach Daten von [54] aus [17]

Die wichtigsten funktionellen Eigenschaften der in Abb. 16–5 gezeigten Mechanosensoren der Haut sind in Tabelle 16–1 zusammengefaßt. Es zeigt sich, daß in der behaarten wie in der unbehaarten Haut jeweils Rezeptoren liegen, die einerseits ***nach ihrem Verhalten auf konstante Druckreize*** als *langsam, mittelschnell* und *sehr schnell adaptierend* bezeichnet werden können und die andererseits ***in bezug auf ihren adäquaten Reiz*** jeweils einen der drei Parameter eines mechanischen Reizes, nämlich *Intensität, Geschwindigkeit* und *Beschleunigung*, bevorzugt übertragen.

Merkel-Zellen und Ruffini-Körperchen messen die Intensität eines Druckreizes, Meissner-Körperchen und Haarfollikelsensoren dessen Geschwindigkeit und Pacini-Körperchen seine Beschleunigung

Drucksensoren (Intensitätsdetektoren). Diese langsam adaptierenden Sensoren messen die Stärke oder Eindrucktiefe eines mechanischen Hautreizes. Da sie auch nach langer Zeit nicht vollkommen adaptieren, geben sie auch die Dauer eines Druckreizes an. Die Drucksensoren der Haut sind die ***Merkel-Zellen***

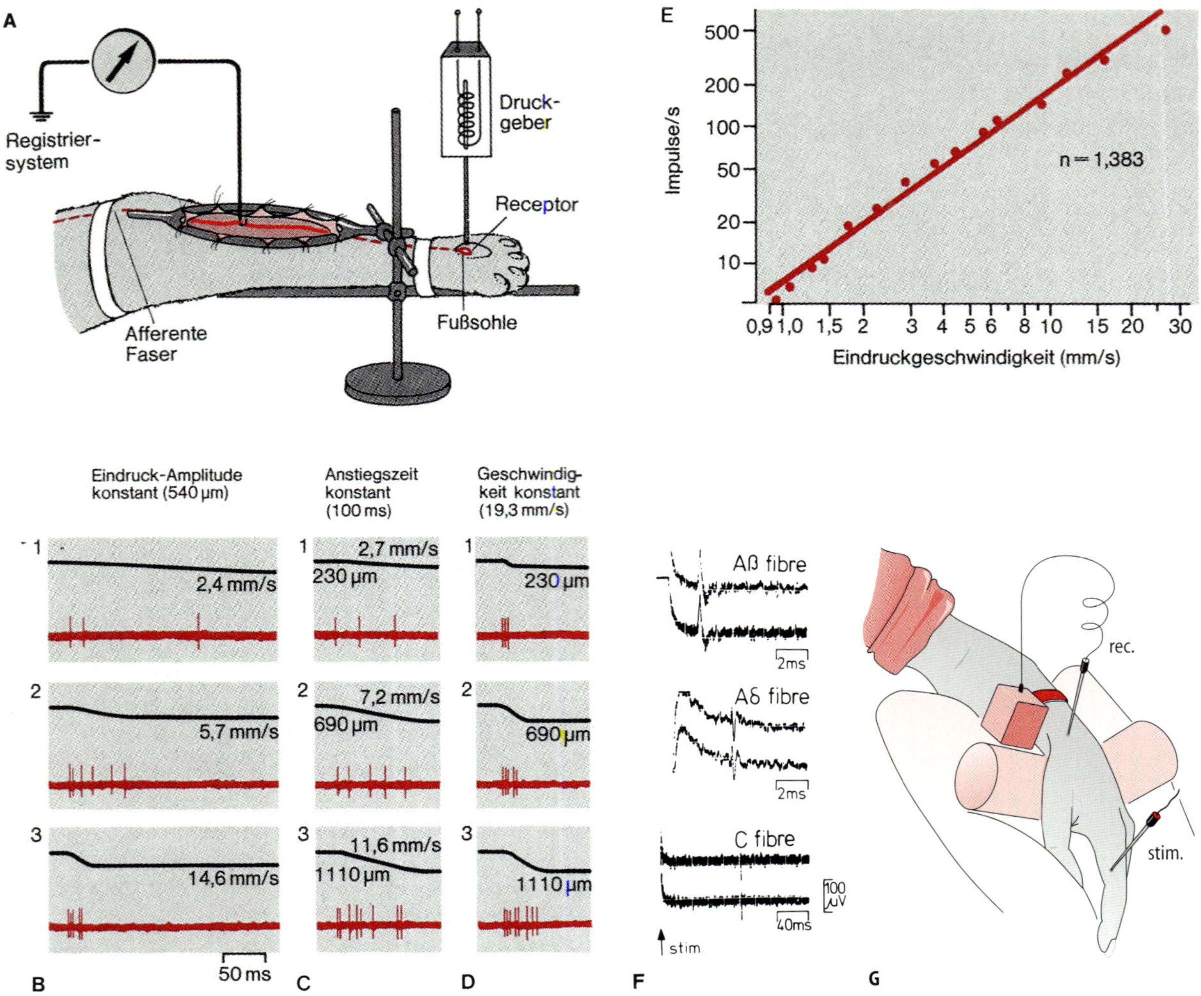

Abb. 16–7. Untersuchung des Reiz-Antwort-Verhaltens von Hautsensoren bei Tier und Mensch. **A** Versuchsanordnung bei einem Tierexperiment. Eine Katzenpfote wird so aufgelegt, daß der zentrale Gehballen nach *oben* zeigt und mechanische Reize auf ihn ausgeübt werden können. **B-D** Antwortverhalten eines Geschwindigkeitsdetektors bei Reizung mit den angegebenen Reizparametern. Der Sensor war nur auf die Geschwindigkeitskomponente des Reizes empfindlich. **E** zeigt die quantitative Beziehung zwischen der Eindrucksgeschwindigkeit und der mittleren Impulsfrequenz. Das Antwortverhalten folgt einer Potenzfunktion mit dem Exponenten n = 1,383. Die *ausgezogene Gerade* entspricht der mathematischen Regressionsgeraden. Messungen von K.-M. Gottschaldt aus [25]. **F, G** Mikroneurographische Ableitung aus dem N. radialis superficialis des Menschen. Im Schema der Versuchsanordnung ist die Ableitelektrode wiedergeben, deren Verstärker am Handgelenk befestigt ist. Gezeigt wird außerdem eine Reizelektrode zur perkutanen Stimulation einer Nervenendigung in ihrem rezeptiven Feld. Die Ableitungen in **F** zeigen Aktionspotentiale einer schnelleitenden myelinisierten (*A beta*, syn. Gruppe II), einer langsamleitenden myelinisierten (*A delta*, syn. Gruppe III) und einer unmyelinisierten (*C*, syn. Gruppe IV) Nervenfaser auf elektrische Reizung (beachte die unterschiedlichen Zeitmarken). Nach H. O. Handwerker aus [29]

(Abb. 16–5 und Tabelle 16–1). Sie liegen in kleinen Gruppen in den untersten Schichten der Epidermis. Auch in der behaarten Haut gibt es Merkel-Zellen. Sie liegen aber in besonderen, punktförmig über die Hautoberfläche herausragenden ***Tastscheiben*** (Abb. 16–5B).

In der unbehaarten wie der behaarten Haut liegen weitere langsam adaptierende Mechanosensoren, nämlich die ***Ruffini-Körperchen*** (Abb. 16–5). Diese antworten v. a. auf Dehnung der Haut, und zwar z. T. richtungsempfindlich, d. h. Dehnen der Haut in nur einer Richtung führt zu vermehrten Entladungen (vgl. Abb. 16–6B). Die Ruffini-Körperchen können also Information über die Richtung und Stärke von Scherkräften vermitteln, die in der Haut und zwischen Haut und Unterhaut beispielsweise bei Gelenkbewegungen oder beim Hantieren mit Werkzeugen auftreten.

Berührungssensoren (Geschwindigkeitsdetektoren). Bewegt man einige Haare auf dem Handrücken, ohne die Haut selbst zu berühren, und hält man die Haare anschließend in ihrer neuen Stellung fest, so entsteht nur während der Bewegung der Haare eine Empfindung. Die ***Haarfollikel-Sensoren*** registrieren also v. a. die Bewegung des Haares selbst, genauer die Geschwindigkeit dieser Bewegung. Auch in der unbehaarten Haut gibt es solche Sensoren, nämlich die ***Meissner-Körperchen.*** Ein Beispiel zeigt die Abb. 16–7 B-E. Der

Tabelle 16-1 Klassifikation kutaner Mechanosensoren nach ihrem Adaptationsverhalten (Säulenüberschriften) und ihrem adäquaten Reiz (Säulenunterschriften). Aus [15].

	Adaptation bei konstantem Druckreiz		
	langsam	mittelschnell	sehr schnell
Unbehaarte Haut	Merkel-Zelle, Ruffini-Körperchen	Meissner-Körperchen	Pacini-Körperchen
Behaarte Haut	Tastscheibe, Ruffini-Körperchen	Haarfollikel-Sensor	Pacini-Körperchen
	Intensitätsdetektor	Geschwindigkeitsdetektor	Beschleunigungsdetektor
	Klassifikation nach adäquatem Reiz		

Sensor sendet nur während der rampenförmigen Stößelbewegungen Impulse aus, nicht jedoch nach Aufhören der Bewegung. Die Impulsfrequenz hängt dabei insbesondere von der Eindrucksgeschwindigkeit des Stößels ab. Ein solcher Sensor kann also als ***Geschwindigkeitsdetektor*** bezeichnet werden. Bei rechteckigen Dauerreizen adaptieren diese Sensoren innerhalb von 50–500 ms. Sie sind also *mittelschnell adaptierend* (Tabelle 16–1, Abb. 16–6C).

Sensoren wie die Druckrezeptoren, die in erster Linie die Intensität eines Reizes übermitteln, werden in Anlehnung an technische Meßfühler auch als ***Proportionalrezeptoren*** oder *P-Rezeptoren* bezeichnet. Entsprechend werden Sensoren mit dem Antwortverhalten der Berührungsrezeptoren ***Differentialrezeptoren*** oder *D-Rezeptoren* und Mischformen *PD-Rezeptoren* oder ***PD-Fühler*** genannt.

Vibrationssensoren (Beschleunigungsdetektoren). Der verbleibende korpuskuläre Mechanorezeptor der Haut ist das ***Pacini-Körperchen.*** Dieses antwortet auf rechteckige mechanische Reize lediglich mit je einem Impuls zu Beginn und am Ende des Reizes, *es adaptiert also sehr schnell.* Andererseits läßt es sich durch sinusförmige Reize, wie die Vibrationen einer Stimmgabel, besonders gut erregen, wobei seine Schwelle für solche Reize im Bereich zwischen 100 und 300 Hz sehr niedrig ist und zu höheren und niedrigeren Frequenzen steil ansteigt. Bei sinusförmiger Reizung folgt die Beziehung zwischen der Reizschwelle und Reizfrequenz der zweiten Ableitung der Eindrucktiefe nach der Zeit, also der Beschleunigung. Die Pacini-Körperchen sind also funktionell ***Beschleunigungsdetektoren,*** die vor allem *Vibrationsreize* aufnehmen. Außer in der Unterhaut finden sie sich noch in wechselnder Anzahl an den Sehnen und Faszien der Muskeln, an der Knochenhaut und in den Gelenkkapseln.

Rezeptive Felder von Mechanosensoren. Für das Verhalten eines Sensors ist auch die Größe seines rezeptiven Feldes von Bedeutung. Als solches bezeichnet man dasjenige Areal, von dem der Sensor durch einen Reiz definierter Stärke erregt werden kann. Als Reizstärke benutzt man in der Regel einige wenige Vielfache, beispielsweise das Vier- oder Fünffache der Schwellenreizstärke. Die Ausdehnung auf diese Weise bestimmter rezeptiver Felder der menschlichen Innenhand ist für die vier Typen von Mechanosensoren der *unbehaarten Haut* in Abb. 16–6 zu sehen. In ***A*** sind die rezeptiven Felder von 15 ***Merkel-Zell-Einheiten*** dargestellt. Sie sind klein, ihre Fläche beträgt gewöhnlich 3–50 mm², was etwa Durchmessern von 2 bis 8 mm entspricht. Im Gegensatz dazu sind die rezeptiven Felder der ***Ruffini-Körperchen*** groß (***B***). Diese Sensoren weisen außerdem, wie bereits erwähnt, eine deutliche Richtungsempfindlichkeit auf. Noch deutlicher sind die Unterschiede in der Größe der rezeptiven Felder bei den schnell adaptierenden Sensoren. Die rezeptiven Felder der ***Meissner-Körperchen*** (***C***) sind ebenso klein wie die der Merkel-Zellen, während sich die der ***Pacini-Körperchen*** (***D***) über eine weite Fläche, beispielsweise einen ganzen Finger oder die halbe Handinnenfläche ausdehnen [54].

Mechanosensible freie Nervenendigungen der Haut mit dünnen afferenten Fasern sind wahrscheinlich an der Übermittlung der Kitzelempfindung beteiligt

Außer *myelinisierten* (Gruppen II und III) Afferenzen enthält jeder Hautnerv auch noch 50 % und mehr *unmyelinisierte* (Gruppe IV oder C) Fasern. Dies sind teils efferente *postganglionäre sympathische Nervenfasern,* die beispielsweise die glatte Muskulatur der Hautgefäße und der Haarbälge, sowie die Schweißdrüsen versorgen. Zum Teil sind es aber auch *afferente* Nervenfasern, die in *freien Nervenendigungen* enden. Die Sensorfunktionen dieser freien Nervenendigungen sind zum Teil noch ungeklärt. Manche sind möglicherweise *Temperaturrezeptoren,* viele wahrscheinlich *Nozizeptoren* (s. S. 351). Einige sind auch auf mechanische Berührungsreize geringer Reizstärke empfindlich. Solche Mechanorezeptoren mit unmyelinisierten afferenten Fasern finden sich in der behaarten und, wenn auch nur selten, in der unbehaarten Haut.

Aus dem ***Antwortverhalten*** dieser Sensoren auf mechanische Hautreize ließen sich bisher keine sicheren Schlüsse auf ihre mögliche Funktion ableiten. Möglicherweise sind sie besonders an der Übermittlung schwacher, sich ***auf der Haut bewegender Mechanoreize*** (wie z. B. das Krabbeln eines kleinen Insekts) beteiligt. Auch wird diskutiert, daß sie, alleine oder mit anderen, bei der ***Kitzelempfindung*** eine Rolle spielen.

Die geringe *Leitungsgeschwindigkeit der Gruppe-IV-Fasern* (um 1 m/s) bedingt, daß zwischen Reizbeginn und Ankunft der afferenten Impulse im ZNS viel Zeit vergeht. Beispielsweise erreicht ein solcher Impuls, der von der Zehe eines Erwachsenen ausgeht, das Rückenmark (Entfernung etwa 1 m) erst nach etwa 1000 ms = 1 s, während ein Impuls in einer Gruppe-II-Faser (Leitungsgeschwindigkeit etwa 50 m/s) für die gleiche Strecke nur etwa 20 ms = 0,02 s benötigt. Viele durch mechanische Reize induzierten Reflexe und meist auch die begleitenden subjektiven Empfindungen haben kürzere Latenzen als die Leitungszeiten der Impulse in den C-Fasern. Letztere sind also an diesen Vorgängen schon aus diesem Grunde in der Regel nicht, oder jedenfalls zu Beginn nicht beteiligt.

Einzelne Impulse in Meissner- oder Pacini-Körperchen können bereits zu bewußten Empfindungen führen; die psychophysische Intensitätsfunktion für mechanische Reize wird aber durch zentralnervöse Verarbeitungsprozesse mitbestimmt

Die Technik der ***transkutanen Mikroneurographie*** von einzelnen Hautsensoren (Abb. 16–7 F, G) bietet die Möglichkeit, gleichzeitige neurophysiologische und psychophysische Messungen durchzuführen, also z. B. zu prüfen, ob die Schwelle für eine bewußte Empfindung eines taktilen Reizes auf der Haut mit der Schwelle eines oder mehrerer der verschiedenen Mechanorezeptortypen übereinstimmt, oder ob die ***Empfindungsschwelle*** deutlich über der ***Sensorschwelle*** liegt, eine Empfindung also erst dann auftritt, wenn Mechanosensoren deutlich überschwellig erregt werden [54].

Empfindungsschwellen. Für die *Fingerinnenflächen der menschlichen Hand* stellte sich heraus, daß die Erregung ***eines einzelnen Meissner-Körperchens*** bereits zu einer Berührungsempfindung führt, selbst wenn nur ein einzelner Impuls in einem solchen Sensor ausgelöst wird (Eindrucktiefe dabei 5–10 μm). Bei Vibrationsreizen über 60 Hz genügt ebenfalls die Erregung eines oder weniger Pacini-Körperchen, um eine Vibrationsempfindung auszulösen. Die *Merkel-Zellen* und *Ruffini-Körperchen* spielen für die Wahrnehmung solch kleiner Reize keine Rolle, da ihre Schwellen um ein Mehrfaches über denen der beiden anderen Sensortypen liegen.

In der *Handinnenfläche* liegt dagegen die Empfindungsschwelle deutlich über der Schwelle der schnell adaptierenden Mechanosensoren. In der *Fingerinnenfläche* wird die Empfindungsschwelle also durch die Schwelle der Mechanosensoren bedingt, während in anderen Hautarealen die Empfindungsschwelle durch zentrale Mechanismen auf einem höheren Wert liegt.

Psychophysische Intensitätsfunktion. Bei überschwelligen taktilen Reizen folgen sowohl die psychophysischen Intensitätsfunktionen (Abb. 15–13, 16–3) wie das Entladungsverhalten von Drucksensoren *Potenzfunktionen.* Gleichzeitige Messungen der Entladungen von Drucksensoren und der subjektiven Empfindungsstärken bei Druckreizen auf die menschliche Haut haben aber ergeben, daß die Exponenten für die Entladungsfunktionen einzelner Sensoren und für die Intensitätsfunktion der dabei auftretenden Empfindungen in der Regel so weit auseinander fallen, daß auf eine *wesentliche Mitwirkung des Zentralnervensystems bei der Formung der psychophysischen Intensitätsfunktionen* geschlossen werden muß.

16.2 Tiefensensibilität

Im Wachzustand sind wir jederzeit über die *Stellung unserer Glieder* zueinander orientiert. Ferner nehmen wir passive *Bewegungen* unserer Gelenke durch von außen einwirkende Kräfte ebenso wahr wie aktive Bewegungen mit Hilfe unserer Muskeln. Auch sind wir in der Lage, den *Widerstand* ziemlich genau anzugeben, gegen den wir eine Bewegung ausführen. Wir fassen diese Fähigkeiten als ***Tiefensensibilität*** zusammen, da die dafür verantwortlichen Sensoren weniger in der Haut, als in den Muskeln, Sehnen und Gelenken liegen (vgl. Abb. 16–1). Diese Sensoren werden, da sie ihre Reize aus dem Körper und nicht aus der Umwelt empfangen, als Propriozeptoren (synonym: *Propriosensoren*) zusammengefaßt. Von der Tiefensensibilität wird daher auch als ***Propriozeption*** gesprochen. Dabei ist allerdings im Auge zu behalten, daß auch Hautsensoren bei Gelenkbewegungen erregt werden können (durch Dehnung und Stauchung der Haut, vgl. Abb. 16–6) und auf diese Weise eventuell einen Beitrag zur Tiefensensibilität liefern (s. unten).

Stellungssinn, Bewegungssinn und Kraftsinn sind die 3 Qualitäten der Tiefensensibilität

Stellungssinn. Im Dunkeln oder auch nach Schließen der Augen ist es immer möglich, sich selbst die Lage der einzelnen Glieder und die Stellung der verschiedenen Extremitätenabschnitte zueinander zu vergegenwärtigen. Diese *Qualität der Tiefensensibilität* bezeichnen wir als ***Stellungssinn.*** Genaugenommen orientiert uns der Stellungssinn über die *Winkelstellung der Gelenke* und damit insgesamt über die Stellung unserer Glieder zueinander. Wenn wir längere Zeit unsere Glieder nicht bewegt haben, oder wenn wir nach längerem Schlaf aufwachen, ist unser Stellungssinn meistens gut erhalten. Der Stellungssinn adaptiert also wenig oder nicht.

Bewegungssinn. Wenn wir ohne visuelle Kontrolle eine Gelenkstellung ändern, beispielsweise den Unterarm im Ellenbogengelenk beugen oder strecken, nehmen wir sowohl die Richtung wie auch die Geschwindigkeit der Bewegung wahr. Diese *Qualität der Tiefensensibilität* bezeichnen wir als ***Bewegungssinn.*** Aktive Gelenkbewegung mit Hilfe der Muskeln wird von uns ebenso wahrgenommen wie passive Gelenkbewegung durch eine andere Person. Die *Wahrnehmungsschwelle des Bewegungssinnes* hängt, ganz analog zu anderen Sinnesmodalitäten, einerseits von dem Ausmaß der Winkeländerung und andererseits von deren Geschwindigkeit ab. Sie ist an den proximalen Gelenken (z. B. Schultergelenken) deutlich besser als an den distalen Gelenken (z. B. Fingergelenken).

Kraftsinn. Bindet man Fäden an eine Reihe von Gegenständen, die sich in ihrem Gewicht um 10 % oder mehr voneinander unterscheiden, so kann man diese Gegenstände in bezug auf ihr Gewicht durch Anheben der Fäden leicht voneinander trennen. Wir schätzen dabei das *Ausmaß an Muskelkraft* ab, das wir aufwenden müssen, um die Gegenstände anzuheben und freischwebend zu halten. Diese *Qualität der Tiefensensibilität,* nämlich das Abschätzungsvermögen für die Muskelkraft, die notwendig ist, eine Bewegung durchzuführen oder eine Gelenkstellung einzuhalten, bezeichnen wir als ***Kraftsinn.*** Da die aufzuwendende Muskelkraft von dem Widerstand abhängt, der sich der Bewegung entgegensetzt, könnten wir den Ausdruck *Widerstandssinn* als Synonym für den Kraftsinn benutzen, doch hat sich dieser Ausdruck nicht durchgesetzt.

Bei der experimentellen Ermittlung der *Fähigkeiten des Kraftsinns* ist es immer schwierig, Beiträge der Mechanoperzeption der Haut auszuschalten oder abzugrenzen. Es läßt sich allerdings leicht zeigen, daß das *Unterscheidungsvermögen* des Kraftsinnes deutlich besser ist als das des Drucksinnes der Haut: Das Abschätzen von Gewichten durch Aufsetzen auf die Haut ist wesentlich schwieriger als das durch Aufheben der Gewichte, eine Tatsache, die jeder im Alltag häufig ausnutzt. Insgesamt zeichnet sich der Kraftsinn durch ***große Genauigkeit und präzise Reproduzierbarkeit*** aus. Er wird deswegen gerne, wie in Abb. 15–14, S. 323, gezeigt, beim intermodalen Intensitätsvergleich als Standard eingesetzt.

Als Sensoren der Tiefensensibilität dienen neben den Gelenksensoren v. a. die Muskelspindeln und Sehnenorgane; der Beitrag der Hautmechanosensoren ist gering

Gelenksensoren. Die Gelenknerven sind ähnlich zusammengesetzt wie die Hautnerven, d. h. sie enthalten jeweils eine Anzahl dicker markhaltiger (Gruppe II) und dünner markhaltiger (Gruppe III) afferenter Nervenfasern sowie eine meist deutlich größere Zahl markloser Afferenzen (Gruppe-IV-Fasern). Die Gruppe-II-Nervenfasern und einige wenige der Gruppe III enden in ***mechanosensitiven Sensorkörperchen*** ähnlich den Ruffini- und Pacini-Körperchen der Haut (vgl. Abb. 16–5). Die übrigen Gruppe-III- und alle Gruppe-IV-Fasern bilden freie Nervenendigungen im Gelenkgewebe aus. Als Beispiel sei angeführt, daß die afferente Innervation des Kniegelenks etwa aus 400 markhaltigen und 800 marklosen Afferenzen besteht.

Was die ***rezeptiven Eigenschaften*** der Gelenksensoren angeht, so scheint die Mehrzahl der ***korpuskulären Sensoren*** in ihrem Entladungsverhalten den mittelschnell adaptierenden Sensoren der Haut (Meissner-Körperchen, Haarfollikel-Sensoren) zu gleichen, d. h. insbesondere *Gelenkbewegungen* zu signalisieren. Der einzelne Sensor wird dabei durch unterschiedlichste Bewegungen (Beugung, Streckung, Rotation) aktiviert, so daß zumindest aus dem Entladungsverhalten eines einzelnen Sensors keine Schlüsse auf die Bewegungsrichtung gezogen werden können.

Über das ***Entladungsverhalten der freien Nervenendigungen*** ist wenig bekannt. Viele dieser Afferenzen haben wahrscheinlich nozizeptive Aufgaben, d. h. sie sprechen erst an, wenn die Gelenkbewegungen den physiologischen Arbeitsbereich des Gelenks zu verlassen drohen, oder wenn Verletzungen oder Entzündungen auftreten. Erregung dieser ***Gelenknozizeptoren*** führt zu Gelenkschmerzen.

Alles in allem lassen die bisher bekanntgewordenen Eigenschaften der mechanosensitiven Gelenksensoren es wahrscheinlich erscheinen, daß diese vor allem für die ***Vermittlung des Bewegungssinnes*** mitverantwortlich sind, aber für den ***Stellungssinn*** kaum eine Rolle spielen. Auch andere Befunde weisen in diese Richtung: Wird durch Krankheit oder Lokalanästhesie die Innervation der Gelenkkapseln ausgeschaltet, so kommt es zu schweren Störungen des Stellungs- und Bewegungssinnes.

Muskelsensoren. Die Beteiligung der *Muskelspindelsensoren* am Stellungs- und Bewegungssinn ist experimentell gut gesichert. Beispielsweise lassen sich mit vibratorischen Muskelreizen (Aufsetzen einer Stimmgabel auf die Sehne), durch die v. a. Muskelspindeln zusätzlich aktiviert werden, eindrucksvolle Illusionen von Gelenkbewegungen erzeugen [47]. Zusammen mit den anderen Dehnungssensoren der Skelettmuskulatur, den *Golgi-Sehnenorganen* (vgl. S. 255) spielen sie wahrscheinlich auch eine wichtige Rolle bei der Übermittlung des ***Kraftsinns.***

Hautsensoren. Die Haut um die Gelenke wird bei Gelenkbewegungen gestaucht und gedehnt. Nach mikroneurographischen Untersuchungen werden dabei Hautmechanosensoren aller vier Typen (vgl. Abb. 16–6) erregt, wobei die *Pacini-Körperchen* mit ihren großen rezeptiven Feldern am häufigsten und die *Ruffini-Körperchen* am zweithäufigsten beteiligt sind. Damit erscheinen Beiträge der Hautsensoren zur Tiefensensibilität möglich. Ihre Rolle darf aber nicht überschätzt werden, denn die Tiefensensibilität wird durch Lokalanästhesie der Hautpartien über den Gelenken nur wenig beeinträchtigt.

Für die Wahrnehmung der Tiefensensibilität ist die gleichzeitige regelhafte Aktivierung verschiedener Sensorsysteme und die zentrale Integration dieser afferenten Zuflüsse erforderlich

Diese integrative Aufarbeitung setzt, ähnlich wie bei anderen Sinnesorganen, bereits in den ***subkortikalen sensorischen Schaltkernen*** ein. So sind beispielsweise im Thalamus Neurone gefunden worden, deren Impulsfrequenz über mehr als 90° die Gelenkstellung treu widerspiegelte. Auf ein solches Neuron muß also eine beträchtliche, *präzise organisierte Konvergenz von zahlreichen propriozeptiven Meldungen* erfolgt sein (Abb. 16–8).

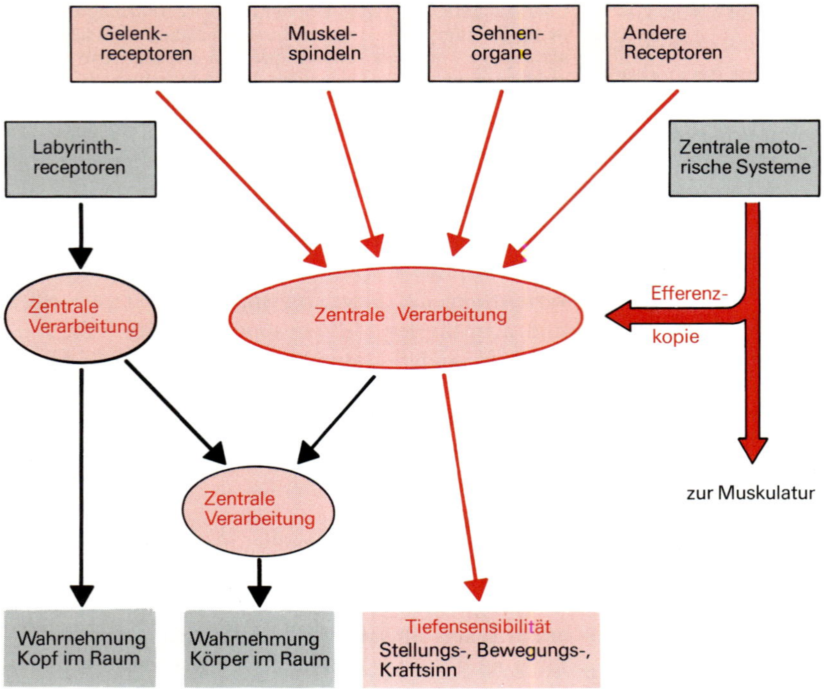

Abb. 16–8. Wahrnehmung der Tiefensensibilität (*rot unterlegt*) über Propriosensoren, deren afferente Zuflüsse mit den motorischen Efferenzkopien im sensorischen Nervensystem zum Stellungs-, Bewegungs- und Kraftsinn verarbeitet (integriert) werden. Die von den Sensoren des Gleichgewichtsorgans (*Labyrinthrezeptoren*) kommende Information dient zusammen mit der Tiefensensibilität zur Wahrnehmung des Körpers im Raum. Aus [17]

Beseitigen von Mehrdeutigkeit. Ein wichtiger Aspekt der zentralnervösen Integration ist, daß die zentralen motorischen Systeme anscheinend über die von ihnen ausgehende Aktivität einen „*Durchschlag*" oder eine ***Efferenzkopie*** (von Holst) an die für die Wahrnehmung der Tiefensensibilität verantwortlichen zentralen sensorischen Zentren senden (*rechts* in Abb. 16–8). Diese Efferenzkopien unterrichten *im voraus* über die vorgesehene Muskelaktivität und die daraus resultierenden Bewegungen. Sie können daher dazu verwendet werden, die ***Mehrdeutigkeit afferenter Information zu beseitigen,*** die beispielsweise bei den Muskelspindeln durch die Aktivität der γ-Motoneurone entsteht und die bei anderen Sensoren dadurch bedingt sein kann, daß diese sowohl durch von außen kommende Reize, als auch durch Bewegungen aktiviert werden können (z. B. die Mechanosensoren der Haut in Gelenknähe, s. o.).

Ein zweiter Weg zur ***Ausschaltung der Mehrdeutigkeit*** afferenter Information ist eine gezielte, von den motorischen Schaltkernen ausgehende efferente Hemmung in den sensorischen Schaltkernen, ein dritter Weg die wechselseitige Beeinflussung der rezeptiven Zuflüsse untereinander, also eine ***afferente Hemmung.*** Beides, efferente wie afferente Hemmung, kommt in praktisch allen sensiblen Zentren (Kernen), vom Rückenmark bis zum Thalamus vor. Beispiele für die Verschaltung von afferenter und efferenter Hemmung sind im vorhergehenden Kap. 15 in den Abb. 15–6 und 15–11 gezeigt.

Tiefensensibilität und Mechanorezeption, in gewissem Umfang auch die kutane Thermorezeption, wirken zusammen beim Aufbau der räumlichen Tastwelt, die uns vor allem durch die tastende, d. h. sich aktiv bewegende Hand vermittelt wird

Die Umwelt als Tastwelt und Fühlraum. Zwar sind unsere Raumvorstellungen weitgehend geprägt durch visuelle Wahrnehmungen, aber viele Eigenschaften unserer Umwelt sind uns vorwiegend oder ausschließlich über die Tastfunktion zugänglich. Man denke beispielsweise an Eigenschaften wie *flüssig, klebrig, fest, elastisch, weich, hart, glatt, rauh, samtartig* und viele andere. Wichtig ist, daß diese Eigenschaften durch passives Betasten (Auflegen des Gegenstandes auf die unbewegte Hand oder der Hand auf den Gegenstand) schlecht oder überhaupt nicht erfaßt werden können, während bei ***bewegter Hand*** es wenig Mühe macht, Struktur und Form zu erkennen [20, 50].

Die *Überlegenheit der tastenden gegenüber der ruhenden Hand* beruht einmal darauf, daß durch die Bewegung wesentlich mehr Hautsensoren aktiviert werden und deren Adaptation verhindert oder vermindert wird, wodurch detailliertere Informationen über das Kontaktgeschehen an der Haut nach zentral vermittelt werden, zum anderen darauf, daß bei bewegter Hand die Tiefensensibilität ihren Teil zur Form- und Oberflächenerkennung beiträgt.

Bei Bewegungen im Schultergelenk mit gestrecktem Arm können wir in Armlänge einen etwa hemisphärischen extrapersonalen Raum vor uns erfassen. Dieser Raum wurde schon Ende des 19. Jahrhunderts von Loeb als ***Fühlraum*** von dem weiter außen liegenden Sehraum abgegrenzt. Seine Eigenständigkeit wird z. B. bei einer ***visuellen Objektagnosie*** (s. S. 407) deutlich, bei der ein Gegenstand zwar noch in seiner *Lage im Raum* erkannt werden kann, nicht jedoch in seiner *Gegenständlichkeit* als Stuhl, Tisch, Krug, Hammer oder komplizierte Maschine. Diese Patienten können die Objekte zwar visuell nicht erkennen, eine taktile Objekterkennung ist dagegen meist leicht möglich. Der visuellen Objektagnosie liegen Läsionen im Übergangsbereich von okzipitaler und unterer temporaler Hirnrinde zugrunde. Läsionen der oberen Parietalregion führen dagegen zu Neglekt, d. h. die Objekte werden ignoriert (s. Kap. 17, 22, 27).

Tiefensensibilität und Gleichgewichtssinn vermitteln die Stellung unseres Körpers im Raum und das Körperschema; Phantomempfindungen, Linksneglekt und räumliche Agnosien können als Störungen des Körperschemas gedeutet werden

Körperstellung und Körperschema. Der subjektive Gesamteindruck der Stellung des Körpers im Raum wird im wesentlichen gewonnen aus einer integrativen Auswertung der über den Stellungssinn erhaltenen Information mit von den Labyrinthen der Gleichgewichtsorgane kommenden Informationen über die Stellung des Kopfes im Schwerefeld der Erde (Abb. 16–8). Dabei ist das *Bewußtsein der räumlichen Ausdehnung unseres Körpers in der Umwelt,* oft ***Körperschema*** genannt, ein wichtiger Teilaspekt unserer nichtvisuellen Raumvorstellung.

Phantomempfindungen. Das Körperschema ist erstaunlich fest in uns verankert und anscheinend teilweise unabhängig vom afferenten Zustrom aus den Propriozeptoren. Davon zeugt, daß nach der Amputation eines Armes, Beines oder einer Brust die weit überwiegende Mehrzahl der Patienten für lange Zeit, oft für den Rest ihres Lebens, das *fehlende Glied noch empfindet.* Häufig ist die Täuschung so eindringlich, daß die Patienten ihr ***Phantomglied*** deutlicher als ihr gesundes Glied erleben. In vielen Fällen ist der Patient in der Lage, sein Phantomglied „willkürlich zu bewegen“, will heißen, er erlebt eine von ihm gewollte Bewegung des Phantomgliedes so, als ob sie wirklich stattgefunden hätte (möglicherweise ein Effekt der Efferenzkopie). In anderen Fällen erlebt er eine unveränderte Dauerhaltung des Phantomgliedes, die er auch mit großer Willensanstrengung nicht beeinflussen kann (so wie wir ein „eingeschlafenes“ Bein auch nicht bewegen können). Häufig gehen vom Phantomglied auch *somatosensorische Empfindungen* aus, wie das Gefühl, beim Durchschreiten des Zimmers an eine Tischkante angestoßen zu sein. Leider sind diese Empfindungen zum Teil unangenehm und gelegentlich sehr schmerzhaft ***(Phantomgliedschmerz*** oder ***Phantomschmerz*** [20, 23], s. S. 366). Seltener kommt es auch zu übertragenen Empfindungen (remapping) und sogenannten Teleskopempfindungen. Bei ersteren spürt man nach Reizung im Stumpf- oder Lippenbereich das Phantomglied, bei letzteren wächst das distale Ende des Phantomglieds (z. B. ein Finger) in den Stumpf hinein. Diesen Phänomenen, wie auch teilweise dem Phantomschmerz, liegen plastische Veränderungen im Gehirn zugrunde (s. Abb. 16–30, S. 366 [37]).

Linksneglekt und räumliche Agnosie. Die Phantomempfindungen sind eine Art „Überschußempfindung“ des Körperschemas. Ihr Gegenteil, der teilweise *Wegfall des Bewußtseins der Körperlichkeit,* ist ein ebenfalls klinisch bekanntes, zwar seltenes, aber dann doch sehr eindrucksvolles Bild. Es tritt meist als Teilfolge eines Schlaganfalles in der rechten Großhirnhälfte auf, wenn es zu Ausfällen derjenigen Anteile der rechten Scheitel- und Schläfenlappen kommt, die denen der Wernicke-Sprachregion auf der linken Seite entsprechen. In seiner klarsten Form *ignorieren die Patienten die Existenz ihrer linken Körperhälfte völlig* ***(Linksneglekt)*** und vernachlässigen sie entsprechend (Einzelheiten in Kap. 27, s. besonders Abb. 27–27, S. 718).

Auch andere Störungen der *räumlichen Abstraktions-, Synthese- und Orientierungsleistungen* können bei Ausfällen und Erkrankungen der parietalen und temporalen nichtsprachdominanten Kortexareale und der ihnen zugeordneten thalamischen Kerne auftreten. So kann es zu räumlichen Orientierungsstörungen kommen, die als ***räumliche Agnosie*** bezeichnet werden. Die Symptome sind vielfältig. So verlaufen sich diese Patienten auch in einer ihnen völlig vertrauten Umgebung, oder es mißlingt ihnen, dreidimensionale Zeichnungen einfacher Objekte, wie z. B. eines Hauses anzufertigen (Einzelheiten s. Kap. 27).

16.3 Thermorezeption

Der *Thermorezeption* (Synonyme: Temperatursinn, Thermoperzeption) können zwei Qualitäten zugeordnet werden, nämlich ***Kältesinn*** und ***Wärmesinn.*** Dies wird durch zahlreiche subjektive und objektive Befunde gestützt. Am wichtigsten davon ist die Beobachtung, daß es in der Haut des Menschen und wahrscheinlich bei allen anderen Säugetieren spezielle ***Kalt-*** und ***Warmsensoren*** gibt. Diese dienen nicht nur als Fühler für bewußte Temperaturempfindungen, sondern sind auch an der Thermoregulation des Organismus beteiligt. In letzterer Aufgabe werden sie ergänzt und unterstützt durch Thermosensoren im Zentralnervensystem (z. B. im Hypothalamus, s. S. 212).

Die Temperaturempfindungen der Haut bei konstanter Hauttemperatur (statische Temperaturempfindungen) adaptieren in der Zone der Indifferenztemperatur vollständig; darüber kommt es zu dauernden Warm-, darunter zu dauernden Kaltempfindungen

Beim Einstieg in ein warmes Bad (ca. 33 °C) kommt es zunächst zu einer deutlichen Warmempfindung. Diese Warmempfindung läßt auch bei konstantgehaltener Wassertemperatur nach einiger Zeit nach. Auch das umgekehrte Phänomen ist bekannt: Wer an einem heißen Sommertag in ein Becken mit Wasser von etwa 28 °C springt, empfindet das Wasser zunächst als kühl. Nach kurzer Zeit weicht aber die Kaltempfindung einer Neutralempfindung. In einem mittleren Temperaturbereich ist es also so, daß Erwärmung oder Abkühlung nur vorübergehend zu einer Warm- respektive Kaltempfindung führen. In diesem Temperaturbereich findet sich also eine ***vollständige Adaptation*** der Temperaturempfindung auf die neue Hauttemperatur. Dieser Bereich wird ***Zone der Indifferenztemperatur*** genannt.

Oberhalb bzw. unterhalb der Indifferenzzone kommt es zu ***dauernden Warm-*** bzw. ***Kaltempfindungen,*** auch wenn die Hauttemperatur für lange Zeit konstantgehalten wird (z.B. stundenlang kalte Füße). Die oberen und unteren Temperaturgrenzen liegen bei 36 °C und 30 °C für eine Hautfläche von 15 cm^2. Bei kleineren Hautarealen wird die Zone weiter, bei größeren Flächen wird sie schmaler (Hinweis auf eine zentrale Summation der von den Thermosensoren kommenden Impulse). In der Klimakammer liegt die Indifferenzzone am unbekleideten Menschen bei etwa 35–33 °C.

Die ***dauernden Warmempfindungen*** bei konstanten Hauttemperaturen oberhalb 36 °C sind um so intensiver, je höher die Hauttemperatur ist. Bei Temperaturen von mehr als 43 °C bis 44 °C macht die Warmempfindung einer schmerzhaften Hitzeempfindung ***(Hitzeschmerz)*** Platz. In ähnlicher Weise nimmt bei Temperaturen unterhalb 30 °C die ***dauernde Kaltempfindung*** um so mehr zu, je kälter die Haut ist. Ausgesprochener ***Kälteschmerz*** setzt bei Hauttemperaturen von 17 °C und weniger ein, doch besitzt die Kälteempfindung auch schon bei Hauttemperaturen unterhalb 25 °C eine unangenehme Komponente.

Messungen des ***Zeitverlaufs der Adaptation*** auf eine sprunghafte Änderung der Hauttemperatur *innerhalb der Indifferenzzone* ergaben, daß es viele Minuten dauert, bis die durch den Temperatursprung hervorgerufene Temperaturempfindung wieder einer Neutralempfindung weicht. Auch *außerhalb der Indifferenzzone* kommt es nach Einstellen einer neuen Hauttemperatur zur (unvollkommenen) Adaptation, wie es aus dem Alltag gut bekannt ist: Eintauchen der Hand in warmes Wasser (42 °C) führt zunächst zu einer sehr starken Warmempfindung, die erst rasch, dann langsamer, auf eine dauernde Warmempfindung geringerer Intensität abklingt.

Mit der Handinnenfläche lassen sich statische Temperaturen besonders gut abschätzen

In der *Handinnenfläche* sind im Bereich von 25 °C bis 40 °C selbst nach langer Zeit konstanter Hauttemperatur (30 min und länger) noch reproduzierbare Schätzungen der Hauttemperatur möglich (Abb. 16–9). Es tritt dort also ***keine vollständige Adaptation*** ein. Die Versuchspersonen schätzten bei 37 °C Hauttemperatur am genauesten den vorgegebenen Wert, während bei höheren bzw. niedrigeren Temperaturen die empfundenen Werte deutlich über bzw. unter den eingestellten lagen. So wurde bei 25 °C und 27 °C Hauttemperatur ihr Wert auf 10 °C geschätzt! Bei diesen Versuchen wurden Temperaturen um 34 °C als neutral empfunden, so daß dieser Bereich als sehr schmale Indifferenzzone angesehen werden kann. Bei 37 °C hatten die Versuchspersonen eine angenehme, anhaltende Warmempfindung.

Die während Änderungen der Hauttemperatur auftretenden dynamischen Temperaturempfindungen werden im wesentlichen von der Ausgangstemperatur der Haut, der Geschwindigkeit der Temperaturänderung und der Größe des Hautareals, auf das der Reiz einwirkt, bestimmt

Einfluß der Ausgangstemperatur der Haut. Wie Abb. 16–10 zeigt, ist bei niedrigen Hauttemperaturen die Schwelle für eine Warmempfindung groß, die für eine Kaltempfindung gering. Wird die Ausgangstemperatur zu höheren Werten gelegt, so nehmen die Warmschwellen ab und die Kaltschwellen zu. Mit anderen Worten, eine kühle Haut von beispielsweise 28 °C muß nur um < 0,2 °C weiter abgekühlt werden, bis die Dauerkaltempfindung in die Empfindung „kälter geworden" übergeht. Die gleiche Haut muß aber nahezu 1 °C erwärmt werden, bis eine Warmempfindung auftritt. Das Spiegelbildliche gilt bei hohen Ausgangstemperaturen.

Temperaturempfindungen abnehmender Intensität. Auf eine Besonderheit, die nicht aus Abb. 16–10 hervorgeht, muß noch hingewiesen werden: Erwartungsgemäß kommt es bei Temperaturänderungen aus der Indifferenzzone (31–36 °C in Abb. 16–10), also aus einer Neutralempfindung heraus, bei Abkühlen bzw. Erwärmen zu einer Kalt- bzw. Warmempfindung. Wird dagegen beispielsweise die Haut von 28 °C aus erwärmt, so empfindet die Versuchsperson vor Erreichen der in Abb. 16–10

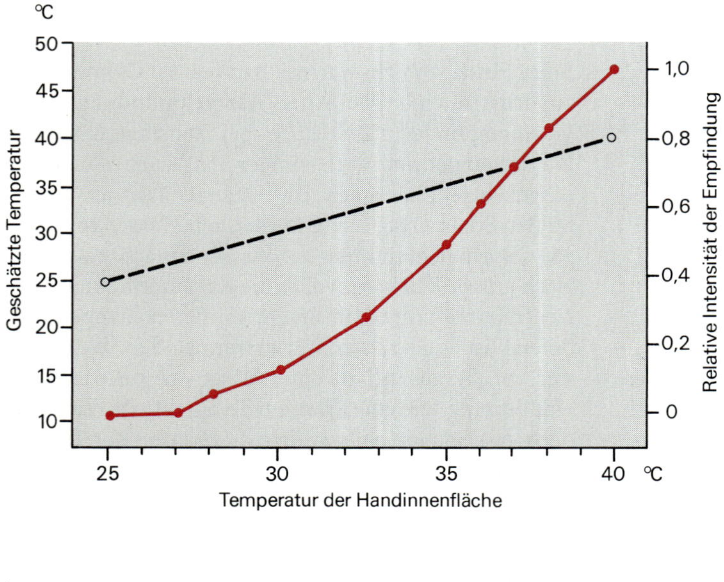

Abb. 16–9. Psychophysische Intensitätsfunktion für die Wahrnehmung der Temperatur der Handinnenfläche in Abhängigkeit von der tatsächlichen Hauttemperatur nach einer Adaptationszeit von 30 min (*rote Kurve*). *Linke Ordinate*: Schätzung in °C. *Rechte Ordinate*: Schätzungen in relativen Einheiten. Die *gestrichelte Linie* zeigt an, welchen Verlauf die Kurve nehmen würde, wenn tatsächliche und geschätzte Hauttemperaturen übereinstimmten. Mittelwerte von 18 Versuchspersonen. Nach Hensel und Mitarbeitern in [30] aus [17]

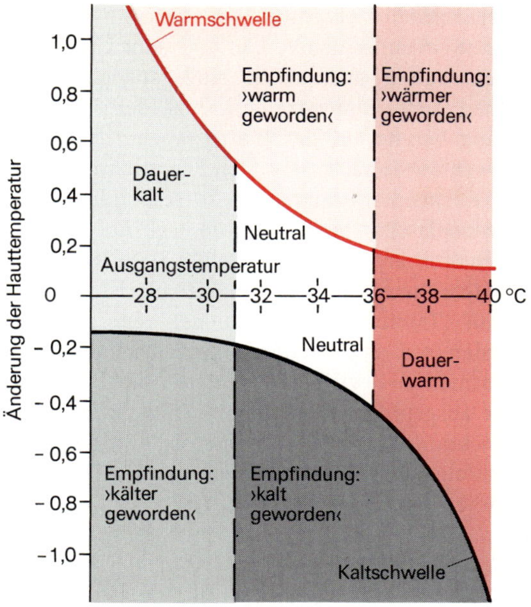

Abb. 16–10. Die Abhängigkeit der Warm- und Kaltschwellen von der Ausgangstemperatur der Haut. Ausgehend von den in der *Abszisse* angegebenen Temperaturen, auf die die Haut längere Zeit adaptiert wurde, muß sich die Hauttemperatur um den von 0 in der *Ordinate* ausgehenden Betrag ändern, bis eine Kalt- bzw. Warmempfindung auftritt. Das Diagramm gilt für alle Temperaturänderungen, deren Geschwindigkeit größer als 6 °C/min ist. Nach Kenshalo in [30] aus [17]

angegebenen Warmschwelle zunächst, daß die Haut *weniger kühl* und anschließend *„neutral"* wird. Umgekehrt wird bei Abkühlen aus hoher Hauttemperatur zunächst *„weniger warm"* und danach *„neutral"* empfunden, bevor eine Kaltempfindung auftritt. Diese ***Empfindungen abnehmender Intensität*** einer bestehenden Kalt- bzw. Warmempfindung sind deutlich verschieden von denen, die als Auftreten einer Warm- bzw. Kaltempfindung beschrieben werden.

Weber Drei-Schalen-Versuch. Aus Abb. 16–10 läßt sich schließlich entnehmen, daß es bei *gleicher Hauttemperatur,* in Abhängigkeit von den Reizbedingungen, entweder zu einer Warm- oder zu einer Kaltempfindung kommen kann. Zum Beispiel ausgehend von 32 °C tritt bei Erwärmung auf 32,5 °C eine Warmempfindung auf, während von 33 °C aus Abkühlen auf 32,5 °C eine deutliche Kaltempfindung hervorruft. Mit dem *Weber Drei-Schalen-Versuch* können Sie sich von dem eben geschilderten Phänomen leicht überzeugen, indem Sie je eine Schale mit kaltem, lauwarmem und warmem Wasser füllen und zunächst je eine Hand in das kalte und warme Wasser tauchen. Wechseln Sie jetzt mit beiden Händen in die Schale mit lauwarmem Wasser, so haben Sie deutlich an der einen Hand eine Warm- und an der anderen eine Kaltempfindung.

Einfluß der Geschwindigkeit einer Temperaturänderung. Dieser Einfluß auf die Lage der Warm- und Kaltschwellen ist gering, solange die Temperaturänderungsgeschwindigkeit größer als 0,1 °C/s (6 °C/min) ist. Bei langsameren Temperaturänderungen nehmen beide Schwellen kontinuierlich zu. Bei sehr langsamer Abkühlung der Haut können also *unbemerkt große Hautgebiete beträchtlich abkühlen* (und damit dem Körper Wärme verlorengehen), insbesondere wenn die Aufmerksamkeit durch andere Dinge abgelenkt ist. Es ist denkbar, daß dieser Faktor auch bei der ***Erkältung*** eine Rolle spielt.

Einfluß der Größe des Hautareals, auf das eine Temperaturänderung einwirkt. Hier ist es so, daß bei kleinen Hautflächen die Schwellen für eine Kalt- oder Warmempfindung höher sind als bei großen und daß für eine gegebene, überschwellige Änderung der Hauttemperatur die Intensität der Empfindung mit der Fläche des gereizten Hautareals zunimmt. Es kommt also sowohl im Schwellen- wie im überschwelligen Bereich zu einer zentralnervösen ***räumlichen Bahnung*** der von den Thermorezeptoren kommenden Impulse. Dies ist besonders deutlich bei Versuchen mit bilateraler Reizapplikation: So zeigen z. B. Warmreize, die gleichzeitig auf beide Handrücken gegeben werden, eine geringere Schwelle, als wenn jeder Reiz für sich allein angewendet wird.

Kalt- und Warmpunkte; Raumschwellen. Die Kalt- und Warmempfindlichkeit der menschlichen Haut ist nicht überall gleich ausgeprägt. Reizung der Haut mit der abgerundeten Spitze von Metallröhrchen, die mit Eiswasser oder heißem Wasser gefüllt sind, läßt analog zu den Tastpunkten ***Kalt- und Warmpunkte*** erkennen, die *an unterschiedlichen Stellen in der Haut lokalisiert* sind. Sie sind weniger zahlreich als Tastpunkte, und es gibt *deutlich mehr Kalt- als Warmpunkte.* Zum Beispiel weisen die Handflächen 1–5 Kaltpunkte pro cm^2, aber nur 0,4 Warmpunkte pro cm^2 auf. Am dichtesten sind die Kaltpunkte im temperaturempfindlichsten Gebiet der Haut, nämlich im Gesicht verteilt. Es finden sich hier 16–19 Kaltpunkte pro cm^2. Einzelne Warmpunkte lassen sich im Gesicht nicht abgrenzen, wahrscheinlich weil sie zu nahe beieinanderstehen. Die Warmempfindlichkeit der Gesichtshaut erscheint als eine einheitliche *Sinnesfläche.*

Im Vergleich zur Mechanorezeption sind die ***simultanen Raumschwellen für Temperaturreize*** groß. Kältereize werden besser aufgelöst als Wärmereize, Reize quer zur Körperachse besser als solche in Längsrichtung. Zum Beispiel ist am Oberschenkel die simultane Raumschwelle für Kältereize in Querrichtung 2,9 cm, in Längsrichtung 16,5 cm; für Wärmereize sind es 9 bzw. 26 cm.

In der menschlichen Haut wie auch in der anderer Primaten finden sich spezifische Kalt- und Warmsensoren

Diese spezifischen Thermosensoren sind *Proportional-Differential-Sensoren* (PD-Rezeptoren, s. S. 335). Ihnen sind folgende Eigenschaften gemeinsam:

- Dauerentladungen bei konstanten Hauttemperaturen, wobei die Entladungsrate proportional der Hauttemperatur ist (proportionale oder statische Antwort, Abb. 16–11A).
- Ein Ansteigen (oder Fallen) der Entladungsrate *während* einer Temperaturänderung (dynamische Antwort, Abb. 16–11B).
- Unempfindlichkeit gegenüber nichtthermischen Reizen
- Schwellenempfindlichkeit vergleichbar den menschlichen Empfindungsschwellen für thermische Hautreize.
- Kleine rezeptive Felder (1 mm^2 oder weniger), wobei jede afferente Faser nur ein oder wenige Warm- bzw. Kaltpunkte versorgt.
- Leitungsgeschwindigkeiten unter 20 m/s.

Mittelwerte des Antwortverhaltens von Kalt- und Warmsensoren bei ***konstanter Hauttemperatur*** zeigt Abb. 16–11A. Die mittleren statischen Entladungsfrequenzen der beiden Populationen bilden „glockenförmige Kurven", wobei die maximale Aktivität der Kaltsensoren bei etwa 30 °C, die der Warmsensoren bei etwa

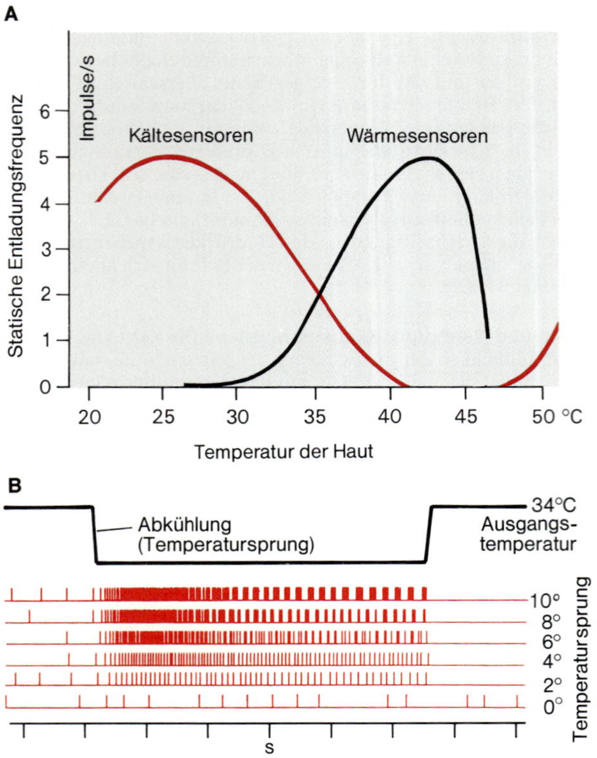

Abb. 16–11. Antwortverhalten von Thermosensoren. **A** Mittelwerte des Antwortverhaltens je einer Population von Kälte- (*rote Kurve*) und Wärmesensoren (*schwarze Kurve*) der Affenhaut bei konstanter Hauttemperatur (statische Kennlinien). Ableitung der Aktionspotentiale von dünnen Filamenten der zugehörigen Nerven entsprechend der Skizze in Abb. 16–7A. **B** Verhalten eines Kältesensors bei kurzen, abkühlenden Temperatursprüngen. Die Ausgangs- und Rückkehrtemperatur betrug immer 34 °C. Die Größe des Abkühlungssprunges ist jeweils rechts in °C angegeben. Ableitung von einem Filament des N. medianus der Affenhaut mit der in Abb. 16–7A gezeigten Technik. **A** nach Kenshalo in [26], **B** aus Darian-Smith et al., J. Neurophysiol. 36:325, 1973

43 °C liegt. (Das individuelle Aktivitätsmaximum einzelner Kaltsensoren liegt zwischen 17 °C und 36 °C, das einzelner Warmsensoren zwischen 41 °C und 47 °C.)

Histologische Struktur der Thermosensoren. Es handelt sich wahrscheinlich um ***freie Nervenendigungen,*** wobei in der menschlichen Haut die *Kaltsensoren mehr oberflächlich,* nämlich in und dicht unter der Epidermis, die *Warmsensoren etwas tiefer,* nämlich mehr in den oberen und mittleren Schichten des Koriums liegen (vgl. Abb. 16–5 für die Schichtenstruktur der Haut). Die Kaltsensoren werden hauptsächlich von dünnen markhaltigen Nervenfasern (Gruppe-III-Fasern), die Warmsensoren von marklosen Nervenfasern (Gruppe-IV-Fasern) versorgt. (Die Reaktionszeiten auf Kaltreize sind anscheinend aus diesem Grunde schneller als die auf Warmreize.)

Die aus den Thermosensoren stammende Information wird über das Vorderseitenstrangsystem zum Thalamus und zum somatosensorischen Kortex übertragen

Dieses System, dessen Verlauf bereits im vorigen Kapitel vorgestellt wurde (s. S. 313), überträgt auch die Information aus den Nozizeptoren. Es wird daher im übernächsten Abschnitt im Zusammenhang mit Abb. 16–16 auf seinen Verlauf und seine Übertragungseigenschaften ausführlich eingegangen. Im Unterschied zum Hinterstrang kreuzt der Vorderseitenstrang bereits auf der Eintrittsebene der afferenten Nervenfasern nach der ersten Synapse im Hinterhorn des Rückenmarks (bzw. den korrespondierenden Trigeminusfasern im Hirnstamm, vgl. Abb. 16–16, *linke* Bildhälfte) auf die kontralaterale Seite, um dann teils im Hirnstamm (Tractus spinoreticularis), teils im Thalamus (Tractus spinothalamicus) weitergeschaltet zu werden (s. S. 315). Von dort aus erreichen die afferenten Informationen viele Hirngebiete. Dabei fehlt jedoch eine ausgeprägte Somatotopie. Dies gilt auch für die Projektionen zum Kortex, für die wiederum auf die nachfolgenden Ausführungen bei Nozizeption und Schmerz verwiesen wird (s. S. 353).

Die aus den kutanen Thermosensoren stammende Information wird erst nach längerer zentralnervöser Verarbeitung bewußt

Es besteht kein Zweifel, daß die durch Temperaturreize bewirkten Aktivitäten und Aktivitätsänderungen der Thermosensoren für die Auslösung von Temperaturempfindungen verantwortlich sind. Wie aus dem folgenden Vergleich der Eigenschaften der rezeptiven und der subjektiv sensorischen Prozesse aber hervorgeht, bildet sich die Sensoraktivität erst nach einer ***anhaltenden zentralnervösen Integration*** des von peripher kommenden Zuflusses im Bewußtsein ab.

Wie Abb. 16–11 zeigt, entladen bei konstanter Hauttemperatur innerhalb der *subjektiven Indifferenzzone* (31 - 36 °C) sowohl Warm- als auch Kaltsensoren. Aktivität in Thermosensoren führt also, zumindest bei geringen Entladungsraten, nicht notwendigerweise zu subjektiven Empfindungen. Diese treten nur auf, wenn genügend viele Impulse das Zentralnervensystem erreichen. Die ***dauernden (tonischen) Warmempfindungen oberhalb 36 °C*** lassen sich entsprechend als Folge der mit zunehmender Temperatur sich stetig erhöhenden Entladungsraten der Warmsensoren auffassen, wobei oberhalb 43 °C durch die zusätzliche Erregung von *Hitzesensoren* die Warmempfindung in eine *schmerzhafte Hitzeempfindung* übergeht.

Die ***dauernden Kaltempfindungen unterhalb 31 °C*** lassen sich dagegen nicht ähnlich einfach mit der Zunahme der statischen Entladungen der Kaltsensoren in Verbindung bringen, da das untere Ende der Indifferenzzone und die Lage der maximalen mittleren Entladungsrate der Kaltsensoren praktisch übereinstimmen. Außerdem sind beispielsweise die mittleren Entladungsraten bei 25 °C und 33 °C etwa gleich, jedoch kommt es bei der niedrigen Temperatur zu einer dauernden Kaltempfindung, bei der höheren zu einer Neutralempfindung. Es ist also hier *zusätzliche Information nötig,* um zu entscheiden, auf welcher Seite der glockenförmigen Kurve die Hauttemperatur liegt. Dazu könnten beispielsweise die *gleichzeitigen Entladungen der Warmsensoren* ausgewertet werden, oder das Zentralnervensystem könnte davon Gebrauch machen, daß viele Kaltrezeptoren in ihrem mittleren Entladungsbereich *gruppierte Entladungen* zeigen.

Als letztes Beispiel für die zentralnervöse Modifikation, die die peripheren Prozesse erfahren, ehe sie im Bewußtsein abgebildet werden, sei erwähnt, daß der Zeitverlauf der ***subjektiven Adaptation*** auf eine neue Hauttemperatur (z. B. beim Einstieg in ein warmes Bad) viele Minuten dauert, während die ***Thermosensoren*** schon innerhalb von ***einigen Sekunden*** auf einen neuen Temperaturwert adaptieren. Offensichtlich klingt die durch den dynamischen afferenten Zufluß induzierte zentralnervöse Aktivität nur langsam ab.

Einige Sonderformen der Thermorezeption, wie z. B. die paradoxe Kaltempfindung und die Hitzeempfindung, lassen sich aus dem Entladungsverhalten der peripheren Sensoren erklären; unlustbetonte affektive Komponenten stehen bei Empfindungen der Schwüle und des Frierens im Vordergrund

Beim Temperatursinn kommt es häufig zu ***Nachempfindungen.*** Preßt man beispielsweise einen kalten Metallstab für etwa 30s gegen die Stirnhaut, so kommt es auch nach Wegnahme zu einer deutlichen Kaltempfindung, obwohl die Haut sich wieder aufwärmt. Direkte Ableitungen von Thermosensoren haben gezeigt, daß die Kaltsensoren nach *starker* Abkühlung auch bei Wiedererwärmung, zunächst sogar mit steigender Frequenz, entladen. Die Nachempfindung ist, so gesehen, also eine normale Kaltempfindung. Entsprechende Warmempfindungen sind ebenfalls beschrieben worden.

Bei sehr starken Wärmereizen (z. B. zu heißes Badewasser) kommt es häufig zu einer ***paradoxen Kaltempfindung.*** Sie beruht wahrscheinlich darauf, daß die Kaltsensoren, die normalerweise oberhalb 41 °C stumm sind (Abb. 16–11), bei *rascher Erwärmung* auf über 45 °C vorübergehend wieder entladen.

Die ***Hitzeempfindung,*** die regelmäßig bei Hauttemperaturen über 45 °C auftritt (s. Abb. 16–14), scheint durch die Erregung spezieller ***Hitzerezeptoren*** ausgelöst zu werden. Da die *Hitzeempfindung* schmerzhaften Charakter hat und da Hitzereize für den Körper schädlich sind, ist die Hitzeempfindung eher eine Qualität der Schmerz- denn der Temperaturrezeption.

Eine stark unlustbetonte affektive Komponente zeichnet die Empfindungen der ***Schwüle*** und des ***Frierens*** aus. Beide sind von vegetativen und motorischen Reflexen, wie Schwitzen und Gefäßerweiterung bzw. Zittern und Gefäßverengung, begleitet. Sie werden entweder durch äußere Reize oder durch psychische Ursachen, seltener durch krankhafte Prozesse im Zentralnervensystem ausgelöst.

16.4 Viszerale Sensibilität

In den Eingeweidenerven sind 30–90 % der Nervenfasern afferent; die von ihren Sensoren stammende Information wird v. a. zur homöostatischen Kontrolle des inneren Milieus genutzt

Anzahl der Viszerozeptoren (Viszerosensoren, Eingeweidesensoren). Genau wie die somatischen Nerven zu Haut, Skelettmuskeln und Gelenken enthalten auch die ***viszeralen Nerven*** zu den Eingeweiden in Brustkorb und Bauchraum einen *großen Prozentsatz afferenter Nervenfasern.* Im parasympathischen *Nervus vagus* zu den Brust- und Baucheingeweiden sollen 80 % – 90 % der Fasern afferent sein, im sympathischen *Nervus splanchnicus* des Bauchraumes 50 % und in den parasympathischen *Nervi pelvici* des Beckens mindestens 30 %. Die Sensoren der Eingeweide mit ihren afferenten Nervenfasern bilden also einen beträchtlichen Teil der somatoviszeralen Sensibilität (vgl. Abb. 16–1) [3, 8].

Aufgaben der Viszerozeptoren. Anders als bei den somatischen Nerven wird uns aber die zentripetale Impulsaktivität in den afferenten Nervenfasern der viszeralen Nerven nur zu einem sehr geringen Teil und häufig nur unter speziellen Umständen bewußt. Dies mag darauf hindeuten, daß der viszerale Anteil der somatoviszeralen Sensibilität *vorwiegend andere Aufgaben hat als die Vermittlung von Sinnesempfindungen* aus unseren Eingeweiden. Diese Aufgaben können am besten als die ***homöostatische Rolle der Eingeweidesensoren*** bezeichnet werden. Das heißt, die von ihnen kommenden Meldungen werden von den autonomen Anteilen des Zentralnervensystems dazu genutzt, Abweichungen von den Sollwerten des *„inneren Milieus"* des Körpers, also beispielsweise einen abgesunkenen Blutdruck oder einen zu hohen Kohlensäuregehalt des Blutes zu erkennen, um entsprechende Gegenmaßnahmen zum Erhalt der Homöostase einleiten zu können (zur Begriffsdefinition und Aufgabenbeschreibung der Homöostase s. S. 64).

Homöostatische Aufgaben von Somatosensoren. Selbstverständlich werden auch zahlreiche *Meldungen aus somatischen Sensoren zur Kontrolle der Homöostase* eingesetzt, unabhängig davon, ob diese Meldungen gleichzeitig als Sinnesempfindungen bewußt werden oder nicht. So liegen in den Skelettmuskeln Sensoren, die auf die Anhäufung von Stoffwechselprodukten (Metaboliten) bei Muskelarbeit ansprechen (***„Metabosensoren"***) und eine erhöhte Durchblutung zum Abtransport der Metabolite einleiten. Die Tätigkeit dieser Sensoren wird uns ***nicht bewußt.*** Andererseits wird durch die Aktivierung von Wärmesensoren der Haut eine ebenfalls reflektorische Durchblutungssteigerung der Haut ausgelöst, wobei aber *gleichzeitig eine Warmempfindung* auftritt. Durch Wahrnehmungstraining, z. B. über Biofeedback (s. S. 278, 369), kann aber die normalerweise unbewußt bleibende viszerale Afferenz *bewußt wahrgenommen* werden.

Im kardiovaskulären System werden Schwankungen des arteriellen Blutdrucks und des Vorhofvolumens über viszerale Mechanosensoren erfaßt; die Wahrnehmung des Herzschlags erfolgt aber über somatische Mechanosensoren

Kardiovaskuläre Mechanosensoren. Die Anpassung des vom Herzen geförderten Blutvolumens an den wechselnden Bedarf des Körpers und die damit verknüpfte Konstanthaltung des Blutdruckes geschieht im *kardiovaskulären* oder ***Herz-Kreislauf-System,*** unter der Mitarbeit spezieller *Mechanosensoren,* die den Blutdruck in den großen Gefäßen und die Füllung der Vorhöfe des Herzens dauernd messen (***Drucksensoren*** im Aortenbogen und in den Karotissinuskörperchen, ***Dehnungssensoren*** in den Vorhofwänden). Die lebenslange Tätigkeit dieser Sensoren, deren Aufgaben im Kap. 10 diskutiert werden, wird uns allem Anschein nach nicht bewußt. Dennoch können wir die Herztätigkeit, besonders in Extremsituationen, also z. B. bei großer körperlicher Anstrengung oder bei starker psychischer Anspannung (*„Herz klopft bis zum Halse“*), wahrnehmen. Es fragt sich, über welche Sensoren diese ***Wahrnehmungen des Herzschlages*** vermittelt werden.

Herzschlaginduzierte mechanische Ereignisse. Im Laufe eines Herzzyklus kommt es zu erheblichen ***Form-, Volumen- und Lageänderungen*** des Herzens. Wie im Kapitel 10 ausführlicher dargestellt, werden während eines Herzschlages von der linken und rechten Herzkammer je 70 ml Blut ausgeworfen. Das Herz wird also um dieses Volumen verkleinert und in seiner Form verändert. Dabei steigt in der linken Kammer der Druck von nahe 0 mmHg auf 120 mmHg (systolischer Blutdruck) und in der rechten Kammer auf 25 mmHg an. Die ***Druckwellen*** werden als ***Pulswellen*** in die Körperperipherie (vom linken Herz) und in die Lungen (rechtes Herz) geleitet. Die ruckartig systolische Kontraktion des Herzens ist als ***„Herzspitzenstoß“*** an der linken Brustwand (im 5. Interkostalraum) zu fühlen und häufig auch zu sehen. Sie erzeugt auch den ersten ***Herzton,*** während der zweite am Ende der Systole durch das Zuschlagen der Aorten- und Pulmonalklappen entsteht. Im Gehirn wird dieser mechanische Reiz des Herzens kontinuierlich bis in die obersten Regionen des Frontalkortex registriert, wenngleich dies uns nur bewußt wird, wenn wir die Aufmerksamkeit darauf richten. Die evozierten Hirnpotentiale (s. Kap. 21) nach dem Herzspitzenstoß sind aber auch am Kortex kontinuierlich vorhanden. Damit werden auch die höchsten informationsverarbeitenden Zentren von metabolisch oder emotional bedingten Veränderungen der Herztätigkeit informiert (s. Kap. 26).

Herzschlaginduzierte Erregung somatischer Mechanosensoren. Die mit der Herztätigkeit verbundenen *mechanischen Erschütterungen des Brustkorbes* erregen wahrscheinlich zahlreiche ***Mechanosensoren*** der Muskeln, Sehnen, Gelenke und des subkutanen Gewebes der Brustwand und der Wirbelsäule, besonders wenn bei Zunahme der Herzarbeit die oben genannten Druckwerte erheblich ansteigen und das Herzzeitvolumen durch Zunahme von Schlagvolumen und Herzfrequenz auf ein Mehrfaches des Ruhewertes (von 5 l/min) zunimmt. Auch die ***Pulswellen*** erregen in der Körperperipherie *zahlreiche Mechanosensoren,* besonders ***Pacini-Körperchen.*** Die Erregung all dieser somatischen Sensoren wird uns *im Alltag nicht bewußt.* Erst bei intensiver Herztätigkeit und dem damit verbundenen vermehrten afferenten Zustrom oder bei Aufmerksamkeitszuwendung nach Training der viszeralen Wahrnehmung nehmen wir den Herzschlag wahr.

Im pulmonalen System wird der Atemzyklus von viszerosomatischen Mechanosensoren und viszeralen Chemosensoren registriert, deren Aktivität zur Atemregulation herangezogen wird; irritierende Reize in den Atemwegen werden von Nozizeptoren registriert

Mechanosensoren. Die rhythmische Tätigkeit des *pulmonalen Systems* wird uns im Alltag nicht bewußt, obwohl bei jedem Atemzug zahlreiche *somatische Mechanosensoren des Brustkorbs und Zwerchfells* sowie viele *viszerale Mechanosensoren des Brust- und Bauchraumes* aktiviert werden. Wir können aber jederzeit unsere *Aufmerksamkeit auf die Atmung lenken,* dabei die Atembewegungen wahrnehmen und willkürlich in den Atemablauf eingreifen.

Chemosensoren. Die zentralnervöse reflektorische Steuerung der unwillkürlichen Atembewegungen erfolgt zum einen unter der Mithilfe der eben angesprochenen Mechanosensoren, die Angaben über Dauer und Tiefe von Ein- und Ausatmung liefern, zum anderen über ***Chemosensoren,*** die *Kohlensäure- und Sauerstoffspannung des Blutes* melden und damit anzeigen, ob das Atemzeitvolumen dem jeweiligen Stoffwechsel angemessen ist (s. auch Kap. 11). Die Tätigkeit dieser Chemosensoren wird uns nur in Extremfällen bewußt, nämlich als ***Gefühl des Lufthungers und Erstickens,*** wenn die Sauerstoffzufuhr weit hinter den Erfordernissen zurückbleibt und der Kohlensäuregehalt des Blutes stark ansteigt.

Nozizeptoren. In den Schleimhäuten der Atemwege, also Nase, Rachen, Luftröhre, Bronchien und Bronchiolen finden sich zahlreiche Sensoren, die auf *schädliche mechanische* (Fremdkörper, Schleim) und *chemische Reize* reagieren und ***Hustenreflexe*** auslösen. Für die Eigenschaften dieser *Nozizeptoren* wird auf die entsprechenden Ausführungen ab S. 351 verwiesen.

Aktivierung der Sensoren des gastrointestinalen Systems bleibt meist unbemerkt oder löst Allgemeingefühle (Durst, Hunger, Sättigung) aus; Ausnahmen gibt es zu Beginn und am Ende des Magen-Darm-Kanals

Der *Magen-Darm-Kanal* stellt einen ***Teil der Körperoberfläche*** dar, auch wenn er an Anfang und Ende durch Mund und After verschlossen ist. Seine mit Schleimhaut ausgekleidete „innere Oberfläche" ist daher von außen kommenden Reizen, nämlich den durch Essen und Trinken aufgenommenen Stoffen und ihren Abbauprodukten, deutlich mehr als die übrigen Eingeweide ausgesetzt. Aus dieser Sicht ist es nicht verwunderlich, daß wir *mechanische, thermische und chemische Vorgänge im Magen-Darm-Bereich mehr als in anderen Eingeweiden wahrnehmen.* Soweit diese Vorgänge zu ***Durst-, Hunger- und Sättigungsgefühlen*** führen, sind sie im Kapitel 25 besprochen. Im folgenden wird auf einige andere Aspekte der Magen-Darm-Sensibilität aufmerksam gemacht.

Mechanoperzeption. Von der Speiseröhre (Oesophagus) bis zum Mastdarm (Rektum) lösen Berührungen des Magen-Darm-Kanals keine Empfindungen aus. Erst im Ausgang des Mastdarms, dem *Analkanal,* werden Berührungsreize wahrgenommen. *Dehnung der Hohlwände* (experimentell z. B. durch Aufblasen eines Ballons, vgl. Abb. 13–25, S. 278) scheint dagegen im gesamten Magen-Darm-Kanal empfunden zu werden, allerdings mit unterschiedlichen Wahrnehmungen. So wird Dehnung der Magenwände als ***Sättigungs- oder Völlegefühl*** wahrgenommen, während die Dehnung des Mastdarmes ***Stuhldrang*** auslöst. Dehnung von Dünn- oder Dickdarm wird ebenfalls bemerkt und häufig Darmgasen zugeschrieben, wobei der Ort der Dehnung nicht genau lokalisiert werden kann. *Überdehnung* und *Spasmen* (Krampfkontraktionen der glatten Muskulatur) scheinen im gesamten Magen-Darm-Kanal ***Schmerz*** hervorzurufen. Wie bei anderen viszeralen Systemen kann die Sensibilität der Wahrnehmung der Magen-Darm-Afferenzen durch Lernen verbessert werden (s. z. B. Abb. 13–25 und zugehöriger Text). Einzelne Krankheitsbilder, wie z. B. das *irritable Kolon,* bestehen aus einer solchen gelernten Überempfindlichkeit [6].

Thermoperzeption. Warm- und Kaltreize werden in der gesamten Speiseröhre und im Analkanal wahrgenommen, nicht aber in Magen oder Darm. Alkohol kann dagegen auch im Magen ein wärmendes oder brennendes Gefühl auslösen.

Nozizeption. Nach alter chirurgischer Erfahrung treten am nichtnarkotisierten Menschen beim Berühren von Magen, Dünndarm, Dickdarm und Blinddarm mit warmen und kalten Instrumenten, Kautheterisieren (Schneiden mit einem glühenden Draht), beim Quetschen mit einer Pinzette oder Klemme oder beim Schneiden mit einem Skalpell *keinerlei Empfindungen* auf. Bei den heute üblichen anaesthesiologischen und chirurgischen Techniken lassen sich diese Angaben nicht nachprüfen (weiteres zum viszeralen Schmerz im nächsten Abschnitt 16.5)

Im renalen System wird die Aktivität der Nieren- und Harnleitersensoren nicht bewußt; Aktivität von Harnblasensensoren führt zu Harndrang; Aktivierung von Nozisensoren tritt nur bei Überdehnung und Erkrankungen auf

Mechanoperzeption. Die Zubereitung des Urins in den Nieren und sein Transport durch die Harnleiter in die Harnblase lösen keinerlei Empfindungen aus, obwohl Nieren und Harnleiter über eine ausgeprägte afferente Innervation verfügen. Wird dagegen die *Harnblase durch den sich dort ansammelnden Urin gedehnt,* so wird diese Füllung wahrgenommen, und es kommt zu ***Harndrang.*** Es ist allerdings eine alltägliche Erfahrung, daß die *Wahrnehmungsschwelle* in Abhängigkeit von unserer Aufmerksamkeit und Tätigkeit über einen *sehr weiten Bereich schwanken,* Harndrang also schon bei sehr kleinen Füllungen oder erst bei nahezu maximal gefüllter Blase auftreten kann.

Nozizeption. Behinderung des Harnabflusses aus den Nierenbecken in die Blase ruft schwere Schmerzen ***(Nierenkoliken)*** hervor. Sie werden vor allem durch *„Nierensteine"* verursacht, die sich aus ihrem Lager im Nierenbecken gelöst haben und auf dem Weg durch den Harnleiter „steckenbleiben". Entzündungen der Harnblase und der ableitenden Harnwege führen ebenfalls zu Schmerzen, die meist von dem Gefühl des dauernden Harndranges begleitet sind.

16.5 Schmerzcharakterisierung

Der Schmerz wird zwar in der Regel im Rahmen von Sinnesphysiologie und Wahrnehmungspsychologie besprochen, unterscheidet sich aber fundamental von allen anderen Sinnessystemen: Schmerz hat fast immer eine motivational-emotionale Komponente, d. h. er wirkt als ein ***Antrieb zur Vermeidung*** (s. Kap. 25). Dies bedeutet, daß die Entstehung von Schmerz nicht allein physiologisch, sondern nur unter Einbezug der Psychophysiologie von Antrieb und Gefühl (s. Kap. 25, 26) verstanden werden kann. Dies gilt sicher v. a. für chronische Schmerzen, gilt aber auch für akute Schmerzzustände, wie z. B. ausgedehnte Verletzungen.

Aktivierung des nozizeptiven Systems, in der Regel ausgehend von Nozizeptoren, die durch gewebeschädigende oder -bedrohende Reize erregt wurden, führt meist zu Schmerzen; dies ist der wesentliche Inhalt der Spezifitätstheorie des Schmerzes

Aufgabe der Nozizeptoren. Alle Menschen verfügen über spezielle Sensoren, die eine so hohe Schwelle haben, daß sie nur durch gewebsschädigende oder bedrohende Reize („Noxen", lat. *noxa* = Schaden) erregt werden. Diese Rezeptoren werden als ***Nozizeptoren*** (synonym: *Nozisensoren*) bezeichnet. Ihre Erregung *löst in der Regel Schmerzen aus,* die wiederum signalisieren, daß entweder von außen (z. B. Hitze) oder von innen kommende Reize (z. B. bei Entzündungen) dem Körper Schaden zuzufügen drohen.

Das nozizeptive System. Die Aufnahme, Weiterleitung und zentralnervöse Verarbeitung noxischer Signale bezeichnen wir als ***Nozizeption,*** die mit diesen Vorgängen befaßten nervösen Strukturen als das nozizeptive oder nozifensive System [10, 24, 26]. Die subjektive Empfindung ***Schmerz*** ist zwar häufig eine Folge der Aktivierung des nozizeptiven Systems, aber *nicht jede Erregung von Nozizeptoren ist von Schmerzen gefolgt. Umgekehrt können Schmerzen auch,* wie noch gezeigt wird, *ohne eine Erregung von Nozizeptoren auftreten.*

Spezifitätstheorie des Schmerzes. Nach der eben gegebenen Darstellung gehen wir heute davon aus, daß der Schmerz eine selbständige Empfindung mit einem dafür spezialisierten nervösen Apparat von Sensoren, Leitungsbahnen und Zentren ist. Eine der ersten experimentellen Stützen der Spezifitätstheorie lieferte der Befund, daß die Haut in Analogie zu den Befunden bei der Mechano- und Thermoperzeption auch für den Schmerz nicht gleichmäßig empfindlich ist, sondern ***Schmerzpunkte*** besitzt. Diese sind *deutlich häufiger* als Druckpunkte. Da die Kalt- und Warmpunkte der Haut noch weniger zahlreich als die Druckpunkte sind, ist das Verhältnis der Schmerzpunkte zu diesen noch größer. Schon aufgrund dieser Befunde erschien es wahrscheinlich, daß der Schmerz über eigene Sensoren, also spezielle Nozizeptoren verfügt, die Nozizeption also nicht über Mechano- oder Thermorezeptoren vermittelt wird (wie es von den diversen Intensitäts- und Mustertheorien gefordert wurde).

Die Modalität Schmerz umfaßt die beiden Qualitäten somatischer und viszeraler Schmerz

Der Schmerz (Synonym: Schmerzsinn) läßt sich im Hinblick auf seinen *Entstehungsort* in eine Reihe von Qualitäten einteilen. In Abb. 16–12 sind diese Qualitäten in den roten Kästchen wiedergegeben. Die *Modalität* ***Schmerz*** umfaßt zunächst die beiden *Qualitäten* ***somatischer*** und ***viszeraler*** Schmerz.

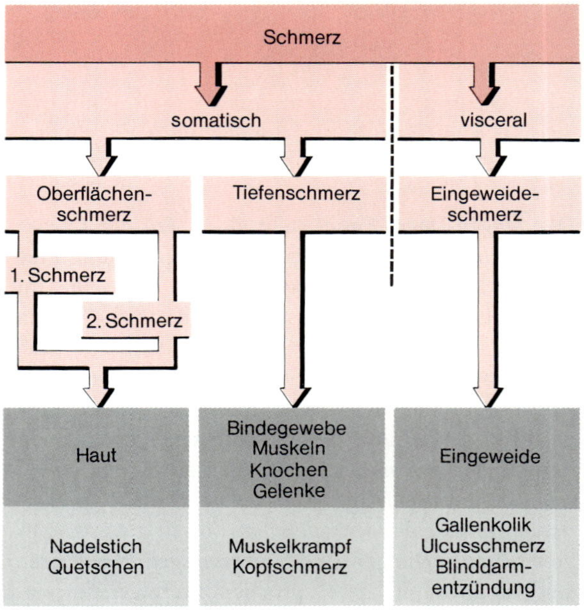

Abb. 16–12. Qualitäten des Schmerzes (*rot* unterlegt) nach ihrem Entstehungsort (*dunkelgrau* unterlegt). Schmerzbeispiele sind unten angegeben *(hellgrau unterlegt)*. Besprechung im Text. Aus [20]

Somatischer Schmerz. Kommt der somatische Schmerz von der Haut, so wird er als ***Oberflächenschmerz*** bezeichnet; kommt er aus den Muskeln, Knochen, Gelenken und Bindegeweben, so bezeichnet man ihn als ***Tiefenschmerz.*** Oberflächen- und Tiefenschmerz sind also Subqualitäten des somatischen Schmerzes.

Sticht man zur Auslösung eines ***Oberflächenschmerzes*** die Haut mit einer Nadel, so empfindet man einen Schmerz von „hellem" Charakter, der gut lokalisierbar ist und der nach Aufhören des Reizes schnell abklingt. Diesem ***ersten Schmerz*** des Nadelstiches folgt oft mit einer Latenz von 0,5–1,0 s ein ***zweiter Schmerz*** von dumpfem (brennenden) Charakter, der schwerer zu lokalisieren ist und nur langsam abklingt. Diesen Schmerz kann man besonders gut durch Quetschen einer Interdigitalfalte auslösen. Der ***Tiefenschmerz*** ist von dumpfem Schmerzcharakter, er ist in der Regel schlecht lokalisierbar und er neigt dazu, in die Umgebung auszustrahlen. Wir kennen solche Schmerzen beispielsweise als *Gelenkschmerzen,* die beim Menschen zu den häufigsten Schmerzformen gehören.

Viszeraler Schmerz. Neben dem somatischen Schmerz und seinen Subqualitäten zeigt Abb. 16–12 als weitere wichtige Schmerzqualität den ***viszeralen*** oder ***Eingeweideschmerz.*** Solche Schmerzen treten beispielsweise bei rascher und starker Dehnung der Hohlorgane (z. B. der Gallenblase oder des Nierenbeckens, s. o.) auf. Ferner sind Spasmen oder starke Kontraktionen schmerzhaft, besonders wenn sie mit fehlender Durchblutung (Ischämie) verbunden sind.

Nach der Dauer des Schmerzes unterscheidet man akute und chronische Schmerzen; sie weisen auch Unterschiede in ihrer Bedeutung auf

Neben dem Entstehungsort ist auch die Dauer eines Schmerzes ein für seine Beurteilung wesentlicher Aspekt. Bei ***akuten Schmerzen,*** beispielsweise bei einem Unfall, einer Blinddarmentzündung oder einer Zahnkaries, ist der Schmerz in der Regel auf den Ort der Schädigung begrenzt, dieser Ort ist für uns eindeutig lokalisierbar, und das Ausmaß des Schmerzes hängt direkt von der Intensität des Reizes ab. Diese Schmerzen weisen auf eine drohende oder bereits eingetretene Gewebsschädigung hin. Sie haben also eindeutig eine ***Signal- und Warnfunktion.*** Nach Beseitigung der Schädigung klingen sie rasch wieder ab.

Außer den akuten Schmerzen gibt es zahlreiche Schmerzen, die für lange Zeit anhalten (z. B. Rückenschmerzen, Tumorschmerzen) oder in mehr oder weniger regelmäßigen Abständen immer wiederkehren (z. B. Migränekopfschmerzen, Trigeminusneuralgie, Herzschmerzen bei Angina pectoris). Diese Schmerzformen, den *Dauerschmerz* und den *immer wiederkehrenden Schmerz,* faßt man als ***chronische Schmerzen*** zusammen. Im allgemeinen wird ein Schmerz erst dann als chronisch angesehen, wenn die Beschwerden länger als ein halbes Jahr bestehen [12].

Sinnesphysiologisch gesehen besteht beim chronischen Schmerz häufig keine eindeutige Beziehung zwischen dem *Ausmaß der Organschädigung* und der *Schmerzintensität,* vor allem wenn der Schmerz für lange Zeit fortbesteht. Mit anderen Worten, es kommt beim chronischen Schmerz im Verlauf der Zeit häufig zu einer deutlichen Lösung des Schmerzerlebnisses von der ursprünglich zugrundeliegenden Störung. Diese *„Verselbständigung"* läßt den chronischen Schmerz als ein ***eigenständiges Krankheitssyndrom*** erscheinen, das sich deutlich vom akuten Schmerz abhebt [13, 21, 23].

Eine physiologische Aufgabe kann dem chronischen Schmerz meist nicht zugeschrieben werden. So gesehen sind viele chronische Schmerzen sinnlos und sollten daher gelindert werden. Man darf aber nicht übersehen, daß chronische Schmerzen eine ***soziale Funktion*** haben können, die mindestens in einigen Fällen einer Schmerzbeseitigung entgegensteht, z. B. wenn dadurch das soziale Gefüge, in dem der Schmerzkranke lebt, bedroht würde (s. auch S. 360) [21, 4, 33, 36].

Zur Schmerzempfindung tragen sensorische, affektive, vegetative und motorische Komponenten bei; diese Komponenten stehen nur in loser Beziehung zueinander

Sensorische Komponente. Beim Eintauchen einer Hand in Wasser über 45 °C werden Nozizeptoren der Haut erregt. Ihre afferenten Impulse vermitteln Information über die *Lokalisation* des Hitzereizes, über seinen *Beginn,* seine *Intensität* (die von der Wassertemperatur abhängt) und über sein *Ende,* sobald die Hand aus dem Wasser gezogen wird. Diese Information wird uns als ***Sinnesempfindung*** genauso bewußt wie andere Sinneseindrücke auch, beispielsweise wenn wir die Hand in lauwarmes oder kühles Wasser getaucht und damit eine Warm- oder Kaltempfindung ausgelöst hätten. Wir nennen diesen Aspekt des Schmerzes die ***sensorische*** oder ***sensorisch-diskriminative Komponente*** des Schmerzes (Abb. 16–13).

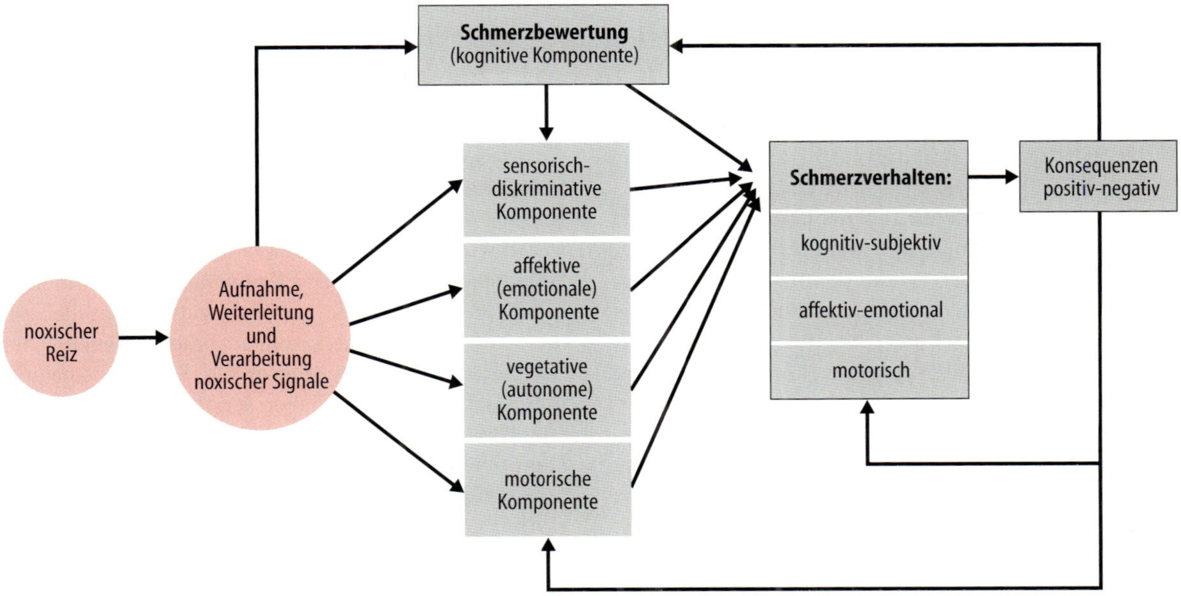

Abb. 16–13. Schematische Darstellung der durch noxische Signale aktivierten Komponenten des Schmerzes. In die resultierende Schmerzbewertung (kognitive Komponente) und das Schmerzverhalten gehen die sensorischen, affektiven und vegetativen Komponenten, je nach Art des Schmerzes, in unterschiedlichem Ausmaß ein. Umgekehrt beeinflussen Schmerzbewertung und -verhalten ihrerseits die Ausprägung der affektiven und vegetativen Schmerzkomponenten. Das Schema gilt auch für Schmerzen, die nicht durch Nozizeptoren oder neuralgische Erregungen bedingt sind

Affektive Komponente. Wenn wir, um im Beispiel zu bleiben, an einem sehr heißen Sommertag in ein Bad von 25 °C eintauchen, empfinden wir nicht nur einen Kältereiz auf der Haut, sondern die Abkühlung löst in uns gleichzeitig ein angenehmes Gefühl der Erfrischung aus. An einem kalten Wintertag würde das gleiche Bad jedoch als unangenehm kühl empfunden. Ein Sinneseindruck kann also, *je nach Ausgangslage und Umständen, lust- oder unlustbetonte Gefühle* in uns hervorrufen. Dies gilt praktisch für alle Sinnesempfindungen, zum Beispiel vom Auge, vom Ohr, vom Geruch oder vom Geschmack. Eine Ausnahme macht der Schmerz. Er löst fast immer nur unlustbetonte Affekte oder Emotionen in uns aus, unser Wohlbefinden wird durch ihn gestört, kurz der Schmerz tut weh, wir leiden an ihm und trachten ihn zu vermeiden. Wir bezeichnen diesen Aspekt des Schmerzes als die ***emotionale*** oder ***affektive Komponente*** (s. Kap. 26).

Vegetative Komponente. Eintauchen der Hand in heißes Wasser löst aber nicht nur Schmerzen und Unlust aus, sondern führt auch zur Erweiterung der Hautgefäße und damit erhöhter Durchblutung, sichtbar an der Rötung der Haut. Umgekehrt verengt Eintauchen in Eiswasser die Hautgefäße, und die Durchblutung nimmt entsprechend ab. In beiden Fällen steigt in der Regel auch der Blutdruck an, die Herzfrequenz nimmt zu, die Pupillen erweitern und die Atmung verändert sich. Diese Reaktionen auf die schmerzhafte Reizung werden *reflektorisch über das autonome oder vegetative Nervensystem abgewickelt,* wir sprechen daher von der ***autonomen*** oder ***vegetativen Komponente*** des Schmerzgeschehens. Die vegetative Komponente kann besonders bei ***viszeralen Schmerzen*** sehr ausgeprägt sein und sich, z. B. bei einer Gallenkolik, als Übelkeit mit Erbrechen, Schweißausbruch und Blutdruckfall äußern. Die vegetativen Komponenten des Schmerzes sind nahezu unlösbar mit den emotionalen verbunden, so daß ihre Trennung eher didaktisch und theoretisch als empirisch und praktisch sinnvoll erscheint.

Motorische Komponente. Schließlich ist uns gut vertraut, daß beim unabsichtlichen Eintauchen einer Hand in heißes Wasser oder beim Berühren einer heißen Herdplatte die Hand schon zurückzuckt, lange bevor uns ein Hitzeschmerz bewußt wurde und wir willkürlich darauf hätten reagieren können. Diese ***motorische Komponente*** des Schmerzes ist uns als *Flucht- oder Schutzreflex* in einer Vielzahl von Beispielen bekannt (s. auch Kap. 13). Sie spielen v. a. bei von außen kommenden noxischen Reizen eine wichtige Rolle. Aber auch bei Tiefenschmerzen und viszeralen Schmerzen können motorische Komponenten, z. B. in der Form von *Muskelverspannungen,* beobachtet werden. Im weiteren Sinne sind auch andere Verhaltensäußerungen auf den Schmerz, beispielsweise Mimik, Wehklagen oder willkürliche Bewegungen, die aus der Schmerzbewertung (s. u.) resultieren, als motorische oder besser ***psychomotorische Komponenten*** des Schmerzes anzusehen (Abb. 16–13, *untere rechte Bildhälfte).*

Gewöhnlich treten ***alle vier Schmerzkomponenten*** gemeinsam auf, wenn auch in jeweils unterschiedlicher Ausprägung. Da sie aber über zum Teil sehr unterschiedliche zentrale Bahnen verfügen und die verschiedensten Anteile des Nervensystems (z. B. lemniskales System, limbisches System, autonomes Nervensystem, motorisches System) an ihrer Entstehung beteiligt sind, ***stehen sie im Grunde nur in loser Beziehung zueinander*** und können durchaus ***völlig getrennt voneinander*** ablaufen. Zum Beispiel ziehen wir auch im Schlaf unsere Hand von einem Schmerzreiz zurück, obwohl keine bewußte Schmerzempfindung auftritt, und an chronisch dezerebrierten Tieren können motorische und vegetative Schmerzreaktionen genau wie an intakten Tieren beobachtet werden, obwohl kein Großhirn mehr vorhanden ist.

Entscheidend für die Schmerzbewertung ist der Vergleich der aktuellen Schmerzen mit den Schmerzen der Vergangenheit und ihren damaligen Folgen, d. h. der Vergleich mit dem Schmerzgedächtnis

Beiträge der diversen Schmerzkomponenten zur Schmerzbewertung. Ob wir einen Schmerz z. B. als *mild, unangenehm, beunruhigend, heftig* oder *unerträglich* empfinden, wird von den sensorischen, affektiven und vegetativen Komponenten des Schmerzes in je nach Schmerzursache und Begleitumständen variierendem Ausmaß mitbestimmt (Abb. 16–13). Beispielsweise wird bei *akuten Oberflächenschmerzen* häufig die sensorische Komponente im Vordergrund stehen, bei *akuten viszeralen Schmerzen* wird die vegetative Komponente eine große Rolle spielen, und bei *chronischen Schmerzen* wird die affektive Komponente für die Schmerzbewertung oft ausschlaggebend sein [31].

Beitrag des Schmerzgedächtnisses zur Schmerzbewertung. Entscheidend für die *Schmerzbewertung* ist v. a., daß der aktuelle Schmerz an den im Kurz- und Langzeitgedächnis gespeicherten Schmerzerfahrungen gemessen und entsprechend diesen Erfahrungen bewertet wird. Die Schmerzbewertung kann daher als die *erkennende* oder ***kognitive Komponente*** des Schmerzes bezeichnet werden. Sie geschieht zeitlich parallel mit der Verarbeitung der oben beschriebenen vier Schmerzkomponenten (sensorisch, affektiv, vegetativ, motorisch) und kann daher sehr schnell vorbewußt wie auch langsam bewußt erfolgen. Das Ergebnis dieses kognitiven Prozesses beeinflußt alle vier Schmerzkomponenten und führt zu entsprechenden ***Schmerzäußerungen*** *(psychomotorische Komponente,* z. B. Mimik, Wehklagen, Verlangen nach schmerzstillenden Medikamenten). Es fließt also in die Ausprägung der affektiven, vegetativen und motorischen Komponenten ein, d. h. diese Komponenten sind nicht nur für die Bewertung des Schmerzes bedeutsam, sondern ihr Ausmaß hängt auch von der Gesamteinschätzung des aktuellen

Schmerzes ab: Wir leiden mehr an einem Schmerz, den wir im Hinblick auf unser Wohlergehen als „wichtig" einschätzen, als an einem, der uns (bei gleicher Intensität) banal erscheint.

Konsequenzen des Schmerzverhaltens. Die unmittelbaren Konsequenzen von Schmerz (s. Abb. 16–13 *rechts*) bestimmen mit, ob der Schmerz bestehen bleibt, verschwindet oder wiederkommt. Man spricht in Anlehnung an die Lernpsychologie (s. Kap. 24) auch von der ***operanten Schmerzkomponente.*** Operantes Lernen in Zusammenhang mit Schmerz bedeutet, daß positive (verstärkende) oder negative (bestrafende) Konsequenzen die Auftrittswahrscheinlichkeit des vorausgegangenen Schmerzverhaltens erhöhen oder erniedrigen können. Die häufigsten positiven Konsequenzen sind *soziale Zuwendung* innerhalb der Familie oder durch Angehörige der Heilberufe und *schmerzlindernde Medikamente.* Wichtig ist auch die Vermeidung von Schmerz durch *Schonhaltungen,* die selbst wieder verstärkend auf Schmerz wirken (s. S. 361); die subjektive Erleichterung durch die Schonhaltung stellt eine positive Konsequenz dar und verstärkt häufig solche Schonhaltungen, die selbst wieder zu Schmerz führen [31, 36, 42].

Soziale Aspekte der Schmerzbewertung. In die Schmerzbewertung und die daraus resultierenden Schmerzäußerungen geht noch eine Reihe anderer Faktoren ein, auf die hier nur kurz hingewiesen wird. So hängt das Ausmaß einzelner Schmerzkomponenten z. B. sehr von der *aktuellen sozialen Situation,* vom *familiären Herkommen,* von der *Erziehung* und auch von der *ethnischen Herkunft* ab. Ein nordamerikanischer Indianer am Marterpfahl verhält sich in bezug auf seine Schmerzäußerungen völlig anders als eine süditalienische Hausfrau mit einer Gallenkolik, auch dann, wenn beide an Schmerzen gleicher Intensität leiden.

Psychologischer Kontext der Schmerzbewertung. Außerdem ist für eine Schmerzbewertung oft entscheidend, *unter welchen Umständen ein Schmerzereignis auftritt.* So ist gut bekannt, daß bei Kriegsverwundungen der Bedarf an schmerzstillenden Mitteln geringer ist, als bei vergleichbaren Verletzungen im Zivilleben. Anscheinend vermindert die Aussicht auf die alsbaldige Heimreise und das Glücksgefühl, die Schlacht überlebt zu haben, Schmerzwahrnehmung und -bewertung in einem erheblichen Ausmaß.

Entgegen den Erwartungen fanden sich aber nur *schwache Zusammenhänge zwischen Schmerzverhalten und überdauernden Persönlichkeitseigenschaften* (wie z. B. bei einem Vergleich zwischen extrovertierten versus introvertierten Personen). Aus einer Analyse der Persönlichkeitsvariablen läßt sich also für das Schmerzverhalten kaum eine brauchbare Voraussage machen [37].

Frühkindliches Schmerzlernen. Zweckmäßiges Verhalten und gefühlsmäßig ***normale Reaktionen auf schmerzhafte Reize*** sind anscheinend zum großen Teil nicht angeboren, sondern müssen vom jugendlichen Organismus in einer frühen Phase seiner Entwicklung ***erlernt werden.*** Bleiben diese frühkindlichen Erfahrungen aus, so lassen sie sich später nur schwer erlernen: Junge Hunde, die in den ersten 8 Lebensmonaten vor allen schädigenden Reizen bewahrt wurden, waren unfähig, auf Schmerzen angemessen zu reagieren, und lernten dies nur langsam und unvollkommen. Sie schnupperten immer wieder an offenen Flammen und ließen sich Nadeln tief in die Haut stechen, ohne mehr als lokale reflektorische Zuckungen zu zeigen. Vergleichbare Beobachtungen wurden auch an jungen Rhesusaffen erhoben (Lit. in [11]).

Ein weiteres, unangenehmes Sinnes- und Gefühlserlebnis ist das Jucken; seine Beziehung zum Schmerz ist ambivalent

Die Juckempfindung ist nur von den *äußersten Schichten der Epidermis der Haut und der Übergangsschleimhäute* auslösbar. Mit entsprechender Technik ist es möglich, alle Grade von Juckreiz ohne Schmerz und umgekehrt zu erzeugen. Das ***Jucken*** ist nach diesen Befunden möglicherweise eine ***vom Schmerz unabhängige Empfindung.*** Vielleicht ist es aber lediglich eine *besondere Form der Schmerzempfindung, die bei bestimmten Reizzuständen auftritt.* Dafür spricht, daß eine Reihe von Juckreizen bei stärkerer Reizintensität zu Schmerzempfindungen führen und daß eine Unterbrechung der nozizeptiven Vorderseitenstrangbahnen des Rückenmarks von einem Ausfall der Juckempfindung begleitet ist, während eine Störung des Druck- und Berührungssinnes (Hinterstrang) die Juckempfindung unbeeinflußt läßt. Auch ließ sich nachweisen, daß die Haut nur an bestimmten Punkten juckempfindlich ist und daß diese ***Juckpunkte*** mit den ***Schmerzpunkten*** korrespondieren.

Das ***Jucken*** wird über *polymodale,* d. h. durch diverse physikalische und chemische Reize erregbare Sensoren vermittelt, deren Afferenzen dünn und überwiegend marklos sind. Für das Auftreten der Juckempfindung scheint das Freisetzen einer chemischen Substanz, wahrscheinlich des ***Histamins,*** notwendig zu sein. Eine intradermale Histamininjektion löst starkes Jucken aus, und bei Hautschäden, die zum Jucken führen, wird in der Haut aus *Mastzellen* Histamin freigesetzt.

Schmerzschwelle, Schmerzintensität, Schmerztoleranzschwelle und der Verlauf der Schmerzadaptation lassen sich beim Menschen messen

Subjektive Algesimetrie. Die klassischen Methoden der Psychophysik lassen sich beim Menschen auch auf das experimentelle Studium der Zusammenhänge zwischen noxischem Reiz und Schmerz anwenden, wobei bei dieser *experimentellen Algesimetrie* sowohl subjektive wie objektive Methoden angewandt werden [1, 40, 41]. Zur Schmerzauslösung kommen thermische, elektrische, mechanische und chemische Reize in Frage. Gemessen wird in der subjektiven Algesimetrie einmal die ***Schmerzschwelle,*** also diejenige Reizstärke, bei der eben eine Schmerzempfindung auftritt, weiterhin die ***Schmerzintensität*** (die verbal oder über eine andere Anzeigemethode ausgedrückt wird) und schließlich die ***Schmerztoleranzschwelle,*** also diejenige Reizintensität, bei der die Versuchsperson den Abbruch des Reizes verlangt.

Schmerzadaptation. Neben der Schmerzintensität ist klinisch v. a. noch wichtig, ob die Schmerzempfindung adaptiert. Die subjektive Erfahrung weist eher auf ***fehlende Adaptation*** hin (z. B. stundenlange Kopf- oder Zahnschmerzen). Auch bei der experimentellen Messung der Schmerzadaptation beim Hitzeschmerz (Abb. 16–14) finden sich keine Anhaltspunkte für eine Schmerzadaptation. Die Abnahme der Schmerzschwellentemperatur im Verlauf der Messung weist sogar eher auf eine ***Sensibilisierung*** der Nozizeptoren im bestrahlten Hautareal durch den andauernden Hitzereiz hin. (Bei wiederholten, alltäglichen nozizeptiven Reizen und elektrischen Schmerzreizen ist allerdings in der Regel eine *Habituation* zu beobachten.)

Objektive Algesimetrie. Die objektive Algesimetrie bedient sich beim Menschen vor allem der Messung motorischer und vegetativer Reaktionen auf den Schmerz und der Registrierung evozierter Hirnrindenpotentiale (der Ausdruck „objektiv" bedeutet lediglich, daß nicht die „subjektiven" Aussagen des Probanden, sondern vom Beobachter registrierte Variablen gemessen werden). Abb. 16–15 zeigt den engen Zusammenhang zwischen subjektiv erlebter Schmerzintensität und der Amplitude des evozierten kortikalen Potentials 150–210 ms nach Applikation eines elektrischen Schmerzreizes auf den Daumen. Häufig werden verschiedene Methoden eingesetzt (z. B. Messung evozierter Potentiale bei gleichzeitiger Messung des Pupillendurchmessers als Maß für den Sympathikustonus), oft werden auch subjektive und objektive Methoden miteinander kombiniert ***(mehrdimensionale Algesimetrie).*** Die experimentelle Algesimetrie ist ein derzeit rasch wachsendes Arbeitsgebiet, von dem noch wesentliche Aufschlüsse über die Natur des Schmerzes erwartet werden können [1, 40].

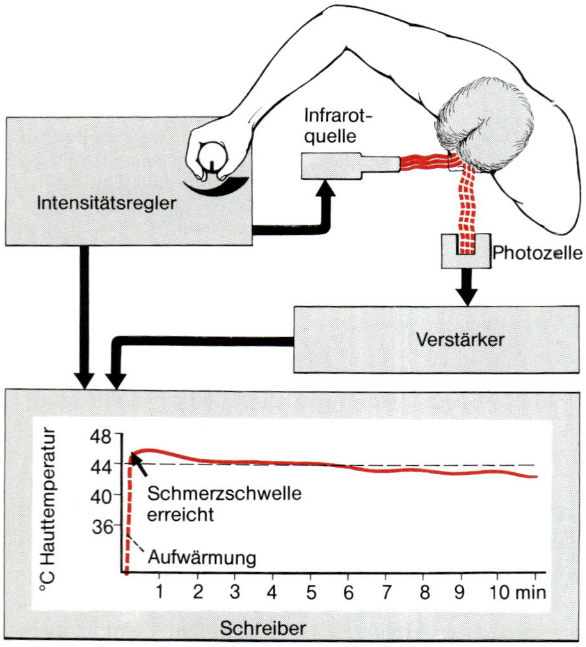

Abb. 16–14. Experimentelle thermische Schmerzreizung. Infrarote Strahlen erwärmen ein geschwärztes Hautfeld auf der Stirn der Versuchsperson. Die Hauttemperatur wird über einen Temperaturfühler (Photozelle) aufgenommen und auf einem Schreiber registriert. Nach Hardy: J. Appl. Physiol. 5, 725 (1953). Die *rote Kurve* zeigt die Abhängigkeit der Schmerzschwelle (Mittelwerte) von der Dauer des Hitzereizes. Die Versuchspersonen wurden angehalten, die Strahlungsintensität selbst so zu regulieren, daß die Hauttemperatur für die Dauer des Versuches gerade als schmerzhaft empfunden wurde. Das anfängliche Überschießen der Hauttemperatur über die Schmerzschwelle hinaus ist durch die Trägheit der Versuchsanordnung bedingt. Nach Greene und Hardy: J. Appl. Physiol. *17*, 693 (1962). Aus [20]

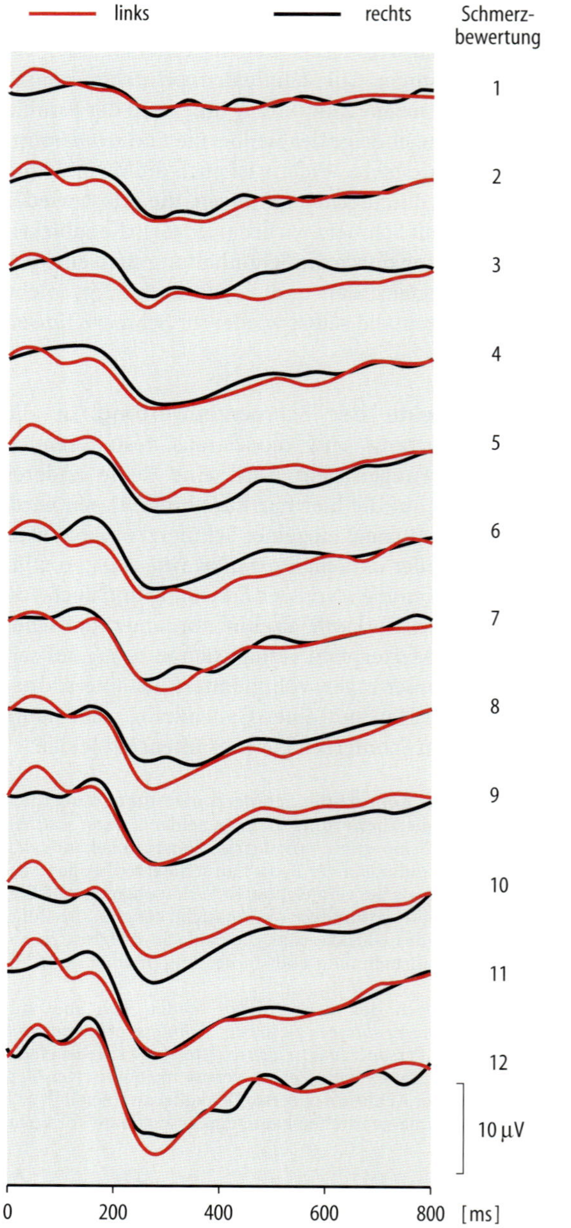

Abb. 16–15. Schmerzevozierte ereigniskorrelierte Hirnpotentiale (*rote* und *schwarze* Kurven) bei allen Reizstärken auf zunehmend intensive Schmerzreize. *Rechts* daneben ist jeweils die subjektive Beurteilung durch die Versuchspersonen angegeben. Das ereigniskorrelierte Potential ist proportional der subjektiv erlebten Schmerzintensität

Klinische Algesimetrie. Die klinische Algesimetrie benutzt auf der subjektiven Ebene einerseits ***Verhältnisschätzmethoden,*** wie beispielsweise eine einfache visuelle Analogskala, bei der der Patient das Ausmaß seines Schmerzes zwischen zwei Endpunkten (kein Schmerz/unerträglicher Schmerz) zu verschiedenen Zeiten einträgt. Andererseits werden Fragebögen eingesetzt, wie der vielfach benutzte McGill-Pain-Questionnaire von Melzack [11, 23]. Schließlich kann die klinische Schmerzstärke auch zu einem experimentellen Schmerz in Bezug gesetzt werden, wie beispielsweise bei der Bestimmung des Tourniquet-Schmerzquotienten, bei dem der Patient die Intensität eines experimentellen ischämischen Muskelschmerzes zu seinem klinischen Schmerz abschätzt [21].

16.6 Physiologie der Nozizeption

Die meisten Nozizeptoren besitzen nichtkorpuskuläre sensorische Endigungen; sie sind in vielen Fällen polymodal; die Prozesse der Transduktion und Transformation sind bei ihrer Erregung wahrscheinlich analog denen in anderen Sensoren

Polymodalität und Histologie der Nozizeptoren. In der Haut des Menschen wurden bisher überwiegend Nozizeptoren gefunden, die sowohl auf ***mechanische*** (z. B. Nadelstich, Quetschen), wie auf thermische (Hitze, Kälte) und ***chemische*** Reize (z. B. Bradykinin, Prostaglandin) antworten (Abb. 16–16). Diese Nozizeptoren sind also ***polymodal.*** Auch in der Skelettmuskulatur, ihren Sehnen und im Gelenkgewebe kommen anscheinend vorwiegend polymodale Nozizeptoren vor [48, 51]. Diese sind aber bisher fast ausschließlich bei Tieren untersucht worden. Histologisch handelt es sich bei den Nozizeptoren um ***freie,*** genauer um ***nichtkorpuskuläre Nervenendigungen,*** deren ultrastrukturelle Lokalisation und deren Beziehungen zu den sie umgebenden perineuralen Strukturen bisher kaum erforscht wurden.

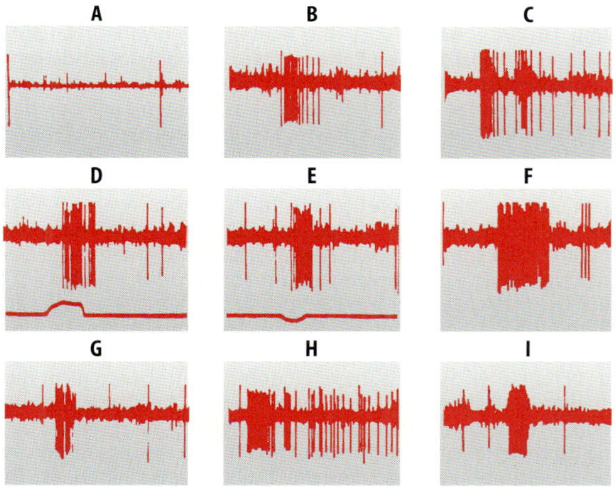

Abb. 16–16. Antwortverhalten eines einzelnen polymodalen Nozizeptors. Ableitung am wachen Menschen. Die Impulsaktivität wurde mit einer transkutanen Metallmikroelektrode am N. peronaeus in Höhe des Kniegelenks während Hautreizung des rezeptiven Feldes auf der großen Zehe abgeleitet. **A** Antwort auf einen einzelnen elektrischen Reiz. **B** Reizung mit einem von-Frey-Haar von 2 g. Dieser Reiz wurde 2 s nach Beginn als Kribbeln empfunden. **C** Wiederholtes festes Überstreichen des rezeptiven Feldes mit einem dünnen Stift führt zu leichtem Schmerz. **D** Reizung mit einem Stab (15 g Gewicht) wird als Druck empfunden. **E** Druck mit einem spitzen Stab von 5 g ruft leichten Schmerz hervor. **F** Ein Nadelstich evoziert ersten und zweiten Schmerz. **G** Anwendung von Juckpulver auf das rezeptive Feld führt zu brennendem Jucken. **H** Brennesselkontakt führt zu Schmerz, gefolgt von Jucken. **I** Eine heiße Thermode führt zu anfänglichem scharfen Schmerz, der später brennend wird. Aus: Torebjörk, H. E. Acta Physiol. Scand. *92,* 374, 1974

Transduktion und Transformation. Die Nozizeptoren können durch intensive Reize („Noxen") direkt erregt werden, wie etwa während einer mechanischen Gewalteinwirkung. Viel häufiger ist es aber wahrscheinlich so, daß durch ihre Erregung eine *Kette von Zell- und Gewebereaktionen* ausgelöst wird, an deren Ende die Freisetzung von einem oder mehreren Stoffen steht, z. B. bei einer Gelenkentzündung von Prostaglandinen, Bradykinin, Serotonin und anderen, die dann als ***Noxen im engeren Sinne*** erregend und sensibilisierend auf die Nozizeptoren einwirken. Die in den ***Transduktionsarealen*** der Nozizeptoren durch die Noxen ausgelösten ***Generator-*** oder ***Sensorpotentiale*** lassen sich wegen der Feinheit dieser Sensoren nicht unmittelbar elektrophysiologisch beobachten. Die im nachfolgenden Schritt der ***Transformation evozierten Aktionspotentiale*** lassen sich aber, wie in Ab. 16–16 gezeigt, in den zugehörigen Nervenfasern bei Tier und Mensch ableiten.

Die Schwelle der Nozizeptoren für noxische Reize ist weder für alle Nozizeptoren einheitlich noch für einen gegebenen Nozizeptor konstant: Nozizeptoren können sensibilisiert oder desensibilisiert werden

In gesundem Gewebe finden sich Nozizeptoren mit recht unterschiedlichen Schwellen auf noxische Reize, die z. T. so hoch liegen können, daß die Nozizeptoren nicht zu erregen sind ***(„schlafende" Nozizeptoren).*** Ist aber das Gewebe pathophysiologisch verändert, z. B. durch eine Entzündung, werden alle *Nozizeptoren sensibilisiert,* d. h. ihre Schwellen werden abgesenkt, und zwar z. T. so weit, daß selbst normalerweise nichtnoxische Reize jetzt zur Erregung der Nozizeptoren führen. Dabei werden auch die „schlafenden" Nozizeptoren „aufgeweckt" [51]. Die Sensibilisierung erfolgt wahrscheinlich durch *algetische Substanzen,* wie die Prostaglandine. Ihr genauer Mechanismus ist aber noch nicht bekannt. Auch Schwellenerhöhungen, also ***Desensibilisierungen von Nozizeptoren,*** lassen sich beobachten. So greifen einige Schmerzmittel anscheinend in der Peripherie an und erhöhen dort die Schwelle der Nozizeptoren für noxische Reize.

Die afferenten Axone der Nozizeptoren sind dünn markhaltig oder marklos; sie besitzen neben ihrer afferenten auch eine efferente Funktion; diese spielt eine Rolle bei der neurogenen Entzündung

Periphere Konduktion noxischer Signale. Zwei Typen von Nervenfasern dienen den Nozizeptoren praktisch ausschließlich als primär afferente Fasern, nämlich ***dünne markhaltige*** (Gruppe-III- oder A-δ-Fasern) und ***marklose*** Nervenfasern (Gruppe-IV- oder C-Fasern). Erstere haben Leitungsgeschwindigkeiten vorwiegend zwischen 2,5 und 20 m/s, letztere unter 2,5 m/s (Durchschnittswert 1 m/s, vgl. Tabelle 7–1, S. 105). Zahlenmäßig sind die *Gruppe-IV-Fasern wesentlich häufiger als die Gruppe-III-Fasern* [20, 22, 48, 56].

Efferente Wirkungen der Nozizeptoren; neurogene Entzündung. Nozizeptoren sind einerseits afferente Nachrichtenkanäle. Andererseits können aus ihren ***peripheren Endigungen Neuropeptide freigesetzt*** werden (z. B. *Substanz P* oder *Calcitonin gene-related peptide, CGRP),* wenn das Neuron aktiviert wird. Diese Neuropeptide bewirken entzündungsfördernde Gefäßreaktionen. Sie scheinen die Wirkung der lokalen Entzündungsmediatoren zu erhöhen und damit den Entzündungsverlauf zu beeinflussen. Diese Reaktionen tragen als ***neurogene Komponente*** zur lokalen Entzündungsreaktion als Antwort auf noxische Reize bei. Ihre Effekte auf das Entladungsverhalten afferenter Neurone (Erregung und/oder Sensibilisierung) sind allerdings wesentlich schwächer als die Effekte der lokalen Entzündungsmediatoren.

Die nozizeptiven Afferenzen werden in Rückenmark und Hirnstamm auf Neurone geschaltet, die in motorische und vegetative Reflexe eingebunden sind und/oder zum Thalamus und Kortex projizieren

Spinale Weiterleitung und Verarbeitung. Im ***Rückenmark*** enden die nozizeptiven Afferenzen an Neuronen des ***Hinterhornes.*** Diese Nervenzellen sind Ausgangspunkt der im vorhergehenden Kapitel ausführlich dargestellten ***Vorderseitenstrangbahnen*** (Tractus spinothalamicus u. a.), die in Richtung Hirnstamm aufsteigen, um sich dort mit den nozizeptiven, weitgehend aus dem ***Nervus trigeminus*** stammenden Afferenzen aus dem Kopfbereich auf dem Weg zum ***Thalamus*** zu vereinigen (Abb. 16–17, *linke* Bildhälfte, vgl. auch Abb. 15–10 B und den zugehörigen dortigen Text) [3]. Andere Neurone sind in motorische und vegetative Reflexbögen eingebunden (motorische und vegetative Komponente des Schmerzes, s. o.). Ein Teil dieser Reflexe ist spinal organisiert, andere sind über supraspinale Reflexbögen vermittelt (s. Kap. 9 u. 13). (Die an spinalen und supraspinalen nozizeptiven Vorgängen beteiligten Transmitter und Modulatoren werden im Zusammenhang mit der zentralen Sensibilisierung ab S. 355 vorgestellt.)

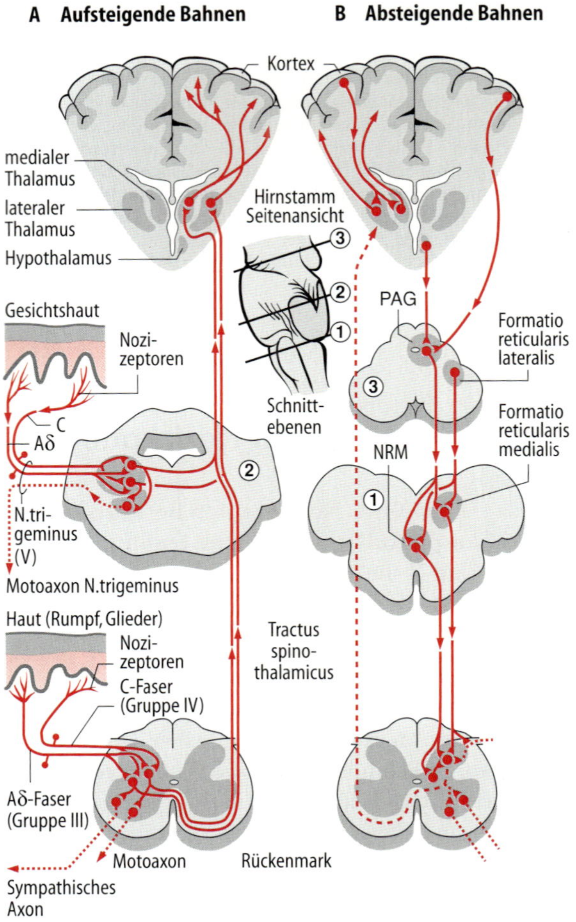

Abb. 16–17. Schematische Übersicht über den Verlauf der aufsteigenden nozizeptiven Bahnen (*links*) und der deszendierenden Bahnsysteme, die den nozizeptiven Zustrom modulieren (*rechts*). Von den aufsteigenden Bahnsystemen sind nur der Tractus spinothalamicus und die sich ihm anschließenden trigeminothalamischen Zuflüsse gezeigt. Andere, an der aszendierenden Konduktion nozizeptiver Information beteiligte Bahnen (z. B. Tractus spinoreticularis, Tractus spinocervicalis) sind der Einfachheit halber weggelassen. Vom lateralen Thalamus nehmen die spezifischen thalamokortikalen Bahnen ihren Ursprung; sie enden überwiegend im somatosensorischen Kortex. Die Efferenzen der medialen Thalamuskerne sind diffuser. Sie enden nicht nur in weiten Arealen des frontalen Kortex, sondern ziehen auch zu subkortikalen Strukturen, insbesondere des limbischen Systems (nicht eingezeichnet, ebenso nicht die starken retikulären Zuflüsse dieser Kerne). Die deszendierenden Systeme üben ihren Einfluß überwiegend auf spinaler Ebene (bzw. auf die entsprechenden trigeminalen Strukturen, nicht eingezeichnet) aus. Die *Einsatzfigur* gibt in einer Seitenansicht des Hirnstamms die Lage der Hirnstammschnitte an: *1* kranialer Rand der unteren Olive, *2* Mitte des Pons, *3* unteres Mesenzephalon. *PAG* periaquäduktales Grau (zentrales Höhlengrau); *NRM* Nucleus raphé magnus. Nach R. F. Schmidt in [27] aus [20]

Gate-Control-Theorie (Kontrollschrankentheorie) der spinalen Verarbeitung nozizeptiver Information. Wie bei jedem anderen Sinnessystem lässt sich auch die nozizeptive Information bereits an den ersten Synapsen in Rückenmark und Hirnstamm modulieren. Wie dies im einzelnen geschieht, ist größtenteils noch unbekannt (s. dazu auch die Ausführungen über die endogenen Schmerzkontrollsysteme ab S. 357). Einen Erklärungsvorschlag für die Arbeitsweise eines spinalen schmerzhemmenden Systems bildete die 1965 von Melzack und Wall vorgeschlagen Gate-Control-Theorie. Sie postulierte als eine ihrer wesentlichen Aussagen, daß die nach zentripetal projizierenden Hinterhornneurone des nozizeptiven Systems durch Erregung *dicker nichtnozizeptiver* Afferenzen gehemmt (gate closed: Schranke geschlossen) und durch Erregung *dünner nozizeptiver* Afferenzen aktiviert würden (Schranke offen). Diese Hemmung sollte in der ***Substantia gelatinosa*** des Hinterhorns des Rückenmarks generiert und – dies war der kritische Punkt der Theorie – nur über einen ***präsynaptischen Hemmechanismus*** auf die *dünnen nozizeptiven* Afferenzen übertragen werden. Experimentell konnte diese Hypothese nicht bestätigt werden, ihre wesentlichen Postulate wurden sogar widerlegt.

Eine zweite Aussage der Gate-Control-Theorie war, daß die spinalen Hemmechanismen der Nozizeption in der Substantia gelatinosa auch durch ***absteigende Hemmsysteme*** aktiviert werden können und daß auf diese Weise die nozizeptive Information *bereits auf spinaler Ebene* einer ***zentrifugalen Kontrolle*** unterliegt. Die Existenz solcher deszendierender Hemmsysteme gilt unterdessen als gesichert, und zwar nicht nur im nozizeptiven, sondern auch in allen anderen somatosensorischen Systemen (s. Abb. 16–17, *rechts* und Abb. 15–11, S. 317). – Die Gate-Control-Theorie im engeren Sinne hat nur noch historisches Interesse. Es bleibt aber ihr wesentliches Verdienst, sehr früh darauf hingewiesen zu haben, daß der nozizeptive Zustrom in das Rückenmark schon auf der Ebene der ersten zentralen Neurone durch *lokale* und *deszendierende* Einflüsse erheblich ***moduliert*** werden kann.

Die Aktivierung spezifisch nozizeptiver thalamischer und kortikaler Neurone ist Voraussetzung für bewußtes Schmerzerleben

Die *elektrische Reizung* einiger Kortexareale und Thalamusregionen am wachen Menschen kann Schmerzempfindungen hervorrufen. Umgekehrt können *Läsionen* von Kortexarealen und Thalamusregionen einerseits zur Reduzierung von Schmerzen führen, andererseits können sie pathologische Schmerzen auslösen. Diese Befunde machen deutlich, daß Neurone im thalamokortikalen System beim Zustandekommen des bewußten Schmerzempfindens eine entscheidende Rolle spielen. Elektrophysiologische Untersuchungen an ***Thalamus*** und ***Kortex*** wiesen in beiden Strukturen nozizeptive Neurone nach, die entweder verstreut zwischen nichtnozizeptiven (mechanorezeptiven) Neuronen oder in umschriebenen Gebieten liegen [24, 44].

Im ***Thalamus von Vertebraten*** wurden nozizeptive Neurone mit sensorisch diskriminativen Eigenschaften vor allem in und unterhalb des ***Ventrolateralkomplexes*** gefunden. Diese Neurone werden über den *Tractus spinothalamicus* erregt, und sie projizieren in die sensorischen Kortexareale ***SI*** und ***SII.*** Neurone in diesen Thalamus- und Kortexarealen erfüllen sensorisch-diskriminative Funktionen. Nozizeptiven Neuronen in anderen Thalamuskernen (im *posterioren Komplex,* im *intralaminären Komplex* und im *Nucleus submedius*) und z. T. in den *Kortexarealen SII und Area 7b* wird eher eine generelle „Arousal"-Funktion und eine Rolle bei affektiven Aspekten des Schmerzerlebnisses zugesprochen [18, 20].

An dieser Stelle sei in bezug auf die ***Beteiligung der Großhirnrinde an Nozizeption und Schmerz,*** besonders der sensorisch-diskriminativen und der kognitiven Komponenten, erwähnt, daß in der ersten Hälfte des 20. Jahrhunderts aufgrund klinischer und experimenteller Befunde die Ansicht vorherrschte, daß der Kortex für das Entstehen bewußter Schmerzempfindungen nicht unbedingt notwendig sei. Vielmehr wurde der *Thalamus als das entscheidende Zentrum für bewußte Schmerzempfindung* angesehen. Sorgfältige Beobachtungen, v. a. an Hirnverletzten des Zweiten Weltkriegs, haben allerdings zu einer Revision dieser Auffassung geführt. Schußverletzungen bestimmter Kortexareale in der Tiefe der Zentralfurche (Sulcus centralis) des Scheitelhirnes führten nämlich zu einer kontralateralen Schmerzunempfindlichkeit, die auch auf Dauer bestehen blieb. In manchen Fällen war nur ein Teil der gegenüberliegenden Körperhälfte betroffen, z. B. ein Arm oder ein Bein, in anderen Fällen blieb die gesamte Körperhälfte schmerzunempfindlich. Entsprechend diesen Befunden ist es unterdessen, wie oben schon erwähnt, auch geglückt, durch lokale elektrische Reizung dieser Hirnareale beim Menschen Schmerz auszulösen. Wir können also heute davon ausgehen, wie ebenfalls oben schon festgehalten, daß ***Schmerzempfindungen,*** ebenso wie alle anderen bewußten Sinneseindrücke, ***nicht ohne die Mitarbeit der Großhirnrinde*** möglich sind [44].

16.7 Pathophysiologie von Nozizeption und Schmerz

Akute bzw. chronische Aktivierung von Axonen afferenter nozizeptiver Nervenfasern kann zu projizierten bzw. neuralgischen Schmerzen führen

Projizierter Schmerz. Nicht alle nozizeptiven Impulse entstehen in den Endigungen der Nozizeptoren. So kommt es z. B. bei heftiger mechanischer Reizung des N. ulnaris am Ellenbogen zu Mißempfindungen im Versorgungsgebiet dieses Nerven (Abb. 16–18). Offensichtlich wird die am Ellenbogen in den afferenten Fasern ausgelöste Aktivität von unserem Bewußtsein in das Versorgungsgebiet dieser afferenten Fasern ***projiziert,*** da normalerweise solche sensorischen Impulse aus den Sensoren dieses Versorgungsgebietes stammen. Die Interpretation der dabei auftretenden Empfindungen (Kribbeln o. ä.) fällt uns schwer, da das durch direkte mechanische Reizung der Nervenfasern auftretende Impulsmuster normalerweise nicht vorkommt.

Projizierte Empfindungen können im Prinzip innerhalb aller Sinnesempfindungen auftreten, aber nur der ***projizierte Schmerz*** ist klinisch bedeutungsvoll. Häufig treten beispielsweise solche Schmerzen bei Kompressionen des Spinalnerven im Rahmen eines akuten Bandscheibensyndroms auf. Die dabei durch die zentripetalen Impulse in nozizeptiven Fasern auftretenden Schmerzempfindungen werden in das Versorgungsgebiet des gereizten Spinalnerven projiziert. (Daneben können natürlich auch lokale Schmerzen auftreten.) Beim projizierten Schmerz ist also der Ort der Einwirkung der Noxe nicht identisch mit dem der Schmerzempfindung.

Neuralgie. Weit wichtiger als akute projizierte Schmerzen vom eben beschriebenen Typ sind projizierte Schmerzen, die durch *fortgesetzte Reizung eines Nerven oder einer Hinterwurzel* entstehen. Eine solche chronische Nervenschädigung führt zu ***„spontanen"***

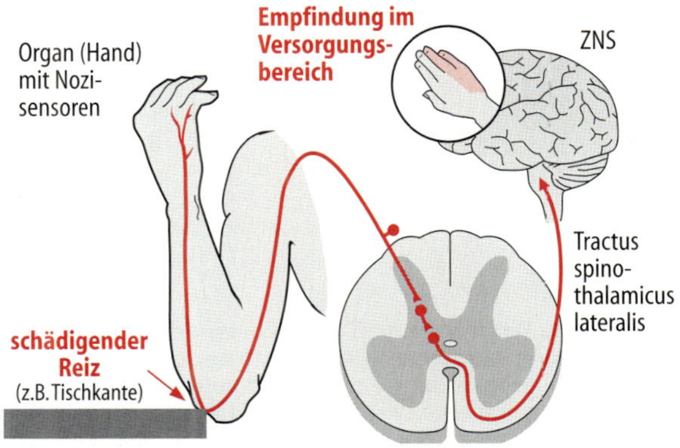

Abb. 16–18. Entstehung des projizierten Schmerzes (schematisch). Besprechung im Text. Aus [20]

Schmerzen, die häufig wellenförmig oder attackenweise auftreten. Sie bleiben meist, wie vom projizierten Schmerz zu erwarten, auf das Versorgungsgebiet des erkrankten Nerven oder der geschädigten Wurzel begrenzt. Diese durch ***pathophysiologische Impulsbildung an nozizeptiven Fasern*** (nicht an den Nozizeptoren) entstehenden Schmerzen werden durch die Begriffe ***Neuralgie*** oder ***neuralgischer Schmerz*** gekennzeichnet. Solche Mechanismen werden auch für *schmerzhafte Polyneuropathien* diskutiert.

Kausalgie. Aus unbekannter Ursache kann es bei Nervenverletzungen, insbesondere bei Schußverletzungen, zu einer Sonderform der Neuralgie, nämlich zu chronischen, sehr quälenden *Schmerzen im Versorgungsgebiet des verletzten Nerven* kommen, wobei gleichzeitig *Durchblutungs- und Ernährungsstörungen* des betroffenen Gebietes auftreten. Der Symptomkomplex wird als ***Kausalgie*** bezeichnet [9, 12, 45]. Die Durchblutungs- und Ernährungsstörungen weisen auf eine ***Beteiligung des sympathischen Nervensystems*** hin, daher auch der Name ***sympathische Reflexdystrophie.***

Noxische Reizung der Eingeweide wird oft nicht oder nicht nur am inneren Organ als Schmerz empfunden, sondern als übertragener Schmerz auch im zugehörigen Dermatom

Für jedes innere Organ lassen sich typische Hautareale angeben, in die die Eingeweideschmerzen übertragen werden (z.B. Innenseite des linken Armes bei *Angina pectoris*). Diese Hautareale werden als ***Head-Zonen*** bezeichnet (Abb. 16–19). Übertragene Schmerzen sind aufgrund dieses Zusammenhanges oft ein wichtiges diagnostisches Hilfsmittel.

Die ***Zuordnung der Head-Zonen zu den Eingeweideorganen*** ist dadurch bedingt, daß die Hautafferenzen jeder Hinterwurzel des Rückenmarks jeweils ein umschriebenes Hautareal innervieren. Dieses Hautareal wird ***Dermatom*** genannt (Abb. 16–19 A). Benachbarte Dermatome überlappen sich allerdings beträchtlich, weil sich die Hinterwurzelfasern beim Wachstum in die Peripherie umbündeln. Die Dermatome, ebenso wie die ihnen äquivalenten ***Myotome*** der Skelettmuskulatur, bleiben aber trotz aller Umbündelungen der primär afferenten Fasern gut erhalten. Gleiches ist auch für die spinale afferente Innervation der Baucheingeweide gültig. So kommt es, daß die Head-Zone eines inneren Organs, z. B. des Herzens oder des Magens, genau von denjenigen Dermatomen gebildet wird, deren zugehörige Rückenmarkssegmente dieses Organ afferent versorgen [3, 52].

Das ***Zustandekommen des übertragenen Schmerzes*** beruht wahrscheinlich, wie Abb. 16–20 zeigt, darauf, daß einerseits nozizeptive Afferenzen aus der Haut und den tiefen Geweben auf dieselben Ursprungszellen der aufsteigenden nozizeptiven Bahnen konvergieren (linke Bildhälfte) und daß andererseits Axonkollateralen solcher primärer nozizeptiver Afferenzen sich bereits im Bereich des Spinalnerven in zwei oder mehrere Kollateralen aufzweigen, die anschließend oberflächliche und tiefe Strukturen innervieren (rechte Bildhälfte). Erregung der zentralen nozizeptiven Neurone wird als Schmerz in der Peripherie interpretiert, da wie bei den übrigen wichtigen Sinnessystemen der Organismus (d.h. das Gehirn) gelernt hat, daß die Reize von außen

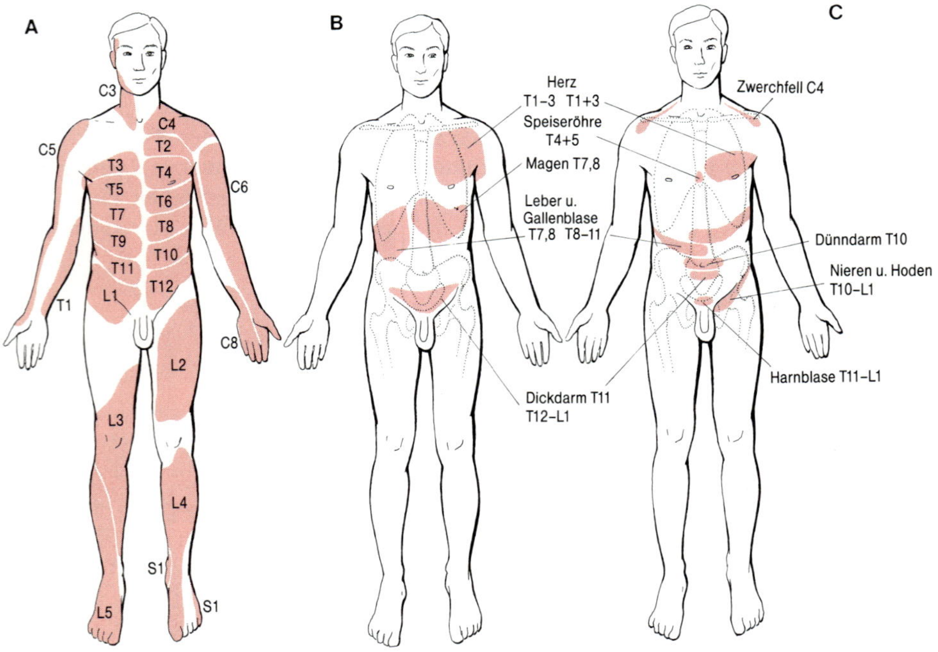

Abb. 16–19. Dermatome und Head-Zonen des Menschen für den Brust- und Bauchbereich. **A** Dermatome des Menschen. Die Innervationsgebiete der Hinterwurzeln aufeinanderfolgender Rückenmarkssegmente sind alternierend in jeweils einer Körperhälfte angegeben. Nach O. Foerster aus [11]. **B, C** Head-Zonen (oberflächliche hyperalgetische Zonen) für die angegebenen Eingeweideorgane. Die Spinalnerven, durch welche die viszeralen Afferenzen von den Organen ins Rückenmark eintreten, sind ebenfalls angegeben. Die Head-Zonen werden in der Literatur unterschiedlich groß dargestellt (vgl. **A** mit **B**, je nach Art der Beobachtung. **B, C** zusammengestellt von W. Jänig und M. Zimmermann nach Beobachtungen verschiedener Untersucher. Aus [52]

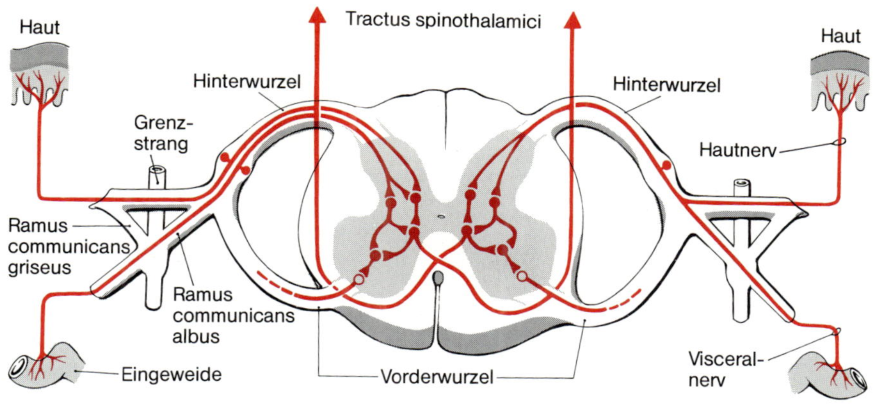

Abb. 16–20. Entstehungswege übertragener Schmerzen. *Links* ist gezeigt, daß nozizeptive Afferenzen aus den Eingeweiden zum Teil an denselben Neuronen des Hinterhornes enden wie nozizeptive Afferenzen aus der Haut. *Rechts* ist zu sehen, daß dieselbe nozizeptive Afferenz gelegentlich sowohl oberflächliches wie tiefes Gewebe versorgen kann. Aus [20]

kommen. Bei Kleinkindern wird der Schmerz im wesentlichen auf sichtbare Verletzungen des Körpers projiziert, erst verhältnismäßig spät lernen wir, zwischen körperfernen, körpernahen und körperinternen Noxen zu unterscheiden.

Als weitere Konsequenz der in Abb. 16–20 gezeigten zentralen Konvergenz und Divergenz nozizeptiver Afferenzen kann es zu einer ***Hyperpathie*** (s. u.) oder zu einer ***Hyperästhesie*** (s. u.) der Haut im betroffenen Dermatom kommen. Diese beruhen darauf, daß die Erregbarkeit der spinalen Interneurone durch die nozizeptiven Impulse aus den tiefen Geweben erhöht ist, so daß ein Hautreiz im Vergleich zum Normalzustand zu einer stärkeren Aktivierung führt. Schließlich sei daran erinnert, daß selbstverständlich auch neuralgische Schmerzen als übertragene Schmerzen imponieren oder zusammen mit einer übertragenen Komponente auftreten können.

Bei Schädigungen des Zentralnervensystems kann es zu schweren Schmerzzuständen kommen (zentrale Schmerzen)

Funktionelle Störungen oder Defekte der spinalen und supraspinalen nozizeptiven Systeme können zu Erregbarkeitssteigerungen und zu Spontanaktivität in diesen Strukturen führen, die erhebliche Schmerzen bereiten können. Diese Schmerzen werden als ***zentrale Schmerzen*** bezeichnet. Bekannte Beispiele sind die Schmerzen der ***Anaesthesia dolorosa*** nach Ausrissen von Hinterwurzeln oder der ***Thalamusschmerz*** nach Schädigungen sensorischer Thalamuskerne. Auch die ***Phantomschmerzen*** nach Amputationen sind teilweise zentraler Natur (s. Abb. 16–30) [23, 37].

In vielen Fällen sind Schädigungen zentralnervöser Strukturen nicht schmerzhaft (z. B. nach Schlaganfällen oder bei Gehirntumoren). Es bedarf daher weiterer Aufklärung, welche Umstände zum Auftreten von zentralen Schmerzen führen.

Frontale Lobotomie. Nach Schädigungen der präfrontalen Hirnrinde ist die Schmerzempfindlichkeit, v. a. der emotional-affektiven Komponente und der kognitiven Komponente (Einschätzung der Bedrohlichkeit des Schmerzreizes), reduziert. Dies wurde in der Vergangenheit häufig therapeutisch ausgenutzt, indem bei chronischen Schmerzen die thalamofrontalen Bahnen chirurgisch durchtrennt wurden *(frontale Lobotomie)*. Dieses drastische Verfahren wird heute dank besserer Schmerztherapien praktisch nicht mehr angewandt. Die sensorische Diskrimination der nozizeptiven Reize (z. B. die Unterscheidung zwischen spitzen und stumpfen Reizen) bleibt nach Frontalläsion erhalten. Der Schmerzreiz verliert nur seine vital-persönliche Bedeutung.

Das nozizeptive System ist plastisch: bei Gewebsentzündungen werden die nozizeptiven Neurone übererregbar; die Übererregbarkeit hat periphere und zentrale Ursachen; Glutamat und seine Rezeptoren spielen dabei eine Schlüsselrolle, aber auch andere Transmitter sind beteiligt

Periphere und zentrale Sensibilisierung. Nozizeptive Neurone im Rückenmark und in supraspinalen Projektionsorten zeigen bei Entzündungen und anderen schmerzhaften Gewebeschädigungen erheblich gesteigerte Aktivität. Diese Aktivierung kommt einerseits über die synaptische Erregung durch die sensibilisierten Nozizeptoren (s. oben) zustande, andererseits besitzt das Zentralnervensystem spinale und supraspinale Mechanismen, die die Neurone übererregbar machen. Diese Mechanismen werden unter dem Begriff ***zentrale Sensibilisierung*** zusammengefaßt.

Rolle des Glutamats und seiner Rezeptoren im nozizeptiven System und bei der zentralen Sensibilisierung. L-Glutamat depolarisiert viele nozizeptive Neurone und gilt daher als wesentlicher Transmitter bei der nozizeptiven Signalübertragung. Exzitatorische Aminosäuren werden sowohl von afferenten Fasern (s. o.), als auch von Neuronen des Rückenmarks und supraspinaler Strukturen freigesetzt. Viele nozizeptive Neurone besitzen ionotrope N-methyl-D-aspartat-(NMDA-)und non-NMDA-Rezeptoren sowie metabotrope Glutamatrezeptoren (Abb. 16–21 A). Spezifische Antagonisten an non-NMDA- und NMDA-Rezep-

A Rezeptoren für exzitatorische Aminosäuren

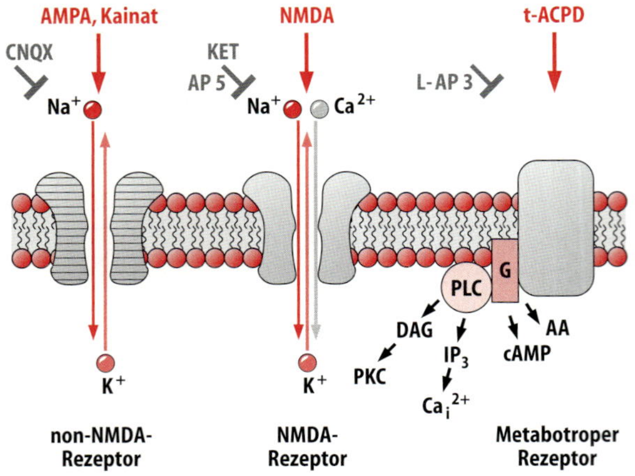

B Reduktion synaptischer Antworten auf noxische Reize durch NMDA- und non-NMDA-Antagonisten

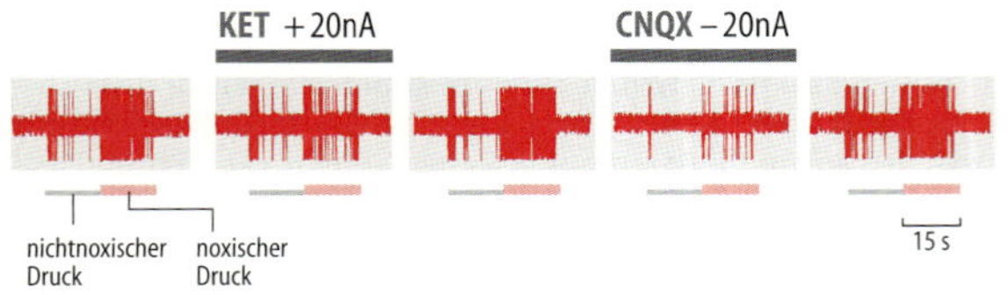

KET:	Ketamin (spezifischer NMDA-Antagonist)
CNQX:	6-cyano-7-nitroquinoxaline-2,3 dione (spezifischer non-NMDA-Antagonist)

Abb. 16–21. Glutamat als erregender Transmitter im nozizeptiven System. **A** Klassifikation postsynaptischer Glutamatrezeptoren nach den an ihnen wirksamen spezifischen Agonisten (AMPA, Kainat bzw. NMDA bzw. t-ACPD) und Antagonisten (CNQX bzw. KET, AP5 bzw. L-AP3) und nach ihrer Arbeitsweise als Ionenkanal (*links* und *Mitte)* bzw. metabotroper Rezeptor *(rechts)*. **B** Modifikation des Antwortverhaltens (Reduzierung der Zahl der Aktionspotentiale) eines nozizeptiven Neurons aus dem Rückenmark der Ratte durch mikroionophoretische Applikation (angegeben als Stromstärke in nA) von Ketamin (KET) und CNQX bei nichtnoxischer und noxischer Druckreizung am Gelenk. Messungen von H.-G. Schaible u. Mitarb. aus [20]

toren reduzieren oder blockieren die synaptische Erregung nozizeptiver Nervenzellen (Abb. 16–21 A, B). Die Rezeptoren für exzitatorische Aminosäuren scheinen nicht nur für die Antworten der Neurone auf noxische Reize verantwortlich zu sein, sondern auch für die Erzeugung der Übererregbarkeit nozizeptiver Neurone bei Gewebeschädigungen, denn unter diesen Bedingungen läßt sich ein stark vermehrtes Vorkommen dieser, insbesondere der NMDA-Rezeptoren, nachweisen [22, 49, 51].

5-Hydroxytryptamin, Noradrenalin und Dopamin. Diese Amine vermitteln die deszendierende Hemmung auf Rückenmarksebene (s. Abb. 16–17). Nach dem Transmitter unterscheidet man serotoninerge und katecholaminerge Systeme der absteigenden Hemmung, die im Hirnstamm ihren Ursprung haben. Serotonin wird in Neuronen des Raphe magnus-Kernes gebildet, Noradrenalin in Neuronen des Locus coeruleus. Dopamin stammt aus Zellen der A11-Gruppe des Dienzephalons.

Gamma-Amino-Buttersäure (GABA) und Glyzin. GABA und Glyzin werden von einer großen Zahl von Rückenmarksneuronen gebildet. Sie wirken hemmend auf viele nozizeptive Neurone.

Neuropeptide. Viele primär afferente Neurone und zentralnervöse Neurone besitzen eines oder mehrere Neuropeptide, die mit klassischen Transmittern wie L-Glutamat *koexistieren.* Neuropeptide können unterschiedliche Wirkungen auf Neurone ausüben. Einige Neuropeptide induzieren elektrophysiologisch meßbare Zellantworten (Depolarisation oder Hyperpolarisation). Hierbei ist der Zeitverlauf anders als bei der Wirkung klassischer Transmitter, denn Wirkungslatenzen und -dauer liegen häufig im Minutenbereich. Vermutlich basieren viele Neuropeptidwirkungen auf der Interaktion von Neuropeptiden mit klassischen Transmittern, da die Wirkung eines Neuropeptids allein häufig sehr gering ist. Daher werden die Neuropeptide häufig als ***Neuromodulatoren*** bezeichnet.

Neuropeptide mit exzitatorischer Wirkung sind die ***Tachykinine,*** vor allem *Substanz P* (wirkt an Neurokinin-1-Rezeptoren) und *Neurokinin A* (wirkt an Neurokinin-2-Rezeptoren). Substanz P löst bei Applikation auf das Rückenmark „Schmerzreaktionen" aus und erhöht die Entladungsraten nozizeptiver Neurone. Die Wirkung wird verstärkt durch Calcitonin gene-related peptide, CGRP, das in vielen Neuronen mit Tachykininen kolokalisiert ist. Auch andere Neuropeptide besitzen exzitatorische Wirkungen auf nozizeptive Neurone (Vasoactive intestinal polypeptide, VIP, Neurotensin, Cholezystokinin, CCK etc.). ***Neuropeptide mit hemmender Wirkung*** sind vor allem die ***Opioide*** *(Enkephaline, Dynorphin),* die aus 3 verschiedenen Precursormolekülen abgeleitet sind (aus Proopiomelanocortin, Proenkephalin A, Proenkephalin B) und auf μ-, δ- und κ-Rezeptoren wirken. Wahrscheinlich bilden diese Peptide ein *endogenes analgetisches System* (s. den nachfolgenden Abschnitt 16.8). Ebenfalls hemmend wirken Somatostatin und Bombesin.

Plastische Veränderungen des nozizeptiven Systems bewirken Änderungen der Schmerzempfindlichkeit; Zunahmen sind wesentlich häufiger als Abnahmen; völlige Schmerzunempfindlichkeit ist selten

Zunahmen der Schmerzempfindlichkeit. Unter einer ***Allodynie*** versteht man Schmerzen, die durch *nichtnoxische* Reizung normaler Haut verusacht werden. Mit diesem Ausdruck sollen Zustände bezeichnet werden, bei denen beispielsweise durch eine abnorme Innervation oder durch zentrale Konvergenz noxischer Impulsaktivität schon eine *normale* mechanische oder thermische Reizung der Haut zu Schmerzempfindungen führt. Im Gegensatz dazu bezeichnet man mit ***Hyperalgesie*** eine erhöhte Empfindlichkeit auf *noxische* Reize [25, 53]. Die ***Hyperpathie*** ist ein Schmerzsyndrom, das sich durch verzögertes Einsetzen, verstärkte Antwort und eine reizüberdauernde Nachantwort auszeichnet. Es tritt besonders deutlich bei repetitiver Reizung auf.

Abnahmen der Schmerzempfindlichkeit. Eine ***Hypoalgesie*** ist eine verringerte Empfindlichkeit auf schmerzhafte Reize. Ein völliges Fehlen von Schmerzen bei noxischer Reizung, eine ***Analgesie,*** kommt meist nur in Verbindung mit Störungen oder Ausfällen anderer Sinnesmodalitäten vor. Beispielsweise wird im einfachsten Fall die Durchtrennung oder Blockade (z. B. mit Novocain) eines Hautnerven zur Analgesie seines Versorgungsgebietes, aber auch zum Ausfall der anderen Hautsinnesmodalitäten, also zu einer ***Anästhesie,*** führen.

Gelegentlich werden Menschen mit einer ***angeborenen völligen Schmerzunempfindlichkeit*** beobachtet. Bei einem Teil dieser Fälle läßt sich ein eindeutiger Defekt des Nervensystems nachweisen, bei anderen fehlen entweder die nozizeptiven Afferenzen in den peripheren Nerven oder die ersten weiterführenden Neurone im Hinterhorn des Rückenmarks (Lissauer-Trakt) sind nicht vorhanden. In allen Fällen ist die Symptomatik gleich: Die Patienten nehmen gewebsschädigende Reize nicht als solche wahr. Es ist für sie daher typisch, daß sie von frühester Kindheit schwere Schäden davontragen oder sich selbst zufügen. Diese Verstümmelungen führen in der Regel zu einem frühen Tod (Lit. in [20]).

Zentrale Plastizität. Sowohl die subkortikalen wie die kortikalen Anteile des Schmerzsystems sind außerordentlich plastisch. Es gelten für Schmerz dieselben physiologischen und psychologischen Gesetzmäßigkeiten von Lernen und Gedächtnis, die wir ausführlich ab S. 361 und in Kap. 29 besprechen.

16.8 Endogene Schmerzkontrollsysteme, Schmerztherapie

Die endogenen Opiate und deszendierende Bahnen modulieren als endogene Schmerzkontrollsysteme die spinale und supraspinale nozizeptive Verarbeitung

Der Körper verfügt anscheinend über eine Reihe von Möglichkeiten, die Aktivität seiner zentralnervösen nozifensiven Systeme auf einen mittleren Erregungszustand einzupegeln und damit diese Systeme in einem optimalen Arbeitsbereich zu halten. Die Arbeitsweise dieser *endogenen Schmerzkontrollsysteme* ist durch zwei wesentliche Entdeckungen deutlicher geworden, nämlich einmal durch das Auffinden von ***Opiatrezeptoren*** und ihnen zugehöriger ***körpereigener Liganden*** *(Endorphine, Enkephaline, Dynorphine)* und zum anderen durch die Entdeckung supraspinaler Areale, deren ***elektrische Reizung zur Analgesie*** führt. Beide Phänomene stehen, wie unten ausgeführt wird, möglicherweise in enger Verbindung miteinander (Lit. in [20]).

Endorphine, Enkephaline, Dynorphine. Opiate hemmen die Schmerzempfindung, ohne daß sie die anderen Sinnesmodalitäten wesentlich beeinflussen. Diese gezielte Wirkung der Opiate beruht auf der Existenz ***spezifischer Opiatrezeptoren*** an den Neuronen des nozizeptiven Systems. Von diesen sind mindestens drei Untertypen, nämlich die μ-, δ- und κ-Rezeptoren bekannt, die sich in ihrem Empfindlichkeitsprofil für Opiate und für die verschiedenen endogenen Liganden unterscheiden [7, 29].

Diese endogenen Liganden, z. B. die Pentapeptide ***Methionin-*** und ***Leuzin-Enkephalin,*** können im Nervensystem freigesetzt werden, wirken an den Opiatrezeptoren und erzeugen eine Hypo- oder Analgesie. Die Gabe des Opiatantagonisten ***Naloxon*** hebt ihre Wirkung auf, Peptidasen bauen sie *in vivo* ab. Methionin-Enkephalin ist ein Bestandteil des Polypeptids ***Beta-Endorphin,*** Leuzin-Enkephalin ist im Polypeptid ***Dynorphin*** enthalten. Beide Polypeptide wirken ebenfalls analgetisch; v. a. Dynorphin wirkt deutlich stärker als die Enkephaline.

Deszendierende Hemmsysteme (Abb. 16–17, *rechte* Bildhälfte). Eine elektrische Reizung des gesamten Gehirns kann zu Anästhesie und Analgesie führen ***(„Elektronarkose").*** Diese scheint von umschriebenen Stellen des zentralen Höhlengraues ihren Ausgang zu nehmen, denn lokale elektrische Reizung dieser Areale führt im Tierversuch zu tiefer Analgesie, die als ***stimulationsproduzierte Analgesie, SPA,*** bezeichnet wird. Besonders wichtige Stellen scheinen der *Nucleus raphe magnus* und der *Nucleus paragigantocellularis* (oder *magnocellularis)* der Formatio reticularis zu sein, denn von diesen Kernregionen führen direkte absteigende Bahnen in das Rückenmark, deren Aktivierung möglicherweise die Weiterleitung nozizeptiver Information im Hinterhorn hemmt.

Mikroinjektionen von *Morphin in das zentrale Höhlengrau* führen genau wie elektrische Reizung zu deutlicher Analgesie. Dies weist auf die ***enge Verbindung zwischen SPA und Opiatanalgesie*** hin. Auch andere mit der SPA eng korrelierte Strukturen, beispielsweise in der Formatio reticularis (s. o.), weisen eine deutliche Opiatempfindlichkeit auf. Es ist daher wahrscheinlich, daß die analgetischen Effekte der SPA und der exogenen und endogenen Opiate über dieselben neuronalen Systeme vermittelt werden.

Die interessanteste Konsequenz dieser Schlußfolgerung liegt darin, daß der Angriffspunkt auf die nozizeptiven Signale nicht nur für die SPA, sondern auch für die Opiatanalgesie im ***Hinterhorn des Rückenmarks*** liegen muß. Anscheinend werden die analgetischen Wirkungen aus dem Hirnstamm über mehrere absteigende Bahnsysteme vermittelt (Abb. 16–17, *rechts*), wobei monoaminerge Transmitter, insbesondere *Serotonin, Noradrenalin* und *Dopamin* beteiligt zu sein scheinen (s. vorhergehenden Abschnitt).

Zur pharmakologischen Schmerzbehandlung werden neben Analgetika auch Lokalanästhetika und Psychopharmaka eingesetzt

Überblick über die gebräuchlichsten schmerztherapeutischen Verfahren. Schmerzen zu lindern ist eine der wesentlichen Aufgaben der Heilberufe. Kann die schmerzauslösende Ursache beseitigt werden, verschwindet damit auch der Schmerz. Ist dies nicht möglich, ist eine symptomatische Schmerzbehandlung notwendig. Einen Überblick über die ***wesentlichen Schmerzbehandlungsverfahren*** gibt Abb. 16–22. Sie zeigt einmal die pharmakologischen Verfahren (1–4), die entweder dazu dienen, Aufnahme (1) und Weiterleitung (4) noxischer Signale zu verhindern, oder die zentrale Verarbeitung zu hemmen (2) und die affektive Anteilnahme am Schmerzgeschehen abzuschwächen (2, 3). Zweitens zeigt Abb. 16–22 die physikalischen Behandlungsverfahren (5–8), die auf den verschiedensten Wegen und an unterschiedlichsten Stellen in den Schmerz eingreifen. Drittens wird auf die psychologi-

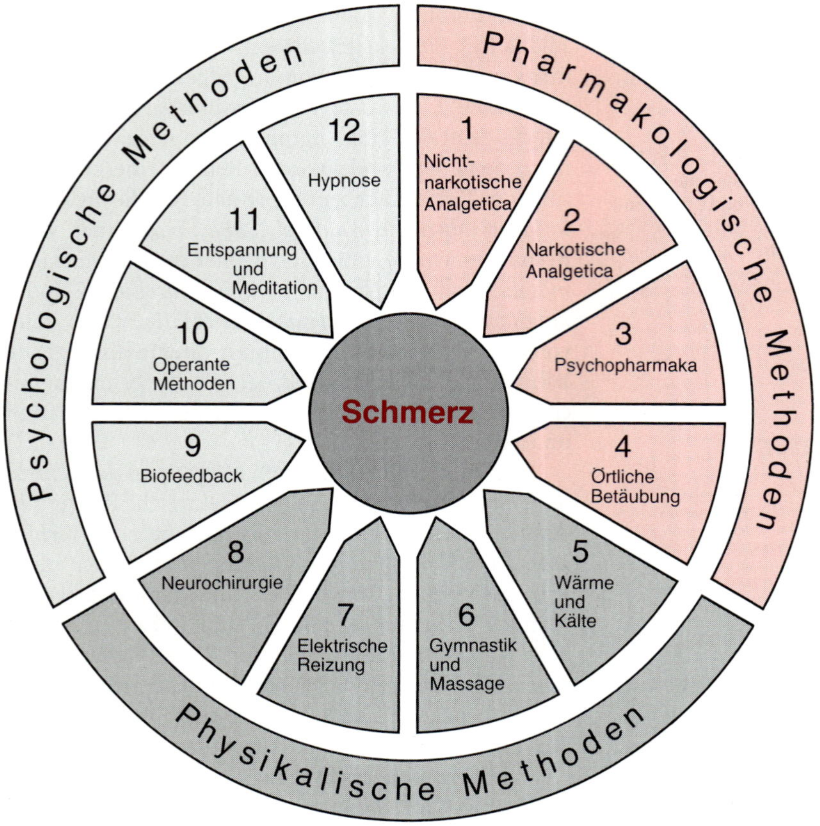

Abb. 16–22. Spektrum der wesentlichen pharmakologischen, physikalischen und psychologischen Methoden zur Behandlung von Schmerzen. Ausführliche Erläuterung im Text. Aus [17]

schen Verfahren hingewiesen (9–12), die oft vereinfacht als *Schmerzbewältigungsstrategien* zusammengefaßt werden, aber auch häufig einen direkten physiologischen Effekt auf die periphere und zentrale Schmerzverarbeitung haben (s. Abschnitt 16.11 ab S. 368). Im folgenden wird auf die *Wirkweise dieser verschiedenen Behandlungsansätze* in der in Abb. 16–22 gegebenen Reihenfolge kurz eingegangen [5, 13, 27, 28].

Nichtnarkotische Schmerzmittel. Dies sind Stoffe, die ***analgetisch*** (schmerzhemmend) wirken, ohne zu einer deutlichen Einschränkung oder Ausschaltung *(Narkose)* des Bewußtseins zu führen [27, 28]. In diese Gruppe fallen die nichtsteroidalen Analgetika (nonstereoidal antiinflammatory drugs, NSAIDs), wie z. B. die *Azetylsalizylsäure.* Ein Teil dieser Analgetika hemmt den Entzündungsprozeß und reduziert dadurch die Aktivierung und Sensibilisierung von Nozizeptoren durch Entzündungsmediatoren (z. B. Prostaglandine). Sie haben aber auch davon unabhängige aktivitätsmindernde Wirkungen an den Nozizeptoren und wahrscheinlich auch an nozizeptiven Neuronen des zentralen Nervensystems (von daher kann man nicht mehr von rein peripher wirkenden Analgetika sprechen).

Narkotische Schmerzmittel. Diese sind in der Lage, auch starke Schmerzen zu lindern, haben aber eine so stark beruhigende, schläfrig machende Wirkung, daß v. a. bei höherer Dosierung narkoseähnliche Zustände auftreten können. Ältester Vertreter ist das ***Morphin,*** ein Bestandteil des Opiums. Daher die Bezeichnungen ***Opiate oder Opioide*** für alle dem Morphin vergleichbaren Stoffe. Ihre analgetische Wirkung beruht auf deren Bindung an Opioidrezeptoren des μ-Typs im Rückenmark und in supraspinalen Strukturen (s. o.) und einer daraus folgenden Unterdrückung neuronaler Aktivität im Zentralnervensystem. Inzwischen wurden auch Opioidrezeptoren im peripheren Nervensystem gefunden, so daß man die Opiate nicht mehr uneingeschränkt als rein zentralnervös wirkende Analgetika bezeichnen kann [27, 28].

Epidurale Applikation von Morphin. Neben der analgetischen haben die Morphine auch atemdepressive, antitussive (hustenhemmende) und obstipierende Wirkungen. Bei längerer Anwendung kommt es zudem zur Gewöhnung (Toleranzentwicklung) und eventuell zu physischer und psychischer Abhängigkeit (s. Kap. 25). Um diese systemischen Wirkungen der Opioide bei chronischer Zufuhr zu vermeiden, wird in dafür geeigneten Fällen Morphin peridural über einen Dauerkatheter appliziert. Dabei diffundiert anscheinend genügend Morphin in den spinalen Liquorraum, um die Morphinrezeptoren des Rückenmarks zu erreichen und die nozizeptive Informationsverarbeitung zu dämpfen oder zu blockieren. Die für Tage anhaltende lokale Analgesie unterstützt diese Annahme. Die systemischen Nebenwirkungen des Morphins sind bei dieser Applikationsweise gering [27, 28].

Psychopharmaka. Einen Platz in der Schmerztherapie haben auch *Psychopharmaka,* im speziellen *Antidepressiva.* Diese Medikamente greifen in den Stoffwechsel der Transmitter ein, die

die deszendierende Hemmung vermitteln. Darüberhinaus kann auch die Bekämpfung von Angst, Depression und Spannung zur Schmerzlinderung beitragen (s. Kap. 26).

Örtliche Betäubung. Eine örtliche Betäubung mit einem Lokalanaesthetikum kann man mit einem ***Nervenblock*** oder durch eine ***Infiltrationsanaesthesie*** erzielen. Auf Schleimhäute kann ein Lokalanaesthetikum zur ***Oberflächenanaesthesie*** auch aufgesprüht oder aufgepinselt werden. Um eine kleine Hautstelle für kurze Zeit zu betäuben, kann man sie durch Aufsprühen von rasch verdampfendem Chloräthyl vereisen, d.h. so tief abkühlen, daß die Sensoren ihre Arbeit einstellen.

In der Behandlung umschriebener Schmerzzustände kann ein Nervenblock vorübergehend (einige Stunden) eine erhebliche Erleichterung bringen. In seltenen Fällen hält die schmerzlindernde Wirkung länger an, als von der Wirkdauer des Lokalanaesthetikums zu erwarten ist. Eine örtliche Betäubung mit dem Ziel, das Krankheitsgeschehen selbst positiv zu beeinflussen, wird ***therapeutische Lokalanaesthesie,*** in Deutschland teilweise auch *Neuraltherapie,* genannt.

Physikalische Maßnahmen der Schmerztherapie haben teils unmittelbare Angriffspunkte, teils wirken sie auf dem Reflexweg

Als ***physikalische Schmerzbehandlung*** werden Einwirkungen zusammengefaßt, die von Wärme- und Kälteanwendungen über Massage und Gymnastik bis zur Anwendung elektrischer Reize und zur Neurochirurgie reichen. Die einfachsten physikalischen Maßnahmen, nämlich ***Ruhe und Ruhigstellung,*** sind in der Schmerztherapie oft eine große Hilfe; sie können aber auch, wie auf S. 360 dargelegt, chronische Schmerzen verstärken. Die Ruhigstellung verhindert in vielen Fällen die Aktivierung von sensibilisierten Nozizeptoren durch mechanische Reize.

Wärme ist wahrscheinlich die am häufigsten angewandte physikalische Schmerzbehandlung. Bei der lokalen Wärmeanwendung werden nur die oberflächlichen Schichten der Haut erwärmt. Dennoch kann *reflektorisch* auch die Blutzirkulation tiefer liegender Organe erhöht werden. Eine direkte Wärmezufuhr in tiefere Gewebe ist durch ***Diathermie*** (Kurzwellenbestrahlung) möglich. Wärmeanwendungen wirken v. a. bei solchen Schmerzen, die durch mangelnde Gewebedurchblutung bedingt sind oder durch diese begünstigt werden. Umgekehrt gibt es Schmerzen, z. B. bei akut entzündlichen Prozessen, die mit einer Weitstellung der Gefäße einhergehen. Dieser muß dann durch die Anwendung von ***Kälte*** entgegengewirkt werden. Durch Kälte wird auch die Entwicklung einer Entzündung (über eine reduzierte Durchblutung und einen abgesenkten Stoffwechsel) gebremst.

Krankengymnastik und Bewegungstherapie werden v. a. eingesetzt, um Heilungsprozesse an Gelenken, Muskeln, Sehnen, Bändern und Knochen zu fördern. Der Beitrag dieser Therapien zur Schmerzbekämpfung ist in der Regel indirekt, und kontrollierte Studien zur Indikation und zur Wirksamkeit fehlen. Ähnliches gilt für die verschiedenen Formen der ***Massage.***

Die ***elektrische Reizung zur Schmerztherapie*** macht sich die Beobachtung zunutze, daß Schmerzen oft durch andere, gleichzeitige Sinnesreize, wie Reiben, Kratzen, Wärme und Kälte, (s. o.) vermindert werden *(Verdeckung, Gegenirritation).* In diesen Situationen ist es keineswegs so, daß der Strom von nervösen Impulsen aus den Nozizeptoren aufhört. Vielmehr wird seine Weiterleitung an seinen zentralnervösen Schaltstationen gehemmt. Diese ***afferente Hemmung*** kann bereits im Rückenmark geschehen (s.o), sie kann aber auch weiter zentral, etwa im Hirnstamm oder Thalamus, einsetzen [15, 35].

Am meisten wird die elektrische Reizung von Nerven durch die Haut eingesetzt, die als ***transkutane elektrische Nervenstimulation, TENS,*** bezeichnet wird. Eine Variante dieser Methode ist die ***Hinterstrangreizung,*** bei der die Elektroden operativ in den Wirbelkanal eingepflanzt werden. Man verspricht sich davon eine besonders intensive Reizung der afferenten Faserbündel im Hinterstrang des Rückenmarks und damit eine besonders starke afferente Hemmung. Drittens versucht man, die afferenten Hemmzentren im Hirnstamm über eingepflanzte Elektroden direkt zu aktivieren. Diese ***elektrische Gehirnreizung*** ist die gezielte Anwendung der zu Beginn dieses Abschnittes vorgestellten stimulationsproduzierten Analgesie, SPA. Für die Beseitigung chronischer Schmerzen eignet sich die von Patienten selbst durchgeführte elektrische Reizung des Nucl. ventralis posterolateralis über dorthin implantierte Elektroden. Die Reizung dieser Umschaltstation für somatosensorische Information hemmt sowohl aufsteigende wie absteigende Schmerzsysteme (mehr dazu im Abschnitt 16.11, S. 367)[34].

Auch die ***Akupunktur*** wird von manchen Seiten als eine Methode angesehen, die über *afferente Hemmung* ihre analgetische Wirkung entfaltet. Dies trifft möglicherweise für die intensive ***Elektroakupunktur*** neuroanatomisch definierter Reizareale zu, die anscheinend eine über Plazeboeffekte hinausgehende kurzfristige analgetische Wirkung hat. Für die ***klassische Akupunktur*** und ihre Spielarten, z. B. die ***Ohrakupunktur,*** gibt es aber nach wie vor keine Anhaltspunkte ihrer Wirksamkeit.

Neurochirurgische Läsionen zur Schmerzbekämpfung sind Notbehelfe, die nur noch in Ausnahmefällen angewandt werden [4, 23]. Von gewisser praktischer Bedeutung ist v. a. die Durchschneidung des Vorderseitenstrangs des Rückenmarks ***(Chordotomie).*** Sie unterbricht die Weiterleitung nozizeptiver Signale aus der kontralateralen Körperhälfte. Mit ihr können bei schweren chronischen Schmerzen, z. B. aus dem Bereich des kleinen Beckens, kurz- bis mittelfristig (Wochen bis Monate) gute Erfolge erzielt werden. Angesichts der zentralen Plastizität und der Bedeutung von Lernen und Gedächtnis muß man bei solchen Maßnahmen mit Rückfällen rechnen (s. nächsten Abschnitt 16.9). – Auch bezüglich der psychologischen Behandlungsverfahren s. die nachfolgenden Abschnitte, insbesondere 16.11.

16.9 Periphere Psychophysiologie chronischer Schmerzen

Unter ***chronischen Schmerzen*** versteht man Schmerzzustände mit und ohne medizinisch faßbarem Substrat, die länger als 6 Monate bestehen [12]. Obwohl nur 5 % aller Schmerzpatienten chronische Schmerzen entwickeln, verursachen diese die höchsten Diagnose- und Behandlungskosten unseres Gesundheitssystems [36]. Allein in der Bundesrepublik Deutschland werden pro Jahr ca. 8 Milliarden DM für diese Gruppe aufgebracht, ohne meßbare Reduktion des Problems. Dies liegt vor allem daran, daß chronische Schmerzen in der Regel eine Kombination aus psychologischen (sprich zentralnervösen) und peripher-physiologischen Ursachen darstellen und nur eine interdisziplinäre (psychologisch-medizinische) Diagnose und Therapie wirksame Behandlung verspricht.

Die größte Gruppe von Patienten mit chronischen Schmerzen klagt über Kopfschmerzen [14,15], gefolgt von Rückenschmerzen, Gesichtsschmerzen und Tumorschmerzen. Bis auf Tumorschmerzen sind an allen Schmerzformen psychophysiologische Faktoren beteiligt.

Die Unterscheidung von psychogenem und physiologisch-medizinischem Schmerz ist nicht sinnvoll, da an jedem chronischen Schmerzzustand beide Ursachenmechanismen unauflöslich miteinander verbunden sind

Das 3-Ebenen Konzept von Schmerz. Wenn man keine faßbare medizinische Ursache für einen chronischen Schmerzzustand mehr findet, spricht man oft von psychogenem Schmerz. Diese Verlegenheitslösung ist deshalb falsch, als es keine Schmerzäußerung gibt – sei sie pathophysiologisch meßbar oder nicht –, die nicht auch ein neurophysiologisches Substrat aufweist. Sieht man jede Schmerzreaktion beim Menschen auf drei Ebenen ablaufen, so löst sich das Problem des psychogenen Schmerzes von selbst. Eine Schmerzreaktion kann auf

- *subjektiv-psychologischer Ebene* (z. B. verbale Schmerzäußerung)
- *motorischer Verhaltensebene* (z. B. Schonverhalten, Schmerzausdruck)
- *physiologisch-biologischer Ebene* (z. B. periphere Muskelspannung nach Entzündung)

gemessen werden. Wie in Kap. 25 noch ausführlich erläutert wird, müssen die Reaktionen auf diesen Ebenen nicht miteinander korrelieren. D. h. es kann ein Schmerzzustand auftreten, der primär auf psychologischer Ebene, z. B. in Form von Klagen auftritt und die pathophysiologische Ursache (z. B. eine Verwundung) ist schon längst abgeklungen. Solchen Schmerzempfindungen und -äußerungen liegen in der Regel *Lern- und Gedächtnisvorgänge* (s. Kap. 24) zugrunde, die zwar neurophysiologisch im Gehirn meßbar sind, aber keine peripher-physiologischen Korrelate mehr aufweisen. Eine Schmerzsimulation (z. B. zum Erreichen einer Berentung) gibt es in dieser Vorstellung nicht, als auch diese Schmerzäußerung über operantes Lernen (s. S. 362) erworben und verstärkt wird. Gerade solche auf soziale Verstärkung und Zuwendung ausgerichtete Schmerzäußerungen führen häufig zu – von der ursprünglichen pathophysiologischen Schmerzursache unabhängigen – Schonhaltungen mit verstärkter Reizung auch der Nozizeptoren in Muskeln und Sehnen (s. u.).

Genauso wenig gibt es einen rein physiologisch bedingten Schmerzzustand, da jede Reizung von Nozizeptoren entweder auch zu einer subjektiven Reaktion führt, oder – wenn sie nicht ins Gehirn gelangt – periphere Abwehrreflexe oder Fluchtverhalten auf motorischer Ebene auslöst. Nur durch eine präzise Beschreibung und Messung aller drei Verhaltensebenen und ihres (mangelnden) Zusammenhanges in der spezifischen und individuellen Umgebung der Patienten, lassen sich chronische Schmerzzustände erklären und einer wirksamen Behandlung zuführen [31].

Häufige oder besonders intensive psychische und/oder physische Belastung führt zur Aktivierung individualtypischer Reaktionsstereotypien, die in mit Nozizeptoren gut versorgten Geweben Schmerz auslösen können

Reaktionsstereotypie. Unter einer individualtypischen physiologischen Reaktionsstereotypie versteht man die Tatsache, daß eine bestimmte Person auf psychische oder physische Belastung (Streß) immer mit demselben Organsystem besonders intensiv reagiert und solche Überreaktionen auch ***verlängert*** anhalten. Bei Schmerzpatienten ist dies primär das Muskelsystem. Abb. 16–23 zeigt die elektromyographisch gemessene Muskelspannung von Rücken- und Gesichtsschmerzpatienten und einer vergleichbaren gesunden Gruppe auf ***persönliche Belastungsreize.*** Dabei zeigt sich, daß Rückenschmerzpatienten auf persönliche Belastung mit erhöhter Anspannung *nur* in der Rückenmuskulatur (M. erector spinae, meist links) reagieren, während Gesichtsschmerzpatienten mit Erhöhung der

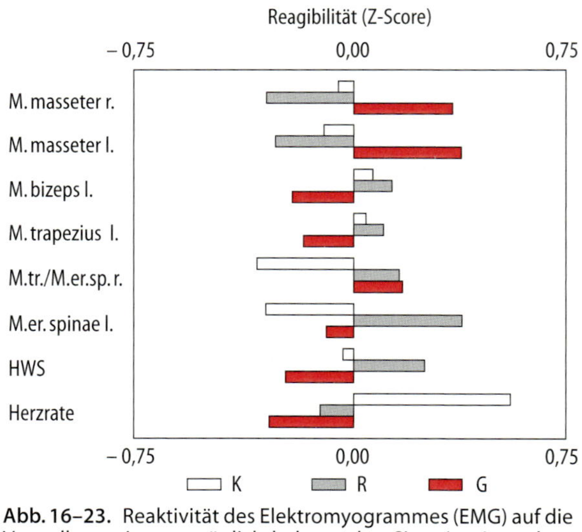

Abb. 16–23. Reaktivität des Elektromyogrammes (EMG) auf die Vorstellung einer persönlich belastenden Situation in mehreren Muskelgruppen bei Gesunden (K), Rückenschmerzpatienten (R) und Patienten mit Gesichtsschmerz (G). Nach *links* ist Abfall der Reagibilität und nach *rechts* Anstieg aufgetragen. Von *oben* nach *unten* sind die verschiedenen Muskeln aufgetragen, die beiden unteren Maße beziehen sich auf Hautwiderstand (HWS) und Herzrate. Man erkennt, daß Gesichtsschmerzpatienten primär im Musculus masseter und Rückenschmerzpatienten primär im Musculus erector spinae reagieren. Bei Normalpersonen zeigt sich die Reagibilität primär im kardiovaskulären System Abkürzungen: M., Muskel; l., links; r., rechts; er. sp., erector spinae; tr., trapezius; HWS, Hautwiderstand.

Muskelspannung *nur* im Gesicht (M. masseter) reagieren. Bei allgemeinen Streßreizen zeigen sich keine Unterschiede in den Spannungsniveaus. Die erhöhte Spannung in den betroffenen Muskelgruppen klingt bei Patienten und Risikopersonen langsamer ab. Dadurch kommt es zu längerem Bestehenbleiben der Verkrampfung mit lokalen Entzündungsprozessen und der zusätzlichen Aktivierung früher stummer Nozizeptoren (s. S. 351). Der lokale Schmerz führt zu weiterer reflektorischer Anspannung, was wieder die Nozizeption erhöht usw. Es kommt zu einem *Circulus vitiosus zwischen Muskelspannung und Schmerz.*

Patienten mit akuten Schmerzen und *Personen mit einem Risiko,* chronische Schmerzen zu entwickeln, sind objektiv *mehr* Belastungen in ihrem täglichen Leben ausgesetzt. Daher ist bei diesen Personengruppen die Wahrscheinlichkeit zur Entwicklung chronischer Schmerzen erhöht.

Wahrnehmung der Muskelspannung. Der beschriebene Circulus vitiosus zwischen Schmerz und Spannung wird dadurch unauflösbar, daß Schmerzpatienten Muskelspannungen schlechter wahrnehmen als gesunde Vergleichsgruppen und dadurch keine kompensatorischen Korrekturreaktionen (Bewältigung) in solchen persönlichen Belastungssituationen und danach ausführen können. Sie merken die lokalen pathologischen Erregungsniveaus ihres physiologischen Systems nicht und können daher ein einmal erworbenes Fehlverhalten nicht wieder verlernen.

Menschen mit chronischen Schmerzen oder einem Risiko hierfür lernen rascher schmerzhafte Muskelverspannungen und behalten negative Gefühlszustände und Schmerzen länger im Gedächtnis (Schmerzgedächtnis)

Klassische Konditionierung von Reaktionsstereotypien. Abb. 16–24 zeigt den Verlauf der mit dem EMG (Elektromyogramm) gemessenen Muskelanspannung auf einen völlig neutralen Reiz (Gesichtsphoto, konditionaler Reiz, CS), wenn dieser wenige Sekunden später von einem schmerzhaften elektrischen Reiz (unkonditionierter Reiz, US) gefolgt wird (s. Kap. 24 bezüglich der Lerngesetze). Dabei erkennt man, daß Schmerzpatienten eine Muskelverkrampfung auf den CS schneller lernen (*linker* Teil der Abb.) und langsamer verlernen (*rechter* Teil der Abb.): In den Extinktionsbedingungen, wo der CS ohne den US dargeboten wird, behalten die Schmerzpatienten eine erhöhte Spannung bei!

Aber nicht nur auf physiologischer Ebene lernen Schmerzpatienten rascher Schmerz, auch auf psychologischer Ebene lernen sie durch instrumentelles Lernen (Belohnungslernen, s. Kap. 24) rascher und länger anhaltend Schmerz zu empfinden. Dies gilt auch für die oben erwähnten Risikogruppen, die erst auf dem Weg zur Chronifizierung sind [35]. Wenn man z. B. einen Schmerzreiz identischer Stärke wiederholt darbietet und die Patienten bittet, diesen subjektiv einzuschätzen und eine Gruppe für Überschätzen und die andere für Unterschätzen belohnt, so entwickelt die Überschätzungsgruppe zunehmend subjektiv erlebten Schmerz, während die Unterschätzungsgruppe diesen abbaut (trotz gleicher Reizstärke). Die Patienten behalten die Überschätzung und den Schmerz auch dann bei, wenn sie nicht mehr belohnt werden. Aber nicht nur das, in ihrem Gehirn bildet sich der objektiv völlig gleiche Schmerzreiz unterschiedlich ab: Abb. 16–25 zeigt die evozierten Schmerzpotentiale, wenn die Patienten für erhöhtes Schmerzempfinden belohnt wurden: ihre hirnphysiologische Reaktion ist deutlicher ausgeprägt. Dies zeigt eindrücklich, wie subjektive und neurophysiologische Ebene interagieren: ein physikalisch völlig gleicher Schmerzreiz wird durch Lernen subjektiv verstärkt, und in der Folge ändert sich auch das neurophysiologische Substrat in die Richtung des psychologischen Geschehens. Dies als *psychogenen Schmerz* zu bezeichnen, wäre irreführend.

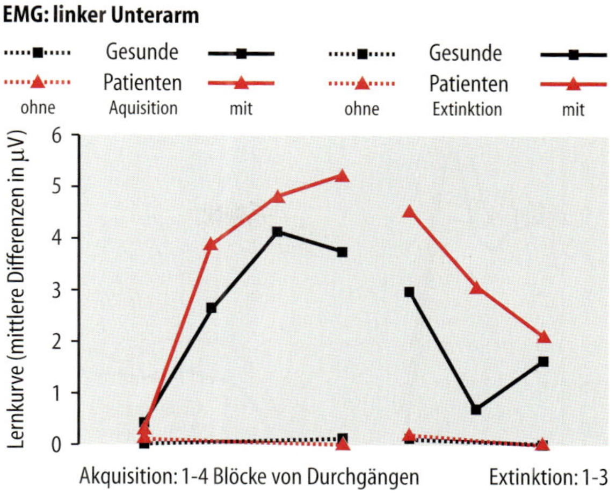

Abb. 16–24. Klassische Konditionierung der Muskelspannung bei Patienten mit chronischen Rückenschmerzen und gesunden Kontrollpersonen. Gestrichelt sind die Ausgangswerte der Muskelspannung der beiden Gruppen aufgetragen. Die obere Kurve kennzeichnet den Anstieg der Muskelspannung während der Lerndurchgänge der Patientengruppe, darunter die Normalpersonen. Auf einen neutralen Reiz *(Gesichtsphoto CS)* folgte ein unangenehmer elektrischer Reiz *(US)*. Hier ist die Muskelspannung zwischen CS und US aufgetragen. Der rechte Kurvenabschnitt kennzeichnet die Extinktion, in der der konditionale Reiz (CS) allein wiederholt dargeboten wurde. Man erkennt, daß Schmerzpatienten beschleunigt einen Anstieg der Muskelspannung in höhere Intensitätsbereiche lernen und sehr viel langsamer diese Reaktion wieder verlernen

Schmerzgedächtnis. Menschen, die chronische Rücken-, Gesichts- oder Kopfschmerzen entwickeln, besitzen ein ausgeprägteres Gedächtnis sowohl für Schmerzreize selbst als auch für kognitiv-emotional schmerzhafte Gedächtnisinhalte. Obwohl Schmerzempfindungen selbst meist *implizit,* d. h. nicht bewußt behalten werden (s. Kap. 24), prägen sich die Situationen und Umstände und damit zusammenhängende se-

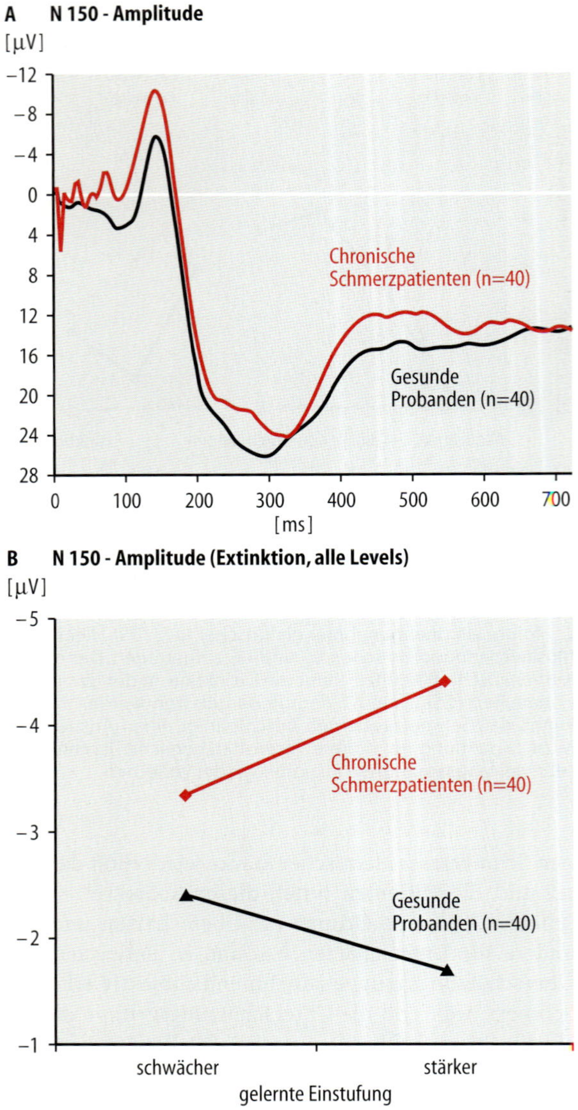

Abb. 16–25. **A** Schmerzevoziertes Hirnpotential bei Gesunden und Patienten mit chronischen Schmerzen (gemittelt über je 40 Personen). Man erkennt bereits um 150 ms einen Anstieg der Negativierung, generell ist das Potential bis zu 500 ms stärker negativ, was auf eine erhöhte kortikale Erregung hinweist. **B** Höhe des in A abgebildeten evozierten Potentials auf Schmerzreize gleichbleibender Intensität, nachdem die Personen gelernt hatten, den Schmerzreiz als stärker oder schwächer einzustufen. Man erkennt, daß bei Schmerzpatienten, im Gegensatz zu gesunden Personen, nach Verstärkung erhöhter Schmerzeinstufungen auch die kortikale Reaktion erhöht ist

mantische Bedingungen (z.B. Worte) besser ein und können vor allem bei Vorhandensein einer negativen Stimmung leichter erinnert werden (Gefühls-Gedächtnis-Effekt oder state-dependent learning, s. Kap. 24 und 27). Dies spricht dafür, daß die kortikalen Strukturen, die für Behalten von negativen Gedächtnisinhalten generell verantwortlich sind, wie auch die spezifischen für das Behalten von Schmerz zuständigen somatosensorischen Strukturen ***sensibilisiert*** und *plastischer* sind als bei Gesunden [32].

Auch die schmerzhemmenden endokrinen Prozesse unterliegen den Lerngesetzen und können bei Schmerzpatienten erschöpft sein

Wie wir in Kap. 4 und 6 gesehen haben, werden sowohl hormonelle wie immunologische Reaktionen durch Lernen beeinflußt. Dasselbe gilt für jene endokrinen Systeme, die wesentlich für die Schmerzhemmung verantwortlich sind: endogene Opiate (s. S. 357), die auf allen Ebenen des schmerzverarbeitenden Systems von den Nozizeptoren bis zum Thalamus zu finden sind, können durch Lernprozesse sowohl verstärkt wie auch abgeschwächt werden, was dann natürlich kurz- oder langfristige Konsequenzen für die Schmerzwahrnehmung hat. Eindrucksvolles Beispiel für dauerhafte Störung des schmerzhemmenden Systems ist die ***gelernte Hilflosigkeit*** und Depression, die wir in Kap. 4, 6 und 26 besprechen.

Die kurzfristige Schmerzhemmung nach starken Belastungen und psychischem Schock nennen wir ***Streß-Analgesie.*** Sie ist auf einen raschen Anstieg der Ausschüttung von endogenen Opiaten aus der Hypophyse (s. Kap. 5 und 6) zurückzuführen. Naloxon, das die Rezeptoren für Endorphine blockiert, hebt die Streßanalgesie auf. Dieser Effekt kann auch klassisch konditioniert (s. Kap. 24) werden. Experimentell wurde dies dadurch bewiesen, daß man Personen unter psychische Belastung in einer bestimmten räumlichen Umgebung setzte und danach eine reduzierte Schmerzempfindlichkeit fand (z.B. sind die Schmerzschwellen für elektrische Reize erhöht). Dies wird ***unkonditionierte Streß-Analgesie*** genannt. Bringt man dieselben Personen später wieder in die Umgebung (z.B. Raum, in dem Prüfung stattfand), so zeigen sie auch ohne Belastung die Unempfindlichkeit in dieser Situation (***konditionierte Streß-Analgesie***). Erhalten die Personen Naloxon, so tritt der Effekt nicht auf, was zeigt, daß sowohl konditionierte wie unkonditionierte Streß-Analgesie von den endogenen Opiat-Systemen (s. Kap. 25, 26) abhängt [32].

Instrumentelles Lernen (Belohnungs- und Bestrafungslernen) spielt bei der Chronifizierung von Schmerzen häufig eine wichtige Rolle

Operante Verstärkung von Schmerz. Neben den eben besprochenen Mechanismen klassischer Konditionierung, die vor allem für Lernen im Muskelsystem (Schmerz-Spannungs-Zyklus, s. o.) verantwortlich sind, wird die Chronifizierung von Schmerz, vor allem auf subjektiv-kognitiver, wie zentralnervöser Ebene primär durch *instrumentell-operantes Lernen* beeinflußt. Dabei sind sowohl ***positive Verstärkung von Schmerzverhalten*** (z.B. durch Zuwendung) wie auch ***negative Verstärkung*** in Form von Schonhaltungen, Vermeiden von belastenden Situationen und Gedanken und in Form von reflektorischen Verspannungen für ***Bestehenbleiben*** eines ursprünglich vielleicht biologisch sinnvollen, später aber pathophysiologisch vollkommen nutzlosen Schmerzzustandes verantwortlich. Aus Unkenntnis der beteiligten Lernmechanismen wird dabei besonders gerne von psychogenem Schmerz gesprochen. Dies ist in diesen Fällen begrifflich und wissenschaftlich insofern besonders problematisch, als klassische und instrumentelle Konditionierung in der Regel *implizit* (s. Kap. 14), ohne Mitwirkung des Bewußtseins ablaufen, also streng genommen gar keine psychogenen, d. h. hier bewußt-kontrollierbare Prozesse ablaufen, man solche aber dem Patienten und seiner Umgebung unterschiebt (z. B. in Form von Diagnosen wie: Der (Die) Patient(in) drückt einen Konflikt aus oder Der (Die) Patient(in) *möchte* die ungeliebte Arbeit vermeiden etc.) [31].

Positive Verstärkung von Schmerz. Abb. 16–26 zeigt ein Beispiel für die Wirkung von kontingenter (d.h. zeitlich unmittelbarer) Zuwendung innerhalb der Familie auf die Schmerzschwellen von Rückenschmerzpatienten. Patienten mit Partnern, die sich bei Schmerzäußerungen systematisch dem Schmerzpatienten positiv zuwenden, weisen in Gegenwart des Partners eine deutliche Senkung der Schmerzschwelle auf (d.h. sie werden schmerzempfindlicher); Patienten, die eher muskelverspannungsbedingte Schmerzen haben, zeigen diesen Effekt nicht.

Eine der wichtigsten Ursachen von Chronifizierung stellt vermutlich unser *medizinisches Versorgungssystem* selbst dar: Zuwendung von Seiten des medizinischen Personals, der Ärzte, diagnostische Maßnahmen, vergebliche Therapieversuche und vor allem Analgetika (s. u.) stellen eine kontinuierliche Quelle positiver

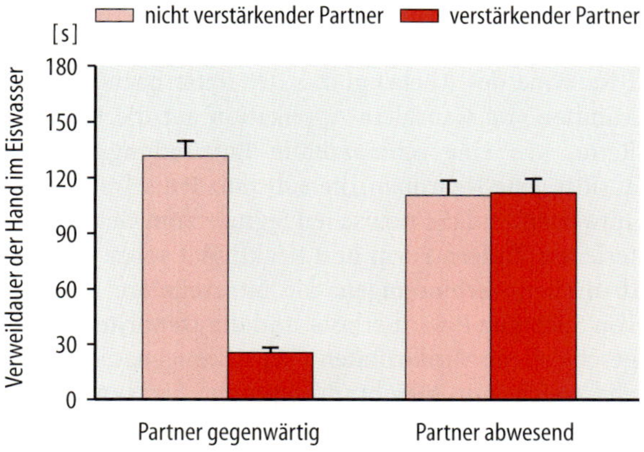

Abb. 16–26. Schmerzschwellen im Kaltwassertest, gemittelt über 16 Schmerzpatienten, bei denen der Partner schmerzverstärkend wirkt *(rot)* u. Patienten, bei denen sich der Partner neutral verhält. Die Messungen wurden einmal in Gegenwart der Partner (*linkes* Säulenpaar) und einmal in deren Abwesenheit durchgeführt *(rechts)*. Auf der *Ordinate* abgetragen die Zeit in Sekunden, in der die Patienten ihre Hand in Eiswasser halten können, bevor eine deutliche Schmerzempfindung auftritt. Man erkennt das dramatische Absinken der Schmerzschwelle in Gegenwart eines verstärkenden Partners. Nach [33]

Verstärkung des Schmerzverhaltens dar und fördern bei bereits chronifizierten Schmerzen ohne klare pathophysiologische Grundlage deren Bestehenbleiben (iatrogene Schmerzen). Der beste Indikator für den voraussichtlich weiterhin negativen Verlauf einer Schmerzkrankheit stellt die Anzahl der bisherigen Arztbesuche und die Anzahl bisheriger Behandlungsbemühungen dar [5].

Wie auf Abb. 16–25 zu sehen ist, hat kontingente positive Verstärkung von Schmerzverhalten nicht nur Einfluß auf die subjektive Schmerzwahrnehmung oder -äußerung, sondern *auch* auf die neurophysiologische Repräsentation des Schmerzes im Gehirn. Den selben Effekt wie auf Abb. 16–25 findet man bei Schmerzpatienten mit schmerzverstärkendem Partner.

Negative Verstärkung von Schmerz. Die unmittelbar auf Schmerzempfinden folgende ***Einnahme von Analgetika*** führt zwar bei akuten und pathophysiologisch klar begründeten Schmerzen zu deren Hemmung, bei vielen chronischen Schmerzzuständen aber zu deren Verstärkung: Die Reduktion des Schmerzes durch die Medikamenteneinnahme verstärkt die Wiedereinnahme und den vorausgegangenen Schmerz. (In der psychologisch-operanten Therapie solcher Schmerzen wird deshalb ein Schmerzcocktail mit nach Zeitplänen erfolgender Einnahme und Plazebo-Medikamenten verabreicht, s. S. 369).

Wie wir auf S. 361 gesehen haben, kann die klassische Konditionierung von anhaltender Muskelspannung zur Chronifizierung von Schmerzen beitragen. Eine *kurzzeitige* reflektorische Anspannung der Muskeln ist aber eine gesunde und natürliche Abwehrreaktion auf einen akuten Schmerzreiz. Solche kurzen Verspannungen senken die subjektive Intensität des Schmerzes über die Aktivierung hemmender, schnell leitender propriozeptiver Nervenfasern bereits auf Rückenmarksniveau. Personen, die ein Risiko für Schmerzentwicklung und chronische Schmerzen haben, weisen diese Schmerzbewältigungsstrategie so deutlich auf, daß sie sich auch im Kortex niederschlägt. Er wird vermutlich deshalb besonders häufig eingesetzt und bewirkt damit das Gegenteil seines natürlichen Zweckes: Die hirnelektrischen Potentiale auf Schmerzreize (s. Kap. 21) sind bei Schmerzpatienten nicht nur insgesamt und generell vergrößert, sondern sie vergrößern sich besonders, wenn die Muskeln *entspannt* werden, was natürlich Bestrafung der Entspannung durch folgenden Anstieg des subjektiv und zentralnervös empfundenen Schmerzes bedeutet (Abb. 16–27). Dies trägt dann zu der klassisch konditionierten Erhöhung der Muskelspannung bei, indem zunehmend seltener eine Entkrampfung der betroffenen Muskeln eingeleitet wird.

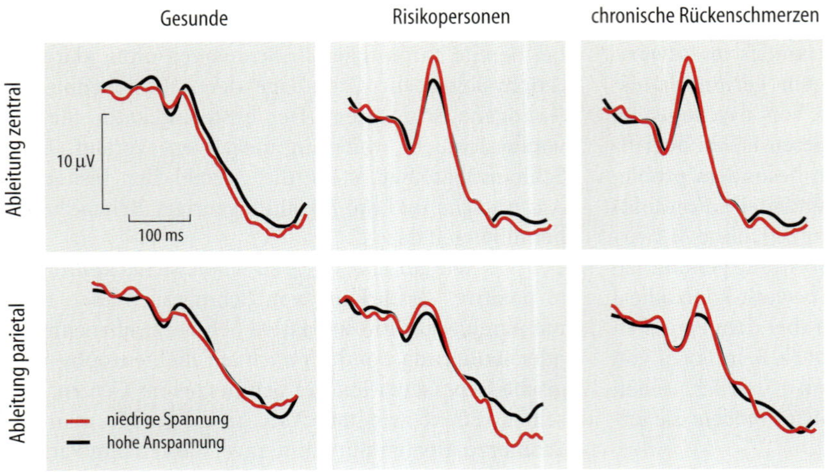

Abb. 16–27. Schmerzevozierte Hirnpotentiale von 20 gesunden Kontrollpersonen, 20 Personen mit einem erhöhten Risiko (7 Jahre Schmerzen) und Rückenschmerzpatienten (18 Jahre Schmerzen), nachdem sie gelernt hatten, auf einen Schmerzreiz mit einem Abfall der Muskelspannung (*rote* Kurven) oder einem Anstieg der Muskelspannung (*schwarze* Kurven) zu reagieren. Man erkennt ein generell erhöhtes Hirnpotential bei Risikopersonen und Schmerzpatienten und darüber hinaus eine verstärkte kortikale Reaktion unter Entspannungsbedingungen

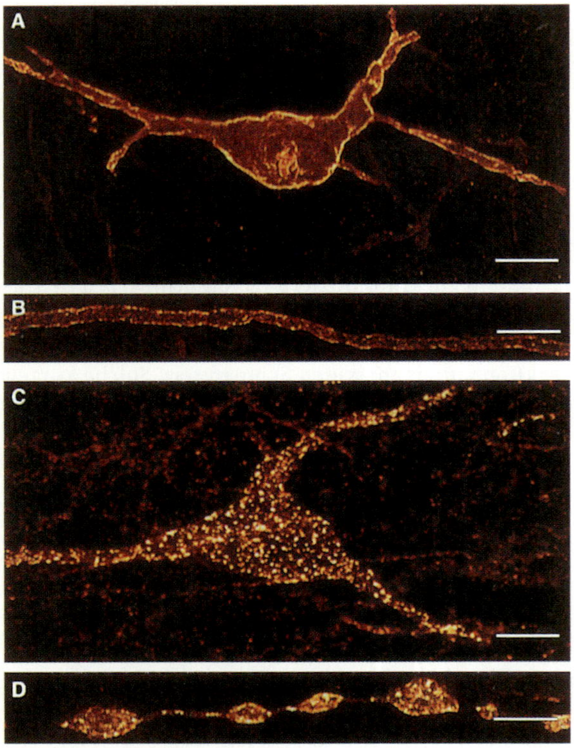

Abb. 16–28. Morphologische Änderungen im Soma und in den Dendriten von Nervenzellen des Rückenmarks mit nozizeptivem afferenten Zustrom nach Applikation von Capsaicin (Wirksubstanz des Paprika) auf die Haut des zugehörigen Dermatoms (zur Auslösung eines Entzündungsschmerzes) **A** Nervenzelle in Lamina I des Hinterhorns vor Capsaicinapplikation; **B** ein zugehöriger Dendrit. **C** Veränderung des Zellsomas nach Capsaicinapplikation. Die Substanz P-haltigen Zellbestandteile sind hier und in den anderen Teilabbildungen *goldgelb* gefärbt; **D** ein zugehöriger Dendrit. Modifiziert nach [46] mit freundlicher Genehmigung

16.10 Schmerzgedächtnis und Gehirn

Vom Rückenmark bis zum Kortex weist das Schmerzsystem plastische neuronale Verbindungen und Synapsen auf

Alle in Kapitel 24 beschriebenen neurophysiologischen und neurochemischen Prozesse, die Lernen und Gedächtnis zugrunde liegen, können auch auf das Schmerzsystem angewandt werden, wir besprechen sie daher hier nicht gesondert. Intensive Schmerzreize können aber bereits *nach Minuten* zu anhaltenden strukturell-anatomischen und neurophysiologischen Veränderungen führen, welche Weiterleitung und Verarbeitung von Schmerzreizen intensivieren. Abbildung 16–28 zeigt die Zellkörper und Dendriten der Lamina I-Neurone des Rückenmarks der Ratte nach wenigen Minuten von Capsaicin-Applikation auf die Haut der Ratte, was eine schmerzhafte Entzündungsreaktion auslöst. Jene Neuronen, die Substanz P als Transmitter aufweisen und die noxischen Signale zum Gehirn weiterleiten, ändern Form und Reaktivität sowie die dendritischen Verbindungen: die intrazelluläre Aktivität von Substanz P wird erhöht und die Dendriten bilden geschwollene Varikositäten (Verdickungen, die besonders reich mit Membranrezeptoren für synaptische Überträgerstoffe besetzt sind).

Neben den deutlichen morphologischen Veränderungen der Dendriten (vgl. in Abb. 16–28 den Dendrit in B mit dem in D), kommt es nach der Freisetzung der Substanz P und ihrer Interaktion mit ihren Membranrezeptoren (diese werden ***NK-1-Rezeptoren*** genannt) zu einer Verlagerung der NK-1-Rezeptoren aus der Plasmamembran in das Zellinnere. Dieser Vorgang wird als ***Rezeptor-Endozytose*** bezeichnet. Auch dies ist im Vergleich von A, B mit C, D in der Abbildung deutlich zu sehen. Innerhalb etwa 1 Stunde kehren die NK-1-Rezeptoren aus dem Zytosol in die Plasmamembran zurück. Beide Vorgänge, die Formveränderung und die Rezeptor-Endozytose sind wahrscheinlich an den Prozessen der neuronalen Plastizität beteiligt.

Im Kortex fand man zusätzlich, daß vormals stille synaptische Verbindungen durch intensive Schmerzreize aktiv werden und ihre Aktivität in oft weit entfernte Zellanhäufungen senden, die dann selbst wieder, ähnlich einem Schneeballeffekt ihre Aktivität dauerhaft erhöhen. Der Mechanismus der assoziativen ***posttetanischen Potenzierung (PTP),*** wie er in Kap. 24 beschrieben ist, wird dafür ebenso verantwortlich gemacht wie kollaterales, Aktivitäts-abhängiges *Aussprossen von Synapsen* (s. Kap. 24) in benachbarte Hirnregionen.

Die elektrischen und magnetischen Antworten des Kortex auf Schmerzreize sind bei chronischen Schmerzen bereits sehr früh, vor deren bewußter Wahrnehmung erhöht

Abb. 16–29 A zeigt eine magnetoenzephalographisch registrierte Schmerzantwort (s. Kap. 21) eines gesunden Menschen und B die eines Schmerzpatienten. In C sind die beiden Gruppen einander gegenüber gestellt, wenn sie einmal am Schmerzort (dem Rücken), das andere Mal am Finger gereizt werden. Die magnetischen Felder sind am somatosensorischen Kortex bereits 70–80 ms nach Reizdarbietung, also lange vor deren Bewußtwerdung (erst ab 180–250 ms), erhöht, wenn sie am Schmerzort dargeboten werden (spezifische Antwort). Später, also nach 150 ms, sind sowohl elektrische Potentiale wie auch magnetische Felder über weiten Teilen des Kortex bei Schmerzpatienten erhöht (*unspezifische Antwort*) [32]. Dies zeigt, daß im somatosensorischen kortikalen Empfangssystem die Zellensembles, die für die Schmerzverarbeitung und -speicherung zuständig sind, verstärkt auf Berührungsreize reagieren. Der durch C-Fasern in den Kortex geleitete Schmerz kann zu einem so frühen Zeitpunkt noch gar nicht im Großhirn angekommen sein. Da Empfangsneuronen am Kortex sowohl aus C-Fasern wie auch Aβ- und Aδ-Fasern Information erhalten, verwundert diese generelle Erhöhung der Erregbarkeit nicht. Sie erklärt uns auch, warum Schmerzpatienten kaum einen bewußten Einfluß und Kontrolle auf ihr verstärktes Schmerzemp-

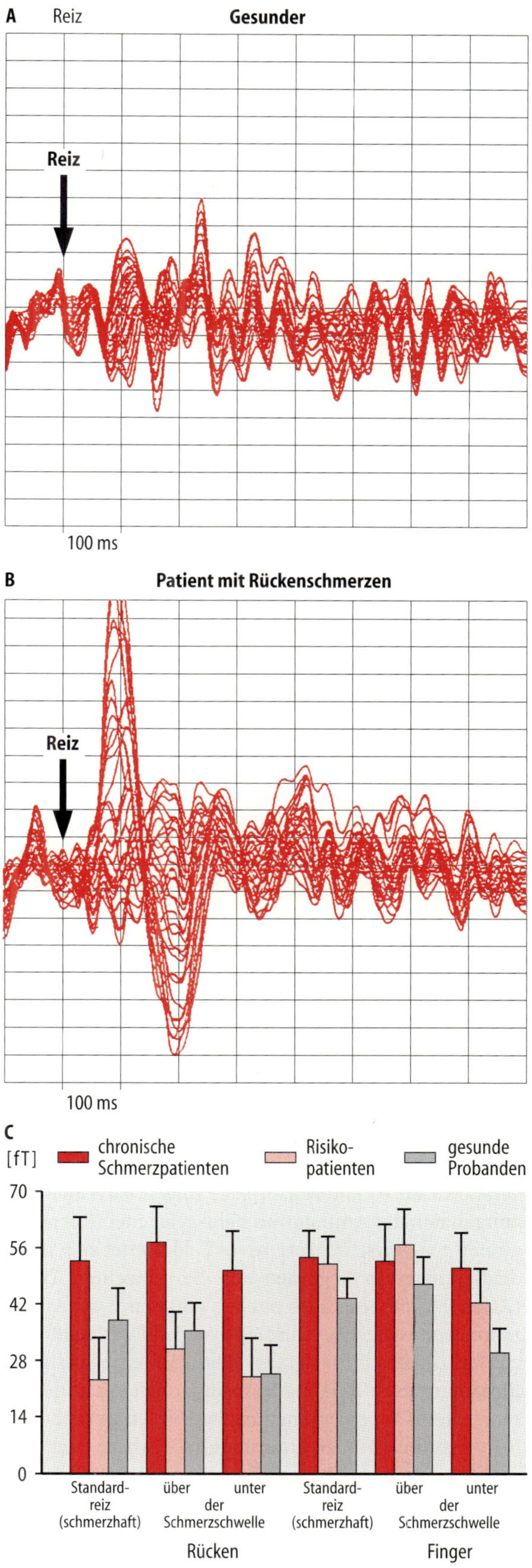

Abb. 16–29. Magnetisch evozierte Felder auf Schmerzreize bei einer Normalperson (**A**) und einem Patienten mit chronischen Schmerzen (**B**). Man erkennt sehr viel stärkere und ausgedehntere Felder bei dem Schmerzpatienten. Jede Linie stellt eine Antwort auf einen Reiz dar. **C** Stärke der gemittelten magnetischen Felder (in femto-Tesla, fT) nach Reizung des Rückens (Schmerzort) und eines Fingers bei 12 Schmerzpatienten und 12 gesunden Kontrollen. Man erkennt eine stärkere Antwort des Kortex nach Reizung am Schmerzort. Modifiziert nach [32]

finden haben, da so frühe Verarbeitungsprozesse (um 100 ms) der kontrollierten Aufmerksamkeit und Steuerung nicht zugänglich sind (Kap. 22). Vermutlich ist eine gelernte kortikale (oder auch subkortikale) Reorganisation des Gehirns als das neurophysiologische Substrat des Schmerzgedächtnisses anzusehen. Bei Deafferenzierungsschmerz (z. B. nach Amputation) konnte dies bereits nachgewiesen werden; ob es auch für andere chronische Schmerzen gilt, wird sich zeigen.

Phantomschmerzen nach Amputation sind auf kortikale Reorganisation zurückzuführen

Reorganisation des sensorischen Systems. Als Modellsystem für die Bildung eines Schmerzgedächtnisses kann man den Phantomschmerz ansehen. Phantomschmerzen treten bei Arm- oder Handamputierten, die vor oder während der Amputation Schmerzen hatten, in 40–70 % der Fälle im amputierten Glied auf (je nach Ursache der Amputation), bei Beinamputierten und brustamputierten Frauen etwas seltener, da diese Körperregionen weniger groß am Kortex repräsentiert sind (s. sensorischer Homunkulus). Auch bei hoch Querschnittsgelähmten, bei denen keinerlei nozizeptiver Einstrom ins Gehirn erfolgt, kommen Phantomschmerzen vor [39]. Phantomschmerzen treten häufig unmittelbar nach der Amputation auf und können über ein ganzes Leben quälend stabil bleiben. Chordotomie (s. S. 359) beseitigt sie nicht, was wie die Querschnittsgelähmten zeigt, daß sie nicht auf periphere Veränderung der Nozizeption rückführbar sein können. Peripher-nozizeptive Reizung (Kälte, Hitze, Verspannung durch Streß) kann aber Phantomschmerzen auslösen und verstärken, was auch erklärt, warum Lokalanästhesie des Stumpfes bei vielen Patienten *kurzfristig* den Schmerz lindern oder unterbrechen kann.

Rasche Reorganisation nach Amputation. Im Tierversuch zeigt sich bereits Stunden nach Amputation eines Fingers, daß die Zellen im somatosensorischen Kortex, die der Fingerregion benachbart und in ihr liegen, verstärkt auf somatosensorische und nozizeptive Reizung in den der Amputation nahe gelegenen Körperregionen reagieren. Ihr rezeptives Feld breitet sich in die deafferenzierten Regionen aus. Bei einzelnen Tieren (Affen) konnte aber auch noch 12 Jahre nach der Amputation weit entfernt vom rezeptiven Feld des deafferenzierten Gliedes in parietalen Regionen eine verstärkte Entladung nach Reizung in ipsilateralen, nicht deafferenzierten Körperregionen nachgewiesen werden [48]. Näht man zwei Finger zusammen, so wachsen nach kurzer Zeit (Tagen) die rezeptiven kortikalen Felder der beiden Finger zusammen und Reizung eines (ehemaligen) Fingers löst in beiden rezeptiven Feldern dieselbe Antwort der Neuronen aus (***Syndaktilie***).

Abb. 16–30 zeigt die kortikale Reorganisation bei einem Armamputierten mit starken Phantomschmerzen. Dabei wurde die kortikale Quelle magnetischer Felder (MEG, s. Kap. 21) nach taktiler Reizung des ipsilateralen und kontralateralen Lippenbereiches und des Daumens der intakten Hand verglichen. Die Dipole (Quellen) der Aktivität nach Lippenreizung (am sensorischen kortikalen Homunkulus dem Daumen benachbart, s. Kap. 24) ipsilateral der Amputation finden sich dort, wo kontralateral der Daumen liegt (durch Pfeil symbolisiert). Das Lippenareal ist – symbolisch gesprochen – in das Daumenareal hineingewachsen. Häufig berichten die Patienten auch Empfindungen und Schmerzen im Phantomglied bei Reizung im Stumpf-, Schulter- und Gesichtsbereich (Remapping oder Neukartierung). Abb. 16–31 zeigt bei 13 Armamputierten das Ausmaß des Phantomschmerzes und die Größe dieser kortikalen Reorganisation (gemessen in Millimetern) zwischen dem Ort am somatosensorischen Kortex, wo die Lippe liegen sollte und wo sie sich aktuell befindet. Man erkennt klar die Enge des Zusammenhanges. Daraus kann man schließen, daß kortikale Reorganisation durch Aktivierung deafferenzierter Hirnregionen im Kortex eine Grundlage des Schmerzgedächtnisses sein könnte.

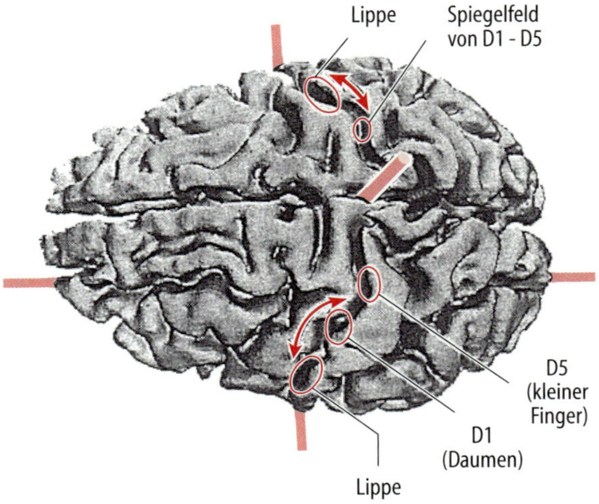

Abb. 16–30. Das mit Hilfe der Magnetresonanztomographie aufgenommene Gehirn eines Patienten mit chronischen Phantomschmerzen. *Links* vorne, *rechts* hinten. Die Kreise kennzeichnen jeweils die mit dem Magnetoencephalogramm gemessenen Repräsentationen des jeweiligen Körperteils. *Oben* die Hemisphäre kontralateral zum amputierten Arm, *unten* die Hemisphäre kontralateral zum intakten Arm. Bei Reizung der Lippe auf Seite des amputierten (deafferenzierten) Armes zeigt sich eine zusätzliche Aktivierung im Areal der amputierten Region (Hand), d. h. die Lippen-Gesichtsrepräsentation ist in die deafferenzierte, „leere" Region „eingewandert". Das Ausmaß dieser Einwanderung („Invasion") ist exakt proportional den Phantomschmerzen.
Unten ist die Hemisphäre kontralateral zum intakten Arm mit der üblichen Anordnung des sensomotorischen Homunculus abgebildet: Lippe und Gesicht inferior und darüber die Hand mit dem Daumen und dann die übrigen Finger. Oben die „amputierte" Hemisphäre mit der von der intakten Hemisphäre gespiegelten Handregion und der in diese hineingewachsenen Lippenregion (durch Pfeil symbolisiert). (Aus [43] mit freundlicher Genehmigung)

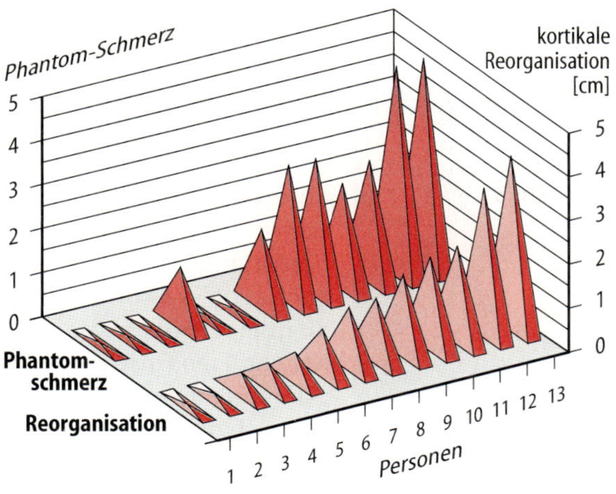

Abb. 16–31. Zusammenhang zwischen Phantomschmerz, gemessen mit einem speziellen Fragebogen und dem Ausmaß der kortikalen Reorganisation. Jedes Dreieck repräsentiert einen Patienten, auf der *Ordinate* das Ausmaß des Phantomschmerzes *(hintere Dreiecke)*. *Vordere Dreiecke* Ausmaß der Reorganisation, gemessen in cm. Aus [38] mit freundlicher Genehmigung

Motorische Reorganisation nach Amputation oder Lähmungen. Der Ausfall eines Gliedes oder einer Körperseite (nach Schlaganfällen) bedeutet natürlich auch, daß propriozeptiver afferenter Einstrom aus Muskeln und Sehnen ausbleibt (s. Kap. 13), was auch zur schmerzsteigernden Reorganisation beitragen könnte, da schmerzhemmender Einstrom aus myelinisierten Aβ-Fasern fehlt. Die Beseitigung von Motorik führt parallel zur sensorischen Reorganisation zu motorischer Reorganisation der sensomotorischen Hirnareale: Mit nichtinvasiver ***transkranieller Magnetstimulation*** (s. Kap. 21) der motorischen Rinde kann man die Erregbarkeit der einzelnen Rindenareale und der zugehörigen α-Motoneurone im Rückenmark prüfen. Dabei findet sich nach Amputation durchgängig in und um das deafferenzierte Hirnareal für die Hand oder das Bein eine deutlich erhöhte Erregbarkeit. Dasselbe findet man nach Querschnittslähmungen, wobei in diesen Rindenarealen auch Tast- und Berührungsempfindungen auslösbar sind, was zeigt, daß es sich um eine zentrale Reorganisation handelt [39].

Durch instrumentelles Konditionieren (Biofeedback) von schmerzevozierten Hirnpotentialen wird die Schmerzempfindung direkt beeinflußt

Abbildung 16–15 auf S. 350 zeigt die durch zunehmend intensive elektrische Reize am Finger ausgelösten hirnelektrischen Potentiale (ereigniskorrelierte Potentiale, EKP, s. Kap. 21). Daneben sind jeweils die subjektiv erlebten Schmerzintensitäten der Versuchspersonen aufgetragen. Wie man klar erkennt, besteht eine lineare Beziehung zwischen subjektiv erlebtem Schmerz und den negativ-positiven Potentialkomponenten von 150–240 ms. Durch Analgetika und Anästhesie oder Ablenkung wird diese Potentialkomponente entsprechend verkleinert.

Mit den EKP kann man also eine objektive Psychophysik des Schmerzerlebens begründen: wenn man die Höhe der schmerzevozierten Potentiale direkt durch Lernen beeinflußt, so ändert sich als Folge auch das subjektive Erleben, unabhängig von der objektiven Stärke des Reizes. Dies wird so realisiert, daß die Versuchspersonen oder Patienten auf einem Computerbildschirm nach jedem Schmerzreiz ihr eigenes Hirnpotential in leicht faßbarer Form beobachten können.

Eine typische Versuchsanordnung dafür ist in Kap. 13, S. 278 u. Abb. 16–32 beschrieben. Die Aufgabe ist, auf ein bestimmtes Signal hin das Potential zu erhöhen oder zu erniedrigen. Gelingt dies, so wird sofort danach vom Computer z. B. mit Punkten belohnt. Eine solche Versuchsanordnung nennt man Biofeedback (biologische Rückmeldung), bei der eine sonst nicht wahrnehmbare Körperfunktion wahrnehmbar und damit willentlich kontrollierbar gemacht wird. Bereits nach 1–2 Stunden Training können gesunde Personen ihr eigenes Hirnpotential willentlich erhöhen oder erniedrigen. Dabei zeigt sich, daß bei unveränderter objektiv-physikalischer Intensität des Schmerzreizes dieser als stärker empfunden wird, wenn die Personen gelernt hatten, das Schmerzpotential zu erhöhen und als weniger unangenehm, wenn sie gelernt hatten, das EKP zu erniedrigen.

Diese Befunde belegen nachdrücklich, daß durch Lernprozesse das physiologische Substrat eines Verhaltens oder kognitiven Prozesses *direkt* beeinflußt werden kann. Direkt bedeutet, daß nicht die kognitiv-subjektive Ebene oder das motorische Verhalten durch die Lernsituation verändert werden, sondern die physiologische Ebene (z. B. das EKP) und als Folge davon sich in gesetzmäßiger Art und Weise auch Verhalten

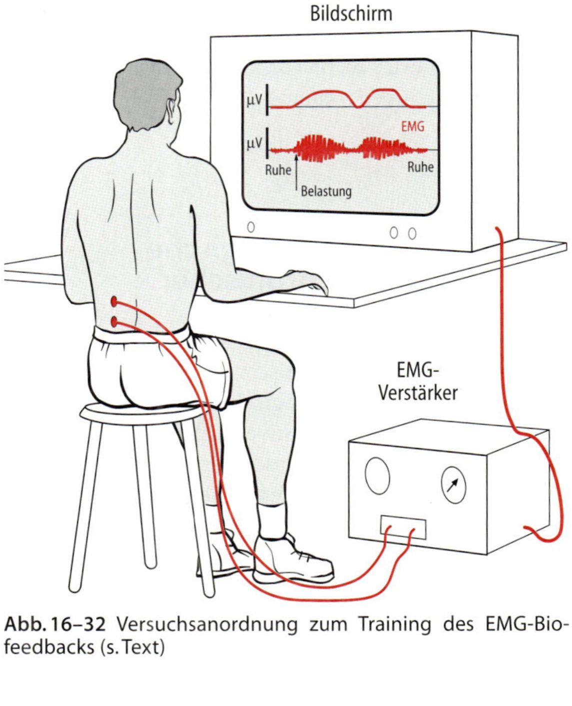

Abb. 16–32 Versuchsanordnung zum Training des EMG-Biofeedbacks (s. Text)

BOX 16–1

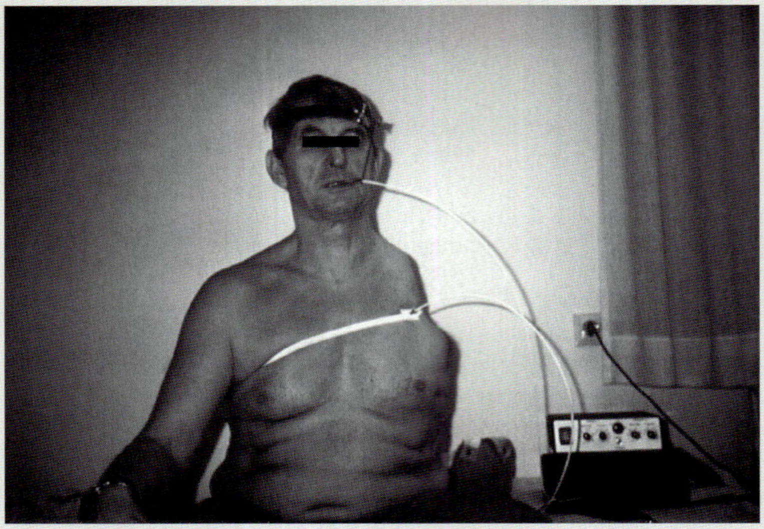

Asynchrone taktile Reizung zur Behandlung von Phantomschmerzen
Chronische Phantomschmerzen nach Amputationen sind auf eine Reorganisation des Kortex, bedingt durch exzessiven nozizeptiven Einstrom vor, während oder unmittelbar nach der Amputation, zurückzuführen, wie dies auf S. 366, Abb. 16–30 und 16–31, beschrieben wurde. Dabei verbindet sich die kortikale Repräsentation des deafferenzierten Gliedes (z. B. Hand, Arm) mit den am somatosensorischen Homunculus benachbarten Repräsentationen von Schulter und Gesicht. Um diese pathologische assoziative Verbindung wieder zu lösen, werden Stumpfregion und Lippe zeitlich versetzt asynchron taktil jeden Tag 3 Stunden über Wochen viele tausend Mal gereizt (s. Abb.). Damit erhält das Gehirn die Information: „Arm-Hand und Gesicht gehören nicht zusammen." Nach Wochen bildet sich im somatosensorischen Kortex die auf Abb. 16–30 gezeigte Reorganisation und die Schmerzen zurück. Dies ist eine der vielen Anwendungen der Hebb-Regel assoziativen Lernens, die wir in Kap. 24 beschreiben.

Legende Abb.: Anordnung zur asynchronen taktilen Stimulation von Stumpf und Lippe zur Behandlung von Phantomschmerzen.

Literatur: Huse, E., Preissl, M., Birbaumer, N. (2001) Phantom limb pain. The Lancet 358: 1015–1016

und Erleben ändern. Damit wird auch deutlich, wie Lernprozesse in die Entstehung chronischer Schmerzen direkt eingreifen können, unabhängig von einer vorhandenen oder nicht-vorhandenen Pathophysiologie des nozizeptiven Systems.

16.11 Psychophysiologische Therapie chronischer Schmerzen

Da die Ursachen für chronische Schmerzen unabhängig von den pathophysiologischen Veränderungen zu mehr als 60 % von kognitiven und lernpsychologischen Mechanismen verursacht sind, müßte bei den meisten Schmerzkrankheiten eine ***psychophysiologische Diagnostik*** und Therapie erfolgen. Dabei werden die physiologischen und psychologischen Ursachen des Schmerzes als Einheit behandelt und ihre Abhängigkeit von Lernprozessen, meist sozialer Natur, analysiert. Diesen diagnostischen Prozeß, in dem alle drei auf S. 360 beschriebenen Verhaltensebenen quantitativ erfaßt werden, nennt man ***Verhaltensanalyse.*** Aus der Verhaltensanalyse folgen direkt individuelle Behandlungsstrategien, je nach den psychologischen und physiologischen Ursachen der Schmerzzustände. Die wichtigsten Behandlungsverfahren, in denen Prinzipien der biologischen Psychologie zur Anwendung kommen, wollen wir kurz anführen (s. auch [31]). Psychophysiologische Behandlungsmethoden beseitigen in der Regel die Ursachen der Schmerzkrankheit und stellen nicht nur eine Strategie zur besseren psychischen Bewältigung der Schmerzen dar, wie häufig geglaubt wird. Daß mit einer Beseitigung oder Reduktion des Schmerzleidens auch eine bessere psychosoziale Bewältigung einhergeht, ist ein wünschenswerter Nebeneffekt psychologischer Behandlungen.

Biologische Rückmeldung der Muskelspannung und Durchblutung sind eine wirksame Behandlungsmaßnahme bei chronischen Rücken-, Kopf- und Gesichtsschmerzen muskulärer oder vaskulärer Genese

EMG-Biofeedback. Bei den in Kap. 16.9 beschriebenen Schmerzzuständen wird der Circulus vitiosus aus Schmerz und Anspannung klassisch und instrumentell erlernt. Die Wahrnehmung der schmerzverursachenden pathophysiologischen Prozesse ist in einem spezifischen Körpersystem gestört. Bei Rückenschmerzen die Rückenmuskulatur, bei Spannungskopfschmerzen die Hals-, Nacken- und Schultermuskulatur, bei Gesichtsschmerzen die Gesichtsmuskulatur, bei Migräne die Kopf- und Hirndurchblutung.

Abbildung 16–32 gibt eine typische Therapiesituation zur Beseitigung erhöhter Rückenverspannung in persönlichen Belastungssituationen wieder. Der(die) Patient(in) sitzt vor einem Bildschirm, auf dem er(sie) in leicht faßlicher Form die elektromyographisch am befallenen Rückenmuskel gemessene elektrische Aktivierung (EMG) beobachten kann. Gleichzeitig erhält er(sie) die in der Verhaltensanalyse bestimmten persönlichen Belastungssituationen entweder in der Vorstellung, in Video-Film oder im Rollenspiel oder in Realität dargeboten. Er(sie) beobachtet die ersten Anzeichen von erhöhter Muskelaktivität am Bildschirm und hat die Aufgabe, diese sofort auf das Ruhe-Ausgangsniveau zurückzuführen. Dies wird viele Male wiederholt, bis der(die) Patient(in) sehr schnell, fast reflektorisch, das Anwachsen der Erregung der spezifischen Muskulatur *in Gegenwart der auslösenden Situation* wahrnimmt und verhindert. Danach werden dieselben Bedingungen ohne Rückmeldung und Computer so lange erneut wiederholt, bis diese gelernte Extinktion (s. Kap. 24) auch in der sozialen Wirklichkeit des(der) Patienten/in gelingt. Durch diese Behandlung werden 60 % der genannten Schmerzpatienten schmerzfrei, suchen weniger häufig den Arzt auf und reduzieren oder eliminieren die Analgetika [35].

Temperatur- und Durchblutungsbiofeedback. Vor allem bei vaskulär bedingten Kopfschmerzen (Migräne) hat sich die Rückmeldung der Durchblutung einer Kopfarterie (z. B. A. temporalis) als sehr nützlich erwiesen. Bei der Migräne kommt es vor dem Anfall in der Regel zu einer Unterdurchblutung großer Arterien und während des Schmerzanfalles zu einer verstärkten Durchblutung. Durch psychophysiologische Registrierung der Durchflußgeschwindigkeit mit der sogenannten Doppler-Sonographie oder der Durchblutung mit einem Infrarotlicht-Aufnehmer (Infra-Rot-Plethysmographie) kann man dem(der) Patienten(in) die Gefäßweite und Durchblutung rückmelden. Extreme Erweiterungen oder Kontraktionen der Gefäße muß der(die) Patient(in) lernen, rechtzeitig mit einer Gegenreaktion zu beantworten. Auch die Rückmeldung der Handtemperatur über einen einfachen, auf die Haut geklebten Temperatursensor hat sich bei der Migräne als nützlich erwiesen. Dabei lernt man allerdings in den Migräne-freien Intervallen die Hauttemperatur zu erhöhen, um ein Anwachsen der sympathischen Konstriktion zu verhindern.

Mit operanter Schmerzbehandlung werden die verstärkenden Einflüsse auf das Schmerzverhalten beseitigt und schmerzhemmendes Verhalten aufgebaut; kognitive Therapien versuchen, die Schmerzbewältigung zu verbessern

Operante Schmerztherapie. Wenn in der Verhaltensanalyse festgestellt wurde, daß der Schmerzzustand primär durch seine unmittelbaren Konsequenzen erzeugt und aufrecht erhalten wird, so müssen diese Konsequenzen entfernt und positive Konsequenzen für mit Schmerz unvereinbarem Verhalten eingeführt werden. Für dieses Ziel kommen, je nach individueller Entstehungsgeschichte und Biographie unterschiedliche Strategien in Frage:

- Relevante Bezugspersonen lernen, sich bei Schmerzäußerungen nicht mehr zuzuwenden, sondern nur schmerzfreie Phasen oder schmerzinkompatible Verhaltensweisen zu verstärken
- Schonhaltungen werden durch ein ***Aktivitätstraining*** ersetzt, das nicht benutzte Muskelgruppen aktiviert und überanspruchte ausschaltet (learned non-use, s. S. 263)
- Schmerzkontingente Medikamenteneinnahme wird durch den Schmerzcocktail (s. S. 363) ersetzt
- Arztbesuche werden auf Notmaßnahmen begrenzt
- Durch ein ***Training sozialer Fertigkeiten*** werden Verhaltensweisen und Gefühlsausdruck geübt, die im sozialen Umfeld zu einer Zunahme positiver sozialer Verstärkungen führen
- Kontrakt-Management schreibt durch Verträge ansteigende motorische und soziale Aktivitäten des(r) Patienten(in) und seiner Bezugspersonen vor.

Operantes Training ist das erfolgreichste Verfahren zur Beseitigung chronischer Schmerzen, bei denen instrumentelles Lernen die zentrale Rolle spielt. Da es aber zu schwierigen Umstellungen des gesamten sozialen Lebens eines(r) Patienten(in) führt und einen hohen Arbeitsaufwand von Seiten des Therapeuten verlangt, wird es selten angewandt.

Kognitive Bewältigungstherapien. Die sogenannten kognitiven Therapien, zu denen man auch die ***Hypnose*** zählen kann, gehen davon aus, daß manche Schmerzzustände durch fehlende oder fehlangepaßte kognitive Bewältigungsversuche entstehen und versuchen daher die gedankliche und sprachliche Bewältigung durch folgende Übungen zu verbessern:

- Muskuläre und mentale Entspannung bei Schmerzen
- Katastrophisierende Gedanken durch positive zu ersetzen
- Ablenkung durch positive körperbezogene Vorstellungen in einer anderen Sinnesmodalität
- Wiederholte Paarung der schmerzauslösenden Situationen oder Gedanken mit Entspannung
- Autosuggestion von schmerzunvereinbaren Vorstellungen
- Streßbewältigung durch wiederholte Vorstellung der Belastungssituationen

Diese kognitiven Therapien haben sich als weniger wirksam als Biofeedback und operantes Training erwiesen und sind – wie auch die übrigen *verbalen Psychotherapieformen* (z. B. Psychoanalyse, Gesprächspsychotherapie, Körpertherapien, Gestalttherapien etc.) – kaum von Plazeboeffekten zu unterscheiden. Trotzdem werden sie auch bei Schmerzleiden am häufigsten angewandt, da sie sowohl von Seiten des(r) Patienten(in) wie auch von Seiten des Therapeuten einen minimalen Arbeits- und Energieaufwand erfordern und genauso oder besser bezahlt werden wie die wirksamen, aber mühsamen operanten und physiologischen Verfahren.

Intrakranielle Hirnreizung stellt bei sonst unbehandelbaren Deafferenzierungs- und Krebsschmerzen eine Alternative dar

Wie wir auf S. 366 dargelegt haben, hängen chronische Phantom- und Deafferenzierungsschmerzen mit kortikaler und vermutlich auch subkortikaler und spinaler Reorganisation zusammen. Eine Beseitigung dieser Reorganisation wäre Voraussetzung für die dauerhafte Beseitigung der Schmerzen. Aus psychophysiologischer Sicht bieten sich dafür folgende Möglichkeiten an:

- Taktile Dauerreizung in Körperregionen, die in die kortikale Repräsentation des deafferenzierten Gliedes projizieren, z. B. an bestimmten Stellen des Stumpfes oder mit transkranieller Elektro-Nerven-Stimulation (TENS) im Rückenmark oder durch transkranielle Magnetstimulation über kortikalen reorganisierten Regionen BOX 16-1
- Inaktivierung der kompensatorisch überbelasteten Glieder durch physische Einschränkung und Notwendigkeit, die deafferenzierten Körperteile verstärkt zu benutzen. Damit soll der negativen Wirkung von gelerntem Nichtbenützen eines deafferenzierten Körperteils entgegengewirkt werden (learned non-use, s. S. 263).
- Intrakranielle elektrische Reizung von stereotaktisch implantierten Elektroden in den somatosensorischen Kernen des Thalamus. Während Reizung tiefer endorphinerger Strukturen wie des periaquäduktalen Graus im Mittelhirn wenig dauerhafte Wirkung zeigen, ist die elektrische Reizung des spezifischen Thalamuskerns (N. ventralis inferioris lateralis) durch den(die) Patienten(in) selbst offensichtlich wirksamer. Die Elektrode wird operativ in die ipsilateral des betroffenen kortikalen Projektionsareals liegenden Kerne implantiert und der(die) Patient(in) stimuliert sich mehrmals täglich für wenige Minuten über einen intrakutan angebrachten Reizgeber. Die so bewirkte Aktivierung der spezifischen, nichtnozizeptiven Thalamuskerne hemmt über Kollateralen die nozizeptiven Kerne und macht vermutlich die kortikale Reorganisation rückgängig.

Alle drei angeführten Maßnahmen befinden sich im experimentellen Stadium, so daß ihre Wirksamkeit bisher nicht abgesichert ist, wie dies bei den übrigen psychophysiologischen Maßnahmen der Fall ist [34].

ZUSAMMENFASSUNG

Die Somatosensorik mit den Modalitäten Oberflächen- und Tiefensensibilität und die Viszerosensorik übermitteln mit Mechano-, Thermo- und Chemosensoren Information aus der Umwelt und dem Körper. Gewebeschädigende oder -bedrohende Reize werden durch Nozizeptoren aufgenommen.

Dem Tastsinn (Mechanorezeption) lassen sich die Qualitäten Berührungssinn, Drucksinn und Vibrationssinn zuordnen. Berührungsempfindungen, die v. a. von mittelschnell adaptierenden Geschwindigkeitsdetektoren, nämlich den Meissner-Körperchen und den Haarfollikelsensoren übermittelt werden, lassen sich schon durch winzige Hauteindellungen auslösen. Das räumliche Auflösungsvermögen ist an den Zungenspitzen, den Lippen und den Fingerkuppen besonders gut.

Druckempfindungen werden v. a. von den langsam adaptierenden Intensitätdetektoren, den Merkel-Zellen (einschließlich der Tastscheiben der behaarten Haut) und den Ruffini-Körperchen vermittelt. Für Vibrationsempfindungen sind die Pacini-Körperchen zuständig, bei denen es sich um sehr schnell adaptierende Beschleunigungsdetektoren handelt. An der Übermittlung der Kitzelempfindung sind wahrscheinlich mechanosensible freie Nervenendigungen mit dünnen afferenten Fasern beteiligt.

Die drei Qualitäten der Tiefensensibilität (Propriozeption) sind Stellungs-, Bewegungs- und Kraftsinn. Als Sensoren der Tiefensensibilität dienen neben Gelenksensoren v. a. die Muskelspindeln und Sehnenorgane. Der Beitrag der Hautmechanosensoren ist gering. Für die Wahrnehmung der Tiefensensibiliät, des Fühlraums und des Körperschemas, sowie für den Aufbau der räumlichen Tastwelt und der Wahrnehmung der Stellung des Körpers im Raum ist die gleichzeitige regelhafte Aktivierung verschiedener Sensorsysteme und die zentrale Integration dieser afferenten Zuflüsse erforderlich.

Bei konstanter Hauttemperatur adaptiert die Temperaturempfindung in der Zone der Indifferenztemperatur vollständig. Darüber kommt es zu dauernden Warm-, darunter zu dauernden Kaltempfindungen. Die während Hauttemperaturänderungen auftretenden Temperaturempfindungen werden v. a. von der Ausgangstemperatur der Haut, der Geschwindigkeit der Temperaturänderung und der Größe des Hautareals, auf das der Reiz einwirkt, bestimmt.

Der Schmerz ist ein unangenehmes Sinnes- und Gefühlserlebnis mit den beiden Qualitäten somatischer und viszeraler Schmerz. Ein weiteres unangenehmes Sinneserlebnis ist das Jucken. Seine Beziehung zu Schmerz ist ambivalent. Nach der Schmerzdauer unterscheidet man akute (mit Warnfunktion) von chronischen Schmerzen, wenn diese länger als 6 Monate bestehen.

Zur Schmerzempfindung und -bewertung tragen sensorische, affektive, kognitive, vegetative und motorische Komponenten bei. Entscheidend für die Schmerzbewertung ist v. a. der Vergleich der aktuellen Schmerzen mit den Schmerzen der Vergangenheit und ihren damaligen Folgen. Beim Menschen lassen sich Schmerzschwelle, Schmerzintensität, Schmerztoleranzschwelle und der Verlauf der Schmerzadaptation messen.

Die Aufnahme noxischer Reize erfolgt durch meist polymodale Nozizeptoren mit dünnen afferenten Nervenfasern. Ihre Schwelle für noxische Reize ist weder einheitlich, noch für einen gegebenen Nozizeptor konstant, er kann sensibilisiert oder desensibilisiert werden. Insbesondere gibt es im gesunden Gewebe besonders hochschwellige („schlafende") Nozizeptoren, die erst nach Gewebsschädigung „aufwachen".

Die feinen Afferenzen der Nozisensoren werden in Rückenmark (Körperbereich) und Hirnstamm (Kopfbereich) auf Neurone geschaltet, die in motorische und vegetative Reflexe eingebunden sind (motorische bzw. vegetative Schmerzkomponente) und auf Neurone, deren Axone zum Thalamus und nach Umschaltung zum Kortex ziehen – eine Voraussetzung für das bewußte Schmerzerlebnis.

Häufige Sonderformen von Schmerzen schließen die projizierten bzw. neuralgischen Schmerzen (die durch pathologische Reizung von nozizeptiven Nervenfasern entstehen) ebenso ein wie die von den Eingeweiden in die Head-Zonen (also die zughörigen Dermatome) übertragenen Schmerzen, die häufig wichtige diagnostische Hinweise geben.

Endogene Opiate und in das Rückenmark deszendierende Bahnen wirken als endogene Schmerzkontrollsysteme, die z. T. auch therapeutisch genutzt werden (z. B. durch die Gabe von Opiaten).

Bei chronischen Schmerzzuständen spielen sowohl in der Entstehung wie bei der Aufrechterhaltung psychologische Faktoren eine wesentliche Rolle und hier vor allem Lern- und Gedächtnisprozesse, so daß man oft von einem Schmerzgedächtnis bei chronifizierten Schmerzen spricht (s. Kap. 24). Vor allem bei Rücken-, Gesichts- und Kopfschmerzen kommt es zu einem klassisch konditionierten Circulus vitiosus aus muskulärer Anspannung und Schmerz, der häufig noch durch soziale Zuwendung und schmerzkontingente Medikamenteneinnahme sowie Schonhaltungen verstärkt wird. Patienten mit chronischen Schmerzen und solche, die ein Risiko dafür aufweisen, zeigen verlangsamte Löschung (Extinktion) von gelernten Muskelverspannungen in den betroffenen Muskelgruppen, nehmen ihre Verspannungen schlechter wahr und behalten diese lokalen Verspannungen auch nach Entfernen der auslösenden persönlichen Belastungssituation bei.

Die peripher-physiologischen Veränderungen bei chronischen Schmerzen spiegeln sich in entsprechenden plastischen zentralnervösen Veränderungen wider (Kortikalisierung von Schmerz). Die evozierten Hirnpotentiale auf Schmerzreize und auch auf taktile Reize sind bereits sehr früh (ab 70 ms) im informationsverarbeitenden System des somatosensorischen Kortex bei chronischen Schmerzen erhöht. Die klassische Konditionierung von Schmerz und Leiden an ursprünglich neutrale Reize ist beschleunigt und deren Extinktion verzögert. Diese Verhaltensänderungen gehen mit erhöhter hirnelektrischer Aktivität auf die ursprünglich neutralen Reize einher, die bei Schmerzpatienten auch länger und tiefer verarbeitet werden.

Nach Deafferenzierung und Amputation kommt es zu kortikaler Reorganisation in den Repräsentationsgebieten der Hirnrinde, die früher das deafferenzierte und amputierte Glied repräsentierten. Diese Hirnregionen reagieren nun auch auf Reize aus benachbarten rezeptiven Hautarealen. Das Ausmaß der Reorganisation geht mit dem Ausmaß an Phantomschmerz parallel.

Psychophysiologische Therapien sind wirksame Maßnahmen gegen chronische Schmerzen, wenn ihnen eine eingehende Verhaltensanalyse und medizinische Diagnose vorausgeht. Als besonders nützlich haben sich Biofeedback des betroffenen Muskel- oder Gefäßsystems und operante Therapien erwiesen.

Intrakranielle elektrische Hirnstimulation in somatosensorischen Thalamuskernen und magnetische oder taktile Dauerreizung stellen einen noch im experimentellen Stadium befindlichen Versuch dar, unerträgliche Deafferenzierungs- und Tumorschmerzen zu bessern.

Literatur

Weiterführende Lehr- und Handbücher

1. Bromm B (ed) (1984) Pain measurement in man. Elsevier, Amsterdam
2. Bromm B, Desmedt J (eds) Pain and the Brain: From Nociception to Cognition. Raven, New York
3. Cervero F, Morrison FB (eds) (1986) Visceral sensation. Elsevier, Amsterdam (Progress in Brain Research, Vol. 67)
4. Foerster O (1927) Die Leitungsbahnen des Schmerzgefühls und die chirurgische Behandlung der Schmerzzustände. Urban & Schwarzenberg, Berlin
5. Fordyce WE (1976) Behavioral methods for chronic pain and illness. Mosby, St. Louis
6. Gatchel R, Blanchard E (eds) (1993) Psychophysiological disorders. American Psychological Association, Washington DC
7. Hökfelt T, Schaible H-G, Schmidt RF (eds) (1994) Neuropeptides, nociception and pain. Chapman and Hall, Weinheim
8. Hölzl R, Whitehead WE (eds) (1983) Psychophysiology of the Gastrointestinal Tract. Plenum Press, New York
9. Jänig W, Schmidt RF (eds) (1992) Reflex sympathetic dystrophy. Pathophysiological mechanisms and clinical implications. VCH, Weinheim
10. Lewis T (1942) Pain. Macmillan, London. Nachdruck 1981
11. Melzack R, WALL PD (1983) The challenge of pain. Basic Books, New York
12. Merskey MRH, Bogduk N (eds) (1994) Classification of chronic pain. International Association for the Study of Pain, Seattle
13. Miltner W, Birbaumer N, Gerber W-D (1986) Verhaltensmedizin. Springer, Berlin Heidelberg New York Tokyo
14. Olesen J, Schmidt RF (eds) (1993) Pathophysiological mechanisms of migraine. VCH, Weinheim
15. Olesen J, Tfelt-Hansen P, Welch KMA (eds) (1993) The headaches. Raven, New York
16. Poeck K (2001) Neurologie, 11. Aufl. Springer, Berlin Heidelberg New York Tokyo
17. Schmidt RF (Hrsg) (1985) Grundriß der Sinnesphysiologie. 5. Aufl. Springer, Berlin Heidelberg New York Tokyo
18. Schmidt RF, Schaible H-G (Hrsg) (2001) Neuro- und Sinnesphysiologie. 4. Aufl. Springer, Berlin Heidelberg New York Tokyo
19. Schmidt RF, Hierholzer K (Hrsg) (1991) Pathophysiologie des Menschen. edition medizin VCH, Weinheim
20. Schmidt RF, Thews G, Lang F (Hrsg) (2000) Physiologie des Menschen. 28. Aufl. Springer, Berlin Heidelberg New York Tokyo
21. Sternbach RA (1983) Schmerzpatienten. Krankheitsursachen und Behandlung. Verlag für Medizin, Heidelberg
22. Urban L (ed) (1994) Cellular mechanisms of sensory processing. The somatosensory system. Springer, Berlin Heidelberg New York Tokyo
23. Wall PD, Melzack R (eds) (1999) Textbook of pain. 4th edn. Churchill Livingstone, Edinburgh
24. Willis WD (1985) The pain system. Karger, Basel
25. Willis WD (ed) (1991) Hyperalgesia and allodynia. Raven, New York
26. Willis WD, Coggeshall RE (1991) Sensory mechansims of the spinal cord, 2nd edn. Plenum, New York
27. Wörz R (Hrsg) (2001) Differenzierte medikamentöse Schmerztherapie, 2. Aufl. Urban & Fischer, Stuttgart

28. Zenz M, Jurna I (Hrsg) (2001) Lehrbuch der Schmerztherapie. Grundlagen, Theorie und Praxis für Aus- und Weiterbildung. 2. Aufl. Wissenschaftliche Verlagsgesellschaft, Stuttgart
29. Zimmermann M, Handwerker HO (Hrsg) (1984) Schmerz. Konzepte und ärztliches Handeln. Springer, Berlin Heidelberg New York Tokyo
30. Zotterman Y (ed) (1976) Sensory Functions of the Skin in Primates. Pergamon Press, Oxford

Einzel- und Übersichtsarbeiten

31. Birbaumer N (1984) Psychologische Analyse und Behandlung von Schmerzzuständen. In: [29]
32. Birbaumer N, Flor H, Lutzenberger W, Elbert T (1995) The corticalization of chronic pain. In: [2]
33. Breitenstein C, Flor H, Birbaumer N (1994) Interaktionsverhalten chronischer Schmerzpatienten und ihrer Partner. Zeitschrift für Klinische Psychologie 23:105–116
34. Duncan GH, Bushnell MC, Marchand S (1991) Deep brain stimulation: a review of basic research and clinical studies. Pain 45:49–59
35. Flor H, Birbaumer N (1993) Comparison of the efficacy of EMG biofeedback, cognitive behavior therapy, and conservative medical interventions in the treatment of chronic musculoskeletal pain. Journal of Consulting & Clinical Psychology 61,4:653–658
36. Flor H, Birbaumer N, Turk DC (1990) The psychobiology of chronic pain. Advances in Behaviour Research and Therapy 12:47–84
37. Flor H, Elbert T, Knecht S, Wienbruch C, Pantev C, Birbaumer N, Larbig W, Taub E (1995) Phantom-limb pain as a perceptual correlate of cortical reorganization following arm amputation. Nature 375:482–484
38. Flor H, Birbaumer N (2000) Phantom limb pain: cortical plasticity and novel therapeutic approaches. Current Opinion in Anaesthesiology 13:561–564
39. Fuhr P, Cohen L, Dang N, Findley T, Haghighi S, Oro J, Hallett M (1992) Physiological analysis of motor reorganization following lower limb amputation. Electroenc Clin Neurophysiol 85:53–60
40. Handwerker HO (1999) Einführung in die Pathophysiologie des Schmerzes. Springer, Berlin Heidelberg
41. Handwerker H, Kobal G (1993) Psychophysiology of experimentally induced pain. Physiol Rev 73:639–671
42. Hildebrandt J, Kalluza G, Pfingsten M (1987) Rückenschmerzen. In: Basler (Hrsg) Psychologische Schmerztherapie. Fischer, Berlin
43. Kaas JH (1991) Plasticity of sensory and motor maps in adult mammals. Annu Rev Neurosci 14:137
44. Kenshalo DR JR, Willis WD JR (1991) The role of the cerebral cortex in pain sensation. In: Peters A (ed) Cerebral cortex, vol. 9. Plenum Corporation, New York, pp 153–212
45. Krainick U, Schmidt RF (1991) Nozizeption und Schmerz. In: [19]
46. Mantyh P, Demaster E, Malhotra A, Ghilardi J, Rogers S, Mantyh C, Lin H, Basbaum A, Vigna S, Maggro J, Simone D (1995) Receptor endocytosis and dendrite reshaping in spinal neurons after somatosensory stimulation. Science 268:1629–1632
47. Matthews PBC (1983) Where does Sherrington's „muscular sense" originate? Muscles, joints, corollary discharges? Annu Rev Physiol 5:189–218
48. Mense S (1993) Nociception from skeletal muscle in relation to clinical muscle pain. Pain 54:241–289
49. Neugebauer V, Lücke T, Schaible H-G (1993) N-Methyl-D-Aspartate (NMDA) and non-NMDA receptor antagonists block the hyperexcitability of dorsal horn neurons during development of acute arthritis in rats knee joint. J Neurophysiol 70:1365–1377
50. Sathian K (1989) Tactile sensing of surface features. Trends Neurosci 12:513
51. Schaible H-G, Grubb BD (1993) Afferent and spinal mechanisms of joint pain. Pain 55:5–54
52. Schmidt RF (1987) Bauchschmerzen aus physiologischer Sicht. In: Thomalske, G. (ed): Bauchschmerz. edition medizin VCH, Weinheim, pp. 1–38
53. Treede R-D, Meyer RA, Raja SN, Campbell JN (1992) Peripheral and central mechanisms of cutaneous hyperalgesia. Prog Neurobiol 38:397–421
54. Vallbo AB, Johannson RS (1984) Properties of cutaneous mechanoreceptors in the human hand related to touch sensation. Human Neurobiol 3:2

17 Das visuelle System

EINLEITUNG

In diesem und dem folgenden Kapitel wollen wir uns mit dem Sehen und dem Hören vertraut machen, die als die wichtigsten Sinnesmodalitäten des Menschen angesehen werden. So schrieb 1818 der Jenaer Philosoph und Physiker J. F. Fries (1773–1843) in seinem Handbuch der psychischen Anthropologie über das Sehen: „Für die Kenntnis der Natur ist der Mensch ein Zögling des Auges. Nur das Sehen führt uns über die Oberfläche der Erde hinaus zu den Gestirnen, und auch auf der Erde führt dieser Sinn uns die meisten Anschauungen aus den größten Entfernungen mit der größten Leichtigkeit der Auffassung zu. . . . Der Sehende faßt das ganze Leben der Natur um sich her durch Licht und Farbe, das Auge ist unser Weltsinn." Sehen und Hören haben viele Gemeinsamkeiten: Sie besitzen zum Beispiel beide raffiniert aufgebaute Sinnesorgane, Auge und Ohr, die auf eng umgrenzte physikalische Ereignisse in der Umwelt reagieren, die Licht- und die Schallwellen. Diese Reize können wir dank der hohen Empfindlichkeit von Auge und Ohr schon in sehr geringer Intensität und damit auch aus großer Entfernung wahrnehmen. Auge und Ohr sind also Fernsinne, die uns über weit von unserem Körper ablaufende Ereignisse informieren, also unseren Horizont beträchtlich erweitern. Was aber die funktionelle Arbeitsweise dieser Sinnesorgane und der ihnen zugehörigen zentralen Strukturen anbelangt, so gelten auch für sie die allgemeinen Gesetzmäßigkeiten der Sinnesphysiologie, die im Kapitel 15 definiert und erläutert wurden.

17.1 Psychophysiologie des photopischen und skotopischen Sehens

In der Mitte des binokularen Gesichtsfelds überlappen sich die beiden monokularen Gesichtsfelder; durch Bewegen der Augen erweitert sich das Gesichtsfeld zum Blickfeld; die monokularen Gesichtsfelder können mit Hilfe der Perimetrie ausgemessen werden

Gesichtsfelder. Bedeckt man mit der Hand ein Auge und sieht man mit dem anderen Auge einen Punkt im Raum fest an, so erscheint dieser *fixierte Punkt* scharf und etwa im Mittelpunkt eines gleichzeitig wahrgenommenen Ausschnittes aus unserer Umwelt, den wir das *einäugige* oder *monokulare Gesichtsfeld* nennen. Fixieren wir den selben Punkt anschließend mit beiden Augen, so erweitert sich unser Gesichtsfeld auf der Seite des zusätzlich geöffneten Auges. Das *zweiäugige* oder *binokulare Gesichtsfeld* ist also deutlich größer als das monokulare. Es ist aber nicht doppelt so groß, weil sich die beiden monokularen Gesichtsfelder in der Mitte zu einem *erheblichen Teil überlappen.* Dieses *binokulare Deckfeld* hat große Bedeutung für das dreidimensionale räumliche Sehen (s. S. 378).

Blickfeld. Durch Bewegen der Augen können wir das Gesichtsfeld nach beiden Seiten um maximal etwa 60°, sowie nach oben und unten um etwa je 40° verschieben. Bei unbewegtem Kopf ist also unser *Blickfeld* in horizontaler Richtung insgesamt um 120°, in vertikaler Richtung um etwa 80° größer als das Gesichtsfeld. Jede darüber hinausgehende Verschiebung des Gesichtsfeldes muß durch Kopf- oder Körperbewegungen erfolgen.

Perimetrie. Die exakte augenärztliche Ausmessung des Gesichtsfeldes jedes Auges wird *Perimetrie* genannt. Dazu werden in einer *Perimeterapparatur* (Abb. 17–1 A) weiße oder farbige Leuchtpunkte von außerhalb des Gesichtsfeldes zum fixierten Punkt hin bewegt, und der Patient oder Proband gibt ein Zeichen, sobald er den Punkt sieht. Dabei zeigt sich, daß das Gesichtsfeld für weiße Leuchtpunkte größer ist als für farbige. Wir sind also *an den Rändern des Gesichtsfelds farbenblind* (Abb. 17–1 B).

Skotom. Der Verlust der visuellen Empfindung in einem Teil des Gesichtsfeldes wird *Gesichtsfeldausfall* oder *Skotom* genannt. Aus Ort und Umfang des Skotoms und seinem ein- oder beiderseitigen Auftreten können meist schon recht genaue Schlüsse über den Sitz der Schädigung gezogen werden. Im Gesichtsfeld jedes Auges gibt es ein *physiologisches Skotom,* den ***blinden Fleck.*** Er liegt dort, wo der Sehnerv die Netzhaut verläßt (vergl. Abb. 17–12). Der Leser kann seinen blinden Fleck an Hand der Abb. 17–1 selbst feststellen. Dieser blinde Fleck wird im Alltag nicht bemerkt, da das zentrale Sehsystem aus dem Gesamtmuster der jeweiligen optischen Eindrücke eine ***Wahrnehmungsergänzung*** für die blinden Flecke beider Augen durchführt.

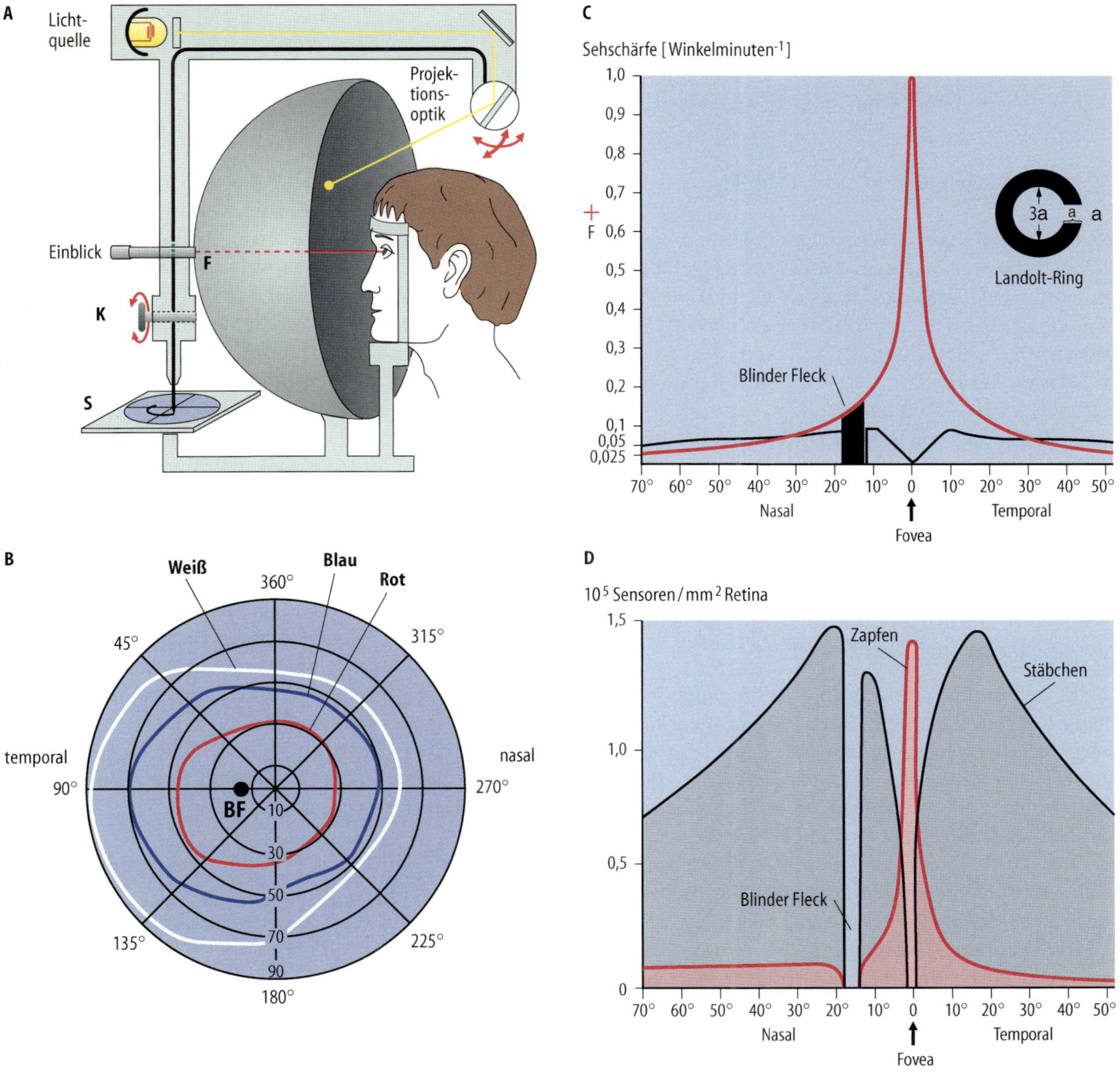

Abb. 17–1. Gesichtsfeldmessung mit dem Perimeter und Bestimmung der Sehschärfe im Gesichtsfeld bei photopischem und skotopischem Sehen. **A** Perimeterapparatur, schematisiert. Die Messung des Gesichtsfelds wird monokular durchgeführt. **B** zeigt das Resultat einer Bestimmung der normalen Gesichtsfeldgrenzen mit weißen, blauen und roten Lichtpunkten. *BF:* blinder Fleck. Der Fixationspunkt der Perimeterapparatur entspricht dem Mittelpunkt der Kreise, die den Abstand der Prüfmarken vom Fixationspunkt in Winkelgraden angeben. Moderne Perimeterapparaturen sind teilautomatisiert und an Digitalrechner angeschlossen. **C** Die *rote* Kurve gibt die Verteilung der Sehschärfe bei Tageslicht (photopisches Sehen) wieder, die *schwarze* zeigt die Sehschärfe beim Dämmerungssehen (skotopisches Sehen). Als Einsatzfigur ist ein *Landolt-Ring* zu sehen, wie er zur Bestimmung der Sehschärfe eingesetzt wird. An dieser Figur kann der Beobachter den blinden Fleck feststellen, wenn er aus etwa 25 cm Entfernung das *Kreuz F* am linken Bildrand mit dem rechten Auge monokular fixiert. Der *Landolt-Ring* fällt dann auf den blinden Fleck und wird nicht mehr gesehen. **D** Verteilung der *Zapfen* und *Stäbchen* an verschiedenen Stellen der Netzhaut (schematisch). Offensichtlich ist die Verteilung der Sehschärfe weitgehend eine Folge der Anordnung der Photosensoren. (Nach Grüsser u. Grüsser-Cornehls in [22])

Bei Tageslicht stimmen Fixationspunkt und Stelle des schärfsten Sehens überein; die Messung der Sehschärfe erfolgt mit Sehprobentafeln und wird als Visus ausgedrückt

Wenn man monokular oder binokular einen Gegenstand fixiert und darauf achtet, wie deutlich man andere Gegenstände im Gesichtsfeld erkennt, bemerkt man, daß die *Deutlichkeit* mit der Entfernung der Gegenstände vom Fixationspunkt immer weiter abnimmt und wir die Gegenstände am Rande nur schemenhaft erkennen. Wollen wir diese deutlich erkennen, so müssen wir dorthin blicken, also unseren Fixationspunkt ändern. *Fixationspunkt und Stelle des schärfsten Sehens im Gesichtsfeld* stimmen also überein – jedenfalls beim Sehen mit mittlerer und starker Beleuchtung.

Die Sehschärfe für die Stelle des schärfsten Sehens wird mit *Leseprobetafeln* geprüft und als ***Visus*** bezeichnet. Die physiologische Definition des Visus *V* erfolgt meist mit Hilfe der ***Landolt-Ringe*** (Einsatzfigur in Abb. 17–1) als

$$V = 1/\alpha \text{ (Winkelminuten}^{-1}\text{)},$$

wobei α die Lücke in Winkelminuten ist, die von der Versuchsperson in einem ***Landolt-Ring*** gerade noch erkannt wird. Der Visus ist also 1, wenn α = 1 Winkelminute ist. Diese Sehschärfe hat die Mehrheit der normalsichtigen Bevölkerung [14]. Von der Stelle des schärfsten Sehens fällt der Visus zum Rande des Gesichtsfeldes steil ab (schwarze Kurve in Abb. 17–1), genau wie wir dies von unserer subjektiven Erfahrung zu erwarten hatten.

Photopisches Sehen bei Tageslicht wird durch die Zapfen, skotopisches Sehen in der Dämmerung wird durch die Stäbchen vermittelt; nur das photopische Sehen ist farbig und fixationsscharf

Beim Lesen einer Zeitung in zunehmender Dämmerung fällt auf, daß zunächst das Kleingedruckte nicht mehr gelesen werden kann. Offensichtlich ist die *Sehschärfe von den Beleuchtungsbedingungen abhängig* und nimmt mit abnehmender Helligkeit rasch ab. Schließlich ist überhaupt keine Lektüre mehr möglich, auch wenn der Mond am Himmel steht. Farben lassen sich jetzt auch nicht mehr erkennen: Das Farbensehen des Tages ***(photopisches Sehen)*** hat dem Schwarz-Weiß-Sehen der Dämmerung ***(skotopisches Sehen),*** also einer *funktionellen Farbenblindheit,* Platz gemacht (nachts sind alle Katzen grau).

Photopisches und skotopisches Sehen werden über zwei verschiedene Sensortypen der Netzhaut vermittelt, nämlich die *Zapfen* und die *Stäbchen* (Einzelheiten dazu s. ab S. 390). Diese sind in unterschiedlicher Dichte auf der Netzhaut verteilt (Abb. 17–1B). An der Stelle des schärfsten Sehens, der ***Fovea centralis*** (s. Abb. 17–12) finden sich nur Zapfen, von dort zum Rande der Netzhaut mischen sich Zapfen mit Stäbchen, am Rande der Netzhaut selbst gibt es fast nur noch Stäbchen. Aus dieser Verteilung der Sensoren ergibt sich auch die unterschiedliche Verteilung der Sehschärfe beim photopischen (schwarze Kurve in Abb. 17–1A) und skotopischen Sehen (rote Kurve): dort wo das Maximum des photopischen Sehens ist (Fovea centralis) hat das skotopische Sehen einen (weiteren) blinden Fleck. Diesen können Sie sich in einer sternklaren Nacht sehr leicht verdeutlichen, in dem Sie versuchen, einzelne, sehr lichtschwache Sterne zu fixieren: der Stern verschwindet mit jeder Fixation, taucht jedoch sofort wieder auf, wenn Sie einen Fixationsort etwas neben dem Stern wählen.

Die Lichtempfindlichkeit der Stäbchen und Zapfen der Netzhaut paßt sich über Adaptationsprozesse an die Helligkeit der Umgebung an; diese Hell- und Dunkeladaptationen können auch zu Nachbildern führen

Dunkeladaptation. Wenn Sie aus einem sehr hellen in einen nur schwach erleuchteten Raum treten, nehmen Sie zunächst kaum etwas wahr. Erst allmählich paßt sich Ihr Auge an die verringerte Helligkeit an, die Sehschärfe nimmt wieder zu, und Sie können einzelne Gegenstände mindestens in Umrissen erkennen. Offensichtlich waren die Sensoren der Netzhaut durch die Lichtfülle des hellen Raumes so stark in ihrer Empfindlichkeit vermindert worden, daß sie längere Zeit benötigen, um ihre maximale Empfindlichkeit zurückzugewinnen. Der *Zeitverlauf dieser Dunkeladaptation* kann experimentell leicht bestimmt werden (Abb. 17–2, s. auch Abb. 15–12, S. 319). Die ***Dunkeladaptationskurve*** zeigt, daß die größte Empfindlichkeit des Auges erst nach einem Dunkelaufenthalt von über 30 min erreicht wird. Die Adaptation der Zapfen setzt dabei rasch ein und erreicht alsbald ihr Maximum, während die der Stäbchen später einsetzt und länger andauert, aber dafür zu einer wesentlich höheren Lichtempfindlichkeit führt: Wie der Ordinate in Abb. 17–2 zu entnehmen ist, sind die voll adaptierten Stäbchen mehr als tausendmal so empfindlich wie die Zapfen.

Nachtblindheit (Hemeralopie). Der Sehfarbstoff der Stäbchen benötigt zu seiner Synthese ***Vitamin A*** (s. S. 390). Wird dieses nicht in ausreichender Menge mit der Nahrung aufgenommen, kommt es zu einer stark eingeschränkten Dunkeladaptation. Auch angeborene Formen solcher *Nachtblindheit* oder *Hemeralopie* sind bekannt. Berufe, die ein normales Dämmerungssehen erfordern, können von diesen Personen nicht ausgeübt werden.

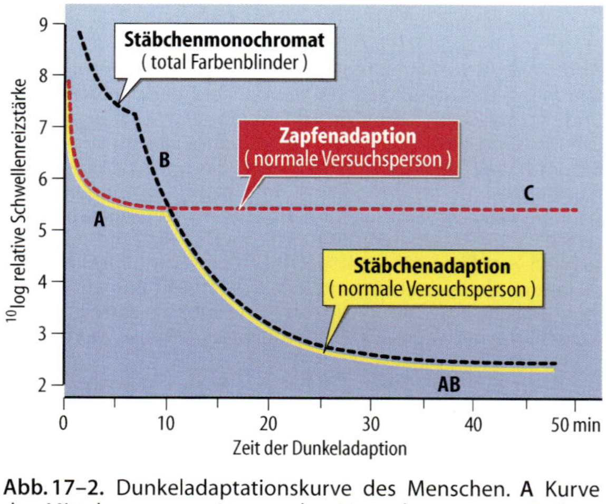

Abb. 17–2. Dunkeladaptationskurve des Menschen. **A** Kurve der Mittelwerte von 9 normalen Versuchspersonen. **B** Dunkeladaptationskurve eines total Farbenblinden, gemessen für den retinalen Ort 8° oberalb der Fovea centralis. **C** Dunkeladaptationskurve für das Zapfensystem des normal farbentüchtigen Menschen (Fovea centralis, *rote* Lichtreize). Für die Kurve **B** ist die Zeitachse (*Abszisse*) um 2 min nach rechts zu verschieben. A und B nach Untersuchungen von E. Auerbach, 1973. Aus Grüsser und Grüsser-Cornehls in [23]

Helladaptation. Hat das Auge nach einem längeren Aufenthalt im Dunkeln seine maximale Empfindlichkeit erreicht, so kommt es beim abrupten Übergang in eine sehr helle Umgebung zunächst zu einer sehr starken Aktivierung der Netzhautrezeptoren, die sich subjektiv als ***Blendung*** bemerkbar macht. Danach paßt sich das Sehsystem in weniger als einer Minute an die neue Umgebungshelligkeit an. Die Helladaptation verläuft also wesentlich schneller als die Dunkeladaptation.

Nachbilder. Die Lichtempfindlichkeit des Auges als Ganzes kann also über einen sehr weiten Bereich schwanken (Abb. 17–2). Mit Hilfe der Abb. 17–3A läßt sich schnell klarmachen, daß auch umschriebene Abschnitte der Netzhaut unterschiedlich stark an Licht adaptiert werden können. Diese ***Lokaladaptation*** führt zu Nachbildern, da beispielsweise beim Wechseln der Fixation von der rechten auf die linke Zeichnung in Abb. 17–3A der gleichmäßige Lichtreiz des weißen Papieres auf unterschiedlich adaptierte Netzhautrezeptoren trifft und damit bei den dunkeladaptierten eine stärkere Erregung auslöst. Das subjektive Resultat ist ein *negatives Nachbild.* Eine Lokaladaptation durch farbige Reizmuster löst Nachbilder in der Gegenfarbe (rot/grün, blau/gelb, s. S. 384) aus.

Intensive Belichtung der Netzhaut (z. B. Blick in die Sonne) löst langanhaltende Nachbilder aus. Nach kurzen Lichtblitzen nimmt man dagegen eine rasche Folge von hellen, also ***positiven*** periodischen Nachbildern wahr (2–4 Nachbilder innerhalb von 2 s). Diese sind wahrscheinlich durch oszillatorische Erregungsprozesse in der Netzhaut bedingt.

Kontraste werden im visuellen System besonders gut wahrgenommen; dies verbessert die Sehschärfe und das Gestaltsehen; Lichtwahrnehmungen gibt es aber auch ohne Lichteinwirkung auf die Retina

Das Sehsystem besitzt Eigenschaften, die es befähigen, aus der Fülle der optischen Reize besonders auf diejenigen zu achten, die für eine *Interpretation der visuellen Empfindungen* von besonderer Bedeutung sind. Ein Beispiel ist die starke Beachtung und Unterstreichung von Konturen und Kontrasten, die sowohl im Schwarz-Weiß- wie im Farbensehen dafür sorgen, daß ***Reizänderungen*** bevorzugt wahrgenommen werden [9].

Simultankontrast. Das graue Feld in Abb. 17–3B erscheint auf dunklem Hintergrund deutlich heller als auf hellem. Der physikalisch identische Reiz wird also in Abhängigkeit von seiner Umgebung unterschiedlich wahrgenommen, und zwar in dem Sinne, daß *der Unterschied zur Umgebung ausdrücklich betont* wird. Wir bezeichnen dieses Phänomen als ***Simultankontrast.*** Eine genaue Betrachtung der beiden Vorlagen zeigt, daß bei dunklem Hintergrund der äußerste Rand des Graukreises besonders aufgehellt erscheint, während bei hellem Hintergrund ein dunkles Band den Graukreis umgibt.

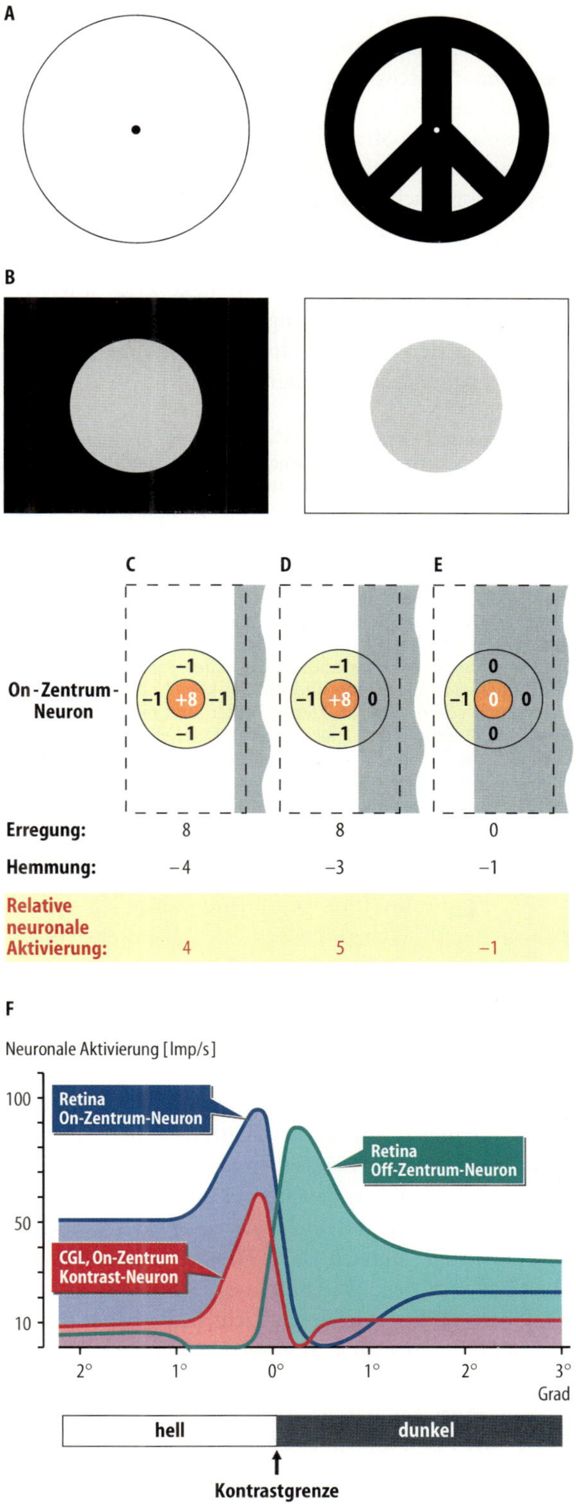

Abb. 17–3. Nachweis von Nachbildern und Simultankontrast. **A** Vorlage zur Beobachtung eines Nachbildes. Fixiert man für etwa 30 s das Zentrum der geometrischen Figur *rechts* und blickt anschließend auf das Zentrum des Kreises *links* so sieht man ein *negatives Nachbild* der *rechten* Figur. **B** Vorlage zur Beobachtung des Simultankontrastes. Das identisch *graue* Feld erscheint auf dunklem Hintergrund deutlich heller als auf hellem. **C-E** Erklärung des Grenzkontrastes, der bei Neuronen des afferenten visuellen Systems unterschiedlich stark ist (**F**). C-F aus [43]

Diese ***simultanen Grenzkontraste*** werden nach ihrem Erstbeschreiber als ***Mach-Bänder*** oder *Mach-Streifen* bezeichnet. Solche Kontrastüberhöhungen lassen sich in analoger Form auch in anderen Sinnessystemen nachweisen. Der Simultankontrast ist ein wichtiger Mechanismus, der die beträchtlichen physiologischen Fehler des dioptrischen Apparats zum Teil funktionell kompensiert und so die Sehschärfe und das Formensehen verbessert (die in Abb. 17–3 C-F dargestellten neurophysiologischen Grundlagen des Grenzkontrastes werden auf S. 391 im Zusammenhang mit der Besprechung der konzentrischen Organisation der rezeptiven Felder retinaler Ganglienzellen erläutert).

Eigengrau und Graustufen. Wie notwendig die ständige Anpassung des Sehsystems an wechselnde Reizbedingungen ist, geht auch aus folgender Beobachtung deutlich hervor: Wenn wir uns längere Zeit im Dunkeln aufhalten, so ist unsere visuelle Wahrnehmung nicht „schwarz", sondern eher ein mittleres Grau, das ***Eigengrau*** genannt wird. Auch dieses *Eigengrau* ist in seiner Helligkeit nicht konstant, sondern fließend, und es gehen häufig die verschiedensten Sinnestäuschungen (Sehen von Gesichtern, Gestalten, Geistern) von ihm aus. Wird in einer solchen Situation plötzlich ein vor uns liegendes Schachbrett schwach angeleuchtet, so sehen wir sofort die hellen Felder heller als das vorhergehende Eigengrau und die dunklen Felder dunkler, obwohl auch von diesen dunkleren Felder jetzt mehr Licht in die Augen fällt als in der vorhergehenden Dunkelheit. Mit anderen Worten, dank der *Mechanismen der Kontrastüberhöhung* hat sich das Sehsystem sofort auf die neue Reizsituation so angepaßt, daß eine gegenüber der objektiven Reizsituation verbesserte Deutung des visuellen Sinneseindruckes möglich ist.

Bei schnellem Wiederholen von Flimmerlicht erscheint dieses als Dauerlicht; dies wird beim Film, beim Fernsehen und an Computerbildschirmen ausgenutzt

Wird ein Licht zuerst langsam und dann schneller ein- und ausgeschaltet, so kann man den Hell-Dunkel-Wechsel beim skotopischen Dämmerungssehen bis zu einer Frequenz von 22–25 Lichtreizen pro Sekunde, beim photopischen Tagessehen bis zu einer Lichtwechselfrequenz von etwa 30 pro Sekunde noch auflösen. Danach erscheint das Licht als Dauerlicht, wobei im photopischen Bereich die ***Flimmerfusionsfrequenz*** deutlich von der Intensität des Lichtreizes abhängt (Talbot-Gesetz): Je heller das Licht, desto höher die *kritische Flimmerfrequenz* (bei sehr hellem Licht erreicht sie Werte bis maximal 90 Lichtreize pro Sekunde).

Die Trägheit des Sehvorganges macht sich die Film- und Fernsehtechnik heute in weitem Umfang zunutze. Dabei nutzt sie noch einen zweiten Effekt aus, nämlich die als ***Phi-Phänomen*** bezeichnete *Scheinbewegung,* die sich am einfachsten bei Lichterketten beobachten läßt, die so geschaltet sind, daß kurz nach Erlöschen des einen Lichtes das benachbarte angeht (z. B. hin- und herspringende Blinker bei Straßenbahnen).

Im Film wird eine Serie von ruhenden Bildern dargeboten (24 pro Sekunde, wobei jedes Einzelbild dreimal gezeigt wird), beim Fernsehen wird das Bild aus schmalen Zeilen aufgebaut. In beiden Fällen sehen wir ein (fast) flimmerfreies Bild mit einem kontinuierlichen Bewegungsablauf. Niederfrequentes Flimmern kann dagegen eigenartige Effekte hervorrufen, wie z. B. verschiedene Farbschattierungen sowie bewegte und ruhende Gestalten. Bei photosensitiv veranlagten Menschen kann auch ein epileptischer Anfall ausgelöst werden, wenn nämlich das Licht in der Frequenz der epileptischen Entladungen flackert.

Eine völlig andere, in ihren Ursachen noch nicht aufgeklärte Scheinbewegung ist das als ***autokinetisches Phänomen*** bezeichnete *„wandernde Licht",* das sich z. B. mit einer glühenden, auf einem Aschenbecher liegenden Zigarette leicht beobachten läßt. Beobachtet man das glühende Ende länger als einige Sekunden, dann beginnt es in der Regel, in einer seltsamen, regellosen Art herumzuwandern oder zu schwingen. Von den vielen Theorien, die bisher zur Erklärung dieses Phänomens herangezogen wurden, fand keine bisher allgemeine Anerkennung (s. S. 403).

17.2 Psychophysiologie des Sehens und Wahrnehmens mit zwei Augen

Das beidäugige Sehen ist dem einäugigen in mehrfacher Hinsicht überlegen. Zum einen erweitert es, wie wir schon gesehen haben, Gesichts- und Blickfeld. Zum anderen ermöglicht es uns, den Abstand zu den Gegenständen im Raum besser zu messen und aus den etwas unterschiedlichen Bildern, die die beiden Augen wegen ihres seitlichen Abstandes von etwa 7 cm sehen, ein dreidimensionales plastisches Abbild der Umwelt aufzubauen [17].

Das stereoskopische Tiefensehen beruht auf der Auswertung des Konvergenzwinkels der Sehachsen und der unterschiedlichen Abbildung der Gegenstände auf den Netzhäuten beider Augen (Querdisparation); auch monokulare visuelle Signale könnnen zum Tiefeneindruck beitragen

Konvergenz als Entfernungsmesser. Die optischen Achsen jedes Auges treffen sich immer im fixierten Punkt. Liegt dieser im Unendlichen, so stehen die optischen Achsen parallel. Je näher der fixierte Punkt rückt, desto stumpfer wird der Winkel, den die beiden Sehachsen miteinander bilden (die Augen „wenden sich nach innen"). Dieser ***Konvergenzwinkel*** kann vom Gehirn festgestellt und als *Maß für die Entfernung des fixierten Punktes* ausgewertet werden. Dieses Meßprinzip wird auch in zahlreichen technischen Entfernungsmessern, z. B. in Fotoapparaten, ausgenutzt.

Querdisparation und Tiefenwahrnehmung. Die Entfernungsmessung über den Konvergenzwinkel hält immer nur die Entfernung zum fixierten Punkt fest. Zusätzlich hat das Gehirn aber auch ein Verfahren entwickelt, die Entfernung von Gegenständen zu messen, die näher und ferner als der fixierte Punkt liegen. Dabei werden die geringen Unterschiede ausgewertet, die die beiden Netzhautbilder dadurch aufweisen, daß die beiden Augen die Umwelt von verschiedener Position aus, nämlich seitlich etwas verschoben, betrachten. Diese *seitliche Verschiebung* oder ***Querdisparation*** bedingt, daß alle Gegenstände, die näher als der fixierte Punkt liegen, als *gekreuzte Doppelbilder* erscheinen müßten, alle Gegenstände, die ferner als der fixierte Punkt liegen, als ***ungekreuzte.*** Das Gehirn verrechnet aber diese Information zu einem einheitlichen Bild, wobei bei dieser ***binokularen Fusion*** aus den Doppelbildern ein ***räumlicher Tiefeneindruck*** aufgebaut wird.

Pathologische Doppelbilder, Schielen. Stört man durch einen leichten Druck auf einen Augapfel das komplexe Zusammenspiel von Konvergenz und Disparation, so zerfällt die binokulare Fusion, und es werden Doppelbilder wahrgenommen. Solche Doppelbilder treten auch bei Lähmungen der äußeren Augenmuskeln auf (s. S. 400, Legende der Abb. 17–24), wobei aus der Art ihres Auftretens diagnostische Schlüsse auf die Schädigung gezogen werden können. Wenn infolge von Koordinationsstörungen der Augenbewegungen schon in früher Kindheit die *beiden Augachsen nicht auf dem fixierten Punkt zur Deckung* gebracht werden können, das Kind also ***schielt,*** wird zur Vermeidung von Doppelbildern die Information des einen Auges weitgehend unterdrückt. Besteht eine solche Schielamblyopie einige Zeit fort, nimmt die Sehleistung des „unterdrückten Auges" rasch und *alsbald irreversibel* ab. Dies kann und muß durch eine rechtzeitig einsetzende Schieltherapie verhindert werden (s. dazu auch S. 389 über das Schielen bei Weitsichtigkeit).

Monokulares Tiefensehen. Stereoskopisches Sehen läßt sich zur Gewinnung eines räumlichen Tiefeneindruckes nur bei nahen Gegenständen ausnutzen. Bei entfernteren Gegenständen verringert sich die Querdisparation zu vernachlässigbar kleinen Werten, so daß wir etwa ab *6 m Entfernung* praktisch *einäugig* sind. Zur Wahrnehmung der Tiefe in größerer Entfernung oder mit nur einem Auge nutzen wir daher zusätzliche Informationen aus, die uns vom Sehsystem zur Verfügung gestellt werden. Dazu zählen die Größenunterschiede bekannter Gegenstände, Überdeckungen, Schatten, perspektivische Verkürzungen, die Konturunschärfe der Sehdinge bei Dunst und Nebel und vor allem die parallaktische Verschiebung der Gegenstände relativ zueinander bei Kopfbewegungen (s. auch unten).

Zur Gestaltwahrnehmung wird eine Deutung des Gesehenen unter Einsatz der Erfahrung vorgenommen; Größen- und Formkonstanzmechanismen spielen dabei zusammen mit Ergänzungs- und Kontrastprozessen eine große Rolle

Verliert ein Mensch in früher Kindheit sein Augenlicht und kann ihm dieses später operativ zurückgegeben werden, so hat er in der Regel für lange Zeit – und oft für immer – Schwierigkeiten, das was er sieht, richtig zu deuten. Auch vertraute Gegenstände des Alltags kann er zunächst nicht erkennen, während deren Identifikation beim Betasten sofort gelingt. Umgekehrt ist es auch im späteren Leben im gewissen Umfang noch möglich, sich an langdauernde Veränderungen des Netzhautbildes, z. B. beim Tragen von *Umkehrbrillen,* so zu gewöhnen, daß die visuell wahrgenommene Umwelt wieder „normal" erscheint und mit der Tastwelt übereinstimmt. Die Augen liefern also keineswegs ein eindeutiges Abbild der Umwelt an das Gehirn, sondern letzteres muß *auf dem Hintergrund seiner Erfahrungen* eine ***Deutung*** der über die Sehnerven einströmenden Impulse vornehmen, damit wir nicht sinnlose visuelle Reizmuster „sehen", sondern Objekte mit Bedeutung in der Umwelt wahrnehmen. Einige Aspekte der Wahrnehmungspsychologie, die bei der ***Gestaltwahrnehmung*** beteiligt sind, wollen wir anschließend kennenlernen.

Größenkonstanz. Wie bei einem Fotoapparat nimmt auch auf der Netzhaut des Auges das Abbild eines Gegenstandes bei jeder Verdoppelung der Entfernung auf die Hälfte der ursprünglichen Größe ab. Dennoch wird der Gegenstand immer in etwa der gleichen Größe gesehen. Das Sehsystem verfügt also über einen Mechanismus, mit dem *von der Sehdistanz abhängige Veränderungen der Netzhautbilder wieder ausgeglichen* werden. Von seiner Wirksamkeit kann man sich z. B. in einem Konzertsaal leicht überzeugen: Alle Gesichter scheinen die gleiche Größe zu haben, während tatsächlich die Netzhautbilder der entfernt sitzenden Zuhörer wesentlich kleiner als die der näher sitzenden sind.

Formkonstanz. Uns bekannte Gegenstände oder Personen werden von uns immer wieder als die Gleichen erkannt, unabhängig davon, unter welchen Bedingungen wir sie sehen. Diese ***Formkonstanz*** ist also beispielsweise unabhängig von der Intensität und der Farbe der Beleuchtung, von der Entfernung und der perspektivischen Verzerrung, von der Stelle des Gesichtsfeldes, an der wir die Person oder den Gegenstand wahrnehmen und von den Stellungen, die sie relativ zu uns einnehmen.

Offensichtlich treten bei der visuellen Wahrnehmung zahlreiche ***Ergänzungs- und Kontrastprozesse*** auf, die zusammen mit den oben besprochenen Mechanismen der Entfernungsmessung und der Tiefenwahrnehmung sowie unter Ausnutzung der Perspektive und der Verwertung von Konturen, Konturüberschneidungen und -unterbrechungen dazu beitragen, daß die ***Wahrnehmung einer geschlossenen Gestalt*** zustande kommt. Systematische Untersuchungen der *Gestaltpsychologie,* besonders im ersten Viertel des 20. Jahrhunderts, haben die Regelhaftigkeit der visuellen Wahrnehmung komplexer Gestalten nachgewiesen. Mit anderen Worten, das Gehirn setzt bei jedem visuellen Sinneseindruck seine Erfahrung ein, um zu einer befriedigenden ***Deutung*** des Gesehenen zu kommen (s. S. 404 und Kap. 24 zu den physiologischen Grundlagen der Gestaltwahrnehmung).

Gestaltwahrnehmung und das Binding-Problem. Gestalten und Bedeutung sind im Kortex in Form von unterschiedlich ausgedehnten Zellensembles repräsentiert. In Kap. 24 beschreiben wir ausführlich, wie solche Ensembles gebildet werden: der zentrale Mechanismus wird unter dem Stichwort ***Bindung durch Synchronie*** zusammengefaßt. Häufig simultan (zeitlich und örtlich) auftretende Muster (features) werden durch ihre primär erregenden Synapsen verstärkt miteinander verbunden, wodurch sich die Wahrscheinlichkeit für

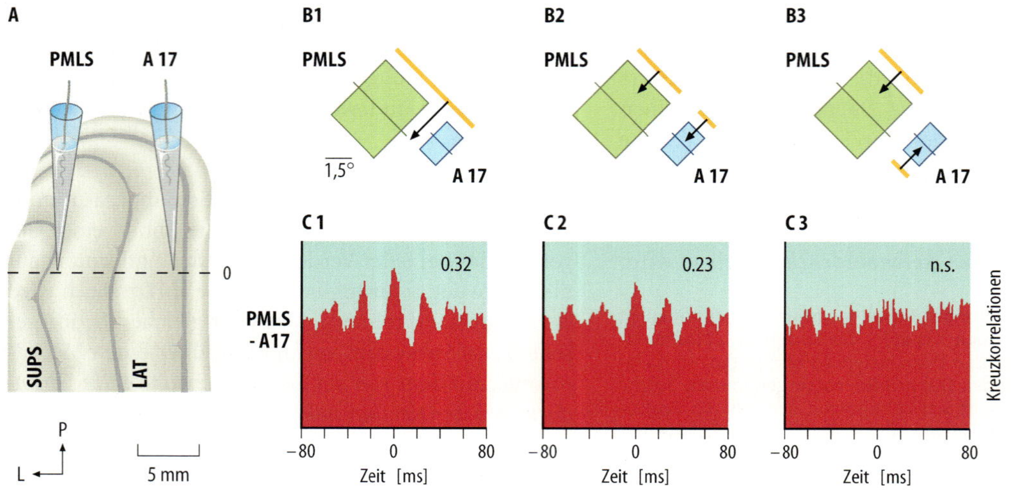

Abb. 17–4. Synchronisation der Entladungen zweier Neurone verschiedener visueller Kortizes bei entsprechender Reizung ihrer rezeptiven Felder. Ableitung der Zellaktivität von zwei Arealen des visuellen Kortex (**A**), nämlich von der Area 17 (lateraler Gyrus, *LAT*) und von dem posterioren mediolateralen suprasylvischen Kortex (*PMLS*) der Katze (*SUPS*, suprasylvischer Sulcus). Die Tiere erhalten bewegte Lichtbalken dargeboten, die sich gleichzeitig (**B1**) oder nacheinander (**B2**) in dieselbe Richtung über die rezeptiven Felder von PMLS und Area 17 bewegen, oder gleichzeitig in die Gegenrichtung (**B3**). *Darunter* in **C1-C3** die Kreuzkorrelationen zwischen den Zellantworten zum selben Zeitpunkt oder um bis zu ±80 ms zeitverschoben für die Reizsituationen B1-B3. Je höher die roten Ordinatenwerte, umso höher die Korrelation: wenn regelmäßige Oszillationen auftauchen (*C1 und C2*), ergeben sich die wellenförmigen Anstiege der Korrelation. Die Zahlen *rechts oben* sind die relativen Modulationsamplituden jedes Korrelogramms (*n.s.*, nicht signifikant). Man erkennt, daß die stärkste Kreuzkorrelation zwischen den in Area 17 und im PMLS abgeleiteten Neuronen in der Reizstituation B1 auftritt. Bei der Reizsituation B 2 ist das Kreuzkorrelogramm weniger gleichmäßig und von geringerer Amplitude. Bewegen sich die Lichtbalken in entgegengesetzte Richtung (*B3*), tritt keine signifikante (n.s.) Korrelation mehr auf (*C3*). Nach [56]

korrelierende Entladung der beteiligten Zellen erhöht. Diese hoch korrelierenden Entladungen laufen wellenartig durch ein Ensemble, so daß sich je nach Größe des Ensembles ein oszillierender Rhythmus der Entladungen ausbildet, den man z. B. im EEG (Elektroenzephalogramm, s. Kap. 21) als Gamma-Rhythmus (Frequenz über 30 Hz) registrieren kann (s. Abb. 23–13, S. 553). Auch wenn nur ein Teil des Musters nach Bildung eines Zellensembles durch diesen Prozeß der assoziativen Verstärkung dargeboten wird, entlädt das gesamte Ensemble, was sich subjektiv z. B. als Gestaltergänzung niederschlägt (z. B. der Rüssel über der Zoomauer erzeugt das Bild des Elefanten).

Abbildung 17–4 zeigt ein typisches Experiment, das diesen Sachverhalt illustriert: zwei Registrierelektroden erfassen die Aktionspotentialfrequenz in zwei Arealen des visuellen Kortex (*links oben*), wenn ein oder zwei Lichtbalken über das visuelle Feld bewegt werden. Einmal werden Balken alleine oder getrennt in dieselbe (B1, B2), das anderemal in die Gegenrichtung bewegt. Unten sind die Korrelationen zwischen den Zellen in den beiden Sehararealen aufgetragen. Man erkennt bei Bewegung in dieselbe Richtung hohe, oszillierende Korrelationen, bei Bewegung in die Gegenrichtung keine Korrelation. Die Gestalt, das Ganze der bewegten Kontur, geht verloren [56].

Sinnestäuschungen bei der Gestaltwahrnehmung beruhen auf der Mehrdeutigkeit oder auf Fehlinterpretationen des Gesehenen

Im allgemeinen wird beim Suchen nach der besten Interpretation des Sinneseindrucks die beste Wahl getroffen, und wir sehen die Dinge mehr oder weniger korrekt. Manchmal ist aber keine befriedigende Deutung möglich, wie beispielsweise beim *Necker-Würfel* oder den beiden anderen *„unmöglichen"* Figuren in Abb. 17–5. Das wahrnehmende System kann dann auch nicht zu einem eindeutigen Schluß kommen und springt daher zwischen alternativen Lösungen hin und her.

Auch die zahlreichen *optischen Täuschungen*, von denen einige bekannte Beispiele in Abb. 17–6 zu sehen sind, sind wahrscheinlich nichts anderes als *Fehlinterpretationen des Wahrnehmungssystems*. Sie unterlaufen, weil normalerweise zuverlässige Hinweise auf die den Reizen zugrunde liegenden Gestalten in diesen besonderen Fällen nicht stimmen. Das visuelle System fällt also hier nicht seiner mangelnden Analyse- und Deutungsfähigkeit zum Opfer, sondern im Gegenteil, die Fehlinterpretationen der optischen Illusionen weisen eindringlich auf seine überragende Fähigkeit hin, normalerweise aus wenigen Hinweisen eine zuverlässige Interpretation der Umwelt zu geben.

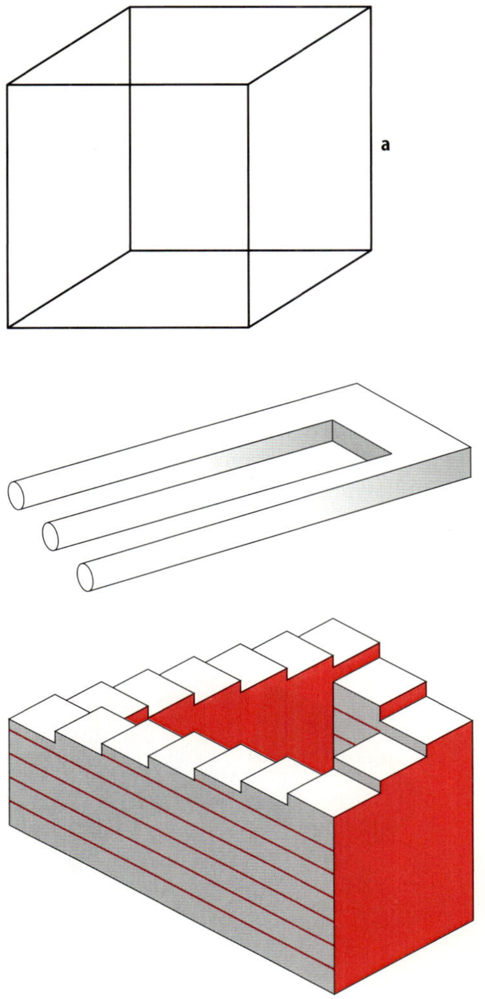

Abb. 17–5. Mehrdeutige und unmögliche Figuren. *Oben:* Necker-Würfel. In diesem Bild kehrt sich die Tiefenanordnung fortwährend um. Die mit *a* markierte Würfelfläche erscheint manchmal als Vorder-, manchmal als Rückseite des Würfels. *Mitte* und *unten:* Unmögliche Figuren. Man kann sie zwar zeichnen, aber existieren können sie nicht und sie können auch nicht als eindeutige Gegenstände gesehen werden. Die Störung kommt von der Doppeldeutigkeit der Tiefenwahrnehmung *(Mitte)* und von der Tatsache, daß das Wahrnehmungssystem eine dreidimensionale Welt aus einer nicht eindeutigen zweidimensionalen Information aufzubauen hat *(unten).* In allen drei Fällen gibt es keine eindeutige Lösung und das Gehirn kann sich daher nicht zu einer endgültigen Entscheidung aufraffen

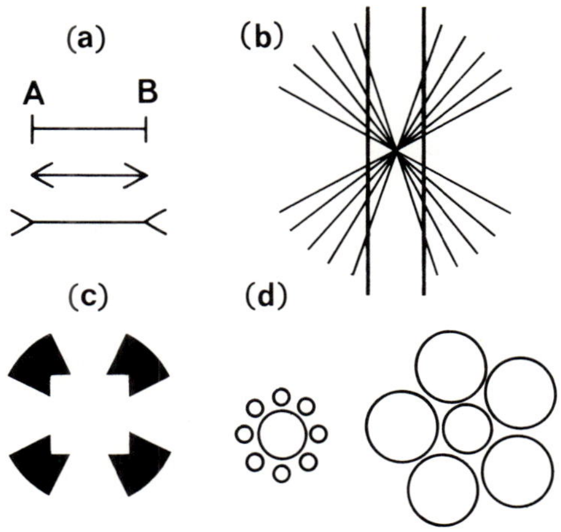

Abb 17–6. Beispiele für Sinnestäuschungen bei der Gestaltwahrnehmung. **a** Die Strecke *AB* ist für den Doppelpfeil und die Doppelgabel objektiv gleich, erscheint jedoch verschieden groß. **b** Die beiden vertikalen dicken Striche sind parallel und gerade. **c** Das weiße Quadrat in der Mitte existiert nicht, sondern entsteht durch Gestaltergänzung. **d** Die beiden Kreise in der Mitte sind jeweils gleich groß. Zusammengestellt von Grüsser und Grüsser-Cornehls in [20]

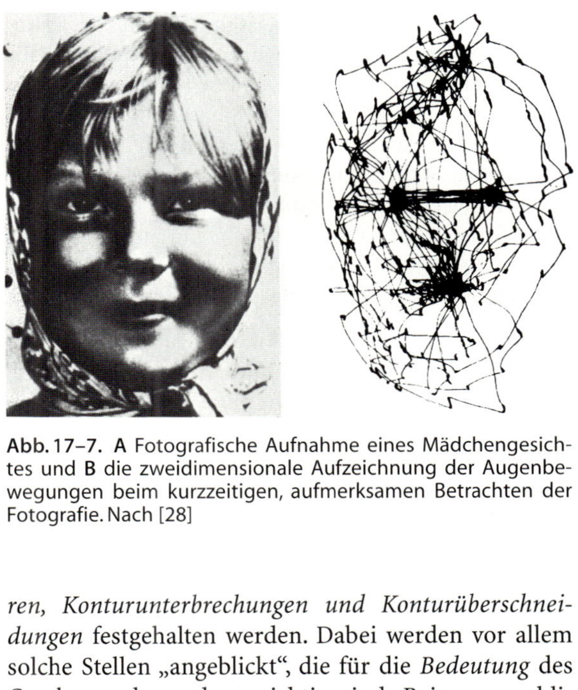

Abb. 17–7. A Fotografische Aufnahme eines Mädchengesichtes und **B** die zweidimensionale Aufzeichnung der Augenbewegungen beim kurzzeitigen, aufmerksamen Betrachten der Fotografie. Nach [28]

Beim aufmerksamen Betrachten eines Objektes werden die Sakkaden von den Strukturmerkmalen und von den besonders wichtigen Teilen des Objektes gesteuert

Wie sehr die oben besprochene Deutung des Gesehenen die Vorgänge bei der visuellen Wahrnehmung beeinflußt, zeigt sich eindrucksvoll bei der Messung der Augenbewegungen beim normalen Umherblicken. Unter diesen Bedingungen wechseln sich Fixationsperioden mit raschen Augenbewegungen (*Sakkaden,* s. S. 402) ab, wobei die Augen vor allem durch *Konturen, Konturunterbrechungen und Konturüberschneidungen* festgehalten werden. Dabei werden vor allem solche Stellen „angeblickt“, die für die *Bedeutung* des Gesehenen besonders wichtig sind. Beim menschlichen Gesicht sind dies anscheinend vor allem *Augen und Mund,* denn diese werden immer als erstes und – wie Abb. 17–7 eindrucksvoll zeigt – wesentlich häufiger als andere Stellen des Gesichts angesehen. Außerdem ist zu sehen, daß die *rechte* Hälfte der Portraitaufnahme deutlich mehr Aufmerksamkeit findet als die *linke,* eine Tatsache, die anscheinend generell für das Betrachten von Bildern gilt und von Malern beim Aufbau ihrer Gemälde beachtet wird.

BOX 17-1

Visuelle Neuroästhetik

Betrachtet man Bilder mit unterschiedlichen ästhetisch-perzeptuellen Inhalten, so zeigt sich (z. B. mit fMRI gemessen, s. Kap. 21), daß unterschiedliche Regionen des visuellen Systems aktiviert sind: das statische, farbenfrohe Bild eines Mondrian aktiviert Area V4, während bewegte Bilder, z. B. Duchamps „Nackte, eine Stiege herabsteigend" V3 und V5 aktiviert. Die einzelnen unterscheidbaren Elemente im Vordergrund der Bildkomposition verbinden sich nur dann zu einem größeren Areal der Aktivierung, wenn sie gemeinsam gesehen werden. Aber auch dabei geht oft ein Element (z. B. Farbe) dem anderen (z. B. Bewegung) voraus oder oszilliert zwischen der Wahrnehmung beider hin und her, je nachdem, welche anatomische Bahn benutzt und welche schneller durchlaufen wird.

Diese Untersuchungen von Zeki u. Mitarbeitern zeigen, daß visuelle Wahrnehmung parallel und modular organisiert ist; parallel und modular, weil an jedem einzelnen Verarbeitungsschritt verschiedene Aspekte eines Wahrnehmungsinhaltes, z. B. Farben in zunehmender Mischung, völlig getrennt vom anderen, z. B. zunehmend schnelle Bewegungen, bearbeitet und auch – wenn die Aktivität im jeweiligen Areal hoch genug ist – getrennt bewußt werden.

Literatur Zeki S, Bartels A (1998) The asychrony of consciousness. Proc R Soc London 265: 1583–1585

17.3 Farbensehen

Farben zu sehen, die Welt also bunt und nicht nur in Grauabstufungen zu erleben, ist in mehr als einer Hinsicht eine Besonderheit. So besitzen keineswegs alle Tiere, nicht einmal alle Säugetiere Farbensehen, und auch unter uns gibt es viele Menschen, deren Welt durch Störungen des Farbsinnes („Farbblindheiten", s. S. 385) wesentlich unbunter als die der Mehrzahl der Menschen ist. Das Farbensehen bietet auch aus wissenschaftlicher Sicht zahlreiche Probleme und Eigentümlichkeiten, deren Erforschung nach wie vor zu den kontroversen Gebieten der Sinnesphysiologie zählt [3, 30].

Das sichtbare Sonnenlicht enthält ein großes Spektrum der wahrnehmbaren Farben, aber es gibt auch Farbtöne, die im Sonnenlicht nicht vorkommen

Spektralfarben. Die Untersuchung des Farbensehens begann mit Newtons Entdeckung, daß *weißes Sonnenlicht aus allen Spektralfarben zusammengesetzt* ist. Heute wissen wir, daß ***sichtbares Licht*** eine *elektromagnetische Strahlung* ist, deren ***Wellenlänge zwischen 400 und 700 Nanometer (nm)*** liegt, und daß die Newtonsche Zerlegung des Sonnenlichts in seine Spektralfarben mit Hilfe eines Prismas deswegen gelingt, weil das Ausmaß der Brechung von der Frequenz der elektromagnetischen Wellen abhängt: kurzwelliges Licht wird stärker gebrochen als langwelliges *(chromatische Aberration)*.

Der langwellige Teil des Lichtes erscheint uns als „rot", der kurzwellige als „violett", die dazwischenliegenden Anteile in einem kontinuierlichen Übergang als „orange", „gelb", „grün" und „blau" (Abb. 17-8B). Wir bezeichnen Licht, das nur aus einer einzigen Wellenlän-

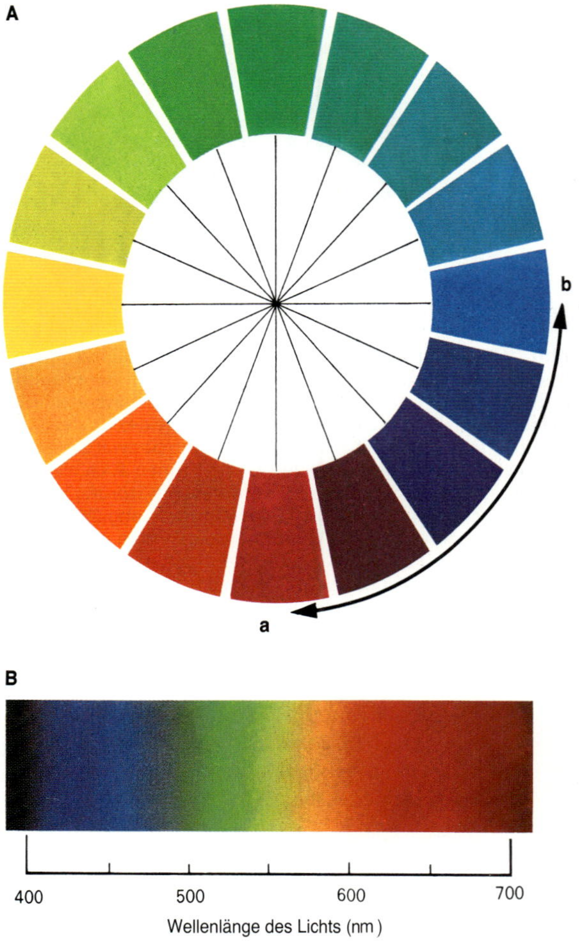

Abb. 17-8. Spektralfarben und Mischfarben. **A** Anordnung der Farbtöne in einem Farbenkreis. Die Farbtöne zwischen **a** und **b** *(Pfeil)* sind keine Spektralfarben, sondern als Mischfarben von Rot und Blau entstanden. (Aus [20, 23]) **B** Spektrum des monochromatischen Lichts, wie es z. B. bei der Zerlegung von Sonnenlicht mit Hilfe eines Prismas entsteht.

ge oder aus einem sehr engen Spektrum besteht, als ***monochromatisches Licht.*** Monochromatisches Licht ist im Alltag selten, die meisten Farben, die wir sehen, sind aus Licht verschiedenster Wellenlänge gemischt.

Mischfarben. Farben können durch *physiologische Mischung* erzeugt werden. Dies legt den Gedanken nahe, daß die ganze Farbskala aus einigen wenigen *„Grund"-Farben* aufgebaut sein könnte. In der Tat zeigt die Anordnung der uns geläufigen Farbtöne in einem ***Farbenkreis*** in Abb. 17–8A, daß es neben den Spektralfarben eine Reihe von Mischfarben, nämlich die Purpurtöne gibt, die im Spektrum nicht vorkommen, sondern durch Mischung von Rot und Blau entstehen. Aber auch die Spektralfarben können durch Mischung hergestellt werden.

Bevor wir uns etwas näher mit den Mischfarben beschäftigen, sei darauf hingewiesen, daß sich das Auge in dieser Hinsicht sehr verschieden vom Ohr verhält. Aus zwei Farben kann eine dritte gemischt werden, aus der die Mischkomponenten nicht mehr identifiziert werden können. Zwei reine Töne verschmelzen aber nie zu einem anderen, dritten Ton. Stattdessen werden zusammengesetzte Töne als Akkord gehört, dessen Zusammensetzung zumindest durch geübte Musiker erkannt werden kann.

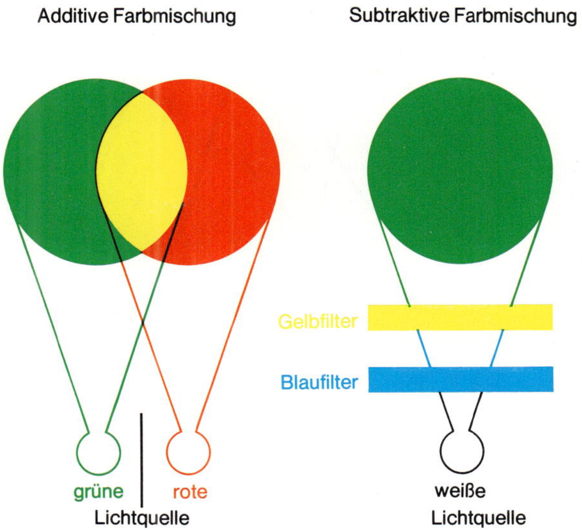

Abb. 17–9. Schema einer additiven und einer subtraktiven Farbmischung. Eine additive Farbmischung *(links)* entsteht, wenn auf die gleiche *Netzhautstelle* Licht verschiedener Wellenlänge fällt. Die subtraktive Farbmischung *(rechts)* ist dagegen ein rein physikalischer Vorgang, bei dem mit Hilfe von Filtern nur bestimmte Spektralfarben das Auge errreichen. Nach Grüsser und Grüsser-Cornehls aus [20,23]

Bei der Farbwahrnehmung ist zwischen bunten Farben (Rot, Orange, Gelb etc.) und unbunten Farben (vom tiefsten Schwarz bis zum hellsten Weiß) zu unterscheiden

Normal farbtüchtige Menschen können etwa 7 Millionen verschiedene *Farbnuancen* oder ***Farbwerte*** wahrnehmen und unterscheiden. Diese Mannigfaltigkeit der Farbenwelt entsteht durch Mischung der ***bunten*** mit den ***unbunten*** Farben. Die Klasse der *unbunten* Farbvalenzen besteht aus der Reihe der ***Graustufen,*** die vom strahlendsten Weiß bis zum tiefsten Schwarz reicht. Die Klasse der *bunten* Farbvalenzen wird von dem Kontinuum der im Farbenkreis der Abb. 17–8A gezeigten ***Farbtöne*** gebildet. Die ***Sättigung*** eines Farbwertes wird durch den unbunten Anteil, also den Weiß- bzw. Schwarzgehalt bestimmt. Diese Mischungen ergeben zusätzliche Farbwerte, die im Spektrum nicht vorkommen und auch aus den Spektralfarben nicht gemischt werden können. So führt beispielsweise die Mischung von spektralem Rot einerseits mit Weiß zu *Rosa* und andererseits mit Schwarz zu *Braun.*

Die additive Farbmischung ist ein physiologisches, die subtraktive ein physikalisches Phänomen

Bei Mischung von rotem mit grünem Licht erhält man Gelb (Abb. 17–9, links). Eine ***additive Farbmischung*** erhält man also, wenn auf die *gleiche Netzhautstelle Licht verschiedener Wellenlänge* fällt. Zur additiven Farbmischung benötigen wir demnach *selbstleuchtende Lichtquellen,* so wie sie in Abb. 17–9 links angedeutet sind. Wenn wir selbstleuchtende Lichtquellen aus dem Farbenkreis (Abb. 17–8 A) benutzen, so zeigt sich, daß sich für jede Farbe eine zweite Farbe findet, die bei additiver Mischung *Weiß* ergibt. Die beiden Farbtöne sind zueinander ***Komplementärfarben.*** Die additive Farbmischung ist also ein physiologisches Phänomen. Sie wird auch zur Kontrolle von Farbsinnesstörungen, z. B. mit dem Anomaloskop (s. unten) ausgenutzt.

Wenn wir weißes Licht zunächst durch einen Blaufilter und anschließend durch einen Gelbfilter senden (rechts in Abb. 17–9), so erhalten wir *Grün.* Dies beruht darauf, daß der Blaufilter noch einen Teil des benachbarten grünen Spektrums, aber kein gelbes oder gar rotes Licht durchläßt, während der Gelbfilter das Blaulicht zurückhält, aber wiederum das benachbarte Grün passieren läßt. Auf diese Weise bleibt die ***subtraktive Mischfarbe*** *Grün* „übrig". Gleiches gilt für das Mischen von Pigmentfarben durch den Maler. Auch hier wird eine subtraktive Mischfarbe hergestellt, da die einzelnen Körnchen der blauen und gelben Pigmentfarbe wie Farbfilter wirken. Die subtraktive Farbmischung entsteht also durch die physikalischen Vorgänge der Lichtabsorption und -reflexion.

Durch additive Mischung von drei geeignet gewählten Farbtönen kann bei normal Farbtüchtigen jede Farbart erzeugt werden

Es ist ein auf Thomas Young (1773–1829) zurückgehender Befund, daß für den normal Farbtüchtigen viele, aber nicht alle Farbarten durch Mischung von zwei Farben möglich sind, daß aber drei und nur *drei Farbtöne genügen, um alle Farbtöne zu mischen.* Diese drei ***Primärfarben*** liegen aber nicht eindeutig fest, sondern

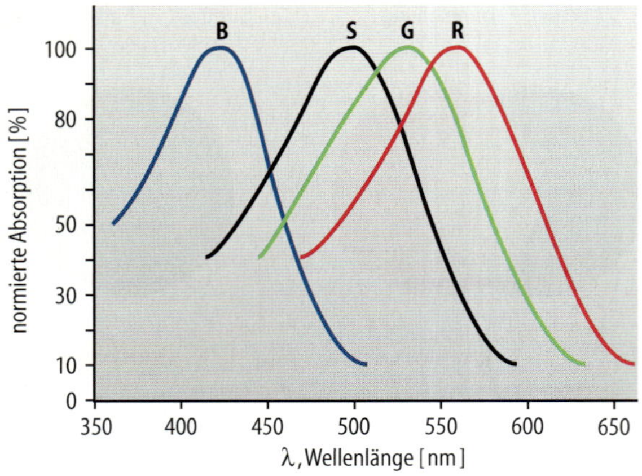

Abb. 17–10. Normierte spektrale Absorptionskurven der Sehfarbstoffe der drei verschiedenen Zapfentypen (*B, Blau; G, Grün; R, Rot*) und der Stäbchen (*S, schwarze Kurve*) in der menschlichen Netzhaut. Nach [34]

sie können durch Versuch und Irrtum aus den Spektralfarben ausgewählt werden. Young wählte ursprünglich drei bestimmte (Rot, Gelb und Blau) aus, später Rot, Grün und Violett. Heute hat man sich international darauf geeinigt, als ***Primärfarben*** die Spektralfarben mit den Wellenlängen 700 nm (rot), 546 nm (grün) und 435 nm (blau) anzusehen, aber es muß betont werden, daß es sich dabei um eine Übereinkunft, nicht um eine physiologisch zwingend notwendige Wahl handelt.

Die trichromatische Theorie des Sehens gilt für die Prozesse in den Photorezeptoren, die Gegenfarbentheorie für die weitere neuronale Verarbeitung

Die Tatsache, daß für den normal Farbtüchtigen alle Farbtöne selbstleuchtender Farben durch drei Primärfarben hinreichend und eindeutig beschreibbar sind und daß die Mehrheit der Bevölkerung zur Mischung eines vorgegebenen Farbtones praktisch identische Anteile der Primärfarben mischt, hat zu der Auffassung geführt, daß die Netzhaut des Auges über drei unterschiedlich farbempfindliche Sensorentypen verfügt, so daß unser Farbensehen auf der zunächst unterschiedlichen Aktivierung und der anschließenden gemeinsamen Verrechnung der Erregung dieser drei Farbsysteme im visuellen System aufbaut. Diese ***trichromatische Theorie des Farbensehens*** geht auf Young zurück und wurde später vor allem von Helmholtz weiterentwickelt. Sie findet heute unter anderem eine starke Stütze in dem in Abb. 17–10 gezeigten Befund, daß sich in der Netzhaut des Menschen mit mikrospektrophotometrischen Methoden in der Tat drei Zapfentypen mit unterschiedlicher spektraler Empfindlichkeit nachweisen lassen.

Ein intensiver Rotreiz führt häufig zu einem grünen Nachbild (und umgekehrt), gleiches gilt für Blau und Gelb und für Weiß und Schwarz. Aus solchen und weiteren Beobachtungen von Kontrastphänome-

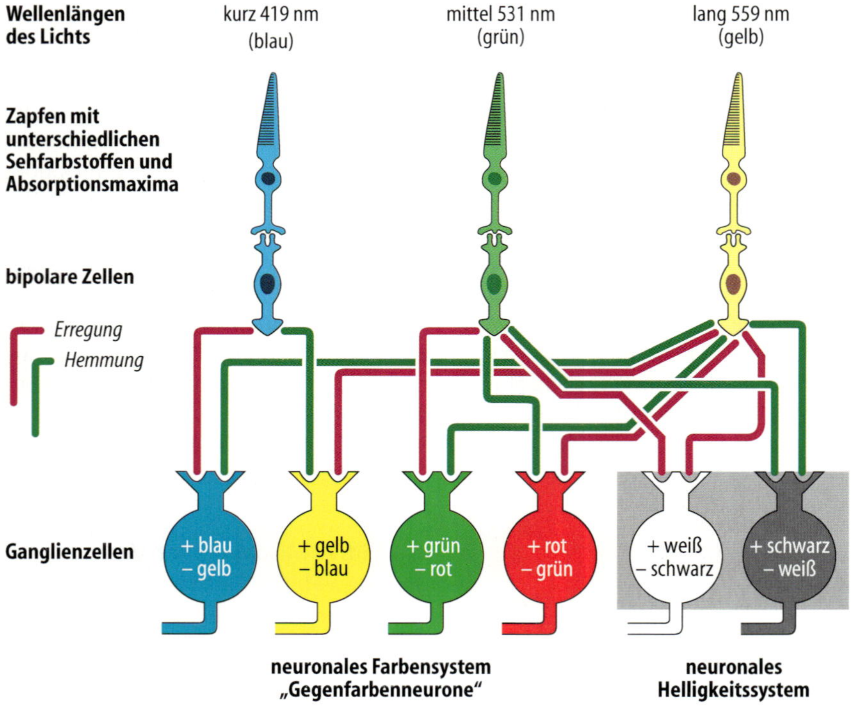

Abb. 17–11. Modell eines Farbensystems in der Retina und der Verknüpfung der Farbsensoren mit den nachfolgenden Neuronen des Sehsystems. Das Modell liefert die Verbindung zwischen der trichromatischen Theorie des Farbensehens (nach Young) und der Gegenfarbentheorie (nach Hering). Aus den Erregungen der in Abb. 17–10 vorgestellten drei Zapfentypen mit unterschiedlichen Sehfarbstoffen kann auf den nachfolgenden Neuronen der Sehbahn Information über Farbe *(neuronales Farbensystem)* und Helligkeit *(neuronales Helligkeitsystem)* des Lichtreizes gewonnen werden. Modifiziert nach einem Vorschlag von De Valois 1969

nen zog im vorigen Jahrhundert Hering den Schluß, daß unsere Farbwelt aus den ***vier Urfarben*** Rot, Gelb, Grün und Blau aufgebaut ist, wobei sich die Wirkungen der Gegenfarben Rot/Grün und Blau/Gelb sowie von Schwarz/Weiß antagonistisch verhalten. Solche antagonistischen Erregungs- und Hemmprozesse lassen sich heute in der Tat nicht an den Sensoren, also den Zapfen, aber bereits an den unmittelbar nachgeschalteten Neuronen der Netzhaut und auf späteren Stationen der Sehbahn beobachten (Abb. 17–11). Die trichromatische Theorie des Farbensehens und die Gegenfarbentheorie sind also auf verschiedenen Ebenen des visuellen Systems „richtig".

Der Erfinder der Polaroid-Kamera, Edwin Land, hat experimentell wahrscheinlich gemacht, daß alle bisherigen Farbtheorien bestenfalls erste Annäherungen an die tatsächlichen Verhältnisse sind. Er wiederholte beispielsweise die klassischen Farbmischexperimente, wobei er aber nicht dreifarbige einfache Lichtfelder, sondern zweifarbige Diapositive von komplexen Gegenständen verwendete. Dabei fand er, daß ein überraschender Farbreichtum auch bei nur zwei wirklich vorhandenen Farben wahrgenommen werden kann. Die Technik besteht darin, dieselbe Szene durch zwei verschiedene Farbfilter aufzunehmen und die resultierenden Diapositive mit zwei Projektoren durch dieselben Farbfilter übereinander zu projizieren. Dabei nehmen wir Farben wahr, die physikalisch überhaupt nicht angeboten werden, und es kommt bei bekannten Gegenständen, z. B. einer grünen Wiese, zu einer erstaunlichen ***Farbkonstanz*** unter den unterschiedlichsten Lichtbedingungen. Erwartung und vorhergehende Kenntnis der normalen Farbe der Gegenstände sind also von Bedeutung. Aber auch dies ist sicher nicht die ganze Erklärung, die zum Beispiel auch einbeziehen müßte, warum sich keine Metallfarben wie Gold und Silber aus den Spektralfarben und Weiß mischen lassen.

Die angeborenen Farbsinnesstörungen lassen sich in die Farbanomalien (trichromatisches Sehen) und die Farbenblindheiten (dichromatisches Sehen) einteilen; die meisten dieser Störungen werden X-chromosomal vererbt; Männer sind daher häufiger als Frauen betroffen

Rot-Grün-Verwechslung. Die häufigste X-chromosomal rezessiv vererbte Farbsinnesstörung ist die Verwechslung von Rot und Grün. Etwa 8 % aller Männer und 0,4 % aller Frauen sind davon betroffen. Im Alltag macht sich diese Störung oft wenig bemerkbar, weil viele Objekte nicht nur auf Grund ihrer Farbe identifiziert werden können (Gras wird daher von allen Menschen als grün, ein Autorücklicht als rot bezeichnet). Dennoch sind solche Rot-Grün-Verwechsler für Berufe ungeeignet, in denen eine Information überwiegend *über die Farbe alleine* beurteilt werden muß.

Die Verwechslung von Rot und Grün beruht entweder auf einer verringerten oder fehlenden Rot-Empfindlichkeit des Auges oder auf einer entsprechenden Störung im Grünbereich. Dies kann sehr leicht mit Hilfe eines ***Anomaloskops*** herausgefunden werden. In diesem Apparat wird dicht neben einem monochromatischen Gelbfeld ein rot-grünes Mischfeld angeboten, und der Beobachter wird aufgefordert, die relativen Intensitäten von Rot und Grün so zu mischen, daß der Farbeindruck des Mischfeldes dem des Gelbfeldes entspricht. Bei einer Rotschwäche wird mehr Rot als normal zugemischt. Solche Rot-Grün-Verwechsler werden je nach der Art der Störung als (trichromatische) ***Protanomale*** oder (dichromatische) ***Protanope*** bezeichnet. Muß mehr Grün als normal zugemischt werden, so spricht man von ***Deuteranomalen*** bzw. ***Deuteranopen.*** Beim *Protanopen* ist das Spektrum am langwelligen Ende stark verkürzt, er ist „rotblind". Er verwechselt daher Rot mit Schwarz, Dunkelgrau, Braun und eben auch mit Grün. Der *Deuteranope* ist dagegen „grünblind".

Gelb-Blau-Verwechslung. Verwechslung von Gelb und Blau, ***Tritanomalie*** oder ***Tritanopie,*** ist eine äußerst seltene Farbsinnstörung. Bei diesen Menschen ist das blau-violette Ende des Farbenspektrums verkürzt, d. h. diese Farben erscheinen ihnen lediglich in Grau- und Schwarztönen.

Totale Farbenblindheit (*Achromasie oder Monochromasie).* Bei völligem Ausfall der Zapfenfunktion kann die Welt nur wie in einem Schwarz-Weiß-Film wahrgenommen werden (skotopisches Sehen, s. S. 376). Sehen in der Dämmerung ist normal, am Tage müssen starke Sonnenbrillen getragen werden, um Blendungseffekte zu vermeiden. Die Sehschärfe in der optischen Achse des Auges ist auf 1/10 des Normalwertes reduziert. Die Störung ist extrem selten (< 0,01 % der Bevölkerung).

Untersuchung des Farbensinnes. Eine einfache, aber zuverlässige Überprüfung des Farbensinnes kann mit den *pseudoisochromatischen Tafeln* nach Stilling-Velhagen oder nach Ishihara durchgeführt werden. Sie zeigen Zahlen, die aus zahlreichen Farbtupfen so gedruckt sind, daß der Farbtüchtige die richtige Zahl erkennt, der Farbuntüchtige aber keine oder eine falsche Zahl liest. Die weitere Diagnostik erfolgt dann am Anomaloskop.

17.4 Das Auge

Das Auge ist ein zusammengesetztes optisches System, das auf der Netzhaut ein umgekehrtes und stark verkleinertes Bild der Umwelt erzeugt; die physikalisch-optische Qualität des Auges ist schlecht

Das Auge, von dem Abb. 17–12 A einen horizontalen Querschnitt zeigt, kann in vieler Hinsicht mit einem Fotoapparat oder besser noch mit einer Videokamera verglichen werden. Vor einem solchen Vergleich ist aber klar festzuhalten, daß die *physikalisch-optischen Qualitäten* des Auges so *erbärmlich schlecht* sind, daß dagegen auch die einfachsten Schnappschußkameras ein Wunder an optischer Präzision darstellen. Würden wir also an die Stelle der lichtempfindlichen Schicht des Auges, der ***Netzhaut*** oder ***Retina,*** einen Farbfilm legen, so erhielten wir von unserem Auge nur bedingt brauchbare Bilder.

Wie bei einer Kamera auch, ist das „Objektiv" des Auges ein zusammengesetztes optisches System, das aus ***Kornea*** (*Hornhaut*), ***vorderer Augenkammer*** und ***Linse*** besteht. Dieses „Objektiv" entwirft auf der Netzhaut ein umgekehrtes und stark verkleinertes Bild der Umwelt [6, 7, 43]. In der normalen Ruhestellung des Auges ist dieses Objektiv so eingestellt, daß Gegenstände, die unendlich weit entfernt liegen (zum Beispiel der Sternenhimmel, aber in der Praxis alle Gegenstände, die mehr als 10 m entfernt sind), scharf auf der Netzhaut abgebildet werden. Die *Achse des optischen Systems* (***Sehachse*** in Abb. 17–12) trifft auf der Netzhaut auf eine Stelle mit einer kleinen Eindellung, die als *Zentralgrube* (***Fovea centralis)*** oder, wegen ihres Aussehens beim Au-

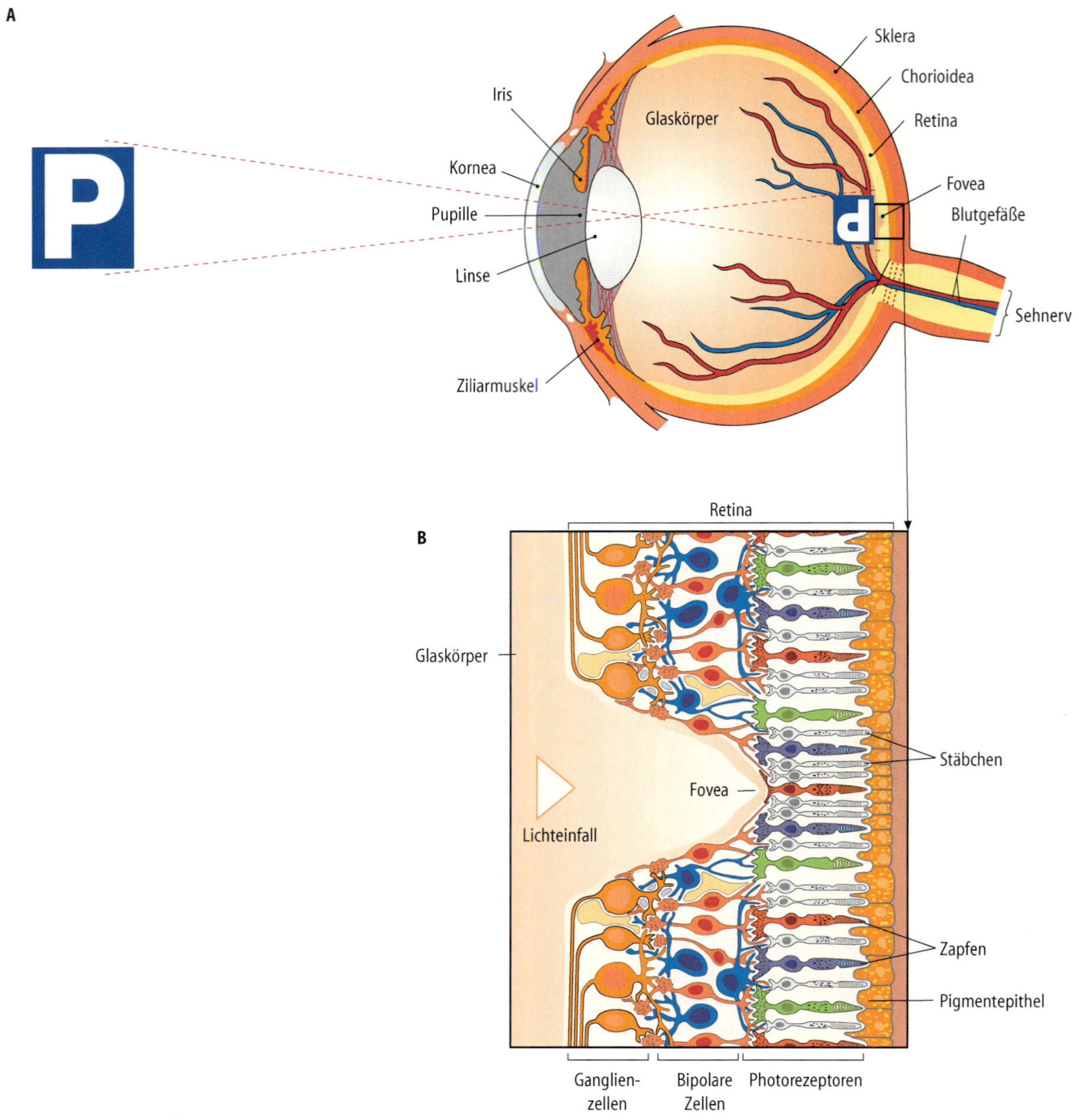

Abb. 17–12. Der Aufbau des Auges und der Retina. **A** Horizontalschnitt durch das rechte Auge (Aufsicht, Blick von oben). Etwa auf der Höhe der Fovea centralis verläßt der *Sehnerv* durch die bindegewebige *Lamina cribrosa* den Augapfel. An dieser Stelle fehlt die Netzhaut (*Retina*). Das Auge ist also hier blind. Diesen *blinden Fleck* können Sie sich mit Hilfe der Abb. 17–1 A „sichtbar" machen. Die bindegewebige *Sklera (Lederhaut)* bildet die äußere Hülle des Augapfels. In der *Chorioidea (Aderhaut)* laufen die Blutgefäße der Netzhaut. **B** Schnitt durch die Retina auf der Höhe der Fovea centralis. Dort trifft das Licht unmittelbar auf die Zapfen. Bezüglich des Baus und der Verschaltung der Netzhaut s. auch Abb. 17–11 und 17–13. (Aus [19])

genspiegeln, auch als gelber Fleck bezeichnet wird. Dieser *gelbe Fleck* ist die ***Stelle des schärfsten Sehens.***

Die Pupillenweite paßt sich über die Irismuskulatur reflektorisch an die Umweltleuchtdichte an

Mitten im Strahlengang des Objektives sitzt beim Auge, wieder genau wie bei der Kamera, eine *automatische Blende mit verstellbarem Durchmesser,* nämlich die ***Iris.*** Diese Blende bestimmt mit Hilfe der Änderung der Pupillenweite das Ausmaß des Lichteinfalls in das Auge. Bei großer Helligkeit wird die Pupille also enger. Bei geringer Lichtstärke öffnet sich die Pupille. Diese ***Lichtreaktionen*** können Sie in einem schwach erleuchteten Raum durch Belichtung mit einer Taschenlampe auslösen. Sie werden dabei feststellen, daß die beiden Pupillen in ihren Reaktionen *fest miteinander gekoppelt* sind: Bei Belichtung eines Auges verengt sich nicht nur dessen Pupille, sondern auch die des nichtbelichteten Auges.

Die Pupillenweite wird durch zwei glatte Muskelsysteme in der Iris bestimmt. Durch Kontraktion des sympathisch innervierten *Musc. dilatator pupillae* erweitert sich die Pupille (Mydriasis), durch Kontraktion des parasympathisch innervierten

Musc. sphincter pupillae verengt sie sich (Miosis; Atropin führt zu Mydriasis, da es die Erregungsübertragung auf den Musc. sphincter pupillae blockiert, s. auch unten).

Die ***Augenfarbe*** ist übrigens nicht durch die Einlagerung unterschiedlicher Farbstoffe (*Pigmente*) in der Iris bedingt, sondern sie hängt lediglich von der Menge des eingelagerten Farbstoffes ab. Bei *geringer* Pigmentierung erscheint die Iris *blau*, bei *mittlerer grau* und bei *starker braun*. Kein Wunder also, daß Menschen mit sehr heller Hautfarbe, also insgesamt geringer Pigmentierung, häufig blaue Augen haben.

Verschieden weit entfernte Gegenstände werden auf der Netzhaut dadurch scharf abgebildet, daß sich der Krümmungsradius der vorderen Linsenfläche ändert; dieser Vorgang wird Akkommodation genannt

Da beim Auge in normaler Ruhestellung nur ferne Gegenstände scharf auf der Netzhaut abgebildet werden, muß für das *scharfe Sehen in der Nähe* das „Objektiv" des Auges anders eingestellt werden. Beim Fotoapparat geschieht dies, indem das Objektiv weiter von der Filmebene entfernt wird. Ähnlich macht es auch der Frosch. Im menschlichen Auge wird dagegen die *Brechkraft des „Objektivs"* durch ***Erhöhung der Brechkraft der Linse*** verstärkt. Dies geschieht über eine *Zunahme der Krümmung der Linsenoberfläche.* Bei der Nahakkommodation wird die Linse also „kugelförmiger", bei der Fernakkommodation flacht sie wieder ab.

Die ***Linse des menschlichen Auges*** ist ein elastischer Körper, der über Aufhängebänder, die *Zonulafasern,* an der Sklera des Augapfels befestigt ist (Abb. 17-12 A). Durch den Augeninnendruck wird die Linse über diese Aufhängung flachgezogen. Werden die ***Zonulafasern*** an ihrem Übergang in die Augenwand durch die Kontraktion eines dort ringförmig angeordneten, parasympathisch innervierten Muskels, des ***Ziliarmuskels,*** entspannt, dann kann die Linse, besonders ihre Vorderfläche, sich entsprechend ihrer Eigenelastizität krümmen. Damit nimmt die Brechkraft zu. Erschlafft der Ziliarmuskel (oder wird er durch das Aufträufeln von *Atropin* gelähmt), dann ziehen die Zonulafasern die Linse wieder flach. (Das Atropin lähmt auch den Irismuskel, s. o. Die Pupille wird dadurch maximal weit. Wir können daher nach dem Besuch beim Augenarzt für einige Stunden nicht mehr nahakkommodieren und sind außerdem sehr lichtempfindlich.)

Die Netzhaut (Retina) ist ein neuronales Netzwerk, das neben Stäbchen und Zapfen verschiedene Neurone enthält; die Axone der Ganglienzellen bilden den Sehnerven; nur in der Fovea centralis fällt das Licht unmittelbar auf die Zapfen

Die lichtempfindliche Schicht des Augenhintergrundes, auf die der optische Apparat das Bild der Umwelt projiziert, ist die *Netzhaut* oder *Retina.* Die Netzhaut entspricht also dem Film im Fotoapparat oder besser den lichtempfindlichen Sensoren der Fernsehkamera. Die Retina enthält, wie in anderem Zusammenhang bereits erwähnt (Abb. 17-1B, 17-2, 17-11), zwei Typen von *Photosensoren,* nämlich die ***Stäbchen*** und die ***Zapfen,*** sowie ein Netzwerk nachgeschalteter Nervenzellen, deren letzte Schicht die ***Ganglienzellen*** bilden. Dieser Aufbau der Retina ist in Abb. 17-13 dargestellt (vgl. auch Abb. 17-11) [33].

Die *Axone* der retinalen Ganglienzellen sammeln sich zum ***Sehnerven,*** der etwa in Höhe der Fovea centralis das Auge verläßt, um zum Gehirn zu ziehen (vgl. Abb. 17-18). Paradoxerweise ist die Netzhaut so aufgebaut, daß die Lichtstrahlen, die von der Linse und durch den klaren, gallertartigen ***Glaskörper*** auf sie treffen, zunächst durch die gesamte Neuronenschicht laufen müssen, bevor sie auf die Photosensoren treffen. Dieser bei der entwicklungsgeschichtlichen Vorstülpung der Augen aus dem Gehirn entstandene „Konstruktionsfehler" ist neben der schlechten Abbildungsqualität des optischen Apparates ein weiterer Grund für die nur sehr bescheidenen Leistungen der „Kamera" *Auge.*

Nur in der ***Fovea centralis*** ist die gesamte Neuronenschicht der Retina zur Seite geschoben, und die Photosensoren werden unmittelbar von den Lichtstrahlen getroffen (daher ist die Netzhaut dort wesentlich dünner, was wie eine kleine Grube aussieht). Außerdem gibt es dort nur eine der beiden Sorten von Photosensoren, nämlich die ***farbtüchtigen Zapfen.*** Diese stehen obendrein dort besonders dicht (Abb. 17-1B, *rote* Kurve). Schließlich verfügen die Zapfen der *Fovea centralis* über besonders zahlreiche Verbindungen zum zentralen Sehsystem. Jeder Zapfen hat sozusagen seine eigene Telefonleitung ins Gehirn, während überall sonst in der Netzhaut zahlreiche Photosensoren sich eine Sammelleitung teilen müssen. Dank all dieser Privilegien, zu denen noch die bereits erwähnte Lage in der optischen Achse des Auges kommt, ist die Fovea centralis bei Tageslicht *die Stelle des schärfsten Sehens* (Abb. 17-1A, *rote* Kurve). Immer wenn wir ein Objekt genau ansehen (fixieren), richten wir es „automatisch" so ein, daß sein Abbild auf die Sehgrube beider Augen fällt.

Bei einem normalen, fernakkommodierten Auge werden unendlich weit entfernte Gegenstände scharf auf der Netzhaut abgebildet

Die Vorderfläche der Hornhaut ist von der Oberfläche der Netzhaut 24,4 mm entfernt (Abb. 17-12). Dies entspricht in etwa den Verhältnissen bei einer Pocketkamera. Wie bereits erwähnt, wird in Ruhe bei einem normalen Auge ein unendlich weit entfernter Gegenstand scharf auf die Netzhaut abgebildet (Abb. 17-14A). Bei vielen Menschen ist aber, meist als angeborener Fehler, die Entfernung von 24,4 mm nicht eingehalten, der

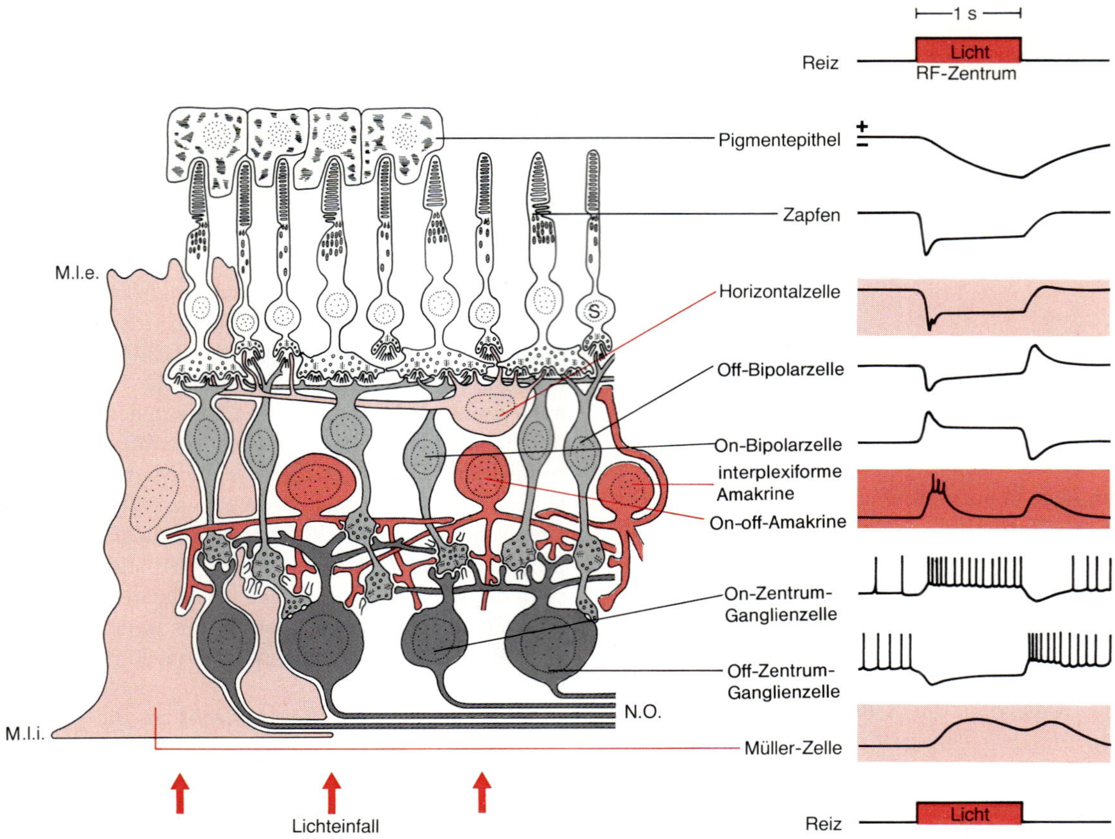

Abb. 17–13. Informationsverarbeitung in der Netzhaut des Auges. *Links:* Schema des Aufbaues der Netzhaut beim Menschen und bei Primaten nach elektronenmikroskopischen Befunden (Boycott und Dowling 1966). *S.* Stäbchen, *M.l.e.,* Membrana limitans externa, *M.l.i.,* Membrana limitans interna, *N.O.,* Nervus opticus (Sehnervenaxone). Die Müller-Zellen und das Pigmentepithel nehmen an der Informationsverarbeitung nicht teil. *Rechts:* Schema der Reaktion einzelner Neurone der Netzhaut auf einen Lichtreiz. Zusammengestellt von Grüsser und Grüsser-Cornehls in [20, 23, 39]

Augapfel (Bulbus) also *relativ zur Brechkraft* zu kurz oder zu lang. Die aus dem Unendlichen kommenden (und deswegen parallelen) Lichtstrahlen eines Gegenstandes vereinigen sich dann entweder schon vorher (B) oder erst (wenn der Augapfel durchsichtig wäre) dahinter (C, oben). *Solche Menschen sind fehlsichtig.* Die auf ihre Netzhaut projizierten Bilder sind genauso unscharf wie Fotos, die mit einer falschen Entfernungseinstellung gemacht wurden. In beiden Fällen werden nämlich die einzelnen Punkte eines Gegenstandes nicht als Punkte, sondern als kleine Scheibchen abgebildet. (Viel seltener als ein zu kurzer oder zu langer Augapfel ist ein zu stark oder zu gering lichtbrechendes optisches System. Der Effekt ist dabei der gleiche.)

Bei der Kurzsichtigkeit (Myopie) ist der Bulbus relativ zur Brechkraft des Auges zu lang; dies muß durch eine Zerstreuungslinse ausgeglichen werden

Ist der Augapfel zu lang (Abb. 17–14B), dann treffen sich die aus dem Unendlichen kommenden Strahlen schon vor der Netzhaut und gehen anschließend wieder auseinander. Die Brechkraft des Auges ist also relativ zur Länge des Augapfels zu groß. Erst wenn der Gegenstand näher liegt, kann er scharf auf der Netzhaut abgebildet werden (B, *Mitte*). Menschen mit einem zu langen Augapfel können also nur in der Nähe scharf sehen. Sie sind ***kurzsichtig*** (*myop*). Um in die Ferne scharf zu sehen, muß ihrem Auge eine ***Zerstreuungslinse*** vorgesetzt werden (B, *unten*) [14, 41].

Brillenberechnung. Das Maß für die Stärke der Brillengläser ist die ***Dioptrie.*** Je größer dieser Wert, desto stärker die *Brechkraft* des Brillenglases. Definiert ist die *Dioptrie* als der ***Kehrwert der Brennweite*** einer Linse *in Metern.* Hat eine Sammellinse, wie sie zum Beispiel von Kindern zum Feueranzünden benützt wird, eine Brennweite von 0,25 m (das heißt, die Sonnenstrahlen vereinigen sich 25 cm hinter der Linse im „Brennpunkt"), dann hat diese Linse eine Brechkraft von 1/0,25 gleich 4 Dioptrien (dpt). Bei einer Brennweite von 12,5 cm wären es 8 dpt, bei 5 cm 20 dpt usw. Zerstreuungslinsen haben nur einen theoretischen Brennpunkt, der sich beispielsweise zeichnerisch bestimmen läßt. Die daraus resultierende (fiktive) Brennweite wird in *negativen* Dioptrien (- dpt) angegeben.

Bei der Weitsichtigkeit (Hyperopie) ist der Bulbus relativ zur Brechkraft des Auges zu kurz; dies muß durch eine Sammellinse ausgeglichen werden

Ist der Augapfel zu kurz, dann sind die aus dem Unendlichen kommenden Strahlen beim Auftreffen auf

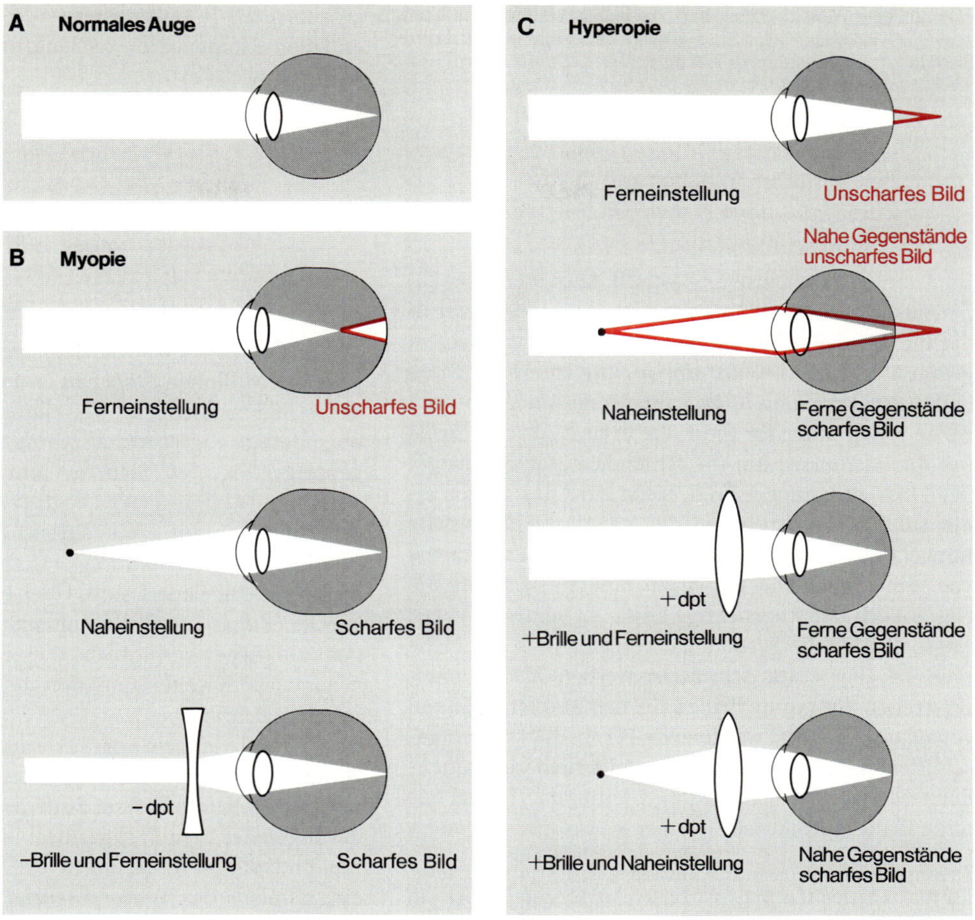

Abb. 17–14. Strahlengang bei normalen und fehlsichtigen Augen. **A** Beim normalen Auge werden aus dem Unendlichen kommende Strahlen scharf auf der Netzhaut abgebildet. **B** Myopie (Kurzsichtigkeit). Der Augapfel (Bulbus) ist relativ zur Brechkraft des optischen Systems zu lang. Aus dem Unendlichen kommende Strahlen vereinigen sich schon vor der Netzhaut und gehen anschließend wieder auseinander (*rot* in *B)*. Die Korrektur erfolgt durch Zerstreuungslinsen. **C** Hyperopie (Weitsichtigkeit). Der Bulbus ist relativ zu kurz. Erst bei Naheinstellung der Linse werden aus dem Unendlichen kommende Strahlen scharf auf der Netzhaut abgebildet. Nahe Gegenstände bleiben unscharf (*roter* Strahlengang im 2. Bild von *oben)*. Die Korrektur erfolgt durch Sammellinsen. Aus R.F. Schmidt: Medizinische Biologie des Menschen. 2. Aufl. München: Piper 1983

die Netzhaut noch nicht zu einem scharfen Bild vereinigt (Abb. 17–14 C, *oben*). Hier kann sich der Mensch zunächst selber helfen, indem er seine Augen auf Nahsehen einstellt, also die Brechkraft der Linse durch Anspannung des Ziliarmuskels erhöht. Trotz seines zu kurzen Augapfels kann er dann in der Ferne scharf sehen. Für die Nähe hat er aber, wie in C (*roter* Strahlengang) skizziert, nicht mehr genug Brechkraft zur Verfügung. Er ist also *weitsichtig.* Um auch in der Nähe scharf zu sehen, muß er die fehlende Brechkraft mit Sammellinsen ergänzen (*untere* Bildhälfte in Abb. 17–14 C). Dies ist auch beim Sehen in die Ferne wichtig, damit die Augen nicht zu sehr durch die dauernde Kontraktion des Ziliarmuskels ermüden, was zu Kopfschmerzen führen kann [14, 41].

Weitsichtigkeit und Schielen. Es gibt noch einen weiteren wichtigen Grund für das dauernde Tragen einer Brille bei Hyperopie: Da wir bei der Fixation eines Gegenstandes diesen immer auf den *Sehgruben* ***beider*** *Augen abbilden,* sind die nervösen Steuerzentren der äußeren Augenmuskeln so programmiert, daß die *beim Blick in die Ferne* völlig parallelen Sehachsen beim Nahsehen einen um so stumpferen Winkel einnehmen, je näher der fixierte Gegenstand ist. Beim Versuch, die eigene Nasenspitze zu sehen, wird dieses „Einwärtswenden" besonders deutlich. Der Weitsichtige, der bereits für einen scharfen Blick in die Ferne seine Linse kugeliger werden lassen muß, verstellt dabei automatisch (und ohne es je im Leben ändern zu können) den Winkel seiner Sehachsen so, *als ob er auf die Nähe fixieren* würde. Dabei fällt dann der fixierte Gegenstand in einem Auge auf die zentrale Sehgrube, in dem anderen auf eine „falsche" Netzhautstelle. Ein Auge sieht also gewissermaßen am fixierten Gegenstand vorbei: der Mensch ***schielt*** [14, 41].

Beim Schielen müßte eigentlich der fixierte Gegenstand doppelt gesehen werden, so wie wir Doppelbilder sehen, wenn wir einen Augapfel mit dem Finger in der Augenhöhle etwas verschieben (s. S. 402, 403). Um dies zu verhindern, unterdrückt der Schielende das störende Bild in seinem Gehirn. Bei kleinen Kindern führt dies zu einer raschen und starken ***Abnahme der Sehleistung*** des *unterdrückten Auges* – nicht weil das Auge schlecht wird, sondern weil die von ihm kommenden Impulse in den *Sehzentren des Gehirns* nicht mehr bearbeitet werden. Um diese Form der *„zentralen" Schwachsichtigkeit,* ***Schielamblyopie*** genannt, zu verhindern, ist es dringend notwendig, alle schielenden Kinder (auch wenn das Schielen andere Ursachen als eine Weitsichtigkeit hat) auf jeden Fall schon *im Vorschulalter* zu behandeln. Eine einmal entstandene Schielamblyopie ist kaum mehr zu bessern. Der oder die Betroffene bleibt für den Rest seines Lebens praktisch einäugig.

Bei der Alterssichtigkeit (Presbyopie) kann nicht mehr nahakkommodiert werden; dies muß beim Nahsehen durch eine Sammellinse ausgeglichen werden

Im Alter wird die Linse unelastisch. Auch wenn der Ziliarmuskel sich noch so anstrengt, die Linse bleibt in der nur für das Sehen in die Ferne geeigneten flachen Form: Der Mensch wird ***alterssichtig (presbyop).*** Das heißt, der ***Normalsichtige*** kann weiterhin gut in die Ferne sehen. Aber für die Nähe braucht er eine *Brille mit Sammellinsen,* um die fehlende Zusatzbrechkraft der Linse zu kompensieren. Meist wird das Tragen einer solchen *Lesebrille* um das vierzigste Lebensjahr notwendig. Der ***Weitsichtige*** braucht im Alter nach wie vor seine Fernbrille und dazu eine stärkere für die Nähe. Auch der ***Kurzsichtige*** kann auf seine Zerstreuungsbrille für die Ferne nicht verzichten; in der Nähe muß sie aber etwas schwächer werden, also weniger zerstreuen. Getrennte Brillen für nah und fern können genausogut benutzt werden wie Fernbrillen mit eingeschliffenen Nahteilen oder kontinuierlich zunehmender Änderung der Brechkraft („Gleitfokus") in den unteren Brillenglashälften.

Astigmatismus. Bei manchen Menschen ist die Hornhaut in einer Richtung, meist in der senkrechten, stärker gekrümmt als in der anderen. Ein wenig ist dies schon im normalen Auge der Fall. Wenn die Differenz aber 0,5 dpt überschreitet, muß dieser ***Astigmatismus*** korrigiert werden. Diese Gläser sind dann nur in derjenigen Achse geschliffen, die auf der Hornhaut eine zu starke oder zu schwache Krümmung aufweist. Die Gläser werden daher ***Zylindergläser*** genannt. Häufig kommt ein Astigmatismus zusammen mit anderen Fehlsichtigkeiten vor. Sie alle können gleichzeitig durch eine entsprechend geschliffene Brille (oder durch *Kontaktlinsen*) kompensiert werden.

17.5 Signalaufnahme und Signalverarbeitung in der Netzhaut

Im strengen Sinn des Wortes sieht das Auge nichts. Auch das Gehirn sieht nichts. Jedenfalls nicht in dem Sinne, daß die Augen Bilder im Gehirn hervorrufen, die von diesem angesehen werden. Ein solcher Vorgang würde eine Art inneren Auges im Gehirn voraussetzen, das dann selbst wiederum von einem weiteren Auge betrachtet werden müßte, und so fort in einer endlosen Reihe von Augen und Bildern. Vielmehr geben die Ganglienzellen der Retina über ihre Axone im Sehnerven *in Impulsmustern verschlüsselte Informationen* über die auf die Photosensoren treffenden Lichtstrahlen weiter. In diesen Impulsmustern ist, wie bei anderen Sinnesorganen auch (s. S. 308), ein *Abbild* der vom Auge betrachteten Objekte *repräsentiert.* Das Gehirn entziffert die Impulsmuster und benutzt die in ihnen enthaltene Information zur Wahrnehmung der Objekte in der Umwelt [10].

Lichteinfall in die Außenglieder der Stäbchen und Zapfen leitet über einen Zerfall der Sehfarbstoffe den Transduktionsprozeß ein; dieser führt zu einem Schließen von Na^+-Kanälen und damit zur Hyperpolarisation der Photosensoren

Die Sensorschicht des menschlichen Auges besteht aus etwa 120 Millionen ***Stäbchen*** und 6 Millionen ***Zapfen,*** deren unterschiedliche Verteilung auf der Netzhaut oben bereits angesprochen wurde (s. Abb. 17–1 und zugehöriger Text) [33]. Stäbchen und Zapfen sind ähnlich aufgebaut (Abb. 17–15 A): Die *Außenglieder* der Sensorzelle bestehen aus etwa tausend *Membranscheibchen* (Stäbchen) bzw. *-einfaltungen* (Zapfen), in die die ***Sehfarbstoffe*** eingelagert sind. Über eine dünne Gewebsbrücke (*Zilium*) sind die Außenglieder mit dem übrigen Zellkörper verbunden. Dieser wiederum steht in synaptischem Kontakt mit den vor ihm liegenden Neuronen (vgl. Abb. 17–13).

Sobald Licht von *Sehfarbstoff* absorbiert wird, zerfällt dieser in Vorstufen (s. unten). Dieser Zerfallsprozeß leitet als erste Stufe der ***Transduktion*** Änderungen der Membranpermeabilität der Photosensoren und damit Änderungen des Membranpotentials ein, nämlich das ***Sensorpotential.*** Diesem liegt eine Schließung von Na-Kanälen zugrunde, wodurch sich das Membranpotential in Richtung auf das K^+-Gleichgewichtspotential verschiebt. Das Sensorpotential der Photosensoren verläuft also in *hyperpolarisierender* Richtung (Abb. 17–15 E) und stellt damit eine Ausnahme unter den Sensorpotentialen dar. Wie üblich hängt aber die Amplitude des Sensorpotentials von der Reizintensität (s. Abb. 17–15 E), seine Dauer von der Dauer des Lichtreizes ab. Für mittlere Intensitätsbereiche konnte gezeigt werden, daß die Amplitude des Sensorpotentials der im ***Weber-Fechner-Gesetz*** formulierten logarithmischen Beziehung zwischen Reizstärke und Amplitude folgt [49].

Der Sehfarbstoff der Stäbchen ist das Rhodopsin; bei den Zapfen gibt es drei verschiedene Typen mit unterschiedlichen Sehfarbstoffen

Der Sehfarbstoff der Stäbchen heißt *Rhodopsin* („Sehpurpur", Abb. 17–15 B-D), denn eine im Dunkeln hergestellte Lösung dieses Stoffes sieht rot aus. Rhodopsin besteht aus einem Eiweiß (Opsin) und Retinal 1, dem Aldehyd des *Vitamins A* (Abb. 17–15 C). Bei Belichtung zerfällt Rhodopsin über mehrere Zwischenstufen in das farblose Opsin und Vitamin A, aus denen es anschließend unter Energieaufwand wieder aufgebaut werden muß (Abb. 17–15 D). Für eine gegebene Belichtungsstärke stellt sich ein Gleichgewicht zwischen diesen beiden Prozessen, *Zerfall* und *Wiederaufbau* ein: in großer Helligkeit ist der Sehpurpur nahezu „ausgebleicht" (die Stäbchen also kaum noch lichtempfindlich), in Dunkelheit regeneriert der

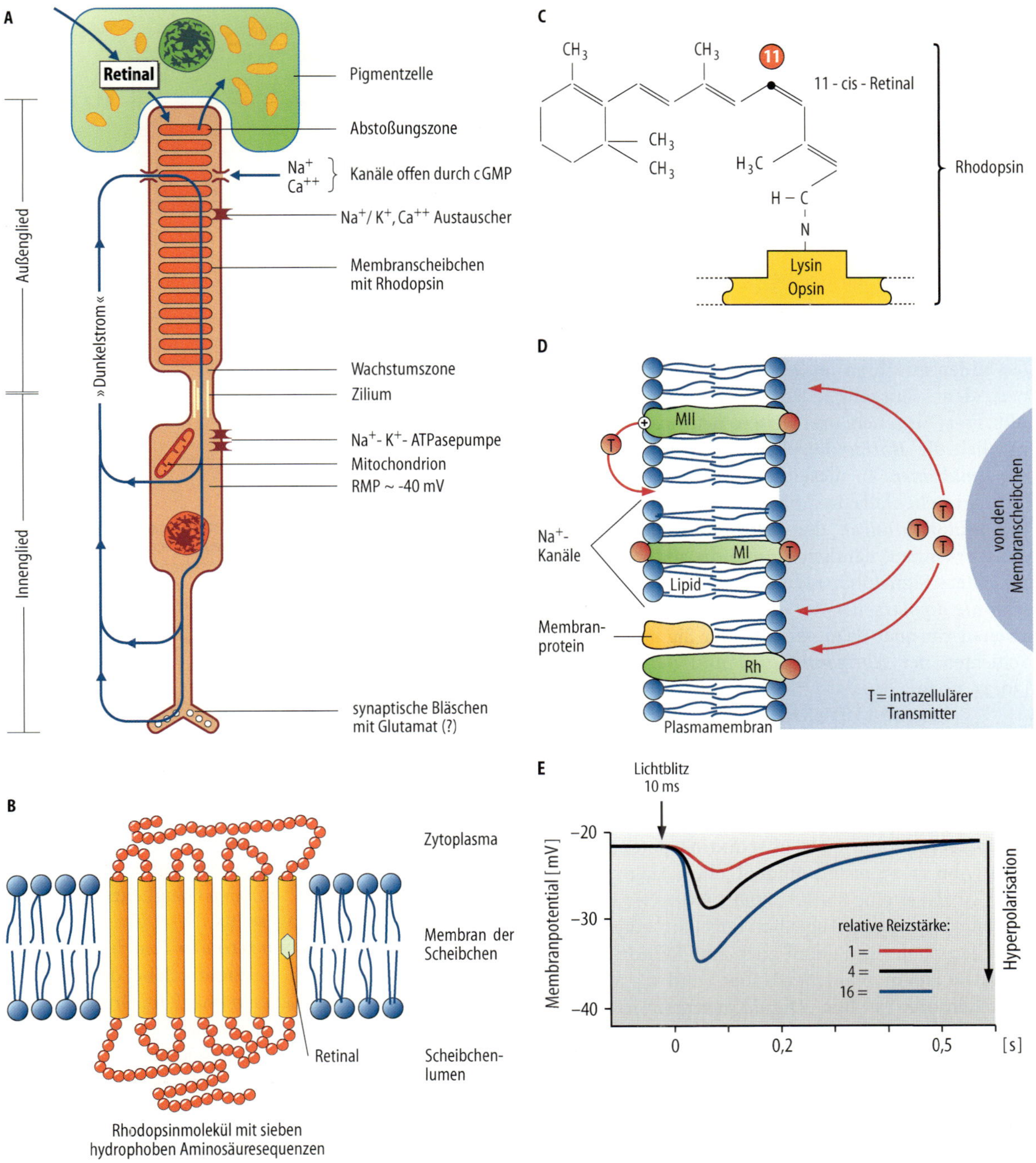

Abb. 17–15. Transduktion in der Retina. **A** Schematischer Aufbau eines Stäbchens und einer Zelle des Pigmentepithels der menschlichen Netzhaut. Am äußeren Ende werden die Außenglieder der Photorezeptoren abgebaut und die Abbauprodukte von der Pigmentzelle aufgenommen. **B** Schema des Rhodopsinmoleküls, das mit 7 hydrophoben Aminosäuresequenzen die Lipiddoppelschicht der Scheibchenmembran durchdringt. **C** 11-cis-Retinal ist über Lysin an den Proteinteil (*Opsin*) des Rhodopsins gebunden. Nach Photonenabsorption tritt eine Photoisomerisation am C-Atom 11 ein (*rot*). **D** Schema des Aufbaus der Plasmamembran eines Stäbchens. Absorption von Licht durch den Sehfarbstoff (*Rh*, Rhodopsin) führt zu Konformationsänderungen des Sehfarbstoffs (*MI*, Metarhodopsin I, *MII*, Metarhodopsin II) und über eine intrazelluläre Transmitterkette zu einer Veränderung der Ionenpermeabilität der Membran, nämlich zu einem Schließen von Natriumkanälen. Dadurch kommt es zu den in **E** gezeigten *hyperpolarisierenden* Sensorpotentialen. Diese entstanden als Reaktion auf drei kurze Lichtblitze von verschiedener Reizstärke (Schildkrötenretina, nach Baylor und Fuortes 1970). Zusammengestellt von Grüsser und Grüsser-Cornehls in [20, 23, 43]

Sehpurpur zu seiner Maximalkonzentration. Je mehr Sehfarbstoff vorhanden ist, um so größer ist die Chance, daß ein Lichtquant (Photon) absorbiert wird, d.h. um so größer ist die Lichtempfindlichkeit. Das Reaktionsgleichgewicht zwischen dem Sehpurpur und seinen Zerfallsprodukten ist also die physikochemische Grundlage der Hell-Dunkel-Adaptation. Mangel an Vitamin A behindert den Aufbau des Rhodopsins und führt deswegen zu ***Nachtblindheit*** (s. auch S. 376). (Über die Bedeutung des *Mikrotremors* der Augen für die Photosensoren s. S. 400.)

Es gibt drei verschiedene Zapfentypen mit unterschiedlichen Sehfarbstoffen (*Jodopsine* oder *Zapfenopsine*). Die spektralen Empfindlichkeiten der Sensorpotentiale der drei Zapfentypen stimmen gut mit den schon mitgeteilten Resultaten der mikrospektrophotometrischen Messungen überein (Abb. 17–10). Wie gesagt, dies ist eine der wesentliche Stützen der ***trichromatischen Theorie des Farbensehens*** (s. S. 384).

Die Signalverarbeitung in den ersten Neuronenschichten der Netzhaut erfolgt bei starker Konvergenz der Signale über lokale synaptische Potentiale

Die *Photosensoren* bilden den „Eingang" in das lokale Netzwerk der retinalen Nervenzellen, die *Ganglienzellen* bilden mit ihren im Sehnerven verlaufenden Axonen den „Ausgang". Dazwischen liegen, wie in Abb. 17–13 zu sehen, drei weitere neuronale Zelltypen, nämlich die ***Horizontalzellen,*** die ***Bipolarzellen*** und die ***Amakrinen.*** In diesem Neuronennetzwerk lassen sich, wie ebenfalls in Abb. 17–13 auszumachen, *zwei Hauptflußrichtungen* der neuronalen Signalübertragung erkennen, nämlich einmal die nach zentripetal gerichtete Signalübertragung *von den Photosensoren über die Bipolarzellen auf die Ganglienzellen* und zum zweiten ein quer dazu verlaufender Signalfluß in den Schichten der *Horizontalzellen* und der *Amakrinen* [30, 33, 38, 39].

Es gehört zu den bemerkenswerten Eigentümlichkeiten der *neuronalen Signalverarbeitung in der Netzhaut,* daß sie nicht nur in den Photosensoren, sondern auch in den Horizontalzellen, Amakrinen und Bipolarzellen ausschließlich über ***langsame lokale Membranpotentiale*** und nicht über Aktionspotentiale verläuft (Abb. 17–13, *rechter* Bildteil, obere Hälfte). Insgesamt ist dabei eine starke *Signalkonvergenz* zu beobachten, denn jedes Auge hat ungefähr eine Million Ganglienzellen (und damit auch eine Million Nervenfasern in jedem Sehnerven), aber rund 125 Millionen Photosensoren (s. oben). Diese Konvergenz ist funktionell strukturiert, denn im Ergebnis erlaubt die komplexe Verknüpfung der retinalen Neurone bereits im Auge selbst eine erhebliche Aufarbeitung der von den Photosensoren ausgehenden Signale. Diese Strukturierung der visuellen Information spiegelt sich deutlich in der anschließend zu besprechenden funktionellen Organisation der verschiedenen Typen retinaler Ganglienzellen wider.

Die retinalen Ganglienzellen haben konzentrisch organisierte rezeptive Felder; ihre Axone bilden den Sehnerven; über den Sehnerven wird die vorverarbeitete visuelle Information an die zentralen Sehzentren weitergeleitet

Zwei Besonderheiten zeichnen die retinalen Ganglienzellen gegenüber den anderen Nervenzellen der Netzhaut aus (Abb. 17–13): Ihre Axone verlassen im Sehnerven (Nervus opticus, N. O. in der Abbildung) das Auge,

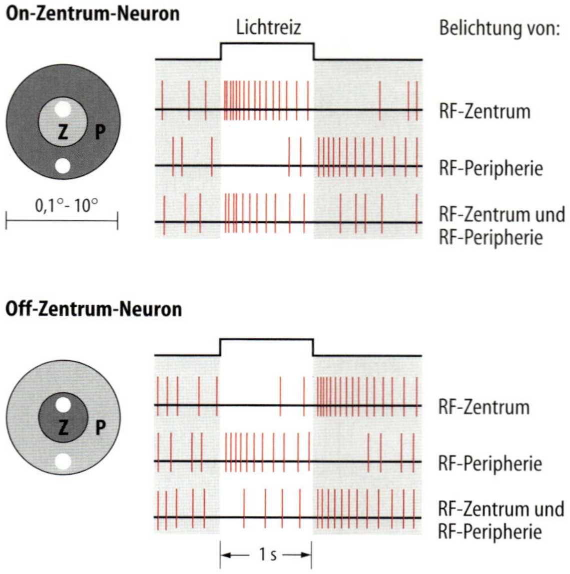

Abb. 17–16. Funktionelle Organisation rezeptiver Felder (*RF*) der Ganglienzellen des *Schwarz-Weiß-Sehens* in der Säugetierretina (vgl. Abb. 17–17 für das Farbensehen). Zur Analyse der rezeptiven Felder werden weiße Lichtpunkte entweder in das RF-Zentrum, *Z*, oder in die RF-Peripherie, *P*, oder in beide Anteile gleichzeitig projiziert. *Oben:* Reaktionen eines On-Zentrum-Neurons. *Unten:* Reaktionen eines Off-Zentrum-Neurons. Bei beiden Neuronen überwiegt bei gleichzeitiger Reizung von Zentrum und Peripherie des RF die aus dem RF-Zentrum ausgelöste Antwort (Erregung *oben,* Hemmung *unten*). Nach Grüsser und Grüsser-Cornehls in [20]

und sie bilden Aktionspotentiale aus (*rechts unten* in der Abbildung), die über den Sehnerven die visuelle Information in das Gehirn tragen. Alles, was wir mit dem Auge wahrnehmen, ist also in den Impulsmustern verschlüsselt, die von den retinalen Ganglienzellen zu den Sehzentren fließen. Angesichts dieser Tatsache ist die ***funktionelle Organisation retinaler Ganglienzellen*** bemerkenswert simpel. Sie zeichnet sich bei den verschiedenen Klassen dieser Zellen nämlich im Grunde immer dadurch aus, daß die *Hintergrund-* oder *Spontanaktivität* durch Lichtreize auf einem kleinen, kreisrunden Fleck der Retina verändert wird (dieses Netzhautareal wird ***rezeptives Feldzentrum*** oder ***RF-Zentrum*** genannt), während Belichtung in einem darum herum liegenden Feld, also der RF-Peripherie, die gegenteilige Wirkung hat.

Rezeptive Felder beim skotopischen Sehen. Zwei Beispiele für diese antagonistische Organisation der rezeptiven Felder retinaler Ganglienzellen zeigt Abb. 17–16. *Oben* sind die Entladungen einer Zelle zu sehen, die bei einem Lichtreiz im RF-Zentrum ihre Entladungsfrequenz erhöht, während Belichtung der RF-Peripherie diese vermindert. Solche Neurone nennt man ***On-Zentrum-Neurone.*** Ihr Spiegelbild sind die ***Off-Zentrum-Neurone,*** deren Verhalten auf die gleiche Belichtung *unten* in Abb. 17–16 zu sehen ist. Ebenso wie Zunahme der Belichtung zu einer Erregung bzw. Hemmung der beiden Neuronentypen führt, beeinflußt auch Abnahme der Belichtung die Entladungsfrequenz, nur eben mit umgekehrten Vorzeichen: Das Ende eines Lichtreizes im Zentrum eines *Off-Zentrum-Neurons* erhöht dessen Entladungsfrequenz etc. (s. Abb. 17–16).

Die On- und Off-Zentrum-Neurone stellen die zwei wichtigsten Klassen retinaler Ganglienzellen dar. In beiden Klassen lassen sich mehr phasisch (kurzfristig) und mehr tonisch (länger anhaltend) reagierende Zellen voneinander abgrenzen. Eine dritte Klasse wird als On-Off-Neurone bezeichnet, weil sie bei Änderungen der Belichtung jeweils nur mit einer kurzen Aktivierung reagiert. Diese Neurone sind besonders gut durch bewegte Lichtmuster aktivierbar. Werden Zentrum und Peripherie eines rezeptiven Feldes gleichzeitig belichtet, addieren sich die antagonistischen Wirkungen, aber es überwiegt meist der Einfluß des RF-Zentrums (s. jeweils dritte Registrierung in Abb. 17–16 *oben* und *unten*).

Abhängigkeit der RF-Größe von der Lokalisation der Ganglienzellen auf der Retina und vom Adaptations*zustand*. Die rezeptiven Felder der retinalen Ganglienzellen sind nicht in allen Teilen der Netzhaut gleich groß: In der Fovea centralis sind die rezeptiven Felder am kleinsten (d.h. das visuelle Auflösungsvermögen ist hier am größten, s. auch S. 375). Zur Netzhautperipherie nimmt die Größe der Felder kontinuierlich zu. Innerhalb eines rezeptiven Feldes ist der Anteil von RF-Zentrum und RF-Peripherie sehr stark vom Adaptationszustand abhängig: Bei *Helladaptation* ist das Zentrum klein und die Peripherie groß, bei *Dunkeladaptation* ist im Extremfall überhaupt keine Peripherie mehr nachzuweisen, d. h. die antagonistische Organisation des rezeptiven Feldes erscheint aufgehoben. Diese Umorganisation wird vor allem durch adaptationsabhängige laterale Hemmprozesse bewirkt, an denen die Horizontalzellen und Amakrinen beteiligt sind.

Verarbeitung farbiger Lichtreize in retinalen Ganglienzellen. Die bisherige Diskussion der funktionellen Organisation retinaler Ganglienzellen bezog sich weitgehend auf das Schwarz-Weiß-Sehen. Die dabei erörterten allgemeinen Gesetzmäßigkeiten treffen aber auch weitgehend auf die Verarbeitung farbiger Lichtreize zu. Wie in Abb. 17–17 illustriert, sind auch die rezeptiven Felder farbempfindlicher Ganglienzellen in *kreisförmig antagonistischer Form* organisiert, nur daß an Stelle des Hell-Dunkel-Antagonismus sich zum einen ein ***Rot-Grün-Antagonismus*** und zum anderen ein ***Gelb-Blau-Antagonismus*** in der Anlage der rezeptiven Felder zeigt. Bei den farbentüchtigen Säugetieren sind also die oben beschriebenen drei Zapfentypen (vgl. Abb. 17–10 u. S. 384) mit den nachfolgenden retinalen Nervenzellen so verschaltet, daß beim Tagessehen neben einem System für das „Unbunt-Sehen" zwei farbspezifische, antagonistische Ganglienzellsysteme aktiviert werden, die ein ***Vierfarbensystem*** mit den *Gegenfarben* Gelb-Blau und Rot-Grün bilden (Abb. 17–11 *unten*, S. 384). Diese Organisation des Farbensehens ist auch noch in dem Endigungsgebiet der Sehnervenfasern, dem Corpus geniculatum laterale, nachweisbar (s. unten).

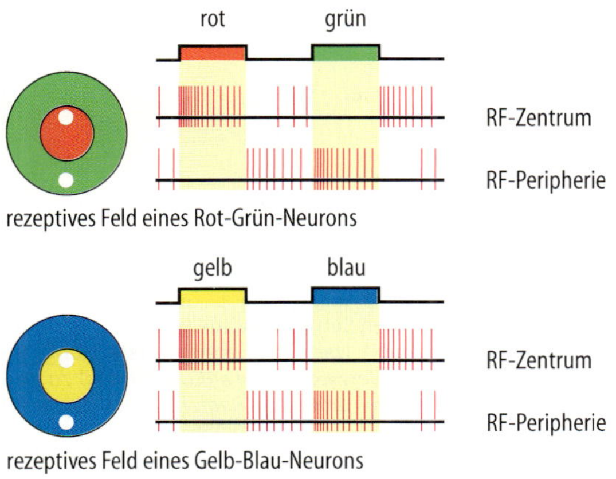

Abb. 17–17. Funktionelle Organisation rezeptiver Felder (*RF*) visueller Neurone des *Farbensehens* in der Retina bzw. dem Corpus geniculatum laterale des Säugetiers (vgl. Abb. 17–16 für das Schwarz-Weiß-Sehen). *Oben:* Neuron des Rot-Grün-Systems. *Unten:* Neuron des Gelb-Blau-Systems. Wie bei den Schwarz-Weiß-Neuronen sind Zentrum und Peripherie der RF (farb)-antagonistisch organisiert (siehe dazu auch Abb. 17–11). Nach Grüsser und Grüsser-Cornehls in [22]

Klassifikation der Ganglienzellen nach Größe und Leitungsgeschwindigkeit ihrer Axone. Nach den Leitungsgeschwindigkeiten der Ganglienzellaxone (die sich parallel zu den Zellgrößen verhalten) lassen sich die retinalen Ganglienzellen in drei Klassen einteilen:

- Die α-Neurone des magnozellulären Systems (Latenzklasse I- oder Y-Neurone) bilden schnell leitende, dicke Axone; sie gehören zum Hell-Dunkel-Sehen.
- Die β-Neurone des parvozellulären Systems (Latenzklasse II- oder X-Neurone) bilden dünnere, markhaltige Axone und übertragen z. T. Farbinformation.
- Die γ-Neurone des koniozellulären Systems (Latenzklasse III- oder W-Neurone) haben markarme bis marklose Axone; sie sind z. T. an der Steuerung der Pupillenmotorik and anderen vegetativen Reaktionen beteiligt.

In allen drei Klassen gibt es On- und Off- und On-Off-Neurone [43].

Die konzentrische Organisation der retinalen rezeptiven Felder ist wesentlich für den Simultankontrast verantwortlich

Im Zusammenhang mit Abb. 17–3 B (S. 377) wurde bereits das Phänomen des Simultankontrastes erläutert und darauf hingewiesen, daß dieser die Sehschärfe und das Gestaltsehen verbessert. Der dabei auftretende subjektive Sinneseindruck, daß nämlich entlang der Helldunkelgrenze der hellere Teil jeweils etwas heller und der dunklere jeweils etwas dunkler als die weitere Umgebung erscheint *(Grenzkontrast)*, läßt sich aus der funktionellen Organisation der rezeptiven Felder der retinalen Ganglienzellen (und der Neurone im nachgeschalteten Corpus geniculatum laterale, CGL, s. unten) ableiten. Dies ist im unteren Teil der Abb. 17–3 auf S. 377 zu sehen: Die konzentrische Organisation der rezeptiven Felder bewirkt bei partieller Belichtung bzw. Verdunklung der erregenden bzw. hemmenden rezeptiven Feldanteile (17–3 C-E) über laterale Hemmprozesse an der Kontrastgrenze übersteigerte neuronale Erregungen bzw. Hemmungen (Abb. 17–3 F), die offensichtlich die neurophysiologische Grundlage für den Grenzkontrast darstellen.

17.6 Signalverarbeitung in subkortikalen visuellen Zentren

Im Chiasma opticum kreuzen die Sehnervenfasern beider Augen so, daß die der linken Gesichtshälfte zur rechten Hirnhälfte laufen und die der rechten Gesichtshälfte zur linken Hirnhälfte

Einen schematischen Überblick über den Verlauf der gesamten ***Sehbahn*** und die wichtigsten zentralen ***Sehzentren*** gibt Abb. 17–18. Die ***Sehnerven*** (*Nervi optici*) beider Augen laufen an der Schädelbasis aufeinander zu und tauschen in der ***Sehkreuzung*** (*Chiasma opticum*) etwa die Hälfte ihrer Nervenfasern (= Axone der retinalen Ganglienzellen, vgl. Abb. 17–13) miteinander aus. Dieser Austausch erfolgt nach einer strengen Regel: Gekreuzt wird so, daß die linken Gesichtshälften beider Augen (*rot* in Abb. 17–18) zur rechten Hirnhälfte projizieren und umgekehrt. (Durch die seitenverkehrte Projektion im optischen Apparat wird die linke Gesichtshälfte im linken Auge auf die nasale, im rechten Auge auf die seitlich äußere Netzhaut abgebildet.) In völliger Analogie mit dem somatosensorischen System wird damit auch für das Sehsystem sichergestellt, daß alle sensorischen Eindrücke einer Seite zunächst durch die jeweils auf der anderen Seite liegende Hirnhälfte verarbeitet werden (vgl. Kap. 25).

Erste Stationen der Sehbahn sind das Corpus geniculatum laterale, CGL, und die primäre Sehrinde; die Sehrinde projiziert zu höheren Sehzentren; die blickmotorischen Zentren werden über Kollaterale des Tractus opticus erreicht

Nach der Sehkreuzung verlaufen die Ganglienaxone zu einem Kerngebiet des Thalamus, dem ***Corpus geniculatum laterale*** (CGL, *seitlicher Kniehöcker*), an dessen Neuronen sie synaptisch enden. Dies ist die erste und einzige Schaltstelle auf dem direkten Weg zwischen Netzhaut und Hirnrinde. Der „Ausgang" des CGL führt als ***Sehstrahlung*** (*Radiatio optica*) zur primären Sehrinde (visueller Kortex) im Hinterhauptslappen der Großhirnrinde (Abb. 17–18, Areal 17 der Hirnrindenkarte nach BRODMAN, vgl. Abb. 20–20, S. 473). Von der primären Sehrinde gehen zahlreiche weitere Verbindungen aus. In unmittelbarer Nachbarschaft liegen beispielsweise die zweiten und dritten Sehzentren (Areale 18 und 19 in Abb. 17–18). Und die drei Sehzentren einer Seite sind wiederum über den Balken (Corpus callosum, s. Kap. 25) mit denen der anderen Seite verbunden.

Nomenklatur der visuellen Zentren. Die primäre Sehrinde wird auch als V1 (für Visuell 1) bezeichnet und die sekundären und höheren Sehzentren als V2, V3 und V4. Für jede dieser Regionen lassen sich spezifische Aufgaben bei der visuellen Informationsverarbeitung nachweisen.

Vom Tractus opticus zweigen schon kurz nach der Sehkreuzung Seitenäste ab, die zu denjenigen Kerngebieten des Hirnstammes ziehen, von denen die Bewegungen unserer Augen gesteuert werden (siehe entsprechende Pfeile in Abb. 17–18). Es handelt sich vor allem um die ***prätektale Region*** und die ***vorderen vier Hügel*** (*Colliculi superiores*).

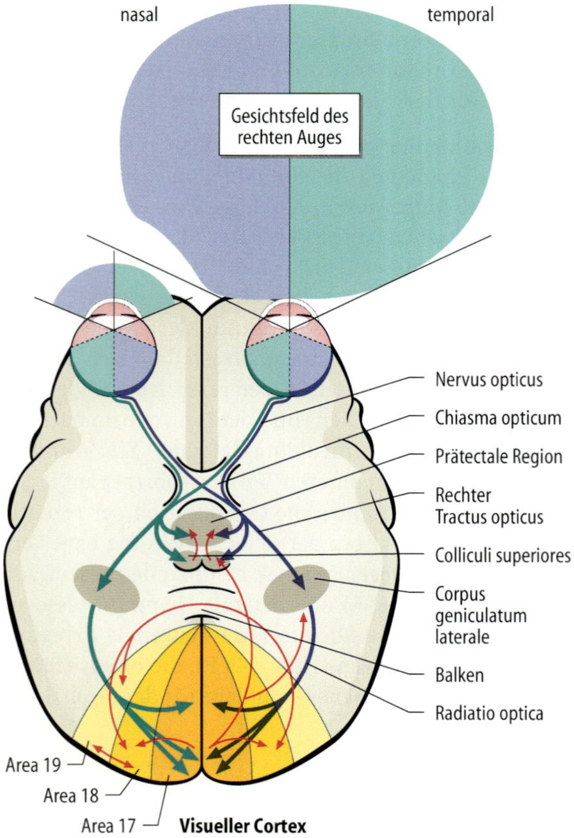

Abb. 17–18. Schema der Sehbahn im Gehirn des Menschen (Aufsicht). Die beiden aus den Augen kommenden Sehnerven *(Nervi optici)* tauschen in der Sehkreuzung *(Chiasma opticum)* einen Teil ihrer Fasern so aus, daß die linken Gesichtsfeldhälften beider Augen in der rechten Sehrinde *(visueller Kortex)* abgebildet werden und umgekehrt. Nach der Sehnervenkreuzung geben die Sehnervenfasern Verzweigungen *(Kollateralen)* zu den augenmotorischen Zentren *(prätektale Region, Colliculi superiores)* ab. Anschließend enden sie im seitlichen Kniehöcker *(Corpus geniculatum laterale)*, einem Kern des Thalamus, von dem der letzte Teil der Sehbahn, nämlich die Sehstrahlung *(Radiatio optica)*, ihren Ausgang nimmt. Neben der primären Sehrinde *(Area 17)* sind schematisch auch die zweiten und dritten kortikalen Sehzentren eingezeichnet *(Area 18, 19)*. Die Verbindungen der Sehzentren beider Hemisphären über den Balken sind ebenfalls angegeben. Zusätzlich ist *rechts* mit einem *Pfeil* auf die efferenten Verbindungen zwischen dem visuellen Kortex und subkortikalen Strukturen aufmerksam gemacht. Darstellung von Grüsser und Grüsser-Cornehls in [20]

Die Signalverarbeitung im CGL erfolgt in sechs Neuronenschichten, die abwechselnd dem ipsilateralen und dem kontralateralen Auge zugeordnet sind

Dies bedeutet, daß die Signalverarbeitung jeweils dreier Schichten im wesentlichen von einem Auge bestimmt wird (Abb. 17–19 A). Die Interaktion zwischen den sich entsprechenden, aber jeweils kontralateralen Schichten ist jedenfalls auffallend gering. Hier findet also noch keine binokulare Verarbeitung der visuellen Signale zum Zwecke des beidäugigen stereoskopischen Sehens statt. Dies erfolgt also erst im visuellen Kortex.

Die Neurone des CGL haben wie die Ganglienzellen der Retina meist einfache, konzentrisch organisierte rezeptive Felder. Mit unbunten Reizen findet man zwei verschiedene Neuronenklassen, nämlich ***Kontrastneurone*** und ***Hell-Dunkel-Neurone.*** Bei letzteren hängt das Erregungsniveau von der mittleren Leuchtdichte der Lichtreize ab. Die *Kontrastneurone* reagieren dagegen nur schwach oder überhaupt nicht auf diffuse Lichtreize, während sie auf Reize mit einer scharfen Hell-Dunkel-Grenze hochfrequent entladen. Die ***Farbinformation*** ist in den oben schon erwähnten gegenfarbig organisierten Neuronenklassen repräsentiert (Abb. 17–17).

17.7 Signalverarbeitung im visuellen Kortex

Die primäre Sehrinde (V1) ist retinotop organisiert; die Fovea centralis ist dabei weit stärker repräsentiert als die übrige Retina

Das Endigungsgebiet der Sehstrahlung, die bereits erwähnte *primäre Sehrinde* (Area oder Areal 17 oder V1) entspricht der primären somatosensorischen Rinde der hinteren Zentralwindung (Gyrus postcentralis,

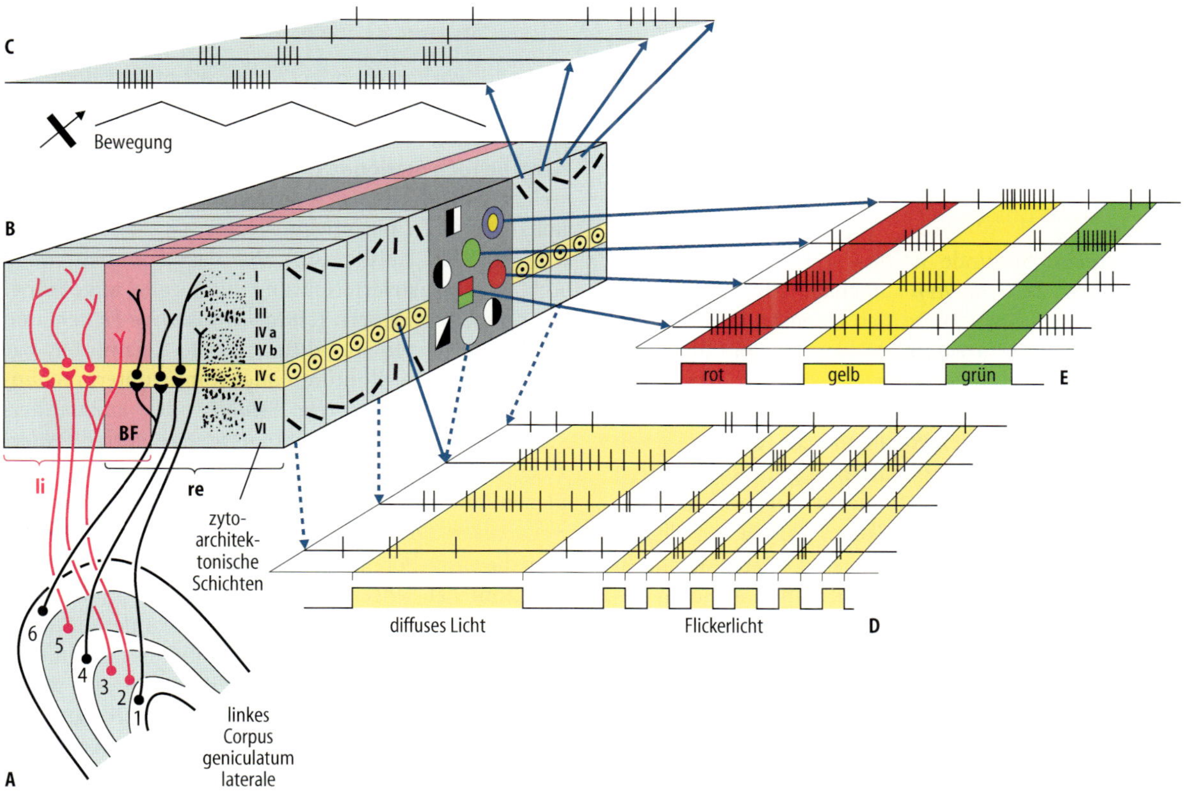

Abb. 17–19. Signalverarbeitung auf den höheren Stationen der Sehbahn. **A** Schichtenstruktur des Corpus geniculatum laterale. Die Schichten 2, 3 und 5 erhalten praktisch nur Zuflüsse aus dem ipsilateralen Auge, die Schichten 1, 4 und 6 nur Zuflüsse aus dem kontralateralen Auge. Diese funktionelle Trennung ipsi- und kontralateraler Zuflüsse setzt sich bei der Projektion in den primär visuellen Kortex fort (**B**), wodurch sich die (senkrecht zur Kortexoberfläche stehende) Schichtenstruktur der *okulären Dominanzsäulen* ausbildet. Zwischen den okulären Dominanzbereichen gibt es binokulare Bereiche (*rot*), in denen die Nervenzellen gleich stark vom linken und rechten Auge aktiviert werden (*BF*, binokulare Fusion). Wiederum senkrecht zu dieser Schichtung und zur Kortexoberfläche sind die kortikalen Neurone oberhalb und unterhalb der Schicht IVc (deren Neurone konzentrisch organisierte rezeptive Felder haben) – zusätzlich nach ihrem Antwortverhalten – auf die Richtung einer Kontur im rezeptiven Feld in regelmäßiger Sequenz angeordnet. Diese Schichtenstruktur wird als *Orientierungssäulen* bezeichnet. Dazwischen finden sich Säulen mit Neuronen, die keine Orientierungspräferenz für Reizkonturen, aber für Farben haben *(dunkles Grau)*. Ihre rezeptiven Felder sind konzentrisch organisiert. Nervenzellen in den orientierungsabhängigen Säulen sind besonders empfindlich auf bewegte Kontrastgrenzen bestimmter Orientierung (Registrierungen **C**). In **D** sind Reaktionen auf diverse Lichtreize, in **E** Reaktionen auf einen roten, gelben und grünen Lichtpunkt, die jeweils in das RF-Zentrum projiziert wurden, abgebildet. Umgezeichnet aus [20] nach [48, 50]

s. S. 316). So weist die Sehrinde eine ***topologische*** oder ***retinotope Organisation*** auf, ähnlich der somatotopischen Organisation, die sich im *sensorischen Homunculus* der Abb. 15–10 B (s. S. 313) ausdrückt. *Retinotope Organisation* bedeutet, daß, ähnlich der Abbildung eines bestimmten geographischen Gebietes auf einer Landkarte, das räumliche Erregungsmuster in der Retina oder Netzhaut sich im räumlichen Erregungszustand der Neurone der Sehrinde „abbildet". Im Unterschied zu einer Landkarte mit der Verkleinerung von beispielsweise 100 000 : 1, bei der jeder Kilometer Luftlinie in der Natur einem Zentimeter auf der Karte entspricht, ist die retinotope Projektion jedoch nicht linear. Das kleine Gebiet der Sehgrube nimmt auf der Sehrinde ein mindestens ebenso großes Areal ein wie die gesamte übrige Retina zusammen [36, 57]. Auch dies hat in den überproportional großen Arealen von Lippen, Zunge und Fingerspitzen des *sensorischen Homunculus* seine Entsprechung. (Auch die gesamte, vor dem primären visuellen Kortex liegende Sehbahn mit den oben erwähnten Schaltstationen ist retinotop organisiert.)

Die Neurone der Area striata (V1) sind in okuläre Dominanzsäulen gegliedert, die jeweils in Orientierungssäulen unterteilt sind; dazwischen gibt es Säulen, deren Neurone farbspezifisch reagieren

Die primäre Sehrinde ist aus sechs deutlich unterscheidbaren ***Zellschichten*** aufgebaut (Abb. 17–19 B, s. a. Abb. 20–21, S. 474). Diese Schichtenstruktur hat ihr auch den Namen ***Area striata*** eingetragen (alle anderen kortikalen visuellen Zentren werden daher als *extrastriär* zusammengefaßt, s. unten). Die Nervenfasern der Sehstrahlung enden vor allem in der Schicht IV, von wo aus die Informationsverarbeitung im Kortex ihren Ausgang nimmt. Diese erfolgt vorwiegend senkrecht zur Schichtung, also in ***kortikalen Säulen*** von Neuronen, die *retinotop* benachbart sind. Dabei wechseln sich Säulen, die vorwiegend Information aus dem linken Auge verarbeiten, regelmäßig mit solchen ab, bei denen die Verabeitung aus dem rechten Auge dominiert. Die Säulen werden ***okuläre Dominanzsäulen*** genannt (Abb. 17–19 B, Klammern ***li*** und ***re***). Dazwischen liegen binokulare Bereiche (Klammern überlappen, ***BF*** und Roteinfärbung), in denen die Nervenzellen gleich stark vom linken und rechten Auge aktiviert werden *(binokulare Fusion)*.

Innerhalb der *okulären Dominanzsäulen* läßt sich eine weitere Differenzierung nachweisen, nämlich „Untersäulen", in denen die Neurone einander ähnliche rezeptive Felder aufweisen. Diese Felder sind nicht mehr rund (wie in den retinalen Ganglienzellen und den Neuronen des CGL und auch noch in der gelb markierten Eingangsschicht IV c in B), sondern länglich, also vorzugsweise in eine Richtung *orientiert.* Daher der Name ***Orientierungssäulen*** für die Untersäulen der Dominanzsäulen. Nervenzellen in den orientierungsabhängigen Säulen sind besonders empfindlich auf bewegte Kontrastgrenzen bestimmter Orientierung (Ableitungen C in Abb. 17–19), aber sie antworten z. T. auch auf diffuses und auf Flickerlicht (Ableitungen D). Wie Abb. 17–19 B auch zeigt, ändert sich der Winkel der Hauptorientierung stetig von Orientierungs- zu Orientierungssäule, so daß insgesamt eine sehr regelhafte funktionelle Struktur des visuellen Kortex resultiert. Zwischen den Orientierungssäulen gibt es größere Regionen, in denen die rezeptiven Felder der Neurone keine Orientierungsspezifität erkennen lassen (*dunkelgrau* markiert in B). Diese Neurone sind dann besonders ***auf farbige Reize empfindlich*** (Ableitungen E in Abb. 17–19), reagieren z. T. aber auch auf unbunte Hell-dunkelreize.

Die rezeptiven Feldeigenschaften der V1- und V2-Neurone ermöglichen ihnen, die Struktur-, Bewegungs- und Farbeigentümlichkeiten der visuellen Reizmuster zu analysieren

Es ist im vorhergehenden Absatz schon angeklungen, daß die Struktur der rezeptiven Felder der kortikalen Nervenzellen zum Teil erheblich von der auf den vorhergehenden Stationen der Sehbahn (Retina, CGL) abweicht. Zwar finden sich auch hier noch Neurone mit konzentrischen rezeptiven Feldern (vor allem in der Schicht IV c, s. Abb. 17–19B), aber dazu kommen, wie in Abb. 17–20 illustriert, Neurone mit parallel angeordneten rezeptiven Feldern ***(einfache rezeptive Felder)*** und solche, bei denen nur differenzierte Reizmuster, wie z. B. Hell-Dunkel-Konturen oder Konturunterbrechungen ***(komplexe rezeptive Felder)*** oder aneinanderstoßende Konturen ***(hyperkomplexe rezeptive Felder)*** zu einer Aktivitätsänderung führen. Neurone mit komplexen und hyperkomplexen RF reagieren auf *bewegte Reizmuster* stärker als auf unbewegte. Insgesamt kommen die einfacheren rezeptiven Felder mehr in der Eintrittszone der Sehstrahlung (Schicht IV) vor, die komplexeren in den darüber- und darunterliegenden Schichten (vgl. Abb. 17–19 B). Jener Teil des RF, in dem ein richtig gewähltes Reizmuster aktivierend wirkt, wird *exzitatorisches rezeptives Feld (ERF)* genannt (Abb. 17–20 B). Meist ist das ERF von einem Areal umgeben, von dem durch Helldunkelmuster nur eine Hemmung der neuronalen Aktivität ausgelöst werden kann (*inhibitorisches rezeptives Feld, IRF,* Abb. 17–20 B). Die Farbverarbeitung erfolgt entsprechend der Gegenfarbentheorie (s. S. 384) in getrennten Rot-Grün- und Gelb-Blau-Systemen.

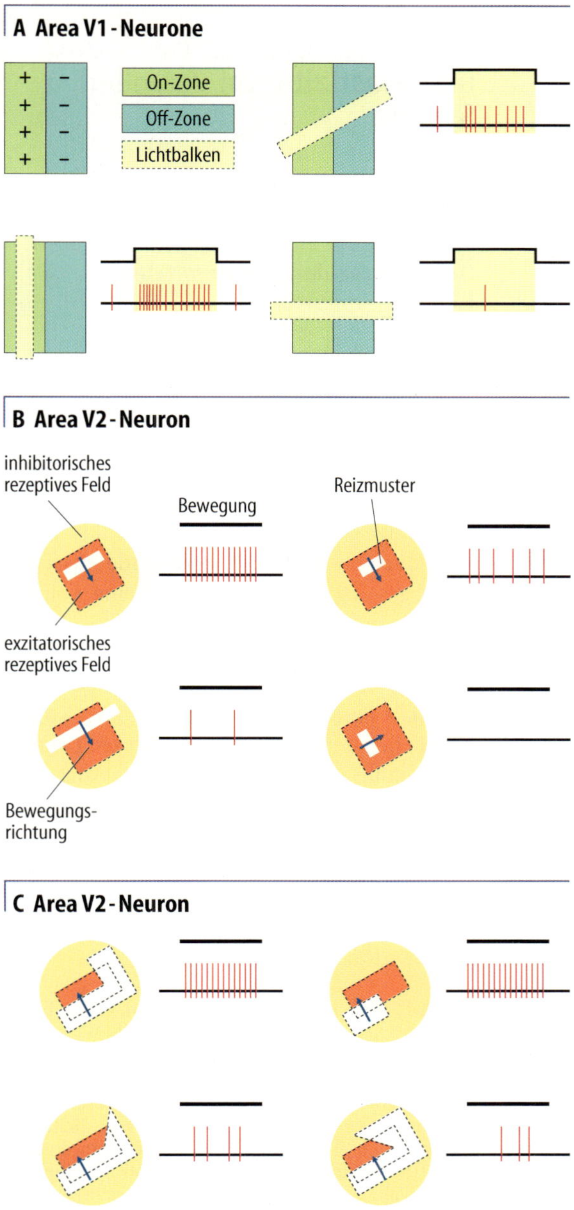

Abb. 17–20. Rezeptive Feldorganisation und Entladungsmuster einzelner Neurone der Areae V1 und V2. **A** Neuron aus Area V1 mit einfachem RF aus parallel angeordneten On- und Off-Zonen. **B** Neuron aus Area V2 mit komplexem RF. Die stärkste Aktivierung wird durch einen schräg orientierten Lichtbalken begrenzter Ausdehnung hervorgerufen. **C** Neuron aus Area V2. Die maximale Aktivierung wird durch 2 Kontrastgrenzen ausgelöst, die rechtwinklig aufeinanderstoßen. Die Reizmuster sind jeweils *weiß* dargestellt. In **B** und **C** zeigen die *Pfeile* die Bewegungsrichtung des Reizmusters an. Aus [43] nach [48]

Hyperkolumnen sind komplette Analysemodule für umschriebene Orte im Gesichtsfeld beider Augen

Die oben skizzierte funktionelle Architektonik der visuellen kortikalen Areale zeigt, daß offensichtlich eine *örtliche Aufteilung* zur ***parallelen Signalverarbeitung*** nach verschiedenen *Qualitäten des Sehens* (Farbe, Strukturen etc.) vorliegt. Dies ist kein Widerspruch zur am Anfang dieses Abschnitts beschriebenen retinotopen Organisation von V1, denn für jeden Ort des Gesichtsfeldes beider Augen existieren ***Hyperkolumnen,*** die bei einer Kortexoberfläche von etwa 1 × 1 mm sich über sämtliche Kortexschichten in die Tiefe erstrecken und alle Analysesysteme enthalten. Benachbarte Hyperkolumnen repräsentieren benachbarte Orte der Retina und damit des Gesichtsfeldes.

Von V1 wird die visuelle Information in die verschiedenen extrastriären visuellen kortikalen Areale übertragen; jedes der Areale analysiert spezielle Aspekte (z. B. Kontrast-, Form- und Farbmerkmale) der visuellen Reizmuster

Wie die anderen tagaktiven Primaten ist der Mensch ein *Augentier.* Bei diesen empfängt und verarbeitet, wie Abb. 17–21 zeigt, ein Großteil des okzipitalen und parietalen Kortex visuelle und visuell-motorische Information. Bisher sind beim Primaten etwa 35 solcher sekundärer, tertiärer und höherer *extrastriärer* visueller Hirnareale bekannt geworden, von denen wahrscheinlich die meisten auch beim Menschen vorkommen. Dazu gibt es beim Menschen, wie weiter unten erläutert, menschspezifische visuelle Hirnregionen, die v. a. der Raumorientierung und den visuell konstruktiven Fähigkeiten dienen (Abb. 17–27 und zugehöriger Text).

Die sekundären extrastriären visuellen Kortexareale V2, V3 und V4 des Hinterhauptlappens sind noch retinotop organisiert; sie übernehmen die afferenten visuellen Signale aus den verschiedenen Neuronenklassen der Area V1. Hierbei erfolgt eine Aufteilung nach funktionellen Gesichtspunkten. Die Neurone der ***Area V2*** sind in kortikalen Scheiben organisiert, die teils farbspezifische, teils bewegungs- und formspezifische Information verarbeiten. Anscheinend hat V2 überwiegend die Aufgabe der visuellen Gestalterkennung stationärer Reizmuster. Ein Teil dieser Nervenzellen reagiert auch auf *Scheinkonturen,* die in Wirklichkeit nicht vorhanden sind, aber wahrgenommen werden (Abb. 17–22). Entsprechend der Korrelationsregel zwischen der Aktivität eines Neuronenensembles und der subjektiven Wahrnehmung folgt, daß die Area V2 Neurone die Scheinkonturen in der Wahrnehmung erzeugen. Bereits in Area V2 werden also funktionelle Gestaltergänzungen vorgenommen, die für die Objektwahrnehmung des Alltags wichtig sind.

Die Neurone der ***Area V3*** reagieren besonders gut auf bewegte Konturen, Area V3 hat also die Aufgabe der Gestalterkennung kohärent bewegter Objekte. Die Neurone der ***Area V4*** sind farbspezifisch organisiert. Diesem Areal kommt die Objekterkennung aufgrund charakteristischer Oberflächenfarben und Farbkontraste zu. Normale visuelle Wahrnehmung ist nur bei ungestörter, koordinierter Aktivität aller drei Areale möglich [42].

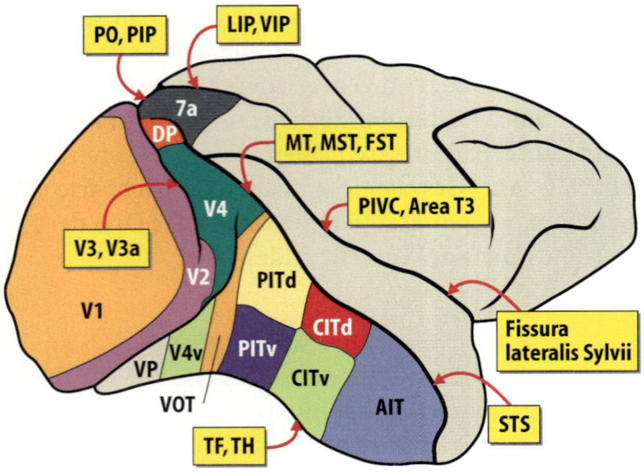

Abb. 17–21. Kortikale visuelle Areale eines Rhesusaffen. Die an der äußeren Hirnoberfläche eingezeichneten visuellen Areale im Okzipital-, Parietal- und Temporallappen werden ergänzt durch hier nicht sichtbare visuelle Felder in der Tiefe der Sulci. Erklärung der Abkürzungen: *Area V1, V2, V3* und *V4* entsprechen den okzipitalen Hirnrindenfeldern. *Areae PO, PIT* und *DP* sind parietale visuelle Felder, *Area VP* der ventroposteriore Bereich der okzipitotemporalen Übergangsregion. *PIT* sind posteriore, *CIT* zentrale und *AIT* anteriore Teile des inferioren Temporallappens (*v* = ventral, *d* = dorsal). Die vestibuläre Area *PIVC* und eine optokinetische Area *T3* liegen im Fundus der Fissura lateralis Sylvii, die Areae *MT, MST,* und *FST* in der Tiefe des Sulcus temporalis superior *(STS)*. Aus [43]

Abb. 17–22. Zwei Beispiele (**A, B**) für Scheinkonturen. Neurone der Area V2 reagieren auf Reizmuster dieser Art, d. h. sie generieren diese Scheinkonturen. Aus [43] nach [54]

Die Signale aus den retinotop organisierten extrastriären visuellen Elementarregionen V2 – V3 werden anschließend in die übrigen in der Abb. 17–21 eingezeichneten ***visuellen Assoziations-*** und ***Integrationsregionen*** übertragen, um dort weiterverarbeitet zu werden. Dabei geht die retinotope Organisation bei jedem Verarbeitungsschritt zugunsten anderer Aspekte der Informationsverarbeitung mehr und mehr verloren (s. S. 404 ff).

17.8 Ontogenetische Entwicklung und Plastizität im visuellen System

Kurzzeitiger Verschluß eines Auges in der kritischen postnatalen Periode verhindert dauerhaft die Entwicklung der okulären Dominanzsäulen und damit des zweiäugigen Sehens

Wird bei einem Kätzchen oder einem jungen Affen ein Augenlid kurz nach der Geburt für einige Tage verschlossen, so können von diesem Auge später kaum noch Neurone des visuellen Kortex erregt werden, selbst nach mehreren normalen Jahren nicht. ***Beidäugiges Sehen*** ist damit ***nicht mehr möglich,*** das zeitweilig verschlossene Auge bleibt lebenslänglich funktionslos. Im Gegensatz dazu hat eine vorübergehende Ausschaltung eines Auges im späteren Leben keine solchen Nachwirkungen [31, 47, 48].

Die Zeit, in der das visuelle System in seiner Entwicklung auf visuelle Reize unbedingt angewiesen ist, wird ***kritische Periode*** genannt. Bei jungen Katzen liegt diese zwischen der dritten bis zur zehnten Lebenswoche. Lidverschluß während der 4. und 5. Woche hat den stärksten Effekt. In dieser Zeit kommt es bei normaler binokularer Reizung zur regelrechten Entwicklung und Abgrenzung der okulären Dominanzsäulen. Bleiben die Reize von einem Auge aus, so schrumpfen die Dominanzschichten dieses Auges, während die des anderen Auges überdurchschnittlich breit werden.

Die bei Katzen und Affen beobachtete Unterentwicklung des visuellen Kortex bei Lidverschluß in einer frühen Entwicklungsperiode existiert wahrscheinlich auch beim Menschen: Wie oben schon erwähnt, können Menschen, die z. B. durch eine Hornhauttrübung (Katarakt) in früher Jugend erblindeten, später große Schwierigkeiten haben, das was sie sehen, richtig zu deuten (s. S. 379). Auch die funktionelle Blindheit eines Auges beim Schielen (Schielamblyopie) wurde schon erwähnt (s. S. 389). In beiden Fällen ist denkbar, daß eine Unterentwicklung der okulären Dominanzsäulen des betroffenen Auges für die Funktionseinschränkung verantwortlich ist.

Eine in der postnatalen Entwicklungszeit einförmig strukturierte Umgebung führt zu dauerhaft einförmigen Orientierungssäulen; postnatales aktiv-motorisches Erleben der Umwelt trainiert das Sehen besser als passives Zusehen

Auch das ***Konturensehen*** ist für seine normale Entwicklung auf entsprechende visuelle Reize angewiesen. Werden beispielsweise neugeborene Katzen in einer Umgebung aufgezogen, die nur senkrechte Streifenmuster aufweist, dann kommt es zu einem Überwiegen der senkrechten Orientierung der Neurone der okulären Orientierungssäulen im visuellen Kortex (vgl. Abb. 17–19 und zugehöriger Text) und einem Mangel an Neuronen mit anderen Richtungspräferenzen. Verhaltensuntersuchungen an diesen Tieren zeigten, daß diese neuronale Fehlentwicklungen sich bei diesen Tieren auch in einem defizitären visuellen Erleben der Umwelt widerspiegeln.

Für eine normale Entwicklung des Sehsystems ist schließlich noch wichtig, daß diese ***„aktiv"***, also mit Hilfe des motorischen Systems ***„erarbeitet"*** wird. Werden neugeborene Katzen so aufgezogen, daß in einem entsprechend konstruierten Apparat das eine Kätzchen sich drei Stunden am Tag frei bewegen kann, während das andere dieselbe Umgebung aus einer kleinen Gondel passiv miterlebt (die übrige Tageszeit bleiben die Kätzchen mit ihrer Mutter im Dunkeln), dann sind die „aktiven" Kätzchen schneller und wesentlich besser in der Lage, sich in einer neuen Umgebung zurechtzufinden, als die „passiven" [46]. (Anders als bei den oben geschilderten Experimenten sind die Defizite also nicht permanent).

Bei *blind geborenen* Menschen kann man feststellen, daß zumindest ein Teil der Neurone des sekundären und tertiären visuellen Kortex taktile und akustische Verarbeitung übernimmt: Langsame Hirnpotentiale (LP, s. Kap. 21, 22) und evozierte Potentiale auf komplexe nichtvisuelle Reize lassen sich verstärkt in okzipitoparietalen Rindenfeldern ableiten (s. kortikale Reorganisation, Kap. 16).

Visuelle Rehabilitation kann insbesondere bei teilweise erhaltenem Sehvermögen dieses deutlich verbessern

Blindheit befällt hauptsächlich ältere Menschen. Ungefähr 1500 von 100 000 Menschen über 65 Jahren sind blind. Einigen von ihnen kann heute in geradezu dramatischer Weise das Augenlicht zurückgegeben werden, z. B. durch eine *Linsen- oder Hornhauttransplantation.* Andere Rehabilitationsmöglichkeiten sind noch im Erprobungsstadium, insbesondere der Versuch, durch *direkte elektrische Reizung des visuellen Kortex* zu optischen Eindrücken zu kommen. Dazu wird von einer auf dem Kopf befestigten Miniaturfernsehkamera eine Serie von Elektroden aktiviert, die permanent auf dem visuellen *Kortex* eingepflanzt sind. Vielleicht wird es auf diese Weise mindestens in Einzelfällen möglich, Hinweise zur optischen Orientierung im Raum zu erhalten, oder vielleicht sogar wieder lesen zu können.

Bei inkompletten Einschränkungen des Sehvermögens lassen sich durch entsprechende Rehabilitationsmaßnahmen oft erstaunliche Verbesserungen erzielen. Bei einem Gesichtsfeldausfall nach Hirnverletzung ist es z. B. keinesfalls ausgemacht, daß alle Zellen des zugehörigen zentralen Sehsystems ausgefallen sind. Training kann hier auch noch nach Monaten und Jahren zu beachtlicher Erholung führen. Wird am Rande eines Gesichtsfeldausfalls (oder Skotoms) die *Unterscheidung von Helligkeitsunterschieden* trainiert, so kann dies zusätzlich auch zu einer *Verkleinerung des Skotoms* führen, vor allem bei einem graduellen Übergang zwischen dem Skotom und dem normalen Gesichtsfeld. Gleichzeitig lassen sich eventuell Verbesserungen des Visus und der *Farbtüchtigkeit* erzielen.

Sehen ohne kortikale Sehrinde (Blindsight effect) scheint in geringem Umfang für das motorische Verhalten nutzbar, wird aber nie bewußt

Ein umschriebener Ausfall des visuellen Kortex V1, z. B. durch eine Schußverletzung, hat ein permanentes Skotom im zugehörigen (retinotopen) Gesichtsfeld zur Folge. Ist der gesamte visuelle Kortex ausgefallen, resultiert eine permante ***„zentrale" Blindheit.*** Lichtblitze innerhalb des Skotoms werden von den Patienten nicht bewußt wahrgenommen, und auf Befragen verneinen sie, diese gesehen zu haben. Bittet man sie aber, mittels Fingerzeig abzuschätzen, wo im Gesichtsfeld der Lichtblitz auftrat, so können sie dies mit bemerkenswerter Genauigkeit anzeigen. Bei Lichtbalken können sie sogar angeben, ob dieser z. B. horizontal oder vertikal lag, obwohl sie ihn angeblich überhaupt nicht gesehen haben und die ganze Fragerei etwas lächerlich finden.

Als Ergebnis dieser Versuche ist festzuhalten, daß anscheinend auch die subkortikalen und tertiäre kortikale visuelle Zentren in der Lage sind, Information über visuelle Signale an die motorischen Zentren weiterzugeben. Allerdings erreicht

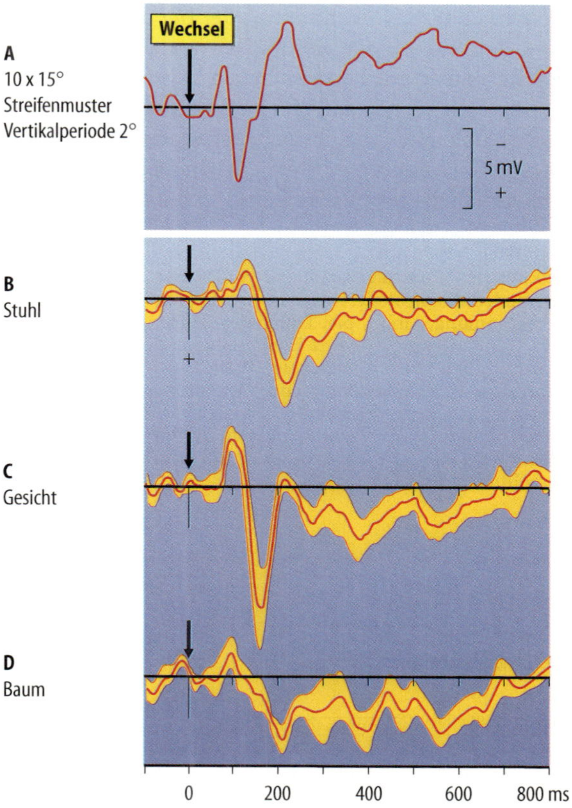

Abb. 17–23. Visuell evozierte Potentiale (*VEP*). **A** Aus 40 Antworten gemitteltes VEP von einer Versuchsperson (okzipitale Elektrode). Zum Zeitpunkt des Pfeils wechselte ein vertikales Streifenmuster von 2° Periode jeweils so, daß alle schwarzen Streifen weiß und alle weißen Streifen schwarz wurden. **B-D** Ereigniskorrelierte VEPs, die durch einen Gestaltwechsel (bei *Pfeil*) hervorgerufen wurden (Ableitung zwischen der zentralen Elektrode Cz und gekoppelten Mastoidelektroden). Mittelwerte von 5 erwachsenen weiblichen Versuchspersonen und jeweils 40 Reaktionen auf jede der 3 Stimuluskategorien (Stuhl, Gesicht, Baum). Die VEPs sind mit der statistischen Fehlerbreite (*gelb*) aufgezeichnet. Sie zeigen deutliche Unterschiede bei den verschiedenen Reizklassen. Das durch das Gesicht hervorgerufene VEP enthält gesichterspezifische Komponenten im Zeitbereich zwischen 100 und 300 ms nach Reizwechsel. Aus [43] nach [32]

diese Information nicht das Bewußtsein. Der Effekt wird ***Blindsight effect*** genannt. Er unterstreicht, daß der Kortex für bewußte Wahrnehmungen unentbehrlich ist [2]. Der Blindsight effect bestätigt außerdem, daß zum Bewußtwerden eines Sinnesreizes die lokale Erregungserhöhung im primären und sekundären Projektionsfeld ebenso wichtig ist wie die diffuse Aktivierung großer Hirnareale durch die Formatio reticularis (s. Kap. 22).

Mit visuell evozierten kortikalen Potentialen (VEP) können Läsionen in der Netzhaut, in der zentralen Sehbahn und im Sehkortex diagnostiziert werden

Nach Lichtreizen sind über dem okzipitalen Kortex ***visuell evozierte Potentiale*** abzuleiten (zum Begriff der *evozierten Potentiale* s. Kap. 21). Sie gestatten, allerdings in sehr begrenztem Umfang, eine atraumatische Untersuchung des visuellen Systems [15, 16, 18, 27]. Bei den visuellen Reizen werden *blitzevozierte* (z. B. unstrukturierte Lichtblitze) und *musterumkehrevozierte Potentiale* (z. B. Schachbrettmuster bei dem die hellen und dunklen Anteile rhythmisch vertauscht werden) häufig registriert. Letztere haben gegenüber ersteren den großen Vorteil, daß die mittlere Leuchtdichte konstant bleibt und sich nur die Bildstruktur ändert. Abbildung 17–23 zeigt typische ereigniskorrelierte Potentiale auf verschiedene optische Reize.

Zahlreiche organische Störungen und Erkrankungen des visuellen Systems können mit Hilfe der VEP besser als mit anderen Methoden diagnostiziert werden [15]. Erwähnt seien Sehschärfebestimmung, Amblyopie, Trübungen, Störungen des Farbsinnes, Gesichtsfelddefekte und Entzündungen des optischen Nerven (z. B. bei multipler Sklerose). Auch bei funktionellen Sehstörungen, z. B. bei Simulation oder Hysterie, sind sie zur Objektivierung des Befundes nützlich. Kortikale Blindheit geht beim Erwachsenen in der Regel mit einem Verlust der VEP einher. Wenn eine klinische Besserung eintritt, erholen sich auch die Amplituden der VEP.

17.9 Okulomotorik und Blickmotorik

Sechs äußere Augenmuskeln bewegen den Augapfel; Konvergenz- und Divergenzbewegungen bei der Akkommodation und die beiden Formen von konjugierten Augenbewegungen, Sakkaden und gleitende Augenfolgebewegungen, werden regelmäßig durch Fixationsperioden unterbrochen

Bewegungsrichtungen des Auges. Jedes Auge wird von sechs Muskeln bewegt (Abb. 17–24). Mit ihrer Hilfe kann der kugelförmige Augapfel *horizontale, vertikale und zyklorotatorische (torsionale)* Bewegungen ausführen, wobei durch die Kombination von horizontalen und vertikalen Bewegungen auch *schräge* Augenbewegungen möglich sind. Die Augenmuskeln werden einmal dazu eingesetzt, die Sehachsen beider Augen relativ zueinander zu verschieben ***(Vergenzbewegungen)*** und zum anderen beide Augen gemeinsam zu bewegen ***(konjugierte Augenbewegungen)***. Aber auch wenn ein Punkt im Raum fixiert wird, bleiben die Augen nicht völlig ruhig. Einmal kommt es während längerer Fixationsperioden (0,5–2 s Dauer) zu ***langsamen Verschiebungen des Fixationspunktes*** geringer Amplitude. Außerdem ist jede Fixation von einem *leichten Zittern* oder ***Mikrotremor*** beider Augen überlagert (Amplitude 1–3 Winkelminuten, Frequenz zwischen 20–150 Hz).

Der unwillkürliche ***Mikrotremor*** ist anscheinend für das Sehen ***unbedingt erforderlich.*** Man kann nämlich ein Bild auf der Retina so fixieren, daß es sich bei jeder Augenbewegung mitbewegt und damit auf derselben Retinastelle projiziert bleibt. Ein derartig *optisch stabilisiertes* Bild verschwindet nach wenigen Sekunden, wahrscheinlich weil die Photosensoren auf den Dau-

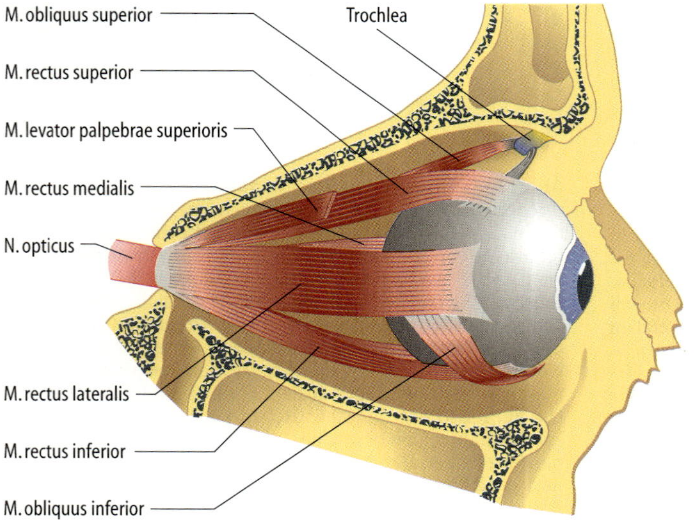

Abb. 17–24. Lage der äußeren Außenmuskeln in der Augenhöhle *(Orbita)*. Die 6 Muskeln werden durch 3 Hirnnerven bewegt: der *Nervus trochlearis (IV)* innerviert den *M. obliquus superior*, der *N. abducens (VI)* den *M. rectus lateralis* und der *N. oculomotorious (III)* die vier übrigen (Mm. rectus med., inf., sup., M. obliq. inf.) sowie den willkürlich kontrollierbaren Heber des Augenlides, M. levator palpebrae superioris (abgeschnitten in der Abb.). Schädigung eines der genannten Hirnnerven hat eine *Augenmuskellähmung* zur Folge. Wichtigstes Zeichen davon sind *Doppelbilder*, die der Patient sieht, wenn er in jene Richtung blickt, in die der gelähmte Muskel das Auge normalerweise bewegen würde. Umgezeichnet nach O.-J. Grüsser in [22]

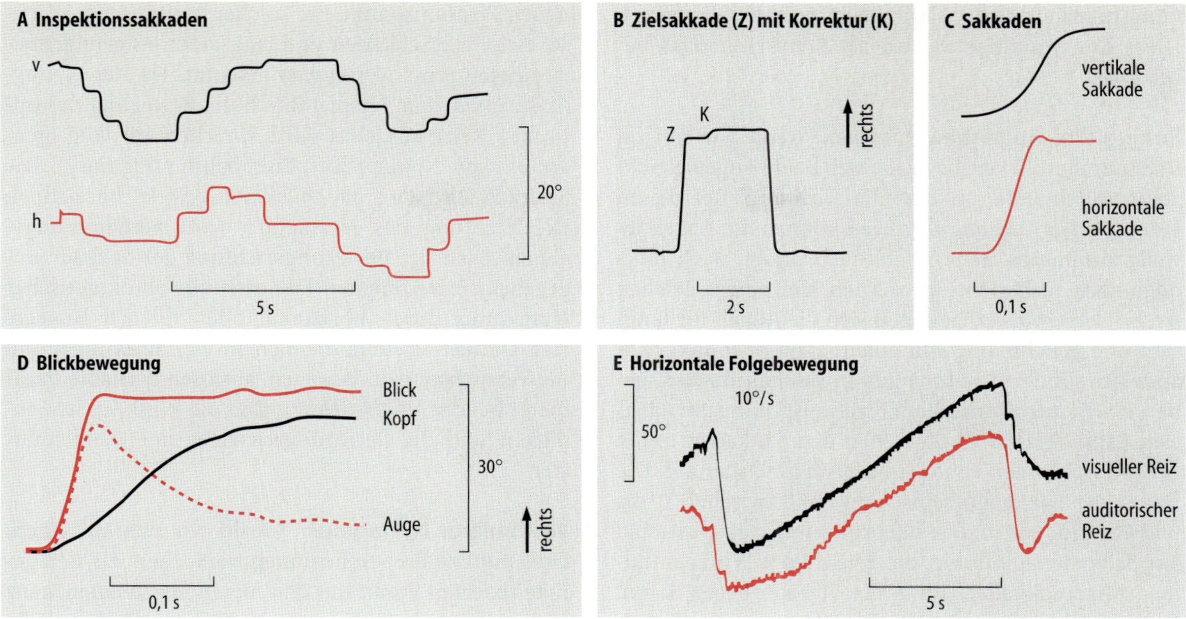

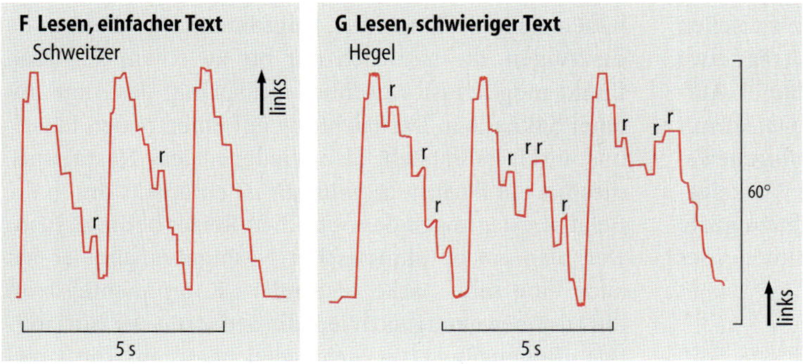

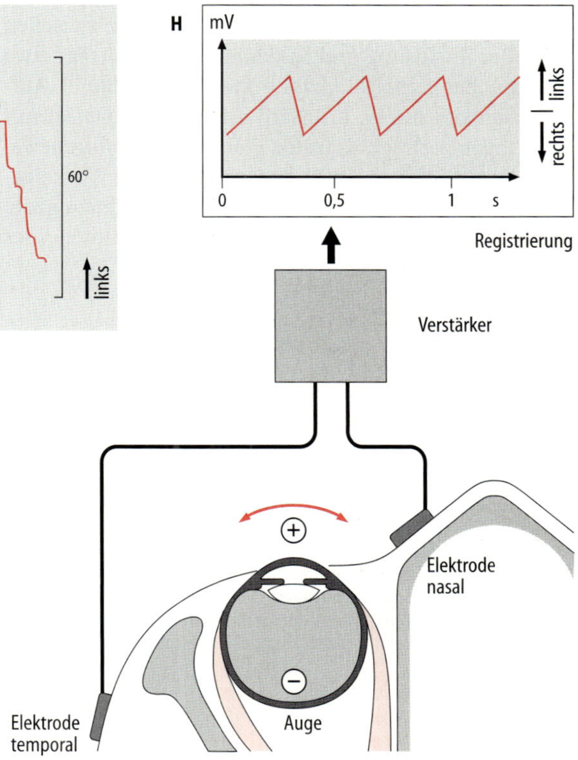

Abb. 17–25. Elektrookulographische Registrierung *(Elektrookulogramm, EOG)* der Augenbewegungen des Menschen. Aufgrund des *korneoretinalen Bestandspotentials* (verursacht durch Ionenströme zwischen den retinalen Pigmentzellen und den Photosensoren, vgl. Abb. 17–13) bildet das Auge einen Dipol (Kornea *positiv* gegen Retina), dessen Bewegungen mit der in **H** gezeigten Methode als EOG registriert werden können. **A** Horizontale Sakkaden beim freien Umherblicken (Inspektionssakkaden). **B** Große horizontale Zielsakkade (Z) mit kleiner Korrektursakkade (K). **C** Horizontale und langsamere vertikale Sakkade. **D** Augen- und Kopfbewegung eines Rhesusaffen bei einem Lichtreiz im rechten Gesichtsfeld. **E** Horizontale Augenbewegung auf einen im Dunkel bewegten Lichtpunkt und auditorische Augenfolgebewegungen auf einem im Dunkeln bewegten kleinen Lautsprecher, der weißes Rauschen abgab. **F** Horizontale Augenbewegungen beim Lesen eines sprachlich und inhaltlich einfachen Textes (Albert Schweitzer „Aus meiner Kindheit und Jugendzeit"). **G** Lesen eines schwierigen Textes von G. F. Hegel. (Aus Grüsser O-J u. Grüsser-Cornehls U. in [22]

erreiz adaptieren. Das durch den Mikrotremor bewirkte dauernde Verschieben von Rändern und Umrissen scheint dabei der für die Wahrnehmung ausschlaggebende Prozeß zu sein, denn wenn wir längere Zeit eine homogene Fläche, wie z. B. ein weißes Blatt Papier, betrachten, verblaßt der mittlere Teil des Bildes nicht, obwohl hier durch den Mikrotremor keine Änderung der Reizsituation eintritt.

Vergenzbewegungen. Wenn ein Punkt in großer Ferne fixiert wird, sind die Sehachsen *parallel* (s. S. 389). Zur Fixation in der Nähe müssen die optischen Achsen beider Augen ***konvergieren.*** Bei anschließendem Blick in die Ferne ist wieder eine ***Divergenzbewegung*** erforderlich. Die *Konvergenzbewegungen* sind mit der *Kontraktion des Ziliarmuskels* zur Nahfokussierung fest gekoppelt (s. S. 387). Außerdem tritt bei Nahfokussierung „automatisch" eine *Pupillenverengung* auf, die das Tiefensehen verbessert und Fehler der optischen Abbildung reduziert (vgl. „Abblenden" beim Fotoapparat). Diese drei Vorgänge werden als ***Konvergenztrias*** bezeichnet.

Konjugierte Augenbewegungen. Wenn wir frei im Raum umherblicken, bewegen sich beide Augen gleichzeitig miteinander in dieselbe Richtung. Bei diesen ***konjugierten Augenbewegungen*** können die Augen jeweils zusammen nach oben, nach unten, nach links oder nach rechts bewegt werden. Bei einem solchen *freien Umherblicken* bewegen sich die Augen nie langsam und gleichmäßig von einem Fixationspunkt zum anderen, sondern sie springen in raschen Rucken, genannt ***Sakkaden,*** von einem Fixationspunkt zum nächsten (Abb. 17–25 A-C). Zwischen den Sakkaden treten ***Fixationsperioden*** von 0,15 bis etwa 2 s Dauer auf. Die Dauer der Sakkaden selbst schwankt zwischen 15 ms und etwa 100 ms und ist näherungsweise proportional zur Sakkadenamplitude, die zwischen 3 Winkelminuten (Mikrosakkaden) und bis zu 90° liegen kann. Große Sakkaden werden in der Regel von Kopfbewegungen begleitet (Abb. 17–25 D). Die Latenz zwischen visueller Auslösung und Sakkadenbeginn beträgt etwa 200 ms, bei *Expreßsakkaden* mit zielgerichteter Aufmerksamkeit nur 70 ms. Wird ein *bewegtes Objekt* mit den Augen verfolgt, so treten ***gleitende Augefolgebewegungen*** auf (Abb. 17–25 E). Vorausgesetzt die Winkelgeschwindigkeit des verfolgten Objekts ist nicht zu groß, bleibt sein Abbild auf diese Weise auf der Stelle des schärfsten Sehens, der Fovea centralis.

Ebenso wie die Sakkaden sind auch die Augefolgebewegungen häufig mit Folgebewegungen des Kopfes koordiniert. Alle diese Bewegungen zusammen mit den dazwischenliegenden Fixationsperioden werden durch unterschiedliche motorische Programme aus den ***blickmotorischen Zentren des Hirnstammes*** (prätektale Region, Colliculi sup., s. Abb. 17–18) gesteuert [1, 20, 22, 23, 42, 44]. Die dazu nötige Information erhalten diese Zentren nicht nur aus dem peripheren und zentralen visuellen System, sondern aus zahlreichen Quellen, wie z. B. dem Kleinhirn, dem Gleichgewichtsorgan, der Tiefensensibilität oder dem Hörsystem (Abb. 17–25 E, *rote* Kurve). Insgesamt zählen die Steuerung der ***Okulomotorik*** (Steuerung eines Auges) und der ***Blickmotorik*** (Steuerung beider Augen) zu den kompliziertesten und faszinierendsten Beispielen der *sensomotorischen Integration* (Einzelheiten und pathophysiologische Gesichtspunkte bei [22, 44]).

Der Nystagmus stellt einen periodischen Wechsel von langsamen Augenfolgebewegungen und Sakkaden dar; seine Richtung wird nach der Bewegungsrichtung der Sakkaden angegeben

Optokinetischer Nystagmus. Wenn Sie aus einem Seitenfenster eines fahrenden Eisenbahnzuges in die Landschaft blicken, so halten Ihre Augen einen Fixationspunkt fest, während Sie sich seitlich an ihm vorbeibewegen. Die Augen führen also eine *langsame Augenfolgebewegung entgegen der Fahrtrichtung* aus. Sobald der fixierte Punkt zu entschwinden droht, sucht sich das Auge mit einer *Sakkade in Fahrtrichtung* einen neuen Fixationspunkt. Ein solcher periodischer Wechsel zwischen Sakkaden und langsamen Augefolgenbewegungen wird ***Nystagmus*** genannt. Da der *Nystagmus* in unserem Beispiel durch die Bewegung der optischen Reize ausgelöst wird, sprechen wir vom *optokinetischen Nystagmus* („Eisenbahnnystagmus"). Die Sakkade wird auch als *„Rückstellsakkade"* bezeichnet. Die Richtung des Nystagmus wird vereinbarungsgemäß nach der Bewegungsrichtung der Sakkade angegeben. Experimentell läßt sich ein optokinetischer Nystagmus durch horizontal oder vertikal bewegte Hell-Dunkel-Streifen, die sich in einem Zylinder um die Versuchsperson bewegen, auslösen. Variable Parameter bei der Untersuchung sind die Winkelgeschwindigkeit und die Bewegungsrichtung der Streifenmuster.

Vestibulärer Nystagmus. Sobald wir uns auf einem Drehstuhl zu drehen beginnen, versuchen wir, den gerade fixierten Punkt mit den Augen festzuhalten, ganz ähnlich wie wir es eben bei der Eisenbahnfahrt erlebt haben. Es kommt zu einer langsamen Gegenbewegung der Augen, die natürlich nur bis zu einem gewissen Punkt möglich ist. Anschließend springt das Auge mit einer Sakkade in Drehrichtung auf einen neuen Fixationspunkt. Es entsteht also wiederum ein Nystagmus, diesmal ein *Drehnystagmus.* Er ist einerseits durch die Relativbewegungen des optischen Reizes bedingt, insoweit also ein optokinetischer Nystagmus, aber er hat auch eine sehr starke vestibuläre Komponente, denn die Drehbewegung aktiviert die Sensoren der horizontalen Bogengänge des Gleichgewichtsorgans, die ihrerseits zu einem ***horizontalen vestibulären Nystagmus*** führen.

Wird nach längerer gleichförmiger Drehung plötzlich gestoppt, so kommt es noch für eine Weile zu einem ***postrotatorischen Nystagmus*** in die Gegenrichtung des anfänglichen *Drehnystagmus,* da die Gleichgewichtssensoren jetzt in der umgekehrten Richtung wie bei Andrehen aktiviert werden. Setzt man bei dieser Prüfung dem Probanden eine Brille auf, die sehr stark konvexe Linsen und eine Beleuchtung enthält (*Frenzel-Leuchtbrille*), so wird er myop und kann nicht mehr fixieren (*zum Ausschalten visueller Einflüsse*); gleichzeitig lassen sich jetzt die Augen des Patienten gut beobachten. Dieser Test eignet sich gut zur klinischen Funktionsprüfung des Gleichgewichtsorgans und der Zusammenarbeit zwischen diesem Organ und dem blickmotorischen System. Mit der *Frenzel-Leuchtbrille* kann gleichzeitig geprüft werden, ob der Patient nach Ausschalten der visuellen Fixation einen (unphysiologischen) ***Spontannystagmus*** zeigt. (Alle Formen von Nystagmus gehen häufig mit *Schwindel* und *Gleichgewichtsstörungen* einher.)

Bei Augen- und Kopfbewegungen werden die blickmotorischen Kommandosignale so mit den afferenten Signalen verrechnet, daß die Sehwelt unbewegt bleibt

Bei Augen- und Kopfbewegungen bewegt sich die Umwelt nicht, obwohl sich die Bilder der Umwelt auf der Netzhaut verschieben. Dagegen bewirkt leichtes Bewegen des Augapfels mit einem Finger eine Verschiebung der Sehwelt in entgegengesetzter Richtung (und ein Doppelbild, sofern man das andere Auge nicht bedeckt oder geschlossen hält). Dieser einfache Versuch weist schon darauf hin, daß die zur Stabilisierung der Sehwelt ausgewerteten Signale nicht durch die Bewegung des Augapfels selbst ausgelöst werden (also z.B. aus den Dehnungssensoren der Augenmuskeln stammen). Es werden vielmehr die von den blickmotorischen Zentren zur Bewegungssteuerung der Augen ausgesandten Kommandosignale schon im Gehirn unmittelbar mit den retinalen Bewegungsmeldungen so verrechnet, daß keine Bewegung der Sehwelt wahrgenommen wird. Eine Verrechnung der efferenten motorischen Kommandos für die Augen- und Kopfbewegungen mit den afferenten visuellen Signalen aus der Netzhaut wurde bereits von Helmholtz im vorigen Jahrhundert postuliert. Diese Verrechnung wurde im Modell des ***Reafferenzprinzips*** von v. Holst und Mittelstaedt präzise formuliert und ist in Abb. 17–26 schematisch dargestellt. Ähnliches geschieht mit Hilfe der *Tiefensensibilität,* dem *Gleichgewichtssinn* und entsprechenden *Efferenzkopien* aus den motorischen Zentren, um bei Kopf- und Körperbewegungen die Umwelt zu stabilisieren (vgl. Abb. 18–10 und zugehöriger Text).

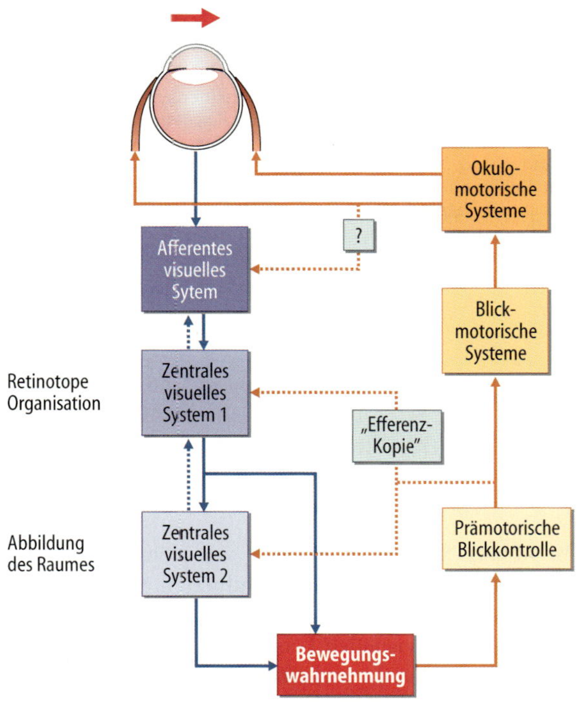

Abb. 17–26. Zentralnervöse Grundlagen des Bewegungssehens und der Umweltstabilität trotz Augenbewegungen. Dargestellt sind in einem Blockdiagramm die Verknüpfungen zwischen den einzelnen zentralnervösen Stationen, die an der Verrechnung der von der Retina kommenden Afferenz mit den Efferenzkopien der Bewegungskommandos aus den blickmotorischen Zentren beteiligt sind. Die Arbeitsweise dieser Schaltkreise ist im Text erläutert. Aus O.-J. Grüsser in [22]

Bewegung wird wahrgenommen, 1. wenn wir ein bewegtes Objekts mit gleitenden Augefolgebewegungen auf der Fovea centralis fixieren und 2. wenn sich das Abbild eines Gegenstandes über die Netzhaut bewegt

Bewegliche Augen, wie die unseren, können auf zweierlei Weise über Bewegungen unterrichten: zum einen, indem wir mit den Augen den Bewegungen eines fixierten Objektes auf dem Hintergrund einer stabilen Umwelt folgen und zum anderen, indem wir bei ruhigem Blicken diejenige Information auswerten, die das Abbild eines sich bewegenden Gegenstandes bei seiner Verschiebung über die Netzhaut hervorruft. Es leuchtet ein, daß für diese beiden Formen der Bewegungswahrnehmung unterschiedliche zentralnervöse Strukturen und Analyseprogramme zur Verfügung stehen müssen, denn das neuronale System, das die Bewegungswahrnehmung bei Verschieben der Bilder über die Netzhäute vermittelt, muß anders arbeiten als das, welches Bewegung signalisiert, wenn die Augen bewegt werden. Beide Systeme müssen außerdem miteinander und mit dem System zur Umweltstabilisierung (Abb. 17–26) eng zusammenarbeiten.

Reflektorische Blickbewegungen bei Bewegungen in der Gesichtsfeldperipherie. Bewegung eines Abbildes über die Sensoren der Netzhaut wird besonders am Rand des Gesichtsfeldes deutlich wahrgenommen, ohne daß man das Objekt sofort identifizieren kann. Ein solcher Reiz löst dann reflektorisch eine Blickbewegung aus, die den bewegten Gegenstand in den Bereich des zentralen Sehens bringt. Es handelt sich hier anscheinend um entwicklungsgeschichtlich sehr alte Wahrnehmungsmechanismen, mit denen nach Art eines Vorwarnsystems sichergestellt wird, daß eventuell interessante oder gefährliche Objekte schnellstens durch das in der Fovea hochentwickelte Mustererkennungssystem weitergegeben werden.

Bewegungstäuschungen. Bei der Komplexität der Wahrnehmungsprozesse des Bewegungssehens verwundert es nicht, daß es gelegentlich auch zu *Bewegungstäuschungen* kommt, die (wie andere optischen Täuschungen auch, vgl. Abb. 17–6) die Leistungsfähigkeit des visuellen Systems eher unterstreichen als in Frage stellen. Das ***Phi-Phänomen*** und seine Rolle bei Film und Fernsehen wurde bereits erwähnt (s. S. 378), ebenso das ***autokinetische Phänomen*** des „wandernden Lichtes" (s. S. 378). Letzteres ist aus der Sicht der eben dargestellten Theorie der Umweltstabilisation vielleicht auf die Fehldeutung von Efferenzkopien motorischer Signale zu den Augenmuskeln zurückzuführen, die im Verlauf einer längeren Fixation benötigt werden und deren Fehlinterpretation durch die Abwesenheit einer strukturierten visuellen Umwelt begünstigt wird. Eine andere bekannte *Bewegungstäuschung* ist die ***Wasserfalltäuschung,*** die man zu Hause sehr leicht auslösen kann, indem man ungefähr eine halbe Minute das Zentrum eines rotierenden Schallplattenspielers fixiert. Wird der Plattenspieler dann plötzlich gestoppt, scheint er für einige Sekunden in umgekehrter Richtung zu rotieren. Dieser Effekt wird wahrscheinlich durch die Adaptation des Sehsystems an die vorhergehende Bewegung hervorgerufen.

Der in dieser Hinsicht eindrucksvollste Effekt wird durch eine ***rotierende Spirale*** hervorgerufen. Sie scheint sich *während der Rotation auszudehnen und nach Anhalten der Rotation zu kontrahieren.* Wenn die Rotationsrichtung umgekehrt wird, kehrt sich der Effekt um. Diese vorgetäuschten Kontraktionen und Ausdehnungen können nicht durch Augenbewegungen ausgelöst sein, da sie gleichzeitig in alle Richtungen auftreten. Sie zeigen außerdem das Paradox, daß die Scheibe sich ausdehnt oder zusammenzieht und dabei von gleicher Größe bleibt. Wir haben es hier möglicherweise mit ähnlichen Phänomenen zu tun wie bei der Betrachtung der statischen Figuren der Abb. 17–5: Das Sehsystem erhält Bewegungsinformationen, die miteinander schwer vereinbar oder völlig unvereinbar sind und daher zunächst einmal unterschiedlich gedeutet werden, sozusagen in der Hoffnung, daß sich alsbald herausstellt, welcher der Deutungsvorschläge zutrifft.

Mit dem Elektrookulogramm können die Augenbewegungen registriert werden; das Elektroretinogramm spiegelt elektrische Spannungsschwankungen in der Retina wider

Elektrookulogramm (EOG) und Nystagmogramm. Relativ zur Retina ist die Hornhaut des Auges elektrisch positiv geladen. Dieses ***korneoretinale Bestandspotential*** ist durch (langsame) Ionenflüsse zwischen Retinazellen bedingt (s. Legende der Abb. 17–25). Das Auge bildet also einen *elektrischen Dipol,* dessen elektrisches Feld mit Makroelektroden, die am äußeren Rand der Augenhöhle angeklebt werden, aufgezeichnet werden kann. Dieses *Elektrookulogramm (EOG)* stellt eine einfache und zuverlässige Methode zur Registrierung der Augenbewegungen dar (Abb. 17–25 F). Wird das EOG bei Nystagmusprüfungen eingesetzt, so nennt man es auch ***Nystagmogramm.***

Elektroretinogramm (ERG). Das EOG darf nicht verwechselt werden mit denjenigen elektrischen Spannungsschwankungen, die auf ähnliche Weise registriert werden, aber nicht durch Bewegungen des Auges, sondern durch Belichtung oder Verdunkelung der Netzhaut bedingte elektrische Spannungsschwankungen sind. Diese *Elektroretinogramme (ERG)* stellen summierte Potentiale der Retinazellen dar. Man kann sie vielleicht am ehesten mit den EEG-Registrierungen der Hirnrinde vergleichen.

17.10 Hirnphysiologische Grundlagen der kognitiven visuellen Leistungen: Raum-, Objekt- und Zeichenerkennung*

Die visuellen Assoziations- und Integrationsregionen der Grosshirnrinde haben sich in der Phylogenese der Primaten und des Menschen besonders stark differenziert

Wie die Abb. 17–21 bereits zeigte, sind die extrastriären visuellen Areale über die ganze okzipitale Hirnrinde ausgedehnt. Die Signale aus den retinotop organisierten visuellen Elementarregionen (Areae V2, V3, V3a, V4) werden in die visuellen *Assoziations-* und *Integrationsregionen* des Parietal- und Temporallappens übertragen. Mit jedem neuronalen Verarbeitungsschritt wird die retinotope Organisation „lockerer", bis schließlich die einzelnen rezeptiven Felder der Nervenzellen in einigen der visuellen Assoziations- und Integrationsregionen einen großen Teil des fovealen und des peripheren Gesichtsfeldes einnehmen [57].

Die visuellen Assoziationsfelder sind durch die zytoarchitektonische Anordnung der ***kortikalen*** Zellschichten voneinander unterschieden, sowie durch metabolische Charakteristika wie die Verteilung der Zytochromoxidase-Reaktion. Auch die Verbindungen untereinander und mit ***subkortikalen*** Hirnregionen und die Spezialisierung ihrer Nervenzellen, die nur auf bestimmte Merkmale des visuellen Reizmusters reagieren, sind Abgrenzungskriterien der verschiedenen visuellen Hirnrindenfelder. Wichtig zum Verständnis der Funktion der visuellen Assoziationsfelder ist, daß ein nicht unerheblicher Teil ihrer Axone zurück zu den primären und sekundären visuellen Hirnrindenfeldern im Okzipitallappen projiziert, wodurch eine *efferente Selektion* des Erregungszuflusses möglich wird.

Bei den nichtmenschlichen Primaten nehmen die visuellen und visuomotorischen Regionen mehr als 60 % der Hirnoberfläche ein. Primaten sind *„Augentiere".* In der Phylogenese der letzten 2,5 Millionen Jahre, d. h. in der Entwicklung von *Homo habilis* bis *Homo sapiens* haben sich einige *menschspezifische,* visuelle Integrationsregionen neu entwickelt oder besonders entfaltet, Strukturen, die für die *visuell-konstruktiven Leistungen* (Malen, Zeichnen, Entwerfen von dreidimensionalen Objekten), für *räumliche Planung, komplexe visuelle Zeichenerfassung* und für die Wahrnehmung zahlreicher, *averbaler sozialer Zeichen* zuständig sind. Neue Verbindungen zwischen diesen neokortikalen Regionen und dem *limbischen System (Gyrus parahippocampalis, Hippocampus, Area entorhinalis* und *Corpora amygdala*), dienen dem visuellen Gedächtnis und der *emotionalen Bewertung* komplexer visueller Zeichen und der *visuellen Ästhetik* [4, 5, 10, 29, 57].

Für die Objekterkennung sind Assoziationsfelder im unteren Temporallappen, für die Objektlokalisation Assoziationsfelder im Parietallappen und der präfrontalen Hirnrinde zuständig

In Abb. 17–27 ist das erstmals von dem Frankfurter Neurologen Karl Kleist [11] aufgestellte Prinzip der „Arbeitsteilung" verschiedener kortikaler Areale für die „höheren" visuellen Leistungen dargestellt ***(parallele visuelle Signalverarbeitung):*** Die visuelle Objektidentifikation (*„Was ist das für ein Gegenstand?"*) ist vor allem eine Funktion der Assoziationsfelder des unteren Temporallappens. Die räumliche Lokalisation der Gegenstände und die visuelle räumliche Orientierung (*„Wo sind oder in welche Richtung bewegen sich die Objekte?"*) ist dagegen eine Leistung der parietalen und der präfrontalen Assoziationsregionen. Letztere kon-

* Der Abschnitt 17.10 ist eine mit freundlicher Genehmigung der Autoren weitgehend unverändert übernommene Fassung des Abschnitts 16.9 in [43], für dessen Abdruck wir herzlich danken

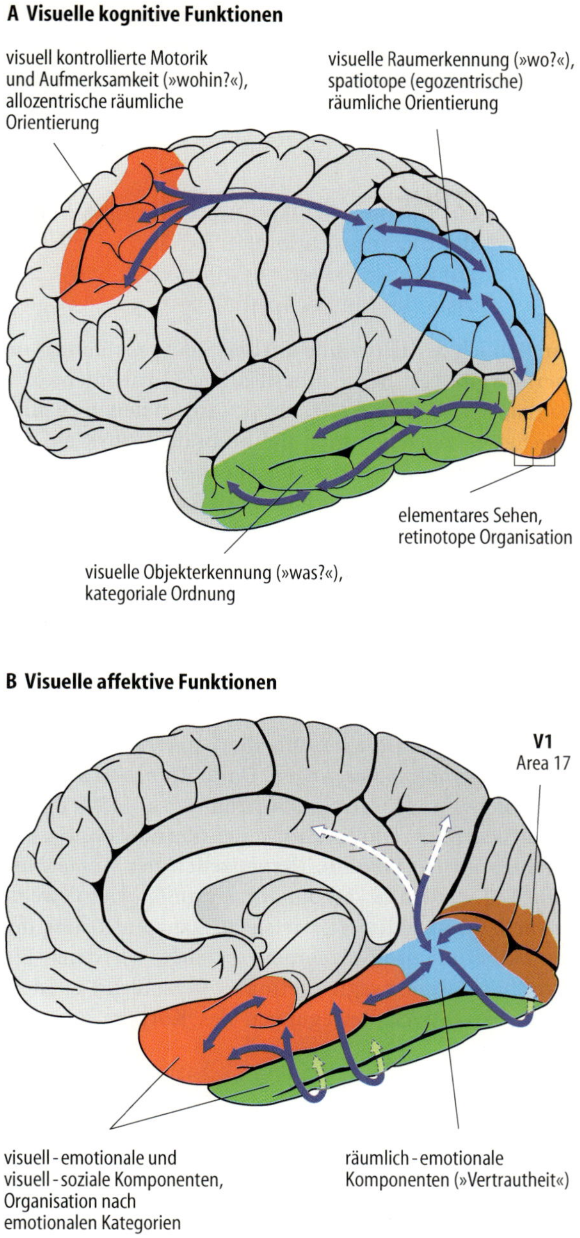

Abb. 17–27. Schema der Verteilung unterschiedlicher visueller integrativer und kognitiver Funktionen über die Großhirnrinde des Menschen. **A** äußere, **B** innere Hirnoberfläche. Die visuellen Elementarfunktionen sind im Okzipitallappen *(orange)* lokalisiert, von dem Verbindungen in den inferioren Temporallappen *(grün)* gehen, in dem sich Prozesse der visuellen Objektwahrnehmung abspielen. Verbindungen aus dem Okzipitalbereich in den inferioren Parietallappen *(blau)* dienen der Raumwahrnehmung, Verbindungen aus diesem Bereich in die präfrontale Hirnrinde *(rot)* den visuell-gesteuerten Blick-, Greif- und Körperbewegungen. Verbindungen aus dem parietalen und temporalen Bereich über den Gyrus fusiformis und Gyrus lingualis *(blau)* in Strukturen des limbischen Systems *(rot)* dienen der Verarbeitung der emotionalen Komponenten der visuellen Wahrnehmung. Aus [43] nach [11, 45]

trollieren die visuell gesteuerten Bewegungen („*Wohin richtet sich der Blick oder eine Greifbewegung?*"). Schließlich ist die emotionale Bewertung eines visuell wahrgenommenen Gegenstandes („*Wozu ist der Gegenstand gut?*") überwiegend eine Funktion der oben genannten Strukturen des limbischen Systems [4, 5, 11].

Der extrapersonale Raum ist im unteren, posterioren Parietallappen repräsentiert; beim Menschen ist der rechte Parietallappen dafür wichtiger als der linke

Zu jedem *Augenblick*, d. h. während jeder neuen Fixationsperiode, werden die Objekte des extrapersonalen Raumes an anderen Stellen des Gesichtsfeldes abgebildet, wobei die retinale Bildverschiebung von den Sakkadenamplituden und -richtungen abhängig ist (s. S. 402). Trotz der zwischen den Fixationsperioden auftretenden Verschiebungen des Retinabildes nehmen wir den extrapersonalen Raum und seine Richtungen unbewegt wahr. Diese *Konstanzleistung* ist überwiegend eine Funktion des inferioren und posterioren Parietallappens. Dort werden visuelle Signale mit der *Efferenzkopie* blickmotorischer Kommandos verrechnet.

Viele Nervenzellen der parietalen *Area 7* des Rhesusaffen werden nur dann erregt, wenn sich visuelle Muster an *bestimmten Stellen* des extrapersonalen Raumes in eine bestimmte Richtung *bewegen*. Diese Nervenzellen reagieren oft auch auf *Augenbewegungen* und visuell gesteuerte *Greifbewegungen* (Abb. 17–28). Die Richtungen des extrapersonalen Raumes sind in diesen Neuronennetzen vermutlich nach Art einer *vektoriellen Abbildung* repräsentiert. Die *retinotope* Abbildung des Gesichtsfeldes wird hierbei durch eine *spatiotope* Repräsentation des extrapersonalen Raumes ab-

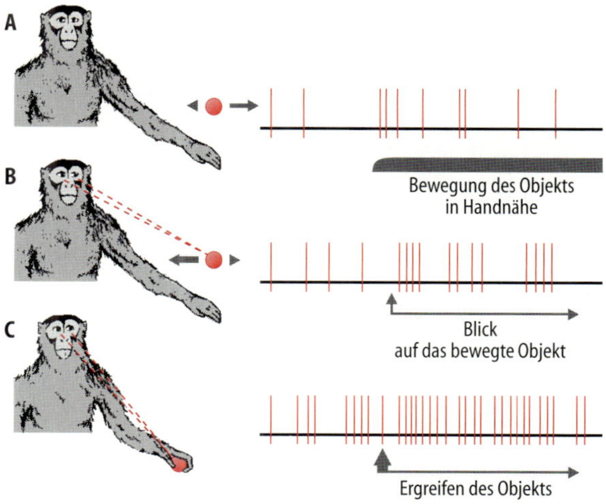

Abb. 17–28. Schema der Reaktion eines Neurons in Area 7 des wachen Rhesusaffen. **A** In der Nähe der Hand, also im Greifraum, wird ein Objekt (z. B. eine Nuß) bewegt. Die Objektbewegung löst eine Aktivierung (Zunahme der Impulsrate) des Neurons aus. **B** Das Tier blickt auf das Objekt, die Impulsrate steigt an. **C** Das Tier greift nach dem Objekt während einer sehr starken Aktivierung des Neurons. Aus [43] nach [38]

gelöst, die auf die Koordinaten des Kopfes bezogen ist. Sie garantiert die konstante Wahrnehmung der Raumrichtungen und der Objektentfernungen trotz retinaler Bildverschiebung [37].

Beim Menschen sind neben der Area 7 vor allem die Areae 39 und 40 (Brodmann-Schema, s. S. 473) für die Raumwahrnehmung zuständig. Erleidet ein Patient eine einseitige Hirnläsion dieses Bereiches, so vernachlässigt er die Signale in der zur Läsion *kontralateralen Hälfte des extrapersonalen Raumes.* Dieser ***visuelle Hemineglekt*** ist bei Läsionen im Bereich des rechten Parietallappens und Temporallappens stärker ausgeprägt als im Bereich des linken. Beim Menschen ist die *rechte Großhirnhälfte* für die räumliche Orientierung wichtiger als die linke, in deren Integrationsregionen *sprachbezogene Leistungen* dominieren (s. Kap. 27) [4, 5].

Der visuelle Hemineglekt bezieht sich nicht nur auf den extrapersonalen Raum, sondern auch auf die *einzelnen Objekte.* Von jedem Objekt wird jeweils nur eine Seite richtig wahrgenommen. Zeichnungen werden so ausgeführt, als ob nur die Hälfte des Objektes vorhanden wäre. Patienten mit einem räumlichen Hemineglekt erleben *ihre visuelle Welt als vollständig,* obgleich sie „objektiv" jeweils nur einen Teil der Dinge wahrnehmen. Männlichen Patienten fällt z. B. das „Fehlen" ihrer linken Gesichtshälfte im Spiegel beim Rasieren nicht auf. Sie rasieren sich nur die zur Gehirnläsion ipsilaterale Gesichtshälfte. Ein Maler (s. Abb. 27-27) zeichnet dann in einem Selbstportrait die Seite kontralateral zu seiner Hirnläsion nicht oder nur sehr vage, bezeichnet das Portrait jedoch als *vollständig* [4, 5, 51].

Patienten, bei denen die Verbindungen des inferioren Parietallappens mit den für das räumliche Gedächtnis zuständigen Strukturen des Hippokampus unterbrochen sind (z. B. durch eine Schädigung des *Gyrus parahippocampalis*) können zwar den äußeren Raum noch richtig wahrnehmen, das Wahrgenommene jedoch nicht mit den Erinnerungsbildern verknüpfen. Sie haben dadurch ihre räumliche Orientierung verloren und verirren sich deshalb in früher wohlbekannten Räumen, wie z. B. im eigenen Haus (*Topographagnosie*) [4].

Ein Teil der visuellen Assoziationsregionen der okzipito-parietalen Großhirnrinde ist auf die Signalverarbeitung bewegter visueller Muster spezialisiert

Im Bereich der Hirnrinde um den *Sulcus temporalis superior* gibt es beim Rhesusaffen Hirnrindenfelder (***Areae MT, MST*** und ***FST,*** Abb. 17–29), in denen es zahlreiche Nervenzellen gibt, die besonders stark auf *bewegte visuelle Reize richtungsspezifisch reagieren.* Die Area MT (= *Area V5*), erhält ihren hauptsächlichen visuellen Erregungszufluß aus den bewegungsempfindlichen Nervenzellen der Areae V1 (Schicht 4b) und V2. Verbindungen aus den tiefen Schichten der *Colliculi superiores* übertragen über das *Pulvinar* visuomotorische Signale zur Area MT.

Zahlreiche Neurone der Area MT reagieren bevorzugt auf kleine, gegen einen stationären Hintergrund bewegte Objekte. Offenbar steuert die Area MT auch *Augenfolgebewegungen.* Dafür sprechen auch die Projektionen aus Area MT und Area MST in die pontinen Blickzentren und in den Kern des optischen Traktes im Hirnstamm. Nervenzellen der *Areae MST und FST* werden bevorzugt durch *großflächige bewegte visuelle Reize* aktiviert, wie sie z. B. zur Auslösung des optokinetischen Nystagmus erzeugt werden. Ein großflächiges, bewegtes retinales Reizmuster entsteht auch bei aktiven Bewegungen des Körpers oder des

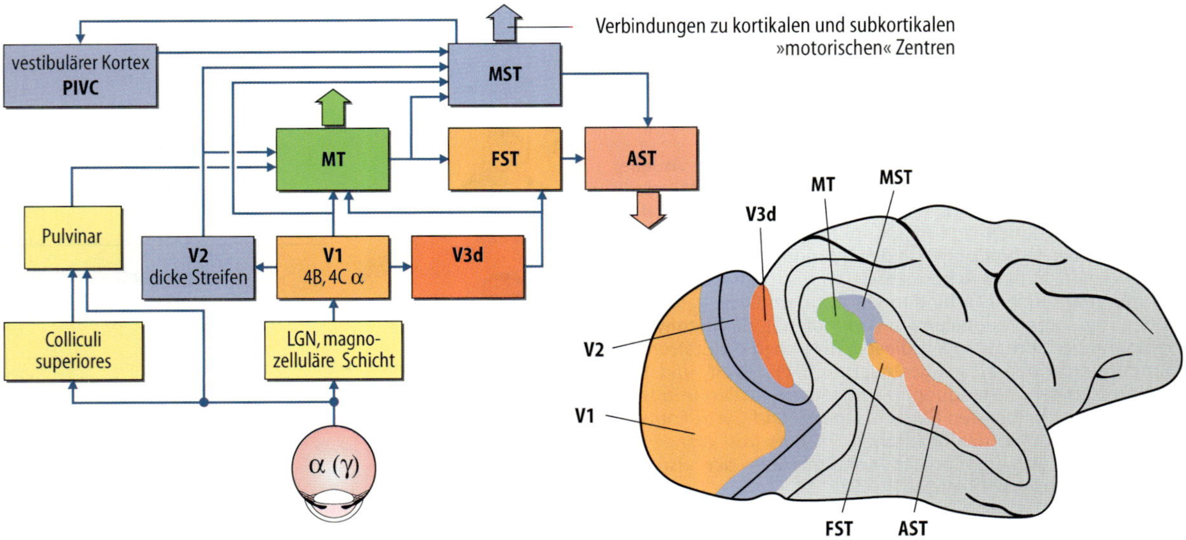

Abb. 17–29. Schema der wichtigsten Hirnrindenstrukturen zur visuellen Bewegungswahrnehmung. Axone der bewegungsempfindlichen Neurone der retinotop organisierten kortikalen Areale V1, V2 und V3 projizieren zu bewegungsspezifischen Hirnrindenfeldern im Bereich des superioren temporalen Sulcus (STS, Abb. 17–21). Die Area MT erhält weitere visuomotorische Eingänge über den Colliculus superioris und das Pulvinar. Nach einer Abbildung aus der Arbeitsgruppe von L. Ungerleider aus [43]

Kopfes. Ein Teil der Nervenzellen in den Areae MST und FST wird auch dann durch solche bewegte Reizmuster aktiviert, wenn dieselben mit dem Blick verfolgt werden und ihr Bild auf der Netzhaut daher stationär bleibt. Zwischen der Area MST und den *vestibulären Arealen der Großhirnrinde,* die zur Wahrnehmung der Kopfbewegungen im Raum unerläßlich sind, bestehen wechselseitige neuronale Verbindungen (Abb. 17–29).

In der menschlichen Großhirnrinde liegen die Areae MT (V5) und MST in der okzipito-parietalen Übergangsregion. Während visueller Bewegungsstimulation kann man in diesen Regionen aus der Erhöhung der *regionalen Hirndurchblutung* (s. S. 507) auf eine Zunahme der neuronalen Aktivität schließen. Eine *transkranielle magnetische Stimulation* der Hirnrinde jener Region unterbricht die Bewegungswahrnehmung.

Patienten, die an *umschriebenen bilateralen Läsionen* der Areae MT und MST leiden, können Bewegungen im extrapersonalen Raum nur noch eingeschränkt wahrnehmen (*Akinetopsie, Bewegungsagnosie*). Die Patienten berichten auch über eine Beeinträchtigung der Stabilität der visuellen Welt bei Eigenbewegungen, was auf eine Störung der „Verrechnung" zwischen Efferenzkopiesignalen der Blick- und Körpermotorik mit den afferenten visuellen Bewegungssignalen hinweist [4] .

Im inferioren Temporallappen befinden sich ausgedehnte visuelle Assoziationsfelder, die der Objektwahrnehmung dienen

Mikroelektrodenableitungen aus den Regionen des inferioren Temporallappens (Areae PIT, CIT und AIT, Abb. 17–21) von Primaten zeigten, daß diese visuellen Integrationsregionen funktionell in kleine blockförmige Areale unterteilt sind. Die Tausende von Nervenzellen eines kleinen Blöckchens reagieren relativ *einheitlich* auf bestimmte Gestaltkomponenten (*komplexe Winkel, sternförmige Strukturen, farbige Streifenmuster, Konturen bestimmter Krümmungen* und *kreisförmige Mehrfach-Kontraste*) und auch auf *„Elementargestalten"* wie *Gesichter* oder *Hände.* Der aktive Prozeß der Objekterkennung korrespondiert mit einer *kohärenten* Aktivierung ausgedehnter neuronaler Netze aus Nervenzellen, die jeweils verschiedene elementare visuelle Eigenschaften eines Sehdinges repräsentieren. Diese Reaktionen werden auch durch Lernprozesse, d. h. durch frühere Erfahrungen mit visuellen Objekten beeinflußt. Der inferiore Temporallappen ist somit eine Struktur, in der sich Objekterkennung im Kontext früherer visueller Erfahrung vollzieht.

Beim Menschen liegen die Regionen für die visuelle Objekterkennung im inferioren okzipito-temporalen Übergangsgebiet und im inferioren Temporallappen. Bilaterale Schädigungen in diesen Bereichen bewirken eine ***visuelle Objektagnosie:*** Ein Gegenstand kann zwar noch in seiner *Lage im Raum* erkannt werden, nicht jedoch in seiner *Gegenständlichkeit* als Stuhl, Tisch, Krug, Hammer oder komplizierte Maschine. Die Patienten können die Objekte nur visuell nicht erkennen, eine taktile oder auditorische Objekterkennung ist dagegen meist noch möglich [4, 5, 11, 12, 26, 29].

Die visuelle Erkennung averbaler sozialer Signale wie Gesichter, mimische Ausdrucksbewegungen oder Gesten wird durch spezialisierte Neuronennetze des inferioren Temporallappens ermöglicht

Eine besonders wichtige Klasse von visuellen Signalen sind die Gesichter der Artgenossen, da sie am leichtesten die Identifikation des Anderen ermöglichen. *Mimische Ausdrucksbewegungen und Gesten* sind wichtige Komponenten averbaler visueller Kommunikation. Beim Menschen und wahrscheinlich auch bei anderen höheren Primaten muß ein großer Teil dieser Funktionen *erlernt* werden [52].

Mikroelektrodenuntersuchungen im Bereich des Temporallappens bei wachen Primaten (Abb. 17–30) ergaben, daß in der infe-

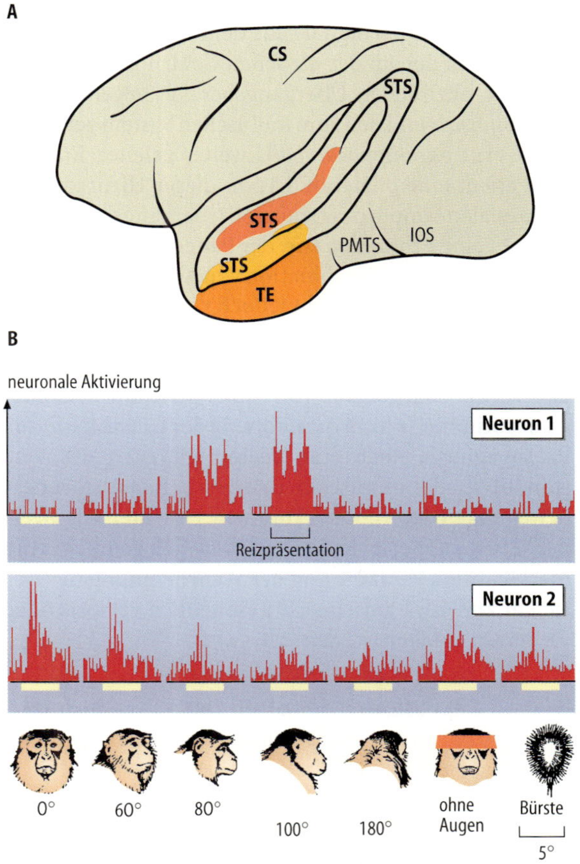

Abb. 17–30. Gesichter sind Stimuli, die spezialisierte visuelle Neurone aktivieren. **A** Großhirnrindenregionen, in denen beim Rhesusaffen mit Mikroelektroden verstreut angeordnete kleine Bereiche gefunden wurden, in denen zahlreiche Nervenzellen jeweils auf Gesichterstimuli besonders gut reagierten, sind farbig markiert [45, 53]. **B** Die Aktivität von 2 Nervenzellen aus gesichterspezifischen Regionen in der Hirnrinde um den Sulcus temporalis superior ändert sich, wenn Gesicher in verschiedener Lage für jeweils 2,5 s (*gelbe Horizontalbalken*) dem wachen Versuchstier präsentiert werden. Das Neuron 1 war maximal aktiviert, wenn der etwa 5° große Reiz ein *Affenprofil* war, das Neuron 2 dagegen, wenn das Affengesicht in frontaler Sicht zu sehen war. Die Entfernung der Augenpartie aus dem Gesicht führte nur zu einer relativ geringen Änderung. Eine Bürste löste dagegen nur eine schwache neuronale Aktivierung aus. Aus [43] nach [35]

rioren temporalen Hirnrinde zahlreiche, verstreut angeordnete kleine Bereiche vorhanden sind, in denen die meisten Nervenzellen selektiv auf Gesichter und/oder mimische Ausdrucksbewegungen reagieren (Abb. 17–30 A). Wie in Abb. 17–30 B illustriert ist, wird ein Teil dieser „gesichterspezifischen" Nervenzellen durch ein Gesicht in *frontaler Ansicht* wesentlich besser aktiviert, als wenn der Kopf im Profil gezeigt wird. Andere Nervenzellen antworten besonders gut auf ein *Profil.* Ein Teil der Nervenzellen dieser Region reagiert selektiv auf den *Augenbereich* eines Gesichtes oder die *Blickrichtung* des betrachteten Gesichtes. Bei Rhesusaffen wurden u. a. Nervenzellen registriert, die besser auf menschliche Gesichter als auf Affengesichter reagierten und zum Teil auch stärker auf Gesichter von Personen, die dem Tier bekannt waren als auf unbekannte Gesichter.

Im *Elektroenzephalogramm* des Menschen lassen sich *ereigniskorrelierte Potentiale* registrieren, die Komponenten enthalten, die bei einem gegebenen Satz unterschiedlicher visueller Reizkategorien nur bei Gesichtern als Stimuli auftreten, die also als *„gesichterspezifisch"* angesehen werden können (Abb. 17–23). Im menschlichen Gehirn werden die zur averbalen sozialen Kommunikation wichtigen Signale aus dem inferioren Temporallappen in den an der medialen Gehirnoberfläche im temporo-okzipitalen Übergangsbereich liegenden *Gyrus fusiformis* und den zum limbischen System gehörenden *Gyrus parahippocampalis* weiter geleitet. Erleidet ein Patient eine bilaterale Läsion dieser Hirnregionen im mesialen temporo-okzipitalen Übergangsbereich, so entsteht eine ***Prosopagnosie:*** der Patient kann Gesichter zwar noch als eine Kombination von Augen, Nase, Mund und Ohren erkennen, nicht jedoch verschiedene Personen unterscheiden. Alle Gesichter erscheinen ihm ähnlich, ihre Individualität ist für ihn aufgehoben. Der Patient erkennt dagegen ihm von früher bekannte Personen an der Stimme. Je nach Ausdehnung der Läsion kann zur Prosopagnosie noch eine Beeinträchtigung des Verständnisses der mimischen und gestischen Ausdrucksbewegungen der Anderen kommen. Patienten, die an einer Prosopagnosie leiden, erleben gelegentlich eine merkwürdige Veränderung der Wahrnehmung der Gesichter anderer Menschen, die einheitlich verzerrt oder verändert gesehen werden [4,5,53,55].

Bei Läsionen der okzipitalen Großhirnrinde entstehen Störungen des Farbensehen, die noch gesichtsfeldbezogen sind; bei Läsionen der parietalen Hirnrinde kommt es dagegen zu einer Veränderung der kategorialen Ordnung der Farbwahrnehmung

Ein Teil der Nervenzellen in Area V4 des Rhesusaffen reagiert sehr spezifisch auf einen jeweils *kleinen Ausschnitt der Farben des Farbenraumes* (s. S. 382) oder auf bestimmte *Farbkonturen.* Die Area V4 hat eine wichtige Funktion bei der Objektwahrnehmung mit Hilfe der für bestimmte Objekte charakteristischen Farben. Die zu Area V4 des Rhesusaffen homologe Region in der menschlichen Großhirnrinde liegt an der mesialen okzipitalen Oberfläche im Bereich des *Gyrus fusiformis,* einer Hirnregion, die durch Äste der *A. cerebri posterior* versorgt wird.

Eine isolierte Störung dieser Hirnregion durch einen Verschluß dieser Äste der A. cerebri posterior bewirkt eine ***kortikale Hemiachromatopsie:*** die kontralateral zur Läsion gelegene Gesichtsfeldhälfte wird nur noch in Hell-Dunkel-Tönen wahrgenommen, während in der ipsilateralen Gesichtsfeldhälfte das Farbensehen erhalten ist. Eine bilaterale Läsion bewirkt eine ***kortikale Achromatopsie.*** Die Patienten sehen die ganze Welt nur noch in Grautönen. Entsprechend dem im vorausgehenden Abschnitt Gesagten leiden sie meist auch an einer *Prosopagnosie.*

Der Bereich des *Gyrus fusiformis,* der für die Wahrnehmung von Oberflächenfarben wichtig ist, hat über den *Gyrus parahippocampalis* Verbindungen in das limbische System. Durch diese neuronalen Verbindungen wird die *emotionale Bedeutung* der Farben vermittelt.

Aus dem Bereich der Area V4 des Menschen gibt es Verbindungen zum *Gyrus angularis* der linken Hirnhälfte. Patienten mit Läsionen dieser Verbindungen oder des *Gyrus angularis* können Farben oder Objekte nur noch schwer einander zuordnen. Es kommt zu einer Beeinträchtigung der *kategorialen Ordnung des Farbenraumes* und oft auch zum Verlust der richtigen *Benennung* der Farben (*Farbenanomie*). Bei diesen Patienten läßt sich dann keine der oben besprochenen „peripheren" Farbsinnesstörungen nachweisen. Sie stellen z. B. Farbmischungsgleichungen am Anomaloskop richtig ein. Dennoch leiden sie an einer schweren Beeinträchtigung der Farbenerkennung und der Zuordnung von Objekten und den für diese Objekte typischen Farben (Tomate/rot, Banane/gelb) [3–5].

Lesen ist eine menschspezifische höhere visuelle Hirnleistung, die durch umschriebene Hirnläsionen gestört werden kann (Alexie)

Durch Messung der regionalen Hirndurchblutung (s. S. 502) konnte nachgewiesen werden, daß beim *Lesen* eine besonders starke Aktivierung im Bereich des *Gyrus angularis* und *Gyrus circumflexus* der *linken* Großhirnhemisphäre auftritt. Die Bedeutung dieser Großhirnrindenregionen für das Lesen erkennt man auch an Patienten, die nach einer Läsion im *inneren Bereich des Gyrus angularis* der linken Hirnhälfte entweder Wörter nicht mehr lesen können *(verbale Alexie)* oder sogar Buchstaben nicht mehr erkennen *(litterale Alexie).* Bei einer *reinen* Alexie kann der Patient noch schreiben, das von ihm selbst Geschriebene jedoch nicht mehr lesen *(Alexie ohne Agraphie).* Dehnt sich die Hirnläsion vom *Gyrus angularis* zum *Gyrus circumflexus* aus, so ist die Alexie in der Regel von einer Unfähigkeit zum Schreiben *(Agraphie)* begleitet. Eine Läsion im Bereich der prämotorischen Hirnrinde des Frontallappens der linken Seite kann selektiv eine *Agraphie ohne Alexie* zur Folge haben.

Die Fähigkeit *ideographische Schrift* zu lesen (z. B. chinesische Schriftzeichen oder Kanji im Japanischen) ist bei einer umschriebenen Läsion des linken *Gyrus angularis* nur wenig beeinträchtigt. Eine Alexie für diese Schriftzeichen tritt bei einer Läsion des *rechten Gyrus angularis* auf. Diese Beobachtung verweist auf den Umstand, daß diese menschspezifischen neokortikalen Hirnrindenfunktionen wesentlich vom Lernen in der Kindheit und Jugend abhängig sind.

Da Lesen im engeren Sinn eine Erfindung der jüngsten menschlichen Kulturstufe und nicht älter als 6.000 Jahre ist *(protosumerische Keilschrift),* muß angenommen werden, *daß die kulturelle Erfindung des Lesens und Schreibens Hirnregionen in Anspruch nimmt, die phylogenetisch sehr viel älter sind und unseren, des Lesens und Schreibens unkundigen Vorfahren zu anderen Zwecken dienten.* Eine dem Lesen verwandte kognitive Leistung ist die *„visuelle Pars-pro-toto"-Erkennung,* d.h. die Fähigkeit, aus einem Teil auf den ganzen Gegenstand zu schließen. Bei der Erkennung *natürlicher Zeichen,* wie z.B. das *Spurenlesen* oder die visuelle Beurteilung der Eßbarkeit von Früchten, spielte diese Pars-pro-toto-Erkennung beim Menschen früherer Kulturstufen eine wichtige Rolle.

Die Fähigkeit zum Lesen und Schreiben ist auch bei den verschiedenen *Aphasien* beeinträchtigt (s. S. 710 f). Dann ist die *Alexie* jedoch nicht durch den Ausfall visuell-kognitiver Mechanismen bedingt, sondern durch eine Störung des *Sprachverständnisses* im engeren Sinne [4, 5, 11, 12].

Emotionale Komponenten der visuellen Wahrnehmung sind überwiegend der Funktion von Teilen des limbischen Systems zuzuschreiben

Wie fast alle Empfindungen und Wahrnehmungen beeinflußt auch die visuelle Umwelt unsere augenblickliche Gestimmtheit (s. Kap. 26). Das Sozialverhalten des Menschen wird von averbalen visuellen Signalen gesteuert (Erkennung von mimischen Ausdrucksbewegungen und Gesten). Einige visuelle Gestalten (z.B. erotische Signale, *„Kindchen-Schema"*) lösen oft direkt emotionale Reaktionen aus. Gleiches gilt für die visuelle Wahrnehmung von Speisen und Getränken. Es läuft dem Hungrigen dann das Wasser im Munde zusammen. Auch die den Appetit anregende Wirkung eines schön gedeckten und geschmückten Tisches verweist auf emotionale Begleitreaktionen der visuellen Wahrnehmung; *„das Auge ißt mit"*.

Erlernte ästhetische Reaktionen, die durch eine gut strukturierte Landschaft, eine gelungene Zeichnung, eine Skulptur oder einen Kirschblütenzweig wie auch durch wohlproportionierte Architektur ausgelöst werden, sind weitere Beispiele für Emotionen, die unsere visuelle Umwelt hervorruft. Die Wirkung von *Räumen* und *Farben* auf die subjektive Befindlichkeit beruht auch auf angeborenen Komponenten der zerebralen Signalverarbeitung: Das Gefühl der Bedrohung, das man beim Durchwandern einer *engen Schlucht* erleben kann, gehört zu diesen visuell ausgelösten emotionalen Reaktionen. Es tritt vermindert noch in den „Schluchten" der von Hochhäusern gesäumten Straßen moderner Großstädte auf. Der *Höhenschwindel,* der bei vielen Menschen mit Angstgefühlen verbunden beim Blick von einem hohen Turm oder einem hohen Berg auftritt, ist als Beeinträchtigung der visuell-vestibulären Integration zu deuten, wirkt sich jedoch auch emotional aus.

Der Raum hat für den Menschen auch eine *soziale Bedeutung.* Große, geschmückte Räume symbolisieren soziale Macht. Räume, deren Dimensionen weit über die des menschlichen Körpers hinausgehen (z.B. große Kathedralen, Schlösser usw.) verändern die Befindlichkeit des Besuchers; dieser kommt sich klein vor. Sehr kleine Räume bewirken dagegen bei manchen Menschen das Symptom der *Klaustrophobie.*

Die emotionalen Komponenten der visuellen Wahrnehmung kommen durch die neuronalen Verknüpfungen zwischen den visuellen Assoziations- und Integrationsregionen und den Strukturen des limbischen Systems zustande. Die *Corpora amygdala,* der *Gyrus parahippocampalis,* der *Hippocampus* und die *Area entorhinalis* (s. S. 466) sind limbische Strukturen, in denen komplexe visuelle Signale verarbeitet werden, die der sozialen Koordination, der Nahrungsaufnahme, der Nahrungserkennung, dem räumlichen Gedächtnis, aber auch der allgemeinen *visuellen Erinnerung* dienen (Abb. 17–27) [4, 11].

ZUSAMMENFASSUNG

Sichtbares Licht ist ein Ausschnitt des elektromagnetischen Spektrums in einem Wellenlängenbereich zwischen 400 (blau) und 750 nm (rot). Der dioptrische Apparat des Auges ist ein zusammengesetztes Linsensystem, das auf der Netzhaut ein umgekehrtes und verkleinertes Bild der Umwelt entwirft. Brechkraft, Brennweite und Bildgröße auf der Retina können nach den Gesetzen der physikalischen Optik berechnet werden. Die Größe der Pupillen und damit der mittlere Lichteinfall auf die Netzhaut wird durch die Irismuskulatur kontrolliert. Die Pupillen werden auch bei der Nahakkommodation enger, wodurch die Tiefenschärfe des dioptrischen Apparats zunimmt.

Bei der Nahakkommodation wird die Brechkraft der Linse durch Zunahme des Krümmungsradius der vorderen Linsenfläche verstärkt. Die Linsenform wird durch die Wechselwirkung zwischen der Spannung im Ziliarmuskel und in den Zonulafasern bestimmt. Wie groß die Akkommodationsbreite ist, hängt von der im Alter nachlassenden Elastizität der Linse ab. Kurzsichtigkeit (Myopie) und Weitsichtigkeit (Hypermetropie, auch Übersichtigkeit genannt) können durch zerstreuende bzw. sammelnde Brillen- oder Kontaktlinsen korrigiert werden. Bei der Altersichtigkeit erfordert das Nahsehen ebenfalls eine Sammellinse.

Die Fovea centralis ist beim photopischen Sehen die Stelle mit der besten Sehschärfe (Visus), sie ist aber nachtblind, da in ihr nur Zapfen und nicht die für das skotopische Sehen notwendigen Stäbchen liegen. Der Übergang vom photopischen Farbensehen zum skotopischen Schwarz-Weiß-Sehen und umgekehrt erfolgt durch den Prozeß der Dunkel- bzw. der Helladaptation. Prozesse der Lokaladaptation in der Retina sind für Nachbilder verantwortlich.

Der Transduktionsprozeß wird durch die Lichtquantenabsorption in den Sehfarbstoffen der Photosensoren eingeleitet, was schließlich zu einer Schließung von Natriumkanälen und einer Hyperpolarisation führt. Die Signalweiterleitung und – verarbeitung in den ersten Neuronenschichten der Netzhaut erfolgt über lokale synaptische Potentiale, erst die Ganglienzellen bilden Aktionspotentiale aus.

Zur Wahrnehmung der räumliche Tiefe des Sehraums werden die Querdisparation, der Konvergenzwinkel der Augachsen und einäugig wahrnehmbare Faktoren ausgenutzt. Die Gestaltwahrnehmung bedient sich der erlernten Größen- und Formkonstanz der Gegenstände zusammen mit Ergänzungs- und Kontrastprozessen zur Deutung des Gesehenen. Fehlinterpretationen kommen als Sinnestäuschungen bei Mehrdeutigkeit des Gesehenen vor.

Normal Farbtüchtige können mehrere Millionen Farbvalenzen wahrnehmen, die sich durch Farbton, Sättigung und Dunkelstufe unterscheiden. Jede Farbart kann durch eine additive Mischung von drei geeignet gewählten Farbtönen erzeugt werden. Die – meist X-chromosomal vererbten – Farbsinnstörungen lassen sich in die Farbanomalien (trichromatisches Sehen) und die Farbblindheiten (dichromatisches Sehen) einteilen.

Die rezeptiven Felder der retinalen Neurone sind konzentrisch-antagonistisch organisiert. Die Ganglienzellen samt ihren den Sehnerv bildenden Axonen lassen sich zusätzlich nach Zellgröße und Leitungsgeschwindigkeit ihrer Axone klassifizieren.

Die visuelle Information wird aus dem Auge durch etwa eine Million Sehnervenfasern in das Gehirn übertragen. Die gesamte Sehbahn ist retinotop organisiert. Im Corpus geniculatum laterale erfolgt die Signalverarbeitung in sechs Neuronenschichten, die abwechselnd dem ipsilateralen und dem kontralateralen Auge zugeordnet werden können. In der primären Sehrinde V1 werden (bei Erhalt der Retinotopie in Form der Hyperkolumnen) Farbe, Kontrast, Konturen und Bewegung der Reizmuster durch die Aktivität in unterschiedlichen Neuronensystemen (okuläre Dominanzsäulen, Orientierungssäulen, Farbsäulen) repräsentiert.

Aus V1 werden die Signale zu den Areae V2, V3, V4 und von dort zu den parietalen Hirnrindenfelder übertragen. In diesen extrastriären visuellen Hirnrindenarealen geht die retinotope Organisation zunehmend zugunsten anderer Aspekte der visuellen Signale, wie ihrer Kontrast-, Form- und Farbmerkmale, verloren. Auf einer noch höheren Ebene der Verarbeitung sind für die Objekterkennung Assoziationsfelder im unteren Parietallappen, für die Objektlokalisation Assoziationsfelder im Parietallappen und in der präfrontalen Hirnrinde zuständig. Der extrapersonale Raum ist im unteren posterioren Parietallappen repräsentiert.

Für eine optimale Entwicklung der visuellen Wahrnehmungen sind in einer kritischen postnatalen Periode ein ungestörtes binokulares Sehen in einer gut strukturierten Umgebung erforderlich.

Die sechs äußeren Augenmuskeln dienen v. a. dazu, über verschiedene Arten von Augenbewegungen, nämlich Sakkaden, Folgebewegungen und Vergenzbewegungen, die fixierten Objekte bei Eigen- und Fremdbewegungen in der Fovea centralis zu halten bzw. sie dorthin zu projizieren. Beim Umherblicken treten zwischen den Sakkaden Fixationsperioden auf. Die zur Gestaltwahrnehmung relevante retinale Signalaufnahme erfolgt während der Fixationsperioden. Die Blickbewegungen in den drei Hauptrichtungen (horizontal, vertikal, torsional) werden durch drei unterschiedliche Blickzentren des Hirnstamms gesteuert, die untereinander und mit den Augenmuskelkernen verbunden sind.

Literatur

Weiterführende Lehr- und Handbücher

1. Baker R, Berthoz A (eds) (1977) Control of gaze by brain stem neurons. Elsevier, Amsterdam
2. Blakemore C (1977) Mechanics of the mind. Cambridge University Press, Cambridge
3. Gouras P (1991) The perception of colour, vol VI. In: Cronly-Dillon JR von (ed) Vision and visual dysfunction. Macmillan, London
4. Grehn F (1998) Augenheilkunde, 27. Aufl. Springer, Berlin Heidelberg New York Tokyo. (26. Auflage 1995 von F. Grehn und W. Leydhecker)
5. Grüsser O-J, Landis T (1991) Visual agnosias and other disturbances of visual perception and cognition, vol XII. In: Cronly-Dillon JR von (ed) Vision and visual dysfunction. Macmillan, London
6. Heilman KM, Valenstein E (1993) Clinical neuropsychology, 3rd edn. Oxford University Press, New York
7. Helmholtz H von (1986) Handbuch der Physiologischen Optik, 2. Aufl. Voss, Hamburg
8. Hering E (1920) Grundzüge der Lehre vom Lichtsinn. Springer, Berlin
9. Hierholzer K, Schmidt RF (Hrsg) (1991) Pathophysiologie des Menschen. edition medizin, VCH, Weinheim
10. Jameson D, Hurvich LM (eds) (1972) Visual Psychophysics. Handbook of Sensory Physiology, vol VII/4. Springer, Berlin Heidelberg New York
11. Jung R (ed) (1973) Central processing of visual information. A: Integrative function and comparative data. Springer, Berlin Heidelberg New York (Handbook of sensory physiology, vol VII/3A). B: Visual centers in the brain. Handbook of sensory physiology, vol VII/3B. Springer, Berlin Heidelberg New York
12. Kleist K (1934) Gehirnpathologie. Barth, Leipzig
13. Kosslyn SM, Andersen RA (eds) (1992) Frontiers in cognitive neuroscience. MIT Press, Cambridge, Massachusetts
14. Leydhecker W (1990) Augenheilkunde. 24. Aufl. Springer, Berlin Heidelberg New York Tokyo
15. Lutzenberger W, Elbert TH, Rockstroh B, Birbaumer N (1985) Das EEG – Psychophysiologie und Methodik von Spontan-EEG und ereigniskorrelierten Potentialen. Springer, Berlin Heidelberg New York Tokyo
16. Niedermeyer EJ, Lopes de Silva F (ed) (1999) Electroencephalography. 4th ed. Williams & Wilkins, Baltimore
17. Regan D (1991) Binocular vision, vol IX. In: Cronly-Dillon JR von (eds) Vision and visual dysfunction. Macmillan, London
18. Rockstroh B, Elbert T, Birbaumer N, Lutzenberger W (1989) Brain potenials and behavior. 2nd edn. Urban & Schwarzenberg, Baltimore
19. Rosenzweig MR, Breedlove SM, Leiman AL (2001) Biological Psychology 3rd edn. Sinauer, Sunderland
20. Schmidt RF (Hrsg) (1985) Grundriß der Sinnesphysiologie. 5. Aufl. Springer, Berlin Heidelberg New York Tokyo
21. Schmidt RF, Schaible H-G (Hrsg) (2001) Neuro- und Sinnesphysiologie. 4. Aufl., Springer, Heidelberg, pp 1–485
22. Schmidt RF, Thews G (Hrsg) (1985) Physiologie des Menschen. 22. Aufl. Springer, Berlin Heidelberg New York Tokyo
23. Schmidt RF, Thews G (Hrsg) (1987) Physiologie des Menschen. 23. Aufl. Springer, Berlin Heidelberg New York Tokyo
24. Schmidt RF, Thews G, Lang F (Hrsg) (2000) Physiologie des Menschen. 28. Aufl. Springer, Berlin Heidelberg New York Tokyo
25. Singer W (1994) Putative functions of temporal correlations in neocortical processing. In: Koch C, Davis J (eds) Large Scale Theories of the Brain. MIT Press, Cambridge Mass.
26. Stein JF (1991) Vision and visual dyslexia, vol XIII. In: Cronly-Dillon JR von (ed) Vision and visual dysfunction. Mac[auslassung]millan, London
27. Stöhr M, Dichgans J, Diener HC, Buettner UW (1996) Evozierte Potentiale 3. Aufl. Springer, Berlin Heidelberg New York
28. Yarbus AL (1967) Eye movements and vision. Plenum Press, New York
29. Zeki S (1993) A vision of the brain. Blackwell, Oxford
30. Zrenner E (1983) Neurophysiological aspects of colour vision in primates. Springer, Berlin Heidelberg New York Tokyo

Einzel- und Übersichtsarbeiten

31. Blakemore C (1977) Genetic instructions and developmental plasticity in the kitten's visual cortex. Philos Trans R Soc London, Ser. B 278:425–434
32. Bötzel K, Grüsser O-J (1989) Electric brain potentials evoked by pictures of faces and nonfaces: a search for face-specific EEG-potentials. Exp Brain Res 77:349
33. Boycott BB, Wässle H (1974) The morphological types of ganglion cells of the domestic cat's retina. J Physiol (Lond) 240:397
34. Dartnall HJA, Bowmaker JH, Mollon JD (1983) Human visual pigments: Microspectrophotometric results from the eyes of seven persons. Proc R Soc Lond [Biol] 220:115–130

35. Desimone R, Albright TD, Gross C, Bruce C (1984) Stimulus selective properties of inferior temporal neurons in the macaque. J Neurosci 4: 2051
36. Essen DC van (1979) Visual areas of the mammalian cerebral cortex. Ann Rev Neurosci 2:227
37. Goldberg ME, Colby CL, Duhamel JR (1990) The representation of visuomotor space in the parietal lobe of the monkey. Cold Spring Harb Symp Quant Biol 55:729
38. Grüsser O-J (1978) Grundlagen der neuronalen Informationsverarbeitung in den Sinnesorganen und im Gehirn. Springer, Berlin Heidelberg New York Tokyo, p 234 (Informatik-Fachberichte 16)
39. Grüsser O-J (1983) Die funktionelle Organisation der Säugetiernetzhaut – physiologische und pathophysiologische Aspekte. Fortschr Ophthalmol 80:502
40. Grüsser O-J (1984) Face recognition within the region of neurobiology and beyond it. Human Neurobiol 3:183
41. Grüsser O-J, Grehn F (1991) Visuelles System. In: [8]
42. Grüsser O-J, Grüsser-Cornehls U (1969) Neurophysiologie des Bewegungssehens. Bewegungsempfindliche und richtungsspezifische Neurone im visuellen System. Ergebn Physiol 61:178
43. Grüsser O-J, Grüsser-Cornehls U (1995) Gesichtssinn und Okulomotorik. In: [23]
44. Grüsser O-J, Henn V (1991) Okulomotorik und vestibuläres System. In: [8]
45. Grüsser O-J, Landis T (1992) Vom Gesichtsfeldausfall zur „Seelenblindheit". Alte und neue Konzepte zur Deutung von Störungen der visuellen Wahrnehmung bei Hirnläsionen. Verh Dtsch Ges Neurol 7:3–31
46. Held R, Hein A (1963) Movement-produced stimulation in the development of visually guided behavior. J Comp Physiol Psychol 56:872–876
47. Hubel DH, Wiesel TN (1970) The period of susceptibility to the physiological effects of unilateral eye closure in kittens. J Physiol (Lond) 206:419–436
48. Hubel DH, Wiesel TN (1977) Functional architecture of macaque visual cortex. Proc R Soc Lond [Biol] 198:1
49. Kaupp UB (1994) Signaling in vertebrate photoreceptors: a tale of two intracellular messengers. In: Elsner N, Breer H (eds) Sensory transduction. Proceedings of the 22nd Göttingen Neurobiology Conference 1994, vol I. Thieme, Stuttgart, p 79
50. Livingstone MS, Hubel DH (1984) Anatomy and physiology of a color system in the primate visual cortex. J Neurosci 4:309
51. Lynch JC (1980) The functional organization of posterior parietal association cortex. Behav Brain Sci 3:485
52. Mertens I, Sigmund P, Grüsser O-J (1993) Gaze motor asymmetries in the perception of faces during a memory task. Neuropsychologia 31:989
53. Perrett DI, Hietanen JK, Oram MW, Benson PJ (1992) Organiszation and functions of cells responsive to faces in the temporal cortex. Phil Trans R Soc Lind [Biol] 335:23
54. Peterhans E, von der Heydt R (1991) Subjective contours bridging the gap between psychophysics and physiology. Trends Neurosci 14:112
55. Rolls ET (1992) Neurophysiological mechanisms underlying face processing within and beyond the temporal cortical visual areas. Philos Trans R Soc Lond [Biol] 335:11
56. Singer W (1994) Putative Functions of Temporal Correlations in Neocortical Processing. In: C Koch & JL Davis (eds) Large-scale neuronal theories of the brain. MIT Press, Cambridge Ma, pp 201–237
57. Van Essen DV, Anderson CH, Felleman DJ (1992) Information processing in the primate visual system: an integrated system perspective. Science 255:419

18 Hören und Gleichgewicht

EINLEITUNG

Es mutet auf den ersten Blick seltsam an, so unterschiedliche Modalitäten wie den Hör- und den Gleichgewichtssinn in ein und demselben Kapitel besprochen zu finden. Aber diese beiden Sinne sind entwicklungsgeschichtlich eng verwandt. Ihre Sensoren sitzen in einem gemeinsamen Organ, dem inneren Ohr, das wiederum fest in einen Schädelknochen, nämlich das Felsenbein „eingemauert" ist. Die Sensoren der beiden Sinne sind sich auch in ihrem Aufbau außerordentlich ähnlich, selbst ihre adäquaten Reize stimmen auf zellulärer Ebene noch überein, aber die lokalen Erregungsprozesse werden durch völlig unterschiedliche äußere Reize angestoßen, durch die Schallwellen auf der einen Seite und durch die Schwerkraft und andere Beschleunigungskräfte auf der anderen.

Wir werden uns im folgenden zunächst mit den Grundbegriffen der (physikalischen) Akustik und anschließend mit der erstaunlichen psychophysiologischen Leistungsfähigkeit des Hörsystems vertraut machen. Im zweiten Abschnitt werden wir die Verarbeitung der akustischen Signale im Zentralnervensystem verfolgen, vom Auftreffen der Schallwellen auf dem Trommelfell über die Transduktions- und Transformationsprozesse in der Kochlea bis zu den verschiedenen Stationen der Hörbahn und ihren Aufgaben. Der Hörkortex ist tonotop organsiert, d. h. die verschiedenen Tonhöhen sind geordnet in verschiedenen Zonen repräsentiert. Der dritte Abschnitt dieses Kapitels ist schließlich dem Gleichgewichtssinn gewidmet, dessen Zusammenarbeit mit der Tiefensensibilität bereits erwähnt wurde.

18.1 Physik des Hörens

Schallwellen sind longitudinale Druckschwankungen der Luft im Bereich von 16 bis 20 000 Hz, die sich mit einer Geschwindigkeit von 340 m/s ausbreiten und vom Hörorgan und seinen Rezeptoren aufgenommen werden

Den großen Baßlautsprechern moderner HiFi-Boxen können wir es ansehen: Sie schwingen bei der Schallabgabe hin und her und regen dadurch die sie umgebende Luft zu *Schwingungen,* also zu rhythmisch abwechselnden *Verdichtungen und Verdünnungen der Luftmoleküle* an (Abb. 18–1A). In diesen Zonen ist der Luftdruck entsprechend erhöht und erniedrigt. Die Luft(druck)schwingungen oder Schall(druck)wellen breiten sich von der Quelle mit einer Geschwindigkeit von etwa 340 m/s wellenförmig aus. Dies entspricht 20 400 m/min oder 1224 km/Stunde (1 Mach).

Wenn Schall(druck)wellen von einer Frequenz zwischen 20 und 16 000 Hz (Hertz = Schwingungen pro Sekunde) in einer gewissen Mindestdruckstärke auf unsere Ohren treffen, erregen sie *Sensoren im Innenohr* und lösen damit im Gehirn eine *Schallempfindung* aus. Je höher die Schallwellenfrequenz, desto höher der Ton. Schall unter 20 Hz (Infraschall) und über 16 000 Hz (Ultraschall) lösen keine Erregung in unseren Innenohrrezeptoren aus. Aber es gibt viele Tiere, die im Ultraschallbereich hören können. Ebenso wie die Lautsprechermembran bewegen sich die Luftmoleküle bei der Schallausbreitung nicht fort, sondern schwingen um ihre mittlere Ruhelage hin und her. Da diese Schwingungsrichtung mit der Ausbreitungsrichtung des Schalles identisch ist, sprechen wir von ***Longitudinalwellen.*** Schallwellen können sich nicht nur in der Luft, sondern auch als *Körperschall* in festen und flüssigen Körpern ausbreiten.

Schallparameter werden in Dezibel (dB) angegeben

Schalldruckmessung. Mit einem Mikrophon kann man Schalldruckwellen aufnehmen und in ein elektrisches Signal umwandeln. Das elektrische Signal läßt sich aufzeichnen oder an einem Meßinstrument sichtbar machen. Seine Amplitude ist ein direktes Maß für die *Intensität des Schalldruckes.* Bei solchen Messungen stellen wir zunächst fest, daß die Amplitude der Druckschwankungen sehr klein ist, gemessen an dem uns umgebenden atmosphärischen Luftdruck. Selbst bei den Lautstärken einer Diskothek oder eines startenden Düsenjets liegt sie bei deutlich weniger als 1 %

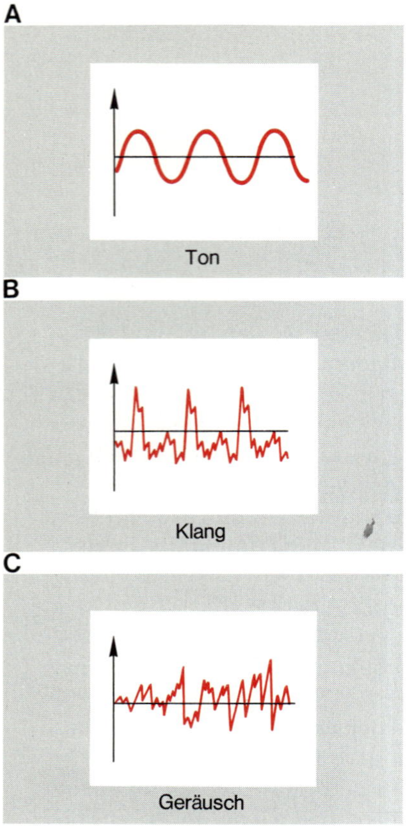

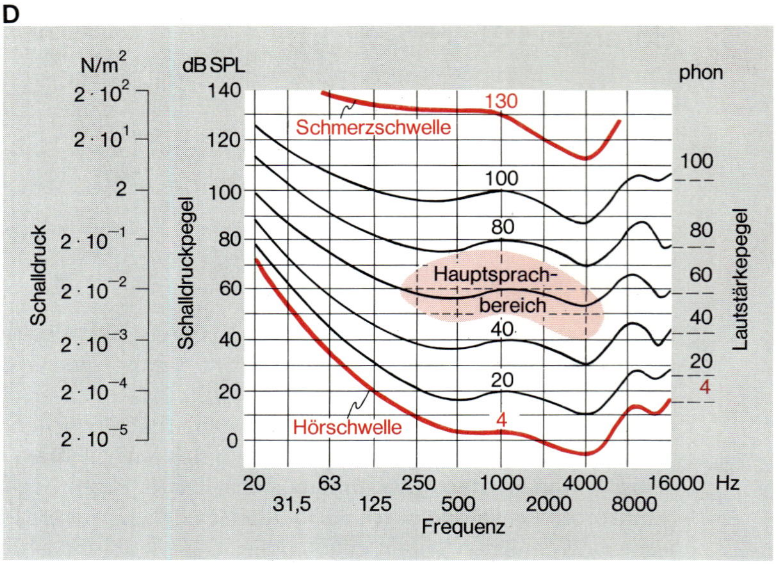

Abb. 18–1. Der Arbeitsbereich des menschlichen Hörsystems. **A-C** Beispiele für den Schalldruckverlauf von Tönen, Klängen und Geräuschen. **D** Kurven gleicher Lautstärkepegel (Isophone) nach DIN 45630. Nur Schallereignisse, deren Frequenzen höher als rund 20 Hz und geringer als rund 16 000 Hz sind, können gehört werden. Die Hörschwelle (*unterste rote* Kurve) hängt stark von der Schallfrequenz ab. Lautstärkepegel über 130 Phon sind schmerzhaft (*oberste rote* Kurve). Die Ordinatenskalen der *linken* Seite erlauben einen Vergleich zwischen Schalldruck (N/m²) und Schalldruckpegel (dB SPL). Der Hauptsprachbereich ist hellrot hervorgehoben

Atmosphärendruck. Zweitens bemerken wir bei solchen Messungen, daß zwischen dem minimalen Schalldruck, der gerade für eine Hörempfindung ausreicht, und dem, der so stark ist, daß die Hörempfindung schmerzhaft wird, ein Unterschied von mindestens 1 : 10 000 und manchmal mehr als 1 : 1 000 000 registriert werden kann, d.h. wir hören über einen sehr großen Schalldruckbereich (s. u.) [7, 21].

Definition der Schalldruckpegelskala. Wir können die Stärke einer so gemessenen Schalldruckwelle in der für Drücke normalerweise verwendeten Größe von Newton pro Quadratmeter (N/m²), abgekürzt *Pascal* (Pa), angeben. Beispielsweise finden wir nahe der Hörschwelle, daß der Druck von Tönen zwischen 1000 und 2000 Hz bei etwa 2×10^{-5} N/m² liegt. Wie gesagt, sehr laute Töne haben bis zu zehnmillionenfach höhere Druckamplituden. Um mit diesem weiten Druckbereich besser umgehen zu können, hat man sich international verständigt, ein anderes, handlicheres Maß für den Schalldruck einzuführen, nämlich den in ***Dezibel* (*dB*)** angegebenen ***Schalldruckpegel.*** Bei diesem Maßsystem wird der Schalldruck von 2×10^{-5} N/m² (20 Mikropascal) als 0 dB gesetzt und jede *zehnfache Zunahme des Schalldruckes* in 20 dB Einheiten aufgeteilt. Der zehnmillionenfache Schalldruck von 2×10^{2} N/m² entspricht also einem Schalldruckpegel von 140 dB SPL (der Zusatz ***SPL, S****ound* ***P****ressure* ***L****evel*, grenzt die hier benutzten dB von anderen technisch gebräuchlichen dB-Maßsystemen ab).

Vorteile der Schalldruckpegelskala. Die dB (SPL) Skala hat zwei wesentliche Vorteile: Erstens kann der sehr weite Intensitätsbereich des hörbaren Schalldruckes mit einer kurzen Skala handlicher Zahlen dargestellt werden und zweitens entsprechen, wie wir noch sehen werden, gleichgroße Zunahmen des Schalldruckpegels in etwa auch gleichgroßen Zunahmen der subjektiv erlebten Lautstärke. Es lohnt daher, sich mit dieser Skala noch etwas vertrauter zu machen. Es handelt sich dabei um eine Skala von Verhältniszahlen, die so gewonnen werden, daß ein gemessener Schalldruck p_x mit dem oben schon genannten Bezugsschalldruck $p_o = 2 \times 10^{-5}$ N/m² verglichen wird. Man bildet dazu den Quotienten p_x/p_o. Dieser Quotient wird logarithmiert (dekadischer Logarithmus) und mit 20 multipliziert, so daß der ***Schalldruckpegel L*** folgendermaßen definiert ist:

$$L = 20 \times \log_{10} (p_x / p_o) \text{ [dB]}$$

Wie „handlich" diese auf den ersten Blick recht umständlich erscheinende Definition des Schalldruckpegels in der praktischen Anwendung ist, wird sich in den folgenden Abschnitten dieses Kapitels noch zeigen. Vorweg sei der Umgang mit ihr an den nachfolgenden Beispielen etwas eingeübt.

Berechnung des Schalldruckpegels. Gesucht sei der Schalldruckpegel eines Tones mit dem Schalldruck von $p_x = 2 \times 10^{-2}$ N/m². Wir errechnen zunächst $p_x/p_o = 2 \times 10^{-2} / 2 \times 10^{-5} = 1\,000 = 10^3$. Diesen Wert setzen wir in obige Formel ein und erhalten (da $\log_{10} 1000 = 3$) $L = 20 \times \log_{10} 10^3 = 20 \times 3 = 60$ *dB*.

Verdoppeln wir den Schalldruck des obigen Beispieles, so wird der Quotient p_x/p_o zu 2000 oder 2×10^3. Sein dekadischer Logarithmus ist (lt. Taschenrechner oder Tabelle) 3,30103, der Schalldruckpegel liegt also bei 20×3,3 = 66 dB. Eine erneute Verdopplung des Schalldruckes ergibt einen weiteren Zuwachs von 6 dB auf 72 dB (bitte nachrechnen), usw. Gleiches gilt, wenn man von anderen Schalldrücken startet. Eine Verdopplung eines beliebigen Schalldruckes erhöht also den zugehörigen Schalldruckpegel immer um 6 dB.

Können Sie sich jetzt noch erinnern, um wieviel dB-Einheiten sich der Schalldruckpegel ändert, sobald der Schalldruck sich verzehnfacht? Wenn nicht, können Sie es jetzt leicht errechnen. In obigem Beispiel würde sich der Quotient p_x/p_0 von 1000 auf 10 000 vergrößern, der zugehörige Logarithmus von 3 auf 4 und damit der dB-Wert von 60 auf 80. Dies gilt offensichtlich ganz allgemein, da jede Verzehnfachung des Schalldruckes den dekadischen Logarithmus um 1,0 vergrößert und den dB-Wert damit um 1×20 dB erhöht. Dieser Zusammenhang zwischen Schalldruck und Schalldruckpegel ist *links* in Abb. 18–1 deutlich zu sehen.

Töne bestehen aus einer Schallwelle mit einer einheitlichen Frequenz; Klänge enthalten endlich viele und Geräusche unendlich viele Töne

Enthält ein Schallereignis nur eine einzige Sinusschwingung bestimmter Frequenz, so sprechen wir von einem ***Ton*** (Abb. 18–1 A). Im täglichen Leben kommen reine Töne jedoch praktisch nicht vor. Hier dominieren *Klänge* und *Geräusche.* Man spricht von einem ***Klang,*** wenn das Schallereignis mehrere Frequenzen enthält. Es handelt sich dabei im allgemeinen um einen Grundton mit mehreren harmonischen Obertönen (Abb. 18–1 B). Der Grundton ist in der Periodik des Schalldruckverlaufes zu erkennen. Die Frequenzen der Obertöne sind ganzzahlige Vielfache der Grundfrequenz. Dies gilt insbesondere für Musikinstrumente, die im physikalischen Sinne *„Klänge"* abgeben. Doch erzeugen verschiedene Instrumente auch bei gleichem Grundton Obertöne in unterschiedlicher Zahl und Intensität. So entstehen die unterschiedlichen Klangbilder der Instrumente und des gesamten Orchesters. Enthält ein Schallereignis praktisch alle Frequenzen des Hörbereiches, so nennt man das Ereignis ein ***Geräusch.*** Im zeitlichen Verlauf des Schalldruckes ist daher keine Periodizität mehr zu erkennen (Abb. 18–1 C).

18.2 Psychophysik des Hörens (Psychoakustik)

Als Hörschwelle bezeichnet man den minimalen Schalldruckpegel zur Wahrnehmung eines Tons; die Hörschwelle ist frequenzabhängig

Mißt man bei einer größeren Gruppe gesunder Erwachsener, bei welchem Schalldruckpegel die *Hörschwelle* liegt, so ergibt sich der in Abb. 18–1 D durch die unterste, rote Kurve gezeichnete Befund: *Die Hörschwelle hängt stark von der Frequenz des Prüftones ab.* Das Ohr ist im Bereich von 2000–5000 Hz am empfindlichsten (in diesem Frequenzbereich liegen auch die Sprachlaute, s. Kap. 27). Dort genügt bereits ein sehr niedriger Schalldruckpegel, um die Hörschwelle zu überschreiten. Bei höheren und tieferen Frequenzen sind zum Überschreiten der Hörschwelle höhere Schalldruckpegel notwendig. Besonders im Bereich der tiefen Töne (Baßtöne), also der sehr niedrigen Schallfrequenzen, liegen die Hörschwellen um 20–60 dB über denen bei 2000 Hz [14, 16, 21]. (Dies ist ein wesentlicher Grund dafür, daß HiFi-Anlagen mit guter Baßwiedergabe eine hohe Leistung haben müssen und entsprechend teuer sind.)

Schalldruck wird frequenzabhängig als Lautstärke empfunden; Lautstärke und Lautstärkepegel sind physiologische Maßeinheiten; der Lautstärkepegel wird in Phon angegeben; hohe Lautstärkepegel schädigen das Hörorgan

Lautstärke und Lautstärkepegel. Die (subjektive) Hörschwelle eines Tones und seine bei steigendem Schalldruck zunehmende (subjektive) Lautstärke hängen also nicht nur vom (physikalischen) Schalldruckpegel, sondern auch von der Frequenz des Tones ab. Dennoch kann der *Zusammenhang zwischen Lautstärke und Schalldruckpegel* mit psychophysischen Methoden (s. dazu S. 318) erfaßt werden. Eine Versuchsperson kann nämlich nicht nur darüber Angaben machen, wann ein Ton hörbar wird, sondern auch darüber, wann sie Töne gleicher oder verschiedener Frequenz als *gleichlaut* empfindet. Bei einer solchen Messung bietet man der Versuchsperson 2 Töne dar: einen Testton beliebiger Frequenz und Intensität und einen Vergleichston von 1000 Hz, dessen Schalldruckpegel bekannt ist (er sei zum Beispiel 60 dB). Über einen Lautstärkeregler kann dann die Versuchsperson den Testton so lange lauter oder leiser drehen, bis er ihr genauso laut wie der Vergleichston erscheint. Beide Töne sind dann *subjektiv gleich laut.* Sie haben, so sagt man, den gleichen ***Lautstärkepegel.***

Phon-Skala. Der Lautstärkepegel wird in *Phon* angegeben. Und zwar wurde vereinbart, daß bei 1000 Hz die *Phon-* und die *dB-Werte* übereinstimmen. In unserem obigen Beispiel haben also nach dem Lautstärkeabgleich beide Töne einen *Lautstärkepegel von 60 Phon.* Der Schalldruckpegel des Vergleichstons von 1000 Hz ist dabei definitionsgemäß 60 dB, der des Testtons kann je nach seiner Frequenz geringer oder (wie meistens) größer sein. Dies zeigen eindrucksvoll die Kurven *gleicher Lautstärkepegel* oder ***Isophone*** in Abb. 18–1 D. Sie wurden mit der eben beschriebenen Methode aus zahlreichen Einzelmessungen gewonnen. Auch die Hörschwelle ist eine solche Isophone; alle Töne, die auf der Hörschwelle liegen, sind nämlich gleich laut, und zwar eben überschwellig.

Hauptsprachbereich; Schalltrauma. Die mittlere Hörschwelle gesunder Menschen liegt bei 4 Phon. Die 60-Phon-Kurve läuft mitten durch den *Hauptsprachbereich*. Das ist dasjenige, in der Abb. 18–1 D rot hervorgehobene Areal, in dem die bei normalem Sprechen hautsächlich vorkommenden Frequenzen und Lautstärkepegel liegen. Sehr hohe Lautstärkepegel lösen Ohrenschmerzen aus. Dies ist etwa bei *130 Phon* der Fall. Dieser Wert wird deswegen als ***Schmerzschwelle*** bezeichnet. Solch hohe Lautstärkepegel führen auch zu Hörschäden, die bei längerer Einwirkungsdauer auch schon bei viel geringeren Schallbelastungen auftreten können. So verursacht eine Dauerbeschallung (8stündiger Arbeitstag) mit mehr als 90 Phon mit Sicherheit im Laufe von Jahren eine ***Schwerhörigkeit.*** Diese Lautstärkepegel werden nicht nur in einigen Betrieben (wo das Tragen von Schallschutz vorgeschrieben ist), sondern z. B. auch in Diskotheken regelmäßig überschritten.

Ein Ton wird etwa doppelt so laut empfunden, wenn sein Lautstärkepegel um 10 Phon ansteigt; Lärm wird mit modifizierten Schallpegelmessern in dB(A) gemessen

Lautstärkepegel und Lautheit. Gibt man einer Versuchsperson einen Ton von 1000 Hz mit einem Lautstärkepegel von 40 Phon vor und bittet sie, einen zweiten Ton von 1000 Hz so laut einzustellen, daß er ihr genau doppelt so laut erscheint, dann stellt sie einen Lautstärkepegel von etwa 50 Phon ein. Soll der Ton viermal so laut wie der Kontrollton von 40 Phon empfunden werden, wird ein Lautstärkepegel von etwa 60 Phon eingestellt. Mit anderen Worten, ein Ton wird ungefähr doppelt so laut empfunden, wenn sein Lautstärkepegel um 10 Phon ansteigt. Bei 1000 Hz bedeutet dies umgekehrt, daß eine *Verzehnfachung des Schalldrucks* (und damit eine Zunahme des Lautstärkepegels um 20 Phon) nur eine *Vervierfachung der Lautheit* bewirkt. Für andere Frequenzen gilt ähnliches. Wir haben es hier, wie bei den anderen Sinnesorganen auch, mit einer Beziehung zwischen *physikalischem* Reiz (***Schalldruck***) und *subjektiver* Empfindung (***Lautheit***) in Form einer Potenzfunktion zu tun, deren Exponent etwa 0,6 ist (vgl. dazu S. 321). Dies gilt allerdings nur für Lautstärkepegel oberhalb 40 Phon. Unterhalb von 40 Phon wird eine Lautheitsverdopplung schon bei geringerer Zunahme des Lautstärkepegels erreicht.

Lärmmessung. Da die subjektive Lautheit von Geräuschen und damit das Ausmaß der von ihnen ausgehenden Lärmbelästigung sehr stark von den in ihnen enthaltenen Frequenzen abhängt (Abb. 18–1 D), gibt eine Messung des Schalldruckpegels keinen ausreichenden Anhaltspunkt für ihre Beurteilung. Man kann jedoch Schallpegelmesser durch den Einbau von Frequenzfiltern in ihrer Empfindlichkeit so verändern, daß sie eine Bewertung vornehmen, die etwa dem menschlichen Gehör entspricht. Die höchste Empfindlichkeit des Meßinstrumentes liegt dann, entsprechend dem Verlauf der Hörschwelle, im mittleren Frequenzbereich, für höhere und tiefere Frequenzen ist das Gerät weniger empfindlich. Die mit einem derartigen Gerät zu messenden Werte werden mit ***dB (A)*** bezeichnet. Sie stimmen also *näherungsweise* mit den Phon-Werten überein.

Die Intensitätsunterschiedsschwelle liegt bei 1 dB oder weniger, die Frequenzunterschiedsschwelle bei 0,3 %; die Mithörschwelle liegt immer oberhalb der Ruhehörschwelle

Intensitätsunterschiedsschwelle. Die Phon-Skala baut darauf auf, daß Versuchspersonen zwei Töne als ***gleich laut*** angeben. Es ist daher die Frage erlaubt und wichtig, wie genau wir unterschiedliche Schalldruckpegel voneinander unterscheiden können. Die Antwort lautet: erstaunlich genau! Denn zwei Töne gleicher Frequenz werden im unteren Intensitätsbereich bereits dann als unterschiedlich laut empfunden, wenn sich der Schalldruck um nur 1 dB voneinander unterscheidet. Im oberen Intensitätsbereich wird dieser Wert sogar noch wesentlich geringer.

Frequenzunterschiedsschwelle. Unser Gehör ist aber nicht nur in der Lage, einen Ton nach seiner Lautstärke zu beurteilen, sondern auch nach der ***Tonhöhe,*** die durch die Tonfrequenz gegeben ist. Im allgemeinen Sprachgebrauch sind wir gewohnt, einen Ton mit hoher Frequenz als „hoch" zu bezeichnen und umgekehrt. Die Fähigkeit, Tonhöhen zu unterscheiden, ist erstaunlich gut. Im günstigsten Bereich um 1000 Hz sind wir in der Lage, noch Frequenzen zu unterscheiden, die nur um 0,3 %, also 3 Hz, differieren. Entsprechend kann ein geübter Sänger dargebotene Töne mit einem Fehler kleiner als 1 % nachsingen.

Ein praktisch wichtigerer Versuch besteht darin, aus einem Gemisch verschiedener Töne einen bestimmten Ton herauszuhören, denn sein Ergebnis sagt etwas darüber aus, inwieweit wir in der Lage sind, auf der *Grundlage von Frequenzunterschieden* aus Tongemischen einzelne Töne „herauszufiltern". Die Schwellen für diese Art von ***Frequenzauflösung*** liegen wesentlich höher als die für die oben beschriebenen Frequenzunterschiedsschwellen, nämlich bei etwa 15–20 % der Tonfrequenz.

Maskierung (*Verdeckung*). Wenn wir in einem fahrenden Auto Nachrichten über das Radio hören, so ist bei langsamer, ruhiger Fahrt dazu nicht allzu große Lautstärke notwendig. Bei plötzlicher Zunahme der Fahrgeräusche wird der Radiosprecher aber unhörbar. Erst wenn der Sprachpegel über den Lautstärkeregler erheblich gesteigert wird, kann der Sprecher wieder verstanden werden. Dieses Phänomen nennt man ***Maskie-***

rung oder ***Verdeckung.*** Um die im Alltag wichtigen Effekte der Verdeckung quantitativ genau angeben zu können, wird die sogenannte ***Mithörschwelle*** gemessen. Die Mithörschwelle gibt denjenigen Schalldruckpegel eines Testschalles (beispielsweise eines sinusförmigen Testtones) an, den dieser haben muß, damit er neben dem Störschall gerade noch wahrgenommen, also mitgehört wird. Aus unserem Beispiel geht schon hervor, daß die *Mithörschwelle immer oberhalb der Ruhehörschwelle* liegt.

Die Ortung einer Schallquelle beruht darauf, daß diese von einem Ohr weiter entfernt ist als vom anderen; die Richtcharakteristik der Ohrmuschel trägt ebenfalls dazu bei; bei Dauerbeschallung steigt die Hörschwelle vorübergehend an, und die Unterschiedsschwellen werden geringer

Schallortung und Richtungshören. Eine Schallquelle im Raum wird beide Ohren reizen. Experimente mit Kopfhörern haben gezeigt, daß über die *Richtung aus der der Schall kommt,* aufgrund von ***Zeit- und Intensitätsunterschieden*** des Hörens der beiden Ohren entschieden wird. Die Frage, *wieweit* sich die Schallquelle vom Hörer entfernt befindet und ob sie *vor* oder *hinter* ihm liegt, wird dagegen durch die ***Klangfärbung*** entschieden, die der Schall durch *Resonanzen und Reflektionen* an Kopf und Ohrmuscheln erfährt. Dieser Aspekt der Schallortung ist noch wenig erforscht, während über die Bedeutung von *Laufzeit- und Pegeldifferenzen* für das Richtungshören zahlreiche Experimente vorliegen [5, 29].

Werden beide Ohren mit Kopfhörern unabhängig voneinander gereizt, so führt eine Abschwächung des Signals zu einem Ohr von nur 1 dB schon zur Lokalisation des Schalles auf die andere Seite. Ebenso können Laufzeitunterschiede bis hinunter zu 3×10^{-5} s sicher beurteilt werden, was einer Abweichung der Schallquelle um ca. 3° von der Mittellinie entspricht. Unter optimalen Bedingungen kann dieser Wert noch um die Hälfte verkleinert werden. Man kann aber auch eine Schallverspätung durch eine gleichzeitige Erhöhung der Intensität am gleichen Ohr wieder „wettmachen" und so wieder einen Mitteneindruck erzeugen, was besonders deutlich zeigt, daß beide Parameter an der Richtungslokalisation beteiligt sind.

Adaptation im Hörsystem. Wie andere Sinnessysteme zeigt das Hörsystem das Phänomen der *Adaptation.* An diesem Vorgang sind sowohl *peripheres Ohr* als auch *zentrale Neurone* beteiligt. Ausdruck der Adaptation ist ein *Anstieg der Hörschwelle (temporary threshold shift, TTS).* Auch die Isophone oberhalb der Hörschwelle verschieben sich „nach oben", diejenigen geringer Lautstärkepegel allerdings mehr als die hoher Pegel, so daß insgesamt die Isophone *näher zusammenrücken.* Dies bedeutet praktisch, daß die Unterschiedsschwellen abnehmen, denn um den gleichen Unterschied im Lautstärkepegel zu erhalten, ist jetzt, also *im adaptierten Zustand,* ein geringerer Zuwachs im Schalldruckpegel nötig. Die Adaptation trägt also zur *Differenzierung unserer Hörerlebnisse* bei.

18.3 Bau und Funktion des Ohres

Das Trommelfell grenzt das äußere Ohr vom Mittelohr ab; in der Paukenhöhle wird der Schall über die Gehörknöchelchenkette zum Innenohr weitergegeben

Die Umsetzung der Schallschwingungen in nervöse Impulsmuster des *Hörnerven* ist ein vielstufiger Vorgang, dessen wichtigste Schritte wir in diesem Abschnitt an Hand der Abb. 18–2 bis 18–6 verfolgen wollen. Wie Abb. 18–2 A zeigt, werden die *Ohrmuschel* und der *äußere Gehörgang* durch das *Trommelfell* als ***äußeres Ohr*** gegenüber dem ***Mittelohr*** abgegrenzt, das aus der luftgefüllten *Paukenhöhle* mit der darin enthaltenen *Gehörknöchelchenkette* (Hammer, Amboß, Steigbügel) aufgebaut ist. Die Paukenhöhle steht durch eine enge, *Tuba Eustachii* genannte Röhre mit dem Rachen hinter der Mundhöhle in Verbindung. Sie wird von dort beim Schlucken, das die Eustachi-Röhre jeweils kurz öffnet, belüftet. – Rasche Luftdruckschwankungen, z. B. beim Steig- oder Sinkflug, führen zum „Druck auf den Ohren". Es handelt sich dabei um subjektiv unangenehme *Spannungen des Trommelfells,* die durch den Luftdruckunterschied zwischen Außenwelt und Paukenhöhle entstehen. Schlucken, also Öffnen der Eustachi-Röhre, stellt den Druckausgleich her.

Die in den äußeren Gehörgang eintretenden Schallwellen treffen zunächst auf das *Trommelfell* (Abb. 18–2A). Von dort wird der Schall auf die *Gehörknöchelchenkette* übertragen. Das erste Knöchelchen, der ***Hammer,*** ist am Trommelfell angewachsen und schwingt mit diesem mit. Über das zweite, den ***Amboß,*** werden diese Schwingungen an das dritte, den ***Steigbügel,*** weitergegeben. Dieser bildet mit seiner Fußplatte die Grenze zum flüssigkeitsgefüllten Innenohr, das die eigentlichen Sinneszellen enthält (s. u.).

Ohne die Gehörknöchelchenkette würde kaum Schall in das Innenohr gelangen; die reflektionsverminderte Impedanzanpassung geschieht über Druckübersetzung und Hebelwirkung

Die aufwendige Gehörknöchelchenkette wurde von der Natur „erfunden", da normalerweise aus der Luft auf Wasser auftretende Schallwellen größtenteils zurückgeworfen (reflektiert) werden und nicht in das Wasser übertreten. (Wie groß diese Verluste sind, können Sie beim Tauchen an den fast fehlenden Außengeräuschen erkennen.) Die *Gehörknöchelchenkette vermindert die Reflexionsverluste* einmal dadurch, daß die Druckfläche des Trommelfells erheblich größer ist als die der Steigbügelfußplatte: Der über eine große Fläche aufgenommene Druck wird auf eine kleine Fläche „gebündelt". *Zum zweiten* bewirken die Hebelarme der Kette eine weitere Druckerhöhung. Und *zum dritten* wird bei

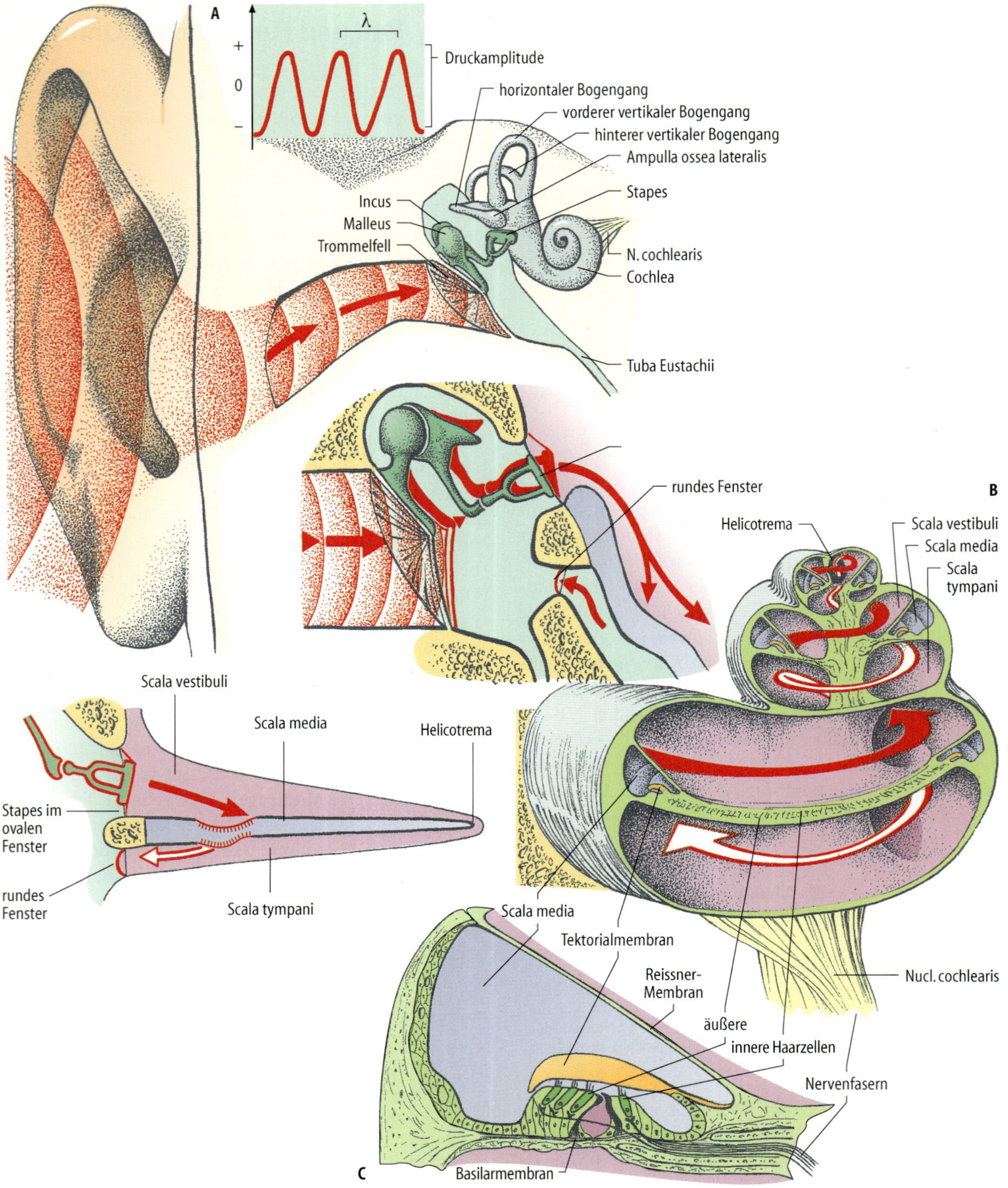

Abb. 18–2. Schallaufnahme im Ohr. **A** Das von einer Schallquelle (z. B. einer Stimmgabel) ausgehende Schallfeld erreicht über den äußeren Gehörgang das Trommelfell. Die Schallübertragung von dort über Hammer (Malleus), Amboß (Incus) und Steigbügel (Stapes) auf das Innenohr wird im Text beschrieben. Jede Schallwelle ist, wie *links oben* gezeigt, durch die Frequenz λ (lambda) und ihre Druckamplitude charakterisiert. **B** Einblick in das Mittelohr und in die menschliche Hörschnecke (Cochlea), wobei die schneckenförmigen Windungen mehrfach angeschnitten sind. **C** Blick in eine Windung der Cochlea. Sie besteht aus drei Etagen (*Scalen,* siehe Text). Die *oberste*, Scala vestibuli (sie liegt dem Gleichgewichts- oder Vestibularorgan am nächsten), und die *unterste*, Scala tympani, gehen an der Spitze der Schnecke (Helicotrema) offen ineinander über (s. **D**). In der *mittleren* (Scala media) liegen die Hörsensorzellen (Haarzellen) auf der Basilarmembran. Über ihnen liegt eine Abdeckung, die Tektorialmembran. **D** Weg des Schalldrucks durch die *Cochlea*. Schematisierte Darstellung mit „ausgerollter" Schnecke

der Übertragung des Schalles vom Steigbügel auf das ovale Fenster des Innenohres ebenfalls über Hebelwirkung eine zusätzliche Druckerhöhung erzielt. Das System arbeitet also ähnlich wie ein Transformator, indem es die schnellen, aber „kraftlosen“ Schallwellen in langsamere, aber „kraftvollere“ Druckwellen umsetzt. Der wichtigste Faktor dabei ist die „Bündelung“ der Schallwellen von der großen Fläche des Trommelfelles auf die Steigbügelplatte, da sich diese beiden Flächen etwa wie 35:1 verhalten.

Füllt sich die Paukenhöhle mit Flüssigkeit, z. B. mit Eiter bei einer akuten Mittelohrentzündung, verschlechtert sich die Hörleistung durch die starke Dämpfung der Gehörknöchelchenkette erheblich. Durch einen Einschnitt am Rande des Trommelfelles muß daher diese Flüssigkeit entfernt werden.

Aufgaben der Mittelohrmuskeln. Zwei kleine Muskeln greifen an der Gehörknöchelchenkette an: Der ***M. tensor tympani,*** der am Hammer nahe dem Trommelfell ansetzt und der ***M. stapedius,*** der am Steigbügel endet. Anspannung dieser Muskeln „versteift“ die Gehörknöchelchenkette und reduziert damit die Übertragung vor allem von niederfrequentem Schall. Auf diese Weise scheinen sie das Ohr in gewissem Umfang vor zu intensivem Schall zu schützen, die Wirkung körpereigenen Schalles zu vermindern, Resonanzen im Mittelohr zu dämpfen und Maskierungseffekte höherer Frequenzen zu vermindern.

Luftleitung und Knochenleitung. Die Übertragung des Schalles vom äußeren Gehörgang über das Trommelfell und die Gehörknöchelchenkette auf das Innenohr bezeichnen wir als ***Luftleitung.*** Sie ist der normale Weg der Schallaufnahme in das Innenohr. Eine Schallempfindung entsteht aber auch dann, wenn man einen schwingenden Körper, etwa eine Stimmgabel, direkt auf den Schädel aufsetzt und damit die Schädelknochen zu Schwingungen anregt. Diese Form der Schallübertragung wird ***Knochenleitung*** genannt. Sie spielt im täglichen Leben keine nennenswerte Rolle. Die weit verbreitete Hypothese, daß hohe Frequenzen durch Knochenleitung ans Innenohr gelangen, hat sich experimentell nicht bestätigen lassen. Messungen der Knochenleitung werden aber zur Diagnostik von Hörstörungen eingesetzt (s. S. 426).

Das Corti-Organ sitzt in der Scala media auf der Basilarmembran, der Trennwand zur Scala tympani; die äußeren und inneren Haarzellen des Corti-Organs sind getrennt innervierte sekundäre Sinneszellen, die von der Tektorialmembran bedeckt sind

Bau des Innenohrs. Im *knöchernen Labyrinth* des Felsenbeins liegen Gleichgewichtsorgan und Hörorgan eingebettet in einer bindegewebigen Hülle, dem *häutigen Labyrinth.* Das ***Hörorgan*** wird wegen seiner Form auch ***Schnecke*** oder ***Cochlea*** genannt (Abb. 18–2). Beim Menschen hat die Schnecke etwa zweieinhalb Windungen (B), einen Basisdurchmesser von etwa 10 mm, eine Höhe von 5 mm von der Basis zur Spitze und eine (auseinandergerollte) Gesamtlänge von etwa 35 mm. Jede Windung besteht aus drei „Etagen“ oder ***Skalen,*** die alle mit Flüssigkeit gefüllt sind. Sie werden, wie in Abb. 18–2 B, C zu sehen, mit ***Scala vestibuli, Scala media und Scala tympani*** bezeichnet. Scala vestibuli und Scala tympani enthalten ***Perilymphe,*** wogegen die Scala media ***Endolymphe*** enthält. Erstere entspricht in ihrer Zusammensetzung mehr einer Extrazellulär-, letztere einer Intrazellulärflüssigkeit. Wie in Abb. 18–2 D weiter zu sehen, stehen Scala vestibuli und Scala tympani an der Spitze der Schnecke, dem ***Helicotrema,*** miteinander in Verbindung.

Bau des Corti-Organs. Auf dem Boden der mittleren Etage, der ***Basilarmembran,*** sitzt der eigentliche sensorische Apparat, das ***Corti-Organ.*** Es enthält, eingebettet in *Stützzellen,* die Hörsensorzellen. Sie werden als ***Haarzellen*** bezeichnet, weil sie submikroskopische haarförmige Fortsätze tragen, die man ***Stereozilien*** nennt. Drei Reihen von *äußeren* Haarzellen steht eine einzelne Reihe *innerer* Haarzellen gegenüber. Beim Menschen gibt es etwa 3500 innere und 12 000 äußere Haarzellen.

Über dem Corti-Organ liegt eine gallertartige Masse, die ***Tektorialmembran*** (Abb. 18–2 C). Sie ist an der inneren Seite der Schnecke, also in der Gegend der Schneckenspindel befestigt. Außerdem berührt sie die Zilien der Haarzellen und hat mit ihnen relativ festen Kontakt. An der äußeren Begrenzung der *Scala media* befindet sich eine gefäßreiche Region, die ***Stria vascularis.*** Sie spielt für die Energieversorgung der Cochlea eine große Rolle und hält u. a. die K^+-Konzentration der Endolymphe aufrecht [24].

Innervation der Haarzellen. Die Rezeptorzellen oder Sensoren im Cortischen Organ sind ***sekundäre Sinneszellen,*** d. h. sie bilden selbst keine Nervenfortsätze aus. Stattdessen werden sie von Nervenfasern versorgt, deren Ursprungszellen im ***Ganglion spirale*** liegen. Dieses wiederum liegt inmitten der Cochlea und ist ebenfalls spiralförmig gewunden (s. Abb. 18–2 B). Die Nervenzellen dieses Ganglions sind ***Bipolarzellen.*** Ein Fortsatz läuft zu den Haarzellen im Corti-Organ (Abb. 18–2 C), der andere im ***Nervus acusticus*** ins Gehirn.

Innere und äußere Haarzellen sind getrennt innerviert. Jede ***innere Haarzelle*** wird von vielen afferenten Nervenfasern versorgt, von denen jede wahrscheinlich nur an einer einzigen inneren Haarzelle endet. Dagegen verzweigen sich die für die ***äußeren Haarzellen*** bestimmten Nervenfasern vielfach, und *jede einzelne versorgt* viele äußere Haarzellen. Auf diese Weise laufen etwa 90 % der etwa 30 000 bis 40 000 afferenten Nervenfasern im N. acusticus zu den (relativ wenigen, s. o.) inneren Haarzellen und nur die restlichen 10 % an die zahlenmäßig weit überlegenen äußeren Haarzellen. Die Innervation der beiden Haarzelltypen ist also außerordentlich unterschiedlich. Schließlich sei vermerkt, daß noch etwa 1800 ***efferente Nervenfasern*** in das Corti-Organ eintreten und dort *zu 90 % die äußeren Haarzellen innervieren.* Sie können anscheinend sowohl die Erregbarkeit der Haarzellen, wie die synaptische Übertragung von den Haarzellen auf die afferenten Nervenfasern modulieren. (Wie alle Organe erhält das Corti-Organ auch eine sympathische, adrenerge Innervation) [25].

Der Schall tritt über den Steigbügel in die Scala vestibuli des Corti-Organs ein und über das runde Fenster der Scala tympani wieder aus; dabei kommt es zu tonotopisch angeordneten Wanderwellen entlang der Scala media

Die Fußplatte des Steigbügels sitzt im ***ovalen Fenster*** der Scala vestibuli. Sie überträgt die vom Trommelfell kommenden Schallwellen auf das Innenohr (s. oben u. Abb. 18–2 D). Da sich die unelastische Flüssigkeit des Innenohres im knöchernen Labyrinth des Felsenbeines nirgendwohin „verschieben“ läßt, ist von der Natur zur Paukenhöhle hin eine zweite, mit einer elastischen Haut verschlossene Öffnung geschaffen worden, das ***runde Fenster,*** über das der Druckausgleich erfolgt. Bei Einwärtsbewegung des Steigbügels bewegt sich die Membran des runden Fensters nach außen und umgekehrt (Abb. 18–2 A, D).

Die vom ovalen Fenster ausgehenden Druckwellen laufen aber nicht nur die Scala vestibuli entlang zum Helicotrema und von dort entlang der Scala tympani zum runden Fenster, sondern sie bringen gleichzeitig die zwischen diesen beiden Skalen liegende *Scala media* zum *Mitschwingen.* In Abhängigkeit von der Schallfrequenz bilden sich *entlang der Scala media* ***Wanderwellen*** aus, ähnlich wie Wellen an einem horizontal gehaltenen Seil. Die Abb. 18–3 zeigt in A zwei Zustände einer derartigen Welle. Der *„Endolymphschlauch“* der Scala media ist hier als einfacher Strich dargestellt. Bedingt durch die mechanischen Eigenschaften der Basilarmembran und der gesamten Cochlea bilden sich für jede Schallfrequenz charakteristische *Schwingungsmaxima und -minima* entlang dem Endolymphschlauch aus, wie sie an einem Beispiel in Abb. 18–3 B dargestellt sind. Und zwar so, daß sich die Schwingungsmaxima bei Beschallung mit *hohen Frequenzen in der Steigbügelregion, bei Beschallung mit tiefen Frequenzen mehr in der Nähe des Helicotremas* ausbilden (Abb. 18–3 C). Durch die Ausbildung dieser *Schwingungsmaxima* wird also jede Frequenz einem bestimmten Ort des Corti-Organs zugeordnet. Dies nennt man das ***Ortsprinzip*** *(Ortstheorie, Tonotopie)* der Wanderwelle. Ein kompliziertes, aus mehreren Tönen bestehendes Schallereignis wird dadurch längs der kochleären Trennwand aufgespreizt *(Frequenzdispersion).* Die Haarzellen des Corti-Organs werden in erster Linie an den Orten des Schwingungsmaximums erregt [24].

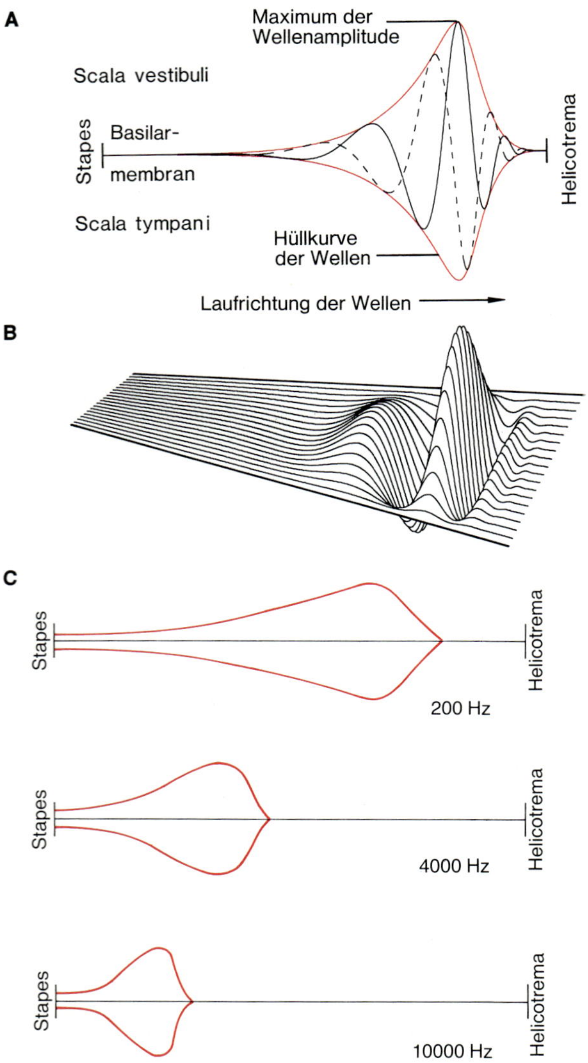

Abb. 18–3. Schallübertragung im Innenohr. **A** Schematische Darstellung einer Wanderwelle. Es sind zwei Wellenbilder zu verschiedenen Zeitpunkten eingezeichnet. Die *Hüllkurve* gibt an, welche Extremwerte die Wellen bei festgehaltener Frequenz an den verschiedenen Orten der Cochlea erreichen können. **B** Räumliches Bild der Welle. **C** Auslenkungsmaxima der schwingenden Basilarmembran bei Beschallung mit Tönen verschiedener Frequenz zur Verbildlichung der Frequenz-Ortsabbildung (Ortstheorie des Hörens). Nach R. Klinke in [17, 20]

Periodizitätsanalyse. Neben der Wanderwelle kann das Innenohr zur Frequenzanalyse auch Zeitstrukturen des Schallsignals, z. B. periodisch wiederkehrende Schalldruckspitzen erkennen. Eine solche *Periodizitätsanalyse* muß insbesondere oberhalb von etwa 5 kHz eine Rolle spielen, da sowohl die Freisetzung afferenter Transmitter als auch die Produktion von Nervenaktionspotentialen in den afferenten Nervenfasern höheren Frequenzen nicht mehr folgen kann.

Die Wanderwellen erzeugen über eine Relativbewegung der Basilar- gegen die Tektorialmembran eine Abscherung der Haarzellenzilien; dies löst Sensorpotentiale aus; die äußeren Haarzellen wirken dabei durch ihre Kontraktion als cochleäre Verstärker

Durch die mechanischen Eigenschaften der Cochlea wird für jede Schallfrequenz nur am *Schwingungsmaximum* eine Bewegung des Endolymphschlauches von nennenswerter Amplitude entstehen (Abb. 18–4 A, B). Selbst diese Maxima sind noch klein und liegen lediglich in der Größenordnung von 10^{-10} m. Sie reichen aber aus, um die an der Tektorialmembran festsitzenden ***Zilien der Haarzellen*** durch die Relativbewegung zwischen dieser und der Basilarmembran zu verbiegen oder ***abzuscheren*** (Abb. 18–4 B). Diese *Abscherung der Zilien* stellt für die Haarzellen den ***adäquaten Reiz*** dar und führt zu deren Erregung.

Die Abscherung der Zilien führt zu Änderungen der Membranpermeabilitäten der Haarzellen für kleine Ionen, zu entsprechenden Ionenflüssen und damit zur Ausbildung von ***Sensorpotentialen.*** Die zugehörigen Transduktionsschritte sind in Abb. 18–4 C zu sehen. Interessanterweise ziehen kleine Fäden von den Spitzen der meisten Stereozilien zur Wandung der da-

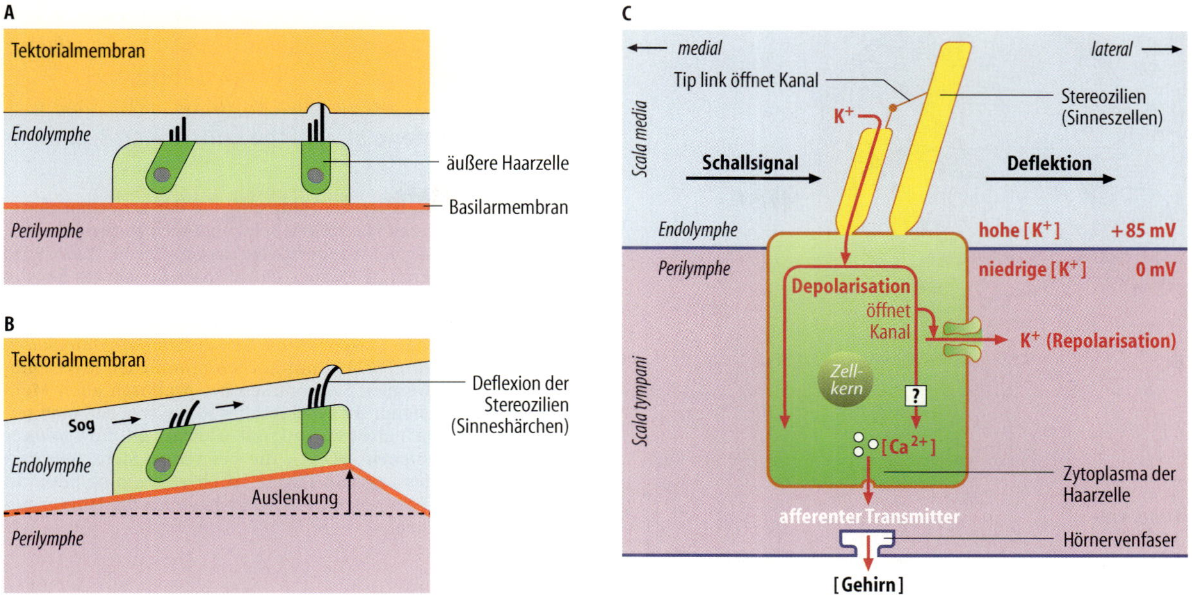

Abb. 18–4. Erregungsmechanismus der Haarzellen. **A, B** zeigen schematische Ausschnitte aus der Schneckentrennwand. Abgebildet ist die Anordnung der Haarzellen zwischen Tektorial- und Basilarmembran (vergleiche dazu Abb. 18–2 C und Abb. 18–7): **A** zeigt den Zustand in Ruhe; die äußeren Haarzellen berühren die Tektorialmembran, die inneren berühren sie nicht; **B** zeigt die Verhältnisse bei Auslenkung der Schneckentrennwand. Die wanderwelleninduzierte Auslenkung der Schneckentrennwand – einschließlich Haarzelle – nach oben führt zu einer Deflexion der Stereozilien. Die Stereozilien der äußeren Haarzellen werden durch die Tektorialmembran deflektiert. Die Stereozilien der inneren Haarzellen schert der Sog der Endolymphströmung *(Pfeil)* ab. **C** Transduktionschritte bei Reizung der Haarzellen. Das Schallsignal führt zu einer Deflexion des Haarbündels, wodurch sich apikale Ionenkanäle öffnen. Kaliumionen strömen in die Zelle. Die Folge ist eine Depolarisation der Zelle. Die Depolarisation führt (in inneren Haarzellen) zur Freisetzung des afferenten Transmitters (vermutlich Glutamat), wodurch die afferenten Nervenfasern stimuliert werden. Bei äußeren Haarzellen führt sie zur Kontraktion der Zellen. Gleichzeitig steigert die Depolarisation die Öffnungswahrscheinlichkeit von kaliumspezifischen Kanälen in der laterobasalen Zellwand (in äußeren Haarzellen sind es z. B. Typ-C-Kanäle). Sie erlauben die Repolarisation der Zelle. Äußere Haarzellen elongieren, innere beenden die Transmitterfreisetzung. (Nach H. P. Zenner in [20])

hinterstehenden Zilie (sog. *Tip links*, s. Abb. 18–4 C). Werden die Stereozilien in Erregungsrichtung deflektiert, so werden die ***Tip links*** gespannt. Man stellt sich vor, daß durch den Zug K^+-durchlässige Kanäle geöffnet werden und daß durch diese Kanäle K^+-Ionen aus der Endolymphe in die Haarzelle einströmen und zu deren Depolarisation, d. h. zu Sensorpotentialen führen. Diese Sensor- oder Rezeptorpotentiale setzen am innervierten (basalen) Ende der Haarzellen Überträgersubstanz (wahrscheinlich Glutamat) frei. Die Überträgersubstanz erregt die afferenten Nervenfasern (Einzelheiten bei [24, 25, 27, 28, 33, 34]).

Die *äußeren Haarzellen* können sich im Rhythmus der Wanderwellenschwingungen verlängern und verkürzen, sie sind also eine Art Zwitter zwischen Sinneszelle und Motor *(Haarzellmotilität)*. Diese Kontraktionen verstärken und versteilern damit die Wanderwellen am Ort ihrer Frequenzmaxima. Die umschriebene, bis zu 100 fache ***cochleäre Verstärkung*** mit Formung einer scharfen Wanderwellenspitze führt dann erst sekundär zur Erregung der *inneren Haarzellen*, denn diese haben eine 50 bis 60 dB geringer Empfindlichkeit als die äußeren Haarzellen.

Das endocochleäre Potential liefert die treibenden Kräfte für den Transduktionsprozeß; dieser kann über Mikrophonpotentiale registriert werden; das Summenaktionspotential spiegelt die Erregung des Hörnerven wider

Endocochleäres Potential. Die Endolymphe der Scala media ist von der Scala vestibuli her gesehen elektrisch positiv geladen (etwa +80 mV), während die Stria vascularis und das Corti-Organ demgegenüber negativ erscheinen (Abb. 18–5 A). Das am unbeschallten Ohr registrierbare positive ***endocochleäre Potential*** wird auch *Bestandspotential* genannt. Seine Ursache sind nicht passive Ionenverschiebungen in oder aus dem Endolymphraum, sondern die Aktivität einer *energieverbrauchenden* Na^+-K^+-*Pumpe* in der Stria vascularis, von der netto mehr positiv geladene Kaliumionen in die Scala media transportiert als Natriumionen entfernt werden. Sauerstoffmangel bringt dieses Potential in ein bis zwei Minuten zum Verschwinden, was seine Stoffwechselabhängigkeit eindrucksvoll unterstreicht. Dieses Potential liefert die treibenden Kräfte für den Transduktionsprozeß, es ist also eine wichtige Voraussetzung für die Funktion der Haarzellen (Einzelheiten bei [2, 9, 27, 28, 33, 34])

Mikrophonpotential. Zwischen dem positiven endocochleären Potential und dem Membranpotential der Haarzellen besteht also ein beträchtliches Spannungsgefälle, nämlich von etwa –70 auf +80 mV, also von rund 150 mV. Nach der ***Batteriehypothese***

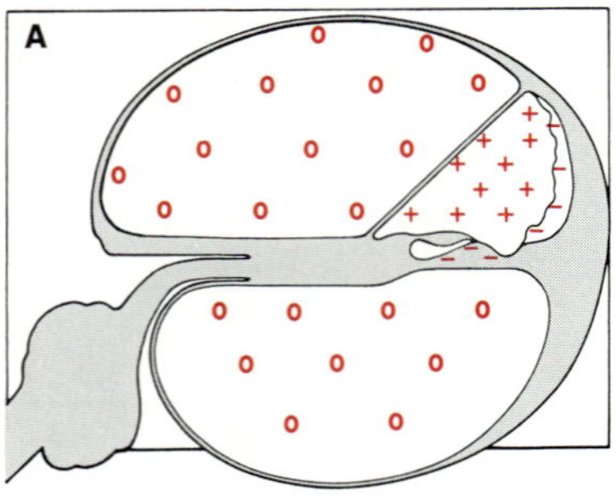

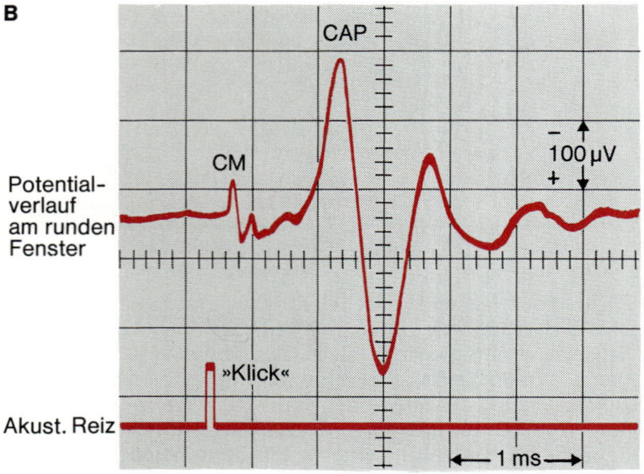

Abb. 18–5. Elektrophysiologische Korrelate der Aktivität des Innenohrs **A** Bestandspotential in der Cochlea, verursacht durch eine Natrium-Kalium-Pumpe in der Stria vascularis (s. Text). **B** Mikrophonpotential (*CM* = cochlear microphonics) und Summenaktionspotential des Nervus acusticus *(CAP)*, abgeleitet am runden Fenster des Katzenohres nach Reizung mit einem Klick. Solche Potentiale lassen sich auch beim Menschen ableiten. Aus [28]

führt diese große Spannungsquelle bei jeder durch Schallreize hervorgerufenen Verbiegung der Zilien und den daraus resultierenden Widerstandsänderungen der Haarzellenmembran zu entsprechenden Ionenströmen in und aus den Haarzellen. Die damit verbundenen Potentiale können im Corti-Organ, aber auch am runden Fenster registriert werden. Sie werden ***Mikrophonpotentiale*** (***CM*** = *cochlear microphonics*) genannt, da sie sich ähnlich wie die Ausgangsspannung eines technischen Mikrophons verhalten, also den Schalldruckverlauf genau wiedergeben (Abb. 18–5 B, CM). Im Gegensatz zu anderen biologischen Potentialen (z. B. Aktionspotentialen, synaptischen Potentialen) folgt das Mikrophonpotential dem Reiz praktisch *ohne* Latenz, besitzt *keine* Refraktärzeit, *keine* meßbare Schwelle und ist nicht ermüdbar [28].

Summenaktionspotential. Von den gleichen Stellen, von denen sich Mikrophonpotentiale ableiten lassen, also z. B. vom runden Fenster, lassen sich bei Beschallung des Ohres mit Klicks auch *Massen-* oder *Summenaktionspotentiale* der Aktionspotentiale im Hörnerven ableiten (Abb. 18–5 B, *CAP*). Solche Summenaktionspotentiale sind bei Dauerbeschallungen nicht registrierbar, da dann die Aktionspotentiale in den zahlreichen Nervenfasern des Nervus acusticus völlig asynchron verlaufen.

Die Kontraktionen der äußeren Haarzellen erzeugen Geräusche, die als otoakustische Emissionen im äußeren Gehörgang gemessen werden können; auch spontane akustische Emissionen kommen vor

Wie oben gesagt, ist es die Hauptaufgabe der schnellen Bewegungen der äußeren Haarzellen Schwingungen zu produzieren, um wie ein Motor die Wanderwellen zu verstärken. Dabei wird offenbar soviel Energie erzeugt, daß als Nebeneffekt ein Teil der Schwingungsenergie als Schall das Innenohr verläßt und über das Mittelohr an die Außenwelt abgegeben wird. Im äußeren Gehörgang können diese *transitorisch evozierbaren otoakustischen Emissionen (**TEOAE**)* mit hochempfindlichen Mikrophonen gemessen werden. Sie kommen bei praktisch allen Menschen vor, ihr Schalldruckpegel ist aber so niedrig, daß man seine eigenen TEOAE nicht wahrnimmt. Gleiches gilt für *spontane akustische Emissionen (SOAE)*, die bei vielen Menschen vorkommen. Die Messung von TEOAE ist eine Screeningmethode, um z. B. bei Neugeborenen nach Risikogeburten das Hörvermögen zu untersuchen.

18.4 Auditorische Signalverarbeitung

In den Hörnervenfasern wird der Schallreiz durch die Entladungsrate, die Zeitdauer der Aktivierung sowie durch den Anschluß an die frequenzspezifischen Haarzellen kodiert

Charakteristische Frequenz. Die Nervenfasern des *Nervus acusticus* enden alle in einem jeweils sehr kleinen Bereich des Corti-Organs, die meisten sogar, wie schon erwähnt, an nur einer einzigen inneren Haarzelle (s. S. 419). Da andererseits, entsprechend der ebenfalls schon erläuterten *Ortstheorie*, jedem Ort des Corti-Organs eine bestimmte Schallfrequenz zugeordnet ist, wird jede Hörnervenfaser durch eine entsprechend ihrem Innervationsort festliegende Schallfrequenz optimal, d. h. mit der niedrigstmöglichen Schwelle erregt. Diese Schallfrequenz nennt man die *charakteristische Frequenz (CF)* der Faser. Hörnervenfasern, die in der Nähe des Steigbügels enden, haben also *hohe* charakteristische Frequenzen, während die charakteristischen Frequenzen der Hörnervenfasern um so tiefer werden, je näher ihr Innervationsort an das Helicotrema rückt.

Intensität und Dauer der Aktivierung. Hörnervenfasern weisen oft eine *Spontanaktivität* auf. Werden sie mit ihrer charakteristischen Frequenz beschallt, so treten zusätzliche evozierte Aktionspotentiale auf, deren Frequenz vom Schalldruck des Schallreizes abhängt (Abb. 18–6 A,C). Die *Intensität eines Schallreizes* wird also durch den *Grad der Aktivierung* der afferenten Fasern kodiert. Mit einer gewissen Adaptation (s. auch unten) halten diese evozierten Impulse für die gesamte Dauer des Schallreizes an (d.h. die *Länge eines Schall-*

reizes wird über die *Dauer der Aktivierung* der afferenten Nervenfaser verschlüsselt), während es nach Reizende eine kleine Weile dauert, bis die Spontanaktivität wieder erscheint. Schallfrequenzen in der Nachbarschaft der charakteristischen Frequenz können zwar dieselbe Hörnervenfaser ebenfalls erregen, sie benötigen aber für gleiche Reizeffekte höhere Schalldrücke, bzw. wie in Abb. 18–6 C,D zu sehen, gleiche Schalldrücke führen zu geringerer evozierter Impulsaktivität.

Abstimmkurven (Tuning-Kurven). Man kann den minimalen Schalldruckpegel einer Hörnervenfaser bei ihrer charakteristischen Frequenz und zu beiden Seiten dieser Frequenz messen und diese Werte in ein Diagramm eintragen. Die resultierenden Kurven (Abb. 18–6 E) nennt man *Abstimmkurven* oder meist *Tuning-Kurven*. Die von ihnen eingeschlossenen Flächen zeigen diejenigen Frequenz- und Intensitätsbereiche an, von denen die Hörnervenfaser aktiviert werden kann. Die Steilheit der „Kurvenflanken" ist dabei ein Maß für die Frequenzselektivität der Faser.

Spektralanalyse von Tönen und Geräuschen. Enthält ein überschwelliger Schallreiz mehrere Frequenzen, so werden entsprechend zahlreiche Hörnervenfasern an den jeweiligen Orten der Schwingungsmaxima und in deren unmittelbaren Nachbarschaft erregt. Mit anderen Worten, *der Schall wird in seine Frequenzkomponenten zerlegt*, wobei sich die Intensität der einzelnen Komponenten in der Entladungsrate der Hörnervenfasern widerspiegelt. Bei höheren Schalldruckpegeln erreichen die frequenzspezifischen Fasern rasch ihren Sättigungsbereich. Gleichzeitig werden aber, wie in Abb. 18–6 E zu sehen, benachbarte Fasern immer stärker erregt. Damit ist auch bei höheren Schalldruckpegeln eine frequenz- und intensitätsgemäße Codierung der Schallereignisse gewährleistet.

Das in den Aktionspotentialen eines Hörnerven verschlüsselte Schallereignis wird über mindestens fünf bis sechs Synapsen zum auditorischen Kortex beider Hirnhälften weitergeleitet

Einen vereinfachten, schematisierten Überblick über die Bahnen und Kerne der Hörbahn zeigt Abb. 18–7. Der Übersichtlichkeit halber sind nur die Bahnen von einem Ohr eingezeichnet. Die des anderen Ohres verlaufen spiegelbildlich, woraus sofort hervorgeht, daß auf den meisten Stationen der Hörbahn *Information aus beiden Ohren* eintrifft, weshalb z. B. auch lokale Läsion eines Hörkortex kaum die Wahrnehmung beeinträchtigt.

Die primären Hörnervenfasern vereinigen sich schon im Innenohr mit den primären Nervenfasern des Gleichgewichtsorgans zum ***Nervus statoacusticus***, der auch als der VIII. Hirnnerv bezeichnet wird. Nach dem Eintritt in den Hirnstamm enden die Hörnervenfasern im ***Nucleus cochlearis***. Vom *hinteren*

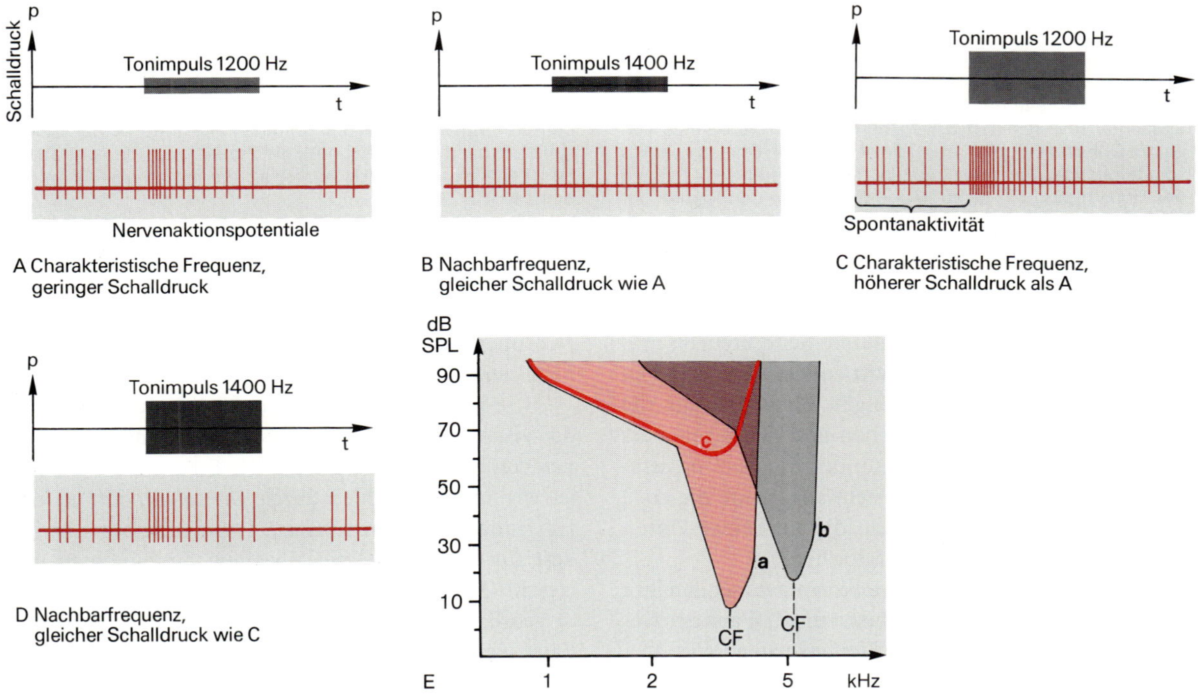

Abb. 18–6. Codierung von Schallfrequenz und Schallintensität in den Nervenfasern des Hörnerven. **A-D** Verhalten einer Hörnervenfaser bei Beschallung mit ihrer charakteristischen Frequenz (**A**, **C**) sowie mit einer Nachbarfrequenz (**B**, **D**) bei zwei verschiedenen Schallintensitäten. **E** Tuning-Kurven (Abstimmkurven) von zwei Hörnervenfasern bei normaler (**a**, **b**) bzw. geschädigter (**c**) Cochlea. Wenn das Innenohr geschädigt ist (z. B. durch Lärmschaden), werden die Fasern unempfindlicher (es resultiert Schwerhörigkeit), und die Frequenzselektivität geht verloren. Aus R. Klinke in [17]

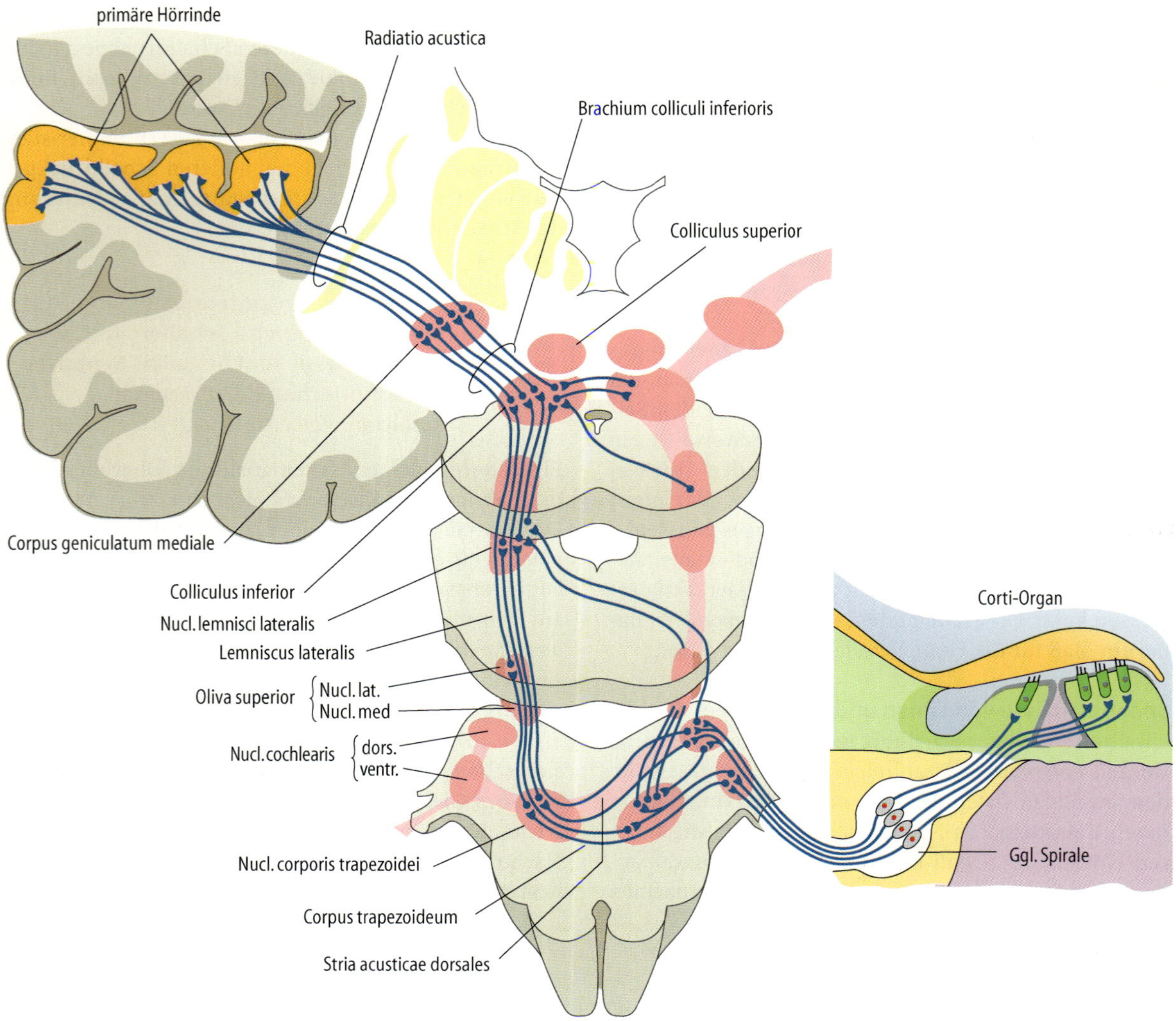

Abb. 18–7. Anteile der Hörbahn und deren Verlauf. Stark vereinfachter und schematischer Überblick. Nur die Bahnen von einem Ohr sind eingezeichnet, die des anderen Ohres verlaufen spiegelbildlich. Die zentrifugalen (deszendierenden) Bahnen des Hörsystems sind nicht eingetragen. Da in den Kernen der Hörbahn eine erhebliche Konvergenz ipsilateraler und kontralateraler Afferenzen erfolgt, gelangt die aus einem Ohr stammende Information zu der primären Hörrinde beider Hemisphären (nicht eingezeichnet); die Projektion nach kontralateral ist allerdings deutlich stärker als die ipsilaterale. In Anlehnung an [17, 28]

(dorsalen) Teil des Nucl. cochlearis entspringt eine Bahn, deren Fasern auf die andere Seite kreuzen und dort im ***lateralen Schleifenkern*** enden. Vom *vorderen* (ventralen) Teil dieses Kernes geht eine Bahn aus, die zum ***Olivenkomplex*** der gleichen und der gegenüberliegenden Seite zieht. Hier, besonders im *Nucl. accessorius* des Olivenkomplexes, besteht also schon die erste Möglichkeit, akustische Signale, die auf beiden Ohren einwirken, miteinander zu vergleichen.

Die Neurone des ***Olivenkomplexes*** senden ihre Axone zum Teil auf der gleichen, zum Teil auf der Gegenseite zu den ***lateralen Schleifenkernen.*** Von dort geht es über die ***Colliculi inferiores*** mit oder ohne Umschaltung zu den ***medialen Kniehöckern*** (Corp. genic. med.) und anschließend zur ***primären Hirnrinde*** im *oberen, hinteren Temporallappen* (s. auch Abb. 20–20, S. 473). Von den Haarzellen bis zur Großhirnrinde besteht die Hörbahn also aus mindestens fünf bis sechs Neuronen. Es gibt aber auch noch längere Wege, die nicht in der Abb. 18–7 eingezeichnet sind [1, 4, 8, 12].

Der ***primäre auditorische Kortex (AI)*** ist wie der visuelle aus hemmenden und erregenden *Kolumnen* von Neuronen aufgebaut. Die Frequenzselektivität ist wie in der Cochlea durch *Ortsselektivität* in der Hörrinde *tonotop* organisiert. Dabei scheinen zumindest für reine Töne die einzelnen Tonhöhen in der Heschl-Querwindung *(Gyrus temporalis transversus)* in geordneter Reihenfolge angelegt zu sein (je tiefer, umso weiter außen in der Windung [1, 15]). Die ***Analyse der Tonhöhe*** erfolgt relativ spät nach Reizdarbietung, zwischen 70 und 100 ms, im auditorischen Kortex. Im akustisch evozierten *elektrischen Hirnpotential* oder *magnetischen Feld* lassen sich daher um 100 ms die stärksten Antworten ableiten (N100 Komponente oder

M100 Feld, s. Kapitel 21). Je größer die Reizintensität, umso höher sind die Potentialamplituden, die genau der subjektiven Intensitätswahrnehmung, also einer nach oben abgeflachten Kurve (Potenzfunktion) folgen: ab einer bestimmten Reizintensität steigen sie nicht mehr, oder nur langsam an.

Sekundärer auditorischer Kortex (AII). Der posteriore sekundäre auditorische Kortex (Areale 42 und 22 der Einteilung von Brodman, s. Kap. 20) ist bei Affen und Menschen auf die *Wahrnehmung von Sprachlauten* spezialisiert. Nach Läsionen in AII werden Sprachlaute (Phoneme) nicht mehr verstanden, ohne daß die akustische Unterscheidungsfähigkeit gestört ist. Bei Affen kommt es zu Störungen im Erkennen von Lautäußerungen der Artgenossen [31].

Wie die übrigen sensorischen sekundären Kortexareale sind auch die auditorischen äußerst plastisch, während beim bilateralen Verlust der Heschl-Querwindung (AI) permanente Taubheit auftritt.

Musikwahrnehmung. Die Verarbeitung von Musik ist zwar nicht nur eine Angelegenheit der akustischen Areale, trotzdem sind diese bevorzugt aktiviert. Abb. 18–8 gibt die regionale Hirndurchblutung, gemessen mit PET (s. Kap. 21) bei verschiedenen musikalischen Aktivitäten wieder. Während bei Musiklaien v. a. rechtshemisphärische Aktivierung beim Hören von Musik auftritt, sind bei Musikern beide Hemisphären gleich beteiligt. Musiker mit absolutem Gehör weisen ein deutlich größeres linkes *Planum temporale* auf als normal hörende (s. Abb. 25–7, S. 691).

Komplexität der und Geübtheit mit Musik spiegelt sich auch in hirnelektrischen Änderungen wider. Je komplexer die Musik, umso irregulärer (schwerer vorher berechenbar) wird die hirnelektrische Aktivität, einfache rhythmische Wiederholungen führen auch zu Vereinfachungen und Rhythmisierung der EEG-Wellen [s. Abb. 27-39, 23, 32].

Die Neurone der Hörbahn, besonders die der Hörrinde, sind häufig auf Schallmuster spezialisiert

Untersucht man das Antwortverhalten der Neurone auf den verschiedenen Stationen der Hörbahn auf akustische Reize, so zeigt sich sehr schnell, daß einfache Reize, wie beispielsweise reine Töne, diese Neurone im allgemeinen weder erregen noch hemmen. Dagegen sprechen sie auf ***komplexe Schallmuster*** an, z. B. amplituden- oder frequenzmodulierte Töne. Das sind solche, bei denen sich der Schalldruck oder die Frequenz ständig ändert. Andere Neurone sprechen nur auf den Beginn, wieder andere nur auf das Ende von Schallreizen an. Vielfach findet man, daß Neurone des Hörsystems durch manche Frequenzen aktiviert, durch andere gehemmt werden. Je weiter man sich in der Hörbahn von der Cochlea entfernt, desto komplexere Schallmuster muß man verwenden, um die Neurone aktivieren zu können.

Die ***funktionelle Bedeutung*** dieses Antwortverhaltens der Neurone der Hörbahn liegt offensichtlich darin, daß auf jeder Ebene des Hörsystems bestimmte Eigenschaften der Schallreize analysiert wer-

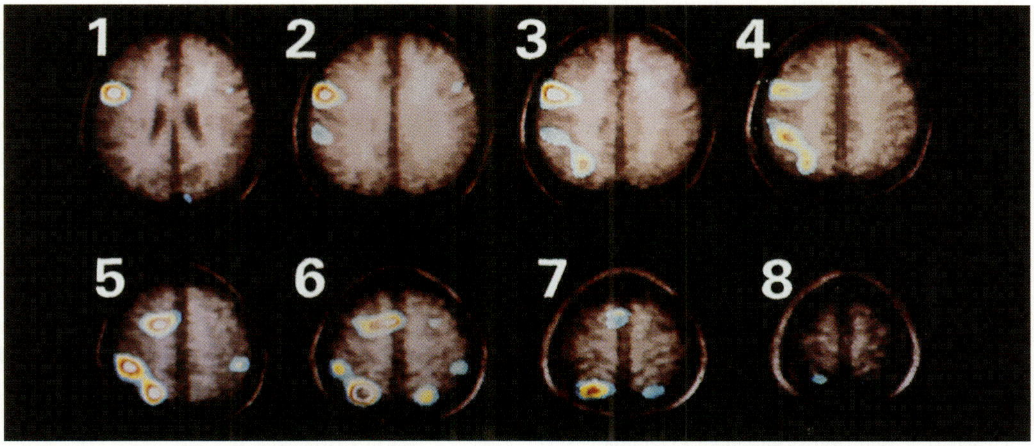

Abb. 18–8. Kortikale Aktivierung während Notenlesen, Hören und rechtshändigem Klavierspiel, gemessen mit PET (s. Kap. 21). Die Bilder sind über 10 professionelle Pianisten gemittelt und von der Bedingung des Tonleiterspielens als Vergleichsbedingung subtrahiert. Die PET-Aktivierungen sind auf Horizontalschnitte der Gehirne der Personen (mit NMR gemessen) überlagert. Die Schnitte beginnen oben links (1) 29 mm über der Verbindungslinie der vorderen und hinteren Kommissuren und liegen dann jeweils 6 mm weiter oben (superior). In den Schnitten 4 und 5 ist die Aktivierung des Gyrus supramarginalis (Area 40) sichtbar, was die simultane Aktivierung von visuellen und akustischen Repräsentationen bei musikalischer Information widerspiegelt. Aktivierung des oberen Parietallappens auf den Schnitten 3–7 reflektiert die räumliche Verarbeitung der Noten und die Transformation der räumlichen Information in visuell-motorische Leistung. Die Pianisten benützten nur ihre rechten Hände, so daß starke linksseitige Aktivierung auftrat. Trotzdem ergibt sich auch Aktivierung des rechten oberen Parietallappens (s. Schnitt 6). Von den Schnitten 1–6 ist auch die Aktivierung einer Zone über der Broca-Region (Area 44) sichtbar, die bis Area 6 in den supplementär motorischen Bereich (s. Kap. 13) reicht. Diese entspricht der Abfolge und zeitlichen Struktur der Bewegungen der rechten Hand beim Klavierspielen. Nach [23]

den. Diese Arbeitsweise zur ***auditorischen Mustererkennung*** erinnert an die des visuellen Systems, wo beispielsweise in der Sehrinde Neurone mit *komplexen* oder *hyperkomplexen* rezeptiven Feldern nur durch bewegte Reize bestimmter Konfiguration erregt werden können. So überrascht es nicht, daß im *auditorischen Kortex* von Affen Neurone gefunden wurden, die vorwiegend auf *arteigene Kommunikationslaute* reagierten, während andere unter den begrenzten Bedingungen des Experimentes überhaupt nicht aktivierbar waren, d. h. wahrscheinlich nur auf sehr komplexe Schallmuster reagieren.

18.5 Klinische Prüfung des Hörvermögens

Schwerhörigkeit beruht meist auf einer Schalleitungs- oder einer Schallempfindungsstörung; retrocochleäre Schäden sind selten

Es gibt mannigfache Ursachen von Schwerhörigkeit und Taubheit, die von einer banalen Verlegung des äußeren Gehörganges mit „Ohrschmalz" bis zu hirnpathologischen Veränderungen reichen. Im Bereich des Ohres kann man *Schalleitungsstörungen* von *Schallempfindungsstörungen* eindeutig abgrenzen. Bei den *retrocochleären Störungen,* also solchen, bei denen Mittel- und Innenohr intakt, jedoch Schäden an der Hörbahn vorhanden sind, läßt sich Ort, Art und Umfang der Erkrankung häufig erst durch eine ausgefeilte Diagnostik mit der wünschenswerten Präzision feststellen.

Durch Hörprüfungen sollen der Schweregrad, der Frequenzbereich, die Art (Schalleitungs- oder Schallempfindungsstörung) und die mögliche Ursache einer Hörstörung ermittelt werden. Es stehen für diese ***Audiometrie*** eine ganze Reihe von Verfahren zur Verfügung, die von einfachen *Hörweitenprüfungen* (Sprachabstandsprüfungen mit Flüster- oder Umgangssprache) bis zur Aufzeichnung akustisch evozierter Potentiale (s. unten) reichen. Hier sollen, nach einem Blick auf die Hauptformen der Schwerhörigkeit, nur die wesentlichsten Verfahren erläutert werden.

Schalleitungsstörungen. Die Schallübertragung im Mittelohr kann aus verschiedensten Gründen erschwert oder unterbrochen sein, z. B. wenn auf Grund einer Entzündung sich dort eiterige Flüssigkeit ansammelt oder wenn die Gelenke der Gehörknöchelchenkette versteifen oder wenn die Elastizität des runden oder des ovalen Fensters nachläßt. Es kommt zu einer Schwellenerhöhung für akustische Reize. Diese kann durch eine *Hörhilfe,* die den Schall verstärkt, ausgeglichen oder gebessert werden. Unter Umständen ist auch eine chirurgische Behandlung möglich, beispielsweise der Ersatz eines verknöcherten Steigbügels im ovalen Fenster.

Schallempfindungsstörungen. Kommt es zu einem Untergang von Haarzellen, so resultiert daraus zwangsläufig Schwerhörigkeit. Das bekannteste Beispiel einer solchen ***Innenohrschwerhörigkeit*** ist die des mittleren und höheren Alters. Sie wird ***Presbyakusis*** oder *Altersschwerhörigkeit* genannt. Aber auch übermäßiger Lärm, Infektionen, einige Medikamente oder ein angeborener, genetisch bedingter Defekt können für eine Schädigung des Corti-Organs verantwortlich sein. Sind die Haarzellen erst einmal zerstört, können sie nicht ersetzt werden. Die Behandlung ist wenig aussichtsreich, da Hörhilfen keine Besserung bringen können.

Tinnitus. Dauergeräusche aus einem Ohr mit Innenohrschwerhörigkeit gehören zu den quälendsten Störungen des menschlichen Wohlbefindens. Ein solcher ***Tinnitus*** kann derzeit kaum medikamentös oder chirurgisch behandelt werden. Eine psychologische Behandlung, in der Ablenkungs- und Bewältigungsstrategien eingeübt werden, ist meist nach der akuten Phase sehr hilfreich, ohne eine Beseitigung der Ohrgeräusche zu erreichen. Diese sind vermutlich durch eine kortikale Reorganisation, wie wir sie ausführlich in Kap. 16 beschrieben haben, mitbedingt.

Hörsturz. Eine akut auftretende Schwerhörigkeit eines oder beider Ohren wird als ***Hörsturz*** bezeichnet. Er ist in der Regel Folge eines akuten Sauerstoffmangels im Innenohr durch eine nicht ausreichende Durchblutung, ähnlich wie beim Herzinfarkt oder beim Hirnschlag. Therapeutisch wird versucht, die Durchblutungsstörung schnellstmöglich medikamentös zu beheben, damit es nicht zum endgültigen Absterben der Haarzellen des Corti-Organs kommt.

Cochleäres Implantat (CI). Bei völligem Ausfall des Corti-Organs wird zunehmend der Versuch gemacht, durch Einbau einer entsprechenden Prothese den Nervus acusticus direkt elektrisch zu reizen, wobei diese Reize ihrerseits durch akustische Reize ausgelöst werden. Diese Technik befindet sich noch im Experimentierstadium. Für Taubgeborene stellen die CI oft keine Hilfe dar, da die CI bereits durch Lernen assoziativ verbundene Neuronenensembles für bestimmte Sprachlaute reizen und damit aktivieren müssen, um ein Sprachverständnis zu erreichen. Immerhin zeigt sich, daß beispielsweise das Ablesen von den Lippen durch die zusätzliche Information über das CI erheblich erleichtert wird [3].

Retrocochleäre Schäden. Erregungsleitungsstörungen im Nervus acusticus sind meist durch Tumoren bedingt. Auch zentrale Schwerhörigkeiten können durch Tumoren bedingt sein. Tinnitus kann auch bei retrocochleären Schäden auftreten.

Der wichtigste klinische Hörtest ist die Schwellenaudiometrie; im resultierenden Audiogramm sind Hörverluste in dB nach unten aufgetragen

Eine Anwendung dieses Verfahrens bei Gesunden haben wir bei der Bestimmung der Hörschwelle und der Isophone (s. Abb. 18–1) bereits kennengelernt. Es werden über Kopfhörer einseitig verschiedene Töne angeboten. Der Test beginnt im sicher unterschwelligen Bereich, und der Schalldruck wird so lange langsam erhöht, bis der Patient eine Hörempfindung angibt. Der dazu benötigte Schalldruck wird in ein ***Audiogramm*** eingetragen. Ein solcher Formularvordruck ist z. B. in Abb. 18–9 A zu sehen. Diese Darstellung unterscheidet sich von der in Abb. 18–1 *erstens* dadurch, daß die normale Hörschwelle als gerade Linie eingedruckt und mit *0 dB* bezeichnet ist. *Zweitens* sind höhere Schwellenwerte nach unten und nicht nach oben abgetragen. Damit wird auf einen Blick offensichtlich, um wieviel dB die Hörschwelle eines Patien-

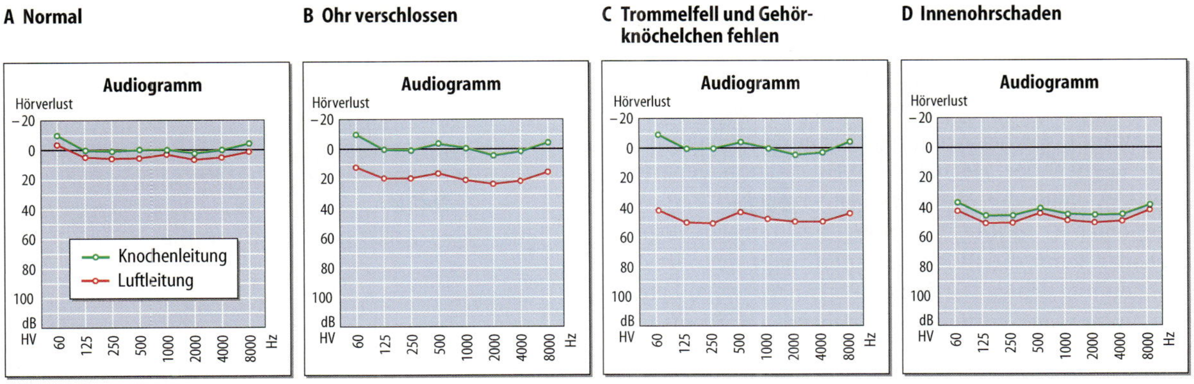

Abb. 18-9. Tonschwellenaudiogramme bei Gesunden und bei Hörstörungen. Die Schwelle bei Luftleitung (Bestimmung über aufgesetzte Kopfhörer, die Töne werden dem Untersuchten für jedes Ohr getrennt angeboten) ist *rot*, die Schwelle bei der Knochenleitung ist *grün* gezeichnet (dazu Ersatz des Kopfhörers durch einen elektrischen Vibrator, der auf den Knochen des Processus mastoideus, also den Warzenfortsatz, getrennt für jede Seite aufgesetzt wird). Beim Gesunden stimmen die Werte für Luft- und Knochenleitung überein und liegen auf der Geraden für die Hörschwellen. **A** Audiogramm eines Hörgesunden. **B** Schalleitungsstörung von ca. 20 dB bei verschlossenem Gehörgang. **C** Schalleitungsschwerhörigkeit von 40 bis 50 dB bei Verlust der Gehörknöchelchen und Trommelfell. Da das Innenohr nicht betroffen ist, ist die Knochenleitungsschwelle normal *(air-bone gap)*. **D** Hörverlust von 40 bis 50 dB nach einer Schädigung des Innenohrs. Weder durch die Luftleitung noch durch die Knochenleitung kann das Innenohr den Schall mit normaler Schwelle wahrnehmen. (Nach H. P. Zenner in [20])

ten über der normalen Hörschwelle liegt. Liegt die Hörschwelle beispielsweise um 20 dB über der normalen Hörschwelle, so spricht man von einem *Hörverlust von 20 dB.* Dies entspricht etwa dem Hörverlust, der beim Verschließen beider Gehörgänge mit den Fingern auftritt (Abb. 15-3 B) [13].

Bei der Schwellenaudiometrie mit Hilfe von Kopfhörern wird die ***Luftleitung*** überprüft. Dasselbe Verfahren kann aber auch zur Prüfung der ***Knochenleitung*** herangezogen werden, wenn man statt des Kopfhörers einen Schwingkörper verwendet, der auf den Warzenfortsatz der zu prüfenden Seite aufgesetzt wird und der die Schädelknochen direkt zu Schwingungen anregt. Liegt eine *Innenohrschwerhörigkeit* vor, so wird das Hörvermögen sowohl bei Luft- wie bei Knochenleitung verschlechtert sein. Gleiches gilt für *retrocochleäre Schäden.* Bei einer *Mittelohrschwerhörigkeit* wird für Luft-, aber nicht für Knochenleitung ein Hörverlust bestehen, da das Innenohr dabei nicht geschädigt ist.

Weber-Versuch und Rinne-Test benutzen eine schwingende Stimmgabel, um zwischen Schalleitungs- und Schallempfindungsstörungen zu differenzieren

Weber-Versuch. Schon mit einer einfachen Stimmgabel kann in der Regel eine Mittelohrschwerhörigkeit (Schalleitungsstörung) von den Innenohr- und retrocochleären Schädigungen abgegrenzt werden, sofern man weiß, welches Ohr schwerhörig ist (Weber-Versuch). Man setzt dazu den Griff der schwingenden Stimmgabel auf die Mitte des Schädels auf. Bei einem Innenohrschaden hört der Patient den Ton auf der gesunden Seite lauter, bei den anderen Schäden ist es umgekehrt. Ersteres ist sofort einsichtig, für letzteres sind mehrere Gründe verantwortlich, z. B. der geringere Adaptationszustand des kranken Ohres, da wegen der Schallleitungsstörung weniger Umweltgeräusche an das Innenohr gelangen und dessen Sensoren dadurch empfindlicher als die auf der gesunden Seite sind (näheres s. [30, 33]).

Rinne-Test. Mit einer Stimmgabel werden Luft- und Knochenleitung am selben Ohr verglichen. Die schwingende Stimmgabel wird zunächst zur Knochenleitung auf den Warzenfortsatz aufgesetzt. Ist der Ton nicht mehr hörbar, wird sie zur Luftleitung vor das Ohr gehalten. Der Ohrgesunde und der Patient mit einer Schallempfindungsstörung hören den Ton wieder *(Rinne positiv),* der Schalleitungsgestörte hört ihn nicht *(Rinne negativ).*

Die Messung akustisch evozierter Potentiale (AEP oder BERA) erlaubt die Prüfung der Funktionsfähigkeit der Hörbahn ohne die Mitwirkung des Patienten

Eine objektive Hörprüfung ohne Mitarbeit der Patienten (z. B. bei kleinen Kindern, bei Sprachlosen oder bei Simulanten) kann mit Hilfe elektroenzephalographisch aufgezeichneter evozierter Potentiale oder evozierter magnetischer Felder (Magnetenzephalogramm, s. Kap. 21) durchgeführt werden. Dabei werden die durch mehrere akustische Einzelreize hervorgerufenen evozierten Potentiale (AEP) mit Hilfe eines Mittelwertbildners aus der Hintergrundaktivität des EEG herausgemittelt (vgl. Kap. 21, S. 498 ff). Diese Methodik wird v. a. zur Überprüfung derjenigen evozierten Potentiale angewandt, die bei der synaptischen Umschaltung in den Kernen der Hörbahn im Hirnstamm generiert werden, daher der Name ***Brainstem Evoked Response Audiometry, BERA.*** Besonders bei retrocochleären Schäden kann die BERA Aufschluß über den Ort der Schädigung geben. Die frühen Potentiale haben Latenzen unter 15 ms, späte haben Latenzen von 150 ms und mehr (s. S. 500–502).

18.6 Psychophysiologie des Gleichgewichtssinns

Beschleunigungen sind die adäquaten Reize des Gleichgewichtsorgans; die Macula- oder Statolithenorgane sprechen auf Linearbeschleunigungen, v. a. die Schwerkraft, die Bogengangsorgane auf Drehbeschleunigungen an

Auch wenn wir im Inneren eines modernen Verkehrsflugzeuges sitzen und ohne jeden Blickkontakt nach außen sind, haben wir nie den geringsten Zweifel, wo

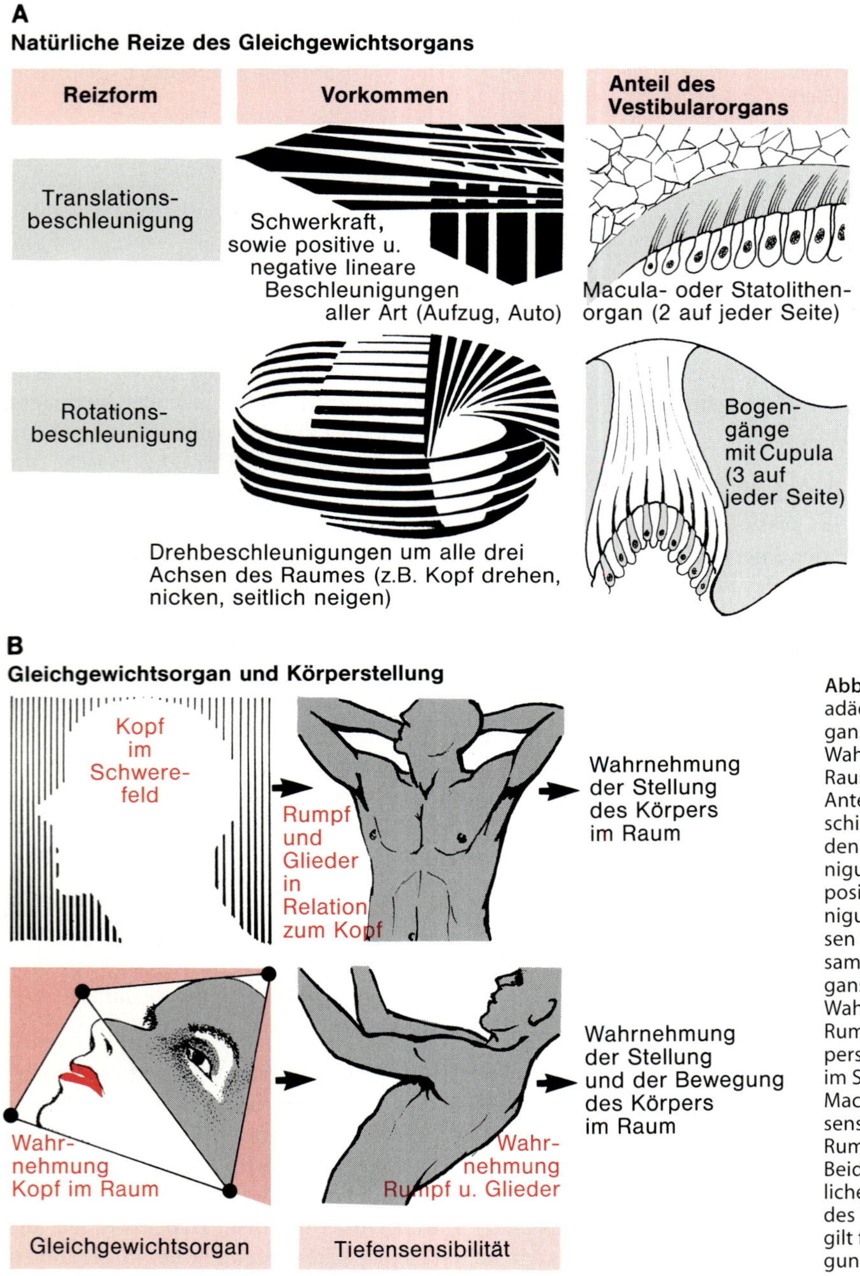

Abb. 18–10. Beschleunigungen als adäquate Reize des Gleichgewichtsorgans und dessen Aufgaben bei der Wahrnehmung der Körperstellung im Raum. **A** Erregung der verschiedenen Anteile des Vestibularorgans bei verschiedenen Beschleunigungsarten. Zu den Translations- oder Linearbeschleunigungen zählt die Schwerkraft sowie positive und negative lineare Beschleunigungen aller Art (Anfahren und Bremsen im Aufzug oder Auto usw.). **B** Zusammenarbeit des Gleichgewichtsorgans mit der Tiefensensibilität bei der Wahrnehmung der Stellung von Kopf, Rumpf und Gliedmaßen, d. h. des Körpers im Raum. Die Stellung des Kopfes im Schwerefeld der Erde wird durch die Maculaorgane gemessen. Die Tiefensensibilität erfaßt die Stellung von Rumpf und Gliedern relativ zum Kopf. Beide Informationen zusammen ermöglichen die Wahrnehmung der Stellung des Körpers im Raum. Entsprechendes gilt für die Wahrnehmung von Bewegungen (*untere* Bildhälfte von B)

„unten" und wo „oben" ist. Auch können wir jederzeit angeben, ob das Flugzeug steigt oder fällt oder ob seine Geschwindigkeit zu- oder abnimmt. Mit anderen Worten, wir verfügen anscheinend über die Möglichkeit, sowohl den Einfluß der ***Schwerkraft*** (*Gravitationsbeschleunigung*) als auch den beliebiger anderer ***linearer Beschleunigungen*** auf unseren Körper zu registrieren und wahrzunehmen [10, 18].

Wir können aber ohne jede visuelle Kontrolle nicht nur die eben erwähnten *Translationsbeschleunigungen,* sondern auch ***Rotationsbeschleunigungen*** wahrnehmen, was jeder auf einem modernen Bürodrehstuhl oder beim Kurvenfahren in einem Auto schon erlebt hat.

Für die Aufnahme aller Formen von Beschleunigungsreizen ist das ***Gleichgewichts***- oder ***Vestibularorgan*** zuständig, das zum Innenohr gehört und *zusammen mit der Cochlea* das ***häutige Labyrinth*** bildet (s. Abb. 18–2, 18–11). Auf seinen Aufbau und seine Arbeitsweise wird im Kap. 18.7 eingegangen. Hier sei nur festgehalten, daß für die Aufnahme der Linear- bzw. der Drehbeschleunigungen *unterschiedliche Anteile des Vestibularorgans zuständig* sind, nämlich, wie in Abb. 18–10 A angegeben, die ***Makulaorgane*** (die auch ***Statolithenorgane*** genannt werden) einerseits und die ***Bogengangsorgane*** andererseits.

Für die Ermittlung der Stellung des Körpers im Raum ist wegen der beweglichen Verbindung zwischen Kopf und Rumpf die Zusammenarbeit zwischen Gleichgewichtsorgan und Tiefensensibilität notwendig

Das Gleichgewichtsorgan liefert lebenslänglich Information über die Stellung des Kopfes im Schwerefeld der Erde. Da der Kopf aber über den Hals beweglich mit dem Rumpf verbunden ist, ist aus der Stellung des Kopfes alleine über die *Stellung des Körpers im Raum* keine eindeutige Information zu gewinnen. Dafür ist, wie bereits in Kap. 16 besprochen und in Abb. 16–8 illustriert, die Zusammenarbeit zwischen Gleichgewichtssinn und Tiefensensibilität notwendig. Diese Zusammenarbeit wird natürlich im Alltag durch visuelle Information aus dem Sehsystem ergänzt und vertieft. Es bleibt aber festzuhalten, daß wir auch nach sehr langem Aufenthalt im Dunkeln über unsere *Körperstellung und die räumliche Ausdehnung unseres Körpers in der Umwelt* (***Körperschema,*** s. S. 339) jederzeit informiert sind.

Die vom Gleichgewichtsorgan gewonnene Information wird für die reflektorische Aufrechterhaltung von Körperstabilität und Umweltstabilität genutzt

Die Meldungen aus dem Gleichgewichtsorgan dienen nicht nur der bewußten Wahrnehmung der auf den Körper einwirkenden Beschleunigungskräfte, sondern sie werden in vielfacher Weise in Reflexbögen eingesetzt, die ohne jedes Zutun des Bewußtseins für die *Aufrechterhaltung des Körpergleichgewichts und für das Festhalten des „Fixationspunktes" bei Augenbewegungen* sowie die *Bewegungslosigkeit der Umwelt* bei Augen-, Kopf- und Körperbewegungen sorgen (zu letzterem s. S. 402).

Die experimentelle Analyse des Beitrages des Gleichgewichtsorgans zu den eben genannten motorischen Reflexen ergab (an Tieren, bei denen eines oder beide Gleichgewichtsorgane entfernt oder nur diese als sensorische Eingänge in das motorische System erhalten waren), daß von den Statolithen- und Bogengangsorganen zwei Typen von ***Labyrinthreflexen*** ausgehen, nämlich ***statische*** und ***statokinetische Reflexe*** (s. dazu auch S. 402).

Die statischen Labyrinthreflexe erhalten das Gleichgewicht beim ruhigen Stehen, Sitzen und Liegen

Für diese Reflexe sind die ***Makulaorgane*** verantwortlich. Die Sensoren der Makulaorgane bewirken also über die motorischen Zentren des Nervensystems eine Abstufung des Tonus derjenigen Muskelgruppen, deren Aktivität zur Erhaltung des Gleichgewichts in den verschiedensten Körperstellungen notwendig ist. Das ***Gegenrollen der Augen,*** das sich an Katzen wegen ihrer senkrecht stehenden Pupillen leicht beobachten läßt (die Pupillenschlitze bleiben beim Neigen des Kopfes in der Senkrechten), aber auch beim Menschen vorkommt, ist ebenfalls ein statischer Reflex. Durch ihn wird erreicht, daß horizontale und vertikale Linien auf der Retina immer gleich abgebildet werden. Selbstverständlich ist normalerweise am Ablauf dieses Reflexes auch die *Tiefensensibilität* (Sensoren der Muskeln, Sehnen und Gelenke des Halses) und das *visuelle System* beteiligt.

Die statokinetischen Reflexe treten während Bewegungen auf und stellen selbst Bewegungen dar

Diese Reflexe gehen von den ***Makulaorganen*** und den ***Bogengangsorganen*** aus. Zu ihnen gehört beispielsweise das reflektorische Umdrehen im freien Fall, das bei einer Katze (aber auch vielen anderen Tieren) dafür sorgt, daß sie immer auf den Pfoten landet, unabhängig davon, in welcher Stellung sie fallengelassen wurde. Ein anderes Beispiel ist die ***Liftreaktion.*** Durch sie wird der Tonus der Muskeln der Extremitäten und des Rumpfes so verändert, daß es bei Beschleunigungen in der Senkrechten nicht zu Änderungen der Körperstellung kommt. Das bekannteste Beispiel eines *statokinetischen Reflexes* ist der ***Nystagmus.*** Auf seine verschiedenen Formen wurde bereits eingegangen (s. S. 402). Seine klinisch-diagnostische Bedeutung wird im Abschnitt 18.8 angesprochen.

18.7 Peripheres vestibuläres System

Jedes der beiden Gleichgewichtsorgane besteht aus zwei Maculae und drei Bogengängen

Am Schema des Aufbaus des Gleichgewichts- oder Vestibularorgans (Abb. 18–11) ist die Lage der bereits erwähnten zwei morphologischen Untereinheiten, nämlich erstens der ***Makulaorgane*** (*Macula utriculi und Macula sacculi*) und zweitens der ***Bogengangsorgane*** (*horizontaler, vorderer vertikaler* und *hinterer vertikaler Bogengang*) zu erkennen. Der von diesen Anteilen des häutigen Labyrinths umschlossene Raum ist ebenso wie die Scala media der Cochlea mit ***Endolymphe*** gefüllt und von ***Perilymphe*** umgeben. Im Bereich der Maculae und in den Bogengängen im Bereich der sogenannten Ampullen (vgl. Abb. 18–14) findet sich ein Sinnesepithel, in das die Sensoren eingebettet sind.

Dem Sinnesepithel liegt eine gallertige Masse auf, die reichlich *Mukopolysaccharide* enthält. Im Falle der Makulaorgane bedeckt sie kissenförmig die Sinneszellen und enthält Einlagerungen von Kalziumkarbonat (Kalzit-Kristalle), die als ***Otolithen*** bezeichnet werden (s. Abb. 18–13). Die Gallerte mit ihren Otolithen wird daher auch *Otolithenmembran* genannt. Bei den Bogengängen ähnelt die Gallerte mehr einem fahnenförmigen Gebilde, das als ***Kupula*** bezeichnet wird (s. Abb. 18–14). Die Kupula enthält keine Kristalle.

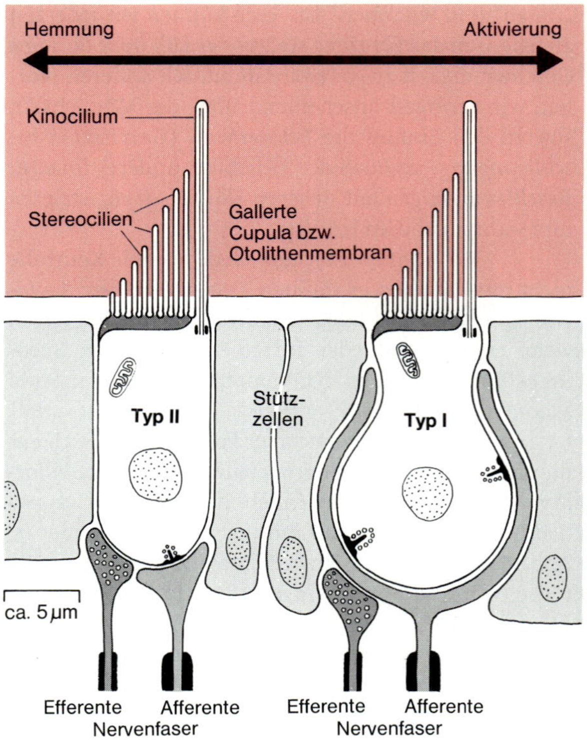

Abb. 18–12. Transduktion in den Sensoren des Vestibularorgans. Schematische Darstellung zweier Sensorzellen aus dem Sinnesepithel des Gleichgewichtsorgans mit ihrer afferenten und efferenten Innervation. Die Sensoren bzw. ihre afferenten Nervenfasern zeigen deutliche Spontanentladungen. Abbiegung des Zilienbündels in Richtung auf das Kinozilium erhöht die Entladungsrate, Abbiegung vom Kinozilium weg vermindert sie. Aus [28]

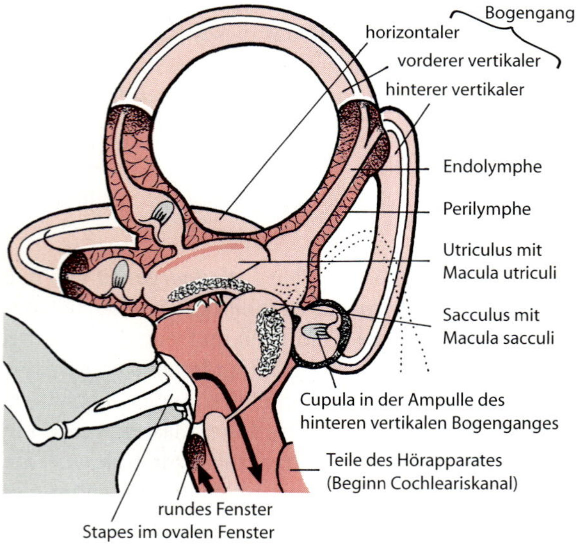

Abb. 18–11. Das vestibuläre Labyrinth. Die drei Bogengänge stehen praktisch senkrecht zueinander und ihre Kupulaorgane messen Rotationsbeschleunigungen (Drehbeschleunigungen) in den drei Raumachsen. Die beiden Makulaorgane (Statolithenorgane) werden vor allem durch die Schwerkraft, aber auch durch andere Formen von Linear- oder Translationsbeschleunigung erregt

Die Haarzellen des Gleichgewichtsorgans werden afferent und efferent innerviert

Von den Sinneszellen (Sensoren) des Vestibularorgans gibt es morphologisch zwei verschiedene Typen, die sich in ihrem Aussehen (Abb. 18–12) und in ihrer Empfindlichkeit auf Beschleunigungsreize unterscheiden. Beide tragen an ihrer der Gallerte zugewandten Oberfläche feine ***Härchen*** oder ***Zilien*** und werden deswegen (ebenso wie die Sinneszellen der Cochlea, s. S. 419) als *Haarzellen* bezeichnet (Abb. 18–12). Jede Haarzelle hat ein großes ***Kinozilium*** und 60–100 kleinere ***Stereozilien.***

Die Haarzellen sind ***sekundäre Sinneszellen,*** d. h. sie besitzen keine eigenen Nervenfortsätze, sondern werden von *afferenten* Nervenfasern innerviert, die die Information über den Erregungszustand der Haarzellen zum Zentralnervensystem übertragen [1]. Neben den afferenten endigen auch *efferente* Nervenfasern an den Haarzellen, über deren Aktivität sich möglicherweise die Empfindlichkeit der Haarzellen verstellen läßt. Die afferenten Nervenfasern stammen von den Nervenzellen des *Ganglion vestibuli (Scarpae).* Zentralwärts bilden die Nervenfasern den ***Nervus vestibularis,*** der sich noch im Bereich des Innenohres mit dem aus dem Ganglion spirale der Cochlea stammenden Nervus acusticus zum Nervus vestibulocochlearis, dem

*VIII. **Hirnnerven,*** vereinigt. Dieser tritt im Bereich des sogenannten Kleinhirnbrückenwinkels in den Hirnstamm ein.

Die Ruheaktivität der Haarzellen wird durch Verbiegen des Zilienbündels in Richtung auf das Kinozilium erhöht, in Gegenrichtung vermindert

Die afferenten Nervenfasern des Nervus vestibularis besitzen eine hohe regelmäßige ***Ruheaktivität.*** Diese neuronalen Entladungen treten also auf, ohne daß äußere Reize auf die Haarzellen einwirken. Verschiebt man experimentell die Gallerte über dem Sinnesepithel, so kann die vorhandene Aktivität *je nach Richtung der Verschiebung erhöht oder reduziert* werden. Offensichtlich bewirkt die Abscherung der in die Gallerte ragenden Zilien diesen Effekt. Dabei läßt sich folgende Gesetzmäßigkeit beobachten (Abb. 18–12, 18–13): Abscherung des Zilienbündels in Richtung auf das Kinozilium erhöht die Entladungsrate in der zugehörigen Nervenfaser, Abscherung in die Gegenrichtung vermindert sie, und Abscherungen senkrecht zu dieser Achse bleiben wirkungslos. Jede Haarzelle verfügt also über eine ausgesprochene ***Richtungssensitivität,*** wobei die Ruheaktivität die Voraussetzung dafür schafft, daß nicht nur die Aktivierung, sondern auch die Hemmung in abgestufter Weise nach zentral signalisiert werden können. (Die an den Synapsen zwischen den Haarzellen und ihren Nervenfasern wirkenden Überträgersubstanzen sind bisher nicht identifiziert.)

Die Maculae zeigen Linearbeschleunigungen des Kopfes und seine Stellung im Schwerefeld der Erde an, da die Zilien ihrer Haarzellen durch die dabei auftretenden Kräfte abgebogen werden

Die spezifische Dichte der Otolithenmembran ist wegen der Einlagerung der Kalzit-Kristalle etwa doppelt so hoch wie die der umgebenden Endolymphe. Wirken auf sie Beschleunigungskräfte ein, wie beispielsweise beim Anfahren und Bremsen in einem Auto, so wirkt auf die dichtere Otolithenmembran eine größere Kraft ein als auf die umgebenden Endolymphe (Kraft = Masse × Beschleunigung). Die Otolithenmembran rutscht daher um einen winzigen Betrag über die Haarzellen hinweg, und die Zilien werden entsprechend abgeschert.

Beitrag der Maculae utriculi. Die *Maculae utriculi* liegen bei aufrechter Körperstellung etwa waagrecht im Schädel. Ihre Haarzellen können also in der eben beschriebenen Weise durch lineare Beschleunigungen ak-

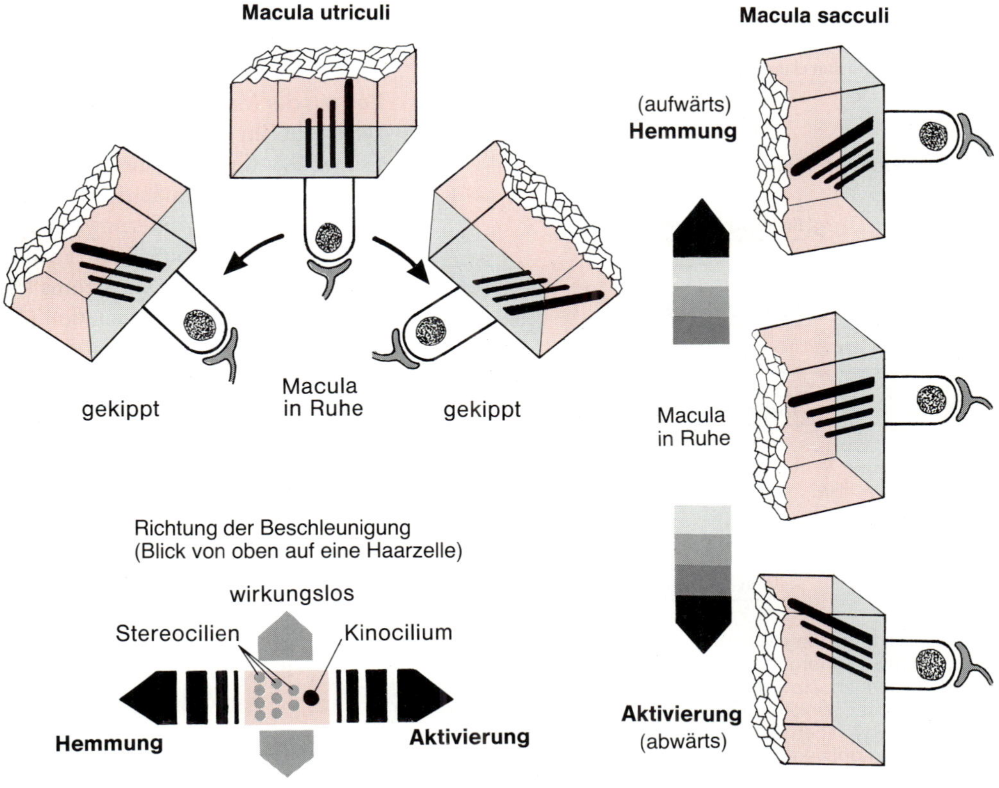

Abb. 18–13. Adäquate Reizung der Makulaorgane bei Beschleunigungen. Die Haarzellen weisen alle eine Spontanaktivität auf. Diese wird je nach Lage des Makulaorgans (*Maculae utriculi* praktisch waagrecht, *Maculae sacculi* praktisch senkrecht) und nach Richtung der Beschleunigung verstärkt oder abgeschwächt. Auch bei ruhendem Kopf unterliegen die *Maculae sacculi* der Linearbeschleunigung der Schwerkraft (Gravitationsbeschleunigung)

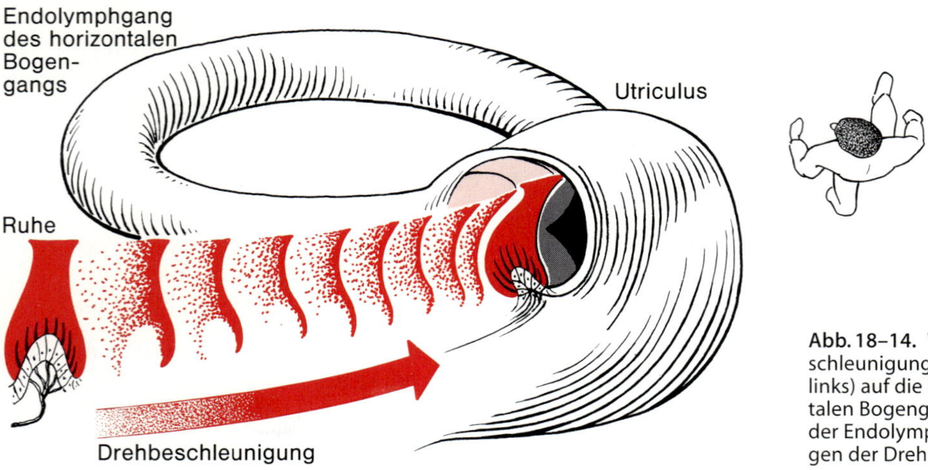

Abb. 18–14. Wirkung einer Drehbeschleunigung (Wenden des Kopfes nach links) auf die Kupula des linken horizontalen Bogenganges. Durch die Trägheit der Endolymphe wird die Kupula entgegen der Drehrichtung abgebogen

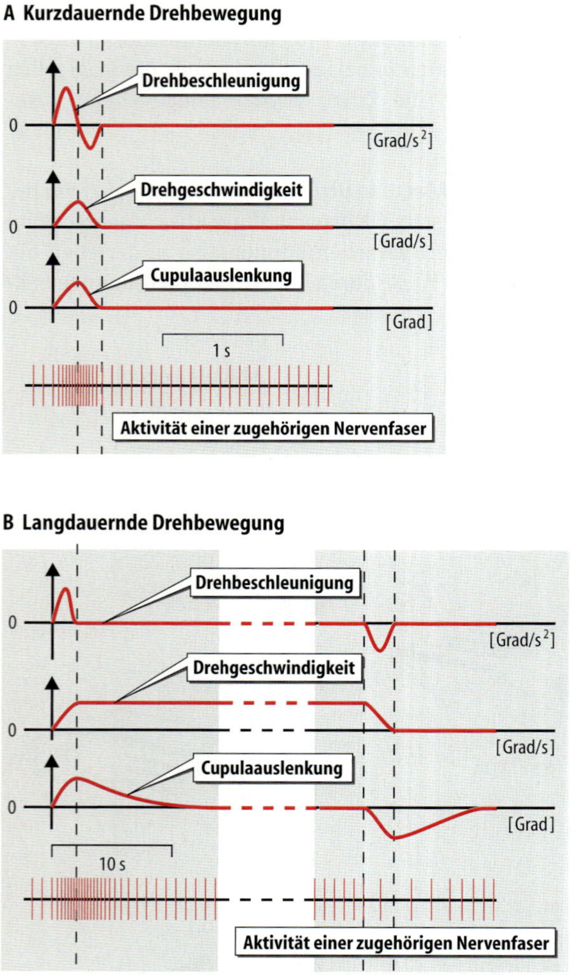

Abb. 18–15. Entladungsverhalten einer afferenten Nervenfaser aus dem Kupulaorgan eines horizontalen Bogenganges bei Drehbewegungen. Zusätzlich sind neben der Winkelbeschleunigung und der Winkelgeschwindigkeit auch die Kupulaauslenkungen angegeben. **A** Wirkung einer *kurzdauernden Drehbewegung* (z.B. Kopfwendung wie in Abb. 18–14). **B** Wirkung zu Beginn, während (Zeitabschnitte unmittelbar vor und nach Unterbrechung der Registrierung in der Bildmitte) und am Ende einer *langandauernden Drehbewegung* (z.B. auf einem Drehstuhl). Beachte die unterschiedlichen Zeitachsen in **A** und **B**. Aus [28]

tiviert werden. Da im Sinnesepithelverband einer Makula verschiedene Orientierungsrichtungen der Zilien vorkommen, wird es für jede Form der Beschleunigung zu einer bestimmten Erregungskonstellation der zugehörigen Nervenfasern kommen, die in den zentralen Teilen des vestibulären Systems dann ausgewertet wird. Die Haarzellen der Maculae utriculi können aber auch durch Kippung aktiviert bzw. gehemmt werden (Abb. 18–13), wobei zusätzlich zu den Beschleunigungskräften in der waagrechten Ebene, auch die der Schwerkraft (Gravitationsbeschleunigung) auf die Otolithenmembran und damit auf die Haarzellen einwirken.

Beitrag der Maculae sacculi. Die *Maculae sacculi* sind senkrecht im Schädel angeordnet. Die Zilien ihrer Haarzellen werden daher bei aufrechter Körperstellung durch die Gravitationsbeschleunigung dauernd etwas abgeschert. Änderung der Kopfstellung, wie die eben erwähnte Kippung, wird auch hier zu einer Veränderung des afferenten Ausstroms führen. Der Organismus gewinnt so die Information über die ***Stellung des Kopfes im Raum.*** Dies ist die *wichtigste Aufgabe* der Makulaorgane. Zusätzlich liefern sie, wie wir gesehen haben, auch Information über jede andere Translationsbeschleunigung, die auf den Körper einwirkt.

Die Haarzellen in den Ampullen zeigen Rotationsbeschleunigungen in den Ebenen ihrer Bogengänge an; da diese senkrecht aufeinander stehen, erfassen die Bogengangsorgane alle Rotationsbeschleunigungen des Kopfes in den drei Raumachsen

Anders als die Otolithenmembran besitzt die Kupula, also die gallertige Masse über dem Sinnesepithel in den Ampullen, die *gleiche spezifische Dichte* wie die umgebende Endolymphe. Lineare Beschleunigungen führen daher nicht zu einer Abscherung der in die Kupula ra-

BOX 18–1

Sinnestäuschungen beim Fahren und Fliegen durch visuell-vestibuläre Interaktionen

Die meisten Leser sind aus eigener Erfahrung mit der ***Linearvektion*** vertraut und kennen von einer Eisenbahnfahrt die Sinnestäuschung, daß der eigene, in einem Bahnhof stehende Zug abfahre, wenn ein Gegenzug anfährt. Dreht sich das visuelle Umfeld um eine ruhig sitzende oder stehende Versuchsperson, so induzieren diese visuellen Bewegungssignale nach kurzer Latenz ebenfalls eine Sinnestäuschung, nämlich eine *Drehempfindung des Körpers entgegengesetzt zur visuellen Bewegung,* die ***Zirkularvektion*** genannt wird. Diese ist besonders deutlich, wenn das bewegte visuelle Muster einen *Tiefeneindruck* bewirkt und parallaktische Verschiebungen der Objekte im wahrgenommenen Raum simuliert, wie dies z. B. bei den visuellen Reizmustern der modernen *Flugsimulatoren* der Fall ist. Eine gut abgestimmte Kombination von Linear- und Zirkularvektion vermittelt den sehr natürlich wirkenden subjektiven Bewegungseindruck in den Flugsimulatoren.

Bei „wirklichen" starken Dreh- und Linearbeschleunigungen außerhalb des physiologischen Arbeitsbereichs der visuell-vestibulären Interaktion kann es zu erheblichen Sinnestäuschungen über die tatsächliche Bewegung und die Richtung der Koordinaten des extrapersonellen Raumes kommen. Deswegen müssen die Piloten schneller Flugzeuge darauf trainiert wreden, beim Kurvenfliegen bzw. beim Sturzflug sich nicht auf ihre visuellen, vestibulären und somatosensorischen Empfindungen zu verlassen, sondern die Flugzeugsteuerung nach den Meßinstrumenten vorzunehmen. Die vestibulär-visuelle und sensomotorische Koordination spielt auch bei einigen modernen Sportarten eine wichtige Rolle (z. B. Skiabfahrtslauf, Skispringen, Wellenreiten mit dem Surfboard, Drachensegeln). Abstürze von Drachenseglern sind nicht nur durch flugtechnische Probleme dieser Fluggeräte bedingt, sondern auch durch den Umstand, daß sich ein ohne Instrumente fliegender „Drachenflieger" völlig auf die nur begrenzt „richtige" visuell-vestibuläre Koordination in seinem Zentralnervensystem verlassen muß.

genden Zilien. Anders ist es bei ***Drehbeschleunigungen*** (Abb. 18–14): Wird der ruhende Schädel nämlich gedreht, so bleibt wegen ihrer Trägheit die Endolymphe zunächst in Ruhe (wie der Kaffee, wenn man die Tasse zu drehen beginnt). Dadurch wird die Kupula, die mit der Kanalwand verwachsen ist, in die Gegenrichtung ausgelenkt und damit die Zilien abgeschert. Abbiegung der Kupula in eine Richtung führt zu einer Erhöhung, Abbiegung in die Gegenrichtung zu einer Verminderung der Entladungsrate (Abb. 18–15).

Da wir auf jeder Seite drei Bogengänge besitzen, die ungefähr senkrecht aufeinanderstehen, lassen sich alle in den drei Achsen des Raumes denkbaren Rotationsbeschleunigungen mit den Bogengangsorganen erfassen. Wie solche Winkelbeschleunigungen auf die Kupulaauslenkung und die Aktivität in einer zugehörigen Nervenfaser wirken, ist in Abb. 18–15 für den üblicherweise im täglichen Leben vorkommenden Fall einer kurzen Drehbewegung (A) und für eine langandauernde Drehbewegung (B, Drehstuhlsituation) gezeigt. Wie nicht anders zu erwarten, wird bei langen Drehungen die Endolymphe schließlich von der Wand des häutigen Labyrinths „mitgenommen" und auf die konstante Winkelgeschwindigkeit beschleunigt. Damit hört die Kupulaauslenkung und damit die Abscherung auf. Beim Stillstand wird die Kupula wiederum durch die Trägheit der Endolymphe in die Gegenrichtung ausgelenkt. Es dauert 10–30 s bis die Kupula wieder ihre Ruhelage erreicht hat.

18.8 Das zentrale vestibuläre System

Die Vestibulariskerne im Hirnstamm dienen mit ihren Afferenzen und Efferenzen der Erhaltung des Gleichgewichts, der Steuerung von Augenbewegungen und der bewußten Wahrnehmung der Stellung und Bewegung des Körpers im Raum

Die über den *Nervus vestibulocochlearis* (s. o.) in den Hirnstamm eintretenden afferenten Nervenfasern ziehen zu den ***Vestibulariskernen,*** an deren Neuronen sie enden. Diese Kerngebiete erhalten außerdem zahlreiche Zuflüsse von somatosensorischen Afferenzen, insbesondere von Sensoren aus den Muskeln und Gelenken des Halses, ohne die, wie oben schon besprochen, eine eindeutige Information über die Stellung des Körpers im Raum nicht zu gewinnen ist. Die Vestibulariskerne sind efferent und reziprok mit zahlreichen anderen Hirnarealen verbunden, die für die bewußte Raumorientierung, die Aufrechterhaltung des Gleichgewichts (Stützmotorik) und die Abstimmung von Kopf- und Augenbewegungen (Blickmotorik) zuständig sind. Beispielhaft und wegen seiner großen Bedeutung sowohl für die Stütz- wie für die Blickmotorik sei das ***Kleinhirn*** (*Zerebellum*) erwähnt, dessen entwicklungsgeschichtlich älteste Teile (*Archizerebellum*) zum Teil sogar von primären Vestibularisafferenzen direkt, also ohne Umschaltung in den Vestibulariskernen erreicht werden.

Kinetosen wie die Seekrankheit werden durch zu starke Reizung des Gleichgewichtsorgans verursacht; akuter Ausfall eines Labyrinths oder Schwerelosigkeit lösen ähnliche Symptome aus

Kinetosen *(Bewegungskrankheiten).* Die bekannteste Kinetose ist die ***Seekrankheit,*** unter der viele, aber nicht alle Menschen an Bord eines Schiffes bei mittlerem bis starkem Seegang leiden. Die Seekrankheit und andere Formen der *Bewegungskrankheit* (motion sickness) werden durch eine ungewohnt starke Erregung des Gleichgewichtsorgans ausgelöst, wobei Unwohlsein, Schwindel (Vertigo), Erbrechen, Schweißausbruch und Pulsanstieg die häufigsten Symptome sind [6, 26]. Auch Tiere können „seekrank" werden, nicht aber Säuglinge. Bei Menschen und Tieren ohne Labyrinthe oder ohne Archicerebellum sind ebenfalls keine Kinetosen mehr auslösbar.

Labyrinthausfall. Der *akute Ausfall* eines Labyrinths führt zu einem *Drehschwindel* zur gesunden Seite, verbunden mit einer *Fallneigung* zur kranken Seite. Gleichzeitig treten Übelkeit, Erbrechen, Schweißausbrüche und ähnliche Symptome auf [6, 26]. Auch läßt sich ein *Nystagmus* zur gesunden Seite beobachten. Ein doppelseitiger akuter Ausfall kommt beim Menschen praktisch kaum vor. Im Tierexperiment sind die Symptome deutlich schwächer als beim einseitigen Ausfall ausgeprägt, wahrscheinlich weil die starke Diskrepanz zwischen den neuronalen Zuflüssen aus der gesunden und der erkrankten Seite fehlt. Der ***chronische Ausfall*** eines Labyrinths kann in der Regel gut kompensiert werden, vor allem wenn andere Sinne (visuelles System, Tiefensensibilität) ihren Beitrag zur Raumorientierung liefern können. Fehlt einer dieser Eingänge, zum Beispiel im Dunkeln, treten wieder deutliche Ausfallserscheinungen auf.

Schwerelosigkeit. Im schwerelosen Zustand der Raumfahrt entfällt der Einfluß der Gravitationsbeschleunigung auf die Maculae. Die Wirkung von Linearbeschleunigungen bleibt aber ebenso erhalten wie die der Drehbeschleunigungen auf die Bogengangsorgane, die sowieso nicht von der Schwerkraft beeinflußt werden (s. oben). Damit entsteht eine Erregungskonstellation, die auf der Erde nicht vorkommt. Sie löst nach den vorliegenden Berichten zumindest gelegentlich Kinetosen aus [22].

Die Elektronystagmographie ist das wichtigste Hilfsmittel bei der Diagnose von Gleichgewichtsorganstörungen

Einfache Untersuchungsmethoden. Da die unterschiedlichsten Sinnesorgane beim Entstehen unserer bewußten Raumempfindungen und bei der Aufrechterhaltung des Gleichgewichts zusammenwirken, läßt sich im Falle einer Störung aus dem Symptom alleine (z. B. Schwindel) nur selten auf die zugrundeliegende Ursache schließen. Eine Gleichgewichtsdiagnostik kann aber in der Regel Art und Ausmaß der Störung sehr genau eingrenzen. Beispiele einfacher Untersuchungsmethoden sind *Prüfen des Stehens und Gehens bei offenen und geschlossenen Augen* und die Beobachtung der *Fixations- und Augenfolgebewegungen* mit Hilfe eines Pendels, das der Proband fixieren und dessen Schwingen er verfolgen soll.

Nystagmusprüfung. Wir haben den optokinetischen und vestibulären Nystagmus bereits als physiologischen Regelmechanismus zur Anpassung der Augenbewegungen an Bewegungen des Körpers und der Umwelt kennengelernt (s. S. 402). Neben den dort erwähnten physiologischen Nystagmusformen treten bei Erkrankungen im okulomotorischen, optischen und vestibulären System zahlreiche ***pathologische Nystagmen*** spontan oder bei entsprechender Provokation auf. Für die Beobachtung von Nystagmen wird die auf S. 402 beschriebene Frenzel-Brille benötigt. Die elektrophysiologische Registrierung (*Elektronystagmographie, Nystagmogramme)* erfolgt mit Hilfe der Elektrookulographie, EOG (zur Ableittechnik s. Abb. 17–21 sowie Abb. 23–11 und 23–12). Die Gleichgewichtsorgane werden dabei entweder *gleichzeitig* erregt, nämlich bei den ***Drehprüfungen,*** oder *einzeln,* z. B. bei der Spülung des äußeren Gehörgangs mit kaltem (30 °C) oder warmem Wasser (44 °C). Diese Spülung löst nämlich durch Erwärmen bzw. Abkühlen der Endolymphe und die damit verbundenen Druckänderungen im horizontalen Bogengang einen ***kalorischen Nystagmus*** aus. Warmspülung ruft einen Nystagmus zur gespülten Seite hervor, Kaltspülung einen entgegengesetzten (zur Bezeichnung der Nystagmusrichtung s. S. 402). Störungen äußern sich in qualitativen und quantitativen Abweichungen.

ZUSAMMENFASSUNG

Das Ohr nimmt periodische Druckschwankungen der Luft im Frequenzbereich von 16–20 000 Hz als Schall war. Je höher die Schallwellenfrequenz, desto höher der Ton. Die Intensität des Schalldrucks wird als Schalldruckpegel in Dezibel (dB SPL) angegeben; als Hörschwelle bezeichnet man den für eine Schallwahrnehmung notwendigen Minimalschalldruck. Die Hörschwelle ist stark frequenzabhängig, sie ist am niedrigsten zwischen 2000–5000 Hz.

Zunahmen des Schalldrucks über die Hörschwelle werden als zunehmende Lautstärke empfunden. Wird bei unverändertem

Schalldruck die Tonhöhe geändert, ändert sich auch die subjektiv empfundene Lautstärke, da nicht nur die Hörschwelle, sondern auch die Lautstärke frequenzabhängig ist. Sollen alle Tonhöhen gleichlaut gehört werden, so muß der Schalldruck in Abhängigkeit von der Frequenz angepaßt werden. Dadurch entstehen Kurven gleicher Lautstärkepegel (Isophone). Bei 1000 Hz stimmen Phonwerte und dB-SPL-Werte vereinbarungsgemäß überein. Beim Hören liegt die Intensitätsunterschiedsschwelle bei 1 dB oder weniger, die Frequenzunterschiedsschwelle bei 0,3 %, die Mithörschwelle oberhalb der Ruhehörschwelle.

Das Hören mit zwei Ohren dient der akustischen Raumorientierung und der Verbesserung der Hörbarkeit akustischer Signale in gestörter Umgebung. Dabei werden neben Laufzeit- und Intensitätsunterschieden zwischen beiden Ohren auch die akustischen Eigenschaften der Ohrmuschel ausgenutzt.

Die Gehörknöchelchenkette des Mittelohrs dient als Impedanzwandler des Schalls beim Übergang von der Luft auf die Flüssigkeit des Innenohrs. Dort tritt der Schall über den Steigbügel in die Scala vestibuli ein; das runde Fenster der Scala tympani dient zum Druckausgleich. Im Corti-Organ kommt es dabei zu tonotopisch angeordneten Wanderwellen. Hohe Frequenzen bilden sich steigbügelnah, tiefe Frequenzen helicotremanah ab.

Die Wanderwellen erregen frequenzselektiv die äußeren Haarzellen und bringen sie zur Kontraktion. Die Kontraktionen versteilern lokal die Wanderwellen und führen zur Erregung der korrespondierenden inneren Haarzellen, die als sekundäre Sinneszellen ihre Erregung synaptisch an die afferenten Nervenfasern des N. acusticus weiterleiten. In diesen ist dann das Schallereignis durch die Entladungsrate und die Zeitdauer der Aktivierung verschlüsselt.

Die Hörbahnen führen von jedem Ohr über mindestens 5–6 synaptische Umschaltungen zu den auditorischen Kortexgebieten beider Hirnhälften. Wichtige Stationen sind Nucl. cochlearis, Olivenkerne, lateraler Schleifenkern und Corpus geniculatum mediale.

Das zentrale auditorische System führt eine Musteranalyse des Schallsignals durch. Dabei werden verschiedene Charakteristika des Schallsignals analysiert. So werden in zunehmendem Maße bedeutsame Komponenten von Schallreizen (z. B. arteigene Kommunikationslaute, Sprache) herausgearbeitet. Der primäre auditorische Kortex und die mit ihm verbundenen assoziativen Kortexareale sind für die Analyse der semantischen Bedeutung der Sprache zuständig.

Schalleitungs- ebenso wie Schallempfindungsstörungen führen zur Schwerhörigkeit. Sie können diagnostisch relativ leicht voneinander abgegrenzt werden. Im Alter kommt es in der Regel durch Untergang von Haarzellen zu einer gewissen Schwerhörigkeit, Presbyakusis genannt. Der wichtigste klinische Hörtest ist die Schwellenaudiometrie.

Im Gleichgewichtsorgan werden lineare Beschleunigungen (Translationsbeschleunigungen) durch die vier Makulaorgane (je zwei Maculae sacculi et utriculi auf jeder Seite) und Drehbeschleunigungen (Rotationsbeschleunigungen) durch die je drei senkrecht aufeinanderstehenden Bogengänge beider häutiger Labyrinthe erfaßt. Die Stellung des Körpers im Raum wird in Zusammenarbeit zwischen dem Gleichgewichtsorgan und der Tiefensensibilität ermittelt.

Die statischen Labyrinthreflexe erhalten das Gleichgewicht beim ruhigen Stehen, Sitzen und Liegen; die statokinetischen Reflexe treten während Bewegungen auf und stellen selbst Bewegungen dar (z. B. Liftreaktion und vestibulärer Nystagmus).

Die Haarzellen der Maculae und der Bogengangsorgane haben eine Ruheaktivität, die durch Beschleunigungsreize bei Verbiegen der Zilien in Richtung auf das Kinozilium erhöht und in der Gegenrichtung reduziert wird. Infolge der Kalziteinlagerungen der Otolithenmembran wirkt die Erdbeschleunigung (Schwerkraft) lebenslänglich auf die Haarzellen der Maculae ein, sobald die Otolithenmembran nicht absolut senkrecht zur Erdoberfläche liegt.

Die Vestibulariskerne sind die erste synaptische Station der Afferenzen aus dem Vestibularorgan. In diese Kerne projizieren außerdem Afferenzen der Somatosensorik, insbesondere aus dem Halsbereich. Die Information aus den Vestibulariskernen dient der Gleichgewichtserhaltung beim Stehen und Gehen, der Steuerung von Augenbewegungen, der Feinabstimmung der Motorik im Kleinhirn und über kortikale Projektionen der bewußten Empfindung von Körperstellungen.

Die Prüfung auf Spontannystagmus, des postrotatorischen Nystagmus und des kalorischen Nystagmus sind wichtige Methoden in der Funktionsdiagnostik des Gleichgewichtsorgans.

Literatur

Weiterführende Lehr- und Handbücher

1. Aitkin L (1990) The auditory cortex – structural and functional bases of auditory perception. Chapman and Hall, London
2. Akoev GN, Adrianov GN (1993) Sensory hair cells. Springer, Berlin Heidelberg New York Tokyo
3. Allum JHJ, Allum-Mecklenburg DJ, Harris FP, Probst R (eds) (1993) Natural and artificial control of hearing and balance. Prog Brain Res 97
4. Altschuler RA, Bobbin RP, Hoffman DW (eds) (1991) Neurobiology of hearing – the central auditory system
5. Blauert J (1996) Spatial Hearing rev. edn. Cambridge Mass: MIT Press
6. Brandt T (1991) Vertigo. Springer, Berlin Heidelberg New York Tokyo
7. Cremer L, Hubert M (1990) Vorlesungen über Technische Akustik, 4. Aufl. Springer, Berlin Heidelberg New York Tokyo
8. Fay RR, Popper AN (eds) (1992) The mammalian auditory pathway: neurophysiology. Springer, Berlin Heidelberg New York Tokyo
9. Flock A, Wersäll J (eds) (1986) Cellular Mechanisms in Hearing. Hear Res 22:1–323
10. Gualtierotti T (ed) (1981) The vestibular sys tem: Function and Morpholoy. Springer, Berlin Heidelberg New York
11. Hierholzer K, Schmidt RF (Hrsg) (1991) Pathophysiologie des Menschen. edition medizin, VCH, Weinheim
12. Keidel WD, Neff WD (eds) (1974, 1975, 1976) Handbook of Sensory Physiology. Springer, Berlin Heidelberg New York, Vol V 1, Vol V 2, Vol V 3
13. Lenhardt E (1986) Praktische Audiometrie. 6. Aufl. Thieme, Stuttgart
14. Moore BCJ (1997) An Introduction to the Psychology of Hearing 4th edn. Academic Press, London
15. Panter C (1995) Untersuchungen des auditorischen Kortex mittels Quellenanalyse evozierter Magnetfelder. LIT-Verlag, Münster
16. Pickles JO (1988) An introduction to the physiology of hearing. 2nd edn. Academic Press, London
17. Schmidt RF (Hrsg) (1985) Grundriß der Sinnesphysiologie. 5. Aufl. Springer, Berlin, Heidelberg, New York, Tokyo
18. Schmidt RF (2001) Physiologie kompakt. 4. Aufl. Springer, Berlin Heidelberg New York Tokyo
19. Schmidt RF, Schaible H-G (Hrsg) (2001) Neuro- und Sinnesphysiologie. 4. Aufl. Springer, Berlin Heidelberg New York Tokyo
20. Schmidt RF, Thews G, Lang F (Hrsg) (2000) Physiologie des Menschen. 28. Aufl. Springer, Berlin Heidelberg New York Tokyo
21. Zwicker E (1982) Psychoakustik. Springer, Berlin Heidelberg New York Tokyo

Einzel- und Übersichtsarbeiten

22. Baumgartner R v et al (1984) Effects of Rectilinear Acceleration and Optokinetic and Caloric Stimulations in Space. Science 225, 208–212
23. Birbaumer N, Lutzenberger W, Rau M, Mayer-Kress G, Braun C (1996) Perception of music and dimensional complexity of brain activity. Int J of Bifurcation & Chaos 6:1–13
24. Dallos P (1992) The active cochlea. J Neurosci 12:4575–4585
25. Eybalin M (1993) Neurotransmitters and neuromodulators of the mammalian cochlea. Physiol Rev 73:309–373
26. Grüsser O-J, Henn V (1991) Okulomotorik und vestibuläres System. In [11]
27. Klinke R (1986) Neurotransmission in the inner ear. Hear Res 22:235–243
28. Klinke R (1995) Der Gleichgewichtssinn (Kap. 14), Hören und Sprechen (Kap. 15). In [20]
29. Philipps DP, Brugge JF (1985) Progress in neurophysiology of sound localization. Ann Rev Psychol 36:245–274
30. Pickles JO (1985) Recent advances in cochlear physiology. Prog Neurobiol 24:1–42
31. Rauschecker JP, Tian B, Hansen M (1995) Processing of complex sounds in the macaque nonprimary auditory cortex. Science 268:111–114
32. Sergent J (1993) Mapping the musician brain. Human Brain Mapping 1:20–38
33. Zenner H-P (1991) Auditorisches System. In [11]
34. Zenner H-P (1995) Hören (Kap. 11), Gleichgewicht (Kap. 12). In [19]

19 Geschmack und Geruch

EINLEITUNG

Geschmack und Geruch sind chemische Sinnessysteme, die entwicklungsgeschichtlich zu unseren ältesten Sinnen gehören. Selbst sehr einfache Lebewesen verfügen bereits über Chemosensoren (Chemorezeptoren), mit denen sie ihre unmittelbare Umwelt analysieren und über die sie ihr Verhalten entsprechend modifizieren. Beim Menschen fällt auf, daß die zentralen Leitungsbahnen des Geruchssinns, abweichend von allen anderen Sinnen, zunächst direkt zu phylogenetisch alten Teilen der Hirnrinde ziehen, bevor sie zum Thalamus und zum Neokortex projizieren. Dies weist ebenso auf die besondere Stellung des Geruchssinnes hin wie die starke Verknüpfung, die seine Bahnen zum limbischen System haben. Insgesamt dient der Geschmack als Nahsinn, während der Geruch zusätzlich auch als Fernsinn Information aus der weiteren Umgebung vermitteln kann. Beim Menschen übertrifft der Geruch den Geschmack an Bedeutung, denn schmecken können wir nur, ob etwas süß, sauer, salzig oder bitter ist. Der „Geschmack" eines Gerichts hängt also von der Zusammenarbeit beider Sinnessysteme ab: selbst das herrlichste Gericht verliert ohne seine Gerüche (z. B. bei einem starken Schnupfen, dessen Sekrete den Riechstoffen den Zugang zum Riechepithel versperren) einen Großteil seines „Geschmacks".

19.1 Geschmacksqualitäten und die Eigenschaften des Geschmackssinns

Die vier Grundgeschmacksqualitäten sind süß, sauer, bitter und salzig; Nebenqualitäten sind alkalisch und metallisch, ferner der Umami-Geschmack; der Geschmack ist auf der Zungenoberfläche ohne eindeutige Topographie für die einzelnen Qualitäten lokalisiert

Abgrenzung des Geschmacks vom Geruch. Die Abgrenzung des Geschmack vom Geruch läßt sich nach morphologischen und physiologischen Kriterien durchführen. Die wichtigsten Unterscheidungsmerkmale sind in Tabelle 19–1 zusammengefaßt. Morphologisch gesehen ist das wichtigste Unterscheidungsmerkmal, daß die Geschmackssensoren ausschließlich auf der Zunge zu finden sind, während das Geruchsepithel im Nasen- und Rachenraum angesiedelt ist. Physiologisch ist entscheidend, daß es nur vier Geschmacksqualitäten gibt (s. unten), während beim Geruch Tausende verschiedener Duftstoffe unterschieden werden können (s. Abschnitt 19.4).

Hauptqualitäten des Schmeckens. Jede der Grundqualitäten des Geschmacks wird bevorzugt durch bestimmte chemische Moleküle ausgelöst. Süß schmecken hauptsächlich natürlich vorkommende Zucker, salzig schmeckt Kochsalz (NaCl), andere Salze, wie z. B. KCl, schmecken salzig, zugleich aber auch bitter. Eine rein bittere Empfindung wird durch Chinin und andere pflanzliche Alkaloide ausgelöst, saure Empfindungen durch Säuren, wie Zitronensäure oder Salzsäure (Tabelle 19–2). Viele natürliche Geschmacksreize lösen ***Mischempfindungen*** aus, so schmeckt z. B. Orange süß und sauer, Pampelmuse sauer, süß und bitter [1,18,26].

Nebenqualitäten des Schmeckens. Außer den eben genannten Grundqualitäten können noch zwei *Nebenqualitäten,* nämlich *alkalisch* (oder auch *seifig*) und *metallisch,* unterschieden werden. Die Empfindung alkalisch wird bei Reizung mit Pottasche (Kaliumkarbonat) hervorgerufen. Einen spezifisch *metallischen* Geschmack haben einige Metalle und Metallsalze. In Fernost wird zusätzlich eine Geschmacksempfindung für *Glutamat* (Natriumsalz der Aminosäure Glutamin) postuliert, der *Umami-Geschmack.*

Fehlende Topographie der Geschmacksqualitäten. Die Geschmackssensoren sind auf der Zungenoberfläche lokalisiert (s. Kap. 19.2). Lange Zeit wurde geglaubt, daß eine genaue Zuordnung bestimmter Areale der Zunge zu einer Geschmacksqualität möglich sei. Die vorderen Abschnitte der Zunge galten als besonders empfindlich für süß und salzig, die seitlichen für sauer und die hinteren Zungenabschnitte für bitter.

Tabelle 19–1 Einteilung und Charakterisierung der chemischen Sinne. (Nach Altner & Boeckh in [12])

	Geschmack	Geruch
Sensoren	Sekundäre Sinneszellen	Primäre Sinneszellen Enden des V. (IX. und X.) Hirnnerven
Lage der Sensoren Afferente Hirnnerven	Auf der Zunge N. VII, N. IX	Im Nasen- und Rachenraum N. I, N. V. (N. IX, N. X)
Stationen im Zentralnervensystem	1. Medulla oblongata 2. Ventraler Thalamus 3. Kortex (Gyrus postcentralis) Verbindungen zum Hypothalamus	1. Bulbus olfactorius 2. Endhirn (Area praepiriformis) Verbindungen zum limbischen System, Hypothalamus und zum orbitofrontalen Kortex
Adäquater Reiz	Moleküle organischer und anorganischer, meist nicht flüchtiger Stoffe. Reizquelle in Nähe oder direktem Kontakt zum Sinnesorgan	Moleküle fast ausschließlich organischer, flüchtiger Verbindungen in Gasform, erst direkt an Rezeptoren in flüssiger Phase gelöst. Reizquelle meist in größerer Entfernung
Zahl qualitativ unterscheidbarer Reize	4 Grundqualitäten	Sehr hoch (einige Tausend), zahlreiche, schwer abgrenzbare Qualitätsklassen
Absolute Empfindlichkeit	Gering, mindestens 10^{16} und mehr Moleküle/ml Lösung	Für manche Substanzen sehr hoch (10^7 Moleküle pro ml Luft, bei Tieren bis zu 10^2 bis 10^3)
Biologische Charakterisierung	Nahsinn Nahrungskontrolle, Steuerung der Nahrungsaufnahme und -verarbeitung (Speichelreflexe)	Fernsinn und Nahsinn Umweltkontrolle (Hygiene), Nahrungskontrolle Bei Tieren auch Nahrungs- und Futtersuche, Kommunikation, Fortpflanzung Starke emotionale Bewertung

Tabelle 19–2 Einteilung charakteristischer Geschmacksstoffe und ihre Wirksamkeit beim Menschen

Qualität	Substanz	Schwelle (mol/l)
Bitter	Chininsulfat	0,000008
	Nikotin	0,000016
Sauer	Salzsäure	0,0009
	Zitronensäure	0,0023
Süß	Saccharose	0,01
	Glukose	0,08
	Saccharin	0,000023
Salzig	NaCl	0,01
	$CaCl_2$	0,01

Heute ist klar, daß nur geringe prozentuale Unterschiede in der Empfindlichkeit der einzelnen Qualitäten auf der Zungenoberfläche bestehen, mit Ausnahme des Bittergeschmacks, der bevorzugt, aber keineswegs ausschließlich, am Zungenhintergrund lokalisiert ist (Abb. 19–1 A).

Die Wahrnehmungschwellen liegen besonders für bittere und saure Stoffe sehr niedrig; die eindeutige Zuordnung chemischer Eigenschaften eines Stoffes zu seiner Schmeckwirkung ist nicht möglich

Bitter schmeckende Stoffe werden schon bei sehr niedrigen Konzentrationen wahrgenommen (Tabelle 19–2). Der Schwellenwert für *Chininsulfat* liegt bei 0,000 008 molar = 6 mg/l. In einer ähnlichen Größenordnung liegt der Schwellenwert für ***süß*** des synthetischen Süßstoffes *Saccharin,* nämlich bei 0,000 023 mol/l (5,5 mg/l). Die Schwellen der natürlichen Zucker liegen viel höher, nämlich für *Rohrzucker* bei 0,01 mol/l (3,42 g/l) und für *Traubenzucker* bei 0,08 mol/l (14,41 g/l). Wie aus den Schwellen für *Essigsäure* (0,0018 n = 0,108 g/l) und *Kochsalz* (0,01 mol/l = 0,585 g/l) hervorgeht, liegen die Schwellen für ***sauer*** und ***salzig*** schmeckende Stoffe etwa in der gleichen Größenordnung wie für die genannten Zucker (Tabelle 19–2).

Hinzuzufügen bleibt, daß die Aussagekraft von genau angegebenen Schwellenwerten beschränkt ist, da für die meisten Stoffe eine *erhebliche individuelle Variabilität* in den Schwellen besteht. Es entspräche den Gegebenheiten mehr, von ***Schwellenbereichen*** zu sprechen.

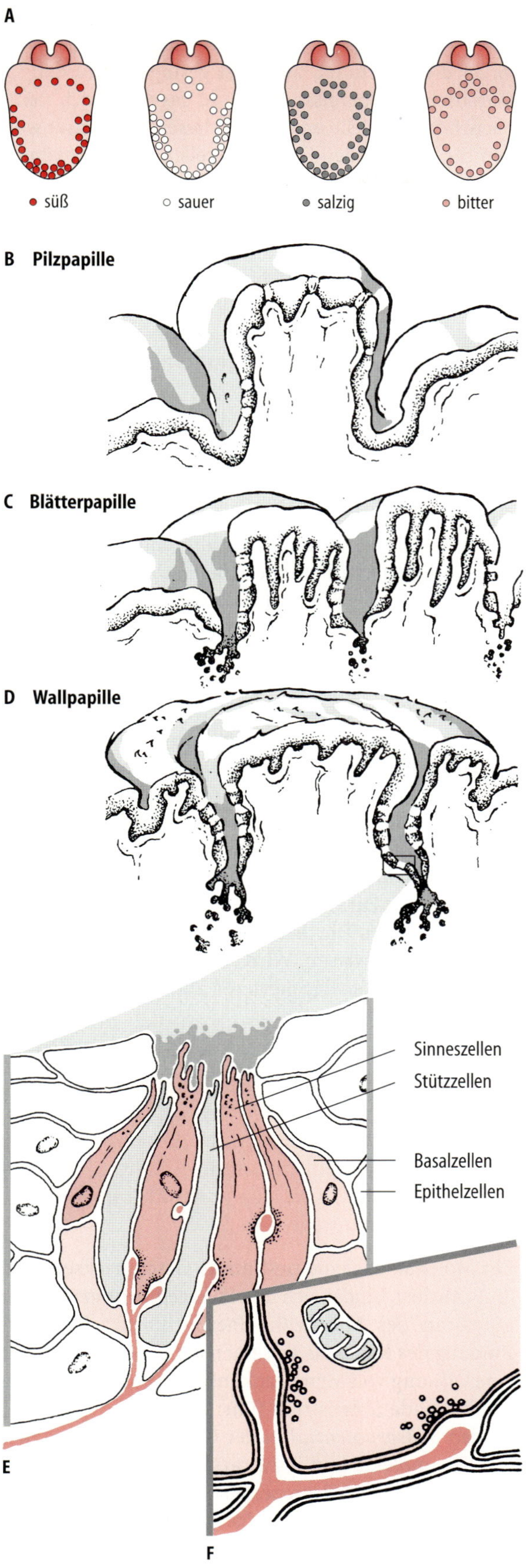

Die *Zuordnung der chemischen Struktur eines Stoffes zu seiner Schmeckwirkung* ist nicht möglich. So schmecken neben Zuckern auch Bleisalze süß, die wirksamsten Süßreize sind künstliche Süßstoffe wie Saccharin. Die *Empfindungsqualität* eines Stoffes ist zusätzlich von seiner *Konzentration* abhängig. So schmeckt Kochsalz in geringer Konzentration (0,02–0,03 molar) süß und erst in höherer (0,04 molar und stärker) rein salzig *(Qualitätsumschlag)*. Auffällig ist die hohe Empfindlichkeit des Geschmackssinns für Bitterstoffe. Da diese oft giftig sind, erscheint eine Warnung vor bereits geringen Konzentrationen bei der Wasser- oder Nahrungsaufnahme sinnvoll. Stärkere Bitterreize lösen leicht *Brech-* und *Würgereflexe* aus.

Die Stärke einer Schmeckempfindung hängt in erster Linie von der Konzentration des Reizstoffes ab; bei langdauernden Reizen kommt es zu deutlicher Adaptation

Empfindungsstärke. Im Schwellenbereich ist allerdings zu beachten, daß der Effekt einer Verdünnung einer Reizstofflösung durch *Reizung eines größeren Areals* auf der Zungenoberfläche kompensiert werden kann. Ebenso läßt sich die Verdünnung einer Reizstofflösung durch *Verlängerung der Reizdauer* in gewissem Umfang ausgleichen.

Die eben genannten Befunde lassen sich durch die Ausdrücke

$C \cdot A^n = k$ und $t \cdot C^n = k$

zusammenfassen. Dabei steht C für die Konzentration einer Schmeckstofflösung, A für die Größe des gereizten Areals auf der Zunge und t für die Dauer der Reizwirkung. Die Exponenten *n* sind reizstoffspezifische Größen. Zu berücksichtigen bleibt ferner, daß auch die *Temperatur* einer Reizstofflösung die Stärke der Schmeckempfindung beeinflußt.

Adaptation. Bei langdauernden Reizen nimmt die Empfindungsstärke deutlich ab, d.h. der Geschmackssinn zeigt eine deutliche *Adaptation*. Diese ist sicher z.T. neuronal, also nicht nur durch Sensoradaptation bedingt. Es darf aber dabei nicht übersehen werden, daß durch die Sekretion der in Abb. 19-1 sichtbaren *Spüldrüsen* die Konzentration eines Reizstoffes an den Geschmacksknospen herabgesetzt und auf diese Weise eine Änderung der Empfindungsstärke verursacht werden kann.

Abb. 19-1. Die Zunge als Geschmackssinnesorgan. **A** Verteilung der Geschmacksqualitäten (süß, sauer, salzig, bitter) auf der Zungenoberfläche. **B-D** Aufbau der Zungenpapillen nach lichtmikroskopischen Beobachtungen. Als Maßstab für die Größenverhältnisse sei angegeben, daß die Wallpapillen einen Durchmesser von 1–3 mm haben. Anzahl und Lage der verschiedenen Papillen sind im Text beschrieben. **E** Schnitt durch die Geschmacksknospe aus einer Wallpapille (s. Ausschnittsangabe) bei stärkerer Vergrößerung. Die verschiedenen Zelltypen sind angegeben. **F** Versorgung einer Geschmackssinneszelle durch ihre afferente Nervenfaser. Die Verbindung hat die Eigenschaften einer chemischen Synapse

19.2 Bau, Funktion und Verschaltung des Schmeckorgans

Die Schmeckzellen sind die Sinneszellen des Geschmackssinns; sie liegen gebündelt in Geschmacksknospen, die wiederum in die Geschmackspapillen der Zunge eingebaut sind

In der Schleimhaut der Zungenoberfläche liegen zahlreiche, *Papillen* genannte Erhebungen, von denen drei Typen in Abb. 19–1 B-D schematisch dargestellt sind. Diese Papillentypen sind nicht gleichmäßig über die Zunge verteilt. Nur die ***Pilzpapillen*** sind über die ganze Oberfläche verstreut. Die 1–3 mm großen, von oben gesehen runden ***Wallpapillen,*** beim Menschen nur 7–12, liegen an der Grenze zum Zungengrund. Der dritte Typ, die ***Blätterpapillen,*** finden sich als *dicht hintereinanderliegende Falten* am hinteren Seitenrand der Zunge; sie sind bei Kindern gut entwickelt, bei Erwachsenen jedoch weitgehend zurückgebildet (die *Fadenpapillen,* die die übrige Zungenoberfläche bedecken, sind nicht gezeigt, da sie am Geschmack nicht beteiligt, sondern mechanosensitiv sind). Die Zungenmitte hat keine Geschmacksrezeptoren, wir müssen die Nahrung also an den Zungenrand bringen, um zu schmecken. Bewußt wird uns das aber erst, wenn wir gleichzeitig mit dem Geschmacksreiz einen Tastreiz auf die Zunge geben: dann können wir auch lokalisieren, wo auf der Zunge wir was schmecken [3].

Die eigentlichen Sensoren sind die ***Schmeckzellen*** (syn. *Geschmackssinneszellen*). Diese liegen gebündelt in Gruppen von ungefähr 50 Zellen in einem als ***Geschmacksknospe*** bezeichneten Sinnesorgan (Abb. 19–1 E) [27]. Die Geschmacksknospen sind wiederum in die *Geschmackspapillen* eingebaut. Bei den Wall- und Blätterpapillen liegen zahlreiche Geschmacksknospen in den Seitenwänden der Papillen (Abb. 19–1C, D), während sie bei den Pilzpapillen auf der Oberfläche des bis zu 1 mm breiten Pilzhuts liegen (Abb. 19–1 B).

Die einzelnen Geschmacksknospen sind etwa 70 μm hoch und haben einen Durchmesser von etwa 40 μm. Der Mensch besitzt etwa 2000 Geschmacksknospen. Etwa die Hälfte davon findet sich auf den Wallpapillen. In das Bindegewebe unterhalb der Wall- und Blätterpapillen sind Drüsen eingebettet, deren Ausführungsgänge in den Vertiefungen zwischen Papille und Wall bzw. zwischen den Papillen ausmünden (Abb. 19–1 C, D). Sie werden als ***Spüldrüsen*** bezeichnet, denn ihr Sekret hat die Aufgabe, Speiseteilchen und Mikroorganismen fortzuschwemmen. Außerdem wird durch das Sekret dieser Drüsen die Konzentration an Reizstoffen im Bereich der Geschmacksknospen herabgesetzt.

Den ***Aufbau*** und die ***Innervation*** einer ***Geschmacksknospe*** zeigt Abb. 19–1 E, F. Es lassen sich dort *Schmeckzellen, Stützzellen* und *Basalzellen* unterscheiden (Abb. 19–1 E). Wasserlösliche Reizstoffe, die auf die Zungenoberfläche gelangen, können durch den Porus in die Geschmacksknospe diffundieren und hier die *Mikrovilli* der Schmeckzellen erreichen. Die *Lebensdauer* dieser Schmeckzellen ist gering. Sie werden im Durchschnitt bereits nach 10 Tagen durch eine nachrückende Zelle ersetzt. Bei dieser ***Zellmauser*** werden die ausscheidenden Sinneszellen durch *Abkömmlinge der Stützzellen* ersetzt, die ihrerseits aus den *Basalzellen* ausdifferenzieren.

Die Schmeckzellen sind sekundäre Sinneszellen, die teils vom VII., teils vom IX. Hirnnerven innerviert werden; eine afferente Nervenfaser versorgt mehrere Schmeckzellen

Die Schmeckzellen sind *sekundäre Sinneszellen,* d. h. sie entsenden keine ableitenden Nervenfortsätze. Jede Sinneszelle wird vielmehr durch eine afferente Nervenfaser innerviert (Abb. 19–1 F). Die Verbindung zwischen der Sinneszelle und der afferenten Nervenfaser hat alle Eigenschaften einer ***chemischen Synapse,*** wie z. B. Vesikel in der Schmeckzelle, also auf der *präsynaptischen* Seite. Jede afferente Nervenfaser zweigt sich vielfach auf, so daß eine Nervenfaser häufig mehrere Geschmacksknospen und dort jeweils mehrere Sinneszellen innerviert (s. Abb. 19–1 E). Die zentripetal laufenden Impulse in einer afferenten Nervenfaser entstammen also mehreren Geschmackssinneszellen.

Die Schmeckzellen der vorderen zwei Drittel der Zunge werden von afferenten Nervenfasern der ***Chorda tympani*** innerviert, einem Ast des *Nervus facialis* (VII. Hirnnerv, s. Abb. 19–4). Der Zungengrund wird vom IX. Hirnnerven, dem ***Nervus glossopharyngeus,*** innerviert. Die Schmeckzellen sind auf diese Innervation angewiesen. Wird z. B. die Chorda tympani durchschnitten, so degenerieren alle von ihr innervierten Geschmacksknospen.

Für jede der vier Grundqualitäten gibt es in den Membranen der Schmeckzellen spezifische Rezeptoren, deren Aktivierung unterschiedliche intrazelluläre Mechanismen zur Depolarisation und Transmitterfreisetzung auslösen

Ein Molekül, das eine bestimmte Geschmacksempfindung auslöst, bindet sich an ein ***Rezeptorprotein*** in der Membran der Mikrovilli einer Schmeckzelle. Diese Bindung des Moleküls an seinen *Membranrezeptor* löst eine Öffnung von Membrankanälen („Poren") aus. Der resultierende Ionenstrom führt zu einem depolarisierenden ***Sensorpotential*** in der Geschmackssinneszelle [31]. Die molekularen intratrazellulären Mechanismen dieser ***Transduktionsprozesse*** sind in Abb. 19–2 für die Rezeptoren der vier Grundgeschmacksqualitäten gezeigt. Erreicht ein depolarisierendes Sensorpotential die Schwelle, so werden ein oder mehrere fortgeleitete *Aktionspotentiale* an der Synapse zur afferenten Ner-

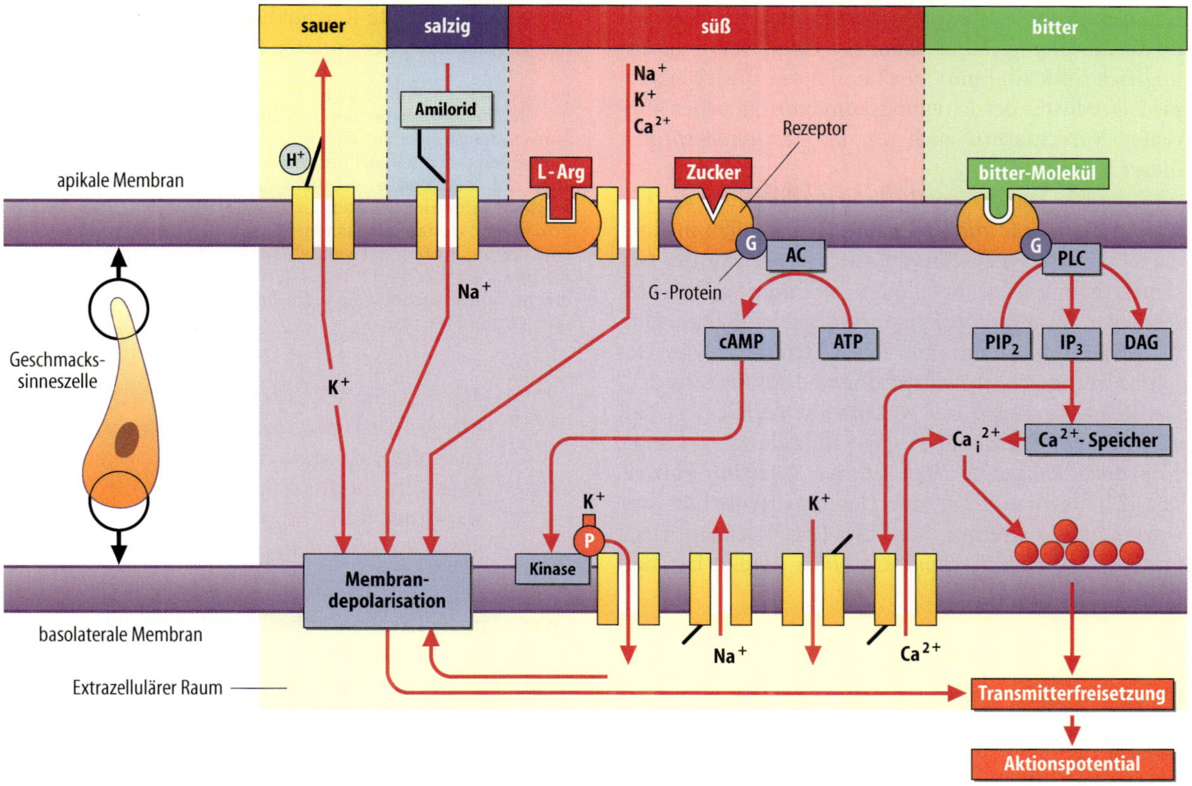

Abb. 19–2. Diagramm der verschiedenen Transduktionsmechanismen für die 4 Geschmacksqualitäten. Die Aktivierung der für die einzelnen Geschmacksqualitäten spezifischen Rezeptorproteine löst unterschiedliche intrazelluläre molekulare Mechanismen aus, die zu einer Depolarisation der Sinneszelle führen. Dadurch kommt es zur Transmitterfreisetzung an der chemischen Synapse mit der afferenten Nervenfaser. Aus [24]

venfaser generiert und nach dieser *Transformation* nach zentral geleitet.

Transduktion am Sauerrezeptor. Das Sauerrezeptor-Kanalprotein (*links* in Abb. 19–2) ist normalerweise für K^+-Ionen permeabel. Bei der Verbindung von H^+-Ionen mit dem Sauer-Rezeptor-Kanalprotein verschließt sich der Kaliumkanal, wodurch es zu einer Depolarisation des Membranpotentials, also zum Rezeptorpotential kommt.

Transduktion am Salzrezeptor. Das Salzrezeptor-Kanalprotein ist kationenpermeabel, und zwar hauptsächlich für Na^+-Ionen. Eine Erhöhung der Na-Konzentration außerhalb der Zelle durch Essen von salzhaltiger Kost führt zu einem erhöhten Einstrom von Na^+-Ionen in die Zelle und damit zur Depolarisation. Die eingeströmten Na^+-Ionen werden anschließend durch eine Na^+-K^+-ATPase-Pumpe wieder aus der Zelle entfernt.

Transduktion am Bitterrezeptor. Die Verbindung eines Bitterstoffes wie des Chinin (s. Tabelle 19–2) mit einem Bitterrezeptorprotein setzt eine intrazelluläre Signalverstärkungskaskade in Gang (*rechts* in Abb. 19–2), an deren Ende der Anstieg von Ca^{2+}-Ionen in der Zelle steht. Diese können dann direkt oder indirekt (durch Öffnen von Kationenkanälen) eine Transmitterfreisetzung bewirken.

Transduktion am Süßrezeptor. Für Süßmoleküle gibt es ein spezifisches Rezeptor- und ein Kanalprotein (*Mitte* in Abb. 19–2). Kommt es zur Wechselwirkung eines Süßmoleküls mit dem Rezeptor (Beispiel *Zucker* in der Abb.), wird über ein G-Protein (Gustduzin) das Enzym Adenylatzyklase aktiviert, wodurch die cAMP-Konzentration in der Zelle erhöht wird, was K-Kanäle über eine Phosphorylierung blockiert. Wechselwirkung eines Süßmoleküls mit einem Süßkanalprotein (Beispiel *L-Arginin* in der Abb.) führt zur Öffnung des Kationenkanals und damit v. a. zum Einstrom von Na^+-Ionen.

Jede Schmeckzelle ist für mehrere, oft alle vier Geschmacksqualitäten empfindlich; dies gilt noch ausgeprägter für die afferenten Nervenfasern; die Information über Geschmacksqualität und -intensität ist im afferenten Impulsmuster (Geschmacksprofil) enthalten

Einzelne Schmeckzellen reagieren in der Regel auf Vertreter mehrerer Geschmacksqualitäten [15,17,21–24]. Die resultierende Depolarisation (Abb. 19–2) löst an der Synapse zwischen Schmeckzelle und afferenter Nervenfaser (Abb. 19–1 E, F) eine Transmitterfreisetzung aus. Diese führt zu einer Änderung der Aktionspotentialfrequenz der spontan aktiven afferenten Nervenfaser. Beispiele dafür sind in Abb. 19–3 A zu sehen. Daraus ergeben sich von Nervenfaser zu Nervenfaser unterschiedliche Reaktionsspektren. Abbildung 19–3 B zeigt für 4 afferente Fasern die Veränderung der Entladungsfrequenz bei Reizung mit Substanzen, die die 4 Grundqualitäten vertreten. Der Abbildung ist zu entnehmen, daß die Nervenfasern auf Reize aus mehr als einer Qualitätsklasse reagieren, wobei sie insofern *abgestuft spezifisch* antworten, als bei Reizung mit einer

Geschmacksstofflösung von bestimmter Konzentration die *Entladungsfrequenz* der einzelnen Nervenfasern *ungleich stark* zunimmt. Wir bezeichnen die jeweils typischen Muster der Erregungszunahme einzelner afferenter Nervenfasern auch als die ***Geschmacksprofile*** dieser Fasern.

Die entscheidende ***Information über die Geschmacksqualität und -intensität*** ist also nicht in einer einzelnen afferenten Nervenfaser, sondern in der Gesamterregung aller beteiligten afferenten Nervenfasern, also im ***afferenten Impulsmuster*** enthalten. Dieses muß in den zentralnervösen Strukturen des Geschmacksinnes (s. u.) entsprechend dekodiert werden. Der Dekodierungsprozeß wird dadurch erleichtert, daß die afferenten Nervenfasern, wie Abbildung 19–3 zeigt, eine ***unvollkommene*** oder ***relative Spezifität*** aufweisen, d.h. bevorzugt auf eine Geschmacksqualität antworten. Dazu kommt, wie die Registrierung einer großen Zahl von *Geschmacksprofilen* gezeigt hat, daß

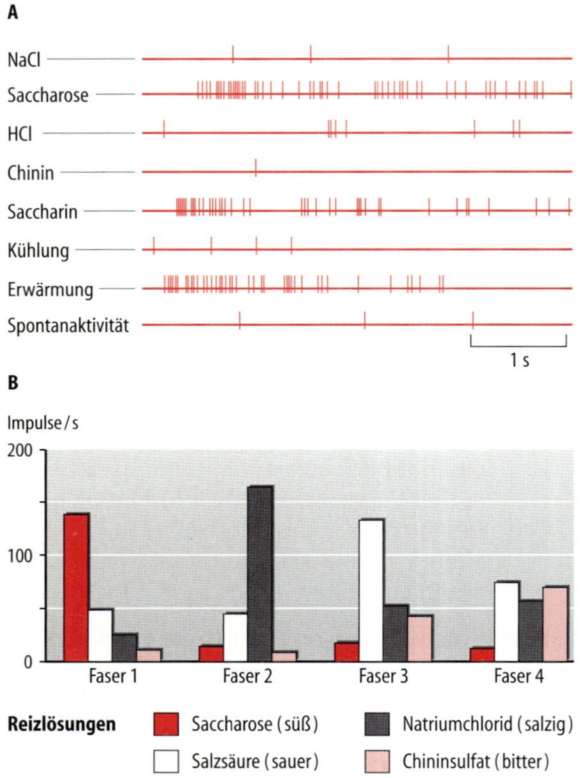

Abb. 19–3. Antwortverhalten von Geschmacksnervenfasern auf Reizstofflösungen aus den angegebenen Qualitätsbereichen. **A** Originalregistrierungen der Nervenimpulse von einzelnen afferenten Fasern des Nervus facialis einer Ratte. Die Reizung der Geschmacksknospen mit Geschmackssubstanzen verschiedener Qualität hat eine Veränderung der Nervenimpulsfrequenz zur Folge (nach Y. Zotterman). **B** Antwortverhalten von 4 verschiedenen einzelnen Geschmacksnervenfasern aus der Chorda tympani einer Ratte. Es wurden alle Nervenimpulse gezählt, die durch eine Reizsubstanz ausgelöst wurden. Jede Nervenfaser antwortet auf Reizsubstanzen aller 4 Qualitätsklassen, allerdings mit unterschiedlicher Empfindlichkeit. Die typischen Muster der Erregungszunahme werden als Geschmacksprofile bezeichnet. Aus [24]

die wirkungsvollste Reizqualität auch die Reihenfolge der Wirksamkeit der anderen Reizqualitäten bestimmt.

Für die zwar unvollkommene aber doch beträchtliche Spezifität der Geschmacksafferenzen spricht auch die *selektive Wirkung bestimmter Drogen* auf Geschmacksorgane. Wird z. B. Kaliumgymnemat, ein Stoff aus der indischen Pflanze *Gymnema silvestre*, auf die Zunge gebracht, erlischt spezifisch nur die Süßwahrnehmung: Zucker „schmeckt wie Sand". Ein in der Frucht der westafrikanischen Pflanze *Synsepalium dulcificum* enthaltenes Protein verwandelt saueren Geschmack in süßen: Zitrone schmeckt wie Orange [1]. Wird Kokain auf die Zunge gebracht, fallen nacheinander die Empfindungen für bitter, süß, salzig und sauer aus.

Die Geschmacksinformation wird über die afferenten Nervenfasern zum Nucleus tractus solitarius und von dort zum Gyrus postcentralis, der Insel (Insula) und zum Hypothalamus übertragen; dort hat sie gemeinsame Projektionsgebiete mit dem Geruch

Die von den Geschmackszellen stammende Information wird in die *Hirnrinde* übertragen [23,24,28]. Wie andere sensorische Information, die schließlich in unser Bewußtsein eintritt, wird auch die Information über den Geschmack im *Thalamus* umgeschaltet. Dabei verbleibt die Geschmacksinformation zum Teil *ipsilateral*, d.h. die Geschmacksbahn kreuzt nicht vollständig auf die kontralaterale Seite.

Die Abb. 19–4 knüpft an Abb. 19–1 an und zeigt den Verlauf der von der Zunge über die *Chorda tympani* und den *Nervus glossopharyngeus* kommenden Geschmacksafferenzen in den Hirnstamm. Dort werden beiderseits die Geschmacksfasern im ***Tractus solitarius*** gesammelt. Dieser Faserzug endet im *rostralen* Bereich in der ***Pars gustatoria*** des ***Nucleus tractus solitarius*** im verlängerten Mark, wo die über die afferenten Fasern einlaufenden Erregungen auf ein zweites Neuron übertragen werden. Der Nucleus tractus solitarii ist außerdem ein wichtiger Kern für die Verarbeitung viszeraler Information. In seinen *kaudalen* Teil laufen nämlich afferente Erregungen aus den Darmeingeweiden, der Lunge und dem Herz-Kreislauf-System ein, die von dort zu mehr rostral gelegenen Hirnstammkernen weitergeleitet werden.

Die Axone der die Geschmacksinformation tragenden Neurone der Pars gustatoria des rostralen Nucleus tractus solitarii ziehen als Teil eines ***Lemniscus medialis*** genannten Faserzuges in den ***ventralen Thalamus.*** Dort enden die Axone an Neuronen des ***Nucleus ventralis posteromedialis.*** Sie bilden dort einen eigenen, nur dem Geschmack vorbehaltenen „Unterkern" aus besonders kleinzelligen Neuronen. Von hier wird über die Axone dieser Neurone die Verbindung mit der Großhirnrinde hergestellt. Die kortikalen Geschmacksfelder liegen im lateralen Bereich des ***Gyrus postcentralis,*** ventral und rostral der somatosensorischen Repräsentation der Zunge (vgl. Abb. 20–20, S. 473). Ein weiteres kortikales Geschmacksareal, das auch in Abb. 19–4 gezeigt ist, liegt in dem ***Insula*** ge-

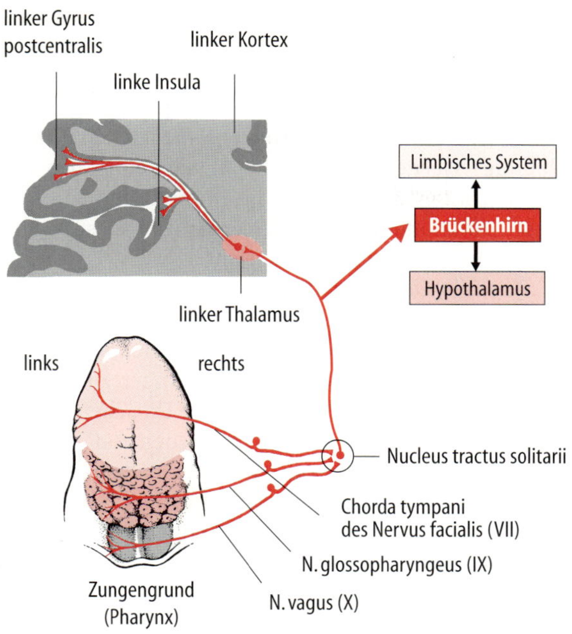

Abb. 19–4. Zentralnervöse Bahnen des Geschmackssinns am Beispiel der linken Zungenhälfte. Beschreibung der einzelnen Stationen der Geschmacksbahn im Text. Die kontralaterale Projektion, die möglicherweise gleichstark oder stärker als die ipsilaterale ausgeprägt ist, ist zur besseren Übersichtlichkeit weggelassen. Zusätzlich schematisch angegeben sind die Verbindungen der Geschmacksbahn aus dem Brückenhirn des Hirnstamms zum limbischen System und zum Hypothalamus

nannten Hirnrindenbereich. Die anteriore Insula ist ein Teil des Frontalkortex und liegt versteckt unter dem vorderen Temporalkortex (Abb. 19–4).

Eine weitere, nur schematisch in Abb. 19–4 eingezeichnete Geschmacksbahn verläuft aus dem Hirnstamm über das Brückenhirn (Pons) zum ***limbischen System,*** speziell zur ***Amygdala*** und zum ***Hypothalamus.*** Dort trifft sie auf gemeinsame Projektionsgebiete mit olfaktorischen Eingängen. Diese Verbindungen sind besonders wichtig für die *affektiven, hedonischen* (lustvollen) Komponenten der Geschmackswahrnehmung.

19.3 Biologische und psychologische Bedeutung des Geschmackssinnes, Geschmackssinnstörungen

Lust auf Süßes ist angeboren, ebenso Ablehnung von Bitterem; Aversionen können aber auch durch Lernen erworben werden

Drei Funktionen des Geschmackssinnes sind hervorzuheben: einmal die ***Prüfung der Nahrung*** auf eventuell unverdauliche oder giftige Stoffe. Zweitens eine Beteiligung an der reflektorischen ***Steuerung der Sekretion*** der Verdauungsdrüsen [7]. Dabei wird nicht nur die Sekretmenge durch Schmeckreize beeinflußt, sondern auch die Zusammensetzung des Sekretes z. B. in Abhängigkeit von der überwiegend süß oder salzig schmeckenden Nahrung. Dies erfolgt nicht nur als Reaktion auf Geschmacksreize, sondern auch ***antizipatorisch,*** als klassisch konditionierte Reaktion („das Wasser läuft im Munde zusammen").

Drittens hat der Geschmack eine besondere psychophysiologische Funktion als primärer positiver Verstärker oder als primärer Bestrafungsreiz. Der Aufbau von Hierarchien sekundärer und tertiärer Verstärker und damit instrumentelles Lernen nimmt somit auch vom Geschmackssinn seinen Ausgang (s. Kap. 24, 25).

Die gleichen mimischen Lust- bzw. Unlustreaktionen auf Geschmacksstoffe, wie sie der Erwachsene zeigt, wenn er sauer schaut, eine bittere Miene macht oder süß lächelt, zeigen sich schon bei Neugeborenen. Solche angeborenen mimischen Reaktionsmuster werden als *gustofazialer Reflex* bezeichnet. Beim Menschen konnte auch ein Zusammenhang zwischen der hedonischen Bewertung und dem ernährungsphysiologischen Bedarf hergestellt werden, beispielsweise die Aversion gegen Süßes und die Lust auf Saures nach anhaltendem Genuß von Süßspeisen. Bei Mensch und Tier löst Kochsalzmangel einen starken Salzhunger aus.

Finickiness. Die im Alltag gebräuchliche Regel, daß wir umso weniger wählerisch werden, je länger wir nicht gegessen haben, gilt nur für extreme Formen der Nahrungsdeprivation. Im allgemeinen nimmt die Selektivität für gut schmeckende Speisen mit dem Hunger zu und auch die Abneigung gegen schlecht, z. B. bitter, schmeckende. Im Englischen bezeichnet man dies als Finickiness, was wörtlich soviel wie *Heikelkeit* bedeutet. Dies erscheint biologisch wenig sinnvoll, könnte aber damit zu tun haben, daß die im Gehirn verankerte Gleichung *gut = nützlich* unter Hunger besonders leicht aktiviert wird. Dazu paßt auch die Tatsache, daß übergewichtige *und* untergewichtige (anorektische) Personen besonders wählerisch sind [3].

Störungen des Geschmackssinnes können als Folge von Nervendurchtrennungen und Läsionen im Verlauf der Geschmacksbahn auftreten; Hypogeusien, Ageusien und Dysgeusien sind insgesamt selten

Wird der den Zungengrund innervierende *Nervus glossopharyngeus* durchtrennt, ist im wesentlichen die Empfindlichkeit für Bitterreize herabgesetzt. Umgekehrt führt Durchtrennung der die übrige Zunge innervierenden *Chorda tympani* zu einem praktischen Verschwinden der drei anderen Geschmacksqualitäten, d. h. es bleibt nur die Empfindlichkeit für bitter übrig.

Läsionen der kortikalen Geschmacksareale, der kleinzelligen Areale des ventralen posteromedialen Thalamus oder der rostralen Anteile des Nucleus tractus solitarii können zu Einschränkungen des Geschmackssinnes führen. Liegen die Wahrnehmungsschwellen über dem Normalbereich, spricht man von ***Hypogeusie.*** Bei ***Ageusien*** kommt keine Geschmacksempfindung zustande; gesättigte Kochsalz- oder Zuckerlösung werden nicht von Wasser unterschieden. Am häufigsten ist die Wahrnehmung bitterer Stoffe betroffen.

Als ***Dysgeusien*** werden dem Reiz nicht entsprechende oder ohne Reiz auftretende und meist unangenehme Geschmacksempfindungen bezeichnet. Sie werden bei verschiedenen Krankheitsbildern beobachtet, insbesondere bei Tumorerkrankungen. Da sich Dysgeusien auf die Nahrungswahl und die Menge der aufgenommenen Nahrung auswirken (*„Geschmacksaversion“*, Kap. 25) und leicht an neutrale Umgebungsreize konditioniert werden, kann der Allgemeinzustand eines Patienten beeinflußt werden. Zu beachten ist allerdings, daß die meisten Patienten, die über Störungen der Geschmacksempfindung klagen, in Wirklichkeit an einer Störung des Geruchssinnes leiden. Störungen des Geschmackssinnes sind insgesamt selten.

Ramsey-Hunt-Syndrom. Derselbe Virus, der Windpocken verursacht, kann in seltenen Fällen einseitig die Hirnnerven befallen und bewirkt dann auf der betroffenen Seite einen völligen Ausfall des Geschmacks, aber die Patienten bemerken dies nur unter experimentellen Bedingungen. Allerdings wird die Gegenseite viel sensitiver für alle Geschmacksreize. Dies wird dadurch verursacht, daß die üblicherweise auch vorhandene Hemmung von der kranken Seite wegfällt und damit die afferenten Nerven und/oder deren Synapsen leichter erregbar sind [3]. Im Gegensatz zum Geruchssystem (s. u.) ist also das Geschmackssystem viel plastischer und kompensiert leichter den Verlust eines Teils des Systems.

19.4 Geruchsqualitäten und die Eigenschaften des Geruchssinns

Beim Menschen geht man von etwa 10 000 unterscheidbaren Düften aus, die sich verbal nur schwer differenzieren lassen; die Düfte werden daher auf Grund verschiedener Kriterien in Duftklassen eingeteilt

Das menschliche Geruchssystem kann Tausende verschiedener Duftstoffe unterscheiden [4, 14, 19, 20]. Dazu kommt, daß die Geruchsschwellen äußerst niedrig sind. Wir können schon die Anwesenheit von nur 10^8 Molekülen eines Geruchsstoffes in einem Raum entdecken. Dabei ist der menschliche Geruchssinn nicht einmal das empfindlichste Geruchssystem im Tierreich. Ein Hund ist beispielsweise viel geruchsempfindlicher. Er kann ohne weiteres darauf trainiert werden, den individuellen Geruch einer einzelnen Person exakt zu erkennen. Noch geruchsempfindlicher sind z. B. Aale. Sie können im Verhaltensversuch den für uns „blumig“ riechenden β-Phenyläthylalkohol noch bei Konzentrationen feststellen, die einer Lösung von 1 ml dieses Duftstoffes in einer Wassermenge vom 58 fachen Volumen des Bodensees entspricht.

Im Unterschied zur Geschmackpsychologie gelingt es der subjektiven Riechphysiologie bisher nicht, Geruchsqualitäten scharf gegeneinander abzugrenzen. Allen Versuchen, solche Qualitäten zu definieren, haftet etwas Willkürliches an. Die Unsicherheit der Abgrenzung ist schon daraus zu ersehen, daß die Anzahl der ***Primärgerüche*** oder ***Duftklassen*** von den verschiedenen Autoren sehr unterschiedlich angegeben wird. Heute geht man davon aus, daß es mindestens 7 ***Primärgerüche*** gibt, die durch *„Standarddüfte“* gekennzeichnet werden können (Tabelle 19–3, in der Tabelle fehlt die Duftklasse „Schweißig“). Diese Geruchsempfindungen werden über die Riechzellen des Geruchsorgans vermittelt (s. u.). Gerüche sind nicht nur viel schwerer zu benennen als Geschmacksreize, sondern adaptieren auch viel rascher (s. u.) und sind kaum örtlich zu lokalisieren, wenn nicht Zusatzreize aus anderen Sinnen vorhanden sind.

Zusätzlich führen manche Stoffe zu ***stechenden*** oder ***brenzligen Geruchsempfindungen.*** Diese Reize werden nicht vom eigentlichen Geruchsorgan, sondern von freien Nervenendigungen des *Nervus trigeminus* (V. Hirnnerv) aufgenommen, der die gesamte Schleimhaut der Nasenhöhle innerviert. Im Rachen-

Tabelle 19–3 Merkmale zur Kennzeichnung von Duftklassen. (Nach Amoore und Skramlik aus [23])

Duftklasse	Bekannte, repräsentative Verbindungen	Riecht nach	„Standard“
Blumig	Geraniol	Rosen	d-1-β-Phenyläthylmethylcarbinol
Ätherisch	Benzylacetat	Birnen	1,2-Dichloräthan
Moschusartig	Moschus	Moschus	1,5-Hydroxypentadecansäurelacton
Campherartig	Cineol, Campher	Eukalyptus	1,8-Cineol
Faulig	Schwefelwasserstoff	Faulen Eiern	Dimethylsulfid
Stechend	Ameisensäure, Essigsäure	Essig	Ameisensäure

raum sprechen auch afferente Nervenfasern des *Nervus glossopharyngeus* (IX. Hirnnerv) und des *Nervus vagus* (X. Hirnnerv) auf Geruchsreize an.

Die Wahrnehmungsschwelle des Geruchssinns liegt unterhalb der Erkennungsschwelle; die Empfindungsstärke folgt der Reizstärke mit einer Stevens-Potenzfunktion; der Geruchssinn adaptiert stark

Wahrnehmungsschwelle, Erkennungsschwelle. Bei sehr geringen Konzentrationen eines Duftstoffes ist die Geruchsempfindung *unspezifisch:* Wir können nur wahrnehmen, daß es riecht, aber den Geruch nicht deutlich identifizieren. Dies gelingt erst bei höheren Duftstoffkonzentrationen. So wird *Scatol* bei niedrigen Konzentrationen keineswegs als unangenehm riechend empfunden, erst ab einer gewissen Grenze manifestiert sich der typische widerwärtige Geruch dieser Substanz. Es läßt sich also beim Riechen eine *Wahrnehmungsschwelle* von einer *Erkennungsschwelle* abgrenzen.

Empfindungsstärke. Wie bei anderen Sinnesmodalitäten auch, folgt bei überschwelligen Duftreizen die Empfindungsstärke ***E*** der Reizintensität ***S,*** also der Konzentration des Duftstoffes, gemäß der ***Stevens-Potenzfunktion*** (s. S. 321).

$$E = k \cdot S^n.$$

Benützt man zur Darstellung dieser Beziehung ein doppelt-logarithmisches Koordinatensystem, so ergibt sich, wie Abb. 19–5 zeigt, eine Gerade, deren Steilheit ein Maß für das Anwachsen der Empfindungsstärke im Vergleich zur Zunahme der Konzentration ist. Der Exponent *n,* der die Steilheit angibt, liegt für den Geruchssinn bei 0,5–0,6. Im Vergleich zu anderen Sinnesmodalitäten ist die Steigung der Geraden und die Größe des Exponenten eher gering. Die relative Empfindungsstärke steigt also beim Geruchssinn eher langsamer an als bei anderen Sinnesmodalitäten.

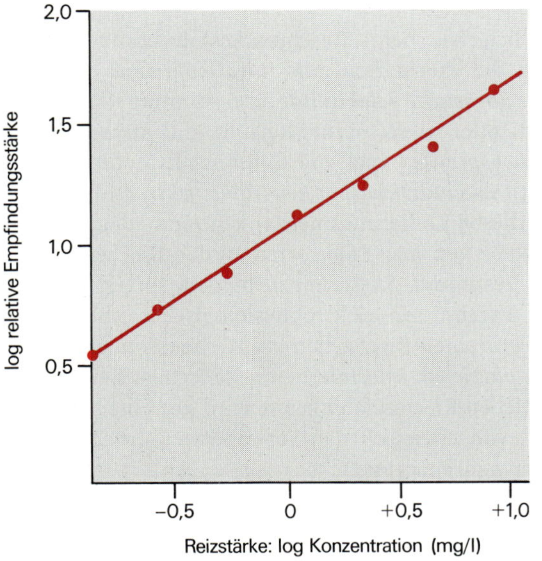

Abb. 19–5. Abhängigkeit der Empfindungsstärke des Geruchssinns von der Duftstoffkonzentration am Beispiel des Riechstoffes Pentanol. Im Vergleich zu anderen Sinnesmodalitäten ist der Anstieg der Empfindungsstärke eher gering. Nach H. Altner, Regensburg

Adaptation. Aus der alltäglichen Erfahrung ist uns gut bekannt, daß es beim längeren Andauern eines Geruchsreizes sehr rasch zu einer Minderung der Empfindungsstärke kommt. In vielen Fällen ist diese ***Adaptation*** so vollständig, daß wir den Duftstoff schon nach kurzer Zeit nicht mehr erkennen können. Gleichzeitig läßt sich auch eine ***Kreuzadaptation*** für verwandte Duftstoffe feststellen, die aber in der Regel weniger stark ausgebildet ist.

19.5 Bau, Funktion und Verschaltung des Geruchsorgans

Die Riechzellen sind bipolare primäre Sinneszellen; ihre kurzen Fortsätze enden in der Riechschleimhaut, die langen projizieren als Fila olfactoria in den Bulbus olfactorius

Lage und Bau der Riechzellen. Der Geruchssinn nimmt in *Riechzellen* genannten Sensoren seinen Anfang, die tief in der Nasenhöhle liegen. Beim Menschen sind die Riechzellen auf ein kleines, bräunlich-gelb aussehendes Schleimhautareal beschränkt, das *Riechepithel,* das auf jeder Seite etwa 5 cm^2 der hinteren, oberen Nasenhöhle bedeckt (Abb. 19–6 A). Das Riechepithel enthält 3 Zelltypen: ***Riechzellen*** (die eigentlichen Sensoren), ***Stützzellen*** und ***Basalzellen*** (Abb. 19–6 B). Die *Riechzellen* sind spezialisierte bipolare Nervenzellen mit einem kurzen, dicken *dendritischen* Fortsatz in Richtung Schleimhautoberfläche (dort senden diese Dendriten zahlreiche Zilien in die Schleimhaut) und einem langen Fortsatz, der als *unmyelinisiertes Axon* zentralwärts zieht [16].

Die zum Bulbus olfactorius ziehenden axonalen Fortsätze der Riechzellen bilden beim Austritt aus der Riechschleimhaut Bündel von 10 bis 100 Axonen. Sie werden ***Fila olfactoria*** genannt. Diese treten durch die feinen Löcher des knöchernen *Siebbeines (Lamina cribosa)* aus der Nasenhöhle aus, um zusammen als ***Nervus olfactorius*** (er ist der I. Hirnnerv) zum ***Bulbus olfactorius*** zu ziehen (s. Abb. 19–8, 19–9).

Lebensdauer der Riechzellen. Der Mensch besitzt zwischen 10 und 100 Millionen Riechzellen. Wie die Geschmackssinneszellen haben sie nur eine kurze Le-

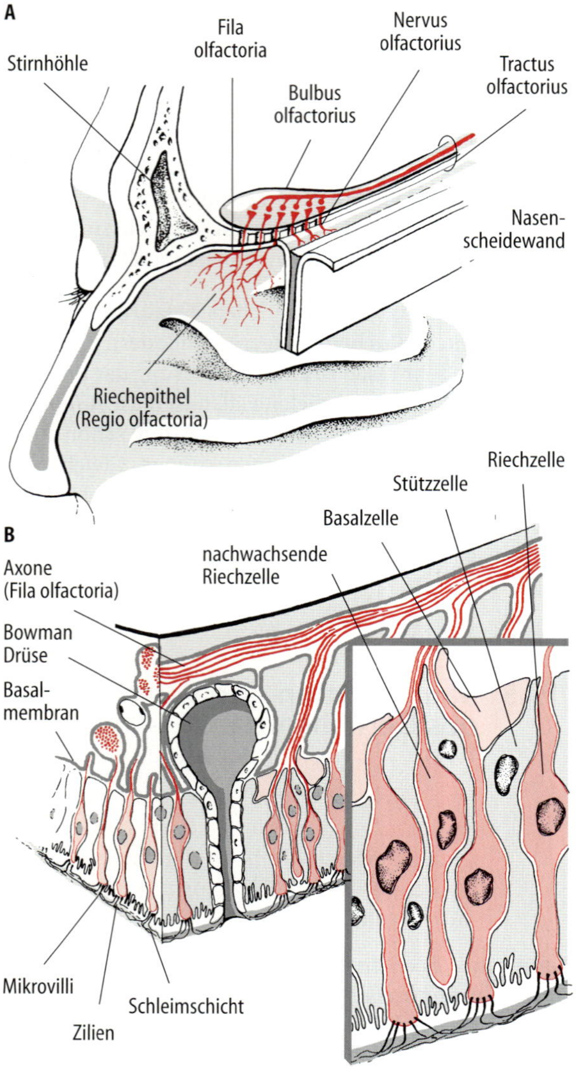

Abb. 19-6. Lage, Aufbau und nervöse Versorgung des Riechepithels. **A** Lage des menschlichen Riechepithels (Regio olfactoria) in der Gegend der oberen und mittleren Conche der lateralen Nasenwand. Die von den Riechzellen fortführenden Axone ziehen als Fila olfactoria durch die knöcherne Lamina cribosa (Siebbein) und danach gemeinsam als Nervus olfactorius zum Bulbus olfactorius. Dort bilden sie Synapsen auf den Mitralzellen (Abb. 19-8, 19-9). **B** Der Aufbau des Riechepithels nach mikroskopischen Beobachtungen in zwei verschiedenen Vergrösserungen [16]. Die Riechzellen enden mit den Zilien ihres dicken dendritischen Fortsatzes in der Schleimschicht des Riechepithels. Die dünnen axonalen Fortsätze vereinigen sich zu den Fila olfactoria (s. oben)

bensdauer. Alle 60 Tage werden sie aus den Basalzellen neu gebildet. Diese rasche ***Zellmauser der Riechzellen*** ist um so beachtenswerter, als sie – anders als die Geschmackszellen – Nervenzellen mit einem (zum Bulbus olfactorius ziehenden) Axon sind. Soweit wir wissen, handelt es sich bei ihnen um die einzigen Nervenzellen im erwachsenen Nervensystem, die zu regelmäßiger mitotischer Zellteilung fähig sind. Jede sich neu entwickelnde Riechzelle muß ihren *Dendriten* zur Riechschleimhaut und ihr *Axon* in die Gegenrichtung zum Bulbus olfactorius senden.

Die Transduktion in den Riechzellen läuft über eine intrazelluläre Botenstoffkaskade mit einem großen Verstärkungsfaktor; ein normaler Duftreiz löst Antworten in vielen Riechzellen aus, so daß es in den Fila olfactoria zur Kodierung in Form von Geruchsprofilen kommt

Wie beim Geschmackssinn beginnt die ***Transduktion*** in den Riechzellen damit, daß sich in der Schleimschicht des Riechepithels Riechstoffmoleküle an spezielle ***Rezeptormoleküle*** der Zilienmembranen binden. Die Bindung eines Riechstoffmoleküls an ein Rezeptormolekül öffnet dann über eine intrazelluläre Signalkaskade Ionenkanäle für kleine Kationen (Natrium, Kalium). Dies ist beispielhaft in Abb. 19-7 zu sehen. Die intrazelluläre Signalkaskade besitzt einen großen Verstärkungsfaktor, so daß ein einziges Duftmolekül viele Ionenkanäle öffnen kann (dies erklärt die sehr niederen Schwellenwerte für manche Duftstoffe). Durch die resultierenden Ionenflüsse kommt es zu einem *depolarisierenden Sensorpotential* [30]. Die Riechzellen sind spontan aktiv. Durch das depolarisierende Sensorpotential wird die Frequenz der Aktionspotentiale entsprechend erhöht. Diese ***Transformation*** des Sensorpotentials in fortgeleitete Aktionspotentiale findet wahrscheinlich am Übergang der Riechzelle in ihr Axon statt.

Alle am Transduktionsprozeß beteiligten Moleküle, nämlich Rezeptormolekül, G-Protein und Ionenkanal sind inzwischen isoliert und sequenziert. Es gibt eine mehrere hundert Mitglieder umfassende Genfamilie auf den Chromosomen 11, 17 und 19 für solche Rezeptorproteine, die in ihrer molekularen Struktur sehr ähnlich sind [24]. Jede Riechzelle stellt vermutlich nur einen oder wenige Typen von Rezeptorproteinen her, so daß es Tausende von Spezialisten unter den Riechzellen gibt.

Ähnlich wie beim Geschmackssinn besitzen daher auch die Riechzellen eine ***unvollkommene Spezifität*** oder ***abgestufte Selektivität*** für bestimmte Klassen von Duftstoffen, so daß sie auf Reizung mit entsprechenden ***Geruchsprofilen*** (vgl. die Geschmacksprofile in Abb. 19-3), also *individuellen Reaktionsspektren,* antworten. Für diesen Kodierungsmechanismus und damit für die Existenz von ***Rezeptionsorten*** an den Riechzellen, die nur bestimmte *Stoffgruppen* binden, sprechen neben den Ergebnissen elektrophysiologischer Ableitungen von einzelnen Riechzellen bei Wirbeltieren auch Fälle von ***partieller Anosmie*** beim Menschen. Bei solchen partiellen Riechunfähigkeiten wird nur eine begrenzte Zahl von chemisch nah verwandten Gerüchen nicht mehr wahrgenommen.

Die ***Riechsinneszellen von Insekten*** lassen sich mit Mikroelektroden weit besser untersuchen als die Riechzellen von Wirbeltieren. Dabei sind auch Sensoren gefunden worden, die auf bestimmte Duftstoffe höchst spezifisch reagieren. Außerdem ist es beim *Seidenspinner,* einem Schmetterling, gelungen nachzuweisen, daß ein *einzelnes,* auf die Membran einer Sinnes-

BOX 19-1

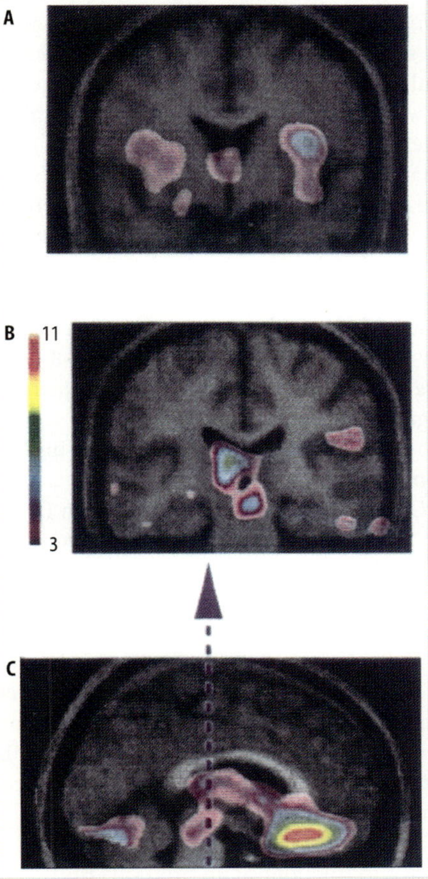

Gehirn und Schokolade

Die Abbildungen **A** bis **C** zeigen Durchblutungsänderungen des menschlichen Gehirns, während die Versuchspersonen Schokolade anfänglich mit Appetit aßen und später, als sie trotz Sättigung weiter essen mußten. Als Vergleichsbedingungen diente die Einnahme und der Geschmack von Wasser sowie Zungen- und Kaubewegungen. Es zeigt sich bei diesen Messungen ein neuronales Netzwerk gustatorischer Areale, wobei jedes Areal eine Teilfunktion in der Geschmackswahrnehmung übernimmt.

A. Primäres kortikales Projektionsareal für Geschmack und Geruch: Coronaler Schnitt durch die ***vordere Insel***, wo der Geschmack und Belohnungswert repräsentiert ist, beide, sensorische („bitter",„süß",„sauer") und affektive Analyse (gut, schlecht) überlappen sich hier (s. Anfärbung). Die Information über den affektiven Wert des wahrgenommenen Reizes kommt aus den mit der Insel verbundenen präfrontalen Regionen (siehe C).

B. Kortikale Repräsentation von Hunger und Sättigung: Coronarer Schnitt mit Durchblutungsänderung im Thalamus, ventralen Tegmentum und ***Striatum,*** welche an der Motivation und motorischen Steuerung des Essvorgangs beteiligt sind. Anstieg der Aktivierung im Striatum löst Nahrungssuche und Essen aus, mit Sättigung sinkt die Aktivierung im Striatum.

C. Sekundäres „emotionales" kortikales Projektionsareal für Geschmack und Geruch: Sagittaler Schnitt und Durchblutungsänderung in der ***subcallosalen Region*** und im ***mediodorsalen Orbitofrontalkortex*** (vorne rot), welche die affektive Bewertung und Reiz-Belohnungs-Assoziation repräsentieren. Der laterale Orbitofrontalkortex wird mit zunehmender Sättigung und Aversion aktiviert, der mediale mit zunehmendem Belohnungswert (Incentive, Anreizwert des Essens, s. Kap. 25). Wenn die Schokolade nicht mehr schmeckt, weil die Person gesättigt ist, steigt die Aktivierung im lateralen und nicht im medialen Orbitalkortex, der laterale Orbitalkortex repräsentiert offensichtlich die Aversion. Diese Regionen behalten den Belohnungswert oder Bestrafungswert antizipatorisch im Arbeitsgedächtnis und bestimmen die ***Richtung*** unseres Verhaltens, also Annäherung oder Vermeidung einer mit positiver/negativer Verstärkung assoziierten Situation. Die Schnittebene von **B** ist in **C** mit einem Pfeil markiert

Literatur: Small, D., Zatorre, R., Dagher, A., Evans, A., Jones-Gotman, M. (2001) Changes in brain activity related to eating chocolate. Brain, 124, 1720–1733 (Abb. mit freundlicher Genehmigung der Autoren)

zelle auftretendes *Molekül* des von den Weibchen erzeugten Lockstoffes ausreicht, um ein *fortgeleitetes Aktionspotential* auszulösen.

Vom Riechepithel von Wirbeltieren können bei Duftreizung langsame Potentiale komplexen Aufbaues von einigen Millivolt Amplitude abgegriffen werden. Diese Elektroolfaktogramme (EOG) sind wie Elektroretinogramme Summenpotentiale. Die Analyse des EOG läßt allerdings keine Aussagen über die Eigenschaften einzelner Sensoren zu [29].

Die Riechbahn führt vom Bulbus olfactorius über wenige Schaltstationen zum Riechhirn und zum Neokortex sowie zum limbischen System, zum Hypothalamus und zur Formatio reticularis

Die dünnen, unmyelinisierten Axone der Riechzellen enden im ***Bulbus olfactorius*** (Riechkolben, Abb. 19–8, 19–9) [20, 32]. Den Ausgang des Bulbus olfactorius bilden die Axone der Mitralzellen (Abb. 19–9), die als ***Tractus olfactorius*** zentralwärts ziehen und dort in verschie-

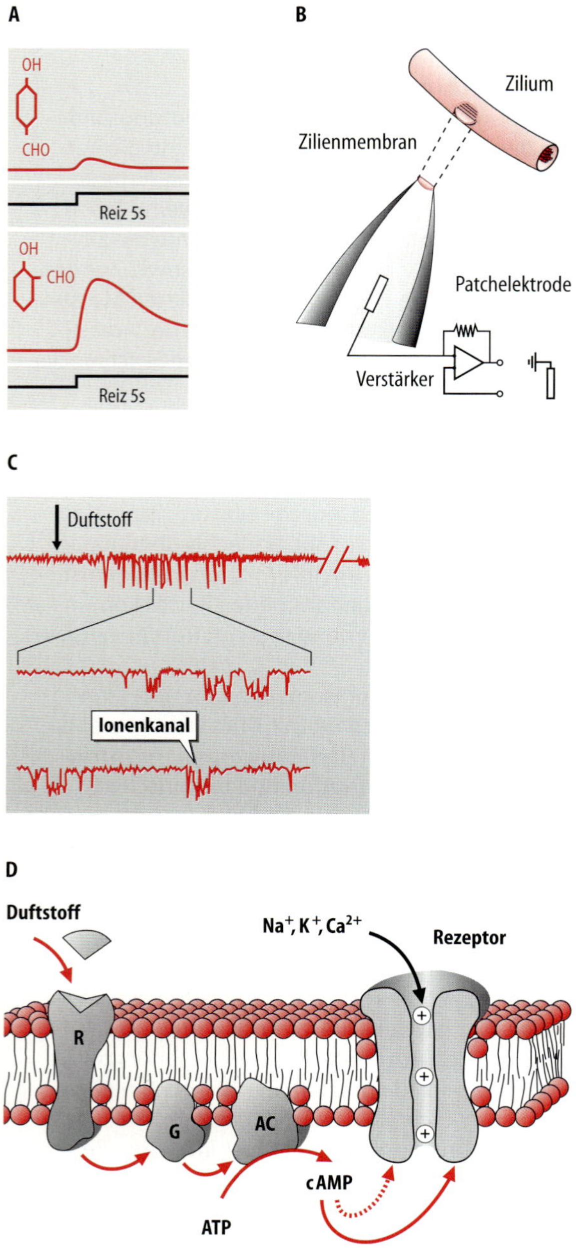

Abb. 19–7. Transduktion an Riechzellen. **A** Sensorpotential einer Riechzelle des Frosches, die mit o- (*oben*) und p-Hydrobenzaldehyd (*unten*) stimuliert wurde. Beachte den großen Wirkungsunterschied trotz der sehr ähnlichen Struktur der Duftmoleküle. **B** Schematische Darstellung der Entnahme eines Membranfleckchens aus dem Zilium einer Riechsinneszelle mit Hilfe der Patch-clamp-Pipette. Die zytoplasmatische Seite der entnommenen Membran zeigt nach außen (Inside-out-Konfiguration). Auf diese Weise kann die Wirkung von Reizsubstanzen auf Rezeptoren der Membraninnenseite getestet werden. **C** Reaktion einer Riechsinneszelle des Salamanders auf Zugabe von Duftstoff. Die Patch-clamp-Pipette ist auf der Außenmembran der Zelle aufgesetzt und mit einer Latenz von einigen 100 ms Duftstoffzugabe erfolgt die Öffnung von Ionenkanälen in der Zellmembran. Die Latenz beruht auf der Aktivierung einer Second messenger-vermittelten Transduktionskaskade (s. Abb. 17– 10). Bei den Ionenkanälen handelt es sich um unspezifische, cAMP-aktivierte Kationenkanäle. Die unteren Spuren zeigen die Kanäle in höherer Zeitauflösung (nach Zufall und Hatt). **D** Schematische Darstellung der Transduktionskaskade. Die Bindung eines Duftstoffmoleküls an ein spezifisches Rezeptorprotein bewirkt eine G-Protein-vermittelte Aktivierung der Adenylatzyklase (AC), die einen Anstieg von cAMP in der Zelle hervorruft. cAMP kann direkt einen unspezifischen Kationenkanal in der Membran des Sinneszelldendriten öffnen. Aus [24]

denen Gebieten des *Palaeokortex* terminieren, die insgesamt als ***Riechhirn*** bezeichnet werden [8]. Dazu gehören das *Tuberculum olfactorium,* die *Area praepiriformis,* ein Teil des *Mandelkerns* (Corpus amygdaloideum) sowie die *Regio entorhinalis.* Alle diese kortikalen Areale gehören zum Typ des dreischichtigen *Allokortex,* der wesentlich einfacher als der sechsschichtige Neokortex aufgebaut ist (s. S. 471). Innerhalb dieser Riechhirnareale gilt die *Area praepiriformis* als das wesentliche Zentrum für die ***Geruchsdiskrimination.***

Die Verarbeitung der von den Riechzellen kommenden Information endet aber nicht im Riechhirn. Wie alle anderen Sinnesinformationen auch, wird die Riechinformation *zum einen* über den Thalamus zum Neokortex geleitet. Wie Abb. 19–8 zeigt, nimmt diese Verbindung im *Tuberculum olfactorium* ihren Ausgang. Sie zieht zum ipsilateralen dorsomedialen Kern des ***Thalamus*** und von dort zum ipsilateralen ***orbitofrontalen Neokortex.*** *Zum anderen,* hierin gleicht der Geruchssinn dem Geschmackssinn (s. oben), nehmen vom Riechhirn Bahnen zum ***limbischen System*** (Mandelkern, Hippokampus) ihren Ausgang. Von dort werden auch Verbindungen mit den vegetativen Kernen des ***Hypothalamus*** und der ***Formatio reticularis*** des Hirnstammes hergestellt. Die limbischen Anteile der Riechbahnen werden für die starke *emotionale* Komponente (*hedonische* Komponente) der Geruchswahrnehmungen verantwortlich gemacht. Der thalamokortikale Anteil dürfte mehr mit sensorischen Geruchsdiskriminationen befaßt sein.

In den vier Schichten des Bulbus olfactorius erfolgt die Verarbeitung der Riechinformation bei großer Konvergenz, ausgeprägter Hemmung und unter starker efferenter Kontrolle

Die Abb. 19–9 zeigt, daß die Neurone des Bulbus olfactorius in mehreren Schichten angeordnet sind. Von der Peripherie zentralwärts fortschreitend folgen nach dem Eintritt des *Nervus olfactorius* (Gesamtheit der *Fila olfactoria*) aufeinander

- die Schicht der *Glomeruli,*
- die *äußere plexiforme Schicht,*
- die Schicht der *Mitralzellen* und
- die Schicht der *Körnerzellen,* auch *innere plexiforme Schicht* genannt.

Die wesentlichen Merkmale der Informationsverarbeitung in diesem Nervennetzwerk sind

- eine starke *Konvergenz* der Riechzellaxone auf die Mitralzellen,
- ausgeprägte *Hemmechanismen* und
- eine *efferente Kontrolle* der einlaufenden Erregungen.

Die auffallend großen ***Mitralzellen*** stellen das zweite Neuron in der Riechbahn dar. Sie senden den Riechzellaxonen einen großen *Dendriten* entgegen (D1 in Abb. 19–9B), an dessen distalen Aufzweigungen die Riechfasern mit Synapsen enden. In die-

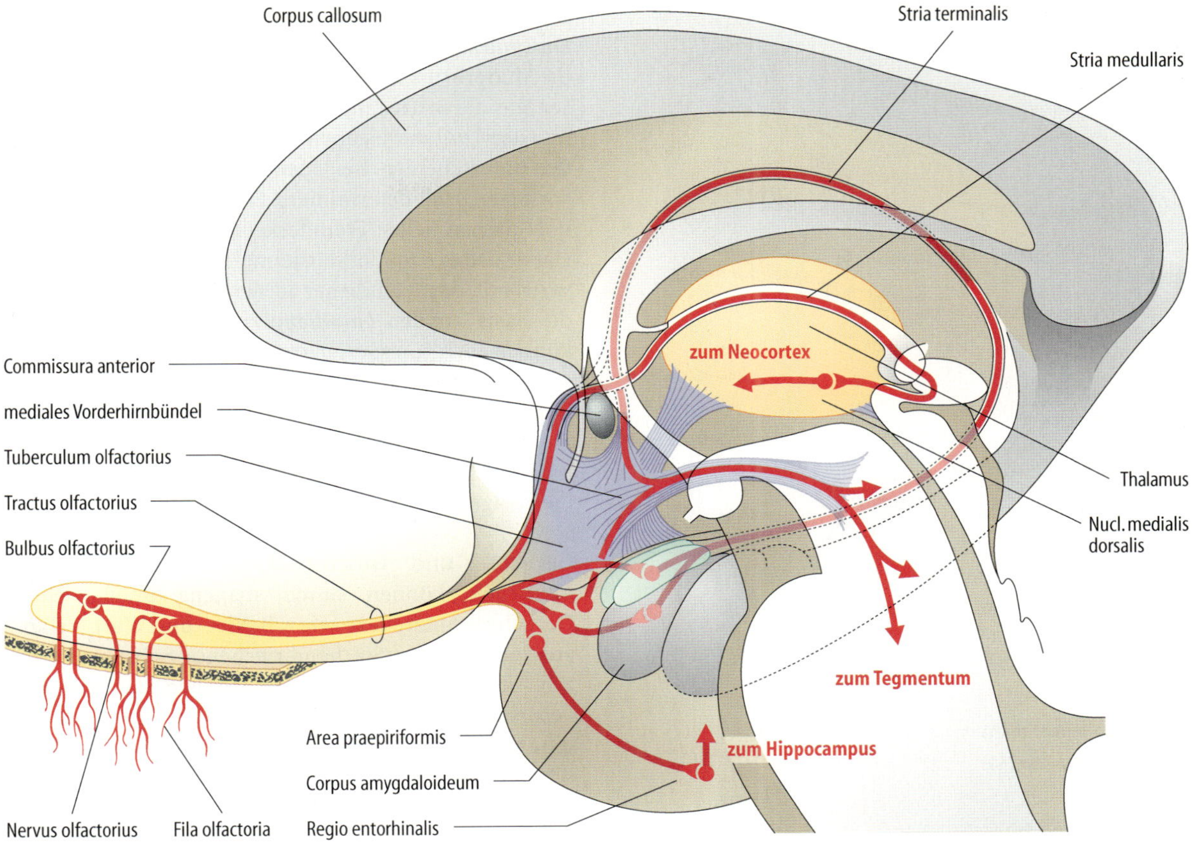

Abb. 19–8. Verlauf und Verbindungen der Riechbahn. Den Ausgang des Bulbus olfactorius bilden die Axone der Mitralzellen (Abb. 21–9), die als Tractus olfactorius zentralwärts ziehen. Wie im Text beschrieben, endet dieser in den verschiedenen Anteilen des paläokortikalen Riechhirns. Erst von dort ziehen Verbindungen einerseits über den Thalamus zum Kortex und andererseits zum limbischen System

sen kugeligen synaptischen Kontaktzonen, den *Glomeruli,* konvergieren etwa 1000 Riechzellaxone auf eine Mitralzelle! Zwischen den Glomeruli – und diese miteinander verbindend – liegen die ***periglomulären Zellen,*** die ebenfalls Synapsen von den Riechzellaxonen erhalten. Auf diese Weise ist eine erste Informationsverarbeitung schon innerhalb der Glomeruli möglich.

An den sekundären Dendriten der Mitralzellen (D2 in Abb. 19–9 B) bilden Dendriten der ***Körnerzellen*** ebenfalls in beiden Richtungen wirksame dendro-dendritische Synapsen aus, über die die Impulsbildung in den Mitralzellen kontrolliert werden kann, wobei die auf die Mitralzellen wirkenden Synapsen hemmend wirken (dies ist in gleicher Weise in den Glomeruli der Fall). Die Körnerzellen stehen ihrerseits unter einer starken ***efferenten Kontrolle*** (*dunkelrot* in Abb. 19–9 B). Die efferenten Axone enden aber nicht nur an den Körner-, sondern auch an den periglomulären Zellen. Sie sind dementsprechend in der Lage, die über die Fila olfactoria einlaufenden Erregungen über 2 Wege bereits auf der Ebene der Mitralzellen zu modulieren.

Die ***Axone der Mitralzellen*** bilden, wie oben bereits beschrieben, als Tractus olfactorius den Ausgang des Bulbus olfactorius (Abb. 19–8, 19–9). Ein Teil dieser Axone bildet rückläufige Kollateralen aus, die über die vordere Kommissur als zentripetale Faser zum kontralateralen Bulbus ziehen und sich dort an der efferenten Kontrolle (s. o.) beteiligen.

19.6 Biologische und psychologische Bedeutung des Riechens, Riechstörungen

Der Geruchssinn hat eine starke emotionale Komponente; Duftstoffe haben wichtige Signalfunktionen zwischen Individuen und Gruppen; sie beeinflussen auch das Fortpflanzungsverhalten und hormonelle Steuerungen

Die unmittelbare Verbindung mit dem limbischen System erklärt die starke emotionale Komponente des Geruchssinnes [19]. Die vertraute Redewendung *„jemanden nicht riechen können"* gibt einen Hinweis auf diesen Aspekt der Geruchswahrnehmungen. Die enge Verbindung mit dem Hypothalamus ist in ihrer biologischen Bedeutung nicht vollständig klar (s. jedoch auch unten). Für verschiedene Säugetiere gilt, daß Erregungen, die über diese Bahnen einlaufen, zur Steuerung des Fortpflanzungsgeschehens beitragen (***Pheromonkommunikation,*** Kap. 25). In diesem Zusammenhang ist der Befund wichtig, daß Sinneszellen und Neurone der Riechbahn von Steroidhormonen beeinflußt werden [2, 10, 11]. Bei Nagetieren wirken Östradiol, Testosteron und

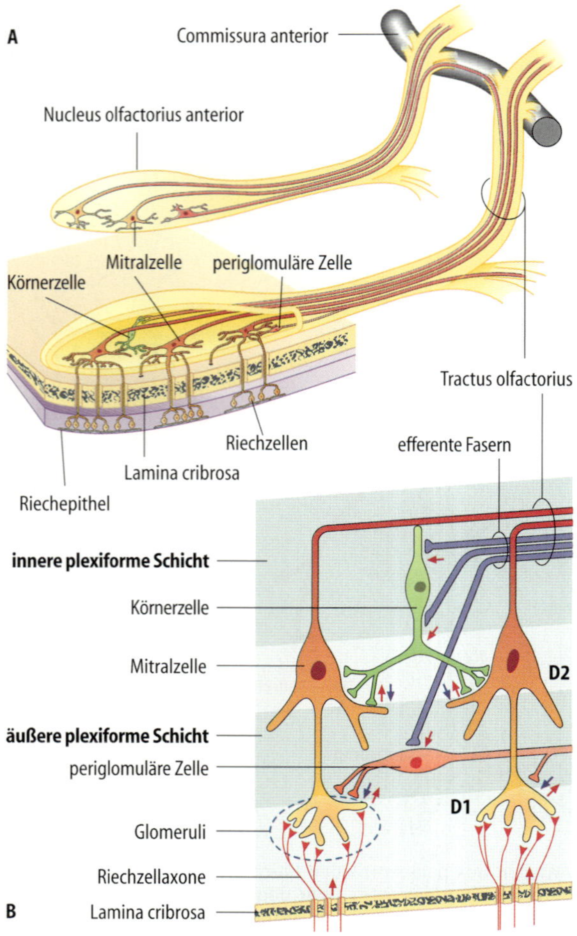

Abb. 19-9. Informationsverarbeitung im Bulbus olfactorius. **A** Überblick über die Ein- und Ausgänge des Bulbus olfactorius. Die Fila olfactoria bilden nach ihrem Durchtritt durch das Siebbein (Lamina cribrosa) in ihrer Gesamtheit den Nervus olfactorius (nicht beschriftet), der nach sehr kurzem Weg in den Bulbus olfactorius eintritt und dort endet. **B** Schichtenanordnung und neuronale Verschaltung im Bulbus olfactorius. In den Glomeruli enden die Riechzellaxone (aus dem N. olfactorius, s. *oben*) an den primären *(D1)* Dendriten der Mitralzellen. Die periglomerulären Zellen ermöglichen eine laterale Modulation der Mitralzellen. Ebenso wie die *Körnerzellen,* die an den sekundären Dendriten *(D2)* der Mitralzellen enden, vermitteln sie die efferenten Zuflüsse in den Bulbus olfactorius *(rechts oben* eintretend). Die Richtung der synaptischen Übertragung ist durch *Pfeile* angegeben (Erregung *schwarz,* Hemmung *rot).* Umgezeichnet nach [14, 32]

Aldosteron auf verschiedenen Ebenen des Systems. Dabei dürfte auch die Reaktionsfähigkeit auf Pheromone gesteigert werden, also auf Duftstoffe, die vom Sexualpartner ausgehen. Beim Menschen kann *Androsteron,* ein Duft aus dem Achselschweiß des Mannes, den Zyklus der Frau synchronisieren, ansonsten spielt die Pheromonkommunikation für Sexualverhalten eine weniger bedeutsame Rolle als im Tierreich.

Duftstoffe können auch in den wechselseitigen Beziehungen von Gruppen und Individuen eine wichtige Funktion als Signale übernehmen. Die Gruppenzugehörigkeit eines Individuums kann durch ein ***Duftabzeichen*** ebenso mitgeteilt werden, wie ein Revierinhaber das von ihm besetzte Territorium mit Hilfe von ***Duftmarken*** abgrenzen kann. Neugeborene erkennen die Mutterbrust mit Hilfe eines Duftes, der von den Drüsen um die Brustwarzen abgegeben wird, und sie können den Duft der eigenen Mutter von dem einer Fremden unterscheiden. Bei jedem von uns ist sein ***Eigengeruch*** genetisch determiniert. Er basiert auf der immunologischen Selbst/Fremderkennung und ist mit dem Haupthistokompatibilitätskomplex gekoppelt. Je näher verwandt, desto ähnlicher ist der Eigengeruch. Dies ist die Basis für den ***Familiengeruch.*** Eineiige Zwillinge können auch von speziell trainierten Tieren nicht mehr am Geruch unterschieden werden, außer einer der Zwillinge hat eine Knochenmarkstransplantation erhalten [33]. Eigen- und Familiengeruch sind in der Lage, Mutter-Kind-Beziehung, Partnerwahl, Inzestschranke oder die Fehlgeburtenrate zu beeinflussen [21, 25].

Geruchs- und Geschmacksaversionslernen. Beim Menschen können durch manche unangenehme Gerüche Schutzreflexe, wie z. B. Nies- und Würgereflexe ausgelöst werden. Stechend riechende Substanzen, wie z. B. Ammoniak, können reflektorischen Atemstillstand verursachen. In diesem Zusammenhang ist wichtig, daß die enge anatomische Verbindung des Geruchs- und Geschmackssinnes mit dem limbischen System und dem Hypothalamus den beiden Systemen eine *Sonderstellung in Lernprozessen* verleiht: Während bei allen Versuchen zum klassischen Konditionieren (s. Kap. 24) das optimale Intervall zwischen neutralem konditionalen Reiz (CS, z. B. Ton) und unkonditionalem Reiz (US, z. B. Schmerzreiz) von einer halben Sekunde bis maximal eine Minute beträgt, kann bei Geruchs- und Geschmacksreizen das *CS-US-Intervall bis zu Stunden* ausgedehnt werden. Trotz dieser langen Intervalle kommt es zu einer konditionierten Reaktion (CR, z. B. Ekel) auf einen neutralen Reiz (CS, z. B. Umgebung der Nahrungsaufnahme). Viele Menschen behalten beispielsweise die Aversion auf Fischgeruch (CS) ein Leben lang bei, wenn sie einmal verdorbenen Fisch (US) konsumiert hatten, der Stunden später zu Erbrechen (UR, unkonditionierte Reaktion) führte.

Im Bereich der Medizin stellt diese Art von Konditionierung ein Problem in der Bestrahlungstherapie von Krebsgeschwülsten dar: Röntgenstrahlung und andere Strahlungsarten stellen wirksame US dar, die offenbar Geschmackssensoren oder deren zentrale Verschaltung so reizen, daß die Patienten eine ausgeprägte *Ekelaversion* gegen alles entwickeln, was mit der Behandlung zusammenhängt, einschließlich der gedanklichen Vorstellung und Antizipation der nächsten Behandlung.

Störungen des Geruchssinnes können auf einem Hindernis in der Nasenhöhle, einer Schädigung des Riechepithels oder Läsionen der Riechbahn beruhen

Störungen des Geruchssinnes kommen in vielfältiger Form vor. Fehlt der Geruchssinn vollständig, so spricht man von (genereller) ***Anosmie*** (bei vielen Tierarten führt Anosmie zu schweren Störungen des reproduktiven Verhaltens). Bei einer ***partiellen Anosmie,*** von der oben schon die Rede war, können einige Geruchsqualitäten wahrgenommen werden, andere nicht. Bei einer ***Hyposmie*** ist die Geruchsempfindlichkeit herabgesetzt, entweder für einige (partielle Hyposmie) oder für alle Riechstoffe (vollständige oder generelle Hyposmie). Das Gegenteil ist die generelle oder partielle ***Hyperosmie.*** Auch Fehlwahrnehmungen, ***Parosmien,*** und Geruchswahrnehmungen ohne Vorhandensein von Riechstoffen, also Geruchshalluzinationen, ***Phantasosmien,*** kommen vor. Schließlich werden ***Geruchsagnosien*** beobachtet, bei denen die fehlende Geruchswahrnehmung nicht durch eine Störung der Geruchsaufnahme und -verarbeitung, eine Sprachstörung oder ein intellektuelles Defizit verursacht zu sein scheint (s. Kap. 25).

Fällt das gesamte Riechepithel aus, z. B. durch Abscheren der Fila olfactoria im Siebbein bei einem Unfall, so bleiben die vom *Nervus trigeminus* vermittelten stechenden und brenzligen Geruchsempfindungen übrig, ebenso die aus dem Rachenraum möglichen Geruchsempfindungen, die von den *Nn. glossopharyngeus* und *vagus* vermittelt werden (s. S. 442).

ZUSAMMENFASSUNG

Der Geschmack hat die vier Grundqualitäten süß, sauer, bitter und salzig. Diese sind auf der Zungenoberfläche ohne eindeutige Topographie angeordnet. Die Wahrnehmungsschwellen liegen besonders für bittere und saure Stoffe sehr niedrig. Zunahmen der Reizstoffkonzentration führen zu verstärkten Geschmacksempfindungen, aber auch zu anschließend deutlicher Adaptation.

Die Schmeckzellen sind in den Geschmacksknospen der Geschmackspapillen (Pilz-, Wall- und Blätterpapillen) wie Apfelsinenscheiben angeordnet. Sie sind sekundäre Sinneszellen, die von afferenten Nervenfasern des VII. und IX. Hirnnerven innerviert werden.

Jede Geschmacksgrundqualität verfügt über eigene Membranrezeptoren mit unterschiedlichen Mechanismen bei der Generierung des Sensorpotentials. Jede Schmeckzelle und jede afferente Nervenfaser ist für mehrere, oft alle vier Geschmacksqualitäten empfindlich. Die Information über die Geschmacksqualität und -intensität ist daher nur im afferenten Impulsmuster enthalten, das daher auch als Geschmacksprofil bezeichnet wird.

Die Geschmacksbahn führt über den Tractus solitarius und den Thalamus überwiegend ipsilateral zur primär sensorischen Hirnrinde und zur Inselregion. Kollateralen gehen zum limbischen System und zum Hypothalamus.

Der Geschmackssinn dient v. a. der Prüfung der Nahrung auf unverdauliche oder giftige Stoffe. Zusätzlich beteiligt er sich an der Steuerung der Sekretion der Verdauungsdrüsen. Die Reaktionsmuster auf Geschmacksreize sind teils angeboren, teils erworben. Geschmacksreize gelangen direkt in positive oder negative Verstärkerzonen des Gehirns und stellen daher besonders wirksame Reize für dauerhaftes instrumentelles Lernen dar. Störungen des Geschmackssinns kommen insgesamt selten vor.

Düfte werden in 7 typische Duftklassen eingeteilt. Bei allen natürlich vorkommenden Düften handelt es sich um Duftgemische, in denen es charakteristische Leitdüfte gibt (s. Tabelle 19–3). Es können mehrere Tausend Düfte unterschieden, aber nicht benannt werden.

Düfte werden bei sehr geringen Konzentration zunächst nur wahrgenommen und erst bei höherer Konzentration erkannt. Zunehmende Duftkonzentration führt zu zunehmender Geruchsempfindung, einer Potenzfunktion mit den Exponenten 0,5–0,7 folgend. Die Adaptation auf Geruchsreize ist sehr ausgeprägt.

Die Riechzellen sind primäre Sinneszellen, deren zentrale Axone als Fila olfactoria zum Bulbus olfactorius ziehen. Die dortige Informationsverarbeitung ist durch starke Konvergenz, ausgeprägte Hemmprozesse und eine deutliche efferente Kontrolle gekennzeichnet. Die Ausgangsneurone aus dem Bulbus ziehen direkt zum limbischen System und weiter zu vegetativen Kernen des Hypothalamus und der Formatio reticularis sowie zu Projektionsgebieten im Neokortex.

Der Geruchsinn spielt über Duftabzeichen, Duftmarken, Eigen- und Familiengeruch etc. eine wichtige Rolle im Bereich der sozialen Beziehungen und trägt zur Steuerung der Fortpflanzung bei. Duftwahrnehmungen haben eine starke emotionale Komponente. Aversive Geruchs- und Geschmacksreize können auch bei stundenlangen Intervallen zwischen diesen und unkonditionierten Reizen zu konditionierten (Ekel-, Abwehr-)Reaktionen führen.

Literatur

Weiterführende Lehr- und Handbücher

1. Beidler LM (ed) (1971) Chemical Senses, Part 1: Olfaction, Part 2: Taste. Handbook of Sensory Physiology Vol IV. Springer, Berlin Heidelberg New York
2. Breipohl, W (ed) (1982) Olfaction and endocrine regulation. IRL Press, London
3. Capaldi ED, Powley TL (eds) (1993) Taste, experience and feeding. Am Psychol Ass, Washington DC
4. Engen T (1982) The perception of odors. Academic Press, New York
5. Hierholzer K, Schmidt RF (Hrsg) (1991) Pathophysiologie des Menschen. VCH, Weinheim
6. Kandel ER, Schwartz JH, Jessel TM (eds) (2000) Principles of neural science, 4th edn. McGraw Hill, New York
7. Kare MR, Maller O (eds) (1977) The chemical senses and nutrition. Academic Press, New York
8. Pfaff D (ed) (1985) Taste, olfaction and the central nervous system. Rockefeller University Press, New York
9. Maelicke A (Hrsg) (1990) Vom Reiz der Sinne. VCH, Weinheim
10. Norris DM (ed) (1981) Perception of behavioral chemicals. Elsevier, Amsterdam
11. Ohloff G (1990) Riechstoffe und Geruchssinn. Springer, Berlin Heidelberg New York Tokyo
12. Schmidt RF, Schaible H-G (Hrsg) (2001) Neuro- und Sinnesphysiologie, 4. Aufl. Springer, Berlin Heidelberg New York Tokyo
13. Schmidt RF, Thews G, Lang F (Hrsg) (2000) Physiologie des Menschen, 28. Aufl. Springer, Berlin Heidelberg New York Tokyo

Einzel- und Übersichtsarbeiten

14. Altner H, Boeckh J (1987) Geschmack und Geruch. In: Schmidt RF, Thews G (Hrsg) Physiologie des Menschen, 23. Aufl. Springer, Berlin Heidelberg New York Tokyo
15. Amoore JE, Johnston JW jr, Rubin M (1964) The stereochemical theory of odor. Sci Am 210(2), 42–49
16. Andres K-H (1966) Der Feinbau der Regio olfactoria bei Makrosmatikern. Z Zellforsch 69:140–154
17. Avenet P, Kinnamon SC (1991) Cellular basis of taste reception. Curr Opin Neurobiol 1:198–203
18. Beidler LM (1980) The chemical senses: Gustation and olfaction. In: Mountcastle VB (Ed): Medical Physiology. 14th edn Vol 1, Mosby, St Louis
19. Cain WS (Ed) (1974) Odors: Evaluation, utilization, and control. Ann N Y Acad Sci 237:1–439
20. Dodd J, Castellucci VF (1991) Smell and taste: The chemical senses. In [6]
21. Hatt H (1990) Physiologie des Riechens und Schmeckens. In [9]
22. Hatt H (1991) Geruch und Geschmack. In [5]
23. Hatt H (1995) Geschmack (Kap. 13), Geruch (Kap. 14). In [12]
24. Hatt H (1995) Geschmack und Geruch. In [13]
25. Köster E P, Jellinek J S, Verhelst N D, Mojet J and Linschoten M R I (1986) Odorants related to human body odor. J Soc Cosmet Chem 37: 409–428
26. McBurney DH (1984) Taste and olfaction: Sensory discrimination. In: Darian-Smith I (ed): Handbook of Physiology, Section 1: The Nervous System, Vol. III, Sensory Processes, American Physiological Society, Bethesda Md
27. Murray RG (1973) The ultrastructure of taste buds. In: Friedmann I (ed) The Ultrastructure of Sensory Organs. Elsevier, New York
28. Norgen R (1984) Central neural mechanisms of taste. In: Darian-Smith L (ed): Handbook of Physilogy, Section 1: The Nervous System, Vol III, Sensory Processes. American Physiological Society, Besthesda Md
29. Ottoson D (1971) The electro-olfactogram. In: Beidler LM (ed), Handbook of Sensory Physiology, Vol IV. Chemical Senses, Part 1, Olfaction. Springer, Berlin Heidelberg New York Tokyo
30. Reed RR (1992) Signal pathways in odorant detection. Neuron 8:205–211
31. Sato T (1986) Receptor potential in rat taste cells. Prog Sens Physiol 6:1–37
32. Shepherd GM (1972) Synaptic organization of the mammalian olfactory bulb. Physiol Rev 52:864–917
33. Sobottka B, Eggert F, Ferstl R und Müller-Ruchholtz W (1989) Veränderte chemosensorische Identität nach experimenteller Knochenmarktransplantation: Erkennung durch eine andere Spezies. Zeitschrift für experimentelle und angewandte Psychologie 4:654–664

Funktionen des Zentralnervensystems und Verhalten

IV

»Wer weiß, ob die Gedanken
nicht auch einen ganz winzigen Lärm machen,
der durch feinste Instrumente aufzufangen
und empirisch (durch Vergleich und Experiment)
zu enträtseln wäre?«

CHR. MORGENSTERN

20 Funktionelle Anatomie des Zentralnervensystems

EINLEITUNG

Während die phylogenetisch alten, tiefer (inferior) liegenden subkortikalen Anteile des Gehirns auf einzelne Sinnesfunktionen sowie vegetative und motorische Leistungen spezialisiert sind, entwickelten sich bei höheren Säugern und Menschen die rostralen Teile, vor allem Zwischenhirn, limbisches System und Neokortex, als interaktive, weniger spezialisierte sensomotorische Systeme. Von den Gehirnen jener Tierarten, die in der Evolution unmittelbare Vorläufer des Menschen sind, bis zum menschlichen Gehirn, besteht keine sprunghafte Entwicklung, sondern ein Kontinuum. Nur der präfrontale assoziative Kortex scheint beim Menschen etwas stärker entwickelt zu sein als man bei einer linearen evolutionären Entwicklung erwarten würde. Im Vergleich zum Aufbau eines Computers zeichnet sich das menschliche Gehirn durch eine in phylogenetischer und ontogenetischer Entwicklung ständig wachsende hohe Zahl von funktionstüchtigen Verbindungen zwischen den Zellen und Arealen aus, die flexible Anpassungsleistungen des Verhaltens an eine dynamische, wenig vorhersagbare Umwelt erlauben.

20.1 Aufbau und Entwicklungsgeschichte

Grobaufbau des ZNS. Das Nervensystem besteht aus Gehirn und Rückenmark, dem ***Zentralnervensystem (ZNS)*** und den kranialen und spinalen Nervenfasern sowie den peripheren Ganglien, die das ***periphere Nervensystem (PNS)*** bilden. Die verschiedenen Anteile und Funktionen des PNS werden in den jeweiligen Kapiteln der einzelnen Organsysteme besprochen. Die inneren Organe und Blutgefäße werden vom ***autonomen Nervensystem (ANS)*** innerviert (Kap. 9), dessen Fasern, Ganglien und Kerne teils innerhalb, teils außerhalb des ZNS und PNS verlaufen.

Das Gehirn ist von Häuten umgeben und schwimmt in der Zerebrospinalflüssigkeit

Ansichten des ZNS. Abbildung 20–1 zeigt die anatomischen Richtungsbezeichnungen und Sichtebenen bei Tier und Mensch. Da beim Tier die ***Neurachse*** als eine imaginäre gerade Linie durch Rückenmark und Gehirn verläuft, sind die Ortsbezeichnungen relativ zur Neurachse klarer als beim Menschen. Das frontale Ende ist *anterior*, der Schwanz *posterior*, auch die Bezeichnungen *rostral* (schnauzen- oder schnabelwärts) und *kaudal* (schwanzwärts) sind klar. Beim Menschen und bei Primaten, wo wir einen Knick in der Neurachse auf Höhe des Gehirns nach frontal vorfinden, deckt sich *dorsal* (rückenwärts) mit dem obersten

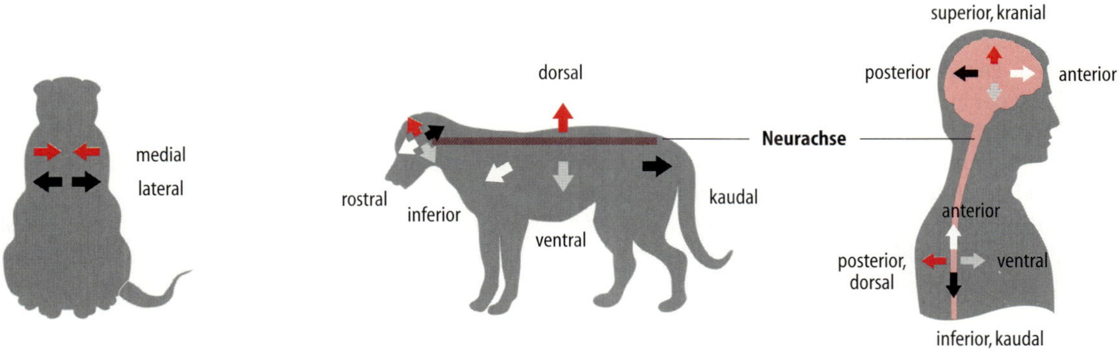

Abb. 20–1. Anatomische Richtungsbezeichnungen

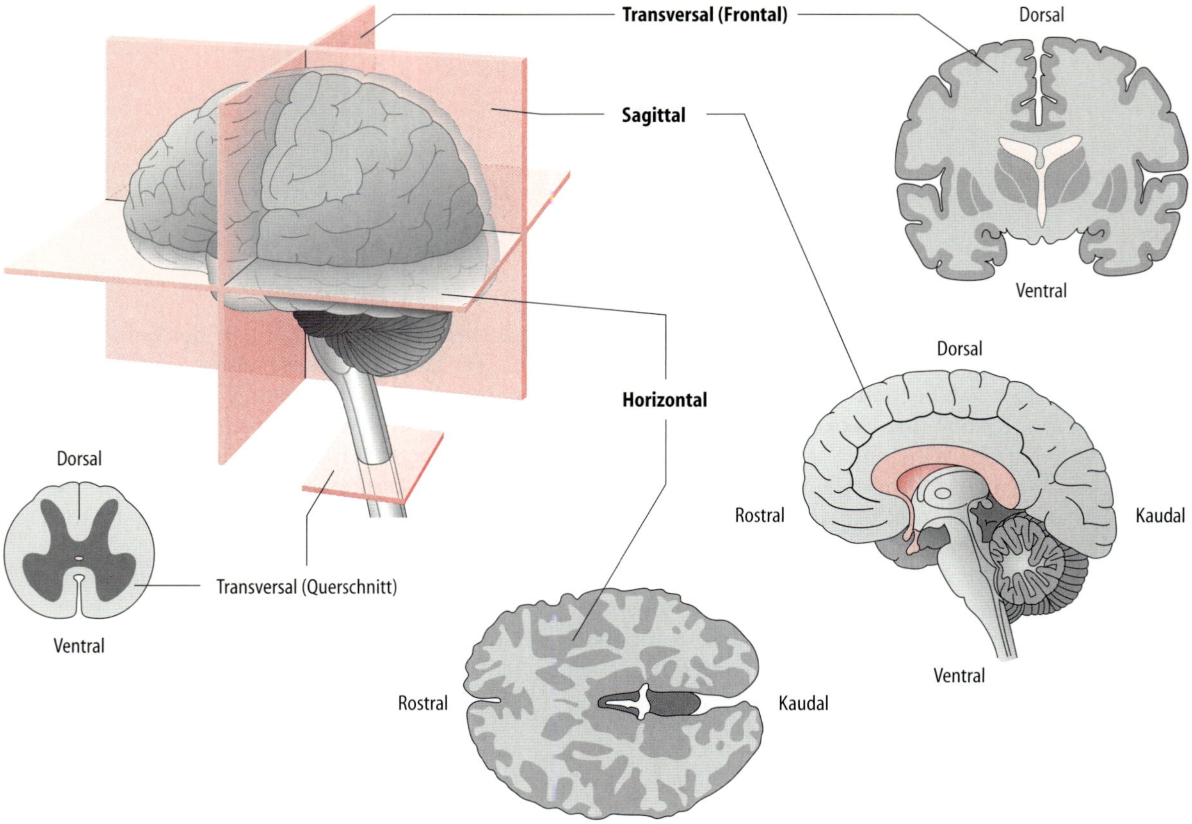

Abb. 20–2. Schnitt- und Sichtebenen im ZNS. (Nach [4])

Kopfende, das deshalb auch als *superior* bezeichnet wird. Dorsal, rückenwärts wird aber auch mit *posterior* bezeichnet. Vergleichbares gilt für *ventral* (bauchwärts) und *anterior* bzw. *inferior*. Die Richtungen *lateral* und *medial* sind dagegen bei Tier und Mensch unmißverständlich.

Abbildung 20–2 zeigt die verschiedenen Ansichten und Schnittebenen des Gehirns. Der ***koronare Schnitt*** wird auch als Querschnitt, ***Frontalschnitt*** oder Transversalschnitt bezeichnet. Der ***Sagittalschnitt*** steht im rechten Winkel zum Koronarschnitt (Frontalschnitt).

Hirnhäute, Blutversorgung und Ventrikel. Abbildung 20–3 illustriert die Lageverhältnisse von Gehirn und Rückenmark und den umgebenden Schichten. Die *Hirnhäute (Meninges)* bestehen aus 3 Schichten: der äußeren, dicken und undehnbaren ***Dura mater*** (harte Mutter), der mittleren ***arachnoiden Membran*** (Spinnenmembran), die der Dura anliegt, darunter der ***subarachnoidale Spalt*** mit *Zerebrospinalflüssigkeit (CSF)* und den großen Gefäßen. Den Windungen, *Sulci* (Täler) des Gehirns liegt die elastische *Pia mater* (weiche Mutter) eng an; die eigenartigen Bezeichnungen stammen aus z.T. fehlerhaften Übersetzungen von Anatomen des 11. und 12. Jahrhunderts aus dem Arabischen.

Die ***Blutversorgung*** des Gehirns ist – verglichen mit Muskeln und inneren Organen – erstaunlich stabil. Sie beträgt etwa 20 % der Gesamtzirkulation mit nur geringen Schwankungen, entsprechend dem Glukoseverbrauch (vgl. Abb. 10–17). Bereits nach Unterbrechung der Blutzufuhr für 1 s ist der gesamte zur Verfügung stehende Sauerstoff verbraucht. Nach 6 s tritt Bewußtlosigkeit ein. Die Zirkulation erfolgt ansonsten wie in anderen Körperregionen (s. Kap. 10). Die arterielle Versorgung erfolgt über zwei Hauptarteriensysteme, die ***vertebralen Arterien*** für die kaudalen Abschnitte des Gehirns und die ***inneren Karotiden,*** die den rostralen Hirnbereich versorgen.

Gehirn und Rückenmark schwimmen in der Zerebrospinalflüssigkeit (***CSF***), die sowohl Verletzungen der Hirnmasse durch plötzliche mechanische Einwirkungen (Schlag, Stoß, Bewegung) verhindert, als auch dem Stoffwechsel dient. Die CSF (500 ml/Tag) wird in den ***Plexi chorioideii*** der vier Ventrikel aus Blutplasma gebildet (Abb. 20–4). Der Abfluß (Reabsorption im Blutkreislauf) erfolgt über die Arachnoidea (ca. 125 ml Gesamtvolumen; wird innerhalb von 3 Stunden ausgetauscht). Die extraventrikuläre CSF (Interstitialflüssigkeit) wird von den Kapillaren gebildet und kommuniziert frei mit der ventrikulären CSF. Die vier Ventrikel sind durch schmale Kanäle *(Aquaedukt, Foramen)* verbunden.

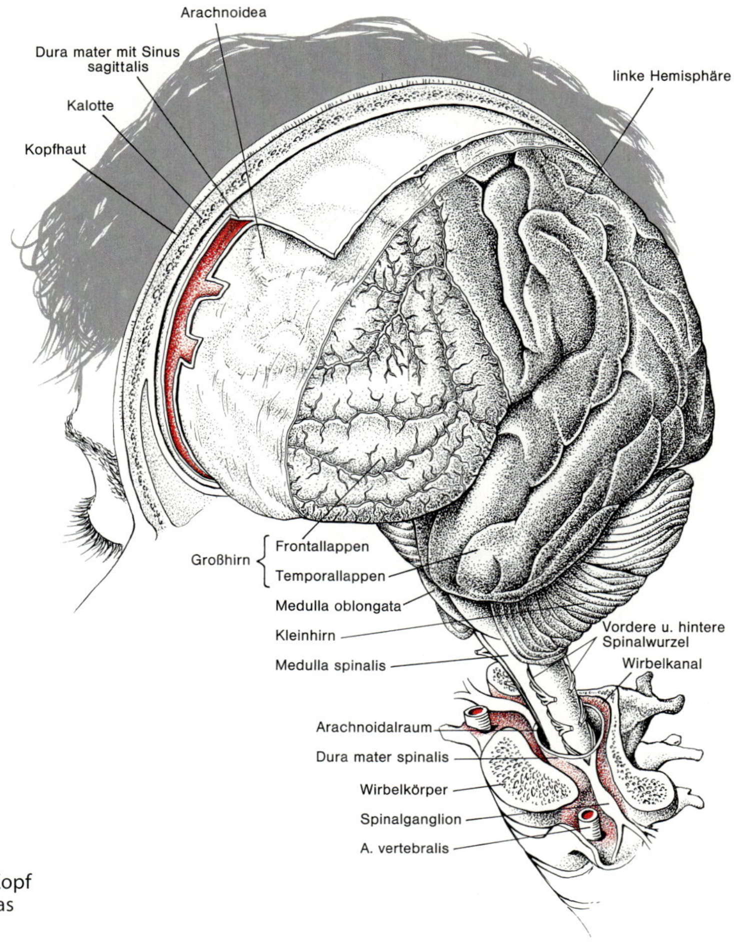

Abb. 20-3. Lage von Gehirn und Rückenmark in Kopf und Nacken. Hirnhäute schützen und versorgen das Gehirn

Bei raumfordernden Prozessen (Tumoren) kommt es durch die rigiden Umfassungsstrukturen (Schädelknochen, Hirnhäute) zu Verschiebungen, primär der Flüssigkeitsräume, besonders der Ventrikelgrenzen. Bei Verschluß eines oder mehrerer Foramen tritt ***Hydrozephalus*** (Wasserkopf) auf, da weiter CSF produziert wird; ohne Abflußmöglichkeit wird das Gehirn geschädigt oder zerstört.

Die drei Hauptabschnitte des Gehirns, Vorderhirn, Mittelhirn und Hinterhirn (Rautenhirn) arbeiten gleichberechtigt in der Organisation von Verhalten zusammen

Die drei Hauptabschnitte des Gehirns. Abb. 20–5 C gibt die Anordnung der wichtigsten Abschnitte des Gehirns wieder. Abbildung 20–5 A zeigt deren fetale Entwicklung und die Grenzen der einzelnen Abschnitte.

Auf den folgenden Seiten wollen wir die einzelnen Strukturen der drei Hauptabschnitte unter dem Aspekt ihrer *funktionellen Bedeutung für die Steuerung von Verhalten* beschreiben. Dabei sollen nur *generelle Strukturprinzipien* erläutert werden. Die speziellen Aufgaben der einzelnen Hirnabschnitte im Rahmen von Sensorik, Motorik und vegetativen Funktionen sind Themen der Kap. 9 bis 19. Ihre Bedeutung für Verhalten und Informationsverarbeitung (Kognition) sind Gegenstand der Kap. 21 – 27. Rückenmark, verlängertes Mark *(Medulla oblongata)*, sowie Brücken- und Mittelhirn werden in den entsprechenden Abschnitten dieses Buches besprochen. Brückenhirn *(Pons)* und Kleinhirn *(Zerebellum)* bilden zusammen das Hinterhirn *(Metenzephalon)*. Die Struktur und Bedeutung des ***Kleinhirns*** für die geordnete zeitliche Koordination von Bewegungen wird in Kap. 13 beschrieben, seine Rolle in Lernprozessen in Kap. 24.

Bereits an dieser Stelle muß einem weitverbreiteten ***Vorurteil über den hierarchischen Aufbau des Gehirns*** von niederen, entwicklungsgeschichtlich alten Funktionen (Triebe) des Hinter- und Mittelhirns bis zu höheren Funktionen (Verstand, Vernunft) des Vorderhirns entgegengewirkt werden: zwar werden vital notwendige Mechanismen zur Erhaltung der Lebensfunktionen auch ohne Mitwirkung des Vorderhirns aufrechterhalten, umgekehrt aber stimmt nicht, daß komplexes Verhalten, einschließlich Sprache, primär eine Funktion der höheren Hirnabschnitte, speziell des Neokortex, ist. Vielmehr gilt, daß mit zunehmender Komplexität und Neuheit des Verhaltens auch die Zahl der beteiligten Hirnstrukturen und die Ausbreitung der Erregungskonstellationen über *alle* Hirnabschnitte, kortikal und subkortikal, steigt.

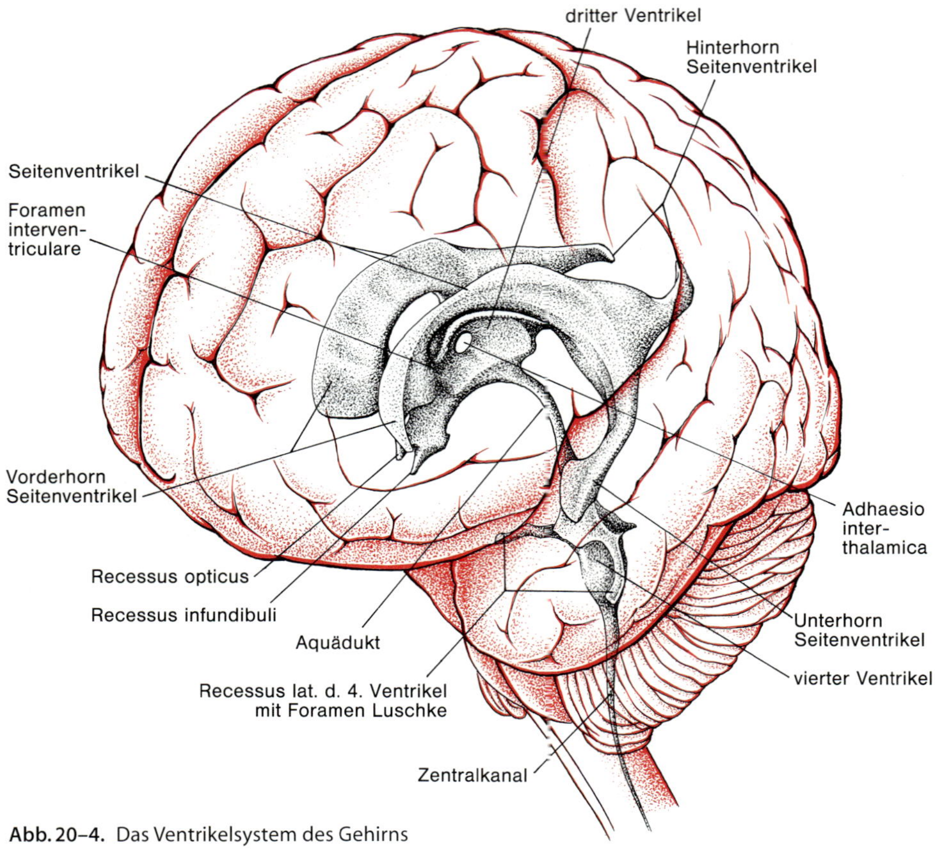

Abb. 20–4. Das Ventrikelsystem des Gehirns

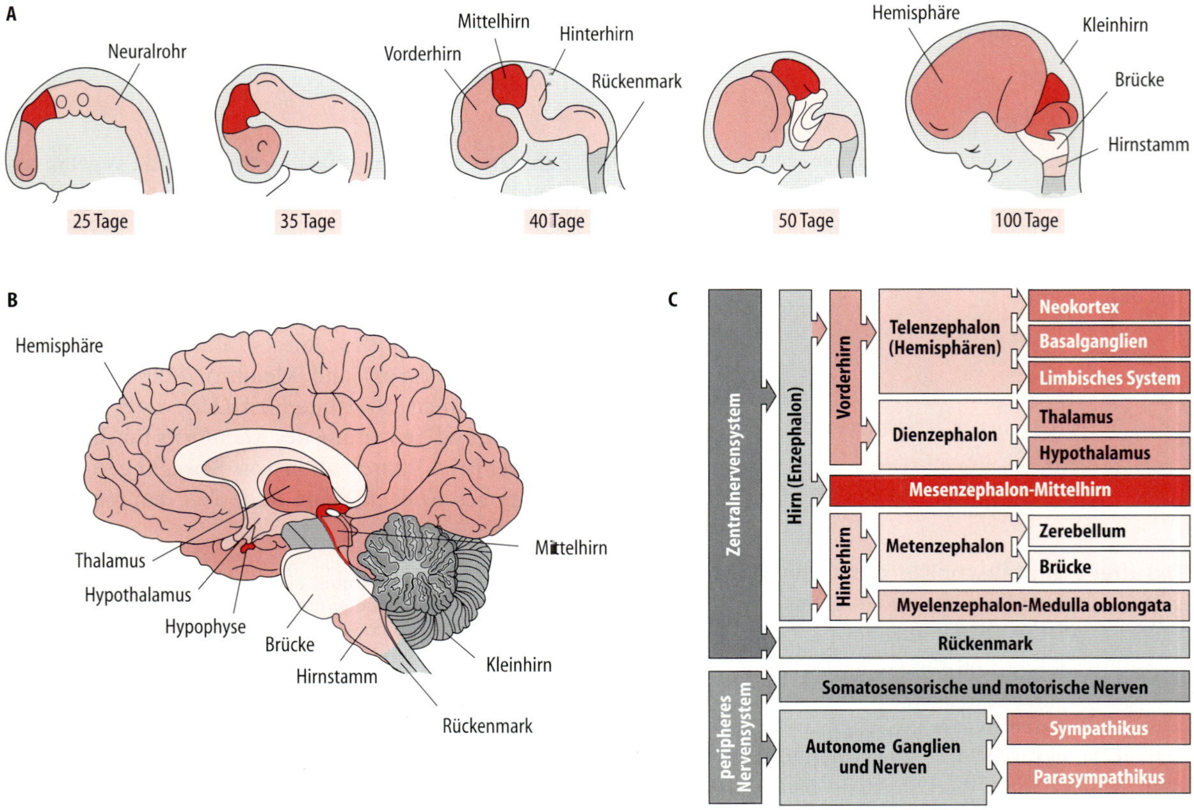

Abb. 20–5. A Entwicklung und Lage der fünf Hirnabschnitte: Wenige Wochen nach der Befruchtung zeigen sich am Kopfende des Neuralrohrs bereits drei Hauptabschnitte. Sechs Wochen nach der Befruchtung sind die fünf Hauptabschnitte des Gehirns bereits sichtbar. **B** Erwachsenes Gehirn. **C** Die verschiedenen Hirnabschnitte und ihre wichtigsten Kerngebiete. (Nach [13])

BOX 20-1

Evolution und Größe des Gehirns: der Enzephalisationsfaktor

Gesamthirngewicht

	Spitzmaus	Maus	Schaf	Schimpanse	Mensch	Elefant
Hirngewicht [g]	0,25	0,5	100	400	1400	5000

Hirngewicht in % des Körpergewichts

Hirngewicht [g]	5000	100	400	0,5	1400	0,25
Körpergewicht [g]	2550000	40000	42000	24	60000	7,5
Prozentsatz:	0,20	0,25	0,95	2,08	2,33	3,33

Enzephalisationsfaktor

$\frac{\text{Hirngewicht}}{(\text{Körpergewicht})^{0,69}}$	0,06	0,07	0,19	0,26	0,71

Die Hirnstruktur (Größe, Form, Organisation) einer Art ist stets eine Konsequenz der Anpassung des jeweiligen Organismus an die Lebensbedingungen. Man hat immer wieder versucht, eine Maßzahl zu finden, die eine Sonderstellung des Menschen in der Hirnentwicklung beweist. Der sog. Enzephalisationsfaktor zeigt in der Tat eine ungleich größere Zunahme des Hirngewichts von der erwarteten linearen Entwicklung des Verhältnisses Hirngewicht zu Körpergewicht beim Menschen im Vergleich zu Säugern an. Wenn man das Gehirngewicht in Prozent des Körpergewichts ausdrückt (mittlerer Teil der Abbildung), ist zwar das Verhältnis beim Menschen sehr hoch, aber bei der Spitzmaus deutlich besser. Erst der Enzephalisationsfaktor, der die Bedeutung des Körpergewichts niedriger einstuft, ergibt eine deutliche überproportionale Zunahme des Gehirngewichtes beim Menschen: Im Verhältnis zur Streubreite der Säuger weicht das Gehirn des Menschen am weitesten von dem erwarteten linearen Anstieg des Verhältnisses von Körpergewicht zu Hirngewicht zugunsten eines verstärkten Anstiegs des Hirngewichtes ab. (Abb. nach [13])

Gewisse ***Funktionsschwerpunkte*** in den einzelnen Hirnabschnitten lassen sich allerdings unterscheiden, die aber nicht notwendigerweise mit den Attributen „höher" und „primitiver" zu versehen sind. Von inferior nach superior ist eher eine *Hierarchie an Flexibilität und Geschwindigkeit* der Informationsverarbeitung und Verhaltenssteuerung auszumachen. Je telenzephaler eine bestimmte Reaktionsweise lokalisiert ist, um so schneller kann einmal gelerntes Verhalten wieder *aufgegeben* werden; je weiter ventral (inferior) eine Erregungssequenz abläuft, um so inflexibler gegenüber Veränderungen wird das produzierte Verhalten [7].

Das ***limbische System*** (s. S. 462) z. B. speichert die stereotypen Reaktionen der darunterliegenden Strukturen und erlaubt ein schnelleres Aufgeben von

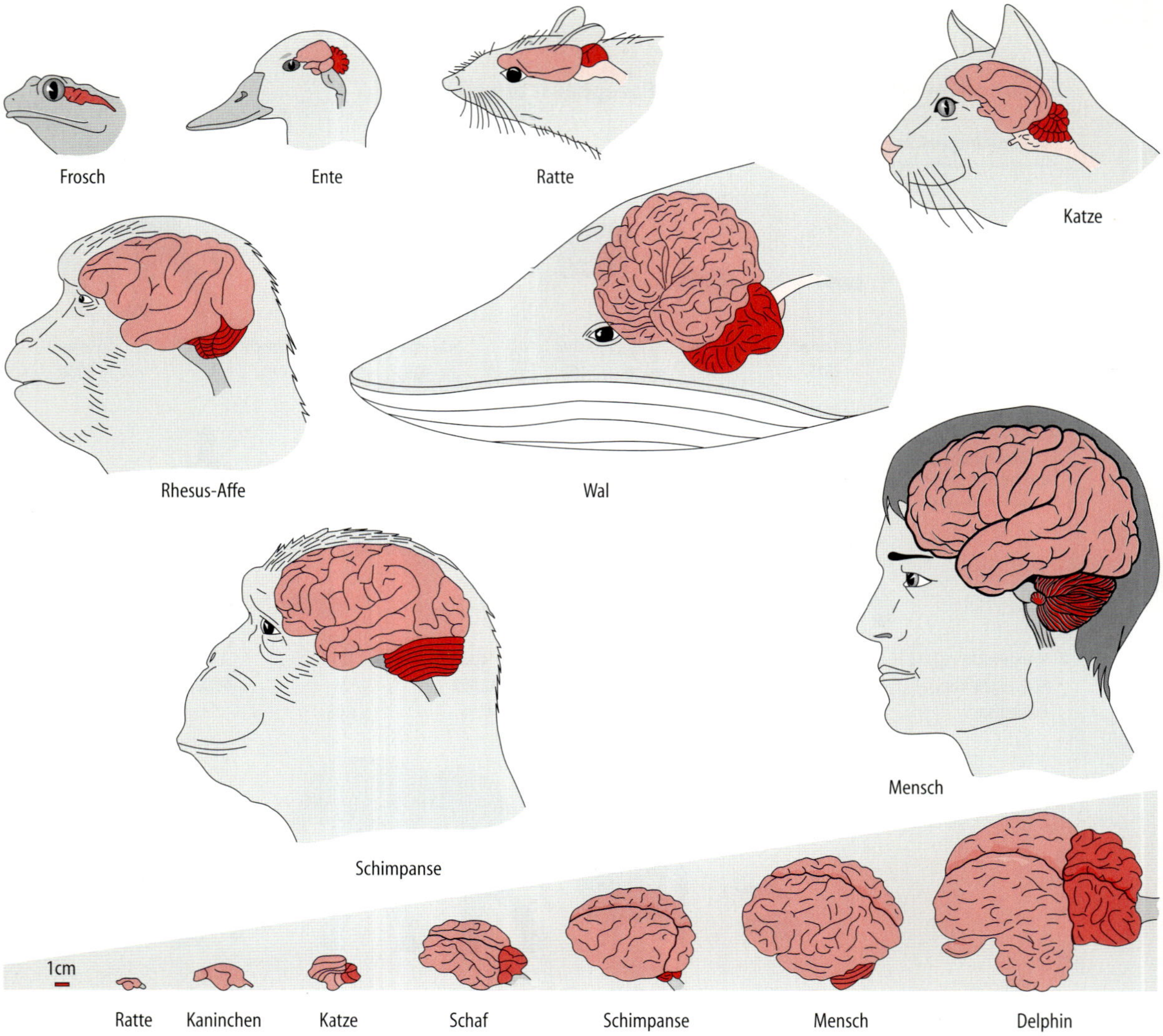

Abb. 20–6. *Unten* die korrekten Größenverhältnisse der Gehirne verschiedener Arten, *oben* die relative Größenzunahme des Kortex in einzelnen Arten dargestellt, ohne Rücksicht auf Größenverhältnisse. Man erkennt die Zunahme der Faltung im menschlichen Großhirn, wodurch eine erhebliche Volumenvergrößerung des Großhirns bei gleicher Größe des Hohlraums im Kopf erreicht wird

BOX 20–2

Zahlenspiele mit dem menschlichen Gehirn

Das menschliche Gehirn enthält mehrere Hundert Milliarden (= 10^{11}) Nervenzellen (Neurone) und noch zahlreichere, nämlich mehrere Billiarden (10^{12}) Gliazellen (die Gliazellen sind durchweg kleiner als die Neurone, so daß beide Zellsysteme je etwa 50 % des Hirnvolumens ausmachen). Die Nervenzellen (Neurone) bilden untereinander mehrere 100 Billiarden (= 10^{14}) synaptische Kontakte aus. Die Gesamtlänge aller Nervenfasern im Gehirn beträgt etwa 2 x 384 000 km (Entfernung zum Mond). Die beiden Großhirnhemisphären tauschen lebenslänglich über den Balken (das Corpus callosum) etwa 4 x 10^9 Impulse/s aus. die Leitungsgeschwindigkeit der Impulse beträgt in den Nervenfasern bis zu 100–120 m/s (= 360–400 km/h). An den erregenden und hemmenden Synapsen sind bisher mehr als 40 Überträgersubstanzen (Transmitter) identifiziert worden. In einem erregten Neuron werden pro Sekunde etwa 15 000 Proteinmoleküle aktiviert. An der Entstehung einer Erinnerung oder eines Gedankens sind vermutlich etwa 10^7–10^8 Neurone beteiligt.

Verhaltensweisen zugunsten neuer Reaktionsalternativen. Während die subkortikalen Anteile die *Intensität dominierender Reaktionssequenzen modulieren,* bewirkt die Aktivität des limbischen Systems die *Unterdrückung traditioneller Reaktionsweisen,* um Verhaltensmodifikation auf der Grundlage körperinterner Informationen (Freude, Lust und Aversionen) und auf der Grundlage von *Zukunftserwartungen* über das Auftreten veränderter Reizbedingungen (neokortikal) zu ermöglichen. Der Neokortex selbst ist für *keine* der höheren Funktionen *allein* verantwortlich: Wissenserwerb, Lernen, Gedächtnis benötigen nicht nur neokortikale Strukturen. Wohl kann der Neokortex die *Geschwindigkeit der Informationsverarbeitung* erhöhen und durch die Steuerung von Sprache beim Menschen schnelle Änderungen in Zukunftserwartungen und Aktivitäten ermöglichen (s. Box 20–1). Die Zwänge der internen und externen Welt können damit rasch aufgegeben werden, wenn sich die Erwartungen verändern (s. Kap. 22 u. 24).

Die Evolution des Gehirns und des Verhaltens verläuft kontinuierlich, ohne qualitativen oder quantitativen Sprung

Höhere Hirnfunktionen. Als ein Argument für die Lokalisierung höherer Funktionen in kortikalen Regionen wird häufig der Vergleich zwischen den Gehirnen verschiedener Spezies herangezogen (Abb. 20–6, Box 20–2). Dieser Vergleich kann irreführend sein, wenn er aus dem Blickwinkel menschlicher Überlegenheit gesehen wird: die relative Größe einer bestimmten Hirnregion ist stets das Resultat eines evolutionären Anpassungsprozesses der gegebenen Spezies an eine bestimmte ökologische Nische. Die Behauptung, daß die relative Zunahme (relativ zum Körpergewicht) der neokortikalen Strukturen beim Menschen mit der Entwicklung von spezifisch menschlichen Funktionen des Gehirns, also sprachlicher, geistiger, moralischer und ästhetischer Leistungen [5] zu tun hat, ist kaum zu erhärten. Die Größenzunahme der neokortikalen Rinde dürfte eher mit der abnehmenden Spezialisierung von Sensorik auf bestimmte Sinnesmodalitäten und der Motorik auf wenige Reaktionsmuster zusammenhängen, wie der Vergleich etwa von Ratte und Mensch zeigt. Die Ratte ist sehr viel mehr als der Mensch auf ihr Riechsystem (daher dominierender Bulbus olfactorius), die Lokalisation der Beute durch Hören (bzw. Sehen) und ein genaues Ortsgedächtnis (daher großer Colliculus inferior und relativ groß entwickelter entorhinal-hippokampaler Komplex, s. S. 467) angewiesen.

Der Neokortex hat sich vermutlich als Basis für die Bildung *multisensorischer Repräsentation* der Umwelt der Tiere entwickelt. Auch *Sprache* ist als Spezialfall sensorischer Integration und eines Systems zur exakten zeitlichen Steuerung, Speicherung und Wiedergabe von Tönen aufzufassen, ein Problem, das in der Tat durch den Neokortex gelöst wurde. Aber auch bei Vergleichen über die Säugetierreihe hinaus zeigt sich, daß der Neokortex keine besondere Vergrößerung beim Menschen erfahren hat, sondern daß sich im Laufe der Evolution mit Ausnahme des Bulbus olfactorius *alle* Hirnstrukturen relativ zum Körpergewicht vergrößert haben. Abbildung 20–7 zeigt diese Beziehung für den Zusammenhang zwischen Neokortex und Hirngewicht. Wie aus der Abbildung erkennbar, besteht keine Diskontinuität zwischen den Menschen und der übrigen Reihe der Primaten: die Größe des Neokortex entspricht dem Erwartungswert für Primaten mit dem gegebenen Hirnvolumen [8].

Evolution und Funktion des Gehirns. Es ist natürlich unbestritten, daß die Beziehung zwischen Hirn- und Körpergewicht beim Homo sapiens ein ungleich günstigeres Verhältnis als bei den übrigen Vertebraten erreicht (s. Box 20–2).

Die Evolutionsbiologie führt die starke *Enzephalisation* auf die Interaktion zwischen Jäger und Beute zurück: unter dem Selektionsdruck entwickeln fleischfressende Lebewesen erfolgreiche Strategien, größere Mengen energiereicher Nahrung zu finden. Mit zeitlich und örtlich zunehmend schwierigerer Lokalisation der Beute entwickeln sich die Sinnessysteme und ihre neuronalen Analysatoren zu neuer Größe (vor allem Sensomotorik der Hände) [11].

Die Entwicklung von Sprache hat möglicherweise mit dem hohen Enzephalisationsfaktor wenig zu tun, da Sprachentwicklung wahrscheinlich spät in der Entwicklung des Homo sapiens auftrat (vor ca. 80 bis 40 000 Jahren wird häufig geschätzt). Die vergleichende Untersuchung von Lern- und Denkprozessen (s. Kap. 24, 27) weist darauf hin, daß die überlegenen

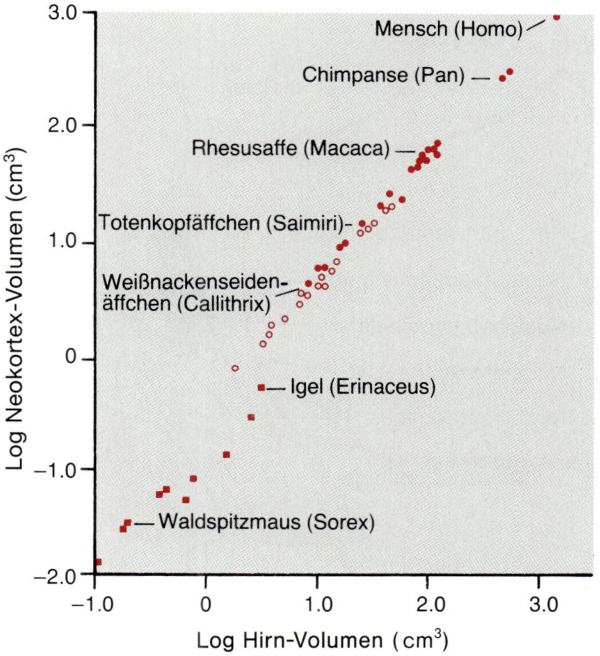

Abb. 20–7. Beziehung zwischen dem Volumen des Neokortex und dem Gehirngewicht bei 10 Insektivoren (*Quadrate*), 18 Prosimien (Affenvorläufern, *offene Kreise*), und 21 Anthropoiden (*gefüllte Kreise*). Primaten erhöhen das Kortexgewicht relativ zum Hirngewicht deutlich stärker als Insektivoren. (Nach [11])

Denk- und Lernleistungen des Menschen auf die quantitative Zunahme von informationsverarbeitenden Einheiten (Neuronenverbänden) und nicht auf qualitative Neuentwicklungen (z. B. Sprachneurone) rückführbar sind.

20.2 Strukturen und Funktionen des Zwischenhirns, des limbischen Systems und der Basalganglien

Obwohl Hypothalamus und Thalamus entwicklungsgeschichtlich (s. Abb. 20–5) eine Einheit bilden, sind sie anatomisch und auch in ihrer Bedeutung für Verhalten zwei *heterogene* Strukturen, deren Verbindungen untereinander eher bescheiden sind: Während der Hypothalamus mit den übrigen Teilen des limbischen Systems (s. S. 465 ff) anatomisch und funktionell eng verbunden ist, bildet der Thalamus mit dem *Cortex cerebri* eine solche Einheit. Direkte afferente Verbindungen vom Thalamus zum Hypothalamus scheinen nicht zu existieren, während der unspezifische (dorsomediale) Thalamus aus dem Hypothalamus reich versorgt wird. Damit beeinflußt der Hypothalamus – als Kopf-Ganglion des autonomen Nervensystems (ANS) direkt und hauptverantwortlich für Antrieb und Gefühl (Motivation und Emotion) – auch die höheren sensorischen, motorischen und kognitiven Funktionen von Thalamus und Kortex. Die neokortikalen Einflüsse auf den Hypothalamus gehen den indirekten Weg über die limbischen Strukturen.

Der Hypothalamus integriert autonome und endokrine Funktionen

Hypothalamus. Die Struktur und die Bedeutung des Hypothalamus, vor allem für die Modulation des ANS und der körperinternen Homöostase, werden in Kap. 5, 6, 25 u. 26 diskutiert. Hier sollen nur jene Kerne und Verbindungen dargestellt werden, die in enger Verbindung mit dem limbischen System an der Steuerung von Lernvorgängen (s. Kap. 24) und Emotionen (Kap. 26), nicht-homöostatischen Trieben (Sexualität, Aggressi-

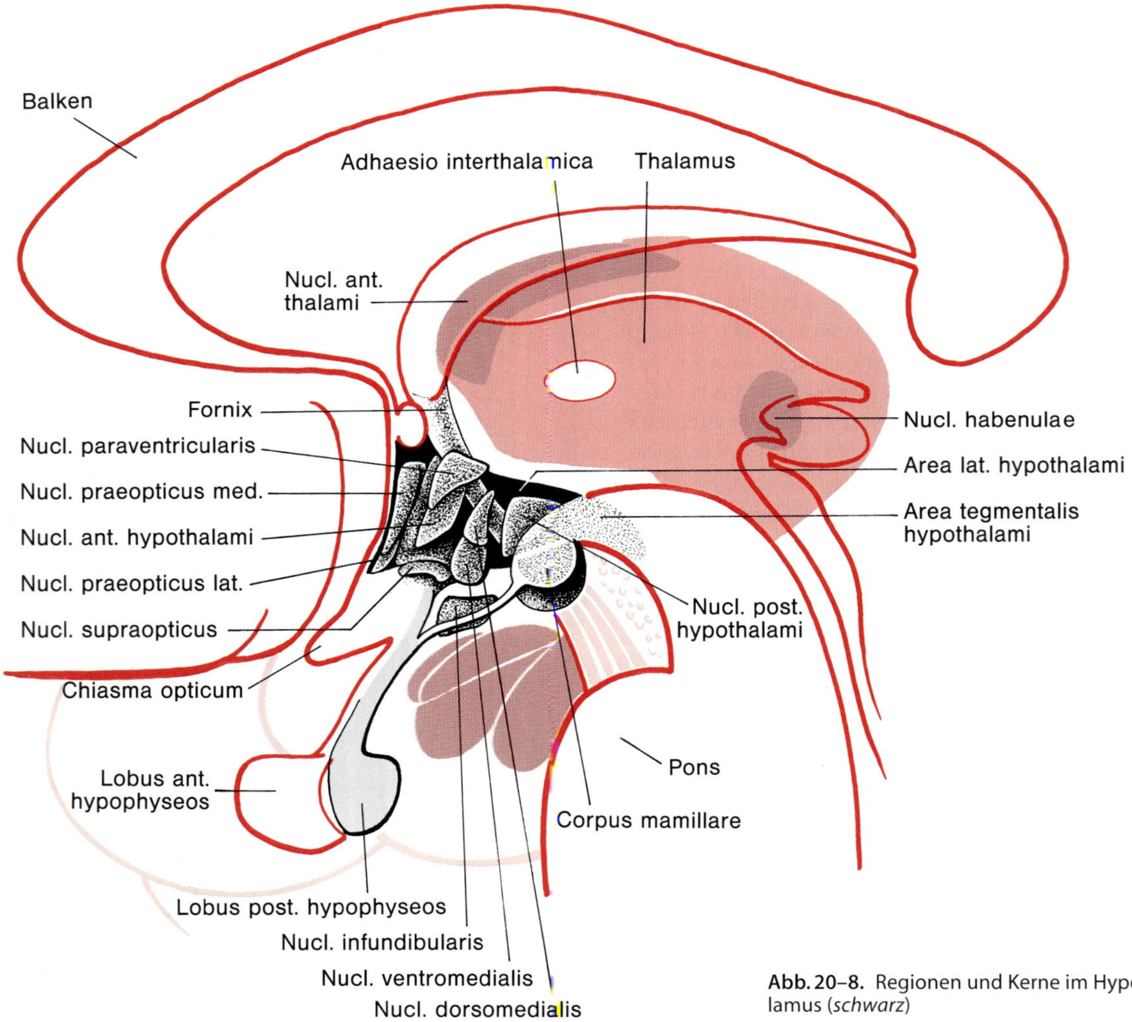

Abb. 20–8. Regionen und Kerne im Hypothalamus (*schwarz*)

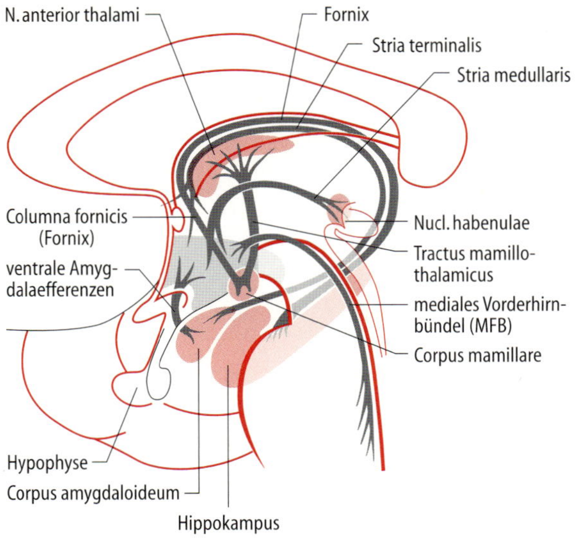

Abb. 20-9. Wichtigste Faserverbindungen des Hypothalamus (grau). (Nach [6])

on, s. Kap. 25 und 26) sowie Aufmerksamkeitsverhalten und kognitiven Funktionen (s. Kap. 22, 27) beteiligt sind.

Die ***Kerngruppen*** des Hypothalamus, zu dem auch die Mamillarkörper gehören, sind zwar anatomisch und histologisch oft schwer abzugrenzen, dienen aber meist differenzierbaren Funktionen (Abb. 20-8) [3, 6, 7, 10].

Abb. 20-9 zeigt die wichtigsten Fasersysteme des Hypothalamus: Der ***Fornix*** verbindet Hippokampus, Septalregion und N. anterior des Thalamus über die C. mamillares mit dem Hypothalamus. Die ***Stria terminalis*** verbindet primär die Amygdala und den medialen Hypothalamus. Dabei geht sie den Umweg dorsal über den Thalamus hinweg. Der bedeutsame Einfluß der Amygdala auf den Hypothalamus läuft vor allem über diese Bahn. Die *Stria medullaris* ist ein heterogenes Faserbündel mit weitgestreuten Verbindungen, die meisten verbinden die Habenula mit dem präoptischen Hypothalamus.

Das ***mediale Vorderhirnbündel*** (medial forebrain bundle, MFB, s. Abb. 25-27) ist zwar das meistzitierte, aber am wenigsten anatomisch faßbare Fasersystem. Viele der Axone kommen aus der und gehen in die Formatio reticularis des Mittelhirns. Das MFB verläuft vor allem im lateralen Hypothalamus, seine diffusen Verbindungen lassen die Bezeichnung Bündel als fragwürdig erscheinen. Abbildung 25-29 gibt den allgemeinen Bauplan des MFB im stilisierten Säugetierhirn wieder und illustriert seine Rolle als *zentrales Kommunikationssystem* des medialen Vorderhirns (Septum, Hippocampus, Amygdala, Hypothalamus) mit dem Mittelhirn. Wie aus Abb. 20-9 ersichtlich, kommt ein Großteil der Vorderhirneingänge in den Hypothalamus aus dem limbischen System, während der Hirnstamm aus den Mittelhirnregionen und dem medialen periventrikulären System in den Hypothalamus projiziert. Zum und vom Neokortex (mit Ausnahme des präfrontalen Kortex) und zum spezifischen Thalamus sowie zu den Basalganglien bestehen kaum direkte Verbindungen.

Integration autonomer, endokriner und somatomotorischer vitaler Funktionen. Die anatomische und neurosekretorische Verbindung des Hypothalamus mit der Hypophyse macht ihn zum obersten Steuersystem für viele hormonelle Funktionen und für das autonome Nervensystem, deren Aufgaben in den einzelnen Kapiteln dieses Buches beschrieben werden. Als Produktionsstätte von Hormonen und Neuropeptiden, die über die Hypophyse in den Blutstrom gelangen und als Homöostat für viele aus dem Blutstrom in ihn gelangende Stoffwechselprodukte und Hormone, besteht er aus einer Reihe von Kernen.

Innerhalb eng gesteckter Grenzen analysieren die verschiedenen Kerngruppen die Ist-Werte und die Soll-Werte für verschiedene *homöostatische Triebe* (Durst, Hunger, Körpertemperatur, zirkadiane Periodik, soziale Bindungen). Über die sogenannten *zirkumventrikulären Organe* (s. Kap. 5) kann er Stoffwechselprodukte unter Umgehung der Blut-Hirnschranke aufnehmen. Über seine efferenten Verbindungen zu somatomotorischen Kernen des Stammhirns kann er direkt Einfluß auf einfache motorische Halte-, Stell- und Bewegungsverhaltensweisen nehmen, über das ventrale Striatum und bisher kaum bekannte, aber zweifellos vorhandene hypothalamo-kortikale Verbindungen kann er komplexes Such- und Konsumationsverhalten wie auch emotionale Reaktionen beeinflussen [14].

Der Thalamus als Tor zum Kortex steuert sensorische und motorische Aufmerksamkeit

Thalamus. (thalamos = innere Kammer). Thalamus und Kortex bilden eine *funktionelle Einheit*: fast alle sensorischen Afferenzen werden in den sensorischen ***Relaissystemen*** vor ihrer Weiterleitung zur Hirnrinde umgeschaltet (s. Kap. 15 bis 19). Die thalamischen Kerne (Abb. 20-10) sind das Tor zum Kortex und spielen daher eine zentrale Rolle in der Steuerung von *Aufmerksamkeitsverhalten* (s. Kap. 22) und der rhythmischen elektrischen Aktivität des Großhirns (s. Kap. 21). Der Thalamus erhält rückläufige Afferenzen aus der untersten Schicht des Neokortex. Zusätzlich geben alle efferenten Bahnen vom Neokortex Seitenäste (Kollateralen) an den Thalamus ab. Damit hat der Thalamus stets eine ***Efferenzkopie,*** vor allem über die motorischen Kommandos, zur Verfügung (s. Kap. 13).

Über die ***ventralen Kerne*** erhält der Thalamus Information aus den Basalganglien (s. u.) und dem Ze-

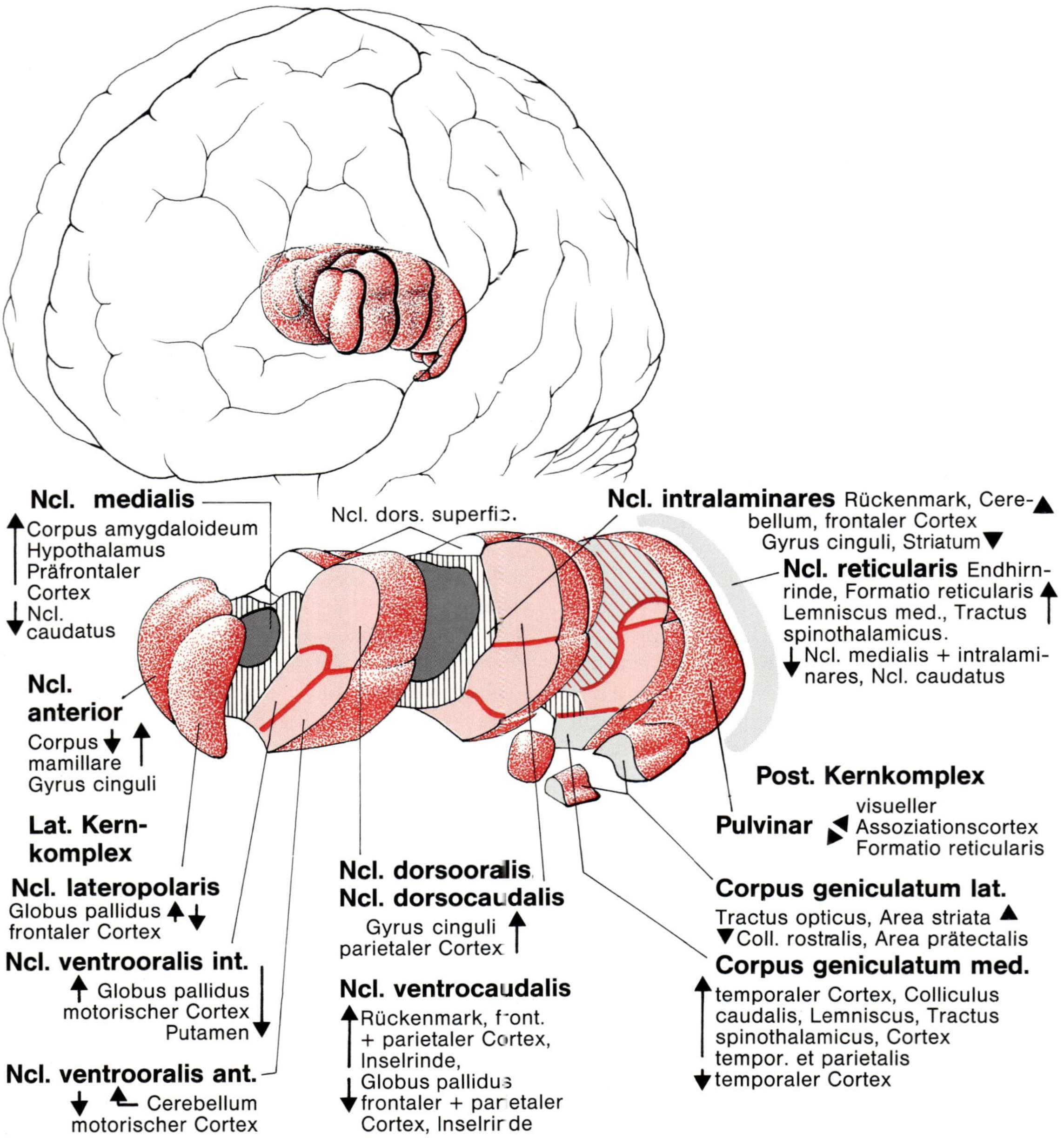

Abb. 20–10. Der Thalamus. Ein- und Ausgänge der einzelnen Thalamuskerne, die zur besseren Übersicht aus dem Gesamtthalamus (*oben*) herausgelöst wurden. *Pfeile nach unten* symbolisieren efferente Verbindungen. Zwischen den thalamischen Kernen existieren Verbindungen, die hier nicht eingezeichnet sind. (Nach [4])

rebellum; über diese Verbindungen steuert er die motorische Aufmerksamkeit und Planung (s. Kap. 13). Der ***Nucleus anterior*** unterhält beidseitige Verbindungen zu den G. cinguli und erhält Fasern aus dem Hippokampus über die Mamillarkörper via Fornix. Zusammen mit dem dorsomedialen Kern, der von Hypothalamus und Amygdala versorgt wird und in den präfrontalen Kortex projiziert, bilden diese Abschnitte des Thalamus einen *Teil des limbischen Systems*. Die enge Verbindung von Aufmerksamkeitsfunktionen und emotional-motivationalen Prozessen findet hier anatomisch ihre Entsprechung.

Als ***rostraler Türöffner*** scheint dabei der präfrontale Kortex über die Schlüssel zum medialen (intralaminären) und ***retikulären Thalamus*** zu verfügen. Der retikuläre Kern umgibt den Thalamus wie ein Schild und erhält rückläufige Fasern aus allen übrigen Kernen des Thalamus und der Formatio reticularis des Mittelhirns und indirekt aus den Basalganglien. Der präfrontale Kortex projiziert vermutlich exzitatorisch in den retikulären Thalamus. Damit ist der retikuläre Thalamus zu einer Integrationsstation kortiko-thalamischer und thalamo-kortikaler Aktivität mit dem Aktivierungssystem des Mittelhirns geworden. Über die extensiven Verbindungen der intralaminären Kerne zum Striatum hält der Türöffner nicht nur den Schlüssel zu ankommender (sensorischer), sondern auch den für efferente (motorische) Information in der Hand (diese Zusammenhänge werden ausführlich in Kap. 22 und Abb. 22–21 abgehandelt).

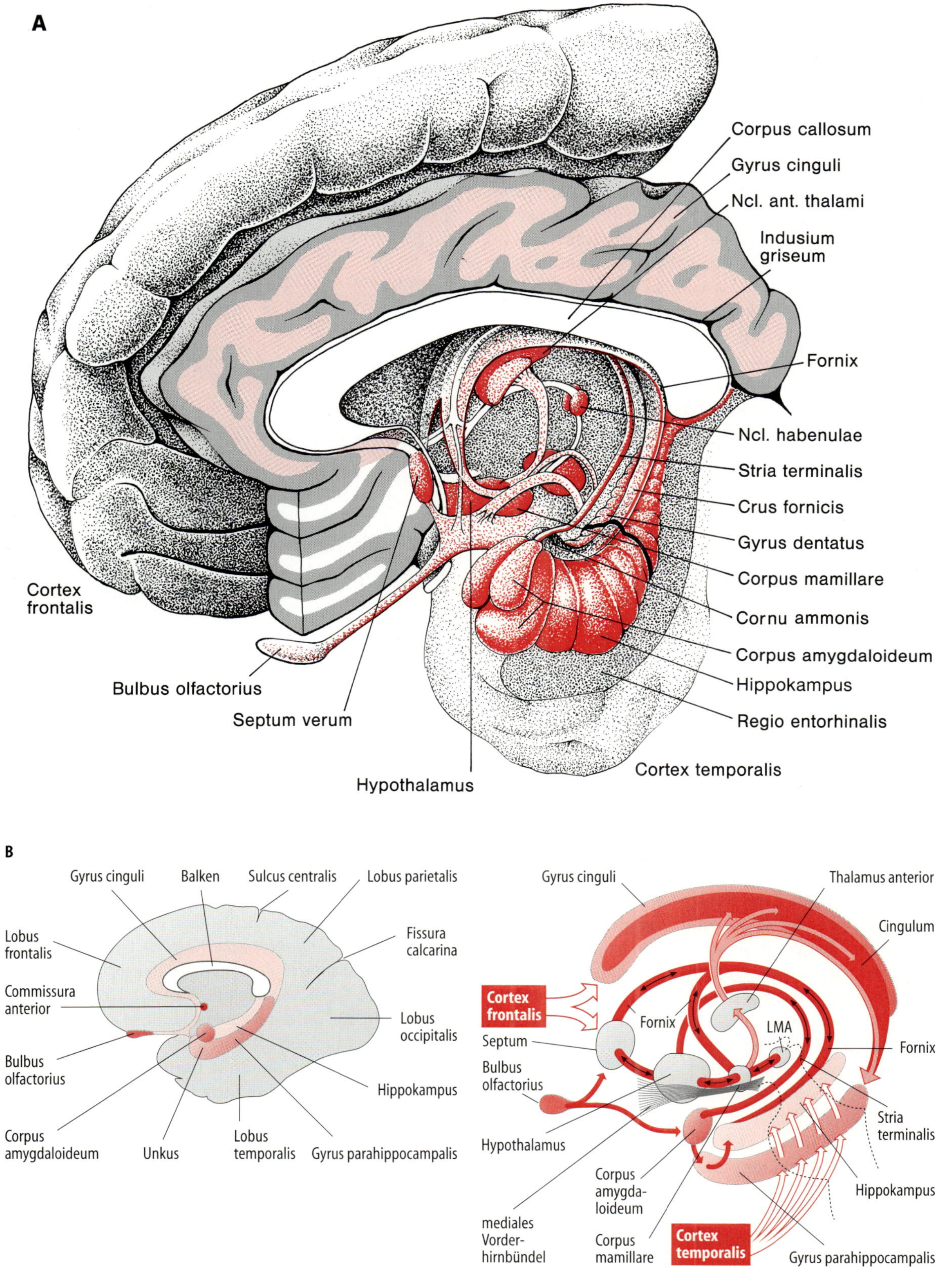

Abb. 20–11. Kerne (**A**) und Verbindungen (**B**) des limbischen Systems (Ausführungen s. Text). Unterer Teil der Abbildung aus [14]

Das limbische System stellt eine Gruppe heterogener Kerne dar, die man entwicklungsgeschichtlich und funktionell als Verbindungsglieder zwischen neokortikalen und Stammhirnfunktionen deuten kann

Grobaufbau und Funktionen. Pierre Paul Broca prägte 1878 den Begriff la grande lobe limbique und verstand darunter den Saum (Limbus) aus phylogenetisch älteren neokortikalen Anteilen (Übergangskortex, Transitionalkortex), der den Hirnstamm umgibt. Später bezeichnete man die limbischen Strukturen als ***Riechhirn,*** was aber bald wieder aufgegeben wurde, da nur Septum und Amygdala, sowie entorhinaler Kortex und Hippokampus mit dem Bulbus olfactorius verbunden sind (Abb. 20–11). Die Ausweitung zu einem limbischen System nahm 1939 Papez vor, der die kreisartige Verbindung (***Papez-Kreis***) aus Hippokampus → Mamillarkörper → Vicqd'Azursches Bündel → N. anterior → G. cinguli → Hippokampus als neuroanatomische *Grundlage von Emotionen* ansah (s. Kap. 25, 26).

Die Tatsache, daß der ***entorhinale Kortex*** (Abb. 20–11) Projektionen aus dem Bulbus olfactorius erhält (s. Kap. 19) macht verständlich, warum *Geruchsreize für Lernen* so bedeutsam sind. Der entorhinale Kortex ist mit dem Hippokampus verbunden, der von überragender Bedeutung für Lernen und Einprägen ist. Vor allem unangenehme Gerüche und Geschmack führen zu lang *anhaltenden Aversionen* (Geruchs- und Geschmacksaversionen, s. auch Kap. 26). Sowohl Menschen als auch geruchsempfindliche Säugetiere vermeiden potentiell toxische Nahrung oder Gerüche oft ein ganzes Leben, auch wenn die negativen Konsequenzen der Aufnahme über Stunden verzögert sind.

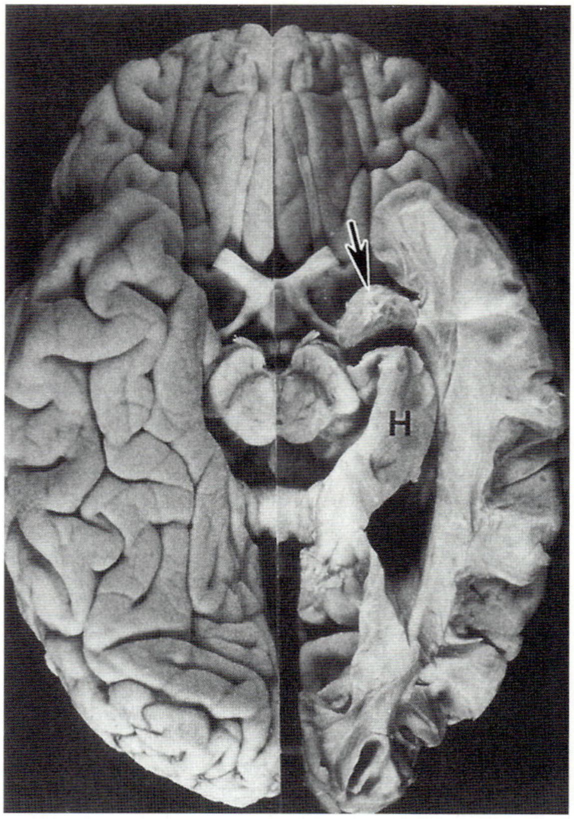

Abb. 20–12. Amygdala *(Pfeil)* und Hippokampus (H) von der ventralen Seite nach Entfernung des vorderen Temporallappens *(links)*. (Aus [6])

Allgemeine Bedeutung des limbischen Systems. Heute verstehen wir unter dem limbischen System die in Abb. 20–11 wiedergegebenen Abschnitte. Teile des Hypothalamus sind so eng mit dem limbischen System verbunden (s. o.) daß sie dem System zugeordnet werden müssen. Mit dem Neokortex bestehen extensive Verbindungen, vor allem zum orbitalen präfrontalen Kortex und Temporalpol, so daß man beide auch oft als Teile des limbischen Systems betrachtet. Über den Temporallappen laufen die meisten indirekten Verbindungen zum Neokortex, was z.T. die Auswirkungen temporaler Läsionen auf Gedächtnisfunktionen verständlich macht (Kap. 24 und 27). Limbische Strukturen sind an der Steuerung aller Verhaltens- und Denkprozesse integral beteiligt, emotionale Vorgänge sind dabei nur ein Teil der vielfältigen Aufgaben dieser Kerne und ihrer Verbindungen.

Aufbau der Amygdala (Corpus amygdaloideum, Mandelkern). Der Mandelkern ist eine Ansammlung mehrerer Kerne im vorderen Abschnitt des Temporallappens. Die funktionelle Heterogenität spiegelt sich auch in ihrer *biochemischen Heterogenität* wieder (s. Kap. 20.4); cholinerge, endorphinerge, dopaminerge und adrenerge Transmitter und verschiedene Neuropeptide werden gefunden.

Abbildung 20–12 gibt die Lage der Amygdala nach Entfernen des darüberliegenden kortikal-temporalen Gewebes wieder. Abbildung 20–13 zeigt die Lage der drei Hauptabschnitte des basolateralen, olfaktorischen und zentromedialen Kernes. Der *basolaterale Kern* ist sowohl histologisch und histochemisch wie der Neokortex aufgebaut, mit dem er auch primär verbunden ist. Der *olfaktorische Kern* ist beim Menschen klein und verbindet den Bulbus olfaktorius mit dem temporalen Geruchskortex (s. Kap. 19). Der *zentromediale Kern* ist Teil eines ausgedehnten subkortikalen Systems, das auch oft als *erweiterte Amygdala* bezeichnet wird und über die Stria terminalis in den sogenannten bed nucleus der Stria terminalis mündet und wie ein Ring um die Basalganglien und die innere Kapsel führt [7]. Die endokrinen, autonomen und motorischen Anteile emotionaler Reaktionen werden vom zentralen Kern gesteuert (s. Kap. 26.2).

Verbindungen der Amygdala. Der basolaterale Kern erhält von den primären und sekundären Projektionsarealen des Kortex die kognitive Bewertung und Analyse der sensorischen Reize und gibt die Information wieder dorthin zurück, mit einer emotionalen „Markierung" versehen. Diese kortiko-amygdaloiden Fasern benutzen ***Glutamat*** als Transmitter, ebenso wie

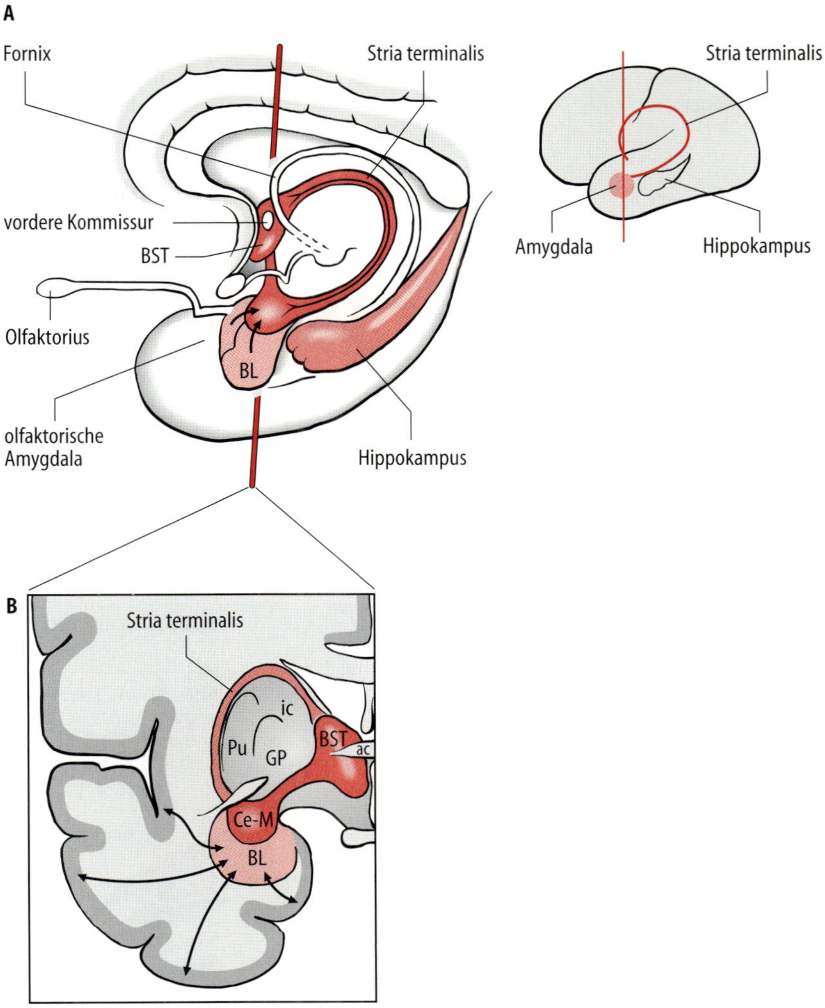

Abb. 20–13. Kerne und Verbindungen der Amygdala. *Rechts* oben die Lage dieser Kerne und der Stria terminalis im Gehirn. **A** Verbindungen zu anderen limbischen Strukturen **B** Koronarschnitt auf Höhe der vorderen Kommissur. *BL* basolateraler Kern, *BST* bed nucleus der Stria terminalis, *Ce-M* zentromedialer Kern, *GP* Globus pallidus, *ic* Capsula interna, *Pu* Putamen. (Nach [6])

die von der Amygdala dorthin zurückführenden reziproken Verbindungen. Die emotionale Bewertung der sensorischen Information wird auf diesem Wege erreicht (s. Kap. 26). Wie der übrige Kortex projiziert der basolaterale Kern ins ventrale ***Striatum,*** zum ***mediodorsalen Thalamus,*** der in den ***praefrontalen Kortex*** führt. Wie der Neokortex erhält der basolaterale Kern direkte cholinerge Fasern vom basalen Kern des Vorderhirns (s. Abb. 20–19).

Die zentromedialen Kerne erhalten Projektionen vom Hippokampus, der Insel und orbitofrontalem Kortex. Zum basolateralen Kern besteht ein massives ***intraamygdaloides Assoziationssystem.*** Der zentromediale Kern projiziert nicht ins Striatum, sondern in die Kerne des ***Hypothalamus*** und Hirnstamms (s. Kap. 26).

Der Hippokampus bildet mit den ihn umgebenden kortikalen und subkortikalen Strukturen ein ausgedehntes System zur dynamischen assoziativen Verknüpfung von Erlebnisinhalten

Hippokampus (Ammonshorn). Während das septoamygdale Gebiet primär zum Hypothalamus und seinen viszero-motorischen Verbindungen projiziert, kann man den hippokampalen Komplex funktionell als *Teil der neokortikalen Assoziationskortizes* auffassen. Obwohl seine vielfältigen Funktionen für Informationsverarbeitung nicht geklärt sind, spielt er mit Sicherheit eine zentrale Rolle beim *Vergleich ankommender und gespeicherter Information und beim kontextuellen Lernen* und ist damit ein wesentlicher Teil jener Strukturen, die an *Konsolidierung und Habituation* beteiligt sind (s. Kap. 24 und 27).

Aufbau. Abb. 20–14 A und B illustrieren die Lage und den Feinaufbau der ***Hippokampusformation.*** Während man unter dem Hippokampus in der Regel nur die typisch geschichteten Regionen des Hippokampus selbst (proper) mit der engen Pyramidenzellschicht und den G. dendatus mit der Granularzellschicht versteht, faßt man als ***Hippokampusformation*** außer dem Hippokampus und Dendatus auch den Übergangskortex zusammen, vor allem Subikulum (s. Abb. 20–14B u. 20–19) und den entorhinalen Kortex (s. Abb. 24–27 und 24–28). Obwohl die ventral-dorsale Erstreckung den Namen Hippokampus (Seepferdchen) kaum rechtfertigt, ergibt die koronare Ansicht durchaus jene Form, die ihm von Rennaissance-Anatomen gegeben wurde. Die endgültige Beschreibung, die heute noch Gültigkeit hat, stammt von dem genialen spanischen Anatomen Ramon y Cajal (1852–1934). Dieser hat im Hippokampus (Ammonshorn, Cornu ammonis) bereits einen Aufbau ähnlich dem Kortex cerebri identifiziert. Lorente de No beschrieb im eigentlichen Hippokampus 4 Unterregionen, die als CA_1, CA_2, CA_3, und CA_4 (CA von Cornu Ammonis) bezeichnet werden [5].

Die in Abb. 20–14B dargestellten Schichten (Stratum oriens, Stratum pyramidale, Stratum radiatum, Stratum moleculare) zeigen bereits, daß trotz aller

A

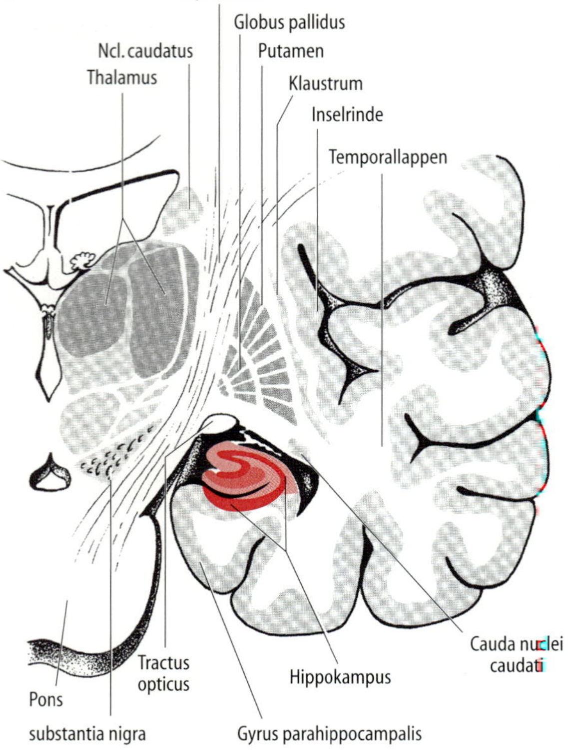

Abb. 20–14. Die Hippokampusformation. **A** Ansicht im Frontalschnitt (*rechts* unten der Temporallappen). **B** *Obere* (superiore) und *untere* (inferiore) Abschnitte des Hippokampus und Einteilung in die verschiedenen CA-Felder. (Nach [6])

B

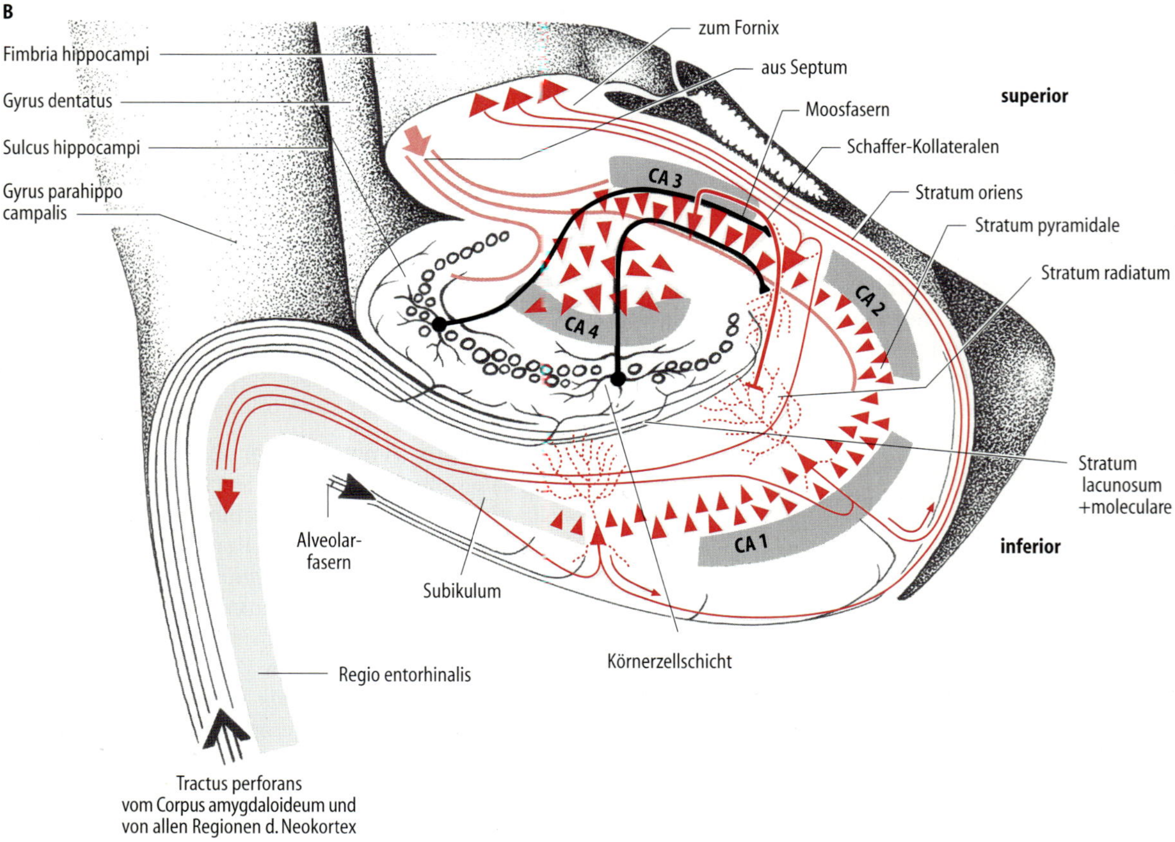

Ähnlichkeit mit dem Neokortex (s. S. 472 ff) erhebliche Differenzen im Zellaufbau bestehen, die mit den typischen elektrophysiologischen und behavioralen Eigenheiten des Hippokampus zusammenhängen dürften: die Dendriten der Pyramidenzellen (einige sind auf Abb. 20–14 rot angefärbt) laufen in beiden Richtungen (Doppelpyramiden). Die Axone senden Kollateralen in alle Schichten des Hippokampus und laufen zumeist in der Fornix zur Septalregion; besonders auffällig sind die sogenannten *Schaffer-Kollateralen,* die weit in den entorhinalen Kortex führen. Die Axone selbst formen die ventrikuläre Oberfläche des Alveus (weiße Substanz). Der G. dendatus mit seinen Granulazellen gibt die Information, vor allem aus neokortikalen Regionen, über das Moosfasersystem an die Pyramidenzellen ab (s. Kap. 24).

Verbindungen. Ein Großteil der Information in den Hippokampus kommt aus dem entorhinalen Kortex über den ***Tractus perforans,*** die Efferenzen haben ihren Ursprung vor allem im ***Subikulum*** (s. Abb. 20–14 B). Die Fasern vom Hippokampus zum Subikulum stammen aus CA_1 und sind Schaffer-Kollateralen. Vom Subikulum führen Bahnen u.a. in die ***Assoziationskortizes*** aller vier Lappen der Hirnrinde. Das Subikulum kann gleichzeitig als gemeinsame Endstrecke der telenzephalen Information angesehen werden (meist aus dem entorhinalen Kortex). Der ***entorhinale Kortex*** erhält einen Großteil seiner Informationen aus dem ventralen Temporallappen und dem orbitalen Frontalkortex. (Die genannten Verbindungen sind auch gegenläufig, wie dies im gesamten ZNS üblich, aber hier Regel ist). Afferenzen kommen zusätzlich aus einer Reihe thalamischer und hypothamischer Regionen und den Mamillarkörpern. Die Hippokampi beider Seiten sind über Kommissuren eng verbunden. Abbildung 20–15 A gibt schematisch die afferenten und efferenten Verbindungen des Hippokampus wieder, wobei die subkortikalen Verbindungen über das Septum nur angedeutet sind. Man erkennt sowohl aus dem langen wie kurzen Kreislauf die ***autoassoziative Struktur*** dieser Verbindungen. Ihre Aufgabe ist das ***Zusammenfassen*** multisensorischer und „bedeutsamer" Informationsströme aus den verschiedenen kortikalen Arealen zu einem relationalen Kontext. Die assoziativen Beziehungen zwischen Objekten können dabei räumlich oder zeitlich sein, weshalb auch die Konsolidierung der räumlichen Gedächtnisinhalte an den Hippokampus gebunden ist (s. Abb. 20–15 B).

A

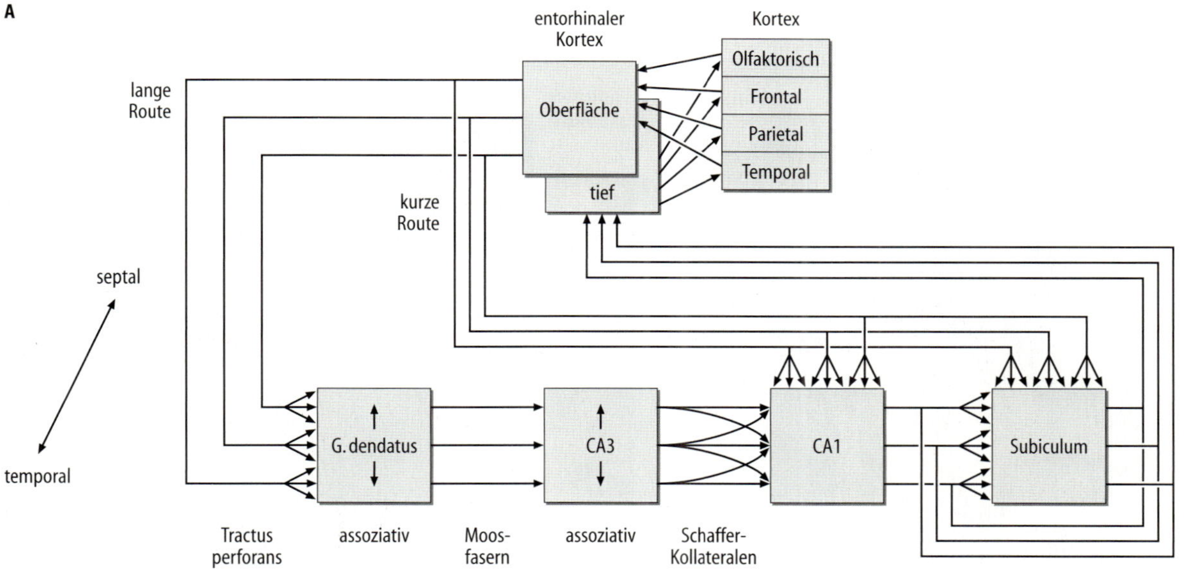

B Kodierung von Raumbeziehungen

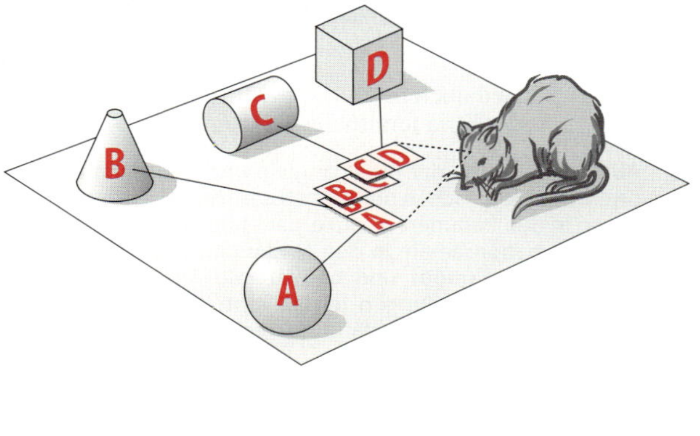

Abb. 20–15. Verbindungen und Funktion des Hippokampus. **A** Schematische Darstellung der Faser-Verbindungen des Hippokampus. Vom entorhinalen Kortex wird die Information über eine lange oder kurze Route in die CA-Felder geleitet, wo sie assoziativ verbunden werden („Binding") und vom Subiculum wieder an den „tiefen" entorhinalen Kortex abgegeben werden. **B** Im Hippokampus werden jeweils örtlich benachbarte Inhalte assoziativ verbunden

Die Beziehungen des Hippokampus zum ***Septum*** (s. Abb. 20–11) laufen über den ***Fornix*** und stellen die Verbindungen zu den *tieferliegenden subkortikalen Strukturen* her (Hypothalamus, Formatio reticularis, Tegmentum). Die Efferenzen zum Septum gelangen von CA_3 in den ***lateralen*** Septumkern. Die Afferenzen kommen aus dem ***medialen*** Septumkern und führen nach CA_3. Über diese Bahn wird der *hippokampale Theta-Rhythmus* (4–7 Hz) generiert, der bei Orientierung und Aufgeben alter Verhaltensweisen auftritt (s. Kap. 24).

Die Basalganglien und die mit ihnen verbundenen Strukturen des basalen Vorderhirns regulieren die Erregungsschwellen im Neokortex

Bestandteile der Basalganglien. Die enge Verbindung der Basalganglien mit den motorischen Kernen des Thalamus (s. Abb. 13–17) ließ sie als ausschließlich motorische Kernsysteme erscheinen. Eine neuroanatomische und psychologische Analyse der Verhaltensausfälle nach Läsionen zeigt aber, daß die Basalganglien auch für kognitive Funktionen und Aufmerksamkeit bedeutsam sind.

Abbildung 20–16 illustriert die Lage und Eingänge der Basalganglien im Gehirn. Sie bestehen aus dem ***N. caudatus*** und dem ***N. lentiformis.*** Der N. lentiformis besteht aus zwei Teilen, dem ***Putamen*** und dem ***Globus pallidus.*** Der Putamen und der N. caudatus werden zusammen als ***Neostriatum*** bezeichnet. Wir haben diese Strukturen bereits in Kap. 13 im Zusammenhang mit der Bewegungsplanung und -ausführung kennengelernt. Hier soll nun auf jene Verbindungen eingegangen werden, die auch für ***kognitive und motivationale Funktionen*** von Bedeutung sind.

Das Striatum ist die zentrale Eingangsstation der Basalganglien, die von allen kortikalen Regionen mit exzitatorisch glutamatergen Fasern versorgt wird (Abb. 13–18). Die Eingänge sind topographisch in sogenannten ***Striosomen*** organisiert, die sich gegenseitig lateral hemmen und damit eine *laterale Kontrastbildung* der kortikalen Eingänge erreichen, die vermutlich für die selektive Aufmerksamkeit (s. Kap. 22 und 26) von Bedeutung ist.

Die rostralen Teile der Basalganglien sind vom orbitofrontalen Kortex bedeckt: N. caudatus und Putamen sind an dieser Stelle so eng verbunden, daß man oft vom Fundus Striatum spricht, der auch den ***N. accumbens*** umfasst, eine Struktur, die für positive

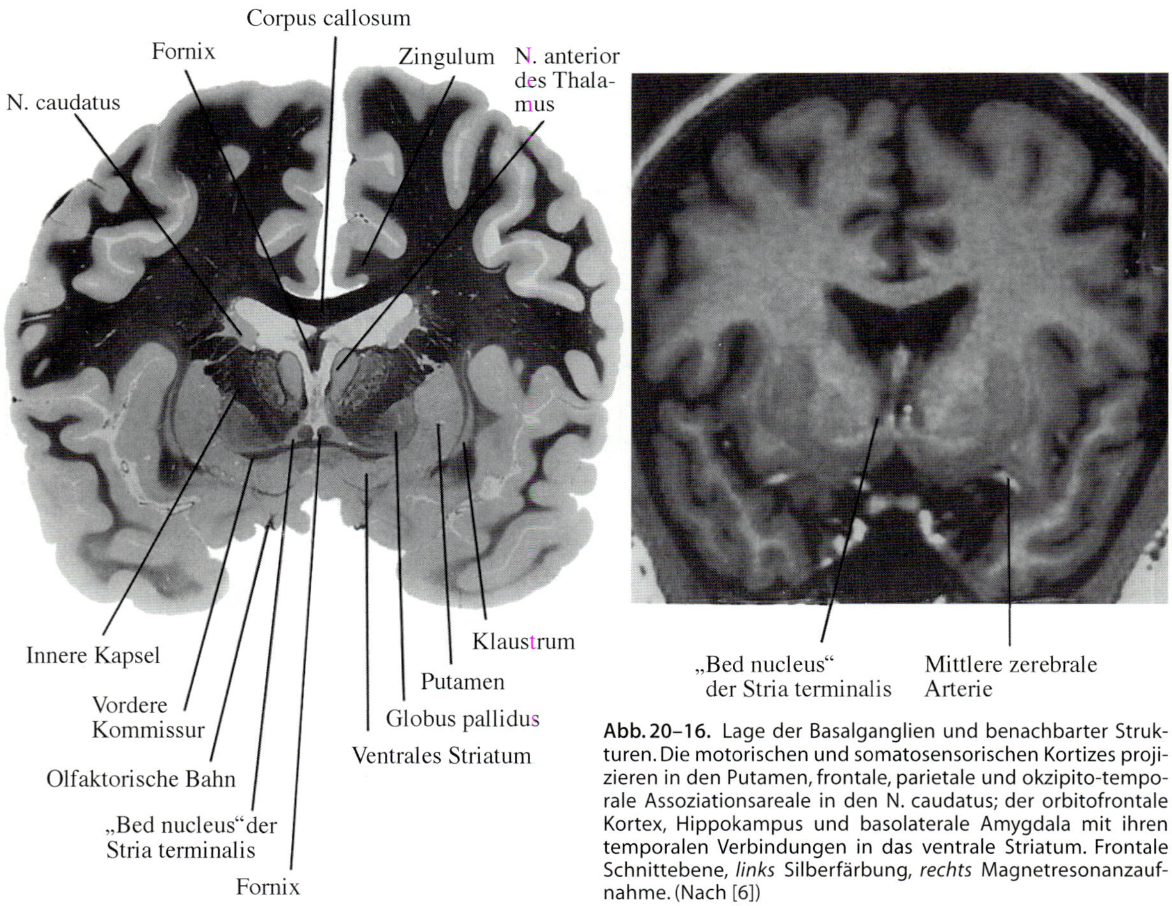

Abb. 20–16. Lage der Basalganglien und benachbarter Strukturen. Die motorischen und somatosensorischen Kortizes projizieren in den Putamen, frontale, parietale und okzipito-temporale Assoziationsareale in den N. caudatus; der orbitofrontale Kortex, Hippokampus und basolaterale Amygdala mit ihren temporalen Verbindungen in das ventrale Striatum. Frontale Schnittebene, *links* Silberfärbung, *rechts* Magnetresonanzaufnahme. (Nach [6])

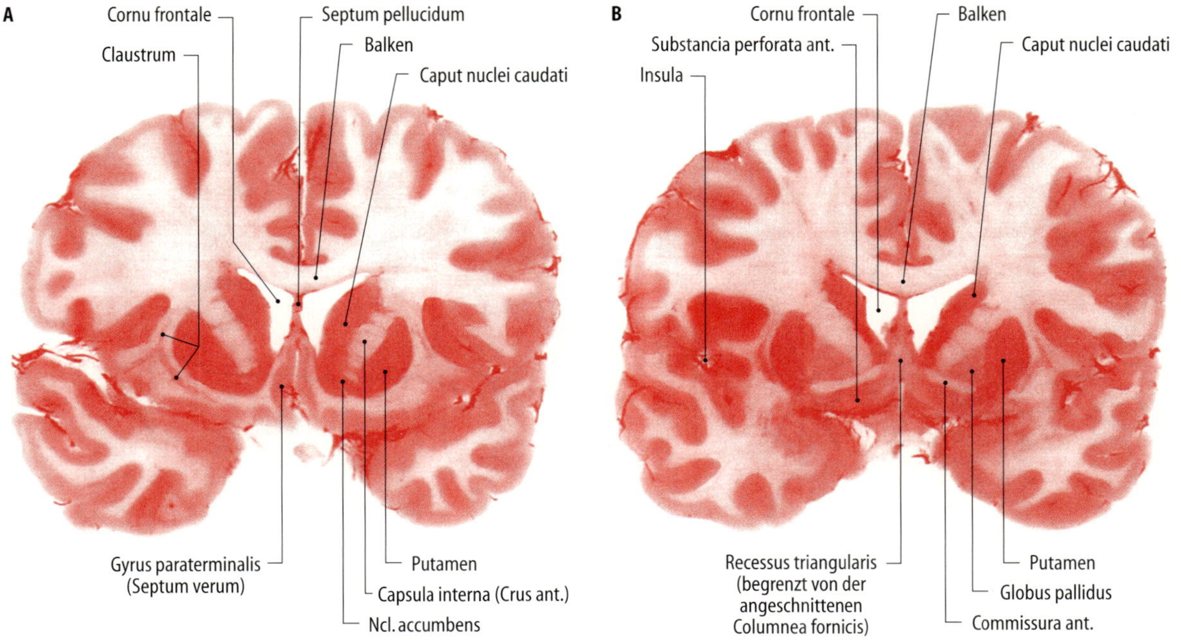

Abb. 20–17. Frontalschnitt durch die Basalganglien, oben auf Höhe des ventralen Striatums mit N. accumbens, unten etwas weiter posterior (aus Benninghoff, A. Anatomie. 15. Auflage. Urban, München 1994)

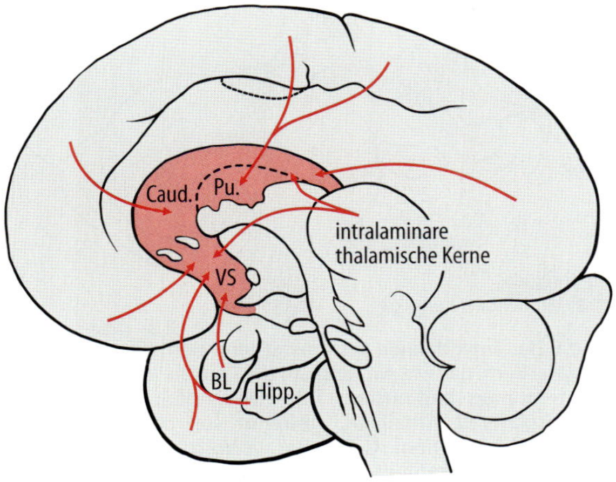

Abb. 20–18. Kortiko-striatale Projektionen. VS ventrales Striatum, *Pu* Putamen, *BL* basolateraler Kern der Amygdala. (Nach [7])

Motivation und Antrieb essentiell ist (s. Kap. 25). Abbildung 20–17 zeigt seine Lokalisation im Frontalschnitt.

Während die somatosensorischen und motorischen Kortizes ins Putamen projizieren und über die Substantia nigra pars reticulata zum motorischen Thalamus (ventralanterior oder ventrallateral) gelangen, projizieren die Assoziationsareale (s. u.) in den N. caudatus, wo auch Hippokampus (Subiculum), Insel und orbitofrontaler Kortex und die basolaterale Amygdala konvergieren (letztere im *ventralen Striatum*). Abbildung 20–18 gibt diese kortikostriatalen Projektionen schematisch wieder [7].

Direkte und indirekte Verbindungen der Basalganglien. Während die motorischen Verbindungen von Putamen über Pallidum zum Thalamus über zwei inhibitorische GABAerge Synapsen verlaufen und der motorische Kortex auf diesem Wege die motorischen Thalamuskerne enthemmt und Bewegung anstößt, macht der indirekte Weg vom Striatum über den subthalamischen Kern das Gegenteil, er hemmt die thalamischen Kerne und damit den Kortex. Die Balance zwischen diesen beiden Verbindungen ist für die Aufrechterhaltung eines mittleren Erregungsniveaus kortikaler Zellen entscheidend (s. Kap. 22).

Ein dritter Weg führt von der Substantia nigra pars compacta (s. Abb. 13–17) auf das Striatum und von der pars reticulata in den Thalamus. Diese Verbindungen sind dopaminerg. Dopaminaktivität reduziert den hemmenden Einfluß (D_2-Rezeptoren führen zu Hyperpolarisation) der Pallidumneurone auf den Thalamus und erleichtern Verhalten, verringerte Aktivität wie in der ***Parkinson-Erkrankung*** hemmen Bewegungsbeginn und -durchführung.

Substanzia innominata (ventrales Striatum, N. basalis Meynert und zentro-mediale Amygdala). S. innominata bedeutet unbenannte oder unbennenbare Substanz, die aus den drei angegebenen Strukturen besteht und ein diffuses, meist cholinerges Projektionssystem bildet, das für die ***Schwellenregulation*** von Erregung und Schlaf und der damit verbundenen kortikalen und subkortikalen Regionen von größter Bedeutung ist. Abbildung 20–19 gibt die wichtigsten cholinergen Verbindungen und die Bestandteile dieses Systems wieder.

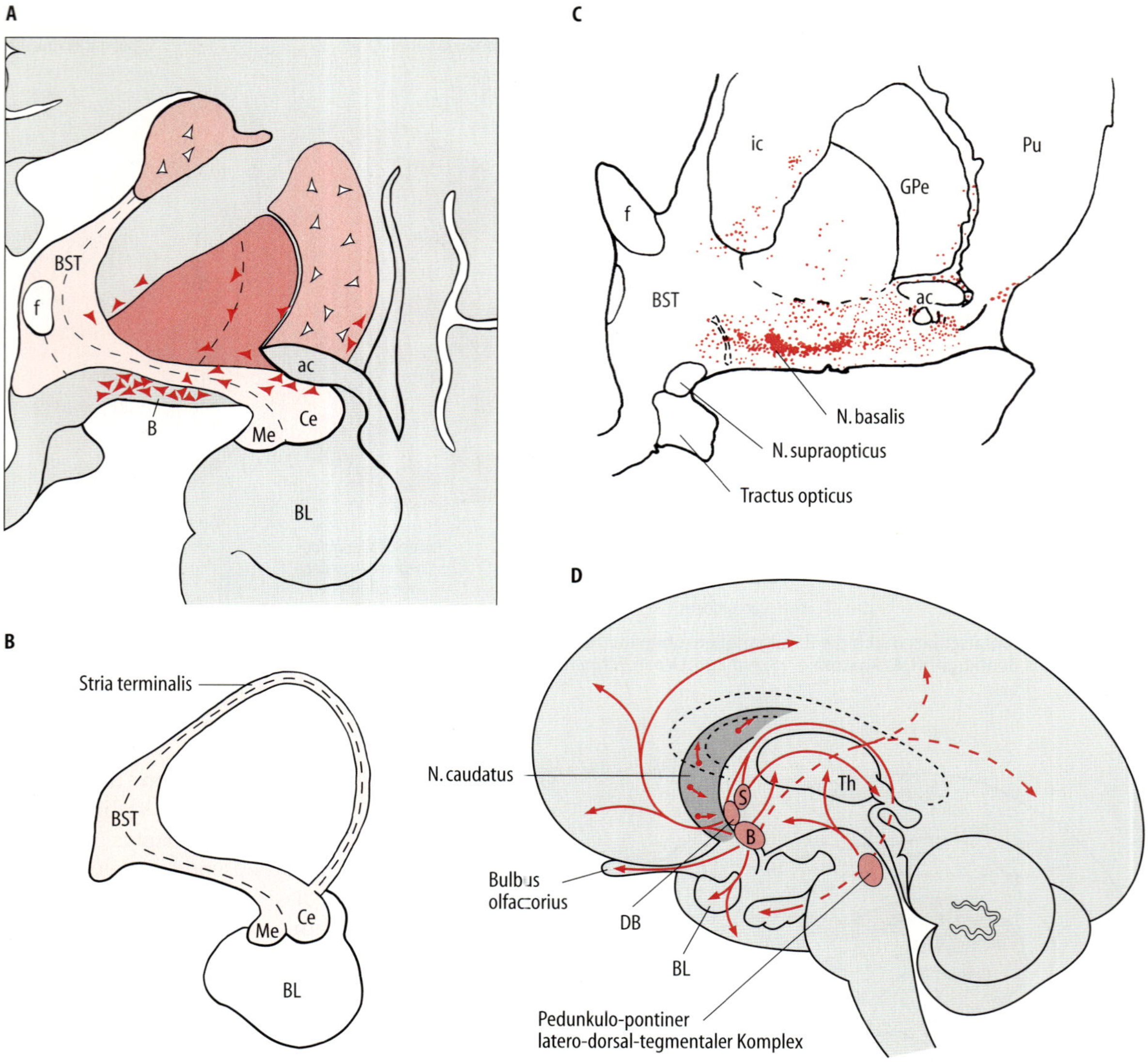

Abb. 20–19. Amygdala und das basale Vorderhirn. **A** Frontalschnitt durch Basalganglien und Amygdala auf Ebene der vorderen Kommissur und des Chiasma opticum. Dabei ist der bed nucleus der Stria terminalis *(BST)*, der basolaterale Kern der Amygdala *(BL)* und der cholinerge N. basalis Meynert *(B)* sichtbar. Die Dreiecke repräsentieren cholinerge Zellen, die zum Kortex projizieren. Die offenen Dreiecke sind cholinerge Interneurone. **B** Das amygdaloide System mit zentralem *(Ce)* und medialem *(Me)* Kern, das wie ein Ring um die Capsula interna über die Stria terminalis (bed nucleus) führt. Dabei sieht man auch, daß der basolaterale Anteil *(BL)* getrennt von den eigentlichen Amygdalakernen liegt. **C** Der basale Vorderhirnkomplex mit cholinergen Zellanhäufungen. **D** Das cholinerge System. *DB* diagonales Band von Broca, *S* Septum, *Th* Thalamus. (Nach [6])

Wir werden in den Kapiteln über Lernen (24), Aktivierung (22) und Denken (27) die Funktionen dieses Systems kennenlernen. Da diese Strukturen direkt mit dem medialen Temporallappensystem und Hippokampus verbunden sind, spielen sie eine große Rolle für Gedächtnisbildung und Aufmerksamkeit. Pathophysiologisch sind diese Strukturen mit großer Wahrscheinlichkeit entscheidend für die ***Alzheimer-Erkrankung*** (Kap. 24 u. 27) und ***Schizophrenie*** (Kap. 27) verantwortlich.

20.3 Der Neokortex

Die Feinstruktur der Großhirnrinde ist trotz gewisser regionaler Eigenheiten überall gleich; es überwiegen die Pyramidenzellen, die zum Großteil zu anderen kortikalen Pyramidenzellen projizieren

Der Kortex ist ein vielfach gefaltetes neuronales Gewebe mit Windungen (*Gyri*) und Furchen (*Sulci*) (Abb. 20–20 A-D). Die Gesamtoberfläche beider Hemisphären beträgt etwa 2200 cm², seine Kortexdicke

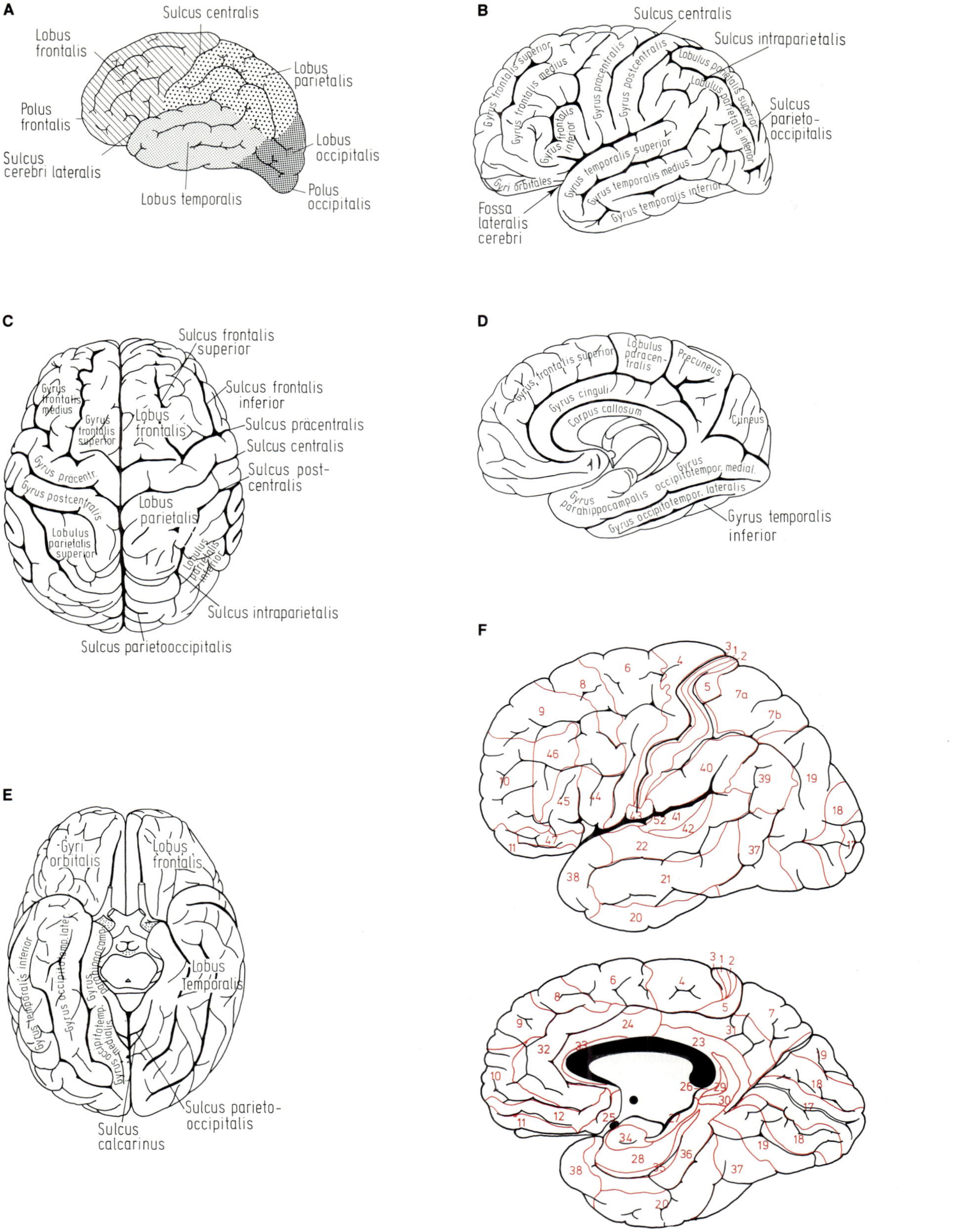

Abb. 20–20. Seitenansicht der linken Hemisphäre. Die verschiedenen Felder (*Areale* oder *Areas*) sind durch Schattierungen gekennzeichnet: Die Nummerierung von Brodmann ist angegeben. Area 17, der Hinterhauptspol, ist die primäre Sehrinde. Der Sulcus centralis trennt den primär motorischen Gyrus präzentralis (Area 4) vom primär somatosensorischen Gyrus postzentralis (Area 3, 1, 2). Area 41 am oberen Rand des Temporallappens ist die primäre Hörrinde (Heschl-Windung). (Aus [16])

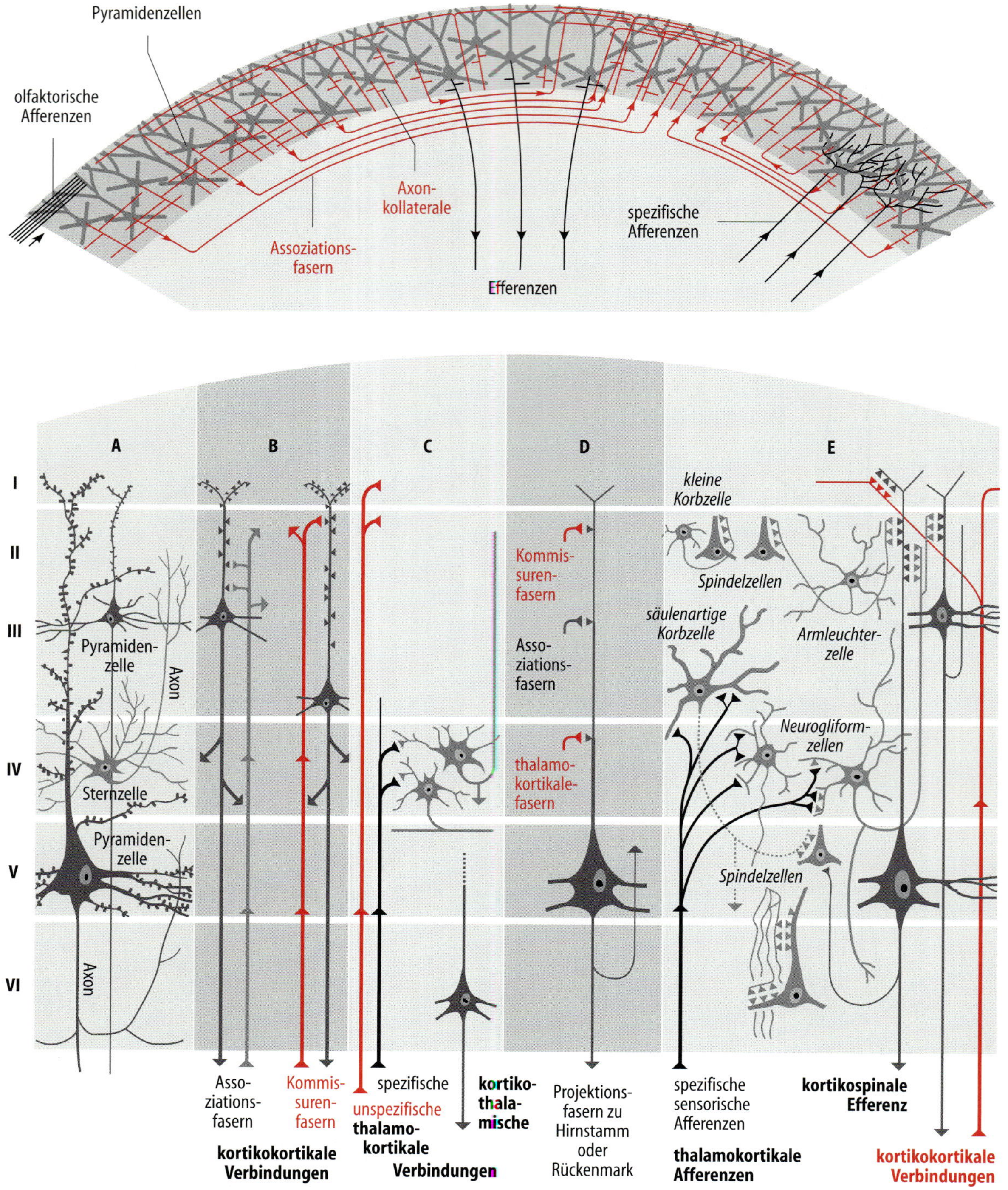

Abb. 20–21. *Oben*. Bauprinzip der Großhirnrinde, schematisiert. In allen Schichten überwiegen die hier dargestellten Pyramidenzellen. Sie sind miteinander überall durch Axonkollateralen (hier nur durch *kurze Striche* angedeutet) oder – über größere Entfernungen – über Assoziationsfasern durch die weiße Substanz *(unten)* verbunden. Efferenzen zu anderen Teilen des Zentralnervensystems und spezifische Afferenzen machen nur einen geringen Prozentsatz der Verbindungen aus. Die letzteren strahlen in die mittlere (4. Schicht) des Kortex ein, mit Ausnahme der olfaktorischen Afferenzen (*linker oberer Bildrand*), die in die äußerste Schicht (Schicht I) eintreten (nach [Braitenberg & Schüz 1993 in [15]] mit freundlicher Genehmigung). *Unten*. Kortikale Neurone, ihre Schaltkreise und ihre afferenten und efferenten Verbindungen. Stark vereinfachte und schematisierte Darstellung auf dem Hintergrund der Schichtenstruktur der Hirnrinde. **A** Lage und Aussehen der 2 Hauptttypen kortikaler Neurone. **B** Eingangs-Ausgangs-Beziehungen kortikokortikaler Verbindungen (Assoziations- und Kommissurenfasern). **C** Charakteristika thalamokortikaler (unspezifischer und spezifischer) und kortikothalamischer Verbindungen. **D** Synaptische Eingangszonen einer Pyramidenzelle, deren Axon zu subthalamischen Hirnregionen projiziert (Hirnstamm, Rückenmark). **E** Zusammenschau der Verknüpfung kortikaler Neurone (J. Szentágothai, umgezeichnet und stark vereinfacht nach mehreren seiner Veröffentlichungen); B-D nach den Untersuchungsergebnissen zahlreicher Autoren. (Aus [14])

schwankt in den verschiedenen Hirnabschnitten zwischen 1,3 und 4,5 mm, und sein Volumen liegt bei 600 cm^3. Er enthält ***10^9 bis 10^{10} Neurone*** und eine große, aber unbekannte Zahl von ***Gliazellen.*** In der Rinde wechseln sich Schichten, die vorwiegend Zellkörper enthalten, mit solchen ab, in denen vorwiegend Axone verlaufen, so daß die frisch angeschnittene Rinde eine streifige, sechsschichtige Anordnung zeigt (s.u.).

Bauprinzip des Kortex (Abb. 20–21 oben). Der Kortex enthält eine große Anzahl unterschiedlicher Neurone, die sich aber zwei Haupttypen zuordnen lassen, nämlich den ***Pyramiden-*** und den ***Sternzellen.*** Es überwiegen die Pyramidenzellen, die 80% aller Neurone ausmachen. Sie sind *lokal durch Axonkollaterale* (in Abb. 20–21 durch kurze Striche angedeutet) miteinander verbunden. Ihre Axone laufen zum größten Teil (bis zu 90%) zu anderen kortikalen Regionen, und zwar teils als ***Assoziationsfasern*** ipsilateral und teils als ***Kommissurenfasern*** über den Balken zur gegenüberliegenden Hemisphäre. Der kleinere Teil läuft als ***Projektionsfasern*** zu anderen Teilen des Nervensystems (z.B. zu den motorischen Zentren des Hirnstamms). Die in den Kortex eintretenden ***Afferenzen*** machen ebenfalls nur einen kleinen Prozentsatz der kortikalen Verbindungen aus.

Schichtenstruktur des Kortex. Den Aufbau des Kortex in 6 Schichten, deren Anordnung und Verknüpfung von größter Bedeutung für das Verständnis ihrer Funktion ist, zeigt die Abb. 20–21 in ihrem *unteren* Teil. Die Numerierung der Schichten von I bis VI erfolgt von der Kortexoberfläche zur darunterliegenden weißen Substanz. Die *spezifischen thalamischen Fasern* aus den Sinnessystemen gelangen in Schichten III, IV und V, wo die Zellkörper der Pyramidenzellen liegen. Die ***Assoziationsfasern*** (aus anderen ipsilateralen kortikalen Regionen s.o.), die ***Kommissurenfasern*** (aus der gegenüberliegenden Hemisphäre) und die *unspezifischen thalamischen Fasern* (das sind jene, deren Ursprungskerne nicht mit spezifischen sensorischen und motorischen Aufgaben betraut sind) führen an die Dendriten von Schichten I und II.

Hirnkarten. Trotz seines einheitlichen Grundmusters ist die Struktur des Kortex örtlichen Variationen unterworfen. Schon aufgrund der Dichte, der Anordnung und der Form der Neurone, der ***Zytoarchitektonik*** also, hat Brodmann den Kortex, wie in Abb. 20–20 F zu sehen, in etwa 50 Felder (Area) eingeteilt. Andere Karten sind noch detaillierter. Die Sechsschichtigkeit ist in den Assoziationsarealen besonders deutlich. In den primären sensorischen Projektionsarealen sind die Pyramidenschichten III und IV schwächer ausgeprägt. Wichtig ist, daß die Schichten I–IV primär Afferenzen empfangen und V und VI als Ausgangsschichten anzusehen sind.

Funktionelle Zonen des Neokortex. Man kann die verschiedenen Felder des Neokortex funktionell in zwei Typen einteilen: jene Areale, die mehr mit der Bearbeitung des extrapersonalen Raumes und der Umwelt und jene, welche mehr mit dem körperinternen Milieu befasst sind (s. Abb. 22–22). Während die Nervenzellen des ***primären idiotypischen Kortex*** nur auf eine Modalität reagieren, werden die neuronalen Antworten in den ***unimodalen und heteromodalen Assoziationskortizes*** zunehmend multi- oder heteromodal. Schädigungen der idiotypischen Areale betreffen nur eine sensorische oder motorische Modalität, Schädigungen des ***homotypischen Isokortex*** (Isokortex (neu)) im Gegensatz zu Allokortex (alt) sind immer multimodal, d.h. die Ausfälle sind nicht mehr auf ein Sinnessystem beschränkt. Schließlich erscheinen mit zunehmender Nähe zum Hypothalamus und zum limbischen System die ***paralimbischen Zonen.***

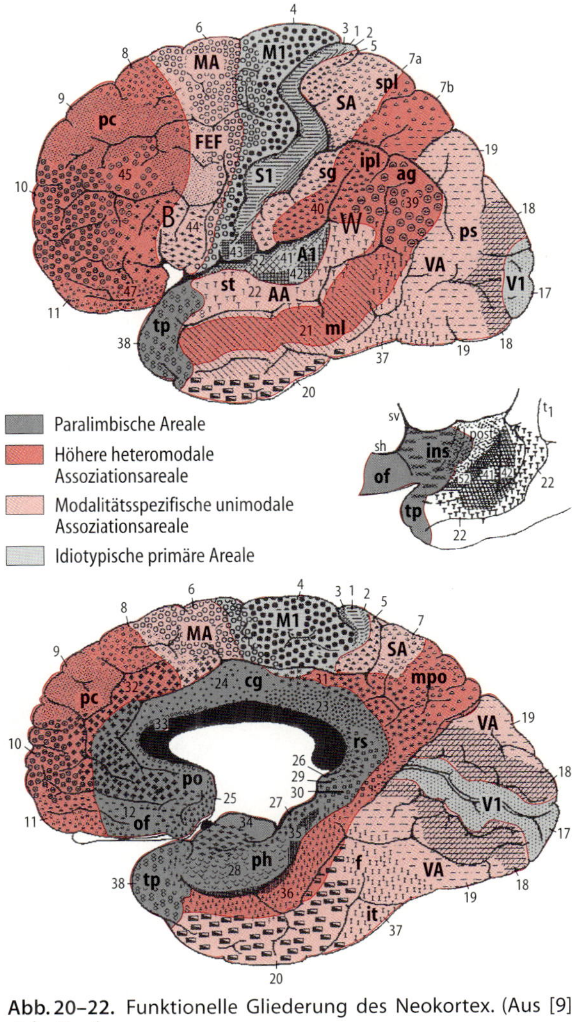

Abb. 20–22. Funktionelle Gliederung des Neokortex. (Aus [9] siehe Text)

Module und Kolumnen. Histologisch lassen sich kaum Anzeichen für eine Aufteilung der Area in funktionelle Untereinheiten erkennen. Physiologisch ist aber deren Existenz in verschiedenen, v. a. primären sensorischen Arealen wahrscheinlich gemacht worden. So erreichen die Eingänge vom rechten und vom linken Auge abwechselnd die primäre Sehrinde in Streifen von einem halben Millimeter Breite (s. Kap. 17). Auch gruppieren sich Neurone, die auf Kanten verschiedener Orientierung im Sehfeld antworten, so, daß innerhalb von einem halben Quadratmillimeter Kortexfläche sämtliche Orientierungen repräsentiert sind. Derartige Bereiche bezeichnet man als ***Module*** oder ***Kolumnen.*** Manchmal werden auch noch kleinere Gebiete, die aus einer Säule von übereinanderliegenden Nervenzellen mit ähnlichen physiologischen Charakteristika bestehen, *Kolumnen* genannt.

Im Assoziationskortex erfolgt die polysensorische Informationsverarbeitung

Der phylogenetische und ontogenetische Zuwachs an Hirnrinde beim Menschen ist primär auf die enorme Ausdehnung der *polymodalen* ***Assoziationsfelder*** zurückzuführen, die im phylo- und ontogenetischen Reifungsprozeß von den primären sensorischen und motorischen Regionen ausgebildet werden und auch keine wesentliche andere Feinstruktur als diese aufweisen. Abbildung 20–23 illustriert die Anordnung von primären sensorischen und motorischen Arealen. Alle übrigen Regionen werden als Assoziationsareale bezeichnet. Abgesehen von den sensorischen und motorischen Funktionen des Neokortex fassen wir die Großhirnrinde heute als großen ***assoziativen Speicher*** auf, in dem all unser sprachliches und nichtsprachliches Wissen und viele unserer Fertigkeiten niedergelegt sind. *Denken* besteht aus der interaktiven Aktivität von Erregungsmustern zwischen den Pyramidenzellen und ihren Dendriten.

Der Ort des Lernens und Denkens sind die Dornfortsätze (*Spines*) der apikalen Dendriten der Pyramidenzellen, die zum Großteil *plastisch*, d. h. modifizierbar sind (s. Kap. 8). Jede Pyramidenzelle ist mit Tausenden, oft weit entfernt liegenden anderen Pyramidenzellen verbunden, deren Axone meist an den apikalen Dendriten der Schicht I und II enden, während die Eingänge aus dem Thalamus (sensorische Informationen) in Schicht IV münden (s. Abb. 20–21 *unten*).

Überträgersubstanzen. Die *Pyramidenzellen* benutzen als Transmitter meist eine erregende Aminosäure, vor allem ***Glutamat.*** Einige der *erregenden* Sternzellen enthalten ***Neuropeptide*** (CCK, VIP s. S. 482), die *hemmenden* Sternzellen machen möglicherweise von ***GABA*** als Transmitter Gebrauch. Viele der *afferenten Fasern* benutzen die Monoamine Noradrenalin und Dopamin, andere Azetylcholin, Serotonin und Histamin. NO (Stickoxid) spielt vermutlich eine Rolle bei der anhaltenden Aktivierung von Zellensembles (s. Kap. 7 und 24).

20.4 Neurotransmitter und -modulatoren im ZNS

Die Neurochemie des Verhaltens ist die Grundlage der Psychopharmakologie

Die chemische Anatomie. Die Einteilung des Gehirns in anatomisch abgrenzbare Einheiten auf der Grundlage phylogenetischer und ontogenetischer Entwicklung ergibt eine relativ eindeutige Abgrenzung der Kerne

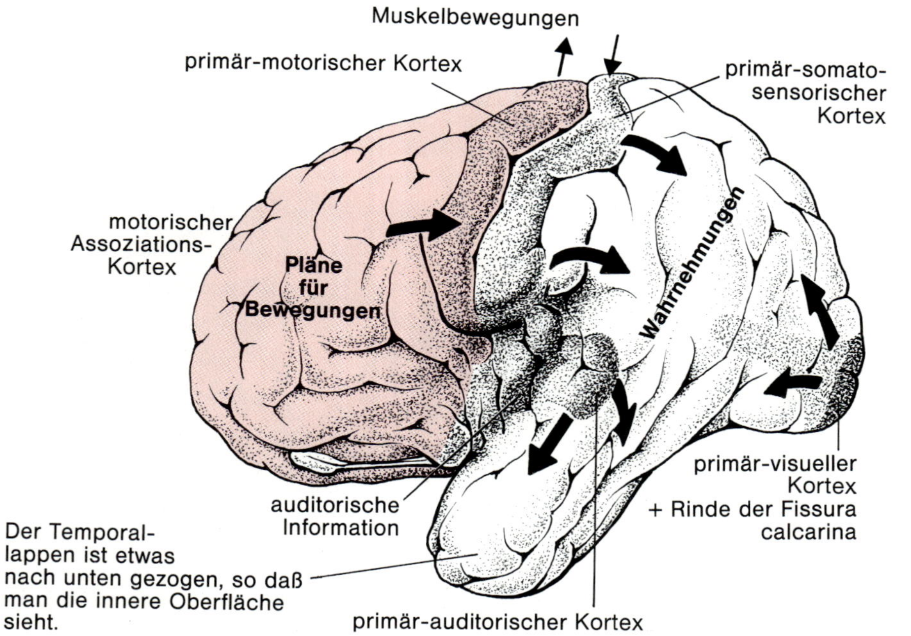

Abb. 20–23. Primäre sensorische und motorische Areale (*rot*) des Neokortex kommunizieren mit den Assoziationsarealen

und Fasersysteme. Allgemeine Strukturprinzipien des Zentralnervensystems lassen sich aber auch aufzeigen, wenn man diese anatomische Einteilung verläßt und dafür eine *chemische Abgrenzung* einzelner Hirngebiete nach den dort vorkommenden Transmittern versucht. Dabei ergibt sich ein *übergreifenderes Strukturprinzip* des Zentralnervensystems, das sich nicht an die entwicklungsgeschichtlich vorgegebenen Grenzen hält. Die Transmittersysteme ziehen häufig von phylogenetisch älteren Anteilen in die höheren Hirnabschnitte und bilden weitverstreute, anatomisch schlecht abgrenzbare Systeme. Die exakte Lokalisation eines Transmittersystems ist stark von der vorgegebenen Methodologie zu seiner Identifikation abhängig (s. u.). Unter einem ***Transmittersystem*** verstehen wir alle Neurone (Soma, Axone, Dendriten, Synapsen), und deren präsynaptische Verbindungen, die einen bestimmten Transmitter oder eine bestimmte Kombination von Transmittern (z. B. Dopamin und Noradrenalin) zur Kommunikation mit anderen Zellen und Dendriten benutzen [2, 9, 10, 12].

In vielen Fällen wird der Transmitter über den ***axonalen Transportmechanismus*** (axonal flow, s. Kap. 7) an die Nervenendigungen gebracht. Die Abgrenzung der Systeme und die Identifikation von stabilen Korrelationen von Transmitterreaktionen mit Verhalten wird durch die Tatsache erschwert, daß eine Zelle bzw. Synapse auch *mehrere Transmitter* enthalten kann. An der postsynaptischen Membran können Rezeptormoleküle für mehrere Transmitter sitzen.

Psychopharmaka. Die Entdeckung von Transmittersytemen im ZNS schien die Erklärung für die Wirksamkeit mancher seit Jahren eingesetzter Psychopharmaka zu bieten, deren Wirkungsmechanismen bis dahin nur vermutet werden konnten. Daraus wiederum schloß man – vor allem für psychiatrische und psychologische Störungen – auf einheitliche kausale Beziehungen zum Verhalten: das Dopaminsystem (Abb. 20–25) wurde mit *der* Schizophrenie in Verbindung gebracht, das NA-System mit *der* Depression, die Endorphinsysteme mit *der* Sucht u. v. a. m. (s. Kap. 25, 26, 27). Theorien dieser Art, in denen *ein* bestimmter Wirkstoff für die Entstehung einer komplexen, meist äußerst heterogenen Verhaltensstörung (bestehend aus mehreren abgrenzbaren Erkrankungen) verantwortlich gemacht wurde, erwiesen sich *in allen Fällen als unrichtig*. Dies um so mehr, als bei allen psychiatrischen und psychologischen Störungen *nichtneuronale Faktoren* eine wesentliche Rolle spielen.

Die Tatsache, daß manche der etablierten Psychopharmaka eine gewisse Affinität oder blockierende Wirkung auf den vermuteten Transmitter im Tierversuch ausüben, ist zwar ein Beleg für ihre therapeutische Wirkung, aber kein Beleg für die *Genese der Erkrankung* aus einer Störung des beteiligten neuronalen Systems beim Menschen. Die meisten Psychopharmaka beeinflussen eine Vielzahl von Übertragungsprozessen, neuronalen Strukturen und Verhaltensweisen und interagieren in schwer vorhersagbarer Weise mit den *Umweltdeterminanten* der jeweiligen Störung. Therapeutische Effekte sind eine Kombination aus all diesen Einflußfaktoren und können sekundäre, tertiäre etc. Folgen des vermuteten Transmittereffektes sein.

Neurochemische Methoden erlauben den Nachweis auch molekular kleiner Mengen von Substanzen im Nervengewebe

Bei der ***Mikroiontophorese*** wird eine mehrkanalige Mikropipette an die Zelle herangeführt oder in die Zelle eingestochen (Abb. 20–24). Ein Kanal (z. B. der innere auf Abb. 20–24) wird zur Registrierung der postsynaptischen Antworten (PSP) verwendet, der andere Pipettenkanal enthält den ionisierten Neurotransmitter, den man untersuchen will. Wenn durch diese äußere Pipette ein elektrischer Strom geschickt wird, reißt er einige Transmittermoleküle mit sich, die an die Membran oder in die Zelle gelangen (Iontophorese bedeutet Ion tragen). Je nach der Reaktion des Membranpotentials, der Membranströme, oder der neuronalen Entladungsrate kann man auf die Existenz *passender* Rezeptoren schließen. Zur Messung dieser synaptisch evozierten Potentiale kann eine zusätzliche Elektrode in die Zelle gestochen werden.

Fluoreszenz-histochemische Methoden benutzen Farbstoffe zur Anfärbung histologischer Präparate, die sich mit bestimmten Transmittern verbinden und bei ultravioletter Beleuchtung fluoreszieren. In ähnlicher Weise funktionieren ***radioaktive Markierungen*** (tracer). Radioaktive Tracer sind radioaktive Substanzen, die sich entweder an Stoffwechselprozessen der Zelle beteiligen oder an Rezeptoren binden. Das neuronale Material wird mit einer photographischen Emulsion bestrichen und nach Tagen oder Wochen wie ein Film entwickelt. Die radioaktiven Teilchen werden auf der Emulsion sichtbar, genauso wie Röntgenstrahlen oder Licht einen Film schwärzen (s. Kap. 21).

Immunhistochemische Methoden machen sich die chemische Selektivität der Antigen-Antikörper-Verbindung zunutze (s. Kap. 4). Dabei wird ein

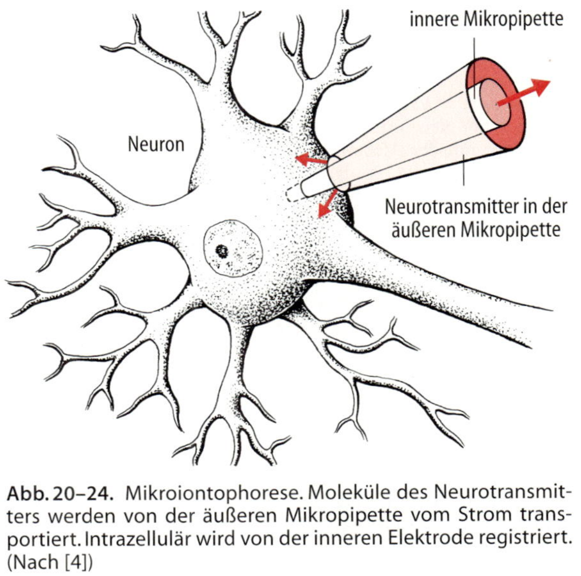

Abb. 20–24. Mikroiontophorese. Moleküle des Neurotransmitters werden von der äußeren Mikropipette vom Strom transportiert. Intrazellulär wird von der inneren Elektrode registriert. (Nach [4])

Antikörper eines spezifischen Enzyms, das an der Synthese oder dem Abbau eines Transmitters beteiligt ist (z. B. Antikörper von Cholin-Azetyltransferase) als Färbemittel verwendet. Die angefärbten Antikörper binden sich an das entsprechende Antigen; wobei es sich bei den Farbstoffen, die den Antikörper färben, um Substanzen handelt, die bei Beleuchtung mit UV-Licht fluoreszieren, so daß Ort und Dichte der Antigen-Antikörper-Verbindung indentifiziert werden können [4].

Das cholinerge System ist für die Schwellenregulation kortikaler Erregung notwendig

Etwa 10 % der ZNS-Synapsen benutzen ***Azetylcholin (Ach)*** als Transmitter. Seine Synthese wurde in Kap. 7 beschrieben. Auch im ZNS wie im ANS existieren zwei verschiedene Typen von Ach-Rezeptoren, die eine unterschiedliche stereochemische Struktur aufweisen; der eine Rezeptor wird durch Nikotin stimuliert und durch Kurare blockiert *(nikotinerger Rezeptor)*, der andere durch Muskarin stimuliert und Atropin blockiert *(muskarinerger Rezeptor)*. Die meisten Ach-Synapsen im ZNS sind exzitatorisch, allerdings wurden auch inhibitorische festgestellt. Wir haben dieses System schon auf S. 471 beschrieben (s. Abb. 20–19).

Cholinerge Neuroregulationen und ihre afferenten Projektionen sind auf allen Ebenen des ZNS zu finden, mit einigen Aktivitätsschwerpunkten. Eine große Zahl von Neuronen entspringt in der ***medialen Retikulärformation*** des mesopontinen Tegmentums (s. Abb. 20–19) und zieht zum Thalamus und Kortex und anderen Regionen des Mittel- und Zwischenhirns. Teile dieses Systems sind in die *aufsteigende Aktivierung* des Endhirns involviert (Kap. 22). Die meisten neokortikalen Ach-Afferenzen entspringen im ***N. basalis Meynert***, einer Kernregion über dem Hypothalamus in enger Nachbarschaft des Pallidums (s. S. 470). Von dort werden alle Lappen des Großhirns versorgt, hinzu kommen Verbindungen zu Hippokampus und Amygdala. Der N. basalis Meynert scheint ein Vorderhirnäquivalent des aufsteigenden retikulären Aktivierungssystems (ARAS, Kap. 22) zu sein. Der Kern erhält nur wenige streng lokalisierte Bahnsysteme aus umschriebenen Kortexregionen und dem limbischen System. Deshalb wird dieses System auch als entscheidendes Verbindungsglied zwischen *emotionalen und kognitiven Verhaltenskategorien* angesehen. Seine bedeutende Rolle in *Gedächtnisprozessen* wird in Kap. 24 und Kap. 27 beschrieben. Degenerationen der Neurone des N. basalis und Kortex hängen möglicherweise mit der ***Alzheimer Erkrankung*** zusammen. Die cholinergen Anteile der Basalganglien sind eng mit der *Bewegungssteuerung* verknüpft. Überaktivität führt z. B. zu Tremor (Parkinson Tremor).

Die Katecholamin-Serotoninsysteme sind zwar quantitativ kaum erwähnenswert, sind aber für eine Vielzahl von motorischen emotionalen und kognitiven Funktionen notwendig

Katecholamine. Dopamin, Noradrenalin (NA) und Adrenalin (A) machen kaum mehr als 1–2 % der gesamten Transmittersubstanzen im ZNS aus, scheinen aber von hervorragender Bedeutung für Motorik, emotionales Verhalten und Denken (Kognition) zu sein. Während die Synapsen im peripheren NS EPSPs produzieren, lösen noradrenge und dopaminerge Synapsen im ZNS IPSPs *oder* EPSPs aus. Im ZNS finden wir an den postsynaptischen Membranen meist β_1- und α_2-noradrenerge Rezeptoren als präsynaptische Autorezeptoren (s. Kap. 8), Adrenalin scheint weniger verbreitet zu sein als NA. Bei Dopamin finden wir D_1-Rezeptoren postsynaptisch, D_2-Rezeptoren prä- und postsynaptisch [3, 10].

Zu den Katecholaminen ist zu bemerken, daß Dopamin und Noradrenalin (das gleiche gilt auch für Serotonin) *mehrere Wirkungen* haben. Noradrenalin vermittelt seine Wirkung teilweise über die Mobilisierung von sogenannten second messengers (s. Kap. 3 u. 7). Das gilt sowohl für den β_1-Rezeptor wie für den α_2-Rezeptor, im Fall des β_1-Rezeptors ist dies zyklisches AMP. Die Wirkung von Noradrenalin und Dopamin hängt damit nicht nur von dem Rezeptorentyp ab, der aktiviert wird, sondern darüber hinaus auch davon, was der second messenger in der Zelle bewirkt. α_2-Rezeptoren sind in vielen Teilen des ZNS nicht nur Autorezeptoren auf präsynaptischen Fasern des noradrenergen Systems, sondern kommen darüber hinaus auch in vielen anderen glutaminergen und GABAergen Synapsen vor.

Die Wirkung eines Transmitters, ob hemmend oder erregend, kann außerordentlich stark variieren. So sind allein unter den β-Wirkungen des Noradrenalins im ZNS sieben verschiedene Effekte beschrieben worden. Wenn man die α-Wirkungen auf Nervenfasern und Nervenzellen mit hinzunimmt, kommt man heute auf über vierzehn verschiedene Wirkungen des Noradrenalins. Ein Großteil der Noradrenalin-Effekte, die über β-Rezeptoren vermittelt werden, wird als erregend angesehen: Dazu zählt z. B. die Langzeitpotenzierung innerhalb der Area dentata und dem CA_3-Gebiet des Hippokampus, die von β_1-Rezeptoren vermittelt wird (s. Kap. 24).

Abb. 20–25 zeigt die Lage und Verbindungen der beiden wichtigsten ***Dopaminsysteme***, dem ***mesolimbischen und dem nigrostriatalen System.*** Neben diesen beiden Hauptverbindungen existieren aber eine Reihe anderer Zellsysteme und Fasern, die Dopamin als Transmitter benutzen, speziell limbische, hypothalamisch-hypophysäre und spinale Strukturen.

Das nigrostriatale extrapyramidale Dopaminsystem scheint eng mit dem *Wechsel* (switching) *motorischer Programme* zu tun zu haben. Dopaminmangel in diesem System geht mit Symptomen der ***Parkinson-Erkrankung*** (s. Kap. 13) einher. Das mesolimbische hat u.a. *positive Anreizfunktionen* (Kap. 25). Die D_1-Rezeptoren scheinen in die Denkstörungen bei *Schizophrenen* verwickelt zu sein (Kap. 27).

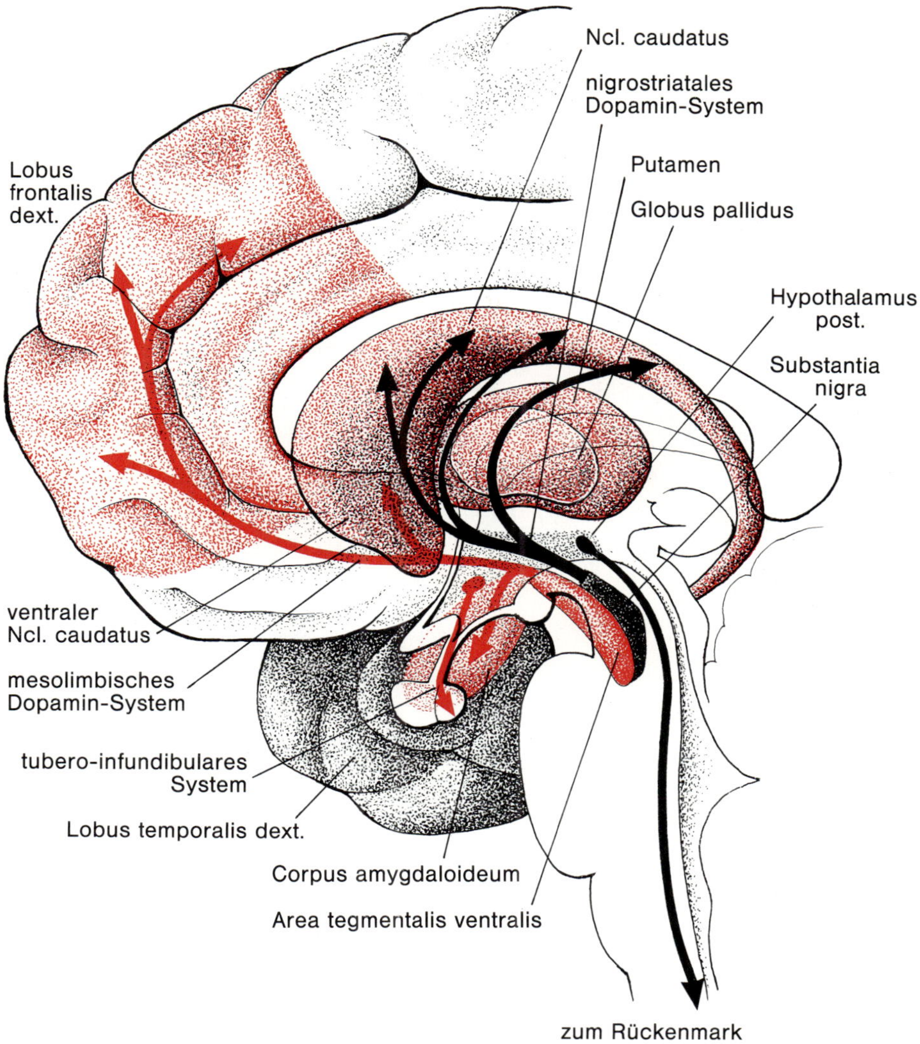

Abb. 20–25. Dopaminerges System. Das *nigrostriatale* Dopaminsystem (*schwarz*) entspringt in der Substantia nigra und endet im dorsalen Teil des Striatums. Das *mesolimbische* Dopaminsystem (*rot*) entspringt im ventralen Tegmentum, endet im ventralen Striatum, den Amygdalae, dem Frontallappen und einigen anderen basalen Regionen des Vorderhirns. Das Tubero-infundibular-System innerviert den Hypophysenhinterlappen. Dopaminneurone aus dem hinteren Hypothalamus projizieren in das Rückenmark. (Nach [6])

Noradrenalinsystem und Adrenalinsysteme. Wir unterscheiden zwei große noradrenerge und ein adrenerges zentrales Transmittersystem. Für psychische Funktionen besonders bedeutsam ist das ***Locus coeruleus-System*** (s. Abb. 20–26), das auch als einziges der drei genannten Teilsysteme extensive kortikale Projektionen aufweist. Die Hälfte aller Neuronen im Gehirn, die Noradrenalin (NA) synthetisieren, entspringen hier. Der N. coeruleus (=blauer Kern) liegt innerhalb des *periventrikulären Graus* am rostralen Ende des 4. Ventrikels und ist wie alle mensenzephalen Kerne der Retikulärformation (s. Kap. 22) *diffus* und *unspezifisch* organisiert. Zwei Fasersysteme gehen hauptsächlich vom N. coeruleus aus: der *dorsale (tegmentale) noradrenerge* und der *dorsale periventrikuläre* Weg. Das dorsale NA-Bündel begleitet weitgehend das *mediale Vorderhirnbündel* (s. Kap. 25) durch den kaudalen und lateralen Hypothalamus und erreicht danach das basale Vorderhirn und den Neokortex. Der periventrikuläre Weg projiziert in den dorsalen Thalamus und einige hypothalamische Zentren [3].

Das ***laterale tegmentale System*** entspringt in einer medullären und pontinen Kerngruppe und führt als ventrales-NA-Bündel ins Zerebellum, Mesenzephalon und mit dem medialen Vorderhirnbündel (s. Abb. 26–9) in Hypothalamus und limbisches System.

Das zentrale ***Adrenalinsystem*** entspringt in 3 Zellgruppen (C_1, C_2 und C_3) der Medulla und zieht von dort in alle Regionen des Stamm- und Zwischenhirns und den dorsalen Thalamus. Kortikale Projektionen sind nicht bekannt.

Alle drei genannten Systeme führen auch abwärts ins Rückenmark und nehmen dort Verbindungen mit dem autonomen NS auf (s. Kap. 9).

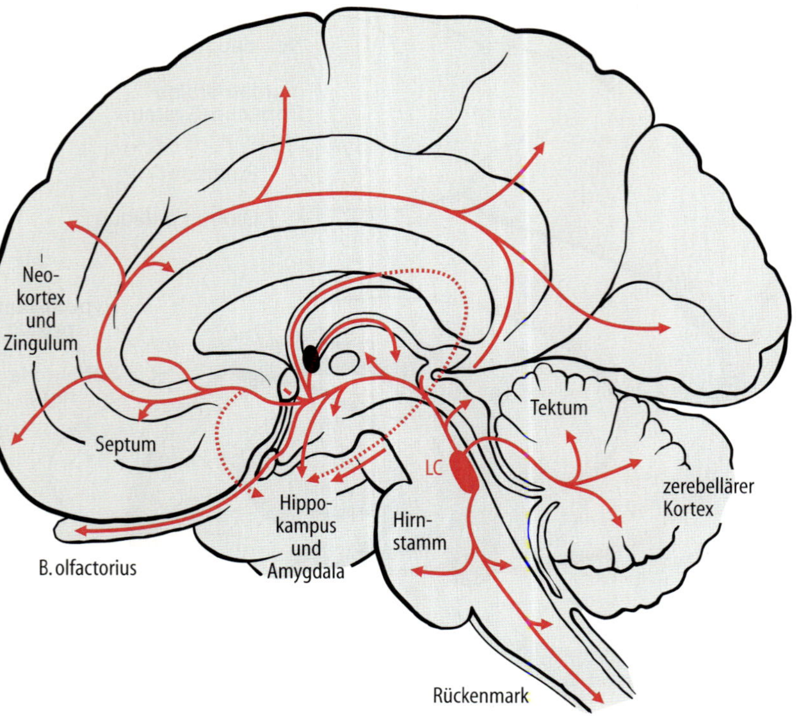

Abb. 20–26. Das noradrenerge Locus-coeruleus-System. (Nach [3])

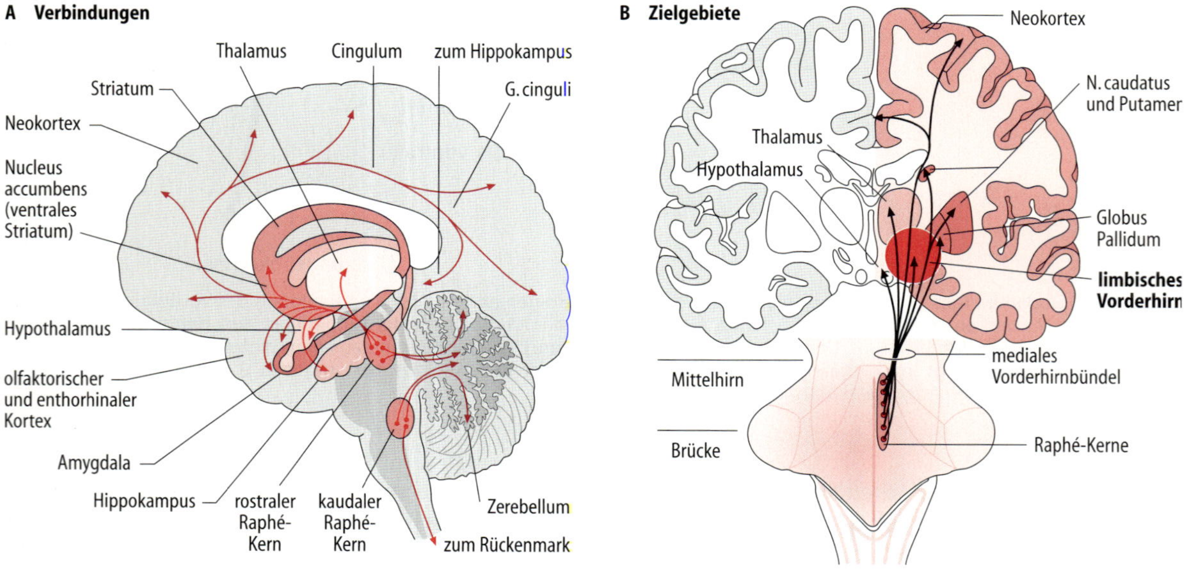

Abb. 20–27. Das serotonerge System. Der Nucleus raphe bildet eine mehr oder weniger kontinuierliche Anhäufung von Zellgruppen um die Mittellinie durch den ganzen Hirnstamm; zur besseren Übersicht wurde er hier in einen rostralen und einen kaudalen Teil getrennt. Der rostrale Nucleus raphe projiziert zu einer großen Anzahl von Strukturen des Vorderhirns. Nicht eingezeichnet sind hier jene Fasern, die lateral durch die Capsula interna und die Capsula externa in weite Teile des Neokortex projizieren. (Nach [6])

Das serotonerge System hat vorwiegend dämpfende Funktionen für Verhalten

Serotonin (5-Hydroxytryptamin, 5-HT). Der Transmitter Serotonin ist zwar nur in kleinen Mengen im ZNS vorhanden, hat aber aufgrund seiner extensiven Verbindungen ähnlich umfassende Bedeutung wie NA. Im ZNS wirkt Serotonin häufig inhibitorisch, aber auch exzitatorische Wirkungen werden zunehmend beschrieben. Insgesamt erscheinen aber die Aktivitäten dieses Systems (Abb. 20–27) homogener als die der Katecholamine zu sein, da Serotonin im wesentlichen *dämpfende Wirkung* auf eine Reihe von Verhaltenskategorien aufweist (z. B. schlafanstoßend, bei passiver Vermeidung aktiv). Neben seinen neuronalen Effekten spielt Serotonin in der *Regelung des zerebralen Blutflusses* und der Gefäßweite eine entscheidende Rolle.

Die Ursprungskerne im Rautenhirn wie auch die Fasersysteme liegen in enger Nachbarschaft zu den NA-Systemen. Abb. 20–27 illustriert die zwei wichtigsten Ursprungszonen im ***N. raphe.*** Die absteigenden Fasern aus dem kaudalen N. raphe ins Spinalmark regeln – zusammen mit anderen Transmittern – die Schmerzwahrnehmung (s. Kap. 16). Die Lage des N. raphe in der Retikulärformation macht ihn zu einem wichtigen Kandidaten in der Steuerung von *Schlafen* und *Wachen* (Kap. 23).

Antidepressiva. Durch die Hemmung der Wiederaufnahme von Serotonin aus dem synaptischen Spalt in die präsynaptische Endigung wird die Verfügbarkeit von Serotonin erhöht. Dies hat mit einer Latenz von 1–3 Wochen einen deutlichen *antidepressiven* Effekt. Hinzu kommt, daß diese trizyklischen Antidepressiva (s. Kap. 26) auch einen antiaggressiven Effekt haben. Abfall der Serotoninkonzentration oder einzelner Serotoninrezeptoren (vor allem 5-HT_{1B}) geht mit exzessiv aggressivem Verhalten einher. Adrogene (s. Kap. 26) reduzieren ebenfalls die Aktivität serotonerger Synapsen und sind primär für die erhöhte Aggressivität des männlichen Geschlechts verantwortlich.

Die Aminosäuren Aspartat und Glutamat sind die wichtigsten erregenden Neurotransmitter im Zentralnervensystem

Tabelle 20–1 gibt eine Übersicht über die wichtigsten Aminosäuren, die als Transmitter fungieren und ihre relative Menge im Zentralnervensystem (s. a. S. 476 und Kap. 8).

Glutamat scheint vor allem in limbischen Kernen und Hippokampus sowie im Neokortex und Striatum vorhanden zu sein. Vor allem Fasersysteme, die *vom* Neokortex in subkortikale Regionen projizieren sowie Basalganglien und Thalamus benützen Glutamat als Transmitter. Diese kortikofugalen Bahnen und die hohe Konzentration im Hippokampus weisen darauf hin, daß Glutamat an der Regelung der Informationsverarbeitung, sowie der *ersten kortikalen Reizanalyse* und an der Steuerung des *Kurzzeitgedächtnisses* beteiligt ist (s. Kap. 24).

Tabelle 20–1. Aminosäuren, die als Transmitter fungieren

Exzitatorisch		Inhibitorisch	
Aspartat Glutamat Glutamin	50%	Gamma-Amino-Buttersäure (GABA) Glycin	20%

Glutamat dient als erregender Neurotransmitter praktisch in allen großen Projektionssystemen; so ist die Übertragung vom Thalamus in den Kortex glutamatabhängig. Die Übertragung vom entorhinalen Kortex im Tractus perforans auf die Area dentata, von den Moosfasern auf CA_3-Zellen und von den Schaffer-Kollateralen auf die CA_1-Zellen ist glutaminerg (s. Abb. 20–14). Glutaminerge Übertragungen sind auch in den Projektionen vom Neokortex zum Striatum nachgewiesen. Desgleichen ist Glutamat ein wichtiger Transmitter im Rückenmark, in den Vestibularkernen, im Kleinhirn etc. Glutamat hat auch eine große Bedeutung als Transmitter in der Retina, im Tectum opticum, im Colliculus inferior und superior. Die zerebralen *Kommissuren* scheinen ***Aspartat*** als Transmitter zu benutzen.

Die γ-Aminobuttersäure, GABA, ist der wichtigste inhibitorische Transmitter im Zentralnervensystem

Vor allem die kleineren Interneurone (Golgi-, Stern- und Korbzellen) benutzen γ-Aminobuttersäure, GABA, als Überträger. Die Aussage inhibitorisch ist auch mit Vorbehalt aufzunehmen: GABA kommt oft gemeinsam mit Peptiden vor, und je nach synergistischer oder antagonistischer Wirkung der beiden kann auch Erregung resultieren. Oft geht nach anfänglicher Hemmung, bei Weiterbestehen des neuralen Zustroms, die Hemmung in Erregung über. Entsprechend seiner Bedeutung finden wir GABA auf allen Ebenen des ZNS vom Spinalmark zum Kortex. Besonders hohe Konzentrationen finden sich in den Kernen der Basalganglien, im Zerebellum, Hippokampus, Thalamus, Hypothalamus und Schicht IV des Neokortex.

Degeneration der GABAergen Neurone in den Basalganglien (vor allem im N. caudatus) führt zu ***Chorea Huntington,*** einer Erkrankung mit unwillkürlichen Zuckungen, Depressionen und progressivem intellektuellen Verfall. Auch einige Formen von ***Epilepsien*** werden mit Verlust GABAerger Neurone in Verbindung gebracht. Wie bei anderen Transmitter-Rezeptor-Komplexen finden wir verschiedene GABA-Rezeptoren, die unterschiedliche Wirkungen entfalten. Bisher wurden vor allem GABA-A- und GABA-B-Rezeptoren identifiziert.

GABA-A-Rezeptoren entfalten mit den ***Benzodiazepinen*** (Diazepam – Valium – Clonazepam, Nitrazepam) *synergetische Wirkung.* Diazepam fördert die Übertragung an GABAergen Synapsen prä- und postsynaptisch. ***Benzodiazepinrezeptoren*** und GABA-A-Rezeptoren treten stets an benachbarten Stellen auf. Benzodiazepine entfalten konsequenterweise auch antiepileptische Wirkung, zusätzlich zu ihren allgemein dämpfenden Effekten (s. Abb. 26–11).

Tabelle 20–2. Einige wichtige Neuropeptide und ihre vermutlichen Funktionen. i: vorwiegend inhibitorische Wirkung, e: vorwiegend exzitatorische Wirkung

Neuropeptid	Vorkommen	Funktionen
Enkephaline (β-LPH_{61-65}) Met-enkephalin Leu-enkephalin	Basalganglien, Hypothalamus, Neurohypophyse und limbisches System und MFB, Thalamus. Mittelhirn, zentrales Grau, Rückenmark	i: präsynaptisch wirksam? μ-Rezeptoren: Analgesie, Sucht δ-Rezeptoren: positive Verstärkung, Euphorie
Dynorphin	Interaktion mit katecholaminergen Systemen, Orte noch wenig bekannt	potenter Agonist für Opioide, auch in Nahrungsverhalten involviert
β-Endorphin (β-LPH_{61-91})	Ncl. arcuatus in Hypothalamus, Neurohypophyse, limbisches System, Basalganglien, Rückenmark	i: (e nur in Hippokampus und spinalen Renshaw-Zellen), Toleranzeffekte, Analgesie (affektiv), Immobilität (Hilflosigkeit?), Stress-Analgesie, Lernen und Gedächtnis, Sozialverhalten (Bindung)?
Substanz P	Amygdala, Substantia nigra, Basalganglien, Hypothalamus, Rückenmark (oft gemeinsam mit Dopaminsystem)	e: (präsynaptisch) Schmerz (im Rükkenmark), vegetative Effekte, Lernen
Hypophysenpeptide	s. Kap. 5, 6, viele davon bzw. Vorläufer im ZNS, besonders im Hypothalamus	s. Kap. 5, 6
Vasopressin, Oxytozin	Hypothalamus, Hypophyse (Hinterlappen), limbisches System, Hirnstamm	i: neben hormonellen Effekten in Peripherie (Wasserhaushalt, Laktation, Uterusaktivität), Einfluß auf Lernen und Gedächtnis, Aufmerksamkeit u. Bindung
ACTH, $ACTH_{4-10}$ α-MSH	Hypothalamus, Hypophyse (Vorderlappen), limbisches System	i: neben hormonellen Effekten in Peripherie, Lernen und Gedächtnis, Aufmerksamkeit

Neuropeptide sind häufig zusammen mit Neurotransmittern als spezifische Regulatoren der Erregungsschwellen wirksam

Peptide bestehen aus zwei oder mehr Aminosäuren, die von den Ribosomen (s. Kap. 3) synthetisiert werden. Große Peptide mit mehr als 100 Aminosäuren bilden Proteine, Peptide mit 10–100 Aminosäuren sind Polypeptide. Tabelle 20–2 gibt einige wichtige Neuropeptide und ihre Verbreitung und vermuteten Funktionen wieder, die in den einzelnen Kapiteln besprochen werden.

Die Enkephaline wurden bisher am besten in ihren Auswirkungen auf Schmerz (s. Kap. 16), Sucht (s. Kap. 25) und andere Verhaltensweisen untersucht. Da mit ***Naloxon*** ein opiatselektiver Rezeptorblocker existiert, können Allgemeineffekte gut studiert werden. Unklar bleibt, warum Opiattransmitter oft gegensätzliche Wirkungen entfalten; so wirken sie sedierend und analgetisch, können aber auch zu erhöhter Motorik, Aktivierung und Anfällen führen. Dosis und Ort im ZNS spielen dabei eine große Rolle, was eine korrekte Vorhersage über ihre Einflüsse auf Verhalten erschwert.

ZUSAMMENFASSUNG

Der entwicklungsgeschichtliche Aufbau des Gehirns führt von Strukturen des Stammhirns, die relativ einfache Reflexe steuern, über das Zwischenhirn und limbisches System bis zum Neokortex; diese Entwicklung geht mit abnehmender Spezialisierung einher und führt schließlich beim Neokortex, besonders dessen Assoziationsarealen, zu einer extrem vernetzten anatomischen Struktur.

Thalamus und Hypothalamus bilden das Zwischenhirn; während der Thalamus funktionell eine Einheit mit dem Neokortex bildet, stellt der Hypothalamus den Vermittler zwischen körperinternen Homöostasen, Hormonen und den informationsverarbeitenden Strukturen des ZNS dar.

Das limbische System besteht ebenso wie das Zwischenhirn aus einem mehr vegetativ-emotionalen Anteil mit den Mandelkernen (Amygdalae) als Integrationsstruktur und dem Hippokampus, der eher kortikale Funktionen, vor allem kontextabhängige Gedächtnisvorgänge steuert.

Die Basalganglien sind in eine Vielzahl von Kernen mit extensiven Verbindungen von und zu limbischen und neokortikalen Regionen unterteilbar. Neben motorischen und motivationalen Funktionen sind sie gemeinsam mit dem basalen Vorderhirn für die Feinregelung der Erregbarkeit des Großhirns verantwortlich. Mit dem Neokortex sind sie die entscheidende Auswahlstruktur für Gedächtnisspeicherung: sie bestimmen mit anderen Aufmerksamkeitssystemen, was behalten wird.

Der Neokortex zeichnet sich durch eine uniforme Feinstruktur aus, die in der obersten Schicht der apikalen Dendriten eine besonders enge Vernetzung der einzelnen Funktionseinheiten (Module) aufweist. Mit einem weitreichenden axonalen Fasersystem können alle kortikalen Systeme miteinander agieren und bilden mit ihren plastischen synaptischen Fortsätzen an den Dendriten einen dynamischen assoziativen Speicher mit extrem hoher Speicherkapazität.

Die neurochemischen Systeme des Gehirns lassen sich in zwei Gruppen trennen. Die aminergen und cholinergen Fasern ziehen von subkortikal nach kortikal, während Aminosäuren und Neuropeptide an allen Orten des ZNS zu finden sind. Die Verhaltensbedeutung der Transmitter und Neuromodulatoren ist nicht einheitlich, sondern mehr vom Ort und den Verbindungen der zugehörigen neuronalen Strukturen (Zellkörper, Synapsen, Axone) abhängig als von ihren neurophysiologischen Wirkungen, z. B. ob sie hemmend oder erregend sind.

Azetylcholin wirkt im allgemeinen erregend, vor allem im Kortex. Störungen oder Mangelversorgung der kortikalen Dendriten mit Azetylcholin verhindert Lernen und zerstört Gedächtnisfunktionen, da die Zellen nicht ausreichend erregbar sind. Die Katecholamine des Gehirns sind zwar quantitativ vernachläßigbar, aber funktionell für fast alle Verhaltensfunktionen notwendig. Serotoninsysteme wirken meist dämpfend auf einzelne kognitive, emotionale und motorische Funktionen. Die erregenden Aminosäuren, vor allem Glutamat, sind im Kortex für die Bildung erregender Verbindungen zwischen den einzelnen Funktionseinheiten verantwortlich. Das Gegengewicht hierzu bilden die GABAergen Systeme, die meist eine Übererregung durch exzitatorische Transmitter verhindern und daher vorwiegend hemmend auf Verhalten und Denken wirken.

Literatur

Weiterführende Lehr- und Handbücher

1. Birbaumer N (1975) Physiologische Psychologie. Springer, Berlin Heidelberg New York
2. Bradford MF (1986) Chemical Neurobiology. Freeman, New York
3. Cameron OG (Ed) (1994) Adrenergic Dysfunction and Psychobiology. American Psychiatric Press, Washington DC
4. Carlson NR (2000) Physiology of Behavior. 7th ed. Allyn & Bacon, Boston
5. Creutzfeldt OD (1983) Cortex cerebri. Springer, Berlin Heidelberg New York Tokyo
6. Heimer L (1995) The Human Brain and Spinal Cord., 2nd ed. Springer, New York
7. Isaacson RL (1982) The Limbic System. 2nd ed. Plenum Press, New York
8. Jerison HJ (1973) Evolution of the Brain and Intelligence. Academic Press, New York
9. Marsel-Mesulam M (2000) Principles of Behavioral and Cognitive Neurology. 2nd ed. Oxford University Press, Oxford

10. NIEWENHUYS R (1985) Chemoarchitecture of the Brain. Springer, Berlin Heidelberg New York Tokyo
11. RADINSKY L (1975) Primate brain evolution. American Scientist 63, 6, 656–63
12. REINIS S & GOLDMAN SM (1982) The Chemistry of Behavior. Plenum Press, New York
13. ROSENZWEIG MR, LEIMAN LA, BREEDLOVE SM (1996) Physiological Psychology. 2nd ed. 1999. 3rd ed. 2001. Sinauer Associates, Sunderland, Mass
14. SCHMIDT RF, THEWS G, LANG F (Hrsg) (2000) Physiologie des Menschen. 28. Auflage. Springer, Berlin Heidelberg New York Tokyo
15. SCHMIDT RF, SCHAIBLE HG (2001) Neuro- und Sinnesphysiologie. 4. Aufl. Springer, Berlin Heidelberg New York Tokyo
16. SOBOTTA J (1999) Atlas der Anatomie des Menschen, 21. Aufl. Urban & Fischer, München
17. SWANSON LW (1983) The hippocampus and the concept of the limbic system. In: Seifert W (Ed) Neurobiology of the Hippocampus. Academic Press, London
18. SZENTAGOTHAI J (1969) Architecture of the cerebral cortex. In: Jasper HH, Ward AA, Pope A (Eds) Basic Mechanisms of the Epilepsies. Little, Brown, Boston

21 Methoden der Biologischen Psychologie

EINLEITUNG

Der amerikanische Psychologe Karl S. Lashley (1880–1958) trainierte Ratten, auf zwei Lichtreize mit zwei unterschiedlichen Verhaltensweisen zu reagieren: durch unmittelbare Belohnung der jeweils richtigen Reaktion lernten die Tiere rasch, beim Lichtreiz A mit der einen Pfote und beim Lichtreiz B mit der anderen Pfote zu drücken. Danach zerstörte Lashley einen Großteil der Verbindungen zwischen den Großhirnarealen, indem er eine Vielzahl von Schnitten im Gehirn der Tiere anbrachte. Auch nach fast völliger Zerstörung der Verbindungen und Kortexregionen konnten die Tiere das gelernte Verhalten reproduzieren. Daraus und aus vielen anderen, ähnlichen Experimenten schloß Lashley, daß zumindest am Kortex keine speziellen „Zentren" für Lernen und Gedächtnis existieren, sondern daß alle Großhirnareale gleich (equi-) geeignet (-potential) für die Etablierung von Gedächtnisspuren (Engrammen) seien. Dieser Auffassung einer Equipotentialität für Lernprozesse wurde von zwei Neurochirurgen, W. Penfield und T. Rasmussen, energisch widersprochen: schon nach relativ kleinen Zerstörungen oder Reizungen in temporalen Regionen während Hirnoperationen an Patienten traten deutliche Gedächtnisstörungen auf. Auch die Wiederholung der Eingriffe an Tieren erbrachte Ausfälle in der Lern- und Gedächtnisleistung. Betrachtet man diese Widersprüche rein theoretisch, so erscheinen sie kaum auflösbar; Lokalisationisten und Vertreter der Equipotentialität standen einander im 19ten und 20sten Jahrhundert stets ohne gegenseitiges Verständnis gegenüber. Dabei handelt es sich um einen Konflikt, der nur durch 2 verschiedene methodische Zugänge bedingt ist. Im Fall von Lashley unterbrach er die Verbindungen innerhalb des Kortex, während die Neurochirurgen auch die Verbindungen zu subkortikalen Regionen zerstörten.

Ganz ähnlich finden wir auch heute innerhalb der Biologischen Psychologie und kognitiven Neurowissenschaft Gegensätze und Unverständnis zwischen jenen, die Bewußtseinsprozesse weiträumig mit elektromagnetischen Methoden wie Elektroenzephalographie und Magnetenzephalographie untersuchen und solchen, die lokale Hirndurchblutung mit Positronemissionstomographie und funktioneller Kernspinresonanztomographie registrieren. Noch größer ist die gegenseitige Ignoranz zwischen molekular an Zellen und deren Bausteinen und den am lebenden menschlichen Gehirn arbeitenden Forschern. Dabei handelt es sich ausschließlich um unterschiedliche Sichtebenen derselben Sache (Gehirn) bedingt durch unterschiedliche Methoden: während die eine Methode (Registrierung der menschlichen Gehirnaktivität) das Zusammenspiel großer Hirnabschnitte, z. B. bei Denkprozessen erfaßt, gibt die andere (molekulare Analyse der Zellbestandteile) deren Begleiterscheinungen auf Gewebsebene wider. Beide müssen gemeinsam betrachtet und analysiert werden, will man die Entstehung von Verhalten und Denken aus Hirngewebe erklären. Deshalb sollte die Biologische Psychologie möglichst alle physiologischen Methoden vereinen und nutzen.

21.1 Forschungsstrategien in den Neurowissenschaften

Wir sehen, was wir sehen wollen, und auch das nur in Ausschnitten

Wir unterscheiden zwei methodische Zugänge zur Untersuchung der Zusammenhänge zwischen physiologischen Prozessen und Verhalten:

a) Das physiologische Substrat wird als unabhängige Variable manipuliert und Verhalten als abhängige Variable gemessen.
b) Verhalten wird als unabhängige Variable manipuliert und Veränderungen des physiologischen Substrats werden als abhängige Variable gemessen.

Biologische Psychologie und Neuropsychologie benutzen fast ausschließlich Methode a), die Psychophysiologie dagegen meist Methode b) (s. Kap. 1). Läsion und

Stimulation des Nervengewebes im Tierversuch (a) beherrschen die Geschichte der Biologischen und Physiologischen Psychologie (s. 14.1), während Registrierung von hirnelektrischen oder magnetischen Prozessen bei Verhalten und Denkprozessen (b) im Humanversuch in der Psychophysiologie dominiert. Die Neuropsychologie steht methodisch zwischen Physiologischer Psychologie und Psychophysiologie; sie untersucht Verhaltens- und Denkstörungen nach Läsionen und Störungen des menschlichen Gehirns (s. Kap. 1). Mit der Entwicklung bildgebender Verfahren (s. 21.4) wurde eine neue Entwicklung der Neurowissenschaften eingeleitet: Das gesamte lebende menschliche Gehirn kann ohne größeren Eingriff während Verhaltens- und Denkprozessen studiert werden.

Während man bei der Strategie (a) in der Regel enge Zusammenhänge zwischen einzelnen Hirn***strukturen*** und Verhalten findet, berichten die Vertreter der Strategie (b) fast ausschließlich Zusammenhänge zwischen Hirn***prozessen*** und Verhalten und weniger klare Beziehungen zu einzelnen anatomischen Regionen. Dies liegt natürlich daran, daß Manipulation des physiologischen Substrats (a) fast immer an einem oder mehreren ***Orten*** im Gehirn oder an einzelnen Zellen erfolgt, während Strategie (b) Verhalten manipuliert und an den meisten Verhaltensweisen – und seien sie noch so einfach – mehrere Hirnregionen oder Zellen beteiligt sind, so daß man deren Abhängigkeit von bestimmten anatomischen Konfigurationen leicht aus den Augen verliert und sich bei Registrierung der abhängigen physiologischen Variablen auf deren dynamischen Verlauf konzentriert.

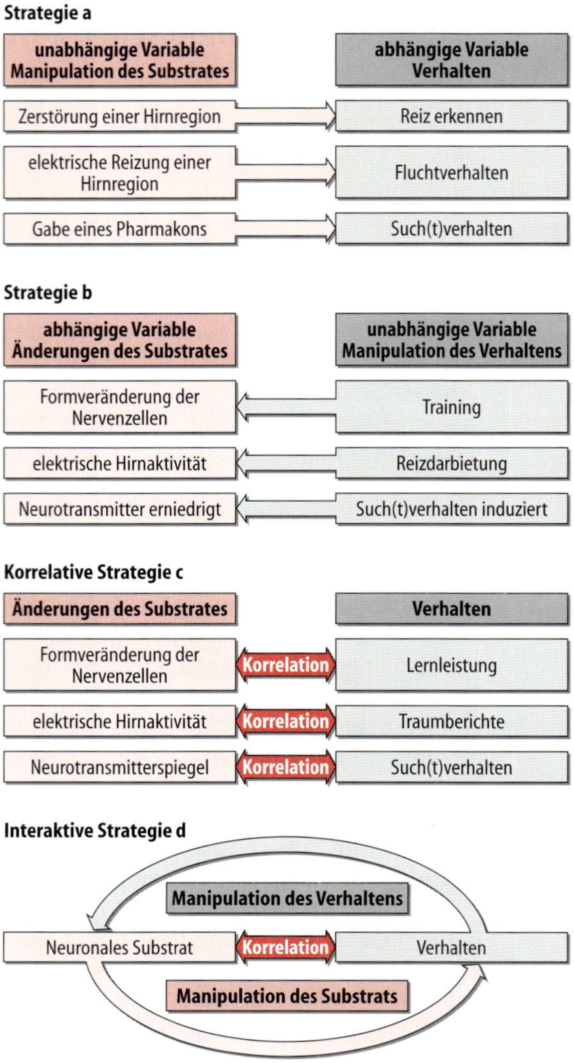

Abb. 21-1. Die Forschungsstrategien der Biologischen Psychologie (modifiziert nach Rosenzweig, Leimann und Breedlove: Biological Psychology, Sinauer, Mass., 1999)

Die Herstellung kausaler Beziehungen zwischen Gehirn, Körper und Verhalten erfordert die simultane Erfassung und Beeinflussung von physiologischen und psychologischen Variablen

Forschungszugänge. Abbildung 21-1 gibt 4 verschiedene methodische Zugänge der biologischen Psychologie wieder, die sich aus den beiden beschriebenen Forschungsstrategien ergeben. Die interaktive Strategie verspricht natürlich die verläßlichsten Ergebnisse. In der Realität werden durch die hohe methodische Spezialisierung die vier Forschungsstrategien getrennt angewandt. Dies stellt das größte Hindernis für ein tieferes Verständnis der Hirn-Verhaltens-Beziehung dar. Manchmal wird schrittweise von Strategie zu Strategie vorgegangen. Der Idealfall interdisziplinärer und interaktiver Strategie (unten in Abb. 21-1) ist selten.

Betrachten wir als Beispiel die Frage der biologischen Grundlagen der Intelligenz: Zunächst stellen wir fest, daß bei Zerstörung oder Wachstumsveränderung vor allem posteriorer kortikaler Hirnregionen einzelne Intelligenzaufgaben nicht mehr oder verbessert gelöst werden. Wir trainieren danach diese Intelligenzaufgaben über viele Monate bei Kindern oder Tieren und messen die Durchblutungsänderung oder das Zellwachstum in den posterioren Hirnregionen. Danach beobachten wir über diesen Arealen charakteristische Unterschiede der elektromagnetischen Aktivität zwischen intelligenten und weniger intelligenten Personen (s. Abb. 21-11) und korrelieren diese miteinander.

Schließlich trainieren wir die elektromagnetische Aktivität selbst, in dem wir spezifisch jene Verhaltensweisen lernen lassen, welche die intelligenztypische Hirnaktivität über den gewünschten Arealen vermehrt. Erhöht sich danach die Intelligenzleistung proportional, so haben wir mit großer Wahrscheinlichkeit einen von vielen möglichen kausalen Mechanismus aufgeklärt, nämlich, daß eine bestimmte Konfiguration von Zellsystemen eine spezifische Hirnaktivität produziert, welche zur Lösung von Intelligenzaufgaben notwendig ist.

21.2 Neuroanatomische und neurochemische Methoden

Neuroanatomische Techniken machen entweder die Zellkörper oder die Verbindungen zwischen Zellen sichtbar

Histologie und Lichtmikroskopie. Tabelle 21–1 gibt die wichtigsten Größenverhältnisse im Nervensystem wieder. Um Zellanhäufungen und Bahnen im Lichtmikroskop sichtbar zu machen, ist erforderlich, das Nervengewebe zu *fixieren* und zu *färben*. Fixierung wird benötigt, um die postmortale Auflösung des Materials zu verhindern. Dazu wird meist Formalin verwendet. Vor der Fixierung wird das Blut in den Gefäßen durch eine andere Flüssigkeit ersetzt; dieser Prozeß wird ***Perfusion*** genannt. Nach dem Fixieren kann das neuronale Gewebe mit einem ***Mikrotom*** in Scheiben von 1–80 µm Dicke geschnitten werden. Vorher muß das Nervengewebe gehärtet werden; dazu wird es entweder in Paraffin getränkt oder gefroren. Die Schnitte werden auf Glasplättchen fixiert und anschließend meist gefärbt.

Je nach Färbemethode werden entweder ***Zellkörper, Myelinscheiden*** oder ***Zellmembranen*** angefärbt. Zur Zellkörperfärbung wird meist die ***Nissl-Färbung*** verwendet. Methylenblau und andere Farben, die auch zum Einfärben von Stoffmustern verwendet werden, verbinden sich mit Zellproteinen und färben sie dunkler als die myelinisierten Fasern. Zur Sichtbarmachung der myeliniserten Faseranteile werden andere Färbemittel verwendet, zur Membranfärbung die ***Golgi-Färbung.*** Dabei werden Soma-, Axon- und Dendritenmembranen durch Salze verschiedener Schwermetalle (meist Silber) gefärbt (Abb. 21–2).

Elektronenmikroskopie. Eine mehr als 1500fache Vergrößerung erbringt auf Grund der Wellenlänge des sichtbaren Lichts keine Verbesserung der Detailauflösung im Lichtmikroskop. Im ***Elektronenmikroskop*** wird ein Elektronenstrahl mit elektromagnetischen Feldern auf das extrem dünn geschnittene Präparat (<1 µm) gerichtet, das den Elektronen einen gewissen Widerstand entgegensetzt. Hinter dem Präparat werden die verbliebenen Elektronen auf einem photographischen Film aufgefangen. Abb. 4–4B (s. S. 54) gibt eine elektronenoptische Aufnahme wieder. Das Auflö-

Struktur	Größe	Messeinheit	Vergrößerung	Messmethode
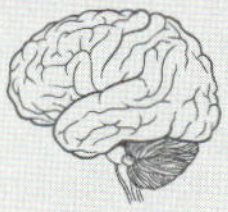 Gehirn	Gehirn eines Erwachsenen: 15 cm von frontal nach occipital	1 cm = 10^{-2} m	1	freies Auge
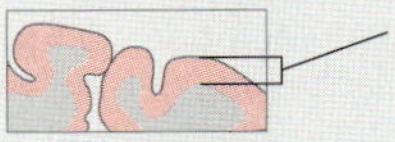 Cerebraler Kortex	Der menschliche Kortex ist 3 mm dick	1 mm = 10^{-3} m	x 10	freies Auge
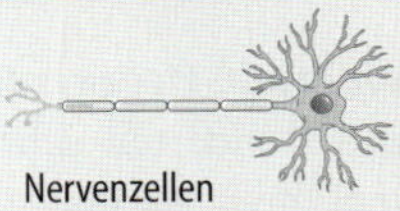 Nervenzellen	Große Neurone (Zellkörper): ca. 100 µm (0,1 mm) im Querschnitt	0,1 mm = 10^{-4} m = 100 µm	x 100 (10^2)	freies Auge / Lichtmikroskop
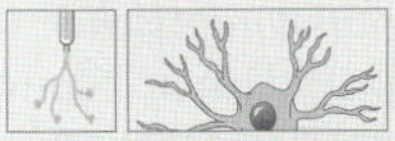 Teile von Neuronen	Große Axone und Dendriten: ca. 10 µm (0,01 mm) im Querschnitt	0,01 mm = 10^{-5} m = 10 µm	x 1000 (10^3)	Lichtmikroskop
 Synapse	1 µm Querschnitt	1 µm = 10^{-6} m	x 10 000 (10^4)	Lichtmikroskop
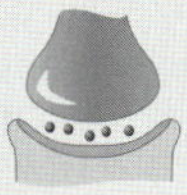 Synaptischer Spalt	20 nm	0,1 µm = 100 nm = 10^{-7} m	x 100 000 (10^5)	Lichtmikroskop / Elektronenmikroskop
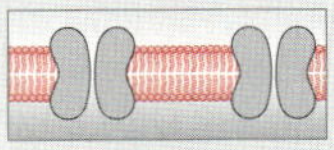 Neuronale Membran	5 nm dick	10 nm = 10^{-8} m	x 1 000 000 (10^6)	Elektronenmikroskop
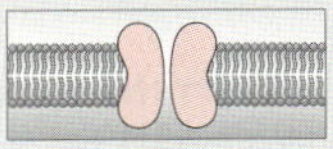 Ionenkanal	Querschnitt 0,5 nm	1 nm = 10^{-9} m	x 10 000 000 (10^7)	Elektronenmikroskop

Tabelle 21–1. Größenverhältnisse im Gehirn, Vergrößerungs- und Maßeinheiten

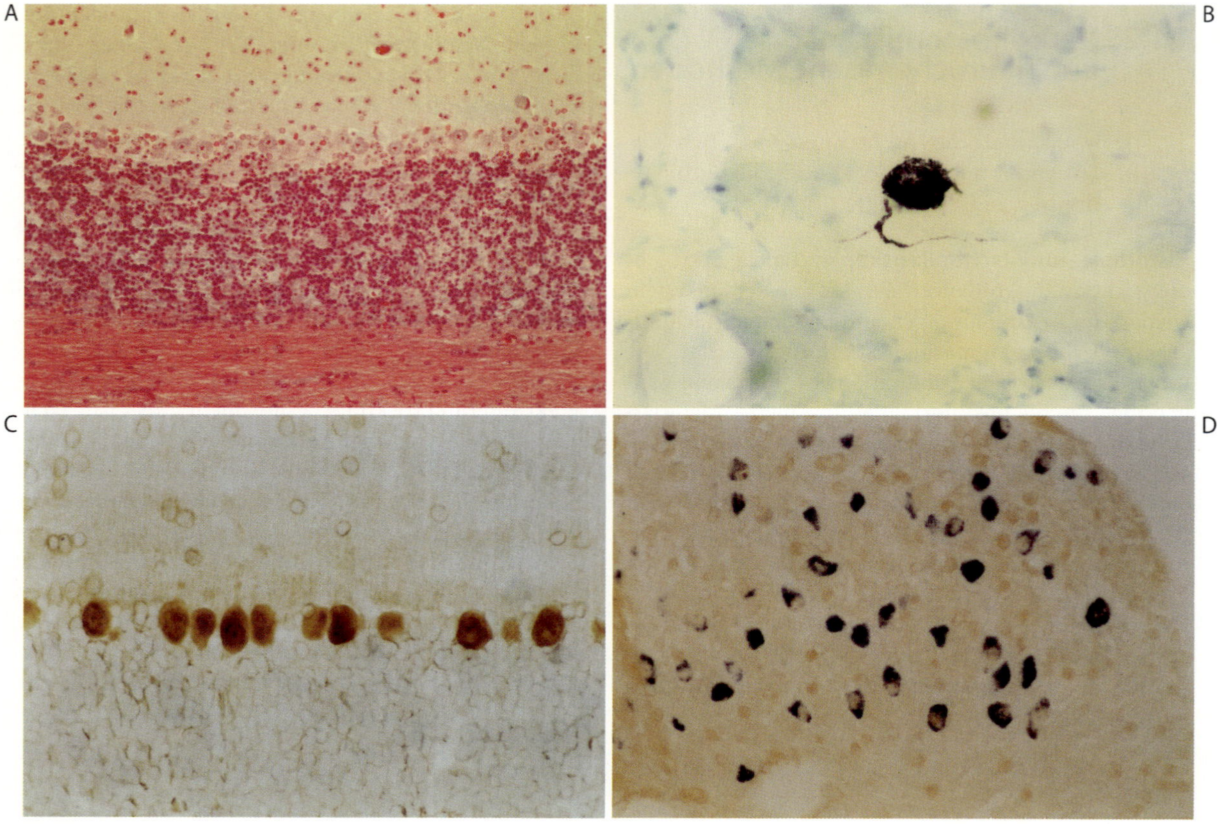

Abb. 21–2. Unterschiedliche Färbungen machen unterschiedliche Feinstrukturen des Nervensystems und der Zellbestandteile sichtbar. Die Abbildung zeigt 4 Beispiele aus der aktuellen Forschungsarbeit der Arbeitsgruppe von Prof. B. Heppelmann im Physiologischen Institut der Universität Würzburg. **A** Schnitt durch die Kleinhirnrinde des Meerschweinchens mit einer Azan-Färbung. Von oben nach unten ist das Stratum moleculare, die Schicht der Purkinje-Zellen, das Stratum moleculare und die weiße Substanz zu sehen. **B** Retrograde Markierung einer pseudounipolaren Spinalganglienzelle mit Meerrettichperoxidase. Das Enzym wurde vom medialen Kniegelenknerv aufgenommen und retrograd zum Soma in die zentralen Endigungen transportiert. Gefrierschnitt vom Spinalganglion der Katze. **C** Immunhistochemische Darstellung eines Kalzium-bindenden Proteins (Calbindin) in Purkinje Zellen des Kleinhirns der Ratte. Verwendet wurde die Peroxidase-Antiperoxidase-Methode (PAP-Methode). **D** Nichtradioaktive in situ-Hybridisierung zur Darstellung der mRNA eines anderen Kalzium-bindenden Proteins (Calretinin) in Zellen des Nucleus cochlearis der Ratte (s. Text für weitere Erläuterungen)

sungsvermögen liegt im Bereich von 0,1 bis 1,5 μm, damit kann man auch kleine Moleküle sichtbar machen. Die elektronenmikroskopischen Präparate müssen in das Hochvakuum des Mikroskops eingeführt werden, wodurch die Untersuchung lebenden Materials unmöglich wird. Das Vakuum ist notwendig, um die Elektronen durch elektromagnetische Felder ausreichend zu beschleunigen und zu fokusieren.

Neuronale Verbindungen. Wir haben bereits in Kap. 20 einige Methoden zum Studium neuronaler Verbindungen beschrieben. Drei Verfahren zur Sichtbarmachung des Verlaufs von Nervenfasern vom Ursprungsort der Axone aus den Zellkörpern bis zur präsynaptischen Endigung werden heute verwendet: ***Degenerationsmethoden, Aminosäuren-Autoradiographie*** und ***Meerrettichperoxidase.*** Hinzu kommen physiologische Reizexperimente und die Ableitung synaptischer Potentiale oder Aktionspotentiale im Projektionsgebiet.

Wenn ein Zellkörper zerstört oder ein Axon von diesem abgeschnitten wird, stirbt das Axon innerhalb von einigen Tagen bis Wochen ab. Dies wird ***anterograde Degeneration*** genannt. Auch die Zellkörper und Dendriten schrumpfen meist nach dem Abtrennen ihres Axons; nach Läsionen kommt es auch zu ***transsynaptischer Degeneration***, d.h. auch die postsynaptischen Neurone weisen Zerfallserscheinungen auf. Die degenerierenden Axone werden wie bei der Golgi-Färbung präpariert. Dazu werden Materialien verwendet, die speziell degenerierende Axone anfärben.

Anders bei der ***Aminosäuren-Autoradiographie:*** radioaktive Proteine werden in die extrazelluläre Umgebung jener Nervenzellsysteme eingespritzt, die interessieren. Das Tier lebt noch 1–2 Tage, und in dieser Zeit werden die radioaktiv markierten Proteine in die Zellen aufgenommen und über das Axon zu den präsynaptischen Endigungen transportiert. Das geschnittene Hirnmaterial wird dann in einer Dunkelkammer mit photographischer Emulsion bestrichen; nach Wochen werden die Emulsionen wie ein Film entwickelt, und die radioaktiv bestrahlten Stellen erscheinen als schwarze Punkte auf dem ansonsten wie üblich angefärbten histologischen Schnitt.

Die ***Meerrettichperoxidase*** (MRP, horseradish peroxidase) ist ein Enzym, das spezifisch von den präsynaptischen Endigungen der Axone (nicht von den Axonen selbst) aufgenommen und von dort zum Zellkörper transportiert wird ***(retrograder axoplasmatischer Transport)***. MRP wird in die interessierende Region eingespritzt, das Tier ca. 1 Tag danach getötet und das geschnittene Präparat auf MRP angefärbt. Für die angefärbten Somata gilt, daß ihre Axone zum Einspritzort der MRP projizieren und dort synaptisch enden. Damit kann man also die *afferenten* Axone, die zu den interessierenden Zellen hinführen, markieren (s. Abb. 21–2).

Immunhistochemische Färbungen. Immunhistochemische Methoden können sowohl am lebenden wie toten Präparat verwendet werden. Sie erlauben v. a. die Beobachtung ***efferenter*** Axone. Dazu werden zunächst spezifische Antikörper gegen unterschiedliche Zellbestandteile hergestellt. Der spezifische Antikörper bindet an sein Gewebsantigen (s. Kap. 4); der Ort dieser Antigen-Antikörperreaktion kann dann mit ***Immunfluoreszenz*** oder ***Immunhistochemie*** sichtbar gemacht werden. Die Immunfluoreszenz bindet den Antikörper an ein fluoreszierendes Molekül, die Immunhistochemie bindet den Antikörper an eine chemische Verbindung (häufig wird das Ferment ***Peroxydase*** als Markierung verwendet), die im Licht- oder Elektronenmikroskop sichtbar ist.

Antikörper werden heute gentechnisch hergestellt, man nennt die für die Histochemie wichtigen Antikörper ***monoklonal***. Monoklonale Antikörper werden über ***Klonierung*** hergestellt: dabei wird aus Zellkulturen über Anregung der Zellteilung ein Zellstamm (Klon) isoliert, der einen einzigen Antikörper bildet (s. Kap. 2).

Die metabolische und synaptische Aktivität des Gehirns wird mit neurochemischen Methoden registriert und fixiert

Autoradiographie. Zwar ist die allen psychischen Vorgängen zugrunde liegende Aktivität elektrisch, aber dieser elektrischen Aktivität gehen chemische Prozesse voraus und auf elektrische Aktivität folgen neurochemische Änderungen. Der Hirnstoffwechsel benutzt als Energielieferant primär Glukose. Deshalb wird vor der Autoradiographie meist ***2-Deoxyglukose (2-DG)*** in das Tier injiziert und in die aktiven Zellen aufgenommen. So kann man die vor dem Tod des Tieres aktivsten Hirnregionen darstellen. Beim Menschen kann dies auch ohne Gewebsfixierung nach Injektion radioaktiven 2-DGs und mit einer PET-Kamera (Positronen-Emissionstomographie) realisiert werden (s. S. 505; Abb. 21–21).

Die Genaktivierung. In aktivierten Neuronen werden spezifische Gene im Zellkern exprimiert und Proteine produziert. Ein besonders wichtiges Zellkernprotein wird ***Fos*** genannt, das ebenfalls autoradiographisch sichtbar gemacht werden kann.

Mit der ***in-situ-Hybridisierung*** lassen sich im Prinzip alle Peptide und Proteine sichtbar machen. Wie schon auf Seite 21 kurz beschrieben, wird die genetische Information vom Chromosom auf ein Stück mRNS kopiert, das den Zellkern verläßt und zum Ribosom wandert, wo das Protein synthetisiert wird. Wenn man die Sequenz der Nukleotide der mRNS kennt, wird diese Sequenz hergestellt und radioaktiv markiert. Hirnschnitte werden dann der radioaktiven mRNS ausgesetzt und in den Zellen, wo das jeweilige Protein synthetisiert wird, aufgenommen. Mit Autoradiographie werden sie dann sichtbar gemacht.

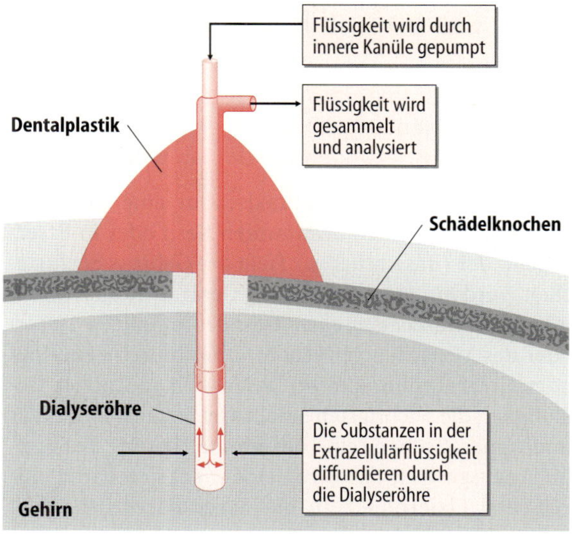

Abb. 21–3. Mikrodialyse zur Gewinnung von freigesetzten Molekülen aus dem Extrazellulärraum. Eine Blutersatzlösung (isotonische Salzlösung) wird langsam in die Mikrodialyse-Kanüle gepumpt, wo sie die Moleküle aus der extrazellulären Flüssigkeit aufnimmt. Die Flüssigkeit wird dann aufgefangen und mit der Methode der Flüssigkeitschromatographie (HPLC) auf die in ihr enthaltenen Substanzen analysiert

Mikrodialyse. Zur Messung der Sekretion von Neurotransmittern in einzelnen Hirnregionen im Tierversuch wird diese Technik eingesetzt. Abbildung 21–3 illustriert das Prinzip: Eine künstliche Membran in Form eines Zylinders wird in das interessierende Gewebe eingeführt. Diese Membran ist nur für eine bestimmte Molekülgruppe permeabel, z. B. Azetylcholin. Eine kleine Menge Flüssigkeit, die der extrazellulären Flüssigkeit (Azetylcholin) äquivalent ist, wird durch das innere Röhrchen gepumpt. Die Flüssigkeit zirkuliert am Ende der Sonde, wo die Dialysemembran angebracht ist. Von dort entweicht die eingepumpte Flüssigkeit in die äußere Röhre. Die äquivalente Extrazellulärflüssigkeit im Gehirn, also Azetylcholin, wird durch Diffusion über die Membran gedrückt und von der abfließenden Äquivalentflüssigkeit mitgerissen. Über die nach außen führende Röhre kann dann die Menge des zusätzlichen Azetylcholin gemessen werden. Bis zu Änderungen von wenigen Molekülen Transmittersubstanz können auf diesem Wege erfaßt werden.

21.3 Läsion und Reizung

Stereotaktische Apparate ermöglichen ortsgenaue punktförmige Eingriffe oder Registrierungen aus der Tiefe des Gehirns

Arbeitsprinzip der Stereotaxie. Um eine Elektrode oder Kanüle in einen bestimmten Kern oder in Faserzüge in der (unsichtbaren) Tiefe des Gehirns einzustechen, wird ein stereotaktisches Gerät in Kombination mit einem ***stereotaktischen Atlas*** der jeweiligen Tierart oder des Menschen verwendet. Obwohl sich kein Kopf oder Gehirn völlig gleicht, lassen sich mit hoher Genauigkeit die wichtigsten Strukturen lokalisieren: Atlas und Apparat gehen (eine bestimmte Haltung des Kopfes vorausgesetzt) dabei von einem gut sichtbaren universellen Fixierpunkt an der Schädeldecke aus, z. B. dem Kreuzungspunkt mehrerer Schädelknochen (Bregma). Der Atlas enthält Frontalschnitte des Gehirns, wobei die Entfernungen in Millimeter vom Fixpunkt in allen drei Raumachsen (anterior-posterior, dorsal-ventral, lateral-medial) angegeben sind.

Anwendung des stereotaktischen Apparats. Abbildung 21–4 zeigt einen stereotaktischen Apparat, der Bewegung und Fixierung der Elektrode oder Kanüle in den drei Ebenen erlaubt. Nach Auffinden der gesuchten Stelle durch Bewegen des Elektrodenhalters nach anterior-posterior und lateral-medial wird ein Loch in die Schädeldecke gebohrt und die Elektrode entsprechend den Angaben des Atlas in die Tiefe gesenkt. Aufgrund der Variabilität der verschiedenen Entfernungen müssen die verschiedenen Zielorte allerdings nach Abschluß des Experiments histologisch nachträglich überprüft werden, wenn die Verifizierung im Experiment durch Auslösen typisch evozierter Potentiale oder definierter Verhaltensweisen (Mensch) nicht gelang. Im Humanbereich bei neurochirurgischen Eingriffen erfolgt die Verifikation vor und z. T. auch während der Operation röntgenologisch und z. T. durch elektrische Reizung mit gleichzeitiger Beobachtung des Verhaltens und Bericht des Patienten.

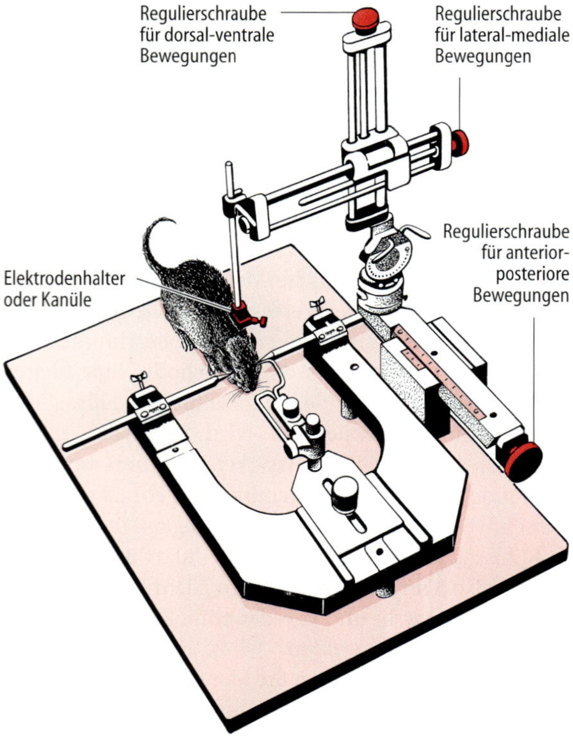

Abb. 21–4. Ein stereotaktischer Apparat für Ratten. Besprechung im Text. Vergleichbare Apparate werden auch für Eingriffe am menschlichen Gehirn in der Neurochirurgie routinemäßig eingesetzt

Verhaltensstörungen nach Hirnläsionen erlauben indirekte Schlüsse über Struktur-Funktionsbeziehungen

Bewertung von Läsionsmethoden. Die reversible oder irreversible Zerstörung von Hirnsubstanz ist die am häufigsten verwendete Methode der Biologischen und Physiologischen Psychologie. Obwohl häufig verwendet, ist die Interpretation von Ergebnissen dieser Methode besonders schwierig. Wenn nach Läsion einer bestimmten Hirnstruktur ein Verhalten verändert ist oder ausfällt, kann dies verschiedene Ursachen haben:

- Die lädierte Struktur ist zur Steuerung des Verhaltens notwendig. Dieser optimale Fall ist selten.
- Die Störung des beobachteten Verhaltens ist nur ein Nebeneffekt der Elimination eines anderen Verhaltens. Wenn z. B. das Tier nach der Läsion den Weg zum Futter nicht mehr findet, kann es blind, die Diskrimination gestört, die Motivation beeinflußt sein, usw. Nur durch geschickte Versuchsanordnungen sind hier Fehlschlüsse zu vermeiden.
- Der Effekt der Läsion ist nur vorübergehend; psychologische (Lernen) und neuronale Kompensationsprozesse (z. B. Auswachsen von Fasern, s. Kap. 24) führen oft zu völliger Wiederherstellung.
- Die zerstörte Struktur ist für das untersuchte Verhalten nicht selbst verantwortlich, sendet aber Fasern mit wichtiger Teilinformation in den entfernt liegenden eigentlich verantwortlichen Kern. Dadurch wird dessen Funktion gestört; man schließt aber fälschlich, daß der zerstörte Kern allein für das Verhalten verantwortlich ist. Dies ist fast immer der Fall, da im ZNS kein Teil allein vollständig für ein Verhalten verantwortlich ist, sondern alle Teile des Gehirns, wenn auch unterschiedlich eng, zusammenarbeiten.
- Läsion einer Region führt zu Disinhibition einer anderen Region, die zuvor von der zerstörten Struktur gehemmt wurde.
- Die Effekte sind nur sekundäre Folgen der mit der Operation und Heilung verbundenen Prozesse (z. B. Schock, Ödeme).

Läsionsmethoden erlauben daher nur grobe Schlußfolgerungen: Bei länger anhaltenden Verhaltensausfällen nach Läsion spielt die betroffene Struktur zumindest eine „gewisse“ Rolle in der Steuerung des in Frage stehenden Verhaltens. Wenn das gemessene Verhalten unverändert bleibt, scheint die zerstörte Struktur zumindest keine essentielle Rolle zu spielen.

Techniken für irreversible und reversible Läsionen. Eine irreversible Läsion erfolgt meist durch ***Hochfrequenzkoagulation*** über eine isolierte Elektrode, die nur an ihrer Spitze Strom austreten läßt. Der hochfrequente Wechselstrom erhitzt das umgebende Gewebe und koaguliert es dabei (die hohe Frequenz des Wechselstroms verhindert elektrische Reizung der Umgebung). An der Kortexoberfläche kann man Gewebe absaugen.

Selektiver wirken ***chemische Läsionen,*** die Zellkörper zerstören, ohne die Axone zu beeinflussen (Kainsäure, Ibotensäure) oder es werden nur solche Zellen zerstört, die einen bestimmten Transmitter benützen: 6-Hydroxydopamin zerstört z. B. selektiv alle Zellen und ihre Ausläufer, die Katecholamine als Überträgerstoff verwenden. – Reversible Läsionen erfolgen entweder durch ***Kühlung*** (kryogene Blockade auf etwa +25 Grad Celsius) oder im Falle des Neokortex durch Auftropfen kleiner Mengen vom Kaliumchlorid-Lösung (KCl). KCl führt zu einer sich ausbreitenden negativen Gleichspannungsverschiebung von 5–10 mV mit darauffolgender elektrischer Stille, einem isoelektrischen EEG. Diese ***spreading depression*** (SD) bleibt über Minuten bestehen und ist auf eine Hemisphäre beschränkt. Durch Aufbringen von KCl-Kristallen an der Hirnoberfläche kann die SD erheblich verlängert werden.

Die Folgen von Hirnläsionen beim Menschen werden mit neuropsychologischen Tests erfaßt

Neuropsychologische Methodik. Mit der Entwicklung der kognitiven Psychologie wurden neuropsychologische Methoden für die Biologische Psychologie und die Neurowissenschaften zunehmend ein unersetzbarer Bestandteil neben Läsion, Reizung und Registrierung. Die Anwendung ***experimentalpsychologischer Untersuchungsstrategien*** und ***psychologischer Tests*** auf Menschen mit reversiblen oder irreversiblen Störungen der Hirntätigkeit gehören ebenso zur neuropsychologischen Methodik wie die psychologische Untersuchung gesunder Menschen mit Versuchsanordnungen, die einen vermuteten neuronalen Prozeß „sichtbar“ werden lassen [6]. Neuropsychologische Untersuchungen finden sich vor allem in Kap. 22 und 27.

Neuropsychologische Tests. Für alle sensorischen, motorischen und intervenierenden Variablen des psychologischen Funktionierens wurden kurze neuropsychologische Verhaltensstichproben entwickelt, die umfangreichste von A. Luria [8]. Diese Verhaltensausschnitte werden zu standardisierten neuropsychologischen Testbatterien zusammengefaßt, die einen umfassenden Überblick über hirnorganisch bedingte Störungen der Sensorik, Motorik und kognitiven Funktionen geben. Die bekanntesten davon sind die ***Luria-Nebraska-Neuropsychologische Testbatterie*** und die ***Halstead-Reitan-Batterie*** [5].

Elektrische, magnetische oder chemische Reizung des Gehirns führt zu Funktionsaussagen über einzelne Hirngebiete

Reizung des Gehirns bei neurochirurgischen Eingriffen. Am Menschen führte die elektrische Reizung – vor allem der Kortexoberfläche – während neurochirurgischer Eingriffe zu wichtigen Erkenntnissen über die Lokalisation psychischer Funktionen. Die bedeutendsten Arbeiten stammen von Penfield, Jasper und Rasmussen, die an der neurochirurgischen Klinik Montreal ***fokale Epilepsien*** operierten [11]. Dabei wird am wachen Patienten (Hirnsubstanz ist schmerzunempfindlich, die Zugangsoperation wird unter örtlicher Betäubung durchgeführt) das Ausgangsgebiet (Fokus) epileptischer Anfälle, meist Teile des Temporallappens entfernt. Um keine wichtigen Funktionen auszuschalten – vor allem Sprachfunktionen – werden verschiedene Regionen der exponierten Hirnrinde mit einer Elektrode gereizt und die Reaktionen der Patienten beobachtet oder erfragt. Problematisch ist bei diesen Eingriffen die Tatsache, daß wir die „natürlichen“ im Gehirn vorhandenen Reizstärken und Reizmuster nicht kennen und somit von Außen angebrachte Reize artifizielle (künstliche) Ergebnisse erbringen können. Deshalb lokalisiert man wichtige Funktionen heute präoperativ mit MEG (s. S. 502) und MRI (s. S. 509).

Im Tierversuch kann lokale elektrische Reizung in allen Hirnregionen über stereotaktische Implantation der Elektroden erfolgen. Dieser Methode haben wir z. B. eine der wichtigsten Entdeckungen der Biologischen Psychologie, die intrakranielle Selbstreizung (ICSS, s. Kap. 29) als Substrat von Verstärkungsprozessen zu verdanken.

Experimentelle Gleichstrompolarisation des Gehirns. Weniger präzise Lokalisation einer Verhaltenssequenz ist durch elektrische Reizung an der Oberfläche des Schädels möglich. Abbildung 21–5 zeigt eine Versuchsanordnung zur Reizung von rechter und linker sensomotorischer Region.

Dabei wird ein schwacher, nicht spürbarer Gleichstrom (0,2 mA) zwischen zwei Elektroden über den Arealen für eine bestimmte Zeit (hier 6 s) von einer Elektrode zur anderen geschickt. Unter der positiv polarisierten Elektrode (Anode) (im Verhältnis zur negativen, gegenüberliegenden Elektrode) wird eine Depolarisation mit erhöhter Erregbarkeit des Nervengewebes erwartet (s. Kap. 7 und 22, Abb. 21–7, S. 495). Damit wird artifiziell ein Gleichspannungsfeld in einem Hirngebiet nahe der Elektrode aufgebaut, das dem natürlich dort vorhandenen Feld gleicht und somit ähnliche Effekte auf Verhalten haben sollte: in diesem Fall, bei anodaler Polarisation der linken präzentralen Handregion, sollte die Leistung und Reaktionsgeschwindigkeit der rechten Hand besser werden, weil das unmittelbar darunter liegende Kortexgewebe (Schicht I) erregt wird. Erregt wird es vermutlich deshalb, weil negative extrazelluläre Ionen von der positiv polarisierten Elektrode angezogen werden und damit die oben liegenden Dendriten depolarisieren (s. Kap. 7 und 8). Darüber hinaus müßte insgesamt die Bereitschaft, der „Wunsch“ mit der rechten Hand zu reagieren, zunehmen. Bei Umpolung müßte sich dasselbe für die linke Hand wiederholen. Genau das ist auch der Fall [12].

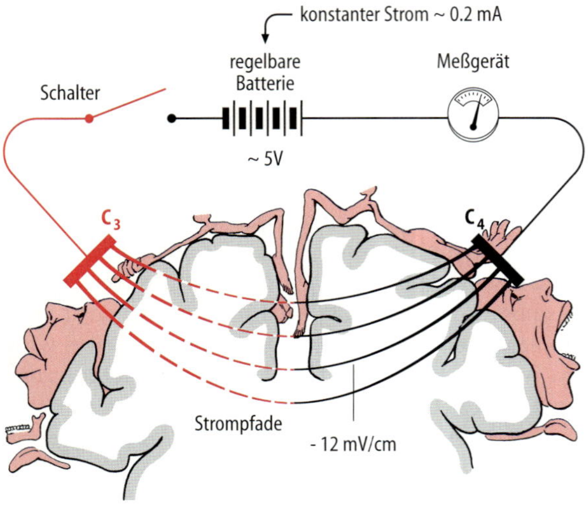

Abb. 21–5. Bei Anlegen eines nicht spürbaren Gleichstroms von ca. 0,2 mA zwischen rechter *(C4)* und linker *(C3)* Zentralregion am Menschen kommt es auf der Seite der anodalen Polarisierung *(C3* Pol, *rot)* zu einer Anregung des Verhaltens, das von der entsprechenden Hirnregion gesteuert wird: bei anodaler Polarisation von C_3 werden sensomotorische Reaktionen der rechten Hand, bei anodaler Polarisation von C_4 die der linken Hand erleichtert

Transkranielle Magnetstimulation. Eine nahe der Haut angelegte Spule liefert einen starken magnetischen Puls im Bereich von 30 bis 40 Tesla/s, der im Hirngewebe einen Strom auslöst. Die ausgelösten Ströme entsprechen dem Strom, der üblicherweise zur direkten elektrischen Reizung von Nervenfasern verwendet wird. Da magnetische Felder das Gewebe ohne Abschwächung durchdringen, kann man nicht-invasiv und ohne Berührung der Versuchsperson auch tiefer gelegene Hirnteile reizen. Ein kurzer Magnetimpuls depolarisiert die darunter liegenden Zellen in einem Umkreis von einigen Millimetern, was bei Reizung am motorischen Kortex zu unwillkürlichen Kontraktionen der entsprechenden Muskeln führt.

Außerhalb des motorischen Kortex kann man vor allem durch kurze hochfrequente Reizung die Nerventätigkeit kurz unterbrechen. Während kognitiven oder sensomotorischen Aufgaben stört man damit die Informationsverarbeitung und schließt daraus auf den Ort im Gehirn und die gerade ablaufende zeitliche Sequenz der Verarbeitung. Für die Biologische Psychologie ist diese Methode daher von größtem Nutzen, z. B. dient sie auch der Messung sensomotorischer Reorganisation des Gehirns (s. S. 364, Kap. 16, 24) bei chronischen Schmerzen und Lernen. Durch systematische Reizung des motorischen Homunkulus (s. Kap. 13, S. 271) kann man z. B. feststellen, daß nach Amputation oder Querschnittslähmung das entsprechende kortikale Projektionsareal (z. B. Handareal) sehr viel leichter reizbar und auch in seiner Ausdehnung größer wird. In der neurologischen Diagnostik kann man damit Funktionsstörungen des motorischen Traktes (z. B. bei multipler Sklerose und Schlaganfall), aber auch Rückenmarksstörungen erfassen.

Dieselben kritischen Einwände, die gegen die Läsionsmethode vorzubringen sind, (s. S. 488) gelten auch für Reizmethoden. Hinzu kommt, daß die Reizströme selten den natürlichen, im Nervengewebe vorhandenen Strömen entsprechen. Aus den genannten Gründen haben all diese Verfahren nur dann dauernden Wert, wenn sie gemeinsam zu *konvergierenden Ergebnissen* führen.

Als dritte Methode der Biologischen und Physiologischen Psychologie wird die ***chemische Reizung*** über Mikropipetten angewandt, die winzige Mengen potentiell agonistischer oder antagonistischer Substanzen der vorhandenen Neuromodulatoren oder Neurotransmitter an die Synapsen transportieren (s. Kap. 7, 8, 20).

21.4 Elektro- (EEG) und Magnetenzephalogramm (MEG)

EEG und MEG erlauben präzise Zeitmessung mentaler Prozesse

Die Aufzeichnung der elektrischen Aktivität des Gehirns ist zusammen mit der Aufzeichnung der Magnetfelder (MEG, s. unten) der wichtigste methodische Zugang zur Erforschung der Zusammenhänge zwischen Hirn und Verhalten beim Menschen. Da die informationsverarbeitenden Prozesse im Gehirn z. T. sehr rasch ablaufen (in ms-Intervallen) erfordert ihre Messung eine Zeitauflösung, die bildgebende Verfahren (Kap. 21.6) nicht aufweisen. Der Nachteil elektroenzephalographischer Methoden besteht darin, daß sie ihre präzise Zeitstruktur mit relativer örtlicher Ungenauigkeit über den anatomischen Ursprung einer bestimmten Spannungsschwankung außerhalb des Kortex erkaufen müssen. Mit Hilfe mathematisch-statistischer Analysen konnten aber zunehmend genaue Lokalisationen der elektrischen „Generatoren" erzielt werden. Aber auch mit den mathematisch-biophysikalischen Verfahren können die anatomischen Lokalisationen nur theoretisch vorgenommen werden und müssen durch die bildgebenden Verfahren (PET, NMR) ergänzt werden. Die Ableitung des Magnetenzephalogramms erlaubt ebenfalls eine präzisere Lokalisation (s. S. 501).

Die EEG-Rhythmen weisen charakteristische Frequenzen und Amplituden auf, die für verschiedene Bewußtseinszustände typisch sind

Geschichte und Definition. Die Geschichte der Entdeckung der hirnelektrischen Aktivität ist eng mit den zunehmenden technischen Möglichkeiten der Spannungsmessung und -verstärkung im ausgehenden 19. und im 20. Jahrhundert verbunden. Nach der Entdeckung der Bioelektrizität durch Luigi Galvani und seine Frau 1791, leiteten erstmals 1848 Matteucci am Muskel und Du Bois-Raymond an der Nervenfaser elektrische

Spannungsschwankungen ab. Als Entdecker des tierischen EEGs darf man Richard Caton bezeichnen, der 1875 erstmals spontane Spannungsschwankungen vom unverletzten Kortex ableiten konnte. Evozierte Potentiale nach Lichtreizen beschrieb erstmals Fleischl von Marxow, der seine Beobachtungen 1883 an der Wiener Akademie der Wissenschaften deponierte und sie erst nach der Replikation Becks 1890 publizierte [16].

1902 begann *Hans Berger* mit Experimenten an Hunden und an Katzen, die ihn zur Entdeckung des menschlichen EEGs führen sollten. Am 6. 7. 1924 leitete Berger mit einem empfindlichen Saitengalvanometer an einem siebenjährigen Patienten erstmals spontane elektrische Spannungsschwankungen von der Hirnrinde ab. Aber erst nach einer Vielzahl von Kontrollversuchen und weiteren Ableitungen an 38 Versuchspersonen publizierte Berger 1929 seine ersten Mitteilungen *„Über das Elektroenkephalogramm des Menschen"*. Seiner ersten Mitteilung folgten bis zum Jahre 1938 weitere 13 Mitteilungen. Die Bergerschen Arbeiten, seine Experimentiermethodik und sein Einfallsreichtum gehören zu den großartigen Leistungen der Naturwissenschaft. Zu den Pionieren der EEG-Forschung gehört auch Hubert Rohracher, der ab 1933 EEG-Versuche durchführte und Wesentliches zur technischen Weiterentwicklung der Ableitverfahren beitrug.

EEG-Rhythmen. Obwohl man unter dem EEG im allgemeinen die elektrischen Spannungsschwankungen der Großhirnrinde versteht, gehören dazu auch *subkortikale elektrische Potentiale,* die bis zum Kortex als ***Feldpotentiale („far-field")*** weitergeleitet werden können. Für die Interpretation der physiologischen Bedeutung der EEG-Muster ist zu bedenken, daß sie von subkortikalen Strukturen – vor allem dem Thalamus – als Schrittmacher dem Neokortex quasi „aufgezwungen" werden (s. nächster Abschnitt). Dies gilt besonders für die Alpha-Wellen (α-Wellen) und langsame Hirnpotentiale (s.u.). Die bioelektrische Genese von Delta- (δ-) und Theta-Wellen (ϑ-Wellen) ist weniger klar. Abbildung 21-6 zeigt die wichtigsten Frequenzbänder im menschlichen EEG, wobei jeweils die EEGs verschiedener Personen untereinander gezeigt werden, um die Variabilität der Form der Hirnpotentiale zu demonstrieren. Für das bloße Auge ist besonders der sinusförmige ***Alpha-Rhythmus*** (8–13 Hz) gut erkennbar, der im Wachzustand geringer visueller Aufmerksamkeit vor allem okzipitoparietal auftritt. Bei ***visueller Konzentration*** oder ***Aufmerksamkeit*** wird er sofort blockiert und geht bei den meisten, aber nicht allen Personen, in höherfrequenten ***Beta-Rhythmus*** (β-Rhythmus, 13–30 Hz) über. Dieses Phänomen bezeichnet man als ***„Alpha-Block"***. Die übrigen, auf Abb. 21-6 gezeigten Frequenzen treten im Schlaf oder unter pathologischen Bedingungen auf und werden in Kap. 23 besprochen.

Frequenzen über 30 Hz bezeichnet man auch als ***Gamma-Wellen*** (γ-Wellen), wobei auch der Ausdruck ***40 Hz-Oszillationen*** verwendet wird. Diese Wellen zeichnen sich durch extrem kleine Amplituden (1–10 μV) und hohe lokale Spezifität aus. Sie werden mit lokalen Verbindungen von sogenannten Zell-Assemblies oder Zellensembles (s. Kap. 22, 24) zu synchron feuernden Nervennetzen in Verbindung gebracht.

Über den prämotorischen Regionen tritt bei Verhaltenshemmung der sogenannte **S**enso**m**otorische **R**hythmus (SMR) oder mu-Rhythmus von 10–15 Hz auf. Dieser Rhythmus ist vermutlich mit ***Schlafspindeln*** (s. Kap. 23) identisch.

Die EEG-Wellen stellen summierte exzitatorische postsynaptische Potentiale der obersten Rindenschichten dar

Die Regularität der EEG-Wellen. EEG-Signale an der Schädeloberfläche stellen stets die summierte Aktivität aus einer Vielzahl elektrischer Prozesse dar, die in vielen neuronalen Strukturen unter Beteiligung unterschiedlicher Transmittersysteme ablaufen. Es wäre auch höchst unwahrscheinlich und unbiologisch, wenn all unsere informationsverarbeitenden Vorgänge auf einen einzigen physiologischen Vorgang rückführbar wären. Das EEG und die ereigniskorrelierten Potentiale (EKP, s. Kap. 21.5) sind gerade deshalb als Substrat von Kognition und Verhalten bedeutsam: trotz der scheinbar unübersehbaren Vielfalt zellulärer Prozesse bildet sich ein *geordnetes Muster elektrischer Potentiale* ab, das mit psychischen Vorgängen eng zusammenhängt. Jene physiologisch-anatomischen Eigenheiten des ZNS, die an der *Entstehung von Ordnung* aus dem Chaos der elektrischen Aktivitäten von Einzelzellen beteiligt sind, sind es auch, die unserem Verhalten und Denken zugrunde liegen.

Dipolstruktur des Neokortex. Die *Geordnetheit* der EEG-Wellen (und wahrscheinlich unseres subjektiven Erlebens) verdanken wir der Geordnetheit des zytoarchitektonischen Aufbaus des Neokortex. Trotz regionaler Unterschiede in der Schichtung (Kap. 16, 19, 20) ist die Grundstruktur stets gleich: die Dendriten der Pyramidenzellen liegen oben (Schichten I und II), die Zellkörper unten (Schichten III, IV und V). Abgesehen von den Gliazellen (s. unten) spielen die übrigen Zellarten (Korbzellen und Sternzellen) bei der Generierung der an der Kortexoberfläche meßbaren Spannungsschwankungen nur eine geringe Rolle. Diese *senkrechte Ausrichtung* der kortikalen Module führt zu einer Stromverteilung an den Zellen, die weiter entfernt registrierbare Feldpotentiale bewirkt. Die Verteilung dieser Feldpotentiale in der Hirnrinde wird theoretisch am besten mit einer sogenannten Dipolstruktur beschrieben [12].

An den oberen apikalen Dendriten in Schichten I und II enden primär *exzitatorische Fasern* aus den *„unspezifischen"* thalamischen Kernen (s. Kap. 20, 22), sowie Kommissuren- und langen Assoziationsfasern. Die spezifischen sensorischen thalamischen Afferenzen und kurze Fasern von benachbarten Kolumnen enden in tieferen Schichten (III und IV). Inhibitorische Synapsen finden wir mehr in Somanähe als an den Dendriten. Inhibitorische Potentiale tragen kaum zur Genese von Feldpotentialen bei, da die bei hemmenden Potentialen fließenden Ströme pro Zeiteinheit sehr viel kleiner sind als die für EPSPs erforderlichen Ströme. Auch Aktionspotentiale spielen keine Rolle für das EEG, abgesehen von den sie auslösenden EPSPs: der Extrazellulärraum des Nervengewebes wirkt wie ein Kondensator (RC-Glied), der hohe Frequenzen abschirmt. Für die Generierung der elektrischen Spannungsänderungen im Spontan-EEG und bei den EKP spielen die ***apikalen***

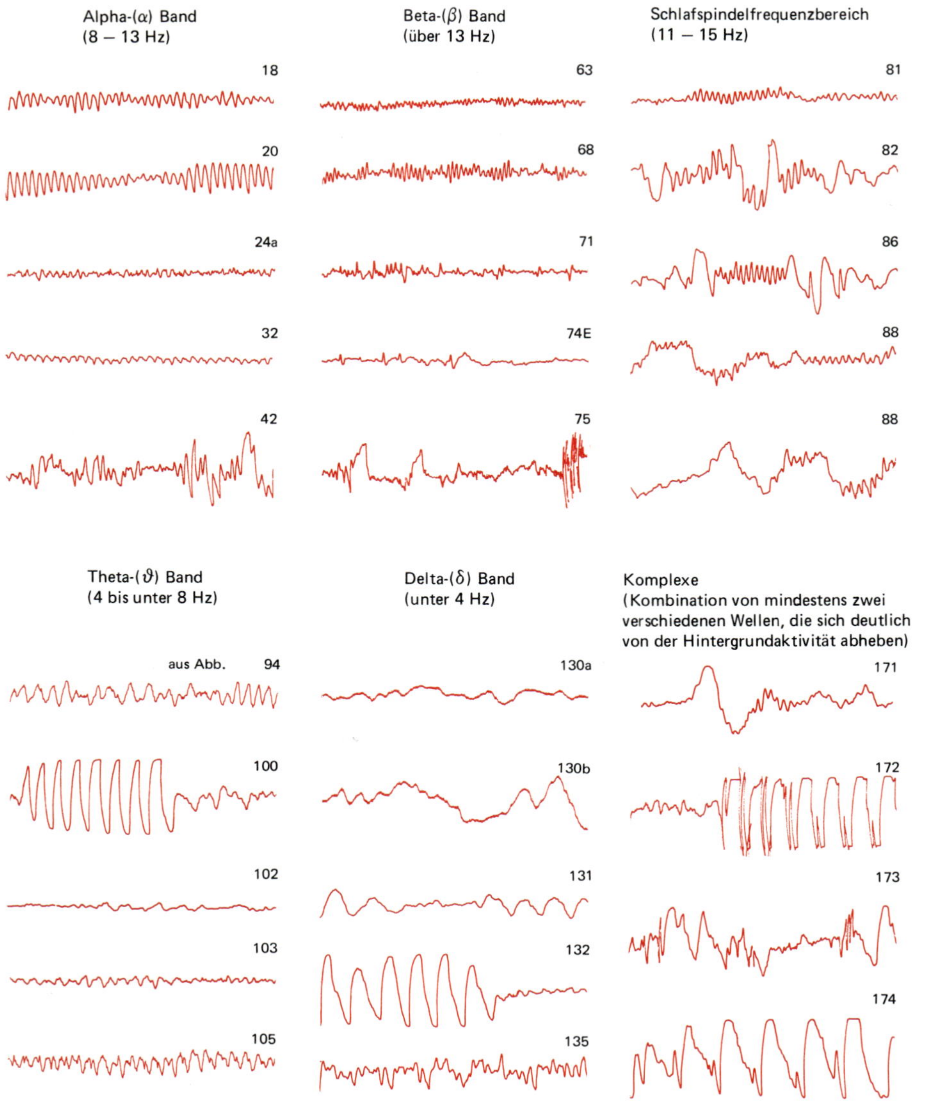

Abb. 21–6. Beispiele von EEG-Wellen der verschiedenen Frequenzbänder, Amplituden und Formen. Es ist jeweils ein Ausschnitt von ca. 3,3 s dargestellt. Jede Zahl kennzeichnet eine andere Person. Die Amplitudenhöhen können nicht zwischen den einzelnen Ableitungen verglichen werden, da sie mit unterschiedlichen Verstärkungsfaktoren aufgezeichnet wurden. (Nach Simon, O.: Das Elektroencephalogramm. München: Urban & Schwarzenberg 1977)

Dendriten und die unspezifischen Afferenzen im Vergleich zu den übrigen Zellanteilen eine dominierende Rolle. ***Gliazellen,*** die sowohl Soma wie auch Dendriten umgeben, bewirken – neben vielen anderen Vorgängen – eine Verstärkung und Ausbreitung der extrazellulären negativen Potentiale, vor allem im DC-Potentialbereich und Delta-Potentialbereich (s. Kap. 21.5).

Aufbau eines Dipols. Abbildung 21–7 gibt die Situation bei Einlaufen einer afferenten Impulssalve aus dem Thalamus oder anderen Kortexgebieten an die apikalen Dendriten wieder. Die extrazelluläre Region der apikalen Dendriten wird negativ, da durch den Na^+-Einstrom positiver Ionen (s. Kap. 7) ein ***negatives Feldpotential*** an dieser Stelle entsteht. Strom, das sind positive Ladungsträger, fließt ins Zellinnere, und von der Elektrode, die sich in der Umgebung der Dendriten befindet, weg; an der Membraninnenseite „bewegt" er sich dem Stromgradienten folgend in Richtung Soma und entlang der extrasynaptischen Membran in umgekehrte Richtung zur Depolarisation. Der elektrische Widerstand der nichterregten Membran ist so groß, daß sich der Strom entlang der gesamten Längenausdehnung des Dendritenbaumes und Somas verteilen muß. Die Stelle des Stromeintritts wird ***Senke*** (engl.: *sink*) genannt, da sie als negativer Pol positive Ladungen anzieht. Die Orte des Stromaustritts werden ***Quellen*** *(source)* genannt. Extrazellulär fließt der Strom also immer von Regionen geringer Depolarisation (in unserem Fall Soma) in Richtung der Depolarisation (apikale Dendriten), die Polarität der extrazellulären Spannung ist daher an der Senke relativ zur Quelle negativ. Intrazellulär ist die Stromausrichtung entsprechend umgekehrt.

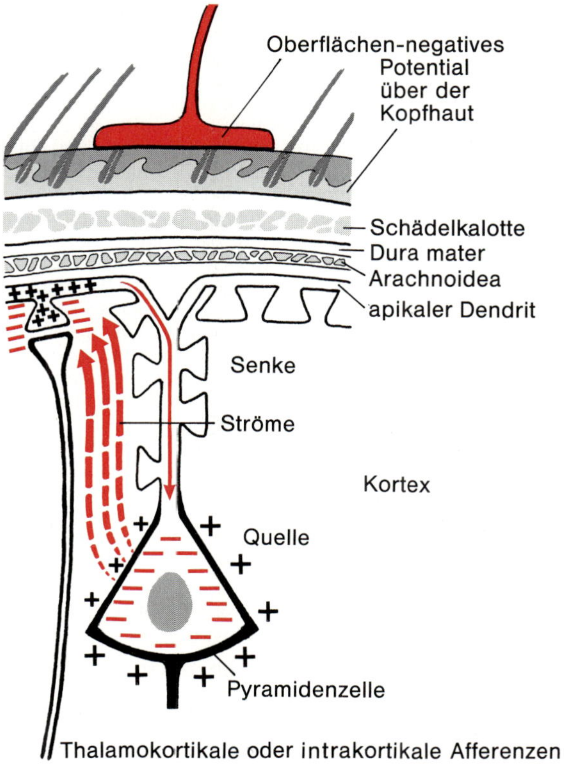

Abb. 21–7. Oberflächennegative langsame Hirnpotentiale (LP) werden durch Polarisation des *Kortex* erzeugt, wobei Afferenzen die *apikalen Dendriten* von *Pyramidenneuronen* aktivieren. Die extrazellulären Ströme erzeugen an der Kopfhaut meßbare Potentiale, siehe Text. (Aus [12])

Durch die vertikale Lage der Pyramidenzellen im Neokortex und die dort herrschenden elektrischen Widerstandsverhältnisse kommt es zu einer Phasenumkehr zwischen Soma und apikalen Dendriten: Von dieser Potentialverteilung leitet sich die Bezeichnung ***Dipol*** (aus der Physik elektromagnetischer Felder entlehnt) ab. Die beschriebenen Ionenbewegungen generieren Feldpotentiale, die auch von weiter entfernt liegenden Elektroden aufgefangen werden können [20].

Elektrische Entstehung und Ausrichtung von Dipolen. Dabei ist zu bedenken, daß auch in dem Dipolschema von Abb. 21–7 ein Ausgleich der Ströme im Gewebe erfolgen würde und dann natürlich kein EEG entfernt von den Stromsenken sichtbar würde. EEG-Potentiale können nur dann sichtbar werden, wenn sich der extrazelluläre Strom von Quelle zu Senke nicht mehr ausgleichen kann. Strom geht immer den Weg des geringsten Widerstandes und nach dem Prinzip, die Stromdichte so klein wie möglich zu halten. Wenn gleichzeitig viele Zellen synchron aktiviert werden, steht nur noch der unmittelbare Extrazellulärraum für den Potentialausgleich von Quelle zur Senke zur Verfügung. Da dieser Durchmesser sehr klein ist und der Widerstand in der 4. Potenz mit abnehmendem Durchmesser eines Leiters zunimmt, sucht der Strom nun den Umweg über die weiße Substanz, inaktive Kortexareale (Fernfeld) durch die Hirnhäute und Knochen zurück zur Stromsenke (s. Abb. 21–7).

Um die Bedeutung der vertikalen Dipole im Kortex zu verdeutlichen, möge sich der (die) Leser(in) einmal eine kreisförmig-radiale Ausrichtung der Dendriten-Soma-Achsen vorstellen, wie sie z. B. in Hirnstammkernen vorkommt. Die positiven Pole lägen alle im Zentrum dieser kugelförmigen Anordnung, die negativen außen: Die Potentialdifferenzen außerhalb der Kugel, wo unsere Elektrode liegt, wären Null, da an allen Punkten der Kugeloberfläche das gleiche Potential herrscht, z. B. + 10 mV. Geschlossene Potentialfelder dieser Art kommen im Kortex (z. B. in Schichten III und IV, alle sternförmigen Zellen bilden theoretisch geschlossene Felder) und vor allem subkortikal (Thalamus) vor, gehen aber nicht in unsere Oberflächenregistrierung ein. Bei einem einheitlich aktivierten vertikal ausgerichteten Dipol werden auf einer 2 cm benachbarten Elektrode nur noch 10 % der Amplitude registriert; dies bedeutet, daß man auch an der Schädeloberfläche die „Generatoren" einer bestimmten elektrischen Aktivität mit Hilfe von vielen Elektroden auf etwa 2–3 mm genau angeben kann [9]. Mit speziellen mathematischen Verfahren läßt sich diese Genauigkeit noch etwas erhöhen. Die Amplitude der Potentiale an der Schädeloberfläche ist gegenüber Potentialen, die direkt an der Kortexoberfläche gemessen werden (Elektrokortikogramm, ECoG), etwa 3–10 mal kleiner.

Beim ***Magnetenzephalogramm,*** bei dem die Magnetfelder der hirnelektrischen Ströme gemessen werden, spielen im Gegensatz zum EEG die extrazellulären Ströme eine untergeordnete Rolle. Das außerhalb des Kopfes meßbare Magnetfeld wird vorwiegend und bei Annahme eines kugelförmigen Kopfes sogar ausschließlich durch den Strom bestimmt, der innerhalb des Neurons fließt. Die Leitfähigkeitsunterschiede der verschiedenen Gewebetypen des Kopfes, die sich nur grob abschätzen lassen, können dabei weitgehend vernachlässigt werden, was eine genauere Dipollokalisation begünstigt. Ein weiterer Unterschied zwischen EEG und MEG besteht darin, daß beim MEG nur ***tangentiale Dipole,*** deren Orientierung parallel zur Kopfoberfläche orientiert ist, ein Feld produzieren, das außerhalb des Kopfes meßbar ist. MEG und EEG sind daher zwei sich ergänzende Methoden zur Lokalisation hirnelektrischer neuronaler Quellen.

Die langsamen Frequenzen (bis 15 Hz) des EEG werden vom Thalamus synchronisiert

Synchronisation und Spontan-EEG. Bei ungeordneter Aktivität der aus dem Thalamus und den übrigen Kortexregionen kommenden Afferenzen würde trotz Dipolstruktur kein meßbares EEG an der Schädeloberfläche entstehen, da die Feldpotentiale von Einzelzellen zu schwach sind. Es müssen also ein oder mehrere Module (ein Modul hat ca. 10 000 Pyramidenzellen) *gleichzeitig* synaptisch aktiviert werden, um die EEG-Potentiale am Schädel auffangen zu können. D. h. ***zeitliche Synchronisation*** der afferenten Impulssalven ist Voraussetzung für die EEG-Rhythmen. Aus den beschriebenen anatomischen Gründen (s. Kap. 20) kommt als rhythmusgebende und synchronisierende Struktur nur der ***Thalamus*** in Frage: Vom Thalamus isolierte Kortexzellen entfalten keine spontane rhythmische Aktivität, vor allem im Bereich von Alpha-Wellen, auch wenn die Kommissuren und Assoziationsfasern erhalten bleiben.

Abbildung 21–8 illustriert schematisch die Prinzipien der Entstehung von EEG-Wellen. Dabei wird auch der enge Zusammenhang von *synchronen postsynaptischen Potentialen* der einzelnen Zellen und der EEG-Kurven deutlich. Eine Desynchronisation des EEGs mit Amplitudenabnahme kann also zwei Ursachen haben; die Afferenzen feuern mit hoher Frequenz, aber irregulär, oder sie feuern extrem selten, so daß keine Summation von EPSPs möglich ist. Nur die *Gleichspannungsverschiebungen* erlauben eine Aussage darüber, welcher Aktivitätszustand im Nervengewebe unter der Elektrode vorherrscht (s. 21.5). Die kortikalen

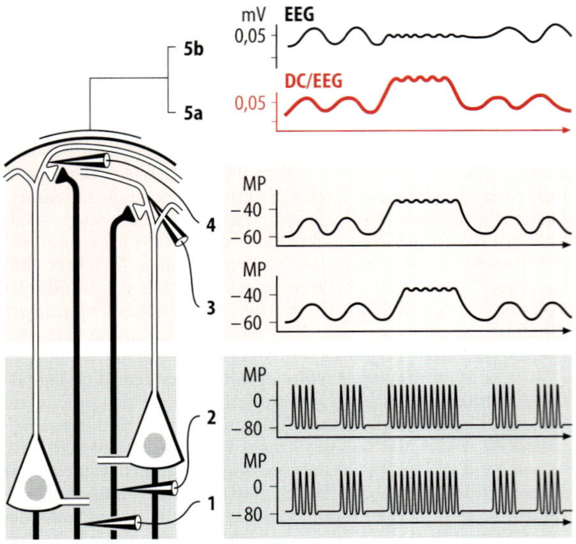

Abb. 21-8. Prinzipien der Generation von EEG-Wellen. Die exzitatorischen Synapsen zweier afferenter Fasern *(schwarz)* enden am oberflächlichen Dendritenbaum *(weiß)* von zwei longitudinalen neuronalen Elementen. Die Aktivität dieser afferenten Fasern wird durch zwei intrazelluläre Elektroden *1* und *2* registriert. Die Membranpotentiale *(MP)* der dendritischen Elemente werden durch die Elektroden *3* und *4* registriert. Das Feldpotential an der kortikalen Oberfläche wird von Elektrode *5* aufgefangen. Synchrone Gruppen von Aktionspotentialen in den afferenten Fasern *(1, 2)* generieren Wellenformen von EPSPs in den Dendriten *(3, 4)* und entsprechende Feldpotentiale in den EEG- und DC-Ableitungen *(oben rechts 5a* u. *5b)*. Tonische Aktivität in den afferenten Fasern *(Mitte rechts)* resultiert in einem anhaltenden EPSP mit kleinen Fluktuationen. Während dieser Periode weist das *EEG* nur eine Reduktion der Amplitude auf, während die DC/EEG-Ableitung *(5a)* auch die Depolarisation der neuronalen Elemente wiedergibt. (Nach [20])

Netzwerke werden von den thalamischen Efferenzen „getrieben", der Rhythmus den Dendriten und Zellen „aufgezwungen". Abbildung 21–9 gibt die Vorstellung über die thalamokortikalen Rhythmusgeber wieder [10].

Postinhibitorische Entladung thalamischer Neurone. Die Entstehung regelmäßiger Muster ist auf die anatomisch-histologischen Eigenheiten des Aufbaus thalamischer Zellverbände und auf das elektrophysiologische Phänomen ***„post-inhibitorischer Entladung"*** zurückzuführen: Ein afferenter Impuls aus der Peripherie oder den subkortikalen unspezifischen Aktivierungsstrukturen der Formatio reticularis führt zur Entladung eines thalamischen Neurons. Der Impuls wird entlang der thalamokortikalen Faser weitergeleitet, geht aber auch rückläufig an ein hemmendes Interneuron ***(rückläufige kollaterale Hemmung*** über hemmendes Zwischenneuron). Das inhibitorische Interneuron hat viele laterale Verzweigungen und erzeugt an den benachbarten thalamischen Zellen langandauernde Hyperpolarisationen. Nach ca. 100 ms kommt es zu spontanen rhythmischen postinhibitorischen Nachentladungen in den beteiligten Zellen. Durch weitere inhibitorische Zwischenneurone wird der Kreis betroffener Zellen erweitert. Das Fortbestehen des Eigenrhythmus der Zellgruppe wird durch das Ankommen eines zweiten afferenten Impulses *vor* einer spontanen Nachtentladung unterdrückt (Desynchronisation), während ein afferenter Impuls zur Zeit der zweiten Entladung den Rhythmus verstärkt. Letzteres scheint die Grundlage für das sogenannte *„Driving"-Phänomen* zu bilden (Flackerlicht einer bestimmten Frequenz löst EEG-Rhythmen derselben Frequenz aus).

Frequenz, Amplitude und Geordnetheit sind die wichtigsten quantitativen Kennwerte des EEG, die auch in der klinischen Diagnostik genutzt werden

Frequenzspektren und Amplitude. Trotz der synchronisierenden Wirkung der thalamischen Kerne variieren Frequenz und Amplitude auch innerhalb eines gegebenen Bewußtseinszustandes ganz erheblich an verschiedenen Punkten des Kortex. Je nach dem Ort der ablaufenden Informationsverarbeitung werden einzelne Hirnareale erregt (desynchronisiert) und oft benachbarte gehemmt. Eine exakte Analyse der Frequenzen, Phasenverschiebungen und Amplituden von möglichst vielen Arealen ist deshalb für die meisten psychophysiologischen Fragen notwendig; das Analyseverfahren wird ***Neurometrie*** oder ***„Brain Mapping"*** genannt.

Mit dem Auge und dem Lineal kann man zwar grobe Frequenzänderungen langsamer und hochampli-

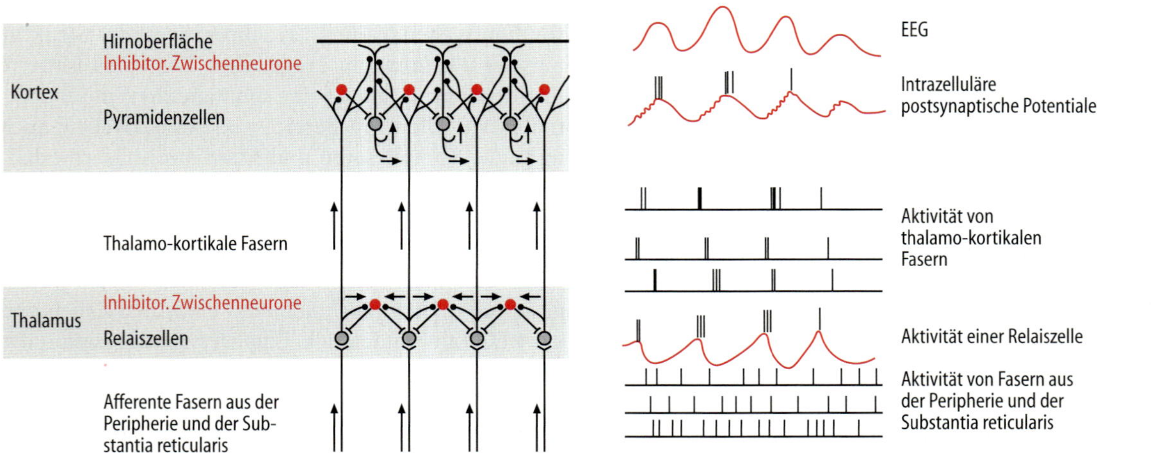

Abb. 21-9. Schematische Darstellung der Entstehung rhythmischer EEG-Wellen. *Links*: Darstellung der neuronalen Schaltkreise in *Thalamus* und *Kortex*. *Rechts*: Die resultierenden Aktivitäten. Man beachte, daß die oszillierende Aktivität im Thalamus durch den Zeitverlauf der rekurrierenden Hemmung bestimmt wird, und daß die hemmenden Interneurone wiederum unter Kontrolle nichtspezifischer Aktivierungssysteme des Hirnstamms stehen. Einzelheiten siehe Text. (Nach [15]

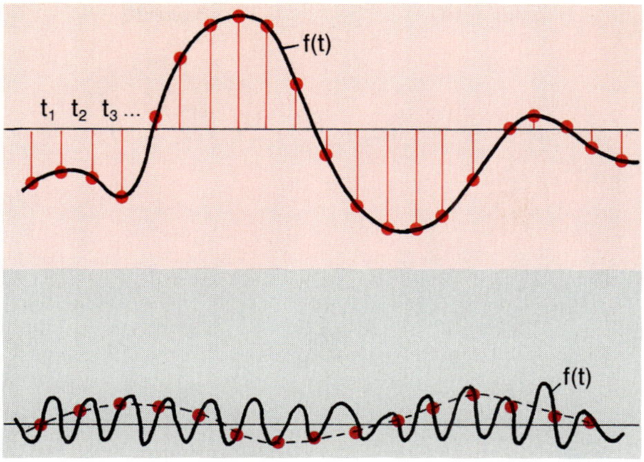

Abb. 21–10. Analog-Digitalwandlung. Das Signal *f(t)* wird in regelmäßigen Abständen zur Zeit *t1, t2, t3. . .* abgetastet und vom Rechner in digitaler Form (d. h. als Zahl) gespeichert. Frequenzen, die höher als die halbe Abtastfrequenz sind, täuschen langsame Änderungen vor. Dies ist in der unteren Kurve durch die *gestrichelte* Verbindung symbolisiert. (Nach [12])

tudiger Rhythmen messen, psychologische Versuchsanordnungen führen aber meist zu Frequenzverschiebungen im α-, β- und γ-Band, die nur durch Computeranalyse und elektronische Filter sichtbar gemacht werden können. Dabei wird das analoge Originalsignal in einer bestimmten zeitlichen Abtastrate in digitale Punkte zerlegt, die der Rechner weiterbearbeiten kann. Abbildung 21–10 gibt diese **Analog-Digitalwandlung** wieder [9,10].

Fourier-Analyse. Die wichtigste Auswertungsmethode für diese digitalen Punkte ist die Fourier-Analyse, die zu sogenannten ***Leistungsspektren*** *(power spectrum)* des EEGs führt. Dabei geht man davon aus, daß jede Kurvenform in eine Anzahl von Sinuskurven unterschiedlicher Frequenz zerlegt werden kann (Kap. 18); die Summe der Einzelschwingungen muß dann das Originalsignal wiedergeben. Die Fourier-Analyse bestimmt das Ausmaß jener Frequenzanteile, die in einer bestimmten Zeiteinheit vorkommen. Die „Stärke" des Signals wird in Volt zum Quadrat pro Sekunde (V^2) ausgedrückt, d. h. wir erhalten die Verteilung der quadrierten EEG-Amplituden für einen bestimmten Frequenzausschnitt.

Deterministisches Chaos und Komplexität. In neuerer Zeit wird neben der Frequenzverteilung an verschiedenen Hirnarealen ***(Brain Mapping)*** das Ausmaß der Komplexität (im Gegensatz zur Vorhersagbarkeit) mit Methoden der nichtlinearen Systemtheorie untersucht. Eines dieser mathematischen Verfahren, die ***Korrelationsdimension*** wurde aus den Verfahren zur Berechnung deterministisch-chaotischer Prozesse (z. B. Wetter, Wellen, Wassertropfen etc.) entwickelt. Dabei wird die Zeitreihe (also in unserem Fall eine EEG- oder MEG-Ableitung) in einen mehrdimensionalen ***Phasenraum*** eingepaßt und es wird errechnet, wie viele Raumdimensionen man mindestens benötigt, um die Original-Zeitreihe zu rekonstruieren. Je komplexer, d. h. unvorhersagbarer der Prozeß, um so mehr Dimensionen weist der Phasenraum auf und um so häufiger durchläuft die Zeitreihe (EEG, MEG) diese Phasenräume. Jede Dimension spiegelt ein Element der physiologischen Prozesse wieder, die das EEG oder MEG (Magnetenzephalogramm, s. unten) generierten, z. B. Na^{++}-Ströme, Synchronisation u. a. biophysikalische Vorgänge. Im Regelfall genügt die Annahme von 5 bis 7 Dimensionen (physiologischen Vorgängen), um das EEG vollständig zu rekonstruieren. Die Untersuchung einer Vielzahl kognitiver und emotionaler Leistungen ergab, daß die ***Dimensionalität*** des EEGs die ***Anzahl unabhängig aktiver Zellensembles*** (s. Kap. 24) wiedergeben könnte. Abbildung 21–11 gibt sogenannte ***Chaos-Hirnkarten*** für intelligente und weniger intelligente Personen wieder. Dabei erkennt man, daß in Ruhe, ohne mentale Aufgabe, intelligente Personen eine höhere Komplexität ihrer hirnelektrischen Vorgänge aufweisen [18]. In Kap. 27 sind die kortikalen Dimensionalitäten beim Musikhören dargestellt.

Interpretation des EEGs. Tabelle 21–2 gibt eine Übersicht der Zuordnungen einzelner Frequenzbänder zu Bewußtseinszuständen. Dabei ist nicht berücksichtigt,

Tabelle 21–2. Zuordnung von Aktivation und EEG-Frequenz.

Verhaltenskontinuum	EEG-Frequenz	Verhaltenseffizienz
sehr starke Aktivierung (emotionale Erregung)	desynchronisiert, niedrige Amplituden	schlecht; Kontrollverlust; desorganisiert; Schreckreflex
mäßige Aktivierung (wache Aufmerksamk.)	Gemischt schnelle Frequenzen	gut; effektiv; selektive, schnelle Reakt. (kontrolliert)
entspannter Wachzustand	Synchronisation, deutlicher Alpha	gut für automatische Reaktionen (z. T. für kreative Gedanken)
dösen, schläfrig	Alpha, Theta	schlecht; unkoordiniert; sporadisch
leichter SWS (Slow-Wave-Sleep) tiefer SWS	Theta, Vertexwellen, Schlafspindeln, K-Komplexe Delta, große, langsame Wellen	Reaktionen nur auf sehr starke oder bestimmten Einstellungen entsprechenden Reizen
Koma	isoelektrisch und große langsame Wellen	
Tod	isoelektrisch, zunehmendes Verschwinden elektr. Aktivität	

daß bei Analyse der *topographischen Verteilung* der einzelnen Frequenzen an den verschiedenen Regionen der Hirnrinde subtilere Aussagen über die *Qualität* der informationsverarbeitenden Vorgänge möglich sind: z. B. rechts- versus linkshemisphärische Desynchronisation bei Gestalt- und Sprachaufgaben (Kap. 27) oder frontale versus okzipitale Alpha-Verteilung bei Blinden in bestimmten Aufgaben.

Klinisches EEG. Im klinischen Bereich wird das EEG vor allem zur Diagnose und Lokalisation von Anfallsleiden, zur Bestimmung des zerebralen Todes, zur Abschätzung von Vergiftungen auf die Hirntätigkeit, in der Anästhesie zur Abschätzung der Narkosetiefe, in der Pharmakologie zur Untersuchung von Pharmakawirkungen und in der Neurologie zur Abschätzung von zerebralen Störungen nach Durchblutungsproblemen verwendet. Seine Bedeutung als Diagnoseinstrument für neurologische Ausfälle nach Läsionen und zur Lokalisation von Tumoren ist nach der Einführung bildgebender Verfahren (s. Kap. 21.6) gering geworden. Zur Klassifikation und Behandlung von ***Epilepsien*** stellt das EEG nach wie vor das zentrale Diagnoseinstrument dar. Abbildung 21–12 zeigt die typischen ***Spike- und Spike-Wave-Muster*** während eines sogenannten Petit-mal-Anfalls, bei dem der Patient für wenige Sekunden bewußtlos ist, ohne die motorischen Krämpfe der Grand-mal-Epilepsien. Die Spikes sind dabei Ausdruck extrem dichter und/oder ausgebreiteter Riesen-EPSPs oder ***paroxysmaler (krampfartiger) Depolarisationen.*** Die langsamen Wellen beruhen auf intrazellulärer K^+-Akkumulation und Depolarisation der Gliazellen.

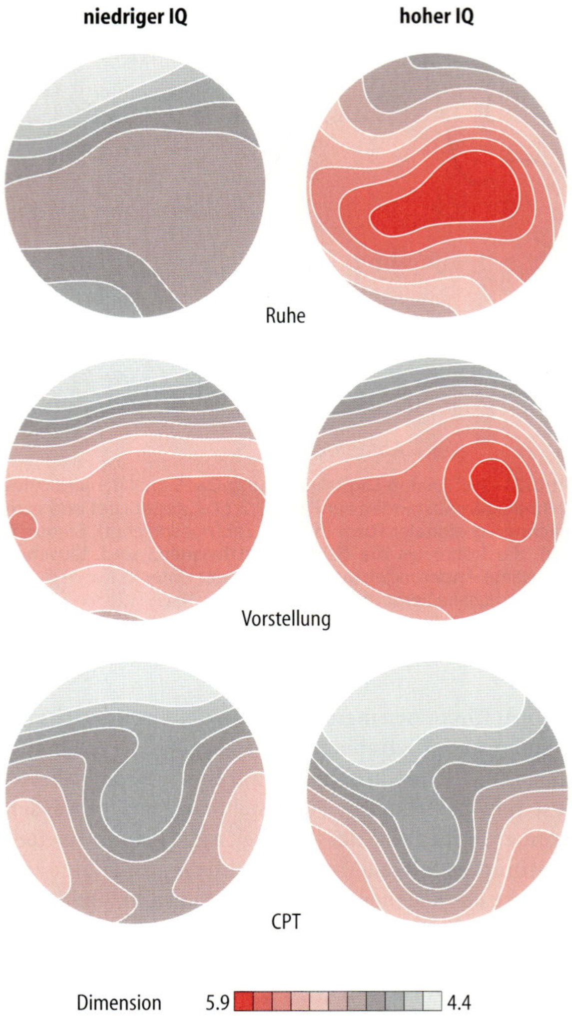

Abb. 21–11. Komplexität des EEGs bei intelligenten Personen in Ruhebedingung im Vergleich zu weniger intelligenten Personen (über und unter einem IQ von 100); CTP ... Konzentrationsaufgabe: continuous performance test

21.5 Ereigniskorrelierte Hirnpotentiale (EKP)

Ereigniskorrelierte Hirnpotentiale werden durch Mittelung des EEGs gewonnen; sie zeigen eine Abfolge charakteristischer Komponenten

Definition. Unter ereigniskorrelierten Hirnpotentialen (EKP) verstehen wir alle elektrokortikalen Potentiale, die *vor, während* und *nach* einem sensorischen, motorischen oder psychischen Ereignis im EEG meßbar sind. EKPs sind in der Regel von sehr viel kleinerer Amplitude (1–30 μV) als das Spontan-EEG, das diese Potentiale als „Rauschen" so stark überlagert, daß sie mit freiem Auge in der Regel nicht sichtbar sind. Der Grund für die kleinen Amplituden der EKPs liegt sowohl in ihrer stärkeren örtlichen Lokalisation in den verschiedenen Kortexarealen, als auch an der Tatsache, daß sie seltenere Ereignisse sind als die in Form und Amplitude ähnlichen, dauernd vorhandenen EEG-Wellen. In der Nachrichtentechnik wird zur Lösung dieses Problems – in einem „verrauschten" Prozeß ein Signal zu entdecken – die Mittelungstechnik verwendet. Dasselbe Prinzip läßt sich auf EKPs anwenden.

Mittelungstechnik. Bei Wiederholung ein und desselben Reizes, derselben Reaktion oder desselben psychischen Vorgangs geht man davon aus, daß der zugrunde liegende elektrokortikale Prozeß *gleich* oder zumindest *ähnlich* aussieht, während die EEG-Hintergrund-Aktivität in bezug auf das Ereignis *zufällig* verteilt ist. Abbildung 21–13 gibt die ***zunehmende Verbesserung des Signal-Rausch-Verhältnisses*** mit Summierung der zeitsynchronen EEG-Aktivität wieder. Wie leicht zu sehen ist, summieren sich Amplituden, die zum selben Zeitpunkt die gleiche Form und Phase haben und werden zunehmend größer. Die variablen EEG-Wellen (einmal positiv, einmal negativ) bleiben gleich oder werden kleiner. Die spezifischen Komponenten, also jene Span-

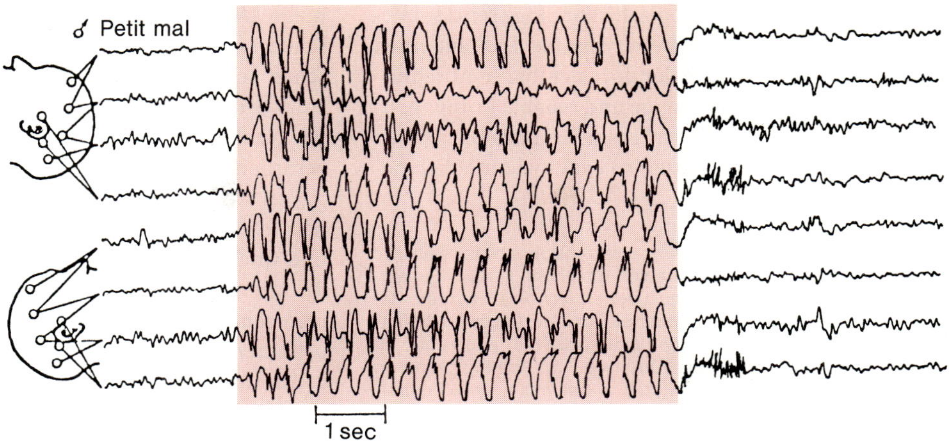

Abb. 21–12. Das EEG eines Patienten mit Petit-mal-Epilepsie zeigt deutlich die paroxysmale Spike-Wave-Entladung

nungsschwankungen, die in unveränderlicher, immer gleicher Form auf den Reiz folgen, werden hervorgehoben und mit zunehmender Summierung (größer werdender Reizzahl) deutlicher. Um die Originalgröße zu erhalten, bilden wir abschließend das arithmetische Mittel der summierten Kurven. Alle hier beschriebenen Vorgänge werden heute von Computern übernommen, die das Ergebnis sofort verfügbar machen (Online-Analyse).

Identifikation von Komponenten. Nach Mittelung des EEGs auf einen Reiz oder vor einer Reaktion liegt meist eine komplexe Aufeinanderfolge von Wellen vor, die unterschiedliche neurophysiologische und *damit*

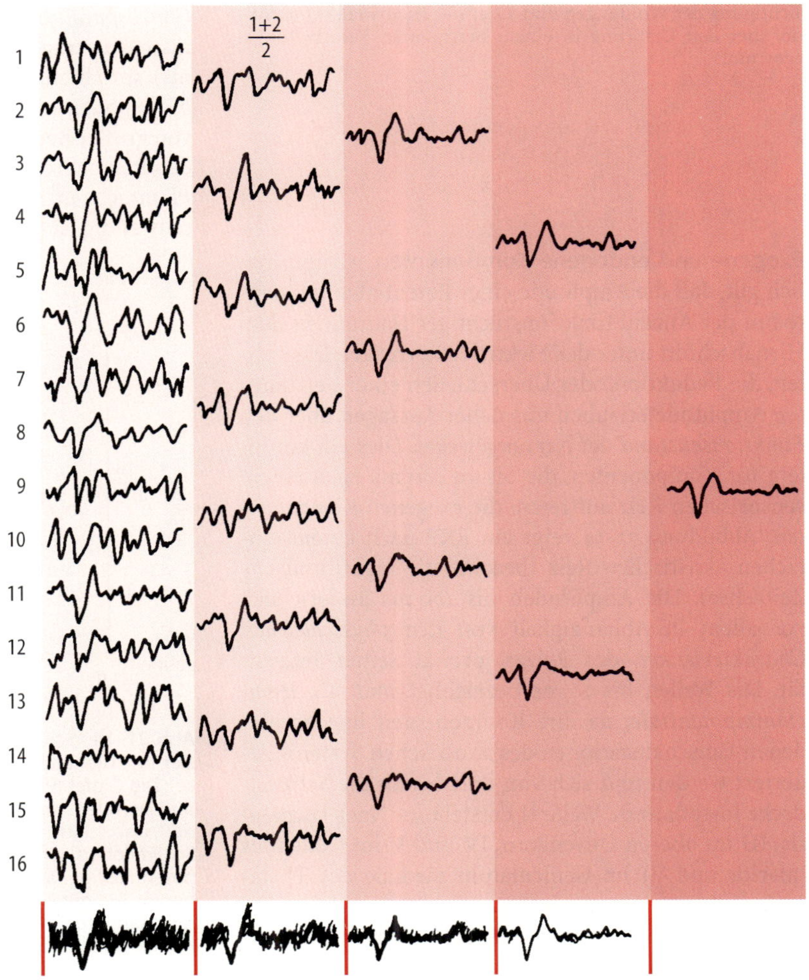

Abb. 21–13. Darstellung des Mittelungsprozesses. Mit zunehmender Anzahl der aufsummierten Durchgänge nimmt das Rauschen ab. Die überlagerten Verläufe sind in der untersten Zeile dargestellt. (Nach [4])

unterschiedliche psychologische Vorgänge repräsentieren. Abbildung 21–14 zeigt ein typisches EKP auf einen akustischen Reiz. Welche der dort sichtbaren Abschnitte stellt nun eine unabhängige und reliable Komponente dar, die einen *spezifischen* neurophysiologischen und psychologischen Prozeß so exakt wie möglich beschreibt?

Auf diese Frage gibt es mehrere methodische Antworten. Jede der Methoden zur Bestimmung von unabhängigen *Komponenten* weist Vor- und Nachteile auf. Der einfachste Weg ist die Bestimmung der *Amplituden* zweier aufeinanderfolgender Potentialgipfel in einem bestimmten Zeitraum (z. B. N100-P200 in Abb. 21–14). Die Variation der Amplituden in Abhängigkeit von experimentellen Bedingungen (z. B. aufmerksam *versus* unaufmerksam) stellt die wichtigste Informationsquelle dar. Aus diesen *Gipfel-zu-Gipfel-Analysen* geht aber nicht hervor, ob den einzelnen Wellen real unterschiedliche Prozesse zugrunde liegen; z. B. kann eine Wellenform nur eine Nachschwankung *(„rebound")* der vorausgegangenen sein.

Wenn eine bestimmte Amplitude in einem gegebenen Zeitraum Variationen zeigt, die immer wieder bei verschiedenen Personen oder Tieren auftaucht, so nimmt man eine Komponente an. Mathematisch lassen sich solche unabhängigen Komponenten über die sogenannte ***Principal-Component-Analyse (PCA)*** errechnen, die analog der in der Psychologie gebräuchlichen Faktorenanalyse funktioniert (Abb. 21–15). – Bei vielen Elektroden am Kopf läßt sich der *elektrische Ursprung* einer bestimmten Komponente im Schädel aus den beschriebenen biophysikalischen Eigenheiten (Dipolstruktur, s. o.) ebenfalls berechnen. Die Verteilung, Phasen und Polarisationsvariationen der Potentiale geben bei Berücksichtigung der Windungen und Täler der Hirnrinde Information über den Ursprung in einem bestimmten Verarbeitungszentrum.

Die Berechnung der verantwortlichen Dipole für einzelne Komponenten erfordert möglichst viele Elektroden und Ableitungen

Exogene und endogene Komponenten. Grundsätzlich gilt, daß die Amplitude einer Potentialkomponente mit der Anzahl funktionstüchtiger Neurone in dem Hirnabschnitt unter der Elektrode korreliert. Das Fehlen, die Reduktion oder Überschießen einer bestimmten Amplitude erlauben uns daher Aussagen über den *Funktionszustand des Nervengewebes.* Dies gilt vor allem für Komponenten, die bis zu 100 ms nach einem sensorischen Reiz auftreten: die *exogenen Komponenten.* Abbildung 21–14 zeigt ein EKP nach einem einfachen akustischen Reiz (beachte die logarithmische Zeitachse). Die Amplituden bis 100 ms ändern sich vor allem in Abhängigkeit von den *physikalischen Charakteristiken* des Reizes, primär seiner Intensität. Die Wellen bis 10 ms bezeichnet man als ***Hirnstammpotentiale,*** da ihre Komponenten in verschiedenen Umschaltstationen des akustischen Systems generiert werden und sich von dort bis an die Schädeldecke fortpflanzen. Welle II entsteht im Nucl. cochlearis, III im oberen Olivenkern, IV und V im Colliculus inferior und VI im Geniculatum mediale des Thalamus.

Aus den Latenz- und Amplitudenverschiebungen dieser Komponenten lassen sich Schlüsse auf eventuelle ***Unterbrechungsorte und Störungen*** im akustischen Leitungssystem ziehen. Die Komponenten zwischen 10 ms und 100 ms nach einem Reiz entstehen zum Großteil in den spezifischen Projektionsarealen des Neokortex, ihre Bedeutung für die Informationsverarbeitung ist nicht völlig geklärt.

Alle Komponenten *ab 50 ms* zeigen Variationen in Abhängigkeit von *psychischen Veränderungen* und sind nicht mehr von den physikalischen Reiz- und Reaktionsbedingungen *allein* abhängig. Sie werden als ***endogene Komponenten*** bezeichnet, da man den primären Ursprung ihrer Variabilität *innerhalb* des Organismus vermutet (Abb. 21–16). Wir besprechen diese ausführlich in Kap. 22 und 27.

Langsame Hirnpotentiale geben die Erregungsschwellen kortikaler Zellensembles wieder; Negativierung bedeutet Senkung, Positivierung Anhebung der Erregungsschwellen

Kontrollierte Verarbeitung. Registriert man das EEG mit Gleichspannungsverstärkern, so daß auch langsame Veränderungen unter 1 Hz sichtbar werden, so zeigen sich charakteristische Verschiebungen des EEGs in *elektrisch negative* oder *positive Richtung.* Da diese *Gleichspannungsverschiebungen* auf bestimmte Ereignisse eher träge reagieren (selten schneller als 200–300 ms), spricht man von ***langsamen Hirnpotentialen*** *(slow brain potentials, LP).* Diese LP sind für die Psychologie von großer Bedeutung, da sie die Aktivität eines ausgedehnten neuronalen Systems widerspiegeln, das für die *Planung und Mobilisierung zielgerichteten Verhaltens* notwendig ist [12].

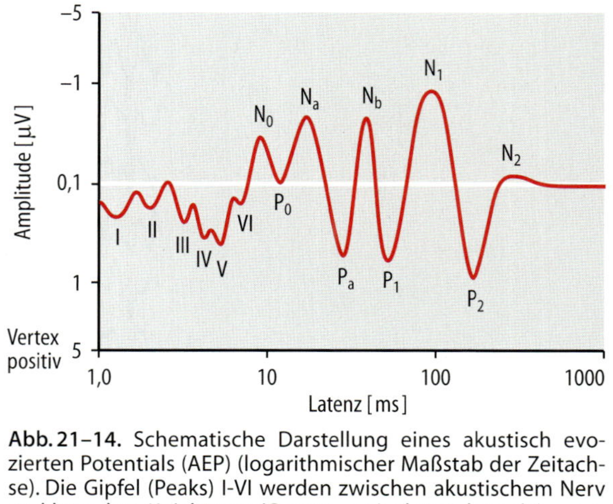

Abb. 21–14. Schematische Darstellung eines akustisch evozierten Potentials (AEP) (logarithmischer Maßstab der Zeitachse). Die Gipfel (Peaks) I-VI werden zwischen akustischem Nerv und lateralem Kniekörper (Corpus geniculatum laterale) generiert, also relativ weit entfernt von dem Ableitungsort und der Schädeloberfläche. Diese Gipfel werden daher auch „far field potentials" genannt. Gipfel VI tritt in der Vertexableitung nicht hervor. Die mit N (negativ) und P (positiv) bezeichneten Gipfel repräsentieren Aktivität aus Thalamuskernen, dem akustischen Kortex und Assoziationsarealen. (Aus [9] nach Picton et al., J. Electroenc. Clin. Neurophysiol. 36, 179–190, 1974)

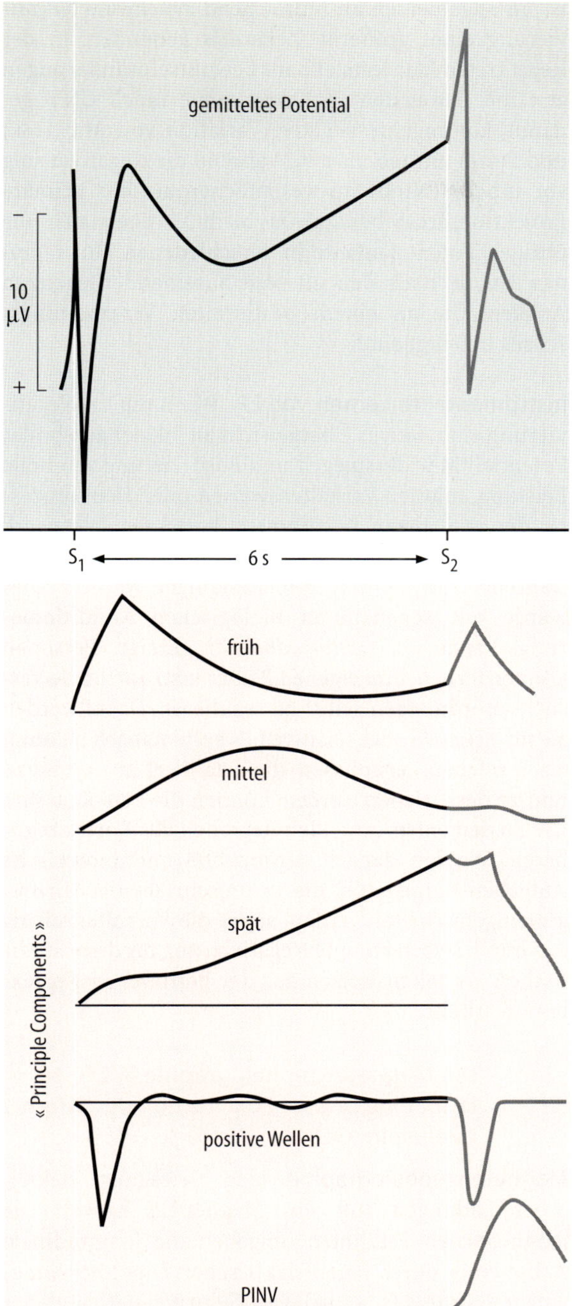

Abb. 21–15. Langsame Hirnpotentiale LP, vom Vertex (Cz) registriert. Gemittelte Kurve *oben*. Bei S_1 wird ein akustischer Warnreiz dargeboten, 6 s danach erfolgt bei S_2 ein imperativer akustischer Reiz, auf den die Person eine Taste drücken muß. Darunter fünf mathematisch errechnete „Principal Components", unabhängige Komponenten der oben dargestellten Kurve. Eine „frühe" Komponente (ca. 1 s nach S_1) repräsentiert die von S_1 ausgelöste *Erwartung*, die „späte" Komponente die *Vorbereitung* auf S_2 und Reaktion. Die positiven Wellen (P 300) hängen mit Orientierung und Kurzzeitgedächtnis zusammen, die PINV (*p*ost *i*mperative *n*egative *V*ariation) stellt eine Neumobilisierung bei unerwarteten Ereignissen dar

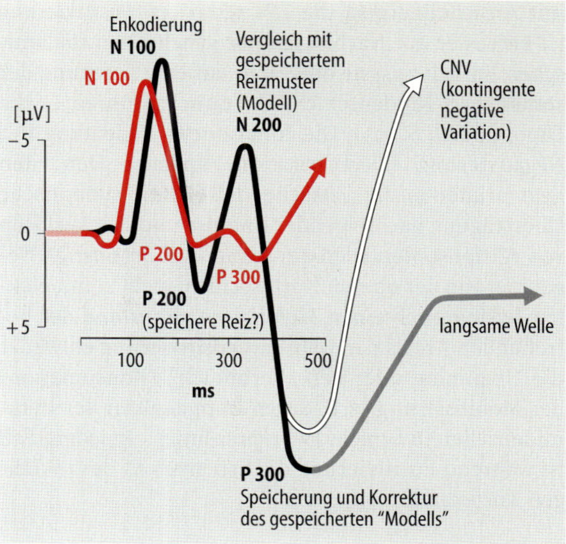

Abb. 21–16. EKP auf einen akustischen Reiz. *Schwarz* auf einen aufgabenrelevanten Ton, *rot* derselbe Ton ohne Bedeutung (s. auch Text)

Komponenten und Topographie. Abbildung 21–15 gibt den typischen Verlauf der LP in einer Verarbeitungs- und Erwartungssituation wieder. Nach einem Warnreiz (S_1) erfolgt 6 s später ein zweiter imperativer Reiz (S_2), auf den die Person so rasch wie möglich reagieren muß. Unter der summierten Rohkurve des EEGs oben sind einige mit Hilfe der PCA berechneten Komponenten aufgetragen. Jede dieser Komponenten entspringt in verschiedenen Hirnregionen und stellt einen unterschiedlichen Verarbeitungsprozeß dar. Z. B. kommt die erste, frühe Komponente aus dem präfrontalen Kortex, während die späte Komponente stets in jenen Hirnregionen dominiert, in denen der zweite Reiz verarbeitet oder die Reaktion vorbereitet wird: z. B. bei Reaktion der linken Hand auf S_2 finden wir ein negatives Maximum über der rechten präzentralen Windung. Die als ***PINV (post imperative negative Variation)*** bezeichnete Negativierung dagegen tritt dann auf, wenn eine *Erwartung verletzt* wurde, z. B. wenn bei S_2 nicht die gewünschte Änderung in der Umgebung auftritt.

Elektrogenese von LP. LP und EKP stellen – wie schon auf S. 493 ff beschrieben – lokale Verschiebungen synchroner postsynaptischer Potentiale der oberen Rindenschicht dar, die von „unspezifischen" Afferenzen moduliert werden (s. Abb. 21–8, 21–9). Negative LP treten immer dann auf, wenn es zu einer relativen Erhöhung der Synchronisation einlaufender tonischer Impulssalven an den apikalen Dendriten kommt. D. h. mit zunehmender Gleichzeitigkeit (Synchronisation) der tonisch ununterbrochen ankommenden EPSPs steigt die Negativierung in einer bestimmten Gruppe von neokortikalen Modulen.

Die Negativierung dürfte primär auf kortikale cholinerge Synapsen rückführbar sein, da die Blockade mit Anticholinergika die LPs reduziert. *Positivierung* ist entweder auf Nachlassen der synchronen thalamischen Entladungsrate oder aber auf eine Erregung der somanahen Rindenschicht IV zurückzuführen (siehe Dipolmodell, S. 493). Die funktionelle Bedeutung der Negativierung (Depolarisation) apikaler Dendriten liegt primär in der Tatsache, daß sie die synaptische Übertragung nachfolgender Impulse und das Auslösen von Aktionspotentialen am Axonhügel *begünstigt*. Negativierung der oberen Kortexschicht stellt somit elektrophysiologisch einen ***Mobilisierungszustand*** des betreffenden Areals dar, während Positivierung entweder die Hemmung oder den „Verbrauch" (Konsumation) der Mobilisierung (z. B. durch Impulssalven der Pyramidenzellen in Schicht IV) repräsentiert. In jedem Fall ist während Positivierung die Erregbarkeit des jeweiligen Kortexareals *reduziert*.

Neurophysiologische Grundlagen von LP. Wie schon oben erwähnt, sind negative LPs Ausdruck der Aktivität eines Mobilisierungssystems, das die Erregungsschwellen ausgedehnter neokortikaler Netzwerke regelt. Damit wird die *Entladungsbereitschaft* einzelner Netzwerke lokal schon *vor* der aktuellen Verarbeitung ankommender Erregung bzw. in Vorbereitung auf nichtautomatische Handlungen geregelt. Die gemessenen LPs sind also stets das Resultat des momentanen *labilen Gleichgewichts* zwischen Erregungsbereitschaft (negativ) und Hemmung dieser Bereitschaft (apikale Positivierung) oder Konsumation der Bereitschaft (somanahe Negativierung). Steigt die Erregungsschwelle über ein bestimmtes Ausmaß an, so wird eine Gegenregulation eingeleitet (mit ca. 50–100 ms Latenz), die das betroffene Netzwerk wieder in ein „mittleres" Erregungsniveau zurückregelt. Beim epileptischen Krampfanfall z. B. versagt dieser Gegenregulationsmechanismus, und die Erregungsschwelle (Negativierung) sinkt unkontrolliert. Extreme Feuerraten der Pyramidenzellen mit entsprechenden Konsequenzen in den Erfolgsorganen (Anfall) sind die Folge. Da dieses System der kortikalen Erregungsregulation gleichzeitig für die Steuerung motorischer und sensorischer ***Aufmerksamkeit*** verantwortlich ist, besprechen wir es ausführlicher in Kap. 22.

Untersuchungen an der Katze und am Affen ergaben, daß für die antizipatorische Verteilung der Erregungsschwellen z. B. nach einem Warnreiz am Neokortex die Intaktheit des *präfrontalen Kortex und des vorderen Gyrus cinguli* Voraussetzung ist. Die negative Rückmeldung, über die ein übermäßig starkes Ansteigen der lokalen Erregungsschwellen verhindert wird, erfolgt über die *Basalganglien*. Beide Systeme konvergieren im *retikulären Thalamus* als gemeinsame Endstrecke, dessen tonisches Erregungsniveau selbst wieder von dem „Aktivierungsfluß" aus der mesenzephalen Retikulärformation abhängt.

EKP und LP geben den Ablauf der Informationsverarbeitung im Gehirn zeitgetreu wieder

Informationsverarbeitung und EKP. Die Deutung von einzelnen Potentialkomponenten als Substrate der Informationsverarbeitung beruht ausschließlich auf experimental-psychologischen Befunden, die neurophysiologische Basis vieler Komponenten ist ungeklärt. Abbildung 21–16 zeigt die EKP-Komponenten eines *bedeutsamen* und eines *irrelevanten* akustischen Reizes. Die Zuordnung an die einzelnen Stadien der Informationsverarbeitung wird in Kap. 22 und 27 ausführlich beschrieben. Bis 300 ms sind die einzelnen Verarbeitungsschritte *nicht bewußt:* bewußtes Erleben ist im allgemeinen an hinreichend synchrone Negativierung eines größeren Zellareals gebunden. In der Regel treten klar feststellbare Bewußtseinsänderungen erst mit der ersten LP-Komponente (auch CNV genannt, kontingente negative Variation von Abb. 21–14 und 21–15) um 300 ms auf. Während die Negativierung vor 100 ms (N100) im wesentlichen auf das primäre Projektionsareal beschränkt bleibt, breiten sich die übrigen Potentialanteile in verschiedenen Hirnregionen aus, je nach den oft weit auseinanderliegenden Arealen, die an einem bestimmten Verarbeitungsschritt beteiligt sind.

Instrumentelles Lernen von LP. Wenn die LP-Negativierung ein relatives Übergewicht an lokaler zerebraler Potentialität widerspiegelt und Positivierung zerebrale Leistung, müßten Verhaltensweisen oder Denkprozesse, die von einem bestimmten kortikalen Netzwerk ausgehen, während *Negativierung* effizienter und während *Positivierung* fehleranfälliger werden. Dies wurde mit sogenannten biologischen Konditionierungs-Versuchen (***„Biofeedback"***) gezeigt: Personen können lernen, ihre eigene LP über instrumentelle Versuchsanordnungen selbst zu regulieren. Dabei werden sie für negative oder positive LPs systematisch belohnt. Nach solchen Lernphasen, die detailliert in Kap. 22, 26 und 27 beschrieben werden, können die Personen ihre LPs an den entsprechenden Regionen des Kortex regulieren. Werden danach sensorische und motorische Aufgaben dargeboten, die in umschriebenen Hirnregionen verarbeitet werden, so ist die Verhaltenseffizienz durch selbsterzeugte Negativierung für diese spezifischen Verhaltensweisen aus der betroffenen Kortexregion erhöht.

Die Magnetenzephalographie (MEG) erlaubt eine präzise Lokalisation der Stromquellen im Gehirn

Magnetenzephalographie. Jede Bewegung elektrischer Ladungen ruft ein Magnetfeld hervor. Die magnetischen Feldlinien umgeben die longitudinale Achse eines durch einen elektrischen Dipol hervorgerufenen Stroms (s. S. 493). Das Gehirn generiert daher auch schwache magnetische Felder, die mit hochempfindlichen Detektoren, sogenannten SQUIDs (superconducting quantum interference device) nachgewiesen werden können, die etwa 10–15 mm von der Schädeloberfläche entfernt angebracht werden (s. Abb. 21–17).

Die im MEG (Magnetenzephalogramm) gemessenen magnetischen Flußdichten liegen unterhalb eines pT (pico Tesla) und betragen damit weniger als der hundertmillionste Teil der durch das Erdfeld hervorgerufenen magnetischen Flußdichte (Induktion). Mit den auf der Temperatur von flüssigem Helium zu haltenden Detektoren wurde 1968 erstmals α-Aktivität und von 1975 an ereigniskorrelierte Aktivität gemessen. Da mit SQUIDs aus biophysikalischen Gründen hauptsächlich *horizontal* und *radial* zur Schädeldecke gelegene elektrische Ströme erfaßt werden können und das EEG meist aus den *vertikalen* kor-

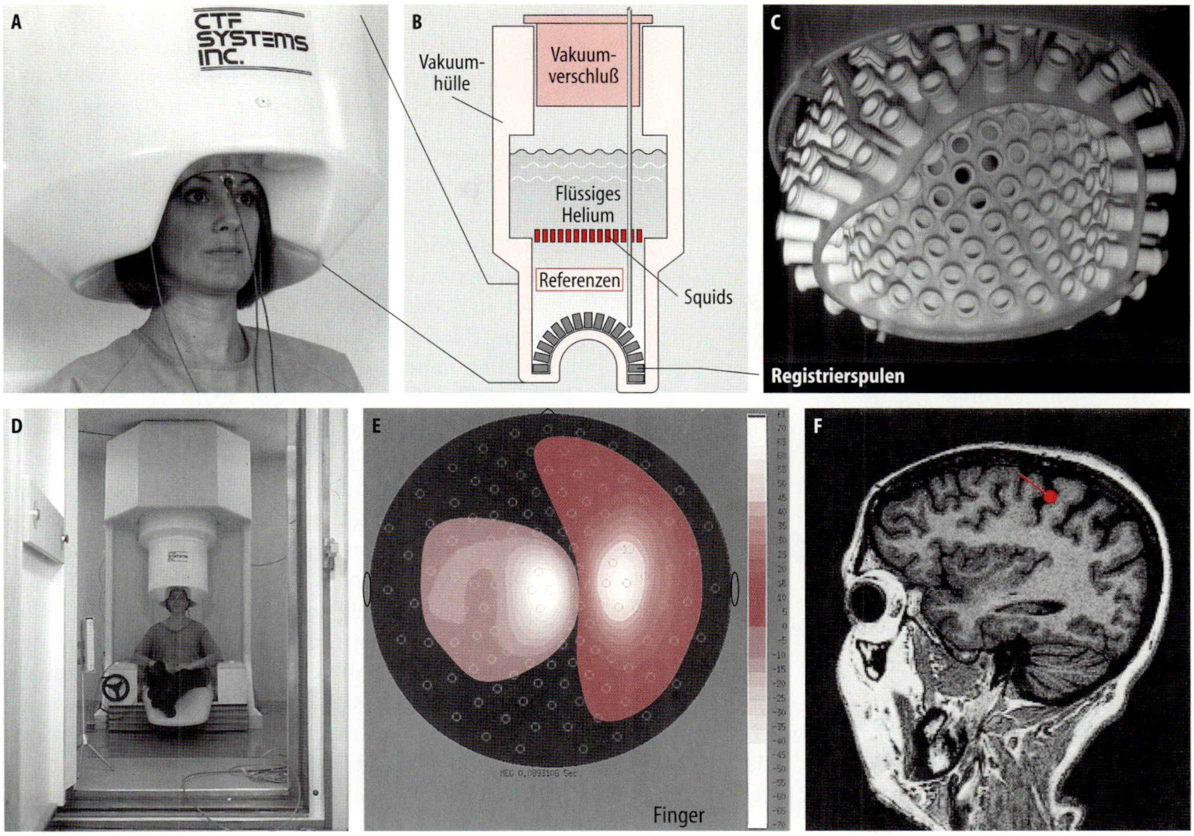

Abb. 21-17. Magnetenzephalographie (MEG) illustriert am Beispiel eines Ganzkortex-MEG-Systems mit 150 Aufnahmekanälen. **A** MEG-Aufnehmer (dewar). **B** Querschnitt durch den dewar. Die Registrierspulen und die Squids schwimmen in flüssigem Helium, da die Squids nur in extrem tiefen Temperaturen ihre Aufnahmefähigkeit entwickeln. **C** Registrierspulen. **D** Typische Versuchssituation. **E** Abgeleitete Magnetfelder nach Darbietung eines taktilen Reizes am Finger der linken Hand. Jede einzelne Linie stellt das Magnetfeld in einer der Registrierspulen 80 ms nach Darbietung des taktilen Reizes dar. **F** Lokalisation des Ursprungs des Magnetfeldes im Gyrus postzentralis (roter Dipol) (weitere Erläuterungen im Text)

tikalen Säulen entspringt, lassen sich durch die Kombination beider Meßverfahren die Aktivitätsquellen im Kortex mit hoher Genauigkeit (bis zu 2 mm) lokalisieren. Kein anderes nichtinvasives Verfahren der Registrierung neuronaler Aktivität erreicht eine vergleichbar gute örtliche und zeitliche Auflösung. Da das MEG durch umliegende Schichten wie Hirnhaut, Zerebrospinalflüssigkeit und Schädelknochen nicht beeinflußt wird, ist das MEG besonders gut geeignet, Quellen elektrischer Aktivität aufzuspüren. Das MEG mißt die Aktivität von Stromsenken und -quellen auch in tieferen Hirnregionen und im Kleinhirn, da dort die stärksten magnetischen Felder entstehen.

MEG-MRI-Überlagerung. In Abb. 16-13 ist die Kombination von EEG, MEG und Magnetresonanztomographie dargestellt. Zunächst wird die Anatomie des individuellen Gehirns einer Person im Magnetresonanztomogramm (MRI, s. S. 507) bestimmt. Danach werden für eine bestimmte EEG-Potential- und die äquivalente MEG-Feldkomponente (z. B. auf Abb. 16-30 das taktile Potential um 30–50 ms) die Dipole berechnet. Diese werden dann mit speziellen Programmen dem individuellen Gehirn aus dem MRI überlagert. Damit kann man die Quelle der Aktivität nicht nur zeitgetreu mit der ablaufenden Informationsverarbeitung, sondern – zumindest am Kortex – mit extrem hoher Ortsgenauigkeit von wenigen Millimetern bestimmen. In Kombination mit der Messung der Hirndurchblutung mit MRI oder PET (s. u.) erhält man auf diesem Wege eine bildhafte und realistische Wiedergabe der Hirnprozesse während geistiger Tätigkeit.

21.6 Bildgebende Verfahren

EEG, EKP und MEG sind die einzigen Methoden, die eine *quantitative und kontinuierliche* Verfolgung informationsverarbeitender Prozesse im Gehirn des Menschen erlauben. Sie bilden aber nur synchrone elektrische bzw. magnetische Änderungen von relativ umfänglichen Netzwerken ab. Subkortikale Potentialverschiebungen können nur über umständliche mathematische Verfahren indirekt erschlossen werden. Die den elektromagnetischen Vorgängen zugrunde liegenden Bewegungen und Aktionen der Neuromodulatoren und ihrer Rezeptoren bleiben ebenso unsichtbar. Zur *Ergänzung* des Bildes über neuronale Prozesse im gesamten und intakten menschlichen Ge-

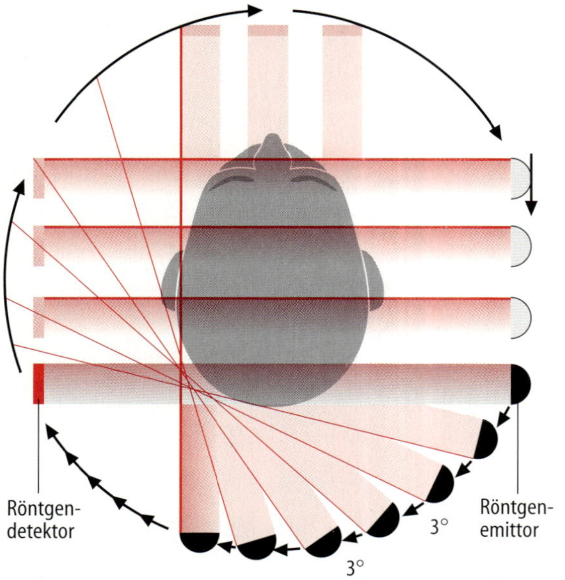

Abb. 21-18. CAT-Scan. Erläuterungen siehe Text

hirn sind deshalb die im folgenden beschriebenen Verfahren unerläßlich. Ihre träge zeitliche Auflösung (meist werden nur Prozesse, die Sekunden bis Minuten andauern, sichtbar) limitiert aber ihren Nutzen für den Verhaltenswissenschaftler.

Neuroradiologische Techniken können die Anatomie des individuellen Gehirns und Stoffwechselveränderungen des Gehirns bei mentalen Prozessen sichtbar machen

Röntgencomputertomographie (CAT). Bis vor wenigen Jahren mußte zur neuroradiologischen Untersuchung entweder Luft in die Liquorräume *(Pneumoenzephalographie)* oder ein Kontrastmittel in eine der großen Arterien des Kopfes *(Angiographie)* eingespritzt und danach eine Röntgenaufnahme gemacht werden. Da die Dichte von Röntgenstrahlen in allen Hirnteilen nahezu dieselbe ist, kann unterschiedliche Färbung des Films ansonsten nicht erfolgen. Beide Methoden sind nicht ungefährlich, haben Nebenwirkungen und sind für den (die) Patienten(in) belastend. Die „computerisierte" Axial-Tomographie (CAT-Scan) vermeidet diese Nachteile, die abgegebene Röntgenstrahlung hat keine negativen Auswirkungen. Der Kopf des Patienten wird in einen großen, zum Körper offenen drehbaren Ring plaziert. Der Ring enthält eine Röntgenröhre und genau gegenüber den Röntgendetektor (Abb. 21-18). Die Röntgenstrahlen dringen durch den Kopf des Patienten, der ihnen unterschiedliche „Widerstände" entgegensetzt; das resultierende Ausmaß an Radioaktivität wird auf der gegenüberliegenden Seite vom Detektor gemessen und in einem angeschlossenen Computer gespeichert. Da-

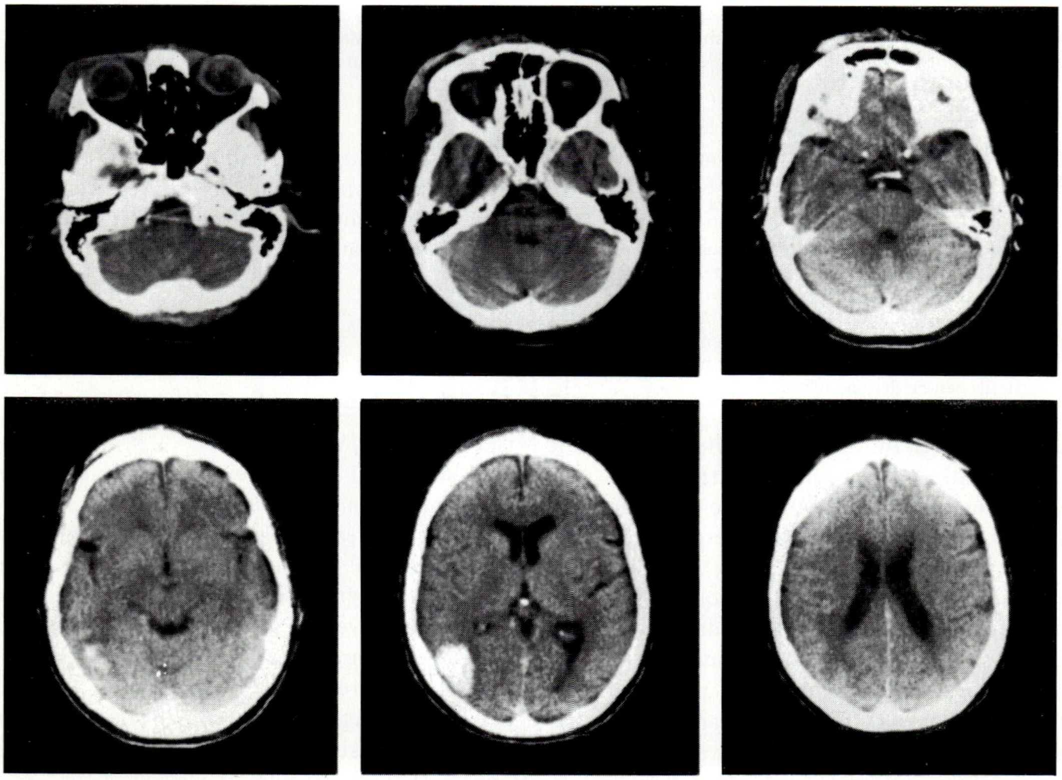

Abb. 21-19. Serie von CAT-Scans von einem Patienten mit rechts-parietookzipitaler Läsion nach Blutung. Die Läsion erscheint *weiß*, weil Blut mehr Strahlung absorbiert als das umgebende Gewebe. Rostral, oben, caudal unten, links und rechts sind vertauscht. Das *obere* Bild ist ein Schnitt durch die Augen und den Hirnstamm, danach geht die Schnittebene nach oben. (Nach [3])

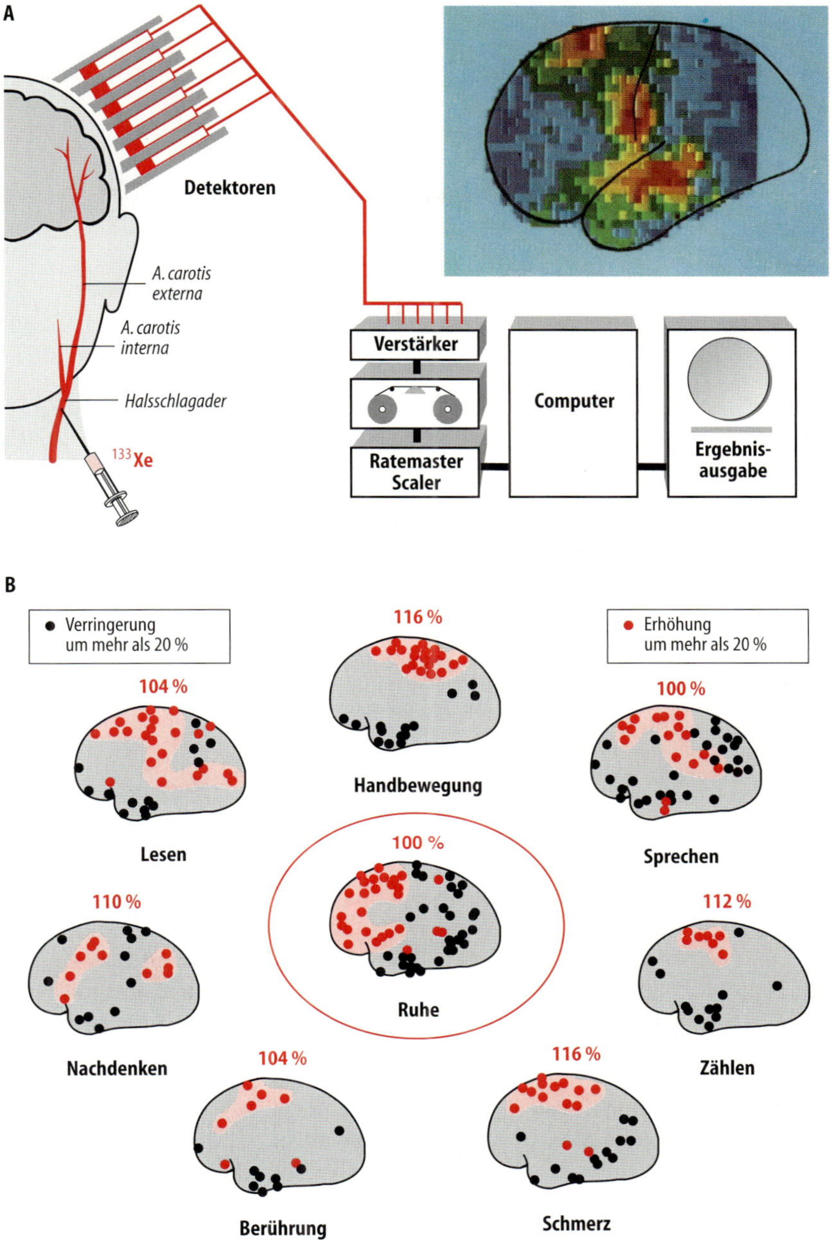

Abb. 21–20. Messung der regionalen Hirndurchblutung mittels intraarterieller Injektion von radioaktivem Xenon (^{133}Xe). **A** Überblick über die Methodik. **B** Maxima und Minima der regionalen Hirndurchblutung auf der sprachdominanten (linken) Seite in Ruhe und bei sieben verschiedenen Hirnaktivitäten. Die Gesamtdurchblutung des ruhenden Gehirns wurde als 100% bezeichnet. Nur Regionen, die in ihrer Durchblutung um mehr als 20% nach oben (gefüllte rote Kreise) und nach unten (schwarze Kreise) abweichen, sind eingetragen. Die Einsatzfigur rechts oben in A zeigt die Durchblutungsveränderungen beim lauten Zählen (verstärkte Aktivität zunehmend rot). Messungen von D. H. Ingvar, N. Lassen und Mitarbeitern

nach wird der ganze Ring um einige Grade gedreht, der Vorgang wiederholt usw., bis der Schädel aus allen Winkeln „gescannt" ist. Der Computer rekonstruiert ein zweidimensionales Bild, z. B. der horizontalen Schnittebene; danach wird der Kopf des Patienten nach oben oder unten bewegt und eine neue Schnittebene gescannt usw. Abbildung 21–19 zeigt eine Serie solcher Schnittebenen bei einem Patienten mit einer rechten parietookzipitalen Läsion nach einer Blutung.

Der Nachteil dieser Röntgendiagnostik ist ihr statischer Charakter. Eine einzige Aufnahme eines Schnittbildes dauert Minuten, also vergleichsweise lange zu Vorgängen im Gehirn. Da sich die Röntgenabsorptionskoeffizienten nur bei deutlichen Gewebeveränderungen ändern, dient das Verfahren vor allem zur Diagnostik raumfordernder Prozesse (z. B. Tumore) oder zur Ermittlung von Läsionen. Ein totes Gehirn unterscheidet sich im Tomogramm nicht von einem lebenden.

Für die neuropsychologische Forschung wurde CAT besonders wichtig, da erstmals Verhaltensstörungen nach exakt definierten Ausfällen studiert werden konnten.

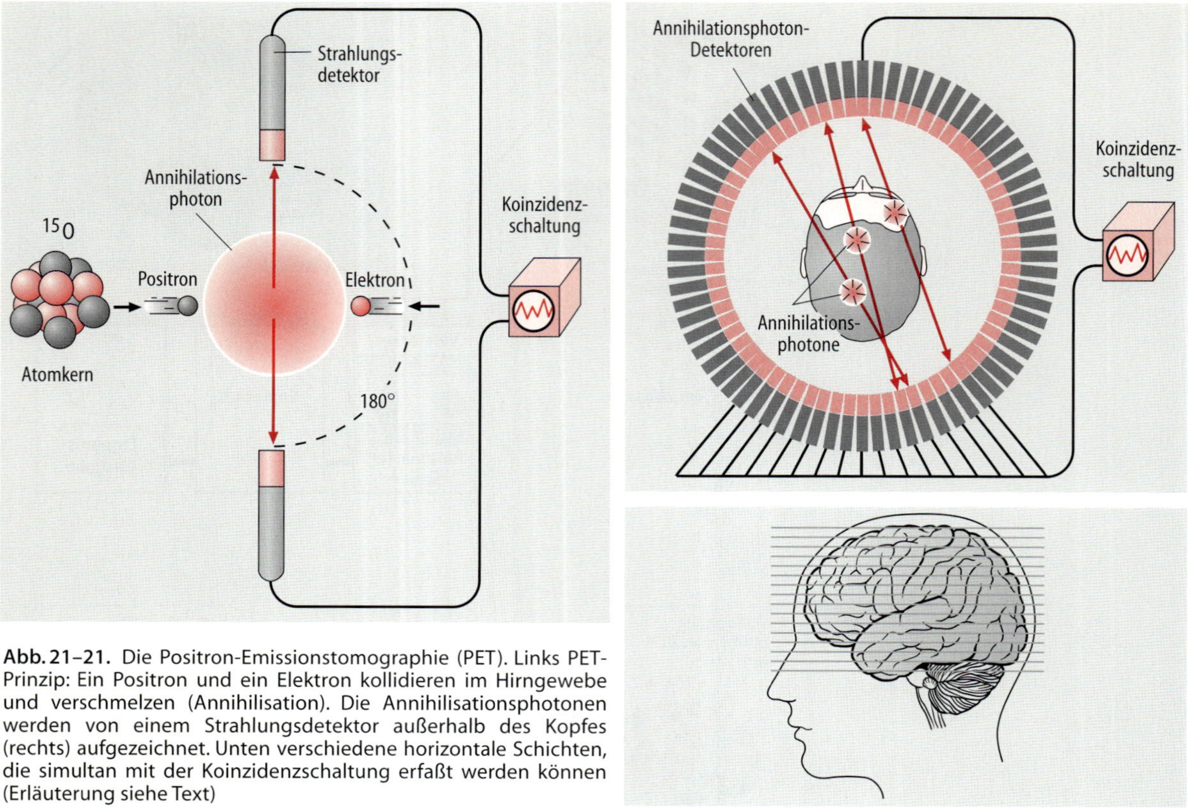

Abb. 21–21. Die Positron-Emissionstomographie (PET). Links PET-Prinzip: Ein Positron und ein Elektron kollidieren im Hirngewebe und verschmelzen (Annihilisation). Die Annihilisationsphotonen werden von einem Strahlungsdetektor außerhalb des Kopfes (rechts) aufgezeichnet. Unten verschiedene horizontale Schichten, die simultan mit der Koinzidenzschaltung erfaßt werden können (Erläuterung siehe Text)

Das ruhende Gehirn hat einen hohen Stoffwechsel, der sich bei Zunahme der Neuronenaktivität weiter steigert; die vermehrt anfallenden Metabolite erweitern die lokalen Arteriolen und bewirken dadurch eine erhöhte Durchblutung

O_2-Verbrauch in Ruhe. Von den rund 250 ml Sauerstoff, die ein ruhender Mensch pro Minute verbraucht, nimmt das Gehirn einen, gemessen an seinem Gewicht, unverhältnismäßig hohen Anteil von *20 %, also 50 ml/min,* für den Stoffwechsel seiner Neurone und Gliazellen in Anspruch. Den höchsten Bedarf hat dabei die Großhirnrinde, die etwa 8 ml Sauerstoff pro 100 g Gewebe pro Minute verbraucht, während in der darunterliegenden weißen Substanz nur ein Verbrauch von etwa 1 ml O_2/100g/min gemessen wurde. Der hohe Sauerstoffbedarf der Großhirnrinde spiegelt sich auch darin wider, daß eine Unterbrechung des Sauerstofftransportes, also der Blutzirkulation (z. B. durch Herzstillstand oder eine starke Strangulation des Halses), bereits nach 8–12 s eine Bewußtlosigkeit auslöst. Nach weiteren 8–12 min ist das Gehirn bereits irreversibel geschädigt (vgl. zu den unterschiedlichen Bedingungen bei Ischämie und Anoxie Kap. 10, 11).

O_2-Verbrauch und Durchblutung bei vermehrter neuronaler Aktivität. Die Hirnrinde hat aber nicht nur eine ständigen hohen Grundbedarf an Sauerstoff (und Glukose!), sondern jede zusätzliche Aktivität in einer bestimmten Hirnregion führt dort innerhalb von Sekunden zu einem erhöhten Sauerstoffverbrauch und einem entsprechend vermehrten Anfall von Metaboliten. Diese sauren Stoffwechselprodukte wiederum erweitern die lokalen Arteriolen, was eine Erhöhung der lokalen Durchblutung zur Folge hat.

Die Durchblutungszunahme kann u. a. durch die in Abb. 21–20 skizzierte Methode der ***Messung der regionalen Hirndurchblutung*** mit Hilfe eines in die Blutbahn verbrachten schwach und kurz radioaktiven Edelgases erfaßt werden. Sein Auftauchen in den verschiedenen Hirnregionen wird mit seitlich am Kopf angebrachten Geigerzählern gemessen. Die Strahlungsintensität hängt dabei direkt von der lokalen Hirndurchblutung ab, die aus dem Gesamtsauerstoffverbrauch des Gehirns und der Strahlungsverteilung errechnet werden kann. Durch die radioaktive Markierung von Glukose, Sauerstoff und anderen im Blut transportierten Stoffen können verschiedene Aspekte des Hirnstoffwechsels sichtbar gemacht werden, die aber alle eng mit der lokalen Durchblutung oder dem Durchblutungsvolumen korreliert sind (s. a. die Abb. 1–1, 21–22).

Ergebnisse solcher Messungen an gesunden Versuchspersonen zeigt für die *linke* Hemisphäre Abb. 21–20. In Ruhe, also bei einem typischen Alpha-Wellen-EEG, sind die Stirnhirnregionen deutlich stärker durchblutet als die übrigen Hirnareale. Nichtschmerzhafte Hautreizung an der *rechten* Hand *(Berührung)* verändert das Durchblutungsbild nur unwesentlich. Bei leicht schmerzhaften Reizen *(Schmerz)* steigt die Gesamtdurchblutung (Prozentzahlen über jeder Hirnskizze) deutlich an, vor allem über den postzentralen Hirnregionen, wo der Schmerzreiz verarbeitet wird. Auch bei willkürlichem, rhythmischem Öffnen und Schließen der *rechten* Hand *(Handbewegung)* steigt die Gesamtdurchblutung an: gleichzeitig erhöht sich die lokale Durchblutung im *linken* somatosensorischen Gyrus postzentralis und den benachbarten Anteilen des Scheitelhirns. Sprechen und Lesen führen *links* zu einer Z-förmigen Verteilung der Durchblutungsmaxima, die beim Lesen bis in die visuellen Areale des Hinterhauptlappens reichen. Bei Denk- und Rechentests *(Nachdenken* und *Zählen)* erhöht sich die Gesamtdurchblutung, und es treten Maxima vor und hinter der Zentralfurche auf.

Die Positronen-Emissions-Tomographie (PET) erlaubt die Messung verschiedener Stoffwechselprodukte im lebenden Gehirn des Menschen

PET-Prinzip. Die PET-Technologie basiert auf dem raschen radioaktiven Zerfall von Positronen in Radioisotopen. Die positiv geladenen Teilchen werden vom Atomkern eines instabilen Radioisotops abgestoßen: Zum Beispiel hat der Kern des am meisten benutzten ^{15}O 8 Protonen und 7 Neutronen (der normale Sauerstoff der Luft ^{16}O hat 8 Protonen und 8 Neutronen). Nach wenigen Millimetern im Hirngewebe wird das Proton von der negativen Ladung eines Elektrons angezogen, sie treffen aufeinander, kollidieren und verschmelzen (s. Abb. 21–21). Die Verschmelzung (Annihilisation) setzt mit hoher Energie zwei Annihilisationsphotone frei, die in entgegengesetzter Richtung den Kopf mit Lichtgeschwindigkeit verlassen. Multiple Photone bilden die Gammastrahlung, die nun den Kopf verläßt und von zwei gegenüberliegenden Strahlungsdetektoren registriert werden. Die beiden Detektoren geben nur dann ein Signal, wenn sie gleichzeitig getroffen werden: Dies wird Koinzidenzschaltung genannt. Die Zahl der simultanen Kollisionen wird gezählt und die Zählungen in ein Bild *(image)* des Blutflusses (viel ^{15}O) für eine Minute nach der Injektion übersetzt.

Eine ***PET-Kamera*** besteht aus vielen Strahlungsdetektoren, die in Form eine Ringes um den Kopf der Versuchsperson angebracht ist (s. Abb. 21–21 und Abb. 21–22). Jeder Detektor ist in Koinzidenz mit vielen anderen gegenüber liegenden Detektoren geschaltet, wodurch die Genauigkeit und Auflösung der Zahl meßbarer Hirnschichten weiter erhöht wird. Verschiedene Radioisotope, nicht nur von Sauerstoff, sondern auch von Wasser, Fluor, Kohlenstoff, Stickstoff, L-DOPA und viele andere Transmitter können injiziert und deren Aktivitätsverteilung im Gehirn studiert werden. Denn dort, wo die meisten Moleküle der jeweiligen Substanz vorhanden sind, werden die Gammastrahlen entstehen. Das örtliche Auflösungsvermögen von PET liegt

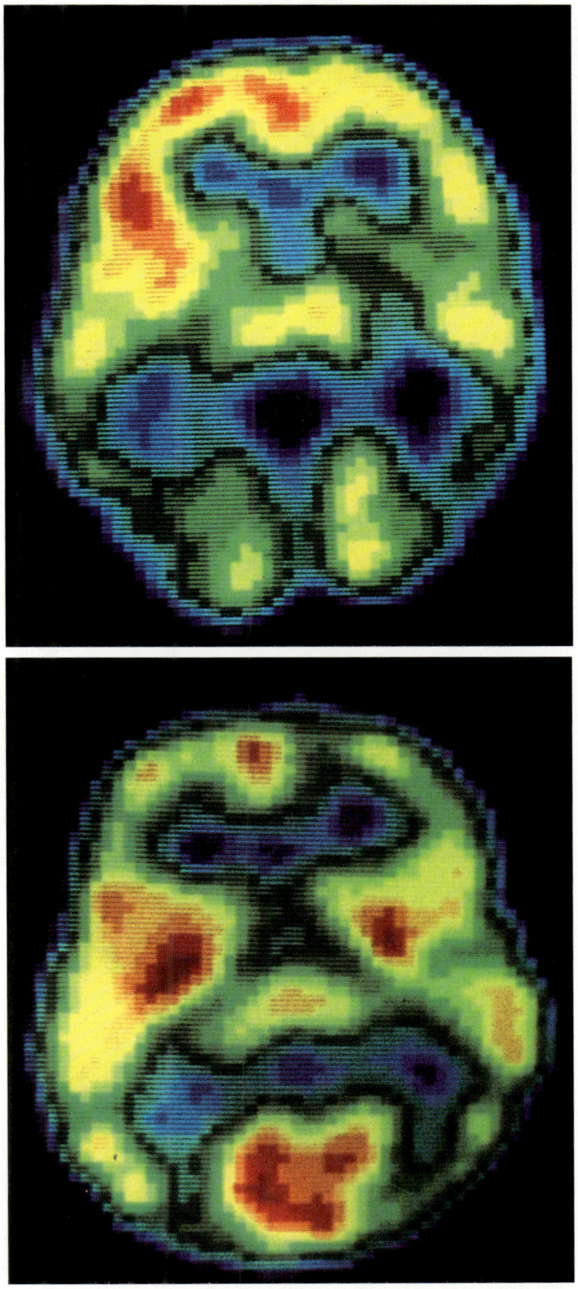

Abb. 21–22. Durchblutungsmaxima einer Versuchsperson (**A**) und eines schizophrenen Patienten (**B**) gemessen über die lokale Aufnahme von Glukose durch die Nervenzellen. Versuchsperson und Patient haben die Augen geschlossen, sie erhalten schwache elektrische Reize auf einen Arm. Areale mit hoher Glukoseaufnahme erscheinen *rot.* Der Patient hat im Vergleich zur Versuchsperson eine erhöhte Stoffwechselaktivität im Okzipitalbereich (unten) und im Temporallappen, jedoch eine erniedrigte im Frontallappen (oben) (zur Erläuterung s. Kap. 27). (Aufnahmen von Dr. Monte Buchsbaum, Dep. of Psychiatry and Behavioral Sciences, School of Medicine, Univ. of California, Irvine, California, mit freundlicher Genehmigung)

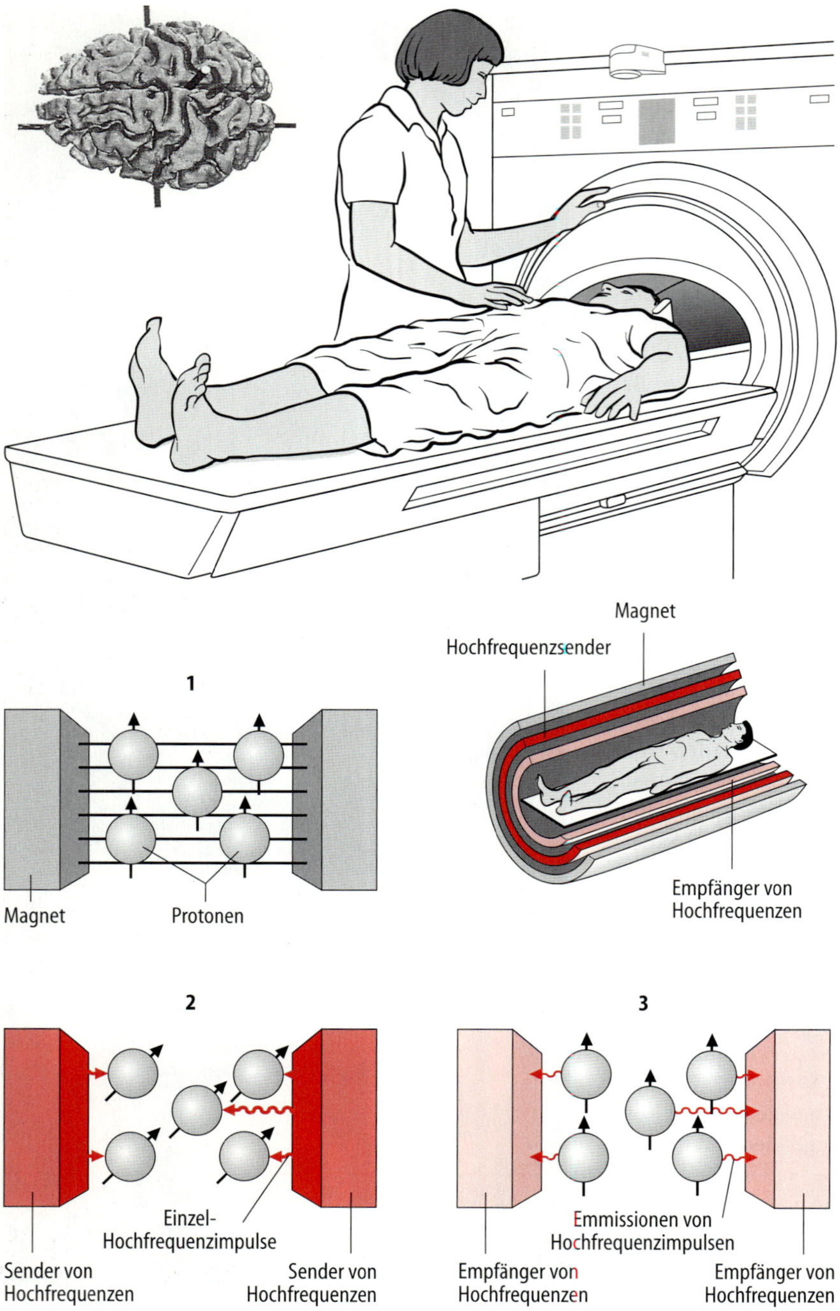

Abb. 21–23. Schematische Darstellung der Magnetresonanztechnik. Der Patient ist von Elektromagneten umgeben, die kurze, aber starke magnetische Feldimpulse (1–4 Tesla) erzeugen. Die Feldimpulse führen zur Auslenkung der Wasserstoffatome, die besonders in gut durchblutetem Gewebe vorhanden sind. Diese Kerne der H^+-Atome (Protonen) sind normalerweise in alle Richtungen ausgerichtet, das Magnetfeld lenkt sie in parallele Richtungen (1). Starke Hochfrequenzradioimpulse treffen auf die Protonen (2). In wenigen Sekunden kehren die Protonen in die Ausgangslage zurück und geben dabei schwache hochfrequente Radiowellen ab, die von einem sensitiven Empfänger registriert werden (3)

bei 4–8 Millimeter, die zeitliche Auflösung bei etwa einer Sekunde. Da die benötigten Isotope eine kurze Halbwertszeit haben, muß ein Zyklotron in unmittelbarer Nähe liegen. Dadurch wird PET zur teuersten neurowissenschaftlichen Methodik.

PET-Experimentalsituation. Damit die Radioisotope keinen Schaden anrichten, müssen sie schnell (innerhalb von Minuten) vollständig zerfallen sein. Man kann dann die Messung mehrmals wiederholen, aber auch solchen Wiederholungen sind Grenzen gesetzt. Eine weitere Einschränkung der Interpretierbarkeit ergibt sich aus der Tatsache, daß unser Gehirn auch bei bestimmten kognitiven Aufgaben eine Vielzahl von Aktivitäten ausübt, die alle mit Anstieg des Blutflusses oder der Transmitteraktivität einhergehen. Wie soll also die regionale Blutflußänderung dem jeweils durchgeführten mentalen Vorgang zugeordnet werden? Dazu bedient man sich der ***Subtraktionstechnik***, die auch im fMRI (s. unten) verwendet wird. Die Bilder während der interessierenden mentalen Tätigkeit (z. B. Kopfrechnen) werden von den Bildern (Pixel des Detektionszählers) einer Kontrolltätigkeit abgezogen. Die Interpretation eines solchen Differenzbildes hängt also vollständig von der Wahl der beiden Aufgaben ab, was erhebliche psychologische Vorbildung verlangt, die Neuroradiologen in der Regel nicht besitzen. Deshalb wurden und werden viele überflüssige und teure PET-Untersuchungen durchgeführt, die in der neuropsychologischen Literatur mit anderen Methoden schon gemacht wurden oder aber theoretisch nicht interpretierbar waren. Erst durch die interdisziplinäre Kooperation von Psychologen und Neuroradiologen gelangen einige wichtige neue Ergebnisse.

Die dritte Schwierigkeit bei PET-Experimenten ist der hohe Anteil an „Rauschen", d. h. von Hirnaktivität, die nichts mit den beiden Aufgaben zu tun hat. Um diese zu reduzieren, müssen die Bilder mehrerer Versuchspersonen gemittelt werden. Dadurch wird natürlich die örtliche Auflösung stark eingeschränkt, da jede Versuchsperson (Vp) ein unterschiedlich geformtes Gehirn aufweist und auch die mentale Tätigkeit oft an verschiedenen Orten im Gehirn abläuft. Mehrere Summierungen über eine Person zu verschiedenen Terminen sind sinnvoll, werden aber oft als bedenklich wegen der Strahlenbelastung empfunden.

Schließlich ist die Prüfung der statistischen Signifikanz von Änderungen sehr stark von der Filterwahl des (der) Experimentators (Experimentatorin) abhängig: wenn der Rauschpegel sehr hoch ist, können zufällige Änderungen leicht zu Scheinsignifikanzen führen.

Die funktionelle Magnetresonanztomographie (Kernspintomographie) stellt ein örtlich besonders gut auflösendes bildgebendes Verfahren dar

Die Kernspinresonanz- oder auch Magnetresonanztomographie (engl.: *magnetic resonance imaging, MRI*) ist ein Standardverfahren der Physik und Chemie. Sie wird zur Aufklärung der chemischen Struktur biologisch interessanter Moleküle verwendet. Ihre Anwendung in der Neurobiologie des Menschen ist dagegen relativ neu.

Die ***Magnetresonanztomograhie*** (MRT) benutzt die seit 1946 bekannte Erscheinung der kernmagnetischen Resonanz (nuclear magnetic resonance, NMR), um Dichte und Relaxationszeiten magnetisch erregter Wasserstoffkerne (Protonen) im menschlichen Körper zu erfassen. Beide Parameter – Dichte und Relaxationszeiten – können als Funktion des Ortes mittels bildgebender Systeme dargestellt werden.

NMR basiert auf dem Grundprinzip des Drehimpulses (Spin) geladener Teilchen, wobei der Kern (Proton) des Wasserstoffatoms (H^+) das größte magnetische Moment aufweist (Abb. 21–23). Legt man nun ein externes starkes magnetisches Feld an, so führt die Abweichung von der bevorzugten Ausrichtung der Felder zur Präzession (Auslenkung) um die Feldachse. Die Winkelgeschwindigkeit der Kernpräzession ist dabei proportional zur Feldstärke. Je stärker das Magnetfeld, um so schneller rotieren die Protone (Lamor-Frequenz, z.B. bei 1 Tesla 42,5 MHz).

Bei der ***gepulsten Kernresonanz*** stört man die Ausrichtung der Protonen durch einen Hochfrequenzimpuls, dessen Frequenz mit derjenigen der Kernpräzession übereinstimmt. Das Abklingen des Prozesses, also die Relaxationszeiten hängen auch von der Moleküldichte ab (so dreht sich ja auch ein Kreisel im Wasser anders als in der Luft). Sorgt man dafür, daß das Grundfeld über das Meßvolumen stark variiert, in einem Punkt jedoch ein Extrem annimmt, so kann man den Kernresonanzempfänger auf die Präzessionsfrequenz des Extrems abstimmen und erhält nur Kernresonanzsignale, die von der Umgebung des „empfindlichen Punktes" herrühren. In der Praxis wird dann aus tausenden räumlichen Punkten ein Bild aufgebaut. Die Auflösung des Bildes ist durch thermisches Rauschen und die Dämpfung durch die Leitfähigkeit des menschlichen Körpers begrenzt. Da die Zeit für einzelne Projektionen wenige Sekunden oder nur Sekundenbruchteile betragen, können – in Abhängigkeit der Relaxationszeiten – auch mögliche schnelle Veränderungen in der Gehirnaktivität sichtbar gemacht werden ***(functional MRT – fMRT,*** s. Abb. 21–24). Medizinische Risiken der MRT sind nicht bekannt. Allerdings könnten solche aus der Induktion – vor allem schnell veränderlicher – Ströme durch die angelegten Felder erwachsen [21].

Eine Weiterentwicklung der NMR stellt die ***Magnetresonanz-Spektroskopie*** (***MRS***, magnetic resonance spectroscopy) dar. Gegenüber PET und MRT hat MRS den Vorteil, auch die chemische Zusammensetzung von Gewebe zu berücksichtigen und damit metabolische Charakteristika bzw. Veränderungen aufdecken zu können. Wie bei der MRT basiert auch die MRS

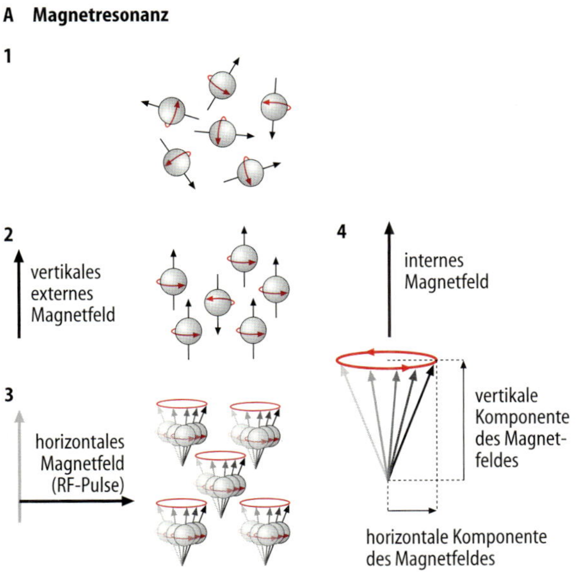

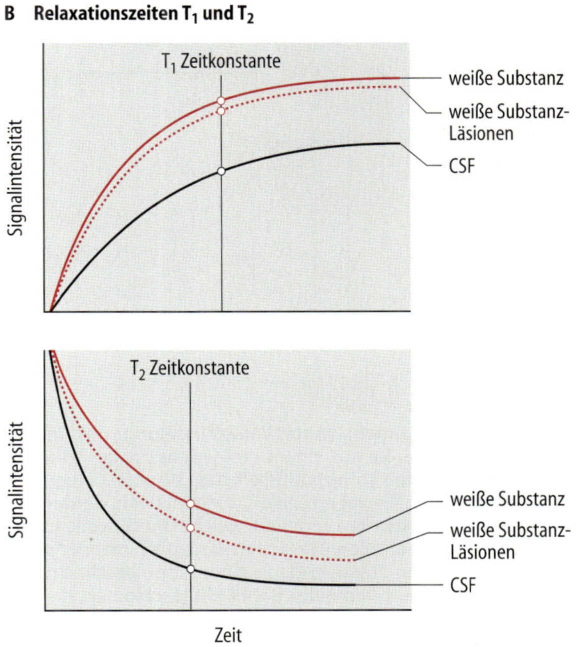

Abb. 21–24. **A** Verhalten von Protonen im magnetischen Feld und bei Auslenkung durch Radiofrequenzpulse. 1. Chaotische Ausrichtung und Rotation (spin) der Protonen im Magnet-freien Raum. 2. Parallele Ausrichtung im Magnetfeld (Alignment). 3. Ein Radiofrequenzpuls bringt die Protonen zur Rotation (Präzession). 4. MR mißt vertikale und horizontale Komponente der Auslenkung. **B** T_1 und T_2-transversale Relaxationszeiten (Erläuterung siehe Text)

auf den magnetischen Eigenschaften von Atomkernen mit ungepaarten Protonen und Neutronen und der Möglichkeit, durch ein starkes magnetisches Feld eine Auslenkung der dominanten Kreisel-Frequenz herbeizuführen. Die Präzessionsfrequenz ist jedoch nicht nur durch die Stärke des externen Magnetfeldes determiniert, sondern auch durch die das Proton umgebenden Elektronenwolken. Das Ausmaß der Veränderung in der Resonanzfrequenz für einen gegebenen Molekülkern variiert mit der umgebenden Wolke, so daß man von einem *„chemischen shift"* spricht. Auf diese Weise kann man für verschiedene neurochemische Elemente Dichtespektren bestimmen und damit ihre mögliche Beteiligung an – normalen oder auch pathologischen – Hirnfunktionen untersuchen [14].

T_1 und T_2. Die wichtigsten Maßzahlen der MR-Technologie, welche die Gewebe zu charakterisieren erlauben, sind – wie erwähnt – die Relaxationszeiten der sich wie Kreisel drehende Protonen. Nachdem also die Protonen durch das starke statische Magnetfeld (1–7 T) aus ihrem chaotischen Rotieren in dieselbe Richtung des vertikalen Magnetfeldes gebracht werden, lenkt sie der im rechten Winkel, horizontal angebrachte Hochfrequenzimpuls (HF- oder RF-Puls, RF = Radiofrequenz) aus ihrer streng vertikalen Richtung in eine nun nach horizontal ausgelenkten Kreisbewegung (s. Abb. 21–24). Bei Abschalten des RF-Pulses kehren die Protonen in ihre vertikale (longitudinale) Ausgangslage zurück (Relaxation); den Verlauf dieser Rückkehrkurve nennt man T_1 (vergleichbar der Zeitkonstante im EEG, also die Zeit bis eine Spannung auf 2/3 ihrer Ausgangsspannung zurückgekehrt ist (s. Abb. 21–24 B). Gleichzeitig aber verlieren die Protonen den durch den horizontalen Magnetpuls angeregten synchronen Drehimpuls und gehen auch in horizontaler Richtung außer Phase („dephasing"). Diese Zerfallszeit bildet

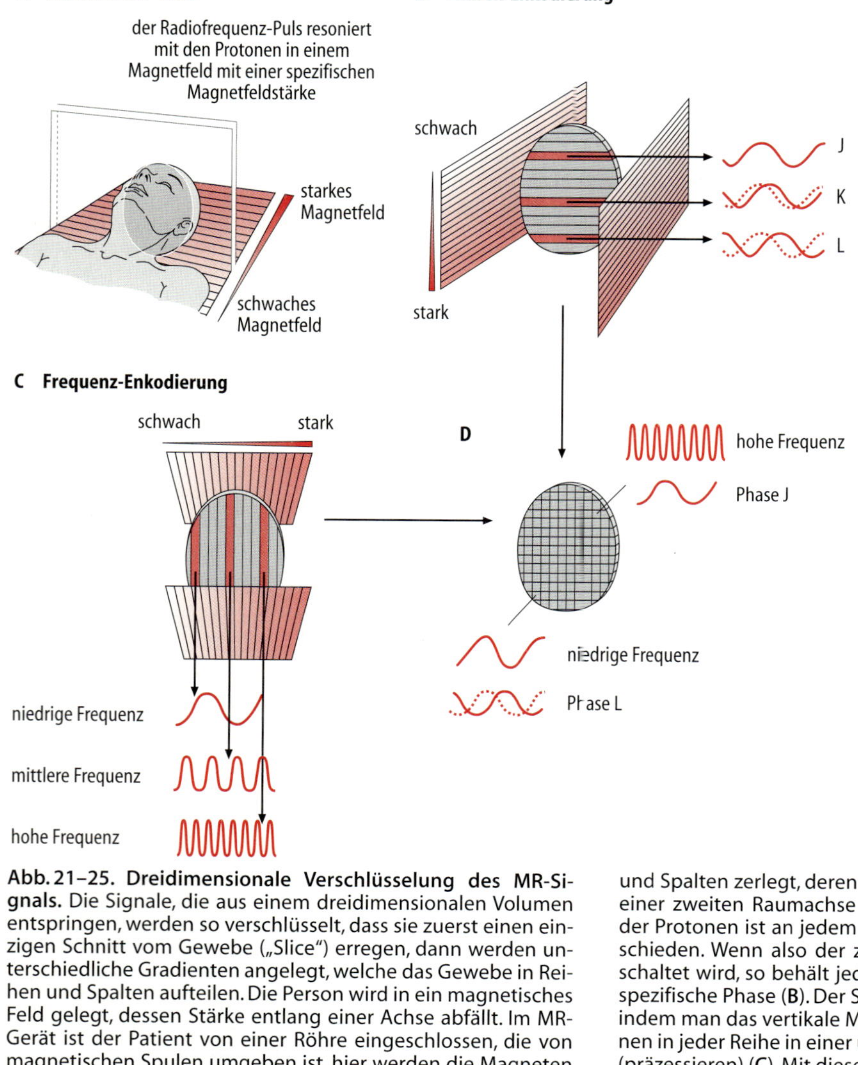

Abb. 21–25. Dreidimensionale Verschlüsselung des MR-Signals. Die Signale, die aus einem dreidimensionalen Volumen entspringen, werden so verschlüsselt, dass sie zuerst einen einzigen Schnitt vom Gewebe („Slice") erregen, dann werden unterschiedliche Gradienten angelegt, welche das Gewebe in Reihen und Spalten aufteilen. Die Person wird in ein magnetisches Feld gelegt, dessen Stärke entlang einer Achse abfällt. Im MR-Gerät ist der Patient von einer Röhre eingeschlossen, die von magnetischen Spulen umgeben ist, hier werden die Magneten einfach als Platten gezeigt. Diese Art von Gradientenschaltung teilt also das Gewebe in viele Slices. Ein bestimmter Slice ist durch einen spezifischen Radiofrequenzpuls charakterisiert, der die Protonen in dem gewünschten Magnetfeld in Resonanz bringt (**A**). Danach wird dieser Slice (von A) wiederum in Reihen und Spalten zerlegt, deren Feldstärke des Magnetfelds entlang einer zweiten Raumachse variieren. Die Rotation (Präzession) der Protonen ist an jedem Platz oder Phase in jeder Reihe verschieden. Wenn also der zweite magnetische Gradient abgeschaltet wird, so behält jede einzelne Reihe von Protonen ihre spezifische Phase (**B**). Der Slice wird weiterhin in Reihen geteilt, indem man das vertikale Magnetfeld so abstuft, dass die Protonen in jeder Reihe in einer unterschiedlichen Frequenz rotieren (präzessieren) (**C**). Mit dieser Enkodierung wird jedes Pixel in einem Slice sein spezifisches, charakteristisches Signal abgeben (**D**); mit der sogenannten Fourier-Transformation identifiziert man dann jedes einzelne Signal aus jedem Pixel. (Nach [7] mit freundlicher Genehmigung)

sich in der T_2-Funktion ab (transversale Magnetisierung, beide Buchstaben T kommen von transversal). Abbildung 21–24 B zeigt, daß für verschiedene Gewebe T_1 und T_2 spezifische Verläufe haben, man misst sie in der Regel wie Zeitkonstanten nachdem sie 2/3 ihres Weges hinter sich haben, das resultierende Bild wird als T_1- oder T_2-gewichtet bezeichnet.

Gradientenschaltung. Wie kann man nun bestimmen, von wo im Gehirn ein Radiofrequenzsignal von einem in T_1 oder T_2 verlaufenden „Protonenschwarm" kommt? Dazu schaltet man sowohl das statische Magnetfeld wie auch die angelegten RF-Pulse in unterschiedlicher Stärke an unterschiedlichem Ort. Z. B. ist das Magnetfeld am oberen Ende des Kopfes stark, am unteren schwach. Das Gewebe wird dadurch in Schnitte („Slices") zerlegt, welche in jedem Slice die Protonen unterschiedlich stark magnetisieren. Gleichzeitig wird der Kopf der Person von **Spulen (Coils)** umgeben, die im rechten Winkel zum Magnetfeld stehen, aber auch wieder in ihrer Stärke Slice für Slice abgestuft werden; schließlich wird die dreidimensionale Abbildung geschlossen, indem man noch eine Gradientenebene mit vertikalen Magnetfeldern unterschiedlicher Frequenz hinzufügt, so dass die Protonen in jeder Schnittebene mit einer charakteristischen Frequenz rotieren (precessing). Jeder Ort im Raum (Pixel) kann damit durch eine dreidimensionale Raumkoordinate aus Frequenzen mit Fourier-Transformation identifiziert werden (Abb. 21–25).

Anwendung der funktionellen NMR-Tomographie beim Menschen. Veränderungen des zerebralen Blutflusses, ablesbar an der lokalen Sauerstoffanreicherung, können mit hoher Zeit- und Ortsauflösung gemessen werden. Wenn Hämoglobin im venösen Blut mit Sauerstoff angereichert wird, ist es weniger paramagnetisch und diese Änderung ergibt bei Anlegen hoher Magnetfelder von 1,5 bis 4 Tesla in der Umgebung der Gefäße deutliche Differenzen der Feldstärken im Vergleich zur Umgebung (**BOLD-Effekt,** b̲lood o̲xygen l̲evel d̲ependent). Wenn die Nervenzellen nach Reizung („Denken") aktiv werden, kommt es zu höherer Anreicherung von sauerstoffreichem Blut in der Umgebung der Zellen als abgebaut werden kann. Die Protonen des mit O_2-angereicherten Oxyhämoglobin haben eine langsamere T_2-Relaxationszeit, sie kehren viel langsamer in den „außer Phase"-Zustand zurück als das Desoxyhämoglobin, welches im inaktiven Zustand der Nervenzellen dominiert. Daher ist das Magnetresonanzsignal, das die Antennen des MR-Scanners auffangen, viel stärker. Abbildung 21–26 zeigt die vom Computer rekonstruierten Maxima im visuellen Kortex einer Versuchsperson nach Reizung des rechten visuellen Feldes mit einfachen Lichtblitzen. Die lokale Aktivierung im kontralateralen primären Feld ist gut sichtbar.

Echo-Planar-Imaging (EPI). In der klassischen MR-Technik muß man vor erneutem Anlegen eines Magnetfeldes mindestens 0,4–2 Sekunden warten, bis sich die Kernspins „erholen" und in ihre Ausgangslage vor dem Beschuß durch die Radiofrequenz zurückkehren. Damit könnten nur relativ selten Bilder rekonstruiert werden, bedenkt man die hohe Geschwindigkeit elektrischer Hirnprozesse in Millisekunden. Um dieses Problem zu lösen, wird zunächst vor der Rückkehr der Spins in die Ausgangsstellung (s. Abb. 21–23) ein zweiter „Echo"-Impuls von dem Radiofrequenzsender ausgelöst und die Dichte der Protonen für den gegebenen Magnetfeldwinkel in den drei Raumdimensionen gezählt. Schließlich werden nach dem ersten und zweiten Echo-Impuls die Gradienten des Magnetfeldes rasch geändert (in weniger als 100 ms Intervallen), so daß die Resonanzfrequenzen extrem schnell erfaßt werden können [21].

Da aber Blutflußänderungen und damit die Oxygenierung und Protonendichte aus metabolischen Gründen nicht schneller als 1–3 Sekunden auf Änderungen der Erregbarkeit von Neuronen folgen, ist die Zeitauflösung der fMRI auch mit EPI prinzipiell auf 3 s beschränkt. In Kombination mit MEG/EEG stellt aber fMRI zur Zeit das zeitlich und örtlich optimal auflösende Meßverfahren in den Human-Neurowissenschaften und der Biologischen Psychologie dar.

Optische Bildgebung (optical imaging) erlaubt die nicht-invasive Messung physiologischer Veränderungen der Hirnaktivität

Das Lambert-Beer-Gesetz. Jedes Gewebe wechselt mit einer Änderung seines funktionellen Zustandes auch seine optischen Eigenschaften. Z. B. verfärbt sich die Haut und Schleimhäute blau-rot (Zyanose), wenn

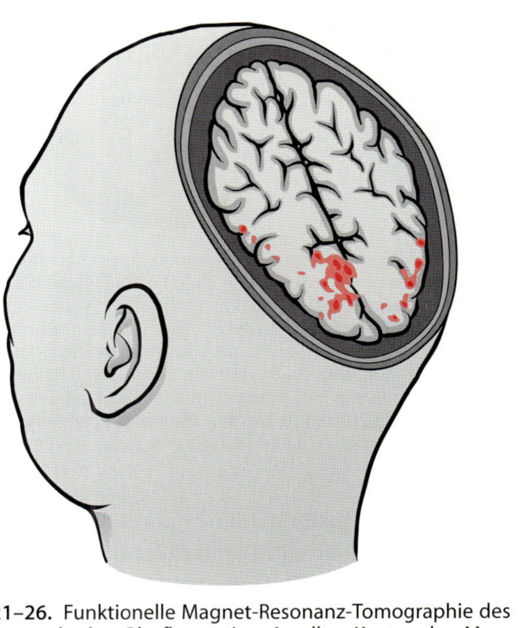

Abb. 21–26. Funktionelle Magnet-Resonanz-Tomographie des lokalen zerebralen Blutflusses im visuellen Kortex des Menschen. Erhöhung des Blutflusses im linken primären visuellen Areal nach Reizung des kontralateralen Feldes in roter Farbe (Modifiziert aus [16])

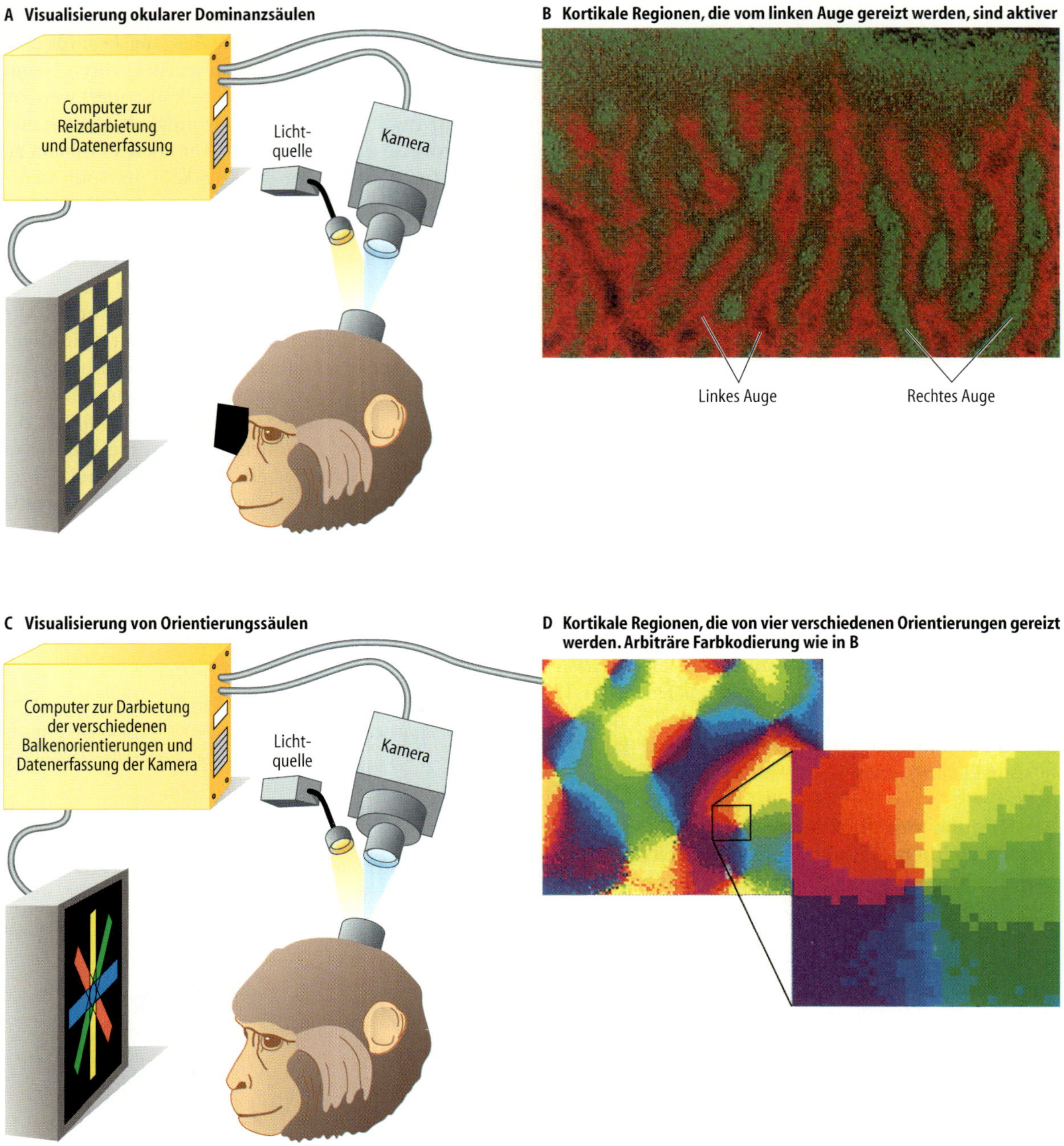

Abb. 21–27. Beispiele der Anwendung optischer Bildgebung mit Nah-Infrarot-Spektro-skopie. Links (A) u. (B) Darstellung okularer Dominanzsäulen (s. Kap. 17), darunter (C) u. (D) von Orientierungskolumnen. In (A) werden Bänder von Neuronen sichtbar, wenn das Licht aus V1 der rechten okzipitalen Region nach Abdeckung des rechten Auges reflektiert wird. Der Affe betrachtet ein umspringendes Schachbrettmuster. Die kortikalen Regionen, die stärker aktiv sind, werden schwächer reflektiert (B). Bei Darbietung von hellen Balken (C), die hier zur besseren Anschaulichkeit je nach Richtung in Farbkodierung wiedergegeben sind, findet man an einigen Stellen des scheinbar ungeordneten Aktivitätsmusters in V1 (D) ein Windmühlen-artiges Aktivitätsmuster: jede Orientierung ist an einer bestimmten Stelle, streng aufeinander folgend repräsentiert. Weitere Erläuterungen siehe Text. (Aus Rosenzweig, M., Leiman, A. u. Breedlove, S. M. (1999) Biological Psychology. 2 nd ed. Sinauer, Mass. Nach Bonhoffer, T. u. Grinwald, A. (1991) Iso-orientation domains in cat visual cortex are arranged in pinwheel-like patterns. Nature, 353, 429–431)

der Sauerstoffgehalt im Blut abnimmt und daher reduziertes Hämoglobin im Kapillarblut fließt (s. Kap. 10). Bleiche Hautfarbe zeigt Anämie an, gelbe Farbe indiziert zuviel Bilirubin durch Leberversagen (s. Kap. 12). Das Nervensystem u. seine Zellen verhalten sich nicht anders. Wenn Lichtquanten (Photone) in das Gewebe eindringen, werden sie ***absorbiert,*** verlieren Energie oder sie erzeugen ***Fluoreszenz***; sie werden mit unveränderter Frequenz bei stationärem Gewebe ***zerstreut*** oder bei bewegten Partikeln (z. B. Hämoglobin) treten ***Doppler-Verschiebungen*** auf (Frequenzveränderungen durch Zu- u. Wegbewegung von Licht- oder Schallquelle). Biologisches Gewebe ist besonders durchlässig für Licht in der Nähe des Infrarotspektrums

(700–1000 nm), deshalb werden für Hirngewebe ***Nah-Infrarotspektroskopie-Geräte (NIRS)*** verwendet. Die Konzentration der Photonen in einem angestrahlten Gewebe wird nach dem modifizierten Lambert-Beer-Gesetz von einem Empfänger (Detektor) berechnet. Dabei ist die Lichtabsorbtion proportional der Substanzkonzentration und der Distanz, welche die Photonen unter Lichtverlustdifferenz zwischen den zwei interessierenden Zuständen im Gewebe überwinden müssen.

Gehirnaktivität und optische Eigenschaften. Die optischen Eigenschaften des Nervengewebes können durch die Veränderungen durch Ionen an der Membran der Zellen ***schnell*** verändert werden, vor allem durch Sauerstoffanreicherung der sogenannten Zytochrom-c-Oxidase, welche bei Aktivitätsanstieg der Zelle entsteht. Lichtsignale ändern sich dabei proportional der Depolarisation oder Hyperpolarisation der Nervenzellen. Beim Menschen konnte man z. B. um 100 ms, also genau zum Zeitpunkt des evozierten Hirnpotentials bei aufmerksamer Zuwendung (N100), eine synchrone Änderung der Lichtdichte registrieren [22].

Weniger artefaktanfällig, aber ***langsamer*** sind Lichtänderungen aufgrund intravaskulärer Ereignisse. Lokaler Anstieg der Hirnaktivität führt zu lokaler Vasodilatation, Anstieg des Blutvolumens und zerebralen Blutflusses (CBF, s. S. 504). An der Oberfläche des Kortex kann man – ähnlich wie beim sogenannten BOLD-Effekt im NMR wenige Sekunden nach Anstieg der Hirnaktivität einen Anstieg der intravaskulären Sauerstoffanreicherung (Oxigenierung) von Hämoglobin registrieren. Oxigeniertes Hämoglobin hat ganz charakteristische Absorptionsspektren, die man aus dem reflektierten Licht filtern kann. Da man die Absorptionskoeffizienten von Kopfhaut, Knochen u. Zerebrospinalflüssigkeit kennt, kann man die Nah-Infrarot-Spektroskopie auch am intakten Tier oder Mensch anwenden (s. Abb. 21–27).

Anwendung optischer Bildgebung. Abbildung 21–27 zeigt eine typische Anwendung optischer Bildgebung zur Visualisierung okularer Dominanzsäulen (s. Kap. 17) und Orientierungskolumnen. Wenn der Affe die umspringenden Schachbrettmuster (A) nur mit einem Auge betrachtet, sieht man bei der Registrierung des reflektierten Lichtes vom Areal V1 des okzipitalen Kortex den Aktivitätsanstieg der Zellen der okularen Dominanzsäulen vom linken Auge, während die okularen Dominanzsäulen des rechten Auges still bleiben. Präsentiert man einen Lichtbalken in wechselnder Orientierung (C), so erhält man scheinbar ein ungeordnetes Aktivitätsmuster (D), das aber an bestimmten Stellen ein völlig geordnetes radial sich bewegendes Aktivitätsmuster (vergrößerter Ausschnitt) ergibt. Jede Orientierung ist an einem bestimmten Ort mit maximaler Aktivität repräsentiert.

Für die klinische Anwendung in Psychologie und Medizin wird die optische Bildgebung, die billig u. völlig unschädlich ist, von großer Bedeutung werden: zerebrovaskuläre Störungen u. Alzheimersche Erkrankung gehen mit reduzierter vaskulärer Aktivität einher. Bei epileptischen Anfällen oder starken Depolarisationen um eine Hirnläsion herum, steigt die Hämoglobinkonzentration ebenso wie bei vielen kognitiven Tätigkeiten [22].

ZUSAMMENFASSUNG

Invasive Methoden der Biologischen Psychologie wie die Läsionsmethode und histologische Präparation von Hirngewebe können zwar in der Regel nur im Tierversuch eingesetzt werden, bilden aber die Grundlage unseres Wissens über Hirn-Verhaltensbeziehungen. Die Ausfälle und Störungen im menschlichen Verhalten und Denken nach Läsionen, wie sie von der Neuropsychologie studiert werden, erlauben nur sehr grobe Zuordnungen von Verhaltensweisen zu einzelnen Hirnregionen. Elektrische und magnetische Hirnreizung kann über stereotaktische Geräte invasiv oder durch an der Schädeloberfläche angebrachte Magneten nicht-invasiv erfolgen (Transkranielle Magnetreizung TMS). Dabei ergeben sich präzisere Aussagen über Gehirn-Verhaltensbeziehungen als durch Läsionsmethoden.

Elektroenzephalographie (EEG) und Magnetenzephalographie (MEG) erfassen nicht-invasiv die elektrischen und magnetischen Prozesse der Großhirnrinde, die während Wahrnehmung, Denken und Verhalten ablaufen. EEG und MEG bilden die neuronalen (und damit die psychischen) Vorgänge zeitgetreu ab und erlauben mit Hilfe mathematischer Methoden (Dipolanalyse) auch eine präzise Lokalisation der Stromquellen im Kortex.

Während das spontan ablaufende Wechselspannungs-EEG und -MEG vor allem die verschiedenen Wachheitsgrade wiedergibt, erlauben ereigniskorrelierte und langsame Hirnpotentiale Aussagen über Ort und Zeitverlauf informationsverarbeitender Prozesse im Großhirn.

MEG und EEG eignen sich aber weniger zur Abbildung subkortikaler Aktivität und sie erlauben keine Aussage über strukturell-anatomische und metabolische Veränderungen während geistiger Tätigkeit. Aus diesem

Grunde werden sie, wenn möglich, mit bildgebenden Verfahren kombiniert. Die Messung regionaler Hirndurchblutung kann mit Positron-Emissions-Tomographie (PET) oder funktioneller Magnetresonanztomographie (fMRI) kortikal und subkortikal erfolgen. Während diese zeitlich etwas langsamer als die aktuellen neuronalen Prozesse auflösen, erlauben sie eine präzisere strukturell-anatomische Lokalisation der neuronal-metabolischen Aktivität. Durch Verwendung unterschiedlicher Radioisotope als Markierungssubstanzen im Blut bei PET, lassen sich spezifische Stoffwechsel- und Transmitterprodukte in den einzelnen Hirnarealen beobachten.

Literatur

Weiterführende Lehr- und Handbücher

1. Birbaumer N, Schmidt RF (2000) Allgemeine Physiologie der Großhirnrinde. In: Schmidt RF, Thews G, Lang F (Hrsg.) Physiologie des Menschen, 28. Aufl. Springer, Berlin Heidelberg New York
2. Bucher O, Wartenberg H (1997) Cytologie, Histologie und mikroskopische Anatomie des Menschen, 12. Aufl. Huber, Bern
3. Carlson NR (2000) Physiology of Behavior. 7 th edn. Allyn & Bacon, Newton
4. Cooper R, Osselton JW, Shaw JC (1980) EEG Technology. 2 nd edn. Butterworth, London
5. Filskov SB, Boll TS (eds) (Vol. 1 1981, Vol. 2 1986) Handbook of Clinical Neuropsychology. Wiley, New York
6. Ingvar DH, Lassen S (1977) Cerebral function metabolism and circulation. Acta Neurol Scand 55, Suppl 64
7. Kandel ER, Schwartz JH, Jessell TM (eds.) (2000) Principles of neural science. 4th ed. Elsevier, Amsterdam
8. Luria AR (1970) Die höheren corticalen Funktionen und ihre Störungen bei örtlichen Hirnschädigungen. VEB Deutscher Verlag der Wissenschaften, Berlin
9. Lutzenberger W, Elbert T, Rockstroh B, Birbaumer N (1985) Das EEG. Springer, Berlin Heidelberg New York
10. Niedermeyer E, Lopes da Silva F (eds) (1999) Electroencephalography. 4th ed. Williams & Wilkins, Baltimore
11. Penfield W, Jasper M (1954) Epilepsy and the Functional Anatomy of the Human Brain. Little Brown, Boston
12. Rockstroh B, Elbert T, Birbaumer N, Lutzenberger W (1982) Slow Brain Potentials and Behavior. Urban & Schwarzenberg, Baltimore, 2 nd edn. 1989
13. Roland P (1993) Brain Activation. Wiley, New York
14. Schild HH (1990) MRI made easy. Schering AG, Berlin

Einzel- und Übersichtsarbeiten

15. Andersen P, Andersen SA (1968) Physiological Basis of the Alpha-Rhythm. Appleton-Century-Crofts, New York
16. Belliveau JW, Kennedy DN, McKinstry RC, Buchbinder BR, Weisskopf RM, Cohen MS, Vevea JM, Brady TJ, Rosen BR (1991) Functional mapping of the human visual cortex by magnetic resonance imaging. Science 254: 716–719
17. Brazier MAB (1958) The development of the concepts relating to the electrical activity of the brain. J Nerv Ment Dis 126: 303–321
18. Elbert T, Ray WJ, Kowalik ZJ, Skinner JE, Graf KE, Birbaumer N (1994). Chaos and Physiology: Deterministic Chaos in Excitable Cell Assemblies. Physiological Reviews, 74: 1–47
19. Ingvar DH (1976) Functional landscapes of the dominant hemisphere. Brain Res 107: 181
20. Speckmann EJ, Elger CE (1999) Neurophysiological basis of the EEG and of DC potential. In: Niedermeyer E, Lopes da Silva F (eds): Electroencephalography. Urban & Schwarzenberg, Baltimore, 4th ed. Williams & Wilkins, Baltimore 1999
21. Thatcher R, Hallet M, Zeffiro T, John ER, Huerta M (eds) (1994) Functional Neuroimaging. Academic Press, San Diego
22. Villringer A, Chance B (1997) Noninvasive optical spectroscopy and imaging of human brain function. Trends in Neurosciences 20: 435–442

22 Bewußtsein und Aufmerksamkeit

EINLEITUNG

Das Problem des Bewußtseins beschäftigt die Kulturen der Menschheit seit mehr als 4000 Jahren. Obgleich es nach wie vor schwierig ist, das Problem begrifflich ausreichend klar zu fassen, haben die Biologische Psychologie und die Neurowissenschaften in diesem Jahrhundert wichtige Beiträge zur Erklärung der Entstehung und Funktion von Bewußtsein geleistet. Durch die Ergebnisse dieser Wissenschaften wurde zunehmend klar, daß eine einheitliche Definition von Bewußtsein nicht möglich ist, sondern daß sich hinter diesem Begriff mehrere heterogene neuronale Mechanismen verbergen, deren Zusammenspiel mit mentalen Vorgängen einhergeht, die wir umgangssprachlich als bewußt bezeichnen. Dabei wurde auch der enge Zusammenhang, möglicherweise die Identität der neuronalen Grundlagen von Kurzzeitgedächtnis und selektiver Aufmerksamkeit klar. Die Tatsache, daß wir viele an der Entstehung von bewußten – im Vergleich zu nichtbewußten – Vorgängen beteiligte Hirnstrukturen und neurophysiologische Prozesse kennen, macht philosophisch-psychologische Spekulationen überflüssig.

Zum Verständnis der Neurobiologie von Aufmerksamkeit ist die Kenntnis der informationsverarbeitenden und präparatorischen (auf Wahrnehmung und Handlung vorbereitenden) *Prozesse* und *Stadien* auf psychologischer Ebene notwendig. Eine neurophysiologische Analyse der Aufmerksamkeits- und Bewußtseinsprozesse ohne Verständnis der kognitiven Psychologie von Aufmerksamkeit bleibt genauso fragmentarisch wie die rein kognitive Analyse ohne Beachtung der physiologischen Grundlagen.

22.1 Psychologie der Bewußtseinsformen

Wir unterscheiden automatisierte (nichtbewußte) und kontrollierte Aufmerksamkeit; kontrollierte Aufmerksamkeit ist an die Funktionstüchtigkeit des Kurzzeitgedächtnis gebunden

Heterogene Bewußtseinsprozesse. Bewußtes Erleben setzt das erfolgreiche *Zusammenspiel* verschiedener neuronaler Netzwerke innerhalb des Zentralnervensystems voraus und läßt sich nicht einer Region in der Hirnrinde allein zuordnen. Neurophysiologisch scheint die Erregung neokortikaler Zellverbände durch subkortikalen Einstrom eine notwendige, aber nicht hinreichende Voraussetzung für Bewußtsein zu sein.

Eine einheitliche Definition von Bewußtsein ist deshalb nicht möglich, weil es *heterogene Bewußtseinsprozesse und -formen* gibt, deren gemeinsames physiologisches Merkmal der *weiträumige Erregungsanstieg*, und psychologisch der Übergang von nichtbewußter „automatischer" zu aufmerksamer, „kontrollierter" Informationsverarbeitung darstellt. Dieser Übergang kann kontinuierlich oder ruckartig erfolgen. Obwohl nicht alle kontrollierten Verarbeitungsvorgänge bewußt sind, gilt dies doch für einen Großteil dieser auf S. 519 beschriebenen Prozesse.

Bewußtsein als Schwellenregulation. Introspektiv ist Bewußtsein nur an seiner Abwesenheit im Tiefschlaf, bei Narkose und Zerstreutheit im Sinne von unaufmerksamer Wachheit zu erkennen. Aufmerksamkeit und Bewußtsein sind nicht nur an selektive Erregung kortikaler Areale über eine gewisse Schwelle, sondern auch an eine physiologische Balance zwischen erregenden und hemmenden Mechanismen gebunden. Bei Störung dieser Balance und vermehrter synchroner neuronaler Aktivität, z. B. im epileptischen Anfall, kommt es genauso zu Bewußtseinsverlust wie im Tiefschlaf, im Koma oder bei Betäubung durch Medikamente oder Drogen (z. B. Alkohol, Opiate).

Bewußtsein und Kurzzeitgedächtnis. Die Produktion von Bewußtsein ist eine Eigenschaft des Kurzzeitgedächtnisses (KZG, engl. STM, short term memory), während Prozesse im Langzeitgedächtnis (LZG, engl. LTM, long term memory) in der Regel nicht bewußt sind; LZG-Inhalte werden erst bei Übertragung in ein KZG oder Arbeitsgedächtnis bewußt (s. Kap. 24, 27).

Bei der Diskussion von Aufmerksamkeitsvorgängen dürfen wir nicht vergessen, daß die ***Selektion*** und die ***Speicherung*** (Kap. 24) eines Inhalts von der *motivationalen „Kraft"* der Inhalte abhängt. Reize mit hohem Anreiz- (Incentive) Wert (s. Kap. 25) und Reaktionen, die primäre Triebe befriedigen, werden eher Aufmerksamkeit steuern als neutrale Reize (zur Motivation s. Kap. 25). Jeder Gedächtnisinhalt im KZG erhält eine damit assoziierte Antriebs- oder eine Anreiz-Komponente. Bei zwei verschiedenen Reaktionsformen, die an zwei Antriebzustände konditioniert sind (z. B. Hunger und Durst an zwei unvereinbare Situationen gekoppelt), wird durch ***„Triebkonkurrenz"*** bestimmt, welcher Reiz aufmerksam verfolgt und welche Reaktion ausgewählt wird.

Die Entstehung bewußter Vorgänge ist an die Zuweisung erhöhter Verarbeitungsressourcen an die informationsverarbeitenden Systeme gebunden

Begrenzte Aufmerksamkeit und Bewußtsein. Die *kognitive Psychologie* geht heute davon aus, daß es verschiedene Formen von Bewußtsein gibt. Diese Erkenntnis wird von neurobiologischen Befunden, die wir in den nächsten Abschnitten erläutern, gestützt. Drei wichtige Befunde haben zur Annahme von mehreren Bewußtseinsformen geführt:

- Bewußtseinsprozesse resultieren stets aus *vorbewußter (subliminaler) Informationsverarbeitung* [1].
- Die Annahme eines einzigen Selektionssystems (*„Flaschenhalstheorien"*) ist mit den experimentellen Befunden nicht vereinbar.
- Es existiert eine begrenzte Anzahl von Verarbeitungsmechanismen, jeder benötigt seine eigenen *„Ressourcen"*. Bei Aufgaben, deren „Ressourcen" sich überlappen, kommt es zur *„Ressourcen-Konkurrenz"*, die sich meist in Interferenzen und Leistungsstörungen äußert. Unter Ressource versteht man in der Psychologie eine nicht direkt beobachtbare Erregungshöhe, die einem informationsverarbeitenden System (z. B. KZG) verliehen werden muß, damit es eine bestimmte Leistung erbringen kann. Jene Systeme des „mentalen Apparates", welche die Ressourcen für ein oder mehrere sensorische und motorische Funktionen zur *Verfügung* stellen, nennt man ***limitierte Kapazitäts-Kontroll-Systeme*** (LCCS – limited capacity control systems). Ressourcen werden in der Regel antizipatorisch, d. h. *vor* einem Reiz oder einer Reaktion nach Warnsignalen, die Reiz oder Reaktion (oder beides) ankündigen, zur Verfügung gestellt [3].

Alle Theorien der Aufmerksamkeit gehen von einer *limitierten Aufmerksamkeitskapazität* (limited capacity, LC) aus. Der gemeinsame Mechanismus hinter allen Bewußtseinsformen und Aufmerksamkeit wird in jenen Situationen sichtbar und meßbar, bei denen die Anforderungen die Kapazität (Ressource) der Person für die Aufgabe überschreitet. Die *Aufgabenschwierigkeit* wird als die Differenz zwischen *erwarteter und aktueller Leistung* definiert. Erwartete Aufgabenschwierigkeit und Leistung sind somit zentrale Bestandteile jeder Aufmerksamkeitstheorie.

Ein Großteil der Informationsverarbeitung läuft ohne Mitwirkung des Bewußtseins vorbewußt ab

Subliminale Wahrnehmung. Nur ein Bruchteil der ankommenden Reize werden bewußt. Bewußtsein tritt nur auf:

- beim Erwerb *neuer* Information oder beim Lernen *neuer* Reaktionen,
- bei Abgabe von Urteilen und Wahlreaktionen und
- bei Nicht-Eintreffen erwarteter Reize.

Auf der *motorischen Seite* wird uns Verhalten erst in Situationen bewußt, die:

- neue Aktionspläne und
- Wahl (Entscheidung) zwischen Handlungsalternativen erfordern,
- in gefährlichen oder als schwierig beurteilten Situationen und
- bei Handlungen, die eine starke Gewohnheit oder „Versuchung" überwinden müssen.

Aber auch in diesen 4 Situationen tritt Bewußtsein oft erst *nach* bereits erfolgter Handlung auf (z. B. beim Bergsteiger, der eben „instinktiv" einen gefährlichen Schritt vollzogen hat und dem dies erschreckt bewußt wird).

Die ***Reizaufnahme,*** die ***Repräsentation*** (***Kodierung***) des Reizes (s. Kap. 15), die ***Musterextraktion*** (s. Kap. 17) und der ***Vergleich*** des gegenwärtigen Reizmusters mit Reizmustern im LZG sind ebensowenig bewußt wie die ***Auswahl*** und ***Ausführung*** der auf den Reiz „passenden" Reaktion und die ***Rückmeldung*** des Reaktionserfolgs aus der Peripherie.

Erst wenn nach dem Vergleichs- und Bewertungsprozeß ankommender mit gespeicherter Information die Kapazität des jeweiligen KZG-Systems (visuell, akustisch, räumlich etc., s. S. 519) überschritten wird, wird zu einem späteren Zeitpunkt der Verarbeitung (frühestens 200 ms nach Reizung der Sinnesrezeptoren (s. Kap. 22.4) der bewußtseinerzeugende Aktivierungsprozeß ausgelöst. Die Ressource eines KZG-Systems ist durchschnittlich mit 2–2,5 bit (7 ± 2 Zeichen) limitiert, kann aber durch geeignete Kombination und Gruppierung von isolierten Zeichen (chunking, z. B. Telefonnummern in Gruppen von je 3 Zahlen merken) im Laufe des Lernprozesses erweitert werden (s. Kap. 24 und 27). Ähnliches gilt für die motorische Seite.

Bewußte Entscheidungs- und Erwartungsvorgänge benötigen das Arbeitsgedächtnis

Arbeitsgedächtnis. Eine Unterform des Kurzzeitgedächtnis, das Informationen über Sekunden bis Minuten lebendig halten kann, ist das Arbeitsgedächtnis (s. auch Kap. 24). Es wird für das unten noch zu erwähnende „tuning", also die reine Schwellensenkung eines

Sinneskanals bei selektiver Aufmerksamkeit nicht gebraucht, sondern nur dann, wenn Information für kürzere Zeit gehalten werden muß, bevor eine Entscheidung oder Denkoperation aufgerufen oder motorische Befehle etwas verspätet ausgeführt werden müssen. Die häufig im Affenversuch verwendeten ***verzögerten Verstärkungsaufgaben*** (delayed reinforcement) sind dafür typisch: das Tier erhält einen Warnreiz (CS), muß dann etwas warten, bevor es auf einen zweiten Reiz eine Entscheidung für eine verstärkte Reaktion fällt und diese ausführt (s. Abb. 1–1 in Kap. 1). Wir werden später sehen (s. Kap. 27.4), daß die Funktionen des Arbeitsgedächtnis vor allem im rechten und linken dorsolateralen Frontalkortex ablaufen [6].

Aufmerksamkeitsprozesse werden nicht über Filtern unwichtiger Information, sondern über einen übergeordneten Prozeß der Bewertung ankommender Information gesteuert

Flaschenhalstheorien. Abbildung 22–1 zeigt ein „natürliches" ***dichotisches Hörexperiment,*** aus dem man – fälschlich – auf die Existenz eines einzigen (Flaschenhals-)Filters schloß: das „Cocktail-Party-Phänomen". Aus einer Vielzahl ankommender Reize wird von dem selektiven Filter jener Reiz ausgewählt, dessen *physikalische* Charakteristiken überlegen sind (z. B. der lauteste Schwätzer einer Gesellschaft). Abbildung 22–2 A erläutert den Grundgedanken der Flaschenhals-Theorie von Broadbent [5]: ein Informationskanal mit limitierter Kapazität (LC) führt zum KZG. *Bevor* die Information zum KZG gelangt, wird vom vorgeschalteten Filter nur *ein* physikalisch herausragender Reiz aus den vielen ankommenden ausgewählt. Die vollständige Analyse der Reize erfolgt erst *nach* der Passage durch den Filter.

Kritik der Filtertheorie. Daß Flaschenhalstheorien unvollständig sind, zeigt sich bereits an alltäglichen Beobachtungen, wie der bewußten Wahrnehmung des eigenen Namens auf einer „verrauschten" Gesellschaft, auch wenn er von jemand leise gesprochen wird. Die Mutter, die von ihrem Kind selbst bei lautem Verkehrslärm aus dem Schlaf geweckt wird, ist ein besonders deutliches Beispiel. Aber auch experimentell läßt sich zeigen, daß die ankommende Information *vor* ihrer Selektion relativ vollständig und unbewußt analysiert und beurteilt wird. Auch schwierige Aufgaben, die ***geteilte Aufmerksamkeit*** erfordern, werden gelöst, wenn nicht dieselben Ressourcen benötigt werden (s. u.). Z. B. kann man gleichzeitig addieren oder andere Re-

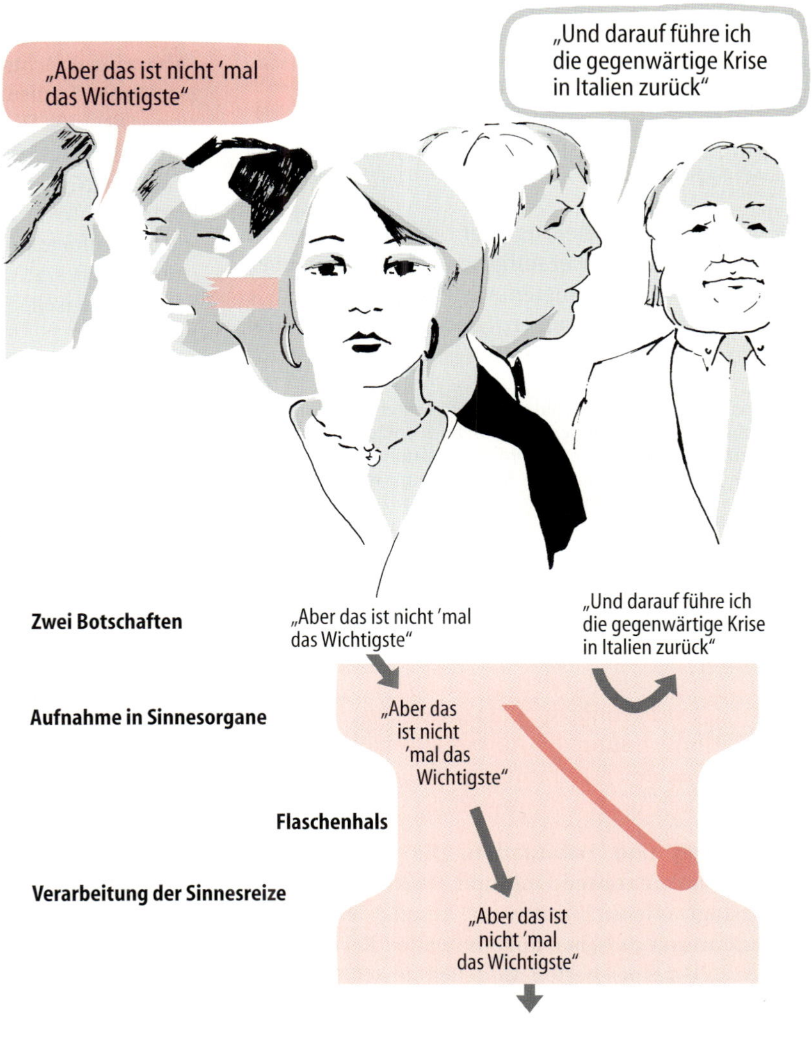

Abb. 22–1. Das „Cocktail-Party-Phänomen". Die Versuchsperson konzentriert sich auf die Information, die dem rechten Ohr dargeboten wird, die Information, die gleichzeitig dem linken Ohr dargeboten wird, kann nicht wiedergegeben werden. Nach [5]

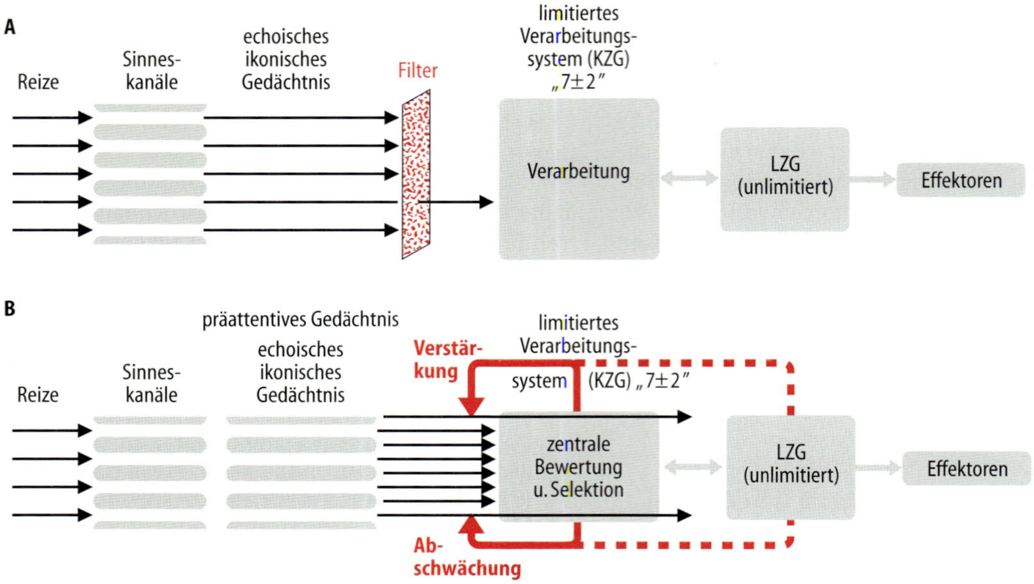

Abb. 22-2. A Grundgedanke eines Flaschenhalsmodells der Aufmerksamkeit (s. Text). **B** Grundgedanke eines zentralen Verarbeitungssystems, in dem die gesamte Information vor oder gleichzeitig mit ihrer Selektion analysiert wird. Die Menge der verarbeiteten Information ergibt sich aus der Kapazität des zentralen Systems. Die beiden *Pfeile,* die über das zentrale Bewertungssystem direkt zu LZG oder Effektoren gehen, zeigen automatisierte Verarbeitung an. Der Pfeil vom LZG symbolisiert die Tatsache, daß ohne Mitwirkung des Bewußtseins von dort aus eine Verstärkung oder Abschwächung der Reizverarbeitung und Motorik erfolgen kann. (Erläuterungen s. Text)

chenoperationen und eine Handgeschicklichkeitsaufgabe (visuelle Folgeaufgaben) durchführen. Dagegen wird dieselbe Rechenoperation nicht gelöst, wenn man gleichzeitig Wahlreaktionen auf visuell dargebotene Zahlen durchführen muß. Dieses Ergebnis ist mit der Annahme eines einzigen Kanals mit begrenzter Kapazität unvereinbar.

Wir werden später sehen, daß der *Grad der Interferenz* (Störung) zwischen zwei Aufgaben von der *zerebralen Distanz* der dabei beteiligten Analysatoren abhängt. Je mehr sich diese überlappen (also gemeinsame Ressourcen benützen), um so größer ist die Interferenz.

Die Ablehnung der Flaschenhalstheorie bedeutet aber nicht, daß ankommende Informationen nicht bereits auf einer früheren Verarbeitungsebene (100 ms), *vor* ihrer vollständigen Verarbeitung, d. h. vor dem Erreichen des KZG gehemmt werden könnte. Die Aktivität solcher frühen Filter kann man vor allem an kortikalen Hirnpotentialen (s. Kap. 21 und 22.4) ablesen; sie sind als zu den limitierten Ressourcen-Systemen *parallell* geschaltete Systeme zu denken, die Information nicht blockieren, sondern abschwächen. Besonders bei *automatisierter Verarbeitung* oder *Handlung* (s. S. 517) wird die Rolle der frühen nicht bewußten Bewertung und Ausschluß von Information sichtbar [5].

Orientierungsreflexe sichern die Hinwendung der Aufmerksamkeit auf neue Reize, Habituation verhindert die Beachtung bekannter Reize

Orientierung und Habituation. Die Intensität der Aufmerksamkeitszuwendung und Reaktionsvorbereitung hängt offensichtlich vom Resultat eines *Vergleichsprozesses* zwischen ankommenden Reizmustern und im LZG gespeicherten Modellen desselben Verarbeitungssystems (z. B. visuell, akustisch etc.) ab (Abb. 22-2 B rechts). Jede Abweichung vom gespeicherten Modell („mismatch“) löst eine ***Orientierungsreaktion*** (***OR***) aus. Die Intensität der OR ist proportional dem Ausmaß des „mismatch“, was wir subjektiv als *Grad der Neuheit* erleben. Obwohl dieser Vergleichsprozeß relativ spät in der Verarbeitungskette ankommender Information erfolgt (ca. 200–250 ms bei einfachen Reizen, s. 22.4), steht er zeitlich unmittelbar an der Schwelle zwischen vorbewußter und bewußter Verarbeitung.

Die OR ist ein Reflex, der von anderen Reflexen, der ***Defensivreaktion*** (DR) und dem ***Startlereflex*** (SR), auch Schreckreflex genannt, unterschieden werden muß (s.a. Kap. 13). Um als OR bezeichnet zu werden, müssen vier Kriterien erfüllt sein:

- Die Reaktion muß auf *neue* Reize sensitiv sein.
- Die Reaktion muß habituieren (s. u.).
- Das Auftreten eines neuen Reizes muß eine vergleichbare OR auslösen wie das plötzliche *Ausbleiben* eines erwarteten Reizes.
- Wenig intensive Reize (besonders in Schwellennähe) müssen eine OR, Reize mit hoher Intensität eine DR, Reize mittlerer Intensität eine Mischung aus beiden hervorrufen. Durch extrem steile Anstiegszeiten der Reizenergie wird ein SR (z. B. Blinken des Augenlids) ausgelöst.

Der Verlauf der Herzrate (HR) wenige Sekunden nach einem Reiz ist z. B. ein gutes Maß für die OR bzw. die DR: auf einen neuen Reiz geringer physikalischer Intensität sinkt sie (OR), auf Reize mit hoher Intensität steigt sie (DR).

Orientierung ist unauflöslich mit der *Bildung von Erwartungen* verbunden. Erwartungen sind das Resultat von zunehmenden Präzisierungen des im LZG gespeicherten Reiz-Reaktionsmodells, bedingt durch häufige Wiederholung derselben Reiz-Reaktionssequenz.

Die OR besteht also aus vier zeitlich nacheinander ablaufenden Prozessen:

- Vergleich des ankommenden mit dem (erwarteten) gespeicherten Modell des Reizes,
- entsprechend dem Ausmaß der Abweichung vom erwarteten Reiz (des „mismatch“) wird eine Mobilisierung der Sinnessysteme in der Peripherie und der zentralen Sinnessysteme (Orientierung) sowie der motorischen Systeme eingeleitet und
- der momentane Inhalt des KZG abgeschwächt, das KZG vom alten Modell „bereinigt“ und
- im LZG das gespeicherte Modell des Reizes modifiziert, danach ändert sich die Erwartung erneut usf.

Habituation ist die Verringerung der Intensität einer OR nach wiederholter identischer Darbietung eines Reizes. Habituation muß von *Adaptation* sowie von *Effektor-Ermüdung* (s. Kap. 13) und *Extinktion* (s. Kap. 24) unterschieden werden: *Adaptation* meint die Erhöhung der Reizschwelle eines Sinnesorgans bei kontinuierlicher Reizung, *Extinktion* die Abnahme der Reaktionsintensität einer klassisch oder instrumentell gelernten Reaktion [13].

Allgemeine Kennzeichen von Habituation. Die Abnahme der Reaktionsrate bei wiederholter Darbietung identischer Reize erfolgt im allgemeinen *exponentiell.* Erlangt ein bereits habituierter Reiz wieder Neuheitsqualität (z. B. durch Paarung mit einem biologisch bedeutsamen Reiz), so wird die OR wieder hergestellt. Die Habituationsrate hängt unter anderem von der Regelmäßigkeit der Reizdarbietung ab; mit zunehmender Regularität steigt die Habituationsgeschwindigkeit. Je schneller die Darbietungsrate, um so schneller erfolgt Habituation. Wenn der Reiz eine Diskrimination, eine negative oder positive Konsequenz oder eine Entscheidung verlangt, ist die Habituationsrate verzögert. Die Darbietung eines unterschiedlichen Reizes in einer Serie identischer Reize führt zur teilweisen Wiederherstellung der ursprünglichen Reaktion: ***Dishabituation.*** Zustände extrem hoher Aktivierung (z. B. „Angst“) und gesenkter tonischer zentralnervöser Aktivierung (Schlaf) verlangsamen die Habituation. Mit zunehmender Reizintensität sinkt die Habituationsrate im allgemeinen; aber auch bei schwellennahen, schwachen Reizen ist die Habituation verzögert. Nach Schlafverlust erfolgt beschleunigte Habituation. Stimulierende Drogen verlangsamen die Habituationsrate.

Beim Menschen ist nicht die objektive Reizintensität, sondern die *subjektive Signifikanz* für die Höhe der OR und die Habituationsrate entscheidend. Dauerhafte Störungen der Habituationsgeschwindigkeit gehen häufig mit Verhaltensauffälligkeiten einher (bei Angst und schizophrenen Störungen wenig Habituation, bei Soziopathie zu rasche Habituation, s. Kap. 26 und 27).

Das limitierte Aufmerksamkeits-Kontrollsystem (LCCS – limited capacity control system) bestimmt die Grenzen der Aufmerksamkeit

Wie wir in Teil III dieses Buches gesehen haben, besitzt jeder sensorische Kanal (optisch, akustisch, taktil) nur eine begrenzte Kapazität der Informationsübertragung. Diese Begrenzung der Sinnessysteme ist durch eine Reihe von Faktoren bedingt: Anzahl und Ausrichtung von rezeptiven Feldern, Grenzfrequenzen der afferenten Fasern, Konvergenz und Divergenz der kommunizierenden Neuronenverbände und vor allem von den Ernährungs- und Stoffwechselbedingungen der beteiligten Zellverbände. Da aber offensichtlich große Teile der im ZNS gleichzeitig angekommenen Information verarbeitet und erst *danach* zentral ausgewählt werden, müssen wir zusätzlich zu den Grenzen der sensorischen Übertragung (*Kanalkapazität*) noch einen oder mehrere *zentrale* Aufmerksamkeitsmechanismen annehmen. Der Schluß von psychologischen Experimenten auf ein oder mehrere LCCS ist natürlich hypothetisch. Ob diesen LCCS reale physiologische Systeme entsprechen, muß die Biologische Psychologie klären.

Automatische und kontrollierte Verarbeitung. Ein Reizmuster oder eine motorische Antwort werden dann aus den bestehenden Alternativen ausgewählt, wenn sie eine bestimmte Erregungsschwelle übersteigen. Wenn ein bestimmtes Erregungsmuster eines Reizes im Gehirn durch die Aufmerksamkeitsprozesse aktiviert und von der Hintergrundinformation abgehoben wird, ist es nicht notwendigerweise sofort bewußt. Bei *überlernten,* geübten Aufgaben (z. B. Autofahren) erfolgt die Reaktion ohne Bewußtsein, und andere Reaktionssysteme können gleichzeitig ohne gegenseitige Behinderung (Interferenz) funktionieren (geteilte Aufmerksamkeit). Wir nennen diesen Vorgang der unbewußten selektiven Absenkung von Erregungsschwellen „tuning“. Dieser englische Ausdruck ist schwer zu übersetzen, es ist damit das automatische Einstellen von Erregungsschwellen gemeint.

Die gesamte ankommende Information wird zuerst für wenige ms in einem sensorischen Speicher gehalten (sensorisches Gedächtnis, Abb. 22–2), dort wird Mustererkennung (Erkennung der wesentlichen Merkmale), Kodierung (s. Kap. 17 und 19) und danach der besprochene Vergleich (match) vorgenommen. Paßt der ankommende Reiz vollkommen in ein (überlerntes) gespeichertes Reiz-Reaktions-Muster, wird die Reaktion „automatisch“, d. h. ohne besondere Erhöhung der Erregung, in den beteiligten Netzwerken und ohne Mitwirkung des Bewußtseins ausgelöst (s. Abb. 22–3) [16].

Kontrolliert-exekutive Aufmerksamkeit und Informationsverarbeitung wird nur in neuen oder komplexen Situationen und Handlungen aktiviert

Willentliche Anstrengung. Erst wenn *neue* oder *komplexe Situationen* und Handlungen auftauchen („mismatch“), und Reaktionsalternativen bestehen, wird das LCCS aktiviert. Das LCCS erregt zusätzlich die beteiligten informationsverarbeitenden und reaktionsplanenden Systeme und hemmt die nicht-beteiligten. Dabei greift die Stärke motivationaler Einflüsse direkt in die Hemmung und Erregung ein („Triebkonkurrenz“, Kap. 25). Dies bedeutet, daß Reize oder Reaktionen, die in der Vergangenheit mit biologisch bedeutsamen Reizen (z. B. Triebbefriedigung) assoziiert waren, eher einen Erregungsanstieg auslösen. Dieser „Effort"-Mechanismus (willentliche Anstrengung) koordiniert in neuen und komplexen Situationen Ein- und Ausgabeprozesse (sensorische und motorische Aktivierung), geht mit Bewußtsein und verstärktem Energieverbrauch (z. B. mehr Glukoseverbrauch im ZNS) einher, erfordert *„kontrollierte Suche"* durch ständigen Vergleich von KZG- und LZG-Inhalten oder aktive Bewegungsplanung (Wille).

Abbildung 22-3 gibt diese Modellvorstellung wieder. Kontrollierte Suche erfordert in jedem Fall die Kapazität des KZG oder Arbeitsgedächtnis, Interferenzen von anderen Aufgaben sind hier wahrscheinlich, wenn mehrere Aufgaben ganz oder teilweise gleiche KZG-Ressourcen erfordern [3].

Ein Beispiel für ein Experiment, das diese Prozesse widerspiegelt: Auf einem Bildschirm wird ein und derselbe Zielbuchstabe inmitten ablenkender Buchstaben mehrmals dargeboten. Die Person darf nur auf den Zielbuchstaben reagieren. Nach mehreren Wiederholungen spielt die Zahl der ablenkenden Buchstaben keine Rolle mehr für Reaktionszeit und Fehler. Die Person reagiert „automatisch" auf den Buchstaben. Wenn man dagegen wiederholt den Zielbuchstaben mit ablenkenden Buchstaben austauscht, wird die Reaktionszeit langsam, und die Fehler steigen mit der Zahl der ablenkenden Reize. Daraus schließt man auf „kontrollierte Suche".

Ressourcen-Zuordnung (resource allocation). Während es mehrere KZG-Systeme (z. B. akustisch, visuell, taktil etc.) zu geben scheint, die die Anzahl gleichzeitig durchführbarer Aufgaben beschränken, existieren nur ein, maximal zwei übergeordnete Effort-Systeme (eines für sensorische, eines für motorische Verarbeitung). Wenn Überlappungen zwischen den sechs auf Abb. 22-4 dargestellten *Verarbeitungsdimensionen* durch simultane Aufgabendarbietung entstehen, wird das LCCS aufgerufen und die Aufmerksamkeitsenergie auf eine Dimension (z. B. visuell) verteilt (Ressourcen-Zuordnung). Jedes der auf Abb. 22-4 gezeigten Verarbeitungssysteme verfügt über *beschränkte Ressourcen,* sonst könnten mehrere neue Aufgaben sowohl innerhalb einer Verarbeitungsdimension (z. B. visuell) als auch zwischen diesen ohne Interferenz gelöst werden. Dies gelingt innerhalb *einer* Dimension am schlechtesten (neue akustische Aufgaben stören akustische mehr als visuelle). Aber auch *zwischen* den Verarbeitungsdimensionen sind die Ressourcen beschränkt: eine komplexe visuelle Aufgabe stört z. B. eine akustisch-musikalische erheblich. Erst nach häufiger Wiederholung tritt Automatisierung ein, und geteilte Aufmerksamkeit wird möglich. – Natürlich sind mehr als sechs Verarbeitungsdimensionen denkbar, dies sind nur die wichtigsten bei der menschlichen Informationsverarbeitung [3, 4, 5].

Die Ressourcen-Zuordnung des LCCS erfordert extensive multisensorische Vergleichsprozesse sowie Information über die motivationale Bedeutung („wichtig – unwichtig", s. Kap. 26) der einzelnen zu vergleichenden Informationen. Nach Abschätzung („Bewertung" in Abb. 22-3) der Alternativen, erfolgt dann zusätzliche Aktivierung der aus der Konkurrenz „siegreich" hervorgegangenen Dimension und Hemmung der übrigen Dimensionen von Abb. 22-4. Dabei handelt es sich um Verarbeitungsdimensionen, die sich aus der Kombination der Sinnesmodalitäten (z. B. visuell-akustisch) der Art der Kodierung (z. B.

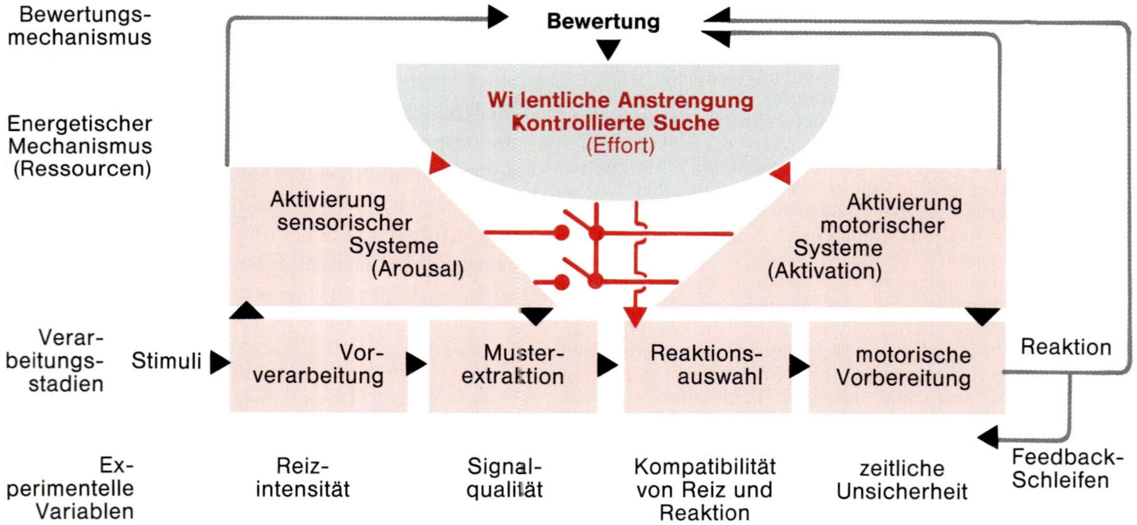

Abb. 22-3. Kognitive Prozesse der Informationsverarbeitung. *Unten* sind die einzelnen Stadien der Verarbeitung vom Eingang des Reizes bis zur Reaktion skizziert. *Darunter* einige Beispiele von experimentellen Umweltvariationen, mit denen die Stadien beeinflußbar sind. *Darüber* die eigentlichen Aufmerksamkeitsprozesse: die Aktivierung und Mobilisierung sensorischer Systeme führt sowohl zu verbesserter Mustererkennung (unten) als auch zu dem multisensorischen Vergleich gespeicherter mit angekommener Information. Je nach Resultat dieser Vergleiche wird bei neuer oder komplexer Information der Ressourcen mobilisierende Prozeß willentlicher Anstrengung (effort) aktiviert (*rot*). Dieser kann sowohl sensorische wie motorische Aktivierung beeinflussen und wird zur Entscheidung über Reaktionsalternativen benötigt. Abschließend erfolgen dann Planung und Ausführung der entsprechenden Reaktion, nicht ohne eine vorherige Bewertung der antizipierten Konsequenzen (*rechts und oben*). Bei überlernter, automatischer Verarbeitung wird die Beteiligung von Effortsystemen minimal. (Nach Sanders, A. F.: Towards a model of stress and human performance. Acta Psychologica *53,* 61–97 (1983))

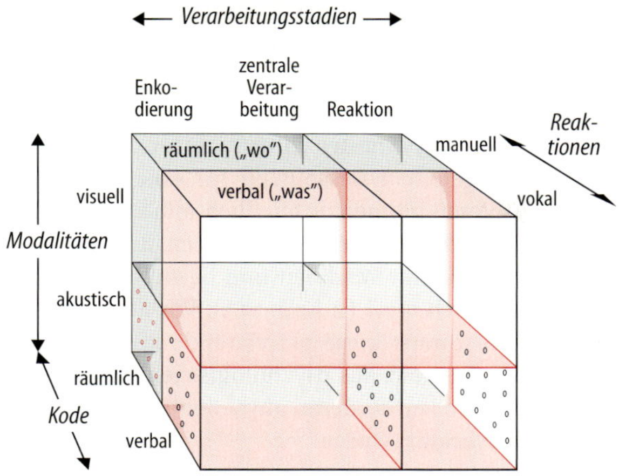

Abb. 22-4. Einige wichtige Verarbeitungsmechanismen: für jeden der drei Verarbeitungsschritte Enkodierung, zentrale Verarbeitung und Reaktionsvorbereitung bzw. -ausführung werden je zwei Verarbeitungsarten (räumlich-verbal), je zwei Sinnesmodalitäten (visuell-akustisch) und je zwei Reaktionsmodalitäten (manuell-vokal) angenommen. Bei neuen Aufgaben konkurrieren diese 6 Verarbeitungsdimensionen um die limitierten Ressourcen. Nach [3]

räumlich-verbal) und den Reaktionsmöglichkeiten (z. B. manuell-vokal) ergeben. Jede dieser Dimensionen benötigt bei neuen Aufgaben einen verstärkten Zustrom an aktivierenden Ressourcen in jene Verarbeitungssysteme, die mit einer bestimmten S-R-Abfolge befaßt sind.

Nach Warnsignalen muß ein gerade ablaufender Konzentrationsvorgang unterbrochen werden; dies ist ein eigenständiger Mechanismus im LCCS

Unterbrechung und Lösung (interrupt and disengagement) der Aufmerksamkeit. Führt die Bewertung der Reizkonfiguration auf Abb. 22-3 zu einem mismatch, also einem wichtig-Signal, so muß das informationsverarbeitende System die gerade ablaufenden Operationen unterbrechen und die alten Ziele vorerst aufgeben. Abbildung 22-5 zeigt eine typische Aufgabe zur Aufmerksamkeit.

Zuerst erfolgt ein Warnsignal (Hinweisreiz Cue), kurz danach erscheint der Zielreiz (target) in dem erwarteten oder unerwarteten Feld. Auf den unerwarteten Reiz reagiert die Versuchsperson langsamer.

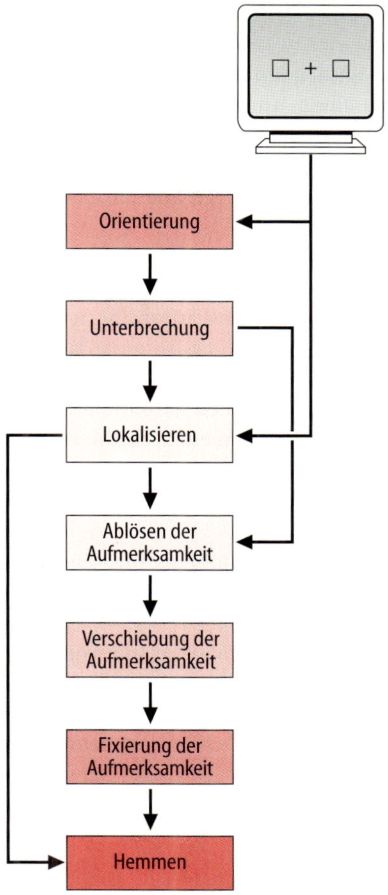

Abb. 22-6. Hypothetische mentale Operationen, die nach Aufleuchten des Hinweisreizes (Cue) von Abb. 22-5 ablaufen. Der Hinweisreiz unterbricht (Interrupt) zunächst die Aufmerksamkeit der Vpn von ihrem derzeitigen Fokus. Die Person muß daher ihre Aufmerksamkeit von diesem Punkt lösen (Disengage). Danach muß sie die Aufmerksamkeit auf den Ort des Cues lenken (Move). Die Bindung (Engage) der Aufmerksamkeit auf den neuen Punkt bewirkt, daß am kortikalen Ort der Reizverarbeitung der Cues erhöhte neuronale Aktivität auftritt. Nach [6]

Es braucht Zeit, sich vom erwarteten Ort zu lösen. Die Leistung wird an dem Ort erleichtert, auf den die Aufmerksamkeit gelenkt war und am anderen gehemmt. Abbildung 22-6 führt die wesentlichen Denkoperationen auf, wenn ein angekündigter Reiz beantwortet wird. Personen mit ***Neglekt,*** die eine Körper- oder Ge-

Abb. 22-5. Typische Aufgabe zur Untersuchung der selektiven Aufmerksamkeit. *Links:* Die Versuchsperson fixiert das Kreuz in der Mitte, im rechten Gesichtsfeld erscheint zunächst ein Hinweisreiz (Aufleuchten des Quadrates) und kurz danach *(Mitte)* entweder der Zielreiz am Ort des Hinweisreizes oder auf der Gegenseite *(rechts)*. Nach [6] mit freundlicher Genehmigung

sichtshälfte völlig ignorieren (s. 27.4), achten automatisch auf periphere Reize, wenn ihre Aufmerksamkeit nicht gebunden ist, ignorieren diese aber völlig, wenn sie aufmerksam mit einem anderen Reiz oder Gedanken beschäftigt sind. Wir werden in Kap. 27 sehen, daß hier ein Defekt des Disengagement vorliegt, die Personen können sich nicht von dem gerade aufmerksam verfolgten Vorgang lösen [6].

Funktionen selektiv-exekutiver Aufmerksamkeit. Wir können also die Aufgaben der kontrollierten (selektiven) Aufmerksamkeit wie folgt zusammenfassen:

- Setzen von Prioritäten zwischen konkurrierenden und kooperierenden Zielen in einer Zielhierarchie zur Kontrolle von Handlung
- Aufgeben (disengagement) alter oder irrelevanter Ziele
- Selektion von sensorischen Informationsquellen zur Kontrolle der Handlungsparameter (sensorische und motorische Selektion)
- Selektive Präparation und Mobilisierung von Effektoren (tuning)

Bevor wir auf die neuroanatomischen und neurophysiologischen Grundlagen dieser Prozesse eingehen, müssen wir im nächsten Abschnitt begründen, warum *verbale* und *räumliche* Dimensionen auf Abb. 22–4 zwei *getrennte Verarbeitungssysteme* sind. Wir wollen in 22.2 auch physiologische Indikatoren (langsame Hirnpotentiale) für die besprochenen psychologischen Vorgänge beschreiben, an denen wir den Übergang von vorbewußter zu bewußter Information und das Ausmaß der zugeteilten Ressourcen für eine bestimmte Aufgabe ablesen können. Schließlich müssen wir noch klären, woher die genannten Ressourcen ihre „Energie" beziehen und somit Wachheit und bewußte Aufmerksamkeit möglich wird (s. Kap. 22.3). Vor allem sollten wir wissen, woraus diese aktivierende „Energie" besteht, deren Existenz aus psychologischen Experimenten erschlossen wurde, deren physiologische Basis aber bisher nicht geklärt wurde.

22.2 Neuropsychologie und Psychophysiologie der Bewußtseinsformen

Gespaltenes Gehirn ergibt gespaltenes Bewußtsein

Geschichte der Split-brain-Forschung. Lange vor den ersten Split-brain-Versuchen R. Sperrys – zunächst bei Tieren – war aus neuropsychologischen Experimenten

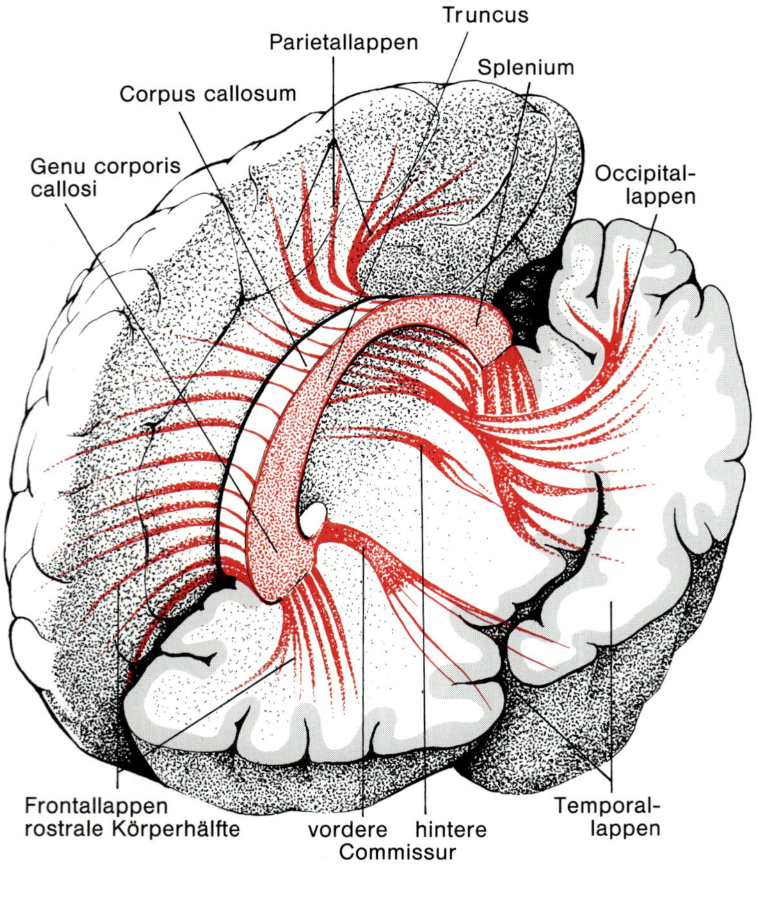

Abb. 22–7. Die funktionelle Aufteilung des Corpus Callosum: die posteriore Region, das Splenium, projiziert primär in den Okzipitallappen, der Trunkus des Corpus callosum projiziert zum Parietallappen und Teile des Temporallappens, der anteriore Genu projiziert zu den Frontallappen. Die Temporallappen sind zusätzlich noch über die vordere Kommissur verbunden

an Personen mit lokalen Hirnschädigungen und aus Reizversuchen während neurochirurgischen Operationen seit Mitte des 19. Jahrhunderts bekannt, daß die beiden neokortikalen Hemisphären unterschiedliche Funktionen für Verhalten aufweisen. In keinem Experiment konnte dieser Unterschied aber so dramatisch und eindrucksvoll demonstriert werden wie bei Menschen nach ***Kommissurektomie.***

Die Untersuchungen begannen 1960, als der Neurochirurg J. Bogen das Corpus callosum eines epileptischen Patienten durchtrennte, um eine medikamentös unbeeinflußbare Epilepsie, die sich von einer Hemisphäre zur anderen ausbreitete, unter Kontrolle zu bekommen. Die Operationstechnik war nicht neu, sondern war schon früher angewandt worden, ohne daß besondere Verhaltensänderungen bei den Patienten beobachtet werden konnten. Erst durch die Entwicklung *psychologischer Testverfahren* konnten die Wirkungen dieser Operation auf das Verhalten des Patienten beschrieben werden [2, 4, 17, 18]. Abbildung 22–7 zeigt die von der Operation betroffenen Hirnregionen und die Struktur des Corpus callosum.

Aktiver Übertragungsmechanismus. Im Tierversuch trennte Sperry auch die Sehnervenkreuzung, wodurch die visuelle Information der beiden *nasalen Netzhauthälften* verlorengeht. In Abb. 22–8 erkennt man, daß der Affe in der linken Hemisphäre nur visuelle Information aus der rechten Hälfte des visuellen Feldes erhält, die rechte Hemisphäre Information aus der linken Hälfte des visuellen Feldes. Die Untersuchungen an diesen Tieren zeigen, daß normalerweise mit einer Hemisphäre gelernte Information *aktiv* (nicht „automatisch“) in die andere Hemisphäre übertragen wird. Erst ein aktiver Prozeß transportiert die gespeicherte Information (Engramm) von der einen Hemisphäre in die andere. Beim Menschen ist dies bei manchen Verhaltensweisen ebenso. Mit zunehmender sprachlicher Beteiligung kommt es aber zu verstärkter Lateralisierung der Gedächtnisspur in *eine* Hemisphäre (s. Kap. 27). (Auch bei anderen Leistungen ist die Lateralisierungstendenz beim Menschen stärker als beim Affen).

Lernt ein Tier mit Kommissurenläsion, Durchtrennung des Corpus callosum und Läsion der Sehnervenkreuzung zum Beispiel nur mit dem einen Auge eine *Diskrimination* zwischen Kreuz und Kreis (Drücken bei Kreuz) und schließt man dann dieses Auge, so muß das Tier die Aufgabe mit dem anderen Auge völlig neu lernen. Ja, es kann sowohl hintereinander als auch gleichzeitig (!) jede Hemisphäre ein entgegengesetztes Verhalten lernen, ohne daß es zu Anzeichen eines Konflikts wie beim normalen Tier kommt. Zum Beispiel lernt das Tier bei Projektion von einem Kreis in das rechte Gesichtsfeld mit der rechten Pfote zu drücken und bei Projektion eines Kreuzes nicht zu drücken und gleichzeitig bei Projektion eines Kreuzes ins linke Gesichtsfeld mit der linken Pfote zu drücken und bei Kreis nicht zu reagieren. Im intakten Tier kommt es bei solchen Aufgaben zu allen Anzeichen eines emotionalen Konflikts und Versagens. Dies zeigt, daß es in solchen Lebewesen auch zu einer Verdoppelung der Aufmerksamkeitsprozesse kommt. Es ist, als ob zwei Lebewesen gelernt hätten.

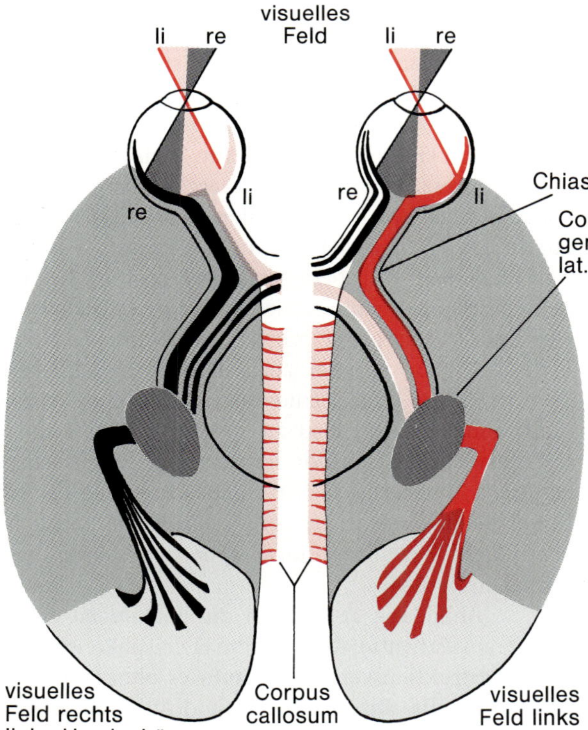

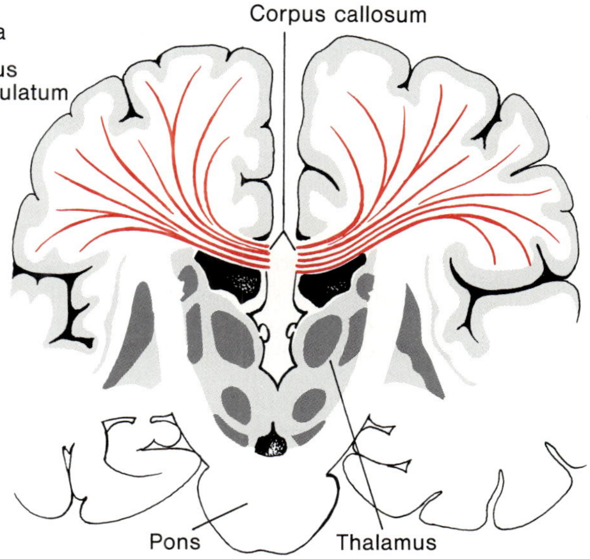

Abb. 22–8. Nach Durchtrennung der Sehnervenkreuzung gelangt nur Information aus dem rechten visuellen Feld des linken Auges in die linke Hemisphäre und aus dem linken visuellen Feld des rechten Auges in die rechte Hemisphäre. *Unten:* Ausmaß der Trennung („split brain“) im Frontalschnitt. Nach [17]

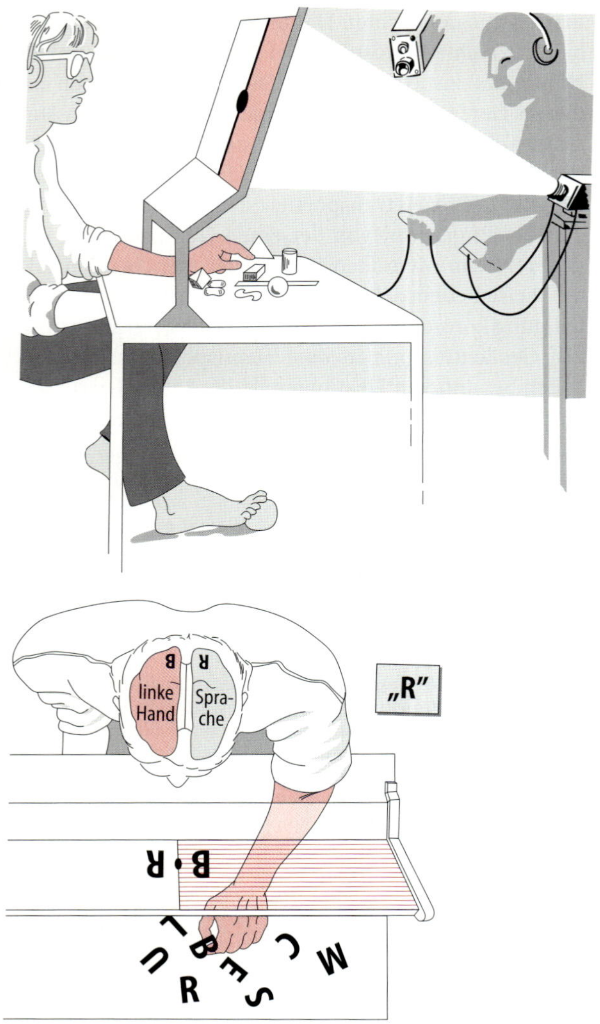

Abb. 22-9. *Oben:* Versuchsanordnung zur testpsychologischen Erfassung von Störungen nach „split-brain". Auf dem Bildschirm vor der Vp kann in das rechte oder linke visuelle Feld getrennt für kurze Zeit ein Objekt projiziert werden, da die Vp den Punkt dazwischen fixiert. Die Vp soll das projizierte Objekt mit einer Hand ertasten. *Unten:* das B wird korrekt unter mehreren Buchstaben identifiziert, kann aber nicht benannt werden, die Vp sagt „R". Nach [2]

Die linke Hemisphäre verarbeitet Information eher seriell-sequentiell, während die rechte Hemisphäre parallel-ganzheitlich arbeitet

Zwei getrennte Willensimpulse. Ähnlich sind die *Effekte beim Menschen* (eine detaillierte Beschreibung erfolgt in Kap. 27). Abbildung 22–9 zeigt eine der Versuchsanordnungen. Die Versuchsperson hat vor sich im rechten Gesichtsfeld ein R projiziert, im linken ein B und soll nun – für sie unsichtbar – das B (in der rechten Hemisphäre) mit der linken Hand aus mehreren Buchstaben herausfinden. Dies gelingt auch ohne Schwierigkeiten, die Person kann den Buchstaben aber nicht benennen.

Alle Aufgaben, in denen sprachliches Denken zu koordinierten Bewegungen *beider* Körperhälften führen soll, sind gestört. Gegenstände im linken visuellen Feld können nicht benannt oder gelesen werden, mit der linken Hand kann nicht geschrieben, wohl aber vorgegebene visuelle Muster gezeichnet werden, die mit der rechten Schreibhand nicht nachgezeichnet werden können. Verbale Kommandos können schwer mit linker Hand oder linkem Fuß ausgeführt werden. Wenn man die dominante linke Hemisphäre fragt (z. B. durch Projektion der Frage ins rechte Gesichtsfeld), was die linke Hand gerade tut, kann keine Auskunft gegeben werden. Keine Hemisphäre weiß von der anderen. Im allgemeinen kooperieren zwar durch Ausbildung ähnlicher Bewegungsstrategien die motorischen Aktivitäten beider Seiten, häufig aber kommt es zu *getrennten „Willensimpulsen"*, z. B. zog beim Anziehen die rechte Hand die Hose rauf, die linke runter, oder die rechte Hemisphäre zog bei Begrüßung die Person heran, die linke stieß sie wieder weg. „Die Tatsache, daß zwei freie Willen innerhalb desselben Schädels wohnen, erinnert uns daran und verstärkt unsere Vermutung, daß der freie Wille eine Illusion ist, wie das Auf- und Untergehen der Sonne. Je mehr wir über Gehirn und Verhalten lernen, um so deterministischer, gesetzmäßiger und kausaler erscheint es uns" [18].

Zwei Bewußtseinsprozesse. Die subjektiv erlebbare *Einheit des Bewußtseins* ist also auf die Existenz der Kommissuren und Assoziationsfasern und anderer weiträumiger Verbindungen im ZNS rückführbar. Im intakten Gehirn kommt es zu ständigem Informationsfluß zwischen den Hemisphären. Die linke, eher sprachbegabte Hemisphäre dominiert die Kommunikation zwischen Menschen, weshalb uns das sprachliche Bewußtsein auch als dominierend *erscheint.* Ohne die Kommissuren teilt die linke Hand nicht mehr die Erfahrungen der rechten, die beiden visuellen Welten der beiden Hemisphären sind vollständig getrennt, das Tun der linken Körperseite können wir nicht mehr beschreiben und verstehen es schlecht; sprachlich-syntaktische Aufgaben können nur gelöst werden, wenn sie der linken Hemisphäre (rechtes visuelles Feld, rechtes Ohr) dargeboten werden.

Nur eine kleine Gruppe von Menschen mit intaktem Corpus callosum besitzt vergleichbare syntaktische Fertigkeiten in der rechten Hemisphäre. Beide „Bewußtseine" besitzen ein unabhängiges „Willens-Kontrollsystem", das aber normalerweise durch die linke Hemisphäre dominiert wird (s. Kap. 27.4). Die *rechte Hemisphäre* verarbeitet primär *visuell-räumliche Inhalte* und kann darüber auch in nicht-sprachlicher Form (Deuten, Zeigen, emotionale Reaktionen) Auskunft geben, besitzt also zweifelsfrei „Bewußtsein"; trotzdem ist die Definition *rechtshemisphärischen Bewußtseins* schwierig, da wir zur Beschreibung dieses Bewußtseins Sprache benutzen müßten. Sprachlich kann diese Bewußtseinsform aber nur schwer beschrieben werden.

Abbildung 22–10 zeigt die Reaktionen einer Split-brain-Patientin, deren rechte Hemisphäre ein gewisses Instruktionsverständnis aufwies, ohne sprechen zu können: die einzelnen Reize und Aufforderungen auf Abb. 22–10 wurden ausschließlich der rechten Hemispäre dargeboten. In diesem Fall ist die linke Hemisphäre primär mit ***Kausalattribution*** (Ursachenzuschreibung) beschäftigt, ohne zu wissen, was rechts vor

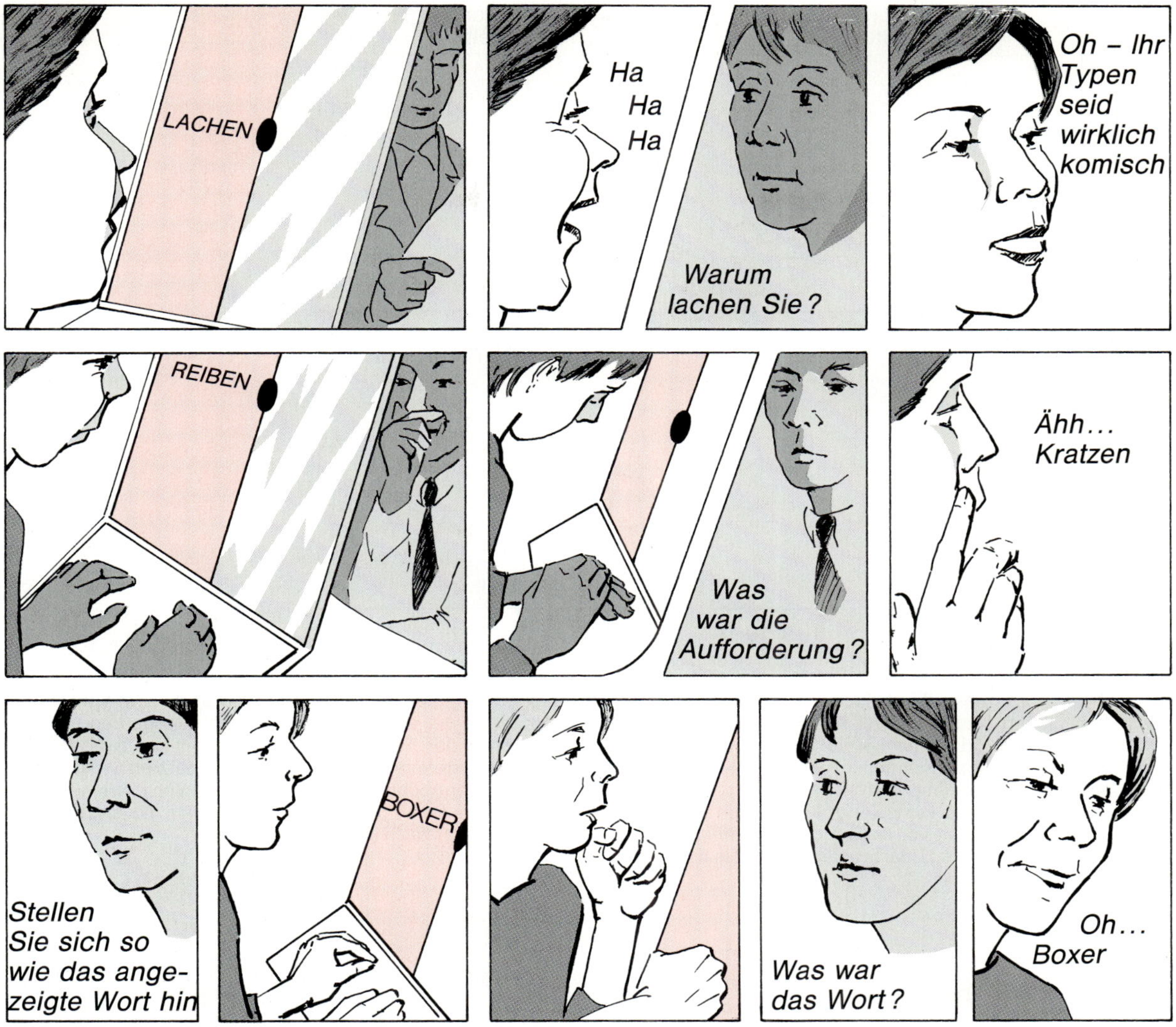

Abb. 22-10. „Bewußtsein" der rechten Hirnhemisphäre: Wenn der rechten Hirnhemisphäre Instruktionen gegeben wurden, antwortet sie korrekt im Verhalten. Obwohl die linke Hirnhemisphäre die Instruktion nicht kannte, versuchte sie, eine „Erklärung" für die rechtshemisphärische Reaktion zu finden. Wenn oben die Instruktion „Lachen" erschien und der Versuchsleiter fragte, warum die Person lachte, so entwickelt die linke Hemisphäre eine Erklärung dafür (Kausalattribution). Wenn die verlangte Reaktion für die linke Hemisphäre gut sichtbar war (Haltung eines Boxers einnehmen), siehe unten, ist die Reaktion der linken Hemisphäre korrekt, obwohl sie keine Kenntnis der Instruktion haben konnte. Nach [2]

sich geht. Wir werden in Kap. 26 und 27 noch detailliert auf die Unterschiede zwischen rechts- und linkshemisphärischer Informationsverarbeitung eingehen.

Kontrolliert-exekutive Aufmerksamkeit geht mit Änderung langsamer Hirnpotentiale einher

Die Ableitung, Bedeutung und die physiologische Grundlage langsamer Hirnpotentiale (LP) wurde bereits in Kap. 21 dargestellt. Wir wollen hier auf den Zusammenhang der LP mit den in 22.1 beschriebenen Aufmerksamkeitsprozessen eingehen.

LP und kontrollierte Aufmerksamkeit. Abbildung 22-11 zeigt den Verlauf langsamer Hirnpotentiale in einer typischen Erwartungssituation. Die Person wird von einem Reiz S1 gewarnt. Nach 6 Sekunden erfolgt ein zweiter (S2) imperativer Reiz, ein unangenehmer lauter Ton, den die Versuchsperson durch einen Knopfdruck abstellen kann. Abwechselnd mit dieser Sequenz erfolgt dieselbe Reihenfolge, nur ist S2 ein neutraler Ton. Nach 40 solchen Durchgängen wird die Situation plötzlich unkontrollierbar, der laute S2 bleibt für 5 s bestehen, egal was die Person tut (*Verlust der Verhaltenskontrolle*). Die dabei abgeleiteten Hirnpotentiale spiegeln die Verteilung der Aufmerksamkeit im Gehirn zeitgetreu wider.

Aus Abb. 22-11 ist ersichtlich, daß die Höhe der negativen Amplitude mit dem *Ausmaß von Ressourcen* für sensorische und motorische Aufmerksamkeit zusammenhängt: generell ist die Amplitude in der Experimentalgruppe (EG) gegenüber der Kontrollgruppe (YC) höher, vor allem in den zweiten 40 Durchgängen. Obwohl beide Gruppen dieselben Reize bekommen und gleich reagieren, mobilisiert die EG mehr Ressourcen, um die

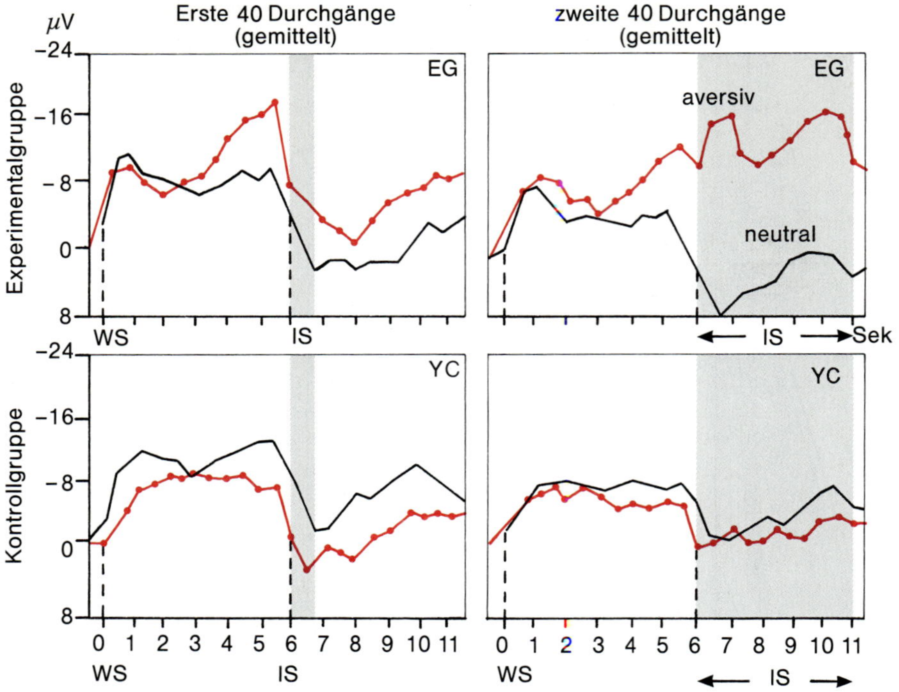

Abb. 22-11. Präzentrale LP in Mikrovolt für zwei Gruppen von Versuchspersonen (Vp) in je zwei Versuchsbedingungen. Die Experimentalgruppe (EG, *oben*) verlor zwischen erster (*links*) und zweiter (*rechts*) experimenteller Periode die Kontrolle über den unangenehmen IS (imperativen Reiz, *grau unterlegt*). Die Kontrollgruppe (*YC*) hatte keine Kontrolle über den aversiven IS (*grau unterlegt*), sie erhält vor Beginn des Experiments die Instruktion, bei Beginn des IS nach Beendigung des 6 s dauernden Warnsignals (*WS*) eine Taste zu drücken. Die Vpn der EG konnten in der ersten experimentellen Periode den unangenehmen IS durch Tastendruck abstellen, in der zweiten blieb der IS 5 s bestehen, unabhängig von der Reaktion der Vp (s. *rote Linie*). Als Kontrollbedingung erhielten alle Vpn einen neutralen IS *(schwarze Linie)*, der ebenfalls von einem *WS* angekündigt wurde (s. Text). Nach [7]

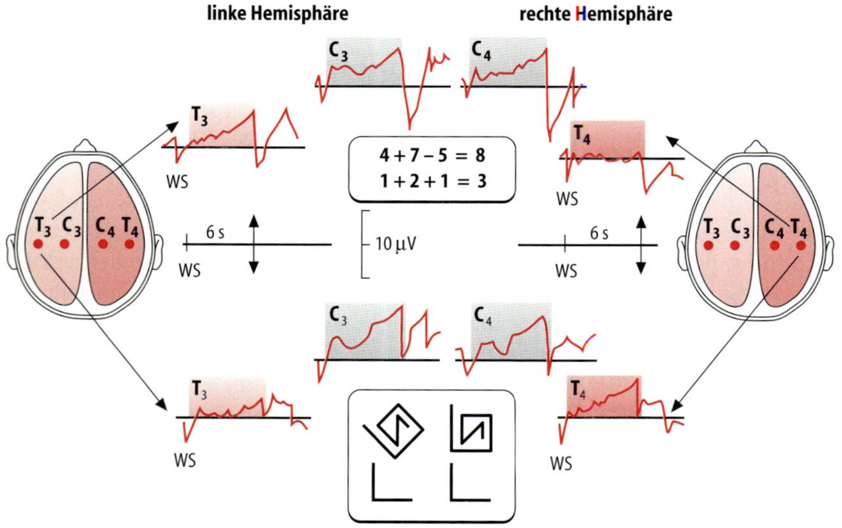

Abb. 22-12. Langsame Potentiale (*LP*), gemittelt über verschiedenen Hirnregionen (T_3 temporal links, T_4 temporal rechts, C_3 zentral links, C_4 zentral rechts). *Oben* arithmetische Aufgaben, *unten* Erkennen von verdrehten Figuren. Die Aufgaben wurden nach einem 6 s dauernden Vorintervall dargeboten (*WS*). Vor der Darbietung der Aufgaben bildet sich eine antizipatorische Negativierung aus, bei Darbietung der Aufgaben kommt es zu einer Positivierung. Signifikante Unterschiede treten nur in den temporalen Ableitungen auf: bei Rechenaufgaben negativiert die linke Hemisphäre stärker als die rechte (T_3 versus T_4 oben), bei Gestaltaufgaben negativiert die rechte Hemisphäre stärker als die linke (T_4 gegen T_3 unten). Aus [8]

Kontrolle über die Versuchsanordnung zu behalten. Dies besonders in den zweiten 40 Durchgängen nach Darbietung des nun unkontrollierbaren Lärms.

Die ***1. Negativierung*** 500 ms bis 2 s nach Darbietung von S1 tritt in den *frontalen* Hirnregionen auf und repräsentiert die ***Erwartung*** und Ressourcen-Mobilisierung der sensorischen Eingänge und Reizverarbeitung, also vor allem die ***Aktivität des Arbeitsgedächtnis*** (s. Abb. 22–11, linke Seite), während die ***2. Negativierung*** vor dem S2 ***motorische Mobilisierung*** und ***willentliche Anstrengung*** (effort) auf die Reaktion widerspiegelt. Wird eine Reaktion ausgeführt – die bereitgestellten Ressourcen „konsumiert" –, so verschiebt sich das LP in elektrisch *positive* Richtung. Dies erkennt man deutlich nach Darbietung von S2. Nur in der EG in den zweiten Durchgängen, bei Darbietung des unkontrollierbaren Lärms, kommt es sofort zu neuer Mobilisierung sensomotorischer Areale (vor allem der Frontalregion). Dieses elektrisch-negative „Hilflosigkeitspotential" nennt man ***postimperative negative Variation (PINV).***

Ressourcen-Bereitstellung ist also proportional der *Negativierung, Ressourcen-Konsumation* proportional der *Positivierung* der LPs [7]. Da in vielen Situationen beides simultan reguliert wird, kann man an der Höhe der LPs an einer Stelle des Neokortex meist nur das *Nettoresultat* beider Prozesse ablesen. Beobachtet man allerdings die *Verteilung der mobilisierenden Aktivierung* über den gesamten Neokortex, so findet man, daß genau *dort* Voraktivierungen (Ressourcen) bereitgestellt werden, wo sie gegenwärtig oder in Zukunft gebraucht werden. Abbildung 22–12 illustriert diesen Sachverhalt für die Verteilung von Ressourcen für Gestalt-Aufgaben (rechte Hemisphäre) und mathematische Aufgaben (linke Hemisphäre). Das (frontale) LCCS „transportiert" die Voraktivierung (priming) zur Lösung der Gestaltaufgabe in den *rechten* Temporallappen, die Voraktivierung für die mathematische Aufgabe in den *linken* Temporallappen.

In Abb. 22–11 erkennt man auch, daß nach plötzlicher Hilflosigkeit und Neuheit ein hohes Maß an Mobilisierung (Negativierung) für die Analyse der neuen, unerwarteten Situation und zur Lösung der damit verbundenen Entscheidungen nach dem S2 bereitgestellt wird, allerdings nur für den bedeutsamen, unangenehmen Reiz; der neutrale S2 löst auch bei längerer Dauer keine neue Ressourcenverteilung aus, die Versuchspersonen reagieren auf diesen S2 „automatisiert" weiter. Aus den Abb. 22–11 und 22–12 ersehen wir auch, daß die Höhe der Negativierung proportional zur *neuronalen Mobilisierung für kontrollierte Suche* (s. S. 503), das Ausmaß der Positivierung der *aktuell verbrauchten Ressourcen* für *kontrollierte Informationsverarbeitung*, ist. Bei automatisierter Verarbeitung, wie in Abb. 22–11 auf den neutralen S2 sichtbar, treten minimale Negativierungen oder Positivierungen auf.

Am Anstieg der Negativierung langsamer Hirnpotentiale vor Bewegungen läßt sich der kontinuierliche Übergang von nichtbewußter zu bewußter motorischer Aufmerksamkeit (Mobilisierung) ablesen

LP und die Entstehung bewußter Willenshandlungen. Die im vorausgegangenen Abschnitt dargestellten Prinzipien kontrollierter Informationsverarbeitung gelten nicht nur für die sensorische Eingangsseite, sondern auch für die motorische Reaktion. Gut geübte, automatisierte Bewegungen benötigen ein Minimum an Aufmerksamkeitsaufwand, neue, komplizierte und schlecht gelernte Handlungen dagegen eine entsprechende Konzentration der limitierten Ressourcen in den prämotorischen, supplementär-motorischen (SMA) und motorisch-neokortikalen Arealen (s. Kap. 13).

Auch auf der efferenten („activation", Abb. 22–3) Seite ist die Amplitude des LP über den motorischen Arealen ein gutes Maß der für eine bestimmte Handlung zur Verfügung stehenden Aufmerksamkeit. Bei spontanen „freien" Handlungen entsteht vor der aktuellen Handlung ein negatives ***Bereitschaftspotential,*** dessen verschiedene Komponenten unterschiedliche Aspekte der *Planung, Entscheidung und Ausführung* einer Handlung widerspiegeln (s. Kap. 13 und 21). Ab einer bestimmten Amplitudenhöhe des Bereitschaftspotentials über dem supplementär-motorischen Areal (SMA, Kap. 13) wird der „Wille" zur Handlung *bewußt;* stets geht aber dem bewußten Willen eine Periode nicht-bewußter Negativierung des LP voraus. Der nicht-bewußte Vorplanungsprozeß beginnt bei einfachen Bewegungen (z. B. Fingerflexion) etwa 350 ms vor dem Bewußtwerden des Antriebs („Wille") zur Handlung. Die aktuelle Handlung wird dann oft weitere 400 ms später ausgeführt; während dieser Zeit steigt die Amplitude des Bereitschaftspotentials kontinuierlich. Erfolgt vor der Entscheidung zur Handlung ein „Veto", so fällt die negative Amplitude rasch wieder ab, und die Bewegung unterbleibt (Abb. 22–13).

Abbildung 22–13 gibt ein Beispiel einer Untersuchung, welche das eben Gesagte illustriert: die Vpn sollten von Zeit zu Zeit, wenn sie „einen Drang dazu" verspürten, eine Bewegung mit einem Finger ausführen. Gleichzeitig wurden sie angehalten, sich am Stand eines laufenden Uhrzeigers zu merken, wann der „Drang" *vor* der Bewegung bewußt wurde. Die LP über dem SMA wurden durch Rückwärtsmittlung des EEGs, von den Bewegungen zeitlich zurück, erhoben (s. Kap. 21). RP 2 ist ein typisches LP vor einer spontanen Bewegung *ohne* längere bewußte Vorplanung, RP 1 ein LP vor einer Bewegung *mit* „kontrollierter" Vorplanung. Das Bewußtsein des Drangs tritt bei RP 1 etwa 350 ms *nach* Beginn der Negativierung auf, bei RP 2 kurz vor der Bewegung [11]. Die kortikale Negativierung vor der automatischen Bewegung ohne Vorplanung ist kurz und gering, die vor einer kontrollierten, bewußt geplanten beginnt ca. 250 ms vor der Bewußtwerdung der Entscheidung. Im Moment des Bewußtwerdens ist kein Bruch oder sprunghafte Veränderung der kortikalen Mobilisierung (Negativierung) zu erkennen. Unbewußtes geht kontinuierlich in Bewußtsein über.

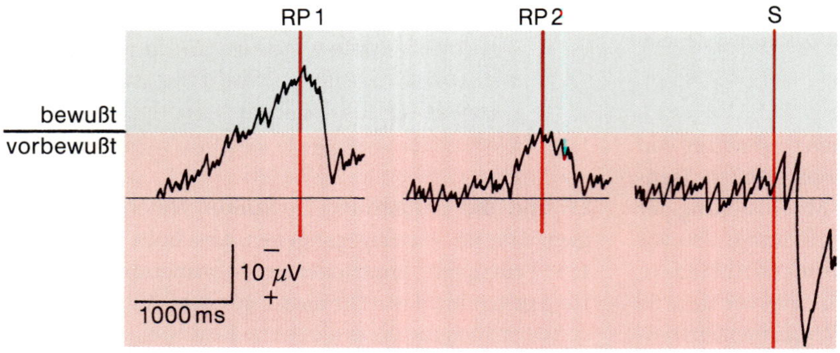

Abb. 22–13. LP der linken präzentralen Handregion vor Willkürbewegungen. Die Bewegung wurde bei dem vertikalen Strich ausgeführt. *RP 1* sind LP bei vorgeplanten Bewegungen, *RP 2* automatische Bewegungen; *S* ist eine Kontrollbedingung, bei der nur ein taktiler Reiz ohne Bewegung appliziert wurde. Erläuterungen s. Text. Nach [11]

Modifikation langsamer Hirnpotentiale und Aufmerksamkeit. Wenn die Zuordnung von LP und Aufmerksamkeitsprozessen richtig ist, müßten sich bei Manipulation des LP als *unabhängige Variable* die Aufmerksamkeit als *abhängige Variable* in gesetzmäßiger Art und Weise ändern: mit vermehrter Bereitstellung von Mobilisierung (Ressourcen) müßten die Verhaltensleistungen in Abhängigkeit von der Höhe der Negativierung besser werden. Dies müßte *topographisch spezifisch* sein: nur solche Aufgaben sollten profitieren, die in jenen Hirnregionen verarbeitet werden, wo die Ressourcen zur Verfügung gestellt werden.

Beim Menschen sind nur zwei Methoden denkbar, dies zu prüfen, da sich ein experimenteller Eingriff ins Gehirn verbietet: Die *Selbstregulation langsamer Hirnpotentiale durch instrumentelle Konditionierung* und die Beeinflussung des LP mit an den Kopf angelegten *schwachen externen Gleichspannungen* (21.1). Die Methode und Ergebnisse zur instrumentellen Konditionierung von LP sind in Kap. 27.2 beschrieben. Personen, die gelernt haben, ihre eigenen LP auf „Kommando" eines Signals (z. B. Ton oder Licht) selbst in bestimmten Hirnregionen zu verändern, ändern auch ihre Aufmerksamkeitsleistung: mit zunehmender Negativierung verbessert sich die Leistung. Dies bestätigt die Bedeutung der LP als Grundlage der Mobilisierung von Aufmerksamkeit.

Kontrolliert-exekutive Aufmerksamkeit geht mit erhöhter Durchblutung und Energieverbrauch im präfrontalen Kortex, der Parietalregion und dem anterioren Gyrus cinguli einher

Nachweis erhöhter Durchblutung mit bildgebenden Verfahren. Eine Erhöhung der synaptischen Aktivität, wie sie bei Negativierungen auftritt, führt zu vermehrtem O_2-Verbrauch und damit zu einer Erhöhung des zerebralen Blutflusses, der mit PET (s. Kap. 21) oder funktionellem MRI (Funktions-MRT, s. Kap. 21) meßbar ist. Abbildung 22–14 A zeigt eine typische Aufmerksamkeitsaufgabe und die damit einhergehende Erhöhung des zerebralen Blutflusses. Die Ergebnisse stimmen gut mit den elektrischen und magnetischen Messungen überein, im PET findet man aber auch eine Erhöhung der Aktivierung im vorderen Gyrus cinguli und den Basalganglien, die man in den elektrischen Ableitungen durch die große Distanz dieser Areale von den Elektroden nicht sehen kann [6]. Bei visuell-räumlichen Aufmerksamkeitsleistungen kommt es beim Menschen zusätzlich zu einem Anstieg im Pulvinar des Thalamus (s. S. 531), der zusammen mit dem dorsolateralen Präfrontalkortex (Arbeitsgedächtnis) und dem posterioren Pariatalkortex die Erregbarkeit in den sekundären und tertiären Sehareale moduliert. Abb. 22-14B faßt die in PET-Untersuchungen aktiven Areale bei bewußt-exekutiven Aufmerksamkeitsfunktionen und bei der Durchführung visuell-räumlicher Aufgaben (ohne retikuläre Kerne im Mittel- und Zwischenhirn) zusammen.

Orientierung (sensorisch) und Ausführung (motorisch). Während die Eingangsseite in einer Aufmerksamkeitsaufgabe, wie in Abb. 22–5 und Abb. 22–6 dargestellt, mit Aufgeben alter Ziele (hinterer parietaler Kortex) und Orientierung auf die neue Aufgabe (jeweiliges primäres und sekundäres sensorisches Hirnrindenfeld) eher posteriore Areale im PET aktiviert, so scheinen bei den ***exekutiven Funktionen*** der Aufmerksamkeit, also wenn Entscheidungen verlangt sind, die frontalen Regionen einschließlich des vorderen Gyrus cinguli aktiv. Läsionen des Gyrus cinguli beim Menschen führen häufig zu ***akinetischem Mutismus,*** bei dem die Person zwar alles aufmerksam verfolgt, aber weder Worte ausspricht noch andere Ziele *ausführt.* Der vordere Gyrus cinguli wird vom parietalen Kortex, aber auch vom Thalamus and anderen limbischen Regionen versorgt und projiziert in die präfrontalen Regionen des Arbeitsgedächtnis und die akustischen und visuellen Projektionsfelder. Abbildung 22–15 gibt diese Verbindungen und die im PET jeweils aktiven Areale bei

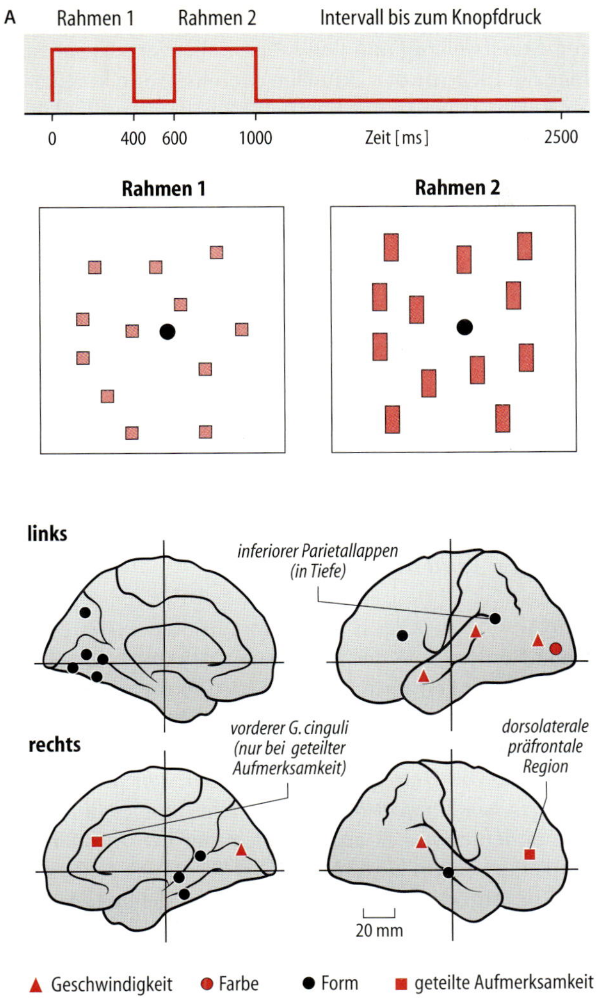

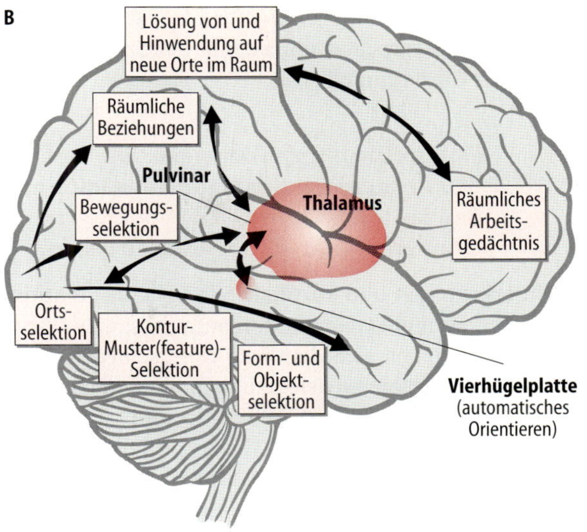

Abb. 22–14. **A** Die Änderungen der zerebralen Durchblutung (PET) bei einer typischen Aufmerksamkeitsaufgabe. Die Versuchspersonen mußten durch Knopfdruck nach 1,5 s anzeigen, ob sich das zweite Bild gegenüber dem ersten in Farbe, Form oder Geschwindigkeit der bewegten Rechtecke unterscheidet. Blutflußänderungen zeigen sich in den primären und sekundären Arealen des Parietal- und Temporallappens, dem dorsolateralen Frontallappen, dem vorderen Gyrus cinguli und den Basalganglien. Vereinfacht nach [9], mit freundlicher Genehmigung. **B** Zusammenfassung jener Hirnareale, die bei exekutivkontrollierter Aufmerksamkeit in visuell-räumlichen Aufgaben aktiv sind. (Modifiziert nach [10] mit freundlicher Genehmigung)

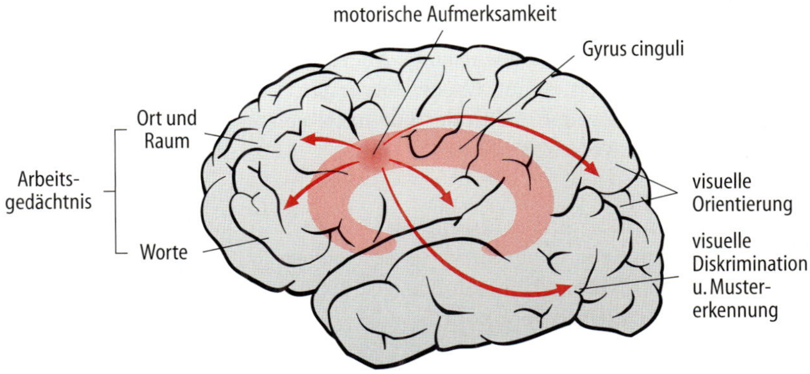

Abb. 22–15. Bei schwierigen Entscheidungen kontrollierter Aufmerksamkeit wird der vordere Gyrus cinguli aktiv und aktiviert die frontalen Regionen des Arbeitsgedächtnis für Ort und Raum (superior) und Worte (inferior links) wie auch die sensorischen Projektionsareale (zusammen mit dem Thalamus). Aus [6] mit freundlicher Genehmigung

Aufmerksamkeitsaufgaben wieder. Wenn man nur ***passiv*** auf einen Reiz achtet, ohne damit Ziele zu verfolgen, bleibt der Gyrus cinguli still.

Ereigniskorrelierte Potentiale (EKP) geben den Ablauf der Verarbeitung von Information bei aufmerksamer Zuwendung und Ignorieren des Reizes zeitgetreu wieder

Aufmerksamkeit und kortikale Schwellenregulation. Zwischen aufmerksamer und unaufmerksamer Wahrnehmung ergeben sich deutliche Unterschiede in den damit korrelierten hirnelektrischen Potentialen und magnetischen Feldern (s. Abb. 21–17 und 22-16). Die Unterschiede sind aber beim Menschen nur auf kortikalem Niveau registrierbar, in subkortikalen Hirnregionen finden sich bei Aufmerksamkeitszuwendung zumindest für akustische, visuelle und taktile Reize *keine Erhöhungen* der Amplituden von EKP. Im Tierversuch zeigen sich Modulationen der EKP durch Aufmerksamkeit allerdings häufig auch auf thalamischem Niveau. Dies bedeutet, daß die oben beschriebenen (s. S. 517) Teile des Limitierten-Kapazitäts-Kontroll-Systems (LCCS) zwar subkortikale Steuermechanismen benötigen, damit aber nur *kortikale* (bzw. *thalamokortikale*) Erregungsschwellen modulieren. Wenn Aufmerksamkeitsänderungen keinen Einfluß auf die Amplituden und Latenzen subkortikaler Potentiale auf ankommende Reize aufweisen, bedeutet dies, daß subkortikale Regionen die Reizinformation ohne jede Modulation weiterleiten.

Die *intra*kortikale Regelung von Aufmerksamkeit garantiert, daß *jeder* Reiz, auch wenn er nicht bewußt wahrgenommen wird, *vor* der Zuteilung von Aufmerksamkeitsressourcen vom Neokortex analysiert wird und die Erregungskonstellationen bekannter, unwichtiger Reize auf kortikaler Ebene in ihrer Weiterverarbeitung gehemmt werden. Offensichtlich findet eine Hemmung unbedeutsamer Afferenzen auf peripherem Niveau, z. B. auf Ebene der ersten Umschaltstationen entweder nicht oder nur nach weitgehender kortikaler Verarbeitung statt.

Ereigniskorrelierte Potentiale (EKP) zeigen, daß die Lenkung der selektiven Aufmerksamkeit bereits nach 100 ms abgeschlossen sein kann

EKP geben uns Informationen über den Zeitverlauf (Latenz) und die „Stärke" (Amplitude) eines bestimmten Stadiums der Informationsverarbeitung. Wir haben in Kap. 21 bereits die methodischen Grundlagen und wichtigsten EKP kennengelernt. Wir wollen diese EKP nun zu den in Kap. 22.1 beschriebenen psychologischen Prozessen in Verbindung bringen. Dabei zeigt sich, daß zwischen den elektrophysiologischen Substraten und den psychologisch beschreibbaren Stadien der Aufmerksamkeitssteuerung Korrespondenz besteht. Oben wurde dies bereits am Prozeß der Ressourcen-Bereitstellung und den LP demonstriert. Es sollen hier die EKP *vor* der aktuellen Mobilisierung kortikaler Regionen, wie sie sich in den LP widerspiegelt, dargestellt werden. Abbildung 21–16 gibt die typische Form eines endogenen EKP auf beachtete akustische Reize wieder. Je „automatisierter", d. h. je häufiger die Reize folgenlos dargeboten worden sind, um so kleiner werden die Amplituden vor allem der Komponenten um 20–50 ms (positive Komponente), der N100 und aller nachfolgenden negativen Komponenten. Die Erhöhung der Amplituden ab 50 ms bei aufmerksamer Zuwendung (s. Abb. 22–16) ist sehr ortsspezifisch, die frühen Komponenten treten nur im primären Projektionsareal (temporal) im visuellen System je nach Reizart (Ort, Farbe, Größe) im extrastriatalen und striatalen visuellen Kortex auf. Die späteren Komponenten (nach N100) breiten sich häufig über weite Bereiche des Kortex aus.

P1/N1. Wie in Kap. 21 ausgeführt, ist die P1/N1 eine frühe Komponente der EKP, die auf Manipulation der Aufmerksamkeit anspricht und ca. 100 ms nach dem Reiz gemessen wird (daher die Bezeichnung N1). Bei akustischen Reizen tritt die N1 etwas früher auf als bei visuellen. Die N1 registriert man über den *primären sensorischen Projektionsarealen.* Die temporale N1-Komponente ist z. B. auf die Richtung der Aufmerksamkeit zu einem bestimmten Ohr besonders sensibel: bei Konzentration aufs rechte Ohr steigt die linke temporale Amplitude und umgekehrt (s. Abb. 22–16). Bei Läsionen des jeweiligen Projektionssystems verschwindet die N1. Sie steigt zwar mit der Reizintensität, reagiert aber im wesentlichen auf *zeitliche Änderungen* (zeitliche Unsicherheit) in einer gegebenen Reizfolge. Bei langen Abständen zwischen den Reizen, wenn deren Abfolgesequenz keine zeitlichen Regularitäten zwischen den Reizen herzustellen erlaubt, wird die N1 sehr klein oder verschwindet. Im visuellen System beginnt die Erhöhung der Erregung im beachteten kortikalen Feld ebenfalls sehr früh, von 20–60 ms an. Wenn ein ***Ort*** identifiziert werden muß, ist die P1/N1 nicht am primären okzipitalen, sondern extrastriatalen Kortex erhöht, bei anderen Merkmalen des Reizobjektes (Farbe etc.) folgt die Amplitudenerhöhung später (ab N130) im striatalen Kortex. Je nach der Art der Reizänderung, die eine Aufmerksamkeitserhöhung verlangt, wird also *sehr früh* das spezifische kortikale Empfangsareal in seiner Erregbarkeit erhöht.

Der „Aufmerksamkeitseffekt" (Erhöhung) einiger Komponenten dürfte also kaum auf die Aktivität eines um 100 ms aktiven LCCS zurückzuführen sein, sondern negative LP („gerichtete Aufmerksamkeit") können die N1 überlagern und täuschen einen Zusammenhang mit „Ressourcen-Verteilung" vor, die aber sehr viel mehr Zeit braucht; die meisten Untersuchungen sprechen dafür, daß die P1/N1 in den spezifischen thalamokortikalen Systemen entsteht und Korrelat eines ersten neuronalen Modells über die (zeitliche) Auftrittswahrscheinlichkeit sowie Form und Ort der Reize in einem Sinnessystem ist.

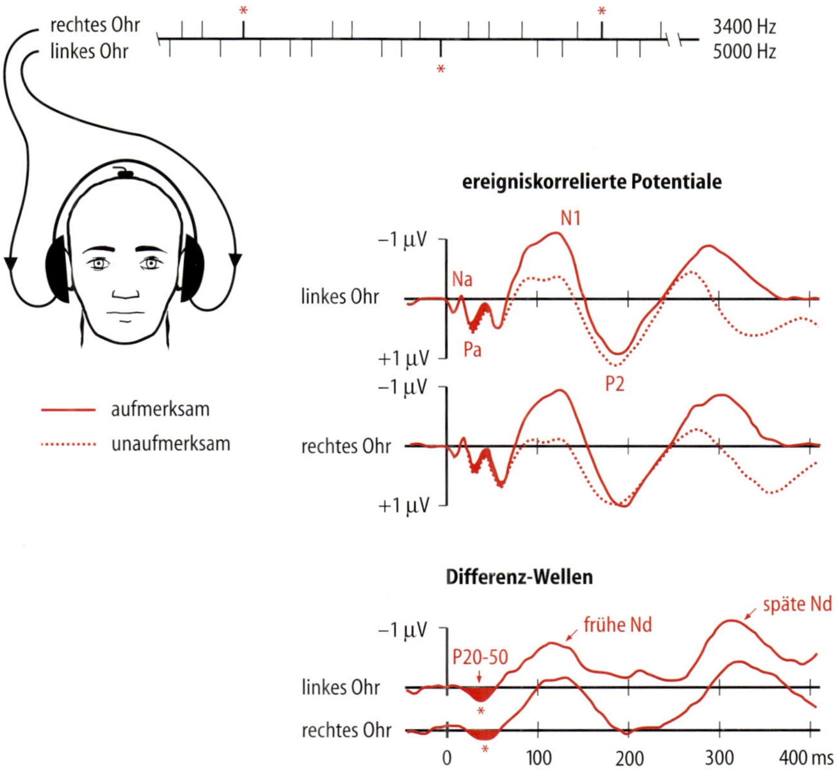

Abb. 22-16. Schema des „typischen" ereigniskorrelierten Potentials für die Zeit bis 400 ms nach Darbietung eines einfachen, aber aufgabenrelevanten akustischen Reizes. Es handelt sich bei der Aufgabe um eine dichotische Höraufgabe, in der rasch hintereinander (120–320 ms) Töne auf das rechte (5000 Hz-Ton) oder linke Ohr (3400 Hz-Ton) dargeboten wurden (s. oben). Die Kreuzchen zeigen leicht abweichende Töne an (targets), auf welche die Versuchsperson mit einem Knopfdruck reagieren muß. Darunter sind die gemittelten evozierten Potentiale auf beachtete *(rot, durchgezogen)* und nicht beachtete Reize *(rot, strichliert)* gezeigt. Bereits nach 20–50 ms tritt eine Erhöhung der Potentiale auf beachtete Reize auf. Aus [10] mit freundlicher Genehmigung

N2. Die N2, bei der auch wieder distinktive Subkomponenten (N2a, N2b) berichtet werden, läßt sich durch Auslassen eines Reizes in einer Reizsequenz auslösen. Sie erhielt deswegen auch den Namen ***„MISMATCH-Negativität"***. Vor allem die modalitätspezifische N2a erfüllt alle Charakteristiken, die man an ein neuronales Korrelat eines ***Vergleichsprozesses*** des ankommenden Reizes mit den vorher gespeicherten Reizen derselben Modalität stellen würde: Änderungen der Reizintensität nach oben und unten lösen die N2 aus. Weglassen des Reizes: je größer die Abweichung von den vorausgegangenen Reizen, umso höher ist die N2. Sie ist insensitiv auf Änderungen der willentlichen, gerichteten Aufmerksamkeit, gibt daher wie die P1/N1 automatische Aufmerksamkeit wieder.

Die P3a von Abb. 21-16 in Kap. 21, S. 499 scheint eng mit der N2a zusammenzuhängen, sie reagiert auf dieselben Änderungen der Versuchsbedingungen, wird aber von Aufmerksamkeitsänderungen mehr beeinflußt: Erhöhung der gerichteten Aufmerksamkeit erniedrigt zumindest die Schwelle, ab der eine P3a auslösbar ist. N1, N2 und P3a sind eher als Korrelate *präattentiver*, selten bewußter Prozesse im Rahmen der *Orientierung* auf zeitlich oder räumlich noch unsicher lokalisierbare Reize aufzufassen.

P3. Die P300 ist an kein Sinnessystem gebunden, sondern tritt „unspezifisch" immer dann auf, wenn eine Erwartung nicht erfüllt wird. Sie tritt nach allen *aufgabenrelevanten Reizen* (targets) auf, die eine vorher aufgebaute *Erwartung verletzen*, und kann Sekunden andauern, in Abhängigkeit vom Ausmaß der „Verletzung" der Erwartung (z. B. steigt die Amplitude mit der Auftritts*un*wahrscheinlichkeit wie sie von der Vpn angegeben wird (Überraschung) und nicht mit der *objektiven* Auftrittswahrscheinlichkeit). Die P300 ist Korrelat eines *sensorischen* Prozesses, es werden Vergleiche zwischen *Reizen* vor ihrem Auftreten angestellt. In Abb. 22-11 haben wir gesehen, daß danach der Versuch einer motorischen oder gedanklichen Korrektur der verletzten Erwartung zu einer postimperativen Negativierung führt (PINV). Der Reiz muß vor Auftreten der P300 bereits als abweichend erkannt sein; die P300 spiegelt den postulierten *Löschungsprozeß* eines Inhalts im KZG wider, wenn eine Erwartung korrigiert werden mußte. Wird beim Vergleich von angekommenem und gespeichertem Reizmuster (um 200 ms) festgestellt, daß die beiden Muster voneinander abweichen, wird „automatisch" der alte Inhalt gelöscht. Die P3 ist also Korrelat dieses reflektorischen Hemmprozesses im KZG. Sie tritt vor allem zentral am Vertex und parietal auf.

Nach der P3 beginnen dann jene Prozesse, die sich in Negativierung und Positivierung langsamer Hirnpotentiale (LP) widerspiegeln und in den vorangegangenen Abschnitten detailliert besprochen wurden.

22.3 Unspezifische Aktivierungssysteme

Aus dem bisher Besprochenen ist klar geworden, daß an der Steuerung von Aufmerksamkeit und Bewußtsein mehrere, z. T. weitgestreute Hirnsysteme beteiligt sein müssen. Voraussetzung für aufmerksames Verhalten und präparatorische Planung sind multisensorische *und* motorische Systeme, *ein* Hirnabschnitt allein kann die Aufgaben von Orientierung und präparatorischer Aktivierung nicht erfüllen. Wir wollen in diesem Abschnitt eine Gruppe von subkortikalen Hirnsystemen näher untersuchen, die zumindest *eine* der vielen Aufgaben aufmerksamkeitssteuernder Systeme erfüllen: die Regulation der neokortikalen Aktivierung. Während die *großflächige Aktivierung* des Neokortex zur Aufrechterhaltung eines optimalen *tonischen* Erregungsniveaus kortikaler Zellverbände primär als Funktion der Retikulärformation (FR) des Hirnstammes angesehen werden kann, müssen zur *phasischen, lokalen* Mobilisierung FR, Thalamus, Basalganglien, Gyrus cinguli, Parietalregion und Frontalkortex zusammenarbeiten.

Die mesenzephalen retikulären Aktivierungssysteme (MRF, mesencephalic reticular formation) stellen die anatomische und physiologische Grundlage des Wachbewußtseins dar

Aufsteigendes retikuläres Aktivierungssystem (ARAS). Abbildung 22–17 zeigt die Versuchsanordnung, die zur Entdeckung des ARAS 1949 führte. Magoun, Moruzzi und Lindsley waren die ersten, die das Phänomen *„unspezifischer Weckeffekte"* beschrieben.

Läsionen im medialen Mittelhirn und/oder Zwischenhirn (***cerveau isolé)*** hatten Synchronisation des EEG und Schlaf zur Folge, Läsionen der lateralen Anteile des Hirnstammes hatten keinen Effekt. Auch Durchtrennung der gesamten Medulla (***encephale isolé***) führt zu keiner Störung des Wach- und Schlafrhythmus. Sie zeigten ferner, daß der Aktivierungseffekt von peripheren Reizen im intakten Gehirn durch *Kollateralen* der spezifischen Bahnen zur Formatio vermittelt wird [14].

Die retikuläre Formation des Hirnstammes hat vor allem drei Funktionen:

- Generierung der tonischen (lang anhaltenden) Wachheit,

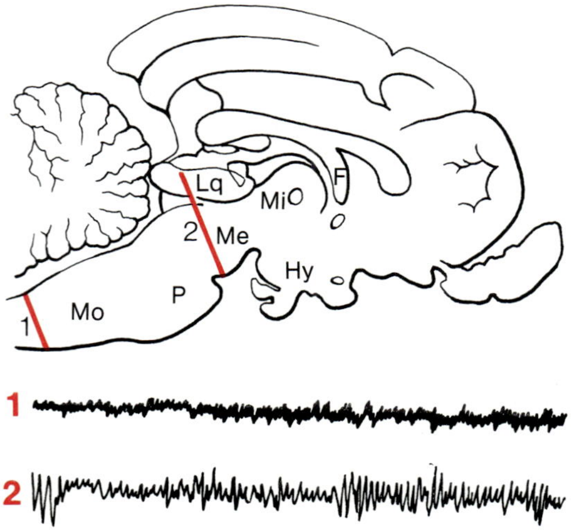

Abb. 22–17. Sagittaler Schnitt durch das Katzenhirn mit den kritischen Transsektionen *(in Farbe), darunter* die dazugehörigen EEG-Bilder. 1: encephale isolé, Sektion zwischen Medulla und Rückenmark, normales Wach-EEG. 2: cerveau isolé, Schnitt zwischen dem oberen und unteren Vierhügel durch das Mittelhirn; Schlaf-EEG. *F* Fornix, *Hy* Hypothalamus, *Lq* Vierhügelplatte (Lamina quadrigemina). *Me* Mittelhirn. *Mi* Massa intermedia, *Mo* Medulla oblongata, *P* Pons. Nach [14]

- Einfluß auf die Muskulatur, vor allem die tonische (lang anhaltende) Anspannung,
- Verstärkung oder Abschwächung der Aufnahme und Weiterleitung sensorischer und motorischer Impulse.

Anatomisch ist die Formatio eine schwer definierbare Struktur. Sie beginnt kurz oberhalb der Pyramidenkreuzung und ist von den langen spezifischen Bahnen und Kernen wie von einer Muschel umgeben. Sie erhält Bahnen aus vielen Rückenmarkssegmenten und Kollateralen aus den spezifischen Bahnen verschiedener Sinneskanäle; Fasern zur MRF entspringen in fast allen Gehirngegenden, vor allem dem limbischen Kortex und dem Thalamus. Die Zellen innerhalb der Formatio zeichnen sich durch eine im übrigen Gehirn nicht wieder auffindbare *Variabilität* aus. Die meisten sind *unspezifisch*, d. h. es konvergieren Fasern aus allen Sinnessystemen, motorische und vegetative Fasern auf diese Zellen. Aus der Antwort der Zelle ist keine Reiz- oder Reaktionsspezifität erkennbar. Besonders intensiv sind die Verbindungen von und zu den medialen Thalamuskernen (s.unten). Neuere Untersuchungen konnten keine extrathalamischen Afferenzen von der mesenzephalen Retikulärformation zum Kortex feststellen.

Abbildung 22–18 A, B gibt eine Zusammenfassung des aufsteigenden retikulären Aktivierungssystems: EEG-Desynchronisation und verhaltensmäßige Aktivierung wird durch aufsteigende afferente Fasern aus der Formatio reticularis in höhergelegene Regionen, besonders den Kortex, bewirkt. Die Formatio selbst wird durch kollaterale Impulse aus den spezifischen aufsteigenden Bahnen erregt. Im Falle der phasischen (kurzdauernden) Weckreaktion splittern die Impulse aus der Formatio die thalamischen Schrittmacher (s. Kap. 21) auf, wodurch das Kortex-EEG desynchronisiert wird. Zusätzlich erhält die Formatio auch das tonisch anhaltende Wachheitsniveau durch ständige Auf-

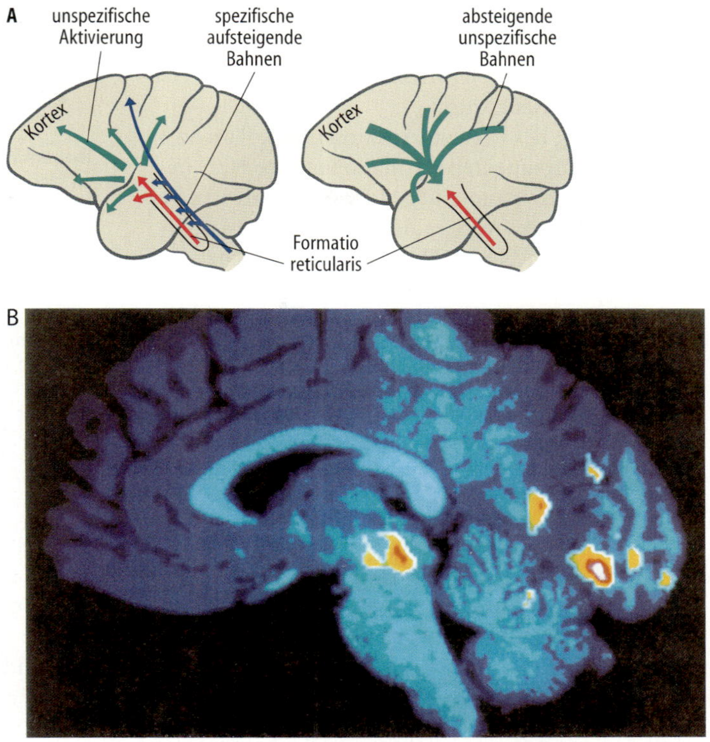

Abb. 22–18. **A** *Links:* Stark schematisierte Darstellung des aufsteigenden retikulären Aktivierungssystems im Affengehirn, ohne Berücksichtigung der genauen Verbindungen zwischen Hypothalamus, Thalamus und limbischem Kortex. Angedeutet die multisynaptischen retikulären Neurone und Kollateralen aus den spezifischen Bahnen (*blau*). *Rechts:* Stimulation vieler kortikaler Areale führt zu Potentialen in der Formatio, was eine kortikoretikuläre Verbindung und eine funktionelle Kontrolle der Aufmerksamkeitssteuerung vom Kortex zur RF zeigt. **B** Erhöhter Blutfluß in der mesenzephalen Retikulärformation (FR), gemessen mit PET bei 10 Personen (gemittelt) während einer visuellen Aufmerksamkeitsaufgabe. Neben der Aktivierung in der FR auch Aktivierungen (rot, weiß, gelb) in visuellen Arealen (*rechts*). Aus Kinomura S, Larsson S, Gulyás B, Roland PE (1996) Activation by attention of the human reticular formation and thalamic intralaminar nuclei. Science 271: 512–515

rechterhaltung einer diffusen Erregung der darüberliegenden Hirnregionen über einem bestimmten kritischen Niveau. Schlaf wird durch aktive Hemmung der Formatio und Einschränkung der afferenten Impulszufuhr erreicht (s. Kap. 23).

Während die mesenzephale Retikulärformation die anhaltende (tonische) Wachheit regelt, steuert der Thalamus die selektive (kurzfristig-phasische) Aktivierungserhöhung bei Aufmerksamkeitszuwendung

Neurophysiologie tonischer und phasischer Aktivierung. Tonische Aktivierung ist primär eine Funktion des mesenzephalen Retikulärsystems (MRF), während phasische Aktivierung im Rahmen selektiver Aufmerksamkeitsprozesse primär eine Funktion des retikulären Kerns des ***Thalamus*** in „Zusammenarbeit" mit MRF, Frontalkortex (FC) und Parietalkortex ist. Die intralaminären Kerne des Thalamus können auch ohne MRF den Kortex aktivieren, diese Aktivierung ist aber nur kurzzeitig, phasisch, ohne MRF kommt es immer zu Störungen des Wachheitsniveaus [20]. Das ursprüngliche Konzept wurde daher vor allem in bezug auf die „Unspezifität" erheblich eingeschränkt:

- nur ein kleiner Teil der Retikulärformation hat tonische Aktivierungsfunktionen, besonders die MRF,
- die Axone der MRF projizieren alle in die intralaminären Kerne des Thalamus, extrathalamische Verbindungen zum Neokortex existieren vermutlich nicht,
- sowohl die Verbindungen von der MRF zum Thalamus, als auch vom Thalamus zum Kortex sind insofern spezifisch, als eine bestimmte Zelle oder Region nicht eine Vielzahl von anderen Zellen oder Regionen versorgt, sondern spezifische Punkt-zu-Punkt-Projektionen vorliegen. Die einzelnen Substrukturen dieser Projektionssysteme sind auch funktionell unterscheidbar.

Auf *zellulärer Ebene* besteht *Aktivierung* trotz der Präsenz einiger inhibitorischer Effekte der MRF im wesentlichen aus einem tonischen Zustand der „depolarisierten" Bereitschaft in thalamischen und kortikalen Netzwerken, der die Voraussetzung für phasische Aktivierung (Arousal), Wachen und den paradoxen Schlaf (PS) (s. Kap. 23) darstellt. Die thalamokortikale Aktivierung äußert sich dabei in folgenden neurophysiologischen Merkmalen [14,19,20]:

- erhöhte Feuerungsrate von Neuronen mit langen Axonen,
- Erhöhung der kortikalen Erregbarkeit der thalamo-kortikalen Zellen,
- die Unterdrückung jener sekundären synaptischen Erregungen und Hemmungen, aus denen sich Spindeln und Alpha-Wellen im EEG entwickeln (s. Kap. 21, S. 492),
- Einengung und Fokussierung inhibitorischer Prozesse. Die Fläche getrennter Areale verkleinert sich am Kortex nach retikulärer Aktivierung,

ohne daß punktförmige „Hemmungsherde" deshalb verschwinden müssen,

- Depolarisation (Negativierung) der apikalen Dendriten am Neokortex.
- Erhöhung der Kreuzkorrelation und Kohärenz von hochfrequenten Oszillationen („40 Hz") in oft weit auseinander liegenden Kortexarealen bei gleichzeitigem Anstieg der Komplexität (Anzahl schnell wechselnder Aktivierungen zwischen den Arealen).
- Anstieg des Feedbacks zwischen Thalamus und Kortex, wodurch anhaltende Depolarisationen und Synchronisation aufrechterhalten und verstärkt werden. Die viel zahlreicheren kortikothalamischen Verbindungen beeinflussen damit die Selektion von Information auf thalamischer Ebene.

Während cholinerge Systeme für unspezifische Aktivierung des Kortex wichtig sind, regeln monoaminerge Systeme die phasisch-selektive Aktivierung

Neurochemische Aspekte unspezifischer Aktivierung. Trotz einer Vielzahl pharmakologisch aktivierend wirkender Substanzen (z. B. Amphetamin, Koffein) sind die Transmitter und Neuromodulatorensysteme des ARAS nicht bekannt. Obwohl die meisten erregend wirkenden Substanzen die NA- und DA-Synthese beeinflussen, sind vermutlich gerade die *Katecholaminsysteme* im Säugetier-ZNS *nicht direkt* in den MRF-thalamokortikalen Aktivierungsstrukturen involviert. Der Ursprung monoaminerger Systeme (s. Kap. 20, 21) im Mittelhirn und ihre extensive Verzweigung in den darüberliegenden Regionen und im Neokortex läßt sie als „Kandidaten" für aktivierende Systeme erscheinen.

Alle Zuordnungen verliefen aber bisher widersprüchlich, die Neurochemie des ARAS bleibt spekulativ. Elektrische und chemische Reizung der Ursprungsorte des NA-Systems im Nucl. coeruleus und des Serotoninsystems im Nucl. raphé (s. Abb. 20–26, S. 479) führt zu Hyperpolarisation und Aktivierungshemmung der davon betroffenen neokortikalen Projektionen. Zerstörung des NA-Systems hat keinerlei Einfluß auf die EEG-Aktivierung und tonische Wachheit. Nur *cholinerge Stimulation* im Mittelhirn erregt kortikale Areale. Trotzdem bleibt eindeutig, daß die Aktivität der monoaminergen Systeme das ***Signal-Rauschverhältnis*** der neokortikalen Regionen durch Hemmung einzelner Areale verbessert und lokale Erregungsanstiege (Aufmerksamkeitsänderungen) sich damit „deutlicher" von den gehemmten Regionen abheben.

Glutamaterge Rezeptoren. Der thalamokortikale Einstrom, ausgelöst durch subkortikale cholinerge Aktivierung der FR und des basalen Vorderhirns (s. Kap. 20, S. 470), bewirkt eine lang anhaltende Verschiebung des Ruhepotentials der Zellen, vor allem der Dendriten, in Richtung Depolarisation (Negativierung, Bereitschaft zum Feuern erhöht). Die meisten thalamokortikalen und kortikothalamischen Verbindungen sind glutamaterg; muskarinerge ACh-Rezeptoren haben nur synergistische Wirkung zusammen mit den potenteren NMDA-Rezeptoren. Damit beeinflußt das unspezifische Aktivierungssystem natürlich auch die Entstehung von Bedeutung durch „Binding" (s. Kap. 24) und Assoziationsbildung in Schlaf und Traum.

Dopaminerge Systeme (s. Kap. 20 Abb. 20–24). Dopamin (DA) ist wie NA an vielen psychologischen Funktionen beteiligt. Während DA für die Aufrechterhaltung tonischer Wachheit nicht notwendig ist, regeln dopaminerge Systeme die auf S. 519 beschriebene Aufstellung einer Zielhierarchie und selektiv-motorische Aufmerksamkeit (incentive, s. Kap. 25). ***Amphetamin*** in geringen Dosen verbessert die Aufmerksamkeitsleistung primär über eine verstärkte präsynaptische DA-Ausschüttung und Hemmung der DA-Wiederaufnahme aus dem synaptischen Spalt. In hohen Dosen führt dies zu motorischen Stereotypien und psychotischem Verhalten (s. Kap. 27). Von den verschiedenen DA-Systemen ist an der Aufmersamkeitssteuerung vor allem das ***mesolimbische DA-System*** beteiligt (s. Kap. 20). Zerstörung dieses Systems in der Entwicklung bei Ratten durch 6-Hydroxidopamin verursacht irreversible Störungen von Aufmerksamkeitsprozessen: die Tiere habituieren nicht, sind extrem irritierbar und lernen schlecht, ähnlich wie man das bei der kindlichen *Aufmerksamkeitsstörung* findet.

Cholinerge Systeme (s. Kap. 24 u. 27, Abb. 20–19). Cholinerge Systeme in den mesopontinen cholinergen Kernen und dem basalen Vorderhirn wirken bei elektrischer Reizung unspezifisch aktivierend auf den Kortex. Die „Richtung" der Aktivierung (z. B. Hungeraktivierung, sexuelle Aktivierung etc.) wird von monoaminergen und anderen Neurotransmittern und -modulatoren bestimmt. Die Zuordnung von Azetylcholin (ACh) zu aktivierenden Prozessen wird aber durch die Tatsache erschwert, daß ACh in einer Vielzahl von Verhaltensweisen und neuroanatomischen Regionen eine bedeutsame Rolle spielt. Die aktivierende Übertragung im Thalamus und Neokortex, als den wesentlichen Projektionen der MRF, stellt nur *eine* Funktion unter vielen dar.

Die Sensitivität der ACh-Rezeptoren wird durch elektrische Potentiale, vor allem DC-Potentiale beeinflußt, was gut zu der in Kap. 22.2 und in Kap. 21 beschriebenen Rolle von DC-Potentialen und langsamen Hirnpotentialen im Aktivierungsprozeß paßt. Allerdings ändern auch ***glutamaterge*** und dopaminerge neokortikale Neurone ihr Entladungsverhalten unter DC-Einfluß. Im Säugetiergehirn ist ACh-Aktivität in den zum intralaminären Thalamus und von dort zum Neokortex projizierenden Neuronen sowohl bei tonischer Erregung im Wachzustand als auch im PS erhöht.

Der Nucleus reticularis des Thalamus ist wesentlich für die selektive Aufmerksamkeit mitverantwortlich

Thalamokortikales „Gating". Die Eigenheit neuronaler Netzwerke, einen Teil der ankommenden Information weiterzuleiten und den übrigen Teil von der Weiterleitung auszuschließen, bezeichnet man im anglo-amerikanischen Sprachraum als „Gating" (im Deutschen am besten mit „Schleusen" zu übersetzen). Da wir in 22.1 gesehen haben, daß ankommende Information, auch wenn sie gut gelernt wurde, stets relativ vollständig analysiert wird, bevor sie abgeschwächt oder verstärkt wird, müssen wir *vor* einer Hemmung eine Ana-

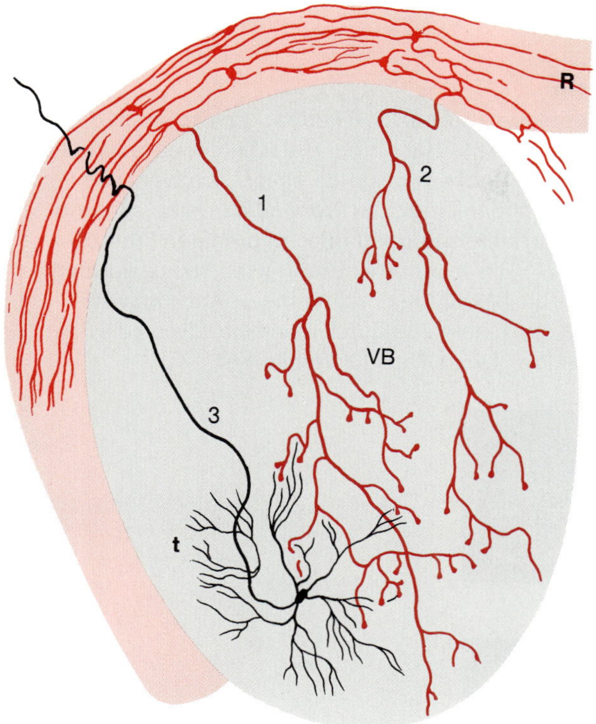

Abb. 22–19. Schematisierter Horizontalschnitt durch den ventralen Abschnitt des Thalamus. *VB* ventrobasaler Komplex des Thalamus, *R* Ncl. reticularis thalami (*rot*). Eine thalamokortikale Projektionszelle (*t*) gibt ihr Axon (*3*) rostral u. a. in den Kortex ab, während zwei Neurone aus dem N. reticularis ihre Axone (*1* und *2*) nach kaudal in den VB abgeben. 1 und 2 kommunizieren mit t. Nach [15]

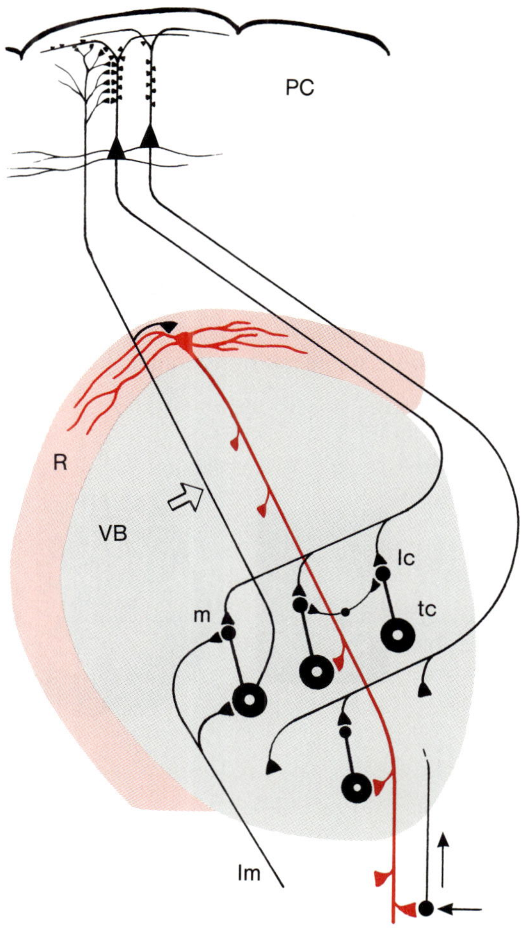

Abb. 22–20. Schematische Darstellung der Beziehungen zwischen Thalamus und Kortex der Katze. Die mediale Lemniscus-Faser (*lm*) bildet Synapsen sowohl an thalamokortikalen Projektionszellen (*tc*), als auch an lokalen thalamischen Zellen (*lc*), die selbst wieder untereinander durch kleine axonlose Neurone verbunden sind. Eine thalamokortikale Projektionszelle gibt ihr Axon (*dicker Pfeil*) über den Ncl. reticularis thalami (*R*) an den Kortex weiter (*PC*). Axone der kortikalen Pyramidenzellen kehren wieder in den ventrobasalen Kern (*VB*) zurück, wo sie in einer horizontalen Anordnung in relativ dicken moosartigen Endigungen mit den thalamischen Zellen kommunizieren (*m*). Die Zelle aus dem Nucl. reticularis thalami projiziert in einer linearen rostrocaudalen Anordnung in den Thalamus und das rostrale Mesenzephalon (*rot*). Nach [15]

lyse des Reizmaterials auf neokortikaler Ebene in den primären und sekundären Projektionsarealen annehmen. Erst danach ist eine *efferente* (von höheren zu niedrigen Strukturen verlaufende) *Hemmung* des afferenten Impulseinstromes denkbar. Eine Schlüsselposition für diese Funktion des Gatings nimmt der Thalamus ein.

Innerhalb der thalamischen Kerne stellt der ***Nucleus reticularis thalami (R)*** das „Tor" zum Kortex dar. Der Nucleus reticularis thalami umgibt den Thalamus wie eine Muschel (s. Kap. 20) und weist eine Feinstruktur auf, die für Selektion ankommender sensorischer Erregungsmuster ideal ist: die Zellen im Nucleus reticularis thalami sind durch weitverzweigte Dendriten innerhalb vom Nucleus reticularis thalami und multipolare Axone mit vielen Kollateralen in die spezifischen Thalamuskerne gekennzeichnet; diese langen, multipolaren Axone kommunizieren mit dem übrigen Thalamus und Mittelhirn, aber nicht mit neokortikalen Strukturen (Abb. 22–19) [7, 15, 19, 20].

Abbildung 22–20 zeigt den geschlossenen ***thalamokortikalen Feedback-Kreis:*** spezifische afferente Fasern bilden Synapsen sowohl mit spezifischen thalamokortikalen Projektionen (tc), als auch lokalen thalamischen Zellen (lc). Auf ihrem Weg zum Kortex erhält der Nucleus reticularis thalami Kollateralen von den aufsteigenden Fasern und die Axone aus dem Nucleus reticularis thalami bilden wiederum Synapsen mit den spezifischen Projektionen des Thalamus zum Kortex (tc). Geschlossen wird dieser Kreis durch die rückkehrenden Axone aus den kortikalen Pyramidenzellen (PC), die ihrerseits mit den lokalen Zellen im Thalamus Synapsen bilden, deren kurze Axone auf die tc projizieren. Die multipolaren Axone aus dem Nucleus reticularis thalami gehen bis in die MRF (re. unten), die selbst nach dem Nucleus reticularis thalami projiziert. Man muß sich diese thalamokortikalen Verbindungen als große Zahl parallel geschalteter Erregungskreise vorstellen. Hinzu kommen die intrathalamischen Verbindungen, die aus den spezifischen Afferenzen, den unspezifischen Kernen, dem Hypothalamus, den Basalganglien und vom präfrontalen Kortex versorgt werden (s. Abb. 22–21).

Der Nucleus reticularis thalami ist somatotopisch, visuotopisch etc. organisiert: die Afferenzen aus den ver-

BOX 22-1

Intrakortikale Erregungskreise und Bewusstsein

Damit bewusstes Erleben entsteht, muss der Informations-Austausch (Feedback) zwischen den primären und assoziativen kortikalen Arealen einige Zeit (50–100 ms bei einfachen Reizen) fortgesetzt werden. Die Abb. zeigt einen Patienten mit einem Tumor im sekundären (assoziativen) somatosensorischen Areal, ohne Verletzung des primären Rindenfeldes. Der Proband bemerkt Tast- und Berührungsreize nicht, obwohl die darunter aufgezeichneten Magnetfelder im primären Projektionsareal nach 70 ms ankommen (s. Agnosien, Kap. 27). Die späteren Antworten (ab 80 ms) aus den benachbarten assoziativen Feldern fehlen aber, wie die bewußten Empfindungen. Auch im visuellen System kann man die bewusste Wahrnehmung optischer Reize durch reversible Läsion der Assoziationsareale mit transkranieller Magnetstimulation (TMS, s. Kap. 20) verhindern.

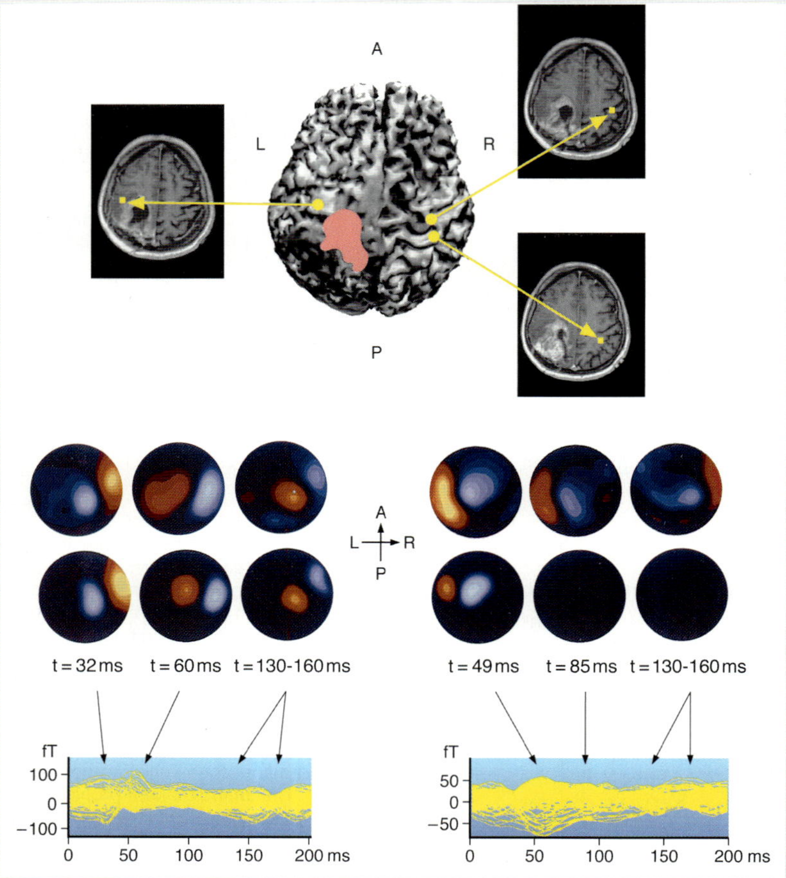

Legende: Folgen eines Tumors *(rot)* im linken sekundären parietalen Handareal *(oben)*. Das primäre, postzentrale Handareal ist verschoben, aber intakt (*gelber* Punkt). Unten: Magnetische Felder nach Darbietung eines taktilen Reizes auf der rechten und linken Hand. Rot symbolisiert Austritt, *Blau* Eintritt des magnetischen Feldes, die Quelle der Erregung (Dipol) liegt dazwischen. Auf der läsionierten Seite *(rechter Teil)* ist zwar das frühe Feld (70–1000 ms nach Reiz) erhalten, aber das späte (> 100 ms) nicht. Der Patient spürt nichts bewußt. *A* . . . Anterior, *P* . . . Posterior, *L* . . . Links, *R* . . . Rechts

Preissl H, Flor H, Lutzenberger W, Duffner F, Freudenstein D, Grote E, Birbaumer N (2001) Early activation of the primary somatosensory cortex without conscious awareness of somatosensory stimuli in tumor patients. Neuroscience Letters 308:193–196

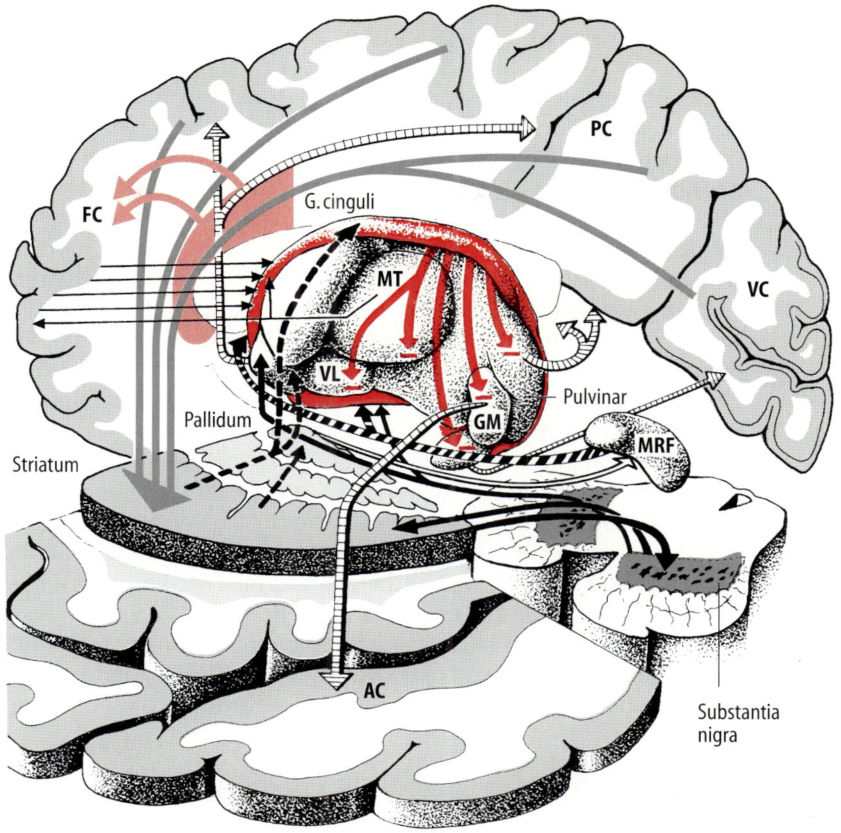

Abb. 22–21. Zusammenfassende Darstellung der an der Aufmerksamkeitssteuerung beteiligten Hirnstrukturen und ihre Verbindungen (s. auch 27.4). Das medio-thalamisch-fronto-kortikale System (MTFCS) ist mit *durchgezogenen Pfeilen* verknüpft, thalamokortikale Afferenzen sind horizontal *strichliert*, die Verbindungen Kortex-Basalganglien-Thalamus *grau*, bzw. *schwarz strichliert*. Die Einflüsse des gates aus R sind *rot*. Abkürzungen: *FC* Frontalkortex, *MT* medialer Thalamus, Nucl. reticularis (*rot*), *GM* C. geniculatum mediale, *VL* Nucl. ventrolateralis, *VC* visueller Kortex, *AC* akustischer Kortex, *MRF* mesenzephale Retikulärformation (Das Schema und das hier dargestellte Konzept stammen von Prof. Thomas Elbert, mit freundlicher Erlaubnis. Erläuterungen s. Text)

schiedenen Regionen lassen sich entsprechend ihrer funktionellen Bedeutung gliedern. In Abhängigkeit vom Ursprung der Afferenz wird also *nur jenes* Tor vom Nucleus reticularis thalami geöffnet, das der entsprechenden Afferenz (Sinnesmodalität) zugeordnet ist. Damit ist die in Kap. 22.1 psychologisch beschriebene *Spezifität* des postulierten LCCS für die verschiedenen Verarbeitungsdimensionen (Abb. 22–4) anatomisch gewährleistet.

Das Pulvinar. Neben dem Nucl. reticularis ist vor allem bei der visuellen Aufmerksamkeit das Pulvinar (s. Abb. 20–10), ein großer Kern im posterioren Thalamus, an der Erhöhung der Erregbarkeit bei aufmerksamer Zuwendung im ***posterioren parietalen Kortex*** beteiligt. Das Pulvinar ist Teil des ***Tecto-Pulvinaren-Systems,*** das die visuelle Information parallel zum ***Genikulo-Striatären-System*** verarbeitet und die Information direkt in die parietalen Assoziationsareale leitet. Dies vor allem beim Menschen, wo der Pulvinar extrem groß wird. Das Pulvinar ist auch mit dem ***lateralen präfrontalen Kortex*** eng verbunden. Immer, wenn visuelle Reize zusammen mit anderen, potentiell ablenkenden Reizen dargeboten werden, feuern im Tierversuch die Pulvinarzellen und erregen die striatalen und extrastriatalen Areale des visuellen Kortex, wo das beachtete Signal schon nach 60 ms zu einem erhöhten evozierten Potential führt (s. S. 531). Diese Erhöhung des evozierten Potentials belegt, daß *sehr früh,* lange vor bewußtem Erleben, der Thalamus einfache Selektionsleistungen auf kortikaler Ebene bewirken kann [6].

Kortikaler Vergleich vor Gating. Die Tatsache *multisensorischer Vergleiche* auf neokortikalem Niveau *vor* einem aktiven Gating geht aus einer Reihe von Untersuchungen hervor; z. B. fallen nach Läsion des ***rechten Parietallappens*** die Analyse und der Vergleich visueller und taktiler und z. T. auch akustischer Reize aus. Die Folge ist „Ignorieren" der kontralateralen Körperseite sowohl der eigenen Körperhälfte als auch der Reize aus dieser Richtung, trotz intakter Wahrnehmung und Motorik (Neglekt, s. Kap. 27.4). Die Aufmerksamkeit löst sich nicht von ihrer Fixierung auf die kontralaterale (rechte) Körper- und Gesichtshälfte (s. S. 518 bis 521). Bei jedem Wechsel der Aufmerksamkeit kommt es beim Menschen zu einem *Anstieg der Durchblutung im*

BOX 22–2

Rückmeldung aus den Assoziationsarealen zu den primären Projektionsarealen ist für Bewußtwerden von Wahrnehmungsinhalten notwendig.

Damit ein Wahrnehmungsinhalt bewußt *bleibt*, muß zwischen den primären Analyse-Arealen des Kortex und den für den Wahrnehmungsinhalt spezifischen thalamischen Kernen eine kreisende erregende (re-entrant) Verbindung hergestellt werden. Dies reicht aber allein nicht aus, um den Inhalt ins Bewußtsein zu „befördern". Wie die Box 22–1 zeigt, führt Zerstörung der sekundären Assoziationsareale auch bei Unversehrtheit der primären Analyse zum Ausfall des Bewußtwerdens. Natürlich gilt auch der umgekehrte Fall, aber aus anderen Gründen: Zerstörung des primären Areals (z. B. im visuellen „Blindsight") verhindert die frühe Bearbeitung der Erregungskonstellation, damit kann es zu keiner Rückmeldung zum und vom sekundären Areal kommen. Diese („re-entrant") Rückmeldeschleife *von* dem sekundären *zu* dem primären sind für die bewußte Wahrnehmung kritisch.

Ein phantasievolles Experiment von Pascual-Leone und Walsh mit **Transkranieller Magnetstimulation (TMS,** s. Kap. 21) illustriert diesen Sachverhalt nachdrücklich. Wenn man einen magnetischen Puls, der eine lokale elektrische Übererregung erzeugt (und die betroffenen Zellen kurz „zum Schweigen" bringt), auf V1 (primäres visuelles Areal) anbringt, sehen die Versuchspersonen stationäre Phosphene (Lichtblitze), reizt man MT/V5, das visuelle Bewegungsareal, so sieht man sich bewegende Phosphene (s. Abb.). Reizt man V5 5 bis 45 ms *vor* V1, also V1 *nach* der Aktivierung von V5, so sieht man keine stationären Phosphene in V1 mehr. Die rasche Rückmeldung von V5 nach V1 ist also notwendig, damit der in V1 analysierte Wahrnehmungsinhalt bewußt wird. Wie rasch diese Rückmeldung sein kann, demonstriert dieses Experiment.

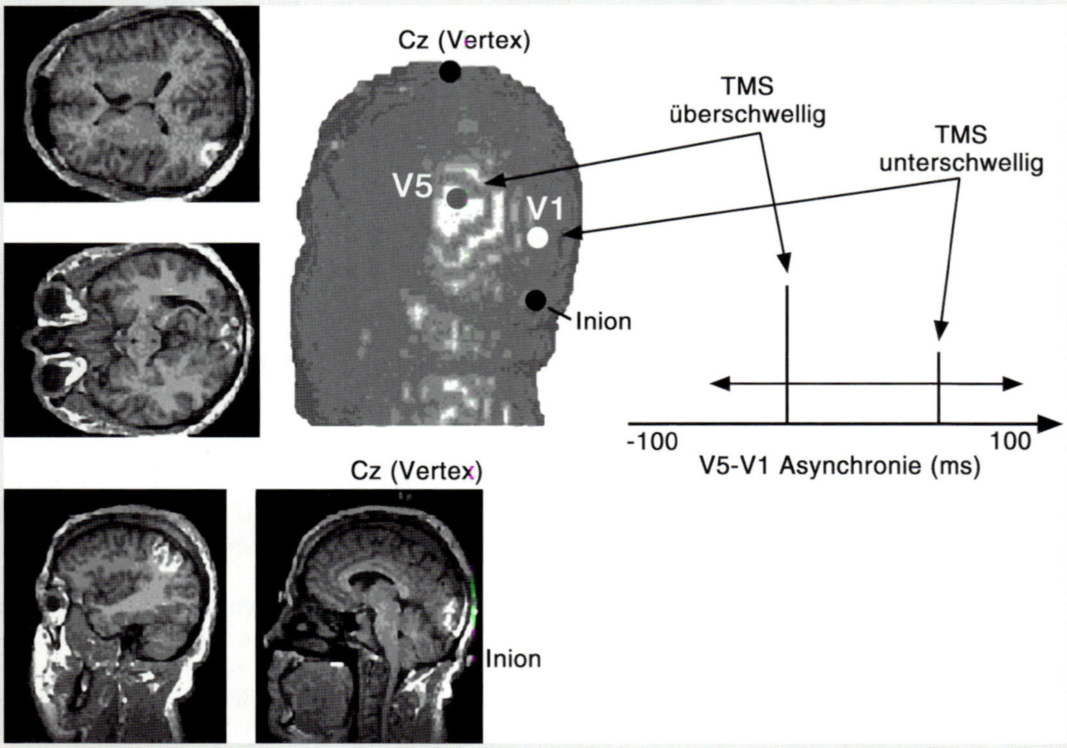

Transkranielle Magnetstimulation (TMS) von V1 (stationäre Phosphene) und V5 (bewegte Phosphene). Links die Magnetresonanzaufnahme einer typischen Versuchsperson mit dem stimulierten Areal V5 hell hervorgehoben. Rechts die Reizorte V1 und V5 für TMS am Okzipitalpol. Wird V5 kurz vor V1 überschwellig gereizt und damit die Verbindung zu V1 unterbrochen, so sieht die Person den Wahrnehmungsinhalt (stationäres Phosphen in V1) nicht mehr. (Aus Pascual-Leone A, Walsh V (2001) Fast Backprojections from the Motion to the Primary Visual Area Necessary for Visual Awareness. Science 292:510–512 mit freundlicher Genehmigung)

präfrontalen und inferior-parietalen Bereich, was auch für die Rolle dieser Region für multisensorische Vergleiche spricht (s. Box 22.2).

Zellen im *unteren Parietallappen,* wo visuelle, akustische und taktile Information einläuft, feuern im Tierversuch nur, wenn das Tier sich der Reizquelle aufmerksam zuwendet; die Axone dieser ***Aufmerksamkeitszellen*** führen sowohl zum Frontalkortex als auch in den Thalamus und die Basalganglien (s. u.). Auchdies bestätigt die Bedeutung des Parietallappens für multisensorische Vergleiche (s. Box 22.1).

22.4 Psychophysiologie selektiver Aufmerksamkeit

Das LCCS (limitiertes Kapazitätskontrollsystem) besteht aus mehreren, parallel arbeitenden Einheiten

Anatomie des LCCS. Wir haben bereits wesentliche Teile des LCCS in Gestalt der MRF als „Energielieferant" und des Nucleus reticularis thalami als „Tor" der Aktivierungsverteilung kennengelernt. Es fehlen uns noch zwei Systemeigenschaften, die wir zur Lenkung (Fokussierung) gerichteter Aufmerksamkeit benötigen:

- eine ***Entscheidungsinstanz,*** die *vor* der aktuellen Schwellenerniedrigung (Erregungserhöhung) der kortikalen Areale eines der thalamischen „Tore"(z. B. das visuelle, akustische etc.) öffnet und damit den Erregungsfluß dort hinlenkt, wo er für die weitere Reizanalyse oder die Handlungsvorbereitung „gebraucht" wird;
- ein System, das den Nucleus reticularis thalami über die z. Z. *bestehende Erregungsverteilung am Neokortex informiert* und verhindert, daß bereits erregte Areale weiter erregt werden (z. B. bis zu einer epileptischen Übererregung).

Die „Entscheidungsinstanz" besteht aus dem ***präfrontalen Kortex (PF)*** und dem ***Gyrus cinguli,*** die Informationen aus allen Teilen des Neokortex, besonders dem (rechten) ***inferior-parietalen Assoziationskortex*** (s. S. 529 und Kap. 27) über die eingelaufene Information und das Resultat der (nicht-bewußten) Vergleichsprozesse erhalten und gleichzeitig aus dem ***limbischen System*** (s. Kap. 20, 25) über die motivationale Bedeutung („vital wichtig" oder „unwichtig") informiert werden.

Das rückwirkende Informationssystem über die Topographie der Erregungsverteilung am Neokortex läuft über die ***Basalganglien*** zum Nucleus reticularis thalami und schließt die thalamischen Tore durch Anwachsen der Hemmung bei Erregungssteigerung in den entsprechenden kortikalen „Modulen" über *kritische Schwellen* (s. a. Kap. 13).

Abbildung 22–21 stellt eine schematische Zusammenfassung aller bisher in Kap. 22.3 beschriebenen Systeme dar, unter Einbeziehung des sogenannten ***medio-thalamo-frontokortikalen Systems (MTFCS)*** und der Basalganglien.

Funktion und Dynamik des LCCS. Efferenzen des Frontalkortex (FC) und der MRF konvergieren an dem Retikulären Kern (R), der die thalamokortikale Aktivität „verteilt". MRF-Reizung öffnet die Tore unspezifisch, d. h. die Amplituden der ereigniskorrelierten Potentiale (EKP, s. Abschnitt 22.2 und Kap. 21) steigen, das EEG wird desynchronisiert. Eine generelle Bereitschaft für Informationsaufnahme und Orientierung ist die Folge. Aktivierung des FC schließt die thalamischen Tore. Im Gegensatz zur MRF sind aber die Afferenzen und Efferenzen des präfrontalen Kortex *anatomisch selektiv* tätig, d. h. daß nur ein Teil der Bahnen vom FC zum R aktiviert ist, ein anderer Teil „still" bleibt und damit *ein* „Tor" (z. B. das C. geniculatum mediale bei akustischer Information) „geöffnet", alle anderen geschlossen bleiben.

Grau ist in Abb. 22–21 die rückwirkende Schleife vom Kortex zu den ***Basalganglien*** (über Striatum zum Pallidum und von dort wieder in den Thalamus) eingetragen. Der eingezeichnete Gyrus cinguli kann bei schwierigen Entscheidungen zusätzlich die frontalen Areale des Arbeitsgedächtnisses (s. Kap. 24 u. 27) aktivieren. Reizung des Nucl. caudatus bewirkt eine Hemmung (Positivierung, Erregungssenkung) in einem umschriebenen kortikalen Areal. Alle neokortikalen Regionen projizieren ins Striatum (s. Kap. 13), Reizung dieser Region bewirkt bevorzugt verhaltensmäßige und neuronale Hemmung. Diese basalen Systeme verhindern ein Anwachsen der Erregung in den kortikothalamischen Rückmeldekreisen, sie erhöhen die Erregungsschwelle, wenn die Aktivierung (Depolarisation) der kortikalen Module über eine kritische Schwelle steigt. Je höher die neokortikale Erregung, desto „stärker" wird der neuronale Zustrom in die Basalganglien und um so mehr werden die „Tore" geschlossen. Der FC moduliert wie oben dargestellt diesen neokortikal-striatalen Hemmungskreis.

Störungen in einem dieser weitverzweigten Systeme gehen daher stets mit *Bewußtseins- und Aufmerksamkeitsstörungen* einher. Zerstörung der Basalganglien führt zu Bewußtlosigkeit. Inkomplette Ausfälle, wie z. B. der dopaminergen Projektionen von der S. nigra zum Striatum bei der Parkinsonschen Erkrankung (s. Kap. 13,27), führen zu Reduktion der Bereitschaftspotentiale (LP) und zu Aufmerksamkeitsstörungen. Bei Ausfall des FC kommt es zu schweren Störungen der „Selektivität", die Person wird von unmittelbar gegenwärtigen Reizen „gesteuert", zu viele thalamische „Tore" sind geöffnet (s. Kap. 27).

ZUSAMMENFASSUNG

Bewußtsein wird durch mehrere Hirnsysteme gesteuert, die keine einheitliche Bewußtseinsform, sondern heterogene Bewußtseinsakte erzeugen. Ein limitiertes Kapazitäts-Kontrollsystem (LCCS) ist sowohl für die Herstellung tonischer (anhaltender) Wachheit als auch phasischer (kurzfristiger) selektiver Aufmerksamkeit verantwortlich. Bewußtsein wird von diesem System nur nach neuen und potentiell wichtigen Reizen durch Ressourcenallokation neuronaler Erregung gesteuert; die resultierende Form der Informationsverarbeitung wird kontrollierte Aufmerksamkeit im Gegensatz zur vorbewußten automatischen Aufmerksamkeit genannt.

Für die verschiedenen Aufgaben der kontrollierten Aufmerksamkeit (Prioritäten-Setzen, Aufgeben von alten Zielen, Selektion und Mobilisierung) werden unterschiedliche Hirnsysteme im LCCS bevorzugt aktiviert. Für verbal-syntaktische die linke perisylvische Region, für räumlich-visuelle der rechte posteriore Parietallappen, für Prioritäten-Setzen der präfrontale Kortex, für Selektion Teile des Thalamus, für Mobilisierung der Gyrus cinguli und der präfrontale Kortex. Lokale Änderungen langsamer Hirnpotentiale und regionale Hirndurchblutung spiegeln die kortikalen und subkortikalen Anteile dieser verschiedenen Funktionen wider. Der Zeitablauf selektiver Aufmerksamkeit läßt sich aber nur mit ereigniskorrelierten Hirnpotentialen oder magnetischen Feldänderungen im MEG erfassen.

Unspezifische Aktivierungssysteme im Hirnstamm sind für tonische Aktivierung, Bewußtsein und Schlaf verantwortlich. Sie sorgen dafür, daß die Erregungsschwelle kortikaler Zellen im Wachzustand unter ein kritisches Niveau sinkt. Dabei sind vor allem cholinerge, glutamaterge und noradrenerge Zellen beteiligt, erstere erregen unspezifisch den Kortex, während NA das Signal-Rauschverhältnis kortikaler Nervenzellen verbessert. Eine rückwirkende, glutamaterge Bahn vom Kortex zu den Basalganglien über den Thalamus zum Kortex zurück sorgt dafür, daß das Erregungsniveau in einem optimalen mittleren Bereich bleibt.

Der Nucleus reticularis thalami stellt das Gate zum Kortex dar, indem er selektiv die spezifischen Thalamuskerne erregen und hemmen kann. Dadurch wird der Erregungsfluß zum Kortex auf eine oder wenige Informationseinheiten beschränkt und eine Überlastung des kortikalen Systems verhindert. Allerdings kann der Nucleus reticularis thalami und sein visuelles Analog, das Pulvinar, nicht selbst über die Prioritäten bei gleichzeitig dargebotenen Informationen entscheiden. Um die ankommenden Reize entsprechend einer übergeordneten Zielhierarchie selektiv zu verstärken (was ist wichtig?), bedarf der Nucleus reticularis selbst einer selektiven Hemmung oder Anregung. Diese wird vor allem vom präfrontalen Kortex und den Basalganglien (Striatum) geleistet. Der präfrontale Kortex steht in enger Verbindung zum limbischen System (vitale Bedeutung des Reizes, Kap. 25 und 26), während die Basalganglien im Rahmen ihrer kortikalen Schwellenregulation eine Übererregung der selektiv aktivierten kortikalen Zonen durch Hemmung aller übrigen verhindern.

Die selektive Erhöhung der Erregbarkeit des Aufmerksamkeitsfokus in den spezifischen Projektionsarealen erfolgt bereits 40–100 ms nach Reizdarbietung und kann an den Komponenten der evozierten Potentiale und evozierten magnetischen Feldern beobachtet werden. Diese hohe Geschwindigkeit der Aufmerksamkeitserhöhung spricht für einen parallelen, gleichzeitig ablaufenden Verarbeitungsmechanismus in mehreren Hirnsystemen der LCCS.

Literatur

Weiterführende Lehr- und Handbücher

1. Dixon N (1981) Preconscious processing. Wiley, New York
2. Gazzaniga M, LeDoux JE (1979) The integrated mind. Plenum Press, New York
3. Gopher D, Donchin E (1985) Workload – An examination of the concept. In: Boff KR, Kaufmann L, Thomas JR (eds) Handbook of Perception and Human Performance. Vol 2, pp 411–418. Wiley, New York
4. LeDoux JE, Hirst W (eds) (1986) Mind and brain. Cambridge Univ. Press, Cambridge, USA
5. Matlin M (1983) Cognition. Holt, New York

6. Posner MI, Raichle ME (1996) Images of mind 2nd edn. Scientific American Library, New York
7. Rockstroh B, Elbert T, Birbaumer N, Lutzenberger W (1989) Slow brain potentials and behavior. 2nd edn. Urban & Schwarzenberg, Baltimore

Einzel- und Übersichtsarbeiten

8. Birbaumer N, Elbert T, Lutzenberger W, Rockstroh B, Schwartz J (1981) EEG and slow cortical potentials in anticipation of mental tasks with different hemispheric involvement. Biol Psychol 13:251–260
9. Corbetta M, Miezin FM, Dobmeyer S, Shulman GL, Petersen SE (1991) Selective attention modulates extrastriate visual regions in humans during visual feature discrimination and recognition. Exploring brain functional anatomy with positron tomography. Ciba Foundation Symposium. Wiley, New York
10. Gazzaniga MS, Ivry RB, Mangun GR (1998) Cognitive neuroscience. Norton, New York
11. Libet B (1986) Unconscious cerebral initiative and the role of conscious will in voluntary action. Behavioral and Brain Sciences 8:529–566
12. Lindsley DB, Bowden JW, Magoun HW (1949) Effects upon the EEG of acute injury to the brainstem activating system. Electroenceph Clin Neurophysiol 1:475–486
13. Loveless N (1983) The orienting response and evoked potentials in man. In: Siddle D (ed) Orienting and Habituation. Wiley, New York
14. Pilleri G (1966) The anatomy, physiology and pathology of the brainstem reticular formation. In: Birkmayer W, Pilleri G (eds) The Brainstem Reticular Formation and its Significance for Autonomic and Affective Behavior. Hoffmann-La-Roche Publ, Basel
15. Scheibel AB (1981) The problem of selective attention: A possible structural substrate. In: Pompeiano O, Ajmone Marsan C (eds) Brain Mechanisms and Perceptual Awarness. Raven Press, New York
16. Shiffrin RM, Schneider W (1977) Controlled and automatic attention and a general theory. Psychol Rev 84:127–190
17. Sperry RW (1964) The great cerebral commissure. Sci Amer, Jan 1964. Auch in: Chalmers N, Crawley R, Rose SPR (eds) The Biological Bases of Behavior. Harper, London 1971
18. Sperry RW (1952) Neurology and the mind-brain problem. Amer Scientist 40:291–312. Auch in: Isaacson RL (ed) Basic Readings in Neuropsychology. Harper, New York 1964
19. Steriade M, Jones EG, McCarmick DA (1997) Thalamus. Elsevier, Lausanne
20. Steriade M, McCarley RW (1990) Brainstem Control of Wakefulness and Sleep. Plenum Press, New York
21. Young JG, Halperin JM, Shaywith A, Cohen D (1987) Developmental Neuropharmacology. In: Iversen LL, Iversen SD, Snyder SH (eds) Handbook of Psychopharmacology. Vol 19. Plenum Press, New York

23 Zirkadiane Periodik, Schlaf und Traum

EINLEITUNG

Etwa ein Viertel bis ein Drittel unseres Lebens verbringen wir im Schlaf. Während uns die biologische Notwendigkeit des Schlaf-Wach-Rhythmus wohl bewußt ist, nehmen wir die Vielzahl anderer endogener biologischer Rhythmen nur selten wahr: ein Tief der Aufmerksamkeit um 14–15 Uhr haben wir in nördlichen Breiten gelernt zu unterdrücken, während in südlichen Ländern die Siesta eben diesem „Druck" des endogenen Rhythmus nachgibt; das Anwachsen der Schmerzempfindlichkeit um 3 Uhr früh spüren wir nur in Ausnahmesituationen, wenn z. B. eine Zahnwurzel entzündet ist und das eingenommene Schmerzmittel in dieser Zeit kaum Wirkung zeigt.

Viele Verhaltensweisen, die uns als Reaktionen auf äußere Reize oder freie Entscheidungen erscheinen, stellen sich bei systematischer Beobachtung als Folgen biologischer Zyklen dar. Die Kenntnis der physiologischen Prozesse, welche diese biologischen Uhren lenken, erlaubt uns, die Bedeutung innerer Antriebe zu verstehen, die nicht auf ein physiologisches Ungleichgewicht (z. B. Hunger, Durst) zurückzuführen sind.

23.1 Prinzipien zirkadianer Periodik

Endogene Oszillatoren sind angeborene Rhythmusgeber, die nur eine begrenzte Flexibilität durch Umweltreize aufweisen

Oszillatoren. Die Umdrehung der Erde um ihre Achse führte bei pflanzlichen und tierischen Organismen zu einem zirka 24-stündigen Licht- und Temperaturrhythmus, der fast alle physiologischen und psychologischen Variablen beeinflußt. Diese zirkadianen (circa = ungefähr; dies = Tag) Rhythmen sind zum Großteil keine *passiven* Konsequenzen des Hell-Dunkel-Rhythmus des Tages, sondern Ausdruck der Aktivität organismusinterner ***Oszillatoren*** („Uhren") mit definierten Oszillationsperioden (τ), die meist von ***„Zeitgebern"*** der Umgebung synchronisiert, „mitgenommen" (entrain) werden. Die Oszillationsperiode des externen Zeitgebers (T) stimmt dabei selten exakt mit der Periode des endogenen Rhythmus überein. In diesem Fall sprechen wir von ***Phasenverschiebung*** zwischen den Phasen des biologischen Rhythmus mit einer definierten Phase und der Phase des Zeitgebers. Den endogenen Charakter vieler, aber nicht aller biologischer Rhythmen erkennt man vor allem nach Ausschaltung des externen Zeitgebers, z. B. der Hell-Dunkel-Variation. Endogene Rhythmen laufen danach mit veränderter Periodik weiter ***(Freilauf)***. Abbildung 23-1 zeigt die Periodik einiger wichtiger Rhythmen bei strenger zeitlicher Synchronisation durch einen 24-Stunden-Zeitgeber (Wecken – Schlafen durch Versuchsleiter bei gleicher Beleuchtung).

Neben der zirkadianen Periodik existieren eine Vielzahl endogener Oszillatoren; die kurzen Periodizitäten wie EEG, Atmung und einige vegetative Rhythmen sind in den entsprechenden Kapiteln besprochen, die längeren haben mit Ausnahme des ***Menstruationszyklus*** (Kap. 25) für den Menschen vermutlich nicht die Bedeutung der zirkadianen Periodik, z. B. Winterschlaf-Perioden. Rhythmen mit längerer Periodendauer als die zirkadianen werden als ***infradiane***, mit kürzerer Periode als ***ultradiane Rhythmen*** bezeichnet.

Freilaufende Uhren. Bei Isolation von den Zeitgebern der Umgebung weisen die meisten Säugetiere und der Mensch weiterhin in vielen Körperfunktionen eine zirkadiane Periodik auf. Die Periodik dieser frei laufenden Rhythmen ist aber meist etwas länger oder kürzer als 24 h. Beim Menschen beträgt die frei laufende Periodik der in Abb. 23-1 angegebenen Variablen oft etwas mehr als 24 Stunden. Abbildung 23-2 zeigt die Periodik von Wachen und Schlafen und der Rektaltemperatur unter Isolation (konstante Helligkeit, keine sozialen Hinweisreize). – Bei den endogenen Oszillatoren handelt es sich um ***angeborene Rhythmusgeber***. Dies zeigen Züchtungsversuche an Tieren, die über mehrere Generationen unter absoluter Isolation lebten, ihre Rhythmen aber beibehielten. Die Tatsache, daß unter frei laufenden Bedingungen die Tagesperiodik selten exakt 24 Stunden ist, könnte auf die *Flexibilität* der endogenen Uhren hinweisen, die sich innerhalb bestimmter Grenzen an veränderte Zeitgeber (z. B. Außentemperatur) anpassen

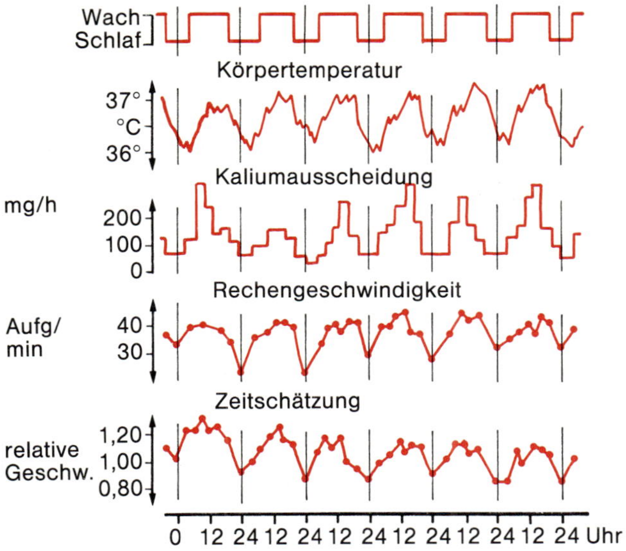

Abb. 23-1. Zeitlicher Verlauf verschiedener Meßgrößen bei einer Versuchsperson, die unter strenger 24-Stunden-Routine lebt. Dargestellt sind von *oben* nach *unten*: Aktivitäts-Zustand; Rektaltemperatur, kontinuierlich gemessen; Kalium-Ausscheidung im Urin; maximale Rechengeschwindigkeit, gemessen mit einem Pauli-Testgerät; Geschwindigkeit der Zeitschätzung, gemessen an der Herstellung eines 10-s-Intervalls. Nachts wurde die Versuchsperson zu den Messungen geweckt. (Nach [30])

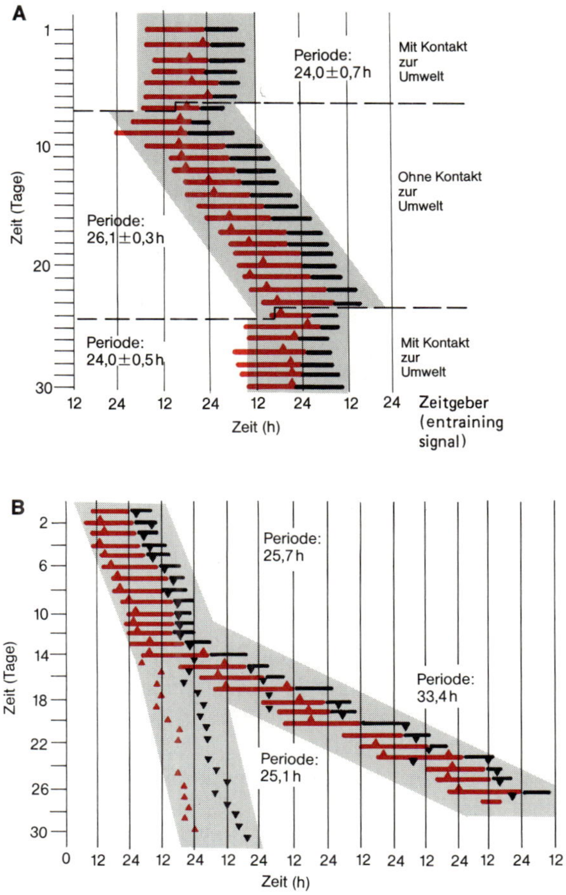

Abb. 23-2. Zirkadiane Periodik des Menschen. **A** Rhythmus des Wachens (*rote Balkenabschnitte*) und Schlafens (*schwarze Balkenabschnitte*) einer Versuchsperson in der Isolierkammer bei offener Tür (also mit sozialem Zeitgeber) und in Isolation (ohne Zeitgeber). Die *Dreiecke* geben den Zeitpunkt der höchsten, bzw. tiefsten Körpertemperatur an. Bei offener Tür betrug die Periodendauer jeweils genau 24 h (mittlere tägliche Abweichungen ±0,7 bzw. ±0,5 h), in der Isolation aber 26,1 ± 0,3 Stunden. **B** Aktivitätsrhythmus einer im Bunker isolierten Versuchsperson, bei der sich am 15. Tag der Temperaturrhythmus (Maxima = *rote Dreiecke nach oben*. Minima = *graue Dreiecke nach unten*) vom Wach-Schlaf-Rhythmus abkoppelt und mit einer Periode von 25,1 Stunden weiterläuft. Der Wach-Schlaf-Rhythmus (Aktivitätsrhythmus) sprang zu dieser Zeit aus unbekannten Gründen auf eine Periode von 33,4 Stunden (Messungen von Prof. J. ASCHOFF, Seewiesen, u. Mitarb., [1])

können. Beim Menschen liegt der maximale ***Mitnahmebereich*** (s. a. nächster Abschnitt) für die Körpertemperatur zwischen 23 und 27 Stunden, für die motorische Aktivität zwischen 20 und 32 Stunden. Innerhalb dieser Grenzen paßt sich der zirkadiane Rhythmus einem Zeitgeber (z. B. einem 26-Stunden-Kunsttag) an. Außerhalb dieses Mitnahmebereichs werden die Rhythmen gestört, und es kommt zu Desynchronisationen zwischen verschiedenen Rhythmen [18].

Zweifellos bedeutet die Existenz endogener Rhythmen und die Flexibilität ihres Mitnahmebereiches einen deutlichen *Selektionsvorteil:* die normalerweise perfekte Synchronisation des internen Milieus mit der externen Licht-Dunkel-Variation (LD) und/oder Temperatur erlaubt eine ökonomische Anpassung des internen Milieus an externe Anforderungen. Aber auch unter Freilaufbedingungen in absoluter Isolation treten bei einigen Personen ***spontane Desynchronisationen*** zweier Rhythmen auf: z. B. ergab sich in der Untersuchung Wevers [18] bei einigen Vpn nach 10 Tagen ein Aktivitätszyklus (gemessen durch Registrierung der Trittaktivität in der Isolierkammer) von $\tau = 32{,}6$ Stunden bzw. 33,4 Stunden, während die Rektaltemperatur weiter ihre $\tau = 24–25$ h beibehielt (Abb. 23-2). Subjektiv merken die uhrlosen Vpn weder, daß ihr Tag 32 Stunden aufweist, noch die Trennung der beiden ursprünglichen Oszillatoren. Diese und andere Befunde zeigen, daß es *mehrere endogene Oszillatoren* gibt, die unterschiedlich eng gekoppelt sind.

Zirkadiane Uhren und Rhythmusgeber sind eine wichtige Ursache für Antrieb und Emotion

Rhythmusgeber. Vor der Entdeckung endogener Rhythmen wurde die ***motivationale Steuerung*** des Verhaltens durch externe Einflüsse vor allem durch negative Rückkopplung (negative feedback) erklärt: Wiederherstellung eines stabilen Zustandes (Sollwert) „motiviert" jenes Verhalten, das der Wiederherstellung vorausgegangen war. Endogene Rhythmen sind aber durch Feedback-Regulation und homöostatische Mechanismen nicht in diesem Ausmaß beeinflußbar. Damit haben sie neben der Triebreduktion (z. B. Stillen des Hungers und Verstärkung) einen entscheidenden Einfluß auf die Motivation (s. Kap. 25). Die Effektivität eines Rückmeldereizes und damit z. B. die Lern- und Gedächtnisleistung hängt auch von der momentanen Phase des zirkadianen Rhythmus ab. Z. B. wirkt die Gabe von Wasser (Rückmeldereiz) in einem durstigen Organismus während der Nachtstunden weit stärker als während des Tages. Durstige Tiere und Menschen lernen sehr viel rascher in den Nachtstunden, wenn Flüssigkeit als Verstärker verwendet wird.

Angesichts des Bestehens multipler Oszillatoren haben wir viele nebeneinander laufende Rhythmen physiologischer Funktionen, die nicht einheitlich miteinander synchronisiert sind. Der Aktivitäts-Wach-Schlaf-Rhythmus läßt sich z. B. relativ leicht durch einen Zeitgeber synchronisieren, während Temperatur und Na-Ausscheidung resistenter gegenüber Zeitgebern sind. Einfache intellektuelle Aufgaben (psychomotorische Tests) sind ebenfalls leicht beeinflußbar. Komplexe Aufgaben scheinen mehr den Temperaturverläufen zu folgen.

Die ***Enge der Kopplung*** endogener Oszillatoren und ihre Beeinflußbarkeit durch Zeitgeber hängt von der *gemeinsamen physiologischen Funktion* der Oszillatoren ab.

Die Mitnahme (entrainment) endogener Rhythmen durch Umgebungsreize erfolgt vor allem durch Licht

Perinatale Entwicklung der Synchronisation. Beim Menschen entwickelt sich eine zirkadiane Rhythmik erst etwa 15 Wochen nach der Geburt, während bei einigen Säugern bereits *in utero* eine Mitnahme des fetalen Rhythmus durch den Rhythmus der Mutter erfolgt. Die Endogenität auch des menschlichen 24-Stunden-Rhythmus ist u.a. daran zu erkennen, daß der Rhythmus auftritt, bevor die Möglichkeit zur Synchronisation mit den Hell-Dunkel-Perioden besteht: nach den „chaotischen" ersten Wochen entwickeln sich freilaufende Schlafphasen, die ab der 20. Woche mit dem Rhythmus der Eltern synchronisierbar sind [14].

Synchronisation durch Licht und soziale Interaktion. Beim Menschen wirkt helles Licht (7000–50000 Lux) als stärkster Zeitgeber. Daneben sind *soziale Hinweisreize* wichtige Zeitgeber: in der Isolierkammer entwickeln einige Vpn trotz stabilen Licht-Dunkel-Wechsels frei laufende Rhythmen um 25 Stunden und synchronisieren erst, wenn durch den Versuchsleiter zusätzlich ein Tonsignal oder andere soziale Reize eingeführt werden. Wenn zwei oder mehrere Vpn gemeinsam isoliert sind, synchronisieren sich die Rhythmen häufig zu einem konstanten Gruppenrhythmus, auch wenn eine Vp vor der gemeinsamen Isolation eine erheblich unterschiedliche Periodendauer aufwies. Sozialer Druck, Verfügbarkeit von Nahrung und Flüssigkeit und Körpertemperatur spielen dabei eine wichtige Rolle [23].

Ein zirkadianes Zeitgebersystem besteht aus aktiven und passiven Elementen

Messfühler und Schrittmacher. Abbildung 23-3 zeigt die wichtigsten Elemente eines zirkadianen Systems: Als Meßfühler für die Licht-Dunkel-Zyklen fungieren bei Säugern die Retina und für Eß-Fasten-Zyklen vermutlich Meßfühler im Hypothalamus. Thermorezeptoren der Haut und auditive Rezeptoren spielen nur dann eine Rolle, wenn die primären Rezeptoren ausgeschaltet sind. Als eigentliche Oszillatoren werden Schrittmacher angesehen, welche die Zeit in Abwesenheit externer Hinweisreize messen. Diese zirkadianen Schrittmacher liegen im ZNS. Periphere Schrittmacher und sekundäre Oszillatoren (wie auch z. B. das Erregungsbildungs- und -leitungssystem des Herzens) als nicht-zirkadianer Schrittmacher) synchronisieren dann das jeweilige Organsystem.

Sekundäre Oszillatoren. Außerhalb des ZNS sind für die meßbare Rhythmizität einer physiologischen Variable sekundäre Oszillatoren verantwortlich: z. B. wird das Plasmaniveau der Nebennierensteroide vom hypophysären ACTH synchronisiert (Mediator des hypothalamischen Schrittmachers), aber in vitro (Zellkultur) oszilliert das Plasma-Steroid-Niveau mit einem labilen Rhythmus von weniger als 24 Stunden weiter.

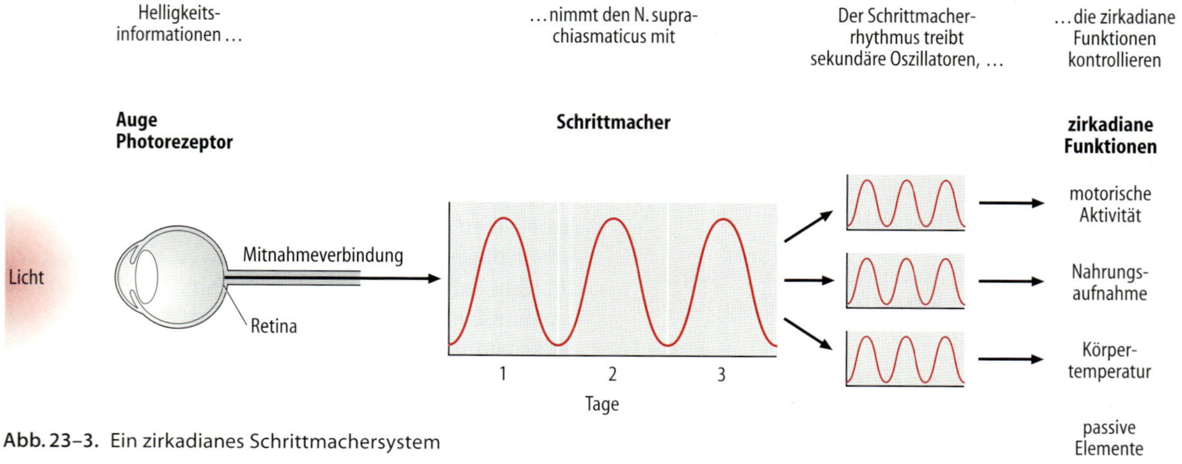

Abb. 23-3. Ein zirkadianes Schrittmachersystem

Passive Elemente (s. Abb. 22–3). Darunter verstehen wir Erfolgsorgane, die selbst keine zirkadiane Periodizität aufweisen (z. B. die Zirbeldrüse der Ratte verliert ihren zirkadianen Rhythmus der Melatoninsynthese, wenn die neuronalen Afferenzen zerstört sind). ***Mediatoren*** (Vermittlersysteme) übertragen die zeitliche Information zwischen den verschiedenen Körperregionen und können z.T. erhebliche Phasenverschiebungen bewirken. Neuronale Entladungsraten, Konzentration von Neurotransmittern, synaptische Erregbarkeit, endokrine Schwankungen sind nur einige wenige der vielen möglichen Mediatoren.

Der Nucleus suprachiasmaticus (SCN) ist bei Säugetieren der zentrale zirkadiane Schrittmacher

Die suprachiasmatischen Kerne des Hypothalamus. Der zentrale Schrittmacher der zirkadianen Periodik wurde von Richter [38] an geblendeten Ratten in einer Region des ventralen Hypothalamus identifiziert. Deren Läsion führte zu völligem und anhaltendem Verlust der Rhythmizität von motorischer Aktivität vor Änderungen der Nahrungs- und Flüssigkeitsaufnahme [14, 38]. Kontrolläsionen in und außerhalb des ZNS hatten keinen vergleichbar radikalen Effekt auf die Rhythmizität. Eine genaue Lokalisation der Region ist Richter nicht gelungen; erst durch autoradiographische Techniken konnte der Weg von den retinalen Ganglienzellen bis zum Hypothalamus verfolgt werden: die Endstation der Fasern lag im Nucl. suprachiasmaticus (SCN).

Abbildung 23–4 zeigt die Lage des SCN im Gehirn des Squirrel-Affen über der Sehnervenkreuzung und lateral der vordersten Spitze des III. Ventrikels. Spätere Läsionsstudien zeigten, daß vor allem die Temperaturperiodik durch einen anderen Schrittmacher gesteuert wird, aber ein Großteil aller mit dem Licht-Dunkel-Zyklus synchronisierten Funktionen scheinen vom SCN „rhythmisiert" zu werden.

Der ***SCN*** wird über den *retinohypothalamischen Trakt (RHT)* ohne Umschaltung aus der kontralateralen peripheren Retina mit Licht-Dunkel-Information versorgt. Neben dem retinohypothalamischen Trakt erhält der SCN visuelle Information aus dem Nucleus geniculatum laterale des Thalamus und direkt, ohne Umschaltung aus dem Chiasma opticum. Neurone des SCN weisen Dendriten auf, die ins Chiasma reichen. Daneben erhält der SCN serotonerge Endigungen aus dem medialen Nucleus raphe (s. Kap. 14 und Kap. 20). *Efferenzen* des SCN sind in vielen hypothalamischen Kernen, Hypophyse, Zirbeldrüse, Septum, Hirnstamm und Rückenmark nachweisbar (s. Abb. 6–5 und Tabelle 23–1). Besonders ausgeprägt sind die Efferenzen zu aktivierenden und REM-Schlaf erzeugenden Strukturen des Hirnstamms und des cholinergen basalen Vorderhirns, das für die kortikalen „Traum"-Phänomene mitverantwortlich ist.

Über diese Verbindungen beeinflußt der SCN den Schlaf-Wach-Rhythmus. Der SCN erfüllt somit *anatomisch und neurophysiologisch* alle Voraussetzungen für einen zentralen Schrittmacher. Beim Menschen ist der SCN diffuser organisiert als beim nichthumanen Primaten und liegt aufgrund des vergrößerten III. Ventrikels mehr lateral in der Wand des III. Ventrikels. Wie bei allen Säugern enthält er auch beim Menschen größere Mengen an *Vasopressin* und *Oxytozin* (Kap. 5, 6). Ein dominierender Zelltyp des SCN liegt direkt an den Kapillaren und scheint Neuromodulatoren in die Zirkulation abzugeben, die Zielorgane rhythmisch aktivieren können. Bei Isolation der SCN vom übrigen Hirngewebe behalten die SCN-Zellen ihre zirkadiane Periodik der *Entladungsraten* bei (Anstieg der Entladungsfrequenzen von 21 bis ca. 3 Uhr, Abfall bis 9 Uhr, stabiles Tief von 9–21 Uhr).

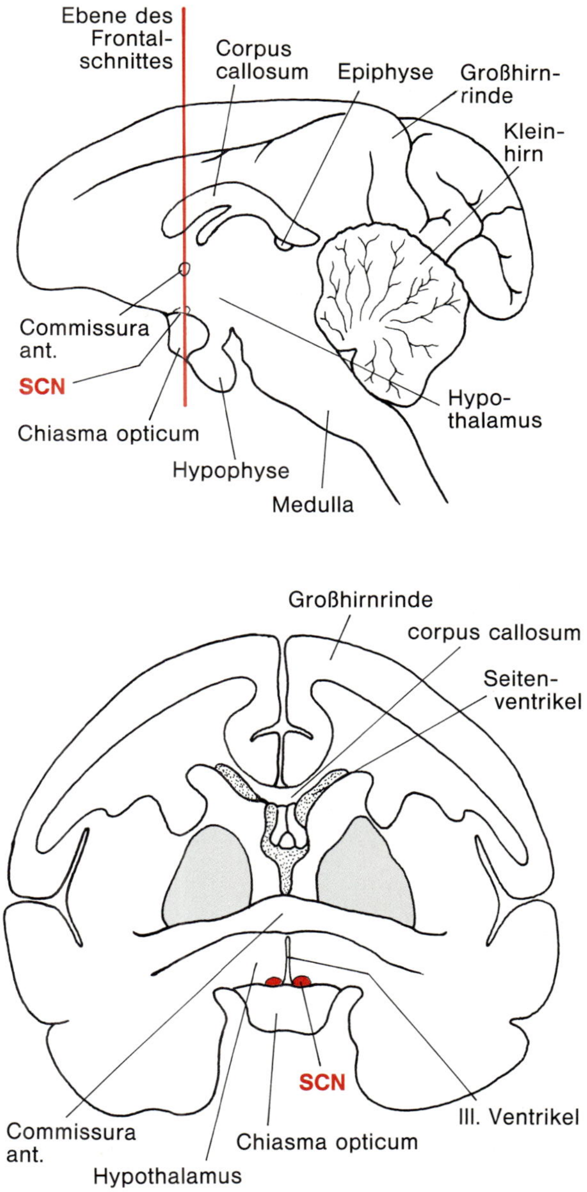

Abb. 23–4. Lage des suprachiasmatischen Kerns (SCN) im Gehirn des Affen. *Oben* sagitaler Schnitt, *darunter* Koronalschnitt auf Ebene des Chiasma opticums. Der SCN ist im Hypothalamus über dem Chiasma lokalisiert, jeweils lateral am vorderen Teil des III. Ventrikels. (Nach [14])

Mitnahme des SCN. Der Nucleus suprachiasmaticus „zwingt" anderen Kernstrukturen seinen endogenen Rhythmus über die gepulste Freisetzung von Hormonen und über rhythmische Entladungen seiner Neurone auf. Die wichtigsten der dazu benutzten Verbindungen zeigt Abb. 23–5. Die Funktionen der auf Abb. 23–5 dargestellten Kerngruppen werden in 23.4 besprochen. Der SCN selbst wird durch helles Licht über den RHT während der subjektiven Nacht in seiner Phase mitgenommen. Unter subjektiver Nacht versteht man nicht

Tabelle 23-1. Projektionen des SCN über die subparaventrikuläre Zone (SPVZ) des Hypothalamus zu den wichtigsten Regulationszentren rhythmischer psychophysiologischer Funktionen

Projektionsfeld (SCN → SPVZ)	Funktionen
Basales Vorderhirn; Medialer Thalamus	Autonome Regulation; Psychomotorische Leistung; Gedächtnis; Verstärkungsmechanismen
Paraventrikulärer Kern	Melatonin; Autonome Regulation; Hypophysen-Nebennierenachse; Thymusdrüse
Präoptischer-anteriorer Hypothalamus	Temperatur-Regulation; Reproduktive Funktionen; Autonome Regulation
Tuberal-posteriorer Hypothalamus	Schlaf-Wach-Zyklen; Wachstumshormon; Prolaktin; Autonome Regulation

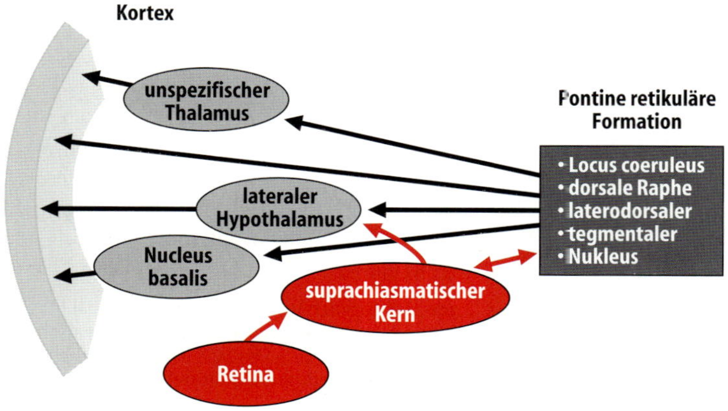

Abb. 23-5. Diagramm der anatomischen Beziehungen zwischen dem Nucleus suprachiasmaticus und anderen Hirnstrukturen, die an der Schlaf-Wach-Steuerung beteiligt sind. (Aus [13])

die objektiven Hell-Dunkel-Perioden, sondern jene Zeit, die man im Dunkeln mit Schlaf verbringt. Licht in den frühen Stunden der subjektiven Nacht bewirkt Phasenverzögerungen der zirkadianen Rhythmen, während Licht in den späten Stunden der subjektiven Nacht eine Phasenbeschleunigung bewirkt (z.B. setzt der Temperaturanstieg früher ein). Während des subjektiven Tages hat Licht keinen Einfluß auf die zirkadiane Phase. Diese Effekte von Licht sind auf die molekulare Struktur der Rhythmusbildung zurückzuführen (s. S.547).

Transplantation von neuronalem Gewebe des SCN von Hamstern auf Hamster, deren SCN zerstört wurde und die daher völlig arhythmisch waren, stellte den zirkadianen Rhythmus wieder her. Im allgemeinen zeigten die Empfängertiere 6–7 Tage nach der Transplantation den zirkadianen *Rhythmus der Spendertiere* [36].

Bilaterale Läsion des SCN führt bei Primaten zu einem völligen Verlust der Aktivitätsrhythmen, einschließlich des Trinkrhythmus, ohne daß die absolute Menge aufgenommener Flüssigkeit reduziert wird. Tumore im vorderen Teil des III. Ventrikels über dem Chiasma führen bei den Patienten zu irregulärem Einschlafen und erschwertem Wecken. Ähnlich ist auch der Schlaf-Wach-Rhythmus der Tiere nach Läsion eliminiert, ohne daß die Absolutzeiten von Schlafen und Wachen verändert sind. REM-Schlaf (s. S.552) scheint durch SCN-Läsionen nicht beeinflußt zu werden, was für einen getrennten Schrittmacher spricht (Temperatur-Schrittmacher?). Auch Nahrungsantizipationsrhythmen werden durch SCN-Läsionen nicht beeinflußt. Bei Blinden besteht häufig ein frei-laufender 25-Stunden-Rhythmus und gestörter oder irregulärer Schlaf.

Der zirkadiane Rhythmus wird von molekularen Uhren gesteuert

Homöostatischer Schlafantrieb. Wenn wir die zirkadiane Komponente des Schlaf-Wach-Rhythmus besprechen, dürfen wir nicht vergessen, daß Schlaf- oder Ruhephasen auch eine *homöostatische Komponente* haben, die bestehen bleibt, auch wenn der SCN und die zirkadiane Rhythmik zerstört sind. Homoöstatisch bedeutet hier, daß Müdigkeit auch von Schlaffaktoren bestimmt wird, die während der Wachperiode akkumulieren und den Schlafantrieb extrazellulär durch Liganden an den Zellmembranen der „Schlafzentren" (s. S. 559) anregen und von Schlaf wieder eliminiert werden: Dazu gehören Zytokine (s. Kap. 4), Prostaglandine (s. Kap. 16) und **Adenosin** (Kap. 5). Zum Beispiel reichert sich Adenosin an entsprechenden Membranrezeptoren des cholinergen basalen Vorderhirns (Nucleus basalis, s. Abb. 23–5) während des Tages an und hyperpolarisiert (hemmt) diese für Wachen und Traumschlaf verantwortlichen Neurone. Diese und ähnliche extrazelluläre Signale beeinflussen die intrazellulären Kaskaden.

Der **extrazelluläre Anteil** der zirkadianen Rhythmogenese wird von Licht beeinflußt. Der Neurotransmitter Glutamat der Fasern des retinohypothalamischen Trakts aktiviert NMDA-Rezeptoren in den Zellen des SCN. Dies wiederum öffnet die Zellmembran für Ca^{++}, das in die Zelle einströmt. Der Anstieg der intrazellulären Ca^{++}-Konzentration aktiviert die Produktion des gasartigen Neurotransmitters Stickoxid (NO). NO breitet sich in der Umgebung der aktivierten Zellen aus und synchronisiert deren Membranleitfähigkeiten. Inwieweit NO beim Menschen diese Rolle spielt, ist noch unklar.

Frühe Reaktionsgene. Die Synchronisation der Neurone des SCN wird durch Expression *früher Reaktionsgene* (immediate early genes, s. Kap. 24) gesteuert. Die frühen Reaktionsgene werden durch Licht aktiviert; bereits nach wenigen Minuten hellen Lichts läßt sich in den Neuronen des SCN die Aktivierung eines C-*fos* Protoonkogens feststellen. Das C-*fos* Protein ist ein ***Transkriptionsfaktor*** in den frühen intrazellulären Reaktionssystemen, die rasch in die Regulation von Zellproliferation und Membrandifferenzierung eingreifen (s. Kap. 24). Die schnelle Expression des Transkriptionsfaktors wird durch Anstieg der cAMP und der Ca^{++}- Konzentration nach Eintreffen des Nervenimpulses ausgelöst [7, 28].

Wenn man C-fos in den Schlaf auslösenden Hirnstrukturen blockiert, so sinkt das Schlafbedürfnis ab, was zeigt, daß die intrazellulären Kaskaden sowohl für die homoöstatischen wie zirkadianen Rhythmen mitverantwortlich sind.

PER und TIM. Zwei Gene, *per* und *tim*, welche für die Proteine PER (von period) und TIM (für timeless) kodieren, wurden bei Drosophila als essentielle Bausteine der intrazellulären Kaskade für den endogenen zirkadianen Rhythmus identifiziert (s. Abb. 23–6). Null-Mutanten, welchen das PER-Gen fehlt, zeigen keinerlei zirkadiane Periodik. Zwischen den Proteinen und ihren exprimierenden Genen besteht eine negative Rückkoppelung: PER und TIM hemmen die Expression von *per* und *tim* über deren jeweilige mRNS (s. Kap. 2). Vor Tages- oder Beleuchtungsbeginn (Sonnenaufgang) werden *per* (am X-Chromosom) und *tim* (auf Chromosom 2) aktiv und transkribieren ihre Information auf die jeweilige mRNS, diese verläßt den Zellkern, wandert an die Ribosomen und löst die Produktion von PER und TIM mit einer Zeitverzögerung von ca. 6 Stunden aus (linker weißer Pfeil). Licht zerstört TIM (oberer Pfeil) und da beide Moleküle gekoppelt sind, wandern sie abends in den Zellkern und unterdrücken die Aktivität von *per* und *tim*; als Konsequenz sinken die PER- und TIM-Konzentrationen ab, was wieder die Aktivität von *per* und *tim* erlaubt und so fort. Die Proteine ändern die Erregbarkeit der Zellmembran wie oben beschrieben in rhythmischer Abfolge. Sie können darüber hinaus an der homoöstatischen Funktion, z. B. am ***Wiederauffüllen der Glykogenspeicher*** im Schlaf nach deren Entleerung während des Tages beteiligt sein. Abb. 23–6 faßt den molekularen Zyklus und den Einfluss von Licht zusammen [15].

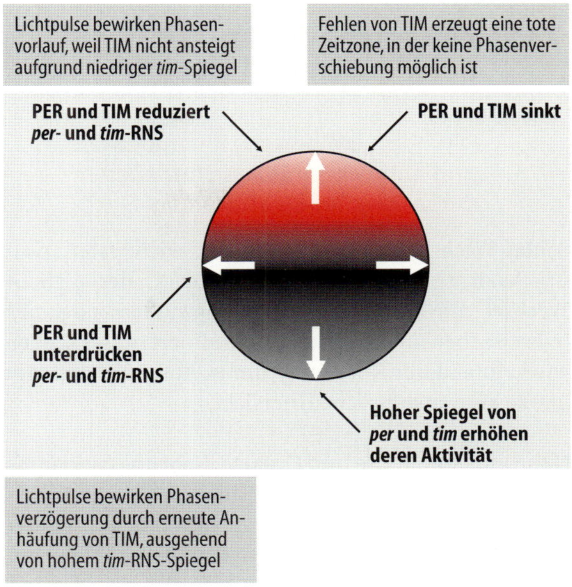

Abb. 23–6. Molekularer zirkadianer Zyklus (s. Text, nach Moore, R. Y. (1999). Circardian Timing. In: Zigmond, M. J. et al. (Eds) Fundamental Neuroscience. Academic Press, San Diego)

23.2 Zirkadiane Uhren bei Mensch und Tier

Psychophysiologische Rhythmen sind für die Homöostase fast aller Körperfunktionen notwendig

Schlaf-Wach-Zyklen sind eine der wichtigsten Ausdrucksformen zentraler Schrittmacher: der tägliche Wechsel von bewußtem zu nichtbewußtem oder nur teilweise bewußtem Erleben dominiert unser Leben wie kein anderer Körperrhythmus. Abschnitt 23.2 gibt hierzu eine ausführliche Übersicht.

Nahrungsaufnahme und Orexin. Nahrungsaufnahme und Aktivitätszyklen sind bei Säugern eng synchronisiert. Der Rhythmus wird durch die *Antizipation der Verfügbarkeit* von Nahrung bestimmt und hängt somit primär von frühen Lernvorgängen ab. Wir lernen, wann Nahrung zur Verfügung stehen wird und sowohl Aktivität (Nahrungssuche) als auch Ausschüttung von gastrointestinalen Hormonen in Antizipation der Nahrungsaufnahme steigen an. Die Zeiten, in denen die Nahrung zur Verfügung steht, bestimmen den Rhythmus.

Der Hunger mittags und abends ist weniger von einem Rhythmus des Glukosespiegels als von der Tatsache bestimmt, daß wir eben gelernt haben, zu diesen Zeiten zu essen. Wird die Nahrung nach Läsion des SCN nur in bestimmten zirkadianen Intervallen zur Verfügung gestellt, bleibt der antizipatorische Nahrungssucherhythmus entsprechend dem Rhythmus des Zeitgebers trotz SCN-Verlustes intakt. Antizipatorische Rhythmen sind somit nicht von SCN-Aktivität allein abhängig. Eine Läsion des ***ventromedialen Kerns*** des Hypothalamus, der als Sättigungs-„zentrum" identifiziert wurde, zerstört aber den antizipatorischen Nahrungssucherhythmus (s. Kap. 25).

Dies zeigt, daß sich im Hypothalamus wichtige Regulationsstrukturen befinden, die Stoffwechselhomöostase **und** Schlaf-Wach-Ryhtmus steuern.

Die Region des lateralen Hypothalamus (LH, s. Kap. 25), oft als Hunger„zentrum" bezeichnet, aktiviert über Neurone, die das Neuropeptid **Orexin** als Transmitter benützen, bei Hunger (also Energieverlust) weite Teile von Kortex, Basalganglien und limbischen System. Damit wird Wachzeit und die Chance, Nahrung zu finden erhöht. Nach Nahrungsaufnahme, welche u.a. die Ausschüttung lipostatischer Hormone wie Leptin, Galanin und Neuropeptid Y (s. Kap. 25) hemmt, reduzieren die Orexin-Strukturen des lateralen Hypothalamus ihren erregenden Einfluß und Müdigkeit tritt auf [41]. Zerstörung des LH oder Eliminierung des Orexin-Gens führt zu Schläfrigkeit und Narkolepsie (s. u.).

Thermoregulation. Der Körpertemperaturrhythmus ist bei den meisten Säugern ähnlich: nach 18 Uhr erreicht die Temperatur ein Maximum. In der Inaktivitätsphase sinkt sie kontinuierlich. Vor dem Erwachen steigt sie „antizipatorisch" (ab 5–6 Uhr) an. Abbildung 23–7 zeigt den durchschnittlichen Tagesgang beim Menschen. Licht erhöht die Amplitude der Perioden, ähnlich wie die Raumtemperatur Nahrungsaufnahme und Aktivitätszyklen beeinflußt, ohne die Rhytmizität der jeweiligen Variable zu ändern. Die homöostatische, nicht-zirkadiane Regulation von Temperatur wird in Kap. 11 besprochen.

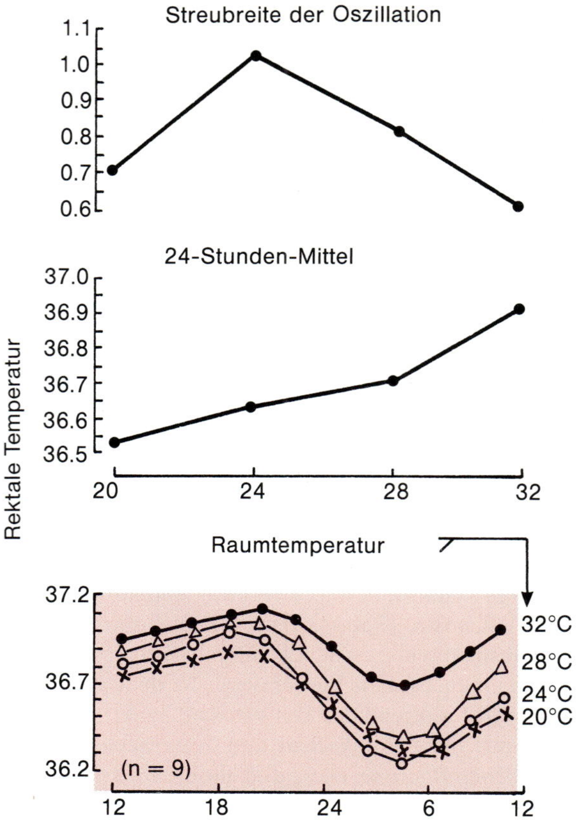

Abb. 23-7. Tagesgang der Rektaltemperatur des Menschen bei vier verschiedenen Umgebungstemperaturen. Jede Kurve stellt das Mittel aus 9 männlichen Versuchspersonen dar. *Oben*: Streubreite der Oszillation. In der *Mitte*: 24-Stunden-Mittel als Funktion der Außentemperatur. Die Daten beider Kurven wurden aus den unten dargestellten Verläufen gewonnen, dem mittleren Rektaltemperatur-Rhythmus bei den verschiedenen Außentemperaturen. Nach [1]

Endokrine Rhythmen. Plasmakortikosteroide sind mit Licht-Dunkel- und Schlaf-Wach-Zyklen synchronisiert (s. Abb. 6–4). Sie sind ähnlich wie Temperaturrhythmen schwer extern beeinflußbar. Der freilaufende Rhythmus unter Isolation liegt beim Menschen fast genau bei 25 Stunden. *Streß* muß subjektiv außerordentlich belastend sein, um auch nur kurzfristig eine Veränderung der Rhythmizität zu bewirken (s. Kap. 6, Abb. 6–4 u. 6–5).

Die Rhythmen psychologischer Variablen sind in der Regel an zirkadiane Oszillatoren gekoppelt

Schmerz. Die Schmerzempfindlichkeit der Hand kann man mit elektrischen Schwellenmessungen und die der Zähne mit der sogenannten „Kaltreiznutzzeit" (Zeit bis zum Zurückziehen eines vereisten Wattezylinders von einem intakten Frontzahn) im Tagesgang untersuchen

[30, 35]. Beide verlaufen gleich. Das Maximum der Schmerzschwelle (geringste Schmerzempfindlichkeit) liegt zwischen 12 und 18 Uhr, das Minimum zwischen 0 und 3 Uhr. Bei *Nachttypen* („Eulen", die erst nach 24h zu Bett gehen) steigt die Schmerzempfindlichkeit später an. Erhöhte unspezifische vegetative Erregung („Streß") verschiebt das Maximum und Minimum früher in die Nachtzeit.

Analgetika wirken in der Nachtzeit, also zum Zeitpunkt erhöhter Schmerzempfindlichkeit, *weniger gut* als zu den Tageszeiten. Auch *Plazebos* (unspezifische und suggestive Faktoren der Schmerzhemmung) wirken zwischen 12 und 20 Uhr besser als zwischen 0 und 4 Uhr. Gibt man z.B. eine unwirksame Tablette, die als schmerzstillend deklariert wurde, zwischen 12 und 20 Uhr, so zeigt sich bei den meisten Versuchspersonen eine deutliche Schmerzreduktion. Dieselbe Tablette und Instruktion zeigen keine Wirkung zwischen 0 und 4 Uhr [30, 35]. Unklar bleibt, ob für chronische Schmerzen ähnliche Verläufe gelten und mit welchem der Schrittmacher der Schmerzverlauf verbunden ist.

Reaktionszeit und Vigilanz. Die Leistung in *einfachen* akustischen Reaktionszeitaufgaben von gesunden Personen ist maximal um ca. 3 Uhr morgens. In diesen Aufgaben muß die Versuchsperson nur „reflektorisch" auf eine Taste drücken, wenn ein Ton erfolgt. Die ***Daueraufmerksamkeit*** (Vigilanz) dagegen verläuft exakt gegensätzlich zur einfachen Reaktionszeit. Dementsprechend ist die Fehlerhäufigkeit (Einschlafen am Steuer, Zwangsbremsungen bei Lokomotivführern, Unfälle) um 3 Uhr morgens maximal. Bei den beruflichen Leistungen liegt ein weiterer Gipfel der Fehler um 14 bis 15 Uhr [30].

Die ***Rechengeschwindigkeit*** ist mit den Oszillatoren der Körpertemperatur korreliert (Abb. 23–8). Kognitive Funktionen scheinen je nach den beteiligten informationsverarbeitenden Prozessen verschiedenen Schrittmachern zu folgen [26].

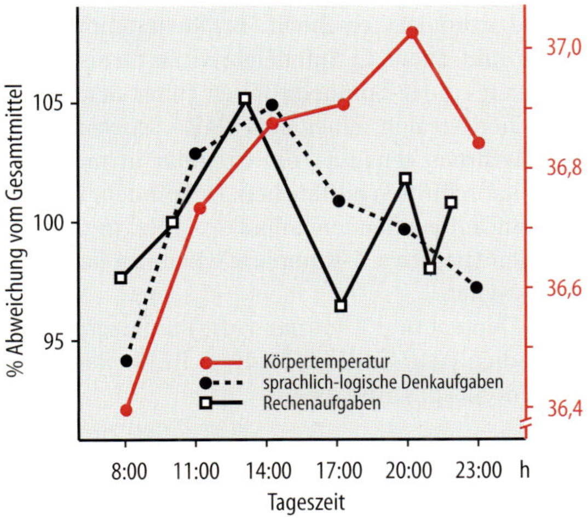

Abb. 23–8. Einfluß der Tageszeit auf die Leistungen in verschiedenen Aufgaben. Im Vergleich dazu ist die Körpertemperatur dargestellt (*rote Linie*). (Nach [26])

Unmittelbares Gedächtnis (z.B. Zahlennachsprechen). Der Leistungsverlauf ist mit der Temperatur korreliert: maximale Reproduktion am Morgen, minimale abends, Anstieg der Leistung nachts bis 23 Uhr. Mit zunehmender Gedächtnisbelastung (z.B. sich 6 Buchstaben merken und in einer Buchstabenliste finden) schiebt sich das Maximum der Leistung in die Mitte des Tages. Abbildung 23–8 zeigt den Leistungsverlauf für zwei verschiedene Aufgabentypen und den Temperaturverlauf. Kognitive Anforderungen haben nicht nur einen modulierenden Einfluß auf den Tagesverlauf einer Leistung, sondern können die endogenen Oszillatoren „direkt" beeinflussen und dessen „An- und Abschwellen" verschieben.

Störungen der zirkadianen Periodik, z.B. durch Nachtarbeit oder „Jet-lag", haben anhaltende Folgen für viele physiologische und psychologische Funktionen

Die häufigsten Störungen zirkadianer Periodik sind die verschiedenen Formen von Schlafstörungen (s. S. 565), ferner Depressionen, die Folgen von Nacht- und Schichtarbeit, sowie das Überschreiten von Zeitgrenzen mit dem Flugzeug (Jet-lag). Auch einige Epilepsieformen dürften eng mit Abweichungen des Schlafrhythmus verbunden sein. Kennzeichen aller Rhythmusstörungen sind *Desynchronisationen* von normalerweise eng korrelierten physiologischen und psychologischen Variablen oder *extreme Synchronisation* von normalerweise unkorrelierten Größen. Einige Zytokine, die bei entzündlichen und fiebrigen Erkrankungen vom Immunsystem vermehrt produziert werden, stoßen auch während des Tages Tiefschlaf (SWS, s. S. 551) an, lassen aber die Melatoninausschüttung tagsüber relativ unbeeinflußt (s. Kap. 4), desynchronisieren also einen normalerweise verbundenen Rhythmus. Ähnliche Desynchronisationen findet man bei Depressionen, wo extreme Müdigkeit mit Einschlafstörungen und einem chaotischen Temperaturrhythmus einhergehen. Nach **Schlafentzug** synchronisieren diese Rhythmen kurzfristig, vor allem die endokrinen mit den elektrophysiologischen Zeichen von Schlaf (s. Kap. 6).

Nacht- und Schichtarbeit. Diese führen zu anhaltenden Störungen der Periodik und der mit ihr verbundenen physiologischen Systeme (zur Zeit sind in den Industrieländern ca. 20% der arbeitenden Bevölkerung davon betroffen). Angesichts der Stabilität einiger wichtiger endogener Oszillatoren gibt es für die meisten Störungen der Periodik auch nur ***wenig positive Beeinflussungsmöglichkeiten***; so auch für die Rhythmusstörungen von Nachtarbeit: ausreichend lange Erholungsphasen, die eine Synchronisation desynchronisierter Rhythmen erlauben, Änderung der Periodik der für den Menschen bedeutsamen sozialen Zeitgeber (was praktisch nie möglich ist, da Familie und übrige Sozietät selten dem Zeittakt der Nachtarbeiter folgen können), Auswahl jener Personen, die eher Abendtypen sind und daher eine Phasenverschiebung eher verkraften. *Der Einfluß der sozialen Rhythmen ist im Vergleich zu den endogenen Oszillatoren gering:* auch wenn man sich nach Überfliegen von Zeitzonen dem sozialen Rhythmus nach der Ankunft anpaßt, vergehen in der Regel 3–6 Tage, bis endogener Rhythmus und sozialer Rhythmus wieder synchron ablaufen (s. unten).

Abgesehen von den Leistungstiefs nach 24 Uhr, die auch bei „erfahrenen" Schichtarbeitern bestehen bleiben, sind gastrointestinale Störungen (Magengeschwür, Gastritis) durch das Weiterbestehen antizipatorischer Nahrungsaufnahmerhythmen bis zu 10mal häufiger (das Essen erfolgt nicht zum Zeitpunkt optimaler antizipatorischer Einstellung des Gastrointestinaltraktes). Hinzu kommen Schlafstörungen, respiratorische Probleme und Schmerzen (Rückenschmerzen). Auf *immunologische Effekte* sind wir bereits in Kap. 4 und 6 eingegangen.

Die Tatsache, daß etwa bei den ***Mannschaften nuklearer U-Boote*** erhebliche Störungen als Folge der chronischen Aperiodik nachweisbar sind, sollte zu Sorge Anlaß geben [32]. Es konnten bei den Mannschaften zu Zeiten ihrer endogenen „Tiefs" zwischen 2–5 Uhr morgens erhebliche Bedienungsfehler nachgewiesen werden, auch wenn man versuchte, durch Rhythmisierung des künstlichen Lichts und der sozialen Aktivitäten dies zu verhindern. Personen, die am Polarkreis arbeiten, zeigen keine Anpassung ihrer Rhythmen, sondern erhebliche Desynchronisationen. ***Eskimos*** zeigten vor Einführung künstlicher Licht-Dunkel-Zyklen vermutlich keine klaren zirkadianen Rhythmen. Nach Einführen künstlicher Licht-Dunkel-Zyklen traten dieselben Perioden wie bei der übrigen Erdbevölkerung auf, was darauf hinweist, daß die genetisch vorhandenen Rhythmen durch die Abwesenheit von Zeitgebern sehr niedrig-amplitudig werden. Auch Blindgeborene zeigen keine ausgeprägten zirkadianen Perioden.

Jet-lag. Da die meisten internationalen Fluglinien Ost-West verkehren, sind Millionen Fluggäste und das Personal von den Störungen der Periodik betroffen: Schlafprobleme, gastrointestinale Störungen, Vigilanzabfall, Unwohlsein und Schwächung des Immunsystems. Je mehr Zeitzonen überflogen werden, um so intensiver sind die Störungen. Auch die bereits einstündige ***Umstellung von Sommer- auf Winterzeit*** und umgekehrt führt besonders bei *älteren Menschen* zu meßbaren Alterationen. Das Störungsausmaß hängt neben der Anzahl der Zeitzonen und der Flugzeit (bei Nachtflügen sind die Störungen ausgeprägter), sowie Persönlichkeitsfaktoren (Morgen- oder Abendtyp) von der Richtung der Reise ab: Flüge von West nach Ost sind besonders betroffen. Dies liegt vor allem an der Tatsache, daß die freilaufende zirkadiane Periode (τ) beim Menschen etwas mehr als 24 Stunden beträgt und wir daher das Verlängern der Periode (Flug von Ost nach West) eher tolerieren als Verkürzen der Periode (Flug von West nach Ost) [14].

Die ***Erholungsdauer*** ist schneller nach Westflügen, die tagsüber erfolgen: Herzrate, Temperatur, Katecholamine, Kortisol und psychologische Variablen resynchronisieren in etwa der Hälfte der Zeit (statt 88 Minuten nur 56 Minuten pro Tag). Wenn die Person sich *sofort den neuen Zeitgebern,* vor allem hellem Tageslicht aussetzt, sind die Störungen geringer. Personen mit einer niedrigen Amplitude ihres Temperaturrhythmus erholen sich am schnellsten und zeigen auch weniger Störungen (*geringe Persistenz des zirkadianen Oszillators*). Inwieweit die Einnahme von Melatonin (s. Kap. 5 u. 6) z. B. kurz vor dem Einschlafen nach Ankunft in einer neuen Zeitzone den Rhythmus neu synchronisiert, ist umstritten [37].

Zum Verständnis der Arbeitsweise rhythmusgebender Strukturen im Organismus und ihrer Zeitgeber ist die Kenntnis der physiologischen Steuermechanismen von Schlafen und Wachen Voraussetzung. Nirgends bildet sich die Bedeutung zirkadianer Rhythmusgeber besser ab als in dem oft unwiderstehlichen Bedürfnis, ermüdet Schlaf zu suchen. Bevor wir Störungen des Schlaf-Wach-Rhythmus besprechen, soll die zentralnervöse Steuerung der Aufeinanderfolge dieser beiden „unwiderstehlichen Bedürfnisse" Schlafen und Wachen beschrieben werden.

23.3 Schlaf und Traum

Mit dem Elektroenzephalogramm (EEG) oder Magnetoenzephalogramm (MEG) lassen sich die verschiedenen Grade des Wachseins (von angespannt bis entspannt) und die verschiedenen Arten des Schlafes (REM-, NREM-Schlaf) unterscheiden

Die Klassifikation der Schlafstadien. Abbildung 23-9 zeigt die verschiedenen Stadien des Schlafes [34]. Von oben nach unten sind repräsentative Ausschnitte der Stadien A-E wiedergegeben: A: Alpha, in der Alpha nicht mehr kontinuierlich vertreten ist, sondern zunehmend gruppiert erscheint. B: Niederamplitudige Aktivität und Theta. C: Spindelaktivität: niederamplitudig mit 12–17-Hz-Spindelgruppen (über den sensomotorischen Arealen, daher auch SMR – senso-motorischer Rhythmus genannt), die irregulär in mehreren Sekundenabschnitten auftauchen. D: Spindeln mit unregelmäßig auftauchenden hohen 0,5–3 Hz, 300 µV hohen Wellen (negative K-Komplexe). E: hohe, langsame Delta-Aktivität.

Dement und Kleitman (1957) unterscheiden 4 Schlafstadien (1–4) und das Stadium REM (*R*apid *E*ye *M*ovement-Sleep; s. Abb. 23-9):

- *Stadium 1*: Fehlen von Alpha, niedrige schnelle Beta-Aktivität und niedrige Theta-Aktivität;
- C wird *Stadium 2*: niedrige schnelle Aktivität mit Spindeln und später K-Komplexen;
- *Stadium 3*: 10–50 % der Zeit Delta;

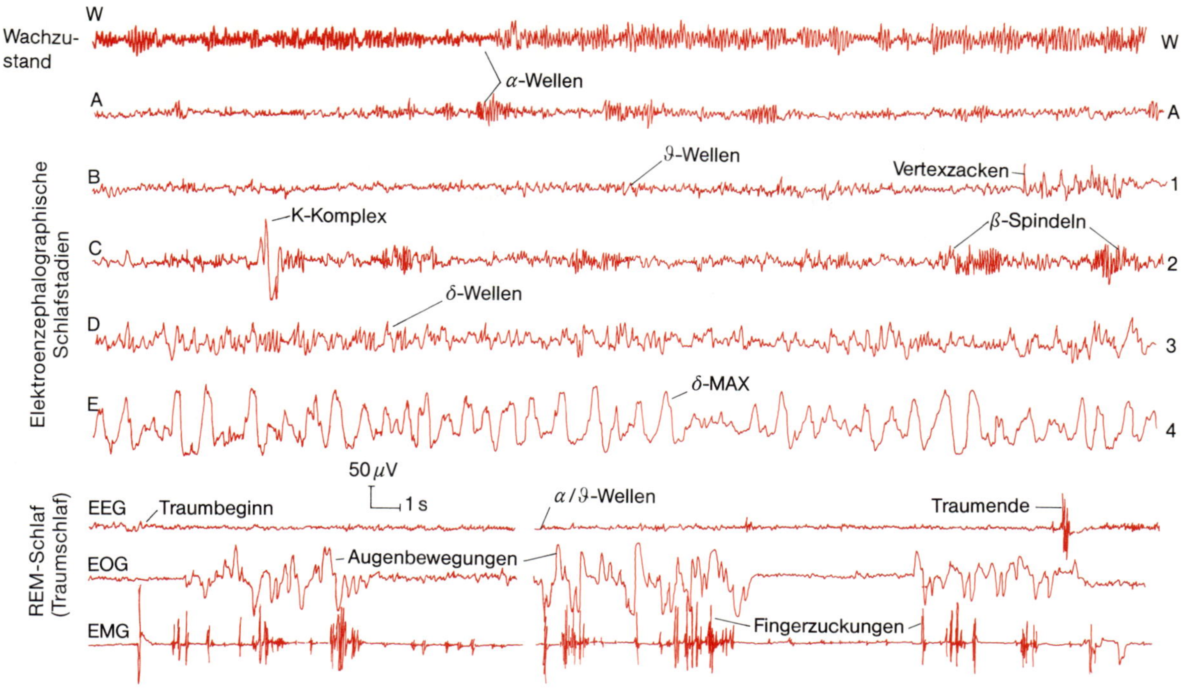

Abb. 23-9. Einteilung der Schlafstadien beim Menschen aufgrund des EEGs. In den ersten 6 Ableitungen sind *links* die Schlafstadien nach Loomis et a. [34], *rechts* die nach Kleitman et al. angegeben, s. dazu auch [19]. Stadium *W*: Entspanntes Wachsein. Stadium *A*: Übergang vom Wachsein zum Einschlafen. Dieses Stadium wird von vielen Autoren dem Stadium *W* zugerechnet. Stadium *B* bzw. 1: Einschlafstadium und leichtester Schlaf. Die am Ende der Ableitung auftretenden Vertexzacken werden auch als „physiologisches Einschlafmoment" bezeichnet. Stadium *C* bzw. 2: Leichter Schlaf. Stadium *D* bzw. 3: Mittlerer Schlaf. Stadium *E* bzw. 4: Tiefschlaf. In den nächsten 3 Ableitungen sind das *EEG*, das Electrooculogramm (*EOG*) und das Elektromyogramm eines Zeigefingers (*EMG*) während des REM-Schlafes (Traumschlafes) aufgezeichnet. Die REM-Phasen stehen typischerweise am Ende jeder Schlafperiode. Sie können keinem der „klassischen" Schlafstadien zugeordnet werden, sondern stellen ein eigenständiges Stadium dar. Erläuterungen siehe Text. (Aus [10])

- *Stadium 4*: mehr als 50 % der Zeit Delta (>100 μV < 3 Hz) und schließlich
- *REM-Stadium*: niederamplitudiges EEG mit niederen Theta-Wellen, sog. *Sägezahnwellen*, ansonsten ähnelt das EEG einem aufmerksamen Wachstadium ohne Alpha. Vermehrte Gamma-Wellen (30–70 Hz).

Die physiologische Bedeutung von Spindeln und K-Komplexen ist wenig klar. Spindeln signalisieren Hemmung der sensomotorischen Areale, während K-Komplexe Korrelate starker interner Entladungen sensorischer Systeme darstellen dürften. Abbildung 23-9 zeigt die einzelnen Stadien nach dieser Klassifizierung. Von Stadium 1 bis Stadium 4 nimmt die EMG-Aktivität – besonders der Hals- und Nackenmuskulatur – ab, im REM-Stadium schließlich herrscht völlige Muskelatonie. Man sieht auch auf Abb. 23-9 die Phasen schneller Augenbewegungen im REM-Stadium; die langsamen Wellen an den Augenelektroden die man häufig in Stadium 3 und 4 sieht, sind Delta-Wellen, die sich bis zu den Augenelektroden fortpflanzen.

Verlauf einer Nacht. Abbildung 23-10 zeigt den durchschnittlichen Verlauf der EEG-Stadien und anderer physiologischer Größen innerhalb einer Nacht bei einem jungen männlichen Erwachsenen. Die Abweichungen von diesem „Idealverlauf" sind sowohl bei einer gegebenen Person im Verlauf vieler Nächte als auch zwischen den Personen hoch. Aus dieser Abbildung sind die wesentlichen peripher-physiologischen Unterschiede zwischen den Stadien 1–4 und dem REM-Stadium bereits deutlich zu erkennen (s. unten).

Von Schlaf – bei gesunden und sehenden Menschen – spricht man erst, wenn keine *Alpha-Wellen* mehr vorhanden sind. Der Moment des Einschlafens kann manchmal an einer Gruppe von hohen Vertex-Zacken von ca. 170–180 ms Dauer und Amplituden größer als 100 μV festgestellt werden. Die Dauer der REM-Phasen – *auch **paradoxer Schlaf, PS, REM-Schlaf,*** genannt (im Gegensatz zu ***„orthodoxem"*** oder ***NREM-Schlaf*** (Non-REM)), – beträgt im Durchschnitt bei jungen Erwachsenen 104 Minuten mit einer Streubreite von 16 Minuten in einer Nacht (***ultradianer Rhythmus***) [9, 10]. Dies entspricht etwa 17,5–23,8 % der gesamten Schlafdauer. Die erste NREM-Phase dauert im Durchschnitt eine Stunde.

Tiefschlaf vor REM. Bei Säugetieren geht unter Normalbedingungen SWS stets REM *voraus*. ***Slow-Wave-Sleep (SWS)*** bezeichnet Stadium 3 und 4 („Tiefschlaf"). Die Periodendauer eines NREM-REM-Zyklus beträgt bei jungen Menschen 90 Minuten, zu Beginn der Nacht etwas kürzer (70–80 Minuten) (s. Abb. 23-10). Der zweite und dritte Zyklus sind länger (100–110 Minuten), die folgenden wieder etwas kürzer. Die Dauer von Stadium 2 (mehr als 50 % des Gesamtschlafes) wird im Laufe eines 8-Stunden-Schlafes zunehmend länger und okkupiert im letzten Zyklus meist vollständig die NREM-Phasen. SWS kommt in den letzten beiden Zyklen selten oder nicht mehr vor. Die REM-Dauer be-

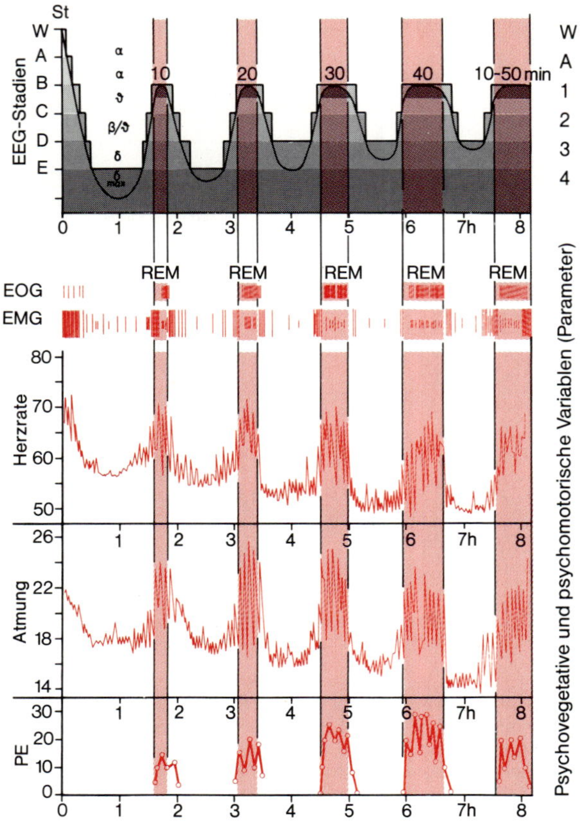

Abb. 23–10. Verlauf verschiedener physiologischer Maße in einer Nacht. Von *oben* nach *unten*: *EEG*-Stadien, *EOG* (Elektrookulogramm) mit schnellen Augenbewegungen (*REM*), *EMG* (Elektromyogramm), Herzrate, Atmung und Peniserektion (*PE*). (Nach [10])

trägt im Mittel 10 Minuten und wird im Laufe des Schlafes länger (von 5–10 Minuten in der ersten Periode bis 22 Minuten in der letzten, aus der man in der Regel erwacht).

Basic-Rest-Activity-Cycle. Die durchschnittlich 90 Minuten dauernde REM-NREM-Phase wird auch ***basic rest-activity cycle (BRAC)*** genannt, da sie im Wachzustand möglicherweise weiterbesteht. Eine Reihe anderer Rhythmen sind damit teilweise synchronisiert: Essen, Trinken, Rauchen, Herzrate, Sauerstoffaufnahme, Magenbewegungen, Urinproduktion und Daueraufmerksamkeit in verschiedenen Aufgaben.

Das Tiefschlafbedürfnis, also das Bedürfnis nach Slow-Wave-Schlaf, erreicht nicht nur in den ersten Nachtstunden (ca. ab 23 Uhr) ein Maximum, sondern auch um ca. 14 Uhr, zur Zeit der südländischen Siesta kommt es zu einem relativen Leistungstief mit Anstieg des Tiefschlafbedürfnis.

REM-Schlaf ist ein von den übrigen Schlafstadien und Wachen fundamental verschiedener physiologischer Zustand

Augenbewegungen. Die entscheidende Entdeckung der modernen Schlafforschung war die Beobachtung von Aserinsky und Kleitman (1953 [19]): Sie registrierten an Kindern Körperbewegungen während des Schlafes und stellten dabei fest, daß in regelmäßigen Abständen von ungefähr einer Stunde unter den Augenlidern Phasen von schnellen Bewegungen des Augapfels mit einer Frequenz von 1–4 Hz auftreten. Die REMs (*r*apid-*e*ye-*m*ovements) treten im allgemeinen in Gruppen über mehrere Sekunden (max. 23 s) auf, die von unterschiedlich langen „stillen" Zwischenzeiten (200 ms bis 23 s) unterbrochen sind.

Abbildung 23–11 zeigt die Standardregistrierung zur Erfassung der wichtigsten physiologischen Kennzeichen des REM-Schlafes beim Menschen. Man registriert die REMs mit der ***elektrookulographischen Methode (EOG):*** zwischen Hornhaut und Augenhintergrund besteht ein ständiges Potential (Abb. 23–12). Wenn seitlich der Augen und über und unter dem Auge Elektroden angebracht werden, so können die sich im Kopfgewebe ausbreitenden Potentialänderungen registriert werden: bei Bewegungen des Augapfels wandern die Pole der „Augenbatterie" jeweils zu der einen Elektrode bzw. von der zweiten weg. Die resultierenden Änderungen des Potentials können registriert und verstärkt werden.

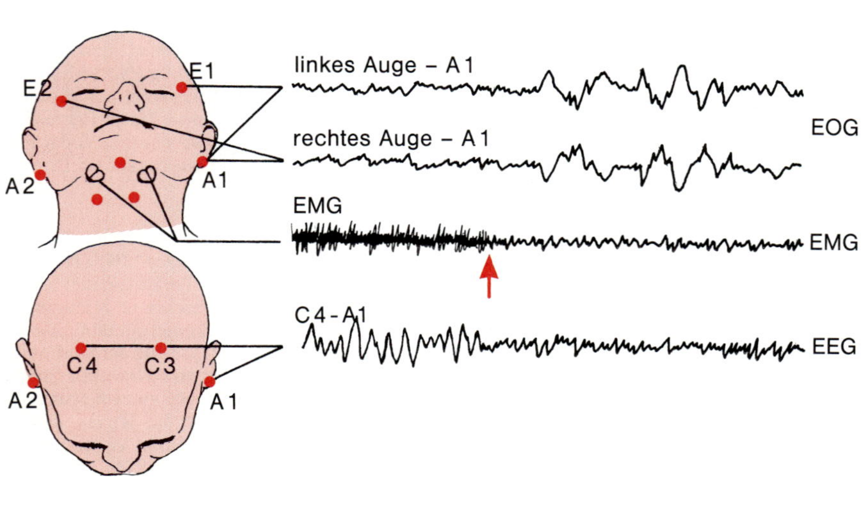

Abb. 23–11. Polygraphische Standardregistrierung des Schlafes: Von unten nach oben: EEG, EMG, (Kinnmuskulatur) und EOG. Bei *Pfeil* Beginn einer REM-Phase. (Aus [16])

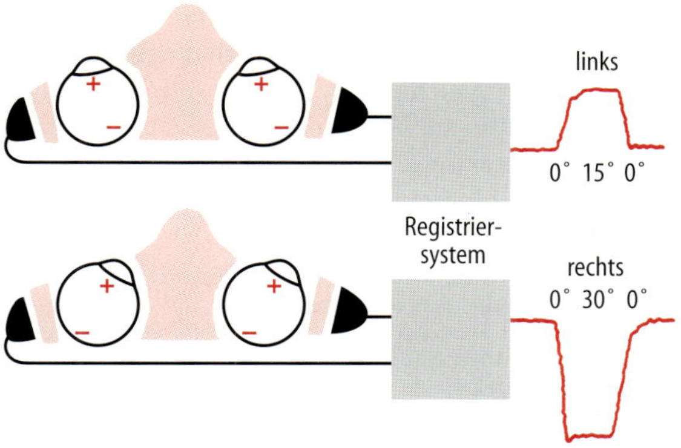

Abb. 23-12. Elektrophysiologische Basis und Registrierung des Elektrookulogramms. (Erläuterung s. Text)

Motorische Begleiterscheinungen des REM-Schlafes. Im SWS kommt es zu langsamen, rollenden Bewegungen der Augen, die während der REM-Periode von raschen Abwärtsbewegungen und konjugierten Augenbewegungen abgelöst werden. Die späteren REM-Stadien gegen morgen enthalten mehr und längere „Bursts" von REM (und längere und lebendigere Träume s. unten). Mit den REMs gehen kurze phasische Muskelaktivitäten in den Extremitäten und der Gesichtsmuskulatur (*Myokloni*) und den Pupillen einher. Der Muskeltonus dagegen kommt während des REM-Stadiums zum Erliegen (*Atonie*). Die tonische ***REM-Schlaf-Atonie*** ist für das unangenehme Gefühl des Gelähmtseins während mancher Träume und bei Erwachen aus einem Traum verantwortlich. Grobbewegungen und Haltungsänderungen sind während REM-Schlaf selten, REM-Schlaf wird aber häufig durch eine grobmotorische Reaktion (Änderung der Schlafposition) eingeleitet.

Die **Atonie** während des REM-Schlafes ist durch *Hyperpolarisation* der *α-Motoneurone* des Rückenmarks (s. Kap. 13) verursacht. Gleichzeitig mit der *tonischen* Blockade der spinalen Motoneurone werden diese *phasisch* durch absteigende Erregungssalven aus dem Hirnstamm erregt. Simultan mit den REMs kommt es zusätzlich zur tonischen Hemmung, zu präsynaptischer Depolarisation (präsynaptische Hemmung) der Gruppe-I-primären Afferenzen und damit zur Unterdrückung monosynaptischer Reflexe und sensorischen Einstroms (Kap. 13). Aber auch die polysynaptischen Reflexe werden durch die vom Hirnstamm via ventrales Horn des Rückenmarks absteigende Hemmung blockiert.

PGO. 20–120 s vor der EEG-Desynchronisation im REM-Schlaf treten die ***ponto-geniculo-occipitalen Kortex-Wellen (PGOs)*** auf. Sie bleiben während der ganzen REM-Phase bestehen. Ihre Existenz ist vor allem bei der Katze und bei nicht-humanen Primaten studiert worden. Wie der Name impliziert, entstehen sie in umschriebenen Regionen der pontinen Retikulärformation und breiten sich von dort in das Corpus geniculatum laterale und den visuellen und limbischen Kortex aus. Ihre Amplitude ist größer als 100 μV, ihre Frequenz im REM-Schlaf ca. 60/min, die Polarität positiv, Dauer 100 ms bei extrazellulärer Registrierung mit negativer Nachschwankung. Trotz ihrer anatomischen Verbindung mit dem visuellen System, sind sie unabhängig vom visuellen Input; häufig werden sie als Reaktion auf *körperinterne* visuelle Orientierungsreize gedeutet. Während PGOs kommt es zu präsynaptischer Hemmung der Afferenzen aus dem Tractus opticus im Nucleus geniculatum („afferente Hemmung").

Hochfrequente 40 Hz-Oszillationen des EEGs und des MEGs treten vor allem im REM-Schlaf auf

Wir haben bereits in 21.2 auf die Rolle kohärenter kortikaler Oszillationen für die assoziative Verbindung von Einzelobjekten zu Gestalten von subjektiver Bedeutung hingewiesen. Abbildung 23-13 zeigt die 40 Hz-Oszillationen des Magnetoenzephalogramms von einer Versuchsperson im Wachzustand (oben), im Langsamen-Wellen-Schlaf (SWS-Tiefschlaf) und im REM-Schlaf. Man erkennt die regelmäßigen Oszillationen, die an allen Ableitungspunkten auftreten, allerdings *vor allem im Wach- und REM-Zustand*, in denen intensives bewußtes Erleben auftritt. Im Tiefschlaf fehlen diese kohärenten Schwingungen häufig, die sich von vorne (frontal) nach hinten (okzipital) ausbreiten. Bietet man einen bedeutungsvollen Reiz dar, so synchronisieren sich die 40 Hz-Oszillationen mit dem Reizauftritt, d. h. sie treten unmittelbar nach dem Reiz in steigender Amplitude und Synchronisation auf, sofern sich die Person mit dem Reiz „beschäftigt", d. h. ihn beachtet. Im REM-Schlaf, wo die externen Reize

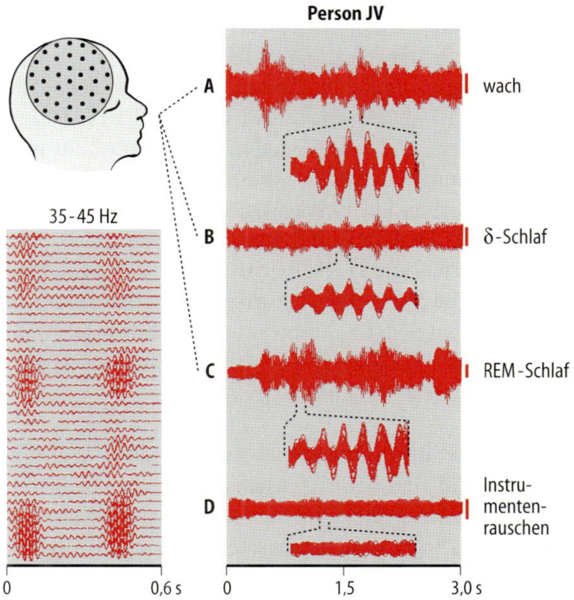

Abb. 23-13. 40 Hz-Oszillationen im Wachzustand (A), Tiefschlaf (B), REM-Schlaf (C) und Hintergrundsrauschen des Gerätes (D). Originalregistrierung der Oszillationen kortikaler Magnetfelder aufgezeichnet mit einem Magnetenzephalographen (MEG) von 37 Sensoren über der rechten Hirnhemisphäre einer Versuchspersonen (JV). Links Originalregistrierung von jedem Sensor. Rechts vergrößerte summierte MEGs über einen kurzen Ausschnitt mit einer Zeitachse von 3 s. Die Oszillationen sind deutlich im Wach- und Traumzustand und kaum während Tiefschlaf vorhanden. (Aus [32])

meist nicht zu bewußten Verarbeitungen führen, sind die 40 Hz-Oszillationen nicht mehr an den Reizzeitpunkt gebunden, sondern treten in Abhängigkeit von den spontanen, inneren Erlebnisinhalten auf [2, 33].

Reduzierter Kontakt zur Außenwelt geht im REM-Schlaf mit erhöhter mentaler und vegetativer Aktivität einher

Weckschwelle und Zustand sensorischer Systeme. Einschlafen ist mit kurzer funktioneller Blindheit verbunden. Die Weckschwelle ist während der *phasischen* REM-Perioden deutlich gegenüber den übrigen tonischen REM-Kennzeichen (z. B. der EEG-Desynchronisation) und SWS erhöht. Mit den phasischen REMs und Myokloni werden die spinalen Umschaltstationen gehemmt, während in den spezifischen Thalamuskernen und an einigen Kortexregionen erhöhte neuronale Aktivität auftritt [13]. Die phasische motorische Aktivität während REM-Schlaf geht also mit *sensorischer Hemmung an der Peripherie* und *sensorischer Aktivität im Zentrum* einher: diese „korrolare Entladung" im ZNS (s. Kap. 27) scheint für die *Stabilität der Wahrnehmungsleistung* während der REMs und die *Entwicklung* der sensorischen Strukturen beim heranwachsenden Lebewesen und für Lern- und Gedächtnisprozesse von Bedeutung zu sein (s. S. 556).

Beim Menschen hängt die Weckschwelle auch von der „Bedeutung" (Assoziation mit Verstärkern) des Reizmaterials ab, die Verarbeitung selbst komplexer Reizmuster bleibt offenbar in allen Schlafstadien erhalten (z. B. Mutter, die auf schwächste Reize ihres Kindes reagiert). In den *phasischen* REM-Episoden wird auf äußere Reize am schlechtesten reagiert, während der *tonischen* REM-Indikatoren, also z. B. der EEG-Desynchronisation ohne REM, ist die Reaktionshäufigkeit und -genauigkeit deutlich besser, wenngleich immer noch schlechter als im Wachzustand. Von Stadium 1 bis 4 nimmt die Reaktionsfähigkeit zunehmend ab. Nach Schlafdeprivation vereinheitlicht sich das Bild insofern, als die Weckschwelle eine lineare Funktion der Schlafdauer wird; sie nimmt bis zur 6. Stunde zu (weniger Reagibilität), um dann bis zum Erwachen wieder zu sinken (erhöhte Reagibilität).

Vegetative und endokrine Änderungen. Während REM-Schlaf sind beim Menschen die meisten vegetativen Funktionen leicht erhöht (s. Abb. 23–10): Herzrate, Blutdruck, Atemfrequenz, penile Erektion und vaginale Durchblutung. Adrenalin ist in der Peripherie während REM erhöht (Herzattacken eher während REM in den Morgenstunden), die Magen- und Zwölffingerdarmaktivität steigt (Ulkusschmerz nachts). Mehr als die Absoluthöhe steigt die ***Variabilität*** autonomer Funktionen gemeinsam mit den übrigen phasischen REM-Aktivitäten. Teile der Temperaturregulation sind während REM-Schlaf aufgehoben: Schwitzen und Kältezittern verschwinden auch bei hohen bzw. niedrigen Umgebungstemperaturen, die vasomotorischen Änderungen werden irregulär und temperaturunabhängig. Die Körpertemperatur gleicht sich langsam an die Umgebungstemperatur an. Tiere mit Winterschlaf reduzieren konsequenterweise REM-Schlaf während Hibernation auf ein Minimum.

Zwergwuchs bei sozial „verwahrlosten", deprivierten Kindern ist häufig durch Schlafstörungen mit SWS-Deprivation (s. S. 561) bedingt. Die SWS-Unterdrückung geht mit reduzierter Ausschüttung des Wachstumhormons einher (s. Kap. 6).

Peniserektionen und Erhöhung der ***Vaginaldurchblutung*** während REM-Schlaf können zur Abgrenzung *organisch versus psychologisch* bedingter Impotenz benutzt werden. Tritt die Erektion während REM auf, so ist die Diagnose organisch bedingter Impotenz (z. B. durch Nervenschädigung oder Durchblutungsstörung) unwahrscheinlich.

Mit bildgebenden Verfahren ergeben sich unterschiedliche Verteilungen von Aktivierung und Deaktivierung zwischen NREM- und REM-Schlaf

Globaler zerebraler Blutfluß. Mit PET (s. Kap. 20) gemessener Blutfluß zeigt Anstiege während REM, zum Teil deutlich (3–15 %) über dem entspannten Wachzustand. Im SWS sinkt die Stoffwechselrate des Gehirns bis unter 50 % des Wachzustands ab, die Durchblutung ist entsprechend reduziert (die Sauerstoffaufnahme des Gehirns sinkt um 20 %).

Lokaler zerebraler Blutfluß. Abbildung 23–14 zeigt schematisch die Hauptergebnisse von PET und fMRI-Untersuchungen während des Schlafes. Auch dies belegt, daß REM (und vermutlich aktives Träumen) *fundamental* vom Wachzustand verschieden ist und nicht nur Wachen bei blockierter Sensorik und Motorik bedeutet.

Aktivierungen während REM zeigen sich in der pontinen Retikulärformation (vor allem cholinergen und histaminergen Strukturen s. u.), dem Thalamus, dem cholinergen basalen Vorderhirn, das ortsspezifisch den Kortex aktiviert (s. Kap. 22) und Teile der Basalganglien, letzterer könnte mit den erlebten Bewegungen beim Träumen zusammenhängen. Während inferiore parietale Regionen und visuelle Assoziationskortizes aktiviert werden, ist Area 17, also der primäre visuelle Kortex *desaktiviert.* Die visuell-räumlichen Halluzinationen des Traumes werden mit der Stimulation der visuellen Assoziationsareale in Zusammenhang gebracht. Die paralimbischen Strukturen Amygdala, medialer präfrontaler Kortex, g. cinguli sind ebenfalls stark aktiviert, was die emotionale Tönung von Träumen verursachen kann [17].

Desaktivierungen zeigen sich im REM-Schlaf dagegen neben den primären sensorischen Projektionsarealen (sensorische Blockade) und im dorsolateralen präfrontalen Kortex, der wesentlich für Arbeitsgedächtnis und damit verbundener exekutiver Aufmerksamkeit (s. Kap. 21) verantwortlich ist. Das Vergessen

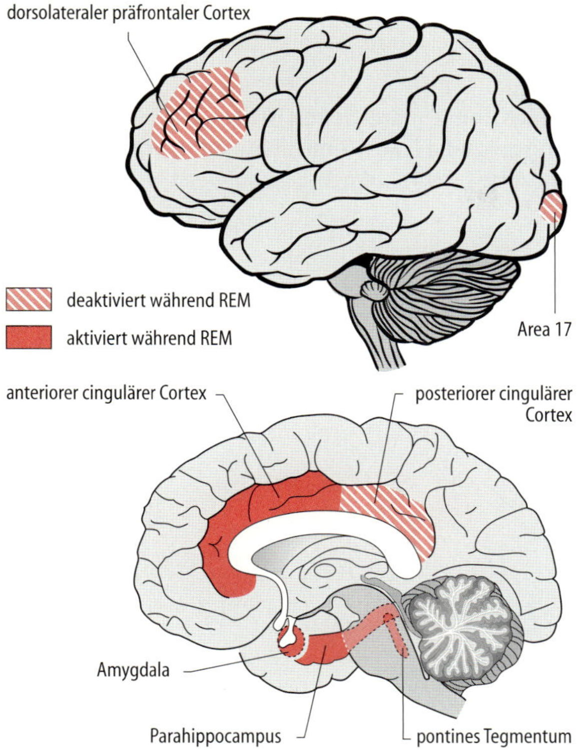

Abb. 23-14. Kortikale Regionen, die während REM-Schlaf verstärkt aktiviert oder desaktiviert sind. (Nach [15])

der meisten Träume und ihre oft ungerichtete bizarre Aufeinanderfolge und Kombination könnte damit zusammenhängen.

Läsionsstudien stützen diese anatomischen Zuordnungen: Zerstörung der (vor allem der rechten) unteren Parietal- oberen hinteren Temporalregion führt zu fast vollständiger Traumlosigkeit *(Anonerie)*, ähnliche Traumlosigkeit tritt nach Läsion tiefer medialer präfrontaler Strukturen auf, die das basale Vorderhirn in Mitleidenschaft ziehen. Vermutlich ist REM auch nach Läsionen im pontinen Retikulärbereich, wo die cholinergen REM-an Zellen lokalisiert sind (s. u.) zerstört. Dies trifft sicher in Tierversuchen zu, beim Menschen sind die Ausfälle meist zu schwer, um Beziehungen zu Träumen herzustellen.

Die Evolution und Ontogenie des Schlafes legt die Vermutung nahe, daß es sich bei REM-Schlaf um ein phylogenetisch altes und ontogenetisch frühes Phänomen handelt

Evolution. Von der Analyse des Schlafes über die Reihe der Lebewesen hinweg erhofft man sich Aufschlüsse über die biologische Bedeutung einzelner Schlafstadien. Evolutionistische Interpretationen des Schlafes sind aber schwer zu bewerten, da unklar bleibt, ob die an Säugern festgestellten Indikatoren für die einzelnen Schlafarten mit denen anderer Spezies überhaupt verglichen werden können. Die unterschiedliche Struktur des ZNS führt zu veränderten elektrophysiologischen Parametern, über deren Homologie kaum entschieden werden kann.

Während Säuger und Vögel (Warmblütler) im EEG den beschriebenen Wechsel von synchronisiertem und desynchronisiertem Schlaf zeigen, ist bei Reptilien, Amphibien, Fischen, Mollusken und Insekten diese Differenzierung schwer möglich, obwohl alle bisher untersuchten Lebewesen Phasen verhaltensmäßiger und metabolischer Inaktivität aufweisen.

Obwohl Schlaf die Wahrscheinlichkeit Beute zu werden erhöht, hat offensichtlich die evolutive Bedeutung des Schlafes als Erholung Vorrang. Die **„Auffüllung"** von **Glykogenspeichern** ist sicher eine wichtige Funktion, welche in der Nacht leichter geschieht: da die Außentemperatur nachts absinkt, müßten wir sehr viel mehr Energie aufwenden, um warm zu bleiben und könnten die Glykogenspeicher nicht füllen. Da die Körpertemperatur aber in der Nacht (um ca. 3 Uhr früh) auf ein Minimum sinkt, wird Hitzeverlust reduziert. Tiere, die leichter als Beute dienen könnten, wie Hase oder Pferd, schlafen nur kurze Intervalle von Minuten, obwohl ihre Gesamtschlafzeit nicht sehr von der des Menschen abweicht.

Die REM-Schlafdauer scheint mit dem Ausmaß an Gefahr, gefressen zu werden, korreliert zu sein (große Tiere mit erhöhter Vulnerabilität haben weniger REM-Schlaf). Die Gefahr Beutetier zu werden, begrenzt die Schlafdauer. Rätselhaft bleiben einige Ausnahmen von dieser groben Regel: der Tümmler (eine Delphinart) z. B. schläft *abwechselnd* mit der rechten und linken Hirnhemisphäre (s. Box 1).

Es bleibt unklar, ob REM-Schlaf phylogenetisch älter („primitiver") als NREM-Schlaf ist. K-Komplexe und der Zuwachs an Stadium 1 und 2 erscheinen in Ontogenie und Phylogenie relativ spät. Der Zuwachs an Zwischen- und Leichtschlafstadien scheint für phylogenetische wie ontogenetische Entwicklung eher charakteristisch zu sein als REM oder SWS. Man unterscheidet daher oft zwischen ***Kernschlaf*** und ***Optionalschlaf*** [9]. Beim erwachsenen Menschen sind die ersten 4 Stunden Kernschlaf, der offensichtlich vital notwendig ist, die späteren Schlafzyklen erscheinen eher als Füll- oder Optionalschlaf.

Ontogenie. Abbildung 23-15 zeigt den Verlauf von Wachen, REM-Schlaf und NREM-Schlaf im Laufe des menschlichen Lebens. Dabei ist anzumerken, daß ab dem 50. Lebensjahr NREM-Schlaf im wesentlichen aus Stadien 1 und 2 besteht, während in jungen Jahren SWS (Stadien 3 und 4) bis zu 40 % der Totalschlafzeit ausmachen kann. Alte Menschen wachen häufiger auf und zeigen verringerte REM-Phasendauer und deutlich weniger SWS. Bei dementen Personen kann der SWS-Anteil bis auf 0 reduziert sein. Die Kompetenz des Immunsystems hängt eng mit diesem Verlauf der Schlafphasen im Alter zusammen und damit ist das REM-

BOX 23-1

Schlaf des Delphins

Delphine und Robben schlafen abwechselnd mit einer Hemisphäre. Unklar ist, warum diese Lösung nur bei Meersäugern realisiert wurde. Die Abbildung zeigt die linke Hemisphäre mit langsamen SWS-Delta-Wellen, während die rechte desynchronisiertes rasches Wach-EEG aufweist. (Aus [15] mit freundlicher Genehmigung.)

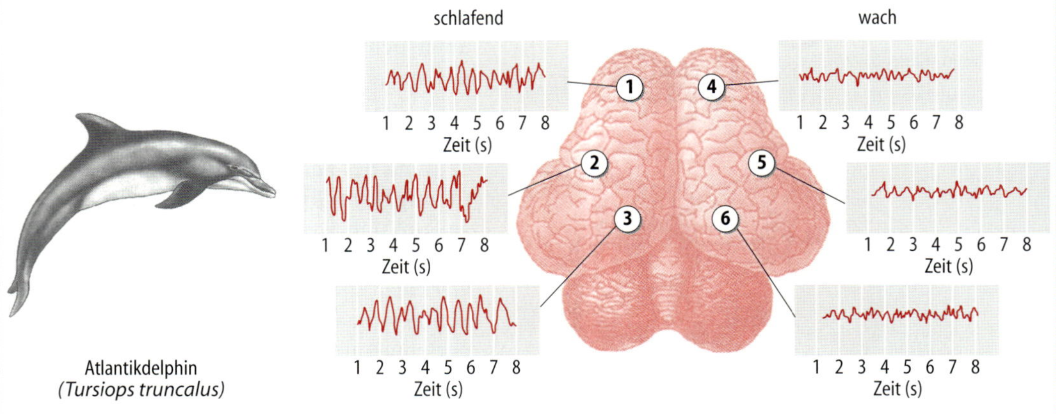

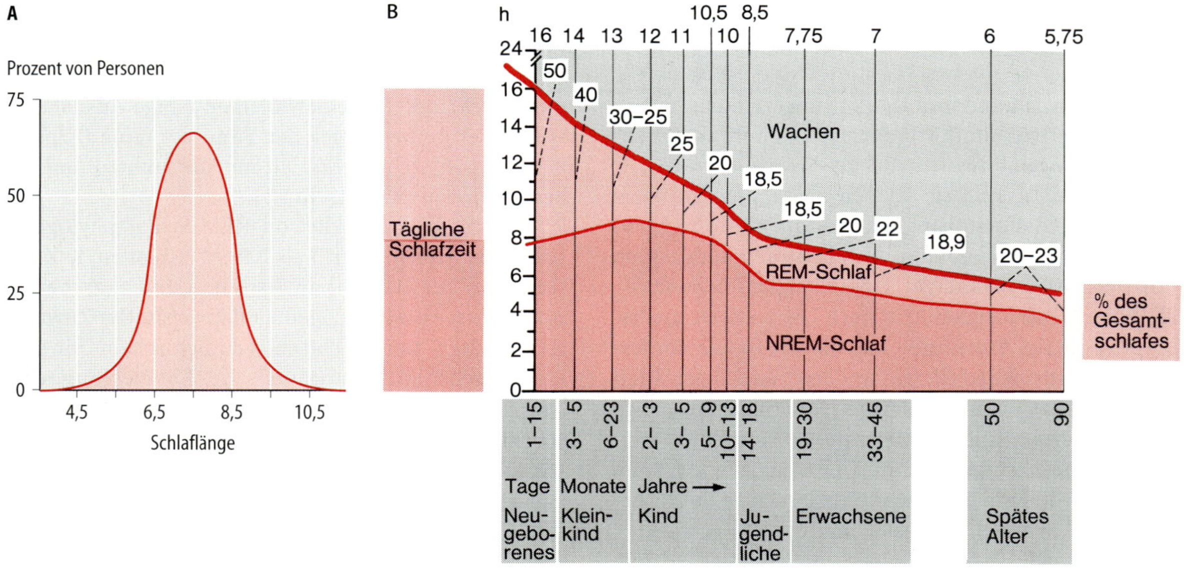

Abb. 23-15. A Durchschnittliche Schlafdauer Erwachsener: Zwei Drittel der Bevölkerung schlafen zwischen 6,25 und 8,75 h/Nacht. **B** Wach- und Schlafzeiten und der Anteil von *NREM*- und *REM*-Schlaf im Verlauf des menschlichen Lebens. Neben dem Rückgang der Gesamtschlafzeit ist u.a. die starke Abnahme der REM-Schlafdauer nach den frühen Lebensjahren bemerkenswert. (Aus [39])

NREM-Verhältnis für Lebensspanne und physiologisches Altern entscheidend (s. Kap. 6).

Bei Säugern ist der REM-Schlaf-Anteil vor und kurz nach der Geburt, also im noch unterentwickelten ZNS mit geringerem sensorischen Input, maximal. REM-Schlaf beginnt 30 Wochen nach der Zeugung und ist mit 40 Wochen maximal. Das Neugeborene verbringt 50–70% der Lebenszeit im REM-Schlaf, nach dem 6. Lebensmonat sinkt der REM-Anteil langsam ab. Der REM-Schlafanteil zeigt somit eine deutliche Korrelation mit der ***Reifung des ZNS,*** besonders der sensorischen Systeme. Die Reifung des ZNS bedarf im Fötus und Kleinstkind eines ständigen internen „Bombardements“ an sensorischen Reizen, die von den REM-Strukturen im Stammhirn zum Vorderhirn gelangen. Diese interne Reizung während REM kompen-

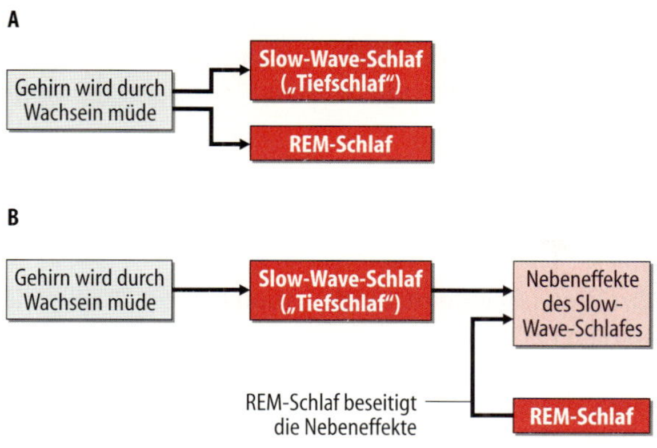

Abb. 23–16. Zwei Möglichkeiten der Beziehungen zwischen Wachsein, SWS und REM-Schlaf. (**A**) Der Stoffwechselaufwand während Wachsein bewirkt sowohl SWS wie REM-Schlaf. (**B**) Wachsein benötigt SWS, dessen Erholungsfunktionen erzeugen Nebeneffekte, die durch REM-Schlaf repariert werden müssen (s. Text)

siert den Mangel an strukturiertem Reizeinstrom aus den noch unterentwickelten sensorischen Systemen und sorgt so für die Bildung synaptischer Verbindungen. In diesem Sinne könnte REM auch ein *Relikt aus der Frühphase unserer ontogenetischen Entwicklung* sein, der später kaum mehr benötigt wird [9].

Homöostatische Funktionen von Schlaf. Abbildung 23–16 faßt die möglichen Beziehungen zwischen REM u. SWS u. Wachen zusammen. 23–16 A beschreibt die Möglichkeit, daß durch Anhäufung mehrerer „toxischer" Substanzen während des Tages (z. B. Adenosin), ein Teil durch Tiefschlaf, ein anderer Teil durch REM-Schlaf abgebaut wird. 23–16 B symbolisiert die Möglichkeit, daß nur SWS diese toxischen Substanzen abbaut, aber selbst wieder Stoffwechselprodukte erzeugt, die durch REM-Schlaf abgebaut werden. SWS könnte zu lange Passivität des Gehirns bedeuten, welche durch periodisches Wecken des Gehirns im REM-Schlaf verhindert werden muß. Die Atonie und die physiologischen REM-Schlaf-Eigenheiten schützen uns aber vorm Aufwachen.

23.4 Neurobiologie des Schlafes

Die meisten Untersuchungen über die neurobiologischen Grundlagen des Schlafes beziehen sich auf SWS und REM-Schlaf. Wenig ist über jene Stadien bekannt, die mit zunehmendem Lebensalter beim Menschen mehr als 50 % des Schlafes ausmachen, nämlich Stadium 1 und 2 mit ***K-Komplexen, Spindeln*** und ***niederamplitudiger EEG-Aktivität.*** Spindeln (12–17 Hz), möglicherweise identisch mit dem sensomotorischen Rhythmus (SMR, s. S. 550), treten allerdings auch im SWS und REM-Schlaf auf, in Stadium 1 und 2 sind sie aber durch die niedrige Hintergrundsaktivität eher sichtbar.

SWS und REM-Schlaf hängen von der Aktivität serotonerger, adrenerger und cholinerger subkortikaler Kerne ab

Subkortikale Steuerung des Schlafes. Die in Kap. 22 dargestellten Studien zur Retikulärformation (RF) und zum ARAS haben gezeigt, daß

1. der Schlaf-Wach(S-W)-Rhythmus ohne Großhirn weiterbesteht;
2. Deafferenzierung bei *encephale isolé* keinen Einfluß auf den S-W-Rhythmus hat;
3. schlafsteuernde Strukturen vor allem *unter* dem Zwischenhirn vom Mittelhirn abwärts bis in die Medulla lokalisiert sind;
4. trotz der dominierenden Rolle subkortikaler Strukturen üben Teile des Vorderhirns, besonders der orbitale frontale Kortex, der anteriore Hypothalamus und Teile des Thalamus und des Striatums einen *schlaffördernden* Einfluß aus; nach Entfernung aller Vorderhirnstrukturen über tha-

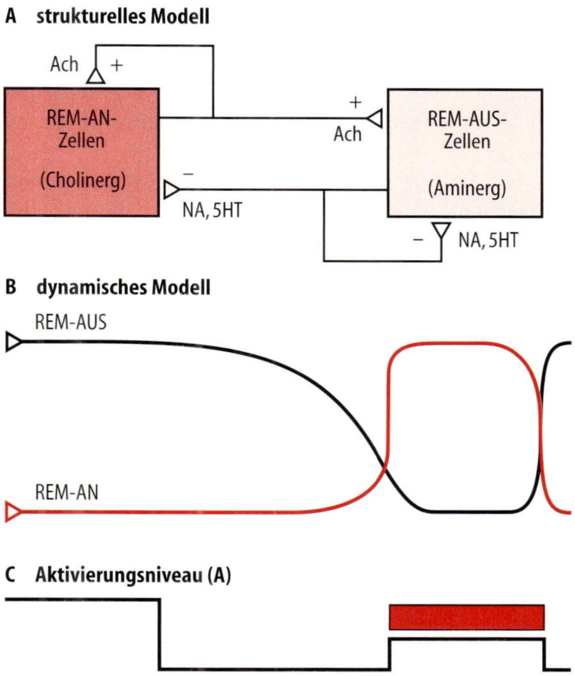

Abb. 23–17. Physiologische Mechanismen, die das Aktivierungsniveau beeinflussen. **A** *Struktur der reziproken Interaktion*: REM-An-Zellen der pontinen retikulären Formation werden cholinerg aktiviert oder/und sind cholinerg-exzitatorisch (Ach+) an ihren Synapsen. Pontine REM-Aus-Zellen sind noradrenerg (NE) oder serotonerg (5HT) und inhibitorisch (-) an ihren Synapsen. **B** *Dynamisches Modell*: Während Wachen ist das pontine aminerge System tonisch aktiv und hemmt das pontine cholinerge System. Während NREM-Schlaf verschwindet die aminerge Hemmung langsam und die cholinerge Erregung steigt proportional-reziprok an. Wenn der REM-Schlaf beginnt, ist die aminerge Hemmung ausgeschaltet und die cholinerge Erregung erreicht ihr Maximum. **C** *Aktivierungsniveau*: Als Konsequenz des Zusammenspiels der neuronalen Systeme in A und B ist das Netto-Aktivierungsniveau des Gehirns bei Wachen und REM-Schlaf gleich und im NREM-Schlaf etwa halb so hoch. (Aus [31])

lamischem Niveau sinken SWS und REM-Anteile auf 20 % ihres Normalwertes ab [13].

Cholinerg-aminerge Interaktion. Abbildung 23–17 zeigt eine Zusammenfassung der bisherigen Befunde zur Stammhirnsteuerung der beiden Schlaftypen, die allerdings nicht in allen Details als gesichert angesehen werden kann [7, 8, 31]. Im Wachzustand sind noradrenerge und serotonerge Systeme (Nucl. coeruleus und Nucl. raphé) aktiv, während der cholinerge Einfluß gedämpft, wenn auch nicht völlig gehemmt ist. Während des REM-Schlafes sind die beiden aminergen Systeme völlig gehemmt und cholinerge Systeme dominieren. Der Bewußtseinzustand ist ein Resultat des Verhältnisses der Aktivität zwischen cholinergen und aminergen (Serotonin, Noradrenalin) Systemen im Hirnstamm. Während des REM-Schlafes kommt der visuelle Input nicht mehr aus der Retina (Wachen), sondern aus dem Hirnstamm, was mit Abnahme der Aktivität noradrenerger und serotonerger Neurone verbunden ist. Dies enthemmt cholinerge Neurone, die nun in ungeordneten Salven feuern und im visuellen System des Thalamus und Kortex einige der subjektiven Vorstellungsbilder der Träume erzeugen könnten. Die PGO-Wellen, die mit den raschen Augenbewegungen korrelieren, könnten an der häufigen Reorientierung und den abrupten Szenenwechseln des Traumes beteiligt sein.

Da wir in der Regel aus dem letzten Traum aufwachen, benötigen die aminergen Systeme des Hirnstammes einige Zeit, um wieder „Kontrolle" über die kortikalen Regionen und die cholinergen Zellen zu bekommen. Dies erleben wir als den oft Minuten dauernden Verwirrtheitszustand nach dem Aufwachen.

Wachen, SWS und REM-Schlaf sind physiologisch und funktionell verschieden

Drei Bewußtseinszustände. Abbildung 23–18 zeigt die drei im EEG klar unterscheidbaren Bewußtseinszustände Wachen (links), SWS (Mitte) und REM (rechts) bei der Katze und darunter die Aktivität von Zellgruppen in jenen subkortikalen Kernen, die in Abb. 23–19 A dargestellt sind: die REM-aus-Zellen sind (nor)adrenerge, serotonerge Zellen im Hirnstamm und histaminerge Zellen in Teilen des basalen Vorderhirns (s. u.). REM-an-Zellen befinden sich vor allem in der Retikulärformation und hier wiederum im N. reticularis pontis oralis und caudalis, aber auch im basalen Vorderhirn und paralimbischen System. In der Abbildung 23–18 ist der Antagonismus von REM-an- und -aus-Zellen in den beiden untersten Ableitungen klar sichtbar.

Abbildung 23–19 B schließlich zeigt wieder den Hirnstamm und das Zwischenhirn der Katze von Abb. 23–19 A mit den beteiligten Neuronengruppen und ihren Transmittern, einschließlich des absteigenden Systems, das die Muskelatonie verursacht. Abbildung 23–20 zeigt eine Katze, bei der dieser Kern und absteigende Bahnen aus den REM-an-Strukturen zerstört wurden. Das Tier zeigt alle Zeichen von REM-Schlaf, bewegt sich aber in Abhängigkeit von den ver-

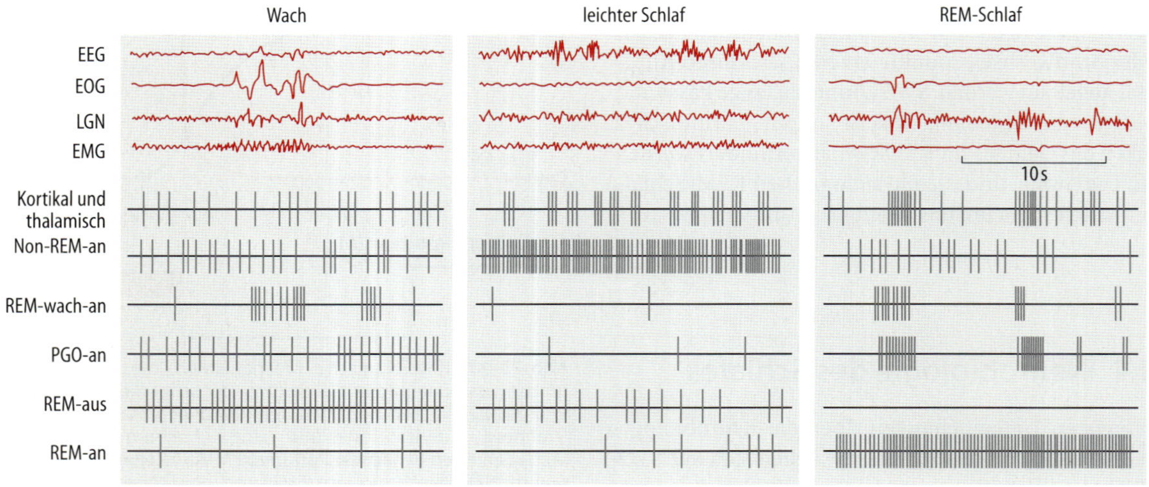

Abb. 23–18. Elektrophysiologie von Wachen, Langsamer-Wellen-Schlaf (Slow-Wave-Sleep, SWS) und REM-Schlaf bei der Katze. EEG ... Elektroenzephalogramm vom sensomotorischen Kortex, EMG ... Elektromyogramm vom Nacken, EOG ... Augenbewegungen, LGN ... Elektrode im N. geniculatum laterale der Sehbahn. Bei REM sind PGOs dort sichtbar. Kortikale und thalamische Zellen ... im SWS synchronisieren die Entladungen (Aktionspotentiale) zu Spindeln und langsamen Wellen. Non-REM-an-Zellen ... Zellen im vorderen Hypothalamus und einigen Regionen des basalen Vorderhirns, welche auch Non-REM erzeugen. Im cholinergen basalen Vorderhirn befinden sich aber auch REM-Neurone. REM-Wach-Zellen ... der Retikulärformation (RF), die bei Wachen und REM aktiv sind. PGO-an ... Zellen in der pontinen RF, die kurz vor den LGN-Zellen feuern. REM-Aus-Zellen ... Noradrenerge, adrenerge und serotonerge Zellen im Hirnstamm und histaminerge in einigen Regionen des basalen Vorderhirns. Die motorischen Zellen im Vorderhorn des Rückenmarks verhalten sich ähnlich. REM-an-Zellen ... cholinerge Zellen im N. reticularis pontis oralis/caudalis. (Modifiziert aus [11] mit freundlicher Genehmigung)

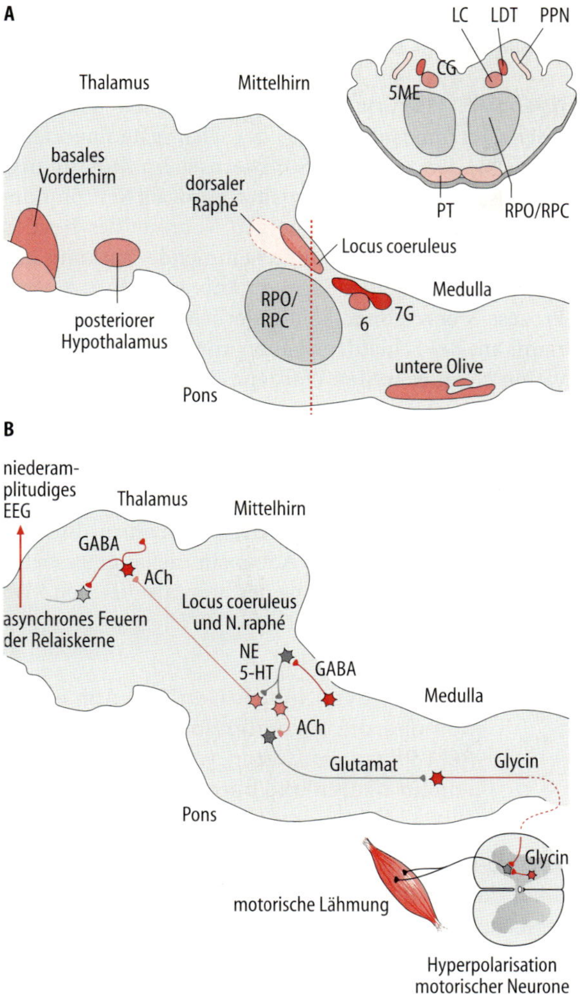

Abb. 23–19. **A** Die wichtigsten subkortikalen Kerne und das basale Vorderhirn, die Schlaf kontrollieren (Sagittalschnitt). Rechts oben ein Koronarschnitt durch die pontine Retikulärformation. Die REM-Region des N. reticularis pontis oralis/caudalis (RPO/RPC) ist grau. Läsion dieser Region eliminiert REM-Schlaf, aber nicht unbedingt Träumen. CG ... zentrales Grau. LC ... Locus coeruleus. LDT ... lateral-dorsaler tegmentaler Kern. PPN ... pedunculo-pontiner Kern. PT ... Pyramidenbahn. 5ME ... Trigeminuskern. 7 G ... 7. Hirnnerv. 6 ... Ursprung des 6. Hirnnerven. **B** Neuronale Verbindungen und Transmitter, die REM-Schlaf steuern. Derselbe Schnitt wie A. Zunächst werden GABAerge Neurone in der Brücke (Pons) von verschiedenen zirkadianen Regionen aktiviert. Diese GABA-Aktivierung hemmt adrenerge und serotonerge Zellen (Coeruleus und Raphé) und enthemmt (aktiviert) die cholinergen Zellen der Brücke. Der Muskeltonus wird durch das deszendierende System gehemmt: Die cholinergen Neurone erregen glutamaterge Neurone in der Brücke, die in die Medulla projizieren. Dort erregen sie Glyzin-Neurone, welche die motorischen Neurone im Rückenmark während REM blockieren und die Muskelatonie bei REM bewirken. Das aufsteigende cholinerge System bewirkt die EEG-Desynchronisation. Die aszendierenden cholinergen Neurone projizieren auf die GABAergen Neurone (viele im Nukleus retikularis des Thalamus). Diese wiederum hemmen die hemmenden Zwischenneurone, welche das rhythmische Feuern jener Zellen unterbricht, die Spindeln und langsame Wellen in den thalamokortikalen Rückmeldeschleifen erzeugen. Damit wird das EEG desynchronisiert und der Kortex erregt (nach [11] mit freundlicher Genehmigung)

Abb. 23–20. **A** Katze mit bilateralen pontinen Läsionen bei Beginn einer REM-Episode ohne Atonie, **B** dieselbe Episode etwas später, Katze voll aufgerichtet, möglicherweise eine Maus halluzinierend

mutlich halluzinatorischen REM-Phänomenen, ohne auf äußere Reize zu reagieren.

Träumen ohne REM. Die subkortikalen REM-an und REM-aus-Kerne von Abb. 23–17 können aber nicht allein für Träumen und andere subjektive Phänomene verantwortlich sein, da nach fast vollständiger pharmakologischer Unterdrückung von REM und PGO z. B. durch **trizyklische Antidepressiva** Träumen erhalten bleibt und auch sonst kaum Nebeneffekte, auch nach Monaten REM-PGO-Unterdrückung auftreten. Die meisten trizyklischen Antidepressiva hemmen die 5HT (Serotonin) Autorezeptoren und damit die Wiederaufnahme von Serotonin in die synaptische Endigung. Dadurch steigt die Verfügbarkeit von Serotonin im synaptischen Spalt. Die serotonergen REM-Aus-Strukturen werden dadurch dominant und subkortikaler REM-Schlaf bleibt aus. Auch einige Fälle von Läsion vor allem des rechten unteren Parietallappens (oft mit posteriorer oberer Temporalwindung) führte in Einzelfällen zu Verlust von **subjektivem Träumen** oder vielleicht nur der Traumerinnerungen, ohne dass die phasischen REM-Phänomene, also REM, PGO-ähnliche Wellen oder Atonie gestört waren [8].

NREM-Schlaf, erzeugt durch Aktivität der präoptischen Region des Hypothalamus und Teile des basalen Vordernhirns, geht mit langsamen thalamo-kortikalen Oszillationen einher

Ordnende Rolle des Hypothalamus. Abb. 23–21 gibt eine zusammenfassende Übersicht über die hauptverantwortlichen Hirnregionen für zirkadiane Schlafregelung (NREM-REM), homöostatische Schlafsteuerung und thalamokortikale Wachheits- und Aufmerksamkeitssysteme (s. Kap. 22). Die Abbildung symbolisiert die ordnende Rolle des Hypothalamus, der einerseits auf den Aktivitätszustand des thalamokortikalen Bewußtseinssystems Einfluß nimmt und andrerseits die-

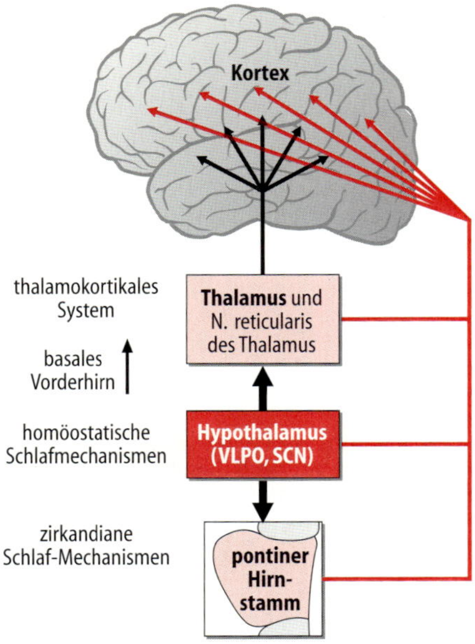

Abb. 23–21. Das thalamokortikale System (s. Kap. 22) ändert seinen Zustand als Funktion zweier subkortikaler Systeme. Homöostatische Schlafmechanismen im Hypothalamus (Slow Wave Sleep, SWS) synchronisieren den NREM-REM-Zyklus in tieferen Hirnregionen des Hirnstamms und die darüber liegenden Aufmerksamkeits- und Wachsysteme. *VLPO*, ventrolaterale präoptische Region; *SCN*, N. suprachiasmaticus (Nach [7], siehe Text)

se mit den adrenerg-cholinergen Zentren von REM und NREM synchronisiert. Jedes einzelne der drei Systeme kann auf den Erregungszustand des Kortex Einfluß nehmen (rechte Pfeile), die hypothalamischen Strukturen sorgen aber dafür, daß nicht unvereinbare Zustände (Tiefschlaf und Wachen z. B.) gleichzeitig auftreten.

SWS-Strukturen. Drei Regionen konnten mit Sicherheit als SWS-produzierend interpretiert werden: Teile des basalen Vorderhirns, die laterale präoptische Region des Hypothalamus und der Nucleus tractus solitarius, letzterer hemmt die aktivierende RF (s. Abb. 23–19). Der Nucl. tractus solitarius erhält Fasern aus dem Vagus und hat einen synchronisierenden Einfluß auf das kortikale EEG: Barorezeptoren-Aktivität bei Blutdruckanstieg (Vagusafferenzen) und Druckerhöhungen aus Magen (Müdigkeit nach Essen) und Lunge (tiefer Atemzug entspannt) senken das kortikale Aktivierungsniveau (s. Kap. 10). Der posteriore Hypothalamus scheint für die (cholinerge) tonische Aktivität der RF bei Wachen mitverantwortlich zu sein. Seine Zerstörung führt zu SWS, was schon von Economo (s. Kap. 22) bei Enzephalitis-lethargica-Patienten festgestellt wurde.

Einige Subregionen des basalen Vorderhirns (s. Abb. 23–19) sind nicht in die cholinerge Wach- u. REM-Steuerung involviert, sondern führen bei niederfrequenter Reizung zu SWS. Die Regionen sind rostral der Hypothalamus gelegen und synchronisieren wie beim natürlichen Einschlafen die thalamokortikalen Oszillatoren (s. Kap. 22).

Adenosin. Wie wir in Kap. 3 besprochen haben, ist Adenosintriphosphat (ATP) der wichtigste Energielieferant für den zellulären Stoffwechsel. Im ZNS fungiert Adenosin, das aus ATP gespalten wird, als Neuromodulator vor allem der cholinergen Neurone des basalen Vorderhirns, auf die es eine hemmende Wirkung hat. Es steigt während des Tages, in Abb. 23–23 (s. S. 564) als Prozess S bezeichnet, kontinuierlich im Extrazellulärraum an. Bei Schlafdeprivation vor allem SWS-Deprivation steigt es weiter. Während SWS sinkt es ab. Müdigkeit hängt mit dem Anstieg von Adenosin eng zusammen. Koffein und andere Stimulatien blockieren die Adenosinrezeptoren und haben aktivierende Wirkung. Bei Katzen löst Adenosin in die aktivierenden Regionen von Stamm- und Zwischenhirn injiziert Schlaf aus. Damit könnte Adenosin die lange gesuchte neurochemische Grundlage des homöostatischen SWS sein.

Die intensiven subjektiven Traumphänomene, die bevorzugt in und um REM-Phasen auftreten, werden auch von kortikalen und paralimbischen Hirnsystemen erzeugt

Kortiko-subkortikale „Traumnetzwerke". Die auf S. 554 dargestellten bildgebenden PET- und fMRI-Untersuchungen haben unser Wissen über Hirnstrukturen, die an Träumen beteiligt sind, wesentlich erweitert und gezeigt, daß die Vorstellung subkortikaler chaotischer Impulse auf den Kortex als alleinige Traumgeneratoren zu einfach ist. Abbildung 23–22 faßt die Ergebnisse aus den neurophysiologischen Untersuchungen am Tier und den bildgebenden PET-fMRI-Experimenten zusammen. Die den einzelnen Hirnregionen zugeordneten subjektiven Trauminhalte sind natürlich hypothetisch und bisher nicht bewiesen [8]. Desaktiviert während Träumen und REM sind der dorsolaterale Präfrontalkortex und die primäre Sehrinde. Die Rolle der übrigen primären motorischen und sensorischen Projektionsareale ist noch unklar. Die heftigen sensorischen und motorischen Erlebnisse können auf Aktivierung der Assoziationsareale und der Basalganglien zurückgehen.

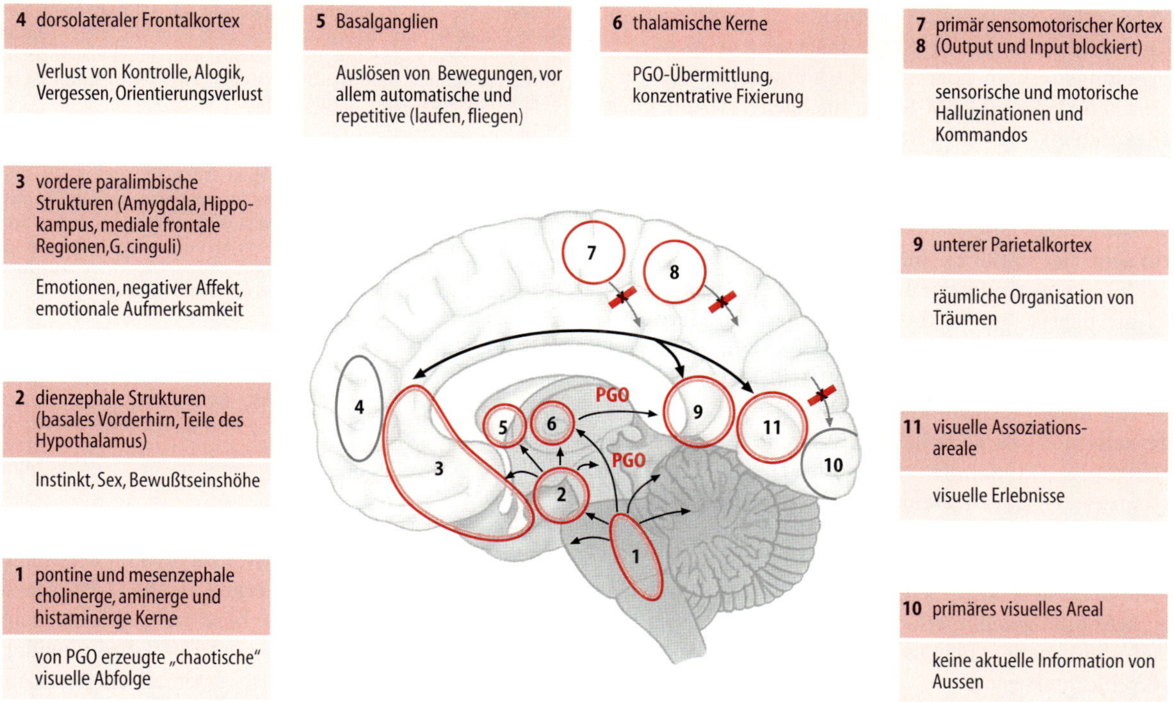

Abb. 23-22. Hypothetischer Zusammenhang zwischen Aktivierung (doppelt umrandet – farbig) und Hemmung (grau umrandet) jener Hirnstrukturen, die für verschiedene Traumerlebnisse verantwortlich sind. Die unspezifischen (cholinergen) Aktivierungsstrukturen der Retikulärformation und des basalen Vorderhirns sind durch Pfeile symbolisiert. Die Areale 3, 11 und 9 sind durch dicke Pfeile verbunden, da sie für Traumerlebnisse offensichtlich besonders wichtig sind. (Nach [8] mit freundlicher Genehmigung)

23.5 Psychophysiologie der Schlafstadien

Durch selektiven Schlafentzug wird deutlich, dass Schlafstadien lebensnotwendige, regulatorische, physiologische Vorgänge sind

Schlafdeprivation. Die Ergebnisse der Schlafentzugsexperimente sind schwer zu interpretieren, da häufig ungeklärt ist, welche der vielen tonischen und/oder phasischen Anteile der Schlafstadien depriviert wurden: eine *selektive* Deprivation von REM-Schlaf ist beim Menschen unmöglich; ein Raum (REM) kann nicht betreten werden, ohne vorerst durch die Tür (SWS) zu gehen. Dies bedeutet, daß bei SWS-Behinderung stets auch REM depriviert wird. Bei längerer Deprivation ist das „Durchsickern" (leakage) von Mikroschlafepisoden, vor allem der phasischen Anteile, nicht zu verhindern. Auch eine vollständige und spezifische pharmakologische Deprivation der Schlafanteile ist so lange nicht möglich, bis die physiologischen und neurochemischen Schlafmechanismen bekannt sind.

Schlafentzug im Tierversuch führt nach wenigen Tagen zu *immunologischen Störungen*, die mit zunehmendem Versagen einzelner Organsysteme (Haut, Niere, Lunge, Herz) einhergehen und schließlich zum Tode des Tieres führen [6, 9, 13, 17].

Einzelfallstudien an Patienten mit Enzephalitis zeigen fast totale Schlaflosigkeit (35 min/Tag im Stadium 1 bei kontinuierlicher polygraphischer Kontrolle) über 3 Monate. Ein von Fisher-Perroudon et al. [25] beschriebener Patient zeigte normale Intelligenz-, Gedächtnis- und Persönlichkeitstestwerte während der drei Monate Schlaflosigkeit. Auffällig war nur eine Tendenz zu *Halluzinationen* („leakage" von REM-Schlaf), leicht erhöhte Herzrate, Schmerzen in den Extremitäten und Jucken. Obwohl unklar bleibt, was auf die neurologische Erkrankung rückführbar ist (der Patient starb nach 11 Monaten Behandlung mit Tryptophan-Vorläufern), steht dieser und andere Fallberichte vereinzelt da.

Der längste, bisher gut dokumentierte quasi-experimentelle ***totale Schlafentzug*** (REM + alle anderen Stadien) betrug 11 Tage (264 h) [5, 6, 14]: ab der 3. Nacht kann ohne fremde Hilfe nicht mehr Wachheit erhalten werden, besonders zwischen 3 und 5 Uhr morgens. REM- und SWS-Episoden greifen zunehmend auf den Tag über, Illusionen und Halluzinationen im optischen und akustischen System nehmen zu, ab 4 Tagen werden gelegentlich Wahnideen paranoiden Inhalts berichtet. In den Erholungsnächten wird *vorerst* SWS und erst sekundär REM-Schlaf nachgeholt: nach 200 Stunden Wachzeit erhöht sich der SWS-Anteil in den ersten 9 Stunden Erholungsschlaf um 50 % einer normalen Nacht.

REM-Schlaf-Entzug. REM-Rebound ist bei selektivem REM-Schlaf-Entzug die Regel, insgesamt wird in den Erholungsnächten aber nur ein kleiner Teil des versäumten SWS und REM-Schlaf nachgeholt (1/4–1/3 des „Kernschlafs"). Depriviert man im Tierversuch selektiv die phasischen REM-Anteile (PGOs, REM), so werden diese in den Erholungsnächten bis zu 100 % nachgeholt. Für die phasischen REM-Anteile besteht somit ein sehr viel stärkeres „biologisches Bedürfnis" als für die tonischen. Andererseits unterdrücken *Antidepressiva* die phasischen REM-Anteile ohne besondere Folgen. *Schlafmittel* (z. B. Barbiturate und einige Benzodiazepine), die SWS und/oder REM-Schlaf aufheben, führen in den drogenfreien Nächten zu Rebound und deshalb meist zu neuerlicher Einnahme (Sucht). Nach Schlafmittel-Einnahme steigt die Dauer der Zwischenstadien 2–3 an. Wenn man die Pharmaka absetzt, so wird der unterdrückte REM-Schlaf meist nachgeholt oder die Person bleibt völlig wach („Rebound"). Sowohl exzessiver REM-Schlaf wie auch Wachen werden als sehr unangenehm erlebt und meist das Schlafmittel daraufhin wieder eingenommen, was den Schlaf erneut verschlechtert, usw.

Schlaf ist eine adaptive Strategie zur Energiekonservierung und hängt daher eng mit Verfügbarkeit von Nahrung und mit der Stoffwechselrate zusammen

Schlaf und Stoffwechselrate. Stoffwechselrate und Gesamtschlafzeit, sowie Körpertemperatur während des Tages, sind hoch korreliert (Abb. 23–1). Schlaf, besonders SWS hat wahrscheinlich eine Energie-konservierende Funktion, zumindest für das ZNS. Hyperthyroide Personen mit erhöhtem Energieumsatz zeigen deutlich erhöhten SWS, hypothyroide Personen weniger. Hungernde leiden unter Schlaflosigkeit, obwohl sie mit SWS vermutlich Energie sparen würden. Nach extremer *körperlicher Anstrengung* kommt es zu kompensatorischem SWS-Anstieg und erhöhter Hirntemperatur [12].

Schlafzeit, besonders REM-Schlaf ist maximal in Entwicklungsperioden, in denen besonders viel ***Glukose*** gespeichert werden muß und gleichzeitig beschleunigte Proteinsynthese für einige Proteine und Zellsysteme feststellbar ist (s. S. 548 Das Orexin-System des lateralen Hypothalamus).

REM-Schlaf und Nahrungsaufnahme. REM-Schlaf weist eine enge Beziehung zur Nahrungsaufnahme bei verschiedenen Spezies, einschließlich Mensch, auf: Übergewicht geht mit erhöhtem REM-Anteil einher, Patienten mit Magersucht (Anorexie) erhöhen REM-Schlaf, wenn sie ihr Gewicht normalisieren, also das Körpergewicht wieder steigt. Mit zunehmendem REM-Anteil pro Nacht sinkt die Menge aufgenommener Nahrung am nächsten Tag. REM-Schlaf-Zeit ist ein besserer Prädiktor für Nahrungsaufnahme als SWS, Wachen und vorausgegangene Nahrungsaufnahme [41]. Diese Veränderungen hängen mit dem auf S. 548 beschriebenen Orexin-System zusammen. Das Orexin-System des lateralen Hypothalamus erhöht seine Aktivität nach Wachheit und bei Hunger. Knock-out-Mäuse ohne das Orexin-Gen sind hypophagisch und entwickeln Katalepsie, also Eindringen von REM-Schlaf in die Tageszeit. Da es sich aber bei vielen dieser Stoffwechselvorgänge um nicht-lineare und kompensatorische Vorgänge handelt, sind die Beziehungen zwischen REM, Essverhalten und Orexinsystem noch unklar.

Endokrinologie des Schlafes. Die vitale Bedeutung vor allem des Kernschlafes der ersten 3 Nachtstunden für endokrine und immunologische Reaktionen haben wir in Kapitel 4, 5 und 6 ausführlich besprochen. Die Frage nach dem physiologischen (und damit psychologischen) Sinn der Schlafstadien läßt sich vermutlich nur über die Aufklärung seiner endokrinen Mechanismen beantworten, was wir in Kap. 4 und 6 versucht haben.

Mentale Tätigkeit bleibt während aller Schlafphasen bestehen, aber bevorzugt im REM-Schlaf, vor allem gegen Ende der Nacht, treten die für Träume typischen Erlebensinhalte auf

Psychisches Erleben während REM- und NREM-Schlaf. Die Beobachtung Aserinskys und Kleitmans [19], daß Probanden nach Wecken aus REM-Phasen in 80–90 % der Fälle Träume berichten, jedoch nach NREM-Schlaf nicht, blieb nur wenige Jahre unwidersprochen, weil sich zeigte, dass systematische Weckungen aus NREM-Phasen ebenfalls zu Traumerinnerungen führten.

Stets handelt es sich ja in diesen Experimenten nicht um die objektive Feststellung von „Träumen", sondern um *Traumberichte* von Probanden. Berichtet ein Proband nach dem Wecken aus einer REM-Phase detaillierte Trauminhalte im Gegensatz zu NREM-Weckungen, so schließen wir auf einen Zusammenhang, obwohl Unterschiede nur darauf zurückgehen können, dass man sich an das Erleben aus aktiven Schlafphasen besser erinnern kann.

Es ist dabei offensichtlich, daß die Klassifikation eines berichteten Inhaltes als Traum von einer Vielzahl unzuverlässiger Meßdaten abhängt. Alle Untersuchungen stimmen aber darin überein, daß die Traumberichte nach REM-Schlaf meist deutlich länger, lebendiger, visueller und emotionaler sind als in Zeiten okularer Ruhe und während SWS.

Aber auch in etwa 70 % von NREM-Weckungen werden Träume berichtet. Ihr Inhalt ist häufiger fragmentarisch, gedankenartig, realitätsbezogen und das Ich ist weniger involviert [17].

Nach REM-Weckungen treten die gedanklichen, abstrakten Ausarbeitungen in den Hintergrund gegenüber den sensorischen Qualitäten, der berichtete Trauminhalt ist „sensorischer" (Bilder, Körperempfindungen, Töne) und zieht den Schläfer eher in seinen Bann. Geschulte Beobachter können mit 90 %iger Sicherheit aus dem berichteten Trauminhalt angeben, aus welchem Stadium der Traum stammt.

Traumberichte innerhalb einer Nacht. Zwischen *erster und zweiter Nachthälfte* bestehen erhebliche Unterschiede in den REM-Trauminhalten: während die frühen Träume mehr realitätsbezogen sind und *Ereig-*

nisse des vergangenen Tages zum Inhalt haben, sind die Träume der zweiten Nachthälfte ungewöhnlicher, irreal und weniger auf Tageserleben bezogen, sie werden zunehmend bizarr und emotional intensiver [5].

Wenn man aber die Angaben der Versuchspersonen einer Längenkorrektur unterzieht, verblassen die Unterschiede zwischen REM und NREM [17]. Da die späteren Träume einer Nacht mehr Inhalte aufgrund ihrer Länge enthalten, werden typische Angaben über Traumqualitäten (lebendig, emotional) häufiger.

Da besonders die späten Träume innerhalb einer Nacht spontan erinnert werden, erscheint uns das Traumerleben so irreal. Alle Träume enthalten dagegen durchaus sinnvolles und kohärentes Material, wenngleich in einigen Untersuchungen solche Inhalte vor allem in der ersten Nachthälfte gefunden wurden. Dies kann aber auch mit der Länge der Berichte korrelieren, welche später zunehmen. Allerdings treten auch unmittelbar nach dem Einschlafen traumartige Erlebnisse ohne REM-Schlaf-Kennzeichen auf.

REM-Schlaf wurde häufig mit synaptischer Plastizität und Konsolidierung von implizitem Gedächtnismaterial in Zusammenhang gebracht

Methodische Probleme der Schlaf-Gedächtnisforschung. REM-Schlaf stellt einen tonischen Zustand dar, in dem ideale Bedingungen für das Speichern von (phasischen) Inhalten bestehen: abgeschirmt von externer Reizzufuhr – durch absteigende afferente Inhibition – besteht im ZNS ein Zustand erhöhter Aktivierung, der ungestörtes „Verarbeiten“ ohne sensomotorische Interferenzen erlaubt. Das Argument, Träumen sei „nur“ Epiphänomen der endogenen metabolischen Änderungen im REM-Schlaf spricht ebensowenig gegen diese These, wie die Tatsache, daß zumindest beim Menschen REM-Schlaf-Deprivation nicht immer mit schweren Gedächtnisstörungen einhergeht: Psychische Phänomene, so auch Träumen, sind stets *Begleitreaktionen* vieler zentralnervöser und somit auch metabolischer Prozesse; eine perfekte Korrelation mit *einer* Variablen ist somit nicht zu erwarten.

REM, Orexin und Nahrungssuche. Nahrungsdeprivation erhöht Wachsein und Orexin-Produktion im lateralen Hypothalamus. Orexin ist ein Neuropeptid, das in Zellen des lateralen Hypothalamus u. a. für Nahrungsaufnahme wichtige Regionen (s. Kap. 25) synthetisiert wird. Wie wir bereits auf S. 562 gesehen haben, wirken Orexin-Systeme wie unspezifische Aktivierungssysteme stimulierend auf alle Hirnareale, die mit Nahrungssuche, -aufnahme und Sättigung befasst sind. Sie werden bei akutem Nahrungsmangel aktiv; dann verursachen sie Schlaflosigkeit. Sättigung und nachfolgende Orexin-Produktion könnten durch moderate Aktivierung im REM-Schlaf das intermittierende Fortbestehen des Hirnstoffwechsels absichern.

Die Konkordanz von erhöhter Nahrungsaufnahme, Entwicklung des ZNS bei Säugern und erhöhten metabolischen Anforderungen bei Konsolidierungsvorgängen (Übertragung von Inhalten aus STM ins LTM, Kap. 24) spricht für einen Zusammenhang mit Traumtätigkeit. Dabei ist vermutlich wenig relevant, ob REM-Schlaf oder Träumen oder beides die Konsolidierung von Tagesmaterial erleichtert oder nur der Elimination interferierender, „überflüssiger“ Inhalte aus dem LTM dient, da das eine (Elimination interferierenden Materials) Voraussetzung des anderen (Konsolidierung) ist. Beim Menschen liegt die Schwierigkeit eines Nachweises des Zusammenhangs zwischen Gedächtnis und REM-Schlaf in der Unmöglichkeit *völliger* Deprivation vor allem der *phasischen* Anteile; aber auch im Tierversuch fällt der Nachweis schwer, da keine adäquate Kontrollbedingung für selektive phasische und/oder tonische REM-Schlaf-Deprivation zur Verfügung steht und man stets auch den Ablauf der zirkadianen Periodik stört. Deshalb ist die Evidenz für einen Zusammenhang zwischen REM-Schlaf und Gedächtnis vorerst nur korrelativ.

„Lernen im Schlaf“. Unbestritten ist die Tatsache, daß Lernmaterial, vor dem Einschlafen dargeboten, besser behalten wird als Material vor einer Wachperiode. *Schlaf erleichtert also Konsolidierung.* Im Tierversuch kovariiert der relative REM-Anteil am Gesamtschlaf gut mit der Menge des behaltenen Materials: je steiler die Lernkurve um so mehr REM. REM-Deprivation führt stets zu defizitärer Wiedergabe von gelerntem Material, wenn man die Wiedergabeleistung nach REM-Deprivation und nach Erholungs-REM-Rebound vergleicht. Andrerseits führt völliger REM-Verlust oder Unterdrückung (z. B. durch Antidepressiva) beim Erwachsenen zu keinen merkbaren Gedächtnisstörungen.

Für die REM-Gedächtnisbeziehung sprechen auch Untersuchungen zur ***RNS- und DNS-Synthese*** während des Schlafes. Dabei wurde der RNS-Gehalt innerhalb der Nerven- und Gliazellen in verschiedenen Hirnregionen und die Synthese von RNS und DNS nach Injektion radioaktiver Vorläufer bei REM-Schlaf-Deprivation untersucht. Obwohl die Ergebnisse für Zellen aus verschiedenen Strukturen und Zeitverläufen nach Entnahme des Zellmaterials uneinheitlich sind, tritt nach eintägiger REM-Schlaf-Deprivation sowohl bei der Katze als auch bei der Ratte eine deutliche Abnahme der RNS-Synthese auf, während nach totaler Schlafdeprivation ein Anstieg auftritt. Dabei scheint eher die RNS aus dem Zellkern durch Schlaf erhöht, weniger ribosomale RNS; RNS aus dem Zellkern ist eher für die Akkumulation *neuer* Proteinketten (und Gedächtnismaterial) verantwortlich. Ratten nach einer Lernaufgabe zeigen erhöhte DNS-Konzentration; Ratten mit längeren REM-Episoden weisen ebenfalls erhöhte DNS im Hirn, nicht in der Leber auf. Da REM besonders in der frühen Entwicklung dominiert, sollte man hier einen besonders destruktiven Effekt der Deprivation und Hemmung der Proteinsynthese finden. Dies ist auch der Fall: DNS-Synthese in der Entwicklung wird durch REM-Deprivation reduziert, Schlafentzug im Säuglings- und Kindesalter wirkt besonders destruktiv auf kognitive Funktionen, Körper- und Gehirnwachstum.

Ein weiteres korrelatives Indiz für die Rolle von REM-Schlaf im Konsolidierungsprozeß ist die Gegenwart von Hippokampus-Theta-Rhythmus während des Übergangs von STM in LTM (z. B. bei Durchgängen, wo die Fehlerrate in einer Lernaufgabe noch hoch ist, um danach abzufallen) im wachen Tier und der vorherrschenden Hippokampus-Theta-Aktivität in REM-Episoden (zum Hippokampus-Theta s. auch Kap. 24 und 27).

Lernen im Schlaf beim Menschen. Die Darbietung von Lernmaterial während des Schlafes führt nur dann zu Behalten, wenn während und nach der Darbietung zumindest Alpha-Aktivität, d. h. Wachen auftritt. Zwar wird während NREM-Schlaf und in reduziertem Ausmaß auch während REM-Schlaf Information aufgenommen und rudimentär verarbeitet, ihre Konsolidierung aber vor allem durch SWS-Episoden verhindert.

Die psychoanalytische Traumtheorie ist zwar populär, kann aber mit den Ergebnissen der experimentellen Schlafforschung nicht in Einklang gebracht werden

Psychoanalyse. Freud [27] unterscheidet einen *manifesten* (erinnerten) Trauminhalt vom *latenten* Traumgedanken. Ersterer geht aus dem letzteren über Traumarbeit hervor. Der Traumgedanke (stets ein unbewußter Wunsch) wird auf seinem Weg vom Es (dessen Inhalte unbewußt sind) von der Traumzensur des Ichs (vorbewußt) entstellt. Die Traumbildung selbst wird erst durch die Tatsache des Schlafzustandes (Immobilität) ermöglicht, der nach Freud die „endopsychische Zensur herabsetzt". Die Willkürmotorik sieht Freud als Ichfunktion an. Zwischen Eingangsseite (*W* Wahrnehmung) und Ausgang (Motorik) befinden sich „Erinnerungsspuren" (*Er*) vergangener Wahrnehmungen. Die einzelnen Erinnerungssysteme sind unterschiedlich stabil und durch gegenseitige Assoziationen verbunden. Vor dem Ausgang des Systems steht das Vorbewußte (Vbw), das „den Schlüssel zur willkürlichen Motilität innehat". Davor steht noch das Unbewußte, aus dem Inhalte bei ihrem Durchgang durch das Vorbewußte Veränderungen (Zensur) erfahren. In der Nacht kommt es durch relative Inaktivität des Ich zu einem Absinken der Zensur. Normalerweise (im Wachen) nimmt die ankommende Erregung den Weg vom Wahrnehmungssystem zur Motorik, im Traum pflanzen sich die Er nicht zum motorischen Ende des Apparates fort, sondern zum sensiblen, d. h. in das Wahrnehmungssystem; dies bedingt den halluzinatorischen Charakter von Träumen. Die Regression der Er, ihre „halluzinatorische Belebung", wird durch die Ausschaltung externen Reizzuflusses und der Motorik und die dadurch erhöhte assoziative Beweglichkeit erzielt. „Das Gefüge der Traumgedanken wird bei der Regression in sein Rohmaterial aufgelöst".

Hüter des Schlafes. Der Traum ist keineswegs als Hüter des Schlafes zu interpretieren, wie die Psychoanalyse behauptet, da wir aus Träumen häufiger erwachen als aus „tiefen" SWS-Episoden. Dies gilt natürlich besonders für jene Träume, die gegen Morgen auftreten.

Freuds Wunscherfüllungstheorie erwies sich als nicht zutreffend, ebenso seine Spekulationen über die *symbolische Bedeutung* von Träumen. Wir haben gesehen, daß REM-Deprivation zu keinerlei Erhöhung der Antriebsbereitschaft für sexuelle oder andere Triebregungen führte. Wünsche sind als Trauminhalte äußerst selten, in der Regel dominieren Ereignisse des vergangenen Tages. Trotz dieser Situation stellt die Traumdeutung nach wie vor eine wichtige Stütze der *psychoanalytischen Behandlung* dar, die sich, wie auch die übrigen Leitsätze dieses gedanklichen Spekulationsgebäudes, nicht mit den Ergebnissen neurobiologischer Forschung in Einklang bringen lassen. Die nun schon über ein Jahrhundert dauernde Ignoranz der psychoanalytischen „Schulen" gegenüber den Ergebnissen der experimentellen Psychologie und Physiologie steht in der Geschichte der Humanwissenschaften beispiellos da.

Schlaf- und Traumtheorien schreiben dem SWS homöostatische, dem REM-Schlaf zentralnervöse Aufgaben zu

Borbélys Zwei-Prozeß-Theorie. Eine moderne Theorie der Schlaf- und Traumregulation wurde von Borbély entwickelt. Sie berücksichtigt die bisher besprochenen neurobiologischen Fakten und erlaubt Vorhersagen über pathophysiologische Veränderungen der Schlafregulation, die wir in 23.6 besprechen [4].

Die Schlafentzugsexperimente zeigen, daß Theta-Delta-Schlaf eher nachgeholt wird und hoch mit den zirkadianen Schwankungen der ***Müdigkeit*** kovariiert (Abb. 23–23). Müdigkeit (Tiefschlafbereitschaft) wird primär durch die Dauer des Wachzustandes kumulativ bestimmt (Prozeß S). Der zirkadiane Prozeß C

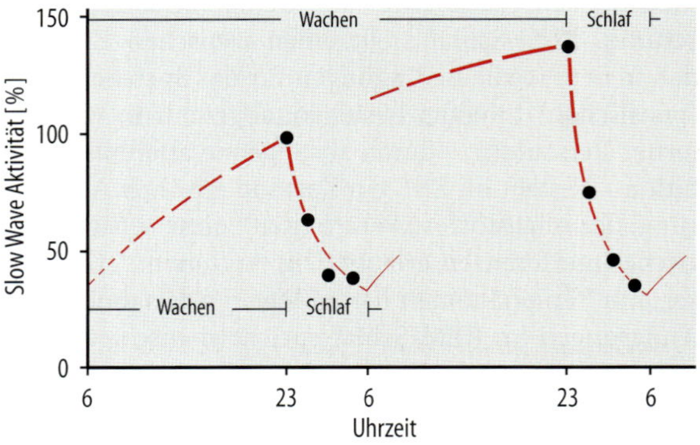

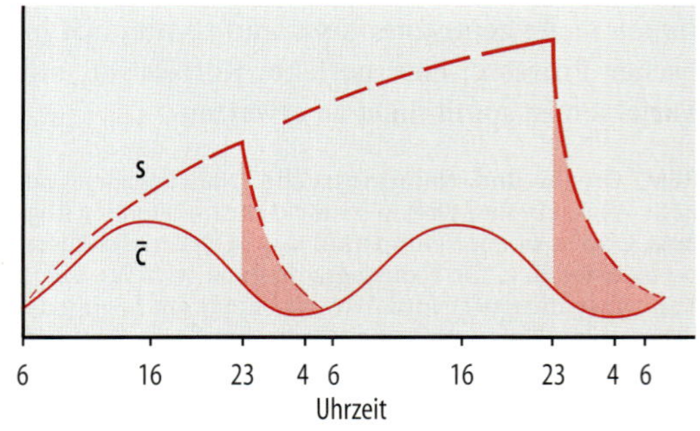

Abb. 23–23. Zwei-Prozeß-Theorie der Schlafregulation. *Oberer Teil*: Ausmaß an SWS (Verbindungslinie zwischen den Punkten) in erster Ausgangs-Nacht und nach einer Nacht Schlafdeprivation (Verbindung zwischen Punkten *rechts*). Der theoretisch postulierte exponentielle Anstieg von SWS-Druck (S) während des Wachens ist durch die schräg ansteigende Linie symbolisiert. *Unterer Teil*: Reziprokwert des zirkadianen REM-Drucks C und Verlauf des SWS-Drucks in erster Nacht und nach Schlafdeprivation. Die *rote* Fläche (Differenz SWS-REM) gibt die „Schlaftiefe" im Verlauf einer Nacht wieder (Erläuterung s. Text). (Nach [4])

entspricht der REM-Schlaf-Bereitschaft und Körpertemperatur. Die REM-Schlafbereitschaft ist am niedrigsten nachmittags und abends, die Temperatur am höchsten. Deswegen ist C als Reziprokwert $\bar{C}$ auf Abb. 23–23 eingetragen. Der Gesamt-„Schlafdruck" bestimmt sich durch den Abstand von S und $\bar{C}$. Auf Abb. 23–23 sind die beiden hypothetischen Prozesse „NREM-Schlaf-Bedürfnis" (S) und die Periodik des zirkadianen Temperaturoszillators eingetragen. „REM-Schlafbedürfnis" entspricht dem reziproken Wert des Temperaturoszillators: der REM-Druck (C) sinkt bis nachmittags und abends, um dann bis morgens anzusteigen.

Das Modell von Borbély erlaubt Vorhersagen über die Effekte von Schlafdeprivation auf Depression (s. unten und Abb. 23–24) und impliziert die Existenz eines oder mehrerer kumulativ aktiver Schlafsubstanzen („Hypnotoxine") als Grundlage von S und sieht den zirkadianen SCN-Oszillator als neuronanatomische Basis von C. Das Modell erklärt auch, warum ***Einschlafen*** besser am „abfallenden Ast" der Temperaturkurve gelingt und nicht am steigenden: wäre die Temperatur z. B. um 23 Uhr hoch (niedriger REM-Druck), wäre die Differenz zwischen S und C niedrig, die Schlaftiefe somit gering.

Tabelle 23–2. Primäre Schlafstörungen

1.	**Insomnia (Ein- und Durchschlafstörungen)**
	Pseudoinsomnia
	Idiopathische Insomnia
	„delayed sleep phase insomnia"
	Drogen-Insomnia
	Insomnia bei Hyperaktivität und affektiven Störungen
	Schlafapnoe
2.	**Hypersomnia**
	Narkolepsie
	Drogen-Hypersomnia
	Hypersomnia bei Verhaltensstörungen
	Pickwick-Syndrom
3.	**Schlafstadien-gebundene Störungen**
	Schlafwandeln (Somnambulismus)
	Enuresis nocturna (nächtliches Einnässen)
	Alpträume (Pavor nocturnus)
	Bruxismus nocturnus (nächtliches Zähneknirschen)
	Iactatio capitus nocturnus (nächtliches Kopfschlagen)
	Somniloquie (Sprechen im Schlaf)
	Ruhelose Beine (restless leg syndrome)
4.	**Störungen des Schlaf-Wach-Rhythmus**
	Zeitzonenüberschreitung („jet lag")
	Schicht- und Nachtarbeit

23.6 Schlafstörungen

Ein- und Durchschlafstörungen sind meist psychologisch bedingt oder Folgen organischer Erkrankungen

Primäre Schlafstörungen. Die wichtigsten primären Schlafstörungen, bei denen Schlafstörungen nicht *sekundär* die Folge einer organischen, häufig neurologischen Erkrankung darstellen, sind in Tabelle 23–2 zusammengefaßt.

Pseudoinsomnien sind Schlafstörungen, bei denen *subjektiv* eine Störung des Ein- oder Durchschlafens berichtet wird, aber nach wiederholter *polygraphischer Registrierung* des Schlafes keine Auffälligkeiten des altersentsprechenden Schlafprofils vorliegt. Ursache ist ein fehlerhafter kognitiver Zuschreibungsprozeß (*Attribution*) dessen, was „richtig" schlafen bedeutet. Dies ist häufig bei alten Menschen der Fall, die sich nicht an die zunehmende „Leichtigkeit" des Schlafes gewöhnen können. Meist liegen psychologische Störungen vor, die den gestörten Attributionsprozeß verursachen, u.a. Partnerschafts- und Sexualstörungen.

Idiopathische Insomnia. Diese Verhaltensstörung weist ein *gestörtes physiologisches Schlafprofil* und ein damit konkordantes subjektives Erleben auf: die Personen berichten schlechten oder zu kurzen Schlaf mit häufigem Erwachen, ohne daß eine organische Ursache oder eine andere der in Tabelle 23–2 genannten Störungen vorliegt. Meist sind die Ursachen aus der ***Verhaltensanalyse*** und der wiederholten polygraphischen Erfassung des Schlafes diagnostizierbar: erhöhte Anspannung, zuviel oder zu wenig körperliche Aktivität, kognitive Störungen (Personen mit Insomnia weisen erhöhtes Nachdenken über Sorgen und wenig erlebte *Selbsteffizienz* auf), Diät, Störung der zirkadianen Regularität (Reisen, unregelmäßige Schlafzeiten), chronischer Streß, Abendaktivitäten (Fernsehen), inadäquate Schlafumgebung u.a. kennzeichnen chronische Insomnia. Bei Insomnia ist die Muskelanspannung (EMG) vor dem Einschlafen meist erhöht und die Hauttemperatur im Tagesdurchschnitt oft erniedrigt. Besonders bei Einschlafstörungen sind auch noch andere physiologische Parameter vor Eintritt des Schlafes aktiviert. Oft gehen diese Personen am *ansteigenden Ast ihrer Temperaturkurve* zu Bett, was mit Einschlafen unvereinbar ist. Personen mit Insomnia sind ängstlicher als normale Schläfer sowie schlechter hypnotisierbar, sie unterschätzen die Schlafzeit und überschätzen die Einschlafzeit, sie neigen eher zu interner Streßbewältigung (Nachdenken, „Ärger schlucken") als zu handlungsorientierter Bewältigung [22].

Je nach Ergebnis der Verhaltensanalyse und des Schlafprofils sind folgende Behandlungsverfahren indiziert:

- Entspannungstraining
- EMG und/oder EEG-Biofeedback (Theta- oder
- SMR-Rhythmus)
- Reizkontrolle (Verhaltenstherapie durch Neuarrangement des Einschlafverhaltens)
- Kognitive Verhaltenstherapie (Neuattribution der Ursachen für Schlafstörungen).

Verzögertes Einschlafen (delayed sleep phase insomnia, DSPI). Patienten mit DSPI gelingt es nicht mehr, eine einmal eingetretene Phasenverschiebung (später zu-Bett-gehen, verzögertes Einschlafen, Flugreise über Zeitzonen) *wieder rückgängig* zu machen. Mehrere solcher Patienten wurden erfolgreich durch ***Chronotherapie*** behandelt: von einer Zeitgeberperiode von 27 h (24 h + 3 h) ausgehend, mußten die Patienten jeden Tag 3 h später zu Bett gehen, bis zum Erreichen der gewünschten Periode (z.B. 21 Uhr zu Bett gehen, 6 Uhr aufwachen). Wenn der Patient z.B. erst gegen 3 Uhr früh einschlafen konnte, so durfte er am nächsten Tag erst um 6 Uhr früh zu Bett gehen, am darauffolgenden um 9 Uhr usw. [14].

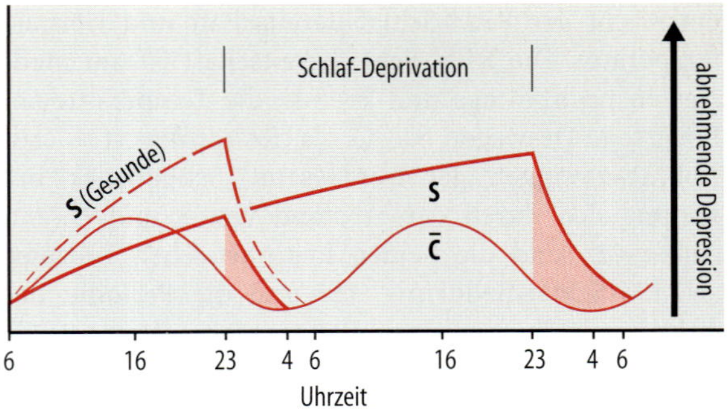

Abb. 23–24. Schlaf und Depression: *Prozeß S* (Tiefschlaf, s. Abb. 23–23) bei einer gesunden Person (*strichlierte Kurve*) und bei einem depressiven Patienten (*ausgezogene Kurve*). Die Schlafperioden des Patienten sind durch die *rote* Fläche symbolisiert. Wegen des SWS-System (S)-Defektes sind Schlafdruck und SWS reduziert und die Schlafperioden verkürzt. Die S-Defizienz führt zu „Enthemmung" des REM-Prozesses im ersten Teil der Nacht (verkürzte REM-Latenz). Dies ist im linken Teil der Abbildung am Überschießen der C-Linie, welche nach unten zunehmenden REM-Druck anzeigt, über die S-Linie symbolisiert. Durch den Abfall des S-Druckes tritt der C-Druck relativ zu S mehr in den Vordergrund des Schlafes. Schlafdeprivation (*rechter Teil* der Abb.) normalisiert die Schlafstruktur und reduziert die depressive Stimmung. (Aus [4])

Die Einnahme von Schlafmitteln ist eine der Hauptursachen für gestörten Schlaf

Insomnia bei Verhaltensstörungen. Bei fast allen psychophysiologischen Störungen treten auch Schlafstörungen und Störungen der zirkadianen und ultradianen 90-Minuten-Periodik auf: vor allem die ***affektiven Störungen*** (monopolare und bipolare Depressionen) weisen eine ausgeprägte Irregularität auf, die – so im Fall des zirkadianen Temperaturrhythmus – oft schon *vor* Eintritt der psychophysiologischen Störungen auftritt. Die Änderungen sind äußerst heterogen. Die Amplituden vieler zirkadianer und ultradianer Rhythmen sind *erniedrigt*. Am häufigsten aber wird bei Depression eine *Verkürzung der REM-Latenz* nach dem Einschlafen berichtet, im Durchschnitt von 70 auf 40 Minuten. Abbildung 23–24 zeigt die Effekte der Schlafdeprivation auf Depressionen auf der Grundlage der Borbélyschen Zwei-Prozess-Theorie (s. S. 564). Totaler Schlafentzug führt zu *vorübergehender* Besserung bei einigen depressiven Patienten, wobei isolierte ***REM-Deprivation*** auch langanhaltende Verbesserung erzielen kann [4, 9].

Lichttherapie wurde als Therapie bei Winterdepressionen versucht. Dabei müssen sich die Patienten über Tage oder Wochen etwa 1 Stunde hellstem Licht (wie Sonnenlicht) aussetzen, um eine stabile Synchronisation der Körperrhythmen zu erreichen. Inwieweit diese Art der Behandlung über Plazeboeffekte hinausgeht, ist umstritten.

Drogen-Insomnia. Die häufigste Ursache von Schlafstörungen ist der chronische Gebrauch von Schlafmitteln durch ärztliche Verschreibungen. Drogen-Insomnia ist die häufigste iatrogene (d.h. von Medizinern erzeugte) Störung der Gesundheit, vor allem bei Frauen und alten Menschen. Alle heute gebräuchlichen Schlafmittel führen zu Veränderungen des Schlafprofils: Barbiturate und die meisten Benzodiazepine reduzieren REM-Schlaf und SWS zugunsten einer Verlängerung der Zwischenstadien. Das Schlaf-EEG weist bei beiden Substanztypen erhöhte Beta-Aktivität auf. Auch Alkohol reduziert REM und führt zu irregulärem Schlafprofil. Nach Absetzen der Schlafmittel treten Rebound-Phänomene auf (z.B. REM-Rebound mit Alpträumen), die durch neuerliche Einnahme unterdrückt werden. Drogen- und Alkoholabhängige zeigen dieselben Phänomene, häufig mit völligem Verlust einer zirkadianen S-W-Periodik. Ironischerweise ergibt sich auch subjektiv im Durchschnitt kein besserer Schlaf bei Personen, die über Insomnia klagen und Drogen einnehmen, verglichen mit Personen, die über Insomnia klagen und keine Schlafmittel nehmen. Auch die kurzfristige Verschreibung von Schlafmitteln bei primären Schlafstörungen (Tabelle 23–2) ist kontraindiziert, da Suchtzyklen außerordentlich schnell in Gang kommen können und keinerlei langfristige Normalisierung des Schlafes erreicht werden kann. Schon nach 3 Tagen Einnahme kommt es zu Rebound-Insomnia! [22]

Hypersomnien sind von ausgeprägter Tagesmüdigkeit begleitet

Schlaf-Apnoe. Respiratorische Pausen von mehr als 15 s Dauer während des Schlafes (oft bei Personen mit ***Schnarchen***) sind nicht nur mit *häufigem Erwachen* (meist aus REM) und Tagesmüdigkeit, sondern auch

BOX 23-2

Schlaf-Apnoe

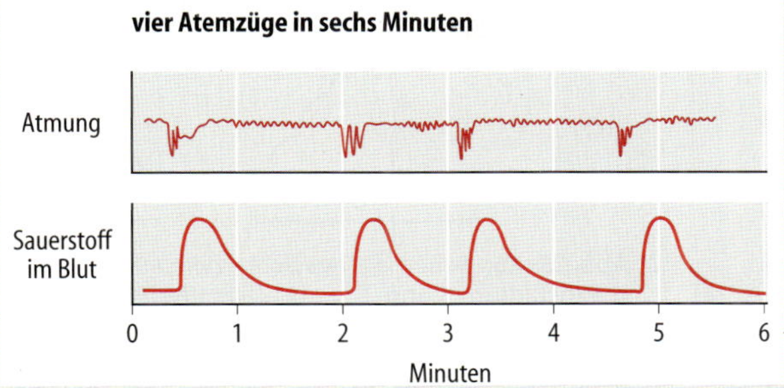

Ein 62jähriger Wissenschaftler, leicht übergewichtig, klagt anläßlich einer Konferenz (an einem einsamen Ort) einem Kollegen sein „Lebensproblem": chronische Müdigkeit tagsüber. Er habe eine Vielzahl von Ärzten aufgesucht und habe nach Jahren der Einnahme von Schlaftabletten sogar eine Entzugsbehandlung machen müssen, da er von Benzodiazepinen und Barbituraten abhängig wurde. Eine fünf Jahre dauernde Psychoanalyse hätte keinerlei Effekt gehabt, außer daß er sich danach von seiner Frau trennte. Da man auf der Tagung nachts die Schlafzimmer teilen mußte, merkte der neben ihm liegende Kollege, daß er von seinem Nachbarn nach einem lauten Schnarchton für mehr als eine Minute keine Atemgeräusche mehr hörte. Er beobachtete seinen Kollegen länger und stellte fest, daß dieser nach einer solchen Atempause (a = nicht, pnea = Atmen) kurz die Augen öffnete oder sich leicht drehte, dann tief einatmete und wieder eine lange Atempause darauf folgte. Auf Empfehlung des Kollegen schlief der Patient danach einige Nächte im Schlaflabor seiner Universität. Dabei konnte man Atemverhalten und Sauerstoffsättigung des Blutes messen.

Die Abbildung zeigt eine typische Registrierung während einer REM-Schlafperiode von 6 Minuten, während der vom Patienten nur vier (!) Atemzüge erfolgten. Ein gesunder Schläfer würde ca. sechzig mal einatmen müssen. Nach einer verhaltenstherapeutischen Behandlung des Übergewichts und einigen Nächten mit einer Sauerstoffmaske normalisierte sich das Atemverhalten des Patienten und die Tagesmüdigkeit verschwand.

mit erhöhtem Risiko für ***plötzlichen Tod*** und kardiovaskulären Leiden verbunden (s. Box 23–2). Obwohl bei Personen mit Obstruktionen der Luftröhre (z. B. bei Übergewichtigen, die auf dem Rücken liegen und bei Rauchern) häufiger, tritt Schlaf-Apnoe in allen Altersstufen auf. Entfernbare Plastik-Tuben in der Luftröhre oder Sauerstoffzufuhr können neben psychologischer Adipositas-Therapie eine Reduktion der Apnoe bewirken.

Das **Pickwick-Syndrom** (nach Charles Dickens dickem Held in der Novelle „The Pickwick-Papers" benannt) bezeichnet Schlafattacken von übergewichtigen Personen während des Tages, die vermutlich eher zur Schlaf-Apnoe gehören: Fettleibige wachen häufig nachts durch Apnoe-Phasen auf und sind deshalb hypersomnisch.

Narkolepsie. Häufige Schlafattacken während des Tages, die mit Muskelrelaxation, bis zu plötzlichem Tonusverlust und Hinstürzen des Betroffenen (Kataplexie) verbunden sein können und von wenigen Sekunden bis 30 Minuten andauern können, stellen das „Eindringen" von REM-Episoden in den Wachzustand dar. Personen mit Narkolepsie weisen oft mehrere solcher Perioden pro Tag auf und leiden an exzessiver Müdigkeit. Die Kataplexie-Attacken werden häufig durch emotionale Erregung, Lachen, intensive und plötzliche Reize ausgelöst. Kataplektiker fallen sofort nach Einschlafen in eine REM-Episode, was auch auf reduzierte Hemmung von REM-aktivierenden Strukturen bei diesen Patienten hinweist. Narkolepsie tritt mit Kataplexie auch bei Säugetieren auf und scheint dort wie beim Menschen stark unter genetischer Kontrolle zu stehen. Eliminierung des Orexin-Gens führt bei Mäusen zu Narkolepsie, es besteht also ein Zusammenhang zwischen Nahrungsregulation und Narkolepsie.

Alpträume mit Schlafparalyse (Gefühl der Unfähigkeit, die Glieder zu bewegen) sind meist REM-Episoden, bei denen die motorische Hemmung besonders ausgeprägt ist und bei denen Erwachen auftritt: berichtet werden oft Flucht- und Verfolgungssituationen, denen die Person durch Bewegungslosigkeit ausgeliefert ist.

Somnambulismus und andere Störungen des SWS. Somnambulismus (Schlafwandeln), Pavor nocturnus, (Nacht-„terror", häufig mit Schrei) und einige Formen von Enuresis nocturna (Bettnässen) treten in SWS-Phasen auf. Sie sind bei Kindern besonders häufig. Die sensomotorische Koordination ist dabei z.T. intakt, die Augen weit geöffnet, aber es besteht keine Erinnerung an die Episoden. Die Genese dieser Störungen ist unklar, eine funktionelle ***Desynchronisation von Hirn- und Körperschlaf***, wie er nach hohen Cerveau-isolé-Präparationen bei Katzen beobachtet wurde, wird häufig als Erklärung herangezogen: „wache" subkortikale Motorik und teilweise auch „wache" subkortikale sensorische Kerne (die Personen „sehen" die Hindernisse) auf Zwischen- und Mittelhirnniveau gehen dabei mit Endhirnsynchronisation einher. Auch Restless-leg-Syndrom und Pavor nocturnus treten vor allem in NREM-Episoden auf.

Epileptische Anfälle treten oft an Übergängen von Schlafstadien oder nach schnellen Aktivierungs- oder Deaktivierungsänderungen auf

Krampfschwelle und Bewußtseinsänderung. Es besteht ein enger Zusammenhang zwischen der „Krampfschwelle" zentralnervöser Strukturen und den Schlaf-Wach-Phasen. Eine Erniedrigung der Krampfschwelle läßt sich am kortikalen Spontan-EEG durch Auftreten von „Spikes" (hohe negative Entladung von 20–70 ms, die aus dem Hintergrund-EEG hervortritt) ablesen, die meist gemeinsam mit oder kurz vor „Spike-Wave-Komplexen" auftreten. Auch bei Normalpersonen treten diese Spikes auf, bevorzugt bei Einschlafen und Aufwachen, eine Zuckung des ganzen Körpers oder einzelner Glieder geht damit einher. Den Spike-Wave-Komplexen gehen im Wachzustand eine Desynchronisation und *DC-Negativierung* des EEGs voraus (s. Kap. 24 und 25).

Schlaf als Provokationsmethode. Zwei der verläßlichsten Provokationsmethoden interiktaler (zwischen Anfällen auftretende) Krampfpotentiale sind neben der Hyperventilation und Photostimulation Schlaf und Schlafdeprivation. Interiktale Krampfpotentiale im Schlaf gehen dabei nicht notwendigerweise mit Anfällen im Schlaf (Schlafepilepsien) oder nach dem Aufwachen (Aufwachepilepsien) einher; Anfälle im Schlaf sind bei Patienten mit einem primären Fokus (Ort im Gehirn, von dem die Übererregung ausgeht) und sekundärer Generalisation der Anfälle häufig (50 % der Attacken), weniger bei primär generalisierten Anfällen. Anfälle mit einem primären Fokus nehmen von einer bestimmten Hirnregion ihren Ausgang und generalisieren später in andere Regionen.

Anfälle treten *nie* aus REM-Perioden, sondern treten bevorzugt aus den *Übergangsstadien 1 und 2* mit plötzlichen phasischen Aktivierungsschwankungen (nach oben oder unten) auf (Abb. 23–25).

Psychophysiologische Behandlung der Epilepsien. Regelmäßiger Schlaf und gute Schlafhygiene sollte der erste Behandlungsschritt bei jeder Epilepsiebehandlung sein. Sowohl zu kurzer als auch exzessiver Schlaf senken die Krampfschwellen. ***Hyperventilation*** während des Tages oder der Nacht (z. B. nach chronischen Belastungen) stellt einen zusätzlichen Risikofaktor dar. Neben REM-Schlaf mit seiner ausgeprägten Desynchronisation und sensomotorischen Hemmung ist auch SMR (senso-motorischer Rhythmus über dem

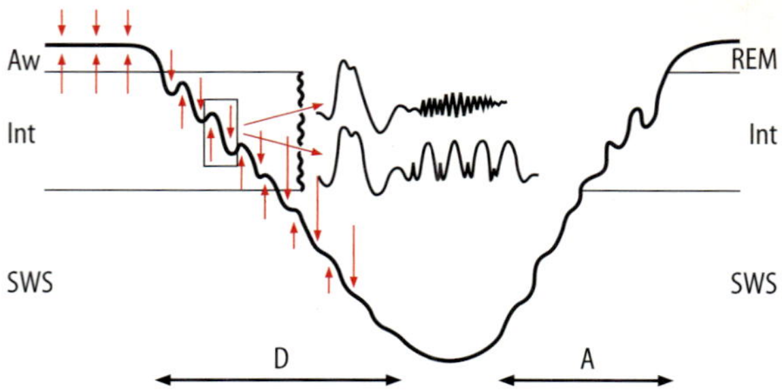

Abb. 23–25. Schema eines Schlafzyklus. *Aw*. . .wach, *Int*. . .Zwischenstadium 1 und 2, *D*. . .abfallender Ast des Zyklus, *A*. . .ansteigender Ast des Zyklus. Die nach *oben gerichteten Pfeile* zeigen Mikroaktivierungen an, die nach *unten gerichteten Pfeile* Mikroschlafperioden in Richtung SWS. Die *Länge der Pfeile* symbolisiert die Beziehung zwischen den aktivierenden und desaktivierenden „Kräften". Das Zwischenstadium ist durch vermehrte Fluktuationen ohne Dominanz einer der beiden „Kräfte" gekennzeichnet. Während Wachheit (*Aw*) und *SWS* dominiert klar jeweils einer der beiden Zustände. Die eingezeichneten EEG-Kurven zeigen einen Aktivierungsanstieg (K-Komplex) mit einem kompensatorischen Rebound (Spindeln-SMR) und darunter die Konsequenz eines Aktivierungsabfalls (Synchronisation) gefolgt von Spike- und Wave-Paroxysmen. (Nach [29])

motorischen Projektionsfeld von 12–17 Hz, s. Kap. 21) mit motorischer Hemmung verbunden und deshalb mit dem Krampfgeschehen inkompatibel. Abbildung 23–25 zeigt in der oberen EEG-Kurve die hemmende Spindel-SMR-Aktivität nach einem „gefährlich" hohen K-Komplex. Psychologisches Selbstkontroll-Training von EEG-Aktivität bei generalisierten Epilepsien (***Biofeedback***, s. Kap. 22, 27) konzentriert sich deshalb auf Unterdrückung von Synchronisation (Theta-Delta), Erhöhung der Häufigkeit von SMR und *Selbstkontrolle* der auslösenden Aktivierungsschübe durch *Regulation negativer DC-Verschiebungen* [20].

Abb. 27–8 zeigt die bei der Rückmeldung langsamer Hirnpotentiale verwendete Lernprozedur. Der (die) Patient(in) sitzt vor einem Bildschirm, auf dem er seine langsamen Hirnpotentiale (s. Kap. 21) für jeweils 8–10 s beobachten kann. Leuchtet ein A auf dem Bildschirm auf, muß er das Potential erhöhen (negative Polarität), bei B erniedrigen (positive Polarität). Für jeden geglückten Versuch wird der(die) Patient(in) belohnt. Nur positive Polarität ist mit epileptischer Übererregung des Kortex *unvereinbar*. In den ersten 20 Sitzungen lernt der(die) Patient(in) sowohl zu Negativieren wie zu Positivieren, danach nur mehr kortikale Positivierung. Durch Übungen zu Hause und in natürlichen Situationen kann man die gelernte Selbstkontrolle auf die soziale Realität übertragen und lernen, anfallsfördernde Situationen und Zustände rechtzeitig wahrzunehmen und zu unterdrücken [20].

ZUSAMMENFASSUNG

Fast alle Körperfunktionen und Verhalten weisen periodische Oszillationen auf. Der häufigste Fall ist dabei eine zirkadiane Periodik um 24 h. Zirkadiane Rhythmen werden von endogenen Schrittmachern (Oszillatoren) im ZNS erzeugt und können vor allem durch helles Licht beeinflußt (mitgenommen) werden.

Der wichtigste endogene Schrittmacher ist der Nucleus suprachiasmaticus (SCN) des Hypothalamus. Der SCN erhält glutamaterge Eingänge aus der Retina und zwingt seinen Rhythmus endokrinen und zentralnervösen Strukturen auf. Isolierte Zellen des SCN sind spontan im 24–25 h-Rhythmus aktiv und können von Spender- auf Empfängertiere transplantiert werden, wo sie den Rhythmus des Spendertieres beibehalten. Die endogene Rhythmizität der SCN-Zellen ist auf die rhythmische Genexpression früher Reaktionsgene zurückführbar.

Schlaf-Wach-Zyklus, Nahrungsaufnahme, Thermoregulation und endokrine Rhythmen sind mit den Phasen psychologischer Rhythmen wie Schmerzempfindlichkeit und Reaktionsleistungen zum Teil synchronisiert, zum Teil folgen sie verschiedenen Oszillatoren. Die häufigsten Störungen der endogenen Rhythmik sind Nacht- und Schichtarbeit und Überfliegen von Zeitzonen; sie sind stets mit physiologischen und Verhaltensstörungen verbunden, die in der Regel Tage benötigen, um wieder zu resynchronisieren.

Der Schlaf-Wachrhythmus des Menschen läßt sich mit dem Elektroenzephalogramm (EEG), dem Elektromyogramm und schnellen Augenbewegungen in verschiedene Stadien einteilen. Dabei überlagert der „basic-rest-activity-cycle" (BRAC) mit einer Periode von 90 min den langsamen Tiefschlafrhythmus, der sich tagsüber „anstaut", um dann vor allem in den ersten drei Schlafstunden zu „entladen".

Während des Schlafens tritt zuerst langsamer Wellen-Schlaf (SWS) im EEG auf, der nach ca. 90 min von einer Periode mit wachem EEG, schnellen Augenbewegungen (REM) und Muskelatonie gefolgt wird. Mit zunehmender Schlafdauer werden diese REM-Phasen häufiger und länger, so daß pro Nacht etwa 4–6 solcher BRAC-Perioden auftreten. Die Träume aus den aktivierten REM-Phasen werden besonders gut erinnert.

REM-Schlaf wird von der endogenen Aktivität subkortikaler Zellgruppen erzeugt, deren Entladungen vor allem im visuellen System zu den bizarren Traumvorstellungen führen. Träumen kann aber auch aus der Aktivität limbischer und kortikaler und der Inaktivität einiger präfrontaler und assoziativ-sensorischer kortikaler Regionen resultieren. Zwei gegenseitig hemmend wirkende subkortikale Kerngruppen bedingen den Wechsel zwischen REM- und Non-REM-Schlaf, wobei die Hemmung aminerger Zellen Voraussetzung für das Hervortreten cholinerger Aktivität während REM darstellt.

Beide Typen von Schlaf, SWS und REM sind überlebenswichtig, ihre Deprivation führt im Tierversuch nach wenigen Tagen zum Tode, wobei dafür vor allem immunologische Störungen verantwortlich sein dürften.

Während Tiefschlaf (SWS) eher restaurativ-homöostatische Funktionen aufweist, dient der REM-Schlaf vermutlich der Temperaturregulation und fördert die synaptische Verknüpfung der kortikalen Nervenzellen vor allem in der frühen Entwicklung.

Schlafstörungen treten bei fast allen organischen Krankheiten auf, sind aber abgesehen von diesen Krankheiten in den meisten Fällen von psychologischen Faktoren und Schlafmitteln ausgelöst.

Die zyklischen Schwankungen der Schlafphasen gehen mit raschen Erregungsänderungen des ZNS einher, die bei prädisponierten Personengruppen zu epileptischen Anfällen führen können.

Literatur

Weiterführende Lehr- und Handbücher

1. Aschoff J, Daan S, Groos GA (1982) Vertebrate Circadian Systems. Structure and Physiology. Springer, Heidelberg, New York, Tokyo
2. Birbaumer N, Schmidt RF (2000) Wachen, Aufmerksamkeit und Schlafen. In: Schmidt RF, Thews G. Lang F (Hrsg) Physiologie des Menschen. 28. Aufl. Springer, Heidelberg, New York, Tokyo
3. Bootzin RR (Ed) (1990) Sleep and cognition. American Psychological Association, Washington DC
4. Borbély A, Valatx JL (Eds.) (1984) Sleep Mechanisms. Springer, Berlin, Heidelberg, New York, Tokyo

5. Cartwright RD (1978) Night Life. Prentice Hall, Englewood, N. J.
6. Ellman S, Antrobus J (Eds.) (1991) The mind in sleep, 2nd Ed. Wiley, New York
7. Hobson AS (1999) Sleep and Dreaming. In: Zigmond, M., Bloom, E. F., Landis, S. C., Roberts, S. L., Squire, L. R. (Eds.) Fundamental Neuroscience. Academic Press, San Diego
8. Hobson JA, Pace-Schott E, Stickgold R (2000) Dreaming and the brain: Toward a cognitive neuroscience of conscious states. Beh. and Brain Sciences 23,793–842
9. Horne J (1988) Why We Sleep. Oxford. Univ. Press
10. Jovanovic UJ (1971) Normal Sleep in Man. Hippokrates, Stuttgart
11. Kandel E, Schwartz J, Jessell T (2000) Principles of Neural Sciences. 4th ed. Elsevier, Amsterdam
12. McGinty DS, Siegel SM (1983) Sleep states. In: Satinoff E, Teitelbaum P (Eds.) Motivation. Handbook of Behavioral Neurobiology. Vol. 6. Plenum Press, New York, pp. 109–181
13. Montplaisir J, Godbout R (Eds.) (1990) Sleep and biological rhythms. Oxford University Press, Oxford
14. Moore-Ede MC, Salzman FM, Fuller ChA (1982) The Clocks That Time Us. Harvard Univ. Press, Cambridge, Mass.
15. Purves, D, Williams, S (Eds.) (2001) Neuroscience. 2nd ed. Sinauer, Sunderland, Mass.
16. Rechtschaffen A, Kales A (Eds.) (1968) A Manual of Standardized Terminology, Techniques and Scoring System. U. S. Dept. Health, Education and Welfare, National Institute of Health Publ. No. 204, Washington (Nachdruck 1971)
17. Strauch I, Meier B (1992) Den Träumen auf der Spur. Ergebnisse der experimentellen Traumforschung. Huber, Bern
18. Wever RA (1979) The Circadian System of Man. Springer, Berlin, Heidelberg, New York, Tokyo

Einzel- und Übersichtsarbeiten

19. Aserinsky E, Kleitman N (1953) Regulary occuring periods of eye motility, and concomitant phenomena during sleep. Science 118:273–274
20. Birbaumer N, Rockstroh B, Elbert T, Wolf P, Düchting-Röth A, Reker M, Daum I, Lutzenberger W, Dichgans, J (1994) Biofeedback of slow cortical potentials in epilepsy. In: Carlson J, Seifert AR, Birbaumer N (Eds.) Clinical Applied Psychophysiology. Plenum Press, New York, 29–42
21. Borbély AA (1984) Sleep regulation: outline of a model and its implications for depression. In: Borbély A, Valatx JL (Eds.) Sleep Mechanisms. Springer, Berlin, Heidelberg, New York, Tokyo
22. Coates TJ, Thoresen CE (1981) Treating sleep disorders: Few answers, some suggestions and many questions. In: Turner SM, Calhoun KS, Aadams HE (Eds.) Handbook of Clinical Behavior Therapy. Wiley, New York
23. Czeisler C, Kronana R, Allan J, Duffy J, Jeweff M, Brown E, Ronda J (1989) Bright light induction of strong (type O) resetting of the human circadian pacemaker. Science 244:1328–1333
24. Dement WC, Kleitman N (1957) Cyclic variations in EEG during sleep and their relations to eye movements, body motility and dreamng. Electroenceph. Clin. Neurophysiol. 9:673–690
25. Fisher-Perroudon C, Mouret J, Jouvet M (1974) Sur un cas d'agrypnie au cours d'une maladies de Morvau. Electroenceph. Clin. Neurophysiol. 36:1–18
26. Folkard S, Monk TM (1983) Chronopsychology: Circadian rhythmus and human performance. In: Gale A, Edwards JA (Eds.) Physiological Correlates of Human Behavior. Vol 2. Acad Press London, pp. 57–78
27. Freud S (Erstmals erschienen 1900) Die Traumdeutung. Nachdruck der 7. Auflage. Deuticke, Wien 1945
28. Giuty D, Kornhauser J, Thompson M, Bading H, Mayo K, Takahashi J, Grennberg M (1993) Regulation of CREB phosphorylation in the suprachiasmatic nucleus by light and a circadian clock. Science 260:238–241
29. Halasz P (1984) Sleep, arousal and electrocortical manifestations of generalized epilepsy with spike wave pattern. In: Degen R, Niedermeyer E (Eds.) Epilepsy, Sleep and Sleep Deprivation. Elsevier, Amsterdam
30. Hildebrandt G (1978) Chronobiologische Probleme der Nacht- und Schichtarbeit. In: Heimann M, Pflug B (Hrsg.) Rhythmusprobleme in der Psychiatrie. G. Fischer, Stuttgart, 29–39
31. Hobson A, Stickgold R (1995) The conscious state paradigm; A neurocognitive approach to waking, sleeping and dreaming. In: Gazzaniga M (Ed) The Cognitive Neurosciences. MIT Press, Cambridge, Mass.
32. Klein K, Wegmann HM (1979) Circadian rhythm in air operation. In: Nicholson AN (Ed.) Sleep, Wakefullness and Circadian Rhythmus. NATO Advisary Group for Aerospace Research and Development. Neully sur Seine, 10.1–10.29.
33. Llinás R, Ribary U (1993) Coherent 40-Hz oscillation characterizes dream state in humans. Proc Natl Acad Sci, USA 90:2078–2081
34. Loomis AL, Harvey EN, Hobart G (1936) Electrical potentials of the human brain. J Exp Psychol 19:249–279
35. Pöllmann L (1980) Der Zahnschmerz. Chronobiologie, Beurteilung und Behandlung. C. Hanser, München

36. Ralph MR, Foster R, Davis F, Menaker M (1990) Transplanted suprachiasmatic Nucleus determines circadian period. Science 247:975–978
37. Reppert SM, Weaver DR, Rivkees SA, Stopa EG (1988) Putative melatonin receptors in a human biological clock. Science 242:78–81
38. Richter CP (1967) Sleep and activity: their relation to the 24-hour clock. Proc Assoc Res Nerv Ment Dis 45:8–27
39. Roffwarg HP, Muzio JN, Dement WC (1966) Ontogenetic development of the human sleep-dream cycle. Science 152:604
40. Rusak B, Robertson HA, Wisden W, Hunt S (1990) Light pulses that shift rhythms induce gene expression in the suprachiasmatic nucleus. Science 248:1237–1240
41. Willi JT, Clemelli RM, Sinton C, Yanagisawa M (2001) To eat or to sleep? Orexin in the regulation of feeding and wakefulness. Annual Rev Neurosci 24:429–58

24 Plastizität, Lernen, Gedächtnis

EINLEITUNG

Die Anpassung des Organismus an sich ständig verändernde Umweltbedingungen erfordert eine Vielzahl homöostatischer und nichthomöostatischer Anpassungsvorgänge. All diese physiologischen Regelungen setzen aber voraus, daß der Organismus lernt, potentiell gefährdende Situationen und Reize schon *vor* deren Auftreten zu vermeiden und potentiell nützliche Situationen aufzusuchen. Meist werden solche „nützlichen" Situationen auch als lustvoll erlebt und deshalb wiederholt aufgesucht. Die Lernpsychologie hat in den letzten 100 Jahren die psychologischen Gesetzmäßigkeiten, die dem Lernen von Annäherung und Vermeidung und dem Lernen von Signalbedeutungen zugrunde liegen, im wesentlichen aufgeklärt. Erst ab Mitte des 20. Jahrhunderts begann man, vorerst im Tierversuch, die biologischen Grundlagen dieser im Reich des Lebendigen universell geltenden Lerngesetze systematisch physiologisch zu erforschen.

Dabei wiederholte sich der erstaunliche Erfolg der Lernpsychologie auch in der Lernphysiologie: den Gesetzmäßigkeiten für die Modifikation von Verhalten und Denken lagen wiederum universelle, d. h. für alle Lebewesen geltende physiochemische Prozesse zugrunde. In ihrer Universalität lassen sich die psychologischen und physiologischen Lernvorgänge durchaus mit den Prinzipien der Weitergabe von biologischer Information *über* Generationen, den Gesetzen der Vererbung (s. Kap. 2), vergleichen, mit denen sie erstaunliche Parallelitäten aufweisen. Die Anwendung der biologischen Psychologie des Lernens auf die Heilung von psychischen und physischen Krankheiten stellt eine der wichtigsten Aufgaben der Humanwissenschaften für die Zukunft dar.

24.1 Psychologie von Lernen und Gedächtnis

Lernen und Gedächtnis kann als Konditionierung (Verhaltensgedächtnis) oder als kognitiver Prozeß (Wissensgedächtnis) aufgefaßt werden

Die Lern- und Gedächtnispsychologie ist in zwei theoretisch divergierende Forschungsrichtungen geteilt, die sich auch in der Physiologie von Lernen und Gedächtnis wiederfinden:

- Lernen und Gedächtnis als Konditionierung (klassisch oder instrumentell),
- Lernen und Gedächtnis als kognitive Prozesse.

Die Divergenz ist vor allem *methodisch* und weniger theoretisch begründet: während Lernen und Behalten im *Tierversuch* einfacher mit Konditionierungsprinzipien vorhersagbar ist, wird im *Humanversuch* der Erwerb, das Behalten und Wiedergeben von Wissen und Fertigkeiten mit Prinzipien der Informationsverarbeitung erklärt. (Rohracher [13] spricht von *Verhaltensgedächtnis* und *Wissensgedächtnis*.) Während die behavioristisch orientierten Konditionierungsforscher (z. B. B. F. Skinner) auch komplexe Lernprozesse (z. B. Spracherwerb) auf der Grundlage von Konditionierungsregeln erklären wollen, glauben kognitive Gedächtnisforscher, daß zusätzliche Prinzipien zum Verständnis von Wissenserwerb notwendig sind.

Die Kontroverse setzt sich auch in der biologischen Psychologie des Lernens fort. Während die einen Lernen und Gedächtnis auf Einzelzellniveau glauben erklären zu können, gehen die anderen davon aus, daß in der evolutionären Entwicklung komplexer Lern- und Gedächtnisvorgänge viele, einander z. T. überlappende Systeme hinzugekommen sind: Sowohl die ***Repräsentation*** als auch die ***Verarbeitung*** von Information komme nicht ohne Zusammenarbeit vieler neuronaler Netzwerke aus und könne nicht aus der Tätigkeit einer einzigen Zelle erklärt werden.

Eine Biologische Psychologie des Lernens sollte alle aus der Lern- und Gedächtnispsychologie bekannten Phänomene in physiologische Prozesse übersetzen können. Die Kenntnis der psychologischen Gesetze des Lernens ist daher Voraussetzung für eine zielführende physiologische Analyse eben dieser Prinzipien.

Gedächtnisinhalte werden entweder implizit, d. h. unbewußt, oder explizit, d. h. bewußt und willentlich wiedergegeben; synonyme Begriffspaare sind prozedural vs. deklarativ und Verhaltens- vs. Wissensgedächtnis

Gedächtnissysteme. Ein Gedächtnissystem besteht aus einer abgrenzbaren Gruppe von Hirnarealen, die auf die Speicherung und Wiedergabe ganz bestimmter Information spezialisiert sind. Die aufzunehmende Information in die einzelnen Systeme wird *seriell* kodiert und enkodiert: Sie wird *zeitlich*, in der Reihenfolge ihres Eintreffens verschlüsselt. Gespeichert wird in der Regel *parallel*, das bedeutet, daß die Information *gleichzeitig* in mehreren Systemen abgelegt werden kann. Abbildung 24–1 gibt die wichtigsten, heute unterscheidbaren Gedächtnissysteme wieder.

Implizites versus explizites Lernen und Gedächtnis. Die Grobunterscheidung zwischen impliziten und expliziten Lernen, wie sie auf Abb. 24–1 dargestellt ist, bezieht sich ausschließlich auf die subjektive Erfahrung der Person zum Zeitpunkt der *Wiedergabe* aus dem jeweiligen Gedächtnissystem: erfolgt die Wiedergabe *ohne willentliche Anstrengung* und *nicht bewußt*, so sprechen wir von implizitem Gedächtnis, erfolgt sie intentional-willentlich, nennen wir dies ein explizites Gedächtnis.

Die Begriffe *implizit – explizit* werden oft mit *prozedural – deklarativ* synonym gebraucht, was wiederum den alten Begriffen *Verhaltensgedächtnis* und *Wissensgedächtnis* entspricht. (Auf S. 605 geben wir einen zusammenfassenden Überblick). Tabelle 24–3 zeigt aber auch, daß diese einfache Dichotomie – *prozedural* = motorische Fertigkeiten und *deklarativ* = bewußtes Wissen von Fakten – der Heterogenität von Lern- und Gedächtnisprozessen nicht mehr vollständig gerecht wird (sie wird dennoch aus didaktischen Gründen hier weitgehend beibehalten).

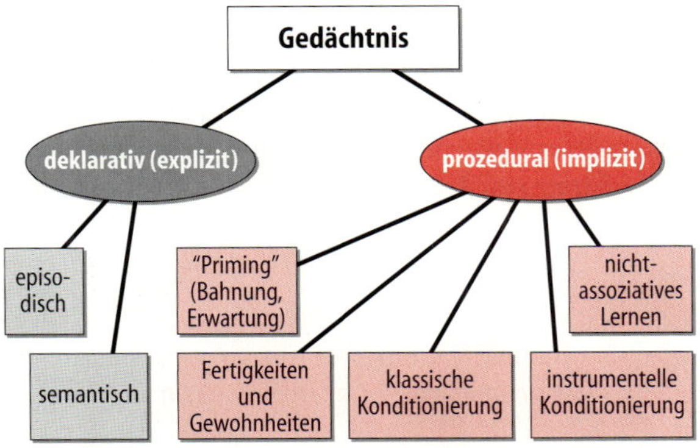

Abb. 24–1. Klassifikation des Gedächtnisses. Deklaratives (explizites) Gedächtnis ist für die bewußte Wiedergabe von Fakten und Ereignissen verantwortlich. Prozedurales (implizites) Gedächtnis ist für die Wiedergabe von Fertigkeiten, Gewohnheiten, Bewegungsfolgen und Regeln sowie für Konditionierung verantwortlich. Priming bedeutet Erleichterung der Einprägung oder Wiedergabe durch einen unmittelbar vorher dargebotenen Reiz

Mit den Begriffen *prozedural* und *deklarativ* soll betont werden, daß wir die Tatsache, daß wir „etwas wissen" ***(prozedural)*** unterscheiden müssen von der Tatsache, daß „wir wissen, daß wir es wissen" ***(deklarativ)***. Prozedural ist die Modifikation von *Verhalten* beim Erlernen einer *Fertigkeit*, deklarativ ist die Fähigkeit wiederzugeben, wann und wie die Information erworben wurde. Prozedurales Gedächtnis ist selten bewußt, benötigt weniger aktive Willensanstrengung (*effort*) und Aufmerksamkeit und kann verbal nur schwer „auf Kommando" aufgerufen werden. Prozedurales Gedächtnis „enthält" also in detaillierter Form die Aktionen, deklaratives Gedächtnis vor allem die sprachlich kodierten Regeln ihrer Ausführung (s. S. 602–605).

Deklaratives Gedächtnis läßt sich in ***episodisches*** und ***semantisches Gedächtnis*** untergliedern. Episodisches Gedächtnis enthält die Ereignisse unserer eigenen Vergangenheit, weshalb es oft auch als autobiographisch bezeichnet wird. Das semantische Gedächtnis ist unabhängig von Zeit und Ort, es enthält generelle Konzepte und Regeln, also Sinnzusammenhänge und Bedeutung. Man kann sich z. B. an das Konzept der „Löwen" erinnern, ohne je einen Löwen gesehen zu haben. Nach einem aktuellen Erlebnis mit einem Löwen wird der Gedächtnisinhalt episodisch.

Wir wollen zuerst die wichtigsten Formen impliziten Lernens und danach das explizite Wissensgedächtnis darstellen.

Die enge zeitliche Paarung (Kontiguität) von Reiz und Reaktion ist das Kennzeichen assoziativen Lernens

Assoziatives und nichtassoziatives Lernen. Konditionierungsvorgänge werden als ***assoziatives Lernen*** bezeichnet, da der zentralnervöse Prozeß in der Herstellung einer Assoziation zwischen Reizen (S) und Reaktionen (R) besteht und damit von Wissenserwerb abgegrenzt ist. Wissenserwerb besteht in der *aktiven Rekonstruktion* der gesamten Reizsituation (s. unten u. Kap. 27), Assoziationen spielen dabei auch eine, aber keine ausschlaggebende Rolle.

Assoziatives Lernen wird von ***nichtassoziativem Lernen*** abgegrenzt: Bei nichtassoziativen Lernprozessen ändert sich Verhalten auch als Konsequenz von *Wiederholung* der Reizsituation oder der Reaktion, und nicht als Folge der engen *zeitlichen Paarung* (Assoziation) von Reizen und Reaktionen. ***Habituation*** und ***Sensitivierung*** sind Beispiele für nichtassoziative Lernvorgänge (s. Kap. 22): die Änderungen im Verhalten sind dabei nur eine Funktion der Reizstärke und der wiederholten Darbietung und nicht der ***zeitlichen Paarung*** (Kontiguität).

Bei der klassischen Konditionierung wird ein neutraler Reiz mit einem unkonditionierten Reiz solange zeitlich eng gepaart, bis ersterer alleine die konditionierte Reaktion auslöst

Akquisition (Aneignung) der klassischen Konditionierung. Die Prinzipien der klassischen Konditionierung sind universelle Lerngesetze: sie gelten von einfachen Lebewesen (wie z.B. Schnecken) bis zum Menschen. Ein neutraler Reiz, z.B. Licht oder Ton (CS), wird kurz *vor* (optimales Intervall 200–500 ms) einem unkonditionierten Reiz, US (Futter) dargeboten, der eine unkonditionierte Reaktion, UR (Speichelfluß), auslöst. Nach wiederholter Paarung (Kontiguität) löst der CS auch ohne US eine konditionierte Reaktion, CR (Speichelfluß), aus. Die CR ist in der Regel schwächer als die UR. Überschreitet das CS-US-Intervall 1 s, so wird eine klassische (Pavlovianische) Konditionierung zunehmend unwahrscheinlicher, abgesehen von potentiell toxischen Geruchs- und Geschmacksreizen, bzw. Reizen, die eine *angeborene (prepared)* „assoziative" Verbindung bei längerem CS-US-Intervall aufweisen (z.B. Essen und Darbietung eines toxischen Reizes eine Stunde später, s. auch Kap. 25). Die optimalen Intervalle zwischen CS und US bei ***konditionierter Geschmacksaversion*** sind (in Abhängigkeit vom Chemismus des toxischen US) Minuten bis Stunden.

Eigenschaften der klassischen Konditionierung. Die wiederholte Darbietung des CS *allein* nach erfolgter Konditionierung führt zur Abschwächung der CR und wird ***Extinktion*** (Löschung) genannt. Extinktion und Habituation weisen viele Ähnlichkeiten auf, so daß häufig von Identität der zugrundeliegenden neuronalen Prozesse ausgegangen wird.

CRs werden auch auf Reize ausgelöst, die dem ursprünglichen CS sehr ähnlich sind; wenn der CS ein Ton von 1000 Hz war, so erfolgt eine – allerdings abgeschwächte – CR auf einen 700-Hz-Ton, auch wenn dieser nie mit dem US gepaart wurde: Wir nennen diesen Vorgang ***Generalisation.***

Werden zwei CS (z.B. ein Licht und ein Ton) abwechselnd und hintereinander dargeboten und nur der CS1 (Licht) von einem US (z.B. Lärm) gefolgt, so reagiert der Organismus nach mehreren Durchgängen nurmehr auf CS1. Er hat gelernt, CS1 von CS2 zu unterscheiden ***(Diskrimination).***

Erscheint der US *vor* dem CS, so erfolgt in der Regel keine Konditionierung, d.h. der CS löst danach, allein dargeboten, keine CR aus. Man nennt diese Situation ***Rückwärtskonditionierung.*** Wird der CS alleine, vor der eigentlichen Konditionierung, also CS-US-Paarung dargeboten, so fällt die Konditionierung schwächer aus; dieses Phänomen wird als ***latente Hemmung*** bezeichnet [17].

Abbildung 24–2 zeigt eine Versuchsanordnung, die für das Erlernen von **Verhaltensketten** wichtig ist: ein ursprünglich für eine bestimmte CR (Speichelfluß) wirksamer CS1 (Licht) löst eine völlig neue Reaktion aus (Anheben des Beines). Lernvorgänge dieser Art nennen wir ***Konditionierung zweiter und höherer Ordnung.*** Die in **A** dargestellte Versuchssituation entspricht der von Pavlov entwickelten klassischen Konditionierung: Ein neutraler Reiz (Licht, CS1) wird kurz vor dem Futter (US) dargeboten, das Tier lernt, auch auf CS1 mit der nun konditionierten Reaktion (CR, Speichelfluß) zu reagieren. In **B** fungiert der ursprüngliche US als CS2 und wird kurz vor einem neuen US, einem aversiven elektrischen Reiz dargeboten, nachdem die Situation A bereits gelernt wurde. Abschließend (**C**) erscheint nur der Lichtreiz von A, das Tier zeigt kurz eine Speichelreaktion und hebt danach die Pfote.

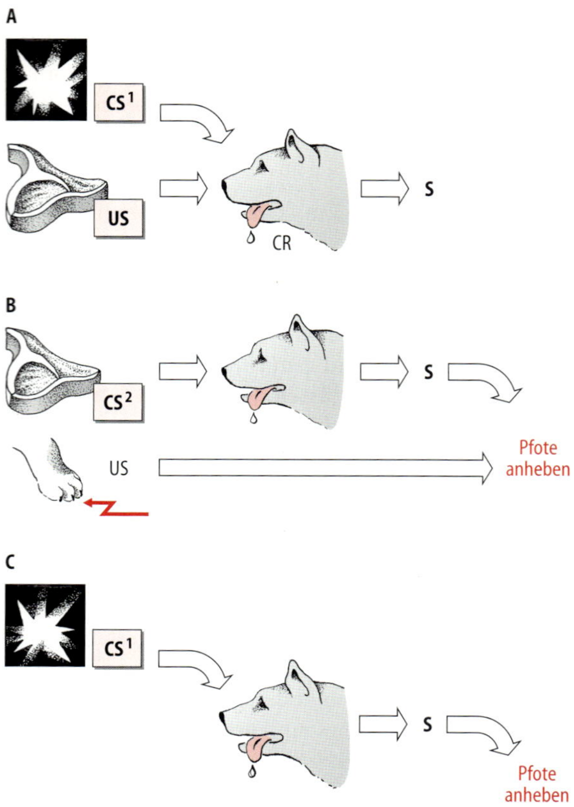

Abb. 24–2. Konditionierung zweiter Ordnung. Dabei dient die Speichelflußreaktion als vermittelnder Reiz für die Auslösung der motorischen Reaktion (Pfote anheben). Erläuterung s. Text

Unter Prägung verstehen wir das Erlernen eines Verhaltens auf ein spezifisches Reizmuster in einer begrenzten Periode der Entwicklung

Prägungsvorgang. *Prägung (imprinting)* ist eine spezielle Form von assoziativem Lernen auf der Grundlage einer angeborenen Sensibilitätserhöhung für spezifische Reiz-Reaktionsverkettungen in einem bestimmten Abschnitt der Entwicklung eines Lebewesens [6]. Populäres Beispiel sind Konrad Lorenz' junge Graugänse, die innerhalb eines eng umschriebenen Zeitabschnittes ihrer Entwicklung lernten, auch dem Menschen zu folgen, wenn der natürliche Auslöser (Muttergans) nicht vorhanden war. Bei der Prägung äußert sich also die soziale Bindung in Annäherungsverhalten an das „geprägte" Objekt (in der Regel das Muttertier) und in Abwehr- und Fluchtverhalten gegenüber fremden Objekten.

Prägung tritt vor allem bei Tieren auf, die sich schon wenige Stunden nach der Geburt fortbewegen können, vor allem bei Vögeln. Ohne rasche Einprägung potentiell bedrohlicher Objekte und örtliche Bindung an die für Fütterung „Verantwortlichen" würden diese Tiere Gefahr laufen, sich zu weit vom Bindungsobjekt zu entfernen und nicht zu überleben. Bei Säugetieren, die nach der Geburt längere Zeit völlig hilflos sind, findet man Prägung selten. In der Regel benötigt aber auch Prägung einige Lerndurchgänge mit Verstärkungen, es liegt also kein fundamentaler Unterschied zu den anderen Formen assoziativen Lernens vor (Abb. 24–3).

Präferenzen und Prädispositionen. Bei Säugern und beim Menschen existieren ähnliche Formen des Lernens, an biologisch bedeutsame Auslösereize mit ganz spezifischen Reizqualitäten Reaktionen assoziativ zu binden. Geruchs- und Geschmacksreize z. B. führen zu lebenslangen Präferenzen, auch wenn CS und US, bzw. Reaktion und Konsequenz Stunden auseinanderliegen. Das bereits erwähnte Phänomen der ***„Preparedness"***, der Prädisposition auf bestimmte Objekte besonders stabile Erinnerungen, oft schon nach einmaliger Darbietung, ***(„Alles-oder-Nichts-Lernen")*** auszubilden, beruht ebenfalls auf angeborenen, besonders sensitiven Reiz-Reaktionsmustern: z. B. verlernen wir physiologische Angstreaktionen wie Schweißdurchfeuchtung der Haut bei Darbietung von Spinnen und Schlangen sehr viel langsamer als bei faktisch höchst gefährlichen Reizen, z. B. technischen Objekten, oder Waffen (s. Kap. 26).

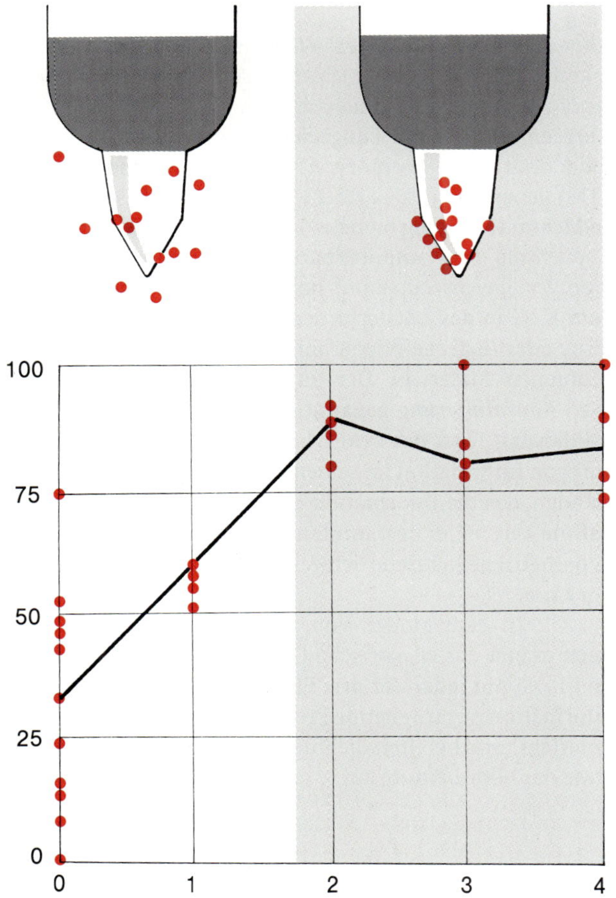

Abb. 24–3. Zielreaktion eines Vogels auf einen Attrappenschnabel unmittelbar nach dem Ausschlüpfen (0) und 1, 2, 3 und 4 Tage später. (Nach [29])

Bei der instrumentellen (operanten) Konditionierung folgt unmittelbar auf die zu lernende Reaktion ein belohnender oder bestrafender Reiz; dies führt zu positiver Verstärkung oder Bestrafung des Verhaltens

Ablauf der instrumentellen (operanten) Konditionierung. Wenn auf eine motorische Reaktion (z. B. Tastendruck in einer Skinner-Box, Abb. 25–28) unmittelbar eine positive oder negative Konsequenz (z. B. Futter) folgt und danach die Reaktion wiederholt (bzw. unterlassen) wird, so heißt dies instrumentelles oder operantes Lernen. Instrumentell, weil die Reaktion als „Instrument" für die Konsequenz benutzt wird; im Englischen spricht man von *„operates on"*, die Reaktion wirkt auf die Konsequenz, daher auch ***operantes Konditionieren*** genannt. Dabei muß die Konsequenz *unmittelbar*, d. h. im Sekundenabstand auf die Reaktion folgen, sonst wird nicht gelernt. Ausnahmen sind wieder angeborene *(prepared)* Reiz-Reaktionsverbindungen (s. oben). Wie beim klassischen Konditionieren gelten die Prinzipien instrumentellen Lernens für Mensch und Tier gleichermaßen.

Primäre Verstärker. Die positiven oder negativen Konsequenzen, die zu instrumentellem Lernen führen, nennt man ***positive*** oder ***negative Verstärker. Primäre positive Verstärker*** sind Reize, die angeboren oder sehr früh in der ontogenetischen Entwicklung die Wahrscheinlichkeit für das Wiederauftreten einer Reaktion erhöhen (positive Verstärker): Nahrung, Flüssigkeit, sexuelle Aktivität, soziale Zu- und Abwendung, Temperaturänderungen etc. ***Strafreize,*** unmittelbar nach einer Reaktion verabreicht, reduzieren die Auftrittswahrscheinlichkeit einer Reaktion. Ein ***negativer Verstärker*** ist ein Reiz, dessen Beendigung oder Vermeidung zum Anstieg der Auftrittswahrscheinlichkeit der vorausgegangenen Reaktion führt.

Sekundäre Verstärker. Dies sind verstärkende Reize, die erst durch zeitliche Paarung mit primären Verstärkern die Wahrscheinlichkeit von Verhalten verändern; z. B. kann ein völlig neutraler Lichtreiz, wenn er mit Futtergabe gepaart wurde, danach selbst als sekundärer positiver Verstärker Verhalten beeinflussen. ***Generalisierte Verstärker*** sind verstärkende Reize, die auf eine Vielzahl von Verhaltensklassen modifizierend einwirken (z. B. Geld, soziales Prestige etc.).

Tabelle 24–1. Verhaltenskonsequenzen *(vertikale Spalten)* operanter Verstärkungsprozeduren *(horizontale Reihen)*: p(R) ↑ Konsequenz der Prozedur ist ein Anstieg der Reaktionswahrscheinlichkeit p(R) jener Reaktionen, auf die ein verstärkender Reiz folgt; p(R) ↓ Konsequenz der Prozedur ist ein Abfall der Reaktionswahrscheinlichkeit p(R) jener Reaktion, auf die ein verstärkender Reiz folgt. Die Zahlen beziehen sich auf die Erläuterungen im Text

	Konsequenz			
Prozedur	p(R)↑		p(R)↓	
Darbietung (presentation)	Belohnung (Annäherung)	1	Bestrafung (passives Vermeiden)	4
Beenden (termination)	Bestrafung Typ I (Flucht)	2	Belohnung Typ I (Auszeit, time out)	5
Ausbleiben (omission)	Bestrafung Typ II (aktives Vermeiden)	3	Belohnung Typ II (Extinktion)	6

Eigenschaften instrumentellen Lernens. Tabelle 24–1 zeigt die wichtigsten Kategorien und Typen instrumentellen Lernens:

- Darbietung eines positiven Verstärkers unmittelbar nach einer Reaktion führt zu Erhöhung der Reaktionsrate und Annäherung an die Lernsituation (1).
- Beenden eines negativen Verstärkers, z. B. Abschalten eines elektrischen Schocks, führt zu Wiederholung dieser Fluchtreaktion bei neuerlichem Auftreten des Schocks (Bestrafung vom Typ I, 2).
- Wird durch eine Reaktion das Auftreten eines negativen Verstärkers verhindert, z. B. durch Händewaschen Verschmutzung, so wird diese Reaktion bei Wiederauftreten der Situation wieder ausgelöst. Aktives Vermeiden kann auch mit „tu das, sonst. . ." umschrieben werden (3).
- Dagegen wird bei passivem Vermeiden („tu das nicht, sonst. . .") ein Strafreiz nach der Reaktion dargeboten. Ein elektrischer Schlag nach Tastendruck führt in Zukunft zu Unterlassen der Reaktion (Bestrafung, 4).
- Wird eine Reaktion vom Beenden eines positiven Verstärkers gefolgt, so sinkt ihre Auftrittswahrscheinlichkeit, z. B. ein tobendes Kind kurz in ein leeres Zimmer transportieren („Auszeit", 5).
- Bleibt ein positiver Verstärker aus, so sinkt die Verhaltenshäufigkeit, es wird gelöscht (Extinktion, 6).

Wie beim klassischen Konditionieren führt positive Verstärkung einer Reaktion in Gegenwart eines sogenannten diskriminativen Reizes (S^D) zum Anstieg dieser Reaktion im Vergleich zu Reaktionen in Gegenwart eines nichtverstärkten Reizes (S-Delta) oder eines Reizes, auf den Bestrafung folgt: instrumentelle ***Diskrimination*** im Gegensatz zu instrumenteller ***Generalisation***, wo eine in Gegenwart eines S^D1 verstärkte Reaktion auch in Gegenwart eines unverstärkten, aber ähnlichen S^D2 auftritt.

Wie beim klassischen Konditionieren wird die *Akquisitionsrate* (Lern-Erwerbsphase) und *Stabilität* (Extinktionsresistenz) von einer Reihe von Variablen beeinflußt. Neben dem motivationalen Zustand des Lebewesens sind die ***Verstärkungspläne*** (schedules of reinforcement) entscheidend. Ein Verstärkungsplan kennzeichnet die Abfolge der Darbietung von negativen und positiven Verstärkern oder von Strafreizen. Wird ein Verhalten jedes Mal bei seinem Auftreten verstärkt, so wird zwar rasch gelernt, aber auch wieder rasch verlernt. Bei *intermittierender Verstärkung*, wo nicht jede Reaktion verstärkt wird, bleibt das Gelernte länger stabil.

Vergleich zwischen klassischer und instrumenteller Konditionierung. Die beiden Konditionierungsformen weisen Ähnlichkeiten (z. B. die Zeitintervalle zwischen den kritischen Ereignissen), aber auch Unterschiede auf, die eine gemeinsame identische physiologische Basis beider Prozesse unwahrscheinlich erscheinen lassen. Instrumentelles Lernen vegetativ-autonomer Reaktionen ist schwerer zu erzielen als die klassische Konditionierung viszeraler Reaktionen und umgekehrt: Klassische Konditionierung muskulärer Aktivitäten (von Verhalten) benötigt mehr Lerndurchgänge.

Beim Wissensgedächtnis wird ein Kurzzeit- oder Arbeitsgedächtnis vom Langzeitgedächtnis abgegrenzt; Speicherung im Langzeitgedächtnis erfordert Konsolidierung

Allgemeines Modell des Wissensgedächtnis. Hermann Ebbinghaus unterschied bereits 1885 zwischen Gedächtnisspanne und natürlichem Gedächtnis, heute ***Kurzzeit-*** *(KZG)* und ***Langzeitgedächtnis*** *(LZG)* (englisch: short term memory, STM; long term memory, LTM) genannt [13]. Das KZG wird häufig auch ***Arbeitsgedächtnis*** (working memory) genannt oder als aktives Gedächtnis und unmittelbares Gedächtnis mit *begrenzter Speicherkapazität* bezeichnet. Der Übergang vom KZG in das LZG erfordert meist Organismus-interne oder -externe Wiederholung (rehearsal) des dargebotenen Materials. Der zugrundeliegende Prozeß wird ***Konsolidierung*** genannt (Abb. 24–4). Unter Konsolidierung wird das zyklische „Kreisen" (Wiederholen) von Information im selben Abschnitt des KZG verstanden, das die Information dort „am Leben" hält, so daß sie nach einer bestimmten Anzahl von Zyklen eine hypothetische kritische Schwelle zum LZG überschreiten kann.

In dem Modell von Abb. 24–4 passieren die Reize zuerst das sensorische Gedächtnis, danach KZG und LZG: Auf jeder der drei Ebenen wirken kognitive, informationsverarbeitende Prozesse (in Abb. 24–4 grau unterlegt) und bereiten die Information für die nächste Stufe der Verarbeitung auf.

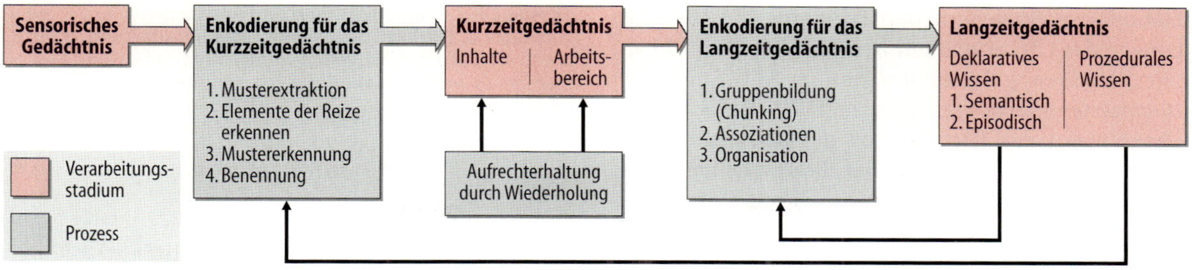

Abb. 24-4. Gedächtnis als Informationsverarbeitungssystem. Die einzelnen Stadien oder Ebenen der Gedächtnissysteme sind als rote Rechtecke, die beteiligten Prozesse grau gezeichnet. Einzelheiten im Text. (Nach [9])

Dem Kurzzeitgedächtnis ist ein sensorisches Gedächtnis vorgeschaltet, das die Information für das KZG aufarbeitet

Perzeptive Repräsentation im sensorischen Speicher. Wenn eine große Zahl von Reizen (z. B. 12 Buchstaben) extrem kurz dargeboten werden (z. B. < 50 ms), so können 1/2–1 s danach oft bis zu 80 % wiedergegeben werden, ähnlich wie bei optischen Nachbildern (s. Kap. 17). Nach wenigen Sekunden sinkt die Wiedergabe auf bis zu 20 % ab. Aus solchen und anderen Befunden schließt man auf die Existenz eines sensorischen Speichers mit großer Speicherkapazität in den primären Sinnessystemen, der die sensorischen Reize für Sekunden und Sekundenbruchteile stabil hält, um die Kodierung und Merkmalsextraktion (s.unten) sowie die Anregung von Aufmerksamkeitssystemen zu ermöglichen. Wie wir in Kap. 22 gesehen haben, werden alle ankommenden Reizmuster nicht-bewußt und äußerst schnell (in ms) auf einige wichtige Elemente (z. B. bedrohlich-neutral) analysiert, bevor selektive Aufmerksamkeitssysteme aktiviert werden. Auch dieser Befund macht die Annahme eines umfangreichen und äußerst schnell funktionierenden Gedächtnissystems notwendig. Dieses schnelle perzeptive Repräsentationssystem faßt gleichzeitig auftretende Merkmale zusammen (binding) und ermöglicht damit bereits auf vorbewußter Ebene die Bildung von Gestalten und von Bedeutung (s. S. 585).

Merkmalextraktion, Erkennen und Identifikation des Reizes, Mustererkennen und Benennen sind die wichtigsten Enkodierungsaufgaben des sensorischen Gedächtnisses. Im visuellen System wird es als ***ikonisches,*** im akustischen als ***echoisches*** Gedächtnis bezeichnet. Die Information ist nicht nur kurzlebig (im ikonischen weniger als 1 s), sondern auch noch nicht bewertet entsprechend einem Vergleich mit Langzeitinhalten.

Unter ***Enkodierung*** verstehen wir auf psychologischer Ebene die Umformung oder Entschlüsselung der Information in unverwechselbare zeitliche Sequenzen, räumliche Konfigurationen oder semantische Beziehungen. Auf neuronaler Ebene wird die Information durch Änderung zellulärer Bestandteile und neuronale Aktivität so umformatiert, daß sie für den nächsten Verarbeitungschritt verfügbar ist und gleichzeitig die psychologische Ebene korrekt abbildet.

Das Kurzzeitgedächtnis (KZG) hat eine beschränkte Speicherkapazität von 7 ± 2 Elementen und besteht aus einem Arbeitsbereich (workbench) und seinen Inhalten

Ohne Training können wir maximal 7 bis 9 Zahlen oder Einheiten wiedergeben. Die Inhalte des KZG sind aber nicht wie im sensorischen Gedächtnis „roh", den ankommenden Reizen entsprechend und kaum bewertet, sondern werden auf einer Art Werkbank wiederholt, zu Einheiten verkettet und geordnet. Damit können trotz des raschen Verlustes von Information in Sekunden bis Minuten viele Inhalte als zusammengesetzte Einheiten behalten werden. Auf der Werkbank werden also neue Inhalte erzeugt, die so nicht in der Umgebung vorhanden waren. Je mehr Inhalte einströmen, um so weniger Platz bleibt für Assoziation, Organisation und Gruppierungen. Die Arbeit an der Werkbank benötigt Aufmerksamkeitsressourcen, die sich als bewußte, kontrollierte Verarbeitung äußert. Wir haben dieses limitierte Kapazitäts-Kontrollsystem in Kap. 22 beschrieben.

Durch die Organisation von Wissenselementen in Chunks können große Informationsmengen im Kurzzeitgedächtnis gespeichert werden; die Übertragung ins Langzeitgedächtnis erfordert elaboriertes Memorieren

Durch die Organisation von Elementen in **Chunks** (*Verhaftungen, Gruppierungen* oder *Superzeichen*) können sehr viel größere Informationsmengen auch ohne Wiederholung (rehearsal) im KZG aufgenommen werden. Es passen allerdings nicht mehr als 5–7 Chunks in das KZG. Chunks können die Verbindungen z. B. von Buchstabengruppen in einem Wort, oder mehrere Töne zu einem Rhythmus u.ä. darstellen. Deshalb ist das KZG auch für Sprachverständnis und Sprachproduktion essentiell. Die Informationsmenge pro Chunk kann sehr hoch sein [9].

Wiederholung (rehearsal) und *Konsolidierung* ist die wesentliche Funktion des KZG, wobei nach jedem Memorierungsdurchgang eine Teileinheit (Chunk) des verfügbaren Materials in das LZG übertragen wird.

Elaboriertes Speichern und Erinnern. Die Übertragung in das LZG erfolgt nur bei „tiefer" und „reichhaltiger" Kodierung der Information im KZG. Dies wird *elaboriertes Memorieren* genannt. Elaboriertes Memorieren meint das Fortschreiten der Reizanalyse von „oberflächlicher" physikalischer Beschaffenheit etwa eines Satzes über dessen syntaktische und phonemische Struktur bis zur „tiefen" semantischen Analyse seiner ***Bedeutung***. Je elaborierter die Kodierung um so mehr Zeit benötigt sie, aber um so stabiler wird die Information behalten; je mehr Beziehungen (zeitliche, räumliche und semantische) zwischen den dargebotenen Inhalten entwickelt werden, um so reichhaltiger der „Code" und größer die Wahrscheinlichkeit der Übertragung ins LZG.

Tabelle 24–2 zeigt einige typische Fragen und Antworten aus einem Experiment von Craik u. Tulving: Nachdem die Vpn viele solcher Fragen beantwortet hatten, wurden Behaltens- und Wiedergabeerkennungstests für die Wörter gegeben. Wörter, die elaboriertes Verarbeiten erfordert hatten (z. B. Satz statt Form in Tabelle 24–2), wurden sehr viel besser behalten.

Tabelle 24–2. Typische Fragen und Antworten im Experiment von Craik u. Tulving (1975). Elaborierte Verarbeitung, die z. B. durch die Satzfrage ausgelöst wurde, führt zu besserer Reproduktion als weniger elaborierte Verarbeitung

Art	Frage	Antwort	
		Ja	Nein
Form	Is the word in capital letters? (Ist das Wort in Großbuchstaben geschrieben?)	TABLE (TISCH)	table (Tisch)
Reim	Does the word rhyme with *weight?* (Reimt sich das Wort mit *weight* (Gewicht?))	crate (Korb)	MARKET (MARKT)
Satz	Would the word fit in the sentence: „He met a ___ in the street"? (Paßt das Wort in den Satz: „Er traf einen ___ auf der Straße"?)	FRIEND (FREUND)	cloud (Wolke)

Im Langzeitgedächtnis ist die Information nach ihrer Bedeutung und im Kontext gespeichert; zur Wiedergabe muß das Gedächtnismaterial aus dem Langzeitspeicher in das Kurzzeitgedächtnis gebracht werden

Neurobiologische Theorien, die auf tierphysiologischen Untersuchungen basieren, gehen in der Regel von der Annahme eines einheitlich organisierten LZG aus, das sich vor allem in veränderten Proteinsynthesemechanismen der Nervenzelle wiederfindet (s. S. 597). Untersuchungen aus der kognitiven Psychologie legen dagegen nahe, daß mindestens *zwei* grundlegend verschiedene Formen von LZG existieren, nämlich, wie S. 577 besprochen, prozedurales und deklaratives Gedächtnis, letzteres kann episodisch oder semantisch sein (s. oben).

Merken im Kontext. Gedächtnisexperimente mit sprachlichem und nichtsprachlichem Material zeigen, daß Tiere wie Menschen nicht nur das zu lernende Objekt einprägen und wiedergeben, sondern stets auch *inzidentiell* (ohne Absicht) die gesamte Umgebung, in der gelernt wurde, einprägen: Kodierung der Information im LZG und deren Abruf ist kontextabhängig: Ein Abruf ist nur dann erfolgreich, wenn der Kontext oder große Teile des ursprünglichen Kontexts der Kodierung in Realität oder in der *Vorstellung* wiederhergestellt werden. Es handelt sich hier um ein ganz ähnliches Phänomen wie der oben erwähnte Unterschied zwischen elaboriertem und oberflächlichem Memorieren; je mehr vom ursprünglichen Kontext eingeprägt wurde und je vielfältiger der Kontext ist (z. B. multisensorische Reizung im Gegensatz zu nur einer Sinnesmodalität), um so eher wird ein Teilelement der ursprünglichen Umgebung bei der Einprägung später den gesamten Gedächtnisinhalt auslösen. Auch der physiologische Zustand („Aktivierung", Gefühl) des/der Lernenden gehört zum Einprägungskontext, weshalb in der Regel korrekte Wiedergabe an den ursprünglichen Zustand gebunden ist ***(Zustands-abhängiges Lernen).*** Z. B. kann man ein unter Alkoholeinfluß erlerntes Verhalten sehr viel leichter unter neuerlichem Alkoholeinfluß als nüchtern wiedergeben.

Dem Wiedergabeprozeß liegt also ein Mustervervollständigungsprozeß zugrunde: das Muster der Abrufungsreize muß zumindest teilweise dem gespeicherten Muster entsprechen. Nur bei „Passen" (matching) von einigen Musterelementen wird das gesamte Muster wiedergegeben (s. Kap. 22). Solche Teile der ursprünglich eingeprägten Reizsitutation nennt man *„retrieval cues"* (Hinweisreize für Wiedergabe), das Arbeitsprinzip *„encoding specificity principle"*. ***Wiedererkennen*** ist deshalb sehr viel leichter als Wiedergeben, weil sehr viel mehr Hinweisreize des ursprünglichen Musters und des Einprägungskontextes vorhanden sind [9].

Wiedergabeprozesse dagegen erfordern in jedem Fall „Rücktransport" der Information in das KZG (oder Arbeitsgedächtnis), eine *direkte* Wiedergabe von Wissen aus dem LZG ist vermutlich nicht möglich (deswegen können wir auch nicht gleichzeitig aktiv reproduzieren und speichern). Allerdings ist das LZG bisher fast nur im Zusammenhang deklarativen Wissens studiert worden. Prozedurales Wissen benötigt vermutlich den dazwischengeschalteten Arbeitsspeicher weniger.

24.2 Entwicklung des Nervensystems

Wachstum, Differenzierung und Absterben von Nervenzellen sind nicht-assoziative Mechanismen neuronaler Modifikation

Umweltveränderungen und Erfahrungen können bereits im Laufe der pränatalen Entwicklung Einflüsse auf die Struktur des Nervensystems haben. Dazu sind keine Lernprozesse notwendig, wobei Lernen immer aus assoziativen Paarungen von Reizen und/oder Reaktionen bestehen muß. Wie wir im vorhergehenden Abschnitt 24.1 gesehen haben, gilt dies auch für Wissenserwerb, bei dem zeitlich simultane Verbindungen von Inhalten ebenfalls entscheidend sind.

In der Hirnentwicklung lassen sich grundsätzlich sechs Stadien unterscheiden (Abb. 24–5):

1. Neurogenese: Zellteilung in der Mitose
2. Zellmigration: Nervenzellen wandern an ihre Bestimmungsorte und bilden Hirnkerne
3. Differenzierung in verschiedene Neuronentypen
4. Synaptogenese: Bildung synaptischer Verbindungen an Axonen und Dendriten
5. Neuronaler Zelltod: selektives Absterben (überflüssiger) Nervenzellen
6. Neubildung und selektiver Verlust von Synapsen

In der Migrationsphase „kriechen" die Nervenzellen auf den vorgeformten Gliasträngen unter dem Einfluß von ***Zelladhäsionsmolekülen (CAMs)*** in Richtung der Zielzone, dem späteren Kern oder Zentrum. Dieser Migrationsprozess kann auch noch im adulten Nervensystem stattfinden. In den Zielzonen exprimieren die Nervenzellen spezifische Gene, die Proteine für den Aufbau und die Differenzierung der jeweiligen Zellen produzieren. Dabei haben Nachbarzellen als Induktionsfaktoren einen zentralen Einfluß auf die Ausprägung des jeweiligen Zelltyps.

Die ***Chemoaffinitätshypothese*** besagt, daß prä- und postnatales Wachstum von Dendriten und Synapsen von chemotrophischen Faktoren der Zielzellen „angezogen" werden. Die noch unreifen wachsenden Zellendigungen besitzen ***Wachstumskegel*** (growth cones), die die Dendriten in Richtung der Zielzellen verlängern. Diese chemotaktischen ***topographischen***

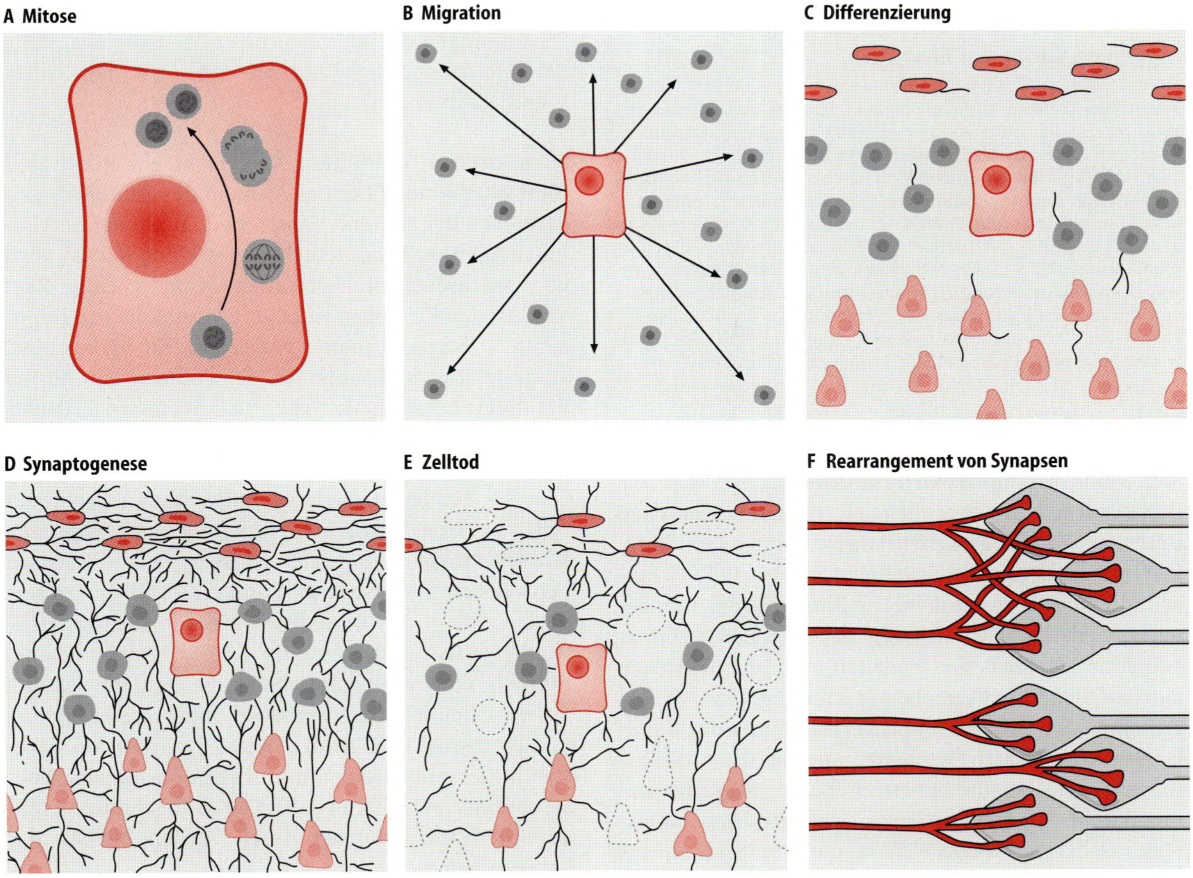

Abb. 24–5. Sechs Stadien der Entwicklung im Nervensystem. **A** Zellen im Neuralrohr teilen sich. **B** Die Zellen wandern in bestimmte Regionen. **C** Die Zellen differenzieren in Neurone und Glia. **D** Neurone erweitern ihre Axone und Dendriten und bilden Synapsen aus. **E** Viele Zellen sterben früh ab. **F** Manche Synapsen ziehen sich zurück, andere bilden sich neu

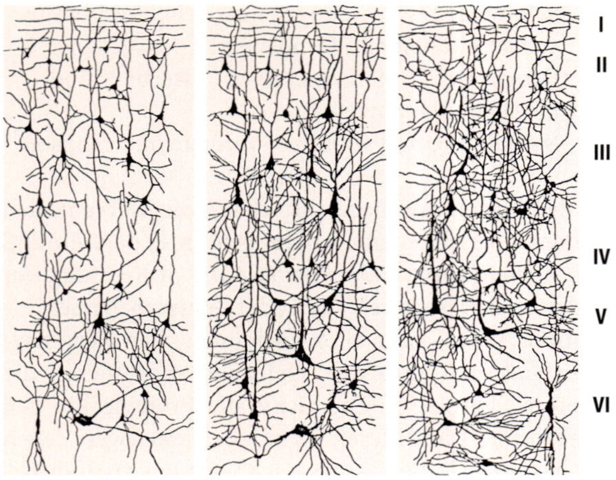

Abb. 24–6. Kortexstruktur zunehmender Komplexität bei 3, 15 und 24 Monate alten Kindern. Besprechung im Text. (Nach [21])

Gradienten ziehen Synapsen vor allem an die ***dendritischen „Spines"*** (Dornen), die auch im erwachsenen Organismus als zentraler Ort von Veränderungen durch Lernen angesehen werden können. Verzweigung und Verdickung der Dendriten und der Spines sowie Zunahme der Zahl der Synapsen sind sowohl in der Entwicklung als auch bei Lernen entscheidend. Abbildung 24–6 illustriert diesen Zuwachs an Komplexität im embryonalen Kortex des Menschen.

Spezifische Regeneration unter dem Einfluß von **Chemoaffinität** kann auch im erwachsenen Säugetiergehirn stattfinden: Implantation eines vorher eliminierten Tectums in dasselbe Tier führt innerhalb weniger Monate zur ursprünglichen topographischen Neuinnervation des Tectums durch afferente optische Fasern. Die durchtrennten Axone des optischen Nervs „folgen" der Affinität der tektalen Empfangsneuronen. Oder: Implantation der Iris in das Zwischenhirn der Ratte führt zur regelhaften Neuinnervation (Einwachsen von Axonen) der Iris von adrenergen Fasern aus der Umgebung in derselben topographischen Anordnung, wie sie ursprünglich im Auge bestand, wo auch adrenerge Fasern die Iris versorgen [18, 22, 28].

Lernen und Wachstum. Obwohl diese Wachstumsprozesse für Lernvorgänge nicht verantwortlich sein können, da sie zu lange dauern (Monate), hängt die starke Zunahme des relativen Hirngewichts beim Menschen in den ersten beiden Lebensjahren mit der Lernfähigkeit und Intelligenz der jeweiligen Spezies und des Einzelindividuums zusammen. Die Zunahme des Hirngewichts beruht auf *Vermehrung der Synapsen*, Größenzunahme der Zellen, Dendriten und dendritischen Dornen (Spines), Vermehrung (Teilung) von Zellen, Zunahme der Gliazellen und Vergrößerung des Kapillarnetzes im Gehirn. Voraussetzung für diese Wachstumsprozesse ist eine entsprechende sensorische und motorische Stimulation durch adäquate Umgebungsreize. Dabei verbinden sich in der Entwicklung nur gleichzeitig aktive Synapsen (Hebb-Regel, s. S. 583), der Rest der Zellen (ca. 50 % in der Zeit nach der Geburt) stirbt ab.

Ein genetisches Programm steuert den selektiven Zelltod

Apoptose (Zelltod). Zelltod ist ein wichtiger, positiver Faktor in der Embryogenese von Nervenzellen, danach, also im erwachsenen Organismus schädigt er das Zentralnervensystem. Je nach Region sterben 20 – 80 % der ausgebildeten Nervenzellen vor oder kurz nach der Geburt ab und bestimmen somit Art und Ausmaß der Verbindungen in den einzelnen Hirnregionen. Wenn keine ***neurotrophen Faktoren*** von den Zielzellen abgegeben werden (also z. B. ein Tier kein Bein entwickelt hat und dort keine Zielzellen existieren), „beschließen" Todesgene, die an jeder Zelle vorhanden sind, DNS-zerstörende Proteine zu produzieren. Die Neurone konkurrieren um den Zugang zu den Zielstrukturen und „versuchen", möglichst schnell an den neurotrophen Faktor zu gelangen.

Für vegetative Fasern ist es der ***Nervenwachstumsfaktor (nerve growth factor, NGF),*** der von den Zielzellen produziert, den Axonen aufgenommen und retrograd in den Zellkörper transportiert wird. Dort blockiert er die Apoptose. Es gibt eine Vielzahl von solchen ***„brain-derived neurotrophic factors" (BDNF),*** deren Gene man kennt und die gentechnisch herstellbar sind; sie werden ***Neurotrophine*** genannt. Leider konnte bisher kein BDNF gefunden werden, der das Wachstum adulter Motoneurone anregen könnte. Damit könnten Schädigungen der Motoneurone oder Durchtrennung der Motoaxone behoben werden (z. B. bei Querschnittslähmungen).

Synaptisches Überleben. Aber nicht nur BDNF und Gene bestimmen über das Ausmaß des Zelltodes, sondern auch der afferente Einstrom (z. B. Übung und Benutzung eines Zellsystems). Dies erklärt, warum auch im erwachsenen und alternden Gehirn geistige Regsamkeit den Zellabbau verzögert, besonders im Hippokampus. Stresshormone, vor allem Kortikosteroide, ausgeschüttet in Situationen der Hilflosigkeit, führen besonders bei alten Menschen zu erheblichen Gedächtnisstörungen, die mit beschleunigter Apoptose zusammenhängen können (s. Kap. 6).

Der letzte wichtige Entwicklungsschritt auf Abb. 24–5 ist ***synaptische Neubildung und synaptische Wachstum.*** Vor allem nach selektivem Zelltod wachsen benachbarte Synapsen aus (Sprossung), die Spines verdicken sich oder vorhandene Spines formen zusätzliche synaptische Kontakte. In Kap. 17 haben wir ausführlich eine erfahrungsabhängige Fehlentwicklung des visuellen Kortex besprochen. Zwar ist Neubildung und Wachstum von Dendriten und Synapsen am stärksten in der embryonalen und frühen postnatalen Phase, aber alle auf Abb. 24–8 und 24–9 abgebildeten synaptischen Verbindungen durch Lernen bleiben das ganze Leben möglich.

Nach Verletzung von Nervenzellen kommt es zu Degeneration oder Regeneration von Gewebe

Nach Läsionen von Hirngewebe kommt es zu großflächigen und mikroskopischen Veränderungen. Sofort nach der Schädigung breitet sich eine **Depolarisationswelle** in der Umgebung des Gewebes aus, die mit erhöhter Glutamatausschüttung einhergeht. Je nach Intensität dieser kompensatorischen Hypererregung kann dadurch die Ausbreitung des Schadens vermehrt oder verringert werden. Im Gegensatz zu niedrigen Wirbeltieren und Wirbellosen wachsen Axone bei erwachsenen Säugern nicht zielgerichtet aus.

Abbildung 24-7 zeigt einige typische De- und Regenerationsmuster nach Verletzung eines Axons (1). Wenn die Verletzung nache am Zellkörper liegt, kommt es zur ***retrograden Degeneration*** (2 und 3 in Abb. 24-7). Wenn die verletzte Zelle abstirbt, kann auch die Zielzelle degenerieren (4). Dies wird ***transneuronale Degeneration*** genannt. Liegt die Verletzung weiter vom Zellkörper weg, kann es zu ***anterograder Degeneration*** (5 und 6) und/oder kollateralem ***Aussprossen (sprouting),*** vor allem zu benachbarten Zielzellen kommen. Wie wir im nächsten Abschnitt sehen werden, liegen der ***neuronalen Reorganisation*** nach peripheren und zentralen Läsionen solche Aussprossungen zugrunde. Diese können adaptiv oder maladaptiv sein (wie z. B. im Fall der Phantomschmerzen nach Amputationen, s. S. 590).

Im erwachsenen Tier konnte bisher vor allem **kollaterales Sprossen** beobachtet werden. Kollaterales Sprossen geht dabei – sofern die richtigen Zielzellen von den neu wachsenden Synapsen erreicht werden – mit einer *Erholung der Verhaltensfunktion* einher. Dabei handelt es sich um einen Prozeß, der nicht nur nach Läsion auftritt, sondern Neusprossung, wie auch die Aktivitätszunahme vorher inaktiver Synapsen, „stiller Synapsen", ist ein ständig im ZNS ablaufender Vorgang, der auch unter vielen pathologischen Bedingungen weiterfunktioniert.

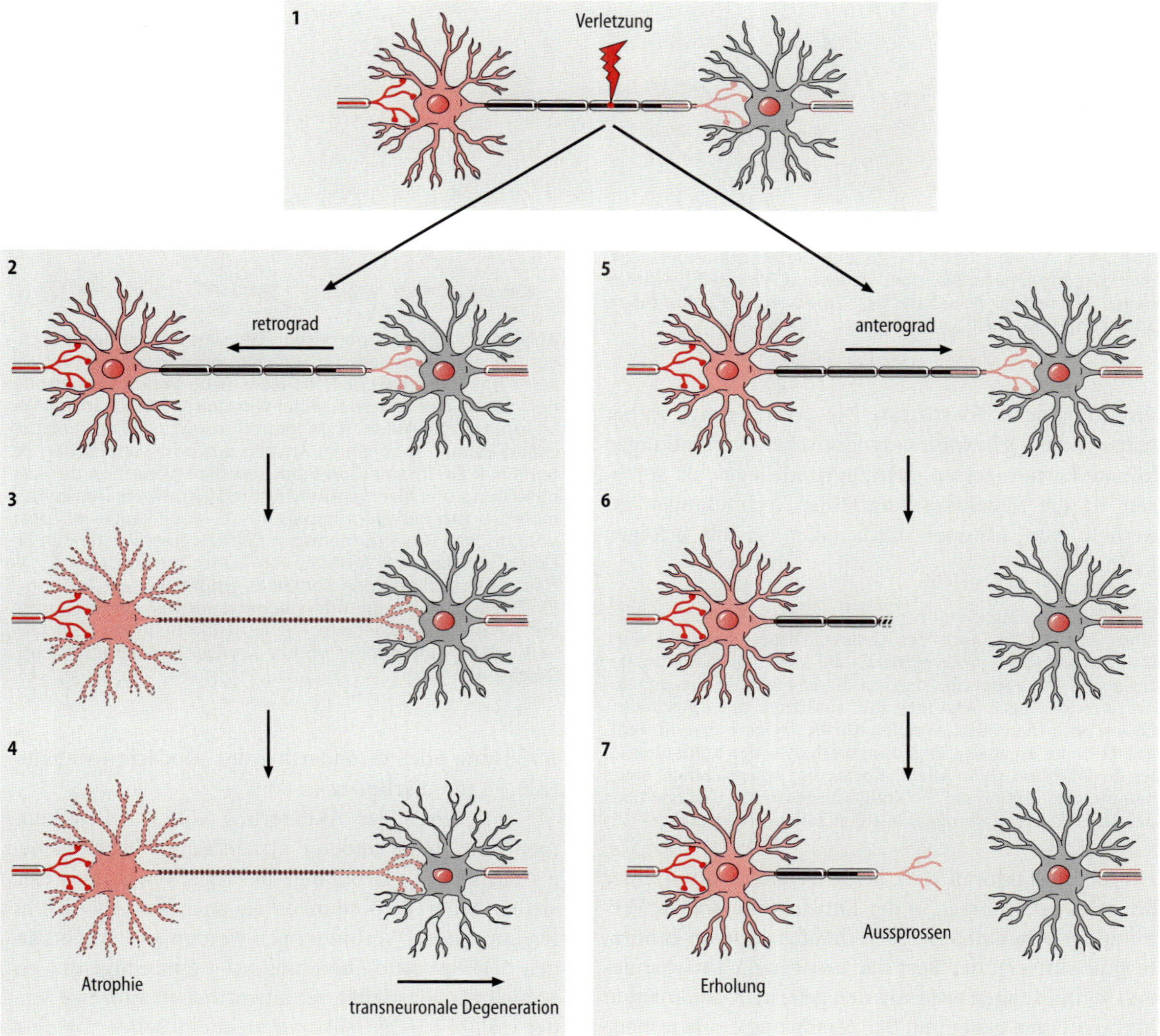

Abb. 24-7. Degeneration und Regeneration von Neuronen. Ausführliche Erläuterung im Text. (Nach [14] mit freundlicher Genehmigung)

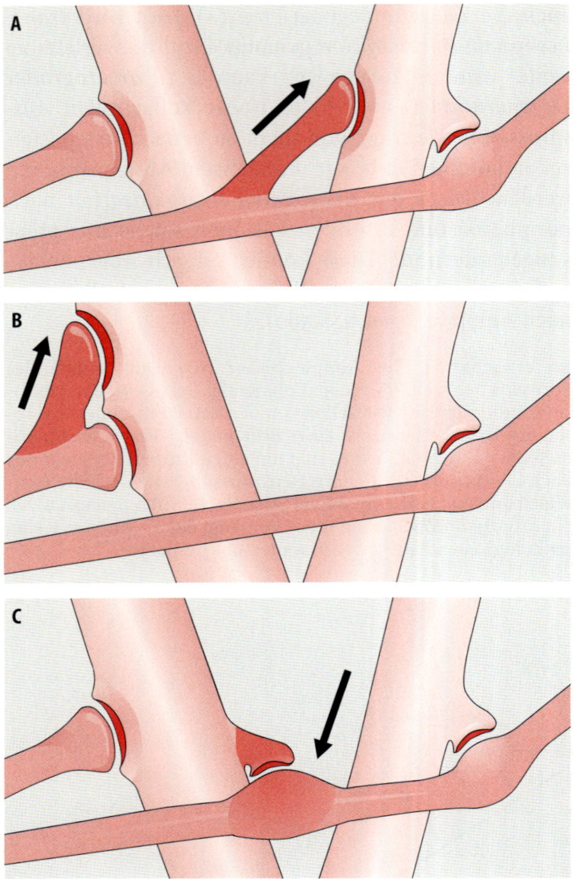

Abb. 24–8. Schematische Darstellung der Mechanismen reaktiver Synaptogenese. Die *roten Areale* und *Pfeile* symbolisieren neues Wachstum. **A** Kollaterales Sprossen, **B** Paraterminale Sprossung, **C** Kontakt-Synaptogenese. (Nach [22])

Physiologische Plastizität. Die Aktivierung vorher *stiller* oder *gehemmter* synaptischer Verbindungen könnte Lernprozessen eher zugrundeliegen als Sprossen, da die Neuaktivierung stiller Verbindungen innerhalb von Minuten nach einer Läsion erfolgen kann:

Berman u. Sterling (1976) deprivierten Katzen durch Schließen eines Auges kurz nach der Geburt. Öffnet man das Auge 6–12 Monate später und registriert die Aktivität im kontralateralen Colliculus superior, reagiert dieser nicht auf Reizung des deprivierten Auges. Setzt man aber zusätzlich eine ausgedehnte Läsion im ipsilateralen visuellen Kortex, so kann man in wenigen Minuten normales Entladungsverhalten der Kollikuluszellen beobachten. Der visuelle Kortex hat offensichtlich einen hemmenden Einfluß auf die Kollikulusneuronen, und erst nach dessen Entfernung werden die stillen Zellen wieder „laut".

Umgebungsfaktoren (z. B. selektive Deprivation einer Situation) bestimmen in der Entwicklung, welche Verbindungen dominant werden (häufig simultan benützte sind aktiver); der Rest der ursprünglich vorhandenen Verbindungen wird von den gelernten dominanten Verbindungen gehemmt. Bei Zerstörung der hemmenden Zellsysteme werden dann die ursprünglich gehemmten Zellen werden wieder aktiv und verursachen

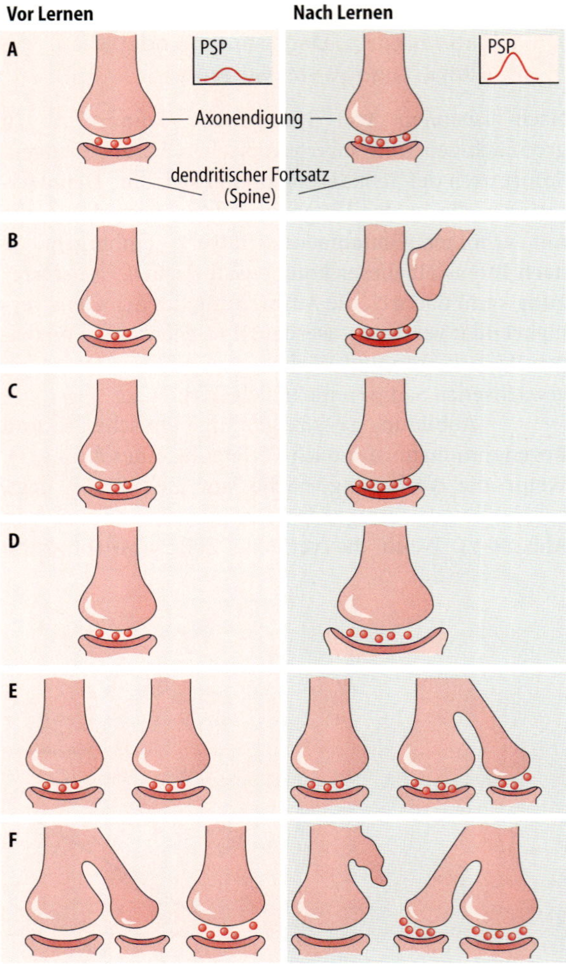

Abb. 24–9. Einige Hypothesen über synaptische Veränderungen, die eine Grundlage für Speicherung sein könnten. **A** Nach einer Trainingsprozedur führt jeder neue Impuls im betroffenen neuronalen System zu einer verstärkten Ausschüttung von Transmittermolekülen (symbolisiert durch *Punkte*). Entsprechend kommt es zu einem Anstieg des postsynaptischen Potentials. **B** Ein Interneuron moduliert die Polarisation der Axonendigung und löst die Ausschüttung *vermehrter* Transmittermoleküle pro nervalem Impuls aus. **C** Modifikation der postsynaptischen Rezeptormembran führt zu einer verstärkten Reaktion auf dasselbe Ausmaß von Transmittersubstanz. **D** Die Fläche des synaptischen Kontaktes erhöht sich mit Training. **E** Ein Erregungskreis, der öfters benützt wird, erhöht die Anzahl der synaptischen Kontakte. **F** Eine häufig benutzte neuronale Verbindung „übernimmt" vorher weniger benützte Synapsen. (Nach [14])

Auflösung oder Veränderung des „Gedächtnisinhalts" (z. B. Phantomschmerz).

Neben der Aktivierung stiller Zellen kommen eine Reihe anderer synaptischer Mechanismen als Basis für Lernvorgänge in Frage, sowohl das Herstellen neuer Verbindungen als auch der *Abbruch* alter, „störender" Verbindungen werden an Lernvorgängen beteiligt sein. Abbildung 24–9 gibt einige der potentiell für Plastizität verantwortlichen Prozesse wieder [14]. Mit Sicherheit sind nicht ein, sondern *mehrere* dieser Vorgänge an den verschiedenen Formen des Lernens beteiligt; einschränkend muß aber betont werden, daß in höheren Organismen die physiologischen Grundlagen assoziativer Lernprozesse *nur über das Verhalten größerer Zellensembles* erklärbar sind (s. 24.3).

24.3 Assoziative neuronale Plastizität

Engramme sind in Zellensembles zunächst reverbaratorisch gespeichert; anschließend kommt es zur Verstärkung der beteiligten synaptischen Verbindungen

D.O. Hebbs synaptische Theorie spezifischer Gedächtnisinhalte. Unter einem Engramm verstehen wir alle die einem *spezifischen* Gedächtnisinhalt (z.B. der Erinnerung an das Gesicht einer befreundeten Person) zugrundeliegenden elektrochemischen Vorgänge im ZNS. Jene Zellen, deren Aktivität zur Speicherung und Wiedergabe eines Engramms notwendig ist, sind ein **Zellensemble** *(Cell-Assembly)*, wie es Hebb, der Vater aller physiologischen Gedächtnistheorien, genannt hat. Hebbs (1949) Theorie des KZG und LZG bildet den Ausgangspunkt aller gegenwärtigen Überlegungen zur neurobiolobischen Grundlage des Gedächtnisses. Die Grundgedanken dieser Theorie haben sich erstaunlich gut bestätigen lassen [5, 8].

Reverbatorisches Kreisen. Jede Erregungskonstellation, die aus den Sinnesorganen ins ZNS transportiert wird und die Aufmerksamkeitsfilter (s. Kap. 22) passiert, kann zur Bildung eines geschlossenen Erregungskreises führen, wie in Abb. 24–10 symbolisiert. In diesen, durch erregende Synapsen miteinander stärker verbundenen Nervennetzen kann ein Erregungsmuster einige Zeit zirkulieren. Ein derartig kreisförmig geschlossener Erregungsverlauf wird daher auch ***reverberatorischer Kreisverband*** *(reverberatory circuit)* genannt. Ein bestimmtes Engramm kann aus mehreren solcher reverberatorischer Kreisverbände bestehen, die selbst wieder zu ausgedehnteren „cell-assemblies" verbunden sind. Damit ein gegebenes Assembly in kreisende Erregung verfällt, muß es eine gewisse ***Erregungsschwelle*** überschreiten, diese wird von den in Kap. 22 beschriebenen Aufmerksamkeitsprozessen bestimmt. Negative langsame Hirnpotentiale haben wir als ein Maß für solche Schwellenänderungen kennengelernt.

Reverberatorische Erregungskreise nach Ende der aktuellen Reizung könnten die neurophysiologische Basis der Konsolidierung darstellen. Nach mehrmaliger Reverberation treten anhaltende strukturelle synaptische und zelluläre Änderungen auf, die unser LZG repräsentieren. In der Reverberationsphase müssen die Zell-Ensembles *ungestört* von weiterer Impulszufuhr bleiben, da sonst keine wiederholte Erregung der Synapsen mit denselben Impulsmustern erfolgen kann. Diese Zeit ungestörter Erregungszirkulation wird ***Konsolidierungsphase*** genannt. Darbietung ähnlicher oder neuer Inhalte in dieser Zeit führt zu Einprägungshemmungen.

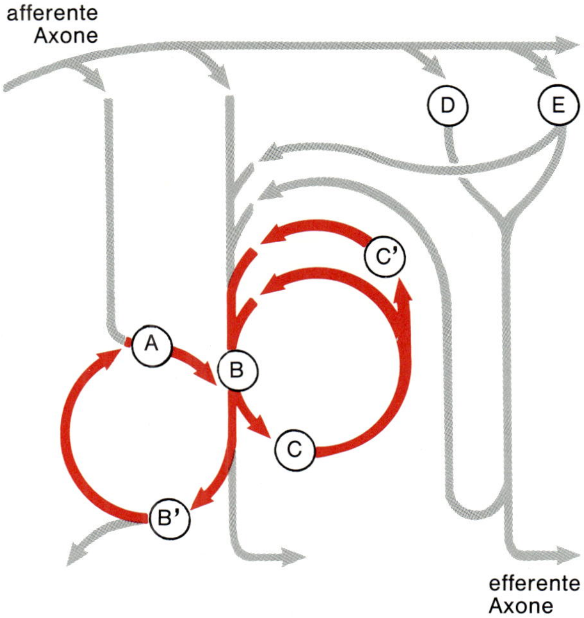

Abb. 24–10. Vereinfachtes Diagramm der Verbindungen für reverberierende neuronale Schaltkreise. Das afferente Axon erregt vier Neurone, *A, B, D* und *E. E* und *B* senden Impulse aus dem System (efferente Axone) in andere Systeme. *A-B-B', B-C,* und *B-C-C'* bilden geschlossene Erregungskreise, sogenannte Zellensembles. (Nach [5])

Während der Konsolidierungsphase werden zunächst schwache synaptische Verbindungen zwischen Neuronen *mächtiger*, vor allem dann, wenn beide Neurone gleichzeitig oder in enger zeitlicher Nachbarschaft mehrmals „assoziativ" erregt werden. Solche zeitlich eng gekoppelten Aktivierungen von Synapsen bilden die Grundlage von Konditionierungsprozessen. Wenn auf Abb. 24–10 A kurz vor B aktiviert wird, erhöht sich die Wahrscheinlichkeit, daß auch Neuron B über die Schwelle aktiv und die Verbindung zwischen A und B verstärkt wird (siehe auch Abb. 24–11). *Später, nach Stabilisierung der Verbindung, genügt bereits die Teilaktivität in einem solchen Ensemble, um das gesamte Ensemble zu aktivieren* (die Wahrnehmung der Bewegung des Rüssels allein hinter der Zoomauer aktiviert das Bild des Elefanten) [5,10].

Die Spezifität, der abgrenzbare Inhalt eines Gedächtnisinhalts, wird sowohl durch den *Ort* des Ensembles im ZNS als auch durch die *Frequenz-* und *Rhythmuseigenschaften* der kreisenden „Erregungskonstellation" bestimmt. Nach der Konsolidierung, bei Wiedergabe des Gedächtnisinhalts wird die Erregungskonstellation durch die Strukturänderungen in Synapsen und Zellen identisch oder teilweise identisch rekonstruiert. Im Elektroenzephalogramm oder Magnetoenzephalogramm beobachten wir in solchen Situationen *hochfrequente, synchrone Oszillationen* (s. Kap. 21, Gamma-Band, 40 Hz).

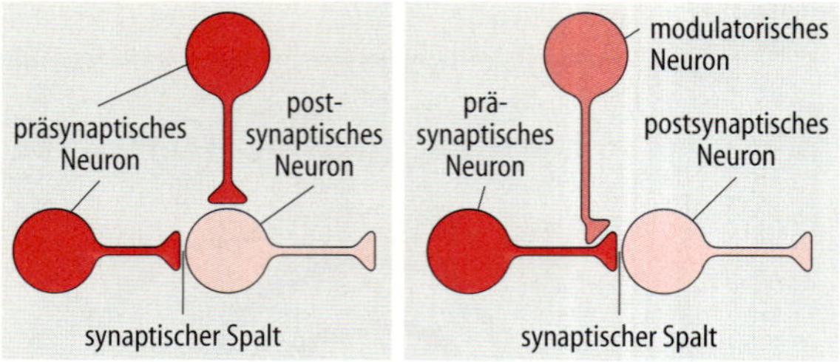

Abb. 24–11. Hebb-Synapsen auf zellulärer Ebene. Links klassische Vorstellung Hebbs: prä- und postsynaptisches Neuron feuern gleichzeitig oder leicht zeitverschoben; nach mehrmaliger Paarung wird die Verbindung zwischen ihnen verstärkt. Denkbar – und bei einfachen Lebewesen wie Aplysia häufig, – ist die Stärkung der Verbindung zwischen prä- und postsynaptischem Neuron durch gleichzeitige Aktivität an der Präsynapse (Erläuterung s. Text)

Simultane Aktivierung von Hebb-Synapsen verstärkt deren Bindung durch Wachstumsprozesse und/oder Stoffwechseländerungen

Hebb-Regel. Aus dem Studium der *selektiven Deprivation* einzelner Wahrnehmungsfunktionen, vor allem des visuellen Systems, konnte man die wesentlichen der ***am Lernen beteiligten neuronalen Prozesse*** isolieren. Beispielsweise führt die Schließung eines Auges unmittelbar nach der Geburt zu einer *Atrophie der okularen Dominanzsäulen* im visuellen Kortex des deprivierten Auges (siehe Kap. 17). Dabei zeigt sich ein fundamentales Prinzip neuronaler Plastizität, das auch Lernen zugrundeliegt und das nach seinem Entdecker, dem kanadischen Psychologen Donald Hebb als ***Hebb-Regel*** bezeichnet wird:

„Wenn ein Axon des Neurons A das Neuron B erregt und wiederholt oder anhaltend das Feuern, d. h. die überschwellige Erregung von Neuron B bewirkt, so wird die Effizienz von Neuron A für die Erregung von Neuron B durch einen *Wachstumsprozeß oder eine Stoffwechseländerung in beiden oder einem der beiden Neurone* erhöht". [5], (Abb. 24–11).

Während die meisten Neurone des Zentralnervensystems bei wiederholter Erregung durch ein anderes Neuron ihre Feuerrate reduzieren oder nicht verändern, haben Hebb-Synapsen eben diese Eigenheit, bei simultaner Erregung ihre Verbindung zu verstärken.

Arbeitsweise von Hebb-Synapsen. Wie wir in Abschnitt 24.4 noch sehen werden, sind an der Realisierung der Hebb-Regel im allgemeinen zwei präsynaptische Elemente (Synapse 1 und 2) und eine postsynaptische Zelle beteiligt (s. Abb. 24–11): Nehmen wir an, Synapse 1 wird durch einen neutralen Ton erregt, der allein nicht ausreicht, die postsynaptische Zelle, an der sowohl Synapse 1 wie Synapse 2 konvergieren, zum Feuern zu bringen. Nun wird Synapse 2, die z. B. aus einer somatosensorischen Zelle im Auge erregt wird, kurz nach oder gleichzeitig mit Synapse 1 durch einen Luftstoß auf das Auge erregt, der in der postsynaptischen Zelle die Aktivierung eines Blinkreflexes auslöst. Dieser Akt des Feuerns der postsynaptischen Zelle, ausgelöst durch Synapse 2, *verstärkt* nun die Aktivität aller Synapsen, die an dieser postsynaptischen Zelle *gleichzeitig* aktiv waren, so auch die Erregbarkeit der „schwachen" Synapse 1. Nach mehreren zeitlichen Paarungen der beiden Reize, genügt dann der Ton allein, um die postsynaptische Zelle zum Feuern zu bringen und damit einen Blinkreflex auszulösen: „Klassisches Konditionieren" (s. S. 574) des Blinkreflexes wurde somit aufgebaut.

Beispielsweise ist für die Ausbildung der okularen Dominanzsäulen (s. Kap. 17) die *simultane Aktivierung* prä- und postsynaptischer Elemente im visuellen Kortex aus *beiden* Augen notwendig. Zeitlich *simultane Aktivierung von präsynaptischen und postsynaptischen Elementen* führt also zu einer funktionellen und anatomischen Stärkung der Verbindung zwischen prä- und postsynaptischem Element in Hebb-Synapsen.

Anzahl und Lokalisation von Hebb-Synapsen. Wie viele der synaptischen Verbindungen unseres Gehirns plastische Hebb-Synapsen sind, ist nicht bekannt. Sicher ist nur, daß die meisten dieser Verbindungen im Neokortex liegen und viele der subkortikalen neuronalen Verschaltungen ihre Entladungseigenschaften durch simultane Erregung zweier (oder mehrerer) Synapsen eben nicht ändern, also *keine* Hebb-Synapsen sind.

Die Bildung von Zellensembles beim Lernen wird in der Synchronisation von neuronalen Entladungen und EEG-Rhythmen sichtbar

Erregungskreise, Lernen und Wiedergabe von Information. Entsprechend der Hebb-Theorie von Konsolidierung, muß eine Erregungskonstellation im allgemeinen mehrmals in ein und demselben Zellensemble ungestört kreisen, bevor strukturelle Änderungen LZG und Wiedergabe ermöglichen. Nicht die Aktivität einer einzigen oder weniger Zellen, sondern erst das gleichförmige, *kohärente* Entladungsverhalten eines ganzen Zellensembles stellt „speicherbare" Information für das ZNS dar. Die Aktivität einer einzigen Zelle geht im elektrochemischen „Rauschen" des ZNS unter. Kohärenz entsteht durch *gleichzeitiges Entladen* eines Erregungsmusters in einem Zellensemble, dessen Form und Frequenz für den Gedächtnisinhalt spezifisch ist (s. Abb. 24–10, 24–12, 24–13). Ein Maß für die Kohärenz ist die Amplitudenhöhe evozierter Potentiale, des EEGs oder MEGs über einem gegebenen Zellensemble oder die Kreuzkorrelationsfunktionen der elektrischen Entladungsmuster bzw. des EEGs zwischen verschiedenen Zellensembles (s. Kap. 21). Je höher die Amplitude eines evozierten Potentials oder eines EEG-Musters, um so mehr Zellen müssen synchron geordnet entladen. Je komplexer das Lernmaterial und je mehr Sinnessysteme an dem Engramm beteiligt sind, um so größer werden die Zellensembles und um so länger muß die Erregung kreisen, um eine kritische Verschiebung metabolischer Änderungen (z. B. Ca^{++}-Anstieg in den Zellen) zu erzielen.

Mit dem Lernerfolg steigen die Amplitudenhöhen evozierter Potentiale in den ***Akquisitionsdurchgängen*** tatsächlich an. Die Wellenform evozierter Potentiale in fünf verschiedenen Hirnregionen auf ein und denselben Reiz ist ähnlicher (kohärenter) als die Form der evozierten Potentiale in ein und derselben Hirnregion auf verschiedene Reize: weniger der Ort der Speicherung definiert, was gespeichert wird, sondern die Kohärenzverteilung der auf einen Reiz folgenden Erregungsmuster über verstreute Hirnareale. Diese ***antilokalisationistische Position*** steht im Gegensatz zu Befunden, die einzelnen Hirnregionen (z. B. Hippokampus) kritische Positionen für das Behalten zuschreiben.

Assimilierte Rhythmen. Abbildung 24–12 zeigt die Akquisitionsphase in einer instrumentellen Konditionierungsaufgabe: Als diskriminativer Reiz S^D wird ein sogenannter *„Tracer"-Lichtreiz* (Flackerlicht von 10 Hz) dargeboten, das Tier lernt auf den S^D für Verstärkung zu reagieren. Das EEG bildet im Verlauf der Lernphasen einen *„assimilierten" Rhythmus* in der Frequenz des S^D in jenen Hirnarealen aus, wo der S^D gespeichert wird. In Abb. 24–12 sind dies vor allem Fornix (FX) und Hippokampus (VH) sowie das visuelle System (VC, visueller Kortex und LG, laterales Geniculatum). Keine Speicherung findet im akustischen System (MG, mediales Geniculatum) und sensomotorischen Areal (MSS) statt. Bei Wiedergabe der Information tritt derselbe assimilierte Rhythmus in den entsprechenden Regionen wieder auf. Abbildung 24–13 zeigt, daß auch fehlerhafte Reproduktion am „assimilierten" Rhythmus des EEGs aus den einzelnen Hirnregionen gut ablesbar ist: in Abb. 24–13 lernte das Tier eine Annäherungsreaktion auf einen 7,7-Hz-Flackerlicht-S^D und eine Vermeidungsreaktion (CAR) auf 3,1 Hz Flackerlicht. Am linken Teil der Abb. 24–13 führt das Tier die Annäherungsreaktion auf den 7,7-Hz-Reiz korrekt aus [man kann den „Gedächtnisinhalt" besonders gut im rechten visuellen Kortex (RVIS) und dem linken N. geniculatum (LGL) beobachten]. Im rechten Teil der Abb. 24–12 vermeidet das Tier *irrtümlich* auf einen 7,7-Hz-S^D: das Auftreten des falschen Gedächtnisinhaltes kann vor allem am visuellen Kortex klar gesehen werden, *bevor* das Tier die falsche Reaktion (CR) ausführt [7].

Assoziative Verknüpfung („Binding") durch neuronale Konvergenz und zeitliche Synchronisation liegt nicht nur Wahrnehmungsprozessen, sondern auch kortikalen (expliziten) Gedächtnisvorgängen zugrunde

Prinzip der Koaktivation. Jede kortikale Zelle hat mit 4000–10 000 anderen kortikalen Zellen synaptischen Kontakt. Wenn die Spezifität eines Wahrnehmungsinhalts nur durch feste konvergente Verbindungen von Sinnesorganen zum Kortex, wie z. B. bei der retinotopen Repräsentation (s. Kap. 17), gelöst würde, hätten wir für die Unzahl unserer Wahrnehmungs- und Gedächtnisinhalte nicht ausreichend viele Verbindungen. Wir wissen aber, daß eine Zelle an der Repräsentation vieler Inhalte beteiligt sein kann, also mit verschiedenen Assemblies (s. Kap. 21 und 22) verschaltet ist. Damit haben wir praktisch eine unlimitierte Anzahl von Kombinationsmöglichkeiten funktionaler Verschaltung, die den Reichtum unseres Erlebens und Verhal-

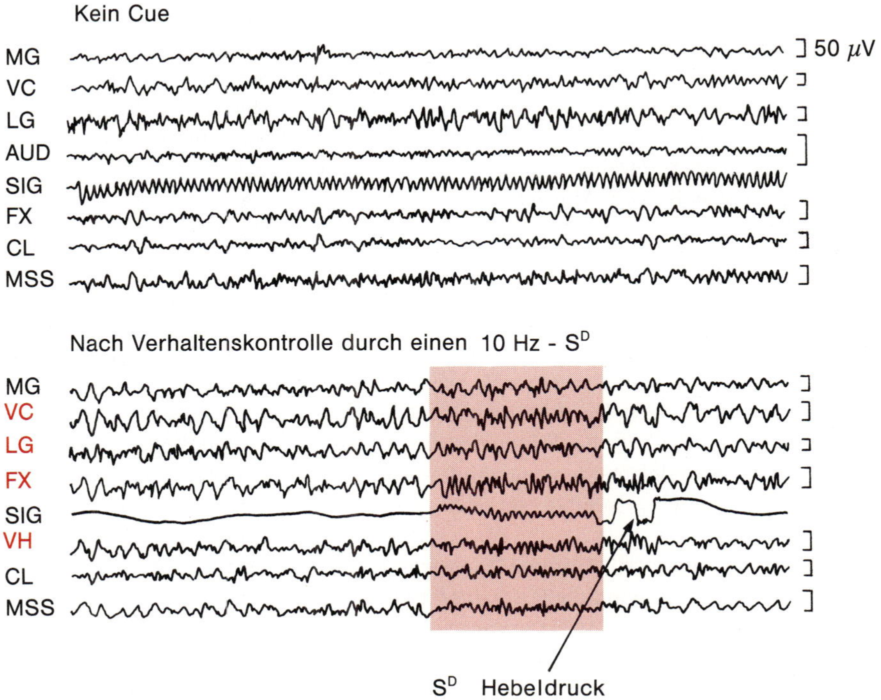

Abb. 24–12. Tracer-Technik: 10-Hz-Flackerlicht (*SIG*) vor (*oben*) und nach (*unten*) Konditionierung des Lichtreizes als S^D (Erläuterungen siehe Text). *MG* und *LG* ist EEG aus Thalamus. *CL*, *AUD* und MSS verschiedene Kortexableitungen, *FX* Fornix, *VH* Hippokampus, *VC* visueller Kortex. (Nach [7])

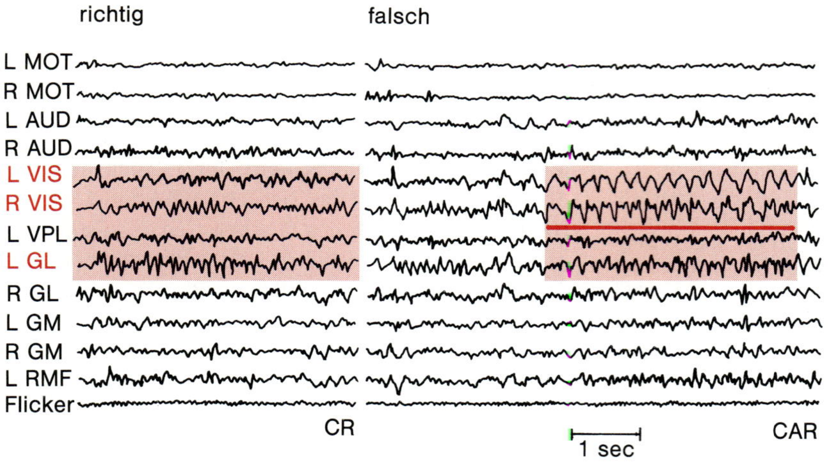

Abb. 24–13. Richtige (*links*) und falsche (*rechts*) Reproduktion eines „Gedächtnisinhalts" aus verschiedenen Hirnregionen. *MOT* motorischer Kortex, *AUD* akustischer Kortex, *VIS* visueller Kortex, *VPL, GL, GM* Thalamuskerne, *MRF* Formation reticularis des Mittelhirns. Strich in *Farbe* symbolisiert 7,7-Hz-Lichtreiz. Erläuterungen s. Text. (Nach [7])

tens und die enorme Lernfähigkeit ausmachen. Ein spezifisches Element eines Inhalts (z. B. eine Kontur) kann von vielen Repräsentationen geteilt werden, die zu verschiedenen Zeiten an verschiedenen Assemblies teilnehmen. Welcher Inhalt zu einem bestimmten Zeitpunkt im Vordergrund des Bewußtseins steht, wird durch *synchrone, korrelierte Aktivität in einer verteilten Population von Neuronen bestimmt* [38, 39].

Die Summation synchronen Einstroms in ein Assembly ist auch dadurch notwendig, da bei der Konvergenz nur weniger Synapsen an einer Zelle, diese nie die kritische Schwelle zum Feuern erreichen würde. Wenn Information miteinander in Beziehung steht (Kontext), so treten ihre Einzelelemente *zeitlich synchron,* also gemeinsam auf und erlauben damit die Bildung von Hebb-Synapsen. Die Bildung von Synchronisation wird durch die in Kap. 22 beschriebenen thalamokortikalen Aufmerksamkeitsmechanismen erleichtert, kann aber auch im Falle impliziten Lernens und Konditionierung unabhängig von diesen entstehen.

Größe des Zellensembles und seine Frequenz. Da eine Summation von Spikes (AP) an einem Dendriten nur dann zu überschwelliger Depolarisation führt, wenn sie innerhalb von Millisekunden gleichzeitig oder zeitverschoben erfolgt, muß man annehmen, daß eine synchrone Entladung über weit verteilte Regionen innerhalb von Millisekunden möglich sein muß. Wenn diese synchronen Entladungen, die zu einem Zell-Ensemble (Inhalt) führen, stabilisiert werden sollen, müssen sie im selben Ensemble mehrmals kreisen (reverberatory cycles, s. S. 583). Der Rhythmus dieses Zyklus soll in der Regel der *Größe des Ensembles,* also der Entfernungen der Einzelelemente voneinander proportional sein: je größer das Ensemble, um so langsamer.

Die Bedeutung von Oszillationen. Wie wir in Kap. 20 und 21 gesehen haben, sind die langsamen EEG-Oszillationen im Bereich von 0–15 Hz primär von thalamokortikalen Erregungskreisen und deren unspezifischem Einstrom aus retikulären subkortikalen Strukturen abhängig. Sie bestimmen großflächig die ***Erregungsschwellen*** kortikalen Gewebes im Wach- und Schlafzustand. Da unsere expliziten und auch die meisten impliziten Gedächtnisinhalte kortikal gespeichert sind und die meisten thalamischen Zellen nicht plastisch sind, müssen für die Repräsentation von Gedächtnisinhalten und deren Wiedergabe ***kortiko-kortikale*** Assemblies verantwortlich sein. Berechnet man die Nerven-Leitungszeiten innerhalb des kortikalen Ensembles, so ergeben sich auch bei weit auseinander liegenden Ensembles optimale Abstände zwischen zwei synchronen Depolarisationen im Bereich von 10–80 ms. Das sind vor allem die Oszillationsfrequenzen im ***Gamma-Bereich***, die wir bei Wahrnehmung von Gestalten, Bedeutung, Worten und im Traum im EEG und MEG finden (s. die entsprechenden Ergebnisse in Kap. 17, 21, 22, 23 und 27). In klassischen Konditionierungsversuchen beim Menschen z. B. treten diese Oszillationen dann erstmals auf, wenn die Person (bzw. ihr Gehirn) den zeitlichen Zusammenhang zwischen CS und US erkannt hat und verschwinden wieder in der Extinktion, bzw. wenn die CR extrem überlernt, also automatisiert ist [35, 38].

Anregende Umgebung, die zu aktivem Handeln führt, fördert die neokortikalen Wachstumsprozesse; in eintöniger Umgebung bleiben sie aus

Besonders aufschlußreich sind Untersuchungen, in denen die anatomischen und physiologischen Effekte einer ***„angereicherten", stimulierenden Umgebung*** (enriched environmental condition, EC) im Vergleich zu verschiedenen Kontrollbedingungen auf das Rattenhirn beobachtet wurden. Abbildung 24–14 gibt Beispiele für EC und IC (impoverished conditions, IC, „verarmte", eintönige Umgebung) wieder. Die Ergebnisse sind sowohl im heranwachsenden als auch beim erwachsenen Tier eindeutig; bereits nach Tagen in den verschiedenen Bedingungen zeigen sich signifikante Unterschiede, die nicht auf unterschiedliche motori-

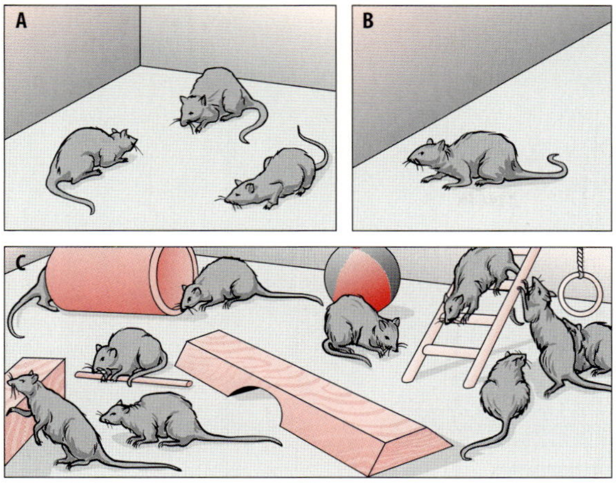

Abb. 24–14. Beispiele für stimulierende und weniger stimulierende Umgebung aus den Untersuchungen von Rosenzweig u.a. **A** Standardkolonie mit drei Ratten pro Käfig. **B** Reizarme Umgebung (IC) mit einer isolierten Ratte. **C** Stimulierende Umgebung (EC) mit 10–12 Ratten pro Käfig und einer Reihe von Spielmöglichkeiten. (Aus [14])

sche Aktivität oder Behandlung der Tiere („handling") rückführbar waren. Primär war der Neokortex von den Stoffwechseländerungen betroffen und hier wieder vor allem der Okzipitalbereich.

EC-Tiere haben dickere und schwerere Kortizes, (bis zu 10 %), erhöhte Azetylcholinesterasekonzentration (AChE), mehr dendritische Fortsätze (primär der basalen Dendriten, die von benachbarten Neuronen versorgt werden), ausgedehntere Verdickungen der postsynaptischen Membran, vergrößerte Zellkörper und Zellkerne in jenen Zellen, die besonders reich an Dendriten sind, sowie ein Anstieg der Anzahl der Gliazellen. Weder die soziale Erfahrung (zahlenmäßig mehr Tiere in der EC) noch der passive Umgebungseinfluß sind für die Effekte verantwortlich. Nur wenn die Tiere aktiv mit den Gegenständen in ihren Käfigen interagieren („spielen"), treten die Unterschiede auf.

Die Effekte sozialer Erfahrung wurden geprüft, indem Einzeltiere auch unter EC aufgezogen wurden, aber zusätzlich Lernerfahrung erhielten. Die EC-Tiere lernten, in einem Labyrinth mit vielen Barrieren den Weg zum Futter zu finden. Die Kontrolltiere der IC lernten im selben Labyrinth aber *ohne* Barrieren. Die EC-Tiere zeigten deutlichere Änderungen der Anatomie und Histologie des ZNS. Split-brain-Ratten, denen ein Auge abgedeckt wurde, so daß der visuelle Lernprozeß nur in einer Hemisphäre stattfinden konnte (Ratten haben keine ipsilateralen Verbindungen von der Netzhaut zum Kortex), zeigten die oben aufgeführten Veränderungen *nur* in der „sehenden" und somit lernenden Hemisphäre. Ratten, die nach längerem Aufenthalt unter IC eine Labyrinthaufgabe lernen, zeigen danach *vermehrtes Auswachsen von Verzweigungen* (branching) sowohl der apikalen, als auch der basalen Dendriten der kortikalen Pyramidenzellen.

Die biochemischen Veränderugen stützen die Interpretation, daß es sich um spezifische *morphologische und biochemische Korrelate von LZG* und nicht nur um unspezifische Einflüsse auf die Plastizität im Sinne von mehr oder weniger starker sensorischer Deprivation handelt.

Die Ausschüttung von Azetylcholin (ACh) aus dem basalen Vorderhirn und Bindung an muskarinerge Rezeptoren in der obersten Kortexschicht ist Voraussetzung für explizites Gedächtnis und kortikale implizite Lernprozesse

Azetylcholin beim Menschen. Wir haben gesehen, daß Ach eine große Rolle bei Lernen in angereicherter Umgebung spielt. Es existieren mehrere ACh-Systeme im Säugetierhirn (s. Kap. 14): mindestens acht biochemisch abgrenzbare vom Rückenmark zum Kortex; ACh-Vorläufer und Metaboliten sind an fast allen Verhaltensweisen direkt (als Transmitter) oder indirekt (als Neuromodulatoren) beteiligt. Der Nachweis der Beteiligung von ACh-Systemen am assoziativen Lernen ist daher besonders schwierig. Rosenzweig u. Leiman [14] konnten *lokalen* kortikalen AChE-Anstieg in jenen Kortexregionen nachweisen, die an der Lernaufgabe beteiligt waren.

Skopolamin, das muskarinerge ACh-Rezeptoren blockiert, führt bei jungen Müttern, wenn es während der Geburt gegeben wird, zu Erinnerungsausfall des Geburtsvorganges [25]. Vereinzelt wurde berichtet, daß Physostigmin und Arecolin, postsynaptische cholinerge Stimulatoren, die Wiedergabe bei Patienten mit ***Alzheimer-Demenz*** verbessert (s. Kap. 27). Die effektive Dosis ist aber vom bestehenden kognitiven Niveau und vielen anderen Faktoren abhängig, die Nebenwirkungen z. T. intolerabel und die Ergebnisse wenig einheitlich [25]. Bei Patienten mit M. Alzheimer, von denen angenommen wird, daß der neuronale Alterungsprozeß extrem beschleunigt verläuft, finden sich reduzierte AChE, geringere muskarinerge Rezeptorendichte (vor allem des sogenannten M1-Rezeptors), weniger ACh-Neurone im Vergleich zu „normalen" Alterungsprozessen. Allerdings liegt bei M. Alzheimer auch eine frühe Zerstörung der hippokampalen Systeme vor, die ACh zwar als Transmitter verwenden, daneben aber eine Vielzahl anderer Transmitter und Neuromodulatoren.

Azetylcholin und Lernen. Klassische Furchtkonditionierung führt im Tierversuch am auditorischen Kortex zu einer Vergrößerung des rezeptiven Feldes des CS. Wenn als CS ein Ton mit einer Frequenz z. B. von 84 Hz verwendet wird und als US ein unangenehmer elektrischer Reiz, so feuern nach der Konditionierung im **rezeptiven Feld** (s. Kap. 15) die Zellen nur auf den CS vermehrt, nicht auf andere Frequenzen. Darüber hinaus erweitert sich das rezeptive Feld für den CS, d. h. mehr Zellen reagieren auf den CS und die Erregbarkeit auf andere Frequenzen als die des CS wird unterdrückt. Abbildung 24–15 zeigt die wichtigsten Komponenten dieser ***assoziativen Plastizität*** [43]. Drei subkortikale Systeme konvergieren am akustischen Kortex: a) der spezifisch thalamische Einstrom in Schicht III oder IV, der die Frequenzinformation (CS) transportiert. Diese

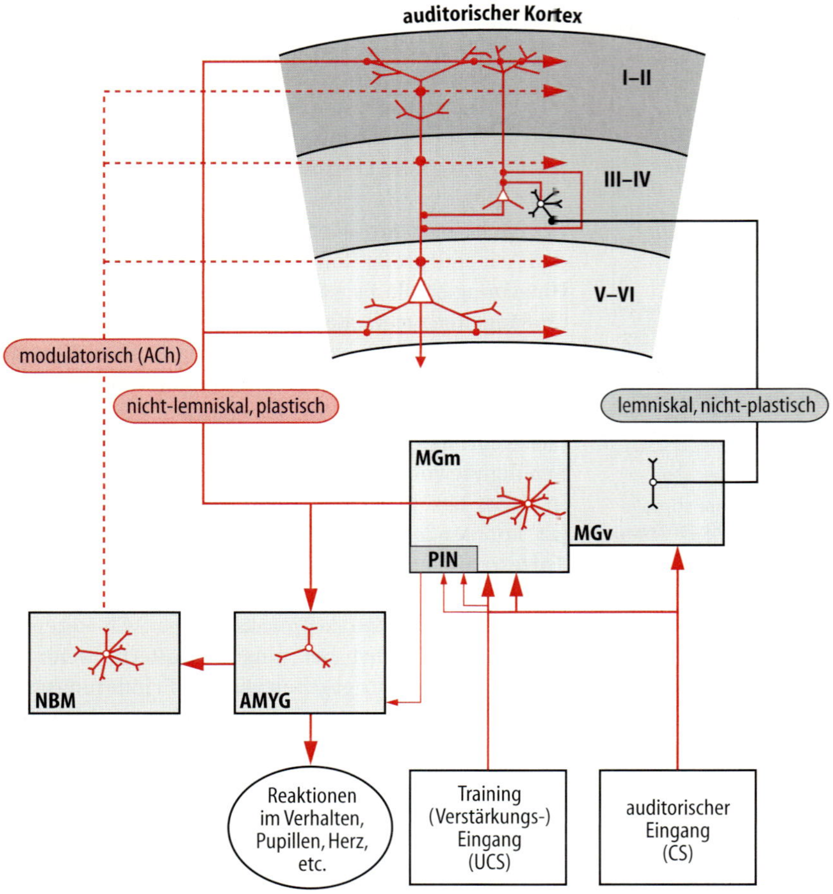

Abb. 24–15. Diagramm der wichtigsten Komponenten der durch klassische Konditionierung ausgelösten plastischen Veränderungen und der dabei beteiligten Hirnareale. Die Plastizität des rezeptiven akustischen Kortexfeldes hängt von der Konvergenz dreier subkortikaler Systeme am Kortex ab: 1. des nicht-plastischen lemniskalen, spezifischen Thalamus, das detaillierte Frequenzinformation über den CS vermittelt, rechts. 2. Das System, das die Verhaltensbedeutung und vitale Signifikanz des US über die plastischen, non-lemniskalen Bahnen weitergibt und 3. die dadurch ausgelöste (Aktivierungs-)Modulation (Modulatorisches ACh). Abkürzungen: AMYG amygdala, MGm = magnozellulärer N. geniculatum laterale des Thalamus. MGv = ventraler, medialer N. geniculatus laterale. NBM = Nucleus basalis Meynert. PIN posteriorer intralaminarer Thalamus. (Aus [43]. Siehe Text)

Verbindung ist nicht plastisch; b) das US-System aus den nicht-spezifischen Kernen des Thalamus, das die Verhaltensbedeutung des vorausgegangenen akustischen Reizes an den Kortex signalisiert. Dieses System ist extrem plastisch und modifiziert die Entladungswahrscheinlichkeit und synaptische Struktur in der apikalen Dendritenschicht. Damit die synaptischen Spines in Schicht I und II überhaupt ihre Stärke verändern, benötigen sie aber Information über die vitalbiologische Bedeutung (Triebbedeutung) des akustischen Reizes. Diese erhält der Nucleus basalis Meynert, der einen Großteil des Azetylcholins im ZNS produziert, aus der Amygdala (s. auch Kap. 26). Das ausgeschüttete ACh wirkt unspezifisch modulatorisch auf allen Schichten, erniedrigt aber in Schicht I und II die Depolarisationsschwelle der Synapsen (z. B. ablesbar an negativen langsamen Hirnpotentialen, s. Kap. 21, 22) durch NMDA- oder AMPA-Rezeptor-Entblockierung ([26, 43], s. S. 592).

Angesichts der geringen Wirksamkeit cholinerger Stimulation allein liegt nahe, daß ACh- und NA-Systeme (Emotionen) vor allem in Schicht I und II des Kortex *zusammenwirken* müssen, um normales Gedächtnis und Konsolidierung zu ermöglichen, aber selbst nicht an der Verschlüsselung und Speicherung beteiligt sind. Bei Alzheimer-Patienten liegt neben der ACh-Degeneration auch eine Degeneration der Nucl.-coeruleus-Zellen (NA) vor. Im Tierversuch konnte man durch sechs Monate dauernde elektrische Stimulation den Nucl.-coeruleus bei alternden Mäusen „Vergessen" einer Schock-Vermeidungsreaktion durch den Altersprozeß verhindern [16, 25, 26]. Ähnliche Effekte erzielte man durch Erhöhung des NA-Outputs aus dem Nucl. coeruleus durch Piperoxon, einen $Alpha_2$-NA-Rezeptoren-Blocker, der die Autoinhibition der NA-Zellen hemmt.

Diese Untersuchungen bestätigen, daß Gedächtnisvorgänge auf das Zusammenspiel mehrerer Transmitter in spezifischen Hirnregionen, primär im Kortex und Hippokampus und limbischen Regionen angewiesen sind.

Aminerge Systeme und Azetylcholin modulieren Lernen und Gedächtnis, während Glutamat zur Aktivierung der NMDA-Rezeptoren notwendig ist

In diesem Abschnitt wollen wir einige Substanzen untersuchen, die einen modulatorischen Effekt auf einzelne Phasen des Gedächtnisses ausüben und auf Störungen des Gedächtnisses beim Menschen einwirken.

Außer für die Proteinbiosynthese konnte bisher für *keine einzelne* Substanz oder Substanzklasse ein kausaler Einfluß auf das Gedächtnis nachgewiesen werden. Dies spricht dafür, daß Gedächtnis in einer Vielzahl von synaptischen und zellulären Prozessen verschlüsselt sein kann, die letztlich alle zum selben Endresultat führen: anhaltend veränderte Entladungsmuster eines Zellensembles.

Katecholamine. Angesichts der Bedeutung von peripheren Katecholaminen für Motivation, Emotion und Aktivierung (s. Kap. 25, 26), lag es nahe, *zentralem NA* und *Dopamin* auch eine entscheidende Rolle bei der Stabilisierung von Information zuzuschreiben. Obwohl die Tatsache unbestritten bleibt, daß die Stimulierung der peripheren NA-Synthese und -Verbreitung bis zu einem optimalen „mittleren" Niveau Lernen und Behalten fördert, wird heute übereinstimmend die Rolle des *zentralen* Noradrenalins für Lernen und Gedächtnis als vernachlässigbar angesehen [12, 20]. Nur bei der Speicherung emotionaler Inhalte könnte auch die zentrale NA-Verfügbarkeit eine Rolle spielen.

Entfernung der Medulla der Nebenniere mit Reduktion des peripheren NA führt zu schweren Amnesien. Dies bedeutet, daß die *peripheren*, autonomen Effekte von NA den Konsolidierungsprozeß modulieren können, da zentrales NA keinen Einfluß auf Behalten hat. Ein starkes Argument gegen die kausale Bedeutung von zentralnervösem NA bei Lernprozessen kommt aus *Locus-coeruleus-Läsionen*: auch nach 80%-Reduktion des kortikalen NA gibt es kaum Einflüsse auf Aneignung, Konsolidierung und Wiedergabe, unabhängig davon, wann im Lern-Experiment die Läsion folgt.

Das zentrale Katecholaminniveau wird in der Regel z. B. bei der Parkinson-Erkrankung durch orale L-Dopa-(L-Dehydroxyphenylamin) und durch MAOI (Monoaminoxydaseinhibitor)-Gabe erhöht. Sowohl beim Tier als auch beim Menschen wird außer Aktivierungsanstieg und einer allgemeinen Leistungsverbesserung kein Effekt auf das Gedächtnis sichtbar.

Die Aktivierung von β-adrenergen Rezeptoren zentral oder peripher durch emotionale Reize hat einen fördernden Einfluß auf die Wiedergabe aus dem LZG. Dies gilt natürlich nur für implizites Lernen, bei explizitem Lernen kann zu hohe Erregung auch Einprägungsstörungen verursachen. Allerdings zeigen Untersuchungen an Patienten mit ***Posttraumatischen-Stress-Störungen (PTST)***, daß auch extrem emotional negative Reize (Folterungen etc.) bei diesen Personen schwer löschbar im LZG „eingegraben" sind. An dieser Verbesserung des LZG hat das β-adrenerge System wesentlichen Anteil: Personen, die einen β-Blocker (Propranolol) vor Darbietung emotionaler oder neutraler Erzählungen erhielten, zeigten bei den emotionalen Erzählungen deutliche Einbrüche eine Woche danach in verschiedenen Wiedergabetests, nicht bei den neutralen [20].

Glutamat. Die hohe Konzentration von Glutamat im Hippokampus und Neokortex sprechen für eine bedeutsame Rolle dieser Aminosäure im Konsolidierungsprozeß. Unklar bleibt die Frage, ob die Vermehrung von Glutamatrezeptoren und das damit korrelierte Wachsen von dendritischen Fortsätzen nach PTP des Hippokampus (s. S. 593) eine kausale und spezifische Rolle spielt.

Wenn der auf S. 592 beschriebene Mechanismus der PTP und PTD für Konsolidierung und LZG beim Menschen wirklich essentiell für Einprägung sein sollte, dann ist das Vorhandensein und die Produktion schwacher bis mittlerer Mengen von Glutamat am NMDA-Rezeptor für Lernen und Gedächtnis notwendig. Glutamat wirkt in höheren Dosen toxisch auf die synaptische Übertragung und die intrazellulären Kaskaden, so daß eine Anregung von Lernen durch Glutamat-Agonisten für die verschiedenen exzitatorischen Aminsosäurerezeptoren (NMDA, AMPA, Kainat) bisher keine konsistenten Erfolge erbrachte. Da die Alzheimersche Erkrankung zwar mit deutlicher Reduktion (60%) von ZNS-Glutamat einhergeht, aber in den Frühstadien von einer toxischen Hyperaktivität des Glutamatsystems verursacht sein könnte, sind Therapieversuche, die den Glutamatstoffwechsel beeinflussen, bisher wenig konsistent.

Die Ausbreitung oder Reduktion kortikaler somatotopischer Repräsentationen und Karten ist ein Korrelat von neuronaler Plastizität

Auf anatomischer Ebene zeigen sich aktivitätsabhängige Änderungen auch an den ***Modifikationen somatotopischer Karten*** (s. Kap. 16) im Gehirn. Wenn z. B. ein Tier eine bestimmte Bewegung über einen längeren Zeitraum übt, so läßt sich eine Ausbreitung des „geübten" somatotopischen Areals (rezeptives Feld) auf benachbarte Areale nachweisen. Es lassen sich dann Zellantworten, z. B. von der postzentralen Handregion, über früher nicht aktiven Hirnarealen ableiten. Abbildung 24–16 zeigt einige typische Beispiele der Verschiebung somatotopischer Repräsentationen nach Nervenverletzung, Amputation und Diskriminationstraining beim Affen. Am Menschen konnten dieselben Veränderungen nachgewiesen werden. Diese topographischen Karten sind von Individuum zu Individuum verschieden, je nach der *bevorzugten* Aktivität des Sinnessystems oder des jeweiligen motorischen Out-

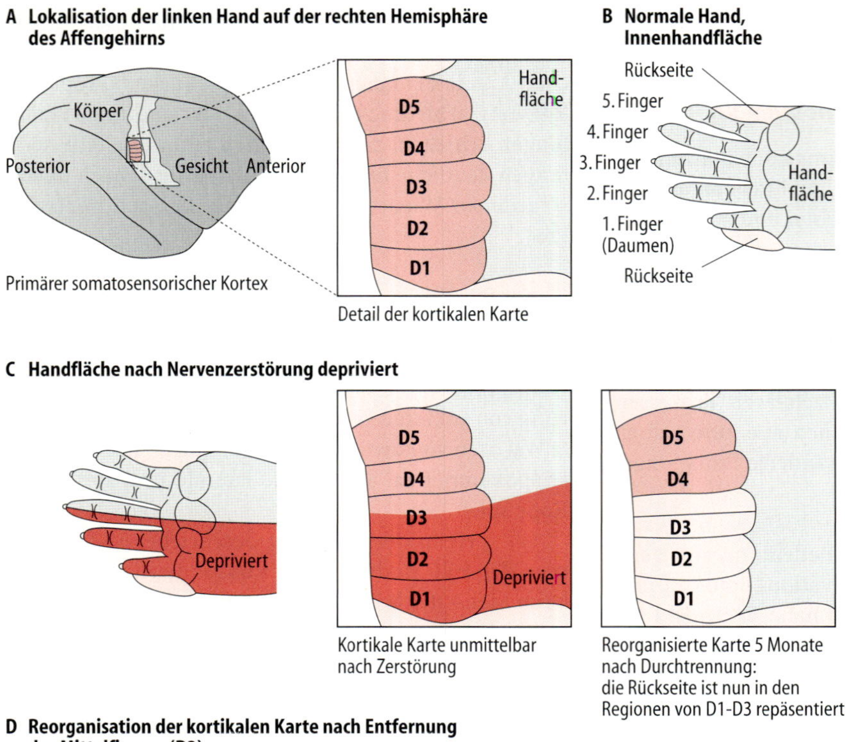

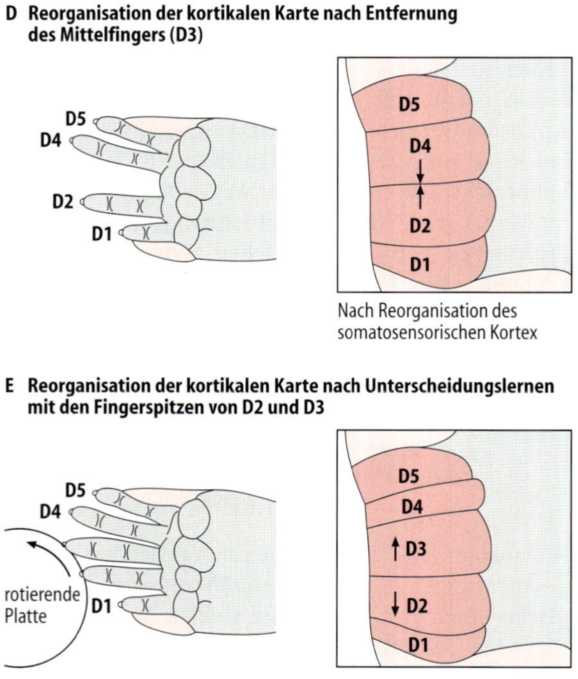

Abb. 24–16. Plastische Verschiebung rezeptiver Felder im somatosensorischen Kortex des erwachsenen Affen. Das Kartieren rezeptiver Felder erfolgt durch multiple Einzellzellableitungen bei taktiler Reizung der fünf Finger (D1 – D5). In (A) und (B) sind die rezeptiven Felder der gesunden Hand geordnet sichtbar; nach Durchtrennung der Fasern von Daumen (D1) und Zeigefinger (D2) antworten deren rezeptiven Felder vorerst nicht mehr, aber nach 5 Monaten hat eine Neukartierung (remapping) stattgefunden: die rezeptiven Felder sprachen nun auf die Fingerrücken von D1, D2 und D3 an. Bei (D) wurde der Mittelfinger amputiert, nach wenigen Stunden waren die Nachbarfinger in die nun „leere" Repräsentation von D3 eingedrungen. In (E) mußte das Tier eine rotierende Scheibe entweder mit D2 oder D3 berühren, um Futter zu erhalten. Nach einigen Trainingswochen hatten sich die Repräsentationen von D2 und D3 erheblich vergrößert. (Nach [14] aus Merzenich MZ, Jenkins WM (1993) Reorganisation of cortical representations of the hand following alterations of skin inputs. Journal of Hand Therapy 6:89–104, mit freundlicher Genehmigung)

puts. Die ***erworbene Individualität*** eines Organismus (in Abgrenzung von der *genetischen*) könnte somit in unterschiedlichen topographischen (*ortssensitiven*) und *zeitsensitiven* Hirnkarten repräsentiert sein [8].

Phantomschmerz als plastischer neuronaler Prozeß. Abbildung 16–30 u. 16–31 zeigt ein Beispiel der Verschiebung somatotopischer Repräsentation am postzentralen Kortex des erwachsenen Menschen. Nach Amputation eines Glieds, Armes oder der Brust (bei Frauen) und auch bei Querschnittslähmungen kommt es häufig zu ***Phantomempfindungen und -schmerzen*** (s. Kap. 16). Der (die) Patient(in) spürt dabei deutlich und oft quälend das nicht mehr vorhandene Glied oder Teile desselben.

In Abb. 16–30 sind die magnetisch evozierten Felder auf taktile Reize ipsi- und kontralateral der amputierten Hand am Gyrus postcentralis zu sehen. Dabei ist auffällig, daß nach Reizung von Stumpf oder Lippe der amputierten Seite ein starkes magnetisches

Feld über dem Fingerareal auftritt. *Je größer die Verschiebung der Repräsentation von Lippe oder Gesicht, um so größer der Phantomschmerz* [27].

Bei der Modifikation solcher topographischen (ortssensitiven) oder zeitsensitiven Hirnkarten (z.B. im akustischen System) zeigt sich wieder, daß die Hebb-Regel Gültigkeit hat: die Ausweitung einer topographischen Repräsentation durch Lernen wird durch *gleichzeitige* Aktivierung einzelner Zellen von zwei benachbarten Fasern aus benachbarten Haut- oder Handregionen, z.B. bei sensomotorischen Aufgaben bewirkt. Es ist also nicht nur der rein quantitative Anstieg der Aktivität, der für die anatomischen Veränderungen verantwortlich ist, sondern die durch *synchrone Aktivität* ausgelösten Veränderungen.

24.4 Zelluläre Korrelate von Lernen

Assoziatives Lernen in einfachen Lebewesen läßt sich durch Änderungen der Membraneigenschaften prä- und postsynaptischer Spines erklären

Wie bereits auf S. 583 ausgeführt, wird als gemeinsame neurophysiologische Grundlage allen Lernens die Existenz von Hebb-Synapsen betrachtet.

Das Studium von nichtassoziativem und assoziativem Lernen in einfachen Lebewesen mit geringer neuronaler Komplexität erbrachte erstaunlich ähnliche makro- und mikromolekulare Änderungen durch Lernprozesse zwischen verschiedenen Arten. Dabei wurden vor allem die kalifornische Meerschnecke *Aplysia* mit etwa 20 000 Neuronen und eine andere Meerschnecke, *Hermissenda crassicornis,* und die gemeine Fruchtfliege *Drosophila melanogasta* bevorzugt untersucht. Diese Tiere zeigen sowohl nichtassoziatives Lernen wie Habituation und Sensibilisierung sowie instrumentelles und klassisches assoziatives Konditionieren.

Lernen bei der Meerschnecke (Aplysia). Untersuchungen von Lernvorgängen an einzelnen Zellen und/oder extrem einfachen Nervensystemen von Invertebraten liegt die Annahme zugrunde, daß die komplexen Vorgänge assoziativen Lernens in höheren Organismen als Variationen eines oder weniger fundamentaler neurophysiologischer Vorgänge anzusehen sind. In den letzten Jahrzehnten konnte tatsächlich nachgewiesen werden, daß Habituation, Sensibilisierung und einfache Formen klassischen Konditionierens auf spezifische *präsynaptische Modifikationen* in Neuronensystemen mit einigen wenigen Zellverbindungen rückführbar sind [4, 8, 19]. Beispielhaft sollen hier die zellulären Prozesse bei ***Aplysia*** erläutert werden.

Abbildung 24–17 zeigt einige Verhaltensweisen von Aplysia, die experimentell modifiziert wurden. Wenn das Saugrohr (Siphon) oder das Mantelgerüst (mantle shelf) oder der Schwanz gereizt werden, kontrahieren sich Siphon und Kieme (gill) (Abwehr). Dieser vorerst unkonditionierte Reflex habituiert, sensibilisiert und läßt sich klassisch über eine schwache taktile Reizung des Schwanzes, Mantelgerüsts oder Siphons als CS konditionieren. Abbildung 24–18 zeigt die bei

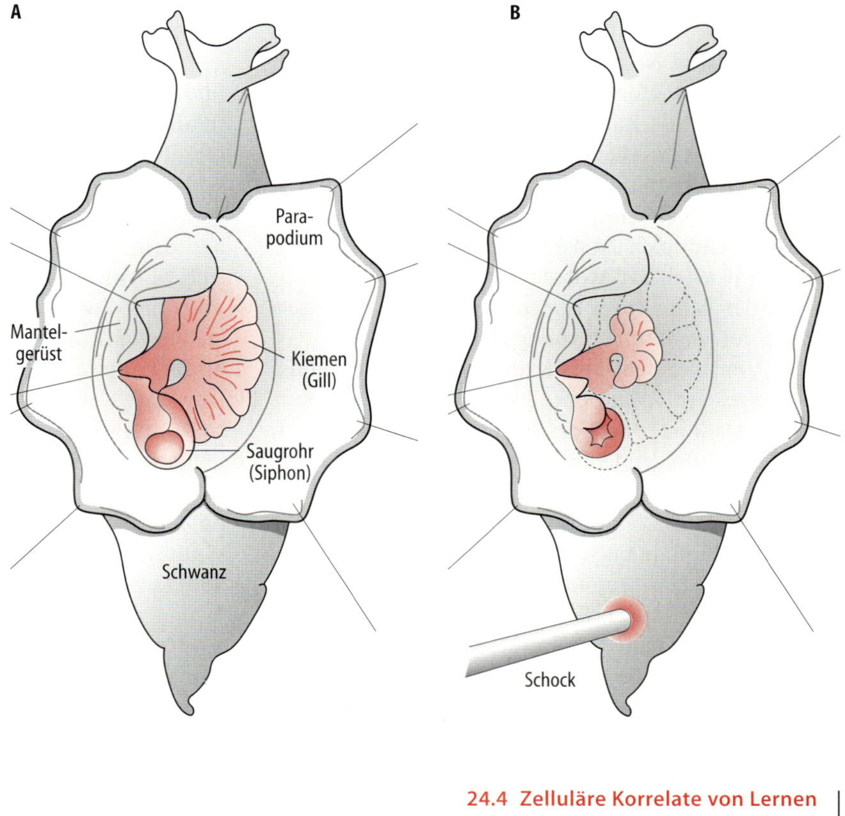

Abb. 24–17. Dorsale Ansicht der Meerschnecke Aplysia. Der Fühler (Gill)- und Saugrohr (Siphon)-Abwehrreflex bei Aplysia. Bei **A** sind Mantelgerüst, Kiemen und Saugrohr entspannt. Nach einem Schock auf den Schwanz kontrahieren sich Kiemen und Saugrohr und stoßen Wasser oder Ausscheidungen ab (**B**). Die entspannte Position ist *rechts* durch *punktierte Linien* angezeigt. (Nach [4])

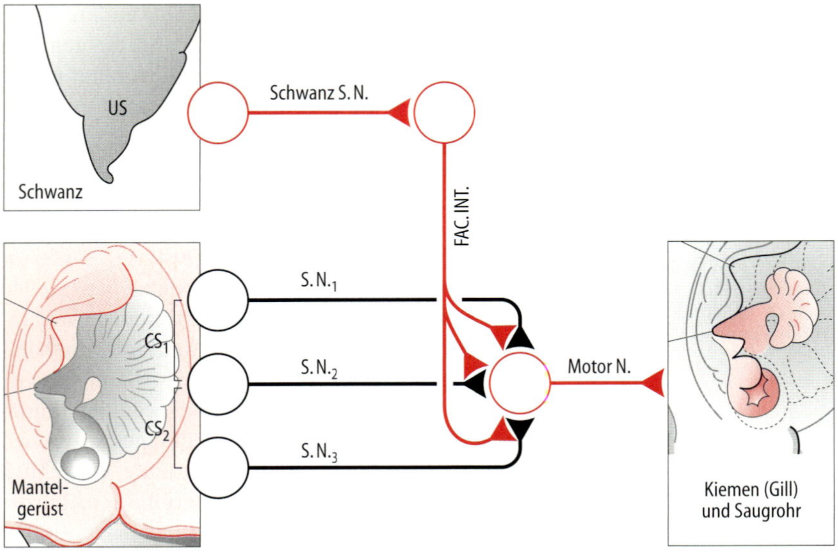

Abb. 24–18. Neuronale Schaltkreise für Fühler- und Saugrohrabwehrreflex bei Aplysia durch Schwanzreizung. Mechano-sensorische Neurone (*S. N.*) vom Siphon und Mantelgerüst haben direkte exzitatorische synaptische Verbindungen auf die motorischen Neurone für Fühler und Saugrohr (*Gill* und *Siphon*). Die sensorischen Neurone aus dem Schwanz erregen Interneurone, die eine präsynaptische Erregung der sensorischen Neurone des Mantelgerüsts oder Siphons (*S. N.1, S. N.2, S. N.3*) erhalten. In der Abbildung ist auch der Mechanismus für Reizgeneralisation dargestellt: der *CS1* erregt die sensorischen Neurone 1 und 2 des Mantelgerüsts, ein *CS2* erregt die Neurone 2 und 3. Nur jene sensorischen Neurone, die *vor* Darbietung des *US* aktiv sind, bewirken eine verstärkte präsynaptische Bahnung. Die Konditionierung von *CS1* produziert daher nur eine teilweise, aber keine vollständige Generalisation auf *CS2*. (Aus [4])

Habituation und Konditionierung beteiligten neuronalen Schaltkreise, die wir im folgenden besprechen.

Habituation und Sensibilisierung. Wiederholte Reizung des Siphons führt zu Habituation, d. h. bei wiederholter Reizung des Siphons wird die Dauer der Kontraktion des Siphons und der Kiemen zunehmend kürzer. Nach zehn Reizungen mit je 30s Abstand tritt der Reflex nicht mehr auf. Die Abnahme der Reaktion ist auf die abnehmende Ausschüttung von Transmittern durch das sensorische Neuron (S. N. auf Abb. 24–18) an den Synapsen des Motoneurons zurückzuführen. Die Reduktion der Ausschüttung wird durch Abnahme des ***Ca^{++}-Einstroms*** in die sensorische Synapse mit jedem neuen Aktionspotential verursacht. Wie wir in Kap. 13 gesehen haben, bestimmt der Ca^{++}-Einstrom die Menge des ausgeschütteten Transmitters. Langzeit-Habituation (über Wochen und Monate) wird dagegen durch Abnahme der Zahl aktiver Zonen der Transmitterfreisetzung in der Synapse, d. h. weniger Vesikel, bewirkt.

Bei der Sensibilisierung ist dieser Mechanismus umgekehrt: Wenn ein „aversiver" noxischer Reiz (Wasserstrahl oder Schock) auf den Schwanz auftrifft, führen darauffolgende, ursprünglich unwirksame Reize, wie z. B. leichte Berührung am Mantelgerüst, zu der Defensivreaktion. Diese Sensibilisierung kann Minuten bis Wochen, je nach Stärke des noxischen Reizes, andauern. ***Dishabituation*** beruht auf demselben Mechanismus (s. Kap. 22, S. 518). Neurophysiologisch ist *Sensibilisierung* auf Erhöhung der ausgeschütteten Transmittermenge durch die Synapsen der sensorischen Interneurone am Motoneuron zurückführbar.

Klassische Konditionierung besteht molekular aus präsynaptischer Bahnung (Faszilitierung), die von simultaner Aktivierung sowohl der prä- und postsynaptischen Zelle abhängt

Adenylatzyklase als Koinzidenzdetektor. Bei der klassischen Konditionierung des Abwehrreflexes des Siphons bei Aplysia folgt der US (z. B. Schock auf den Schwanz) 0,5 s auf den CS (z. B. schwacher taktiler Reiz auf Siphon und Mantelgerüst). Wie beim Menschen und anderen Säugern scheint dieser von Pawlow gefundene Zeitabstand auch bei Invertebraten optimal für die molekular vermittelte assoziative Bindung zu sein. Der CS vom sensorischen Neuron des Mantelgerüsts z. B. löst am sensorischen Neuron, das den US aus dem Schwanz leitet Einstrom on Ca^{2+} aus (s. Abb. 24–19 B). Die wenig später eintreffenden Aktionspotentiale aus dem US-Neuron (Abb. 24–19 A) führen zu Serotonin-Ausschüttung. Der Serotoninrezeptor ist an ein G-Protein gekoppelt, welches das Enzym Adenylatzyklase aktiviert. Adenylatzyklase synthetisiert cAMP. cAMP aktiviert danach cAMP-abhängige Proteinkinasen (Proteinkinase A). Das Enzym Proteinkinase phosphoriliert verschiedene Proteine, d. h. es bindet eine Phosphatgruppe an den K^+-Kanal des postsynaptischen Neurons, wodurch dieser geschlossen wird (s. Abb. 24–20).

Die Reduktion durchlässiger K^+-Kanäle führt zu einer Verlängerung des präsynaptischen Aktionspotentials und dies wiederum bewirkt mehr Ca^+-Einstrom und damit verstärkte Transmitterausschüttung.

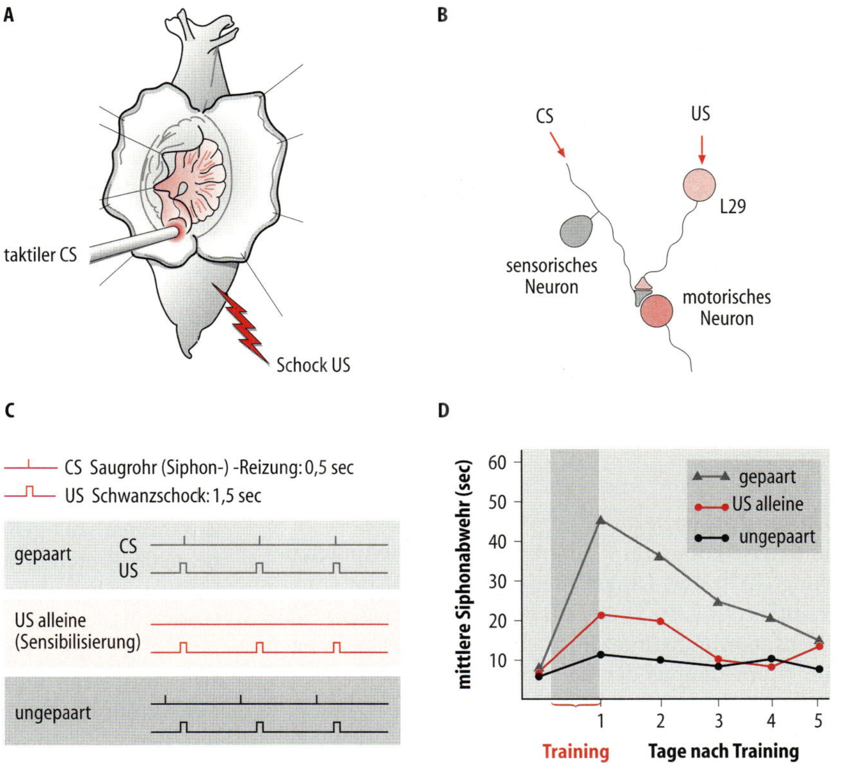

Abb. 24–19. Versuchsanordnung zur klassischen Konditionierung von Aplysia. **A** Ein taktiler Reiz fungiert als konditionierter Reiz (CS), ein elektrischer Schlag als unkonditionierter Reiz (US). Die Kontraktion von Fühler und Saugrohr ist die Reaktion. **B** Neuronale Verschaltung von CS-Neuron und US-Neuron. Beide konvergieren präsynaptisch am motorischen Neuron. **C** Konditionierung, Sensibilisierung und ungepaarte Kontrollbedingung **D** Verlauf der Stärke der konditionierten Reaktion (blau), der Sensibilisierung (rot) und ungepaarten Kontrolle (schwarz)

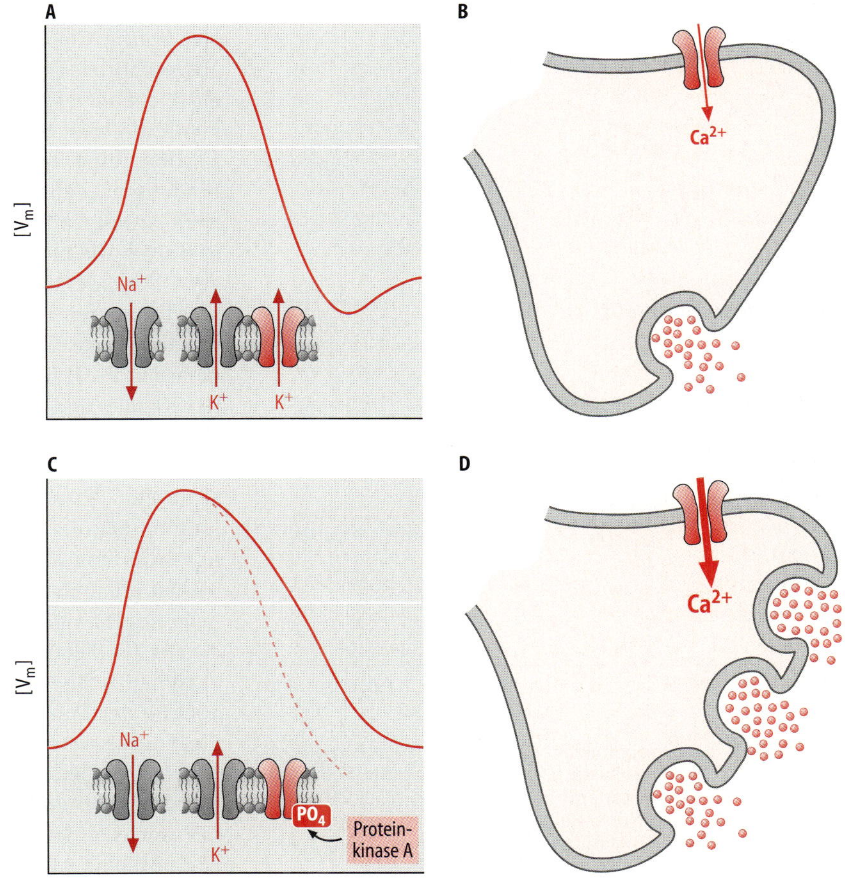

Abb. 24–20. Verbreitung des Aktionspotentials durch Bindung von Proteinkinase A am Kalium-Kanal und abnehmende Leitfähigkeit im sensorischen Neuron **A, B.** Vor Lernen. **C, D.** Nach Lernen. Links jeweils Membranleitfähigkeit und Aktionspotential, rechts Ca^{++}-Einstrom und Transmitterfreisetzung (Erläuterungen siehe Text)

Dieser Vorgang liegt der **Sensibilisierung** durch wiederholte US-Darbietung allein zugrunde. Als Transmitter für die motorische postsynaptische Membran fungiert oft Glutamat und NMDA-Rezeptoren.

Der entscheidende assoziative Prozess ist also die vom CS ausgelöste Gegenwart von erhöhtem Ca^{2+}. Dies bewirkt *mehr* Produktion von cAMP durch die Adenylatzyklase (s. Abb. 24–20) und im Endresultat mehr Transmitterfreisetzung. Die Adenylatzyklase wirkt als neurochemischer **Koinzidenzdetektor** von CS und US.

Pawlow würde sich freuen, hätte er die glänzende Bestätigung seines klassischen Konditionierungsmodells erlebt. Wie Pawlow, erhielt Eric Kandel für die Aufklärung der Mechanismen klassischen Konditionierens genau 96 Jahre später (2000) den Nobelpreis.

Langzeitpotenzierung. 1973 entdeckten Timothy Bliss und Terje Lomo das Phänomen der **Langzeitpotenzierung (LTP)** und **Langzeitdepression (LTD)** im Hippokampus der Ratte [1,12]. Abbildung 24–21 zeigt die Versuchsanordnung und die anatomischen Verbindungen im Hippokampus der Ratte. Für die Übertragung auf den Menschen ist wichtig, daß die LTP oder LTD von den Zellen in der CA1-Schicht über die reziproken Verbindungen zum Kortex weitergegeben werden können. Abbildung 24–21 zeigt auch, daß es zwei Arten von LTP

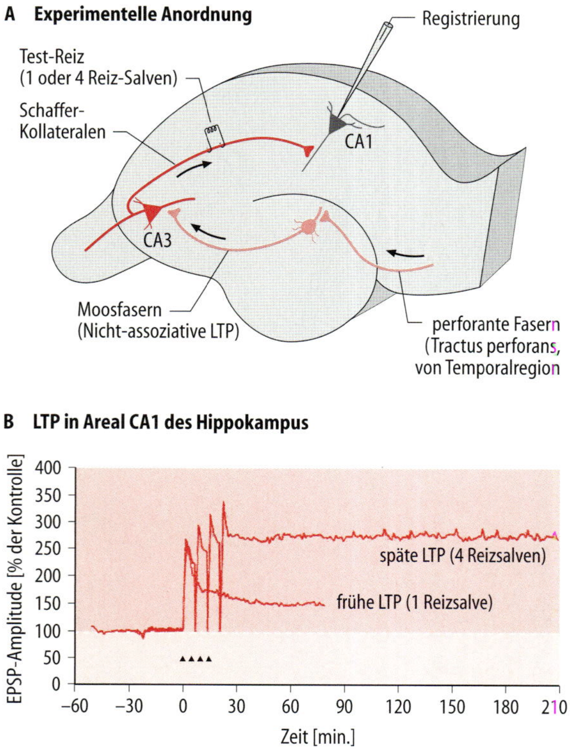

Abb. 24–21. Langzeitpotenzierung (LTP) im Hippokampus. A Registrierung in CA1-Zelle nach Reizung der Schaffer-Kollateralen. Oben (A) Versuchsanordnung und unten (B) Verlauf der EPSPs bei einmaliger früher Reizung (1 s, 100 Hz) und späte LTP (vier Reizserien alle 10 Minuten). Frühe LTP dauert 2–3 h, späte 24 h und mehr

gibt, frühe und späte, die man häufig mit der Trennung von Kurz- und Langzeitgedächtnis in Verbindung bringt. Reizt man z. B. die Schaffer Kollateralen, welche die CA3-Schicht mit der CA1-Schicht verbinden (s. Kap. 20), über 1s mit einer 100 Hz elektrischen Pulsfrequenz (Tetanus), so sind die EPSPs der CA1-Zellen (unten) über Minuten bis Stunden erhöht. Reizt man mit derselben Pulsfrequenz alle 10 Minuten, z. B. vier Mal, wie in Abbildung 24–21 gezeigt, dann sind die EPSPs über Stunden bis Wochen erhöht („Langzeitgedächtnis“). Wie am Kortex wird die Erregung im Hippokampus über Glutamat und NMDA(N-methyl-D-Aspartat)-Rezeptoren übertragen. LTD ensteht dagegen, wenn die Pulsfrequenz des Reizes ca. 1 Hz, also langsamer ist. Danach ist das EPSP an der postsynaptischen Zelle der CA1-Schicht reduziert, die synaptische Verbindung geschwächt. Dies wird mit **Vergessen** und **Extinktion** in Zusammenhang gebracht. Die frühe LTP benötigt keine neue Proteinsynthese (s. unten), um aufrecht zu bleiben, während die späte mit verstärkter Proteinsynthese einhergeht.

LTP im Hippokampus und Kortex folgt der assoziativen Hebb-Regel: sie benötigt simultane *kooperative* Aktivierung mehrerer Axone, die an der postsynaptischen Zelle konvergieren (s. Abb. 24–11). Eine einzelne Sequenz von Aktionspotentialen über ein Axon kann keine Erregungsübertragung auslösen (s. Abb. 24–22 A), weil die NMDA-Rezeptoren durch ein Magnesiummolekül (Mg^{2+}) versperrt sind. Glutamat bindet erst an den postsynaptischen Rezeptor, wenn *gleichzeitig* Glutamat von der präsynaptischen Zelle ausgeschüttet wird *und* die postsynaptische Membran ausreichend z. B. durch ein kurz davor eingelaufenes konditioniertes Signal depolarisiert ist. Diese Depolarisation führt zur Entfernung der Mg^{2+}-Sperre und Bindung an den NMDA-Rezeptor (Abb. 24–22 B). Danach strömt Ca^{2+} durch die postsynaptische Membran und stößt die intrazelluläre Kaskade (second messenger – Kaskade) an, die mit der schon beim klassischen Konditionieren besprochenen vergleichbar ist: Kalzium-abhängige Kinasen (z. B. Calmodulin und Proteinkinase C, PKC) phosphorylieren non-NMDA-Rezeptoren-Kanäle und erhöhen deren Empfindlichkeit für Glutamatbindung, oder „wecken“ vorher stille Rezeptoren. Auf Abb. 24–22 B sind das besonders AMPA-Rezeptoren (α-Amino-3-hydroxy-5-Methyl-4-Isoxazolpropion-Säure), welche den Einstrom von Na^+ und Ausstrom von K^+ erhöhen. Damit die erhöhte Erregbarkeit erhalten bleibt, produziert die postsynaptische Zelle sogenannte retrograde Messenger, Botenstoffe, die aus der Membran diffundieren und retrograd in die präsynaptische Zelle eindringen und dort die Erhöhung der Transmitterausschüttung in Gang halten. Einer dieser retrograden Messenger ist das Gas Stickoxid NO, das leicht durch die post- und präsynaptische Membran diffundieren kann. Im Laufe der Langzeit-LTP wachsen neue präsynaptische Regionen und prä- und postsynaptische Rezeptoren aus und es kommt zu

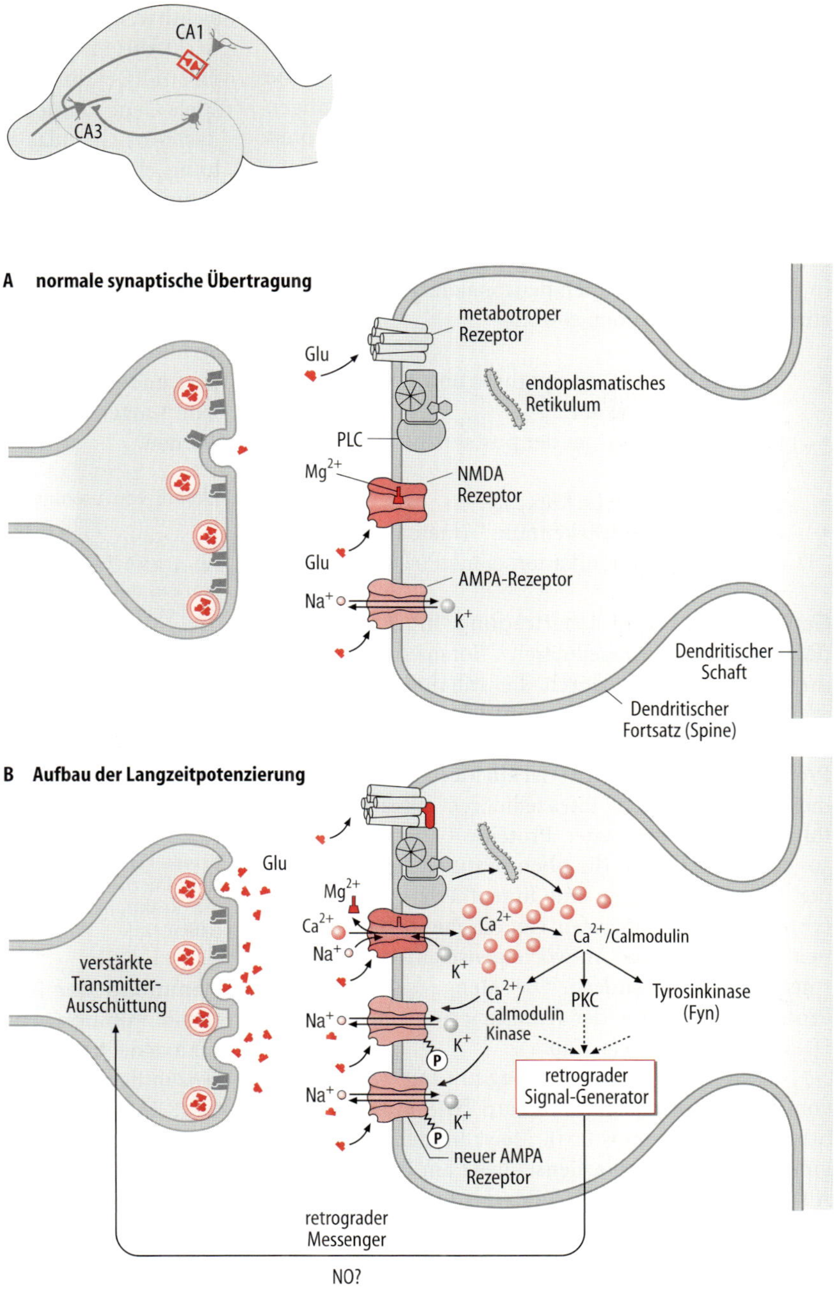

Abb. 24–22. Mechanismen der Induktion der Frühphase der LTP. **A** Normale synaptische Transmission nach Reizung mit langsamer Frequenz: Glutamat (Glu) wird aus der präsynaptischen Endigung ausgeschüttet und bindet an NMDA und Nicht(Non)-NMDA-Rezeptoren. Die Non-NMDA-Rezeptoren sind oft AMPA-Rezeptoren. Na^+ und K^+ kann nur durch die Non-NMDA-Kanäle fließen, da der NMDA-Kanal durch MG^{2+} verschlossen ist. **B** Wenn die postsynaptische Membran durch die Non-NMDA-Rezeptoren depolarisiert ist, z. B. durch den Hochfrequenzimpuls, der LTP auslöst, wird die Mg^{2+}-Blockade vom NMDA-Kanal gelöst. Dies löst Kalzium-abhängige Kinase-Aktivität (Ca^{2+}/Calmodulin-Kinase und Proteinkinase C, PKC) und Tyrosin-Kinase (Fyn)-Aktivität aus, die zusammen LTP induzieren. Die Kalzium-Calmodulin-Kinase phosphoryliert Non-NMDA-Kanäle und erhöht deren Sensibilität auf Glutamat durch Aktivierung „stiller" Rezeptor-Kanäle. Dadurch wird postsynaptisch die LTP aufrecht erhalten. Die LTP selbst löst die Ausschüttung retrograder Botenstoffe (messenger) aus (z. B. NO), welche die Proteinkinase in der präsynaptischen Endigung aktiviert, wodurch vermehrt Transmitter ausgeschüttet wird. (Nach [8] mit freundlicher Genehmigung)

Aktivierung des genetischen Apparates der Zelle. Damit kann die Änderung der Erregbarkeit der Zelle für eine spezifische Kombination von ankommender Erregung dauerhaft stabilisiert werden.

Für Konsolidierung der gelernten Information im LZG muß die Genexpression und Proteinbiosynthese aktiviert werden

Die Konsolidierungshypothese und Proteine. Es besteht kein Zweifel an einer entscheidenden Rolle der Proteinbiosynthese für die *Konsolidierung*, d. h. die Überführung der flüchtigen KZG-Spur ins LZG. Unklar sind die genauen Mechanismen geblieben und die biologische Grundlage des langzeitigen *Behaltens* über Jahre, der Aufrechterhaltung einer Gedächtnisspur. Die Hypothese einer qualitativen Änderung der Basensequenz der RNS (s. Kap. 2) als molekulare Grundlage des in der Zelle dauerhaft gespeicherten Inhalts, ist weniger wahrscheinlich geworden, die im Laufe von Lernprozessen gefundenen Basensequenzänderungen stellten sich meist als unspezifische Folgen von Aktivität und Streß heraus [1, 2, 7, 30, 31].

Die Bedeutung der Proteinsynthese kann aus der Tatsache abgeleitet werden, daß Strukturproteine den Aufbau der Zellmembran, die Verzweigung (branching) von Dendriten und dendritischen Fortsätzen (spines) und den Aufbau von Rezeptorproteinen, sowie die Anzahl und Größe postsynaptischer Verbindungen bestimmen. Dazu sind vermehrt Enzyme (auch Proteine) zur Steuerung notwendig.

Wie wir in den vorausgegangenen Abschnitten gesehen haben, wird die *Spezifität* gespeicherter Information über Modifikationen synaptischer Effizienz in einigen umschriebenen neuronalen Netzwerken bestimmt. Dafür kommen sowohl

- Enzyme in Frage, die Synthese und Abbau von Transmittern regeln,
- Rezeptormoleküle an der postsynaptischen Membran,
- Strukturproteine (s. Kap. 2),
- Proteine, die der „Erkennung" (matching) interzellulärer Kommunikation dienen (s. Kap. 2).

Genexpression und Übertragung ins Langzeitgedächtnis. Die intrazellulären Botenstoffe (second messengers), welche durch die anhaltende Erregung oder Hemmung der postsynaptischen Zelle synthetisiert werden, regen die Synthese neuer RNS und von Proteinen an. Langzeit-LTP ist ein Mechanismus, der zu diesen dauerhaften intrazellulären Veränderungen führt. Der Aufbau neuer Proteine benötigt minimal 30–60 min, während die oben besprochenen Prozesse der Phosphorilierung und Ionenflüsse extrem rasch (von ms bis min) ablaufen. Genetische „Schalter" können die Struktur und Antworteigenschaften eines Neurons permanent ändern. Die Menge synthetisierter Proteine hängt von der Transkriptionsrate von der DNS auf die RNS ab (s. Kap. 2).

Die Proteinsynthese beginnt mit der Bindung von **Transkriptionsfaktoren** (am DNS-Molekül eines bestimmten Chromosoms). Meist binden sie am Beginn einer bestimmten Gensequenz am DNS-Molekül. Als Folge dieser Bindung kann das Enzym RNS-Polymerase an die Promotor-Region der DNS „andocken" und die Transkription beginnen (s. Abb. 24–23).

Die in den vorausgegangenen Abschnitten beschriebenen intrazellulären Signalkaskaden (s. Abb. 24–20 bis 24–22) regulieren die Genexpression, indem sie die Transkriptionsfaktoren aus einem inaktiven Zustand in einen aktiven überführen, so daß sie an die DNS binden können. Dieser entscheidende Aktivierungsschritt benützt das **cAMP-Reaktions-Element-Bindungs-Protein (CREB)** als universell verfügbaren Anreger der Transkription. CREB ist normalerweise in Zellen, die nicht länger erregt werden, inaktiv am Beginn einer Gensequenz an der DNS lokalisiert. Im inaktiven Zustand nennt man es daher nur cAMP-Reaktions-Element (CRE), wie in Abb. 24–23 dargestellt. Nur die **länger anhaltende** Phosphorylierung von CRE aktiviert es. Einige Möglichkeiten dafür sind auf der Abb. 24–23 und den vorausgegangenen Abbildungen sichtbar. Besonders intrazelluläres Kalzium (Ca^{2+}) bewirkt die Phosphorilierung von CRE, das für diesen Fall CaRE (Kalzium-Reaktions-Element) genannt wird. Viele Gene können durch CREB reguliert werden, z. B. das c-fos-Gen, das wir schon im Rahmen der Entstehung chronischer Schmerzen („Schmerzgedächtnis") kennengelernt haben (Kap. 16), oder die Vorläufer der Katecholamine, Neuropeptide und Neurotrophine (BDNF, brain derived neurotrophic factor, NGF, SP; siehe die Kapitel 7, 16 u. 20). Damit kann sowohl die Menge und Wirkung von Neurotransmittern wie auch die Struktur der Zellmembranmoleküle spezifisch verändert und die „Kartographie" des Gehirns (z. B. neuronale Karten wie auf S. 590 beschrieben) neu geformt werden.

Einfluß von Training und Erfahrung auf Hirnproteine. Angereicherte Umgebung (EC, S. 587) führt nach vier Tagen im Vergleich zu IC neben dem bereits erwähnten ACh-Anstieg zu deutlicher RNS-Zunahme. Hyden [30] war einer der ersten, die zeigten, daß mit Training einer bevorzugten Pfote zum Tastendruck für Futter ein kontralateraler RNS-Anstieg im Kortex und Hippokampus auftrat. Im Vergleich zu Kontrollbedingungen steigt während des Lernens auch die Aufnahme von RNS, speziell der Base Uridin in den Hippokampus. Vor dem Anstieg des Uridins, der erst nach Stunden sein Maximum erreichte, kam es zu ACh-Anstieg im Zytoplasma und den Synapsen. Obwohl all diese Änderungen spezifisch für Lernen im Vergleich zu Nicht-Lern-Bedingungen waren, bleibt unklar, ob nicht subtile Unterschiede in Motivation, Aktivierung oder Exploration zwischen Experimental- und Kontrollbedingung für diese Effekte verantwortlich sind. Dies um so mehr, als sich auch die ***„Kannibalismus-Versuche"***, bei denen trainierte Tiere oder deren ZNS an untrainierte verfüttert wurden, und die Empfänger-Tiere auch die Reaktion der „Spender" besser lernten, nicht replizieren ließen [23].

Hemmung der Proteinbiosynthese (Proteinbiosyntheseinhibition, PSI) und Gedächtnisbildung. Verschiedene Antibiotika hemmen die zerebrale Proteinbiosynthese bei der Übersetzung (Translation) von tRNS in die entsprechende Aminosäure am Ribosom (s. Kap. 2). Verwendet wurden vor allem Puromycin (PURO), Cyclohexamid (CYC) und das mit den geringsten Nebeneffekten behaftete Anisomycin (ANI) [4, 23, 32]. In einem typischen Experiment wird ein Tier kurz nach Injektion der Droge trainiert und die Wiedergabe zu unterschiedlichen Zeitpunkten geprüft. Die Zunahme der Proteinbiosynthese erfolgt im Normalfall bei der Maus während und meist wenige Minuten nach dem Training, je nach Dauer des Trainings. Die erhöhte Proteinbiosynthese nach Lerndurchgängen kann Stunden andauern. Für die Rolle der Proteinsynthese werden auch Studien über *lokale Mikroapplikationen von PSI* in bestimmten Hirnregionen angeführt. Für die ersten Tage nach Erlernen einer komplexeren Aufgabe (z. B. Schock-motivierte Helligkeitsdiskrimination) ist die Hemmung der Proteinsynthese in den Amygdalae (bei passiven Vermeidungsaufgaben) und Hippokampus besonders wirksam (bei Maus und Ratte). Injektionen *subkortikal haben keinen Einfluß*, was gegen unspezifische Effekte von PSI spricht [41].

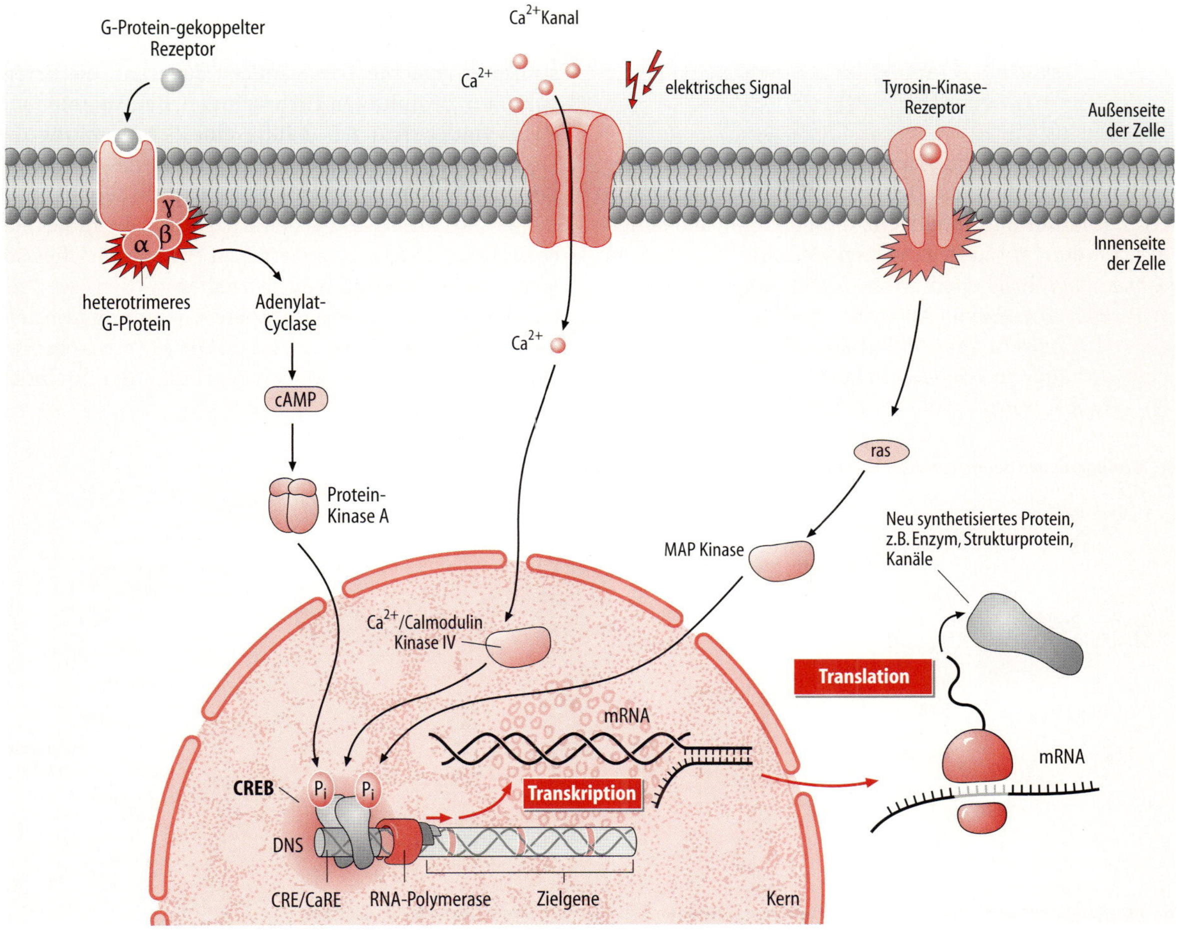

Abb. 24–23. Regulation der Transkription durch CREB. Die verschiedenen intrazellulären Kaskaden, z. B. von Langzeitpotenzierung (LTP) ausgelöst, konvergieren an Proteinkinasen, welche CREB phosphorilieren. Die häufigsten Proteinkinasen in Nervenzellen sind Ca^{2+}/Kalmodulin-Kinase, MAPK (Mitogen-aktivierte Protein-Kinase) und Proteinkinase A. die Phosphorilierung erlaubt die Bindung verschiedener Ko-Enzyme, welche die RNS-Polymerase stimulieren und damit die RNS-Synthese einleiten. Die RNS wird dann ins Zytoplasma transportiert, wo sie als mRNS die Translation in ein Protein bewirkt. Weitere Erläuterungen siehe Text. (Nach [12] mit freundlicher Genehmigung)

Die Ergebnisse sind trotz einiger methodischer Probleme einheitlich: 80 %-90 % der zerebralen Proteinsynthese kann vorübergehend blockiert werden, ohne daß es zu groben Verhaltensausfällen in anderen Bereichen als dem Gedächtnis kommt. Enkodierung und Aufnahme der Information wird nicht gestört, sofern sich die Trainingszeiten nicht zu lange mit den Wirkungszeiten des Antibiotikums überschneiden. Auch Wochen nach Abschluß des Trainings bleibt die Wiedergabe beeinträchtigt. Die stärkste Amnesie wird erzielt, wenn die Proteinsynthese kurz vor Trainingsbeginn gehemmt wird, die Proteinsynthese also *während* des Trainings ausfällt. Wiedergabe wird durch PSI nicht beeinflußt, da Injektionen zum Zeitpunkt der Wiedergabe keinen Effekt auf gelerntes Material aufweisen.

Dies bedeutet, daß die Proteinbiosynthese nur für eine kritische *Konsolidierungsphase* während und nach dem Training notwendig ist.

Proteinsynthese und Konsolidierung. Das wichtigste Ergebnis der PSI-Forschung, die allerdings ausschließlich auf den Tierversuch beschränkt bleibt, ist die Tatsache, daß das *KZG nicht beeinträchtigt* wird. Dies stellt ein weiteres Argument für die neurobiologische Differenzierung von KZG und LZG dar. Minuten nach Einleitung und Verifikation der einsetzenden PSI (z. B. durch radioaktiv markiertes Anisomycin) bleibt die Wiedergabe normal. Je nach Tierart und Lernaufgabe kann die Dauer unbeeinflußter Wiedergabe (und somit die Dauer der KZG-Vorgänge) von Minuten bis 5 Stunden anhalten. Theoretisch ist die minimale Dauer der KZG-Prozesse jene Zeit, die notwendig ist, um Proteinmoleküle aufzubauen – was minimal *einige Minuten* dauert, – und sie an jene interneuronalen Kommunikationsstellen zu transportieren (über axonalen Transport), wo sie die neuronale Übertragung beeinflussen können. Diese Zeitverhältnisse stimmen mit der Dauer jener Prozesse überein, die wir bei posttetanischer Potenzierung (S. 594) gefunden haben. Die Erweiterung synaptischer Endknöpfe an den Dendriten nach *posttetanischer* Reizung (s. Kap. 12), die normalerweise schon nach 4 min registrierbar ist, wird durch ANI erheblich eingeschränkt.

Zwischen vererbten und durch Lernen erworbenen Störungen des Verhaltens besteht auf molekularer Ebene kein prinzipieller Unterschied

Abbildung 24–24 illustriert die Tatsache, daß länger anhaltende Verhaltensstörungen oder Persönlichkeitseigenschaften und Intelligenz dieselben Mechanismen der in den vorausgegangenen Abschnitten und in Kap. 2 beschriebenen Gen-Expression benützen. Während im Fall einer teilweise vererbten Störung wie der Schizophrenie die fehlerhafte Translation auf einem vorhandenen Gendefekt beruht, der in der Pubertät aktiviert wird, entsteht z. B. bei der post-traumatischen Belastungsstörung (PTSD) durch ein traumatisches Ereignis eine Über- oder Unterproduktion bestimmter Proteine. Diese ändern dauerhaft die Erregbarkeit in bestimmten Hirnregionen. Bei Patienten mit PTSD findet man z. B. häufig eine Schrumpfung des Hippokampus, wodurch die Amnesie, das Vergessen des traumatischen Ereignisses verursacht sein kann.

Assoziatives Lernen wird durch die molekulare Genetik zu einem universellen Prinzip, welches sowohl die Vererbung von Verhaltensweisen, wie die frühe Entwicklung, wie die späte Aneignung mit denselben Prinzipien erklären kann. Die Nature – Nurture Debatte (Anlage – Umwelt) verliert dadurch ihre polarisierende Wirkung.

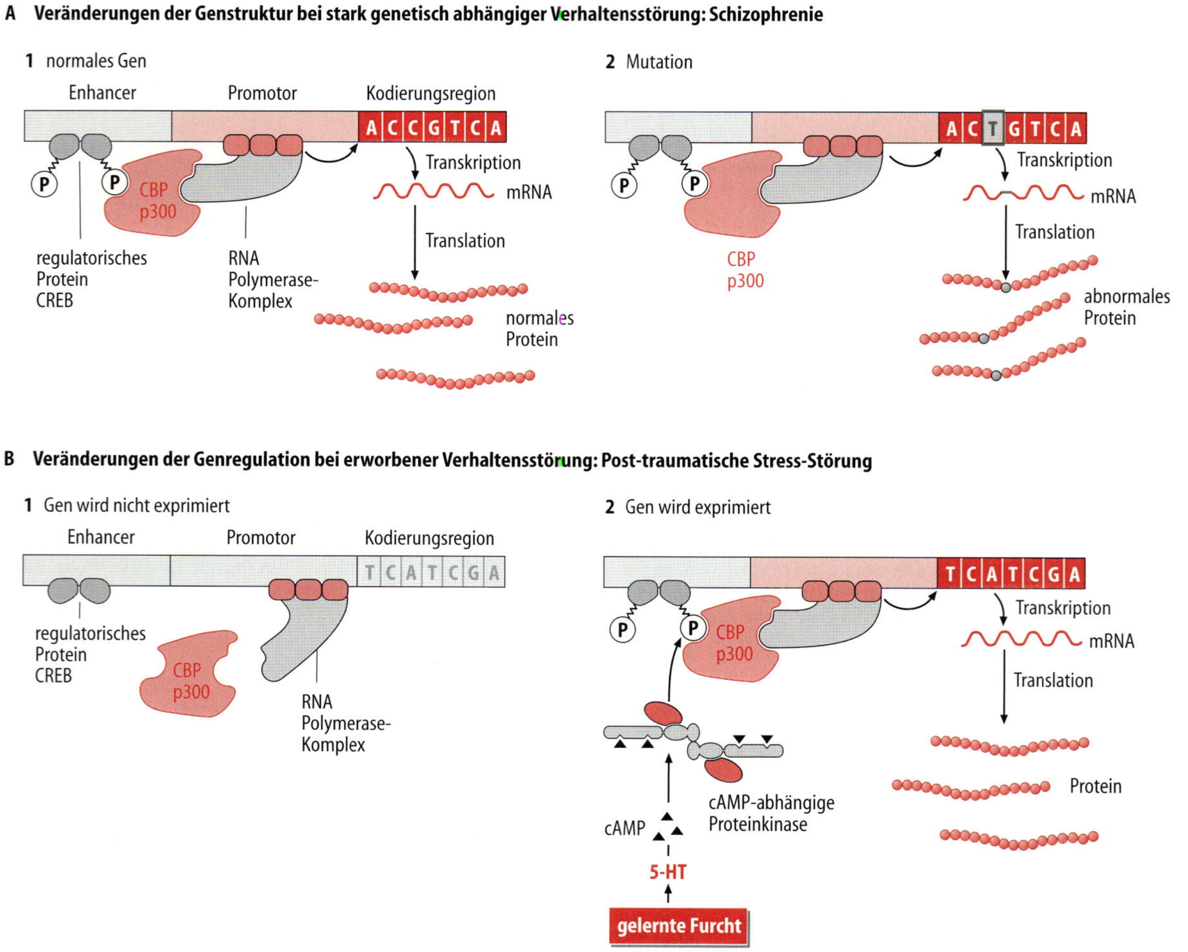

Abb. 24–24. Genetische Mechanismen von teilweise angeborenen und erworbenen Verhaltensstörungen. Während vererbte Störungen durch Genexpression veränderter (z. B. durch Mutation) Gene entstehen, bewirken Lernprozesse die Transkription inaktiver oder die Hemmung aktiver Gene. Ein Gen hat zwei Segmente, die Kodierungsregion, welche in eine mRNS durch die RNS-Polymerase umgeschrieben, kopiert wird. Die mRNS wird dann im Zytoplasma in ein spezifisches Protein übersetzt, das die Membraneigenschaften und intrazellulären Kaskaden modifiziert. Die Regulatorregion des DNS-Segments besteht aus einer sogenannten Aktivator- (Enhancer) und Promotorregion (s. a. Abb. 24–23). Ein Regulatorprotein muß an die Aktivatorregion binden, sonst kann die RNS-Polymerase das Gen nicht transkribieren. Das Regulatorprotein (z. B. CREB) muß aber davor phosphoriliert werden. Die Phosphorilierung (P) von CREB bewirkt die Aktivierung des CREB-Bindungsproteins (CBP), das die Transkription einleitet. **A** Beispiel der schizophrenen Erkrankung, bei der das Risiko angeboren ist. 1. Bedingung eines gesunden Gens. 2. Mutierte Form der Kodierungsregion des Strukturgens, bei der Thymin (T) für Zytosin (C) ausgetauscht wurde. Dadurch wird eine veränderte mRNS-Sequenz transkribiert. **B** Erworbene Verhaltensstörung wie z. B. posttraumatische Belastungsstörung (PTSD). 1. Vor Phosphorilierung des Regulatorproteins, keine Übersetzung (Translation) des Gens. 2. Die traumatische Erfahrung, z. B. gelernte Furcht aktiviert Serotonin (5-HT) und cAMP und in der Folge cAMP-abhängige Proteinkinasen. Diese gelangt in den Zellkern und phosphoriliert CREB. CREB bindet an die Aktivatorregion der DNS und leitet die Gen-Transkription ein. (Nach [8] mit freundlicher Genehmigung)

24.5 Neuropsychologie der Konsolidierung

Amnesien nach Hirnschädigung vor allem des medialen Temporallappens und des Hippokampus führen zu Ausfall des expliziten Gedächtnis ohne notwendige Beeinträchtigung des impliziten Gedächtnis

Korsakoff Syndrom. 1880 publizierte der russische Neurologe Korsakoff die erste detaillierte Beschreibung der bei Alkoholikern häufigen Amnesie [36]. Die wesentlichen Symptome sind: ***anterograde Amnesie:*** es werden keine neuen Inhalte gespeichert und wiedergegeben; ***retrograde Amnesie:*** Inhalte aus der Vergangenheit werden nicht mehr erkannt und wiedergegeben (z. B. Gesichter berühmter Leute); ***Konfabulation:*** der Gedächtnisverlust wird mit erfundenen Geschichten überdeckt. Bedeutungslose Inhalte dominieren die Sprache, es besteht keine Einsicht in die Gedächtnisausfälle, und die Patienten sind apathisch.

Das Korsakoff-Syndrom wurde auf eine Zerstörung dienzephaler und limbischer Strukturen bei Alkoholikern, häufig der Mamillarkörper und des dorsomedialen Nucleus des Thalamus durch Thiaminmangel (Vitamin B_1) zurückgeführt. Die Mamillarkörper erhalten u.a. Efferenzen aus dem ***Subikulum,*** einem Kortexteil, der über dem Hippokampus liegt und vom Hippokampus Efferenzen erhält (Kap. 20, Kap. 27). Eine genaue mikroskopische Analyse der Hirnsubstanz bei Korsakoff-Patienten zeigt allerdings, daß trotz weitgestreuter Läsionen im limbischen System der Hippokampus *immer* betroffen ist, während die Mamillarkörper intakt sein können. Lernaufgaben, die eingeübte motorische Fertigkeiten betreffen, werden von Korsakoff-Patienten relativ gut gelernt und können auch noch nach Tagen und Wochen ausgeführt werden. In Gedächtnisaufgaben, die Wiedergabe von *Ereignissen* erfordern – auch wenn diese nur Minuten zurückliegen – schneiden die Patienten extrem schlecht ab.

Korsakoff-Patienten weisen zu diffuse Verhaltens- und Hirnstörungen auf, um eine genaue Lokalisation der für Gedächtnis wichtigen neuronalen Strukturen zu erlauben. Neben dem Studium von Korsakoff-Patienten, kommt das stärkste Argument für die bedeutsame *Rolle der medialen Temporalregion* (Hippokampus, G. hippocampus, entorhinaler Kortex) in Konsolidierung und deklarativem Gedächtnis aus den Untersuchungen amnestischer Patienten nach beidseitiger chirurgischer Entfernung der Temporalregion zur Behandlung von Temporallappenepilepsien.

Der Fall H. M.: Dem Patienten wurden 1953 wegen unbehandelbaren epileptischen Anfällen von Scoville beide medialen Temporallappen, einschließlich G. hippocampus, Amygdala und die beiden vorderen Drittel des Hippokampus entfernt. Abbildung 24–25 zeigt das Ausmaß der Zerstörung. B. Milner hat den Patienten erstmals untersucht und eine bis heute bestehende schwere anterograde Amnesie bei erhaltener Intelligenz (IQ = 118) diagnostiziert [10, 36]. Vergleichbare Ausfälle im Gedächtnis traten bei keiner anderen Läsion oder neurochirurgischem Eingriff auf.

H. M. erinnert sich an Ereignisse vor der Operation, erfaßt komplexe sprachliche Reize, erinnert sich aber nicht an den Tod des Vaters, der nach der Operation erfolgte, kann auch nach mehr als einem Jahrzehnt seinen jetzigen Wohnort nicht angeben oder finden, nachdem seine Familie übersiedelte. Alle Aufgaben, bei denen zwischen Darbietung des Lernmaterials und Reproduktion mehr als eine Minute Zeit verstreicht, kann er auch nach hundertfachen Wiederholungen nicht wiedergeben, wie z. B. Gesichter, Wörter, geometrische Figuren, also sowohl rechts- als auch linkshemisphärische Aufgaben. H. M. kann auch einfache Arbeiten nicht verrichten, da er sofort vergißt, was er tun sollte. Kurzzeitgedächtnistests, wie z. B. Zahlennachsprechen, gelingen, wenn keine interferierenden Reize dargeboten werden. Emotional ist H. M. angepaßt, emotional flach, die Wahrnehmung autonomer Veränderungen (Hunger, Schmerz, Sättigung) ist erheblich eingeschränkt, was auf die Amygdalektomie rückführbar sein könnte. Sowohl H. M. als auch N. A., ein Patient mit Läsion des dorsomedialen Thalamus, sind sozial isoliert, haben Schwierigkeiten soziale Bindungen aufzubauen und zu erhalten, zeigen aber keine depressiven Verstimmungen (Depression erfordert wahrscheinlich deklaratives Gedächtnis mit Erwartungsvergleichen, Kap. 26). „Jeder Tag steht für sich alleine, egal ob Freude oder Trauriges passierte . . . Gerade jetzt frage ich mich, habe ich irgend was Schlechtes gesagt oder getan? Jeder Moment erscheint mir klar, aber was war gerade davor? Es ist wie wenn man gerade aus einem Traum erwacht. Ich kann mich einfach nicht erinnern“ [36].

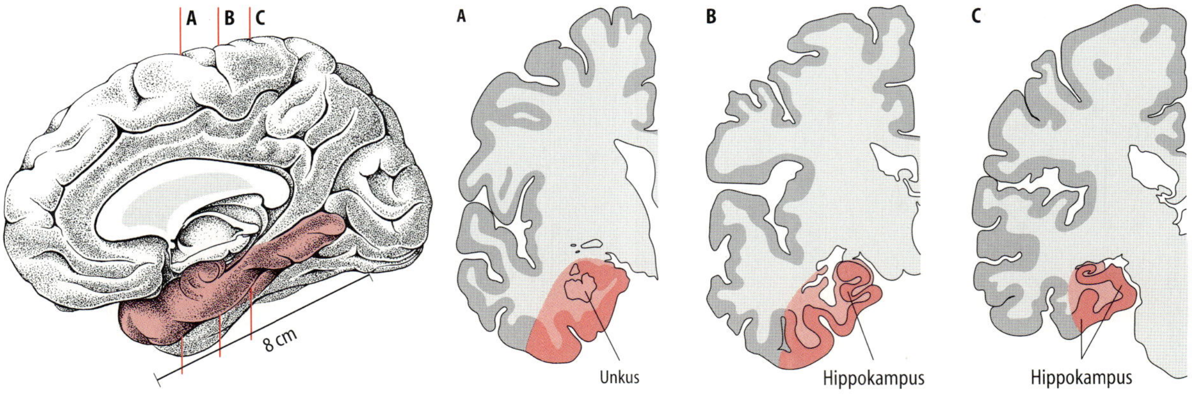

Abb. 24–25. Querschnitte (auf verschiedenen Ebenen) des Gehirns von H. M. Die Operation erfolgte bilateral. (Nach [36])

Erstaunliche *Fortschritte* macht H. M. dagegen bei motorischen Lernaufgaben, wie einem Stiftlabyrinth (Abb. 24–26) oder Spiegelzeichnen. Dabei muß der Patient ein Muster (z. B. einen Stern), das vor ihm auf dem Tisch liegt, möglichst genau nachfahren, darf dabei aber nur in einen Spiegel schauen, der ihm die Aufgabe seitenverkehrt zeigt. Auch bei schwierigen Denkaufgaben, wie dem *„Turm von Hanoi"* zeigen H. M. und andere schwer amnestische Patienten Fortschritte (Abb. 24–27).

Erhalten ist bei amnestischen Patienten auch der sogenannte ***„Repetition-priming-Effekt"***: z. B. werden spiegelbildlich geschriebene oder fragmentarische Wörter mehrmals dargeboten und der Patient muß die Aufgabe zu einem späteren Zeitpunkt wiederholen oder die Wörter ergänzen. Die erste Aufgabe bereitet die Darbietung der zweiten identischen Aufgabe vor (priming). Obwohl auch hier dem Patienten die verbesserte Leistung nicht bewußt ist, ergänzt er z. B. die bereits gesehenen Wörter besser. Wenn die Aufgabe aber auf einer bewußten Anstrengung (effort, controlled processing, Kap. 22) mit Wiedererkennen beruht, gelingt sie nicht mehr, bewußtes Wiedererkennen bleibt gestört. *Motorische, perzeptive und kognitive Skills (Fertigkeiten) werden gut gelernt*, obwohl H. M. davon nichts bemerkt: trotz der Fortschritte erlebt H. M. jede Aufgabendarbietung als neu.

Der Hippokampus und Konsolidierung im LZG. Die Ergebnisse von H. M. sind seither an einer Vielzahl amnestischer Patienten bestätigt worden, bei denen stets ein Ausfall der medio-temporalen Region und beider Hippokampi vorlag [16]. Ein von Squire [16] untersuchter Patient (R. B.) mit erheblicher Amnesie nach einem operativen Zwischenfall wies post-mortem nur *eine* nachweisbare Läsion auf: alle Pyramidenzellen der CA_1-Schicht beider Hippokampi waren zerstört. Wie aus Kap. 20, Abb. 20–12 ersichtlich, ist damit der gesamte Fluß der Information vom Hippokampus über Subiculum, entorhinalen Kortex und damit aus den übrigen neokortikalen Regionen unterbrochen.

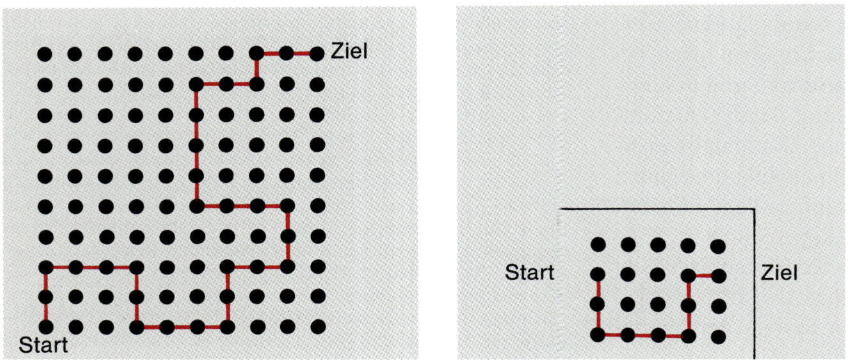

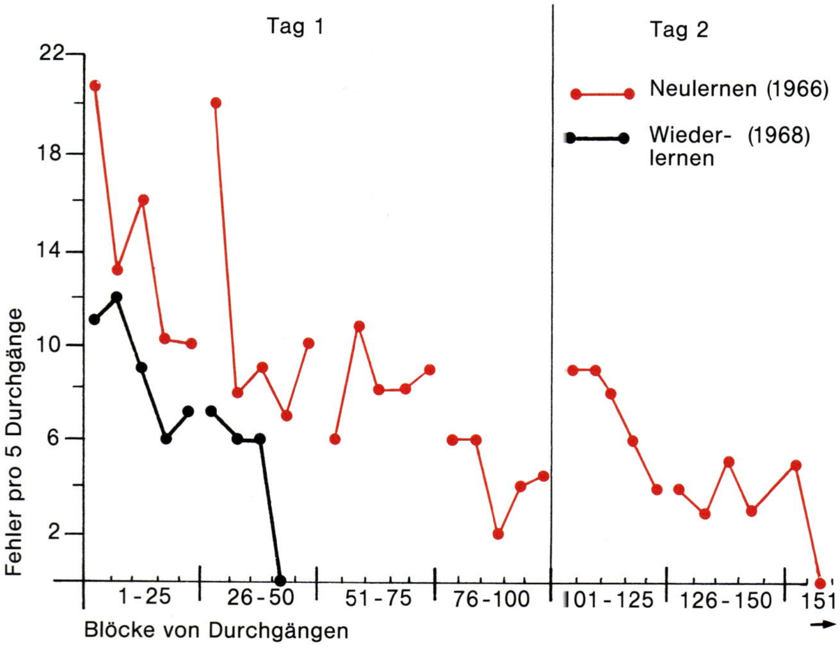

Abb. 24–26. Fortschritte von H. M. in einem Labyrinthtest für Metallbolzen. Die Verbindungslinie gibt den korrekten Weg an. Rechts die verkürzte Form des Brettlabyrinths. Darunter die Lernkurve von H. M. aus dem Jahre 1966 und 1968. Lernkurve 1966 in *Farbe* und Neulernen in *Schwarz* zwei Jahre später für die verkürzte Form des Brettlabyrinths. (Aus [36])

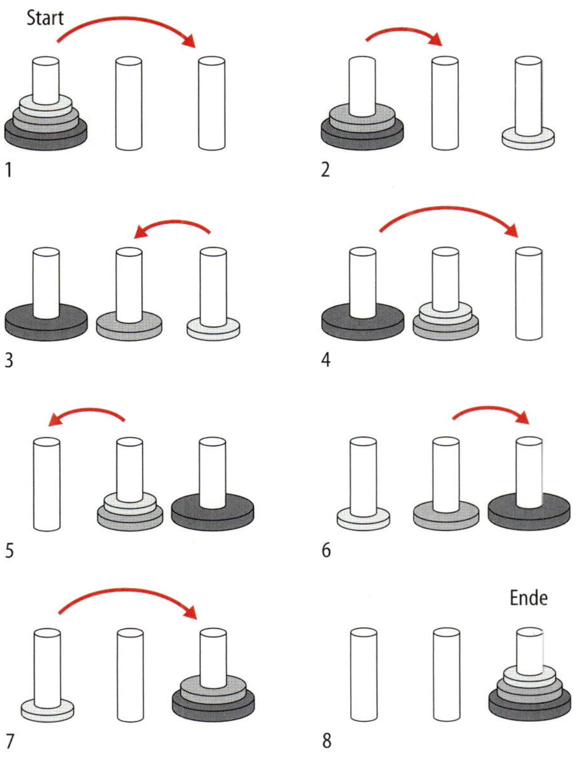

Abb. 24–27. Schematische Darstellung des Turms von Hanoi. Das Problem kann nur im Rahmen von mindestens 31 Schritten gelöst werden. Hier ist eine einfache Version mit 3 Blöcken gezeigt. 5 hölzerne Blöcke liegen *links* und sollen mit Hilfe der in der *Mitte* liegenden Stange in derselben Form um die *rechte* Stange aufgebaut werden, wobei der größte Block *unten* und der kleinste *oben* liegen muß. Es darf immer nur ein Block zu einer Zeit bewegt werden, und es darf nie ein größerer Block auf einem kleineren liegen. Um das Puzzle zu lösen, muß die Vp die einzelnen Blöcke mehrmals an allen drei Stangen aufbauen. Die optimale Lösung ist über 31 Schritte erreichbar. In den hier berichteten Untersuchungen mußten die V_{pn} die Aufgabe viermal pro Tag an vier hintereinanderliegenden Tagen lösen

Ähnliche Ergebnisse wurden auch bei Patienten nach ***bilateralem Elektroschock*** berichtet (ECS, electroconvulsive shock). Dabei wird ein 70-120 V starker Wechselstrom für ca. 1/2 Sekunde mehrmals hintereinander (9 bis 10mal) meist an Schläfenelektroden (Temporallappen) appliziert. An den *epileptischen Krampfanfall*, der vom Strom ausgelöst wird, schließt sich unterschiedlich lange Bewußtlosigkeit und Somnolenz an. Anterograde und retrograde Amnesien von Minuten bis Tage und Wochen bei erhaltenem Lernen von Fertigkeiten (skills) sind die Folgen dieser umstrittenen „Therapie" für Depressionen und Schizophrenien.

ECS führt zu Krampfentladungen und reversibler Inaktivierung primär im Hippokampus und den vom Hippokampus versorgten Regionen. Der Hippokampus weist die niedrigste Krampfschwelle für die Entstehung epileptischer Entladungen auf. Reizt man den Hippokampus mit starken elektrischen Stromstößen über Tiefenelektroden beim Menschen, so kommt es zu reversibler Blockade der Hippokampusaktivität. Während solcher Reizung kommt es zu völlig identischer anterograder Amnesie wie bei ECS, aber ohne Bewußtseinsverlust: Bilder, die kurz vorher erkannt wurden, werden auch bei mehrmaliger Darbietung nicht mehr eingeprägt und bei neuerlicher Darbietung nicht erkannt. Nach Ende der Reizung verschwindet der Effekt [16].

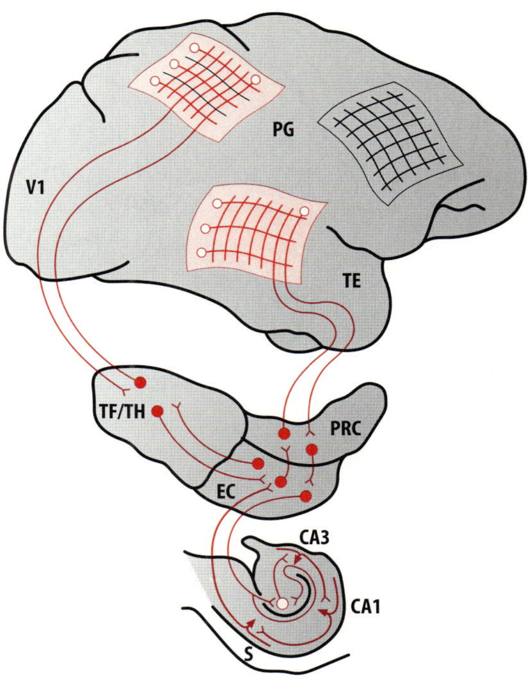

Abb. 24–28. Rolle des Hippokampus (unten: Schicht CA1 und CA3), des entorhinalen Kortex (Mitte:EC), des perirhinalen Kortex (PRC) und des parahippokampalen Kortex (TF/TH) in der Verknüpfung von Kontexten in verschiedenen Kortexarealen (V1, primärer visueller Kortex; PG, Gyrus postcentralis; TE, temporaler Kortex). Siehe auch Abb. 24–29 u. Text. (Modifiziert nach [16] mit freundlicher Genehmigung

Das mediale Temporallappen-Hippokampus-System verknüpft verteilte kortikale Zell-Ensembles zu einem sinnvollen Kontext während der Konsolidierung

Afferente und efferente Verbindungen. Abbildung 24–28 zeigt die engen Verbindungen der medialen Temporalregion mit dem Rest des Neokortex am Gehirn des Rhesusaffen. Alle Projektionen enden im ***parahippokampalen Gyrus*** und ***entorhinalen Kortex,*** der mit dem Hippokampus reziprok verbunden ist. Die permanente *Speicherung der Gedächtnisinhalte* selbst muß in den für entsprechende Verhaltensfunktionen spezialisierten neokortikalen Arealen erfolgen. Da völlige Konsolidierung Minuten bis Jahre dauern kann, je nach Art und Komplexität der Gedächtnisinhalte, sind die retrograden und anterograden Amnesien bei Läsionen oft sehr heterogen.

Rolle des medialen Temporallappensystems beim deklarativen Lernen. Abbildung 24–29 gibt eine Übersicht über das mediale Temporallappensystem, das *deklarativem* Lernen zugrundeliegt. Der Hippokampus erhält über den entorhinalen Kortex Informa-

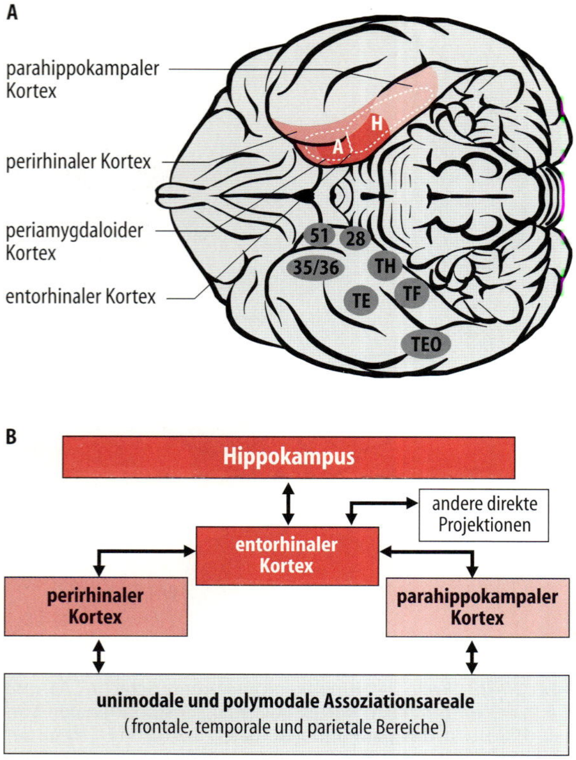

Abb. 24–29. A Ventrale Ansicht des Affengehirns mit den verschiedenen Läsionsorten, die im Tiermodell zur Amnesie führten. Amygdala (*A*) und Hippokampus (*H*) sind punktiert eingezeichnet und die benachbarten kortikalen Regionen in Farbe. *Rosa* der perirhinale Kortex (Area 35 und 36); *Dunkelrosa* der periamygdaloide Kortex (Area 51); *rot* der entorhinale Kortex (Area 28) und der parahippokampale Kortex (Areale TH und TF). **B** Schematischer Aufbau des Gedächtnissystems des medialen Temporallappens. Der entorhinale Kortex projiziert in den Hippokampus, wobei zwei Drittel der kortikalen Afferenzen in den entorhinalen Kortex aus den benachbarten perirhinalen und parahippokampalen Kortizes entspringen. Diese wiederum erhalten Projektionen von unimodalen und polymodalen kortikalen Arealen im frontalen, temporalen und parietalen Bereich. Der entorhinale Kortex erhält darüber hinaus direkte Afferenzen vom orbitalen Frontalkortex, dem Gyrus cinguli, dem insulären Kortex und dem oberen Temporallappen. Alle diese Projektionen sind reziprok. (Mod. nach Squire LR, Zola-Morgan S (1991) The medial temporal lobe memory system. Science 253:1380–1384. Aus Schmidt RF (Hrsg) (2001) Neuro- und Sinnesphysiologie. 4. Aufl. Springer, Berlin Heidelberg New York)

tionen aus allen Assoziationsfeldern des Neokortex sowie aus Teilen des limbischen Systems, vor allem dem Gyrus cinguli und dem orbitofrontalen Kortex sowie aus verschiedenen Regionen des Temporalkortex. Alle diese Verbindungen sind reziprok, d. h. daß der Hippokampus auch efferente Verbindungen zu den Assoziationskortizes hat, wo die eigentlichen Langzeitveränderungen im Rahmen der Gedächtnisspeicherung stattfinden.

Das mediale Temporallappensystem muß während der Darbietung oder Wiederholung des Gedächtnismaterials aktiv sein, damit sich *zwischen den verschiedenen Reizen*, die während der Einprägung präsent sind, *assoziative Verbindungen ausbilden* können. Der Hippokampus und der darüberliegende entorhinale Kortex müssen die verschiedenen Repräsentationen der gesamten Umgebung, die während des Lernens präsent sind, zeitlich wie örtlich miteinander verketten. Die ***Herstellung eines solchen Kontextes*** ist vor allem dann notwendig, wenn *neue* Situationen und *neues* Lernmaterial eingeprägt werden müssen, da in einer solchen Situation neue Wahrnehmungen und neue Gedanken, die bisher nicht assoziativ miteinander verbunden waren, miteinander verbunden werden müssen. *Sobald diese neuen Inhalte assoziativ verkettet sind, genügt zu einem späteren Zeitpunkt ein kleiner Ausschnitt oder ein Einzelaspekt dieser Situation, um die Gesamtsituation zu reproduzieren.* Das hippokampale System verbindet also die kortikalen Repräsentationen einer bestimmten Situation miteinander, so daß sie ein ***Gesamt des Gedächtnisinhaltes*** bilden („binding", s. Kap. 21 und S. 585). Fällt dieses System aus, so erscheint uns jede Situation neu, völlig unabhängig davon, wie oft wir sie schon gesehen oder erlebt haben, da sie zu keiner der gleichzeitig vorliegenden Aspekte dieser Situation irgendeine *Beziehung* hat.

Prozedurales (implizites) Lernen ist von der Funktionstüchtigkeit motorischer Systeme und der Basalganglien abhängig

Es lassen sich verschiedene Arten impliziten Lernens unterscheiden (s. Abb. 24–1). Für jeden dieser Lernvorgänge konnten unterschiedliche Hirnsysteme als strukturelle Voraussetzung identifiziert werden. Dabei existieren zwischen verschiedenen Arten von Lebewesen große Unterschiede in der neuroanatomischen Grundlage der aufgeführten Lernmechanismen. Im allgemeinen spielen kortikale Prozesse in der Steuerung prozeduralen Lernens eine geringere Rolle als beim deklarativen Lernen, wenngleich beim Menschen für den Erwerb und das Behalten von motorischen Fertigkeiten motorische und präfrontale kortikale Areale unerläßlich sind (s. Kap. 13). Die Tatsache aber, daß die meisten der prozeduralen Lernvorgänge der bewußten Erinnerung schwer zugänglich sind, im allgemeinen reflexiv ablaufen und keinen aktiven, bewußten Suchprozeß benötigen, zeigt bereits, daß primär subkortikale Regionen für die Steuerung prozeduralen Lernens verantwortlich sind.

Implizite klassische Konditionierung des Lidschlagreflexes erfolgt im Zerebellum

Zerebellum und Hippokampus als „Lernmaschinen". Einfachere klassische Konditionierungen benötigen keinen intakten Kortex im Säugetier: Thompson und Mitarbeiter [41] konnten elektrophysiologisch die Entwicklung eines Engramms in Zellen des Hippokampus und des Ncl. interpositus des Zerebellums der Ratte, des Kaninchens und der Katze beobachten. Als Lernmodell wird dabei *klassische Konditionierung der Nick-*

haut (nictitating membrane, NM) des Auges verwendet. Die NM wird auch als drittes Augenlid bei vielen Säugern bezeichnet und schließt sich in der Regel mit dem Lid. Als CS wird ein Ton, als US ein Luftstoß auf das Auge verwendet. Nach mehrmaliger Paarung von CS und US schließt sich die NM schon bei Darbietung des Tons allein. Abb. 24–30 zeigt die Entwicklung der CR in Zellen der CA1-Schicht des Hippokampus (Kap. 20). Der konditionierte Aktivitätsanstieg der Zellen im CS-US-Intervall geht der verhaltensmäßigen Konditionierung um einige Durchgänge *voraus*. Besonders wichtig ist dabei die Tatsache, daß die Form der Zellantwort (gemittelte Entladungshäufigkeit) exakt die Form der später erscheinenden CR der NM vorausnimmt.

Lidschlagreflex und Zerebellum. Dieselben konditionierten Änderungen des Entladungsverhaltens weisen Neurone im N. interpositus des Zerebellums auf, von denen die gesamten Efferenzen des Kleinhirns zu anderen Teilen des Gehirns führen. Zerstörung dieser Zellen führt zu irreversibler Aufhebung des CR ohne Störung der UR, es kann auch keine neue CR gelernt werden. Dabei konnte die Rolle der einzelnen Faser- und Zellsysteme für den Lernprozeß aufgeklärt werden (bezüglich des Bauplans des Zerebellums s. Kap. 13).

Der Lernmechanismus beruht dabei auf der oben dargestellten Langzeitdepression (LTD) der efferenten Purkinje-Zellen im zerebellären Kortex (c). Der CS (Ton) wird über die auditorische Bahn in den zerebellären Kortex und in den sogenannten Nucleus interpositus transportiert, der US (Luftstoß) gelangt 100–300 ms später über den N. Trigeminus und die Olive in diese beiden Strukturen des Zerebellums. Die motorische Reaktion (UR und CR) wird vom N. interpositus, der vom zerebellären Kortex gehemmt wird und diesen erregt, an die motorischen Kerne des Hirnstamms geleitet (s. Abb. 24–31). Der Ort des Lernens sind die plastischen Purkinje-Zellen (s. Kap. 13). Das nacheinander erfolgte Feuern der Parallel-Moosfasern (CS) und der sogenannten Kletterfasern (US) aus der Olive des Hirnstamms bewirkt anhaltende LTD an den Synapsen der Parallelfasern an den Purkinje-Zellen, die AMPA-Rezeptoren (s. S. 595) tragen. Wie wir auf S. 594 gesehen haben, ist für ***assoziative LTD*** exakt die leicht zeitverschobene Entladung der Purkinjezelle notwendig, damit sich an den Rezeptoren die charakteristische Langzeitunterdrückung überhaupt ergibt. Durch die kortikale LTD wird der N. interpositus, der normalerweise vom zerebellären Kortex gehemmt wird (Abb. 24–32) *enthemmt* und der CS kann dann alleine die CR auslösen. Das ***Engramm***, der Gedächtnisinhalt wird also im zerebellären Kortex und nicht in den afferenten und efferenten Strukturen gespeichert.

Lidschlagkonditionierung beim Menschen. Beim Menschen ist die Situation identisch. Zerstörung des Kortex des Kleinhirns führt zu Störung oder Elimination der klassischen Konditionierung, obwohl sowohl

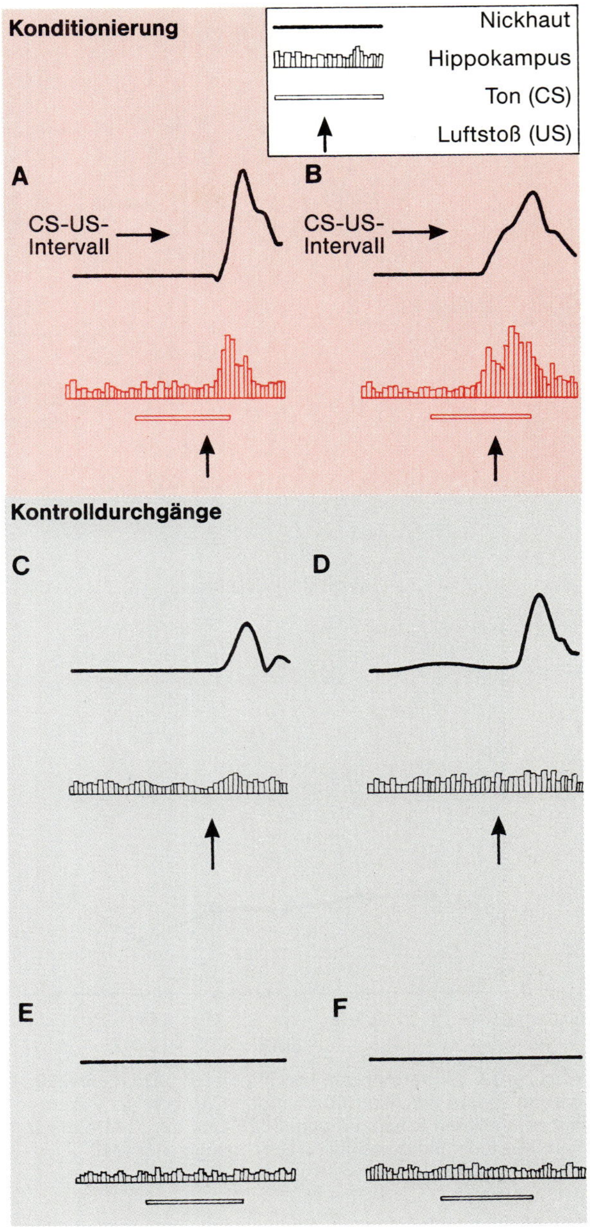

Abb. 24–30. Konditionierung des *Nickhautreflexes des Auges* und der damit verbundenen neuronalen Reaktionen im *Hippokampus* des Kaninchens (Reaktionen der hippokampalen Neurone in 15-ms-Intervallhistogrammen der Aktionspotentiale aufgezeichnet). Jede Aufzeichnung ist 750 ms lang. Der *Ton (CS)* dauert 350 ms und überlappt sich mit dem *Luftstoß (US)*. Wenn Ton und Luftstoß gepaart werden, kommt es zu einer hippokampalen Reaktion während der ersten 8 gepaarten Durchgänge (**A**). Beim letzten Durchgang von insgesamt 13 Blöcken von je 8 Durchgängen am Tag 1 (**B**) geht die Reaktion sowohl der Nickhaut als auch die hippokampale Reaktion dem Luftstoß (*Pfeil*) bereits voraus, Konditionierung hat stattgefunden. Wenn nur Luftstöße gegeben wurden und keine Töne, führt jeder Luftstoß (*Pfeil*) zu dem Schließen der Nickhaut, der Hippokampus zeigt aber keine Abweichung von der spontanen Aktivität. Dies war die ganze Zeit über der Fall: von Tag 1 (**C**) bis zum letzten Durchgang am Tag 2 (**D**). Auch die Darbietung der Töne allein führt nicht zu den konditionierten Reaktionen der Nickhaut und des Hippokampus, weder am Tag 1 (**E**) noch am Tag 2 (**F**). Die Kontrollreaktionen (**C** bis **F**) zeigen, daß die Konditionierung von **B** nicht auf Sensibilisierung zurückgeführt werden kann. (Nach [41])

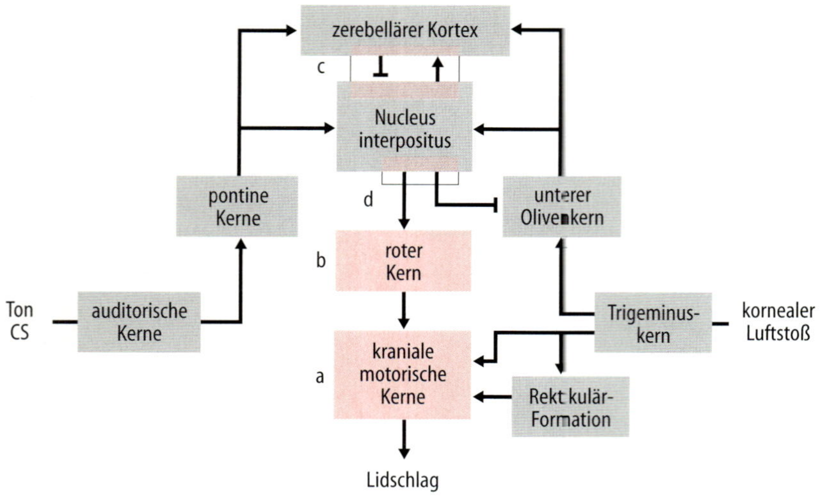

Abb. 24–31. Vereinfachte Darstellung der Hirnstrukturen und -verbindungen, die an der Konditionierung der Lidschlußreaktion beteiligt sind. Siehe Text [Aus 41]. Rote Kerne werden durch die ankommende Information inaktiviert

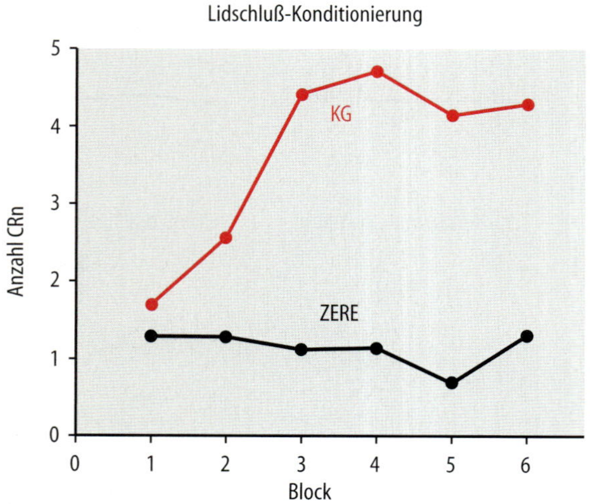

Abb. 24–32. Mittlere Anzahl konditionierter Lidschlußreaktionen im Verlauf der Akquisition in den Gruppen der Patienten mit zerebellären Schädigungen (ZERE) und der Kontrollpersonen (KG); jeder Block enthält 10 Durchgänge. (Aus [24])

die Reaktionen auf CS und US ungestört sind [24]. Abbildung 24–32 zeigt das Ergebnis eines solchen Experimentes. Interessant ist dabei, daß die Patienten *bewußt* korrekt wahrnehmen und auch die **Kontingenz** zwischen CS und US im Neokortex gespeichert wird, wie auf Abb. 24–33 erkennbar: die langsamen kortikalen Hirnpotentiale sind völlig unverändert, aber die konditionierte Reaktion bleibt aus.

Wie wir in Kap. 21 und 22 gesehen haben, reflektieren diese Hirnrindenpotentiale die vorbewußte (kleine Amplitude) und bewußte (große Amplitude) ***Herstellung von assoziativen Verbindungen*** durch Vorerregung der betroffenen CR-Areale am Kortex. Im Falle des Lidschlußreflexes bewirkt diese Vorerregung keine gelernte Reaktion, weil das Engramm im zerebellären Kortex und nicht im Neorkortex gespeichert wird.

Das Kleinhirn ist allerdings außer am Lernen solcher einfachen motorischen Reflexe an anderen Formen der klassischen oder operanten Konditionierung nicht beteiligt. Konditionierung vegetativ emotionaler Reaktionen und explizites Gedächtnis und andere kognitive Operationen sind bei Patienten mit Kleinhirnschädigungen ungestört (bezüglich der motorischen Ausfälle s. Kap. 13).

Explizites und implizites Gedächtnis läßt sich nicht nur nach seinen neuroanatomischen Grundlagen, sondern auch nach evolutionsbiologischen und psychologischen Kriterien unterscheiden

Tabelle 24–3 gibt eine Zusammenfassung der bisherigen Ergebnisse über die verschiedenen Gedächtnissysteme wieder.

Zwei Formen von Lernen. Aus den berichteten Befunden wird auf die entscheidende Rolle der medio-temporalen Region für die *Konsolidierung im Rahmen des deklarativen Gedächtnisses geschlossen*. Das prozedurale oder ***Fertigkeiten (Habit)-Gedächtnis*** ist entwicklungsgeschichtlich älter und tritt auch in der Ontogenese früher auf. Deklaratives Gedächtnis dagegen scheint erst ab dem 5. und 6. Lebensjahr voll zu funktionieren. (Deshalb können wir auch Ereignisse aus der Zeit vor dem 5. Lebensjahr nur schwer aktiv, willentlich erinnern.)

Tabelle 24–3 faßt die Charakteristiken der beiden Lernvorgänge, die sowohl beim Menschen als auch bei höheren Primaten identifiziert werden, zusammen. Beide Gedächtnismechanismen können *simultan* ablaufen. Bei Amnesien, Korsakoff und nach ECS (electro-convulsive-shock) oder auch bei Änderungen des Bewußtseinszustandes (z. B. Traumwiedergabe, oder „Wort-auf-der-Zunge-Phänomen") kommt es zur Dissoziation der beiden Mechanismen. D. h. aus einem Traum werden konkrete Inhalte auch nur schwer aktiv erinnert, wohl aber tauchen passiv Stimmungen und Bewegungsfolgen auf.

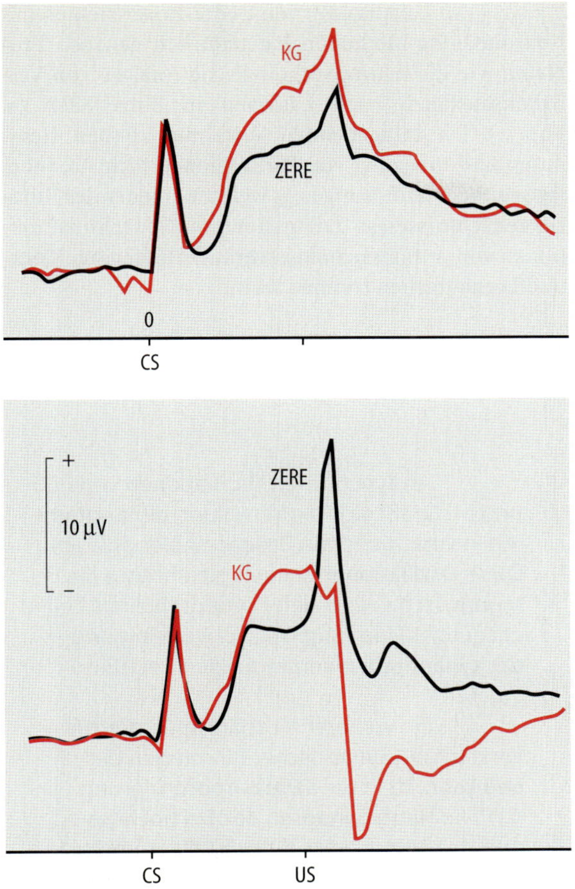

Abb. 24–33. Langsame kortikale Potentiale während CS und UCS Darbietung, getrennt für verstärkte (unten) und unverstärkte Durchgänge (oben) (ZERE = Patienten mit zerebellären Schädigungen, KG = Kontrollpersonen). (Aus [24])

Die Unterscheidung von prozeduralem und deklarativem Gedächtnis löst nach fast 100 Jahren den Streit zwischen Behavioristen und Kognitivisten. In der Regel laufen beide Lernvorgänge nebeneinander und miteinander ab, die Gegenwart des einen schließt die des anderen nicht aus. Wissensgedächtnis und Verhaltensgedächtnis sind aber an unterscheidbare Hirnstrukturen gebunden, auch wenn letztlich der biochemische Mechanismus der permanenten Ablage der Gedächtnisinhalte bei beiden Gedächtnisformen vergleichbar sein könnte.

Enkodierung (Verschlüsselung) der Gedächtnisinhalte und Wiedergabe ebenso wie episodisches und semantisches Gedächtnis werden von teilweise überlappenden, teilweise eigenständigen kortiko-subkortikalen Regionen gesteuert

Untersuchungen mit bildgebenden Verfahren (PET und fMRI, s. Kap. 21) zeigen, daß Enkodierung und Aquisition z. B. von Bildern unbekannter Gesichter im linken präfrontalen Kortex und der mittleren rechten und linken Temporalregion und im Hippokampus ablaufen, während bei Wiedererkennen der rechte präfrontale und parietale Kortex aktiv waren. Ähnlich wurde bei episodischen Gedächtnisaufgaben eher

Tabelle 24–3. Explizit-deklaratives und implizit-prozedurales Gedächtnis

	Deklaratives Wissensgedächtnis	Prozedurales Habitgedächtnis
Ort	Hippokampus, dorsomedialer Ncl. des Thalamus, sekundäre sensorische Areale, präfrontaler Kortex	Motorischer und prämotorischer sowie lateral-präfrontaler Kortex, extrapyramidale Kerne (Striatum), Zerebellum, limbische und dienzephale Verstärkerstrukturen
Kodierung	Konfigurationen von Reizen und Reaktionen (propositionell) – kognitiv (episodische und semantische Inhalte). Speichert Fakten, Episoden und Daten: „Gewußt, was". Kann in einem Durchgang gelernt werden (Alles-oder-Nichts-Lernen)	S-R und S-S-Assoziationen (Wahrscheinlichkeitslernen) – behavioral (Verhaltensakte, Gewohnheiten (habits)). Speichert gezielte Bewegungsfolgen (skills) und Regeln (Prozeduren): „Gewußt wie" Benötigt Wiederholungen
Wiedergabe	Nur nach Konsolidierung, nur über aktiven, intentionalen Suchprozeß zugänglich („controlled processing") – „reflektiv": Wiedergabe stark von Kontext und elaborierter Verarbeitung abhängig	Keine Konsolidierung, („automatic processing"), kein aktiver Suchprozeß notwendig – „reflexiv": Wiedergabe weniger stark von Kontext abhängig. Elaborierte Verarbeitung nicht notwendig
Auslöser für Wiedergabe	Incentives, propositionelle cues (Hinweisreize)	CS und S^D
Behalten	Zielgerichtete Erwartungen werden aufgebaut und bestätigt bzw. verworfen	Verstärkung stabilisiert Habit
	Für viele Verarbeitungssysteme zugänglich. Phylogenetisch jung, ontogenetisch spät (ab 3–5 J.). Der bewußten Erinnerung zugänglich	In den Verarbeitungssystemen (z. B. visuell, motorisch) selbst enthalten; phylogenetisch alt, ontogenetisch früh (infantile „Erinnerungen"). Der bewußten Erinnerung schwer zugänglich

rechts-präfrontale und bei semantischen Aufgaben links-tempero-präfrontale Aktivierung gefunden.

Die Lokalisation des Arbeitsgedächtnisses, eines Teils des Kurzzeitgedächtnisses, im dorsolateralen Frontalkortex ist umstritten. Alle Situationen, in denen mehrere Aufgaben gleichzeitig durchgeführt werden und dafür andere kurz zurückgehalten werden müssen, sind nach präfrontalen Läsionen im dorsolateralen und ventrolateralen Bereich gestört. Verhaltenstendenzen können nicht mehr unterdrückt werden (s. Kap. 27).

Die Lokalisation von Gedächtnissystemen mit Neuroimaging-Methoden hat natürlich genauso Probleme wie die neuropsychologische Analyse von Verhaltensausfällen nach Läsionen in Einzelfällen (s. Kap. 21). Die bildgebenden Verfahren können Hemmung und Erregung von Hirnregionen nicht trennen, ihre zeitliche Auflösung liegt weit unter jener des Kurzzeitgedächtnisses, so daß man schwer Gedächtnisfunktionen von Aufmerksamkeitsveränderungen bei Merk- und Lernaufgaben trennen kann.

ZUSAMMENFASSUNG

Verhaltensgedächtnis und Wissensgedächtnis sind im menschlichen Gehirn durch unterschiedliche neuroanatomische Systeme und neuronale Mechanismen realisiert. Die grundlegenden molekularen Prozesse für Lernen und Behalten scheinen aber vom einfachen Lebewesen (z. B. Meerschnecke, Aplysia) bis zum Menschen gleich zu sein.

Implizites Gedächtnis, das auch Verhaltensgedächtnis einschließt, benötigt zur Wiedergabe keine bewußte Anstrengung und kontrollierte Aufmerksamkeit. Motorische und kognitive Fertigkeiten (Skills), klassische und instrumentelle Konditionierung und manche Formen von Erwartungslernen (Priming) sind implizite Lernmechanismen. Je nach den beteiligten Reizen und Reaktionen werden dafür kortikalen und subkortikale sowie zerebelläre Hirnteile herangezogen. Der Neokortex ist aber prinzipiell für diese Art von Lernen nicht notwendig.

Das gilt nicht für explizites Gedächtnis, das bewußte Anstrengung zur Wiedergabe (Aufmerksamkeitsressourcen) benötigt. Episodisches Gedächtnis und Faktenwissen sind explizit und benötigen in jedem Fall kortikale Strukturen (neben den subkortikalen). Das mediale Temporallappensystem mit Hippokampus und darüber liegenden kortikalen Anteilen ist für explizites Gedächtnis notwendig. Bei seiner Zerstörung kommt es zu lebenslanger anterograder Amnesie.

Kortikale Plastizität und Lernen beruhen auf der Bildung von Hebb-Synapsen. Hebb-Synapsen sind Synapsen, die durch simultane Aktivität prä- oder postsynaptisch die Stärke ihrer Verbindungen erhöhen. Im Kortex liegen sie vor allem an den dendritischen Spines der apikalen Dendriten von Schicht I und II, deren Plastizität bis zum Tode erhalten bleibt.

An synchronen Oszillationen von EEG und MEG läßt sich die Verteilung der Engramme in verschiedenen Zellensembles ablesen. Diese Oszillationen senken gleichzeitig die Erregungsschwellen vieler Synapsen eines Zellensembles und tragen so zur Verfestigung der synaptischen Verbindungen bei („Binding").

Ein weiterer Mechanismus, der zur Verstärkung synaptischer Bindungen beitragen kann, stellt die Langzeitpotenzierung (LTP) an Hebb-Synapsen dar. Bei hochfrequenter Reizung des Hippokampus und plastischer kortikaler Areale kommt es zu lang anhaltender Depolarisation der beteiligten Zellkörper und Dendriten. Langzeitdepression bei asynchroner langsamer Reizung afferenter Fasern unterdrückt dagegen die Erregbarkeit von Zellen über lange Zeiträume und könnte einen physiologischen Mechanismus für Vergessen oder Gedächtnishemmung darstellen.

Assoziationen bilden sich auf molekularer Ebene durch Aktivierung plastischer Synapsen, vermutlich vor allem des NMDA-Rezeptors, der zu einer Depolarisation eine gleichzeitige Schwellensenkung (meist durch cholinerge Aktivität bedingt) und einen starken ankommenden Impuls benötigt. Die Öffnung dieses Rezeptors löst eine Kaskade intrazellulärer Reaktionen aus, die zu einer vermehrten Bindung von Ca^{++}-Ionen und verstärkter Transmitterausschüttung führen. Die intrazelluläre Kaskade führt sowohl präsynaptisch wie auch postsynaptisch zu veränderter Genexpression und Proteinsynthese, wenn die Lerndurchgänge hinreichend lange anhalten oder von großer Intensität sind. Dies wird als neuronales Substrat des Langzeitgedächtnisses angesehen.

Einen für die verschiedenen Gedächtnissysteme kritischen Transmitter konnte man bisher nicht finden. An kortikalen Synapsen spielt Glutamat zweifellos in der Gedächtnisspeicherung eine wesentliche Rolle, da es exzitatorisch auf NMDA- und AMPA-Rezeptoren einwirkt. Aminerge Systeme, vor allem Noradrenalin haben keinen spezifischen Einfluß auf die Speicherung in einzelnen Hirnregionen, tragen aber wesentlich zur Modulation von Lernprozessen durch emotionale Einflüsse bei: Noradrenalin erleichtert und verfestigt Engramme in kortikohippokampalen Netzwerken.

Für die Veränderung sensorischer und motorischer Repräsentationen („Karten") durch Lernen ist die Aktivierung cholinerger Synapsen im Kortex Voraussetzung. Cholinerge Synapsen befinden sich hauptsächlich in plastisch veränderbaren Hirnregionen, v. a. in Schichten I und II des Neokortex, welche primär dendritische Spines aufweisen. An diesen können sich auch im erwachsenen Gehirn Wachstumsvorgänge, kollaterale Sprossung und Änderungen der intrazellulären Kaskaden mit Aktivierung des genetischen Apparates ergeben, die zur Bildung von assoziativen Verkettungen beitragen.

Literatur

Weiterführende Lehr- und Handbücher

1. Bear MF, Connors BW, Paradiso MA (2001) Neuroscience. 2nd ed. Lippincott, Baltimore
2. Davis HP, Squire LR (1984) Protein synthesis and memory: a review. Psychol. Bull. 96:518–559
3. Finger S, Stein DG (1982) Brain Damage and Recovery. Academic Press, New York
4. Hawkins RD, Kandel ER (1984) Is there a cell-biological alphabet for simple forms of learning? Psychol. Rev. 91:375–391
5. Hebb DO (1949) The Organization of Behavior. Wiley, New York
6. Horn G (1985) Memory, Imprinting and the Brain. Oxford Univ. Press, Oxford
7. John ER (1967) Mechanism of Memory. Academic Press, New York
8. Kandel ER, Schwartz JH, Jessell TM (eds) (2000) Principles of Neural Science, 4th ed. Elsevier, New York
9. Bourne LE, Russo NF (1998) Psychology. W. Norton, New York
10. Kolb B, Whishaw IQ (1996) Fundamentals of Human Neuropsychology, 4th edition. Freeman, New York
11. Marler P, Terrace HS (eds) (1984) The Biology of Learning. Springer, Berlin, Heidelberg, New York, Tokyo
12. Purves D et al (eds) (2001) Neuroscience. Sinauer, Sunderland, Mass.
13. Rohracher H (1967) Die Arbeitsweise des Gehirns und die psychischen Vorgänge. Barth, München
14. Rosenzweig MR, Leiman AL, Breedlove JM (1996) Biological Psychology. Mass.: Sinauer
15. Schmidt RF, Thews G, Lang F (Hrs) (2000) Physiologie des Menschen. 28. Aufl. Springer, Berlin, Heidelberg, New York
16. Squire LR (1987) Memory and Brain. Oxford Univ. Press, Oxford

Einzel- und Übersichtsarbeiten

17. Atkinson RC, Shiffrin RM (1968) Human memory: A proposed system and its control process. In: Spence KW, Spence ST (Eds) The Psychology of Learning and Motivation. Vol. 2. Academic Press, New York
18. Berman N, Sterling P (1976) Cortical suppression of the retino-collicular pathology in the monocularly deprived cat. J Physiol 255:263–273
19. Black IB, Adler JE, Dreyfus CF, Friedman WF, Lagamma, EF, Roach AM (1987) Biochemistry of information storage in the nervous system. Science 236:1263–1268
20. Cahill L, Prins B, Weber M, McGaugh J (1994) β-adrenergic activation and memory for emotional events. Nature 371:702–704
21. Conel SL (1939–1963) Postnatal Development of the Human Cerebral Cortex. Vol. I-VI. Harvard Univ. Press, Cambridge
22. Cotman CW, Nadler LG (1978) Reactive synaptogenesis in the hippocampus. In: Cotman CW (Ed) Neuronal Plasticity. Raven, New York
23. Cowan WM, Shooter EM, Stevens CF, Thompson RF (eds) (1994, 1995) Annual Review of Neuroscience. Vol 17, 1994, Vol 18, 1995. Annual Rev Inc, Palo Alto
24. Daum I, Ackermann H, Schugens MM, Reimold C, Dichgans J, Birbaumer N (1993) The cerebellum and cognitive functions in humans. Beh Neuroscience 107:411–419

25. DAVIS HP, ROITBLAT HL (1984) Cholinergic pharmacology, behavior and age-related memory decline. In: Squire L, Butters N (Ed) Neuropsychology of Memory. Guilford Press, New York
26. DRACHMAN DA (1978) Central cholinergic system and memory. In: Lipton A, Di Mascio A, Killman KF (Eds) (1978) Psychopharmacology. Raven, New York
27. FLOR H, ELBERT T, KNECHT S, WIENBRUCH C, PANTEV C, BIRBAUMER N, LARBIG W & TAUB E (1995) Phantom-limb pain as a perceptual correlate of cortical reorganization following arm amputation. Nature 375:482–484
28. GAZZANIGA M (ed) (2000) The New Cognitive Neurosciences. MIT Press, Hongkong
29. HAILMAN JP (1969) How an instinct is learned. Sci Am 221:6
30. HYDEN H (1970) The question of a molecular basis of the memory trace. In: Pribram KH, Broadbent DE (Eds) Biology of Memory. Academic Press, New York
31. KATZ JJ, HALSTAED WC (1950) Protein organisation and mental function. Comp Psychol Monogr 20(103):1–38
32. KOOB, GF (1987) Neuropeptides and memory. In: Iverson LL, Iverson SD, Snyder SH (Eds): Handbook of Psychopharmacology, Vol. 19. New Directions in Behavioral Pharmacology. Plenum Press, New York pp 531–674
33. LARSON S, LYNCH G (1986) Induction of synaptic potentiation in hippocampus by patterned stimulation involves two events. Science 232:985–988
34. LINDEN DJ, CONNOR J (1995) Long-term synaptic depression. In: Cowan WM, Shooter EM, Stevens CF, Thompson RF (eds) (1994, 1995) Annual Review of Neuroscience. Vol 17, 1994, Vol 18, 1995. Annual Rev Inc, Palo Alto
35. LISMAN JE, IDIART MA (1995) Storage of 7 ± 2 short-term memories in oscillatory subcycles. Science 267:1512–1515
36. MILNER B (1970) Memory and the medial temporal regions of the brain. In: Pribram KH, Broadbent DE (Eds) Biology of Memory. Academic Press, New York
37. MÜLLER GE, PILZECKER A (1900) Experimentelle Beiträge zur Lehre vom Gedächtnis. Z. Psychol., Ergänzungsband 1
38. SINGER W, GRAY CH (1995) Visual feature integration and the temporal correlation hypothesis. In: Cowan WM, Shooter EM, Stevens CF, Thompson RF (eds) Annual Review of Neuroscience. Vol 17, 1994, Vol 18, 1995. Annual Rev Inc, Palo Alto
39. SINGER W (ed) (1994) Gehirn und Bewußtsein. Spektrum Verlag, Heidelberg
40. SPERRY RW (1963) Chemoaffinity in the orderly growth of nerve fiber patterns and connections. Proc Natl Acad Sci 50:703–719
41. THOMPSON RF, KRUPA DJ (1994). Organization of memory traces in the mammalian brain. Annual Rev Neurosci 17:519–549
42. WALLERS ET, AMBRAN RT (1995) Long-term alterations induced by injury and by 5-HT in Aplysia sensory neurons. Trends in Neuroscience 18:137–142
43. WEINBERGER NM (1995) Retuning the brain by fear conditioning. In: M Gazzaniga (ed) (1995) The Cognitive Neurosciences. MIT Press, Hongkong

25 Motivation

EINLEITUNG

Jedes Verhalten mit Ausnahme einiger Reflexe auf Rückenmarksniveau und mancher viszeraler Reflexe ist motiviert; „motiviert" bedeutet, daß die Frequenz und Intensität der Reaktion in Abhängigkeit von Zuständen innerhalb des Organismus variiert und nicht in allen Parametern von Reiz, Reizort oder genetischen Variationen abhängig ist. Je besser diese organismusinternen Zustände quantifizierbar sind, um so überflüssiger wird die Annahme einer intervenierenden Variablen „Motivation" oder „Emotion". Die Notwendigkeit der Annahme intervenierender Variablen in der Psychologie und Physiologie wird mit der exakten Beschreibung der neurobiologischen Mechanismen innerhalb des Organismus entbehrlich.

Ziel der Motivationsforschung ist die Aufklärung der physiologischen und psychologischen Mechanismen der wichtigsten Triebe Hunger, Durst, Reproduktion. Die Analyse des Zusammenhanges zwischen psychologisch beschreibbaren Auslösebedingungen und den körperinternen physiologischen Prozessen ist Gegenstand der Biologischen Psychologie der Motivation.

Eine der zentralen Fragen der Motivation, was den Menschen „vorantreibt", was ihn immer wieder zu lustvollen Zielen „zieht", kann durch die neurobiologische Untersuchung von süchtigem Verhalten beantwortet werden: ein vom Mittelhirn bis ins Vorderhirn reichendes Faserbündel und deren synaptische Endigungen erzeugt sowohl extrem positives Empfinden wie auch zielgerichtetes Verhalten. Die direkte Reizung dieses Systems durch Zufuhr der Liganden der beteiligten Transmitter (Dopamin, Opiate, Alkohol) steigert nach wiederholter Einnahme das Verlangen nach diesen Substanzen, ohne sie deshalb in ihrer Wirkung besonders zu verändern. Ähnliche Mechanismen können wir bei anderen nicht-homöostatischen Trieben, vor allem dem Trieb nach sexueller Aktivität beobachten.

25.1 Grundbegriffe der Motivation

Homöostatische und nichthomöostatische Triebe liefern die Energie für Verhalten, Verstärkung lenkt das Verhalten in eine bestimmte Richtung

Trieb. Unter einem Trieb verstehen wir jene psychobiologischen Prozesse, die zur bevorzugten Auswahl einer Gruppe abgrenzbarer Verhaltensweisen (z.B. Nahrungsaufnahme) bei Ausgrenzung anderer Verhaltenskategorien (z.B. sexuelles Verhalten, Fortpflanzung) führen. Die Auswahl richtet sich nach der zu einem bestimmten Zeitpunkt bestehenden ***Triebhierarchie***, die selbst das Resultat einer ***Triebkonkurrenz*** (drive-competition) zwischen verschiedenen Trieben darstellt. Die „Stärke" eines Triebes und damit auch seine Stellung in der Triebhierarchie, bestimmt sich aus dem Ausmaß der Abweichung von einem vital „notwendigen" körperlichen homöostatischen Gleichgewicht (z.B. Glukoseniveau im Blut). Dieses Ausmaß der Abweichung vom homöostatischen Gleichgewicht wird vor allem durch jene Zeitspanne bestimmt, die seit dem letzten Ausgleich des homöostatischen Ungleichgewichts verstrichen ist; diese Zeitspanne wird ***Deprivationszeit*** genannt, z.B. wird der Hunger auch von den tageszeitlichen Schwankungen des Glukoseniveaus im Blut bestimmt: (z.B. Zeit, die seit letzter Nahrungsaufnahme verstrichen ist). Dabei sind aber die *zirkadianen Perioden* dieser Zeiten zu berücksichtigen, die eine eigene Quelle der Motivation darstellen (s. Kap. 23).

Homöostatische und nichthomöostatische Triebe. Die Unterscheidung von homöostatischen und nichthomöostatischen Trieben ist für das Verständnis der Motivationsmechanismen von Bedeutung: *Homöostatische Triebe* sind weniger von Umgebungsbedingungen und der Lerngeschichte des Individuums als von der Abweichung der körperinternen Homöostasen abhängig. Sie weisen stabile Sollwerte auf, deren Unter- oder Überschreitung zu einer stereotypen Sequenz von Verhaltensweisen bis zur Wiederherstellung des Sollwertes führen. Bei homöostatischen Trieben wird daher eine von Umweltreizen unabhängige Messung der Triebstärke (z.B. Glukoseabfall) eher möglich sein. ***Temperaturerhaltung, Hunger, Durst, zirkadiane Peri-***

odik (Schlaf) und möglicherweise einige Aufzuchtsreaktionen bei Nachkommenschaft gehören dazu. Allerdings gilt dies für Hunger und Durst nur eingeschränkt, denn auch diese werden stark von Anreizen (cues) bestimmt.

Nichthomöostatische Triebe weisen stärker variable Sollwerte und variable Deprivationszeiten auf, die von Lernprozessen und anderen Umgebungsvariationen (Verfügbarkeit, Anreize) mitbestimmt werden. ***Sexualität, Explorations„trieb"***, ***Bindungsbedürfnis*** und die ***Emotionen*** (s. Kap. 26) gehören hierzu. Die experimentelle Bestimmung der körperinternen Sollwerte ist dabei nicht mehr möglich, es können nur mehr Mindest- und Höchstgrenzen angegeben werden (z. B. eine Mindestmenge an Sexualhormonen im Blut als Voraussetzung für das Auftreten kopulatorischen Verhaltens).

Verstärkung. Wir haben in Kap. 24 bereits die wichtigsten Begriffe des instrumentellen oder operanten Konditionierens kennengelernt. Reize, die zu einem Anstieg der Auftrittswahrscheinlichkeit des vorausgegangenen Verhaltens führen, haben wir verstärkende Reize oder einfach ***Verstärker*** genannt. Reize, die einen Abfall der Auftrittswahrscheinlichkeit bewirken, werden bestrafende Reize genannt. Unter *Verstärkung* verstehen wir die Erhöhung der Auftrittswahrscheinlichkeit einer Reaktion in Gegenwart einer *bestimmten (diskriminativen) Situation* durch die Darbietung verstärkender Reize unmittelbar nach einer Reaktion.

Verstärkung stellt die Triebenergie auf ein bestimmtes Verhalten ein

Charakteristische Eigenschaften von Verstärkung. Um die neuronalen Prozesse von Verstärkung zu verstehen, müssen wir die neuronalen Mechanismen untersuchen, die a) den verstärkenden Reiz als verstärkend *erkennen* und die b) die Verbindung zwischen den Zellsystemen, welche die diskriminativen Reize verarbeiten und jenen, die das motorische Verhalten kontrollieren, stärken. Wir werden in 25.7 die Mechanismen dieser Verstärkersysteme erläutern und beschränken uns hier auf deren allgemeine Funktionen in der Organisation motivierten Verhaltens (s. Box 25–2). Abbildung 25–1 zeigt ein hypothetisches Modell instrumenteller Verstärkung. Dabei handelt es sich um ein Zell-Ensemble, wie wir es in Kap. 24 beschrieben haben, das die Einprägung eines Verhaltens durch simultane synaptische Erregung bei A und B bewirkt. Das Verstärkungssystem (hier Geschmack) und das Triebsystem (links 4b, Hunger) erhöhen die Aktivität an der Synapse B und beschleunigen und verstärken damit die Wahrscheinlichkeit der Bildung einer Hebb-Synapse; diese, im oberen Teil der Abbildung dargestellt (A), wird nach der verstärkten simultanen Aktivität von A und B eher das Verhalten auslösen, wenn in Zukunft der damit assoziierte Reiz auftritt!

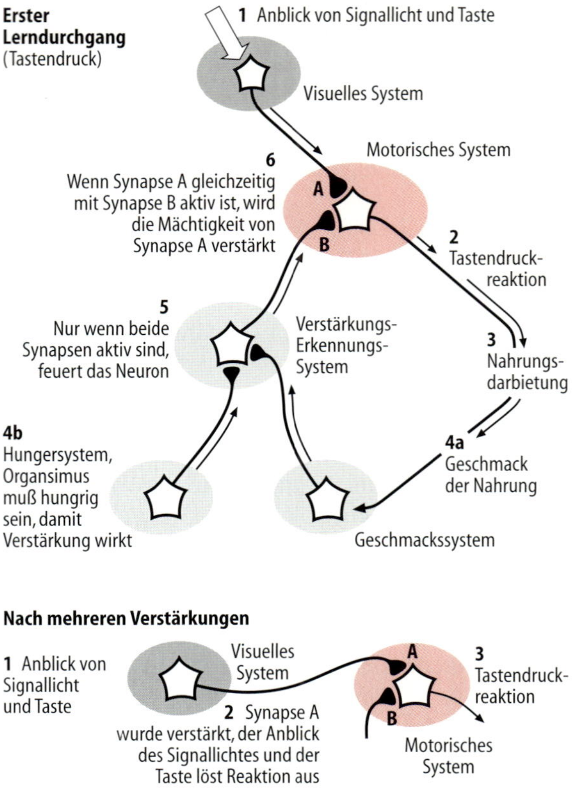

Abb. 25–1. Hypothetische neuronale Verschaltung, die den Effekt von Verstärkung auf instrumentelles Lernen erklärt. Nach [4]

Nicht nur ***Triebreduktion*** (z. B. Herstellung des alten Glukoseniveaus nach Deprivation), sondern manchmal auch „***Triebinduktion***" ist verstärkend: z. B. ein Fenster öffnen, um Neues zu sehen, führt zu keinem Ausgleich eines biologischen Gleichgewichts; trotzdem kann diese Reaktion verstärkt d. h. wiederholt werden, wenn sie z. B. in sehr reizarmer Umgebung („Monotonie") auftritt. In diesem Fall kommt die Verstärkung von der Reaktion selbst (Fenster öffnen und raussehen sind appetitive Reaktionen, die in der Vergangenheit mit positiver Verstärkung verbunden waren).

Dieses Beispiel und Abb. 25–2 zeigen zwei wichtige Eigenschaften von Verstärkungsprozessen:

1. Sie können von homöostatischen Triebmechanismen unabhängig sein und
2. Die Reize von einer appetitiven Reaktion (z. B. der Geschmack beim Essen, die Wahrnehmung der Kaubewegungen) stellen wichtige verstärkende Reize dar, auch ohne Bestehen eines Antriebszustandes.

Interaktion von Trieb und Verstärkung. Die Wirkungsweise der beiden Motivationsmechanismen Trieb und Verstärkung wird in Abb. 25–2 dargestellt. Im Unterschied zu Abb. 25–1 nehmen wir hier *zwei* Triebsysteme an, die miteinander konkurrieren können

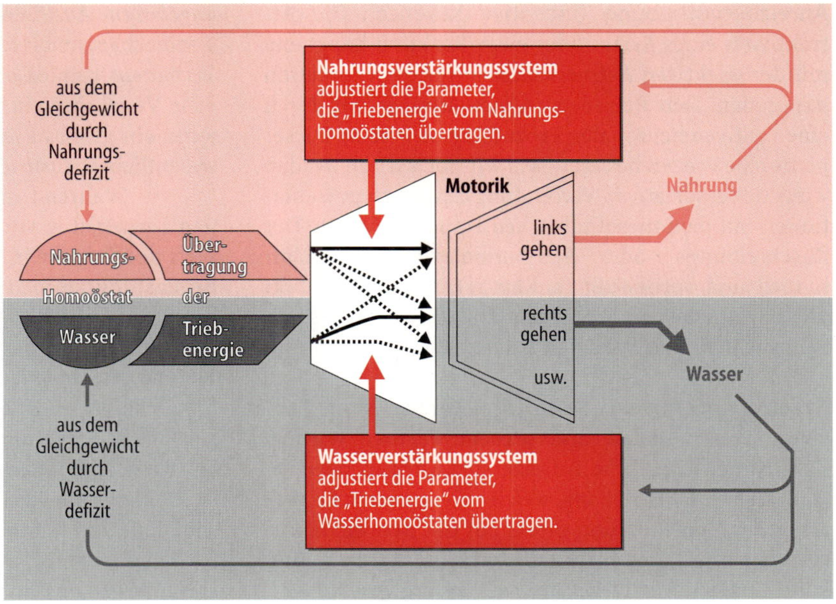

Abb. 25–2. Multiples Homöostasemodell der Verhaltenssteuerung durch mehrere Triebsysteme. Jeder Trieb-Homöostat (meist im Hypothalamus, *links*) regelt eine andere Körperfunktion (hier Wasserhaushalt und Glukoseniveau). Ein Mangel einer der beiden Grundbausteine des Organismus führt zu erhöhter Erregung der Homöostaten im Hypothalamus, die diese Erregung (Triebenergie) auf die dafür zuständigen motorischen Areale (z. B. für Beine oder Hände zur Nahrungssuche) übertragen müssen. Diese Triebenergie ist zunächst ungerichtet (z. B. Suchverhalten), wird aber durch die Tätigkeit der Verstärkersysteme (*rot*) „adjustiert"; d. h. auf jene motorischen Einheiten gelenkt, die in der Vergangenheit im Homöostaten wieder Gleichgewicht hergestellt haben. Wenn Verhalten eine Belohnung (*rot*) hervorruft, so wird dieses Verhalten mit eben demselben Homöostaten verbunden. Wird dieser Homöostat später wieder aus dem Gleichgewichtszustand gebracht, so wird er jene Verhaltensweisen aktivieren, die in der Vergangenheit mit dem Homöostaten verbunden worden sind. Siehe weitere Erläuterungen im Text. Nach [24]

(Hunger und Durst). Das Lebewesen lernt bei Hunger links zu gehen, bei Durst rechts: dies aber nur, wenn das (hier noch hypothetische) Verstärkungssystem, (s. 25.7) die Verbindung zu den motorischen Systemen herstellt, wie wir es auf Abb. 25–1 symbolisiert haben [24].

Die Tatsache, daß für Trieb und Verstärkung anatomisch und neurochemisch abgrenzbare Strukturen auffindbar sind, bestätigt die begriffliche Trennung von Trieb und Verstärkung. Abbildung 25–2 zeigt, daß die Triebhomöostaten bei fehlender Homöostase vorerst relativ ungerichtetes ***appetitives Suchverhalten*** auslösen. Erst nach Erregung eines Verstärkungssystems durch die ***konsumatorischen Reaktionen*** (Aufnahme der Nahrung oder Flüssigkeit) werden die Triebreize durch die Verstärkersysteme auf die zielführenden Verhaltensmuster gelenkt, adjustiert. Gleichnishaft könnte man sagen, daß die Triebsysteme den Wasserdruck für die Bewässerung (ausreichend intensive neuronale Erregung) liefern, die Verstärkersysteme das Wasser in jene Kanäle lenken, die zu den trockenen Feldern (Motorik) führen. Je häufiger die Bewässerung (Verstärkung), umso stärker der Pflanzenwuchs (Reaktionsstabilität durch mächtigere Verbindung zwischen Reiz- und Reaktionssystemen).

Neben der Triebreduktion ist die Anreizmotivation von Hinweisreizen eine wichtige Ursache zielgerichteten Verhaltens

Anreizmotivation (incentive motivation). Die Richtung eines bestimmten Verhaltens (auf einen bestimmten Reiz hin oder weg) wird nach einigen Verstärkungen von den verstärkenden Reizen (Anblick der Speisen) selbst und nicht nur vom primären Trieb (Hunger) allein ausgelöst. Im Falle eines *positiven* Anreizes wird das Ausmaß der Anreizmotivation von drei Prozessen bestimmt:

1. Die neuronalen Substrate für positive Verstärkung (Freude) werden durch die Konsequenzen des Verhaltens erregt (Abb. 25–2).
2. Die positive Empfindung, ausgelöst durch die positive Verstärkung, wird durch klassische Konditionierung (s. Kap. 24) mit dem Ort, dem Objekt, der Handlung oder dem Anlaß der Freude assoziiert.
3. Bei der zukünftigen Wahrnehmung dieser Objekte und Handlungen werden sie aus den übrigen Reizen herausgehoben und werden attraktiv und erwünscht. Diesen Prozeß nennt man ***Anreizhervorhebung*** (incentive salience, s. unten). Zielgerichtetes Suchverhalten und instrumentelles, operantes Verhalten sind die beobachtbaren Manifestationen von Anreizhervorhebung [34].

Anreizhervorhebung (incentive salience). Die Attraktivität eines Reizes oder einer Reaktion hängt eng mit der selektiven Aufmerksamkeit für diese Situation zusammen. Den Reizen wird ihre Attraktivität durch einen aktiven neuronalen Prozeß *zugeschrieben*. Dieser neuronale Prozeß besteht – wie wir noch sehen werden – aus der assoziativen Verbindung der Reizrepräsentationen mit dem mesolimbischen Dopaminsystem. Der Zuschreibungs- oder Attributionsvorgang verläuft schnell und vorbewußt (s. Kap. 22); nur das Produkt dieses Vorgangs, die Wahrnehmung des Wunsches, der Sehnsucht, des Verlangens wird bewußt.

Anreize (incentives). Natürliche Anreize sind Nahrung, Wasser, soziale und sexuelle Partner, Wärme, Berührung. Künstliche Anreize sind Drogen oder intrakranielle Selbstreizung, welche die sensorische Verarbeitung umgehen und direkt auf das neuronale Anreizsystem (Dopaminsystem) wirken. Anreize sind konditionierte Verstärker oder sekundäre Verstärker.

Instinkt und Reflexhierarchien sorgen für den geordneten Ablauf zielgerichteten Verhaltens

Instinktives und motiviertes Verhalten. In der Biologischen Psychologie unterscheiden wir zwischen Instinkt und Motivation, auch wenn beide Verhaltensklassen neben ihren Unterschieden auch *Gemeinsamkeiten* aufweisen:

Beide sind von variablen internen Zuständen (z. B. Hormonspiegel) des Organismus abhängig, die die Reaktionsbereitschaft variieren. Anreize und Verstärkung übertragen die ***Reaktionsbereitschaft*** auf eine bestimmte Reaktionsklasse, z. B. Kopulation. Beide, Instinkt und Triebverhalten, weisen appetitive und konsumatorische Phasen auf (s. Kap. 25.2). Beide sind hierarchisch organisiert, von zunehmend einfachen Reflexkreisen bis zu komplizierten Verhaltenssequenzen.

Instinktreaktionen sind vererbte Phänotypen, im Laufe der ontogenetischen Entwicklung erscheint das Verhalten als Determinante des Genotyps (z. B. sexuelle Reaktionen in der Pubertät). Instinkte sind vom Vorhandensein eines angeborenen Auslöse- oder ***Schlüsselreizes*** abhängig. Der eben geschlüpfte Vogel benötigt den Anblick des Schnabels der Eltern oder einer Attrappe, um gezielt die Nahrung dort zu suchen (s. Abb. 24-3). Zusätzlich benötigen Instinktreaktionen wie Triebverhalten endogene Reize (z. B. Hungerkontraktionen oder Hormonspiegel in bestimmtem Alter), damit ein Schlüsselreiz als solcher erkannt wird. Instinkte sind einfacher organisiert als Triebreaktionen, sowohl physiologisch als auch im sichtbaren Verhalten; sie sind in kleinhirnigen, isoliert lebenden Lebewesen häufiger und aufgrund der genetischen Determiniertheit spezies-spezifisch. Instinkte sind *blind gegenüber den Konsequenzen,* sie äußern sich wann immer der ***angeborene Auslösereiz*** auf den endogenen Trieb-Auslösemechanismus trifft, auch wenn die Konsequenz des Verhaltens sinnlos oder destruktiv ist (z. B. ignorieren viele Vögel ihre eigenen Eier und bebrüten sie nicht, wenn ein großes Pseudoei vorhanden ist, das aber die wesentlichen Auslösereize aufweist) [23].

Während motiviertes Verhalten von operantem Lernen, d. h. von ***Antizipation und Erwartung des Ziels*** dominiert wird und daher unterschiedliche Verhaltensprogramme für ein und dasselbe Ziel benutzen kann, bleibt das Instinktverhalten im wesentlichen konstant. ***Leerlaufverhalten*** (z. B. die Stereotypien von Tieren in Gefangenschaft, wie zielloses von rechts nach links Laufen im Käfig oder monotone Kopfbewegungen) und ***Übersprungshandlungen*** (z. B. das Huhn, das bei einer Attacke am Boden zu picken beginnt oder beim Menschen das verlegen sich-am-Kopf-kratzen) sind Teile von Instinktreaktionen; bei starker unspezifischer Erregung des Systems (Angst, Aggression) kommt es zu einem „Rückfall“ auf ein einfacheres und starreres Reflexniveau und Instinktreaktionen erscheinen. Instinktives Verhalten wird eher automatisierte als kontrollierte Informationsverarbeitung benutzen (s. Kap. 22). Es wird daher auch seltener mit affektiven Reaktionen im Sinne einer positiv-negativ Färbung einhergehen, sondern affektiv neutral sein.

Der Nachweis instinktiven Verhaltens erfolgt entweder durch ***selektive Deprivation*** (Isolation) oder durch Aufklärung der genetischen Sequenz und aller biologischen Zwischenschritte vom Genom zum Phänotyp. Wenn das Verhalten trotz völliger Isolation von den relevanten Lernbedingungen auftritt, schließt man auf seine genetische Determination, seine „Instinkthaftigkeit“. Die Trennung eines Affen von möglichen Sexualpartnern in den „kritischen“ Perioden der Pubertät führt trotz mangelnder Gelegenheit, das Verhalten zu lernen, zu stereotypen sexuellen Reaktionen (z. B. Masturbation). Die Deprivationsmethode allein ist nicht vollkommen beweisend für instinktives Verhalten, da *spezifische Deprivation* eines einzigen Verhaltens bei höheren Lebewesen selten möglich ist, sondern immer auch andere Verhaltensweisen mitisoliert werden. Wenn das Tier z. B. nach Isolation in der Pubertät keine sexuellen Reaktionen zeigt, so kann dies auch an der motorischen Apathie („Depression“) liegen. Die genetischen Analysen sind angesichts der vielen Zwischenschritte bei höheren Tierarten zur Zeit noch schwierig.

Der Aufbau von Reflexhierarchien hängt nicht nur von den Konsequenzen eines Verhaltens ab, sondern auch von Informationen aus dem eigenen Körper über den Bewegungsablauf und den Zustand innerer Organe

Reflexhierarchien und Spontaneität. Den fließenden Übergang von instinktivem zu motiviertem Verhalten kann man auch als eine Kette hierarchisch aufeinander aufgebauter Reflexe verstehen. Dabei bauen kompliziertere Reflexe auf die einfachen auf und ergeben nach Abschluß einer Entwicklung das auf ein Ziel gerichtete „ganze“ Verhalten. Dieser stufenweise Aufbau motivierten Verhaltens durch das ZNS läßt sich anhand der ***Erholung*** von völlig *motivationslosem* Verhalten nach

Läsionen des Hypothalamus und anderen Hirnstrukturen studieren.

Nach Zerstörung des lateralen Hypothalamus treten bei der Ratte ***Katalepsie*** und ***Akinese*** auf. Katalepsie entspricht beim Menschen zumindest äußerlich der ***Katatonie*** bei Schizophrenien (s. Kap. 27). Der Organismus nimmt für lange Zeit (Stunden, Tage) Körperpositionen und Haltungen ein, die normalerweise nicht auftreten (z. B. mit gespreizten Beinen und gebeugtem Rücken stehen). Akinese ist Stillstand der Bewegung trotz intakter Wachheit. Die Erholung von solchen Läsionen beginnt mit Verhaltensstillstand und reicht bis zu „spontanem" operantem Verhalten; sie verläuft in gesetzmäßiger und hierarchischer Weise, vergleichbar mit der Entwicklung des reflexabhängigen Neugeborenen bis zu „spontanen" Verhaltensweisen des Kindes. Die Erholung verläuft *rostrokaudal*, zuerst werden Kopfreflexe (anheben, drehen), später Rumpfhaltungen und Lokomotion wieder ausgeführt. Abbildung 25-3 demonstriert dies an der Ratte.

Spontaneität kommt vom Boden. Dabei wird zunehmend ***Spontaneität*** (Motiviertheit) durch zwei Arten von Reizeinflüssen erzeugt: a) die aktivierende Wirkung der eigenen Bewegung (reafferente Aktivierung, z. B. wiederholt das Baby die Aufrichtebewegung immer wieder) und b) durch vestibuläre, kinästhetische, taktile, gastrische und thermale Reize; ohne deren Einfluß tritt kein spontanes Verhalten auf. Das Vorhandensein oder Fehlen eines bestimmten Hormons oder eines anderen homöostatischen Ungleichgewichts reicht nicht aus, um zielgerichtetes Verhalten zu ermöglichen. Jede neue Bewegungssequenz hängt von der Präsenz einer *vorausgegangenen* Klasse von Reize und deren ausgelösten Erregungssequenzen im Nervensystem ab.

Abb. 25-3. Fünf Phasen der zephalokaudalen Erholung der Körperhaltung von Akinesie nach Läsion des lateralen Hypothalamus. Jeder Ausschnitt stammt aus einer Filmsequenz, die Tage bis Wochen auseinander liegen. Nach [39]

Motiviertes Verhalten besteht also aus streng geordneten Reflexen, die in Abhängigkeit von adäquater Reizung zu immer komplexeren *Reflexgruppen* zusammengesetzt werden. Der *Eindruck von Spontaneität* entsteht dadurch, daß komplexere, zusammengesetzte Reflexmuster die einfacheren überlagern oder hemmen und damit die Abhängigkeit der einzelnen Bausteine des komplexen Reflexmusters von der Gegenwart ganz bestimmter Reize nicht oder nur mehr schwer sichtbar wird. Unter extremer Aktivierung (Angst) treten aber die elementaren Reflexe (z. B. „Einfrieren" der Bewegung, Starre) wieder hervor; z. B. hängt der Neuerwerb „motivierten" Laufens auf ein Ziel hin nach Hypothalamus-Läsionen (bei Ratten) ausschließlich von der Berührung des Rumpfes und der Beine mit dem Boden ab (taktil-kinästhetisch). In die Höhe gehalten, verschwindet die Lokomotion, das hypothalamische Tier wird kataplektisch, erstarrt in einer stereotypen Haltung; seine „Spontaneität kommt vom Boden" [39].

Nur operantes Lernen kann in diese Stereotypie eine gewisse Flexibilität bringen: die unmittelbaren Konsequenzen modifizieren das Auftreten des gesamten, zusammengesetzten Reflexmusters und zwar teilweise unabhängig von der momentanen Gegenwart der spezifischen, auslösenden Reize (s. Kap. 24).

Aber nicht nur für primäre, homöostatische Triebreaktionen gilt das eben Gesagte, sondern auch für Emotionen: in Kap. 26 wird dies am Beispiel aggressiven Verhaltens (s. Abb. 26-20) besonders deutlich. Die aus dem Körper kommenden Signale wirken als ***„Somatische Marker"***, die einen Teil der jeweiligen emotionalen Reaktion bilden.

Für die Praxis der wissenschaftlichen Erforschung von Verhalten in der Biologischen Psychologie bedeutet diese Erkenntnis, daß wir die einzelnen Abschnitte einer Verhaltenskette getrennt untersuchen und die beteiligten Prozesse isolieren können. Beim Zusammenfügen der einzelnen Teilreflexe zu einer Verhaltenseinheit müssen wir die Einzelreflexe hierarchisch – von einfach zu kompliziert ordnen.

25.2 Durst und Hunger

Neben Durst und Hunger sind das Bedürfnis nach Konstanterhaltung der Körpertemperatur (s. Kap. 11) und Schlaf (s. Kap. 23) homöostatisch organisiert. Da diese Triebe auch viele nichthomöostatische Elemente enthalten, sind sie in den entsprechenden Kapiteln dieses Buches abgehandelt. Dasselbe gilt für Durst und Hunger, deren Entstehung man ohne Kenntnis der Funktionsweise von Blutkreislauf und Niere (s. Kap. 10) bzw. der Magen-Darmfunktionen (s. Kap. 12) nicht verstehen kann.

Unter Durst verstehen wir einen spezifischen zentralen Triebzustand, der die Bereitschaft erzeugt, trinkbare Flüssigkeit zu suchen und zu konsumieren; das Trinkverhalten wird über die intra- und extrazelluläre Osmolalität und das intravasale Volumen geregelt

Bedingungen für das Auftreten einer Durstempfindung. Der erwachsene menschliche Körper besteht zu etwa 70–75 % seines Gewichtes aus Wasser (Fettdepots unberücksichtigt). Dieser Wassergehalt wird mit großer Genauigkeit konstant gehalten: Er schwankt langfristig normalerweise nur um ±0,22 %, also nur um rund ±150 ml. Verliert der Körper mehr als 0,5 % seines Gewichtes an Wasser (also etwa 350 ml bei 70 kg Körpergewicht), entsteht Durst (meistens wird ohne Durst getrunken, s. S. 614).

Physiologische Wasserverluste des Körpers (Harn, Schweiß, Atemluftfeuchtigkeit) führen zur *Abnahme des Wassergehaltes* und *geringfügigen Zunahme des osmotischen Druckes im Extra- wie im Intrazellulärraum*. Ferner entsteht durch Verminderung der *Speichelsekretion* das für den Durst so charakteristische Trockenheitsgefühl des Mund-Rachen-Raumes. Der Wassermangel des Körpers könnte also gemessen werden a) über die Abnahme des Volumens und/oder Zunahme des *osmotischen Drucks* im Intrazellulär- und Extrazellulärraum, und b) indirekt über die Reduktion der *Speichelsekretion* und die daraus resultierende Trockenheit der Mund- und Rachenschleimhaut. Abbildung 25–4 faßt die wesentlichen drei physiologischen Wege der Durstentstehung zusammen:

Osmotischer Durst. Osmosensoren im Hypothalamus und der Wand des dritten Hirnventrikels sind Neurone die auf Erhöhung der *intrazellulären* Salzkonzentration bei Wasserverlust schrumpfen und dann vermehrt aktiviert werden. Dies passiert, wenn Wasser durch Erhöhung der extrazellulären Salzkonzentration in den Extrazellulärraum diffundiert und intrazellulär ein Mangel an Wasser vorliegt. Osmorezeptoren liegen u. a. in der präoptischen Region des Hypothalamus. Ihre Axone aktivieren Neurone über verschiedene Zwischenstationen in Regionen, die mit der Steuerung von Bewegungen befaßt sind (Basalganglien, Stammhirn etc). Intravasale Injektion hypoosmotischer Salzlösung in die *laterale präoptische Region* des Hypothalamus beendet das Trinken, welches nach vorausgegangener Injektion von hypertoner Salzlösung erzeugt worden ist; Zerstörung der Region erzeugt ***Adipsie*** (Verlust von Trinkverhalten). Der von zentralen Osmosensoren ausgelöste Durst wird ***osmotischer Durst*** genannt (linke Seite von Abb. 25–4) [19].

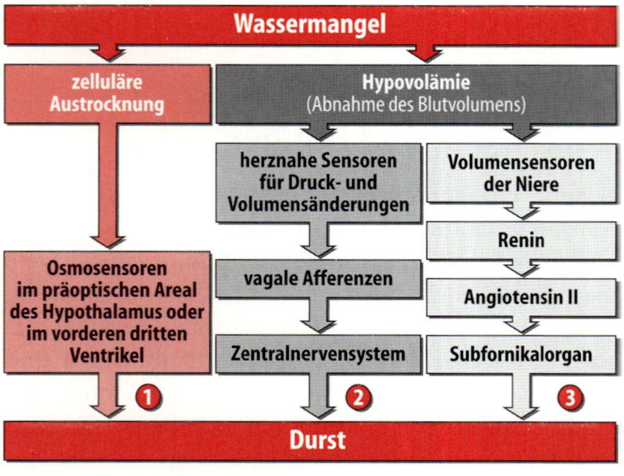

Abb. 25–4. Drei Möglichkeiten der Durstentstehung (s. Text)

Hypovolämischer Durst wird durch zwei unterschiedliche Prozesse ausgelöst: Bei *Verlust extrazellulärer Flüssigkeit* mit Abnahme des Blutvolumens (z. B. nach äußeren und inneren Blutungen) melden die ***Barosensoren*** der herznahen Gefäße durch Abnahme ihrer Aktivität den *Abfall des venösen Gefäßdruckes* an den Hypothalamus, von wo aus die Freisetzung von ***antidiuretischem Hormon (ADH,** Vasopressin)* aus dem Hypophysenhinterlappen ausgelöst wird. Parallel dazu wird zentralnervös Durst ausgelöst (mittlerer Teil von Abb. 25–4) [4].

Der dritte Mechanismus wird durch *Abfall des arteriellen Perfusionsdruckes, bedingt durch reduzierten Blutfluß in den Nieren* angeregt: ***Renin*** wird aus den juxtaglomerulären Zellen in die Zirkulation ausgeschüttet. Über eine Reihe von Zwischenschritten entsteht ***Angiotensin II*** im Gefäßsystem. Angiotensin II erregt Neurone im *Subfornikalorgan* in der Wand des 3. Hirnventrikels, dieses wiederum stimuliert den *medialen Nucleus präopticus* des Hypothalamus, der Trinkverhalten einleitet (rechter Teil von Abb. 25–4) [11, 19].

Hypovolämischer Durst tritt auf, wenn das intravaskuläre Volumen abnimmt. Wenn wir Wasser durch Schwitzen und Verdunstung verlieren, so verlieren wir es aus allen Flüssigkeitsräumen: intrazellulär, intravaskulär und aus den interstitiellen Zwischenräumen. Schwitzen und Verdunstung bewirken daher beides, osmotischen und hypovolämischen Durst. Bei Blutverlust, Erbrechen oder Durchfall kommt es zu Hypovolämie ohne Verlust intrazellulärer Flüssigkeit und auch zu Durst. Da wir dabei auch Salz verlieren, führt hypovolämischer Durst auch zu ***Salzappetit***.

Wie alle homöostatischen Triebe besitzen die Durstsysteme einen antizipatorischen Sättigungsmechanismus, der das Trinken lange vor Erreichen des Sollwertes im Gewebe beendet

Präresorptive und resorptive Durststillung. Vom Beginn des Trinkens bis zur Beseitigung eines Wassermangels im Intrazellulärraum vergeht geraume Zeit, da das in Magen und Darm aufgenommene Wasser zunächst in den Blutkreislauf überführt (resorbiert) werden muß. Es ist aber eine alltägliche und im Tierex-

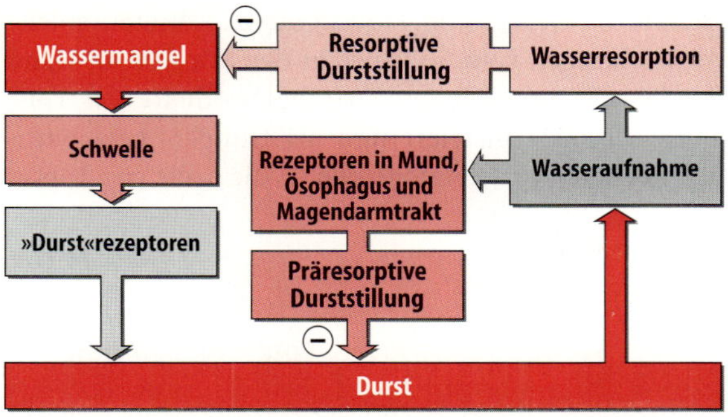

Abb. 25-5. Schema der präresorptiven und resorptiven Durststillung durch Wasseraufnahme

periment vielfach bestätigte Beobachtung, daß das Durstgefühl erlischt, d.h. das Trinken aufhört, lange bevor der extra- und intrazelluläre Wassermangel beseitigt ist. Der ***resorptiven*** Durststillung geht also eine ***präresorptive*** voraus, die eine übermäßige Aufnahme von Wasser verhindert und die Zeit bis zur resorptiven Durststillung überbrückt (Abb. 25-5). In Tierversuchen hat sich gezeigt, daß die *präresorptive Durststillung mit großer Präzision* arbeitet: Die getrunkene Wassermenge entspricht in engsten Grenzen der benötigten. Sensoren im Zungen-Rachenraum wie im Magen und Duodenum und der Leber informieren das Hirn über vagale Afferenzen grob über die aufgenommene Wassermenge und hemmen den Trinkakt über Verbindungen zu motorischen Systemen.

Ein Hund mit einer Oesophagusfistel (aus der das aufgenommene Wasser wieder herausläuft) trinkt etwa doppelt so viel Wasser wie ein normaler Hund mit dem gleichen Wasserdefizit. Danach unterbricht er das Trinken für 20–60 min. Also bewirkt das Trinken selbst, bzw. die mit ihm verbundenen motorischen und sensiblen Vorgänge, eine gewisse, vorübergehende Durststillung. Auch Volumen- und Osmosensoren des Magens und des Duodenums scheinen eine Rolle in der präresorptiven Durststillung zu spielen: Wird bei Affen nach Beendigung des Trinkens die Flüssigkeit über einen vorher gelegten Magenschlauch abgesaugt, nehmen die Tiere das Trinken alsbald wieder auf. Umgekehrt hört das Trinken sofort auf, wenn über einen Katheter eine kleine Menge Wasser direkt in das Duodenum appliziert wird. Nimmt man statt Wasser Kochsalzlösung, geht das Trinken weiter. Das Duodenum scheint also Rezeptoren zu enthalten, die die Wasseraufnahme registrieren; es ist damit an der präresorptiven Durstentstehung beteiligt [4].

Die jeweils getrunkene Flüssigkeitsmenge hängt auch ***von ihrem Geschmack*** ab. Zusatz von Zucker führt bei Menschen, Affen und Ratten, aber nicht bei Katzen, zu deutlich größerer Flüssigkeitsaufnahme. Auch eine Auswahl unterschiedlicher Getränke erhöht den Konsum im Vergleich zu einem gleichförmigen Angebot. Umgekehrt wird der ***Wohlgeschmack*** eines Getränkes, auch von Wasser, ***um so positiver*** beurteilt, ***je größer der Durst*** ist. Die niedrigsten Bewertungen finden sich nach Durststillung [14].

Primäres und sekundäres Trinken. Trinken als Folge eines absoluten oder relativen Wassermangels in einem der Flüssigkeitsräume des Körpers bezeichnen wir als ***primäres Trinken***, Trinken ohne offensichtliche Notwendigkeit der Wasserzufuhr als ***sekundäres Trinken***. *Primäres Trinken ist im Grunde eine Notfallreaktion*, die bei regelmäßiger Lebensweise und ausreichender Verfügbarkeit von Wasser nur selten auftritt. *Sekundäres Trinken* ist die übliche Form der Flüssigkeitszufuhr! Im allgemeinen nehmen wir (das gilt auch für andere Säuger) meist schon im voraus das physiologischerweise benötigte Wasser auf. Zum Beispiel wird mit und nach dem Essen Flüssigkeit aufgenommen, wobei wir anscheinend gelernt haben, die Flüssigkeitsmenge an die Speise anzupassen, bei salzhaltiger Kost also mehr zu trinken, selbst wenn noch kein Durstgefühl aufgetreten ist. Lernen spielt also eine große Rolle.

Klinischer Durst. Vermehrter Durst im Verlaufe von Erkrankungen kann einmal die Folge eines abnorm hohen Wasserverlustes bei ansonsten normal funktionierenden Durstmechanismen sein, zum anderen kann er Störungen der Durstmechanismen oder, allgemeiner, der Regelung des Salz-Wasser-Haushaltes anzeigen. Eklatante Beispiele für den ersten Fall sind die ***Wasserverluste bei anhaltendem Erbrechen oder schweren Durchfällen***, wie z.B. bei der Cholera (der englische Arzt Thomas Latta stillte 1832 erstmals den Durst der Cholerakranken durch intravenöse Flüssigkeitszufuhr und konnte dabei schlagartige Besserung der Symptome beobachten). Ein weiteres Beispiel des ersten Falles ist der ***Diabetes insipidus***, bei dem der Körper wegen eines Mangels an antidiuretischem Hormon (ADH) täglich viele Liter hypotonen Urins ausscheidet. Ohne Therapie leiden diese Patienten unter unersättlichem Durst, und ihr ganzer Tagesablauf ist durch die ständige Notwendigkeit zu trinken bestimmt.

Natriuretisches Peptid der Vorhöfe des Herzens. Wenn das Volumen des Blutplasmas stark ansteigt (z.B. bei bestimmten Formen des Bluthochdrucks, Wasserintoxikationen bei gestörter Natriumausscheidung, Herzinsuffizienz und Leberzirrhose), wird als eine Art *Notfallsystem* ein Hormon, das atriale natriuretische Peptid (ANP), aus den Vorhöfen des Herzens ausgeschüttet, das die Ausscheidung von Salz aus den Nieren beschleunigt. ANP fördert zusätzlich noch Wasserausscheidung und hemmt Renin- und Vasopressinausschüttung und Salzappetit [4].

Hunger und Nahrungsaufnahme wird primär durch abnehmende Verfügbarkeit von Glukose ausgelöst

Die glukostatische Theorie. Unter physiologischen Bedingungen ist das Signal für Hunger ein Abfall der Blutglukosekonzentration. Dies setzt die Existenz von Glukosensoren voraus, die aktiviert werden, wenn in den umgebenden Körperflüssigkeiten die Glukosekonzentration sinkt. Die ***Glukosensoren***, deren Struktur und Arbeitsweise bis heute unbekannt sind, liegen im Hypothalamus, im Hirnstamm und in der Leber. Bei extremen Abweichungen vom Sollniveau, also extremer Glukose- und/oder Fettdeprivation feuern die Gluko- und Fettsensoren und melden über den Vagus dem Gehirn den Mangelzustand. Die Sensoren messen nicht den Gehalt an Nährstoffen im Blut, sondern die Eigenversorgung: z.B. sind Personen mit *unbehandeltem Diabetes* ständig hungrig, obwohl ihr Blut mit Glukose überschwemmt ist. Durch den Insulinmangel gelangt die Glukose nicht in die Glukosensorzellen und diese feuern und melden einen Mangelzustand (s. Kap. 11). Wenn durch die Nahrungsaufnahme die Blutglukose wieder auf das Sollniveau angestiegen ist, wird die Nahrungsaufnahme eingestellt (resorptive Sättigung), während der Hunger schon früher nachläßt (präresorptive Sättigung, s. unten).

Konditionierte Nahrungsaufnahme. In jenen Kulturen, die über ein ausreichendes Nahrungsangebot verfügen, wird Essen in der Regel durch ***klassische Konditionierung*** (s. Kap. 24) ausgelöst. Soziale und Umgebungsreize wie Essenszeit, Geschmack und Aussehen von Speisen und die beim Essen anwesenden Personen bestimmen Zeitpunkt und Menge der Nahrung mehr als physiologische Faktoren. Geschmacksreize allein, vor allem süß schmeckende Speisen (z. B. das Sorbet als Zwischengang oder eine „schön" zubereitete Speise), erhöhen den Appetit, obwohl der Hunger schon längst „gestillt" ist. Hungerkontraktionen der Magenwand („Magenknurren") spielen eine geringe Rolle in der Kurzzeitregulation des Hungers, da nach Magenentfernung die Hungerentstehung kaum beeinflußt ist. Wesentlich für die Selektion bestimmter Nahrungsmittel sind noch gelernte *Geruchsaversionen oder -vorlieben* [4, 35].

Es handelt sich hier also um eine ***vorausplanende Nahrungsaufnahme,*** bei der nicht (wie oben besprochen) ein bereits entstandenes Defizit ausgeglichen, sondern der *erwartete Energiebedarf vorwegnehmend abgedeckt* wird. Dieses Verhalten entspricht dem sekundären Trinken, welches die normale Form der Flüssigkeitszufuhr für die vorausplanende Wasseraufnahme ist.

Während die meisten Säugetiere die Nahrungsaufnahme *zeitlich* so regulieren, daß ihr Gewicht konstant bleibt, folgen wir Menschen regelmäßigen Essenszeiten und regulieren beim Essen nur das *Ausmaß* der aufgenommenen Nahrung. Personen, die isoliert leben, regeln die Nahrungsaufnahme auch nach Bedarf, je mehr sie zu einem Zeitpunkt an Kalorien aufgenommen haben, um so länger warten sie bis zur nächsten Mahlzeit. Beide Regulationsmethoden werden aber durch Lernfaktoren erheblich „durchkreuzt", z. B führt die Gegenwart anderer Menschen als konditionierte Hinweisreize für Essen zu verstärkter Nahrungsaufnahme.

Thermostatische Hypothese. Weniger gut gestützt als die glukostatische Hypothese der Hungerauslösung ist die thermostatische Hypothese. Sie geht von der Beobachtung aus, daß die Nahrungsaufnahme von Warmblütlern umgekehrt proportional der Umgebungstemperatur ist: Je kälter die Umgebungstemperatur, desto mehr Nahrung wird aufgenommen und umgekehrt. Die inneren (zentralen) Thermorezeptoren des Körpers (s. Kap. 11) könnten dabei als Fühler (Sensoren) für eine Integration der Gesamtenergiebilanz dienen. ***Rückgang der Gesamtwärmeproduktion*** würde also über die ***inneren Thermorezeptoren*** Hungergefühle auslösen. Experimentell läßt sich zeigen, daß durch lokales Kühlen und Erwärmen im Zwischenhirn, dem Sitz zentraler Thermorezeptoren, Änderungen im Freßverhalten entsprechend dieser Hypothese bewirkt werden können [4, 19].

Lipostatische Hypothese. Überschüssige Nahrungsaufnahme führt zur Anlage von Fettdepots im Organismus, Nahrungsmangel zu deren Auflösung. Entsprechende *Liporezeptoren* vorausgesetzt, könnten solche Abweichungen vom Sollgewicht des Körpers an Hand der jeweils auftretenden Zwischenprodukte des Fettstoffwechsels registriert und als Hunger- bzw. Sättigungssignale verwertet werden (s. die Rolle von Leptin unten u. Abb. 25–8).

Präresorptive (Kurzzeit-) und resorptive Sättigung (Langzeitregulation) sorgen für eine zeitlich gut abgestimmte Nahrungsaufnahme

Faktoren der präresorptiven Sättigung. Tiere mit einer Ösophagusfistel fressen zwar wesentlich länger als vor der Operation und wiederholen ihre Mahlzeiten in kurzen Abständen, aber es kommt auch bei ihnen regelmäßig zu einer Beendigung des Fressens. Da keine Nahrungsaufnahme in den Magen erfolgt, ist anzunehmen, daß die mit dem Fressen verbundene *Reizung der Geruchs-, Geschmacks- und Mechanorezeptoren* des Nasen-Mund-Rachen-Raumes und der Speiseröhre sowie möglicherweise der Kauakt selbst (links in Abb. 25–6) zur präresorptiven Sättigung beitragen, wenn auch nach den bisher vorliegenden Ergebnissen ihr Einfluß auf Einleitung und Aufrechterhaltung der Langzeit-Sättigung gering ist.

Ein weiterer Faktor scheint die ***Dehnung des Magens*** und vielleicht auch der anschließenden Darmabschnitte durch die Nahrung zu sein: Wird im Tierversuch der Magen vor der Mahlzeit über eine Fistel oder Sonde gefüllt, so wird die Füllung in gewissem Umfang durch eine verminderte Nahrungsaufnahme kompensiert. Das *Ausmaß der Kompensation* hängt dabei nicht vom Nährwert der Nahrung, sondern vom Volumen und Zeitpunkt der Zufuhr ab.

Ergänzt werden die bisher genannten Faktoren durch die *Effekte von chemorezeptiven vagalen Afferenzen* des Magens und der oberen Dünndarmabschnitte (rechts in Abb. 25–6 u. 25–8), die anscheinend auf den ***Glukose- und Aminosäuregehalt der Nahrung*** empfindlich sind. So steigt z. B. schon während der Nahrungsaufnahme der Glukosespiegel des Blutes in Abhängigkeit vom Kohlenhydratgehalt der Nahrung.

Faktoren der resorptiven Sättigung. Bei der resorptiven Sättigung sind ***Chemorezeptoren des Verdauungstraktes*** ebenfalls beteiligt, da sie den Organismus über die noch im Darm vorhandene Konzentration an verwertbaren Nahrungsstoffen informieren können. Dazu treten aber alle enterozeptiven sensorischen Prozesse, die wir bei der Besprechung des Hungers kennengelernt haben. Die *vermehrte Verfügbarkeit von Glukose*, die *erhöhte Wärmeproduktion* durch die Aufbereitung der Nahrungsmittel und die *Änderungen im Fettstoffwechsel* haben auf die entsprechenden zentralen Rezeptoren den umgekehrten Effekt wie die zugehörigen, in Abb. 25–6 unterlegten Vorgänge.

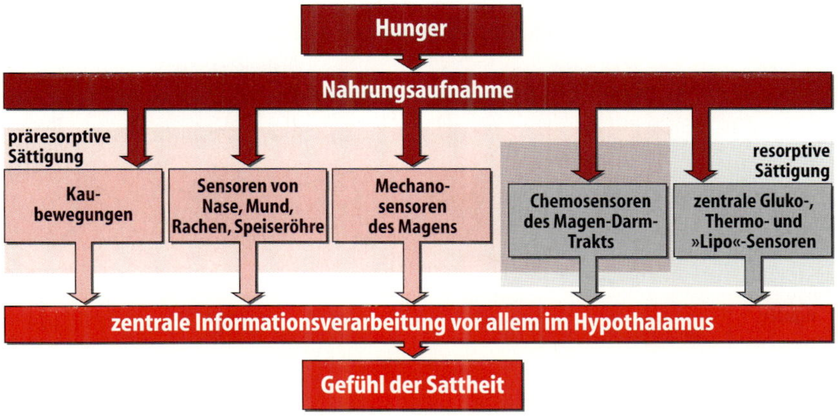

Abb. 25–6. Entstehung des Gefühls der Sattheit bei Nahrungsaufnahme. Die an der präresorptiven bzw. resorptiven Sättigung beteiligten Faktoren und Sensoren sind durch *rote bzw. graue Unterlegungen* zusammengefaßt. Die Kaubewegungen können entweder über eine direkte zentrale Efferenzkopie der Kaumotorik oder über die beim Kauen aktivierten Sensoren (z. B. Muskelspindeln, Sehnenorgane) oder über beides zur präresorptiven Sättigung beitragen

Der Hypothalamus ist die oberste Schalt- und Integrationsstruktur für Hunger und Sättigung

Hirnstamm. Eine dezerbrierte Ratte kann Futter nicht finden und auch nicht fressen. Wenn man aber Flüssigkeit oder feste Nahrung in den Mund plaziert, funktioniert Nahrungsaufnahme und Sättigung normal: die Tiere spucken bittere Nahrung aus, bevorzugen Süßes und gleichen Substanzdefizite aus.

Die Area postrema (AP) und der Kern (Nukleus) des Traktus Solitarius im Hirnstamm (NST) erhalten die Geschmacks- und Nährstoffinformationen aus Mundraum, Leber und Magendarmtrakt (über den Vagus) und enthalten Glukosensoren. Läsionen von AP/NST eliminieren die Aufnahme von Fetten und Glukose; die Signale aus dem Gastrointestinaltrakt, die Hunger und Fressen auslösen, werden nicht mehr verarbeitet.

Hypothalamische „Hunger-„ und „Sättigungsstrukturen". Läsion und Reizung des Hypothalamus zeigen, daß er für die Steuerung von Nahrungsaufnahme und die Regulation von Körpergewicht zentral wichtig ist. Zunächst identifizierte man den ***ventromedialen Kern*** (VMH) als das Sättigungszentrum und die ***laterale hypothalamische Zone*** (lateral hypothalamic area, LHA) als Hungerzentrum (s. Abb. 25–7). Reizung des VMH unterdrückt Nahrungsaufnahme, bilaterale Läsion bewirkt Hyperphagie (exzessives Fressen) und Fettsucht.

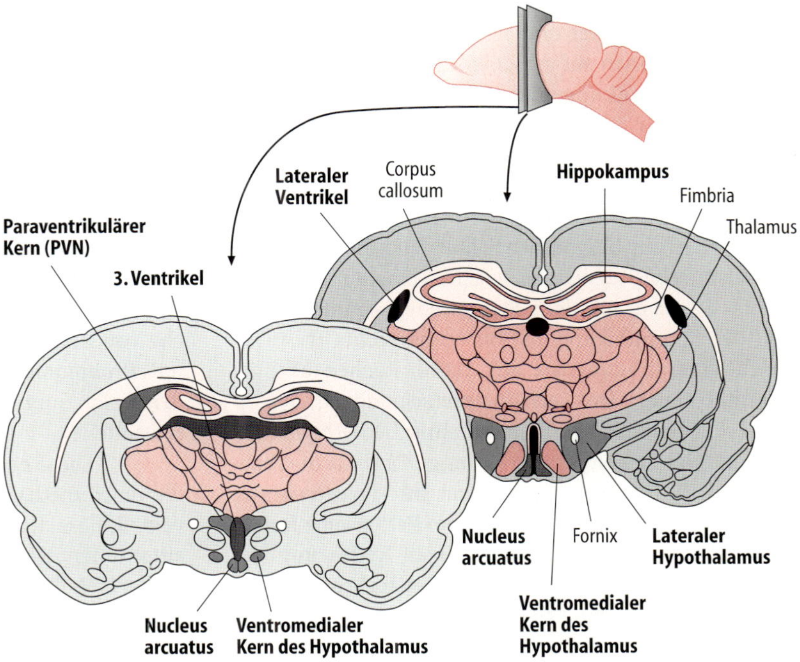

Abb. 25–7. Frontal-koronarer Schnitt durch das Gehirn der Ratte, in dem die wichtigsten Regionen des Hypothalamus eingezeichnet sind, die bei der Regulation von Hunger und Sättigung eine Rolle spielen. Nach [4]

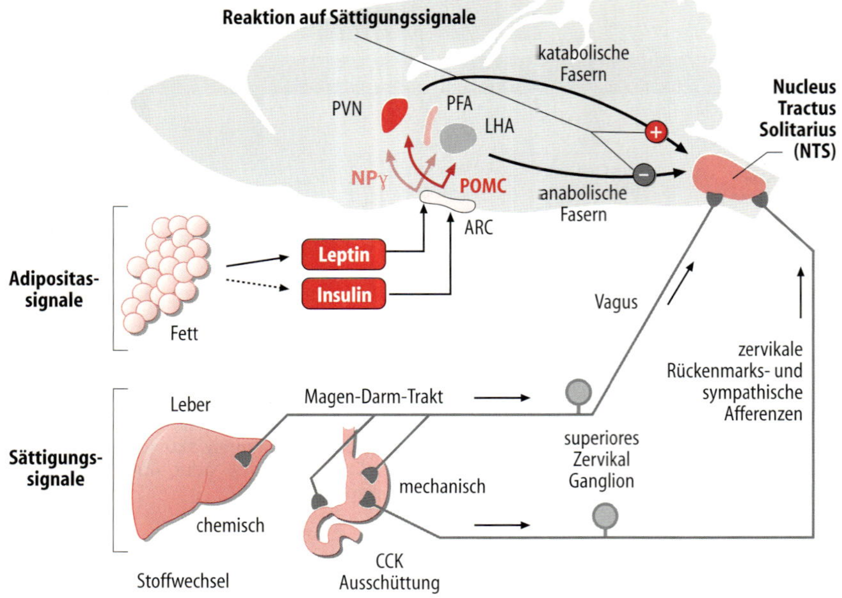

Abb. 25–8. Neuroanatomische Verbindungen, über die Sättigungssignale aus der Leber und dem Darm (gastrointestinaler Trakt, GT) sowie Fettsättigung anzeigende Adipositassignale aus Pankreas und Fettgewebe wie Leptin und Insulin mit den zentralnervösen Steuerstrukturen des autonomen Nervensystems (Nucleus tractus solitarius, NTS) zusammenwirken, und damit die Menge und Zusammensetzung der aufgenommenen Nahrung bestimmen. Der hier nicht dargestellte neuronale Erregungsausstrom (Output) aus dem NTS beendet die Nahrungsaufnahme. Die eingezeichneten katabolen Projektionen aus den paraventrikulären Kernen (PVN) potenzieren den Output des NTS (+), hemmen die Nahrungsaufnahme, die anabolen Projektionen (–) aus dem lateralen Hypothalamus (LH) und Subfornikalorgan hemmen den NTS, erhöhen die Nahrungsaufnahme. Reduzierter Einstrom von Adipositassignalen (z. B. während Diäten) erhöhen die aufgenommene Nahrungsmenge durch Hemmung der NTS-Hirnstammreaktion auf Sättigungssignale. Erläuterungen s. Text. Abkürzungen: ARC, Nucleus arcuatus des Hypothalamus; CCK, Cholezystokinin; NPY; Neuropeptid Y; PVN, paraventrikuläre Kerne des Hypothalamus, LH, lateraler Hypothalamus; PFA, peri- und subfornikuläres Organ; POMC, Pro-opiomelanokortin; SNS, sympathisches Nervensystem. Mod. nach Schwartz et al. (2000), mit freundlicher Genehmigung

Reizung der LHA löst exzessives Fressen bei Tieren aus (bezüglich der Struktur und Funktionen des Hypothalamus s. Kap. 5, 6, 9 u. 20). Mit Erweiterung des Wissens über spezifische neuronale Kerne, welche an der Energie-Homöostase beteiligt sind, wurde das Konzept von „Zentren" der Nahrungsregulation durch diskrete neuronale Verbindungen und Kerne ersetzt, welche integrierte Reaktionen auf verschiedene äußere und innere Reize bei Schwankungen der Energiespeicher steuern.

Signale für Hunger und Sättigung. Abb. 25–8 faßt einige wichtige Mechanismen und anatomische Verbindungen zusammen, welche die Menge der aufgenommenen Nahrung bestimmen. Dabei wird die primär hypothalamische Regulation, welche vor allem von Adipositassignalen aus dem Fettgewebe bestimmt wird, von der Stammhirnregulation (ganz rechts im Bild), welche Sättigungssignale aus Mund, Rachen und gastrointestinalem Trakt erhält, unterschieden.

Zunächst zur hypothalamischen Regulation: während der Fastenperiode („Hunger") sinkt die Insulin- und die Leptinkonzentration im Hypothalamus ***Leptin*** ist ein Hormon, das aus dem Fettgewebe freigesetzt wird; sowohl bei langfristiger Entleerung der Fettspeicher wie auch kurzfristig bei Nahrungsdeprivation (z. B. Diät) sinkt das Leptinniveau ab. Deswegen sprechen wir von reduzierten ***Adipositassignalen*** aus dem Fettgewebe bei Hunger (links oben in der Abb.). Niedriges Insulin- und Leptinniveau lösen Nahrungsaufnahme, Energieeinsparung und Hemmung der katabolen – Gewichtsverlust verursachenden – Hirnregionen aus. Anstieg von Leptin und Insulin bewirken über den ***Nucleus arcuatus*** (ARC) des Hypothalamus (s. Abb. 25–7) Hemmung der (anabolen) Nahrungsaufnahme aktivierenden Hirnregionen (oberer Pfeil (+) zum Nucleus Tractus Solitarius (NTS)), welcher die Nahrungsaufnahme stoppt [35].

Die Regionen des N. arcuatus bestehen aus Neuronen, die u. a. das ***Neuropeptid Y (NPY)*** als Transmitter enthalten. Injektionen von NPY in den lateralen Hypothalamus (LH) und das präfornikale Areal (PFA) lösen exzessive Nahrungsaufnahme aus (grüne Pfeile). Die katabolen Regionen des N. arcuatus dagegen, welche von Leptin und Insulin stimuliert werden, enthalten ***Proopiomelanocortin-Neurone (POMC-Neurone),*** deren Reizung die Nahrungsaufnahme unterdrückt (rote Pfeile).

Die Kerne des lateralen Hypothalamus und die ventromedialen Kerne einschließlich PFA und periventrikuläre Kerne (PVN) projizieren auf Kerne des autonomen Nervensystems, v. a. den ***Nucleus tractus solitarii (NTS),*** die Information über die aufgenommene Nahrung aus der Leber und dem gastrointestinalen Trakt (Mundraum, Duodenum und Magen) erhalten.

Diese Signale heißen daher ***Sättigungssignale.*** Während der Hypothalamus, wie auf Abb. 25–8 dargestellt, auf Adipositassignale aus dem Fettgewebe sehr sensibel reagiert, antwortet er kaum auf Sättigungssignale aus Mund und gastrointestinalem System während der Nahrungsaufnahme. Afferente Fasern des Vagus (s. Kap. 9) und Afferenzen aus dem oberen Gastrointestinaltrakt (über das Rückenmark, siehe unten rechts auf Abb. 25–8) transportieren die Information über Menge, Geschmack und Zusammensetzung der Nahrung zum NTS [35].

Die ***Sättigungssignale zum NTS*** können allein, ohne hypothalamischen Einfluß, die Nahrungsaufnahme zumindest kurzfristig beenden. Besonders potent ist dabei ***Cholezystokinin (CCK),*** ein Peptidhormon, das im Gehirn und im Duodenum vorkommt und Sättigung bewirkt. Es gelangt entweder ins Gehirn oder ein Zwischenprodukt bindet an die CCK-Rezeptoren im ventromedialen Hypothalamus. Die efferenten Verbindungen aus dem NTS beenden über Aktivierung des ventromedialen Hypothalamus (VMH), zu dem die in Abbildung 25–8 gezeigten Regionen des paraventrikulären Areals (PVN) gehören, die Nahrungsaufnahme. ***Läsion des VMH*** führt zu Überessen und Fettsucht (Adipositas). In der Abb. 25–8 sind die katabolen, die Nahrungsaufnahme hemmenden Verbindungen vom VMH und dem N. arcuatus (+) und die die Nahrungsaufnahme stimulierenden Verbindungen (–) zum NTS als Pfeile symbolisiert. Die Summe aus Aktivierung und Hemmung dieser Zuflüße bestimmt dann als gemeinsame Endstrecke über motorische Kerne der Basalganglien das Eßverhalten.

Gelernte Anreize zur Nahrungssuche und -aufnahme können die homöostatischen Sättigungsprozesse überspielen; dies wird bei Störungen des Essverhaltens, z. B. bei Drogenabhängigen, besonders deutlich

Auf Abb. 25–8 fehlen jene Mechanismen und Neurotransmittersysteme, die an der Nahrungssuche und den psychologischen Einflüssen (Lernen, Wahrnehmung, Befriedigung) von Hunger und Sättigung beteiligt sind. Wie auch bei den anderen emotionalen Reaktionen sind dafür die ***noradrenergen, dopaminergen und serotonergen Systeme*** in Hirnstamm und limbischem System von Bedeutung (s. Kap. 20). Anblick, Geruch, Vorstellung und Erwartung wohlschmeckender und schön zubereiteter Nahrung kann die beschriebenen homöostatischen Sättigungsprozesse außer Kraft setzen. Solche gelernten Anreizeffekte (incentives) werden über das ***mesolimbische Dopaminsystem*** (s. S. 641) gesteuert.

Neurone im lateralen Hypothalamus, die zu motorischen Hirnregionen (u. a. Basalganglien) projizieren und Dopamin als Transmitter benutzen, werden bei Abfall der Glukosekonzentration im Blut aktiviert. Dieses löst Nahrungssuche aus. Nach Durchtrennung dieser dopaminergen Fasern fällt das Nahrungssuchverhalten aus, die Tiere suchen keine Nahrung mehr, fressen aber normal bei Hunger, wenn Nahrung in den Mund gelegt wird.

Andererseits wirkt ***extreme Aktivierung der Dopaminrezeptoren*** (z. B. durch Amphetamine oder Opiate) ***appetithemmend,*** wie man klinisch bei abgemagerten Drogenabhängigen drastisch beobachten kann. Psychopharmaka, welche den Dopaminspiegel heben und z. B. bei Parkinson-Erkrankung und Depression gegeben werden, haben ebenfalls einen Appetit-hemmenden Effekt. Die Kohlehydrataufnahme wird durch Aktivierung von ***Serotoninrezeptoren (5-HT-Rezeptoren)*** in PVN und VMH gehemmt. Der Serotoninagonist Fenfluramin, welcher häufig als Appetitzügler eingesetzt wird, hemmt daher den Kohlehydratappetit.

Zusammenfassend zeigt sich also, daß sowohl glukostatische (Insulin) wie lipostatische (Leptin) Einflüsse und Sättigungssignale gemeinsam mit monoaminergen (Dopamin, Noradrenalin, Serotonin) Effekten in einem Zusammenspiel zwischen Umweltreizen und Lernprozessen die Nahrungsaufnahme regeln. Eine Reihe von klinischen Konsequenzen haben sich bereits für die Behandlung von Fettsucht (Obesitas) und Magersucht (Anorexie) ergeben.

Eßstörungen haben sowohl biologische wie psychologische Ursachen; beim Menschen sind Überessen mit Fettsucht (Obesitas), Essensverweigerung (Anorexia nervosa) und Eßattacken nach freiwilligen Perioden des Fastens (Bulimia nervosa) am häufigsten

Anorexie und ***Bulimie*** sind überdurchschnittlich häufig bei Mädchen oder jüngeren Frauen der Mittel- und Oberschicht der Industrienationen anzutreffen. Ihre Entstehung ist primär kulturell-psychologisch durch Angst vor Übergewicht und Verlust des Schlankheitsideals bedingt. Anorexie und Bulimie werden stets von einer *Diät* ausgelöst. Die biologischen *Folgen exzessiven Fastens* haben mit den psychologischen Ursachen der Störung wenig zu tun, stellen aber die eigentliche Gefährdung dar und halten den Teufelskreis aus Fasten und Erfolgserlebnis (schlank bleiben) aufrecht: ein Großteil der endokrinen Systeme, vor allem das Hypophysen-Nebennierenrinden-System und die Steuerung der Sexual- und Reproduktionsfunktionen ist für die Dauer des Fastens gestört. Vereinzelt wurde auch eine reversible Reduktion von Hirnsubstanz beobachtet, was mit den negativen Langzeitfolgen (psychische Störungen, dauerhafte Gewichtsprobleme) bei etwa 30 % der Patienten in Zusammenhang steht. Diese organmedizinischen Störungen sind aber nicht spezifisch für Anorexie, sondern die „natürlichen" Folgen extremen Fastens und Hungerns. Wir finden sie genauso bei Hungernden, vor allem in Entwicklungsländern, in denen natürlich die Anorexie als Angst vor Gewichtszunahme nicht vorkommt.

Bei der ***Bulimie*** ist zwar das Körpergewicht in der Regel konstant, es kommt aber nach oft mehrtägigen Fastenzeiten zu Eßanfällen, in denen extreme Mengen hochkalorischer Nahrung aufgenommen wird. Aus Angst vor Gewichtszunahme und aus Schamgefühlen leiten die Betroffenen Erbrechen und durch Einnahme von Abführmitteln Durchfälle ein. Auch bei der Bulimie sind die vielfältigen körperlichen Konsequenzen nicht Ursache, sondern Folge der Verhaltensstörung, die durch verhaltenstherapeutische Behandlung langfristig zu bessern sind.

Fettleibigkeit (Obesitas). Anders ist die Situation bei der Fettleibigkeit. Biologisch-hereditäre Faktoren der Stoffwechselrate spielen dabei eine große Rolle, aber auch hier wird durch häufige Diäten und Fasten der langfristige Gewichtsanstieg erhöht und damit das Problem verschlimmert. Untersuchungen sowohl an Ratten wie auch die Langzeitverläufe von Personen mit häufigen Diäten zeigten, daß nach einer erfolgreichen und stets kurzfristigen Gewichtsabnahme, die Tiere bzw. Menschen wieder zunehmen, aber ihr Gewicht auf einem höheren Niveau einregeln. Man nennt dieses Phänomen „***Cycling***" (Kreisen) [10, 14, 21, 22] (s. auch Kap. 12). Gewichtsabnahme ist aber auch schwierig, weil bei reduzierter Kalorienaufnahme der Grundumsatz (Baustoffwechsel, s. Kap. 12) stärker als das Gewicht absinkt und somit Körperfett kaum angegriffen wird. Personen, die also nach Übergewicht schlank sein wollen, müssen ihre Diät dauerhaft fortsetzen, damit sie hypometabolisch bleiben.

Natürlich überschreitet bei übergewichtigen Personen die Energieaufnahme die verbrauchte Energie, aber Übergewichtige nehmen im allgemeinen wenig mehr Kalorien als Normalgewichtige auf. Ratten mit beidseitigen Läsionen im lateralen Hypothalamus regeln auf ein erhöhtes Körpergewicht ein, nehmen aber auch nicht mehr Nahrung auf als Kontrollen (nach anfänglicher Nahrungsmehraufnahme). Der Großteil unserer Stoffwechselenergie wird in Wärme abgegeben, Bewegung (Sport) spielt dabei eine geringe Rolle. Untersuchungen an getrennt aufgewachsenen eineiigen Zwillingen zeigen, daß die Stoffwechselrate und Wärmeabgabe in Ruhe wie auch die Energieabgabe bei Bewegung und die Vorlieben für die Zusammensetzung der Nahrung (Anteile an Kohlehydraten, Proteinen und Fetten) einen genetischen Anteil von 50–80 % aufweisen. Dicke Personen sind daher häufig effizientere „Verbraucher", die ihre überschüssigen Kalorien im Langzeitfettreservoir ablegen und weniger in Wärme umwandeln. In der Regulation der ***Thermogenese*** ist (im Tierversuch) der paraventrikuläre Kern zentral beteiligt. Seine „Fähigkeit", die Temperatur des Fettgewebes und damit die Wärmeabgabe zu steuern, scheint stark von genetischen Faktoren abhängig zu sein. Somit könnte bei Personen mit erblicher Neigung zur Fettleibigkeit eine zentralnervöse Störung der Temperaturregulation vorliegen.

Untersuchungen an Indianerstämmen, die nach Aufgabe ihrer angestammten Diät und aktiven Lebensweise durch die fettreiche „Zivilisationsdiät" extrem fettleibig wurden, weisen darauf hin, daß bei diesen Indianern die ***Leptinsensibilität*** (s. S. 618) der Zellen geringer ist. Dies wiederum ist vermutlich auf eine (durchaus sinnvolle) Mutation des Leptin-Rezeptorgens zurückzuführen. In einer an Nahrungsmitteln armen Umgebung wird dadurch die Anlegung von Fettreserven erleichtert.

Dauerhaft wirksame medizinische oder psychologische Therapien gegen Fettleibigkeit existieren daher kaum. Chirurgische Eingriffe in den gastrointestinalen Trakt haben untolerierbare Nebenwirkungen. ***Fenfluramin,*** ein 5-HT (Serotonin)-Agonist, unterdrückt Appetit für den Zeitpunkt der Einnahme, nach Absetzen kehrt – wie bei allen anderen Pharmaka – der Appetit und das Gewicht zurück. Die besten Erfolge erzielen bisher eine *Kombination aus radikaler Diät und Verhaltenstherapie.*

25.3 Sexualität und Reproduktion

In diesem Abschnitt werden vorerst allgemeine Gesichtspunkte reproduktiven Verhaltens besprochen, die für die meisten Säugetiere und den Menschen gelten. Danach erfolgt eine kurze Beschreibung der *menschlichen sexuellen Reaktionen* und ihrer Störungen. Da die Besonderheiten menschlicher Sexualität nicht ohne Kenntnis ihrer ontogenetischen Entwicklung verstanden werden können, besprechen wir die sexuelle Differenzierung zur Frau bzw. zum Mann relativ ausführlich. Wie bei anderen Verhaltensklassen (Lernen, Emotion, Kognition) gilt auch für sexuelles Verhalten und seine Abweichungen, daß eine strenge Trennung *biologisch verursacht* versus *Umwelt-verursacht* mit den Daten nicht übereinstimmt, sondern stets beide Faktoren interagieren.

Sexueller Antrieb und sexuelles Verhalten dienen nicht nur der Reproduktion, sondern auch der ***Bindung*** an den Partner, den Nachwuchs und die Gruppe. Wir haben das am Beispiel des Hormons Oxytozin in Kap. 6 eingehend dargestellt.

Sexualverhalten hat zwar eine gleichbleibende Phasenstruktur, kann aber beim Menschen außerordentlich variabel ablaufen

Stadien und Phasen. Die Grundstruktur reproduktiven Verhaltens ist bei den meisten Säugern und Vögeln ähnlich. Da aber die Aktivierung der einzelnen Verhaltenshierarchien (s. 25.1) die zeitliche und räumliche Feinabstimmung von mindestens zwei Lebewesen benötigt, ist die Aufeinanderfolge und Verkettung der einzelnen Reflexbausteine zu hierarchisch geordneten, komplexeren Reflexmustern störanfällig.

Vier Stadien reproduktiven Verhaltens müssen hintereinander innerhalb des einen Individuums ablaufen und das jeweils entsprechende Stadium beim anderen Individuum auslösen, damit „erfolgreiche" Paarung abgeschlossen werden kann:

a) sexuelle Anziehung
b) appetitives Verhalten
c) kopulatorisches Verhalten
d) postkopulatorisches Verhalten

Die vier Stadien müssen beim weiblichen und männlichen Organismus – oder im Fall gleichgeschlechtlicher Paarung bei den beiden gleichgeschlechtlichen Partnern – zeitlich synchron aufeinander abgestimmt ablaufen. Den vier Stadien liegen differenzierbare neuronale und humorale Mechanismen zugrunde.

Sexuelle Anziehung (attraction) und alle weiteren Stadien werden bei den meisten Tierarten durch das Androgenniveau des männlichen Tieres und das Östrogenniveau des weiblichen positiv beeinflußt (s. S. 624). Geruch der Sexualorgane, Haltungs- und Farbänderungen und andere Reize tragen dazu bei. Attraktion bringt Partner zusammen, ***appetitives Verhalten*** hält sie beieinander und löst ***kopulatorisches Verhalten*** aus. Zu appetitiven Reaktionen gehören „Einladungen" zur Annäherung und zum Besteigen, Haltungsänderungen, Erektion und Lautäußerungen. Während für die Ausbildung kopulatorischer Reaktionen kein Neokortex Voraussetzung ist, wird appetitives Verhalten durch Dekortisierung desorganisiert. Kopulatorisches Verhalten besteht auf Seiten des männlichen Partners in Intromission und Orgasmus.

Der ***Orgasmus*** hat beim höheren Primaten und Menschen *zwei* Elemente: Ejakulation (Samenausstoß) und Kontraktion der Beckenmuskulatur und des Penis. Beim weiblichen Organismus kommt es zu Uteruskontraktionen und ebenfalls Kontraktionen der Beckenmuskulatur und – beim Mann – des Penis. Das positive Gefühl beim Orgasmus korreliert mit den Kontraktionen der pelvischen Muskulatur, der Samenerguß

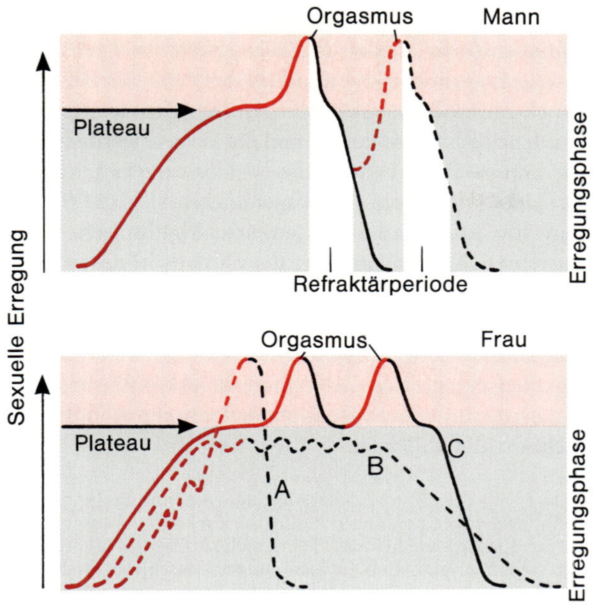

Abb. 25–9. Der sexuelle Reaktionszyklus beim Mann und bei der Frau. Dabei handelt es sich um eine schematische Darstellung von durchschnittlichen Verläufen. Die männliche Reaktion weist eine absolute Refraktärperiode nach dem Orgasmus auf. Bei Frauen (*unten*) ist die Variabilität der Verläufe größer. Drei typische Verläufe *A*, *B* u. *C* sind abgebildet. Nach [15]

beim Mann und die Uteruskontraktionen bei der Frau gehen mit Nachlassen der sexuellen Erregung einher. Unter bestimmten Umständen können die beiden „orgasmischen" Subsysteme getrennt voneinander aktiv sein (z. B. multiple Orgasmen beim Mann ohne Samenerguß) [1, 15].

Die sexuelle Reaktion des Menschen. Abbildung 25–9 zeigt die durchschnittlichen Verlaufskurven der kopulatorischen und postkopulatorischen Stadien beim Menschen. Die physiologischen Mechanismen bei den Geschlechtern sind zum Großteil identisch, die Plateauphase muß bei der Frau meist länger anhalten, um einen Orgasmus auszulösen; die Refraktärzeit ist nur beim Mann absolut, d. h. es muß bis zur nächsten Erektion und Orgasmus eine gewisse Zeit verstreichen (Minuten bis Stunden), bei der Frau sind multiple Orgasmen möglich.

Der sexuelle Reaktionszyklus des Mannes beginnt mit der Erektion des Gliedes, die durch den sakralen Parasympathikus und den lumbalen Sympathikus reflektorisch spinal und durch supraspinale Strukturen ausgelöst wird

Mechanismus der Erektion. *Dilatation* der Arterien zu und in den *Corpora cavernosa* und im *Corpus spongiosum urethrae* und der Sinusoide des Schwellkörpergewebes erzeugt eine Erektion des Gliedes. Die Sinusoide des erektilen Gewebes füllen sich und weiten sich infolge des ansteigenden Drucks prall auf. Der venöse Abfluß aus den Schwellkörpern wird passiv durch *Zusammenpressen der Venen* erschwert. Das Zusammenspiel von Vasodilatation und Abflußbehinderung führt zur ***Vasokongestion.*** Die *Dilatation* wird durch *Aktivierung postganglionärer parasympathischer Neurone* erzeugt, deren Zellkörper in den Beckenganglien liegen und durch den *N. cavernosus* zu den Schwellkörpern projizieren (Abb. 25–10). Die Neurone werden einerseits *reflektorisch* durch Afferenzen des Penis und der umliegenden Gewebe aktiviert, andererseits *psychogen* von supraspinalen (kortikalen) Strukturen, die auch die sexuellen Empfindungen erzeugen.

Die Überträgersubstanzen dieser Neurone sind möglicherweise *Azetylcholin*, das *Neuropeptid VIP* (vasoactive intestinal polypeptide) und vermutlich das Radikal *Stickoxid (NO)*. Diese Substanzen sind in den parasympathischen postganglionären Vasodilatatorneuronen kolokalisiert.

An diesem Mechanismus setzt ***Sildenafil (Viagra)*** zur Behandlung von Erektionsschwächen ein: Bei sexueller Reizung wird Stickstoffmonoxid (NO) im Corpus cavernosum freigesetzt. Das NO aktiviert das Enzym Guanylatzyklase. Dieses Enzym führt zu einer vermehrten Bildung von zyklischem Guanosin-Monophosphat (cGMP, s. Kap. 3), das die glatte Muskulatur der Penisarterien entspannt, wodurch mehr Blut in den Penis strömen kann. Dies führt zur Erektion. Der Abbau des cGMP erfolgt durch das Enzym Phosphodiesterase 5 (PDE5). Sildenafil hemmt relativ spezifisch PDE5 und bewirkt dadurch eine lokale Anhäufung und Verlängerung der vasodilatatorischen Wirkung

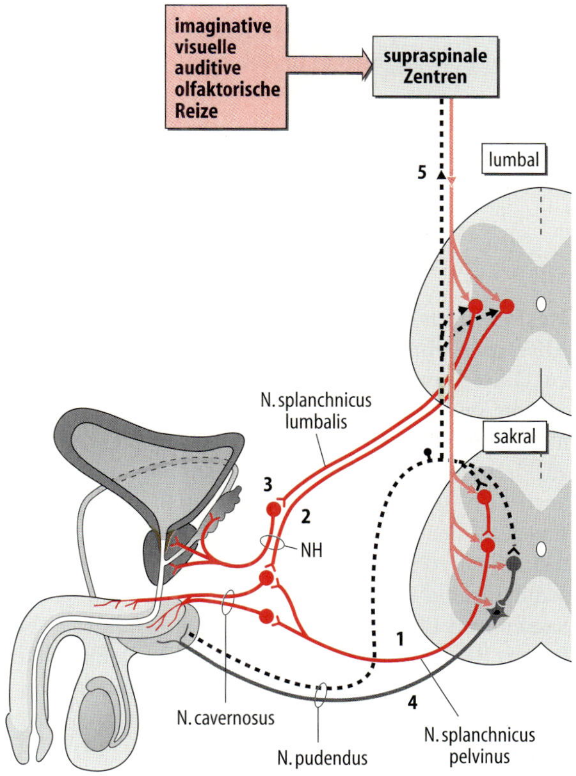

Abb. 25–10. Innervation und spinale Reflexbögen zur Regulation männlicher Geschlechtsorgane. *1*, parasympathische Neurone zu erektilem Gewebe; *2*, sympathische Neurone zu erektilem Gewebe; *3*, sympathische Neurone zu Duktus deferens, Prostata, Samenbläschen und Blasenhals. *4*, Motoaxone; *5*, aszendierende und deszendierende Bahnen. Interneurone im Rückenmark sind z. T. weggelassen worden. *NH*, *N.* hypogastricus. Aus [19]

von cGMP. Andere PDE werden durch Sildenafil ebenfalls, wenn auch schwächer gehemmt. Nebenwirkungen (Gesichtsrötungen, Sehstörungen, Kopfschmerzen etc.) sind daher häufig.

Die Glans penis ist am dichtesten mit *Mechanosensoren* versorgt. Ihre Afferenzen laufen im *N. dorsalis penis*. Die adäquate Reizung dieser Sensoren geschieht durch rhythmische und massierende Scherbewegungen. Eine wichtige Komponente zur anhaltenden Erregung der Sensoren in der Glans penis während des Geschlechtsverkehrs ist die Gleitfähigkeit der Oberflächen von Vagina und Penis, die reflektorisch durch die vaginale Transsudation (Abb. 25–10) und die Aktivierung der bulbourethralen Drüsen beim Mann herbeigeführt wird.

Reflexwege der Erektion. Der Erektionsreflex ist im Sakralmark organisiert (1 und 4 in Abb. 25–10). Er funktioniert auch bei querschnittsgelähmten Männern, deren Rückenmark oberhalb des Sakralmarks durchtrennt ist. Männer mit zerstörtem Sakralmark können *psychogen* eine Peniserektion auslösen. Diese Erektion wird durch *sympathische präganglionäre Neurone im unteren Thorakalmark und oberen Lumbalmark* ausgelöst. Ihre Axone werden im *Plexus splanchnicus pelvinus* auf postganglionäre Neurone zum erektilen Gewebe umgeschaltet, auf die vermutlich auch die parasympathischen präganglionären Neurone konvergieren (2 in Abb. 25–10).

Emissionen von Samen und Drüsensekreten in die prostatische Harnröhre und ihre Ejakulation aus der Urethra externa sind der Höhepunkt des männlichen Sexualaktes

Mechanismus der Emission. Bei starker Erregung der Afferenzen von den Sexualorganen während des Sexualaktes kommt es zur Erregung sympathischer Efferenzen im unteren Thorakal- und oberen Lumbalmark. Die erregten Afferenzen, welche die Emission auslösen, verlaufen im *N. pudendus* und vermutlich auch im *N. splanchnicus pelvinus* zum Sakralmark. Die Erregung der sympathischen Neurone führt zu Kontraktionen von Epididymis, Ductus deferens, Vesicula seminalis und Prostata (3 in Abb. 25–10). Damit werden Samen und Drüsensekrete in die Urethra interna befördert. Gleichzeitig wird ein Rückfluß des Ejakulates in die Harnblase durch *Kontraktion des Sphincter vesicae internus* reflektorisch verhindert.

Mechanismus der Ejakulation. Diese setzt nach der Emission ein. Sie wird durch Erregung der Afferenzen von der Prostata und von der Urethra interna in den Beckennerven ausgelöst. Die Reizung dieser Afferenzen während der Emission erzeugt reflektorisch über das Sakralmark *tonisch-klonische* Kontraktionen der Beckenbodenmuskulatur und *der Mm. bulbo- und ischiocavernosi,* die das proximale erektile Gewebe umschließen (4 in Abb. 25–10). Diese *rhythmischen Kontraktionen* erhöhen die *Rigidität des Penis* (wobei der Druck im erektilen Gewebe weit über den arteriellen Blutdruck ansteigen kann), und die Sekrete werden aus der *Urethra interna* durch die *Urethra externa* herausgeschleudert. Gleichzeitig kontrahieren sich die Muskeln von Rumpf und Beckengürtel rhythmisch, was vornehmlich dem Transport des Samens in die proximale Vagina und die *Cervix uteri* dient. Während der Ejakulationsphase sind die parasympathischen und sympathischen Neurone zu den Geschlechtsorganen maximal erregt. Nach Abnahme der Aktivität in den parasympathischen Vasodilatatorneuronen klingt die Erektion allmählich ab.

Männer mit *zerstörtem Sakrakmark* haben häufig Emissionen, wenn diesen eine psychogen ausgelöste Erektion vorausgegangen ist. Ebenso kann bei diesen Patienten ein Orgasmus vorhanden sein. Die efferenten Impulse zu den Geschlechtsorganen laufen hier über den Sympathikus vom Thorakolumbamark (2 und 3 in Abb. 25–10). Querschnittsgelähmte Männer, deren *Rückenmark im Zervikal- oder oberen Thorakalmark durchtrennt* ist, haben praktisch keine Emissionen, Ejakulationen und keinen Orgasmus mehr. Den sympathischen Neuronen im unteren Thorakal- und oberen Lumbalmark fehlt vermutlich die Förderung von supraspinal [10, 11].

Im sexuellen Reaktionszyklus der Frau erfahren die äußeren und inneren Geschlechtsorgane charakteristische Veränderungen, die durch das vegetative Nervensystem erzeugt werden

Veränderungen an den äußeren Geschlechtsorganen bei sexueller Stimulation. Die *Labia majora*, die sich normalerweise in der Mittellinie berühren und dadurch Labia minora, Vaginaleingang und Urethraausgang schützen, weichen auseinander, verdünnen sich und verschieben sich in anterolaterate Richtung. Bei fortgesetzter Erregung entwickelt sich eine venöse Blutstauung. Die *Labia minora* nehmen durch Blutfüllung um das 2- bis 3fache im Durchmesser zu und schieben sich zwischen die Labia majora. Diese Veränderung der kleinen Schamlippen verlängert den Vaginalzylinder. Die angeschwollenen Labia minora ändern ihre Farbe von rosa zu hellrot (*Sexualhaut*, „sex skin"). *Glans* und *Corpus clitoridis* schwellen an und nehmen an Länge und Größe zu. Bei zunehmender Erregung wird die Klitoris an den Rand der Symphyse gezogen.

Die Veränderungen der äußeren Genitalien während der sexuellen Erregung werden einerseits *reflektorisch* durch Reizung von Sensoren in den Genitalorganen, deren Axone im *N. pudendus* zum Sakralmark laufen, erzeugt (Abb. 25–11). Andererseits können sie auch *psychogen* hervorgerufen werden. Die Klitoris spielt wegen ihrer dichten afferenten Innervation eine besondere Rolle. Ihre Mechanorezeptoren werden sowohl durch direkte Berührung als auch indirekt – besonders nach Retraktion der Klitoris an den Rand der

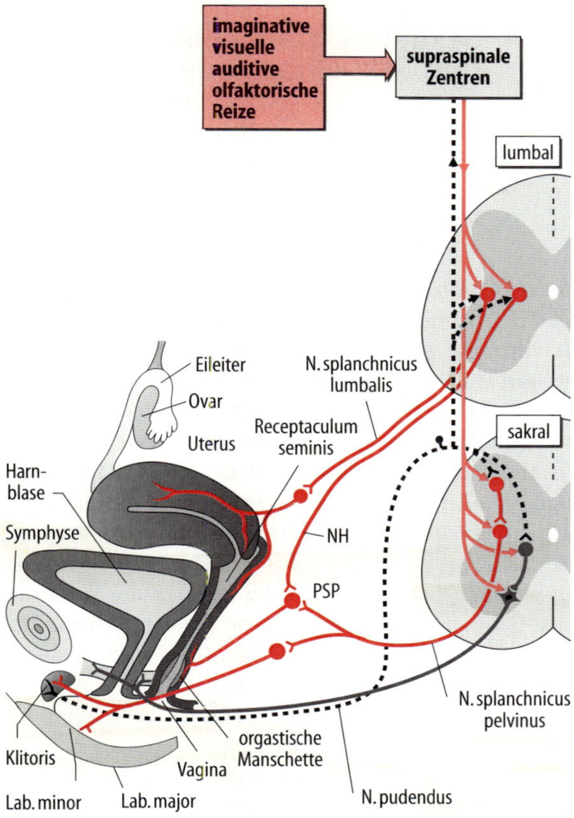

Abb. 25–11. Innerveration der weiblichen Genitalorgane. *PSP*, Plexus splanchnicus pelvinus. Siehe auch Abb. 25–10. (Siehe Text) Aus [19]

Symphyse – durch Zug am Präputium, durch Manipulationen an den äußeren Geschlechtsorganen oder durch die Penisstöße erregt. Die Erregung der Afferenzen vom Mons pubis, vom Vestibulum vaginae, von der Dammgegend und besonders von den Labia minora können ebenso starke Effekte während der sexuellen Erregung herbeiführen wie die klitoridalen Afferenzen. Die Erregung wird durch das Anschwellen der Organe verstärkt.

Die Vergrößerung der äußeren Genitalien ist auf eine allgemeine *Vasokongestion* zurückzuführen. Sie wird vermutlich durch *vasodilatatorisch wirkende parasympathische Neurone* aus dem Sakralmark, deren Axone durch die N. splanchnici pelvini laufen, erzeugt (Abb. 25–11). Die Erektion der Klitoris wird wie beim Penis des Mannes durch die Blutfüllung von Schwellkörpern erzeugt. In Analogie zu den Befunden beim Manne wird vermutet, daß auch die sympathische Innervation aus dem Thorakolumbalmark an der Erzeugung der Vasokongestion beteiligt ist [13, 15].

Veränderungen an den inneren Geschlechtsorganen im sexuellen Reaktionszyklus. Innerhalb 6 bis 30 s nach afferenter oder psychogener Stimulation setzt eine *Transudation mukoider Flüssigkeit* durch das Plattenepithel der ***Vagina*** ein. Dieses erzeugt die Gleitfähigkeit in der Vagina und ist die Voraussetzung für die adäquate Reizung der Afferenzen des Penis bei der Intromission. Die großen Vorhofdrüsen (*Bartholini-Drüsen*) spielen bei der Erzeugung der Gleitfähigkeit kaum eine Rolle. Die Transsudation entsteht auf dem Boden einer allgemeinen venösen Stauung (Vasokongestion) in der Vaginalwand, die durch Erregung parasympathischer Neurone ausgelöst wird. Sie wird von einer reflektorischen Erweiterung und Verlängerung des Vaginalschlauches begleitet. Mit zunehmender Erregung bildet sich im äußeren Drittel der Vagina durch lokale venöse Stauung die ***orgastische Manschette*** (Abb. 25–11). Diese Manschette bildet zusammen mit den angeschwollenen, vergrößerten *Labia minora* einen langen Kanal, der die optimale anatomische Voraussetzung zur Erzeugung eines ***Orgasmus*** bei Mann und Frau ist. Während des Orgasmus kontrahiert sich die orgastische Manschette je nach Stärke des Orgasmus. Diese Kontraktionen werden wahrscheinlich neuronal durch den Sympathikus vermittelt und sind mit Emissionen und Ejakulation beim Mann zu vergleichen.

Der ***Uterus*** richtet sich während der sexuellen Erregung aus seiner antevertierten und anteflektierten Stellung auf und steigt bei voller Erregung im Becken so auf, daß sich die Zervix von der hinteren Vaginalwand entfernt und dadurch im letzten Drittel der Vagina ein freier Raum zur Aufnahme des Samens (Receptaculum seminis) entsteht. Der Uterus vergrößert sich um bis zu 50 %. *Aufrichtung*, *Elevation* und *Vergrößerung* des Uterus kommen durch die ***Vasokongestion*** im kleinen Becken und wahrscheinlich auch durch neuronal (sympathisch) und hormonell erzeugten Kontraktionen der glatten Muskulatur in den Haltebändern des Uterus zustande. Während des Orgasmus kontrahiert sich der Uterus regelmäßig. Diese Kontraktionen beginnen am Fundus und laufen über das *Corpus uteri* zum unteren Uterinsegment.

Personen mit Durchtrennung des Rückenmarks über dem Sakralbereich können daher auf mechanische Reizung Erektion (selten Ejakulation) bzw. Lubrikation und orgasmische Kontraktion ausbilden. Sie erleben den Orgasmus natürlich nicht als Resultat der Stimulation, da sie die Erektion und Ejakulation, bzw. Lubrikation nicht wahrnehmen (die visuelle Beobachtung zeigt nur an, was abläuft, es wird aber keine sexuelle Erregung empfunden. Dafür treten „im Kopf", unabhängig von den peripheren Erregungen „Phantom-Erregungen" auf. (Bezüglich einer detaillierten Beschreibung der neuronalen Verbindungen siehe [10, 13] Kap. 16.)

Sexuelle Dysfunktionen sind meist auf sympathische Erregung und Angst zurückzuführen, die Genese sexueller Abweichungen ist wenig bekannt

Sexuelle Störungen. Tabelle 25–1 gibt die wichtigsten ***sexuellen Dysfunktionen*** wieder. Sexuelle Dysfunktionen sind entweder durch eine organische Grundkrankheit als Begleitsymptom bedingt (z. B. Diabetes) oder

Tabelle 25–1. Sexuelle Dysfunktionen

– Geringer und fehlender sexueller Antrieb		
– Gestörte sexuelle Erregung:		
	Beim Mann:	primäre und sekundäre Impotenz (keine oder nicht ausreichende Erektion)
	Bei der Frau:	geringe Erregung, keine Lubrikation und fehlendes Schwellen der äußeren und inneren Schamlippen
– Anorgasmie:		nicht Erreichen des Orgasmus trotz normaler Erregungs- und Plateauphase
– Frühzeitige Ejakulation (beim Mann)		
– Funktionelle Dyspareunie bei der Frau (Schmerzen beim Sexualverkehr ohne pathophysiologische Grundlage)		

pharmakologisch ausgelöst (Alkohol-, Drogen-, Barbituratmißbrauch, Nebeneffekte vieler therapeutischer Drogen). Die große Mehrzahl der sexuellen Dysfunktionen ist aber psychisch bedingt. Nur in seltenen Fällen liegen Störungen des Hormonhaushalts vor [13].

Die psychologischen Störungsursachen von sexuellen Dysfunktionen (Angst, Ekel, Schmerz, Abneigung) konvergieren auf eine gemeinsame pathophysiologische Endstrecke, nämlich ***sympathischer Übererregung*** in der Erregungs- und Plateauphase. Dadurch werden die parasympathisch dominierten physiologischen Reaktionen in den Geschlechtsorganen gehemmt. Die ***psychologischen Therapien*** vieler sexueller Dysfunktionen verwenden daher Strategien, welche die sympathische Dominanz verringern: Entspannung, Desensibilisierung, gemeinsame Berührung ohne Intromission, Partnerschaftstherapie.

Die wichtigsten ***sexuellen Abweichungen*** sind *Transsexualismus* (Wunsch das andere Geschlecht anzunehmen) und die *Paraphilien* (Fetischismus, Sado-Masochismus, Exhibitionismus, Pädophilie, Zoophilie etc). *Homosexualität* ist keine Störung (über mögliche biologische Ursachen der Homosexualität s. unten). Auch die Paraphilien und ein Teil der transsexuellen Störungen sind vermutlich primär psychologisch bedingt, über ihre Ätiologie ist aber im Gegensatz zu den Dysfunktionen wenig bekannt. Da diese Störungen aber gehäuft bei Männern vorkommen, ist wahrscheinlich, daß der Androgenhaushalt prä- und postnatal einen Risikofaktor darstellt: Störungen der Regulation und Produktion von Androgenen haben einen stärkeren Einfluß auf Sexualverhalten und Libido als Störungen der weiblichen Sexualhormone.

25.4 Sexuelle Differenzierung und Sexualhormone

Mit der Geschlechtsdifferenzierung in der Schwangerschaft wird nicht nur über die körperliche, sondern auch über die psychologische Geschlechtsidentität entschieden

Befruchtung und Geschlechtsdifferenzierung. Bei der Befruchtung vereinigt sich eine weibliche Eizelle (Ovum) mit einer Samenzelle (Spermie). Alle Eizellen weisen ein X-Chromosom auf, die Samenzellen entweder ein X- oder Y-Chromosom. Nur wenn sich eine Samenzelle mit einem Y-Chromosom mit einer Eizelle vereint, kann ein männlicher Organismus (XY) entstehen, in allen anderen Fällen entsteht ein weiblicher („Eva-Prinzip“ über „Adam-Prinzip“). Bis zur 8. Schwangerschaftswoche ist das Schwangerschaftsprodukt bisexuell. Erst danach bilden sich die Vorläufer der inneren und äußeren Sexualorgane getrennt für beide Geschlechter unter dem Einfluß der Sexualhormone (Abb. 25–12).

Beim Menschen sind die 8. bis 22. Schwangerschaftswoche sowie die ersten 6 Wochen nach der Geburt und die Pubertät *sensitive Perioden* für Androgeneinwirkung. Besonders in der pränatalen Entwicklungsperiode wirken die Androgene auch auf das ZNS und formen die geschlechtsspezifischen Unterschiede vor allem im Hypothalamus und limbischen System. Damit legen sie auch die Grundlage für späteres geschlechtstypisches Verhalten und den *sexuellen Status* (hetero-, homo- oder bisexuell).

Bedeutung der Androgene. Bei Vorhandensein des XY-Komplements bilden sich in der 7. und 8. Schwangerschaftswoche Vorstufen der Hoden (Testes). Die von den Testes produzierten ***Androgene*** sind für die Differenzierung zum männlichen Organismus entscheidend (Andros = Mann, gennan = produzieren). Das wichtigste Androgen ist ***Testosteron***. Ohne ausreichende Androgenproduktion entwickeln sich äußerlich weibliche Geschlechtsorgane. Abbildung 25–12 zeigt die Entwicklung der äußeren Genitalien (primäre Geschlechtsmerkmale).

Die sekundären Geschlechtsmerkmale bilden sich erst in der ***Pubertät***: u. a. Brüste und erweiterte Hüften beim weiblichen, tiefe Stimme, Bart und vermehrte Muskelmasse beim männlichen Geschlecht. In der Pubertät beginnt der Hypothalamus, Vorläufer der gonadotropen Hormone zu produzieren (Kap. 5), die über die pulsatil ausgeschütteten Hypophysenhormone LH und FSH (s. S. 626) die Gonaden zur Ausschüttung der Sexualhormone Testosteron und Östrodial (ein Östrogen) anregen. Manche sekundären Geschlechtsorgane können z. T. auch im späteren Leben unter dem Einfluß der Sexualhormone rückgängig gemacht werden: Männer unter Östrogeneinfluß entwickeln Brüste,

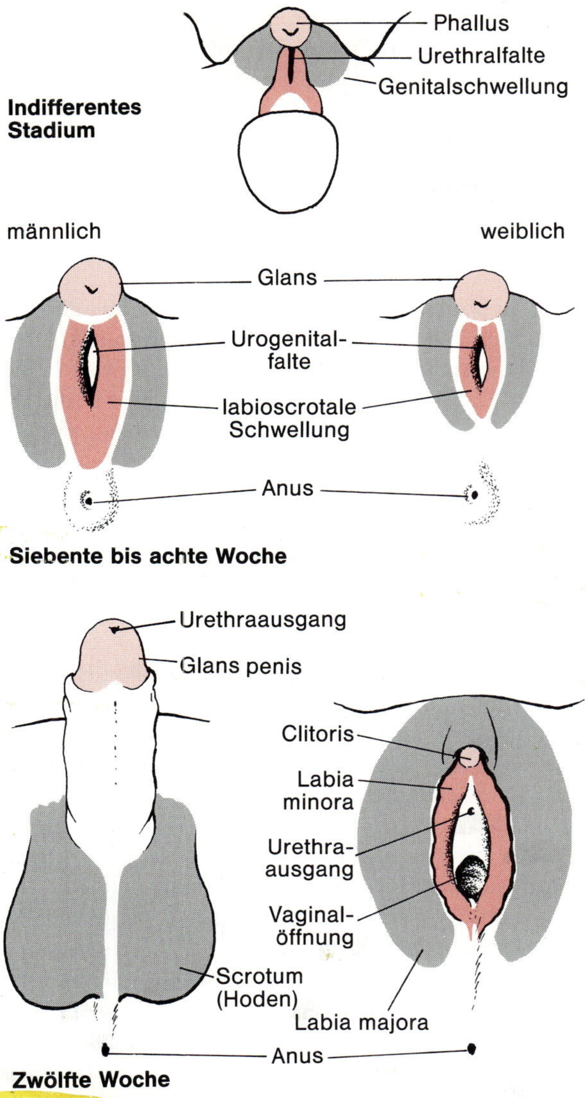

Abb. 25–12. Entwicklung der äußeren Genitalien bei Mann und Frau. Bis zur siebenten, achten Schwangerschaftswoche ist der sich entwickelnde Organismus nicht nach dem Geschlecht differenzierbar. Danach bilden sich Vorstufen der Sexualorgane, die unter Androgeneinfluß männliche Sexualorgane bilden. Im weiblichen Fetus schließt sich die Urogentialfalte nicht und es bilden sich die Labia minora und die Labia majora. Der Genitalhügel (Glans) formt die Klitoris. Beim Mann schließt sich die Urogenitalfalte, aus der labioskrotalen Schwellung entwickelt sich das Skrotum und aus dem Genitalhügel der Penis

die Stimmlage bleibt aber tief, weil sich die Larynx nicht mehr verkleinert. Als ***Hermaphroditen*** bezeichnen wir Personen, bei denen es durch einen Defekt in der Entwicklung zu externen und/oder internen Geschlechtsorganen kommt, deren Geschlecht unklar ist.

Einfluß der Sexualhormone auf das Gehirn. Geschlechtsspezifisches Verhalten wird zu einem erheblichen Teil vom Aufbau unterschiedlicher ZNS-Strukturen unter Hormoneinfluß determiniert. Ein entscheidender Unterschied in der Struktur des Hypothalamus (speziell des ***Nucleus präopticus***) ist die Ausbildung von Zellsystemen, die ab der Pubertät beim weiblichen Geschlecht zu typischer zyklischer (beim Menschen 28–30tägigen) Aktivität der ***gonadotropen Hormone*** des Hypophysenvorderlappens (Luteneisierendes Hormon, LH und Follikel-stimulierendes Hormon, FSH) führen. Das männliche Gehirn dagegen weist ein stabiles Niveau der LH-Ausschüttung auf.

Struktur und Funktion der Sexualhormone. Sexualhormone sind Steroide, die in den Testes und Ovarien synthetisiert werden und über den Blutstrom an die Nervenzellen gelangen (s. Abb. 25–13). Dort durchdringen sie die Zellmembran und reagieren intrazellulär mit einem spezifischen Rezeptor. Der Rezeptor-Hormon-Komplex „wandert" in den Zellkern, wo er Anstieg der RNS-Synthese und danach Anstieg der Protein-Synthese bewirkt. Dabei werden abhängig von der Rezeptorstruktur nur einige spezifische Gene und die Synthese neuer mRNS aktiviert (s. Kap. 2 und 5). Eine Vielzahl von Wirkungen auf Wachstum, Enzymstruktur und Metabolismus (je nach geänderter mRNS-Sequenz) der Zellen kann damit vermittelt werden. Die Hormon-Rezeptor-Bindungen können äußerst dauerhaft sein und damit einen anhaltenden Einfluß auf Stoffwechsel und Wachstum haben.

Maskulinisierung des Gehirns. Testosteron ist nicht direkt für die Maskulinisierung des Gehirns verantwortlich (s. Abb. 25–13). Im Zytoplasma der Nervenzellen wird Testosteron zu Östradiol umgewandelt. Die Bindung an intrazelluläre Östrogenrezeptoren löst die Maskulinisierung des Gehirns über die Beeinflussung der nukleären DNA-Transkription aus (s. Kap. 2). Sexualhormone können schnell und direkt auf Synapsen und dendritische Spines wirken (Sekunden) oder indirekt über die intrazellulären Kaskaden (Minuten bis Stunden), wie auf Abb. 25–13 dargestellt.

Begabungsschwerpunkte und kognitive Leistung. Im Säugetierhirn existieren im Hypothalamus und im

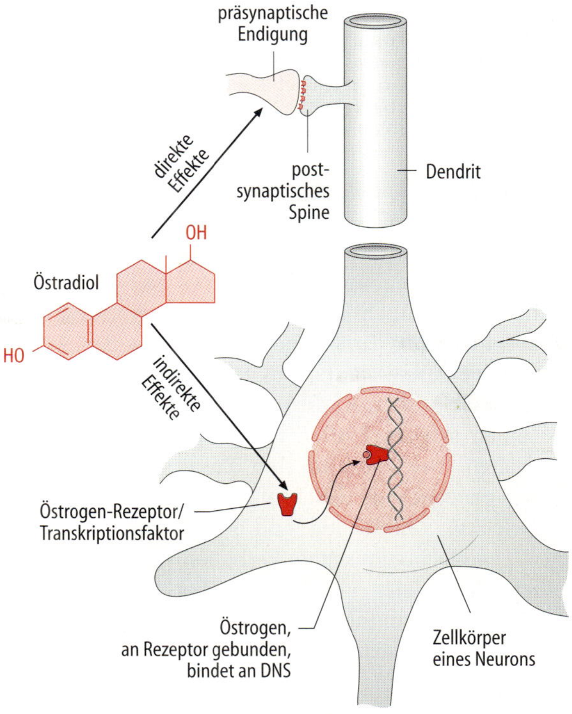

Abb. 25–13. Direkte und indirekte Effekte von Steroiden auf Neurone. Steroide können Transmitterausschüttung oder postsynaptische Rezeptoren direkt beeinflussen. Indirekt über die intrazellulären Kaskaden wirken sie auf die Genexpression

limbischen System Östrogen- und Androgen-sensitive Zellsysteme, deren Wachstum wiederum von der peripher produzierten Hormonmenge abhängt (s. Abb. 25–16). Das Auswachsen der Dendriten und Axone dieser Zellen wird durch Androgene verstärkt und führt somit zu anatomisch unterschiedlichen Verbindungen und Größenverhältnissen von männlichem und weiblichem Gehirn. Das Corpus callosum ist bei Mädchen und Frauen größer, daher besteht eine größere Plastizität für Sprachfunktionen; wenn die linke Hemisphäre ausfällt, sind die resultierenden Sprachstörungen geringer. Allerdings sind auch innerhalb einer Hemisphäre Unterschiede zwischen den Geschlechtern vorhanden: Frauen weisen mehr Sprachstörungen nach anterioren, frontalen Läsionen, Männer nach posterior-parietalen Läsionen (meist Schlaganfälle) auf. Das ***Planum parietale***, die Region am Ende der Sylvinischen Furche ist bei Männern größer, wie überhaupt das männliche Gehirn größer ist und mehr Nervenzellen aufweist. Die linke Hemisphäre ist beim weiblichen Geschlecht dicker als die rechte, beim männlichen umgekehrt. Dies könnte mit den Begabungsdifferenzen zwischen den Geschlechtern für visuell-räumliche und sprachliche Aufgaben (s. Kap. 27) zusammenhängen. Bei der Ratte z. B. führt Entfernung der Ovarien in der postnatalen Entwicklungsphase zur Ausbildung eines „männlichen" Kortex mit umfangreicherer rechter Hemisphäre und vermännlichtem Verhalten [1, 38].

Kreative musikalische Begabung wurde auch häufig mit dem Verhältnis männlicher und weiblicher Sexualhormone im Zusammenhang gebracht: bei erwachsenen Komponisten und Komponistinnen zeigte sich jeweils ein vestärkt zum anderen Geschlecht tendierendes Hormonprofil. Die männlichen Komponisten wiesen ein gegenüber Kontrollgruppen erniedrigtes Testosteronniveau bei relativer Erhöhung einzelner Östrogene auf, bei weiblichen Komponisten war es umgekehrt.

Die verstärkte Aggressivität und die höhere Begabung des männlichen Geschlechts für manche visuell-räumliche und geometrische Aufgaben und die bessere „weibliche" Begabung für einige verbale Leistungen hängen vermutlich auch mit der unterschiedlichen *Hirnentwicklung* (prä- und postnatal) *unter Androgeneinfluß* zusammen (s. Kap. 27). Ansonsten haben *Erziehungseinflüsse* trotz dieser strukturellen Unterschiede einen starken Einfluß auf geschlechtsspezifisches Verhalten. Die komplizierten Zusammenhänge zwischen genetischem Geschlecht, prä- und postnataler Entwicklung, Erziehung und Kultur und sexuellem bzw. geschlechtstypischem Verhalten wird ab S. 632 an einigen Beispielen illustriert. Vorher sollen aber die wichtigsten hormonellen Mechanismen, die für Reproduktions- und Sexualverhalten wichtig sind, erläutert werden.

Die Sexualhormone sind eine notwendige, aber nicht hinreichende Voraussetzung für Entstehung und Aufrechterhaltung von Sexualverhalten

In Kap. 5 sind bereits die Wirkweisen endokriner Systeme beschrieben worden. Wir beschränken uns hier auf jene Hormone, die an der Steuerung reproduktiven Verhaltens beteiligt sind.

Der Hypothalamus und hormonelle Regulation (s. Kap. 5 und 20 zur Anatomie des Hypothalamus). Der Hypothalamus enthält Zellgruppen, die Peptide in die lokale Zirkulation oder über die Hypophyse in die systemische Zirkulation ausschütten. Die neuroaktiven Peptide agieren als Hormone und binden an spezifische Rezeptoren in oft weit entfernten Zellen oder wirken wie Transmitter im synaptischen Spalt, indem sie die Erregbarkeit der Neurone und die synaptische Effizienz *langfristig (tonisch) modulieren* (s. Kap. 3 und 5 sowie 20).

Luteinisierendes Releasing Hormon (LHRH, auch Gonadotropin-Releasing-Hormon, GnRH, genannt). Die gesamte hormonelle Regulation der Sexualhormone ist auf dieses Hormon zurückzuführen. LHRH stimuliert die Ausschüttung des luteinisierenden Hormons (LH) und des Follikel-stimulierenden Hormons (FSH) aus dem Hypophysenvorderlappen. LHRH wird aus verschiedenen hypothalamischen und extrahypothalamischen Zellsystemen ausgeschüttet. Dopaminerge Afferenzen, die an den LHRH-produzierenden Zellen enden, wirken hemmend auf die Ausschüttung, noradrenerge Afferenzen stimulieren die LHRH-Zellen im Hypothalamus. Serotonin hat eine stark hemmende Wirkung. Östradiol und Progesteron, die über den Blutstrom aus den Sexualorganen ins ZNS gelangen, *erhöhen* die Ausschüttung, Testosteron *hemmt* die Produktion mit 12-Stunden-Verzögerung.

LHRH gelangt von den hypothalamischen Zellen sowohl in den Blutstrom als auch in den Hypophysenvorderlappen. Dort wird es an jene Zellen gebunden, die für die Ausschüttung der gonadotropen Hormone (LH und FSH) und Prolaktin verantwortlich sind. Die hypophysären LH- und FSH-Zellen schütten nur dann die notwendige Menge Hormone aus, wenn sie *rhythmisch pulsatil* von LHRH gereizt werden. Beim Mann erfolgt die Ausschüttung in einem 3–4 Stundenrhythmus, bei der Frau in der ersten Zyklusphase im 90min-Rhythmus, danach wie beim Mann alle 3–4 Stunden. *Dauerinfusion* von LHRH hat daher keine LH- und FSH-stimulierende Wirkung, sondern nur pulsatile.

LHRH löst auch ohne LH, FSH und ohne die Hormone der Sexualorgane Sexualverhalten aus, wenn es im Tierversuch (Ratte) in die entsprechenden Hirnregionen implantiert wird. Beim Menschen wurde es zur Auslösung von Erektionen bei verzögerter Pubertät eingesetzt [17, 32].

Gonadotrope Hormone (LH, FSH) (s. Kap. 5). Im weiblichen Organismus stimulieren die beiden Hormone Wachstum und Transformation des Follikels in den Ovarien und die Östrogenproduktion (s. Abb. 25–14 und 25–15), beim männlichen erhalten sie Spermatogenese und Testosteronproduktion.

Beim ***männlichen*** Organismus erfolgt die Ausschüttung auf relativ konstantem Niveau. In den Morgenstunden und im Herbst ist beim Mann das Testosteronniveau leicht erhöht. Das ausgeschüttete Testosteron hemmt die weitere Ausschüttung durch LHRH-Hemmung (negative Rückmeldung). LH und FSH agieren synergistisch auf die Testes und sind stark von Umweltreizen abhängig: z. B. in Antizipation sexueller Aktivität steigen FSH und LH auch beim Menschen an.

Der weibliche Menstruationszyklus hängt von der zeitlich präzise gesteuerten Ausschüttung von FSH, LH und Progesteron ab

Beim ***weiblichen*** Organismus erfolgt die Ausschüttung zyklisch (s. Abb. 25–14 und Abb. 25–15); ein Anstieg der Östrogene bedingt im positiven Feedbackkreis in der ersten Phase des Zyklus Ausschüttung von LH und FSH. Mit dem Wachstum des Follikels (Abb. 25–14) in den ersten Zyklustagen steigen Östrogen und Progesteron zuerst langsam an, um den 12. Tag kommt es zu einem starkem Anstieg der LH-Produktion (positive Rückmeldungsschleife von Östradiol auf LH und FSH); dieser Sprung löst die Ovulation aus (24 Stunden später). Dies ist in Abb. 25–15 dargestellt. Der Follikel entläßt das Ovum (Eisprung). Die zurückbleibenden Follikelzellen vermehren nun die Synthese von Progesteron. Der Follikel wird zum Gelbkörper (Corpus luteum). Der Gelbkörper sezerniert vermehrt Progesteron zusammen mit Östradiol. Nach diesem positiven Feedbackkreis beginnt der negative: Der Progesteron-Anstieg führt zu Senkung von FSH und LH, die Östrogen- und Progesteronproduktion wird um den 24. Tag durch weitere Senkung der FSH- und LH-Ausschüttung beendet. Danach verliert die Mucosa des Uterus durch Absinken von Progesteron ihre Vitalität. Menstruation (Abstoßung der Uterusschleimhaut) tritt ein (Abb. 25–14) [4].

Progesteron ist für die zweite Zyklusphase nach der Ovulation äußerst wichtig: Progesteron bewirkt – im Falle ausbleibender Befruchtung – die Corpus-luteum-Rückbildung, und es bereitet im Falle einer Befruchtung die Uterusschleimhaut (Endometrium) für Schwangerschaft vor.

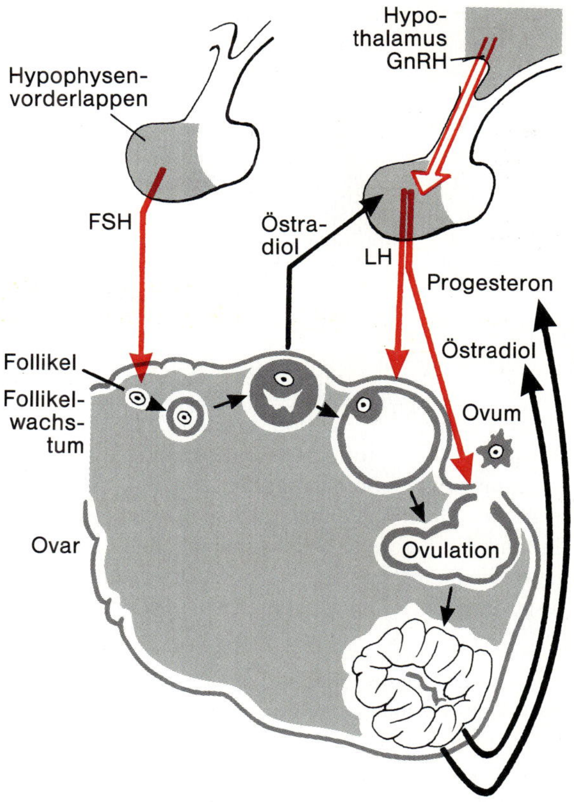

Abb. 25–14. Neuroendokrine Kontrolle des Menstruationszyklus. Siehe auch Abb. 25–15 und Text

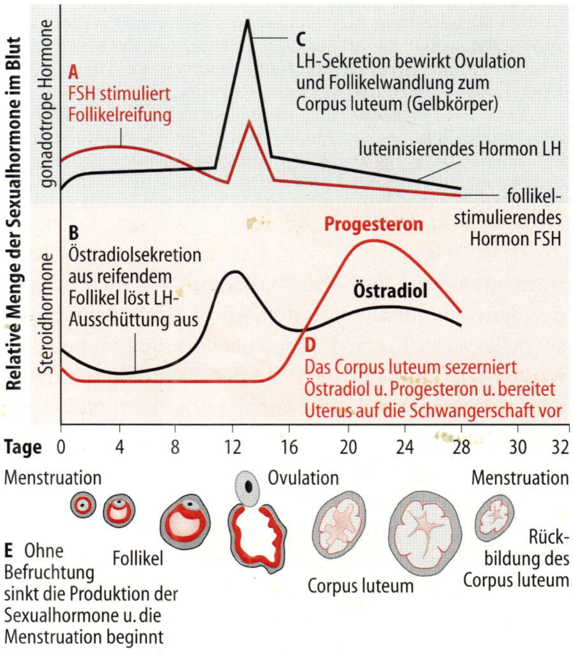

Abb. 25–15. Zyklische Veränderungen der wichtigsten Hormone während des menschlichen Menstruationszyklus

Östrogene und Androgene beeinflussen in beiden Geschlechtern Verhalten und Denken

Östrogene und Verhalten. Generell ist der Einfluß der Sexualhormone aus den Sexualorganen bei erwachsenen Primaten geringer als bei anderen Säugetieren. Es muß aber eine gewisse Lernerfahrung mit Annäherungs- und Kopulationsverhalten vorliegen, um nach Ovarektomie (oder Kastration) Sexualverhalten aufrecht zu erhalten. Weibliches Annäherungs- und Kopulationsverhalten ist sehr viel stärker von Testosteronproduktion als von Östrogen abhängig. (Die Androgene werden auch in der Nebenniere produziert und halten eine gewisse Produktion zu allen Zeiten des Menstruationszyklus aufrecht.) *Kontrazeptiva*, die den Rhythmus der hypothalamischen, hypophysären und ovariellen Hormone unterdrücken, haben keinen Einfluß auf die Frequenz des Sexualverhaltens, was auch gegen die Bedeutung der Hormone Östrogen und Progesteron (Abb. 25–15) für Appetenz- und Kopulationsverhalten spricht.

Amenorrhoe (Ausbleiben der Monatsblutung) ist meist durch psychologische Einflüsse auf den steilen Anstieg der LH-Produktion im Zyklus bedingt. Psychische Belastung kann durch Unterdrückung oder Abschwächung des LH-Anstiegs sowohl Eisprung als auch Monatsblutung verhindern. Auch bei ***Anorexie*** fehlt der LH-Anstieg, häufig bedingt durch den Nahrungsmangel. Neben der psychologisch oder ernährungsbedingten Amenorrhoe kann diese auch durch Krankheiten (z. B. Tumor) mit einem Ausfall der pulsatilen GnRH-Ausschüttung verursacht sein. Wenn die Ausschüttungsfrequenz unregelmäßig und nicht im vorgegebenen Rhythmus (s. Kap. 6) erfolgt, bleibt Follikelreifung und Ovulation aus. Auch die Einnahme von GnRH stoppt die LH- und FSH-Sekretion und führt damit u. a. beim Mann zu ***reversibler Kastration***, was zur Therapie von Krebserkrankungen und extremer Kriminalität genützt wird.

Die Ursachen des ***prämenstruellen Syndroms,*** bei dem einige Tage vor der Menstruation Depressivität, Reizbarkeit und erhöhte Aggressivität bei einem gewissen Prozentsatz der Frauen auftreten, sind unklar. Psychologische Faktoren (Antizipation der Menstruation) sind hier untrennbar mit den hormonellen verbunden.

Androgene und Verhalten. Während bei nicht-humanen Säugern, vor allem Ratten, Androgene die Frequenz sexueller Reaktionen deutlich beeinflussen, ist beim erwachsenen Mann und bei Primaten der Effekt relativ gering, sofern eine Mindestmenge vorhanden bleibt. Die Normalmenge beträgt 350–1000 Nanogramm/Liter Blut. Auch in hohem Alter bleibt die Mindestmenge in der Regel erhalten. Wenn der Testosteronspiegel unter 350 ng/l sinkt, tritt allerdings häufig Impotenz auf. Testosterongaben stellen in diesen Fällen das Sexualverhalten wieder her, bei normalem Niveau führt Testosterongabe dagegen häufig zu einem Absinken der Libido (negatives Feedback auf Hypothalamus).

Kastration (Entfernung oder Inaktivierung der Hoden) nach der Pubertät führt beim Mann mit vorausgegangener sexueller Erfahrung meist zu einem langsamen Absinken sexueller Aktivität über Jahre. Je mehr sexuelle Erfahrung vor der Kastration lag, umso langsamer der Abfall.

Reversible Kastration mit Antiandrogenen (z. B. Cyproteronacetat, Androcur) führt in Kombination mit aversiver Verhaltenstherapie zu guten Therapiefolgen bei Sexualstraftätern.

Hilflosigkeit und ***Depression*** führen zu einem Nachlassen der Testosteronproduktion: die Antizipation sexueller Aktivität stimuliert normalerweise die Testosteronproduktion; dieser antizipatorische Anstieg unterbleibt bei Belastung.

Pheromone und Verhalten. Pheromone (von *pherein* „übertragen“ und *horman* „erregen“) sind Substanzen, die von einem Organismus abgegeben werden und direkt das Verhalten oder physiologische Mechanismen eines zweiten Organismus beeinflussen. Die meisten Pheromone werden über Geruchsorgane aufgenommen, manche über die Haut. Bei Ratten und Mäusen haben diese Duftstoffe einen entscheidenden Einfluß auf die Partnerwahl, sexuelles Verhalten und Schwangerschaft. Z. B. kann durch einen Geruchstoff im Urin der männlichen Ratte das Ausbleiben des zyklischen Anstiegs der weiblichen Sexualhormone bei isolierten weiblichen Tieren verhindert werden. Beim Menschen ist der Einfluß dieser Substanzen auf Attraktivität und sexuelle Anziehung umstritten (s. Kap. 19).

25.5 Neuronale Mechanismen sexuellen Verhaltens

Angesichts der großen Variabilität menschlichen Sexualverhaltens ist der Schluß vom Tierversuch auf den Menschen in diesem Bereich besonders schwierig. Fast die gesamte Information über neuronale und humorale Mechanismen stammt aber aus Tierversuchen, vieles davon an der Ratte, die ein gut beobachtbares und hochstereotypes Verhaltensmuster aufweist [1, 26, 32].

Für weibliches *und* männliches Sexualverhalten existieren zwei unterschiedliche neuronale Netzwerke innerhalb desselben Individuums, unabhängig vom Geschlecht: das jeweils sichtbare typische sexuelle Verhalten eines bestimmten Geschlechts resultiert aus der Hemmung und/oder Erregung eines der beiden Netzwerke. Unter bestimmten Umständen (z. B. Änderung des Hormonspiegels) kann aber auch das gegengeschlechtliche Verhalten hervortreten. Im Gehirn sind beide Geschlechts„rollen“ vorhanden [4, 38]. Während ***sexuelle Dimorphismen***, also Formunterschiede beim Menschen in der Körperperipherie offensichtlich sind, konnten sie im Gehirn bisher nur an wenigen Strukturen überzeugend nachgewiesen werden.

Der Hypothalamus ist sowohl eine sezernierende Hirnstruktur wie auch ein neuronales „Zentrum“

Der Hypothalamus und die Steuerung der Reproduktion. Für beide Geschlechter wird reproduktives Verhalten durch das *Zusammenspiel* sensorischer und mo-

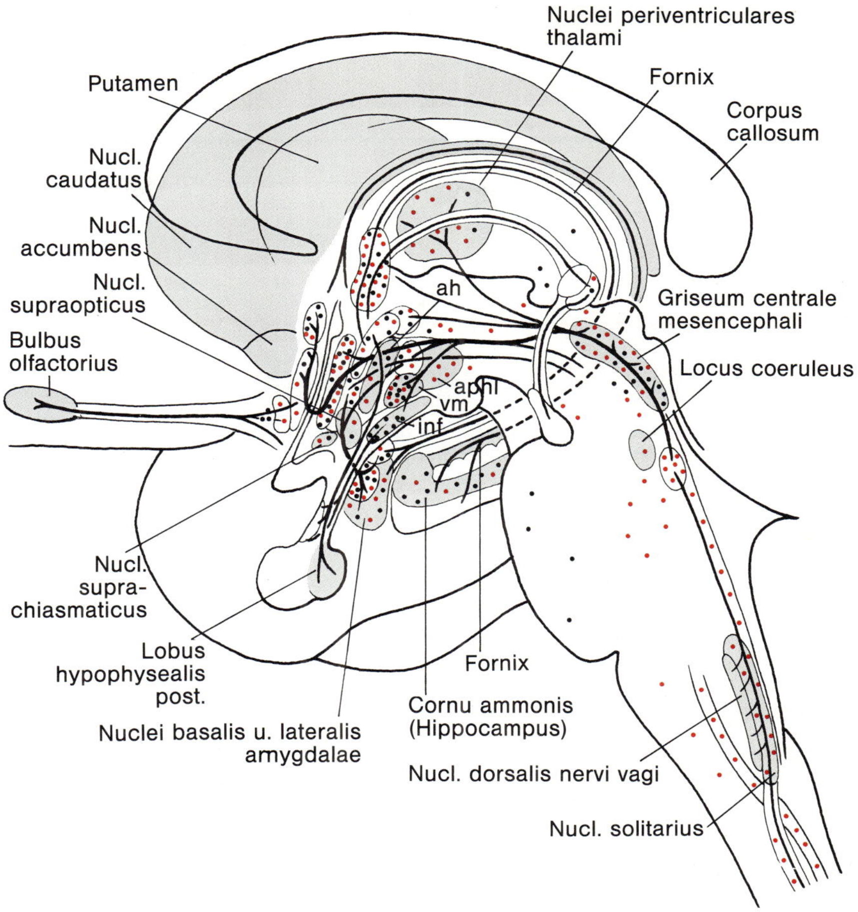

Abb. 25–16. Das „parakrine Herz der Neurachse". Die Lokalisation von Östradiol (*rote Punkte*) und Testosteron (*schwarze Punkte*) enthaltenden Zellen ist schematisch dargestellt. Nur die für das Verständnis des Textes wichtigen Strukturen sind benannt. *ah*, Nucl. anterior hypothalami; *aphl*, Area präoptico-hypothalamica lateralis; *inf*, infundibulum; *vm*, Nucl. ventromedialis. (Zur genaueren Lokalisation siehe [18])

torischer Reflexbahnen in den Genitalien, den autonomen extraspinalen Ganglien und Fasern, spinalen Reflexen und dem *Hypothalamus als zentraler Kontrollinstanz* geregelt. Kortex und limbisches System üben einen modulatorischen und koordinierenden Einfluß auf die darunter liegenden Strukturen, vor allem den Hypothalamus aus.

Die anatomische Verteilung von Zellsystemen mit Sexualhormonen ist im gesamten ***limbischen System, Hypothalamus und deren wichtigsten Afferenzen und Efferenzen*** sehr hoch. Abbildung 25–16 zeigt die Verteilung von Östradiol und Testosteron enthaltenden Neuronen. Diese Zellsysteme überlappen sich natürlich mit Neuronen, die andere Neuromodulatoren und -transmitter benützen. Viele Zellen enthalten mehrere Neuromodulatoren und sogar mehrere Transmitter. Östradiol-Zellen scheinen mehr mit sensorischen Eingängen, Testosteron bevorzugt mit grob-motorischen Strukturen verbunden zu sein.

Dieses „System", dessen Ausdehnung sich mit der Lokalisation der Sexualhormone deckt, wird auch das ***„parakrine Herz der Neurachse"*** genannt, da es zentral in die Steuerung jener Verhaltensweisen und des inneren Milieus eingreift, die zum Überleben der Spezies und des einzelnen Organismus notwendig sind: die homöostatischen und nichthomöostatischen Triebe, Erhöhung der Erregbarkeit der Motoneurone, Kampf-Flucht-Verhalten, Reproduktion, Bindung, antagonistisches Verhalten (Aggression) und Territorialität.

Der vordere Hypothalamus koordiniert die verschiedenen Sexualreflexe zu einem geordnet-zielgerichteten Verhalten

Männliches Verhalten. *Sensorische Einflüsse.* Obwohl der Geruch der weiblichen Genitalien bei den meisten Säugern ein wichtiger Auslöser kopulatorischer Reaktionen ist (Pheromone, s. S. 628), bleibt sexuelles Verhalten nach Durchtrennung des Bulbus olfactorius relativ ungestört. Wird aber eine Durchtrennung des Bulbus mit sozialer Isolation *kombiniert*, kommt es zu Unterdrückung männlichen Sexualverhaltens bei Ratten. Wichtiger als das Geruchssystem sind kutane Mechanorezeptoren am Penis; Deafferenzierung ihrer Afferenzen zum Rückenmark führt bei erwachsenen Tieren zu langsamen „Versiegen" sexuellen Verhaltens, bei unreifen Tieren zu vollständiger Unterdrückung.

Motorisch-vegetative Einflüsse: Erektion wird durch parasympathisch gesteuerte Dilatation der Arterien des Penisgewebes *und* durch Kontraktion der Penismuskeln bewirkt. Das führt zu ***Vasokongestion*** (s. S. 621). Orgasmus (pelvische Kontraktion

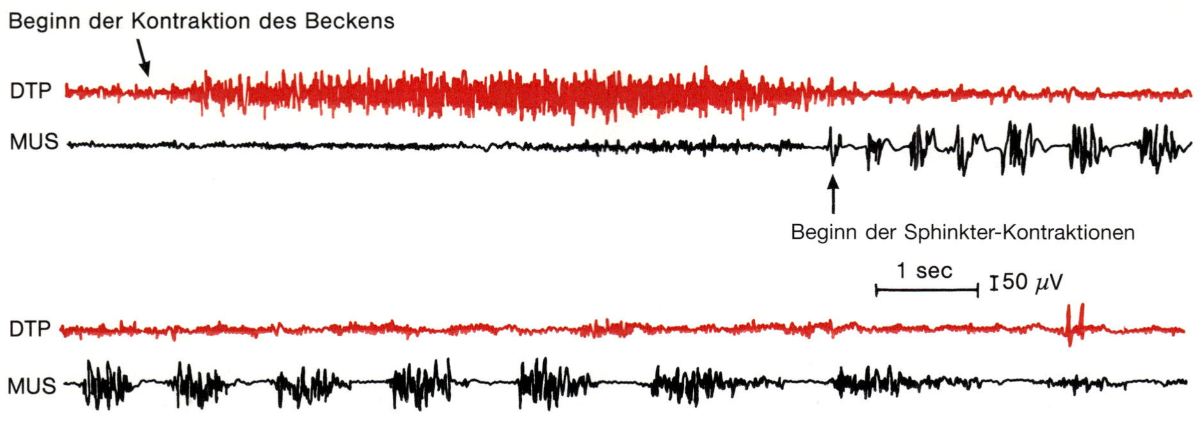

Abb. 25–17. Zwei Phasen des Orgasmus. Elektromyogramm des quergestreiften Sphincter urethrae (*MUS*) und eines Muskels der Beckenbodenmuskulatur (pelvischer Muskel, *DTP* deep transverse perineal) während des Orgasmus beim Mann. Das „Gefühl" des Orgasmus ist vor allem an die tonische Kontraktion des *DTP* gebunden. Nach [26]

und Emission) und Ejakulation sind zwei verschiedene Prozesse. Abb. 25–17 zeigt dies am Beispiel eines „Orgasmus" beim Mann. Die orgasmische Kontraktion (tonisch) wird von der rhythmischen Kontraktion des Schließmuskels der Urethra gefolgt.

Regionen des ZNS zur Steuerung des Sexualverhaltens sind weit ausgedehnt, entsprechend den vielen sensorischen, motorischen und autonomen Komponenten, aus denen sexuelles Verhalten zusammengesetzt ist (s. Abb. 25–16). Die ***präoptische Region*** des Hypothalamus, der ***laterale Hypothalamus*** und der ***dorsomediale Kern*** des Hypothalamus spielen die Hauptrolle in der Steuerung sexueller Reaktionen.

Für heterosexuelle Kopulation bei Affen ist die ***mediale präoptische Region im anterioren Hypothalamus (MP-AH)*** essentiell, bei Zerstörung fällt Kopulation aus, nicht aber Masturbation, Urinmarkierung oder andere sexuelle Reaktionen. Abbildung 25–18 zeigt die kritische Region im Hypothalamus des Rhesusaffen. Die MP-AH-Region ist bei männlichen Tieren größer als bei weiblichen. Trotz der Intaktheit der kopulatorischen Reflexe auf spinalem Niveau übt die MP-AH-Region den entscheidenden auslösenden Einfluß für das gesamte Verhalten in „sexuellen" Situationen aus. – Der frontale und somatosensorische Kortex und der basolaterale Kern der Amygdala (s. Kap. 20 u. 26) spielen eine wichtige Rolle in der Modulation männlichen sexuellen Verhaltens (s. Box 25–1): Das sogenannte ***Klüver-Bucy-Syndrom*** nach Entfernung des Temporallappens und der Amygdala besteht bei Affen aus Zahmheit und Hypersexualität und ist vermutlich auf Wegfall des hemmenden Einfluß der Amygdala oder einer temporalen Region auf die MP-AH-Region zurückzuführen [3, 4, 38].

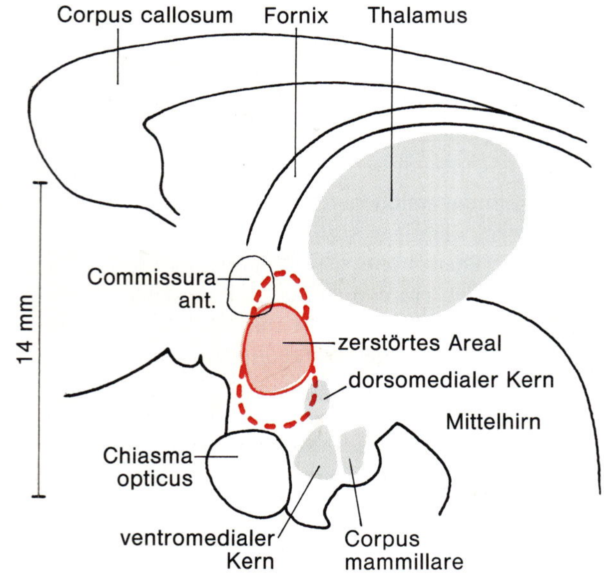

Abb. 25–18. Sagittale Ansicht der Region des Hypothalamus *(strichliert)* beim Rhesusaffen, deren Zerstörung (*dick umrandete* Region, *rot*) zu Störung kopulatorischer Reaktionen führt. Nach [26]

Weibliches Sexualverhalten wird durch eine komplexe Sequenz von Berührungsreizen und subkortikalen Reflexen gesteuert; wie bei männlichem Sexualverhalten ist die Balance zwischen hemmenden und erregenden Strukturen des Hypothalamus entscheidend

Weibliches Verhalten. Das neurohumorale System zur Steuerung der *Lordose-Position* der weiblichen Ratte (Abb. 25–19) konnte von der sensorischen Eingangsseite bis zum muskulären Ausgang weitgehend geklärt werden. Dabei wurde die auf S. 613 beschriebene hierarchische Struktur von Reflexketten und deren Abhängigkeit von eng umschriebenen Reizkonstellationen besonders deutlich. Die Aufklärung der Lordosehaltung der weiblichen Ratte kann als Modellsystem für andere Verhaltensweisen angesehen werden. Abbildung 25–20 gibt die beteiligten Strukturen und Bahnen schematisch wieder [32].

BOX 25–1

Sexuelle Erregung beim Mann

Die Abb. zeigt jene Hirnregionen in Rot und Gelb angefärbt, welche bei Betrachten explizit erotischer Filme aktiv sind, wenn gleichzeitig eine Erektion auftritt (gemessen mit fMRT, s. Kap. 21). Folgende Hirnregionen sind an unterschiedlichen Teilaspekten sexuellen Verhaltens beteiligt:

Rechte Insel(A)- und Subinsuläre Region (Claustrum, B): Diese Areale sind eng mit dem sekundären somatosensorischen System verbunden und verarbeiten viszerale, vibrotaktile, Geruchs- und Geschmacksreize, die mit Erektion und sexueller Reizung verbunden sind. Läsion dieser Regionen führt zu reduzierter sexueller Erregung.

Basalganglien (Striatum (Caudatus und Putamen, C)) und Hypothalamus E. Diese Regionen sind bei fast allen positiv-emotionalen Reizen aktiv, wobei der Hypothalamus hier die spezifisch sexuelle Natur des positiven Gefühls anzeigen dürfte. Die ventralen Basalganglien sind zentraler Teil des positiven dopaminergen (Incentive)Anreiz-Systems (s. S. 640). Elektrische Reizung in dieser Region beim Menschen und Menschenaffen führt oft zu Erektion. Dopaminagonisten erniedriegen die Schwelle für sexuelles Verhalten, Dopaminantagonisten erhöhen sie.

Cingulum (D). Wie in Kap. 22 ausführlich beschrieben, ist das anteriore Cingulum Teil des Aufmerksamkeits- und Mobilisierungssystems, das natürlich auch durch die neuartigen sexuellen Filme angeregt wird.

Mittlerer rechter temporaler und okzipitaler Gyrus (BA 37/19): Teil des ventralen visuellen „Was?"-Systems (s. Kap. 17). Hier werden neue visuelle Reize und menschliche Gesichter und menschliche Körper analysiert.

Insgesamt ergibt sich also eine gute Übereinstimmung zu jenen Hirnregionen, welche bei Untersuchungen zum sexuellen Verhalten im Tierversuch gefunden wurden. Das Fehlen von Amygdalaaktivierung oder –desaktivierung hängt damit zusammen, dass beim Menschen Amygdalaaktivierung nur bei den ersten „interessanten" Reizdarbietungen auftritt und dann rasch habituiert, so daß man sie bei Summierung über längere Zeitabschnitte selten erkennen kann (s. a. Abb. 26–10).

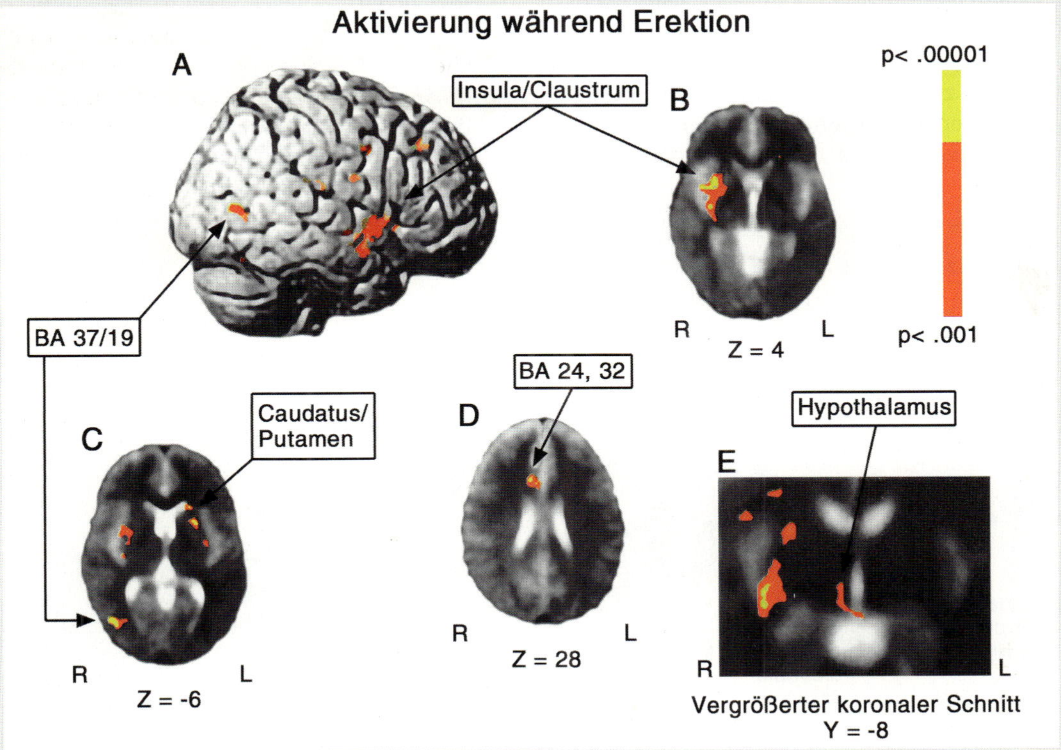

Hirnaktivierung während sexueller Erregung (Erektion) beim Mann. BA 37/19 kennzeichnet das Brodmann-Areal im rechten mittleren okzipitalen und temporalen Gyrus, BA 24/32 im hinteren und vorderen Cingulum. (Nach Arnow B, Desmonde J, Banner L, Glover G, Solomon A, Polan M, Lue T, Atlas S (2002) Brain activation and sexual arousal in healthy, heterosexual males. *Brain* 125:1014–1023, mit freundlicher Genehmigung)

Abb. 25–19. Kopulation von Ratten. Das angehobene „Hinterteil" des weiblichen Tieres (Lordose) und die seitliche Haltung des Schwanzes ermöglicht Intromission

Die Position braucht etwa 300 ms bis sie voll ausgebildet ist. Bilaterale kutane Reize an den Flanken der Beine und am Perineum durch das Männchen (*rechts* unten auf Abb. 25–20) lösen die erste Sequenz der Reflexkette aus: die Vertebralkrümmung des Rückens wird durch die spinalen Motoneurone gesteuert (*rechts* auf Abb. 25–20). Östrogen muß dafür bereits in Minimalmengen in den Zellen des Hypothalamus vorhanden sein.

Dies ist aber nur *ein* (unzureichender) Abschnitt der gesamten Verhaltenskette. Um die Lordoseposition zu halten, muß das Tier symmetrisch und rigide beide Beinpaare, ähnlich wie bei der Dezerebrierungsstarre (s. Kap. 13), abspreizen und den Kopf senken („unter den Kasten schauen"). Dies wird durch einen supraspinalen „Reflex" erreicht: er besteht aus einem deszendierenden Einfluß über den lateralen vetibulospinalen Trakt. Die deszendierende Aktivität im lateralen vestibulospinalen System wird durch das der Paarung unmittelbar vorausgehende „Hüpfen-und-Zeige"-Verhalten des Weibchens ausgelöst: die lineare Akzeleration des Körpers reizt das vestibuläre System (s. lat. vestibulärer Kern auf Abb. 25–20 *Mitte*), das die „Hintergrund"erregung der spinalen Strukturen so anhebt, daß die Haltungsänderung über die medulläre Retikulärformation möglich wird.

Interaktion zwischen hemmenden und erregenden Kerngebieten im Hypothalamus. Der Hypothalamus übt einen hemmenden oder erregenden Einfluß (je nach Region) auf die ganze Verhaltenskette aus: der mediale präoptische Kern hemmt, der ventromediale Kern verstärkt den Reflex und senkt die Schwelle für seine Auslösung. Die hypothalamischen Efferenzen konvergieren mit den somatosensorischen Afferenzen im zentralen Grau des Mittelhirns und der dorsolateralen Retikulärformation. Die Stärke der hypothalamischen Einflüsse auf diese konvergierenden Strukturen werden primär durch die hormonelle Ausgangslage bestimmt (s. u.); der Hypothalamus fungiert als tonischer „Wegbereiter" für die gesamte Verhaltenskette („priming-function"), während die einzelnen motorischen und vegetativen Elemente der Verhaltenskette von den Spinalreflexen abhängig sind.

Die sexuelle Orientierung hängt von prä- und unmittelbar postnatalen Einflüssen der Sexualhormone auf das Gehirn ab

Psychoneuroendokrinologie und sexuelles Verhalten. In den Sozialwissenschaften wurden die psychologischen und erziehungsbedingten Ursachen sexueller Orientierung und Präferenzen getrennt von der hormonellen Entwicklung gesehen, und umgekehrt der prägende Einfluß der Umgebung und psychologische Bedingungen auf die Hormonproduktion in der endokrinen Forschung ignoriert. Durch die Untersuchung von Kindern und Erwachsenen mit Hormonstörungen *und* deren sexuellen und reproduktiven Verhaltens wurde die enge Verschränkung von genetischem Geschlecht, morphologischer und psychologischer Entwicklung und sexuellem Verhalten deutlich (s. Kap. 6). Beim Menschen kann man die Beziehungen zwischen Hormonen und Verhalten am besten an Störungen der

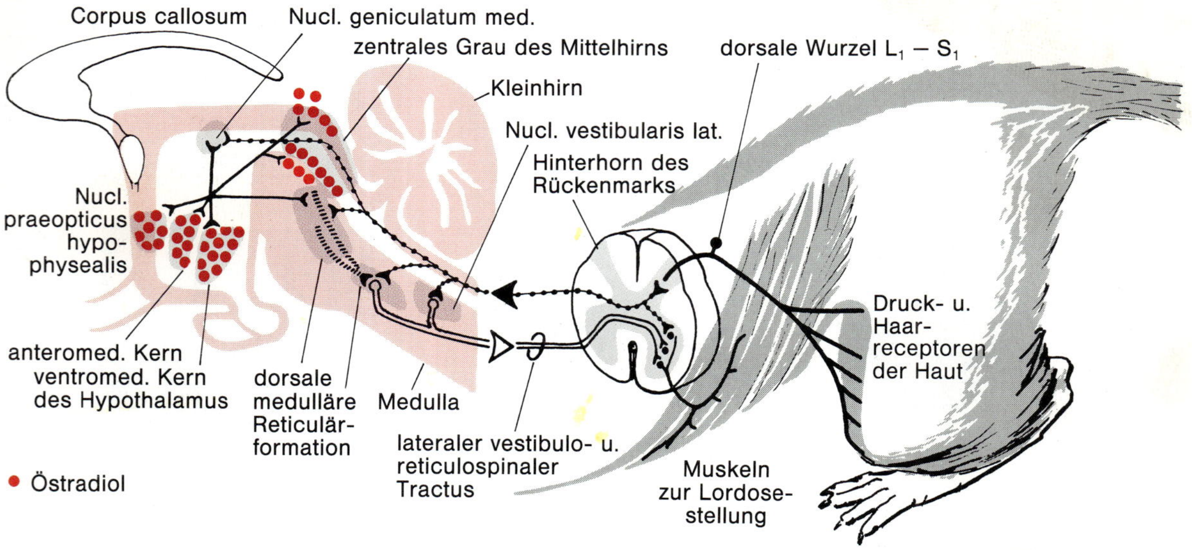

Abb. 25–20. Schematische Darstellung der neuronalen Verbindungen zur Steuerung des Lordose-Verhaltens bei der weiblichen Ratte. Östradiol-Effekte sind durch Neuronen symbolisiert (*rote Punkte*), die Östrogen im Hypothalamus und zentralem Grau binden. Die aufsteigenden Fasern für Lordose ziehen im anterolateralen Teil des Rückenmarks zur Retikulärformation, dem zentralen Grau des Mittelhirns und dem Hypothalamus. Erläuterungen siehe Text. Nach [26]

endokrinen Drüsen studieren. Die folgenden Beispiele sollen vor allem den Einfluß prä- und unmittelbar postnataler Hormonstörungen illustrieren [29].

Androgenitales Syndrom. Aufgrund einer genetischen Abnormität wird beim Fötus statt Kortisol aus der Nebennierenrinde männliche Sexualhormone ausgeschüttet. Die Folge ist bei genetisch männlichen wie weiblichen Föten eine Vermännlichung der äußeren Sexualorgane. Ein *genetisch weiblicher Fetus* wird im Extremfall mit einem Penis allerdings ohne ausgebildete Testes geboren. Die inneren Sexualorgane sind weiblich (Ovarien und Uterus). Solche genetisch weiblichen Kinder werden als Jungen aufgezogen. Die sexuelle Orientierung dieser genetischen Mädchen, die aber äußerlich Männer sind, ist nach der Pubertät auf das weibliche Geschlecht gerichtet, sie entwickeln normales heterosexuelles Verhalten mit Frauen, sind aber unfruchtbar. Da das *Gehirn* pränatal hohen Androgenmengen ausgesetzt ist, entwickelt sich ein viriles (vermännlichtes) Gehirn. In den 50er Jahren wurden diese Kinder, sofern die Ausbildung der äußeren Sexualorgane nur unzureichend vermännlicht war, postnatal mit Kortisol behandelt, das die Vermännlichung zumindest teilweise verhindert. Chirurgisch wurden die äußeren Genitalien korrigiert. Die spätere sexuelle Orientierung und Präferenz dieser Frauen ist deutlich von der Norm abweichend: 48 % sind bisexuell und 17 % klar „homosexuell" (lesbisch). Der Prozentsatz von ausschließlich lesbischer Orientierung in der Normalbevölkerung ist nur 2 % bis 5 % [16, 29]. Die psychischen und sozialen Konflikte nach dieser Behandlung sind entsprechend groß. Pränatale Maskulinisierung des Gehirns reicht also aus, um lebenslange bisexuelle oder lesbische Orientierung bei diesen Frauen zu bewirken. Heute unterläßt man die chirurgische Korrektur meistens.

Androgen-Insensitivitäts-Syndrom. Abbildung 25-21 zeigt das Gegenteil des androgenitalen Syndroms, eine Frau mit XY-Chromosomen, also einen genetischen Mann. Durch eine genetisch bedingte Insensitivität der Androgenrezeptoren an den Wirkzellen für Androgene, entwickeln sich die äußeren männlichen Sexualorgane nicht, sondern, entsprechend dem ***„Eva-Prinzip"*** (s. S. 624), weibliche. Die inneren weiblichen Sexualorgane (Uterus, Ovarien) sind nicht oder unterentwickelt, die Testes verbleiben innerhalb des Körpers. Die Kinder werden als Mädchen aufgezogen und weisen durchschnittliche Libido und Orgasmus beim Verkehr mit Männern auf.

Männlicher Hermaphroditismus. Bei mangelnder Androgenproduktion eines XY (männlichen) Fötus wird das Kind mit unklaren Geschlechtsorganen geboren, die keine klare Bestimmung des Geschlechts erlauben. Die Kinder werden daher als Jungen oder Mädchen aufgezogen, unabhängig vom genetischen Geschlecht. In der Pubertät erfolgt häufig Feminisierung mit Wachstum der Brüste durch die verstärkte Ausschüttung weiblicher Sexualhormone gegenüber den insuffizienten Androgenen („Eva-Prinzip"). Als Jungen aufgezogene und oft mehrmals chirurgisch behandelte Jungen, mit in der Regel deformiertem Penis, erleiden aufgrund des deformierten Geschlechtsorgans schwere Verhaltensstörungen, da ihre Präferenzen auf weibliche Partner gerichtet sind. Als Mädchen aufgezogene und später erfolgreich chirurgisch und hormonell zu Frauen gewordene genetische „Männer" suchen in der Mehrzahl männliche Geschlechts- und Lebenspartner.

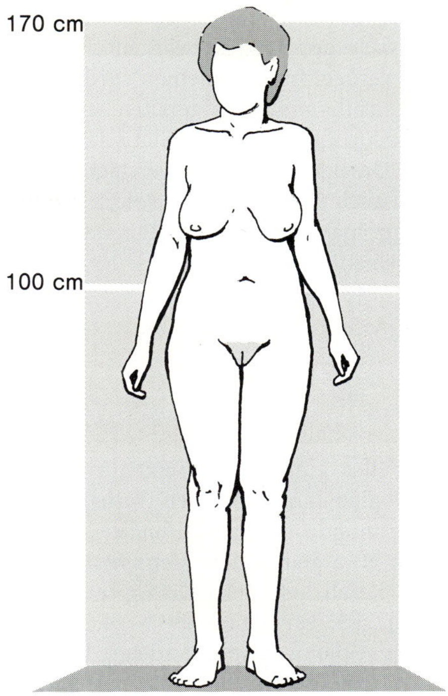

Abb. 25-21. Ein Androgen-insensitiver genetischer „Mann". (siehe Text). Nach [29]

5-α-Reduktase-Defizit. Der Einfluß der kulturellen und elterlichen Umgebung wird an jenen männlichen Hermaphroditen besonders deutlich, die in isolierten Dörfern der Dominikanischen Republik untersucht wurden; hormonelle oder chirurgische Behandlung waren nicht verfügbar. Durch einen genetischen Defekt fehlten bei den untersuchten Personen das Enzym 5-α-Reduktase, das Testosteron zu Dihydrotestosteron umwandelt. Dihydrotestosteron ist für die Ausbildung der äußeren männlichen Geschlechtsorgane verantwortlich. Der Defekt beeinflußt aber kaum die Entwicklung des Gehirns, das „in Richtung" männlich verläuft, die äußeren Sexualorgane sind allerdings vor der Pubertät weiblich. In der ersten Generation nach dem offensichtlich plötzlichen Auftreten der Störung wurden die Kinder als weiblich erzogen; in der Pubertät erfolgte dann teilweise Maskulinisierung der äußeren Sexualorgane, da die im Inneren des Körpers verbliebenen Hoden ausreichend Dihydrotestosteron produzierten. In der darauf folgenden Generation wurden die Kinder konsequenterweise „männlich" erzogen und führten auch später ein Leben mit der kulturell „zugeteilten" männlichen Rolle. Die „Mädchen" und „Frauen" der ersten Generation wurden allerdings zum Großteil als „machi hambra", Macho-Frau, bezeichnet und hatten erhebliche Anpassungsschwierigkeiten [16, 29].

Allgemein gilt, daß pränatal unter hohem Androgeneinfluß stehende Mädchen, die männliche Sexualorgane ausbilden und umgekehrt Knaben, die unter Östrogeneinfluß stehen und Mangel an Androgenen aufweisen, später das geschlechtsspezifische Verhalten zeigen, das ihre Umgebung verstärkt. Dies allerdings nur, wenn postnatal ihre Geschlechtsorgane umgewandelt werden. Im allgemeinen wird das Verhalten nach den sichtbaren Sexualorganen von der Umwelt verstärkt, unabhängig vom genetischen oder körperinternen Geschlecht. Dieses verstärkte Verhalten bleibt dann auch das bevorzugte, sofern es mit der Richtung der pränatalen oder postnatalen Hirnentwicklung übereinstimmt.

Primäre Homosexualität beim Menschen hängt von der sexuellen Differenzierung des Gehirns, vor allem des Hypothalamus, in kritischen Phasen der Entwicklung ab

Zweifellos gibt es unterschiedliche Subgruppen und Ätiologien homosexuellen Verhaltens. Die Tatsache, daß zumindest ***primäre Homosexualität*** in allen Kulturen etwa gleich viele Menschen betrifft (bis zu 5% der männlichen Bevölkerung, bei Frauen nicht bekannt, aber vermutlich etwas geringere Zahl), spricht für eine biologische Grundlage. Unter primärer Homosexualität verstehen wir *ausschließliche* sexuelle Attraktivität und Wunsch nach Geschlechtsverkehr mit äußerlich gleichgeschlechtlichen Partnern. Die Androgen- oder Östrogenmenge im Blut des erwachsenen Menschen ist für die *Richtung* sexuellen Verhaltens bedeutungslos, daher können nur genetische oder entwicklungsbedingte Einflüsse eine Rolle spielen.

Homosexualität im Tierversuch. Bei Ratten läßt sich männliche und weibliche „Homosexualität" zumindest für Teile des konsumatorischen Verhaltens durch Manipulation der Sexualhormone in den kritischen Phasen der prä- und postnatalen Entwicklung herstellen; z. B. führt *extremer Streß* des Muttertiers in der Schwangerschaft zu Androgenunterdrückung in den männlichen Föten. Postnatal entwickeln diese zwar alle männlichen Geschlechtsorgane normal, ignorieren aber weibliche Annäherung („Hüpfen-und-Zeigen", Lordose, s. S. 632) und zeigen selbst weibliches Paarungsverhalten. Umgekehrt weisen weibliche Tiere nach Androgenzufuhr in der kritischen pränatalen Phase später männliches Sexualverhalten auf.

Genetik der Homosexualität. Erste Hinweise gibt es auch für eine ***genetische Komponente*** der primären Homosexualität. Die Häufigkeit homosexueller Männer ist größer in der Verwandtschaft der Mütter homosexueller Männer als in der Verwandtschaft der Väter. Dies paßt gut zu der Tatsache, daß auf dem X-Chromosom einiger homosexueller Männer und ihrer homosexuellen Brüder am Ort q28 (dem untersten, langen Ende des Chromosoms) ein Gen gefunden wurde, das spezifisch für die Homosexuellen war. Es ist daher anzunehmen, daß bei einigen Formen männlicher Homosexualität die veränderte DNA-Sequenz physiologisch zu Änderungen des Aufbaus von Strukturproteinen führt, die für die Anatomie und Physiologie der hypothalamischen Kerne verantwortlich sind. Welche Aufgaben dieses Gen oder diese Genkombinationen haben, ist noch unklar. Erfahrungsgemäß spielen für das Auftreten der ***primären Homosexualität*** bei Frau und Mann, die bereits vor der Pubertät ausschließlich auf das eigene (sichtbare) Geschlecht gerichtet ist, auch wenn die Möglichkeit andersgeschlechtliche Partner zu wählen vorhanden ist, Erziehungs- und psychologische Einflüsse nur eine geringe Rolle [28].

Kinder, die von lesbischen oder männlich homosexuellen „Eltern" aufgezogen werden, zeigen keine Häufung homosexueller Orientierung [38]. Die psychotherapeutische Behandlung primär Homosexueller zur Änderung ihrer sexuellen Orientierung ist ineffektiv, vermutlich verursacht sie mehr Störungen als sie beseitigt.

Neben extremen Belastungen der Mutter in der Schwangerschaft kommen auch Abwehrreaktion des mütterlichen Immunsystems besonders gegen Androgene des männlichen Fötus für die Entwicklung primärer Homosexualität in Frage. Die höhere Anzahl männlicher Homosexualität und anderer abweichender sexueller Orientierungen bei Männern im Vergleich zu entsprechenden Varianten bei Frauen könnte mit einem erhöhten Risiko für Abwehrreaktionen zusammenhängen. Für einige Formen homosexuellen Verhaltens erscheint daher eine biologische Grundlage durchaus wahrscheinlich: nicht im Sinne einer pathologischen Abweichung, sondern als Normvariante variabler Hormonproduktion in kritischen Wachstumsphasen des ZNS [25, 28, 29, 38].

Entwicklung des Hypothalamus und sexuelle Orientierung. Das männliche und weibliche Gehirn unterscheidet sich besonders im Hypothalamus in mehreren Kernen. Dabei ist aber noch unklar, welche Bedeutung diese anatomischen und neurochemischen Unterschiede für Verhalten und sexuelle Orientierung haben. Die attraktive Idee, daß es sich beim männlichem Homosexuellen um einen Mann mit feminisiertem und/oder demaskulinisiertem Gehirn handelt, ist wohl zu einfach. Auch daß die sexuelle Differenzierung des Hypothalamus und anderer Hirnregionen unter dem Einfluß der Androgene und Östrogene vor und kurz nach der Geburt, abgeschlossen ist, mußte zurückgenommen werden. Z. B. zeigte sich im ***sexuell dimorphen Kern der präoptischen Region (SDN-POA),*** daß dieser sich erst nach dem 4. Lebensjahr zwischen den beiden Geschlechtern anatomisch unterscheiden läßt und daß es in der Pubertät und in höherem Alter erneut zu erheblichen neuroanatomischen und neurochemischen Änderungen der sexuell dimorphen Kerne kommt (Abb. 25–22). Viele der anatomisch und histologisch faßbaren Unterschiede zwischen den Geschlechtern gehen nicht auf Wachstumsprozesse, sondern auf selektiven Zelltod (*Apoptose*) in einzelnen Hirnregionen zurück.

Interessanterweise fand man, daß der Vasopressin enthaltende Subkern des N. suprachiasmaticus (SCN, s. Kap. 23 und Abb. 25–22) bei homosexuellen Männern zweimal so groß war wie bei heterosexuellen, während man eine Verkleinerung (Demaskulinisierung) des SDN-POA nicht fand. Dafür wurde der INAH-3 (s. Abb. 25–22) bei homosexuellen Männern verkleinert, ähnlich wie bei Frauen. Auch die vordere Kommisur (AC auf Abb. 15–22) war bei homosexuellen Männern wie bei Frauen gegenüber heterosexuellen Männern vergrößert. Homosexuelle Männer zeigen auch häufig einen veränderten zirkadianen Rhythmus (stehen früher auf, gehen früher schlafen, ein Rhythmus, den auch Frauen bevorzugen). Der Nucleus suprachiasmaticus innerviert eine Reihe anderer für Emotionen und Sozialverhalten wichtige Kerne im Hypothalamus und limbischen System, u. a. die Amygdala (s. Kap. 26). Auch bei Transexuellen, die das genetisch gegenseitige Geschlecht annehmen wollen, fand man erhebliche Abweichungen in dieser Struktur, vor allem

A

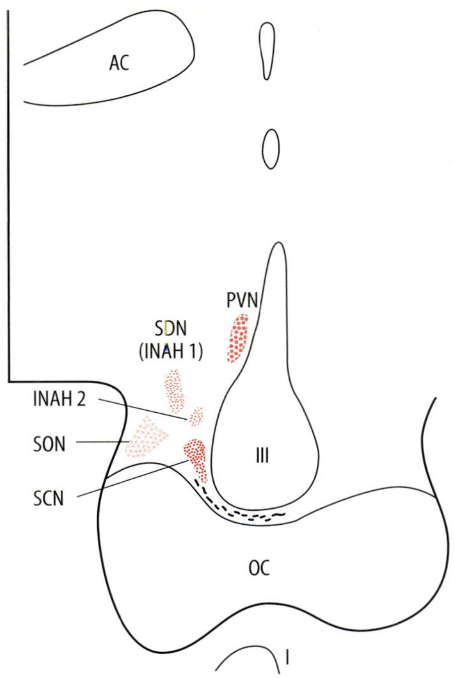

B

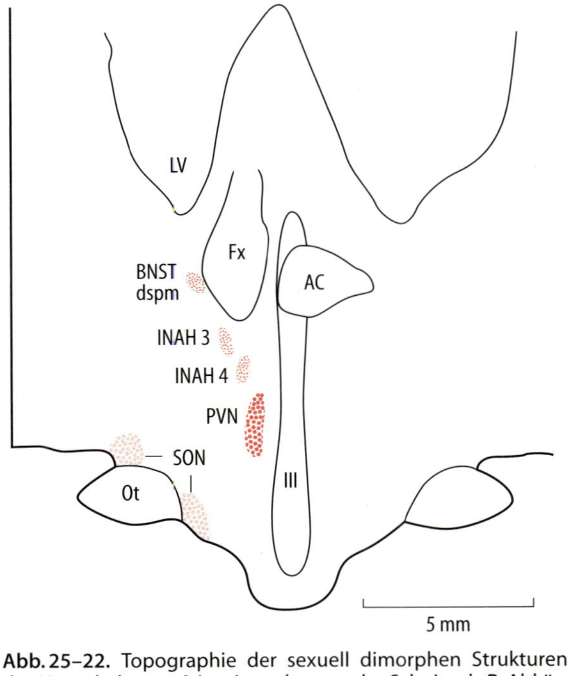

Abb. 25–22. Topographie der sexuell dimorphen Strukturen des Hypothalamus: **A** ist ein mehr rostraler Schnitt als **B**. Abkürzungen: *III* ... 3. Ventrikel, *AC* ... vordere Kommissur; *BNST* ... bed-Nucleus der Stria terminalis; *Fx* ... Fornix; *I* ... Infundibulum; *INAH 1–4* ... interstitieller Kern des vorderen Hypothalamus 1–4; *LV* ... Seitenventrikel; *OC* ... chiasma opticus; *Ot* ... Tractus opticus; *PVN* ... N. paraventricularis; *SCN* ... N. suprachiasmaticus; *SDN* ... sexuell dimorpher Kern der präoptischen Region; *SON* ... N. supraopticus. Nach [38]

wenn sie Frau-zu-Mann-Transsexuelle waren: Als Erklärung wurde angenommen, daß der SCN in der Entwicklung durch zirkulierende Östrogene in seiner Größe beeinflußt wird.

25.6 Gelernte Motivation und Sucht

Sucht und Abhängigkeit kann nur vor dem Hintergrund kulturell-sozialer Bedingungen verstanden werden

Süchtiges Verhalten ist ein „Modell" ***erworbener Motivation,*** aus dem wichtige Erkenntnisse über die neuronalen Mechanismen von Trieb und Anreiz (S. 611) entstanden. Obwohl für Süchte ein genetisches Risiko (Prädisposition) besteht, handelt es sich bei süchtigem Verhalten um ein *erlerntes Verhaltensmuster,* bei dem psychologische *und* biologische Faktoren eine Rolle spielen. Beim Erwerb süchtigen Verhaltens haben soziopsychologische Faktoren eine dominierende Bedeutung, die *Aufrechterhaltung* der meisten Süchte und die Rückfallwahrscheinlichkeit wird aber von zentralnervösen Prozessen erheblich beeinflußt.

Die *positiv und negativ verstärkende Wirkung* einer Substanz und der Zeitverlauf der Einnahme (Verstärkungspläne s. Kap. 24) sind die entscheidenden Determinanten von Sucht, genauso wie von anderen Verhaltenskategorien auch. Jede Substanz hat unterschiedlich verstärkende Eigenschaften und dementsprechend verschieden wird der Verlauf des Erwerbs und der Stabilität süchtigen Verhaltens sein. Die ***Verhaltenspharmakologie*** untersucht die lernpsychologischen und pharmakologischen Determinanten der verschiedenen Süchte [8, 12].

Die ***Definition der Weltgesundheitsorganisation (WHO)*** von Drogen-Abhängigkeit legt ihren Schwerpunkt ebenfalls auf den fließenden Übergang von „normalem" Annäherungsverhalten und Sucht: „Abhängigkeit ist ein Syndrom, das sich in einem Verhaltensmuster äußert, bei dem die Aufnahme der Droge Priorität gegenüber anderen Verhaltensweisen erlangt, die früher einen höheren Stellenwert hatten ... es muß nicht dauernd vorhanden sein ... Abhängigkeit ist nicht absolut, sondern existiert in unterschiedlicher Stärke. Die Intensität des Syndroms wird an den Verhaltensweisen gemessen, die im Zusammenhang mit der Drogensuche und -aufnahme gezeigt werden und anderen Verhaltensweisen, die daraus resultieren". In seiner extremen Form ist Sucht mit zwanghaftem Substanzkonsum assoziiert und weist alle Charakteristiken eines chronisch zum Rückfall führenden Verhaltens auf.

Unter ***Toleranz*** verstehen wir die Abnahme der ursprünglichen Wirkungen der Substanz mit wiederholter Einnahme (Habituation). Toleranz tritt nicht auf alle Wirkungselemente der Substanz auf; z. B. sind bei Opiaten die Atemdepression, die Analgesie und die sedierende Wirkung nach mehreren Einnahmen verschwunden (Toleranz), dagegen bleiben viele der endokrinen und vegetativen Effekte (z. B. Obstipation) bestehen [7, 9].

Wesentlich an der Definition der WHO ist die Tatsache, daß im Vordergrund nicht Aspekte der Toleranz und

Abstinenz stehen, sondern die zunehmende *Ausschließlichkeit* der Drogensuche. Das zwanghafte Bedürfnis und die Suche, *nicht* das Erreichen eines positiven Zustandes, *nicht* die Toleranz und *nicht* die Beseitigung von Entzugserscheinungen stehen im Vordergrund der Definition. Wir werden im Folgenden sehen, daß auch die Erkenntnisse der biologischen Psychologie diese Auffassung vom zentralen Element der Sucht als Verlangen (craving) und Anreizhervorhebung (incentive salience, s. S. 612) unterstützen [6, 13].

Die Gegensatz-Prozeß-Theorie erworbener Motivation erklärt Süchte sowohl aus Abstinenzvermeidung wie auch aus klassischer Konditionierung

Die Theorie. Die Zwei-Prozeß-Theorie erworbener Motivation eignet sich besonders zur Erklärung von süchtigem Verhalten, aber auch zum Verständnis der Dynamik nichthomöostatischer Triebe und Emotionen [37].

In der Lernpsychologie (s. Kap. 24) waren bisher drei Bedingungen bekannt, unter denen Motive („Triebe") erlernt werden können: über konditionierte Furcht (die Entfernung eines konditionierten Furchtreizes wirkt als Motivation), über konditionierte (sekundäre) Verstärkung und über die Wiederholung eines Verstärkers. Nach häufiger *Wiederholung eines Verstärkers* kommt es zu suchtartigem Verhalten, und auch zu Toleranz- und Entzugssymptomen. Wie ist dieses Phänomen erklärbar?

Abbildung 25-23 gibt die hypothetischen Prozesse im Organismus wieder, die bei Darbietung eines Reizes ablaufen, der *positive* oder *negative* emotionale Qualität aufweist. Man spricht dabei häufig von der ***hedonischen*** Qualität eines Reizes und versteht darunter das Ausmaß an Lust, das der Reiz auslöst, wobei die Skala von extrem lustvoll bis zu völliger „Unlust" reichen kann. Bei dem System in Abb. 25-23 handelt es sich um ein negatives Feedforward-System, dessen Funktion darin besteht, die Intensität affektiver Aktivierung innerhalb tolerabler Grenzen zu halten: zwei einander hemmende Prozesse (a und b) kontrollieren einen Summator (Additionsglied); der Summator bestimmt die ***Richtung*** (positiv-negativ, annähernd, vermeidend) und ***Stärke*** des Affekts, der Motivation oder des Verstärkerwertes.

Bei Darbietung eines affektiven Reizes wird vorerst der ***a-Prozeß*** aktiviert. Die Dauer, Stärke und Qualität des a-Prozesses ist der Dauer, Stärke und Qualität des Reizes direkt proportional. Die Aktivierung des a-Prozesses führt etwas *zeitverzögert* zur Aktivierung des gegensätzlichen b-Prozesses. Der ***b-Prozeß*** weist die *umgekehrte* hedonische Qualität von a auf, er hat eine längere zeitliche Latenz und *langsame Refraktärzeit* und steigt langsamer an. Seine Amplitude ist bei der ersten Darbietung des Verstärkers zwar proportional der Amplitude von a, aber stets kleiner als a. Beide, das Signal aus dem a-Prozeß und dem b-Prozeß werden in den Summator eingegeben, der nach Addition der beiden Signale (wobei b stets ein negatives Vorzeichen hat) den *aktuellen* Verlauf und Intensität des Verstärkers bestimmt. Bei den ersten Darbietungen entspricht daher das Standardmuster der affektiven Dynamik dem Verlauf von Abb. 25-24 der Summe aus a+b (wobei b negativ ist).

Nehmen wir einen positiven affektiven Zustand an, so erreicht dieser kurz nach Darbietung seine maximale Amplitude („Freude"); danach sinkt der affektive Wert ab (Adaptation) weil b verspätet, aber mit wachsender Amplitude einsetzt. Wenn dann der positive Reiz plötzlich entfernt wird, kommt es zu einer negativen Nachschwankung, da der b-Prozeß verzögert zu a abklingt und daher in dieser Phase dominiert („schaler Nachgeschmack nach großer Freude").

Eine zentrale Zusatzannahme bezieht sich nun auf die *Dynamik des b-Prozesses*: im Gegensatz zum a-Prozeß, der bei Wiederholung konstant bleibt, wird b durch

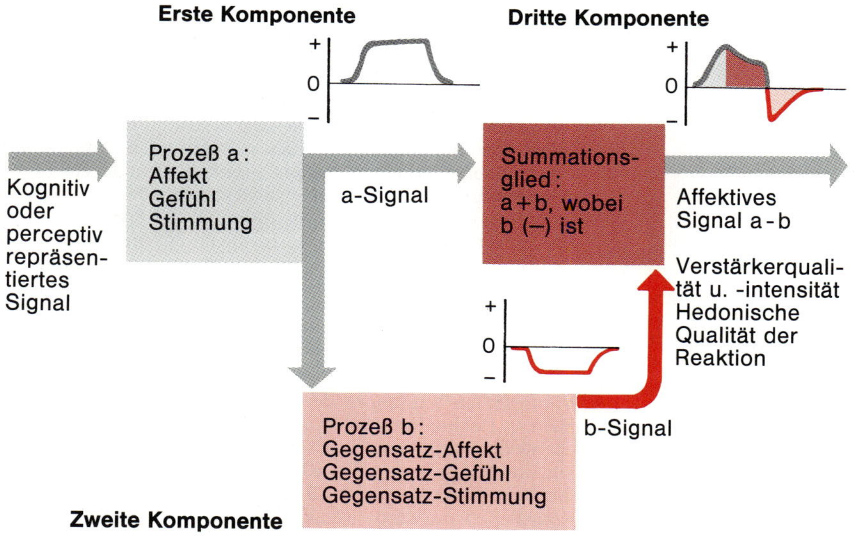

Abb. 25-23. Verlaufsdiagramm der drei postulierten motivationalen Prozesse in der Gegensatz-Prozeß-Theorie. Der einen Affekt auslösende Input aktiviert den *a-Prozeß*, der zwei Informationen weitergibt, eine an den Summator und eine an den Gegensatz-*b-Prozeß*. Der *b-Prozeß* gibt seine Information ebenfalls an den Summator weiter, der die Summe aus *a-b* bildet. Der resultierende Verstärkerwert ist *rechts oben* und in Abb. 25-24 abgebildet. Nach [37]

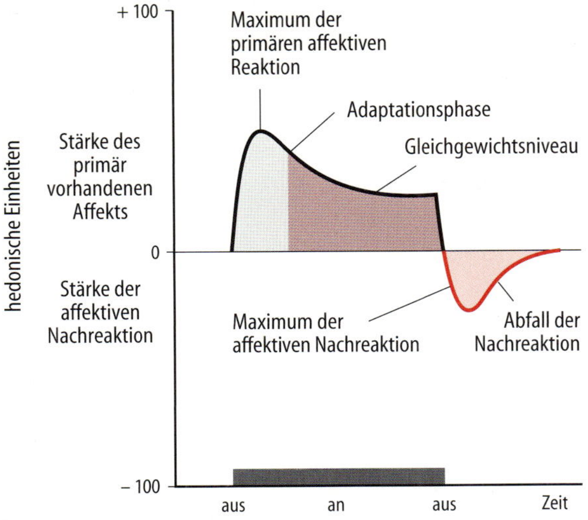

Abb. 25–24. Das Standardmuster affektiver Dynamik nach einem gleichförmigen „Rechteckimpuls" eines affektiven Reizes (s. Abb. 25–21 und Erläuterungen im Text). Nach [37]

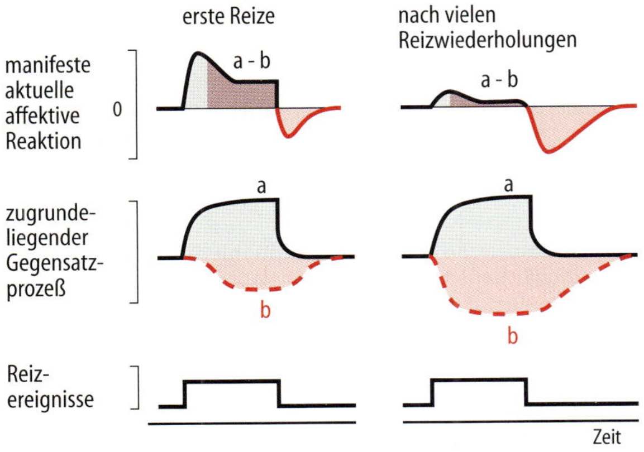

Abb. 25–25. Das Standardmuster affektiver Dynamik bei Darbietung eines neuen verstärkenden Reizes und nachdem der Reiz bereits häufig wiederholt wurde. Die Änderung der Summe *a-b* wird nur durch den Anstieg des Gegensatz-b-Prozesses bedingt, der durch Wiederholung an „Stärke" zunimmt. Nach [37]

Wiederholung verstärkt und durch Nicht-Benutzung abgeschwächt. Abbildung 25–25 symbolisiert die affektive Dynamik bei einem neuen Reiz und nach häufiger Wiederholung desselben.

Im Falle einer positiven affektiven Situation als a-Prozeß-Auslöser, wird sich der positive Wert des Reizes durch Addition (Wiederholung) von b neutralisieren, nach Abbruch des Reizes kommt es zu einer negativen Nachschwankung, da der b-Prozeß träger verläuft. Die Zwei-Prozeß-Theorie macht dieselben Vorhersagen, wenn der a-Prozeß hedonisch negativ ist: der b-Prozeß hält dann den a-Prozeß aufrecht (siehe die folgenden Beispiele auf dieser Seite).

Die Vermeidung von Entzugsreaktionen ist nur einer der Mechanismen, der zur Wiederaufnahme einer Substanz und Sucht führt

Sucht als Vermeidung von Entzugsreaktionen. Nach dem wiederholtem Aufsuchen der ursprünglich aversiven Sauna (a), wird der negative Effekt zunehmend neutralisiert (b) und die positive Nachempfindung stärker. Es entwickelt sich selten eine „Sucht" nach Sauna, da die *zeitlichen Abstände* zwischen dem Aufsuchen der Sauna so weit auseinander liegen, daß der b-Prozeß wieder auf die neutrale Ausgangsbasis zurückgekehrt ist, wenn eine neuerliche Darbietung von a erfolgt. Ähnliches ist auch bei verschiedenen Sportarten festgestellt worden: Fallschirmspringen, Laufen etc., die durchaus in suchtartiges Verhalten münden können, wenn sie während der positiven Nachschwankung wieder ausgeführt werden und b sich weiter addiert. Dem sind natürlich physische Grenzen gesetzt.

Bei ***Drogen*** mit extrem positiver Wirkung während der ersten Darbietung (z. B. „Crack", hohe Kokaindosen oder pures Methamphetamin, auch „Ice" oder „Speed" genannt) treten starke negative Nachschwankungen (b) auf, die nur durch neuerliche Drogeneinnahme (a) reduziert werden können, wodurch sich b weiter addiert und die Rückkehr zum neutralen Ausgangspunkt verzögert wird; damit wird die Chance, daß in diesem Zeitintervall der Nachschwankung die Droge neuerlich zugeführt wird größer: der *Circulus vitiosus aus Toleranz und Entzugssymptomen* ist geschlossen. Die ***Entzugssymptome*** (b-Prozeß) sind stets affektiv und vegetativ genau das *Gegenteil* der ursprünglichen positiven Zustände (a-Prozeß): wenn bei Einnahme Euphorie auftritt, folgt darauf Depression, wenn ein Gefühl der Allmacht auftrat, folgt soziale Angst und Panik etc. Dies ist für alle bisher untersuchten Drogen der Fall, besonders bei Alkohol, der viele der angesprochenen Wirkungen vereint (s. u.) [6, 9, 12].

Mit der *Dauer* der durch den negativen b-Prozeß verursachten Nachschwankung wird die Suchtgefahr steigen. Bei Morphium z. B. ist die negative Nachreaktion 8–120 Stunden (je nach Dosis und Erfahrung), die Gefahr einer neuerlichen Einnahme und damit die Addition von b ist daher besonders groß. Bei hinreichend langen Intervallen zwischen der Einnahme entsteht auch bei „harten" Drogen keine Sucht.

Die erwarteten positiven Effekte der Substanzeinnahme sind das Hauptmotiv für ihre Wiedereinnahme

Kritik von Entzugserklärungen von Sucht. Nur in seltenen Fällen stellt die Vermeidung oder Reduktion von physischen und psychischen Entzugssymptomen eine Ursache von Entstehung oder Aufrechterhaltung süchtigen Verhaltens dar. Die meisten Drogen und süchtig machenden Substanzen werden ohne jede Entzugssymptome eingenommen, sondern primär wegen der ***erwarteten positiven Effekte.*** Viele süchtig machenden

Substanzen produzieren keine subjektiv starken Entzugs- oder Toleranzeffekte (z.B. Nikotin, einzelne Opioide) und umgekehrt machen viele Substanzen Abstinenzerscheinungen ohne süchtig zu machen (z.B. trizyklische Antidepressiva, s. Kap. 26). Rückfälle treten in der überwiegenden Mehrheit lange nach Abklingen physischer und psychischer Gewöhnung und Toleranz auf. Schließlich ist die Korrelation zwischen Verlangen (craving) nach der Substanz und Entzugserscheinungen niedrig. Die meisten Menschen können süchtig machende Substanzen wiederholt einnehmen, ohne jede Abstinenzerscheinung und -vermeidung; Faktoren wie Alter (Sucht entsteht selten nach dem 30. Lebensjahr), familiäre Belastung, Persönlichkeitsfaktoren und soziale Situation erlauben sehr viel bessere Vorhersagen über Suchtentstehung und Rückfall als das Auftreten physischer und psychischer Entzugserscheinungen [5, 6].

Erwartungsprozesse, die auf klassischer Konditionierung beruhen, sind für die Suchtentstehung besonders wichtig

Klassische Konditionierung, Toleranz und Abhängigkeit. Die Entstehung und Aufrechterhaltung süchtigen Verhaltens ist ohne Beachtung von Lernprozessen nicht erklärbar. Sowohl a- als auch b-Prozeß werden an kurz vorher und gleichzeitig dargebotene Reize (z.B. Situation der Drogenaufnahme, interozeptive Reize) klassisch konditioniert.

Z.B. läuft der Raucher zum Automaten und raucht sofort eine neue Zigarette, auch wenn die Zeit bis zum Einsatz des Entzugssymptoms (b-Prozeß) noch nicht abgelaufen ist: der Anblick der leeren Schachtel (CS) löst sofort den (negativen) b-Prozeß aus, der in vorausgegangenen Situationen mit dem Anblick der leeren Schachtel verbunden war. Ein großer Teil dieser Vorgänge ist bewußt nicht merkbar!

Die Tatsache, daß nach zwei Jahren 80% der Drogen-, Alkohol-, Nikotinabhängigen und auch 80% der Adipösen rückfällig geworden sind, wenn sie keinen radikalen Umgebungswechsel vorgenommen haben, illustriert die Wirkung konditionierter Reize für das Wiederauftreten des negativen oder positiven b-Prozesses (Abstinenzerscheinungen). 80% der US-Soldaten in Vietnam waren heroinabhängig, nur eine Minderheit setzte das Verhalten nach Rückkehr in die USA – trotz Verfügbarkeit der Droge – fort (Abb. 25–26). Die konditionierten Reize der Umgebung in Vietnam waren in den USA nicht vorhanden [33].

Der ***Einfluß von Erwartung,*** ausgelöst durch konditionierte Reize (CS) für b-Prozeß oder a-Prozeß-Reaktionen, wurde für so divergierende Phänomene wie Bindungssuche, Barbituratabhängigkeit und Adipositas nachgewiesen.

Die überwiegende Zahl der Rückfälle wird allerdings durch ***konditionierte Reize für die positiven Effekte*** der Substanz, oft vor dem Hintergrund einer negativen Stimmung ausgelöst.

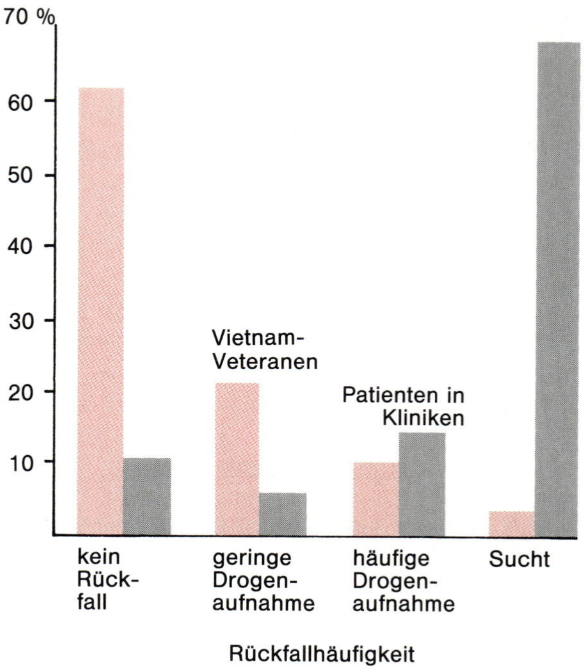

Abb. 25–26. Prozentsatz der Vietnam-Veteranen (*rot*), die in Vietnam heroinabhängig waren und in USA die Droge weiter einnehmen im Vergleich zu „zivilen" Abhängigen (*grau*), die zum selben Zeitpunkt in staatlichen Institutionen behandelt wurden. Schematisiert nach [33]

Kompensatorische klassische Konditionierung. Bei der klassischen Konditionierung von Abhängigkeit und Toleranz muß beachtet werden, daß bei einigen Substanzen ***kompensatorische konditionierte pharmakologische Reaktionen*** auftreten [36]. Eine unkonditionierte Reaktion (UCR) auf Morphium (UCS) besteht aus Analgesie, die Reaktion auf einen ursprünglich neutralen CS, der mit dem UCS gepaart wurde, ist Hyperalgesie; die UCR auf Alkohol ist Hypothermie, die CR Hyperthermie. Die kompensatorischen Reaktionen „bereiten" den Organismus auf die UCR, die von der Droge verursacht wird, vor und verhindern somit antizipatorisch extreme Schwankungen in einem homöostatischen System.

Abbildung 25–27 zeigt eine typischen Versuchsplan zur Demonstration des ***Erwartungseffekts*** und des Umgebungseinflusses auf Toleranz. In Abb. 25–25 wird ein Experiment an Ratten dargestellt, in dem nach derselben Dosierung von Heroin und einer Plazebosubstanz in zwei unterschiedliche Umgebungen (der konditionierte Reiz (CS) war entweder der Käfig oder der Versuchsraum) über mehrere Tage hinweg Toleranz aufgebaut wurde. Am letzten Testtag erhielten die Tiere eine normalerweise tödliche Dosis von Heroin in den zwei Umgebungsbedingungen. Die Kontrollgruppe, die keinerlei Toleranz entwickelt hatte, wies eine Mortalität von 96,4% auf, die Gruppe, welche die lethale Dosis in einer neuen Umgebung erhielt 64,3% (Abb. 25–25), die Gruppe mit derselben Heroin-Vorgeschichte wie die andern Gruppen, wo der CS aber sowohl unter Lern- wie Testbedingungen gleich war, eine Mortalität von nur 32,4%. Nur die letzte Gruppe konnte kompensatorische pharmakologische „Erwartungsreaktionen" in der Testsituation entwickeln.

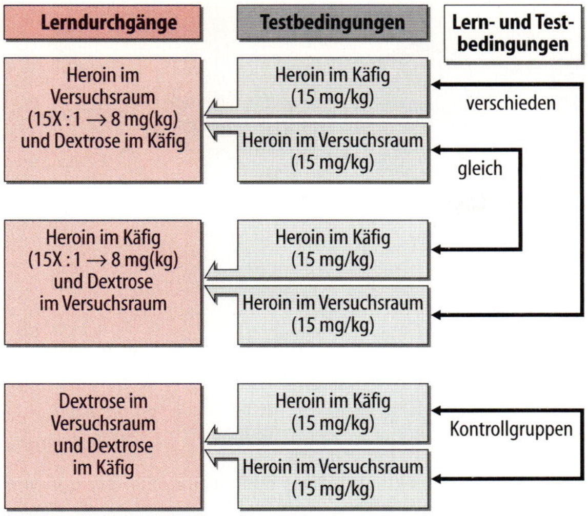

Abb. 25–27. Versuchsplan der Versuchsgruppen eines Experiments zur „diskriminativen Kontrolle von Toleranz" von S. Siegel. In dem Experiment wurde der Einfluß von Umgebungsreizen auf Toleranz gegenüber tödlichen Heroindosen bei der Ratte untersucht, die mit der Drogeneinnahme assoziiert wurden („Erwartung"). Erläuterungen siehe Text. Nach [36]

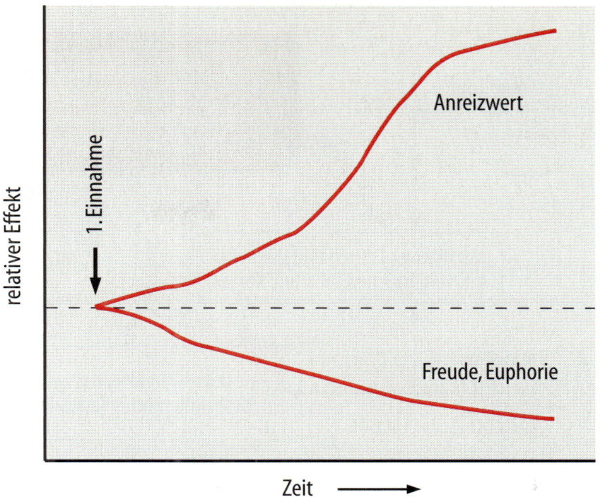

Abb. 25–28. Verlauf von Anreiz (Incentive) und Befriedigung nach wiederholter Drogeneinnahme. Während das Verlangen exponentiell steigt, nimmt die Befriedigung langsam ab. Nach [34]

Dieser Versuch erklärt auch die Häufigkeit von Todesfällen nach Heroin-„Überdosis" unter neuen *unerwarteten* Umwelteinflüssen. Eine Analyse der Todesfälle zeigt, daß selten eine reale Überdosierung vorlag, sondern meist eine „normale" Dosis in einer ungewohnten Umgebung (z. B. Bahnhofstoilette) eingespritzt wurde; da für die Umgebung noch keine konditionierte vorbereitende und kompensatorische Reaktion ausgebildet worden war, wirkte die „normale" Dosis als Überdosis, so als ob dieselbe Dosis das erste Mal eingenommen würde.

Süchtiges Verhalten (Verlangen, zwanghafte Suche und Einnahme) ist auf Anwachsen des Anreizwertes zurückzuführen; die neuronale Grundlage dafür ist eine Sensitivierung der Neurotransmission im mesolimbischen Dopamin-System

Trennung von Verstärkung und Verlangen. Der Zusammenhang des Verlaufes von positiver Verstärkung (Euphorie) und Anreizhervorhebung (Incentive Salience) nach wiederholter Drogeneinnahme und die Aktivität des Dopaminsystems gehen parallel [34].

Zunächst liegt vor der Einnahme ein leicht positiver affektiver Zustand und entsprechender Anreizwert der Kontextreize vor. Danach erfolgt die erste Drogen- oder Substanzeinnahme (oder z. B. Begegnung mit der später begehrten Person). Das (noch unbekannte) positive Verstärkungssystem bewirkt Euphorie (Mögen) und gleichzeitig wird die Aufmerksamkeit selektiv auf die dabei unmittelbar gegenwärtigen Reize gerichtet (noch hat keine assoziative Verbindung stattgefunden). Die Dopamin-Transmission steigt. Nach mehreren Erfahrungen mit der Substanz ist die Reaktion auf dieselbe Dosis verändert. Der positive Effekt („Mögen") ist durch Toleranz (Neuroadaptation, wie im Gegensatz-Prozeß-Modell auf S. 636 vorhergesagt) reduziert, oder auch bei manchen Drogen unverändert. Aber die mit der Einnahme assoziativ verbundenen Reize (intero- und exterozeptiv) haben nun eine hohen Aufmerksamkeits-Anreizwert (incentive salience) erhalten, was auf Sensitivierung des Dopaminsystems zurückzuführen ist. Wenn der (die) Süchtige danach den konditionierten incentive-Reizen ausgesetzt ist, erzeugen diese ein etwas niedrigeres Verlangen, aber sonst ähnliche Reaktionen wie die Substanz selbst.

Abbildung 25–28 gibt den Verlauf von „Mögen" (positive Verstärkung, Freude etc.) und „Möchten" (Verlangen, Anreiz) im Verlauf der Suchtentwicklung wieder, wie man ihn bei Süchtigen über längere Zeiten hinweg (Monate, Jahre) findet. Man erkennt, daß eine etwas andere Kurve als auf Abb. 25–21 bis -23 resultiert und nicht die negativen affektiven Zustände additiv-kumulativ wachsen, sondern nur die Antriebskräfte (CS für positive affektive Zustände).

Konditionierung von Suchtreizen. Abbildung 25–29 gibt eine Zusammenfassung der wichtigsten Systeme und Prozesse für die Entstehung von Verlangen und Freude. Die zeitliche Paarung von CS und US (s. Kap. 24) führt über die in Kap. 24 beschriebenen Mechanismen zu ihrer assoziativen Verbindung (primär im Kortex); die Stärke der assoziativen Verknüpfung hängt aber auch vom Vergleich mit ähnlichen gespeicherten Inhalten ab (s. Kap. 22). Die ***Richtung*** der Aufmerksamkeit auf einen bestimmten Reiz wird von diesem Gedächtnisprozeß gesteuert. Die Aktivierung des dopaminergen Anreizsystems und des positiven Verstärkungssystems wird durch bestehende Triebzustände mitbestimmt. Drogen können aber jedes der beiden Systeme, das positive Verstärkersystem und das Anreizsystem direkt und unabhänging voneinander reizen, wodurch Verlangen oder positives Empfinden getrennt hergestellt werden können.

Zu den allen Drogen gemeinsamen Effekten (***Kreuztoleranz***) kommen spezifische psychophysiolo-

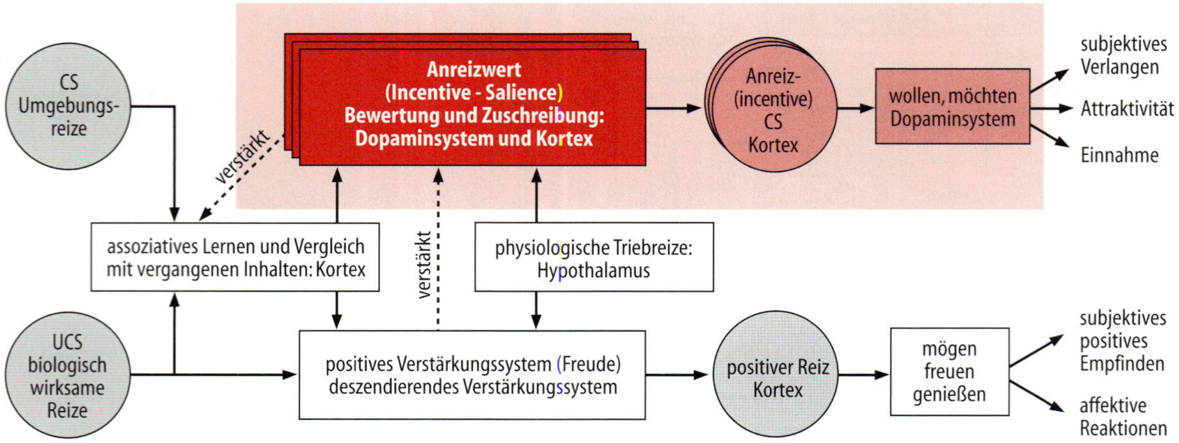

Abb. 25–29. Zusammenfassende Darstellung der Suchtentstehung, getrennt für subjektiv positives Erleben (*unterer Teil*) und Verlangen (*oberer Teil*). Erläuterungen siehe Text

gische Wirkungen, die den Verlauf der Abhängigkeit mitbestimmen. Unter Kreuztoleranz verstehen wir die Tatsache, daß die „Gewöhnung" an eine bestimmte Substanz (z. B. Morphin) auch dazu führt, daß man sich an eine andere Substanz (z. B. Alkohol) „gewöhnt", ohne diese eingenommen zu haben. Aus diesem Grund nehmen Drogen- oder Alkoholsüchtige meist mehrere Substanzen ein, sofern diese verfügbar sind.

25.7 Neurobiologie süchtigen Verhaltens

Jede psychologisch aktive Substanz entfaltet ihre Wirkung über ein spezifisches Neurotransmitter- und Rezeptorsystem, aber nur in Verbindung mit dem positiven Verstärker- und Anreizsystem entfaltet sie eine Sucht erzeugende Wirkung

In Kap. 8 und 20.4 wurden bereits die wichtigsten neurochemischen Transmittersysteme im ZNS beschrieben. Jedes dieser Systeme weist eine Gruppe spezifischer exzitatorischer oder inhibitorischer Wirkungen auf, welche das individuelle psychologische Wirkungsprofil bestimmen. Tabelle 25–2 gibt die wichtigsten neuropharmakologischen Wirkorte von häufig mißbrauchten Substanzen wieder.

Psychologisch wirksame Substanzen lassen sich grob in sedativ-hypnotische, stimulierende, analgetische und halluzinogene (psychodelisch wirkende), sowie therapeutische Psychopharmaka einteilen.

Sedativa sind Alkohol und Inhalantien, Barbiturate, Anästhetika und Antiepileptika sowie Benzodiazepine und Anxiolytika der zweiten Generation.

Stimulantien sind Kokain, Amphetamine, Methamphetamin („ICE"), Koffein und Nikotin.

Analgetika sind Opiate und nicht-opioide Analgetika (z. B. antientzündliche Analgetika)

Halluzinogene sind Tetrayhydriokannabiol („Haschisch", Marihuana), Meskalin, LSD, Phenzyklidin und Ketamin

Psychopharmaka bestehen aus Antidepressiva, Pharmaka gegen Bipolare Depression, Antipsychotika und Anti-Parkinson-Mittel.

Die spezifischen Wirkungen der einzelnen Substanzen werden in den einzelnen Kapiteln besprochen (s. auch [12]).

Die gemeinsame Endstrecke allen Strebens stellt das positive Verstärkungssystem des Gehirns dar

Intrakranielle Selbstreizung (ICSS) und Belohnung: positive Verstärkung im Tierversuch. 1954 gelang Olds und Milner [31] die erste Demonstration eines Phänomens, dessen theoretische und praktische Bedeutung für die gesamte Psychologie außerordentlich ist. Etwa zur selben Zeit berichteten N. E. Miller und seine Mitarbeiter, daß Reizung bestimmter Teile des Hypothalamus der Ratte belohnende oder aversive Wirkung hatte (Abb. 25–30).

Die Entdeckung von Olds und Milner beruht, wie so manches unerwartete Ergebnis, auf einem Versuchsfehler: beim Studium der Formatio reticularis verfehlte eine der Elektroden das Ziel und wurde in das Septum implantiert. Die Autoren reizten die Hirnregion immer dann, wenn das Tier in eine bestimmte Ecke des Käfigs lief. Es zeigte sich, daß Tiere (Ratten) mit Elektroden im Septum diese Ecke wiederholt aufsuchten, im Gegensatz zu jenen Tieren, die ihre Elektroden tiefer implantiert hatten. Vorerst dachten die Autoren an eine Anregung von Explorationsverhalten und nicht an Belohnung.

Ein Versuch im T-Labyrinth, bei dem das nahrungsdeprivierte Tier in einem Gang Futter, im anderen einen elektrischen Reiz ins Gehirn erhielt, zeigte aber, daß der elektrische Reiz stets bevorzugt wurde. Schließlich ermöglichten die Versuchsleiter dem Tier, sich selbst zu reizen, indem das Tier den Stromkreis bei jedem Hebeldruck selbst schließen konnte (Abb. 25–30). (Im allgemeinen beträgt die Stromstärke bei der Ratte ca. 10–300 μA bei einem Wechselstrom von 60 Hz).

Tabelle 25.2 Beispiele für pharmakologische Wirkungen von Substanzen, die zu Mißbrauch führen können

Substanz	Pharmakologische Wirkung
Opiate	Agonisten von μ, δ und κ Opiatrezeptoren (s. Abb. 25-32). Nur μ und δ-Rezeptoren wirken verstärkend
Kokain	Hemmt Wiederaufnahme von Monoaminen und führt so zu Anstieg von Dopamin, Serotonin und Noradrenalin im synaptischen Spalt
Amphetamine	Stimulieren Monoamin-Ausschüttung (s. Kap. 8)
Alkohol	Stimuliert $GABA_A$-Rezeptor-Funktionen und hemmt NMDA-Glutamat-Rezeptor-Funktionen (s. Kap. 8, 20, 24)
Nikotin	Agonist von nikotinergen Azetylcholinrezeptoren (s. Kap. 8, 20, 22)
Kannabis	Agonist von Kannabisrezeptoren
Halluzinogene	Partieller Agonist an $5\text{-}HAT_{2A}$ Serotoninrezeptoren
Phenzyklidin (PCP)	NMDA-Antagonist an Glutamatrezeptoren

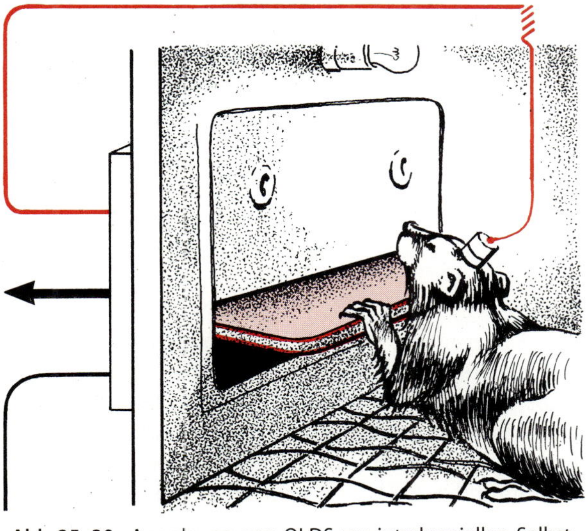

Abb. 25-30. Anordnung von OLDS zur intrakraniellen Selbstreizung. Das Tier verabreicht sich durch Tastendruck einen kurzen verstärkenden Stromstoß in das eigene Gehirn

Es zeigte sich, daß Tiere bis zu 5000mal und mehr pro Stunde drückten und dies bis zur völligen Erschöpfung. Die Reizung tiefer gelegenen Strukturen des Mittelhirns (periventrikuläres System) hatte den gegenteiligen Effekt; die Tiere versuchten, jede Art von elektrischer Reizung in diesen Hirnteilen zu verhindern. Olds sprach daher von ***„pleasure centers“ („Zentren der Freude“)*** und Bestrafungs- und Aversionszentren.

ICSS ist *kein motorischer Zwang*, bei dem der Reizstrom eine motorische Erregung und damit die Tastendruckreaktion auslöst: um Tiere zu erneuter Selbstreizung nach längerem Inter-Stimulus-Intervall (ISI) zu bewegen, muß häufig ein einzelner „priming“ (Anstoß)-Reiz gegeben werden. Aber die Tiere suchen auch ohne Reizung jene Käfigorte wieder auf, wo sie gereizt wurden. (Das bedeutet, daß der Ort der Reizung mit positiver „Erinnerung“ assoziiert wird): dazu nehmen sie das Überlaufen elektrisch geladener Gitter in Kauf und lassen ihre Jungen bzw. Sexualpartner im Stich. ICSS wird jedem anderen Verhalten vorgezogen. ICSS hat auch angsthemmende Wirkung, die Tiere reagieren auf aversive CS oder US nicht mehr.

ICSS ist auch nicht immer die „Illusion“ einer natürlichen Selbstbefriedigung, wenngleich Durst und Hunger häufig die ICSS-Rate erhöhen, also z. B. eine Sättigung nach Hunger vortäuschen. Manche Reizorte scheinen keinerlei Interaktion mit natürlichen Motivationen aufzuweisen, sondern „pure“ positive Verstärkung („Lust“) zu erzeugen. ICSS löscht (Extinktion – Löschung, s. Kap. 24) aber extrem rasch, wenn nicht ein natürlicher Antriebszustand vorliegt, was auch dafür spricht, daß die Elektrode einmal beide Komponenten – *Antrieb* (z. B. Hunger) *und Verstärkung* – stimulieren kann; dann löscht die ICSS langsam, aber wenn *nur* Verstärkersysteme gereizt werden, dann tritt schnell löschende ICSS auf.

Für die *Trennung von Trieb- und Verstärkersystemen.* spricht auch die Tatsache, daß „Triebneurone“ meist lange Abfallszeiten der Depolarisation nach Reizung, sowie langsamere Leitungsgeschwindigkeiten (2–3 m/s) aufgrund schwächerer Myelinisierung ihrer Axone als „Verstärkerneurone“ aufweisen. Unter „Triebneurone“ verstehen wir Zellen, die bei Erhöhung oder Erniedrigung des Antriebsniveaus feuern. Sie liegen meist im Hypothalamus. Verstärkerneurone dagegen sind besonders bei Triebreduktion (z. B. Futtergabe) oder ICSS aktiv und reagieren nicht auf Änderungen des Antriebs [9, 24].

Das mesolimbische Dopaminsystem stellt die neuroanatomische und neurochemische Grundlage von Anreizmotivation dar; die Strukturen für positive Verstärkung (Freude-Belohnung) sind noch unbekannt

Anatomie von ICSS. Persistierende ICSS kann von vielen subkortikalen und kortikalen Regionen ausgelöst werden: optimal sind bei der Ratte das ***deszendierende mediale Vorderhornbündel** (MFB, medial forebrain bundle)* und der laterale Hypothalamus (LH).

BOX 25–2

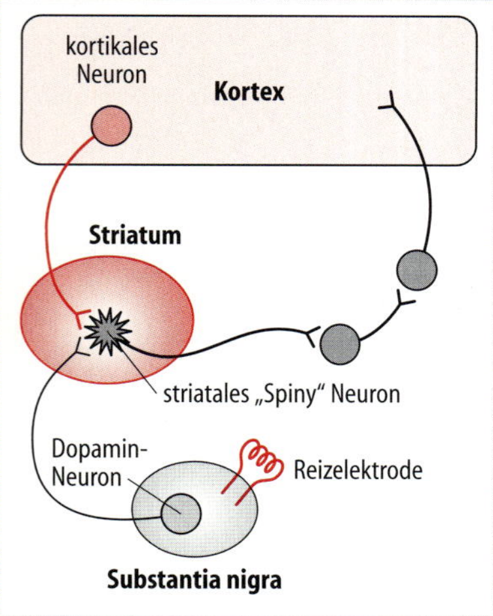

Hebbsche Verstärkung von sensomotorischen Verbindungen durch dopaminerge Belohnungsneurone

Dopamin-Belohnung als „Klebstoff" von senso-motorischen synaptischen Verbindungen
Die Abbildung zeigt die Wirkung der durch belohnende Selbstreizung der Substantia nigra pars compacta ausgelösten (SNc) Aktivierung einer senso-motorischen Verbindung in den Basalganglien (Striatum). Das Tier (Ratte) stimulierte sich selbst elektrisch in der Substantia nigra, von der dopaminerge Fasern ins Striatum der Basalganglien ziehen. Dort projizieren die glutamatergen Fasern vom Kortex, welche das Signal z. B. vom Hinweisreiz (Incentive, z. B. Lichtreiz) auf die motorischen Efferenzen zum Kortex übertragen. Die Zellen, an denen die dopaminergen und glutamatergen kortikalen Neurone konvergieren, sind sogenannte „Spiny"-Neurone (Dornenneurone) mit vielen dendritischen Verästelungen, an denen die beiden Fasertypen vom Kortex und vom SNc enden. Wenn das Tier kurz nach der Bewegung auf einen Reiz (im Kortex verarbeitet) belohnt wird, oder sich selbst mit einem Stromstoß verstärkt, wird die Verbindung zwischen dem vom Kortex kommenden und zum Kortex führenden Neuron gebahnt, vergleichbar der Langzeit-Potenzierung (LTP) bei Lernprozessen (s. Kap. 24). Bei der nächsten Reizung ist diese Hebbsche-Verbindung bereits verstärkt und damit das Verhalten leichter auslösbar. (Nach Reynolds JN, Hyland BI, Wickens JR (2001) A cellular mechanism of reward-related learning. Nature 413:67–70 mit freundlicher Genehmigung)

Am Neokortex ist der präfrontale Kortex besonders gut geeignet. Abbildung 25–31 gibt die Anatomie des Dopaminsystems der Ratte wieder und zeigt, daß der LH eine zentrale Integrationsstruktur für dieses, sowohl histologisch als auch neurochemisch uneinheitliche Fasergeflecht darstellt. Das Dopaminsystem ist nur ein Teil des MFB, von dem aber „zwanghafte" Selbstverstärkung besonders gut auslösbar ist (s. Box 25–2). Bevorzugt werden jene Fasern des MFB zu ICSS benutzt, die vom LH nach posterior zum ventralen Tegmentum führen. Als *zweites* ICSS-System fungiert der ***mediale Präfrontalkortex,*** der nicht vom MFB versorgt wird und auch andere Reizeigenheiten aufweist (längere Refraktärzeiten, langsame Reaktionsraten und primär intrakortikale und medio-dorsale Thalamus-Verbindungen).

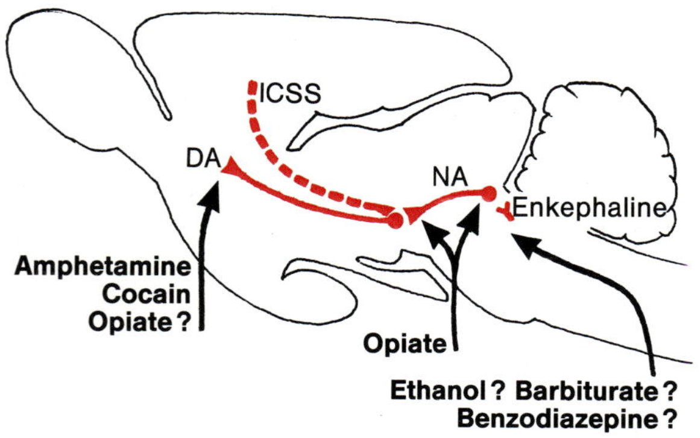

Abb. 25–31. Modell der Dopaminaktivierung durch Selbststimulation des lateralen Hypothalamus (*LH*) im Rattenhirn. Die Selbstreizung (*ICSS*) wirkt auf ein deszendierendes myelinisiertes System (*punktiert*). Reizung dieses Systems erregt die dopaminergen aszendierenden Systeme. Der dopaminerge Teil des Verstärkungssystems wird durch Amphetamine, Kokain und vermutlich Opiate erregt. Ethanol und Beruhigungsmittel (minor tranquillizer) üben einen indirekt verstärkenden Effekt durch Reduktion der Aktivität des dorsalen noradrenergen Bündels aus. Opiate und andere Einflüsse auf das Belohnungsverhalten sind eingezeichnet (s. Text). Aus [23]

Neurochemie der ICSS. Die dopaminergen Faserzüge, von denen ICSS auslösbar sind, verlaufen zum Großteil *aszendierend* in Richtung Vorderhirn, dazu gehört vor allem jener Teil des MFB, der zum ***N. accumbens*** führt (mesolimbisches DA-System), sowie das ventrale Tegmentum-Bündel (VTA), das posteriore MFB und die Capsula interna, die zum Caudatum, Putamen und Amygdala ziehen (s. Kap. 20). Das Dopaminsystem scheint aber auch als *gemeinsame Endstrecke* des ***deszendierenden MFB-LH-Systems*** und als gemeinsame Endstrecke von ***endogenen Opiatzellen*** zu fungieren (Abb. 25–32, s. Box 25–2).

Nucleus accumbens und ventrales Striatum. Wie auf Abb. 25–32 erkennbar, fungiert der N. accumbens (s. Kap. 20, S. 469) und das ventrale Striatum der Basal-

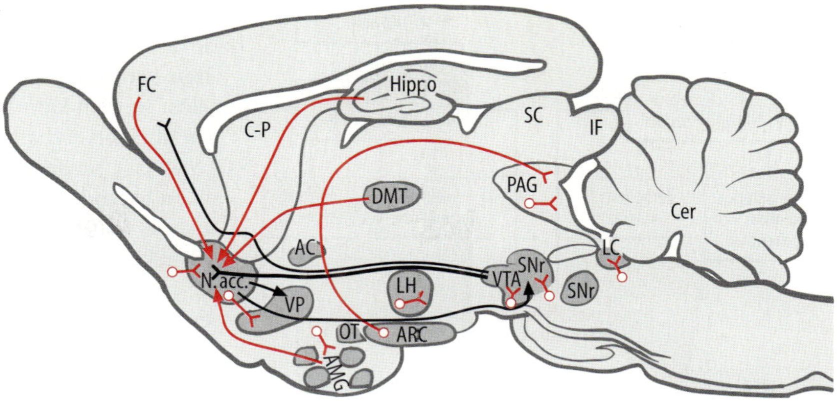

Abb. 25-32. Das Opioid-System. Der schematische Längsschnitt durch das Rattengehirn stellt die opioidhaltigen Neuronenbündel, die die Opiumwirkung hervorbringen, als *rote Linien mit weißten Zellkörpern*, dar. Dieses Opioid-System enthält lokale enkephalinhaltige Neurone (kurze Segmente) und β-endorphinhaltige Neurone (lange Segmente), die vom Hypothalamus zum Mittelhirn ziehen. Das Opioid-System überlagert das Dopamin-System (schwarz) teilweise. *FC* – Frontaler Kortex. *VTA* – Ventrale Mittelhirn-Area. *VP* – Ventrales Pallidum. *LH* – Lateraler Hypothalamus. *Snr* – Substantia nigra, pars reticulata. *DMT* – Dorsomedialer Thalamus. *PAG* – Periaquaeduktales Grau. *OT* – Tractus olfactorius. *AC* – Vordere Kommissur. *LC* – Locus coeruleus. *AMG* – Amygdala. *Hippo* – Hippocampus. Cer – Zerebellum. *C-P* – Caudatum-Putamen. *IF* – Colliculus inferior. *SC* – Colliculus superior. *ARC* – Nucleus arcuatus

ganglien als gemeinsame Endstrecke des Dopaminsystems. Während der N. accumbens von limbischen Kernen und dem medialen Frontalkortex, wird das ventrale Striatum von kortiko-thalamischen Regionen erregt. Beide projizieren zum Pallidum und S. nigra (s. Kap. 20 Box 25-2) und diese wiederum an viele kortikale Areale [34]. DA wirkt auf die Zellen des N. accumbens und ventralen Striatums so, daß starker, konvergenter und synchroner Erregungseinstrom (z. B. nach Drogenaufnahme) weiter verstärkt und kompetitiver Einstrom gehemmt wird. Dies erklärt den Anstieg von „incentive salience" (Anreizwert, s. Abb. 25-28 u. 25-29) mit wiederholter Substanzaufnahme.

Abbildung 25-33 zeigt die Aktivität des N. accumbens bei einem Kokainabhängigen, gemessen mit funktioneller Magnetresonanztomographie (fMRI) während der Euphorie („high") bei Einnahme (oben) und danach während der Phase des Verlangens (craving). Man erkennt, daß der N. accumbens vor allem auf den Anreizwert anspricht, wie es aus dem dargestellten Modell auf Abb. 25-29 vorhergesagt wurde.

Neuroleptika blockieren diese gemeinsame Endstrecke des positiven Anreizsystems und führen im Tierversuch zu ***anhedonischem Verhalten,*** indem sie verhindern, daß die verstärkenden Aspekte der Umgebung als herausragend (incentive salience) wahrgenommen werden. (Beim Menschen wird Anhedonie z. B. durch Fragebogen gemessen; anhedonische Personen zeigen wenig oder keine positiven, aber auch keine ausgeprägt negativen Gefühle). Obwohl die anhedonischen Tiere keine Bewegungsdefizite aufweisen, wie sie bei DA-Rezeptor-Blockade ab einer bestimmten Dosis auftreten, und in Vermeidungsparadigmen normal reagieren, haben positive Verstärker keinen motivierenden (Anreiz) Effekt mehr.

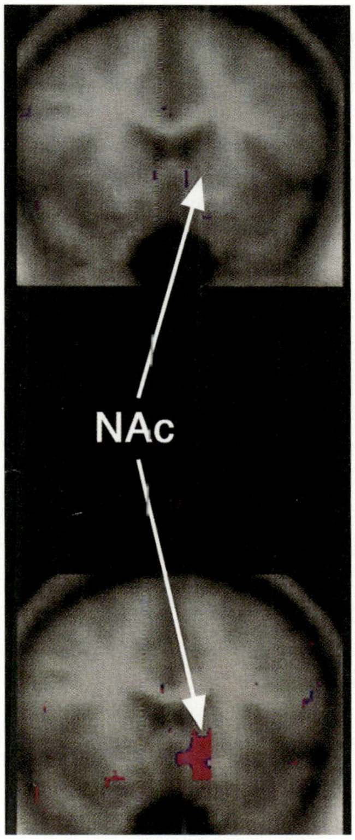

Abb. 25-33. Funktionelle Magnetresonanztomographie (fMRI) des Nucleus accumbens während Kokain-induzierter („High") Euphorie (oben) und während Verlangen (unten). Aus [40] mit freundlicher Genehmigung

Beim Menschen, bei dem Neuroleptika zur Behandlung schizophrener Störungen eingesetzt werden, hemmen Neuroleptika zwar auch die euphorischen Reaktionen auf Amphetamine (ein DA-Agonist), scheinen aber eher eine Art „Bleichung" und Abschwächung positiver Affekte und reduzierte Anreizmotivation als völlige Anhedonie zu bewirken. Konsumatorisches Verhalten bleibt völlig intakt, nur Anreize verlieren ihre Wirkung.

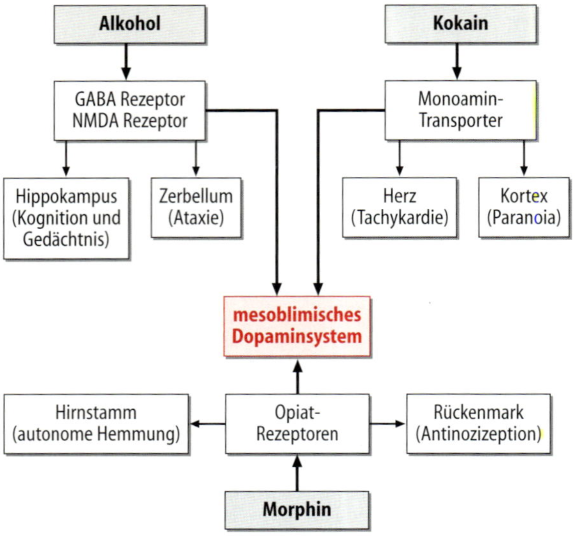

Abb. 25–34. Substanz-spezifische und gemeinsame Effekte einiger wichtiger Substanzklassen, die Sucht auslösen können

Daß die Anhedonie nicht ein Resultat *motorischer Hemmung* dopaminerger Systeme durch DA-Rezeptorenblocker (z. B. Pimozid) sein kann, sondern auf Verlust von Anreizmotivation zurückzuführen sind, zeigen u. a. Extinktionsversuche, in denen das Tier ein Labyrinth durchlaufen muß, um ICCS zu erhalten: Abschalten des Stromes führt zu langsamer Extinktion, die Tiere laufen noch mehrmals durch das Labyrinth, bevor sie „aufgeben". Pimozid, ein Neuroleptikum, hat denselben Effekt, die Tiere laufen einige Zeit weiter. Legt man eine Pause von ca. 10 min ein, in der man die Tiere aus dem Käfig nimmt, und gibt sie dann ins Labyrinth zurück, so beginnen sie sofort wieder zu dem Hebel zu laufen, wo sie ICSS erhalten hatten, auch unter Pimozid (spontane Erholung) [9, 24].

Opiate und das Dopaminsystem. Während die DA-Neurone bei operantem Verhalten mehr die *energetisierenden* (*incentive – Anreiz*) *Aspekte* von positiv motiviertem Verhalten erzeugen, werden die endogenen Opioide mit der *positiven affektiven Tönung* von Belohnungsreizen in Verbindung gebracht. Diesen Effekt üben ***endogene Opioid-Systeme*** vermutlich primär durch Hemmung noxischen, schmerzhaften Inputs aus. Opiatrezeptoren befinden sich vor allem in der Umgebung von „Schmerzanalysatoren" im ZNS (s. Kap. 16). Sie modulieren Schmerzwahrnehmung vom dorsalen Horn des Rückenmarks über das periaquäduktale Grau (wo die deszendierende Schmerzhemmung ausgelöst werden kann), in thalamischen Umschaltstationen für schmerzhafte Erregungskonstellationen, in der Amygdala, im Temporalkortex, sowie im Striatum, wo sie an aszendierenden DA-Neuronen enden. Auch der *Sucht*-erzeugende Effekt von Opiaten basiert vermutlich auch auf diesem aversionsunterdrückenden Effekt.

Abbildung 25–34 symbolisiert zusammenfassend die Tatsache, daß jede spezifische Substanz über ihre Substanz-spezifischen Rezeptoren und Hirnregionen ein individuelles ***Wirkprofil*** aufweisen, aber alle positiv verstärkende und Anreizmotivation erhöhende Wirkung über das mesolimbische Dopaminsystem entfalten.

Kurzzeit- und Langzeitwirkung von süchtig machenden Substanzen beruhen auf unterschiedlichen molekularen Mechanismen

Suchtverlauf. Da die Zellen des Nucleus accumbens und die Ursprungszellen des mesolimbischen Dompaminsystems im ventralen Tegmentum (VTA) eine zentrale Rolle in der Suchtentstehung und -aufrechterhaltung spielen, wurde ihr Verhalten besonders intensiv untersucht. Dabei zeigte sich, daß eine Vielzahl von charakteristischen extra- und intrazellulären Änderungen im Verlauf einer „Drogenkarriere" von der akuten Einnahme über die chronische Einnahme bis zu Kurzzeit- und Langzeitabstinenz auftreten, welche gut mit den psychologischen Beobachtungen von drogenabhängigen Menschen und Tieren übereinstimmen. Abbildung 25–35 faßt die einzelnen Phasen und einige wichtige molekulare und hormonelle Änderungen, die wir im folgenden besprechen, zusammen.

Akute Einnahme. Extrazellulär führt die Bindung der zugeführten Substanz in Zellen des mesolimbischen Dopaminsystems zunächst – wie in den Kap. 3, 8 und 24 beschrieben – an den Dopamin- oder Opiatrezeptoren zur Aktivierung von G-Proteinen, die eine Reduktion

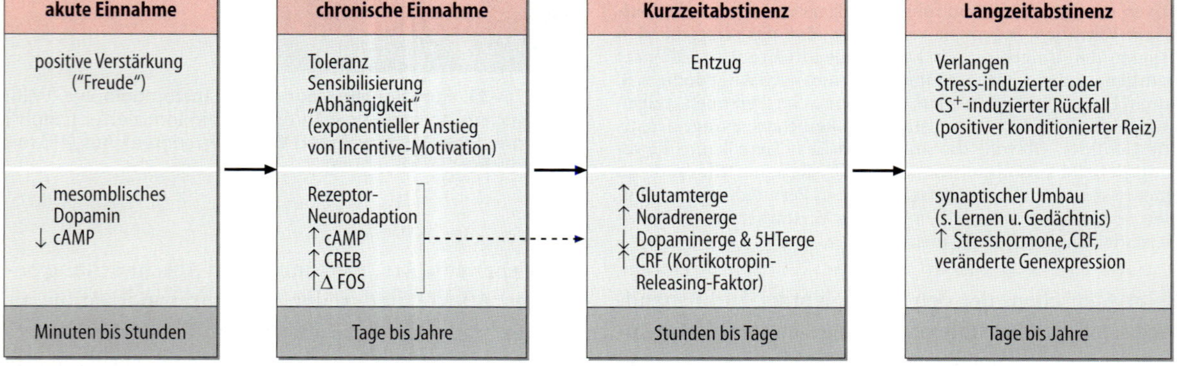

Abb. 25–35. Verlauf von Suchtverhalten auf psychologischer und molekularer Ebene. (Erläuterungen siehe Text)

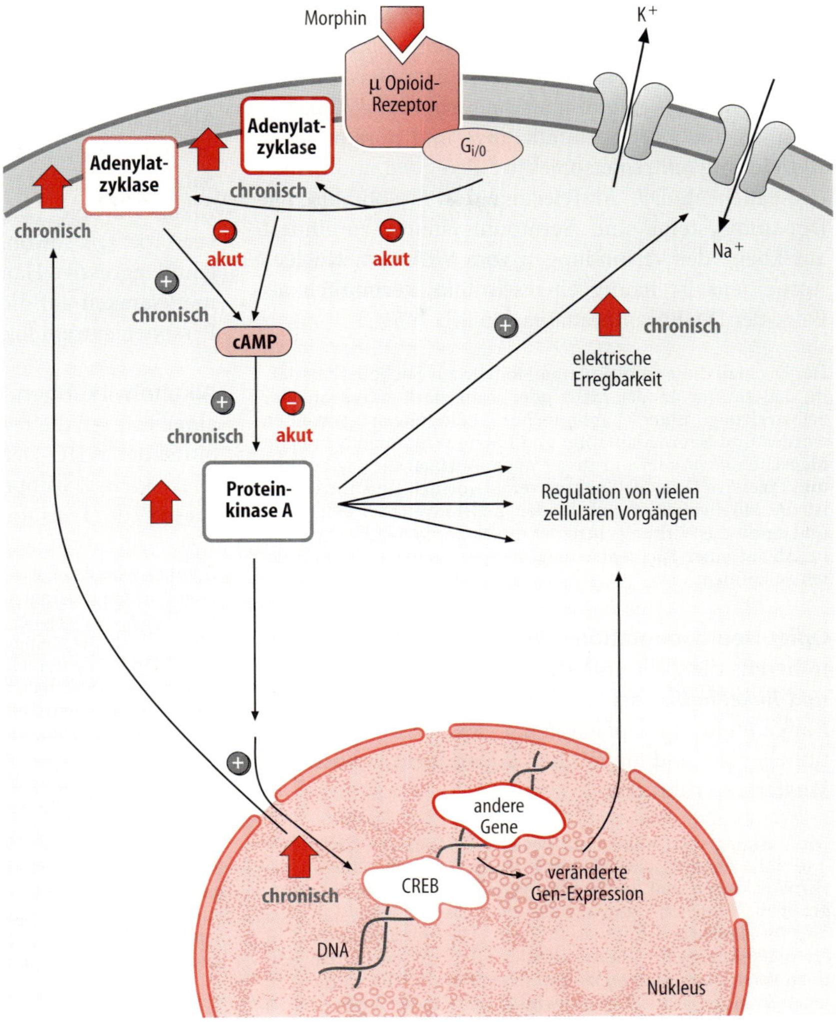

Abb. 25–36. Molekulare Mechanismen der Sucht. Die dünnen Pfeile symbolisieren, wenn nicht anders vermerkt, akute Substanzwirkung, die dicken chronische (s. Text; nach [20] mit freundlicher Genehmigung)

von Adenylatzyklase-Aktivität und als Folge reduzierte cAMP und cAMP-abhängige Proteinkinase bewirken. Blockade des cAMP-Abfalls mit Cholera-Toxin z. B. hemmt die ICSS, also die Freude und Befriedigung (s. auch Abb. 25–36). Durch die Reduktion der cAMP-Aktivität wird auch die Phosphorilierung einiger Ionenkanäle an der Membran reduziert [30].

Welche elektrophysiologischen Konsequenzen für die beteiligten Zellen diese cAMP-Reduktion hat, ist unklar, außer daß zu diesem Zeitpunkt das mesolimbische Dopaminsystem auf Ebene des Nucleus accumbens noch nicht dauerhaft hyperaktiviert ist (s. Abb. 25–33).

Chronische Einnahme-Neuroadaptation-Toleranz. Das intrazelluläre Milieu ändert sich radikal bei chronischer Einnahme: Adenylatzyklase steigt, cAMP steigt (kompensatorisch) und die Aktivität der cAMP- oder Ca^{2+}-abhängigen Proteinkinasen führt zu Phosphorilierung von CREB im Zellkern. Wie schon in Kap. 24 ausgeführt, handelt es sich bei CREB um DNA-Sequenzen, die als cAMP-Reaktionselement-Bindungs-Protein (cAMP response element binding protein) bezeichnet werden. c-fos und c-jun sind ähnliche DNA-Proteine, die an bestimmte DNA-Sequenzen „andocken" und die Gentranskription von Proteinen auslösen. Die Erregbarkeit der adaptierten Zelle an der Membran steigt dauerhaft an. Die Zellen im VTA *schrumpfen* während die Nucl. Accumbens-Zellen mit dem kompensatorischen cAMP-Anstieg und der beschleunigten Transkription überaktiv werden, wenn nicht die an die Rezeptoren bindende Substanz erneut zugeführt wird.

Zusätzlich oder unabhängig von diesen intrazellulären Vorgängen hat man aber auch eine ***Rezeptorneuroadaptation*** an D_2-Rezeptoren beobachtet, die mit zunehmender Drogeneinnahme ihre Sensitivität reduzieren. Diese geht aber bereits nach einer Woche Entzug zurück, während die Änderungen des genetischen Apparats stabiler bleiben (s. Abb. 25–36).

Kurzzeitentzug. Wird die Zufuhr der Substanz plötzlich eingestellt, kommt es zur Überkompensation der durch chronischen Konsum kompensierten Zellen und der von der Gegensatz-Theorie vorhergesagten affektiven Gegenreaktion: der dramatische Anstieg von cAMP und der Erregbarkeit der Zellen stimuliert die Ausschüttung von CRF und Stresshormonen (s. Kap. 5 u. 6 und Abb. 25-35) und über die Verbindung zu Basalganglien und Kortex glutamaterge und noradrenerge Aktivierung (extreme subjektive Erregung und Incentive-Salience). Die Aktivierung des mesolimbischen Dopaminsystems und Serotoninsystems, zumindest auf Ebene der Verbindungen vom VTA zum Nucleus Accumbens ist häufig eingeschränkt, vermutlich als Folge der DA-Rezeptoradaptation [5].

Der Nachteil dieser molekularen Modelle zur Sucht besteht darin, daß sie nur an der Maus oder Ratte nach intrakranieller Selbstreizung unter Laboratoriumsbedingungen gewonnen wurden und Neuroadaptation und Entzugserscheinungen beim Menschen ***nicht*** oder nur in geringem Ausmaß für wiederholte und exzessive Drogenaufnahme verantwortlich sind. Ihr Vorteil ist die Möglichkeit, gezielt in den Zellstoffwechsel eingreifen und damit die Wirkung einzelner molekularen Syntheseschritte im Ablauf einer Suchtentstehung und -aufrechterhaltung prüfen zu können.

Opiat-Neuroadaptation. Wir haben in Kap. 5, 6 und 16 bereits die Rolle endogener Opiate, der ***Endorphine und Enkephaline*** bei Schmerz und Streß beschrieben. Einige endogene Opiatsysteme stehen in enger funktioneller Verbindung mit den dopaminergen positiven Verstärkerstrukturen.

Die Wirkung von Opiaten auf positive Verstärkung („Freude") und ihre analgetische Wirkung findet in unterschiedlichen Hirnstrukturen statt und benutzt verschiedene Opiat-Rezeptorgruppen. Natürlich veranlaßt das euphorische Gefühl („Kick") und vor allem die damit verbundenen konditionalen Reize (CS) („Drogenszene") zur Wiederaufnahme der Drogen. In den positiven Verstärkersystemen kommt es aber offensichtlich nicht zu jenen kompensatorischen intrazellulären Änderungen, die zu Toleranz und zu dem Abstinenzsyndrom führen; diese scheinen eher in jenen Systemen stattzufinden, die mit der analgetischen Wirkung der Opiate zu tun haben, besonders im periaquäduktalen Grau des Mittelhirns (s. Kap. 16).

Die vielfältigen Wirkungen von Alkohol führen zu Konditionierungen an unterschiedliche soziale Situationen

Alkohol und soziale Erwartung. Wie für die Opiatsucht sind auch für die Alkoholsucht eine Vielzahl von kulturellen, psychologischen, genetischen und pharmakologischen Faktoren verantwortlich. Kein Faktor allein ist in der Lage, Ätiologie und Stabilität des Verhaltens zu erklären. Angesichts der sozialen Akzeptanz in vielen Kulturen ist die Aufnahme und Wirkung von alkoholischen Getränken an eine Vielzahl von sozialen und internen Hinweisreizen (z. B. Tageszeit) konditioniert, was die Einnahme meist „in Grenzen" hält.

Eine Reihe von Untersuchungen belegen, daß die *Erwartung* der spezifischen Wirkung in einer sozialen Situation [bei geringen und mittleren Alkoholmengen] die Wirkungen *mehr* bestimmt als die aktuelle Menge von Alkohol im Blut. Auch ohne Alkoholaufnahme treten die Wirkungen auf, wenn die Personen glaubten, Alkohol getrunken zu haben; und umgekehrt wurden keine Wirkungen gespürt und gemessen, wenn die Personen glaubten, keinen Alkohol aufgenommen zu haben, trotz aktueller Aufnahme (die Getränke waren geschmacksneutral, siehe [6, 9, 22]).

Alkoholmyopie. Das psychologische Korrelat der oben beschriebenen Anreizhervorhebung (Incentive Salience) bei wiederholter Alkoholaufnahme) wird als Alkoholmyopie (Engsichtigkeit) bezeichnet. Alkohol verstärkt z. B. sowohl altruistisch-positive wie auch negativ-aggressive Handlungen und Gefühle, da die Aufmerksamkeit auf die gerade gegenwärtigen Reize und Personen extrem fokussiert und eingeschränkt wird.

Alkoholwirkungen. Nur wenige der Menschen (etwa einer von 15), die regelmäßig Alkohol trinken, sind im Sinne der WHO-Definition als süchtig zu bezeichnen. Diese kleine Gruppe (1–5% der Männer) trinkt mehr als 50% der konsumierten alkoholischen Getränke.

Alkohol wird vom gastrointestinalen System rasch aufgenommen und durchdringt als kleines Molekül die Blut-Hirnschranke. Die depressorische, sedierende Wirkung setzt innerhalb von Minuten ein. Bei kleinen Dosen werden inhibitorische Synapsen im ZNS durch glutamaterge Neurone gehemmt, daher die Enthemmung des Verhaltens, später kommt es zu Hemmung auch der exzitatorischen Zellen durch verstärkte Bindung an GABA-Rezeptoren und ausgedehnter Inhibition im Hirnstamm, bei weiterer Zufuhr auch in kortikalen Regionen. Das EEG ist verlangsamt, Tiefschlaf (SWS) vermehrt, REM unterdrückt (s. Kap. 23), der Erholungswert des Schlafes damit reduziert.

90–95% von 10 ml Äthanol (etwa ein Whisky) wird nach einer Stunde zu Wasser und CO_2 metabolisiert. Bei höheren Dosen verzögert sich die Ausscheidung und Metabolisierung in Abhängigkeit von mehreren Faktoren: der aufgenommenen Menge des Alkohols, Körpergewicht, gleichzeitige Nahrungsaufnahme, körperliche Aktivität, Rasse, Alter, Geschlecht und genetischer (familiärer) Vulnerabilität.

Die unkonditionierte physische Abhängigkeit (Neuroadaptation) scheint – zumindest teilweise auch über die auf S. 645 beschriebene Opiat-Rezeptorbindung zu erfolgen: Bei der Oxydation von Alkohol in der Leber durch die Enzyme Alkohol-Dehydrogenase (ADH) und Aldehydhydrogenase (AldHD) gelangen Aldehydmetaboliten ins ZNS, wo sie in Gegenwart von Alkohol zusammen mit zentralen Monoaminen Kondensationsprodukte herstellen, die strukturell morphinähnliche Alkaloide bilden. Diese Produkte (Tetrahydro-Isoquinolon, TIQ) fungieren als ***„falsche" Transmitter*** und binden sich an Opiatrezeptoren. Dies setzt dann in einzelnen Hirnsystemen, die teilweise mit Endorphin-Enkephalin-Systemen identisch sind, die Opiat-Neuroadaptation in Gang.

Behandlung von Alkoholismus. ***Naltrexon***, welches Opiat-Rezeptoren an den Nervenzellen blockiert und damit die Bindung extern zugeführter Opiate an opioide Zellen verhindert, hat daher auch einen positiven therapeutischen Effekt auf Alkoholabhängigkeit. Die Wirkung hängt natürlich direkt von der ***Compliance*** der Patienten ab: nur bei kontinuierlicher Einnahme wirkt es.

Dasselbe gilt für ***Disulfiram*** („Antabus"), das klassische Pharmakon gegen Alkohol, das über einen operanten ***Bestrafungsmechanismus*** wirkt: es blockiert den Abbau von Alkohol und führt zu Anhäufung von Azetaldehyd, welches toxisch wirkt und Übelkeit und Erbrechen nach Einnahme von Alkohol bewirkt.

Acamprosat dagegen ist eine Substanz, welche die anhaltende neuronale Übererregung nach chronischem Alkoholgenuß reduziert. Es hemmt die Expression von erregenden Aminosäurerezeptoren, vor allem Glutamat und bewirkt damit vermutlich das „Vergessen" der positiven Alkoholwirkungen über die Hemmung des auf S. 645 und in Kap. 24 beschriebenen intrazellulären Kaskaden beim Langzeitgedächtnis.

Die *Kombination aus Verhaltenstherapie* und *Pharmakotherapie* hat bisher die besten Ergebnisse in der Behandlung des Alkoholismus erzielt.

Das Rauchen von Tabak bewirkt primär eine Erhöhung der Flexibilität von Aufmerksamkeit

Nikotinwirkungen. Das Rauchen von Tabak in Zigaretten ist – verglichen mit harten Drogen (Heroin, Kokain) und Alkohol – für die Gesundheit der Bevölkerung das größere Problem. Bis auf die Zeitverläufe und Intensität ähnelt die Wirkung von Nikotin – ein Alkaloid mit stereochemisch ähnlicher Struktur wie die Opiate – in vielen Aspekten den Opiaten und Alkohol. Nikotin entfaltet eine Vielzahl von Wirkungen, die es weder als stimulierende noch sedierende Droge charakterisieren. Vielmehr kann der Raucher durch subtile Dosierung des inhalierten Rauches (z. B. „Tiefe" des Zuges, Dauer etc. und in Kombination mit Manipulation der Situation, in der geraucht wird), die Wirkung *selbst regulieren* (ein durchschnittlicher Raucher macht pro Jahr 50–100 000 Züge). Die Wirkung eines Zuges tritt innerhalb von Sekunden im ZNS ein. Etwa 20 Minuten nach dem letzten Zug an einer Zigarette ist das Nikotin metabolisiert und erneutes Verlangen tritt auf, das stark situationsabhängig ist [27].

Stimulation *nikotinerger cholinerger Rezeptoren* im ZNS ist einer der Wirkmechanismen von Nikotin bei niedrigen Dosen; bei höherer Dosierung werden die ACh-Rezeptoren blockiert und Entspannung tritt auf. Nikotin regt zusätzlich die Produktion von Hirnkatecholaminen und Serotonin an, was vermutlich die verbesserte Aufmerksamkeit verursacht. Raucher scheinen dadurch auch weniger häufig eine Alzheimer- oder Parkinsondemenz zu erleiden. Blockade nikotinerger cholinerger Rezeptoren durch Mecamylamin reduziert Rauchen, hat aber erhebliche Nebeneffekte. Bei Rauchern führt die Zufuhr von Nikotin zu beschleunigter Reaktionszeit, verbesserter Konzentration, reduzierter Aggressivität, Angstreduktion und Muskelentspannung (letzteres über Reizung von Renshaw-Zellen im Rückenmark). Rauchen verkürzt das Ausmaß der subjektiv verstrichenen Zeit und damit Langeweile. Diese Effekte bilden sich deutlich im kortikalen EEG und in den Hirnpotentialen ab: die Selbstregulation der langsamen Hirnpotentiale (s. Kap. 22 und 27) ist verbessert, was mit *Erhöhung der Flexibilität von Aufmerksamkeitsprozessen einhergeht* (s. Abb. 25–37).

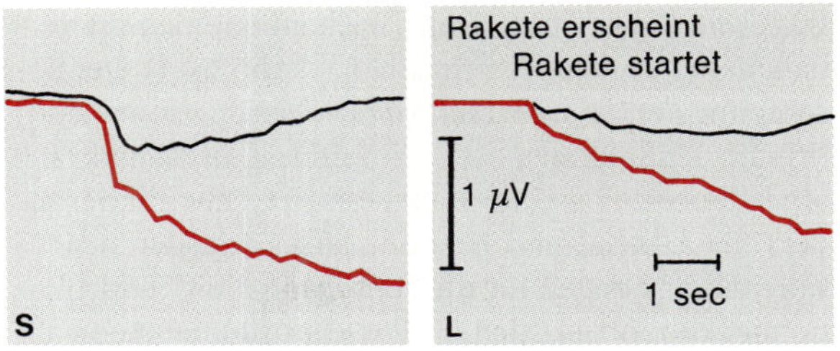

Abb. 25–37. Selbstregulation langsamer Hirnpotentiale bei schweren Rauchern (*S*) und Leichtrauchern (*L*). Die Aufgabe der Versuchspersonen bestand darin, nach Rauchen einer Zigarette die linke zentrale Hirnhemisphäre gegenüber der rechten elektrisch zu positivieren (*rot*) und abwechselnd die rechte zu positivieren (*schwarz*). Als Rückmeldung beobachtet die Vp eine stilisierte Rakete auf einem Videoschirm, die exakt ihre eigenen langsamen Hirnpotentiale wiedergibt (s. Kap. und 27 zur detaillierten Beschreibung des Versuchs). Raucher nach Rauchen einer Zigarette mit hohem Nikotingehalt (*S*) zeigen deutlich verbesserte Selbstregulationsleistung

Die ***Abstinenzerscheinungen*** (b-Prozeß) sind eher *kognitiver* und emotionaler als physischer Natur, so daß bei Nikotin nicht von physischer Abhängigkeit gesprochen werden kann: Konzentrationsprobleme, Fokussierung des Denkens auf Beschaffung von Zigaretten, Nervosität und Streßintoleranz erreichen bis zu einem Tag nach der letzten Zigarette ein Maximum, um dann bis nach einer Woche abzusinken. Die konditionierten Effekte (CS für a oder b-Prozeß-Reaktionen) bleiben oft noch Jahre bestehen [2, 6].

Die Resistenz der Rauchersucht gegenüber Selbst- und Fremdtherapie erklärt sich sowohl aus der Möglichkeit zur subtilen Selbstregulierung der Dosis in Abhängigkeit von der Situation, als auch aus der extrem häufigen Addition von a- und b-Prozeß-Reaktionen und der Möglichkeit, sofort nach Abklingen der Wirkung, am Höhepunkt der b-Prozeß-Nachschwankung, neuerlich zu rauchen. Die kurzen Zeitintervalle zwischen den Zigaretten erlauben kein Abklingen des b-Prozesses und die Häufigkeit führt zu einer fast unendlichen Zahl externer und körperinterner konditionierter Reize (CS) für a- und b-Reaktionen [37].

Die Beseitigung oder Konfrontation mit den konditionierten Reizen für Substanzaufnahme stellt die wirksamste Strategie der Suchtbehandlung dar

Prävention und Behandlung von Süchten. Die allgemeinen Prinzipien der Neurobiologie und Psychologie zur Änderung von Verhalten gelten auch für Süchte. Es besteht nur ein gradueller Unterschied, da die Beziehung zwischen auslösenden Reizen, Motivation und Verhalten bei Süchten besonders stabil ist. Süchtiges Verhalten in diesem Sinne ist ein extrem gut gelerntes Verhalten, dessen Beseitigung auf dieselben Schwierigkeiten stößt, wie die Änderung von *Gewohnheiten* (habits). Dabei spielen die motivierenden Eigenheiten der Drogen eine ähnliche Rolle wie Hunger und Durst unter Deprivationsbedingungen: jeder Hinweisreiz, der die *Erwartung der Konsumation* signalisiert, „überträgt" ein hohes Ausmaß an „Triebenergie" auf die verhaltenssteuernden Hirnregionen (s. Abb. 25–1). Der Beseitigung *der Verfügbarkeit von Drogen* durch sozialpolitische Maßnahmen ist – zumindest in demokratischen Systemen – eine Grenze gesetzt. Dies gilt besonders für Alkohol und Nikotin. Angesichts der Bedeutung dieser Drogen für die „Lebensqualität" und Ökonomie konzentriert sich die Forschung zunehmend auf die Frage des ***„kontrollierten Konsums"*** dieser Drogen mit minimalen negativen Auswirkungen auf die Gesundheit und das „Funktionieren" einer Kultur und Subkultur.

„Alles-oder-Nichts"-Theorien des Rückfalls (wie im Falle des „ersten Schlucks" und des darauf folgenden Kontrollverlust bei Alkoholikern) tragen wenig zur Reduktion des Verhaltens bei: ein Großteil der Bevölkerung genießt Alkohol ohne gesundheitlichen oder sozialen Schaden zu erleiden, 10–15 % der US-Bevölkerung nimmt im Laufe des Lebens Heroin zu sich, davon wird ein minimaler Prozentsatz „süchtig" (0,1–0,5 %) etc. Diese Fakten minimieren nicht die schädigenden Einflüsse von Drogen, sondern zeigen nur, daß eine „rein" neurobiologische Betrachtung von Sucht ohne Beachtung der lernpsychologischen und sozial-historischen Bedingungen unvollständig bleiben muß.

Pharmakologische Therapie. Die bevorzugte Therapie für Opioidabhängige und Alkoholiker sind nach wie vor pharmakologische Maßnahmen: ***Methadon*** ist ein Endorphinagonist mit ähnlichen Effekten wie Heroin, es bleibt aber nach oraler Einnahme über mehr als 20 Stunden in den Körpergeweben und reduziert den Wunsch nach Neueinnahme und die Abstinenzerscheinungen.

Die ***Rückfallquote*** ist bei den meisten Therapien von Süchten gleich: nach einem Jahr sind nur mehr 20 % der Teilnehmer abstinent. Nur jene Personengruppen, die radikale Lebensänderungen einleiten und damit einen Teil der konditionalen Reize für a- und b-Prozeß-Reaktionen vermindern, bleiben abstinent.

Psychologische Therapien. Angesichts der Tatsache, daß lebenslang wirksame Lernprozesse an der Suchtentwicklung beteiligt und das Dopamin- und Lustsystem für „vorwärts" gerichtetes („drängendes") Verhalten Voraussetzung sind, ist die Entwicklung einer wirksamen pharmakologischen Behandlung der Süchte wenig wahrscheinlich. Nur durch wiederholte Konfrontation mit allen konditionierten Reizen für Antriebswerte in der Lebensrealität des(r) Süchtigen bei gleichzeitiger Verhinderung der Wiederaufnahme kann die Verbindung zwischen auslösenden Reizen und dem psychomotorischen („Vorwärts")Drang gelöst werden (***Löschung durch Reaktionsverhinderung***).

ZUSAMMENFASSUNG

Triebe stellen unspezifisch die Energie für angeborene (Instinkte) und gelernte Verhaltensweisen zur Verfügung, Verstärkung lenkt das Verhalten in die gewünschte Richtung. Homöostatische Triebe sind von der Funktionstüchtigkeit meist hypothalamischer Homöostaten abhängig, die relativ feste Sollwerte für vital notwendige Verhaltenskategorien vorgeben: Durst, Hunger, Temperaturerhaltung und Schlaf gehören hierzu.

Nichthomöostatische Triebe wie Sexualität, Exploration, Bindung und Emotionen sind bei Vorhandensein gewisser Mindestmengen von Hormonen zu bestimmten kritischen Zeiten der Entwicklung gelernt und sind nicht von zyklisch sich ändernden Sollwerten abhängig.

Motiviertes Verhalten besteht aus hierarchisch aufgebauten, zunehmend komplexeren Reflexhierarchien, die zu ihrer Entwicklung Reizeinstrom vor allem aus körpernahen Sinnessystemen (Gravitationssinne, Tastsinne) benötigen. Bei Hirnverletzungen oder extremen Belastungen fallen stets die ontogenetisch später erworbenen Reflexe früher aus.

Durst entsteht über drei Mechanismen, nämlich (a) osmotischer Durst über Osmosensoren im Hypothalamus, (b) Barosensoren im Herzkreislauf und antidiuretisches Hormon (ADH) und (c) Ausschüttung von Renin und Angiotensin II in der Niere und im Gefäßsystem. Die letztgenannten beiden Mechanismen werden als hypovolämischer Durst bezeichnet.

Hunger wird primär durch Glukoseabfall in hypothalamischen Glukostaten bewirkt. Leptinabfall und Hormone aus dem Intestinaltrakt wirken ebenfalls auf den Hypothalamus und Hirnstamm. Wie bei Durststillung, läßt sich auch bei Hunger resorptive und präresorptive Sättigung unterscheiden: erstere verläuft schnell, über Rezeptoren des Mund- und Rachenraumes, die resorptive langsam über Chemorezeporen und die Herstellung der physiologischen metabolischen Balance.

Anorexie und Bulimie sind häufige Eßstörungen, meist bei Frauen, die kulturell bedingt sind, aber erhebliche pathophysiologische Folgen für das ZNS haben können. Die psychologische Behandlung dieser Störungen konzentriert sich auf die Beseitigung der sozialen und kognitiven Auslöser für Fasten. Obesitas („Fettsucht") hat eine starke genetische Komponente, ihre Behandlung erfolgt aber auch über psychologische Strategien zur Änderung des Eßverhaltens.

Die Grundstruktur sexuellen Verhaltens ist bei Mann und Frau weitgehend identisch. Es wird eine erste Erregungsphase, eine darauf folgende Plateauphase und die Orgasmusphase unterschieden. Für die Erregungs- und Plateauphase ist parasympathisch gesteuerte Vasokongestion Voraussetzung, für Orgasmus sympathisch aktivierte Kontraktionen.

Sexuelle Differenzierung zwischen den Geschlechtern beginnt ab der 6. bis 7. Schwangerschaftswoche. Ohne Vorhandensein von Androgenen entwickelt sich immer ein weiblicher Organismus („Eva-Prinzip").

Androgene und Östrogene haben einen organisierenden Einfluß auf Gehirn und Verhalten, besonders in kritischen Perioden vor oder kurz nach der Geburt, sowie in der Pubertät. Vor allem die sexuelle Orientierung (homo- oder heterosexuell) hängt von strukturellen Änderungen in Anatomie und Physiologie hypothalamischer Strukturen ab, die in solchen kritischen Perioden der Entwicklung geformt werden.

Süchtiges Verhalten ist ein Beispiel für erworbene (nichthomöostatische) Motivation, das vor allem auf Prozessen der klassischen Konditionierung an positive Hinweisreize beruht. Man kann einige Formen süchtigen Verhaltens mit einer Gegensatz-Prozeß-Theorie der Motivation erklären. Dabei führt ein bestimmter lustvoller oder aversiver Zustand immer zur Auslösung seines gegensätzlichen hedonischen Zustandes. Die Summe beider innerorganismischer „Gegensatzzustände" bestimmt die aktuelle Richtung und Stärke eines Gefühls oder Triebes. Sucht entsteht nach diesem Konzept vor allem durch Neueinnahme einer süchtig machenden Substanz in Phasen des Abstinenzverlangens. Im Laufe der Suchtentwicklung erhalten aber Hinweisreize für Substanzeinnahme einen exponentiellen Zuwachs an Aufmerksamkeitsbindung und Verlangen (Anreizhervorhebung), während die positiven Verstärkereffekte (Freude, Euphorie, Befriedigung) entweder gleich bleiben oder nachlassen. Deshalb sind die konditionierten positiven Verstärker primär für Sucht verantwortlich.

Der Zuwachs an Anreizhervorhebung durch Substanzeinnahme („incentive salience") wird durch anwachsende Sensibilität des dopaminergen Verstärkersystems bewirkt. Dieses subkortikale System verläuft vom Mittelhirn bis ins limbische System, die Basalganglien (N. accumbens) und den präfrontalen Kortex und ist für das „Vorwärts-Drängende" unseres Verhaltens verantwortlich. Freude und Befriedigung wird vermutlich über vom limbischen System absteigende endorphinerge Fasern o.a. Neuropeptide vor allem im medialen Vorderhirnbündel (MFB) bewirkt.

Neuroadaptation („Gewöhnung") besteht in einer kompensatorischen Regelung des genetischen Apparates der Zelle, welcher vor allem das Erregungsgleichgewicht an der Zellmembran sichern soll. Bei plötzlichem Absetzen einer süchtig machenden Substanz führt die rasche Aufhebung der Neuroadaptation zu Entzugserscheinungen. Für die Erklärung von Rückfällen hat aber Neuroadaptation wenig Bedeutung, diese entstehen meist durch Wiederauftreten positiver Anreize. Obwohl zwischen den meisten süchtig machenden Substanzen Kreuztoleranz besteht und damit bei entsprechender Verfügbarkeit multiple Süchte („Toxikomanie") eher die Regel als die Ausnahme sind, hat jede Substanz zusätzlich spezifische Wirkungen: Alkohol führt zu Alkoholmyopie („Kurzsichtigkeit") und kann sowohl pro- wie auch antisoziale Folgen haben, je nach den gegenwärtigen Hinweisreizen. Nikotin erhöht die Flexibilität und Effizienz von Aufmerksamkeit in cholinergen Regionen des ZNS, ohne nennenswerte Einflüsse auf emotionale Reaktionen.

Die Behandlung von Süchten führt nur im Rahmen von Extinktions- und Konfrontationsstrategien zum Erfolg: alle konditionierten Anreize für Substanzeinnahme in der Umgebung des/r Betroffenen müssen gelöscht werden.

Literatur

Weiterführende Lehr- und Handbücher

1. Adler N, Pfaff D, Goy RW (eds) (1985) Reproduction. Handbook of Behavioral Neurobiology. Vol. 7, Plenum, New York
2. Ashton H (1992) Brain Function and Psychotropic Drugs. 2nd ed. Oxford Univ Press, Oxford
3. Beach FA (ed) (1977) Human Sexuality in Perspective. Baltimore, Johns Hopkins Univ Press
4. Carlson NR (2000) Physiology of Behavior. 7th ed. Allyn & Bacon, Boston
5. Charney D, Nestler E, Bunney B (Eds) (1999) Neurobiology of Mental Illness. Oxford University Press, Oxford
6. Drummond DC, Tiffany S, Glautier S, Remington B (eds) (1995) Addictive Behaviour Wiley, Chichester
7. DSM-IV-R (1994) Diagnostic and Statistical Manual for Mental Disorders. 4th ed. Revised. Am Psychiatric Association, Washington DC
8. Feldman, RS, Meyer JS, Quenzer LF (1997) Principles of Neuropsychopharmacology. Sinauer, Mass.
9. Glantz M, Pickens R (eds) (1992) Vulnerability to Drug Abuse. APA Press, Washington DC
10. Hierholzer K, Schmidt RF (Hrsg) (1991) Pathophysiologie des Menschen. Edition Medizin, VCH Verlagsgesellschaft, Weinheim
11. Jänig W (2000) Vegetatives Nervensystem. In [19]
12. Julien RM (2000) A Primer of Drug Action. 9th ed. Worth-Freeman, San Francisco
13. Kaplan IH, Sadock BJ (eds) (2000) Comprehensive Textbook of Psychiatry. Vol. 1, 7th ed. William & Wilkins, Baltimore, 5th ed 1995
14. Legg CR, Booth DA (eds) (1984) Appetite. Neural and Behavioral Bases. Oxford University Press, Oxford
15. Masters WH, Johnson VE (1966) Human Sexual Response. Little Brown, Boston
16. Money J, Ehrhardt AA (1972) Man and Woman, Boy and Girl. Johns Hopkins Univ Press, Baltimore
17. Nemeroff Ch, Loosen PT (eds) (1992) Handbook of Clinical Psychoneuroendocrinology. Guilford Press, New York
18. Nieuwenhuys R (1985) Chemoarchitecture of the Brain. Springer Verlag, Berlin
19. Schmidt RF, Thews G, Lang F (Hrsg) (2000) Physiologie des Menschen, 28. Auflage Springer, Heidelberg
20. Self DW, Nestler EJ (1995) Molecular mechanisms of drug reinforcement and addiction. Ann Rev Neurosci 18:463–95

Einzel- und Übersichtsarbeiten

21. Birbaumer N (1994) Sucht und die gelernte Freude des Gehirns. In: W Böhm, M Lindauer (Hrsg) Sucht und Sehnsucht. Klett, Stuttgart
22. Davidson G, Neale JM (1993) Abnormal Psychology. 7th ed. Wiley, New York
23. Epstein AN (1982) Instinct and motivation as explanations for complex behavior. In: Pfaff DW (ed) The Physiological Mechanism of Motivation. Springer Verlag, New York
24. Gallistel CR (1973) Self-stimulation: the neurophysiology of reward and motivation. In: The Physiological Basis of Memory. In: Deutsch JA (ed) The Physiological Basis of Memory. Academic Press, New York
25. Hamer D, Hu S, Magnuson V, Nau H, Pattatucci A (1993) Linkage between DNA markers on the X-chromosome and male sexual orientation. Science 261:321–327
26. Hart BL, Leedy MG (1985) Neurological bases of male sexual reproductive behavior. In: Adler N, Pfaff D, Goy RW (Eds.) Reproduction. Handbook of Behavioral Neurobiology. Vol. 7. Plenum, New York
27. Henningsfield JE (1984) Behavioral pharmacology of cigarette smoking. In: Thompson T, Dews PB, Barrett JE (eds) Advances in Behavioral Pharmacology, Vol. 4. Ac Press, New York
28. LeVay S (1991) A difference in hypothalamic structure between heterosexual and homosexual men. Science 253:1034–1037
29. Money J (1987) Sin, sickness, or status. Homosexual gender identity and psychoneuroendocrinology. Am Psychologist 42:384–399
30. Nicola S, Surmeier J, Melanka R (2000) Dopaminergic modulation of neuronal excitability in the striatum and nucleus accumbens. Annual Rev Neurosc 23:185–216
31. Olds J, Milner P (1954) Positive Reinforcement produced by electrical stimulation of septal area and other regions of rat brain. J comp physiol Psychol 47:419–427
32. Pfaff D, Modianos D (1985) Neural mechanism of female reproductive behavior. In: Adler N, Pfaff D, Goy RW (eds) Reproduction. Handbook of Behavioral Neurobiology. Vol. 7. Plenum, New York
33. Robins LN, Davis DH, Goodwin DW (1974) Drug use by US Army enlisted men in Vietnam: A follow-up on their return home. Am J Epidem 99:235–249
34. Robinson TE, Berridge KC (1993) The neural basis of drug craving: an incentive-sensitisation theory of addiction. Brain Res Rev 18:247–291
35. Schwartz MW, Woods SC, Porte Jr D, Seeley RJ, Baskin DG (2000) Central nervous system control of food intake. Nature 404:661–671

36. Siegel S (1983) Classical conditioning, drug tolerance, and drug dependence. In: Israel I (ed) Research Advances in Alcohol and Drug Problems. Vol. 7, Plenum, New York
37. Solomon RL (1980) The opponent-process theory of acquired motivation. American Psychologist 35:691–712
38. Swaab DF, Hofman MA (1995) Sexual differentiation of the human hypothalamus in relation to gender and sexual orientation. Trends in Neuroscience 18:264–270
39. Teitelbaum P, Schallert T, Whishaw IQ (1983) Sources of spontaneity in motivated behavior. In: Satinoff E, Teitelbaum P (eds) Motivation. Handbook of Behavioral Neurobiology. Vol. 6, Plenum, New York
40. Volkow ND, Wang G, Fischman M, Shea K (1997) Relationship between subjective effects of cocaine and dopamine transporter occupancy. Nature 386:827–30

26 Emotionen

EINLEITUNG

Der große österreichische Komponist Gustav Mahler hat einmal ausgerufen: „Die einzige Wahrheit auf der Erde ist unser Gefühl!". Damit verdeutlicht er unser Ausgeliefert- und Abhängigsein von Gefühlen und hat – wie auch in seiner Musik – klar ausgedrückt, was wir auch psychobiologisch heute glauben zu wissen. Jene Hirnregionen, die Gefühlszustände erzeugen, liegen in der Mehrzahl zwischen den phylogenetisch sehr alten Strukturen des Stammhirns und den neokortikalen Hemisphären. Diese Zwischenposition ist aber nicht als ein hierarchischer Baustein in der Hirnentwicklung zu verstehen; die Verbindungen der emotionalen Strukturen zu den darüber (superior) und darunter lokalisierten sind so eng, daß man sie symbolisch wie eine Klammer sehen könnte, die Kognition und Trieb zusammenhält. So entsteht in unserem subjektiven Erleben die Untrennbarkeit aller Gedanken, Vorstellungen und Verhaltensweisen von ihren emotionalen Begleitreaktionen, die aber eben keine Begleiterscheinungen unseres Denkens, sondern deren integraler Bestandteil sind. Trotzdem lassen sich, vor allem anhand von Gefühlsstörungen, die wichtigsten neuronalen Quellen einzelner Gefühle isolieren. Sowohl ein Zuviel (Angst, Trauer) als auch ein Zuwenig an Emotionen (Soziopathie, einzelne Hirnschädigungen) stören das Zusammenleben mit anderen Menschen empfindlich und können zu individuellen und sozialen Katastrophen führen. Die Biologische Psychologie der Emotionen ist daher nicht nur theoretisch von Bedeutung, sondern stellt eine notwendige Grundlage von Prävention und Therapie solcher emotionaler Verhaltensstörungen dar.

26.1 Psychophysiologie von Gefühlen

Gefühle sind Reaktionsmuster auf positiv verstärkende oder aversive körperexterne oder -interne Reize, die auf drei Reaktionsebenen ablaufen: der motorischen, der physiologischen und der subjektiv-psychologischen Ebene.

Gefühlsdimensionen. Die in der obigen Aussage enthaltene Definition muß durch eine Spezifikation ergänzt werden: Gefühle werden stets auf der Dimension angenehm-unangenehm (Annäherung-Vermeidung) und der Dimension erregend-desaktivierend erlebt. Emotionen und Motivationen sind nur graduell voneinander abgrenzbar [3]. Wir haben bereits am Beginn von Kap. 25 erläutert, daß Emotionen auch psychische Kräfte wie Triebe und Motivationen sind, aber weniger triebnah: es fehlt die homöostatische Eigenheit von Trieben mit ihrer stereotypen Abfolge von Anreiz-Verlangen-Befriedigung.

Emotionen treten in der Regel als Reaktionen auf positiv verstärkende Reize (Freude) oder deren Unterbleiben (Frustration – Wut) oder aber als Reaktion auf bestrafende aversive Reize (Angst) oder deren Unterbleiben (Erleichterung) auf. Deshalb sind die auf Abb. 25–1 gezeigten Verstärkersysteme weitgehend mit den neuronalen Generatoren für Gefühle (s. u.) identisch. Diese Gefühlssysteme bestimmen den *hedonischen Wert (Valenz)* eines exterozeptiven Reizes zusammen mit den Triebsystemen und teilen diesen den höheren sensorischen und motorischen Regionen mit. Sie bestimmen damit die Auftrittswahrscheinlichkeit aller Reaktionen und die Einprägung von Gedächtnisinhalten [44].

Abgrenzung zwischen Gefühlen und Stimmungen. Die **primären Emotionen** *(Glück – Freude, Trauer, Furcht, Wut, Überraschung und Ekel)* sind angeborene Reaktionsmuster, die in vielen Kulturen gleich ablaufen. Ihre Dauer überschreitet selten Sekunden. Dies ist die Zeit, die maximal für die ununterbrochene Dauer eines Gefühls angegeben und in der *gleichzeitig* verstärkte physiologische Reaktionen (z. B. Herzratenanstieg) gemessen werden. Die Latenz vom Auftreten eines emotionalen Reizes bis zur Messung erster gefühlsspezifischer Reaktionen im Gehirn kann außerordentlich kurz, im Extremfall wenige ms sein. Bis zum Auftreten einer voll ausgebildeten primären Emotion mit entsprechendem Ausdruck müssen aber mindestens 70–100 ms vergehen. Beim heranwachsenden und erwachsenen Menschen in zivilisierten Kulturen treten Gefühle meist als Gefühlsgemisch der primären Emotionen auf.

Stimmungen sind länger anhaltende (Stunden, Tage) emotionale Reaktionstendenzen, die das Auftreten einer bestimmten Emotion wahrscheinlich machen (gereizte Stimmung führt z. B. häufiger zu Ärger). Sie treten in der Regel ohne externe positive oder negative Reize auf. Stimmungen sind keine Gefühle, da ein Gefühl, vor allem ein primäres Gefühl nicht länger als Sekunden ununterbrochen bestehen kann und Stimmungen keinen begleitenden Gesichts- und Körperausdruck aufweisen müssen. Während Emotionen stets die Wahrscheinlichkeit für bestimmte gerichtete motorische Verhaltensweisen (Annäherung – Vermeidung) erhöhen, beeinflussen Stimmungen eher Vorstellungen und Gedanken, also kognitive Prozesse.

Kommunikative Bedeutung von Gefühlen. Man kann davon ausgehen, daß die primären Emotionen in der *Evolution* der höheren Primaten und der Menschen als Mechanismus der Informationsausgabe über ablaufende Motivationen entwickelt wurden: Furchtausdruck und Weglaufen signalisiert Gefahr, Trauer nach Verlust teilt Isolation oder Hilfebedürfnis mit, Freude – Ekstase signalisieren Besitz oder Erwerb eines Gefährten, Ekel – Zurückweisung, Überraschung indiziert Orientierung etc. Insofern haben Gefühle stets eine adaptive Bedeutung in einem sozialen Gefüge.

Die motorischen Ausdrucksreaktionen sind unverzichtbarer Bestandteil in der Entwicklung von Emotionen

Die Rolle motorisch-verhaltensmäßiger Ausdrucksreaktionen für Gefühle. Die mit primären Emotionen einher gehenden Körper- und Ausdrucksreaktionen, die Ausdrucksäußerungen des **Gesichts**, sind angeboren (in dem Sinn, daß sie ab einer bestimmten Hirnreifung auf einige wenige Reize ohne instrumentelles oder klassisches Lernen spontan auftreten) und können in vielen menschlichen Kulturen (einschließlich sog. Primitivkulturen) sowohl von Fotos als auch Filmen und in der Realität identifiziert werden.

Jede Kultur entwickelt Darstellungsregeln für die einzelnen Gefühle, die die angeborenen Muskelreaktionen der primären Emotionen *überlagern*, aber nicht völlig maskieren können.

Unwillkürliche (primäre) Gefühle benutzen andere neuronale Verbindungen und andere Muskelgruppen als *willkürlich* erzeugte (z. B. ein miserables Lächeln): unwillkürliche (eher subkortikal gesteuert) Gesichtsausdrücke sind symmetrisch auf beiden Seiten des Gesichts, willkürliche (eher kortikal gesteuert) stärker auf der linken Gesichtsseite konzentriert; beim künstlichen Lächeln z. B. fehlt die Kontraktion des M. orbicularis oculi, dafür sind die Lippen stärker zusammengepreßt u.ä. [17]. Echtes Lächeln löst z. B. verstärkte EEG-Aktivität links frontotemporal aus, gestelltes Lächeln bewirkt keine Hemisphärenunterschiede im EEG [23].

Die Dauer und Stärke der muskulären Aktivität des Gesichtsausdrucks (gemessen mit EMG oder einem psychologischen Beobachtungssystem) ist ein Index für die Dauer und Stärke des subjektiven Gefühls. Emotionen sind neben den Gesichtsmuskeln auch in der Stimme (prosodische Merkmale), im Gang und in Handbewegungen differenzierbar, bis hin zu **Mikrobewegungen der Finger** lassen sich die primären Gefühle voneinander trennen. Abbildung 26-2 zeigt die nicht sichtbaren Mikroschwingungen eines Mittelfingers bei der wiederholten Vorstellung von Gefühlen [31].

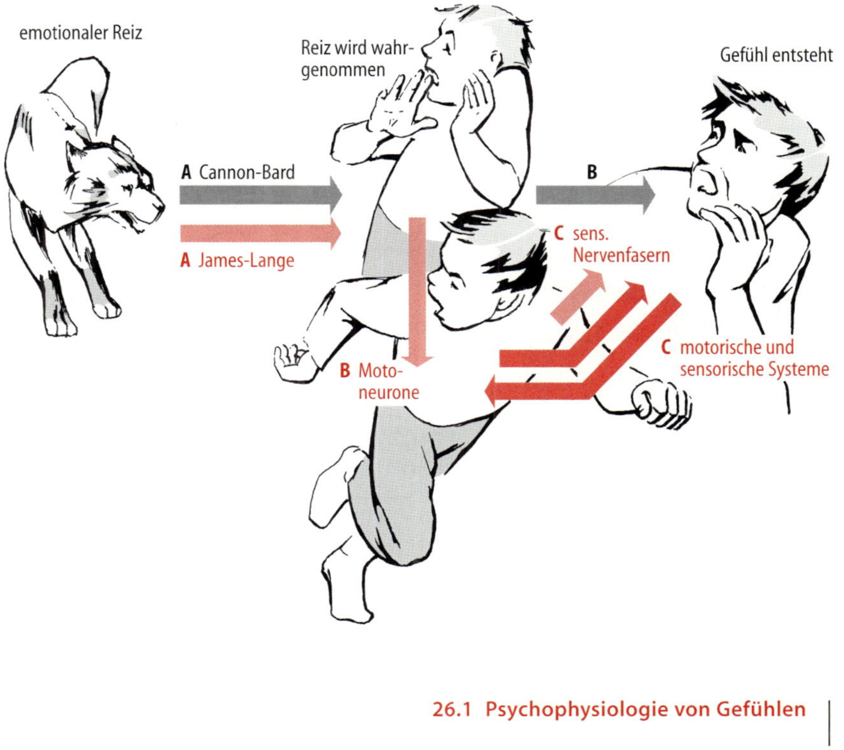

Abb. 26-1. Die periphere James-Lange-Theorie der Gefühle und die zentrale Theorie von Cannon-Bard. Nach [23]

Peripher-physiologische Korrelate von Gefühlsäußerungen können den Ablauf von Gefühlsreaktionen beeinflussen

Die Rolle des autonomen Nervensystems für Gefühle: die James-Lange Kontroverse. Abbildung 26–1 gibt die beiden kontroversen theoretischen Konzepte über die Bedeutung peripher-physiologischer Faktoren (vegetativ und motorisch) wieder. James (1890) [16] hat in der Nachfolge des Physiologen Lange (1885) betont, daß voll ausgebildete Gefühle einer *Rückmeldung der peripheren Gefühlsäußerungen* ins ZNS bedürfen (wir sind traurig, weil wir weinen), während Cannon und die Neurophysiologie den ausschließlichen Ursprung von Gefühlen *nach* der Reizwahrnehmung und -bewertung ins ZNS lokalisieren [23]. Beide Theorien haben eindrucksvolle Ergebnisse gesammelt, die ihre Position stützen. Niemand bezweifelt heute die Richtigkeit der Cannonschen Formulierung: beim Tier und Menschen führt lokale Hirnstimulation (s. u.) in limbischen und einigen kortikalen Arealen unmittelbar zu spezifischen, intensiven Gefühlen auch ohne Gegenwart eines entsprechenden Reizes. Dies schließt aber nicht aus, daß die peripheren Veränderungen für die Ausprägung und Entwicklung einer Gefühlsreaktion auch notwendig sind.

Voraussetzung für die Gültigkeit der James-Lange-Theorie wäre der Nachweis *differenzierbarer* vegetativer und somatomuskulärer Begleiterscheinungen von Gefühlen. Wenn jedes primäre Gefühl auch ein dafür spezifisches vegetatives oder motorisches Reaktionsmuster aufwiese, läge die Vermutung nahe, daß ein solches Muster auch einen spezifischen Einfluß auf das ZNS ausüben könnte und dort zur Identifikation des Gefühls führt. Dies konnte in letzter Zeit zunehmend wahrscheinlich gemacht werden. Abbildung 26–17 zeigt den Verlauf von autonomen und somatomuskulären Maßen, während die Versuchspersonen emotionale Diapositive betrachten.

Für die Bedeutung der peripheren Rückmeldung sprechen aber vor allem die Studien zum muskulären Ausdruck von Gefühlen, die wir oben bereits einleitend dargestellt haben.

Für die Beurteilung der James-Lange-Kontroverse wäre es notwendig, die Bedeutung der Rückmeldung der Ausdrucksmotorik für die Entstehung von Gefühlen quantitativ zu bestimmen. Dies ist methodisch äußerst schwierig, wenn nicht unmöglich: die Ausschaltung der Ausdrucksmotorik bei erhaltenem Bewußtsein ist nur über Kurarisierung mit künstlicher Beatmung möglich: die heroischen Selbstversuche einiger Wissenschaftler berichten in Übereinstimmung mit der Vorhersage der James-Lange-Theorie nicht von Angst und Erregung, sondern meist von Müdigkeit und Schlaf. Die Ergebnisse an hoch *Querschnittsgelähmten*, die reduzierte Rückmeldung aus der Peripherie (Gesichtsausdruck vorhanden) erhalten, sind uneinheitlich. Patienten, die vollständig gelähmt sind und künstlich beatmet und ernährt werden („locked-in“, eingeschlossen sein), weisen auf subjektiver und kortikaler Ebene dieselben emotionalen Reaktionen auf Diapositive auf wie Gesunde. Dies spricht gegen die universelle Notwendigkeit vegetativer, hormoneller oder somatischer Rückmeldung („Marker“) aus der Körperperipherie.

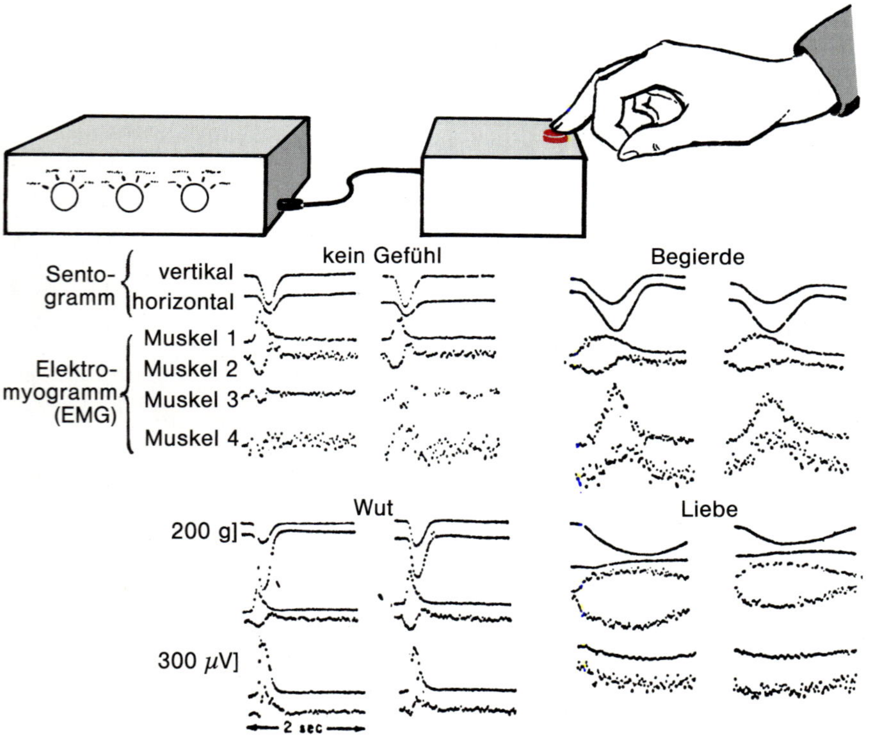

Abb. 26–2. *Oben:* Sentograph zur Registrierung vertikaler und horizontaler Komponenten von Mikrobewegungen des Fingers. Signale von 0–300 Hz, mit 0,5 mm/100 g können registriert werden. *Unten:* Sentogramme als vertikale und horizontale Komponenten des Fingerdrucks; Zeitkonstante 0,1 s. Jede Kurve gemittelt über 50 Einzelgefühle. Muskelableitungen von verschiedenen Arm- und Schultermuskeln unter den Sentogrammen. Die Verläufe der einzelnen Gefühlskurven sind klar differenzierbar. Nach [31]

Neben der nur anekdotisch informativen Methode der Kurarisierung des Menschen versuchte man, *unsichtbare EMG-Reaktionen,* die den Ausdrucksveränderungen bei primären Emotionen entsprachen, instrumentell, ohne Wissen der Versuchsperson, zu konditionieren: Zuerst bittet man die Person sich mehrmals hintereinander auf ein Signal bestimmte Gefühle vorzustellen (Liebe, Haß etc.). Dabei werden nicht sichtbare Mikrobewegungen eines Mittelfingers registriert. Für jedes Gefühl ergibt sich dabei eine unterschiedliche Gefühlskurve. Danach mußten die Versuchspersonen die auf Abb. 26-4 abgebildeten Kurvenformen ihrer eigenen Emotionen vom Bildschirm im Geiste mit dem Finger nachfahren, ohne zu wissen um welche Emotionskurve es sich handelte. Nach mehreren Wiederholungen traten bei einigen Versuchspersonen plötzlich spontan die entsprechenden Gefühle auf. Dies bedeutet, daß die mehrmalige Ausführung einer muskulären Begleitreaktion eines Gefühls (hier Mikrobewegungen des Mittelfingers) das entsprechende Gefühl erzeugen kann, auch ohne adäquaten Umweltreiz. Ähnliches wurde durch unbewußte Konditionierung nicht sichtbarer depressiver EMG-Reaktionen der Gesichtsmuskel versucht. Auch hier zeigen sich die *Gefühle als Folge der veränderten Muskelaktivität.* Am Mund-Lippen-Muskel (M. masseter) und am Muskel der Augenbrauen (M. orbicularis oculi) kann durch Messung des Elektromyogrammes (EMG, s. Kap. 13) zwischen positiven und negativen Gefühlen unterschieden werden, auch wenn im Gesichtsausdruck keine Veränderungen merkbar sind.

Der gegenwärtige Wissensstand zur James-Lange-Kontroverse läßt sich wie folgt zusammenfassen: Zwar kann durch Hirnstimulation direkt ein Gefühl ohne jede peripher-physiologische Rückmeldung ausgelöst werden, dies aber nur, wenn diese peripher-physiologischen Muster zumindest einmal in der Vergangenheit mit dem zentralnervösen Anteil des Gefühls assoziiert wurde (s. Kap. 24). Dies bedeutet, daß zur Speicherung des emotionalen Reaktionsmusters die peripher-physiologischen Anteile irgendwann notwendig waren und später als Ganzes durch Aktivierung des zentralnervösen Gedächtnisinhalts abgerufen werden. Wie auch immer man die Bedeutung der peripheren Rückmeldung beurteilt, jeder verstärkende und bestrafende Reiz muß *vor* seiner „Beurteilung" als solcher von den (kortikalen) sensorischen Analysatoren als ganzheitliches, invariantes Objekt erkannt worden sein (s. Abb. 26-1); dieser Prozeß kann ohne Mitwirkung des Bewußtseins sehr rasch ablaufen.

Gefühle entstehen in einem subkortikal-kortikalen Netzwerk, dem die Verstärker- und Triebsysteme des Hypothalamus und des limbischen Systems, die Amygdalae, der Orbitofrontalkortex und die Basalganglien angehören

Identifikation und Lernen von positiv verstärkenden und bestrafenden Reizen. Das Herz jedes Gefühls besteht in seiner Valenz (angenehm – unangenehm) erzeugenden Funktion. Primäre, angeborene Verstärker wie Geschmack, Geruch, Tast- und Temperaturempfindungen gelangen auf unterschiedlichen Wegen aus ihren primären kortikalen Projektionsarealen – vorerst noch als emotional neutrale „kühle" Erregungskonstellationen in den orbitofrontalen Kortex und die Amygdalae. Das gilt natürlich auch für konditionierte visuelle oder akustische Hinweisreize, die in Abb. 26-3A durch Pfeile symbolisiert sind. Diese beiden Regionen (Abb. 26-3A, B) erhalten aber gleichzeitig die „heißen" Erregungen aus den hypothalamischen Verstärker- und Triebregionen (s. Kap. 25). Da ihre Neuronenstruktur höchst plastisch ist und viele mit NMDA-übertragende Hebb-Synapsen (s. Kap. 24) enthalten, deren Schwellen durch Katecholamine und Indolamine eingestellt werden, sind sie ideale Konvergenzzonen für das assoziative Lernen von Verhaltensrichtungen (Annäherung oder Vermeidung). Orbitofrontalkortex und Amygdala projizieren wieder in ihre kortikalen Ursprungsareale zurück und verleihen dadurch vielen unserer Gedächtnisinhalte ihre emotionale Färbung und beeinflussen die Erinnerung und Wiedergabe der Inhalte (z. B. erinnert man in schlechter Stimmung mehr negative Inhalte). Der vordere **G. cinguli** stellt eine zentrale Zwischenstation der zum Orbitofrontalkortex und Amygdala laufenden kortikalen Information dar (vor allem für Schmerzinformation). Die Umsetzung der emotionalen Reaktionstendenzen im Verhalten und ihre Auswahl („was muß ich zuerst machen", „was kostet mich mehr?") erfolgt in den Basalganglien.

Rolle der Basalganglien. Abbildung 26-3B gibt den Weg belohnender und bestrafender Reize in die Amygdala und den orbitofrontalen Kortex (Bewertung der Belohnung) und von dort in das Striatum wieder, wo implizite, automatische Annäherungs- und Vermeidungsreaktionen ausgewählt und über Thalamus und motorischen Kortex realisiert werden. Verschiedene Anteile der Basalganglien (Putamen, Pallidum, N. caudatus, s. Kap. 20, 13) sind dabei auf unterschiedliche Reaktionsklassen spezialisiert [44]. Die Basalganglien erhalten die bereits verarbeitete Information und wechseln die Verhaltensrichtung und die Reaktion („switching"), wenn konkurrierende Informationen eingehen. Vom Putamen und N. caudatus über das Pallidum und die S. nigra wird die konfliktträchtige Information über sukzessive inhibitorische Kompression (über rekurrente hemmende GABA-Kollateralen, ähnlich wie die laterale Hemmung in der Retina) zunehmend ausgeschaltet, bis nur der stärkste (ursprünglich vom Kortex und Amygdala kommende) Kanal übrigbleibt (z. B. Flucht). Auch die Neurone der Basalganglien sind plastisch, so daß einmal assoziierte Verbindungen (z. B. ein Hinweisreiz aus dem Kortex für Flucht und eine bestimmte Körperposition) rasch bei der Darbietung auch nur eines Elementes der Reizsituation ausgelöst werden. Da die Basalganglien nicht in die gleichen Regionen des Kortex zurück projizieren, von denen sie die Information erhalten (im Gegensatz zu Amygdala, Hippokampus etc.) sind wir uns auch dieser Verhaltensauswahl und des Zustandekommens der Emotionen und implizierten Erinnerungen an sie selten bewußt [44].

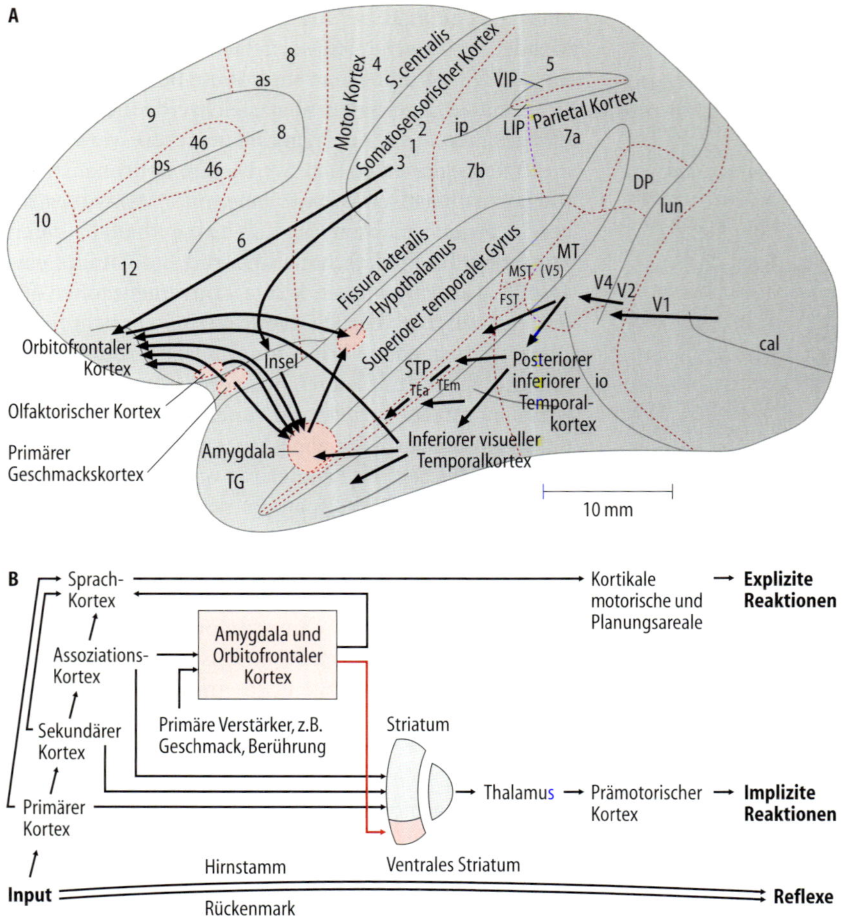

Abb. 26-3. **A** Schematische Darstellung des Affenkortex und subkortikaler Areale, die an der Steuerung von Emotionen beteiligt sind. Gezeigt sind die Verbindungen von den primären olfaktorischen und Geschmackskortizes zum orbitofrontalen Kortex und der Amygdala. Auch die Verbindungen des „ventralen visuellen Systems" („Was-System") mit dem Orbitofrontalkortex sind dargestellt (s. die Pfeile von V1 nach V2 und V4 in den inferioren visuellen Temporalkortex und deren Verbindungen mit der Amygdala und dem Orbitofrontalkortex). Im oberen Teil sind die Verbindungen der somatosensorischen kortikalen Areale 1,2 und 3 sichtbar, die den Orbitofrontalkortex sowohl direkt erreichen als auch über den insulären Kortex, der dann auch wieder in die Amygdala projiziert. Schmerz- und Tastsysteme erreichen aus Area 1, 2, 3, z. T. über die Insel die beiden Bewertungssysteme. Verwendete Abkürzungen: *as* . . . sulcus arcuatus; *cal* . . . sulcus calcarinus; *lun* . . . sulcus lunatus; *ps* . . . sulcus principalis; *io* . . . sulcus occipitalis inferiore; *ip* . . . sulcus intraparietalis; *FST* . . . visuelles Bewegungsareal; *LIP* . . . laterale intraparietale Areale; *MST* . . . visuelles Bewegungsareal; *MT* . . . (V5) auch ein visuelles Bewegungsareal); *STP* . . . superiore temporale Ebene; *TE* . . . übergeordnete visuelle Areale 1–4; *VIP* . . . ventrales intraparietales Areal; Die Zahlen bezeichnen die Brodman Areale: 1, 2, 3 . . . somatosensorischer Kortex; 4 . . . motorischer Kortex; 5 . . . oberer Parietallappen; 7 a . . . inferiorer Parietallappen (visueller Teil); 7 b . . . inferiorer Parietallapppen (somatosensorischer Teil); 6 lateraler prämotorischer Kortex; 8 . . . frontales Augenfeld; 12 . . . Teil des Orbitofrontalkortex; 46 . . . dorsolateraler Präfrontalkortex. **B** Anatomische Verbindungen der Auslöser impliziter und expliziter emotionaler Reaktionen als Antwort auf belohnende und bestrafende Reize. Die Eingänge aus den verschiedenen sensorischen Systemen in den orbitofrontalen Kortex und in die Amygdala führen zu Feststellung des Belohnungswertes. Die Ausgänge aus diesen emotionalen Bewertungssystemen laufen über die Basalganglien (einschließlich Striatum und ventrales Striatum mit N. accumbens) und steuern die impliziten, direkten, bewußt kaum kontrollierbaren emotionalen Reaktionen, oder führen in den linken Temperofrontalkortex, wo bewußte emotionale Entscheidungen und Pläne über die motorischen Areale entstehen. (Mod. nach [44])

Sprachlich-kognitive Prozesse sind für das Zustandekommen von Emotionen nicht notwendig, das bewußte Erleben eines Gefühls ist allerdings meist mit einem sprachlich kodierten Planungsprozeß verbunden

Die Rolle kognitiver Prozesse für Gefühle. Als integraler Bestandteil einer Emotion wird von Sozialpsychologen ein kognitiver Bewertungsprozeß (appraisal) oder ein **Attributionsvorgang** (Zuschreibung) angesehen, ohne den eine Emotion richtungslos – erregend oder desaktivierend – bleibt, ohne ihre spezifische Qualität zu erhalten. Furcht wäre nur erregend, es fehlte aber die Vermeidungstendenz, Liebe wäre entspannend, es fehlte aber das Annäherungsbedürfnis. Die bekannteste Theorie hierzu, mit einer Vielzahl höchst origineller Experimente stammt von Schachter [47]:

Die Versuchspersonen erhielten eine aktivierende Droge, in der Regel ein Adrenalinabkömmling, oder ein Plazebo. Danach wurde das kausale Erklärungs- (Attributierungs-) Bedürfnis durch

Instruktionen über die Wirkung der Droge bzw. des Plazebo manipuliert (z. B. korrekt informiert, falsch informiert, z. B. keine Nebenwirkungen etc.). Im Anschluß daran wurden die Vpn mit Ärger oder Euphorie produzierenden (gestellten) Situationen konfrontiert und ihre Emotionen erfragt. Dabei ergab sich, daß die Qualität der Emotionen von der Situation (Ärger oder Euphorie) *und* der Wahrnehmung der unspezifischen und nicht erklärbaren Aktivierung abhängt. Stellen Sie sich einen Mann vor, der alleine einen dunklen Weg entlang geht, auf dem plötzlich eine Gestalt mit einem Gewehr auftaucht. Die Wahrnehmung Gestalt mit Gewehr, wird einen Zustand physiologischer Erregung hervorrufen; dieser Zustand wird dann im Sinne des Wissens über dunkle Wege und Gewehre interpretiert und der Erregungszustand wird als Furcht bezeichnet.

Kritisch muß eingewandt werden, daß Emotionen auch *ohne* unspezifische periphere Aktivierung, ohne Attributionsbedürfnis, ohne bewußte Klassifikation der Person (z. B. als kontrollierbar oder nicht-kontrollierbar, erklärbar oder nicht-erklärbar), oft sogar *gegen* die bewußte Erklärung und Ursache entstehen. Z. B. können elektrische und mechanische Reizung verschiedener Hirnregionen unmittelbar intensive Gefühle der Furcht (N. amygdala) und Trauer oder Einsamkeit (orbitofrontaler Kortex) bei den Patienten auslösen, obwohl die subjektiv bedrohliche Operationssituation, in der sie ja bei dem Experiment sind, klar von den Patienten wahrnehmbar ist (Kognition: „das paßt aber nicht zu hier"). Auch sind die elektrisch ausgelösten Gefühle nicht immer Erinnerungen an Emotionen (und Kognitionen), sondern oft reine spontane Gefühle mit entsprechenden Ausdrucksäußerungen (ich fühle mich glücklich, ich weiß nicht warum).

Gegen die allgemeine Gültigkeit der kognitiven Theorie von Gefühlen sprechen auch eine Vielzahl von Experimenten, die zeigen, daß Gefühle häufig *vor* jeder bewußten Wahrnehmung und vor jedem bewußten Wiedererkennen oder Diskriminieren der Situation auftreten, **(Primat des Affektes):**

Experimente zur *subliminalen Wahrnehmung* von tachistoskopisch dargebotenem emotionalen Material (1–5 ms Dauer) belegen Einflüsse auf die Stimmung. Wenn häufig wiederholt, können subliminal dargebotene Reize (z. B. drohende Gesichter) starke Emotionen auslösen, obwohl sie weder bewußt erkannt noch wiedererkannt werden, noch sonst im Gedächtnis verfügbar sind.

Reize, die häufiger dargeboten werden (bekannte Reize), werden deutlich positiver bewertet, als neue, auch wenn sie als solche in Wahrnehmungs- und Gedächtnisexperimenten nicht erkannt werden können (z. B. Vielecke, sinnlose Silben etc.).

Geschmacks- und Geruchsaversionen, von intensiven Gefühlen begleitet, können auch im anästhesierten Zustand erlernt werden.

Psychologisch wirksame Drogen (Psychopharmaka) lösen starke und differenzierte Gefühle aus, z. T. unabhängig von der bestehenden Situation.

Es bestehen *direkte* Verbindungen von Sinnesorganen zu Regionen des ZNS, die mit großer Sicherheit nicht mit kognitiven, sondern emotional-motivationalen Prozessen befaßt sind (z. B. der retino-hypothalamische Trakt, s. Kap. 23).

Affektive und motivationale Systeme des ZNS sind phylogenetisch und ontogenetisch *vor* kognitiven Systemen entstanden (phylogenetisches und ontogenetisches Primat).

Haben Tiere Gefühle? Diese Frage ist eng mit den oben besprochenen kognitiven Vorgängen bei Emotionen verbunden. Die Rolle kognitiver Prozesse bei der Entstehung von Gefühlen hängt natürlich davon ab, was wir als kognitiven Prozeß definieren. Wenn wir alle informationsverarbeitenden Prozesse, auch jene, die in subkortikalen Systemen ablaufen, als kognitiv bezeichnen, dann hat auch die Fruchtfliege Emotionen: denn Fruchtfliegen in einem Fliegenlabyrinth lernen, bestimmte Labyrintharme, in denen sie elektrisch gereizt werden, zu vermeiden. Wenn wir allerdings unter Emotionen Reaktionen verstehen, die den orbitalen und präfrontalen Kortex sowie Sprachregionen des Assoziationskortex zu *antizipatorischem Planen von Verhalten* („was ist gut/schlecht für mich und andere?") benutzen, so haben *nur* der Mensch und nicht-humane Primaten Gefühle. Der große Gefühlsreichtum und die Vielzahl an vorstellbaren Nuancen von Gefühlen und deren Antizipation und Vorstellung – weit über die wenigen Basisemotionen hinaus –, ist sicher eine Eigenheit des Menschen. Die Entwicklung von engen anatomischen und physiologischen Verbindungen zwischen limbischen, thalamischen, hypothalamischen und kortikalen Regionen hat beim Menschen ein auch bei nicht-humanen Primaten nicht auffindbares Maß erreicht. Dies betrifft vor allem Hirnregionen, die am *Aufschub unmittelbarer Verstärkungen* und der *gedanklichen Antizipation* von Konsequenzen beteiligt sind, also frontale und linguistische Funktionen. Verstehen wir Gefühle als Ausdruck von Annäherungs- und Vermeidungsdispositionen mit unterschiedlichem Aktivierungsniveau, dann haben alle Vertebraten und möglicherweise auch einige Invertebraten Gefühle.

26.2 Vermeidung (Furcht und Angst)

Wir beschränken uns in diesem Buch auf Überlegungen zur Neurobiologie von Vermeidungsverhalten, Annäherung (s. Kap. 25), Depression und Aggression. Ekel ist bisher vor allem im Zusammenhang von Geschmacks- und Geruchsaversion im Tierversuch untersucht worden (s. Kap. 19). Es gelten dabei ähnliche neurophysiologische Eigenheiten, wie wir sie bei Vermeidungsverhalten kennen.

Angst und Furcht werden über klassische und instrumentelle Konditionierung gelernt

Lernen von Angst. Die Forschung zur Neurobiologie von Angst ist durch unterschiedliche Forschungsstrategien zwischen Human- und Tierforschung gekennzeichnet: während im Humanbereich Angst meist als *Prozeß* vom Erwerb bis zur Bewältigung der Angst auf den drei Ebenen (s. S. 642) untersucht wird, konzentriert man sich im Tierversuch auf die neuronale

Steuerung von **aktivem und passivem Vermeidungs- und Fluchtverhalten** (s. Tabelle 24–1, S. 569) in einer instrumentellen Laboratoriums- und Konditionierungssituation.

Im Humanexperiment wird **Angst** meist als *ungerichtete (diffuse)*, peripher-physiologische, zentralnervöse und subjektive Überaktivierung bei der Wahrnehmung von Gefahren definiert. **Furcht** stellt die *spezifische* motorische, physiologische und subjektive Reaktion bei Identifikation der Gefahr und bei Auslösung der entsprechenden **Bewältigungsreaktionen** dar.

Tabelle 24–1 zeigt die wichtigsten instrumentellen Konditionierungsprozeduren, die zu Angstanstieg und -abfall führen. Man geht im allgemeinen davon aus, daß jene neuronalen Steuerungssysteme, die zu Verhaltens*anstieg* (linke Seite der Tabelle 24–1) führen, eine *gemeinsame* Struktur aufweisen und sich von dem System für Verhaltens*abfall*, bzw. -hemmung (rechte Seite der Tabelle 24–1) unterscheiden lassen. Zusätzlich liegen Hinweise dafür vor, daß *unkonditionierte* Angstreaktionen, die zu Verhaltensanstieg- bzw. -hemmung führen, von jenen Reaktionen unterschieden werden müssen, die auf *konditionierte* Reize auftreten, wo bereits eine Lerngeschichte der Vermeidung vorliegt.

Zwei-Prozeß Theorie der Angstentstehung. Zwei Stadien der Angstentstehung müssen unterschieden werden. Eine erste klassische Konditionierungsphase und eine zweite instrumentell-operante (s. Kap. 24) Phase, die auch als *Bewältigungsphase* bezeichnet wird.

In der klassischen Konditionierung erlangen neutrale Reize über assoziative Verbindung die Fähigkeit, die unkonditionierten (meist angeborenen) Furchtreaktionen auszulösen (Abb. 26–4). Es entwickelt sich eine **konditionierte emotionale Reaktion** (CER, conditioned emotional response). Besteht nun die Möglichkeit, nach Erscheinen der CS auf einen diskriminativen Reiz (S^D, Kap. 24), das Auftreten des US zu vermeiden, so verstärkt die dadurch erzielte Beseitigung der CER und später das Auftreten des Sicherheitssignals der S^D allein die instrumentelle Vermeidungs- oder Fluchtreaktion.

Abbildung 26–5 zeigt den Verlauf der langsamen kortikalen Hirnpotentiale (s. Kap. 21, 22) für diese beiden Phasen der Furchtentstehung und späteren Stabilisierung der Vermeidungsreaktion.

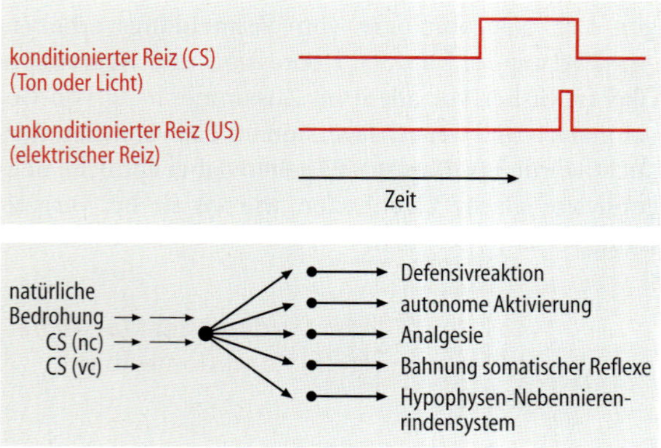

Abb. 26–4. Furchtkonditionierung durch zeitliche Paarung eines neutralen konditionierten Reizes (CS) mit einem nozizeptiven unkonditionierten Reiz (US). Nach der Konditionierung (nc) erwirbt der CS die Fähigkeit, Hirnsysteme zu aktivieren, die Defensivreaktionen steuern, wie natürliche Gefahren. Furchtkonditionierung ist Reizkonditionierung, nicht Reaktionslernen, bei der neue Reize Kontrolle über angeborene fest verdrahtete Netzwerke erlangen. Nach [40]

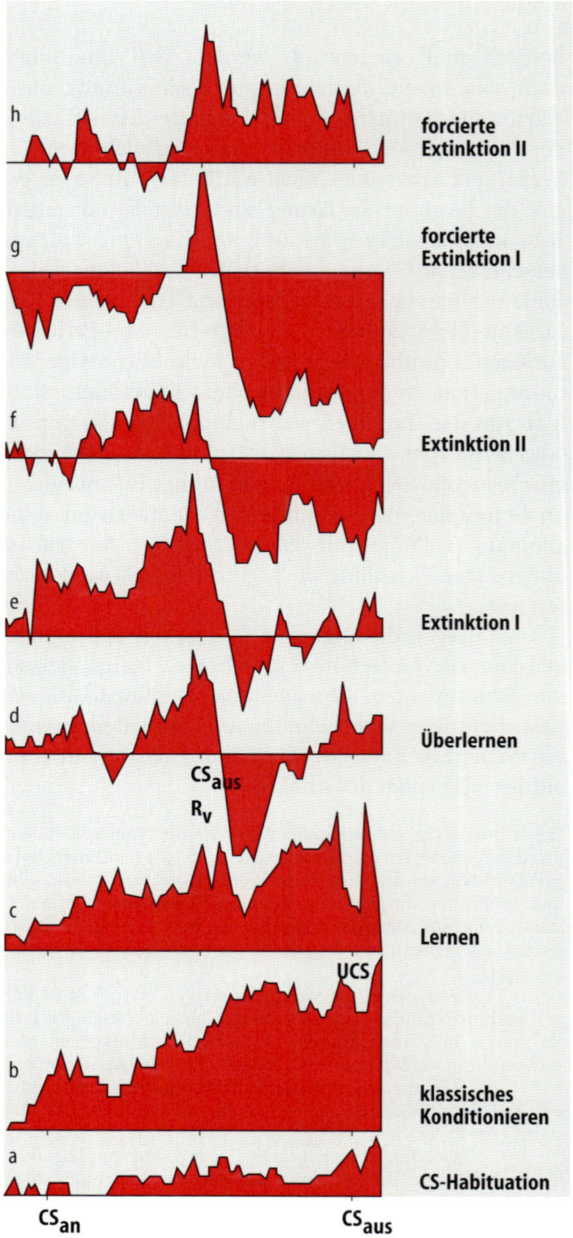

Abb. 26–5. Langsame kortikale Hirnpotentiale bei klassisch-instrumenteller Furchtkonditionierung. Erläuterung siehe Text. Die Zeit zwischen CS (Licht) und US (elektrischer Reiz) ist 10 s, Negativierung des langsamen Hirnpotentials ist nach oben abgetragen. Jede Kurve stellt einen Mittelwert aus 10 Durchgängen über 10 Personen dar. Extinktion I und II bedeutet die ersten 10, bzw. zweiten 10 Durchgänge ohne US, dasselbe gilt für forcierte Extinktion. Die langsamen Hirnpotentiale wurden an sensomotorischen Kortexregionen abgeleitet. Nach [3]

Ein Lichtsignal (CS) kündigt in der ersten Phase für 15 s (unten, die ersten beiden Potentialverläufe) den US (elektrische Reize) an. In Antizipation des US entwickelt sich eine kortikale Negativierung (s. Kap. 21), deren Amplitude als Maß der kortikal gegebenen assoziativen Verknüpfung angesehen werden kann. Nach einigen Durchgängen (ab c auf Abb. 26-5) ertönt nach 7,5 s ein Ton (S^D), der den CS abschaltet und den US vermeidet, wenn die Person in der Zeit seiner Präsenz (500 ms) eine willentliche Muskelzuckung des Armes durchführt. Nachdem die Vp dies gelernt hat (d und e), erfolgt die Negativierung nur mehr vor dem S^D und nach der Vermeidungsreaktion eine Positivierung (Hemmung) des Potentials, welches das Ausmaß der kortikalen Verstärkung für die gelungene Vermeidung wiedergibt (dritte und vierte Potentiallinie, c u. d in Abb. 26-5). In der Extinktion erfolgt kein US mehr, auch wenn die Vp nicht mehr vermeidet (fünfte Linie, e) und in der forcierten Extinktion wird der Vp mitgeteilt, daß sie nun aufhören könne zu vermeiden, da kein US mehr komme. 50 % der Vpn führen die Vermeidungsreaktion trotzdem weiter bei Erscheinen des S^D aus (oberste Potentiallinie).

Versuche dieser Art stellen Analogexperimente zur Entstehung von **Phobien** und **Zwangsverhalten** dar *(experimentelle Neurose)* und zeigen, daß die kortikale assoziative Verknüpfung zwischen CS und S^D und die kortikale Verstärkung der Vermeidungsreaktion über die Stabilität des Vermeidungsverhaltens entscheiden und *nicht* die Beseitigung der peripher-physiologischen Angstzeichen auf den CS (Abb. 26-4). In Kap. 24 haben wir bereits gezeigt, daß mit Fortschreiten der Furchtkonditionierung und dem Anwachsen der Langsamen Hirnpotentiale (LP) am Kortex eine Ausbreitung der sensorischen Repräsentation des CS einhergeht.

Die Amygdalae und der orbitofrontale Kortex stellen die zentrale assoziative Verbindung zwischen den sensorischen Elementen eines aversiven Reizes und dessen biologischer Bedeutsamkeit her

Schnelle thalamo-amygdaloide Verbindung. Im Tierversuch mit Ratten ist klassische Furchtkonditionierung auf einen Ton als CS auch ohne auditorischen Kortex möglich (s. a. Kap. 24). Dies bedeutet, daß die Erregungskonstellation des CS bereits auf Ebene des auditorischen Thalamus ausreicht, um Konditionierung zu erreichen. Beim Menschen und nicht-humanen Primaten ist allerdings *vor* der emotionalen Konditionierung eine Analyse der sensorisch-diskriminativen Bedeutung der Reizsituation im Kortex notwendig. Die Zerstörung der Amygdala eliminiert allerdings die CER (konditionierte emotionale Reaktionen) vollständig. Das bedeutet, daß die Erregungskonstellation des CS vom Thalamus direkt in den basolateralen Kern der Amygdala gelangen kann (s. Kap. 20, S. 465) und dort assoziativ mit dem US verknüpft wird. Abbildung 26-6 symbolisiert diese Beziehung am Beispiel eines angeborenen (prepared) Furchtreizes. Der Reiz ist zwar nicht in allen Einzelheiten im Thalamus repräsentiert, aber die wesentlichen Grobumrisse reichen aus, um die Assoziationen herzustellen. Die langsamen kortiko-amygdaloiden Verbindungen konvergieren in der lateralen Amygdala mit den thalamo-amygdaloiden, und bilden die ab-

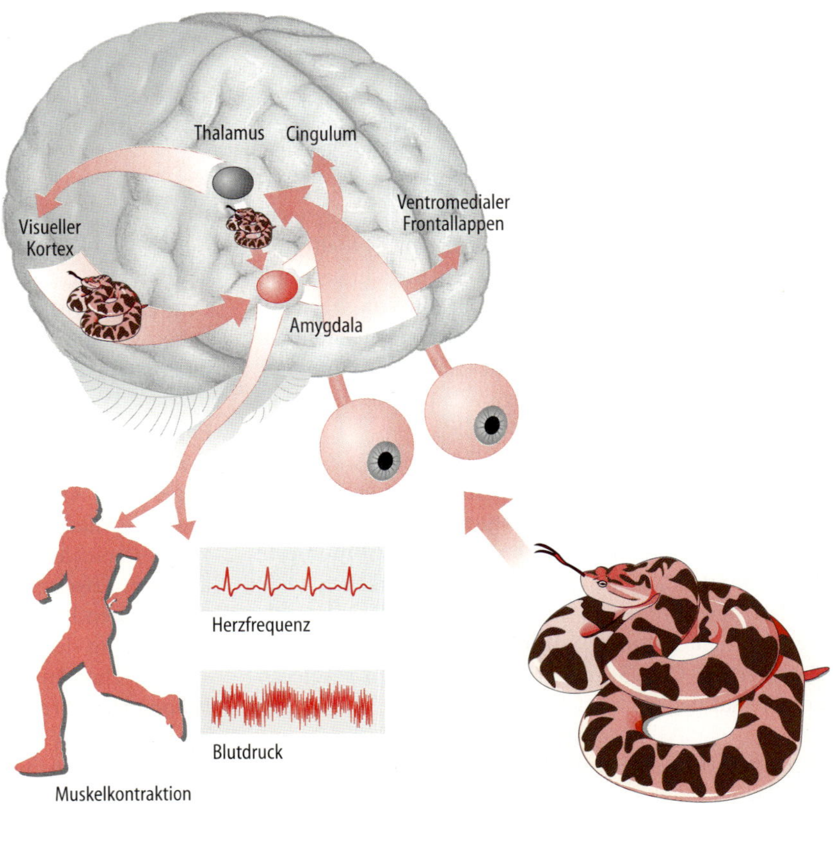

Abb. 26-6. Konditionierte emotionale Furchtreaktion mit motorischen, vegetativen und endokrinen Reaktionen. Die Reaktionen werden schnell und stereotyp über die thalamo-amygdalären Verbindungen und langsamer über die kortikalen Verbindungen zur Amygdala erzeugt. Die sensorische Information vom Thalamus zur Amygdala ist schemenhaft und auf den biologischen Sachverhalt reduziert (z. B. grobe Konturen einer Schlange), die vom Kortex ist präzise. Die Information gelangt von der Amygdala in den ventromedialen Frontalkortex, wo die Entscheidung über die Bewegung fällt. Exekutive Aufmerksamkeitsfunktionen werden über das Cingulum aktiviert. Nach [40]

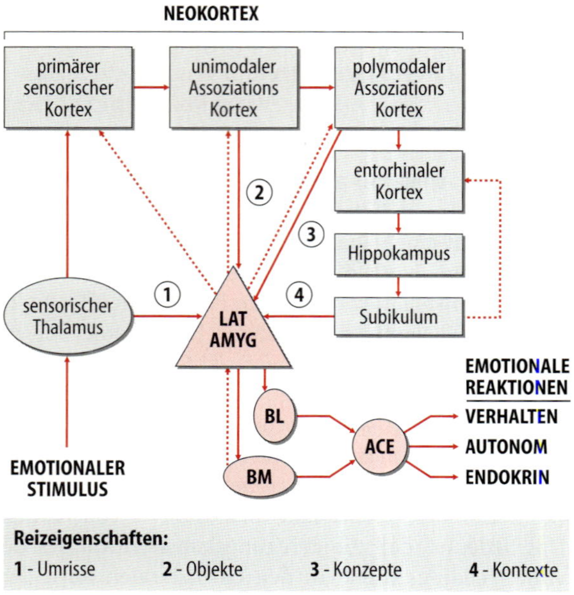

Abb. 26–7. Amygdala und Furchtkonditionierung. Der laterale Kern der Amygdala *(LAT AMYG)* erhält Informationen aus den sensorischen Kernen des Thalamus *(1)* und Neokortex *(2)*, aber auch aus höheren neokortikalen Assoziationsregionen *(3)* und dem Hippokampus *(4)*. Während der Furchtkonditionierung verarbeitet die Amygdala parallel die Eingänge aus diesen verschiedenen Kanälen. Bei einfachen Hinweisreizen (CS), die keine Diskrimination erfordern, kann die Konditionierung schon über (1) erfolgen, (2) ist aber bereits notwendig, wenn zwei Reize unterschieden werden müssen (CS^+ und CS^-). Die Verbindung 4 wird dann notwendig, wenn Furchtkonditionierung auf Reizkontexte mit vielen Reizelementen erfolgen soll. (3) vom medialen präfrontalen Kortex zur Amygdala wird bei Extinktion gebraucht. Innerhalb der Amygdala wird die Information zum lateralen über den basolateralen *(BL)* und basomedialen *(BM)* zum zentralen Kern *(ACE)* geleitet; die Aktivierung des ACE erzeugt dann die spezifische emotionale Reaktion auf allen Ebenen. Nach [40]

schließende Assoziation vom kortikal evaluierten Reiz mit all seinen sensorischen Qualitäten. Wenn differentielle Konditionierung zwischen zwei Reizen, z. B. einem CS^+ (Ton 1) und einem CS^- (Ton 2) erforderlich ist, reicht die thalamo-amygdaloide Verbindung nicht mehr aus, dann muß vom Neokortex die Information in den lateralen Kern gelangen, um eine Konditionierung zu erreichen (Abb. 26–7). Soll die Konditionierung in einem bestimmten **Reiz-Kontext** erfolgen (z. B. ein bestimmter Raum), so ist die Projektion vom Hippokampus über das Subikulum zusätzlich erforderlich.

Der *zentrale Kern* der Amygdala (s. Kap. 20) bildet die Ausgabeeinheit der konditionierten Reaktionen (Abb. 26–7). Wird er zerstört, so fehlen manche motorische, autonome und endokrine konditionierte Reaktionen, während die kortikal-motorischen (z. B. Willkürbewegungen) erhalten bleiben. Der laterale Kern enthält CS- und US-Information und bildet somit den Ort der CS-US-Konvergenz: die Zellen reagieren sowohl auf den CS wie US.

Der präfrontale und orbitofrontale Kortex. Für die *Extinktion* ist der Kortex notwendig. Bei Läsion des Kortex wird die Extinktion verzögert oder findet nicht statt, nicht nur, wenn die primäre Projektionszone, sondern vor allem, wenn der *mediale präfrontale Kortex* ausfällt, der enge Verbindungen zur Amygdala unterhält.

Der *orbitofrontale Kortex* erhält seine Projektionen aus dem mediodorsalen Kern des Thalamus, der selbst vom olfaktorischen Temporalkortex, der Amygdala und dem inferioren Temporalkortex (s. Kap. 27) versorgt wird. Hier konvergieren die Afferenzen aus Geschmackskortex (Insula) und die dopaminergen mesokortikalen Eingänge, die für Anreize (s. Kap. 25) verantwortlich sind. Der orbitofrontale Kortex projiziert zum G. cinguli, Temporalkortex, entorhinalem Kortex (s. Kap. 24) und dem Hypothalamus.

Zerstörung des orbitalen Frontalkortex führt beim Menschen zu einem *pseudopsychopathischen* Zustandsbild, mit mangelnder Fähigkeit zum *Verstärkeraufschub*, Unfähigkeit aus Nichtbelohnung zu lernen (s. Box 27–4). Das letztgenannte Defizit äußert sich darin, daß bei Änderung der Verstärkungskontingenz (s. Kap. 24) keine konsistente Änderung des Verhaltens erfolgt. Die Assoziation von sensorischen Reizen mit biologisch bedeutsamen Konsequenzen in der Amygdala verstärkt die Rolle von Hinweisreizen (Cues) [40].

Teile der Amygdala stellen somit ein Abwehrsystem dar, das den Aufbau der Furcht steuert. Für die instrumentelle *Aufrechterhaltung* der Furcht durch Vermeidungsreaktionen (s. S. 658) ist dieses System nicht notwendig, dann wird das sogenannte *septo-hippokampale System* aktiv, das die Erwartung von Sicherheitssignalen und selektive motorische Vermeidungsreaktionen steuert. Um die Bedeutung dieses Systems zu verstehen, muß aber vorher seine Stellung innerhalb des gesamten Furchtsystems klar werden.

Das septohippokampale System steuert die Erwartung von Furchtreizen und passive Vermeidung

Drei Emotionssysteme. Die Theorien der Emotionen gehen von der Annahme aus, daß drei primäre Emotionssysteme im Säugetierhirn existieren (Tabelle 26–1).

Diese drei Systeme lassen sich sowohl auf *Verhaltensebene als auch auf neuronaler Ebene voneinander trennen.* Tabelle 26–1 gibt die drei postulierten Basisgefühle Annäherung, Verhaltenshemmung und Kampf – Flucht wieder. Jedes dieser drei Systeme wird von unterschiedlichen Kategorien von Umweltreizen aktiviert (zweite Spalte auf Tabelle 26–1) und steuert entsprechend unterscheidbare Verhaltensweisen (dritte Spalte auf der Tabelle 26–1).

Das **Annäherungssystem** (s. Kap. 25.7) (BAS: *behavioral approach* oder *activation system*) wird in allen Situationen aktiv, in denen Annäherung an ein Objekt gelernt, d. h. durch Belohnung oder Elimination eines negativen Verstärkers (s. Tabelle 26–1) verstärkt

Tabelle 26-1. Drei primäre Emotionssysteme. (Nach Gray 1982)

Emotionssystem	Verstärkende Reize	Verhalten
Annäherung Behavioral Activation System (BAS) (mesolimbisches Dopaminsystem)	konditionierte Reize für Belohnung und Bestrafungsentzug	Annäherungslernen, aktive Vermeidung; zielgerichtete, konditionierte Flucht („escape"); Beuteaggression
Stop- oder Verhaltenshemmung Behavioral Inhibition System (BIS) (Septo-hippokampales System)	konditionierte Reize für Bestrafung und konditionierte Nicht-Belohnung	passive Vermeidung, Löschung
Kampf-Flucht-System (Amygdala)	konditionierte und unkonditionierte Nicht-Belohnung	unkonditionierte und konditionierte Flucht, defensive Aggression

wurde. Sowohl positive Annäherung an einen Geschlechtspartner (incentive Motivation, S. 604), wie auch die aggressive Annäherung an einen Konkurrenten (Kampfesrausch) werden primär von diesem System erzeugt.

Das **Kampf-Flucht-System** tritt in Aktion, wenn aversive Reize (z. B. extremer Lärm, unerwartete Attacken) auftreten. Wir haben es primär mit dem Amygdala-System identifiziert, das die assoziative Verbindung zwischen neutralen und biologisch relevanten Reizen, besonders Furchtreizen, herstellt.

Das **Verhaltenshemmsystem** (BIS, behavioral inhibition system) von Tabelle 26-1 und Abb. 26-8 wird neben *konditionierten Strafreizen* auch durch *neue* Reize erregt. Vor allem, wenn komplexe Reize in einem größeren *Kontext* mit aversiven Reizen gepaart werden, muß dieses System, wahrscheinlich zusätzlich zum Kampf-Flucht-System und mit diesem gemeinsam in Aktion treten.

Das BIS muß über zwei psychologische Mechanismen verfügen, wenn es die Aufgaben von Abb. 26-8 erfüllen möchte: an der Eingangsseite muß es die auf Abb. 26-8 genannten Signale erkennen (Prüf-Vergleichzustand), an der Ausgangsseite die genannten Verhaltensweisen (rechte Seite von Abb. 26-8) bei Erfüllung bestimmter Kriterien einleiten (Kontrollzustand). Es muß vor allem dann in Aktion treten, wenn eine automatisierte Verhaltensroutine (Plan) durch Neuheit, Nichtbelohnung (Frustration) oder konditionierte Strafreize unterbrochen wird. Das BIS wird also besonders bei **Verletzung von Erwartungen** (mismatch) aktiv.

„Kalte" und „heiße" Angst. Während das septo-hippokampische System, wie wir in Kap. 24 bereits gesehen haben, isolierte Einzelreize zu einem erinnerbaren expliziten Kontext und Erwartungen **bindet („binding"**, s. Kap. 24), bewirkt das Amygdala-Frontalkortex-System implizite konditionierte Furchtreaktionen bei intensiven Reizen. Bei steigender Belastung wird zuerst das „kalte" Hippokampussystem durch Kortikosteroide aktiviert, steigt die Belastung weiter, sind alle Kortikoidrezeptoren im Hippokampus besetzt und assoziative Bindung wird unmöglich: hoher Streß löscht episodisches Erinnern und Einprägen aus. Mit weiter steigender Belastung, z. B. bei der **post-traumatischen Belastungsstörung (PTSD)** steigt auch der noradrenerge Zufluß zur Amygdala: rasche, intensive („heiße") automatisierte Flucht- und Vermeidungsreaktionen auf fragmentarische Hinweisreize treten auf, im bewußten expliziten Gedächtnis als „Flashbacks", nicht-unterdrückbare Einzelreize des Schockereignisses.

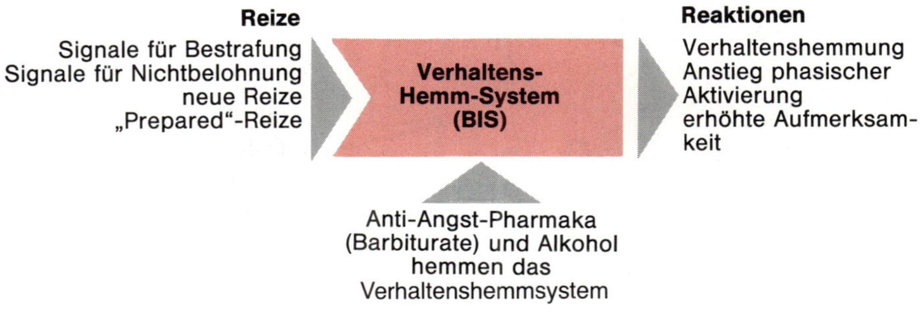

Abb. 26-8. Das Verhaltenshemmsystem (behavioral inhibition system, BIS). Erläuterung s. Text. Nach [13]

Die Aktivität der zentralen und peripheren noradrenergen Systeme ist für Angst- und Furchtreaktionen notwendig; vor allem die Konzentration der Aufmerksamkeit auf die Angstreize hängt vom zentralen NA(Noradrenalin)-System ab

Wir haben in Kap. 20, S. 476, bereits die Anatomie der zentralen Katecholaminsysteme und in Kap. 9 die Funktionen des peripheren Katecholamins erläutert. Obwohl man periphere sympathische und zentrale noradrenerge Funktionen nicht gleichsetzen darf, arbeiten beide im allgemeinen synergistisch bei der Bewältigung von *intensiven* (s. Kap. 22) und *streßhaften* (s. Kap. 4) Reizen zusammen. Wie Hormone haben sie weniger organisierende als unspezifisch aktivierende Effekte, wobei NA im Neokortex vor allem bewirkt, daß durch intensive Reize ausgelöste evozierte Antworten stärkere Zellentladungen bei gleichzeitiger Hemmung der Hintergrundaktivität der Zellen aufweisen, also zu einer **Verbesserung des Signal-Rausch-Verhältnisses** und damit zur Steuerung der selektiven Aufmerksamkeitszuwendung auf intensive Reize beitragen [6].

Tierversuche zu noradrenergen Systemen. Wie wir in Kap. 20 gesehen haben, besteht das dorsale Bündel aus *zwei* Anteilen (Abb. 26–9), einem periventrikulären (dorsal, Ursprung im LC) und einem tegmentalen (nicht aus dem LC kommend, ventral), wobei Amygdala und Septum einen Teil ihres NAs aus dem ventralen Bündel erhalten, das durch Zerstörung des dorsalen Bündels selten betroffen ist. Kortex und Hippokampus werden exklusiv über das dorsale Faserbündel versorgt.

Bei Zerstörung der gesamten dorsalen Fasern bleibt das Erlernen von neuem Verhalten ungestört, d. h. Lernprozesse werden kaum gestört, sondern im Vordergrund steht bei der Ratte der dorsale Extinktionseffekt (**DBEE: dorsal bundle extinction effect**). Die Tiere brauchen besonders nach intermittierenden Verstärkungsplänen, unabhängig ob mit positiven oder negativen Verstärkern, sehr viel länger, bis sie die gelernten Reaktionen *aufgeben*. Die Ursache für diesen Defekt besteht in einem Anstieg des Einstroms irrelevanter Reize (Ablenkung), die Tiere assoziieren viel mehr irrelevante Stimuli der Lernumgebung mit den Verstärkern und reagieren daher länger. Die **Filterung (selektive Aufmerksamkeit)** irrelevanten Materials ist generell gestört, nicht nur in passiven Vermeidungssituationen. Insofern hat das dorsale Bündel einen indirekten Effekt auf das BIS: fällt es aus, fehlt ein energetisierender Einfluß auf das BIS und die Tiere können Vermeidungsverhalten nicht mehr aufgeben, da die Änderungen der Umgebung nicht mehr eingeordnet werden.

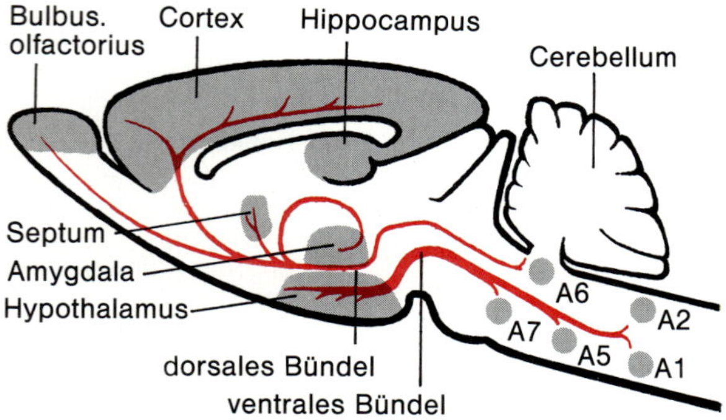

Abb. 26–9. Noradrenerge Faserzüge *(rot)* im Rattenhirn. Vergrößerte Darstellung des dorsalen Bündels (s. Text)

Humanversuche zu noradrenergen Systemen. Wenn das NA-System an der Entstehung von Angst und Streß beteiligt ist, so müßte man pathologische Änderungen in den peripheren und zerebralen NA-Systemen bei **Angstzuständen** finden. Beim Menschen ist aber die Interpretation solcher Änderungen problematisch, da sie

- erhöhte Aufmerksamkeit auf die unangenehmen Reize
- erhöhte unspezifische Aktivierung
- verstärkte Bewältigungsversuche

darstellen können. Dementsprechend widersprüchlich sind die Versuche zu Angststörungen. Trotzdem existiert bei Angstzuständen weniger eine chronische Hyperreagibilität adrenerger Systeme, als eine spezifische **Dysregulation**, die bewirkt, daß bei **Konfrontation** mit den Angstreizen (interozeptiv oder exterozeptiv) ein Überschießen peripherer und zentraler adrenerger Reagibilität feststellbar ist. Dabei zeigen sich für verschiedene Angststörungen unterschiedliche Dysregulationen.

Panikstörungen zeichnen sich durch starke unbegründete Angst vor Bewußtlosigkeit und Herzinfarkt auf vermeintliche Änderung der Herzrate aus, obwohl solche meist gar nicht vorhanden sind. Clonidin, ein Agonist noradrenerger Neurone, bewirkt bei diesen Patienten ein paradoxe Hemmung der Wachstumshormonausschüttung (GH) aus der Hypophyse (s. Kap. 5 und 6), während normalerweise ein NA-Anstieg im Hypothalamus eine Erhöhung der GH-Ausschüttung bewirkt. Man nimmt an, daß durch lang anhaltende exzessive Überschwemmung des Hypothalamus durch zentrales NA die postsynaptischen α_2-Adrenorezeptoren in ihrer Sensitivität (Ansprechbarkeit auf NA) oder in ihrer Anzahl reduziert werden (down-regulation). Subjektiv bewirkt die Gabe von Clonidin eine kurzfristige Verbesserung der Angst, was mit der Hypothese geringerer Sensitivität der zentralen Rezeptoren übereinstimmt. Allerdings reduzieren auch einige β-Rezeptorenblocker, welche die Blut-Hirnschranke überqueren, die Angst. Bei **posttraumatischen Streßstörungen** (*PTSD*, posttraumatic stress disorder), wie sie nach extremen Belastungssituationen (Krieg, Verbrechen) auftreten, findet man peripher ein deutliches Ansteigen der autonomen Erregung, vor allem des Herzens, spezifisch auf die Erinnerung oder Konfrontation mit den persönlich angstauslösenden Reizen [6]. Eine ähnliche Hypersensivität auf Ärger auslösende Reize liegt bei der essentiellen Hypertonie vor (s. Kap. 10).

Im ZNS sind diejenigen kortikalen und subkortikalen Systeme (Amygdala), die für die Speicherung der aversiven Ereignisse verantwortlich sind, bei Angstpatienten übererregt. Dies zeigt sich in deutlich erhöhten frühen negativen (N 100, s. Kap. 21) und späten positiven evozierten Hirnpotentialen, ähnlich wie wir sie in Kap. 16 bei chronischen Schmerzpatienten beschrieben haben. Abbildung 26–10 zeigt die verstärkte Durchblutung der Amygdala bei sozial-phobischen Patienten während der Darbietung von emotional neutralen Ge-

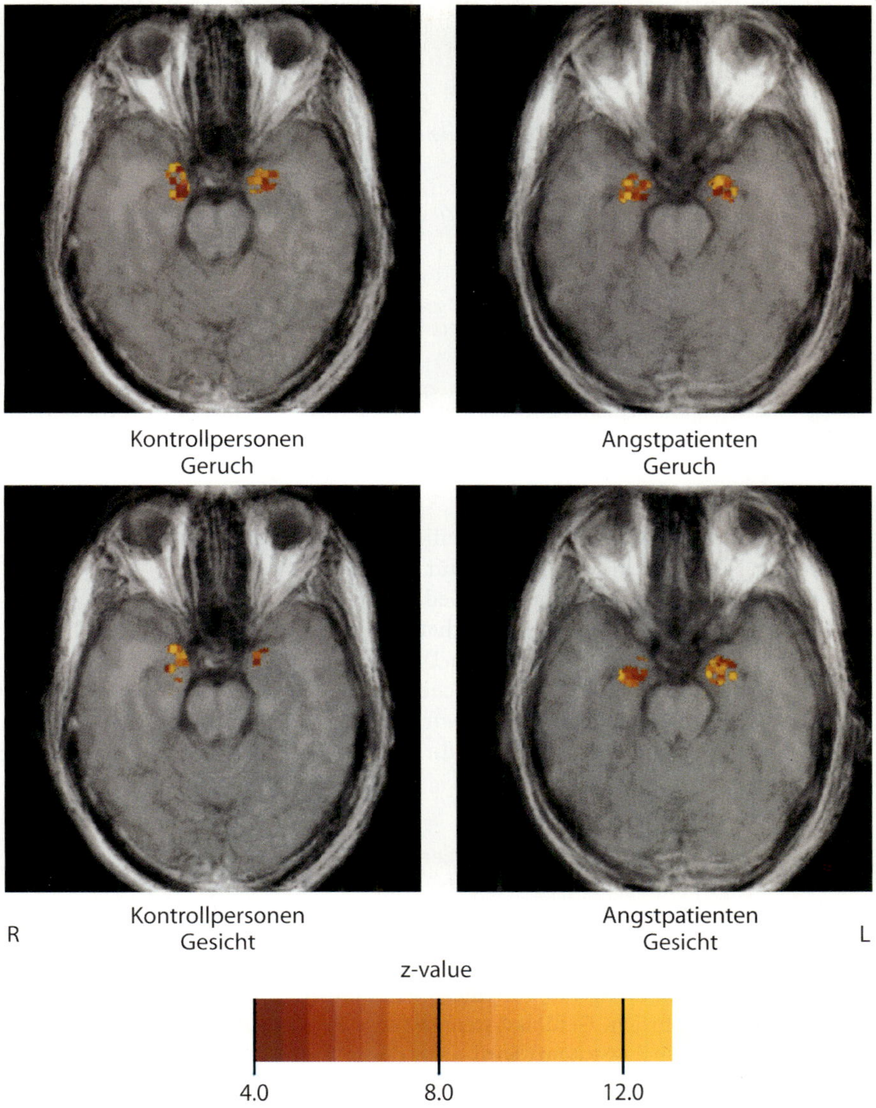

Abb. 26–10. Funktionelle Magnetresonanztomographie (fMRI) der Amygdala bei Darbietung emotional neutraler Gesichter (unten) und aversiver Gerüche (oben) bei Gesunden (links) und Sozialphobikern (rechts). Während bei Gerüchen kein Unterschied zwischen den Gruppen besteht, zeigen Angstpatienten eine deutlich stärkere Aktivität der Amygdala bei Gesichtern (verstärkte Gelbfärbung zeigt verstärkte Durchblutung an). Aus: Birbaumer et al (1998) fMRI reveals amygdala activation to human faces in social phobics. Neuroreport 9, 1223–1226

sichtern. Bei soziopathischen (furchtlos – rücksichtslos) Menschen dagegen ist die Aktivierung der Amygdala und des Orbitalkortex vor allem in Antizipation konditionierter Angstreize geringer.

Die pharmakologische Reduktion von Angst ist auf eine Verbesserung der Bindung von Liganden an $GABA_A$-Rezeptoren im ZNS zurückzuführen

Der GABA-Rezeptor-Komplex. Die Wirkung vieler Psychopharmaka geht auf die Tatsache zurück, daß im NS körpereigene Neurotransmitter und deren Rezeptoren produziert werden, die auf synaptischer Ebene ein bestimmtes Gefühl steuern, Wir haben ein solches System bereits ausführlich in Kap. 16 am Beispiel der endogenen Opioide und Schmerz besprochen. Dasselbe Prinzip gilt auch für Angsthemmung und GABAerge Rezeptoren im limbischen System. Abbildung 26–11 zeigt den Mechanismus, über den Benzodiazepine (z. B. Diazepam = Valium) ihre angsthemmende Wirkung entfalten. Sie binden an den Benzodiazepinrezeptor, der mit dem $GABA_A$-Rezeptor gemeinsam den Einstrom negativer Ionen, vor allem Cl^-, regelt. Durch die Aktivierung des Benzodiazepinrezeptors kann vermehrt Cl^- ins Zellinnere strömen und damit wird die Hyperpolarisation der Zelle verstärkt. Dies erklärt nicht nur die generell beruhigende, desaktivierende Wirkung von Benzodiazepinen, sondern auch ihre antiepileptische (s. Kap. 22) und ihre REM-Schlaf unterdrückende Wirkung

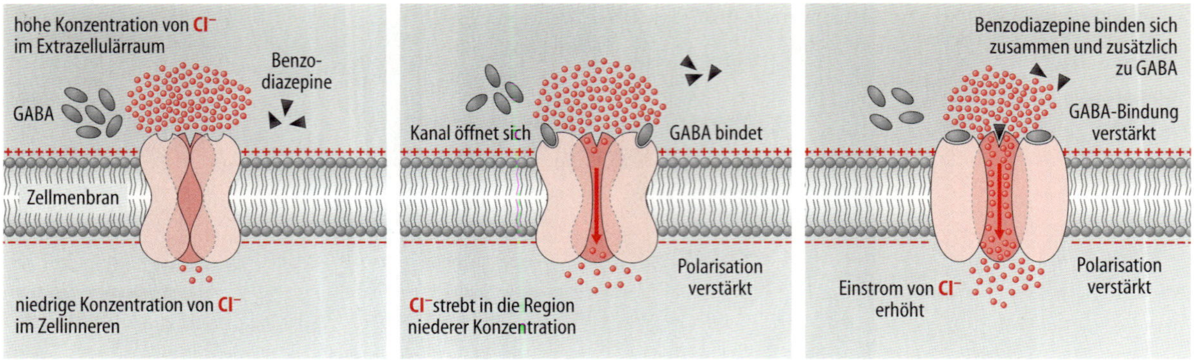

Abb. 26-11. Wirkmechanismus von Benzodiazepinen. Dargestellt ist eine neuronale Membran einer Zelle im limbischen System, die GABA-Rezeptoren besitzt und bei Reizung hyperpolarisiert. Der Benzodiazepinrezeptor verstärkt die hyperpolarisierende Wirkung. Erläuterung s. Text

(s. Kap. 23). Da Benzodiazepine nicht spezifisch nur jene neuronalen Netzwerke beeinflussen, die für kontinuierlichen Abruf der Angstinhalte aus dem Gedächtnis verantwortlich sind, haben sie keinen dauerhaft heilenden Einfluß auf Angst- oder Schlafstörungen. Da ihr Suchtpotential erheblich ist und psychologische Therapien (s. u.) sehr viel wirksamer und nebenwirkungsfreier Ängste beseitigen, sind Benzodiazepine für Angst- und Schlafstörungen *nicht indiziert.*

Beruhigungsmittel (Tranquilizer) wirken nicht auf alle Arten von Angstreaktionen, sondern primär auf passives Vermeiden

Psychopharmaka und das Verhaltenshemmungssystem. Die Unterscheidung des Verhaltenshemmungssystems von den übrigen Gefühlssystemen (dem BAS und dem Kampf-Flucht-System) wird auch durch die unterschiedliche Wirkung von Pharmaka zur Reduktion von Angst gestützt (s. auch Abb. 26-8): Barbiturate, Benzodiazepine (z. B. Valium), und Alkohol hemmen *isoliert* das BIS im Tierversuch und senken damit von den möglichen Angstphänomenen *nur* die Reaktionen in **passiven Vermeidungssituationen**, Frustrations-(Nichtbelohnungs)-situationen, Orientierungsreaktionen auf neue Reize und die Furcht vor Prepared-Reizen. Diese Substanzen ändern nicht die Reaktion auf *unkonditionierte* Furcht- und Aggressionssituationen, z. B. Lärm oder plötzliche Attacken, die nicht durch einen Warnreiz angekündigt wurden; und sie haben *keinen* Einfluß auf aktives Vermeidungsverhalten (z. B. zwanghaftes Händewaschen) und Annäherungsverhalten. Diese *Selektivität* der Wirkung von Barbituraten und Benzodiazepin auf passives Vermeiden und auch ihre vergleichbar kurzdauernde Wirkung auf Angststörungen sprechen gegen ein einheitliches Angstsystem im Gehirn.

Die hemmende Wirkung dieser Drogen auf passives Vermeiden (das BIS) ist primär auf die Blockade adrenerger und serotonerger Afferenzen (s. Abb. 20-25 und 20-26), vor allem des dorsalen Bündels (Abb. 26-9) durch Benzodiazepine und Alkohol zurückzuführen. An diesem Teil des Hemmprozesses sind Benzodiazepinrezeptoren und der GABA-Komplex nur untergeordnet beteiligt; es kommt wahrscheinlich zu einer reversiblen Entleerung der NA-Speicher durch diese beiden Substanzen.

Benzodiazepine, Barbiturate und Alkohol reduzieren – zumindest *kurzfristig* – Furcht *nur* in passiven Vermeidungssituationen, nicht in aktiven; damit steht der Befund in Einklang, daß diese Substanzen z. B. kurzfristig Phobien beeinflussen (passives Vermeiden), keine Effekte auf Zwangsverhalten (aktives Vermeiden) haben und **soziopathisches Verhalten** sogar verstärken können. Der letzte Befund ist besonders interessant, als soziopathische, antisoziale Reaktionen auf einen Defekt im Erwerb passiven Vermeidens (tu das nicht, sonst ...) beruhen. Personen mit antisozialem Verhalten haben dementsprechend häufig ein schwach entwickeltes BIS und wenig erregbare Amygdala, die durch Alkohol und Barbiturate weiter geschwächt werden (s. Abb. 26-15). Dies könnte auch erklären, warum bei Soziopathen ein Großteil ihrer antisozialen Verhaltensweisen unter Alkohol geschehen. Sedierende Drogen sind danach für soziopathische Personen *kontraindiziert* (s. S. 660).

Psychologische Therapie der Angst. Unabhängig davon, um welche der oben beschriebenen Angststörungen es sich handelt, hat sich die *wiederholte Konfrontation* (Extinktion) der Patienten mit den realen oder vorgestellten Angstreizen ohne Möglichkeit der Flucht als effektivste Therapie von Angst erwiesen. Dabei wird die assoziative Verbindung zwischen den konditionalen Reizen und den unkonditionierten Angstreizen gelockert, da die befürchteten Konsequenzen nicht mehr auftreten. An diesem Vorgang sind also kortiko-subkortikale Prozesse der Extinktion von Gedächtnisverbindungen beteiligt wie wir sie in Kap. 24 beschrieben haben, die nicht mit Beruhigung wie in der psychopharmakologischen Therapie, sondern mit exzessiver *Erregung* am Beginn der Behandlung einhergehen. Auch dies zeigt, daß eine auf pharmakologische Ruhigstellung ausgerichtete Therapie der Angst kontraindiziert ist [3, 35, 50].

Die Modulation des Schreckreflexes durch positive und negative Gefühle erlaubt die Rekonstruktion von angstfördernden und angsthemmenden Hirnsystemen

Schreckreflex-Modulation. Der Schreckreflex (startle reflex) ist eine rasche, protektive Reflexantwort der Muskulatur auf extrem laute Töne oder andere überraschende Reize. Ein Teil dieser Antwort ist der Lidschluß des M. orbicularis oculi (Abb. 13–15 und 26–12), der beim Menschen 30–50 ms nach einem überraschend dargebotenen akustischen Reiz von 95–110 dB auftritt. Wie in Abb. 26–12 und Abb. 13–15 gezeigt, läßt er sich einfach mit dem Elektromyogramm registrieren. Die Amplitude des Schreckreflexes wird durch den *emotionalen Hintergrundszustand* des Lebewesens, wie auf Abb. 26–13 dargestellt, beeinflußt: Furcht erhöht die Reflexantwort, positive Emotionen, real oder vorgestellt, reduzieren sie. Wichtig für die Messung der emotionalen Valenz mit dem Startle-Reflex ist dabei, daß der modulierende Einfluß der emotionalen Valenz (positiv-negativ) *unabhängig* von Aufmerksamkeit und Aktivierung des Lebewesens erfolgt. Wenn die **Reaktionsdisposition** des Organismus auf Annäherung, Bindung und Konsumation gerichtet ist, wird der Reflex gehemmt, ist sie auf Vermeidung, Flucht und Verteidigung gerichtet, wird er verstärkt. Ist die Reaktionsdisposition mit einem ausgelösten Reflex kompatibel (match), so wird er in seiner Wirkung verbessert, da er auf ein bereits vorbereitetes (primed) neuronales Netz trifft. Da der Startle-Reflex protektiv die Informationsaufnahme und motorische Aktivität bei neuen und aggressiven Reizen kurz unterbricht, um das Verhalten und Aufmerksamkeit rasch auf den potentiell gefährlichen Reiz umzuorientieren, paßt diese Reaktionsdisposition zur aversiven Natur des Startle-Reizes. Bei Reflexen, die eher positiv zuwendenden Charakter haben,

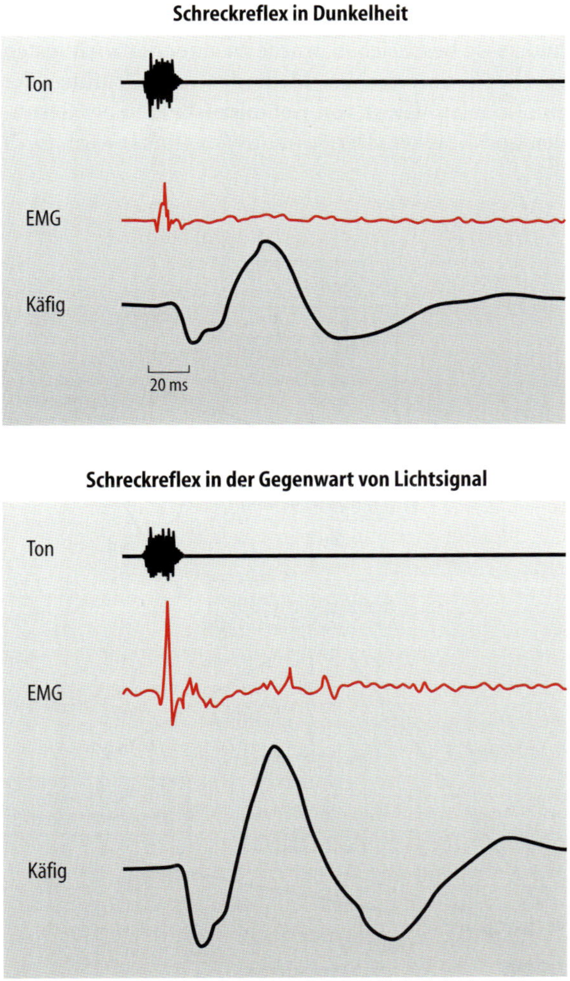

Abb. 26–12. Messung des Schreckreflexes an den Muskeln der Beine bei der Ratte. **A** Schreckreflex im Dunkeln, **B** Schreckreflex bei zusätzlicher Darbietung eines Lichtreizes, der vorher mit elektrischen Reizen assoziiert wurde. Oben jeweils der Schreckreiz, in der Mitte die EMG *(rot)* Reaktion, darunter ein Beschleunigungsmaß. Aus [32]

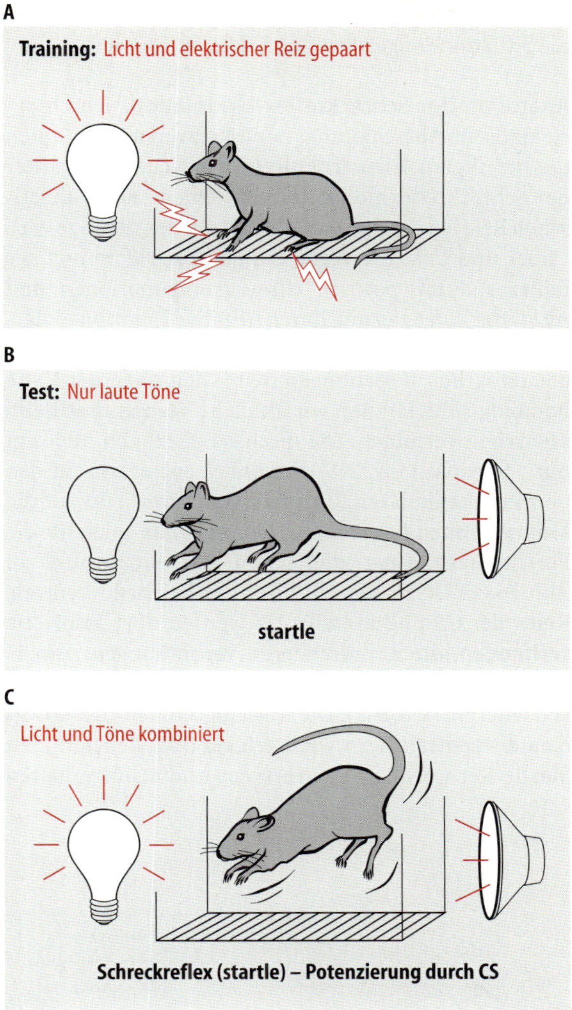

Abb. 26–13. Schreckreflex (startle)-Potenzierung. In **A** wird eine Furchtreaktion auf einen Lichtreiz (CS) klassisch konditioniert, in **B** eine Schreckreaktion durch einen lauten Ton ausgelöst. In **C** wird der CS dargeboten und danach derselbe Schreckreiz. Nach [32]

wie z. B. Schließreflexen der Hand oder des Fußes, ist die Situation umgekehrt [4, 32, 37].

Anatomie der Schreckreflex-Modulation. Durch systematische Ausschaltungs- und Reizversuche konnten die beteiligten Hirnstrukturen und Neurotransmitter der Schreckreflexmodulation auf einen lauten akustischen Reiz bei der Ratte aufgeklärt werden (Abb. 26–14). Dabei sind *links* die Verbindungen zur Hemmung des Reflexes durch positive Hintergrundemotionen und *rechts* die Potenzierung durch negative Emotionen dargestellt. Da in subkortikalen Regionen die wesentlichen anatomischen Beziehungen beim Menschen der Ratte homolog sind, können wir ähnliche Verhältnisse beim Menschen vermuten. Die direkte Reflexbahn benötigt nur 2 Synapsen im ZNS, die vom N. cochlearis auf den pontinen retikulären Kern und von dort direkt auf die Motoneuronen projizieren. Die Amygdala spielt für die Furchtpotenzierung die schon auf S. 649 und in Abb. 26–3A,B; 26–6 und 26–7 beschriebene zentrale Rolle, der CS und aversive US werden dort assoziativ verbunden, die noradrenergen Verbindungen zum L. coerulens liefern die dafür notwendige Aufmerksamkeitsenergie (s. S. 652). Die Ausgangseinheit der Amygdala, der zentrale Kern, wirkt erregend auf den pontinen Startle-Kern, wobei die aversiven und schmerzhaften Aspekte der US über das zentrale Grau und den laterodorsalen Kern gesteuert werden.

Im Gegensatz zur erregenden Modulation durch aversive Reize sind die meisten Verbindungen aus dem N. accumbens, der vom ventralen Tegmentum versorgt wird und den wir in Kap. 25 ausführlich als positive Anreiz- und Verstärkerstruktur beschrieben haben, hemmend; als Nettoeffekt der Aktivierung positiv verstärkender Hirnregionen resultiert daher eine *Hemmung der Startle-Bahn.* Der mediale präfrontale Kortex und der orbitofrontale Kortex sind dabei vermutlich weniger für die positiven Hintergrundsemotionen zuständig, sondern vor allem für die Hemmung von Furcht in der Extinktion (s. S. 651) und Verstärkeraufschub aufgrund von Erwartungen. Mediales Septum und Hippokampus werden bei Reizdiskrimination und passiver Vermeidung mit Antizipation von Furchtreizen aktiv, wie wir es im Rahmen des septo-hippokampischen Hemmsystems auf S. 650 dargestellt haben.

Die Messung des Schreckreflexes wird zur Differentialdiagnose von Verhaltensstörungen verwendet

Psychophysiologie der Schreckreflex-Modulation. Die Messung des Schreckreflexes, wie auf Abb. 13–15 und 26–12 beschrieben, wurde zu einer der wichtigsten psychophysiologischen Methoden zur Prüfung der emotionalen Valenz von Gefühlszuständen bei Gesunden und Kranken. Der *Schreckreflex* (links) wird *durch*

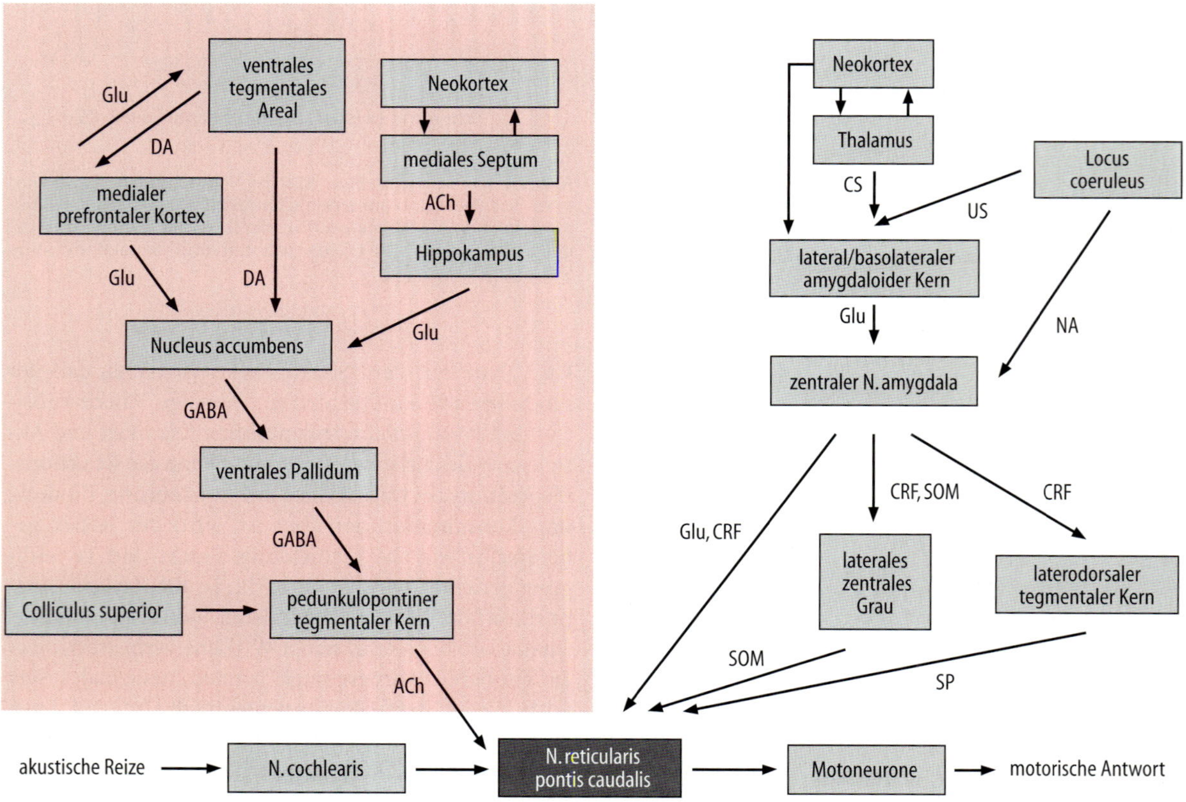

Abb. 26–14. Kerngebiete und Transmitter, die an der Schreckreflexpotenzierung *(rechts)* und der Schreckreflexhemmung *(links)* beteiligt sind. Abkürzungen: *DA* ... Dopamin, *Glu* ... Glutamat, *Ach* ... Azetylcholin, *SP* ... Substanz P, *SOM* ... Somatostatin, *CRF* ... Kortikotropin-Releasing-Faktor. Erläuterung siehe Text. Die Abbildung wurde freundlicherweise von PD Dr. Michael Koch (Univ. Tübingen) zur Verfügung gestellt und von uns modifiziert

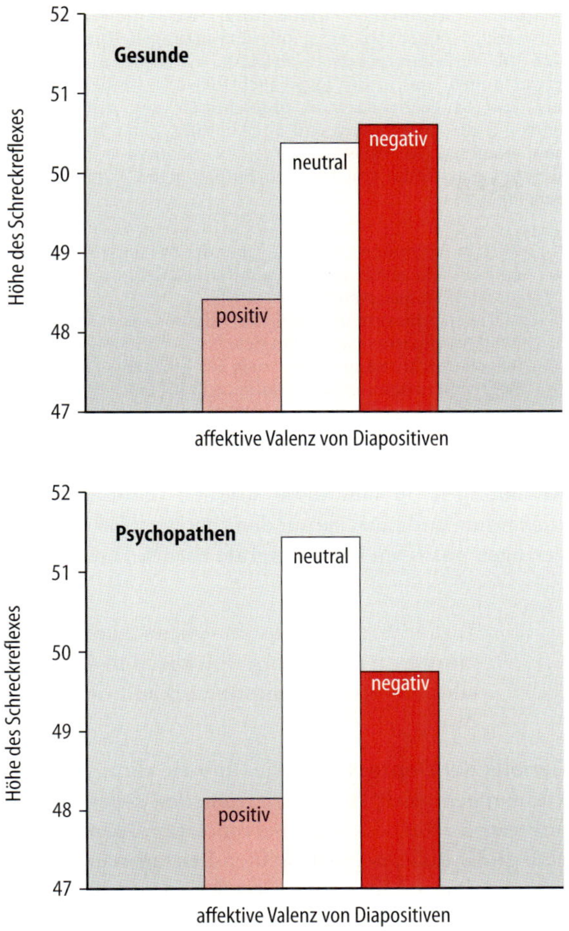

Abb. 26–15. Schreckreflexmodulation bei Soziopathen (Psychopathen). Modulation des Schreckreflexes durch Hintergrundgefühle. Die Stärke des Schreckreflexes (Lidschlag) ist auf der Ordinate aufgetragen, während die Personen Diapositive mit neutralen, positiven oder aversiven Darstellungen betrachten. Man erkennt, daß bei Normalpersonen mit zunehmender Aversivität der Schreckreflex steigt, während bei Psychopathen unangenehme Gefühle keinen Effekt auf die Schreckreaktion haben. Nach [4]

die Valenz der konditionalen Reize (positive, neutrale oder negative Diapositive), der *Hautwiderstand durch die autonome Aktivierung* bestimmt.

Die **klinische Anwendung** dieses Befundes erlaubt die Trennung von phobischen und nicht-phobischen Patienten. Bei Darbietung der relevanten Furchtreize kommt es zu stärkerer Startle-Potenzierung bei solchen Angstzuständen. Abbildung 26–15 zeigt im unteren Teil der Abbildung die Kontrastgruppe zu Gesunden und Phobikern, nämlich *Psychopathen* (besser Soziopathen oder antisoziale Persönlichkeiten genannt), die sich durch Furcht- und Schuldgefühlsmangel auszeichnen und deshalb häufig straffällig werden. Sie zeigen keine Furchtpotenzierung auf aversive Diapositive (s. S. 665 und Box 27–4). Denselben Mangel an Furchtpotenzierung finden wir bei Personen mit ein- oder beidseitiger Läsion der Amygdala. Es liegt daher die Vermutung nahe, daß Soziopathen eine angeborene oder erworbene Mangelaktivität der Amygdala, vor allem des lateralen Kerns aufweisen. Dies sind auch jene Personengruppen, die, wie auf S. 661 beschrieben, auf Benzodiazepine mit einem weiteren Abfall der Hemmung und Anstieg des Hautwiderstandes reagieren (s. Abb. 26–22).

26.3 Trauer – Depression

Depression tritt als Folge einmaliger oder häufiger Hilflosigkeit, vor allem nach Verlust von Bindungen auf; die Reduktion der positiven Verstärkerrate geht oft mit gelernter Hilflosigkeit einher und senkt die Häufigkeit positiver Verhaltensweisen weiter

Trauer ist ein angeborenes primäres Gefühl, das nach *Trennung oder Verlust von Bindungen* (loss of attachment) auftritt. Die Äußerungsweisen von Trauer sind in allen Kulturen ähnlich, auch bei höheren Säugern beobachtbar und mit dem humanen Ausdrucksverhalten und menschlichen physiologischen Begleitreaktionen vergleichbar. Evolutionsgeschichtlich könnte man Trauer als psychobiologische Reaktion zur Aufrechterhaltung von Gruppenbindung bei Trennung von einem oder mehreren Gruppenmitgliedern auffassen [5, 28].

Das Ausdrucksverhalten bei Trauer hat auf (nichtsoziopathische) Mitglieder einer Gruppe oder Horde einen *Aufforderungscharakter*, sich dem trauernden Organismus zuzuwenden und damit werden neue soziale Bindungen geknüpft. Die kurzfristigen hormonellen und physiologischen Folgen von Hilflosigkeit haben energiekonservierende Effekte, die langfristigen führen zu pathophysiologischen Änderungen. Wir haben in Kap. 5 und 6 bereits die wichtigsten hormonell-immunologischen Folgen andauernder Hilflosigkeit dargestellt.

Diagnose der Depression. Depression ist ein komplexes *Mischgefühl*, das einen gewissen Anteil an Trauer enthält, aber auch Ekel, Wut, Ärger, Feindseligkeit, Furcht, Schuld und Scham. Entsprechend der Variabilität beteiligter Gefühle sind Depressionen stets durch eine *Vielzahl* von sozialen, psychologischen und biologischen Einflußfaktoren ausgelöst. Die früher häufig verwendete Klassifikation in *endogene (biologisch-bedingte)* und *exogene (umweltbedingte) Depressionen* ist empirisch nicht haltbar. Dem trägt auch die Klassifikation der Depressionen im Diagnostisch-Statistischen Manual Psychiatrischer Störungen (DSM-IV [8]) Rechnung, die nur mehr nach der Intensität der Störung und nach der Präsenz von psychotischen Symptomen (Halluzinationen, Wahn) unterscheidet. **Bipolare Depressionen**, bei denen zumindest *eine manische Episode* aufgetreten sein muß, scheinen in ihrer Ätiologie (Entstehungsgeschichte) nicht mit monopolaren Depressionen (*nur* depressive Zustände) identisch zu sein. Sie weisen u.a. eine stärkere genetische Beteiligung als unipolare Depressionen auf und sprechen auf unterschiedliche Pharmaka therapeutisch an, nämlich auf **Lithiumsalze**, während unipolare Depressionen z.B. durch **trizyklische Antidepressiva** (s.u.) und Verhaltenstherapie zu bessern sind.

Die Faktoren, die zur Entstehung und Aufrechterhaltung monopolarer Depressionen *zusammenwirken*, sind im wesentlichen bekannt. Im Einzelindividuum sind diese Faktoren in höchst unterschiedlicher Ausprägung und Gewichtung vorhanden, eine einheitliche psychopathologische Verursachung, die allen Depressionen gemeinsam ist, existiert nicht. Beteiligt sind sowohl soziale als auch psychologische und biologische Faktoren.

Soziale und psychologische Faktoren. Wir werden die sozialen und psychologischen Faktoren hier nur skizzieren. Dies bedeutet nicht, daß biologische Bedingungen für die Erklärung depressiven Verhaltens wichtiger als soziale und psychologische sind.

Ein wesentlicher Reiz zur Entstehung von Trauer und Depression ist Verlust durch *Auflösung von Bindungen* an Menschen, Tiere oder Objekte. Personen, die im Laufe ihrer Kindheits- und Jugendentwicklung z.B. einen Elternteil durch Tod verloren haben, neigen als Erwachsene häufiger zu Depressionen als Kontrollpersonen [5, 8].

Entscheidend für die Intensität und Dauer von Depressionen nach Bindungsverlust sind die Ergebnisse der sozialen und kognitiven **Bewältigungsversuche** des Verlusterlebnisses. Personen, die nach Bindungsverlust keine ausreichend wirksamen **Defensivverhaltensweisen** (Verdrängen, Ausschluß von Informationen, Gewöhnung, Umdeutung, Attributionsänderung) entwickeln, zeigen später stabile **Erwartungshaltungen**, daß sich die Verlustereignisse in Zukunft wiederholen [5]. Diese Erwartungen sind in der Regel nicht bewußt, sondern wirken aus dem Langzeitgedächtnis ohne Mitwirkung des Bewußtseins auf die Einordnung und Speicherung neuer Informationen (Kap. 24). Als Risikofaktoren für depressive Störungen konnten eine Reihe von sozialen Bedingungen ermittelt werden:

- Restriktive äußere Umstände, über die das Individuum keine *Kontrolle* ausüben kann (z.B. Verlusterlebnisse, pathologisches Familiensystem).
- Starre Handlungsmuster des Individuums selbst (z.B. hohes Anspruchsniveau, Abhängigkeit von anderen, wenig Selbsteinsicht, mangelnde soziale Fertigkeiten etc.)
- Begrenzter Handlungsspielraum (z.B. auf eine soziale Gruppe und Person bezogen, zu viel oder zu wenig Arbeit, unrealistische Ambitionen, Armut).

Abbildung 26–16 faßt diese sozialen Einflußfaktoren zusammen und führt sie auf den zentralen Faktor einer **geringen positiven Verstärkerrate** zurück [24, 41].

Trauer und Depression führen zu differenzierbaren psychophysiologischen Änderungen und Störung der zirkadianen Periodik

Genetik der Depression. Wie für viele chronische Erkrankungen spielt ein *konstitutionelles, genetisch verankertes Risiko,* besonders bei bipolaren Depressionen eine große Rolle, deren absoluten Beitrag man im Einzelindividuum bisher ebenso schwer festlegen kann wie die Anteile der Umweltfaktoren. Sowohl in Zwillingsstudien als auch in Adoptionsstudien treten erhöhte Konkordanzraten mit der Nähe der biologischen Verwandtschaft auf.

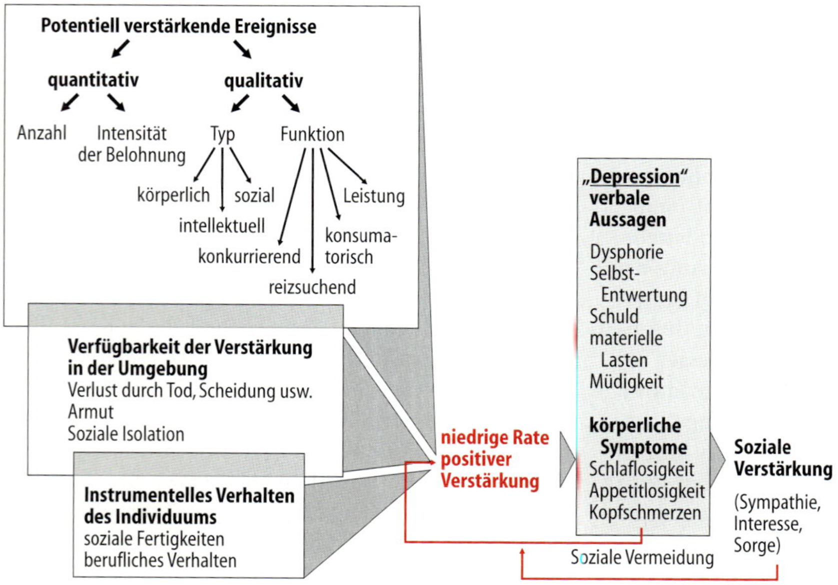

Abb. 26–16. Einflußfaktoren auf depressives Verhalten: Unmittelbare Ursache depressiven Verhaltens ist eine niedrige Rate positiver Verstärkung, die durch drei Faktoren (*linke* Seite der Abbildung) bedingt und durch soziale Verstärkung und soziale Vermeidung *(ganz rechts)* aufrechterhalten wird (s. Text)

Dies gilt aber für viele Persönlichkeitseigenschaften und physische Merkmale. Die Lokalisation einer Genkombination für Manisch-Depressive-Störungen in einer Familie des isoliert lebenden Amish-Ordens in Pennsylvania auf Chromosom 11 konnte in anderen Populationen nicht bestätigt werden. Es ist wahrscheinlich, daß für die *Disposition* für unipolare und bipolare Depressionen ein polygener Vererbungsgang existiert (s. Kap. 2) [45].

Psychophysiologie. Abbildung 26–17 zeigt die Position von Trauer in Beziehung zu anderen Gefühlen beim Betrachten von Diapositiven, die international auf ihre psychologischen und physiologischen Wirkungen geeicht wurden [4]. Aus jeder Valenzkategorie (Ekel, Furcht, etc.) wurden je 30 verschiedene Diapositive gezeigt und die physiologischen Reaktionen über die 30 Dias jeder Valenzkategorie gemittelt. Z. B. bewirkt Trauer und Ekel im M. corrugator (Augenbrauen) einen Anstieg des EMGs (mehr Spannung), Glück eine Reduktion. Man erkennt, daß in den *elektromyographischen* und *elektrodermalen Reaktionen* bei gesunden Personen Trauer klar von allen übrigen Gefühlen bis auf Ekel trennbar ist. Sowohl zwischen den verschiedenen Personengruppen (depressiv – nichtdepressiv), wie auch innerhalb der Gruppen können die Gefühlszustände aufgrund des *Musters der Muskelspannung* in den verschiedenen Muskeln unterschieden werden.

Auch auf Ebene des ZNS im EEG ergeben sich charakteristische Änderungen bei Trauer und Depression, deren Bedeutung aber schwer zu einer einheitlichen Vorstellung zu integrieren ist.

Im EEG zeigt sich bei Depressiven und depressiven Stimmungen verstärkte Aktivierung (β-Aktivität) rechts-frontal. Dies stimmt mit neuropsychologischen Befunden überein, daß nach Läsion links Depressionen auftreten (s. S. 668). Positive Gefühle dagegen erhöhen die EEG-Aktivität links-frontal. PET-Untersuchungen ergeben widersprechende Befunde, wenngleich in fast allen Untersuchungen eine Mangeldurchblutung im **rostralen G. cinguli**, der die kortikalen und limbischen Emotionsregionen mit den Basalganglien verbindet, gefunden wurde. Oft wurde auch ein Hypometabolismus der vorderen kortikalen (Frontalkortex, anteriorer G. cinguli, Insel) Regionen bei Anstieg der Durchblutung in hinteren kortikalen und limbischen Regionen berichtet [10, 11, 17, 44].

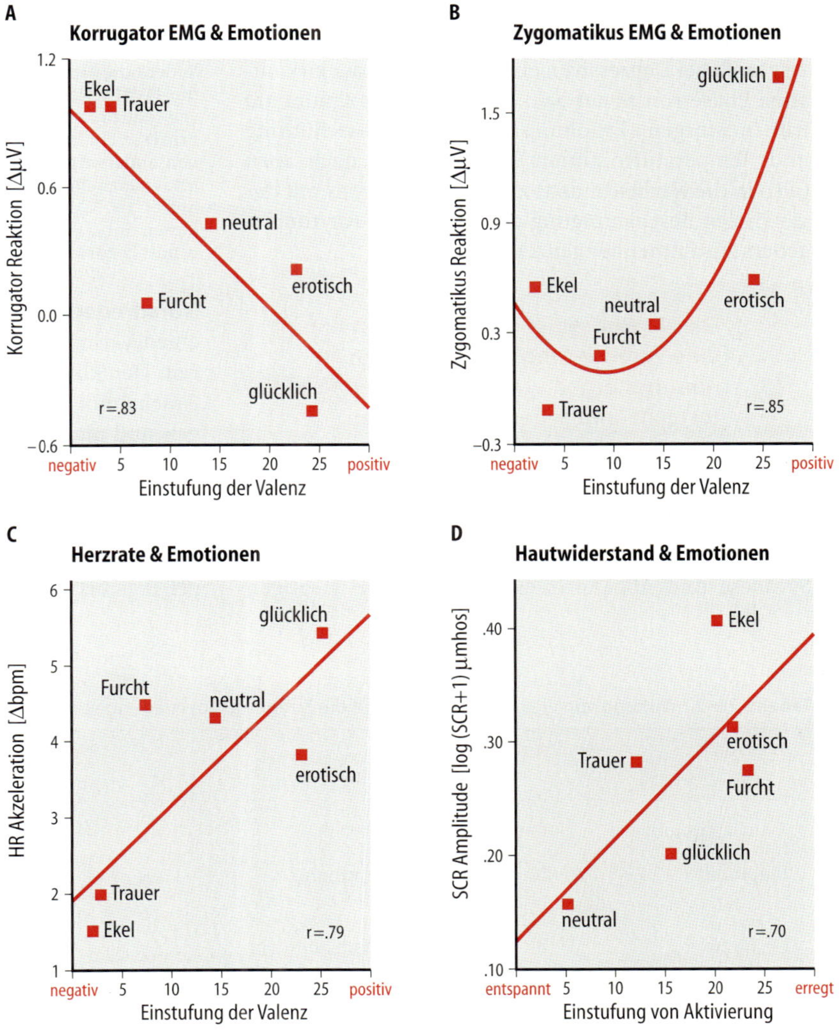

Abb. 26–17. Beziehungen zwischen psychophysiologischen Reaktionen und subjektiver Bewertung von Diapositiven, die verschiedene Gefühle auslösen. Oben links die Reaktionen des Muskels der Augenbrauen (Korrugator), rechts die des Mundwinkels (Zygomaticus). Unten links Herzrate (HR) und rechts Hautwiderstand (SCR). Ausführliche Erklärung siehe Text. Nach [4]

Im EEG zeigen sich Verschiebungen der Aktivität der beiden Hemisphären (s. Kap. 26.5.) und eine *erhöhte kortikale Reagibilität auf Kontingenzänderungen* (z. B. wenn erwartete Belohnung nicht auftritt) und Hilflosigkeit. Mit zunehmender Anhedonie (Lustverlust) steigt die Negativierung der langsamen Hirnpotentiale (s. Kap. 21) nach Kontingenzänderung an. Dies ist sowohl bei akut Depressiven als auch bei gesunden Personen mit einem erhöhten Risiko für Anhedonie der Fall.

Zirkadiane Periodik. Bereits Tage und Wochen *vor* der aktuellen Verstimmung zeigt sich häufig Desynchronisation der Temperaturperiodik. Die zirkadiane Temperaturkurve (s. Abb. 23–7) ist abgeflacht oder völlig irregulär. Die Wachstumshormonausschüttung (s. Kap. 6) ist reduziert. Die REM-Schlafzeit wird höher, was mit der negativen Stimmung tagsüber zusammenhängt. Während depressiven Verstimmungen sinkt vor allem langsamer Wellen-Schlaf (SWS) ab, die Gesamtschlafzeit sinkt, häufiges Erwachen, besonders in der Früh tritt auf. Die REM-Latenz ist kürzer, d. h. die Personen fallen ohne den normalen Übergang durch eine SWS-Periode in REM (s. S. 545), was vermutlich auf den geringen SWS-Druck zurückzuführen ist (s. Kap. 23). Schlafdeprivation verbessert den Zustand am folgenden Tag. Im freilaufenden Rhythmus (Bunkerversuche) zeigt sich bei Depressiven eine Verkürzung der zirkadianen Phase von 25 auf 24 h. Das Phasenmaximum am frühen Morgen (Erhöhung der Kortisolausschüttung und Temperaturminimum) scheint sich nach *vorn* (also in die Nachtstunden) zu verschieben, was mit der generellen Beschleunigung des endogenen Rhythmusgebers zusammenhängen kann.

Die Neurochemie der Depression nimmt eine Veränderung der Bindungen an noradrenergen und serotonergen Rezeptoren in limbischen Strukturen an

Biogene Amine. Tabelle 26–2 gibt jene Substanzen wieder, die eine Verbesserung depressiver Zustände bewirken und ihre hypothetischen Wirkungen auf die neuronale Übertragung. Abbildung 26–18 zeigt den Synthese und Abbauprozeß dieser beiden wichtigen biogenen Amine, nämlich von Tyrosin und Tryptophan. *Trizyklische Antidepressiva* weisen eine positive Wirkung auf den depressiven Zustand für die Dauer der Einnahme auf, allerdings erst mit einer 1–3 wöchigen Verzögerung auf die Einnahme. Der Wirkungsmechanismus dieser Substanzen ist unklar. Ursprünglich ging man davon aus, daß Trizyklika auch eine Erhöhung der Verfügbarkeit von NA und/oder Serotonin im synaptischen Spalt bewirken. Dieser Zusammenhang stützte sich auf Beobachtungen mit der blutdrucksenkenden Droge **Reserpin**, die zentrales NA und Serotonin reduziert, indem sie Monoaminoxidase (MAO) freisetzt, das die beiden Transmitter abbaut. Reserpin verursacht bei manchen Personen Depressionen. **Monoaminoxidaseinhibitoren** (MAOI) führen konsequenterweise auch zu Besserung der Depression. Imipramin, eine wirksame antidepressive Substanz, erhöht den NA-Serotonin-Gehalt im synaptischen Spalt durch Blockade der Wiederaufnahme (re-uptake) in die Synapsen [1, 28, 51].

Gegen eine Monoamintheorie der Depression sprechen eine Reihe von Fakten: Substanzen, die nicht direkt auf den NA- und Serotoninhaushalt wirken, sind ebenfalls zur Behandlung der Depression geeignet (z. B. Lithium, Mianserin u. a.). Post-mortem-Analysen von depressiven Suizidanten zeigen keine Änderung des NA- oder Serotoningehalts, die Vorläufer der NA-Synthese (das Enzym Dopamin-β-Hydroxylase, DBH) sind unverändert, die Metaboliten von zentralem NA (MHPG) und Serotonin (5-HIAA) sind ebenfalls nicht bei allen unipolar Depressiven reduziert. (Abb. 26–18 zeigt die wichtigsten metabolitischen Prozesse der beiden Monoamine.) Man muß somit entweder einen anderen Mechanismus als die Zunahme des Transmitters im synaptischen Spalt annehmen, oder aber andere Neurotransmitter als NA und Serotonin verursachen die Änderungen in diesen Substanzen sekundär als Folgeeffekt. Dafür hat die folgende Theorie eine Erklärung.

Noradrenerge Rezeptoren. Antidepressiva bewirken einen Verlust der noradrenergen β_2- und α_2-Rezeptoren. Der klinische Effekt der Besserung geht mit der Geschwindigkeit der Reduktion der Rezeptorbindungen und nicht mit dem Anstieg der Verfügbarkeit von NA und Serotonin einher! Depressionen könnten demnach auch durch ein *Zuviel* an zentralem NA verursacht sein und erst nach Zerstörung postsynaptischer NA-Rezeptoren durch die Droge (was in der Regel Tage bis Wochen dauert) wird die Depression bes-

Tabelle 26–2. Wirkung von vier Antidepressiva auf die Erregungsübertragung von NA und Serotonin

Substanz	Akute Wirkung	Neurotransmission	
		NA	Serotonin
Tranylzypromin	Blockiert Monoaminoxidase	↑	↑
Imipramin	Blockiert NA und Serotonin-Wiederaufnahme	↑	↑
Desipramin	Blockiert nur NA-Wiederaufnahme	↑	keine Änderung
Fluoxetin	Blockiert nur Serotonin-Wiederaufnahme	keine Änderung	↑

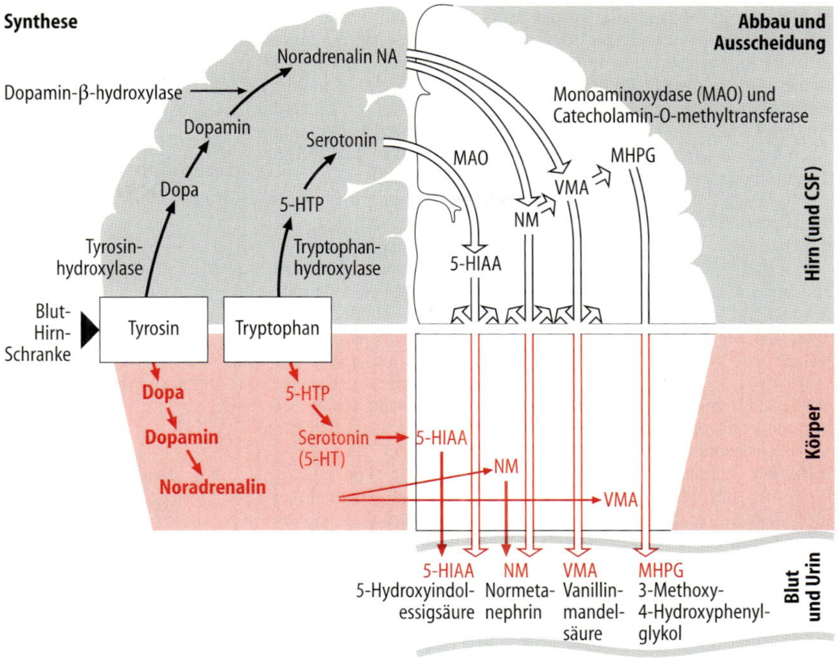

Abb. 26–18. Synthese *(links)*, Abbau und Ausscheidung *(rechts)* von Noradrenalin und Serotonin im Gehirn *(oben)* und außerhalb des Gehirns, sowie in Blut und Urin *(unten)*. Nach [28]

ser. Andererseits geht mit der Reduktion der Zahl der Rezeptoren ein kompensatorischer Anstieg der Aktivität (Bindung) der verbliebenen β-Rezeptoren einher [49].

Trizyklische Antidepressiva (Tabelle 26–2) bewirken im Tierversuch eine Reduktion der Synthese und Stoffwechsel von NA und Serotonin bei Erhöhung der Verfügbarkeit im synaptischen Spalt. Die noradrenergen Zellen feuern (zumindest am Beginn der Behandlung) deutlich geringer und auch MHPG (s. Abb. 26–18) im Blut und Urin ist gesenkt. Bei der *Manie* findet man dagegen einen deutlichen Anstieg noradrenerger Aktivität, der durch Lithium gesenkt wird.

Bei depressiven Patienten, aber auch Zwangspatienten, existiert eine mangelnde Sensibilität der präsynaptischen α_2-Autorezeptoren, die NA-Ausschüttungen unterdrücken, wenn noradrenerge Zellen aktiviert werden; werden die Autorezeptoren blockiert, wird auch mehr Transmitter ausgeschüttet. Sind diese Rezeptoren unteraktiv, wird bei Streß mehr NA ausgeschüttet, was zumindest peripher bei Depressiven und Manien der Fall ist. Die Verringerung und Subsensitivität der α_2-Autorezeptoren kann aber auch eine *Folge* erhöhter NA und Serotoninaktivität bei der Depression sein [6].

Intrakranielle Selbstreizung und Depression. Besonders problematisch für eine Monoamintheorie der Depression ist die Tatsache, daß jene Transmittersysteme, die intrakranielle Selbstreizung bewirken, nämlich *Dopamin-* und *Opiatsysteme*, in dieser Theorie keine Rolle spielen und NA-Systeme, sowie Serotonin mit positiven Verstärkerprozessen (Freude) wenig zu tun haben. Das zentrale Symptom der Depression, die negative Stimmung und Antriebslosigkeit, müßte daher auf eine Hemmung von positiven Verstärkerstrukturen (endorphinerg für die Stimmung?), die Antriebslosigkeit und motorische Inaktivität auf Reduktion dopaminerger (nigrostratialer?) Systeme rückführbar sein. In der Tat verursachen Antidepressiva eine Subsensitivität dopaminerger Autorezeptoren, und damit eine Erhöhung der Aktivität von DA-Synapsen. Andererseits hellt die Gabe von DA-Vorläufern die Stimmung nicht auf, wohl aber Morphingabe. Die Blockade von Histaminrezeptoren im medialen Vorderhirnbündel durch Antidepressiva könnte eher erklären, warum sie die Stimmung aufhellen, da Histamin in diesen positiven verstärkenden Strukturen eine hemmende Wirkung hat [27, 52].

Der Verlauf der physiologischen Effekte von Antidepressiva und der psychologischen Bewältigung von Trauer geht parallel

Antidepressiva und die Bewältigung von Angst und Hilflosigkeit. Wie wir schon auf S. 652 und Kap. 6 gesehen haben, erhöht ein- oder mehrmalige Belastung zunächst sowohl zentrales als auch peripheres NA. Lang anhaltende Belastung und Hilflosigkeit führt zu einem zentralen NA-Verlust. Dies würde mit der Monoamintheorie der Depression übereinstimmen, nicht aber mit einem Zuviel an NA. Ein Teil der Widersprüche läßt sich beseitigen, wenn man den zeitlich-dynamischen *Verlauf* der Wirkung von Antidepressiva mit dem zeitlich-dynamischen Verlauf der Bewältigung von wiederholter Belastung (Streß) vergleicht [29, 41, 51].

Bei Depressionen und nach unbewältigbarem Streß ist die Aktivität von Zellen mit β-adrenergen Rezeptoren im Gehirn von Tieren gering. Wenn Anforderungen an das Individuum (die Zellen) gerichtet werden, die energiemobilisierendes Bewältigungsverhalten erfordern, können die mit NA-Systemen verbundenen Netzwerke nicht ausreichend reagieren (gelernte Hilflosigkeit). Dagegen ist nach mehrmaliger erfolgreicher Streßbewältigung (Immunisierung) *oder* nach Behandlung mit Antidepressiva auch die *Aktivität der postsynaptischen Zellen mit NA-Rezeptoren an ihrer postsynaptischen Membran erhöht*, wobei eine Zelle mit β-Rezeptoren nicht notwendigerweise NA als Transmitter benützen muß (erhöhte Aktivität bedeutet erhöhte Signalübertragung von der β-Rezeptorzelle auf andere neuronale Netzwerke). Da β-adrenerge Rezeptoren im Gehirn weit verstreut sind und mit anderen Rezeptoren am selben Neuron koexistieren, wird durch chronische Gabe von Antidepressiva oder erfolgreiche Streßbewältigung auch die Reagibilität serotonerger und dopaminerger Zellsysteme erhöht.

Die reduzierte Zahl β-adrenerger Rezeptoren nach Antidepressivabehandlung oder nach Streßbewältigung bei gleichzeitiger Erhöhung der Aktivität β-adrenerger Zellen ist vermutlich auf einen **Desensibilisierungsprozeß** der β-adrenergen Membranen rückführbar: nach anfänglich vermehrter NA-Aktivität durch Streß oder Antidepressivagabe nimmt zwar die Zahl der β-Rezeptoren ab, aber die verbliebenen erhöhen ihre Effizienz um ein Mehrfaches, wodurch die Informationsweiterleitung und -verteilung dieser Zellen verbessert wird. Auch mehrmalige **Elektroschockbehandlung** (ECS), die bei schweren Depressionen positive Effekte aufweist, erzeugt im Tierversuch erhöhte Aktivität β-adrenerger und dopaminerger Zellen. Die Rolle der Streßhormone, des Wachstumshormons und der zirkadianen Periodik bei Streß, Hilflosigkeit und Depression haben wir ausführlich in Kap. 4 und Kap. 6 erläutert. Vor allem die kognitiven Störungen bei Depression wie das zwanghaft-repetitive negative Denken und viele somatische Symptome und die Schlafstörung hängen eher damit als mit Veränderungen der adrenerg-serotonergen Zellen zusammen.

Therapie der Depression. Unipolare Depressionen werden heute entweder mit antidepressiver Medikation oder mit Verhaltenstherapie (VT) behandelt. Beide Methoden weisen dieselbe Effektivität auf, aber Verhaltenstherapie scheint zu stabileren Besserungen zu führen als Medikation. Die Kombination von Medikation und VT erhöht die Effektivität der Behandlung nicht. Die *psychologische Behandlung* der Depression (VT) besteht aus dem systematischen Training erhöhter sozialer und motorischer Aktivität, Umstrukturierung der negativen Denk- und Attributionsprozesse und sozial-familiären Maßnahmen zur Erweiterung der verfügbaren Handlungsalternative. Elektroschockbehandlung führt zu rascher und anhaltender Besserung; angesichts der möglichen dauerhaften Schädigung des Gedächtnisses sollte diese Methode nur nach erfolgloser VT und medikamentöser Behandlung eingesetzt werden [43]. Erste Versuche, die Elektroschockbehandlung durch **transkranielle Magnetstimulation** (TMS) des Kopfes (und damit des Gehirns) zu ersetzen, sind vielversprechend, weil weniger schädigend.

26.4 Aggression

...an organism learns to do nothing by doing nothing; therefore a person learns to be nonviolent by being nonviolent (S. P. Scott)

Es existieren verschiedene Formen aggressiven Verhaltens

Arten von Aggression. Wir unterscheiden bei tierischem Verhalten neben Wut und (offener) Aggression verschiedene Kategorien antagonistischer Verhaltensweisen:

- **Beuteaggression** ist nicht nur von Hunger, sondern auch von verschiedenen Auslösereizen der Beute abhängig.
- **Zwischen-männliche Aggression** innerhalb einer Art, ist vermutlich häufig von der Präsenz der Androgene abhängig (männliche Eifersucht?).
- **Zwischen-weibliche Aggression** innerhalb einer Art, kann auch ohne zirkulierende Androgene nachgewiesen werden. Sie hängt vermutlich mit territorialer Konkurrenz um das fitteste Männchen zusammen (weibliche Eifersucht beim Menschen?).
- **Furcht-induzierte Aggression** tritt stets nach einem Fluchtversuch (defensive Reaktion) auf.
- **Maternale (mütterliche) Aggression** dient nicht bei allen Arten zum Schutz der Jungen, sondern tritt häufig bei Einschränkung des Territoriums des Muttertiers auf. Sie wird auch von weiblichen Tieren ohne Junge gezeigt.
- **Irritationsaggression** tritt nach Schmerz und Frustration auf.
- **Sexuelle Aggression,** meist bei männlichen Tieren zu beobachten, wird von Paarungsreizen ausgelöst, seine Funktion ist unklar.

Gemeinsamkeiten aggressiven Verhaltens. Man kann alle genannten Subklassen aggressiven Verhaltens auf zwei Umweltereignisse zurückführen und Irritationsaggression als die Basis für die Differenzierung der übrigen Kategorien bezeichnen (zumindest im Tierversuch): a) die Darbietung aversiver, schmerzhafter Reize und b) der Entzug von Reizen (Frustration), die zum Überleben wichtig und/oder positiv verstärkend sind, lösen als angeborene elementare Aggressionsreaktion **Beißen** aus (beim Menschen rudimentär als Zähne-Zusammen-Pressen meßbar). Beißen tritt bei jeder Aggressionsart als gemeinsame Reaktion auf [21, 25, 42].

Der Vererbungsmodus für aggressive Verhaltenstendenzen ist unklar

Vererbung von Aggression. Aggressives Verhalten ist kein homöostatischer Trieb sondern primär gelerntes Verhalten, dessen Auftretenswahrscheinlichkeit auch von konstitutionell-hormonellen Voraussetzungen abhängt. Die Vererbbarkeit aggressiver Reaktionen von männlichen Mäusen z. B. beträgt nach selektiven Züchtungsversuchen im Durchschnitt zwischen 0,3 und 0,5 (bei einem Maximum von 1), die Umweltvarianz daher zwischen 70–50 %. Die genetische Transmission aggressiven Verhaltens beim Menschen ist nicht bekannt, die Konkordanzrate ein- und zweieiiger Zwillinge ist nicht unterschiedlich, was für eine geringe erbliche Komponente spricht. Die Lokalisation eines aggressiven Gens auf dem männlichen Y-Chromosom ist aus einer Reihe von Gründen und empirisch nicht zu stützen: z. B. haben weibliche Tiere und Frauen kein Y-Chromosom, aber deutlich ausgeprägte aggressive Reaktionen. Auch der Zusammenhang zwischen Gewaltverbrechen und der Existenz einer XYY-Genkonfiguration bei Männern konnte nicht bestätigt werden [45].

Bei einer Gruppe von 14 episodisch extrem aggressiven Männern fand man ein defektes Gen am Chromosom X, das für das Enzym Monoaminoxidase A kodiert. Monoaminoxidase A war auch im Urin dieser Männer verringert. Es ist unwahrscheinlich, daß deren pathologische Aggression gleichzusetzen ist mit den oben beschriebenen normalen Aggressionen. – Daß der Androgenspiegel als aktivierender Schwellenregulator für die weit über der weiblichen Aggression liegenden Männer verantwortlich ist, haben wir bereits in Kap. 6 erläutert [39, 45]. Der Androgenspiegel ist zumindest in großen Teilen genetisch determiniert.

An der neuronalen Steuerung der Aggression sind auf subkortikaler Ebene das limbische System und der Hypothalamus beteiligt

Die Lokalisation aggressiven Verhaltens in eine oder auch nur einige wenige Hirnstrukturen ist aufgrund der Heterogenität aggressiven Verhaltens innerhalb und zwischen den Arten nicht möglich. Wie bei anderen Emotionen können jedoch – zumindest für Katze, Maus und Ratte – einige *Knotenpunkte* neuronaler Verbindungen angegeben werden, die zeigen, daß aggressives Verhalten *hierarchisch* organisiert ist. Abbildung 26–19 demonstriert dies für aggressive Attacken der Katze auf die Ratte. Wir wollen einige wesentliche Anteile dieses hierarchischen Systems beispielhaft erläutern.

Elektrische Hirnstimulation. Drei Arten von Angriffsverhalten können durch elektrische Hirnreizung mit schwachen Strömen ausgelöst werden: affektiver Angriff, Beuteangriff und Furcht-induzierte Aggression.

Affektive Angriffe bestehen in extremen Attacken gegen jedes nächst erreichbare, bewegte oder unbewegte Ziel. Sie sind aversiv, die Tiere lernen rasch Hebeldruckreaktionen, um die Reizung zu vermeiden.

Beuteangriff ist nicht aversiv, hat wenig vegetative Begleiterscheinungen und besteht in wohlgeordneten, kaltblütigen Verhaltenssequenzen und ist von der Umgebung (z. B. Op-

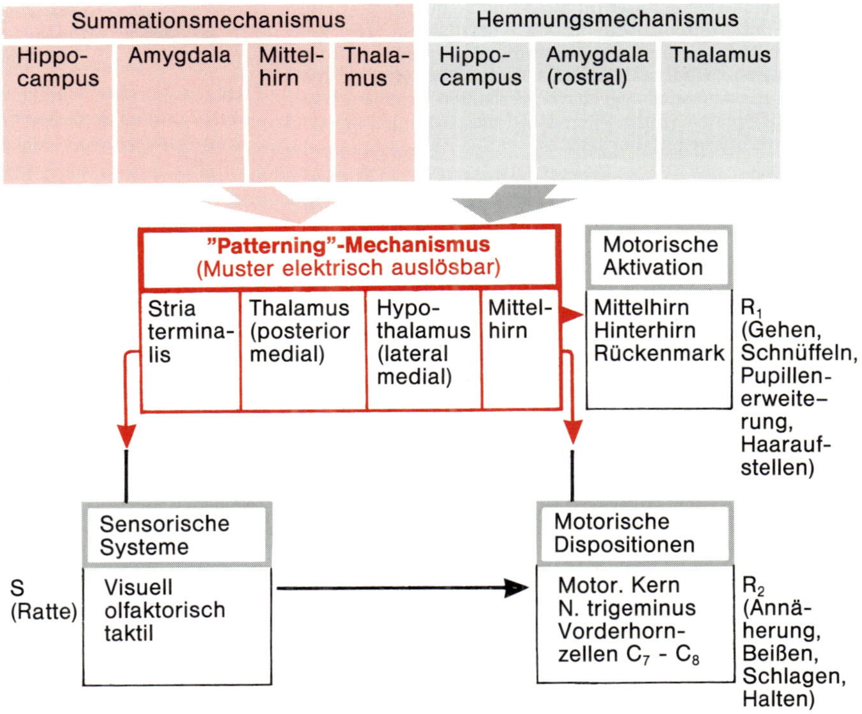

Abb. 26–19. Aggressionsverhalten *(R)* der Katze gegenüber der Ratte *(S)*. Die Mustermechanismen (Patterning) aktivieren direkt motorische Systeme, die zu relativ umgebungsunabhängigen unspezifischen Reaktionen *(R1)* führen und auch Systeme, die gezielte Reaktionen *(R2)* in Anpassung an die Reizsituation *(links)* steuern; die sensorischen Systeme werden gleichzeitig ebenfalls im Sinne selektiver Aufmerksamkeit beeinflußt. Andere Strukturen *(oben)* können die Erregung der Mustermechanismen unterdrücken oder bahnen. Diese sind oben als Summations- und Hemmungsmechanismus skizziert (weitere Erläuterungen s. Text). Nach [34]

ferverhalten) abhängig. Beuteangriff kann unabhängig von Hunger erfolgen, Katzen töten z. B. Mäuse nur für die positiv verstärkende Wirkung der Beuteaggression.

Furchtattacken treten nur auf, wenn durch die elektrische Reizung Angst und Flucht ausgelöst wurde und dem Tier ein Hindernis entgegentritt. Dieses Verhalten hat mehr mit Furcht als Aggression zu tun, entsprechend überlappen sich die beteiligten Hirnregionen.

Reizung der Amygdala führt bei Tier und Mensch meist zu Furchtverhalten, aber auch zu Aggressionen. Beim Menschen werden meist emotionale autobiographische Episoden wiedergegeben, dabei entstehen aber eine Vielzahl von Gefühlen, die immer vom gegenwärtigen oder mitunter sozialen Kontakt abhängen. Ein Zentrum der Aggression gibt es ebensowenig wie es einheitlich-homogenes aggressives Verhalten gibt [20].

Der Hypothalamus als Musterstruktur. Abb. 26–19 symbolisiert die zentrale Rolle des lateralen und medialen Hypothalamus als integrierende Struktur für Aggressionsverhalten. Reizung des lateralen Hypothalamus bewirkt Beuteaggression, des medialen affektive Aggression. Dies gilt für die Ratte, Katze, Opossum und Affe. Dorsale Hypothalamusreizung erzeugt Flucht und bei vorhandenen Hindernissen Furchtaggression.

Der Hypothalamus erhöht die Aktivität von kaudal gelegenen Axonen und Kernen (R1 und R2 auf Abb. 26–19), vor allem die des *periaquäduktalen Graus des Mittelhirns* bei affektiver Attacke und die des ventralen Tegmentums bei Beuteangriff (bei der Ratte). Zwar kann jede der beiden Aggressionsarten auch von den kaudal gelegenen Strukturen ausgelöst werden, das Verhalten ist dabei aber oft blind und nicht mit den bestehenden Umweltreizen koordiniert (**Scheinwut**, sham rage). Reizung einer übergeordneten Musterstruktur legt also auf die untergeordneten kaudal gelegenen Kerne eine Art *Bias*, eine Tendenz, die das Auftreten aggressiven Verhaltens begünstigt, sofern die adäquaten Sinnessysteme und die passenden motorischen Dispositionen gereizt sind.

Amygdalae. Experimentelle Läsionen der kortikomedialen Teile der Amygdalae können zu extrem aggressiven Attacken auf lebende und unbelebte Objekte führen. Dieser Effekt wird dahingehend interpretiert, daß sie über die Stria terminalis auf die hypothalamischen Musterstrukuren einwirken. Dies gilt aber nur für Beuteaggression. Eine affektive Attacke wird durch Reizung der basolateralen Kerne (s. Kap. 20), besonders in Rangkonflikten zwischen männlichen Tieren, ausgelöst. Läsion der basalen Kerne produziert zahme und aggressionslose Tiere. Die Stimulationsstudien zeigen, daß laterale und kaudale Regionen der Amygdala bei Reizung einen *graduellen* Anstieg aggressiven Verhaltens produzierten (**Summationsmechanismus** auf Abb. 26–19), andererseits mehr rostrale Regionen Furcht induzieren. Dagegen löst hypothalamische Reizung sofort eine geordnete Attacke aus.

Generell verlieren amygdalaektomierte Tiere ihre **soziale Dominanz**, dies allerdings auch abhängig von den historischen, innerhalb der Gruppe gewachsenen Dominanzverhältnissen. Dies zeigt Abb. 26–20: zwei der operierten Tiere (Dave und Zeke) fielen an das

Abb. 26–20. Änderungen der Hierarchie einer Affenhorde vor *(oben)* und nach *(unten)* beidseitiger Läsion der Mandelkerne (N. amygdalae) bei Dave, Zeke und Riva. Erläuterungen s. Text. Aus [46]

unterste Ende der sozialen Hierarchie, während eines (Riva) hyperaggressiv wurde.

Das sogenannte **Klüver-Bucy-Syndrom**, bei dem nach Abtragung der anterioren Temporalpole, Zahmheit und Hypersexualität bei Rhesusaffen beobachtet wurde, ist auf die (unbeabsichtigte) Entfernung der Amygdalae zurückzuführen und weniger auf die Entfernung der Temporalpole. Beim Menschen zeigen sich häufig ähnliche Symptome, wenngleich man aus Fallberichten alleine keine wissenschaftlich brauchbaren Schlüsse ableiten soll.

Für soziale Interaktion, einschließlich Aggression, sind anteriore Kortexareale notwendig

Tempero-präfrontaler Kortex und Gyrus cinguli. Die Integrität normaler **sozialer Interaktion** bei Primaten und Mensch scheint generell von der Intaktheit der Strukturen und Verbindungen von Amygdala, Temporalpol und präfrontalem Kortex abzuhängen. Diese drei Strukturen sind anatomisch wechselseitig durch extra- und intrathalamische Verbindungen eng verknüpft. Dabei spielt der vordere G. cinguli eine zentrale Rolle. Die Amygdala, der posteriore orbitofrontale Kortex und der anteriore G. cinguli erhalten Eingänge aus allen höheren sensorischen Kortexarealen und projizieren selbst wieder in höhere motorische und prämotorische Gebiete. Ihre Verbindungen mit verstärkenden Strukturen machen sie daher dafür prädestiniert, die soziale Bedeutung einer Situation zu analysieren und adäquat darauf zu reagieren.

Der orbitofrontale Kortex (die posteriomediale Region) projiziert in den Temporalpol und *vice versa*, die oberen und mittleren G. temporali in den präfrontalen Kortex und zurück (s. Kap. 27); die Amygdalae erhalten aus den meisten neokortikalen Regionen Erregungseinstrom über den Temporallappen und projizieren bevorzugt in den frontalen, entorhinalen und insulären Temporalkortex (s. Kap. 20); Amygdala und posteriomedialer Orbito-Frontalkortex projizieren beide in dieselben Regionen von lateralen und medialen Hypothalamus, den wir als Mustergenerator für Aggression auf Abb. 26–19 charakterisiert haben. Das System aus Amygdalae, präfrontalen und orbitalem Frontalkortex und rostralem sowie superiorem Temporalkortex scheint somit auch anatomisch als oberste Steuer- und Modulationsstruktur für Sozialverhalten *generell* zuständig zu sein.

Der anteriore G. cinguli ist für die Generierung und Bereitstellung der notwendigen Aufmerksamkeitsenergie (s. Kap. 22 und s. S. 526) verantwortlich. Seine Zerstörung führt beim Menschen zu **akinetischem Mutismus**, die Patienten äußern sich nicht mehr und geben auf Befragung an, daß sie keine Energie mehr hätten, da ohnehin nichts von Bedeutung sei [11, 14].

Läsion des orbitofrontalen Kortex verursacht beim Menschen häufig Pseudopsychopathie und soziale Verantwortungslosigkeit, nicht immer eine Zunahme der Aggression im Gegensatz zur Psychopathie des Normalbürgers (s. u.).

Die Wirkungen der Zerstörung der genannten Strukturen Amygdala, Zinguli und frontaler Kortex zeigt auch auf, daß die in der James-Lange-Theorie (s. S. 643 u. S. 644) postulierte assoziative Verbindung von peripher-physiologischen Einstrom mit der (kognitiven) Bewertung der Situation zentral für emotionales Erleben ist, denn genau diese Verknüpfung wird in diesem obersten sozial-vegetativ-muskulären Steuersystem geleistet.

Personen mit **Temporallappenepilepsien** weisen überzufällig oft emotionale Störungen und psychiatrische Komplikationen auf, vor allem dann, wenn rechtsseitige anteromediale Temporalregionen, die mit limbischen Strukturen besonders eng verbunden sind, betroffen sind. Mehr Aggression kann aber weder iktal noch inter-iktal (zwischen Anfällen) gefunden werden, sehr viel häufiger sind Angst, Depression und Hyposexualität.

Auch die immer wieder berichteten Häufungen von verlangsamten frontalen und temporalen EEG-Befunden bei **aggressiven Kriminellen** finden sich nicht durchgängig.

Sexualhormone haben aktivierende, Neurotransmitter haben organisierende Wirkung auf Aggression

Sexualhormone. Hormone haben entweder einen *aktivierenden* oder einen *organisierenden Einfluß* auf Verhalten (s. Kap. 5 u. 6). Erwachsene Tiere z. B., die bereits Auseinandersetzungen mit Artgenossen hatten, brauchen kein Testosteron zur Aufrechterhaltung ihrer Rangposition. Denn *ohne* die Gegenwart von Androgenen im Fötus und unmittelbar nach der Geburt (frühe Androgenisierung) kommt es nicht zur Ausbildung der für Aggressionsverhalten notwendigen neuronalen Verbindungen (Organisationseffekt). Injektion von Testosteron in Tiere, die unmittelbar nach der Geburt kastriert wurden, hat keinen aggressionsfördernden Effekt, wenn die Androgene prä- und postnatal blockiert wurden. Der aktivierende Effekt von Testosteron auf Aggression tritt aber bei spätkastrierten Tieren auf.

Bei selektiver Züchtung von Mäusen ergibt sich, daß die Gene für zwischenmännliche Aggressivität nur in Gegenwart von hinreichend hohen **Testosteron-Konzentrationen** im Blut wirksam werden. Aggressive Mäuse mit hoher Androgenkonzentration sind darüber hinaus weniger ängstlich, lernen schneller, sind stärker sympathisch aktiviert und weisen erhöhte Adrenalinausschüttung der Nebennierenrinde auf. Dasselbe gilt für weibliche Tiere, die offensichtlich auch autosomale Gene für Aggressivität besitzen, die bei Gegenwart von Androgenen aktiv werden; bei anderen Mäusestämmen tritt aber weibliche Aggressivität auch ohne Testosterongabe auf. Bei selektiv auf Aggressivität gezüchteten Tieren erscheint diese nur nach 1–16 Tagen sozialer Isolation: die sozialen Bedingungen, in denen die Tiere miteinander interagieren, können die genetische Variation fast völlig zum Verschwinden bringen [39].

Im Hypothalamus und Septum einzelner Mäusestämme wurden Androgen- und Östrogen-sensitive Neurone gefunden, die offensichtlich unterschiedliche Arten aggressiven Verhaltens (männlich, weiblich) vermitteln. Aber bereits *innerhalb* verschiedener Mäusestämme existieren so große Unterschiede, daß ein Vergleich der Androgenwirkung *zwischen* Arten kaum möglich ist. Bei Blockade der Androgenrezeptoren im Gehirn verschwindet auch das aggressive Verhalten bei Testosterongabe.

Kastration männlicher Mäusestämme vor oder während der Pubertät, während der – wie beim Menschen – der Testosterongehalt stark steigt, verhindern das postpubertäre Ansteigen der Aggression. Insgesamt scheint Testosteron die Entwicklung zwischenmännlicher Aggression zu beeinflussen, andere Aggressionsarten sind auf Variationen des Testosteronspiegels weniger sensibel.

Beim Menschen besteht zwar auch eine deutlich erhöhte **Gewalttätigkeit** von Männern verglichen mit Frauen nach der Pubertät, ein kausaler Zusammenhang von Androgenniveau und Aggressivität konnte aber bisher bei Erwachsenen nicht nachgewiesen werden. Auch pränatale Androgenbelastung weiblicher und männlicher Föten, z. B. Einnahme von Testosteron in der Schwangerschaft, ergab keine konsistenten prä- und postpubertären Unterschiede der Aggressivität. Allerdings scheinen nach

Behandlung Schwangerer mit synthetischen Androgenen die Kinder deutlich aggressiver zu sein. Auch der häufig zitierte aggressionsdämpfende Effekt von Kastration bei männlichen **Gewaltverbrechern** ist nicht eindeutig interpretierbar, da mit diesem Eingriff eine Vielzahl bedeutsamer Änderungen einhergehen, die alle einen nicht-kontrollierbaren Einfluß auf das aggressive Verhalten zeigen. Dasselbe gilt für **psychochirurgische Eingriffe**, vor allem Läsionen in der Amygdala. Klare Schlüsse sind nicht möglich, da jede höhere Hirnregion eine Vielzahl von Funktionen steuert und nie allein für ein Verhalten verantwortlich ist [14, 25]. (Siehe Kapitel 6 für weitere Informationen über Hormone und Verhalten.)

Neurotransmitter. Aggressives Verhalten wird entsprechend der Vielfalt beteiligter Neuronenverbände auch von einer Vielfalt neurochemischer Prozesse begleitet. Zumindest für die beißende Attacke und das Drohen der isolierten männlichen Maus scheint **Azetylcholin** eine wesentliche Rolle zu spielen: anticholinerge Drogen unterdrücken aggressive Attacken fast vollständig.

Wie in Kap. 4 und 6 ausgeführt, führt anhaltende gelernte Hilflosigkeit zu Endorphin-vermittelter Analgesie und Immunsuppression, sowie zur Hemmung der Androgenproduktion. Dasselbe gilt für den im Kampf Unterlegenen: Naloxon hebt die Analgesie nach einem verlorenen Kampf bei Mäusen auf. Tiere, die Toleranz auf Morphin entwickelt haben, zeigen keine **Submissionsanalgesie**. Der Effekt ist zentralnervös lokalisierbar, da weder Adrenalektomie noch synthetische Glukokortikoide den Effekt beeinflussen [41].

Wie schon in Kap. 6 besprochen, spielen opioide Systeme eine zentrale Rolle in **Bindungs- und Isolationsgefühlen.** Abbildung 26–21 zeigt drei soziale Gefühlsäußerungen des Rhesusaffen und deren pharmakologische Beeinflussung. Der Verlassenheitsruf *(links)* wird durch Naloxon unterdrückt, das ängstliche Erstarren *(Mitte)* wird nur durch Benzodiazepine beeinflußt, ebenso wie das aggressiv-ängstliche Bellen *(rechts).*

Es besteht eine ausgeprägte negative Korrelation zwischen ***Serotoninkonzentration*** im ZNS mit Aggressionsverhalten. Je mehr vorhanden, um so geringer die Aggression. Dies gilt für Affen wie für gesunde und kriminelle Personen. Unklar ist noch, ob Serotonin spezifisch aggressives Verhalten hemmt, oder aber durch seine beruhigende Wirkung Friedfertigkeit bedingt.

Soziopathie (Psychopathie) entsteht durch reduzierte Aktivität von Hirnsystemen, die antizipatorische Angst steuern

Verhalten von Soziopathen. Soziopathen sind Personen, die wiederholt antisoziale aggressive Akte begehen, ohne durch Strafe oder negative Konsequenzen beeindruckbar zu sein. Sie zeigen weder Reue noch Schuld nach antisozialen Aktivitäten, überblicken aber intellektuell sowohl die Tat als auch ihre Konsequenzen. In der Forschung wurde bisher nur die *antisoziale* soziopathische Verhaltensstörung untersucht. Mindestens genauso häufig sind aber **erfolgreiche Soziopathen,** die nicht als gestört eingestuft werden, obwohl sie für ihre Mitmenschen vermutlich eine mindestens vergleichbare Last sind. Über Erfolg oder Mißerfolg (Antisozialität) entscheidet neben der Intelligenz, vor allem die Zugehörigkeit zur sozialen Schicht (Modell des Vaters), Schulbildung und Geschlecht [18].

Wichtige *psychologische Merkmale* des Soziopathen, die über Fragebogen, experimentelle Prozeduren und Interview erhoben werden, sind :

- durchschnittliche bis überdurchschnittliche Intelligenz,
- lernt schlecht, wenn Strafreize verwendet werden (passives Vermeiden), dagegen lernt er/sie normal bei Geld- oder Verstärkerentzug als negative Verstärker,
- weist geringe Toleranz gegenüber *Verzögerung von positiven* Verstärkern auf – meist durch Impulsivität bedingt –, erträgt Langeweile und Monotonie schlecht, sucht Erregung („*Sensations-Suche*"),

	"kuuh"-Ruf	Erstarren	Bellen
Morphin (Opiat)	nimmt ab	keine Wirkung	keine Wirkung
Naloxon (Opiathemmer)	nimmt zu	keine Wirkung	keine Wirkung
Diazepam (Benzodiazepin)	keine Wirkung	nimmt ab	nimmt ab

Abb. 26–21. Pharmakologische Beeinflussung des Sozialverhaltens. Bei einer neurochemischen Untersuchung ließ sich für die Systeme im Gehirn, die das Angstverhalten regulieren, ein relativ klares Schema aufstellen. In den für Opiate sowie für Benzodiazepine sensitiven Bahnen bewirkten die Substanzen jeweils typische Änderungen im Verhalten. Demnach scheinen die opiat-sensitiven Bahnen das Kontaktbestreben zu regulieren (das sich unter anderem in dem Ruf kuuh äußert), die Benzodiazepin-sensitiven die unmittelbare Selbstverteidigung und das Schutzverhalten (wie Erstarren oder Bellen). Nach [38]

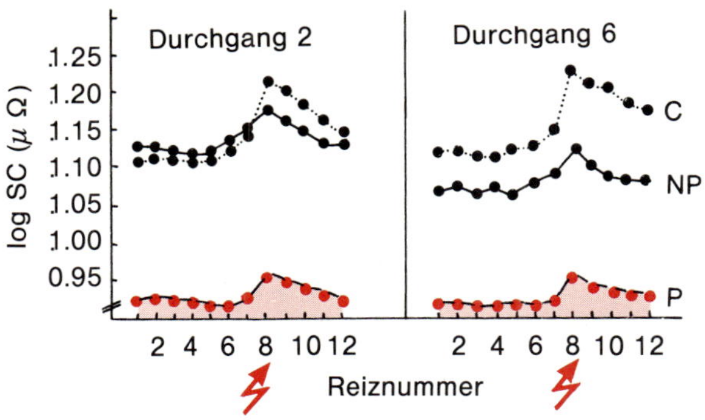

Abb. 26–22. Mittlere logarithmierte Hautleitfähigkeit *(Ordinate)* als Funktion eines antizipierten aversiven elektrischen Reizes. Die Versuchspersonen beobachteten das Auftauchen der Zahlen 1 bis 12 auf einem Bildschirm, bei 8 erhielten sie den elektrischen Reiz. Der zweite *(links)* und sechste *(rechts)* Durchgang ist dargestellt. *Rot:* psychopathische Kriminelle *(P)*; *darüber* nicht-psychopathische Kriminelle *(NP)*; *punktiert:* nicht-kriminelle Normalpersonen *(C)*. Sowohl die absolute Höhe der Hautleitfähigkeit ist bei den Soziopathen signifikant verringert, als auch die Höhe der *antizipatorischen* Hautleitfähigkeitsreaktion. Nach [35]

- zeigt keinerlei Irrationalität oder psychotische Zeichen; wenig bis keine antizipatorische Angst; plant kaum länger voraus,
- ist unzuverlässig, verantwortungslos,
- hat selten anhaltende enge Partnerbindungen und Freundschaften,
- häufige aggressive bis kriminelle Angriffe auf andere, besonders unter Alkohol (alkoholisiertes Fahren, Rücksichtslosigkeiten),
- zeigt nach antisozialen Akten wenig oder keine Reue.

Psychophysiologie. Das erste Auftreten der genannten Verhaltensweisen muß bereits vor dem 18. Lebensjahr sein, und es sind nicht alle Verhaltensmuster immer vorhanden [8]. Für die sichere Diagnose müssen aber mindestens sechs davon existieren.

Kriminelle Soziopathen, die 10–30 % der Gefängnispopulation ausmachen – zeigen überraschend konsistente physiologische Befunde in peripher-physiologischen Reaktionen in spezifischen Situationen, aber wenig Konsistenz in zentralnervösen Prozessen. Zwar weist das Spontan-EEG krimineller Soziopathen eine etwas erhöhte Tendenz zu temporalen Verlangsamungen auf, diese findet man aber auch oft in der Normalpopulation. *In Antizipation realer oder vorgestellter aversiver Reizung* zeigen Soziopathen eine deutlich verringerte Hautwiderstandsänderung (Abb. 26–22), verringerte NA-Ausschüttung (gemessen im Urin) und erhöhten Herzratenanstieg vor Auftreten der aversiven Situation [35].

Vor allem passives Vermeidungslernen ist bei Soziopathen gestört

In passiven Vermeidungssituationen (z. B. in einer bestimmten Reihenfolge auf unterschiedlich beleuchtete Tasten drücken, wobei falsche Sequenzen mit einem elektrischen Reiz oder Ton bestraft werden) machen Soziopathen häufiger Fehler, da sie früher bestrafte Sequenzen nicht unterdrücken, sondern im Sinne eines **disinhibitorischen Verhaltensdefizits** immer wieder ausführen (Mangel an Angst). Bei Gabe von Adrenalin oder Amphetamin gleichen sie sich der normalen Kontrollgruppe an. Alkohol und sedierende Beruhigungsmittel (Barbiturate, Diazepam) verschlechtern die Leistung und die Symptomatik bei Soziopathen. Box 27–4 zeigt die Veränderung der Hirndurchblutung bei Psychopathen, wenn sie Furcht lernen sollen.

Soziopathie und septo-hippokampisches Hemmsystem. Das Verhalten von Soziopathen wurde mit dem unter 26.2 beschriebenen defizitären Verhaltenshemm-System (BIS), das durch Alkohol und sedierende Beruhigungsmittel verstärkt *gehemmt* wird, verglichen. Tiere mit Septum-Läsionen verhalten sich homolog zu Soziopathen: sie *lernen passive Vermeidung schlecht, bei erhaltener aktiver Vermeidung* (z. B. Zwei-Weg-Shuttle-Box), sie sind irritierbar und versagen bei verzögerten Verstärkeraufgaben durch impulsive Störreaktionen: Beim Tier führt die Unteraktivität des BIS (s. S. 661) zu Enthemmung des BAS (behavioral activation system, s. 26.2): Verstärkersuche, Impulsivität und Enthemmung sind die Folge. Dies entspricht den beim Menschen gefundenen Reaktionen. Während die verringerte Hautleitfähigkeitsreaktion beim Menschen (Abb. 26–22) und die reduzierte NA-Ausschüttung die defizitäre Aktivität des BIS widerspiegeln könnte, repräsentierte die überhöhte kardiale Reaktion vor Strafreizen beim Menschen die Überaktivität des BAS. Allerdings könnte einfach reduzierte Aktivierbarkeit der Amygdala und damit ein Defekt Furcht zu erlernen, für soziopathisches Verhalten verantwortlich sein.

Prävention und Behandlung. Die Therapie der antisozialen Soziopathie (erfolgreiche Soziopathen suchen keine Therapie) ist aufgrund des passiven Vermeidungsdefizits sehr schwierig: die soziale Anpassung an eine Kultur oder Subkultur beruht zu einem wesentlichen Teil auf passivem Vermeiden, d. h. wir lernen, bestimmte Handlungen *nicht* auszuführen, da sie aversive Konsequenzen nach sich ziehen. Die übliche Therapie der Strafe (Gefängnis) zeigt wenig Einfluß auf das Verhalten der kriminellen Soziopathen. Sedierende Drogen, die häufig eingesetzt werden, sind – wie oben ausgeführt - kontraindiziert. Aber auch stimulierende Drogen haben nur kurzfristig positive Effekte, da die unter Drogen erworbenen Verhaltensweisen nur im selben Aktivitätszustand, also wieder unter Drogen, wiedergegeben werden können (zustandsabhängiges Lernen). Es wird deutlich, daß möglichst frühes Einsetzen von *präventiven* psychologischen Maßnahmen, die ohne Strafreize auskommen, bei auffälligen männlichen Jugendlichen gute Erfolgsaussichten haben, so lange die Jugendlichen nicht in ihr altes soziopathisches Milieu (z. B. Stadtslum) zurückkehren müssen [17, 18].

26.5 Die neokortikalen Hemisphären und Gefühle

Die rechte Hirnhemisphäre ist bei der Verarbeitung von externen und interozeptiven Reizen, die für die Wahrnehmung von Emotionen wichtig sind, der linken überlegen

Verarbeitung von Information in den beiden Hemisphären. Die Unterschiede zwischen rechter und linker Hemisphäre werden vor allem bei der Untersuchung von Split-brain-Patienten und Patienten mit rechts- oder linkshemisphärischen Läsionen in Experimenten deutlich, in denen die einseitige Aufnahme der

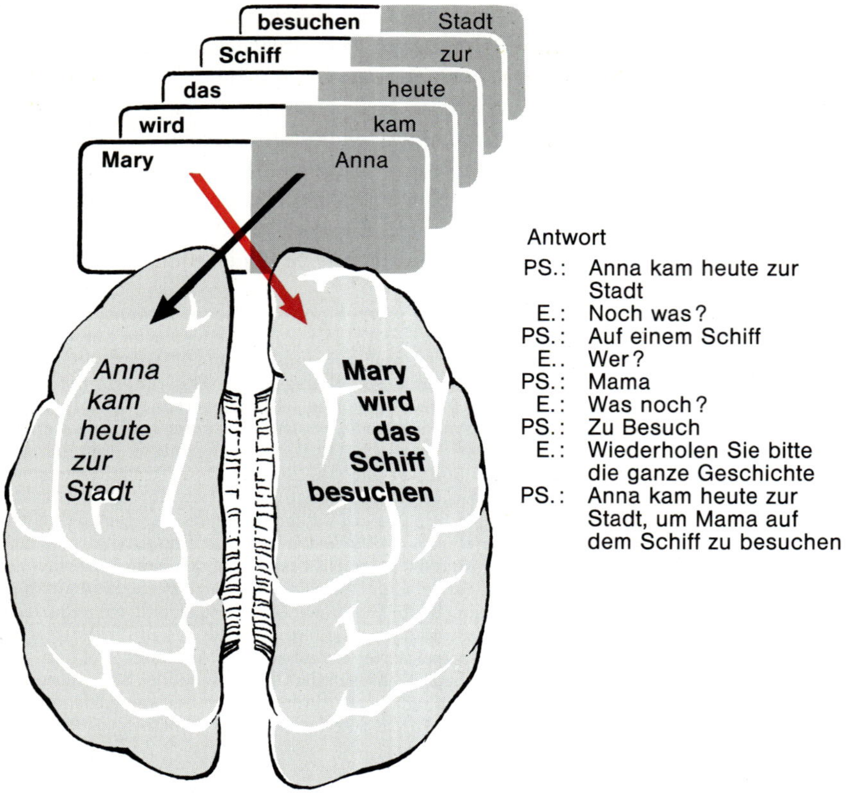

Abb. 26–23. Rechtshemisphärische und linkshemisphärische Informationsverarbeitung bei dem Patienten P. S., der sowohl aus der rechten, als auch linken Hemisphäre nach split-brain sprechen konnte. Den beiden Hemisphären werden auf fünf sequentiell dargebotenen Diapositiven zwei Sätze gezeigt: der linken Hemisphäre ‚Anna kam heute zur Stadt', der rechten Hemisphäre ‚Mary wird das Schiff besuchen'. Nach Darbietung der Diapositivserie wurde P. S. nach der Geschichte gefragt, die Antwort ist *rechts* auf der Abbildung zu lesen. Nach [11]

Information erzwungen wird (dichotisches Hören, Fixieren der Blickrichtung etc.). Im Normalfall erfolgt ein kontinuierlicher Austausch zwischen rechts und links, wobei die linke Hemisphäre vor allem die Rolle eines **Ursacheninterpreten** spielt (Kausalattribution): Erregungskonstellationen aus allen Teilen des Neokortex und subkortikalen Regionen werden mit dem Ziel einer **kognitiven Dissonanzreduktion** von der linken Hemisphäre auf ihre Ursache untersucht. Die linke Hemisphäre konstruiert *Theorien über die Ursachen* des Auftretens von sichtbaren motorischen und unsichtbaren emotional-vegetativen Reaktionen (s. Kap. 27), bis eine widerspruchsfreie Einordnung oder Änderung der Erwartungs-(Glaubens)haltung der Inhalte erfolgen kann (Konsonanz). Abbildung 26–23 zeigt das an dem Split-brain-Patienten P. S., dessen rechte *und* linke Hemisphäre zu expressivem Sprachverhalten in der Lage war [11].

Hintereinander werden Kärtchen der rechten und linken Hemisphäre *getrennt* (durch Fixierung der Blickrichtung in der Mittellinie) dargeboten. Nach Darbietung der Serie soll der Patient die Geschichten wiedergeben, das Ergebnis zeigt Abb. 26–23. Die Beschreibungen der rechten Hemisphäre sind emotional gefärbt, ausschweifend, ohne daß logische Schlüsse aus dem Gesagten hervorgingen. Die Sprache der rechten Hemisphäre – wenn vorhanden – ist syntaktisch und semantisch wie die der linken, sie wird aber völlig anders *gebraucht*; oft nur zur Beschreibung der emotionalen und/oder wahrgenommenen Inhalte, voll von Widersprüchen und für Zuhörer und Patient verwirrend. Dabei ist auch der **Sprachklang** der wiederzugebenden Inhalte anders: emotionale Intonation und Metaphern werden eher rechts-hemispärischen Inhalten unterlegt.

Bei diesen und anderen Befunden zur Emotionalität der rechten Hemisphäre bleibt allerdings meist die Frage offen, ob die Emotionalität der Verhaltensweisen auf die überlegene Verarbeitungsstrategie für nicht-verbale, räumliche Inhalte zurückgeht oder eine *spezifische* Überlegenheit der rechten Hemisphäre für die Verarbeitung gefühlvoller Inhalte darstellt.

Läsion und Stimulation der Hirnhemisphären zeigen eine verstärkte Aktivität der rechten Hemisphäre bei negativen Emotionen

Läsionen der Hemisphären. Bei **Läsionen der rechten Hemisphäre** beobachtet man klinisch häufig emotional indifferente oder euphorisch disinhibierte Zustände, bei Läsionen der linken – auch wenn Sprachfunktionen nicht betroffen sind – **Katastrophenreaktionen** mit tiefen Depressionen. Dabei ist neurophysiologisch zu beachten, daß bei Läsion einer Seite eine Übererregung der anderen Hemisphäre durch Enthemmung resultieren könnte. Emotionaler **Ausdruck** ist nach frontalen rechtshemisphärischen Läsionen, **emotionales Erkennen** und Diskrimination von posterioren rechtshemisphärischen Läsionen beeinträchtigt: z. B. können Patienten mit rechter temporo-parietaler Läsion den emotionalen Gehalt mehrerer mit unterschiedlicher *Intonation (Prosodie)* gelesenen Worte schlechter identifizieren als links temporo-parietale Läsionen trotz gleichem Verständnis und Wiedergabe. Bei rechter parietaler Läsion werden die Existenz und Folgen der Krankheit und/oder emotionaler Inhalte häufig geleugnet **(sensorischer und emotionaler Neglekt)**, (s. Kap. 27, S. 718) emotionaler Ausdruck verarmt oder ist unangepaßt enthemmt [12, 26].

Elektrokonvulsive Schockbehandlung (ECS) der rechten Hemisphäre führt zu deutlich besserer Depressionsaufhellung als linksseitige; nach posterioren rechtshemisphärischen Läsionen wird das Erkennen oder Ausdrücken des emotionalen Gehalts von Gesichtern beeinträchtigt (Prosopagnosie, s. Kap. 17).Umgekehrt tritt beim linksseitigen **Wada-Test** stark depressives Empfinden auf (s. Kap. 27): dabei wird Barbiturat zur reversiblen Inaktivierung der linken Hemisphäre in die linke A. carotis injiziert. – Die Sensibilität der rechten Hemisphäre für negative Gefühle wird auch durch die Tatsache gestützt, daß aversive Gerüche und Schmerz bevorzugt die rechte Hemisphäre erregen, positive die linke.

Es ist nicht auszuschließen, daß bei Läsion der rechten Hemisphäre die **Steuerung der Aufmerksamkeit** stärker beeinträchtigt ist als bei Unteraktivierung der linken und deshalb emotionale und sensorische Inhalte weniger Bedeutung erhalten, da sie nicht weiter oder nur oberflächlich verarbeitet werden. Dafür spricht auch die Tatsache des **sensorischen Neglekts** (s. Kap. 27), der meist die linke Körperseite betrifft, als auch erhöhte Hautwiderstandswerte, d. h. reduzierte Aktivierung bei rechten Läsionen. Läsionen der linken Hemisphäre würden danach zu erhöhter Aktivierung und damit auch zu erhöhtem Bewußtsein für die Ausfälle führen und Depressionen begünstigen.

Verhaltensstörungen, die mit negativen oder positiven Emotionen einhergehen, weisen unterschiedliche Hemisphärendominanz auf

Verhaltensstörungen und Hemisphärenaktivität. Bei depressiven Störungen wurde stärkere EEG-Aktivierung rechts frontal gefunden, bei Manien erhöhte links-frontale Aktivierung. Negativer Gesichtsausdruck wird vor allem in den Gesichtsmuskeln der unteren linken Gesichtspartie gezeigt, die von gekreuzten Bahnen, also primär der rechten Hemisphäre innerviert werden. Gelastische Epilepsien (Lachanfälle bei Temporallappenepilepsien) sind etwas häufiger bei Anfällen in der linken temporalen Region.

Da motorische Aktivität und Kontrolle bei Rechtshändern dominant links gesteuert ist, wird bei rechtshemisphärischer Überaktivierung emotionale Kontrolle durch verbale und motorische Aktivität schwieriger. Dafür spricht auch die Tatsache, daß bei **Linkshändern** und Ambidextern häufiger emotionale, sprachliche und psychosomatische Störungen auftreten. **Dyslexien** (Lese- und Schreibschwierigkeiten trotz normaler Intelligenz) und **Allergien** sowie Hyperaktivität und Irritabilität sind bei Linkshändern häufiger. Das Corpus callosum ist größer, die Faserzahl darin höher, die rechte Hemisphäre häufig vergrößert. Dies wurde mit erhöhtem Testosteroneinfluß in der Entwicklung in Beziehung gebracht, der das Wachstum der rechten Hemisphäre im Tierversuch fördert und das Wachstum der Thymusdrüse (Immunkompetenz) hemmt. In der Tat findet man mehr männliche Personen mit Linkshändigkeit mit erhöhtem Erkrankungsrisiko und erhöhter (produktiver) musikalischer Begabung [36]; insgesamt ist ja auch die visuell-räumliche Begabung (rechte Hemisphäre) beim männlichen Geschlecht etwas deutlicher ausgeprägt, bei Frauen die verbal-sprachliche. Produktive (kompositorische) Begabung unterscheidet sich aber nicht zwischen Frau und Mann (s. Kap. 25 u. 27).

Die Entwicklung der Hemisphären und des Corpus callosum spricht für eine angeborene oder früh erworbene Präferenz der beiden Hirnhemisphären für positive und negative Emotionen

Entwicklung und affektive Hemisphärendominanz. Für eine stärkere Involviertheit der rechten Hemisphäre in negativen Emotionen und eine stärkere Bedeutung der linken Hemisphäre für die *Hemmung negativer Gefühle* sprechen auch die Untersuchungen an Neugeborenen, die man als **funktionelle Split-brain-Lebewesen** betrachten kann, da die Myelinisierung des Corpus callosum noch sehr rudimentär ist und vollständig erst um das 13. Lebensjahr abgeschlossen wird. Die (motorische) Hemisphärendominanz für die rechte Seite (linke Hemisphäre) ist bei der Geburt bereits vorhanden.

Untersuchungen mit der Darbietung wohlschmeckender Zuckerlösung und aversiver Zitronenlösung bei Neugeborenen mit rechtshändigen Eltern zeigen deutlich erhöhte EEG-Aktivierung links bei positiver und rechts bei negativer Geschmacksreizung [10].

Bei 10-monatigen Kindern zeigt sich ebenfalls eine ausgeprägte EEG-Aktivierung links bei Darbietung glücklicher Gesichter. Je früher verbale Fertigkeiten in der Entwicklung erreicht werden, um so eher funktioniert die Hemmung negativer Gefühle: verbal aktivere 18 Monate alte Kinder zeigen weniger Angst bei Fremden und weniger Protest bei Trennung.

26.6 Verhaltensmedizin und Biofeedback: die Anwendung der Gefühlsphysiologie und -psychologie auf Krankheit

Verhaltensmedizin ist eine Wissenschaftsdisziplin, die aus der Klinischen, Physiologischen und Allgemeinen Psychologie entstanden ist. Sie wendet die Erkenntnisse der Lernpsychologie auf die psychologische (Selbst)kontrolle von physiologischen und pathophysiologischen Prozessen bei körperlichen Erkrankungen an. Die verhaltensmedizinischen Behandlungsmethoden wurden erfolgreich bei einer Vielzahl organmedizinischer Erkrankungen eingesetzt: koronare Herzkrankheiten, Bluthochdruck, Magen-Darmleiden, neurologische und neuromuskuläre Leiden, in der Pädiatrie und Frauenheilkunde etc.[19].

Eines der wichtigsten Verfahren in der Verhaltensmedizin sind die sogenannten **Biofeedback-Therapien** (biologische Rückmeldung). Dabei wird ein biologisches Signal einer Person oder eines Tieres (z. B. Herzrate) registriert und die Person für die Änderung dieses Signals in eine bestimmte Richtung, z. B. Herzratenerniedrigung, negativ oder positiv verstärkt. Die Verstärkung wird auch in Form **informativer Rückmeldung** dargeboten, z. B. kann die Person ihren Herzschlag auf einem Bildschirm oder Digitalzähler verfolgen. Damit erwirbt der Mensch über das Prinzip des **operanten (instrumentellen) Lernens** (s. S. 569) automatisierte Selbstkontrolle über eine physiologische Reaktion.

Verhaltensmedizin der Skoliose. Abbildung 26-24 zeigt eine typische Anwendung dieses Prinzips zur Behandlung von **Skoliose** und **Kyphose** bei vorpubertären und pubertären Mädchen.

Skoliose ist eine progressive Verkrümmung des Rückgrates unbekannter Ursache. Ohne Behandlung führt sie zu Buckel, inneren Verwachsungen und, in einigen Fällen, zum Tode. Bei leichteren Verkrümmungen wird ein Korsett verordnet, bei schweren eine aufwendige Operation. Das Biofeebackgerät auf Abb. 26-24 ersetzt das schmerzhafte und belastende Korsett und meldet der Patientin kontinuierlich Fehlhaltungen und deren Korrektur zurück. Bei Verkrümmung der Wirbelsäule (Lockerung der vertikalen Leine) ertönt für 20 s ein leiser Ton, richtet sich die Patientin auf, stoppt der Ton sofort; richtet sich die Patientin nicht auf, wird der Ton nach 20 s lauter. Bei Abschalten durch Haltungsverbesserung gewinnt die Person unterschiedlich lange Auszeiten, in denen der Ton nicht hörbar ist, je nachdem wie schnell und häufig sie den Ton rechtzeitig abschaltet. Die vertikale Leine dient der Korrektur des Brustkorbumfanges durch Atmung, mit der natürlich ebenfalls, aber artifiziell, die vertikale Leine gespannt und eine Haltungskorrektur vorgetäuscht werden kann. Die Person trägt das Gerät Monate bis Jahre 24 Stunden pro Tag.

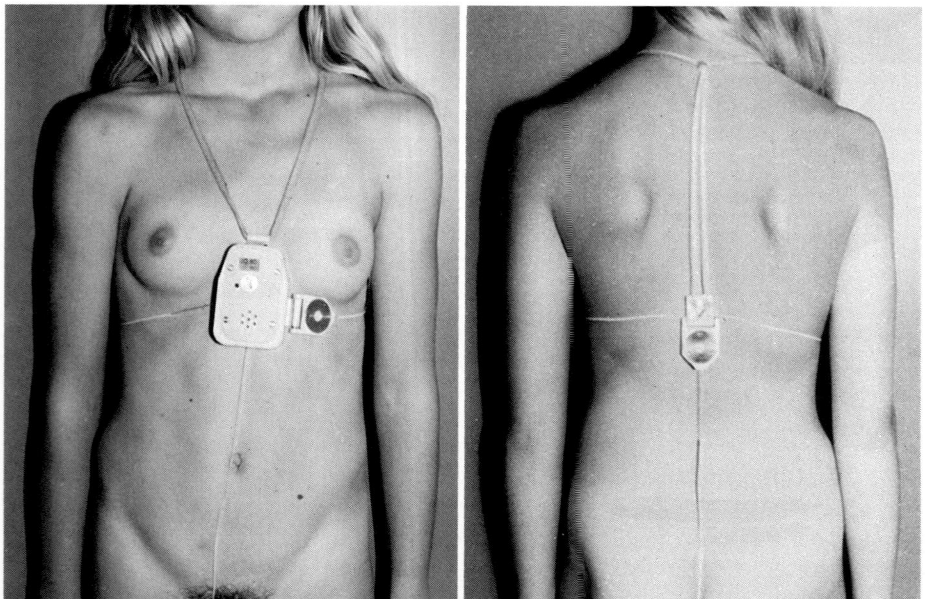

Abb. 26-24. Biofeedbackbehandlung von Skoliose und Kyphose mit einem Gerät zur Rückmeldung der Streckung des Rückgrates. Bei Krümmung ertönt ein 20 s anhaltender leiser Ton, der bei Aufrichten sofort beendet wird. Ohne die Aufrichtreaktion innerhalb der 20 s wird der Ton lauter und für Umstehende hörbar [30]

Ungeklärt ist die Frage, ob instrumentelles Lernen auch bei vegetativen, hormonellen, biochemischen und zentralnervösen Prozessen ohne Beteiligung und Vermittlung *(Mediation)* der quergestreiften Muskulatur möglich ist. Bisher konnten vegetative Reaktionen nur mit **klassischer Konditionierung** (s. Kap. 24) psychologisch modifiziert werden.

Kurarisierungsversuche [3]. Es gibt unzählige Möglichkeiten der mechanischen, chemischen und reflektorischen Beeinflussung viszeraler autonomer Reaktionen durch die Aktivität der Skelettmuskulatur: z. B. hat erhöhte Laktatsäureproduktion in aktiven Muskeln vasomotorische Effekte auf benachbartes Gewebe, durch muskulär bedingte Änderung der Brustkorbspannung wird Herzrate und Blutdruck beeinflußt etc. Um diese *peripheren Einflußgrößen* auszuschalten, injiziert man im Tierversuch eine hinreichend hohe Dosis des indianischen Pfeilgiftes Kurare, was zu einer vollständigen Blockade der cholinergen Erregungsübertragung an den motorischen Endplatten und somit Lähmung der gesamten quergestreiften Muskulatur führt. Da auch die Atemmuskulatur gelähmt ist, wird künstlich beatmet. Kurare führt zu keiner Änderung der viszeralen oder somatisch-muskulären Afferenzen (Wahrnehmung), Kurare verändert auch den efferent motorischen Output in und aus dem ZNS *nicht*. Die Droge eliminiert aber die *autonomen Konsequenzen* einer *muskulären* Aktivität, die durch mechanische, chemische oder reflektorische Verbindungen ausgelöst werden.

Wenn ein kurarisiertes und beatmetes Tier eine autonome Reaktion durch systematische Verstärkung dieser autonomen Reaktion verändern *lernt*, dann ist damit ausgeschlossen, daß die *gelernte* Änderung der viszeralen Reaktion durch indirekte Einflüsse der Skelettmuskulatur verursacht wurde.

N. E. Miller und Mitarbeitern gelang in den sechziger und siebziger Jahren, an kurarisierten Mäusen und Ratten durch Belohnungs- und Vermeidungsversuche verschiedene viszerale und humorale Funktionen instrumentell zu konditionieren: Herzratenanstieg und -abfall, Blutdruckanstieg und -abfall, Darm- und Magenmobilität, Blutverteilung im Magen, Urinproduktion, Uteruskontraktionen, Haut- und Körpertemperatur und Durchblutung verschiedener Körperregionen. Hinzu kam, daß auch beim vollständig gelähmten Menschen die instrumentelle Kontrolle der elektrischen Aktivität *lokaler Hirnregionen* ohne meßbare motorische oder autonome Beteiligung (s. Kap. 21, 27) nachgewiesen werden konnte.

Beide Befunde stellen starke Argumente für die Möglichkeit *direkten* instrumentellen Lernens isolierter und spezifischer viszeraler und kortikaler Reaktionen dar und eröffnen den Weg für die therapeutische Anwendung dieses Prinzips zur *selektiven* Beeinflussung gestörter Organsysteme durch Rückmeldung und Belohnung der entsprechenden Funktionen (Biofeedbacktherapien wurden bereits an mehreren Stellen dieses Buches dargestellt).

ZUSAMMENFASSUNG

Gefühle treten als Reaktionen auf positiv verstärkende oder aversive Reize auf drei Reaktionsebenen auf: der psychologischen, motorischen und physiologischen. Die peripher-physiologischen Anteile emotionaler Reaktionen, vor allem in der Ausdrucksmotorik bestimmen die Qualität und Intensität emotionalen Erlebens mit, sind aber beim erwachsenen Menschen keine notwendigen Bestandteile von Emotionen. Dagegen sind höhere kognitive Prozesse für einfache Grundemotionen nicht notwendige Bestandteile (Primat des Affektes).

Angst und Furcht wird im allgemeinen durch klassische Konditionierung erworben und durch instrumentelles Vermeidungsverhalten aufrecht erhalten. Diese assoziativen Prozesse benötigen sowohl kortikale wie auch subkortikale Anteile. Die assoziative Verknüpfung von einfachen Reizmerkmalen (Konturen, Lauten) mit angeborenen und starken Furchtreizen erfolgt bei der Ratte aber in der Amygdala, welche eine Reizkopie über den Thalamus erhält. Die efferenten Verbindungen der Amygdala zu autonomen Zentren und motorischen subkortikalen Regionen steuern somit sowohl die vegetativen wie motorischen und reflektorischen Furchtreaktionen. Beim Menschen sind Orbitalkortex und G. cinguli und die Basalganglien neben der Amygdala für das Erlernen von Gefühlsreaktionen unverzichtbar.

Der Schreckreflex ist dafür ein wichtiges Beispiel, dessen Steuerung und Modulation durch Hintergrundsemotionen fast völlig vom Kortex bis in die Vorderhörner des Rückenmarks aufgeklärt wurde.

Furchtreaktionen werden auch von Erwartungen und durch passive Vermeidung der gefürchteten Objekte aufrecht erhalten. Diese Leistung wird vom septo-hippokampischen Hemmsystem erbracht, das laufendes Verhalten stoppt, wenn neue, gefährliche oder sehr intensive Reize auftauchen und alte Erwartungen verletzt werden. Hippokampus, Subikulum, Septum und zingulär-frontale Regionen arbeiten zusammen, um in solchen Situationen Verhalten zu unterbinden und eine abwartende, reizaufnehmende Einstellung zu erzeugen. Neurochemisch sind daran noradrenerge und GABAerge Verbindungen besonders beteiligt.

Trauer-Depression tritt als Folge von Hilflosigkeit, vor allem nach Bindungsverlust auf. Lernpsychologisch geht Depression und Trauer auf eine Reduktion der positiven Verstärkerrate zurück. Die Folgen der reduzierten positiven Verstärkung sind in fast allen Körpersystemen, nicht nur im Gehirn, registrierbar. Besonders betroffen sind die Hypophysen-Nebennierenachse und mit ihr die zirkadiane Periodik. Schlaflosigkeit, Mangel an REM-Schlaf, Phasenverkürzung der 24 h-Periodik, mangelnde Hemmung der ACTH-Kortisol-Ausschüttung und verstärkte Hemmung von Wachstumshormon sind nur Beispiele der Konsequenzen depressiver Verstimmungen. Im limbischen System tritt eine Störung des Stoffwechsels der biogenen Amine, vor allem von NA und Serotonin auf, deren Basis unbekannt geblieben ist.

Den verschiedenen Formen aggressiven Verhaltens liegen differenzierbare neuronale Mechanismen zugrunde. Für affektive Beuteangriffe und wohl auch für tätliche Angriffe von Menschen auf Menschen ohne Furchtanteil spielen der laterale und mediale Hypothalamus als koordinierende Musterstrukturen eine wesentliche Rolle. Für die Aufrechterhaltung unserer sozialen Rangposition sind Amygdalae und präfrontaler Kortex bedeutsamer, wenngleich die Komplexität mancher aggressiver Aktion nicht auf einzelne Hirnareale oder Transmitter reduzierbar ist. Eine minimale Menge von Androgenen ist eine Voraussetzung für affektive Attacken, ihre Absolutkonzentration scheint beim ausgewachsenen Organismus nicht mehr wichtig zu sein.

Beim Menschen stellt ein angeborener oder früh erworbener Mangel an gelernter Furcht eines der Hauptprobleme unseres Zusammenlebens dar. Obwohl nur ein relativ kleiner Prozentsatz von Personen diese Störung der sogenannten Soziopathie aufweist, könnten die Folgen ihrer Taten katastrophal für ihre Mitmenschen sein. Reduzierte Aktivität in beiden Amygdalae und Orbitofrontalkortex könnte dafür verantwortlich sein.

Auf Ebene der neokortikalen Hemisphären wurde eine verstärkte Reagibilität und motorische Aktivität der rechten Hirnhemisphäre bei negativen emotionalen Reaktionen gefunden. Dies könnte Folge eines subkortikal-limbischen Seitenunterschiedes sein, der für bestimmte Transmittersysteme selektive Übergewichte einer Seite auf die kortikalen Hemisphären überträgt.

Die Verknüpfung von Lernpsychologie und Biologischer Psychologie der Emotionen führte zu einer neuen klinischen Wissensdisziplin zwischen Psychologie und Medizin: der Verhaltensmedizin. Diese versucht, die Erkenntnisse von Physiologie und Psychologie zur lernpsychologischen Behandlung von organmedizinischen Störungen zu nutzen. Vor allem Biofeedback und Verhaltenstherapie konnten einzelne Krankheiten des Magen-Darm-Traktes, des Nervensystems und des Halte- und Muskelapparates deutlich positiv beeinflussen.

Literatur

Weiterführende Lehr- und Handbücher

1. Ashton H (1992) Brain Function and Psychotropic Drugs. Oxford Univ Press, Oxford
2. Baroudes J (1993) Molecules and Mental Illness. Scientific American Library, New York
3. Birbaumer N (1977) Psychophysiologie der Angst. Urban & Schwarzenberg, München
4. Birbaumer N, Öhman A (eds) (1994) The Structure of Emotion. Hogrefe, Toronto
5. Bolwby J (1980) Attachment and Loss. Basic Books, London
6. Cameron OG (ed) (1994) Adrenergic Dysfunction and Psychobiology. American Psychiatric Press, Washington DC
7. Carlson N (2000) Physiology of Behavior. 7th ed. Allyon & Bacon Mass
8. Diagnostic and statistical manual of mental disorders (4th ed) [DSM-IV] (1994) American Psychiatric Association, Washington DC

9. Ekman R, Davidson RA (eds) (1984) The Nature of Emotion. Oxford Univ Press, Oxford
10. Fox NA, Davidson RA (eds) (1984) The Psychobiology of Affective Development. Lawrence Erlbaum, Hillsdale
11. Gazzaniga MS (1985) The Social Brain. Basic Books, New York
12. Geschwind N, Galaburda A (eds) (1984) Cerebral Dominance: The Biological Foundations. Harvard Univ Press, Harvard
13. Gray G (1982) Neuropsychology of Anxiety. Oxford Univ Press, Oxford
14. Heilman KM, Valenstein E (eds) (1995) Clinical Neuropsychology. 3 rd ed. Oxford Univ Press, Oxford
15. Heilman KM, Satz P (eds) (1983) Neuropsychology of Human Emotion. Guilford Press, New York
16. James W (1890) The Principles of Psychology. Holt, New York. Nachdruck: Harvard Univ Press, Cambridge, 1983
17. Lewis M, Haviland J (eds) (2000) Handbook of Emotions 2nd edn. Guilford, New York
18. McCord WM (1982) The Psychopath and Milieu Therapy. Academic Press, New York
19. Miltner W, Birbaumer N, Gerber WD (1986) Verhaltensmedizin. Springer, Berlin, Heidelberg, New York, Tokyo
20. Penfield W, Jasper HH (1954) Epilepsy and the Functional Anatomy of the Human Brain. Little Brown, Boston
21. Renfrew S, Hutchinson RR (1983) The motivation of aggression. In: Satinoff E, Teitelbaum P (eds) Handbook of Behavioral Neurobiology, Vol 6: Motivation. Plenum, New York
22. Rockstroh B, Elbert T, Birbaumer N, Lutzenberger W (eds) (1982) Slow Brain Potentials and Behaviour. Urban & Schwarzenberg, München. 2 nd ed 1989
23. Rosenzweig MR, Breedlove, SM, Leiman AL (2001) Biological Psychology. 3rd ed. Sinauer, Mass
24. Seligman MEP (1979) Gelernte Hilflosigkeit. Urban & Schwarzenberg, München
25. Siann G (1985) Accounting for Aggression. Allen & Irwin, London
26. Springer S, Deutsch G (1998) Linkes Gehirn, rechtes Gehirn. 4. Auflage. Spektrum, Heidelberg
27. Stellar JR, Stellar E (1985) The Neurobiology of Motivation and Reward. Springer, Berlin, Heidelberg, New York, Tokyo
28. Whybrow PC, Akiskal MS, McKinney WT (1984) Mood Disorders. Plenum, New York

Einzel- und Übersichtsarbeiten

29. Antelman S, Chiodo LA (1984) Stress: Its effect on interaction among biogenic amines and role in the induction of treatment of disease. In: Iversen L, Iversen SD & Snyder S (ed) Handbook of Psychopharmacology. Vol 18, Plenum, New York
30. Birbaumer N, Flor H, Cevey B, Dworkin B, Miller NE (1994) Behavioral Treatment of Skoliosis and Kyphosis. Journal of Psychosomatic Research 38: 623–628
31. Clynes M (1989) Communication and generation of emotion through sentic form. In: Levi L (ed) Emotion. Raven, New York
32. Davis M, Hitchcock J, Rosen JB (1991) Neural mechanisms of fear conditioning measured with the acoustic startle reflex. In: Madden J (ed) Neurobiology of Learning, Emotion and Affect. Raven, New York
33. Ekman P (1984) Expression and the nature of emotion. In: Scherer KR & Ekman P (eds) Approaches to Emotion. Lawrence Erlbaum, Hillsdale
34. Flynn J, Vanegas H, Foote W, Edwards S (1970) Neural mechanism involved in a cat's attack on a rat. In: Whalen RF, Thompson RF, Verzeano M, Weinberger NM (eds) The Neural Control of Behavior. Academic Press, New York
35. Fowles, DC (1984) Biological variables in psychopathology. In: Adams ME & Sutker PB (eds) Comprehensive Handbook of Psychopathology. Plenum Press, New York, S 77–110
36. Hassler M, Birbaumer N (1986) Witelson's dichaptic stimulation task and children with different levels of musical ability. Neuropsychologia 24,3: 435–440
37. Koch M, Bubser M (1994) Deficient sensorimotor gating after 6-hydroxydopamine lesion of the rat medial prefrontal cortex is reversed by haloperidol. Eur J Neurosci 6: 1837–1845
38. Kolin NM (1994) Neurobiologie der Angst. In: Singer W (ed) Gehirn und Bewußtsein. Spektrum, Heidelberg
39. Lagerspetz KM, Lagerspetz KY (1983) Genes and Aggression. In: Simmel E, Hahn M, Walters I (eds) Aggressive Behavior. Genetic and Neural Approaches. Lawrence Erlbaum, Hillsdale
40. LeDoux J (1995) Emotion: Clues from the Brain. Annual Review of Psychology 46: 209–35
41. Maier SFR, Dugan JW, Grau R, Hyson AJ, MacLennan T (1984) Learned Helplessness, pain inhibition, and the endogeneous opiates. In: Zeiler MD & Harzem P (eds) Advances in Analysis of Behavior. Vol 7, J Wiley and Sons, New York
42. Miczek KA (1983) Ethopharmacology of aggression, defense and defeat. In: Simmel EC, Hahn ME & Walters SK (eds) Aggressive Behavior. Lawrence Erlbaum. Hillsdale
43. Murphy GE, Simon A, Wetzel R, Lustman P (1984) Cognitive therapy and pharmacotherapy. Archives of General Psychiatry 41: 33–41
44. Rolls ET (1999) The Brain and Emotion. Oxford Univ. Press, Oxford

45. Rose RJ (1995) Genes and human behavior. Annual Review of Psychology 46: 625–54
46. Rosvold EH, Mirsky AF, Pribram KH (1954) Influence of amygdalectomy on social behavior in monkeys. J comp physiol Psychol 47: 173–178
47. Schachter S, Singer S (1962) Cognitive, Social and physiological determinates of emotional state. Psychol Rev 69: 379–399
48. Schwartz GE, Fair PI, Greenberg P, Freedman M, Kleman JC (1974) Facial expression and depression. Psychosom Med 36: 458–469
49. Stone EA (1983) Problems with current catecholamine hypotheses of antidepressant agents. The Behavioral and Brain Sciences 6: 539–578
50. Tunner W (1983) Freude und Glück. In: Euler H und Mandl H (eds) Emotionspsychologie. Urban & Schwarzenberg, München
51. Weiss SM, Glazer MI, Pohorecky LA (1976) Coping behavior and neurochemical changes. In: Serban G & Kling A (eds) Animal Models in Human Psychology. Plenum, New York
52. Wise RA (1982) Neuroleptics and operant behavior: The anhedonia hypothesis. The Behavioral and Brain Sciences 2: 39–87

EINLEITUNG

Phineas Gage, von Beruf Sprengmeister, erledigte seine Arbeit gewissenhaft und war ein vorbildlicher Familienvater. Bei einer frühzeitigen Detonation drang der Eisenstab, den er zur Abfüllung des Dynamits benützte, in seinen vorderen Schädel und in das Gehirn ein (zur Lokalisation der Verletzung s. Abb. 27–31, S. 721). Nach der Ausheilung der Verletzung zeigten sich keine besonderen Ausfälle, seine Intelligenz war wie früher, sein Gedächtnis gut und die Sinnesfunktionen und Bewegungsabläufe normal. Verändert war und blieb sein Verhalten: die Arbeit interessierte ihn ebensowenig wie die Familie, er lebte in den Tag hinein, wurde unzuverlässig und vulgär. Eine spätere Rekonstruktion seiner Verletzung ergab, daß große Teile seines präfrontalen Kortex zerstört waren und damit eine Gruppe spezifischer kognitiver Funktionen ausfielen, die auch für Sozialverhalten von großer Bedeutung sind.

Unter kognitiven Funktionen verstehen wir alle bewußten und nicht bewußten Vorgänge, die bei der Verarbeitung von organismusexterner oder -interner Information ablaufen, z. B. Entschlüsselung (Enkodierung), Vergleich mit gespeicherter Information, Verteilung der Information und sprachlich-begriffliche Äußerung. Als psychische *Funktionen* grenzen wir Denken, Gedächtnis und Wahrnehmung von den Trieben und Gefühlen als psychische *Kräfte* ab.

27.1 Denkprozesse, Sprache und Vorstellung

Die psychologische Untersuchung von Denkvorgängen durch die *kognitive Psychologie* hat in den letzten Jahrzehnten einen bedeutsamen Aufschwung erfahren. Allerdings begnügt sich die kognitive Psychologie methodisch bisher meist mit der Messung subjektiv-psychologischer Variablen (z. B. Aussagen der Vp) oder einfacher motorischer Größen (Reaktionszeiten).

Andererseits hat die ***Neuropsychologie***, die vor allem die neuronalen Grundlagen menschlichen Denkens und der Sprache an Patienten mit Hirnläsionen untersucht, von den Versuchsanordnungen der kognitiven Psychologie einen wesentlichen Impuls erhalten, so daß wir heute deutlich mehr über die neuronalen Grundlagen des Denkens wissen als vor wenigen Jahren. Bevor wir uns diesen neuronalen Mechanismen zuwenden, müssen wir vorerst auf *psychologischer Ebene* eine möglichst präzise (d. h. operationalisierbare) Beschreibung von Denken und Sprache zur Verfügung haben. Neben der Sprache werden wir uns mit Konzeptbildung, Vorstellungen und Problemlösen (reasoning) beschäftigen. In den darauffolgenden Abschnitten wollen wir die neuronalen Korrelate einiger dieser elementaren kognitiven Prozesse beschreiben.

Sprache stellt ein hierarchisch gegliedertes Kommunikationssystem dar, das aus Sprachlauten (Phonemen), Worteinheiten (Morphemen) und Satzeinheiten (Phrasen) besteht und mit Hilfe von Syntax (Reihenfolge von Worten) zu Propositionen (Bedeutungseinheiten) und Sätzen zusammengefaßt wird

Sprache besteht aus einem hierarchisch gegliederten System von Grundbausteinen: ***Phonemen*** (Sprachlaute für Gesprochenes) und ***Buchstaben*** (für Geschriebenes); diese elementaren Einheiten werden zu größeren linguistischen Einheiten kombiniert: Silben zu Wörtern → Wörter zu Phrasen → zu Sätzen → zu Texten. Die ***Phrasen- oder Konstituentenstruktur*** eines Satzes gliedert gesprochene Sätze durch Pausen und geschriebene Sätze in Wortgruppen, die man durch ein einzelnes Wort ersetzen kann, ohne den Sinn der Sätze zu verändern (Tabelle 27–1). Die Reihenfolge der Worte in der Konstituentenstruktur erfolgt nach den Regeln der Syntax, die für viele Sprachen ähnlich ist („universelle Grammatik").

In der ***Entwicklung*** müssen Kinder die ***Morphologie*** der Sprache lernen, nämlich Fragmente von Wörtern und Wörter zu größeren Einheiten zusammenbinden, Wörter und Phrasen zu Sätzen kombinieren und ***Phonologie***, Töne in verständliche und zugelassene Muster zu verbinden. Alle Kinder lernen diese Sprachelemente etwa zur selben Zeit, wenn ausreichend durch soziale Modelle stimuliert. Sprachentwicklung verläuft wie ein Instinkt, bei dem unser Gehirn eine Prädisposition in einer bestimmten Zeitperiode (0–10) aufweist, in der die neuronalen Vorgänge, welche für Phonologie, Morphologie und Syntax notwendig sind, dauerhaft etabliert werden. Dafür sprechen Untersuchungen an sprachgestörten Familien, bei denen eine Mutation auf Chromosom 7 am sogenannten FOXP2-Gen auf Region 7_q31 autosomal-dominant vererbt wird [41]. Diese Mutation bewirkt im Endeffekt, dass Sprachareale in der Broca-Region und das Neostriatum, welches u. a. für Organisation rascher Bewegungssequenzen notwendig ist, nicht ausreichend entwickelt werden.

Sprachverständnis besteht aus mehreren komplexen, nur teilweise bekannten Prozessen: Hören der Phoneme und Wörter → Speichern derselben im Kurzzeitgedächtnis (KZG) → Erfassen der Bedeutung von Wörtern mit Hilfe des Langzeitgedächtnis (LZG) → Organisation der Repräsentationen von Phonemen und Konstituenten → Erfassen der Bedeutung von Konstituenten → Kombination der Konstituenten zum Erfassen der Bedeutung des Satzes → Vergessen der aktuellen Wörter und Konstituenten durch Ersatz derselben zu Makropropositionen (z. B. Zusammenfassung eines Textes oder einer Rede).

Sprache ist in ***Bedeutungseinheiten (Propositionen)*** repräsentiert. Propositionen sind Konzepte (meist aus ein oder zwei Wörtern bestehend) mit einem Prädikat (Verben, Adjektiven, Adverben), das die Beziehungen der Propositionen klarstellt. Propositionen mit überlappenden Bedeutungen (z. B. Lincoln und Präsident) kann man mit Kohärenz-Graphen zu einem Text formen, der zu Chunks (Ketten, Kap. 24) von bedeutungsähnlichen Propositionen (z. B. „Der Student liest“ in Tabelle 27–1) zusammengefaßt wird. Tabelle 27–2 gibt ein Beispiel für Propositionen und den entsprechenden Kohärenz-Graphen. Im LZG werden in der Regel nur Makropropositionen gespeichert, die aus mehreren Präpositionen und Chunks (sinngemäße Zusammenfassung) bestehen, deren Bedeutung sich überlappt. Das LZG enthält darüber hinaus das Sprachlexikon und syntaktische Regeln.

Sprachproduktion. Wie beim Sprachverständnis müssen zur Produktion von Sprache mehrere Prozesse hintereinander (*seriell*) und zeitlich nebeneinander (*parallel*) ablaufen. Die Auswahl von Wörtern und Sätzen hängt primär vom *sozialen Kontext* des Sprechenden ab. Dabei werden in der Regel vom Sprecher gleichzeitig sowohl bekannte als auch neue Informationen in einem Satz oder einer Satzgruppe mitgeteilt.

Die ***Planung der Sprache*** verläuft ähnlich einem Problemlöseprozeß (s. u.) und führt schließlich zur ***Artikulation*** von Lauten. Dabei wird durch Ausstoßen und – seltener – durch Einatmen von Luft der Larynx (Abb. 11–1) und dessen Stimmbänder zum Schwingen gebracht und durch Lippen- und Zungenstellung der geäußerte Laut entsprechend der Sprechplanung moduliert. Obwohl geordnetes Sprechen, Verständnis und Planung von Sprache auf eng verbundene neuronale Strukturen zurückführbar sind, lassen sich diese unterschiedlichen Dimensionen der Sprache doch voneinander abgrenzen, sowohl auf psychologischer als auch neurophysiologischer Ebene. Besonders deutlich werden die Unterschiede zwischen den einzelnen Sprachfunktionen bei pathologischen Veränderungen des Gehirns.

Sprachproduktion und Sprachverständnis sind nicht an die akustische Sinnesmodalität und die Anatomie und Physiologie des Sprechapparats und seiner zentralnervösen Steuerzentren gebunden; dies geht aus den *Sprachstudien an Menschenaffen* hervor, die sowohl Zeichensprache als auch visuell-haptische Sprachsymbole erlernen (s. Kap. 27.3).

Taub geborene Kinder lernen zwar schwer gesprochene Sprache, da die akustische Rückmeldung des

Tabelle 27–1. Baumdiagramm der Phrasen- oder Konstituentenstruktur des Satzes „der Student liest das Buch“. Die Phrasenstruktur bestimmt die Pausen zwischen den Wörtern und Satzteilen. Die Pausen erfolgen an den Satzteilen, wo eine neue Phrase beginnt, nicht in der Mitte einer Phrase. Nach [1]

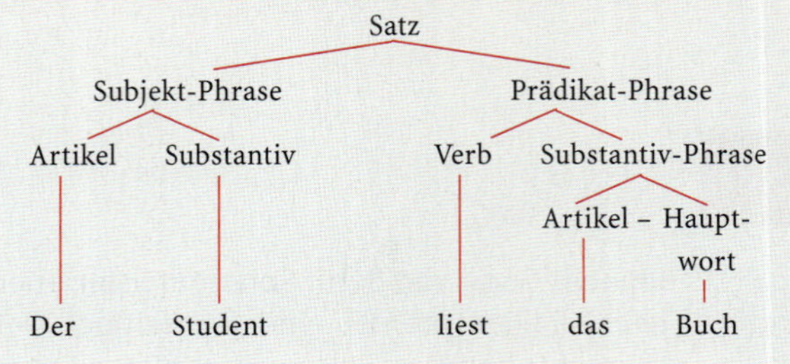

Tabelle 27–2. Satz eines Textes, die dazugehörige Liste von Propositionen und der entsprechende Kohärenz-Graph. „Zusammenstöße zwischen Polizei und Demonstranten“ wäre ein chunck, der als eine sinngemäße Einheit, als Ganzes gespeichert wird. Erläuterungen siehe Text. Nach [1]

Text: „Mehrere gewaltsame und blutige Zusammenstöße zwischen Polizei und Demonstranten kennzeichnen die ersten Frühlingstage 1969.“

Propositionen:

(1) Mehrere Zusammenstöße
(2) gewaltsam, Zusammenstöße
(3) blutig, Zusammenstöße
(4) zwischen, Zusammenstöße, Polizei, Demonstranten
(5) Zeit: in, Zusammenstöße, Frühling
(6) ersten, Frühlingstage
(7) Zeit: in, Frühlingstage, 1969

Kohärenz-Graph (Die Knoten sind die Nummern der Propositionen von oben)

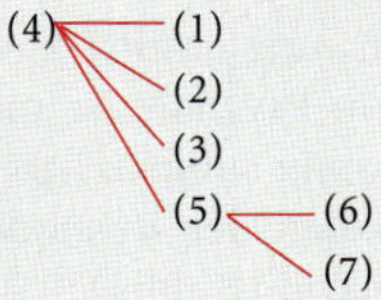

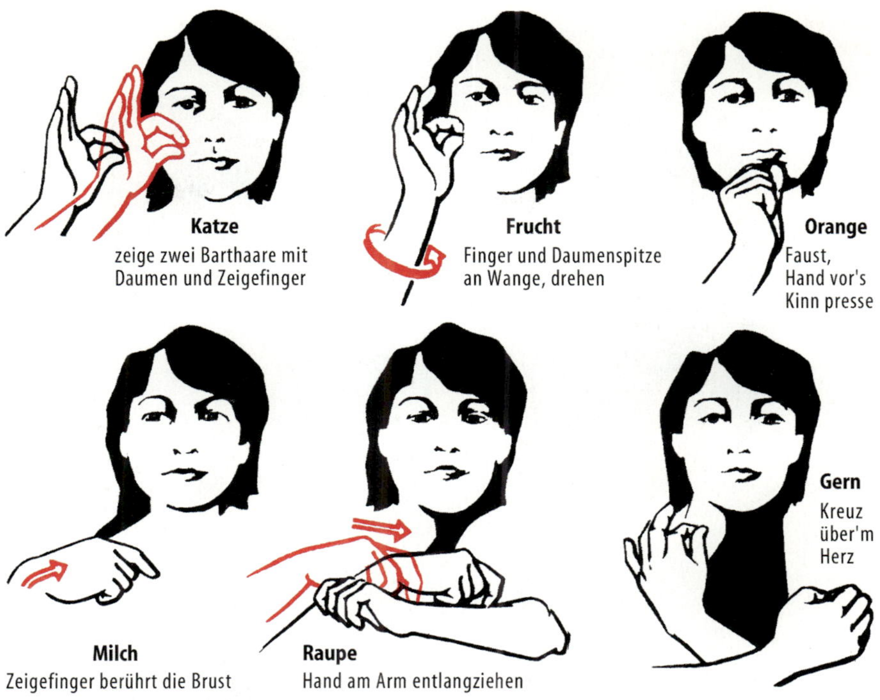

Abb. 27–1. Beispiele aus der amerikanischen Zeichensprache

Eigen- und Fremdsprechens fehlt, erwerben aber Sprachverständnis und Sprechfertigkeiten über Lippen- und Zeichensprache; Zeichensprachen sind in ihren semantischen und syntaktischen Elementen der gesprochenen Sprache vergleichbar (Abb. 27–1, Box 27–1).

Alle bekannten und hier beschriebenen kognitiven Operationen, einschließlich Aufmerksamkeit, KZG, LZG (Kurzzeitgedächtnis und Langzeitgedächtnis), Problemlösen und Intelligenz sind bei *Taubgeborenen* und *Blindgeborenen* identisch, es wird nur auf andere Sinneskanäle ausgewichen. Blindgeborene benützen z. B. für das Behalten und die Korrektur von verdrehten Figuren primär Rückmeldungen aus dem eigenen Bewegungsapparat statt visuellen Vorstellungen; d. h. sie bewegen die Muskeln in der Realität oder in der Vorstellung, so als würden sie die Gegenstände betasten, drehen etc. Taubstumme Kinder merken sich vor allem den visuellen Kontext, in dem die Zeichensprache gesprochen wurde, nicht die einzelnen Zeichensätze. Sie lernen daher nur schwer lesen, da hierzu eine Kodierung in Klänge und Laute vorausgehen muß [48].

Vorstellungen, Konzeptbildung und Problemlösen sind die elementaren Grundbausteine unseres Denkens; Vorstellungen sind als verbale oder bildlich-abstrakte Propositionen gespeichert, Konzepte werden über Vergleiche mit Prototypen gelernt, und Problemlösen erfolgt meist über heuristische Suchstrategien

Vorstellungen. Vorstellungen sind für fast alle Denkprozesse notwendige Vehikel. Gedächtnis, Konzeptbildung und Problemlösen kommen nicht ohne Vorstellungen aus. Vorstellungen sind nicht nur Bilder im Kopf, sondern meist – wie auf Abb. 27–2 beschrieben – als verbale oder bildlich-abstrakte Propositionen gespeichert („Ich fürchte mich vor Schlangen", in Abb. 27–2). In der kognitiven Psychologie symbolisiert man die assoziativen Verbindungen zwischen den Elementen der Propositionen (Wörtern) als *Netzwerke* (s. Kap. 24). Die Stärke der assoziativen Verbindungen bestimmt die Wahrscheinlichkeit (Schwelle), mit der ein Netzwerk erinnert und durch einen äußeren Reiz ausgelöst werden kann. Wenn ein äußerer Reiz zu dem gespeicherten Netzwerk oder einem Element davon paßt (match), so werden die assoziativ damit zusammenhängenden Propositionen und die daran geknüpften motorischen und physiologischen Reaktionen aktiviert.

Abbildung 27–2 zeigt das Netzwerkmodell der Vorstellung „Schlangenangst" mit einigen *motorisch-physiologischen, sensorischen, und bedeutungshaltigen (semantischen) Propositionen* (semantischer Kode, Stimulusrepräsentation und Reaktionsprogramme). Aus Netzwerkmodellen von Vorstellungen lassen sich einige Vorhersagen ableiten, die empirisch bestätigt wurden: Für beobachtbares Verhalten und physiologische Reaktionen sind vor allem *motorische Propositionen* wichtig. Bei Vorstellung der motorischen Propositionen sind die physiologischen Reaktionen stärker, die Wiedergabe aus dem Gedächtnis ist besser und die Reaktionszeiten für die vorgestellten Reaktionen sind kürzer.

Die physiologischen Reaktionen während Vorstellungen sind *spezifisch* für die gespeicherten Propositionen und ihre Verbindungen; z. B. löst die Vorstellung einer Wurfbewegung auch ohne aktuelle, sichtbare Bewegung elektromyographische Reaktionen (Kap. 13) in jenen Muskeln aus, die an dieser speziellen Bewegung beteiligt sind. Dasselbe gilt für die Vorstellung von Gefühlen (s. Kap. 26, Abb. 26–1, 26–2, 26–3).

BOX 27-1

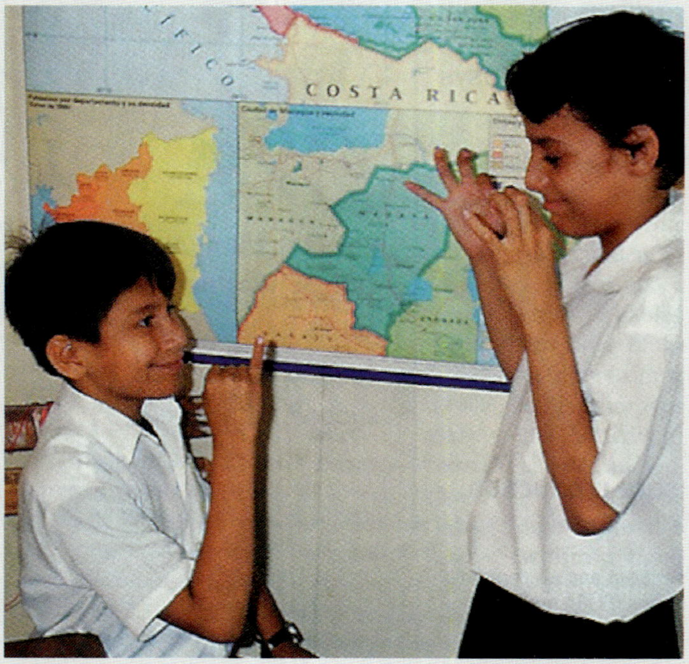

Ein taubstummer Junge aus Nikaragua lehrt einen anderen eine neue Zeichensprache, Nicaraguan Sign Language (NSL). Aus: Helmuth L (2001) From the mouths (and hands) of babes. Science 293:1758–1759. Mit freundlicher Genehmigung

Erfindung einer Zeichensprache

In Nikaragua wurde in den späten 70 er Jahren eine Schule für taube Kinder eröffnet, die diesen Kindern das Lesen, Schreiben und Ablesen von den Lippen der spanischen Sprache ermöglichen sollte. Außerhalb ihrer Klassenzimmer entwickelten die Kinder aber eine eigene Zeichensprache, die heute unter dem Namen Nikaragua-Zeichen-Sprache (Nicaraguan-Sign-Language, NSL) bekannt ist. Vor allem die jüngeren Kinder zwischen 5 und 8 waren dabei die entscheidenden Erfinder sowohl der grammatikalischen wie semantischen Regeln dieser Sprache. Die Jüngeren gaben ihre Erfindung an die Älteren weiter (s. Abb.). Dabei kann man natürlich nicht entscheiden, ob die NSL die Reaktion auf ein angeborenes „Bedürfnis" nach Sprache oder als gelerntes Verhalten, aufbauend auf soziale und gestische Normen der Umgebung, entstanden ist. Es läßt sich aber an der Entstehung und dem Ausbau der NSL sehr eindrucksvoll die Formung einer Sprache aus ihren sozusagen „prähistorischen" Wurzeln bis zu komplizierten Ausdrucksformen studieren.

Personen mit guter Vorstellungsfähigkeit erinnern Gefühle besser, entwickeln leichter Ängste, verlieren diese aber auch eher als Personen mit schlechter Vorstellungsfähigkeit. Die bessere ***Hypnotisierbarkeit*** solcher Menschen erklärt sich aus der leichten Abrufbarkeit gespeicherter assoziativer Netzwerke (z. B. Vorstellung einer Brandblase in Hypnose) durch die Instruktionen des Hypnotiseurs. Netzwerkmodelle emotionaler Vorstellungen sagen z. B. voraus, daß die Gedächtnisleistung stimmungsabhängig ist: in positiver Stimmung werden positive Gedächtnisinhalte eher wiedergegeben als negative und umgekehrt. Die zur Stimmung passenden Propositionen werden leichter aktiviert als nicht passende. Genau dieses Resultat wurde gefunden und erklärt auch zum Teil, warum negative-depressive Stimmungen oft sehr lange bestehen bleiben, trotz ihres aversiven Charakters [37].

Bedeutung der Vorstellung für Wahrnehmung. Obwohl Vorstellung und reale Wahrnehmung gewisse Differenzen in ihrer neuronalen Struktur aufweisen, wie wir auf S. 709 sehen werden, sind sie im Wahrnehmungsvorgang so eng verbunden, daß wir ihre Wirkung auf die Wahrnehmung bewußt oft gar nicht bemerken. Wir benötigen aber unsere gespeicherten Vorstellungen, um unvollständige Objekte in der Wahrnehmung zu vervollständigen, in Erwartung eines Objektes in der Vorstellung dessen Verarbeitung zu beschleunigen (***priming***) und unsere Bewegungen antizipatorisch auf bestimmte Umgebungsbedingungen abzustimmen. Wenn eine Vorstellung einem Reiz entspricht (match), so wird das Erkennen des Reizes erleichtert und die Vorstellung verstärkt. Wenn das Objekt der Vorstellung nicht entspricht, wird der Erregungsfluß in das Wahrnehmungssystem gestört (mehr noise).

Wir antizipieren in der Vorstellung die Konsequenzen unseres Verhaltens, was die Grundlage jedes *Verstärkeraufschubs* und damit der (manchmal) überlegenen *Selbstkontrolle* des Menschen darstellt (s. S. 722).

Konzept- und Begriffsbildung. Konzepte werden vor allem über den *Vergleich mit Prototypen* gelernt. Prototypen sind thematisch verbundene assoziative Netzwerke wie der in Abb. 27–2 dargestellte Prototyp einer

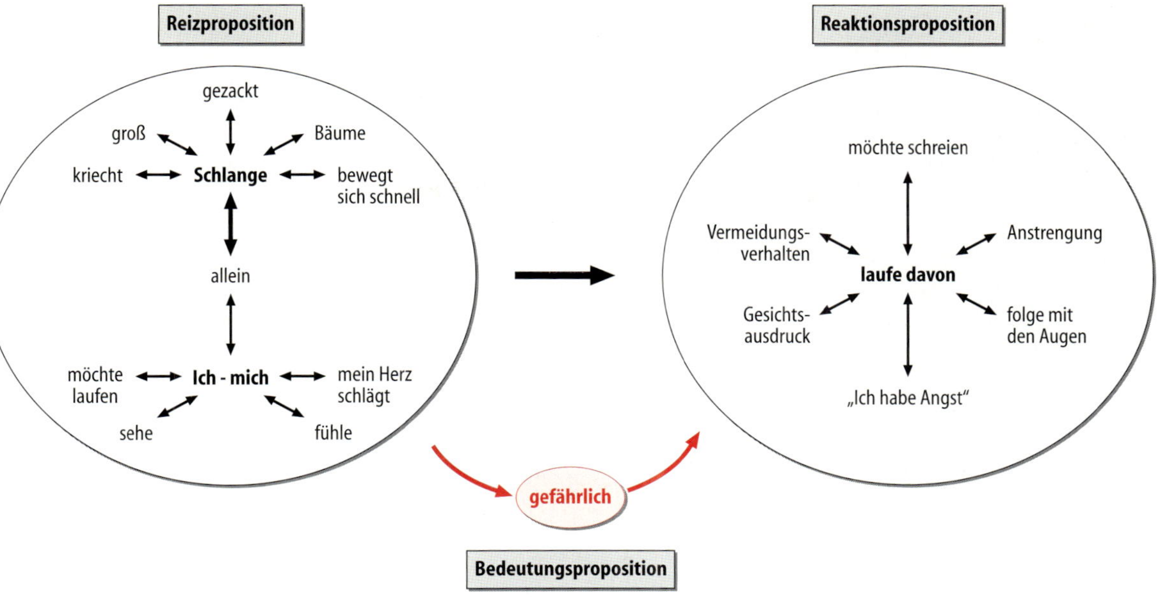

Abb. 27–2. Ein skizzenhaftes Diagramm eines Prototyps einer Schlangenphobie. Bei diesem Prototyp handelt es sich um ein **konzeptuelles Netzwerk**, in dem die Information in Propositionen kodiert ist und die einzelnen Informationseinheiten durch Assoziationen miteinander verbunden sind. Dieses konzeptuelle Netzwerk hat die Funktion eines sensomotorischen Programms. Der Prototyp wird als Einheit etwa durch Instruktionen, Medien oder den objektiven sensorischen Input aktiviert, der Teilinformationen enthält, die in das Netzwerk passen. Der oben skizzierte Phobie-Prototyp könnte z. B. in einer deskriptiven Form so gelesen werden: „Ich stehe alleine in einem Wald und sehe eine große Schlange. Sie bewegt sich langsam auf mich zu. Sie hat ein gezacktes Muster am Rücken. Es könnte eine gefährliche Schlange sein. Meine Augen treten aus dem Kopf hervor und folgen den Bewegungen der Schlange. Mein Herz beginnt stark zu schlagen. Schlangen sind unberechenbar. Ich fürchte mich. Ich sage es zwar laut, aber niemand ist hier, der mich hören kann. Ich bin allein und fürchte mich sehr. Jetzt fange ich zu laufen an. . ." Die Linien indizieren einige der Verbindungen zwischen den Propositionen, die eine hohe Assoziationswahrscheinlichkeit haben. Es werden nicht alle Propositionen oder möglichen Verbindungen hier aufgezeigt. Sensorische, motorische und bedeutungshaltige Propositionen werden unterschieden (Erläuterung im Text)

Schlangenphobie. Prototypen und Vorstellungen von Prototypen fungieren als Referenzpunkte, Markierungspunkte; je ähnlicher ein Element eines Konzeptes einem Prototyp ist, um so leichter wird ein Begriff (Konzept) gebildet [z. B. von Schwalbe (Prototyp) wird der Begriff Vogel leichter gebildet als von Huhn]. Prototypen mit einem *mittleren Allgemeinheitsgrad* (z. B. Apfel, Korkenzieher) führen leichter zu Begriffen als solche mit einem hohen (z. B. Frucht, Werkzeug) oder niedrigem (z. B. Granny-Smith, Philips-Korkenzieher).

Der Allgemeinheitsgrad eines Konzepts wird aus der Anzahl von Propositionen geschätzt, den die Allgemeinpopulation oder die Wörterbücher einer bestimmten Sprache mit dem Konzept assoziiert. Auch hier spielen wieder die Zahl der motorischen Elemente, die man mit dem Begriff assoziiert, für die Leichtigkeit der Begriffsbildung eine bedeutsame Rolle. Die *Zeichensprache* für Taubstumme benutzt daher vor allem solche Basisbegriffe, die mit Bewegungen assoziiert sind.

Problemlösung. Probleme bestehen aus a) einem Ausgangszustand (Situationen zu Beginn des Problemlöseprozesses) und b) einem Zielzustand – im Arbeitsgedächtnis gehalten –, der durch die Lösung erreicht werden soll und c) den Regeln und Restriktionen, denen man von a) nach b) folgen muß. Menschen benützen im Gegensatz zu Tieren selten reine *Versuchs-Irrtum-Strategien*, sondern passen die Regeln der Problemsituation und dem Ziel flexibel an. Voraussetzung für a)–c) ist das Verstehen eines Problems, d. h. die Konstruktion einer ***internen Repräsentation*** der Problemsituation (z. B. das Lesen eines Textes zur Anleitung für einen Bausatz) und die Lenkung der Aufmerksamkeit besonders auf Ausgangssituation und Regeln. In der Regel wird das Gesamtziel in Teilziele zerlegt, weil die Person (oder das Tier) ***Operatoren*** für das Erreichen von Teilzielen eher gespeichert hat. Operatoren sind Handlungen, die einen Problemzustand in einen anderen transformieren. Neue Operatoren, die eine Person dem Zielzustand näher bringen, werden über Instruktion oder Beobachtung (Modelllernen) erworben.

Zur Problemlösung werden vor allem zwei Arten von Strategien verwendet: ***zufallsorientierte Suchstrategien und heuristische Suchstrategien.*** Unsystematische Zufallsstrategien sind wegen ihrer Ineffizienz selten (z. B. Wählen irgend einer Telefonnummer, in der Hoffnung die richtige zu finden), systematische Zufallsstrategien werden oft mit Algorithmen verwendet (z. B. bei Algebraaufgaben), sind aber sehr zeitaufwendig. Heuristische Suchstrategien (Daumenregeln) sind die häufigsten; sie bestehen aus selektiven Suchvorgängen, bei denen nur jener Teil des Problems beachtet wird, von dem die Lösung am ehesten zu erwarten ist; sie garantieren keine Lösung wie Algorithmen, machen Lösungen aber wahrscheinlicher. Nach Zerlegung in Subprobleme werden diese einzeln gelöst, wobei die Unterschiede zwischen Ausgangszustand und Ziel auf ein Minimum reduziert

Abb. 27–3. Das Hobbits-und-Orcs-Problem. Versuchen Sie, dieses Problem zu lösen: 3 Hobbits (*rechts*) und 3 Orcs (*links*) stehen am Ufer und alle wollen auf die andere Seite des Flusses kommen. Glücklicherweise haben sie ein Boot, unglücklicherweise kann das Boot zu einem Zeitpunkt nur 2 der Männchen befördern. Darüber hinaus gibt es noch ein anderes Problem. Die Orcs sind gewalttätige Kreaturen und wenn mehr Orcs als Hobbits auf einer Seite des Flusses sind, dann würden die Orcs sofort die Hobbits angreifen und fressen. Sie müssen also sicher sein, daß nie mehr Orcs als Hobbits auf einer Flußseite sind. Wie lösen Sie dieses Problem? (Man muß dazusagen, daß die Orcs, obwohl sie gewalttätig sind, das Boot immer wieder zurückbringen!). Nach [2]

werden, z. B. in Abb. 27–3 werden bei richtiger Strategie alle Männchen vom Ausgangszustand zum Zielzustand (zum anderen Ufer) transportiert, dazwischen aber müssen einige mehrmals über den Fluß bewegt werden. Der (die) Leser(in) möge versuchen, die Aufgabe zu lösen und dabei seine (ihre) Denkstrategie introspektiv beobachten.

Problemlösen wird durch *funktionelle Fixiertheit und mentale Einstellungen* (mental set) häufig erschwert. Im ersten Fall lösen wir uns nicht von einer angenommenen Funktion eines Objektes, im zweiten Fall verwenden wir Strategien, die in der Vergangenheit erfolgreich waren, aber auf das neue Problem nicht passen [1, 15].

27.2 Zerebrale Asymmetrie

Unter zerebraler Asymmetrie verstehen wir die Tatsache, daß die Funktionstüchtigkeit der beiden neokortikalen Hemisphären Voraussetzung für die Steuerung *unterschiedlicher* Verhaltensweisen und psychischer Funktionen darstellt. Obwohl (in der Regel) rechte *und* linke Hemisphäre bei den meisten „höheren" Funktionen *zusammenwirken*, gibt es fast keine Reaktion, bei der nicht eine der beiden Hirn-Hemisphären ein gewisses Übergewicht gegenüber der andern hätte. Wir haben in Kap. 22 bereits die Folgen der Lateralisierung rechts- oder linkshemisphärischer Aufmerksamkeit diskutiert. Kap. 22 befaßt sich auch mit den Konsequenzen der Split-Brain-Operationen auf Bewußtsein und Aufmerksamkeit. In Kap. 26 wurden Beispiele für die unterschiedliche Bedeutung der Hemisphären für die Entstehung von Gefühlen berichtet. Wir wollen uns in diesem Abschnitt mit der Geschichte dieses für die Biologische Psychologie so bedeutsamen Konzepts beschäftigen und sensomotorische und kognitive Funktionen darauf untersuchen, wie sie von der Aktivität der beiden Hemisphären abhängig sind.

Die Geschichte der kognitiven Neurowissenschaften ist von der Auseinandersetzung zwischen strenger Lokalisation und Equipotentialität von Hirnfunktionen geprägt

Das 19. und Anfang des 20. Jahrhunderts. Bereits in der Antike wurde behauptet, daß die linke Hirnhälfte den Intellekt und Verstehen, die rechte den Sensus, Wahrnehmung steuert. Allerdings wurde erst im 19. Jahrhundert die Dichotomie rechter Neokortex und linker Neokortex zu einer dominierenden Doktrin der Neurophysiologie, Anatomie und Neuropsychiatrie: Arthur Ladbroke Wigan veröffentlichte 1844 ein Buch mit dem Titel „A New View of Insanity: Duality of Mind", in dem er beide Hemisphären als unabhängige Teile mit zwei unabhängigen Willen und zwei Denksystemen bezeichnete, die im Normalfall wie zwei Zugpferde eine Kutsche ziehen, im Krankheitsfall aber getrennt laufen und zu Konflikten beitragen können. Pierre Paul Broca lieferte schließlich empirische Daten als Argument für unterschiedliche Funktionen der beiden Hemisphären, indem er von 1861 bis 1863 über 20 Personen mit Aphasien autopsierte, die alle eine Läsion der linken frontalen Hemisphäre aufwiesen.

Broca legte damit den empirischen Grundstein zur ***lokalisationistischen Position***, die kurz darauf, 1870 von Fritsch und Hitzig durch elektrische Reizung der motorischen Areale beim Hund bestätigt wurde: schwache galvanische Reizung der motorischen Areale führte zu kontralateraler Bewegung. 1874 publizierte Carl Wernicke seine Beobachtungen an Patienten mit linken posterioren Läsionen – vor allem dem superioren Gyrus temporalis – Patienten, die zwar sprechen konnten, aber Gesprochenes nicht verstanden (***sensorische, rezeptive*** oder ***flüssige Aphasie***). Wernicke entwickelte auch das bis heute gültige Konzept für die Sprachsteuerung: die Verbindungen vom primären akustischen Areal zum oberen posterioren Temporallappen (Wernicke-Areal), von dort zum unteren posterioren Frontallappen (Broca-Areal). Er legte damit auch den Grundstein zum Begriff der ***Leitungsstörungen*** (disconnection syndrome), indem er spezifische Ausfälle bei Unterbrechung der Verbindungen zwischen diesen drei Arealen postulierte (s. S. 713) [8, 12].

Wernickes Schüler Hugo Liepmann beschrieb 1908 einen rechtshändigen Patienten, der nach Läsion des C. callosum eine ***Apraxie*** (Unfähigkeit zu Willkürbewegungen, s. Kap. 13) der linken Hand aufwies. Der Patient konnte links auch nicht schreiben (***Agraphie***). Die Zerstörung des Balkens wurde post-mortem nachgewiesen. (Apraxie bedeutet eine Störung des Bewegungsablaufes und der Bewegungsplanung, die nicht auf Schwäche, Deafferenzierung, Bewegungsstörungen wie Tremor und Chorea oder intellektuelle Störungen rückführbar ist (s. S. 717 und Abb. 27-26). Liepmann zog zwei Schlüsse aus diesem Fall:

a) Verbale Kommandos für linksseitige Bewegungen müssen über das C. callosum zur rechten Hemisphäre geleitet werden.
b) Die linke Hemisphäre ist nicht nur für Sprache dominant, sondern auch für komplexe gelernte Bewegungen und die Feinmotorik.

Die zweite Annahme wird vor allem durch die Tatsache gestützt, daß Apraxien überwiegend nach linkshemisphärischen Schädigungen auftreten. Danach können komplexe Willkürbewegungen nicht mehr korrekt ausgeführt werden, auch wenn sie gut geübt sind. Solche Apraxien werden ***ideomotorische Apraxien*** genannt. Wir wissen aber heute, daß die Planung, Initiierung und Ausführung von Willkürbewegungen auch von der rechten Hemisphäre ihren Ausgang nehmen kann. Sogenannte ***konstruktive Apraxien*** treten nach Läsionen der rechten Hemisphäre auf: z. B. können Puzzles nicht mehr gelegt, Zeichnungen und Bausteinbauten nicht mehr angefertigt werden. Apraxien treten aber auch nach Läsionen der Basalganglien und des Thalamus auf (s. Kap. 13) [7, 8, 12].

Das 20. Jahrhundert. Der Anfang des 20. Jahrhunderts ist von der Kritik an den Diagrammzeichnern, wie Henry Head 1926 die Lokalisationisten nannte, gekennzeichnet. Friedrich Goltz hatte schon 1892 den gesamten Neokortex von Hunden entfernt, ohne daß es zu gravierenden Bewegungsstörungen kam. Sein Befund wurde kaum beachtet. Die ***antilokalisationistische Position*** erreichte erst mit Karl Lashleys Prinzip der ***Equipotentialität*** in den 20 er Jahren seinen Höhepunkt: stufenweise Abtragung von mehr als 50 % des Neokortex bei Ratten und Durchtrennung der wichtigsten Assoziationsbahnen hatte kaum Konsequenzen auf das Verhalten. Vor allem für Lernen und Gedächtnis seien keine spezifischen Hirnzentren anzunehmen, sondern ***Massenaktion*** entscheide über Ausfälle: je größer die Läsion um so stärker die Störung.

Beim Menschen ließ sich diese Position nicht halten, was dann nach Ende des 2. Weltkriegs vor allem unter dem Einfluß der viel früher erschienenen Schriften von John Hughlin Jackson (1835–1911) zu einer Kompromißlösung führte, die heute noch Gültigkeit hat: bezogen auf die beiden Hirnhemisphären erkannte Jackson, daß willkürliche Bewegungen eng mit sprachlichem, d. h. linkshemisphärischem Bewußtsein verknüpft sind, daß aber die sprachlose rechte Hemisphäre objektorientiertes Bewußtsein (Erkennen von visuellen und räumlichen Strukturen) und automatisiertes Handeln steuert. Alexander Luria [14] schließlich spricht von einzelnen Kortexarealen als *Knotenpunkten dynamischer Erregungssysteme*, die in Abhängigkeit von der psychologischen Funktion der Nervennetze z. T. weit auseinander liegen können. Die Informationsanalyse schreitet dabei hierarchisch von den primären posterioren Projektionsarealen zu den tertiären und von dort in die frontalen motorischen Areale fort.

Die split-brain Versuche Roger W. Sperrys (s. Kap. 22) in den fünfziger Jahren vorerst an Katzen und Affen, später an Patienten mit vollständiger Durchtrennung des C. callosum, führten zu einer unerwarteten Wiederbelebung der Ideen des 19. Jahrhunderts über die Dualität des Bewußtseins; dabei scheint die oft verhängnisvolle Neigung der Menschen, Dichotomien zu bilden, eine größere Rolle gespielt zu haben, als die experimentellen Befunde, die solche Dichotomien selten stützten. Tabelle 27-3 zeigt, wie geringfügig sich das 19. und die 2. Hälfte des 20. Jahrhunderts unterscheiden [20, 34].

Unterschiede in der Verarbeitung von Information der beiden Hemisphären bestehen in allen Sinnesmodalitäten

Kommissurektomie. Abbildung 22-7 zeigt die interhemisphärischen Kommissuren und die Verbindungen des C. callosum zu den verschiedenen Kortexregionen. Rechter und linker präfrontaler Kortex und die beiden inferioren Parietallappen sind nur teilweise miteinander verbunden, die vordere Kommissur verbindet die anterioren Temporallappen, die Amygdalae und deren

Tabelle 27-3. Postulierte Dichotomien zwischen rechter und linker Hemisphäre im 19. Jahrhundert (*oben*) und im 20. Jahrhundert (*unten*). Aus [35]

Dichotomien des 19. Jhdts.	
Linke Hemisphäre	Rechte Hemisphäre
Menschlich	Tierisch
Motorische Aktivität	Sensorische Aktivität
Intelligenz	Emotion/Sensibilität
„Leben in Beziehungen"	„Organisches" Leben
Verstand	Irrsinn
Männlich	Weiblich
Überlegenheit der weißen Rasse	Unterlegenheit von Farbigen
Waches Bewußtsein	Subliminales, Unbewußtes
Objektiv	Subjektiv
Dichotomien des 20. Jhdts.	
Linke Hemisphäre	Rechts Hemisphäre
Verbal	Nicht-verbal, visuell-räumlich
Seriell	Simultan
Digital	Analog
Rational	Intuitiv
Westliches Denken	Östliches Denken
Abstrakt	Konkret
Objektiv	Subjektiv
Realistisch	Impulsiv
Intellektuell	Gefühlvoll

Umgebung (z.B. S. inominata und Basalganglien, s. Kap. 20).

Die Effekte vollständiger Balkendurchtrennung auf das Gesamtverhalten sind gering. Die Unabhängigkeit der beiden Hemisphären wird wenige Wochen nach der Operation kaum mehr bemerkt. Anfänglich treten *dissoziative Phänomeme* mit zwei gegensätzlichen Willensentscheidungen auf (s. Kap. 22), Gesichtsausdruck und Inhalt des Verbalisierten können einander widersprechen. Der emotionale Ausdruck, besonders die Sprachmelodie (Prosodie) bleibt verringert, da diese Funktionen stärker rechts lokalisiert sind und den Erregungskonstellationen der Weg nach links verschlossen bleibt. Die linke Hand interferiert mit der Tätigkeit der rechten, der Patient muß die linke dabei festhalten. Der rechtshändige Patient erlebt die linke Hand als fremd, da sie schwer seinem sprachbewußten Willen gehorcht. In wenigen Monaten lernt der Patient aber, Sinnesorgane und Motorik so zu orientieren, daß eine gewisse Synchronizität zwischen rechter und linker Hemisphäre besteht.

Einflüsse auf Sensorik. Um Einflüsse von Split-brain-Effekten nachzuweisen, müssen besondere Anordnungen entwickelt werden, die eine einseitige Darbietung des Reizmaterials ermöglichen (s. Kap. 22). Diese Versuchsanordnungen müssen auf den anatomischen Verlauf der Afferenzen im jeweiligen Sinnessystem und die Tatsache fast völlig gekreuzter Efferenzen für Arme und Hände abgestimmt sein [20].

Geruchssinn. Wenn die Commissura anterior und das Corpus callosum durchtrennt sind, können Gerüche aus dem rechten Nasenloch nicht benannt werden, da die Geruchsbahn ungekreuzt verläuft. Die rechte Hemisphäre kann aber mit der linken Hand unterschiedlich riechende Objekte auswählen. Die rechte Hemisphäre wird durch unangenehme Gerüche aus dem rechten Nasenloch stärker erregt als die linke (s. Kap. 26).

Akustischer Sinn. Obwohl die Hörbahnen nur unvollständig gekreuzt sind (s. Kap. 18), werden Wörter bei *dichotischer Darbietung* bevorzugt aus dem rechten Ohr wiedergegeben (auditory suppression). Allerdings zeigt Abb. 18-7, daß die gekreuzten Bahnen *stärker* entwickelt sind und daher auch im Normalfall akustisches Material auf der zum Ohr kontralateralen Seite verarbeitet werden. Beim *dichotischen Hören* (s. Kap. 22.1) von Sprachlauten sind auch bei intaktem C. callosum die Informationen aus dem linken Ohr durch die simultane Afferenz aus dem rechten gehemmt. Sprachlaute aus dem rechten Ohr werden bei split-brain nicht mehr in die linke Hemisphäre übertragen, wenngleich einfache Instruktionen durchaus von der rechten Hemisphäre verstanden werden (s. Kap. 22.1). Niedrige Tonfrequenzen werden eher rechtshemisphärisch, hohe linkshemisphärisch verarbeitet. Dies erklärt auch die Überlegenheit der rechten Hemisphäre prosodische Klangelemente der Sprache zu erkennen, während die linke eher Wörter identifiziert, was am besten durch Analyse hochfrequenter Anteile der Sprache erfolgt.

Tastsinn. Objekte in der linken Hand, die nicht im rechten Gesichtsfeld gesehen werden, können nicht beschrieben werden, obwohl sie in der Regel von der rechten Hemisphäre korrekt identifiziert werden. (***Diskonnektions – Agnosie***).

Bei *taktiler Diskrimination* der Hände gelangt der Erregungsstrom zuerst in die kontralateralen Areale 1, 2 und 3, von dort ipsi- und kontralateral nach beiden Arealen 43 (sekundäres somatosensorisches Areal), dann in den ipsilateralen medialen Temporalkortex und den orbitalen Frontalkortex: von dort führt der Weg in den prämotorischen und motorischen Kortex zur Ausführung der Reaktion. Bei Split-brain-Patienten (Abb. 27-4) erreicht die Information aus Area 43 nicht das gegenüberliegende Areal und die gelernte Diskrimination bleibt auf die zur Hand kontralateralen Hemisphäre beschränkt; im Normalfall dagegen können beide Hände die Diskrimination ausführen, auch wenn sie nur auf einer Seite gelernt wurde.

Die unterschiedliche Verarbeitungsstrategie von rechter und linker Hemisphäre läßt sich am besten an visuellen Diskriminationsaufgaben ablesen

Optischer Sinn. Die Überlegenheit der rechten Hemisphäre bei der Analyse visuell-räumlicher Muster und manipulativ-räumlicher Aufgaben wurde durch

Abb. 27–4. Experiment mit chimärischen Reizen bei Split-brain Patienten. (**A**) Der Patientin wird mitgeteilt, daß sie eine Photographie sehen wird. Sie wird aufgefordert, den Mittelpunkt der Projektionsleinwand zu fixieren, danach wird das zusammengesetzte Bild tachistoskopisch dargeboten. Danach muß die Patientin das Gesicht entweder verbal **B**, oder durch Hinzeigen mit einer Hand **C** identifizieren. Den Split-brain Patienten ist in dieser Anordnung nicht bewußt, daß die chimärischen Reize unvollständig oder gegensätzlich sind. Wenn sie ihre Antwort verbal geben sollen, wählen sie immer die Gesichtshälfte aus dem rechten visuellen Feld. Wenn sie das Gesicht durch Zeigen herausfinden müssen, wählen sie die Gesichtshälfte aus dem linken visuellen Feld. Nach [43]

getrennte Darbietung der Inhalte ins rechte und linke visuelle Feld nachgewiesen. Abbildung 22–8 zeigt den Verlauf des Informationsflusses in die beiden Hemisphären. Zur Vermeidung von Augenbewegungen wird entweder das Material sehr kurz (tachistoskopisch unter 20 ms) bei Fixierung auf einen Mittelpunkt dargeboten oder es werden Linsensysteme verwendet, die den Gegenstand nur auf eine Hälfte der Retina projizieren. Obwohl die rechte Hemisphäre bei fast allen Patienten expressiv aphasisch ist, (Ausnahmen Kap. 22.1.), werden Zeichnungen nur mit der linken Hand korrekt kopiert, geometrische Formen sowohl besser erkannt, wenn sie ins linke Gesichtsfeld projiziert werden, als auch geometrische und taktile Aufgaben besser mit der linken Hand gelöst. Die rechte parietale Hemisphäre ist beim *Erkennen von Gesichtern* überlegen, nicht bei Aufgaben, in denen Gesichter semantisch kategorisiert werden sollen. Abbildung 27–4 zeigt auch, daß bei Darbietung von ***chimärischen Reizen*** Split-brain-Patienten in jeder Hemisphäre getrennt ein Gesamtbild ergänzen, alle Patienten berichten aber, ein ganzes, einheitliches Bild zu sehen [43, 44].

Durch stufenweise Läsion verschiedener Faserzüge, einschließlich des posterioren C. callosum und der Commissura anterior bei Affen, konnten die an der ***visuellen Diskrimination*** beteiligten Hirnstrukturen aufgeklärt werden.

Die visuelle Information verläßt Area 17 über 18, 19 (visuelles Gedächtnis), kreuzt auf die Gegenseite und läuft beidseitig in die beiden *unteren Temporallappen* und von dort in die Amygdala und den orbitalen Frontalkortex (motivationale und emotionale Signifikanz), wo wiederum Transfer zwischen beiden Seiten erfolgt. Diese Bahn wird daher auch als ventrale ***Was-Bahn*** bezeichnet im Gegensatz zur oberen Parietalbahn, die als dorsale ***Wo-Bahn*** bezeichnet wird (s. Kap. 17). Einseitige Läsionen in diesen Systemen haben beim Affen daher wenig Effekt, Unterbrechung der Efferenzen aus Area 17, 18, 19 über den Balken bei zusätzlicher Unterbrechung der Verbindungen zu den temporalen Arealen führen zu Blindheit, trotz erhaltener optischer Systeme.

Einflüsse auf Motorik. Neben Apraxie der linken Körperseite, ***Agraphie*** der linken Hand auf verbale Kommandos und ***Akopie*** (Unfähigkeit abzuschreiben oder abzuzeichnen) der rechten, sind alle Aufgaben, die eine Kooperation der Feinmotorik beider Hände verlangen, bei Split-Brain-Patienten beeinträchtigt (z. B. mit rechter Hand Kaffeetasse halten und mit linker einschenken) (genauer s. 27.4).

Holistische versus analytische Informationsverarbeitung. Aus den wenigen Split-brain-Patienten, die expressive Sprache rechts besitzen (s. Kap. 22.1, Abb. 22–10) und aus Experimenten an Affen mit Zerstörung der Kommissuren wird geschlossen, daß die linke Hemisphäre eher *sequentiell, analytisch, kausal* (s. Attributionsexperimente auf Abb. 26–23), die rechte eher *ganzheitlich-holistisch, parallel, intuitiv* verarbeitet. Wenn die linke Hemisphäre eines der oben in Abb. 27–5 dargestellten Objekte wahrnimmt, so sucht sie aus den Wahlreizen jene heraus, deren *Funktion* zum dargebotenen Reiz paßt. Wenn die rechte Hemisphäre die Reize wahrnimmt, so sucht sie jene heraus, deren *Aussehen (äußere Erscheinung)* zu den Objekten paßt [44].

Lokal versus global – hoch- versus niedrig-frequent. Ein wichtiger Unterschied in der Informationsverarbeitung zwischen rechter und linker Hemisphäre, der wohl eng mit der auf Abbildung 27–5 gezeigten Bevorzugung von Funktion (links) und äußerer Erscheinung (rechts) zusammenhängt, betrifft die Bevorzugung lokaler hochfrequenter akustischer, optischer und taktiler Reizmuster durch die linke Hemisphäre (s. Abb. 27–6) und nieder-frequenter, globaler Reizmuster durch die rechte. In Abb. 27–6 sind die Versuchspersonen immer schneller mit der linken Hand, wenn sie auf das „weite" Reizmuster reagieren mußten und mit der rechten, wenn sie auf die enger, hochfrequent angeordneten Streifen reagierten (wenn diese ins rechte visuelle Feld projiziert wurden). Eine ähnliche Unterscheidung betrifft die bessere Erinnerungsfähigkeit der rechten Hemisphäre für *Koordinaten* und die der linken für *Kategorien* (Prototypen, z. B. Tiere im Vergleich zu Einzelexemplaren oder Orten).

Man sollte mit diesen funktionellen Zuordnungen allerdings zurückhaltend sein, da sie nur aus den Eigenschaften der psychologischen Aufgaben erschlossen werden und bisher kein physiologisches Substrat für diese unterschiedliche Verarbeitungsweisen gefunden wurde. Darüber hinaus sind an fast allen Verhaltensleistungen *beide* Hemisphären beteiligt Es muß aber noch geklärt werden, in welcher Weise jede der beiden Hemisphären an welchen Verhalten beteiligt ist. Von einer solchen Klärung der interhemisphärischen Dynamik sind wir weit entfernt.

Die Anlage für Sprachfunktionen ist in der linken Hemisphäre lokalisiert, aber es besteht bis zum 10. Lebensjahr eine hohe Plastizität für die Repräsentation von Sprache im Gehirn

Ontogenetische Entwicklung von Lateralität. Bereits beim Neugeborenen läßt sich eine Bevorzugung linkshemisphärischer Verarbeitung (re. Ohr) für Sprachlaute bei dichotischem Hören feststellen und erhöhte Amplituden evozierter Potentiale auf Sprache links. Da aber nach linkshemisphärischen Läsionen alle Sprachfunktion noch bis zum 10. Lebensjahr von der rechten Hemisphäre übernommen werden, ist offensichtlich nur die *Anlage zu Sprachfunktionen* links angeboren. Auch Affen weisen eine Bevorzugung für Kommunikationslaute links temporal zu einem sehr frühen Zeitpunkt auf. Da auch bei einigen Vogelarten und höheren Säugern ähnliche linkshemisphärische Bevorzugung von Kommunikationsäußerungen und Lautsequenzen und ähnliche anatomische Unterschiede auftreten, handelt es sich dabei um *allgemeine Voraussetzungen* des Gehirns für Kommunikation. Daß die Anlage für Lateralisierung von Sprache bereits bei der Geburt vorhanden ist, zeigt auch die Tatsache eines stärker aktivierten linken ***Planum temporale*** bereits bei Neugeborenen. Das Planum temporale bezeichnet jene Region,

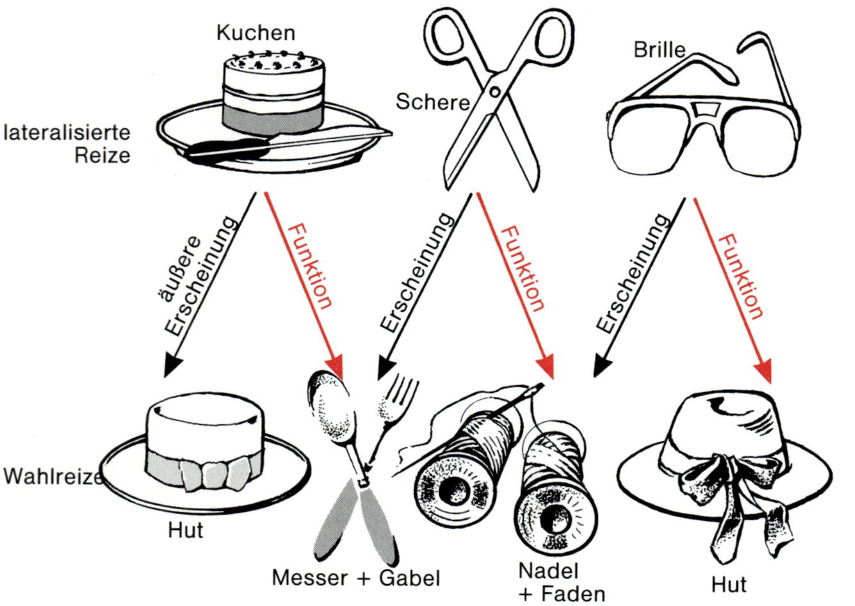

Abb. 27–5. Informationverarbeitung der rechten und linken Hemisphäre bei Split-brain Patienten. Die Figuren der oberen Reihe werden lateralisiert einer der beiden Hemisphären dargeboten. Der Patient wird instruiert, aus den Wahlreizen der unteren Zeile jene herauszusuchen, die am besten zu dem jeweils dargebotenen Reiz der oberen Objekte passen. Erläuterungen im Text. Nach [44]

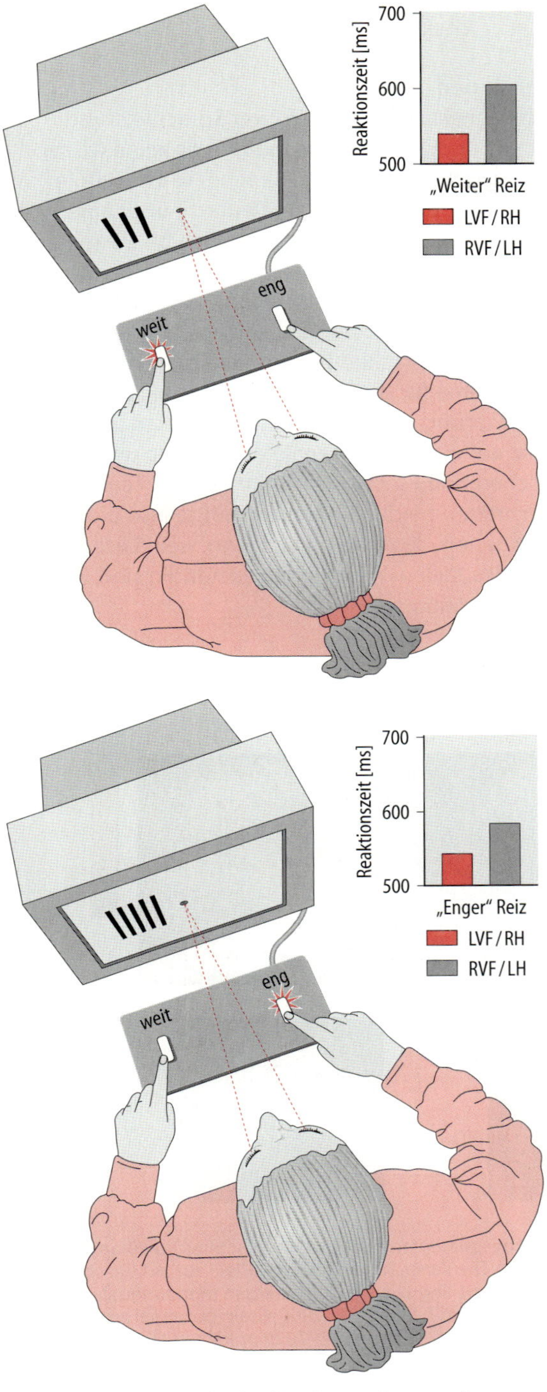

Abb. 27–6. Asymmetrie der Repräsentation von Frequenz-Informationen in den beiden Hemisphären. Ein niederfrequentes oder hochfrequentes Muster wird entweder ins rechte oder linke visuelle Feld projiziert. Die Versuchspersonen mußten angeben, ob das Reizmuster „weit“ oder „eng“ war. Die Reaktionszeit war viel schneller, wenn der niedrig-frequente Reiz in das linke Gesichtsfeld/rechte Hemisphäre (LVF/RH) projiziert wurde (aus [8] mit freundlicher Genehmigung)

die innerhalb der Sylvischen Furche hinter dem auditorischen Kortex beginnt.

Selbst nach der Pubertät ist eine gewisse Modifikation der Lateralisierung möglich: ***Bilinguale***, die ihre zweite Sprache spät lernen und dabei keine schulisch-formale (sequentielle) Ausbildung erhalten, sondern die zweite Sprache informell (ganzheitlich) erlernten, weisen erhöhte rechtshemisphärische Beteiligung in der Analyse von Sprechinhalten für die zweite Sprache auf [3, 17]. Die später erworbene Sprache ist darüber hinaus in den frontalen Spracharealen („Broca“ s. S. 705) von den Arealen der Muttersprache getrennt, während Sprachen, die gleichzeitig früh erworben wurden, überlappen. In den posterioren Sprachgebieten findet sich kein Unterschied [38]. Die reduzierte Übernahme von Sprachfunktionen im späteren Leben hängt damit zusammen, daß die Plastizität des Gehirns generell bis zur Pubertät abnimmt. Die Fähigkeit zum Spracherwerb, vor allem einer Zweitsprache, nimmt bereits ab dem 7. Jahr leicht und ab dem 10. bis zum 30. Lebensjahr zunehmend deutlich ab.

Je besser eine Sprache beherrscht wird, um so kleiner ist das kortikale Areal, das von einer Sprachleistung benötigt wird. Dies gilt zumindest für die kortikale Durchblutung im PET oder fMRI (s. Kap. 20 und Box 27–2): Die zweite, schlecht beherrschte Sprache weist deutlich vergrößerte Durchblutungsanstiege rechts und links auf. Frauen zeigen – wie aufgrund ihrer höheren Sprachbegabung zu erwarten – gegenüber Männern verringerte Durchblutung, d. h. weniger „Anstrengung“ bei Sprachaufgaben [13, 19].

Axon-Leitgeschwindigkeit und Syntax. Eine interessante, wenn auch anatomisch noch nicht bewiesene Theorie der anatomischen Grundlage von Sprache von Robert Miller [15], vor allem Syntax, bezieht sich auf die Tatsache, dass in der linken Hemisphäre die Myelinisierung der transkortikalen Axone *variabler* ist. In der perisylvischen Region finden sich schnell leitende Axone mit dicker Myelinschicht und langsam leitende dünn myelinisierte. Eine erhöhte Variabilität der Leitungsgeschwindigkeit wäre die Voraussetzung für die Herausbildung zeitlich variabler Assoziationen (z. B. „wenn-dann“-Sätze, Relativsätze, bei denen das Verb erst am Ende kommt u. ä.).

Bedeutung auditorischer Erfahrung. Zusätzlich zu den zweifellos genetisch gesteuerten anatomischen Voraussetzungen für Lateralität, ist *auditorische Erfahrung* in der Entwicklung ein zentraler Einflußfaktor für deren Ausprägung: Sprachdeprivierte Kinder, d. h. Kinder, die äußerst wenig Anreiz zum Sprechen erhielten und daher auch kaum sprechen (Kaspar-Hauser), zeigen ebenso geringere Links-Lateralisierung im dichotischen Hörtest (s. Kap. 22) wie ***Taubgeborene***. Allerdings ist auch die Wahrnehmung und motorische Steuerung der Zeichensprache (Abb. 27–1) primär links-dominant, was sowohl mit der Überlegenheit der linken Hemisphäre für sequentielle Informationsverarbeitung, als auch mit der Dominanz der linken Hemisphäre für komplizierte und gelernte Bewegungen zusammenhängt [8, 48].

Dominanzanalyse mit dem Wada-Test. Kritisch muß angemerkt werden, daß es sich bei den meisten Analysen von Domi-

BOX 27–2

Zweisprachigkeit (Bilingualismus) und Gehirnfunktionen

Oft wird behauptet, dass Kinder, die zweisprachig aufwachsen, Nachteile in ihrer Sprachleistung oder Entwicklungsstörungen in Kauf nehmen müssten. Für diese Behauptung gibt es keine wissenschaftliche Grundlage. Im Gegenteil: Es zeigte sich, dass Personen, die zweisprachig in der Schule und sozialen Umgebung aufwuchsen (z. B. Katalanisch/Spanisch, Italienisch/Deutsch) über eine verbesserte Aufmerksamkeitsleistung für beide Sprachen verfügen: sie unterdrücken bei Beachtung ihrer beiden Sprachen die Verarbeitung der anderen sehr schnell vor jeder semantischen Analyse. Dies wurde so interpretiert, dass Bilinguale auch Zugriff auf ihren Lexikon (Wortschatz) über eine indirekte Buchstaben-Klang-Route haben und nicht nur über die bei Monolingualen üblichen Buchstaben-Lexikon-Route. Sie können damit flexibel zwischen beiden Sprachen „hin- und her"-schalten, ohne die informationsverarbeitenden Systeme für Bedeutung (Semantik) zu belasten. Die Abbildung zeigt die deutliche vermehrte Aktivierung der Bilingualen im unteren linken Frontalkortex („Broca") auf spanische Wörter, wenn sie auf die spanischen Wörter achten und verstärkte Aktivierung auf die „unterdrückten" katalanischen und Pseudowörter im Planum Temporale und einer anterioren Frontalregion (LIFC). Von diesen letzten beiden Regionen müßte also die verbesserte Hemmung der nicht beachteten Sprache ausgehen. Das macht auch Sinn, weil diese beiden Regionen für phonologische Analyse und subvokales, stilles Wiederholen zuständig sind, Funktionen, die Zweisprachige besonders gut unterdrücken können.

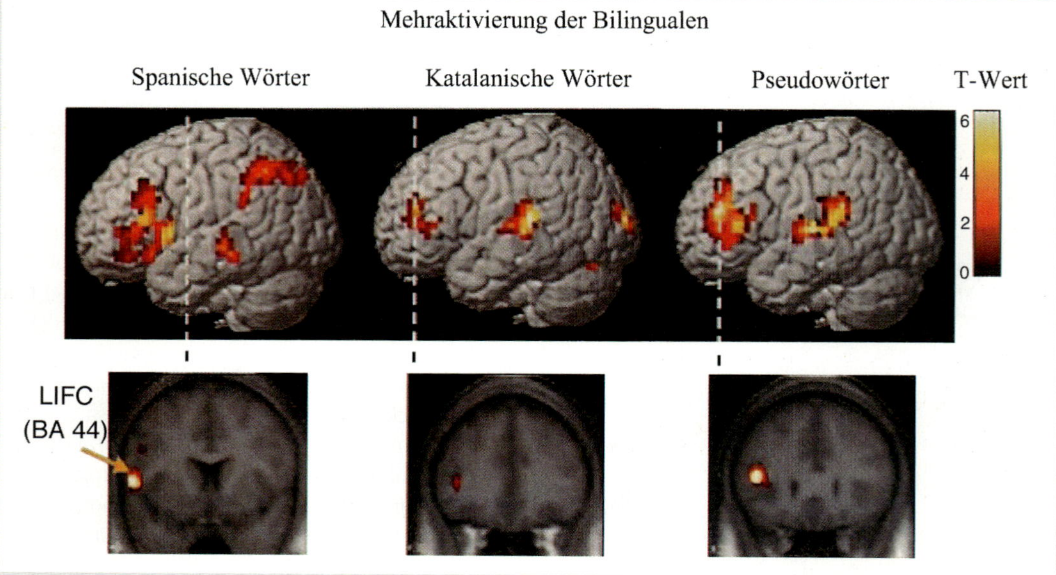

Funktionelle Magnetresonanztomographie (fMRT) der linken Hemisphäre beim Beachten von schnell aufeinander folgenden spanischen, katalanischen Wörtern und Pseudowörtern. Die Versuchspersonen mußten nur auf die spanischen Wörter achten. Hier sind nur die verstärkten Aktivierungen der Bilingualen gegenüber den Monolingualen in Farbe angegeben. Aus: Rodriguez-Fornells A, Rotte M, Heinze H-J, Nösselt T, Münte TF (2002) Brain potential and functional MRI evidence for how to handle two languages with one brain. Nature 415:1026–1029 (mit freundlicher Genehmigung der Autoren).

nanzverhältnissen um *indirekte Hinweise* aus dichotischen Hörversuchen, einseitiger Gesichtsfelddarbietung visueller Reize oder Registrierung evozierter Potentiale oder PET-Untersuchungen in den beiden Hemisphären handelt. Direkte experimentelle Beweise der Überlegenheit einer Hemisphäre sind nur bei reversibler einseitiger Ausschaltung im ***Wada-Test*** oder bei elektrischer Hirnreizung möglich. Beim Wada-Test, nach seinem Entdecker, dem kanadischen Neurochirurgen Wada benannt, wird vor neurochirurgischen Eingriffen zur Diagnose der Dominanz ein Narkotikum (Natrium-Amytal) in die A. carotis des wachen Patienten gespritzt, was für einige Minuten zu ipsilateraler Narkose der gesamten Hemisphäre führt. Im Fall

Tabelle 27–4. Beziehung zwischen Sprachlateralisation und Händigkeit nach Wada-Test. Nach [13]

Händigkeit	N	Sprach-Repräsentation (%)		
		Links	Bilateral	Rechts
Rechts	140	96	0	4
Links	122	70	15	15

der linken Hemisphäre kommt es zu vollständiger und rechtsseitiger Parese und globaler Aphasie bei fast allen Patienten. Tabelle 27–4 zeigt, daß 96 % der Rechtshänder und 70 % der Linkshänder Sprache links lokalisiert haben und 4 % der Rechtshänder Sprache rechts, sowie 15 % der Linkshänder bilaterale Repräsentation aufweisen.

Händigkeit und funktionelle Hemisphärendominanz können voneinander unabhängig sein

Händigkeit. Wie Tabelle 27–4 belegt, ist der Zusammenhang zwischen Lateralität und Händigkeit zwar positiv, aber nicht perfekt. Die Sprachlokalisation ist beim Menschen ein weit besserer Prädiktor der anatomischen Organisation als die Bevorzugung der Hand. Mit Linkshändigkeit geht keine verbesserte Fähigkeit der rechten Hemisphäre für expressive und rezeptive Sprache (s. Kap. 27.3) einher. Linkshänder zeigen aber nach linkshemisphärischen Läsionen manchmal weniger Sprachprobleme.

Obwohl die Ursachen für Linkshändigkeit unklar sind, scheint es *zwei Gruppen von Linkshändern* zu geben: eine mit starkem genetischem Anteil und eine zweite, deren Linkshändigkeit Konsequenz prä- oder postnataler Hirnschädigung der linken Hemisphäre mit folgendem Ausweichen auf die rechte ist. Die erste Gruppe allerdings unterscheidet sich intellektuell nicht von Rechtshändern, abgesehen von einer gewissen Häufung musikalischer und künstlerisch-malerischer Begabung unter Linkshändern.

Begabung und Linkshändigkeit. Man konnte zeigen, daß der Zusammenhang zwischen künstlerischer Begabung und Linkshändigkeit auf die enge *Korrelation zwischen räumlich-haptischer Leistung und musikalischer Begabung* – beides primär rechtshemisphärische Funktionen – rückführbar ist [36]. Linkshänder erkaufen sich aber ihre erhöhte künstlerische Begabung häufig mit ***Dyslexien*** (isolierte Leseschwäche, s. S. 713), Stottern und einer gewissen Schwächung des Immunsystems; sie leiden häufiger unter Allergien, Kopfschmerzen, Erkrankungen der Schilddrüse und Skelettdeformationen als Folge immunologischer Störungen. Es wurde eine erhöhte Testosteronproduktion bei Linkshändern speziell in der Pubertät für eine Wachstumshemmung der linken Hemisphäre und der Thymusdrüse verantwortlich gemacht. Die Ergebnisse hierzu sind aber widersprüchlich (s. Kap. 26).

Sensomotorische Funktionen sind deutlich lateralisiert, wobei auch wieder gestalthafte sensomotorische Leistungen primär rechtshemisphärisch lokalisiert sind

Sensomotorische Funktionen. Bei ***Tastaufgaben*** mit Erkennen von Formen und Figuren ist die linke Hand bei Rechtshändern durchwegs überlegen, sofern das Material statisch (ganzheitlich) dargeboten wird. Bei sequentieller Darbietung (z. B. Reihenfolge von Figuren durch Reihenfolge von Fingerbewegungen angeben) macht die rechte Hand weniger Fehler. Musikalische Kinder erzielen im ***dihaptischen Test*** (blindes Ertasten und Wiedererkennen von Formen) bessere Leistungen [13, 36].

Daß die gefundenen Asymmetrien nicht eine Funktion der Sprachlateralisierung, sondern eine Funktion des *bevorzugten Modus der Informationsverarbeitung* sind, zeigen Untersuchungen an den zwei japanischen Schreibsystemen Kana und Kanji: Kana-Symbole basieren auf Tönen von Silben ohne Bedeutung (phonologisch) ähnlich unserem Alphabet, Kanji-Symbole basieren auf Bedeutung (ideographisch, vergleichbar den chinesischen Schriftzeichen) und sind sehr viel komplizierter, erfordern daher mehr visuell-räumliche Informationsverarbeitung. Entsprechend entsteht bei Japanern eine aphasische Störung nach Läsion der linken Hemisphäre mehr beim Erkennen und Schreiben von Kana, während Kanji relativ wenig durch linkshemisphärische Läsionen beeinträchtigt wird, obwohl es aus linguistischer Sicht eine höher entwickelte Sprache darstellt [13].

Motorische Funktionen. Der Asymmetrie der Informationsverarbeitung steht auch eine ***Asymmetrie der Bewegungsplanung und -ausführung*** gegenüber: zwar dominiert die linke Hemisphäre bei Rechtshändern bei gelernten Geschicklichkeitsaufgaben (Apraxien sind daher häufig mit Aphasien korreliert), beim Lösen verbaler Probleme drehen wir den Kopf und die Augen eher nach rechts (Linksdominanz), bei räumlichen Problemen nach links. Gleichzeitiges Sprechen interferiert mehr mit Tätigkeiten der rechten Hand, das Summen von Melodien interferiert mehr mit der linken Hand. Es besteht also eine Interaktion zwischen Links-

Tabelle 27–5. Zusammenfassung der Daten zur zerebralen Lateralisation: Funktionen der jeweiligen Hemisphäre, die überwiegend von der einen Hemisphäre bei Rechtshändern gesteuert werden

Funktion	Linke Hemisphäre	Rechte Hemisphäre
Visuelles System	Buchstaben, Wörter	Komplexe geometrische Muster, Gesichter
Audiotorisches System	Sprachbezogene Laute	Nichtsprachbezogene externe Geräusche, Musik
Somatosensorisches System	Komplexe Tastsequenzen (Braille)	Taktiles Wiedererkennen von komplexen Mustern
Bewegung	Komplexe Willkürbewegung	Bewegungen in räumlichen Mustern
Gedächtnis	Verbales Gedächtnis	Nonverbales Gedächtnis
Sprache	Sprechen	Prosodie
	Lesen Schreiben Rechnen	
Räumliche Prozesse		Geometrie Richtungssinn Mentale Rotation von Formen
Emotionen	neutral-positiv	negativ-depressiv

dominanz für Feinmotorik und bevorzugtem kognitiven Verarbeitungsstil. Tabelle 27–5 faßt die bisher gesicherten Erkenntnisse zur Lateralisation von Funktionen zusammen.

Die Ausprägung unterschiedlicher Talente kann mit der Lateralisierung für bestimmte Verhaltensweisen zusammenhängen und auch die Geschlechterunterschiede in einzelnen kognitiven Leistungen erklären

Es besteht Übereinstimmung darüber, daß die bei ca. 75 % der Erdbevölkerung anzutreffende ***Bevorzugung der rechten Hand mit dem aufrechten Gang des Menschen*** zu tun hat. Die Präferenz für die rechte Körperseite ist bei der Geburt bereits vorhanden. Dabei entwickelt sich eine stabile rechte Handpräferenz später als die überlegene Fähigkeit der rechten Hemisphäre für die Verarbeitung visuell-räumlichen Aufgaben. Die Lateralisierung der visuell-räumlichen Funktionen in der rechten Hemisphäre könnte durch die bevorzugte Aktivierung der fetalen *linken Vestibularorgane* und damit der rechten Hemisphäre während der Schwangerschaft entstehen (s. Abb. 27–7).

Biomechanische und bioakustische Überlegungen zeigen nämlich, daß durch die übliche Lage des Fetus mit der rechten Körper- und Gesichtsseite nach außen einerseits der *linke* Utrikulus (der bevorzugt in die rechte Hemisphäre projiziert), andererseits das *rechte* Ohr (projiziert verstärkt in die linke Hemisphäre) durch das Gehen bzw. Sprechen der Mutter bevorzugt gereizt werden. Unter dem Einfluß akustischer Reizung in der Sprachfrequenz entwickelt sich in den letzten Schwangerschaftsmonaten die dominante Verbindung rechtes Ohr – linke Hemisphäre mit verstärkter anatomischer Ausprägung der linken Hemisphäre für die Sprachregionen. Gegen diese Hypothese spricht allerdings, daß auch Taubgeborene die auf Gesten basierende Zeichensprache links lateralisiert haben und daß bei Affen nach Läsion der linken Hemisphäre auch deren innerartliche Kommunikation beeinträchtigt ist. Schimpansen weisen auch wie Menschen ein größeres linkes Planum temporale auf, die Region der Wernicke-Areale.

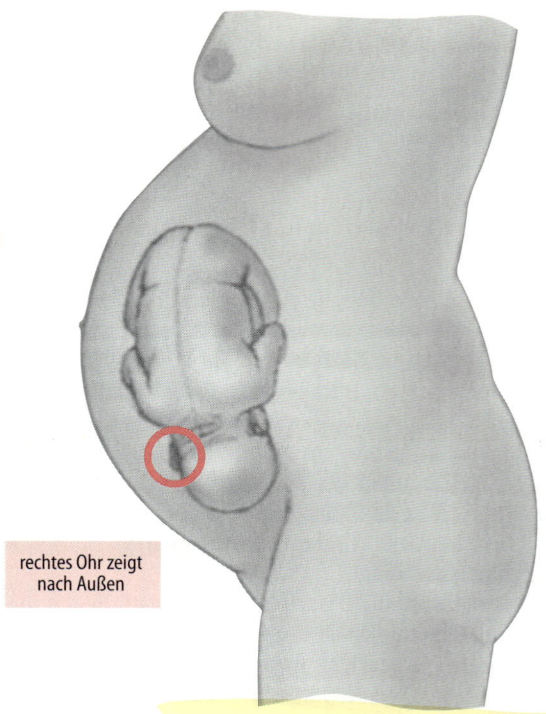

Abb. 27–7. Der menschliche Fötus ist stärker mit dem rechten Ohr nach außen gerichtet, wodurch die rechte Hemisphäre stärker vom vestibulären System (Lageänderungen) und die linke Hemisphäre stärker von akustischen und Sprachlauten gereizt wird. (nach [53])

Geschlechtsunterschiede. Diese Hypothese der bevorzugten Reizung von linkem Vestibularorgan und rechtem Ohr während der Schwangerschaft versucht eine Reihe von Unterschieden in der Lateralisierung zu erklären, z. B. die Tatsache, daß das weibliche Geschlecht in ***verbaler Flüssigkeit*** (verbal fluency) (*linkshemisphärische* Funktion) leicht überlegen, andererseits die Sprachlateralisation weniger ausgeprägt ist, während Männer ***räumlich-geometrische*** Aufgaben besser lösen.

Die verstärkte motorische Aktivität des männlichen Fetus könnte zu einer weniger ausgeprägten Handlateralisierung (es gibt mehr männliche Linkshänder) führen. Das mehr nach außen gerichtete Ohr des männlichen Fetus (verursacht durch eine größere linke Gesichtsseite) bewirkt eine verstärkte Linkslateralisierung der Sprache bei zwei Drittel der Männer. Die geringere Lateralisierung der Frauen für Sprache beruht wahrscheinlich auf starkem interhemisphärischen Informationsaustausch, der durch das bei Frauen meist dickere *posteriore Corpus callosum* ermöglicht wird. Die etwas bessere Sprachleistung der Frauen und die leicht erhöhte räumliche (vestibuläre) Fähigkeit der Männer könnte mit der geringeren Lateralisierung des jeweiligen Geschlechts für diese beiden Funktionen zusammenhängen. Die weniger ausgeprägte Lateralisierung ermöglicht verbesserten und rascheren Informationsaustausch durch *verringerte kontralaterale Hemmung* der jeweils gegenüberliegenden Hemisphäre [19, 53].

Läsionen der linken Hemisphäre führen gleich häufig bei Männern wie bei Frauen zu Aphasien, wenngleich *innerhalb* der Hemisphären Frauen eher nach anterioren, Männer nach posterioren Schädigungen aphasisch und apraktisch werden. In den meisten Untersuchungen an Normalpersonen waren Frauen in allen Aufgaben *weniger* lateralisiert und nach Läsionen *weniger gestört* als Männer, was zumindest darauf hinweist, daß stärkere Lateralisierung nicht unbedingt bessere Leistung bedeutet (sonst müßten Frauen geringere statt bessere sprachliche Leistungen haben).

Die Geschlechtsunterschiede könnten mit der *genetischen Steuerung von Reifungsgeschwindigkeit* oder der *Genetik räumlicher Begabung* des Gehirns zusammenhängen. Das weibliche Gehirn reift schneller und langsame Reifung könnte zu stärkerer Lateralisation führen. Die schnellere Reifung der Mädchen scheint primär die linke Hemisphäre zu betreffen; sie sprechen früher als Knaben und entwickeln ein größeres Vokabular. Entweder existiert ein rezessives Gen für räumliche Fertigkeiten oder aber für Reifungsgeschwindigkeit am X-Geschlechtschromosom. Aus dem ersten Fall würde folgen, daß 50 % der männlichen Nachkommen und 25 % der weiblichen Nachkommen die Eigenheiten ausprägen (erhöhte räumliche Begabung). Dies entspricht der beobachteten Rate [13].

Anatomische und physiologische Lateralisierung. Die Lateralisierung kognitiver Funktionen beruht möglicherweise auf anatomischen Unterschieden der beiden Hirnhälften. So wurden Links-Rechts-Unterschiede nicht nur in verschiedenen Teilen des Kortex – z. B. in der Broca-Region und in der Wernicke-Region – gefunden, sondern auch subkortikal, etwa im Thalamus. Diese Unterschiede sind nicht nur makroskopisch, d. h. sie betreffen die Größe einzelner Hirnareale, sie zeigen sich auch mikroskopisch in der Neuroanatomie einzelner Neuronen, etwa der Somagröße von Pyramidenzellen oder der Verzweigungsstruktur ihrer Dendritenbäume. Eine Theorie, die erklären könnte, warum solche neuroanatomischen Unterschiede Hemisphärendominanz für bestimmte kognitive Prozesse bewirkt, liegt zur Zeit nur in Ansätzen vor. Die Annahme erscheint aber plausibel, daß neuroanatomische Unterschiede funktionelle Unterschiede bedingen [13, 15, 19, 30].

Alle angeführten Unterschiede zwischen den Leistungen der rechten und linken Hemisphäre könnten auf einen gemeinsamen anatomischen Unterschied zurückzuführen sein: die variablere und damit flexiblere intrakortikale Kommunikation der linken Hirnhemisphäre. Sprache und Syntax könnten auf die weniger rigide Bildung von assoziativen Verkettungen in der linken Hirnhemisphäre (s. Kap. 20) zurückzuführen und nicht sprach-spezifisch sein.

Die Lateralität des Gehirns für bestimmte kognitive Leistungen läßt sich durch Lernen von Potentialdifferenzen zwischen rechter und linker Hemisphäre beeinflussen

Beeinflussung von Lateralität. Lateralität läßt sich mit lernpsychologischen Methoden direkt beeinflussen. Ein Beispiel dafür sind Untersuchungen zur Selbstregulation von elektrischen Hirnvorgängen in den beiden Hemisphären (s. Kap. 21 u. 22). Dabei lernen Personen *gleichzeitig und abwechselnd* die beiden Hemisphären gegensätzlich elektrisch zu polarisieren (s. a. Box 27–3).

Wie in Kap. 22 beschrieben, bedeutet elektrische Negativierung in einem bestimmten Areal eine ***Erhöhung der Bereitschaft*** dieses Areals, Informationen zu verarbeiten. Wenn eine Person z. B. lernt, die rechte Hemisphäre über dem sensomotorischen Areal der Hand zu negativieren und gleichzeitig die gegenüberliegende Seite zu positivieren, so muß die Verarbeitungseffizienz für taktile Reize an der linken Hand besser als rechts sein, die motorische Reaktionsgeschwindigkeit müßte links besser sein und auch insgesamt sollte die Tendenz mit der linken Seite zu reagieren (*willingness to respond*) steigen.

Experimente zur Beeinflussung von Lateralität. Wie Experimente zeigen, ist die *Selbststeuerung von elektrokortikaler Lateralität* möglich. Abbildung 27–8 zeigt die Trainingsbedingungen [28, 29]. Die Versuchsperson beobachtet eine Rakete auf dem Bildschirm, die ihre *eigene* elektrische Gehirnaktivität darstellt, in diesem Fall die *Differenz* der langsamen kortikalen Hirnpotentiale zwischen rechtem und linkem sensomotorischem Areal. Abwechselnd muß sie auf ein Lichtsignal (S^D), das als diskriminativer Reiz fungiert, die linke oder rechte zentrale Region für 6 s elektrisch negativieren. Für jede geglückte Differenzierung erhält sie Punkte (s. Box 27–3).

Mehrere Sitzungen sind notwendig, um diese hemisphärischen Polarisierungen zu lernen und gleichzeitig Negativierung oder Positivierung in der gegenüberliegenden zentralen Region zu unterdrücken. Nachdem die Versuchsperson gelernt hat, mit Hilfe der Rückmeldung am Bildschirm ihre langsamen Hirnpotentiale einmal rechts und einmal links negativ zu polarisieren, muß sie versuchen, die Aufgabe ohne die Hilfe des Bildschirms zu lösen. Es wird nun keine Rückmeldung über die langsamen Hirnpotentiale gegeben, sondern die Vp erhält nur mehr abwechselnd die beiden Lichtsignale (S^D), die ihr signalisieren, welche der beiden Hemisphären zu negativieren ist; z. B. bei rotem Licht die linke Hirnhälfte zu negativieren, bei gelbem die rechte. Die Person wird aufgefordert, das biologische Signal willentlich zu produzieren, wie sie es gelernt hat.

Auf Abb. 27–9 ist zu sehen, daß dies gelingt und die gelernte Differenzierung zwischen rechter und linker Zentralregion im wesentlichen auf diese beschränkt bleibt; nur nach frontal breitet sich die Aktivität aus. Zur Untersuchung der Rückmeldungseffekte auf Verhalten werden nun in den Durchgängen ohne Rückmeldung der rechten und linken Hand Tast-

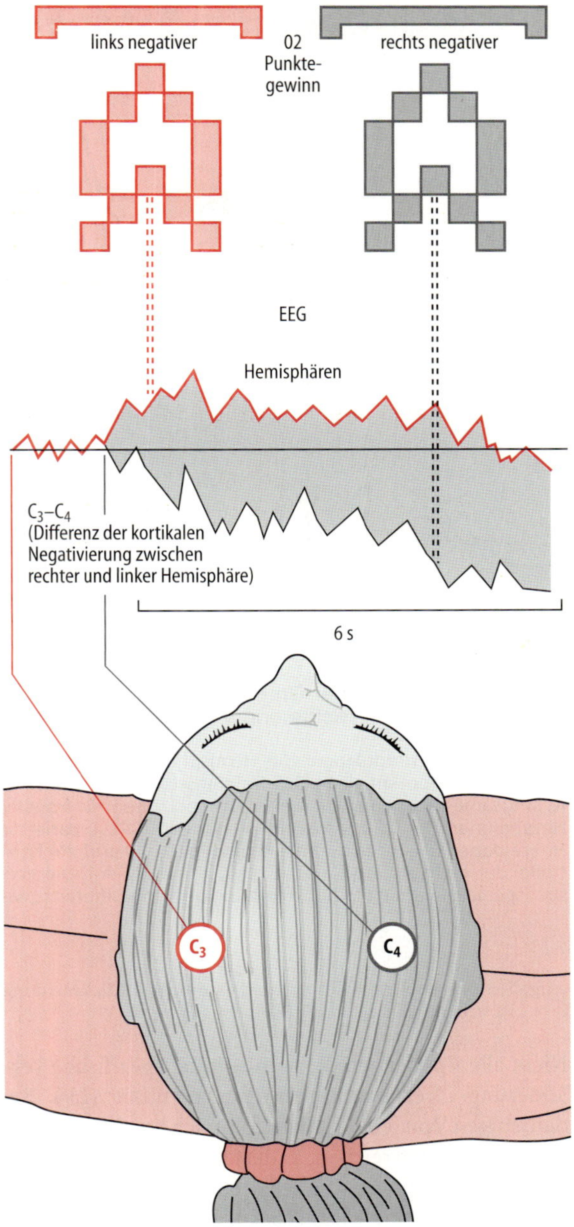

Abb. 27–8. Selbstregulation langsamer Hirnpotentiale: rückgemeldet wird die Differenz der Amplitude der langsamen Hirnpotentiale zwischen rechter und linker zentraler Hirnregion. (Erläuterung siehe Text) Nach [29]

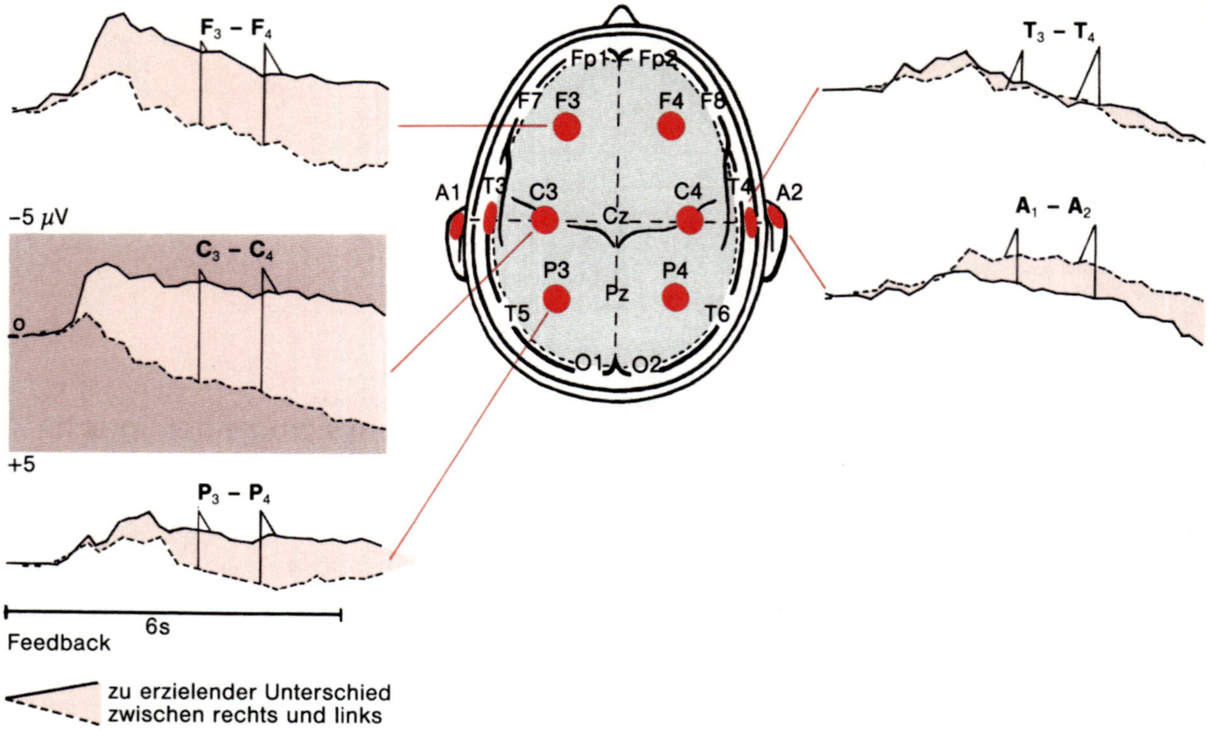

Abb. 27–9. Selbstregulation von Hemisphärenunterschieden. Langsame Hirnpotentiale nach 5 Trainingssitzungen. Summierte langsame Potentiale von 20 Versuchspersonen für frontale Hirnregionen (F_3–F_4), zentrale Hirnregionen (C_3–C_4), parietale Hirnregionen (P_3–P_4), temporale Regionen (T_3–T_4) und, zur Kontrolle, der rechten und linken Ohrläppchen (A_1–A_2). Die Versuchspersonen erhielten Rückmeldung über die Differenz zwischen rechter und linker zentraler Region (C_3–C_4). Die jeweils *obere Kurve* bedeutet, daß die Versuchsperson die linke Hemisphäre gegenüber der rechten negativieren sollte, die jeweils *untere Kurve* bedeutet, daß die Versuchsperson die rechte Hemisphäre gegenüber der linken negativieren mußte (Für Erläuterungen siehe Text). Nach [29]

aufgaben dargeboten, während die Person ohne Rückmeldung ihre LPs willentlich beeinflußt (Abb. 27–10).

Nicht alle Vpn lernen die hemisphärenspezifische Veränderung ihrer langsamen Hirnpotentiale (LP). Bei denjenigen Vpn jedoch, die erfolgreich arealspezifische Negativierung erreichen, ändert sich die Leistung z. B. in den Tastaufgaben. Die selbstinduzierte arealspezifische Negativierung wirkt sich auf die Leistung der kontralateralen Hand aus: Negativierung der linken Hemisphäre erhöht die Leistung der rechten Hand und umgekehrt. Leistung bedeutet hierbei statistisch überzufällig kürzere Reaktionslatenzen und signifikant geringere Fehlerhäufigkeiten (Abb. 27–10). Die Vpn reagieren im Mittel 102 ms schneller mit der kontra- als mit der ipsilateralen Hand, während Vpn, die keine hemisphärenspezifische LP-Kontrolle lernten, keine überzufälligen Unterschiede in der Reaktionslatenz zwischen den Händen aufwiesen.

Wenn die Vpn gleichzeitig mit beiden Händen Hebel bewegen sollten, reagierten wiederum diejenigen Vpn, die arealspezifische Kontrolle lernten, überzufällig häufig schneller mit der Hand *kontralateral* zur zuvor negativierten Hemisphäre. Auch die Lust zu reagieren (willingness to respond) ändert sich in der vorhergesagten Weise: erlaubt man der Person – während sie das Gehirn einmal links, einmal rechts negativiert – nach ihrem momentanen *Wunsch* eine der beiden Hände zu benutzen, so wählt sie überzufällig häufig die der selbsterzeugten kortikalen Negativierung gegenüberliegende Hand. Dabei *wissen* die Personen *nicht*, daß sie rechte und linke Negativierung manipulieren, auch die einseitige Wahl der Hand wird nicht bewußt [28]. Bei selbst erzeugter Positivierung erfolgt das Gegenteil, Verlangsamung, mehr Fehler und Reaktionshemmung.

Diese und andere Untersuchungen belegen, daß Lernen die Lateralität modifiziert und sich selbst bei einer scheinbar so ausgeprägten Präferenz wie der Händigkeit entsprechend dem lernpsychologischen Arrangement der Umweltvariablen Änderungen erzielen lassen (s. auch Box 27–3).

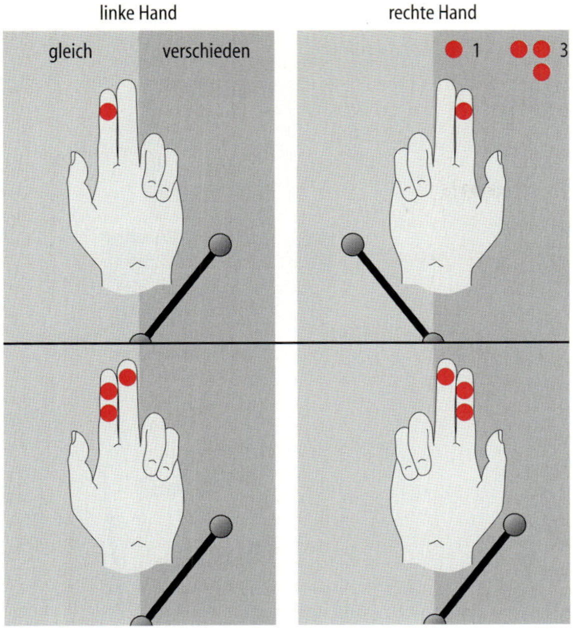

Abb. 27-10. Tastaufgaben zur Überprüfung der Wirkung rechts- versus linkshemisphärischer Selbstregulation des Gehirns. Auf Zeigefinger und Mittelfinger der rechten und linken Hand wurden 1–4 Stifte (*rot*, hier sind 1 und 3 dargestellt) vorgedrückt, deren Berührung die Versuchsperson mit einer Hebelbewegung nach rechts oder links beantworten mußte. Die linke Hand erhielt rechtshemisphärische Aufgaben, „*gleich/verschieden*" Urteile abzugeben, die rechte linkshemisphärische Aufgaben, nämlich die Anzahl der Berührungen zu zählen. Während der Aufgabendarbietung mußte die Versuchsperson abwechselnd die rechte oder linke Hemisphäre negativieren. Nach [29]

27.3 Evolution und Neurophysiologie der Sprache und ihre Störungen

Zeitpunkt und Ursachen der Entwicklung von Sprache in der Evolutionsgeschichte sind unbekannt; die Entstehung von Sprache könnte aber mit der Entwicklung oder Ausweitung von gestischer Kommunikation zusammenhängen

Sprache wurde über Jahrtausende in der Philosophie als typisch menschliche Leistung angesehen, die uns vom Tier, speziell unseren nächsten Verwandten, den Primaten, abheben soll. Die Diskussion über diese Frage wurde durch neuere anatomische Untersuchungen (s. Kap. 20) und die Sprach-Lernversuche bei Menschenaffen und Delphinen wiederbelebt. Beide Forschungsfelder weisen darauf hin, daß sich die menschliche Sprache quantitativ, nicht qualitativ von der Kommunikation von Tieren unterscheidet. Vor allem die *Zunahme der Geschwindigkeit* und der *zeitlich-variablen Gliederung* des Austauschs von neuronaler Kommunikation im menschlichen Kortex wird für die hohe Leistungsfähigkeit der menschlichen Sprache als Kommunikationsmittel verantwortlich gemacht [13, 15, 17, 18]

Evolutionäre Aspekte. Obwohl die physiologisch-anatomischen *Voraussetzungen* zum Spracherwerb beim Menschen angeboren sind, scheint die Entwick-

BOX 27-3

Neuroprothesen, Gehirn-Computer-Interfaces und Hirnregulation

Elektrische Gehirnaktivität kann direkt in Verhalten übersetzt werden. Nicolelis und Mitarbeiter [51] pflanzten 90 Mikroelektroden in den motorischen Kortex von Affen ein und trainierten diese, eine komplexe Greifbewegung auszuführen. Später wurde das trainierte Muster an Aktionspotentialen direkt auf eine Roboterhand übertragen und der Affe konnte diese Hand durch das „Denken" der Bewegung sinnvoll bewegen und damit Objekte heranholen.

Weniger spezifisch, aber vom Prinzip gleich, ist das ***Gedankenübersetzungssystem (Thought-Translation-Device, TTD)*** für vollständig gelähmte, sogenannte Locked-in-Syndrome. Unter Locked-in, Eingesperrt-sein, versteht man Krankheiten, bei denen alle Muskeln, einschließlich Augen und Atmung versagen, aber die Personen sensorisch und kognitiv intakt sind, also hören und verstehen. Vor allem bei fortgeschrittener amyotropher Lateralsklerose (ALS), einer relativ häufigen neurologischen Erkrankung, bei der alle motorischen Zellen absterben, und nach subkortikalen Blutungen tritt ein Locked-in-Zustand ein. Mit dem TTD, einem psychophysiologischen Hirn-Computer-Interface, können diese Personen weiter kommunizieren (s. Abb. 1 A). Zunächst lernen sie, wie im Text beschrieben, ihre langsamen Hirnpotentiale oder einen EEG-Rhythmus (z. B. 10–15 Hz mu-Rhythmus) zu kontrollieren. Wenn sie nicht mehr sehen können, erhalten die Patienten auditorische Rückmeldung über ihre langsamen Hirnpotentiale: hoher Ton bedeutet z. B. Negativierung, niedriger Positivierung. Wenn sie in mehr als 90 % der Durchgänge mehr als 8 μV Veränderung erzielen, werden sie mit einem Sprachcomputer konfrontiert, der in einer bestimmten Sequenz Buchstaben oder Wörter darbietet, welche die Patienten mit ihrer Hirnantwort (z. B. Positivierung) auswählen können. Abbildung 1 B zeigt den ersten Brief, den ein vollständig gelähmter Mensch mit ALS mit seinem Gehirn geschrieben hat.

BOX 27–3

A

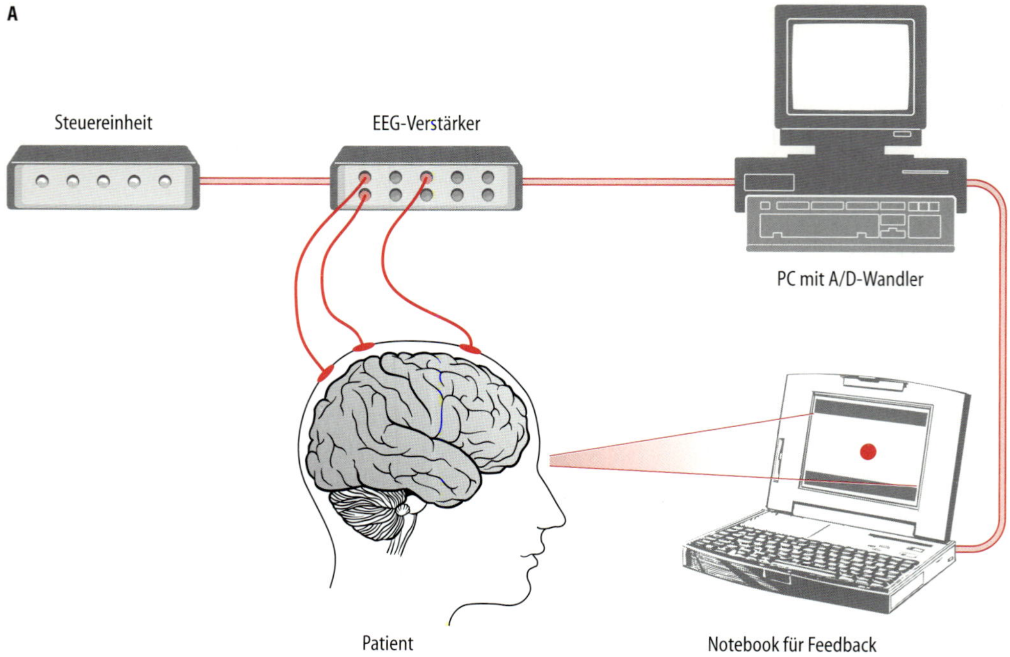

B

LIEBER-HERR-BIRBAUMER-

HOFFENTLICH-KOMMEN-SIE-MICH-BESUCHEN,-WENN-DIESER-BRIEF-SIE-ERREICHT-HAT-.ICH-DANKE-IHNEN-UND-IHREM-TEAM-UND-BESONDERS-FRAU-KÜBLER-SEHR-HERZLICH,-DENN-SIE-ALLE-HABEN-MICH-ZUM-ABC-SCHÜTZEN-GEMACHT,-DER-OFT-DIE-RICHTIGEN-BUCHSTABEN-TRIFFT.FRAU-KÜBLER-IST-EINE-MOTIVATIONSKÜNSTLERIN.OHNE-SIE-WÄRE-DIESER-BRIEF-NICHT-ZUSTANDE-GEKOMMEN.-ER-MUSS-GEFEIERT-WERDEN.-DAZU-MÖCHTE-ICH-SIE-UND-IHR-TEAM-HERZLICH-EINLADEN-.EINE-GELEGENHEIT-FINDET-SICH-HOFFENTLICH-BALD.

MIT-BESTEN-GRÜSSEN-
IHR-HANS-PETER-SALZMANN-

Das Gedankenübersetzungssystem (TTD): links ist der Patient mit Elektrode und Verstärker symbolisiert. Der Computer rechts oben filtert und klassifiziert das EEG in Echtzeit und meldet es dem(r) Patienten(in) als Lichtpunkt (Mitte am PC) zurück. Leuchtet das untere Tor am Bildschirm des PC auf, muss der(die) Patient(in) innerhalb von 2 s positivieren. Später erscheinen in dem unteren Feld („Tor") Buchstaben, welche der(die) Patient(in) mit einem Hirnpotential auswählen kann. Für jede richtige Hirnreaktion wird er(sie) sofort vom Rechner mit einem lachenden Gesicht oder einer Melodie belohnt. (Nach [25]) lung der heute gesprochenen mehreren tausend Sprachen und Dialekten mit ausgeprägten syntaktischen Strukturen relativ jung zu sein. Anthropologische Daten, wie der Aufbau von Larynx und Halsraum (s. Kap. 11) bei unseren Vorahnen, sprechen dafür, daß vokale Sprache erst ab ca. 100 000 Jahren möglich war. Geschriebene Symbole finden sich in Höhlenmalereien erstmals vor 30 000 Jahren.

Sprache könnte sich aus ***gestischer Kommunikation*** entwickelt haben; Voraussetzung dafür war natürlich der aufrechte Gang, der die Hände erst für Gesten frei machte. Für die Gestiktheorie spricht: sowohl Gestik wie auch Sprachlaute werden bevorzugt in der linken Hemisphäre generiert, beide Funktionen fallen bei Läsion des linken Parietalkortex aus. Kinder entwickeln gestische Kommunikation vor Erwerb von Sprachlauten. Taubstumme Kinder entwickeln eine eigene Zeichensprache aus Gestik (s. Box 27–1). Emotionale Laute und Ausdrucksäußerungen, wie man sie bei Schreien von Menschenaffen beobachten kann, kommen weniger für den Sprachursprung in Frage: emotionale Schreie können kaum für die Benutzung als Zeichen konditioniert werden, Gesten dagegen sind auch bei Affen konditionierbar. Trotzdem könnte die Entwicklung von Sprache aus Gesten auch über die zunehmend perfektere Kontrolle der Gesichtsmuskulatur erfolgt sein [2, 3, 13, 17]. Grobe Körperbewegungen könnten durch subtilere Lippen- und Zungenbewegungen ersetzt worden sein.

Für eine ***Gestiktheorie der Sprache*** spricht u. a., daß die Steuerung der Zeichensprache-Gestik dieselben Hirnstrukturen benützt, und nach Läsion der linken Hemisphäre die Zeichensprache bei Taubstummen ausfällt. Andererseits können sich Taubstumme nach Läsion der linken Hemisphäre weiterhin durch Pantomime (nicht-sprachliche Gestik) verständlich machen; dies spricht für getrennte Repräsentation von emotionaler Ausdrucksgestik und Sprache [13, 19]. Andere Theorien bringen die *Entstehung von Sprache in Phylogenese und Ontogenese mit dem Werkzeuggebrauch* in Verbindung. Dafür spricht die enge zeitliche Koppelung von Sprachentwicklung und Werkzeuggebrauch in der Entwicklung des Kindes. Im Alter von 2–4 Jahren kommt es zu einem Wachstumsschub der linken Hemisphäre, der eng mit dem Erwerb komplizierten Werkzeuggebrauchs und der Sprachentwicklung einhergeht. Dasselbe könnte in der Phylogenese geschehen sein: Das „Vokabular" eines Schimpansen bleibt auf dem Niveau eines 3jährigen Kindes stehen, wie auch sein Werkzeuggebrauch.

Anthropologische Überlegungen dieser Art können nur schwer durch überprüfbare Daten belegt werden und bleiben spekulativ. Deswegen wurde versucht, menschliche Sprache oder ein Äquivalent bei nicht-humanen Primaten durch lernpsychologische Versuche zu entwickeln: Lernen diese Tiere die Semantik und Syntax einer menschlichen Sprache, wird die Annahme *eines grundsätzlichen und qualitativen* Unterschieds in der Sprachproduktion zwischen Mensch und Tier unwahrscheinlich.

Semantische und syntaktische Aspekte der Sprache können auch von Tieren erlernt und spontan benutzt werden

Spracherwerb bei nicht-humanen Primaten. Obwohl die Anatomie von Larynx und Rachenraum bei Affen kein Sprechen erlaubt, sind Schimpansen, Gorillas, Orang-Utans und Delphine nach Training (1/2–4 Jahre) in der Lage, mehr als 100 Zeichen, ähnlich oder identisch der Zeichensprache für Taubstumme zu lernen (Abb. 27–1 und 27–11). Premack [16] lehrte die Schimpansin Sarah mehr als 100 geometrische Symbole in Form von Plastikchips, die das Tier auf einer Tafel satzartig anordnete. Nicht nur kurze Sätze, sondern auch *spontane Wünsche* und *Gefühle* äußerte das Tier mit dieser Sprache. Nicht nur das, die Tiere geben diese Sprache durch Demonstration und Modellernen spontan an ihre Nachkommen weiter. Sie benützen dabei die korrekte Wortordnung wie sie auch in der Syntax des Englischen verlangt wird.

Abb. 27–11. Piktogramme, die von der Schimpansin Sarah gelegt wurden. Von links nach rechts zu lesen. Nach [16]

Obwohl unklar bleibt, ob die Affensprachen nur auf Modellernen (Imitation der Signale des Lehrers) oder auch auf das Erlernen syntaktischer Strukturen, vergleichbar der menschlichen Sprache zurückführbar sind, sind einfache *Sprachäußerungen kein exklusiv menschliches Phänomen*, wie dies Jahrtausende hindurch geglaubt wurde. Die Art der Sprachproduktion und das Sprachverständnis der Menschenaffen und Delphine entsprechen den humanen Eigenheiten: aktive und affirmative Äußerungen werden besser als negative und passive erinnert, die Bedeutung und der Kontext von Sätzen wird leichter erkannt und wiedergegeben als die einzelnen Wörter.

Die *Kritik*, die den Spracherwerbsstudien entgegengebracht wird, bezieht sich auf das Phänomen des ***klugen Hans*** (von Oskar Pfungst um die Wende zum 20. Jahrhundert beschrieben), eines Pferdes, das auf subtile Hinweisreize (Cues) seines Trainers mit den Vorderbeinen „antworten" und rechnen konnte. Das Tier lernte über instrumentelle Konditionierung auf einzelne diskriminative Reize reflexhaft zu reagieren. Bei den Hinweisreizen handelt es sich um nicht-sprachliche Hinweisreize (z. B. Ruf), das Pferd hat sich natürlich darüber hinaus nie spontan geäußert oder Syntax gelernt. Die Tatsache, daß die Äffin Washoe ihr adoptiertes Affenkind Louis in der selbst erlernten Sprache (Amerikanische Zeichensprache, s. Abb. 27–1) aktiv über Imitation unterrichtete, spricht gegen eine einfache Erklärung im Sinne des klugen Hans (Übersicht über Affensprache [16]).

Erwerb und Gebrauch von Sprache läßt sich aus der assoziativen Verbindung von Laut-, Wort- und Satzensembles kortikaler und subkortikaler Neuronenverbände erklären

Hebb-Zellensembles und Sprache. Wir haben in Kap. 21, 22 und 24 bereits ausführlich beschrieben, daß die neuronalen Repräsentationen von Wahrnehmungsinhalten, zielgerichteten Bewegungen und Gedanken im Kortex als Zellensembles (s. auch Abb. 25–1) gespeichert sind. Zellensembles (Cell assemblies) sind Gruppen von miteinander besonders stark verbundenen Neuronen, die durch gleichzeitige (assoziative) Aktivität entstanden sind. Nach ihrer Bildung genügt die Aktivierung eines Teils des Ensembles, um es als Ganzes zu zünden (Ignition). Diese funktionellen Einheiten sind horizontal am Kortex verschaltete Pyramidenzellen, die über ihre langen Axone weit auseinander liegende Zellgruppen miteinander dauerhaft verbinden können. Die molekularen Mechanismen dieser *exzitatorischen* Zellensembles haben wir in Kap. 24 erläutert.

Solche transkortikalen Ensembles liegen auch Phonemen, Morphemen und Sätzen zugrunde. Der Neokortex ist vor allem in seinen assoziativen Anteilen als riesiger Assoziativspeicher organisiert. Die assoziative Speicherung syntaktischer Regeln der Wortabfolge wird durch die anatomische Struktur präfrontaler-prämotorischer Kortexareale in der linken Hemisphäre (z. B. variablere Axon-Leitgeschwindigkeiten) erleichtert.

Einzelzellen und Lautwahrnehmung. Wie im visuellen Kortex (s. Kap. 17) gibt es im auditorischen Kortex eine hierarchisch aufgebaute Verschaltung von Neuronen, von einfach bis hyperkomplex, die selektiv auf die verschiedenen Merkmale von Lauten reagieren: Einzelne Zellen antworten bevorzugt auf Tonhöhen, Beginn und Ende von Tönen und phonetische Merkmale von Silben (ba, pa) und Konsonaten (b, g). Viele solche einfache Merkmale repräsentierende Neurone werden auf höhere Ensembles verschaltet, wenn sie häufig gemeinsam erregt werden. Im Bereich des Sprachlexikons bilden sich so Ensembles von Phonemen, die zu Worten verknüpft werden. Abbildung 27–12 zeigt das Entladungsverhalten einer kortikalen Zelle im oberen Temporallappen bei einem Erwachsenen. Diese Zelle entlädt bei jedem Wort in einer charakteristischen Frequenz, da sie bei jedem einzelnen Wort Teil eines unterschiedlichen Zellensembles wird [30].

Nur die syntaktischen Aspekte der Sprache weisen eine deutliche Linkslateralisierung auf

Sprachentwicklung und Hirnentwicklung. Bereits kurz vor oder unmittelbar nach der Geburt ist das Neugeborene auf Silben der Muttersprache sensibler als auf Kontrollaute. Zwischen 6. und 12. Lebensmonat, in der Lallphase, werden gehörte Silben, die ca. 200 ms dauern (akustischer Kortex) häufig wiederholt (inferiorer Frontalkortex) und dadurch assoziativ miteinander zu ***transkortikalen Silben- und später zu Phonemensembles*** verbunden. Die Artikulationen führen natürlich auch zu propriozeptiven Reizen aus der Artikulationsmuskulatur, die ein inferior-parietales Ensemble aktivieren und sich so zu einem Gesamtensemble in der ***perisylvischen Region*** verbinden. Abbildung 27–13 symbolisiert die dabei aktivierten Hirnregionen.

Wie bereits auf S. 686 besprochen, ist in den ersten Lebensjahren (bis zum 10. Lebensjahr abnehmend) dabei die später so charakteristische Spezialisierung für die syntaktischen Aspekte der Sprache in der linken Hemisphäre noch nicht endgültig. Bis dahin führen Läsionen der linken Hemisphäre zu keinen dauerhaften Sprachschäden. Andererseits gibt es für die einzelnen Phasen der Sprachentwicklung kritische Zeitperioden. Wenn in diesen Perioden nicht gelernt wird, so kommt es zu bleibenden Sprachstörungen. Auch der Erwerb einer *Fremdsprache* gelingt vor der Pubertät besser als danach [13].

Man muß also annehmen, daß in den ersten Lebensjahren vor allem die semantischen, lexikalen Aspekte der Sprache in *beiden Hemisphären* gebildet werden. Für syntaktische Aspekte scheint es aber eine vererbte oder sehr früh im Mutterleib erworbene Sensibilität der *linken* vorderen perisylvischen Region zu geben. Bereits kurz nach der Geburt werden Sprechlaute bevorzugt links wahrgenommen und evozierte Potentiale nach Worten sind links ausgeprägter.

Lokalisation von Wort-Zellensembles. Wenn das Kind vom 2. bis 4. Lebensjahr lernt, daß bestimmte

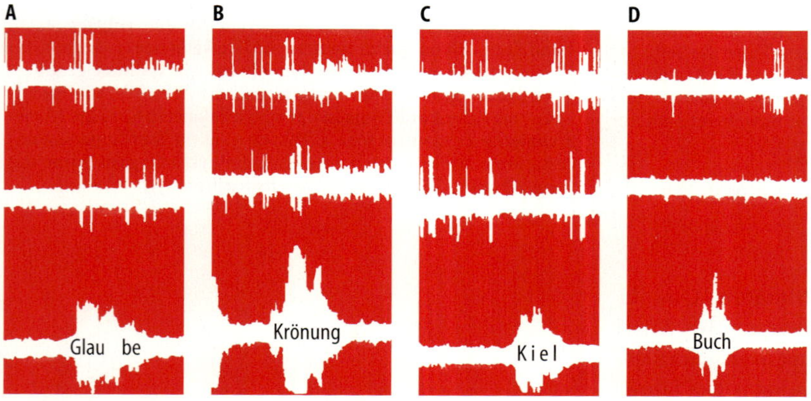

Abb. 27–12. Entladungsverhalten einer Nervenzelle im oberen Temporallappen einer Person bei Darbietung von vier verschiedenen Worten (Tonbandfrequenzen in unterer Ableitung). Die Aktionspotentiale sind jeweils für die erste (oberste Ableitung) und zweite Darbietung der Worte gezeigt. Nach Creutzfeldt O, Ojemann G, Lettich E (1989) Neuronal activity in the human lateral temporal lobe. Exp Brain Research 77:451–475

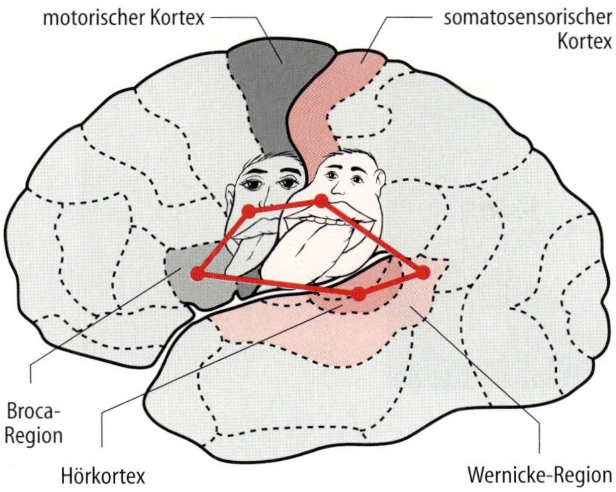

Abb. 27–13. Bildung eines Wortensembles im Laufe der Sprachentwicklung: die beteiligten Hirnstrukturen werden bei Lautäußerungen simultan aktiviert. Siehe Text

Wortformen immer in bestimmten Kontexten (z. B. Glas für Trinken) auftreten, so werden dadurch *simultan* in vielen Kortexarealen (akustisch, visuell für Glas, taktil für Anfassen, gustatorisch für Geschmack etc.) Zellgruppen aktiviert, die dann das Ensemble für ein *Inhaltswort*, das einen Gegenstand oder Handlung (Nomina, Verben und Adjektive) repräsentiert, bilden. Abbildung 27–14 zeigt die Unterschiede in der 30 Hz-Gamma-EEG-Aktivität (s. Kap. 21) zwischen Verben und Hauptworten, wobei die Worte in Klang und Länge vergleichbar waren; bei Verben wurden motorische Assoziationen und bei Hauptworten mehr visuelle Assoziationen erinnert. Man erkennt, daß diese hohen EEG-Frequenzen, welche die assoziative Verbindung (die lokalen Zellensembles) widerspiegeln, sich in der perisylvischen Region am stärksten unterscheiden, wobei verstärkt 30 Hz-Oszillationen bei Nomina posterior und bei Verben frontal auftreten.

Die flexible Dynamik sprachlich-assoziativer Verbindungen und von Wortensembles ist auch aus Abbildung 27–15 ersichtlich, in der mehrere Studien zur Positronenemissionstomographie (PET) und zur funktionellen Magnetresonanztomographie (fMRT, s. Kap. 21) von Wortproduktion zusammengefasst sind. Wie bei den EEG-Ableitungen erkennt man, dass bei allen Wortformen, welche visuelle oder taktile oder akustische Assoziationen beeinhalten, eine gemeinsame Region im linken hinteren ventrobasalen Temporalkortex (Area B37) aktiviert ist, eine multimodale Konvergenzzone, in der die sensorischen Inhalte zu Wortformen (sei es in Braille bei Blindgeborenen, sei es die Zeichensprache bei Taubgeborenen, sei es die Buchstaben-Laut-Kombination bei Gesunden) verbunden werden. Dieses Areal ist auch bei Sprachstörungen (z. B. Dyslexie) unteraktiviert. Hier scheinen also Zellen lokalisiert zu sein, welche besonders geeignet sind, sensorische Assoziationen mit arbiträren „Supersymbolen" zu verknüpfen (siehe auch Abb. 1–1).

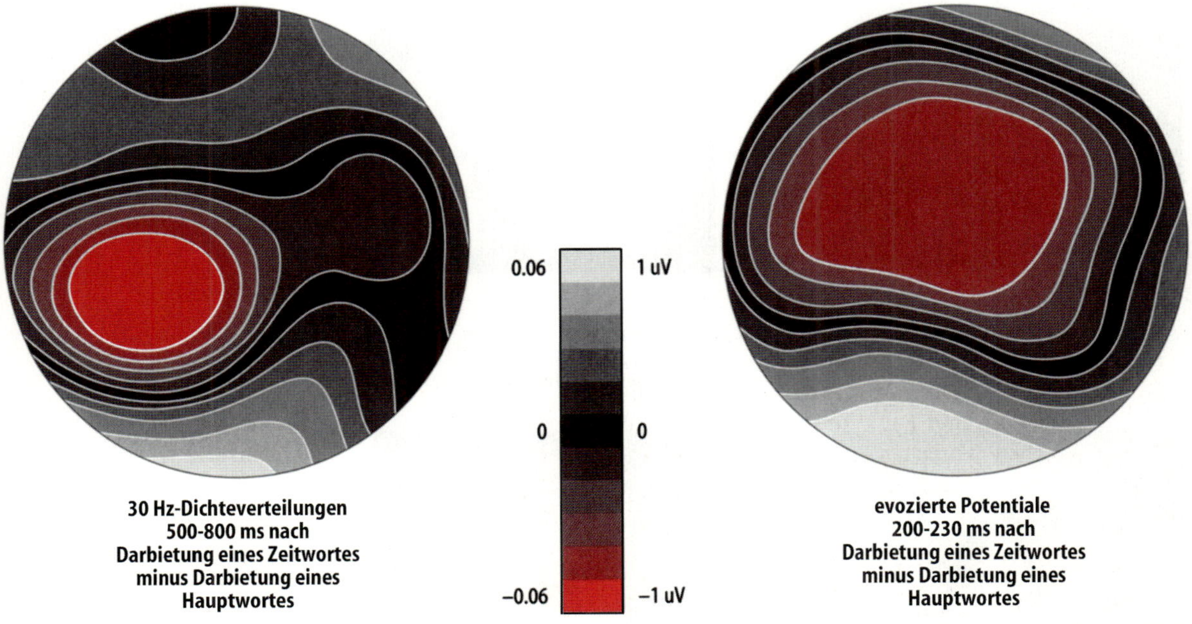

Abb. 27–14. 30 Hz-Oszillationen (links) und evoziertes Potential (rechts) nach Darbietung von Verben und Nomina. Dargestellt ist jeweils die Differenz der EEG-Antwort zwischen Verben minus Hauptwörter, gemittelt über 30 Versuchspersonen und je 60 Worte. Zunehmendes Rot zeigt an dieser Stelle des Gehirns zunehmende Aktivität an, wobei frontal oben, okzipital unten liegt. Man erkennt, daß sowohl die 30 Hz-Oszillation bei Verben die linke vordere perisylvische Region als auch die P2-Komponente des evozierten Potentials (rechts) frontal maximal auf Verben und posterior maximal auf Nomina (grau) ist. Nach [54]

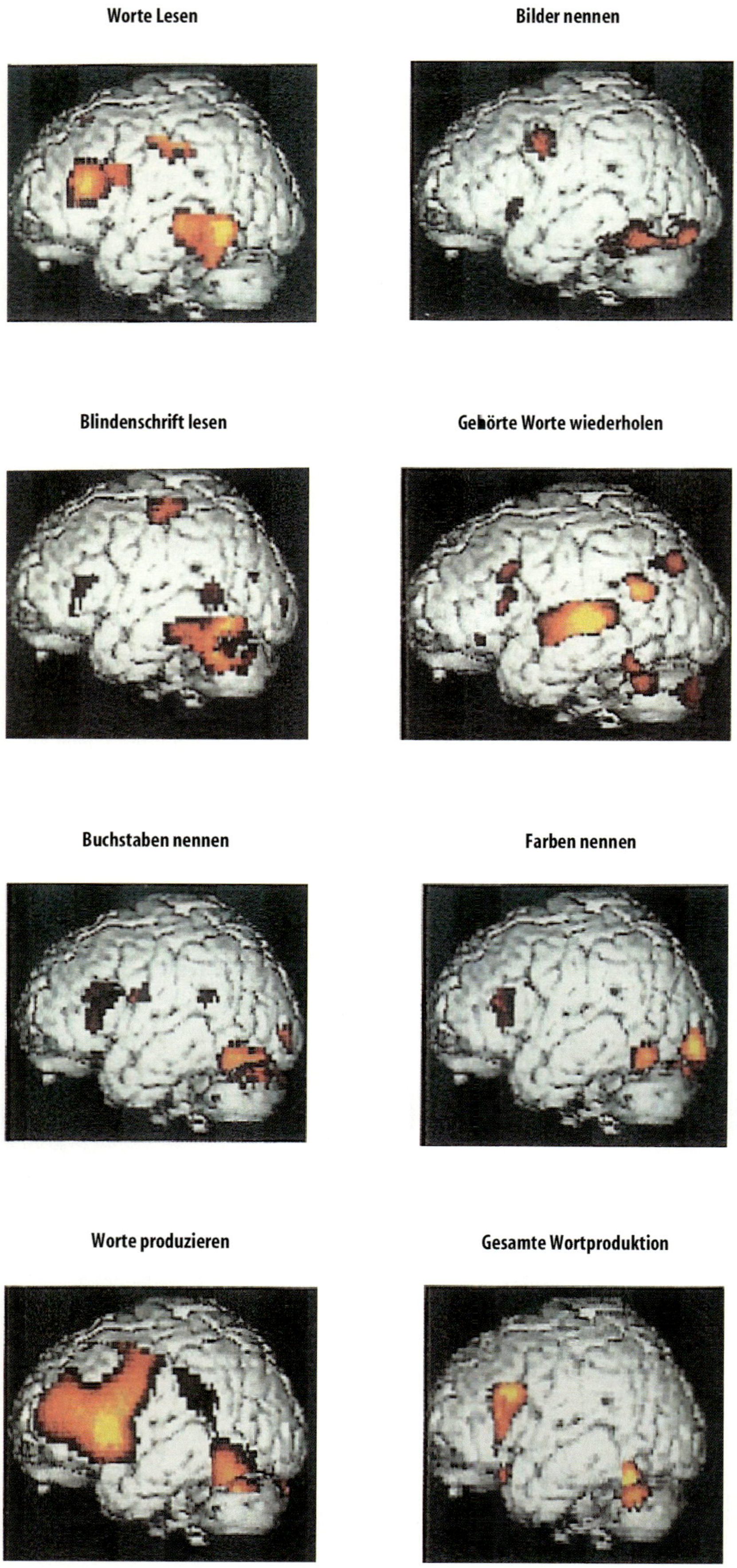

Abb. 27–15. Hämodynamisch mit PET gemessene Aktivierungen bei verschiedenen Sprachaufgaben. Nur linke Hemisphäre dargestellt. Erläuterungen siehe Text. Nach [3]

Die zeitliche Gruppierung von neuronalen Wortensembles stellt die neurophysiologische Grundlage der Syntax dar

Syntax und Funktionswörter. Betrachtet man die neuronale Grundlage von Funktionswörtern (z. B. vor, wie, ist, es etc.), die syntaktische Funktionen haben und nicht mit bestimmten konkreten Umweltreizen assoziiert sind, so findet man eine deutliche Einschränkung der Aktivierung auf die *linke* perisylvische Region nach dem 5. Lebensjahr. Abbildung 27–16 zeigt diesen Unterschied in der Ausdehnung der Wortensembles für Inhalts- und Funktionswörter. Die typischen evozierten Potentiale für diese beiden Wortkategorien sind bei Inhaltsworten bis in die rechte Hemisphäre zu verfolgen.

Zur Entstehung von Syntax in der linken frontalen Region muß man *neben* assoziativen Mechanismen auch noch annehmen, daß die *zeitlichen Verläufe* von Zündung und Nachlassen der Erregung von Funktionswort- und Satzensembles syntaktischen Regeln entsprechen. Z. B. wird in einem eingebetteten Satz (Die Frau, welche ein Pferd, das. . .) hintereinander für jeden Satzteil ein Ensemble aktiviert, wobei der zeitlich letzte immer relativ noch am stärksten aktiviert ist und so die Sequenz der Satzteile erhalten bleibt: beim Wiedergeben aus dem Speicher wird zuerst der letzte Relativsatz, der noch am stärksten aktiviert ist, ausgelesen, dann der davor liegende assoziativ verbundene, der sich mit dem letzten überlappt hat, usw. Die Satzeinbettungen bleiben in der Abfolge der Ensembleaktivierung erhalten. Einfache Regeln, wie z. B. das Lernen der Vergangenheitsform (-te, hat*te*, mach*te* etc.) werden mit den Endungen erworben. Überlappende Zellensembles (z. B. die gemeinsame Aktivierung von „hat“, „mach“) haben eine stärkere assoziative Verbindung zum Suffix-Ensemble te, wodurch die Erregung bevorzugt zu dieser Endigung fließt. Die Annahme einer angeborenen ***Universalgrammatik*** wird mit solchen neurobiologischen Überlegungen der dynamischen Verbindung von Zellensembles von Funktionsworten, Endungen und Satzteilen durch einen universellen Lernprozess erklärt. Es handelt sich dabei um assoziative Prozesse, die vielleicht auf einer angeborenen Eigenart der Verschaltung der linken perisylvischen Region beruhen. Diese günstige Verschaltung kann aber auch an anderen Hirnregionen erlernt werden, sonst könnten wir keine Fremdsprachen lernen und Kinder mit Läsionen in dieser Region wären lebenslang agrammatisch.

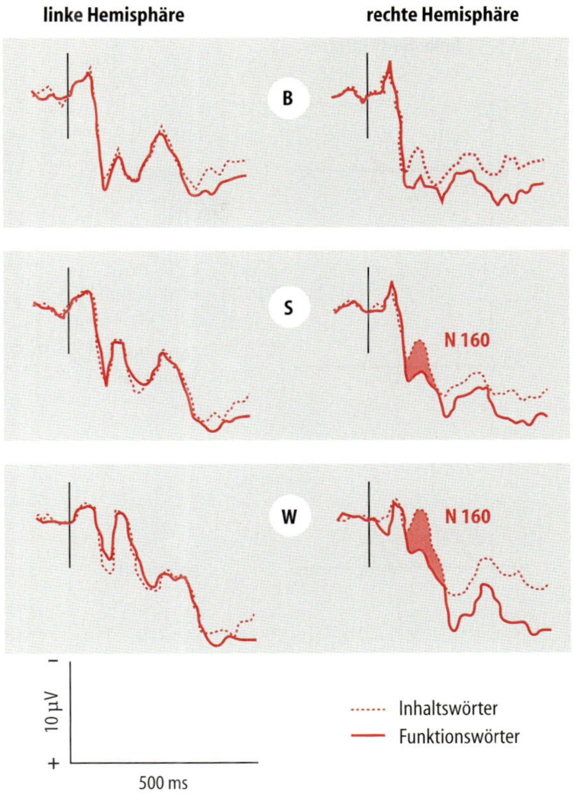

Abb. 27–16. Ereigniskorrelierte Hirnpotentiale auf Inhaltswörter (· · ·) und Funktionswörter (—) gemittelt über 15 Versuchspersonen und mehr als 100 Wörter. Der waagrechte Strich zeigt den Reizzeitpunkt an. Die wesentlichen Unterschiede treten bereits nach 160 ms vor allem in der rechten Hemisphäre auf, wo die Inhaltswörter deutlich stärkere negative Aktivität (*rot ausgefüllt*) verursachen (B . . . Broca, S . . . Sylvisch, W . . . Wernicke). Nach [54]

Semantische und syntaktische Elemente der Sprache bilden sich in elektrokortikalen Veränderungen im EEG und MEG ab

Die N400. Aus Abb. 27–14 bis Abb. 27–16 ist bereits klar, daß man zwar den konkreten Inhalt eines Wortes oder seine syntaktische Funktion (noch) nicht in den hohen Frequenzen des Gamma-Bandes (s. Kap. 21) in EEG und MEG ablesen kann, wohl aber die Wortkategorie (Hauptwort, Zeitwort, Funktionswort, Inhaltswort).

Wenn semantische Fehler in einem Satz auftreten, beobachtet man im ereigniskorrelierten Hirnpotential (ERP) eine starke Negativierung (meist um 400 ms). Abb. 27–17 A zeigt die typischen ***N400***-Potentiale auf semantische Fehler.

Bei syntaktischen Fehlern treten dagegen spätere *Positivierungen* in der linken perisylvischen Region auf (um 600–800 ms) (z. B. bei Sätzen wie „die meisten Besucher freuen sich über die Blumen *schönen* in Holland“) oder aber eine späte *frontale Negativierung* um 450–500 ms links (z. B. bei Fehlern wie: „der Lehrer wurde gefallen“).

Abbildung 27–17 B zeigt, dass auch funktionell bildgebende Verfahren wie PET und fMRI inferior parietale und superior präfrontale Aktivitätsanstiege bei semantischer Kategorisierung von Wörtern („was bedeutet . . .“) aufweisen, allerdings deutlicher lateralisiert als die elektrophysiologischen Maße. Es könnte sein, dass die N400 stärker rechts lateralisiert erscheint, weil der in der Tiefe der Fissura interhemispherica links parietal liegende Dipol (siehe die posteriore Aktivierung auf Abb. 27–17 B) auf die gegenüberliegende Hemisphäre projiziert.

Interpretation und Anwendung von Sprachpotentialen. Es ist allerdings wahrscheinlich, daß diese ERPs *nicht sprachspezifisch* sind, sondern das jeweilige Ausmaß der Erregungsschwellen in semantischen oder syntaktischen Zellensembles aufzeigen, wie wir in Kap. 21 und 22 beschrieben haben. Die N400 oder andere Negativierungen nach überraschenden Ergebnissen, indizieren einen erneuten Bereitschaftszustand

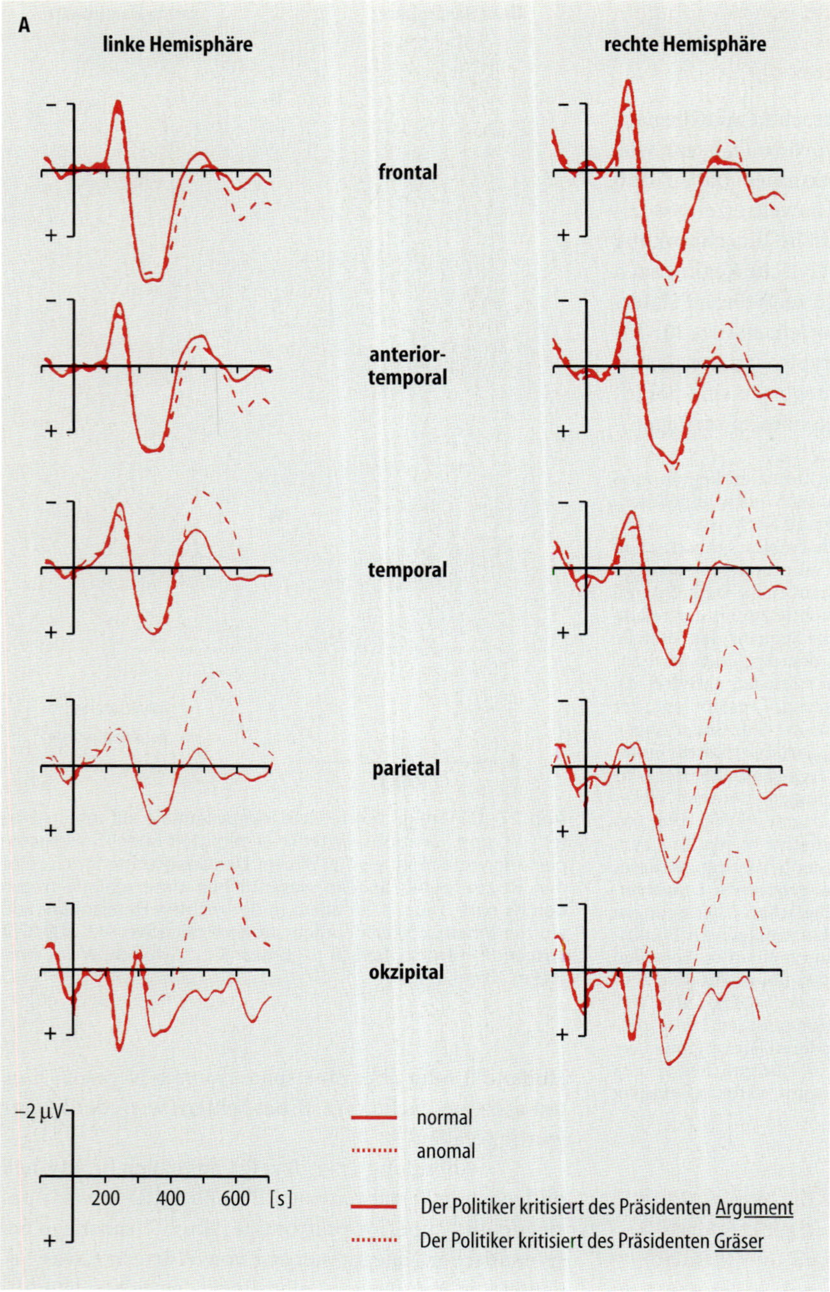

Abb. 27–17. A N400-Komponente des ereigniskorrelierten Hirnpotentials auf semantische Anomalien (· · ·) an verschiedenen Kopfpositionen. Maximale N400 rechts parietal auf das semantisch falsche Wort. Siehe Text. Nach [7]. **B** PET (oben) und fMRI (unten) Aktivierungen bei semantischer Wort-Kategorisierung. Nur linke Hemisphäre dargestellt, links jeweils frontal. Der linke Abschnitt zeigt jeweils Aufblick auf die linke Hemisphäre, der rechte einen Sagittalschnitt durch die Fissura interhemispherica. (Nach [3] mit freundlicher Genehmigung)

der Hirnregion mit Suchprozessen nach Lösungsstrategien. In Abb. 22–11 haben wir ein solches Beispiel im Zusammenhang mit Hilflosigkeit der Personen gesehen. Wohl aber kann man im Kontext einer Sprachaufgabe aus den Potentialen ablesen, ob ein Wort oder Satzteil als richtig oder falsch erkannt wird, wann dies im Gehirn geschieht und an welchem Ort. Dies wird auch zur Aufdeckung *von Lügen* genutzt: der ***kortikale Lügendetektor*** ist eine höhere positive Welle (P300) auf Worte oder Objekte gegenüber gleich klingenden oder aussehenden Kontrollreizen, die *nur* der (die) Täter(in) kennen kann. Bei genauer Kenntnis des Tathergangs und gerichteter Anordnung der Testreize lassen sich mit den ERPs Aufklärungsquoten von 90 bis 100 % erzielen, die sehr viel höher liegen als die konventionellen Lügendetektoren, in denen der Hautwiderstand registriert wird.

Eine klinisch besonders wichtige Anwendung von ereigniskorrelierten Hirnpotentialen auf semantische und syntaktische Reize ist die Prüfung der verbliebenen Informationsverarbeitung bei Personen, die nicht kommunizieren können (z. B. vollständig Gelähmte, Komapatienten) und in der Anästhesiologie (s. Kap. 22). Dabei zeigt sich besonders bei Patienten, die man als bewußtlos oder im ***Koma*** diagnostiziert, dass sie auf hochkomplexe semantische Reize und Feh-

B

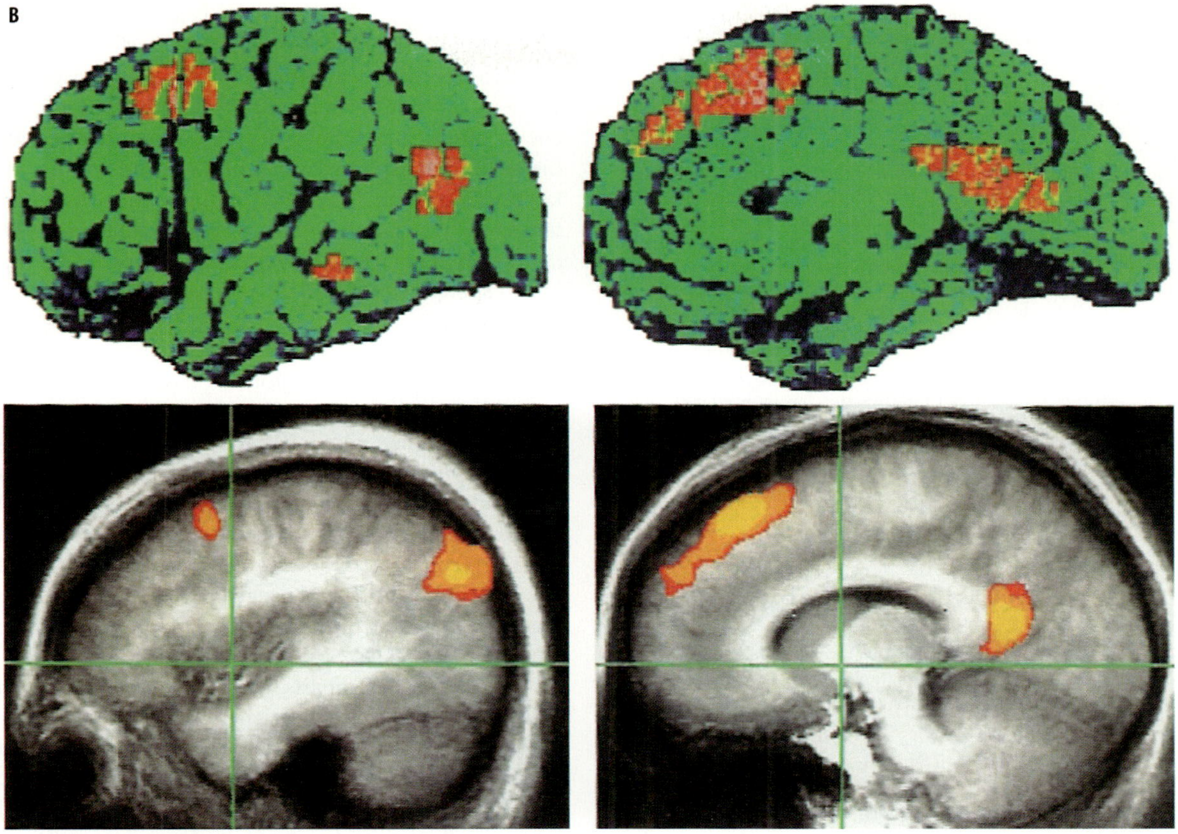

Abb. 27–17 B. Legende s. S. 708

ler z. B. mit einer N400 reagieren, während sie oft auf einfache Reize wie einem P300-Versuch mit neuen Reizen, nicht mehr antworten [39]. Solche Personen sind kognitive of intakt, können sich aber nicht mitteilen.

Zur Vorstellung von Objekten und Bewegungen werden dieselben Hirnareale wie zu ihrer Wahrnehmung benützt; hinzu kommen Hirnareale, welche die Inhalte aus dem Gedächtnis abrufen und die Ausführung von Reaktionen verhindern

Vorstellung und Wahrnehmung. Bei der Vorstellung eines Objektes werden all jene Hirnareale aktiviert, die auch bei seiner Wahrnehmung aktiviert werden. Die Reihenfolge der Aktivierung ist aber umgekehrt (Abb. 27–18): während beim realen visuellen Reiz zuerst Area 17 (V1) und danach die extrastriatalen Areale, vor allem Area 18, aktiviert sind, wird bei der Vorstellung zuerst Area 18 und erst *danach* Area 17 aktiviert. Die Zeitabläufe entsprechen dabei aber durchaus der realen Wahrnehmung; evozierte Potentialänderungen in Area 18 sind bereits 200 ms nach Beginn der Vorstellung sichtbar. Die im PET und MRI (s. Kap. 21) gemessenen Blutflußänderungen sind im allgemeinen am selben Ort wie bei der Wahrnehmung zu sehen, allerdings kommt bei dem Aufruf eines visuellen Inhalts (Buchstaben) aus dem Gedächtnis eine PET-Aktivierung vor allem links tempero-parietal, rechts-parietal und beidseitig frontal hinzu [32]. Die frontale Aktivierung, die auch im EEG sichtbar ist, hängt vermutlich mit Aktivierung des Arbeitsgedächtnisses zusammen (s. Kap. 22 u. 24), welches den Inhalt in seiner Abwesenheit am Leben erhält. Die linke perisylvische Hirnregion ist zum ***Aufruf der Vorstellung*** dann notwendig, wenn er sprachlich erfolgt, was nicht immer der Fall sein muß. Wenn z. B. eine Melodie in einem Lautsprecher beim Zuhörer automatisch (klassisch konditioniert) eine visuelle Szene aus der Kindheit auslöst, so wird natürlich zuerst der rechte Temporalbereich aktiviert [3, 4, 32].

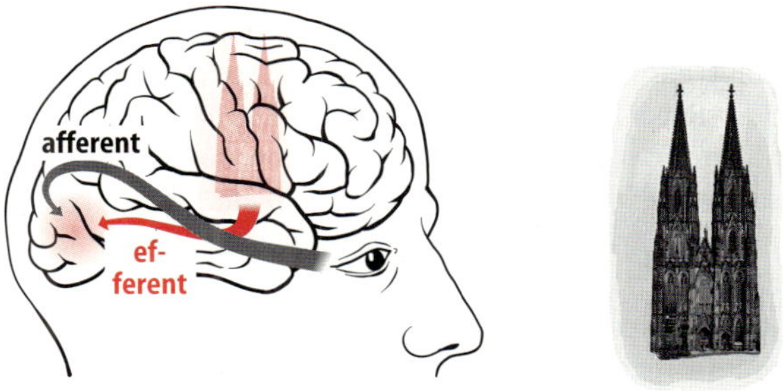

Abb. 27–18. Während bei der Wahrnehmung eines Objektes die Information von peripher nach zentral fließt, wird sie bei einer Vorstellung in umgekehrter Richtung von den obersten Projektionsfeldern ausgehend in nachgeschaltete Strukturen geleitet

Vorstellungsfähigkeit, Intelligenz und Komplexität der Hirnvorgänge. Abbildung 21–11 zeigt die Komplexität der elektrischen Hirnaktivität für intelligente und weniger intelligente Personen bei Wahrnehmung und Vorstellung eines ertasteten und gesehenen Objektes. Die Komplexität der Hirnvorgänge wird mit deterministisch-chaotischen Analyseverfahren berechnet (s. Kap. 21). Dabei wird im wesentlichen errechnet, wieviele physiologische Einzelprozesse (Zellensembles) an einer bestimmten mentalen Tätigkeit beteiligt sind. Vorstellungen lösen stets komplexere Vorgänge als reale Wahrnehmung aus, weil eben mehr Hirnareale an ihrer Steuerung beteiligt sind. Personen mit hoher Intelligenz zeigen nur in Ruhe, wenn sie frei vor sich hin phantasieren, eine erhöhte Hirnkomplexität. Wenn sie sich auf eine Aufgabe oder Vorstellung konzentrieren müssen, nähern sich Intelligente und weniger Intelligente einander an [27, 28, 46].

Im PET und MRI tritt bei Vorstellungs- und kognitiven Leistungsaufgaben bei Intelligenten häufiger eine *geringere* Durchblutung der betroffenen Hirnareale auf, weil weniger Energieumsatz zur Bewältigung der Aufgabe notwendig ist [13].

27.4 Sprechen und Störungen von Sprache

Aus Sprachstörungen können wir auf die Organisation und Produktion von Sprache im Gehirn schließen

Aphasien und Lateralisation des Gehirns. Aphasien sind hirnorganische Sprachstörungen, die bei Menschen auftreten, die bereits eine Sprache beherrschen. Die Ursache ist meist ein ischämischer oder hämorrhagischer Insult, seltener ein Tumor, Enzephalitis oder ein Trauma. Beim Aphasiker (oder Apha*t*iker) sind in der Regel alle *sprachlichen Modalitäten* von der Störung betroffen (Sprachproduktion, Sprachverständnis, Nachsprechen, Schreiben, Lesen etc.). Selektive organische Sprachstörungen, die nur eine Modalität betreffen, sind selten.

Die Erkenntnis, daß die linke Hemisphäre beim Rechtshänder *sprachdominant* sei, beruht vor allem darauf, daß bei dieser Population *Schädigungen der linken Hemisphäre meist zu Aphasien führen.* Demgegenüber gibt es vielerlei Hinweise darauf, daß im intakten Gehirn auch rechtshemisphärische Prozesse an der Sprachverarbeitung beteiligt sind. So sind z. B. die durch Wörter evozierten Gehirnpotentiale im EEG meist über beiden Hemisphären sichtbar, wenn manche Komponenten auch über einer Hemisphäre stärker ausgeprägt sind [4, 24, 54]. Bereits in Abschnitt 27.3 wurde auf rechtshemisphärische sprachliche Leistungen hingewiesen. Sprachverstehen, Worterkennung (vor allem von Inhaltswörtern), das Generieren von Satzmelodie und Betonung (Prosodie), sowie die Klassifikation von Sprechakten (z. B. als Frage oder als Vorwurf) sind Leistungen, zu denen die rechte Hemisphäre nicht nur beiträgt, sondern zu denen sie sogar selbständig in der Lage ist.

Besonders deutlich wird die Rolle der rechten Hemisphäre nach split-brain (s. S. 690, Kap. 22); Abbildung 27–19 zeigt eine linkshändige Patientin mit klarer Linkslateralisation für geprochene Sprache, die aber nicht in der Lage war, mit ihrer linken Hemisphäre, sondern nur mit der rechten, zu schreiben. Ihre Sprache ist offensichtlich beidseitig repräsentiert, aber nur die rechte Hemisphäre kann schreiben und nur die linke sprechen. Phonologie und Orthographie wurden offensichtlich in ihrem Gehirn in relativ unabhängigen „Modulen" entwickelt, wobei orthographische Fertigkeiten später gelernt und an anderer Stelle verarbeitet wurden.

Broca- und Wernicke-Region. Aphasien treten auch bei subkortikalen Läsionen in der weißen Substanz, in den Basalganglien oder im Thalamus auf. Diese *subkortikalen Aphasien* mit einem anfänglichen Mutismus (Stummheit bei intaktem peripheren Sprechapparat) bilden sich in der Regel rasch zurück. Die kortikalen aphasieverursachenden Läsionen betreffen primär die Areale in der Nähe der sylvischen Furche. Hier läßt sich die *Broca-Region* (Brodmann Area 44 und 45) von der *Wernicke-Region* (Area 22) unterscheiden [24].

In der Nachbarschaft der Wernicke-Region befinden sich weitere Bereiche, deren Läsion regelmäßig zu Aphasien führt: der *Gyrus angularis* (Area 39), der *Gyrus supramarginalis* (Area 40), sowie die *mittlere und untere Temporalwindung*. Broca- und Wernicke-Region sind in der Nähe der primären Kortizes lokalisiert, die bei der frühen Sprachentwicklung des Kindes aktiviert werden. Artikuliert das Kind einen Laut oder ein Wort, so tritt neuronale Aktivität sowohl im motorischen System auf, wo die artikulatorischen Befehle generiert werden, als auch im akustischen System, das durch die selbstproduzierten Lautäußerungen stimuliert wird. Die Nachbarschaft der Sprachzen-

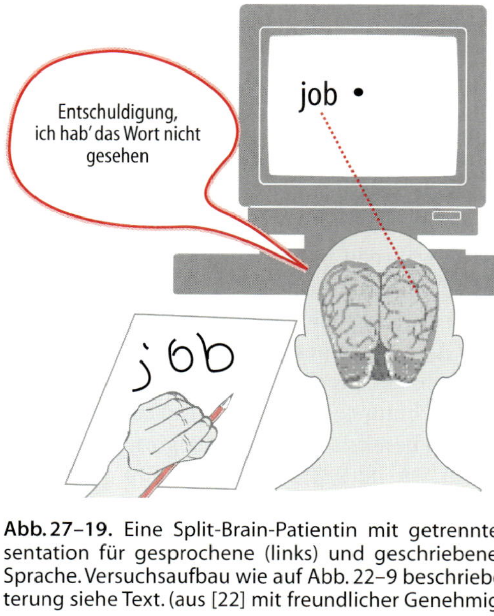

Abb. 27–19. Eine Split-Brain-Patientin mit getrennter Repräsentation für gesprochene (links) und geschriebene (rechts) Sprache. Versuchsaufbau wie auf Abb. 22–9 beschrieben. Erläuterung siehe Text. (aus [22] mit freundlicher Genehmigung)

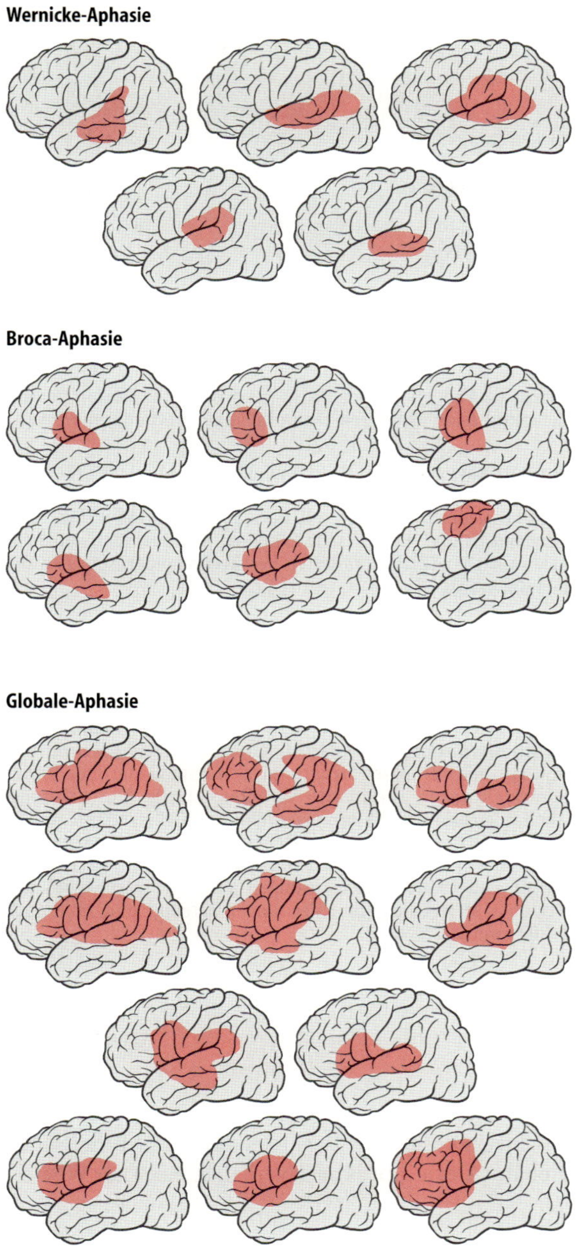

Abb. 27–20. Läsionsorte von Patienten mit Wernicke-Aphasie, Broca-Aphasie und globaler Aphasie. Die unterste Reihe zeigt globale Aphasien, obwohl Wernickes Areal intakt ist. Nach [24]

tren zu den sprachrelevanten primären Kortizes ist deshalb nicht erstaunlich.

Das präfrontale Sprachzentrum (Broca) wird auch die „motorische Sprachregion" genannt. Das posteriore Zentrum (Wernicke) wird auch als „sensorische Sprachregion" bezeichnet. Diese Etikettierungen beruhen allerdings auf einer sehr vereinfachten Sichtweise, nach der Sprachproduktion primär durch frontale und Sprachverständnis nur durch temporale Hirnstrukturen gesteuert wird. Dies postuliert das von Wernicke und Lichtheim Ende des 19. Jahrhunderts vorgeschlagene Sprachmodell, das von Geschwind später weiterentwickelt wurde (s. Abb. 27–21). Auch Geschwind lokalisiert das Sprachverstehen alleine in posterioren Kortexgebieten [13]. Diese Sicht ist nicht angemessen: Läsionen einer der beiden Regionen verursachen in der großen Mehrzahl der Fälle *multimodale Störungen*. Das „motorische Sprachzentrum" ist also keineswegs ausschließlich für motorische Sprachfunktionen notwendig, sondern auch für die Perzeption von Sprache, ebenso wie das „sensorische Sprachzentrum" für die Sprachproduktion notwendig ist. Neuere PET-Studien (s. Kap. 20) zeigen sogar, daß bei der Perzeption von Silben und Wörtern im intakten Gehirn in der Regel Broca- und Wernicke-Region gemeinsam aktiviert werden. Dies macht wahrscheinlich, daß die Sprachareale sowohl bei der Sprachproduktion als auch beim Sprachverständnis zusammenarbeiten, daß also sprachverarbeitende neuronale Einheiten über den perisylvischen Kortex und angrenzende Areale verteilt sind.

Die verschiedenen Formen von Aphasien beruhen auf abgrenzbaren Unterschieden der Läsionsorte im Gehirn

Alle Aphasien beinhalten Störungen des Benennens von Objekten, der Produktion und des Verständnisses von Sätzen, sowie des Lesens (*Alexie*) und Schreibens (*Agraphie*). Der z. Zt. am weitesten verbreitete Aphasietest, der sogenannte „Blättchentest" (Token Test), überprüft, ob ein Patient in der Lage ist, manuelle Manipulationen mit einer Anzahl farbiger Blättchen auszuführen (z. B.: „Berühren Sie den roten Kreis", „Legen Sie den blauen Kreis auf das rote Viereck" etc.). Nahezu alle Aphasiker zeigen Defizite in diesem Test.

Lokalisation der Aphasien. Die meisten Aphasien entstehen als Folge von Gefäßstörungen im Versorgungsgebiet der A. cerebri media. Darüber hinaus treten aber Aphasien auch nach Gefäßsyndromen in subkortikalen Einzugsgebieten auf. Abbildung 27–20 gibt die übereinander projizierten Computertomogramme von mehreren Patienten mit den entsprechenden Aphasieformen wieder. (Die ***anomische Aphasie*** ist zwar sehr häufig, aber schwer zu lokalisieren, meist werden Läsionen im linken G. angularis gefunden. Sie ist daher auf Abb. 27–20 nicht eingezeichnet. Im Extremfall beherrschen diese seltenen Patienten mit ***Anomie*** alle Fertigkeiten gesprochener und geschriebener Sprache, können aber keine Objekte benennen, verwenden also keine Hauptwörter.)

Folgende aphasischen Syndrome sind klinisch bedeutsam (s. dazu auch die Tabelle 27–6 mit einer Symptomatologieübersicht der wichtigsten Aphasieformen und die Lokalisationen von Abb. 27–21):

Broca-Aphasie. Sprachproduktionsprobleme stehen im Vordergrund. Artikulationen erfolgen meist sehr mühevoll und ohne Prosodie. Wörter sind phonematisch entstellt. In komplexen Sätzen fehlen häufig die grammatikalischen Funktionswörter. Das Verständnis vieler Satztypen (z. B. Passivsätze) ist oft nicht möglich. Probleme beim Nachsprechen von Sätzen treten auf. *Organische Grundlage:* Schädigung der Broca-Region und angrenzender Gebiete.

Wernicke-Aphasie. Sprachproduktion ist zwar „flüssig", jedoch oft unverständlich. Viele Wörter sind phonematisch entstellt, so daß noch verständliche *phonematische Paraphasien* (z. B. „Spille" statt „Spinne") oder ganz unverständliche *Neologismen* auftreten. Oft werden Wörter durch bedeutungsverwandte ersetzt (*semanti-*

Tabelle 27-6. Klassifikation der Aphasien und ihrer Hauptsymptome. Nach [8]

Aphasietyp	Spontanes Sprechen	Paraphasien	Verstehen	Wiedergabe	Benennen
Broca-Aphasie	stockend	selten	gut	schlecht	schlecht
Wernicke-Aphasie	flüssig	häufig	schlecht	schlecht	schlecht
Leitungsaphasie	flüssig	häufig	gut	schlecht	schlecht
Global	stockend	variabel	schlecht	schlecht	schlecht
Anomie	flüssig	fehlen	gut	gut	schlecht
Subkortikale Aphasie	flüssig oder stockend	häufig	variabel	gut	variabel

sche Paraphasien). Das Sprachverständnisdefizit ist sehr ausgeprägt. Das Verständnis einzelner Wörter gelingt häufig nicht. Das Nachsprechen von Wörtern und Sätzen ist beeinträchtigt. *Organische Grundlage:* Schädigung der Wernicke-Region und angrenzender Gebiete.

Globale Aphasie. Schwerste Sprachproduktionsstörung, bei der oft nur noch stereotype Silben- oder Wortfolgen geäußert werden können. Ebenso stark ausgeprägtes Defizit im Sprachverständnis und im Nachsprechen. *Organische Grundlage:* Schädigung der gesamten perisylvischen Region.

Amnestische Aphasie. Leichte Sprachstörung, bei der semantische Paraphasien auffallen und Benennstörungen im Vordergrund stehen. Probleme treten vor allem mit bedeutungstragenden Inhaltswörtern auf. Das Sprachverständnisdefizit ist schwach ausgeprägt. *Organische Grundlage:* Schädigung des Gyrus angularis oder anderer Areale, die dem linken perisylvischen Kortex eng benachbart sind. Gelegentlich führt bei Rechtshändern Schädigung der rechten Hemisphäre zu amnestischer Aphasie („*gekreuzte Aphasie*").

Transkortikale Aphasien. Die Fähigkeit nachzusprechen ist verhältnismäßig gut erhalten, wogegen Defizite in der Sprachproduktion (*transkortikale motorische Aphasie*), im Sprachverständnis (*transkortikal sensorische Aphasie*) oder in beiden Leistungen (*gemischt transkortikale Aphasie*) hervortreten. *Organische Grundlage:* Läsionen in der Nähe des linken perisylvischen Bereichs. Auch größere Läsionen innerhalb des perisylvischen Bereichs können zu schweren Formen der transkortikalen Aphasie führen.

Leitungsaphasie. Die Fähigkeit zum Nachsprechen ist stark beeinträchtigt, wogegen andere sprachlichen Symptome im Hintergrund stehen. *Organische Grundlage:* Läsion des *Fasciculus arcuatus* (s. Abb. 27-21), der Broca- und Wernicke-Region verbindet, plus Läsion im oberen Temporallappen und/oder der Insula.

Subkortikale Aphasie. Nach anfänglichem Mutismus (Stummheit), entstehen Paraphasien, die verschwinden, wenn Gesprochenes nur wiederholt werden soll. Geringe Sprachproduktion, gutes Verständnis und meist rasche Erholung kennzeichnen subkortikale Aphasien. (Zur detaillierten Beschreibung der Aphasien siehe [4, 8, 9, 24]).

Subkortikale Sprachsteuerung. Vor allem an expressiven Sprachfunktionen sind subkortikale Strukturen beteiligt. Die linksseitige Verbindung *Neokortex – Neostriatum – Pallidum – vorderer Thalamus – frontaler Kortex* hat auch Bedeutung für adäquate Sprachproduktion. Bei Messung ***des regionalen zerebralen Blutflusses*** (rCBF) nach Inhalation von radioaktivem Xenon-133 zeigen diese Strukturen während unterschiedlicher Sprachleistungen spezifische Verteilungen der Durchblutung. Auch bilaterale Durchblutungserhöhung im N. caudatus und in retrolandischen Regionen bei Nacherzählen und Erinnern wurde festgestellt. Personen mit Läsionen in den linken Basalkernen weisen dauerhafte Sprachstörungen auf. Welche subkortikalen Regionen an welchen Sprachleistungen beteiligt sind, muß noch geklärt werden [3, 4, 12].

Alexie und Agraphie können auch ohne Aphasie auftreten, was auf getrennte Funktionsorte hinweist

Alexie („Wortblindheit"). Die erworbene Unfähigkeit geschriebene Sprache zu verstehen, heißt Alexie. Neben globaler Alexie gibt es auch verbale Alexie (nur Wörter)

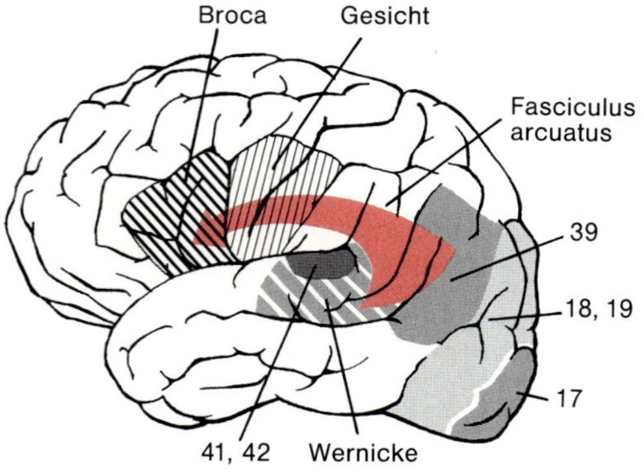

1 gesprochenes Wort ▶ Area 41, 42 ▶ Wernicke (Area 22) ▶ **Hören u. Wortverstehen**

2 Verstehen ▶ Wernicke ▶ Broca ▶ Gesicht ▶ Hirnnerven ▶ **Sprechen**

3 geschriebenes Wort ▶ Area 17 ▶ Area 18, 19 ▶ Area 39 (Gyrus angularis) ▶ Wernicke ▶ **Lesen**

Abb. 27-21. Geschwinds Modell der an Sprache beteiligten Hirnregionen. Es fehlen die subkortikalen Verbindungen. Nach [13] und literale Alexie (nur Buchstaben). Alexien kommen mit und ohne Agraphie vor (aphasische Alexie), je nach der Lokalisation der Störung im Hirngewebe. Alexie ohne Agraphie und ohne Aphasie ist ein Diskonnektionsyndrom, bei dem die Verbindungen vom rechten visuellen Assoziationskortex (gesehene Zeichen) zum korrespondierenden Sprachareal, dem linken ***G. angularis*** unterbrochen ist. Dies kann durch verschiedene Läsionen, z. B. im Splenium des Balkens, verursacht sein. Alexien mit Agraphien weisen meist eine isolierte Läsion des linken G. angularis auf [55] (s. Kap. 17, S. 406).

Agraphie. Zwar treten Schreibstörungen häufig gemeinsam mit Aphasien auf, sie sind aber auch unabhängig davon diagnostizierbar, was auf teilweise *getrennte Hirnstrukturen* für die Steuerung beider Funktionen hinweist (s. Abb. 27–19). Mehrere, oft weit auseinanderliegende Hirnregionen, können Schreibstörungen verursachen, was angesichts der Komplexität des Schreibens, an dem semantische, visuell-räumliche und motorische Funktionen beteiligt sind, nicht verwundert. Abb. 27–22 symbolisiert die wichtigsten an Aussprache (Buchstabieren) und am Schreiben beteiligten Funktionen und die (hypothetischen) Hirnregionen dafür [55].

Entsprechend den angenommenen Sprachfunktionen der Hirnregionen von Abb. 27–20 und 27–21 lassen sich eine Reihe von Störungen des Schreibens und Sprechens unterscheiden: ***Lexikalische Agraphie***: seltene, aber schwer unterscheidbare Wörter können nicht ausgesprochen werden. Die visuellen Wortbilder entstehen eher aus visuellen und weniger aus phonologischen Engrammen, eine Läsion im linken G. angularis ist dafür verantwortlich (s. Abb. 27–22). ***Phonologische Agraphie*** führt dagegen zu korrekter schriftlicher Wiedergabe seltener und vertrauter Wörter, aber der Unfähigkeit sie auszusprechen; verantwortlich dafür ist eine Läsion im G. supramarginalis oder der perisylvischen Region, eines Teils der Broca-Region. Bei ***semantischer Agraphie*** kann bedeutungshaltiges Material weder ausgesprochen noch geschrieben werden. Verantwortlich sind Störungen der Bahnen von der semantischen Region (links parietal) auf Abb. 27–22 zum Wernicke-Areal und dem G. angularis oder subkortikale Läsionen, wie wir sie auf S. 712 beschrieben haben. ***Apraktische Agraphie*** ist meist mit Aphasie gekoppelt, die Patienten können ihre Feinmotorik nicht mehr zum Schreiben formen, gestört sind bei Rechtshändern links parietale Regionen.

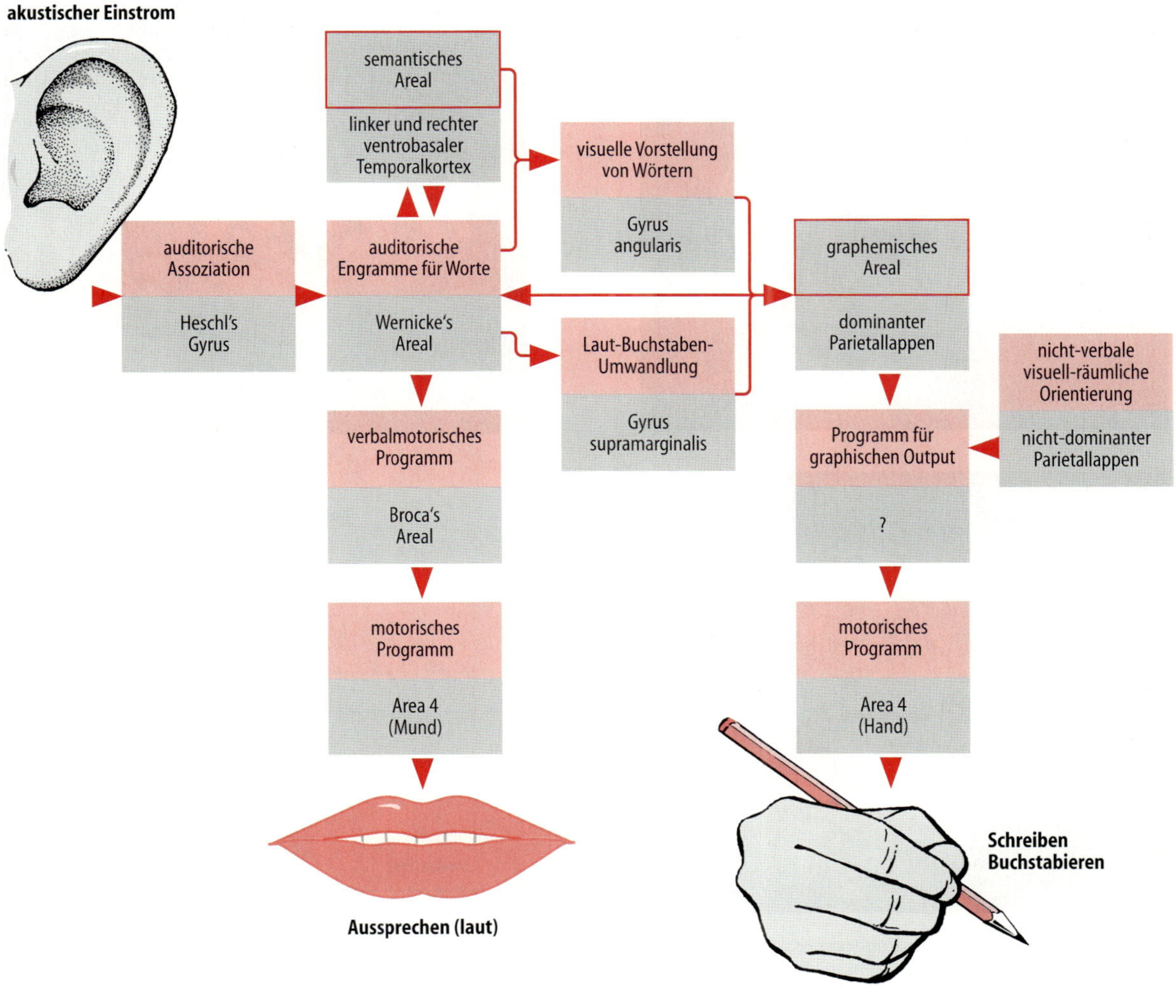

Abb. 27–22. Neuropsychologisches Modell für Schreiben und verbales Buchstabieren. Die neuropsychologische Funktion ist jeweils im *oberen* Teil eines Kastens angeführt, das vermutete anatomische Substrat im *unteren* Teil. (Erläuterungen siehe Text). Nach [45]

Sprachentwicklungsstörungen und Dyslexien gehen mit mangelnder Aktivierung im linken posterioren Temporallappen einher

Sprachentwicklungsstörungen treten bereits vor der Einschulung auf und sind durch spätes Sprechen (1-mehrere Jahre Verzögerung), schlechtes Sprach- und Wortverständnis und extrem viele grammatikalische Fehler gekennzeichnet. Viele dieser Kinder entwickeln später daraus eine Lesestörung, ***Dyslexie.*** Wichtige Abgrenzung von globalen Retardierungen u.a. Störungen ist die Tatsache, dass diese Kinder einen altersentsprechenden IQ haben. Die häufigste Ursache für diese Störungen sind Umweltfaktoren wie Armut, soziale Verwahrlosung, exzessives Fernsehen und mangelndes Lesetraining. Wenn diese Ursachen ausgeschlossen sind, bleiben immer noch 2–5% der Bevölkerung übrig, welche diese Defizite trotz optimaler Erziehung nicht kompensieren. 50% der Varianz ist erblich bedingt und führt von einem polygenetischen Defekt zu einer vermutlich mangelnden intrakortikalen Verschaltung der betroffenen posterioren und inferioren temporalen Areale (s. Abb. 27–23). Allerdings sind Dyslexien in jenen Sprachen, bei denen die Sprachlaute genau zu den Buchstaben passen („Letter-phoneme mapping") wie im Italienischen oder Deutschen sehr viel weniger ausgeprägt, während im englischen und französischen Sprachraum, wo die 40 Sprachlaute (Phoneme) in 1120 verschiedenen Formen ausgesprochen werden können, Dyslexien häufig und schwer sind. Im Deutschen und Italienischen existieren ca. 25 Phoneme, die nur in 33 Kombinationen ausgesprochen werden. Abbildung 27–23 zeigt, dass aber allen drei Sprachen die Unteraktivierung der posterioren Temporalregion gemeinsam ist.

Hinter den Sprachentwicklungsstörungen steht häufig ein ***phonologisches Defizit***; die Kinder können schon sehr früh schnell aufeinanderfolgende Sprachlaute, vor allem Konsonanten (ba, da) nicht unterscheiden. Verschärft man die Kontraste elektronisch und verlangsamt man den Ablauf der oft nur das Zehntel einer Millisekunde dauernden Laute, dann werden sie mühelos identifiziert. In einem sen-

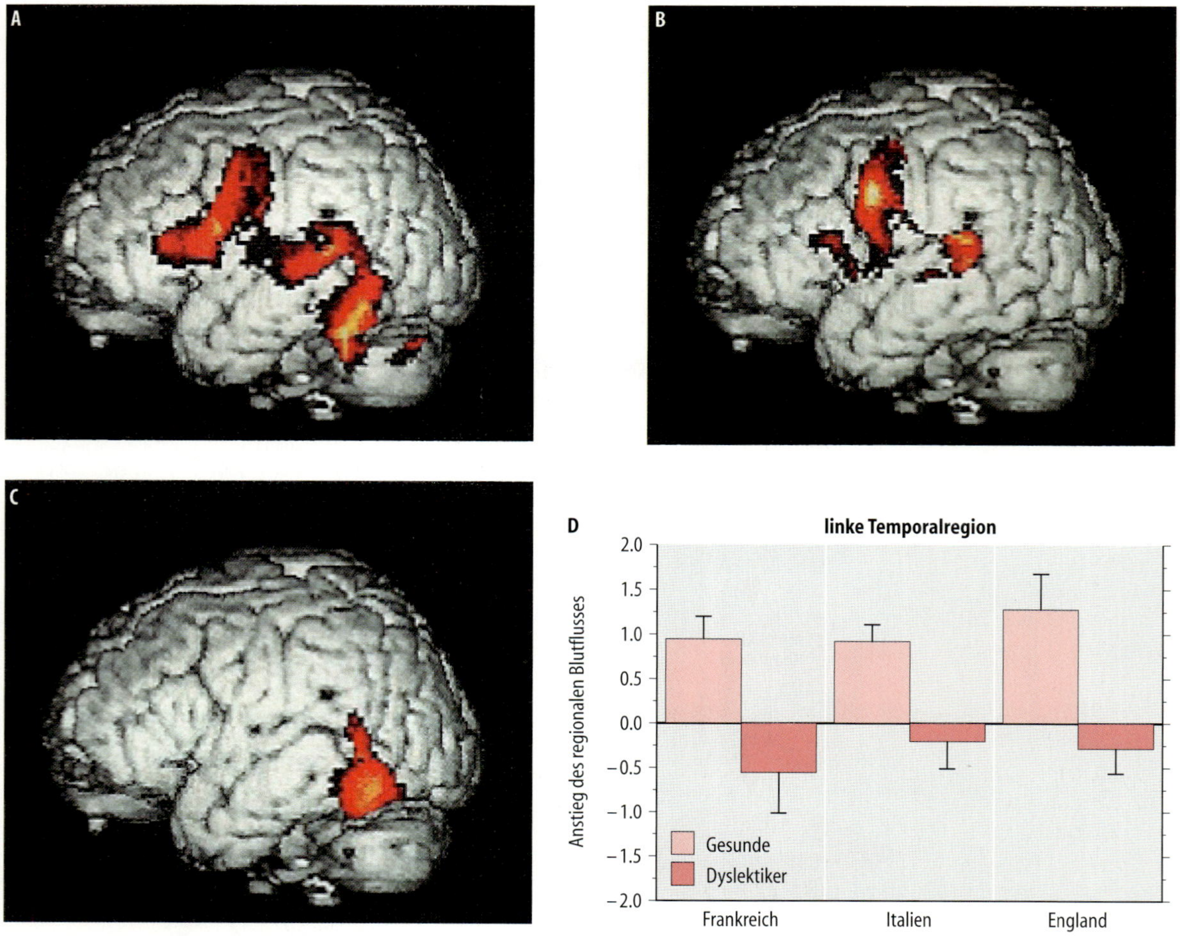

Abb. 27–23. Gehirndurchblutung (gemessen mit PET) von Gesunden und Dyslektikern aus Frankreich, Italien und England während des Lesens von Worten und Nicht-Worten. Nur die linke Hemisphäre ist dargestellt, da sich in der rechten keine Unterschiede fanden. **A** Gesunde **B** Dyslektiker aller drei Sprachen **C** Areal, das bei Gesunden durchblutet und bei Dyslektikern inaktiv war. Rechts durchschnittlicher Anstieg und Abfall des zerebralen Blutflusses beim Lesen in den 3 Sprachgruppen (aus [52] mit freundlicher Genehmigung)

sorischen Training, bei dem drei Stunden pro Tag über 2 Wochen hindurch bis zu 10 jährige Kinder mit zunehmend schnelleren und weniger kontrastreichen Computer-Laut-Spielen trainiert werden, können völlig normale Niveaus der Sprachentwicklung erreicht und damit auch Dyslexien präventiv verhindert werden [57]. Durch das Training erhöht sich auch die Durchblutung in den betroffenen temporalen Hirnarealen bis auf Normalniveau. Dies demonstriert eindrücklich, dass genetisch bedingte Störungen durch gezielte Trainingseingriffe beseitigt werden können.

27.5 Die Assoziationsareale des Neokortex

Vereinfachend betrachtet, könnte man den drei großen Assoziationsfeldern drei psychische Hauptfunktionen zuordnen: während der ***Temporallappen*** mit seinen limbischen Verbindungen primär Gedächtnis- und Beurteilungsfunktionen und der ***frontale Kortex*** motorisch-motivationale und exekutive Verhaltensweisen steuert, darf man den ***parietalen Assoziationskortex*** als Basis sensorisch-kognitiver Funktionen ansehen. Als wichtigen Bestandteil der parietalen Funktionen muß man allerdings auch das ***posteriore Striatum*** einbeziehen, das eine indirekte subkortikale Verbindung vor allem zu präfrontalen Regionen herstellt. (Abb. 22–21, Kap. 22). Der parietale Kortex hat daher aufgrund seiner multisensorischen Integrationsfunktion auch eine entscheidende Bedeutung als Kommandostruktur für Bewegungsabläufe, die auf ein Ziel mit motivationaler Bedeutung hin gerichtet sind und gerichtete Aufmerksamkeit.

Der Parietallappen stellt anatomisch und physiologisch den zentralen Kreuzungspunkt zwischen den Sinnesmodalitäten dar

Anatomie. Die Vielzahl von kognitiven Störungen nach Läsion der parietalen Regionen (Tabelle 27–7) erklärt sich aus der zentralen anatomischen Stellung des Parietallappens *zwischen den drei Sinnesmodalitäten* Sehen, Gehör und Somatosensorik, von denen er mit Informationen versorgt wird (Abb. 27–24). Der posteriore Parietallappen mit dem G. angularis, dem G. supramarginalis und dem oberen Parietallappen ist beim Menschen auf der rechten Seite überproportional groß entwickelt. Dies ist auf die Bedeutung der räumlichen Informationsverarbeitung und die Steuerung von Zielbewegungen im Raum beim Menschen (über die Verbindungen zur Frontalregion) zurückzuführen (sogenannter dorsaler visueller Strom, s. Kap. 17, Abb. 17–27). Die *Efferenzen* des posterioren Parietalkortex projizieren in die frontalen und temporalen Assoziationsareale (Abb. 27–24 C), Thalamus, Striatum, Mittelhirn und

Tabelle 27–7. Überblick über Funktionsausfälle nach Läsion des Partietallappens. Nach [13]

Symptome	Wahrscheinlicher Ort der Läsion
1. Störungen der taktilen Wahrnehmung	Areale 1, 2, 3
2. Visuelle oder taktile Agnosie	Areal 5, 7, 37?
3. Apraxie	Areale 7, 40 links
4. Konstruktions-Apraxie	Areale 7, 40
5. Sprachstörungen (Alexie, Aphasie)	Areale 39, 40 links
6. Akalkulie	Areale 39, 40 links
7. Gestörtes kross-modales Vergleichen (matching)	Areale 37, 40
8. Kontralateraler Neglekt, Aufmerksamkeit	Areale 7, 40 rechts
9. Schlechtes Kurzzeitgedächtnis	Areale 37, 40
10. Körpergefühlsstörungen	Areal 7?
11. Rechts-links-Verwechslung	Areale 7, 40 links
12. Störungen der räumlichen Fertigkeiten	Areale 7, 40 rechts
13. Störungen des Zeichnens	Areal 40
14. Augenbewegung defekt	Areal 7, 40
15. Fehlerhafte Zielbewegung (misreaching)	Areals 5, 7

Rückenmark; (die subkortikalen Verbindungen sind in Abb. 27–24 nicht dargestellt). Neben den *Afferenzen* aus den drei primären und sekundären Projektionsarealen (Abb. 27–24 D) kommt der Einstrom aus lateralem und posteriorem Thalamus und Hypothalamus. Tabelle 27–7 gibt einen Überblick über parietale Funktionen und deren anatomische Zuordnungen. Einige wurden schon in den vorausgegangenen Kapiteln (16, 17 und 22) beschrieben. Wir wollen uns hier auf einige psychologisch bedeutsame beschränken.

Ideomotorische und konstruktive Apraxie (s. Kap. 13). Engramme für reafferente motorische und visuokinetische räumliche Funktionen sind inm parietalen Kortex lokalisiert. Wie wir bereits auf S. 691 ausgeführt haben, werden vor allem Nachahmungen von Bewegungen und Gesten nach linken Parietalläsionen und zeichnerisch-räumliche Tätigkeiten nach Läsion auch der rechten Hemisphäre gestört. Wie aus Abb. 27–25 hervorgeht, gibt es eine Reihe von Möglichkeiten für Läsionen, die alle die *Initiierung, Planung, und Ausführung komplexer und zielgerichteter Bewegungsabläufe* bei der (linkshemisphärischen) ideomotorischen

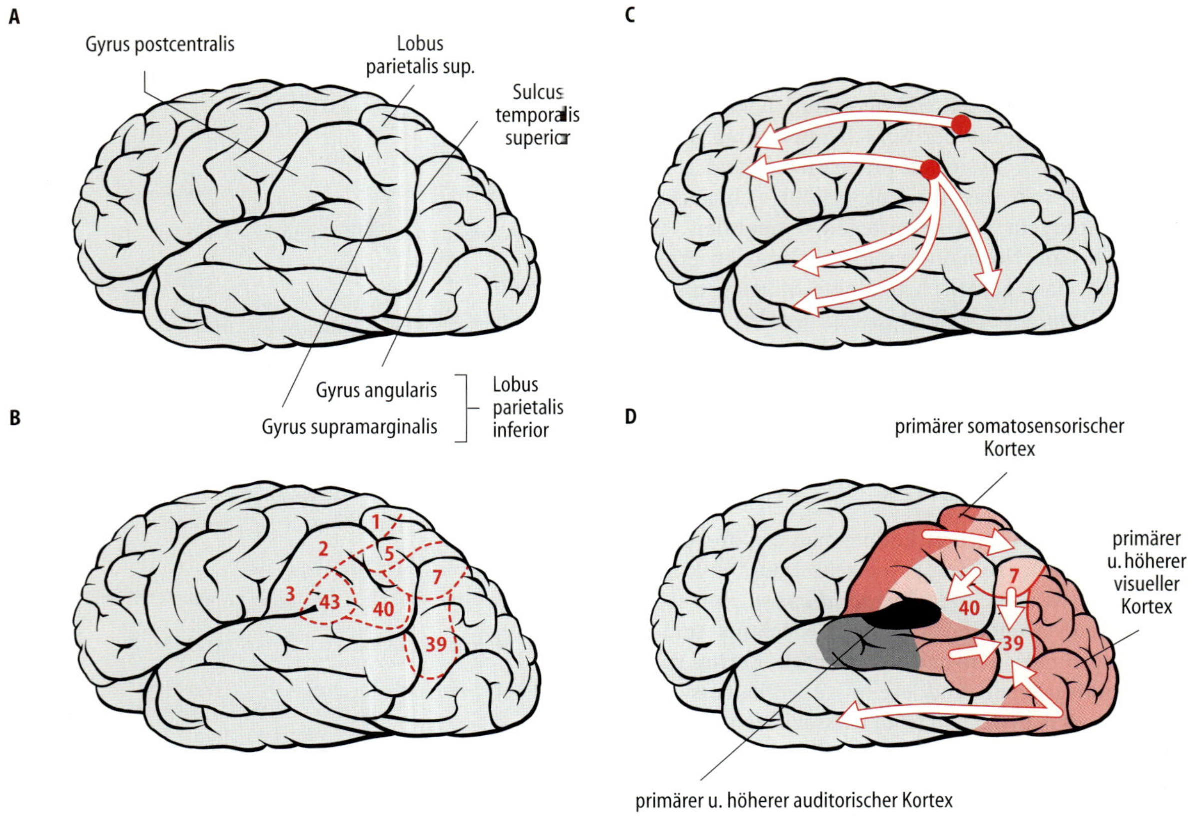

Abb. 27–24. Grobanatomie und Verbindungen des Parietalkortex. **A** Die wichtigsten Windungen; **B** Brodmans zytoarchitektonische Regionen; **C** kortikokortikale Projektionen in der Frontallappen und den Temporallappen; **D** die kurzen kortikokortikalen Projektionen aus den primären und sekundären somatosensorischen, visuellen und auditorischen Regionen in die tertiären Regionen des Parietallappens. Nach [13]

Apraxie behindern können. Die Tatsache, daß viele Patienten mit Aphasien auch Apraxien aufweisen, ist darauf zurückzuführen, daß bei Läsionen links-parietal häufig auch Sprachregionen mitbetroffen sind. Auch das Speichern von Gesten und damit verbale Bewegungskommandos und Planung und Bewegungsabläufen ist bei Apraxien gestört (s. u.).

Visuell-räumliche Funktionen. Die *sequentiell-räumlichen Funktionen* der *linken* Parietalregion sind von den *perzeptiven* Funktionen des *rechten* Parietallappens zu trennen (s. auch Kap. 27.2). *Visuoperzeptive Leistungen* sind Erkennen visueller Objekte, Synthese und Vergleich visueller Objekte, Linienorientierung, Nachzeichnen, Gewichteerkennen. *Visuell*-räumliche Leistungen sind die Lokalisation von Objekten im Raum, Beurteilung von Richtung und distanztopographische Orientierung im Raum, Lokalisation des eigenen Körpers und seiner Teile im Raum. (Die Aufgaben des Handlungsteiles im Wechsler-Bellevue-Intelligenztest, HAWIE, sind gute Beispiele für dominant rechts-parietale Leistungen, der Handlungs-IQ ist daher bei Personen mit rechten posterioren Läsionen reduziert.)

Läsionen des Parietallappens führen daher häufig zu ***topographischer Agnosie*** und ***Amnesie***. Objekte, Landmarken, die eigene Position darin und Orientierung sind gestört oder werden nicht erinnert. Abbildung 27–26 gibt ein typisches Beispiel einer solchen Störung nach Läsion des rechten, hinteren Parietallappens wieder. Die Orientierung der Handbewegung auf das sichtbare Ziel hin versagt. Bei parieto-okzipitalen Läsionen können die Zellensembles für die Einzelcharakteristiken eines Reizes (Farbe, Form, Lokalisation) nicht mehr miteinander assoziativ verbunden werden (s. Binding-Problem, in Kap. 17 und Kap. 24). Die Folge davon sind völlig getrenntes Erleben von Einzelelementen der Umwelt und Orientierungslosigkeit. Z. B. kann die Farbe von Buchstaben nicht mehr erkannt und die Lage und Größe geometrischer Gegenstände nicht mehr verglichen werden [33].

Besonders eindrücklich sind *Störungen des Gesichterkennens* ***(Prosopagnosie)***: Störungen der Diskrimination unbekannter Gesichter treten bei Läsionen des rechten Parietallappens auf, das gestörte Erkennen vertrauter Gesichter, einschließlich des eigenen im Spiegel, allerdings beruht auf bilateralen okzipitoparietalen Läsionen (s. Kap. 17).

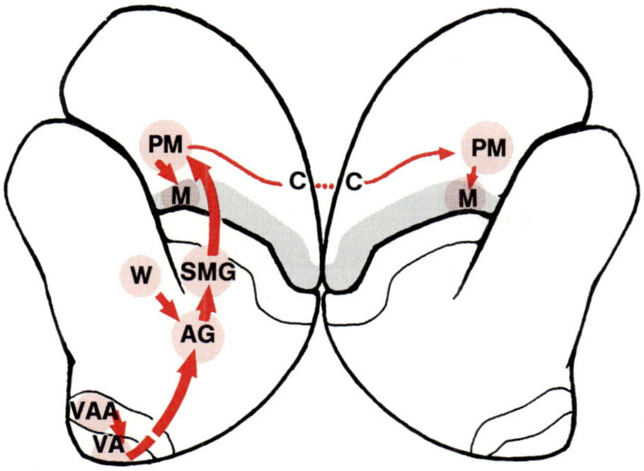

Abb. 27–25. Schema der Hirnregionen und Verbindungen zur Planung und Ausführung nicht-automatisierter Bewegungen. Die visuokinesthetischen Engramme (Reafferenzen) sind im linken Parietalkortex gespeichert (G. supramarginalis = *SMG* und G.angularis = *AG*). Von dort werden sie ins prämotorische Areal (*PM*) übertragen, wo die Planung der Bewegung erfolgt; der *PM* innerviert den motorischen Kortex (*M*), der die spezifischen Muskelgruppen der Gegenseite innerviert. Das Kommando zum Aufruf der Bewegungsengramme kann sprachlich (Wernicke, *W*) oder visuell (z. B. Gestik) aus den visuellen Assoziationsarealen (*VAA*) erfolgen. Läsion von SMG und AG führt daher zu Schwierigkeiten in der Initiative, Auslösung und Imitation von Bewegungen sowie zu Störungen der Bewegungsdiskrimination (z. B. Erkennen von Gesten). Läsion von PM oder der Verbindungen von SMG zu PM führt dagegen zu Fehlern in der Bewegungsfolge, Imitations- und Auslöseschwierigkeiten ohne Diskriminationsprobleme. Schwierigere Bewegungsfolgen der linken Körperseite (re. Hemisphäre) werden nach diesem Schema auch von der linken Hemisphäre ausgelöst. Nach [9]

Kontralateraler Neglekt tritt vor allem nach Läsionen des rechten unteren Parietallappens auf

Kontralateraler Neglekt. Die Rolle des parietalen Assoziationskortex bei der visuellen und taktilen Aufmerksamkeit geht nicht nur aus Läsionen beim Menschen, sondern auch aus elektrophysiologischen Untersuchungen an Affen hervor. Im posterioren Parietal- und Temporalkortex existieren Zellgruppen, die nur dann feuern, wenn sich das Tier *selektiv* auf einen Reiz konzentriert und andere ignoriert, unabhängig vom Aktivierungszustand.

Beim Menschen tritt nach Läsion des rechten Parietallappens und des posterioren Temporallappens, aber auch nach subkortikalen thalamo-retikulären und manchmal auch präfrontalen und zingulären Läsionen eine Störung auf, die als ***kontralateraler Neglekt*** bezeichnet wurde. Die Person reagiert nicht auf visuelle, taktile und akustische Reize kontralateral zur Läsion (meist linke Körperseite). Sie berichtet auch keinerlei Inhalte von dieser Seite, und orientiert sich bei neuen Reizen nicht dahin. Abbildung 27–27 zeigt die Selbstporträts des Malers Räderscheidt im Laufe der Erholung von einem rechten parietalen Infarkt.

Daß es sich um eine Aufmerksamkeitsstörung und nicht um einen sensorischen Defekt handelt, kann man an einer Reihe von Verhaltensweisen erkennen:

Abb. 27–26. Räumliche Koordinationsstörung nach Läsion der rechten Parietalregion. Nach [13]

Extinktion (nicht zu verwechseln mit dem lernpsychologischen Begriff) bedeutet, daß der Patient korrekt auf Reize reagiert, die zeitlich getrennt in das rechte oder linke Gesichtsfeld präsentiert werden, aber den Reiz im linken Gesichtsfeld vollkommen ignoriert, wenn beide Reize simultan gezeigt werden. Dieses Phänomen spricht dafür, daß sich der Fokus der Aufmerksamkeit nicht vom (gesunden) Gesichtsfeld löst („disengage“, s. Abb. 22–6). Die gesunde linke Hemisphäre dominiert durch den Mangel an Hemmung aus der läsionierten rechten Seite und/oder Übererregung der gesunden Seite derart, daß eine Lösung vom gesunden kontralateralen Gesichts- und Körperfeld nicht gelingt. Ein besonders originelles Experiment, das demonstriert, daß die Information auf einem präattentiven Niveau wahrgenommen, aber nicht explizit, bewußt verarbeitet wird, stammt von Bisiach und Luzzati [8]. Sie baten einen Patienten mit rechts-inferiorer parietal-temporaler Läsion, der sein Leben in Mailand verbracht hatte und „die Piazza“ mit Dom vor der Läsion perfekt gekannt hatte, sich vorzustellen, er stünde auf den Stufen des Doms und solle nun den Platz vor ihm beschreiben. Abb. 27–28 zeigt das Ergebnis auf der linken Seite. Danach baten sie den Patienten, sich vorzustellen, er stünde genau dem Dom gegenüber. Nun beschrieb der Patient exakt jene Details des Domplatzes, welche er aus der gegenüberliegenden Vorstellungsposition nicht beschreiben konnte.

Neglekt und Aufmerksamkeit. Die Tatsache, daß auch andere Läsionen zu Neglekt führen, spricht für die Teilnahme des Parietalkortex an einem weit gestreuten kortiko-subkortikalen ***Aufmerksamkeitssystem*** (s. auch Kap. 17 und 22). Den multimodalen, parietalen und tem-

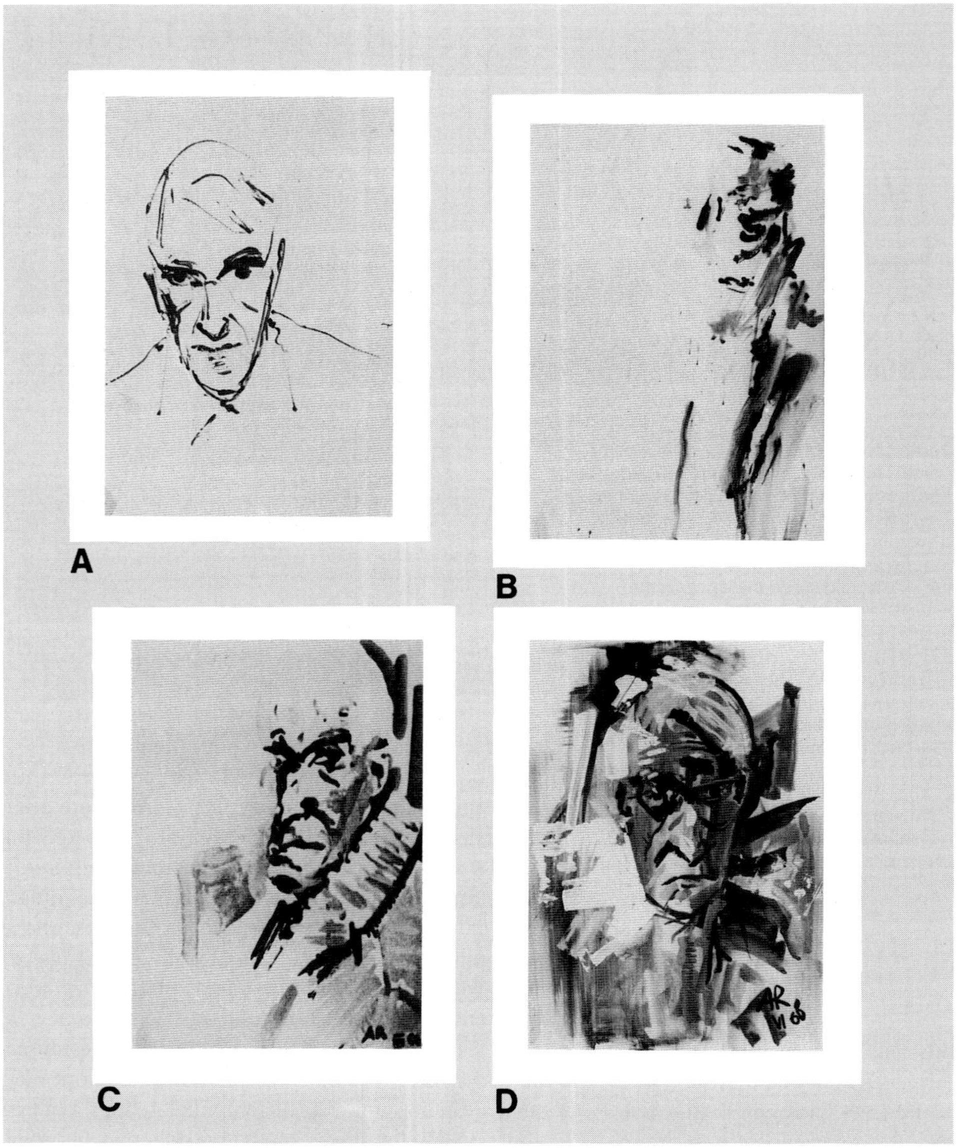

Abb. 27–27. Vier Selbstporträts des deutschen Malers Anton Räderscheidt im Laufe der Erholung von einem rechts-parietalen Infarkt. (**A**) Vor dem Infarkt. Das erste Selbstporträt 2 Monate nach dem Infarkt (**B**) zeigt vollständigen kontrolateralen Neglekt. Der Künstler kann seine Aufmerksamkeit nicht auf die linke Hälfte seines Gesichtsfeldes richten. Das zweite Selbstporträt (**C**) entstand 5 Monate nach dem Insult, das dritte (**D**) 9 Monate danach. (Die Selbstporträts wurden von Richard Jung in Freiburg gesammelt und mit Erlaubnis der Witwe des Künstlers, Gisela Räderscheidt, publiziert.)

poralen Assoziationsarealen kommt dabei die Aufgabe zu, ankommende Erregungsmuster mit gespeicherten und vorhandenen zu vergleichen und daraus die Bedeutung des Musters, nicht dessen motivationale Relevanz, zu extrahieren. Während temporal mehr die *Bedeutung (was?)* analysiert wird, verarbeitet die Parietalregion die *räumliche Lokalisation (wo?)*. Wie wir schon in Kap. 17 und 22 darlegten, spielen dabei auch motivationale und aktivierende Strukturen im limbischen System, Basalganglien, Retikulärformation (MRF), Thalamus und Frontalkortex eine bedeutsame Rolle.

Die ***inferiore parietale Region*** erhält Information von den drei wichtigsten Sinnessystemen (visuell, auditiv, somatisch) und gibt nach multisensorischem Vergleich die Information über die „Bedeutung" des Reizmusters an frontale und temporale Regionen ab (siehe Bindungsproblem, Kap. 17 u. 24); diese modulieren durch hemmende Verbindungen das thalamische Filtersystem des Nucl. reticularis, wie in Kap. 22 beschrieben.

Sensorischer Neglekt muß von ***intentionalem motorischem Neglekt*** unterschieden werden. Hauptsymptom ist die fehlende Intention, der fehlende Wille eine korrekte Zielbewegung auszuüben ***(Akinesie)***. Von den thalamischen Filtersystemen sind bei intentionalem Neglekt und Akinesie im Unterschied zu sensorischem Neglekt die motorischen Kerne (VA, VL), der mediale Thalamus und die Basalganglien beteiligt. Der präfrontale Kortex (s. nächster Abschnitt) fungiert wie bei sensorischem Neglekt als *Entscheidungsinstanz,* die jene Reaktionen auswählt, die am ehesten eine Chance haben, verstärkt (belohnt) zu werden.

Abb. 27–28. Visueller Neglekt nach Läsion des rechten Parietalkortex (s. Text. Nach [8])

Läsionen des Parietallappens führen zu Störungen des Kurzzeitgedächtnisses und damit auch der langfristigen Einprägung, vor allem visuell-räumlichen Materials

Kurzzeitgedächtnis (KZG). In Kap. 22 und 24 haben wir bereits den engen Zusammenhang zwischen kontrollierter Aufmerksamkeit und Kurzzeitgedächtnis beschrieben. Angesichts der Bedeutung des inferioren Parietalkortex in multisensorischen Aufmerksamkeitsprozessen sind daher bei Läsionen auch Einschränkungen im KZG zu erwarten. Dabei ist der rechte Parietallappen mehr für das Behalten visuell-räumlicher Strukturen und der linke für sprachlich-rechnerisches Material zuständig. Bemerkenswerte Defizite unmittelbaren Behaltens (z. B. Zahlennachsprechen im Wechsler-Test) treten tatsächlich nach parietalen Läsionen auf. Dies bedeutet nicht, daß KZG eine ausschließliche Funktion des Parietallappens ist, sondern nur, daß ein wichtiger Verarbeitungsschritt im Rahmen der vielfältigen Prozesse des deklarativen KZG (Kap. 24) auf die *multisensorische Integration* der Parietalregion angewiesen ist.

Der Frontallappen umfaßt drei anatomisch und funktionell abgrenzbare Regionen

Auch bei ausgedehnten Läsionen des Frontalkortex (FC), der 30 % des menschlichen Neokortex ausmacht, treten meist keine sensorischen oder motorischen Ausfälle auf. Die psychologischen Störungen sind dagegen fundamental: im Zentrum der Funktionen vor allem des dorsolateralen FC steht die Herstellung von *stabilen Kontingenzen* zwischen Reaktionen und deren Konsequenzen, wenn diese länger auf sich warten lassen: Assoziationen zwischen einem Hinweisreiz (CS oder S^D, s. Kap. 24), der darauf folgenden motorischen Reaktionssequenz (R) und der biologisch-sozialen Konsequenz (C) führen zum Aufbau stabiler ***Erwartungshaltungen.*** Der FC spielt dabei eine bedeutsame Rolle: ohne ihn verliert Verhalten seine Zukunftsorientierung, es wird schwer vorhersagbar, irregulär oder extrem stereotyp und perseverativ. Wir wollen neben dieser Erwartungsfunktion noch andere Verhaltenskategorien untersuchen, deren Funktionstüchtigkeit vom FC abhängt, da der FC – wie die andern neokortikalen Lappen auch – aus heterogenen Subsystemen besteht [6, 7, 9].

Anatomie. Wir unterscheiden funktionell grob drei Subsysteme des FC (Abb. 27–29):

- Die motorischen (BA4) und prämotorischen Regionen (BA6) einschließlich des Broca-Areals (44) und frontale Augenfelder
- Lateraler FC, der die Areale 8, 9, 10, 44, 45 und 46 umfaßt und zusammen mit dem orbitalen als ***präfrontaler Kortex*** (PFC) bezeichnet wird. Zum lateralen PFC gehört auch der ventromediale PFC, der die Areale 9 und 12 medial und den unteren Teil von BA47 umfaßt.
- Der orbitale FC (von orbit, Sockel) erstreckt sich über die Areale 11, 12 und 47

Der PFC wird häufig als ***granulärer FC*** bezeichnet, da er eine besonders gut entwickelte Schicht IV aus Stern-Zellen mit sphärisch angeordneten kurzen Dendriten aufweist. Die Areale 4, 6, 8 und 44 erfüllen primär motorische Aufgaben, der dorsolaterale FC ist mit Aufmerksamkeitsfunktionen, dem Arbeitsgedächtnis und der Ausbildung von Erwartungshaltungen, das orbitale System mit motivationen Funktionen befaßt.

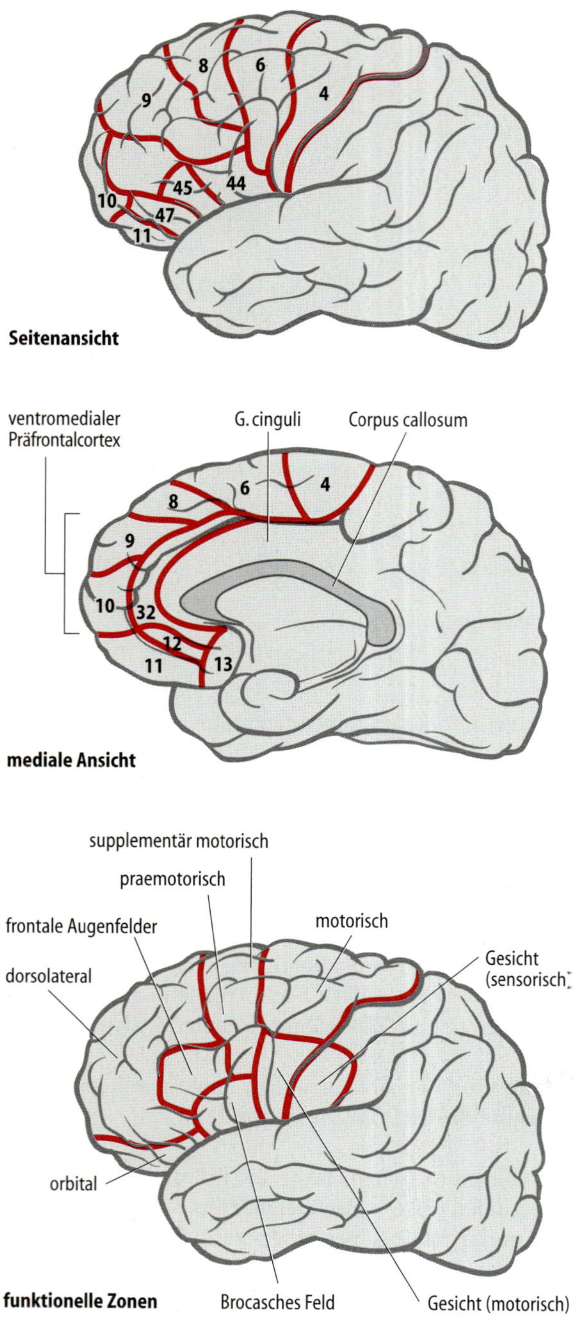

Abb. 27–29. Anatomie des Frontallappens; *oben* laterale und mediale Ansicht der Brodmanschen zytoarchitektonischen Felder; *unten* funktionelle Zonen des Frontallappens

Die wesentlichen ***Afferenzen*** zum PFC stammen aus dem mediodorsalen Nucleus des Thalamus. Allerdings projizieren auch der Nucl. anterior des Thalamus, Hypothalamus, Amygdalae, limbischer Kortex und G. cinguli und MRF, sowie die nicht-primären sensorischen und motorischen Assoziationsareale zum PFC (s. Abb. 27–30). Alle Verbindungen sind reziprok, der PFC projiziert vor allem in Area 7 (somatisch), Area 22 (auditorisch) und Area 21 (visuell). Der orbitale FC hat auch olfaktorische Verbindungen.

Die ***Efferenzen*** des FC gehen neben den Ursprüngen der Afferenzen auch in die Basalganglien (s. Abb. 27–30), nicht in die primären motorischen Areale, Hippokampi und in limbische Regionen. Die Verbindungen zu den Basalganglien sind zur Steuerung des Aufmerksamkeitsverhaltens besonders bedeutsam und wurden in den Kapiteln über Motorik (13) und Aufmerksamkeit (22) bereits ausführlich besprochen.

Läsion des präfrontalen und orbitalen Frontalkortex führt zu Störungen des zeitlichen Ablaufes von Verhalten und deshalb auch zu sozialen Auffälligkeiten

Abbildung 27–31 A und B zeigt die Büste und den Schädel des in der Einleitung erwähnten Phineas Gage, der als erster und zugleich paradigmatischer Fall in die Geschichte der Erforschung des Frontallappens einging. Illustrieren wir seine Probleme, die wir in der Einlei-

Tabelle 27–8. Überblick über Funktionsausfälle nach Läsion des Frontallappens. Nach [12]

Symptom	Läsionsort
Störungen der Bewegungsabläufe	
Verlust der Feinmotorik	Area 4
Kraftverlust	4, 5; dorsolateral
Fehlerhafte Bewgungsplanung	prämotorisch, dorsolateral
Willentliche Fixierung der Augen	Frontale Augenfelder
Gestörte korollare Entladung	dorsolateral, prämotorisch
Broca's Aphasie	44 und Umgebung
Verlust divergenten Denkens	
Reduzierte Spontaneität	orbital
Verhaltensstrategien gestört	dorsolateral, orbital
Reizkontrolle des Verhaltens	
Schlechte Reaktionshemmung	dorsolateral
Risikofreude und Regelverletzung	präfrontal – orbital
Assoziatives Lernen gestört	dorsolateral
Schlechtes Zeitgedächtnis, Arbeitsgedächtnis	
Frequenzwahrnehmung gestört	dorsolateral
Wiedergabe von Reihenfolgen gestört	dorsolateral
Verzögerte Reaktionsaufgabe	dorsolateral
Arbeitsgedächtnis für räumliche Orientierung	dorsolateral superior
Arbeitsgedächtnis für Objekte	inferior
Gestörtes Sozialverhalten	orbital, dorsolateral
Verändertes Sexualverhalten	orbital
Gestörte Geruchsunterscheidung	orbital

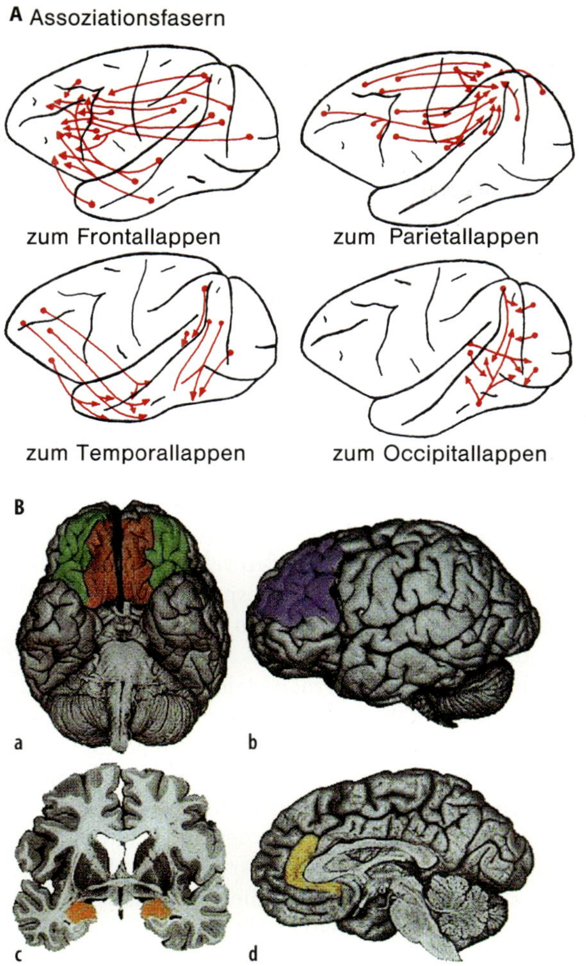

Abb. 27–30. A Faserverbindungen von und zum Frontallappen. *Oben:* Schematische Darstellung der Assoziationsfasersysteme zu den Assoziationsfeldern des *Frontal-, Parietal-, Temporal-* und *Okzipitallappens* beim Rhesusaffen. B *Unten:* Wichtige Abschnitte des Frontallappens. *a.* Orbitofrontaler Kortex (grün) und ventromedialer präfrontaler Kortex (braun). *b.* Dorsolateraler Präfrontalkortex. *c.* Amygdala *d.* Anteriores Zingulum. *c* und *d* gehören zwar nicht mehr zum Frontalkortex, sind aber eng damit verbunden und bilden ein einheitliches neuronales System zur Regulation von sozialen Emotionen. Erläuterungen s. Text.

tung zu diesem Kapitel beschrieben haben, an einem alltäglichen Beispiel unseres eigenen Lebens. Stellen Sie sich einen typischen Arbeitstag vor: Sie müssen um 6 Uhr aufstehen und daran denken, daß abends Gäste zum Essen kommen. Sie machen also eine Liste der Lebensmittel und Getränke, die Sie in der Mittagspause kaufen wollen, davor müssen Sie noch Ihre Wäsche aus der Reinigung holen und deshalb vorher überlegen, welchen Weg Sie mit dem Auto am besten nehmen. Alles geschieht unter Zeitdruck. Sie müssen genau darauf achten, keinen Fehler in der Fahrt und Abfolge der Einkäufe zu machen.

Ohne präfrontalen Kortex können Sie diese Aufgabe nicht mehr bewältigen, nämlich

- das Verhalten im Voraus zu planen und die richtigen Verhaltensabläufe auszuwählen,

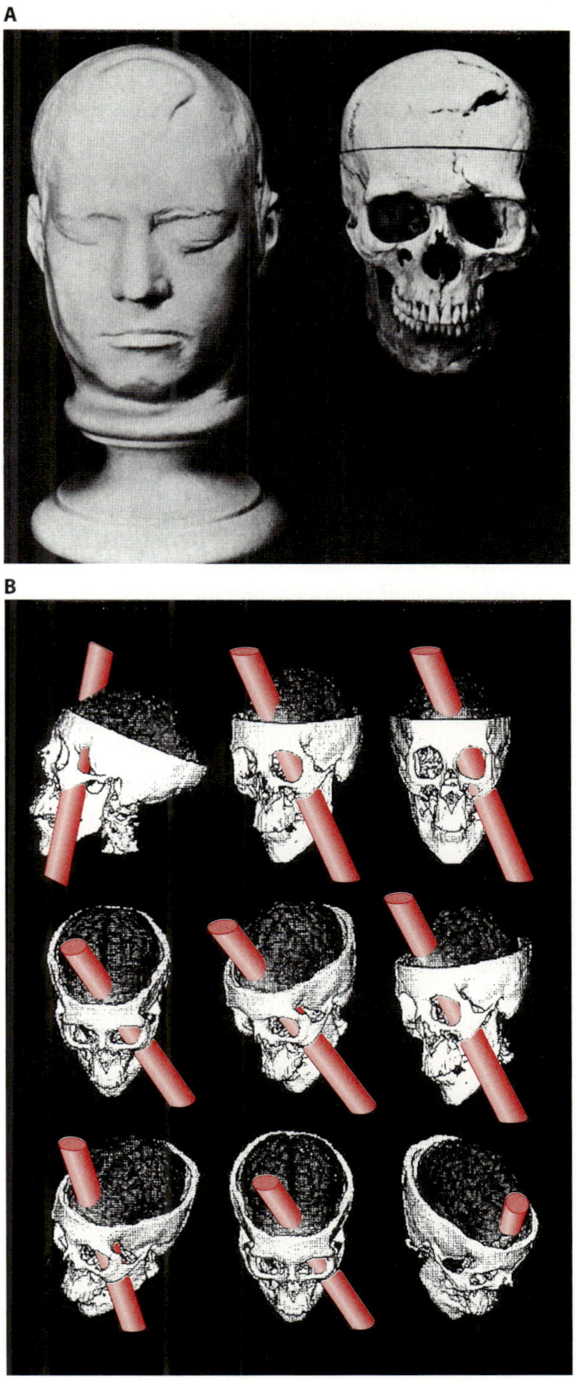

Abb. 27–31. A Büste und Schädel von Phineas Gage. Die Austrittsstelle des Eisenstabes ist links frontal zu sehen. Nach [13] B Computerrekonstruktion der Verletzung und des Eisenstabes.

- ablenkende Reize ignorieren und bei dem begonnenen und ausgewählten Verhalten zu bleiben und
- zu behalten, was Sie schon erledigt und gekauft haben.

Zu dieser zeitlichen Organisation des Verhaltens braucht der präfrontale Kortex detaillierte Information über die sensorischen Reize und den Kontext der Situation aus dem parietalen und temporalen Kortex, sowie den motivationalen Wert der gespeicherten Situation. Tabelle 27–8 gibt einen Gesamtüberblick der verschiedenen Ausfälle nach Läsion des Frontalkortex, einschließlich seiner motorischen und prämotorischen Anteile, die wir nun im einzelnen besprechen wollen (s. auch Kap. 22, 24, 25 u. 26).

Verstärkeraufschub ist die zentrale Voraussetzung für Selbstkontrolle; beidseitige Läsion des präfrontalen Kortex zerstört Selbstkontrolle weitgehend

Verzögerte Verstärkung und Erwartungshaltungen. Im Tierversuch dominiert bei Läsion des dorsolateralen FC, speziell des S. principalis, eine Störung, die sowohl Aufmerksamkeits- als auch Lernfunktionen einschließt: Aufgaben, die eine *verzögerte Reaktion (delayed response)* verlangen, sind gestört. Solche Aufgaben enthalten fünf zentrale Elemente: Ein Objekt, meist Nahrung, wird unter einem oder mehreren Objekten versteckt (1), das Tier muß Sekunden bis Minuten *warten*, während der das Objekt außer Sicht- und Reichweite ist (2), die Objekte werden zur Wahl gestellt (3), das Tier wählt (4) und erhält die Verstärkung (5) (s. Abb. 1–2). Die Position des Köders ist dabei für das Tier schwer vorhersagbar (z. B. im Delayed-alternation-Versuch wechselt der Köder von Durchgang zu Durchgang).

Delayed-matching-to-sample-Aufgaben (DMS) sind ebenfalls gestört: meist wird ein visueller Reiz präsentiert, nach einer Verzögerung derselbe zusammen mit anderen, und das Tier muß wählen, die richtige Wahl wird verstärkt. Von Durchgang zu Durchgang wird der Ziel-Reiz gewechselt. DMS Aufgaben sind auch nach Temporalläsionen gestört, da sie eine visuelle Diskrimination erfordern (s. u.).

„Aus den Augen – aus dem Sinn"; der laterale präfrontale Kortex erfüllt Aufgaben des Arbeitsgedächtnisses

Arbeitsgedächtnis und Aufmerksamkeitszuwendung. Matching-to-sample-Aufgaben erfordern, dass die Information über ein *relevantes* Ereignis, Objekt oder Ort so lange vorübergehend gespeichert wird, bis der Reiz zur Handlungsausführung erfolgt (s. Abb. 1–2): Arbeitsgedächtnis besteht aber nicht nur aus dem passiven Aufrechterhalten der (parietalen und temporalen) Repräsentationen, sondern auch eine Aufmerksamkeitsorientierung auf den relevanten oder bevorstehenden Reiz. Simultan präsentierte, irrelevante Reize müssen gehemmt werden, wenn sie dem Ziel nicht entsprechen. Wie wir in Kap. 22 gesehen haben, ist die Erhöhung der ereigniskorrelierten Hirnpotentiale bei Aufmerksamkeitserhöhung nach Frontalläsionen reduziert oder verschwunden, gleichzeitig werden irrelevante Reizrepräsentationen nicht gehemmt. Deshalb wird der laterale Präfrontalkortex zusammen mit dem anterioren G. cinguli auch als ***supervisorisches Aufmerksamkeitssystem*** (SAS) bezeichnet. Abbildung 22–14 und 22–15 zeigen die Bestandteile des Arbeitsgedächtnisses für Objekte inferior, für räumliche Orientierung superior und den anterioren G. cinguli als wichtige Steuereinheit der exekutiven Aufmerksamkeit.

Das Ausüben von Selbstkontrolle erfordert eine Serie von kognitiven Operationen, die an präfrontale Hirnregionen gebunden sind

Um Selbstkontrolle zu erzielen, muß

- die gegenwärtige oder vergangene (Langzeitgedächtnis) Information über den Reizkontext aus den Parietalregionen in den ventro- und dorsolateralen Frontal-Kortex transportiert werden.
- Dort muß diese Information auch in Abwesenheit der Reize zumindest für Sekunden bis Minuten präsent gehalten werden (***Arbeitsgedächtnis*** im lateralen präfrontalen Kortex)
- Es muß eine Entscheidung für einen bestimmten Handlungsplan auf der Grundlage der antizipierten positiven oder negativen Konsequenzen (Informationsfluß aus limbischen in orbitofrontale Regionen) und der gegenwärtig vorhandenen oder erinnerten (vorgestellten) Situationen (aus den Parietalregionen) erfolgen.
- Die Entscheidung muß von einem generellen Handlungsplan (präfrontal) in zunehmend spezifische Handlungsziele und -abfolgen bzw. deren Hemmung umgesetzt werden (über supplementärmotorisches Areal zu motorischem Kortex unter Einschluß der Basalganglien und des Thalamus).

Langsame Hirnpotentiale erlauben die Messung des Zerfalls von Verhaltensplänen und Erwartungen

Langsame Hirnpotentiale und Aufmerksamkeit. In Erwartungssituationen kommt es bei Säugern wie beim Menschen zu einem charakteristischen Verlauf der ***kortikalen Gleichspannung,*** wie wir ihn in Kap. 21 und 22 ausführlich beschrieben haben. Zwischen einem ankündigenden Reiz (CS, S_1, S^D) und einem zweiten imperativen Reiz (US, S_2), der eine motorische und kognitive Reaktion verlangt, bilden sich zwei Negativierungen oder Komponenten des EEGs aus: eine nach S1 (0,5–2 s danach) und eine *vor* S2. Die erste Negativierung (s. Abb. 22–11) ist präfrontal lokalisiert, die zweite kann topographisch über verschiedenen kortikalen Regionen variieren. Bei Gesunden ist die erste Komponente über dem Frontalkortex bei automatisierten Handlungen, habituierten Reizen, Reizen ohne Signalbedeutung reduziert, bei informativen Reizen erhöht. Untersuchungen mit unterschiedlich komplexen Reizen ergaben, daß die erste frontale Komponente der langsamen Hirnpotentiale mit der *präparatorischen Aktivierung* von Gedächtnisinhalten nach Darbietungen des ersten Warnreizes zusammenhängt. Die ***Erwartung*** der angekündigten Reize ist das subjektive Korrelat dieser präparatorischen Aktivierung. Bei Patienten mit beidseitiger Entfernung des FC fehlt diese erste Komponente, was die Störung der Erwartungsprozesse bei längeren Zeitintervallen zwischen zwei Reizen – wie den Delayed-response-Aufgaben – widerspiegelt.

Zeitliche Kontiguität. Das Grundprinzip allen Lernens, *Assoziation zwischen Reaktion und deren Konsequenz (zeitliche Kontiguität,* s. Kap. 24), scheint zu einem erheblichen Teil von präfrontalen Strukturen abhängig zu sein. Zwischen CS und UCS bzw. zwischen Reaktion und Verstärkung muß sich durch wiederholte zeitliche Paarung eine elektrophysiologische Verbindung ausbilden. Ausdruck dieser Verbindung ist die Oberflächennegativität.

Der enge Zusammenhang zwischen PFC-Entladungen und langsamen Hirnpotentialen (s. Abb. 1–2) ist ein weiteres Indiz für die bereits mehrmals beschriebene Tatsache (s. Kap. 22), daß langsame Potentiale und PFC essentielle Bestandteile der Hirnsysteme zur Steuerung kontrollierter Verarbeitung und selektiver Aufmerksamkeit sind. Beim Menschen ist nach PFC-Läsion die *Aufmerksamkeitsstörung* fundamental: das Verhalten wird schwer vorhersagbar, da offensichtlich keine willentliche Anstrengung zum *rechten Zeitpunkt* nach einem Warnreiz (Effort) bei Aufgaben entwickelt wird, die neu oder kompliziert (nicht automatisch) sind. Dies führt auch zu Abhängigkeit von körperinternen und externen Interferenzen und Gedächtnishemmungen (Ablenkung) und Hyperaktivität.

Information wird im PFC nicht wie in den primären Projektionsarealen (s. Kap. 15 bis 19) verarbeitet, sondern die *zeitliche Steuerung* der Information und motorischer Akte für andere neokortikale Regionen nimmt hier ihren Ausgang. Dieser aktive Mechanismus bezieht seine Energie aus dem limbischen und subkortikalen Strukturen, vor allem dem anterioren G. cinguli. Fällt diese Energiequelle aus oder wird sie zeitlich unabhängig von gelernten Hinweisreizen verteilt (wir haben sie im Zusammenhang mit langsamen Hirnpotentialen kortikale Potentialität genannt, s. Kap. 21 und 22), so wird die zeitliche Abfolge von Gedanken und Verhaltensabläufen irregulär und insgesamt sinkt die Wahrscheinlichkeit für ziel- und zweckgerichtetes Verhalten. Dies wurde klinisch in den Fällen bilateraler Läsion des PFC bestätigt. Nicht nur die Potentialität für die Hemmung aktueller Interferenzen fehlt, sondern die damit unauflöslich verbundene Wiedergabe und das Abrufen kurz vorher stattgefundener Inhalte ist zeitlich nicht mehr mit dem danach *erwarteten* Reiz oder Reaktion verbunden.

Zusammenfassend läßt sich sagen, daß der präfrontale Kortex immer dann aktiviert wird, wenn ein Reiz eine *zeitliche Diskrimination* erfordert. Dies ist bei allen Warnreizen und konditionierten Reizen der Fall: der Organismus schätzt die Auftretenswahrscheinlichkeit eines zweiten Reizes ab und mobilisiert vorausahnend entsprechende sensorische und motorische Systeme. Ist die zeitliche Abschätzung der zukünftigen Ereignisse fehlerhaft oder fällt aus, so wird der Zeitpunkt der sensorischen und motorischen Mobilisierung falsch gewählt und unterbleibt. Die Folge ist die beschriebene Symptomatik des Frontalpatienten: schwer vorhersagbares, irreguläres Verhalten, besonders in Wartesituationen und extreme Ablenkbarkeit. Wir erinnern uns hier auch an die Bedeutung des unteren lateralen PFC für syntaktische Regeln (s. S. 703).

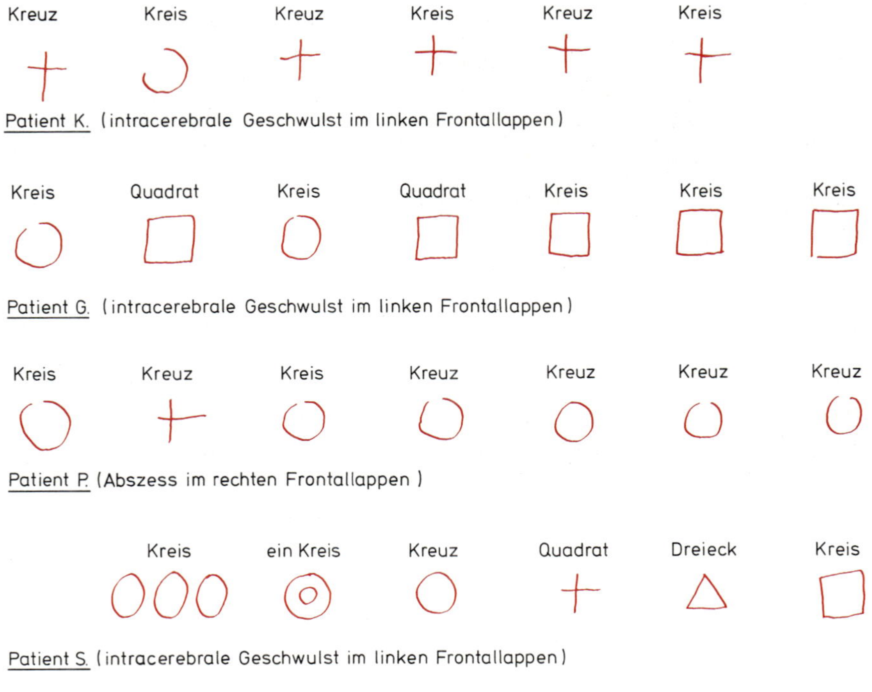

Abb. 27–32. Zerfall von Verhaltensplänen bei Störungen des Frontallappens. Über den Zeichnungen der Patienten sind jeweils die Instruktionen des Untersuchers angegeben. Aus [14]

Rückmeldung über die abgelaufenen Bewegungen an Parietal- und Temporalkortex erlauben die Antizipation und Planung der motorischen Abläufe

Handlungspläne und korrolare Entladungen. Bei dorsolateralen Läsionen des FC wurde festgestellt [14], daß sprachlich formulierte Handlungsprogramme ihren verhaltenssteuernden Einfluß verlieren (s. Abb. 27–32). Der *Zerfall von Verhaltensplänen* geht mit Ablenkbarkeit und gleichzeitig einer Unfähigkeit einher, einmal eingeschlagene Reaktionsstrategien aufzugeben (Perseveration). Im Wisconsin Card Sorting Test (WCST, Abb. 27–33 A u. B) behalten die Patienten trotz gegenteiliger Evidenz die Strategie bei. Die Inflexibilität und Perseveration wird vor allem durch Läsion der

A

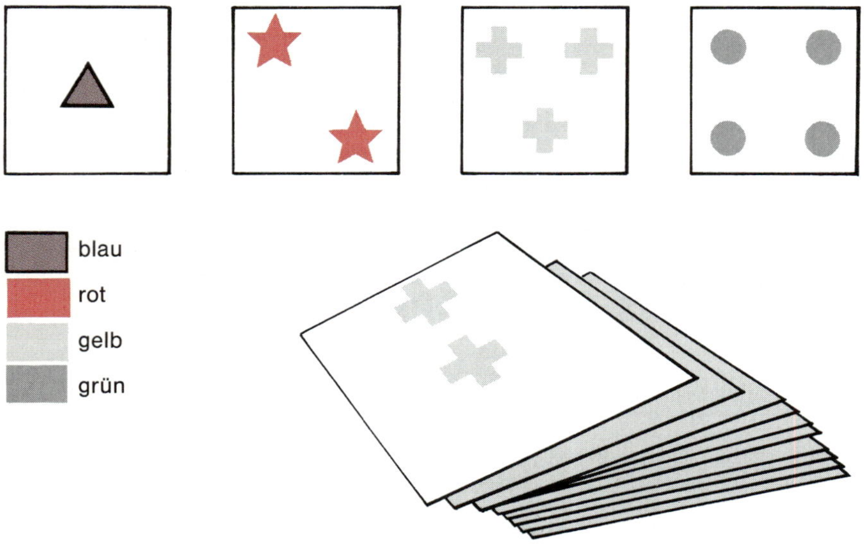

B

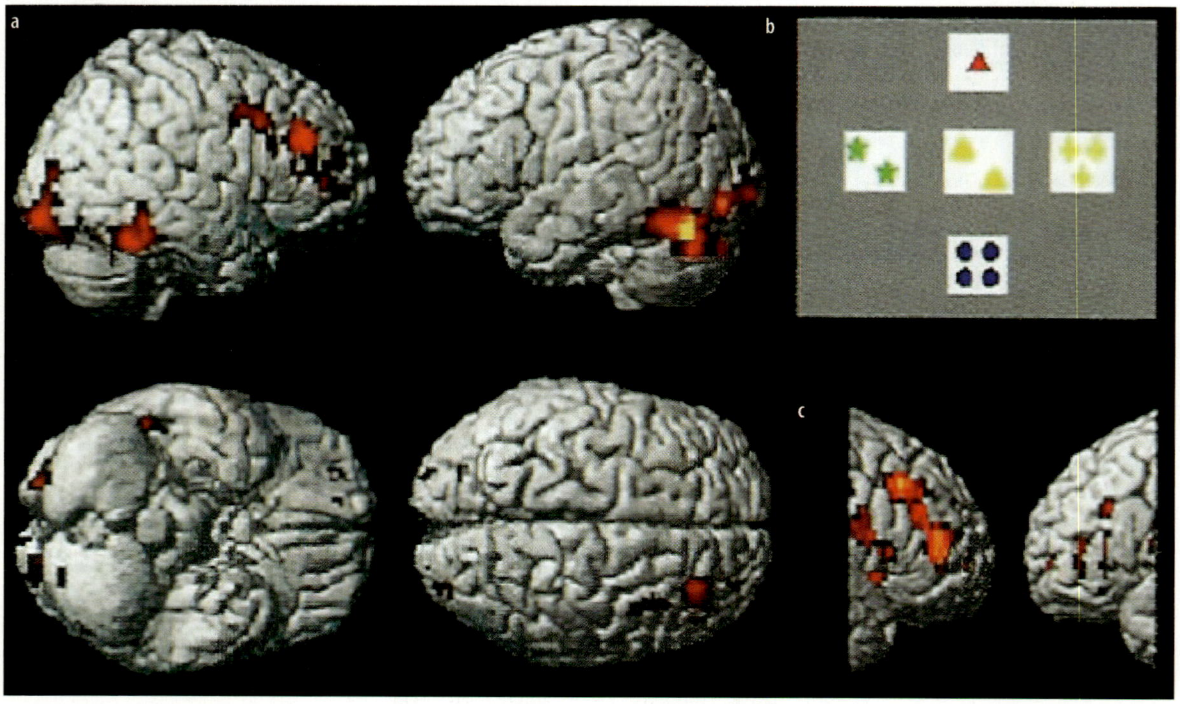

Abb. 27–33. **A** Der Wisconsin Card Sorting Test (WCST). Die Testperson muß die Karten des Pakets vorerst nach den Kategorien der Form zuordnen, nach 10 Zuordnungen wechselt der Versuchsleiter ohne Ankündigung das Zuordnungsprinzip, z. B. muß die Person danach die Karten nach der Farbkategorie zuordnen. Obwohl der Versuchsleiter nach jeder Karte Rückmeldung gibt, bleiben Personen mit Läsionen des Frontallappens bei der eingeschlagenen Strategie, auch wenn der Versuchsleiter nur mehr negative Rückmeldungen gibt. **B** Kortikale Aktivierungen bei Bearbeitung des WCST: rechte Hemisphäre (a), linke Hemisphäre (b), Frontalkortex (c). Aus: Meyer-Lindenberg A, Mietich RF, Kohn PD, Esposito G et al (2002) Reduced prefrontal activity predicts exaggerated striatal dopaminergic function in schizophrenia. Nature Neuroscience 5,3: 267–271

linken Area 9 verursacht, die Ablenkbarkeit gilt generell für präfrontale Läsionen. Abbildung 27–33 B zeigt die Veränderung der Hirndurchblutung bei Durchführung des WCST.

Der Zerfall von Verhaltensplänen könnte auch mit fehlenden Reafferenzen (korrolaren Entladungen) über z.Z. ablaufende Bewegungsfolgen vom FC an die posterioren sensorischen Regionen zusammenhängen. Wenn eine Bewegung durchgeführt wird, so gehen damit *zwei* Erregungsabläufe einher: Erstens wird das Kommando zur Bewegung von dem prämotorischen FC an den motorischen Kortex gegeben. Zweitens gibt der dorsolaterale FC an die parietalen und temporalen sensorischen Assoziationskortizes ein reafferentes (korrolares) Signal über die geplante Bewegung ab (Efferenzkopie); diese korrolare Entladung bereitet die zentralen sensorischen Systeme auf die motorischen Änderungen vor und erlaubt antizipatorische Anpassungsprozesse an veränderte Körperhaltungen. Fehlen die frontalen korrolaren Entladungen, so wird keine Korrektur der Wahrnehmung auf der Grundlage der veränderten Körperposition eingeleitet. Personen mit Läsionen des PFC machen z.B. daher auch Fehler, wenn man sie bittet, bei zur Seite geneigter Körperhaltung ein schräges Objekt horizontal zu stellen. Auch die Probleme, die diese Patienten besonders beim *Imitieren von Gesichtsausdruck* aufweisen, könnte auf mangelnde Rückmeldung über den momentanen Ausdruck rückführbar sein.

Soziopathisches, antisoziales Verhalten kann nach Entfernung oder Zerstörung des präfrontalen Kortex als Folge der Antizipationsunfähigkeit auftreten

Psychochirurgie und frontale Leukotomie. Valenstein [20] kommt nach einem Überblick der Geschichte der Psychochirugie zu einem vernichtenden Urteil über den therapeutischen und wissenschaftlichen Nutzen der Zerstörung von Hirngewebe zur Beseitigung von Verhaltensstörungen wie Angst, Schizophrenie, Tics, Zwangsverhalten und kriminelles Verhalten. Dies gilt besonders für die *frontale Lobotomie* (Leukotomie ist ein Synonym dafür, nach dem dabei verwendeten beidseitig geschärftem Skalpell, dem Leukotom).

Die Operationstechnik wurde von Moniz in den 30er Jahren eingeführt, nachdem im Affenexperiment erhöhte Frustrationsresistenz, Zahmheit und Angstreduktion beobachtet worden war. Dabei werden von einem Bohrloch in der Kreuznaht, 6 cm oberhalb des Jochbeins, die Verbindungen von Thalamus und FC durchtrennt. Die Indikationen für diesen Eingriff sind ebenso unklar wie die Konsequenzen.

Pseudopsychopathie. Bilaterale Frontal-Läsion unter Einschluß der orbitalen Anteile führt weniger zu Intelligenzdefekten (der IQ bleibt häufig gleich) als zu einem *pseudopsychopathischen Zustandsbild* (s. Kap. 26), vor allem bei Läsion des rechten FC und *pseudodepressiven Zuständen* nach linker Läsion: die psychopathischen Verhaltensweisen umfassen jene Störungen, die früher unter dem unklaren Begriff *ethischer Gefühle* zusammengefaßt wurden. Heute verstehen wir unter pseudopsychopathischen Zuständen einige beobachtbare Verhaltensweisen, die denen der psychopathischen Störung ähnlich sind. Es fehlt allerdings die Verhaltensstabilität des echten Psychopathen [5,6,13,14], die zeitliche Konstanz im Verhalten bei den Frontalläsionen; innerhalb weniger Minuten können normalerweise unvereinbare Verhaltensweisen abwechselnd in schneller Folge auftreten. Das Verhalten des Psycho(Sozio)pathen ist dagegen über das ganze Leben hinweg vergleichbar stabil, wenn auch sozial destruktiv (s. Box 27–4).

Personen mit ausgedehnten bilateralten Frontalschädigungen zeigen folgende soziale Hauptsymptome: Unfähigkeit, Zukunftspläne zu verwirklichen, auch wenn diese nur wenige Minuten in die Zukunft reichen, Oberflächlichkeit, gestörtes passives Vermeiden (s. Kap. 26, S. 650). Nicht-Ertragen von Verstärkeraufschub, soziale Auffälligkeit durch Taktlosigkeit, verbale Inkontinenz, im Extremfall auch Inkontinenz der Ausscheidungen sind Folgeerscheinungen dieser fundamentalen kognitiven Störung. Bei Läsion der linken Seite kommen Anhedonie (Verlust der Verstärkerqualitäten, Lustverlust), Apathie und stereotypes Verhalten hinzu. Offene Kriminalität ist selten, da der Antrieb und die zeitliche Stabilität der Verhaltenspläne fehlen. Positive und negative Verstärker haben nur kurzfristig – und wenn sie unverzögert gegeben werden – einen verhaltenssteuernden Einfluß.

Soziale Intelligenz und das Erkennen der Absichten anderer („Theory of Mind") hängt von der Funktionstüchtigkeit eines ausgedehnten präfrontalen und posteriortemporalen Systems ab

Theory of Mind. Der Erfolg sozialer Interaktionen hängt wesentlich von der Fertigkeit ab, den mentalen Zustand (emotional, kognitiv, Absichten) anderer vor-

Abb. 27–34. Beispiel aus einem Test für Kinder zur Messung des Persönlichkeitsmerkmals „Theory of Mind". Nach [34]

BOX 27–4

Zur Neurobiologie des Bösen: antisoziale Persönlichkeit und Präfrontalregion

Die menschliche Sozialisation beruht zu einem erheblichen Teil auf aktivem und passivem Vermeidungslernen (s. Kap. 24) und der Entwicklung von Empathie, also der Möglichkeit, sich in andere Personen einzufühlen (s. „Theory of Mind", S. 725). Beide Mechanismen benötigen die präfrontale Orbitalregionen, um das entsprechende Verhalten, z. B. Unterlassen einer physischen oder verbalen Aggression, auszubilden. Soziopathen (oder der synonym gebrauchte Begriff „Psychopathen" oder antisoziale Persönlichkeit) lernen passives Vermeiden („tu das nicht, sonst . . .") schlecht, entwickeln keine antizipatorische Angst auf physiologischer Ebene und werden daher, wenn sie ökonomisch oder intellektuell benachteiligt sind, überzufällig häufig kriminell. Ihr Gegenpart sind Sozialphobiker, welche extreme Angst vor sozialen Situationen haben und diese exzessiv vermeiden. Die Abbildung zeigt die mit funktioneller Magnetresonanztomographie (fMRT) gemessene Hirndurchblutung (BOLD-Effekt, s. Kap. 21) bei einer Gruppe von schwerst kriminellen Psychopathen (PP), sozial Ängstlichen (SP) und Gesunden (HC) während einer klassischen Konditionierung von Angstreaktionen. Die BOLD-Reaktion auf den konditionalen Angstreiz (CS), ein neutrales menschliches Gesicht, auf das ein unangenehmer Druckreiz folgte, wurde verglichen mit einem CS ohne negative Folgen. Man erkennt, dass vor allem der ventrale Orbitalkortex (mittlere Reihe, ventrale Ansicht, rechts orbitofrontal) bei Soziopathen nicht aktiv wird. Die sozial Ängstlichen zeigen eine massive Durchblutungssteigerung in allen emotionalen Hirnarealen (G. cinguli, Orbitofrontalkortex, Insel, Amygdala) bereits vor Beginn der Konditionierung, so dass sie sich später auf der Abbildung während der Akquisition der konditionierten Angstreaktion kaum mehr unterscheiden (siehe auch Kap. 26, S. 676 zur Definition von Psychopathie).

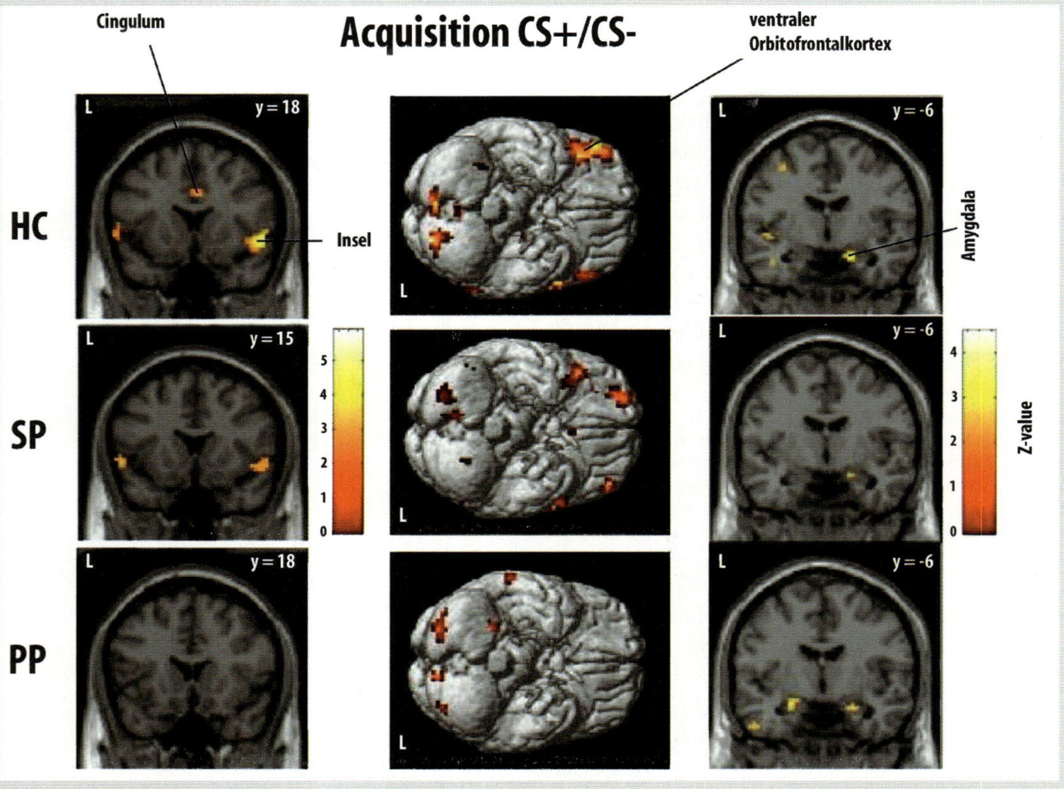

Klassische Konditionierung von antizipatorischer Angst bei Gesunden (HC), Sozial Ängstlichen (SP) und antisozialen Psychopathen (PP): Hirndurchblutungsanstiege (rot und gelb) während Erlernen der antizipatorischen Angst.

herzusagen. Abbildung 27–34 zeigt ein Beispiel aus einem psychologischen Test für Kinder und kindliche ***Autisten***, mit dem man das Ausmaß an „Theory-of-mind"-Fähigkeit messen kann. Dazu eignen sich Situationen wie diese, in denen jemandes Verhalten vorherzusagen ist, der z. B. getäuscht und betrogen wurde, besonders gut. Die Einfühlungsgabe (Empathie) hängt natürlich auch von anderen elementaren Funktionen ab: zwischen belebten und unbelebten Inhalten zu unterscheiden, den Augenbewegungen, Ausdrucksverhalten und Aufmerksamkeitsreaktionen anderer zu folgen, zielgerichtete Aktionen zu identifizieren und zwischen eigenen und fremden Handlungen zu unterscheiden. Für die ersten drei Elementarfunktionen wird vor allem der obere temporale Sulcus und inferiore Temporallappen aktiviert, bei Affen z. B. fand man ***Spiegel-Neurone***, die nur feuern, wenn ein anderer Affe dieselbe Reaktion ausführte und der Affe ihn beobachtete. In der Nähe liegen Zellen, die auf ***biologische Bewegung*** (laufen, Körperhaltungen) ansprechen usf.

Information über die *eigenen* Bewegungen und Absichten, also eigene von anderen Handlungen zu unterscheiden, scheinen auch im anterioren Cingulum und medialen Frontalkortex verarbeitet zu werden, während Ziele und Absichten den orbitofrontalen Kortex benötigen.

Bei ***Autismus*** und manchen ***Schizophrenieformen*** sind diese Regionen dysfunktional und unteraktiviert (s. S. 734).

Der Temporallappen spielt neben expliziten Gedächtnisfunktionen eine entscheidende Rolle bei visuellen und akustischen Erkennungsleistungen und dem emotionalen Kategorisieren von den erkannten Objekten

Die Rolle der beiden Temporalregionen für Konsolidierung und LZG wurde ausführlich in Kap. 24 besprochen, ihre motivationalen Funktionen sind uns aus der engen Verbindung zu limbischen Regionen verständlich und werden in Kap. 25 und 26 diskutiert. Entsprechend den anatomischen Substrukturen hat der Temporallappen als primäres und sekundäres auditorisches System (s. Kap. 18) und Teil des tertiären visuellen Systems (s. Kap. 17) Sinnesfunktionen (superiore und inferiore Anteile), der mediale und limbische Teil dagegen Gedächtnisfunktionen und affektive Färbung. Während man die visuellen Funktionen des Parietellappens mit dem Schlagwort *wo ist es?* umschreiben könnte, frag der Temporalkortex *was ist es?*

Anatomie. Der Temporallappen umfaßt die neokortikalen Regionen 20, 21, 22, 37, 38, 41 und 42, die als *Archikortex* bezeichnet werden und die medial gelegenen, phylogenetisch älteren, dreischichtigen Anteile des *Paleokortex*: G. ambiens, parahippokampaler Gyrus und Uncus; der enthorhinale (Area 28) und perirhinale Kortex (Area 35 und 36) gehören zum mediotemporalen Gedächtnissystem und wurden ausführlich in Kap. 24 besprochen (Abb. 24–29); Hippokampus und Amygdala sind eng mit dem Paleokortex verbunden (Abb. 27–35). Abb. 27–35 und Abb. 24–28 zeigen auch einige der afferenten und efferenten Verbindungen, die man sich reziprok vorstellen soll. Daraus geht hervor, daß der inferiore Temporalkortex als tertiäres visuelles Feld angesehen werden muß, was sich auch neuropsychologisch bestätigen läßt.

Funktionen des Temporallappens. Tabelle 27–9 gibt einen Überblick über die wichtigsten Störungen bei Ausfall der Temporalregion. In den vorausgegangenen Kapiteln wurden die meisten bereits abgehandelt, vor allem die Gedächtnis- und Sprachfunktionen, sowie die akustischen Analysatoren.

Visuelle Unterscheidung. Die Rolle des inferioren G. temporalis für *visuelle Diskriminationsleistungen und Erkennungsleistungen* ist sowohl im Tierversuch als auch im Humanexperiment nachweisbar (s. Kap. 17). Die Abb. 27–36 zeigt ein Beispiel aus dem McGill-Bild-Anomalietest, bei dem der Patient ungewöhliche visuel-

Tabelle 27–9. Funktionsausfälle nach Ausfall verschiedener Temporalregionen. Nach [13]

Symptome	Möglicher Läsionsort
1. Störungen der akustische Enkodierung	Areal 22, 41, 42
2. Störung der Selektion visueller und aktustischer Reize	Areal 20, 21, 22, 37, 38
3. Störungen der visuelen Erkennungsleistung (ventraler Strom)	Areal 20, 21
4. Störungen der akustischen Erkennungsleistung	Areal 41, 42, 22
5. Gestörte Organisation und Kategorisierung	Areal 21, 38 links
6. Gestörte Kontexterinnerung (s. Kap. 24)	Hippokampus, parahippokampale Bereiche
7. Störung der Sprachwahrnehmung	Areal 22 links
8. Schlechtes Langzeitgedächtnis	Areal 21 (Hippokampus und umliegendes Gewebe)
9. Änderungen der Persönlichkeit und des Affektes	Areal 21, 38 plus Amygdala
10. Änderungen sexuellen Verhaltens	Amygdala und Temporalpol

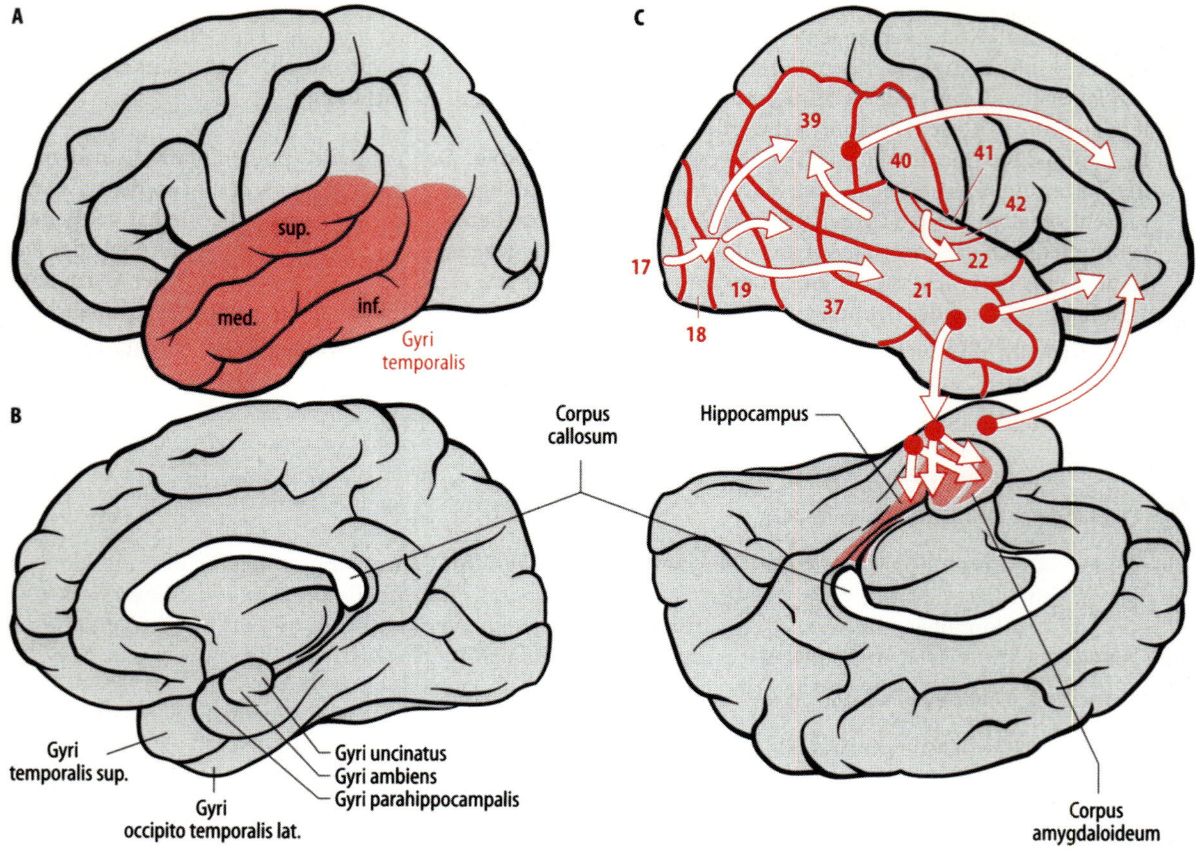

Abb. 27-35. Grobanatomie des Temporallappens. **A** Die drei wichtigsten Windungen an der lateralen Oberfläche. **B** Die Windungen bei medialer Sicht auf den Temporallappen. **C** Aktivitätsfluß aus den visuellen und auditorischen Regionen durch die Temporallappen in die medialen Regionen, einschließlich Amygdala und Hippokampus. Man beachte, daß die Information nach ihrer Analyse im Temporal- oder Parietallappen stets im Frontallappen endet. Nach [13]

le Inhalte erkennen muß. Obwohl das Gesehene korrekt identifiziert wird, scheint der Vergleichsprozeß der aktuell angekommenen Information mit im LZG gespeicherte Information erschwert. Auch die ***Bedeutung*** (Signifikanz) von Gesichtern wird nicht erkannt, besonders wenn diese im linken visuellen Halbfeld erscheinen.

Abbildung 27–37 zeigt einige der mit bildgebenden Verfahren identifizierten Areale des basal-ventralen Temporallappens: links Gesichter, rechts visuelle unbelebte Objekte. Man erkennt, dass weniger der Ort, als das Muster der Aktivierungen innerhalb des ventralen Temporalkortex wichtig ist. Bei Läsionen kommt es zu verschiedenen Formen der ***„Seelenblindheit“ (Agnosien)*** je nach dem Ort der Läsion, z. B. bei Läsion der oberen Temporalregion werden akustische (akustische Agnosie) oder musikalische Reize (Amusie) nicht mehr erkannt. Werden die Objekte visuell dargeboten (z. B. Geige statt Geigenklang) werden sie erkannt. Solche Ausfälle werden als ***apperzeptive Agnosie*** bezeichnet (z. B. erkennt der Patient sein Gesicht nicht im Spiegel), während ***assoziative Agnosien*** zwar die Objekte diskriminieren können, aber ihren Sinn und Bedeutung nicht verstehen, die semantische Bedeutung geht verloren.

Hinzu kommen Kategorie-spezifische Agnosien für unbelebte Objekte und belebte Objekte, letztere hängen mehr von visuellen Informationen ab, da sie untereinander ähnlicher sind. Wie ist die hohe Spezifität der Agnosien nach Läsionen mit dem Modell anatomisch überlappender Erregungs- und Hemmungsmuster in Einklang zu bringen? Innerhalb eines Individuums bilden sich idiosynkratische, gleichbleibende Erregungsmuster für jedes Objekt heraus, so dass durchaus bei lokalen Läsionen die eine oder andere Objektkategorie spezifisch betroffen sein kann. Zwischen Individuen gibt es allerdings nur wenig vergleichbare Orte der Verarbeitung.

Akustische Unterscheidung und Sprache. Bilaterale Läsionen des auditorischen Kortex führen nicht zu ***kortikaler Taubheit***, wie dies beim primären visuellen Feld der Fall ist. Geschädigt ist aber die Tonunterscheidung, vor allem die minimale Zeit, die verstreichen muß, um zwei Töne oder Sprachlaute noch als unterschiedlich wahrzunehmen. Die minimale Darbietungsdauer zur Tonunterscheidung beträgt ca. 50 ms, nach Läsionen kann sie auf das Mehrfache ansteigen, was Sprachwahrnehmung unmöglich macht, sofern die Laute und Wörter nicht sehr lange dargeboten werden. Dies gilt vor allem für den linken oberen posterioren Temporallappen. Auch bei ***Dyslexien*** und Kindern mit ***Sprachver-***

Abb. 27–36. Aufgabe aus dem McGill-Bild-Anomalien-Test. Die Vp soll erkennen, daß ein Bild im Affenkäfig ungewöhnlich ist. Nach [45]

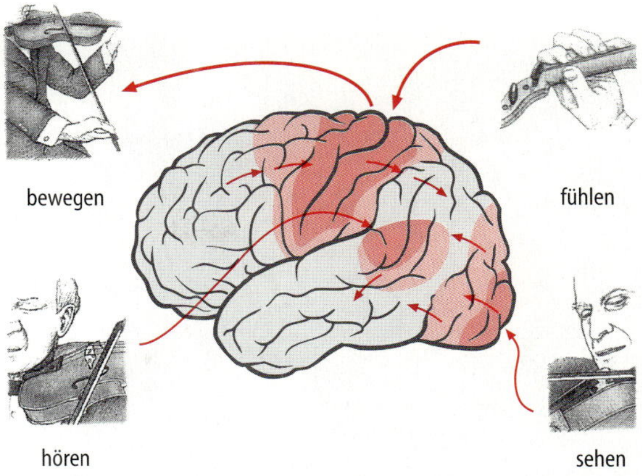

Abb. 27–38. Simultane Aktivierung verschiedener Hirnregionen beim aktiven Musizieren. Nach [8]

ständnisstörungen ist die Lautdiskrimination beeinträchtigt (s. S. 713). Durch langes Training der Unterscheidungsfähigkeit kann aber die kortikale Leistungsfähigkeit bei diesen Kindern wiederhergestellt werden. Bei Affen zeigt sich nach längerem Training der akustischen Unterscheidungsfähigkeit im oberen Temporallappen und nach Training der visuellen im unteren Temporallappen ein Anstieg der Aktionspotentialfrequenz auf Tonsequenzen und visuelle Muster um mehr als 30 % gegenüber der Zeit vor dem Training [13]. Wie auch im somatosensorischen Kortex kommt es zur Vergrößerung der komplexen rezeptiven Felder durch Lernen (s. Kap. 24).

Musikalische Leistungen hängen von einem engen Zusammenspiel zwischen beiden temporalen Kortizes ab

Abbildung 27–38 symbolisiert, warum aktives Musizieren nach Noten die optimale „Nahrung" für das Gehirn darstellt. Keine menschliche Tätigkeit führt zu einer derart weit über das ganze Gehirn ausgedehnten ***simultanen*** Aktivierung von Neuronenverbänden. Dabei werden alle primären Sinne, pyramidale und extrapyramidale Motorik und eine Vielzahl assoziativer und paralimbischer Systeme aktiviert. Die Simultaneität dieser Aktivierungen liegt zeitlich in dem für Lernen und Plastizität idealen Fenster (s. „Hebb-Prinzip" in Kap. 24).

Musikalität und absolutes Gehör. Wie wir bereits in Kap. 25 und 26 gesehen haben, spielen die durch Se-

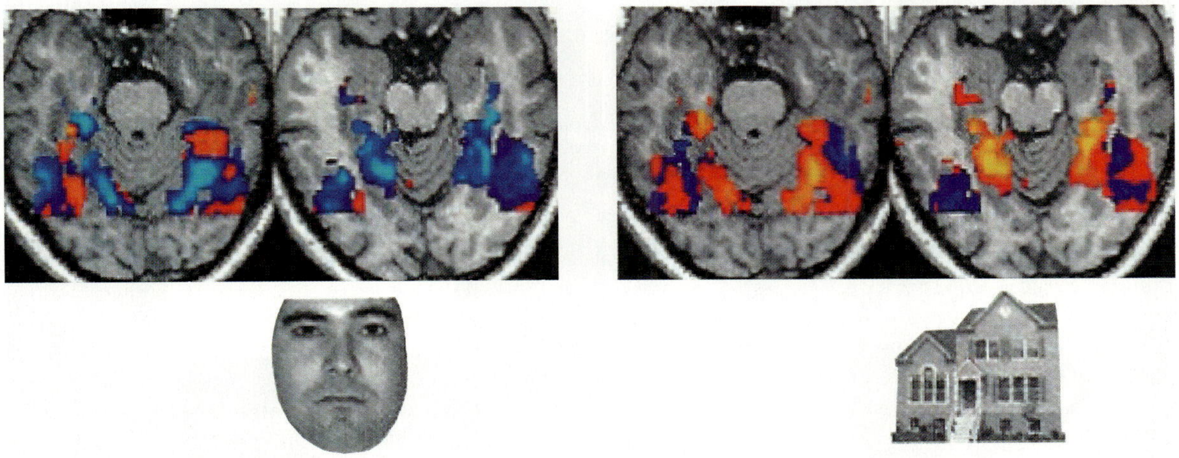

Abb. 27–37. Überlappende Aktivierungen für Gesichter (links) und Objekte (rechts) im ventralen Temporalkortex gemessen mit fMRT. Objekte, lebend und unbelebt und Gesichter und menschliche Körper lösen unterschiedliche Muster von Erregungsanstieg (rot) und Abfall (blau) in überlappenden Arealen aus [aus [37])

A

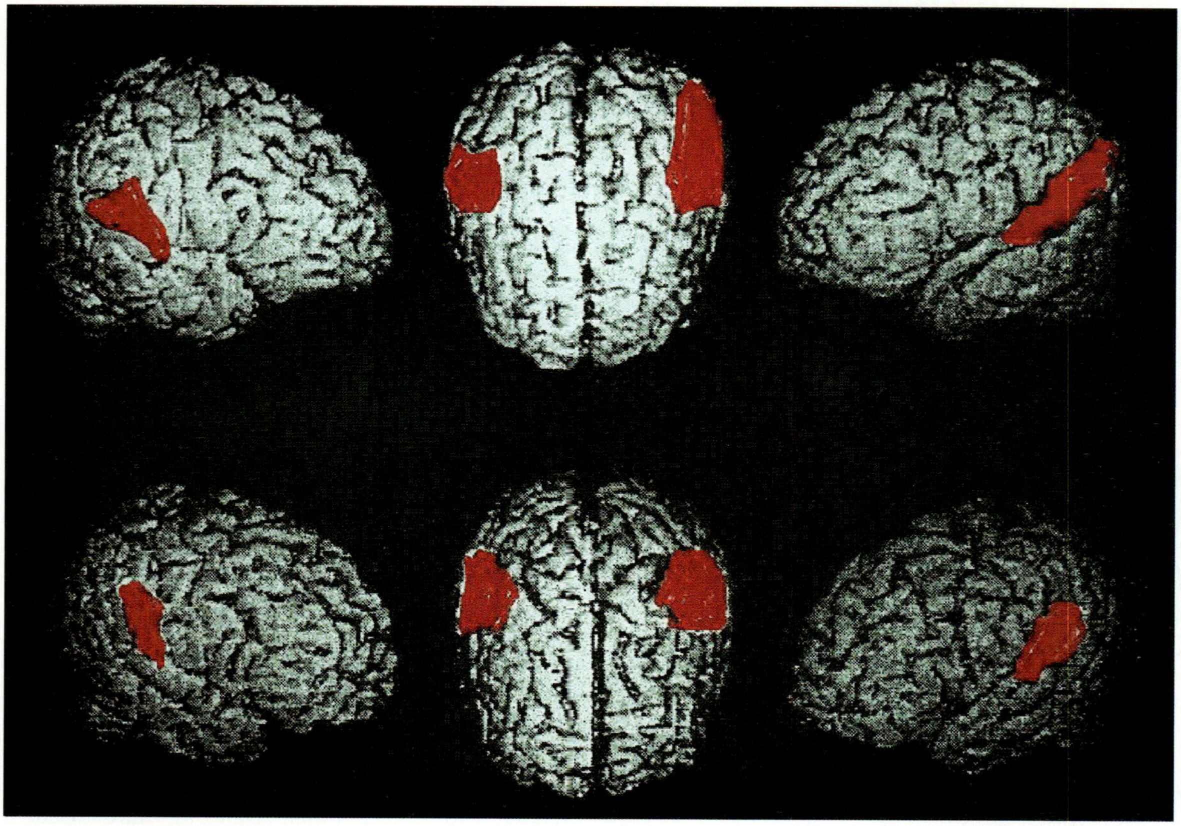

B

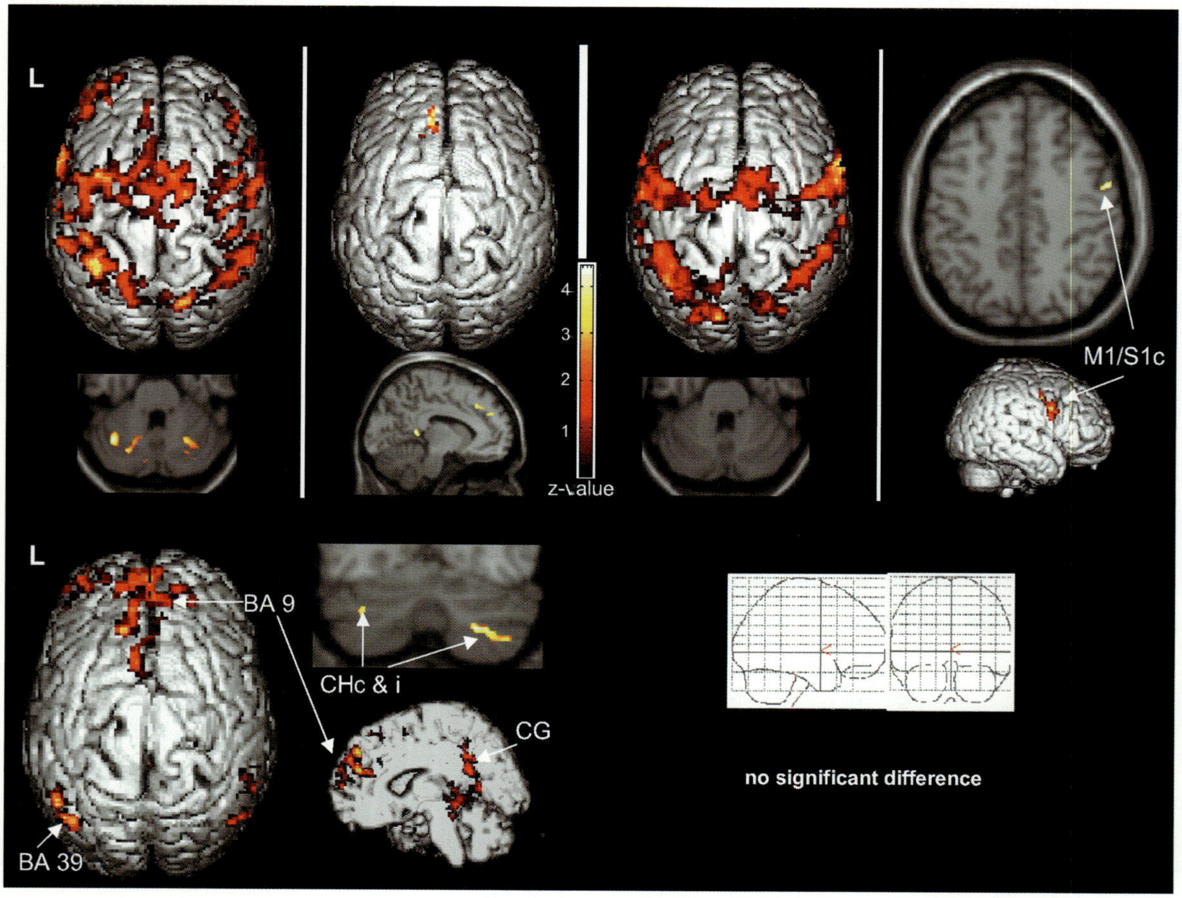

L
4
3
2
1
z-value
M1/S1c
L
BA 9
CHc & i
CG
BA 39
no significant difference

xualhormone ausgelösten anatomischen Strukturveränderungen vor und nach der Geburt eine gewisse Rolle in der musikalischen Begabung. Vermessung der Kortizes von Musikern mit und ohne absolutes Gehör ergaben ein deutlich größeres linkes Planum temporale bei Personen mit absolutem Gehör, wie auf Abb. 27–39 dargestellt.

Dies bedeutet aber nicht, daß musikalische Begabung mit links-hemisphärischer Dominanz des hinteren Temporallappens einhergehen muß: Für die Wahrnehmung und Produktion von Obertönen und *Melodien* ist die rechte Hemisphäre notwendig, wie dies auch für die *Prosodie* im Bereich der Sprache gilt.

Musik und Hirndynamik. Die Produktion und Beschäftigung mit Musik hat einen dauerhaften Einfluß auf anatomische und physiologische Strukturen des Gehirns (s. a. Abb. 18–8). Dies gilt zumindest für jene Personen, die sich mit klassischer Musik beschäftigen oder aber Musik produzieren. So zeigt sich bei Darbietung von komplexer (artifizieller) Musik, die von einem Computer nach Gleichungen des deterministischen Chaos erzeugt wurde (s. Kap. 21), im Vergleich zu einfacher, repetitiver (Pop) Rhythmik, daß die Gehirnströme wie in Resonanz der dargebotenen Musik schwingen und ebenso komplexe oder repetitive Muster im EEG bilden (s. Abb. 27–40). Personen, die aber nur repetitive (Pop)Musik hören, zeigen diese Hirnresonanz nur bei einfach-repetitiven Rhythmen: ihre Hirnaktivität wird ebenso repetitiv und vorhersagbar, die Komplexität nimmt ab [27].

Die Plastizität des Kortex führt bei Musikern, z. B. Geigenspielern zu einer ***kortikalen Reorganisation*** der Repräsentation der Finger jener Hand (üblicherweise der rechten) im primären somatosensorischen Areal, welche für die Tonführung beim Geigenspiel besonders wichtig sind. Je länger eine Person bereits Geige spielt, um so ausgedehnter das Fingerareal und um so höher die Aktivierung (Abb. 27–41; bezüglich der Meßmethode s. Kap. 21, Abb. 21–17).

Abbilddung 27–39 B zeigt die BOLD-Antworten im fMRT von professionellen Musikern (Geigern) und vergleichbaren Laienmusikern, die weniger kontinuierliches Training aufwiesen, während sie einige Takte des ersten Satzes des Violinkonzertes G-Dur von Mozart mit ihren Fingern (ohne Violine) spielten und sich dieselbe Tonabfolge einfach vorstellten. Zwei wich-

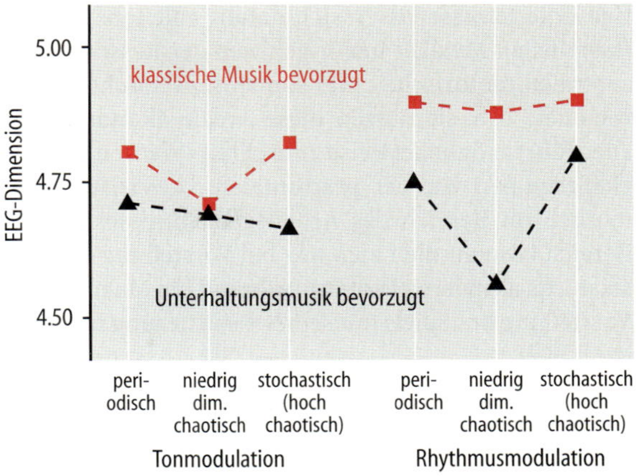

Abb. 27–40. Dimensionale Komplexität des EEGs bei Darbietung periodischer, rhythmischer aber nicht perfekt vorhersagbarer und hoch chaotischer Computermusik. Die Musik wurde einmal frequenzmoduliert (links), das andere Mal nur in verschiedenen Rhythmen (rechts) dargeboten. Rot die gemittelten Werte von Personen, die klassische Musik bevorzugen, schwarz jene, die Popmusik hören. Nach [27]

◀ **Abb. 27–39. A** Verstärkte Ausdehnung des Planum temporale links bei Musikern mit absolutem Gehör (obere Reihe) und einer Kontrollgruppe von Laien (untere Reihe). Die Größe wurde volumetrisch mit struktureller Kernspintomographie bestimmt, die erste Spalte zeigt die rechte Hemisphäre, die zweite Spalte Blick von oben auf Kortex (seitenverkehrt, frontal jeweils unten), die dritte Spalte linke Hemisphäre. (Aus [56] mit freundlicher Genehmigung) **B** Funktionelle Kernspintomographie (fMRT) von musikalischen Laien (beide linke Spalten) und professionellen Musikern (beide rechte Spalten) während eines schwierigen Violinstückes (oben) mit der linken Hand und die Differenzen der Aktivierung zwischen der Vorstellung und der Ausführung desselben Stückes (unten). Man erkennt oben, dass Laien bei aktueller Ausführung sehr viel mehr zentrale Areale (linke 1. Spalte) und das Zerebellum (darunter in der Mitte) aktivieren als professionelle Musiker (dritte rechte Spalte oben). Untere Reihe links erste beide Spalten: Differenz vorgestelltes minus ausgeführtes Musikstück bei Amateuren: zusätzliche medial-frontale Aktivierung und hinteres Zingulum bei der Vorstellung, während bei Professionellen (rechts unten) keinerlei Differenz zwischen vorgestelltem und ausgeführtem Musikstück besteht. (Aus: Lotze M, Scheler G, Erb M, Braun C, Birbaumer N (im Druck) The musicians' brain: functional imaging of amateurs and professionals during performance and imagery. NeuroImage, mit freundlicher Genehmigung)

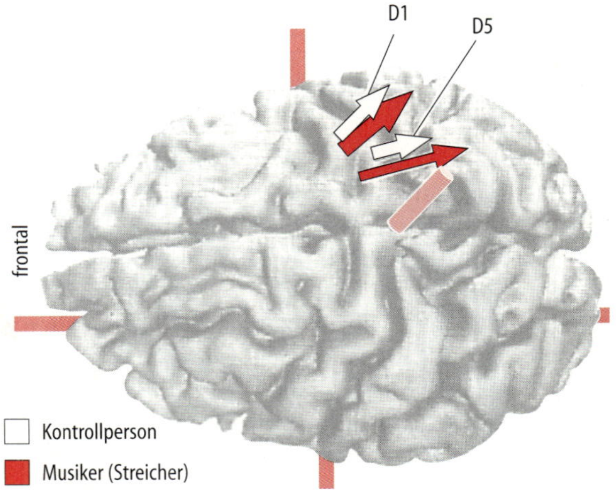

Abb. 27–41. Stärke und Ausdehnung postzentraler Feldstärken magnetisch evozierter Felder, symbolisiert durch Länge der Pfeile, an der Region des Daumens (D1) und des kleinen Fingers (D5), gemessen mit Magnetoenzephalographie (MEG). Erfahrene Geigenspieler (rot) weisen deutliche kortikale Reorganisation jener Finger auf, die sie bevorzugt beim Geigenspiel benutzen. Aus: Elbert T, Pantev C, Wienbruch C, Rockstroh B, Taub E, Increased cortical representation of the fingers of the left hand in string players. Science 270:305–307 (1995)

tige Erkenntnisse lassen sich daraus ableiten: die professionellen Musiker benötigen weniger Ressourcen in zentralen motorischen und somatosensorischen Hirnregionen, d.h. sie nützen diese Areale ökonomischer. Dies führt möglicherweise zum „Frei"-Werden anderer Hirnregionen wie der präfrontalen Aktivierung, vermutlich im Bereich des Arbeitsgedächtnisses. Diesen Bereich können die Laien nur bei Vorstellung des Musikstücks aktivieren (unten), während bei Musikern die Vorstellung des Spiels mit seiner Realisierung identisch ist.

27.6 Störungen des Denkens

Die Alzheimer-Demenz führt zu Verlust des Gedächtnisses und im Endstadium auch dem Verlust von Identität und Persönlichkeit

Deskription und Arten von Demenzen. Unter Demenzen verstehen wir einen überdurchschnittlichen Verlust intellektueller Funktionen, vor allem der Merkfähigkeit. Überdurchschnittlich bedeutet hier im Vergleich zum normalen Abfall intellektueller Funktionen im Laufe des Alterns. Spezifische neuropsychologische Tests für Gedächtnis, Merkfähigkeit und Problemlösen und räumliche Desorientierung geben Grenzwerte an, ab denen normales Altern in krankhaftes Altern, die Demenz, übergeht. Eine Differentialdiagnose erfordert aber zusätzlich zu den Tests eine *Verhaltensanalyse* und neurologische Untersuchungen.

5% der Bevölkerung über 65 weisen schwere Demenzen, weitere 10% der über 65jährigen und über 40% der über 80jährigen leichte bis mittelschwache Demenzen auf. Nach dem hauptsächlich betroffenen Ort der Schädigung werden unterschieden:

- Kortikale D.: Alzheimer Demenzen und Pick-Demenzen (frontal maximal)
- Fronto-subkortikale D.: Huntington-, Parkinson und Multi-Infarkt-Demenzen (zerebro-vaskuläre D.)
- Axiale D. (über subkortikal-kortikale Strukturen hinweg): z. B. Korsakoff-Syndrom (s. Kap. 24)
- Globale Amnesien (s. Kap. 24)
- Gemischte D.: infektiöse, toxische, posttraumatische Demenzen

Alzheimer-Krankheit. Die Hälfte aller Personen mit Demenzen ist an dieser Störung erkrankt. Wie die meisten Demenzen beginnt sie schleichend und entwickelt sich über ein Anfangsstadium von 1–3 Jahren bis zu vollständiger apathischer Demenz mit Inkontinenz, motorischen Störungen und körperlichem Verfall und Tod nach durchschnittlich 5–10 Jahren. Einsicht in die Erkrankung geht nach dem Anfangsstadium in der Regel verloren. Der *Beginn* wird oft nicht erkannt, die *Vergeßlichkeit* besonders für neues Gedächtnismaterial (Merkfähigkeit für Minuten vorher dargebotene Inhalte) unterscheidet sich vorerst nicht von den Behaltensschwierigkeiten älterer Menschen. Bereits ab dem 50. Lebensjahr können die ersten Merkfähigkeitsstörungen auftreten. Erst etwas später fallen Persönlichkeitsveränderungen auf: extreme Verschärfung vorhandener Persönlichkeitszüge, apathische Einstellung gegenüber Neuem und Ablenkbarkeit, Konfusion und soziale Desorientierung. Neurologische Zeichen (Verlust von Reflexhemmungen, Sprachstörungen) folgen erst relativ spät.

Ursachen der Alzheimer-Krankheit. Die *Entstehung* der Alzheimerschen Erkrankung ist zur Zeit noch unbekannt; diskutiert wird ein langsamer Virus (slow virus), genetische Disposition, Aluminiumunverträglichkeit und immunologische Defekte. Am wahrscheinlichsten, besonders für die früh auftretende, schwere Form von Alzheimer ist eine dominant vererbte Anomalie des Zellstoffwechsels.

Für die schwere familiäre Form der Erkrankung konnte die Mutation eines Genes auf Chromosom 21 verantwortlich gemacht werden. Dieses Gen kodiert für das Vorläuferprotein von ***β-Amyloid*** (APP), das für die Zerstörung der Zellen verantwortlich ist und in hohen Mengen im Gehirn der Patienten nachweisbar ist [21, 45]. Allerdings fand man in anderen Untersuchungen an belasteten Familien eine Mutation auf Chromosom 1 (Presenilin 2) und Chromosom 14 (Presenilin 1) und Chromosom 19, die ähnliche Funktionen wie jene auf Chromosom 21 haben [13].

Es kommt zu Atrophie der grauen Substanz, besonders der temoralen Assoziationskortizes und des Hippokampus und basalen Vorderhirns, Atrophie der dendritischen Verzweigungen und histologisch vor allem am Kortex zu ***senilen Plaques*** und ***neurofibrillären Einlagerungen (tangles)*** (Abb. 27–42). Senile Plaques sind Ablagerungen abgestorbener Nervenzellen mit hohen Anteilen an Neurotransmittern und Proteinen. Neurofibrilläre Einlagerungen bestehen aus exzessiver Vermehrung der normalen Neurofibrillen (Kap. 3), die u. a. Stützfunktion für die Zellen haben. In den degenerativen Ablagerungen (Plaques) befindet sich das Protein Amyloid, das charakteristisch für Alzheimer-Patienten und ihre Verwandten ersten Grades ist.

Azetylcholin und Alzheimersche Krankheit. Die *Schwere* der Störung korreliert hoch mit dem post-mortem festgestellten Verlust des Vorläuferenzyms des Transmitters Azetylcholin (ACh) Cholin-Azetyltransferase (ChAT) vor allem in den Assoziationsarealen und im Hippokampus. Allerdings wird auch das Abbauenzym Azetylcholinesterase und NA, Serotonin und die Reaktivität auf einige Neuropeptide (Somatostatin, Neurotensin) verringert. Der Verlust cholinerger Neurone nimmt aber von den subkortikalen Ursprungskernen des cholinergen Systems (s. Kap. 20, 24 und 26) seinen Ausgang, weshalb die Bezeichnung kortikale Demenz mißverständlich ist. Die Ursache für den Verlust cholinerger Zellen dürfte in einer Reduktion des Nerven-

A

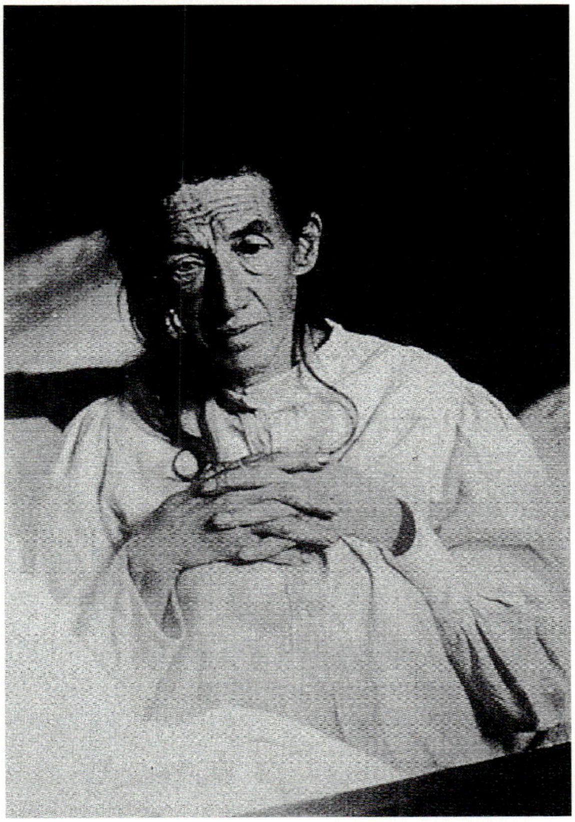

B

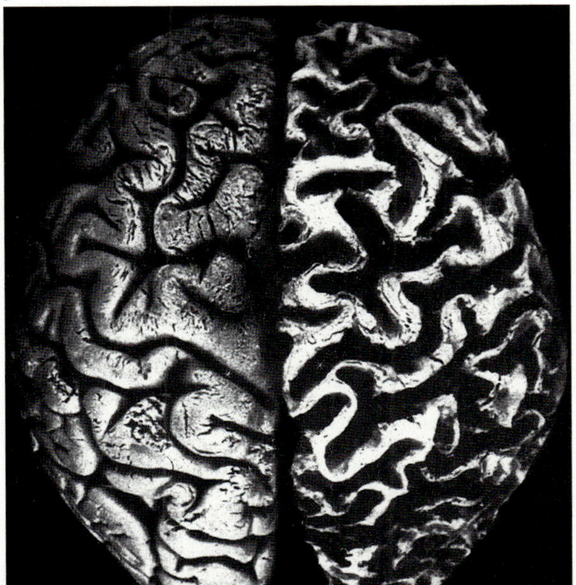

Abb. 27–42. A Auguste D, die erste Patientin Alois Alzheimers 1902. B Vergleich des Gehirns einer Alzheimer-Patientin (rechts) und einer gesunden, gleich alten Person (links). Das Alzheimer-Gehirn ist kleiner und weist erheblich ausgedehntere Furchen und schmale Windungen auf

wachstumsfaktors (Nerve Growth Factor, NGF), eines Proteins mit einem Molekulargewicht von 13000 liegen. NGF wird vor allem im Hippokampus und dem Basalkern des Vordehirns produziert und stimuliert Wachstum und ChAT-Produktion speziell im cholinergen System (Abb. 20–19). Im Tierversuch hebt Injektion oder Implantation von NGF die Lern- und Gedächtnisdefekte nach Hippokampusläsion auf [7, 11].

Behandlung. Die Gabe von Substanzen, die den Abbau von Azetylcholin aufhalten (Azetylcholinesterasehemmer) führt auch zu Verbesserung der Symptomatik, hat aber so schädigende Nebeneffekte, daß bisher alle klinischen Prüfversuche scheiterten [11].

Die Parkinson-Krankheit führt zu einem Verlust des Dopamins im nigro-striatalen System

Parkinson-Krankheit. Obwohl ***Ruhetremor, Rigidität und Bradykinesie*** (langsame und träge Bewegungen) und ***Akinesie*** (Initierung von Bewegung gestört) als die Hautpsymptome bei Parkinson gelten (s. Kap. 13, S. 277), sind die ***kognitiven Störungen*** und die ***Depressivität*** mancher Patienten genauso als Teil dieser Störung zu sehen. *Vor* Einsetzen der motorischen Ausfälle äußert sich die Krankheit schon früh in einem Nachlassen visuell-räumlicher Funktionen (bei beidseitiger oder rechts-dominanter Lokalisation der Störung, weniger bei links-dominanter). Die Erkrankung tritt meist nach dem 50. Lebensjahr auf und verläuft progredient, innerhalb von 5–20 Jahren nach erstem Auftreten ist die Mortalität 3 mal so hoch wie bei Gesunden.

Bei ideopathischem Parkinson ist die ***Ursache*** unbekannt; Aufnahme von Pestiziden und Drogeninhaltsstoffen (Crack), die Dopaminzellen zerstören, sind eine Ursache, kommen aber nicht bei allen Betroffenen vor. Heute sind Parkinson-Symptome oft Folge chronischer Gabe von antipsychotischer Medikation mit antidopaminerger Wirkung (s. u.). Da bei Parkinson ein *Verlust dopaminerger Zellen* in der S. nigra und dem benachbarten ventralen Tegmentum vorliegt und die S. nigra Teil eines komplexen Systems mit motorischen, kognitiven und motivationalen Funktionen ist (s. Kap. 20 und 25), sind motorische Ausfälle allein unwahrscheinlich.

Die Tatsache, daß der präfrontale Assoziationskortex eine zentrale Empfangsstelle dopaminerger, cholinerger und noradrenerger Faserzüge ist, läßt Störungen, wie sie bei dorsolateraler Frontalläsion festzustellen sind, vermuten. In der Tat zeigen Parkinson-Patienten und Patienten mit *Frontalläsionen* vergleichbare Störungen im WCST und bei Aufgaben, in denen verschiedene Hinweisreize mit unterschiedlichen Handlungsabfolgen assoziiert werden müssen (delayed alternating response). Da bei Parkinson-Patienten aber auch noradrengerge Zellen im Nucl. coeruleus degenerieren und Serotonin reduziert ist, kann die Krankheit nur nach Aufklärung der *Interaktion* von mehreren beteiligten Transmittern verstanden werden. Wie bei Morbus Alzheimer ist auch ein Verlust cholinerger Zellen im basalen Kern des Vorderhirns (Abb. 20-19) festgestellt worden, der aber offensichtlich nicht zu den weiten kortikalen Schädigungen der Alzheimer-Erkrankung führt, sondern bei Morbus Parkinson am Kortex primär die Frontalregion zu betreffen scheint.

Therapie des Morbus Parkinson. Die Behandlung von Parkinson mit L-Dopa, dem Vorläuferenzym von Dopamin, bessert in den ersten Behandlungsmonaten und -jahren die psychomotorischen Störungen, intellektuelle Verbesserungen und Stimmungsaufhellungen sind in der Regel nur von kurzer Dauer. Dies weist darauf hin, daß die Balance eines komplizierten Gefüges von Netzwerken mit kognitiven und motorischen Funktionen gestört ist. Die früher häufig praktizierte stereotaktische Ausschaltung motorischer Kerne des Thalamus als Therapie des Parkinson hat sich genauso wenig bewährt wie die Ausschaltung der Frontalregion bei Schizophrenien oder Zwangsstörungen.

Erstaunliche Erfolge erbrachte die ***Implantation*** embryonalen dopaminergen und noradrenergen Gewebes in die Umgebung der S. nigra. Das Gewebe vermehrt sich rasch und wächst in die degenerierten Zonen der Basalganglien ein. Bei einigen Patienten wuchsen die Zellen aber unkontrolliert in alle Richtungen, so dass eine deutliche Verschlechterung des Krankheitsbildes mit Krämpfen und Zuckungen auftrat.

Elektrische Selbststimulation der motorischen thalamischen Kerne und des Subthalamus über implantierte Elektroden zeigt ebenfalls erhebliche und dauerhafte Verbesserungen der Bewegungsstörungen, vor allem der Bradykinesie. Die Mechanismen dieses Effektes sind aber unklar.

Die ***Verhaltenstherapie*** des Morbus Parkinson kann zwar die Degeneration der Zellen nicht beenden, aber vermutlich in ihrem Verlauf günstig beeinflussen: Intensives Training der Motorik mit EMG-Biofeedback und Übungsprogrammen des Gesichtsausdrucks und Verbesserung der Depressivität, Ängstlichkeit und des sozialen Rückzugs verlangsamt das Fortschreiten der Erkrankung erheblich. Die Patienten müssen aber die Übungen in der häuslichen und sozialen Umgebung lebenslang fortsetzen, sonst verlieren sie ihre Wirkung [50].

Die Schizophrenien sind eine heterogene Gruppe von Störungen der Aufmerksamkeit, Wahrnehmung und Sprache

Deskription. Schizophrenie ist keine einheitliche Erkrankung, sondern besteht aus verschiedenen Verhaltensstörungen, deren Differenzierung in klar abgrenzbare Subgruppen bis heute nicht gelungen ist. Gemeinsam ist den verschiedenen Formen der Schizophrenie eine Gruppe von Symptomen, die allein oder in Kombination auftreten [5]: bizarrer Wahn, Verfolgungs- und Eifersuchtsideen, akustische Halluzinationen, inkohärente und lose Assoziationen, Verlust sozialen Funktionierens. Wenn die Wahnvorstellungen *logisch* und *kohärent* sind und Eifersuchts- und Verfolgungsideen dominieren, sprechen wir von ***paranoider Störung***. Die Störungen gehen oft mit sozialer Isolation und flachen oder extrem unangepaßten Affekten einher.

Schizophrenie ist eine Störung des Jugend- und Erwachsenenalters und muß streng von kindlichen „psychotischen" Störungen unterschieden werden: Autismus tritt vor dem 3. Lebensjahr auf und ist primär durch die verbale und non-verbale Kommunikationsstörung und extrem eingeschränkte Verhaltensweisen und Interessen gekennzeichnet (s. Box 27-5).

Schizophrenie beginnt im jüngeren Erwachsenenalter bei Männern, bei Frauen kommt es zu einer erneuten Häufung des Auftretens in der Menopause, bzw. bei Abfall des Östrogenniveaus. Die Krankheit führt selten zu vollständiger Remission auf früheres soziales Funktionieren. Trotzdem sind weitgehende Besserungen vor allem bei den akuten Schizophrenien mit plötzlichem Einsatz und positiv-florider Symptomatik eher möglich als bei den schleichend verlaufenden, prämorbid schlecht angepaßten mit negativ-defekter Symptomatik [23].

Denkstörungen. Da bei Schizophrenen in vielen Denkaufgaben z. T. schwere Störungen festgestellt wurden, erbrachte vor allem das Studium jener Aufgaben, die Schizophrene *ebenso gut* oder besser wie Normalpersonen bewältigen im Vergleich zu den unbewältigten Aufgaben, wichtige Einsichten in die Informationsverarbeitung dieser Personen (Beispiele dafür auf S. 736). Drei Defizite sind zentral, die miteinander zusammenhängen:

- Mangelnde ***Selektivität von Aufmerksamkeitsprozessen***
- ***Kontrollierte Suche*** (controlled search) im KZG ist erschwert (s. Kap. 22 und 24)
- ***Lose Assoziationen***, vor allem im sprachlich-akustischen Bereich, sind häufig (z. B. wird auf „Haus" nicht „wohnen", sondern „Hölle" assoziiert)

Die Ätiologie (Entstehungsgeschichte) der Schizophrenie ist sowohl von genetischen, physiologischen wie psychologischen Faktoren abhängig

Entwicklung der Schizophrenie. Die oben unter a, b und c angeführten drei Hauptsymptome lassen sich bereits *vor* Ausbruch der Erkrankung im Kindes- und Jugendalter erfassen: In Längsschnittstudien von Kindern schizophrener Mütter, die nach der Pubertät an schizophrenen Störungen leiden, ergeben sich deutliche Störungen des Aufmerksamkeitsverhaltens: Die ***Habituation*** der Hautwiderstandsreaktion auf wiederholte einfache Reize ist verlangsamt. Während Kinder, die später nicht erkranken, nach 10 hintereinander dargebotenen Tönen keine Reaktion des Hautwiderstands mehr aufweisen, reagieren die Risikokinder auch noch nach dem 10. Reiz gleich stark. Der Reiz behält seinen *Neuheitswert* trotz seiner offensichtlichen Bedeutungslosigkeit bei. Unwichtiges wird nicht von Wichtigem unterschieden, das Aufmerksamkeitsystem (s. Kap. 22) reagiert unselektiv und intensiv; man spricht daher auch oft von einer Überflutung der Aufmerksamkeit und des KZG und des verbalen Arbeitsgedächtnisses. In Aufgaben, wo auf Zielreize schnell reagiert und auf ähnliche oder ablenkende Reize nicht reagiert werden soll (z. B. im Continuos Performance Test CPT), schneiden Kinder schizophrener Eltern, die später erkranken, deutlich schlechter ab (bei einem schizophrenen Elternteil beträgt die Wahrscheinlichkeit einer schizophrenen Störung bis zu 15 %, bei zwei erkrankten Eltern 40 %, in der Allgemeinbevölkerung 1 %).

Genetik und Schwangerschaft. Obwohl bisher kein Gen für das Risiko an Schizophrenie zu erkranken gefunden wurde, zeigen die Untersuchungen an getrennt aufgewachsenen ein- und zweieiigen Zwillingen, daß das Risiko vererbt wird. Allerdings scheint dieses genetische Risiko nur die Empfindlichkeit für eine Wachstumsstörung der Zellen im Gehirn des Embrios zu bestimmen (s. u.). Letzteres wiederum könnte mit einem Virus zusammenhängen, der in nördlichen, kalten Regionen häufiger ist: Schizo-

BOX 27-5

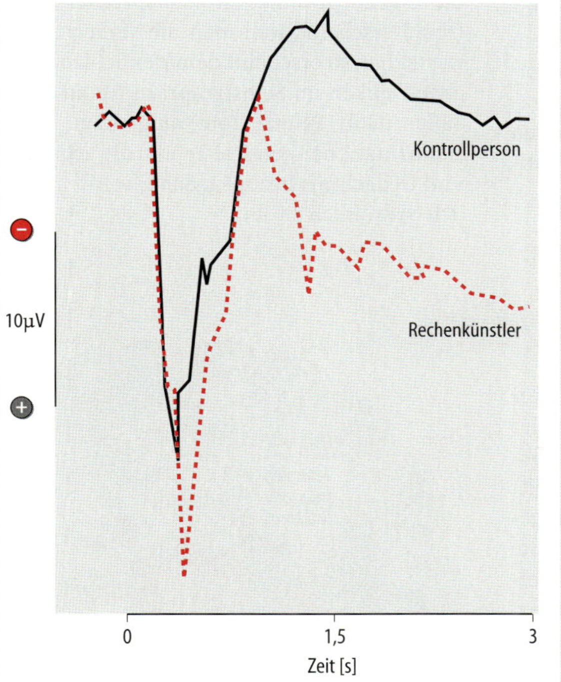

Oben Zeichnung eines 3-jährigen autistischen Mädchens von Selfe (Aus [26]). **Unten** Ereigniskorrelierte Hirnpotentiale (EKP) auf eine schwierige Rechenaufgabe, welche der Savant (rote Kurve) viel schneller als die vergleichbare Kontrollgruppe (schwarze Kurve) löst. Man erkennt, dass die frühen Komponenten (bewußte) des EKP deutlich erhöht sind, während die späten (unbewußten) erniedrigt sind. Dies wird als verbesserte, tiefe Verarbeitung frühen Reizeinstroms und schlechte späte Verarbeitung gedeutet (aus [26])

Rain-Man's Botschaft: Neurobiologie von Autismus und Savants

In dem Film „Rain Man" spielt der amerikanische Schauspieler Dustin Hofman einen erwachsenen Autisten, der einige wenige extrem gut ausgebildete Fertigkeiten beherrscht: er erkennt innerhalb von Millisekunden, dass 98 Streichhölzer zu Boden fielen, er kann extrem schnell beim Glücksspiel die Wahrscheinlichkeiten der Treffer errechnen u. a. Die Abbildung zeigt oben die Zeichnung eines 3-jährigen autistischen Savant (franz. „Gelehrte(r)"); gesunde 3-jährige sind nicht in der Lage, ein Tier derart naturalistisch wiederzugeben. Nur ein kleiner Prozentsatz von Autisten und geistig Retardierten weisen solche Talente auf. Autisten wehren bereits früh Augen- und Gesichtskontakt ab, lernen nicht oder nur unzureichend sprechen (in ca. 50 %), bleiben bevorzugt isoliert, zeigen Bewegungsautomatismen (z. B. Schaukeln) und eine profunde Aufmerksamkeitsstörung. Nur einige wenige „erholen" sich von der Störung, die offensichtlich angeboren ist und auf einen polygenetischen Vererbungsgang mit Störungen der Hirnentwicklung während der Schwangerschaft zurückzuführen ist [26]. Bis heute und das ganze 20. Jahrhundert hindurch haben Psychoanalytiker und Tiefenpsychologen fälschlich behauptet, die Mütter würden diese Kinder emotional tiefgreifend ablehnen. Heute wissen wir, dass jene Hirnregionen, die selektive Aufmerksamkeit (G. cinguli), Gesichter-Erkennen und soziale Interaktion (Fusiformer Gyrus und Amygdala) und expressive Sprache sowie Automatismen (Kleinhirn) steuern, beeinträchtigt sind. Bei Savants gibt es erste Ergebnisse (s. Abb.), dass sie extrem rasch und vorbewußt Zugriff auf primäre präattentive (< 100 ms) informationsverarbeitende Hirnmechanismen haben.

phrene werden eher in Wintermonaten geboren und nach Grippeepidemien steigt die Wahrscheinlichkeit der Geburt eines schizophrenen Kindes.

Bei Überlegungen zur genetischen und neurochemischen Ätiologie der Schizophrenien darf nicht vergessen werden, daß nur die ***Vulnerabilität***, das Risiko für die Erkrankung vererbt und oder durch eine intrauterine virale Infektionen erhöht wird, der *Ausbruch* aber durch eine Vielzahl entwicklungspsychologischer und sozialer Belastungsfaktoren begünstigt wird (Diathese-Stress-Modell): z. B. ist in den Entwicklungsländern der Verlauf günstiger als in Industrieländern. Familien mit wenig ausgedrückten kritischen Emotionen, eine stabile Partnerschaft und Zugehörigkeit zur Mittel- und Oberschicht stellen Schutzfaktoren dar, die eine Dauertherapie mit Neuroleptika in vielen Fällen überflüssig machen [42, 58].

Familiäre Faktoren. Verschiedene Faktoren scheinen das Auftreten dieser Denkstörungen zu begünstigen: Geburtskomplikationen wie Anoxie oder extrem langer Geburtsverlauf, traumatische Lebensereignisse z. B. Tod eines Familienangehörigen und Kommunikationsstörungen in der Familie. Schizophrene, die in Familien leben, wo ein oder mehrere Angehörige zu ***stark negativen und kritischen Gefühlsäußerungen*** neigen, erleiden häufiger Rückfälle und benötigen eine höhere Dosis an Medikamenten. Bei Konfrontation mit einem solchen Familienangehörigen zeigen Schizophrene anhaltend erhöhte autonome Erregung (erhöhte Herzrate, verstärkte Hautleitfähigkeit). In diesen Situationen verlangsamt sich die Habituationsrate und die Aufmerksamkeitsstörungen treten verstärkt auf [23, 42].

Die Lockerung assoziativer Verbindungen und die Aufmerksamkeitsstörung bewirken die kognitiven und emotionalen Probleme von Schizophrenen

Kognitive Störungen. Die Störung in ***kontrollierter Informationsverarbeitung*** wird erst mit Ausbruch der Krankheit sichtbar und äußert sich vor allem bei *komplexen sprachlichen Funktionen,* weniger bei Gestaltaufgaben. Automatisierte Denkprozesse sind oft ungestört. Wenn im ***Arbeitsgedächtnis*** aktive und bewußte (kontrollierte) Operationen durchgeführt werden sollen, kommt es zu gravierenden Leistungseinbußen: z. B. treten lange Pausen vor Sätzen und Wörtern auf, wo Entscheidungen über Richtung und Verlauf der Sprache gemacht werden müssen. In diesen *Pausen* fließt irrelevante Information ins Arbeitsgedächtnis und die Patienten finden die passenden Assoziationen nicht mehr. Schizophrene sind daher *gute Zuhörer* und *schlechte Sprecher* in allen Situationen, in denen sie *selbst* eine sprachliche Assoziation finden müssen, die für Zuhörer verständlich ist (z. B. schwer zu erkennende Figuren so beschreiben, daß ein Zuhörer sie erkennen kann).

Lose Assoziationen. Obwohl die schwachen assoziativen Verbindungen zwischen sprachlich-konzeptuellen Zellensembles den *Aufbau konsistenter Erwartungen und von Verhaltensplänen* erschweren, schneiden Schizophrene in Aufgaben, die Originalität von assoziativen Verkettungen verlangen, besser als Gesunde ab. Sie erfinden mehr ungewöhnliche Worte in Wortassoziationstests, ihre künstlerischen Produkte zeichnen sich oft durch die Ungewöhnlichkeit der Kombinationen und Einfälle aus.

Halluzinationen. Die beschriebenen Denkstörungen führen zu den Wahnvorstellungen und Halluzinationen Schizophrener: angesichts der mangelnden Auswahl von Reizen durch das Aufmerksamkeitssystem und durch die erhöhte Aktivität des dopaminergen Anreizsystems (s. Kap. 25) erhalten eine Vielzahl von Ereignissen und Gedächtnisinhalten eine *überstarke Bedeutung* (z. B. das Flüstern einer Gruppe wird zur Verschwörung). Stille Selbstgespräche werden als laute Stimmen wahrgenommen, da *keine konsistenten Erwartungen* zu dem Gesprochenen existieren; die Überlastung des (linkshemisphärischen) Arbeitsgedächtnisses mit unselektierten Reizen verursacht die bizarren, unzusammenhängenden Assoziationen. Wie wenn die eigene Stimme im Lautsprecher das erste Mal fremd erscheint, weil man die Verzerrungen nicht erwartet hat, so erscheint dem/der Schizophrenen das eigene Denken im Selbstgespräch fremd und daher von außen (Gott, Feinde, Tote) aufgeprägt. Die Inhalte der Halluzinationen sind aber auf die eigene Biographie und Gedächtnis bezogen, daher werden sie als persönlich bedrohlich erlebt.

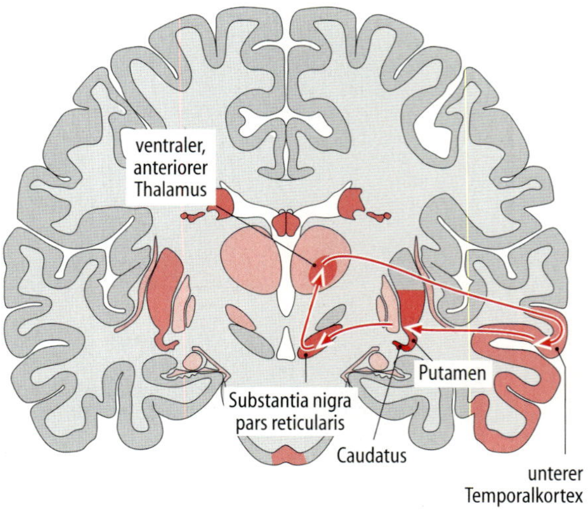

Abb. 27–43. Akustische Halluzinationen bei der Schizophrenie. Aus PET-Studien an halluzinierenden Patienten zeigen sich Aktivierung in einem neuronalen Schaltkreis zwischen Basalganglien (Putamen und Substantia nigra), anteriorem-ventralen Thalamus und inferotemporalen Kortex (Caudatus). Zusätzlich findet man erhöhte Aktivierung im Hippokampus, Cingulum und je nach emotionalem Gehalt in paralimbischen Regionen und orbitofrontalem Kortex. Bei sprachlicher Beteiligung (Stimmen) ist auch der visuell-auditorische Kortex um das Wernicke-Areal erregt. Broca's Areal dagegen ist gehemmt und die Überaktivierung des Thalamus kann die exzessive „Durchlässigkeit" der selektiven Aufmerksamkeit erklären. (Nach [11] mit freundlicher Genehmigung)

Neuronale Grundlagen von Halluzinationen. Während akustischer Sprachhalluzinationen sind Regionen um das Wernicke Areal aktiviert, während visueller die visuellen Regionen, usw. Der inferotemporale Kortex ist überzufällig häufig bei Halluzinationen Schizophrener betroffen. Dies wird durch Hyperaktivität im ventralen (dopaminergen) Striatum, Putamen und Pallidum erklärt, was die Aktivität in der dopaminergen S. nigra pars reticularis erhöht und von dort wird der n. ventralis anterior des Thalamus und dann der Temporalkortex erregt (s. Abb. 27–43). Für diese Hypothese sprechen nicht nur die Hyperaktivierungen im PET und fMRT und MEG/EEG in diesen Arealen (meist der linken Hemisphäre), sondern auch die durch L-dopa-Therapie ausgelösten gelegentlichen Halluzinationen bei Parkinson-Patienten. Wenn gleichzeitig die lateral-präfrontale Kontrolle zielgerichteter Aufmerksamkeit versagt, wofür die Unterdurchblutung dieser Areal bei Schizophrenen spricht, (s. Abb. 21–22), so sind die Halluzinationen nicht steuerbar und erscheinen Ich-fremd. Die Ich-Fremdheit kann auch durch die Unteraktivität in der auf S. 725 beschriebenen „Theory-of-mind"-Areale bedingt sein.

Die neurobiologischen Ursachen der Schizophrenien bestehen in einer Überaktivität des mesolimbischen Dopaminsystems und einer Störung der medio-tempero-präfrontalen Kortexregionen

Zwei Formen von Schizophrenie. Es werden heute oft zwei Typen schizophrener Patienten unterschieden, deren Erkrankung auf verschiedene Ursachen rückführbar sein soll:

Typ I-Schizophrenie hat akustische Halluzinationen und bizarre Wahnvorstellungen. Vor Auftreten der akuten Symptome wird keine bedeutsame länger bestehende Veränderung von den Angehörigen und dem Patienten festgestellt, vor allem keine extreme soziale Isolation. Diese Gruppe weist sogenannte ***Positivsymptomatik*** auf, d.h. plötzliche, intensive Krankheitszeichen; Typ I-Patienten sprechen gut auf medikamentöse Behandlung an, die Symptome werden nachhaltig reduziert (s. u.).

Typ II-Schizophrenien zeigen lange vor Auftreten der Symptome sozialen Rückzug, intellektuellen Abbau, ihre Wahnvorstellungen sind einfach, die Halluzinationen desorganisiert. Der Verlauf ist schleichend und chronisch, über Jahre verfolgbar und kaum reversibel. Wir sprechen daher von ***Negativsymptomatik***. Typ II-Patienten sprechen nicht oder schlecht auf antipsychotische Behandlung an (s. u.).

Die beiden Gruppen lassen sich auch neurologisch unterscheiden. Typ-II-Patienten zeigen deutliche Zeichen einer *Degeneration des Gehirns*: sie haben erweiterte Ventrikel, Hippokampus und medialer Temporalkortex ist dünner, was mit dem intellektuellen Verfall korreliert. Die genetische Vulnerabilität der Typ II-Schizophrenien für eine Viruserkrankung, die später zur schizophrenen Störung führt, dürfte größer sein als für Gruppe I. Ähnlichkeiten zwischen der Typ II-Gruppe und Patienten mit multipler Sklerose sprechen für eine immunologische Erkrankung des ZNS. In der Tat fand man in der zerebrospinalen Flüssigkeit einer *Subgruppe* von Schizophrenen Antikörper gegen eine virale Infektion, ähnlich dem Herpes-Virus [23].

Allerdings zeigt Gruppe I auch neurophysiologische Änderungen. Die frontale Hirnregion ist vor allem in der *linken Hemisphäre* gegenüber der okzipitalen mangelhaft durchblutet, die frontale Glukoseaufnahme im PET (s. Kap. 21) ist ebenfalls reduziert. Die ereigniskorrelierten Hirnpotentiale (s. Kap. 21) zeigen bei gefordertem Aufmerksamkeitsanstieg eher einen Abfall der Amplituden als den erwarteten Anstieg, was die Aufmerksamkeitsstörung bei Schizophrenen widerspiegelt (paradoxe Amplitudenreduktion).

Strukturelle Abweichungen im tempero-hippokampalen Bereich. Abb. 27–44 zeigt die ungeordnete Zellorientierung im Hippokampus Schizophrener. Der mediale Temporalkortex ist häufig verdünnt und der anteriore Hippokampus links verkleinert. Das Zellwachstum in dieser Region findet im 2. und 3. Trimester der Schwangerschaft statt und stellt ein zusätzliches Argument für die embryonale Ursache zumindest einiger Schizophrenien dar. Die Tatsache, daß die Störung erst nach der Pubertät bei Männern und häufig nach der Menopause bei Frauen auffällig wird, spricht für eine Auslösefunktion von Androgenen im Gehirn von Schizophrenen.

Die Dopaminhypothese. Bevor Befunde über mögliche neurobiologische Grundlagen der Schizophrenien vorlagen, wurde in den 50er Jahren eine Gruppe von Antihistaminika entwickelt, die wirksam die Hauptsymptome der Gruppe I-Schizophrenien unterdrückten. Erst nachdem die Wirkung der Medikamente auf das dopaminerge System etabliert war, setzte die Forschung über die Wirkungsmechanismen im Gehirn ein.

A organisiert (gesund)

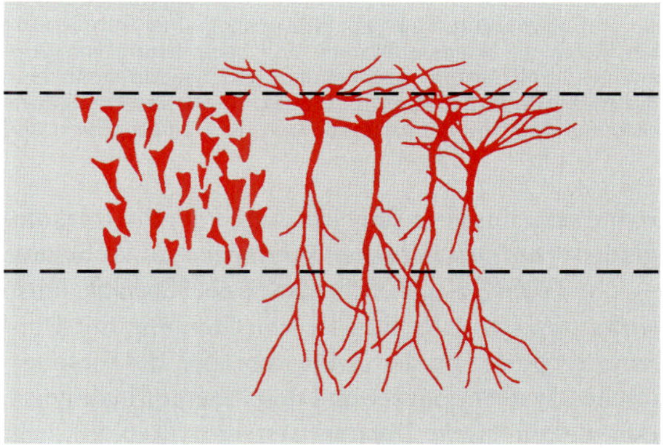

B desorganisiert (schizophren)

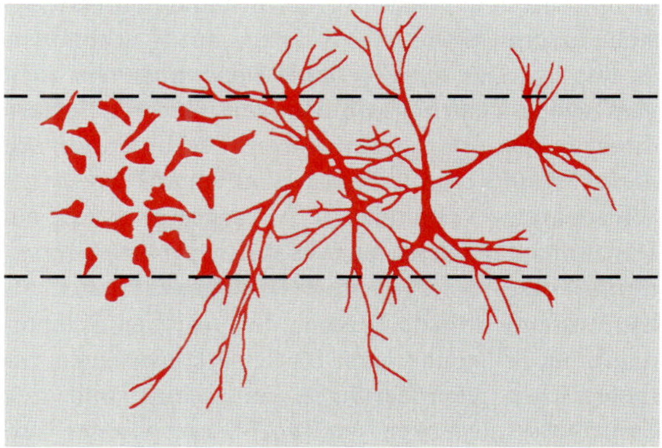

Abb. 27–44. Pyramidenzell-Schichtung im Hippokampus einer gesunden (oben) und gleich alten schizophrenen Person (unten). Nach [13]

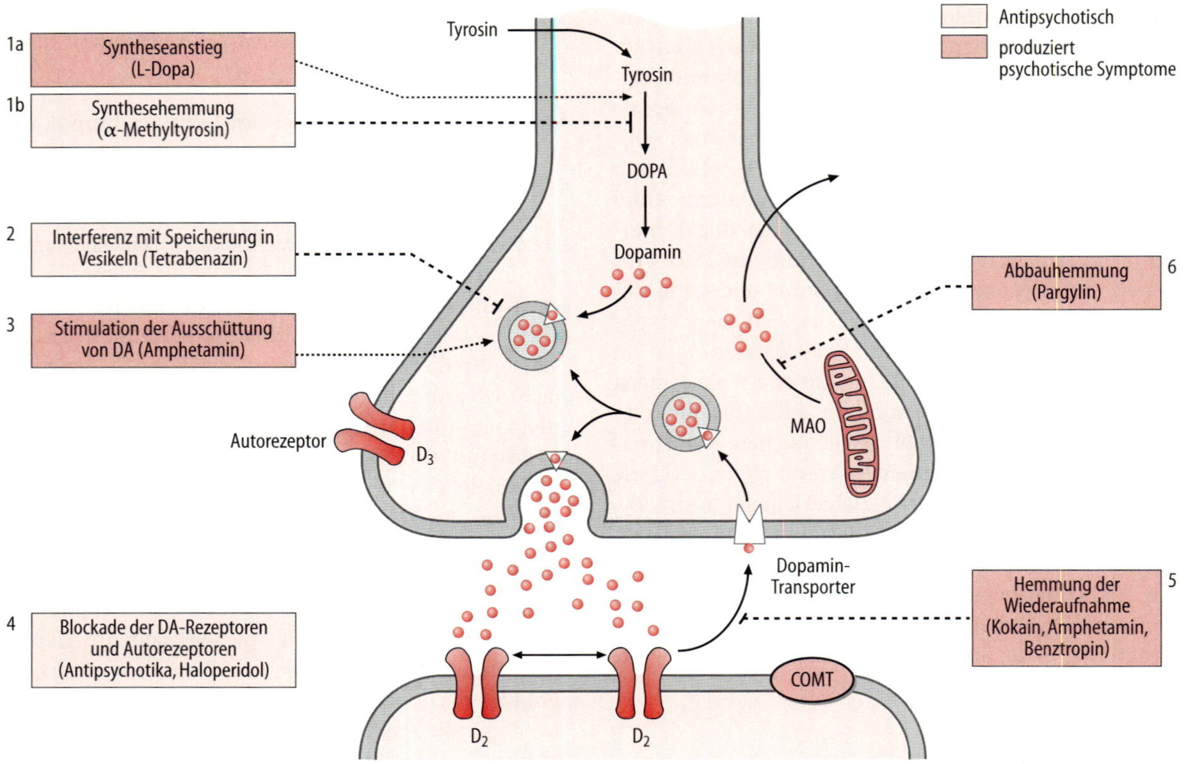

Abb. 27–45. Synthese und Abbau von Dopaminen an einer dopaminergen Synapse des mesolimbischen Systems. 1. Enzymatische Synthese von Dihydroxyphenylalanin (DOPA) aus Tyrosin. L-Dopa stimuliert die Synthese, α-Methytyrosin hemmt sie. 2. Speicherung. Reserpin (irreversibel) und Tetrabenazin blockieren die Wiederaufnahme und Speicherung von Dopamin. 3. Ausschüttung. Amphetamin und Tyramid stimulieren die Ausschüttung. 4. Rezeptor-Interaktion. Antipsychotika wie Haloperidol, Phenotiazine, blockieren die D2-Rezeptoren und die präsynaptischen Autorezeptoren. 5. Wiederaufnahme. Dopaminaktivität wird gedrosselt, wenn Dopamin in die präsynaptische Endigung aufgenommen wird. Kokain, Amphetamin und Benztropin (Anticholinergicum) hemmen die Wiederaufnahme, Dopamin akkumuliert im synaptischen Spalt. 6. Abbau. Monoaminoxidase (MAO) baut Dopamin ab, Pargylin hemmt MAO, genauso wie Katechol-O-Methyltransferase (COMT). Nach [11] mit freundlicher Genehmigung

Heute steht uns ein relativ klares Bild der Pharmakologie dieser ***antipsychotischen Substanzen*** zur Verfügung.

Dabei zeigte sich, daß eine Substanz umso wirksamer ist, je leichter sie eine Bindung mit Dopaminrezeptoren an den Zellmembranen des mesolimbischen Systems eingeht und den Rezeptor inaktiviert. Das ***mesolimbische Dopaminsystem*** (s. Kap. 20) zieht vom ventralen Tegmentum über das mediale Vorderhirnbündel in das basale Vorderhirn und limbische System, besonders ventrales Striatum mit N. accumbens (s. Kap. 25). Das ***mesokortikale Dopaminsystem*** zieht vom selben Ursprungsort, dem ventralen Tegmentum direkt in den präfrontalen Kortex. Die ***Unteraktivität dieses Systems*** ist mit Negativsymptomatik bei Typ II Schizophrenie verbunden. Typ I dagegen spricht auf Dopaminantagonisten an. Dies spricht für eine *Überaktivität* des mesolimbischen Dopaminsystems als hauptverantwortliche Ursache der positiven Symptomatik bei Schizophrenien. Da keine konsistenten pathologischen Veränderungen im Gehirn und den Transmittersubstanzen von Typ I-Schizophrenen auffindbar sind, geht man davon aus, daß die sogenannten **D_2-Rezeptoren** in der Schizophrenie entweder vermehrt oder überempfindlich sind (s. Abb. 27–45). Substanzen, die den D_2-Rezeptor blockieren, haben die beste therapeutische Wirkung, während Blockade des D_1-Rezeptors nur wenig Wirkung auf die Symptomatik aufweist. Eine *generelle* Überaktivität dopaminerger Neurone liegt nicht vor. (Der D_1-Rezeptor an dopaminergen Zellen unterscheidet sich vom D_2-Rezeptor durch seine Koppelung an cAMP, während der D_2-Rezeptor die cAMP-Bildung nicht stimuliert, sondern eher blockiert, s. Kap. 2.) D_2-Rezeptoren werden durch Apomorphin erregt und durch neuroleptische Substanzen blockiert. ***Dopaminagonisten*** wie Amphetamin und Kokain bewirken auch bei Normalpersonen schizophrenieähnliche Symptome und verschlimmern bei Schizophrenen die Störung.

Abbildung 27–45 zeigt nochmals zusammenfassend die Angriffspunkte von psychotisch und antipsychotisch wirkenden Substanzen an einer dopaminergen Synapse im mesolimbischen System.

Dopaminagonisten haben Dyskinesien und einen gewissen Verlust der Lebensfreude als Nebenwirkungen

Tardive Dyskinesie. Die Drogen haben eine Reihe *unerwünschter Nebeneffekte*, die häufigsten sind *Parkinson-ähnliche* Bewegungsstörungen wie Verlust des Gesichtsausdrucks, Muskelstarre und Tremor. 10% der Patienten entwickeln zusätzlich nach langer Medikamenteneinnahmen die irreversible tardive Dyskinesie (langsame Bewegungsfehler): Gesichts- und Zungentics, unverständliche Gesten, Sprechprobleme, Schlenkern der Arme u. a. Die Rezeptoren entwickeln in diesem Fall eine *Übersensitivität durch Denervierung* (denervation supersensitivity): die dauerhafte Hemmung der Rezeptoren durch die Drogen verursacht kompensatorisch eine irreversible Übersensitivität auf den blockierten Transmitter [58].

Die Parkinson-Symptome entwickeln sich durch Blockade nicht nur des mesolimbischen Systems, sondern auch der Dopaminrezeptoren der Basalganglien und der Substantia nigra. Eine lokale Wirkung auf das mesolimbische System allein ist bisher nicht erreichbar.

Anhedonie und antipsychotische Pharmaka. Unter Anhedonie verstehen wir die Tatsache, daß positive Verstärker (Speisen, sexuelle Aktivität, freundschaftliche Beziehungen, künstlerische Aktivitäten, Naturerlebnisse) bei manchen Menschen nicht als positiv, sondern neutral empfunden werden.

Die Blockade des überaktiven mesolimbischen Dopaminsystems durch Neuroleptika führt nicht nur zur Unterdrückung der Denkstörung und Halluzinationen, sondern auch zu ***Anhedonie.*** Wie wir in Kap. 25 gesehen haben, spielt das dopaminerge System bei der intrakraniellen Selbststimulation (ICSS) eine wichtige Rolle, seine Hemmung reduziert die Wirkung positiver Verstärker und führt daher über medikamentös ausgelöste Anhedonie zu allgemeiner Sedierung [58]. Die beruhigende und das Aufmerksamkeitssystem (s. Kap. 22) stabilisierende Wirkung wird mit einem die Apathie und Initiativlosigkeit verstärkenden Effekt erkauft.

Die Überaktivität des mesolimbischen Dopaminsystems als Anreizsystem, wie wir es in Kap. 25 beschrieben haben, könnte auch einige Symptome der Schizophrenie erklären: da dieses System positive Verstärkung und Anreizmotivation erzeugt, führt Überaktivität zu Verstärkung einer Vielzahl von Reizen und Reaktionen. Auch Unwichtiges und Unzusammenhängendes wird plötzlich bedeutsam und verfolgt. Die Aufmerksamkeitsselektion bricht zusammen. Genau dies sind die hervorstechendsten Symptome der schizophrenen Störung.

ZUSAMMENFASSUNG

Sprache, Vorstellungen, Konzeptbildung und Problemlösen stellen die wichtigsten kognitiven Prozesse dar, deren neurophysiologischen Grundlagen in diesem Kapitel besprochen werden.

Sprache stellt ein hierarchisch gegliedertes Kommunikationssystem dar, das von Sprachlauten (Phonemen) bis zu Propositionen und Sätzen verläuft und zeitlich durch syntaktische Regeln zu größeren Bedeutungseinheiten zusammengefaßt wird.

Vorstellungen sind im allgemeinen als Propositionen in sprachlichen Bedeutungseinheiten mit einer efferent-motorischen, afferent-sensorischen und Bedeutungskomponente als assoziative Netzwerke gespeichert. Ähnlich organisiert sind Konzepte und Begriffe, bei denen Prototypen von Vorstellungen zu allgemeineren Bedeutungseinheiten zusammengefaßt werden. Diese Zusammenfassung erfolgt wie bei Sprache und Vorstellungen nach den Regeln assoziativen Lernens.

Als Beispiel für zwei unterschiedliche kognitive Prozesse und Informationsverarbeitungsstrategien wird sprachlich-sequentielles Denken von visuell-räumlichem Denken und Vorstellen unterschieden: Die neurobiologische Ursache für die Bevorzugung von visuell-räumlichen Reizbedingungen durch die rechte und syntaktisch-seriellen Reizabläufen durch die linke Hemisphäre liegt unter anderem auch in einer unterschiedlichen anatomischen Struktur der perisylvischen Region von rechter und linker Hirnseite. Beim Menschen erfährt sie links eine erhebliche Ausdehnung und ermöglicht variable, wenig starre Erregungsleitung zwischen Zellensembles der akustisch-temporalen, visuell-räumlich-parietalen, somatosensorisch-postzentralen und den frontalen motorischen Artikulations- und Sprechprogrammen. Diese flexible Assoziationsbildung in der linken perisylvischen Region stellt die neurophysiologische Voraussetzung für Sprachentwicklung, vor allem für Syntax dar.

Mit ereigniskorrelierten Hirnpotentialen und lokalen Blutflußänderungen kann man die Funktionen dieser Hirnregionen nicht nur messen, sondern auch durch Lernprozesse beeinflussen. Als Beispiel dafür wird die Selbstregulation langsamer Hirnpotentiale der rechten und linken zentralen Hirnregionen und deren Wirkung auf Denken und Verhalten beschrieben. Bei der Untersuchung der neuronalen Grundlagen der Sprache mit diesen Methoden zeigt sich, daß semantische Kategorien in beiden Hemisphären gespeichert sind, während syntaktische Funktionswörter primär links perisylvisch zu Veränderungen der Hirnpotentiale, hochfrequenten Oszillationen und Durchblutungsanstiegen führen. Bedeutungshaltiges Sprachmaterial äußert sich dabei gegenüber bedeutungslosem in einer zunehmenden Synchronisation der beteiligten assoziativ verbundenen Zellensembles, was im EEG und MEG als hochfrequente, synchrone Oszillationen (über 30 Hz) am kortikalen Ort der Sprachverarbeitung sichtbar wird. Semantische oder syntaktische Fehler und Anomalien äußern sich in charakteristischen Änderungen der Hirnpotentiale 200 bis 600 ms nach deren Auftreten. Semantische Kategorisierung findet in einem ausgedehnten frontodorsomedialen und medial-parietalen Netzwerk statt.

Auch die Untersuchung von Patienten mit Sprachstörungen (Aphasien) nach Hirnschädigungen zeigt, daß die einfache Dichotomie sensorische versus motorische Aphasie nicht zutrifft, sondern je nach Ort der Schädigung komplexe Veränderungen im Sprachverständnis, bei der Sprachplanung und -ausführung und bei der Syntax auftreten. Dabei spielen auch die rechte Hemisphäre und subkortikale Strukturen, vor allem Basalganglien und Thalamus eine Rolle. Während bei linkshemisphärischen Läsionen agrammatische Störungen im Vordergrund stehen, können Störungen des Sprachverständnisses (Alexien) und damit auch der Sprachplanung und -ausführung an einer Vielzahl von Läsionsorten auftreten. Störungen des Schreibens (Agraphie) müssen nicht gemeinsam mit Aphasien auftreten, ebenso wie die verschiedenen Formen der Apraxien (Bewegungsstörungen sowohl bei Planung als auch räumlich-zeitlicher Organisation) getrennt von Aphasien auftreten können. Dies spricht für eine erstaunliche lokale Spezifität der beteiligten kortikalen Module. Dyslexien (Lesestörung) und Sprachentwicklungsstörungen sind durch Unteraktivierung des linken hinteren Temporallappens gekennzeichnet. Ihre Therapie erfolgt durch ein Training der phonologischen Diskrimination. Das Training stellt die normale Durchblutung in diesen Hirnarealen wieder her.

Nach Läsionen des linken Parietallappens kommt es zu konstruktiven Apraxien, bei denen die zeitliche Organisation von Bewegung unterbrochen ist, während rechts inferior parietale Läsionen zu visuell-räumlichen Koordinationsstörungen führen, vor allem zu unilateralem Neglekt. Dabei ignoriert der Patient sowohl in der Wahrnehmung wie in der Vorstellung die linke Körper- und Gesichtshälfte. Der Parietallappen ist als Kreuzungspunkt für alle sensorischen Eingänge eine zentrale sensorische Integrationsstruktur und steuert damit vor allem visuell-räumliche Aufmerksamkeit, aber auch alle Funktionen, die einen Zugriff auf aktuelle und gespeicherte sensorische Information benötigen.

Der Frontallappen läßt sich in vier Abschnitte gliedern, den motorischen und prämotorischen Kortex, den dorsolateralen, medialen und orbitalen Präfrontalkortex. Die Zerstörung oder Dysfunktion dieser Hirnregionen führt zu charakteristischen Ausfällen kognitiver – und im Falle der Orbitalregion – emotionaler Funktionen. Die Verhaltensweisen, die dabei beeinträchtigt sind, bezeichnet man häufig als höchste und typisch menschliche Verhaltensweisen: Selbstkontrolle und Aufschub von Verstärkern und Triebreizen. Hinter diesen ethischen Funktionen stehen identifizierbare Leistungen des Arbeitsgedächtnisses (dorsolateral) und des Vergleichs von aktueller sensorischer (aus dem Parietallappen) und emotional-motivationaler (aus limbischem System und Temporalregion) Information, die nach präfrontaler Läsion gestört sind. Die Schwierigkeit, Verhalten und Aufmerksamkeit über längere Zeiträume konsistent nach vorgeformten Plänen zu organisieren, steht dabei im Mittelpunkt.

Die Temporalregion steuert neben den bereits in Kap. 24 besprochenen Gedächtnisfunktionen und expliziten auditorischen Funktionen, im unteren Temporallappen visuell-diskriminative Verarbeitungsleistungen. Die Bedeutung und Funktion eines visuellen oder auditorischen Wahrnehmungsinhalts und seine Zuordnung zu bestimmten Wahrnehmungskategorien und Begriffen wird hier erzeugt. Hinzu kommen musikalische Funktionen, die bei Personen mit musikalischem Talent oder Interesse sowohl zu einer Größenzunahme der beteiligten Hirnregionen wie auch einer komplexeren Dynamik der elektromagnetischen Hirnvorgänge bei Wahrnehmung oder Ausführung von komplexer Musik einhergehen.

Schwere Störungen kognitiver Funktionen treten bei Demenzen, besonders der Alzheimer-Demenz, der Parkinson-Krankheit im Spätstadium und Schizophrenien auf. Während bei der Alzheimer-Erkrankung die vermutlich genetisch bedingte Degeneration kortikaler und subkortikaler cholinerger Strukturen vor allem im Temporalbereich im Vordergrund steht, liegen bei einzelnen Schizophrenieformen lokale Schädigungen des Zellaufbaus im Hippokampus und präfrontal-temporalen Kortex vor. Während bei der Alzheimer-Erkrankung primär der Verlust des Kurzzeitgedächtnisses durch Auflösung kontextueller assoziativer Verbindungen als Folge der Zelldegeneration auftritt, liegt bei den Schizophrenien eine frühe Aufmerksamkeitsfilterstörung vor, die bei kontrollierter Suche im Gedächtnis und Produktion von zusammenhängenden Sprachstrukturen zu Störungen führt. Eine erhöhte Sensitivität von Dopaminrezeptoren im mesolimbischen Dopaminsystem bewirkt die sensorische Hypersensitivität und Aufmerksamkeitsstörung.

Literatur

Weiterführende Lehr- und Handbücher

1. Anderson JR (2000) Kognitive Psychologie. 3. Aufl. Spektrum, Heidelberg
2. Bourne L, Dominowski RL, Loftus EF, Healy AF (1986) Cognitive processes. 2nd ed. Prentice-Hall, New Jersey
3. Cabeza R, Kingstone A (eds) (2001) Handbook of Functional Neuroimaging and Cognition. MIT Press, Cambridge Mass.
4. Crosson B (1992) Subcortical functions in language and memory. Guilford Press, New York
5. DSM-IV-TR (2000) Diagnostic and statistical manual of mental disorders. 4th ed. American Psychiatric Assoc, Washington
6. Fuster SM (1995) Memory in the cerebral cortex. MIT Press, Cambridge Mass
7. Gazzaniga M (ed) (2000) The new cognitive neurosciences. MIT Press, New York
8. Gazzaniga MS, Ivry R, Mangun G (1998) Cognitive neuroscience. Norton & Co., New York
9. Heilman KM, Valenstein E (eds) (1993) Clinical neuropsychology. 3rd ed. Oxford Univ Press, New York
10. Jasper HH, Riggio S, Goldman-Rakic PS (eds) (1995) Epilepsy and the functional anatomy of the frontal lobe. Raven Press, New York
11. Kandel ER, Schwartz JH, Jessell TM (eds.) (2000) Principles of neural science. 4th ed. McGraw-Hill, New York
12. Kimura M, Graybiel AM (eds) (1995) Functions of the cortico-basal ganglia loop. Springer Verlag, Berlin Heidelberg New York Tokyo
13. Kolb B, Whishaw IQ (1995) Fundamentals of human neuropsychology, 4th edn. Freeman, New York
14. Luria AR (1970) Die höheren kortikalen Funktionen des Menschen und ihre Störungen bei örtlichen Hirnschädigungen. VEB Deutscher Verlag der Wissenschaften, Berlin
15. Miller R (1996) Axonal conduction time and human cerebral laterality. A psychobiological Theory. Harwood Academic Publishers, Canada
16. Premack D (1976) Intelligence in ape and man. Erlbaum, Hillsdale, NJ
17. Segalowitz SJ (ed) (1983) Language functions and brain organization. Academic Press, New York
18. Skinner BF (1957) Verbal behavior. Appleton, New York
19. Springer SP, Deutsch G (1998) Left brain, right brain. 5th edn. Freeman, New York
20. Valenstein E (ed) (1980) The psychosurgery debate. Freeman, San Francisco

Einzel- und Übersichtsarbeiten

21. Barnes D (1987) Defect in alzheimer's is on chromosome 21. Science 235:846–847
22. Baynes K, Eliassen J, Lutsep H, Gazzaniga M (1998) Modular organization of cognitive systems marked by interhemispheric integration. Science 280:902–905
23. Beckmann H, Birbaumer N (1991) Schizophrene Erkrankungen. In: Hierholzer K, Schmidt RF (Hrsg) Pathophysiologie des Menschen. *edition medizin* der VCH Verlagsgesellschaft, Weinheim
24. Benson DF (1993) Aphasias. In: Heilman KM, Valenstein E (eds) Clinical Neuropsychology. 3rd ed. Oxford Univ Press, New York
25. Birbaumer N, Ghanayim N, Hinterberger T, Iversen I, Kotchoubey B, Kübler A, Perelmouter J, Taub E, Flor H (1999) A spelling device for the paralysed. Nature 398:297–298
26. Birbaumer N (1999) Rain Man's revelations. Nature 399:211–212
27. Birbaumer N, Lutzenberger W, Rau H, Mayer-Kress G, Braun C (1996). Perception of music and dimensional complexity of brain activity. In-

ternational Journal of Bifurcation and Chaos 6:1–13
28. Birbaumer N, Flor H, Lutzenberger W, Elbert T (1995) Chaos and order in the human brain. In: Karmos G (ed) Perspectives of event-related potentials research. Elsevier, Amsterdam
29. Birbaumer N, Elbert T, Canavan A, Rockstroh B (1990) Slow potentials of the cerebral cortex and behavior. Physiol Rev 70:1–41
30. Braitenberg V, Pulvermüller F (1992) Entwurf einer neurobiologischen Theorie der Sprache. Naturwissenschaften 79:103–117
31. Carlson NR (1998) Physiology of behavior. 6th ed. Allyn and Bacon, Boston
32. Farah M (1995) The neural bases of mental imagery. In: M Gazzaniga (ed) The cognitive neurosciences. MIT press, Boston, Mass.
33. Friedman-Hill SR, Robertson LC, Treisman A (1995) Parietal contributions to visual feature binding: evidence from a patient with bilateral lesions. Science 269:853–855
34. Frith D, Frith U (1999) Interacting minds – a biological basis. Science 286:1692–95
35. Harrington A (1985) Nineteenth-century ideas on hemisphere differences and duality of mind. Behavioral and Brain Sciences, 8:617–660
36. Hassler M, Birbaumer N (1986) Witelson's dichaptic stimulation test in children with different levels of musical talent. Neuropsychologia 24:435–440
37. Haxby JV, Gobbini MI, Furey ML, Ishai A, Schouten JL, Pietrini P (2001) Distributed and overlapping representations of faces and objects in ventral temporal cortex. Science 293:2425–2430
38. Kim KH, Relkin N, Kyang-Min Lee, Hirsch J (1997) Distinct cortical areas associated with native and second language. Nature 388:171–174
39. Kotchoubey B, Lang S, Bostanov V, Birbaumer N (2002) Is there a mind? Electrophysiology of unconscious patients. News in Physiological Sciences 17:38–42
40. Kotchoubey B, Kübler A, Strehl U, Flor H, Birbaumer N (2002) Can humans perceive their brain states? Consciousness & Cognition 11:98–113
41. Lai CS, Fisher SE, Hurst JA, Vargha-Khadem F, Monaco A (2001) A forkhead-domain gene is mutated in a severe speech and language disorder. Nature 413:519–523
42. Leff J, Vaughan Ch (1985) Expressed emotion in families. Guilford Press, New York
43. Levy J, Trevarthen C, Sperry RW (1972) Perception of bilateral chimeric figures following hemispheric disconnections. Brain 95: 61–78
44. Levy J, Trevarthen C (1976) Metacontrol of hemispheric functions in human split brain patients. J Exp Psychol 2:299–312
45. Levy-Lahad E, Wijsman E, Nemens E (1995) A familial Alzheimer's disease locus on chromosome 1. Science 269:970–978
46. Lutzenberger W, Birbaumer N, Flor H, Rockstroh B, Elbert T (1992). Dimensional analysis of the human EEG and intelligence. Neuroscience Letters 143:10–14.
47. Mazzochi F, Vignolo LA (1979) Localisation of lesions in aphasia. Cortex 15:627–654
48. Millar S (1982) Studies of the deaf and the blind. In: Burton A (ed) The Pathology and Psychology of Cognition. Methuen, London
49. Milner B (1958) Psychological defects produced by temporal lobe excision. Research Publications of the Association for Research in Nervous and Mental Disease 38:244–257
50. Mohr B, Müller V, Mattes R, Rosin R, Federmann B, Strehl U, Pulvermüller F, Müller F, Lutzenberger W, Birbaumer N (1996) Behavioral treatment of Parkinson's disease leads to improvement of motor skills and to tremor reduction. Behavior Therapy 27:235–255
51. Nicolelis M (2001) Actions from thoughts. Nature 409:403–407
52. Paulesu E, Dèmonet JF, Fazio F et al. (2001) Dyslexia: cultural diversity and biological unity. Science 291:2165–2167
53. Previc EH (1991) A general theory concerning the prenatal origins of cerebral lateralization in humans. Psychol Rev 98:299–334
54. Pulvermüller F, Lutzenberger W, Birbaumer N (1995) Electrocortical distinction of vocabulary types. Electroenc Clin Neurophysiol 94:357–370
55. Roeltgen D (1993) Agraphia. In: Heilman KM, Valenstein E (eds) Clinical neuropsychology. 3rd ed. Oxford Univ Press, Oxford
56. Schlaug G, Jäncke L, Huang Y, Steinmetz H (1995) In vivo evidence of structural brain asymmetry in musicians. Science 267:699–701
57. Tallal P, Miller SL, Bedi G, Byma G, Wang X, Nagarajan S, Schreiner C, Jenkins W, Merzenich (1996) Language comprehension in language-learning impaired children improved with acoustically modified speech. Science 271:81–84
58. Wise RA (1982) Neuroleptics and operant behavior: The anhedonia hypothesis. Behav Brain Sci 5:39–87

Anhang · Sachverzeichnis

V

» Wenn das Unerwartete nicht erwartet wird,
wird man es nicht entdecken,
da es dann unaufspürbar ist
und unzugänglich bleibt.«

Clemens v. Alexandria nach Heraklit

28 Anhang* (G. Thews)

Maßeinheiten der Physiologie

Internationales System der Einheiten. Für die physikalischen und chemischen Größen, die im Rahmen der Physiologie verwendet werden, ist von der International Organisation for Standardization die Einführung eines neuen Maßsystems empfohlen worden. Viele Staaten, u. a. auch die Bundesrepublik Deutschland, sind der Empfehlung gefolgt und haben dieses System für den geschäftlichen und amtlichen Verkehr gesetzlich vorgeschrieben [3, 4]. Die Basis des neuen *Internationalen Systems der Einheiten (SI = Système International d'Unités)* bilden 7 Größen, die in Tabelle 28–1 angegeben sind.

Tabelle 28–1. Namen und Symbole der SI-Basiseinheiten

Größe	Name der Einheit	Symbol
Länge	Meter	m
Masse	Kilogramm	kg
Zeit	Sekunde	s
Elektrische Stromstärke	Ampere	A
Thermodynamische Temperatur	Kelvin	K
Substanzmenge	Mol	mol
Lichtstärke	Candela	cd

Diese Basiseinheiten sind folgendermaßen definiert:

Meter
Das Meter ist die Länge der Strecke, die Licht im Vakuum während der Dauer von (1/299 792 458) Sekunden durchläuft.

Kilogramm
Das Kilogramm ist die Einheit der Masse; es ist gleich der Masse des Internationalen Kilogrammprototyps.

Sekunde
Die Sekunde ist das 9 192 631 770fache der Periodendauer der dem Übergang zwischen den beiden Hyperfeinstrukturniveaus des Grundzustandes von Atomen des Nuklids ^{133}Cs entsprechenden Strahlung.

Ampere
Das Ampere ist die Stärke eines konstanten elektrischen Stromes, der, durch zwei parallele, geradlinige, unendlich lange und im Vakuum im Abstand von einem Meter voneinander angeordnete Leiter von vernachlässigbar kleinem, kreisförmigem Querschnitt fließend, zwischen diesen Leitern je einem Meter Leiterlänge die Kraft $2 \cdot 10^{-7}$ Newton hervorrufen würde.

* Unveränderter Nachdruck aus: R. F. Schmidt u. G. Thews (Hrsg.): Physiologie des Menschen. 26. Auflage. Heidelberg: Springer 1995. Wir danken dem Verfasser für seine freundliche Zustimmung.

Kelvin
Das Kelvin, die Einheit der thermodynamischen Temperatur, ist der 273,16te Teil der thermodynamischen Temperatur des Tripelpunktes des Wassers.

Mol
Das Mol ist die Stoffmenge eines Systems, das aus ebensoviel Einzelteilchen besteht, wie Atome in 0,012 Kilogramm des Kohlenstoffnuklids ^{12}C enthalten sind. Bei Benutzung des Mol müssen die Einzelteilchen spezifiziert sein und können Atome, Moleküle, Ionen, Elektronen sowie andere Teilchen oder Gruppen solcher Teilchen genau angegebener Zusammensetzung sein.

Candela
Die Candela ist die Lichtstärke in einer bestimmten Richtung einer Strahlungsquelle, die monochromatische Strahlung der Frequenz $540 \cdot 10^{12}$ Hertz aussendet und deren Strahlstärke in dieser Richtung (1/683) Watt durch Steradiant[a] beträgt.

Von den Einheiten dieses Basissystems lassen sich die Einheiten sämtlicher Meßgrößen ableiten. Eine Auswahl hiervon ist in Tabelle 28–2 zusammengestellt.

Tabelle 28–2. Namen und Symbole einiger abgeleiteter SI-Einheiten

Größe	Name der Einheit	Symbol	Definition
Frequenz	Hertz	Hz	s^{-1}
Kraft	Newton	N	$m \cdot kg \cdot s^{-2}$
Druck	Pascal	Pa	$m^{-1} \cdot kg \cdot s^{-2}$ $(N \cdot m^{-2})$
Energie	Joule	J	$m^2 \cdot kg \cdot s^{-2}$ $(N \cdot m)$
Leistung	Watt	W	$m^2 \cdot kg \cdot s^{-3}$ $(J \cdot s^{-1})$
Elektrische Ladung	Coulomb	C	$s \cdot A$
Elektrische Potentialdifferenz (Spannung)	Volt	V	$m^2 \cdot kg \cdot s^{-3} \cdot A^{-1}$ $(W \cdot A^{-1})$
Elektrischer Widerstand	Ohm	W	$m^2 \cdot kg \cdot s^{-3} \cdot A^{-2}$ $(V \cdot A^{-1})$
Elektrischer Leitwert	Siemens	S	$m^{-2} \cdot kg^{-1} \cdot s^3 \cdot A^2$ (W^{-1})
Elektrische Kapazität	Farad	F	$m^{-2} \cdot kg^{-1} \cdot s^4 \cdot A^2$ $(C \cdot V^{-1})$
Magnetischer Fluß	Weber	Wb	$m^2 \cdot kg \cdot s^{-2} \cdot A^{-1}$ $(V \cdot s)$
Magnetische Flußdichte	Tesla	T	$kg \cdot s^{-2} \cdot A^{-1}$ $(Wb \cdot m^{-2})$
Induktivität (magnetischer Leitwert)	Henry	H	$m^2 \cdot kg \cdot s^{-2} \cdot A^{-2}$ $(V \cdot s \cdot A^{-1})$
Lichtstrom	Lumen	lm	$cd \cdot sr^a$
Beleuchtungsstärke	Lux	lx	$cd \cdot sr \cdot m^{-2}$ $(lm \cdot m^{-2})$
Aktivität einer radioaktiven Substanz	Becquerel	Bq	s^{-1}

[a] sr (Steradiant) = SI-Einheit des räumlichen Winkels.

Die numerischen Werte der in den Tabellen 28–1 und 28–2 genannten Größen enthalten vielfach Zehnerpotenzen als Faktoren. Zur Vereinfachung der Angaben hat man häufig gebrauchten Zehnerpotenzen bestimmte Vorsilben zugeordnet (Tabelle 28–3), die mit dem Namen der betreffenden Einheiten verbunden werden.

Tabelle 28–3. Präfixa und Symbole häufig gebrauchter Zehnerpotenzfaktoren

Faktor	Präfixum	Symbol	Faktor	Präfixum	Symbol
10^{-1}	Dezi	d	10	Deka	da
10^{-2}	Centi	c	10^{2}	Hekto	h
10^{-3}	Milli	m	10^{3}	Kilo	k
10^{-6}	Mikro	µ	10^{6}	Mega	M
10^{-9}	Nano	n	10^{9}	Giga	G
10^{-12}	Pico	p	10^{12}	Tera	T
10^{-15}	Femto	f	10^{15}	Peta	P

Neben den SI-Einheiten dürfen die in Tabelle 28–4 aufgeführten konventionellen Einheiten auch weiterhin benutzt werden.

Tabelle 28–4. Einheiten, die nicht zum SI-System gehören, jedoch weiterhin benutzt werden dürfen

Name der Einheiten	Symbol	Wert in SI-Einheiten
Gramm	g	$1\ g = 10^{-3}\ kg$
Liter	l	$1\ l = 1\ dm^3$
Minute	min	1 min = 60 s
Stunde	h	1 h = 3,6 ks
Tag	d	1 d = 86,4 ks
Grad Celsius	°C	t°C = T - 273,15 K

Umrechnungsbeziehungen. Konzentrationen können im Rahmen des SI-Systems als Stoffmenge pro Volumen (mol/l, mmol/l, µmol/l) oder als Masse pro Volumen (g/l, mg/l) angegeben werden. Es wird empfohlen, die *Stoffmengenkonzentration* immer dann anzuwenden, wenn bei chemisch einheitlichen Substanzen die Molekulargewichte (relative Molekülmassen) bekannt sind [5]. Dagegen stellt die *Massenkonzentration* eine zweckmäßige Form der Konzentrationsangabe für Gemische gelöster Substanzen, wie z.B. für die Gesamtplasmaproteine, dar. Angaben in konventionellen Konzentrationseinheiten g-% = g/dl, mg-% = mg/dl und mval/l = mäq/l (s. [2]) können mit Hilfe der in Tabelle 28–5 zusammengestellten Beziehungen auf solche in SI-Einheiten umgerechnet werden.

Tabelle 28–5. Umrechnungsbeziehungen von konventionellen Konzentrationseinheiten (g-%, mg-%, mval/l) auf SI-Einheiten der Massenkonzentration (g/l) und der Stoffmengenkonzentration (mmol/l bzw. µmol/l)

	1 g-% =	1 g-% =
Plasmaeiweiß	10 g/l	
Hämoglobin	10 g/l	0,621 mmol/l[a]
	1 mg-% =	**1 mval/l =**
Natrium	0,4350 mmol/l	1,0 mmol/l
Kalium	0,2558 mmol/l	1,0 mmol/l
Kalzium	0,2495 mmol/l	0,5 mmol/l
Magnesium	0,4114 mmol/l	0,5 mmol/l
Chlorid	0,2821 mmol/l	1,0 mmol/l
Glukose	0,0555 mmol/l	
Cholesterol	0,0259 mmol/l	
Bilirubin	17,10 µmol/l	
Kreatinin	88,40 µmol/l	
Harnsäure	59,48 µmol/l	

[a] Bei der Angabe der molaren Hämoglobinkonzentration wird die relative Molekülmasse des Hämoglobinmonomeren zugrunde gelegt.

Die konsequente Einführung des neuen Systems wird wahrscheinlich im Bereich der Medizin eine längere Übergangszeit erfordern. Diese Feststellung bezieht sich nicht nur auf die gerätetechnische Umstellung, sondern auch auf die Notwendigkeit, daß die von den Einheiten abhängigen Normwerte in das neue System übertragen werden müssen. Erst wenn die wichtigsten Normwerte in neuen Einheiten zum Allgemeingut ärztlichen Wissens geworden sind, darf die Praktikabilität des vorgeschlagenen neuen Systems als gesichert gelten. Einwendungen sind insbesondere gegen die Umstellung der eingeführten Druckeinheit mm Hg auf die weniger anschauliche Einheit Pascal erhoben worden.

Dagegen findet im Zusammenhang mit dem Energieumsatz die Einheit Joule anstelle der konventionellen Einheit Kalorie in zunehmenden Maße Verwendung. Um die Umstellung zu erleichtern, werden in diesem Buch die konventionellen und die neuen Einheiten in weitem Umfang nebeneinander benutzt.

Einige oft benötigte Umrechnungsbeziehungen zwischen SI-Einheiten und früher eingeführten Einheiten sind in Tabelle 28–6 zusammengestellt.

Tabelle 28–6. Umrechnungsbeziehungen zwischen SI-Einheiten und konventionellen Einheiten

Größe	Umrechnungsbeziehungen	
Kraft	$1\ dyn = 10^{-5}\ N$	$1\ N = 10^{5}\ dyn$
	1 kp = 9,81 N	1 N = 0,102 kp
Druck	$1\ cm\ H_2O$ = 98,1 Pa	$1\ Pa = 0{,}0102\ cmH_2O$
	1 mm Hg = 133 Pa	1 Pa = 0,0075 mm Hg
	1 atm = 101 kPa	1 kPa = 0,0099 atm
	1 bar = 100 kPa	1 kPa = 0,01 bar
Energie (Arbeit) (Wärmemenge)	$1\ erg = 10^{-7}\ J$	$1\ J = 10^{7}\ erg$
	1 mkp = 9,81 J	1 J = 0,102 mkp
	1 cal = 4,19 J	1 J = 0,239 cal
Leistung	1 mkp/s = 9,81 W	1 W = 0,102 mkp/s
	1 PS = 736 W	1 W = 0,00136 PS
(Wärmestrom)	1 kcal/h = 1,16 W	1 W = 0,860 kcal/h
(Energieumsatz)	1 kJ/d = 0,0116 W	1 W = 86,4 kJ/d
	1 kcal/d = 0,0485 W	1 W = 20,6 kcal/d
Viskosität	1 Poise = 0,1 Pa · s	1 Pa · s = 10 Poise

Literatur

1. Van Assendelft OW, Mook GA, Zijlstra WG (1973) International system of units (SI) in Physiology. Pflügers Arch. ges. Physiol *339*, 265
2. Koblet H (1964) Physikalische Begriffe in der klinischen Biochemie. Thieme, Stuttgart
3. Gesetz über Einheiten im Meßwesen vom 2.7.1969. Bundesgesetzblatt 1969, Teil I, Nr. 55, S. 709
4. Ausführungsverordnung zum Gesetz über Einheiten im Meßwesen vom 26.6.1970. Bundesgesetzblatt 1970, Teil I. Nr. 62, S. 981
5. Stamm D (1975) Meßgrößen und SI-Einheiten in der Klinischen Chemie. Deutsche Ges. f. Klin. Chem. Mitteilungen, Heft 1

29 Sachverzeichnis

A

B

C

D

E

F

G

H

I

J

K

L

M

N

O

P

Q

R

S

T

U

V

W

X

Y

Z